hannibal

Umschlagentwurf: Sigi Mayer
Druck und Bindung: Wiener Verlag, Himberg bei Wien
ISBN 3-85445-017-6
Fotomechanischer Nachdruck der vierbändigen, neu bearbeiteten, erweiterten und korrigierten Ausgabe des Ullstein-Verlages, Berlin.

CIP-Kurztitelaufnahme der Deutschen Bibliothek

Borneman, Ernest:
Lexikon der Liebe, Materialien zur Sexualwissenschaft / Ernest Borneman. – Wien: Hannibal

Ernest Borneman

Lexikon der Liebe Materialien zur Sexualwissenschaft

A–Z

ein hannibal Buch

Für Eva

Vorwort zur neuen Auflage (1978)

Die vorliegende, völlig überarbeitete und im Umfang verdoppelte Auflage meines seit langem vergriffenen Sexuallexikons ist die fünfte Fassung der ursprünglich in englischer Sprache geschriebenen »Psychoanalytischen Studien zur Sexualanthropologie« (1953-1959). Die erste deutschsprachige Bearbeitung, geschrieben nach 27jähriger Tätigkeit in anderen Ländern und sieben Werken in anderen Sprachen, entstand in den Jahren 1961-1967 und erschien im April 1968.

Damals war eine Anzahl von bebilderten Sexualenzyklopädien auf dem Markt – teure Luxusausgaben, die an den Geschmack und den Geldbeutel wohlhabender Sammler appellierten. Wir wollten von der elitären Mentalität dieser als Wissenschaft verkleideten Erotika fort und hatten uns deshalb entschlossen, sowohl auf die voyeuristischen Freuden der Illustration wie auf das Statussymbol einer gebundenen Ausgabe zu verzichten. Da wir den Preis so niedrig wie möglich halten wollten, wandten wir uns von vornherein an den Taschenbuchleser. Gleichzeitig wollten wir uns aber auch schon im Titel des Buches von all den anderen Wörterbüchern, Lexika und Enzyklopädien der »Sexualität« und »Erotik« distanzieren. Das klappte nicht. Denn unser Titel, »Lexikon der Liebe«, paßte in keine der bestehenden Buchhändler- und Bibliothekarskategorien. Wer das Buch noch nicht gelesen hatte, konnte vom Titel her nicht erkennen, ob es Parodie, Humor, Aphoristik oder gar ein Zitatenschatz war. Deshalb verkaufte es sich schlecht und veranlaßte den Verlag, all unsere löblichen Vorsätze aufzugeben und eine zweite Auflage (1969) unter dem Titel »Lexikon der Liebe und Sexualität« herauszubringen.

Diese Auflage war ein Erfolg und machte Verlagsgeschichte, indem sie nicht nur eine, sondern gleich zwei der bedeutendsten deutschen Buchgemeinschaften dazu veranlaßte, im Jahre 1970 sehr schön typographierte und gebundene Nachdrucke im Großoktavformat herauszubringen. Normalerweise ist es ja fast stets so, daß zuerst das gebundene Buch und dann einige Jahre später vielleicht eine Taschenbuchausgabe herauskommt. Hier war es genau umgekehrt, und ungewöhnlich war auch die Tatsache, daß statt eines einzigen Nachdrucks gleichzeitig zwei miteinander konkurrierende erschienen. Die Ausgabe des Deutschen Bücherbunds in Stuttgart und Hamburg trug den Titel »Lexikon der Liebe und Erotik«, die der Büchergilde Gutenberg in Frankfurt am Main hieß »Sexuallexikon«. Diese von uns »Gutenbergbibel« getaufte Ausgabe gewann den Preis des Buchhändler-Börsenvereins als »schönstes Werk des Jahres auf dem Gebiete Sachbuch«. Ihre Schönheit ergab sich unter anderem aus einem so brillant gestalteten Umschlag, daß der Name des Autors der Perfektion im Wege gestanden hätte. Das heißt: er war vergessen worden. Meine Kollegen haben dieser Ausgabe dann auch prompt den treffenden Taufnamen »Kind der unbefleckten Empfängnis« verliehen.

Zehn Jahre sind nun seit der ersten deutschsprachigen Ausgabe verstrichen – Jahre, in denen die politische Tendenzwende den intellektuellen Horizont eingeengt, die kulturelle Landschaft verdunkelt und die Hoffnungen einer sexuellen Liberalisierung zunichtegemacht hat, aber auch Jahre, in denen die Forschungsarbeiten des Autors sich auf drei Schwerpunkte verlagert haben:

1. Die Sexualentwicklung des Kindes (Thema meiner im Walter Verlag erscheinenden »Studien zur Befreiung des Kindes« und meiner bei S. Fischer erschienenen »Urszene«).
2. Die Soziologie der Sexualität (Thema meines bei S. Fischer erschienenen Hauptwerks »Das Patriarchat« und meiner in drei verschiedenen Auflagen bei Suhrkamp verlegten »Psychoanalyse des Geldes«).
3. Die Semantik der Sexualität (Thema meiner bei Rowohlt gedruckten zweiteiligen Analyse des umgangsprachlichen Sexualvokabulars der Deutschen, »Sex im Volksmund«, und des auf vier Bände veranschlagten Versuchs einer psychoanalytischen Deutung von Kinderreimen. Bisher erschienen: »Unsere Kinder im Spiegel ihrer Lieder, Reime, Verse und Rätsel«, 1973; »Die Umwelt des Kindes im Spiegel seiner ›verbotenen‹ Lieder, Reime, Verse und Rätsel«, 1974; »Die Welt der Erwachsenen in den ›verbotenen‹ Reimen deutschsprachiger Stadtkinder«, 1976. In Arbeit befindet sich der vierte Band, »Die Sexualität des Kindes«).

Zur Zeit, als ich die ersten Notizen zu dem vorliegenden Werk machte, war ich 38 und stand noch stark unter dem Einfluß meiner drei akademischen Lehrer – dem Kulturanthropologen Bronislaw Malinowski, dem Afrikanisten Melville J. Herskovits und dem Vorgeschichtsforscher Vere Gordon Childe. Dazu kam die nachhaltige Einwirkung des Psychoanalytikers Wilhelm Reich, in dessen Berliner Sexualklinik ich als Jugendlicher gearbeitet hatte, und des psychoanalytisch ausgebildeten Ethnologen Géza Róheim, den ich 1941 in Amerika kennengelernt hatte. Nach seinem Tode im Jahre 1953 fiel mir auf, was mir bis dahin entgangen war: daß die sechs Wissenschaftler, die mich am tiefsten geprägt hatten (der sechste war der Altertumsforscher George Thomson) trotz ihrer sehr unterschiedlichen Weltanschauungen eins gemein hatten – sie maßen der Sexualität eine weitaus bedeutendere Rolle bei, als es damals auf ihren respektiven Fachgebieten üblich war. Daraus habe ich in den folgenden Jahren den Schluß gezogen, daß es mein Erbe und meine Pflicht sei, dieses Gemeingut meiner Lehrmeister zu meinem eigenen Fachgebiet zu machen.

Im Gegensatz zu den drei bedeutenden deutschen Sexualforschern, deren Werk ich besonders schätze und denen ich mich sowohl wissenschaftlich wie weltanschaulich verbunden fühle – Eberhard Schorsch, Volkmar Sigusch und Gunter Schmidt – komme ich also nicht von der Medizin, ja nicht einmal von der Psychologie, sondern von der Ethnologie her. Oder genauer: von dem, was die Engländer »social anthropology«, die Amerikaner »cultural anthropology« und die Deutschen manchmal »Ethnologie«, manchmal aber auch »Kulturanthropologie«, »Kulturgeschichte«, »Ethnohistorie« oder gar »Ethnopsychologie« nennen. Obgleich ich in meiner Jugend neben Wilhelm Reich auch den Psychoanalytiker Karl Birnbaum kennen und bewundern gelernt hatte, dessen Fach, »Soziale Kulturpsychopathologie«, ich heute am Psychologischen Institut der Universität Salzburg lehre, war ich nie auf die Idee gekommen, mich mit Psychologie zu befassen, bis ich Géza Róheim begegnet war. Von ihm wollte ich eigentlich etwas über Totemismus lernen, aber da er sowohl als Ethnologe wie als Psychoanalytiker tätig war, wurde daraus eine psychoanalytische Ausbildung und schließlich eine Lehranalyse.

In den siebzehn Jahren, in denen ich mich nun fast ausschließlich mit Sexualwissenschaft befasse, habe ich mich oft gefragt, weshalb mein Fach seine wichtigsten Entdeckungen nicht denen verdankt, von denen man die eigentliche Pionierarbeit erwartet hätte – den Sexualmedizinern –, sondern den Psychologen, Ethnologen, Vorgeschichtsforschern und Rechtshistorikern. Sofern die Mediziner überhaupt über die sexuellen Implikationen ihrer Entdeckungen nachgedacht haben, sind sie stets im strikt Somatischen hängengeblieben: sie haben die Bäume untersucht und den Wald vergessen. Semmelweis, der den Erreger des Wochenbettfiebers fand; Neisser, der Entdecker des Gonococcus; Schaudinn, der zuerst die spirochaeta pallida sah; Wassermann, der den ersten brauchbaren Syphilistest entdeckte, und Ehrlich, der das erste wirksame Heilmittel gegen die Syphilis fand – keiner von ihnen hat je das betrieben, was man heute Sexualwissenschaft nennt.

Die Vorurteile gegen jede Form des Denkens über Grund, Zweck und Verbesserung des menschlichen Sexuallebens waren so groß, daß diese bedeutenden Ärzte wohlweislich der Versuchung widerstanden, die Konsequenzen durchzudenken, die sich aus ihren Entdeckungen ergaben.

Und dies nicht etwa aus Feigheit, sondern einfach deshalb, weil das Medizinstudium so tief im Schatten der patriarchalischen Welt des Bürgertums stand, daß die feministischen Folgerungen, die sich dem Soziologen, dem Ethnologen und dem Kulturhistoriker seit Jahrzehnten aufgedrängt hatten, dem Mediziner immer noch undenkbar schienen.
So geschah es denn, daß die Entdeckungen über das Sexualleben des Menschen, die Morgan, Engels, McLennan und Bachofen zwischen 1861 und 1884 gemacht hatten, im Gebiet der eigentlichen Sexualwissenschaft sich erst nach 1890 niederzuschlagen begannen und daß die drei Männer, die den größten Einfluß auf die Sexualwissenschaft unserer Zeit gehabt haben, aus anderen Disziplinen als der der Medizin kamen.
Remy de Gourmont (* 1858), der *Physique de l'Amour* im Jahre 1903 herausbrachte, war Philosoph. René Guyon (* 1876), der Autor der *Etudes d'éthique sexuelle,* war Jurist. Alfred C. Kinsey (* 1894) war Zoologe. Die Pioniere der Sexualwissenschaft, die medizinische Ausbildung genossen hatten – Krafft- Ebing (* 1840), Forel (* 1848), Freud (* 1856), Havelock Ellis (* 1859), Hirschfeld (* 1868), Marañon (* 1887) und Reich (* 1897) –, wurden von der medizinischen Fakultät als Häretiker behandelt.
Und mit Recht. Sie waren Häretiker, weil sie in der patriarchalischen Welt des Bürgertums nolens volens eine Weltanschauung propagierten, die revolutionär war: die Gleichberechtigung der Geschlechter. Damit gefährdeten sie nicht nur die große Welt des bürgerlichen Establishments, sondern auch die kleine Welt des Akademikers, die hierarchische Ordnung der medizinischen Fakultät, die Funktion des habilitierten Dozenten und das ökonomische Reservat des Chefarztes.
Jedes sexualwissenschaftliche Werk von Format ist ein Angriff auf die patriarchalische Gesellschaft, weil es beiden Geschlechtern gleiches Interesse entgegenbringt und damit die patriarchalische Überzeugung von der Erstgeburt und der natürlichen Dominanz des Mannes erschüttert. Jedes sexualwissenschaftliche Werk ist aber auch eine Kritik an einer Gesellschaftsordnung, die so etwas wie eine Sexualwissenschaft überhaupt benötigt. Deshalb ist der Autor eines Sexuallexikons auch das lebende Armutszeugnis einer Kultur, die ein Sexuallexikon braucht.
Ich war mir dieser Tatsache bereits 1961, als ich mit der Arbeit begann, durchaus bewußt und hatte große Angst vor den Folgen. Nur die gleichzeitige Arbeit an meiner Geschichte des Patriarchats gab mir den Mut, das Lexikon dem kritischen Blick meiner weiblichen Leser vorzulegen. Normalerweise sind Lexika ja Gemeinschaftsarbeiten vieler Spezialisten. Nur

selten geschieht es, daß ein einzelner sich anmaßt, ohne Mitarbeiter ein ganzes Lexikon zu schreiben. Bei einem »Lexikon der Liebe« wächst das Bewußtsein der Anmaßung: ich weiß, daß ich das, was ich sexualwissenschaftlich als »Liebe« definiere, nicht von dem trennen kann, was ich als Mann darunter verstehe. Und ich weiß, daß ich es auch nicht von dem trennen kann, was die bürgerliche Welt, in der ich aufgewachsen bin, darunter versteht. Ich weiß, daß ich trotz intensivster Versuche, mich von meinem genetischen und sozialen Erbe zu befreien, Teil dieses Erbes bin und bleiben werde. Wenn das, was sich in der männerdominierten Welt des Bürgertums »Liebe« nennt, nicht ein Konglomerat so widersprüchlicher Elemente wäre, so würde die Frage, was Liebe denn nun eigentlich sei, nicht so oft gestellt werden.

Die erste Fassung des Buches trug den Stempel meiner eigenen unfertigen Entwicklung als Sexualforscher. Ich hatte von verschiedenen Lehrern verschiedene Impulse erhalten: Wilhelm Reich hatte mich zur Erforschung des Zusammenhangs zwischen Gesellschaftsordnung und Paarungssitten ermuntert, Malinowski zum Studium des Geschlechtslebens »primitiver« Gesellschaften, insbesondere des Ödipuskomplexes in matrilinearen, matrilokalen Kulturen, Childe zur Erkundung der Geschlechtsverhältnisse in vorpatriarchalischen Gesellschaftsordnungen, Róheim zum Studium des kindlichen Sexuallebens und zur Überprüfung der Freudschen Libidotheorie anhand von Kinderversen. Ich hatte jeden Vorschlag innerhalb der Grenzen meiner Fähigkeiten und meiner Mittel zu realisieren versucht. Aber ich war noch nicht auf den Gedanken gekommen, zwischen diesen Arbeiten einen Gemeinnenner herzustellen; ich hatte noch nicht begonnen, die Grundlagen einer an der Psychoanalyse orientierten, sich aber von ihr abwendenden Sexualpsychologie zu erarbeiten; ich war noch fern davon, eine kritische, vom Marxismus lernende, historisch operierende, dialektisch denkende, materialistisch verankerte Sexualwissenschaft anzustreben. Das begann erst mit der Schlußfassung des *Patriarchat,* in den Vorlesungen am Psychologischen Institut der Universität Salzburg und in den Vorträgen der Jahre 1972 bis 1977.

Im Gegensatz zu meiner politischen Arbeit dachte ich in den Jahren 1961 bis 1968 auf sexualwissenschaftlichem Gebiete eher elitär als sozial. Die Liebe schien mir eine Fähigkeit zu sein, die man weder erklären noch erlernen könne. Da gibt es, dachte ich, zwei Arten von Menschen, und die bleiben ihr Leben lang einander so fremd wie der Arbeiter dem Unternehmer. Der eine denkt zuerst an seine Mitmenschen und ist also mit einer gewissen Liebesfähigkeit begabt; der andere denkt zuerst an sich, seine Laufbahn, seine Karriere, seinen Aufstieg, sein Bankkonto, seine Altersversorgung und ist deshalb zur Lieblosigkeit verdammt. Ähnlich schien es mir mit der Sexualität zu stehen: der eine ist mit dem Talent gesegnet, seine sexuellen Partner befriedigen zu können, meinte ich, und der andere wird es nie lernen, einerlei wieviel er sich darüber auch den Kopf zerbricht.

Daß hinter dieser »zivilisierten« Fassade ein elitärer Anspruch steckte, konnte mir kaum verborgen geblieben sein. Aber wenn er mir je bewußt geworden war, dann hatte ich ihn offenbar schnell wieder verdrängt. Wenn man mich in dem Jahrzehnt zwischen meinem 20. und 30. Geburtstag darauf ansprach, pflegte ich gern Louis Armstrong zu zitieren, der vom Jazz gesagt hatte: »Wenn du fragen mußt, was das ist, wirst du's nie verstehen!« Wer aus Bücher zu erfahren hofft, wie man sich oder seinen Partner zufriedenstellt, der ist bereits entgleist, dachte ich. Und als Beweis pflegte ich die großen Liebesbücher der Inder, Chinesen, Araber und Perser zu zitieren, die eben *keine* Aufklärungswerke, sondern philosophische, rituelle und allegorische Studien der Sexualität waren. Sie setzen voraus, daß der Leser längst *getan* hatte, was er da las. In diesem Sinne schien mir der bürgerliche Gedanke der sexuellen »Aufklärung« dann auch das Pendant des Muckertums.

Die amerikanische Gynäkologin Barbara Bross hat einmal in einem ihrer Frauenbücher gesagt: »Die Aufklärungswerke, die ich als junges Mädchen gelesen habe, waren für mich etwa so nützlich wie ein Handbuch über die Paarungsgewohnheiten des Schneehuhns für einen Elefanten. Die Leserin, die da angesprochen wurde, hatte nicht die mindeste Ähnlichkeit mit mir oder irgendeiner meiner Altersgenossinnen. Was in diesen Büchern stand, interessierte mich nicht, und was mich interessierte, stand nicht drin. Denn das Mädchen – die junge Frau! –, die ein solches Buch kauft, sehnt sich entweder so nach Geschlechtsverkehr, daß sie einen Mann und kein Buch braucht. Oder sie hat so wenig Instinkt für Liebe, daß ein Buch ihr bestimmt nicht helfen kann.«

»Instinkt für Liebe« – was ist das? fragte ich mich, als ich das las. Daß Männer Frauen (und Frauen Männer) begehren, schien mir nicht notwendigerweise etwas über Liebe auszusagen. Daß manche Frauen heiraten, damit sie nicht außerhäuslich zu arbeiten brauchen, und daß manche Männer heiraten, um möglichst billig versorgt zu werden, schien mir eher ein Beweis gegen als für den sogenannten Liebesinstinkt zu sein. Daß ein bestimmter Mann eine bestimmte Frau und keine andere haben will und daß bestimmte Frauen auf bestimmte Männer fixiert sind, schien mir schon näher an den Kern der »Liebe« heranzukommen, aber in einer paradoxen Weise, denn hier schien mir nicht der Paarungstrieb, sondern sein Gegenteil zu herrschen: eine *Einschränkung* des Paarungstriebes. Je selektiver die Paarungen werden, dachte ich, desto geringer wird ihre Anzahl. Damit reduziert sich der Nachwuchs, statt gefördert zu werden. Natürlich könnte dies bedeuten, daß die »Liebe« von der Natur beabsichtigt ist, um Überbevölkerung zu verhindern. Es könnte aber auch bedeuten, daß sich das genetische Erbe der Gattung durch »Liebe« verschlechtert, statt sich durch natürliche Zuchtwahl zu verbessern. Denn die Qualitäten, die einst der Auslese des Lebenstüchtigsten dienten, wirken sich in der auf »Liebe« beruhenden bürgerlichen Gesellschaft keineswegs mehr positiv aus. Wenn es darum geht, Zahlen zu jonglieren wie im höheren Unternehmertum, ist Körperstärke nur noch von geringem Nutzen. Muskelkraft, Geschwindigkeit der Beine, physischer Mut helfen bestenfalls dem Leistungssportler, aber nicht einmal mehr dem Soldaten, denn der bringt sich dadurch eher um, als wenn er wegen körperlicher Schwächen vom Militärdienst befreit wird. Auch Intelligenz wirkt sich negativ aus, denn der Kluge durchschaut das Prinzip der Verdinglichung, von dem die ganze Marktwirtschaft abhängt, und dissoziiert sich von ihr: er sucht sich einen Beruf aus, der möglichst wenig mit der Marktwirtschaft zu tun hat, und tritt einer Partei bei, die sich gegen die Marktwirtschaft und die Verdinglichung wehrt. »Eine Leistungsgesellschaft, die als einzige Leistung die Anpassungsleistung honoriert« (Henryk M. Broder), fördert nur einen einzigen Typus: den des Opportunisten, denn er ist der eigentliche »Erfolgsmensch« des spätbürgerlichen Zeitalters.

Nun mag Opportunismus dem individuellen Überleben durchaus nützlich sein, aber er schadet mit Sicherheit dem kollektiven Überleben, weil er keine Impulse zum Neuen weckt. Auch die der Fortpflanzung dienenden Fähigkeiten wie Potenz und Fruchtbarkeit sind nicht mehr erforderlich. Nur der Zuhälter und der Pornoschausteller brauchen vielleicht besondere Potenz, für alle anderen Zwecke genügt das übliche Maß. Die breiten Hüften der gebärfähigen Frau sind kein Schönheitsideal mehr im Zeitalter der Zweikinderfamilie, und Ammenbrüste sind im Zeitalter des knabenhaften Ideals eher hinderlich. Schlägt die Mode dann um zum großbusigen Pin-up, so dient die Brust noch immer nicht zum Stillen, sondern als Sexualattribut und darf deshalb nicht vom Säugling deformiert werden. Bei beiden Geschlechtern wirkt sich der oft als Liebe bezeichnete Prozeß der sexuellen Partnerwahl in der bürgerlichen Gesellschaft also haargenau *gegen* die natürliche Zuchtwahl aus.

In diesem Sinne wird dann auch die Tatsache verständlich, daß das Ideal der »Liebe« in unserer westlichen Gesellschaft zum ersten Male von weiblichen und männlichen Homophilen verkündet wurde. Sie setzten Paarung nicht mehr mit Fortpflanzung gleich und bewerkstelligten damit den historischen Durchbruch zu einer nicht mehr auf Nachwuchs abzielenden und auch nicht mehr durch Angst vor Nachwuchs getrübten Sexualleidenschaft. Das war selbst für die Griechen ein Novum, denn ihre relativ freie, von Scham und Schuld nur wenig berührte Sexualfreude wurde jahrhundertelang nur durch die Angst vor Leidenschaft eingeschränkt. Körperliche Freude, ja. Sobald sie aber zur Abhängigkeit wurde, sahen die Griechen darin einen Wahn, eine von den Göttern gesandte Strafe.
Als Sappho und Sokrates sich nun für die gleichgeschlechtliche Liebe einsetzten, da taten sie das nicht zur Rechtfertigung der Homophilie (das wäre bei den Griechen, die dies längst geduldet hatten, auch gar nicht nötig gewesen), sondern zur Rechtfertigung der *Leidenschaft,* das heißt einer geschlechtlichen Bindung, die ihre Sanktion gerade dadurch erhielt, was die Griechen bis dahin als Rache der Götter betrachtet hatten: durch eine gegenseitige Abhängigkeit, die zum Selbstmord oder zum Dahinsiechen führen konnte. Hier also tauchte zum erstenmal in der Geschichte des Abendlandes der Gedanke einer schicksalshaften, vom Bewußtsein der unvermeidlichen Trennung geprägten *Passion* auf, einer Liebe, die untrennbar vom Leiden ist.
Die Liebe wurde also gesellschaftsfähig, indem sie sich durch ein Hintertürchen einschlich: als Leidenschaft des Mannes für einen Knaben, der Frau für ein Mädchen. Erst als die Dichter die Freuden der gleichgeschlechtlichen Liebe lange genug besungen hatten, begann die Gesellschaft, die Idee der heterosexuellen Liebe zu akzeptieren. Leidenschaft in der Ehe wurde jetzt zum ersten Male stubenrein, streifte zum erstenmale den Makel des Lächerlichen ab. Die lebenslange, heterosexuelle, ausschließliche Leidenschaft zweier Menschen füreinander begann damit den Verdacht des Krankhaften, der von den Göttern verursachten Heimsuchung, zu verlieren.
Ein bezeichnender Aspekt dieser neuen Leidenschaft lag darin, daß sie sich fast ausschließlich am Äußeren eines Menschen entzündete. »Liebe auf den ersten Blick« entflammt nie am Charakter, am ethischen Wert, an der Weisheit eines anderen, sondern nur an seinem Aussehen, seinem Geruch, seinem Gang, seiner Stimme, der Textur seiner Haut. Keines dieser physischen Merkmale sagt etwas über die Liebesfähigkeit aus. Das verführerisch aussehende Mädchen mag sich im Bett als langweilig oder fri-

gide erweisen. Der Filmstar, der Popsänger, der muskelstrotzende Athlet mag ein Reinfall sein, weil er nur an seinem eigenen Körper, nicht aber an dem einer Frau interessiert ist.

»Liebe auf den ersten Blick« entspricht also in keiner Weise den Ansprüchen des Paarungstriebes. Ebensowenig entspricht sie dem, was Liebe im heutigen bürgerlichen Sinne sein sollte: Dankbarkeit für erwiesene Güte, Erinnerungen an gemeinsames Glück, gemeinsame Bindung an die gemeinsamen Kinder und vieles andere, das seinen gemeinsamen Nenner darin findet, daß es auf den Erfahrungen der Vergangenheit, nicht auf den Hoffnungen der Zukunft aufgebaut ist. Daß ein Mann, der jahrelang mit einer Frau gelebt hat, für sie mehr empfindet als für andere Frauen, ist selbstverständlich. Daß ein Mann aber etwas Besonderes für eine Frau empfindet, die er in diesem Augenblick zum erstenmal sieht, ist nur als eine Form des Fetischismus verständlich. So wie im Fetischismus stets ein selbstzerstörerischer Faktor mitschwingt, so ist das ganze Sammelsurium dessen, was die bürgerliche Welt unter Liebe versteht, eine Sammlung selbstzerstörerischer Elemente, die sich über Jahrhunderte hinweg im Geschlechtsleben unserer Klassengesellschaften niedergeschlagen haben.

Wir haben aus den Mutterreligionen des vorhellenischen Altertums nicht die beharrenden, aufbauenden, sozialisierenden Aspekte des Femininen, sondern nur die dämonischen übernommen: nicht Sophia, die Weisheit, sondern Eva, die Verführerin. Wir haben aus all der Vielfalt der hellenischen Kultur ausgerechnet das Ideal der Liebe als Leidenschaft adoptiert und haben es mit dem beängstigendsten Konzept der klassischen Tragödie gepaart: dem Konzept, daß das tragische Schicksal nicht aus Schlechtigkeit, sondern aus Unwissenheit erwächst und deshalb unvermeidbar ist. Damit war die Dämonisierung der Liebe vollzogen.

Dann kam das Christentum, und wiederum entnahmen wir nicht die Barmherzigkeit der Agape aus der allumfassenden Humanität des Christus, sondern die paulinische Frauenangst und Frauenfeindlichkeit, den Sadomasochismus der Anachoreten, der Geißler, der Inquisitoren, der Puritaner. Von den Arabern, siebenhundert Jahre lang Herrscher über Spanien, entlehnten wir das Konzept des Kismet, das zwei füreinander bestimmte Liebende zusammenführt und ihr Schicksal fortan bis in den unvermeidlichen Tod regiert. Von den Minnesängern, den Trobadores, kam die Verknüpfung der Liebe mit dem Tod, der volkstümliche Niederschlag des wohlgehüteten Geheimnisses der manichäischen Lehre: daß die Erfüllung des Eros dessen Negierung ist.

De Sade führte diese Konzepte zu ihrem logischen Ziel, zur Definition der Liebe als Zerstörung. Und die gesamte späte Romantik – Baudelaire, Rimbaud, Verlaine und ihre Epigonen, der gotische Kult in England, die »tristezza della voluttà« in Italien – knüpfte an de Sade an und formte das Ideal einer Liebe, die in der Zerstörung des einen Liebenden und der Selbstzerstörung des anderen den Preis der Leidenschaft sah.

So wie Romeo und Julia für uns in klarster Form die Tragödie der Liebe darstellen, so stellt der Balkon das Geheimnis ihrer Liebe dar: das Hindernis. Wo kein Hindernis besteht, besteht keine Liebe. Was der Liebende in der Klassengesellschaft liebt, ist also nicht die Geliebte, sondern das Hindernis, das der Erfüllung im Wege steht. Liebe ist Sehnsucht, denn mit der Erfüllung verfliegt sie. Deshalb muß der Liebende sterben, ehe die Leidenschaft in der Gewohnheit erstickt. Der Tod als Flucht vor der Realität ist das eigentliche Geheimnis der westlichen Liebe.

»Madam«, sagt Hemingway, »alle Geschichten, wenn man sie bis zum Ende erzählt, hören mit dem Tode auf, und der Mann, der Ihnen das vorenthält, ist kein wahrer Erzähler. Jede Geschichte einer monogamen Liebe endet mit dem Tod, und der Mann, der monogam ist, mag zwar oft glücklich leben, aber er stirbt am einsamsten. Im Tode gibt es keinen einsameren Menschen als den, der viele Jahre mit einer guten Frau gelebt hat und sie dann überlebt. Wenn zwei Menschen einander lieben, kann es kein happy end geben.«

Hemingway vollzog im Selbstmord den Ritus, den seine Erkenntnis ihm vorgeschrieben hatte. Wie viele andere, die an die bürgerliche Liebe glauben, haben den gleichen Mut zur gleichen Konsequenz? »All die, die die Liebe erfahren haben, sind von ihr gezeichnet«, sagte er am Ende des berühmten Gespräches im 11. Kapitel von *Death in the Afternoon.* »Selbst nachdem die Liebe vorbei ist, bleibt der Liebende gezeichnet mit dem Zeichen des Todes.« Und mit der todgeweihten Unschuld des Stieres tritt der Bürger in die Arena, in der der geliebte Mensch ihn töten wird. Selbst der dümmste, der häßlichste, der unliebsamste Bürger schließt der Wahrscheinlichkeit gegenüber beide Augen und trabt hoffnungsvoll in die Arena der Liebe, hoffend, daß ihm, der weder so schön ist wie ein Filmstar noch so klug wie ein Gelehrter, weder so reich wie ein Millionär noch so machtvoll wie ein Herrscher, die ideale Frau, der ideale Partner beschieden sein werde. Dieses ideale Wesen wird all die Tugenden des guten Menschen mit all der Dämonie des Don Juan, der Eva, der Messalina verbinden. Es wird nie krank werden, nie arm sein, nie Launen zeigen, nie aus dem Mund riechen und nie sterben.

Wir alle wissen, daß es solche Wesen nicht gibt. Aber wir verschließen dem Wissen unsere Ohren und versuchen, in dem kleinen Mädchen, das wir zufällig kennengelernt haben, unsere Kleopatra zu sehen. Wir heiraten sie, weil die Sache zur Gewohnheit geworden ist. Oder weil wir ein Kind erwarten. Etwa ein Drittel aller Ehen in der westlichen Welt wird nicht aus Liebe geschlossen, sondern um eine Abtreibung zu vermeiden und »dem Kind einen Namen zu geben«. Oft beschließen die künftigen Eltern, noch ehe sie verheiratet sind, sich scheiden zu lassen, sobald das Kind geboren ist. Oft lieben sie einander nicht. Eines Abends, im Auto oder im Elternzimmer, geschah »es«.
Es war nicht so schön, wie man sich's gedacht hatte. Beide waren nicht ganz nüchtern, und deshalb hat er die ganze Geschichte schon längst vergessen, wenn sie ihm fünf Wochen später sagt, daß sie schwanger ist. *Er* kann sich nicht vorstellen, daß so eine kleine Sache so große Folgen haben kann, und glaubt deshalb, daß sie *lügt,* wenn sie sagt, daß *er* und nur *er* der Vater sein kann. *Sie* kann sich nicht vorstellen, daß er's *wirklich* vergessen hat, und glaubt deshalb, daß *er* lügt.
Aber sie setzt ihm zu, bis ihm nichts anderes übrigbleibt, als sie zu heiraten. Ihre Familie setzt seiner Familie zu. Seine Mutter sagt: das Mädchen ist schuld. Ihre Mutter sagt: der Mann ist schuld; er will sich nur drücken. Alle sind gegeneinander verbittert. Wenn bis dahin noch Reste von Zuneigung übriggeblieben waren, so verfliegen sie jetzt.
Die ersten Ehewochen werden zur Hölle. Beide haben keine Ahnung, wie man einen Haushalt führt. Der Mann hat keine Ahnung, wie man eine Frau behandelt, und die Frau hat keine Ahnung, was sie mit ihm anfangen soll. Eine eigene Wohnung können sie sich nicht leisten. Also leben sie bei den Eltern oder bei fremden Leuten als Untermieter. Daraus entstehen täglich neue Konflikte. So beginnen die »Liebenden«, einander zu hassen. Die kleinen Manieriertheiten, die kleinen Schwächen, die menschlichen, allzu menschlichen Angewohnheiten, die wir alle haben, die wir aber einander verzeihen, wenn wir wirklich zueinander passen, werden unerträglich, wenn wir aus mißverstandenem Pflichtgefühl heiraten.
Sie sagt »schönen Dank«, »schönen guten Tag«, »schönen Abend«, und er glaubt,daß ihm der Kopf platzt, wenn er das Wort »schön« noch einmal zu hören bekommt. Sie meint, daß sie verrückt wird, wenn er nicht aufhört, sich dauernd hinterm Ohr zu kratzen. Und trotz allem glauben alle beide noch immer, daß sie eines Tages (wenn sie nur endlich geschieden sind!) einen anderen Menschen finden werden, der »der Richtige« ist. Das wird Liebe auf den ersten Blick sein. Bei dem (oder bei der) wird alles

klappen. All unsere Wünsche werden endlich erfüllt werden. Das wird die wahre Liebe sein.
Wir glauben an die wahre Liebe wie das Kind an den Weihnachtsmann. Wie ist ein solcher Glaube unter Erwachsenen verständlich? Die Antwort ergibt sich in historischer Perspektive aus dem schwindenden Glauben an höhere Wesen, aus der Krise der Religion, deren Platz die Liebe heute eingenommen hat. Aber sie erwächst auch aus dem schwindenden Glauben an die Politik als Mittel zur Lösung menschlicher Probleme. Zur Zeit der Französischen Revolution, als das Bürgertum noch in bitterer Opposition zum Feudalismus stand, gab es berechtigte Hoffnungen, daß die *menschlichen* Probleme sich lösen ließen, wenn man nur endlich die *politischen* Probleme lösen könne. Als das Bürgertum zur Macht gekommen war und die menschlichen Probleme sich noch immer nicht gelöst hatten, ja in vieler Hinsicht gravierender geworden waren, glaubte Marx (nicht ohne Grund), daß man sie lösen werde, wenn man nur die Herrschaft des Bürgertums brechen könne. Als aber die Herrschaft des Bürgertums in vielen Ländern bereits gebrochen war und die alten sexuellen Probleme nicht gleich von selbst schwinden wollten, da schwanden bei den Ungeduldigen, den Zaghaften und den Wetterwendischen die Hoffnungen, daß sich menschliche Probleme mit politischen Mitteln lösen ließen. Der bürgerliche Westen hatte seinen Glauben an die Politik als ethisches und kulturelles Werkzeug verloren. In das Vakuum trat der Glaube an die Allmacht der geschlechtlichen Liebe – der letzte Glaube einer agnostischen Zivilisation.
Es ist kein Zufall, daß dies genau in jenem Stadium der menschlichen Entwicklung geschah, in dem das Bürgertum zum erstenmal in gewissen Ländern einer Mehrheit der Bevölkerung jene Privilegien zukommen lassen konnte, die bis dahin nur beschränkten Minoritätsgruppen zur Verfügung gestanden hatten: Bildung und Freizeit. Viele von uns besitzen heute nahezu alles, was Menschen beim augenblicklichen Stand der Technik erwarten können. Und dennoch sind wir nicht glücklich. Wir fühlen uns leer, unausgefüllt, elend, ängstlich, unsicher. Wir schwanken zwischen Zorn über die Ungerechtigkeit der Welt und Gewissensbissen wegen der Ungerechtigkeiten, die wir selber begangen haben. Wir pendeln zwischen Scham und Schuldgefühl. Wir wissen nicht genau, weshalb wir uns schämen, weshalb wir uns schuldig fühlen. Wir empfinden nur ein vages, alles durchdringendes Unbehagen. Wir sagen uns: Es *muß* einen Ausweg geben. Es *muß* etwas geschehen, das uns aus diesem ganzen Elend herausholt. Eines Tages wird er kommen, der Mensch, der mich liebt, und dann

wird alles anders sein.
Und auch dieses Gefühl der totalen Abhängigkeit von einem Wesen, das uns noch nicht einmal begegnet ist, hat seine guten Gründe. Es entspringt einer Atrophie der Familie. Im Mittelalter wäre ein solches Gefühl undenkbar gewesen – nicht nur, weil der Glaube an eine bessere Welt im Jenseits das irdische Jammertal erträglich machte, sondern weil die Großfamilie dem einzelnen ein Gefühl der Gemeinschaft und Zugehörigkeit gab, das von vornherein die Obsession mit dem Einzelwesen verhinderte – mit dem eigenen Ich sowohl wie dem Ich der einzigen, auserwählten Geliebten.
Eine ungeheure Kluft trennte reich von arm, aber eines hatte der Leibeigene mit dem Feudalherrn, der Gildenmeister mit dem Gesellen gemeinsam: wenn jemand in Not geriet, gab es eine Familie, auf die man sich verlassen konnte. Das Gefühl der Einsamkeit, des Angewiesenseins auf den Ehepartner als einziger anderer Person, von der unser gesamtes Schicksal abhängt – all das gab es noch nicht. Denn der automatisierte Haushalt unserer Zeit, die Kleinfamilie von Mann, Frau und Kind, bestand noch nicht. Ein solcher Haushalt konnte noch nicht bestehen, weil es noch keine Technologie gab, die ihn wirtschaftlich realisierbar machte.
Das hatte Vorteile und Nachteile. Die Nachteile lagen vor allem in der Unmöglichkeit, je im Haushalt allein zu sein. Die Vorteile lagen darin, daß die Kinder nie von einem Einzelwesen, sei es Mutter oder Vater, abhängig waren, sondern stets auf Brüder, Schwestern, Onkel, Tanten, Vettern, Kusinen, Großeltern und Urgroßeltern zurückgreifen konnten, die oft alle im gleichen Gebäude oder zumindest im gleichen Ort lebten.
Wenn die Mutter krank wurde, wenn der Vater starb, war das nie eine Tragödie vom heutigen Ausmaß. Die Kinder wuchsen in einem Gefühl unvergleichlich größerer Sicherheit und Geborgenheit auf. Und das spiegelte sich in ihrem Geschlechtsleben wider.
Wenn sie erwachsen waren und auf Brautschau gingen, lebten sie nie in der Illusion, daß eine einzige Frau je alle die Qualitäten besitzen könne, die sie unter den zahllosen Mitgliedern ihres elterlichen Haushalts verteilt gesehen hatten. Nie glaubte der Mann, daß nur eine einzige Frau ihn je glücklich machen könne. Und nie erlebte er deshalb die Enttäuschungen, die denen vorbehalten sind, die an das Unmögliche glauben.
Denn wo sich die gesamte Glückserwartung eines Ehemannes auf eine einzige Frau konzentriert, gewinnt der kleinste Makel, der leichteste Anflug einer Krankheit, der geringste Fehler, den sie macht, sofort unverhältnismäßig große Bedeutung. Nicht nur ihr Leben, sondern auch das ih-

res Mannes und ihrer Kinder wird nun täglich von Gefahren bedroht, die sich nicht abweisen lassen. Ungewißheit und Sorgen um alle Familienmitglieder gefährden uns daher ständig – nicht, weil wir schwächer oder neurotischer wären als unsere Eltern, sondern weil das Familienganze von Generation zu Generation geschrumpft ist, bis es ein Maß erreicht hat, das unter dem Minimum liegt – ein Maß und eine Form, die das ganze Gebilde wanken läßt.

Man stelle sich einen dreibeinigen Stuhl vor: sägt man ein Bein ab, fällt er um. Das ist das Bild der bürgerlichen Kleinfamilie. Wo das Gebilde zu klein ist, um die Quantität der Verantwortung auf eine genügende Anzahl von Personen zu verteilen, kann es keine Stabilität geben. Stabilität wird nicht nur für die Ehepartner, sondern auch für ihre Kinder und deren zukünftige Ehepartner in Frage gestellt, wenn Ehepartner zu hohe Ansprüche aneinander stellen.

Zu solchen Ansprüchen aber verleitet sie das Konzept des einzigen, auserwählten Lebenspartners. In den Augen ihres Anbeters muß die geliebte Frau stets etwas Außergewöhnliches an sich haben, um seiner Liebe wert zu sein. Daß sie ebenso gut ist wie jede andere, genügt nicht. Sie muß besser sein. Aber sie ist es nicht. Außergewöhnliche Menschen sind außergewöhnlich selten. Die Anthropologin Margaret Mead hat deshalb einmal gesagt, menschliche Gesellschaften, die spezielle Eigenschaften und spezielle Leistungen erwarten, seien ihrer Natur nach instabil. Die erfolgreichen Kulturen seien diejenigen, die Wert auf die Wärme der menschlichen Beziehungen legen, Leidenschaften dagegen grundsätzlich ablehnen.

Ein gutes Beispiel für eine solche Gesellschaftsform bot nach Margaret Mead einst die Insel Samoa, wo die Kinder in stabilen Großfamilien umsorgt, gehegt und großgezogen wurden. Sexuelle Toleranz wurde geschätzt, romantische Liebe abgelehnt. Ehen waren monogam und galten auf Lebenszeit. Scheidungen wurden grundsätzlich verworfen. Da man es aber für selbstverständlich hielt, daß kein Ehepartner den anderen ein ganzes Leben lang befriedigen könne, waren außereheliche Verhältnisse erlaubt. Sie durften allerdings nicht zu lange dauern und mußten diskret gehandhabt werden, weil es als taktlos galt, den Ehepartner glauben zu lassen, er sei in sexuellen Tätigkeiten weniger kompetent als andere. Diese Sexualmoral erwies sich als so erfolgreich, daß die Samoaner jahrzehntelang die niedrigste Quote von Geisteskrankheiten, Selbstmorden und Perversionen unter sämtlichen damals erfaßten Ländern aufwiesen. Die gleiche Sicherheit gibt es noch heute in manchen matrilinearen, auf

Großfamilien oder Sippen beruhenden Kulturen. Als 1964 die International Planned Parenthood Federation eine Konferenz im Church House in London, einer kirchlichen Tagungsstätte, veranstaltete, fragte Dr. Meshack Ndisi, der Vorsitzende der Family Planning Association von Kenia (und zufällig auch zu jener Zeit Staatssekretär im Arbeitsministerium von Kenia) höflich, aber unumwunden nach der moralischen Grundlage der Monogamie und der Kleinfamilie: »Das Christentum schreibt beide vor, aber ich habe nie verstanden weshalb.«
Als ich diesen Satz hörte – ich lebte damals in London –, schien er mir aus dem eigenen Herzen gesprochen. Denn mich hat der Gedanke, daß das, was in der Bibel steht, notwendigerweise stimmen müsse, schon von früher Kindheit an ebensowenig überzeugt wie der heilige Glaube meines Vaters, daß er, weil er evangelischer Christ ist, den Schlüssel zur Moral besäße – einen Schlüssel, der auch die Tür zu anderen Religionen, anderen Moralvorstellungen, anderen Praktiken des Ehe- und Geschlechtslebens öffnen könne. Deshalb scheint es mir auch, daß derjenige, der die Religion, in der er aufgewachsen und erzogen worden ist, wirklich verstehen will, dies nur aus der Perspektive einer anderen Religion erlernen kann. Die Überzeugung meines Vaters, man könne die andere aus der eigenen erkennen, scheint mir falsch zu sein.
Das gilt auch im Weltlichen. Man lernt mehr über Deutschland, wenn man in England lebt und das Vaterland aus der Perspektive einer anderen Nation betrachtet, als wenn man zuhause bleibt und über das nationale Schicksal brütet. Wer nie in einer anderen Kultur gelebt und gearbeitet hat – das Arbeiten ist das wichtigere –, wird stets der Illusion verfallen, die Maßstäbe der eigenen Kultur besäßen allgemeine Gültigkeit. Diese Illusion ist besonders gefährlich, wenn sie sich mit sexuellen Wertmaßstäben befaßt: mit der Sexualmoral, den Paarungsgebräuchen und den Vorstellungen dessen, was normal und abnorm, richtig und falsch, gut und schlecht, schön und häßlich beim Geschlechtsverkehr sei.
Denn so, wie der Heterosexuelle – einerlei wie »aufgeschlossen«, »liberal« und »tolerant« er auch sein mag – unweigerlich meint, seine Sexualität sei die »normale« und die des Homosexuellen doch letztendlich irgendwie »abnorm«, so meint jede Nation, die eigene Sexualmoral sei richtig, gut und schön, die der anderen aber falsch, schlecht und häßlich. So glaubt schließlich auch jede Religion, die von ihr vertretene Sexualmoral sei gottgegeben, die der anderen aber des Teufels.
Die beste Medizin gegen eine so gefährliche Form der Selbsttäuschung ist stets der langjährige Aufenthalt, die langjährige Arbeit, in einer völlig an-

ders gearteten Kultur mit völlig anders gearteten Sexualvorstellungen. Ich habe meine Lehrjahre unter Kongo-Pygmäen, unter kanadischen Eskimos und unter Cree-Ojibwa Indianern verbracht und dort gelernt, daß es keine sexuellen Absoluta gibt, keine Normen des Geschlechtsverhaltens, die außerhalb der Kultur, in der sie entstanden sind, irgendwelche Verbindlichkeit besäßen. Auch Maßstäbe der Gesundheit lassen sich auf sexuellem Gebiete sehr viel schwieriger anlegen, als die meisten Mediziner meinen. Bestimmte Entgleisungen der hormonalen oder Chromosomanlage, die bei uns als krankhaft gelten, werden von anderen Kulturen als gottgewollte, heilige Formen des Hermaphroditismus aufgefaßt. Das gleiche gilt für bestimmte Formen des Sexualverhaltens, die wir als »pervers« oder zumindest »abweichend« einstufen, die von anderen Kulturen aber als normal, ja in bestimmten Fällen sogar als vorbildlich und erstrebenswert betrachtet werden.

Es gibt kaum eine Form des menschlichen Sexualverhaltens, die im Laufe der langen Menschheitsgeschichte nicht von der einen Kultur angestrebt und von der anderen verdammt worden wäre. Bei der Beurteilung sexueller Wünsche und sexueller Befriedigungen ist also äußerste Vorsicht geboten. Ich gehe deshalb von der Erfahrung aus, daß das sexuelle Verhalten des Individuums nur in Beziehung zu den Wertmaßstäben seiner Gesellschaftsordnung verständlich wird. Diese Wertmaßstäbe lassen sich wiederum nur aus ihrer eigenen Entstehungsgeschichte erklären. Sie sind weder zeitlich noch räumlich übertragbar. Dies bedeutet keineswegs, daß wir uns den traditionellen Maßstäben der Kultur, in die wir zufällig hineingeboren worden sind, nun auch zu fügen haben. Im Gegenteil: da der einzige Sinn des Lebens, den ich zu sehen vermag, der ist, am Lebensende eine bessere Welt zu hinterlassen, als man am Lebensanfang vorgefunden hat, ist es meine Pflicht, auch das Geschlechtsleben meiner Gesellschaftsordnung zu verbessern.

Das klappt aber nicht, wenn ich es in ich-bezogener Weise tue, also nur um meinen eigenen Neigungen gesellschaftliche Zustimmung zu verschaffen. Es klappt nicht einmal, wenn ich die subjektiven Wertmaßstäbe meiner Dyade – der Zweiergemeinschaft, die ich mit dem von mir geliebten Menschen führe – zu objektiven Maßstäben meiner Gesellschaftsordnung erhebe. Es klappt nur, wenn ich – ganz im Widerspruch zum bürgerlich liberalen Konzept der sexuellen »Freiheit« – erkenne, daß mein sexuelles Verhalten keine »Privatsache« ist, die in einer »Intimsphäre« stattfindet, sondern daß alles, was ich tue, selbst wenn es im verdunkelten Kämmerlein, bei verschlossenem Fenster und verriegelter Tür abläuft,

meine Mitmenschen berührt und verändert. Denn wenn ich aus diesem Kämmerlein in die Welt der anderen heraustrete, bin ich selbst verändert: ich bin in dem Maße verändert, in dem mich die Erfahrung geläutert oder beschmutzt hat. Auch der Mensch, mit dem ich die Erfahrung geteilt habe, tritt nun hinaus ins Licht der Gemeinschaft aller anderen. Auch *seine* Erfahrung wirkt sich jetzt auf die anderen aus. Hat er die Erfahrung als sündhaft empfunden, so wird sein schlechtes Gewissen die anderen verunsichern. Hat er sie aber als läuternd, stärkend, gottgewollt empfunden, so wird seine Lauterkeit, seine Stärke, sein Glaube auch die anderen läutern, wird ihnen Kraft, Hoffnung, Sicherheit, Lebensmut geben.
Ich benutze hier theologische Begriffe, obgleich ich mich eher um diesseitige als um jenseitige Lösungen der menschlichen Probleme bemühe. Ich tue es, weil ich während der Arbeit an der Urfassung dieses Lexikons zum erstenmal ein Buch entdeckt hatte, das ich seitdem oft von neuem entdeckt habe: Norman O. Browns »Zukunft im Zeichen des Eros« (Pfullingen 1962). Dies ist eine als Psychoanalyse verkleidete theologische Studie, die mich zu der selbstgestellten Frage provoziert hat, ob es mir möglich sei, meine eigenen, von der Ethnologie geprägten Auffassungen der Liebe im theologischen Vokabular des Christentums auszudrücken. Die Entdeckung der Unverläßlichkeit der Kleinfamilie und der bürgerlichen Liebesvorstellungen, dachte ich, dürfte nicht zur Ablehnung all des Guten führen, das die Geschlechtlichkeit uns bringt. Es gibt eine verläßliche Liebe, dachte ich, und das ist die Liebe, die wir anderen Menschen geben. In dieser Liebe offenbaren wir unsere Seelen wie in der letzten Beichte. Wir offenbaren sie dem Geliebten, und wenn er nicht die Kraft hat, die Beichte zu empfangen und uns im Namen der Liebe Absolution zu erteilen, so ist er der Liebe so unfähig wie der lieblose Priester der Liebe Gottes. Liebende beichten mit ihrem Leib und geben im Liebesakt Absolution. In der Liebe findet der Mensch die Kraft, die er braucht, um der Not des Daseins in der bürgerlichen Welt entgegenzutreten.
Denn eine Welt, in der selbst die Liebe von der Marktwirtschaft bestimmt wird (ich gebe dir soundsoviel Liebe, und du gibst mir soundsoviel zurück), ist eine Welt der Daseinsnot. Die Bibel wehrt sich zwar von Zeit zu Zeit gegen Krämer und Wucherer, aber sie hat noch nicht jene allumfassende Konsummentalität erlebt, die den Spätkapitalismus prägt. Der Schatten der so harmlos wirkenden Konsumfreundschaft ist Produktionsfeindschaft, ist die Angst vor der schöpferischen, der kreativ abweichenden Mentalität. Für Marxisten, die ihre Weltanschauung von der Produktion, von der Kreativität und von den Erfordernissen der Gesellschaft ab-

leiten, ist Liebe etwas anderes: nicht das, was man empfängt und konsumiert, sondern was man *gibt.* Der Liebesakt ist für uns nicht allein zur Befriedigung des Leibes da (obgleich sein Sakrament darin liegt, daß er uns diese Befriedigung gibt), sondern zu der des Geliebten und durch ihn zum Wohl der Gesellschaft, deren Teil wir sind.

Liebe ist kein Konsumgenuß wie Völlerei. Liebe ist das Glück des Gebens. Nicht des Gebens an die Göttin, die Auserwählte, die Ungewöhnliche, sondern an das fehlbare, schwache, unvollkommene Wesen, mit dem wir leben. Liebe beginnt, wo wir zu fordern aufhören. Liebe besteht, wo wir die Illusion aufgeben, daß zwei Menschen einander je mit gleicher Intensität lieben können. Liebe überlebt die Ungleichheit ihrer Intensität dort, wo derjenige, der mehr zu geben hat, im Geben seine Freude findet. Liebe besteht nur da, wo für das Geben kein Lohn empfangen und für das Nehmen kein Lohn gegeben wird.

Das zu verstehen fällt all denen schwer, die in der Moralanschauung unserer Zeit, der des Buchhalters, erzogen worden sind. Der Grund unserer Unzufriedenheit ist nicht, wie selbst Freud noch glaubte, das Unbehagen in der Kultur, die grundsätzliche Unvereinbarkeit von Glück und Zivilisation, sondern der Widerspruch zwischen der Ökonomie der Liebe und der der bürgerlichen Gesellschaft.

Zwar gibt es auch in der bürgerlichen Gesellschaft noch immer Berufsgruppen, die ihre Befriedigung in ihrer eigenen Produktivität und nicht in deren Entlohnung finden. Aber der mittelalterliche Gildenmeister, der stolz auf das Werk seiner Hände war, ist heute kaum noch im Handwerk zu finden. Andererseits gibt es noch immer Kunstschreiner, die ihr Handwerk lieben. Es gibt noch immer Köche, Schneider, Buchbinder, die nicht nur um des Geldes willen arbeiten. Und es gibt noch immer Maler, Musiker, Schauspieler, Tänzer, Schriftsteller, Regisseure, die ihre größte Befriedigung in der Ausübung ihrer Tätigkeit und nicht im Verzehr des Geldes finden, das die Tätigkeit ihnen einbringt. Alle Forscher üben eine affektive Tätigkeit aus. Der Wissensdrang, der sie treibt, ist aus der geschlechtlichen Neugierde entstanden und deshalb, wie der kreative Drang des Künstlers, lustbetont. Er findet, wie die Liebe, seine Befriedigung im Geben.

Nun liegt es nahe, den Wert oder Unwert menschlicher Kulturen in dem Maß zu sehen, wie es ihnen gelingt oder mißlingt, die Freude, die der schöpferische Mensch in der Arbeit findet, auch jenen Menschen zu vermitteln, deren Tätigkeit nicht eigentlich schöpferisch ist. In diesen, den erfolgreichen Kulturen, wird der gesellschaftliche Verkehr zum Echo des

Geschlechtsverkehrs. Wir erkennen die Gesundheit solcher Zivilisationen daran, daß sie die Sexualität nicht unterdrücken, sondern ausdrücken. Nur diejenigen Kulturen und Zivilisationen, die das Geben mit Libido besetzen, sind lebensfähig. Zivilisationen, die ihr Ideal im Sparen sehen, sind schwach. Aber schwach ist auch eine Kultur wie die gewisser Hindus und Buddhisten, die Kontemplation höher schätzt als Tätigkeit. Einer eindeutigen Ich-Schwäche entspringt schließlich auch die Neigung des bürgerlichen Individualismus, das Individuum und nicht die Zweisamkeit als Keimzelle der Gesellschaft zu betrachten und die Lebenserfüllung des Menschen in der Befriedigung individueller Konsumwünsche zu erblikken.

Wenn Arbeit den Reiz der schöpferischen Tätigkeit verliert und nur noch als Mittel zum Zweck des Erwerbs dient, erzeugt sie eine endlose Reihe organischer und psychosomatischer Beschwerden – von sogenannten Kopfschmerzen, Kreuzschmerzen und Müdigkeitserscheinungen bis zu Magengeschwüren, Kreislaufstörungen und Herzinfarkten. Solche Zivilisationskrankheiten lassen sich auch nicht durch Ferien, Kuren, Auslandsreisen und Freizeitvergnügen heilen. Im Gegenteil, die Zweiteilung des Lebenslaufs in Arbeit ohne Freude und Freude ohne Arbeit birgt in sich selber den Keim weiterer Beschwerden. Denn der Versuch, in unserer Freizeit jene Befriedigung zu erkaufen, die wir in unserer Arbeit nicht finden können, entspricht nicht dem Modell der Liebe, sondern dem der Prostitution. Diejenigen, die in der Konsummoral der spätbürgerlichen Gesellschaft aufgewachsen sind, werden in der Prostitution nichts Verwerfliches finden. Wenn sie die Unverläßlichkeit der romantischen Liebe entdeckt und verworfen haben, was bleibt ihnen übrig? Nur noch der Konsumaspekt des Sexuallebens.

Gerade der Konsumaspekt der Sexualität beherrscht aber auch das Denken der Mehrzahl aller westlichen Sexualmediziner. Sie betrachten geschlechtliche Vorgänge im rein somatischen Sinne als »Körperkontakte« (Kinsey) und messen den Wert oder Unwert des »Kontakts« daran, ob er »befriedigt« oder nicht. Maßstab der Befriedigung ist der eigene Orgasmus: eine Definition, die völlig vom Konsum ausgeht, die Sexualität verdinglicht und Entfremdung statt Liebe sät.

Wo liegt die Alternative? Indem man davon ausgeht, was man *produziert,* was man für den *anderen* tut: für die Geliebte, für den Geliebten, vor allem aber für deren Umwelt und damit letztlich für die ganze menschliche Gattung. Das ist ein *sozialer* Maßstab, und es ist einer, der sich an der *Kreativität* orientiert: an dem, was ich an Liebe, Erkenntnis und Trost für andere erzeuge. Dies ist der Weg, den eine vorläufig sehr kleine Gruppe von kritischen Sexualwissenschaftlern gewählt hat. Ihr Einfluß schlägt sich auch hier und da in dem vorliegenden Lexikon nieder.

Der Unterschied zwischen ihr und der herrschenden Schulmedizin äußert sich unter anderem auch in der Auffassung dessen, was »angeboren«, was »somatisch« und was »gesund« ist. Die traditionelle Sexualmedizin betrachtet geschlechtliche Prozesse als somatisch, hält den Einfluß des sozialen Umfelds für weniger bedeutsam als die individuelle Anlage und sieht im heterosexuellen etcitus die einzig gesunde Form des menschlichen Geschlechtslebens. Zwar dürfen im *Vorspiel* auch orale, anale und andere Regungen »befriedigt« werden, aber sie dürfen niemals den heterosexuellen Koitus *ersetzen* und müssen stets in ihm *kulminieren.* Die kritische Sexualwissenschaft dagegen glaubt, daß geschlechtliche Vorgänge weitgehend psychisch und psychosomatisch ablaufen, daß die körperliche Anlage des Individuums eine relativ kleine Rolle dabei spielt, daß sowohl die sexuellen Wünsche des Individuums wie auch sein Bild der eigenen Geschlechtszugehörigkeit vom sozialen Umfeld gebildet werden und daß der heterosexuelle Koitus nur eine von vielen Möglichkeiten bietet, dem Sexualpartner Gesundheit, Kraft und Läuterung zu geben.

Da der Großteil aller in der Sexualwissenschaft benutzten Begriffe aber aus einer Zeit stammt, in der diese neueren, kritischen, durch empirische Forschung ermittelten Erkenntnisse noch nicht bestanden, stellt sich die Frage, ob man die alten Begriffe so definieren soll, wie sie damals gemeint waren (und zum großen Teil auch noch heute von der Schulmedizin benutzt werden), oder ob man sie so darstellen soll, wie die kritische Sexualmedizin sie heute versteht. Ich will das an einer der ersten Eintragungen dieses Lexikons zu demonstrieren versuchen. Der Begriff der sexuellen *Aberratio,* der milderen, »therapierbaren« Form sogenannter Perversion, stammt aus dem 19. Jahrhundert und faßte zwei sehr verschiedene Syndrome unter einem Generalnenner zusammen: erstens die Substitution des »normalen« Sexualobjekts, also des gleichaltrigen gegengeschlechtlichen Sexualpartners, durch ein altersverschiedenes, gleichgeschlechtliches, tierisches oder unbelebtes Sexualobjekt; zweitens die Substitution einer »normalen« Sexualhandlung (z.B. Koitus) durch eine »perverse« (z.B. Fellatio oder Pedicatio). Wir akzeptieren heute nach wie vor, daß Geschlechtsverkehr zwischen Mensch und Tier (Zoophilie) und geschlechtliche Fixierung auf unbelebte Objekte (Fetischismus) Formen der Aberratio sind. Wir haben aber zu zweifeln begonnen, ob Geschlechtsverkehr mit einem sehr viel jüngeren oder sehr viel älteren Sexualpartner für diesen notwendigerweise »schädlich« ist. Wir sind sicher, daß Fellatio *keine* Aberratio ist. Und nur wenige Sexualwissenschaftler glauben, daß eine langjährige, liebevolle Sexualbeziehung zwischen zwei Frauen oder zwischen zwei Männern weniger »gesund« und »befriedigend« sein muß als die zwischen einem Mann und einer Frau.

Was also tun? Die historisch gewachsene Bedeutung der alten Begriffe verschweigen und eigene, reformierte Definitionen an ihre Stelle setzen? Oder das ganze alte Vokabular weglassen und nur neuere Termini drukken? Oder Altes nach alten, Neues nach neuen Lehrmeinungen definieren? Da das Buch vor allem dem Laien dienen soll, der irgendwo auf irgendein ihm unbekanntes Wort stößt und gern wissen möchte, was damit gemeint ist oder gemeint war, habe ich mich zu folgendem Kompromiß entschlossen:

1. Ich veröffentliche alle mir bekannten Sexualbegriffe, einerlei ob sie veraltet sind oder nicht, und definiere sie im Sinne ihrer Erfinder.
2. Ich gebe stets die etymologische Wurzel, so daß der Leser sich ein eigenes Bild dessen machen kann, was der Erfinder des Begriffes gemeint haben mag.
3. An bestimmten Schwerpunkten des Buches, so z. B. bei den Eintragungen »Sexualität« und »Perversion«, konfrontiere ich verschiedene Lehrmeinungen miteinander und füge meine eigene Meinung hinzu.

Bei dem kasuistischen Belegmaterial habe ich versucht, stets die frühesten Beispiele zu zitieren. Das ist besonders wichtig, wenn der definierte Begriff heute als ein wenig altmodisch gilt. Denn dann ist es um so unerläßlicher, die »Krankengeschichte« zu zitieren, auf welcher der Erfinder des zitierten Begriffs seine Begriffsbildung aufgebaut hat.

Schließlich habe ich versucht, das Lexikon in dieser völlig überarbeiteten Form historisch zu erweitern und die oben erwähnte Logik auch auf Eintragungen auszudehnen, die nichtmedizinischer Art sind. Hier ging es darum, sexualwissenschaftliche Erkenntnisse auf die frühesten geschichtlichen und vorgeschichtlichen Entwicklungen zurückzuführen, denn das ist der Sinn eines Lexikons, das sich als historisch-materialistisch betrachtet: Erkenntnisse lassen sich nur aus ihren historischen und regionalen Ursprüngen folgern.

Andererseits ist die Arbeit an diesem Buch auch dadurch bestimmt worden, daß ich kein Fachlexikon der Sexualmedizin, der Sexualgenetik, der Sexualendokrinologie oder Sexualpsychologie schreiben wollte. Nicht etwa, weil diese Gebiete mir unwichtig sind, sondern im Gegenteil: weil ich seit drei Jahrzehnten an eben diesem Projekt arbeite und es nicht mit

weitgehend subjektiven Bemerkungen zum Thema »Liebe« verquicken wollte. Als erstes schien mir die Aufgabe wichtig, ein interdisziplinäres, populäres Buch zu verfassen, das dem Laien hilft, einen Fuß in die verschlossene Tür der Sexualität zu setzen. Später kann dann ein Fachlexikon entstehen, das sich in die fünf oder sechs Hauptgebiete der gegenwärtigen Sexualforschung aufgliedert und das jeweilige Fachvokabular des einen Gebiets den Praktikanten des anderen vorführt.
Das gegenwärtige Lexikon ist etwas völlig anderes: es befaßt sich mit der Subjektivität gegenseitiger Sexualattraktionen und mit deren objektiver, materieller Geschichtlichkeit.

Psychologisches Institut der
Universität Salzburg
Herbst 1978

A

Abactio partus [lat.: abactio = Wegtreibung; partus = Geburt], Abtreibung. → Abortus artificialis, Abrasio uteri, Abtreibung, Auskratzung, Ausräumung, Ausschabung, Kürettage, Procuratio abortus, Schwangerschaftsunterbrechung.

Abbesse [frz.: Äbtissin], im Frankreich des Mittelalters die amtliche vereidigte Bordellaufseherin. Auch → Magistra [lat.: Meisterin], ein Wort, das die → Beguinen, die Bettelschwestern, eingeführt hatten, wurde bald im gleichen Sinne benutzt – als Puffmutter oder offizielle Kupplerin. Bei den Bettelschwestern dagegen war die Magistra die tatsächliche Äbtissin der Beguinenklöster. Diese sprachlich enge Verquickung von Religion und Prostitution wird nur denjenigen verwundern, der nicht mit den religiösen Wurzeln der Prostitution vertraut ist. Das deutsche Wort → Äbtissin hatte einen ähnlichen Sinn im volkstümlichen Sprachgebrauch des Mittelalters. Vgl.: Alcahueta, Appareilleuse, Aufführdame, Ausschütterin, Blondinenlieferantin, Bordellbesitzerin, Chaperonnière, Duegna, Einheimerin, Einstößerin, Frauenmeisterin, Frauenwirtin, Husshelterin, Maquerelle, Matrone, Puffmutter, Regina bordelli, Rippelreiger, Trüllerin, Verwerrin.

Aberglaube und Sexualität → Abwehrzauber, Alpminne, Dämonomanie, Dämonophilie, Elben, Incubus, Kynanthropie, Ligatur, Lykanthropie, Nosferatu, Spectrophilie, Succubus, Vampirismus, Versipellis, Wechselbalg, Ziege und Ziegenbock.

Aberratio [lat.: Abirrung], in der Sexualwissenschaft eine Verschiebung des sexuellen Ziels oder der sexuellen Handlungsform vom → Koitus auf andere Formen der Geschlechtsbetätigung. Die Sexualwissenschaft unterscheidet zwischen → Aberratio in actu und → Aberratio in objecto.

Aberratio in actu [lat.: Verirrung in der Tätigkeit oder Handlungsform] ist die Verfehlung des Koitus und dessen Ersatz durch eine andere Sexualhandlung, die ihren sexuellen Charakter verbirgt. Als A.i.a. kann jede Form der → Konjunktionsabweichung gelten, also jede Abweichung vom Koitus, die zur Reizauslösung oder Reizverstärkung dient. Wenn ein Mann etwa nur dann potent ist, solange seine Frau beim Geschlechtsverkehr bestimmte Reizwäsche trägt, ist das eine Form der Konjunktionsabweichung, weil sie in »Konjunktion« (in Verbindung) mit dem Koitus auftritt, der das eigentliche Ziel ist. Sammelt ein Mann dagegen weibliche Reizwäsche, die er sich selber anzieht, wobei er masturbiert, handelt es sich nicht mehr um eine Aberratio, sondern um eine → Perversio in actu. Es ist eine Form der → Kompensationsabweichung, denn die Masturbation, die hier als Ausdruck des → Wäschefetischismus auftritt, steht nicht in Verbindung mit dem Koitus, sondern »kompensiert« (ersetzt) ihn.

Aberratio in objecto [lat.: Verirrung im Objekt oder Ziel] bedeutet dagegen die Verfehlung des »normalen« Sexualobjekts (eines Menschen vom anderen Geschlecht und von entsprechendem Alter) und dessen Ersatz durch ein anderes Sexualobjekt, wobei eine A. i. o. auch schon vorliegt, wenn ein Mann etwa ausschließlich Mund oder After oder Achselhöhlen oder andere Körperteile der Frau, aber nicht deren Scheide zur Ejakulation benötigt. Als A. i. o. kann also jede Form der Konjunktionsabweichung gelten. Eine homosexuelle Tendenz kann sich etwa darin äußern, daß ein Mann sehr männlich aussehende Frauen bevorzugt; eine masochistische Komponente dadurch, daß er sich eine herrschsüchtige Frau sucht; und so weiter. → Abweichung, Idiosynkrasie, Paraphilie, Parerosie, Parhedonie, Perversion, Perversität, Picazismus, Psychopathia sexualis.

Abnormität, sexuelle → Aberratio, Abirrung, Abweichung, Deviation, Kompensationsabweichungen, Konjunktionsabweichungen, Idiosynkrasie, Paraphilie, Parerosie, Parhedonie, Perversion, Perversität, Picazismus, Psychopathia sexualis, Triebabweichung.

Abortfetischismus, eine sexuelle Deviation, bei der Lustgefühle durch den Aufenthalt in Aborten und die Berührung mit Gegenständen des Aborts ausgelöst werden. Moll berichtet den folgenden Fall:

»Einen besonderen Hang will X. von jeher gehabt haben, sich auf Aborten aufzuhalten. Mit 13 Jahren schon blieb X. mit Vorliebe an solchen Orten, und zwar in der Absicht, hier die Geschlechtsorgane von Menschen zu sehen. Der Geruch des Klosetts ist dem X. angenehm, jedenfalls nicht ekelhaft. Dennoch soll es nicht der Geruch allein sein, der ihn hier anlockt, da er auch geruchlose Klosetts gern besucht. Angeblich treibt den X. der Wunsch, die genitalia feminarum (die weiblichen Geschlechtsteile. E. B.) zu sehen, nach diesen Orten, deshalb sucht er auch nur solche Aborte auf, an denen er, wenn auch in niederkauernder Stellung, Gelegenheit hat, die Geschlechtsorgane und auch das Hinterteil eines den Ort benutzenden Weibes zu erblicken. Selbst wenn dies durch Dunkelheit verhindert ist, gewährt es dem X. doch einen besonderen Reiz, sich in dieser Atmosphäre eine solche Situation vorzustellen. Mitunter ist die sexuelle Erregung des X. auf dem Klosett bei Betrachtung oder bei Vorstellung der genannten partes muliebres (weiblichen Teile. E. B.) eine solche, daß er Erektion bekommt und sich durch Onanie befriedigt. Diese Art der Befriedigung gewährt dem X. viel größeres Vergnügen als der normale Koitus. Der ›odor stercoralis‹ (Kotgeruch. E. B.) auf dem Klosett ist nach X. geeignet, bei ihm geschlechtliche Erregung zu verursachen. Auf Befragen gibt er an, daß auch andere für normale Menschen ekelhafte Akte ihm keinerlei Ekel verursachen würden. Er wäre imstande, linguanum feminae lambere (den After einer Frau abzulecken. E. B.).«

Hieraus geht hervor, daß der sog. A. in Wahrheit eine Sammlung verschiedener Komponenten ist, die zwar alle aus dem gleichen infantilen Stadium der → Analerotik und → Harntriebhaftigkeit stammen, aber trotzdem nicht identisch sind: die Faszination des Klosetts (vgl.: Graffiti, Nachttopffetischismus, Tabouret de Verre), kindlicher Voyeurismus, der Wunsch, die Geschlechtsteile eines anderen Menschen (vgl.: Mixoskopie) oder dessen »Hinterteil« zu erblicken (vgl.: Analerotik, Cucurbitacées, Gesäßerotik, Natesfetischismus) und endlich die Lust am Ekel, eine Form des → Masochismus (vgl.: Mysophilie).

Abortkritzeleien → Graffiti.

Abortus [lat.: aborire = abgehen], in der Medizinersprache, je nach Zusatzwort, entweder Fehlgeburt oder Schwangerschaftsunterbrechung. Rund 10 % aller Schwangerschaften enden mit natürlichem A., der in den ersten Monaten häufiger ist als in den späteren und bei Mehrgebärenden öfter auftritt als bei Erstgebärenden. Häufiger Grund des fehlgeburtlichen A. ist eine vorausgegangene Schwangerschaftsunterbrechung. Andere Gründe sind Infektionskrankheiten, fieberhafte Krankheiten, Tuberkulose, Syphilis, Gonorrhöe, Verlagerung der Gebärmutter, Muttermundveränderungen, Blasenmole u. ä.

Abortus artificialis, künstlich induzierte Fehlgeburt. Wenn die Frucht hierbei älter als 28 Wochen ist, nennt man die Operation Schwangerschaftsunterbrechung. → Abactio partus, Abrasio uteri, Abtreibung, Auskratzung, Ekbolika, Emmenagoga, Kürettage, Procuratio abortus, Scheidenspülung, Schwangerschaftsunterbrechung.

Abortus cervicalis, Fehlgeburt, bei welcher der Fötus im Zervikal-Gebärmutterkanal hängenbleibt. Er pflegt von starker Blutung in der Gebärmutterhöhle begleitet zu sein.

Abortus completus, der erfolgte Fruchtabgang, einerlei ob es sich um eine endogene (durch konstitutionelle Elemente oder innere Erkrankung bedingte) Fehlgeburt oder um einen provozierten (durch äußere Einflüsse hervorgerufenen) Fruchtabgang handelt.

ABORTUS FEBRILIS, ein von Fieber begleiteter Fruchtabgang, meist durch Sepsis und als Resultat unfachmännischer Schwangerschaftsunterbrechung erzeugt.

ABORTUS HABITUALIS, wiederholte Fehlgeburt. Er ist fast stets das Symptom einer Allgemeinerkrankung, beispielsweise Syphilis oder Tuberkulose, aber manchmal auch einer Schleimhauterkrankung oder eines Entwicklungsfehlers der Schleimhaut.

ABORTUS IMMATURUS, Fehlgeburt zwischen der 13. und 28. Woche.

ABORTUS IMMINENS, drohende Fehlgeburt. Sie kann in vielen Fällen behoben werden, wenn rechtzeitig Behandlung stattfindet.

ABORTUS INCIPIENS, in Gang befindliche Fehlgeburt. Sie kann nicht mehr aufgehalten werden.

ABORTUS INCOMPLETUS, Fehlgeburt, bei der die Frucht nicht ganz ausgestoßen wird. Sie erfordert eine nachträgliche Kürettage. → Auskratzung, Ausräumung, Ausschabung.

ABORTUS PUTRIDUS, eitrige Fehlgeburt, meist das Resultat eines Abtreibungsversuchs.

ABORTUS SEPTICUS, von Blutvergiftung begleitete Fehlgeburt, meist das Resultat der Benutzung unsteriler Instrumente beim Abtreibungsversuch.

ABORTUS SPONTANEUS, konstitutionelle, durch fehlerhaften Körperbau oder krankhaften Zustand erzeugte Fehlgeburt.

Abrasio uteri [lat.], Ausschabung oder Auskratzung der Gebärmutterschleimhaut, die entweder aus diagnostischen Gründen, nach dem → Abortus incompletus, oder zur → Schwangerschaftsunterbrechung vorgenommen wird. → Abactio partus, Abortus cervicalis, Abtreibung, Auskratzung, Ausräumung, Ausschabung, Kürettage.

abreagieren, von Sigmund Freud erfundener psychoanalytischer Begriff, der die Umsetzung einer drückenden emotionellen Notlage in eine befreiende Handlung bezeichnen soll. Siehe Freud: Gesammelte Werke Bd. I, S. 81–90 und 223–224.

Absteigequartier, im 19. Jahrhundert die Wohnung einer nicht überwachten Prostituierten. Erst später entwickelte sich die Praxis des → Stundenhotels, in das die Prostituierte ihre Kunden brachte. Meist erhielt sie von dem Hotelbesitzer einen Prozentsatz der von dem Kunden gezahlten Hotelmiete als Rückvergütung. In den zwanziger Jahren erhielt das Wort Absteigequartier eine dritte Bedeutung, im Sinne einer → Zweitwohnung, in der ein verheirateter Mann seine Freundinnen empfängt. → Casini, Folie, Jagdschloß, Maison de Passe, Maison de Rendez-vous, Petite maison.

Abstinenz, sexuelle, die freiwillige → Enthaltsamkeit vom Geschlechtsverkehr, eines der umstrittensten Kapitel der menschlichen Sexualmoral. Daß *un*freiwillige Askese einen pathogenen Konflikt erzeugt, ist in der Medizin unumstritten: → Chlorose, chronische Prostatitis, Kongestion der Eierstöcke, somatogene und psychogene Impotenz, Angst- und Zwangsneurosen, Frigidität, Hysterie, Hypochondrie gehören zu den häufigsten Folgen. Andererseits haben medizinische Forschungen unter Ordensangehörigen erwiesen, daß Mönche länger als andere Männer und Nonnen länger als andere Frauen leben und weniger oft krank werden. Das mag aber auch daran liegen, daß sie ein gesünderes Leben führen, mehr an der frischen Luft sind, weniger, aber doch genug essen und vor allem von den zermürbenden Konflikten des Arbeitskampfes und der bürgerlichen Gesellschaft frei sind. Bezeichnend sind die Resultate, die Prof. James Nix, Leiter der chirurgischen Fakultät der Staatsuniversität von Louisiana, in fünfjähriger Arbeit zusammengetragen hat. Nach Untersuchungen in 262 Nonnenklöstern und -gemeinschaften fand er, daß Nonnen eine Lebenserwartung von 77 Jahren haben – weit über dem amerikanischen Durchschnitt. Sie erkranken nicht an Magenkrebs und nicht an Leberzirrhose. Ganz selten muß ihnen der Blinddarm entfernt werden. Die üblichen Frauenkrankheiten treten seltener und später als bei anderen Frauen auf.

Dies ist jedoch ein Erfolg, der *trotz* sexueller Enthaltsamkeit, nicht aber als deren Resultat verzeichnet werden kann. Um mit den psychosomatischen Problemen des eigenen Organismus fertigzuwerden, benötigt der Mönch, der Priester, die Nonne die seelische Rückendeckung durch die Gemeinde und die Gesellschaft, der sie angehören. Stellt ein Individuum außerhalb einer solchen Gemeinde jedoch derartige Anforderungen an sich selbst, ohne vom Willen und der Überzeugung der Gesellschaft gedeckt zu werden, so wirken sich die Anforderungen fast stets pathogen aus. Denn in der selbstauferlegten Verneinung eines so gesunden Wunsches wie dem nach Geschlechtsverkehr liegt eine gravierendere Sexualfixierung als in dessen Erfüllung. Selbstauferlegte Enthaltsamkeit ist deshalb für den Sexualwissenschaftler stets ein verdächtiges Symptom. Es gibt zu der Vermutung Anlaß, daß die Psyche hier den Mantel der Selbstlosigkeit wählt, um einen verborgenen Defekt zu decken: Kastrationsangst, Autosadomasochismus, Impotenz. Denn der Sexualprozeß dient nicht nur der Erzeugung von Nachkommenschaft, sondern stellt einen biochemischen Reinigungs- und Erneuerungsprozeß des ganzen Organismus dar.

Wir haben Geschlechtsorgane, um sie zu benutzen. Jede Vernachlässigung eines körperlichen Organs führt zu organischen Störungen. Freud hielt die erzwungene voreheliche Abstinenz – besonders der Frau –, die in seiner Zeit noch zum unumgänglichen Gebot der bürgerlichen Gesellschaft gehörte, für den Hauptgrund der Neurose: »Die Erfahrung zeigt, daß die Mehrzahl der unsere Gesellschaft zusammensetzenden Personen der Aufgabe der Abstinenz konstitutionell nicht gewachsen ist . . . Je mehr jemand zur Neurose disponiert ist, desto schlechter verträgt er die Abstinenz.«

Dies gibt Anlaß zu der grundsätzlichen Frage, wieso der Mensch je auf die Idee gekommen ist, das *nicht* zu tun, was er eigentlich tun *möchte.* Die Antwort führt in die frühesten Zeiten der menschlichen Kultur zurück, in denen der Mensch kein anderes Mittel als das des *Opfers* kannte, um die Kräfte der Natur seinem Willen zu unterwerfen. Und das größte Opfer, das er bringen konnte, war das, was ihm selber die größten Schmerzen bereitete: *sexuelle* Enthaltsamkeit. So legte er sich Abstinenz auf, ehe er sich auf die Jagd oder in den Kampf begab, ehe er zum Fischfang auszog oder auf eine gefährliche Reise ging. Eine gute Ernte, Regen, selbst Fruchtbarkeit wurden durch Enthaltsamkeit angestrebt. Zur Entdeckung eines kausalen Zusammenhangs zwischen Geschlechtsverkehr und Fortpflanzung kam es erst spät in der Entwicklungsgeschichte der Menschheit.

Der moderne Mensch glaubt nicht mehr offen an Magie, aber insgesamt erhofft er sich doch ein größeres Seelenheil und einen besseren Platz im Jenseits, wenn er sich gewisser lustbereitender Praktiken enthält. Sein eigenes Leiden, der Schmerz, den er sich selber dabei bereitet, gibt ihm dann das Gefühl der moralischen Überlegenheit, die Befriedigung, den »inneren Schweinehund« besiegt zu haben.

Dieser komplizierte seelische Prozeß bewegt sich aber auch in umgekehrter Richtung: er dient zur Erhöhung der sexuellen Lust. Das menschliche Gewissen, jene innere Schranke, die sich aus Pflichtgefühl, Ehre, Schuldgefühl, Scham und Ekel zusammensetzt, hemmt zwar den Sexualtrieb, intensiviert aber auch dessen Befriedigung, wenn die Schranke bewußt attackiert und durchbrochen wird. Erst das Auskosten des Unerlaubten gibt dem zivilisierten Menschen jenen Extrakitzel der Sexualität, der dem primitiven Menschen fast unbekannt ist. Man könnte sagen, daß die zivilisatorische Tätigkeit des Menschen eigentlich nur daraus besteht, künstliche Hindernisse aufzubauen, um sich dann durch deren Überwindung befriedigen zu können. In diesem Sinne läßt sich die menschliche Kultur am besten als ein Spiel mit den Gegenkräften der Liebe und des Todes, des Eros und des Thanatos verstehen; ein Spiel mit verteilten Rollen, in dem der eine seine Befriedigung in der Errichtung, der andere in der Durchbrechung von Schranken findet. Die größte Befriedigung aber finden beide im Rollentausch: wenn der Sünder reuig wird und der Gläubige schwarze Messen zelebriert. → Askese, Keuschheit, Zölibat.

ABSTINENZKRANKHEITEN → Enthaltsamkeitskrankheiten.

Äbtissin, während des Mittelalters die Vorsteherin oder Pächterin eines Bordells, genau wie man die Prostituierten selber oft »Nonnen« nannte. Das englische Wort *nun* wird in diesem Sinne noch heute in Amerika benutzt. S. William Faulkners Drama *Requiem for a Nun.* → Abbesse. Vgl.: Alcahueta, Appareilleuse, Aufführdame, Auschütterin, Blondinenlieferantin, Bordellbesitzerin, Chaperonnière, Duegna, Einheimerin, Einstößerin, Frauenmeisterin, Frauenwirtin, Hushelterin, Magistra, Maquerelle, Matrone, Puffmutter, Regina bordelli, Rippelreiger, Trüllerin, Verwerrin.

Abtreibung ist ein veraltetes, mit Vorbehalten belastetes Synonym für Schwangerschaftsregelung oder → Schwangerschaftsabbruch. Wer eine Schwangerschaft abbricht, kann nach § 218 Abs. 1 und 2 StGB mit Freiheitsentzug bis zu 3 Jahren, in besonders schweren Fällen bis zu 5 Jahren bestraft werden. Als besonders schwerer Fall gilt es, wenn »der Täter« leichtfertig die Gefahr des Todes oder einer schweren Gesundheitsschädigung der Schwangeren verursacht. Dieser Absatz wendet sich in der heutigen Praxis weniger gegen Pfuscher oder ärztliche »Kunstfehler« als gegen organisierte Frauengruppen, die eine selbständige, von männlichen Gynäkologen unabhängige Schwangerschaftsunterbrechung anstreben. Frauenzentren und Frauenforen, die zum Schwangerschaftsabbruch geeignete Mittel und Gegenstände in den Verkehr bringen (»Absaugmethode«), werden nach § 219 c Abs. 1 mit Freiheitsstrafe bis zu 2 Jahren belegt.

Es ist also eine irrige, vor allem von Gegnern der A. verbreitete Ansicht, daß A. in der BR heute »erlaubt« sei. Nur die von den legalisierten Institutionen des patriarchalen Establishments geregelte Form der A. darf unter bestimmten Umständen straffrei vorgenommen werden. Das heißt: Nur wenn die A. »nach ärztlicher Erkenntnis« indiziert ist, »um eine Gefahr für das Leben oder die Gefahr einer schwerwiegenden Beeinträchtigung des körperlichen oder seelischen Gesundheitszustandes der Schwangeren abzuwenden«, darf A. straffrei vorgenommen werden. Aber selbst dann nur, wenn (a) seit der Empfängnis nicht mehr als 12 Wochen verstrichen sind; (b) wenn die A. von einem approbierten Arzt ausgeführt wird, und (c) wenn ein zweiter Arzt, der die A. nicht selbst vornimmt, die schriftliche Erlaubnis hierzu gegeben hat. Das Schicksal der Schwangeren hängt also von der Willkür zweier Ärzte ab, und da Ärzte als Kleinunternehmer erfahrungsgemäß zur konservativsten und patriarchalischsten Bevölkerungsschicht gehören (das gilt für weibliche Ärzte nicht minder als für männliche), bedeutet der Versuch der A. nach § 218 a StGB in der Praxis stets eine Bevormundung und oft eine Demütigung der leidenden Frau. In konservativen Orten herrscht obendrein die faktische Unmöglichkeit, ein zustimmendes Ärztegutachten zu erlangen. Nur diejenigen Frauen, die wohlhabend genug sind, die A. in einer größeren Stadt vornehmen zu lassen, können sich also des reformierten § 218 bedienen. Für die Armen bleibt die Situation unverändert: Wer Geld hatte, konnte sich stets, auch im Wilhelminischen Kaiserreich, in der Weimarer Republik und im Hitler-Staat, eine A. erkaufen, und zwar bei den besten Ärzten, die sich auf A. spezialisiert haben und deshalb auf eben diesem Gebiete große Erfahrung besitzen. Wer kein Geld besitzt, hat heute fast so große Schwierigkeiten wie vor der »Reform«. Die Bestrafung der A. wendet sich also nicht gegen die A. als solche, sondern nur gegen das Recht der Armen. Sie schützt das Abtreibungsmonopol der Ärzte und der Reichen.

Die Gegner der A. argumentieren mit dem Begriff des »ungeborenen Lebens« und behaupten, daß es die Aufgabe des Arztes sei, Leben zu erhalten und nicht zu vernichten. Da die Erhaltung des »ungeborenen« Lebens aber oft nur durch die Vernichtung des geborenen Lebens, nämlich des der Mutter, möglich ist, steht dieses Argument auf recht schwachen Füßen. Ungewollte Kinder wachsen meist lieblos auf und haben eine hohe Straffälligkeitsrate. Fast 80 % aller rückfälligen Straftäter in der BR, der DDR, der Schweiz und Österreich stammen aus zerbrochenen oder »halben« Familien und betrachten sich selbst als »ungewollte« Kinder. Ein Staat, der die Mutter zwingt, ein ungewolltes Kind in die Welt zu setzen, zerstört also mehr Leben, als er rettet.

Das Argument von der Zerstörung des »ungeborenen« Lebens ist aber auch dadurch in Zweifel geraten, daß die pharmazeutischen Fabriken seit geraumer Zeit Präparate auf den Markt gebracht haben (»Pille danach«), die auf der Grenze zwischen Empfängnisverhütung (erlaubt) und Schwangerschaftsunterbrechung (verboten) stehen. Drogen dieser Art ermöglichen zwar eine Befruchtung, verhindern aber die Einnistung des befruchteten Eies. Nach der Logik der A.-Gegner wäre auch dies eine »Tötung ungeborenen Lebens«.

Der Streit um Duldung oder Bestrafung der A. ist also kein medizinischer, sondern ein weltanschaulicher. Versuche, die Befürworter und Gegner einer straffreien Schwangerschaftsregelung typologisch zu erfassen, haben in mehreren Ländern zu identischen Ergebnissen geführt: Männer und konservative Frauen stimmen mehrheitlich für Bestrafung der A.; Frauen, liberale Männer und Sozialisten stimmen mehrheitlich für Straffreiheit. Die Tatsache, daß Männer mehrheitlich *gegen* Schwangerschaftsunterbrechung, Frauen aber mehrheitlich *dafür* sind, widerlegt die These, daß die Frau zum »ungeborenen« Leben eine innigere Beziehung als der Mann habe. Das Gegenteil ist der Fall. Die Beziehung der Frau zum Kinde ist in allen Kulturen eine weitaus realistischere als die des Patriarchen zum Kinde »seiner« Frau. Im Gegensatz zu den Theoretikern des »ungeborenen Lebens«, die eine ausgesprochen *männliche* These vertreten (genauer: eine ausgesprochen *patriarchalische*), ist die Frau stets Praktikerin und betrachtet das Kind als lebend, wenn es lebt. Der patriarchalische Mann dagegen sieht »seine« Frau als *seinen* privaten, ihm gehörenden Brutkasten, in dem »sein« Kind wächst und gedeiht, bis er es gnädigst in Empfang nimmt.

Dieser Unterschied der Haltung zum Kinde hat bei uns historische Gründe. Die Frau wußte stets, welches Kind das ihre war, denn sie hatte es ja geboren. Der Mann dagegen konnte nie wissen, ob es wirklich das seine war, denn sie konnte ja mit jemand anderem geschlafen haben. Sein Rechtsanspruch über das Kind ließ sich also nur mit seinem Eigentumsanspruch über den Bauch der Frau aufrechterhalten. Dieser Rechtsanspruch kennzeichnet das Patriarchat als Institution. In keiner der früheren Rechtsordnungen finden wir einen vergleichbaren Anspruch des Mannes. In keiner früheren Gesellschaftsordnung finden wir aber auch eine Form des Privateigentums an den Produktionsmitteln. Beide Ansprüche – daß die Kinder der Frau dem Manne zu gehören haben, der sie gezeugt hat, und daß die Arbeitsinstrumente, welche die Sippe benutzt, dem Mann als Privateigentum zu unterstehen haben – stellen ein absolutes Novum in der Menschheitsgeschichte dar.

Genau diese beiden Ansprüche sind es aber, die noch heute den Rechtsanspruch des Mannes über das »ungeborene Leben« im Bauch

»seiner« Frau untermauern sollen. Der patriarchalische Mann betrachtet den Körper »seiner« Frau als Produktionsinstrument und das Produkt ihres Körpers als »sein« Privateigentum. Was er mit ihm vorhat, hat zu geschehen. Wenn er es haben will, muß sie es gebären. Die Frau, das »Produktionsinstrument«, wird so wenig als Mensch betrachtet, daß ihr auch kein eigener Wille erlaubt wird. Was der *Mann* sagt – der Gesetzgeber, der Arzt, der Ehemann –, das hat zu geschehen. Wenn die Frau das absolut Selbstverständliche sagt, »Mein Bauch gehört mir«, so wird das von der bürgerlich patriarchalischen Gesellschaft als eine Art Wahnsinn gedeutet, zumindest aber als eine unerhört eigensinnige Haltung, die jeden Respekt für das Recht des Mannes an »seinem« ungeborenen Kind vemissen läßt.

Abwechslung im Geschlechtsverkehr, das wichtigste aller Rezepte, um die Liebe frisch zu halten. Die amerikanische Frauenärztin Barbara Bross rät ihren Leserinnen deshalb, niemals eine regelmäßige Zeit für den ehelichen Geschlechtsverkehr festzulegen. »Wenn es nach dem Stundenplan geschieht, ist es für dich ebenso schädlich wie für deinen Mann. Also macht es euch nicht zur Gewohnheit, nur am späten Abend zusammenzukommen, bevor ihr schlafen geht, weil das ein ödes Gleichmaß hervorruft und ihr außerdem vermutlich beide müde seid. Macht es euch auch nicht zur Gewohnheit, nachdem ihr euer wohlverdientes Bad genommen habt. Wenn du dem Verlangen nach Liebe nachgibst, wann immer es dich überfällt, tust du dir und deinem Mann einen Gefallen. Wenn die Kinder schlafen und die Vorhänge zugezogen sind, ist zwischen einem Mann und einer Frau, die einander lieben, alles möglich. Wenn du mitten in der Nacht mit einem plötzlichen Verlangen nach deinem Mann aufwachst, dann unterdrücke es nicht, weil der arme Kerl fest schläft. Leg deine Hand auf seine sensitivste Stelle, und wenn er dich wirklich liebt, wird er dich schon haben wollen, ehe er wach ist. Das gilt für alte Ehepaare ebenso wie für Jungverheiratete. Wie ein Humorist kürzlich einmal sagte, ist es eines der bestgehüteten Geheimnisse, daß Menschen über Vierzig ein Geschlechtsleben haben. Nun, sie haben ein recht reges Geschlechtsleben, oft reger als das der Zwanzigjährigen. Wenn du fünfzig Jahre alt bist und deinen Mann noch liebst – weshalb solltest du ihn nicht an einem Sonntagmorgen mit einem Sektfrühstück überraschen, in deinem frivolsten Nachthemd oder nur mit dem Hut bekleidet, den er liebt? Das mag einem Jungen von Zwanzig grotesk erscheinen, aber der Ehemann, der in seiner Frau immer noch die Schönheit sieht, die sie mit Zwanzig war, wird daran nichts Komisches finden.«

Abwehrzauber, die Abwehr böser Geister durch Entblößung der Genitalien oder des Afters. Viele der alten indogermanischen Feste sind A.-Feste, z. B. Holi, das indische Frühlingsfest, und Kajali, das Herbstfest, bei denen »alles erlaubt« ist, um die Geister zu verjagen, die die Fruchtbarkeit der Natur hemmen. Dieselbe Anschauung liegt wahrscheinlich auch dem ausgelassenen Fest Karama bei den drawidischen Völkern zugrunde. Eine Reihe ähnlicher Züge finden wir durch ganz Indien verstreut, da man annimmt, daß die Dämonen beim Anblick von Nuditäten entsetzt fliehen, namentlich wenn abstoßende Häßlichkeit hinzukommt. Auch die Griechen und Römer hatten diesen Aberglauben übernommen. Die Antike dachte, daß das feindliche Auge durch den Anblick des Obszönen derart gefesselt und fasziniert wird, daß es nur mehr das Obszöne sieht und damit für alles andere ungefährlich wird. Erinnert sei, daß selbst Luther sich des Teufels nicht anders erwehren konnte, als daß er ihm den entblößten Hintern entgegenstreckte. Lafontaine ließ ebenfalls in einer seiner Versnovellen den Teufel dadurch vertreiben, daß ihm die Schöne ihren Schoß zeigte. → Dämonomanie, Karneval, Rutenschlagen, Spectrophilie.

Abweichungen, sexuelle, sind außerordentlich schwer zu definieren. Denn jedes Land, jede Altersgruppe, jede Einkommens- und Bildungsstufe hat andere sexuelle Verhaltensformen. Erst wenn diese Formen bekannt sind, läßt sich feststellen, welche sexuellen Praktiken von ihnen abweichen. Selbst bei Sexualverbrechern gehen die wahrnehmbaren Symptome einer psychischen Erkrankung oft auf Angst vor Entdeckung oder Strafe, nicht aber auf einen direkten sexuellen Ursprung zurück. Die → Pathogenese liegt nicht in einer Erkrankung des Organismus, sondern in einer Spannung zwischen Gesellschaft und Individuum. Lebte der Täter in einer Gesellschaft, die seine Prädilektionen erlaubt, statt sie zu verbieten, so gälte er als gesund.

Das ganze Konzept der »Heilung« sexueller A. ist deshalb höchst zweifelhaft. Da wir bis heute nicht wissen, welches sexuelle Verhalten objektiv (also ohne Rücksicht auf das gesellschaftlich oder gesetzlich Erlaubte) gesund oder krankhaft ist, können wir nur auf eine statistische Definition der A. zurückgreifen: Als abweichend gilt, was von der Mehrheit abweicht. Damit ist aber keine ärztliche Diagnose erstellt. Denn was die Mehrheit tut, mag krankhaft, und was der eine tut, der sexuell von der Mehrheit abweicht, mag gesund sein. Eine Gleichsetzung von A. mit Krankheiten muß strengstens vermieden werden. →

Aberratio, Kompensationsabweichungen, Konjunktionsabweichungen.

Abwertung, die Tendenz, den Sexualpartner herabzusetzen, wenn man mit ihm allein ist (meist gepaart mit der Tendenz, ihn anderen Menschen gegenüber zu preisen). Nach außen hin versuchen wir meist, uns mit den Federn des geliebten Menschen zu schmücken. Privat dagegen versuchen wir, ihn abzukanzeln, um dadurch unsere Unabhängigkeit von sexueller Hörigkeit zu betonen. → Androphobie, Antifeminismus, Frauenhaß, Gynäkophobie, Infibulation, Kampf der Geschlechter, Kastrationsangst, Männerhaß, männlicher Protest, Misandrie, Misogynie, Paradoxia sexualis, Penisneid, Sexualmoral, gezahnte Vagina.

Achnutschik, grönländischer Transvestit, der von Kindheit an als Frau erzogen und gekleidet und mit 10 bis 15 Jahren einem Mann formell angetraut wurde. Vgl.: Basir, Basm, Batscha, Berdache, Bote, Epanga, Galli, Homosexualität, Kedeschim, Knabenehe, Mujadores, Ovashengi, Päderastie, Puer sanctus, Pumea, Schupan, Tempelprostitution, ritueller Transvestitismus, Tschukadn.

Achselhöhlenfetischismus, die sexuelle Reizauslösung durch den Anblick, das Küssen oder die Onanie in der Achselhöhle. Daß dieser Körperteil für viele Männer und Frauen eine hocherogene Zone darstellt, ist bekannt. Die Schweißdrüsen der Achselhöhle verbreiten den sexuell wirksamsten menschlichen Körpergeruch. Der A. jedoch geht weit über das normale Maß des sexuellen Interesses an dieser Körperregion hinaus, indem er ihr den Status eines Genitals gibt. Er operiert entweder in → autoerotischer Weise, indem der Betroffene von dem Geruch und dem Anblick seiner eigenen Achselhöhle in Ekstase versetzt wird (Genet beschreibt dies sehr eindringlich in *Notre Dame-des-Fleurs)*, oder er wirkt in → alloerotischer Weise, indem der Betroffene durch den Anblick, das Ablecken, den Geruch der Achselhöhle eines anderen Menschen zum Orgasmus kommt. Wie bei allen Formen der fetischistischen Alloerotik besteht kein großer Unterschied zwischen der homosexuellen und der heterosexuellen Variante des A. Beim voll entwickelten A. erfolgt kein Koitus: der Patient onaniert entweder in die Achselhöhle seines Partners oder kommt zu spontanem Orgasmus beim Anblick, Geruch oder der Berührung der Achselhöhle, also ohne jedwede genitale Berührung. → Fetischismus, Perspirationsfetischismus, Sekretionsfetischismus.

Actus brevis [lat.: kurzer Geschlechtsakt], Synonym für → Ejaculatio praecox und Impotentia nervosa irritativa.

Adam [hebr.: Mann], nach 1. Mose 1-4 der erste Mensch. Erst in der Theologie des Paulus (Röm. 5,14; 1. Kor. 15,45) tritt A. als Urheber der Sünde und des Todes hervor und wird in einen Gegensatz zu Christus, dem »Zweiten Adam«, gebracht. A. wird → androgenetisch von Gott geschaffen, indem dieser ihn aus Lehm modelliert und ihm dann den lebenden »Odem« einbläst. A. ist der erstgeborene Mensch und hat deshalb natürlichen Vorrang vor der Frau, die als Zweitgeborene von ihm abhängig ist. Da sie aus seiner Rippe geschnitzt worden ist, kann sie nur als Teil des A. existieren.

Diese Legende ist von den Bibelvätern als gezielte Umkehr der älteren, bis dahin herrschenden Schöpfungsgeschichte, nach der die Frau die Erstgeborene ist, erfunden worden. Nach der früheren Legende erzeugte die Urmutter → parthenogenetisch den Mann als ihren Sohn, paarte sich → inzestuös mit ihm und schuf so den Rest der Menschheit. Die Juden hatten diese mutterrechtliche Urform der Schöpfungsgeschichte aus der babylonischen Gefangenschaft mitgebracht. In der talmudischen Überlieferung taucht ein babylonisches Segment auf, das sich mit der Schaffung der Urmutter → Lilith befaßt. Sie ist die Erstgeborene, A. der Zweitgeborene, aber sie wird wegen ihrer Herrschaftswünsche vom Talmud in einen Vampir verwandelt und in die Unterwelt verdammt.

Die biblische Metamorphose des alten babylonischen Mythenmaterials spiegelt den Kampf einer männlichen Priesterkaste gegen das bis dahin herrschende Priesterprivileg der Frau wider und zeigt die Nutzung des geschriebenen Wortes für den Aufbau des patriarchalischen Zeitalters.

Adamsfeste [frz.: fêtes d'Adam] nannte Philipp II., Herzog von Orléans (1674-1723), die Nacktbälle, die er als Regent Frankreichs (1715-1723) zur »Aufklärung« des zukünftigen Königs gab. Ludwig XV. (1710-1774) war fünf Jahre alt, als die Regentschaft begann, wurde mit 13 Jahren mündig und heiratete bereits mit 15. Die A. begannen 1720, als der Knabe zehn Jahre alt war, und endeten 1723, als er das 13. Jahr erreichte. Die Zulassung zu den A. galt als große Ehre. Die Gäste kamen oft mit nichts als Schuhen, Hüten und Pelzmänteln bekleidet oder entkleideten sich in einem der Räume des Palais Royal oder des Schlosses von Saint-Cloud. Für den König wurden stets gleichaltrige Mädchen eingeladen, die die Kopulationen der Erwachsenen zu imitieren suchten. Der Gastgeber war der Erfinder des Wortes *roué,* das in den französischen Sprachgebrauch im Sinne von »Wüstling« übergegangen ist, damals aber als Lob im Sinne von »welterfahren« galt. Er versuchte, seine Tochter, die Herzogin von Berry, mit der er selber in einem inzestuösen Liebesverhältnis stand, zur Mätresse des Königs zu machen. Dies mißlang, als der Herzog von Bourbon die jugendliche Tochter des verstoßenen Königs von Polen, Maria Lesczynska, mit dem König verkuppelte. Das Resultat dieser jugendlichen Ausbildung in den Praktiken des sexuellen → Pluralismus zeigte sich später in dem Bedürfnis des Königs, sich seinen eigenen → Hirschpark einzurichten. → Kreisorgie, Orgie, Partouze, Petit Érmitage, Petite Société, Pluralismus, Rehane, Schauorgie.

Aderlaß, die chirurgische Öffnung einer Ader, um Blut zu entziehen, galt vom Alterum bis ins hohe Mittelalter als Allheilmittel. Besonders in den Klöstern wurde regelmäßiger A. vorgenommen, um die »bösen Lüste« hinauszulassen. Nun besteht zwar tatsächlich ein Zusammenhang zwischen hohem Blutdruck und Sterblichkeit, aber der A. stellt keinerlei Kur dar und hat deshalb hauptsächlich symbolische Bedeutung. Masochisten haben stets dazu geneigt, sich Blut abzapfen zu lassen, und Sadisten haben stets lustvolle Gefühle beim Anblick des A. bei anderen Menschen empfunden, so de Sades Graf Germande im 3. Band der *Justine,* der nur dadurch zum Orgasmus gelangen kann, daß er Frauen Blut abzapft. Dabei bringt er endlich seine eigene Frau um, indem er sich an der Verblutenden befriedigt. Brierre de Boismont berichtet in ähnlicher Weise von einem Offizier, der seiner Gebliebten an den Genitalien und am After Blutegel ansetzte und nur so zum Orgasmus kommen konnte *(Gazette médic. de Paris,* 1849, S. 560). Krafft-Ebing berichtet über den Parallelfall der Frau, die ihrem Ehemanne zahlreiche Schnittwunden an den Armen beibrachte, um sein Blut vor dem Koitus zu saugen, da sie ohne dieses Vorspiel keinen Orgasmus erreichen konnte. Hier liegt zweifellos der Ursprung der Vampirlegende (→ Vampirismus) und des Werwolfkults (→ Lykanthropie). Siehe auch die talmudische Legende von Adams erster Frau, → Lilith, die aus der vaterrechtlichen Welt des frühen Judentums verbannt wurde, weil sie unwiderstehlich war und sich dadurch zur Herrin über die Männer machte. Um sie zu verteufeln, erfanden diese die verleumderische Behauptung, sie sei ein → Vampir und lebe vom Blut ihrer Geliebten. → Introjektion, Venaesectio.

Adhärenzfetischismus [lat.: adhaerere=anhaften], ein von Hirschfeld geprägter Ausdruck, der die ganze Gruppe der → Kleidungsfetischismen unter einen Gemeinnenner bringen wollte. Er unterscheidet den A.

vom → Kohärenzfetischismus (worunter er die Gruppe jener → Fetische versteht, die direkt auf der Haut liegen, also sozusagen »kohärieren«). Zum A. gehören die folgenden Fetischismen: → Gürtelfetischismus, Handschuhfetischismus, Hutfetischismus, Kleiderfetischismus, Klerikalfetischismus, Knopf- und Reißverschlußfetischismus, Korsettfetischismus, Krawattenfetischismus, Maskenfetischismus, Regenmantelfetischismus, Rétifismus, Schuhfetischismus, Sporenfetischismus, Strumpfbandfetischismus, Strumpffetischismus, Trauerfetischismus, Uniformfetischismus, Wäschefetischismus. Vgl.: Gummifetischismus, Hephephilie, Lederfetischismus, Pelzfetischismus, Stoffetischismus, Transvestitismus.

Adoleszent [lat.: adolescens=heranwachsend], Heranwachsender. Als solcher gilt nach bundesdeutschem Recht, wer 18 und noch nicht 21 ist.

Adoleszenz, Endphase der Jugend, Übergangszeit zum Erwachsenenalter. Juristisch in der BR die Zeit vom 18. bis zum vollendeten 20. Lebensjahr.

Adspektprostitution [lat.: adspectus=Anblick; prostibulum=Dirne], die Darbietung sexueller Handlungen für zahlende Zuschauer. → Striptease ist in diesem Sinne eine Form der A. Gemeint ist aber mit dem Begriff der A. meistens die Vorführung von sexuellen Handlungen in einem → Bordell: Lesbischer Verkehr, Verkehr mit Tieren, Verkehr zu dritt und so weiter. Die Franzosen nennen solche Handlungen *poses,* die Engländer *circus.* A. gab es schon im alten Hellas (→ Symplegma) und Rom (→ Spintrien). Die Adspektprostituierten haben keinen physischen Kontakt mit ihren Kunden. Sie sind nur erotische Schauspieler. Es gibt aber auch Bordelle, in denen männliche und weibliche Prostituierte mit ihren Kunden vor den Augen anderer Kunden verkehren. Das ist pluralistische Prostitution (→ Pluralismus), nicht A.

adult [lat.: adultus=erwachsen], in der Sexualmedizin: erwachsen, geschlechtsreif.

Adulta, im medizinischen Vokabular: die erwachsene Frau.

Adultus, im Medizinerlatein: der erwachsene Mann.

Aequisexualität [lat.: aequus=gleich; sexus=Geschlecht], Gleichgeschlechtigkeit, gleichgeschlechtliche Liebe, ein Synonym für → Homosexualität.

Affekt [lat.: affectus=Leidenschaft], starkes Gefühl positiver oder negativer Art.

Affekt, sexueller, geschlechtliche Leidenschaft aller Art, von Begierde

(Lust) bis zum Ekel (aktive Unlust).

Affekthandlung, sexuelle, aus sexueller Leidenschaft begangene (strafbare) Handlung.

Affektillusion, sexuelle, sexuell verursachte Sinnesverwirrung.

Affektinkontinenz, sexuelle [lat.: incontinentia=Ungenügsamkeit, Begehrlichkeit], sexuell motivierte Unfähigkeit, Affekte und die von ihnen erzeugten Handlungen unter Kontrolle zu halten.

Affektkrampf, sexueller, sexuell motivierter Lach-, Schrei- oder Weinkrampf.

Agape [gr.: Liebesmahl], das christliche Konzept der selbstlosen, nichtsinnlichen, an das »Herrenmahl« erinnernden Nächstenliebe, im Gegensatz zur → Erotik, der sinnlichen (aber nicht der Fortpflanzung dienenden), und der → Sexualität, der geschlechtlichen Liebe.

Aggressionsinversion [lat.: Angriffsumkehrung], nach innen gerichtete Aggression, eine Form des → Masochismus. Von manchen Sexologen auch im falschen Sinne als → Metatropismus verstanden.

Aggressionstrieb, ein 1908 von Alfred Adler geprägter Begriff, ist nach Freud ein unerläßlicher Trieb des Menschen, der unserer Evolution aus dem tierischen Stadium zugrunde liegt und zu jeder schöpferischen Leistung des Menschen beiträgt. Um den Anforderungen der menschlichen Gesellschaftsbildung zu genügen und eine Kultur aufzubauen, verbindet sich der A. mit dem → Lebenstrieb des Menschen und stellt in dieser Verbindung die eigentliche Triebkraft der Zivilisation dar. Die »Eroberung« einer Frau durch einen Mann, aber auch die eines Mannes durch eine Frau, bedarf des A. Jede Paarung besteht aus einer oszillierenden Dialektik zwischen A. und Hingabe, bei der die Frau von Zeit zu Zeit ebenso des A. fähig sein muß wie der Mann der Hingabe. Verbindet sich der A. aber mit dem → Todestrieb, so wendet er sich gegen den eigenen Körper und zerstört ihn (→ Automasochismus). Exzesse des A. entstehen stets dann, wenn er sich vom Lebenstrieb loslöst und sich selbständig macht: im Mord, im Krieg, im → Sadimus. Von der empirischen und kritischen Sexualwissenschaft unserer Tage wird die Existenz eines A. nicht mehr postuliert, da langjährige Testreihen ergeben haben, daß im sexuellen Verhalten des heutigen Großstadtmenschen kaum noch Triebhandlungen nachzuweisen sind und daß Aggression sowohl gesellschaftlich ermutigt wie auch gesellschaftlich tabuiert werden kann. In fast allen Fällen, selbst bei »perversen« Handlungen, erweist sich sexuelle Aggression nicht als erbbiologisches Verhalten, sondern als individuelle Reaktion auf spezifische soziale Ermutigungen oder spezifische soziale Verbote.

Agnaten [lat.: agnati], nach germanischem Recht alle Blutsverwandten, die in männlicher Linie vom gleichen Stammvater abstammen. Im römischen Recht aber auch zusätzlich alle Nichtverwandten, die dem gleichen → Pater familias unterstehen. In der heutigen Stammeslehre ist die germanische Definition übernommen worden. Synonym: patrilineare Blutsverwandte. Vgl.: Kognaten.

Akme [gr.: Höhepunkt], der Gipfel des → Orgasmus. Vgl.: Detumeszenz, Ejakulation, Endlust, Klimax, Klitoralorgasmus, Koitus, Vaginalorgasmus.

Akroposthitis → Posthitis.

Aktivität und Passivität im Geschlechtsverkehr sind umstrittene Fragen. Die amerikanische Frauenärztin Barbara Bross sagt, daß der patriarchalische Mann im Geschlechtsverkehr stets unbefriedigt bleibt, wenn er ihn nicht als einen Kampf erleben kann. Er will die Frau »erobern«. Sie soll vor ihm »kapitulieren«. Er will kein »leichtes« Mädchen. Er will eine Frau, die es ihm schwer macht. »Nie war der Mann unglücklicher als in jenen Zeiten der Geschichte, in denen die Frauen töricht genug waren, ihn beim Wort zu nehmen und sich selbst zu passiven Werkzeugen seiner Wünsche zu machen. Sie lagen still und taten, als empfänden sie nichts. Und in der Tat – wenn du still liegst und nichts tust, wirst du früher oder später jede Empfindung verlieren. Wir lernen durch Handeln. Wir empfinden beim Handeln. Wir können uns nicht verwirklichen, wenn wir nicht handeln.

Wenn ein Mann seine ganze Zeit damit verbringt, seinen Lebensunterhalt zu verdienen oder in einem Krieg zu kämpfen oder was immer dein Mann in dieser Männerwelt tun mag, dann hat er nicht viel Zeit, das Lieben zu lernen. Im Gegensatz zu der herrschenden Meinung sage ich deshalb, daß es bei dir, der Frau, liegt, die bessere Liebhaberin zu sein, die erfahrenere, die aktivere. Das ist die eine Ebene des Handelns, auf der du die Inaktivität ausgleichen kannst, zu der die männliche Gesellschaft dich in der zweiten Hälfte des zwanzigsten Jahrhunderts verdammt hat.

Der Mann braucht nicht immer zu gewinnen. Aber du mußt ihm Gelegenheit geben, zu kämpfen. Das ist ein männliches Ritual. Kein Mann in dieser patriarchalischen Gesellschaft kann sexuell glücklich sein, wenn er diesem Ritual nicht folgen darf. Und obwohl das Kämpfen als solches der weiblichen Psyche fremd ist, muß die Frau ihrem Mann Gelegenheit geben, sich in einem solchen Kampf selbst zu beweisen. Auch sie muß kämpfen. Aber du mußt mit weiblichen Waffen kämpfen, mit jeder Geste deines Körpers, jeder Bewegung deiner Hüften, mit deinen Augen und Lippen, deinen Brüsten und Schenkeln, mit der Art, dich an- und auszukleiden, der Wahl deiner Kleidung und Wäsche, mit dem, was du sagst, und dem, was du unausgesprochen läßt, mit dem, was du enthüllst und was du verbirgst, was du gewährst und was du verweigerst.«

Je stärker der patriarchalische Mann ist, je kräftiger, selbstsicherer und voller Selbstvertrauen, desto mehr hofft er, ohne sich dessen bewußt zu sein, daß die Frau, die er liebt, ihn »besiegt«, Homer konnte sich seine männlichsten Helden beim Liebesakt nur so vorstellen, daß der Mann ausgestreckt auf dem Rücken lag und die Frau, das Gesicht ihm zugewandt, auf ihm saß. In jeder Zivilisation der Welt, unsere eigene beim gegenwärtigen Stand der Geschichte ausgenommen, ist der Sexualakt, bei dem die Frau auf dem Rücken liegt und der Mann auf ihr, entweder unbekannt, oder er gilt als unbedeutende und einigermaßen komische Position. Und das mit Recht: es ist eine der für sexuellen Genuß am wenigsten wirkungsvollen Positionen, die Menschen sich je ausgedacht haben. → Männlichkeit, Weiblichkeit.

Akzeleration [lat.: accelerare = beschleunigen], das merkwürdige Phänomen, daß die sexuelle Reife des Menschen seit Anfang der industriellen Revolution stetig früher eintritt, die intellektuelle Reife dagegen immer später einzutreten scheint. Schon die geburtliche Entwicklung ist beschleunigt. Die Längen- und Gewichtsmaße des Fötus im Mutterleib zeigen Jahr um Jahr frühere Phasenentwicklung. Die erste Zahnung liegt um Monate früher als bei den Kindern der Jahrhundertwende. Kinderkrankheiten treten früher auf. Zu vegetativen Regulationsstörungen kommt es heute in einem Alter, in dem sie früher unbekannt waren. Überall, wo genügend Nahrung vorhanden ist, sind die Kinder größer als ihre Eltern. In der gesamten Menschheit ist eine Verschiebung des Körpertypus zum leptosomen Charakter festzustellen. Da diese Entwicklungen heute nicht nur in Europa und Amerika, sondern auch in Japan, Indien, Südafrika, China und Indonesien auftauchen, lassen sie sich nicht als Mutation der kaukasischen Völkerstämme erklären. Die Begründung muß in der Industrialisierung und Urbanisierung des Menschen liegen. Der größere Wuchs darf hierbei auch nicht als ein Zeichen besserer Gesundheit aufgefaßt werden. Im Gegenteil, der größere, schlankere Typus ist oft krankheitsanfälliger als der kleinere, stämmigere Typus der vorindustriellen Zeit. Außerdem erzeugt die Vorverlegung der sexuellen Reife außerordentliche Konflikte mit der Rückverlegung der intellektuellen Reife, obgleich diese kein absolutes, sondern ein relatives Phänomen ist. Der Mensch wird nicht dümmer, aber die Umwelt wird komplizierter, so daß es jeder Generation schwerer wird, die Umwelt zu meistern. Erst spät im Leben gelingt es (falls überhaupt), die Kompliziertheit der Umwelt zu verstehen. Zur Zeit der Renaissance war es außergewöhnlich talentierten Individuen möglich, sich zu Universalgenies zu entwickeln, aber nur deshalb, weil Wissenschaft, Kunst, Philosophie und Politik noch eine gewisse Allgemeingültigkeit hatten. Die Welt war weder so kompliziert noch so spezialisiert, daß selbst das Genie sie nicht mehr fassen konnte. Heute jedoch leben wir in einer Welt von Spezialisten. Reife bedeutete nicht mehr Verständnis der Welt, sondern nur noch die Fähigkeit, jenen winzigen Teil der Welt zu verstehen, in dem man beruflich arbeitet. Hierdurch wird die Krisenzeit der Pubeszenz um mindestens vier Jahre verlängert. Die Geschlechtsreife beginnt zwei Jahre früher, die geistige Reife zwei Jahre später. Dabei darf der Beginn der geistigen Reife nicht mit ihrer Vollendung gleichgesetzt werden. Daß der Mensch stirbt, ehe er auch nur annähernd die Potenz seines Denkvermögens erreicht hat, ist heute eher die Regel als die Ausnahme.

akzessorische Geschlechtsmerkmale [lat.: accedere = hinzukommen], die »zusätzlichen« Geschlechtsmerkmale; jene, die zu den Geschlechtsteilen und den Fortpflanzungsorganen hinzukommen. Der Begriff wird von den meisten Autoritäten mit → sekundären Geschlechtsmerkmalen gleichgesetzt. Die a. G. der Frau sind: Brüste, breites Becken, präzis eingegrenztes Schamhaar, kein Körperhaar, kein Barthaar, kein Adamsapfel, kleinerer Körperwuchs als der Mann, weniger breite Schultern. Die a. G. des Mannes sind: Adamsapfel, Körperbehaarung, Barthaar, bis zum Nabel ansteigendes Schamhaar, größerer Körperwuchs als die Frau, breitere Schultern, engeres Becken. Außerdem bestehen akzessorische Unterschiede der Geschlechter im Atmungssystem und in zahllosen anderen Eigenschaften, die zur Zeit, als das Wort a. G. geprägt wurde, noch nicht bekannt waren. Der Begriff ist eurozentristisch, weil viele der hier angegebenen a. nur auf Europäer zutreffen.

Albigenserkriege [nach der Stadt Albiga, dem heutigen Albi] nannte man den tragischen Turnus von Bürgerkriegen, der die blühende Zivilisation der Provence auslöschte und sämtliche Spuren ihrer Kultur systematisch vernichtete. Unter dem Einfluß → gnostischer und → manichäischer Denker war in der Provence Anfang des 11. Jahrhunderts eine ritterliche Kultur entstanden, die von Paris und Rom als eine wachsende Gefahr angesehen wurde – weniger wegen ihrer religiösen Lehre, des → Katharismus, als wegen der wachsenden Macht, die die Ritter dieses reichsten Teils Frankreichs auszuüben begannen. Im Jahre 1209 begann Papst Innocenz III. im Einvernehmen mit dem nordfranzösischen Adel einen Kreuzzug gegen die Albigenser, der zwanzig Jahre später mit dem Vertrag von Paris und der Zerstörung aller Dokumente und Glaubensbekenntnisse der → Katharer endete. Da die Provence die Heimat der → Troubadoure war, bedeutete der Triumph des Nordens auch das Ende der französischen Urform der → Minnelyrik. Vgl.: Gnosis, Manichäismus.

Alcahueta, seit dem 13. Jahrhundert in Spanien die Kupplerin oder Heiratsvermittlerin. Nach den spanischen Gesetzen von 1260 gab es fünf Arten von alcahuetas: die Puffmütter; die Vermittlerinnen; die Sklavenhändlerinnen; die Vermieterinnen von Wohnungen für unsittliche Zwecke; die Mütter, die ihre Töchter verkuppelten. Vgl.: Abbesse, Äbtissin, Appareilleuse, Aufführdame, Ausschütterin, Blondinenlieferantin, Bordellbesitzerin, Chaperonnière, Duegna, Einheimerin, Einstößerin, Frauenmeisterin, Frauenwirtin, Hushelterin, Magistra, Maquerelle, Matrone, Puffmutter, Regina bordelli, Rippelreiger, Trüllerin, Verwerrin.

Alcahuete, der → Zuhälter im Spanien des 13.–15. Jh. Im Jahre 1469 erließ Heinrich IV. ein Gesetz, das den spanischen Prostituierten grundsätzlich verbot, Liebhaber zu halten und zu ernähren.

Algolagnie [gr.: algos = Schmerz; lagnaia = Wollust], Schmerzlust oder Schmerzgeilheit, ein von Eulenberg geprägtes Synonym für → Sadomasochismus. *Aktive A.,* ein von Schrenck-Notzing geprägtes Synonym für → Sadismus. *Passive A.,* Schrenck-Notzings Synonym für → Masochismus.

Algopareunie [gr.: algos = Schmerz; pareune = Paarung], Paarungsschmerz, psychische oder physische Koitusschmerzen. → Hymenismus, Priapismus, Vaginismus.

Alibido [gr.: a = un; lat.: libido = Lust], Unlust, ein von Gutheil geprägtes Synonym für → Frigidität.

Alimentation [lat.: alimentarius = unterhaltsberechtigt], in der deutschen Rechtssprechung normalerweise die Unterhaltsbeiträge, die der Vater eines Kindes der Mutter zahlen muß, um das Kind aufzuziehen. Die Alimentationspflicht tritt bei → Unehelichkeit, Scheidung oder Ehetrennung ein. Nach bundesdeutschem Recht kann auch die erwerbstätige oder vermögende Mutter zur A. eines Kindes herangezogen werden, das einem erwerbsunfähigen oder weniger vermögenden Vater zugesprochen worden ist. Die Frage, welchem Elternteil die Kinder zugesprochen werden sollen, ist umstritten. Soll die Mutter die Kinder haben, weil der Vater, wenn er erwerbstätig ist, meist nicht in der Lage ist, sich dem Kind zu widmen? Oder soll der unschuldige Ehegatte die Kinder haben, wenn die Mutter sich als unfähig erwiesen hat, die Ehe zu respektieren? Bedeutet Schuld im Scheidungsprozeß aber stets Schuld dem Kind gegenüber? Kann eine Mutter, die Ehebruch begeht, nicht trotzdem eine gute Mutter sein? Andererseits gibt es zahlreiche Mütter, die von Natur aus unfähig sind, Kinder zu erziehen, und es ist gewöhnlich dieser Typ, und nur dieser Typ, der überhaupt auf Scheidung klagt, wenn kleine Kinder da sind. Dann ist sogar ein geschiedener Vater für das Wohlergehen dieser Kinder besser als eine solche Mutter. Wenn der Vater so vernünftig ist, zum zweiten Male zu heiraten, und dabei eine so gute Wahl trifft, daß seine zweite Frau die Kinder aus erster Ehe behandelt, als seien es ihre eigenen, dann sind die Kinder bei ihm im allgemeinen besser aufgehoben als bei der Mutter. Aber wer kann eine solche Ehe vorhersehen, wenn das Gericht über das Schicksal der Kinder entscheidet? Die amerikanische Gynäkologin Barbara Bross beantwortet die Frage mit charakteristischer Direktheit: »Meines Erachtens sollten solche Entscheidungen überhaupt niemals endgültig sein. Sie sollten in regelmäßigen Zeitabständen überprüft werden. Entsprechend sollte auch die Frage des Unterhalts offengelassen werden. Wir können als Frauen nicht vorgeben, für gesetzliche und wirtschaftliche Gleichstellung zu kämpfen, und dann kehrtmachen und behaupten, wir wären schwache Geschöpfe, die sich nicht selbst ernähren können. Entweder ist es uns ernst, wenn wir von unserem Verlangen sprechen, dem Manne gleichgestellt zu sein – doch dann müssen wir das gegenwärtige Alimentensystem aufgeben –, oder wir wollen uns ernähren lassen und müssen dann eben aufhören, von Gleichheit zu reden. Wenn Unterhaltspflicht und Alimente in den Gesetzesbüchern erhalten bleiben sollen, kann das meiner Meinung nach nur geschehen, wenn sie gleichermaßen auf beide Geschlechter angewandt werden. Eine Frau sollte verpflichtet sein, ihren bedürftigen Ex-Ehemann zu unterstützen, wenn sie selbst gut verdient und der Mann durch Unfall oder Krankheit nichts verdienen kann. Entsprechend sollte sie gezwungen sein, die Kinder zu ernähren, selbst wenn sie ihm zugesprochen wurden, falls sie viel verdient und er wenig. Dies ist der geringste Preis, den wir als Frauen zu zahlen bereit sein sollten, wenn unser Ruf nach Gleichberechtigung nicht zum Gespött der Männer werden soll.« → Gleichberechtigung, Unterhaltspflicht.

Alloerotik, Alloerotismus [gr.: alloios = anders; eros = Liebe], die sexuelle Betätigung an einem anderen Körper, im Gegensatz zum → Autoerotismus, der sexuellen Betätigung am eigenen Körper. Beide Begriffe sind 1899 von Sigmund Freud eingeführt worden. Vgl.: Alloiophilie, Dionäismus, Gynäkerastie, Heterosexualität, Normalität.

Alloiophilie [gr.: alloios = anders; philia = Liebe], Zuneigung zum anderen Geschlecht, Synonym für → Heterosexualität.

Alphonse pflegte der deutsche Volksmund in den 1920er Jahren den → Zuhälter zu nennen. → Apache, Essayeur, Lanceur, Louis, Maquereau, Souteneur.

Alpminne, der Glaube an Geschlechtsverkehr zwischen Menschen und Geistern. In Südosteuropa herrscht noch immer in manchen ländlichen Gegenden die Überzeugung, daß der »Alp« oder »Nachtmahr« schlafende Menschen vergewaltigt und ihnen dabei ihre Fruchtbarkeit raubt. Manche Zigeunerstämme glauben, daß eine schwangere Frau, die von einem Alp im Schlaf genotzüchtigt wird, ein totes Kind zur Welt bringt. Der Glaube ähnelt der inquisitorischen Fahndung nach → Incubi und → Succubi. In Wirklichkeit liegt eine Art Dämonenfetischismus vor, bei dem der Alp oder Nachtmahr sowohl als Fetisch wie als Antifetisch der Frau dient. → Dämonomanie, Dämonophilie, Elben, Incubus, Lykanthropie, Nosferatu, Spectrophilie, Succubus, Vampirismus, Wechselbalg.

Alterssexualität. Es ist eines der bestgehüteten Geheimnisse des Liebeslebens, daß Menschen über Vierzig eines haben. Tatsache ist, daß gesunde Menschen selbst in ihren Sechzigerjahren nicht nur eines aktiven Sexuallebens fähig sind, sondern manchmal ein aktiveres als die Twens führen. Die gesunde Frau, die ihr Klimakterium erreicht und überschritten hat, entwickelt fast stets eine befreite und rege Geschlechtlichkeit. Ihr Bedürfnis geht über den zweimaligen Koitus pro Woche hinaus, den Luther als Norm des Ehelebens bezeichnet hat. Der gesunde Mann des gleichen Alters hat meist ein entsprechendes Bedürfnis. Die Tragödie des bürgerlichen Lebens ist nun aber, daß Ehepartner dieses Alters meist nicht mehr sexuell aneinander interessiert sind, so daß in diesem Lebensalter die größte Frustration des Geschlechtslebens einsetzt. Da nur sehr wenige Menschen in diesem Alter den Mut haben, jüngere Menschen als Geschlechtspartner zu suchen, verschwendet die bürgerliche Gesellschaft die potentiellen Energien ganzer Altersklassen. Denn die Arbeitsfähigkeit des Menschen steht im direkten Verhältnis zu seiner Sexualität. Je früher er aufhört, ein aktives Sexualleben zu führen, desto früher verliert er seine Arbeitsfähigkeit. Männer und Frauen, die in ihren Fünfziger- und Sechzigerjahren das Glück haben, Geschlechtsverkehr mit jüngeren Menschen führen zu können, zeigen erfahrungsgemäß eine außerordentliche Verlängerung ihrer produktiven Tätigkeit. Sie brauchen weder pensioniert noch steuerlich subventioniert zu werden. Sie bleiben fähig, nahezu jede Tätigkeit aufzunehmen, die die Gesellschaft normalerweise für jüngere Altersgruppen reserviert. Eine Nation, die an der bestmöglichen Verwendung der verfügbaren Arbeitskräfte interessiert ist, sollte deshalb alles Erdenkliche tun, um das Sexualleben der Männer und Frauen über Fünfzig interessant zu machen.

Bertrand Russell sagte einmal: »Eine Ehe, die mit leidenschaftlicher Liebe beginnt und zu Kindern führt, die erwünscht sind und geliebt werden, sollte ein so festes Band zwischen Mann und Frau knüpfen, daß sie etwas unendlich Kostbares in ihrem Verhältnis empfinden, auch wenn sich die sexuelle Leidenschaft gelegt hat, und sogar wenn einer oder beide sexuelle Leidenschaft für jemand anderen empfinden . . . Eine Gemeinschaft, die viele Jahre gedauert und durch viele tief empfundene Ereignisse geführt hat, ist so reich und angefüllt, wie es die ersten Tage der Liebe nie sein können, so beglückend sie auch sein mögen. Und jeder Mensch, der würdigen kann, wie die Zeit die Werte steigert, wird eine solche Gemeinschaft nicht leichtfertig für eine neue Liebe wegwerfen . . .«

Es gibt für eine Frau nur wenige Dinge, die schöner sind, als würdevoll an der Seite eines würdevoll alternden Mannes alt zu werden. Die Spannungen des Lebens lassen allmählich nach. Die Versuchungen ebben ab. Aber die Weisheit derjenigen, die alle Spannungen durchlebt und alle Versuchungen gekannt haben, ist voller Glanz und überträgt sich auf andere. Junge Menschen, die ihre eigenen Eltern als altmodisch ablehnen, überspringen oft eine Generation und wenden sich ihren Großeltern oder anderen Menschen vom Alter ihrer Großeltern zu. Das Interesse, die Sympathie, der Respekt dieser jungen Menschen sind die größte Belohnung, die ein Mensch für die Leiden erhält, die er im Leben erduldet hat. Denn jedes dieser Leiden ist eine Erfahrung, die erst der übernächsten Generation hilft. Junge Menschen haben einen unfehlbaren Sinn für Echtheit. Wer ein volles Leben gelebt hat, stellt für die Jugend einen ganzen Menschen dar. Wer ein erfülltes Leben hinter sich hat, verspürt keine Reue. Und junge Menschen nehmen sich stets die Menschen als Vorbilder, die nichts zu bereuen haben. Deshalb wird die Alterssexualität stets von dem geprägt, was vorausgegangen ist. Man kann im Alter vieles tun, wofür man in der Jugend keine Zeit gehabt hat. Aber man kann niemals die sexuellen Erlebnisse nachholen, die man verpaßt hat. Wer in seiner Jugend zuwenig geliebt hat, wird zu keiner Zeit des Lebens mehr frustriert sein als im Alter, wenn er entdeckt, daß er Ruhm und Geld erreicht, das Beste im Leben aber verpaßt hat. → Gefährliches Alter, Klimakterium, Menopause.

Altes Testament und Sexualität → Adam, Eva, Kedeschim, Lilith, Sündenfall.

Amasius [lat.: Liebhaber], männlicher Prostituierter im alten Rom.

Ambierastie [lat.: ambiguus = schwankend gr.: erastes = Liebhaber], ein von Friedländer geprägtes Synonym für Bisexualität. In seinem Werk *Renaissance des Eros uranios* schlug er vor, die Menschen in Ambierasten (Bisexuelle), Gynäkerasten (Heterosexuelle) und Päderasten (Homosexuelle) einzuteilen. Vgl.: Ambisexualität, Amphierotik, Biamanten, Bisexualität, Doppelgeschlechtlichkeit, Drehpunkt, Drittes Geschlecht, Geschlechtsübergänge, Hermaphrodit, Intersexualität, Panhermaphroditismus, Seelenzwitter, Trisexualität, sexuelle Zwischenstufen.

Ambisexualität [lat.: ambiguus = schwankend; sexus = Geschlecht], ein von Ferenzci geprägter Begriff, der die Fähigkeit ausdrücken soll, beide Geschlechter zu lieben. → Ambierastie, Amphierotik, Amphigen, Amphiphilie, Biamanten, Bisexualität, Doppelgeschlechtlichkeit, Drehpunkt, Drittes Geschlecht, Geschlechtsübergänge, Hermaphrodit, Intersexualität, Panhermaphroditismus, Seelenzwitter, Trisexualität, sexuelle Zwischenstufen.

Ambivalenz [lat.: ambiguus = schwankend; valor = Wert], Doppelwertigkeit, schwankende Wertigkeit, gleichzeitige Anwesenheit entgegengesetzter Werte. In der Sexualwissenschaft: ein von Eugen Bleuler (1857–1939) geprägter Begriff, der das gleichzeitige Wirken von Lust und Unlust, Liebe und Haß, Paarungswunsch und Ekel, Geschlechtstrieb und Schuldgefühl, Geilheit und Scham ausdrücken soll. Die A. ist ein spezifisch patriarchalisches Phänomen. Sie tritt in → matristischen Kulturen nur äußerst selten auf. Andererseits ist sie auch ein Kennzeichen stark hierarchischer Gesellschaftsordnungen. In klassenlosen

Subsistenzgesellschaften ist sie unbekannt. Sie bildet sich in frühester Kindheit aus dem Widerspruch zwischen den libidinösen Wünschen des Kindes und dem restriktiven Erziehungseinfluß der Eltern. Hat sich diese unselige Allianz gesunder und kranker Faktoren erst einmal in der Psyche des Kindes eingenistet, so läßt sie sich kaum noch aus der des Erwachsenen entfernen. Wird die A. nicht in der→ genitalen Phase überwunden, so kann sie zur Schizophrenie führen.

Amicus [lat.: Freund] nannte man im Mittelalter den Zuhälter. → Alphonse, Aufmacher, Bärentreiber, Frauenmeister, Frauenwirt, Freihat, Freiwirt, Hackerbub, Hurenwirt, Jungfernschaftsprokurist, Kappelbub, Krameltreiber, Louis, Lude, Ludewig, Pilger, Plattenbruder, Pulion, Purlierer, Sponsierer, Stenz, Strawanzer, Strizzi, Töchterwirt, Zutreiber. Vgl.: Amyenhaus.

Ammeisterknechte, östlich und westlich des oberen Rheins im Mittelalter die Stadtknechte, denen die Überwachung der Prostituierten oblag. Sie hatten die Aufgabe, die wöchentlich zahlbaren Zinsen der→ Frauenwirte für die Pacht der → Frauenhäuser einzukassieren, die Verpflegung und den Gesundheitszustand der→ Huren zu kontrollieren, entflohene einzufangen, verschuldete zur Rechenschaft zu ziehen und ortsfremde auszuweisen. → Bettelherr, Capita sexteriorum, Corte delle meretrici, Domini di nocte, Frauenrichter, Gewaltbote, Hurenhaber, Hurenweibel, Profoß, Receveur des filles communes, Roi des Ribauds.

Ammeninzest, ein von Borneman geprägter Begriff, der die lebenslange Bindung mancher Menschen an ihre ehemaligen Ammen ausdrücken soll. Die Beziehung vom Kind zur Amme ist besonders bei beruflich oder gesellschaftlich beschäftigten Eltern oft enger als das zur Mutter. Die Brusternährung bestimmt ja bekanntlicherweise oft die Form aller späteren sexuellen Wünsche. Geruch, Geschmack, Aussehen, Haarfarbe, Augenfarbe, Qualität des Teints und andere Aspekte, die die sexuelle Partnerwahl des erwachsenen Menschen bestimmen, gehen oft auf entsprechende Eigenschaften der Person zurück, die das Kind gesäugt hat, sei es die Mutter oder die Amme. Dazu kommt, daß viele Ammen im besten Glauben und ohne sich der Sexualität dieser Praxis bewußt zu sein, ihre Zöglinge masturbieren, wenn diese nicht schlafen wollen oder können, unglücklich sind, schreien oder weinen. Aus dieser Kindheitsonanie, deren Erinnerung meist sehr bald vom Kind verdrängt wird und deshalb um so stärker aus dem Unbewußten heraus wirkt, entstand jene eigentümliche Bindung an die Amme, der ich den

Namen A. gegeben habe, weil sie häufig zur sexuellen Fixierung auf die Amme oder ihr ähnliche Frauen führt. Hier ergibt sich ungewöhnlich oft ein homosexueller A., d.h. eine Unfähigkeit der so erzogenen Frau, je mit einem Manne koitieren zu können. Selbst bei der Wahl ihrer lesbischen Partnerinnen zeigen solche Frauen eine ausgesprochene Vorliebe für ältere Frauen, insbesondere solche, die der ehemaligen Amme in irgendeiner Weise ähneln. Auch der heterosexuelle A. des Mannes zeigt bei der Wahl des Sexualpartners meist eine Suche nach älteren Frauen. (→ Graeophilie, Presbyterophilie). Nicht selten entsteht aber auch eine sexuelle Bindung an die Amme selber. Die Zahl der Männer, die sexuelle Beziehungen zu ihren ehemaligen Ammen unterhalten oder sie sogar heiraten, ist ganz erstaunlich groß. → Blutschande, Inzest, Inzestfetischismus, Mutterfixierung.

Amnesie [gr.: a = nicht, Mangel an; mnesia = Gedächtnis, Erinnerung], Erinnerungsschwund, Gedächtnisausfall.

Amnesie, infantile, die Verdrängung der Ereignisse der ersten Lebensjahre, die in der westlichen Kultur übliche (aber nicht in primitiven Kulturen notwendige) Unfähigkeit des Erwachsenen, sich an die Ereignisse seiner frühen Kindheit zu erinnern. Da die wichtigsten Geschehnisse, die den Menschen für den Rest seines Lebens prägen, während der ersten zwölf Monate stattfinden, ist die infantile Amnesie eine der ernstesten psychischen und psychosexuellen Störungen der westlichen Kultur. Wenn der Mensch nicht in der Lage ist, sich an die frühkindlichen Geschehnisse zu erinnern, die seine sexuelle Partnerwahl als Erwachsener bedingen, ist er ihnen hilflos ausgeliefert und spricht von »Liebe auf den ersten Blick«, wenn es sich in Wahrheit um nichts anderes handelt als um einen Menschen, der in irgendeinem physischen Aspekt (Aussehen, Geruch, Stimme) dem Menschen ähnelt, der uns in unserer frühesten Kindheit lustvolle Sinnesreize vermittelt hat (Streicheln, Wiegen, Liebkosen usw.). Die infantile Amnesie entsteht in der patriarchalischen Kultur aus der → Verdrängung, d.h. aus dem Konflikt zwischen kindlichem Lustbedürfnis und elterlicher oder erzieherischer Leibfeindschaft, und stellt in diesem Sinne die Urform aller späteren Verdrängungsprozesse dar.

Amnesie, puberale, ein von Borneman geprägter Begriff, der nicht mit Freuds Terminus der → infantilen Amnesie zu verwechseln ist. Denn während dieser nur die ersten 5–6 Lebensjahre (von der Geburt bis zur → Latenzphase) erfaßt (und sich bei manchen Analytikern auf das erste Lebensjahr beschränkt), beschäftigt sich die puberale Amnesie mit der im Pubertätsalter einsetzenden Verdrängung aller sexuellen Aktivitäten des Kindes, die vor der Erlangung der Fortpflanzungsfähigkeit liegen.

Amor, der römische Gott der Liebe. Er entspricht dem griechischen → Eros und gilt wie dieser als einer der jüngeren Götter. Da er die Liebe, nicht aber die Zeugung beschützt, hat er keinen Erzeuger. Er ist das Prinzip der Geschlechtlichkeit, nicht der Fortpflanzung. Er ist allmächtig. Keiner der Götter, weder Jupiter, der Göttervater, noch Venus, die in der späteren Kosmogonie des Vaterrechts zur Mutter Amors ernannt wurde, ist gegen ihn gefeit. Er ist mit Bogen, Pfeil und Köcher ausgerüstet, d. h. mit den männlichen Attributen Hoden, Penis und Sperma, und greift damit Mann und Frau an, ist also nicht nur der Gott der heterosexuellen Liebe, sondern auch der der männlichen Homosexualität. *Nicht* beschützt er die weiblichen Homosexuellen, die der Guten Göttin, der → Bona Dea, unterstehen. Die Stellung der Römer dem Amor gegenüber war ebenso zwiespältig wie die der Griechen zum Eros. Jupiter erkannte den Amor schon bei seiner Geburt als Unheilstifter und wollte ihn töten, denn er sah in der Liebe eine blinde Leidenschaft, gegen die weder Götter noch Menschen sich verteidigen konnten. Deshalb wurde Amor oft mit einer Binde vor den Augen dargestellt: Liebe ist blind. Aber Liebe ist auch eine Leidenschaft, und in diesem Aspekt des *Leidens* sah Zeus, der nichts gegen die Sinnenfreude hatte, die Gefahr jener Form der Geschlechtsverbindung, die Eros zustande brachte: eine Verbindung zweier Menschen, die sich der Gemeinschaft entziehen und nur noch füreinander leben. Im Gegensatz zur Romantik, die gerade hierin den Sinn der Liebe sah, erkannten die Griechen darin eine Schädigung der Gemeinschaft. Denn jeder Körper und die Sinnenfreude, die er einem anderen Körper geben kann, gehörten bis zur Heirat der Gemeinschaft. Sich zu verlieben bedeutete deshalb, den Körper der Gemeinschaft zu entziehen. Daraus konnte weder für die Gemeinschaft noch für die beiden Betroffenen etwas Gutes erwachsen. Es war ein Unglück. Die Römer folgten anfangs dieser griechischen Überzeugung und vermuteten deshalb in der Liebe ganz und gar nicht jene positive Kraft, die wir in ihr sehen. Sie betrachteten sie eher als eine Krankheit, einen Wahn (→ Erotomanie), einen Schicksalsschlag. Dies erklärt die Schärfe des Konflikts zwischen Rom und dem Christentum. Denn genau das, was das Christentum verdammte, die reine Sinnesfreude des Geschlechtsverkehrs, betrachteten die Römer als das Gute und Edle an der Liebe. Genau das, was das Christentum erstrebte, die lebenslängliche, ausschließliche Bindung eines einzigen Menschen an einen einzigen anderen Menschen, fürchteten die Römer, weil sie in einer solchen Bindung den Pfeil des Amor, die Wunde der Liebe, den verletzenden und nicht den heilenden Aspekt des Geschlechtsverkehrs sahen.

Amor ereos, ein von dem Arzt Bernhard von Gorden (Bernard de Gordon de Montpellier) Anfang des 14. Jahrhunderts geprägtes Synonym für die Liebe, das oft als Beweis dafür zitiert worden ist, daß das griechische Konzept der Liebe als gemeingefährlicher Wahnsinn noch bis ins 14. Jahrhundert hinein wirkte und daß die Vergötterung der Liebe erst mit den → Katharern und den → Troubadouren begann. Bernhard von Gorden beschrieb die Liebe in seinem *Lilium medicinae,* seiner »medizinischen Fallgrube«, als eine der »melancholicae passiones« und reihte sie in die Gruppe der Gehirnkrankheiten ein. Als Therapie der Liebe schägt er vor, eine möglichst häßliche alte Frau solle dem Verliebten ein mit Menstrualblut beflecktes Hemd der Angebeteten vor die Nase halten und dazu die Worte sprechen: »Talis est amica tua – So ist deine Geliebte!« Vgl.: Erotomanie, Frauenhaß, Misogynie.

Amor lesbicus [lat.: lesbische Liebe], → weibliche Homosexualität, Lesbizismus, Lesbos.

Ampallang [indon.], in den Penis eingesetzte Reizkügelchen, die den Geschlechtsverkehr angenehmer für die Frau machen sollen. Bei den Dajaken auf Borneo gilt die Weigerung des Mannes, einen A. zu tragen, als Scheidungsgrund. Der A. wird vermittels einer in der Pubertät beigebrachten Durchbohrung des Penis eingeführt und im Laufe der Jahre durch immer größere A. ersetzt. Vgl.: Blinde Raae, Guesquel, Kabutodama, Kabutogata, Kampiong, Penis-Inkrustation, Persimbraon, Reizinstrumente, Zuiki.

Amphierotik [gr.: amphi = beiderseits; eros = Liebe], die Fähigkeit, bei beiden Geschlechtern Liebe hervorzurufen.

amphigen [gr.: amphi = beiderseits; genos = Abstammung, Ursprung], zweigeschlechtlich. In der Psychoanalyse spricht man von der amphigenen Entwicklungsphase des Kindes, in der es bisexuell orientiert ist, also sowohl Männer wie Frauen lieben kann, ohne homosexuell zu sein (Sigmund Freud: Gesammelte Werke Bd. V, S. 35; Bd. VII, S. 344).

Amphiphilie. [gr.: philia = Liebe], die Fähigkeit, beide Geschlechter zu lieben. → Ambierastie, Ambisexualität, Biamanten, Bisexualität, Doppelgeschlechtlichkeit, Drehpunkt, Drittes Geschlecht, Geschlechtsübergänge, Hermaphrodit, Intersexualität, Panhermaphroditismus, Seelenzwitter, Trisexualität, sexuelle Zwischenstufen.

Amputationsfetischismus, sexualwissenschaftlicher Begriff, der fünf verschiedene Varianten des → Deformationsfetischismus unter einen Generalnenner zu bringen versucht:

1. Sexuelle Leidenschaft für amputierte Menschen;
2. Die Fetischisierung der Amputation als Objekt;
3. Den Wunsch, seine eigenen Glieder amputieren zu lassen;
4. Den Versuch, sich die Illusion zu geben, amputiert zu sein;
5. Den Wunsch, andere Menschen durch die Vortäuschung einer Amputation zu erschrecken.

1. Sexuelle Leidenschaft für amputierte Menschen. Die Fachliteratur berichtet über zahlreiche Fälle dieser Art. Fast stets gehen sie auf ein formatives sexuelles Erlebnis in der Kindheit zurück, bei dem ein amputierter Mensch (oder auch nur ein Mensch, der amputiert zu sein schien) eine Rolle spielte. Eigentümlich ist die Verbindung dieser Art des → Fetischismus mit der → Homosexualität. Entweder üben sexuelle Erlebnisse, die von Amputierten des eigenen Geschlechts erzeugt werden, einen größeren Einfluß auf das spätere Leben des Patienten aus als entsprechende Kindheitserlebnisse mit Menschen des anderen Geschlechts, oder latent homosexuelle Menschen neigen mehr zur Fetischisierung von Amputationen. Jedenfalls findet man unter Amputationsfetischisten mehr Patienten, die auf Amputierte des eigenen Geschlechts fixiert sind als auf Amputierte des anderen Geschlechts.

2. Die Amputation wird abstrahiert, um als solche fetischisiert zu werden. Fetischisten dieser Art sammeln Bilder von ganz bestimmten Amputationen (z. B. des rechten Oberschenkels, aber nicht des linken) und verehren sie als Fetisch. Besonders häufig zeigt sich in Wunschzeichnungen der homosexuelle Verkehr zweier Totalamputierter, gegenseitiger → Cunnilingus zweier Frauen, die nur aus Kopf und Rumpf bestehen, oder gegenseitige → Fellatio zweier arm- und beinloser Männer.

3. Jeder Chirurg kennt das Phänomen des Amputationsfetischisten, der von Arzt zu Arzt läuft, um sich unter einem oder anderem Vorwand völlig gesunde Glieder amputieren zu lassen. Manche dieser Patienten haben sich im Laufe der Jahre ein solches Fachwissen angeeignet, daß sie manchmal bedeutende Kapazitäten dazu bewegen können, solche grundlosen Amputationen vorzunehmen. Wie bei allen Formen des A. liegt auch hier selbstverständlich eine masochistische Komponente vor.

4. Immer wieder findet man in der fachärztlichen und forensischen Literatur Berichte über körperlich gesunde Menschen, die sich durch

Abbinden von Armen oder Beinen den Eindruck geben wollen, amputiert zu sein.
5. Als separate Gruppe sollte man jene Sadomasochisten aufführen, die einen Zeugen benötigen, um ihre »Amputation« zu würdigen. Dieser Zeuge muß dann beim Anblick des »amputierten« Patienten erschrecken, und dieser »Schreck« löst dann oft spontan den Orgasmus aus. Hier liegt also das komplizierte Syndrom eines Amputationsexhibitionismus vor, bei dem der Patient sich selber die masochistische Sensation des Erduldens geben will, während er dem anderen Menschen in sadistischer Weise einen Schreck einjagt. → Automasochismus, Fetischismus, Masochismus. Vgl.: Buckel, Deformationsfetischismus, Graviditätsfetischismus, Häßlichkeitsfetischismus, Pelele, Prothesenfetischismus.

Amyenhaus [frz.: amie = Freundin], im Spätmittelalter das → Bordell nach französischem Muster. → Bordeau, Boucan, Maison à partie, Maison de tolérance, Mamsellenhaus, Quartier Bréda, Rues aux putains, Tôle d'Abattage.

Anachoreten [gr.: Einsiedler], der Sammelname jener christlichen Fanatiker, die sich im 4. Jahrhundert in die Einsamkeit begaben, um dort durch extreme Selbstkasteiung ihre Sünden zu tilgen. In Ägypten allein lebten gegen Ende des 4. Jahrhunderts etwa 24 000 Männer und Frauen in der Wüste (die »Wüstenväter« des oberen Nils) in Höhlen, ausgetrockneten Brunnen, verlassenen Lagerstätten von Tieren, alten Gräbern. Sie wuschen sich nicht, um nicht in geschlechtliche Versuchung zu gelangen. Manche, wie der Mönch Besarion, versuchten sich durch totale Schlaflosigkeit vor sexuellen Versuchungen zu bewahren: Besarion legte sich vierzig Jahre lang nicht zum Schlaf nieder. Der heilige Simeon lebte dreißig Jahre lang auf der winzigen Plattform einer zwanzig Meter hohen Säule: wäre er je eingeschlafen, hätte er mit seinem Leben dafür gezahlt. Sein Körper bestand zum Teil aus eitrigen Geschwüren, die von seinen Fäkalien immer wieder neu infiziert wurden. Um seinen Leib wand er ein Seil so eng, daß die Maden in die schwärenden Wunden eindrangen. Er sagte zu ihnen: »Eßt, was Gott euch gegeben hat.« In den *Verba Seniorum,* den Worten der Väter, einer Sammlung der anachoretischen Maximen, fragt ein junger Mönch einen älteren, wie er es fertiggebracht habe, sich vor Versuchungen zu bewahren. »Seit ich ein Mönch wurde«, antwortete der ältere, »habe ich mir nie genug Brot gegönnt, um satt zu werden, auch nie genug Wasser oder Schlaf, und indem die Bedürfnisse nach diesen Dingen an mir nagten, vertrieb ich die nagende Lust.« Daß ein Mensch, der dauernd an das Vertreiben der Lust denkt, in höherem Maße von ihr besessen ist als jemand, der ein normales Geschlechtsleben führt, versteht sich von selbst. Deshalb liefern die Werke der Anachoreten auch reicheres Forschungsmaterial für den Sexualwissenschaftler als die der gesunden Menschen. Kaum je in der menschlichen Geschichte sind so komplizierte Perversionen ersonnen worden wie die, welche als »Versuchungen« an die Anachoreten herantraten.

Anaesthesia sexualis [gr.: anaisthesis = Unempfindlichkeit; lat.: sexus = Geschlecht], geschlechtliche Unempfindlichkeit, Krafft-Ebings Synonym für → Frigidität.

anal [lat.: anus = Ring, Afterring, After], mit dem After zusammenhängend, den After betreffend. Im weiteren Sinne: die ganze Aftergegend einschließlich der Hinterbacken und der Fäkalien betreffend. → Analipsation, Analkoitus, Analmasturbation, Analonanie, Analvioline, Anilinctio, Anilinctus, Anilingus, Bougres, Buggers, Bulgaren, Coitus a posteriori, Coitus a tergo, Coitus in anum, Digitatio, Effeuille des roses, anale Einverleibung, Epée de Charlemagne, Gesäßerotik, Immissio in anum, Imissio in anum mulieris, Immissio in anum viri, Introductio digiti, Irrigator, Klistieromanie, Koprographie, Koprographomanie, Koprolagnie, Koprolalie, Koprophagie, Koprophilie, Kopropraxie, Lambitus ani, Natesfetischismus, Pedicatio, Phönizisieren, Proctolagnie, Pygismus, Siphnisieren, Spinatstecher, Tabouret de verre.

anale Phase [lat.: anus = Ring, After], die zweite der vier von Sigmund Freud (1856–1939) postulierten Phasen der kindlichen Sexualentwicklung. Sie findet in der westlichen Industriegesellschaft unserer Tage zwischen dem 2. und 4. Lebensjahr statt. Ihr geht die → orale Phase voraus. Ihr folgen die → phallische und → genitale Phase, die nach Freud von einer → Latenzperiode getrennt werden. Der Psychoanalytiker Karl Abraham (1877–1925) teilt die a. Ph. in zwei Stufen auf, deren zweite von der Reinlichkeitsdressur geprägt wird:

Erste Analstufe (Ausscheidungszeit)

Wie die Oralphase durch die Entwöhnung, wird die Analphase durch die anale Entwöhnung, das heißt durch die Reinlichkeitsdressur, in zwei Stufen gespalten. Die erste Analstufe, wie die erste Oralstufe, ist für die meisten Menschen eine glückliche Zeit, denn sie finden ja bekanntlich im Kot ihre erste bewußte Schöpfung, ihre erste kreative Leistung, und solange die Eltern nicht intervenieren, gehört das kindliche Kneten und Massieren, ja selbst das Verspeisen des Kots zu den befriedigendsten Tätigkeiten der ganzen Kindheit. Wer das Kind an dieser Befriedigung hindert, raubt ihm ein hohes Maß seines wachsenden Selbstvertrauens, seines Stolzes und seiner Kreativität. Das Maß der Befriedigung, wie auch der Grad der Lust beim Kotausscheiden, ist allerdings bei verschieden konstituierten Menschen sehr unterschiedlich. Abraham meinte, klinische Erfahrung habe Freud zu der Auffassung geführt, daß bei manchen Personen die besondere libidinöse Betonung der intestinalen Vorgänge in der Konstitution begründet sei. Als Basis zitiert er die zweifelsfrei belegte Tatsache, daß in gewissen Familien sowohl positive Erscheinungen der Analerotik als auch negative anale Charakterzüge bei den verschiedensten Mitgliedern regelmäßig wiederkehren.

Aber dieses Phänomen läßt sich auch anders deuten. Denn jeder Charaktertyp neigt dazu, bei der Erziehung seiner Kinder unbewußt die Anomalitäten seiner Eltern (die meist auch seine eigenen Anomalitäten sind) zu perpetuieren. Nach der Regel, daß die Eltern ihr Leben in ihren Kindern fortsetzen, geschieht dies auch mit den analen Merkmalen, und zwar in nahezu gleichem Maße bei dem Analerotiker, dem Analcharakter und dem Analneurotiker. Der Analerotiker ist dem Schmutz, der Unordnung und den anderen Schwächen der Kinder gegenüber meist tolerant und permissiv. Nur der durch Repression zum Analcharakter oder durch Regression und Reaktionsbildung gar zum Analneurotiker umfunktionierte Analerotiker gebärdet sich auch seinen Kindern gegenüber repressiv und setzt dadurch die tragische Eskalation der Analneurose von Generation zu Generation fort. Während der Analerotiker seine Kinder ohne besondere Strenge und Eile zur Reinlichkeit führt und damit das Stadium der lustvollen Kotausscheidung verlängert und unterstützt, dressiert der Analcharakter seine Kinder besonders früh und drastisch zur »Reinlichkeit« und treibt sie damit verfrüht in die zweite Analstufe. So wird Konservativismus, Geiz, Pedanterie und der Wunsch, andere Menschen zu maßregeln, wie man selber gemaßregelt worden ist, von einer Generation in die nächste verpflanzt. Jeder der beiden Typen erzeugt also tatsächlich Kinder, die seine eigenen Abartigkeiten aufweisen, aber er erzeugt sie nicht durch Vererbung, sondern durch Erziehung.

Da der ungehemmte, unsublimierte, unverdrängte Analerotiker in der bürgerlichen Gesellschaft keinen Platz hat (sei es nun als »Schmutzfink« und »ordnungswidriger« Charakter, sei es als Pedikator, Koprophage oder Koprophiler), wirken außerordentlich starke gesellschaftliche Repressionen auf ihn ein, um ihn doch noch zur Verdrängung seiner Neigungen zu bewegen. Für Sublimierung ist es meist zu spät. Also tendiert die bürgerliche Gesellschaft dazu, den Analerotiker auch noch im Erwachsenenalter mit allen verfügbaren gesellschaftlichen Zwängen in einen Zwangsneurotiker zu verwandeln. Andere Analerotiker werden durch Verschiebung unsublimierter koprophiler Interessen auf andere Körperteile zur Hypochondrie getrieben.

Durch gelungene Verdrängung dagegen wird Koprophilie oft zur Lust am Modellieren (also zur Kunst) oder zur Lust am Manipulieren (auch dem Manipulieren von Menschen und von Geldern) sublimiert. Durch Reaktionsbildung kann Koprophilie zum Drang nach Reinlichkeit und Ordnung werden, zur Lust am Registrieren, Rubrizieren, Organisieren. Durch Sublimierung oder Regression kann die Lust am Kotentleeren zur Lust am Geldverschwenden, Geldvergeuden, ja selbst zum »Vergessen« von Schulden führen.

Der Analneurotiker ist, wie wir gesehen haben, fast stets das Kind zumindest eines anal belasteten Elternteils. Durch verfrühte und zu drastische Analdressur reagiert die Mutter meist ihre eigenen Analkomplexe ab. Unter dem Vorwand, nur das Beste zu wollen und dem Kind zu helfen, sich möglichst früh an die Gebote der Welt zu gewöhnen, benutzt sie »Disziplin« und »Strenge«. Sie tut nur ihre »Pflicht als Mutter«. Aber wo Strenge als Liebesersatz dient, muß man befürchten, daß das Kind, wenn es aufwächst, auch nur Ersatzliebe, auch nur Strenge zu geben vermag.

Zur Definition der begrenzten Objektliebe, die das Verhältnis des Kindes zu anderen Menschen in der Analphase regiert, habe ich den von Abraham geprägten Begriff »Partialliebe« übernommen. Er soll einerseits das unfertige Stadium der Liebesfähigkeit, andererseits aber auch die Tatsache kennzeichnen, daß das affektive Interesse des Kindes an anderen Menschen sich vorerst auf bestimmte Teile des menschlichen Körpers richtet und noch nicht den ganzen Menschen zu erfassen vermag.

Zweite Analstufe (Retentionszeit)

Freud entdeckte bekanntlich (und die Kinderanalytiker haben die klinische Bestätigung erbracht), daß bei Kindern der Darmausgang weitaus höher erotisiert ist als bei Erwachsenen. Das Kind empfindet tatsächlich beim Ausstoßen des Kots einen Reiz, der dem Koitalgenuß des Erwachsenen nicht unähnlich ist. Die Natur hat hier wahrscheinlich vorgesorgt, um die Schmerzen, die ein Kind nach dem ersten Genuß fester Nahrung beim Defäzieren verspürt, erträglich zu machen und die Einübung des Darmschließmuskels durch positive Affektbesetzung leichter zu gestalten.

Während die erste Analstufe durch die Lust am Ausstoßen der Exkremente gekennzeichnet war, wird die zweite nun durch die Beherrschung der Ausscheidungsfunktion charakterisiert, und zwar in zwei einander widersprechenden Formen, die eigentlich eine Unterteilung dieser Stufe in zwei Unterstufen erfordert. Erstens wird der kleine Mensch durch die Reinlichkeitsdressur gewaltsam aus der Illusion der Allmacht herausgerissen, die er in der ersten Analstufe gewonnen hatte. Zweitens wird die Illusion dieser Allmacht in gewissem Sinne aber wiederhergestellt, wenn er nun entdeckt, daß er seine Erzieher beherrschen kann. Er lernt, daß er ihnen Komplimente und Belohnungen entlocken kann, indem er defäziert, wann und wo er soll, oder sie zur Raserei bringen kann, indem er entweder ins Bett macht oder seine Fäkalien trotzig zurückhält. Durch die Belohnung erhöht sich der Reiz am Defäzieren, und durch das Zurückhalten der Fäkalien und das darauffolgende Ausstoßen wird die Analzone noch höher erotisiert.

Das Kind macht während der Analphase also vier wichtige Fortschritte:

1. Die Entdeckung, daß Defäkation eine Art von Selbstbefriedigung ist. Diese Wahrnehmung gehört noch in die erste Analstufe.
2. Die Entdeckung, daß man durch promptes Defäzieren Belohnungen erlangen kann. Diese Erfahrung führt uns von der ersten in die zweite Analstufe.
3. Die Entdeckung, daß man durch das Ausstoßen zurückgehaltener Exkremente größeren Lustgewinn erzielen kann als durch sofortiges Defäzieren. Mit dieser Wahrnehmung beginnt die zweite Analstufe.
4. Die Entdeckung, daß man durch Zurückhalten der Fäkalien (also durch Eigenwilligkeit, Eigensinn, Trotz) anderen Menschen negative Affekte (Wut, Ärger, Entrüstung) entlocken kann. Dieses Zusammentreffen von analer Lust und Aggressionsbefriedigung hat Freud dazu geführt, die ganze Phase »analsadistisch« zu nennen. Die Bezeichnung trifft aber nur auf diese vierte Entdeckung des Kindes zu.

Während die ersten beiden Entdeckungen in der bürgerlichen Gesellschaft zu der lustbetonten Abstoßung von Wertobjekten führen (mit Gewinn verkaufen, aber auch mit Freude verschwenden), führen die letzten beiden Entdeckungen zu einem lustbetonten Zurückhalten von

Wertobjekten (Sammelfreude, aber auch Geiz) und zu einem lustbetonten Widerstand gegen die Forderungen der anderen (Widerstand gegen Lohn- und Steuerforderungen, gegen Gewerkschaft, gegen Mitbestimmung).

Dieser Widerstand entspringt zum Teil sadistischen Quellen, denn wie sich in der zweiten Oralstufe starke sadistische Partialtriebe dem Wunsch nach Einverleibung der Umwelt beifügten und dadurch zu dem zerstörerischen Aspekt des Zerbeißungswunsches führten, schließen sich auf der zweiten Analstufe nun starke sadistische Wünsche an die Partialtriebe, die Vorläuferin der Objektliebe an, und erwirken eine Umwandlung des Wunsches nach »Behalten« in einen Wunsch nach »Beherrschen«.

Wie in der ersten Analstufe ist das Kind auch auf dieser zweiten Stufe der Analphase noch nicht fähig, einen anderen Menschen im vollen Sinne des Wortes zu lieben. Noch bindet sich seine Libido nur an einen Teil des anderen. Aber die Tendenz zur Einverleibung des anderen Menschen, die wir noch in der ersten Analstufe fanden, ist aufgegeben. An ihre Stelle tritt nun der Wunsch nach Besitz. So weit auch die Libido auf dieser Stufe noch vom Ziel der Objektliebe entfernt sein mag, so ist doch ein Fortschritt dadurch erzielt, daß der Besitz nach außen verlegt wird. Eigentum ist also nicht mehr, was das Kind sich durch Verschlingen einverleibt. Es besteht vielmehr jetzt außerhalb des Körpers. Damit ist die Existenz des Objekts (der Umwelt, des anderen Menschen, des Liebesobjekts) anerkannt und ein wichtiger Fortschritt des Realitätssinnes erfolgt.

Diese Änderung ist von größter praktischer Bedeutung im sozialen Sinne, denn sie ermöglicht die Gemeinsamkeit des Besitzes zwischen zwei Kindern, während das Verschlingen nur einem einzigen Kinde Besitz sichern konnte. Gleichzeitig ist dies der Mechanismus, durch den die kindliche Kotliebe, die Tendenz zum Kotverschlingen, die Teil der ersten Analstufe ist, aufgehoben und mit Hilfe des Ekels in Reinlichkeitssinn umgewandelt wird.

Freud hat den Analcharakter so beschrieben: *Er braucht in seiner Kindheit verhältnismäßig lange, um der infantilen incontinentia alvi Herr zu werden und leidet auch in späteren Kinderjahren unter vereinzeltem Mißglücken dieser Funktion. In der Zeit der Reinlichkeitsdressur weigert er sich, den Darm zu entleeren, wenn er auf den Topf gesetzt wird.* Das hört sich so an, als ob das Problem der späteren Jahre ausschließlich an der ererbten Triebstruktur läge. In Wahrheit ist aber die

Art der Reinlichkeitserziehung in mindest gleichem Maße für die späteren Symptome der Analneurose verantwortlich. Indem der bürgerliche Erzieher von dem Kind neben Reinlichkeit auch eine strenge Regelmäßigkeit in den Exkretionen fordert, setzt er den Narzißmus der Oralphase einer harten Belastungsprobe aus. Die Mehrzahl der bürgerlichen Kinder paßt sich früher oder später dieser Forderung an. Im günstigsten Fall gelingt es dem Kinde, sich mit der Forderung des Erziehers zu identifizieren und auf das Erreichte stolz zu sein. Die primäre Verletzung des Narzißmus wird dann kompensiert, das ursprüngliche Gefühl der Selbstherrlichkeit ersetzt durch die Befriedigung an der gelungenen Leistung, am »Bravsein«, am Lob der Eltern. Aber oft geschieht es in dieser Phase, daß die Eltern dem Kinde eine Gewohnheit aufzwingen, zu der ihm noch die psychische Reife fehlt. Denn diese tritt erst ein, wenn das Kind anfängt, die ursprünglich narzißtisch gebundenen Gefühle auf Personen (Mutter, Vater) zu übertragen. Ist das Kind hierzu bereits fähig, so wird es reinlich dieser Person »zuliebe«. Wird die Reinlichkeit aber zu früh verlangt, wie es in der bürgerlichen Kultur fast stets geschieht, so gewöhnt sich das Kind allein aus Furcht. Der innere Widerstand bleibt bestehen und die Libido verharrt mit Zähigkeit in narzißtischer Fixierung. Resultat: Eine nachhaltige Störung der Liebesfähigkeit.

Die volle Bedeutung der verfrühten Reinlichkeitsdressur wird erst dann klar, wenn man den Entgang narzißtischer Lust im einzelnen verfolgt. Erkennen wir in dem Entleerungsstolz des Kindes ein berechtigtes Machtgefühl, so wird uns das eigentümliche Gefühl der Ohnmacht verständlich, das wir bei neurotisch obstipierten Opfern verfrühter Reinlichkeitsdressur finden. Ihre Libido hat sich von der Genitalzone auf die Analzone verschoben, und nun betrauern sie die Hemmung der Darmfunktion, als wäre es eine Art Impotenz. Bezeichnenderweise kann man die habituelle Verstopfung manchmal beseitigen, indem man den Geldkomplex solcher Neurotiker enthüllt und bewußt macht.

Die rückläufige Umbildung des Charakters, die man bei solchen Analneurotikern beobachtet, geht fast stets auf die zweite Analstufe zurück. Verschlimmern sich die regredierenden Tendenzen, so springt die Rückbildung jedoch meist noch ein oder zwei Entwicklungsstufen weiter in die Vergangenheit zurück und verbindet sich mit Elementen der oralen Entwicklungsphase. Dabei bilden sich Zwangseigenschaften heraus, die in gleichem Maße orale und anale Regressionen (und obendrein oft noch Einflüsse der Partialtriebe, besonders der sadistischen und voyeuristischen Variante) enthalten.

Noch weiter in die frühkindliche Vergangenheit reichen jene Regressionen zurück, bei denen sich Elemente der zweiten Analstufe mit denen der ersten Oralstufe verkuppeln. Diese Oralstufe wird bekanntlich durch das Saugen des Kindes gekennzeichnet. Verbindet sie sich mit dem für die zweite Analstufe charakteristischen Wunsch nach Festhalten, so bilden sich oft Zwangsneurosen einer besonders beharrlichen Art heraus. Solche Menschen tragen die Spuren einer unbefriedigten Säuglingszeit durchs ganze Leben. Abraham weist besonders auf den Typus des neurotischen Beamten hin, »der nur unter ganz bestimmten, ein für allemal geregelten Verhältnissen zu existieren vermag. Seine Lebensbedingung besteht darin, daß ihm bis zum Tod die Subsistenzmittel gewährleistet sind. Er verzichtet auf jede Möglichkeit persönlicher Expansion zugunsten einer sicher und regelmäßig fließenden Quelle des Einkommens.«

Noch schwieriger sind die Fälle, bei denen sich zu dem Saugen der ersten Oralstufe und dem Festhalten der zweiten Analstufe sadistische Partialwünsche hinzugesellen. »Im sozialen Verhalten dieser Menschen tritt etwas ständig Verlangendes hervor, das sich bald mehr in der Form des Bittens, bald mehr in derjenigen des Forderns äußert... sie lassen sich ebensowenig durch die Sprache der Tatsachen, wie durch sachliche Einwände abweisen, sondern fahren fort zu drängen und zu insistieren.«

All diese Regressionen haben ihren Gemeinnenner darin, daß die Entgleisungen der analen Erotik auf Signale zurückgehen, die bereits während der Oralphase falsch gestellt worden sind. Falsche Weichenstellungen dieser Art, die fast stets das Resultat falscher Erziehung sind, können das psychische Leben des Kindes auch zwischen der ersten und zweiten Analstufe zur Entgleisung bringen. Dies geschieht besonders häufig, wenn die narzißtische Illusion der kindlichen Allmacht nicht am Ende der ersten Analstufe überwunden wird und sich dann mit dem Trotz und Eigensinn der zweiten Analstufe vereint.

Sadger hat schon 1910 aus der Beobachtung des Allmachtsglaubens dieser kindlichen Analerotiker den späteren Glauben mancher Analneurotiker abgeleitet, alles besser machen zu können als irgendein anderer: »Nach meiner Erfahrung steigert diese Überzeugung sich nicht selten zu einer Vorstellung der Einzigartigkeit. Solche Personen werden prätentiös und überhebend und neigen zur Geringschätzung anderer Menschen. Ein Patient äußerte in diesem Sinne: ›Alles, was nicht

Ich ist, ist Dreck.‹ Solche Neurotiker haben auch an einem Besitz nur Freude, wenn niemand sonst dergleichen hat, verachten dementsprechend auch eine Tätigkeit, die sie mit anderen Menschen teilen müssen.«

Ernest Jones betont bei diesem Charaktertypus das eigensinnige Festhalten an einer selbsterdachten Ordnung. »Solche Neurotiker lehnen es durchaus ab, sich einer von anderer Seite stammenden Ordnung zu fügen, erwarten aber eine solche Fähigkeit von anderen Menschen, sobald sie selbst auf irgendeinem Gebiet ein bestimmtes System erdacht haben. Bezeichnend ist beispielsweise das Einführen eines genauen Regulativs für den Dienst in einem Büro, eventuell das Verfassen eines Buches, welches bindende Vorschriften oder Vorschläge für die Organisation aller Büros einer bestimmten Art enthält.«

Die Neurotiker, die in allem das eigene System durchsetzen wollen, neigen zu übertriebener Kritik an anderen, die nur allzu leicht in permanente Nörgelei ausartet. »Im sozialen Leben stellen sie das Hauptkontingent der Mißvergnügten« (Abraham). Wie Jones aber überzeugend nachweist, kann die ursprüngliche anale Eigenwilligkeit sich nach zwei verschiedenen Richtungen entwickeln. In einem Teil der Fälle sind Unzulänglichkeit und Halsstarrigkeit, also unsoziale und unproduktive Eigenschaften das Ergebnis. In anderen Fällen entwickeln sich Ausdauer und Gründlichkeit, beides Eigenschaften, die das revolutionäre Bürgertum in seinem jahrhundertelangen Klassenkampf gegen den Feudalismus hoch auf sein Banner schrieb. Vergessen wir dabei aber nicht, daß alle Ordnungssysteme, besonders jedoch die bürgerliche Konzeption der Ordnung, nicht nur dem selbst vorgetäuschten Bestreben nach »klaren Verhältnissen« entspringen, sondern auch dem Wunsch, daß andere sich dem Ordnenden unterordnen sollen, also der Herrschsucht, jener sadistischen Komponente der Analität, der wir nur allzuoft begegnet sind.

Analerotik [lat.: anus = After; gr.: eros = Liebe] nannte Sigmund Freud (1856–1939) die Fixierung der sexuellen Wünsche auf den After und dessen Umgebung. Nach Freud ist der Sexualtrieb des Menschen nicht von vornherein mit dem Fortpflanzungstrieb, ja nicht einmal mit dem Genitaltrieb (der Betätigung der Geschlechtsorgane) identisch, sondern entwickelt sich vom Embryonalzustand bis zur Pubertät in einer Reihe von Reifungs- und Latenzphasen aus einer Anzahl von → Partialtrieben. Jeder dieser Partialtriebe entsteht in einem bestimmten Lebensalter. Die Analerotik entwickelt sich aus der Entdeckung des

Kindes, daß es bei der Ausscheidung der Fäkalien sich selber und seinen Betreuern Freude und Schmerz bereiten kann. Die Afterzone ist ähnlich wie die Lippenzone (→ Oralerotik) durch ihre Konstitution und Lage geeignet, »erogen«, d. h. erotisch reizbar zu werden. Darmkatarrhe im zartesten Alter machen »nervös«. Freud sagt: »Kinder, welche die erogene Reizbarkeit der Afterzone ausnützen, verraten sich dadurch, daß sie die Stuhlmassen zurückhalten, bis dieselben durch ihre Anhäufung heftige Muskelkontraktionen anregen und beim Durchgang durch den After einen starken Reiz auf die Schleimhaut ausüben können. Dabei muß wohl neben der schmerzhaften die Wollustempfindung zustande kommen. Es ist eines der besten Vorzeichen späterer Absonderlichkeit oder Nervosität, wenn ein Säugling sich hartnäckig weigert, den Darm zu entleeren, wenn er auf den Topf gesetzt wird, also wenn es dem Pfleger beliebt, sondern diese Funktion seinem eigenen Belieben vorbehält. Es kommt ihm natürlich nicht darauf an, sein Lager schmutzig zu machen; er sorgt nur, daß ihm der Lustnebengewinn bei der Defäkation nicht entgehe. Die Erzieher ahnen wiederum das Richtige, wenn sie solche Kinder, die sich diese Verrichtungen ›aufheben‹, schlimm nennen.« *(Drei Abhandlungen zur Sexualtheorie,* Fischer Bücherei Band 422, S. 59–60).

Gleichzeitig entdeckt das Kind aber auch, daß es seine Eltern oder Betreuer *beherrschen* kann, indem es sie durch rechtzeitiges Ausscheiden der Fäkalien erfreut oder durch Zurückhalten oder Bettbeschmutzen verärgert. Hierdurch entdeckt das Kind zum erstenmal, daß Lust nicht nur etwas ist, was man am eigenen Körper empfindet, sondern etwas, das andere Menschen lustvoll beeinflußt. Indem es sich so zum erstenmal im Spiegel der Gefühle eines anderen Menschen sieht, entdeckt es sich selbst, findet seine eigene Identität und macht damit die erste Wendung von der → Autoerotik zur → Alloerotik.

Dieses wichtige Stadium der Sexualentwicklung enthält aber auch noch einen dritten Aspekt, die Assoziation von Lust und Schmerz. Freud spricht deshalb stets von einer → anal-sadistischen Phase, die im späteren Leben zu zwei gänzlich verschiedenen Charakterformen, dem analen Charakter (Sauberkeit, Ordnung, Sparsamkeit, Trotz) und dem → sadistischen, führen kann. Der erste sublimiert seine anal-sadistischen Neigungen, er verwandelt sie also in kulturell wertvolle Eigenschaften (Freud betrachtete den Kapitalismus und die bürgerlichen Tugenden als grundsätzlich anale Produkte); der zweite bleibt sexuell im infantilen Alter stecken. Ihm mißlingt es, die Analität in die Genitalität einzubetten, was Freud als eine der wichtigsten Aufgaben der Pubertät betrachtete.

Analerotik im alten Hellas. Der Prozentsatz der bildlichen Darstellungen analerotischer Praktiken im griechischen Altertum ist außerordentlich hoch. Selbst wenn wir voraussetzen, daß es bei den Griechen geringere Einwände gegen die Darstellung des Geschlechtsverkehrs als in den christlich beeinflußten Kulturen gegeben hat, besticht doch das Verhältnis der analen zu den genitalen Praktiken, das bei den Griechen viel höher als in der späteren Pornographie ist. Man denke an Tafel 34 der *Griechischen Vasenmalerei,* die gleich zwei Gruppen beim Analkoitus darstellt, oder an den Boden jener Tonschale in der Leningrader Eremitage, die einen der Hunderte von heterosexuellen Analakten in der griechischen Kunst vorführt.

Auch in der Literatur der Griechen finden wir immer wieder Beschreibungen der Schönheit der weiblichen Glutäen, viel seltener dagegen Beschreibungen der weiblichen Brüste und so gut wie gar keine Beschreibungen der weiblichen Genitalien. In der *Lysistrata* des Aristophanes ruft der Lakonier begeistert aus: »Ganz unsagbar schön ist ihr Popo!«, und im *Frieden* sagt der Knecht: »Das Mädchen ist gebadet, schön und blank ist ihr Popo!« (*Lysistr.* 1148. *Pax* 868). Rufinos erzählt (*Anth. Pal.* V.34):

Drei Popos hatt' ich heute zu richten; sie wählten mich selber.
Nackt präsentierten sie sich, blitzten in strahlendem Glanz:
Numero eins, der lachte entzückend mit rundesten Grübchen.
Leuchtend in schimmerndem Weiß lugten die Backen empor.
Doch bei dem zweiten zerteilte den Schnee ein purpurner Streifen.
Wie eine Rose fürwahr, nein, in noch schönerem Rot!
Aber der dritte, der wallte wie Milch in leichtem Gewoge,
Ganz aus sich selber heraus wackelt' das üppige Fleisch.
Hätte der Richter der Göttinnen solche Popochen gesehen,
Wahrlich, was vorne noch war, hätt er zu schaun nicht begehrt!

Von Alkiphrons *Hetärenbriefe* »Megara an Bakchis« gibt es zwei Übersetzungen, beide von Wilhelm Plankl:

Zwischen Thryallis und Myrrhine war ein ernsthafter Streit darüber ausgebrochen, welche die schöneren und graziöseren vier Buchstaben zeigen könne. Zuerst löste Myrrhine ihren Gürtel – die seidene Unterwäsche behielt sie an –, und unter dieser wiegte sie ihre Hüften hin und her, daß sie zitterten wie dicke, fette Milch. Dabei sah sie nach rückwärts, auf die Bewegungen ihrer Hinterbacken. Sie seufzte auf, als ob sie in Liebesekstase wäre, so daß ich wahrlich – bei Aphrodite – selber ganz weg war. Aber auch Thryallis war nicht prüde, sondern übertraf Myrrhine noch an Ungeniertheit. Sie rief: »Ich will in keinem auch noch so dünnen Gewand streiten und nicht spröde tun, sondern ganz nackt wie im Ringkampf. Denn der Kampf duldet keine Ausreden.« Sie streifte ihre Kleider ab, bog die Hüften ein wenig seitwärts und sagte: »Schau dir diese Farbe an, wie tadellos, Myrrhine, wie fleckenlos, wie rein diese rosigen Hüften – und da den Übergang zu den Schenkeln, weder zu dick noch zu mager, auf den Hügeln die Grübchen! Beim Zeus, sie wackeln nicht wie die der Myrrhine!« Und dabei lachte sie mutwillig und schwang ihr Hinterteil, daß die Bewegung in einem Fluß über die Hüften rann, bis alle Beifall klatschten und den Sieg der Thryallis zuerkannten.

Nun der gleiche Text in einer freien Übersetzung:

Was uns am meisten Spaß machte, war ein Spiel zwischen Thryallis und Myrrhine darüber, welche von beiden den schönsten und zartesten Popo habe. Zuerst nun löste Myrrhine ihren Gürtel und stand im seidenen Hemd da, durch das man ihren wogenden Popo hindurchschimmern sah, der wie Gelatine oder erstarrende Milch erzitterte. Dabei blickte sie über die Schultern nach hinten auf die Bewegung ihres Popos. Gleichzeitig stöhnte sie leise, als wenn sie das Werk der Wollust vollführte, so daß ich mich vor Staunen nicht fassen konnte.

Doch Thryallis erklärte sich noch nicht für besiegt, sie trat ohne Scheu hervor und sagte: »Ich kämpfe nicht hinter einem Schleier. Ich will so wie bei einer gymnastischen Übung erscheinen; dieser Kampf läßt keinerlei Bekleidung zu!« Mit diesen Worten läßt sie ihre Tunika fallen, so daß sie ganz nackt vor uns steht, und spricht zu ihrer schönen Rivalin gewendet: »Betrachte, o Myrrhina, diese Schwellung der Lenden, die Weiße und Feinheit dieser Haut und diese Rosenblätter, welche die Hand der Wollust auf ihre zierlichen Umrisse hingestreut hat, die ohne Dürftigkeit und Übertreibung gezeichnet sind; bei ihrem schnellen Spiel, bei ihren wollüstigen Zuckungen haben diese beiden Halbkugeln nicht das Zittern derjenigen der Myrrhina, ihre Bewegung gleicht dem süßen Rauschen der Wogen.« Allmählich verdoppelte Thryallis die lüsternen Zusammenziehungen mit solcher Behendigkeit, daß ein allgemeiner Beifall ihr die Ehren des Sieges zuerkannte.

Die Verehrung des schönen Hinterns ging so weit, daß die Griechen eine Göttin erfanden, die *Aphrodite Kallipygos,* von deren Ursprung uns sowohl Kerkidas wie Athenaios erzählen (XII, 554c). Nicht weit von der Stadt Syrakus habe ein armer Bauer zwei Töchter gehabt, die man in der Stadt selber die *Kallipygoi,* die Schönhintrigen, nannte, da sie arm wie die Bettelmäuse, aber von der Göttin Aphrodite mit den schönsten Popos in ganz Sizilien ausgerüstet gewesen seien. Nur wetteiferten sie so oft miteinander, daß man sie dauernd nackt auf der Straße fand, einander ihre schönen Popos zeigend und jeden Passanten um Bestätigung bittend, wer denn nun den schöneren habe. Zwei Brüder aus der Stadt waren so von den schönen Hintern bezaubert, daß der Ältere die Ältere, der Jüngere die Jüngere heiratete. Da beide Brüder reich waren, stifteten die Mädchen der Aphrodite einen Tempel, und zwar dem schönen Hintern der Liebesgöttin. So, meint Athenaios, sei die Aphrodite sowohl zu ihrem Namen wie zu ihrem Tempel in Syrakus gekommen.

Nach Machon (bei Athenaios XII, 579 f.) war der König Demetrios so von dem Popo der Hetäre Melite, die man wegen der Schönheit dieses Körperteils *Mania Kallipygos* nannte, angetan, daß er ihr alle Schätze der Welt anbot, wenn sie ihn nur einmal anal mit ihr koitieren ließe. Sie verlangte aber nur ein kleines Geschenk, zog sich aus und brachte ihn dann so zum Lachen, daß er nichts mehr tun konnte. Denn als sie ihm ihren nackten Hintern zudrehte, zitierte sie einen Vers aus der *Elektra* des Sophokles: »Sohn Agamemnons, jetzt steht dir auch dieser Weg offen!«

Es ist sicherlich kein Zufall, daß man sich von jenen Hetären, die wegen ihrer Schlagfertigkeit berühmt und gefürchtet waren, besonders viele Anekdoten im Zusammenhang mit dem Analverkehr erzählt. So sagte die Gnathainion einst zu ihrem Freund Andronikos, als dieser sich darüber beschwerte, sie habe ihn nie von hinten hereingelassen, während sie einem schmutzigen Grobschmied dieses Privileg gleich fünfmal gestattet habe: »Eben deshalb. Sonst hätte er mir nur an den Busen gefaßt!«

Demophon, der Geliebte des Sophokles, bat die witzige Hetäre Nike einmal, mit ihr so verkehren zu dürfen, wie er es mit Sophokles gewöhnt war. Lachend sagte sie: »Na, schön. Dann kannst du ja, was du von mir empfängst, an Sophokles weitergeben« (Athenaios XIII, 582 f.). Einen ähnlichen Hinweis auf den »Kot am Stecken« gab die ebenso witzige Gnathaina einem jungen Mann aus Pontos, indem sie den griechischen Ausdruck für »defäzieren« benutzte: »die Säue auf die Weide treiben«. »Was, ausgerechnet jetzt willst du ins Hinterland«, sagte sie, »wo ich gerade meine Schweine auf die Weide treiben will?« (Athenaios XIII, 580 f.).

Lukian beschreibt, wie selbst das Gesäß einer Statue den griechischen Patriarchen begeistern konnte. »Als Kallikrates an dem Standbild der Göttin jenen Körperteil entdeckte, den Männer seiner Art an den Knaben so schätzen, rief er begeistert aus: ›Beim Herakles, welch ein Ebenmaß des Hinterns, wie die Bäckchen zur Umarmung locken, könnte ich nur damit meine Hände füllen! Wie köstlich runden sich die Halbkugeln, weder zu mager noch zu fett! Wie süß die Grübchen einen anlachen, man kann es kaum beschreiben! Und dann die herrlichen Schenkel, wie perfekt sie zu den schönen Beinen herabführen!‹ So rief Kallikrates in seiner Begeisterung aus. Charikles aber wäre von dem überwältigenden Anblick beinahe erstarrt. Nur der feuchte, verlangende Blick seiner Augen bezeugte seine Leidenschaft« (Lukian, *amor.* 12).

Wichtig an dieser Darstellung ist, daß Kallikrates sich für die Statue begeistert, weil er als Knabenliebhaber nur *einen* Körperteil schätzen kann: den, den die Frau mit dem Knaben gemein hat. Diese Ambiguität geht auf eine lange Tradition in der griechischen Literatur zurück. Schon Hesiod beschrieb die analen Reize der Frau, indem er den Mann ausdrücklich vor ihnen warnte. Was er an der Frau fürchtete, war also genau das, was er am Knaben schätzte. Aus der gleichen Ambiguität heraus schreibt auch Aristophanes, wenn er im *Plutos* den Geiz der korinthischen Huren anprangert (149 f.):

Die korinthischen Dirnen ferner, wie man erzählt,
Vergönnen dem armen Schlucker, der für sie entbrennt,
Nicht einen Blick. Sobald jedoch ein Reicher kommt,
So drehen sie ihren Hintern flugs nach ihm herum.

Was uns in der Beschreibung aufhorchen läßt, ist ganz und gar nicht das, was Aristophanes zu belegen versuchte, den Geiz der Hetären, sondern etwas ganz anderes, was ihm so selbstverständlich war, daß er es nicht zu erklären brauchte: die Tatsache, daß seine Zeitgenossen nicht auf die Brüste der Frau reagierten und auch nicht auf ihre Genitalien, sondern nur auf ihre Glutäen. Heute zeigt die Prostituierte entweder ihre Brüste oder zieht ihren Rock vorne hoch, wenn sie einen Kunden anlocken will; im alten Griechenland dagegen, wie wir aus zahllosen Vasenbildern erkennen, drehte sie stets dem Mann den Rücken zu und entblößte ihren Popo.

In wie hohem Maße die Griechen den Analverkehr mit der Frau als Ersatz für das Pedizieren eines Mannes betrachteten, geht aus den folgenden Zitaten hervor. »Wenn du dich nach Knabenliebe sehnst, so weiß ich ein Mittel, mit dem du deine Leidenschaft befriedigen kannst: Drehe die schönarschige Menophila um und du wirst glauben, den Knaben Menophilos in den Armen zu halten!« (Markos Argentarios, *Anthol. Pal. V,* 116,5 f.). Martial deutete das Verhältnis zwischen Achilles und seiner Konkubine Briseis so, daß der größte Held der *Ilias* sie nur als Ersatz für den Hintern seines Freundes Patroklos betrachtete (11, 43, 9 f.):

Wenn Briseis auch oft ihm willig gewährte den Hintern,
Zog ihr den zarten Freund Aiakos' Enkel doch vor.

Photios zitiert Aristarchos als Zeuge, daß auch Theseus, der andere große Held der Griechen, mit Helena nur anal verkehrt habe: »wie mit einem Knaben« (FHG UU 106, 2 aus Photios *Lex*).

Dioskorides preist die kallipygischen Reize seiner Doris und bestätigt ihr, daß sie den Analverkehr (*Anth. Pal. V,* 54) »beinahe« so gut betrieben habe wie ein Knabe. Andererseits rationalisiert er seine Neigungen, indem er meint, der Analverkehr sei besonders gut für empfindliche oder schwangere Frauen, da der normale Koitus ihnen den Bauch aufblähe. »Statt dessen drehe das Mädchen herum und erfreue dich an ihren rosigen Backen, indem du sie als knabenhafte Aphrodite behandelst!« (*Anth. Pal. V,* 53). Ebenfalls als Rationalisierungen müssen wir, glaube ich, jene Legenden betrachten, daß man in Sparta vor der Hochzeit nur anal verkehrt habe, damit kein Nachwuchs entstünde (Hagnon bei Athen. 13, 602e), und daß die griechischen Frauen auch in der Hochzeitsnacht lieber anal verkehrt hätten, als entjungfert zu werden, da das erste weniger weh täte als das zweite. So jener Vers in *Priapeia* III, in dem der Gott Priapos beschreibt, wie

..in der Hochzeitsnacht die Braut dem geilen Gatten
Zitternd den Hintern bietet, vor Angst er könne sie sonstwie verwunden.

»Geil« war bei den Griechen ganz und gar kein Schimpfwort, sondern im Gegenteil: ein Beweis der Virilität. Wenn der Autor also vom »geilen Gatten« spricht, so drückt er nicht etwa Mißbilligung, sondern Freude daran aus, daß der Anblick des Hinterns den Mann so potent macht. Der Hintern wurde von den Griechen deshalb nicht nur auf Statuen, sondern auch im Alltagsleben so deutlich wie möglich hervorgekehrt. Dazu diente unter anderem die Gesäßbinde, *opisthosphendone,* die im Gegensatz zu unserem Hüfthalter das Gesäß eher hervorheben als verbergen sollte. Bezeichnenderweise hatte die Brustbinde der

Griechen, wiederum im Gegensatz zur heutigen Funktion des Büstenhalters, den Zweck, die Brust *kleiner* erscheinen zu lassen. Denn wo das Ideal der Knabe ist, da versucht man all jene Körperteile der Frau zu unterdrücken, die sie von dem Knaben unterscheiden. Man unterstreicht dagegen all jene Teile, die sie mit dem Knaben gemein hat. Deshalb sagt Alexis auch: »Die, die nicht genug Rundung hinten hat, legt ein geheimes Polster ein, so daß alle von der Schönheit ihres Hinterns bezaubert sind« (fr. 98 Kock Athen. XIII, 568a). Und deshalb drückte das Wort *apygos,* »ohne Hinterbacken«, sowohl bei Frauen wie bei Knaben das Äußerste an Reizlosigkeit aus.

Hatte aber ein Knabe der herrschenden Schichten Athens ein wirklich schönes, weißes Hinterteil, so konnte er damit rechnen, nahezu jede gesellschaftliche Position zu erlangen: rund 280 Jahre lang trafen die Athener die Auswahl ihrer führenden Männer fast ausschließlich aus den Reihen ihrer ehemaligen Bettgefährten. Da sie selber oft im Freien und deshalb von der Sonne gebräunt waren, galt ihnen besonders der mädchenhafte, der nicht behaarte und nicht gebräunte Hintern als Ideal. Alexis spricht von dem »weißen Arsch« der Knaben, Kallias von dem »weißen Gesäß« der Lieblingsknaben des Melanthios, Dioskorides von den »milchfarbenen Hinterbacken« des Sosarchos, Strattis von dem schönen Hintern des Chrysippos, Eubulos von dem »schönen und großen Hintern« des Kallistratos. Wenn ein Knabenliebhaber wie Straton betont, daß er mehr am Gesicht als am Hintern seiner Lieblinge interessiert sei, so bezeugt gerade seine Betonung des Ungewöhnlichen dieser Neigung, wie sehr die anderen Autoren anal fixiert gewesen sein müssen:

Wenn einen Knaben ich seh', einen schönen, genügt mir das Antlitz,
Und ich wend' mich nicht um, um ihn von hinten zu schaun!
So betrachten wir auch der Götter Bilder und Tempel,
Staunen sie von vorn an, nicht auch den hinteren Bau.

Daß dies zumindest nicht immer stimmt, haben wir bereits aus der Bewunderung des Kallikrates für den Hintern der Aphrodite gesehen. Daß aber auch die Götter selber nach Meinung der Griechen anal zu verkehren pflegten, geht aus einer Vielfalt von Sagen, Mythen und poetischen Darstellungen hervor. So erzählt Philippos, daß ein Sterblicher, der am Verhungern war und Priapos mit einem Korb voller Feigen erblickte, den Gott gebeten habe, ihm etwas zu essen zu geben. Der Gott antwortete: »Nimm und gib!« Darauf der Sterbliche: »Was, du als Gott verlangst Geld?« »Nein«, antwortete Priapos, »nicht Geld, sondern

deine eigene Feige!« Womit, im umgangssprachlichen Griechisch, der Anus des Sterblichen gemeint war.
Der Spitzname des Dionysos war *glutes,* »Glutäer«, wegen seiner analerotischen Neigungen. Auf der berühmten Phineosschale, einst in Würzburg, kehrt Silen dem Dionysos, sich über die Schulter nach ihm umblickend, sein üppiges Hinterteil herausfordernd zu. Daß Zeus, der Vater aller Götter, den Jüngling Ganymed raubte, weil sein Hintern ihn bezauberte, ist bekannt. Weniger bekannt ist jene Stelle bei Dioskorides, wo er berichtet, daß Eros, um Zeus von Ganymed hinwegzulokken, dem Knaben Sosarchos eigenhändig aus Milch und Männermark einen Hintern von so unwiderstehlicher Schönheit geformt habe, daß Zeus den Ganymed an seinen Vater zurückgab und sich von nun an mit Sosarchos vergnügte (*Anth. Pal.* XII, 37).
Und wie die Götter, so die Helden. Der Spitzname des Herakles war *melampygos,* »Schwarzarsch«. Als die Kerkopen, obszöne Zwergfiguren der griechischen Mythologie, ihn eines Tages im Schlaf zu berauben versucht hatten, ergriff der Held sie, band sie zusammen und warf sie über seine Schultern, so daß sie Zeit und Muße hatten, seine gewaltigen, schwarz behaarten Gesäßbacken zu bewundern. Ihre Betrachtungen über dieses Thema gehören zu den beliebtesten Motiven der griechischen Literatur. Besonders attraktiv fanden die Patriarchen bei beiden Geschlechtern die Popogrübchen, die sie *gelasinoi* nannten (von *gelao,* »ich lache«), also wie bei uns: »Lachgrübchen«. Und weil die Patriarchen offenbar von allen Körperbewegungen das Schaukeln mit den Hüften und das Rotieren des Gesäßes am faszinierendsten empfanden, prägten sie zahllose Ausdrücke hierfür, darunter die Verben *katapygizein, periproktian, salakonizein, salakoneuesthai, saleuesthai, sauloproktian.* Alle sechs Worte bedeuteten sowohl: »beim Analkoitus mit dem Gesäß wackeln«, wie auch: »beim Gehen durch Wackelbewegungen Sexualinteressen erwecken«. Auch besaßen die Griechen einen Tanz namens *kallabis,* bei dem die Hinterbacken mit den Händen gespreizt wurden, so daß man, sich gegenseitig einladend, einander das offene Loch präsentierte.
Wenn Straton seinen Geliebten auffordert, ihm als *meriones* zu dienen, so weist er damit nicht nur auf die Zuneigung des vor Troja kämpfenden Helden Idomeneos zu seinem Diener Meriones hin, sondern leitet den Namen des Freundes auch von *meros,* »Mittelpunkt«, »Anus«, ab und bittet ihn also, ihm den Analverkehr zu gestatten. Die gleichen Töne schlägt Anakreon an, wenn er sagt: »So gewähre mir, Freund, als

Weihetrunk die schlanken Beine« (fr. 66). Es gab sogar ein Zeitwort, das man mit »Hinterschau halten« übersetzen könnte und das eigentlich nichts anderes bedeutet als: »sich den Arsch eines anderen ansehen«: *proktoterein.* Auf das Wort *kallipygos,* »schönarschig«, sind wir schon als Titel der Aphrodite gestoßen. Es gibt aber auch das schon von Hesiod bevorzugte Wort *pygostolos,* »den Arsch schmückend« (was an das *crisare* der Römer anklingt) und den Ausdruck *eupygia*, »Schönheit des Hinterns«. Bezeichnend und für uns kaum nachempfindbar ist das Wort *pyksagathos*, das etwa »arschtapfer« bedeutet und einen Zusammenhang zwischen Mut und Analverkehr herzustellen versucht, der uns auch in dem Konzept der Heiligen Schar der Thebaner, jener ausschließlich aus homosexuellen Freundespaaren bestehenden Stoßtruppe, entgegentritt, einer Truppe, die eben wegen ihrer Homosexualität als unbesiegbar galt. Ähnlich auch das Wort *proktosophos*, »arschklug«, das man benutzte, um die Pupenjungen der Philosophen zu kennzeichnen.

Für den Anus gab es eine Unzahl von Worten, in ihrer Vielfalt bezeichnend für die Neigungen der herrschenden Klasse: *bothros* (wörtlich: »Loch«, »Grube«, »Graben«), *proktos* (»Steiß«), *lakkos* (»Loch«), *kysos* (»Hintern«), *trogle* (»Höhle«), *tauros* (»Stier«). Der Afterschließmuskel war *daktylios, sphigtes dactylos* oder, wie heute, *sphinkter.* Der wichtigste Teil der Analsphäre war jedoch die *paidika mere* (Lukian, *Erotes*, 14), das »Knabenkränzlein«, die »Rosenknospe«. Auf dem Grabstein des Antiphilos steht: »Ziehe mir das Gewand nicht aus, sondern schau mich an, wie ich bin: eine Statue, tot, aus Marmor und Holz. Wenn du aber trotzdem die nackte Liebe des Antiphilos begehrst, wirst du sie finden: eine Rosenknospe am Dornenstrauch« (*Anth. Graec.* XII, 40).

Daß die Griechen, zumindest die herrschende Klasse der Athener, zwei bis drei Jahrhunderte lang den Analverkehr so darzustellen versuchten, als sei er »besser«, »edler«, ja sogar »tugendhafter« als der Koitus, geht aus Hunderten von Zeilen hervor. Hier sei nur auf jenes Epigramm des Straton (*Anth. Graec.* XII, 245) hingewiesen, in dem der Autor einen geradezu rührenden Glauben an den Fortschritt des Menschen gegenüber seinen tierischen Vorfahren zu Tage legt: »Die unvernünftigen Lebewesen vögeln bloß. Wir, die Vernünftigen, haben vor ihnen voraus, daß wir das Arschficken erfanden. Diejenigen, die immer noch den Frauen dienen, haben den blöden Tieren nichts mehr voraus.«

Deshalb wendet sich Straton in einem anderen Epigramm auch unumwunden der Sache zu: »Früher hatten wir gegenseitige Küsse und was sonst dem Liebeswerk vorangeht, denn du warst noch ein Kind, Diphilos. Jetzt aber bitte ich um den Knabenkranz, der später nicht mehr da sein wird. Alles nämlich zu seiner Zeit!« (*Anth. Graec.* XII, 251).

Die Unzahl solcher Epigramme und vergleichbarer Verse, Lieder und Inschriften stellt einen weitaus höheren Prozentsatz der uns bekannten griechischen Literatur dar als den der Pornographie aller Art innerhalb unserer gegenwärtigen westlichen Zivilisation. Allein die Tatsache, daß die Griechen für diese Kategorie der Literatur eine Anzahl von kennzeichnenden Ausdrücken geprägt haben (*paidika,* päderastische Dichtungen; *paidikos logos*, Liebesgedicht auf einen Knaben; *musa paidika*, die Muse der Päderastie) zeigt, wie weit der Kult der päderastischen Analerotik in gewissen Schichten verbreitet gewesen sein muß. So gab es auch die Ausdrücke *kinaidologos* und *kinaidographos*, »Pupenverherrlicher«, »Schriftsteller, der nur über Strichjungen schreibt«, und das entsprechende Verb *kinaidographein*, »über Pupenjungen schreiben«. Ähnlich auch das Hauptwort *kysolesches*, »Arschredner«, »Mann, der immer nur vom Hintern spricht«.

Wenn wir überhaupt willens sind, die Heterosexualität als Norm zu betrachten, dann bleibt uns kaum etwas anderes übrig, als eine Kultur, die selbst in ihrer Umgangssprache ein so hohes Maß von Analerotik zutagelegt, sowohl im klinischen wie im soziologischen Sinne als »anomal« zu betrachten. Allein die Ausdrücke für Pediko, »Arschficker«, gehen in die Hunderte. Als Beispiel: *alphestes*, »Mann, der Knaben nachläuft« (von dem Namen eines Seefisches, der hinter einem herschwimmt. Athen. 7, 281 f.); *arsenikoites*, »einer, der mit Männern koitiert«; *kambyses*, »der den After vollstopft«; *katadaktylos*, »Arschbefingerer«; *klysma*, »Klistier«; *kollopodioktes*, »Strichjungenverfolger«; *kreagra*, »Fleischzange«; *lakatapygon*, »Steißling«, »Arschling«; *philopygistes*, »Arschfickerfreund«; *pygistes*, »Arschficker«.

Ähnlich die Zeitworte für pedizieren: *empnein, eispnein,* »anhauchen«; *gynaikun*, »zur Frau machen«; *katelunein*, »unterkriegen«; *oryssein, oryttein,* »graben«, »durchbohren«; *pygizein*, »arschficken«; *paidotribein*, »Knaben reiben«. Von den Ausdrücken für Pedikatio ist besonders bezeichnend in seiner Anmaßung das Wort *pragma*, »das Ausgerichtete«, »die Tat«, »das Vollbrachte«, das den Anschein zu geben versucht, hier sei, im Gegensatz zum Koitus, etwas Heldenhaftes, Einmaliges aber auch Praktisches geschehen (unser Ausdruck »Pragmatismus« leitet sich von der gleichen Wurzel ab). Andere Synonyme: *ar-*

renokoitia, arsenokoitia, »Männerkoitus«; *arrenomixia, arsenomixia*, »Männervermischung«; *katapygosyne*, »Steißdarbietung«; *pygisma*, »Arschfick«.

In Athen gab es ein Sprichwort, das die Päderasten gern mit einer kleinen Änderung zitierten: »Auch wenn der Fischer schläft, fangen sich Fische in der Reuse«. Statt des griechischen Wortes für »Reuse« substituierten sie das ähnlich klingende Wort für »Anus«, so daß das Sprichwort nun lautet: »Selbst wenn der Fischer schläft, fängt er Fische mit dem Arsch.« Das galt dem Pathicus, dem »Prellbock«, dem Manne oder Knaben, der seinen Hintern dem Vergnügen des Pediko zur Verfügung stellte. Nun sagt es wahrscheinlich mehr über die unbewußte Bewertung des Analverkehrs bei den Griechen aus, als diese gern wahrgehabt hätten, wenn man darauf hinweist, daß in den Witzen, den Schmähreden und den Schimpfworten der Griechen ein gewaltiger Unterschied zwischen dem aktiven Pediko und seinem passiven Partner bestand. Wäre der Analverkehr tatsächlich um so viel männlicher, tugendhafter und ästhetischer als der heterosexuelle Koitus aufgefaßt worden, dann hätte man auch hier beide Partner mit dem gleichen Maß gemessen. Denn, so hofft man, sie waren doch zumindest Freunde und respektierten einander, selbst wenn man in diesem Stadium der europäischen Geschichte noch nicht von »Liebe« im heutigen Sinne sprechen kann.

Aber nein, nichts Derartiges. Der Mann, der heute noch mit aller Überredungskunst des Griechen um das »Knabenkränzlein« des Geliebten flehte, verspottete ihn am Tag danach mit dem Hohn des Aktiven, des Überlegenen, des Mannes, der auf den Passiven wie auf eine Frau hinabsieht. Das spiegelt sich sehr deutlich in dem gesamten Vokabular der passiven Päderastie wider, das im Gegensatz zu dem der aktiven Pedikatio ausgesprochen abwertend ist. Der Pathicus hieß *aischropathes,* »Schmutzerdulder«; *anandros* oder *androgynos,* »Mannweib« oder »Weibmann«; *batalos* oder *battalos,* »der sich besteigen läßt«; *chamaitypos,* »Straßenjunge« oder »Strichjunge«; *gynnis,* »Weibling«; *katapygon, katapygosynos,* »der den Steiß darbietet«; *kollops,* »Herumgewirbelter«, »der, dessen Arsch man dreht«; *logalios,* »Knochenwürfel« (weil man seinen Hintern wie einen Würfel hin- und herrollte); *malakos,* »Verweichlichter«; *proktos,* »Hintern«; *rhyton, rhytion,* »Geschirr«; *sphinktes,* »der den Sphinkter zur Verfügung stellt«; *thelydrias,* »Weibling«.

Eine gewisse Unsicherheit der Griechen dem Phänomen der passiven

Analerotik gegenüber geht auch daraus hervor, daß sie sich nie erklären konnten, worin das mögliche Vergnügen bestand, das der Pathicus empfand oder zumindest empfinden sollte. In den *prolemata,* einem griechischen Medizinbuch, wird in IV, 26 erklärt, der Pathicus müsse seine Samengefäße wohl im Anus, statt in den Hoden haben. Selbst Aristoteles schloß sich dieser Ansicht an, weil er mit dem Problem in keiner anderen Weise fertigwerden konnte. Deshalb galt der Pathicus auch als eine dunkle, nicht klar einzuordnende Figur, der man einerseits sexuell hörig war, die man aber andererseits auch verachtete und verspottete. Wenn Aristophanes in den *Fröschen* (423 bis 427) den Kleisthenes im Reich der Toten zeigt, ihn nach seinem Geliebten Sebinos schreien und sich dabei die Haare am After ausrupfen läßt, um sein Gesäß attraktiver zu machen, so lachten die Griechen, statt sich der Tragik solcher Szenen bewußt zu sein.

Fast alle Zeitworte, die sich mit der passiven Form des Analverkehrs befassen, sind im Gegensatz zu denen, die die aktive Form bezeichnen, verachtend und abwertend: *gonypetein,* »auf die Knie sinken«; *gynaikizein,* »sich zur Frau machen«; *gynaikopathein,* »sich wie eine Frau hingeben«; *gynaikothenai, gynaikusthai,* »sich zur Frau machen lassen«; *hypokynein, hypokyptein,* »sich niederbücken«; Kollope »sich herumwirbeln lassen«; *paschein, paschetian,* »an Arschgeilheit leiden«. So auch die Hauptworte: *aischropatheia,* »Schmutzertragung«; *nosos theleia,* »Sucht nach Weiblichkeit«. Ein Teil der Abwertung mag sich aus der Tatsache ergeben, daß diese Worte sich auch auf die päderastische Prostitution bezogen: *kataproktos, katapygos,* »der sich anal prostituiert«; *katapygizein,* »den Hintern wie ein Strichjunge drehen«. Aber wenn die Knabenliebe, wie ihre Verfechter uns immer wieder versichern, wirklich die hehre, die reinere, die nicht von weiblicher Untugend befleckte Liebe war, wieso dann diese ständige Assoziation mit der Käuflichkeit?

Ein anderer Aspekt der Abwertung des passiven Partners mag auch darin gelegen haben, daß das Schönheitsideal der päderastischen Griechen niemals der Mann, sondern stets nur der Knabe war. Mit den ersten Körperhaaren verschwand der Reiz des Knaben. Meleagros in Epigramm XII, 41 der *Anthologia Graeca:* »Nicht besinge ich mehr den Theron als schön, noch den Apollodoros, einst ein blendendes Feuer, jetzt nur noch eine kohlende Fackel. Jetzt ziehe ich die Liebe zum Mädchen vor. Das Arschficken der Päderasten mit behaarten Hintern mag den Sodomiten, den ziegenbespringenden Hirten liegen, nicht mir!« So warnt auch Alkaios seinen Lieblingsknaben Nikandros: »Dein Schenkel beginnt von Haaren zu starren. Hüte dich, daß nicht auch dein Hintern das gleiche Geschick erleidet, ohne daß du es merkst. Dann wirst du erst erkennen, wie dir die Freunde entschwinden! So kümmere dich also um deine unwiederbringliche Jugend!« *(Anth. Graec.* XII, 30). Über allen päderastischen Verhältnissen hing also das Damoklesschwert der Kurzfristigkeit. Eine lebenslängliche Liebe zwischen Mann und Knabe war undenkbar.

Endlich müssen wir auf das eingehen, was selbst die griechischen Päderasten weder vor sich selber noch vor anderen verbergen konnten: daß der Anus eben nicht für den Koitus geschaffen ist. Die Häufigkeit solcher Worte wie *syke, sykea* (Feigwarze am After) und *sykidaphoros,* »Feigwärziger« oder vielleicht auch »Hämorrhoidenkranker« zeigt uns eine der Folgen, welche die Griechen im Analverkehr sahen. Eine andere war die Ausweitung des Afters. Aristophanes läßt in den *Wolken* den Gerechten seinem Sohne den Koitus »in der alten Manier« empfehlen:

Stets hast du dann, Sohn,
Vollkräftige Brust, frischblühende Farb',
Breitschultrigen Wuchs,
Hübsch großes Gesäß, hübsch kleines Geschöß!
Doch wenn du es treibst in der neuen Manier,
Bald hast du dann auch
Bleichsüchtige Farb', schmalschultrigen Wuchs,
Schwindsüchtige Brust, stets Munddiarrhoe,
Gar kleines Gesäß, gar großes Geschöß,
Psephismen ohn' End'!

In den *Thesmophoriazusen* des Aristophanes fragte Mnesilochos den Euripides: »Wer ist Agathon?« Euripides antwortet: »Gewiß hast du ihn schon gebraucht, du weißt's nur nicht!« Womit er darauf hinweisen will, daß Agathon sich nur anal gebrauchen läßt, so daß viele derer, die ihn pediziert haben, nie sein Gesicht zu sehen bekommen haben. Einen »hinten wohlbeschlagenen Mann« nennt Aristophanes ihn deshalb.

Sehr ähnlich fragt Kallias: »Woran erkenne ich also die Pupenjungen des Melanthios?« Antwort: »An ihren ausgeweiteten Ärschen!« (fr. 11).

Vers 69 der *Priapeia* spricht offen von den Fäkalien und warnt den Prellbock vor dem Gewicht des Gliedes, das er in sich aufnehmen soll:

. . . so betrachte mich, Dieb, und werd' dir bewußt,

Was der Schwanz wiegt, den du dann auskacken mußt!

Der alte Forberg (Friedrich Carl Forberg, 1770 bis 1848), der ein ganz vorzüglicher Kommentator dieser Dinge war, schrieb hierüber: »Weil man, wenn man einen Kaktus im Freien pflanzt, sich bückt, geschah es, daß man von Leuten, die sich päderastieren ließen, sagte, sie schissen, und zwar schissen sie Schwänze, wie es denn wirklich so aussehen kann, als wäre das im Hintern des Prellbocks hinein- und herausgleitende Glied ein Exkrement« (*Hermaphroditos 236 bis 237, Fußnote)*.

Der Spitzname der Athener bei den anderen Griechen war *hypolisboi*, »abgewetzte Hintern«, was die Athener selber der Tatsache zugute schrieben, daß sie als seefahrende Männer ihr Gesäß auf der Ruderbank abwetzten, was in Wahrheit aber auf die analen Praktiken der Attiker zurückging. Einer der wenigen Athener, die dies zugaben, war Aristophanes, der in Vers 137 der *Lysistrata* schrieb: » . . .denn arschgefickt ist unser ganzes Volk!« In seinen *Wolken* weist der Ungerechte dem Gerechten nach, daß nahezu jeder prominente Athener entweder ein Steißling sei oder zumindest vormals pediziert habe (Vers 1083ff.):

So sag mir denn: Die Redner jetzt, die waren einst –?
· Steißlinge!
Allerdings! Sodann die Schauspieldichter waren einst –?
Steißlinge!
Allerliebst! Sodann die Staatsmänner?
Auch Steißlinge!
Auch hier im Publikum sind mehr, zähl nach, von welcher Art?
Sogleich!
Was zählst du raus?
Bei allen Göttern! Unendlich mehr Steißlinge sind's! Von jenem dort weiß ich's genau. Von dem dort auch! Von diesem Dichtgelockten ganz bestimmt!

Zur Zeit des Alkibiades wurden die Feldherren Athens so von ihren Pupenjungen beherrscht, daß der Dramatiker Eupolis in seinen *Demoi* die Bürger zum Protest aufrief gegen »die oft bestiegenen Knaben, die alles, was sie an Feldherrnkunst besitzen, zwischen ihren Hinterbacken tragen« (Eupol. fr. 100). Die Tradition der Pedikatio ging nach Meinung der Athener bis in die Heldenzeit zurück. Eubolos (164 bis 215) sagt in fr. 120,4 der *Comicorum Atticorum fragmenta* (ed. Theodor Knopf, Leipzig 1884) von den Helden vor Troja: »Aber keiner von ihnen hatte eine Hure zur Verfügung, sondern sie liebten sich gegenseitig zehn Jahre lang. Es war für sie ein bitterer Feldzug. Eine Stadt nur eroberten sie, und als sie abzogen, klafften ihre Hintern weiter auseinander als die Tore der eroberten Stadt.«

Trotz der Erkenntnis, daß die Pedikatio bis in die frühesten Anfänge ihrer Geschichte zurückgeht, versuchten die Griechen aber immer wieder mit der ihnen eigenen Ambivalenz zu beweisen, daß die Sache ihnen völlig fremd sei, nur von Fremden praktiziert werde und bestimmt auch fremdländischen Ursprungs sei. Hier sei kurz auf einige der etymologischen Versuche hingewiesen, mit denen besonders die Athener die »fremdrassige« Herkunft des Analverkehrs zu bekunden suchten. Um den Begriff »pedicare« auszudrücken, benutzten sie vorzugsweise die Zeitworte: *chalkidizein,* »chalkidisieren« (nach der Stadt Chalkis in Euboia); *phikidizein.* »phikidisieren« (nach der Stadt Phikis); *siphniazein,* »siphnisieren« (nach der Insel Siphnos im ägäischen Meer, wo nach Meinung der Athener nicht nur der Analkoitus, sondern auch die Analmasturbation herstammte); *lakonizein,* »lakonisieren«, sich wie die Lakonier, d. h. wie die Spartaner benehmen. Den Pediko nannten die Athener auch *kydon,* nach dem Kydonen, einem kretischen Volksstamm, bei dem der König Minos von Kreta den Analkoitus eingeführt haben sollte, um die Überbevölkerung der Insel zu verhindern (Arist. *De re publ.* 2, 10. p. 1272 Bekker). Als Synonym für das Wort »pediziert« benutzten die Athener auch den Ausdruck *eutresios,* nach dem boiotischen Ort Eutresis und dem arkadischen Gau des gleichen Namens. Hieraus ergaben sich natürlich endlose Möglichkeiten des Wortspiels. Wollte man einen Mann der Pedikatio bezichtigen, so nannte man ihn einen Eutresier oder Lakonier, einen Einwohner von Chalkis, Siphnos oder Phikis, und wurde man dann zur Rechenschaft gezogen, so sagte man einfach, man habe doch nur geographisch gesprochen und sich dabei nichts gedacht. Auch den Einwohnern von Klazomenai, einer Stadt am hermäischen Meerbusen, sagten die Athener nach, sie betrieben ausschließlich Analverkehr, aber der Ausdruck »Klazomener« für »Päderast« war offenbar weit seltener als die anderen.

Der rechtliche Status der Pedikatio war ebenso zwiespältig wie ihre moralische Position im Gesellschaftsleben der Griechen. In Athen gab es »Hinternbesichtiger« mit offiziellem Status; dort durften Pedikatoren theoretisch auch nicht Redner werden, obgleich im klassischen Athen gerade die Redner als Päderasten bekannt waren. In den *Rittern* des Aristophanes rühmt sich Kleon, den Hurern das Handwerk gelegt zu haben. Worauf der Wursthändler Agorakritos antwortete: »Ein sauberes Amt, als Hinternbesichtiger den Hurern das Handwerk zu legen – aus Neid, um zu verhindern, daß sie Redner werden!« Dem Demos schenkte der dankbare Wursthändler dann auch prompt einen »unverschnittenen Knaben« (*Ritter,* 876 bis 880, 1385).

Eine der athenischen Strafen für Ehebruch war das Absengen der Afterhaare mit glühenden Kohlen und das Hineintreiben eines Rettichs oder einer Meeräsche in den Anus, eine Prozedur, die eine so ausgesprochen analerotische Orientierung aufweist, daß sie allein genügen sollte, um die Richtung der Libido bei den Gesetzgebern, den Männern der herrschenden Klasse, festzulegen.

Wer einen ertappten Ehebrecher, aber auch einen Pathicus, verhöhnen wollte, streckte bei geballter Faust den Mittelfinger nach ihm aus. Der Mittelfinger hieß *katapygos* »der Schmutzige«, und die Geste hieß *skimalizein,* ein Wort aus der griechischen Bauernsprache, das dort bedeutete: den Finger in den After einer Henne stecken, um zu sehen, ob sie lege; *skimalizein* bedeute deshalb auch: »anal masturbieren«, eine Tätigkeit, welche die Athener, wie wir gesehen haben, gern den Einwohnern der Insel Siphnos zuschrieben und die sie deshalb *siphniazein,* »siphnisieren«, nannten. Auch das Verb *katadaktylizein,* das wir bereits in anderem Sinne kennen gelernt haben, bedeutete meist: »anal masturbieren«, und zwar sowohl einen anderen wie sich selbst. *Katadaktylos* hieß deshalb der »Arschbefingerer«. Andere Zeitworte, die diese Tätigkeit ausdrückten, waren: *skintharizein, skantharizein, skinthizein, skindareuein,* »jemandem den Hintern streicheln«, »jemanden anal masturbieren«. Auch hierüber gab es viele Wortspiele, so zum Beispiel den Ausdruck *proktopenteteris,* was so viel wie »Arschfünfer« bedeutete und auf der Analogie zwischen den fünf Fingern einer den Popo streichelnden Hand und den Isthmischen Festspielen, die alle fünf Jahre stattfanden, aufgebaut war. Man braucht wohl kaum zu wiederholen, daß eine Sprache, die solche Ausdrücke enthält, eine außerordentlich hohe Frequenz der von ihnen wiedergegebenen Sexualpraktiken beweist.

Aber nicht nur in ihren Sexualpraktiken spiegelte sich die Analerotik der Griechen wider; auch die Witze über Fäkalien und Darmwind, die wir so außerordentlich oft in der Literatur der alten Griechen finden, deuten, wie jede Form des Humors, auf bestimmte Sexualneigungen hin. Bereits in den homerischen Hymnen finden wir eine gewisse Fixierung auf diese Themen. So schildert Homer besonders liebevoll, wie der Gott Hermes sich plötzlich auf die Arme stützt und einen Wind fahren läßt, »des Bauches duldender Diener, den ruchlosen Boten« (*Hom. hymn.* 3, 295 ff.). Ein Papyros aus Oxyrhynchos befaßt sich mit der Befreiung der Hetäre Charition durch den Freund ihres Bruders, einer Art menschlicher Kanone, der alle Feinde durch Furzsalven davontreibt. In einem Epigramm des Nikarchos spielt der Dichter mit den im Griechischen ähnlich klingenden Wörtern »Furz« und »König«, indem er sagt, beide seien nützlich, wenn man sie gehen lasse, könnten aber sehr schädlich werden, wenn man versuche, sie zurückzuhalten (*Anth. Pal.* XI, 395). Die verschiedenen Synonyme für »Furz«, »Furzen« und »Furzer« sind in den Bühnenstücken so häufig, daß man diese Art des analerotischen Humors nur im Zusammenhang mit dem erschlafften Afterschließmuskel der passiven Pedikatoren verstehen kann.

In dem Bruchstück einer Komödie des Aristophanes belehrt Sokrates den Strepsiades über ein profundes Problem der Philosophie: den Stuhlgang. Viele Zeilen lang wird mit eindrucksvoller Onomatopöie Darmwind und Defäkation beschrieben, Und in den *Fröschen* des gleichen Autors macht sich gar ein Gott, Dionysos, in die »Hosen« und muß von Xanthion mit einem Schwamm abgewischt werden. Meist wischten sich die Griechen allerdings mit Kies ab. Ein Sprichwort besagte: »Wenn sie rauh sind, genügen drei Kieselsteine. Sind sie glatt, braucht man vier.« In den *Freunden* des Eupolis prahlt Alkibiades mit seinen »Neuerfindungen«, dem Analverkehr und dem Nachttopf. Und in der Tat scheint dieser vielseitige Mann zumindest die öffentliche Benutzung eines solchen Topfs beim Gelage eingeführt zu haben.

Ob die Angewohnheit der Griechen, ihre Abtritte so anzulegen, daß die Defäzierenden gruppenweise zusammensaßen, technologische oder sexuelle Gründe hatte, ist heute schwerlich zu beantworten. Jedenfalls stoßen Ausgrabungen nicht nur auf dem griechischen Festlande, sondern auch auf den ägäischen Inseln und in den anatolischen Siedlungen der Griechen immer wieder auf solche Wasserklosetts wie das in Ephesos, das von dem Österreichischen Archäologischen Institut entdeckt wurde und von zwölf in einem Kreis sitzenden Personen gleichzeitig benutzt werden konnte. Aus all diesen Dingen spricht ein Analfetischismus und eine Auffassung der Vagina als Antifetisch, die in ihrem Zusammenwirken eine ausgesprochene Misogynie verraten.

Analerotik im alten Rom. Genau wie bei den Griechen, galt auch beim Analverkehr im alten Rom der Grundsatz, daß aktiv = männlich = ehrenhaft sei, während passiv = weibisch = ehrlos sein müsse. Während der patriarchalische Römer also nichts Schandhaftes in der Einführung des Glieds in den After eines Mannes, eines Knaben oder einer Frau sah, betrachtete er das Einführenlassen als ausgesprochene Schande. Dies ging soweit, daß man anale Vergewaltigung nicht nur juristisch straffrei ließ, sondern diese Prozedur sogar als offizielle Strafmaßnahme für gewisse Vergehen, zum Beispiel für Ehebruch, benutzte, während der Wunsch, anal koitiert zu werden, zwar nicht bestraft, aber mit beißendem Hohn bedacht wurde, einerlei ob er von einer Frau oder einem Manne geäußert worden war. Deshalb auch das höhnische Epigramm des Martial (XI, 88) über Charisianus:

Lupus, Charisianus sagt, er müsse
Schon seit langem der Knaben sich enthalten.
Als den Grund ein Freund ihm entlocken wollte,
Gab er ihm zu Bescheid, er habe Durchfall.

Mit tiefer Verachtung spricht Juvenal (II, 20 H.) den Pathicus Sextus an:

Und nachdem du die Tugend gepredigt,
Hebst du den Steiß an. Ich soll dich
Achten, arschwackelnder Sextus?

Dagegen ist Juvenal zwar neugierig, nicht aber höhnisch, wenn er sich nach dem Vergnügen am *aktiven* Analverkehr (»wie sich's gehöret«) erkundigt (IX, 33f.):

Ist's denn leicht und bequem, den Schwanz in den After zu treiben,
Wie sich's gehöret, und dort dem gestrigen Mahl zu begegnen?

Und völlig ohne Verachtung, im Gegenteil von einem gewissen Stolz erfüllt, ist Catull, wenn er (XVI, 1) und wieder (XVI, 14) droht: »Hinten werd ich und oben euch verlöten!« Denn dies, die aktive Pedikatio, galt als männlich, ja sogar als göttlich, denn es war die Drohung, die Priapus ausstieß, als er die Obstdiebe verscheuchen wollte. Als göttlich galt auch den Römern der Ursprung der Pedikatio, denn man führte sie auf den Gott Liber zurück. Arnobius erzählt im Buch V (c, 28 Mitte): »Man sagt, daß der Gott Liber, als er noch unter den Menschen weilte, mehr von der Unterwelt wissen wollte, als man ihm im Himmel erzählt hatte. Sein Wunsch war vor allem zu wissen, was unterhalb des Tartarus sich begebe. Die Erfüllung des Wunsches sei ihm aber durch Unkenntnis des Weges unmöglich gewesen. Prosumnus, der Freund des Gottes, kannte jedoch den Weg und versprach dem Gott, ihm die Pforte des Dis und den Zugang zum Acheron zu zeigen, wenn der Gott seinen Willen tun und sich ihm als Frau hingeben wolle. Der Gott schwor, er werde sich unterwerfen, aber erst nach der Rückkehr aus der Unterwelt, wenn

Wunsch und Unternehmung erfüllt seien. Prosumnus zeigte ihm daraufhin den Weg und brachte ihn auf die Schwelle der Unterwelt. Während Liber nun den Styx, den Cerberus, die Furien und alle sonstigen Anwohner der Unterwelt beschaute, starb Prosumnus. Liber, der Unterwelt entstiegen, erinnerte sich jedoch des verstorbenen Freundes. Um den Vertrag zu erfüllen und seinen Schwur zu lösen, schnitt er von einem Feigenbaum den dicksten Ast ab, formte ihn zu einem männlichen Glied, befestigte es auf dem Grabhügel des Freundes, nahte sich ihm mit entblößtem Gesäß, schob sich darüber und saß fest. Dann die Geilheit eines Brünstigen vortäuschend, drehte er die Hinterbacken hin und her, dem Freunde darstellend, daß er als Frau vom Holze erlitte, was er dem Freunde als Frau zu leisten versprochen hatte.«

Man sieht: Hier wird auf geschickte Weise durch eine der Tugenden, die das Männerrecht am höchsten verehrte, Freundestreue, auch die negative, die duldende, die »weibische« Seite der Pedikatio von jedem Makel befreit. Und so geschah es denn auch, daß zumindest innerhalb der Reihen der Analerotiker das *cevere,* die Fähigkeit, mit dem Hintern zu wackeln, als wertvollstes Talent des Pathicus geschätzt wurde. Auch Romulus, dem Gründer Roms, schreibt Persius (I, 87) diese Fähigkeit zu: »Wedelst, Romulus, du mit dem Arsche?«

Aber selbst bei den Pedikatoren brach die Verachtung für den passiven Analerotiker immer wieder durch, so auch bei Martial (IX, 69):

Wenn du mal fickst, Polycharmus, so pflegst du am Ende zu scheißen.
Wenn man dich arschfickt, Polycharm, was tust du denn dann?

Was man dem Pathicus immer wieder vorwarf war, daß er sich freiwillig Schmerzen zufügen ließ und obendrein auch noch daran Gefallen fand. Man gab vor, daß jede Form des Analverkehrs unweigerlich zu Hautrissen, Geschwüren am After, Feigwarzen, Verstopfung, Durchfall, fahler Hautfarbe, üblem Mundgeruch und ähnlichem führe. Wenn einer all dies erduldete und trotzdem noch mehr davon haben wollte, so galt er als verabscheuungswürdig. Das empfand sogar Martial, selber ein aktiver Pedikator (VI, 37):

Vom Gesäße, zerrissen bis zum Nabel,
Hat Charinus auch nicht ein Überbleibsel.
Und stets ist er doch brünstig bis zum Nabel.
O wie arge Begierde plagt den Armen:
Er ist ohne Gesäß und doch Kinäde!

Man versteht nun, wieso dem Knaben des Naevolus bei Martial (III, 71) immer der Hintern schmerzt und auf welchem Wortspiel sein kompliziertes Epigramm (IX, 47) beruht:

Du, der du kennst den Wert und die Wucht der verschiedenen Sekten,
Pannychus, teile mir mit, was für ein Dogma du lehrst.

Der Doppelsinn beruht darauf, daß das Wort *pondera*, hier mit »Wucht« übersetzt, gleichzeitig auch die männlichen Genitalien beschreibt, und daß das Wort *secta*, hier mit »Sekten« übersetzt, auch »Spaltung« oder »Riß« bedeutet, so daß man die gleichen Verse auch so übersetzen kann:

Du, der du den Effekt der vom Schwanz erzeugten Arschrisse kennst,
Pannychus, erzähle mir, welcher Geheimlehre du anhängst!

Man wußte nämlich, daß Pannychus sich als Nachfolger und Erbe der Geheimlehre des Pythagoras fühlte. Als Geheimlehre galt aber auch die Bruderschaft der Pedikatoren und Pathici. Juvenal schildert uns einen Arzt, der verständnisvoll lächelnd einem Patienten die Feigwarzen am After wegschneidet (II, 12, 13). Celsus beschreibt verschiedene durch Analverkehr erzeugte Leiden (A. Cornelii Celsi *de medicina libri octo.* Argentoati 1806). Varro erwähnt die *rubigo* als ein durch Analverkehr erzeugtes Geschwür (Varro bei Serv. Vgl. Georg. I, 151). Ausonius meint, man habe die durch Analverkehr erzeugten Hautrisse mit Bimsstein behandelt (*Epigr.* 131, 4).

Um diese Gefahren zu vermeiden, oder sie zumindest zu vermindern, enthaarten sich die Pathici den After. Man nannte sie deshalb auch *depilati* (»Enthaarte«), *leves* (»Geglättete«) oder *resinati* (»mit Harz bestrichene«), dies weil man Harz zum Entfernen der Haare benutzte. Die Prozedur war nicht ungefährlich, denn das Harz mußte in heißem Öl aufgelöst werden, und dabei kam es oft zu Verbrennungen. So nannte man die Pathici auch »Verbrannte«. Unter den Gegenständen des Kaisers Commodus, die auf Pertinax' Befehl öffentlich versteigert wurden, befanden sich samnitische Gefäße zum Erwärmen von Harz, Pech und Öl (Iulius Capitolinus, *Pertinax* VIII). Diese Harz- oder Pechpflaster nannte man *dropax* oder *psilothron* »Alles Harz löst sich in Öl auf. Ich schäme mich, bekennen zu müssen, daß jetzt sein größter Wert darin besteht, Männer zu enthaaren« (Plinius, *hist. nat.* XIV, 20). Man bediente sich zum gleichen Zwecke auch der *volsella*, einer Pinzette, oder so abenteuerlicher Mittel wie heißer Nüsse, Thunfischblut, Frösche, gerösteter Blutegel, Bibergeil und Honig (Plinius, *hist. nat.* XIV).

Es gab deshalb in Rom Spezialisten (*ustriculi,* »Absenger«) und Spezialistinnen, *ustriculae,* »Absengerinnen«, die diese Dienste für wohlhabende Männer verrichteten. Tertullian benutzt (*de pallio* IV) die Formulierung: »sich sogar der *ustriculae* bedienend«, wobei Salmasius (S. 284) den Witz macht: »Einst waren die *ustriculae* dazu da, dich der Haare zu berauben; heute berauben sie dich des Verstandes.«

Die Zahl der Stellen in der römischen Literatur, die sich mit der analen Kosmetik befassen, ist so groß, daß man sich nicht des Verdachtes erwehren kann, die Analerotik in Rom müsse weitaus größere Verbreitung gehabt haben als die Pedikatio. Denn man verband mit der Analregion nicht nur den Begriff der Unreinlichkeit und des üblen Geruchs, sondern gleichzeitig auch die Anziehungskraft eben dieser Gerüche, so daß viele, die nie im Leben aktiven oder auch passiven Analverkehr gehabt hatten und sich ihrer Neigungen also nie bewußt geworden waren, doch Analkosmetik betrieben und dadurch dem Medizinhistoriker den Eindruck vermitteln, sie seien auch nicht frei von analen Regungen gewesen.

Plautus meinte, wer sich nicht die Afterhaare entfernen ließe, verlöre seine Stimme oder zöge sich einen Kastratensopran zu (*Amphitruo,* S. 225):

> Ich Unglücksmensch! Ich habe mir die Afterhaare nicht gerupft!
> Nun trag ich eine Stimme, welche Flügel hat.

Persius spricht (IV, 36) von den »welken Lefzen«, die der Haarentferner vor dem Volke ausbreitet. Er meint dabei die enthaarten Hinterbacken, durch die der ausgeweitete After des Pathicus sichtbar wird. Das Enthaaren des Afters hatte aber auch etwas mit der Anziehungskraft des noch nicht behaarten Knabenkörpers zu tun, der den Päderasten immer als Ideal vorschwebte. Deshalb enthaarten sie sich und ihren Lieblingen nicht nur den After, sondern auch die Genitalien und oft den ganzen Rest des Körpers. So bei Martial (X, 65): »Täglich glättest du den ganzen Körper dir mit Dropax.« Persius fragt, wieso jemand sich sowohl das Gemächt wie die Hinterbacken enthaare: Wolle er damit Frauen oder Männer anziehen? (IV, 37-41):

> Kämmest und salbest ja immer die Borsten am Backen, warum denn
> Muß vom Gemächte geschoren dir ragen gerade der Mehlwurm?
> Wenn auch fünf Badknechte an diesem Gestrüppe sich mühten
> Und den gesottenen Hintern mit Zangen verzerrten und zwackten,
> Doch wird kein Pflug hinreichen, das Farnkraut völlig zu tilgen.

Diese Stelle des Persius hat wohl auch dem Ausonius bei seinem

31. Epigramm vorgeschwebt, in dem er die gleiche Frage stellt, ob der Enthaarte mit seinem nackten Glied Frauen, oder mit seinem nackten Hintern Männer anlocken wolle:

Daß du mit siedendem Dropax die Weichen dir glättest, hat Ursach.
Weil ein geglättetes Glied Huren zu reizen vermag.
Nicht aber kann ich's begreifen, weshalb du dein Hammerwerk Pforzheim
Reibest mit Bimsstein, warum deinen Popo du rasierst.
Oder es müßte denn sein, daß zweierlei Lüste dich jucken,
Daß du am Hintern als Weib fühlst und im Schwanze als Mann.

Martialis (II, 62):

Daß du die Brust, daß die Schenkel du dir, daß die Arme du rupfst,
Daß das geschorene Glied gürtet gekürztes Haar,
Das, Labienus, geschieht – wer wüßt's nicht? – für die Geliebte.
Wem zu Gefallen enthaart wird, Labien, dein Popo?

Derselbe (IX, 27):

Obgleich du, Chrestus, deinen Sack enthaart trägest
Und nacktem Geierhalse deine Scham gleichet
Und glatter als Kinädenhintre dein Haupt glänzet
Und nicht ein Haar auf deinen Schenkeln aufsprosset
Und oft mit Zangen von den Lippen rupfst die Haare:
Sind Numa, Curius, Quintius, Camill, Ancus,
Dir stets im Mund; und wen man sonst behaart nannte,
Drohend klangen dann deine Worte und hochtrabend,
Mit Theatern schimpftest du dann und dem Zeitalter.
Begegnet währenddessen dir ein Mannschänder,
So – winkst du ihn herbei.

Derselbe (IX, 57):

Nichts ist schäbiger als Hedyls Mantel.
Eins ist aber – er wird's gestehn – sein Hintrer,
Der noch mehr als sein Mantel abgeschabt ist.

Damit meint Martial nicht nur, daß Hedyls Hintern, genau wie sein Mantel, durch häufigen Gebrauch schäbig geworden sei, sondern auch daß beide ihre Haare, also ihren Flor, eingebüßt hätten. Hierher gehört auch der Hintern des Hyllus (Mart. II, 51), der noch mehr abgerieben ist als der letzte Denar, den er besitzt; dahin der gerupfte Leib des Kaisers Otho (Suetonius, *Otho,* Kap. XII), auch jene Anspielung auf den jüngeren Vibennius in dem Gedichte des Catullus (34): »Die haarigen Hinterbacken kannst du nicht für ein As verkaufen.« Deshalb bittet

Galba den Icelus, daß er sich zuvor rupfen lasse, ehe er seine Verführungskünste ausübe (Suetonius, *Galba,* Kap. XXII).
Den Podex glätteten sich auch solche Männer, die sich im übrigen bemühten, mit struppigem Haupthaar und nie geschorenem Barte die gravitätische Würde der alten Philosophen zu markieren, so bei Martial (IX, 47):

Zenos Namen und den Demokrits und des dunkelen Plato
Und, wer im Bilde noch sonst starret von zottigem Haar,
Nennst du, als wärest du selbst des Pythagoras Schüler und Erbe,
Und dem des Samiers gleich wallet dein Bart dir herab.
Doch, was dem Lockigen fremd und schmachvoll ist den Behaarten,
Hast du den steifen Schwanz gerne im glatten Gesäß.

Juvenal (II, 8-13):

Äußerem traue man nicht; denn wo nicht füllten die Gassen
Sünder mit ernstem Gesicht? Du rügest das Laster und bist doch
Selbst der bekannteste Pfuhl in der Zahl der sokratischen Buhlen.
Freilich die Glieder so rauh und die stachelnden Borsten am Arme
Lassen ein trotzig Gemüt uns ahnen; doch hinten am glatten –
Schneidet der lachende Arzt frisch weg die geschwollenen Warzen.

Deshalb gibt Martial auch dem Charidemus den guten Rat, sich die Hinterbacken zu enthaaren, damit man ihn eher für einen Pathicus als für einen Fellator halten möge (VI, 56):

Weil von Borsten das Bein und die Brust von Zotten dir starret,
Denkst du, du könntest damit täuschen den Ruf, Charidem?
Glaube mir, rotte das Haar dir aus vom sämtlichen Körper,
Stelle auch Zeugen dafür, daß du dich hinten enthaart.
»Weshalb?« fragst du; du weißt, daß viel von vielen gesagt wird.
Lasse du sie, Charidem, denken, du seist ein Kinäd.

Da die Lustknaben in Rom ziemlich teuer waren, findet Martial es besonders beachtlich, daß Hyllus, der arm ist und jeden Denar dreimal umdrehen muß, ihn trotzdem lieber einem Lustknaben gibt, als sich Brot oder Fleisch zu kaufen (II, 15):

Wenn in dem ganzen Schrein du oft nur einen Denar hast,
Hyllus, und diesen dazu glatter noch als dein Gesäß,
Wird ihn der Bäcker doch nicht, ihn wird kein Garkoch erhalten,
Sondern einer, der stark pranget mit männlicher Kraft.
Denn dein Magen, der arme, muß schaun des Gesäßes Gelage
Und muß jämmerlich stets hungern, wenn dieses verschlingt.

Wer sich den Körper, insbesondere die Schenkel, die Scham und das

Gesäß enthaaren ließ, galt als Lüstling, als einer, der sich geschlechtlich wie eine Frau gebrauchen ließ. So auch Augustus, der sich, um weicheres Haar zu bekommen, die Haare an den Schenkeln mit heißen Nußschalen absengen ließ (Sueton, *Octav,* 68). Solche Galanterien verachtete auch Julius Cäsar nicht. Suetonius, Kap. 45: »In bezug auf die Körperpflege war er besonders eigen; er ließ sich nicht nur (mit der Schere) die Haare vom Körper scheren und (mit dem Rasiermesser) fleißig rasieren, sondern sogar ausrupfen, was einige mißbilligten.«

Daß der Analverkehr mit der Frau, zumindest im Patriarchat, stets nur Ersatz für den mit dem Manne ist, läßt sich bei den römischen Autoren besonders eindeutig belegen (Mart. X, 81; XI, 43; XI, 99; XI, 104 17f.; XII, 96. Apul. *Met.* III, 20 u. a.). Hat der Mann in den »normalen« Positionen die Grenzen seiner Potenz erreicht, geht es immer noch einmal weiter, wenn sie sich ihm »als Knabe« darbietet. So bei Martial (IX, 67):

Während der ganzen Nacht hab ich ein Mädchen besessen,
So leichtfertig, daß keins sie zu besiegen vermag.
Müde von tausend Arten verlangt' ich, was Knaben gewähren.
Eh' ich die Bitte getan, ward sie gewährt mir bereits.

Apuleius, (*Metamorph.* III, Kap. 20): »Während unseres Geschäkers waren unsere Lüste und Begierden wach geworden, und hatten unsere Sinne erregt. Wir entledigten uns jeglicher Hülle und überließen uns völlig entblößt dem Taumel der Wollust. Schon ermattete ich, als Fotis aus eigener Freigebigkeit mir ihr Knabenkränzlein darbot.«

Im *Zauberesel* des Lukianos aus Samosata sagt Lukios zur jungen Magd Palaistra, die in einem Topfe rührt: »Wie gleichmäßig du doch, reizende Palaistra, den Hintern zugleich mit dem Topfe hin und her wendest und herauskehrst. Wie wollüstig dabei die Backen erzittern, glücklich wer dort hineinkommt!«

Als Olympio seiner vermeintlichen Geliebten von vorne beizukommen sucht, findet er den Zugang versperrt. So erbittet er einen anderen Einlaß (Plaut. *Cas.* 5, 2, 42f.).

Es ist bezeichnend für die unbewußten Schuldgefühle Martials seiner Frau gegenüber, daß er nie mit ihr anal koitieren kann, ohne das Gefühl zu haben, sie mit einem Knaben zu hintergehen. Verweigert sie ihm jedoch den Analverkehr, so beschwert er sich (XI, 104):

Du verweigerst mir das, was Cornelia dem Gracchus gewährte,
Julia ihrem Pompej', Brutus, dir, Portia bot.
Ehe den süßen Pokal gemischt der dardanische Mundschenk,

Diente anstatt Ganymeds Juno dem Jupiter oft.

Gewährt sie ihm aber den Wunsch, so klappt die Sache auch nicht (XI, 43):

Grimmig lärmst du und schiltst, da du mich beim Knaben betroffen,
Gattin, und sagst, du bötest das nämliche dar.
Wie oft sagte das auch dem verbuhlten Donnerer Juno!
Dennoch teilete der mit Ganymedes das Bett.
Auch der Tirynthier hat den Hylas niedergebeugt:
Glaubst du, daß keinen Popo Megera habe gehabt?
Daphnes Flucht hat Phoebus geschmerzt: der öbalische Knabe
Hat seine Flammen jedoch wieder zu löschen gewußt.
Wenn die Briseis auch oft im Bette ihm wandte den Rücken,
Zog ihr den zarten Freund Aecus' Enkel doch vor.
Spar's drum, Dinge vor dir mit männlichem Namen zu nennen,
Gattin, und glaube, daß zwei weibliche Glieder du hast.

Martial erfindet dann (XII, 96) komplizierte Gründe, weshalb seine Frau ihm doch lieber nicht den Analverkehr erlauben solle. Das Ganze ist medizinisch von höchstem Interesse und sagt viel über Martials eigentümliche Form der Bisexualität, noch mehr jedoch über deren gesellschaftliche Ursachen aus:

Da dir das Leben des Manns und seine Treue bekannt ist,
Und dein ehelich Bett keiner berühret und kränkt,
Weshalb quälen dich, gleich Konkubinen, du Törin, die Diener,
Deren Genuß nur kurz und ein flüchtiger ist?
Daß dir, mehr als dem Herren, ein Knabe leistet, beweis' ich:
Er macht's, daß du dem Manne bist das alleinige Weib.
Er gibt, was du als Frau nicht geben willst. »Doch, ich geb' es«,
Sagst du, »daß nicht des Gemahls Liebe verirre vom Bett.«
Anderes ist das: ich will die Chier, nicht die Mariske.
Beide verwechsele nicht, sieh als Mariske dich an.
Eine Gemahlin und Frau muß auch ihre Grenzen erkennen:
Lasse den Knaben ihr Teil, mache von deinem Gebrauch.

Die Wände Herculaneums und Pompejis sind voll von Wandkritzeleien, die auf den Analverkehr mit Frauen hinweisen: *Dos macht's mit dem Hintern . . . Täubchen Clymene, Kack, damit wir gut schlafen können und ich es den weißen Backen, Deinen Grübchen, besorgen kann . . . Kackerin, nimm Dich in acht vor der Stange . . .*

Andere zeigen das Wechselspiel zweier Gedanken. In einer Handschrift steht da: *Ich will Arschficken.* Darunter in anderer Schrift: *Wer's einer Läufigen von hinten macht, verbrennt sich den Schwanz.* Eine dritte Hand schreibt: *Wer das geschrieben hat, ist selber läufig.* Eine vierte fügt hinzu: *Wer das gelesen hat, dem geschieht's bald von hinten.* Die Römer machten viel Wirbel (und sich selber etwas vor), wenn sie immer wieder betonten, sie verkehrten mit der Frau nur deshalb anal, weil sie deren Jungfernschaft schonen wollten (das wurde meist von der Hochzeitsnacht gesagt), weil es weniger gefährlich sei, bei Schwangerschaft anal zu verkehren, oder (was noch am überzeugendsten klingt) um Befruchtung zu vermeiden. Aber daß bei all diesen rationalen Motiven die Irratio der Analerotik das mitschwingende Motiv war, ist kaum zu bezweifeln.

Analfetischismus, die sexuelle Fixierung des Erwachsenen auf den Anus, statt auf die Genitalien. Man unterscheidet zwischen passivem A., der Fixierung der Libido auf den eigenen Anus, und aktivem A., der Fixierung auf den Anus einer anderen Person. Der erste Typ des Analfetischisten wünscht den Analkoitus oder die Analmasturbation im eigenen After, der zweite Typ ist an dem Anus eines anderen Menschen und dessen Produkten interessiert. In beiden Fällen liegt eine Form des sexuellen Infantilismus vor, der auf die anal-sadistische Entwicklungsphase des Kindes zurückführt. Zum passiven A. → Anilinctio, Coitus in anum, Effeuille des roses, Epée de Charlemagne, Immissio in anum, Introductio digiti, Klistieronanie, Lambitus ani, Pedicatio, Pfählung, Proctolagnie, Siphnisieren. Zum aktiven A. → Exkrementophilie, Gesäßerotik, Koprolagnie, Koprophagie, Koprophilie, Kotschmierer, Nachttopffetischismus, Natesfetischismus, Soupeur, Spinatstecher, Stercoraire, Tabouret de verre.

Analgonorrhöe, Rectalgonorrhöe und Mastdarmtripper treten bei Frauen öfter auf als bei heterosexuellen Männern. Homosexuelle Männer dagegen erkranken an allen drei Formen der → Gonorrhöe häufiger als Frauen. Sie infizieren einander durch → Pedicatio. Die Frau dagegen infiziert sich selbst beim Waschen oder Baden, oder wenn Sekret aus der Scheide in den After hinabfließt. Der Nachweis der Erreger geschieht besonders in den Flocken, die dem Stuhl anhaften.

Analipsation [lat.: ipse = selbst], Afteronanie.

Analkoitus, Einführung des männlichen Gliedes in den After einer Frau, eines Mannes oder eines Tieres. In der Antike im Verkehr zwischen Mann und Frau nahezu so häufig wie der Vaginalkoitus, zwischen Männern nahezu die Norm (Apuleius und Martial sprechen von der

»Opferung des Knabenkränzleins«, als ob es eine Selbstverständlichkeit sei). In den Hochkulturen Altamerikas ein gesetzliches Gebot während der Laktationsperiode der Frau, die dort die ersten drei Lebensjahre des Kindes einschloß. Normaler Koitus während dieser Zeit wurde mit dem Tode bestraft.

Analmasturbation, Analonanie, die lustvolle Erregung der Afterschleimhaut mit dem Finger oder einem anderen Instrument. Die Mastdarmschleimhaut ist von Geburt an sehr empfindlich und stellt die zweite wichtige Lustzone des Säuglings dar (die erste ist der Mund → Oralerotik). Von frühester Zeit an sieht man die Kinder mit dem Zeigefinger im After herumbohren. Die Eltern glauben meistens, daß das Kind sich kratzt, weil es Spulwürmer hat und weil der After entzündet ist und deshalb juckt. Das stimmt auch oft. Aber in der westlichen Gesellschaft wird der Anus auch zusätzlich durch falsche Methoden der Kinderpflege gereizt und erotisiert – durch Klistiere, Zäpfchen, Temperaturmessen usw., vor allem aber durch zu frühe Sauberkeitserziehung. Wenn die Mutter das Kind für seine Fähigkeit lobt und liebkost, Fäkalien rechtzeitig auszuscheiden oder bis zum richtigen Moment zurückzuhalten, assoziiert das Kind die Liebkosungen mit dem Afterreiz und wird damit lebenslänglich zur Anal- statt zur Genitalerotik geprägt. Hieraus erwächst eine Komponente der Homosexualität und eine andere des Masochismus. Die Angewohnheit der A. bildet sich aus, wenn der Patient keinen aktiven Partner finden kann, der den Analkoitus bei ihm ausführt. → Epée de Charlemagne, Introductio digiti, Proctolagnie, Siphnisieren. Vgl.: Einverleibung, Klistieronanie, Pfählung.

Analvioline, orientalisches Masturbationsgerät, dessen moderne elektrische Varianten (»Vibro«, »Massagestäbe«) auch in Europa, Amerika und Japan zu finden sind. Die A. besteht aus einem hartgekochten Hühnerei oder einer Kugel aus Holz oder Elfenbein, die mit einer Darmsaite verbunden ist. Das Ei oder die Kugel wird in den After eingeführt, die Saite wird von dem Sexualpartner angespannt und mit einem Geigenbogen gestrichen, um die Kugel zum Vibrieren zu bringen. Die A. war besonders unter Eunuchen im ottomanischen Reich beliebt.

Anamnese, sexuelle → Sexualanamnese.

Anandrynes [frz. Neuprägung aus den Wurzeln anandre = geschlechtslos und gynandre = weibmännisch], lesbische Geheimsekte des 18. Jahrhunderts, gegründet 1770 in Paris von Madame de Fleury. Als Präsidentin setzte sie die berühmte, außerordentlich witzige Sängerin und Kurtisane Sophie Arnould (1740-1802) ein, die aber bald von der

Schauspielerin Marie Antoinette Raucourt (gest. 1815) verdrängt wurde. Der Club traf sich in einem eigens für diese Zwecke gekauften Haus in der Rue des Boucheries-Saint-Honoré, in dessen Mitte angeblich vier Altäre standen, auf denen »ununterbrochen das vestalische Feuer brannte«. Daneben sollen Büsten der Sappho und des Chevalier d'Éon gestanden haben. Die »Priesterinnen« lagen auf Ruhebetten. Wenn es zur Aufnahme von »Novizen« kam, wurden diese entkleidet und Prüfungen unterzogen, die ihren Widerstand gegen das männliche Geschlecht beweisen sollten. In einem »Priapusraum«, in dem eine Statue des Gottes mit erigiertem Phallus stand, befand sich ein Feuer, das von der Novize geschürt werden mußte. Wenn sie durch die Kopulationsbilder, die das ganze Zimmer anfüllten, auch nur einen Augenblick abgelenkt wurde, ging das Feuer aus, und damit hatte sie die Prüfung verfehlt. Der Club hatte Mitglieder aus der höchsten Aristokratie und blieb deshalb unbehelligt. Um 1780 wurde eine Londoner Filiale unter dem Vorsitz der Schauspielerin Mrs. Yates (gest. 1787) vom Drury Lane Theatre gegründet. Um die gleiche Zeit kam es zu einer Spaltung des Pariser Clubs, weil die Präsidentin Marie Antoinette Raucourt Männer als Mitglieder zulassen wollte. Sophie Arnould prägte den denkwürdigen Satz: »Entweder Hure oder Tribade« und zog mit ihren Anhängerinnen aus, obgleich die Raucourt versprach, daß die zugelassenen Männer »nur von Händen, Lippen und Zunge, nicht aber vom Penis« Gebrauch machen dürften. → sexuelle Clubs, Homosexualität.

Anaphrodisia, Anaphrodisie [gr.: an = ohne; aphrodisia = Liebesempfindung], mangelnde Sexualempfindung. → Frigidität.

Andrinämie [gr.: andros = Mann; haima = Blut], nach Hirschfeld eine durch Enthaltsamkeit vom Geschlechtsverkehr erzeugte »hormonelle Blutvergiftung« des Mannes. → Abstinenz, Askese, Epididymitis sympathica, Keuschheit, Neuralgia testis, Paradidymitis sympathica, Phrenokardie, vorehelicher Geschlechtsverkehr.

Androgenese [gr.: andros = Mann; genesis = Entstehung], Zeugung ohne weibliche Mitwirkung. Fortpflanzung ohne mütterlichen Anteil. Gegenteil: Parthenogenese.

Andromanie [gr.: androi = Männer; mania = Wahnsinn], Mannstollheit. → Nymphomanie.

Androphilie [gr.: androi = Männer; philia = Liebe], Männerliebe, ein von Hirschfeld geprägter Ausdruck, der die Unfähigkeit mancher Menschen ausdrücken soll, mit anderen als reifen, voll entwickelten Männern sexuell zu verkehren. Hirschfeld dachte hier an ein homosexuelles Syndrom, aber das Phänomen tritt ebenso häufig bei heterosexuellen Frauen auf und bezeichnet deshalb im heutigen Gebrauch die Neigung zu reifen Männern, im Gegensatz zu der Vorliebe für jüngere oder ältere Männer (Hirschfeld: *Die Homosexualität*). Vgl.: Brotophilie, Gynäkophilie, Helikophilie, Homosexualität.

Androphobie [gr.: androi = Männer; phobos = Furcht], Furcht vor Männern, Männerangst, Männerhaß bei Frauen. → Deflorationspsychose, Hymenismus, Männerhaß, Misandrie, Vaginismus. Das männliche Gegenstück ist → Gynäkophobie.

Anerotismus [gr.: an = ohne; eros = Liebe], Liebesmangel. → Frigidität.

angewandte Sexualwissenschaft → Sexualwissenschaft, angewandte.

Angoisse de toucher [frz.: Berührungsangst]. Im psychologischen Vokabular: Angst vor Berührung mit bestimmten Objekten oder anderen Menschen. Im sexualwissenschaftlichen Vokabular: Furcht vor sexueller Berührung. Gegenteil: → Délire de toucher. Vgl.: Berührungsfetischismus, Berührungsmanie, Zwangskrankheiten.

Angst, oft ein sexueller → Affekt. Beim Kinde dienen alle Affektvorgänge zur Vorbereitung des Geschlechtslebens. Jedes starke Gefühl, einerlei ob angenehm oder unangenehm, wird von der kindlichen Psyche zum Lustgewinn verarbeitet. Hieraus ergibt sich der psychische Nachteil des Schlagens von Kindern, das nur allzu oft zum Masochismus führt, aber auch die Erklärung des menschlichen Interesses an Gruselmärchen, Kriminalromanen, Gespenstergeschichten, Horrorfilmen und an dem Spiel mit der tatsächlichen Gefahr, das wir in vielen Formen des Sports und der Unterhaltung finden (Großwildjagd, Stierkampf, Autorennen), an allen Spielen, die uns mit großen Geldverlusten bedrohen (Roulette, Baccarat, Börsenspekulation), und endlich am Duell und am Krieg. All diese »Spiele« der Erwachsenen gehen auf das merkwürdige Phänomen zurück, daß Kinder sich ihren Pflegepersonen gegenüber benehmen wie Liebende. Die Angst der Kinder ist die Angst vor dem Verlust der Liebe. Freud sagt: »Zur Ängstlichkeit neigen nur Kinder mit übergroßem oder vorzeitig entwickeltem oder durch Verzärtelung anspruchsvoll gewordenem Sexualtrieb. Das Kind benimmt sich hierbei wie der Erwachsene, indem es seine → Libido in Angst verwandelt, sowie es sie nicht zur Befriedigung zu bringen vermag.« Umgekehrt wird sich der Erwachsene, »wenn er durch unbefriedigte Libido neurotisch geworden ist, in seiner Angst wie ein Kind benehmen, sich zu fürchten beginnen, sowie er allein, das heißt ohne eine Person ist, deren Liebe er sicher zu sein glaubt, und diese seine Angst durch die kindischsten Maßregeln beschwichtigen wollen« (*Drei Abhandlungen zur Sexualtheorie,* 1905, Fischer Bücherei 422, S. 93).

Anhedonie [gr.: an = ohne; hedon = Vergnügen, Lust], Ausfall der geschlechtlichen Lustgefühle. → Frigidität.

Anilinctio, Anilingus, Anilinctus [lat.: Afterlecken], nach Stekel einer der größten Sexualreize des Menschen. Bei der passiven Praxis der A., also beim Gelecktwerden, spielt die außerordentlich hohe erotische Reizbarkeit des Afters, die bei westlichen Menschen größer ist als bei Primitiven, eine erhebliche Rolle (→ Analerotik). Bei dem aktiven Afterlecken ist zweifellos → Analfetischismus vorhanden. Da der Akt stets als erniedrigend und schmutzig empfunden wird, ist er von besonderem Reiz für → Masochisten und Schmutzliebhaber (→ Mysophilie, Saliromanie, Skatophilie). Menschen, die besonders auf Fäkalien fixiert sind, neigen selbstverständlich zur aktiven A. (→ Exkrementophilie, Koprolagnie, Koprophagie, Koprophilie, Kopropraxie, Kotschmierer, Stercoraire). Vgl.: Effeuille des roses, Lambitus ani, Proctolagnie.

Anima, die weibliche Komponente der männlichen Seele (→ Animus), ein von C. G. Jung geprägter Begriff, der das Konzept der menschlichen → Bisexualität ausdrücken soll.

animieren, anregen, verführen zum Alkoholgenuß – gewöhnlich durch eine gewisse, nicht ernst gemeinte sexuelle Verlockung.

Animierdamen, in Gaststätten angestellte Frauen, die Gäste zum Trinken bewegen sollen. Die Institution der Animierdamen geht bis ins Ägypten der Pharaonenzeit zurück. Obgleich die A. früherer Generationen oft zur Prostitution bereit gewesen sein mögen, ist es heute selten, daß eine A. am Ende des Abends mit einem ihrer Gäste ins Bett geht. Die Arbeitsstunden sind zu lang, um Nebenbeschäftigungen zu gestatten.

Animierherren, Animiermänner, Männer, die in homosexuellen Gaststätten oder in solchen, die von Frauenkundschaft leben (→ Witwenball, Witwenklub), die Gäste zum Trinken bewegen. Sie erhalten einen Prozentsatz der Getränkerechnung eines jeden Kunden, den sie betreuen, als Rückvergütung.

Animierlokal, ein Restaurant, eine Bar oder ein Tanzlokal, das Männer oder Frauen anstellt, um die Gäste zum Trinken zu animieren. Die Animierdamen trinken meist gefärbtes Wasser oder zumindest Getränke mit sehr niedrigem Alkoholgehalt, die aber stets als teure Getränke berechnet werden. Von der Rechnung des Gastes erhält die Animierdame oder der Animierherr einen Prozentsatz als Rückvergütung. Der Animierbetrieb ist auf der Annahme aufgebaut, daß der männliche Gast erstens seine Männlichkeit beweisen will, indem er zeigt, wieviel er trinken kann, zweitens seine Fähigkeiten beweisen will, indem er zeigt, wieviel Geld er verdient und ausgeben kann, drittens in der Hoffnung lebt, die Animierdame betrunken zu machen, um dann mit ihr ins Bett gehen zu können. Homosexuelle Lokale, die Männer als Animierpersonal benutzen, operieren auf analoger Basis. Witwenklubs und ähnliche Lokale, die von weiblicher Kundschaft leben, benutzen Animierherren, um die Kundinnen zum Trinken anzuregen. → Araignée, Bierhäuserlmenscher, Gigolo, Inviteuse, Kaffeejungfer, Kellnerin, Orange Girl.

Animus, die männliche Komponente der weiblichen Seele (→ Anima), ein von C. G. Jung geprägter Begriff, der die → Bisexualität der menschlichen Natur ausdrücken soll.

Anonymität, ein Faktor von größter Bedeutung in der psychopathologischen Diagnose sexueller Verhaltensformen. Ein wichtiges Kennzeichen der sexuellen Reife ist der Verzicht auf A. Jeder geschlechtliche Infantilismus und fast jede Perversion dagegen zeichnen sich dadurch aus, daß der Patient in seiner sexuellen Tätigkeit anonym bleiben will und seine größte Befriedigung nur dann erlangt, wenn auch der andere Mensch anonym bleibt, sich regungslos verhält, tot ist (→Nekrophilie) oder durch ein lebloses Objekt ersetzt wird (→ Fetischismus). Deshalb zieht den sexuell unreifen Mann die A. der Prostituierten an. Deshalb sucht die neurotische Frau die Straßenbekanntschaft mit dem Mann, dessen Namen sie nicht kennt und dem sie ihren Namen nicht gibt. Deshalb auch die Maskierung bei so vielen sexuellen Tätigkeiten. Man maskiert sich nicht nur, um unerkannt zu bleiben und sich damit vor Erpressung zu bewahren, sondern weil die Maske ein sexuell stimulierendes Attribut ist.

Der Wunsch nach A. entspringt der Unfähigkeit, sich von den Eltern zu lösen und die sexuelle Komponente der kindlichen Liebe zu Vater und Mutter auf einen anderen Menschen zu übertragen. Das Inzestverbot läßt den männlichen Patienten keinen Menschen lieben, der ihn an seine Mutter erinnert. Dem weiblichen Patienten verbietet die ungelöste Vaterbindung, sich in einen Mann zu verlieben, der an den Vater erinnert. Denn eine solche Liebe würde die Patientin mit unerträglichen Schuldgefühlen belasten. Sie kann also nur einen Mann lieben, der anonym bleibt, der nur aus männlicher Sexualität besteht, aber kein Gesicht, keine Individualität hat. Solche Patienten träumen oft von Geschlechtspartnern, die nur aus einem Phallus oder nur aus einer Vulva bestehen, nur einen Torso, aber keinen Kopf haben und deshalb nicht identifiziert werden können. Vgl.: Am Amputationsfetischismus.

Die A. der Großstadt ist eine Brutstätte der Verantwortungslosigkeit. Hier kann der Schullehrer, den jeder in seinem Heimatdorf kennt, anonym untertauchen und im pädophilen Bordell mit kleinen Mädchen oder präpubertären Knaben verkehren. Hier kann der Richter, den jeder in seiner Kreisstadt kennt, im homosexuellen Puff nach Partnern suchen. Hier kann die verheiratete Frau Ehebruch begehen, während ihr Mann sich im Massagesalon von Masseusen mit Brennesseln auspeitschen läßt und die Tochter sich mit dem Handelsreisenden im anonymen Stundenhotel trifft. Die A. der Großstadt wird damit zur Kupplerin: sie begünstigt die Krankheit des 20. Jahrhunderts – die Angst vor der Bindung, der Nachkommenschaft, der Permanenz, der Liebe und damit auch vor dem Geschlechtsverkehr. Denn die endgültige Form der A. ist der Verkehr mit einem Tier, einem Toten oder einem Ding, statt mit einem Menschen. Der A.-Wunsch kulminiert in der → Zoophilie, der → Nekrophilie und dem → Fetischismus. Je mehr sich die menschlichen Sexualwünsche vom Koitus mit einem Menschen, den man liebt und achtet, entfernen, um so intensiver werden sie. Der Pervertierte wird aber nur deshalb zum Sklaven seiner eigenen Sexualität, weil er nicht fähig gewesen ist, sich einem anderen Menschen hinzugeben. Er wird von seiner Sexualität dominiert, weil er über deren Objekt dominieren will. Selbst der Masochist, der sich scheinbar seiner Domina unterwirft, fordert in Wahrheit die Mißhandlung heraus, die sie ihm zukommen läßt. Er *besteht* darauf, daß sie ihn schlägt. Er gibt sich nicht hin, sondern fordert Hingabe von ihr.

Dieses Syndrom tritt auch beim Schreiber anonymer Briefe hervor. Er will die Welt beherrschen. Er fühlt, daß er mit seinen Briefen das Leben der Menschen dominiert, die er bedroht, schockiert oder aufgeilt. Auch der Autor erotischer Romane, pornographischer Bücher und anderer obszöner Werke verbirgt sich hinter einem Pseudonym, um aus der Sicherheit seiner Pseudonymität heraus das Schlachtfeld der Sexualität zu beherrschen. Auch hier ist A. eine Form der Herrschsucht, eine Unfähigkeit, sich persönlich zu binden, sich hinzugeben und für seine Pflichten einzustehen. Ein solcher Anonymus benimmt sich wie der Abortkritzler, der seine Graffiti an die Klosettwand malt, wie der Bilderschänder, der der Mona Lisa einen Phallus in den Mund zeichnet, wie das anonyme Mitglied eines erotischen Korrespondenzzirkels. → Abortkritzeleien, Bilderschändung, Erotographomanie, Graffiti, Koprographomanie, Korrespondenzzirkel, Pornographomanie, Pseudolismus, Pseudonym, Sklavenbriefe, Übermalung.

Anorgasmie [gr.: an = un; organ = schwellen], Orgasmusausfall. Nicht identisch mit → Impotenz oder → Frigidität, obgleich alle drei Phänomene oft zusammenfallen. Man unterscheidet:

1. *Orgasmusfähigkeit,* die Fähigkeit, die spastischen Körperkontraktionen des Orgasmus beim Geschlechtsverkehr zu erleben;
2. *Lustempfindung,* die Fähigkeit, beim → Orgasmus Lust zu empfinden;
3. *Befriedigung,* die Fähigkeit, durch Orgasmuslust zur → Detumeszenz zu gelangen.

Anorgasmie bezieht sich nur auf den Ausfall der ersten dieser drei Fähigkeiten, schließt aber oft den Ausfall der zweiten, selten dagegen den der dritten Fähigkeit ein. Vgl.: Befriedigung, Frigidität, Impotentia satisfactionis, Impotenz, Orgasmolepsie, Orgasmus deficiens.

Anpassung in der Ehe → Ehe.

Anthrophagie, Anthropophagie [gr.: anthropos = Mensch; phagein = essen], Menschenfresserei, Kannibalismus aus sexuellen Motiven. Havelock Ellis (1859–1939) glaubte, daß der → Geschmackssinn beim Geschlechtsverkehr keine Rolle spielen kann, weil die Menschen sonst einander auffressen würden. Irrtum, denn der Geschmack der Haut, der Lippen, des Speichels, des Schweißes, des Spermas und der anderen Körpersekrete eines jeden Menschen unterscheidet sich ganz grundsätzlich von dem anderer Menschen und dient deshalb zweifellos zur sexuellen Individualisierung, d. h. er motiviert uns, einen bestimmten Menschen, nicht jeden beliebigen, zu lieben. Aber Ellis hat in dem Sinne recht, daß der Geschmackssinn beim Geschlechtsverkehr eine weitaus kleinere Rolle spielt als Riechen, Sehen, Tasten und Hören. Um so ernster ist die kannibalistische Sexualisierung des Geschmackssinns, die sich nur in drei Formen befriedigen läßt:

1. Durch → Automutilation und → Autodermatophagie, also durch Zerstörung und graduellen Verzehr des eigenen Körpers;
2. Durch → Nekrophagie, das Stehlen und Essen von Leichen;
3. Durch Mord. Die Menschentötung aus anthropophagischen Motiven zählt nicht als eigentlicher → Lustmord, denn der Täter befriedigt seine Lust ja nicht durch das Morden, sondern erst durch den Verzehr des Fleisches seines Opfers. Es ist bis heute fraglich, ob gewisse Mas-

senmörder, die das Fleisch ihrer Opfer aßen (z. B. Tirsch, Haarmann, Denke), die Tötung aus sadistischen oder aus kannibalistischen Motiven begangen haben. → Blutfetischismus, Lykanthropie, Nosferatu, Vampirismus. In der Psychoanalyse versteht man unter → Einverleibung eine Form der psychischen A. Freud sagt: »Indem man Teile vom Leib einer Person durch den Akt des Verzehrens in sich aufnimmt, eignet man sich auch die Eigenschaften an, welche dieser Person angehört haben« (Gesammelte Werke, Bd. IX, S. 101). Seine Überzeugung, daß die individuelle Sexualentwicklung eines jeden Menschen auf der teilweisen Rekapitulation eines anthrophagischen Vorgangs in der Frühgeschichte der Menscheit beruht, ist wichtig bei der Diagnose bestimmter psychosexueller Störungen. → Kannibalismus, oralsadistische Stufe. Vgl.: Aderlaß, Hämomanie, Menophagie.

Anthropologie, sexuelle → Sexualanthropologie.

Anthropologie und Sexualität → Abweichungen, sexuelle; Antinomie, sexuelle; Ethnologie und Sexualität; Geschlecht; Geschlechtsdichotomie; Geschlechtstotemismus; Kampf der Geschlechter; links und rechts im Geschlechtsleben; Normen, sexuelle Polarisierung, sexuelle; Sexualanthropologie; Sexualität des Mannes; Symolismus, sexueller; Taxonomie, menschliche; Taxonomie, sexuelle.

Anti-Baby-Pille, ovulationshemmendes → Empfängnisverhütungsmittel. → Pille.

Antifeminismus, eine verkappte Form der Frauenangst und des Frauenhasses, die sich als Schutz der Frau gegen die Frauenbewegung ausgibt. Der Antifeminist sagt: Ich habe nichts gegen die Frauen. Im Gegenteil, ich will sie vor den Feindinnen aus ihren eigenen Reihen beschützen, vor den Feministinnen, »die alle biologisch begründeten psychologischen Geschlechtseigenarten und -verschiedenheiten in ihrer Auswirkung auf das Gesellschafts- und Wirtschaftsleben verneinen und verleugnen« (Wieth Knudsen in *Frauenfrage und Feminismus*). Der bürgerliche Antifeminist hat vor allem Angst, seine *wirtschaftliche* Position könne durch die Frau gefährdet werden. Immer wieder findet man in den Schriften der Antifeministen, daß sie die schwache Frau (also das Spielzeug des Mannes) verteidigen, die starke (d. h. die gleichberechtigte) Frau aber angreifen. Sie sind gegen die »Verweiblichung« der Kultur und Zivilisation, gegen »übertriebenes« Gleichberechtigungsbestreben der Frau, gegen die »Verwischung der Geschlechtscharaktere«, gegen die Frauenbewegung, die angeblich »los vom Manne, los vom Kind und los von der Mutterschaft« will. Daß hiervon nichts in den tatsächlichen Manifesten der Frauenbewegung steht, besänftigt die Antifeministen nicht. Sie wollen die »natürliche« Grundlage der Kultur erhalten, d. h. die patriarchalische Gesellschaft, und sie protestieren gegen die »widernatürlichen« Bestrebungen des Feminismus, der eine Welt von freien, gleichberechtigten Männern und Frauen anstrebt. Vgl.: Frauenhaß, Gynäkophobie, männlicher Protest, Misogynie, gezahnte Vagina.

Antifetischismus, eine Form der sexuellen Lustlosigkeit, die auf der Abneigung gegen gewisse Körperteile, Körperfunktionen, Kleidungsstücke oder Gegenstände beruht. Jede Form des → Fetischismus hat ihr Gegenstück im Antifetischismus. So wie es Schuhfetischisten, Unterwäschefetischisten, Pelzfetischisten und Gummifetischisten gibt, so auch Menschen, deren sexuelles Interesse an einem anderen Menschen sofort stirbt, ja sich in Haß umdreht, sowie dieser Mensch Schuhe, Unterwäsche, einen Pelzmantel oder ein Kleidungsstück trägt, das Gummi enthält. Oft genügt der Anblick des Gegenstands im Schrank, um die Liebe in Haß zu verwandeln. Die klinische Ursache des Antifetischismus ist die gleiche wie die des Fetischismus. In beiden Fällen reagiert der Patient unbewußt auf frühkindliche Sinneseindrücke – im einen Fall auf angenehme, im anderen auf unangenehme Erfahrungen. Der Gummifetischist mag zum Beispiel auf die Gummischürze einer geliebten Amme fixiert sein und überträgt diese Liebe nun auf alle Frauen, die Strumpfbänder aus Gummi tragen. Der Antifetischist dagegen mag auf das Gummihöschen oder das Gummituch reagieren, in das man ihn als Säugling eingewickelt hat. Wenn diese Höschen nicht oft genug gewechselt werden, bleibt der Eindruck der nassen, kalten, oft zu Ausschlägen führenden Gummiartikel ein lebenslängliches Trauma, von dem der Antifetischist sich auch mit größter Willensanstrengung nicht lösen kann. Oft versucht er, eine normale Sexualbeziehung mit einer normalen Frau aufzubauen, und solange sein Antifetisch ein Kleidungsstück oder Gebrauchsgegenstand ist, gelingt es auch manchmal, solche Beziehungen am Leben zu halten. Wo der Antifetisch jedoch ein Körperteil oder eine Körperfunktion ist, stellen sich solche Versuche meist als undurchführbar heraus. Wie eine solche Situation vom Standpunkt des Sexualpartners aussieht, beschreibt die amerikanische Frauenärztin Barbara Bross mit außerordentlicher Anschaulichkeit: »Ich hatte einmal eine Patientin, die der Neurose nahe war, weil ein Mann sie verlassen hatte, nachdem sie zum erstenmal mit ihm geschlafen hatte. Sie versuchte herauszufinden, was sie wohl falsch gemacht hatte, und kam darüber beinahe um ihren Verstand. Hatte sie ihren Freund verloren, weil sie sich ›weggeworfen‹ hatte, wie ihre Mutter vorausgesagt hatte? Unmöglich. So blöd war er nicht.

Sie marterte ihr Gehirn, wurde eine Plage für sich und alle ihre Freunde; sie war dem Selbstmord nahe. Und dann erfuhr sie unvermutet die Wahrheit. Sie ging zu einem Arzt, um sich Schlaftabletten verschreiben zu lassen. Der Arzt unterhielt sich mit ihr. Durch einen jener merkwürdigen Zufälle, die oft unser Leben bestimmen, stellte sich heraus, daß er mit ihrem Freund auf der gleichen Universität gewesen war. Anstatt sie zu bedauern, lachte er laut heraus und stellte ihr dann einige Fragen, die sie nicht nur für belanglos, sondern auch für zudringlich hielt. ›Färben Sie Ihr Haar?‹

›Ja, weshalb?‹

›Einen Augenblick. Welche Farbe hat es von Natur?‹

›Rotbraun etwa. Weshalb?‹

›Hat Ihr Schamhaar die gleiche Farbe?‹

›Müssen Sie das unbedingt wissen? Ja, es hat die gleiche Farbe. Und würden Sie nun . . .‹

Und nun erzählte er ihr, daß dieser Mann schon als Junge ein panische Angst vor rotem Schamhaar hatte. ›Wenn er mein Patient wäre, würde ich vermutlich den Grund dafür herausfinden und ihm vielleicht helfen können, diese Angst zu überwinden. So kann ich Ihnen nur raten, Ihr Schamhaar zu färben oder das Licht auszumachen.‹«

Das mag absurd oder gar komisch klingen, aber für die betroffenen Menschen ist es stets bitter ernst. Dr. Bross beschreibt noch einen ähnlichen, auch wieder verhältnismäßig harmlosen Fall: »Eine andere meiner Patientinnen ist eines der erfolgreichsten Fotomodelle in Chikago. Sie war mit einem jungen Geschäftsmann befreundet, den sie seit ihrer Kindheit kannte. Sie hatte ihn gern. Er hatte sie gern. Ihre Eltern kannten und mochten einander. Beide Ehepaare entstammten dem gleichen gesellschaftlichen und religiösen Milieu. Sie war ein liebenswürdiges, warmherziges Mädchen, völlig unverdorben von ihrem Erfolg. Er war wohlhabend, sah gut aus und hatte Erfolg im Schaugeschäft. Der Erfolg ihrer Ehe schien eine Selbstverständlichkeit. Aber als sie zum erstenmal zusammen schliefen, stellte er fest, daß er nicht zum Orgasmus kommen konnte. Auch das zweite- und drittemal nicht. Und weshalb? Es dauerte lange, bis er den Grund fand – und bei ihr dauerte es noch länger, denn selbst als ihm bewußt geworden war, woran es lag, wagte er nicht, es ihr zu sagen: Sie hatte sehr kleine Brüste. Er hatte das Gefühl, mit einem Jungen zu schlafen. Sie hatte genau die richtige Figur, um Kleider daran aufzuhängen. Aber es war nicht die Figur für einen Mann, der nur mit einer Frau mit großen Brüsten zu voller Befriedigung gelangen kann.«

Dr. Bross nennt diese Fälle »Antifetischismus des Alltagslebens« – also Fälle von geringer klinischer Gefahr. Sie sagt, daß nahezu jeder Mensch an einem gewissen Maß von Antifetischismus leidet, und fragt ihre Leserinnen: »Ist euch das nie im eigenen Leben geschehen? Betrachte den Mann, den du für deinen idealen Partner hältst. Er entspricht all deinen Wünschen – er ist nett, höflich, liebevoll, anständig, ehrlich, erfolgreich und recht gut aussehend. Nur eine Kleinigkeit, eine alberne Kleinigkeit – er hat Haare in der Nase. Aber wer fragt schon nach so lächerlichen Dingen? Die Antwort lautet: Du. Denn diese völlig alberne, gänzlich belanglose Kleinigkeit kann zur fixen Idee werden – wie etwa die Eigenheit eines Menschen, der sich bei jeder möglichen und unmöglichen Gelegenheit kratzt. Nach einiger Zeit stellst du fest, daß es dich verrückt macht. Dein Verstand sagt dir, wie töricht du bist. Deine Willenskraft befiehlt dir, dich zu beherrschen. Und trotzdem – schließlich gibst du auf. Du gibst den geliebten Mann auf – wegen einer absurden Kleinigkeit. Aber so reagieren die Menschen in Wirklichkeit. Unvernünftig, widersprüchlich, selbstzerstörerisch und dennoch unfähig, dem Impuls zu widerstehen.« Wie alle geschlechtlichen Abweichungen besteht auch der Antifetischismus stets aus mehr als einer einzigen Komponente. Jeder Antifetischist drückt seinen Widerwillen gegen den Antifetisch an der Person aus, mit der er ihn assoziiert. Und in der Äußerung dieses Widerwillens liegt oft eine sadistische Komponente. Er versucht, den gehaßten Gegenstand zu zerstören, zu zerreißen, zu zerschlagen. Ein auf Gummi fixierter Antifetischist mag zum Beispiel die Strumpfbänder einer Frau wie lebende Wesen behandeln, die er schlagen will. Aber die Strumpfbänder fühlen die Schläge nicht – die Frau fühlt sie. Trotzdem sind solche Akte niemals rein sadistischer Art, denn sie wollen nicht dem Menschen, sondern nur dem Antifetisch Schmerz zufügen. Klinische Diagnosen dieser Art sind oft sehr schwierig und können nur in langwieriger Analyse gestellt werden. → Fetischismus, Fetischhaß.

Antike, Sexualität der → Abwehrzauber, Adam, Agnaten, Amasius, Amor, Analerotik im alten Hellas, Analerotik im alten Rom, Baubon, Bona Dea, Bruderschaften, Catamitus, Catena, Caupona, Curia, Diana, Dianakomplex, Dodekamechanon, Ehe im alten Hellas, Ehe im alten Rom, Ehe im alten Sparta, Ehebruch im alten Hellas, Ehebruch im alten Rom, Ehescheidung im alten Hellas, Ehescheidung im alten Rom, Ehescheu im alten Rom, Einmauerung, Emanzipation im alten Hellas, Emanzipation im alten Rom, Empfängnisverhütung im alten Rom, Eros, Etrusker, Eva, Fellatio, Frauenleben im alten Hellas, Frauenleben im alten Rom, Frauenleben im alten Sparta, Galli, Ganeum, Gens, Gentilgesellschaft, Geschlechtsleben im alten Hellas, Graffiti, Hermaphrodit, Hetäre, Homosexualität im alten Hellas, Homosexualität im alten Rom, Impotenz im alten Hellas, Impotenz im alten Rom, Infibulation, Irrumatio, Kandaulesismus, Kapeleion, Kedeschim, Kinäden, Kindheit im alten Hellas, Kindheit im alten Rom, Kleidung im alten Hellas, Kognaten, Lesbos, Lesche, Lex Iulia de adulteriis, Lex Iulia de maritandis ordinibus, Lex Papia Poppaea, Lex Ripuariorum, Lex Romana Visigotorum, Lilith, Luperkalien, Magna Mater, Matriarch, Matriarchin, matriarchale Sippe, Matriarchat, Misogynie im alten Hellas, Misogynie im alten Rom, Mutterrecht, Mutterrecht im alten Rom, Mutterreligion, samothrakische Mysterien, Mythologie und Sexualität, Nebenehe, Oedipus, Olisbos, Oralerotik im alten Hellas, Oralerotik im alten Rom, Oresteia, Orgie, kabirische Orgien, Päderastie im alten Hellas, Pater familias, Patria potestas, Patriarchat, indogermanisches Patriarchat, Phratrien, Platonische Liebe, Popina, Prostitution in der Antike, Puer sanctus, Sadomasochismus im alten Hellas, Sadomasochismus im alten Rom, Sappho, Sexualität der Frau, Sexualität des Mannes, Sexualität in der Antike, Sexualität und Drama, Sexualität und Mythologie, Sexualität und Ökonomie, Sexualität und Sklaverei, Sippengesellschaft, Sklaverei und Sexualität, Sokratische Krankheit, Spintrien, Strophion, Suavium, Sybarit, Symplegma, Symposion, Taberna, Tempelprostitution, Tribade, Vaterrecht, Vaterrecht im alten Hellas.

Antikonzeptionsmittel, Antikonzeptivum (Mehrzahl: **Antikonzeptiva**), **Antikonzipienzium** (Mehrzahl: **Antikonzipienzien**) [gr.: anti = gegen; lat.: conceptio = Empfängnis], empfängnisverhütendes Mittel. → Empfängnisverhütung, Geburtenregelung, Geburtenplanung, I. U. C. D., Kondom, Ovulationshemmer, Pessar, Pille, Präservativ, Rhythmusmethode, Schwangerschaftsverhütung, Spirale, Sterilisation, Verhütungsmittel.

Antinomie, sexuelle → Geschlechtsantinomie.

Apache [frz.], romantisierter Pariser → Zuhältertyp von den 1890er bis in die 1920er Jahre, der sich selbst dramatisierte, nie reich wurde und in bohèmehafter Verkleidung seine Unbürgerlichkeit zu demonstrieren suchte. Angebliche Apachentänze, in Wahrheit Tango-Variationen, lieferten den Variétébühnen, Nachtklubs und Kabaretts der Welt viel Material zur Imitation. Das Apachentum war zum großen Teil die Erfindung einiger kluger Touristenmanager, denen es am Ende tatsächlich gelang, daß sich die Zuhälter benahmen, wie man es von ihnen erwartete. Der amerikanische Gangsterfilm hat in ähnlicher Weise gewirkt. Viele Gangster haben erst im Kino gelernt, wie sich ein Gangster benehmen soll. → Alphonse, Essayeur, Lanceur, Louis, Maquereau, Souteneur.

Aphanisis [gr.: a = un; Phanes = Eros], Unerotik, ein von Ernest Jones geprägter Begriff, der die von Freud angezweifelte absolute Zerstörung der Sexualität ausdrücken soll. Nach Freud kann es keine A. geben, weil die Libido die Energiequelle des menschlichen Lebens und Handelns ist. Wirkliche A. würde also totale Handlungs-, Denk- und Lebensunfähigkeit beinhalten. Vgl.: Anorgasmie, Befriedigung, Frigidität, Impotenz, Libido, Unlustreaktion.

Aphrodisiakum [gr.: Aphrodite = Liebesgöttin], Liebesmittel, sexuelles Reizmittel. Tausende solcher Aphrodisiaka sind im Laufe der Jahrhunderte von hoffnungsvollen Rezeptmischern hergestellt worden: Keins von ihnen erfüllt die Hoffnungen. → Breuvages.

Aphrodisie [gr.: aphrodisio = Liebesgenuß], abnorm gesteigerte sexuelle → Appetenz. Da auf dem Gebiete der Sexualität die Norm aber keinen Aufschluß über Gesundheit oder Krankheit gibt, darf A. nicht ohne weiteres als krankhaft definiert werden.

Appareilleuses [fr.: Argot: Werkmeisterinnen, Takelmeisterinnen, Ausrüsterinnen], zur Zeit Ludwigs XV. die Liebesvermittlerinnen, die oft aus guter Gesellschaft kamen und im Wohlstand starben; die Gourdan, genannt »Großäbtissin von Paris«, die Montigly, genannt »Die Mama«, die Richardot, die Duval, die Baudoin, die Fleuret, die Carlier – alles Berühmtheiten. Die Zeitungen ließen ihre Leser zuweilen einen Blick in die öffentlichen Geheimnisse dieser Häuser tun. Pamphletisten verfolgten sie mit gepfefferten Epigrammen. Ihre Portraits wurden durch Stiche verbreitet, die als Beschriftung den vollen Namen der dargestellten Frau trugen, wie es sonst nur bei Königen, Feldherren und sonstigen Personen von Rang üblich war.

Appetenz, sexuelle [lat.: appententia = Appetit, Wunsch, Verlangen, Begierde], das geschlechtliche Bedürfnis, der Paarungswunsch, die Intensität desselben. Die empirische Sexualwissenschaft der 60er und 70er

Jahre unseres Jh. neigt dazu, den Begriff des → Triebs im allgemeinen und des → Geschlechtstriebs im besonderen abzuschaffen und ihn durch den der s. A. zu ersetzen, da es sich in einer Vielzahl von Untersuchungen herausgestellt hat, daß sich beim heutigen Menschen kaum noch instinktives oder triebhaftes Sexualverhalten feststellen läßt. Selbst die s. A., die bei verschiedenen Individuen zu verschiedenen Zeiten sehr unterschiedliche Formen und Quantitäten aufweist, wird offenbar weniger von ererbter Libidostärke und Libidorichtung als von externen Stimuli bestimmt. Sie wird deshalb heutzutage weniger als ein biologisches, denn als ein soziales, weitgehend ökologisch geprägtes Phänomen klassifiziert.

Äquivalente, sexuelle → Sexualäquivalente.

Araignées [frz.: Spinnen] nannten die Franzosen bis in die dreißiger Jahre hinein jene halbberuflichen Prostituierten, die vor allem die → Bastringues, die Soldaten-Kneipen der napoleonischen Zeit, bevölkerten und seitdem ihre Netze in ähnlichen Lokalen spinnen. → Bierhäuserlmenscher, Inviteuses, Kaffeemenscher, Kellnerinnen, Marketenderinnen, Orange Girls.

Arbeit und Sexualität. Die empirische Sexualforschung hat gezeigt, daß der Gegensatz zwischen Denken und Fühlen, zwischen Disziplin und Sexualität, zwischen dem Ich und dem Es keineswegs so groß ist, wie ihn selbst Freud noch gesehen hat. Denn der Tätigkeit des menschlichen Gehirns und der der menschlichen Sexualorgane liegt ein ähnliches Operationsprinzip zugrunde: die Unfähigkeit zu konsumieren, ohne zu produzieren. Unsere Sexualität verlangt nicht nur nach Zweisamkeit, sondern nach einer ganz bestimmten Art der Zweisamkeit: nämlich derjenigen, die ihre Befriedigung darin findet, daß wir ein anderes Wesen befriedigen. Sie kann nicht nehmen, ohne zu geben. So funktioniert aber auch das menschliche Gehirn. Es kann nur dann erfolgreich konsumieren, wenn es produktiv ist. Seine Aufnahmefähigkeit wird nicht von der Quantität der Information begrenzt, die es aufstauen soll, sondern von der Affektivität des Zwecks, für den es die Information benötigt. Der Laie, der in ein Museum geht, ohne zu wissen, was er dort sucht, wird bald müde. Die Vielfalt der dargebotenen Eindrücke verwirrt, statt zu helfen. Der Forscher jedoch, der genau weiß, was er sucht, bahnt sich selbst durch das größte Museum, die größte Bibliothek in kürzester Zeit seinen Weg. Aber auch er kann nur dann erfolgreich arbeiten, wenn ihn seine Forschungstätigkeit befriedigt, wenn sie ihm Spaß macht. Der Prozeß des Denkens, genau wie der der Arbeit, muß lustbetont sein, wenn er erfolgreich sein soll. Die These von der Sexualität als gefährlicher, zerstörender, unterschwelliger Kraft, die nur durch Gebet, harte Arbeit und geistige Disziplin gemeistert werden kann, ist deshalb nicht nur im philosophischen und medizinischen Sinne falsch, sondern einfach unrealisierbar; der Versuch erzeugt das, was er verhindern soll: er führt zu einem Stau, der die Entfaltung produktiver Tätigkeit behindert. Es kann kein Zufall sein, daß die schwindende Produktivität der westlichen Gesellschaft nach dem Fall Roms mit der dunkelsten Zeit der christlichen Sexualmoral zusammenfiel.

Arbeitshäuser, im 17. und 18. Jahrhundert die Strafanstalten, in die man Frauen, Männer und Kinder wahllos hineinstopfte, um sie »von der Straße« fortzuholen und durch »ehrliche« Arbeit zu »heilen«. Die Hauptopfer der A. waren Kinder und die ärmsten Prostituierten. Da die Eltern ihre »ungeratenen« Kinder in die A. einweisen konnten, ohne irgend jemandem hierüber Rechenschaft zu geben, stellten sich die A. als Sammelanstalten für alle unehelichen, unerwünschten und armen Kinder heraus. Und da der angebliche Hauptzweck der A. die Befreiung von der → Prostitution war, wurden diese Kinder nun mit Prostituierten zusammen eingesperrt und einem Sittenverfall ausgesetzt, der größer war als der, aus dem sie kamen. Die erfolgreichen Prostituierten konnten sich stets durch Bestechung loskaufen, so daß nur die erfolglosen in die A. eingeliefert wurden. Hier trafen sie auf männliche Landstreicher, die dritte Hauptgruppe, die in den A. erfaßt werden sollte. → Beguinen, Bicêtre, Bon Pasteur, bekehrte Buhlerinnen, Convertite, Dispensaire de salubrité, Dominae poenitentes, Filles-Dieu, Haus der Büßerinnen, Illuminate, Madelonettes, Magdalenenhäuser, Maison de Sainte-Pélagie, Pentite, Saint-Lazare, Sorores de penitentia, Spinnhäuser.

Ärgernis, öffentliches → Erregung öffentlichen Ärgernisses.

Armband, Armreif, Armketten sind nicht nur als Schmuck von sexueller Bedeutung, sondern auch als → Fetisch und als → sadomasochistisches Wunschobjekt. Das A. schmückt nicht nur, es »fesselt« auch und *schnürt ein*, hat also die gleichen sexuellen Assoziationen wie → Fesseln, Ketten, Riemen und Stricke.

Arrets d'amour [frz.: Liebesurteile], die Richtsprüche der → Cours d'amour, der Liebeshöfe, in denen nach ritterlicher Sitte die Damen als Richterinnen über die Sünden der Herren entschieden. Berühmte Liebesurteile fällten Aliénor d'Aquitaine, Marie de Champagne und Ermengarde de Narbonne. Zwistigkeiten zwischen Liebenden (aber niemals zwischen Eheleuten) wurden oft durch solche Liebesurteile entschieden. Martial d'Auvergne hinterließ ein komplettes Gesetzbuch der Liebesetikette aus dem 15. Jahrhundert (*Parlament d'amour*). Die Sitte dieser halb-ironischen, in formellster Amtssprache verfaßten Liebesurteile hat sich in Frankreich bis ins 17. Jahrhundert als beliebtes Gesellschaftsspiel der französischen → Salons erhalten. Hier wie dort waren es stets die Damen, die als oberste Richterinnen in Liebesfragen herangezogen wurden, und in diesem Sinn kann die Institution der Liebesrichterinnen als ein Beispiel des Überlebens → mutterrechtlicher Formen in der → patriarchalischen Gesellschaft aufgefaßt werden. → Minne, Troubadour.

Articles de Voyage [frz.: Reiseartikel], → Selbstbefriedigungsinstrumente, die man auf Reisen mitnimmt, wenn man keine Partner des anderen Geschlechts finden kann oder aufsuchen will.

Asexualisation [gr.: a = un; lat.: sexus = Geschlecht], Herabsetzung der sexuellen → Appetenz durch chirurgischen Eingriff (→ Kastration, stereotaktische Operation), Chemotherapie, Röntgenbestrahlung oder andere ärztliche Mittel.

Asexualität [gr.: a = un; lat.: sexus = Geschlecht], Ungeschlechtlichkeit. Im → morphologischen Sinne: Abwesenheit der Keimdrüsen. Im sexualpsychologischen Sinne: das Fehlen oder der Ausfall der → Libido. Im sexualmedizinischen Sinne: die durch → Asexualisation erzeugte Ausschaltung des Fortpflanzungsvermögens mit Hilfe von Röntgenbestrahlung, Chemotherapie oder chirurgischem Eingriff.

Askese [gr.: askesis = Übung], bei den Griechen die Leibesübungen des Sportlers und Kriegers, heute dagegen die religiös motivierte Enthaltsamkeit u. a. vom Geschlechtsverkehr. Die älteren Sexualwissenschaftler pflegten zwischen der »echten« Askese (aus weltanschaulichen, religiösen oder moralischen Gründen) und der »falschen« A. zu unterscheiden (die auf Rationalisation, Masochismus, Kastrationsangst, Schuldgefühlen, Angst vor unehelichem oder auch ehelichem Nachwuchs, vor Geschlechtskrankheiten oder vor der Defloration beruht). Heute wissen wir, daß *alle* Formen der geschlechtlichen A. Rationalisierungen sexueller Motive sind. Nur ihr intellektueller Überbau unterscheidet sie. »Der Asket ist der Typus des Büßers, der entweder eine Schuld der Jugend (Inzest!) zu büßen hat oder eine abnorme, unerfüllbare Sexualeinstellung (Nekrophilie, Sadismus, Pädophilie usw.) verbirgt. Ein Asket aus reiner religiöser Überzeugung scheint nicht zu existieren« (Stekel).

Giese hat Stekel widersprochen, indem er sagte, daß der Zweck der christlichen A. »nicht die Vernichtung, sondern die Beherrschung« der Sexualität sei. Aber wurde dieser Zweck je erfüllt? In den zahllosen Heiligengeschichten, Berichten der Büßerinnen und Anachoreten fällt auf, daß hier die Sexualität ganz gewiß weder beherrscht noch zerstört wurde. Zerstört wurde am Ende der Körper, der die selbstauferlegten Torturen nicht bewältigen konnte. Aber bis zum Lebensende loderte die Sexualität um so heißer, je mehr die Asketen und Asketinnen sie zu unterdrücken suchten.

Dabei ist das Konzept der A. nicht einmal eine christliche Schöpfung. Nirgends finden wir in den Evangelien des Neuen Testaments auch nur die Andeutung einer asketischen Denkweise. Wie Walter Schubart sagt: »Nicht das Christentum hat den Gedanken der Erosächtung in die Antike, sondern der niedergehende Hellenismus hat asketische Tendenzen in das Christentum gebracht. Außer der typischen Geschlechtsfurcht des klassischen Hellenen drangen durch gebildete Schriftsteller der Stoa und des Neuplatonismus müde Stimmungen des Weltekels in das junge Christentum ein, das ursprünglich nicht asketisch war« (*Religion und Eros*, Beck'sche Sonderausgaben, München 1966). Bereits zur Zeit der Stoa fiel die eigentümlich mäklerische, zimperliche, prüde Mentalität der Asketen auf. Sicherlich ist es auch in der Meinung der neueren Theologie einer der seltsamsten Aspekte der A., daß deren Anhänger sich benehmen, als hielten sie die von Gott geschaffene Fortpflanzungsmethode für obszön und als hätten sie, wenn er sie nur rechtzeitig gefragt hätte, eine sauberere Methode ausgearbeitet. Jede Form der A. ist eine Kritik am Werk Gottes. Er hat uns die Geschlechtsorgane gegeben, damit wir sie benutzen. Weigern wir uns, das zu tun, erheben wir uns über ihn. → Abstinenz, Enthaltsamkeit, Flucht vor der Liebe, Jungfräulichkeit, Keuschheit, Scham, Sexualmoral, Vorehelicher Geschlechtsverkehr, Zölibat.

Asthenie, sexuelle [gr.: a = un; sthenos = Kraft; lat.: sexus = Geschlecht], geschlechtliche Kraftlosigkeit. → Impotenz.

Aszendent [lat.: ascendo = hinaufsteigen], Blutsverwandter in aufsteigender Linie, Vorfahre. Gegensatz: Deszendent.

Aszendenz, Blutsverwandtschaft in aufsteigender Linie. Gesamtheit der Vorfahren. Gegensatz: Deszendenz.

Aszendenzsystem, das System, nach welchem eine gegebene Gesellschaftsordnung die Blutsverwandtschaft in aufsteigender Linie definiert. Verschiedene Kulturen benutzen verschiedene Systeme, um die Nachkommenschaft zu erklären. Unser westeuropäisches System ist → bilinear: es leitet unsere Nachkommen sowohl in weiblicher wie in männlicher Linie ab. Es gibt aber auch Aszendenzsysteme, die nur Söhne oder nur Töchter als »legitim« betrachten. Ein A. kann eheliche oder auch uneheliche Nachkommenschaft verfolgen. Hier herrschen große Unterschiede, die viel über den gesellschaftlichen Wertmaßstab und insbesondere über die relative und respektive Wertschätzung der Geschlechter aussagen.

aszendierend, aufsteigend, in aufsteigender Verwandtschaftslinie. Gegensatz: deszendierend.

Ätiologie, sexuelle → Sexualätiologie.

Aubusson, im Frankreich des 18. und 19. Jahrhunderts das polizeiliche Kodewort für Bordell. Wurde ein ausländischer Fürst oder ein anderer wichtiger Gast von den französischen Behörden (oder vom König selber) ins Bordell geführt, so sagte man: »Er besucht die Porzellanmanufaktur von Aubusson« (→ Porzellanfuhre). Eine berühmte Anekdote erzählt die Geschichte jenes Kronprinzen von Siam, der den ausdrücklichen Wunsch äußerte, die Porzellanmanufaktur von A. zu besichtigen, und dann erfolglos durch sämtliche Bordelle der Hauptstadt geführt wurde, bis es sich herausstellte, daß er wirklich die Porzellanmanufaktur sehen wollte.

Aufführdame, die Leiterin eines → Aufführhauses. Ihre Tätigkeit entsprach etwa der Leiterin eines heutigen → Callgirl-Rings, mit der einen Ausnahme, daß sie ihre Mädchen nicht ins Haus oder Hotel des Kunden schickte, sondern ein Rendez-vous zwischen dem Mädchen und dem Kunden in ihrem eigenen Aufführhaus vereinbarte. Vgl.: Abbesse, Äbtissin, Alcahueta, Appareilleuse, Ausschütterin, Blondinenlieferantin, Bordellbesitzerin, Chaperonnière, Duegna, Einheimerin, Einstößerin, Frauenmeisterin, Frauenwirtin, Husshelterin, Magistra, Maquerelle, Matrone, Puffmutter, Regina bordelli, Rippelreiger, Trüllerin, Verwerrin.

Aufführhaus, das Bordell der Jahrhundertwende, in dem Aufführungen stattfanden – Darbietungen von Geschlechtsverkehr zwischen Mann und Frau, zwei Frauen, Frauen und Tieren und ähnlichem. In den zwanziger Jahren änderte sich der Begriff und stand etwa halbwegs zwischen dem französischen → maison de rendezvous und dem → maison de passe. Kunden kamen meist am Tag, nicht erst am Abend. Die Frauen, die man traf, waren nicht immer Prostituierte, sondern oft verheiratete Frauen, die ihr Haushaltsgeld vermehren wollten, manchmal Studentinnen, meist »Halbprofis«. Im Gegensatz zum → Bordell wohnten keine Mädchen im A. selber, sondern kamen nur auf Verabredung dort hin. Die Organisatorinnen dieser Häuser hießen → Aufführdamen. Vgl.: Adspektprostitution, Clapier, Maison à partie.

Aufgebot, die öffentliche (auch kirchliche) Ankündigung einer beabsichtigten Eheschließung. Zweck des A. ist die Verhinderung von → Bigamie und der unrechtmäßigen Überwindung von → Ehehindernissen. Das A. wird ein bis zwei Wochen lang öffentlich ausgehängt (in der Schweiz drei Wochen – sowohl am Wohnsitz wie am Heimatort beider Brautleute). Es enthält die Aufforderung, dem Standesbeamten alle bekannten Ehehindernisse mitzuteilen. Die Brautleute haben die Pflicht, dem Standesbeamten zu beweisen, daß keine Ehehindernisse bestehen. Bei schwerer Krankheit eines Ehegatten kann der Standesbeamte nach seinem Ermessen das A. unterlassen. Formfehler beim A. erlauben keine Ungültigkeitserklärung der Ehe.

Aufklärung, die Instruktion der Kinder und Jugendlichen über die Geschlechtlichkeit und Fortpflanzung des Menschen. Daß ein solches Thema überhaupt der verbalen Instruktion bedarf, statt mit den eigenen fünf Sinnen der Kinder entdeckt zu werden, wie es bei jeder anderen Primatengattung üblich ist, stellt der westlichen Kultur ein furchtbares Armutszeugnis aus. Die Unfähigkeit der meisten Erwachsenen, den Kindern eine simple, wahre Antwort auf ihre Fragen zu liefern, ist eine eindeutige Bankrotterklärung dieser »Kultur«, denn sie beweist, daß sie ihre eigentliche Funktion, die Sozialisierung des Individuums, nicht zu erfüllen vermag.

Fast alle Erwachsenen in unserer Zivilisation lügen, wenn sie von ihren Kindern nach der Herkunft der Kinder befragt werden, oder verschweigen zumindest einen Teil ihres Wissens. Die Kinder, selbst wenn sie keine Ahnung haben, wie die richtige Antwort lautet, nehmen stets wahr, daß der Erwachsene irgend etwas verschweigt oder verbiegt und schöpfen oft aus dieser Wahrnehmung ihren ersten Zweifel an der Ehrlichkeit und Verläßlichkeit der Eltern. Entdecken die Kinder später, daß die Eltern bei der Beantwortung dieser Fragen gelogen haben, so ist das Vertrauen hin. Nichts in der Welt kann es wiederherstellen. Es geht bei der Frage der A. also nur in zweiter Linie um die Sexualität und die Fortpflanzung; in erster Linie geht es um das Vertrauensverhältnis zwischen Eltern und Kindern, vor allem aber um die Geborgenheit des Kindes: um die Sicherheit, daß es sich auf die Eltern und deren Ehr-

lichkeit verlassen kann.
Der berühmte »Konflikt der Generationen« geht auf dieses eine Problem zurück. Er taucht in solchen Gesellschaftsordnungen und nur in solchen auf, in denen die ältere Generation die jüngere falsch oder ungenügend aufklärt und damit das Vertrauen ihrer Kinder verspielt.

Aufmacher, im Mittelalter der → Zuhälter. Vgl.: Alphonse, Amicus, Bärentreiber, Frauenmeister, Frauenwirt, Freihat, Freiwirt, Hackerbub, Hurenwirt, Jungfernschaftsprokurist, Kappelbub, Krameltreiber, Louis, Lude, Ludewig, Pilger, Plattenbruder, Pulion, Purlierer, Sponsierer, Stenz, Strawanzer, Strizzi, Töchterwirt, Zutreiber.

Aufschlitzer, sexuell Deviante, die sowohl verhältnismäßig harmlose Kleideraufschlitzer und Rockaufschlitzer wie auch Lustmörder (→ Jack the Ripper = Jack der Aufschlitzer) umfassen und eng verwandt mit den → Mädchenstechern, Säurespritzern, Tintenspritzern, Zopfabschneidern sind. Im Jahre 1924 stand ein derartiger Rockaufschlitzer in Berlin vor Gericht, weil er in 14 Fällen die Röcke von Frauen zerschnitten hatte. Er pflegte sich bei Ansammlungen an Frauen heranzudrängen und wählte zur Ausführung seiner Absichten besonders die Straßenteleskope auf dem Potsdamer und dem Wittenbergplatz, drängte sich dann an die Frauen, die in die Sterne schauen wollten, heran und schnitt ihnen mit Hilfe einer scharfen Schere blitzartig ein Stück aus dem Rock. Wie er vor Gericht erklärte, trieb ihn ein unwiderstehlicher Zwang zu seinen Streichen. Die ausgeschnittenen Tuchfetzen hatte er zu Hause sorgfältig aufbewahrt und sortiert, sie lagen dem Gerichtshof vor. Der Angeklagte gab an, er habe sich beim Anblick der Tuchfetzen immer die Gestalten der betreffenden Frauen vorgestellt; von dieser Leidenschaft habe er nicht loskommen können. Hier liegt also eine Kombination von → Objektsadismus und → Stoffetischismus vor.

Auge, eine erogene Zone, die oft als Surrogat der Genitalien dient. Wegen der außerordentlichen Sensibilität der ganzen Region um das A. verleitet es zur Berührung mit Zunge, Lippen und Fingerspitzen. Die Berührung der A.-Wimpern nennt man Schmetterlingskuß. Das A. ist nicht nur Empfangsorgan von optischen Eindrücken (→ Gesichtssinn) und Liebkosungen, es spiegelt auch Eindrücke wider. Nicht ohne Grund nennt der Volksmund seit langer Zeit das A. den »Spiegel der Seele«. Wir sprechen vom »liebenden A.«, vom »feurigen A.«, vom »verliebten A.«. Es kann lachen; es kann weinen und wird damit zum eigentlichen Organ der Trauer. Es kann Signale aussenden, die »ja« oder »nein« sagen, Interesse oder Ablehnung ausdrücken. Da das subkutane Zellgewebe der Augenlidhaut kein Fett enthält und sehr feinfilamentiert ist, dafür aber ein reiches Venennetz enthält, zeigen sich alle in den Venen auftretenden Kongestionen sofort als dunkle Verfärbungen, als sogenannte »Ränder« um die Augen. Und da sich jede sexuelle Erregung in dieser Form sichtbar niederschlägt, haben die umränderten A. in der Folklore des Sexus seit Jahrtausenden eine wichtige Rolle gespielt. Frauen mit Rändern unter den oder um die Augen galten schon in Hellas als besonders sinnlich. In Österreich sprach man zur Zeit der Donaumonarchie von »Deutschmeistern« oder Deutschmeisteraugen, weil die blauen Augenschatten an die blauen Uniformaufschläge des Hoch- und Deutschmeister-Regiments erinnerten und dessen Angehörige im Ruf sexueller Leistungsfähigkeit standen. Man glaubte deshalb, daß »Deutschmeister« entweder besondere Aktivität bei der Liebe oder der Onanie bezeugten.

Daß das A. tatsächlich viele Aspekte der Sexualität widerspiegelt, geht unter anderem aus den sonderbaren Veränderungen der A. bei der Schwangerschaft hervor. Es kommt oft zu einer Gesichtsfeldeinschränkung (Hemianopsie), besonders für Farbwahrnehmungen, die sofort nach der Geburt wieder verschwindet. Bei Schwangerschaftserkrankungen treten Netzhautblutungen, temporäre Blindheit (Amaurose), manchmal ein Absterben der Sehnerven auf. Die Menstruation verändert die A. und führt oft zu Hornhaut- oder Regenbogenhautentzündungen. Im Klimakterium treten erstaunlich schnelle Veränderungen bestehender Hornhautkegel auf. In der Mythologie aller Nationen wird die Kraft des A. (Sehstärke) mit → Potenz und der Verlust der Sehkraft mit → Kastration gleichgesetzt. Siehe Ödipus und Teiresios in der griechischen Mythologie.

Auskratzung, Kürettage der Gebärmutterschleimhaut, entweder aus diagnostischen Gründen oder zur Ausräumung der → Residua post abortum nach einem → Abortus incompletus, oder schließlich auch zum Zweck der → Schwangerschaftsunterbrechung.

Auspeitschung, als Strafmittel oft mit einer starken sexuellen Komponente besetzt. Es ist deshalb bezeichnend, daß man die A. besonders gern als Strafe für sittliche und sexuelle Vergehen benutzte. Prostituierte, Kupplerinnen, uneheliche Mütter, Ehebrecherinnen wurden in vielen Zivilisationen zu verschiedenen Zeiten mit merkwürdiger Einstimmigkeit ausgepeitscht. Stets fand die A., wenn sie öffentlich stattfand, großen Anklang bei Männern und Frauen. Fand sie dagegen im geheimen statt, gab es stets sadistisch und voyeuristisch ausgerichtete

Männer und Frauen, die durch Bestechung oder Beziehungen Zulaß fanden.
Zwischen Strafe und Sexualität bestehen seit je enge Zusammenhänge. Der Sadomasochismus des Menschen entfacht sich stets an den Kindheitserinnerungen des → Geschlagenwerdens durch eine geliebte Person (Vater, Mutter). So ist auch die A. zu dem beliebtesten Geschlechtsverkehr des → Sadomasochisten geworden. Zu den Zusammenhängen zwischen Sadomasochismus und Strafe → Bestrafung, Brandmarken, Bußdisziplin, Dippoldismus, Erziehersadismus, Erziehungsmasochismus, Flagellation, Folter, Gefängnis, Geißler, Gouvernantenwahn, Governess, Hinrichtungssadismus, republikanische Hochzeit, Postheoth Club, Prügelmaschine, Puerilismus, Stäupen, Strafe, Trülle, Zuchthaus. Zum Zusammenhang zwischen Sexualität und Schlagen → Berkeley Horse, Flagellantismus, Geschlagenwerden, Luperkalien, Massagesalon, Peitsche, Rutenschlagen, Stock, Tortur, Urticatio.

Ausschütterin, im Altwienerischen die → Puffmutter. Vgl.: Abbesse, Äbtissin, Alcahueta, Appareilleuse, Aufführdame, Blondinenlieferantin, Bordellbesitzerin, Chaperonnière, Duegna, Einheimerin, Einstößerin, Frauenmeisterin, Frauenwirtin, Husheltérin, Magistra, Maquerelle, Matrone, Puffmutter, Regina bordelli, Rippelreiger, Trüllerin, Verwerrin.

Ausstattung, die Zuwendung der Eltern anläßlich der Heirat ihres Kindes. Nicht mit der Aussteuer zu verwechseln, die nur der Tochter, nicht aber dem Sohn zukommt. → Aussteuer, Brautschatz, Mitgift.

Aussteuer, die elterliche Ausstattung der Tochter bei ihrer Eheschließung. Der ursprünglich im BGB verankerte rechtmäßige Anspruch der Tochter auf eine A. ist durch den Gleichberechtigungsgrundsatz des Grundgesetzes hinfällig geworden. Die A. geht auf zwei Wurzeln zurück. Sie entwickelte sich sowohl nach frühgriechischem als auch nach germanischem Recht aus der Übung, daß der Vorstand der Brautsippe den Kaufpreis, den der Bräutigam für die Braut entrichten mußte, ganz oder zum Teil der Braut überließ. Schon im klassischen Griechenland hatte der Vater (beziehungsweise die männlichen Verwandten) die Pflicht, der Braut eine A. zu geben. Bei armen Bräuten trug der Staat diese Kosten. Die A. unterschied in Rom die legitime Ehe vom Konkubinat. Später wurde die A. [lat.: *dos*] als Entschädigung der Tochter dafür angesehen, daß sie durch ihre Heirat ihr Erbrecht gegenüber ihrem Vater aufgab. Außerdem zerfiel die A. in die *dos profecticia,* die die

Braut von ihrem Vater erhielt, und in die *dos adventicia,* die von sonstigen Verwandten stammte. Beim Tod der Frau verblieb die *dos adventicia* dem Gatten, während die *dos profecticia* infolge ihres Charakters als Vorwegnahme der Beerbung des Vaters durch die Tochter an jenen zurückfiel, falls die Tochter vor ihm starb. → Ausstattung, Brautschatz, Elokation, Mitgift.

Autismus [gr.: autos = selbst], nach Bleuler die abnorme »Ver-Ichung«, die Abkehr von der Umwelt, die Realitätsfremdheit der Schizophrenen. Bei manchen Sexualwissenschaftlern jedoch als Synonym der Selbstbefriedigung gebraucht. In letzterem Sinn vgl.: Affektonanie, Analonanie, Autocunnilingus, Autofellatio, Ipsatio, Kinepimastie, Mammalonanie, Manualipsation, Manustupration, Masturbation, Onanie, Selbstbefleckung, Selbstbefriedigung, Spiegelakt, Suctustupratio, Zwangsmasturbation.

Autocunnilingus [gr.: autos = selbst; lat.: cunnus = Scheide; lingere = lecken], Selbstbefriedigung durch Lecken an der eigenen Scheide, eine weibliche Sexualpraktik, die ziemliches gymnastisches Talent voraussetzt. Man findet den A. deshalb häufiger bei Säuglingen als bei Erwachsenen. Vgl.: Autofellatio, Suctustupratio.

Autodermatophagie [gr.: autos = selbst; derma = Haut; phagein = essen], das Essen der eigenen Haut, eine Form der Autoerotik, die an Automasochismus grenzt. Gustav Gaugitz beschreibt den Fall eines Tagelöhners, der mit einem Scherenschnitt ein Stück seiner eigenen Haut abtrennte, »an der Stelle, wo sie am feinsten und der Mädchenhaut am ähnlichsten war«, und dieses blutige Stück eigenen Fleisches aß. Vgl.: Anthropophagie, Automutilation, Autotomie, Deformationsfetischismus.

Autoerastie [gr.: autos = selbst; erastes = Liebhaber], Selbstliebhaberei, ein besseres Wort als das von Havelock Ellis vorgeschlagene Autoerotismus: die aktive Form der Autoerotik, die Gesamtheit der autoerotischen Handlungen. Vgl.: Autoerotik, Autofetischismus, Automonosexualität, Autosexualismus, monosexuelle Idiosynkrasie, Monosexualität, Narzißmus, Spiegelakte, Trisexualität.

Autoerotik, Autoerotismus [gr.: autos = selbst; eros = Liebe], Selbstliebe, die sexuelle Betätigung am eigenen Körper (Gegensatz: → Alloerotik oder → Alloerotismus, die sexuelle Betätigung am Körper eines anderen Menschen). Die ursprüngliche Einstellung der Sexualität eines jeden Menschen ist autoerotisch. Die graduelle Umpolung der sexuellen Neigungen vom eigenen auf einen anderen Körper ist Teil des Reifungsprozesses des Menschen. Sie gelingt aber nicht immer und führt dann zum sekundären → Narzißmus, zum → Fetischismus und zu all jenen → Deviationen, die man → Kompensationsabweichungen nennt. Die → Onanie (besser → Masturbation) ist nur dann eine deviante Form der A., wenn sie als permanentes Surrogat des Koitus auftritt. Während der Kindheit ist sie ebenso normal wie das Lutschen, das Nasebohren und das Nägelkauen, die auch Formen der A. sind. Die ersten Lustbefriedigungen werden vom Kinde am eigenen Körper gefunden und dann immer wieder gesucht. Neben der diffusen → Körpererotik, die im lustvollen Rekeln, Strampeln, Laufen, Springen und ähnlichem zum Ausdruck kommt, sehen wir ausgewählte Körperstellen, erogene Zonen, mit der Fähigkeit besonderer Lustvermittlung begabt. Beim Neugeborenen schon wird des öfteren lustvolles → Ludeln beobachtet; diese Neigung wird nach Freud in den Dienst der Ernährung gestellt. Der Neugeborene trinkt um des lustvollen Ludelns willen, nicht umgekehrt, wie man früher glaubte. Die Munderotik behält ihre hohe Bedeutung durch das ganze Leben, aber auch ihre primitive Betätigung im Ludeln wird oft mit erstaunlicher Zähigkeit beibehalten. Ebenso bekannt ist die Lust an rhythmischen Bewegungen, die zur Erfindung der Wiege geführt hat: Haut, Muskeln, Gelenke, vielleicht auch der Gleichgewichts-Sinnesapparat scheinen hier lustvoll beteiligt zu sein. Die Freude am Schaukeln, Karussellfahren und so fort sind Abkömmlinge dieser primitiven Triebneigungen. In der Lust am Gestreichelt- und Gekitzeltwerden verrät sich die → Hauterotik, die bei manchen Kindern und an ausgewählten Stellen besonders lebhaft ist. Auch die Schleimhaut des Darmausganges ist unzweifelhaft ein Ort gesteigerten Lustgewinnes: manche Form von sogenannter Störung der kindlichen Stuhlentleerung wie auch der schweren Gewöhnung an Reinlichkeit hat darin ihre Ursache. Noch deutlicher erweist sich das bei der Harnentleerung: bei der als → Urethralerotik beschriebenen lustvollen Erregbarkeit der Harnröhrenschleimhaut. Manche Störungen der Harnentleerung durch Einführung von Fremdkörpern in die Harnröhre sind so zu verstehen. Schon sehr junge Säuglinge zeigen kräftige Steifungen des Gliedes, und bereits im Säuglingsalter begegnet man der → Onanie. Im zweiten und dritten Jahr ist sie beim Kind fast schon die Norm. Unter dem einschüchternden Einfluß der Erziehung wird diese Neigung jedoch meist zurückgedämmt, bis sie kurz vor der Reifezeit wieder an Häufigkeit zunimmt, um dann in der ersten Zeit der Pubertät die größte Verbreitung zu gewinnen. Ihre Methoden sind mannigfaltig. Die Onanie an sich ist unschädlich; erst die von den Erziehern an sie geknüpften Angst- und Schuldgefühle machen die Selbstbefriedigung zur Quelle von Gesundheitsstörungen. Manche Kinder benützen zu dem lustvollen Spiel statt der Geschlechtsteile etwa Nase, Ohr, Nabel oder eine andere bevorzugte Hautstelle (→ extragenitale Onanie). Die Wandlung von der A. zur Alloerotik beginnt gegen Ende des ersten Lebensjahres, wenn das Kind durch zunehmende Herrschaft über seine eigenen Bewegungen andere Personen als Objekte seines Lustgewinns zu benutzen beginnt. Selbstverständlich ist das Interesse des Kindes in diesem Lebensalter noch nicht auf die Genitalien anderer Menschen gerichtet, sondern auf die Hände der Mutter, ihre Brust (oder die der Amme), ihre Körperwärme, den Kitzelreiz ihrer Haare, den Reiz des Geküßtwerdens, der zum Küssen anreizt, und damit eine der Umschlagsformen der A. in die Alloerotik darstellt. Vgl.: Autoerastie, Autoerotismus, Autofetischismus, Automonosexualität, Autosexualität, Autosexualismus, Hauterotik, monosexuelle Idiosynkrasie, Körpererotik, Monosexualität, Muskelerotik, Narzißmus, Oralerotik, Urethralerotik. Die A. hat jedoch nicht immer eine rein lustvolle Funktion. Sie kann auch oft in ihr Gegenteil, in Schmerz umschlagen, ein Phänomen, das sich deutlich bei der Hypochondrie beobachten läßt. Als »eingebildete Krankheit« ist sie ja das Resultat autoerotischer Beschäftigung mit einem Teil des eigenen Körpers. Sie besteht in der affektiven Selbstbeobachtung, in der emotiven Beschäftigung mit einem gesunden Organ, das dramatisiert wird, um das Phänomen der Krankheit mit all seiner emotiven Aura erleben zu können. Die Libido wird der Außenwelt und den Liebesobjekten entzogen und auf das eigene Ich konzentriert. Die betreffende Körperpartie wird »libidinisiert«, man schenkt ihr so viel Aufmerksamkeit wie normalerweise dem Genitale, von dem ebenfalls verschiedene Reize (= Sensationen) ausgehen, die nicht immer als angenehm empfunden werden. Auch die nicht seltene → Penis-Strangulation ist eine negative Form der A. Sie kann nicht immer als symbolischer Kastrationsversuch verstanden werden, sondern stellt häufig das Negativum, den Schatten der Onanie dar. Bekannt ist das Herüberziehen von Eheringen über das Glied, was zum Absterben des ganzen Gliedes führen kann, wenn der Ring nicht rechtzeitig entfernt wird. Diese Beobachtung führt in den Bereich all jener negativen, selbstzerstörerischen Formen der A., die im folgenden oder eigens behandelt sind. → Autodermatophagie, Automasochismus, Automutilation, Autonekrophilie, Autosadismus, Autotomie, Delectatio morosa, Penis-Strangulation, Selbstbrandmarkung, Selbstentmannung, Selbsterhängung, Selbsterstickung, Selbstfesselung, Selbstgeißelung, Selbstkastration, Selbstkatheterisierung, Selbstkreuzigung, Selbstmord, Selbststrangulation, Selbstverstümmelung, Zwangsmasturbation.

Autofellatio [gr.: autos = selbst; lat.: fellare = saugen], Selbstbefriedigung des Mannes durch Saugen am eigenen Penis, eine Tätigkeit, die nahezu akrobatisches Können erfordert. Trotzdem versucht eine große Anzahl von Männern diese Form der Selbstbefriedigung während der Pubertät, wenn der Körper noch verhältnismäßig gelenkig ist. Kinsey verweist darauf, daß der Mensch eben doch ein Säugetier ist und daß Affen oft bei der A. beobachtet werden können. Auch bei menschlichen Säuglingen, deren Körper in dieser Hinsicht agiler als der des Erwachsenen ist, findet man die A. nicht selten. Vgl.: Autocunnilingus, Suctustupratio.

Autofetischismus [gr.: autos = selbst; lat.: factus = kunstvoll, kunstgerecht], die magische Vergötterung des eigenen Körpers, eine extreme Form des sekundären → Narzißmus. Die häufigste Äußerung des A. ist Masturbation vor dem Spiegel oder beim Betrachten eigener Fotos. Vgl.: Autoerastie, Autoerotik, Autoerotismus, Automonosexualität, Autosexualismus, Delectatio morosa, Fetischismus, monosexuelle Idiosynkrasie, Monosexualität, Narzißmus, Spiegelakte, Trisexualität.

Automasochismus [gr.: autos = selbst; Masochismus, nach dem Schriftsteller Leopold von Sacher-Masoch, 1836-1895,], sexuell motivierte Selbstquälerei. Im außerordentlich großen und diffusen Gebiet des Masochismus ist zu unterscheiden zwischen den → alloerotischen Formen, die Mißhandlung und Erniedigung durch einen anderen Menschen anstreben, und den → autoerotischen Varianten, die durch Schmerzbereitung am eigenen Körper zur Selbstbefriedigung führen. In diese zweite Gruppe, die des A., gehören Selbstfesselung (→ Kolligationsfetischismus), Selbstgeißelung (→ Bußdisziplin, Flagellation, Geißler), Selbstbrandmarkung und andere Formen der Selbstverstümmelung (→ Autodermatophagie, Automutilation, Autotomie, Deformationsfetischismus). Die endgültigen Formen dieser Selbstbefriedigung durch Selbstzerstörung erklären sowohl den verborgenen Ursprung wie das verborgene Ziel des A. Sie bestehen einerseits in der → Penis-Strangulation, der → Selbstkatheterisierung, der → Selbstentmannung und der → Selbstkastration, also in einer Wendung gegen die eigene Genitalität, und zeigen damit die neurotische Angst vor dem Koitus auf; andererseits führen sie zum Todesspiel, zu versuchter → Selbsterhängung, → Selbsterstickung und → Selbstkreuzigung. Auf dem Weg zu diesen endgültigen Formen des A. gibt es viele Stufen, und auch in ihnen erkennt man das verborgene Motiv des A. an der klar hervortretenden fetischistischen Komponente. → Fetischismus zielt stets zur Autoerotik hin und ist deshalb im klinischen Sinne eine weitaus gravierendere Sexualneigung als alle diejenigen, die sich an einem Sexualpartner oder mehreren entzünden: Homosexualität, Pädophilie, Triolismus, Pluralismus. Zu den fetischistischen Formen des A. gehören → Hitzefetischismus, → Kältefetischismus, → Nadelschlucken, → Pfählung, und alle anderen Formen des Selbstverletzung, bei denen das verletzende Werkzeug (→ Werkzeugfetischismus) zum Fetisch erhoben wird: das Messer, der Strick, der Lederriemen, ätzende Chemikalien, Feuer, Wasser, Eis. Die autoerotische Komponente vieler dieser fetischistischen Formen des A. tritt klar hervor, wenn wir beobachten, daß der Patient seine Handlungen oft vor dem Spiegel vornimmt.

Einige typische Fälle des A. mögen hier genügen. Andere Fälle finden sich unter den angegebenen Querverweisen. Ein Automasochist hatte die Sucht, sich mit kleinen Messerchen und Nadeln in die Brustwarzen zu stechen. Ein anderer zog Drähte durch die Brustwarzen und hängte daran Gewichte auf. Hirschfeld beschreibt einen Patienten, dessen ganzer Körper mit Ätzwunden von selbstbeigebrachten Säureverbrennungen bedeckt war, und einen anderen, der nachts halbnackt bei grimmiger Kälte am liebsten in Mädchenkleidern in den Straßen herumirrte (→ Kältefetischismus, Transvestitismus). Aus der Fachliteratur sind Fälle bekannt, wo der Automasochist sich die Nägel extra lang wachsen ließ und dann so lange an Hoden und Penis kratzte, bis Blut floß. Ein anderer nähte sich den Hodensack ans Bein, ein dritter schnitt den Hodensack auf, nahm einen Hoden heraus, beschädigte ihn und nähte die Wunde dann roh zu. Ein vierter brannte sich Teile des Hodens und des Penis mit Holzkohle ab. Andere schnitten mit Messern in den Penis oder brachten sich große Ätzwunden an den Geschlechtsteilen bei. Daß all diese Vorgänge symbolische Kastration sind, braucht kaum betont zu werden. Freuds Spättheorie von der Wirksamkeit des Todestriebes, den so wenige andere Analytiker übernommen haben, ist selten besser illustriert worden als in den zahllosen Fällen der → Selbstkreuzigung, Selbsterhängung, Selbsterstickung. In all diesen Fällen handelt es sich nicht um Selbstmordversuche, sondern um eine Libidinisierung des Todes. Der Patient versucht sich so nahe wie möglich an den Tod heranzubringen, ohne jedoch die Grenze des Lebens zu überschreiten. Aus diesem Spiel mit dem Tod empfängt er seine sexuellen Reize und erzielt oft vor dem Bewußtseinsverlust einen Orgasmus mit Ejakulation.

Automobilprostitution ist in den größeren Städten Europas seit den 50er Jahren populär geworden. Die wohlhabenderen Prostituierten treten nicht mehr das Pflaster, sondern fahren in teuren Autos auf und ab, zu zweit, um dem Kunden die Illusion zu geben, daß er sich lesbische Vorführungen oder triolistische Orgien kaufen kann, wenn er mitfährt. → Lesbizismus, Triolismus.

Automonosexualität [gr.: autos = selbst; monos = allein; lat.: sexus = Geschlecht], ein von Rohleder geprägter Ausdruck, der eigentlich kaum mehr aussagt als der ebenfalls von ihm geprägte Begriff Autofetischismus: eine extreme Form der Autoerotik, die über das gewöhnliche Maß des Narzißmus hinausgeht und sich einzig und allein am eigenen Körper und an den eigenen, mit sich selbst beschäftigten erotischen Phantasien entzünden kann. Die häufigste Erscheinungsform ist Masturbation vor dem Spiegel oder beim Anblick von Selbstdarstellungen (Fotos, Bilder). Vgl.: Autoerastie, Autoerotik, Autoerotismus, Autosexualismus, Delectatio morosa, monosexuelle Idiosynkrasie, Monosexualität, Narzißmus, Spiegelakt, Trisexualität.

Automutilation [gr.: autos = selbst; lat.: mutilare = verstümmeln], sexuell motivierte Selbstverstümmelung. → Autotomie.

Autonekrophilie [gr.: autos = selbst; nekros = Leiche; philia = Liebe], die sexuell motiverte Sucht, sich selber als Leiche zu betrachten und als Leiche geliebt zu werden. Sarah Bernhardt ließ sich als »Tote« in einem Sarg photographieren und empfing ihre Liebhaber in einem als Bett benutzten Sarg. Andere nekrophile Narzißten hüllen sich in Leichentücher, um zu onanieren. Wieder andere lassen sich Grabmale oder Mausoleen bauen, um sich lebend in diese zurückzuziehen und sich hier entweder autoerotisch oder alloerotisch zu betätigen. Vgl.: Kinephobie, Nekromanie, Nekrophilie.

Autopädophilie [gr.: autos = selbst; paidophilia = Kinderliebe], die sexuell motivierte Sucht, sich selbst als Kind zu betrachten. Der Autopädophile benötigt einen Partner oder eine Partnerin, die ihn beim Geschlechtsverkehr als Kind behandelt. Bekannt ist der Fall des Patienten, der zu einer Prostituierten geht, seine eigenen Windeln, Babypuder und ähnliche Utensilien mitbringt (oft auch eine Kindermädchenuniform, die die Prostituierte anziehen muß), sich auszieht, hinlegt und nun von der Prostituierten masturbiert und dann »trocken gelegt« werden will. Hier ist die fetischistische Erinnerung an ein Kindermädchen, das ihn einst durch Masturbation zum Schlafen gebracht hat, klar erhalten. In anderen Fällen ist der Zusammenhang zwischen dem infantilen Erlebnis, das der Patient nur unbewußt wiederholen will und der erotischen Handlung, die er nun verlangt, nicht so leicht erkennbar. In besonders ernsten Fällen benötigt der Patient weder Masturbation noch Koitus und begnügt sich damit, als Kind behandelt zu werden. Wenn er »bestraft« werden will, so tritt die masochistische Komponente der A. hervor. → Erziehungsmasochismus, Puerilismus, Windelfetischismus.

Autosadismus [gr.: autos = selbst; frz.: sadisme, nach dem Marquis de Sade], ein von Magnus Hirschfeld (1868-1935) geprägter Begriff, der das Wüten der sadistischen Appetenz gegen den eigenen Körper ausdrücken soll. Da alle bekannten Fälle dessen, was Hirschfeld A. nannte, eine ausgesprochen masochistische Tendenz zeigen, benutzen wir das Wort → Automasochismus für das gleiche Syndrom.

Autosexualismus [gr.: autos = selbst; lat.: sexus = Geschlecht], Selbstliebe, Molls Synonym für → Autoerotik. Der A. äußert sich meist in der Masturbation vor dem Spiegel und der Unfähigkeit, mit anderen Menschen sexuell verkehren zu können. Vgl.: Autoerastie, Autofetischismus, Automonosexualität, monosexuelle Idiosynkrasie, Monosexualität, Narzißmus, Spiegelakt, Tagebuch, Trisexualität.

Autotomie [gr.: Selbstschnitt], sexuell motivierte Selbstverstümmelung. Das Ausmaß der A. ist kaum vorstellbar: Abreißen der Fingernägel, der Finger, des ganzen Arms, Zerfleischung des Fußes oder Beins, Herausreißen der Augen, der Zunge und sogar der ganzen Speiseröhre, der Gebärmutter oder des ganzen Darmes mit den Fingern, Aufschneiden des Leibes, Abschneiden der Nase, der Ohren (van Gogh), der Geschlechtsteile, Verbrennen des Haupt-, Genital- oder Achselhöhlenhaars, Verätzung des ganzen Körpers mit Säure und anderen Chemikalien gehören zu den in der Fachliteratur belegten Fällen.

Ein eigentümlicher Aspekt der A. ist das Einführen und Verschlucken von Fremdkörpern: Nadeln, Nägeln, Schrauben, Bleistiften, Haarnadeln und so weiter. An der Form der verschluckten und eingeführten Gegenstände und der Tatsache, daß sie so oft in die erogenen Zonen (Vagina, Penis, After, Mund, Ohren) eingeführt werden, kann man unschwer den sexuellen Symbolismus solcher Koitussurrogate erkennen. Da der Automasochist bei allen sexuellen Vorgängen Schmerz empfinden muß, um befriedigt zu werden, weicht er unbewußt dem wirklichen Koitus aus und nimmt stattdessen an sich selber diese schmerzhaften Operationen vor (→ Nadelschlucken, Pfählung, Selbstkatheterisierung). Auch der religiöse → Flagellantismus des Mittelalters und die sogenannten → Bußdisziplinen gehören zur A., denn oft führten sie zur Verstümmelung des eigenen Körpers. Jene antiklerikalen Kritiker des Katholizismus, die den → Geißlern vorgeworfen haben, sie hätten das Wort Christi mißverstanden und der guten Sache der Kirche durch Übertreibung geschadet, mißverstehen den Sinn der Selbstkasteiung und damit die Dynamik der A. Denn die Praxis aller Religionen, von den dumpfen Beschwichtigungsriten der Urmenschen bis zur modernen Theologie, geht ja auf ein einziges Kernmotiv zurück: das Opfer. Wir tun etwas, das uns weh tut, um dafür etwas anderes zu erhalten: Regen, eine gute Ernte, einen reichen Fischfang, Sieg, eine bessere Gesellschaftsordnung, Gnade, Seelenheil. Wir opfern ein Tier, einen Sohn, unseren Schlaf, unser Geld. Wir tun Buße, legen ein Gelübde ab, gehen auf eine Pilgerfahrt, fasten, kasteien uns. Das größte Opfer ist das eigene Leben, das zweitgrößte die Verstümmelung des eigenen Körpers. Autotomie ist deshalb das Opfer des eigenen Körpers zum Zweck der Lust, ein eigentümlich paradoxes, aber deshalb um so wirksameres Opfer. Autotomisten sind nur selten therapierbar. → Autodermatophagie, Automasochismus, Eviratio, Penisfutteral, Penis-Strangulation, Selbstentmannung, Selbsterhängung, Selbsterstickung, Selbstfesselung, Selbstkastration, Selbstkreuzigung, Todestrieb.

B

Bad, nicht nur ein Mittel der Hygiene, der äußeren Reinlichkeit, sondern auch ein Element der Reinigung, der Wiedergeburt (Taufe), der Fruchtbarkeit. → Étuve, Gesundbrunnen, Hygiene, Piscine, Totenbad, Verenenkult, Wasser.

BAD-EHR, BADEHR, im Mittelalter der Lendenschurz, den die Männer im Bad trugen, wenn sie, wie üblich, gemeinsam mit Frauen badeten. Die Frauen badeten meist nackt, auch wenn Männer dabei waren, oder trugen nur Halsketten oder Blumenkränze. Erst im 16. Jahrhundert kam die Sitte des bekleideten Badens auf. Die Männer begannen dann, kurze Badehosen zu tragen, die man »Niderwad« nannte. Die Frauen trugen leinene Hemden, die aber seitlich offen waren.

BADEKNECHT [lat.: balneator], Bademeister des Mittelalters. Wie sein römischer Vorgänger und dessen Kollege, der tractator oder Masseur, oft als Kuppler und männliche Hure tätig gewesen waren, so dienten auch die Badeknechte des Mittelalters häufig der Prostitution – sowohl der homosexuellen wie der heterosexuellen. Der Badekult des Mittelalters war aus einer Nachahmung jener orientalischen Bäder entstanden, deren Ruf die Kreuzritter verbreitet hatten. Da dort die Bedienung in den Männerbädern stets von Männern und Knaben, in den Frauenbädern stets von Frauen und Mädchen ausgeübt wurde und die sexuellen Beziehungen in diesen Bädern deshalb ausschließlich homosexueller Natur waren, versuchten die Kreuzritter, die im Orient nicht nur die Freuden des Badens, sondern auch die der Homosexualität schätzengelernt hatten, die gleichen Sitten in Europa einzuführen. So wurden auch die deutschen Badeknechte bald zu männlichen Huren, die sich besonders auf alle Formen der »Massage« spezialisierten. Dies ging so weit, daß der Stadtrat von Breslau im Jahre 1486 anordnete, die Badeknechte dürften nur noch Frauen bedienen.

BADEMAGD [lat.: Balneatrix], Bademeisterin des Mittelalters. Wie ihre römische Vorgängerin und deren Kollegin, die tractatrix oder Masseuse, diente auch die Bademagd des Mittelalters oft der Prostitution. Sie trug entweder hauchdünne, durchsichtige Kleider oder ging nackt. Ihre Pflichten bestanden darin, die Badenden (die meist auch nackt waren) zu waschen, zu massieren, zu kämmen, zu frisieren und im Bad mit Speisen und Getränken zu versorgen. Wegen der eigentümlichen Art der Massage, die sie betrieben, nannte man die Bademägde auch »Reiberinnen«. Herzog Albrecht III. verliebte sich in eine dieser

Reiberinnen, Agnes Bernauer, und heiratete sie. Da es seinem Vater, dem Herzog Ernst, jedoch unfaßbar war, daß ein normaler Mann eine Bademagd ehelichte, sah er nur zwei Erklärungen für dieses Verhalten seines Sohnes: entweder war Albrecht geisteskrank, oder Agnes war eine Hexe. Da er seinen Sohn nicht für irrsinnig erklären lassen wollte, beschuldigte er Agnes der Zauberei und ließ sie am 12. Oktober 1435 in der Donau ertränken. Die Vorstellung, daß die Bademagd, wenn man sie auch nicht gleich zu heiraten brauchte, zumindest eine ideale Geliebte sei, hatte sich mittlerweile jedoch der Volksphantasie so eingeprägt, daß sich selbst die Kirche nicht mehr dem magischen Begriff der »Badebuhlin« entziehen konnte. Bald erschien deshalb ein geistliches Lied, das die Jungfrau Maria als ideale Badebuhlerin empfahl:

Dîn badenbule sîe
Die allerschönste Marie.

BADER, im Mittelalter der Besitzer oder Pächter einer Badestube. Es war ein »unehrlicher« Beruf, wie der des Scharfrichters, Henkers, Totengräbers, Abdeckers oder Freudenmädchens. Werner Danckert hat in seinem Buch *Unehrliche Leute* (Francke Verlag, Bern 1963) nachgewiesen, daß all die vom Christentum des Mittelalters als »unehrlich« bezeichneten Berufe Nachfolger der Kultträger des alten Germanentums waren. Wie die Freudenmädchen nicht etwa deshalb »ehrlos« waren, weil sie sich prostituierten, sondern weil bei den Germanen noch das Konzept der rituellen, der kultischen Prostitution überlebte, so waren die Bader nicht deshalb »ehrlos«, weil das Badewesen im Hochmittelalter zur Prostitution führte, sondern weil der Bader als Administrator des Wassers, des germanischen Symbols von Reinheit und Fruchtbarkeit, nach germanischem Brauchtum eine kultische Funktion ausübte. *»Omnes dei gentium daemonia«,* schrieb Augustinus: »Alle Götter der Heiden sind Dämonen.« Wenn das Christentum aber darauf bestand, die Götter der Heiden als Dämonen zu deklarieren, mußte die christliche Rechtsprechung auch darauf bestehen, die Kultträger der alten Götter zu dämonisieren, das heißt: zu verfemen. Erst 1731 wurde der Bann durch ein Reichsgesetz aufgehoben – und das bezeichnenderweise zu einer Zeit, als die Reformation gesiegt hatte und der Kaiser sich wieder einmal in gespanntem Verhältnis mit dem Heiligen Stuhl befand.

BADEROF [Roven], im Mittelalter das Zelt, unter dem Pärchen nackt in Wannen zu baden pflegten. Sie brachten manchmal ganze Wochen im Bade zu, wurden mit heißem Wasser und Nahrungsmitteln von Badeknechten und Bademägden versorgt und betrachteten diese Kur als heilsam. Das Badewasser wurde dabei meist aus Heilquellen eingefüllt.

Bagnio [altit.: Bad] bedeutet noch heute im englischen Sprachraum nicht etwa → Bad, sondern Bordell. Das Baden wurde im 12. Jahrhundert aus Italien nach England eingeführt. Da man in dieser Zeit aber keine Badeanzüge kannte und die Badenden stets von Bademägden oder Badeknechten bedient wurden, verwandelten die Bäder sich sehr bald in Bordelle. Der Versuch, Bademägde nur in Frauenbädern und Badeknechte nur in Männerbädern zu benutzen, schlug fehl und führte im Gegenteil zu einem Anwachsen der homosexuellen Prostitution. Heinrich II. (1154-1189) erließ deshalb eine Reihe von Gesetzen, die sowohl die heterosexuelle wie die homosexuelle Badeprostitution einschränken sollten. Zu Shakespeares Zeiten nannte man die Bordelle *stews* (Schwitzbäder). Im 18. Jahrhundert entwickelte sich die Prostitution in England in der Richtung zum → Flagellantismus. Trotzdem blieb das Wort Bagnio im Sprachgebrauch und bedeutete nun ein Bordell mit flagellantischer Bedienung. → Étuve, Gesundbrunnen, Hygiene, Piscine, Verenenkult, Wasser.

Bagues de Chine [frz.: chinesische Ringe], Masturbationsringe für Frauen, ursprünglich aus Federharz, aber seit Mitte des 19. Jahrhunderts auch in anderen Materialien verfügbar. Heute sind die durch die »Reizfinger«, Gummihandschuhe mit allen möglichen Verlängerungen und biegsamen Erhöhungen, ersetzt worden, die auch von Männern und lesbischen Frauen benützt werden, um ihren Geschlechtsparterninnen beim Einsatz des Fingers in die Vagina möglichst große Reize zu vermitteln. Vgl.: Selbstbefriedigungsinstrumente.

Bal de la Reine Blanche [frz.: Ball der weißen Königin], ein altes Pariser Tanzlokal, das an der Stelle stand, wo Joseph Ollier 1889 das → Moulin Rouge baute. Im B. trat die berühmte Nini-les-belles-cuisses auf; ihren Spitznamen bekam sie, als der Polizist, der aufpassen sollte, daß die Höschen der → Cancan-Tänzerinnen keine offenen Schlitze hatten, zu seiner Verblüffung entdeckte, daß Nini überhaupt keine Hosen trug; er strich sich den Schnurrbart glatt und rief begeistert aus: »*Cré Dié! Les belles cuisses!* Großer Gott, was für herrliche Schenkel!«

Bal du Cordon Bleu [frz.: Ball des blauen Bandes], der jährliche Kreolenball in New Orleans im 18. Jahrhundert, an dem die schönsten farbigen Mädchen den französischen Pflanzern vorgeführt wurden. Sie waren die Töchter freier Farbiger, die Nachkommen der ersten Verbindungen zwischen Herren und Sklavenfrauen. Da die französischen Pflanzer, im

Gegensatz zu den englichen, ihre farbigen Geliebten stets freisetzten, wenn sie ihnen Kinder gebaren, und da nach dem Gesetz von Bienville aus dem Jahre 1724 die Kinder stets den Status ihrer Mütter teilten und ihrerseits nun keine Sklaven mehr heiraten durften, vergrößerte sich in den Jahren, als Louisiana eine französische Kolonie war, die Schicht der »gens de couleur libres« außerordentlich schnell. Um 1830 besaßen sie bereits eigene Baumwoll- und Zuckerplantagen, ließen ihre Söhne und Töchter in Paris erziehen und waren berühmt wegen ihrer Schönheit und Eleganz. Da die Töchter nicht erwarten konnten, Weiße zu heiraten, der Aufstieg in die weiße Aristokratie für jede Generation, die sich mit Weißen paarte, aber um so leichter wurde, entwickelte sich ein Jahrhundert lang die Schicht der berufsmäßigen, lebenslangen Mätressen weißer Männer. Sie lebten in entzückenden kleinen Häusern in Rampart Street, erzogen ihre Kinder mit großer Sorgfalt und waren meist gebildeter als die Ehefrauen ihrer Liebhaber. Ein großer Teil der Kultur von New Orleans geht auf diese Kreolinnen zurück. Bei dem jährlichen Bal du Cordon Bleu erschienen die Mütter mit den schönsten ihrer Töchter von etwa 15 Jahren an. Die unverheirateten Pflanzer, die ganze jugendliche Aristokratie der Kolonie, fanden sich zum Ball ein. Wenn ein Mann, nachdem er mit einem Mädchen getanzt hatte, sie näher kennenlernen wollte, sprach er mit ihrer Mutter. Da diese Mädchen keine Prostituierten waren und grundsätzlich nur langfristige → Liaisons eingingen, bedeutete eine solche Verabredung oft fast so viel wie eine Verlobung. Sollte ein Mann nach drei-, fünf- oder zehnjähriger Liaison mit einem solchen Mädchen nun eine Frau seiner eigenen Schicht heiraten, so übergab er ihm das Haus, das er für das Mädchen eingerichtet hatte, als Eigentum. Manchmal ging das Verhältnis mit Wissen der Ehefrau bis zum Tode eines der beiden Partner weiter. Manchmal hörte es mit der Heirat auf. Stets erkannte der Vater seine Kinder an und sorgte für sie. Nur selten gingen die kreolischen Mädchen eine zweite Liaison ein, nachdem die erste durch Tod oder Heirat zu Ende gegangen war.

Bal Graffart, ein Pariser Tanzlokal am Boulevard de Ménilmontant 138, das zur Zeit des → Cancan florierte, aber von der Polizei geschlossen wurde, als man entdeckte, daß die jugendlichen Tänzerinnen im ersten Stock des Hauses ein Bordell betrieben, in dem das Durchschnittsalter dreizehn Jahre war.

Bal Mabille, ein berühmter Pariser → Lustgarten, der sich auf und hinter dem Gelände der heutigen Häuser Avenue de Montaigne 49 bis 53 befand. Dort stand 1813 ein ländliches Gasthaus, das hauptsächlich von Prostituierten und ihren Kunden benutzt wurde. 1843 sanierte der Sohn des Gründers, ein Mann namens Mabillon, das Gelände und legte einen *pleasure garden* mit künstlicher Grotte nach englischem Modell an. Mabille war ein Vorläufer wirksamer Werbung: er ließ als erster in Paris große Plakate anschlagen und machte Reklame für seine öffentlichen Tanzveranstaltungen. Bis dahin hatten die »Lions«, die sogenannten Löwen des Tages, solche Etablissements schnöde ignoriert. Durch die Initiative Mabillons wurde ein Trend der Snobs ausgelöst. Es gehörte bald zum guten Ton, sich bei Mabille unters Volk zu mischen, weniger um selber zu tanzen, als um dem Tanzen zuzuschauen. Schnell wanderten die → Guincheuses, die → Chahuteuses und → Cancaneuses vom Montparnasse zu den Champs-Élysées ab. Waren sie zunächst noch Amateure gewesen, so wurden sie hier schnell »Halbprofis«. 1875 wurde das Lokal wegen seines schlechten Rufs von der Pariser Polizei geschlossen. Heinrich Heine brachte hier einen großen Teil seiner Pariser Zeit zu (1844-1845) und hat einigen der Tänzer und Tänzerinnen des Bal Mabille Gedichte gewidmet: die Zyklen *Pomare* und *Bimini*.

Bal Musette [frz.: Dudelsack-Ball], in Paris seit der Jahrhundertwende jene kleinen Tanzsäle der Vororte, wo sich Arbeiter und Zuhälter, Nähmädchen, Wäscherinnen und kleine Nutten zum Tanz treffen. Draußen hängt meist eine Laterne mit dem einen Wort »Bal«. Drinnen schenkt der Wirt hinter einem zinkbedeckten Schanktisch in Hemdsärmeln Wein und Pernod aus. Vom Schankzimmer führt eine Doppeltür in ein Tanzsälchen mit Bänken, Tischen und Stühlen. Dort spielt die Kapelle, von der der »Bal Musette« seinen Namen erhalten hat. Denn heute bedeutet Musette nicht mehr Dudelsack, auch nicht mehr den Dreiertanz der Bachzeit (*à la musette)*, sondern jene charakteristische Schwebetonstimmung des Akkordeons, die dem französischen → Chanson seit einem halben Jahrhundert eine unverkennbare Klangfarbe gegeben hat. Diese Klangfarbe erfanden die improvisierenden Amateurmusiker der Pariser Arbeiterlokale. Die Geschichte des Bal Musette hat in ihren gesellschaftlichen Wurzeln viel mit der des → Jazz gemeinsam. Der eigentliche Tanz des Bal Musette war der Java, angeblich ein »Apachentanz«, in Wirklichkeit der traditionelle Tanz der Arbeiterlokale.

Bal Tabarin, das letzte der großen Pariser → Cancan-Lokale, 1928 von Pierre Dubout und Sandrini neu eröffnet. Dort verwandelte sich unter dem Einfluß der amerikanischen Girl-Truppen der Cancan in den »French-Cancan«.

Balak [dajakisch], künstlicher Penis aus Holz und Wachs, der in Borneo von Frauen zur Selbstbefriedigung benutzt wird (Hardeland: *Dayaksch woordenboek).* Vgl.: Selbstbefriedigungsinstrumente.

Balanitis, eine der harmloseren → Geschlechtskrankheiten. Sie entsteht durch Balanitis-Spirochäten und äußert sich beim Mann in einer Entzündung der Eichel sowie des inneren Vorhautblatts, bei der Frau in einer Entzündung der Labien. Die B. reagiert auf → Penicillin und andere Antibiotika. Früher nannte man sie »Eicheltripper«. Sie hat aber nichts mit dem Tripper (→ Gonorrhöe) zu tun.

Balanoposthitis. Balanoposthomycosis → Posthitis.

Bärentreiber nannte man im Mittelalter den → Zuhälter. Vgl.: Alphonse, Amicus, Aufmacher, Frauenmeister, Frauenwirt, Freihat, Freiwirt, Hackerbub, Hurenwirt, Jungfernschaftsprokurist, Kappelbub, Krameltreiber, Louis, Lude, Ludewig, Pilger, Plattenbruder, Pulion, Purlierer, Sponsierer, Stenz, Strawanzer, Strizzi, Töchterwirt, Zutreiber.

Barnabotten, im veneziansichen Dialekt des 18. Jahrhunderts jene verarmten Edelleute, die sich als → Zuhälter für die Reichen betätigten. Wie → Casanova und Da Ponte berichten, zögerten die B. nicht, auch ihre eigenen Frauen, Schwestern, Töchter und anderen Verwandten zu verkuppeln. Man sagte, daß es in keiner Stadt Italiens mehr Zuhälter gebe als in Venedig. Jeder Gondoliere war angeblich bereit, auch als Kuppler zu fungieren. Vgl.: Caro uomo, Gualani, Riccotari, Ruffiano.

Bartholinitis, Entzündung der Bartholinischen Drüsen. Die Ursache ist meist → Gonorrhöe. Die akute Infektion sitzt zumeist ausschließlich in dem Ausführungsgang der Drüsen und führt dort zu einer Rötung der äußeren Öffnung des Drüsenganges, häufig aber wird auch der Drüsenkörper selbst gonorrhoisch infiziert. Es bildet sich eine Eiteransammlung, deren Abfluß bei der Enge des Drüsenganges nur unvollkommen erfolgt und daher leicht eine Schwellung der Drüse verursacht. Diese Schwellung ist dann deutlich fühlbar und wölbt die Drüse oft nach außen vor. In manchen Fällen verläuft die Infektion mit akuten Erscheinungen, die Eiteransammlung ist beträchtlich, die Drüse außerordentlich stark geschwollen und springt als großer, fluktuierender Tumor besonders nach der Innenseite der Labien (Schamlippen) vor. Die subjektiven Symptome, die bei der erstgenannten Form sehr geringfügig sind, bilden sich im zweiten Falle zu einem hochgradig schmerzhaften Zustand heran. Stechende, pulsierende Schmerzen erschweren das Gehen und Sitzen der Patientinnen. Die B. kann auch chronisch werden, wobei der Drüsenkörper in der Regel nur in geringem Maße geschwollen und hart anzufühlen ist. Auf Druck entleert sich ein Sekret aus der Öffnung des Drüsenganges, das in den meisten Fällen auch noch immer Gonokokken enthält. In den Ausführungsgängen der Bartholinschen Drüsen kann der Infektionsprozeß sehr lange andauern, so daß sie einen beträchtlichen Infektionsherd darstellen.

Basir, kultische Transvestiten bei den Dajaken in Borneo. Sie wurden von frühester Kindheit an als Mädchen erzogen und dienten als rituelle Päderasten. Vgl.: Achnutschik, Basm, Batscha, Berdache, Bote, Epanga, Galli, Homosexualität, Kedeshim, Knabenehe, Mujadores, Ovashengi, Päderastie, Puer sanctus, Pumea, Schupan, Tempelprostitution, ritueller Transvestitismus, Tschukadn.

Basm, homosexuelles Männerfest bei verschiedenen iranisch-turktatarischen Stämmen, besonders bei den Sarten. Das Zentrum eines jeden Festes waren die → Batscha, die transvestitischen Knaben, die als Mädchen erzogen und gekleidet wurden, um den Männern als rituelle Lustknaben zur Verfügung zu stehen. Vgl.: Achnutschik, Basir, Batscha, Berdache, Bote, Epanga, Galli, Homosexualität, Kedeshim, Knabenehe, Mujadores, Ovashengi, Päderastie, Puer sanctus, Pumea, Schupan, Tempelprostitution, Tschukadn, ritueller Transvestitismus.

Bastringues [frz.: Tanz, Lärm], die Kneipen der napoleonischen Zeit, in denen Prostituierte und Soldaten einander trafen. Sie waren als Arbeiterlokale in den östlichen und nördlichen Vororten von Paris entstanden. Hier tanzten Arbeiterinnen mit *Blouses,* wie man diese ersten französischen Fabrikarbeiter nannte, *le samedi soir, après le turbin* (Samstag abend nach der Arbeit). Dort überlebte der → Cancan die »toten Jahre« zwischen dem deutsch-französischen Krieg von 1870–1871 und der »Wiederentdeckung« des Tanzes im → Moulin Rouge von 1889. Von Zola als Stätten der Armut und Erniedrigung beschrieben, dienten die B. doch einer lebendigen Form von → Chansons und Tanz. Aus diesen B. entstand später der → Bal Musette der Gegenwart.

Batscha, rituelle Transvestiten bei den Sarten, einem iranisch-turktatarischen Volksstamm im Gebiet des mittleren Amur und Syrdaja (UdSSR). In transvestitischen Schulen, den sogenannten Batschboslіks, wurden besonders hübsche Knaben von älteren Transvestiten zu rituellen Tänzern erzogen. Die B. waren männliche Tempelprostituierte, um die sich jedoch ein sehr weltlicher Starkult bildete. Sie wurden von Männern geliebt, verehrt, in Versen und Liedern besungen. Die Sowjetunion hat bis zum heutigen Tag den Kult der B. nicht ganz ausmerzen können.

Baubon [gr.], künstlicher Penis aus Leder und Wachs, der im Altertum zur Selbstbefriedigung der Frau und im lesbischen Sexualverkehr benutzt wurde. Vgl.: Selbstbefriedigungsinstrumente.

Baumfetischismus → Dendrophilie.

Beats, Beatniks [entweder von lat.: beatitudo = Glückseligkeit oder von am.: beat generation = geschlagene Generation], die Vorfahren der heutigen → Hippies. Sie leiteten in den späten 40er und den frühen 50er Jahren in New York und San Francisco jene sexuelle Revolution ein, die das Geschlechtsleben junger Menschen in allen westlichen Ländern und im pazifischen Raum grundsätzlich verändert hat. Die Autoren John Clellon Holmes, Jack Kerouac, Gregory Corso, Chandler Brossard, Anatole Broyard, Lawrence Ferlinghetti, Peter Orlovsky und Charles Bukowski waren die Führer der Bewegung und schrieben ihre Manifeste. Sie nannten als ihre eigenen Vorfahren: Thomas Wolfe, Henry Miller, Louis Ferdinand Céline, George Mandel. Lawrence Lipton, Seymour Krim, Kenneth Rexroth haben die Geschichte der Bewegung geschrieben. Aus ihr gingen Autoren wie LeRoi Jones, Hubert Selby, Allen Ginsberg hervor. Die meisten der Grundsätze, die die Hippies in den 60er Jahren verkündeten, bestanden schon in den 50er Jahren bei den Beats: eine Absage an das Establishment mit seinen Grundsätzen der Arbeit, des Geldverdienens, der Sauberkeit, der patriotischen Pflichten. Statt dessen verkündeten sie aktive Nächstenliebe, sowohl im sexuellen Sinne wie im moralischen, die Weigerung, jemals irgend jemandem aus persönlichen, aber auch aus politischen Gründen weh zu tun, Hilfsbereitschaft, Bereitschaft sich mit dem ärmlichsten Lebensbedingungen abzufinden, Interesse an östlicher Kultur (z.B. indischer Musik) und östlicher Religion (Zen-Buddhismus, Yoga, unter den schwarzen Beatniks auch Islam), Absage an jede Form der Rassendiskriminierung und die moralische Pflicht, möglichst viel in der Welt umherzuwandern, um sich durch die Bekanntschaft mit anderen Ländern und anderen Kulturen eine internationale, kosmopolitische Weltanschauung anzueignen.

Befriedigung, das Ziel der sexuellen Appetenz. Wir müssen zwischen der *Quelle,* der *Kraft* und dem *Ziel* der Appetenz unterscheiden. In den frühesten Stadien der Sexualforschung, als die Wissenschaft noch unter dem Einfluß des mechanistischen Weltbilds des 19. Jahrhunderts stand, glaubte man, Quelle, Kraft und Ziel eines angeblichen »Triebes« entdeckt zu haben, wenn man sagte, daß nur der Mann einen eigentlichen »Geschlechtstrieb« verspüre, bei der Frau dagegen bestände nur ein »Muttertrieb«. Der männliche »Geschlechtstrieb« werde durch die Produktion von Sperma in den Keimdrüsen reguliert: sobald die Keimdrüsen genug Sperma produziert hätten, verspüre der Mann den Drang zur Kopulation. Wenn sich die Keimdrüsen dann entleert hätten, fühle er eine Erleichterung, die erst dann verschwinde, wenn sich wieder genug Sperma angesammelt habe, um eine Entladung zu verlangen. Nach der Entdeckung der Hormone wurde dieses naive Bild durch ein kaum zutreffenderes ersetzt, indem man den Hormonen etwa die gleiche Druckfunktion zuschrieb wie in den früheren Vorstellungen dem Sperma. Beide Bilder fungieren nach dem Muster des Mannes, der ohne Maske zum Maskenball geht, direkt auf die Bar zusteuert und dort die ganze Nacht verbringt. Befragt, was er denn repräsentiere, sagte er: »Siehst du das nicht? Ich gehe als Staudamm. Ich lasse mich vollaufen.«

Die sexuelle Appetenz ähnelt aber keinem hydraulischen Modell, denn die Hoden sind kein Staubecken, und Kopulation ist kein Überlaufmechanismus. Auch ist Ejakulation nicht identisch mit Orgasmus, und Orgasmus nicht identisch mit Befriedigung. Wie erklären wir es uns sonst, daß zahllose Menschen im Koitus keine Befriedigung finden? → Potentia satisfactionis, die Fähigkeit, sich selber und den geliebten Menschen im Geschlechtsverkehr zufriedenzustellen, ist das Kriterium der sexuellen Gesundheit. Orgasmusfähigkeit als solche bedeutet nichts, wenn sie nicht *beiden* Partnern wirkliche Befriedigung gibt. → Perversionen sind nicht dadurch gekennzeichnet, daß sie andere sexuelle Ziele als das des Koitus anstreben, sondern dadurch, daß sie sich trotz größter Appetenz nicht befriedigen lassen.

Befruchtung, künstliche, einer Frau wirft in der BR große juristische Schwierigkeiten auf. § 1591 BGB bezieht die im Jahre 1900 noch nicht bekannten Möglichkeiten der k. B. beispielsweise nicht in die Definition der Ehelichkeit ein und macht ein nicht durch Geschlechtsverkehr erzeugtes Kind praktisch unehelich. Was geschieht hier erbrechtlich? Wenn das Kind nicht ehelich ist, wer erbt? Was ist der Status der Mutter und ihres Kindes im Fall der Scheidung? Hier fehlt ein klärendes Gesetz.

Begattung → Koitus.

Begierde darf nicht als ein asoziales Ausströmen sexueller Individualwünsche verstanden werden. Begierde hat über die Sexualität hinaus den Zweck, die menschliche Gesellschaft aufzubauen und zusammenzuhalten. Begierden aller Art sind es, die den Menschen aus der Einsamkeit in die Zweisamkeit, und aus der Zweisamkeit in die Menschheit führen. Eine Welt ohne Begierde wäre eine entmenschlichte Welt, eine Welt ohne Kohäsion. Aus diesem Grund hat Freud auch stets das Nirwana, das begierdelose Jenseits Buddhas, mit dem Tod identifiziert und als Ausgeburt des → Todestriebs aufgefaßt. Barbara Bross hat einmal gesagt: »Eine Welt ohne Begierde – das wäre eine größere Katastrophe als eine Welt ohne Nahrung. Denn selbst der Tod scheint mir besser als der Alptraum einer grauen Welt, in der menschliche Schatten ohne Neugier, Verlangen oder Zuneigung aneinander vorbeigleiten. So, in der Tat, stelle ich mir die Hölle vor, und gerade deshalb könnte ich einen Seinszustand, in dem wir von allem Verlangen frei sind, nicht als Himmel akzeptieren. Mit dem Verlangen endet auch die Kommunikation. Und wo es keine Kommunikation gibt, gibt es nichts. Zwischen dieser Vorstellung vom Himmel und meiner Vorstellung von der Hölle sehe ich kaum einen Unterschied. In der Tat, eines der wenigen guten Elemente der mittelalterlichen Theologie scheint mir die Vorstellung, daß die Hölle ein Ofen sei, in dem die Menschen lebendig gebraten werden. Wo es Schmerzen gibt, gibt es zumindest noch einen Rest Leben. Schmerzen, die man fühlt, sind besser als Gefühlslosigkeit.«

Beguinen, die Schülerinnen des Lambert le Bégue, eines Priesters aus Liège, der im Jahre 1170 die Idee hatte, einen Orden von weltlichen Nonnen zu gründen, die sich guten Taten widmen sollten, ohne die üblichen Weltentsagungsgelübde der Mönche und Nonnen ablegen zu brauchen. Der Erfolg war immens. Tausende von Witwen, die ihre Ehemänner in den Kreuzzügen verloren hatten, strömten in die Beguinenklöster. Der Enthusiasmus hatte viel mit dem der heutigen Fundamentalisten, der Bekenntniskirchen und der Zeugen Jehovas gemein. Eine der Hauptaktivitäten der B. war die Betreuung »gefallener« Mädchen. In den großen Siedlungen der B., kompletten Städten mit Wohnhäusern, Krankenhäusern, Kirchen und Gasthäusern, wurden die Prostituierten ohne Vorurteil als Schwestern aufgenommen. Am 24. 2. 1384 erteilte Herzog Albrecht III. dem Büßerinnenhaus der Wiener B. gänzliche und ewige Freiheit von aller Steuer und Maut, Zoll und Lehen. Wer immer eine der reuigen Prostituierten zum Weibe nehmen wolle, der solle es unbeschadet seiner Ehre und seiner Rechte tun können. → Arbeitshäuser, Bicêtre, Bon Pasteur, bekehrte Buhlerinnen, Casa de las arrepentidas, Convertite, Dispensaire de la salubrité, Dominae poenitentes, Filles-Dieu, Haus der Büßerinnen, Illuminate, Madelonettes, Magdalenenhäuser, Maison de la Sainte-Pélagie, Pentite, Saint-Lazare, Sorores de penitentia, Spinnhäuser.

Beischlaf → Koitus.

Beischlafdiebstahl wird nur manchmal von Prostituierten, meist jedoch von Berufsdiebinnen begangen, die sich als Prostituierte ausgeben. Einzelfälle von B. sind uns aus dem Altertum bekannt, im Mittelalter war die Bordellprostitution jedoch nahezu frei von Diebstahl. Nur die »fahrenden« Dirnen stahlen. Die Syphilisepidemie am Ende des 15. Jahrhunderts führte jedoch dazu, daß die städtischen Bordelle geschlossen wurden und die Städte und Fürsten ihnen ihre schützende Hand entzogen. Hiermit begann das Zeitalter des B., denn den verarmten und obdachlosen Huren blieb nun keine andere Möglichkeit als die Assoziation mit der Unterwelt. → Entôlage, Marneuse. Vgl.: Bilbulmelochnen.

Beiwohnung [lat.: cohabitatio] → Koitus.

Bella Union, spanischer sexueller Geheimclub des 18. Jahrhunderts (um 1780), dem die berühmtesten Kurtisanen ihrer Zeit angehörten: La Candelaria, La Ramona, Mariquita la Andaluza, Rafaela grande. → sexuelle Clubs.

Belle de Jour [frz.: Tagesschönheit], Film von Luis Buñuel nach einem Roman von Joseph Kessel. Außerordentlich interessante Studie einer sexuellen Anomalie, in der verschiedene Komponenten der → Deviation zusammentreffen. Durch eine roh, aber nicht lustlos ausgeführte Verführung in früher Jugend auf die Verknüpfung von Gewalt und Lust fixiert, führt die Heldin an der Seite ihres intelligenten, sensitiven, jeder Gewaltanwendung aus tiefer Überzeugung widerstrebenden Ehemannes ein unerfülltes Sexualleben. Sie flüchtet in die neurotische Welt masochistischer Tagträume, stellt sich vor, von ihrem Ehemann und dessen Kutschern vergewaltigt und ausgepeitscht zu werden, und erlebt im Geist eine Reihe anderer erniedrigender und deshalb lustvoller Sexualakte. Aber auch diese Träume genügen ihr nach einer Weile nicht mehr. In gleichsam instinktiver Selbsttherapie geht sie in ein → maison de passe, ein Luxusbordell, das von einer Dame der guten Gesellschaft mit Hilfe von zwei halbberuflichen Prostituierten betrieben wird. Von den Männern, die sie hier kennenlernt, interessieren sie nur die sadistisch veranlagten oder zumindest roh gewaltsamen. Der Versuch, einen masochistischen Intellektuellen zu befriedigen, mißlingt ihr gänzlich. Im Gegensatz zu dem Roman, der die Ausweglosigkeit dieser Situation betont, deutet der Film eine gewisse Hoffnung an, daß der Ehemann seine Frau zu verstehen und durch Änderung seiner sexuellen Technik zu befriedigen lernt. Ob sexuelle Technik jedoch jemals die erwünschte *Mentalität* des ersehnten Sexualpartners ersetzen kann, ist heute zweifelhafter als zur Zeit des Romans. → Perversion in der Ehe.

Benjamite [frz. Argot des 17. Jahrhunderts], Benjamiter, Homosexueller. Die Herzogin von Orléans, deren Ehemann homosexuell war, benutzte diesen Ausdruck, wenn sie von den homosexuellen Höflingen des Königs Ludwig XIV. sprach. Vgl.: Bougres, Canapé, Chevalier de la manchette, Filles domestiques, Filles galantes, Filles pierreuses, Gadales, Petit-Jésus.

Berdache, Bardache, Burdache, ritueller Transvestit bei den kanadischen Steppenindianern. Es waren Knaben, die als Mädchen erzogen wurden, um dem Stamm als kultische Lustknaben zur Verfügung zu stehen. (Detaillierte Analyse dieses Kults unter → Homosexualität.) Vgl.: Achnutschik, Basir, Batscha, Basm, Bote, Epanga, Galli, Homosexualität, Kedeshim, Knabenehen, Mujadores, Ovashengi, Päderastie, Puer sanctus, Pumea, Schupan, Tempelprostitution, ritueller Transvestitismus, Tschukadn.

Berkeley Horse [engl.: Pferd der Theresa Berkeley], ein sadomasochistisches Gerät, das die Bordellbesitzerin T. B. 1828 für ihr Etablissement in Soho, 28 Charlotte Street, bauen ließ, um der damals besonders starken masochistischen Appetenz gerecht zu werden. Es bestand aus einer ausziehbaren Bank mit Löchern für Kopf und Genitalien, auf die der Mann geschnallt wurde, um ausgepeitscht zu werden, während → Masturbation und / oder → Cunnilingus und → Fellatio gleichzeitig vorgenommen wurden. Theresa Berkeley hinterließ 1836 ein Vermögen von 72 382 Pfund. Das B. H. vermachte sie der Königlichen Kunstgesellschaft. → Auspeitschen, Geschlagenwerden, Masochismus, Peitsche, Rutenschlagen.

Berufsbekanntschaften stellen in den meisten Industriestaaten die Basis der Ehe dar. In den Vereinigten Staaten treffen 52 Prozent aller Ehefrauen ihren Mann bei beruflicher Arbeit. In der BR 24 Prozent, in der Sowjetunion 21 Prozent. → Eheanknüpfung, Partnerwahl, Straßenbekanntschaften.

Berührungsangst → Délire de toucher.

Berührungsfetischismus, die Substituierung des Berührens für den sexuellen Akt. Der Berührungsfetischist mag entweder mit seinen Händen oder mit anderen Körperteilen oder selbst mit den Genitalien Berührungen suchen, ist aber des eigentlichen Geschlechtsverkehrs unfähig und ersetzt diesen durch heimliches Berühren von Menschen des eigenen oder anderen Geschlechts oder auch von Gegenständen, die für ihn geheime sexuelle Bedeutung haben. → Berührungsmanie, Berührungszwang, Frotteur.

Berührungsmanie, Berührungszwang, eine Zwangsneurose, die den Patienten dazu veranlaßt, gewisse Gegenstände in ritueller Weise und in einer ganz bestimmten Reihenfolge immer wieder zu berühren. Stekel glaubte, daß der B. stets sexuell motiviert ist und den verdrängten Wunsch aufzeigt, gewisse Menschen und deren Körperteile zu berühren. Ein Patient Stekels, der an B. litt, mußte vor dem Schlafengehen eine hochnotpeinliche Untersuchung der Wohnung vornehmen und besonders die Türe und Türklinke unzähligemale berühren. In der Analyse erwies sich diese B. als Maske der → Homosexualität, und zwar als verdrängter Wunsch, ein männliches Genitale zu berühren und ein in früherer Zeit stattgehabtes homosexuelles Verhältnis zu reaktivieren. Vgl.: Délire de toucher. → Zwangskrankheiten.

Bestialität, im Vokabular mancher Sexualforscher der Geschlechtsverkehr mit Tieren. → Kynophilie, Lykanthropie, Mixoscopia bestialis, Sodomie, Tierfetischismus, Unzucht mit Tieren, Werwolf, Ziege, Zooerastie, Zoophilie.

Bestrafung, oft ein erotisches Phänomen. Alle Strafen, die Erwachsene verhängen, gehen auf die Strafen zurück, die sie als Kinder erduldet haben. Und da zwischen Eltern und Kindern ein Liebesverhältnis herrscht, enthalten alle Strafen für beide Beteiligten ein Element der Erotik. Es ist deshalb kaum überraschend, daß die Strafen, die die Menschheit wegen erotischer Vergehen verhängt hat, in allen Zivilisationen einen eigentümlich erotischen Charakter haben. Öffentliches Auspeitschen, nacktes Auspeitschen, öffentliche Ausstellung am Pranger, Röckekürzen, Haarabschneiden, Kastration, Eingießen von geschmolzenem Blei in den After oder die Genitalien gehören zu den Strafen, die in unserer westlichen Welt gegen Prostitution, Ehebruch, Kuppelei, Päderastie, Notzucht, Unzucht, Unzucht mit Tieren und Inzest verhängt worden sind. All diese Strafen haben einen sexuellen Symbolismus. In Griechenland hatte ein betrogener Ehemann das Recht, dem Verführer seiner Frau einen Rettich in den Anus zu treiben

(→ Analsadismus). In Rom mauerte man die Vestalinnen ein, wenn sie ihre Keuschheitsgelübde brachen (Einmauerung = Einschließung in der Vagina = Koitus) oder man ertränkte sie (das Wasser ist stets das Symbol der Frau, des embryonalen Fruchtwassers, des Eintauchens und so weiter). Im Mittelalter dagegen wurde der Mann, der ein Mädchen vergewaltigte, oft gepfählt (Pfahl = Phallus). Auf Kuppelei stand Bestrafung durch den »Lasterstein«, den die Kupplerin durch die Stadt tragen mußte (Stein = Kind). Absengen oder Abschneiden der Haare (= Kastration) war eine der häufigsten Strafen für Huren und Ehebrecherinnen. → Auspeitschung, Brandmarken, Bußdisziplin, Dippoldismus, Erziehersadismus, Erziehungsmasochismus, Flagellation, Folter, Gefängnis, Geißler, Gouvernantenwahn, Governess, Hinrichtungssadismus, republikanische Hochzeit, Postheoth Club, Prügelmaschine, Puerilismus, Strafe, Trülle, Zuchthaus.

Besudelungstrieb, eine Form des → Objektsadismus, die ihre Befriedigung darin findet, die Kleidung anderer Menschen zu beschmutzen. Der angebliche Trieb geht auf das anal-sadistische Stadium der kindlichen Entwicklung zurück, in dem sich das Kind durch Kotschmieren Lustgefühle verschafft. Wenn es ins Bett macht und damit seine Mutter verärgert, entsteht die Gleichung: Kotschmieren = Lust = Verärgerung eines anderen Menschen. Da die Mutter nun aber trotzdem das vom Kind am intensivsten geliebte Wesen ist, überträgt es die Gleichung unbewußt in sein späteres Sexualleben. Als Erwachsener empfindet ein solcher Mensch dann Lust, wenn er ein geliebtes Wesen durch Verschmutzung verärgert. Der B. hat vieles mit der → Exkrementophilie, der Kotliebe gemein. Aber während diese eine Art Kotfetischismus ist, die ihre Befriedigung im Hantieren mit Fäkalien findet, ohne daß ein anderer Mensch anwesend zu sein braucht (die Fäkalien *sind* das eigentliche Liebesobjekt), benötigt der Besudlungsdeviant stets einen anderen Menschen, den er mit Kot oder Schmutz oder Tinte oder Farbe beschmieren kann (→ Analerotik, Inquinationstrieb, Koprolagnie, Koprophagie, Koprophilie, Mysophilie, Saliromanie, Skatophilie, Tintenspritzer). Der B. kann sich auch gegen Kunstwerke, Bücher, Statuen oder Denkmäler wenden (→ Bilderschändung, Ikonophobie, Monumentophobie, Statuenhaß, Statuophobie, Übermalung). Statt sich durch Fäkalien und deren Symbole (Schmutz) zu äußern, kann er auch mit Urin und dessen Surrogatprodukten (Tinte, Farbe, Säure) arbeiten (→ Épongeur, Harntriebhaftigkeit, Nachttopfsklave, Renifleur, Soupeur, Tabouret de verre, Urolagnie, Urophilie,

Uropotie).

Bett, die »Basis der Liebe«. Wenn es zu klein ist – die meisten Sofas, Liegen, Couches und andere Behelfsbetten sind zu klein –, dann leidet die Liebe. Getrennte Schlafzimmer haben viele Vorteile. Separate Betten im gleichen Zimmer dagegen sind ein Greuel, ein Verstoß gegen die ungeschriebenen Gesetze der Sexualität. Liebe überkommt uns so plötzlich und so unvermutet, daß das Bedürfnis sofort befriedigt werden muß. Der kleine Abstand – er scheint klein – von einem Bett zum anderen kann tiefer sein als ein Abgrund. Doppelbetten sind nicht ganz so schädlich wie Einzelbetten, aber auch sie sind der Liebe abträglich, weil sie den Unterschied zwischen dein und mein allzu deutlich betonen. So schmal die Trennlinie auch sein mag, sie wird groß wenn sie zur Gewohnheit wird. Das einzige Bett, das der Liebe dient, ist das sogenannte französische Bett von etwa zwei mal anderthalb Metern. Es soll hart sein. Mehr als die Hälfte aller Positionen eines normalen Paares gestatten nur unzureichenden Kontakt für Mann und Frau, wenn das Bett zu weich ist. Die Liebe ist eine Form der Akrobatik, und der Akrobat braucht festen Boden, um seine Arbeit tun zu können. In einem weichen Bett geht jede gezielte Bewegung daneben. Sprungfedern sind der Liebe ebenso abträglich wie weiche Federn einem Sportwagen. Kontrolle ist Anfang und Ende der Liebe. Eine verfehlte Bewegung – und alles, was bis dahin geschah, war umsonst. Wer kein gutes, großes, hartes Bett zur Verfügung hat, soll lieber seine Decke auf den Fußboden legen und dort der Liebe Tribut zollen als auf dem Sofa. Ein paar gute Teppiche sind das Beste von allem. Die Orientalen wußten, was sie taten, als sie ihre Teppiche nicht nur benutzten, um darauf herumzulaufen.

Bettelherren, jene Ratsherren des Mittelalters, die sich um die Armen und die Prostituierten kümmerten. → Ammeisterknecht, Capita sexteriorum, Corte delle meretrici, Domini di nocte, Frauenrichter, Gewaltboten, Hurenhaber, Hurenweibel, Profos, Receveur des filles communes, Roi des Ribauds.

Bezugsperson, der Mensch, auf den sich ein anderer, vor allem aber ein Kind, »bezieht«, den es sich zum Vorbild nimmt, mit dem es sich identifiziert und von dem es die wichtigsten Impulse zu seiner eigenen Entwicklung erhält. Es ist ein besonderer Nachteil der → Kleinfamilie unserer Tage, daß das Kind dort nur zwei Bezugspersonen hat – den Vater und die Mutter. Da nicht alle Eltern von Natur her perfekt sind, wird die Entfaltung des Kindes schon in den frühesten und wichtigsten Entwicklungsjahren vernichtet, wenn keine anderen Bezugspersonen zur Verfügung stehen. Es war ein großer Vorteil der alten → Sippe gegenüber der späteren → Großfamilie (und der Großfamilie gegenüber der Kleinfamilie), daß die Anzahl der Erwachsenen, die dem Kinde als Bezugspersonen zur Verfügung standen, größer war als die der leiblichen Eltern. Die Zukunft unserer Kultur hängt deshalb weitgehend von der Anzahl und der Auswahl der Bezugspersonen ab, die wir unseren Kindern zur Verfügung stellen. Je kleiner der Haushalt, desto geringer die Chancen, daß das Kind dank einer geeigneten Bezugsperson sich über das Niveau seiner Eltern erhebt. Kinder in Wohngemeinschaften haben eine meßbar höhere Chance der Selbstentfaltung als Kinder, die in einer Art Inzucht mit ihren leiblichen Eltern (und *nur* mit diesen) aufwachsen. Auch die Aussiedlung der Alten aus den Wohnsilos der Kleinfamilien hat sich als schwerwiegender Nachteil für die geistige und emotive Entwicklung der Kinder erwiesen. Großeltern können oft bessere Bezugspersonen sein als die Eltern. Weisen die Eltern aber ihre eigenen Eltern sobald wie möglich in Altersheime ein, so berauben sie ihre Kinder, indem sie sie vom Kontakt mit der vorvorigen Generation fernhalten.

BH, Abkürzung für Brusthalter. (Die Worte »Busenhalter« und »Büstenhalter« sind sinnlos. Busen ist das Tal zwischen den Brüsten. Büste ist eine Skulptur. Die Substituierung dieser Euphemismen für »Brust« geht auf die Prüderie des 19. und frühen 20. Jahrhunderts zurück. Sie ist heute nicht mehr gerechtfertigt.) »Brustgürtel« waren schon im alten Rom üblich; nur scheinen sie von den Römerinnen der Kaiserzeit dazu verwendet worden zu sein, um bei jungen Mädchen das Wachstum der Brüste tunlichst zu verbergen. Es war eine Art Brustbandage, die *fascia pectoralis,* von der Martial in einem seiner *Apophoreta* betitelten Sprüche sagt: »Halte du, Binde, die wachsenden Brüstchen deiner Herrin im Zaume, damit meine Hand sie mit einem Mal packen und zudecken kann.« Genau wie die römische Brustbinde hatte der altgriechische Brusthalter *(Strophion)* den Zweck, den weiblichen Körper männlich erscheinen zu lassen, die Brust zu *unterdrücken*. Der heutige Trend gegen den BH ist zweifellos Teil der weiblichen → Emanzipation. Vgl.: Korsett, Korsettdisziplin, Korsettfetischismus. → Brustfetischismus, Brusthaß.

Biamanten [lat.: bi- = zwei, doppelt; amans, amantis = liebend], Doppelliebende, Bisexuelle, ein von Friedländer in seinem Werk *Renaissance des Eros uranios* geprägter Begriff. → Ambierastie, Ambisexualität,

Amphierotik, Bisexualität, Doppelgeschlechtlichkeit, Drehpunkt, Drittes Geschlecht, Geschlechtsübergänge, Hermaphrodit, Intersexualität, Panhermaphroditismus, Seelenzwitter, Trisexualität, sexuelle Zwischenstufen.

Bicêtre, ursprünglich keine Irrenanstalt, sondern ein Pariser Spital zur Heilung geschlechtskranker Prostituierter – eine der ersten Institutionen dieser Art in der europäischen Geschichte. Aber wie in all den frühen Hospitälern für Geschlechtskrankheiten wurde oft Heilung mit Strafe verwechselt. *»Elle a purgé son tempérament dans les fourneaux de Bicêtere«,* pflegte man in den Polizeiberichten des späten 17. und frühen 18. Jahrhunderts zu lesen. → Arbeitshäuser, Beguinen, Bon Pasteur, bekehrte Buhlerinnen, Casa de las arrepentidas, Convertite, Dispensaire de salubrité, Dominae poenitentes, Filles-Dieu, Haus der Büßerinnen, Illuminate, Madelonettes, Magdalenenhäuser, Maison de Sainte-Pélagie, Pentite, Saint-Lazare, Sorores de penitentia, Spinnhäuser.

Biche [frz.: Hindin], im Frankreich des zweiten Kaiserreichs die elegante Frau der Halbwelt. Vgl.: Dame-demoiselle, Demi-mondaine, Fausse, Femme de cinq heures, Kokotte, Lorette, Mignonne.

Bienfaiteur [frz.: Wohltäter], künstlicher Penis zur Selbstbefriedigung der Frau oder zum Geschlechtsverkehr zwischen Lesbierinnen. Vgl.: Selbstbefriedigungsinstrumente.

Bierhäuserlmenscher nannten die Wiener vom 18. Jahrhundert an jene Mädchen, die den kleineren Teil ihres Einkommens als Kellnerinnen in Bierschenken, den größeren aber als Prostituierte verdienten. → Araignées, Inviteuses, Kaffeemenscher, Kellnerinnen, Marketenderinnen, Orange Girls.

Biertripper, keine → Gonorrhöe, sondern das Brennen in der Harnröhre, das sich beim Urinieren einstellt, wenn man junges, noch nicht ausgegorenes Bier getrunken hat.

Bigamie [lat.: bi- = zweimal; gr.: gamos = Heirat), das formell gültige Eingehen einer zweiten Ehe gegen das zivil- und strafrechtliche Ehehindernis einer bereits bestehenden Ehe. B. ist ein Grund zur Ehescheidung für den Partner der ersten Ehe. Dieser kann auch auf Ehenichtigkeit klagen. Der juristische Terminus für B. in der BR ist *Doppelehe.* Diese wird nach dem StGB nur dann bestraft, wenn beide Ehen gültig sind. Die Verjährung einer möglichen Strafverfolgung beginnt mit der Auflösung oder Nichtigkeitserklärung der ersten Ehe. Ist die erste Ehe weder nichtig noch gelöst, steht auf B. nach § 171 StGB

Gefängnis bis zu drei Jahren.

Bijoux de religieuse [frz.: Nonnenschmuck], künstlicher Penis zur Selbstbefriedigung der Frau und zum lesbischen Geschlechtsverkehr. Als die berühmte Bordellbesitzerin Marguerite Gourdan am 28. November 1783 in Paris starb, fand man Hunderte von Bestellungen solcher »bijoux« von Nonnen französischer Klöster. Vgl.: Selbstbefriedigungsinstrumente.

Bijoux indiscrets [frz.: Geheimschmuck], künstliche Mannesglieder, die von Frauen zur Selbstbefriedigung oder zum lesbischen Verkehr benutzt werden. Denis Diderot (1713–1784) benutzte den Spitznamen dieser Selbstbefriedigungsartikel als Titel eines Romans, der 1748 erschien und Crébillons erotische Novellen parodieren sollte. Lessing übersetzte ihn unter dem Titel *Die Verräter* ins Deutsche. Vgl.: Selbstbefriedigungsinstrumente.

Bilbulmelochnen [jiddisch: schmutzige Geschäfte machen], in der Gaunersprache des 19. und frühen 20. Jahrhunderts die Geltendmachung von → Alimentationsansprüchen angeblich geschwängerter Frauen. Es ist eine bereits aus dem Altertum bekannte Form der Bauernfängerei, die heute noch oft betrieben wird. Im Mittelalter nannte man sie »Biltragen«. Die Frauen, die sie ausübten, hießen »Bilträgerinnen«. Heute gibt es eine Gruppe von halbberuflich Prostituierten, die von Stadt zu Stadt reisen, um stets neue Opfer des B. zu finden.

Bilderschändung, eine sublimierte, sadistisch überlagerte Form des → Fetischismus. Die Bilderschänder behandeln ihre Liebesobjekte wie der Sadist den geliebten Menschen, indem er ihn zu zerstören sucht. Sie geben sich oft als Moralisten und Sittenverbesserer aus, die die Welt vor der Unsittlichkeit der Künstler retten wollen und deshalb besonders Aktbilder übermalen, zerschneiden, mit Säure oder anderen Ätzmitteln bespritzen und bezeichnenderweise oft auch mit Fäkalien beschmieren. Vgl.: Antifetischismus, Besudelungstrieb, Graffiti, Ikonophobie, Koprographomanie, Monumentophobie, Pornographomanie, Saliromanie, Skatophilie, Statuophobie, Übermalung.

bilinear [lat.: bi = zwei; linea = Linie], zweilinig; gesagt von einem → Deszendenzsystem, das die Abstammung des einzelnen von *beiden* Eltern ableitet. Gegenteil: unilinear.

bimorphe Geschlechtsanlage → Geschlechtsanlage, bimorphe.

Bimorphismus, sexueller → Geschlechtsbimorphismus.

biondeggiare [it.: blondfärben], die besondere Kunst der italienischen Kurtisanen der Renaissance. Es ist eigentümlich, daß in der Folklore der romanischen Länder die ideale Frau fast immer blond ist. Bereits in Rom trugen die Prostituierten blonde Perücken. Die griechischen Hetären färbten ihr Haar mit Safran.

Bisexualität [lat.: bi- = doppelt; sexus = Geschlecht], Doppelgeschlechtlichkeit, ein Begriff der zu methodologischen Verwirrungen geführt hat, weil verschiedene Autoritäten sehr verschiedene Phänomene unter diesem Generalnenner zusammengefaßt haben:

1. Körperliche Abweichungen von den biologischen Normen der Weiblichkeit und Männlichkeit.
2. Psychische Abweichungen von den sozialen Normen der Weiblichkeit und Männlichkeit:
   a. Abweichungen vom Konzept der körperlich-seelischen Sexualeinheit: Männer, die sich als Frauen betrachten; Frauen, die sich als Männer betrachten, ohne homosexuell zu sein.
   b. Abweichungen vom heterosexuellen Verständnis der sexuellen Objektwahl: sexuelle Zuwendung zum eigenen Geschlecht oder zu beiden Geschlechtern; wechselnde Fixierung auf das eine oder andere Geschlecht.

Alle Versuche, die seit der Entdeckung der B. unternommen worden sind, um zwischen den Gruppen 1 und 2 oder zwischen den Phänomenen 2a und 2b irgendwelche logischen, biologischen, psychologischen oder sexuellen Verbindungen herzustellen, sind gescheitert. Wir haben es mit vier völlig verschiedenen Formen der angeblichen B. zu tun, die zwar in manchen Individuen überlappen, aber keine verallgemeinernde Zuordnung der psychischen zu den physischen Formen der B. erlauben. Auch gibt es keinen Generalnenner zwischen »bisexuellem« Verständnis der eigenen → Geschlechtszugehörigkeit und »bisexueller« → Partnerwahl. Im Gegenteil, gerade diejenigen Menschen, die ihre psychische Geschlechtszugehörigkeit als abweichend von ihrer physischen empfinden (→ Transsexualität), haben sich in der klinischen Praxis als besonders homosexualitätsfeindlich erwiesen.

Biß, als Teil des normalen menschlichen Geschlechtsverkehrs, bezeugt die Anwesenheit einer sadomasochistischen Komponente in der phylogenetischen Struktur des Menschen. Unsere tierischen Vorfahren pflegten sich bei der Begattung ineinander zu verbeißen. Hieraus mag der → Kuß entstanden sein. Kleist sagt in *Penthesilea:* »Küsse reimen sich auf Bisse.« In den indischen Lehrbüchern der Liebe gibt es sechs klar definierte Formen des Liebesbisses.

Blasphemie, sexuelle, [gr.: blasphemein = lästern] eine Zwangshandlung, die den Patienten dazu veranlaßt, die Religion, in der er erzogen worden ist (und meist nur diese), obszön zu beschimpfen. Fast stets bezieht der Patient sich auf bekannte religiöse Figuren und sieht diese nun in allen erdenklichen sexuellen Situationen, vom normalen Koitus bis zu komplizierten skatologischen Paarungen. Er beschuldigt die Götter und Heiligen der Homosexualität, der Blutschande, der Geschlechtskrankheit und kann sich selber auch mit größter Willensanstrengung nicht daran hindern, diese Gedanken auszusprechen, ja oft laut hinauszuschreien. Die sexuelle Blasphemie in ihrer mildesten Form ist eine Art des → Pseudolismus, in ihrer ernsteren Form jedoch meist ein Zeichen der Zwangsneurose, Schizophrenie oder Paranoia. Sehr oft tritt auch die Identifizierung Gottes mit Kot auf, so daß jede Erwähnung Gottes zu dem Gedanken an Exkremente und jede Erwähnung von Exkrementen an Gott erinnert. (Luthers Turmvision!) Vgl.: Koprolalie, Pornolalie, Saliromanie, Skatophilie, Wortsadismus.

Blaues Buch, das Bordellreglement des Hamburger Polizeidirektors Hudtwalcker, das er im Jahre 1834 herausgab. → Arbeitshaus, Bicêtre, Capita sexteriorum, Corte delle meretrici, Dispensaire de salubrité, Domini de nocte, Frauenordnung, Frauenrichter, Gesundheitsbuch, Kontrollstraße, Magdalenenhaus, Maison de Tolérance, Prostituiertenkleidung, Prostituiertenreglementierung, Prostituiertensteuer, Prostituiertenstrafen, Prostituiertenverschickung, Receveur des filles communes, Spinnhaus, Storyville.

Blaues Haus nannten die Chinesen vor der Revolution in den Hafenstädten ein Bordell, das nicht auf einem Schiff oder Boot untergebracht war. Die Bootsbordelle hießen → Blumenboote.

Blenorrhoea, bedeutet sowohl Bindehautentzündung wie auch → Gonorrhöe.

Blenorrhoea neonati, Entzündung der Bindehaut der Neugeborenen, eine gefürchtete Krankheit, die oft zum Erblinden des Kindes führt. Sie wird durch → Gonorrhöe der Mutter verursacht und kann meist durch → Penicillin geheilt werden. Um der B.n. vorzubeugen, träufelt man heute jedem Neugeborenen ein Tröpfchen Silbernitratlösung oder anderes Antiseptikum in die Augen. Durch diese unspezifische Behandlung ist die sogenannte Tripperblindheit fast vernichtet worden. Früher betraf sie mehr als ein Viertel aller Insassen von Blindenanstalten. Man nennt die Krankheit auch Ophthalblenorrhöe oder Ophthalmia gonorrhoica.

Blinde Raae, Reizstäbchen, die in den Penis eingesetzt werden, um beim

Koitus der Frau größere Lust zu bereiten. In Borneo, Celebes und dem malaiischen Archipel. Vgl.: Ampallang, Guesquel, Kabutodama, Kabutogata, Kampiong, Penisinkrustation, Persimbraon, Reizinstrumente, Zuiki.

Blondinenlieferanten, im Vormärz die Wiener Kupplerinnen, die sich auf blonde Frauen spezialisiert hatten. Vgl.: Abbesse, Äbtissin, Alcahueta, Appareilleuse, Aufführdame, Ausschütterin, Bordellbesitzerin, Chaperonnière, Duegna, Einheimerin, Einstößerin, Frauenmeisterin, Frauenwirtin, Husmelterin, Magistra, Maquerelle, Matrone, Puffmutter, Regina bordelli, Rippelreiger, Trüllerin, Verwerrin.

Blumenboot, chinesisches Bordellboot, im Gegensatz zum Landbordell (→ Blaues Haus). Im kommunistischen China nicht mehr existent, jedoch in Formosa, Schanghai und Hongkong noch üblich.

Blutfetischismus, die sexuelle Verehrung des Blutes. In allen frühen Religionen der Menschheit nimmt das Blutopfer einen führenden Platz ein. Es mag tierisches Blut sein – ein Schaf, ein Hahn, ein Ziegenbock, ein Stier – oder es mag sich um menschliches Blut handeln. Auch bei sexuellem Blutfetischismus dient oft das tierische Blut als Surrogat des menschlichen. Man unterscheidet fünf Hauptgruppen von Blutfetischisten:

1. Die Sadisten, die beim Geschlechtsverkehr dem Partner Wunden beibringen wollen, um das Blut fließen zu sehen. Der Schlüsselreiz des Verkehrs ist also nicht der Koitus, sondern der Anblick und oft das Auflecken und Betasten des Blutes, das den Orgasmus auslöst (→ Aderlaß, Lustmord, Venaesectio).

2. Die Masochisten, die in entsprechender Weise ihr eigenes Blut fließen lassen wollen, um dadurch den Koitus einzuleiten oder zu ersetzen (→ Masochismus).

3. Die Menomanen, die nur an Menstruationsblut interessiert sind. Auch hier gibt es sadistisch tendierende Menomanen, die die Monatsblutung als ein Surrogat des Deflorationsblutes betrachten, also eigentlich versteckte Deflorationsmanen sind, und die masochistisch tendierenden Menomanen, die in der Erniedrigung des Vertilgens von Menstruationsblut ihre Befriedigung suchen (→ Menomanie, Menophagie, Regelbindenfetischismus).

4. Die Blutsauger, die zweifellos sadistisch orientiert sind, aber doch eine Sondergruppe darstellen, weil sie ihre Handlungen mit einem komplizierten magischen Ritus umgeben (→ Lykanthropie, Nosferatu, Vampirismus).

5. Die Kannibalen, die Menschenfleisch essen und das Blut als Teil dieses Nahrungsmittelfetischismus betrachten. Auch hier unterscheidet man zwischen der masochistisch orientierten Gruppe, deren Angehörige ihr eigenes Fleisch verzehrten (→ Autodermatophagie), und dem sadistisch fixierten Typus, der das Fleisch anderer Menschen essen muß, um sich sexuell zu befriedigen (→ Anthrophagie, Dermatophagie, Einverleibung, Kannibalismus, Lustmord, Nekrophagie). → Fetischismus.

Blutschande, nach bundesdeutschem Recht der Beischlaf zwischen Verwandten auf- und absteigender Linie. Er wird gem. § 173 Abs. 1 StGB an den ersteren mit Freiheitsstrafe bis zu drei Jahren, an den letzteren mit Freiheitsstrafe bis zu zwei Jahren bestraft. Nach Abs. 2 wird der Beischlaf zwischen Geschwistern mit Freiheitsstrafe bis zu zwei Jahren bestraft. Verboten ist gem. § 4 eheG nicht nur die Ehe zwischen Verwandten in gerader Linie und zwischen vollbürtigen Geschwistern, sondern auch zwischen halbbürtigen Geschwistern und zwischen Verschwägerten in gerader Linie. → Inzest.

Boda Meretricium nannte man im Mönchslatein des Mittelalters das Bordell. → Columbaria, Genecium. Vgl.: Clötkas, Frauenhaus, Freies Haus, Freudenhaus, Freudenhol, Hurenzelt, Kasten, Minnehaus, Rosengarten, Sonnenboss, Taubenhaus, Töchterhaus.

Bon pasteur [frz.: guter Hirt], eines der zahllosen Büßerinnen-, Rettungs- oder → Magdalenenhäuser des Mittelalters, die zur »Bekehrung« von Prostituierten dienen sollten und bis ins späte 18. Jahrhundert überlebten. → Arbeitshäuser, Beguinen, Bicêtre, bekehrte Buhlerinnen, Casa de las arrepentidas, Convertite, Dispensaire de salubrité, Dominae poenitentes, Filles-Dieu, Haus der Büßerinnen, Illuminate, Madelonettes, Magdalenenhäuser, Maison de Sainte-Pélagie, Pentite, Saint-Lazare, Sorores de penitentia, Spinnhäuser.

Bona Dea [lat.: gute Göttin], die römische Schutzpatronin der lesbischen Liebe. Ihr Kult zog auch viele männliche Transvestiten an. → Amor lesbicus, Androgyne, Fricatrice, Galli, Gynandrier, weibliche Homosexualität, Kedeshim, Kinäden, Korophilie, Lesbizismus, Orgie, Quintilla, Puer sanctus, Sapphismus, Spintrien, Symplegma, Tempelprostitution, ritueller Transvestitismus, Tribade.

Bonjourtropfen, der frühmorgens aus der Harnröhre tretende Sekrettropfen der → Gonorrhöe.

Bordeau, le merveilleux [frz.: das wunderbare Bordell], der berühmteste Komplex von Bordellen und Freudenhäusern am Anfang des 16. Jahrhunderts. Er bestand aus vier Straßenzügen in Valencia und enthielt Tavernen, Tanzlokale, Restaurants – und achthundert Mädchen. Der Eintrittspreis betrug vier Maravedis.

Bordel ambulant [frz.: fahrendes Bordell], im Paris des 18. Jahrhunderts besondere Wagen ohne Fenster, in denen man Geschlechtsverkehr haben konnte. → Porzellanfuhre.

Bordell [frz.: bord = Ufer; eau = Wasser], ursprünglich das am Wasser gelegene → Frauenhaus des Mittelalters. Es lag am Hafen, am Fluß, am Stadtgraben. Fast jede Stadt des Mittelalters, selbst die kleinste, hatte ihr B., und wegen der Bestimmungen gegen die Ansiedlung »unehrlicher« Leute mußte es meist vor den Toren angelegt werden. Sein Kennzeichen bildete die vom antiken Wirtshaus übernommene rote Laterne. Eigentümer waren die regierenden Fürsten, die Städte oder die Kirchen. Aber der Pächter war oft der Scharfrichter (weil er, wie die Dirnen, als »unehrlich« galt – als außerhalb der Gerichtsbarkeit der Städte stehend). Trotz der Unehrlichkeit des Gewerbes wurde es vom Anfang des 13. bis zum Anfang des 16. Jahrhunderts besser und sauberer betrieben als von der Mitte des 16. Jahrhunderts an, wo aus Angst vor der aus Amerika eingeführten Syphilis die Städte und Fürsten ihre Bordelle zumachten und ihre Unterstützung zurückzogen. Die Ausbeutung der Prostituierten und ihre Assoziation mit dem Verbrechen (→ Beischlafsdiebstahl, Entôlage, Mädchenhandel, Marneuse) beginnt eigentlich erst in dieser Zeit. Gleichzeitig beginnt aber auch die Klassenspaltung des B.-Wesens. Auf der einen Seite finden wir nun die wachsende Barbarisierung der billigen Bordelle und die wachsende Ausbeutung ihrer Insassen. Auf der anderen Seite sehen wir die Entwicklung des Luxus-B., dessen Insassinnen so gebildet, belesen und elegant sind, daß sie nicht nur als Gespielinnen der Aristokraten, sondern auch als deren Gemahlinnen dienen konnten. Im »galanten« Zeitalter und im 19. Jahrhundert sah es manchmal tatsächlich so aus, als ob das B. dem intelligenten Mädchen aus armem Hause die einzige Aufstiegsmöglichkeit in die Gesellschaft geboten hätte. Die Luxusbordelle des 18. und 19. Jahrunderts gehörten zu den kostspieligsten Institutionen ihrer Art, die es je gegeben hat. Besonders im Paris und London des 18. Jahrhunderts, im Paris und den Nord- und südamerikanischen Großstädten des 19. Jahrhunderts gab es Bordelle, deren Luxus dem 20. Jahrhundert kaum noch glaubhaft erscheint. Und nicht nur der Luxus, sondern die Vielfalt der sexuellen Varianten ist erstaunlich. Während das B. des Mittelalters dem Koitus diente, ließe es sich ohne allzu große Übertreibung sagen, daß man in den Bordellen des 18. Jahrhunderts alle sexuellen Varianten mit Ausnahme des Koitus praktizierte. Im B. der »Petite Comtesse« Marguerite Gourdan (geb. Margarethe Stock) in Paris, das 1759 in der Rue Sainte-Anne gebaut und von Richelieu und Graf Dubarry protegiert wurde, gingen Herzöge aus und ein. Ihr zweites B., das 1774 in der Rue Comtesse d'Artois eröffnet wurde, und ihr drittes in der Rue des Deux-Portes Saint-Sauveur, enthielten Folterwerkzeuge aller Art, einen besonders gebauten Stuhl zum Fesseln von Frauen, Ringe mit Buckeln zur Irritation der Frauen und ähnliche Geräte. In den 1770er Jahren spezialisierte sich M. Gourdan ganz auf lesbische Kundinnen. Aus B. dieser Art entstanden die spezialisierten Institutionen des frühen 20. Jahrhunderts, die *nur* noch für eine bestimmte Geschmacksrichtung ausgerüstet waren – B. für Schuhfetischisten, für Flagellanten, für Masochisten, für Pluralisten, für Pädophile, für Deformations-Fetischisten, für Homosexuelle und so weiter. – Der grundsätzliche Unterschied zwischen einem Bordell und den zahllosen anderen Institutionen der käuflichen »Liebe« besteht darin, daß es mehr als eine Prostituierte beschäftigt und daß alle Prostituierten im B. wohnen. Bordellbetriebe sind in der BR grundsätzlich verboten, da sie gem. § 180 a StGB als Förderung der Prostitution gelten und mit Freiheitsstrafe bis zu drei Jahren bestraft werden. Merkwürdigerweise wird aber die → Prostitution, die in der BR nominell erlaubt ist, viel öfter verfolgt als die Bordelle, die nominell verboten sind, meist aber mit vollem Wissen der Polizei florieren. Aus »Zweckmäßigkeitsgründen« greift die Polizei bei B. oft nicht durch, versichert dem neugierigen Juristen aber stets, daß sie damit den Betrieb noch lange nicht »genehmigt hätten«. (→ Amyenhaus, Blaues Haus, Boda meretricium, Bordeau merveilleux, Boucan, Clötkas, Enfants du Prado, Fonteine, Frauenhaus, Freies Haus, Freudenhaus, Freudenhol, Hurentaiber, Hurenzelt, Jungfernhof, Kasten, Leger, Mamsellenhaus, Minnehaus, Perroquet Gris, Rosengarten, Salon Markuski, Sonnenboss, Töchterhaus, Tôle d'abbatage). Im Gegensatz hierzu diejenigen Häuser der Prostitution, die *nicht* als Wohnungen der Prostituierten dienen: → Absteigequartier, Aufführhaus, Casini, Clapier, Étuve, Maison à partie, Maison de Passe, Maison de Rendez-vous, Petite maison, Piscine, Stundenhotel.

Bordellbesitzerin → Puffmutter.

Bordellmarken gab es bereits im alten Rom. Sie hatten den doppelten Zweck einer Abonnementsmarke und einer Festlegung der Spezialität, an der der Kunde interessiert war. Jede → Koitalposition und jede → Perversion hatte eine Nummer. Der Zweck der Bordellmarke war also der, mit Hilfe der Nummer auf der einen Seite der Marke festzulegen, für wie viele Besuche der Kunde im voraus bezahlt hatte, und mit Hilfe der anderen festzulegen, an welcher Position und Perversion er besonders interessiert war. In den billigen Bordellen Südamerikas gibt es eine andere Art von B. Nachdem der Kunde die Prostituierte verlassen hat, gibt sie der Bordellbesitzerin das erhaltene Geld und empfängt hierfür eine Quittung in Form einer B., die man *lata* nennt. Jeden Montagmorgen löst die Prostituierte die *latas* der Woche ein und erhält nach Abzug der Verpflegungs- und Mietkosten ihren Lohn.

Bosischer Garten, in Leipzig gegen Anfang des 18. Jahrhunderts der erste der deutschen »Lustgärten«, in dem Prostituierte ihre Kunden aufspürten und versorgten.

Bote, rituelle Transvestiten bei den Crow-Indianern. Es waren Knaben, die von früher Kindheit an als Mädchen erzogen und gekleidet wurden, um dem Stamm als päderastische Tempelprostituierte zu dienen. Vgl.: Achnutschik, Basir, Batscha, Basm, Berdache, Epanga, Galli, Homosexualität, Kedeshim, Knabenehe, Mujadores, Ovashengi, Päderastie, Puer sanctus, Pumea, Schupan, Tempelprostitution, ritueller Transvestitismus, Tschukadn.

Boucans [frz. Lehnwort aus dem Karibischen: Räucherhütte], im Paris des 17. Jahrhunderts die kleinen, billigen Bordelle der Hauptstadt. → Amyenhaus, Maison à partie, Mamsellenhaus, Rue aux putains, Tôles d'Abattage.

Bougres [frz. Argot: Homosexuelle], **buggers** [engl.: Sodomiten], jene Homosexuellen des Mittelalters, die → Analkoitus betrieben. Beide Sprachen benutzen das Wort noch heute, in England sogar als juristischer Terminus (buggery = pedicatio). Beide Worte stammen von dem Wort Bulgaren ab, denen man im Mittelalter nachsagte, daß sie dieser Form des Geschlechtsverkehrs besonders ergeben seien. Vgl.: Benjamite, Catamitus, Gadales, Kinäden, Lustknabe, Mignon, Päderast, Petit-Jésus, Polyhymnier, Urning.

Bouisbouis [frz. Argot], im letzten Drittel des 19. Jahrhunderts die lauten Tanzlokale des Pariser Nordens und Ostens, wo → Araignées, Grisettes, Midinettes mit *Blouses* (Fabrikarbeitern) und → Apachen tanzten.

Boule érotique [frz.: Liebeskugel], ein → Selbstbefriedigungsinstrument für Frauen, das aus zwei Kugeln in der Größe eines Taubeneis besteht. Die erste Kugel ist hohl und leer. Sie wird so tief wie möglich in die Vagina eingeführt. Darauf kommt nun die zweite Kugel, die entweder Quecksilber oder eine dritte, kleine und schwerere Kugel enthält. Jede Bewegung bringt die kleine Kugel bzw. das Quecksilber zum Schwirren und Rotieren. Die Bewegung überträgt sich auf die zuerst eingeführte Kugel und durch diese auf den Uterus.

Boule Noire [frz.: schwarze Kugel], ein kleines Tanzlokal auf der Barrière du Combat, wo die berühmten Tänzer und Tänzerinnen des → Elysée-Montmartre und → Moulin Rouge ihre Freizeit verbrachten, wenn sie unter sich sein wollten. Es war billig, laut, rauchig und die ganze Nacht offen.

Boulonnaise, Prostituierte des Bois de Boulogne in Paris. Vgl.: Araignée, Bich, Galérienne, Gourgandine, Lampronnière, Manuelle, Marneuse, Pierreuse, Pontonnière, Rempardeuse.

Brandmarken, im Mittelalter fast überall in Europa die Strafe für Kuppelei, Päderastie und Prostitution. Das Feuer ist seit Anbeginn der Menschheit ein Synonym der Sexualität und gilt in allen Mythen und Träumen als Sexualsymbol. Kein Wunder, daß man hier Sexualität mit Sexualität bestraft, Feuer mit Feuer, daß man sozusagen den Teufel mit Beelzebub auszutreiben sucht. Vgl.: Auspeitschung, Bestrafung, Bußdisziplin, Flagellation, Folter, Gefängnis, Geißler, Hinrichtungssadismus, Strafe, Trülle, Zuchthaus.

Brandstiftung aus sexuellen Motiven → Pyromanie.

Braut, im heutigen deutschen Sprachgebrauch das unverheiratete Mädchen während der Zeitspanne zwischen der → Verlobung und der Hochzeit. Diese Bedeutung hat das Wort jedoch erst durch Martin Luther erhalten, der sich dagegen wandte, daß eine Frau, die bereits den ehelichen Beischlaf ausgeübt hatte, B. genannt werden sollte. Die frühere Bedeutung des Wortes B. stammt aus dem germanischen Recht, das die Eheschließung nicht erst durch eine kirchliche Trauung, sondern bereits durch die Verlobung und den in der Verlobungsnacht (Brautnacht) ausgeübten Beischlaf vollziehen ließ.

Bräutigamshoden, volkstümlicher Name für → Epididymitis sympathica. Vgl.: Enthaltsamkeitskrankheiten, Neuralgia testis, Paradidymitis.

Bräutigamsschmerzen, volkstümlicher Name für eine Anzahl der Abstinenzkrankheiten, die sich in früheren Zeiten, als vorehelicher Geschlechtsverkehr noch nicht üblich war, aus dem Konflikt zwischen sexueller Erregung und erzwungener Abstinenz ergaben, z. B. Epididymitis sympathica, Neuralgia testis, Paradidymitis sympathica, Phrenokardie. → Enthaltsamkeitskrankheiten.

Brautkauf, eine Institution, die nur in Zusammenhang mit Nahrungsüberschüssen und Männerrrecht auftaucht. In frauenrechtlichen Gesellschaftsordnungen gibt es keinen »Bräutigamskauf«, und in Subsistenzgesellschaften gibt es überhaupt keinen »Kauf«. In der europäischen Frühgeschichte taucht der B. zum erstenmal in der Übergangszeit von matrilinearen zu patrilinearen Deszendenzsystemen, von matrilokalen zu patrilokalen Ansiedlungsformen, und von Subsistenzkulturen zur Vorratswirtschaft auf. Im südosteuropäischen Raum, bei den Donaukulturen I und II und bei den Starčevo-Bauern ist noch kein B. zu finden. Erst bei den Protogriechen, etwa um die Zeit der ersten Pflugkulturen, also am Anfang der gemischten Landwirtschaft, taucht der B. auf.

Zur Zeit, als die Gesellschaftsordnung der Protogriechen noch matrilinear gewesen war, hatte die Tochter zur Sippe der Mutter gehört. Während der Übergangszeit zur patrilinearen Ordnung hatte sie zur Vatersippe gehört. Mittlerweile hatte sich die Stellung des Vaters als *pater-familias* aber so gefestigt, daß es nicht mehr seine Sippe, sondern er selber war, dem die Tochter nun »gehörte«. Aus Zugehörigkeit war Eigentum geworden. Der Wendepunkt wurde durch jenes Stadium gekennzeichnet, in dem der Ehemann sich erst durch Zahlung des Brautpreises das Recht auf die aus der Ehe entspringenden Kinder erwarb.

Diese Tatsache spiegelte sich deutlich in den neuen Hochzeitszeremonien wider, die bis in spätgriechische Zeiten weiterbestanden. Der Brautwerber erschien als Käufer, die Braut als Ware. Die Brautschau war eine Besichtigung der Ware durch den Agenten des Käufers. Der Akt der Eheschließung war ein Handelsvertrag. Der Brautvater war verpflichtet, bei der Besichtigung alle Mängel des Mädchens bekanntzugeben. Verschwieg er sie, so konnte die Ehe für nichtig erklärt werden. »Guten Abend, ihr Brautwerber«, sagte noch bis vor kurzer Zeit bei den Belorussen, den engen Verwandten der alten Griechen, der Brautvater bei der Brautschau, »ich führe euch eine Ware vor, die nicht blind, nicht lahm ist, Gott möge mir eine solche bescheren!«

Neben dem Kauf mit sofortiger Zahlung entstand aus der neuen Familiensituation auch der Brautkauf auf Raten, wobei zu einer bestimmten Zeit, meist nach der Zahlung der Hälfte, der Bräutigam das Recht auf sexuelle Beziehungen erhielt, die Braut jedoch erst nach Zahlung der zweiten Hälfte in seinen Besitz überging. Eine dritte Form war der Erwerb der Frau durch Landarbeit auf dem Hofe des Schwiegervaters. Wie Jakob in der Bibel sieben Jahre um Rahel diente (1. Mose 29,

15-28), so diente auch mancher Grieche sieben Jahre auf dem Hofe seines Schwiegervaters, ehe er die Braut mit nach Hause nehmen durfte. Hier vermischte sich ein Überbleibsel der alten Institution matrilokaler Ansiedlung mit der neuen Institution des Privateigentums. Die Inflation des Brautpreises führte dann zur Neueinführung der fast vergessenen Einrichtung des Brautraubs, der allerdings meist mit Zustimmung der Entführten stattfand. → Brautpreis, Kaufehe.

Breuvages [frz.: Getränke, Arzneimittel], angebliche Liebestränke der Kupplerinnen des 18. Jahrhunderts, die sie ihren Kunden verkauften, um abweisende Mädchen willig zu machen. In Wahrheit waren fast all diese B. Betäubungsmittel, die temporäre Bewußtlosigkeit, nicht aber erotisches Interesse erzeugten → Aphrodisiakum.

Brotophilie [gr.: brotos = sterblich; philia = Liebe], ein von v. Romer geprägter Begriff, der die Abwesenheit einer bevorzugten Altersstufe bei der sexuellen Partnerwahl ausdrücken soll. v.Romer dachte hierbei vor allem an gewisse Homosexuelle, denen jeglicher Geschlechtsverkehr so wichtig ist, daß die Frage des Alters im Vergleich hiermit zur Unwichtigkeit reduziert wird. Aber das gleiche Phänomen gilt zweifellos auch bei der Partnerwahl vieler Heterosexueller (*Jahrbuch für sexuelle Zwischenstufen,* Band IV). Vgl.: Androphilie, Gynäkophilie, Helikophilie, Homosexualität.

Bruderschaften, Kult- und Arbeitsgemeinschaften von Blutsverwandten in der vorpatriarchalischen Sippengesellschaft, bei den Griechen als → Phratrien, bei den Römern als → Curien überlebend. Beide gehen wahrscheinlich auf jene frühneolithischen Zeiten zurück, in denen die Jagd-, Fischerei- und Landwirtschaftsinstrumente noch so unentwikkelt waren, daß die Dorfgemeinschaften sich spalten mußten, sobald sie zu groß wurden, um von den potentiell verfügbaren Nahrungsmitteln im erreichbaren Umkreis zu leben. Die jeweils jüngsten Sippenmitglieder zogen dann aus und gründeten in einer anderen Gegend ein anderes Dorf. Von Zeit zu Zeit kamen sie aber wieder zusammen, um eine größere Gemeinschaftsarbeit zu erledigen, zum Beispiel beim Roden größerer Flächen, bei großen Treibjagden oder beim Fischfang mit größeren Netzen. Aber auch bei jährlichen Festen und bestimmten Kultfeiern traf man sich. Alle Mitglieder solcher B. betrachteten sich als Abkömmlinge der gleichen Urmutter und konnten ihre Verwandtschaftsgrade bis ins xte Glied aufzählen.

Die B. und die ihnen vorausgegangenen → Schwesterschaften waren Bindeglieder zwischen der kompakten Ortssippe und dem weit verstreuten Stamm. Die Sippengenossen konnten nur innerhalb der B. heiraten, mußten aber Mitglieder anderer Sippen als der eigenen ehelichen. Die B. waren also endogam, die Sippen exogam. Bei matrilokaler Exogamie führte dies zu einer möglichst schnellen Verbreitung der »Brüder« und ihrer Frauen über eine möglichst große Region.

Brunnen und Quellen galten seit den frühesten Zeiten der Menschheit als Symbole der Fruchtbarkeit. Zahllose Brunnen benutzten, wie der noch überlebende Manneken Pis in Brüssel, das Motiv eines Mannes, aus dessen Penis, oder einer Frau, aus deren Scheide oder Brüsten das Wasser spritzt. Um den Brunnen trafen sich Männer und Frauen seit biblischen Zeiten, um Bekanntschaften anzuknüpfen. Im Mittelalter diente der Brunnen als Versammlungsort der Prostituierten. Man nannte die Prostitution *putagium, puteum* oder *putaria.* Die → Troubadours entwickelten hieraus ihren eigentümlichen Begriff *putage,* der gleichzeitig Prostitution und Fruchtbarkeit bedeutete. All diese Worte knüpfen an das lateinische *puta* = Prostituierte an, das sich seinerseits aber von *puteus* = Brunnen ableitet. Die Frau war der Brunnen, in den der Mann tauchte. → Verenenkult, Wasser.

Brunst → Fortpflanzungstrieb, Geschlechtsverkehr: Frequenz, Paarungszeit.

Brustfetischismus, Fixierung der sexuellen Appetenz auf die Brust oder die Brustwarzen. Man unterscheidet sechs Arten von B:

1. Autoerotischer B., die Manipulation der Brust als Surrogat der Onanie. Sehr häufig bei Frauen, seltener bei Männern. Wie bei all den folgenden Formen des B. ist das eigentliche Kennzeichen des Fetischismus hier nicht die Tätigkeit als solche, sondern die Unfähigkeit, in anderer als dieser Form einen Orgasmus zu erlangen oder auch nur anzustreben.

2. Heterosexueller B., die Erregung des männlichen Sexualinteresses durch die weibliche Brust oder (selten) die Erregung der weiblichen Sexualität durch den Anblick, das Betasten, das Belecken oder Küssen der männlichen Brust. Koitus zwischen den Brüsten einer Frau ist keine eigentlich fetischistische Form des Geschlechtsverkehrs, wird aber von männlichen Brustfetischisten besonders gesucht.

3. Homosexueller B. zwischen Frauen (häufig) oder zwischen Männern (selten). Bei dem homosexuellen B. spielen Brustwarzen und Warzenhof eine größere Rolle als beim heterosexuellen Verkehr.

4. Passiver B., die Auslösung des Orgasmus durch Entblößung der Brust (Brustexhibitionismus) oder durch Berührung mit der Hand,

dem Mund oder den Genitalien eines anderen Menschen. Nicht begrenzt auf passive Brustfetischisten, aber doch sehr charakteristisch für deren Praktiken sind die zahllosen Formen der Brustdekoration – das Schminken der Brust und der Brustwarzen, das Durchbohren der Brustwarzen zum Zwecke der Anbringung von Ketten, Ringen, Schleifen, Broschen und anderen Dekorationen. Viele Frauen und manche Männer gelangen durch Brustmanipulation allein zum Orgasmus. Es kommt bei Frauen (wie beim Stillen) manchmal auch zu Kontraktionen der Gebärmutter mit Blutabgang. Eine Sonderform dieses B. wurde vor dem Ersten Weltkrieg von dem Naturphilosophen Karl Buttenstedt entwickelt. Im Mittelpunkt steht ein Dauer-Säugezustand bei der Frau. Er läßt sich laut Buttenstedt binnen kurzem bei jeder normalen Frau, auch wenn sie noch nie geboren hat, durch regelmäßiges, am Tag mehrmals wiederholtes Saugen an den Brustwarzen erzielen. Das Saugen wird als ein für beide Teile erotisch hochgradig genußreicher Akt erklärt, geradezu als Verjüngungsquell gerühmt und dient außerdem dazu, eine Befruchtung zu verhüten und die Menstruation der Frau zu unterbinden. Über das hinaus ist Buttenstedt der Ansicht, daß auch die Brust des Mannes Milch geben kann und soll (er wartet dafür mit Beweisen auf) und daß das sexuelle Zentrum für den Menschen mit der Zeit von den Organen des Unterleibs ganz in die Brustgegend verlegt werden wird, eine typisch fetischistische Wahnvorstellung. Auch glaubte Buttenstedt, daß der Mensch bei der Befolgung seiner Lehren unsterblich würde. Nur hat sein Tod ihn leider Lügen gestraft.

5. Aktiver B., die Auslösung des Orgasmus bei einem anderen Menschen durch das Berühren der Brust mit Hand, Mund oder Genitalien.

6. Eigentlicher B., die Abstraktion der Brust vom Rest des menschlichen Körpers und deren Fetischisierung. Der eigentliche Brustfetischist ist weder an sexuellen Partnern noch am Koitus interessiert, sondern sammelt Bilder und Fotos von Brüsten des von ihm geschätzten Typs (nach Geschlecht, Altersstufe, Form, Rasse usw. geordnet) und betreibt mit diesen Bildern einen → Haremskult. Wenn er überhaupt orgasmusfähig ist, dann erreicht er seinen Orgasmus entweder spontan beim Anblick oder dem Befingern seiner Bildersammlung, oder er onaniert bei deren Anblick. Eine andere Variante des echten B. ist das Sammeln von Brusthaut, die als Bucheinband oder zu ähnlichen Zwekken präpariert worden ist, so daß die Brustwarze erhalten bleibt und das erhöhte Zentrum der Komposition bildet.

Die Erklärung des B. als Regression auf die orale Entwicklungsstufe der menschlichen Sexualität ist nicht ganz überzeugend. Dort wird behauptet, der Reiz der Frauenbrust sei so groß geworden, weil das Kind während der Laktation (Stillperiode) frustriert worden sei. Als Beispiel dieser traumatisierenden Frustration in der Stillperiode könnten die Verhältnisse beispielsweise in Amerika angegeben werden. Die amerikanische Mutter ernähre ihr Kind in den seltensten Fällen länger als unbedingt notwendig an der eigenen Brust. Oftmals bekämen die Kinder auf direktem Wege überhaupt keine Muttermilch. Daher sei, besonders in Amerika, der Kultus der Frauenbrust allenthalben in den bekannten Ausmaßen zustande gekommen. → BH, Brusthaß, Fetischismus, Korsett, Korsettdisziplin, Korsettfetischismus, Mammalmasturbation.

Brusthaß, Form des → Antifetischismus, bei dem die weibliche Brust zum Antifetisch erhoben wird. Hirschfeld zitiert den Fall eines Arztes, dessen sexuelle Abneigung gegen die weiblichen Brüste derartig stark war, daß ihm schon die Ausdrücke »Busen«, Brust«, »Mammae« u. ä. großes Unbehagen bereiteten. Die Vorstellung eines aus der Milchdrüse herausfließenden Milchtropfens, nicht nur der Anblick, sondern schon der Gedanke daran, verursachte ihm Brechreiz. Der Anblick einer dekolletierten Dame, einer stillenden Mutter, einer starkbusigen Frau, Bilder wie eine Tiziansche Venus versetzten ihn in Übelkeit. In seinem Beruf als Arzt bereitete diese unüberwindliche Aversion wiederholt Schwierigkeiten. So konnte er die Perkussion und Auskultation weiblicher Brustorgane nur vom Rücken aus vornehmen und wurde, um des Anblickes des ihm verhaßten Körperteils in der Praxis weniger teilhaft zu werden, Kinderarzt.

Bubo, Erkrankung der Lymphdrüse, meist durch → Ulcus molle erzeugt, manchmal aber auch durch einfache Halsentzündung, Furunkel, Unterschenkelgeschwüre, Hasenpest, Bubonenpest, Tuberkulose, Krebsmetastase, lymphatische Leukämie oder → Lymphogranuloma inguinale. Bei Infektion der Genitalien erkrankt die Inguinaldrüse, bei Schankern am Mund die Submaxillardrüse, bei Schankern an der Hand die Cubital- oder Axillardrüse. Heftige Schmerzen, Fieber, Geschwülste bis zur Größe einer halben Faust treten auf.

Bubonulus, eitriger Durchbruch einer durch → Ulcus molle erzeugten Lymphangitis. Durch die Resorption des Streptobacillus ulceris mollis (Bacillus Ducrey-Unna) kommt es zu Erkrankungen der Lymphgefäße und Lymphdrüsen. Manchmal bildet sich dabei eine umfangreiche Infiltration, die dann schnell in Zerfall übergeht. Die Haut rötet sich stark, wird durchbrochen, und der eitrige Inhalt, der B., ergießt sich nach außen.

Buckel, Wirbelsäulenverkrümmung oder -abknickung, meist als Resultat von Rachitis oder Wirbeltuberkulose. Der B. gilt bei → Deformationsfetischisten als besonders attraktiv. Auch lebt im Volk der Mythos, daß Bucklige besonders sinnlich seien. Die erotische Belletristik (Rétif de la Bretonne, Sade, Casanova) unterstützt diese Meinung. Von der Sexualwissenschaft ist die Frage nie systematisch erforscht worden. → Fetischismus, Masochismus. Vgl.: Häßlichkeitsfetischismus.

Büchlein, Liebesbriefe der → Minnesänger an ihre → Domina.

Bugger [engl. vom frz. bougre; lat.: Bulgarus], Sodomit, ein Mann der entweder mit anderen Männern, mit Frauen oder mit Tieren analen Geschlechtsverkehr betreibt. Das Wort hat sowohl juristischen wie volkstümlichen Status. Seine Etymologie geht auf eine manichäische Kirche des 11. Jahrhunderts, die Sekte der Bogumilen, zurück, die ihr Zentrum in Bulgarien hatte und von ihren Feinden verleumdet wurde, »unnatürliche« sexuelle Praktiken als Teil ihrer Riten vorzunehmen. → Albigenserkriege, Bulgaren, Gnosis, Gnostiker, Katharer, Mani, Manichäer, Manichäismus. Vgl.: Analerotik, Pedicatio, Proctolagnie, Spinatstecher, Stercoraires.

Buhlerinnen, bekehrte, die Prostituierten des Mittelalters, die ihr Gewerbe aufgegeben hatten. In Anlehnung an die Heiligen und Märtyrerinnen (Afra, Agape, Agnes, Margareta von Cortona, Maria Magdalena, Maria von Ägypten, Pelagia, Potamiana, Thais, Theodata), die der Prostitution gedient hatten, wurde die Bekehrung begrüßt und der Rückfall bestraft. Verließ eine B. ihr Beguinenkloster, Büßerinnenhaus oder Magdalenenhaus, so wurde sie mit Gefängnis bestraft und dann ausgewiesen. Übte sie ihr altes Gewerbe aus, so verfiel sie dem Henker oder wurde ertränkt. → Arbeitshäuser, Beguinen, Bicêtre, Bon Pasteur, Casa de las arrepentidas, Convertite, Dispensaire de salubrité, Dominae poenitentes, Filles-Dieu, Haus der Büßerinnen, Illuminate, Madelonettes, Magdalenenhäuser, Maison de Sainte-Pélagie, Pentite, Saint-Lazare, Sorores de penitentia, Spinnhäuser.

Bulgaren, mittelalterliche Bezeichnung für Männer, die → analen Geschlechtsverkehr mit anderen Männern, Frauen oder Tieren betrieben (fr.: bougres; engl.: buggers). Das Wort beruht auf dem verleumderischen Gerücht, daß die manichäische Sekte der Bogumilen, die hauptsächlich in Bulgarien beheimatet war, sich dieser sexuellen Praxis verschrieben habe. → Analkoitus, Coitus in anum, Immissio in anum, Pedicatio, Proctolagnie, Sodomie, Spinatstecher, Stercoraires.

Bully, im englichen Volksmund des 18. und 19. Jahrhunderts der → Zuhälter. Der B. war gleichzeitg Dieb und ermordete manchmal einen Freier, der allzu viel Geld mit sich herumtrug. Die Skelette ermordeter Kunden sind in vielen Londoner Bordellen dieses Zeitalters gefunden worden. Vgl.: Crosbiting, Intelligencer, Pimp, Ponce.

Bürgertum und Sexualität → Sexualität und Bürgertum.

Bußdisziplin, eine sadomasochistische Einrichtung der mittelalterlichen Kirche. Man unterschied zwischen oberer und unterer Disziplin. Die obere Disziplin, Disciplina sursum oder secundum supra, bestand aus einer Tortur von Schultern, Armen, Rücken, Hals und Kopf. Die untere Disziplin, Disciplina deorsum oder secundum sub, bezog sich auf Gesäß, Lenden, Beine und Bauch. Die Tortur wurde entweder durch Tragen eines mit Nadeln, Nägeln oder Dornen durchflochtenen Gewandes oder durch Geißeln mit Brennesseln oder Peitschen erzielt, in die ähnliche Gegenstände eingeflochten waren. Außer den Bußgewändern gab es Bußgürtel (Riemen oder Ketten mit Stacheln, Knoten und Bleikugeln), die auf bloßem Leib getragen wurden, und Strafstrumpfbänder aus Drahtgeflecht mit eisernen Zacken und Dornen, die das Bein verletzen und das Gehen erschweren sollten. Das Geißeln des Körpers nahmen Männer und Frauen an sich selber vor. Die untere Disziplin wurde vor allem Nonnen und Büßerinnen verordnet, da man annahm, daß Frauen der oberen Disziplin nicht gewachsen seien. Der Abbé Boileau durchschaute die Hypokrisie der B., machte darauf aufmerksam, daß das Geißeln mit Brennesseln (→ Urticatio) im Altertum als ein Aphrodisiakum und nicht als Strafe benutzt worden war, und schrieb: »Hieraus folgt nun ganz klar, daß die Lebensgeister, wenn sie von Nesseln oder Peitschenhieben getroffen werden, gegen die Genitalien vorgestoßen werden und heftige Bewegungen der Unkeuschheit erzeugen. Diese Eindrücke gehen schnell ins Gehirn ein, malen hier lebhafte Bilder verbotener Freuden, bezaubern durch ihre trügerischen Reize den Verstand, und die Keuschheit liegt in den letzten Zügen.« Genau das geschah. Man könnte sagen, daß die untere Disziplin jahrhundertelang die eigentliche Sexualbetätigung der Nonnen und Mönche darstellte. Die manische Systematik, mit der diese Tortur verordnet und befolgt wurde, bezeugt eine sadomasochistische Zwangsvorstellung von außerordentlicher Stärke. Jede Form der Selbsterniedrigung und Schmutzliebe wurde später in die B. einbezogen. Ein Bericht über eine vor rund hundert Jahren abgehaltene Bußmission in der Nähe von

Salerno schildert die Situation mit folgenden Worten: »Die Büßenden zerfleischten sich mit den Händen das Gesicht, spuckten sich gegenseitig an und leckten den Boden der Kirche mit der Zunge ab. Die abends erleuchtete, mit Totenköpfen und anderen Schreckbildern behängte Kirche erregte ein solches Entsetzen, daß Kinder in Konvulsionen fielen und eine Schwangere mit einer unzeitigen Frucht niederkam.« Die Beschreibung könnte aus der eines masochistischen Bordells unserer Tage kommen. Genauso benehmen sich masochistische Bordellklienten, und genauso sind sadomasochistische Bordelle heutzutage ausgestattet. → Auspeitschung, Automasochismus, Flagellation, Geißler, Sadismus, Urticatio.

Butler Pots, im Volksmund der Südstaaten gegen Ende des amerikanischen Bürgerkrieges jene Gegenstände, in die die Prostituierten von New Orleans das Portrait von General Butler, dem Kommandeur der Bundestruppen, eingeklebt hatten: die Nachttöpfe, die sie ihren Kunden zur Verfügung stellten.

C

Cabinet particulier [frz.: Privatzimmer], abgesondertes Zimmer, das man in Restaurants mieten konnte, um dort ungestört zu essen. Ursprünglich von Politikern und Geschäftsleuten zu Anfang des 19. Jahrhunderts benutzt, um dort geheime Gespräche zu führen, Männer der Opposition zu treffen und nicht ganz legale Geschäfte abzuwickeln, wurden die C. bald zu beliebten Orten der Tändelei. Der Begriff *particulière* = Geliebte stammt aus dieser Zeit, in der sich der Sinn des Wortes C. von Privatzimmer in Liebeszimmer verwandelte. → Chambre séparée.

Caf' Conc' [frz. Argot: Café Concert = Konzertcafé] oder *Beuglant,* im Paris des 19. Jahrhunderts die Welt der Konzertcafés, aus der einerseits die Kabaretts der Gegenwart, andererseits die Music Halls und Varietés entstanden sind. In den 1860er Jahren war es den → Cafés-Chantants verboten, zeitkritische oder politische Chansons zu bringen, enthüllende Kleidung zu zeigen oder sonst in irgendeiner Weise das zu sein, was sie sein wollten: ein Mittelding zwischen der seriösen Welt des Theaters und der Unterwelt der → Cancan-Lokale. Im Februar 1867 wagte Monsieur Lorge, der Besitzer des »Eldorado«, eines Cafés in der Nähe der Porte Saint-Denis, den Durchbruch, indem er trotz aller Verbote Mademoiselle Cornélie, eine Schauspielerin der Comédie Française, engagierte, mit großer Mimik Theaterszenen vorzuspielen. Nach einem Gerichtsverfahren erhielt er die Erlaubnis, »Kostüme zu benutzen, Stücke aufzuführen und Tanz oder akrobatische Einlagen zu bringen«.

Damit begann das Zeitalter des → Chansons. Die berühmtesten der Caf'Conc's waren »Alcazar d'Été«, »Le Chat-Noir«, »Divan Japonais«, »Divan Fayaou«. Hier sangen und tanzten Thérésa, Paulus, Aristide Bruant, Yvette Guilbert, La Belle Otéro, Mistinguett, Cléo de Mérode, Polaire, Dranem, Mayol, Spinelli, Dorville. Hier malten Toulouse-Lautrec und Jules Chéret, hier schrieben Dumas, Victor Hugo, Zola, Guy de Maupassant und Oscar Wilde. Aus dieser Welt kam das typische Liebeslied der Großstadt, das Chanson de Paris.

Café Chantant [frz.: Singendes Café], gegen Mitte des 19. Jahrhunderts in Paris diejenigen Freiluftlokale und → Lustgärten, in denen Volkslieder vorgetragen wurden: »Ambassadeurs«, »Alcazar d'Été«, »Folies Marigny«, »Scala«, »Ba-Ta-Clan«, »Cirque d'Été«, »Cirque d'Hiver«, »Hippodrome«. Aus ihnen entstanden einerseits die → »Caf's Conc's«, die Konzertcafés, andererseits die Revuepaläste der Gegenwart: »Folies Bergère«, »Casino de Paris«, »Tabarin«, »Lido«. Hier wurden die ersten Nacktveranstaltungen eingeführt: 1882 im »Ambassadeurs« und 1894 im »Divan Fayaou«.

Call Girl [am.: Rufmädchen], berufliche oder halbberufliche Prostituierte, die nur durch Telefonanrufe erreichbar ist. Im Gegensatz zu Prostituierten sind Call Girls weder in Bordellen noch in Stundenhotels verfügbar, sondern besuchen den Anrufer stets in seinem eigenen Haus. Das C. dient also meist nur dem Junggesellen, der über eine eigene Wohnung verfügt, und stellt deshalb eine Form der Prostitution dar, die nur in einer Wohlstandsgesellschaft wie der amerikanischen entstehen konnte. Wenige Call Girls können es sich jedoch leisten, völlig selbständig zu arbeiten, da es schwierig ist, eine Telefonnummer schnell und doch diskret genug einer genügenden Anzahl von potentiellen Kunden bekannt zu machen. Hieraus hat sich die Institution das Call-Girl-Rings ergeben. Ein solcher Ring ist auf einer Zentrale aufgebaut, die mit Hilfe von Hotelportiers, Taxifahrern, Modellagenturen und ähnlichem Hilfspersonal die Beschreibungen der dem Ring angehörenden Call Girls in Umlauf bringt. Der Kunde ruft die Nummer der Zentrale an, gibt den Namen oder die Beschreibung des Call Girls an, das er sucht, und wird dann nach einiger Zeit von ihm selber angerufen. Auf diese Weise lassen sich Verabredungen mit einem Minimum von Risiko treffen.

Call Girls sind oft nur halbberuflich tätig. Sie können verheiratet oder ledig sein. Sie mögen Sekretärinnen, Fotomodelle, Schauspielerinnen sein und nur an gewissen Tagen oder zu gewissen Stunden für Anrufe zur Verfügung stehen. Da ihr Tarif weitaus höher als der der meisten Prostituierten ist, sind sie auch meist intelligenter und sehen besser aus als diese. Da sie sich aber nicht polizeilich kontrollieren lassen, sind sie zu einem größeren Ansteckungsrisiko für Geschlechtskrankheiten geworden als die überwachten Prostituierten. → Dame demoiselle, Demicastor, Demimondaine, Fausse, Femme de cinq heures, Femme de qualité, Kokotte, Kurtisane.

Canapé [frz.: Ruhebett], im Argot jedoch: männlicher Strich, homosexuelle und männliche Prostitution.

Cancan, französischer erotischer Tanz. Er hat sich Mitte des 19. Jahrhunderts aus dem → Chahut entwickelt, einem Tanz, in dem man zum erstenmal die Beine so hoch schwang, daß die Herren den Damen in die damals modernen weiten Schlitzhosen sehen konnten. Um nicht gegen

den berüchtigten Paragraphen 330 des damaligen französischen Strafgesetzbuches zu verstoßen (»öffentliche Verletzung des Schamgefühls«), stellten die Besitzer der ersten Cancan-Lokale in den 1840er Jahren Aufseherinnen an, die darauf achten mußten, daß die »Damen« ihre Schlitze auch gut zugenäht hatten. Diese erste Generation der Cancan-Lokale (→ Grande Chaumière, → Closerie des Lilas, → Bal Mabille, → Moulin de la Galette, → Château Rouge) endete mit dem deutsch-französischen Krieg von 1870-1871.
Gegen 1880 führte das Ballhaus → Elysée-Montmartre an der Ecke Rue de Steinkerque und Boulevard Rochechouart den fast vergessenen Cancan wieder ein, diesmal aber mit bezahlten Tänzern und Tänzerinnen, die ihn als eine Variante der Quadrille tanzten. Dies war das Lokal, in dem Toulouse-Lautrec seine Cancan-Szenen zu malen begann, denn gegenüber lag das Bordell → Perroquet-Gris, in dem er wohnte. Der Höhepunkt dieser zweiten Periode des Cancan begann 1888 als Joseph Ollier den → Bal de la Reine Blanche aufkaufte, umbaute und ihn 1889 als → Moulin Rouge neu eröffnete.
Die dritte und letzte Periode des Cancan begann 1928, als Pierre Dubout und Sandrini den → Bal Tabarin eröffneten und den ehemaligen Volkstanz unter dem Namen *French Cancan* in einen Bühnentanz verwandelten. Damit hatte sich der Cancan verbürgerlicht und war, genau wie später der Jazz, kastriert worden, indem man ihn aus seinem eigentlichen Milieu entfernt hatte.

Cancanneuses [frz. Argot: Cancan-Tänzerinnen], in den 1850er Jahren jene jungen Mädchen, die sich abends in den Pariser Cancan-Lokalen trafen, um dort zu tanzen und »Kavaliere« zu finden. → Araignées, Carabines, Chahuteuses, Cydalises, Étudiantes, Guincheuses, Lorettes, Midinettes, Musettes.

Cantoniera [vom it.: canto = Straßenrand, Straßenkreuzung], während und nach dem Dreißigjährigen Krieg: wandernde Prostituierte. → Fahrende Frauen, Landsknechtsweiber, Landstörzerinnen, Soldatenhuren.

Capita sexteriorum, die Autorität, der im Venedig des Mittelalters die Sittenpolizei unterstand. → Domini di nocte. Vgl.: Ammeisterknecht, Bettelherr, Corte delle meretrici, Frauenrichter, Gewaltboten, Hurenhaber, Hurenweibel, Profos, Receveur des filles communes, Roi des Ribauds.

Carabines [frz. Argot], die Freundinnen der *carabins,* der Pariser Medizinstudenten, um die Mitte des vorigen Jahrhunderts. Sie standen im

Ruf, hübsch, arm und treu zu sein. → Étudiantes, Grisettes, Midinettes, Musettes.

Caritas [lat.], Liebe, Nächstenliebe, im Gegensatz zur geschlechtlichen Liebe (→ Sexualität) und der geschlechtlichen Sinnenfreude (→ Erotik). Vgl.: Agape.

Caro uomo [it.: lieber Mann], in Italien seit dem Mittelalter der → Zuhälter. Vgl.: Barnabotten, Gualani, Riccotari, Ruffiani.

Casa de las arrepentidas [sp.: Haus der Reuigen], spanisches Heim zur »Rettung« von Prostituierten in Valencia, der Stadt des größten Bordells des Mittelalters. → Arbeitshäuser, Beguinen, Bicêtre, Bordeau merveilleux, bekehrte Buhlerinnen, Convertite, Dispensaire de salubrité, Dominae poenitentes, Filles-Dieu, Haus der Büßerinnen, Illuminate, Madelonettes, Magdalenenhäuser, Maison de Sainte-Pélagie, Pentite, Saint-Lazare, Sorores de penitentia, Spinnhäuser.

Casalinga, während des Mittelalters in Italien die geheime Prostituierte. Das Wort existiert noch heute als adverb *casalingo*. In Bologna sagte man *casarenga,* in Venedig *casaiuola.* Vgl.: Cantoniera, Forestiera.

Casanova, Giacomo, der sich Chevalier de Seingalt nannte, wurde am 2. April 1725 in Venedig geboren und starb am 4. Juni 1798 im Schloß Waldstein bei Dux in Böhmen. Seine Memoiren, einst als Pornographie, dann als erotischer Wunschtraum eines senilen Bibliothekars und heute als eine der besten Beschreibungen des gesellschaftlichen Lebens im 18. Jahrhundert betrachtet, haben sich im großen und ganzen als wahrheitsgetreu und verläßlich erwiesen.

Drei Motive fallen dem Sexualforscher bei der Lektüre besonders auf: Casanovas pathologische Furcht vor jeder festen Bindung, einerlei ob es Heirat oder auch nur eine langfristige Liaison sei; sein meist erfolgreicher Versuch, seine Geliebte an andere Männer weiterzugeben; seine obsessive Suche nach geschlechtlichen Beziehungen zu dritt oder viert (→ Pluralismus).

Hinter der Furcht vor langfristiger Bindung liegt teils Rache an der Mutter, die ihn im frühesten Kindesalter verlassen hat, teils aber auch eine Mutterbindung, die es ihm unmöglich machte, je im Leben eine Frau zu finden, die ihm ganz die Mutter ersetzen konnte. Beides ist von Psychoanalytikern als eine Form latenter Homosexualität gedeutet worden.

Die gleiche Deutung drängt sich auf, wenn man das immer wiederkehrende Motiv der ausgedienten Geliebten betrachtet, die er an einen anderen Mann weitergibt. Fast immer ist es ein Mann, den er zumindest respektiert, oft aber schätzt und verehrt. Stets glaubt er, daß die Trennung im Interesse des Mädchens liege, daß der andere Mann mehr für sie tun könne als er selber und daß er *beiden* diene, wenn er sie dem anderen übergebe. Casanovas ständige Kuppelei ist niemals Selbstbereicherung, sondern stets eine Form von → Triolismus, eine Art Geschlechtsverkehr zu dritt. Auf diesen Punkt bewegt sich jede Affäre zu. In ihm kulminiert sie. Die Trennung ist also im eigentlichen Sinne nicht das Ende der Affäre, sondern deren erotischer Höhepunkt.

Wenn er immer wieder Mädchen und Frauen aufsucht, die Schwestern oder Freundinnen haben, mit denen er dann im Beisein der ersten Frau kopulieren kann, so ist das zweifellos die Kehrseite der gleichen Medaille. Triolismus ist oft eine sublimierte Form der Homosexualität. Das ersehnte Motiv der Gleichheit zweier weiblicher Körper ersetzt das verdrängte Motiv der Gleichheit zweier männlicher Körper. Die Wurzel dieser Art von latenter Homosexualität ist narzißtisch (→ Narzißmus).

All das ist jedoch weder der Faszination abträglich, die Casanova auf so viele Frauen ausgeübt hat, noch der, die sie auf ihn ausgeübt haben. Obgleich die Natur ihn mit beneidenswerter Gesundheit und Potenz ausgestattet hatte, machen die Briefe der Frauen, die ihn geliebt haben, doch unmißverständlich klar, sein Reiz für sie läge nicht darin, daß er ein sexueller Athlet oder ein Meister der Liebestechnik sei, sondern darin, daß er jeder Frau, die er liebte, das Gefühl gab, sie sei die schönste, die faszinierendste, die liebenswerteste Frau der Welt. Dabei machte er ihr auch nichts vor: er glaubte es jedesmal von neuem. Und diese Fähigkeit, von jeder Frau begeistert zu sein, strahlte auf sie zurück und gab ihr nun die Fähigkeit, tatsächlich das auszustrahlen, was er in ihr sah.

Weil Casanova die Frauen wirklich so liebte, wie nur wenige Männer sie je geliebt haben, liebten auch sie ihn, wie nur wenige Männer je geliebt worden sind. Er war für sie ein Hohlspiegel der Liebe, in dem sie ihr eigenes Wunschbild sahen. Wie eine Frau noch heute auf ihn reagiert, zeigt das außerordentlich feminine Portrait, das Barbara Bross von ihm in ihrem Frauenbuch *Flitterwochen – und was dann?* gezeichnet hat (Günther Verlag, Stuttgart 1967): »Er war einer der brillantesten Männer seiner Zeit und vielleicht sogar einer der bemerkenswertesten Männer aller Zeiten. Er war Doktor der Rechtswissenschaft und Sekretär eines Kardinals. Er lernte Französisch bei Crébillon, diskutierte über Philosophie mit Rousseau und Voltaire, über Politik mit Georg

III. in London, Ludwig XV. in Fontainebleau, Katharina der Großen in Sankt Petersburg, Friedrich dem Großen in Sanssouci, Joseph II. in Wien, Papst Benedikt XII. in Rom. Er beherrschte sieben Sprachen, übertrug die Ilias in italienische Verse, schrieb eine Geschichte Venedigs auf französisch, einen berühmten Essay über das Verhältnis der Philosophie zur Theologie, drei erfolgreiche Theaterstücke und eine brillante Kritik über Bernardin de Saint-Pierre; er beriet den französischen König in finanziellen Fragen und beendete seine Karriere als Bibliothekar des Grafen Waldstein auf Schloß Dux in Österreich. Er starb mit 73 Jahren nach ausgiebigen Reisen in Italien, Spanien, Frankreich, Belgien, Holland, Deutschland, Österreich, der Schweiz, England, Polen, Rußland und der Türkei. Im Jahre 1964 veröffentlichte der Verlag Brockhaus, Eigentümer des französischen Originalmanuskripts, den letzen Band der ersten unzensierten Ausgabe. Wer sich durch die sechs dicken Bände dieser Memoiren hindurchliest, muß sich fragen, was für ein Mann das war, der so gut schrieb, in einem so männlichen Stil, mit solch zauberhafter Beobachtungsgabe, so begeistert von jeder Entdekkung. Die Antwort lautet: weder ein Schürzenjäger noch ein Frauenheld noch ein Libertin, sondern ein Mann, getrieben von dem Verlangen, jedes unserer verborgenen Motive zu erfahren, ein Mann mit einem allumfassenden Interesse an Frauen. Er bediente sich jeden Tricks, um sie zu verführen, und als Frau stehe ich hier ganz auf seiner Seite. Ein Mann, der nicht weiß, wie er die begehrte Frau gewinnen kann, ist nicht wert, ein Mann genannt zu werden. Er war nicht nur fähig, in seinen Begegnungen Glück zu finden, sondern er war auch fähig, dieses Glück anderen zu vermitteln. Es scheint mir bezeichnend, daß er sich mit keiner seiner zahllosen Frauen je ernstlich verfeindet hat – nicht einmal mit denen, denen er die Ehe versprach und die er dann sitzenließ, nicht einmal mit denen, die er mit anderen betrog. Und so sollte es auch sein. Jede richtige Frau würde es vorziehen, eine Nacht lang von einem Mann geliebt zu werden, der weiß, wie man liebt, als ihr ganzes Leben mit einem zu verbringen, der es nicht weiß. Muß sie ihn mit einer anderen Frau teilen, so leidet sie. Aber dieses Leid ist ein Preis, den sie gern zahlt, wenn der Mann es nur wert ist.«

Casini [it.: Klubs, Spielhäuser], im Italien des 18. Jahrhunderts die → Absteigequartiere, → Zweitwohnungen oder Mietshäuser, die man ausschließlich als → Liebesnester benutzte. Sowohl Männer wie Frauen besaßen oder mieteten Casini für diese Zwecke. Besonders in Venedig war diese Sitte verbreitet. → Casanova beschreibt sie außerordentlich klar und eindrucksvoll. Man konnte ein Casino mit Bedienung für eine Nacht, einen Monat oder ein Jahr mieten. Alle Mahlzeiten wurden durch Fenster aus der Küche gereicht, die einen separaten Eingang hatte. Erotische Kunstwerke, erotische Bibliotheken, orientalische Teppiche, Spiegel an Wänden und Decken, Kristalleuchter, Kamine mit offenem Feuer, besonders große Sofas und Betten gehörten zur Einrichtung der besseren Casini. → Folies, Jagdschloß, Maison de Passe, Maison de Rendez-vous, Petite maison.

Castors [frz.: Biber], im Pariser Volksmund Mitte des 18. Jahrhunderts die Prostituierten, die in den Galerien des → Palais Royal ihr Gewerbe betrieben.

CASTORS FINS [frz.: Feinbiber], zur selben Zeit die Luxusprostituierten der Terrace du Paveau. → Demi-castors.

Catamitus [lat.: Lustknabe], jugendlicher Prostituierter im alten Rom. Ursprünglich canamitus, nach dem griechischen Ganymed, dem Sohn des Tros und der Nymphe Kallirrhoe, der so schön war, daß selbst Zeus sich in ihn verliebte. Vgl.: Didaskalophilie, Ephebophilie, Gigolo, Homosexualität, Galli, Kinäde, Kinderprostitution, Kinderschändung, Knabenbordell, Knabenehe, Knabenharem, Lustknabe, Neoterophilie, Päderast, Päderastie, Pädophilie, Pagismus, Platonische Liebe, homosexuelle Prostitution, Puer sanctus, Puerilismus, Sokratische Krankheit, Strichjunge, Unzucht mit Kindern, Unzucht mit Männern, Verführung Minderjähriger.

Catena [lat.: Kette], Geschlechtsverkehr mehrerer Personen, bei denen jeweils einer kettenartig mit dem Geschlechtsteil einer anderen Person verbunden ist. Wenn beispielsweise zwei Männer und zwei Frauen so miteinander kopulieren, daß der erste Mann mit der ersten Frau Cunnilingus betreibt, während sie mit dem zweiten Mann Fellatio und dieser mit der zweiten Frau Cunnilingus ausübt, so stellt diese Gruppe das dar, was die Römer zur Kaiserzeit C. nannten. → Pluralismus, Spintrien, Symplegma.

Caupona [lat.: Schenke], römisches Wirtshaus, in dem die *puella* oder *cauponia* (Kellnerin) auch für erotische Zwecke zur Verfügung stand. Konstantin erklärte deshalb die *ministrae cauponae,* die Gehilfinnen der Schenken, als Prostituierte. → Ganeum, Kapeleion, Lesche, Popina, Taberna.

Cavaliere servente [it.: dienender Kavalier], im Italien des 16. Jahrhunderts der offizielle Hausfreund einer verheirateten Frau aus adligem Geschlecht. Historiker haben die Institution des cavaliere servente (in

Spanien: *cortejos)* als eine Kombination der Vernunftehe mit der Galanterie oder als einen Versuch betrachtet, das galante Zeitalter mit dem der Vernunft zu vereinbaren. Aber eine solche Synthese ist nur als → Synkretismus durchführbar, und das Element, das ihr zugrunde lag, war der → Minnedienst mit seinem Kult der → Domina, der Herrin, der sich sowohl Ehemann wie Geliebter unterwerfen mußten. → Cicisbeat.

Cavernitis, eine Entzündung der Hohlkörper (*corpora cavernosa)* des Penis, meist infolge einer → Gonorrhöe. Durch die Entzündung der Schwellkörper wird die Harnröhre außer Funktion gesetzt. Die Harnentleerung ist erschwert, in seltenen Fällen kommt es zu völliger Harnverhaltung und Fieber. Der Ausgang der C. ist verschieden; entweder völlige Resolution, öfter schwielige Veränderung, schließlich auch Bildung eines Abszesses an irgendeiner Stelle der Harnröhre. Oft tritt die C. in den Schwellkörper des Penis als harte, schmerzhafte, längliche Geschwulst am aufsteigenden Hüftbeinast auf. Die Folgen sind hier dieselben wie bei der C. des Schwellkörpers der Harnröhre, nur sind die Erscheinungen ungleich heftiger. → Chorda penis.

Cazzi [it.: cazzo = Penis], künstlicher Phallus zur Selbstbefriedigung der Frau und zum Geschlechtsverkehr zwischen Lesbierinnen. Vgl.: Selbstbefriedigungsinstrumente.

Ceinture de chasteté [frz.: Keuschheitsgürtel] → Keuschheit.

Cervitis gonorrhoica, die Infektion des Gebärmutterhalses durch → Gonorrhöe. Sie kommt oft vor, denn die Gonokokken gelangen nach dem → Koitus direkt mit dem Samen in den Gebärmutterhals. Da die Drüsen des Halses tief liegen, können dort die Gonokokken lange ungehindert leben. Deshalb kommt es auch außer dem Ausfluß zu fast keinen Beschwerden. Einer lokalen Behandlung ist die C. g. nicht zugänglich. Einengungen des Halses können Folgen beim Geburtsverlauf nach sich ziehen. Beim Ansteigen der Keime entsteht eine Entzündung der Gebärmutterschleimhaut, eine → Endometritis, die ebenfalls nicht lokalisiert bleibt. Einmal in die Gebärmutter eingedrungen, gehen die Gonokokken weiter und siedeln sich im Eileiter an. Dies geschieht durch das schmerzhafte Zusammenziehen der Gebärmutter (von der Gonorrhöe verursacht), die durch ihren Druck die Tropfen der Flüssigkeit in die Eileiter eindringen läßt. Die Entzündung der Eileiter (→ Salpingitis) ist eine schmerzhafte Erkrankung, wobei fast immer das Bauchfell in Mitleidenschaft gezogen ist. Die → Pelveoperitonitis kann sich zu einem langdauernden Leiden entwickeln. Im Verlauf der Salpingitis gelangen die Gonokokken auch an die Oberfläche des Eierstocks. Sie können hier in die Höhlen eindringen, die sich an der Sprungstelle des Eies bilden, und rufen dann einen → Ovarialabszeß hervor. All diese Erkrankungen haben nach einem akuten Aufflammen einen meist chronischen Verlauf und führen oft zur Unfruchtbarkeit (→ Kinderlosigkeit).

Cervixkappe → Verhütungsmittel.

Chahuteuses [frz.: Argot] nannte man in Paris kurz vor der Mitte des 19. Jahrhunderts die »Fans« des Chahut, des Tanzes, aus dem später der → Cancan entstand. Es waren meist Arbeiterinnen aus den Fabrikvierteln, Näherinnen, Wäscherinnen, Plätterinnen, die beim Chahut ihre Erholung fanden und oft zu halbberufsmäßigen Prostituierten wurden. → Araignées, Cancanneuses, Carabines, Cydalises, Étudiantes, Grisettes, Guincheuses, Lorettes, Midinettes, Musettes.

Chambre séparée [frz.: abgesonderter Raum], in Paris von der Mitte des 19. Jahrhunderts an das »Liebeszimmer« in Gaststätten und Restaurants. Um die Peinlichkeit eines Stundenhotels und die Kosten eines Nachtaufenthalts in einem normalen Hotel zu vermeiden, drangen die Herren der Pariser guten Gesellschaft darauf, daß ihre beliebtesten Restaurants ihnen abschließbare Räume zur Verfügung stellten, in denen sie ungestört mit einer Dame dinieren, soupieren und vielleicht auch kohabitieren konnten. Die Institution verbreitete sich schnell auf alle anderen europäischen Großstädte und begann erst in den zwanziger Jahren des 20. Jahrhunderts auszusterben. → Cabinet particulier.

Chancre larvé, syphilitischer Primärschanker an der Urethralmündung. → Syphilis.

Chancre mixte → Ulcus mixtus.

Chanson [frz.: Lied], das Liebeslied par excellence. Wie stark das französische Chanson mit der Tradition der französischen Literatur verknüpft ist, geht daraus hervor, daß der erste geschriebene Text dieser Literatur gleichzeitig auch das erste französiche Chanson ist und heute noch als solches gesungen wird, die Kantilene von der schönen Eulalie, deren Körper schöner war als ihre Seele. Die großen französischen Chansonniers – Yvette Guilbert, Aristide Bruant und ihre Jünger – haben stets neben modernen Chansons französische Lieder gesungen, die bis ins 10. Jahrhundert zurückgehen. Alles, was sich mit Liebe beschäftigt, es aber mit Ironie, Zweifel und doch einen Kern Sentimentalität durchsetzt, ist als Material für Chansons geeignet.

Chanson de geste [frz.: Heldenlied], Epen in zehn- oder zwölfsilbigen Versen, die vom 12. Jahrhundert an eine eigentümliche Dramaturgie der Liebe entwickelten. Gewissen Protagonisten und Antagonisten waren feste Rollen zugewiesen. Dem Heidenmädchen, das sich auf den ersten Blick in den Franzosen verliebt, der selbstlosen Mutter, die sich ihrem Kind opfert, dem tapferen Ritter, dem Verräter. Es ist beachtlich, daß sich in dem Chanson de geste, wie auch in dem → Chanson de toile, dem → Chanson de la maumariée und dem → Fabliau eine Mentalität zeigt, die so gut wie nichts mit der der → Minnelyrik und der anderen Liedformen der → Troubadours zu tun hat. Im Gegensatz zu diesen behandelt das Chanson de geste die Frau nicht als →Domina, als Herrin, sondern als Mutter und Liebhaberin. Die Frau ist kein abstraktes Symbol der Perfektion, sondern ein leidenschaftliches, sinnliches Wesen, das als Geliebte alle moralischen Schranken vergißt und ihrem Geliebten Eltern, Vaterland und Religion opfert. Meist tritt sie und nicht der Mann als Werbender auf. Als Mutter hat sie die Aufgabe, die Realität, die Mäßigung, das Alltagsleben gegen den zügellosen Mann zu verteidigen.

Chanson de la maumariée [frz.: Lied der Falschverheirateten, Lied der unglücklichen Ehefrau], musikalische Berichte über das Eheleben des 13. bis 16. Jahrhunderts, deren Realismus und beißender Witz notorisch geworden sind. Zweifellos liegen hier Produktionen weiblicher Dichter vor. Denn stets wird die Ehe vom Standpunkt der Frau aus betrachtet: stets wird der Ehemann als dumm, häßlich, geizig, impotent oder eifersüchtig dargestellt; stets sehnt sich die Frau nach einem jungen Geliebten, dessen Reize in deutlichster Sprache angepriesen werden. Die Form ist oft die eines Duetts zwischen zwei Frauen oder zwischen der Heldin und ihrem Geliebten. Die Reime sind frisch, die Versform ist unregelmäßig und voller Überraschungen. Beschreibungen und Dialogstellen, die uns heute obszön vorkommen, lagen im Geschmack der Zeit und gehen sicher nicht weiter als die Alltagssprache des Volkes. → Fabliau.

Chanson de toile [frz.: Leinwandlied], volksliedhafte Romanzen, die im 12. und 13. Jahrhundert Gegenstücke zu den höfischen Liebesliedern der Troubadours darstellten. Stets war der Ausgangspunkt das Bild eines Mädchens, das in seinem Gemach beim Nähen sitzt und an den Geliebten denkt oder auf ihn wartet. Ähnlich wie beim → Chanson de geste, aber ganz im Gegensatz zum Minnelied werden diese Mädchen nie als → Domina, als Herrin, sondern stets als leidenschaftliche Geliebte und meist als werbende Frau dargestellt. Anders als die Herrinnen des Minnelieds sind diese Mädchen stets von normaler Sinnlichkeit erfüllt, lassen aus Liebe zum Mann die moralischen Vorbehalte fallen und stehen somit in totalem Widerspruch zum höfischen Ideal ihrer Zeit. Die Atmosphäre ist nie die der → Courtoisie, sondern die der Intimität. Die Sprache ist volkstümlich, fast archaisch, benutzt aber idiomatische Worte, die dem Lied große Lebendigkeit geben. Mentalität der Heldin und Szenerie der Handlung werden meist mit wenigen Strichen dargestellt. Wahrscheinlich wurde eine Anzahl dieser Lieder von Frauen komponiert und ursprünglich auch von ihnen gesungen. Sie bezeugen ein Verständnis der weiblichen Mentalität, das weit über das der anderen mittelalterlichen Liebesliedformen hinausgeht.

Chaperonnières [frz.:] nannte man paradoxerweise im 16. Jahrhundert jene Frauen, die das Gegenteil von dem waren, was ihr Name besagte (chaperon = Anstandsdame, Tugendwächterin). Wie sich in Spanien der Begriff der → Duegna (Tugendwächterin) in sein Gegenteil verwandelte, so wurden in Frankreich die Frauen, denen man die Betreuung junger Mädchen anvertraute, zu Kupplerinnen oder Kurtisanen, die dem Hof eines Fürsten folgten und ihm und seinem Gefolge bezahlte Liebesdienste leisteten. → Kokotten, Kurtisanen.

Chastiment des Dames [altfrz.: Damenzüchtigung], Lehrbuch des guten Tons, nach dem sich nicht nur die höfischen Damen, sondern unter deren Einfluß auch die Ritter zu benehmen hatte. Es ist bezeichnend für die tiefmasochistische Tradition, die dem ritterlichen Kult unter gnostischem Einfluß innewohnte, daß Worte wie Chastiment (Züchtigung oder Bestrafung) vor allem von denen benutzt wurden, die sich gerne »züchtigen« lassen wollten: von den Männern, selten aber von denen, die die Züchtigung vornahmen: den Damen. → Arrêts d'amour, Cours d'amour, Gnosis, Minne.

Château Rouge [frz.: Rotes Schloß], berüchtigtes Cancan-Lokal der 1840er Jahre auf dem Gelände des heutigen Hauses Rue de Clignancourt 50. Das Haus war gegen Ende der Regierung Ludwig XVI. für den Financier Christophe gebaut worden und diente 1814 Joseph Bonaparte als Hauptquartier seiner Verteidigung von Paris gegen die alliierten Truppen. In der Zeit Louis-Philippes errichtete ein Mann namens Baboeuf hier ein Tanzlokal, das wegen der ausgesprochen akrobatischen Form der Tänze, aber auch wegen der Ausgelassenheit der Sitten (die Damen trugen entweder gar keine Unterhosen oder nur solche mit offenen Schlitzen) bald in Verruf geriet.

Chauffeurs [frz.: Brenner], halbreligiöser Geheimbund des 18. Jahrhunderts, der unter anderem auch sexuellen → Pluralismus pflegte. → Sexuelle Clubs.

Chemise cagoule [frz.: Mönchshemd], eine klerikale Erfindung des Mittelalters zur Wahrung der ehelichen Sittlichkeit: lange Nachthemden mit Öffnungen in der Genitalgegend, die von beiden Ehegatten getragen wurden, damit sie vor und während des Zeugungsaktes keine fleischlichen Lüste verspüren sollten. → Abstinenz, Keuschheit.

Chevalier de la manchette [frz.: Manschettenritter], alter Argot für den männlichen → Homosexuellen.

Chevalière du clair de Lune [frz.: Mondscheinritterin], alter Argot für Lesbierin. → Lesbizismus.

Chevaliers et Nymphes de la Rose [frz.: Ritter und Nymphen der Rose], französischer Geheimclub des 18. Jahrhunderts. Die Zeremonien waren in parodistischer Form der Freimaurerei entlehnt. Die Großloge befand sich in einer der berüchtigten Pariser → »petites maisons«; außerdem existierten noch Privatlogen. Aufnahme fanden nur »Ritter im Alter des Liebens« und »Nymphen in dem Alter, da man gefallen und geliebt werden soll«. Der Logenraum hieß »Liebestempel«, und in dem ihn umgebenden Hain brachte man Venus und Amor Weihrauch- und wohl auch sonstige Opfer dar. Die Ritter trugen Myrten-, die Nymphen Rosenkronen. Zweck des Ordens, der seine Mitglieder selbstverständlich zu strengster Verschwiegenheit verpflichtete, war lediglich der uneingeschränkt sorglose Liebesgenuß. (Leop. Katscher, *Weibliche Geheimbündelei,* Siena-Berlin, 1905, 15). → sexuelle Clubs.

Chlorose, Bleichsucht, eine Abnahme des Haemoglobingehalts der roten Blutkörperchen. Bei Frauen und Mädchen im Zustand der sexuellen Enthaltsamkeit früher besonders häufig. Eigentümliche Verbesserungen des Krankheitsbildes zeigen sich oft in kürzester Zeit nach dem Geschlechtsverkehr oder einer Heirat. Der Zusammenhang zwischen → Abstinenz und Pathogenese der C. ist noch nicht geklärt. Vgl.: Andrinämie, Epididymitis sympathica, Gynäcinämie, Neuralgia testis, Paradidymitis sympathica, Phrenokardie, Prostatitis.

Choc fortuit [frz.: Zufallsschlag], ein von Binet 1887 geprägter Begriff, der das zufällige Erlebnis bezeichnen soll, das die sexuelle Geschmacksrichtung eines Menschen für den Rest seines Lebens bestimmt. → Idiosynkrasie, Liebe auf den ersten Blick, sexueller Symbolismus.

Chonte, die Prostituierte im Jiddischen. Die deutsche Gaunersprache hat es in diesem Sinne übernommen. Vgl.: Clötmoss.

Chorda penis [lat.: Geschlechtsstrick], die Folge einer → Cavernitis, einer

Entzündung am Hohlkörper (corpora cavernosa) des Penis. Es bildet sich ein harter Strang, der zu schmerzhafter Dauererektion (→ Priapismus) und oft zu einer Verkrümmung oder gar Knickung des Penis führt. Die Ursache der Entzündung ist meist → Gonorrhöe.

Cicisbeat [it.: cicisbeare = flüstern, wispern], im Italien des 17. Jahrhunderts die Institution eines legalisierten Hausfreunds mit dem Privileg, freien Zutritt zu einer verheirateten Frau (der cicisbea) zu haben und sie auf all ihren Wegen zu begleiten.

Die Institution des Cicisbeo geht zweifellos auf die des → Cavaliere servente, des »Kavaliers vom Dienst«, zurück, der seinerseits ein Überbleibsel des mittelalterlichen Minnediensts darstellt. Wie der Ritter nach den Gesetzen des Minnediensts die Werbung eines anderen Mannes um seine Ehefrau nicht nur erlauben, sondern aktiv unterstützen mußte, so mußte der italienische Ehemann bis ins 19. Jahrhundert hinein den Cicisbeo nicht nur dulden, sondern stetig ermuntern. Die masochistischen, homosexuellen und triolistischen Hintergründe dieser Sitte gehen auf gnostische Einflüsse zurück. → Gnosis, Manichäismus, Minne, Troubadours.

Cisvestitismus [lat.: cis = diesseits; vestire = kleiden], Verkleidungsdrang. Scheuer definiert den C. als den »Trieb« gewisser Menschen, die Kleidung einer anderen Altersstufe, Volks- oder Berufsklasse des gleichen Geschlechts zum Zweck sexueller Entspannung anzulegen. Cisvestiten finden ihre Befriedigung darin, im Äußeren ihr Alter, ihren Stand oder ihre Zeitbedingtheit durch eine entsprechende Tracht zu verhüllen. Männer ziehen gern Knabentracht und Frauen Teenagekleidung an, eine Anomalie, die von den Franzosen mit dem Namen »Retour à l'enfance« bezeichnet wird. Verräterisch waren schon vor Jahrzehnten jene Bälle, die unter einem diesbezüglichen Motto standen: »Böse-Buben-Bälle«, »Gesinde-Bälle«, »Apachenbälle« und »mittelalterlich-höfische Bälle«. Wie sicher fügten sich da Damen und Herren in Zofen- und Kutscherrollen, wie lebenswahr war ein junger Salonheld als Straßenapache, eine lächelnde Teetischdame als Apachenmädchen, und wie schön fühlte sich die Kommerzienrätin als Marie Antoinette! Hier enthüllte sich, jenseits des Zufalls von Geburt und Beruf, die »wahre« Bestimmung des Menschen. Von diesen harmlosen Cisvestiten unterscheiden sich die → Transvestiten, die nur in den Kleidern des anderen Geschlechts leben können und oft, ohne homosexuell zu sein, in dieser Verkleidung ihre Trieberfüllung erblicken. Vgl.: Damenimitator, Eonismus, Genitalmaske, Hosenrolle, Maske,

Metamorphosismus, Metatropismus, Namenstransvestitismus, Schwangerschaftstransvestitismus, Transgestismus, Transvestitismus, Verkleidungstrieb, Weihnachtspantomime, Zoomimik.

Clapiers [frz.: Karnickelhöhlen], im Pariser Volksmund des 14. Jahrhunderts die → Maisons de Rendez-vous. Die Prostituierten lebten nicht in den C., sondern kamen dorthin, um ihre Freier zu treffen. → Aufführhaus, Maison à partie, Maison de Passe, Petite maison.

Closerie des Lilas [frz.: Fliederpark] nannte ein Mann namens Bullier den → Lustgarten, den er 1846 auf dem Gelände des heutigen Boulevard de l'Observatoire 43 in Paris anlegen ließ. Bullier hatte früher als Lichtputzer in der → Grande Chaumière, dem bis dahin erfolgreichsten Pariser Cancan-Lokal, gearbeitet und das bankerotte Tanzlokal La Chartreuse gekauft, um seinen Lustpark nach englischem Muster um das Lokal herumzubauen und der Grande Chaumière ihr Tanzpublikum zu stehlen. Das gelang ihm auch, denn er hatte einen Sinn für Reklame und für den Geschmack der Zeit. Mit einem Wortspiel auf seinen Namen nannte er den Park *Ball Bullier,* woraus die Studenten den *Bull-Park,* den Park der Bullen, machten. Unter dem Titel *Geheimnisse des Bal Bullier* veröffentlichte Gaston Robert 1851 ein Buch, das die folgende Beschreibung des Parks enthält: »Die Tür ist mit geschnitzten orientalischen Ornamenten versehen, gleich einem Palast, in dem Feen und Jungfrauen wohnen . . . ausgelassene natürlich! Die Tür führt in einen modernen Hesperidengarten, in dem der Drache sich ohne große Mühe verführen läßt. Hier gibt es Äpfel im Überfluß, sie sind zwar nicht aus Gold, schmecken aber trotzdem sehr gut. Der Tanzsaal ist sehr groß und in maurischem Stil hergerichtet. Die Malereien erinnern in den dargestellten Themen und den warmen Farbtönen an den glühenden Himmel des Orients. Daneben liegt unter freiem Himmel ein Tanzfläche, die abends durch Tausende von Gasflammen erleuchtet wird. Ein angenehm kühler Springbrunnen mildert die Hitze. Rings herum liegen gleichsam als Rahmen amphitheatralisch angeordnete Gärten, Rotunden und versteckte Winkel. Überall wachsen Blumen und Moos, man geht auf schattigen Wegen, es duftet angenehm, und alles ist voller geheimnisvoller Erinnerungen und süßer Geständnisse . . .«.

Bullier war ein weitblickender Geschäftsmann, er vertraute die musikalische Unterhaltung dem Schöpfer der *Quadrille des Lanciers,* Desblins, an, gewährte Stimmungskanonen, hübschen Mädchen und guten Tänzern freien Eintritt, verschaffte den Polizeivorschriften Achtung, schloß jedoch die Augen, wenn der Cancan ohne die vorgeschriebene Mindestbekleidung getanzt oder die Unterhaltung allzu zärtlich wurde.

Clötkas, in der Gaunersprache des ausgehenden 15. Jahrhunderts das Bordell.

CLÖTMOSS war die Hure. → Sonnenboss. Vgl.: Chonte.

Club degli ignoranti [it.: Club der Unwissenden], eine männliche homosexuelle Geheimorganisation im Rom des 19. Jahrhunderts.

Club der Vernünftigen, Geheimclub männlicher Homosexueller im Wien des 19. Jahrhunderts. → sexuelle Clubs, Homosexualität.

Clubs, sexuelle, gehören zum Bild einer restriktiven Gesellschaftsordnung wie der Schatten zur Sonne. Obgleich religiöse Sekten und vor allem okkulte Glaubensgemeinschaften oft verborgene sexuelle Zwecke haben (man denke an schwarze Messen, Rasputin und Alisteir Crowley), so befassen wir uns hier nur mit jenen rein weltlichen Organisationen, deren deklarierter Zweck der sexuelle Genuß ist. Alle Geheimorganisationen dieser Art beruhen auf der Tatsache, daß vaterrechtliche Staaten bewußt ein gewisses Maß von sexueller Frustration erzeugen, um die Unzufriedenheit der Staatsbürger politisch zu verwerten. Wie die Renaissancepäpste sich als von ihren eigenen Sittengeboten dispensiert betrachteten, betrachten sich stets auch führende Mitglieder der herrschenden Klasse als frei von den Verboten, die sie dem Rest des Volkes auferlegen. So entstanden die aristokratischen Clubs des 18. Jahrhunderts, und so bestehen bis zur Gegenwart in allen Ländern des Westens erotische Geheimorganisationen, die sich der freien Entfaltung des Geschlechtslebens widmen: vor allem dem Pluralismus, der Homosexualität, dem Sadismus und Masochismus. → Anandrynes, Bella Union, Club degli ignoranti, Club der Vernünftigen, Chauffeurs, Chevaliers et Nymphes de la Rose, Désirantes, Enfants du Prado, Feigenbrüderschaft, Free Love Colony, Freidamenorden, Goldene Orchideengesellschaft, Liga der freien Liebe, Medusenorden, Molliers' Club, Nesselroder Zirkel, Order of St. Francis at Medmenham Abbey, Ordre de la Félicité, Ordre de la Persévérance, Ordre des Aphrodites, Petit Érmitage, Petite Société, Physischer Club, Postheoth Club, Sahhaqat, Société des Culottins et des Culottines, Société du Moment, Swap Clubs, Tempelritter, Vere Street Coterie, Vides bouteilles, Witwenclubs.

Cohabitatio [lat.: Beiwohnen] → Koitus.

Coitus [lat.: con = mit; ire = gehen], Beischlaf. → Koitus; vgl.: Geschlechtsverkehr.

COITUS A POSTERIORI oder COITUS A TERGO [lat.: Begattung von hinten], Beischlaf, bei dem der Mann hinter der Frau kniet, sitzt, liegt oder steht. Auch als → Positio aversa oder → Venus aversa bekannt. Nicht mit → Pedicatio zu verwechseln, denn bei dem C. a. p. wird der Penis in die Vagina eingeführt, bei Pedicatio dagegen in den After. → Figurae veneris, Koitalbewegungen, Koituspositionen.

COITUS CONDOMATUS [lat.], Beischlaf mit → Kondom. → Empfängnisverhütung.

COITUS IN ANUM [lat.: → Analkoitus], Geschlechtsverkehr durch den After, nicht notwendigerweise eine homosexuelle Form des Geschlechtsverkehrs, sondern ein Praktik, die mindestens ebenso oft im heterosexuellen Verkehr und im Verkehr mit Tieren auftaucht. → Immissio in anum, Pedicatio, Proctolagnie, Sodomie, Spinatstecher, Stercoraire.

COITUS IN OS [lat.: Mundkoitus], Ejakulation im Mund eines Sexualpartners. → Coitus oralis, Cunnilingus, Fellatio, Irrumatio, Lambitionsakt, Lécheur, Minette, Penilinctio.

COITUS INTER FEMORA [lat.: Koitus zwischen den Oberschenkeln], Koitus, bei dem die Frau den Penis des Mannes zwischen ihre Oberschenkel preßt, um hier die Ejakulation hervorzurufen. Nicht ratsam als empfängnisverhütende Prozedur. Vgl.: Empfängnisverhütung, Fraudieren, Rückzieher.

COITUS INTERMAMMARIUS [lat.: Begattung zwischen den Brüsten], Brustkoitus, die Reibung des männlichen Gliedes zwischen den Brüsten der Frau bis zur Ejakulation. Da die Brüste vieler Frauen ebenso erogen wie die Vagina sind, erzeugt der C. i. oft auch bei ihr gleichzeitig Orgasmus. Vgl.: Kinepimastie, Mammalkoitus, Suctustupratio.

COITUS INTERRUPTUS [lat.: unterbrochene Begattung], »Rückzieher«, Zurückziehen des männlichen Gliedes aus der Scheide der Frau im Augenblick vor der Ejakulation. Als empfängnisverhütende Prozedur unzuverlässig; gesundheitlich für beide Partner schädlich. Wenn die Frau im Augenblick des Zurückziehens das Glied ergreift und masturbiert oder den Penis schnell in den Mund nimmt, um die Ejakulation dort aufzufangen, können die für den Mann schädlichsten Effekte vermieden werden, aber selbst dann führt das Verfahren bei beiden Partnern zuweilen zur Angstneurose. Vgl.: Empfängnisverhütung, Fraudieren, Rückzieher.

COITUS ORALIS [lat.: mündlicher Koitus], vgl.: Coitus in os.

COITUS PROLONGATUS [lat.: verlängerter Beischlaf], eine dem indischen Yogakult entlehnte Form des Geschlechtsverkehrs, bei welcher der Mann sich durch Willenskraft einer Ejakulation enthält, während sein Glied oft stundenlang in erigiertem Zustand in der Scheide der Frau verbleibt. Die Sexualforschung ist geteilter Meinung über den Nutzen der Praktik. Vgl.: Karezza.

COITUS RESERVATUS [lat.: vorbehaltener Beischlaf], ein Begriff der von verschiedenen Sexualforschern mit verschiedener Bedeutung benutzt worden ist. Einerseits im Sinne von Coitus interruptus, andererseits als lang andauernde Einführung des Penis in die Vagina ohne Ejakulation im Sinne der Yogapraktik, der → Karezza und des Coitus prolongatus.

COITUS SAXONICUS [lat.: sächsische Begattung], empfängnisverhindernde Praktik, bei welcher die Frau kurz vor der Ejakulation des Mannes sein Glied mit der Hand an der Wurzel packt und zusammenpreßt, so daß der Samen in die Harnblase zurückgedrängt wird. Äußerst gesundheitsschädlich; als empfängnisverhütende Prozedur unzuverläßlich. Von Masters und Johnson gegen den Widerstand vieler Sexualmediziner als Therapie der → Ejaculatio praecox vorgeschlagen. Vgl.: Empfängnisverhütung, Fraudieren, Rückzieher.

COITUS SUSPECTUS, Beischlaf mit einem Partner, der zur Zeit dieses Beischlafs wahrscheinlich geschlechtskrank ist.

COITUS VESTIBULARIS [lat.: Koitus im Scheidenvorhof, statt in der Scheide], eine Praktik, die als vorehelicher und außerehelicher Geschlechtsverkehr in den Ländern betrieben wird, die besonderen Wert auf die voreheliche »Reinheit« der Frau, also auf ein intaktes Jungfernhäutchen legen. Vgl.: Demi-vierge, Virginität.

Collegium sodomitarium [lat.: Sodomitenbehörde], eine am 16. 6. 1461 in Venedig gegründete Untersuchungsbehörde für homosexuelle Verletzungen. Jeder Arzt und Barbier hatte die Pflicht, eine durch → Pedicatio hervorferufene Afterverletzung der Behörde anzuzeigen. Drei Jahre später, am 25. 8. 1464, wurde das Gesetz verschärft: Auf Analkoitus stand von nun an in Venedig die Strafe des Feuertods.

Color tristis [lat.: traurige Farbe], die kupferrote Farbe syphilitischer Exantheme. → Syphilis.

Columbaria [lat.: Taubenhäuser], die Privatbordelle der großen Grundherren der fränkischen Könige, die sie auf ihren Landgütern angelegt hatten. Der offizielle Name war → Genecium [von lat.: Gynaeceum = Frauenwohnung] und bedeutete Mägdehaus.

Vom 6. bis zum 9. Jahrhundert verstand es sich von selbst, daß die hörigen Mägde ihren Herren auch zum Geschlechtsverkehr zur Verfügung standen. Aber gegen Anfang des 10. Jahrhunderts setzte eine Reaktion ein, ein erstes Dämmern der sexuellen Freiheit. Viele der Mägde, besonders diejenigen mit unehelichen Kindern, begannen, die feudalen Güter zu verlassen. So entstand die Schicht der »fahrenden Frauen«, der verfemten Huren im Hochmittelalter. Das Wort C. ist in den Namen vieler Städte und Stadtteile enthalten: Colmar, Colombe, Colombette und so weiter. → Fahrende Frauen, Landstörzerinnen, Taubenhaus.

Coming out [engl.: Herauskommen], im sexualwissenschaftlichen Vokabular das Aus-sich-Herausgehen, das offene Zugeständnis einer bestimmten sexuellen Neigung, z. B. der Homosexualität.

Commasculatio [lat.: con = mit; masculus = männlich], Geschlechtsverkehr zwischen Männern. → Homosexualität.

Concupiscentia [lat.: Begierde], sexuelle Begierde als Erbsünde des Menschen nach Augustinus (354–430).

Congressus [lat.: Verkehr], Geschlechtsverkehr. → Koitus.

Consolateur [frz.: Tröster], künstlicher Penis zur Selbstbefriedigung der Frau und zum Geschlechtsverkehr zwischen Lesbierinnen. Der Name C. stammt von Marguerite Gourdan, geb. Stock, der erfolgreichsten Puffmutter des 18. Jahrhunderts (ca. 1725–1783), die eine Art Fabrik zur Herstellung von C. besaß. Nach ihrem Tode fand man Tausende von Bestellungen, darunter Hunderte von Nonnen. Selbstverständlich gab es bereits im Altertum künstliche Phalli aus Holz, Leder und anderen Materialien. Die Gourdan soll jedoch die folgende Verfeinerung hinzugeführt haben: ein zusammendrückbares Skrotum, das mit warmer Flüssigkeit gefüllt war (Milch, Rogen etc.) und im Augenblick des Orgasmus durch eine Öffnung an der Spitze des C. zum Spritzen gebracht werden konnte. Vgl.: Selbstbefriedigungsinstrumente.

Convertite [it.: Bekehrte], im Italien des 17. Jahrhunderts eine der vielen Organisationen zur »Bekehrung« der Prostituierten und Kurtisanen, die unter dem Einfluß von Carlo Carafa (1561–1633) und Caterina Valenta entstanden. → Arbeitshäuser, Beguinen, Bicêtre, Bon Pasteur, bekehrte Buhlerinnen, Casa de las arrepentidas, Dispensaire de salubrité, Dominae poenitentes, Filles-Dieu, Haus der Büßerinnen, Illuminate, Madelonettes, Magdalenenhäuser, Maison de Sainte-Pélagie, Pentite, Saint-Lazare, Sorores de penitentia, Spinnhäuser.

Copulatio [lat.: Verbindung, Kopulation], → Koitus.

Coquins, die französischen Gecken und Stutzer des Mittelalters, die den deutschen → Henselins entsprachen. *La vie coquine* war das Faulenzerleben, *coquinerie* der Schelmenstreich. → Roué.

Corte delle meretrici [it.: Dirnengerichtshof], eine neapolitanische Institution des 17. Jahrhunderts, die von einem »Pächter der Rechte« (affittatore di diritti) geleitet wurde. Da es heute in Italien noch immer staatlich lizenzierte »Steuerpächter« gibt, die so viele Steuern kassieren, wie sie erpressen können, und davon nur einen Teil an den Staat weiterzuleiten brauchen, so mag uns die Institution der C. weniger unglaubhaft erscheinen als dem, der den italienischen Usus unserer Tage nicht kennt. Der affittatore kassierte von den Prostituierten der Stadt ein Minimum von 27 Karlin pro Jahr, schützte sie angeblich gegen Ausbeutung, regelte all ihre Zwiste und vertrat ihre Rechte der Stadt und Privatklägern gegenüber. Die Institution bestand vom Ende des 16. bis zum Ende des 17. Jahrhunderts (1687). → Prostituiertensteuer. Vgl.: Receveur des filles communes.

Corteggiana [it.: Freierin] → Kurtisane.

Cortejo [span.: Freier] → Cavaliere servente.

Corti d'amore [it.: Liebeshöfe] → Cours d'amour.

Cortigiana [it.: Hofdame] → Kurtisane.

Coup de foudre [frz.: Blitzschlag] → Liebe auf den ersten Blick.

Courmachen [frz.: cour = Hof], Courschneiden, Hofmachen, um eine Frau werben. Vgl.: Berufsbekanntschaft, Eheanknüpfung, Eheberatung, Flirt, Freien, Handkuß, Koketterie, Liebkosung, Neugier, Partnerwahl, Petting, Präliminarien, Straßenbekanntschaft, Verlobung.

Cours d'amour [frz.: Liebeshöfe], im mittelalterlich-ritterlichen Frankreich jene meist unter Vorsitz einer edlen Dame stehenden Gerichtshöfe, die Liebeszwiste zu schlichten und Fragen der Liebesetikette zu entscheiden hatten. Die Institution der Liebeshöfe stammt, wie so viele andere Erscheinungen des → Minnedienstes, aus der Provence. Dort kristallisierte sich das mittelalterliche Liebesideal des Rittertums heraus und verbreitete sich dann im Gefolge der → Troubadours, der provencalischen Minnesänger, über ganz Europa. Da die Provence in hohem Maß unter dem Einfluß der → Katharer stand, die das Fleisch verachteten und den Geschlechtsverkehr nur dann duldeten, wenn er nicht zur Fortpflanzung diente, fielen die Richtersprüche der Liebeshöfe (→ Arrêts d'amour) oft außerordentlich zwiespältig aus. Liebesbeziehungen aller Art, einschließlich des gemeinsamen Schlafens eines Ritters und seiner Herrin (→ Domina), in nacktem Zustand waren erlaubt. Eigentlicher Geschlechtsverkehr dagegen wurde nur selten befürwortet. Wo die Gefahr von Nachkommenschaft bestand, entschieden die Damen der Cours d'amour fast stets gegen die Liebschaft.

Courtoisie [frz.: Höflichkeit], abgeleitet von den → Cours d'amour, den mittelalterlichen »Liebesgerichtshöfen«, in denen der Respekt vor der Frau formell entwickelt wurde. Als »Courtoisie« galt also anfänglich nicht etwa jede Form des höfischen Benehmens, sondern nur die ritterliche Höflichkeit des Mannes einer Dame gegenüber. → Minne, Ritterlichkeit.

Courtoisie-Wappen [frz.: courtoisie = Höflichkeit], in der Heraldik das Ehewappen, in dem das eine der beiden Partnerwappen als Spiegelbild des anderen erscheint.

Cowperitis, veralteter Ausdruck für eine Entzündung der Cowperschen Drüsen, fast stets infolge von → Gonorrhöe. Sie entwickelt sich gewöhnlich einseitig, und zwar meist in der dritten bis vierten Woche der Harnröhrenerkrankung. Selten sind beide Drüsen ergriffen. Die C. ist eine seitlich zwischen Hodensack und After mehr oder weniger umschriebene, taubeneiförmige Geschwulst, über welcher die Haut straff gespannt und anfänglich nicht gerötet ist. Bildet sich die Geschwulst nicht zurück, beginnt die Haut sich zu röten, wird endlich blaurot und platzt, wenn nicht dem Eiter durch einen operativen Einschnitt Ausgang verschafft wird. Die C. ist mit mehr oder weniger großen Schmerzen verbunden. Das Sitzen wird beschwerlich, oft unmöglich, ebenso das Urinlassen und die Defäkation. Bei großen Schmerzen können die Patienten weder gehen noch stehen. Sie liegen mit gespreizten Beinen auf dem Rücken, wobei das der Seite der Drüsenerkrankung entsprechende Bein im Hüftgelenk gebeugt und weit abduziert ist. Der Ausgang der akuten C. ist zumeist Resolution unter allmählichem Rückgang der schmerzhaften Schwellung.

Crédésche Prophylaxe, die unspezifische Behandlung der → Blenorrhoea neonati, der gonorrhoischen Bindehautentzündung der Neugeborenen, die früher zur Überfüllung der Blindenanstalten führte. Besteht im Einträufeln von 1 %iger Argentum-nitricum Lösung in den Bindesack des Neugeborenen.

Crosbiting, im England des 15. Jahrhunderts die → Zuhälterei. Da Lawrence Crosbite, nach dem man das Wort geprägt hatte, seine Prostituierten auch dazu veranlaßte, ihre Freier auszuplündern, hat das Wort C. stets auch den Beiklang von → Beischlafsdiebstahl. Vgl.: Bully, Intelligencer, Pimp, Ponce.

Cucurbitacées [frz.: kürbisartige Pflanzen], im französischen Bordellargot diejenigen Prostituierten, die sich darauf spezialisiert haben, sämtliche Teile des Körpers außer den Genitalien oder dem After zu verdecken. Es gibt einzelne C., die sich einem einzelnen Mann, meist einem Genital- oder Nates-Fetischisten, in dieser Weise darbieten, und es gibt Gruppen von C., die sich entweder einem einzelnen Mann oder einer Gruppe von Männern in gleicher Weise zur Verfügung stellen. Die typische Angst des Fetischisten vor dem lebenden, dreidimensionalen, atmenden und reagierenden menschlichen Wesen zeigt sich darin, daß die C. nie sprechen dürfen. Der Genital- oder Nates-Fetischist hat somit die Illusion, nicht mit einem Menschen, sondern nur mit einem dissoziierten Körperteil zu verkehren – ein Beleg für die Freudsche Definition des Fetischismus als Fixierung eines → Partialtriebs.

Cunnilinctor, Mann, der den Cunnilingus betreibt.

Cunnilinctrix, Frau, die den Cunnilingus vollzieht.

Cunnilingus [lat.: cunnus = das weibliche Geschlechtsorgan; lingere = lecken], das Lecken der weiblichen Geschlechtsorgane. Sehr häufig bei Tieren. Fälschlicherweise von manchen früheren Sexualforschern als Perversion betrachtet. In Wirklichkeit ein organischer und für viele Männer und Frauen unerläßlicher Teil des Geschlechtsverkehrs. Die potentielle Schädlichkeit liegt nur darin, daß er in manchen Fällen als permanentes Surrogat des Koitus dienen kann. Die Befriedigung durch C. kann für den aktiven Partner mindestens ebenso groß sein wie für den passiven. Aber wie bei allen sexuellen Handlungen gibt es auch beim C. keine Regeln: Es wäre gleicherweise absurd, zu behaupten, daß der C. ausgeübt werden *muß* wie daß er *nicht* ausgeführt werden soll. → Anilinctio, Effeuille des roses, Fellatio, Irrumatio, Lambitionsakt, Lambitus ani, Lécheur, Minette, Penilinctio, Phönizisieren, Proctolagnie.

Cunnus succedanus [lat.: cunnus = Scheide; succedere = ersetzen], → Selbstbefriedigungsinstrument für Männer: Nachbildung der weiblichen Scheide aus Gummi oder anderem Material.

Curia, auf Blutsverwandschaft aufgebauter römischer Sippenverband, anfangs mit Verwaltungsaufgaben in der Stammesgesellschaft, später nur noch mit kultischen Aufgaben in der städtischen Gesellschaft betraut. Das Wort C. leitet sich entweder von *Cures,* der Hauptstadt der mutterrechtlichen Sabiner ab und würde dann auf eine ursprünglich matrilineare Deszendenzfolge deuten; oder es leitet sich von *co-viria* (Männervereinigung) ab und würde dann auf eine schon von Anfang an patrilineare Abstammungsfolge schließen lassen. Jedenfalls war die C. das Bindeglied zwischen der Sippe *(gens)* und dem Stamm *(tribus)*. Jeder Stamm bestand aus 10 Curien, jede Curie aus 10 Sippen. Da die Sippen → exogam, die Curien aber → endogam waren, wirkten die Curien als Ehevermittlungsinstitutionen, denn sie hatten den Zweck, jede der in ihr vereinten Sippen mit Ehepartnern aus anderen, zur gleichen Curie gehörenden Sippen zu versorgen.

Die C. fußte auf einem spezifischen *Verwandtschaftssystem* ihrer Mitglieder, einerlei wo diese auch leben mochten; die Stadt dagegen fußte auf einem spezifischen *Territorium,* einerlei wer darin auch leben mochte. Die Curie drückte ein *zeitliches* Verhältnis aus: die Lebensspanne der Generationen, die das jüngste Curienmitglied mit der Urmutter oder dem Urvater der C. verband; die Stadt dagegen drückte ein *räumliches* Verhältnis aus: das Gebiet, das von ihren Bewohnern beherrscht wurde. Diese beiden Systeme waren unvereinbar, und zwischen ihnen spielte sich der verwaltungstechnische Kampf der patriarchalischen, städtischen Gesellschaft gegen die letzen Überreste der Sippengesellschaft ab. → Bruderschaft, Gens, Phratrie, Sippengesellschaft.

Cydalises [frz.: Argot], in den 1840er Jahren die Pariser Mädchen der Bohème, die mit Verachtung auf die Grandins, die Modegecken des Boulevard de Grand, aber auch auf die kleinen Angestellten und Bürger des Mittelstandes hinabsahen. Sie schlossen sich mit Vorliebe Studenten und jungen Schriftstellern an und achteten darauf, daß man sie nie mit den käuflichen Mädchen des Quartier Bréda, des heutigen Pigalle, verwechselte. → Carabine, Étudiante, Filia hospitalis, Florbüchse, Grisette, Halbflor, Midinette.

Cypridophobie [gr.: Kypris = zyprische Aphrodite; phobos = Furcht], Liebesangst, Angst vor Geschlechtsverkehr, Angst vor Geschlechtskrankheiten. Vgl.: Venereophobie. Zur Erklärung des Phänomens vgl.: Abstinenz, Angoisse de toucher, Berührungsangst, Délire de toucher, Distanzliebe, Doppelliebe, Familiensklave, Flucht vor der Liebe, Genitalangst, Horror sexualis partialis, Keuschheit, Koitusangst, Liebeshaß, Ligatur, Repulsionskräfte, Schattenliebe, Sexualmoral, Sexualneurose. Zur C. des Mannes → Antifeminismus, Erektionsangst, Frauenhaß, Gynäkophobie, Impotenzangst, Kastrationsangst, Männlicher Protest, Misogynie, Penis-Strangulation, Selbstentmannung, Selbstkastration, gezahnte Vagina. Zur C. der Frau → Androphobie, Deflorationsphobie, Dianakomplex, Frigidität, Geburtsangst, Hymenismus, Männerhaß, Misandrie, Penisneid, Psychosen, Tokophobie, Vaginismus.

D

Dame demoiselle [frz.: Frau-Fräulein], nannten die Franzosen jene Zwittererscheinungen des gesellschaftlichen Lebens, die zwischen der Dame der Gesellschaft und der *courtisane* (Kurtisane) standen und einmal als das eine, das andere Mal als das andere fungierten. → Chaperonnière, Demicastor, Demimondaine, Fausse, Femme de cinq heures, Halbflor, Kokotte, Kurtisane, Lorette.

Damenimitator, ursprünglich männlicher Schauspieler, der Frauenrollen spielt, später transvestitischer Künstler im Variété oder Nachtklub. Vgl.: Cisvestitismus, Eonismus, Genitalmaske, Hosenrolle, Maske, Metamorphosismus, Metatropismus, Transgestismus, Transvestitismus, Verkleidungstrieb, Weihnachtspantomime.

Dames de voyage [frz.: Reisedamen], Reisepuppen. Selbstbefriedigungspuppen für Männer in Gestalt einer nackten Frau aus Gummi oder anderem Material, deren Scheide voll ausgebaut und vom Mann benutzbar ist. Vgl.: Selbstbefriedigungsinstrumente.

Dämonomanie [gr.: daimon = Gottheit; mania = Wahn], neurotische Besessenheit von der Idee, sich mit Geistern oder Dämonen paaren zu können; Fetischisierung dieser Dämonen. Bei den Kroaten, Südslawen, Siebenbürgener Sachsen und manchen Zigeunern existiert die D. als Glaube an den »Alp« oder »Nachtmahr«, der Frauen im Schlaf vergewaltigen kann. Im mittelalterlichen Hexenwesen herrschte D. in dem Glauben an Paarung mit dem Teufel und nahm sexualmedizinisch aufschlußreiche Formen an: Frauen fielen in hysterische Zustände, in denen sie Koitusstellungen einnahmen und Koitalbewegungen ausführten. Da das auch bei Jungfrauen geschah, nahm man an, daß hier nur der Teufel am Werk sein könne. Die Inquisition gab vor, zwei Arten von Dämonen aufgespürt zu haben, die sich mit Menschen paaren können: Succubi, weibliche Dämonen, die dem Manne seinen Samen raubten und ihn impotent machten, und Incubi, männliche Wesen, die Frauen unfruchtbar machten. Im Volksglauben gab es auch → Elben, raupenähnliche Wesen mit spitzigen Schnäbeln, die dem Geschlechtsverkehr zwischen Menschen und Dämonen entstammten. → Alpminne, Dämonophilie, Incubus, Lykanthropie, Nosferatu, Spectrophilie, Succubus, Vampirismus, Wechselbalg, Werwolf.

Dämonophilie [gr.: daimon = Gottheit; philia = Liebe], sexuelle Neigung zu Göttern, Geistern und Dämonen, ein Begriff, der von der stark erotischen Jesusliebe mancher Nonnen des Mittelalters und dem ebenso erotisch gefärbten Marienkult mancher Erotomanen bis zu dem Aberglauben reicht, daß Teufel und Dämoninnen aller Arten sich mit Menschen paaren könnten. Hier liegt eine Art des Geisterfetischismus vor. Der Betroffene sammelt Geister wie ein Schuhfetischist Schuhe sammelt, und er paart sich mit dem Spectrum (Bild) wie der Schuhfetischist sich mit der unsichtbaren Trägerin seines Schuhs paart. → Alpminne, Dämononomanie, Elben, Incubus, Lykanthropie, Nosferatu, Spectrophilie, Succubus, Vampirismus, Wechselbalg, Werwolf.

Deferentitis Entzündung des Ductus deferens, des Samenleiters.

Defloration [lat.: flos virginitatis = Blume der Jungfräulichkeit], Entjungferung, der erste Koitus, bei dem der Hymen durchbohrt wird. Die Pioniere der Sexualwissenschaft, die noch stark unter dem Einfluß der patriarchalischen Gesellschaftsordnung standen, pflegten die voreheliche D. als Beweis der Minderwertigkeit der Frau zu zitieren. Kisch etwa wies darauf hin, daß die D. der einzige physiologische Vorgang sei, »welcher mit einer funktionellen Verletzung des betreffenden Organs einhergeht. Die Natur zeigt hier, was alle Erörterung der Feministen zur Verteidigung der sexuellen Gleichberechtigung auch immer anführen mögen, aufs klarste, wie ungleichwertig sie selbst die geschlechtliche Unberührtheit des Mannes und Weibes einschätzt. Der Mann verliert seine virginelle Junggesellenschaft mit leichter, wollüstiger Befriedigung ohne jegliche Beschwerde an seinem Genitale, während die Jungfrau bei dem ersten Schritte, ihre Virginität zu opfern, einen lokalen Kampf mit dem sich zur Wehr setzenden eigenen Geschlechtsorgane zu führen, Schmerzen zu erdulden und Ungemach zu erleiden hat.« (W. Kisch, *Das Geschlechtsleben der Weiber,* Wien 1904). Das ist natürlich Unsinn, denn bei der D. leidet der Mann ebenso große oder ebenso geringe Schmerzen wie die Frau. Penisfrakturen sind nicht selten. Andererseits können auch bei der Frau D.-Verletzungen auftreten (→ Koitusverletzungen), z.B. Verletzungen des Scheidenvorhofs, der Scheide oder des Nierenbeckens (Deflorations-Pyelitis). Vgl.: Entjungferung, Jungfernschaftsprokurist, Jungfräulichkeit, Jungfräulichkeitsforderung, Virginität.

Deflorationsmanie [gr.: mania = Wahnsinn], Entjungferungssucht, die sadistische Neigung mancher Männer, so viele Frauen wie möglich zu deflorieren. Solche Männer sind nur dann am Koitus interessiert, wenn ihre Partnerin Jungfrau ist. Und selbst dann nur, wenn die Defloration ihr deutliche Schmerzen bereitet. Was diese Männer am Geschlechtsverkehr interessiert, ist also weniger die normale Koitallust als die sadistische Schmerzbereitung. Hier haben wir den eigentümlichen Fall, daß → Kompensations- und → Konjunktionsabweichung im gleichen Akt zusammenfallen.

DEFLORATIONSPHOBIE [gr.: phobos = Furcht], Entjungferungsangst, Angst der Frau vor den Schmerzen oder den psychischen Folgen (vorehelicher) D., aber auch Angst des Mannes vor den Schmerzen des Eindringens in das Hymen und vor dem möglichen Versagen.

In zahllosen frühgeschichtlichen und »primitiven« Kulturen finden wir die Vorstellung, daß die Frau »gefährlich« sei und daß derjenige, der den ersten Geschlechtsverkehr mit ihr ausübt, von den Göttinnen bestraft wird. Die rituelle D. einer Jungverheirateten durch den Priester oder Stammeshäuptling ist deshalb auch keineswegs als → Jus primae noctis aufzufassen, sondern dient dem Schutze des Ehemanns. Nur wer »stark« genug ist, um den Göttinnen oder weiblichen Dämonen zu widerstehen, kann den Fluch, der auf der D. lastet, lebend überstehen.

Hinter diesem Glauben steckt mit gewisser Wahrscheinlichkeit die Erinnerung an starke vorpatriarchale → Gynäkokratien und Angst vor der Macht ihrer Gottheiten.

In neurotischer Form entspricht die D. bei beiden Geschlechtern der → Genitalangst oder Koitusangst. Vgl.: Cypridophobie, Venereophobie.

DEFLORATIONSPYELITIS, eine von Hymenalrissen erzeugte eitrige Nierenbeckenentzündung, die manchmal als → Koitusverletzung, besonders bei der → Entjungferung, entstehen kann.

Deformationsfetischismus, sexualwissenschaftlicher Sammelbegriff für eine Vielfalt sehr unterschiedlicher Phänomene. Die Deformation des menschlichen Körpers zum Zwecke der Gesundheits- und Schönheitspflege bezeugt die Relativität der Begriffe Gesundheit und Schönheit. Jede Kultur verunstaltet den menschlichen Körper in verschiedener Weise, stets aber in der Überzeugung, daß die Verunstaltung eine Verschönerung sei und den sexuellen Reiz des Körpers erhöhe. Mund, Nase, Augen, Ohren, Lippen und Zähne werden deformiert, Beine, Füße, Schenkel, Genitalien, Brüste operiert, selbst die Schädelform verändert. Und jede Kultur, die solche »grausamen« Verformungen vornimmt, findet sie ebenso schön, wie sie die Deformierungen, die von anderen Kulturen praktiziert werden, häßlich findet.

Ohrpflöcke, Ohrreifen, Einsätze aus Metall, Horn oder Holz verlängern oder erweitern das Ohrläppchen. In der Südsee und in Afrika wird bei einzelnen Stämmen der Rand der Ohrmuschel losgelöst und aufgerollt oder geschnetzelt, bis er weit über die Schultern hinabhängt. In die Nase werden Ringe, Holz- und Metallstücke eingeklemmt. In Indien war es zunächst üblich, in einer künstlichen Öffnung in einem der Nasenflügel eine Gewürznelke als Schmuck anzubringen, die man später vielfach durch Geld- und andere Metallstücke ersetze. Die Stämme des Bismarckarchipels steckten sich lange Stacheln von innen durch Nasenflügel, so daß sie in Abwehrstellung weit herausstanden. In Neuguinea werden ganze Perlenschnüre durch die Nasenscheidewand gezogen, und bei den Australiern sind es plumpe, dicke Holzstäbe. Auch die Lippen sind ein sehr beliebtes Organ für Verunstaltungen. Im südlichen Sudan treibt man kleine Kupfernägel in die Oberlippe. Hart an die Grenze einer funktionellen Störung reicht die Gepflogenheit einiger Stämme in Ostafrika, große metallene Pflöcke und einen Bambusring, »Pelele« genannt, in die Oberlippe zu klemmen. Man kennt Abbildungen von Menschen, deren Mund dadurch die From eines hervorstehenden Rüssels bekommen hat. In China zwang man die Frau zur Verkrüppelung der Füße. Bei den Kariben wurden die Waden abgebunden, bis die Beine verfaulten. In verschiedenen Kulturen färbte man die Zähne schwarz oder rot oder zog sie der Schönheit halber aus. Das Beibringen von schweren Körperwunden, um durch Inkrustierung Ornamente im Gesicht oder am ganzen Körper zu erzeugen, gehört zum Schönheitsritual vieler Völker. Die Genitalien werden bis zur Orgasmusunfähigkeit verschandelt, → Hottentottenschürze, Infibulation, Beschneidung. (Wir vergessen oft, daß jede Beschneidung des männlichen Gliedes eine Herabsetzung der Sensitivität erzeugt. Die Vorhaut ist nicht ohne Grund da. Sie bewahrt die außerordentlich große Empfindlichkeit der Eichel.) Am gefährlichsten sind Schädeldeformationen. Mit Binden, Brettern, Metallringen und ähnlichen Martermitteln erzwingt man vom Säuglingsalter an eine Verlängerung, Verbreiterung oder andere Verformung des Schädels. All diese Dinge erscheinen uns grausam, aber wir vergessen, daß bis vor kurzem das Korsett den Leib der Frau bis an den Rand der Lebensgefährdung deformierte, und wir übersehen, daß alle unsere Schuhe den Fuß verkrüppeln. In keiner Stadt der Welt gibt es heute Menschen mit unverkrüppelten Zehen. Wir täuschen uns über die Tatsache hinweg, daß fast alle Brusthalter die Brüste deformieren und vorzeitig erschlaffen lassen, statt sie zu »halten«. Wir verschweigen, daß alle Puder, Schminken und andere Formen des Make-up unweigerlich die Gesichtshaut ruinieren, daß alle Haarfärbemittel dem Haar schaden, ja daß sogar Seife die Haut aus-

laugt. Alles, was wir zur Verschönerung unseres Körpers tun, verhäßlicht ihn. Trotzdem tun wir es. Warum?
Hier hat die Sexualwissenschaft mit Recht den Begriff Deformationsfetischismus geprägt, denn jeder Versuch, den Körper durch Deformation zu verschönern, enthält eine »perverse« Komponente. In wie hohem Maß das zutrifft, wird erst klar, wenn man sich vorzustellen versucht, wie unsere Kultur vom Standpunkt einer anderen Kultur aussieht oder wie die Schönheitsmaßstäbe des »normalen« Menschen den pathologischen Deformationsfetischisten anmuten müssen. Die »Logik« ist in allen drei Fällen die gleiche. Nur der Standpunkt ist jeweils ein anderer. Der Deformationsfetischist findet sein Ideal in Krüppeln, Buckligen, Hinkenden, Schielenden, Hautkranken, Schwangeren, Blinden, Tauben und verehrt besonders das Kennzeichen der Deformation, insofern es sich abstrahieren läßt: den Buckel, die Pickel, den Ausschlag, das deformierte Bein oder den deformierten Arm. Descartes, Baudelaire, Ludwig XIV. gehörten zu den zahllosen Deformationsfetischisten, die schielende oder hinkende Frauen bevorzugten. Man unterscheidet bei den echten Deformationsfetischisten fünf Verhaltensweisen:
1. Sexuelle Leidenschaft für deformierte Menschen;
2. Fetischisierung der Deformation als Objekt;
3. Den Wunsch, sich selbst zu deformieren;
4. Den Wunsch, sich die Illusion zu geben, deformiert zu sein;
5. Den Wunsch, andere Menschen durch die Exhibition der Deformierung zu erschrecken.

1. Fast stets geht die sexuelle Leidenschaft für deformierte Menschen auf ein formatives Sexualerlebnis der Kindheit zurück, in dem entweder ein deformierter Mensch oder ein Mensch die Schlüsselrolle spielt, der dem Kind die *Illusion* der Deformation gab. Stets enthält der D. ein masochistisches Element, und außerordentlich oft wird dieses Element durch eine homosexuelle oder pädophile Komponente unterstützt. Jedenfalls ist die Anzahl der Deformationsfetischisten, die auf deformierte Menschen des eigenen Geschlechts fixiert sind, sowohl bei Männern wie bei Frauen größer als die Anzahl der Patienten, die auf das andere Geschlecht fixiert sind.

2. Der Patient betreibt mit Bildern und Fotos von deformierten Menschen einen → Haremskult, bei dem der Orgasmus entweder spontan eintritt oder durch Masturbation herbeigeführt wird.

3. Die masochistische Komponente wird besonders deutlich, wenn der

Patient sich selber zu verstümmeln sucht (→ Automasochismus, Autotomie, Nadelschlucker, Penis-Strangulation, Selbstentmannung, Selbstkastration, Selbstkatheterisierung, Selbstkreuzigung). Oft nimmt die Selbstverstümmelung den unbewußten Charakter einer Geschlechtsverwandlung an. Frauen binden ihre Brüste ab oder schneiden an ihnen herum, Männer binden sich den Penis ab oder verstümmeln ihn.

4. Wer nicht zur tatsächlichen Selbstdeformation schreitet, versucht oft, sich selber, mit dem typischen → Pseudolismus der Perversion, den Eindruck zu geben, daß er deformiert sei. Dies geschieht durch das Ausstopfen des Rückens, um den Eindruck eines Buckels zu geben, durch Gehen auf Krücken, durch Abbinden des gesunden Gliedes und Anschnallen einer Prothese, durch Augenschalen oder Augenbinden, die ein Auge oder manchmal auch beide außer Betrieb setzen, durch krampfhaftes Schielen oder durch Verstopfung der Ohren, um das Gefühl der Taubheit zu empfinden.

5. Der Wunsch, andere Menschen durch die Vorführung der eigenen Deformation zu erschrecken, bezeugt zumindest den Rest einer Einstellung auf das Du, so obskur sie auch sein mag. Der Deformationsfetischist begnügt sich hierbei manchmal mit einer rein symbolischen Reaktion des anderen Menschen. Zuweilen vereinbart er ausdrücklich mit einem Freund, einer Freundin, einer Prostituierten, daß sie erschrekken soll, wenn er »blind« oder als »Krüppel«, als »Buckliger« oder auf Krücken erscheint. Dann tritt der Orgasmus (wenn der Fetischist überhaupt noch orgasmusfähig ist) beim »Erschrecken« des anderen Menschen spontan ein, ähnlich wie bei dem Exhibitionisten. Manche Sexualwissenschaftler benutzen deshalb auch für diese Form des D. das Wort »Deformationsexhibitionismus«. →Exhibitionismus, Fetischismus, Masochismus. Vgl.: Amputationsfetischismus, Automasochismus, Buckel, Graviditätsfetischismus, Häßlichkeitsfetischismus, Pelele, Prothesenfetischismus.

Degeneration → Entartung.

Delectatio morosa [lat.: eigensinniger Genuß, mürrische Ergötzung], ein Begriff der katholischen Moraltheologie, der das Brüten über sexuellen Dingen ausdrücken soll, also eigentlich eine Art geistiger Onanie bezeichnet. → psychischer Koitus, geistige Selbstbefriedigung.

Délire de toucher [frz.: Berührungswahn], eine Zwangsneurose, die den Patienten zu der Illusion veranlaßt, andere Menschen wollten ihn dauernd berühren (oder gar vergewaltigen). Da jede tatsächliche Berührung diesen Menschen Todesangst verursacht, sind sie unfähig zum Geschlechtsverkehr.

Eine andere Variante dieser Zwangskrankheit besteht in der *Angst* des Patienten, gewisse Gegenstände zu berühren, und in der Vorstellung, daß ihn diese Gegenstände verseuchten. Sie führt also zum neurotischen → Waschzwang und zu komplizierten Reinigungszeremonien. In beiden Fällen ist das Délire de toucher die Reaktion auf einen verdrängten sexuellen *Wunsch* nach Berührung. Der angsteinflößende Gegenstand steht entweder mit dem Sexualleben im allgemeinen oder mit dem individuellen Sexualleben des Erkrankten in symbolischer Beziehung. Eine Patientin, die die Türklinke mit bloßer Hand anzufassen fürchtete, drückte damit den vom Ich verpönten und daher verdrängten Wunsch aus, das Glied eines Mannes zu berühren. Der formale Ursprung des D. entstammt der Kindheit, und zwar gewissen erzieherischen Verboten, denen man sehr häufig in der Kinderstube begegnet. Vgl.: Berührungszwang. → Cypridophobie, Distanzliebe, Erektionsangst, Flucht vor der Liebe, Genitalangst, Horror sexualis partialis, Koitusangst, Liebeshaß, Misogamie, Repulsionskräfte, Venereophobie, Zwangskrankheiten.

Demi-castor [frz.: Halbbiber], in Paris um die Jahrhundertwende eine Frau, die der guten Gesellschaft angehörte, jedoch geheime Prostitution betrieb. Luis Buñuel hat in seinem Film → *Belle de Jour* nach dem Roman von Joseph Kessel einen entsprechenden Typ des 20. Jahrhunderts gezeichnet. Das Wort geht auf die Terminologie zurück, die man seit Ende des 18. Jahrhunderts für die drei Arten der Prostitution des → Palais Royal benutzte: die Damen der Terrace du Paveau nannte man *Castors Fins,* die der Galerien *Castors* und die der Alleen des Gartens *Demi-castors.* → Chaperonnière, Castor, Dame demoiselle, Demimondaine, Fausse, Femme de cinq heures, Halbflor, Kokotten, Kurtisanen, Loretten.

Demi-Louis [frz.: halber Ludwig], die unehelichen Kinder König Ludwigs XV.

Demimondaine [frz.: Halbweltlerin], die Kurtisane des zweiten Kaiserreichs. Das Wort existiert noch immer im französichen Sprachgebrauch, wird aber als unmodern empfunden und bezeichnet heute alle Frauen, die als Damen der Gesellschaft gelten oder gelten möchten, obgleich sie ihren Unterhalt zumindest teilweise durch Prostitution verdienen. → Chaperonnière, Dame demoiselle, Demicastor, Fausse, Femme de cinq heures, Halbflor, Kokotte, Kurtisane, Lorette.

Demimonde [frz.: Halbwelt], ein Theaterstück von Alexandre Dumas (1802–1870), das 1855 jene französische Bevölkerungsschichten charakterisierte, die die »gute« Gesellschaft mit der Unterwelt verbanden. Das Wort D. ist nicht von Dumas erfunden worden, wurde aber durch dieses Schauspiel so populär, daß es bald als Synonym des Kurtisanentums galt. → Halbflor, Halbwelt.

Demivierge [frz.: Halbjungfrau], Roman von Marcel Prévost (1862–1941), der das in den zwanziger Jahren aufkommende Phänomen des emanzipierten jungen Mädchens darstellte, das zwar zu vorehelichem Geschlechtsverkehr aller Art bereit war, aber seine juristische Jungfernschaft bewahrte, indem es sich auf Vorhofkoitus, gegenseitige Masturbation, Fellatio und Cunnilingus einrichtete. Die amerikanische Ethik des → Petting, die durch die der → Hippies und → Swingers nun ziemlich überholt ist, entsprach in nahezu jeder Hinsicht der Sexualmoral der D.

Demonstrationssadismus, ein von Merzbach geprägtes Synonym für → Exhibitionismus. Merzbach glaubte, daß Exhibitionismus nicht etwa eine Entblößungssucht sei, die (wie wir heute wissen) hauptsächlich auf *Angst* vor dem anderen Geschlecht beruht, sondern eine Art Frauenhaß, bei welchem der Mann sich entblößt, um die Frau zu verletzen. Die Fälle von weiblichem Exhibitionismus, die seit Merzbachs Zeit bekannt geworden sind, scheinen seine These eigentümlicherweise zum Teil zu bestätigen, während die männlichen Fälle, auf denen er seine Theorie aufbaute, heute kaum noch als psychosadistisch aufgefaßt werden würden.

Dendranthropie [gr.: dendron = Baum; anthropos = Mensch], die Vermenschlichung von Bäumen; die Versuchung, Bäume und andere Pflanzen als belebte Wesen zu betrachten; eine Überzeugung des Animismus, der primitiven Religion, die alle Dinge als beseelte Einzelwesen betrachtet. → Dendrophilie, Zooanthropie.

Dendrophilie [gr.: dendron = Baum; philia = Liebe], die sexuelle Triebfixierung auf Bäume. Xerxes liebte eine Platane in Lydien, schmückte sie wie eine Geliebte und heiratete sie mit großem Zeremoniell. Die D. beruht auf dem Glauben, daß Gottheiten die Bäume bewohnen und beseelen, aber auch auf der Identifizierung der Menschenseele mit der Baumseele, des Menschenschicksals mit dem Baumschicksal. Uralt ist z.B. die Sitte, die Waldfruchtbäume, aber auch den Apfel- oder Birnenbaum als Lebens- und Geburtsbaum zu erwählen und ihn in der Geburtsstunde des Kindes zu pflanzen. Eine Äußerung der D. liegt auch in der Wechselbeziehung zwischen dem fruchttragenden Apfelbaum und der fruchttragenden Frau. Dafür spricht die von Frazer (*The Golden Bough,* I) erwähnte Tatsache, daß sich bei den Kara-Kirgisen unfruchtbare Frauen unter einem alleinstehenden Apfelbaum auf dem Boden wälzen, um Nachkommenschaft zu erhalten. Nach altindischem Hochzeitsritual bringen die Neuvermählten am fünften Tag nach der Hochzeit einem Baum vor dem Dorf zum Opfer dar, um Ehesegen zu erflehen (Winternitz, *Das altindische Hochzeitsritual,* Wien 1892). Auf diesem Glauben, daß die Baumseele, der Vegetationsdämon, der Braut Fruchtbarkeit verleihe, beruhen auch die sog. indischen »Baumhochzeiten«, d.h. die Hochzeiten mit Bäumen, wobei man deren Rinde in der Hoffnung auf Nachkommenschaft als Kleidung trägt. Vgl.: Dendranthropie, Metamorphosismus, Tierfetischismus, Zooanthropie, Zoomimik, Zoophilie.

Dengeln, ländliche Sitte in Süddeutschland. Zur Erhöhung der Geschlechtslust drückt die Frau die Hoden des Liebhabers mit den Händen. Hierbei können ernsthafte Hodenverletzungen eintreten. → Koitusverletzungen.

Dermatophagie [gr.: derma = Haut; phagein = essen], die krankhafte Lust, menschliche Haut zu essen. Gugitz berichtet über einen Fall: »E. L. s. brennendster Wunsch war, einem jungen Mädchen ein Stück Haut abzubeißen und zu verzehren. Diese Erscheinung ist wohl der → Anthropophagie beim → Lustmord verwandt.« Man findet sie aber auch bei Sadisten in der Form des Beißens zum Zwecke des Schmerzbereitens und bei Masochisten in dem Bedürfnis, sich zu erniedrigen und die Fingernägel der Herrin und die daran hängenden Hautteilchen zu essen. Vgl.: Menophagie, Koprophagie, Uropotie.

Désirantes [frz.: Wünschende], Mitgliedsanwärterinnen des lesbischen Geheimclubs der → Anandrynes im Frankreich des 18. Jahrhunderts. → sexuelle Clubs, weibliche Homosexualität.

Destillatio [lat.: destillare = herabtropfen], Sekret der Cowperschen Drüsen des Mannes, das bei sexueller Erregung in kleinen Tröpfchen aus der Harnröhre austritt. → Urorrhoea libidinosa.

Destrudo [lat.: destructor = Zerstörer], die Energie des → Todestriebes. Der Begriff stammt von dem Psychoanalytiker Edoardo Weiss, der sie als Gegenstück zur → Libido, der Energie des → Lebenstriebs betrachtet (*Todestrieb und Masochismus,* Imago XXI, S. 393 ff. 1935).

Deszendent [lat.: descendo = hinabsteigen], Nachkomme, Blutsverwandter in absteigender Linie. Vgl.: Aszendent.

Deszendenz, Blutsverwandtschaft in absteigender Linie. Lehre von den Nachkommen.

Deszendenzsystem, das System, nach welchem eine gegebene Gesellschaftsordnung die Blutsverwandtschaft in absteigender Linie definiert. Verschiedene Kulturen benutzen verschiedene Systeme, um die Abstammung des einzelnen von seinen Vorfahren zu erklären. Unser westeuropäisches D. ist → bilinear: es leitet unsere Abstammung von *beiden* Eltern ab. Aber aus der Tatsache, daß wir unseren Nachnamen meist von unserem Vater, nicht von unserer Mutter übernehmen, folgert die Sexualethnologie, daß unser D. früher → patrilinear gewesen sein muß, daß es einst in ausschließlicher väterlicher Linie funktioniert hat. Sogenannte → Matriarchate oder → mutterrechtliche Gesellschaftsordnungen leiten die Abstammung des einzelnen dagegen in → matrilinearer Folge ab, das heißt in mütterlicher Linie. Gegensatz: Aszendenzsystem.

deszendierend, absteigend, in absteigender Verwandschaftslinie. Gegensatz: aszendierend.

Detumeszenz [lat.: de = ent, ab; tumesco = schwellen], das Abschwellen der Genitalien und anderer Körperteile (z.B. der Brustwarzen) nach dem → Orgasmus. Im übertragenen Sinne das Abklingen der Libido nach der → Befriedigung. → Akme, Ejakulation, Klimax, Koitus.

Deviation [lat.: deviare = vom Wege abweichen], in der heutigen Sexualwissenschaft jene Abweichungen, die man früher → Perversionen nannte. Da jede Gesellschaftsordnung ihre eigenen → Sexualnormen setzt, erzeugt sie auch ihre eigenen Deviationen. Es gibt keine zwei Kulturen, die das gleiche Sexualverhalten in der gleichen Weise bewerten. Was bei der einen als »normal« gilt, mag bei der anderen als »deviant« oder »pervers« gelten. Der Schlüssel zum Verständnis der D. liegt also nicht in dem Individuum, das von der Norm abweicht, sondern in dem Gesellschaftssystem, das die Norm festlegt. Wo es keine Normen gibt, kann es auch keine Deviationen geben. Umgekehrt: Je größer die Anzahl der Normen, desto größer auch die Anzahl der Deviationen. Je restriktiver das Normensystem, desto gravierender die Deviationen.

Das beeinflußt auch unsere Vorstellungen der Deviationstherapie. Denn wenn Deviationen sozial bedingt sind, dann lassen sie sich auch nicht individuell therapieren, sondern ändern sich, wenn man die Gesellschaftsumstände ändert, deren Abbild sie sind. Da aber die sozialen Umstände nicht zufällig entstehen, sondern Resultate jenes Parallellogramms der sozialen Kräfte sind, das unsere Gesellschaftsordnung bewegt, ist es wahrscheinlich, daß sexuelle Deviationen eine gesellschaftliche Regelfunktion ausüben.

Eberhard Schorsch, einer der bedeutendsten Sexualforscher im deutschen Sprachraum, hat die Entstehung des heutigen Deviationsbegriffs präzise von dem der Vergangenheit abgegrenzt: »Lange Zeit existierte Sexualwissenschaft nur in Gestalt *psychischer Sexualpathologie.* Die sexuellen Perversionen wurden als Gegenstand der Forschung isoliert ohne wissenschaftliche Kenntnis des Hintergrundes von ›Normalität‹, von dem sie sich absetzten. Sexualwissenschaft gab es auch ausschließlich als Sexualpathologie, nicht als Sexologie. Das Gesamtphänomen der Sexualität blieb zunächst außer Betracht; ein nicht befragtes und damit weitgehend unbekanntes sogenanntes Moralverhalten, das als moralkonform angesehen wurde, blieb der dunkle Bezugspunkt dieser Sexualpathologie. Er war gleichbedeutend mit ›gesund‹ und deshalb für eine Sexualpathologie kein fragwürdiger Gegenstand der Untersuchung. Der Grundsatz der psychiatrischen Sexualpathologie war damit ein *moralischer,* der sich darin ausdrückte, daß die sogenannte Normalität, d. h. der Gehorsam gegenüber den Forderungen der Moral, mit Gesundheit gleichgesetzt und alles, was von dieser Norm abweicht, als Gegenstand der Psychopathologie, als biologisch fundierte Krankheit angesehen wurde« (*Sexuelle Deviationen: Ideologie, Klinik, Kritik,* in Eberhard Schorsch und Gunter Schmidt, *Ergebnisse zur Sexualforschung,* Köln 1975, S. 48).

Im Gegensatz hierzu benutzt die empirische Sexualwissenschaft unserer Tage den Begriff D. in wertfreier, rein deskriptiver Weise. Er hat keine Bedeutung auf den Skalen *gesund/krank* und *moralisch/unmoralisch,* jedoch große Bedeutung auf den Skalen *erlaubt/verboten* und *straffrei/strafbar.* Die forensische Frage ist also durchaus relevant, nur darf man sie nicht in die Skalen *gerecht/ungerecht* oder *richtig/falsch* einordnen.

Diagnose, sexuelle → Geschlechtsdiagnose.

Diagnostik, sexuelle → Sexualdiagnostik.

Dialektik der Liebe → Liebe.

Dianakomplex, der Männlichkeitswunsch der Frau. Die römische Göttin Diana ist eine → mutterrechtliche Konzeption (die vaterrechtlichen Römer übernahmen sie von den mutterrechtlichen → Etruskern) und verkörperte den Typus der Amazone, der wehrhaften Frau. Sie war Jungfrau, durfte nicht heiraten und widmete sich statt dessen der Jagd.

Die späteren Psychoanalytiker sehen in ihr das Symbol der narzißtischen Frau, die ihre sexuellen Wünsche in → Aggression verwandelt. Der Pfeil, den sie von ihrem Bogen schießt, entspricht dem kastrierten Penis, den sie als Waffe benutzt.

Diaphragma [gr.: dia = durch; phragma = Hecke], Gummikappe, die die Gebärmutter vor dem Eindringen von Sperma schützen soll. → Empfängnisverhütung, Verhütungsmittel.

Dichotomie, sexuelle → Geschlechtsdichotomie.

Didaskalophilie [gr.: didaskalos = Lehrer, Lehrerin; philia = Liebe], die kindliche Schwärmerei für einen Lehrer oder eine Lehrerin; die pädophile Tendenz eines Lehrers oder einer Lehrerin zu ihren Schülern oder Schülerinnen; sexueller Verkehr zwischen Lehrern oder Lehrerinnen und Schülern oder Schülerinnen. Vgl.: Dippoldismus, Ephebophilie, Erziehersadismus, Erziehungsmasochismus, Gouvernantenwahn, Governess, Homosexualität, Päderastie, Pädophilie.

Dies sexualis [lat.: Geschlechtstag] pflegten die deutschen Studenten um die Jahrhundertwende den Tag der Woche zu nennen, an dem sie Geschlechtsverkehr hatten. Der Begriff bürgerte sich auch beim preußischen Offiziers-Korps ein, so daß es in manchen Regiments- und Universitätsstädten zu sogeannten »couleurfreien Tagen« kam, an denen die Mitglieder von allen Offizien wie Paukstunde, Bummel, Konvent, Kneipe befreit waren und eine größere Anzahl Kommilitonen sich geschlechtlich betätigten. So soll nach K. Wilker *Die neue Generation* (1909, Nr. 12) in Jena der Donnerstag als Geschlechtstag der Offiziere und Burschenschaft bekannt gewesen sein. Auf seinen Einwand, es seien ja gar nicht so viele Prostituierte vorhanden, wie für die etwa sechzig Aktiven notwendig seien, erhielt er die Antwort: »Da müssen eben sechzig Köchinnen daran glauben.« Als weiterer Geschlechtstag galt nach Dr. Wilker in Jena ein bestimmter Wochentag, an dem in einem gewissen »Etablissement« regelmäßig ein Tanzvergnügen stattfand, zu dem jedesmal aus den nächstliegenden größeren Orten, wie Halle, Leipzig, Erfurt, Prostituierte erschienen. Das Tun und Treiben an diesen Tagen und bei den Tanzabenden habe in Jena eine so erschreckende Zunahme der »venerischen Krankheiten« zur Folge gehabt, namentlich durch die Damen von auswärts, daß zu Beginn des Sommersemesters 1909 an alle studentischen Verbindungen »Aufklärungen« hatten ergehen müssen. → Filia hospitalis, Florbesen.

Differenzierung, sexuelle → Geschlechtsdifferenzierung.

Digitatio [lat.: digitus = Finger], Befingern, ein von Hirschfeld geprägter

Begriff, der die alloerotische Masturbation (Onanismus conjugalis) von der autoerotischen Masturbation unterscheiden sollte: wenn eine Frau einen Mann, ein Mann eine Frau oder ein homosexuelles Paar einander masturbieren. Der Ausdruck hat sich nicht eingebürgert. Manche Autoren benutzen statt dessen Masturbatio conjugalis oder Onanismus conjugalis. Vgl.: Onanie, Masturbation, Selbstbefriedigung.

Dildo, Dildoe, Dildol [engl., entweder von delight = Entzücken oder von dilate = erweitern], künstlicher Penis zum Erweitern der Vagina (Geburtshilfe), zur Selbstbefriedigung der Frau oder zum Geschlechtsverkehr zwischen Lesbierinnen. Vgl.: Selbstbefriedigungsinstrumente.

Diletto [it.: Entzücken], künstlicher Penis aus Glas, der mit warmem Wasser angefüllt wurde und den Frauen der italienischen Renaissance zur Selbstbefriedigung diente.
Vgl.: Selbstbefriedigungsinstrumente.

Dilin [indones.], künstlicher Penis aus Holz und Wachs, den Frauen der Atjeh in Sumatra zur Selbstbefriedigung benutzen. Vgl.: Selbstbefriedigungsinstrumente.

Dillmanns Garten in Mainz, der berühmteste deutsche → Lustgarten des 18. Jahrhunderts im Rhein-Main-Gebiet, Nach englischem Modell gebaut, hatte er den Hauptzweck, Prostituierte mit ihren Kunden zusammenzubringen, ohne daß man Hotelmiete zu zahlen brauchte. Alles fand im Freien statt, und das war die Hauptattraktion für diejenigen, die nicht genug Geld hatten, um sich ein eigenes Mädchen zuzulegen.

Dimorphismus, sexueller → Geschlechtsdimorphismus, geschlechtsdimorphes Verhalten.

Dionäismus, ein von Carl Heinrich Ulrichs (1825–1895) geprägtes Synonym für → Heterosexualität. → Dioning. Vgl.: Alloerotismus, Alloiophilie, Gynäkerastie, Normalität.

Dioning, heterosexueller Mann. Das Wort stammt von dem Juristen Carl Heinrich Ulrichs (1825–1895), der unter dem Pseudonym »Numa Numantius« die ersten wichtigen sexualwissenschaftlichen Arbeiten über die männliche Homosexualität veröffentlichte. Er leitete es von Aphrodite Dionaia ab und stellte es in Gegensatz zum → Urning, dem homosexuellen, nach der Aphrodite Urania benannten Mann.

Dippoldismus, Kindesmißhandlung aus vorgeblich erzieherischen Gründen, benannt nach dem Studenten Dippold, der 1904 als Hauslehrer einen Knaben so verprügelte, daß das Kind daran starb. Vgl.: Auspeitschung, Bestrafung, Erziehersadismus, Erziehungsmasochismus, Gouvernantenwahn, Governess, Postheoth Club, Prügelmaschine, Puerilismus.

Dirne sollte möglichst nicht als Synonym für Prostituierte benutzt werden, da es in manchen Teilen Deutschlands einfach » junges Mädchen«, in anderen Teilen »Dienerin« oder »Magd« bedeutet. Ein Dirndlkleid ist kein Prostituiertenkleid, und eine Hure ist kein Dirndl.

Dispensaire de salubrité [frz.: Armenapotheke der öffentlichen Gesundheitspflege], im Frankreich des beginnenden 19. Jahrhunderts die Armenkliniken, die hauptsächlich der Behandlung und Überwachung von Prostituierten dienten. → Arbeitshäuser, Beguinen, Bicêtre, Bon Pasteur, bekehrte Buhlerinnen, Casa de las arrepentidas, Convertite, Dominae poenitentes, Filles-Dieu, Haus der Büßerinnen, Illuminate, Madelonettes, Magdalenenhäuser, Maison de salubrité, Pentite, Sain-Lazare, Sorores de penitentia, Spinnhäuser.

Distanzliebe, die Unfähigkeit, sich in jemand zu verlieben, der nah und erreichbar ist. Die Sucht, sich nur in jemand zu verlieben, der fern, unerreichbar, verheiratet, verlobt oder in jemanden anderen verliebt ist. Der D. liegt oft eine der folgenden Ursachen zu Grunde:

→ *Verkappte Homosexualität.* Aus Angst, den verdrängten homosexuellen Wünschen nachzugeben, verliebt man sich in ein heterosexuelles Objekt, baut aber unbewußt den Sicherheitsfaktor ein, daß der so Geliebte nicht erreichbar sein darf.

→ *sekundärer Narzißmus,* die Unfähigkeit, jemanden anderen zu lieben als sich selbst. Da man diesen sexuellen Egozentrismus aber nur sehr selten bewußt werden läßt, erfindet man eine Person, in die man sich nun »verliebt«. Da die Person aber unerreichbar ist, kann man in deren Schatten weiterhin der eigenen Autoerotik frönen.

→ *Cypridophobie,* Angst vor Geschlechtsverkehr. Da man sich auch diese Angst nie eingesteht, verkleidet man sie entweder als Moral, Sittlichkeit, Keuschheit – oder man verfällt der D., die einem die Illusion des Wunsches nach Geschlechtsverkehr gibt, ohne daß er realisiert werden müßte.

→ *Androphobie* (Misandrie, Angst vor Männern) oder → *Gynäkophobie* (Misogynie, Angst vor Frauen), also Angst vor dem anderen Geschlecht.

→ *Deflorationsphobie,* Angst vor der Entjungferung, die bei streng und konservativ erzogenen Frauen oft zur D. führt.

→ *Erektionsangst* beim Mann oder → *Vaginismus* bei der Frau, eine spezifische Form der → *Cypridophobie.*

→ *Misopädie,* die Angst vor Nachwuchs.

→ *Kastrationsangst*, die Angst vor Verlust oder gewaltsamer Verletzung der Genitalien. Anlaß zur Entstehung dieser Angstvorstellung sind die Drohungen, die von Eltern ausgesprochen werden, wenn sie das Kind beim Onanieren erwischen. Aber auch schon die bei der Onanie entwickelten Phantasien und die Furcht vor Strafe genügen zur Herstellung der K. Beim Mädchen äußert sich die K. in Angst vor Verletzung beim Geschlechtsverkehr. Viele hypochondrische Befürchtungen, wie etwa die Vorstellung, das Glied sei zu klein, beruhen auf früh erworbener K.

→ *Impotenzangst, Dyspareunie* (weibliche Impotenzangst).

→ *Misogamie,* → Ehescheu.

Dodekamechanon [gr.: dodeka = zwölf; mechane = Mittel, Weg, Kunst, Kniff], Methode der griechischen Hetäre Kyrene, den Koitus auf zwölffache Weise auszuführen, eines der ersten Lehrbücher der Erotik. → Figurae veneris, Koitalbewegungen, Koituspositionen.

Dolce stil nuovo [it.: süßer neuer Stil, Stil der neuen Süße], ein Begriff, den Dante Alighieri (1265–1321) für jene Gruppe italienischer Dichter prägte, die sich von der damals modernen sizilianischen Dichterschule trennten und an die italienischen → Minnesänger des Mittelalters anknüpften: Guido Guinizelle (1230–1275), Guido Cavalcanti (1259–1300), Cino da Pistoria (1265–1336) und die weniger bedeutenden Lapo Gianni und Gianni Alfani. Alle dieser Dichter, selbst noch Francesco Petrarca (1304–1374), verherrlichten, einerlei wie sehr sie sich stilistisch unterschieden, unerfüllbare und unglückliche Liebe. In allen waren also unbewußt noch die leibfeindlichen, antisexuellen, lebensverneinenden Lehren der → Gnostiker und → Manichäer wirksam.

Domina [lat.: Herrin], ein Wort, das den Frauendienst des Mittelalters, die freiwillige Unterwerfung eines Mannes unter das Regime einer Frau, mit dem Sprachgebrauch der heutigen Masochisten aller Länder verbindet. Die Domina war die Herrin des → Minnesängers, des → Troubadours, des mittelalterlichen Ritters, der alle Mißhandlungen, alle Verunglimpfungen, alle Erniedrigungen ertrug, um das Lob einer Dame zu singen, die ihn nur selten um diese Unterwürfigkeit gebeten hatte, ihn oft überhaupt nicht kannte und ihm kaum je jene Belohnung gab, die ein Liebender normalerweise als Ziel der Liebe betrachtet. Im modernen Sprachgebrauch der → Masochisten ist die Domina ebenfalls die Frau, die ihn mißhandelt, ohne ihm je normalen Koitus zu gewähren. Die zahllosen Inserate in den »Geselligkeits-« oder »Bekanntschafts«-Spalten der Tageszeitungen aller Länder, in denen ein Mann nach einer Frau »mit festem Charakter« oder »erzieherischer Fähigkeit« oder »starker Hand« sucht, sprechen die internationale zwischen → Servus und Domina übliche Geheimsprache. → Masochismus, Minne, Ritterlichkeit.

Dominae poenitentes [lat.: reuige Herrinnen], eine Stiftung zur Bekehrung von Prostituierten, die seit 1220 in Worms bestand. → Arbeitshäuser, Beguinen, Bicêtre, Bon Pasteur, bekehrte Buhlerinnen, Casa de las arrepentidas, Convertite, Dispensaire de salubrité, Filles-Dieu, Haus der Büßerinnen, Illuminate, Madelonettes, Magdalenenhäuser, Maison de Sainte-Pélagie, Pentite, Saint-Lazare, Sorores de penitentia, Spinnstuben.

Domini di nocte [it.: Herren der Nacht] nannte man jene venezianischen Männer, denen die Beaufsichtigung des Nachtlebens in der Lagunenstadt im ausgehenden Mittelalter unterstand. → Capita sexteriorum. Vgl.: Ammeisterknecht, Bettelherren, Frauenrichter, Gewaltboten, Hurenhaber, Hurenweibel, Profos, Receveur des filles communes, Roi des Ribauds.

Don Juan [sp.: Herr Johann], die oft in Dichtungen behandelte Gestalt des unersättlichen Liebhabers. Don Juan de Tenorio war Oberkellermeister des kastilischen Königs Peter des Grausamen (1350–1368) und diente ihm als legalisierter und geadelter Zuhälter sowohl bei seinen Liebesabenteuern wie bei seinen sadomasochistischen Orgien. Er erstach den Vater eines Mädchens, das sich ihm widersetzt hatte, und wurde von der steinernen Statue des Vaters in die Hölle gezogen. In Spanien haben Tirso de Molina, Antonio de Zamora, Espronceda und Zorilla das Thema bearbeitet, in Frankreich Dorimond, de Villiers, Molière, Dumas der Ältere, Mérimée, Balzac, de Musset und Barbey d' Aurevilly; in England Sir Aston Cokain, Byron und Shaw; in deutscher Sprache Grabbe, Lenau und Sacher-Masoch; in Schweden C. J. L. Almquist; Mozart griff es in *Don Giovanni* auf (Libretto: L. da Ponte). Vor ihm hatten Purcell, Le Tellier, Righini, Tritto, Gardi und Gazzaniga Opern über das gleiche Thema komponiert. Gluck behandelte es als Ballett. Der Kernpunkt der Legende ist Don Juans Überzeugung, daß nicht er die Frauen verführt, sondern die Frauen ihn zur Verführung treiben; daß er sozusagen von den Frauen vergewaltigt wird. Psychoanalytisch demonstriert die Legende eine Facette des Ödipus-Mythos, und zwar die Unfähigkeit des Mannes, seine Mutterbindung zu durchbrechen, die lebenslange Suche nach einem Muttersurrogat und den lebenslangen Vaterhaß, der sich darin äußert, daß man anderen Männern die Frauen stiehlt (Otto Rank: *Die Don-Juan-Gestalt,* 1924). Vgl.: Casanova, Coquin, Henselin, Hippie, Libertin, Liebhaber, Philanderer, Roué, Schürzenjäger, Swinger, Sybarit, Zavalier. → Inkontinenz, Promiskuität.

Doppelehe → Bigamie.

Doppelgeschlechtlichkeit → Bisexualität.

Doppelliebe, die Unfähigkeit, sich in einen einzigen Menschen zu verlieben, der frei und verfügbar ist. Die Sucht, sich stets gleichzeitig in zwei Menschen zu verlieben, so daß man im Dilemma zwischen beiden die Ausrede hat, sich nicht entscheiden zu können und somit keinen Geschlechtsverkehr eingehen zu müssen. Die Gründe sind meist die gleichen wie bei der → Distanzliebe, können aber manchmal eine verkappte Form von → Triolismus darstellen.

Drama und Sexualität → Sexualität und Drama.

Drehpunkt, von dem Biologen Richard Goldschmidt im Jahre 1915 geprägter Ausdruck, der den Umschlag eines gegebenen Geschlechts in ein anderes bezeichnen sollte. Die von Goldschmidt begründete Lehre der → Intersexualität stützte sich auf ein zwanzigjähriges Studium der Kreuzungsergebnisse von Schwammspinnern (Lymantria dispar) verschiedener geographischer Herkunft und unter verschiedenen Versuchsbedingungen. Die Lage des D. im Ablaufe der embryonalen Entwicklung war offenbar entscheidend für die Quantität und die Qualität der von der Umbildung bzw. Umwandlung zum entgegengesetzten Geschlecht betroffenen Geschlechtsmerkmale, indem alle Organe, welche in dem betreffenden Stadium der Entwicklung noch nicht im Sinn der ursprünglich angelegten Geschlechtlichkeit differenziert waren, sich nun in der Richtung des anderen Geschlechts entwickelten. Daraus ergab sich, daß diejenigen Organe und Organteile, welche in der Entwicklungsfolge zuletzt stehen, schon bei den leichtesten Graden der Intersexualität der Umwandlung unterliegen, während diejenigen Teile des Organismus, deren Entwicklung schon in den frühesten Zeiten vollendet ist, nur dann an der geschlechtlichen Umkehr teilnehmen, wenn der D. in diese früheste Zeit der embryonalen Entwicklung fällt. An allen geschlechtsspezifischen Merkmalen des Schwammspinners sowohl in der äußeren Gestaltung, wie Flügelform, Art der Antennen etc., als auch bezüglich der Geschlechtsorgane selber konnte Goldschmidt alle Übergänge von einem zum anderen Geschlecht darstellen.

Die Umwandlung bezog sich aber auch auf »Psychisches« – sit venia verbo –, auf das beim Männchen und Weibchen sehr differente allgemeine Verhalten, und ist deshalb vor allem in die → Homosexualitätsforschung eingegangen. Dort wird der Begriff D. heute benutzt, um den Wendepunkt des Pseudoheterosexuellen zum Bewußtsein seiner eigenen Homosexualität zu bezeichnen. Vgl.: Coming out. → Ambierastie, Ambisexualität, Amphierotik, Biamanten, Bisexualität, Doppelgeschlechtlichkeit, Drittes Geschlecht, Geschlechtsübergänge, Hermaphrodit, Intersexualität. Panhermaphroditismus, Seelenzwitter, Trisexualität, sexuelle Zwischenstufen.

Drittes Geschlecht, ein von v. Wolzogen geprägter Ausdruck zur Bezeichnung von Bisexuellen. → Ambierastie, Ambisexualität, Amphierotik, Biamanten, Bisexualität, Doppelgeschlechtlichkeit, Drehpunkt, Geschlechtsübergänge, Hermaphrodit, Intersexualität, Panhermaphroditismus, Seelenzwitter, Trisexualität, sexuelle Zwischenstufen.

Dromomanie [gr: dromos = Lauf; mania = Wahn], ein von Magnus Hirschfeld (1868-1935) geprägter Sammelbegriff für verschiedene Formen der erotisch bedingten Wanderlust, Reisesucht oder Abenteuerlust. Hirschfeld glaubte, daß die großen Forschungsreisenden und Weltentdecker sexuell pubertär waren, d. h. ihre sexuelle Neugier in eine geographische Neugier verwandelten, die ihnen die Möglichkeit gab, eine Ausrede für ihre mangelnde Libido zu entwickeln: »Da ich der Wissenschaft diene, habe ich keine Zeit für Frauen.« Merzbach entwickelte eine ähnliche Theorie und nannte den Wandertrieb → Poriomanie.

Drüsen, sexuelle → Geschlechtsdrüsen.

Dualismus, sexueller → Geschlechtsdualismus.

Duegna [sp.: Ehrenwächterin], die spanische Kupplerin, die unter der Maske der Beschützerin junger Mädchen diese an reiche junge Männer verkuppelte.

Dutch wife [engl.: holländische Ehefrau], eine etwa menschengroße Bettrolle, die man in den Tropen während der Nacht zwischen die Beine nimmt, angeblich um den Schweiß aufzusaugen, aber sicher auch (wie der Name sagt) zur Selbstbefriedigung des Mannes.

Dyspareunie [gr.: dys = schlecht; pareune = Paarung], Paarungsunfähigkeit. Keine bestimmte Krankheit, sondern ein Sammelname für eine Anzahl von Frigiditäts- und Impotenzleiden verschiedener Ursachen.

E

Écouteur [frz.: Zuhörer], das akustische Gegenstück zum → Voyeur; der Mensch, der seine sexuelle Befriedigung beim Belauschen anderer Menschen während des Geschlechtsverkehrs sucht. Der É. ist stets ein Infantilist. Seine sexuellen Neigungen gehen auf die Kindheit zurück, als er seine Eltern oder andere Erwachsene beim Geschlechtsverkehr hörte. Statt ein eigenes Bedürfnis nach Koitus zu entwickeln, genügt ihm der Ersatzgenuß, anderen beim Koitus zuzuhören. Diese verhältnismäßig harmlose »Perversion« kann sich allerdings zur Zwangsneurose steigern, wenn der É. *glaubt,* die Geräusche des Geschlechtsverkehrs zu hören, obwohl in Wahrheit nichts Derartiges wahrzunehmen ist. In der Praxis vieler Psychiater tauchen Patienten auf, die weder in der eigenen Wohnung noch in Hotelräumen je schlafen können, weil sie von imaginären Geräuschen des Geschlechtsverkehrs verfolgt werden. → Nebenzimmersexualität.

Effemination, Effeminierung [lat.: Verweiblichung], Feminisierung, Verweiblichung.

Effeuille des roses [frz. Idiom, eigentlich: *effeuillaison* oder *effeuillement des roses* = Entblätterung der Rosen]. Die »Rosen« sind die Nates, die Hinterbacken der Frau, und die »Entblätterung« besteht im Entkleiden (→ Cucurbitacées). In der heutigen Bordellsprache bedeutet das Wort das Lecken des Afters oder das Gelecktwerden am After. Stekel sagt: »Den höchsten Reiz der Analschleimhaut erzielt man durch Lekken mit der Zunge (Afterkuß, Anilingus oder Anilinctus). Menschen, die diese Art von Befriedigung suchen, werden leicht Sklaven ihrer Leidenschaft, weil die Reize so außerordentlich stark sein sollen. Es kommt aber vor, daß Menschen auf Anilingus gar nicht reagieren. Daß diese Form des Lustgewinns einst als höchstes Zeichen der Liebe gewertet wurde, beweisen die volkstümlichen Synonyme für ›du kannst mich gern haben‹. Denn was wir als Schimpfwort benutzen, ist oft das, was wir im Unbwußten am dringendsten erwünschen.« → Anilinctio, Lambitus ani, Proctolagnie.

Ehe [vom althd.: êwa = Vertrag], die durch Gesetz und Brauchtum festgelegte Lebens- und Sexualgemeinschaft eines Mannes oder mehrerer Männer mit einer Frau oder mehreren Frauen. Die monogame Ehe (*una cum uno,* eine mit einem) stellt eine Sonderform der polygamen Ehe dar. In der heutigen westlichen Gesellschaft kommt die E. durch einen Vertrag (Eheschließung) zustande, ist aber selbst kein Vertrag, sondern ein vom Staat geschütztes familienrechtliches Gemeinschaftsverhältnis. Die westliche, monogame E. ist also eine mit rechtmäßigem Eheschließungswillen eingegangene, staatlich anerkannte dauernde Lebensgemeinschaft zwischen Mann und Frau. Sie beruht nominell auf gegenseitiger Liebe, Achtung und Treue, scheitert aber in der Praxis nur allzu oft an der Abwesenheit eben dieser gegenseitigen Liebe, Achtung und Treue.

Der Widerspruch zwischen dem, was die E. nominell sein sollte, und dem, was sie tatsächlich ist, macht eine Diskussion ihrer Vor- und Nachteile nahezu unmöglich. Die einen argumentieren vom Standpunkt der lebenslänglichen, durch Liebe verbundenen Gemeinschaft zweier Individuen, dem nobelsten Konzept des menschlichen Zusammenlebens, und die anderen argumentieren aus der praktischen Erfahrung der wachsenden Scheidungszahl und der Verkümmerung des Menschen in den kleinlichen Streitereien des Ehealltags, in den Lügen, zu denen die nominelle Monogamie beide Ehepartner veranlaßt, wenn sie des monogamen Lebens konstitutionell unfähig sind, in der Öde und Langeweile des Ehelebens älterer Leute, in der kein Funke der Liebe mehr glüht, keine Hoffnung auf eine bessere Zukunft mehr lebt und jeder Wissensdrang, jede Neugier über das Wesen des Ehegatten längst erloschen ist. Soll ein Wort zwei Inhalte so gänzlich widersprüchlicher Art bezeichnen, hat es seinen Sinn verloren.

Die Entwicklung der E. ist eines der umstrittensten Kapitel der Geschichte. Wir wissen zum Beispiel bis heute nicht, wieso bereits in den frühesten Gesetzen der Menschheit Ehen zwischen Blutsverwandten verboten waren. Die Annahme, daß es sich um eugenische Gründe handelt, ist mit Sicherheit falsch. Die ägyptischen Königsgeschlechter haben gezeigt, daß selbst Bruder-Schwester-Ehen keinen lebensunfähigen Nachwuchs hinterlassen. Da das Prinzip der Tierzucht auf möglichst enger Verbindung erfolgreicher Zuchtsträhnen besteht, muß die menschliche Angst vor der Inzucht andere als eugenische Gründe haben. Hier sei nur gesagt, daß der wahrscheinliche Ursprung aller Ehegesetze der ist, daß der Mann nie sicher sein kann, ob ein Kind von ihm stammt, während die Frau stets weiß, ob sie die Mutter ist. Sämtliche Eherechte sind deshalb männliche Erfindungen. Mit großer Wahrscheinlichkeit geht die gesamte menschliche Rechtsgeschichte darauf zurück, daß der Mann ein juristisches System erbauen mußte, um diese Naturtatsache, die den männlichen Anspruch auf gottgegebenen Herrscherstatus grundsätzlich widerlegte, aus dem Wege zu schaffen.

Der eigentliche *Grund* der E. liegt außerhalb ihrer selbst: nämlich in dem Hinzukommen eines dritten Wesens, des Kindes. Erst der Umschlag der Ehe in die Familie macht die Institutionalisierung des sexuellen Verhältnisses zweier Menschen notwendig. Denn von sämtlichen Lebewesen hat das menschliche »Jungtier« den längsten Entwicklungsprozeß. Deshalb finden wir auch in der Tierwelt nur dort eheähnliche Verhältnisse, wo Ernährung und Schutz der Mutter und der Jungen sie erfordert, zum Beispiel bei Säugetieren und Vögeln, besonders bei Singvögeln. Da der Mensch anderthalb bis zwei Jahrzehnte braucht, um seine Reife zu erlangen, ist eine Institution notwendig, die ihn während der Reifung betreut. Diese Institution bildet die E., aber sie ist sicher nicht die einzige Institution, die diesen Zweck erfüllen kann.

VORGESCHICHTE DER EHE. Wenn wir die Menschheitsgeschichte nicht auf dem absurden Zufall aufbauen wollen, daß die erste Frau, die sich irgendwo auf der Welt durch irgendeine Mutation aus ihren tierischen Vorfahren herausgebildet hat, durch einen ebenso großen Zufall auf den ersten Mann stößt, der sich ebenfalls – und das auch noch ausgerechnet zur gleichen Zeit – durch eine Mutation aus einem anderen Primatenstamm entwickelt hat, so müssen wir annehmen, daß die ersten Menschen, die sich irgendwo gebildet haben, durch Inzucht entstanden sind. Ob und wie lange die Praktik der Paarung zwischen Mutter und Sohn, Vater und Tochter, Bruder und Schwester andauerte, weiß niemand. Aber daß unsere Evolution als Gattung so begonnen hat, steht außer Zweifel.

Wie und weshalb die Paarungsverbote zwischen Geschwistern und zwischen Eltern und Kindern entstanden sind, weiß ebenfalls niemand. Aber daß sie durch eine bestimmte Entwicklung gefördert worden sind, steht ebenfalls außer Zweifel. Irgendwann hat sich jede der Urhorden, die zu verschiedenen Zeiten in verschiedenen Teilen der Erde entstanden sind, gespalten, weil keine wild lebende Horde, weder eine tierische noch eine menschliche, sich ernähren kann, wenn sie ein bestimmtes Größenmaß überschreitet. Zwischen den gespaltenen Horden müssen sich dann die sexuellen Beziehungen so eingespielt haben, daß man es vorzog, sich den Partner in der anderen Horde zu suchen. Die Vorteile liegen auf der Hand: Inzucht gefährdet die Horde, weil sie zu groß wird, um sich ernähren zu können. Das Inzuchtverbot dagegen erschwert die Paarung und hält die Horde dadurch klein und lebensfähig. Gleichzeitig lernt der Mensch durch exogame Paarung neue Gegenden kennen, muß feindliche Tiere auf dem Wege dorthin abwehren, neue

Nahrungsmittel finden, sich nach Spuren und Sternen orientieren. Das schärft seine Intelligenz und stärkt seine Unabhängigkeit.

Lewis Henry Morgan (1818 – 1881), der amerikanische Rechtswissenschaftler, der durch seine Tätigkeit für einen amerikanischen Indianerstamm zum Ethnologen und durch seine Entdeckung des klassifikatorischen Verwandtschaftssystems zum Vater der Sexualethnologie wurde, meint, daß die Einschränkung der Paarungsfreiheit zuerst zu einem Tabu des Geschlechtsverkehrs außerhalb der eigenen Generation geführt habe: Man durfte also mit allen Gleichaltrigen, einschließlich der eigenen Geschwister, nicht aber mit der Generation der Eltern oder Kinder, also auch nicht mit den eigenen Eltern und den eigenen Kindern, verkehren.

Als nächstes erfolgte der Ausschluß aller Mitglieder der eigenen Sippe, womit die Blutsverwandten der Mutter gemeint waren, denn daß man auch mit dem Vater blutsverwandt war, hatte man noch nicht entdeckt. Es gab nun also zwei Kategorien von Inzestverboten: eins, das sich in Altersbegriffen bewegte, und ein anderes, das mit Abstammungskategorien operierte. Auf die »Blutsverwandtschaftsehe«, das lockere Zusammenleben von leiblichen und kollateralen Schwestern mit ihren Brüdern, folgte also durch weitere Einengung des Blutsverwandtschaftsbegriffes eine »Ehe« solcher Schwestern und Männer, die *nicht* untereinander verwandt waren.

Als die Monogamie schließlich in der Region südlich der Donau auftauchte, war sie noch so frei, daß wir nach heutigen Maßstäben kaum von Ehe sprechen können. Zwar lebte ein einzelner Mann eine Zeitlang mit einer einzelnen Frau zusammen, aber beide lebten mit anderen solchen Paaren in großen Gemeinschaftshütten, in denen die Kinder aller Paare gemeinschaftlich versorgt wurden und einander auch als Geschwister betrachteten. Die Frau hatte in diesem Stadium noch weitgehende Rechte über ihren Körper und nahm sich Liebhaber oder wechselte ihren »Ehepartner« so oft sie wollte. Sie konnte dies tun, weil der Mann zu dieser Zeit den vom Rinde gezogenen Pflug noch nicht entdeckt hatte, die Frau dagegen die Felder mit einem eigens von ihr erfundenen Instrument, der Hacke, bebaute und dadurch den größten Teil der Nahrung erzeugte. Der jagende, fischende, fallenstellende Mann war ihr wegen seines geringen Beitrags zur Nahrungsbeschaffung so verpflichtet, daß er sich nicht gut gegen ihre sexuelle Freiheit wehren konnte.

In der Geschichte jener Regionen, in denen unsere Kultur begann –

Hellas, Rom und ihren Hinterländern – war die Monogamie, die lebenslängliche Einehe mit strikter Verpflichtung der Frau zur außerehelichen Enthaltsamkeit, also eine historische Schöpfung des Mannes, die seiner Machtergreifung sexuelle Geltung verleihen sollte. Eine Einehe mit Verpflichtung des Mannes, keine außerehelichen Verhältnisse zu betreiben, hat es in der Geschichte beider Regionen bis zum Mittelalter nicht gegeben.

Der Grund, weshalb bis zu dieser Zeit nur der Mann, nie aber die Frau für die Einehe eingetreten war, war einfach: Nur so konnte er hoffen, daß die Kinder seiner Frau auch seine Kinder seien. Die Frau dagegen wußte stets, welches Kind das ihre war, und hatte deshalb keinen Grund, den ausschließlichen Besitz des Ehepartners zu fordern. Wenn Frauen sich in späteren Zeiten zu Fürsprechern der restriktiven Monogamie gemacht haben, so taten sie es entweder, weil sie vom Manne ernährt werden wollten, also ihre Versorgung höher bewerteten als ihre Freiheit, oder weil sie, ohne es zu wissen, gegen ihre eigenen Interessen verstoßen hatten. Beides geschah um so häufiger, je mehr die Erinnerung an die matristischen Verhältnisse in Vergessenheit geriet, denn es ist schwer, dem Patriarchat zu widerstehen, wenn man sich nicht einmal mehr der *Möglichkeit* des Matriarchats bewußt ist. Andererseits stellt die ganze Geschichte Griechenlands und Roms ein einziges, überwältigendes Zeugnis der negativen Auswirkungen dés Patriarchats dar: Wo dem Drängen des Mannes nach einer Eheform mit Verpflichtung der weiblichen »Treue« stattgegeben wurde, hat dies stets der Frau geschadet.

Die Ehe im alten Hellas entsprang einem Initiationsritus: der Zulassung zu einer älteren Gruppe mit mehr Sexualrechten. Hieraus wurde auf der Entwicklungsstufe des Mutterrechts die Zulassung des Mannes zur Sippe der Frau, und auf der Stufe des Vaterrechts die Zulassung der Frau zur Sippe des Mannes. Dieser Übergang wurde unter anderem durch das Anlegen der Kleidung des anderen Geschlechts gekennzeichnet. So trug die Braut im halb-mutter-, halb-vaterrechtlichen Sparta am Hochzeitstage Männerschuhe, männliche Kleidung und kurzgeschorenes Haar. Aus dem vaterrechtlichen Argos wissen wir, daß die Braut sich im Hochzeitsbett einen falschen Bart umband. Umgekehrt wissen wir aus dem mutterrechtlichen Kos, daß der Bräutigam dort in weiblicher Kleidung die Braut im Hochzeitsgemach erwartete.

Die Zulassung der Frau zur Sippe oder Phratrie (Bruderschaft) des Mannes hatte natürlich vor allem ökonomische Motive. Da die vaterrechtlich organisierten Griechenstämme, vor allem die attischen Ioner mit ihrer Angst vor einer Wiederkehr des Mutterrechts, ihre Frauen völlig entmachtet und sogar unter Kuratel (*kyria*) gestellt hatten, konnte keine Frau ohne Erlaubnis ihres *kyrios,* ihres Vormunds, heiraten. Dies war meist ihr Vater und im Falle seines Todes ihr nächster männlicher Verwandter. Erbte sie das Vermögen ihres Vaters, war es die Pflicht des nächsten männlichen Verwandten, die Ehe mit ihr einzugehen, einerlei ob sie ihn wollte oder nicht. Da er ja auch als Ehemann mit beliebig vielen Frauen schlafen konnte, war diese erzwungene Heirat ganz und gar keine Tragödie für ihn; im Gegenteil, da griechische Ehen sowieso nur aus ökonomischen Motiven geschlossen wurden, war er nur allzu froh, eine Erbtochter zur Frau zu bekommen. Für sie dagegen sah die Sache anders aus.

Da ihr jeder außereheliche Geschlechtsverkehr untersagt war, bedeutete die erzwungene Heirat mit dem Vormund ein lebenslanges Verhängnis. So war die Athenerin beispielsweise gezwungen, ihren eigenen Onkel zu heiraten, wenn sie ein Einzelkind war. In anderen Städten Griechenlands, die weniger unter dem Einfluß des Vaterrechts standen, hatte das Mädchen manchmal die Möglichkeit, in einem solchen Falle ihre Einwilligung zu versagen, mußte dann aber einen Teil ihres Vermögens dem Onkel überlassen.

Die Angst vor der Zersplitterung des Sippenbesitzes (später: des Familienbesitzes) bestimmte nahezu alle Ehegesetze der Griechen mit Ausnahme der Dorer. In der ersten Hälfte des 5. Jahrhunderts genügten diese Gesetze aber in manchen Städten nicht mehr, um die Zersplitterung zu verhindern. In Athen zum Beispiel sahen sich Konservative und Liberale, Adlige und Bürgerliche, die einander sonst in jeder Hinsicht befehdeten, plötzlich im gleichen Boot, weil ihre Söhne Liebesverhältnisse mit Nichtbürgerinnen und Töchtern von Nichtbürgern angeknüpft hatten. Da diese Mädchen keine Bürgerrechte besaßen, brauchten sie sich auch nicht den bürgerlichen Sitten, so zum Beispiel dem absoluten Verbot des vorehelichen Geschlechtsverkehrs, zu fügen.

Bei den Bürgern Athens war die Bestrafung einer im Geschlechtsverkehr ertappten unverheirateten Tochter dagegen so hart, daß Aischines berichtet, einer der Bürger, der gemerkt hatte, daß seine Tochter »ihre jungfräuliche Blüte nicht sittsam bis zur Hochzeit bewahrt hatte«, habe diese mitsamt einem wilden Pferde in eine öde Behausung eingemauert und Hungers sterben lassen (Aisch. *Tim.* 182-3). Die offizielle

Bezeichnung des athenischen Ehemannes war deshalb *parthenios aner*, »der eine Jungfrau geheiratet hat«. Da die Töchter der Metöken (Nichtbürger) von dem Verbot des vorehelichen Geschlechtsverkehrs frei waren, stellten sie natürlich besonders begehrte Gespielinnen der Bürgersöhne dar; andererseits suchten die Metökentöchter diese Liebschaften nicht nur aus rein erotischen Motiven, denn durch Heirat mit einem Bürgersohn erwarben sie das Bürgerrecht. Manchmal, wenn die Metökentochter viel Geld in die Ehe brachte, hatten die Eltern des Bürgersohnes auch nichts gegen solche Ehen einzuwenden. Wo aber die Eltern des Sohnes wohlhabender als die des Mädchens waren, stellte eine solche Ehe die Gefahr einer Zersplitterung des Vermögens der Vaterfamilie dar und mußte deshalb mit aller staatlichen Macht verhindert werden. Im Jahre 451 v. u. Z. gab Perikles dem Druck einer Allianz von konservativen und liberalen Kräften nach und erließ ein Gesetz, das die Ehe von Bürgersöhnen nur dann als rechtskräftig anerkannte, wenn auch die Gattin Tochter eines Vollbürgers war. War sie die Tochter eines Metöken, so galt die Verbindung als Konkubinat: die Kinder hatten keinen Erbanspruch.

Altertumsforscher des neunzehnten Jahrunderts und der NS-Zeit haben dieses Gesetz als einen Versuch dargestellt, »das griechische Blut rein zu erhalten« und »die Rassenvermischung zu verhindern«. Das ist ein Mißverständnis, denn die Metöken waren ebenso gute Griechen wie die Athener. Da es weder das Konzept einer griechischen Nation, noch das einer griechischen Rasse gab, galt aber jeder Grieche, der Nichtbürger eines Stadtstaates war, als Fremder. Daß das Motiv des Gesetzes nicht eugenischer sondern ökonomischer Natur war, geht auch daraus hervor, daß es gleichzeitig eine Anzahl von »eugenischen« Hindernissen ausdrücklich aus dem Wege räumte: eine ganze Reihe von Inzestverboten wurde jetzt unter dem Druck der ökonomischen Verhältnisse aufgehoben. Wenn Kimon nun seine Schwester Elpinike heiratet, so mag das zwar auch sexuelle Gründe gehabt haben, aber das wichtigste Motiv war Elpinikes Mitgift, die der Vatersippe verlorengegangen wäre, wenn sie jemand anderen geheiratet hätte. Denn nach athenischem Recht blieb die Mitgift stets Eigentum des Vaters; brach die Ehe entzwei, mußte der Ehemann die empfangene Mitgift an den Schwiegervater zurückzahlen. Dies war schon zu Homerischen Zeiten so (*Od.* II, 132). Deshalb bestand der athenische Ehevertrag auch nicht aus einer Abmachung zwischen den Ehepartnern selber, sondern zwischen dem Vormund der Braut und dem Bräutigam. Die offizielle

Formel der Eheschließung lautete:

Vormund

Ich gebe dir dieses Mädchen, damit sie dir legitime Kinder geben möge.

Bräutigam

Ich nehme sie.

Vormund

Ich füge eine Mitgift von . . . hinzu.

Bräutigam

Ich nehme auch dies mit Dank an.

Niemals wurde das Mädchen nach seinem eigenen Willen befragt. In den meisten Fällen wurde nicht einmal ihr Name erwähnt. Wenn der Brautführer sie zum Haus ihres künftigen Gatten geleitet hatte, aß sie ein Stück Kuchen und einen Apfel. Damit wurde ausgedrückt, daß der Ehemann sie von nun an versorgen würde. Sie gab ihm von dieser Nahrung nichts ab, denn das hättte möglicherweise Zuneigung ausgedrückt, und Zuneigung gehörte nicht zu den Verpflichtungen der Ehefrau. »Auch in Familie und Ehe mußte sich die griechische Frau des klassischen Zeitalters mit einer untergeordneten Stellung abfinden. Die feierliche Form der Eheschließung kannte die Frau gar nicht als handelnde Person . . . Der Vater bestimmte den Bräutigam für die Tochter, persönliche Neigung spielte dabei so gut wie keine Rolle, wohl aber die Standesgemäßheit und die Höhe der Mitgift . . . ebenso war man sich darin einig, daß die Ehe lediglich der Erzeugung rechtmäßiger Kinder und der Gewinnung einer verläßlichen Hausverwaltung diente.« (Vogt, *Von der Gleichwertigkeit der Geschlechter in der bürgerlichen Gesellschaft der Griechen,* S. 215 f.).

Xenophon läßt in seinem Werk *Die Einkünfte* den Isomachos zu seiner Frau sagen: »Verstehst du jetzt, wieso ich dich geheiratet habe und wieso deine Eltern unserer Verbindung zugestimmt haben? Wir hätten leicht jemand anders finden können, um mein Bett mit mir zu teilen. Ich glaube, du verstehst das sehr gut. Aber nachdem wir die Sache überdacht haben, ich in meinem und deine Eltern in deinem Interesse, und nachdem wir alle anderen Kandidaten nach ihrer Eignung für den Haushalt und die Kinderversorgung abgewogen hatten, wählte ich dich und deine Eltern mich zweifellos aus einer großen Anzahl anderer.«

Daß die Griechen des 7. Jahrhunderts v.u.Z. ihre Frauen noch vollkommen als persönliches Eigentum betrachteten, geht aus dem wohlgemeinten Wort des Hesiod hervor: »Ein gutes Weib ist ein köstlicher

Besitz.« Daß er schnell hinzufügt, die schlimmste Plage sei allerdings ein böses Weib, das im Hause herumschmarotze und selbst einen begüterten Mann arm mache, ist um so bezeichnender, als wir hier erkennen, daß der griechische Bauer seine Frau ausschließlich vom Standpunkt ihres ökonomischen Nutzens oder Nachteils beurteilte (*Werke und Tage,* S. 701 ff.). Deshalb empfiehlt er auch dem heiratswilligen jungen Mann: »Beschaffe dir zuerst einmal ein Haus, eine Frau und einen Ochsen. Kaufe die Frau, heirate sie nicht. Dann kannst du sie dazu bringen, den Pflug zu bedienen, falls nötig« (ebd., S. 405 bis 406). Er meint also: Kaufe dir eine Sklavin. Wenn sie etwas taugt, kannst du sie immer noch heiraten. Wenn nicht, heirate erst, nachdem du deinen Haushalt mit Hilfe von Sklavenarbeit aufgebaut hast. Daß die Behauptung, griechische Ehen seien ausschließlich aus ökonomischen Motiven geschlossen worden, nicht übertrieben ist und nur auf Sparta nicht zutrifft, geht auch aus Diodors Beobachtung hervor, daß Neigungsheiraten innerhalb des Bürgertums so gut wie niemals vorkamen und daß die wenigen, die aufgetaucht seien, stets unglücklich geendet hätten (XIX, 33, 2).

Der berühmte Gräzist Wilhelm Müller kam nach langjährigem Studium aller Quellen zu der Überzeugung, es werde in keiner griechischen Quelle berichtet, daß irgendein Athener je eine freigeborene Frau geliebt und aus Liebe geheiratet habe. Zwar habe es Leidenschaft gegeben, aber nie habe solche Leidenschaft zur Heirat geführt. Andererseits habe es Ehen gegeben, aber niemals solche, die aus Leidenschaft geschlossen worden seien – zumindest niemals bei den Athenern, den Vätern des Patriarchats (Müller, *Die Dorer,* Teil II, S. 281).

Die Eltern bestimmten, wer wen heiraten sollte, und der Gatte hatte meist keinen Grund zur Klage, denn verkrüppelte, kranke oder mit körperlich abstoßenden Eigenschaften behaftete Mädchen wurden sowieso nicht als Ehematerial betrachtet. Daß zwei gesunde, geschlechtsreife Menschen miteinander koitieren und gesunden Nachwuchs zeugen würden, schien den Griechen selbstverständlich. Der Zweck einer Verlobung war also nicht der, besonders füreinander geeignete Partner auszusuchen, sondern die Mitgift festzulegen.

Bei allen griechischen Stämmen, besonders deutlich aber bei den Dorern, gingen die Hochzeitssitten auf den archaischen Brauch des Brautraubs zurück. Selbst wenn die Einzelheiten der Heirat bereits sorgfältig zwischen den Eltern abgesprochen worden waren, galt es als sittsam, daß der Bräutigam die Braut »entführte«. Erst von der geglückten Entführung an galt die Gattin als *despoina,* als »Herrin«. Plutarch beschreibt die Sache so: »Die Verheiratung selbst geschah auf die Art, daß jeder sich eine Jungfrau raubte, nicht aber eine kleine, unmannbare, sondern eine solche, die völlig erwachsen und heiratsfähig war. Die sogenannte Brautdienerin nahm die Geraubte in Empfang, schor ihr den ganzen Kopf kahl ab, zog ihr ein männliches Gewand und Schuhe an, legte sie auf eine Streu und ließ sie im Finstern allein. Der Bräutigam schlich sich dann, nicht betrunken, nicht durch Schwelgerei entkräftet, sondern in völliger Nüchternheit und nachdem er, wie immer, mit seinen Tischgenossen gespeist hatte, heimlich zu ihr, löste ihr den Gürtel und trug sie aufs Bett. Wenn er eine kurze Zeit mit ihr zugebracht hatte, ging er wieder sittsam weg, um an dem gewöhnlichen Orte in Gesellschaft anderer junger Männer zu schlafen. Ebenso hielt er es auch in der Folge. Den Tag brachte er unter seinen Kameraden hin, schlief des Nachts bei ihnen und besuchte seine Braut nur heimlich und mit größter Behutsamkeit, indem er sich schämte und besorgte, es möchte ihn jemand in ihrem Hause bemerken. Doch war die Braut selbst dazu behilflich und wußte es immer so einzurichten, daß sie zur rechten Zeit und unbemerkt zusammenkommen konnten. Dies taten sie nicht etwa auf kurze Zeit, sondern manchem waren schon Kinder geboren worden, ehe er seine Frau bei Tage gesehen hatte. Eine solche Zusammenkunft diente nicht allein zur Übung der Enthaltsamkeit und Mäßigkeit, sondern sie förderte auch die Fruchtbarkeit und bewirkte, daß sie sich immer mit neuer und verjüngter Liebe umarmten, daß sie, anstatt durch zu häufigen Genuß gesättigt und entkräftigt zu werden, gleichsam einen Zunder der wechselseitigen Liebe und Zuneigung zurückließen.«

Andere griechische Hochzeitsbräuche gingen auf das spätere Stadium zurück, in dem die Braut nicht mehr geraubt, sondern gekauft wurde. Aristoteles weist darauf hin, daß bei Homer bereits der Mann den Eltern die Braut abkauft: Er zahlt die *hedna,* die Brautgeschenke, die meist in Rindern oder Naturalien bestanden, später aber auch Geld und Sklaven einbegriffen (*de republ.* II 8 p. 1260. Bei Homer: *Od.* I 277: II, 196, *Il.* VI, 394; IX, 144). Die spätere Sitte, daß der Brautwagen, auf dem die Mitgift der Braut zum Hause des Bräutigams gebracht wurde, sofort nach der Ankunft verbrannt werden mußte, zeigt die Scham des Mannes, die Frau nicht gekauft zu haben, sondern statt dessen von ihren Eltern gekauft worden zu sein. Mit Recht weist Lehrs darauf hin, daß die Griechen überhaupt keinen Ausdruck für »Braut«

hatten (*pop. Aufs.* 92), weil ihnen der Vorgang der Heirat peinlich war.

Waren die gesetzlichen Formalitäten erfüllt, so fand im Hause des Brautvaters eine bescheidene Zeremonie statt, die man *ta proteleia,* »die Vorfeier«, nannte und die sich nicht, wie manche Gräzisten meinen, als Verlobungsfeier übersetzen läßt. Die Zeit zwischen der Vorfeier und der Hochzeit war kurz, da das Problem des Sichaneinandergewöhnens nicht erkannt wurde. Der Abschied der Braut von ihrer Kindheit wurde durch das Opfer ihres Kinderspielzeugs symbolisiert. Das Hochzeitsmahl wurde ebenfalls vom Brautvater gegeben. Während sonst die Frauen den Mahlzeiten der Männer fernbleiben mußten, war es ihnen beim Hochzeitsessen ausnahmsweise vergönnt, dabei zu sein; aber selbst bei dieser feierlichen Gelegenheit mußten sie an getrennten Tisch essen.

Wenn der Bräutigam nach der Feier in die Kammer eingetreten war, begann das *epithalamion,* das Lied vor dem Brautgemach, das meist die ganze Nacht hindurch dauerte. Der antike Kommentator des Theokrit sagt: »Das *epithalamion* singt man, damit das Schreien der Jungfrau, während sie von ihrem Manne vergewaltigt wird, nicht gehört werde, sondern in dem Gesange der Mädchen untergehe« (*carm.* 18).

Am nächsten Morgen wurden die Neuvermählten durch ein Ständchen geweckt und mit Geschenken begrüßt. An diesem Tage fand ein Mahl im Hause des Vaters des jungen Ehemanns statt, an dem bezeichnenderweise die Braut schon nicht mehr teilnehmen durfte: Von jetzt an war sie nicht mehr Ebenbürtige, sondern Untergebene ihres Gatten. »Die uns geläufige Vorstellung, daß der Mann in der Ehe immerfort die doppelte Haltung des Besitzenden und des Werbenden bewahren sollte, haben diese Hellenen von sich gewiesen. Der Ehefrau gegenüber waren sie Besitzbürger, ihre Reize als Werbende verschenkten sie außerhalb des Hauses und unterhalb des Standes« (Vogt, *Gleichwertigkeit,* S. 218). Aristophanes übertreibt sicher nicht, wenn er andeutet, wie oft die Griechin sich ihrem Manne fügte, ohne dabei etwas zu empfinden (*Lysistrata* 227):

Doch sucht zu zwingen er die Widerstrebende.
Verdrießlich füg' ich mich und bleibe dabei kalt.

Die einzige Gelegenheit, bei welcher der Gesetzgeber von dem Gatten verlangte, daß er der Frau beiwohnen *müsse* (drei Mal im Monat), war, wenn ihr Vater gestorben war, ohne männliche Erben zu hinterlassen. Der Zweck des Gebots (Solon) war also nicht etwa der, die Frau zufriedenzustellen, sondern einen Sohn zu zeugen, der das Familieneigentum erben konnte. Zwar hatte sie das Recht, bei dem Archon wegen »Nichterfüllung der Pflichten« zu klagen (Aristoteles, *Staatsverfassung der Athener* 56; Alkiphr. I, 6), aber auch dies galt nur dann, wenn der Ehemann sich weigerte, Kinder zu zeugen; es war also nicht etwa eine Klage auf Erfüllung der ehelichen, sondern der staatlichen Pflicht.

Daß das Verhältnis der Eheleute zueinander nicht ganz so friedlich war, wie es die griechischen Männer (und nur von diesen stammt ja unser Wissen über die griechische Ehe) wahrhaben wollten, geht daraus hervor, daß die Ehekontrakte unter anderem von der Frau verlangten, sie dürfe ihrem Mann nicht die Hoden zerquetschen. Dieses Zerquetschen der Hoden scheint die bevorzugte Waffe der griechischen Frau im Ehekampf gewesen zu sein. Die Tatsache, daß die Griechen hierfür ein eigenes Wort hatten, *orchipedein* oder *orchipedon eklein,* bezeugt, wie häufig sich die Männer dieser Form des weiblichen Karategriffs zu erwehren hatten.

Kluge Frauen waren zwar als Hetären, nicht aber als Gattinnen erwünscht, weil der Mann sich ihnen gegenüber unsicher fühlte. Nur die ganz Großen, wie Perikles, besaßen jene Reife, die zur Ehe mit einer geistig Gleichwertigen erforderlich ist. Xenophon feierte die Tugend der Frauen und galt deshalb bereits als Feminist, aber die Tugend, die er pries, war niemals die Selbständigkeit der Frau, sondern nur die Pflichterfüllung der Mutter und Hausfrau. Die vielen Grabstatuen athenischer Frauen des 5. und 4. Jahrhunderts bezeugen zweifellos einen gewissen Respekt der Ehemänner für ihre zu früh verblichenen Gattinnen, aber auch hier spricht nur der Dank für gute Haushaltsführung, Geduld, Zähigkeit im Kampf gegen Krankheit oder Armut, Treue gegenüber den Söhnen und Töchtern, und vielleicht auch – aber dies schon seltener, weil es als selbstverständlich galt – Treue dem Ehemann gegenüber. Das war alles. Von Liebe, von Dank für empfangene sexuelle Freuden finden wir ebenso wenig wie von Achtung oder Intelligenz.

Aristoteles meinte zwar, die Ehe solle nicht nur eine Verbindung zum Zweck der Kinderzeugung, sondern die Vereinigung zweier einander zugeneigter und in Zärtlichkeit verbundener Personen sein, die den moralischen Ansprüchen der Gesellschaft genüge, aber im gleichen Absatz spricht er davon, daß solche Verbindungen sich »sogar« auf Tugend aufbauen könnten, falls beide Partner »ehrlich« seien (*Nikom. Ethik* VIII, 12, 7). Dieses »sogar« bezeugt, wie weit selbst die weisesten der griechischen Denker in dieser manischen Männerwelt vom Gedanken einer Gleichberechtigung der Geschlechter entfernt geblieben sind.

Durch harte Arbeit und zu viele Geburten alterten die griechischen Frauen schneller und starben früher als die Männer. Deshalb galt es in Griechenland als selbstverständlich, daß bei jeder erfolgreichen Verbindung die Frau jünger sein müsse als der Mann. Euripides sagt: »Es ist ein großes Übel, zwei Gleichaltrige aneinanderzuketten, denn weit länger bleibt die Kraft der Männer, während die Blüte der weiblichen Jugend schnell vergeht.« Hesiod empfahl als günstigstes Heiratsalter des Mannes die dreißiger Jahre und Solon stimmte ihm zu, indem er die Spanne zwischen dem 28. und 35. Jahr ansetzte. In der Praxis dagegen heirateten die Griechen überall außer in Sparta weitaus früher, meist mit 18. Die Frau sollte nach Hesiod nicht älter als 16, also mindestens vierzehn Jahre jünger als ihr Gatte sein. In Wirklichkeit heirateten die meisten Griechinnen zwischen dem 12. und 15. Jahr, waren also selten mehr als drei bis sechs Jahre jünger als ihre Männer. Nur in Sparta heirateten beide Geschlechter später, die Mädchen meist nicht vor dem 24. Jahr. Zwischen dem 12. und dem 24. Jahr hatte die junge Spartiatin dagegen aber auch völlige sexuelle Freiheit.

Wenn ein Mädchen außerhalb Spartas mit 18 Jahren noch nicht verheiratet war, gerieten die Eltern genau wie heute in Panik; *gameton!* hieß das Gebot: »Man muß heiraten!« Und wenn es keinen *opyioles,* keinen heiratslustigen jungen Mann gab, dann mußte man die Tochter verheiraten, *gamizein* oder *gamiskein.* Ob das Mädchen wollte oder nicht, ob sie *philogamos,* »heiratslustig« war oder nicht, sie mußte sich »verheiraten lassen«, *gamizesthai.* Konnte der Vater seine heiratsfähige Tochter nicht an den Mann bringen, ging er zu einer *promnestria,* einer Heiratsvermittlerin, die allerdings meist auch als Kupplerin tätig war. Auch gab es die *paranymphoi,* die Heiratsvermittler, die sich als berufsmäßige Brautführer verdingten. Sehr oft gelang ihnen ihre Aufgabe, weil sie grundsätzlich nur darin bestand, für das Erbgut des Brautvaters einen Abnehmer zu finden; gegenseitige Sympathie der Brautleute oder gar Liebe stand nicht zur Diskussion.

Ehe im alten Sparta. Der Hochzeit in Sparta ging oft ein öffentlicher Ringkampf zwischen Mann und Frau voraus, der zwar einerseits die Gleichberechtigung der Geschlechter und damit ein matristisches Element darstellen mag, andererseits aber auch durch die Einführung des Wettkampfs, des Wettbewerbs, der *Leistung* ein unmißverständliches patristisches Element in die Gleichberechtigung der Geschlechter hineinträgt. Nach dem Ringkampf ging die Frau allein in ihr Haus, während der Mann sich zu seinen Sippengenossen in der Kaserne gesellte und dort weiterfeierte. Irgendwann im Laufe der Nacht zog er sich möglichst unbemerkt von seinen Kameraden zurück und ging zu seiner Frau, um die Ehe zu vollziehen.

Auch in den folgenden Jahren änderte sich das Leben der Eheleute nur wenig. Die Frau lebte ohne ihn, bis er vom Militärdienst befreit wurde. Erst dann zog er in ihr Haus. »Unter diesen Umständen muß das spartanische Heim aus dem Vater, der alt genug war, um vom dauernden Aufenthalt im Männerhaus befreit zu sein, aus der Mutter, den verheirateten und unverheirateten Töchtern und den Kindern beiderlei Geschlechts unter sieben Jahren bestanden haben« (George Thomson, *Aischylos und Athen,* Berlin 1957). Die Frau ging aus, wann und wohin sie wollte, schlief mit wem sie wollte und wurde nur zur Rechenschaft gezogen, wenn ihr Partner »ehrlos« war. Selbst dann konnte sie nicht von ihrem Ehemann, sondern nur von ihrer Sippe, also der Sippe ihrer Mutter, belangt werden. Da der Gatte bis zu seiner Entlassung aus dem Heer niemals am Tage nach Hause kam, hatte er keine Möglichkeit, die »Treue« seiner Gattin zu überwachen. Stellte er sich als impotent heraus, so hatte die Frau nicht nur das Recht, sondern die Pflicht, einen »Zeugungshelfer«, einen potenten Mann ihrer eigenen Wahl, zu suchen, um mit ihm Kinder zu zeugen. Meist schlug der Ehemann hierzu einen besonders geschätzten Freund vor.

Da alles im Staate dem Zweck der militärischen Macht untergeordnet war, hatte jeder Spartiat das Recht, an einen Freund heranzutreten, um ihn um Zugang zu dessen Frau zu bitten. »So durfte ein rechtschaffener Mann und Vater wohlgeratener Kinder, sobald er an der Ehefrau eines anderen Mannes großes Gefallen fand, sich von diesem die Erlaubnis des geschlechtlichen Verkehrs erbitten, um gleichsam auf einem fruchtbaren Acker eine Pflanzung anzulegen und tapfere Knaben zu erzeugen . . . Umgekehrt durfte der ältere Gatte einer jungen Frau, sobald er einen rechtschaffenen jungen Mann liebgewonnen und erprobt hatte, ihn bei der Gattin einführen« (Plutarch, *Lykurg* XV 11 bis 15). Polyandrie, die Ehe einer Spartiatin mit mehreren Männern, war zwar keine Norm, war aber durchaus erlaubt und wurde nicht selten praktiziert. Polygynie dagegen, die Ehe eines Spartiaten mit mehreren Frauen, war unbekannt und hätte auch gänzlich gegen das Prinzip der matrilinearen Deszendenz verstoßen.

Wie die Ehe vor dem dreißigsten Jahre, war die Ehelosigkeit nach dem 35. Jahr unter Spartiaten verpönt, denn heiraten war keine Privatsache, sondern eine Institution. Als ein junger Mann sich eines Tages weigerte, vor dem verdienten, aber ehelosen Feldherrn Dekyllidas aufzustehen, und sagte: »Du hast ja auch niemanden erzeugt, der später vor mir aufstehen wird«, wurden diese schnippischen Worte allgemein anerkannt. Der Hagestolz, der alte Junggeselle, mußte eine bestimmte, ihn als solchen kenntlich machende Kleidung tragen und sich bei gewissen Gelegenheiten sogar nackend in der Öffentlichkeit zeigen, um seine moralische Blöße kundzutun. Plutarch sagt, er müsse im Winter nackt um den Marktplatz herummarschieren, ein Spottlied auf sich selber singen und dabei verkünden, man bestrafe ihn mit Recht.

Der spartanische Gesetzgeber Lykurgos bestrafte die Ehelosen angeblich damit, daß er ihnen die Teilnahme am Fest der nackten Knaben, den Gymnopaidien, verbot. Das betraf sowohl Männer, denen man damit die Gelegenheit zur Anknüpfung päderastischer Kontakte nehmen wollte, als auch Frauen, die nicht heiraten und Kinder gebären wollten, denn dann sollten sie auch keinen Spaß am Sex haben. Um dem Hagestolz seine Sünden möglichst deutlich anzukreiden, wurde er obendrein den Schlägen der Frauen ausgesetzt, die ihn an bestimmten Feiertagen auf offenem Markte ohrfeigen mußten.

Im Gegensatz zu Athen, wo die Frau ihren Mann mit »Herr« anreden mußte, nannte der dorische Ehemann seine Frau »Herrin«. Im Gegensatz zu Athen, wo die Frau keinen Rechtsstatus hatte, war die Spartiatin durchaus Rechtsobjekt, war prozeß- und eidesfähig und verwaltete von der Mündigwerdung an ihr eigenes Sippenvermögen. Denn der Besitz an Grund und Boden lag in den Händen der Sippen, und da die Sippen mutterrechtlich organisiert waren, lag er in der Hand der Frauen. Was bewegliches Privateigentum anlangte, in Sparta ein sehr beschränkter Begriff, hatten Männer und Frauen identische Rechte und Erbrechte. Obgleich der Hellenismus das Ende des strikten Verbots von Privatbesitz an Land mit sich brachte und eine größere Anzahl von Spartiaten hierdurch zu Großgrundbesitzern wurden, stellte es sich gegen Ende der Alexandrinischen Zeit heraus, daß immer noch mehr als zwei Drittel des Landbesitzes in ganz Lakonien den Frauen gehörte.

Als eine Athenerin einer Spartiatin einst vorwarf, die Frauen von Sparta versuchten, ihre Männer zu beherrschen, antwortete diese: »Im Gegenteil, wir sind die einzigen Frauen, die wirkliche Männer hervorbringen.« Und das war in gewissem Sinne auch wahr, denn im Gegensatz zu den Athenern kannten die Spartiaten keinerlei Probleme der »Männlichkeit«, keine Potenzängste, keine Angst vor der Frau und deshalb auch weder Frauenhaß noch Sexismus.

Ehe im alten Rom. Das römische Recht war ein Klassenrecht. Wenn man als Jurastudent lernt, es habe im alten Rom vier verschiedene Formen der Eheschließung gegeben, weiß man mit diesem unerklärlichen Phänomen nichts anzufangen, bis man entdeckt – was in keinem Lehrbuch des römischen Rechts zu finden ist –, daß es sich bei jeder der vier Eheformen um klassenspezifische Bräuche handelt, die dann im Laufe der Jahrhunderte von anderen Klassen übernommen worden sind und dadurch ihren Klassenursprung verschleiert haben.

Eine rechtsgültige Form der römischen Ehe konnte bis ins 5. Jahrhundert vor unserer Zeitrechnung überhaupt nur zwischen Angehörigen der herrschenden Klasse geschlossen werden. Für den Patrizier waren Ehen mit anderen Ständen undenkbar, weil diese Stände keine der drei erforderlichen Qualifikationen besaßen: Landbesitz, Stammbaum und Schutzgottheit. Dies schloß Liebesheirat aus, und zwar nicht nur zwischen Patriziern und Plebejern, sondern auch innerhalb des Patriziats. Denn nach patrizischen Maßstäben war ein Mann, der eine Frau aus sexuellen Motiven heiraten wollte, nicht besser als ein Tier: Nur Tiere kopulierten aus sexuellem Drang. Der Mensch dagegen wurde erst dadurch zum Menschen, daß er eine so wichtige Angelegenheit wie eine Lebensgemeinschaft nicht dem vergänglichen Einfluß der Sinne anvertraute. Der Hochstehende hatte der Liebesleidenschaft zu entsagen, wenn sie der Ehe im Wege stand, wie Äneas es getan hatte, als er sich nach dem Spruch der Familie von Dido getrennt hatte.

Im Gegensatz zu unserer Vorstellung, daß finanzielle Motive die Reinheit der Eheschließung beeinträchtigen, argumentierte das römische Patriziat genau umgekehrt: Nur wer etwas besaß, war überhaupt ein Mensch; und nur wer des Besitzes halber heiratete, bewies edle Motive. Diese Überzeugung erklärt sich aus der Kampfposition des frühen Patriziats gegenüber dem Matriziat, das ja bekanntlich kein Privateigentum kannte. Eigentum war also die wichtigste Waffe der Patrizier, jener Männer, »die ihre Väter kennen«, die ihre Abstammung also nicht mehr von der Mutter, sondern von dem Vater ableiteten.

Zum Eigentum des Patriziers gehörten auch bestimmte Gottheiten, die als Werkzeuge des Patriziats im Kampf gegen Plebs und Matriziat dienten, so zum Beispiel die *Pudicitia Patricia,* die Göttin der patrizischen Keuschheit, ohne deren Segen keine Ehe gültig war. Nun begab es sich aber nach römischer Überlieferung, daß Virginia, die Tochter eines patrizischen Hauses, den undenkbaren Wunsch äußerte, einen Plebejer zu heiraten. Eine solche Lebensgemeinschaft konnte nicht verboten, sondern nur als illegal erklärt werden, weil die Göttin der patrizischen Keuschheit ja nur Patrizier einsegnen und nur deren Ehen gutheißen konnte. Die Antwort der Virginia machte römische Geschichte. Sie erfand eine *Pudicitia Plebeja,* eine Göttin der plebejischen Keuschheit, baute ihr einen Tempel und ließ ihre Ehe von ihr legalisieren.

Das Zwölftafelgesetz der Jahre 452 bis 449 versuchte, ein formelles Verbot der Ehe zwischen Patriziern und Plebejern zu errichten, wurde aber wenige Jahre später bereits aufgehoben, weil einer der Gesetzgeber sich selbst in eine junge Plebejerin verliebte und sie zu seiner Mätresse machen wollte. Sie war die Tochter eines Offiziers und mit einem Volkstribun verlobt. Um die »Familienehre« zu retten, erstach der Vater das Mädchen auf dem Forum. Der Vorfall löste eine Militärrevolte aus, die die Patrizier dazu zwang, Ehen ihrer jungen Männer mit Plebejertöchtern (nicht aber Ehen von Patriziertöchtern mit Plebejern) zu gestatten.

Das Kriterium der patrizischen Ehe war die Einführung der Gattin in das Haus des Gatten und ihre Unterordnung unter dessen Hausgötter. Der Patrizier fühlte sich dabei als Priester und reichte der Gattin majestätisch und gnädig seine Hand *(manus):* sie war fortan seiner Sippe *(gens)* und seinen Göttern eigen. Die Rolle, welche die Hand bei diesem Rechtsakt spielte, geht auch aus dem Ausdruck *manus mancipiumque* hervor, der die Vormundschaft des Vaters und des Gatten über die Frau ausdrückt und dem germanischen Munt entspricht. Durch diesen Akt der Eheschließung gelangte die Frau in die volle Familiengewalt, die *manus* des Mannes, und wurde dadurch zu seinem Mündel herabgesetzt. In jeder Generation wurde durch diesen Ritus von neuem der Triumph des Mannes über die Frau, des Vaterrechts über das Mutterrecht, demonstriert.

Die Patrizier feierten diese Machtübernahme in einer Ehezeremonie, die man *confarreatio* nannte. Die höchsten Würdenträger – der Pontifex Maximus und der Jupiterpriester – mußten anwesend sein, außerdem zehn Mitglieder der alten Sippengesellschaft als Repräsentanten der zehn Curien. Nur Patrizier und Patrizierinnen besaßen das Recht, eine solche Ehe einzugehen, denn durch sie erhielt der Ehemann unbedingte Macht über Leben und Tod der Frau, die wie bei den Germanen ein Bestandteil des Sachrechts, des persönlichen Eigentums des Gatten war. Alle anderen Formen der Ehe galten jahrhundertelang in den Augen des Patriziers als illegal.

Es geschah aber trotzdem, oder vielleicht eben deshalb, daß bestimmte Patrizier (und vor allem deren zukünftige Ehefrauen) es vorzogen, sich nicht in so endgültiger und unwiderruflicher Weise zu binden. Dann ließen sie sich in einer aus dem Mittelstand stammenden Hochzeitszeremonie trauen, die man *coemptio,* »Kaufehe«, nannte und die im Gegensatz zur *confarreatio* kein sakraler, sondern ein säkularer Akt war, bei dem der Vater der Braut vor fünf Zeugen und in Gegenwart des Waagehalters (dessen Gestalt noch heute in der Figur der Justitia mit der Waage überlebt) seine Tochter dem Bräutigam symbolisch verkaufte. Er erhielt für sie einen symbolischen Kaufpreis, *nummo uno.* Sie dagegen gab ihrem zukünftigen Manne als Symbol der Mitgift drei Asse: den ersten als Kaufschilling, den zweiten als Opfer an die Hausgötter des Ehemannes, den dritten als Eintrittsgeld in das Haus des Mannes, der sie fragen mußte, ob sie *materfamilias* werden wollte. Bejahte sie dies, so galt die Ehe als geschlossen.

In der klassischen Zeit verfiel diese Form der Eheschließung und verschwand gegen Ende der Epoche vollends. Mittlerweile hatte sich jedoch unter den Plebejern eine dritte Form der Ehe aus reinem Gewohnheitsrecht *(usus)* entwickelt, die als geschlossen galt, wenn der Mann mit der Frau ein Jahr lang zusammengelebt hatte. Um selbst diese sehr elastische Bindung noch dehnbarer zu machen, galt die Regel, daß die Ehe *nicht* geschlossen war, wenn die Frau drei Nächte lang dem Hause des Mannes ferngeblieben war. Dies erlaubte beiden Partnern, nicht etwa versehentlich in den Zustand der Ehe einzutreten, nachdem sie zwar ein Jahr zusammengelebt hatten, danach aber doch lieber ihre eigenen Wege gehen wollten. Am Ende der vorklassischen Zeit verfiel auch diese Form und wurde in der frühklassischen Zeit bereits selten.

Alle drei Eheformen hatten dies gemeinsam, daß die Frau bei Eingang der Ehe in die Gewalt *(manus)* des Mannes geriet. Erst in der klassischen Zeit begann sich die gewaltlose Ehe durchzusetzen (*sine manu,* »ohne Handübergabe«), aber nicht als Resultat einer gezielten Emanzipationsforderung der Frau, sondern als Teil des Verfalls aller Gesetze. Was von manchen Althistorikern als Befreiung der Frau beschrieben worden ist, war meist etwas ganz anderes: die mangelnde Bereitschaft des Vaters, die Güter der Tochter an ihren Gatten auszuliefern. In dieser als »frei« beschriebenen Form der Ehe, in der die Ehefrau nicht als *materfamilias,* als Mutter der Familie, sondern als *uxor,* Gattin, galt, ging also nur die Mitgift an den Ehemann über – und selbst diese mit gewissen Einschränkungen. Starb der Vater der Gattin, unter dessen Vormundschaft sie bei dieser Eheform bis zu dessen Tod verblieb, so war sie ganz *sui juris* und konnte von nun an ihr eigenes Vermögen mit Hilfe eines Geschäftsführers verwalten, den sie jederzeit entlassen konnte, wenn er nicht tat, was sie wollte. Starb sie vor ihrem Vater, so ging ihr Besitz nicht an den Gatten, sondern an den Vater zurück. Es gab also auch für diese »freie« Form der Ehe gute patriarchalische Gründe.

Im Eherecht des 1. Jahrhunderts unserer Zeitrechnung zeigt sich eine weitere Auflockerung dadurch, daß zwar weiterhin der Vater den Mann für seine Tochter auswählte – eine Folge der sehr frühen Heiraten –, er aber in Fällen, wo die Tochter einen Gatten ausdrücklich ablehnte, keinen Zwang mehr ausüben konnte. Dies gilt seit Tiberius. Auch der Ehemann verlor einige seiner alten Rechte. Die alte Form der Eheschließung, die sie begründete, wurde selbst in konservativen stadtrömischen Familien nicht mehr angewandt; und das alte Prinzip, daß sie bei längerem Zusammenleben durch Gewohnheit begründet wird, fiel fort. Nur der Priester des Jupiter vom Kapitol mußte eine ihm in alten Formen angetraute Gattin haben. Man half sich dadurch, daß diese während der Zeitdauer einer heiligen Handlung als in der eheherrlichen Gewalt stehend betrachtet wurde; es war nicht anzunehmen, daß der betreffende Herr die halbe Stunde nützen würde, sie zu erschlagen oder in die Sklaverei zu verkaufen.

Der Benutzer dieses Lexikons, der sich nicht der Tatsache bewußt ist, daß unser gegenwärtiges Eherecht trotz seines nominell säkularen Charakters historisch vom Kirchenrecht geformt ist, wird den Status der römischen Ehe nur schwer verstehen können. Bis zu Augustus galt sie nämlich als eine vom Staat unberührte Privatsache. Zwar zwang der Staat den Ehemann, wenn seine Frau ihn betrog, rechtliche Schritte gegen sie einzuleiten, aber das diente nicht dem Schutz der Ehe, sondern dem des Patriarchats. Der Gedanke, daß die Ehe etwas anderes als eine reine Privatsache sei, entstand zum erstenmal gegen Anfang unserer gegenwärtigen Zeitrechnung, und zwar nicht nur im ethischen Denken der Christen, das im Mittelalter zu der Auffassung führte, die Ehe sei ein Sakrament und deshalb unauflöslich, sondern bereits in den Ehegesetzen des Augustus, die aber im Gegensatz zum späteren kanonischen Recht nicht von religiösen, sondern von bevölkerungspolitischen Erwägungen ausgingen; sie sollten der vor allem unter den Patriziern zunehmenden Abneigung gegen Ehe und Kinder entgegenwirken und verlangten deshalb, daß alle Männer von 25 bis 60 und alle Frauen von 20 bis 50 Jahren verheiratet sein müßten. Verwitwete und Geschiedene dieser Altersgruppen mußten wieder heiraten. Befreiungen galten nur für freigeborene Männer, die bereits drei oder mehr Kinder gezeugt hatten, und für freigeborene Frauen, die mindestens dreimal geboren hatten. Freigelassene Sklaven dagegen mußten mindestens vier Kinder in die Welt gesetzt haben, wenn sie von der Ehepflicht entbunden werden wollten. Gleichzeitig wurde festgesetzt, daß Ehelose *(caelibes)* überhaupt nichts, Kinderlose *(orbi)* nur die Hälfte dessen erwerben konnten, was ihnen durch Erbfolge oder Vermächtnis zufiel. Was nach diesem Gesetz nicht erworben werden konnte, ging an andere Testamentserben oder Legatare über, die Kinder hatten.

Man bedenke, daß selbst diese ins Absurde umgeschlagene Gesetzgebung nicht etwa die Ehe als solche betrifft, sondern nur deren bevölkerungspolitische Folgen: die Kinder. Augustus brauchte Soldaten und Bauern, Administratoren und Offiziere: diesem Zweck dienten die Einschränkungen der bis dahin praktizierten Ehe- und Scheidungsfreiheit. Nur wenige Staatsbürger sind sich heute noch bewußt, daß das Recht des Staates, dem Bürger zu sagen, wen, wann und wo er heiraten und unter welchen Umständen er die Ehe wieder lösen darf, bis zu diesem Datum in der westlichen Welt unbekannt war. Zwar gab es überall gewisse Inzestverbote, trotzdem blieben aber sowohl Eheschließung wie Ehetrennung vom Staat unberührt.

Bis Augustus seinen Anspruch geltend machte, das Eheleben der Staatsbürger unter seine Aufsicht zu stellen, gab es weder in Rom noch sonst irgendwo in der westlichen Welt einen entsprechenden Anspruch des Staates. Erst auf dem Umweg über das kanonische Recht übernahm der bürgerliche Staat den Gedanken, daß die Ehe ein Rechtsverhältnis mit fest abgegrenzten staatlichen Befugnissen sei. Demgegenüber war die römische Ehe überhaupt kein Rechtsverhältnis, sondern nur eine soziale Tatsache, die zwar juristische Reflexwirkungen auslösen konnte, in sich selber aber keinen rechtlichen Wert besaß. Der Bürger schuldete dem Staat keinerlei Rechenschaft, wen er heiratete und von wem er sich scheiden ließ. Eine Klage auf Feststellung, daß die Ehe besteht, hätte unter römischen Richtern schallendes Gelächter ausgelöst, und eine Klage auf Herstellung der ehelichen Lebensgemeinschaft hätte sie als grotesk berührt.

Dies bedeutete aber ganz und gar nicht, daß jeder nun tun und lassen konnte, was er wollte, denn obgleich die Ehe keinen zivilrechtlichen Status hatte, war sie doch mit einem Netz von Gewohnheits- und Sittenrechten umschlungen und hatte juristische Auswirkungen auf ökonomischem und strafrechtlichem Gebiet. So war das Verlöbnis in geschichtlicher Zeit ein schuldrechtlich wirkendes Eheversprechen; zusammen mit der Eheschließung wurde eine Geldsumme versprochen, die bei Unterbleiben der Eheschließung eingeklagt werden konnte. Im nachklassischen Recht tauchte zusätzlich die *arra sponsalicia* auf, eine Gabe des Bräutigams an die Braut, die von ihr vierfach zurückgegeben werden mußte, wenn die Ehe ohne guten Grund unterblieb.

Die Eheschließung verlangte Mündigkeit und geistige Gesundheit. Geisteskranke durften nicht heiraten, und in nachklassischer Zeit wurden auch Kastraten von der Ehe ausgeschlossen. Die Ehe mit oder unter Sklaven war zwar nicht verboten, hatte aber keine Rechtswirkung. Verwandte in auf- und absteigender Linie durften in vorklassischer Zeit bis zum 6. Grad, in klassischer Zeit bis zum 3. Grad einander nicht heiraten, wobei sich die Gradesnähe nach der Zahl der Zeugungen richtete, welche die Verwandtschaft vermittelten: Eltern und Kinder galten als Verwandte ersten Grades, Geschwister als Verwandte zweiten Grades usw. Seit Theodosius I., der von 379 bis 395 regierte, galt das Eheverbot auch für Geschwisterkinder, also für den 4. Grad. Justinian (527–565) hob dies auf und stellte den vorherigen Zustand wieder her.

Die Schwägerschaft, also die Beziehung zu den Verwandten des Ehegatten, begründete ein Ehehindernis zuerst nur in gerader Linie, also zwischen Stiefeltern und Stiefkindern, Schwiegereltern und Schwiegerkindern, in nachklassischer Zeit aber auch gegenüber dem gewesenen Ehepartner des Bruders oder der Schwester. Unter Mark Aurel (161–180) und Commodus (180–192) wurde dem Vormund verboten, sein Mündel zu heiraten. Um erpreßte Ehen zu verhüten, verboten diese beiden Kaiser auch ihren Provinzialbeamten und -offizieren, Angehörige aus derselben Provinz zu heiraten. Offenbar wurde in diesen Jahren auch den Soldaten während ihrer Dienstzeit die Ehe verboten; Septimius Severus (193–211) hob das Verbot wieder auf. Dieses Hin und Her ist weniger bedeutsam, als es uns heute erscheinen mag, weil es eine bereits geschlossene Ehe sowieso nicht tangierte. Hatte ein Soldat einmal geheiratet, galt seine Ehe im schlimmsten Falle als »nicht geschlossen«, in keinem Falle jedoch wurde sie annulliert. Nach wie vor blieb also die Ehe als Institution frei vom Onus des Rechtsgeschäfts und des privatrechtlichen Formalakts.

Das Heiratsalter war durch Gewohnheitsrecht festgelegt. Mit dem vollendeten zwölften Jahr durfte die Römerin, mit dem vollendeten vierzehnten Jahr der Römer heiraten. Das hört sich nach unseren Maßstäben früh an, hat aber zwei gute Gründe. Das römische Mädchen menstruierte fast stets vor dem 12. Lebensjahr, der Knabe war fast stets vor dem 14. Jahr zeugungsfähig. Die fehlende geistige Reife wurde dadurch kompensiert, daß selbst bei den Plebejern stets die Eltern die Heirat arrangierten und die jungen Leute manchmal erst viele Jahre nach dem offiziellen Hochzeitsdatum die Ehe vollzogen. Schließlich blieb der Knabe nach römischem Recht ja bis zum Tode des Vaters unter dessen *patria potestas*, während das Mädchen ihre eigene Selbstbestimmung nominell nie erreichte, also stets unter der Vormundschaft ihres Vaters, ihres Ehegatten oder eines anderen älteren Mannes stand.

Meist war der Mann bei der Hochzeit fünf bis zehn Jahre älter als die Frau. Tacitus war 24, als er eine Dreizehnjährige heiratete. Die Mehrheit der Mädchen scheint zwischen 13 und 15, die Mehrheit der Jünglinge zwischen 18 und 25 geheiratet zu haben. In den Grabinschriften des Mittelstandes liegt die Eheschließung bei 55 Prozent vor oder im 15., nur bei 15 Prozent in oder nach dem 20. Jahr. Im Senatorenstand mag das Alter des Mannes dagegen kaum früher als 25 Jahre gelegen haben, da die Bekleidung des ersten Amtes, der Quästur, eine Bedingung der Eheschließung war und dieses Amt kaum vor dem 25. Lebensjahr erreichbar war.

Gering wie der Gewinn der Frau war, wenn sie aus der Gewalt ihres Vaters in die ihres Mannes überging, so war er doch groß genug, um fast jedem Mädchen als erster Schritt zur Freiheit wünschenswert zu erscheinen. Sie heiratete also weniger aus Liebe denn aus dem Wunsch heraus, ein Minimum an Selbständigkeit zu gewinnen. Selbst Catull, der das Vaterrecht mit manchem Zweifel bedacht hat, betrachtete die Frau doch primär als Anhängsel des Mannes. Erst durch ihre Heirat, wenn ein ansehnlicher Mann sich ihrer erbarmte, erwarb sie sich ein wenig Ansehen. Die unverheiratete Frau, meinte er, sei wie eine einsame Rebe, die niemandem auffiele. Erst wenn die Rebe sich am Stamme einer ansehnlichen Ulme emporranke, bemerke man sie. Blieb sie jedoch unverheiratet, so nütze sie niemandem:

Wie auf nacktem Gefilde die einsam stehende Rebe
Nie sich vom Boden erhebt, nie großzieht liebliche Trauben,
Sondern, erliegend der Last, den zarten Körper herabsenkt
Und mit dem Gipfel der Ranken die Wurzel nächstens berührt,
So beachtet sie keiner der Pflüger und keiner der Stiere.
Ist sie aber vermählt mit dem Stamme der Ulme,
Beachten viele der Pflüger sie da und viele der Stiere.
So die einsam bleibt, die freudlos altert, die Jungfrau.
Aber vermählt, wenn zur Zeit sich ein Freund, ein würdiger findet,
Ist sie lieber den Männern und unwert minder den Eltern.

Der Wille des Vaters war für die Tochter bindend; Widerspruch war ihr nur gestattet, und auch dies aus reinem Gewohnheitsrecht, wenn der Vater einen schimpflichen oder durch seinen Charakter unwürdigen Mann für sie wählte. Wie die Wahl des Gatten vor sich ging, erfahren wir von Plinius, der von einem Freunde gebeten wurde, einen passenden Gatten für eine Verwandte zu suchen. Plinius antwortete (*Brief* I, 14):

»Du bittest mich, nach einem Gemahl für deine Nichte auszuschauen. Wir brauchen wirklich nicht weit zu suchen, denn ich kenne einen Mann, der für deinen Zweck wie geschaffen ist. Er heißt Minicius. Er hat gute Beziehungen und stammt aus Brescia – du weißt, daß das ein guter, altmodischer Ort ist... er ist ein tatkräftiger Mann und hat hohe Ämter gehabt... Sein Vater verfügt über große Mittel, und wenn das auch vielleicht bei deiner Familie keine besondere Rolle spielt, so müssen wir doch bedenken, daß das Einkommen eines Mannes nicht nur unter gesellschaftlichen, sondern auch nach juristischen Gesichtspunkten zu den wichtigsten Maßstäben gehört.«

Der Ehemann wurde also hauptsächlich aus ökonomischen Motiven gewählt. Dabei kannten die Brautleute einander oft so wenig wie ein Brautpaar im ländlichen Indien. Seneca, der kein Feind des Vaterrechts war, nahm trotzdem Anstoß an diesem Aspekt der Willkür, aber bezeichnenderweise beklagte er sich nur darüber, daß der Mann hierdurch eine unpassende Frau, nicht aber darüber, daß die Frau einen unpassenden Mann bekommen könne: »Jedes Tier und jeden Sklaven, alle Kleider und Küchengeräte prüfen wir genau, bevor wie sie kaufen; nur die Braut wird nicht in Augenschein genommen, damit sie dem Bräutigam nicht mißfallen kann, bevor er sie heimgeführt hat. Ist sie böse, dumm, mißgestaltet oder riecht sie aus dem Munde, welche Fehler sie auch immer hat, so lernen wir sie erst nach der Hochzeit kennen.«

Im Laufe der Kaiserzeit aber wurde es anders. Der Jurist Salvius Julianus charakterisiert den neuen Rechtszustand folgendermaßen: »Zu einer Heirat ist die Einigkeit der Kontrahenten und die Zustimmung des jungen Mädchens erforderlich«. Meist war die Heirat nun das Ergebnis von Unterhandlungen zwischen befreundeten Familien; aber wenn das Mädchen bis zum 16. oder gar 18. Lebensjahr noch nicht vergeben war, gerieten die Eltern meist in Panik und konsultierten einen der zahllosen römischen Heiratsvermittler. Deshalb gab es im Lateinischen auch keine Vokabeln für »freien« oder »werben«, sondern nur für »vermitteln«. Auch gab es kein Wort für »Braut« oder »Bräutigam«.

Nachdem die Väter sich geeinigt hatten, fand die Verlobung *(sponsalia)* statt. Der Verlobte *(sponsus)* gab der Verlobten *(sponsa)* einen eisernen Ring. Sie gab ihm keinen Ring, denn das hätte nach Gleichwertigkeit ausgesehen, und dieser Eindruck mußte vermieden werden. In Gegenwart von Zeugen mußten die beiden jungen Leute, die oft keine Ahnung hatten, was ihnen bevorstand, die Formel herunterleiern, durch die sie ihre Zustimmung zur Ehe gaben. Bei wohlhabenden Leuten war die Verlobungsfeier eine wichtige Angelegenheit, allerdings weniger für die Verlobten als für die Familie, die stets einflußreiche Leute zu dieser Gelegenheit einzuladen pflegte, da man mit gutem Gewissen keine Verlobungseinladung ausschlagen konnte. Bei einer solchen Feier lernte der ältere Plinius einst Lollia Paullina kennen, die ehemalige Gattin Caligulas, die einen im Lampenschein funkelnden Schmuck von Smaragden und Perlen trug. Wie sie ihm sofort aus ihren Rechnungen zu beweisen suchte, hatte der Schmuck 40 Millionen Sesterzen gekostet.

Der wichtigste Diskussionspunkt vor der Hochzeit war die Mitgift. Wir tun den Römern unrecht, wenn wir ihr geradezu zwanghaftes Interesse an der Dotation allein aus Geldgier ableiten. Die Mitgift war vielmehr ein Instrument des Vaterrechts zur Emanzipation von jenen Verfallsformen des Mutterrechts, die Bachofen »Hetärismus« genannt hat, weil die Frau in diesem Gesellschaftssystem den Mann durch die Verführungskraft ihres Körpers an sich bindet und von ihm hierfür bezahlt wird. Sollte der Hetärismus grundsätzlich ausgerottet werden, meint Bachofen, so war die Aussteuerung der Braut durch den Vater erforderlich. Denn erstens wurde hierdurch dargetan, daß der Vater der Braut und nicht die Braut selber der Verhandlungspartner des Bräutigams war, und zweitens wurde rituell demonstriert, daß der Bräutigam die Braut nicht ihrer körperlichen Reize halber bezahlte. Daher die römische Verachtung für die *indotata*, die Braut ohne Mitgift, die stets der Hetäre gleichgesetzt wurde.

Im Gegensatz zum griechischen Eherecht, wo die Mitgift Eigentum der Frau blieb und ihr in voller Höhe ausgezahlt wurde, wenn der Mann sich von ihr scheiden ließ oder kinderlos vor ihr starb, ging die Mitgift der Römerin sofort mit der Hochzeit in den Besitz ihres Gatten über und wurde ihr weder bei Scheidung noch bei dem Tod des Gatten je zurückgezahlt. Dies geschah nicht nur, weil man die Frau als grundsätzlich vermögensunfähig hielt, sondern weil damit betont werden sollte, daß der Mann kein Pantoffelheld war, der seine Frau aus Hörigkeit bezahlte. Daß er statt dessen von ihr bezahlt wurde, ging dem Römer niemals ein, denn die Gefahr des Hetärismus war ihm so gewärtig, daß sie sein Denken beherrschte und die Erkenntnis seines wirklichen Status verhinderte.

Natürlich gab es, besonders zur Zeit des Augustus, als die Ehe zur Pflicht wurde, Scheinheiraten, bei denen eine wohlhabende Frau einen armen Mann ehelichte, nur um sich danach ihren Liebhabern zu widmen, zu denen ihr Ehemann meist nicht gehörte. Hier wurde der Mann also tatsächlich von der Frau bezahlt. Ebenso wissen wir von zahllosen Verhältnissen wohlhabender Römerinnen mit ihren Verwaltern und Rechtsberatern, die manchmal auch zur Ehe führten – stets aber auf der gleichen Basis, daß die Frau der finanziell dominierende Partner blieb. Der Dichter Apuleius, der sich aus armen Verhältnissen zum Rechtsanwalt emporgearbeitet und dann eine sehr reiche Frau geheiratet hatte, wurde der Zauberei bezichtigt, denn man konnte sich nicht vorstellen, wie er das sonst geschafft haben könne.

Aber normalerweise hatte der Vater die Qual der Versorgung seiner Tochter. Nach dem Traumbuch des Artemidor sagt der Traum von einer Tochter stets einen kommenden Verlust voraus. Es sei dasselbe, meint der Autor, als ob man von einem Gläubiger träume, »denn auch die Forderung der Tochter ist eine unabweisbare, und wenn sie mit vielen Sorgen erzogen ist, geht sie mit der Mitgift davon, wie ein Gläubiger mit der geliehenen Summe«. Die Mitgift spielte eine besonders große Rolle bei den Patriziern, wo die Frauen das Recht, während der Ehe Geld auszugeben, aus der Höhe ihrer Mitgift ableiteten. Bei Plautus entschließt sich der wohlhabende Megadorus deshalb, eine arme Frau zu heiraten. Denn je weniger Mitgift sie mitbringt, um so sparsamer wird sie in der Ehe sein:

Ich habe vielen Freunden meinen Plan
Der Hochzeit mitgeteilt. Und alle loben
Die Tochter Euclios. Ich täte gut daran
Und klug! Wär jeder Reiche gleichen Sinnes
Wie ich, und führ' die Tochter eines Armen,
Die ohne Mitgift ist, als Frau ins Haus,
Dann gäb es unter Bürgern größere Eintracht,
Und weniger bisse uns der Neid als jetzt.
Die Frauen hätten mehr Respekt vorm Geld,
Wir wen'ger Aufwand, weil sie nicht verwöhnt.
...Wenn das geschähe,
Bemühten sie sich gleich um bessre Sitten
Als die, die hohe Mitgift ihnen jetzt erlaubt.

War die Mitgift geregelt, so verpflichtete sich der Brautvater, die Braut zur Hochzeit auszuliefern, und der Vater des Bräutigams versprach, den Sohn zur Hochzeit zu veranlassen. Wurde die Braut nicht ausgeliefert oder nicht geheiratet, konnte der geschädigte Elternteil wegen Vertragsbruchs Klage anstrengen. Ging alles gut, so wurde je nach dem Wohlstand der Eltern gefeiert.

Das Haar der Braut wurde am Vorabend in ein rotes Netz gehüllt, dann zog man ihr die saumlose Tunika an, umgürtete sie mit einem doppelten Wollgürtel und knotete ihn. Nun opferte die Braut auf dem Altar der Hausgötter *(lares)* die Spielsachen ihrer Kindheit und nahm damit Abschied vom sorglosen Leben. Am Hochzeitstag trug sie über ihrem Gewand einen safranfarbenen Überwurf und an den Füßen Sandalen in derselben Farbe. Um den Hals hängte sie sich eine Metallkette. Ihr Haar wurde mit Bändern zu sechs Zöpfen geflochten, die in einem Knoten vereint wurden. Die Stirn bedeckte ein feuerfarbener Brautschleier. Der Bräutigam legte die Toga an, das Gewand des freien Bürgers und das Sinnbild männlicher Würde.

Für den Tag der Feier wurden beide Häuser, das der Brauteltern wie das des Bräutigams, festlich geschmückt; bunte Teppiche wurden im Atrium aufgehängt, die Wände mit grünen Zweigen besteckt, die Säulen mit Kränzen und Blumen umwunden, und die Schränke mit den Ahnenbildern geöffnet, denn auch sie sollten die Übergabe der Braut an die Sippe des Mannes bekunden. Die Mutter schmückte selber die

Braut oder ließ es unter ihren Augen geschehen.
Nach Cicero *(de div.* I, 16, 28) begann die eigentliche Hochzeit frühmorgens mit Auspizien, in alter Zeit mit Beobachtung des Vogelflugs, später durch Eingeweideschau des Opfertieres, um zu ermitteln, vor welchen Gefahren und ungünstigen Tagen sich das Paar besonders zu hüten habe. Inzwischen hatten sich die Gäste versammelt, um das Resultat der Auspizien zu erfahren. Jetzt erst wurde der Ehevertrag in Gegenwart von Zeugen unterschrieben, doch war dieser Kontrakt nach Quintilian kein wesentliches Erfordernis der Ehe (V. 11, 32). Es folgte die feierliche Erklärung der beiden Ehegatten, daß sie mit der Ehe einverstanden seien. War die Ehe nach *confarreatio* oder *coemptio* vollzogen, sprach die Frau nun die Worte: *quando tu Gaius, ego Gaia,* »Wo du bist, Erdling, will auch ich sein«, womit sie ausdrückte, daß sie sich in die Sippe *(gens)* des Mannes einfügte und sich seinem Willen zu beugen bereit war.
Nachdem die Gäste ihre Glückwünsche ausgerichtet hatten, wurden die Eheleute von der Brautführerin *(pronuba)*, die gewöhnlich eine verheiratete Frau war und die Göttin Juno repräsentierte, vor den Altar geführt, um dort deren Hände zusammenzulegen. Damit hatte der Akt seinen Höhepunkt erreicht; nun brachten die Vermählten den Göttern ihr Opfer dar – in ältester Zeit, gemäß den Gebräuchen der *confarreatio*, Früchte und Mehlkuchen *(far* = Mehl, wie in *farina*; deshalb *confarreatio*, das gemeinsame Opfer von Küchlein aus geweihtem Mehl). Später, bei der *coemptio*, wurden Tieropfer gebracht, meist ein Schwein oder ein Rind. Während des Opfers saßen die Neuvermählten auf zwei durch ein Schaffell verbundenen Sesseln. Bei der *confarreatio* sprach der Hohepriester, bei der *coemptio* der *auspex nuptiarium*. (Ehevertragszeuge) die Worte des Gebots vor, die das Paar nachsprach, während es den Altar umschritt. Es folgte die Beglückwünschung des jungen Paars seitens der übrigen Zeugen, dann das Hochzeitsmahl (Juvenal, II, 119).
Der letzte Akt des Hochzeitsfestes, die *deductio*, war die Überführung der Braut ins Haus des Gemahls, wodurch noch einmal ihre Unterwerfung unter seine Macht demonstriert werden sollte. Nach ältester Sitte mußte die junge Frau hierbei aus dem Schoß der Mutter gerissen werden (Festus, p. 289 a), den Triumph des Vaterrechts über das Mutterrecht darstellend. In den frühen Zeiten der Republik fand die Brautüberführung stets nach Sonnenuntergang und bei Fackelschein statt. Auch nachdem man in späteren Zeiten die Zeremonie auf den Nach-

mittag verlegt hatte, blieb der Gebrauch von Fackeln erhalten. Bei wohlhabenden Familien saßen die Brautleute in einem Wagen, bei ärmeren gingen sie zu Fuß. Wenn man sich einen Flötenspieler leisten konnte oder einen Freund besaß, der Flöte spielte, ging er voran. Man sang und tanzte zu Fescenninen, Fruchtbarkeitsliedern, die gezielt anzügliche Verse enthielten. Je nach den Namen und den Eigenschaften des Paares flochten die Sänger improvisierte Strophen in das traditionelle Versgefüge. Von Zeit zu Zeit warf der Bräutigam Nüsse unter die Zuschauer.

War der Hochzeitszug am Hause des Mannes angelangt, erforderte es die Sitte, daß die junge Frau den Türpfosten ölte und mit wollenen Binden umband. Vorher hatte der Bräutigam die Tür mit einem weißen Tuch und grünen Zweigen geschmückt. Nun trug er die Braut über die Türschwelle, damit sie nicht stolpere, was ein böses Omen für die Ehe gewesen wäre. Im Inneren des Hauses wurde sie von ihm in die Gemeinschaft des Feuers und des Wassers aufgenommen – durch gemeinsames Anzünden des Herdfeuers und Besprengen der Braut mit Wasser; damit war sie in die Gewalt seiner Hausgötter eingeführt.

Hatte der Hochzeitsschmaus nicht bereits im Hause der Brauteltern stattgefunden, wie es in alter Zeit üblich war, wurde dies nun im Hause der Neuvermählten nachgeholt, wobei die junge Frau an der Seite ihres Gatten lag. Dies wurde in der späteren Kaiserzeit üblich. Aber keine dieser Zeremonien, obgleich sie in der Mehrzahl der Fälle stattfanden, war gesetzlich vorgeschrieben. Manche Paare, die Kosten oder Umstände vermeiden wollten, ließen sich still auf dem Lande trauen. Gerade die ärmeren Römer verzichteten aber selten auf die Feierlichkeiten, da sie zu den wenigen Gelegenheiten gehörten, die Glanz in ein karges Leben brachten.

Selbst die Hochzeitsnacht, der sexuelle Vollzug der Ehe, unterstand bestimmten Bräuchen aus sippenrechtlicher Zeit. Die *pronuba* hatte das Ehebett zu richten und die Braut im Geschlechtsverkehr zu unterweisen. Die junge Frau betete jetzt zur Juno Virginiensis und zur Cincia, denen die Lösung des Gürtels geheiligt war. Erst dann durfte der Ehemann die Frau entkleiden. Nun setzte sie sich nackt auf den steinernen oder hölzernen Phallus, der den Gott Mutunus Tutunus symbolisierte, um die Entjungferung durch den Gott vornehmen zu lassen. In älterer Zeit geschah all dies, und auch der erste Koitus, vor Zeugen, in ältester Zeit mußte die Frau sogar mit den Agnaten des Gatten, den männlichen Hausgenossen, koitieren, ehe der Gatte an die Reihe kam. Dies geschah in der Übergangszeit vom Mutter- zum Vaterrecht, um die Muttergöttinnen zu versöhnen, die jegliche Ehe als Bruch des Gesetzes der sexuellen Verfügbarkeit aller für alle betrachteten. Um sich das Recht der ausschließlichen sexuellen Nutzung eines einzigen Menschen zu erwerben, mußten beide Partner Opfer bringen: die Frau, indem sie mit allen Männern koitierte; der Mann, indem er dies zu erdulden hatte. Vielleicht entsprang die später nicht seltene Sitte, den Vollzug der Ehe in einem Bordell vorzunehmen, diesem Brauch. Wurde eine junge Frau in einem Lupanar entjungfert, zeigten an der Tür Lampen und Lorbeerzweige die Vermählungsfeier an.

Am nächsten Morgen begann der eheliche Alltag, indem die junge Frau den Hausgöttern des Mannes ihr erstes Opfer brachte. Hochzeitsreisen kannten die Römer nicht, obgleich die Wohlhabenden sich zweifellos oft nach der Hochzeit in ihr Landhaus zurückzogen. Die Frage, ob römische Ehen im großen und ganzen glücklich oder unglücklich waren, läßt sich nicht beantworten. Die uns erhaltenen Grabinschriften, die von der verstorbenen Frau als hervorragender Gattin und Mutter sprechen, beziehen sich meist nicht auf Frauen aus den oberen, sondern aus den mittleren und unteren Ständen. So lesen wir in einer Grabinschrift aus der Zeit der Republik: »Kurz, Wanderer, ist mein Spruch, halt an und lies ihn durch. Es deckt der schlichte Grabstein eine schöne Frau. Mit Namen nannten Claudia die Eltern sie. Mit eigener Liebe liebte sie den eigenen Mann. Zwei Söhne gebar sie. Einen ließ sie auf Erden zurück, den anderen barg sie in der Erde Schoß. Sie war von artiger Rede und von edlem Gang, besorgte ihr Haus und spann. Ich bin zu Ende. Geh.«

Eine Inschrift aus der Kaiserzeit lautet: »...Sie war der Schutzgeist meines Hauses, meine Hoffnung, mein einziges Leben. Was ich wünschte, das wünschte sie auch, sie mied, was ich mied. Keiner ihrer innersten Gedanken war mir je verborgen. Auch ermangelte sie nicht des Fleißes bei der Wollarbeit, sie war sparsam, doch freigebig aus Liebe zu ihrem Mann. Speise und Trank mundeten ihr nicht ohne mich. Trefflich war ihr Rat, klug ihr Sinn, edel ihr Ruf.«

Auf einem Sarkophag stehen die Worte: »Amymone, Frau des Marcius, liegt hier. Gut war sie und schön, eine fleißige Spinnerin, wirtlich, züchtig, keusch und fromm.« Eine andere Inschrift, die als *Laudatio Turiae*, Lob der Turia, bekannt geworden ist, erzählt die Geschichte einer Ehe in Kriegszeiten, ein schier endloses Ordal von Trennungen und Prüfungen, denn der Mann focht während der Bürgerkriege auf republikanischer Seite gegen Cäsar und später gegen Antonius und Octavian. Endlich waren die Kriege vorbei, man verzieh ihm, und das Paar ließ sich nieder. Nun stellte es sich aber heraus, daß die Frau unfruchtbar war, woraufhin sie ihrem Mann die Scheidung anbot, damit er eine fruchtbare Frau nehmen könne. »Ich muß gestehen«, sagt er auf ihrem Grabstein, »dein Vorschlag hat mich so betrübt, daß ich fast den Verstand verlor«. Er redete ihr also den Gedanken aus, und so lebten sie, in Anhänglichkeit und ohne Kinder, bis zum Tode der Frau viele Jahre später.

Doch schreibt der trauernde Witwer, daß Ehen wie die seine in Rom eine ziemliche Seltenheit darstellten. Häufiger war offenbar der geradezu alltägliche Ehekrach, den Plautus in seinen Komödien beschreibt. Er sieht die Römerin meist als habgierig, klatschsüchtig, neugierig und treulos – was unter den Umständen der Lieblosigkeit und geforderten Unterordnung der Frau kaum überraschend ist. Selbst Catull, den man nicht gerade als männerrechtlichen Traditionalisten im Sinne Catos und Ciceros betrachten kann, sah die Frau als unmündiges Wesen, das dem Ehemann uneingeschränkten Gehorsam schuldete. Nur in einer Beziehung war er zu Konzessionen bereit: Sobald sie Mutter geworden war, schuldete man ihr Respekt. Andererseits bedeutete dieser Respekt, daß die Tochter der Mutter fast so bindend unterworfen war wie dem Vater. So gehörte die jungverheiratete Frau in Catulls Meinung nicht etwa sich selber, sondern zu einem Drittel dem Vater, zum zweiten Drittel dem Ehemann und zum letzten Drittel der Mutter. Sie selber besaß keinen Anteil an ihrem Körper:

Doch, du Liebliche, darfst nicht streiten mit deinem Gemahl.
Unrecht wär's, zu streiten mit ihm, dem der Vater dich schenkte.
Er und die Mutter nicht minder, ein Kind muß den Eltern gehorchen.
Nur ein Drittel ist dein, dem Vater gehöret das andere,
Und das Dritte der Mutter. Du wirst mit zweien nicht streiten,
Die mit dem Brautschatz auch ihr Recht abtraten dem Eidam.

Das römische Gesetz, das an alles dachte, unterschied sorgfältig zwischen dem ehelichen Geschlechtsverkehr, *conjugium*, und dem Geschlechtsverkehr als staatserhaltende Funktion, *conubium.* Es dachte an alles – außer an das eine, das uns heute so wichtig scheint: die Liebe. Zumindest gab es keine Rechtfertigung und keinen moralischen Rückhalt für sie. Tacitus hat deshalb gesagt *(Hist. I, 6)*: »Der echte Römer heiratete ohne Liebe und liebte ohne Feinheit und Hochachtung«. Das war das Resultat einer vaterrechtlichen Ordnung, die mit aller Macht gegen das immer noch rege Erbe des Mutterrechts zu kämpfen hatte. Denn nur dort, wo Gleichberechtigung der Geschlechter besteht, kann Liebe existieren.

ANPASSUNG IN DER EHE. Der Hauptgrund für den Zerfall vieler Ehen ist die Unfähigkeit der Gatten, sich einander anzupassen. In der Ehe gibt es nur eine Regel der Anpassung: »Ändere dich selbst und versuche nie, den anderen zu ändern.« Diese Regel gilt für beide Gatten und ist außerordentlich schwer zu erlernen. Junge Leute, die noch nicht lange im Berufsleben stehen, finden es besonders schwer, sich anderen Menschen anzupassen. Ihr eigener Versuch, sich von dem Einfluß der Eltern unabhängig zu machen, ist ihnen gerade erst mit vieler Mühe gelungen, und jetzt erscheint es ihnen, als ob ein anderer Mensch sie nun wieder abhängig zu machen versuche. Also sagt der junge Mann: »Warum soll *ich* nachgeben? *Ich* verdiene doch hier das meiste Geld. Soll doch *sie* sich anpassen.« Die junge Frau dagegen meint: »*Ich* bin für Gleichberechtigung. Ich sehe nicht ein, wieso *ich* nachgeben soll. *Ich* mache den Haushalt ganz allein und verdiene obendrein noch mit. *Er* braucht nur zur Arbeit zu gehen, und wenn er nach Hause kommt, ist alles für *ihn* fertig. Und dann meckert er trotzdem noch. So geht das nicht weiter.«

Das Leben zu zweit, sei es als Liebende oder als Eheleute, stellt hohe Anforderungen an unsere Geduld. Es ist wie das Leben zweier benachbarter Häuser, von denen das eine einem Musiker gehört und das andere einem Tierliebhaber. Der Musiker übt den ganzen Tag und wird von den bellenden Hunden seines Nachbarn zur Verzweiflung getrieben. Der Tierfreund verliert beinahe den Verstand über die Tonleitern und Fingerübungen, die den ganzen Tag aus dem Nachbarhaus herüberdringen. Was sollen diese Nachbarn tun? Jeder von ihnen hat zwei Möglichkeiten: Er kann entweder zur Polizei gehen und sich beschweren (aber in diesem Fall muß er seinen eigenen Lärm abstellen), oder er muß die Tatsache akzeptieren, daß die Dinge, die ein Mensch tut, nun eben zu seinem Wesen gehörten und daß wir, wenn wir nebeneinander leben, uns nicht nur mit ihnen abfinden müssen, sondern daß wir sie als einen Spiegel benutzen, in dem wir erkennen, wie sehr die Eigenschaften, die wir als unabdingbaren Teil unserer eigenen Persönlichkeit betrachten, anderen Menschen mißfallen können. Da wir mit unserem Nachbarn nicht verheiratet sind, können wir ihm die Polizei jederzeit auf den Hals hetzen, obgleich wir uns damit unser eigenes Leben als Benachbarter zur Hölle machen. Oder wir können ausziehen. Aber in der Ehe können wir weder jeden Tag zum Kadi rennen noch jedesmal an Scheidung denken, wenn uns etwas an unserem Gatten mißfällt. Entweder müssen wir ihn mit all seinen Fehlern akzeptieren, oder wir geben ihm das Recht, uns in gleicher Weise von morgens bis abends abzukanzeln. Hier gibt es kein »ja, aber« und auch keine »sanften« Hinweise oder »konstruktive« Kritik. Entweder hören wir ein für allemal auf, an unserem Ehepartner herumzunörgeln, oder wir unterwerfen uns freiwillig einer lebenslänglichen Drangsalierung durch ihn.

Es gibt nur einen Ausweg aus diesem circulus vitiosus, nämlich den, sich ständig daran zu erinnern, daß alles, was der andere tut, unsere eigene Schuld ist. In Amerika gibt es ein Epigramm, das diesen Zustand perfekt illustriert: »*Don't complain about your husband's taste, look whom he married!* – Beklag dich nicht über den Geschmack deines Mannes – wen hat er denn schließlich geheiratet?« Mit anderen Worten: Jeder Fehler, den dein Ehepartner im Laufe einer lebenslangen Ehe begehen mag, ist die Folge des Fehlers, den du bei der Eheschließung begangen hast. Oder umgekehrt: Wenn du nicht zugeben willst, daß du den falschen Gatten geheiratet hast, dann darfst du ihn nicht kritisieren. Mit jedem Wort der Kritik an ihm setzt du dich selber ins Unrecht.

EHEKOMPROMISS nennt die Sexualwissenschaft jenen Verfall der Ehe, in dem die Ehegatten einander Scheuklappen aufsetzen, um ihre eigenen Fehler nicht sehen und nicht ausmerzen zu brauchen. Die Weigerung jedes der beiden Ehepartner, das eigene Verlangen nach Herrschaft zu unterdrücken, führt zu einem Rollenspiel, das beide Partner durchschauen, beiden aber gleichzeitig die Möglichkeit gibt, gerade die Eigenschaften beizubehalten, die den Erfolg der Ehe verhindert haben.

Jeder läßt den anderen allein. Der Mann geht zur Arbeit, zum Stammtisch, zur Kegelbahn, zum Fußball. Die Frau macht sauber, kauft ein, kocht, wäscht, wäscht ab, plättet, gebiert Kinder und erzieht sie, geht ins Frauenforum und zum Friseur, liest die »Bildzeitung« und die »Courage«, sitzt vorm Fernsehapparat und näht. Beide haben aufgegeben, sich die Widersprüche ihres eigenen Benehmens bewußt zu machen. Keiner kümmert sich um die Welt des anderen, beide haben längst aufgegeben, den anderen und seine Welt zu verstehen. Beide sterben, ohne je gelebt zu haben.

EHEMÜDIGKEIT tritt in jeder, selbst der besten Ehe früher oder später auf. In der guten Ehe überwindet man sie, indem man sich selbst aus der Routine herausreißt, das Leben für den Ehegatten interessanter zu ma-

chen versucht, dem gemeinsamen Sexualleben eine neue Komponente gibt und »Seitensprünge« als Selbstverständlichkeiten hinnimmt. In der schlechten Ehe wird jeder Seitensprung zum Anlaß eines Ehestreits, statt zum Nachdenken zu bewegen, weshalb die Gattin/der Gatte es wohl notwendig findet, sich mit jemandem andern einzulassen. Wer beim ersten Seitensprung zum Kadi rennt, um auf Scheidung zu klagen, zerstört die Ehe. Aber auch derjenige zerstört sie, der sie einschlafen läßt. Die schlimmste Form der Ehemüdigkeit ist jenes hoffnungslose Nebeneinander-Dahinsiechen, das das Schicksal der meisten alten Ehepaare ist.
Wie bei allen anderen Aspekten der Ehe liegt der Unterschied zwischen den Ehepaaren, die die Ehemüdigkeit überwinden, und denen, die an ihr scheitern, fast ausschließlich bei der ursprünglichen → Partnerwahl. Barbara Bross hat diesen Unterschied ganz ausgezeichnet vom Standpunkt der Frau beschrieben. Indem sie ihre Geschlechtsgenossinnen direkt anspricht, sagt sie: »Wenn du nach einigen Jahren oder auch Jahrzehnten des Zusammenlebens mit einem Ehemann, der dich liebt und respektiert, jene merkwürdige innere Leere spürst, jenes plötzliche Gefühl des Unausgefülltseins, das jede Ehefrau nur zu gut kennt, so kannst du niemanden als dich selber anklagen. Denn dann hast du einfach zu geringe Ansprüche bei der Auswahl deines Lebensgefährten gestellt. Ich weiß ebenso gut wie du, daß die Zahl außergewöhnlicher Männer begrenzt ist. Aber wir können zumindest versuchen, einen von ihnen zu finden. Wir haben es nicht nötig, Hals über Kopf den ersten Mann zu heiraten, der uns den Hof macht und saubere Fingernägel hat. Es gibt andere Männer. Mit ihnen ist die Ehe selbst nach dreißig Jahren noch so aufregend wie die Hochzeitsnacht. Sie reißen uns aus uns heraus, führen uns in eine Welt, die wir nie zuvor sahen, und machen uns ihre Wunder verständlich. Aber es sind Männer, die dem Bild des Erfolgsmenschen nicht entsprechen. Mit einem solchen Mann lebst du in Armut, hast für die Kinder gerade genug zu essen, lebst ohne Statussymbole, verachtet von den anderen, die nicht begreifen, weshalb du diesen Außenseiter geheiratet hast; aber du wirst nie diese Leere empfinden, diese plötzliche überwältigende Verzweiflung, die wir, die wir das Wirtschaftswunder protestlos akzeptiert haben, alle ertragen müssen.«

EHE UND ERFOLG stehen oft in einem widersprüchlichen Verhältnis zueinander. Nur wenige Ambitionen zerrütten eine Ehe schneller als die Wahnvorstellung des einen oder anderen Ehegatten, daß man »repräsentieren« müsse: daß man, um voranzukommen, einen gewissen Wagen fahren, gewisse Möbel, Teppiche und Kleidungsstücke besitzen, in gewissen Restaurants essen, in gewissen Hotels wohnen und zu gewissen Clubs, Vereinen oder Parteien gehören müsse. Besonders die Ehefrau, die die Karriere ihres Mannes zu manipulieren versucht und darauf dringt, daß ihr Mann sich in einer bestimmten Art und Weise kleidet und verhält, erniedrigt ihn am Ende so, daß er zwar reich werden mag, dann aber prompt seine Frau abschieben wird. Immer wieder beklagen sich geschiedene Frauen erfolgreicher Männer über deren Undankbarkeit: »Ich war es, die ihm zu all seinem Erfolg verholfen hat. Ohne meinen Rat, ohne meine Hilfe hätte er es nie zu etwas gebracht.« Nur selten kann man solchen Frauen klarmachen, daß gerade dies der Grund ist, weshalb ihr Mann sie verlassen hat. Sie wollen nicht verstehen, daß ein Mensch nur dann auf seine »Erfolge« stolz sein kann, wenn er sie seiner eigenen Initiative verdankt, und daß er der Frau nie vergeben kann, die seinen Stolz gebrochen hat.

Darüber hinaus aber ergibt es sich nur allzu oft, daß materieller Erfolg die Ehe zerstört, statt sie zu festigen. Wenn ein Mann in der bürgerlichen Gesellschaft ein gewisses Einkommen erreicht hat, so will er es in Frauen anlegen. Dies mag aus Prestigegründen geschehen und nur sehr wenig mit Erotik zu tun haben. Hier von Treulosigkeit oder Demoralisierung zu sprechen, wäre deshalb kaum angebracht, denn die eigentliche Rechtfertigung der bürgerlichen Welt, der Kernpunkt ihrer Moral, besteht ja gerade darin, alle Schätze dieser Erde in Konsumgüter zu verwandeln. Daß der Mensch selber dabei zum Konsumartikel wird, ist ein unabdingbarer Teil des Entwicklungsprozesses der bürgerlichen Gesellschaft. Jede Ehe leidet, wenn das Interesse, das die Ehegatten im Stadium der ersten Liebe einst füreinander empfunden haben, langsam durch Interesse an Geld und Prestige ersetzt wird. Aber nur wenige Ehepaare sind sich der Tatsache bewußt, daß das unaufhaltsame Wuchern der Konsummentalität selbst das letzte Körnchen gegenseitiger Liebe und gegenseitigen Respekts zerstört.

Sexuelle Ehepflicht. Die wichtigste aller Ehepflichten ist die sexuelle Befriedigung des Ehepartners. Keine andere Ehepflicht – weder die des Unterhalts der Familie noch die der Sauberkeit der ehelichen Wohnung, weder die des Kochens noch die der Zeugung – ist auch nur annähernd so bedeutsam wie die der geschlechtlichen Zufriedenstellung. Denn alle anderen Fähigkeiten hängen von ihr ab: die Fähigkeit, zu arbeiten und gesund zu bleiben, Kinder zu erziehen und die Gesellschaft zu verbessern. Der sexuell unzufriedene Mensch stellt eine größere Gefahr für die menschliche Gesellschaft dar als der arme, der hungrige oder der unterdrückte. Kein Staat hat das Recht, sich einen Wohlfahrtsstaat zu nennen, wenn er sich nur um die Wohlfahrt der Armen, der Kranken und der Erwerbsunfähigen kümmert, die sexuell Frustrierten aber unbeachtet läßt, bis sie zum Verbrechen getrieben werden, und sie dann als »Sittlichkeitsverbrecher« ins Gefängnis sperrt.

Der wichtigste Diener des Staates in gesundheitlichen Fragen ist nicht der Arzt, sondern der Ehegatte – und damit meine ich beide Geschlechter. Die Ehefrau, die nachmittags ihre Torte mit Schlagsahne ißt und allmählich so dick wird, daß sie weder ihren Ehegatten noch irgendeinen anderen Mann befriedigen kann, ist die häufigste aller Sexualverbrecherinnen im Wohlfahrtsstaat. Aber der Ehemann, der aus mißverstandenem Verantwortungsgefühl so viele Überstunden macht, daß er abends zu müde ist, um seine Frau zu befriedigen, stellt eine ebenso große Gefahr für die Gemeinschaft dar. Beide verursachen in ihrem Ehepartner jene Frustrierung, die sie dann im täglichen Leben an anderen Menschen auslassen. Verkehrsunfälle, Streitereien im Büro, Kräche in der Fabrik sind oft Resultate ehelicher Frustration. Schlechte Zeugnisse der Kinder und ein guter Teil der Jugendkriminalität gehen auf die sexuelle Unzufriedenheit der Eltern zurück. Die Ehefrau, die ihren Mann im Bett zufriedenstellt, tut deshalb mehr für die menschliche Gemeinschaft als die, die sich über die Unsittlichkeit der Jugend beklagt.

In der Tat ist es weitaus schwieriger, den Ehepartner zufriedenzustellen, als die Freundin oder den Freund, die Geliebte oder den Geliebten zu befriedigen. Der engherzige Moralkodex einer vergangenen Zeit hat uns so beeinflußt, daß sich nur wenige die Begierden eingestehen, die sie fühlen. Die meisten Männer sind von den Moralanschauungen ihrer Väter ebenso stark beeinflußt wie die Frauen von denen ihrer Mütter. Der Ehemann zögert, bestimmte Dinge von seiner Frau zu verlangen, eben *weil* er sie liebt, weil ihm gesagt wurde, daß man »so etwas« mit der Ehefrau oder mit einer anderen Frau, die man »achtet«, nicht tut. Aber das bedeutet nicht, daß er es nicht tun möchte, und wenn seine Frau nicht Gedanken lesen und ihm die Möglichkeit geben kann, seine Bedürfnisse mit ihr zu befriedigen, dann geht er entweder zu einer anderen Frau, die er nicht »achtet«, die ihm aber sexuelle Befriedigung gewährt, oder er wird zum Neurotiker, und das Ende ist das, was man als »Nervenknacks« bezeichnet. Dann ist der Mann für seine Frau und Kinder nutzlos geworden. Er ist nicht mehr fähig, den Lebensunterhalt seiner Familie zu verdienen. Er ist krank und mag lebenslang krank bleiben. Ist das ein Risiko, das eine vernünftige Frau eingehen möchte? Wenn es also etwas gibt, das der Jungverheiratete zuerst und vor allem in seiner Ehe tun muß, so ist es das Forschen nach den zutiefst verborgenen sexuellen Bedürfnissen seiner Gattin. Und in unserem Lande – im Gegensatz zu Japan oder Frankreich – sind diese Bedürfnisse noch immer tief verborgen.

EHEZWISTE gehen oft auf Nachlässigkeiten zurück, die vermeidbar sind, wenn man sich nur Mühe gibt. Barbara Bross hat in einem ihrer Frauenbücher einmal siebzehn der häufigsten dieser ehelichen Faux pas zusammengestellt. Sie richtet ihre Warnungen hier ausschließlich an die Ehe*frau*. Aber fast all die Dummheiten, vor denen sie warnt, werden ebenso oft von Ehe*männern* begangen:

»1. Mache dich nicht lustig über deines Mannes Rasse, Religion, Herkunft, Vater, Mutter oder andere Verwandte. Sage nie so etwas wie ›das habe ich geahnt, als ich einen Katholiken heiratete‹ oder ›du bist genau wie dein Vater‹ oder ›du bist ebenso schlimm wie dein mißratener Bruder‹.

2. Vermeide alle Anspielungen auf frühere Fehler und verallgemeinere sie nicht. Sage nicht ›du kommst immer zu spät zum Essen‹ oder ›du hast noch nie einen Aschenbecher benutzt, solange ich dich kenne‹ oder ›wirst du jemals daran denken, die Garagentür abzuschließen?‹

3. Mache nie Anspielungen auf das, was du für Aberglauben hältst. Sag nicht Dinge wie ›nur Kinder glauben an Astrologie – wann wirst du endlich erwachsen?‹ oder ›hast du jemals eine fliegende Untertasse gesehen? Ich nicht‹.

4. Mache ihn nicht auf seine ehelichen ›Pflichten‹ aufmerksam. Wenn er sie nicht kennt, hast du den falschen Mann geheiratet.

5. Erkläre ihm nicht in deinem besten besserwisserischen Ton, was gut oder schlecht für ihn ist. Wenn er sich umbringen will, dann ist das betrüblich für dich und deine Kinder. Aber du kannst ihn ebenso schnell umbringen, wenn du ihm Magengeschwüre verschaffst. Und das wirst du tun, wenn du ihn nicht in Ruhe läßt. Es macht keinen Unterschied, wie gut deine Absichten dabei sind. Laß ihn tun, was er tun möchte. Er ist ein erwachsener Mann. Er mag unreif sein, aber versuche nicht, ihn zu ändern. Du kannst es nicht.

6. Sage ihm nicht, er solle ordentlich sein. Wenn er es nicht von Natur

ist, wird er es vielleicht durch das Beispiel, das du ihm gibst. Aber wenn du ihn herumkommandierst, wird er nur halsstarrig und unordentlicher als zuvor.

7. Sage nichts zweimal. Wenn er das erstemal nicht reagiert, machst du ihn nur bockig, indem du dich wiederholst.

8. Begrüße ihn nicht mit einem Bericht über deine Tageserlebnisse, sobald er das Haus betritt. Es macht keinen Unterschied, ob es sich um angenehme oder unangenehme Dinge handelt. Warte damit bis nach dem Essen. Dann ist jeder Mensch am zugänglichsten. Am wenigsten zugänglich ist man, wenn man von der Arbeit nach Hause kommt.

9. Unterbrich ihn nicht, wenn er ein Buch liest, Radio hört oder eine Fernsehsendung sieht. Du möchtest auch nicht bei deinem Vergnügen gestört werden, also tu nichts, was du selbst nicht möchtest.

10. Wenn er einen eigenen Raum hat, in dem er Modellflugzeuge baut, Zaubertricks probiert oder seine Tischreden niederschreibt, dann betritt ihn nicht und versuch nicht, ›Ordnung zu machen‹. Du willst auch nicht, daß er unter deinen Kosmetika ›aufräumt‹. Also gestatte ihm, eine kleine Welt für sich zu behalten, ebenso wie du das Recht hast, dir einen Anteil an Zeit und Raum zu bewahren. Selbst die beste, die glücklichste, die vertrauteste Ehe erfordert, daß beide Partner einen privaten Bereich behalten. Selbst Wohngemeinschaften, selbst Kommunen benötigen diesen Ellbogenraum des Individuums, wenn sie klappen sollen.

11. Versuche nicht, ihn von seinen Freunden oder Verwandten männlichen oder weiblichen Geschlechts zu trennen. Sein Freundeskreis wird sich, ist er einmal verheiratet, von selbst ändern. Aber versuche nicht, diese Entwicklung zu beeinflussen. Er wird aufhören, dich zu achten, wenn er spürt, daß du eifersüchtig bist.

12. Zwinge ihm nicht deine Freunde und Verwandten auf. Weshalb nicht? Siehe oben.

13. Wenn du ihn liebst, sag es ihm. Halte es nicht für selbstverständlich, daß er es weiß.

14. Wenn dir etwas gefällt, was er tut oder sagt, dann sage es ihm sofort. Es macht ihn nicht selbstgefällig. Er wird dich nur um so mehr lieben.

15. Wenn er in Gegenwart anderer etwas Nettes tut, dann lobe ihn, so daß sie es hören. Sie werden dich nicht für blind halten.

16. Sei so gut, so freundlich, so liebenswürdig, wie du kannst. Hab keine Angst, ihn dadurch eitel zu machen. Wer dir erklärt, daß es tö-

richt sei, ihn so gut zu behandeln, ist neidisch auf euch beide.
17. Noch einmal die wichtigste Regel: Tu für ihn, was du nur kannst, und erwarte keine Gegenleistung. Sei niemals enttäuscht, wenn er dich nicht so behandelt, wie du ihn. Je mehr du für ihn tust, desto glücklicher wirst du sein.«
All das hört sich an wie patriarchalische Ausbeutung der Ehefrau. Aber wie hört sich's an, wenn man's als Forderungen der Männer an sich selbst betrachtet? Selbst Barbara Bross' nächster Vorschlag, der die Frau bewußt zum »Sexualobjekt« macht, ist keineswegs patriarchalisch, wenn wir ihn umkehren und als berechtigte Forderung der Frau an den Mann stellen. Denn auch er muß sich zum »Sexualobjekt« machen, wenn die → Objektwahl je klappen soll: »Trotz aller Versuche, den Ehepartner nicht zu verletzen, wird es in der Ehe früher oder später zum Krach kommen. Wir sind keine Engel. Es gibt keine Ehe ohne heftige Streitigkeiten. Wenn es absolut keinen Weg gibt, eine Auseinandersetzung zu vermeiden, wenn dein Mann dir Vorwürfe macht und du weißt, daß du im Recht bist, was sollst du dann tun? Zieh dich aus. Das klappt, wenn die Ehe klappt. Die meisten Männer werden unendlich erleichtert sein, wenn sie den Streit nicht fortzusetzen brauchen und stattdessen mit ihrer Frau ins Bett gehen können. Denn je lauter ein Mann schreit, desto weniger sicher ist er sich seiner Sache. Desto mehr wünscht er sich insgeheim, diese demütigende Szene nicht fortsetzen zu müssen. Aber da er ein Mann in einer Männergesellschaft ist, kann er sich das nicht eingestehen, und seiner Frau noch weniger. Wenn du also ausgesprochen töricht handeln willst, dann reagiere mit Widerworten und gib deinem Mann die Rechtfertigung, die er bis jetzt noch nicht hatte. Aber wenn du dich rundheraus weigerst, mit einem Mann über irgend etwas zu streiten, sondern gelassen deinen Weg gehst, gibt es keinen Mann, der dich besiegen könnte. Also nochmals: laß dich nicht dazu herausfordern, mit einem Mann auf seine Art zu streiten. Streite mit ihm auf deine eigene Art. Schlage ihn mit deinen eigenen Waffen.«
→ Aufgebot, Ausstattung, Bigamie, Ehebruch, Ehemetritis, Eheringe, Ehescheu, Flitterwochen, Frühehe, Geschwisterehe, Hausarbeit, Haushaltsgeld, Heiratserwartung, Hochzeit, Hochzeitsreise, Kinderehe, Knabenehe, Kranzgeld, Mitgift, Partnerwahl, Probeehe, Probescheidung, Rentenkonkubinat, Seitensprünge, Tetragamie, Trauung, Verlobung.

Ehebruch findet so häufig statt, daß die Illusion der Ehepartner, sie seien einander stets treu geblieben, bereits seit geraumer Zeit in der Medizin als klassischer Fall des psychologisch bedingten Gedächtnisschwundes zitiert wird. Als Kinsey und seine Mitarbeiter ihre Zahlen sammelten, hatten mehr als die Hälfte aller verheirateten Männer und mehr ein Viertel aller verheirateten Frauen außereheliche Beziehungen. Das konnte eine einmalige, nicht wiederholte Affäre sein, ein gelegentlicher Seitensprung oder eine langjährige Liaison. Seither sind die vergleichbaren Zahlen gestiegen, besonders für Frauen. Bedeutsam daran ist nicht der hohe Prozentsatz der Ehebrüche, sondern der weit höhere Prozentsatz der Ehen, die durch den Ehebruch ungeschädigt blieben. Bei mehr als 70 Prozent der Ehebrüche verheirateter Frauen ergaben sich keine ernsthaften Eheschwierigkeiten. Im Gegenteil, in vielen Fällen war eine Verbesserung der Ehe die Folge. Kinsey schrieb darüber einigermaßen überrascht: »Es gibt Menschen in unseren Beispielen, deren sexuelle Anpassung in der Ehe zweifellos durch außereheliche Erfahrung verbessert wurde. Manchmal liegt es daran, daß sie neue Techniken erlernten oder eine neue Haltung einnahmen, die in ihren ehelichen Beziehungen die Hemmungen minderte. Manche Frauen, die bei ihrem Mann Schwierigkeiten hatten, zum Orgasmus zu gelangen, stellten fest, daß die Neuartigkeit der Situation mit einem anderen Mann sie zu ihrem ersten Orgasmus führte; und mit diesem Hintergrund können sie sich ihrem Mann besser anpassen.« Oder der Mann sich ihnen, hätte Kinsey sagen sollen. Andererseits entdecken manche Männer und Frauen, daß sich andere Männer und Frauen, die verlokkend aussehen, im Bett als ziemlich langweilig erweisen. Auch dies kann dazu helfen, eine Ehe zu festigen, weil es den Ehepartner in einem neuen Licht zeigt. Kinsey sagt dazu: »Außerehelicher Verkehr hatte zur Folge, daß er einige Ehemänner davon überzeugte, ihr Verhältnis zu ihren Frauen befriedige sie mehr, als ihnen bisher klargeworden war.« M. L. Ernst und D. Loth akzeptierten das in ihrer sehr kritischen Studie *American Sexual Behavior and the Kinsey Report* als einen der wenigen gültigen Punkte des Kinsey-Reports. »Es gibt Gelegenheiten«, sagen sie, »bei denen außereheliche Verhältnisse die Ehe retten. Das entspricht nicht dem, was wir im allgemeinen zugeben, aber es kommt vor. Es kann die Neugier eines Mannes stillen oder ihn lehren, daß seine Frau eine bessere Gefährtin ist, als er bisher glaubte. Oder er gelangt zu neuen Einsichten.«

1967 hat Albert Ellis großes Aufsehen erregt, als er diese Selbstverständlichkeiten mit zwanzigjähriger Verspätung als Rezepte der Ehetherapie verkündet hat. Das war eine jener Vulgarisierungen der Sexualwissenschaft, die immer ein offenes Ohr finden, um uns dann um zwanzig Jahre zurückzuwerfen. Denn Ehebruch ist nur dann eine Ehetherapie, wenn er seinem Namen widerspricht und die Ehe *nicht* zerbricht. Wenn der eine oder andere Ehepartner die Geduld verliert und sagt: »Ich werde das *nie* verzeihen«, dann ist es nicht der sogenannte Ehebrecher, sondern dessen Gatte, der die Ehe wirklich *bricht*.

Monogamie ist ein unnatürlicher und der menschlichen Natur fremder Zustand. Der einzige Versuch, der je unternommen wurde, die sexuellen Gewohnheiten der ganzen Menscheit zu erfassen, das Human Relations Area Project der Yale-Universität, kam zu dem überraschenden Ergebnis, daß in nur fünf Prozent aller bekannten Kulturen Monogamie herrschte. Von 185 untersuchten Gesellschaften ließen sich nur neun als monogam definieren. In 176 Gesellschaften herrschten Polygamie oder andere nicht-monogame Formen. Es ist unmöglich, sich mit diesen Zahlen zu beschäftigen, ohne zu dem Schluß zu kommen, daß sexuelle Monogamie zumindest im statistischen Sinne anomal ist.

Das bedeutet nicht, daß ein Ehepartner nun aufhören solle, dem anderen Partner »treu« zu sein, sondern daß er nicht überrascht sein darf, wenn der andere Seitensprünge macht. Wenn ihm etwas an der Ehe liegt, muß er solche »Seitensprünge« als Selbstverständlichkeit betrachten. Zu verschiedenen Zeiten des Lebens, zum Beispiel für einen Mann Ende der Vierziger oder eine Frau nach dem Klimakterium, wird das Verlangen so zwingend, daß nur diejenigen ihm widerstehen können, die über ein besonderes Maß an Selbstbeherrschung verfügen. Wenn das Priesteramt mit seiner Forderung nach dem Zölibat nur von solchen Menschen übernommen werden sollte, die eine Berufung dazu verspüren, dann sollten in den Ehestand, der ein ähnlicher Zustand der Erhabenheit ist und ähnliche Opfer verlangt, auch nur solche Leute eintreten, die eine Berufung verspüren und auf seine Strenge vorbereitet wurden. Besser als in zahlreichen theologischen Versionen dieser Idee wird das in einem Artikel von Peregrine Worsthorne ausgedrückt, der am 16. Februar 1964 im Sunday Telegraph erschien: »... zwischen dem sexuellen Glück des einzelnen und dem allgemeinen Wohlbefinden der Gesellschaft besteht ein grausamer Zwiespalt; ein Zwiespalt, der im Westen durch die Institution der Monogamie auf fragwürdige Weise gelöst wurde. Die monogame Ehe ist natürlich ein Kompromiß, aber sie ist ein Kompromiß, bei dem der sexuelle Appetit erst an zweitbester Stelle hinter der sozialen Bequemlichkeit steht. Um die grundlegende, unerläßliche soziale Einheit der Familie intakt zu erhalten, stimmt der einzelne einem Ehevertrag zu, der in Wahrheit darauf hinausläuft, daß er seiner sexuellen Freiheit freiwillig entsagt, und daß beide Partner die Möglichkeit unbeschränkten Genusses bereitwillig opfern. Die Menschen dazu zu bringen, die Gesetze dieses Kompromisses zu akzeptieren und zu befolgen, bedurfte es schon immer größter Anstrengungen vor allem der Kirche, aber auch des Staates, Generation um Generation von klein auf in den Gewohnheiten und Vorschriften einer relativen Askese zu unterrichten. Die Ehe ist schließlich eine modifizierte Form des Zölibats und erfordert von vielen ihrer Anhänger kaum weniger Übung in Selbstdisziplin als die priesterlichen Gelübde. Es ist deshalb vernünftig, daß der junge Laie zur Vorbereitung auf diese Erfahrung einem fast ebenso sorgsamen Training unterworfen wird wie der Novize, da eine teilweise Einschränkung der sexuellen Freiheit in mancher Hinsicht sogar noch schwieriger ist als völlige Abstinenz.« Kein informierter Mensch wird das bestreiten. Unterlassen wir es, die jungen Leute auf die Einschränkung vorzubereiten, die die Ehe ihnen auferlegt, dann werden sie nicht fähig sein, sich diesen Einschränkungen zu unterwerfen, wenn sie verheiratet sind.

Mose 1.28 sagt aber: »Dein Same soll werden wie der Staub auf Erden, und du sollst ausgebreitet werden gegen Abend, Morgen, Mitternacht und Mittag.« Kein patriarchalisch gläubiger Mann kann diese Pflicht innerhalb der Ehe erfüllen. Er *muß* andere Frauen befruchten, wenn er Gottes Gebot erfüllen will. Und auch die Frau kann es nicht innerhalb der Ehe erfüllen. Auch sie muß sich mit mehr als einem Mann paaren, um das Wort Gottes zu erfüllen. Die amerikanische Frauenärztin Barbara Bross hat dieses Dilemma vom Standpunkt der Frau aus beschrieben: »Was aber sollst du tun, wenn du Lippenstiftspuren im Taschentuch deines Mannes findet, wenn er einen Brief verbirgt, der nach Parfum riecht, wenn du an seinem Schlüsselbund einen Schlüssel findest, der zu keinem Schloß in eurer Wohnung oder eurem Wagen paßt? Die Antwort lautet: nichts. Du sollst nichts sagen, du sollst nichts tun, du sollst dir nicht anmerken lassen, daß dir irgend etwas Ungewöhnliches aufgefallen ist. Das ist sehr schwer, ich weiß es. Aber was sonst könntest du tun? Betrachten wir die Alternativen:

1. Du machst ihn darauf aufmerksam, daß du den Lippenstiftfleck, den Brief, den Schlüssel entdeckt hast. Er wird wütend, bestreitet entweder das Ganze (was der Anfang gewohnheitsmäßigen Lügens zwischen euch wäre), oder er gibt es zu und erklärt dir, daß er dich nicht mehr

liebt. Er übertreibt. Aber du hast ihn ertappt. Du hast ihm keine andere Wahl gelassen. Die Folge ist möglicherweise die Scheidung.

2. Du entschließt dich, harte Worte zu gebrauchen. Du sagst ihm, er soll seine Sachen aus dem Schlafzimmer nehmen und im Gästezimmer oder auf der Couch im Wohnzimmer schlafen. Das Ergebnis: er geht zu der anderen Frau – vielleicht nicht für immer, zumindest aber häufiger als zuvor. Wenn ein Mann seine sexuelle Befriedigung nicht zu Hause findet, holt er sie sich anderswo.

3. Du zahlst ihm mit gleicher Münze heim – du beginnst selbst eine Affäre. Ergebnis: er wird entweder der Ansicht sein, daß du ihm eine Rechtfertigung für seine Affäre geliefert hast, oder er zieht aus und reicht die Scheidung ein.

4. Du gehst zu der anderen Frau, entweder um sie zu bitten, ihn gehen zu lassen, oder um ihr zu drohen, daß du ihren Namen überall publik machen wirst. Ergebnis: wenn sie ihn liebt und heiraten will, kannst du sie nicht einschüchtern; du kannst ihr nur beweisen, daß du die Schwächere bist – und eine Giftnudel obendrein. Wenn sie ihn nicht liebt, kannst du sie einschüchtern, aber du wirst dabei seinen Respekt verlieren.

Was immer du auch tust, du verletzt dich selbst. Es hat keinen Sinn, über die Ungerechtigkeit des Lebens zu weinen. Du lebst im Patriarchat, und du kannst nur politisch dagegen kämpfen, nicht aber in deinem Privatleben. Denn dann zerstörst du nicht nur ihn, sondern auch dich selbst und deine Kinder. Wenn du ihn liebst, versuche, ihn also zu halten. Wenn ihr Kinder habt, *mußt* du ihn halten. Und der beste Weg, ihn zu halten, besteht darin, ihn nicht merken zu lassen, daß dir etwas aufgefallen ist. Wenn du dich beklagst, wenn du ihm das Leben zur Hölle machst, überzeugst du ihn, daß du die falsche Frau für ihn bist – und zwar trotz all der vielen Ehejahre. Du veranlaßt ihn zu der Entscheidung (sehr gegen seinen eigenen Willen), daß die andere Frau die richtige für ihn ist.

Aber kein Mann wird je eine Frau verlassen, die sich weigert, ihm einen Grund dafür zu liefern. Wenn du dich weigerst, etwas zu bemerken, wenn du deinen Mann mit der gleichen Liebenswürdigkeit, Höflichkeit, Liebe und Achtung behandelst wie immer, wird die andere Frau die Geduld verlieren. Sie wird anfangen, deinem Mann seine ›Feigheit‹ vorzuwerfen, seine ›Unfähigkeit‹, sich zu entscheiden, seine Unentschlossenheit, den ›Tatsachen‹ ins Gesicht zu sehen, seine Schwäche, daß er dir nicht ›die Wahrheit‹ sagt. Das wird deinen Mann vor Wut kochen lassen. Er wird zum erstenmal sehen, daß die andere Frau selbstsüchtig ist, ungeduldig und maßlos. Er wird sie mit seiner stets gutgelaunten Frau vergleichen. Und seine Entscheidung wird sein, daß er die Affäre beendet und dahin zurückkehrt, wo er hingehört, zu dir und deinen Kindern. Wenn ein Mann diese Entscheidung aus freiem Willen getroffen hat, ohne jeden Ansporn von der Seite seiner Frau und ebenso in der festen Überzeugung, daß sie von der ganzen Sache nie etwas gewußt hat, dann wird er so unter seiner Schuld leiden und sich seiner Torheit so sehr schämen, daß es für euch beide so etwas wie zweite Flitterwochen geben wird. Du wirst nie einen liebenswürdigeren, rücksichtsvolleren, großzügigeren Ehepartner finden als einen Mann, der eben eine andere Frau aus freien Stücken aufgegeben hat. Erliege auch nicht der Versuchung, ihm seine Affäre mit einer eigenen Affäre heimzuzahlen. Laß dich nie auf eine Affäre ein, solange du nicht liebst und nicht geliebt wirst. Die Untreue der Frau im bürgerlichen Patriarchat ist nur zu oft ein bloßer Racheakt. Das gilt ebenso für den Ehebruch wie für das Betrügen eines Liebhabers mit einem anderen oder sogar das Betrügen des Liebhabers mit dem Ehemann – eine Art umgekehrten Ehebruchs.«

EHEBRUCH IM ALTEN HELLAS. Wie in allen betont patristischen Gesellschaftsformen fühlte sich auch im alten Hellas der Mann dauernd in seiner »ehelichen Ehre« bedroht. Da die Frau als Besitz empfunden wurde, galt Ehebruch als Diebstahl. Der bestohlene Ehemann hatte das Recht, sich an dem Dieb entweder durch Entmannung oder durch Todesstrafe zu rächen. Lysias (etwa 450–380) berichtet, daß Euphiletos, der den Erathostenes mit seiner Frau im Bett überrascht hatte, folgendes sagte: »Als ich meinem Begleiter die Tür des Schlafgemaches aufgestoßen hatte, sahen wir, die wir zuerst eindrangen, ihn noch neben meiner Frau im Bette, die anderen sahen ihn nackt auf dem Lager stehen. Ich aber stieß ihn herab, band ihm beide Arme auf dem Rücken zusammen und fragte ihn, warum er die Ehre meines Hauses verletzte. Er gab sein Unrecht zu, bat mich aber flehentlich, ihn nicht zu töten, sondern Geld anzunehmen. Darauf erwiderte ich: ›Nicht ich werde dich töten, sondern das Staatsgesetz.‹ « (Lysias *de caede Erat. 24*). Diese Gesetzestreue des Euphiletos wird von Lysias aber ausdrücklich als eine besondere Großzügigkeit zitiert. Normalerweise fackelte der Grieche, der einen anderen Mann im Bett seiner Frau fand, nicht lange mit dem Gesetz, sondern schnitt ihm entweder Glied und Hoden ab, oder brachte ihn auf der Stelle um. Wo es um seine »Ehre« ging, stand der

Athener noch im klassischen Zeitalter auf dem Niveau der Blutrache.

Trotz allem war Ehebruch in den griechischen Stadtstaaten nicht nur bekannt, sondern überaus häufig, von Geschlechtsverkehr mit Sklaven oder Sklavinnen ganz zu schweigen. Dieser zählte aber nicht als Ehebruch, da Sklaven nicht als vollwertige Menschen betrachtet wurden. Es war das Privileg des Ehemannes, mit seinen Sklavinnen zu koitieren. Aber die Ehefrau, die mit einem Sklaven koitierte, machte sich der Todesstrafe schuldig.

Nachts durfte die Frau deshalb nach den solonischen Gesetzen nur dann in einem Wagen fahren, wenn drinnen eine Laterne brannte, so daß jeder sehen konnte, in wessen Begleitung sie war (Plut. *Sol.* 21). Aber:

So schwer ist keine Mauer, ist kein Schatz,
Nichts auf der Welt zu hüten, als ein Weib (Euripides).

Die Gattin schützt Magenweh, Bauchgrimmen, einen Gang auf den Abtritt vor, um zum Liebhaber hinauszuschlüpfen, spottet Aristophanes. Wenn kein anderer da ist, besorgt es ein Knecht oder Maultiertreiber. Kommt der Gatte nach Hause, kaut die Frau Knoblauchstengel, ihm zu beweisen, daß sie allein gewesen sei. Sie geht mit dem Mantel, unter dem der Liebhaber steckt, hinaus und draußen verschwindet dann der Liebhaber (Aristophanes, *Thesmophoriazusen* 479 bis 501):

...nun hatt' ich auch von früher her
'nen Freund, der im siebenten Jahr es schon versucht' mit mir.
Der kam und raschelte voller Begier an unserer Tür.
Sogleich verstand ich's; heimlich wollt' ich hinab zu ihm.
Mein Mann darauf, der fragt: »Wo willst du hin? Wohin?«
»Ich habe, Liebster, im Bauche solches Knurrn und Ziehn,
Ich will zum Abtritt noch einmal hinab.« – »So geh!«
Drauf rührt' er mir'n Trank aus Wacholder und Schneckenklee,
Doch ich, nachdem ich die Angel der Tür geölt,
Ging zu meinem Liebsten und ward, vorn aufgestützt
An dem Lorbeerbaum, beim Gassenapoll! von hint' gespritzt!

Begräbnisse naher Verwandter gehörten zu den wenigen Gelegenheiten, die einer Griechin das unbegleitete Ausgehen erlaubten, und wurden deshalb oft zu Seitensprüngen verwandt. Andere Gelegenheiten waren der Einkauf und der Gottesdienst, aber selbst hier versuchte der Gatte meist, der Frau eine Sklavin mitzuschicken. War die Ärmste dann am Ziel ihrer Wünsche, geschah es oft, daß der Geliebte durch die

Spannungen und Ängste des Verfahrens impotent wurde und die Frau unverrichteter Sache wieder nach Hause gehen mußte. Philodemos läßt eine solche Frau klagen:

Mitten in finsterer Nacht verließ ich das Lager des Gatten,
Stahl mich heimlich zu dir, frierend und regendurchnäßt.
Und nun sitzen wir müßig und faul. Wollen wir nicht endlich
Zum Werke nun gehn, wie sich's für Liebende ziemt?

Die beim Ehebruch ertappte Frau durfte, laut Aischines (389–314), keinen Schmuck mehr tragen und die öffentlichen Tempel nicht mehr besuchen, »damit sie nicht unschuldige Frauen verderbe«. Als Gesetzgeber fügt Aischines nun hinzu: »Wenn sie aber doch hingeht oder sich schmückt, so soll der erste beste ihr die Kleider vom Leibe reißen und ihr den Schmuck nehmen und sie schlagen, aber nicht töten oder zum Krüppel machen, so daß er ein solches Weib ehrlos mache und ihr die Lust am Leben nehme« (*Tim.* 182–183).

Eine Zivilisation, die sich in so hohem Maße von innen her bedroht fühlt, kann unmöglich als gesund gelten. Im Gegenteil, wenn die männliche »Ehre« nur dadurch gerettet werden konnte, daß man der Frau die Lust am Leben nahm, dann stand diese Ehre auf sehr schwachen Füßen. Die ausgesprochen voyeuristische, betont sexuelle Form der Bestrafung »ehebrecherischer« Frauen deutet auch darauf hin, daß der Grieche sich der Griechin gegenüber unsicher fühlte. So erzählt Plutarch, daß man in Kyme die Ehebrecherin auf den Markt schleppte und sie auf einem dazu bestimmten Stein allen Blicken ausstellte. Später ließ man sie auf einem Esel (nackt?) durch die ganze Stadt reiten. Der Ritt endete mit nochmaliger Schaustellung auf dem Stein. Auch blieb ihr fortan der entehrende Name »Eselreiterin« (*quaest. gr. 2*). In Lepreon in Elis mußte die Ehebrecherin während elf Tagen auf dem Markt ohne Gürtel und in durchscheinendem Hemde am Pranger stehen und blieb »ehrlos« (Herod. Pol. 14).

Bezeichnend für die eheliche Doppelmoral der Griechen ist die Sage von Kephalos und Prokris, die Sophokles und Hyginus behandelt haben: Der Mann darf die Treue seiner Frau erproben; die Frau, welche die Treue ihres Mannes erproben will, muß dafür mit ihrem Leben büßen. Kephalos, der Sohn des Phokerkönigs Deion, beschließt die Treue seiner Gattin Prokris zu erproben, indem er ohne Erklärung acht Jahre lang fortbleibt. Was sie in dieser Zeit erduldet, wie schwer ihr das Alleinsein auch fallen mag, wie sie sich überhaupt die Abwesenheit ihres Mannes erklären soll – all das bewegt den Gatten nicht. Als er dann nach all den Jahren verkleidet zurückkehrt und sie erfolgreich verführt, ist er wütend, weil sie sich einem »Fremden hingegeben hat« und tötet sie, indem er vorgibt, sie bei der Jagd für ein Reh gehalten zu haben. Zwar wird er für die Tat vom Areopag verurteilt, kommt aber mit dem Leben davon, wird sogar nach dem Siege über die Taphier von den Göttern belohnt und gründet das Geschlecht der Kephallenier. Wenn man bedenkt, daß ihm dieser Sieg nur mit Hilfe des unentrinnbaren Hundes Lailaps gelingt, den er seiner gemordeten Gattin gestohlen hat, so wirkt die Doppelmoral des hellenischen Patriarchats hier selbst über den Tod der geplagten Frau hinaus und belohnt den Täter noch nachträglich für die Tat.

In der *Oresteia* wird Klytaimnestras Plädoyer, ihr Ehebruch mit Aigisthos sei dadurch gerechtfertigt, daß Agamemnon, ihr Gatte, sie seinerseits mit Kassandra und Chryseis betrogen habe, energisch zurückgewiesen. Denn was dem Manne gestattet sei, könne der Frau niemals verziehen werden. Und warum nicht? Nicht etwa weil es eine andere Moral für Frauen gebe, sondern weil es um das Erbrecht, also um Eigentum, gehe. Das Wichtige beim Ehebruch sei nicht etwa der Akt des Geschlechtsverkehrs, sondern die Möglichkeit der Kindesunterschiebung. Der Ehemann, der mit der Frau eines anderen Mannes schläft, macht sich diesem gegenüber schuldig, denn wenn er mit ihr Söhne zeugt, stiehlt er das Erbe des anderen Mannes. Nicht schuldig aber macht er sich seiner eigenen Frau gegenüber, denn ihr entsteht aus seinem Seitensprung kein Verlust. Wenn sie dagegen mit einem anderen Mann koitiert, so ist sie schuldig. Denn aus ihrem Verkehr mit diesem Manne können Söhne entstehen, die den Gatten unrechtmäßig beerben; unrechtmäßig, da sie ja nicht seine Söhne, sondern die des anderen Mannes sind. Apollon spricht mit der Unfehlbarkeit des Gottes, wenn er den Unterschied zwischen Mann und Frau mit der genetischen Theorie begründet, daß die Frau bei der Erzeugung des Kindes nur Hüterin des ihr anvertrauten Samens sei. Deutlicher läßt sich die Theorie des Vaterrechts kaum ausdrücken.

Die Tatsache, daß der Grieche die Gattin als sein Eigentum betrachtete und hieraus sein Recht auf Rache nahm, geht aus dem griechischen Wort für Ehebruch, *gamoklopia*, hervor, denn es bedeutet nicht etwa »Bruch der Ehe«, sondern »Diebstahl der Gattin«. Die Ehe wurde also nicht als staatlich begünstigte Institution gebrochen, sondern als privates Besitzverhältnis verletzt. Stets ist die Frau Eigentum des Mannes. Er kann sie töten, er kann sie verschenken, er darf sie im Falle eines

Ehebruchs umbringen. Sie aber darf sich nicht einmal über seinen Ehebruch beklagen. In den *Trachinierinnen*, einer der bedeutendsten Tragödien des Sophokles, versucht Deianeira, die liebevolle, duldsame Frau des Herakles, nachdem er die schöne Sklavin Iole als Konkubine in ihr Haus gebracht hat, seine Liebe wiederzugewinnen, indem sie einen Liebestrank für ihn zubereitet. Der Trank jedoch ist zu stark und droht ihn zu töten. Joseph Vogt kommentiert die Folgen in diesen Worten: »Unfähig, die Schmach zu ertragen, daß ein Weib ihn hingerafft, verlangt er vom Sohn, daß er ihm die Mutter zum Erwürgen in die Hände liefert, damit er sehen kann, was den Sohn mehr schmerzt: das entstellte Bild des Vaters oder die mit Recht getötete Mutter *(Trachinierinnen* 1062 ff.). Und nach der Meldung, daß Deianeira durch eigene Hand gestorben, zwingt er dem Sohn die eigene Geliebte Iole als Gattin auf: der Befehl des Vaters muß über die Treue zur toten Mutter gehen (*Trachinierinnen* 1216 ff.). Deianeira ist wie weggewischt, Iole ist ein Gefäß, das weitergegeben wird; im großen Tun folgt der Mann auf den Mann, darüber zerbrechen die Frauen« (a.a.O., S. 224).

Odysseus beging Ehebruch mit Kallidike, Kalypso und Kirke, hinterließ in verschiedenen Orten seine »Gesäten«, seine unehelichen Kinder, aber tötete die Männer, die seine Frau im guten Glauben, daß er längst tot sei, heiraten wollten, und glaubte obendrein, er habe damit eine große Heldentat vollbracht. Mit den Liebschaften des Mannes hatte die Frau sich abzufinden, sie selber aber durfte nicht einmal heiraten, solange sie keinen Todesbeweis ihres Gatten hatte, selbst wenn dieser zwanzig Jahre lang verschollen war.

Ehebruch im alten Rom. In seiner Komödie *Die Zwillinge* hat Plautus das Gespräch eines Vaters mit seiner Tochter niedergeschrieben, die sich bei ihm darüber beklagt, daß ihr Mann sie mit einer anderen betrüge und obendrein noch mit ihr schimpft, wenn sie ihn danach frage. Der Vater gibt prompt dem Manne recht:

Vater

Wie oft schon hab' ich dir gesagt, daß du den Mann
Gewähren lassen sollst, nicht spionieren, was
Er treiben und wohin er gehen mag!

Tochter

Doch wenn
Er eine Liebschaft hat mit einer Dirne hier
Im Nachbarhaus

Vater

Da tut er recht, tut völlig recht!
Er soll, weil du so toll dich stellst, von mir aus sie
Noch derber lieben.

Tochter

Trinkt ja auch bei ihr!

Vater

Du meinst, daß er's um deinetwegen lassen soll,
Sei's dort, sei's wo's ihn sonst gelüstet? Himmel, das
Ist doch Vermessenheit! Du wirst am End' ihn gar
Dran hindern wollen, daß er wo zu Gaste gehn
Und selbst sich einen Gast zu Tische laden darf?
Verlangst du, daß dein Mann dein Untergebner sei?
Dann stell' doch lieber gleich den Wollkorb vor ihn hin
Und weis' ihm einen Platz bei deinen Mägden an,
Mit ihnen Woll' zu krempeln!

Tochter

So hab' ich also dich,
Vater, nicht *mir* zum Beistand hergerufen, nein,
Dem Mann? Du hältst zu ihm, du setzt dich für ihn ein?

Vater

Solange er dich gut in Schmuck und Kleidung hält,
Für deine Mägde und den Haushalt reichlich sorgt,
Da solltest du, mein Kind, auch recht vernünftig sein.

Als Musterbeispiel, wie sich eine verständnisvolle Römerin beim Ehebruch ihres Mannes benehmen solle, erwähnt Valerius Maximus (VI, 7, 1) die Tertia Aemilia, Gattin des älteren Scipio Africanus: »Wenn sie merkte, er habe an einer seiner Mägde Gefallen gefunden, tat sie so, als sähe sie es nicht, um nicht den Bezwinger der Welt, den Africanus, wegen Zügellosigkeit beschuldigen zu müssen.«

Im 2. und 1. Jahrhundert vor unserer Zeitrechnung betrachtete der Römer den Ehebruch, wie man heute vielleicht das Mogeln bei der Steuererklärung auffaßt: als eine harmlose Übertretung, ein Kavaliersdelikt, das man von einem »richtigen Mann« erwartete, damit er seine Zivilcourage bewiese. Nur durfte man sich dabei nicht erwischen lassen. Ovid meinte, der Ehebruch sei bereits dadurch gerechtfertigt, daß der betrogene Ehemann durch den Geschlechtsverkehr seiner Frau mit anderen Männern ja nichts Konkretes, Materielles verlöre:

Töricht ist auch ihr Gemahl.
Warum nur sucht er zu hüten,
Wovon er gar nichts verliert?

Deshalb sei es gerechtfertigt, ja geradezu geboten, den Ehemann über die Untreue seiner Frau im dunkeln zu lassen:

Laß ihn, den Narren, allein
Doch seiner Eifersucht frönen!
Laß ihn glauben, daß ihm
Treu ist, die vielen gefällt!

Hinter all dieser scheinbaren Liberalität Ovids verbirgt sich ein gerüttelt Maß an Misogynie, denn sie setzt voraus, daß die Frau, wenn der Mann gut zu ihr ist, ihn unweigerlich betrügen wird, so daß seine Güte die eigentliche Schuld für den Ehebruch trägt:

Ehebruch ziehst du herbei, da Gelegenheit du und Zeit ihm gibst.
Was hat andres die Frau, als was du rietest, getan?
Was beginnen? Ihr Mann ist fort, ein geschmeidiger Gast da,
Und im ledigen Bett graut ihr zu liegen allein.
Zusehn mochte der Mann, die Gattin sprech ich von Schuld frei.
Sich zunutze gemacht hat sie die Güte des Mannes.

Ovid selber hatte drei Frauen und eine beachtliche Anzahl von Mätressen. In *Amores* (II, 12) prahlt er mit seinen Eroberungen verheirateter Frauen:

Sie, die der Gatte, der Wächter, die feste Tür, so viele Feinde
Wahrten, daß keinerlei Kunst konnt' überschreiten den Wall.
Das ist wahrhaftig ein Sieg, wohl würdig des höchsten Triumphes,
Ohne daß deshalb mit Blut ward eine Beute befleckt.
Niedrig war'n nimmer die Mauern, kein schmaler Graben die Festung schützte –
Mein Feldherrntalent brachte das Mädchen zu Fall!

Er gibt nicht nur Rat, wie man es anstellt, daß die eigene Ehefrau einem nicht auf die Schliche kommt, sondern wie man zwei Freundinnen, mit denen man gleichzeitig Affären hat, davon abhält, daß sie von einander erfahren:

Wenn, was wohl du verbargst, trotzdem als geschehn an den Tag kommt,
Leugne du dennoch stets, liegt's auch am Tage, das ab.
Sei nicht mehr als gewohnt dann unterwürfig und schmeichelnd,
Solches Benehmen zeugt sehr für ein schuldiges Herz,
Sondern schone des Leibs dann nicht: in *einer* Umarmung

Lieget der Friede, sie tilg' anderer Liebe Verdacht.

Überhaupt ist mit sexueller Befriedigung der Frau der häusliche Friede stets erkaufbar, einerlei wie heftig der Streit vorher gewesen sein mag:

Wenn sie raset vor Wut, wenn als grimmige Feindin sie auftritt,
Bitt' um der Liebe Gunst dann, und du siehest sie sanft.

Daß der Mann mehr als einer Frau bedürfe, hält er für selbstverständlich:

Doch soll mein Urteilsspruch nicht zu einer einzigen Frau euch verdammen,
Das kann verlangen, bei Gott, selbst eine Ehefrau kaum.
Nein, amüsiert euch, doch bergt ein Vergehen sittsam im Dunkeln,
Rühmet euch nicht groß eurer Schuld, wenn es einmal geschehn.
Meide auch jedes Geschenk, das die andre könnt wiedererkennen,
Wähle zum Seitensprung niemals die nämliche Zeit.
Und daß dich nicht erwisch' im bekannten Verstecke die Freundin,
Darfst du mit jeder dich nicht treffen am selben Ort.

Der Rat war nötig, denn der Römer neigte dazu, mit seinen Eroberungen zu prahlen. In Pompeji und Herkulaneum fand man manche Sprüche wie diesen: »Hier entsinne ich mich, ein Mädel gevögelt zu haben. Nicht verrat ich's der Gattin, wenn sie vor Neugier auch platzt.«

Wie die Ehe selber, so war auch der Ehebruch eine Sache des Privat- und nicht des öffentlichen Rechts. Der Gatte konnte mit seiner im Ehebruch ertappten Gattin machen, was er wollte. In den Zeiten der Republik wurde sie meist vor ein Familiengericht gestellt, das über Leben und Tod entscheiden konnte. Das mindeste, was sie zu befürchten hatte, war mit Schimpf und Schande aus dem Haus des Gatten gejagt zu werden. Damit war ihr Leben ruiniert. Ihre Eltern nahmen sie nicht mehr auf, kein Mann heiratete sie, und ernähren konnte sie sich auch nicht, da es keine selbständige Frauenarbeit gab. Sie vegetierte also meist dahin, bis sie Hungers starb.

Der Gatte konnte sie natürlich ebensogut gleich hinrichten lassen. Es gab niemanden, der ihn daran hindern durfte. Cato sagte noch im 2. Jahrhundert v. u. Z.: »Wenn du deine Gattin im Ehebruch ertappst, so kannst du sie ungestraft und ohne Gericht töten. Treibst du selber aber Ehebruch oder wird mit dir Ehebruch betrieben, darf sie nicht wagen, dich auch nur mit dem Finger zu berühren.« (*Gell.* X, 23, § 5). Weiter kann Doppelmoral kaum gehen. Da es aber keinerlei gesetzliche Maßnahme gab, mit der man eine Frau des Ehebruchs anklagen konnte, sann Catos systematisches Patriarchenhirn doch noch auf eine Methode, die Ehebrecherin nach öffentlichem Recht, vorzugsweise nach dem Strafrecht, zu verdammen. Dabei ging er von dem Gedanken aus, daß Ehebruch so gut wie Mord am Ehemann, und zwar heimtückischer Mord sei, so daß man die Ehebrecherin wie eine Giftmörderin behandeln solle: »Jede Ehebrecherin ist eine Giftmischerin und sei als solche zu bestrafen« (*Quint.*, V, 11, 39). Man sieht: Keine Rechtsbeugung, einerlei wie widersinnig, war dem Vaterrecht fremd, wenn es darum ging, seine Macht über die Frau zu festigen.

Da die Frau als Privateigentum des Mannes galt, hatte der Mann natürlich auch das Recht, den Verführer der Frau wie einen Dieb zu behandeln. Das reichte von Schlägen über anale Vergewaltigung bis zur Entmannung und Tötung. Deshalb warnt Horaz vor den Gefahren des Ehebruchs und zieht seine kleinen Nuttchen den verheirateten Frauen vor (*Satire* I):

> Die schönsten Namen geb' ich ihr und brauche nicht zu sorgen, daß
> Mitten in der Schäferstunde der Mann vom Lande heimkehrt, die Tür erbrochen
> Wird, die Hunde bellen, daß das ganze Haus ringsum von Lärm erschallt,
> Das Mädchen leichenblaß vom Lager aufspringt, die vertraute Dienerin
> Ihr Unglück laut bejammert und für ihre Knochen fürchtet, daß die
> Ertappte um ihre Mitgift bangt, ich selbst um meinen Kopf. Im flatternden
> Hemd, mit nacktem Fuß muß man fliehen, sonst kostet's Buße, oder schwere
> Schläge oder mindestens den guten Ruf...

In *Serm.* I, 2, 41 ff., zählt er andere Strafen auf, die dem Ehebrecher drohen:

> Jählings stürzte sich jener vom Dach, der wurde mit Geißeln
> Fast zu Tode gepeitscht, der fiel beim Fliehen in grauser
> Rächer Gewalt, ein andrer bezahlte mit Gelde das Leben,
> Diesen verlötet der Stallknecht des Hauses, man konnt' es erleben,
> Daß mit dem Schwert sie einem die Hoden und lüsterne Rute
> Ganz abschnitten...

Martial gibt in II, 47 die folgenden Beispiele der Bestrafung ertappter Ehebrecher: »Sempronius Musca ertappte Caius Gallius beim Ehebruch und züchtigte ihn mit Geißelhieben. Caius Octavius, der bei

Caius Memmius dieselbe Entdeckung machte, hieb ihn mit Riemen, Carbo Accenius wurde von Vibienus, und Pontius von Publius Gernius ertappt und entmannt. Der Gatte, der Cneius Furius Brocchus bei jenem Verbrechen antraf, gab ihn seinen Sklaven preis. Niemand tadelte diese Männer dafür, daß sie ihrem Zorne freien Lauf gelassen hatten.«

Die verhältnismäßig mildeste Strafe war noch, daß man dem ertappten Liebhaber, wie im alten Hellas, die Haare am Hintern mit glühender Asche abbrannte und ihm danach einen Rettich oder eine Meeräsche in den After trieb (*Juvenal.* X, 317):

> Und dem Ertappten im Arsch schon sitzt der schmerzende Meeraal…

Oder bei Catull. XV:

> In das offene Tor gespreizter Beine
> Stopf' man dir einen Aal hinein und Rettich…

Dem psychoanalytisch geschulten Beobachter wird natürlich die immer wieder auftauchende Analsymbolik der Rache auffallen. Denn eine weitere Strafe, die privatrechtlich anerkannt und durch jahrhundertelange Tradition erhärtet war, bestand in der kollektiven analen Vergewaltigung des ertappten Täters durch die Agnaten des betrogenen Ehemanns. Man nannte dies *familiae stupeandrum.* Weitere Strafen bestanden im Abschneiden der Nase (stets ein Penissymbol und damit ein symbolischer Akt der Kastration) und der Irrumation des Ehebrechers. Daher ermahnt Martial auch in II, 47 den Gallus, die Netze einer berüchtigten Ehebrecherin zu vermeiden, damit er nicht, falls erwischt, von ihrem Manne irrumiert würde:

> Meinst du, es hilft dir dein Arsch? Ihr Gemahl ist kein Päderast. Nur
> Zweierlei hat für ihn Reiz: entweder Mund oder Fut!

Und zu dem Ehemann, der die Nase seines Rivalen abschnitt (III, 85):

> Mensch, wer hieß dich, die Nase dem Ehebrecher zu verstümmeln?
> Der Teil ist es ja nicht, der sich versündigt hat!
> Narr, was hast du getan? Es verlor die Gattin dir hier nichts.
> Da ja der Piephahn ganz heil bei deinem Deiphobus ist.

Finanziell gewitzte Ehegatten zogen es natürlich meist vor, dem ertappten Liebhaber eine Geldstrafe aufzubrummen, oder sich, wenn der andere Mann Einfluß besaß, von ihm berufliche Vorteile, Aufnahme in den Ritterstand oder ähnliche Entschädigungen verschaffen zu lassen. Der erste Versuch, in das Chaos dieser privatrechtlichen Erpressungs- und Racheformen Ordnung zu bringen, wurde von Augustus, selbst ein

Experte im Ehebruch, unternommen. Das Interessante an seinem Ehebruchgesetz *lex Julia de adulteriis* ist nicht etwa das, was es an Strafen ersann, sondern was es straffrei oder innerhalb der Sphäre des Privatrechts beließ. Selbstverständlich wurde die Frau bestraft: Wenn sie Geld hatte, mußte sie die Hälfte ihrer Mitgift und den dritten Teil ihres Vermögens aufgeben und wurde auf eine Insel verbannt. Auch dem Ehebrecher drohte Verbannung, die er aber meist durch Zahlung einer Geldbuße abwenden konnte. Gehörte er den »niederen« Schichten an oder besaß er kein Vermögen, so drohte ihm körperliche Züchtigung. Zu diesem Zweck schuf Augustus eine feste Strafkammer, die Mommsen »eine der eingreifendsten und dauerndsten strafrechtlichen Neuschöpfungen, welche die Geschichte kennt« genannt hat.

Gestraft wurde aber nur der Einbruch in eine fremde Ehe, nicht die Verletzung der eigenen. Der Gatte der verführten Frau war verpflichtet, sich scheiden zu lassen, sonst wurde er wegen Kuppelei bestraft. Der Kuppelei machte sich auch jeder andere Mann schuldig, der die wegen Ehebruchs geschiedene Frau heiratete (*Dig.* 48, 5, 30, I). Also wieder einmal Strafen, die hauptsächlich gegen die Frau gerichtet waren. Dem Gatten war nach wie vor erlaubt, den Ehebrecher zu töten, wenn es ein Freigelassener oder ein »minderwertiger« Mensch war. Also eine Klassenjustiz: der ertappte Patrizier durfte nicht getötet werden, der ertappte Plebejer mußte sein Leben opfern.

Die Widersprüche in den augusteischen Sexualgesetzen, die tatsächlich, wie Mommsen korrekt erfaßt hat, den ersten Versuch in der abendländischen Geschichte darstellen, das gesamte Sexualleben eines Volkes zu regulieren, werden erst dann verständlich, wenn man in den Gesetzen nicht etwa den Zweck sieht, die römische Moral zu festigen, sondern Nachkommenschaft zu zeugen – denn Rom brauchte Soldaten. Einerseits wurden also Belohnungen und Privilegien für Verheiratete und Kinderreiche ausgesetzt, während den Junggesellen Strafen angedroht wurden. Andererseits wurde das Konkubinat aus der Reihe der illegitimen Verbindungen herausgelöst und als legitim erklärt. Die dem Konkubinat entsprungenen Kinder erhielten volle Bürgerrechte und hatten Erb- und Unterhaltsansprüche gegenüber dem Vater.

Das Paradoxe dieses Gesetzes, das Augustus weitgehend unter dem Einfluß seiner Tochter Iulia erlassen hatte und das deshalb auch ihren Namen trug, war seine Anwendung gegen Augustus und Iulia selber. Denn es ermächtigte jeden Bürger, gegen eine Frau, welche die eheliche Treue gebrochen hatte, Anzeige zu erstatten, wenn der Gatte oder

Vater die Anklage unterließ. Dieses Gesetz wurde nun von den politischen Gegnern der Iulia gegen sie zitiert, weil sie in der Zwischenzeit mit Sempronius Gracchus Beziehungen fortgesetzt hatte, die sie bereits zu Lebzeiten ihres Gemahls Agrippa aufgenommen hatte. Dadurch kam Augustus in die Lage Wotans, der seine eigene Schöpfung zerstören muß, wenn er die in seinen Speer eingeritzten Runen als Grundlage der Rechtsprechung aufrechterhalten will. Augustus war gezwungen, seine geliebte Tochter zu verbannen.

Ehebruch in der Geschichte. Der Ehebruch ist so alt wie die Ehe. Alle Völker, die sich je zur Einehe entschlossen haben, hielten den Ehebruch für so natürlich, daß sie ihn sogar von ihren Göttern erwarteten. Schiwa, der hinduistische Gott der Musik und des Tanzes, der Ehemann der Göttin Devi, verliebte sich in eine ganze Gruppe verheirateter Frauen, die Ehefrauen von Pilgern, lockte sie mit Musik und Tanz in ein Dickicht, brachte sie durch die Macht seiner Musik dazu, sich auszuziehen, und nahm eine nach der anderen. Vischnu, der Erhalter, verwandelte sich unterdessen in ein hübsches Mädchen und verführte die Männer der Frauen. Als die Sterblichen erwachten und feststellten, was die Götter ihnen angetan hatten, vereinigten sie ihre Flüche, richteten sie als Pfeil auf Schiwas Genitalien und setzten sie so in Brand. Schiwa schlug zurück, indem er die Flammen gegen die Erde richtete und drohte, alle Menschen zu verbrennen. Nur Brahma, der Weltenschöpfer, der höchste Gott der hinduistischen Trinität, konnte die Welt davor retten, in Flammen aufzugehen, und er tat es, indem er Schiwa einen neuen Penis anbot. Schiwa ließ sich darauf ein, und Brahma verwandelte sich selbst in einen ungeheuren Phallus. Damit der Phallus Gesellschaft hätte, verwandelte er Vischnu in eine riesige Vagina. Und das ist, der indischen Mythologie zufolge, der Grund, weshalb die Menschen seither das Geschlecht anbeten. Es ist eine tiefsinnige Geschichte, aber nicht von der Art, die von Christen als heilig empfunden wird. Die Griechen behandelten ihre Götter mit kaum größerem Respekt. Die meisten Götter begingen Ehebruch, selbst Zeus, der Vater, der Ehemann der Hera. Er hatte Affären mit Göttinnen ebenso wie mit Sterblichen, von denen viele verheiratet waren. Er hielt es nicht für unter seiner Würde, jeden nur möglichen Trick anzuwenden. Er verkleidete sich als Artemis, um mit Kallisto zu schlafen, als Amphitryon, um Alkmene zu bekommen, als goldener Regen, um Danae zu verführen, als Wolke, um sich Io zu nähern. Er kam zu Leda als Schwan, zu Europa als Stier, zu Aigina als Flamme. Er hatte Affären mit Elektra, Niobe,

Semele, Leto, Styx, Maia, Protogeneia, Pyrrha, Themis, Dione, Eurynome, Mnemosyne, mit der Tochter des Phoinix und der Frau des Ixion.

Das achte Jahrhundert hielt Ehebruch für selbstverständlich. Nur einige wenige Würdenträger der Kirche waren darüber bestürzt. Der heilige Bonifaz schrieb im Jahre 756 bitter an König Ethelbald: »Eure Verachtung für den gesetzlichen Ehestand wäre löblich, wenn Keuschheit der Grund dafür wäre. Aber da Ihr in Luxus und sogar im Ehebruch mit Nonnen schwelgt, ist sie schändlich und verdammenswert.« In demselben Brief akzeptiert Bonifaz jedoch später die unerfreuliche Wahrheit, daß es nicht der König allein sei, der so sündigte: »Wir haben gehört, daß fast alle Edlen des Königreichs… in sündhaftem Verkehr mit Ehebrecherinnen leben.«

Die Zeit Karls des Großen war eine Blütezeit des Ehebruchs. Karl selbst hatte fünf offizielle Mätressen neben seinen vier Ehefrauen. Max Niemeyers Ausgabe des Berichts über die Sitten, die Moral und die Laster jener Zeit, der *Gesta Caroli Magni*, herausgegeben von F. E. Schneegans und im Jahre 1898 zum ersten Mal gedruckt, zitiert eine provenzalische Romanze, in der ein Mann seine Frau beim Ehebruch ertappt. Sie erwidert: »Mein Herr, Ihr braucht um Eure Ehre nicht besorgt sein, denn der Mann, den ich liebe, ist ein edler Baron, aufrecht und waffengewandt, mit Namen Roland, der Neffe des Königs Karl.« Mit anderen Worten, Ehebruch war legitim, in der Tat sogar ehrenvoll, für den betrogenen Ehemann ebenso wie für seine Frau, solange der Liebhaber kühn und tapfer war.

Um die Wende des zwölften Jahrhunderts schrieb Andreas Capellanus in *De Arte Honeste Amandi* (Die Kunst der höfischen Liebe), daß die Ehe nicht »als Entschuldigung gegen die Liebe« betrachtet werden könne und daß nichts eine Frau daran hindere, von zwei Männern, noch einen Mann, von zwei Frauen geliebt zu werden.

Marguerite d'Angoulême, Königin von Navarra, schrieb um 1530 über eine junge Frau, die die Rechtmäßigkeit des Ehebruchs bezweifelt und gefragt hatte: »Wie, Ihr glaubt, alles sei recht für Liebende, wenn niemand davon erfährt?« Die Antwort lautete: »Es gibt nur ein Verbrechen, das ich je bestraft sah, und das ist Torheit. Eure Ehebrecher werden weder von der Justiz verfolgt noch von Menschen getadelt, solange sie so geschickt wie böse sind.«

Um die Mitte des sechzehnten Jahrhunderts also hatten die Leute begonnen, vom Ehebruch ungefähr so zu denken wie wir, wenn wir eine

Flasche Cognac durch den Zoll schmuggeln; wir wissen, daß wir es nicht tun sollten, wissen aber auch, daß alle Welt es tut.

Während des siebzehnten Jahrhunderts war es nicht nur für verheiratete Männer erlaubt und alltäglich, sich Mätressen zu halten, sondern auch für verheiratete Frauen, Männer auszuhalten. Unter den berühmten Frauen jener Zeit, deren Ehebruch mit jüngeren Männern sprichwörtlich war, befanden sich die Marquise de Chavagnac, Madame de Séguier (die Frau des Kanzlers), Madame de Rohan, Madame de Beauveau und Madame de la Rocheguyon. Während der Regierungszeit Ludwigs XV. kamen zu den berühmten → Petites maisons, in denen verheiratete Männer ihre Mätressen unterbrachten, eine Anzahl von Wohnungen, die verheiratete Frauen zur Unterhaltung ihrer Männer einrichteten. Frauen der Gesellschaft empfingen ihre Gäste im Bad. Einige Badehäuser im Zentrum von Paris, die Bains Tivoli in der Rue St.-Lazare zum Beispiel, wurden für ehebrecherische Zwecke so populär, »daß Damen Räume darin jahrweise mieteten, wie sie auch Logen in der Oper mieteten«.

Im Jahre 1653 erschien in Frankreich ein Buch, das sich ausschließlich mit der moralischen Rechtfertigung von Ehebruch und anderen Dreiecksaffären beschäftigte. Sein Titel lautete: »*Geteilte Liebe, worin bewiesen wird, daß man verschiedene Personen zur selben Zeit gleichermaßen und vollkommen lieben kann.*«

Während der Restaurationszeit bildete der Ehebruch in England nicht nur das Lieblingsthema der Dramatiker, sondern er war sogar ein politisches Alibi für alle, die unter dem Verdacht standen, Anti-Royalisten zu sein. Cromwell hatte mit besonderer Heftigkeit gegen den Ehebruch gesprochen. Wenn man beweisen wollte, daß man kein heimlicher Puritaner war, mußte man deshalb seine Loyalität dem König gegenüber durch jede nur erdenkliche Art von Ausschweifung beweisen. Die Marquise du Châtelet beging nicht nur Ehebruch mit Voltaire, sondern ihr Mann, der Marquis, hielt die ganze Sache für so normal, daß er die beiden häufig besuchte. Um die Dinge zu vereinfachen, lebten die drei sogar mehrere Jahre lang zusammen.

Montesquieu sagt in seinen *Lettres persanes:* »Ein Mann, der seine Frau allein besitzen will, sollte als öffentlicher Spielverderber betrachtet werden.« Sénac de Meilhans Bruder erklärte seiner Frau, sie könne alle Liebhaber haben, die sie sich wünsche. Er zog nur eine Grenze bei »Fürsten und Lakaien«, denn beiden, so meinte er, fehle es an Diskretion.

Um die Mitte des achtzehnten Jahrunderts gab es in Frankreich kaum einen verheirateten Mann von einigem Ruf, der keine feste Mätresse hatte. Da diese in der Regel ebenfalls verheiratet war, bildete jedes dieser Verhältnisse eine anerkannte und gebilligte Form des doppelten Ehebruchs: Präsident Henault und Madame de Castelmoron, der Prinz von Condé und die Fürstin de Monaco, Madame de Boufflers und der Fürst de Conti, Präsident de Meimes und Madame Belot, der Comte d'Angivilliers und Madame Marchais, der Duc de Nivernois und Madame de Rochefort, Saint-Lambert und Madame d'Houdenot und so weiter und so fort. Monsieur d'Épinay wies seine Frau an: »Amüsiere dich – gehe in die Gesellschaft, ins Theater, habe Liaisons, lebe wie all die anderen Frauen deines Alters.«

Als Edith Lees und Havelock Ellis, der Vater der modernen Sexualforschung, im Jahre 1891 heirateten, unterzeichneten sie einen Ehevertrag, wonach sie getrennte Wohnungen behielten, jeder von seinem eigenen Einkommen lebte und ihre völlige Freiheit in sexuellen Verhältnissen mit Dritten erhalten blieb. Im Verlauf ihrer fünfundzwanzigjährigen Ehe verbrachten sie kaum mehr als die Hälfte jedes Jahres zusammen. Als Margaret Sanger aus den Vereinigten Staaten nach England floh und Ellis' Geliebte wurde, erzählte er seiner Frau davon, wie er ihr von allen seinen Affären erzählte, und sie erwiderte: »Gott erhalte dich und segne dich in dieser neuen Sache, und möge sie all unser Versagen wettmachen.«

Eine andere Form geduldeten Ehebruchs in unserer Zeit wurde von Dr. Fernando Henriques, Professor für soziale Anthropologie an der Universität Leeds, festgestellt; er sagt: »Während der Wirtschaftskrise in den dreißiger Jahren stellten Sozialfürsorger in Lancashire das Erscheinen eines neuen Haushaltstyps fest. Das normale Verhältnis zwischen Mann und Frau wurde erweitert und schloß einen anderen Mann mit ein, der bei ihnen wohnte und zum Haushaltsgeld beitrug; er erhielt dafür nicht nur Unterkunft und Verpflegung, sondern auch sexuelle Gunstbeweise von der Frau. Das scheint rein wirtschaftliche Gründe zu haben, aber man kann annehmen, daß die traditionelle Flexibilität der sexuellen Sitten in der Arbeiterklasse die verhältnismäßig rasche Entwicklung dieses abweichenden Modells erleichterte.« Über seine Forschungen in den Industriegemeinden Yorkshires sagte Dr. Henriques: »Ich fand ein Modell geduldeter außerehelicher Beziehungen zwischen den Ehefrauen von tagsüber arbeitenden Männern mit unverheirateten Männern aus der Nachtschicht. Andere Beispiele finden sich in ländlichen Gemeinden: zum Beispiel gibt es in den entlegenen Tälern von Wales das Modell des Frauentauschs.«

Die christliche Ansicht über den Ehebruch hat die erstaunlichsten Veränderungen durchgemacht. Das Alte Testament sagt: Du sollst nicht ehebrechen, aber es meint damit nicht, daß der Patriarch seine Aufmerksamkeit auf *eine* Frau beschränken solle, denn die alten Israeliten waren polygam. Es konnte bestenfalls bedeuten, daß er seine Aufmerksamkeit auf *seine* Frauen beschränken solle, und in diesem Sinne war es ein reines Eigentumsgesetz, denn Ehefrauen waren der wertvollste Besitz des polygamen Patriarchen; sie waren seine Arbeitskraft für Feldarbeit, Viehzucht, Handel und Hausarbeit. Die Tatsache, daß dieses Gebot nicht das mindeste mit unserer heutigen Auffassung zu tun hat, wird durch den häufigen Hinweis auf Konkubinen im Alten Testament bewiesen, sowohl bevor Moses seine Zehn Gebote vom Berge Sinai herabbrachte als auch danach. Wenn eine Frau unfruchtbar war, gab sie ihrem Mann gewöhnlich selbst ihre Magd, damit er mit ihr Verkehr haben konnte. Jesus von Nazareth, der als Rabbi höchstwahrscheinlich eine Frau hatte, war ebenso tolerant. Als die Schriftgelehrten und Pharisäer ihn aufforderten, die Ehebrecherin zu züchtigen, sagte er: »Wer unter euch ohne Sünde ist, der werfe den ersten Stein auf sie.« Da sie aber das hörten, gingen sie hinaus, einer nach dem anderen, von den Ältesten an. Und Jesus ward allein gelassen und die Frau in der Mitte stehend. Jesus aber richtete sich auf und sprach zu ihr: »Weib, wo sind deine Ankläger? Hat dich niemand verdammt?« Sie aber sprach: »Herr, niemand.« Jesus aber sprach: »So verdamme ich dich auch nicht.«

Es ist ein langer Weg von hier bis zu Hieronymus, der jede irdische Liebe für eine Art Ehebruch hielt, da der Mensch in erster Linie mit Gott und der Kirche verheiratet sei. Auf diese Weise wurde sogar die Liebe in der Ehe für ihn eine Art Ehebruch. Hieronymus' Ausspruch »Wer sein eigenes Weib zu innig liebt, ist ein Ehebrecher« ist vielleicht der entsetzlichste Satz, der von einem Kirchenmann in der langen Dunkelheit des Mittelalters ausgesprochen wurde. Aber er ist nur um weniges dunkler als die Verirrungen der Reformation.

In Genf befahl Calvin den Tod durch Ertränken als Strafe für Ehebruch, denn er selber litt an so schwerer sexueller Verklemmung, daß sie sich in invertierte Sexomanie verwandelte. Er hatte keine Frau gekannt, bis er mit einunddreißig Jahren heiratete, und wahrscheinlich hat er auch bis zum Ende seines Lebens nie eine gekannt, einschließlich der eigenen. Alles in allem scheint der Ehebruch auf die Gedanken frommer Christen zu allen Zeiten die merkwürdigste Faszination ausgeübt zu haben. Jedenfalls hat er zu einigen der eigentümlichsten theologischen Theorien geführt, die zwischen dem achten und dem achtzehnten Jahrhundert entstanden sind. Luther glaubte, daß Jesus wahrscheinlich mit Maria Magdalena und anderen Frauen Ehebruch begangen hatte, um voll und ganz an der Natur des Menschen teilzuhaben (*Tischreden,* Weimarer Ausgabe, Bd. 4, S. 107, Nr. 100472). Sankt Alfons (Alfonso Maria de Liguori), der Stifter des Redemptoristenordens, glaubte, die Jungfrau Maria habe oft Ehebrecherinnen geholfen, indem sie deren Platz im Ehebett einnahm (*De Glorie Mariae,* 1750). Die juristischen Theorien, die um den Ehebruch aufgebaut wurden, sind kaum weniger seltsam. Ihnen allen ist gemein, daß sie Mann und Frau mit zweierlei Maß messen. Vom Beginn des Patriarchats bis in die Gegenwart war der Ehebruch Männern fast immer erlaubt gewesen – er wurde zumindest nur mit niedrigen Strafen belegt –, war den Frauen aber meist verboten und wurde mit schweren Strafen geahndet. Selbst der Code Napoléon, in dem einige Ideen von Freiheit, Gleichheit und Brüderlichkeit zum Ausdruck kamen, beließ die Frauen dort, wo sie gewesen waren: Ehebruch blieb ein strafbares Vergehen, sofern er von Frauen begangen wurde. In Italien kann eine Ehebrecherin selbst heute noch mit Gefängnis bis zu zwei Jahren bestraft werden, während der Mann für einfachen Ehebruch überhaupt nicht bestraft wird.

Das angelsächsische Gesetz hat nicht nur die stillschweigende Definition der Frau als Eigentum hingenommen, sondern ihre Bedeutung unter dem Drängen der Händler und Fabrikanten, die England und die Vereinigten Staaten zu dem machten, was sie heute sind, noch erweitert. In dem berühmten Rechtsfall des amerikanischen Staates gegen Armstrong etwa definierte das Gericht den Ehebruch der Frau, im Gegensatz zum Ehebruch des Mannes, folgendermaßen: »Der Hauptpunkt des Delikts, unabhängig von feststehenden Gesetzen, ist die Gefahr, daß uneheliche Erben in die Familie gelangen, wodurch ein Mann mit der Erhaltung von Kindern belastet wird, die nicht seine eigenen sind, und der legitime Nachwuchs seines gesetzlichen Erbes beraubt wird. Daß ein solches Vergehen, das derartige Konsequenzen auf die Gesellschaft haben kann, in seiner Natur weit schwerer wiegt als der einfache Mangel an Enthaltsamkeit beim Ehemann, wird kaum jemand bezweifeln.«

Selten ist der Komplex von Liebe, Ehe und Elternschaft als kommerzielle Transaktion offener, unverblümter und brutaler ausgesprochen worden als hier. Darum geht es bei unserer heutigen Moral in Wirklichkeit: ums Geld. Daß sich die Logik des Gerichts durch nichts anderes aufrechterhalten läßt als durch schamlosen Eigentumsfetischismus, wurde von jeder Autorität zugegeben, die sich seither mit dem Fall beschäftigt hat. Morris Ploscowe, Professor der Rechte an der Universität von New York, sagte einmal, als er noch Richter am Amtsgericht von New York war: »Wenn diese Logik richtig wäre, dann wäre Geschlechtsverkehr mit einer verheirateten Frau, die keine Kinder bekommen kann, kein Ehebruch.«

Ehekompromiß → Ehe.

Ehemetritis, ein ärztliches Jargonwort für die psychologisch motivierte Erkrankung der Gebärmutter einer unglücklich verheirateten Frau. Die eigentliche Metritis ist eine infektuöse Gebärmutterentzündung. Karl Kautsky hat die E. einmal als ein psychosomatisches Resultat der Vernachlässigung und Verrohung der Frau durch einen insensiblen Ehemann beschrieben: »Ekel vor unerwünschtem Geschlechtsverkehr, Rücksichtslosigkeit oder Unerfahrenheit des Mannes, die die Frau nicht zu vollem geschlechtlichen Genießen gelangen lassen, führen zu körperlichen Erscheinungen, wie Ausfluß, Krampf der Mutterbänder, Schmerzen in Bauch und Kreuz (Ehemetritis, Parametritis posterior), die auf unvollkommene Lösung der Sexualspannung und der sie begleitenden Blutüberfüllung und Steifung der weiblichen Genitalien zurückgeführt werden müssen. Seelisch sehen wir als Folge der stets wiederholten, nie zum vollen Orgasmus führenden Reizung bei vielen Frauen Gefühlskälte auftreten, die wie ein Eispanzer vor unnützer Erregung schützen soll, oder auch Neurosen aller Art (Herz-, Magenneurosen, hysterische Erscheinungen). Die genannten Erscheinungen können natürlich nicht in jedem Falle auf die eine Ursache der mangelnden Sexualbefriedigung zurückgeführt werden, aber bei zahlreichen Menschen bilden sie die einzige Grundlage ihrer Beschwerden, die von diesem einen Punkte zu kurieren sind.« Vgl.: Neurose, Sexualneurosen.

Ehemüdigkeit → Ehe.

Ehepflicht, sexuelle → Ehe.

Eheringe stammen aus der Zeit der → Kaufehe. Bei den Israeliten war es üblich, einen Kaufvertrag mit einem Geschenk zu besiegeln. Das übliche Geschenk beim Frauenkauf war der Ring. Bei den Griechen und Römern wurde der Ring vom Bräutigam dem Brautvater und später der Braut selbst übergeben. Die Übergabe des Rings erfolgte bei der → Verlobung, so daß der Verlobungsring im historischen Sinne der Vorfahr des E. ist. Auch bei den alten Germanen wurde der Ring ursprünglich dem Verkäufer der Braut übergeben – dem Vater, Bruder oder Vormund des Mädchens. »Ist die Jungfrau beringt, so ist die Ehe bedingt«, sagte das germanische Recht. Nach dem 12. Jahrhundert, unter dem Einfluß der Kirche, hörte der → Brautkauf auf und verwandelte sich in ein Selbstverlöbnisrecht von Braut und Bräutigam. Damit begann der Austausch von Ringen, ursprünglich noch zum Zeichen der Verlobung, später als Symbol der kirchlichen Trauung.

Ehescheidung, eines der umstrittensten Kapitel des Eherechts. Das Alte Testament gestattete einem Mann, sich von seiner Frau zu trennen, wenn er etwas »Unsauberes« an ihr fand. Das Neue Testament ist widersprüchlich; an einer Stelle (Matth. 19.9) scheint Christus das Alte Testament in diesem Punkt zu unterstützen, aber an einer anderen (Markus 10.11–12) sieht es so aus, als verwerfe er die Scheidung. Jahrhundertelang hielten manche Christen deshalb eine zweite Ehe für eine Art Ehebruch, während andere wohl zwei, aber nicht drei Ehen erlaubten, drei, aber nicht vier, und so weiter. Alle drei Formen der römischen Ehe boten Möglichkeiten einer Scheidung, aber die einfachste Form war die des *usus*, bei dem die Aussteuer unter der Verwaltung der Verwandten der Frau blieb. Die Frau konnte sich von ihrem Mann scheiden, indem sie ihm einfach eine schriftliche Nachricht übersandte, die »Tuas res tibi agito – nimm deine Sachen hinweg« lautete, und dann mit ihrer unangetasteten Aussteuer zu ihrem Vater zurückkehrte.

Im frühen Mittelalter, als die Ehe nicht viel mehr war als eine temporäre Bindung, bildete die Scheidung kein großes Problem. Die frühe Kirche bestätigte das Wort des Matthäus und erlaubte die Scheidung aus einer ganzen Reihe von Gründen, darunter Unfruchtbarkeit, religiöse Unverträglichkeit, Gefangennahme des Mannes oder der Frau durch den Feind. Weit leichter jedoch als jede Scheidung war die einfache Annullierung der Ehe wegen Blutsverwandtschaft. Das heißt, wenn man behauptete, man habe soeben festgestellt, daß man mit seinem Ehepartner durch Blutsbande verbunden sei, betrachtete die Kirche die Ehe, als habe sie nicht stattgefunden. Sie brauchte nicht geschieden zu werden; sie wurde einfach annulliert. Da fast alle Feudalfamilien des Mittelalters tatsächlich blutsverwandt waren, war es selbstverständlich, daß jede feudale Ehe beliebig annulliert werden konnte.

Die katholische Doktrin von der Unauflösbarkeit der Ehe ist verhältnismäßig jungen Datums. Sie wurde erst auf dem Konzil von Trient formuliert, das von 1545 bis 1563 stattfand. In ihrer gegenwärtigen Form ist sie sogar noch jünger – sie ist abgeleitet aus dem Kanon 1118 des Codex juris canonici von 1917. In diesem Zusammenhang ist es bezeichnend, daß die Einstellung zur Scheidung einer der Gründe ist, der die römische von der griechisch-orthodoxen Kirche trennt, seit diese beiden Glaubensrichtungen sich spalteten. In Ländern wie Griechenland, Rußland und den Balkanstaaten, wo die griechisch-orthodoxe Kirche vorherrscht, genoß die Scheidung deshalb immer die volle Unterstützung der Kirche und des Staates. Die reformierten Kirchen akzeptierten die Version des Matthäus und verwarfen die des Markus von Anfang an. Selbst Calvin, dessen private Erfahrung mit seiner Frau ihn zu einer anderen Einstellung hätte veranlassen können, trat eindeutig für die Scheidung ein – sogar aus jenem sehr delikaten Grund, der für Calvin selbst nahelag, nämlich der Impotenz des Mannes.

Vergleichen wir die Scheidungsgesetze unserer eigenen Zivilisation mit denen anderer und früherer Kulturen, kommen wir zu der folgenden Liste der am häufigsten anerkannten Scheidungsgründe:

1. Sexuelle Gründe:

Unfruchtbarkeit oder Impotenz;
Verweigerung der Fortpflanzung;
Abtreibung;
Unfähigkeit oder Weigerung, den Sexualakt zu vollziehen;
Unfähigkeit, den Gatten sexuell zu befriedigen;
Übertritt zu einer Sekte, die den Beischlaf ablehnt;
Voreheliche Verführung mit Hilfe eines Aphrodisiakums;
Vergewaltigung;
Unzüchtiges oder laszives Verhalten;
Ehebruch;
Promiskuität;
Öffentliches Konkubinat;
Der Versuch, die Ehefrau zu prostituieren;
Bigamie;
Unnatürliches Verhalten, Vergehen gegen die Natur, widernatürliche Unzucht;
Homosexualität;
Sodomie;
Bestialität;

Inzest, Verhältnisse zwischen bestimmten Verwandtschaftsgraden, Blutsverwandtschaft.

2. *Wirtschaftliche Gründe:*
Verschwendungssucht;
Vergeudung von Besitz des Ehepartners;
Widerwille gegen Arbeit;
Weigerung, zu kochen;
Trägheit in der Hausarbeit;
Arbeitsunfähigkeit.

3. *Sittliche Gründe:*
Verleumdung;
Herabsetzung;
Verhöhnung, Beschimpfung;
Demütigung;
Ehrenkränkung;
Beleidigung der Verwandten des Ehepartners;
Außer Haus verbrachte Nächte;
Aufsässigkeit.

4. *Religiöse Gründe:*
Übertritt zu einem anderen Glauben;
Vergehen gegen religiöse Forderungen;
Mißachtung von Ritualen;
Brechen von Tabus.

5. *Kriminelle Gründe:*
Verbrechen;
Versuchte Ermordung des Ehepartners, Lebensnachstellung;
Tätlicher Angriff;
Mißhandlung;
Freiheitsberaubung;
Unehrenhafter Lebenswandel, ehrloses Verhalten.

6. *Gesundheitliche und hygienische Gründe:*
Krankheit (Lepra, Geschlechtskrankh., Hautinfektionen, Epilepsie);
Geisteskrankheit;
Unsauberkeit;

Übler Mundgeruch;
Rauschgiftsucht;
Trunksucht.

7. Temperaments- und Verstandesgründe:
Grausamkeit;
Seelische Grausamkeit;
Bewußte Verstöße gegen die Menschenwürde des Ehepartners;
Böswilliges Verlassen;
Gewalttätiges und zügelloses Temperament;
Bosheit;
Geistesschwäche, Dummheit.

8. Zerrüttung der ehelichen Verhältnisse:
Beiderseitiges Verlangen nach Ehetrennung.

Einige erläuternde Anmerkungen zu diesen Scheidungsgründen sind vielleicht von Nutzen. Viele der frühen Gesellschaften erkannten die Unfruchtbarkeit der Frau als gültigen Grund an, aber nur wenige die Impotenz des Mannes – nicht nur, weil in der von Männern beherrschten Gesellschaft die Frau gewöhnlich kein Recht auf Scheidung hatte, sondern weil die Männer erst ziemlich spät in der Geschichte zugaben, daß auch sie verantwortlich sein können, wenn die Frau keine Kinder bekommt. Es gab Ausnahmen. Im alten Sparta beispielsweise wurde die Impotenz als biologischer Faktor anerkannt – aber der Ehemann hatte das Recht, einen Ersatzmann zu bestimmen, der mit seiner Frau Nachkommen zeugte. Das galt nicht als Ehebruch und gab der Frau keinerlei Recht zur Scheidung. Bei einigen afrikanischen Stämmen jedoch, zum Beispiel bei den Bakongo, hatte der impotente Ehemann zwar gleichfalls das Recht, einen Ersatzmann anzubieten, aber die Ehefrau hatte das Recht, auf Scheidung zu klagen, wenn ihr der Ersatzmann nicht gefiel.

Der häufigste sexuelle Verstoß ist natürlich der → Ehebruch. In den meisten europäischen Ländern war er bis vor kurzem der Hauptgrund, wenn nicht sogar der einzige, der einer Frau die Scheidung ermöglichte. Tatsache ist jedoch, daß gerade er weit häufiger verziehen wird als alle anderen ehelichen Vergehen. Wenn eine Frau in der BR geschieden werden möchte, muß sie deshalb in der Regel den wirklichen Scheidungsgrund verschweigen und Ehebruch vortäuschen. Das praktische

Ergebnis besteht darin, daß das mosaische Gebot »Du sollst nicht ehebrechen« von den Gerichten auf den Kopf gestellt wird. Wenn man in den Staaten, in denen Ehebruch als einziger Scheidungsgrund zugelassen ist, geschieden werden will, heißt das Gesetz: »Du sollst ehebrechen.« Männer und Frauen, die bis dahin an andere Sexualpartner nicht einmal gedacht hatten, müssen nun Ehebruch vortäuschen, um geschieden werden zu können.

Es ist charakteristisch für die Scheidungsbestimmungen des Westens, daß die sogenannten »unnatürlichen« Geschlechtspraktiken, die als Scheidungsgründe angeführt werden können, selten dadurch modifiziert werden, daß man Erwägungen über die Zustimmung anstellt. Fernando Henriques nimmt als Grund dafür an, daß diese Praktiken als Vergehen an sich aufgefaßt werden. Denn im angelsächsischen Recht gehörten solche sexuellen Praktiken bis vor kurzem in die gleiche gesetzliche Kategorie wie schwere Körperverletzung. Und da es als ausgeschlossen galt, daß jemand dem zweifelhaften Nutzen schwerer Körperverletzungen zustimmen könnte, hielt man es für ausgemacht, daß niemand dem Nutzen von → Cunnilingus oder → Fellatio zustimmen würde.

Dieses Urteil beruht natürlich auf der Annahme, daß der Mann etwas Grauenhaftes tun möchte, wovor die arme Frau geschützt werden muß. Gesetze dieser Art wurden im Interesse der Frau erlassen – aber sie wurden erlassen von Männern, die von weiblicher Mentalität keine Ahnung hatten und von Sexualphysiologie überhaupt nichts wußten. Infolgedessen wurde das, was als Schutz der Frau gemeint war, nun zum Scheidungsvorwand. Denn es ist einem Mann unmöglich, eine Frau zu »zwingen«, an solchen Praktiken teilzunehmen, und es ist noch weniger möglich für eine Frau, einen Mann zur Teilnahme zu zwingen.

Wenn einer der beiden Gatten, der längere Zeit solche Formen des Geschlechtsverkehrs mit voller Befriedigung praktiziert hat, plötzlich behauptet, er hätte es von Anfang an gehaßt (oder sie, die arme Frau, sei dazu »gezwungen« worden), dann weiß jeder erfahrene Richter, daß er belogen wird. Dennoch wird er eine Scheidung gewähren, weil man annimmt, daß niemand eine so »grauenhafte« Sache, an der er schließlich selbst beteiligt war, vorbringen wird, wenn sie nicht wahr ist. Wieder einmal, wie im Falle des Ehebruchs, haben wir es hier mit einer stillschweigenden Anerkennung von falschem Zeugnis zu tun. Nur Norwegen bildete bereits vor Jahrzehnten eine rühmliche Ausnahme, indem es bestimmte, daß bei »unnatürlichen Vergehen«, sofern ihnen anfangs zugestimmt wurde, eine spätere Klage ausgeschlossen ist.

Ein anderer höchst unbilliger Scheidungsgrund ist Homosexualität. In den meisten Ländern kann eine Frau sich scheiden lassen, wenn ihr Mann homosexuell ist; aber ein Mann kann sich nicht scheiden lassen, wenn seine Frau lesbisch ist. Hier wirkt sich die Doppelmoral des Mannes ausnahmsweise einmal zugunsten der Frau aus, aber es ist eine Gunst, die keine intelligente Frau gerne annimmt.

In den Vereinigten Staaten ist der häufigste Scheidungsgrund »seelische Grausamkeit«. Man liest in Zeitungsberichten, daß Ehen mit dieser Begründung geschieden wurden, weil der Partner »dreimal täglich Erdbeereis aß« »sich weigerte, nachts die Katze hinauszulassen«, »das Radio zu laut spielen ließ« oder »in Unterhosen herumlief«. Wenn hier etwas nicht stimmt, so ist es weniger die Unreife von Leuten, die solche Lächerlichkeiten anführen, ohne dabei zu merken, daß sie die ganze Institution der Ehe beleidigen; was hier nicht stimmt, ist die Konzeption der ehelichen Schuld. Denn es sollte jedem vernünftigen Menschen klar sein, daß die Vorstellung von einem »schuldigen« und einem »unschuldigen« Teil in einem Scheidungsfall nichts zu suchen hat. Eine Scheidung ist kein Verbrechen. Wenn wir bei einer Scheidung einen schuldigen und einen unschuldigen Teil haben, warum dann nicht auch einen schuldigen und einen unschuldigen Teil bei einer Hochzeit? In dieser Hinsicht besteht zwischen den beiden kein Unterschied. Der einzige Ausweg aus diesem Dilemma ist Scheidung aufgrund beiderseitigen Verlangens der Ehepartner, ohne daß Gründe dafür angeführt werden müssen. Denn diese Gründe sind im allgemeinen so subtil und so vielschichtig, daß sie sich vor Gericht ohnehin nicht darlegen lassen. Und überdies: wenn wir in unserer Ehe ein Recht auf Diskretion und Privatleben haben, dann sollten wir bei einer Scheidung das gleiche Recht haben.

Und damit kommen wir zum Kernproblem des Scheidungsrechts. Man kann zwei Menschen, deren Vereinigung keine dauerhafte Grundlage besitzt, nicht erlauben, einander zu heiraten, und ihnen dann verbieten, getrennte Wege zu gehen, wenn sie nachträglich entdecken, was jedem Außenstehenden von vornherein klar war: daß ihre Vereinigung keine dauerhafte Grundlage hat. Wo der Staat stabile Ehen für richtig hält, muß er die Bedingungen der Eheschließung ebenso schwierig machen wie die der Scheidung. Oder er muß die Bedingungen der Scheidung ebenso leicht machen wie die der Eheschließung. Beides muß einander entsprechen wie die Münze dem Prägestock.

Wenn der Staat darauf besteht, sich davon zu überzeugen, daß bestimmte Ehebande von dem einen oder dem anderen Partner zerrissen wurden, bevor er bereit ist, die Partnerschaft aufzulösen, dann hätte er von Anfang an dafür Sorge tragen müssen, daß diese Bande von diesen Partnern auch tragbar waren. Doch wenn wir verantwortungslosen Leuten erlauben, sich zu verheiraten, ohne uns davon zu überzeugen, ob sie für die Ehe geeignet sind oder zueinander passen, müssen wir ihnen auch erlauben, sich zu trennen, ohne uns davon zu überzeugen, ob die Ehe noch klappt. Nur eines von beiden ist möglich. Entweder ist die Ehe eine untrennbare Institution; dann müssen wir diejenigen, die sie eingehen wollen, vorher aufs strengste prüfen. Oder wir erlauben jedem, sich mit jedem zu verheiraten; dann müssen wir das Konzept der Ehe als einer lebenslänglichen Bindung aufgeben und allen gestatten, sich jederzeit wieder scheiden zu lassen.

Die Hauptursache aller Scheidungen ist Unreife. In allen Ländern liegen die Scheidungsziffern bei jungen Leuten am höchsten. Heiratet ein junger Mann ein Mädchen, weil er mit ihr schlafen möchte und das nur möglich ist, wenn er sie heiratet, dann schafft er auf diese Weise nicht die Basis für eine lebenslange Interessengemeinschaft, sondern für eine lebenslange Zwangsinternierung. Heiratet ein Mädchen einen jungen Mann, weil sie mit ihm schlafen möchte und es ihm nur erlauben kann, wenn sie mit ihm verheiratet ist, dann unterwirft sie sich nicht der Moral, sondern der Konvention. Und dabei ruiniert sie nicht nur ihr eigenes Leben, sondern auch das ihres Mannes und vor allem das ihrer künftigen Kinder. Auf solchen Ehen kann die Gesellschaft keine Zivilisation aufbauen, sie sind nichts als Zwangsgemeinschaften, als artifiziell legalisierte Affären zwischen Jugendlichen. Und Affären sind, wie Oswald Schwarz zu sagen pflegte, nur das Übungsfeld, auf dem die Schlachten für glückliche Ehen vorbereitet werden, nicht aber das Schlachtfeld, auf dem sie gewonnen werden. Der Unterschied zwischen Affäre und Ehe besteht darin, daß es bei der Ehe kein Zurück gibt. Es ist einfach, die Annehmlichkeiten eines fremden Landes zu genießen, wenn man eine Rückfahrkarte in der Tasche hat. Weiß man jedoch, daß man für immer dorthin emigriert ist, liegen die Dinge anders. Einwanderungsvisa für manche Länder werden nur nach sorgfältiger Prüfung der körperlichen, geistigen und moralischen Qualitäten des Bewerbers erteilt; die Türen der Kirchen und Standesämter dagegen stehen ständig weit offen. Aber sobald zwei Menschen verheiratet sind und sich ihres Irrtums bewußt werden, stellen sie fest, daß sich die Tür hinter ihnen geschlossen hat, daß sie gefangen sind. Hier stimmt etwas ganz und gar nicht.

EHESCHEIDUNG IM ALTEN HELLAS. In den meisten griechischen Stadtstaaten war Scheidung erlaubt und fand nicht selten statt. Scheidungsgründe waren vor allem Kinderlosigkeit und Unverträglichkeit. In beiden Fällen war es die Frau, die fast stets als Schuldige betrachtet wurde. Der Mann konnte sich von seiner Frau scheiden lassen, indem er sie einfach verstieß. Aber eine Frau konnte ihren Mann nicht verlassen, ohne bei einem Magistrat einen Antrag zu stellen, in welchem sie die Gründe der Scheidung nennen mußte. Einerlei wie schuldig der Ehemann war, die Kinder blieben stets bei ihm. Und so war diese Regelung denn auch der eigentliche Grund, weshalb so viele griechische Frauen die schlimmsten Demütigungen ertrugen, ohne einen Scheidungsantrag zu stellen. Jede Scheidung stellte die Frau vor das Dilemma: entweder Ehemann und Kinder – oder nichts.

Auch gab der Ehebruch des Mannes der Ehefrau noch lange kein Recht auf Scheidung. Der Ehebruch der Frau gab jedoch dem Ehemann nicht nur ein Recht auf Scheidung, sondern verpflichtete ihn dazu, die Scheidung einzureichen. Tat er dies nicht, so verlor er seine Bürgerrechte. So heißt es deshalb auch im Sprachgebrauch der Griechen, daß der Mann seine Frau »fortschicke«, die Frau jedoch den Mann »verlasse«. Alles, was er zu tun hatte, war in Gegenwart von Zeugen die drei Worte auszusprechen: »Ich verstoße dich!« Dann wurde die Frau mit ihrer Mitgift ins Haus ihres Vaters zurückgeschickt.

Aber diese Rückgabe der Mitgift bedeutete ganz und gar nicht, daß der Ehemann damit sein Unrecht kundtat oder gar finanzielle Gutmachung zu leisten versuchte, sondern ganz im Gegenteil: es war eine Sache unter Männern. Da der Vater der Frau das Geld für die Mitgift aufgebracht hatte, mußte er es beim Scheitern der Ehe auch wieder zurückhaben. Die Frau aber erhielt weder vor noch nach der Ehe den geringsten Teil der Mitgift. Hipparete, die Frau des Alkibiades, stellte einen Antrag auf Scheidung. Ganz Athen stimmte zu, daß sie recht hatte. Aber da Alkibiades selber den Antrag ablehnte, konnte er nicht gewährt werden. Und warum lehnte er ihn ab? Nicht etwa, weil er sie noch liebte, sondern weil er im Falle einer Scheidung ihre Mitgift an ihren Vater hätte zurückgeben müssen.

EHESCHEIDUNG IM ALTEN ROM. Obgleich der Zusammenbruch der alten Sitten und Bräuche, der bereits in der frühen Kaiserzeit begonnen hatte, den Status der Frau verbesserte, weil einfach niemand mehr die

Willenskraft aufbrachte, die Frau so zu unterdrücken, wie die Gesetze es verlangten, zeigte auch das Scheidungsrecht bis zum Falle Roms jene mangelnde Gleichberechtigung der Geschlechter, die uns in allen anderen Aspekten des römischen Rechts entgegentritt. Nach Plutarch (*Rom. 22*) soll Romulus bereits ein Gesetz erlassen haben, »das der Frau untersagte, ihren Mann zu verlassen, dem Mann aber erlaubte, seine Frau wegen Giftmischerei, wegen Unterschiebung fremder Kinder, wegen Nachmachens der Schlüssel oder wegen Ehebruchs zu verstoßen«.

Solange die Frau in der Ehegewalt *(manus)* ihres Mannes war, konnte sie keine Scheidung erzwingen. Er jedoch konnte sich jederzeit, ohne irgendeine staatliche oder gerichtliche Instanz zu befragen, von ihr scheiden lassen. Einer der erlaubten und traditionellen Gründe war, daß sie ohne sein Wissen Wein getrunken hatte (*Gell.* IV. 3, u. X, 13; *Cic. Phil.* II, 28; *Valer. Maxim.* II, 1, 4; *Plin.* XIV, 12; *Dionys.* II, 25). Wollte er eine Aussprache mit ihr vermeiden, ging er einfach auf Reisen und schickte ihr einen Scheidungsbrief, dem sie nicht widersprechen konnte (*Cic. Ad Attic.* I, 10). War die Ehe per *usus* geschlossen, so brauchte er bloß durch einen Freigelassenen sagen zu lassen: *Tuas res tibi agito* – »Nimm deine Sachen mit dir fort!« Juvenal, nicht gerade ein Frauenfreund, fand daß dies doch ein wenig zu weit ginge und parodierte es in den folgenden Zeilen (VI, 146 ff.):

Schnüre dein Bündel, ertönt's von dem Freigelassenen, und gehe!
Du bist schon uns zur Last, weil du zu häufig dich schnäuzest, also geh'
Schleunigst und eil': Es ersetzt mit trockener Nase dich eine.

Und in der Tat wurden die Vorwände zur Scheidung immer ärmlicher, transparenter und schäbiger. So trennte sich Caius Sulpicius Gallus von seiner Frau, weil sie sich unbedeckten Hauptes auf der Straße gezeigt hatte: »Setzest du dich den Blicken anderer aus, so erweckst du in ihnen unnütze Wünsche, machst dich verdächtig oder bekennst dich als schuldig.« Quintus Antistius Vetus verstieß seine Gattin, weil er sie auf der Straße mit einem Freigelassenen reden sah. Publius Sempronius Sophus sagte sich von seiner Frau los, weil sie ohne sein Wissen in den Zirkus gegangen war (*Val. Max.* VI, 3, 11–14). Ein Senator wurde von einem Freund gefragt, weshalb er sich denn von seiner schönen, untadeligen Gattin trennen wolle, und antwortete: »Sieh dir meinen Schuh an. Schön und untadelig, nicht wahr? Und dennoch merkst du nicht, daß er mich drückt.«

Meist ließ sich der Mann aus dem einfachen Grunde scheiden, daß ihm seine langjährige Ehepartnerin zu alt geworden war. Juvenal beschreibt das in VI, 142 ff.:

Aber Sertorius liebt doch glühend die Bibula?
Prüft man's näher, so gilt dem Gesicht und nicht der Gattin die Liebe.
Laß drei Runzeln entstehn und die Haut sich verwelkt erschlaffen,
Laß schwarz werden die Zähne und tiefer die Augen, schon ist's vorbei.

Aber der häufigste Scheidungsgrund war einfach Geld: Sowie ein Mann eine Chance sah, eine reiche Frau zu heiraten, verstieß er seine gegenwärtige Gattin und heiratete eine neue. So der Tugendbold und Moralprediger Cicero, der eine neue Mitgift brauchte. So auch der Vaterrechtler Cato, der seine Marcia, Mutter seiner drei Kinder, an den reichen, schwerkranken Hortensius, verkuppelte, um sie dann nach dem Tode des Hortensius, mit dessen riesigen Vermögen angereichert, wieder zurückzunehmen. Manche Männer ließen sich auch von ihren Gattinnen scheiden, um übelbeleumdete reiche Frauen zu heiraten und sich dann gleich wieder von diesen unter Berufung auf deren schlechten Lebenswandel, aber bereichert um deren Eigentum, scheiden zu lassen.

Andere ließen sich weniger des Geldes als der Laufbahn und der politischen Beziehungen halber scheiden. So heirateten Cicero zweimal, Ovid und der jüngere Plinius dreimal, Cäsar und Antonius viermal, Sulla und Pompeius fünfmal. Nachdem die Männer die Institution der Ehe auf diese Weise zur Farce gemacht hatten, wurde es schwer, der Frau das Recht der Scheidung vorzuenthalten, anfangs allerdings nur bei sehr triftigen Gründen, zum Beispiel bei Impotenz. Im Laufe der Jahre, etwa vom Ende des zweiten Punischen Krieges bis zum Ende des 1. Jahrhunderts unserer Zeitrechnung, wurden weniger triftige Gründe akzeptiert.

Die öffentliche Meinung hielt nur diejenigen Frauen für sittlich, die nach einer Scheidung oder gar nach dem Tode ihres Gatten nicht wieder heirateten. Im römischen Königreich und der frühen Republik waren solche Frauen mit dem Kranze der Keuschheit belohnt worden. Noch Martial schrieb in einer Grabehrung (X, 63, 7, 8):

Seltner Ruhm eines ehlichen Bettes ward hier mir beschieden:
Nur einen einzigen Schwanz hat meine Keuschheit gekannt!

Ehescheu mag viele Gründe haben – darunter aber auch manche, die schiere Selbsttäuschung unter dem Vorwand philosophischer, weltanschaulicher oder politischer Gründe sind, z. B. die Ablehnung des ganzen Konzepts der Ehe als »bürgerlich«, »altmodisch«, »unwürdig« oder dergleichen. Der wirkliche Grund ist oft Angst vor dem anderen Geschlecht, vor Geschlechtsverkehr oder Entjungferung, vor Nachwuchs oder Verantwortung. Häufiger berechtigter Grund ist Bevorzugung des eigenen Geschlechts vor dem anderen. Endlich gehören jene Frauen und Männer hierher, die nur jemand heiraten wollen, der bereits verheiratet oder zumindest unerreichbar ist (→ Distanzliebe, Doppelliebe, Flucht vor der Liebe, Schattenliebe), und jene Menschen, die sich aus selbstauferlegtem Pflichtgefühl nicht von den Eltern trennen können (→ Familiensklaven).

Ehescheu im alten Rom. Zwei der sexualhistorischen Kennzeichen des Römischen Reichs waren Ehescheu und Kinderlosigkeit. Je leichter es wurde, sich außerhalb der Ehe sexuell zu vergnügen, desto unpopulärer wurde die Ehe. Die Zensoren versuchten, Junggesellen systematisch mit Vermögensnachteilen zu belasten, womit Cicero natürlich einverstanden war: »Die Zensoren sollen verhindern, daß man ehelos lebt« (*de leg.* III).

Hinzu kommen aber zwei Punkte, die wir typischerweise nicht in den Geschichtsbüchern finden. Erstens enthielt von frühester Zeit an die Bevölkerung Roms mehr Männer als Frauen, gegen Beginn der Kaiserzeit rund 17 Prozent mehr. Zweitens war die Armut des großstädtischen Proletariats so gravierend, daß viele Familien unterhalb des Existenzminimums lebten und ihre Kinder in den ersten Jahren verhungerten. Plutarch schreibt (*de amore prolis* VII, S. 936): »Die Armen ziehen keine Kinder auf, da sie fürchten, daß sie, aufgezogen, schlechter als es sich geziemt, dran sein werden, nach Sklavenart oder gar nicht erzogen und aller Güter entbehrend.«

Nach Val. Max (II, 9) begannen die Versuche der Behörden, den Geburtenschwund zu verhindern, bereits im 5. Jahrhundert v. u. Z. Nach Livius (*ep.* 59) und Gellius (I, 6) hat dann im Jahre 131 v. u. Z. der Zensor Quintus Caecilius Metellus Macedonicus jene berühmten Worte gesprochen, die so viel über die Gründe der römischen Ehelosigkeit besagen: »Wenn wir ohne Frauen leben könnten, würden wir das natürlich nur allzu gern tun. Aber da es nun einmal ein Gesetz der Natur ist, daß wir mit den Frauen nicht glücklich, ohne sie aber überhaupt nicht leben können, so müssen wir eben mehr für das Wohl des Staats als für unseren sexuellen Genuß sorgen« (Aulus Gellius, *Noctes Atticae* IV, 4, § 1 bis 4). Die Ehe war also das Opfer, das man dem Staate brachte, damit er Soldaten habe. Zum sexuellen Genuß war die Ehe nicht nur unnötig, sondern eher hinderlich.

Es ist bezeichnend für den Widerspruch von Theorie und Praxis im römischen Vaterrecht, daß Vaterrechtler wie Cicero und Seneca, die durchaus mit Metellus übereinstimmten, in der Praxis etwas ganz anderes taten. »Cicero, von Hortius gefragt, ob er nicht nach seiner Trennung von der Terentia dessen Schwester heiraten wolle, sagte, er werde überhaupt nicht mehr heiraten, da er nicht gleichzeitig sich um die Philosophie und um eine Frau kümmern könne« (*Sen. fr.* XII, 61). Seneca selber, der uns dies mitteilt, sagte: »Vollends aber zu heiraten, um Kinder zu zeugen, damit entweder unser Name nicht untergehe oder daß wir Stützen im Alter oder gar Erben haben mögen, das ist das Allerblödeste« (*fr.* III, 58).

Die Julianischen Gesetze, die Augustus in den Jahren kurz vor und nach Beginn unserer Zeitrechnung erließ, hatten den Zweck, die Geburtenziffer zu erhöhen, und ermutigten deshalb auch die Adoption ausgesetzter und unehelich geborener Söhne, die sonst vielleicht verhungert wären, ehe sie das militärpflichtige Alter erreicht hatten. Um die finanziellen Vergünstigungen zu erhalten, die der Staat den Pflegeeltern solcher Kinder gewährte, adoptierten tatsächlich viele Römer fremde Kinder, jagten sie aber dann wieder fort, sobald sie die staatlichen Subventionen erhalten hatten. Die E. im alten Rom hing also eng mit der Kinderscheu oder Kinderfeindlichkeit der alten Römer zusammen. → Kindheit im alten Rom.

Eifersucht, eine Zivilisationsneurose, die in besonderer Weise an die vaterrechtliche Kultur gebunden ist, weil diese das Konzept des Privateigentums in die menschliche Geschichte gebracht und die Frau zum wichtigsten Eigentum des Mannes bestimmt hat. Auch weibliche E. ist in der vaterrechtlichen Gesellschaftsordnung verankert, denn wo die Frau um ihre Existenz (und die ihrer Kinder) fürchten muß, wenn eine andere Frau ihr den »Ernährer« und »Familienvater« wegnimmt, wird sie zur E. gezwungen. Die Annahme, daß E. eine biologische, »naturgegebene«, angeborene Eigenschaft des Menschen sei, ist verfehlt. In mutterrechtlichen Kulturen und in Gesellschaftsformen, in denen weder die Frau als Eigentum des Mannes noch der Mann als Eigentum der Frau aufgefaßt wird, gibt es auch keine E. Die Institution der → Frauenleihe oder Gastehe, die in vielen solcher Kulturen überlebt, bestätigt, daß der Mann sich nicht als Hahnrei, sondern im Gegenteil als geehrt fühlt, wenn er einem angesehenen Gast als selbstverständlichen Bestandteil der Gastfreundschaft auch seine Frau oder Tochter zur Verfügung stellen kann. Häufiger ist es in diesen Fällen aber so, daß die Frau das Recht hat, sich den Gast zum Liebespartner zu wählen, wenn sie dazu Lust hat. Auch die Vorstellung, daß die Brunstkämpfe der Tiere eine Art Präzedenzfall für die menschliche E. darstellen, ist verfehlt. Denn bei den Brunstkämpfen geht es nicht um das Recht des Männchens auf ausschließlichen Geschlechtsverkehr mit einem Weibchen, sondern um die Klarstellung einer sexuellen Hierarchie. Das stärkere Männchen gewinnt den *ersten,* aber nicht den ausschließlichen Zugang zu einem oder mehreren Weibchen. Gerade weil diese klare Hierarchie des Stärkeren über den Schwächeren beim Menschen nicht besteht, sondern hier durch das *Besitzrecht* ersetzt worden ist, neigt der Mensch zur E. Sie ist das Symptom eines meist berechtigten Selbstzweifels – beim Manne Impotenzangst, bei der Frau oft die Furcht vor dem Alter und dem Verfall, oder das Bewußtsein der mangelnden Schönheit, der schwindenden Anziehungskraft oder der verlorenen Gebärfähigkeit. Der Ehemann, der anderen Männern gegenüber keine wirkliche sexuelle Überlegenheit besitzt, muß stets befürchten, daß seine Frau ihn betrügt. Sie aber wird seine E. stets als Schwäche ausdeuten, denn wenn er seiner Sache wirklich sicher wäre, so brauchte er nicht eifersüchtig zu sein. So *erzeugt* E. in der bürgerlichen Gesellschaft oft genau das Resultat, was sie zu *verhindern* sucht.

E. ist stets dort am gravierendsten, wo die gesellschaftliche Position des Eifersüchtigen am schwächsten ist. Wo der Mann nichts besitzt, wie unter den Armen Spaniens, Siziliens, Korsikas und Nordafrikas, wird der Besitz der Frau umso wichtiger. Alles, was mit der Ehefrau, der Mutter, der Schwester zu tun hat, nimmt einen geradezu wahnhaften, zwangsneurotischen Charakter an. Der Mann glaubt, nicht nur das Recht, sondern die Pflicht zu haben, die Frau oder den Mann umzubringen, der den Besitz »entwertet« hat. (Ob eine Frau durch Geschlechtsverkehr mit einem anderen Manne jemals entwertet wird, oder ob sie nicht oft gerade durch diese Erfahrung an Wert gewinnt, ist eine Frage, die sich der eifersüchtige Mann nie stellt.)

E. als gesellschaftlich anerkanntes Motiv tritt deshalb nur dort auf, wo die Position des einen oder anderen Geschlechts so unsicher ist, daß es sich einen Halt im Begriff der »Ehre« erfinden muß. Wo wirkliche Gleichberechtigung der Geschlechter besteht, fällt die Notwendigkeit für solche moralischen Prothesen fort. Eine Gesellschaft, in der man mit besonderem Affekt von der Ehre des Mannes oder der Ehre der

Frau spricht, läßt deshalb die Vermutung zu, daß es um die *wirkliche* Ehre der Geschlechter, d.h. um die Gleichberechtigung, nicht gut bestellt ist.
Als klinisches Symptom (Eifersuchtswahn) tritt E. besonders häufig bei Männern und Frauen auf, die in ihrer Kindheit ein ungenügendes Maß an Elternliebe empfangen haben. Auch drückt der E.-Wahn oft den unbewußten Wunsch nach eigener Untreue aus. Man projiziert seine eigenen Wünsche in den anderen Menschen hinein. Freud gibt hierfür das folgende Beispiel: Eine 53jährige Frau, die mit ihrem Gatten in der glücklichsten Ehe lebt, bekommt eines Tages einen anonymen Brief, der ihren Mann eines Liebesverhältnisses mit einem jungen Mädchen bezichtigt. Sie schenkt dieser Angabe Glauben und kann seitdem ihre frühere Ruhe nicht wieder finden. Alles wird getan, um sie von der Haltlosigkeit der anonymen Beschuldigung zu überzeugen, doch vergebens: Sie hält an ihrer Eifersucht fest. Endlich stellt sich heraus, daß sie selbst den Brief veranlaßt hat, als sie dem Stubenmädchen (der Briefschreiberin) tags vorher sagte: »Für mich wäre es das Schrecklichste, wenn ich erfahren würde, daß mein guter Mann ein Verhältnis hat.« Die Analyse ergibt, daß die Dame selbst eine Neigung zu ihrem jungen Schwiegersohn gefaßt hatte, die nicht bewußt werden durfte und die mit Hilfe des Verschiebungsmechanismus zur wahnhaften Eifersucht dem Gatten gegenüber führte; denn wenn nicht nur sie sich in einen jungen Mann verliebt, sondern auch ihr Gatte mit einem jungen Mädchen ein Verhältnis hat, dann kann sie ihr Gewissen von dem schweren Druck der Schuldgefühle entlasten. Vernunftgründe gegen den E.-Wahn bleiben gemeinhin wirkungslos, da dieser sich gegen das Spiegel-, nicht gegen das Urbild der Untreue richtet (Freud, *Vorlesungen zur Einführung in die Psychoanalyse*). Freud sieht im E.-Wahn auch ein distinkte homosexuelle Komponente, die dadurch gekennzeichnet wird, daß der Eifersüchtige stets größeren Haß gegen die Geliebte als gegen seinen Rivalen empfindet. Dieses Syndrom wird besonders deutlich, wenn sich der Mann aus Ärger über die vermeintliche Untreue der Frau ins Wirtshaus, in den Club oder in irgendeine andere Männergesellschaft flüchtet und damit unbewußt, aber um so zielstrebiger seiner Frau die Gelegenheit bietet – ja geradezu *anbietet* –, nun wirklich aus Einsamkeit und Verbitterung fremdzugehen. In Wahrheit zieht der Mann die Gesellschaft der Männer vor und benutzt seinen E.-Wahn nur als Alibi, um sich selber vormachen zu können, daß *sie* die Männer liebt, die *er* nicht zu lieben wagt.

Eihautstich → Schwangerschaftsunterbrechung.

Einheimerin, die Wiener Kupplerin, die junge Mädchen für ihr »Heim« aufkaufte. Vgl.: Abbesse, Äbtissin, Alcahueta, Appareilleuse, Aufführdame, Ausschütterin, Blondinenlieferantin, Bordellbesitzerin, Chaperonnière, Duegna, Einstößerin, Frauenmeisterin, Frauenwirtin, HusheIterin, Magistra, Maquerelle, Matrone, Puffmutter, Regina bordelli, Rippelreiger, Trüllerin, Verwerrin.

Einmauerung, die Strafe der Vestalinnen, die ihr Keuschheitsgelübde verletzt hatten. Danach taucht E. immer wieder in den Angstträumen der Menschen und in den Grausamkeitsträumen der Dichter auf (Edgar Allan Poe usw.). Das → Gefängnis und das → Zuchthaus sind symbolische Formen der E. Vielleicht geht die archaische Angst des Menschen vor der E. auf die Geburtsangst zurück.

Einstößerin, Wiener Kupplerin oder Puffmutter, die sich auf angebliche Jungfrauen spezialisierte. → Jungfernschaftsprokurist. Vgl.: Abbesse, Äbtissin, Alcahueta, Appareilleuse, Aufführdame, Ausschütterin, Blondinenlieferantin, Bordellbesitzerin, Chaperonnière, Duegna, Enheimerin, Frauenmeisterin, Frauenwirtin, HusheIterin, Magistra, Maquerelle, Matrone, Puffmutter, Regina bordelli, Rippelreiger, Trüllerin, Verwerrin.

Eintänzer, während und nach dem ersten Weltkrieg die → Gigolos, die sich in Hotels, Bars und Dancings aufhielten, um mit den Frauen, die entweder allein kamen oder deren Männer nicht tanzen konnten, zu tanzen. Manchmal war der E. ein Angestellter des Hotels oder Tanzsaals, öfter jedoch war er von den Trinkgeldern abhängig, die die Damen oder deren Herren ihm zahlten. Aus diesem Grunde galt der E., nicht immer ohne Berechtigung, als eine Art männlicher Prostituierter. → männliche Prostitution.

Einverleibung, das Einschieben von Fremdkörpern in den Leib. Im forensischen Sinne dient jede Körperöffnung der E.: Mund, Nase, Ohren, Augen, After, Harnröhre und Genitalien. Es gibt aber auch eine symbolische E., eine Form der Objektbeziehung, die für die → orale Phase typisch ist, aber auch in der →analen und → genitalen Phase existiert und auf diese → regredieren kann. Freud spricht von oraler E. (durch den Mund), analer E. (Einschiebung von Fremdkörpern in den After), und vaginaler E. (durch die Genitalien). Aber es gibt auch E. durch die Haut, zum Beispiel die Sucht nach Injektionen (→ Injektomanie), die nicht mit Rauschgiftsucht verwechselt werden darf, denn dem Injektomanen ist nicht die Substanz wichtig, die injiziert wird, sondern der symbolische Akt der Injektion, des Durchbohrens der Haut und des Spritzens einer Flüssigkeit in den Körper: ein deutliches Koitussymbol. Freud deutet eine sehr enge Verbindung zwischen E. und Melancholie an (*Trauer und Melancholie,* 1917), weil er den einverleibten Fremdkörper als Symbol eines verlorenen Liebesobjekts betrachtet. Der Melancholiker ist unfähig, den Verlust zu vergessen und durch ein anderes Liebesobjekt zu ersetzen, da er ihn nun zum Teil seines eigenen Leibes gemacht hat. In diesem Sinn, aber auch im physiologischen Sinn der Schmerzbereitung am eigenen Körper hat die E. zweifellos eine masochistische Komponente. Alle Gegenstände, die in den Magen, den After, die Harnröhre, die Ohren und andere Körperöffnungen eingeführt werden, verursachen Schmerzen und oft Tod. Freud hat also in mehr als einem Sinne recht, wenn er die E. als einen verkappten Selbstmordversuch betrachtet.

In verschiedenen Körperöffnungen der Kinder und Erwachsenen hat man unter anderem Steine, Obstkerne, Getreideähren, Knöpfe, Nägel, Nadeln, Schrauben, Patronenhülsen, Bleistifte, Haarnadeln, Lockenwickler und ähnliche Fremdkörper gefunden. Im Magen eines 16jährigen Mädchens fanden sich 22 Sicherheitsnadeln, 15 Schlüssel, 58 Nägel, 22 Schrauben, 10 Haken, 8 Stecknadeln, 3 Weckerschrauben. Bei der Leichenöffnung einer 35jährigen Frau fand man im Kehlkopf fünf, im Herzen und in der Aorta je eine, in der Leber zwölf, zwischen Magen und Querdarm fünf Nadeln. Anamnestisch erfuhr man, daß die Patientin oft ganze Päckchen von Nähnadeln verschluckt hatte. → Aderlaß, Analerotik, Automasochismus, Harntriebhaftigkeit, Injektomanie, Introjektion, Klistieromanie, Nadelschlucken, Oralerotik, Pfählung, Selbstkatheterisierung, Venaesectio.

Anale E., manchmal auch eine Form der → Analmasturbation. Hammond hatte einen Patienten, der vom siebten Jahre an Gegenstände in den Anus zu stecken pflegte, um sich sinnliche Erregung zu verschaffen. Angeblich wollte er auf diese Idee durch die Beobachtung der Kohabitation eines Hundes mit einer Hündin gekommen sein, die er als eine anale ansah. Er introduzierte sich zunächst einen Bleistift, was ihm Schmerz, aber auch zugleich eine angenehme Empfindung verursachte. Er wiederholte diese Prozedur nach einigen Tagen mit einem eingeölten Zahnbürstenstiel, den er seitdem sehr häufig zu diesem Zwecke benutzte. Vgl.: Pfählung.

Ejaculatio, Ejakulation [lat.: eiaculatio = Herausschleuderung], die Entleerung des männlichen Samens, nicht notwendigerweise beim Geschlechtsverkehr. Die E. erfolgt, indem durch peristaltische Kontraktionen die Samenblasen und der Ductus deferens ihren Inhalt in die Harnröhre entleeren, wo sich ihm das Sekret der Prostata und der Cowperschen Drüsen zugesellt. Durch rhythmische Kontraktionen bestimmter Muskeln wird dann die stoßweise Entleerung des Ejakulats bewirkt. Das Ejakulationszentrum steht in naher Beziehung zu dem Zentrum der → Erektion im Lendenmark. Es kann auch unabhängig in Tätigkeit treten (Ejakulation ohne Erektion). Aus diesem Grund wird trotz der engen Beziehungen von Ejakulation und Erektion ein besonderes Zentrum für die Ejakulation angenommen (Weißenberg). So hat zum Beispiel Remy auf der Vena cava inf. (sie verläuft rechts von der Hauptschlagader vor der Wirbelsäule aufwärts) des Meerschweinchens einen kleinen Nervenknoten (Ganglion) gefunden, dessen Reizung nur Ejakulation bewirkt. Die Spermatozoenabsonderung pro E. beträgt etwa 180 000 000. Manche Autoritäten sprechen auch von einer weiblichen E. und meinen damit das Herausschleudern eines Schleimpfropfens durch die Ringmuskulatur der Gebärmutter im Augenblick des Orgasmus. Hier sind die Vorgänge in der Tat ganz ähnlich wie beim Mann. Das Ejakulationszentrum wird ebenfalls durch periphere Reize erregt, die wie beim Manne durch zentrifugale Nervenfasern die rhythmische E. hervorrufen. Nur sind die Muskeln, die hierbei zu rhythmischer Kontraktion angeregt werden, andere als beim Mann. Grundsätzlich aber ist der Vorgang bei beiden Geschlechtern ganz der gleiche. Die Väter der Sexualwissenschaft glaubten, daß die Lustempfindung die E. auslöst. Heute wissen wir, daß das Gegenteil der Fall ist. Man kann das sehr leicht demonstrieren, indem man eine zweiprozentige Kokainlösung in die hintere Urethra einträufelt. Hiermit wird jegliche Lustempfindung ausgeschaltet. Trotzdem erfolgt eine normale E. → Akme, Befriedigung, Detumeszenz, Destillatio, Endlust, Entspannung, Impotenz, Klimax, Koitus, psychischer Koitus, Orgasmus, Potenz.

Ejaculatio deficiens [lat.: mangelnde Herausschleuderung], Ejakulationsdefekt. Vgl.: Actus brevis, Anorgasmie, Erektionsangst, Frigidität, Impotenz, Libido deficiens, Orgasmolepsie, Orgasmus deficiens.

Ejaculatio praecox [lat.: vorzeitige Herausschleuderung], die Ejakulation des Mannes vor Einführung des Gliedes in die Scheide der Frau. Es gibt kaum einen Aspekt der Sexualwissenschaft, über den in den frühen Jahren der Sexualforschung mehr Unsinn geredet worden ist als über die E. p. So glaubte Freud, daß der an E. p. Leidende den ganzen Akt in der Phantasie vorgenießt, »so daß ihm beim Weibe wenige Sekunden genügen, um den Orgasmus herbeizuführen«. K. Abraham (Intern. Zeitschr. f. Psych. IV. Jahrg.) führt folgende Momente für das Entstehen der E. p. an: vor allem eine vermehrte »Urethral-Erotik«, die Glans penis habe ihre normale Erregbarkeit verloren, die an der Krankheit Leidenden seien eigentlich aggressiv zur Frau eingestellt, Sadisten, die eigentlich die Frau durch den Koitus töten wollen und nur Ungeschicklichkeit vortäuschen, weil sie an Kastrationsangst leiden. Sie fürchten, den Penis hineinzustecken, er könnte ihnen entrissen werden und dergleichen Theorien mehr. Kinseys Hinweis, daß E. p. meist ein Zeichen zu großer und nicht zu kleiner Potenz ist und deshalb viel weniger ernst zu nehmen sei als Impotenz, hat intensiven Widerspruch gefunden.

Ejaculatio retardata [lat.: verspätete Herausschleuderung], die Unfähigkeit des Mannes, zum schnellen Orgasmus zu gelangen. Paradoxerweise wird die E. r., deren sich der Mann meist besonders schämt, von der Frau oft als eine besondere Leistung des Mannes betrachtet. Sie glaubt meist (wenn der Mann ihr nicht selber das Gegenteil mitteilt), daß er seinen eigenen Genuß absichtlich hinauszögert, um ihr einen länger andauernden Genuß zu verschaffen. Wo E. r. also nicht von Erektionsschwäche begleitet ist, leidet die Frau nur selten unter ihr.

Ekbolika [gr.: ekbolion = Abtreibungsmittel], chemische Abortivmittel von äußerster Schädlichkeit. Sie wirken manchmal als Abtreibungsmittel, verursachen aber gleichzeitig unheilbaren Schaden und oft Tod. Oral eingenommene E. sind Phosphor, Glyzerin, Chinin, Strychnin, Arsen, Petroleum, Nitrobenzol, Chloroform, Essigsäure, Salizylsäure, Karbolsäure, Oxalsäure, Chlorsäure, Chromsäure, Schwefelsäure, Salpetersäure. In die Gebärmutter eingespritzt werden Holzessig, Alaun, Lysol, Seifenwasser, Knoblauch, Chlorzink, Kupfersulphat, Jod, Quecksilbersublimat, Eisenvitriol, Kalipermangan, Antimon. Bei Einspritzungen dieser Art sind nicht allein die Chemikalien selber oft tödlich, sondern Luftembolien: Luftansammlung im Herzen oder in Gefäßen. → Abactio partus, Abortus artificialis, Abtreibung, Emmenagoga, Procuratio abortus, Scheidenspülung, Schwangerschaftsunterbrechung.

Ekel, wie Scham eine von der Zivilisation errichtete Hürde, die beim Geschlechtsverkehr übersprungen wird. Präpubertäre Knaben und Mädchen in unserer Gesellschaftsordnung finden viele Aspekte des ande-

ren Geschlechts ekelhaft. Erst die Pubertät verwandelt bei ihnen den Ekel in Anziehungskraft. Je tiefer patriarchalische Männer und Frauen in das Labyrinth des Sexus eindringen, um so abstoßender werden die Sinneseindrücke, die sie gewinnen, und um so größer wird der Reiz für diejenigen, denen es gelingt, die Hürde zu überspringen. Die häufigsten Varianten des Oralverkehrs, das Lecken der Genitalien und des Anus des Geliebten, sind für viele Menschen in unserer Kultur ekelerregend. Andererseits ist für manche im Patriarchat aber auch schon der Kuß eine ekelhafte Berührung, weil sie mit ihrem fehlgeleiteten Geruchs- und Geschmackssinn den Mundgeruch und Speichelgeschmack anderer Menschen nicht ertragen können. Mitglieder anderer Kulturen finden sich dagegen oft von Schweiß und Analgeruch angezogen und finden hierin ganz und gar nichts Abstoßendes.
Viele Formen des → Fetischismus und → Masochismus beruhen auf dem außerordentlichen Lustgewinn, der sich in unserer Kultur aus der Umwandlung des Ekels in Reiz ergibt – Kotessen, Urintrinken, das Auflecken des Menstrualblutes usw. Aber auch → Sadismus und → Nekrophilie bestehen grundsätzlich in einer Überwindung des Ekels. Ein Mensch, der weder Ekel noch Mitleid empfindet, kann ebensowenig Sadist werden, wie ein Atheist eine schwarze Messe zelebrieren kann. Nur wer die Schmerzen zu würdigen vermag, die man einem anderen Menschen zufügt, kann deren Lust auskosten. Nur wer das Herumwühlen in den warmen Eingeweiden des eben getöteten Menschen fühlt, als ob es seine eigenen Eingeweide wären, kann Lust am → Lustmord verspüren. Freud sagt: »Vielleicht gerade bei den abscheulichsten Perversionen muß man die ausgiebigste psychische Beteiligung zur Umwandlung des Sexualtriebes anerkennen. Es ist hier ein Stück seelischer Arbeit geleistet, dem man trotz seines greulichen Erfolges den Wert einer Idealisierung des Triebes nicht absprechen kann. Die Allgewalt der Liebe zeigt sich vielleicht nirgends stärker als in diesen Verirrungen. Das Höchste und Niedrigste hängen in der Sexualität am innigsten aneinander« (*Drei Abhandlungen zur Sexualtheorie,* Fischer Bücherei Nr. 422, S. 37–38). Vgl.: Angst, Begierde, Freud, Genialität, Lust, Perversion, Scham, Symbolik, Trieb.

ekklesiogene Neurose [gr.: ekklesia = Kirche; gennan = erzeugen], von der Kirche oder vom leibfeindlichen Glauben derselben erzeugte Neurose. Der Begriff wurde 1955 von dem Theologen, Arzt und Suizidforscher Klaus Thomas geprägt. In seiner Berliner Praxis war er auf die Tatsache gestoßen, daß im Gegensatz zu der Erwartung, gottgläubige

Menschen wären gegen die Versuchung des Suizids gefeit, die Anzahl der Suizide und Suizidversuche bei ihnen höher liegen als bei Nichtgläubigen. Oder genauer: daß jene Lehren der beiden großen Kirchen (und mancher anderen christlichen Gruppen), die Geschlechtsverkehr als unmoralisch und jede Äußerung der Sexualität als Verstoß gegen Gottes Willen betrachten, eine hohe neurotische Bedrohung für Gläubige mit starkem Sexualdrang darstellen. In der Lebensmüdenbetreuung Berlin, die Thomas seit vielen Jahren leitet, stammen durchschnittlich 40 % der schweren neurotischen Fälle aus jenen kirchlichen Kreisen, die Gläubigkeit mit Leibfeindlichkeit gleichsetzen.

»Mehr als 70 % aller Mädchen, die streng moralistisch erzogen waren, sahen wir später frigide und somit eheunfähig werden. Über 90 % unserer (bisher 800) homosexuellen, sadistischen, masochistischen und impotenten Patienten, aber auch überängstlich und zwanghaft Onanierende und Skrupulanten litten unter solchen ›ekklesiogenen‹ Neurosen. Die Selbstmordgefahr ist unter diesen Neurotikern überdurchschnittlich hoch, weil sexuelle Empfindungen automatisch mit Schuldgefühlen verbunden auftreten; wenn sogenannte Perversionen oder sogar die Masturbation als Zeichen der Verdammnis Gottes erfahren werden oder wenn das überbetonte Ziel einer sogenannten ›Reinheit‹ als das Fehlen jeder Sexualität angesehen und damit unerreichbar wird. In diesem untragbaren Konflikt zwischen Es und Über-Ich erscheint dann der Selbstmord als einzige Lösung und höchste Steigerung der Leibesfeindlichkeit« (Dr. med. Dr. phil. Klaus Thomas DD., *Feindschaft gegen den Leib.* In: *Sexualmedizin,* Sept. 1975, S. 566).

Elben, Kinder einer Hexe und eines Teufels oder Dämons; nach mittelalterlichem Aberglauben raupenartige Wesen, verschiedenfarbig, am häufigsten vielleicht weiß mit schwarzem Kopf. Sie haben spitzige Schnäbel und werden mit Brot ernährt. Die Geburt erfolgt jeweils einige Wochen nach dem Koitus, und meist erscheinen dann die Elben gleich in größerer Zahl. Die Hexen benutzen sie als wichtigstes Handwerkszeug bei ihren Untaten, lösen sie in Branntwein auf und geben den Trank ihren Feinden zu kosten, backen sie in Kuchen ein, hexen sie ihren Mitmenschen irgendwie in den Leib. → Alpminne, Dämonomanie, Dämonophilie, Incubus, Lykanthropie, Nosferatu, Spectrophilie, Succubus, Vampirismus, Wechselbalg, Werwolf.

Elefantiasis vulvae [gr.: elephantiasis = elefantenhautähnlicher Aussatz; lat.: vulva = Hülle], Erkrankung der äußeren weiblichen Genitalien, die auf Geschwulstbildung des Unterzellengewebes beruht. Ursache:

Stauung der Lymphe, die durch verschiedene Erreger verursacht werden kann. Behandlung: Operation. Keine Gefahr der Infektion beim Geschlechtsverkehr. Keine bösartige Entwicklungen.

Eltern → Bezugsperson, Erziehersadismus, Erziehung, Anpassung und Widerstand, Erziehung des Kleinkindes, Erziehungsmasochismus, Familienneurose, Familiensklaven, Familientherapie, Geschlechtserziehung, Mutterfixierung, phallische Frau, Ödipuskomplex, Schatten der Eltern.

Élysée-Montmartre, in den 1880er Jahren das erfolgreichste Tanzlokal in Paris. Es lag an der Ecke Rue du Steinkerque und Boulevard Rochechouart und diente einem vielschichtigen Publikum als gemeinsamer Treffpunkt. Die Maler von der Butte Montmartre, die → Apachen der äußeren Boulevards, die *Blouses* der Industrievororte, die *Bousingots* (Schriftsteller der Bohème) in ihren Lackledermützen, *Grisettes* (Nähmädchen), *Collignons* (Droschenkutscher), Dienstmädchen, Prostituierte und Neugierige aller anderen Stände trafen sich dort. Toulouse-Lautrec lebte genau gegenüber in einem Bordell namens → Perroquet-Gris. La Goulue, Valentin-le-Désossé, Grille d'Égout, Rayon d'Or und viele andere der berühmten und berüchtigten Figuren der Halbwelt tanzten dort.

Elysium, der erste der vier Hamburger → Lustgärten, die nach dem Modell der englischen → Vauxhall und Ranelagh Gardens in Deutschland gegen Ende des 17. Jahrhunderts angelegt wurden. Die anderen drei waren das Eimsbütteler Holz, Schmidts Tivoli und der Tivoligarten. Alle vier dienten der Prostitution unter freiem Himmel.

Emanzipation [lat.: emancipatio = Entlassung aus der väterlichen Gewalt], wird heutzutage meist als die Befreiung der Frau von der männlichen Gewalt verstanden. Die Etymologie des Wortes weist aber deutlich darauf hin, daß es sich um die Befreiung vom Patriarchat handelt, und zwar um die des Mannes und Sohnes, nicht um die der Frau, denn die wäre für den Römer unvorstellbar gewesen. Drückt man mit dem Begriff der sexuellen E. aber sexuelle Befreiung für *beide* Geschlechter aus, so kann diese E. nur als Befreiung von den fünf Eckpfeilern des patriarchalen Pentagons verstanden werden: Privateigentum (»meine« Frau, »mein« Kind, »mein« Geld, »meine« Fabrik), Klassenherrschaft, Monogamie, Heterosexualität und Koitus.

Solange wir unseren Sexualpartner als unser Privateigentum betrachten und seine Liebeszuwendung zu einem anderen als Diebstahl unserer eigenen Liebe empfinden, bleiben wir Sklaven unserer Eifersucht, die nichts anderes ist als die ins Sexuelle übertragene Besitzgier, der in die Liebe übertragene Geiz. Solange wir sexuelle Befriedigung hinnehmen, als sei sie unser Recht, statt sie dem anderen zu geben, weil das unsere Pflicht ist, übertragen wir die Konsummentalität unserer Gesellschaftsordnung aus dem Krämerladen ins Ehebett. Solange wir meinen, daß sich der Liebesaufwand des einen Partners gegen den des anderen aufrechnen lasse, bleiben wir Buchhalter, statt Liebende zu werden.

Emanzipiert ist Sexualität erst dann, wenn sie nicht nur den Sprung vom Nehmen zum Geben gemacht hat, sondern auch nicht mehr der Herstellung gesellschaftlicher Herrschaft dient. Jahrtausendelang ist die Ehe nicht nur ein Kontrakt zur gegenseitigen sexuellen Treue, sondern auch zur gemeinschaftlichen sozialen Untreue gewesen: eine Flucht aus der gesellschaftlichen Verantwortung in die tröstenden Arme des Ehepartners. Statt dem Staatsbürger die Kraft zum Widerstand gegen gesellschaftliche Korruption zu geben, hat die Ehe dazu gedient, den Widerstandswillen zu brechen und Unrecht protestlos hinzunehmen.

So hat die sexuelle »E.« der zwanziger und dreißiger Jahre nicht zufällig dem Aufbau des Hitler-Regimes gedient, und so hat die sexuelle »Liberalisierung« der Bundesrepublik auch nicht zufällig zur »Tendenzwende« und dem Verlust sozialer Liberalisierung geführt. Die einzelnen Teilprozesse der sexuellen E. haben in ihrer Gesamtheit der Aufrechterhaltung des bürgerlichen Patriarchats gedient. Man hat unverheirateten Paaren erlaubt, vorehelichen Geschlechtsverkehr zu betreiben, solange sie auch ohne Standesamt monogam bleiben. Auch Jugendlichen ist der Geschlechtsverkehr erlaubt, solange er als Versuchsehe betrachtet wird und bei Gelingen des Versuchs zur Eheschließung führt. Masturbation wird nicht nur toleriert, sondern zum Instrument sexueller Befreiung erhoben, solange sie nur nicht als Alternative zum Koitus postuliert wird. Selbst Homosexualität wird geduldet, solange sie nicht den Anspruch erhebt, mit der Heterosexualität gleichwertig zu sein.

Heterosexuelle Praktiken oraler und analer, sadistischer und masochistischer, ja selbst fetischistischer Art werden akzeptiert, solange sie als Vorspiel zum heterosexuellen Koitus dienen und nicht an seine Stelle treten. Ehelicher Partnertausch und ehelicher Gruppensex werden freigegeben, solange die Ehegatten sich einig sind, daß sie das nur tun, um die Ehe durch abwechslungsreiche Erfahrungen stabiler zu gestalten. Kurzum, *alles* ist erlaubt, solange es die sexuellen Eckpfeiler des

Patriarchats nicht erschüttert: Primat der Heterosexualität, Primat des Koitus, Primat der Monogamie. Durch teilweise Freigabe unwichtiger Teilaspekte soll die heilige Trinität des patriarchalischen Sexus nicht nur erhalten, sondern gestützt und erneuert werden. Die Renovierung der Fassade soll den Eindruck ermitteln, das Gebäude sei saniert worden. Es ist aber im Inneren noch ebenso baufällig, ebenso menschenunwürdig und ebenso gefährlich wie vorher.

Der Versuch, die Einschüchterung und Unterdrückung der Frau durch das Patriarchat so zu deuten, als handle es sich um das Resultat angeborener, geschlechtsspezifischer Verhaltensformen des Mannes, ist nicht nur defätistisch, weil er ja beinhaltet, daß solche Verhaltensformen unabänderlich seien, sondern ist auch historisch falsch, weil sich das Patriarchat weitgehend unter weiblichem Einfluß entwickelt hat. Wäre es nicht maßgeblich von Frauen unterstützt worden, so hätte es seinen Sieg über die frauenrechtlichen Gesellschaftsordnungen der vorpatriarchalischen Zeit nie errungen. Die Patriarchen hatten Mütter, Ehefrauen und Töchter, Schwestern, Schwiegermütter und Schwägerinnen, die sich mit allen erdenklichen Kräften für dieses neue Gesellschaftssystem eingesetzt hatten, weil es ihnen versprach, sie von der Macht der Sippe und von aller außerhäuslichen Arbeit »freizustellen«, sie zu »beschützen« und ihnen vor allem »Privateigentum« zu geben. Das, und nicht der »vergewaltigende Penis«, war der Grund, weshalb die Machtübernahme des Patriarchats sich so leicht gestaltete. Es war unerhört verlockend, denn die matristischen Kulturen hatten die Frauen für den Lebensunterhalt *beider* Geschlechter verantwortlich gemacht. Neben der Feld- und Hausarbeit hatten die Frauen auch noch zu jagen und zu fischen, hatten nie andere Formen des Besitzes als das kollektive Eigentum der Muttersippe gekannt und hatten nie von dem »Segen« der monogamen Familie gehört.

Diese »segensreichen« Fortschritte hatten aber einen Preis: die Aufgabe der Freiheit. Sie ließen sich nur in einem bevormundenden, einschüchternden und ausbeutenden Wirtschaftssystem realisieren. Jene Gruppen innerhalb der heutigen Emanzipationsbewegung, jene Frauen- und Männergruppen, die diese Fakten übersehen, verfallen nur allzu leicht in Biologismen und halten das eine oder andere Geschlecht dann biologisch zur Herrschaft prädestiniert. Wenn man zum Beispiel argumentiert, daß der Mann dank der Form seines Geschlechtsorgans zum »Eindringen«, also zur Aggression, prädestiniert ist, dann gibt es kaum Hoffnungen, diese biologischen Eigenschaften durch emanzipatorische Agitation aus der Welt zu schaffen. Wenn man analog argumentiert, daß der Mann das einzige Säugetier sei, das seine Sexualpartnerin »vergewaltigt«, ohne von ihr das Signal zum Koitus erhalten zu haben, so sagt man gleichzeitig, daß die Frau von Natur her das einzige Säugetier sei, das zur Vergewaltigung prädestiniert ist.

Solche biologischen Argumente sind also nicht nur defätistisch, sondern einfach falsch, weil sie ohne historische Dimension arbeiten und die Geschichte des Patriarchats ignorieren. Es sind pseudo-emanzipatorische Argumente, denn sie entheben die Frau ihrer Mitverantwortung für das Entstehen und Weiterbestehen des Patriarchats und setzen sie damit von der Aufgabe frei, das System gemeinsam mit den männlichen Systemgegnern zu bekämpfen. Aus der Reduktion des Kampfes auf das rein Agitatorische bildet sich die Illusion, alles werde schon irgendwie besser werden, wenn man sich nur strikt genug weigert, irgendetwas mit dem widerlichen Geschlechtsgeschöpf Mann zu tun zu haben, und ihm verbal so oft wie möglich eins auf den Deckel gibt. Das macht Spaß, ist aber vom realen Standpunkt der E. aus widersinnig, denn es führt zum Aussterben der Gattung – der Frau genau so wie des Mannes. Es ist Rhetorik, bietet dem berechtigten Ärger der Frau ein Sicherheitsventil, das den Ärger harmlos verpuffen läßt und schließt jede Möglichkeit einer tatsächlichen E. von vornherein aus.

Die wirkliche E. dagegen wendet sich nicht nur gegen die patriarchalische Sexualität, sondern vor allem gegen deren Gründe. Und die sind nicht sexueller, sondern sozialer, ökonomischer und politischer Art.

EMANZIPATION DER FRAU, Befreiung vom Patriarchat, der Herrschaft des Mannes und Vaters. Die E. d. F. wendet sich vor allem gegen die Vorstellung, daß die Frau schwächer, weniger leistungsfähig und weniger klug sei als der Mann. Die Frauenbewegung argumentiert nun, daß der Mann, wenn dies wahr wäre, selbst dafür verantwortlich sei, denn es sei ja nicht immer so gewesen. Erst seit der Mann die Macht errungen und die Frau in jenes von ihm erfundene Gefängnis, den Haushalt, gesteckt habe, sei sie zu dem geworden, was sie heute ist, aber nicht bleiben möchte.

Wenn er ihr sagt, es sei ihre Pflicht, den heimischen Herd zu hüten, kann er sich kaum wundern, daß ihr am Ende die Erfahrungen fehlen, die man sich nur erwerben kann, wenn man eben *nicht* den heimischen Herd hütet. Wie die Frauenbewegung meint, hat der Mann diesen Erfahrungsvorsprung bereits im Paläolithikum gestohlen, als er der Frau sagte, sie solle das Lager bewachen und versorgen, während er auf die

Jagd ging. Jagen ist aber eine der besten Methoden zum Erwerb von Wissen. Je weiter sich der Jäger wegwagt, desto mehr lernt er. Seine Sinne werden geschärft, sein Orientierungsvermögen wächst. Alle paar Sekunden lernt er etwas, das »seine« Frau nicht einmal vom Hörensagen kennt. Er lernt sich an den Sternen, an den Spuren der Tiere, an der Notwendigkeit zu orientieren, seine Beute nicht mehr im Nahkampf, sondern aus der Entfernung zu töten. So lernte er in längeren Distanzen zu denken. Aber all dies war nicht das Resultat seiner biologischen Konstitution, sondern eine Art parasitärer Förderung seiner Sinne auf Kosten »seiner« Frau. Denn wenn er nicht immer wieder jene Versorgungs-, Trost- und Aufpäppelungsinstitution zur Verfügung gehabt hätte – das weibliche Nest –, hätte er für sich selber sorgen müssen. Und wenn er für sich selber zu sorgen gehabt hätte, seine eigene Brut aufgezogen, für sich selber gekocht und genäht hätte, wäre er nicht mehr in der Lage gewesen, die Frau zu unterdrücken, um sich auf ihre Kosten zu bilden und dann mit Hilfe der so erworbenen Bildung neue Methoden zu ihrer weiteren Unterdrückung auszuarbeiten.

Selbst in der modernen Industriegesellschaft macht er die Frau durch Entfremdung und Entmenschlichung noch immer zu einer unbezahlten Energiequelle, an der er jeden Abend, jede Nacht und jeden Morgen seine Batterien auflädt: Was er als seine männliche Kraft betrachtet, ist die Kraft der Frau, die ihn versorgt.

So enthüllt die Geschichte der Machtergreifung männerrechtlicher Gesellschaftsordnungen im europäischen Neolithikum den Mechanismus, der auch heute noch das unglückliche Verhältnis der Geschlechter in der bürgerlichen Gesellschaftsordnung bestimmt. Es sind nicht Biologismen wie Penis und Penetration, die dieses Verhältnis zu einem Besitzverhältnis reduziert haben, sondern bestimmte historische Formen der Produktion und des Eigentums. In den Subsistenzkulturen des europäischen Paläolithikums gab es wahrscheinlich keinen Eigentumsanspruch des Mannes über Frau und Kind, weil das ganze Konzept des Eigentums noch nicht bestand. In den matrilinearen, matrilokalen Hackbaukulturen des Frühneolithikums gab es zwar eine führende Rolle der Frau und Mutter, aber keine Ausbeutung des Mannes und der Kinder, weil es noch kein mehrwerterzeugendes Privateigentum und deshalb auch kein Privateigentum der Frau an Männern und Kindern gab. Erst mit dem Aufkommen der Pflugkultur und ihrer Fusion mit der Viehzucht entstand mehrwertschaffendes Privateigentum an Land, Vieh und landwirtschaftlichen Erträgen. Damit begann sowohl die ökonomische Ausbeutung der einen Klasse durch die andere wie auch die sexuelle Ausbeutung des einen Geschlechts durch das andere.

Daß dies ein sozialer und nicht, wie manche Feministinnen meinen, ein sexueller Prozeß ist, geht aus der historisch belegten Tatsache hervor, daß es für Frauen der herrschenden Klasse stets leichter gewesen ist, Männer der unterdrückten Klasse auszubeuten und zu beherrschen, als für Männer der unterdrückten Klasse, Frauen der herrschenden Klasse zu beherrschen. Herrschaft ist stets eine soziale Kategorie, keine sexuelle. Wo wir Aspekte der männlichen Herrschaft auch innerhalb der beherrschten Klasse finden, zum Beispiel dreifache Ausbeutung der Arbeiterfrau als Lohnarbeiterin, Mutter und Hausfrau, da sind dies stets sexuelle Niederschläge sozialer Verhältnisse, und nicht, wie es bei oberflächlicher Betrachtung erscheinen mag, sexuelle Attribute des einen (»aktiven«) oder anderen (»passiven«) Geschlechts. Daß dies eher soziale als sexuelle Kategorien sind, erkennt man auch daran, daß zu den eifrigsten Advokaten des Patriarchats stets Frauen der herrschenden Klasse gehört haben.

Manche Feministinnen meinen, sich auf Mathilde Vaerting stützend, daß dem Patriarchat ein Matriarchat vorausgegangen sei, in dem die Männer ebenso beherrscht und ausgebeutet worden seien, wie es die Frauen in der heutigen bürgerlichen Ordnung sind. Abgesehen davon, daß der ganze Anspruch der Frauen, sie könnten es besser machen als die Männer, dahin wäre, wenn diese Behauptung stimmte, so ist sie leider nur eine rückprojizierte Umkehrung jener bürgerlichen Gesellschaftsformen, die Mathilde Vaerting in der ausbeuterischen Situation der Weimarer Republik erlebt hatte. Tatsächlich kann man weder in den schriftlichen Quellen noch in der Mythendeutung Hinweise auf ein vorgeschichtliches Matriarchat finden. Was bei oberflächlicher Beobachtung wie Frauenherrschaft aussehen mag, stellt sich fast stets – so zum Beispiel in bestimmten Phasen der altägyptischen Entwicklung – als Patriarchat mit uxorialer Herrscherfolge heraus.

Ausbeutung ist keine geschlechtsspezifische Kategorie. Der Anfang des Patriarchats hing mit der männlichen Erfindung des Pflugs zusammen, der produktiver als die von Frauen erfundene Hacke war. Aber der Pflug hätte genausogut von der Frau erfunden werden können. Es gibt zwar logische Gründe, weshalb viehzüchtende Nomaden meist patrilineare, patrilokale Deszendenzsysteme entwickeln und dadurch den Mann und Vater begünstigen. Aber es gibt keinen logischen Grund, weshalb der Ackerbau patriarchalisch sein muß. Im Gegenteil, die

Landwirtschaft ist nachweislich eine weibliche Erfindung und hat in der From des Hackbaus auch jahrtausendelang das weibliche Geschlecht und die Abstammung in mütterlicher Linie begünstigt. Sobald aber die unheilige Trias von mehrwerterzeugender Produktion, Klassengesellschaft und Privateigentum an den Produktionsmitteln entsteht, wird das beherrschte Geschlecht genauso ausgebeutet, verachtet und unterdrückt wie die beherrschte Klasse. Ob das herrschende Geschlecht dabei aus Männern oder Frauen besteht, ist rein zufällig. In beiden Fällen kann die Ausbeutung des einen durch den anderen erst dadurch aufgehoben werden, daß die Produktionsmittel vergesellschaftet werden und damit der Stimulus zur Ausbeutung der einen Klasse durch die andere ebenso fortfällt wie der zur Ausbeutung des einen Geschlechts durch das andere.

Selbst die Sozialisierung der Produktionsmittel bietet aber keine Garantie der E.. Eine sozialistische Gesellschaft stellt zwar gegenüber der kapitalistischen einen beachtlichen Fortschritt dar, vor allem was Gleichberechtigung im Gesetz, am Arbeitsplatz und im Lohnsystem anbelangt. Aber solange die Kleinfamilie mit ihrer auch durch Kindergärten, Kommunalküchen und sozialistische Internate kaum aufzuhebenden Doppelbelastung der Frau weiterbesteht, bleibt noch viel zu tun. Erst die Abschaffung der Kleinfamilie, die Auflösung des nuklearen Haushalts einer einzigen Frau mit ihrem Mann und ihren Kindern, kann die E. weiterführen. Solche grundsätzlichen Metamorphosen des Zusammenlebens, die selbstverständlich auch grundsätzliche Verwandlungen des Geschlechtsverkehrs und der Reproduktionsformen mit sich bringen, sind von der Natur der Sache her erst in einer klassenlosen Gesellschaft möglich.

Klassenlose Gesellschaftsordnungen gibt es aber noch nicht. In den heutigen sozialistischen Gesellschaften erschmuggelt sich der Mann, genau wie in den kapitalistischen, in jeder Generation von neuem einen Bildungsvorsprung und einen Machtzuwachs, indem er die Zeit, die seiner Frau durch das Gebären verlorengeht, für sein eigenes Fortkommen ausnutzt. Das braucht aber nicht immer so zu bleiben. Bis vor kurzer Zeit galt es ja auch als unüberwindbares weibliches Handikap, daß die Frau das Kind stillen mußte. Aus dieser einst »organischen«, »biologischen« Notwendigkeit ist die Illusion entstanden, daß nur die Mutter das Kleinkind nähren könne und daß die ganze Erziehung des Kleinkindes deshalb ausschließlich Sache der Mutter sei. Heute kann auch der Vater das Kind nähren. Was gestern noch als untrennbares

Teil der »Mütterlichkeit« galt, hat sich also als Sache der Technologie herausgestellt. Ähnlich mag es eines Tages auch mit dem Gebären gehen, meint die Frauenbewegung.

Im Laufe der langen menschlichen Geschichte sind jene patriarchalischen Zwillingsideale, der möglichst männliche Mann und die möglichst weibliche Frau, stets nur von solchen Gesellschaftsordnungen angestrebt worden, die auch eine möglichst uneingeschränkte Herrschaft der einen Klasse über die andere angestrebt haben. Sollten wir je eine klassenlose Gesellschaft erreichen, so ist es wahrscheinlich, daß sie auch eine sein wird, in der die Geschlechter einander nicht mehr zu dominieren suchen werden.

Deshalb werden sie einander nicht nur psychisch, sondern auch physisch im Laufe der Jahrtausende zu ähneln beginnen. Schon heute ist klar, daß geschlechtliche Beziehungen zwischen einer psychisch »männlichen« Frau und einem psychisch »weiblichen« Manne zufriedenstellender sind als zwischen einem sehr »männlichen« Mann und einer sehr »weiblichen« Frau. Und dies aus dem simplen Grunde, daß nur derjenige, der sich dank seiner psychosexuellen Anlage in den anderen zu versetzen vermag, dessen Wünsche antizipieren und befriedigen kann.

Diese Befriedigung ist heute sehr selten geworden, weil die patriarchalische Gesellschaft sich wie ein schlechter Vater benimmt: sie behandelt ihre Bürger, wie ein solcher Vater seine Kinder behandelt. Sie fordert Leistungen, belohnt sie mit Geld, bestraft Widerstand oder Leistungsmangel mit schmerzhaften Auflagen, bedroht mangelnden Gehorsam mit Liebesentzug, verstößt oder enterbt den Bürger, wenn er sich nicht fügt. Es ist ein neurotisches und neurotisierendes System, das sich nur mit neurotischen Maßnahmen an der Macht halten kann.

Man vergleiche das mit den mutterrechtlichen Gesellschaftsordnungen, die sich wie gute Mütter verhalten. Denn sie behandeln ihre Mitglieder, wie eine gute Mutter ihre Kinder behandelt: jedes Kind mit gleicher Liebe, einerlei ob es viel oder wenig »leistet«, einerlei ob es sich unterordnet oder seinen eigenen Weg geht. Als gute Mutter unterstützt eine matristische Kultur alles, was der Entfaltung ihrer Kinder dient, die Fähigkeiten der Kinder weiter entwickelt, ihre Bedürfnisse befriedigt: »Jeder nach seinen Fähigkeiten, jedem nach seinen Bedürfnissen.« Das ist die klassenlose Gesellschaft, wie Marx sie sich vorgestellt hat. Das ist aber auch das, was jede gute Mutter sowieso tut. Deshalb werden die klassenlosen Gesellschaften der Zukunft vor allem *mütterliche*

Gesellschaften sein.

Da es nicht undenkbar ist, daß das Monopol des Gebärens, genau wie jedes andere Monopol, im Laufe der Jahrtausende in solchen Gesellschaftsordnungen von selbst verschwinden wird, könnten Männer dann zum erstenmal in der menschlichen Geschichte auch eine eigene Mütterlichkeit entwickeln. Das ist eine durchaus positive Utopie, denn die Alternative ist jener entsetzliche »Kampf der Geschlechter«, den das Patriarchat als »naturgegeben« und »unabänderlich« betrachtet. Geht er weiter, so zerstört er unsere Gattung. Entweder befreien wir uns von der Tyrannei der Klassen und damit gleichzeitig von der der Geschlechter oder wir fallen zurück in die tierische Vergangenheit, aus der wir gekommen sind. Der klassenlosen Gesellschaft der Zukunft entspricht die geschlechtslose Zukunft unserer Spezies. Die eine ist nicht ohne die andere erzielbar.

EMANZIPATION DES MANNES. Da der Begriff »Emanzipation« sich ursprünglich nur auf Männer bezog, nämlich auf die Befreiung des Sohnes aus der → patria potestas, der Macht des römischen Vaters, ist der von der heutigen → Frauenbewegung oft als »absurd« bezeichnete Begriff der Männeremanzipation weitaus älter als die relativ neue Bedeutung des Wortes E. im Vokabular der Feministinnen. Der Gedanke der E. d. M. ist vor allem von Männergruppen entwickelt worden, die in selbsterkenntnis- und sensitivitätsfördernden Tätigkeiten versucht haben, die patriarchalischen Klischees des männlichen Rollenverhaltens abzustreifen: Härte, Aggressivität, Leistung, Karriere, Geldverdienen, Frauenvernaschen u. s. w.

Die Männergruppen haben argumentiert, daß beide Geschlechter nur dann aus dem Käfig des Patriarchats ausbrechen können, wenn sie Beweise zur Hand haben, daß es vorpatriarchalische Gesellschaftsordnungen gegeben hat, und nichtpatriarchalische auch heute noch gibt. Nur wenn beide Geschlechter durch historisches Studium gelernt haben, was sie waren, ehe das Patriarchat sie gegeneinander ausspielte, die einem zum »starken«, die anderen zum »schwachen« Geschlecht degradierend, können sie sich selbst und einander verstehen lernen. Kein Geschlecht kann sich befreien, ohne das andere dadurch freizusetzen. Was die Frau im bürgerlichen Patriarchat zum unterdrückten Geschlecht gemacht hat, ist auch das, was den Mann dort zum Unterdrücker macht. Nur wer die Unterdrückung als solche beseitigt, setzt die Geschlechter frei. Innerhalb des Patriarchats kann der Mann sich ebensowenig emanzipieren wie die Frau. Er kann sich nur aus dem Patriarchat *heraus* emanzipieren, und das kann er nur tun, indem er es zusammen mit der Frau – vielleicht nur im *Gefolge* der Frau – zerschlägt. Denn die Führung im Kampf gegen eine sterbende, aber eben deshalb um so agressivere Gesellschaftsordnung obliegt stets denen, die am meisten unter ihr leiden und gelitten haben – und das sind heute die Frauen.

FRAUENEMANZIPATION IM ALTEN HELLAS. Die Emanzipation der griechischen Frau war das Produkt des Krieges. Je häufiger und je länger die Kriege wurden, desto mehr oblag es der daheimgebliebenen Frau, den Staat zu führen. Wenn die Männer dann zurückkamen, war es nicht immer leicht, die Frau in die häusliche Isolation zurückzutreiben. Eine der frühesten Formen der Emanzipation bot das Gewerbe der Wirtshausbesitzerin, das aber für eine Frau der herrschenden Klasse undenkbar war, da die Schankwirtin als eine Art Kupplerin galt – und dies nicht ohne Grund: Die meisten Kellnerinnen waren Sklaven oder Fremde und mußten, wenn sie je hoffen wollten, ein Minimum an Unabhängigkeit zu gewinnen, mit den Gästen zu Bett gehen. Der Versuch geistiger Emanzipation war dagegen ohne ökonomische Basis von Anfang an zum Scheitern verurteilt. Trotzdem wurde er jahrhundertelang immer wieder von tapferen Frauen unternommen.

Die ersten wirklich bedeutenden Versuche dieser Art begannen Ende des 6. Jahrhunderts, als Arignote, die Tochter des Philosophen Pythagoras (580 bis 500), dessen Schülerin Theano und deren Tochter Myia sich als Philosophinnen einen Namen zu machen suchten. Trotz der ungewöhnlich hohen Intelligenz aller drei Frauen scheiterte der Versuch, weil er verfrüht war. Es ist ein Stück echter Tragik, die stolze Theano am Ende ihres Lebens auf die Frage nach der Funktion der Frau mit einem Zitat aus der *Ilias* antworten zu hören: »Daß sie den Webstuhl besorge und im Bett sich fleißig betätige« (I, 31).

Die Suche der Griechin nach ihrer Identität in einem von Männern beherrschten Hellas hat gewisse Ähnlichkeiten mit der heutigen Identitätskrise des vom Kolonialismus befreiten Mannes in einer von europäischen Wertmaßstäben regierten Welt. Was nützt ihm seine nominelle Freiheit, wenn alle Alternativen, sie zu realisieren, aus der Denkwelt der ehemaligen Kolonialherren stammen? Sein Über-Ich ist so unwiderruflich vom Kolonialismus geprägt worden, daß er sich selbst als freier Mann noch so benimmt, als sei er unfrei. Das Beste, was die Griechin des 6. Jahrhunderts erhoffen konnte, war dies: Es dem Manne gleichzutun und ihn vielleicht sogar dabei zu übertreffen. Was daraus entstand, war aber nicht Freiheit, sondern Nachahmung: statt einer selbständigen Frau, die Imitation eines Mannes. Indem Arignote, Theano und Myia eine Ausdehnung der Männerrechte auf die Frau verlangten, anerkannten sie die Rechtlichkeit der Männerwelt. Will die Frau aber jemals sich selber finden, darf sie die Welt des Mannes weder imitieren noch verbessern: sie muß sie statt dessen zerschlagen. Erst mit der Vernichtung der männlichen Wertmaßstäbe kann die Frau hoffen, ihre eigenen Werte zu finden. Aber für eine solche Überlegung war es zu früh in der Geschichte.

In welch traurigem Maße die griechische Frau der klassischen Zeit das Bild akzeptierte, das sich der Mann von ihr gemacht hatte, zeigt auch der Ausspruch der Lysistrata: »Ich bin zwar nur ein Weib, doch ist Verstand in mir« (Arist. *Lysist.* 1124). Nur! Wenn man bedenkt, daß hier die emanzipierteste, die mutigste Frau in allen Stücken des Aristophanes zitiert wird, muß man sich nicht wundern, daß andere Frauen nicht einmal an die Möglichkeit einer weiblichen Intelligenz glaubten. Man hatte die Frauen so lange und so völlig von jeder Erziehung ausgeschlossen; man hatte ihnen so oft und so intensiv suggeriert, daß sie töricht seien; man hatte die angebliche Torheit der Frau so eindeutig als ererbt und unüberwindlich dargestellt, daß die Frauen selber an ihre Dummheit wie an eine Erbsünde zu glauben begonnen hatten.

Es ist das unschätzbare Verdienst der Hetären, daß sie aus dieser Sackgasse herausbrachen, indem sie sich weigerten, die vermeintliche Schranke zu akzeptieren. Das war allerdings einfacher für sie als für die Ehefrauen. Denn obgleich sowohl Gattin wie Hetäre von der finanziellen Gunst des Mannes abhängig waren, lag der Unterschied doch darin, daß die Ehefrau unwiderruflich an einen einzigen Mann gebunden war, während die Hetäre, wenn ein Mann ihrer müde wurde, sich meist einem anderen zuwenden konnte. Und da sie in der Bereitschaft des Mannes, für ihre Reize zu zahlen, den täglichen Beweis der Dummheit des Mannes und der Überlegenheit der Frau vor Augen hatte, war es schwer, sie von der Dummheit der Frau und der Überlegenheit des Mannes zu überzeugen. So geschah es also, daß der erste Durchbruch der weiblichen Emanzipation bei den klügeren Hetären erfolgte.

Um 450 v. u. Z. kam Aspasia nach Athen und begann dort einen ganz ungewöhnlichen Einfluß auf die führenden Männer des Stadtstaats auszuüben. Perikles verließ seine erste Frau, heiratete Aspasia und zeugte mit ihr seinen Sohn Perikles den Jüngeren, den er später – im Widerspruch zu dem von ihm selber veranlaßten Adoptionsgesetz – legitimieren ließ. Von seinen politischen Gegnern wurde Aspasia als »Hetäre« angegriffen und wegen »Gottlosigkeit« und »Verführung freier Frauen zur Unzucht« vor Gericht gestellt. Mittlerweile hatte sie jedoch Sokrates kennengelernt und ihn mit ihrer außerordentlichen Intelligenz so beeindruckt, daß seine Fürsprache ihre Freilassung erwirkte. Prompt behaupteten ihre Gegner, daß sie auch mit ihm geschlafen und ihm seine frauenrechtlichen Ideen im Bett suggeriert habe. Andere sagten jedoch, daß Sokrates überhaupt erst unter Aspasias Einfluß zum Philosophen geworden sei. Jedenfalls hat sowohl das Leben wie das Denken der Aspasia die ganze athenische Philosophie des 5. Jahrhunderts maßgeblich beeinflußt.

Wir sehen das am deutlichsten im Werk des Sokrates-Schülers und Gründers der kynischen Schule, Antisthenes (455 bis 360), der für die Gleichberechtigung der Geschlechter eintrat. Platon konnte ihm hier, trotz seiner Bewunderung der Aspasia, nur in sehr begrenztem Maße folgen. Im *Staat* forderte er als Preis für die Gleichberechtigung der Frau in der Führungsschicht (auf anderen Ebenen konnte er sich eine Gleichberechtigung nicht vorstellen) die Frauengemeinschaft. Später, in den *Gesetzen,* ließ er beide Forderungen als über das Menschenmögliche hinausgehend fallen. Andererseits ist es bei dem ausgesprochen männerrechtlichen, stets vom Päderastischen her beeinflußten Denken Platons her sehr beachtlich, daß er im *Symposion* die bedeutendsten Gedanken der Diotima in den Mund legt. Daß die Diotima ein Spiegelbild der Aspasia ist, kann kaum jemand bezweifeln, der mit der Geschichte jener Jahre vertraut ist.

Auch das Denken des nächsten Jahrhunderts wurde ungewöhnlich stark von dem Durchbruch einiger weniger Frauen zu einem begrenzten Maß an Emanzipation und Respekt bestimmt. Da waren die fünf gelehrten Töchter des Sokrates-Schülers Diodoros Kronos – Menexene, Argaia, Theognis, Artemisia und Pantakleia –, denen Philon, der Lehrer des kyrenaischen Philosophen Karneades, eine eigene Untersuchung gewidmet hat. Da war Arete, die Tochter des Aristippos, des Begründers der kyrenaischen Schule, dessen sensualistisch-hedonistische Lehre sie an ihren Sohn Aristippos den Jüngeren weitergab. Man nannte ihn deshalb *ho metrodidaktos,* »den von der Mutter Unterwiesenen«. Da waren Platons Schülerinnen Lastheneia aus Arkadien und Axiothea aus Phleius, die Männerkleidung trugen, wenn sie bei Platon und seinem Schüler Speusippos Philosophie hörten. Um die Jahrhundertwende tauchten dann Hipparchia und Leontion auf.

Über das frühe Leben der Hetäre Leontion wissen wir wenig. Wahrscheinlich war sie keine gebürtige Athenerin, sondern eine Sklavin, die sich freigekauft hatte. Um 300 lernte sie den Philosophen Epikurus (341–270) kennen, dessen Kreis auch Frauen offenstand. Sie beeindruckte alle nicht nur durch ihre Schönheit, sondern auch durch ihre hervorragende Intelligenz. Ihre Streitschrift gegen den Aristoteles-Schüler Theophrast stellte eine Sensation dar. Daß eine Hetäre so klug war, so gut schreiben konnte und so wenig Respekt vor dem Ruf männlicher Philosophen hatte, führte zu dem athenischen Ausspruch: »Da möchte man sich einen Baum zum Hängen suchen!« Sie wurde die Geliebte Epikurs und nach seinem Tode die Nebenfrau seines Schülers Metrodoros.

Hipparchia kam aus Maroneia in Thrakien. Ihr Bruder Metrokles erzählte ihr so begeistert von seinem Lehrer, dem Kyniker Krates aus Theben, daß sie sich umzubringen drohte, wenn er sie nicht Krates vorstellte. Er tat es, und sie wurde Krates' Frau, machte wie er vollen Ernst mit der kynischen Lehre und teilte sein Wanderleben in freiwilliger Armut. Daß eine Frau aus vornehmem Hause so provokant die Konvention ihres Zeitalters sprengte, verletzte damaliges Empfinden aufs äußerste. Hipparchia verteidigte ihre Haltung in brillanten Apophthegmen. Damit war zumindest der Präzedenzfall der emanzipierten Frau geschaffen.

Nur der, der den jahrhundertelangen, zielbewußten Versuch der patristischen Sozialordnung Griechenlands, den Frauen jedwede Erziehung vorzuenthalten, in den griechischen Texten verfolgt hat, kann die Bedeutung dieses Falls ermessen. Er hat zweifellos auch das Denken anderer philosophischer Schulen beeinflußt, so das der Epikureer, die daraufhin auch Frauen den Zutritt zu ihren Zirkeln gewährten (man denke an die Philosophin Themisto aus Lampsakos) und das der Stoa, die daraufhin wenigstens in der Theorie die natürliche Gleichheit der Geschlechter akzeptierte. Vor allem Chrysippos, der bedeutendste Vertreter der von Zenon gegründeten stoischen Lehre, setzte sich für frauenrechtliche Belange ein. Noch weiter ging Plutarch (etwa 46 bis 120) in seinem Plädoyer für die Gleichberechtigung der Frau. Hier sprachen aber zweifellos schon römische, nicht mehr ausschließlich griechische Erfahrungen mit.

Ivo Bruns hat die These vertreten, in Athen habe es im letzten Drittel des 5. Jahrhunderts v. Chr. eine volkstümliche Bewegung zur Emanzipation der Frau gegeben. Die neuen Gedanken seien von Frauen verfochten worden, von Ausländerinnen und von Hetären, wobei er allgemein auf die ionischen Kultureinflüsse und besonders auf Aspasia hinwies, die als Gattin des Perikles eine einflußreiche Stellung besaß. Zu den »extremen Forderungen« dieser antiken Suffragettenbewegung habe die Zulassung zu den Staatsämtern und zum Kriegsdienst gehört – Ansprüche, die man durch die Attacken des Aristophanes auf solche Frauenforderungen klar erkennen könne. Einige der bedeutendsten Altertumsforscher, unter ihnen sogar der sonst so weltoffene Joseph Vogt, haben diese Theorie als absurd zurückgewiesen. Und doch scheint sie etwas Richtiges zu enthalten. Der Einfluß, den Aspasia auf das intellektuelle Leben Athens ausgeübt hat, ist nicht nur durch die Prozesse gegen sie selbst, sondern auch gegen Perikles und seine Freunde ersichtlich. Hätte die männerrechtliche Gesellschaft Athens die Argumente der Aspasia und ihrer Freunde nicht bitter ernst genommen, so hätte man sich die Prozesse gegen so wichtige Männer wie Perikles, Anaxagoras und Pheidias erspart.

Daß die Anklage der Unterschlagung öffentlicher Gelder nur ein Vorwand war, um die Reformen des Perikles zu zerstören oder zumindest aufzuhalten, bedarf heute kaum noch einer Hervorhebung. Es kann kein Zufall sein, daß Kleon, der Ankläger des Perikles, zur konservativsten Gruppe des athenischen Kleinbürgertums gehörte, und daß sein Antifeminismus sprichwörtlich war. Die Erfahrungen des langen Krieges gegen Sparta hatte die konservativen Neigungen der Athener bestärkt. Vogt meint, die Trauerrede des Perikles auf die Gefallenen des Krieges bewiese, daß er mit den emanzipatorischen Ideen der Aspasia nicht übereingestimmt oder daß es überhaupt keine solchen Bestrebungen im perikleischen Athen gegeben habe. Aber man kann auch argumentieren, daß der Konservativismus dieser Rede nur die Atmosphäre des Krieges und das bekannt kluge Taktieren dieses Staatsmannes beweist. Nach Thukydides (II, 45, 2) soll Perikles gesagt haben: »Wenn ich auch das Verdienst der Frauen, die nun Witwen geworden sind, erwähnen soll, so will ich in einer kurzen Ermahnung alles sagen: Groß ist euer Ruhm, wenn ihr nicht schwächer seid als eure Natur, und wenn über euch, im Lob und im Tadel, bei Männern am wenigsten die Rede ist.« Konservativ, ja. Vielleicht sogar reaktionär. Aber als Gegenbeweis gegen eine emanzipatorische Bewegung kaum zu verwenden.

Nirgends wird der Konflikt zwischen dem traditionellen Patrismus des athenischen Bürgertums und den neuen, emanzipatorischen Ideen des ausgehenden 5. Jahrhunderts v. u. Z. deutlicher als im Werk des Sokrates. Gerade weil sein Frauenhaß stadtbekannt war und die traditionelle Position der vaterrechtlichen Gesellschaft sein Werk in allen grundsätzlichen Zügen geprägt hat, sind die Abweichungen von seiner persönlichen Situation als Päderast und Ehemann der Xanthippe besonders eindrucksvoll. Vogt sagt, man könne im Werk des Sokrates »eine unerhört kühne Behandlung der Frauenfrage feststellen. In großartigen Gedankenspielen sind Lösungen gesucht worden, die auch die Philosophie und Dichtung der folgenden Zeit beschäftigt und in einem gewissen Ausmaß das praktische Verhalten späterer Geschlechter bestimmt haben.« Das ist wahr, aber es hatte Gründe, die Vogt als bürgerlicher Geschichtswissenschaftler nicht erwähnt oder zumindest nicht für erwähnenswert hält.

Sokrates lebte von 469 bis 399. Er war 38 Jahre alt, als der Peloponnesische Krieg ausbrach, die schwerste Krise der klassischen Zeit, die sowohl Sparta wie Athen zu zerfleischen drohte. Als der Krieg im Jahre 404 endete, war Sokrates 65 Jahre alt. Fünf Jahre später starb er. Da die Männer auf beiden Seiten jahrelang im Feld gestanden hatten, mußten die Frauen Tätigkeiten ausüben, die ihnen bis dahin verschlossen gewesen waren. Dies gab ihnen eine Sicherheit, die sie bisher nicht besessen hatten, und zwang selbst Frauenfeinde wie Sokrates zum Durchdenken der These von der angeborenen Minderwertigkeit der Frau. Bald nach Sokrates' Tod, als der Schatten des Krieges und die Erinnerung an die Taten der Frauen in Vergessenheit geraten waren, versuchten die Männer prompt, die neu gewonnenen Freiheiten der Frauen einzuschränken, indem sie einen Magistrat ernannten, der sich ausschließlich um die Verhinderung der »Auswüchse« weiblicher Freiheit zu kümmern hatte: die Gynaikonomen oder Frauenaufseher.

Aber all das half nichts. Gegen Mitte des vierten Jahrhunderts verkündete Demosthenes, daß die schönsten menschlichen Wesen Frauen seien – ein Gedanke, der den Männern des klassischen Athen geradezu absurd vorgekommen wäre. In dem folgenden Jahrhundert begannen die Frauen, wie wir besonders aus der Neuen Komödie erfahren, mehr und mehr von den Rechten zurückzugewinnen, die sie einst besessen hatten. Dies fand seinen Höhepunkt zur Zeit Alexanders des Großen und seiner Erben, zur Zeit des sogenannten Hellenismus, in der Knaben und Mädchen zum erstenmal gemeinsam zur Schule gingen. Theophrastos berichtet, daß in vielen Teilen Griechenlands Schönheitswettbewerbe für Mädchen stattfanden. Frauen traten als Philosophinnen, Musikerinnen und Künstlerinnen auf. Harfenistinnen gaben Konzerte. Die Dichterin Korinna lebte und arbeitete in diesen Jahren in Boiotien. Andere Frauen studierten bei den Philosophen des Hellenismus. Zwar wurden die Frauen der bürgerlichen Gesellschaft noch immer nicht zu den Festen der Männer eingeladen, aber sie konnten unbegleitet auf der Straße gehen und Männer treffen, mit denen sie nicht verwandt waren. Gewisse Höflichkeitsgesten, zum Beispiel der Handkuß, wurden in dieser Zeit eingeführt.

All dies hatte gute Gründe. Die hellenistische Zeit war gekennzeichnet durch den Zerfall des *oikos,* des Familienverbandes, der einst die Sippenordnung zerschlagen hatte und nun seinerseits unter dem Einfluß gewaltiger ökonomischer Veränderungen, vor allem eines drastischen Fortschritts in fast allen Produktionstechniken, zusammenbrach. Die hellenistische Zeit wurde deshalb von einem Individualisierungsprozeß bestimmt, der auch die Frau erfaßte. Größere Bewegungsfreiheit, bessere Erziehung, vor allem aber die erste Einschleusung von Frauen in den Produktionsprozeß kennzeichneten dieses Jahrhundert. Politische Rechte aber erhielt die Frau immer noch nicht.

FRAUENEMANZIPATION IM ALTEN ROM. Es gibt nur eine Form der Emanzipation: die Auflösung der Geschlechtsunterschiede und ihrer sozialen Auswirkungen. Oder, um es soziologisch auszudrücken: die Auflösung der Klassen und ihrer sexuellen Auswirkungen. Von diesem strikten Standpunkt aus betrachtet gab es keine Frauenemanzipation in der gesamten Geschichte des römischen Patriarchats. Aber es gab gerade innerhalb der herrschenden Klasse eine beachtliche Bewegung gegen die Herrschaft des Mannes, und obgleich wir sie kaum als echte Emanzipation beschreiben können, wäre es doch ungerecht, sie zu übergehen, als ob nichts geschehen wäre, um das Los der römischen Frau zu verbessern.

Da die Römerin, selbst die der herrschenden Klasse, weder soziale noch politische Mittel des Protests besaß, protestierte sie mit dem einzigen Mittel, das ihr zur Verfügung stand: mit ihrem Körper. Gerade das, was die Männer so emsig zu verhindern suchten – Ehebruch – wurde damit zum Werkzeug der Frauenemanzipation, und dies zu einer Zeit, in der die meisten Frauen bereits die Hoffnung aufgegeben hatten, jemals wieder zur Macht zu kommen.

Man betrachtet diese von beiden Geschlechtern unerwartete und für beide gleicherweise überraschende Entwicklung am besten in zwei Stufen: Erstens als Geschichte der systematischen Entmachtung der Frau durch den Mann; zweitens als neuerlichen Machtgewinn der Frau, der aber mehr auf die Schwäche der männlichen Position als auf eine gezielte Machtergreifung der Frau zurückging. Er unterschied sich auch dadurch von einer echten revolutionären Bewegung, daß er sich nicht von unten nach oben, sondern in umgekehrter Richtung entwickelte. Das Verhältnis zwischen Mann und Frau spiegelte also das Verhältnis zwischen den Klassen wider, aber sozusagen seitenverkehrt: Je mehr den herrschenden Klassen Roms die Kontrolle über die Beherrschten entglitt, um so mehr entglitten auch dem Manne die Zügel, mit denen er die Frau zu lenken suchte.

In den Jahren der Republik, in denen das Patriarchat sich erfolgreich konsolidiert hatte, ging es der Frau am schlechtesten. In der Kaiserzeit, als die römische Gesellschaft unter dem Widerspruch zwischen immer unproduktiverer Sklavenökonomie und immer komplizierterem Verteilungsapparat zusammenzubrechen drohte, ging es zumindest den Patrizierfrauen besser. Aber dies nicht als Resultat gezielter emanzipatorischer Bestrebungen, sondern als Nebenprodukt übermäßiger Machtkonzentration in den Händen der Cäsaren: Die Frauen profitierten an den Widersprüchen innerhalb der herrschenden Klasse.

Alles deutet darauf hin, daß die Frauen der Kaiserzeit den Triumph des Patriarchats längst als endgültig anerkannt hatten. Die Position relativer Macht, die manche Frauen trotzdem erreicht hatten, war ihnen als Spaltprodukt beim Zerfall der staatlichen Organe zugefallen. Das hatte bei den Kaiserfamilien angefangen und sich über die herrschenden Sippen bis hinab ins Proletariat, ja bis in die untersten Reihen der Sklaven verbreitet. Es war nicht dadurch geschehen, daß die Gesetze maßgeblich reformiert worden wären, sondern dadurch, daß einzelne Frauen, nachdem sie sich durch die Macht ihres Bettes emanzipiert hatten, das ganze Rechtssystem ignorierten. Es ist eines der von der Rechtswissenschaft am besten gehüteten Geheimnisse, daß das Römische Recht seine hochgepriesene Perfektion nur dadurch erzielte, daß es nicht klappte. Der römische Gesetzgeber sah sich täglich mit neuen Gesetzesverletzungen konfrontiert und mußte deshalb stetig neue Gesetze erdenken, um die Löcher der alten Gesetze zu stopfen. Aber je umfassender die Zielsetzung des Rechtssystems wurde, desto öfter wurden die einzelnen Gesetze übertreten, so daß das berühmte Römische Recht dem Bürger Roms am Ende nichts mehr bedeutete und von niemandem mehr ernst genommen wurde.

Dies ist das Paradox aller patriarchalischen Systeme. Und wie es stets in solchen Systemen zugeht, erwarb auch in Rom die Frau um so größeren sexuellen Einfluß, je mehr man ihren rechtlichen Einfluß zu beschränken suchte. Ovid sagt:

Runzelt der Herr auch die Stirn,
Verzieht er auch drohend die Mine,
Tut er am Ende ja doch,
Was die Gebieterin will.

Natürlich überlebten auch einige wenige Sitten aus der Zeit des Mutterrechts, und diese untermauerten die neugewonnene Stärke der Römerin. So wurde die Ehefrau, selbst in den Zeiten der Republik, von allen Familienmitgliedern, also auch von ihrem Gatten, *domina* (Herrin) genannt. Männer machten der Frau überall Platz. Sie anzurühren war nicht einmal vor Gericht erlaubt. Auf dem Quirinal, jenem alten Heiligtum der sabinischen Muttergöttin, befand sich nach wie vor das Versammlungslokal der Frauenkorporation, die alle Fragen der Etikette des Imperiums zu regeln hatte. Auf dem Forum stand der Tempel der Staatsgottheit, die ebenfalls eine alte Muttergöttin war: Vesta. Ihr Kult stammte aus Lavinium, jenem Ort, der durch die ganze Geschichte des Römischen Reiches hindurch ein mutterrechtliches Heiligtum blieb. Hierhin pilgerten die Konsuln, Prätoren und Diktatoren nach ihrem Amtsantritt, um der Feuergöttin ihr Opfer zu bringen. Das Schicksal Roms hing von der Durchführung dieses Mutterkultes ab. Die Priesterinnen der Vesta (einen männlichen Priester gab es nicht) mußten das heilige Feuer hüten. Erlosch es jemals, so galt Rom als verloren. Die Vestalinnen waren selbst zur Zeit des Tiefpunkts der Frauenrechte von der Vormundschaft befreit, hatten juristische Handelsfreiheit und konnten vor Gericht zeugen, ohne einen Eid ablegen zu müssen. So hielt also zumindest *eine* Gruppe römischer Frauen den vorpatriarchalischen Status der Frau aufrecht.

Die Stellung der Obervestalin war eine durchaus weltliche. Männer, die auf Beförderung hofften, wandten sich zuerst an sie, um ihren politischen Einfluß für sich zu gewinnen. Das erkennen wir aus den Statuen, die von solchen Männern zu ihren Ehren errichtet worden sind. Auf der einen dankt ihr der Stifter für die Erhebung in den Ritterstand, auf der anderen für ein Kohortentribunat, für die Überspringung eines Dienstgrades, für militärische Beförderung oder für eine Empfehlung an die Direktion der kaiserlichen Bibliotheken. Die politische Emanzipation der Römerin begann also mit der Macht der Obervestalin. Oder, genauer formuliert, das Bindeglied zwischen der Mutterreligion des alten

Matriarchats und der weltlichen Emanzipation der Frau im Zeitalter des Zerfalls des römischen Männerrechts war die Vesta-Priesterin.

Wie aber wurde die Kontinuität der weiblichen Macht inmitten eines nominellen Regimes der Männer erhalten? Wieder einmal durch ein Paradox: Da die Männer sich der vaterrechtlichsten aller vaterrechtlichen Aktivitäten widmeten, dem Krieg, fiel die Staatslast den Frauen zu. Während der Latinerkriege (498–493 und 340–338), des Gallierkriegs (390–387), der drei Samnitenkriege (343–341, 326–304, 298–290), der Keltenkämpfe (285–282), des Krieges mit Tarent (282–272) und vor allem der beiden Punischen Kriege (264–241, 218–201) waren fast alle wehrhaften Männer im Ausland. Wohl oder übel mußten die Frauen die Staatsmacht übernehmen, und das verschaffte ihnen nicht nur neues Selbstvertrauen, sondern auch neue Erfahrung mit dem Rechtsverkehr, der Verwaltung und der Ökonomie des Patriarchats.

Durch Verwüstung der Länder im Süden verödete der Krieg das einstige Bauernland. Die Bauern wanderten also nordwärts und marschierten in die Stadt ein. Mittlerweile rückten Sklaven nach, weil die Großgrundbesitzer die von ihnen aufgekauften Bauernhöfe nur mit Sklavenarbeit erhalten konnten. Durch weiteren Einsatz von Sklaven entstand in Rom die erste Kriegsindustrie in der Geschichte des Westens. Diese Industrie erforderte Kapital, und damit wurde Rom zum Zentrum des Geldhandels. Eine neue, auf Bankwirtschaft aufgebaute Klasse bildete sich, die der alten Aristokratie den Vorrang im Staate streitig zu machen begann. An all diesen Entwicklungen nahmen die Frauen in Abwesenheit ihrer Männer teil, anfangs widerwillig, später mit bemerkenswerter Anpassungsfähigkeit und einem Fleiß, den die Männer ihnen nicht zugetraut hatten.

Es waren also wirtschaftliche Ursachen, die zum Ende der absoluten Herrschaft des Mannes führten. Fast alle römischen Historiker und Schriftsteller bezeichnen das Ende des zweiten Punischen Krieges als Wendepunkt in der Geschichte des Patriarchats. Die Provinzstadt war zum Weltreich geworden, das Binnenland zur Seemacht, der karge Bauernstaat zum wichtigsten Einfuhrgebiet orientalischer Luxusartikel. Livius schrieb: »Der ausländische Luxus wurde von dem aus Asien zurückkehrenden Heer eingeführt« (XXXIX, 6). Das würde bedeuten: um 186 vor unserer Zeitrechnung. Von diesem Zeitpunkt an bis zum Ende des Kaiserreichs können wir einen stetigen Machtzuwachs der Frau beobachten. Nominell bestanden die alten Beschränkungen des weiblichen Eigentums auch nach dem Ende der Punischen Kriege weiter, in der Praxis aber hatten die Frauen der Reichen mittlerweile so viel eigenen Besitz angehäuft, daß der Staat beide Augen zudrückte und geschehen ließ, was geschehen war. Von nun an finden wir weibliche Großgrundbesitzer, weibliche Schiffsmakler, weibliche Bankiers, weibliche Fabrikbesitzer, weibliche Import- und Exportkaufleute. Zwar wurden die meisten dieser wohlhabenden, unabhängigen Frauen nach wie vor von einem Tutor oder Prokurator betreut, aber oft verstanden sie mehr vom Geschäft als ihr Berater und bedienten sich nur aus juristischen Gründen eines solchen »geschäftlichen Vormunds«.

Bald wurden Frauen, die drei oder mehr Kinder hatten, offiziell von der Tutorenpflicht entbunden. Im Kaiserreich waren die Damen der kaiserlichen Familie sowieso von dieser Pflicht frei, ob sie Kinder hatten oder nicht. Claudius beseitigte auch die Agnatentutel, eine Art Vormundschaft der Familie. Aber schon lange vorher war der Tutor wirkungslos geworden, weil die Frau ihn einfach entließ, wenn er nicht tat, was sie wollte. Der Jurist Caius sagte, niemand wisse mehr, wozu der Tutor eigentlich da sei. Aber auch die Frauen des Mittelstandes befreiten sich von dem Einfluß ihrer Ehemänner und nahmen Berufe auf. Sie wurden Sekretärinnen, Beamte, Ärzte, Friseusen, Kosmetikerinnen, Schneiderinnen; gegen Ende des Kaiserreichs gab es kaum noch einen Beruf, der nicht auch von Frauen ausgeübt wurde.

Im Bewußtsein ihres neuen rechtlichen Status, der aber nirgends offiziell im Gesetz verankert war, begannen die Frauen zu prozessieren. Carfania, die Frau eines Senators, hatte dermaßen viele Prozesse laufen und verhielt sich vor Gericht derart provokant, daß der Prätor schließlich die von Frauen angestrengten Prozesse einschränkte. Plinius, von Beruf Anwalt, führte viele Rechtsstreitigkeiten für weibliche Mandanten, und zwar gerade auf den Gebieten, auf denen Frauen nominell überhaupt keine Rechte besaßen – Erbschaften, Kapitalinvestitionen, Vormundschaften, Adoptionen.

So blieb eigentlich nur noch ein Schritt übrig, um die mühselig errichtete Struktur des Patriarchats zu zerschlagen: der Eintritt der Frau in die letzten Reservate des Mannes – die Politik und den Krieg. Im Jahre 195 vor unserer Zeitrechnung kam es zum ersten Eingriff der Frau in das Römische Staatswesen. Eine Gesetzesvorlage, die den Frauen vorschreiben wollte, was sie anziehen und wie viel sie ausgeben durften, wurde durch tägliche Frauendemonstrationen zu Fall gebracht. Nach Livius' Beschreibung zogen die rebellierenden Frauen Tag für Tag zum

Forum Romanum und forderten die Rücknahme des Gesetzes. So wurde die Regierung am Ende zur Kapitulation gezwungen, was Cato dazu veranlaßte, das Ende der Republik zu prophezeien: »Unsere Vorfahren wollten, daß die Frauen nicht einmal private Angelegenheiten ohne männlichen Vormund betreiben könnten, daß sie völlig in der Herrschaft ihrer Väter, Brüder und Gatten stehen sollten. Wir dagegen dulden, daß sie von der Republik Besitz ergreifen und sich sogar in die Volksversammlung einmischen... Laßt der meuterischen Bande ruhig die Zügel, dann werdet ihr schon sehen, ob sie der Aufruhr ihre eigenen Schranken setzt. Ich jedenfalls glaube nicht daran... Was die Frauen wirklich wollen, ist ja nicht Freiheit, sondern Zügellosigkeit, und dies in allen Dingen... Wenn sie aber einmal angefangen haben, uns gleich zu stehen, werden sie uns bald überlegen sein.«

Kann man die Befürchtungen, die Ängste, das Trauma des Mannes deutlicher ausdrücken? Wie immer sprach Cato, dieser Prototyp des Vaterrechtlers, dieses *Non plus ultra* des Patriarchats, auch hier offen aus, was andere nur zu denken wagten: »Wenn jeder von uns nach dem Beispiel der Vorfahren seine Frau nur fest in die Hand nähme, hätten wir mit dem ganzen Pack nicht auch noch öffentlichen Ärger. Aber so, wie es steht, wird die Freiheit, die wir zu Hause verloren haben, auch noch in aller Öffentlichkeit auf dem Forum von weiblicher Unverschämtheit in den Dreck gezerrt und mit Füßen getreten. Und weil wir nicht einmal der eigenen Frau standhalten können, fürchten wir auch alle anderen!« (Livius, *Römische Geschichte* XXXIV, 11 bis 111).

Der neue Typ der Frau, der in die Politik und sogar in das Militärwesen Roms eingriff, tritt uns vor allem in den Gattinnen der römischen Statthalter entgegen, die oft als aktive Offiziere im Heer kämpften – Plancia, Tochter des Gründers von Lyon, Munatius Plancus, Gemahlin des im Jahre 17 zum Statthalter von Syrien ernannten Cnaeus Piso; Cornelia, Gemahlin des Statthalters von Pannonion, Calvius Sabinus; Agrippina, Frau des Germanicus; aber auch in manchen Cäsarenfrauen – in Fulvia, der Frau des Antonius, in Livia Drusilla, der Gemahlin des Octavian, in der jüngeren Agrippina, der Mutter Neros, in Julia Domna, der Mutter des Caracalla, und in Julia Maesa, der Großmutter des Elagabal.

Als Agrippina einmal das Kommando über die römischen Truppen in Germanien ergriff, um ihren kranken Gatten zu entlasten, gelang es ihr zwar, den Feind erfolgreich in die Flucht zu schlagen, aber Tacitus schrieb: »Es war natürlich ganz neu und mit den Sitten unvereinbar, daß eine Frau vor dem Römischen Feldzeichen saß. Sie aber wollte als Mitinhaberin der von ihren Vorfahren geschaffenen Herrschaft gelten.« Fulvia galt als Urheberin des Perusinischen Krieges, der ausschlaggebend für die Laufbahn ihres Mannes war, und an dem sie aktiv als Offizier teilnahm.

Drei andere Frauen jener Jahre, die den neuen Typus der Emanzipierten verkörperten, waren Servilia, die Mutter des Cäsarenmörders Brutus, Sempronia, die Genossin des Catilina in seiner Verschwörung gegen den Senat, und Clodia, die Schwester des Volkstribunen Clodius Pulcher. Von der ersten und letzten wird später noch zu reden sein. Von der zweiten sagt Sallust: »Zu den Verschworenen gehörte Sempronia, die viele Beispiele männlicher Entschlossenheit gegeben hatte. Sie war durch Herkunft und äußere Erscheinung, durch Gatten und Kinder recht begünstigt. Sie verstand etwas von griechischer und römischer Literatur, aber... alles war ihr wertvoller als Schicklichkeit und Sittsamkeit. Ob sie weniger ihr Geld oder ihren guten Ruf schonte, konnte man nicht leicht feststellen... Sie hat oft ihr Wort gebrochen, Anvertrautes abgeleugnet, war Mitwisserin von Mordtaten...« Man liest aus der Wahl der Worte, wie Sallust zwischen Ärger und Bewunderung hin und her gerissen wurde; hier gab es offenbar ein neues Wesen, mit dem die Männer nicht fertigwurden.

Eine andere Frau reiste nach Afrika, um den dortigen Statthalter für die Opposition gegen Galba zu gewinnen. In Pompeji erschienen Frauennamen unter den Wahlaufrufen. Und all dies, ohne daß das Gesetz der Frau jemals ein Wahlrecht gegeben hätte. Frauenklubs und Frauenvereine bildeten sich nicht nur in Rom, sondern auch in Neapel, in Lanuvium, im römischen Ägypten. Ranges- und Stammesverhältnisse der Frauen wurden neu geregelt. Im jungen Kaiserreich wurde manchen Frauen der konsularische Rang verliehen, der ihnen Vorrang vor männlichen Präfekten gab. Elagabal ließ durch den *conventus matronarum,* den Frauenkonvent, alle Fragen des Rangs der Frauen regeln. So wurde die Frau der herrschenden Klasse zum Schmied ihres eigenen Schicksals.

Cornelius Nepos (100–25) stellt in der Vorrede zu seinen Biographien den Unterschied zwischen den griechischen und den römischen Frauen seiner Zeit zusammen. Während die Griechin im hinteren Teil des Hauses wohnte, stets überwacht wurde, ihren Mann niemals zu Gastmählern im Freundeshause begleitete und nur in Begleitung das Theater besuchen durfte, nahm der Römer seine Frau meist zu Gastmählern mit oder betrachtete sie als Gastgeberin, wenn er Freunde zu sich ins Haus einlud. Sie ging allein zum Schauspiel, bewegte sich frei in der Stadt beim Einkauf und lebte im vorderen Teil des Hauses, wo niemand ihr Kommen und Gehen überwachte. Was Cornelius Nepos bei diesem Vergleich allerdings verschweigt, ist die Tatsache, daß er bei beiden Völkern nur von den Frauen der Reichen spricht. Aber es waren tatsächlich die herrschenden Klassen Roms, bei denen die von Nepos beschriebene Emanzipation begann. Und wenn er sie beschreibt, so vergißt er uns nur mitzuteilen, wie neuartig selbst in Rom diese relative Freiheit der Frau war.

Nachdem sie ihre Bewegungsfreiheit errungen hatten, begannen diese Frauen der Reichen sich jenen intellektuellen Aktivitäten zuzuwenden, die bis dahin das Privileg der Männer gewesen waren: Kunst, Literatur, Rhetorik, Philosophie. Auf den Bildern römischer Maler finden wir vom Ende des zweiten Punischen Krieges an immer häufiger die Darstellung von Frauen beim Malen, Schreiben, Lesen und Debattieren. Nach Justinus wurde auch Bildhauerei von römischen Frauen betrieben. Vor allem aber finden wir von nun an eine beachtliche Anzahl von Autorinnen, angefangen mit Agrippina, der Mutter Neros, die ihre Memoiren schrieb und damit eine der schwersten Krisen des römischen Kaiserreichs auslöste.

Sulpicia, die Enkelin des Servius Sulpicius Rufus, war Lyrikerin. Die Frau des Dramatikers Varius wurde als Dichterin geschätzt. Perilla, Ovids Stieftochter, war eine Autorin von Format. Martial vergleicht die Dichterin Theophila, die Freundin des Canius Rufus, mit Sappho. Auf dem Memnonskoloß wird die Dichterin Cäcilia Trebulla in griechischen Versen gepriesen. Die Dichterin Julia Balbilla, eine Nachfahrin des Claudius Balbillus, war von senatorischem Stande. Eine ihr von der Stadt Tauromenium gewidmete Statue nennt sie »in Weisheit ausgezeichnet«. Der Kaiser Hadrian schätzte ihre Verse besonders.

Weniger tolerant war man den weiblichen Rednern und Philosophen gegenüber. So sagte man oft, die Frauen würden anmaßend und keck, wenn sie sich auf das Gebiet wagten, wo der scharfe, kritische Verstand zu regieren habe. Das beirrte aber nur wenige Frauen. Die von Martial als Dichterin gepriesene Theophila war in der epikureischen und stoischen Philosophie zu Hause und argumentierte so manchen Mann unter den Tisch. In einer dem Arzte Galen zugeschriebenen Schrift wird von der Philosophin Arria gesagt, sie sei von zwei Kaisern, Severus und Caracalla, wegen ihrer Leistungen hoch geschätzt worden. Die verwitwete Kaiserin Plotina hatte Epikur studiert, die Kaiserin Salonina war eine Schülerin Plotins. Und auch Plutarch unterstützte diese Emanzipationsbestrebungen der Römerin mit dem allerdings bezeichnenden Argument, daß der Frauen Sinn sich weniger eitel und töricht gebärden würde, wenn er sich nur den erhabenen Lehren der Philosophie zuwendete.

So begannen die ehrgeizigen Römerinnen mit einem ganzen Hofstaat von Malern, Dichtern, Philosophen und Rhetorikern herumzuziehen, der ihnen nicht nur in Rom von Haus zu Haus folgte, sondern im Sommer auch mit ihnen nach Baiä und anderen Badeorten wanderte. Als mit Mark Aurel ein Philosoph auf den Thron stieg, wurde Philosophie zum obligaten Gesprächsthema. Daß die Römerinnen mit manchen ihrer intellektuellen Pagen auch schliefen, versteht sich von selbst. Im Gegensatz zu der bis vor kurzem noch häufig vertretenen Ansicht, daß die intellektuellen Interessen der Römerin nur eine oberflächliche Begleiterscheinung ihrer sexuellen Promiskuität gewesen seien, hat die neuere Geschichtsforschung jedoch ergeben, daß es genau umgekehrt war: Erst die ökonomische, soziale, politische und intellektuelle Emanzipation der Römerin gab ihr jene sexuelle Freiheit, die von der bürgerlichen Geschichtsforschung gern als Verfall der Moral dargestellt wird.

Wahr ist allerdings, daß gegen Ende der Republik und im frühen Kaiserreich eine Zerrüttung der ehelichen Zustände eintrat, aber dies mehr bei der herrschenden Klasse als beim Volk. Der Grund, wie Wilhelm Kroll gesagt hat, liegt zum Teil »in der Erschütterung aller Lebensverhältnisse durch die jahrzehntelang dauernden Bürgerkriege; aber doch nur zum Teil. Der Hauptgrund liegt darin, daß diese oligarchischen Kreise, die über eine gewaltige Machtfülle und enorme Reichtümer verfügten, über die bürgerliche Moral hinausgewachsen waren. Wurden die Frauen einerseits wie Marionetten im politischen Spiel hin und her gezogen, so übten sie andererseits einen nicht unerheblichen Einfluß aus, schon deshalb, weil sie oft die Verbindung zwischen zwei mächtigen Geschlechtern herstellten; solche Frauen setzten sich über die Schranken der Sitte kühn hinweg und führten ihr eigenes Leben.« (Wilhelm Kroll, ›*Römische Erotik*‹, in: Zeitschrift für Sexualwissenschaft und Sexualpolitik, Band XVII, Nr. 3, S. 151). Dies galt natürlich vor allem für die Frauen, Mütter, Töchter und Mätressen der Cäsaren.

Cäsar selbst war mindestens dreimal verheiratet und hatte eine große

Anzahl von Mätressen, deren bedeutendste Kleopatra war. Seine erste Frau war Cornelia, die Tochter des Cinna; die zweite Pompeia, eine Enkelin des Sulla; die dritte Calpurnia, Tochter des Piso. Die emanzipierteste dieser Frauen war Pompeia, die ein stadtbekanntes Verhältnis mit Publius Clodius Pulcher hatte, jenem Glücksritter, der im Jahre 52 vor unserer Zeitrechnung auf der Straße erschlagen wurde. Da Cäsar sie von seiner Mutter bewachen ließ, kam sie auf die Idee, ihn unter dem Vorwand eines Festes der Bona Dea, bei dem nur Frauen anwesend sein durften, aus dem Hause zu schicken und Publius Clodius in Frauenkleidern ins Haus zu schmuggeln. Das von Crassus bestochene Gericht sprach ihn frei, Cäsar ließ sich aber trotzdem von Pompeia scheiden, da er, wie Plutarch berichtet, von seiner Frau verlangen müsse, daß sie nicht einmal von einem *Verdacht* getroffen werde.

Cäsars Nachfolger, Augustus, war ebenfalls dreimal verheiratet. Nach seiner Aussöhnung mit Antonius heiratete er, weil die beiderseitigen Heere darauf drangen, dessen Stieftochter Claudia. Nach einem Streit mit ihrer Mutter sandte er sie jedoch ins Elternhaus zurück und heiratete Scribonia, die Schwester des Scribonius, eines wichtigen Anhängers des älteren und jüngeren Pompeius, die ihm die Freundschaft und Unterstützung dieser Männer einbringen sollte. Auch für sie war es die dritte Ehe. Bevor er sie heiratete, hatte er bereits ein Verhältnis mit Livia, der Frau des Tiberius Claudius Nero begonnen, und als diese von ihm im sechsten Monat schwanger war, verstieß er die Scribonia, zwang Tiberius Claudius Nero zur Scheidung und heiratete Livia. Da es aber verboten war, die schwangere Frau eines anderen zu heiraten, befragte er vorher den Oberpriester, was er tun solle. Dieser antwortete salomonisch: »Wenn die Schwangerschaft von der Frau verborgen wird, darf keine Heirat stattfinden. Gibt sie die Schwangerschaft aber zu, so steht der Heirat nichts im Wege.« Jedenfalls steuerte ihr eigener Mann, statt sich gegen die Scheidung zu wehren, sie wie ein Vater aus, denn auch er erwartete sich von dieser Ehe persönliche Vorteile.

Man darf sich Frauen wie Pompeia, Scribonia und vor allem Livia aber nicht als willenlose Opfer ihrer Väter und Gatten vorstellen, man muß vielmehr voraussetzen, daß sie nicht nur wußten, was sie taten, sondern oft die eigentlichen Initiatoren dieser politischen Zweckehen gewesen sind. Livia stammte aus einem der ältesten Adelsgeschlechter, dem Hause der Claudier, während Augustus der Sohn eines Neureichen war. Andererseits hatte Cäsar ihm seinen Namen gegeben, und Livia, die klüger als ihre beiden Gatten war, wußte genau, welche Karriere

Augustus vor sich hatte. Marañon betrachtet sie als sexuell frigid, gleichzeitig aber auch als eiskalte Rechnerin, die den Beischlaf mit Augustus nur deshalb geplant hatte, um ihn dadurch zur Heirat zu bewegen: »Vom eisigen Gipfel ihrer Frigidität herab, unberührt, und gefeit gegen großzügige Seelenhingabe, die wahre Liebe bedingt, benützte sie ihre weiblichen Reize nur zugunsten ihres ehrgeizigen Trachtens.«

Die nächste der beachtlichen Kaisertöchter war Julia, die Tochter des Augustus aus seiner Ehe mit Scribonia. Auch sie heiratete dreimal. Als sie knapp 14 Jahre alt war, vermählte ihr Vater sie mit seinem 17jährigen Neffen Marcellus, den er sich ursprünglich als Erben seiner Macht erkoren hatte. Als Marcellus mit 18 starb, verkuppelte Augustus sie sofort an den mehr als doppelt so alten Feldherrn Agrippa, der zu diesem Zweck seine glückliche Ehe mit einer Tochter der Octavia auflösen mußte. Der Julia-Agrippa-Ehe entsprossen fünf Kinder, von denen die beiden Töchter Julia die Jüngere und Agrippina die Ältere wiederum die bedeutendsten waren. Nach Agrippas Tod heiratete Julia den Kaiser Tiberius. Das Urteil männlicher Zeitgenossen über Julia ist bezeichnend für die Schwierigkeiten der Männer jener Zeit, sich mit der Sexualität einer emanzipierten Frau abzufinden. Macrobius zum Beispiel preist einerseits ihre »milde Menschlichkeit und ihren gar nicht strengen Sinn, der ihr überall die Herzen gewann«, spricht aber im gleichen Satz von ihren »Lastern« und meint, daß ihr natürlich nur diejenigen wohlgesinnt sein konnten, die diese »Laster« nicht kannten. Und was waren dies für Laster? Die gleichen, die bei ihrem Vater und anderen Männern als Tugenden galten: ihre sexuellen Eroberungen. Was man den Männern des kaiserlichen Hauses nicht nur erlaubte, sondern ihnen geradezu als Beweis ihrer Herrscherkraft anrechnete – ihre Wirkung auf das andere Geschlecht –, wurde den Frauen verübelt. Man maß die Cäsaren und Cäsarinnen mit demselben Doppelmaß, das man auch den Männern und Frauen der anderen Klassen anlegte: den Männern war alles erlaubt, den Frauen nichts. Aber das sollte sich bald ändern.

Velleius Paterculus (II, 100) sagt von der älteren Julia: »Gänzlich uneingedenk dessen, was sie einem solchen Vater und ihrem Ehemann schuldig war, überschritt sie in ihren Ausschweifungen und Lüsten alle Grenzen der Schamlosigkeit. Sie machte die Hoheit ihrer Stellung zum Maßstab für ihre Frechheit, zu sündigen und sich alles als erlaubt zu gestatten, wonach ihr gelüstete.« Wenn männliche Selbsttäuschung dieser Art nicht so traurig wäre, könnte sie uns heute noch ein Lächeln ablisten. Denn erstens tat Julia auf sexuellem Gebiete nichts, was ihr Vater nicht auch getan hatte. Zweitens war es ja gerade ihr Vater gewesen, der sie aus krassem Eigennutz verkuppelt hatte, wie ein Zuhälter seine Hure, und dies obendrein an die denkbar ungeeignetsten Männer. Drittens hatte sie dem Agrippa, obgleich kein geistiges Interesse sie mit diesem alten Haudegen verband, pflichtgemäß fünf Kinder geboren. Viertens hatte sich Tiberius längst freiwillig von ihr zurückgezogen, weil er sich der Hautkrankheit schämte, die ihn von Kopf bis Fuß mit Geschwüren bedeckte. Wenn Julia sich unter diesen Umständen bei Männern ihres eigenen Alters und Niveaus Trost suchte, konnte man ihr da wirklich »Ausschweifungen«, »Schamlosigkeit«, »Frechheit« oder gar »Sünde« vorwerfen?

Wer diese Vorwürfe am bittersten erhob, war bezeichnenderweise ihr eigener Vater, dessen Sexualleben unvergleichlich viel freizügiger als ihres verlaufen war. Aber eben das war es ja, was er nicht verzeihen konnte. Von der eigenen Tochter jenes Spiegelbild vorgehalten zu bekommen, das niemand anders ihm vorzuhalten wagte, war unerträglich. So schaffte er sie sich vom Halse, indem er sie zuerst in Pandataria, später in Rhegium einkerkern ließ, wo sie im Alter von 52 Jahren elend starb. Wer aber hatte Augustus die Einzelheiten des Sexuallebens seiner Tochter zugetragen? Niemand anders als seine eigene Frau, Livia, die Todfeindin der Julia, mit der sie ihr Leben lang um die Macht gerungen hatte. So war es also nicht »Gerechtigkeit« oder gar »Moral«, sondern die Frigidität der Livia, die am Ende über Julias Leidenschaft obsiegt hatte. Denn Livia, die ihren Körper stets als Instrument ihrer politischen Bestrebungen benutzt hatte, besaß jene Distanz zu den Männern, mit denen sie schlief, deren Julia – die tiefere und menschlichere Frau – eben nicht fähig war.

Der Machtkampf dieser beiden Frauen wirkte auch nach ihrem Tode weiter, denn Julias Tochter Agrippina heiratete den Feldherrn Germanicus und gebar ihm den späteren Kaiser Caligula und die spätere Kaiserin Agrippina die Jüngere, Gattin des Claudius und Mutter des Nero, deren oft erwähnte Memoiren zum erstenmal den wirklichen Hintergrund dieses Kampfes aufdeckten. Agrippina die Ältere wurde von ihren Zeitgenossen als Mannweib bezeichnet, obgleich sie neun Kinder zur Welt gebracht hatte. Aber sie war eine jener neuen Frauen, die nicht von Emanzipation sprachen, sondern als Emanzipierte handelten. Sie begleitete ihren Mann auf all seinen Feldzügen, sprang oft für ihn ein, betrachtete sich als Offizier, verkehrte mit den Soldaten in der

Sprache des Heeres und übernahm nach dem Tode ihres Gatten die Führung ihres Familienhauses. In dieser Funktion verlangte sie von Tiberius, der mittlerweile Kaiser geworden war, er solle ihr erlauben, den Asinius Gallus zu heiraten – jenen Mann, der Tiberius' erste Frau, Vipsania, geheiratet hatte, nachdem Tiberius von Augustus gezwungen worden war, sich von ihr zu trennen. Als Tiberius schroff ablehnte, wurde Agrippina zu seiner Todfeindin. Am Ende verbannte er sie auf die Insel Pandataria, wo ihre Mutter bereits ihre unglücklichsten Jahre verbracht hatte.

Agrippina die Jüngere, Enkelin des Feldherrn Agrippa, hatte das Temperament und die militärischen Tugenden ihres Großvaters geerbt. Nachdem sie ihren Onkel, den alternden Kaiser Claudius, geheiratet hatte, gab sie ihrem Lande die erste stabile Regierung in vielen Jahrzehnten. Als Claudius starb, schrieben ihre Feinde ihr seinen Tod zu und verbreiteten das Gerücht, sie habe ihn mit einem Pilzgericht vergiftet. Ferrero hat dieses Gerücht besonders sorgfältig überprüft und ist zu der Entscheidung gekommen, daß Agrippina kein Interesse am Tode des Claudius gehabt haben konnte, da sie zu seinen Lebzeiten größere Macht als nach seinem Tode besessen hatte. »Diese ganze Vergiftungsgeschichte«, schreibt er, »gehört also vermutlich in das Kapitel aller dieser Beschuldigungen ähnlicher Art, unter denen einzelne Mitglieder der kaiserlichen Familie zu leiden hatten. Der schon 64jährige Claudius starb aller Wahrscheinlichkeit nach eines plötzlichen, aber natürlichen Todes, und zwar viel zu früh, vom Standpunkt der von Agrippina tatkräftig vertretenen Interessen des augusteischen Hauses aus.«

Die berühmteste und berüchtigste der Cäsarenfrauen war Messalina, die dritte Frau des Claudius. Sie war eine Urenkelin der Schwester des Augustus und heiratete Claudius, als sie 15 und er 50 war. Daß sie sich bei diesem Altersunterschied von Zeit zu Zeit jüngeren Männern zuwandte, kann ihr wohl niemand verübeln. Man sagt ihr nach, sie habe unter vielen anderen auch Verhältnisse mit dem Schauspieler Mnester und dem Patrizier Caius Silius unterhalten, den zweiten sogar bigamistisch geheiratet, und außerdem noch mit einer Unzahl von Männern als öffentliche Hure verkehrt. Wieviel hiervon wahr ist, läßt sich bei der Parteilichkeit und Unverläßlichkeit fast aller römischen Autoren ihres Zeitalters heute nicht mehr feststellen. Aber der Eindruck, den diese völlig emanzipierte Frau bei ihren männlichen Zeitgenossen hinterließ, war eine Art Panik, aus der man den Gedanken herausliest: »Wenn dies die Frau von morgen ist, dann helfe Gott uns armen Männern!« So ließ man sie also ermorden. Nominell ging die Verschwörung gegen sie von dem Freigelassenen Narcissus aus, in Wahrheit führten die Fäden bis in die obersten Schichten des herrschenden Patriarchats, vielleicht in die Hände des späteren Kaisers Nero.

Nachdem Nero zur Macht gekommen war, ging es ihm aber nicht viel besser als seinen Vorgängern, von denen man mit der einzigen Ausnahme Cäsars und Augustus' sagen kann, daß sie alle angeblichen Schwächen der Frauen besaßen und von Frauen beherrscht wurden, die alle angeblich männlichen Tugenden besaßen. Kaum war Nero dem Einfluß seiner Mutter, der jüngeren Agrippina, entronnen, geriet er prompt unter den Einfluß einer Anzahl von Homosexuellen, deren bekanntester sein Lehrer Seneca war. Als junger Mann vergewaltigte Nero bereits seinen Stiefbruder Britannicus und wurde erst als reifer Mann von der Sklavin Claudia Acte zum heterosexuellen Geschlechtsverkehr erzogen. Im Jahre 53 heiratete er Claudia Octavia, die Tochter des Claudius und der Messalina, verliebte sich aber bald danach in Poppaea Sabina, die damals in zweiter Ehe mit dem späteren Kaiser Otho lebte, verstieß Claudia Octavia, schickte sie in die Verbannung, zwang Otho zur Scheidung und heiratete Poppaea Sabina im Jahre 62.

Von ihr sagt Tacitus (*Ann.* XIII, 45): »Diese Frau besaß alles, nur keine sittlichen Grundsätze. Sie war reich genug, um den Glanz ihrer Geburt und gesellschaftlichen Stellung aufrechtzuerhalten. Ihre Unterhaltungsgabe gewann ihr alle Herzen. Ihre geistigen Anlagen waren höchst bedeutend. Sie verstand es, die Außenseite der Sittlichkeit zu bewahren, während sie insgeheim sich einem sittenlosen Leben hingab... Ihren Liebhabern gewährte sie dieselben Rechte wie ihren Ehemännern, aber nie ward sie dabei von ihrer eigenen oder von fremder Neigung beherrscht. Nur der Vorteil war es, der über den Genuß ihrer Gunst entschied.« Kurzum, das gleiche Bild wie bei fast allen Cäsarenfrauen: Was man bei ihren Männern als Virilität, Kaltblütigkeit und Besonnenheit gepriesen hätte, kreidete man den Frauen als Untugend an.

Die letzte der großen Cäsarenfrauen brachte es nicht einmal zur Gattin eines Cäsaren. Marcia, die frühere Geliebte des im Jahre 183 als Teilnehmer an der Verschwörung des Lucilla hingerichteten Ummidius Quadratus, ging in den Besitz des Kaisers Commodus über, als dieser den gesamten Haushalt des Hingerichteten übernahm, und stieg in kurzer Zeit zu seiner Favoritin in einem Harem von rund 300 Mädchen und 300 Knaben empor. Sie war Christin und versuchte Commodus davon zu überzeugen, daß es eines Kaisers unwürdig sei, sich als Gladiator zu betätigen. So wurde sie als seine rechtmäßige Gattin geehrt und genoß alle Auszeichnungen einer Kaiserin mit Ausnahme der Vortragung des Feuers. Viele Christen verdankten ihr Leben und Freiheit. Sie war das stabilisierende, »männliche«Element am Hofe eines effeminierten Kaisers und regierte, ohne die Regierungshoheit zu besitzen, erfolgreicher als manche Cäsaren. Nach dem Tode des Commodus ließ Didius Julianus sie hinrichten.

Dies waren nun die Frauen, an denen sich eine große Anzahl der Patrizierinnen und ein geringerer Prozentsatz der Frauen anderer Klassen der Kaiserzeit zu orientieren suchte. Kann es uns überraschen, daß die Männer von einem Verfall der Sitten und einer Demoralisierung der Frau sprachen, wenn in Wahrheit nichts anderes geschehen war, als daß einige wenige Frauen die Normen der Männer ihrer Zeit übernommen hatten? Sie waren vielleicht nicht besser als die Männer der herrschenden Klasse, aber sie waren ganz gewiß auch nicht schlechter.

Von Sempronia, die wir bereits im Zusammenhang mit der Verschwörung gegen Catilina erwähnt haben, sagt Sallust: »Sie konnte feiner Zither spielen und besser tanzen, als es für eine ehrsame Frau notwendig ist... Ihr Geschlechtstrieb war so stark, daß sie häufiger um Männer warb, als von ihnen umworben zu werden... Dabei war sie begabt, konnte Verse machen, Männer zum Lachen bringen, verstand sowohl züchtig wie zärtlich oder frech zu reden. Kurz, sie hatte ebensoviel Witz wie Anmut... Aber alles lag ihr mehr am Herzen als Anstand und Ehrbarkeit. Es war nicht leicht zu sagen, ob Geld oder guter Ruf ihr gleichgültiger waren.«

Die berühmteste aller emanzipierten Römerinnen, zumindest was ihr Sexualleben anbelangt, war Clodia, die zweite Tochter des Appius Claudius Pulcher, Schwester des Volkstribunen Publius Clodius Pulcher, Frau des Quintus Caecilius Metellus Celer, Geliebte des Dichters Catull, des Tribunen Marcus Caelius Rufus und vieler anderer Männer von Bedeutung. Chr. Meier nennt sie »eine geistig bedeutende, hochinteressante, bezaubernde Frau, die... keine Konvention achtete und keinen Skandal scheute«. Aber das ist das Urteil eines emanzipierten Mannes unserer Zeit. Die Zeitgenossen Clodias urteilten anders. Ihre Neider nannten sie *quadrantaria,* »Viergroschenhure«, weil sie angeblich mit allen und jedem schlief. Das stimmte nicht. Im Gegenteil: Als Caelius, ihr Geliebter, sie verließ, stellte sie ihn vor Gericht – eine Ungeheuerlichkeit nach den Maßstäben römischer Männer.

Was die Männer provozierte, war also nicht ihre »Unsittlichkeit«, ihr Nonkonformismus, sondern das Gegenteil: die Tatsache, daß sie sich genau nach den Sitten des Mannes verhielt – obgleich sie doch nur eine Frau war! Frauen dieser Art waren so selbstsicher, auch im Geschlechtsverkehr, daß ihre Liebhaber sich manchmal wie Frauen, die Frauen aber stets wie Männer benahmen. So gibt es eine Stelle bei Properz, wo er seine schlafende Geliebte Cynthia betrachtet und sich nicht traut, sie zu wecken, weil er dann Krach mit ihr bekäme:

Doch wagt' ich nicht, der Herrin Rast zu stören
Aus Scheu vor Worten wohlbekannten Zorns.

Solche Dinge als »Dekadenzerscheinungen« der römischen Gesellschaft zu bezeichnen, wie bürgerliche Historiker dies oft und gern getan haben, wäre verfehlt, denn das römische Patriarchat war von Anfang an ein parasitäres Regime, das sich auf den Wurzeln der vorrömischen Gentilgesellschaft angesiedelt hatte und von ihrer Kraft lebte wie die Mistel vom Apfelbaum. Trotz der gewaltigen Leistungen des römischen Reiches war es ein grundsätzlich unschöpferisches Gesellschaftssystem. Es eignete sich die Produktionsformen aller Völker an, mit denen es in Kontakt kam, und systematisierte die Produktion, fügte aber keine einzige ökonomische Entdeckung hinzu. Selbst die Latifundien, die mit Sklaven betriebenen Großformen der römischen Landwirtschaft, die man vielleicht als einen der wenigen römischen Beiträge zur Entwicklungsgeschichte der menschlichen Produktionsmittel bezeichnen könnte, waren teils aus dem hellenistischen Griechenland, teils aus den hydraulischen Kulturen Ägyptens und Mesopotamiens mit ihren gewaltigen Bewässerungsanlagen übernommen worden.

Die Römer bauten längere, bessere und breitere Straßen als alle anderen Völker; aber den Straßenbau haben sie nicht erfunden. Sie hielten sich größere und schlagkräftigere Heere als irgendein anderes Volk bis zu ihrer Zeit: aber sie erfanden selbst in der Militärwissenschaft nichts neues. Sie schufen den größten Verwaltungsapparat, den es bis dahin gegeben hatte; aber die Einzelheiten des Apparats hatten sie von den Etruskern und Phöniziern übernommen. Mythologie, Kunst und Literatur der Römer stammten zum größten Teil von den Griechen, zum kleineren Teil von anderen Völkern. Wie sie sich die materiellen Güter dieser Völker angeeignet hatten, so eigneten sich die Römer auch deren Götter an. Das Ganze war ein Ausbeutungsmechanismus von bisher unerreichter Wirksamkeit.

Als dieser Mechanismus jenen Punkt erreicht hatte, an dem die Frauen der Patrizier die Privilegien ihrer eigenen Klasse aufzugeben begannen, um sich zu den Huren zu gesellen, war das also nicht »Dekadenz«, sondern Protest. Und Protest ist das Gegenteil von Verfall. Protest ist das sichere Anzeichen einer virilen Opposition – und in Rom war die »virile« Opposition stets weiblich. Im Widerspruch zu der geradezu närrischen Ansicht Mommsens, daß Rom »gesund« war, als es noch ein Bauernstaat war und mit der Unnachgiebigkeit eines Cato seine Frauen unterdrückte, muß hier im Rahmen der Geschichte der römischen Frau darauf hingewiesen werden, daß das genaue Gegenteil der Fall war: Niemals war Rom dekadenter als gerade zur Zeit der Republik, denn sie stellte den Tiefpunkt in der Geschichte ihrer Frauen dar: die »Gesundheit« eines gesellschaftlichen Systems zeigt sich auch in der Gleichberechtigung der Geschlechter.

In Rom, wie in allen anderen Kulturen, hat sich jeder Versuch der gesetzlichen Regelung des Sexuallebens stets als unzulänglich erwiesen. Das Geschlechtsleben einer jeden Gesellschaft ist so gut oder so schlecht wie die Gesellschaft selber. Es wird weder von den Gesetzen noch von der Moral bestimmt, sondern von der Produktivität der Gesellschaft, der Ausgeglichenheit ihrer Besitz- und Machtverhältnisse, vor allem aber von der Isonomie der Geschlechter. Eine Gesellschaftsordnung, die das eine oder andere Geschlecht beherrscht, unterdrückt, bevormundet oder in seiner Entfaltung behindert, kann weder den Herrschern noch den Beherrschten jene Befriedigung geben, die wir brauchen, wenn wir je die Last erniedrigender Arbeit durch die Freude schöpferischer Tätigkeit ersetzen wollen. Darin liegt die eigentliche Befreiung der Menschheit. Ohne Befreiung der Frau ist sie nicht möglich.

Emmenagoga [gr.: emmenos = monatlich; agogos = führend, treibend], Medikamente, die eine ausgebliebene Menstruation herbeiführen sollen, indem sie entweder stark abführen oder eine starke Durchblutung der Unterleibs- und Beckenorgane bewirken. Als Abtreibungsmittel sind sie nicht nur nutzlos und überholt, sondern auch schädlich. Der Volksaberglaube jedoch hält besonders in ländlichen Distrikten an E. fest und verursacht deshalb nach wie vor viele Todesfälle. Zu den drastischen Abführmitteln gehören Aloe, Koloquinten, Jaloppen und Tabaklösungen. Viele Gewürze gelten als E.: Safran, Pfeffer, Ingwer, Zimt, Nelken, Muskat, Lorbeer. Altweibermedizinen sind Mutterkorn, Herbstzeitlose, Wacholder, Sade, Eibe, Raute, Wurmfarn, Rainfarn,

Jungfernrosmarin, Bitterklee, Hopfen, Haselwurz, Pfingstrose und Oleander. Gefährlich sind die Öle: Terpentinöl, Zedernöl und vor allem Sabinenöl. Keines dieser Mittel hat den Effekt, den der Volksaberglaube ihm zuschreibt. → Abactio partus, Abortus artificialis, Abtreibung, Ekbolika, Procuratio abortus, Schwangerschaftsunterbrechung.

Empfängnisverhütung, Methode, die sich der Mensch, der einzige Primat, dessen Fruchtbarkeit nicht auf begrenzte Zeiten des Jahres beschränkt ist, ausgedacht hat, um Abtreibungen unnötig zu machen. Wer die E. als »unnatürlich«, »unmoralisch« oder »gottlos« betrachtet, unterstützt die Abtreibung. Nichts hat der Abtreibung größeren Auftrieb gegeben als das katholische Verbot der E. und die katholische Unterstützung der → Rhythmusmethode, die wegen der hohen Lebensfähigkeit der Spermatozoen im Vaginalsekret selbst dann oft zu Schwangerschaften führt, wenn der Geschlechtsverkehr an unfruchtbaren Tagen stattfindet. Fand dabei eine Befruchtung statt, sahen viele gläubige Katholiken keinen anderen Ausweg als den der Abtreibung. Da die Abtreibung aber von der Kirche verboten ist, führte die Benutzung der → Rhythmusmethode oft zum Austritt des Gläubigen aus der Kirche – also zum extremen Gegenteil dessen, was sie beabsichtigt hatte.

Die Auf- und Abstiegskurven der Abtreibung stellen in jedem Land die Umkehrbilder der E. dar. Je effektiver die E., desto weniger Abtreibungen finden statt. Wo die E. verboten ist, wächst die Abtreibung. In der Bibel gibt es kein Verbot der E., selbst der berühmte Ausspruch St. Augustins (*De conjug. adult.* 2, n. 12) bezieht sich nur auf den → Coitus interruptus: »Geschlechtsverkehr ist ungesetzlich und sündhaft, wo die Empfängnis von Nachkommen verhindert wird. Das war es, was Onan, der Sohn des Juda, tat, wofür Gott ihn mit dem Tode bestrafte.« Aber das, wofür Onan mit dem Tode bestraft wurde, war nicht das Zurückziehen des Gliedes, sondern die Tatsache, daß er das Erbe begehrte. Denn unter dem jüdischen Gesetz des Levirats war er verpflichtet, die Frau seines verstorbenen Bruders zu heiraten und mit ihr Kinder zu zeugen. Indem er seinen Samen vergoß, brach er das Gesetz des Levirats. Deshalb heißt es in Genesis 38, 10: »Das gefiel dem Herrn übel, was er tat.« Es ist unmöglich, aus dieser oder einer anderen Stelle der Bibel eine Rechtfertigung für das Verbot der E. herzuleiten.

1958 legte die anglikanische Kirche fest: »... die Zeugung von Kindern ist nicht der einzige Zweck der Ehe. Männer und Frauen schulden es einander und der Grundlage und Stabilität ihrer Familien, daß sie im

Geschlechtsverkehr der Liebe Ausdruck geben, die sie füreinander empfinden. Geschlechtsverkehr ... hat den tiefen Sinn der Verbindung, die durch das in der Bibel so häufig für ihn gebrauchte Wort ›Erkennen‹ ausgedrückt wird; es ist ein Geben und Empfangen in der Einheit zweier freier Geister, welches an sich gut ist (innerhalb der Ehe) und denen Gutes vermittelt, die an ihm teilhaben. Deshalb ist es völlig falsch zu behaupten, wenn Kinder nicht ausdrücklich erwünscht wären, hätte der Geschlechtsverkehr den Charakter von Sünde. Es ist falsch zu sagen, dieser Verkehr solle nicht stattfinden außer in der bewußten Absicht, Kinder zu zeugen.«

Das Committee on Morals der Kirche von Schottland griff das gleiche Thema in einem Bericht auf, der im Mai 1960 veröffentlicht wurde. Nachdem Pius XI. die Geburtenkontrolle als einen Akt »gegen die Natur« bezeichnet hatte, wies das Komitee darauf hin, daß dann jeder Akt, durch den der Mensch sich von seinen tierischen Vorfahren entferne, »gegen die Natur« sei. Bei seinem Versuch, die Natur zu beherrschen und sie seinen Bedürfnissen zu unterwerfen, habe er Vorrichtungen von Brillen bis zu Gebissen, von Kondomen bis zu Pessaren erfunden. All das lege Zeugnis ab von der Fähigkeit des Menschen, seine Umwelt zu beherrschen. In der Tat sei der Mensch erst als Geschöpf Gottes durch die Beherrschung der Natur (Gen. 1, 28) zum Menschen geworden, so daß die Geburtenkontrolle selbst einen Akt der göttlichen Natur des Menschen darstelle. Der Bericht schließt mit der gleichen Erwiderung auf die Zeugungstheorie, die die Kirche von England schon zwei Jahre zuvor in Lambeth ausgesprochen hatte: »Ein Kind zur Welt zu bringen ... nur um ein physisches Verlangen zu befriedigen, ist weniger moralisch, als in der Zeugung einen Akt der Verantwortung zu sehen.«

Zweifellos wird sich die katholische Kirche bis zu einem gewissen Grad dieser Auffassung anpassen. Sie besaß schon immer die Gabe, mit dem herrschenden Wind zu segeln. Einige Kirchenhistoriker haben den gegenwärtigen Standpunkt zur Geburtenkontrolle mit der Einstellung der mittelalterlichen Kirche zum Wucher verglichen. Der Wucher wurde damals, wie die Empfängnisverhütung heute, mit der Begründung verurteilt, er sei ein Verstoß gegen das »Naturgesetz«. Als aber die aufsteigende Klasse der Kaufleute den Feudalismus hinwegfegte, hätte ein weiteres Bestehen auf diesem »Naturgesetz« dazu geführt, daß die Kirche die Unterstützung der aufsteigenden finanziellen Kräfte verloren hätte. Das Ergebnis war, daß der Zins von der Kirche als

»schaffende Kraft« anerkannt wurde. Ist es zuviel, wenn man erwartet, daß die Empfängnisverhütung, die dem guten Zweck dient, daß nur erwünschte Kinder gezeugt werden, auf ähnliche Weise als schaffende Kraft anerkannt wird?

Die von Lou Harris im Februar 1964 unter amerikanischen Katholiken veranstaltete Meinungsumfrage ergab eine Mehrheit von 60 Prozent zugunsten einer Änderung der kirchlichen Ansichten über die Geburtenkontrolle. Louis Janssens, Professor für Moraltheologie in Löwen und hochgeachteter katholischer Denker, tritt seit Frühjahr 1964 für die »Pille« ein. Erzbischof Thomas d'Esterre Roberts sagt: »Praktisch alle protestantischen Körperschaften verwerfen heute den Standpunkt, das Naturgesetz verbiete die Empfängnisverhütung. Überdies mißachtet eine große Zahl von Katholiken, möglicherweise sogar die Mehrheit, entweder das Gesetz völlig, oder ihre Ehen laufen Gefahr, auseinanderzubrechen.« Bischof Willem Bekkers sagte: »Wenn ich Leute in der Kirche sehe, denen das Abendmahl nicht zuteil wird, und wenn ich weiß, daß es Leute sind, die es eigentlich empfangen sollten, dann ist das ein Grund, die ganze Frage noch einmal zu erwägen.« Zum gegenwärtigen Zeitpunkt gibt es fünf einigermaßen sichere Methoden der Empfängnisverhütung:

1. Die »Pille«, die auf den Hormonhaushalt der Frau wirkt. Sie stellt nicht eine »zeitweilige Sterilisation« dar (wie Papst Pius XII. anfangs meinte), sondern schiebt lediglich die Ovulation hinaus. Die Eier bleiben in den Eierstöcken, bereit für spätere Befruchtung. Um die Empfängnis zu verhüten, muß die Pille regelmäßig eingenommen werden. Hört man mit dem Einnehmen auf, vergrößert sich die Wahrscheinlichkeit der Empfängnis.
2. Das Kondom – eine Lastexhülle für den Mann, die den Samen daran hindert, in die Vagina zu kommen. Es ist das einzige Verhütungsmittel, das auch vor Geschlechtskrankheiten schützt.
3. Kappe, Diaphragma oder Pessar – eine ähnliche Vorrichtung, die jedoch von der Frau benutzt wird. Wie das Kondom wirkt es einfach als mechanische Barriere zwischen dem männlichen Samen und dem weiblichen Ei. Im Gegensatz zum Kondom verhindert es den direkten Kontakt zwischen den männlichen und weiblichen Geschlechtsorganen nicht, denn es bedeckt lediglich den Muttermund. Es ist deshalb weit angenehmer als das Kondom, hat jedoch den sanitären Nachteil, daß es nicht vor Geschlechtskrankheiten schützt.
4. Chemische Präparate (z. B. präparierter Schaum), die die Frau vor

dem Sexualakt in die Vagina einführt. Sie neutralisieren entweder den männlichen Samen oder töten ihn ab. Sie sollten, wenn möglich, nicht allein benutzt werden, sondern nur zusätzlich zu einem Kondom oder Pessar, da ihre Verläßlichkeit beschränkt ist.

5. Intra-uterine Spiralen, die von Dr. Ernst Gräfenberg in Deutschland und Dr. Willi Oppenheimer in Israel eingeführt wurden. Es sind winzige Formstücke, die man in den Uterus einsetzen kann. Sie bestehen aus Plastik, Silber, Seide oder einem ähnlichen sterilisierten Material und beruhen auf der einfachen Tatsache, daß jeder Fremdkörper im Uterus die Empfängnis verhindert. Man spürt sie nicht. In gewisser Hinsicht sind sie das ideale Verhütungsmittel. Aber sie haben drei Nachteile: sie schützen nicht vor Geschlechtskrankheit, sie können zu Entzündungen führen und sie können unbemerkt herausgleiten.

Es gibt eine große Zahl sogenannter Verhütungsmethoden, die entweder überhaupt nicht funktionieren oder so unwirksam sind, daß man sie nicht benutzen sollte. Die am häufigsten angewandten sind:

1. Der Coitus interruptus oder »Zurückzieher«
2. Die Rhythmus-Methode oder »sichere Periode«-Methode
3. Scheidenspülungen
4. Chemische Substanzen, die nach dem Koitus in die Vagina eingeführt werden.

Von hundert Frauen, die überhaupt keine Verhütungsmittel benutzen, werden etwa neunzig im Lauf eines Jahres schwanger. Von denen, die den Coitus interruptus praktizieren, werden 76 schwanger; 64, die Scheidenspülungen machen; 58, die postcoitale Chemikalien der einen oder anderen Art benutzen. Von den Frauen, die die Rhythmusmethode anwenden, werden vierzig Prozent schwanger, zwanzig trotz des Gebrauchs von Pessaren. Nur zwei werden schwanger, wenn ihr Mann Kondome benutzt, und nur eine, wenn sie die Pille oder ein intra-uterines Pessar benutzt. Viele Frauen ziehen die Pille vor, weil sie oral eingenommen wird; man braucht die Genitalien überhaupt nicht zu berühren. Aber es steht noch etwas Besseres in Aussicht – eine Pille für Männer. Sie wirkt, ist aber schädlich. Zahlreiche Wissenschaftler überall in der Welt versuchen, sie harmlos und wirksam zugleich zu machen. Sie ist nicht nur aus medizinischen Gründen wichtig, sondern auch wegen ihrer psychologischen Qualitäten. Denn Männer neigen unweigerlich dazu, zu denken, daß ein von Frauen getragenes oder benutztes Verhütungsmittel der Frau auch die gesamte Verantwortung zuschiebt. Es befreit den Mann psychologisch von der Verpflichtung für ein Kind, das gezeugt wird, wenn das Verhütungsmittel versagt. Die überwältigende Mehrheit der illegalen Abtreibungen beruht auf purer Unkenntnis der Empfängnisverhütung. Und diese Unkenntnis geht eindeutig zu Lasten des Mannes – entweder in seiner Funktion als Ehemann und Liebhaber, oder in seiner Funktion als Gesetzgeber und Hüter des Gesetzes.

Wenn das Geburtenproblem dadurch gelöst werden könnte, daß man die Männer zwingt, sich einer vorübergehenden Sterilisation zu unterwerfen, löste sich das ganze Problem der gesetzlichen Einmischung in die Empfängnisverhütung in Luft auf. Jeder Gynäkologe, der je eine Patientin gebeten hat, ihren Mann mitzubringen, kann eine Reihe grotesker Ausreden anführen, die die Männer sich ausdenken, wenn sie den medizinischen Konsequenzen dessen, was sie ihren Frauen angetan haben, ins Auge blicken sollen. Und dennoch haben sie – in ihrer Funktion als Gesetzgeber – die Stirn, den Frauen zu erklären, sie sollten keine empfängnisverhütenden Mittel benutzen. → Eugenik, Geburtenplanung, IUCD, Karezza, Kastration, Kondom, Malthusianismus, Neo-Malthusianismus, Pille, Rhythmusmethode, Spirale, Sterilisation, Verhütungsmittel.

Empfängnisverhütung im alten Rom. Wie brachten die Römer, die ja nicht gerade sexuell enthaltsam waren, es nur fertig, so wenige Kinder zu produzieren? Die Armen setzten ihre Kinder aus, so daß sie in den meisten Fällen verhungerten. Die Reichen benutzten *coitus interruptus* oder Analverkehr. Selbst Seneca erwähnt die zweite Methode, als ob sie die Norm sei. Außerdem gab es eine Unmenge von Beeren, Früchten, Säften und anderen Substanzen, denen die Römer empfängnisverhütende oder abtreibende Eigenschaften zuschrieben. Julius Paulus Sententiae schreibt, daß Abtreibung mit Zwangsarbeit in Bergwerken und Steinbrüchen, mit Verbannung oder gar Hinrichtung bestraft wurde (V, 23, 14), aber dies muß erst spät im Kaiserreich geschehen sein, denn zumindest bis zu Augustus war Abtreibung straffrei.

Ovid, der sich in mancher Hinsicht erhaben über die Vorurteile der patrizischen Gesellschaft fühlte, verfiel den gleichen patriarchalischen Regungen, wenn es an den empfindlichsten Punkt des patristischen Bewußtseins ging: an das Recht, den Samen in Kinder umzusetzen, wenn es dem *Manne* paßte. Zwar war er genauso von den Vorteilen der Kinderlosigkeit überzeugt wie seine Zeitgenossen, aber wenn seine Freundin von sich aus die Entscheidung traf, keine Kinder zu haben, wurde er böse. Der Leib der Frau war für ihn, wie für alle Männerrechtler, der Privatacker, auf dem er seine Saat aussät und seine Ernte einheimst. Verweigert sie ihm dieses Recht, bezichtigt er sie des Egoismus, ohne wahrzunehmen, wie egoistisch die Bezichtigung ist.

Wozu frommt es, daß frei
Vom Kriegsdienst bleiben die Frauen
Und nicht folgen dem Heer
Wollen mit Schild und mit Speer,
Wenn sie mit eigenem Dolch,
Ohne Krieg, die Wunden sich schlagen
Und blind waffnen die Hand
Zu ihrem eignen Verderb?

... Die es als erste gelehrt,
Die zarte Frucht zu vertilgen,
Hätte es wahrlich verdient,
Selber zu sterben daran.
Nur, damit dir der Leib
Entstellt nicht werde von Falten,
Willst du auf Leben und Tod
Wagen den blutigen Kampf?

... Warum durchwühlt ihr den Leib
Von unten mit schneidenden Waffen
Und gebt grausiges Gift
Noch nicht Geborenen ein?

... Keine Löwin gab
So ihren Jungen den Tod.
Zarte Mädchen tun das allein –
Doch nicht ohne Strafe:
Oft geht, die ihre Frucht
Tötete, selber zu Grund.
Geht zu Grund, und man trägt
Sie mit offenen Haaren zur Brandstatt,
Und wer vorübergeht,
Ruft: »Das geschah ihr mit Recht!«

Für die römische Frau war die Last unehelicher Kinder nicht leichter als heute. Phädrus beschreibt das sehr überzeugend:

Niemand besucht die Stelle gern, die Unheil brachte.
Eine Frau lag, als die schwere Stunde nahte,
Da sie gebären sollte, weinend auf dem Boden.
Da mahnte sie der Mann: »Was liegst du nicht im Bett?
Dort kannst du deine Last am besten niederlegen!«
Da sprach die Frau: »Schweig mir vom Bett! Wie kann ich dort
Mein Leiden enden, wo ich es begonnen habe?«

Um Sklaven und Freigelassene davon abzuhalten, sie zu befruchten, entwickelten die Frauen der herrschenden Klasse zwei Techniken – die Infibulation und die Kastration. Bei der letzten unterschied man zwischen *castrati veri,* denen man beide Hoden entfernt hatte, dem *spado,* dem man eine Hode belassen hatte, und dem *thlibias* oder *thlasias*, dem man zwar beide Hoden gelassen, sie aber durch Zerquetschen unfruchtbar gemacht hatte. Martial schrieb (VI, 67):

Wozu soviel Verschnitt'ne die Gallia habe, so fragst du,
Pannychus? Weil sie gefickt sein will, doch ohne Gefahr.

Manche Patrizier ließen sich sogar entmannen, um bei den Frauen mehr Anklang zu finden, denn wer einen guten Penis hatte, aber keine Gefahr der Befruchtung darstellte, war natürlich besonders beliebt. Unter dem Druck der augusteischen Gesetze, die von der Patrizierin verlangten, daß sie bis zu einem bestimmten Alter heiratete, ehelichten manche Frauen solche Kastraten. Damit gehorchten sie dem Gesetz, brauchten aber trotzdem keine Befruchtung zu befürchten. Domitian war der erste Kaiser, der die Entmannung verbot. Gleichzeitig setzte er den Preis verschnittener Sklaven systematisch herab, damit der Anreiz zum Profit beim Weiterverkauf verschwände. Ovid meinte, daß derjenige, der Männer zu Eunuchen mache, selber verdiene, eunuchisiert zu werden (*amorum liber* II, 3, 4):

Wer den Knaben zuerst der Mannheit Glieder verstümmelt,
Wer die Wunden gemacht, hätte sie selber verdient.

empirische Sexualwissenschaft → Sexualwissenschaft, empirische.

Emprises d'amour [frz.: Liebespfänder] nannte der chevalier, der Ritter des Mittelalters, die eigentümliche Praxis, einen Teil der Kleidung oder Unterkleidung seiner Herrin (→ Domina) in aller Öffentlichkeit an seinem Helm, seinem Schild oder seiner Lanze zu befestigen und damit im ganzen Lande herumzuziehen, stets hoffend, daß sich ein anderer Mann über ihn oder seine Herrin lustig machen würde, damit er ihn dann zum Zweikampf herausfordern und von ihm umgebracht werden könne. Der fetischistisch-masochistische Charakter dieses Benehmens braucht kaum unterstrichen zu werden. Womit aber nicht gesagt sein soll, daß Tausende von Männern, die dieser Praktik folgten, nun alle Masochisten gewesen wären. Aber die Logik der Ritterlichkeit, des Minnediensts, der Courtoisie war aus der Weltverneinung der Spätantike, dem Dualismus der Gnostiker und der Antisexualität der Manichäer entstanden und führte deshalb unweigerlich zu einer Unzahl von Verhaltensformen, die ihren gemeinsamen Nenner in der Negation des heterosexuellen Koitalverkehrs hatten. → Courtoisie, Faveurs, Gnosis, Manichäismus, Minne, Ritterlichkeit.

Endlust, die Lust beim Höhepunkt des Koitus, die Orgasmuslust. Vgl.: Lust, Nachlust, Vorlust. → Akme, Befriedigung, Detumeszenz, Ejakulation, Klimax, Klitoralorgasmus, Koitus, Orgasmus, Vaginalorgasmus.

endogam [gr.: endon = innen; gamos = Heirat], nach innen heiratend; Paarung innerhalb der eigenen Blutsverwandtschaft erlaubend oder verlangend. Gegensatz: exogam.

Endogamie, Binnenheirat; Paarung oder Ehe innerhalb einer gegebenen Sippe oder eines gegebenen Stammes; Paarungs- oder Ehesystem, das Geschlechtsverkehr mit Blutsverwandten erlaubt oder verlangt. In der Sexualethnologie ist E. kein eugenisches Gebot, deckt sich aber in der Praxis mit Inzest. Endogame Kulturen sind solche, die kein → Inzesttabu oder nur ein Minimum von Paarungsverboten zwischen Blutsverwandten besitzen. Die Gründe der E. liegen manchmal in rituellen Geboten, öfter aber in dem rein ökonomischen Gebot, das begrenzte Sippeneigentum nicht durch Außenheirat (→ Exogamie) zu verlieren oder zu zersplittern. Der Nachteil der E. ist weniger ein eugenischer als ein kultureller: Da keine sexuellen Verbindungen mit anderen Sippen oder Stämmen bestehen, kann man sich auch das Kulturgut, die Produktionserfahrungen, die Handelsbeziehungen der anderen nicht aneignen und bleibt deshalb auf einer bestimmten Kultur- und Produktionsstufe stecken. Dies wird oft fälschlich als Resultat von → Inzucht betrachtet.

endogen [gr.: endon = innen; gennan = erzeugen], von innen erzeugt; vom Körper oder der Psyche des Individuums hervorgebracht; von innerhalb der Zelle oder des Organismus stammend. Nicht durch äußere (soziale oder ökologische) Einflüsse hervorgebracht. Gegensatz: exogen.

endokrin [gr.: endon = innen; krinein = scheiden, ausscheiden], von innen ausscheidend, die Drüsen der inneren Sekretion betreffend. Im weitesten Sinne des Wortes: die Geschlechtshormone betreffend. Gegensatz: exokrin.

Die Sexualwissenschaft unterscheidet zwischen den endokrinen und den exokrinen Sexualdrüsen. Die exokrine Tätigkeit besteht in der Erzeugung von Eiern bei der Frau und von Samenfäden beim Manne, die endokrine in der Bildung von Geschlechtshormonen: den Androgenen (männlichen Sexualhormonen), den Östrogenen (weiblichen Sexualhormonen) und den Gestagenen (Schwangerschafts- oder Mutterschaftshormonen). Alle drei Hormonarten werden von *beiden* Geschlechtern erzeugt. Dies ist von Wichtigkeit, denn wenn wir uns von dem Falschbild der Sexualität als einem »angeborenen Gegensatz« zweier verschiedener Geschlechter befreien wollen, müssen wir uns einprägen, daß Weiblichkeit und Männlichkeit keine Widersprüche und auch keine Gegensätze sind, sondern daß die Geschlechter sowohl in biologischer wie auch in sozialer und psychischer Hinsicht stufenweise Übergänge aufweisen. Anders ausgedrückt: Der Unterschied zwischen den Geschlechtern ist kein grundsätzlicher und qualitativer, sondern ein relativer und quantitativer.

Die gleichen Hormone stimulieren bei der Frau die Eireifung und beim Manne die Samenerzeugung. Die Tatsache, daß der weibliche Körper männliche Sexualhormone und der männliche nicht nur weibliche, sondern auch Schwangerschaftshormone (in der Nebennierenrinde) erzeugt, beweist die Hinfälligkeit all jener Vorstellungen, die den Herrschaftsanspruch des Mannes aus seinen »angeborenen Geschlechtsunterschieden« und seiner »naturgegebenen Überlegenheit« abzuleiten suchen. Dieses Denken enthüllt sich auch in der Arbeit mancher Endokrinologen, die jahrzehntelang postuliert haben, die »Kurzgliedrigkeit« oder »Kurzbeinigkeit« der Frau (»das kurzbeinige Geschlecht«) sei das Resultat der »natürlichen Einwirkung weiblicher Geschlechtshormone.«

Dabei gingen sie von der durchaus korrekten Feststellung aus, daß das menschliche Wachstum von den Geschlechtshormonen sowohl stimuliert wie gebremst wird: Anfangs fördern sie das Längenwachstum der Röhrenknochen, später bremsen sie es wieder. Beide Funktionen werden von den Geschlechtshormonen beider Geschlechter ausgeübt, wobei die männlichen aber stärker in der Wachstumsstimulierung, die weiblichen stärker in der Wachstumsbremsung wirken. Deshalb wurde angenommen, daß die Frau »von Natur her« kleiner, der Mann »von Natur her« größer sein müsse und daß auch das Verhältnis von Torso zu

Armen und Beinen beim Mann »günstiger« sei als bei der Frau; der Mann habe also »von Natur her« verhältnismäßig längere Arme und Beine als die Frau. Das hat sich aber bei Forschungsarbeiten unter verschiedenen Stämmen der tropischen und subtropischen Zone als falsch herausgestellt. Bei den afrikanischen Bantu beispielsweise gibt es keine Geschlechtsunterschiede hinsichtlich des Verhältnisses zwischen Rumpf und Extremitäten. Damit ist es fraglich geworden, ob die relativ kürzeren Gliedmaßen der Frau bei den »Herrschervölkern« der gemäßigten Zone (Kaukasier, Chinesen, Japaner) tatsächlich humanbiologisch bestimmt oder, was wahrscheinlicher ist, durch die seit Einführung des Patriarchats relative Freistellung der Frau von anderer als Hausarbeit herangezüchtet worden sind.

Der hormonelle Kreislauf, der einen großen Teil des menschlichen Geschlechtslebens, aber eben doch nur einen Teil, bestimmt, ist lehrreich, weil er auf wichtige Verbindungen zwischen den ältesten und den jüngsten Zonen des menschlichen Gehirns hinweist. Der älteste Teil, das sogenannte Stammhirn, enthält unterhalb der beiden »Sehhügel« (griechisch: Thalamus) den sogenannten → Hypothalamus, den »Unter-Sehhügel«. Er ist beim Menschen die wichtigste Schaltstelle sowohl für die aus den Außenzonen des Körpers einfließenden Sinnesreize wie auch für die in der Großhirnrinde, dem jüngsten Teil, wirkenden Vorgänge des Bewußtseins. Hier werden beide gegeneinander abgewogen und miteinander verkoppelt. Von hier aus nehmen sie dann ihren Einfluß auf den Hormonkreislauf. Dies geschieht, indem der Hypothalamus sogenannte »Neurohormone« bildet, die auf die Hirnanhangdrüse einwirken und dort andere Hormone freisetzen, die nun ihrerseits verschiedene Formen der Hormonerzeugung in den Geschlechtsdrüsen auslösen. Die dort hergestellten Geschlechtshormone wirken unter anderem auch bremsend auf die auslösende Hormonzentrale im Hypothalamus und der Hirnanhangdrüse. Das ganze System ist also ein Musterbeispiel jener mit Rückkoppelung arbeitenden Regelkreise, die alle höheren humanbiologischen Vorgänge beherrschen. Manche der Bremsvorgänge erfolgen mit gegengeschlechtlichen Hormonen – weiblichen beim Manne, männlichen bei der Frau – und illustrieren damit die wechselseitige Abhängigkeit der Geschlechter und ihrer Aktivitäten. → Hypothalamusgeschlecht.

Die wichtigste Entdeckung der Humanendokrinologie, der Wissenschaft von den hormonellen Vorgängen im Menschenkörper, war jedoch die Bestätigung der entwicklungsgeschichtlichen »Erstgeburt«

der Frau. Das heißt: Wie das X-Chromosom das gattungsgeschichtlich frühere Sexualchromosom ist, so sind auch die Östrogene (weiblichen Hormone) wahrscheinlich Vorformen der Androgene (männlichen Hormone). Sie sind nicht nur chemisch einfacher und stabiler, sondern dominieren auch stets, wo sich die beiden im Wettbewerb befinden. Der männliche Embryo, genau wie der reife Mann, benötigt gewaltige Mengen an Androgenen, um den Körper auf männlichem Kurs zu halten. Der weibliche Embryo ist dagegen von frühester Zeit an so stabil in seiner weiblichen Orientierung, daß nur minimale Mengen von Östrogenen benötigt werden, um den Kurs hier und da zu korrigieren. Verkümmern die weiblichen Hormondrüsen im embryonalen Stadium oder verunglückt die Östrogenerzeugung in diesem Stadium aus irgendwelchen anderen Gründen, entwickelt sich trotzdem ein normaler weiblicher Fötus. Stirbt aber im gleichen Stadium beim männlichen Embryo der Androgenzufluß ab, so findet komplette Verweiblichung statt.

Man kann das experimentell mit drei operativen Eingriffen belegen. Entfernt man aus dem embryonalen Gangsystem die sogenannten Wolffschen Gänge, die Urform der sekundären männlichen Sexualorgane, und erhält sie in der Retorte am Leben, so entwickeln sie sich zu Müllerschen Gängen, zu den Urformen der sekundären weiblichen Sexualorgane. Entfernt man die embryonalen Keimzellen, ehe in der sechsten Woche Maskulinierung stattgefunden hat, so entwickelt sich der Fötus zu einem normalen weiblichen Wesen, dem nur die Eierstöcke fehlen, und zwar ungeachtet des genetischen Geschlechts. Entfernt man aber einem weiblichen Embryo die Ansätze der Eierstöcke, so findet keine analoge Vermännlichung statt. Kastrierte Embryos beiderlei Geschlechts besitzen am Ende der normalen Schwangerschaft weibliche Genitalsysteme, die anatomisch voll ausgebildet und fast so gut entwickelt sind wie die normaler Frauen. Es setzt sich also sowohl im genetischen wie im hormonalen Sinne stets das weibliche Prinzip durch.

Die endokrinologische Erklärung mag darin liegen, daß die Entwicklung der sekundären Geschlechtsmerkmale der Frau nicht von der Hormonabsonderung der eigenen Keimdrüsen des Embryos abhängt, sondern von Östrogenen stimuliert wird, die aus dem Mutterkuchen, also eigentlich aus dem Körper der Mutter, fließen. Der männliche Embryo ist zur Bildung seiner sekundären Geschlechtsorgane dagegen ausschließlich auf die androgenbildende Tätigkeit seiner eigenen

Keimdrüsen angewiesen. Man könnte also in vereinfachender Form sagen, daß der Hormonhaushalt der Mutter stets die Kinder des eigenen Geschlechts begünstigt, oder daß die menschliche Gattung von Anfang an darauf ausgerichtet war, die Frau zu bevorzugen.

endokrinogen [gr.: genesis = Erzeugung], aus den inneren Drüsen stammend, von den Hormonen erzeugt. Im weitesten Sinne: die Geschlechtlichkeit hormonell beeinflussend. Gegensatz: exokrinogen.

Endokrinologie, Lehre von der Struktur und Wirkung der inneren Drüsen und ihrer Sekrete, der Hormone; Hormonlehre. Gegensatz: Exokrinologie.

Endometritis → Cervitis gonorrhoica.

Enfants du Prado [frz.: Kinder des Prado.], ein als Cancan-Lokal getarntes Bordell für pluralistische Vergnügungen in der Pariser Cité zur Zeit der Regierung des Bürgerkönigs Louis-Philippe. Seine Spezialität bestand in gigantischen Betten, in denen sich drei bis vier Paare gleichzeitig betätigen konnten.

Entartung, kein sexualwissenschaftlicher, sondern ein genetischer Begriff. Selbst unter Genetikern besteht aber seit dem jahrzehntelangen Mißbrauch des Wortes durch nationalsozialistische Propagandisten eine Neigung, es nicht mehr zu benutzen. Auch sein lateinisches Äquivalent, »Degeneration«, ist aus dem Sprachgebrauch der Genetik und der Erbbiologie fast gänzlich verschwunden. Viele der »Entartungserscheinungen«, die noch vor kurzer Zeit als ererbt betrachtet wurden, haben sich mittlerweile als nicht erblich herausgestellt, zum Beispiel Kropf, Kretinismus, Rachitis. Gänzlich verfehlt ist es, bei → Abweichungen des sexuellen Benehmens von E. zu sprechen. → Eugenik.

Entblößungstrieb [Zeigelust], ein angeblich triebhaftes Verhaltensmodell der Jungtiere unter den Primaten. Hat nichts mit der → Zeigelust des menschlichen Kleinkindes zu tun. Vgl.: Kopropraxie.

Entfremdung, sexuelle, der von bestimmten Gesellschaftsumständen verursachte Verlust der individuellen Fähigkeit, eine echte Liebesbeziehung zu gestalten. Die Verwandlung der menschlichen Liebesverhältnisse in Verhältnisse zwischen Dingen und Sachen.

Die klassische Ökonomie des Bürgertums betrachtete jede wirtschaftliche Transaktion als Veräußerung eines Gegenstandes, der dadurch seinem Hersteller »entfremdet« wird. Abgeleitet von diesem Konzept der Beziehungen zwischen dem Produzenten und seinem Produkt definierten die bürgerlichen Naturrechtler des 18. Jahrhunderts die Beziehungen des einzelnen zur Gesellschaft als Eingehung eines Gesellschaftsvertrags, in dem das Individuum seine Freiheit auf eine ihm fremd gegenüberstehende Macht überträgt. Diesem Eintausch der Freiheit gegen Unfreiheit gaben die bürgerlichen Juristen den gleichen Namen: »Entfremdung«. Es ist die Entfremdung des Individuums von sich selbst, und sie beruht auf dem Widerspruch zwischen kollektiver Produktion und individuellem Besitz der Produktionsmittel.

Im Geschlechtsleben der bürgerlichen Welt schlägt die Entfremdung sich so eindeutig, so unmißverständlich nieder, daß wir vom bürgerlichen »Waren- und Geschlechtsverkehr« sprechen können, als handle es sich um ein und dieselbe Transaktion. Aus der Zärtlichkeit des Kindes, aus dem intimen, persönlichen Verhältnis zwischen Kind und Mutter oder Kind und Bezugsperson, wird im Alter der sogenannten Sexualreife eine entpersönlichte Beziehung zwischen zwei sexuellen Wesen, von denen jedes das andere zu konsumieren sucht. Dieses Verhalten wird in der bürgerlichen Familie schon sehr früh eingeübt, indem die Eltern dem Kinde Gehorsam abverlangen, ihm als Belohnung für erfolgten Gehorsam »Liebe« geben und Ungehorsam mit Liebesentzug bedrohen. So beginnt der heranreifende Mensch seine sexuellen Beziehungen nicht mehr als Beziehungen zwischen Menschen, sondern bereits als Beziehungen zwischen Verhaltensformen zu empfinden. Er lernt, daß die einzige Leistung, die mit Liebe »belohnt« wird, die Anpassungsleistung ist, und daß der Unangepaßte (d. h. derjenige, der Befriedigung erstrebt, statt Unbefriedigung als Preis der Anpassung zu akzeptieren) mit Liebesverlust bestraft wird.

Wenn Liebe aber zur Ware wird, so verwandelt sich das persönlichste aller zwischenmenschlichen Verhältnisse in ein Verhältnis zwischen Dingen. Die Affekte des Menschen verdinglichen sich, seine Gefühle werden ihm entfremdet. Die von ihm selbst erzeugten Emotionen treten ihm als fremde, ihn beherrschende Mächte entgegen. Sexuelle Beziehungen nehmen jenen Fetischcharakter an, den Marx, eine Metapher aus der Religionswissenschaft entlehnend, im ökonomischen Bereich »Warenfetischismus« getauft hat. Wie die religiösen Produkte des menschlichen Hirns sich verselbständigen und dem Menschen als autonome Götter entgegentreten, so verselbständigen sich in der Warenwelt die Produkte der menschlichen Hand und treten ihm als autonome Kräfte der Wirtschaft entgegen – als geheimnisvolle Bewegungen des »Markts«, die zwischen Wirtschafts-»Krise« und Wirtschafts-»Wunder« hin- und herpendeln, ohne daß er als Individuum etwas tun kann, um sie zu verstehen oder gar zu steuern. So scheinen aber auch seine Leidenschaften sich zu gebärden, denn auch sie konfrontieren ihn nun als fremde, verselbständigte Kräfte, die er weder verstehen noch kontrollieren kann.

Enthaltsamkeit, eine der ältesten magischen Praktiken der Menschheit. Sie stammt spätestens aus der mittleren Steinzeit, denn im Mesolithikum glaubte der Mensch bereits, die Natur durch gewisse Leistungen zu Gegenleistungen zwingen zu können. Und die wertvollste Leistung, die er erbringen konnte, war der Verzicht auf Geschlechtsverkehr. So wie der Steinzeitmensch glaubte, durch E. eine gute Ernte, einen reichen Fischfang, Regen oder Sieg erzwingen zu können, so glauben manche Menschen noch heute, daß sie durch sexuelle Enthaltsamkeit ihr Seelenheil erkaufen können. Und genau wie der primitive Animist glaubte, daß sein Erfolg um so größer sein müsse, je anstrengender, schmerzhafter und teurer die Leistung war, die er erbrachte, um die Gegenleistung der Götter zu ertrotzen, so glaubt mancher Mensch heute noch, daß er sich ein um so reineres Gewissen und einen umso besseren Platz im Jenseits ertrotzt, je größer die Opfer und Bußen sind, die er Gott darbringt.

Ob er den Platz im Jenseits gewinnt, kann kein Arzt entscheiden. Daß er bei dem Versuch aber meist seine Gesundheit ruiniert, steht über jedem Zweifel. Epididymitis und Paradidymitis sympathica, Phrenokardie, Chlorose, Kongestion der Eierstöcke, somatogene Impotenz, Erektionsdefekte, Ejaculatio praecox und retardata, chronische Prostatitis, psychogene Impotenz, Frigidität, Angst- und Zwangsneurosen, Hypochondrie, Hysterie und geschlechtliche Abirrungen verschiedener Art sind nahezu unvermeidbare Folgen erzwungener Enthaltsamkeit. → Abstinenz, Askese, Jungfräulichkeit, Keuschheit, Zölibat.

Enthaltsamkeitskrankheiten, psychische und physische Erkrankungen als Resultat unfreiwilliger sexueller Abstinenz. Auch bei freiwilliger Abstinenz zeigen sich oft E. → Andrinämie, Angst, Anorgasmie, Berührungsangst, Bräutigamshoden, Bräutigamsschmerzen, Chlorose, Cypridophobie, Deflorationsphobie, Ehemetritis, Ejaculatio praecox und retardata, Ekel, Epididymitis sympathica, Erektionsangst, Flucht vor der Liebe, Frigidität, Genitalangst, Genitalhypochondrie, Gynäcinämie, Horror sexualis partialis, Hymenismus, Impotenz, Impotenzangst, Koitusangst, Neuralgia testis, Neurose, Orgasmolepsie, Paradidymitis sympathica, Phrenokardie, Prostatitis, Psychose, Sexualneurose, Vaginismus, Venereophobie.

Entjungferung, auch heute noch ein Trauma im Leben der Frau. Ob es in der Hochzeitsnacht geschieht oder vorher, ist kein großer Unterschied: die Angst bleibt die gleiche. »Wird er mir weh tun? Was tue ich, wenn er mir weh tut? Kann ich weinen? Wird er mich für kindisch halten, wenn ich weine?« Das sind Fragen, die jede Frau sich stellt. Die psychologische Angst vor dem falschen Benehmen ist fast stets stärker als die physische Angst vor dem Schmerz, den die Defloration verursachen mag. Barbara Bross sagt: »Das Reißen des Hymens wird kaum schmerzen. Und du wirst auch nicht viel Blut verlieren, wenn überhaupt. Weniger als bei der Menstruation. Mach dir keine Sorgen, wenn es beim erstenmal nicht schön ist. Das hat nichts zu bedeuten. Es gibt einen Mythos, der besagt, daß ein Mädchen den ersten Mann ewig liebt. Das ist purer Unsinn. Das erstemal ist selten angenehm, selbst für die leidenschaftlichste Frau. Also mach dir keine Sorgen. Genieß es, soweit du kannst, und mach weder dir noch ihm Vorwürfe, wenn du es nicht kannst. Wie jedes menschliche Tun ist auch die Liebe auf Praxis angewiesen. Bevor alles in Ordnung ist, braucht ihr beide noch eine ganze Menge Praxis. Verlier die Geduld nicht – nicht mit ihm, und noch weniger mit dir selbst. Du bist nicht frigide, wenn du anfangs wenig oder nichts fühlst. Du wirst bald sehr viel fühlen.«
→ Defloration, Deflorationsmanie, Deflorationsphobie, Jungfräulichkeit, Virginität.

Entôlage [frz. Argot], eine Form des Bauernfanges, die dem → Beischlafdiebstahl und dem → Bilbulmelochnen nahesteht. Die Entôleuse greift in einem Restaurant, Theater, Hotel oder einem ähnlichen Aufenthaltsort der Wohlhabenden einen reichen Mann auf, erlaubt ihm, sie nach Hause zu begleiten, und zieht sich gerade aus, wenn die Wohnungstür aufgeht und der »Vater«, »Bruder« oder »Ehemann« eintritt. Ertappt, ist der Besucher meist willens, die Sache mit einem Geldbetrag zu »bereinigen«.

Entspannung, nach Wilhelm Wundt (1832–1920) eine der Polaritäten des Affektlebens. Er sah in der Dialektik: Spannung-Entspannung, Lust-Unlust, Begeisterung-Depression, den Puls des menschlichen Affektlebens. Das Problem der E. führt ins Zentrum der sexuellen Psychologie. Der Zweck des menschlichen Geschlechtslebens ist die Regeneration des Körpers für nichtsexuelle Aufgaben. Wo der Orgasmus keine E. bringt, besteht keine Fähigkeit der gesellschaftswichtigen nichtsexuellen Aktivität. Unter diesem Generalnenner der Entspannungsfähigkeit fallen eine große Anzahl neurotischer Aktivitäten zusammen. Vgl.: Befriedigung, Detumeszenz, Geschlechtsverkehr, Orgasmus.

Entwicklungspsychologie, sexuelle. Was im folgenden über die sexuelle Entwicklung des Kindes gesagt wird, ist im Gegensatz zu Sigmund Freuds Überzeugungen nicht als biologisches, in allen Kulturen gleichermaßen geltendes Schema zu verstehen, sondern gilt ausschließlich in der bürgerlichen, großstädtischen Kultur des Westens. Freud glaubte bekanntlich, daß das Kind durch vier Entwicklungsstadien geht, die sein Schicksal bis ins hohe Alter hinein bestimmen: Eine erste Phase, in der die ganze Hautoberfläche in gleicher Stärke für Lust- und Unlustreize empfindlich ist. Diese Phase nannte er *polymorph,* »vielgestaltig«. Dann eine Phase, in der das ganze sinnliche Leben des Säuglings von seiner Beziehung zur Mutterbrust oder Flasche abhängig ist: alles konzentriert sich auf die Mundregion, aus der das Kind sowohl Nahrung wie Lust empfängt. Diese Phase nannte er *oral,* »den Mund betreffend«. Drittens die Phase, in der das Kind durch Reinlichkeitserziehung den Zwang der Umwelt zu spüren bekommt und dadurch die Notwendigkeit der Unterordnung unter seine Mitmenschen entdeckt. Gleichzeitig bietet dieses Stadium aber auch die Möglichkeit der Entdeckung des eigenen Einflusses auf die Umwelt. Es ist also ein wichtiges Stadium der Ich-Bildung. Da in dieser Phase alles von der Kontrolle des Afterschließmuskels abhängt, nannte Freud das ganze Stadium *anal.* Schließlich, in der Pubertät, weichen bei »normaler« Entwicklung die Reize der Mund- und Aftergegend den Reizen der Geschlechtsteile. Freud nannte diese Phase *genital.* Den ersten Ansatz der Phase nannte er *phallisch.*

In seinen *Drei Studien zur Sexualtheorie* (1904–1905) argumentiert er, daß die bleibenden Charakterzüge des Erwachsenen dabei auf drei kindliche Tendenzen zurückgehen:

1. Unveränderte Fortsetzung der ursprünglichen, ererbten Sexualappetenz.
2. Sublimierung derselben unter dem Einfluß der Umwelt;
3. Reaktionsbildung gegen sie.

Aus den verschiedenen Mischungsverhältnissen des ursprünglichen, des sublimierten und des durch Reaktionsbildung entstandenen Anteils ergeben sich, nach Freud, die verschiedenen Charakterstrukturen des Menschen. Dabei sind die wichtigsten Umwelteinflüsse während der frühen Entwicklungsstufen Entwöhnung und Reinlichkeitsdressur, die in der bürgerlichen Gesellschaft meist innerhalb desselben Jahres erfolgen. Anfangs hat das Kind also zwei Lustquellen: den Mund und den After, die Nahrungsaufnahme und die Nahrungsabgabe, das Nehmen und das Geben. Dann kommt ein drittes Element hinzu, an dem beide beteiligt sind: das Festhalten, das Behalten, der Besitz.

Der Psychoanalytiker Karl Abraham hat das einmal in diesen Worten ausgedrückt: »Für das spätere soziale Verhalten des Menschen ist es von größter praktischer Bedeutung, in welchem Verhältnis diese drei Quellen körperlicher und psychischer Befriedigung zueinander stehen. Ist die Lust am Bekommen oder Nehmen mit der Lust am Besitz sowie mit derjenigen an der Verausgabung des Besitzes in ein möglichst günstiges Verhältnis gebracht, so ist hiermit ein überaus wichtiger Schritt zur Herstellung der sozialen Beziehungen des Individuums getan. Die Erreichung eines solchen optimalen Verständnisses jener drei Tendenzen bildet die wichtigste Vorbedingung zur Überwindung der Ambivalenz des Gefühlslebens« (Karl Abraham, »Beiträge der Oralerotik zur Charakterbildung«, Vortrag gehalten auf dem VIII. Kongreß der Internationalen Psychoanalytischen Vereinigung, Salzburg 1924. Enthalten in: *Psychoanalytische Studien zur Charakterbildung,* S. Fischer, Frankfurt 1969, S. 208).

Wenn Abraham uns hier vor der ungenügenden Überwindung der Ambivalenz warnt, so benutzt er das Wort im Sinne Freuds und Bleulers: als infantile Doppeldeutigkeit der Gefühle, die bei dem Erwachsenen zu Schizophrenie und anderen Psychosen führen kann, wenn sie nicht während der Genitalphase ein für allemal überwunden wird. Bis dahin finden wir bei allen Kindern als durchaus normales Phänomen entgegengesetzte Emotionen, die gleichzeitig oder in sehr schneller Abwechslung auftreten, zum Beispiel Abneigung und Zuneigung, aber auch (wie in der zweiten Analstufe) einen Wunsch nach Lustbefriedigung mit gleichzeitigem Ekel, oder (wie in der ersten Genitalstufe, der »phallischen« Phase) einen Wunsch nach sexuellem Erlebnis mit gleichzeitig auftretender Scham. Das Merkmal dieser kindlichen Ambivalenz ist also, daß ein Ziel gleichzeitig erstrebt und unbewußt gefürchtet wird. Die Gefahr der Ambivalenz liegt nicht nur darin, daß die Psyche sich in einem intensiven Konflikt befindet, sondern vor allem darin, daß sich eine Gefühlshaltung ganz plötzlich in ihr Gegenteil verwandelt.

Da das, was die bürgerliche Welt »Charakter« nennt, sich aber gerade dadurch auszeichnet, daß bestimmte Aspekte der infantilen Ambivalenz beibehalten werden oder daß auf sie regrediert wird, finden wir bei

Jugendlichen widersprüchliche Haltungen zur Umwelt, die oft nur für den erfahrenen Analytiker deutbar sind. Zum Beispiel tritt weder die Überzüchtung der Reinlichkeit und Sparsamkeit noch ihr Gegenteil jemals allein auf; stets finden wir auch das andere Extrem als geringere oder stärkere Beimischung vor. Ein zweiter Aspekt der Libidoentwicklung, der die Haltung des Kindes zur Umwelt maßgeblich bedingt, ist das Reifen der *Objektliebe,* die Fähigkeit, andere Menschen uneigennützig zu lieben und ihnen Zärtlichkeit entgegenzubringen. Der ganze Apparat der Libidoentwicklung dient der Genese dieser Fähigkeit, denn das neugeborene Kind nimmt die Umwelt nur als Teil seiner selbst wahr und ist deshalb ebensowenig fähig, sie zu erkennen wie sie zu lieben. Aber diese Zuwendung bleibt ambivalent, bis auch hier auf der genitalen Stufe die Autoerotik, der Narzißmus und die Ambivalenz überwunden und dem Primat der Genitalität unterstellt werden.

Das wichtigste Werkzeug zum Aufbau der Objektliebe des Kindes ist die Objektliebe der Erwachsenen, unter deren Obhut es aufwächst. Ein Kind, dem das Vorbild der Liebe fehlt, wird sich nur mit äußersten Schwierigkeiten zur Liebesfähigkeit durchringen können. Es wird jene Triebregungen, die sich gegen die Objektwelt richten, nie ganz ausschalten und somit leicht einer ausbeuterischen, habgierigen Weltanschauung verfallen.

Schließlich müssen wir bei der Entwicklung des Kindes auch die *Triebhemmungen* berücksichtigen. Die frühesten Entwicklungsstufen des Kindes sind frei von solchen Hemmungen, weil überhaupt noch keine Beziehungen zur Außenwelt stattfinden. Erst auf der zweiten Oralstufe, wenn sich die ersten Zähne bilden, präsentiert sich auch die erste Hemmung: *Angst.* Der zerstörerische Beißwunsch dieser Jahre produziert eine zweite Hemmung: *Schuldgefühl.* Als dritte Hemmung bilden sich die ambivalenten Gefühle des *Ekels* und des *Mitgefühls* aus, und zwar beide als Reaktion gegen den unbewußten, aber außerordentlich starken Wunsch, sich die Dinge einzuverleiben. Das mag vom Kotessen über das Verschlucken von Spielzeug bis zum unbewußten Wunsch reichen, sich die Mutter zu introjizieren, damit man sie immer bei sich habe. Beginnt sich die Libido in der »phallischen« Phase auf das andere Geschlecht zu richten, ehe Zeugungs- und Gebärfähigkeit sich entwikkelt haben, so entsteht angeblich als nächste Hemmung die *Scham.* Objektliebe ist bereits vorhanden, aber sie schließt in der bürgerlichen Gesellschaft selbst heute noch manchmal die Genitalien aus. Wird auch diese letzte Triebhemmung durch zufriedenstellenden Geschlechts-

verkehr überwunden, so tritt an ihre Stelle als letzte und engültige Triebhemmung das Gefühl der gesellschaftlichen *Verantwortung*.
Wird in irgendeinem Stadium der Libidoentwicklung die ihm eigene Triebhemmung nicht überwunden, so gelingt es dem Menschen nur selten, die nächste Phase erfolgreich zu erreichen. So erklärt sich mangelndes Sozialgefühl oft aus den unberücksichtigten und unüberwundenen Hemmungen früherer Entwicklungsstufen der Libido. Finden wir einen rücksichtslosen, ausschließlich der Aneigung ergebenen Charaktertyp, der das Konzept des Gemeinwohls als Contradictio in adjecto empfindet, so können wir mit großer Wahrscheinlichkeit vermuten, daß es in der Ätiologie seiner Neurose irgendwann eine unverarbeitete Hemmung gegeben hat.

Entwöhnung, verfrühte, in der Meinung mancher Psychoanalytiker einer der Hauptgründe der → Neurose. Freud widerspricht dieser Theorie. In seiner Arbeit *Über die weibliche Sexualität* (1931) sagt er, seine Patienten hätten in der Analyse immer wieder ihrer Mutter den Vorwurf gemacht, daß sie zu früh entwöhnt worden seien: »Die Mutter hat dem Kind zuwenig Milch gegeben, es nicht lange genug genährt. Das mag in unseren kulturellen Verhältnissen recht oft zutreffen, aber gewiß nicht so oft, wie es in der Analyse behauptet wird. Es scheint vielmehr, als sei diese Anklage ein Ausdruck der allgemeinen Unzufriedenheit der Kinder, die unter den kulturellen Bedingungen der Monogamie nach sechs bis neun Monaten der Mutterbrust entwöhnt werden, während die primitive Mutter sich zwei bis drei Jahre lang ausschließlich ihrem Kinde widmet, als wären unsere Kinder für immer ungesättigt geblieben, als hätten sie nie lange genug an der Mutterbrust gesogen. Ich bin aber nicht sicher, ob man nicht bei der Analyse von Kindern, die so lange gesäugt worden sind wie die Kinder der Primitiven, auf dieselbe Klage stoßen würde. So groß ist die Gier der kindlichen Libido!« → Flaschenernährung.

Enuresis [gr.: enourein = bettnässen], unfreiwilliger Harnabgang. Man unterscheidet zwischen E. nocturna, dem Harnabgang im Schlaf (»Bettnässen«), und E. diurna, dem Harnverlust in wachem Zustand (»Harnträufeln«). Sigmund Freud betrachtete E. vom 3. Lebensjahr an als eine »Pollution der Unreifen«, eine neurotische Ersatzhandlung für einen kindlich adäquaten Ausdruck der Liebe. Der Schweizer Arzt Hans Christoffel hat dieser Frage sein Lebenswerk gewidmet (*Trieb und Kultur,* Basel 1944) und ist zu der Entscheidung gekommen, daß kindliche E. meist ein unbewußter Protest des Kindes gegen die Lieblosigkeit der Eltern oder Pfleger ist. Die Tatsache, daß die Eltern enuretischer Kinder diese oft mit einer an sexuellen Sadismus grenzenden Grausamkeit »bestrafen«, zeigt, daß auch sie sich der unterliegenden Sexualität des Phänomens dunkel bewußt sind, diese Erkenntnis aber systematisch verdrängen und sich selbst vormachen, daß sie das Kind nur schlagen, um es zur »Sauberkeit« zu »erziehen«, → Harntriebhaftigkeit.

Eonismus, männlicher Transvestitismus, nach dem französischen Diplomaten Charles-Geneviève-Louis-Auguste d'Éon de Beaumont (1727–1810), der oft Frauenkleidung trug. In England beliefen die Wettsummen, die auf sein Geschlecht gesetzt waren, mehr als eine Million Pfund. Er besaß einen voll entwickelten Busen, aber normale männliche Genitalien, bewegte sich in Frauenkleidung mit besonderer weiblicher Grazie, focht aber als Mann eine Anzahl erfolgreicher Duelle und galt als ein ausgezeichneter Athlet. → Ambierastie, Ambisexualität, Amphiphilie, Biamanten, Bisexualität, Cisvestitismus, Damenimitator, Genitalmaske, Geschlechtsumwandlung, Hosenrolle, Intersexualität, Maske, Metamorphosismus, Metatropismus, Transgestismus, Transsexualität, Transvestitismus, Verkleidungstrieb, Weihnachtspantomime.

Epanga, rituelle Transvestiten bei den Hereros in Südwestafrika. Es waren Knaben, die von frühester Kindheit an als Mädchen erzogen und gekleidet wurden, um dem Stamm als päderastische Lustobjekte zur Verfügung zu stehen. Sie galten aber nicht als männliche Prostituierte, sondern als Teil einer verehrungswürdigen und verehrten Institution. Vgl.: Achnutschik, Basir, Basm, Batscha, Berdache, Bote, Galli, Homosexualität, Kedeschim, Knabenehe, Mujadores, Ovashengi, Päderastie, Puer sanctus, Pumea, Schupan, Tempelprostitution, ritueller Transvestitismus, Tschukadn.

Épée de Charlemagne [frz.: Schwert Karls des Großen], eine idiomatische Bezeichnung der → Analmasturbation. Das »Schwert« ist der Finger, der in den After des Sexualpartners während des Koitus oder auch an Stelle dessen eingeführt und hin- und herbewegt wird. In den französischen Bordellen und »Massagesalons« spielte dieses »Schwert« stets eine große Rolle. Man sprach von »Analmassage« zur Belebung der Potenz. Besonders ältere Männer sind oft gänzlich auf diese Praxis angewiesen, um zum Orgasmus zu gelangen. → Analerotik, Introductio digiti, Proctolagnie, Siphnisieren. Vgl.: Einverleibung, Klistieromanie, Pfählung.

Ephebogenese [gr.: ephebos = Jüngling; genesis = Erzeugung], Jünglingszeugung, menschliche Fortpflanzung ohne Mitwirkung eines weiblichen Wesens. Das Wort ist in Anlehnung an den Begriff → Parthenogenese (gr.: parthenos = Jungfrau) geprägt worden, der Fortpflanzung ohne Mitwirkung eines männlichen Wesens beschreibt. Parthenogenese gibt es bei zahlreichen tierischen und pflanzlichen Gattungen, E. dagegen bei keiner. → Androgenese.

Ephebophilie [gr.: ephebos = im alten Athen der über 16 Jahre alte Jüngling; philia = Liebe], Schülerliebe, Jünglingsliebe. Ein von Hirschfeld geprägter Begriff, der die Unfähigkeit eines Menschen ausdrücken soll, mit anderen als mit 14- bis 21jährigen Jünglingen sexuell zu verkehren. Hirschfeld dachte hierbei hauptsächlich an ein homosexuelles Syndrom, aber die gleiche Fixierung auf die gleiche Altersgruppe läßt sich auch bei heterosexuellen Frauen beobachten (Hirschfeld: *Die Homosexualität*). Vgl.: Didaskalophilie, Kinderballet, Kinderprostitution, Knabenbordell, Knabenehe, Knabenharem, Neoterophilie, Päderastie, Pädophilie, Pagismus.

Epididymitis erotica → E. sympathica.

Epididymitis sympathica, eine sogenannte → Enthaltsamkeitskrankheit des Mannes. Bei starker sexueller Erregung ohne Befriedigung tritt eine Form der Nebenhodenentzündung mit Schwellung, Rötung und Schmerzen auf. Die E.s. wurde von manchen Ärzten des mittleren 20. Jahrhunderts zitiert, um die Unsinnigkeit und Naturwidrigkeit des vorehelichen Enthaltsamkeitsgebotes zu belegen. → Abstinenz, Gynäcinämie, Neuralgia testis, Paradidymitis sympathica, Phrenokardie, vorehelicher Geschlechtsverkehr.

Epilation [lat.: Enthaarung], ein kosmetisches Ritual, das den Menschen verschönern soll. Nach Charles Darwin (*Über die Entstehung der Arten durch natürliche Auslese*) und Desmond Morris (*Der nackte Affe*) empfindet der Mensch die Abwesenheit von Körperhaar als schön, weil es die charakteristisch menschlichen Eigenschaften unterstreicht, die ihn von seinen tierischen Vorfahren unterscheiden. Deshalb rasieren sich Männer, lassen sich Männer und Frauen die Haare schneiden, und entfernen die Frauen Achsel- und Beinhaare. Bei vielen Naturvölkern wird die Enthaarung als sexuelles Reizmittel vorgenommen, wie bei den Indern speziell die Entfernung der Schamhaare ein Postulat der Erotik bildet. Auch im römischen Altertum zur Zeit der ersten Kaiser wurde das Haar der Schamgegend und der Achselhöhle als kosmetischer Übelstand empfunden und demgemäß behandelt. Und zwar wurde speziell mit der Behaarung der Schamgegend und der Achselhöhlen der Begriff der Unreinlichkeit und des Übelriechenden verbunden, während man eine starke Behaarung des übrigen Körpers zunächst als Zeichen der schwindenden Jugend betrachtete (Stoll). Im Orient schreiben die Ritualgesetze die Enthaarung der Schamgegend vor. Die Haare werden meist durch ein Präparat von Auripigment und Kalk entfernt. Bei den Römern galten orientalische Sklaven und Sklavinnen als Epilationsexperten. Sie benutzten heiße Harze und Pechpflaster zur Haarentfernung. Auch die römischen Prostituierten galten als Enthaarungsfachleute, weil sie sogar ihre Schamhaare entfernt hatten. Eine dauernde E. erreicht man heute durch Elektrolyse oder Elektrokoagulation, bei denen es zur Zerstörung der Haarpapille kommt. Das Haar läßt sich dann leicht herausziehen und wächst nicht mehr nach. Bei unsachgemäßer Ausführung kann es jedoch zu Narbenbildungen kommen. Auch Röntgenbestrahlung führt zu bleibendem Erfolg, es kann aber noch nach Jahren und Jahrzehnten zum Auftreten von Hautschäden kommen. Mechanische E. mit Hilfe von Pinzetten, Rasieren, Anwendung von bariumhaltigen Mitteln, von Harzen usw. hat nur vorübergehenden Erfolg, die Haare wachsen meist verstärkt nach.

Als sexuelle Obsession drückt der E.-Wunsch einen Kastrationswunsch aus, besonders wenn Frauen oder Männer darauf bestehen, die Scham- und Achselhaare ihrer Geliebten persönlich zu entfernen. Ein unbewußtes Motiv der gleichen Art spielt bei dem Unteroffizier mit, der von seinen Gefreiten verlangt, daß sie »nicht wie Weiber aussehen«, und bei der Mutter, die ihren Sohn zum Friseur schickt, damit er »nicht wie ein Mädchen aussieht«. Seit Urzeiten wurden die Haare als Symbol der menschlichen Kraft und Stärke angesehen. Daher mag auch die Gewohnheit stammen, einige Haare eines berühmten Mannes oder geliebten Wesens aufzubewahren. Die Legende von den Haaren als Zentrum der Lebenskraft findet sich bei den Juden in der Geschichte Simsons, in Griechenland bei Alkestis, und auch bei den Römern, wo Vergil von den Haaren der Dido spricht. Daher das übliche Sprichwort: »Sein Leben hängt nur an einem Haar.« Da man glaubte, daß im Haar die Seele oder Lebenskraft säße, galt das Haarabschneiden für besonders gefährlich. In Deutschland ist ein letzter Rest dieser Vorstellung das hier und da bestehende Verbot, das Haar der Kinder im ersten Jahr zu schneiden. Eine Hauptquelle dieses Aberglaubens ist die Angst, daß irgendein Geist, ein Dämon oder böser Mensch sich die Haare aneigne und dadurch eine furchtbare Macht über sein Opfer gewinne. Mit der vom Zopf umwickelten Hand leisteten die Germaninnen unverletzliche Eide. Grausamste Strafe der treuebrüchigen Frau war das Abschneiden des Haupthaars. Mit dem Haar verlor die Germanin ihre Ehre, den Inbegriff der Würde. Auch bei den germanischen Männern galt langes Haar als Zeichen der Freiheit. Nur den Sklaven wurde das Haar kurz geschnitten. Bei den orthodoxen Juden wurde der Frau das Haar abgeschnitten – aber nur, damit sie keinen anderen Mann zum Ehebruch verführen möge. Die Gleichheit des langen Haars bei jungen Männern und Frauen unserer Zeit bezeugt das Verschwinden der männlichen Angst vor der Beschuldigung der Homosexualität, also eine wachsende Sicherheit des Mannes, die Geschlechtsunterschiede nicht mehr durch die künstlichen Mittel der E. und des Haarschnitts aufrechterhalten zu brauchen.

Épongeur [frz.], Schwammsauger, ein sexueller Deviant, der mit einem Schwamm ausgerüstet öffentliche Toiletten aufsucht, um dort den Urin anderer Menschen mit dem Schwamm aufzusaugen und dann aus dem Schwamm in den Mund zu spritzen. Alle erforschten Fälle dieser Art zeigen das gleiche Syndrom eines unwiderstehlichen Bedürfnisses. Es gibt homosexuelle Épongeurs (sowohl Frauen wie Männer), die nur in Toiletten ihres eigenen Geschlechts gehen. Die meisten Fälle sind jedoch nur deshalb zur Kenntnis der Ärzte gelangt, weil man Männer in Frauentoiletten und Frauen in Männertoiletten festgenommen und dabei entdeckt hat, daß sie dieser Deviation anhängen. → Harntriebhaftigkeit, Nachttopffetischismus, Nachttopfsklave, Renifleur, Soupeur, Urolagnie, Urolalie, Urophagie, Urophilie, Uropotie.

Equus eroticus [lat.: Liebespferd], ein sehr alter Begriff für eine der ältesten sadomasochistischen Positionen: der Mann als Reittier, die Frau als Reiterin. Viele Tausende Illustrationen belegen dieses Konzept. Der Mann mag nackt oder bekleidet sein, die Frau ist fast nie völlig nackt, selbst wenn sie nur Reitstiefel oder Sporen trägt. Zaumzeug und Reitpeitsche unterstreichen den sadomasochistischen Charakter der Situation. Manchmal kriecht der Mann auf Händen und Knien, manchmal trägt er die Frau auf den Schultern. Zweifellos liegt in der Legende von den Kentauren der sexuelle Sinn eines E. e. → Lykanthropie, Metamorphosismus, Mixoskopia bestialis, Tierfetischismus, Zooanthropie, Zooerastie, Zoomimik, Zoonekrophilie, Zoophilie, Zoosadismus.

Erbsünde, die Sünde Adams, von Augustinus (354–430) als »concupiscentia« (sexuelle Begierde) definiert. Obgleich die katholische Theologie das Konzept der Erbsünde aus 1. Mose 2,16 und 3,24 ableitet, stammt die Idee in ihrer Grundform doch erst von Paulus und ist sicherlich nicht vor dem Herbst 53, der Zeit seiner dritten Missionsreise, entstanden. Weder in der jüdischen Theologie noch im Hellenismus, weder im Alten Testament noch in den Evangelien ist die Idee auch nur andeutungsweise anzutreffen. Die Geschichte vom Sündenfall (→ Erkenntnis) enthält kein Konzept einer E.

Augustinus leitete das Konzept aus seiner eigenen Erfahrung der Unfähigkeit ab, sexuellen Versuchungen zu widerstehen. (Er hatte vor seiner Bekehrung eine Anzahl von Mätressen und mindestens einen unehelichen Sohn). In seiner Lektüre der paulinischen Schriften entdeckte er ähnliche Schwierigkeiten bei Paulus und schloß daraus, daß diese Schwierigkeiten Teil der menschlichen Natur seien. Ehe er diese Thesen veröffentlichte, widmete er sich mit großer Akribie dem Studium der Kinderpsychologie, denn die gleiche Frage, die Sigmund Freud sich anderthalb Jahrtausende später stellte, drängte sich bereits ihm auf: verspüren Kinder sexuelle Begierden? Er entschied, daß die Sexualität tatsächlich bereits im Säuglingsalter einsetze, und zog daraus die Folgerung, daß sie erblich sein müsse und damit die eigentliche Erbsünde der Menschheit darstelle. Im Gegensatz zu Freud zog er aber hieraus nicht den Schluß, daß sich der Mensch durch Bewußtmachung des Unbewußten von dem Schicksal der ererbten Triebe befreien könne, sondern sah das Schicksal des Menschen als eine »massa perditionis«, als einen Klumpen von Verderbnis, der sich nur durch die Gnade Gottes und das Sakrament der Taufe zu neuem Leben erheben könne. Zu den paulinischen Ansätzen dieses tragischen Gedankens fügte er das Konzept des »reatus«, der Schuld, hinzu, und mit diesem Schritt begann die Gnostifizierung der Kirche (→ Gnosis, Gnostiker, Katharer, Mani, Manichäer). Von 375 bis 384 war Augustinus ein Schüler des → Mani gewesen. Auch nach seiner Bekehrung zum Christentum konnte er sich niemals von dem manichäischen Dualismus von Gut und Böse befreien. Nie vermochte er den manichäischen Grundgedanken der ererbten Schlechtigkeit des Menschen aufzugeben. Unter dem Namen der Erbsünde führte er ihn nun in die christliche Theologie ein. Aufmerksame Theologen, die mit den gnostischen Ideen des Manichäismus vertraut waren, erkannten deren Spuren sofort in der augustinischen Lehre und warnten die Kirche, daß hier ein Konzept eingeführt werden solle, das dem Menschen die Willensfreiheit nehmen würde, durch Gebet, Glaube und gute Taten zum Christen und zum guten Menschen zu werden. Pelagius, ein keltischer Theologe (und wie viele Kelten ein Mann von großer Liberalität), war der erste, der Augustinus überzeugend widerlegte. Coelestinus, ein römischer Rechtsanwalt, der seine Praxis aufgegeben hatte, um sich dem asketischen Leben zu widmen, schloß sich Pelagius an, tat ihm aber einen zweifelhaften Dienst, indem er seine Lehre vulgarisierte und übertrieb. Erst Julian, Bischof von Eclanum (Apulia), gelang es, den Pelagianismus von den coelestinischen Schlacken zu befreien und Augustinus in wirklich überzeugender Weise entgegenzutreten. Augustin, in die Enge getrieben, bezichtigte nun seinerseits Julian und Pelagius der Ketzerei. Im Dezember 415 wurde Pelagius vor eine Synode von 14 Bischöfen in Diospolis (Lydda) zitiert, wo er Augustins Vorwürfe erfolgreich zurückwies. Augustins Freunde sammelten jedoch Stimmen gegen die Pelagianer und erhielten hierbei die Unterstützung des Kaisers und des Bischofs von Rom, Zosimus, der 418 ein Rundschreiben aussandte, das die Bischöfe aufrief, die Pelagianer zu verdammen. Neunzehn italienische Bischöfe weigerten sich, darunter Julian, der sich ausdrücklich mit Pelagius identifizierte. Sein Streit mit Augustinus erweist ihn als den besseren Dialektiker.

Wer die Geduld hat, die Argumentation der beiden Männer im Originaltext zu verfolgen, kann sich kaum dem Gedanken entziehen, daß die Geschichte der westlichen Menschheit einen anderen Kurs genommen hätte, hätte sich das Konzil von Ephesus unter dem Druck der kaiserlichen Gewalt im Jahre 431 nicht der augustinischen Meinung angeschlossen. Die Auseinandersetzung bewegte sich eigentlich nur um einen einzigen Punkt: die Willensfreiheit des Menschen. Julians Theologie mutet uns in diesem Sinne wie eine Vorahnung des Existentialismus an, die Augustins wie eine Vorahnung der dunkelsten Erbbiologie, die dem Individuum kaum eine Hoffnung gibt, sich von dem Fluch der negativen Erbsträhnen zu befreien. Auf protestantischer Seite schlossen sich später Erasmus und in noch höherem Maß Münzer den pelagianischen Überzeugungen vom freien Willen und der Perfektibilität des Menschen an, während es Luther und in noch höherem Maße Calvin mit Augustinus hielten. Auch im Protestantismus, der das Konzept der Erbsünde nicht kennt, bleibt also der tiefe Konflikt zwischen Augustin und Pelagius bestehen: auf der einen Seite die Prediger der Schuld und Scham, der Sünde und der Selbstkasteiung, auf der anderen Seite die

Advokaten des freien Willens, der Güte, Liebe und Nächstenliebe. So läuft der Streit über die E. am Ende auf einen Streit zwischen denen hinaus, die eine bessere Welt im Diesseits zu errichten hoffen, und jenen, die wegen der Unverbesserlichkeit des Menschen nur auf ein besseres Jenseits hoffen können. → Erkenntnis, Sündenfall.

Erdmutter, die Ausdeutung der Erde als Mutter und der Mutter als Erde, eines der Kernstücke aller Mutterreligionen. Im Altgermanischen wird die Mutter als *eru, erce* angesprochen. Indogermanisch: ar = pflügen. Deshalb Artemis, Artus, Artio (die keltische und helvetische Fruchtbarkeitsgöttin), Ertus, Nerthus (die germanische Fruchtbarkeitsgöttin bei Tacitus). Die Vaterreligionen haben das Urkonzept der E. durch Synkretisierung in ihr Gegenteil zu verwandeln versucht: die Hexe, die gezahnte Vagina, das Grab, der Tod. Deshalb besteht das Konzept der E. heute aus so widersprüchlichen, offenbar unvereinbaren Vorstellungen, in denen unverletzbare Jungfräulichkeit neben orgiastischer Sexualität steht, das nährende Wasser (→ Fruchtwasser) neben dem drohenden, alles verschlingenden Sumpf, Gebären und Umsorgen neben Aussaugen und Zerstören, Leben neben Tod. Drei wesentliche Aspekte der E. sind heute im Volksbewußtsein und nach C. G. Jung auch im »kollektiven Unbewußten« der Menschheit verankert: hegende, nährende Güte, orgiastische Emotionalität, unterweltliche Dunkelheit. Um diese Aspekte auszudrücken, verfügt die schöpferische Phantasie des Menschen, z. B. im Traum, über eine schier unerschöpfliche Mannigfaltigkeit der Bilder: der Urstoff, die Materie, die Erde und was aus ihr wächst, in ihr wurzelt, die Pflanze, Busch und Baum, der umhegte Garten. Die Gebärmutter, die Geburts- und Zeugungsstätte, die Höhle aller Hohlräume, der Backofen, der Kessel. Die ummauerte Stadt, die Kirche, das Kloster, die Universität (Alma Mater). Das schützende und nährende Tier, vor allem die Kuh, sowie das häufig im Märchen anzutreffende »hilfreiche Tier« überhaupt. → Mutterrecht, Mutterreligion, Orgie, Tempelprostitution.

Erektion [lat.: erectus = aufrechtstehend, gerade], die Versteifung und das Sich-Aufrichten des männlichen Gliedes, eine unumgängliche Voraussetzung des Koitus. Die E. beruht auf einer Volumen- und Konsistenzzunahme, bedingt durch erhöhten Blutgehalt der corpora cavernosa. Dieser kann sowohl durch einen vermehrten Zufluß arteriellen Blutes, durch Erweiterung der Strombahn infolge Erregung gefäßerweiternder Nerven (der *nervi erigentes*) als kongestive vermehrte Blutfülle, oder durch eine Hemmung des venösen Rückflusses (als passive vermehrte Blutfülle) oder schließlich durch beide Vorgänge hervorgerufen werden. Die vermehrte Blutfülle, welche zur E. führt, hat einen aktiven Charakter und nicht den einer Stauung. Sie findet ihre Lösung, indem an Stelle der Erschlaffung eine tonische Kontraktion der Gefäßmuskeln, der Schwellkörpertrabekeln und der Venen einsetzt, welche das steife Glied wieder in den schlaffen Zustand zurückführt. Die Auslösung der E. ist teils Einflüssen erregender Art von seiten der Großhirnrinde, teils reflektorischen Einflüssen (Reizung der Nerven durch Berührung der Genitalien, Füllung der Samenblasen) unterstellt. Auch bei der Frau wird durch dieselben Einflüsse wie beim Mann das Erektionszentrum erregt, was zu einer E. der Klitoris, hier aber zugleich zur Entleerung der Bartholinschen Drüsen und der Ödematisierung der Vaginalwände führt. Der Erektionsreflex hat sein Zentrum im zweiten bis fünften Segment des Sakralmarks. Er gehört zum Parasympathicus im unteren Rückenmarksabschnitt. Vom Penis zum Erektionszentrum verlaufende Reize werden über den Nervus dorsalis penis und den Nervus pudendalis zum Sakralmark geleitet. Die vom Erektionszentrum wegführenden parasympathischen Nervenfasern verlaufen zunächst zu einem Nervengeflecht im Becken, dem Plexus pelvicus, und gelangen dann über die Nervi erigentes zu den Schwellkörpern des männlichen Gliedes. Die Klitoralerektion wird ebenfalls vom parasympathischen Reflexzentrum im Sakralmark erzeugt. Der Unterschied zwischen den weiblichen und männlichen Schwellkörpern ist aber doch ein grundsätzlicher. Nur das männliche Glied *erigiert* im wörtlichen Sinne, richtet sich auf, während die weiblichen Schwellkörper im Zustand der Erregung zwar steif werden, ihre Richtung aber nicht verändern. → Koitus, Tumeszenz.

Erektionsangst, die neurotische Angst des Mannes, daß sein Glied sich unerwarteterweise erheben könne und die Erektion durch die Hose sichtbar werde. Solche Männer leben in einer permanenten Panik. Hinter der E. verbirgt sich die Angst vor der Sexualität, die dem Kinde von seinen Eltern eingeimpft worden ist. Sie ist das Resultat des Konflikts zwischen dem elterlichen Verbot der Onanie und der Entdeckung, daß sexuelle Wünsche trotz aller Verbote nicht unterdrückbar sind. Freud spricht auch von einer weiblichen E., die sich in dem Versuch äußert, die Klitoris zu beherrschen. → Cypridophobie, Ehescheu, Flucht vor der Liebe, Genitalangst, Koitusangst, Misogamie, Repulsionskräfte, Venereophobie.

Ergi [jap.: Etymologie unsicher], künstlicher Penis zur Selbstbefriedigung der Frau und dem Geschlechtsverkehr zwischen Lesbierinnen. Vgl.: Selbstbefriedigungsinstrumente.

Ergophilie [gr.: ergon = Arbeit; philia = Liebe], ein von Charles Féré im Jahre 1905 geprägter Begriff, der den sexuellen Reiz gewisser Tätigkeiten anderer Menschen erklären soll. Féré beobachtete eine 26jährige Frau, die als vierjähriges Kind die erste geschlechtliche Regung verspürte, als sie vor einer Jahrmarktsbude eine kleine, ebenso alte Jongleurin mit drei Kugeln ihre Kunststücke ausführen sah. Jedesmal, wenn sie sich später diese Szene ins Gedächtnis zurückrief, hatte sie einen Orgasmus, und ebenso beim Anblick eines im Zirkus mit Eleganz und Leichtigkeit seine Exerzitien ausführenden Athleten; desgleichen, als sie einen Schnitter mähen sah. In einer frigiden Ehe kehrte sie immer wieder zu diesen Vorstellungen als dem einzigen Mittel sexueller Befriedigung zurück (*Belgique médicale,* 1905). Bloch (*Das Sexualleben unserer Zeit*) weist auf den von Amrain (*Anthropophyteia,* Bd. 4) mitgeteilten Fall hin, in dem ein 53jähriger Rentner durch das Herumgewirbeltwerden auf schnell rotierenden Stühlen geschlechtlich erregt wird, und meint, daß auch dieser Fall zur E. gerechnet werden kann. Mir scheint dies zweifelhaft. Denn erstens muß man deutlich zwischen der aktiven und der passiven Form eines jeden Fetischismus unterscheiden, und zweitens scheint mir, daß Férés Begriff falsch betitelt ist. Was er meint, ist → Kinephilie, also Bewegungsfetischismus, und nicht E., die eine Form des Arbeitsfetischismus ist. Vgl.: Werkzeugfetischismus.

Erkenntnis des Guten und Bösen, also die Fähigkeit der moralischen Entscheidung, wird in der Bibel als Privileg Gottes betrachtet: »Du sollst essen von allen Bäumen im Garten; aber von dem Baum der Erkenntnis des Guten und Bösen sollst du nicht essen« (Gen. 2, 16–17). Die Schlange aber sagt: »Gott weiß, daß, welches Tages ihr davon esset, so werden eure Augen aufgetan, und werdet sein wie Gott und wissen, was gut und böse ist« (Gen. 3,5). Und so geschieht es. Eva ißt, weil der Baum »klug macht«, und gibt ihrem Mann auch von der Frucht, und er ißt, und »da wurden ihrer beiden Augen aufgetan und sie wurden gewahr, daß sie nackt waren, und flochten Feigenblätter zusammen und machten sich Schürze« (Gen. 3,6–7). Diese Erkenntnis hat Augustinus (354–430) in das den Juden nicht bekannte Konzept der → Erbsünde umgedeutet. Vgl.: Concupiscentia, Sündenfall.

Ermüdung steht in enger Beziehung zur Sexualität. Menschen mit starker Libido ermüden weniger als Menschen mit schwacher Libido. Obgleich der Geschlechtsverkehr als solcher einen Energieverlust darstellt, regeneriert er gleichzeitig den ganzen Metabolismus. Die Häufigkeit und Intensität des Geschlechtsverkehrs gesunder Menschen steht also im umgekehrten Verhältnis zur Ermüdung.

Die erwiderte Zuneigung eines Menschen, den wir bewundern und respektieren, gibt dem Körper eine ganz außerordentliche Vitalität. Der Liebende und Geliebte braucht weniger Schlaf, kann größere Arbeitslasten tragen und ermüdet weniger als der Ungeliebte und nicht Liebende. Eine der ersten Fragen, die jeder erfahrene Arzt stellen wird, wenn ein Patient über dauernde Müdigkeit klagt, wird sich deshalb mit dem Sexualleben befassen. Er kann dem Patienten keine Geliebte verordnen, aber er kann ihn zumindest darauf aufmerksam machen, daß die Müdigkeit kein organisches Symptom, sondern eine Mangelkrankheit ist. Mangel an Liebe *ist* eine Krankheit. Wer nicht liebt, wird auch nicht geliebt.

erogen [gr.: eros = Liebe; gennan = erzeugen], Liebe erzeugend, geschlechtliche Erregung hervorrufend, sexuell stimulierbar und stimulierend. Als e. gelten beim Erwachsenen vor allem die → Genitalien und die → Erogenzonen.

Erogeneität, sexuelle Stimulierbarkeit. Die Eignung einer Körperzone, als Quelle sexueller Erregung zu dienen.

Erogenzonen, jene Körperteile, die beim Menschen besonders empfindlich für sexuelle Hautreize sind. Die E. sind nicht bei allen Menschen gleich und bleiben auch im Laufe des Lebens beim einzelnen nicht gleich. Bei der Geburt ist die gesamte Hautoberfläche des Menschen eine einzige Erogenzone, da das Kind im Mutterleib bis dahin von jeder direkten Berührung mit anderen Menschen ferngehalten worden ist. Es reagiert also unerhört sensibel – sowohl mit Lust wie mit Schmerz – auf jeden Hautkontakt (→ kutane Phase). Im Laufe der Kindheit verschwindet diese universelle Stimulierbarkeit der Hautoberfläche und konzentriert sich statt dessen auf einen Knotenpunkt nach dem anderen – zuerst (während der Aufnahme flüssiger Nahrung) auf den Mund und seine Umgebung (→ orale Phase), dann (von der Zeit der ersten festen Nahrung bis zur Reinlichkeitsdressur) auf den After und seine Umgebung (→ anale Phase), und schließlich, während der Pubertät, auf die Genitalien (→ genitale Phase). Andere E. sind der Damm, Brustwarzen, Achselhöhlen, Augenlider und Ohrläppchen.

Eros, ursprünglich nicht etwa der Gott der heterosexuellen, sondern nur der homosexuellen Liebe. Daß das, was wir heute Liebe nennen (die ausschließliche Leidenschaft eines Menschen für ein einziges und kein anderes Wesen), ursprünglich nur als homosexuelle Leidenschaft eines Mannes für einen anderen Mann bekannt war, geht unter anderem daraus hervor, daß Eros vorzugsweise Knaben entführte. In Thespiai in Böotien wurden beim Erosfest Loblieder nur auf die Knabenliebe gesungen, und nach Meleagros weckte Eros nur die »knabenbegehrende Glut«. In Kreta, Sparta und Theben wurde Eros als Gott der Päderastie verehrt. In Troas und Lakonien war der Eroskult bisexuell. Die Erosstatuen des Praxiteles und Lysippos zeigen hermaphroditische Züge. Eros war, was auch der sadomasochistischen Komponente der »Leiden«-schaft entspricht, der »Peiniger«. Die Lust, die er erweckte, war nicht die glückliche Sinnesfreude, die seine Mutter Aphrodite vermittelte, sondern die → Erotomanie, der Liebes*wahn*. Aphrodite, als mutterrechtliche Göttin, beschützte die Polyandrie, die Paarung einer Frau mit vielen Männern, und die Polygynie, die Paarung eines Mannes mit vielen Frauen. Eros als vaterrechtliche Gottheit beschützte dagegen die Monogamie, die Einehe, und zwar sowohl die zwischen Mann und Frau wie die zwischen zwei Männern. Platon definiert im *Symposion* und im *Phaidros* den Eros als den nicht leiblich zeugenden Gott, als jenen Teil der Liebe, der nichts mit der Fortpflanzung zu tun hat, also auch wieder als den zumindest latent homosexuellen Aspekt der Liebe. Freud verwendet den Begriff »Eros« von 1920 an synonym mit → »Lebenstrieb«. → Amor, Päderastie, Platonische Liebe, Sokratische Krankheit.

Erotik »korrespondiert mit dem Geschlechtstrieb wie der Appetit mit dem Nahrungstrieb«, sagt Giese. Es gibt eine Geschlechtsnot, wie es eine Hungersnot gibt, aber es gibt weder eine Erotiknot noch eine Appetitnot. »Erotik orientiert über das Ausmaß an Freiheit, das sich jemand kultiviert hat, d. h. über die Art seiner Souveränität (Geistigkeit) gegenüber den triebhaft-affektiven Erlebnissen. Perversionen lassen eine Verarmung an Erotik erkennen, einen Verlust an Souveränität, einen Verfall an das sinnliche Leben. Andererseits können abnorme und hochabnorme (aber nicht perverse) sexuelle Haltungen gerade hohe Kultur bzw. Souveränität repräsentieren.« Gieses Schüler teilen diese Ansicht heute nicht mehr und haben die Konzepte des → Triebs und der → Perversion deshalb durch die der sexuellen → Appetenz und der sexuellen → Aberration oder → Devianz ersetzt. → Analerotik, Genitalität, Hauterotik, Klitoralerotik, Körpererotik, Libido, Muskelerotik, Oralerotik, Sexualität, Urethralerotik, Vaginalerotik.

erotische Delirien, Kennzeichen gewisser Psychosen, sind nicht etwa, wie man im Mittelalter glaubte, Formen der Teufelsbesessenheit, sondern Befreiungszustände, die dazu dienen, bestimmte Fesseln der Zivilisation abzuschütteln und das Verdrängte hervorbrechen zu lassen. Die Psychose ist ein Sicherheitsventil, das den Körper vor der totalen Selbstzerstörung bewahrt, indem es ihm erlaubt, die Wünsche, die in ihm stecken, temporär zu erfüllen. In Sexualpsychotikern dieser Art sehen wir deshalb unser Spiegelbild. Wenn man Tonfilme vom Leben und Gebaren der Sexualpsychotiker öffentlich zeigen könnte, würden wir entdecken, wie dünn das Furnier der Zivilisation ist und wie dringend nötig es für das Überleben der Menschheit ist, eine alternative Form der Kultur aufzubauen. Solche e. D. bezeugen, wie unverläßlich der Eindruck der Sittlichkeit ist, den der zivilisierte Mensch im Alltagsleben gibt, und wie heuchlerisch viele der Überzeugungen sind, deren er sich brüstet. Junge Mädchen, die noch nie Geschlechtsverkehr gehabt haben, vollführen im erotischen Delirium Koitusbewegungen, entblößen sich, onanieren mit einer Art von exhibitionistischem Stolz und sprechen obszöne Worte aus, von denen ihre Mütter, Väter, Brüder und Schwestern schwören, daß sie sie nie im Leben gehört haben. Es ist den anderen unfaßbar, wo das Mädchen die Worte, die Bewegungen, die sexuellen Erfahrungen erlernt haben kann. Hier sehen wir die Gewalt der Verdrängung, die den zivilisierten Menschen dazu bringt, allen Ernstes zu glauben, daß er Worte nie gehört habe, die er seit seiner Kindheit kennt, und daß er Gesten und Bewegungen nicht kennt, die das Ureigentum der menschlichen Rasse sind. → Paradoxia sexualis, Sexualmoral.

Erotographomanie [gr.: eros = Liebe; graphein = schreiben; mania = Wahn], ein von Iwan Bloch (1872–1922) geprägter Begriff, der das besessene Schreiben von erotischen Briefen bezeichnet. Wenn die Briefe obszön sind, nennt Bloch die Tätigkeit → Pornographomanie. Die Briefe werden meist anonym an Bekannte, Freunde oder Feinde des Erotographomanen gesandt, manchmal auch blind an Menschen, die ihm völlig unbekannt sind. Die → Pornolalie, die Neigung zu obszönen Telephonanrufen, in denen der Anrufer die angerufene Person meist mit »du« anspricht und Fragen intimster Art stellt, ist mit der Erotographomanie verwandt. Beziehen sich die Briefe solcher Menschen mehr auf Schmutz als auf Sexualität, wird also Unflätigkeit beschrieben und stammt das Vokabular aus dem Bezirk von Kot und Urin, nennt Bloch das Phänomen → Koprographie. Erotographomanen, Pornographomanen, Koprographomanen sind fast stets Onanisten. Sie masturbieren beim Schreiben solcher Briefe, indem sie sich vorstellen, wie der Brief den Empfänger in Aufregung versetzt. Bloch benutzt den Begriff Erotographomanie noch in einem zweiten Sinne: für jene Menschen, die sich von anderen obszöne Briefe schreiben lassen, oft Briefe, die der Empfänger selbst diktiert hat. Hier tritt der narzißtische, automonosexuelle Charakter dieser Abirrung noch klarer hervor als beim Senden solcher Briefe an andere Menschen. → Koprolalie.

Erotokraten [gr.: eros = Liebe; kratos = Macht], die Besitzer der Liebesmacht, Menschen mit gesundem und starkem Geschlechtstrieb. Das Wort stammt von Georg Hirth. *Erotokratie* ist die Herrschaft über die menschliche Gesellschaft durch diejenigen Menschen beider Geschlechter, die ein kräftiges und befriedigendes Geschlechtsleben führen.

Erotomanie [gr.: eros = Liebe; mania = Wahn], Liebeswahn, die Überzeugung der alten Griechen, daß geschlechtliche Lust etwas Gutes sei, daß eine Leidenschaft zweier Menschen zueinander aber gefährlich ist, wenn sie sich ausschließlich miteinander beschäftigen und ihre Körper als gegenseitigen Monopolbesitz betrachten. Diese Form der »Leiden«-schaft wurde von den Griechen als gemeingefährlicher Wahn betrachtet. »Stets empfanden die Griechen«, sagt Erwin Rohde, »eine stürmisch übermächtige Gewalt der Liebe wie ein demütigendes Unheil, ein Pathos zwar, aber nicht ein heroisch-aktives, sondern ein rein passives, das den sicheren Willen verwirrte, dem Verstande das lenkende Steuer aus der Hand schlug und den Menschen, wenn es ihn in einen Abgrund leidenschaftlicher Verwirrung hinabriß, nicht im Untergange erhob, wie die heroischen Freveltaten der tragischen Helden, sondern ihn trübselig niederdrückte und vernichtete.« Daher hat auch, worauf Bloch hinweist, die ältere epische und tragische Poesie der Griechen niemals die Liebe zum Gegenstand der Dichtung gemacht. Doch erschien der Zustand des übermäßigen Verliebtseins, der »Erotomanie«, nicht nur den alten, sondern auch den mittelalterlichen Ärzten vielfach als krankhaft. Erst die → Katharer brachten dem Konzept der Liebesleidenschaft jene Anerkennung, die uns bis heute verfolgt. Denn unser heutiges Ideal der Liebe ist ja ein zutiefst masochistisches. Faust, Tannhäuser, Romeo und Julia, Siegfried-Kriemhild-Brunhilde: alle verkünden die gleiche Überzeugung, daß Liebe und Tod untrennbar sind. Die Liebenden müssen an ihrer Liebe sterben, um sie zu erfüllen. Sie müssen leiden, um als Liebende ernst genommen zu werden.

Diese Logik war den Griechen zwar bekannt, aber ausschließlich als Aspekt der homosexuellen Liebe. Nur dort – in den Gedichten der Sappho, in den Tragödien der päderastischen Dramatiker – finden wir die gleiche Überzeugung, daß Liebe eine Leidenschaft ist. Die heterosexuellen Griechen dagegen beteten die heterosexuelle Liebe als reine Sinneslust an und sahen in ihr nur Freude, kein Leiden und keine Erotomanie. Vgl.: Amor ereos und das Vorwort dieses Lexikons.

Ersatzbefriedigung, im psychoanalytischen Vokabular eine symbolische, unbewußt gewollte Befriedigung, die als Ersatz einer sexuellen, vom Ich abgelehnten Befriedigung dient. Im klinischen Sinne ist jedes neurotische Symptom eine E., denn die Neurose ersetzt den Koitus. Der Mensch kann aber auch eine → Lustprämie in einem zwangsneurotischen Symptom finden, das sich *gegen* die sexuelle Begierde richtet, beispielsweise im kompulsiven Händewaschen oder Zähneputzen, das an die Stelle des Berührens oder Küssens tritt. → Sublimierung.

Ertränkung ist ein häufiges sexuelles Symbol. Die Frau ist das Wasser. Der Fötus schwimmt im → Fruchtwasser. Der → Brunnen ist der Treffpunkt der jungen Männer und Frauen. Das Meer ist die große Mutter. Das Ertrinken ist die Rückkehr zur Leblosigkeit, aus der wir kamen – als Individuen sowohl wie als Lebewesen überhaupt. E. war die Strafe der Vestalinnen, die ihre Keuschheitsgelübde verletzt hatten. Im Mittelalter wurden die Kupplerinnen geschwemmt oder geschnellt. Beim Schwemmen wurde die Delinquentin an ein Seil gebunden, von einer Brücke ins Wasser geworfen und stromabwärts wieder aufgefischt, beim Schnellen in einem Korb oder Käfig einige Male ins Wasser getaucht. Vgl.: Bad, Fruchtwasser, Undinismus, Wasser.

Erweckung, sexuelle. Bis vor wenigen Jahrzehnten sprach man noch davon, daß die Frau vom Mann »erweckt« werden müsse. Heute ist es, zumindest in den großen Industrieländern der Welt, häufiger der Fall, daß die Frau den Mann »erweckt«. In der Generation der Sechzehn- bis Zwanzigjährigen ist in den Großstädten des Westens meist das Mädchen die Werbende und der Mann der Umworbene. Fast stets unternimmt das Mädchen die ersten Schritte, um eine Bekanntschaft anzuknüpfen, und sehr oft auch beim Geschlechtsverkehr. Fast alle Romane, Novellen und Kurzgeschichten junger Autoren, die in den 70er Jahren das Thema der jungen Liebe behandelt haben, zeigen die Frau als die Erweckende, den Mann als den Erweckten. Die Tatsache, daß die Frau nicht immer »passiv« und der Mann nicht immer »aktiv« ist, läßt sich heute also nicht mehr vor dem Auge der Gesellschaft verbergen. Daß das aber in gewissem Sinne stets so gewesen ist, hat die patriarchalische Gesellschaft jahrhundertelang aus ihrem Bewußtsein verdrängt und durch den Mythos der unaufgeklärten Jungfrau ersetzt, die in ihrer Hochzeitsnacht nun von ihrem erfahrenen Gemahl aufgeklärt und dann mit viel Geduld, Takt und Technik »erweckt« wird. Zugegeben, daß es dank der Bevormundung und Verdummung der Frau, die der Mann in der bürgerlichen Gesellschaft jahrhundertelang systematisch betrieben hat, tatsächlich solche Einzelfälle gegeben haben mag, so bleibt damit noch immer die Frage offen, wer denn nun eigentlich dem erfahrenen Ehemann seine Erfahrungen vermittelt hat. Und die Antwort lautet dann stets: eine ältere Frau. Die Zahl der Frauen, die von Männern »erweckt« worden sind, ist deshalb stets kleiner gewesen als die Zahl der Männer, die ihre Initiation von Frauen erhalten haben. → Aktivität und Passivität, Geschlechtsverkehr, Männlichkeit, Weiblichkeit.

erweiterter Selbstmord → Selbstmord.

Erziehersadismus, eine einst sehr häufige Form der Devianz, der besonders Lehrer und Lehrerinnen, Gouvernanten, Klavierlehrer der alten Schule und andere Erzieher verfallen waren. Seit das Züchtigungsrecht des Schullehrers beschränkt worden ist, ist auch der E. eingegangen. Denn wo nicht geschlagen wird, entwickelt sich keine Lust am Schlagen. Erziehersadisten der alten Schule prügelten Kinder oft zu Tode (→ Dippoldismus) und entwickelten eine solche Lust am Schlagen ihrer Zöglinge, daß sie unfähig wurden, den Koitus zu vollziehen. Oft trat Ejakulation oder (bei der Frau) Orgasmus beim Schlagen ein. Vgl.: Auspeitschung, Bestrafung, Bußdisziplin, Erziehungsmasochismus, Flagellation, Geißler, Gouvernantenwahn, Governess, Postheoth Club, Puerilismus, Strafe.

Erziehung, Anpassung und Widerstand. In der psychoanalytischen Erfahrung gilt es als selbstverständlich, daß das Kind lebenslang und unwiderruflich vom Einfluß seiner Eltern oder Betreuer geprägt wird. Im großen und ganzen wird diese Prägung als Prozeß der Anpassung aufgefaßt. Das Elternhaus wirkt dabei als Instanz des Staates: es erzieht das Kind zum Gehorsam, zum Respekt für Autorität, zum Fleiß, zur Pünktlichkeit und zu all jenen anderen Tugenden, auf denen der bürgerliche Staat beruht. Stirbt einer der beiden Eltern oder lassen sie sich scheiden, so scheitert der Erziehungsprozeß in vielen Fällen: das Kind wächst ohne psychische Sicherheit auf, gehorcht nicht oder gehorcht allzu willfährig, ist unpünktlich oder leidet an pedantischer Pünktlichkeit, ist faul oder leidet an neurotischem Fleiß, wird zum hirnlosen Sklaven des Staates oder zum obsessiven Staatsfeind. Mehr als 80 % aller rückfälligen Straftäter in der BR stammen aus halben oder zerbrochenen Familien (Zeit: 1945–1965). An zahllosen Beispielen gescheiterter oder unglücklicher, getrennter oder geschiedener Ehen, am Beispiel arbeitender Mütter, trinkender Väter, vaterloser oder mutterloser Haushalte, vor allem aber am Beispiel der Folgen von Heim- und Fürsorgeerziehung haben Psychoanalytiker, Sozialwissenschaftler, Jugendpfleger und Kriminologen einwandfrei und unwiderlegbar bewiesen, daß eine unglückliche Kindheit fast stets zu einem unglücklichen Erwachsenenleben führt, daß elterliche Lieblosigkeit, aber auch elterliche Verwöhnung, oft zu Delinquenz und Kriminalität, mindestens aber zu Neurosen und zur Unfähigkeit der gesellschaftlichen Anpassung führen.

Was aber geschieht, wenn ein Kind durch ungewöhnlich glückliche Zufälle genau das richtige Maß an Liebe und Fürsorge erhält, wenn es obendrein noch, *fortunae filius,* die Durchtrennung der psychischen Nabelschnur zur rechten Zeit erfährt, wenn es – was weiß Gott noch seltener ist! – ein paar gute Schullehrer hat und sich dann seinen Beruf frei und ohne Druck der Eltern wählen kann, wenn es im Beruf erfolgreich ist, dank des glücklichen Sexuallebens der Eltern und der Ich-Stärke, die sie ihm mitgegeben haben, nun auch noch das Glück erfährt, sein eigenes Geschlechtsleben liebevoll und problemlos gestalten zu können – was geschieht mit einem solchen Glückskind? Paßt es sich nun nahtlos in die Gesellschaft ein? Integriert es sich mit jener Leichtigkeit, die wir an den Kindern unglücklicher Eltern vermissen? Identifiziert es sich mit der Gesellschaft, die ihm durch die Agentur seiner Eltern so viel Glück beschert hat?

Oder geschieht etwas ganz anderes? Gelingt es vielleicht gerade solchen Menschen, die Zwänge der Gesellschaft zu *durchschauen* und dank der Sicherheit, die ihre Eltern ihnen mitgegeben haben, solchen Zwängen zu *widerstehen?* Welchen Zwängen findet ein solcher Mensch sich ausgesetzt, wenn er sich *nicht* anpaßt? Kuscht er oder macht er weiter? Mit welchen Methoden versucht man, ihn zum Kuschen zu bringen? Welchen Methoden entgeht er dank welcher psychischen Kräfte? Welchen pathogenen Kräften findet er sich ausgesetzt? Welche neuen Neurosen drohen aus dem Kampf zwischen Ich und Realität zu entstehen? Welches Spannungsfeld ergibt sich zwischen dem liberalen Über-Ich liberal erzogener Kinder und den antiliberalen Kräften eines sich verzweifelt gegen die Liberalisierung verteidigenden Spätbürgertums? Gehen solche Menschen nun kaputt oder sind es die großen Weltveränderer – Moses, Buddha, Jesus, Mohammed, Marx, Lenin, Mao?

Ist Nichtanpassung tatsächlich stets ein Indiz der Anpassungs*unfähigkeit,* oder mag es nicht auch das der Anpassungs*weigerung* sein? Und zwar der gesunden, nicht der neurotischen? Wie funktioniert der Fortschritt? Ist er nicht zum großen Teil das Werk der Nichtangepaßten? Ist Anpassungsfähigkeit also wirklich ein Indiz der Gesundheit? Ist Anpassungsunfähigkeit stets ein Symptom der Neurose? Kann mangelnde Anpassung an ein gegebenes Gesellschaftssystem unter Umständen nicht auch ein Indiz dafür sein, daß der Anpassungsunwillige gesund und die Anpassung fordernde Gesellschaft krank ist?

Die heutige Psychoanalyse, im Gegensatz zu Freuds eigenen Ansichten, neigt dazu, diese Fragen so zu beantworten, daß jene Elternliebe, die allein die zur Sicherheit des Kindes erforderliche Zuversicht geben kann, heute eher dazu führt, Widerstand gegen den Staat als Anpassung an ihn zu erzeugen.

Je sicherer sich der Mensch dank der Liebe seiner Eltern fühlt, desto mehr Mut wird er haben, Ungerechtigkeiten zu verfolgen, seine eigene finanzielle Sicherung als unwichtig zu betrachten und zum »Systemveränderer«, statt zum Systemverteidiger zu werden.

Erziehung der Kleinkinder. Es ist ein Paradox der patriarchalischen Gesellschaft, daß sie die Frauen nach wie vor in sozialer, beruflicher, rechtlicher und finanzieller Hinsicht benachteiligt, also als minderwertige Wesen behandelt, ihnen anderseits aber unbeaufsichtigt die schwierigste aller menschlichen Aufgaben anvertraut – die Erziehung der Säuglinge und Kleinkinder. Da es seit Freuds Erkenntnissen selbst unter denjenigen, die viele andere Aspekte der Psychoanalyse anzweifeln, kaum noch Zweifel an der Tatsache gibt, daß das Schicksal einer jeden Generation in den Jahren ihrer frühen Kindheit geprägt wird, ist die durchschnittliche Frau ganz und gar überfordert, wenn man ihr skrupellos ein Kind in den Arm legt, wie man sie früher mit Puppen über ihre weibliche »Minderwertigkeit« hinwegtröstete. »Zum Ausgleich dürfen sie mit Puppen aus Fleisch und Blut spielen«, sagt Simone de Beauvoir. Um der Versuchung zu widerstehen, ihre Vorrechte zu mißbrauchen, müßte die Frau restlos glücklich oder eine Heilige sein. Simone de Beauvoir zitiert Montesquieu, der gesagt hat, man solle den Frauen lieber die Leitung des Staates anvertrauen anstatt die der Familie; denn wenn man ihr nur die Gelegenheit dazu gibt, ist die Frau mindestens ebenso vernünftig, mindestens ebenso rührig wie der Mann. Was der Frau ihre Durchschlagskraft als Leiterin des Haushalts raubt, ist die Tatsache, daß die Hausarbeit unbeaufsichtigt, ohne jedwede gesellschaftliche Kontrolle stattfindet. Auch der Mann, der in seinem Beruf sorgfältig planen mag, läßt sich gehen und fällt in den gleichen Schlendrian wie die Hausfrau, wenn er einmal in ihrer Abwesenheit den Haushalt führen muß. Die Frau läßt sich aber nicht nur bei der Hausarbeit, sondern auch bei der Erziehung der Kinder gehen. »Und hier«, sagt Simone de Beauvoir, »ist dieses Sichgehenlassen um so gefährlicher, als sie sich besser gegen ihren Mann als das Kind sich gegen sie verteidigen kann. Es wäre im Interesse des Kindes wünschenswert, wenn seine Mutter eine ganze und keine verstümmelte Persönlichkeit, wenn sie eine Frau wäre, die in ihrer Arbeit, in ihren Beziehungen zur Allgemeinheit eine Vollendung ihrer selbst fände und diese nicht im Kind gewaltsam zu erreichen suchte. Es wäre auch wünschenswert, wenn dieses unendlich weniger als heutzutage seinen Eltern überlassen bliebe, wenn seine Schulaufgaben und seine Zerstreuungen sich im Kreise anderer Kinder, unter der Aufsicht von Erwachsenen abspielten, die nur unpersönliche und unparteiische Beziehungen zu ihm hätten.«

Wer das tägliche Hin und Her von Verzärtelung und Anbrüllen erlebt hat, das in fast jedem Haushalt stattfindet, wenn der Ehemann abwesend ist, kann nur zustimmen. Damit soll aber nicht gesagt sein, daß der Mann ein besserer Erzieher als die Frau wäre. Beide versagen, wenn sie die Erziehung mit der Narrenfreiheit des unüberwachten Familienhaushaltes betreiben. Beide sind für diese wichtigste aller menschlichen Aufgaben unvorbereitet und unausgebildet. Ist die Tiermutter biologisch bereit, Junge zu bekommen, ist sie auch bereit für die Mutterschaft. Aber bei der Frau besteht kein Verhältnis zwischen ihrer Fähigkeit, Kinder zu gebären, und ihrer Fähigkeit, sie aufzuziehen. Je jünger wir heiraten, desto weniger wissen wir Bescheid über die Mutterschaft. Und da Männer und Frauen jedes Jahr früher heiraten, verringern sich von Jahr zu Jahr die Chancen, daß die Kinder halbwegs richtig erzogen werden. Was wir hervorbringen, ist eine lebensunfähige Generation nach der anderen. Dies ist der eigentliche Sinn des biblischen Erbfluchs. Die Erbsünde, die auf uns lastet, ist nicht die sexuelle Lust, sondern die Unfähigkeit, uns aus dem Circulus vitiosus der falschen Erziehung zu befreien.

Erziehung, sexuelle → Aufklärung, Geschlechtserziehung.

Erziehung und Sexualität. Die alten Griechen glaubten, daß Erziehung nur durch Liebe möglich sei, und sie meinten dies sowohl im psychischen wie im körperlichen Sinne. Nur wenn der Schüler den Lehrer liebe, sei er willens, die harte Aufgabe des Lernens auf sich zu nehmen. Das deckt sich weitgehend mit Sigmund Freuds Deutung dessen, was im normalen Prozeß der Kindheit geschieht: Das Kind übernimmt von seinen Eltern nur das, was es dank seiner liebevollen Beziehungen zu ihnen freudig aufnimmt. Das, was sie ihm gegen seinen Willen einbleuen, vergißt das Kind nicht nur, sondern es erzeugt in ihm auch unbewußten, aber niemals mehr tilgbaren Haß gegen sie. Die Griechen glaubten dasselbe, aber sie glaubten es in einer anderen Form, nämlich als sexuelle Beziehung zwischen Lehrer und Schüler. Und da sie der Frau keine Erziehung gaben, reduzierte sich das Ganze zu einer päderastischen Beziehung zwischen Lehrer und Schüler. Nach den bürgerlichen Vorstellungen unserer Zeit steht hier alles auf dem Kopf. Genau das, was das Bürgertum den Päderasten vorwirft, daß sie den Knaben »verderben«, stellte für das griechische Patriarchat den Zweck der Erziehung dar. Es galt, vor allem bei den Dorern, in geringerem Maße aber auch bei allen anderen griechischen Stämmen, vom 6. bis zum 3. Jahrhundert (und vielleicht noch länger) als Pflicht der herrschenden Klasse, daß jedes erwachsene männliche Mitglied sich eines von ihm auserwählten Knaben seiner Klasse annehme und diesen vom Ende der Pubertät bis zur Vollendung der Reife betreue. Unter Betreuung wurde sowohl die philosophische, ethische und religiöse Ausbildung wie die Liebeserziehung verstanden.

Aus der Vorstellung, daß geistige Erziehung nicht ohne körperliche Bildung stattfinden können und daß der Zweck der Ausbildung nicht nur Klugheit oder Stärke, sondern vor allem Ebenmaß und Ausgeglichenheit aller Fähigkeiten sei, erwuchs die Überzeugung, daß die Sinne des Menschen ebenso systematisch ausgebildet werden müßten wie seine Intelligenz und seine Muskeln. Damit wurde die Heranbildung der Liebesfähigkeit neben der Entwicklung des ästhetischen Bewußtseins zu einer der Hauptaufgaben der Erziehung. Da die Griechen mit ihrer starken dialektischen Fähigkeit an die Einheit von Theorie und Praxis glaubten, erschien ihnen die Ausbildung der Sinne nur durch die Praxis des Geschlechtsverkehrs möglich. Also ergab sich eine Form der Erziehung, bei der Geschlechtsverkehr zwischen Erzieher und Zögling nicht nur erlaubt, sonder *verlangt* wurde. In manchen Stadtstaaten, besonders in Sparta, galt es für den Mann als Pflichtverletzung, wenn er keinen Jüngeren heranzog, und für den Knaben als Schande, wenn er nicht der liebenden Sorgfalt eines Mannes würdig gefunden wurde.

Als Sokrates die Regeln der Akademie niederlegte, machte er die Knabenliebe nicht nur zum Grundprinzip seiner Erziehungsmethode, sondern hielt sich auch an sie in der Wahl seiner Nachfolger. Platons Schüler und Nachfolger, Alexis und Dion, waren seine Geliebten. Diejenigen, die seinem Neffen Speusippos als Leiter der Akademie folgten, wurden nach dem Prinzip der päderastischen Adoption ausgewählt. Xenokrates war der Geliebte des Polemon, der seinerseits den Krates liebte und erzog. Auch die Stoiker folgten dem Beispiel ihres Gründers Zeno und legten eine Art von päderastischer Erbfolge in der Führerschaft ihrer Schule fest.

Man vergesse nicht, daß das griechische *gymnasion* eine Institution der Freikörperkultur (*gymnos* = nackt) und daß der sinnliche Reiz der nackten Knabenkörper ein bewußtes und kalkuliertes Element der griechischen Erziehung war: eben jener Kitt, der den Knaben so eng an den Lehrer binden sollte, daß Erziehung eine libidinöse Aktivität für beide Beteiligten wurde; eine Formel, die zweifellos sinnvoll und praktikabel gewesen wäre, wenn man sie nicht auf homosexuelle Beziehungen beschränkt hätte.

Denn das Gymnasium bestand ja nicht nur aus einem Sportplatz, sondern enthielt auch ein *peristyl,* einen von Säulengängen umgebenen Platz, wo sich, um Hans Licht zu zitieren, »Philosophen, Rhetoren, Dichter und alle die zahlreichen Freunde männlicher Schönheit zur Unterhaltung zusammenzufinden pflegten«. Da Licht selber Homoerotiker war, mag es der Objektivität halber von Nutzen sein, zu zitieren, weshalb sich nach seiner Meinung »die Griechen zu dem schönheitsfreudigsten Volke entwickeln mußten, das jemals auf Erden wandelte«. Nämlich weil man hier die »Schönheit der durch die regelmäßigen Leibesübungen auf das Harmonischste entfalteten Knaben-, Jünglings- und Manneskörper« zu sehen bekam. »Man wird zumindestens zugeben, daß dort irdische Schönheit ihre höchsten Triumphe feierte . . . erfüllt von dem frohen Knabenlachen der sich dort in der nackten Pracht ihrer geschmeidigen Glieder tummelnden männlichen Jugend . . .« (*Sittengeschichte Griechenlands,* Bd. I, S. 101).

Als Frau oder auch als heterosexueller Mann mag man sich fragen, wieso man sich nur dann zum schönheitsfreudigsten Volke der Erde entwickelt, wenn man die Sportplätze, wie Licht das so schön nennt,

»frauenfrei« hält. Oder weshalb irdische Schönheit ausgerechnet unter Päderasten ihre höchsten Triumphe feiern soll. Aber Licht hat sicher insofern recht, als die Mehrzahl der Zuschauer in den Gymnasien seine Meinung teilte. Einer der wenigen, die sich trotz *ihrer* eigenen päderastischen Neigungen in diesem Treibhaus der Päderastie doch nicht ganz wohlfühlten, war Platon, der zu den gaffenden Männern sagte: »Zieh dich aus und turne mit, oder mach, daß du fortkommst!« (*Theat.* 169). Andere jedoch kamen, um sich aufzugeilen. So in einem Stück des Damoxenos (CAF III. 353 bei Athen, I, 15b):

Ein Knabe warf den Ball.
An Jahren mocht' er siebzehn sein . . .
So oft uns streifte dieses Knaben Blick,
Beim Werfen oder Fangen seines Balls,
Laut jauchzten wir: Wie ist der Knabe schön!
Ein Schönheitswunder! Niemals hört' ich je,
Noch sah ich früher solcher Anmut Reiz.
Um Schlimmerem zu entgehen, eilt' ich fort,
Und ach! Schon krankt in Liebe mir das Herz.

In *Anth. Pal.* XII. 34 erklärt Automedon von Kyzikos, wieso er die Turnlehrer (*paidotribes,* wörtlich: »Knabenreiber«) beneidet:

Gestern war ich zu Gast bei Demetrios. Sportlehrer ist er
Und der glücklichste Mann unter dem Menschengeschlecht.
Ein Junge lag ihm im Schoß, ein anderer über der Schulter,
Einer brachte ihm Trank, der andre das Essen herbei.
Wahrlich, ein hübsches Quartett! Und ich neckte ihn scherzend und sagte:
»Treibst du auch während der Nacht, Freund, mit den Jungen noch Sport?«

Straton erzählte ähnlich in *Anth. Pal.* XII, 222 von einem Turnlehrer, der einen Knaben von hinten auf die Knie gedrückt hatte und gerade im Begriff war, ihn zu masturbieren, als der Vater des Knaben hereinkam. Da mußte der Lehrer vorgeben, er sei mit einer gymnastischen Übung beschäftigt. Der Vater, in diesen Dingen nicht unerfahren, sieht alles, sagt aber nichts außer: »Erstick mir den Jungen nur nicht!«

Bequem lehrte einmal ein
Turnlehrer einen Knaben, indem er sich
Aufs Knie niederließ und
Übte den in die Mitte Genommenen, indem er
Mit der Hand die Hoden befühlte. Jener umklammerte

Ihn schnell mit den Füßen und bog ihn zurück, indem er
Ihm mit der Hand die Kehle umfaßte. Lächelnd sagte der Vater,
Mit dem Knabenkampf selber nicht unbekannt:
»Hör auf, Lehrer, du erstickst mir das Bürschchen sonst!«

In Anth. Pal. XIII 206 zitiert Straton einen Dialog zwischen zwei Turnlehrern über die korrekte Form des »Knabenkampfs«, aus dem deutlich wird, daß den meisten Turnlehrern ihre Tätigkeit nur ein Vorwand zur Päderastie war:

Diophantes

Wenn du etwas vom Ringkampf verstündest, griffest du in der Mitte an!

Niederkniend verbändest du vorwärtsstoßend und erobertest!

Kyros

Du verstehst nichts, Diophantes, das Ganze klappt nicht.

Der wirkliche Knabenkampf ist anders!

Diophantes

Bewege dich und bleibe. Kyros, und halte den Hineinstoßenden aus!

Zuerst mußt du lernen, mit einem anderen zu üben, statt es mit dir selber zu tun!

Bereits Solon, selber Päderast und vielleicht deshalb um so vertrauter mit diesen Dingen, verbot den Turnlehrern, die Knaben einzuölen, weil dies eine Versuchung zur Ausübung des Analverkehrs sei. Trotzdem ging es in den athenischen Gymnasien, Palästen und Bädern nach wie vor wie in einem Männerpuff zu. Ein Homoerotiker, der die folgenden Zeilen unter einem Pseudonym geschrieben hat, beschreibt den Eintritt in ein athenisches Männerbad: »Schon im ersten Raum, in dem die Kleider abgelegt wurden und, einem Sklaven oder dem Pförtner des Bades anvertraut, liegen blieben, begannen Männer und Jünglinge den Geist im Gespräch zu tummeln und beobachteten der Glieder schönes und harmonisches Wachstum bei leichtem Spiel mit Hanteln und ähnlichen Geräten. Künstler, Maler und Bildhauer gewannen hier das Formgefühl für die Bildnisse ihrer Götter und Heroen, und wenn ›ein Schöner‹, wie Sokrates in Platons Gesprächen sagte, hereinkam, drängten sich alle an ihn heran, um in naher Berührung ein wenig von seiner frischerblühten Körperlichkeit zu genießen.«

Es galt als Regel, man mochte nun ein Wasser- oder Schwitzbad nehmen, sich unmittelbar darauf mit kaltem Wasser begießen zu lassen. Auf den Strom der Rede dies Übergießen als Gleichnis anwendend, gedenkt seiner Platon im *Staat* und Lukian bringt später dieselbe Metapher. Dieses Begießen geschah durch den Bademeister, der dazu Gehilfen hatte, meist junge Burschen, die vielfach als Lustknaben angesprochen wurden.

Aristophanes, beklagt in den *Wolken* (V, 963 ff.) den Verfall der Sitten im Bad und im Ringhof. Indem er beschreibt, wie es in der Vergangenheit dort zuging, vermittelt er uns einen guten Einblick in die Zustände seiner eigenen Zeit, wo offenbar selbst der Körperabdruck im Sand, den der Hintern eines Knaben hinterlassen hat, zu Begierden Anlaß gibt:

In den Ringhof dann, wenn die Knaben zu ruhn in dem Sande saßen, so mußten
Sie die Bein' ausstrecken, um schamhaft nichts die draußen erblicken zu lassen.
Und standen sie auf, so verwischten sie gleich in dem Sande die Spur, zu verhindern,
Daß Liebenden nicht der Natur Abbild unreine Begierden erregte.
Dann salbte da auch kein Knabe sich je bis über den Nabel hinunter.
Es umblühte darum ein gekräuselter Flaum ihm die Scham wie ein reifender Pfirsich.
Nie drängten sie sich mit dem süßen begirr sehnsüchtigen kosenden Flüsterns,
Mit dem buhlenden Blick lustmachender Glut an den Liebenden, preis sich zu geben.

Was uns in Athen verderbt und unehrlich anmutet, hat in Sparta eine gewisse Überzeugungskraft. Denn die Spartiaten vermeinten, Erziehung sei eine Form der Hingabe: sie könne nur dann funktionieren, wenn der eine sich ganz dem Lehren, der andere ganz dem Lernen hingebe. Von dem Lehrer wurden also Opfer gefordert, die den athenischen Lehrer überfordert hätten. Während wir in den päderastischen Epigrammen, Versen und Liedern der Athener stets das Phallische betont finden, stets das Gejammer des Älteren vernehmen, der Jüngere solle ihn doch befriedigen, lenkt der Spartiat sein Augenmerk immer auf den Jüngeren und fragt sich, ob dieser wohl auch genug lerne. Die athenische Päderastie ist also grundsätzlich phallisch, die spartanische grundsätzlich kunnisch. Alles kommt auf den Empfangenden, den Quasiweiblichen an. Wichtig ist nicht der Orgasmus des »männlichen« Partners, sondern die *arete,* die Weisheit, die Tugend, die Ehre, die der

Akt im Körper des »weiblichen« Partners hervorbringt. Die Benutzung des Knabenkörpers als empfangendes Organ war eine Huldigung der Frau, ein Versuch, ihr ebenbürtig zu werden, indem man ihre Funktion mimetisch übernahm. Der Körper des Schülers sollte gebären: *arete* sollte aus ihm wachsen.

Sicherlich ist der wichtigste Unterschied zwischen der dorischen und der heutigen bürgerlichen Auffassung des erlaubten Verhältnisses zwischen Lehrer und Schüler nicht so sehr, daß die bürgerliche Gesellschaft sexuelle Beziehungen zwischen ihnen verbietet, während die dorische sie erlaubte, sondern daß der bürgerliche Lehrer glaubt, er verlöre seine »Autorität«, wenn er sich dem Schüler gegenüber jemals »schwach« zeige. Er kann sich nicht vorstellen, daß der Schüler ihn noch »respektieren« könne, wenn er sich vor ihm »bloßgestellt« habe.

In dieser Hinsicht waren die Dorer also gesünder als wir. Denn eine Gesellschaft wie die bürgerliche, die in der Hingabe eine »Schwäche«, eine »Bloßstellung« sieht, ist eine schwache Gesellschaft, die eine Bloßstellung mit gutem Grund befürchten muß.

Die dorische Klassengesellschaft, trotz ihres niedrigen Produktionsstandes, war hier stärker, weil sie die Hingabe als das verstand, was sie ist: eine Gabe. Die Dorer, die keinen Grund kannten, sich des Geschlechtsverkehrs zu schämen, sahen deshalb auch in der Hingabe des Älteren an den Jüngeren keinen Grund, weshalb danach der eine den anderen nicht mehr respektieren solle. Und dies um so weniger, weil bei einem solchen Verhältnis die Abhängigkeit des Älteren von dem Jüngeren weitaus größer war als die des Jüngeren vom Älteren. Der Lehrer mußte jede Handlung vermeiden, derer er sich vor dem Schüler zu schämen hätte. Dazu gehörte vor allem Lüge, Unaufrichtigkeit und Feigheit. Umgekehrt war der Lehrer für jede Lüge, Unaufrichtigkeit und Feigheit des Schülers verantwortlich und wurde hierfür bestraft. Dies wiederum gab dem Schüler die Verantwortung, aufrecht, ehrlich und tapfer zu sein, damit sein Lehrer nicht seinethalber bestraft werde.

Nichts spiegelt das, was die Spartiaten als Zeichen ihrer Aristokratie, ihrer moralischen Überlegenheit empfanden, so deutlich wider wie pädagogischen Überlegungen. Wenn der athenische Adel sich von der Masse des Volkes zu unterscheiden suchte, diente ihm deshalb das konservative Sparta nicht nur in seiner politischen Konstitution als Vorbild, sondern vor allem in seiner Pädagogik. Ein solcher Versuch der ionischen Aristokratie, die didaktische Päderastie der Spartiaten zu übernehmen, war aber von vornherein zum Scheitern verurteilt, weil die Deszendenzsysteme der beiden Gesellschaftsordnungen verschieden waren. Was im mutterrechtlichen Sparta aus dem Respekt vor der Mutter entstanden war, aus dem Versuch, es ihr gleichzutun, konnte im vaterrechtlichen Athen nur zur Karikatur werden. Was in Sparta aus Moral erwachsen war, wurde in Athen zum Kult der »Schönheit«. In Sparta war der Schüler *agathos,* »edel«: in Athen war der Knabe *kalos,* »schön«. In dieser ästhetisierenden Zersetzung der matristischen Moral zeichnet sich der Unterschied zwischen der kultischen, didaktischen Päderastie der Spartiaten und der säkularen, hedonistischen Knabenliebe der Athener sehr deutlich ab.

Plutarch projiziert athenische Denkformen in die Geschichte Spartas hinein, wenn er in seinem *Leben des Lykurg* vermeint, dieser mythische Gesetzgeber der Spartaner habe die Päderastie als Pflicht des Staatsbürgers bestimmt: »Niemand kann ein tüchtiger Bürger sein, der nicht einen Freund im Bette hat.« Der Knabe wiederum wurde, nach Plutarch, für nichtsnutzig erklärt, wenn er keine Anstrengungen machte, einen ehrenwerten Liebhaber zu finden. Ailianos behauptet sogar, die Ephoren hätten Knaben bestraft, die sich geweigert hätten, nach einem Liebhaber Ausschau zu halten. Das ist alles höchst unwahrscheinlich, weil die Päderastie in Sparta niemals jenes ethischen Umhangs bedurfte, mit dem die Athener immer wieder ihre Blöße zu verdecken suchten. In einer mutterrechtlichen Gesellschaftsordnung ist die Päderastie niemals Pflicht, sondern gilt als Erweiterung des Rahmens der Heterosexualität. Sie steht nicht im Gegensatz zu ihr, sondern ergänzt sie, indem sie auch im Knaben jene Elemente zu finden sucht, die man in der Frau schätzt. Das ist das diametrale Gegenteil der athenischen Päderastie, die ihre Ethik davon ableitete, daß der Mann ein besseres, ein edleres Wesen sei als die Frau.

Die Spartiaten sahen keinen Grund, weshalb das Prinzip der didaktischen Päderastie nicht auch zwischen lehrenden Frauen und lernenden Mädchen, wie bei Sappho und ihrem Thiasos, stattfinden könne, oder weshalb es nicht zwischen Lehrer und Schülerin oder zwischen Lehrerin und Schüler funktionieren solle. Der einzige Grund, weshalb es nicht geschah, waren die begrenzten Mittel, die das bettelarme Sparta für die Erziehung zur Verfügung stellen konnte. Hieraus, und nur hieraus, ergab sich die Notwendigkeit, daß Knaben und nicht Mädchen erzogen wurden, und daß die Lehrer Männer und nicht Frauen waren. Ganz gewiß lag in der dorischen Päderastie aber keine Geringschätzung der Frau; eher das Gegenteil, denn die Erziehung stand völlig im Bann des Mutterrechts. Das heißt: während die Ioner den Knaben als Produkt des Vaters und Symbol des Mannes betrachteten, sahen die Dorer ihn als Produkt der Mutter und Symbol der Frau. Die didaktische Logik der Spartiaten lenkte ihr Augenmerk auf den Lernenden, nicht auf den Lehrenden.

Erziehungsmasochismus besteht in dem Streben des Masochisten, von einem »strengen Erzieher« oder einer »harten Erzieherin« so behandelt zu werden, als wäre er ein ungezogener Knabe oder unfähiger Schüler. Es ist bezeichnend, daß Männer in führenden Positionen, die in ihrem Beruf besonders aggressiv sein müssen, in ihren Sexualwünschen Aggression gegen den eigenen Körper verlangen. Prostituierte berichten immer wieder, daß es Richter, Staatsanwälte, hohe Beamte, Industriekapitäne und andere »Herrscherfiguren« sind, die mit dem Anliegen zu ihnen kommen, getadelt, gescholten und gezüchtigt zu werden. Oft zieht sich der Patient eine kurze Hose an oder eine andere Art von Kinderanzug, meist in der längst veralteten Mode seiner eigenen Kindheit, trägt eine Schulmappe, bringt eine Schiefertafel und einen Griffel mit, wenn es dies noch in seiner Jugend gegeben hat, zeigt seine Hände vor, wird mit dem Rohrstock auf die Hand geschlagen, wenn die Hände nicht »schön sauber« sind, muß aus einer Kinderfibel buchstabieren oder auf der Schiefertafel das ABC niederschreiben, wird wegen seiner Fehler geohrfeigt und kommt dabei vielleicht endlich zum Samenerguß. Die Ursache ist stets eine Fixierung auf das → Geschlagenwerden in früher Kindheit. Schläge auf das Gesäß lösen bei fast allen Menschen, vor allem aber bei Kindern, erotische Reize aus. Bei Knaben treten oft Erektionen auf. Dieser Umstand war schon den Mönchen in den Klosterschulen des Mittelalters bekannt. Klosterzöglinge durften deshalb nie auf das entblößte Gesäß und nie mit der bloßen Hand geschlagen werden (denn der → Erziehersadismus des Schlagenden entwickelt sich aus der gleichen Schlüsselszene wie der Erziehungsmasochismus des Geschlagenen). Vgl.: Autopädophilie, Puerilismus.

Essayeur [frz.: Versucher, Probierer] nannte man in den Pariser Bordells bis in die dreißiger Jahre hinein einen Angestellten, der unter dem Vorwand, ein Gast zu sein, die wartenden Männer zur Aktivität aufstachelte, indem er vor aller Augen mit den Prostituierten herumzuspielen begann, ihre Brüste und Genitalien berührte, sich selber auszog und so bei den anderen Männern Lust erweckte. → Alphonse, Apache, Lanceur, Louis, Maquereau, Souteneur.

Ethnologie und Sexualität → Achnutschik, Alpminne, Anthropologie und Sexualität, Antinomie, Basir, Basm, Batscha, Berdache, Bote, Epanga, Brunnen, Dämonomanie, Dämonophilie, Elben, Erdmutter, Fasching, Fruchtwasser, Geschlechtstotemismus, Gesundbrunnen, Incubus, Infibulation, Karneval, Ligatur, Lykanthropie, Mujadores, Mutterrecht, Mutterreligion, samothrakische Mysterien, Nosferatu, Orgie, Ovashengi, Patriarchat, Pumea, Rutenschlagen, Schupan, Sexualanthropologie, Spectrophilie, Succubus, Tempelprostitution, Totenbad, ritueller Transvestitismus, sexuelle Taxonomie, Tschukadn, gezahnte Vagina, Vampirismus, Verenenkult, Wasser, Wechselbalg, Werwolf.

Etrusker, ein mutterrechtliches Volk, das im 8. Jahrhundert v. Chr. aus Kleinasien nach Italien vorstieß und um 600 v. Chr. die Toskana erobert hatte. Es entfaltete eine hochentwickelte Stadtkultur. 650 v. Chr. gründete es Ostia, den späteren Hafen Roms. Zusammen mit den ebenfalls mutterrechtlich beeinflußten Karthagern vertrieben die E. 540 v. Chr. die Griechen aus Korsika. 508 v. Chr. besiegten und unterwarfen sie die Römer, aber im Laufe des nächsten Jahrhunderts verschluckte die römische Kriegerzivilisation langsam die kulturell weit höherstehenden E., übernahm dabei aber auch einen großen Teil der etruskischen Kultur. Von der Mitte des 5. Jahrhunderts v. Chr. bis zum Eindringen der griechischen Kultur nach Rom kann man nahezu alle künstlerischen, philosophischen und erotisch verfeinerten Aspekte der römischen Zivilisation auf die E. zurückführen. Die ersten wirklich bedeutenden Kunstwerke der römischen Welt (um 450 v. Chr.) sind die etruskischen Grabwandbilder, deren lebensfreudige, erotische Darstellungen uns noch heute mit außerordentlicher Direktheit ansprechen. Die klassische Stufe der etruskischen Kunst (5. bis 4. Jahrhundert v. Chr.) zeigt unabhängige Parallelen zur griechischen Kunstentwicklung. Etruskische Tänzer und Flötenspieler führten gegen 364 v. Chr. die Schauspielkunst in Rom ein. Um 200 v. Chr. begann die Spätstufe der etruskischen Kunst, die wieder viel mit der hellenistischen Kunst Griechenlands gemein hatte. 1828 schrieb K. Otfried Müller *Die Etrusker,* die erste Studie über die Geschichte dieses Volkes. 1922 folgte Gustav Herbig mit *Religion und Kultur der Etrusker,* 1929 Hans Mühlestein mit *Die Kunst der Etrusker.* 1947 stellte Hrkal durch Entzifferung der Agramer Mumienbinde die innerasiatische Herkunft der E. fest *(Der etruskische Gottesdienst).* → Mutterrecht, Mutterreligion.

Étudiantes [frz.: Studentinnen] nannte man um die Mitte des 19. Jahrhunderts die Studentenliebchen von Paris. Sie waren meist Wäscherinnen, Näherinnen, Plätterinnen und Putzmacherinnen. → Carabines, Cydalises, Grisettes, Midinettes, Musettes.

Étuves [frz.: Schwitzbad, Badestube] hießen im Frankreich des 12. Jahrhunderts die als Heilbäder getarnten Bordelle von Paris. → Bad, Bagnio, Gesundbrunnen, Hygiene, Piscine, Verenenkult, Wasser.

Eugenik [gr.: eu = gut; gignein = erzeugen], die Erzeugung guten Nachwuchses. Gegensätze: *Dysgenik* [gr.: dys = schlecht, mangelhaft], die Vernachlässigung der Sorgfalt, guten Nachwuchs zu zeugen; *Kakogenik* [gr.: kakos = schlecht], die bewußte Zeugung schlechten Nachwuchses. Der Gedanke der E. ist so alt wie die menschliche Geschichte. Herrschende Familien haben seit dem frühen Altertum bewußt Zuchtwahl betrieben. Ihre Aufgabe war jedoch verhältnismäßig einfach, da sie ihre Gatten nur aus einer begrenzten Anzahl von möglichen Partnern auswählen konnten. Eine allgemeine E. erfordert dagegen wissenschaftliche und rechtliche Voraussetzungen, die wir nicht besitzen. Sie setzt voraus, daß jeder Mensch das gesamte Reservoir der Menschheit zur Verfügung hat, um den idealen Gatten zu finden. Hierzu müßten wir eine elektronisch gesteuerte Kartei aller Menschen und ihres Erbgutes haben. Kein Mensch könnte mehr aus Liebe heiraten, sondern müßte sich dem Diktat des Computers beugen. Die Diät aller Menschen müßte in gleicher Form geregelt werden, um unerwartete Einflüsse auf das Erbgut zu vermeiden. Arzneien dürften nicht mehr auf Verlangen des Patienten, sondern nur »von oben her« verschrieben werden, um Erbgutschädigungen wie die durch Thalidomid zu verhindern. Das Geschlecht des Nachwuchses müßte im voraus bestimmbar sein. Absolut verläßliche Empfängnisverhütungsmittel müßten gratis verfügbar sein, so daß der Geschlechtsverkehr zwischen ungeeigneten Partnern keinen Nachwuchs produziert. Die Geburtshilfe muß so perfekt sein, daß Säuglinge keine Gesundheitsschäden tragen. Kriege müssen eliminiert werden, damit Atomwaffen keine Mutation erzeugen können. Kernforschung und Kernenergie, Kernwaffen und Kernkraftwerke müssen verboten werden, da das Risiko der genetischen Schädigung zu groß ist. → Sterilisation und → Kastration müssen gesetzlich vorgenommen werden. Das Recht des Einspruchs gegen solche Entscheidungen könnte nur durch überwältigende medizinische Beweise erfolgen.

Man braucht kaum zu betonen, daß ein solches System, abgesehen von seiner utopischen Struktur, zutiefst der Tradition des Humanismus widerspricht, der die besten Aspekte der westlichen Gesellschaft seit der Renaissance geprägt hat. Es erinnert gerade uns in Deutschland an die dunkelsten Teile des Nazismus. Trotzdem können wir die Logik der E. nicht grundsätzlich ablehnen, denn hier geht es nicht um das Recht des Staates, nationale Zwecke durch Zuchtwahl zu realisieren, sondern um das Überleben der Menschheit auf einem Planeten, der in absehbarer Zeit verseucht und übervölkert sein wird.

Der englische Sozialökonom Thomas Robert Malthus (1766–1834), der die Ursache alles wirtschaftlichen Elends in der Überbevölkerung sah, verwechselte die Folgen der bürgerlichen Wirtschaftsordnung mit denen mangelnder E. Trotzdem hatte er mit seinen Befürchtungen der drohenden Bevölkerungskatastrophe recht. Der → *Malthusianismus* hoffte dieses Problem durch sexuelle Enthaltsamkeit zu lösen. Der → *Neo-Malthusianismus,* der von Francis Place im Jahre 1822 verkündet wurde, setzte Empfängnisverhütungsmittel an die Stelle der sexuellen Enthaltsamkeit. In der Tat ist E. nur dann sinnvoll, wenn sie nicht nur als eine qualitative, sondern als eine quantitative Strategie betrachtet wird. Gegenwärtig wächst die menschliche Rasse um mehr als 2 % pro Jahr und verdoppelt sich in rund 35 Jahren. Wenn die Zuwachsrate, wie zu befürchten steht, auf 3 % ansteigt, verdoppelt sich die Menschheit in 23 Jahren. Wenn die Zuwachsrate auf 4 % steigt, in 18 Jahren. Das bedeutet, daß je ein Mensch auf einem Quadratmeter der verfügbaren Landschicht, einschließlich aller Wüsten und Gebirge, wohnt. Daß die Wälder abgeholzt und die gesamte Erdoberfläche zu einer einzigen Stadt wird. Die Meere werden eingedämmt werden müssen. Ob wir in der resultierenden sauerstoffarmen Luft mit unserem gegenwärtigen Lungensystem noch atmen können, ist zweifelhaft.

Die Frage der Nahrungsmittelversorgung, die oft als Kernproblem der Überbevölkerung erwähnt wird, ist deshalb nicht einmal die dringendste. Bei unbeschränkter Entfaltung der Menschheit droht bereits vor dem Hungertode die biologische Degeneration der menschlichen Art. Niemand, der mit der Materie vertraut ist, kann sich heute der Folgerung entziehen, daß zumindest dieser Aspekt der E. unumgänglich ist, um unsere Kinder und Kindeskinder zu retten. Wer heute mehr als zwei Kinder zeugt, gefährdet das Leben dieser Kinder. Die führenden Bevölkerungsexperten unseres Zeitalters sprechen deshalb einstimmig in einem Ton der Panik. Professor Kingsley Davis, Direktor des Instituts für internationale Bevölkerungswissenschaft an der Universität von

Kalifornien, hält das gesamte fiskalische System, das Verheirateten und kinderreichen Familien Steuerbegünstigungen zuspricht, für »kriminell – Mord an den Kindern unserer Kinder«. Er sieht die einzige Hoffnung des menschlichen Überlebens in der systematischen Besteuerung von Ehen mit Kindern, der Legalisierung von Schwangerschaftsterminierungen und Sterilisationen und in dem universellen Gebrauch von Empfängnisverhütungsmitteln.

Der Nobelpreisträger Professor Dr. William Bradford Shockley geht noch weiter und sagt, daß Gesundheit und Intelligenz im direkten Verhältnis zur Säuglings- und Kindersterblichkeit steigen. Je mehr erblich belastete Kinder, die früher gestorben wären, von der modernen Medizin am Leben gehalten werden, um so schlechter wird das biologische Erbgut der Menschheit. Er glaubt, daß nur die allgemeine Erziehung und die wachsende Anzahl der Hochschulkurse die Illusion vermitteln, daß die Menschheit klüger wird. »Die Bildung verschleiert die Tatsache, daß jede Generation weniger intelligent ist als die vorhergehende.« Er hält es deshalb im Interesse der Menschheit für unerläßlich, daß alle Frauen von der Menarche an geburtsunfähig gemacht werden und nur auf ärztliche Erlaubnis von der empfängnisverhütenden Substanz befreit werden dürfen. Nach jeder Geburt soll jede Frau wieder durch eine subkutan eingeführte Hormonsubstanz empfängnisunfähig gemacht werden. Die Frage, wer dieses zweifellos sinnvolle System *verwalten* soll, beantwortet er nicht. → Empfängnisverhütung, Entartung, Geburtenplanung, Kastration, Sterilisation, Pille, Verhütungsmittel.

Eva [hebr.: Leben], nach 1. Mose 2, 20–23 das zweitgeschaffene und deshalb benachteiligte menschliche Wesen. Da sie im Gegensatz zu → Adam nicht eigenständig aus Erde geformt worden ist und nie den göttlichen Odem erhalten hat (1. Mose 2,7), sondern nur sekundär aus dem bereits belebten Körper des Mannes geschaffen worden ist (1. Mose 2, 21–22), nennt Adam sie »Männin« und sagt: »Das ist doch Bein von meinem Bein und Fleisch von meinem Fleisch« (1. Mose 2, 23). Die Legende verfolgt also ausgesprochen männerrechtliche Zwecke und soll im didaktischen Sinne den gläubigen Juden daran erinnern, daß er der Herr ist, und der gläubigen Jüdin klarmachen, daß sie die Zweitrangige sei. Nach Meinung mancher Religionsforscher ist die Geschichte der Eva eine nachträgliche Interpolation; in den früheren Fassungen ist Gott weiblich und schafft den ersten Mann, ihren Sohn, durch → parthenogenetische Paarung mit sich selbst. In allen → mutterrechtlichen Kulturen ist Gott weiblich, in allen vaterrechtlichen männlich. In fast allen → Mutterreligionen ist der erste Mensch eine Frau, in fast allen vaterrechtlichen ein Mann. → Frauenkult, Fruchtbarkeitsgöttin, Lilith, Magna Mater, Mutterreligion.

Eviratio [lat.: evirare = entmannen] → Selbstentmannung, Selbstkastration.

Exhibitionismus [lat.: exibere = darbieten, vorführen, erkennen lassen], die Entblößung und Zurschaustellung des menschlichen Körpers, besonders der Brüste und Genitalien, entweder zum Zweck der Selbstbefriedigung mit oder auch ohne → Masturbation oder als rituelle Kulthandlung, besonders bei dem Kult der Magna Mater in Rom, aber auch bereits bei früheren Mutterkulturen der Alten Welt (→ Erdmutter, Fruchtbarkeitskulte, Mutterrecht, Mutterreligion, Orgie). Das Bindeglied zwischen beiden Formen des E. ist der → Abwehrzauber, die Entblößung der Genitalien oder des Afters zum Vertreiben böser Geister. Selbst Luther glaubte noch an diese Form des E. und praktizierte sie, wenn er sich vom Teufel angegriffen fühlte.

In seiner sexuellen Form stellt der E. eine Art Infantilismus dar, einen Rückfall in das Stadium der kindlichen → Zeigelust. Stekel sagt: »Der Exhibitionist glaubt an die Unwiderstehlichkeit und Zaubergewalt seiner körperlichen Reize.« Wie der → Fetischist, so hält auch er den normalen Geschlechtsverkehr für »widerlich«, »ekelhaft«, »schmutzig«. Er sieht in der Berührung zweier Körper, besonders zweier Münder beim Küssen und zweier Genitalien beim Koitus, einen Verstoß gegen Schönheit, Gesundheit und Hygiene. Genau wie der Fetischist sieht er sich nicht als kranken Menschen, sondern betrachtet alle anderen Menschen als krank, die sich nicht auf seine Weise, also ohne Berührung, zu befriedigen suchen. In Wahrheit leidet der Exhibitionist an Angst vor dem Geschlechtsverkehr (→ Berührungsangst, Cypridophobie, Horror sexualis partialis, Impotenzangst, Kastrationsangst, Koitusangst, Venereophobie) oder vor dem anderen Geschlecht (→ Androphobie, Frauenhaß, Gynäkophobie, Männerhaß, Misandrie, Misogynie). Es gibt unter den Exhibitionisten zwei verschieden orientierte Grundtypen – diejenigen, die den E. als Surrogat des Koitus betrachten, und solche, die ihn als Surrogat einer sadistischen Handlung vornehmen, also um zu schockieren und zu verletzen. Der zweite Typus sucht sich deshalb fast stets Kinder und Jugendliche aus und weidet sich an der Verstörung, die er anrichtet. Der erste dagegen sucht reifere Frauen, von denen er hoffen kann, daß sie ihn verstehen und Freude an seiner Exhibition empfinden. Auf dieser Vorstellung beruht der von

Chr. Geill hervorgehobene Umstand, daß der Exhibitionist sich am liebsten stets derselben Person darbietet. Ganz sicher geschieht das nicht bloß deshalb, weil er meint, zu derselben Zeit und an demselben Ort dieselbe gute Gelegenheit finden zu können, sich einem weiblichen Wesen zu zeigen, sondern ebensosehr wegen der erwähnten, meist eingebildeten Vorstellung, daß die Entblößung der betreffenden Frau angenehm sei. Dafür ist der Fall Hoches charakteristisch, wo ein Mann umherging und an den Türen klingelte. Nur wenn ein bestimmtes Dienstmädchen aufmachte, schlug er seinen Überrock zurück und zeigte seine entblößten Genitalien. Er präsentierte sich ihr mehrmals, weil sie sich nicht wie die anderen über sein Betragen erschreckte, sondern sich darüber zu freuen schien. Wie Hoche bemerkt, liegt darin ein Hinweis auf die Auffassung der Exhibition als eines sexuellen Aktes, weil es ja auch bei dem normalen Geschlechtsverkehr von Bedeutung für den Mann ist, wenn die Frau nicht gleichgültig bleibt.

Der Drang zur Exhibition wird von den Exhibitionisten als kompulsiv und obsessiv beschrieben, ist also eine Zwangshandlung. Der von einigen Forensikern geäußerte Verdacht, daß das nicht so sei, geht auf die Erfahrung zurück, daß manche Exhibitionisten komplizierte Vorbereitungen zur Exhibition treffen, sich z. B. eine besondere Kleidung anfertigen, die beim Manne meist aus einem in Bauchhöhe abgeschnittenen Hemd und aus Hosenbeinen besteht, die nur vom Knie bis zum Fuß reichen und entweder an das Knie angebunden sind oder an Strumpfhaltern befestigt werden. Da der Exhibitionist keine Unterhosen, aber fast stets einen Mantel trägt, braucht er diesen nur zu öffnen, um in all seiner Pracht, vom Bauchnabel bis zum Knie entblößt, dazustehen. Vgl. Adspektprostitution, Cucurbitacées, Demonstrationssadismus, Entblößungstrieb, Kandaulesismus, Kopropraxie, Mixoskopie, Skoptophilie, Strip-tease, Visionismus, Voyeur.

Exkrementophilie [lat.: excrementum = Ausscheidung; gr: philia = Liebe], Kotleidenschaft, Kotliebe. E. ist eine Form des Fetischismus, bei der das Exkrement die Rolle eines Sexualpartners übernimmt. In milderen Fällen wird zwar manchmal noch ein menschliches Wesen als Träger oder Erzeuger des Exkrements erwünscht oder benötigt, aber in den meisten Fällen ist die E. so gravierend, daß der Patient kein Bedürfnis mehr nach menschlichem Umgang hat und sich entweder mit seinen eigenen Exkrementen befaßt oder sie von anderen Menschen stiehlt. Selbst im zweiten Falle, wo also doch ein anderes menschliches Wesen als Lieferant des Exkrements erforderlich ist, tritt nur selten sexuelles Interesse an diesem Wesen auf. Statt das Exkrement als Nebenprodukt des Menschen zu sehen, sieht der Exkrementophile den Menschen als Nebenprodukt seines Exkrementes. Mit der charakteristischen Überheblichkeit des Fetischisten verachtet er den heterosexuellen Koitus als »widerlich«, »ekelhaft«, »entwürdigend«. Hier haben wir also den für den Laien widersinnigen Fall eines Kotfetischisten, der sich von Kopf bis Fuß mit Fäkalien beschmiert, diese Fäkalien sogar manchmal ißt, und dann die Liebe zwischen Mann und Frau als »schmutzig« und »menschenunwürdig« betrachtet. In seiner paradoxen Welt ist der Exkrementophile puritanischer als der Puritaner, sittlicher als der Sittlichkeitsfanatiker. → Abortfetischismus, Analerotik, Klistieromanie, Koprolagnie, Koprophagie, Koprophilie, Kotschmierer, Lambitus ani, Nachttopfsklave, Skatophagie, Skatophilie, Stercoraire, Tabouret de verre.

exogam [gr.: exo = außen; gamos = Heirat], nach außen heiratend; Paarung außerhalb der eigenen Sippe oder des eigenen Stammes verlangend; Paarung und Ehe mit Blutsverwandten verbietend. Gegensatz: endogam.

Exogamie, Außenheirat; Paarung oder Ehe außerhalb der eigenen Sippe oder des eigenen Stammes; Paarungs- oder Ehesystem, das Geschlechtsverkehr mit Blutsverwandten verbietet. E. ist kein erweitertes → Inzesttabu, also kein eugenisches Gebot, sondern ein Produkt der Erkenntnis, daß Mitglieder der gleichen Sippe, die einander heiraten, gemeinhin nichts neues dazulernen, weil Mann und Frau die gleichen traditionellen Erkenntnisse und keine anderen besitzen. Nur wenn man → Lokalexogamie verlangt, kann man hoffen, daß der Lebensstandard sich verbessert, denn das bedeutet, daß man den eigenen Stamm oder die eigene Sippe verlassen und sich mit einem Sexual- oder Ehepartner verbinden muß, der anderswo lebt und andere traditionelle Erkenntnisse besitzt. Lokalexogamie kann z. B. bedeuten, daß die Männer eines Fischervolks Frauen einer Jägersippe heiraten müssen, so daß sich bei den Kindern Kenntnisse der Jagd mit denen der Fischerei verbinden. Oder daß die Söhne von Viehzüchtern Töchter von Landbauern heiraten, so daß sich bei den Kindern eine gemischte Landwirtschaft entwickeln kann. In diesem Sinne war die E. die Mutter des ökonomischen Fortschritts der Menschheit. Endogame (»rassenreine«) Völker verkümmern sowohl kulturell wie ökonomisch; exogame (gemischtrassige oder hybride) Kulturen florieren und verbreiten sich.

Exogamie, matrilokale → matrilokale Exogamie.

exogen [gr.: exo = außen; gennan = erzeugen], von außen erzeugt; nicht vom Körper oder der Psyche des Individuums, sondern von der Umwelt hervorgebracht; von außerhalb der Zelle oder des Organismus stammend. Gegensatz: endogen.

exokrin [gr.:exo = außen; krinein = ausscheiden, aussondern], nach außen ausscheidend; gesagt von jenen Drüsen, die ihre Sekrete an das Körperäußere abgeben, z.B. die Schweißdrüsen. Gegensatz: endokrin.

F

Fabliaux [frz.: Fabeln] nannten die → Ménestrelles und → Jongleresses, die weiblichen Spielleute des 13. Jahrhunderts, jene kurzen Verserzählungen, die in der Zeit des Rittertums dem Amüsement der bürgerlichen und bäuerlichen Stände dienten. Realistische Beschreibungen des Alltagslebens, scharfe Kritik an der Obrigkeit, derbe Komik, offene Sprache, idiomatische Dialoge und lebendige Sexualität sind die Hauptmerkmale dieser Form. Die Hauptperson ist meist eine Frau, die ihr eigenes Leben führt, Männer nur als Bettpartner benutzt, wenig Respekt vor ihnen oder der Obrigkeit zeigt und somit das Überleben einer gesunden matriarchalischen Tradition beweist, die in keiner Weise von dem pseudo-feministischen Kult der → Domina beeinflußt ist. Auch die anderen Protagonisten standen fest: der lüsterne Pfaffe oder Mönch, der Hahnrei, die naive Jungfrau, der ahnungslose junge Mann, dem alles Glück der Liebe in den Schoß fällt. Giovanni Boccaccio (1313–1375) hat viele traditionelle Motive des Fabliau in seinen Novellen verarbeitet.

Facies ad faciem [lat.: Gesicht zu Gesicht], Koitusstellung, bei der die Partner einander ansehen. Auch → Positio obversa und → Venus observa genannt. Vgl.: Figurae veneris, Koitalbewegungen, Koituspositionen.

Fahrende Frauen, die nomadischen Prostituierten des Mittelalters. Zu keiner Zeit der europäischen Geschichte und nirgends anderswo war der Prozentsatz der heimatlosen Frauen größer als in den deutschen Landen des Mittelalters. Der Zusammenbruch der fränkischen Latifundien warf die Insassen der → Columbarien und → Genecien (der als Mägdehäuser getarnten Privatharems der Großgrundbesitzer) auf die Straßen. Die endlose Folge von Kriegen und Kleinkriegen machte die Ehefrauen zu Witwen. Hunger und Pest zerstörten die Stabilität des ländlichen Haushalts. Entwurzelt, wanderten Tausende und Abertausende von Frauen als → Landstörzerinnen, → Landsknechtsweiber und → Marketenderinnen über die Straßen Europas. In der strikt reglementierten Standesordnung des Feudalismus war kein Platz für sie. Und in der strikt organisierten Welt des aufstrebenden städtischen Bürgertums mit seinem verzahnten Sozialsystem von Zünften und Innungen und Ständen gab es keinen Platz für Nomaden. Von der einen Welt ausgestoßen, von der andern abgewiesen, blieb den Witwen und

Töchtern der entwurzelten ländlichen Bevölkerung kein anderer Weg als der der Prostitution. Hier half ihnen paradoxerweise der Standesstolz der Städte, denn fast alle Stadtverordnungen legten fest, daß Prostitution erlaubt sei, aber nicht von Ortsgebürtigen (»Stadtkindern«) ausgeübt werden dürfe. Die Bordelle gehörten der Stadt und wurden von ihr verpachtet. Ihre Insassen jedoch waren fahrende Frauen. Gegen Ende des Mittelalters geschah es nun, daß manche von ihnen so lange in einem Bordell gelebt hatten, daß sie zu Ansässigen wurden. So kam es dazu, daß sie ihre eigenen Innungen bildeten und damit langsam aus einer verfemten und ehrlosen zu einer »ehrlichen« Berufsschicht wurden. Dies geschah in vielen Städten gleichzeitig gegen Ende des 15. Jahrhunderts. Wenige Jahrzehnte später aber begann die Syphilisepidemie, die Europas Einstellung zur Prostitution änderte. Die allgemeine Duldung wich einer Hexenjagd auf Prostituierte, die als Ursache der Seuche galten. Die Städte entzogen den Pächtern ihrer Freudenhäuser das Pachtrecht und wiesen die Insassinnen aus. Von neuem wurden die Prostituierten zu fahrenden Frauen. Landesverweisung, Pranger, Auspeitschung, Schwemmen, Schnellen, Brandmarkung drohten den f.F. jetzt. Auch mit Abschneiden von Nasen und Ohren und Ertränken wurde die Form der Prostitution jetzt bestraft. Die Prostituierten, bis dahin zwar verfemt, aber niemals als Verbrecherinnen betrachtet, schlossen sich nun mit Verbrechern zusammen, weil ihnen kein anderer Ausweg blieb. So begann mit dem 17. Jahrhundert der → Beischlafdiebstahl und die Korruption der Prostituierten. → Entôlage, Marneuses.

Faire le michelin [frz.: den Michelin machen], französischer Argot-Ausdruck für »Füßerln«, die Neigung, einen anderen Menschen mit den Füßen zu berühren, meist unter dem Tisch. → Berührungszwang, Frotteur, Hauterotik, Kitzeln, Tastsinn.

Familie [lat.: familia], nach römischem Recht die gesamte Hausgenossenschaft, die dem Familienvater (→ Pater familias) untersteht: nicht nur seine Frau und seine Kinder, sondern auch das Gesinde, die Sklaven und die hauseigene Dienerschaft. Es ist methodologisch falsch, den Begriff F. für andere (z.B. vorgeschichtliche oder »primitive«) Formen des Zusammenlebens von Eltern und Kindern zu benutzen, denn nur die auf Privateigentum und Mannesherrschaft aufgebaute Gemeinschaft von Eltern und Kindern darf F. genannt werden. Es gibt zahllose andere Formen des Zusammenlebens von Mann und Frau, und es gibt zahllose alternative Formen der Betreuung und Aufzucht von Kindern.

Grote, Niebuhr und Mommsen irren, wenn sie die Ansicht vertreten, es habe bereits unter den Vorgängern der homerischen Griechen so etwas wie eine »F.« gegeben, denn das ist eine unzulässige Rückprojektion aus der bürgerlichen Welt in ein völlig anders geartetes Zeitalter. Die Naivität, mit der selbst die großen Historiker sich über diese Tatsachen hinweggesetzt haben, ist der Geschichtsforschung erst durch die Arbeit der Ethnologen bewußt geworden, weil diese gelernt hatten, niemals Aspekte ihrer eigenen Kultur in andere Kulturen hineinzuprojizieren.

Da Vater und Mutter sowohl bei den Griechen wie bei allen anderen Sippengesellschaften der Ägäis zu verschiedenen Sippen gehörten, konnte es noch gar keine Familie geben. Und da der Vater zumindest bei den matrilokalen Ägäern als Sippenfremder galt, gab es nur geringen Zusammenhalt zwischen Vätern und Kindern. In den großen Sippenhäusern, in denen die Mütter ihre festgelegten Quartiere mit ihren Männern teilten, solange sie mit ihnen lebten, konnte sich noch gar kein Bewußtsein einer Gemeinschaft von Vater, Mutter und Kindern bilden, denn die Kinder gehörten zur Muttersippe und hatten viel engere Verbindungen zu den Geschwistern der Mutter und deren Kindern als zu ihrem Vater, den sie meist gar nicht als solchen erkannten.

Der Übergang vom sogenannten Matriarchat zum Patriarchat und besonders von der patrilinearen Sippe zur patrilinearen Familie, stellte einen überaus komplizierten und langwierigen Prozeß dar, in welchem sich Überreste des »Matriarchats« hartnäckig erhielten. Während die Frau durch den neuen Vorgang der Ehe in die Sippe des Gatten überging, blieb dieser oft noch Mitglied der mütterlichen Sippe. Ja mehr noch: auch die Kinder gehörten manchmal noch zu ihrer mütterlichen Sippe. Infolgedessen wechselten sie, obwohl sie nach dem neuen Deszendenzsystem in die Sippe ihres Vaters geboren waren, zu ihrem Onkel, dem Bruder ihrer Mutter, über. Unter diesen Umständen hatte die »Familie« der Übergangszeit eine ganz eigentümliche Zusammensetzung: sie bestand aus Männern und deren Frauen, nicht aber aus deren Kindern, da diese ihrem Onkel gehörten, dafür aber aus Neffen und Nichten, da diese sich im gleichen Verhältnis zu dem Familienvater befanden wie dessen Kinder zu dem Bruder seiner Frau.

Naturgemäß stand an der Spitze einer solchen Sippeneinheit der Übergangszeit bereits oft der älteste Mann. Aber auch die verheiratete Frau trennte sich bei weitem nicht sofort und nicht völlig von ihrer Sippe. Im Gegenteil, sie unterhielt besonders in den ersten Jahren eine enge Verbindung zu ihr. Das drückte sich unter anderem darin aus, daß sie oft auf gewisse Zeit zu ihrer Sippe zurückkehrte, wo auch stets die Geburt eines Kindes stattfinden mußte. Erst nach der Geburt kehrte sie ins Haus ihres Mannes zurück und blieb auch danach noch einige Zeit dort. Während dieses postnatalen Aufenthaltes bewahrte sie jedoch eine weitgehende Selbständigkeit und Isolierung, hatte ihre gesonderte Unterkunft und verkehrte nicht sexuell mit ihrem Gatten.

Erst nachdem das Vaterrecht die Kinder voll in die Sippe des Vaters eingegliedert hatte, konnte der Übergang zur eigentlichen Familie erfolgen, denn nur dadurch war die Mutter genügend von ihren Kindern und das Kind genügend von seiner Mutter entfremdet worden. Was mit dem Ziel der Erzeugung von Kindern unbestrittener Vaterschaft begonnen hatte, war nun zur Quelle autoritärer Gesinnung geworden. Denn erst die Kombination von Pflugbau und Viehwirtschaft konnte jene Überschüsse erzielen, auf denen sich einerseits die Herrschaft des Mannes über Frau und Kind, andererseits die Herrschaft einer Klasse über die andere aufbaute. Wenn die Gesellschaft nicht an der Klassenspaltung zerbrechen wollte, mußte sie eine Autorität schaffen, die einerseits über den Klassen stand, andererseits aber auch den Willen der herrschenden Klasse erfüllte: dies war der *Staat;* und die Institution, die Respekt für den Staat und Gehorsam gegenüber seinen Organen zu vermitteln hatte, war die *Familie.* Darin bestand ihre historische Funktion.

Indem sie das Kind zum Respekt für seine Eltern erzog, erzeugte sie Respekt für »seinen« Staat. Indem sie dem Kind Gehorsam abverlangte, erzeugte sie Gehorsam den Organen des Staats gegenüber. Im Gegensatz zu den erzieherischen Organen der Sippenordnung, die das Kind möglichst früh selbständig zu machen suchten, erzeugte die Familie lebenslange Abhängigkeit von der Autorität. Im Gegensatz zu der Sippe, die dem Kinde stets in kollektiver Form gegenübertrat und dadurch jede Bindung an eine einzelne Autoritätsperson verhinderte, erzeugte die Familie Autoritätsfurcht. Im Gegensatz zur Sippe, die keinen Strafapparat kannte, erzog die Familie das Kind zur Furcht vor Strafe. Im Gegensatz zur Sippe, die kein Privateigentum kannte, erzeugte die Familie Abhängigkeit vom Eigentum des Vaters, dem man gehorchen mußte, wenn man ihn beerben wollte. Im Gegensatz zur Sippe, die alle Mitglieder gleichmäßig versorgte und bedachte, erzog die Familie ihre Kinder nach dem Prinzip der »Gerechtigkeit«: das Kind erhielt nur soviel Liebe, wie es »verdiente«. Jede Handlung des

Kindes wurde auf die Waagschale gelegt; es erhielt »Belohnung« oder Strafe in direktem Verhältnis zu seinen »Leistungen«.

So stellte die Familie ein grundsätzlich negatives, zerstörendes Instrument dar, das Angst an die Stelle von Liebe, Abhängigkeit an die Stelle von Selbständigkeit, Rechthaberei an die Stelle von Großzügigkeit, Konsum an die Stelle von Produktion setzte. Es war der größte moralische Verfall in der bisherigen Geschichte der Verwandtschaftsorganisation.

Die widerspruchsvolle Situation, die durch die Verwandlung der patrilinearen Sippe in die patrilineare Familie entstanden war, wurde schließlich durch den Verfall der Sippe, durch ihre Aufteilung in Familien und durch die Teilung des gesamten Sippeneigentums entschieden. Da die materiellen Güter nun Privateigentum geworden waren, wurde es aber auch die Frau. Von nun an mußte der Mann sie kaufen, wenn er sie haben wollte. Zwar hatte es schon vorher bei manchen Sippen die Einrichtung eines Brautpreises gegeben, aber es war ein Preis, den die Sippe des Bräutigams an die Sippe der Braut zahlte, um den Verlust auszugleichen, den ihr der Verzicht auf die Arbeitskraft der Braut bereitet hatte. Es war also eine Transaktion zwischen Sippen, nicht zwischen Einzelpersonen; kein Kauf, sondern eine Entschädigung. Das Mädchen blieb nach der Transaktion genauso frei, wie es vorher gewesen war.

Das änderte sich nun. Da der Brautkauf nicht mehr zwischen Sippen, sondern zwischen Privatpersonen stattfand, artete er in eine Deklaration der Unfreiheit der Frau aus. Sie entging zwar durch Heirat der Herrschaft des Vaters, aber dabei wurde sie nicht frei, sondern wechselte nur den Besitzer. Die Tatsache, daß sie damit zur Ware geworden war, änderte ihr Sexualleben. Im matrilinearen Stadium, in dem die Frau noch frei über ihren Körper verfügen konnte, hatte sie das auch getan und kein Mann, weder Vater noch Gatte, hatte einen Grund, sich darüber zu beklagen. Im Gegenteil, die Freizügigkeit der matrilinearen Gesellschaft hatte beiden Geschlechtern nicht nur größere sexuelle Befriedigung, sondern auch größere Selbstachtung verschafft. Nun aber, seitdem die Frau zum Eigentum des Mannes geworden war, wurden Freizügigkeit als Verschwendung und Ehebruch als Diebstahl empfunden. Eifersucht tauchte zum ersten Mal in der Geschichte der griechischen Stammesgesellschaft auf. Denn Eifersucht ist keine eigentlich sexuelle Regung, sondern nur die sexuelle Form des Anspruches auf Privateigentum und die Angst vor dessen Verlust.

Dies war ein Wendepunkt in der Sexualgeschichte. Erst bei den Römern sehen wir diesen Wendepunkt jedoch mit exemplarischer Deutlichkeit, denn das Wort »Familie« stammt ja aus dem Lateinischen, nicht aus dem Griechischen. Als Institution ist die Familie vom römischen Patriarchat an die katholische Kirche (Patrismus), von ihr an die evangelische Kirche (Puritanismus) und von dieser an das Bürgertum weitergegeben worden, wo sie ihre gegenwärtige Funktion als Erziehungsmittel zur Anpassung des Erwachsenen an den Staatsapparat und des Kindes an das Klassensystem erlangt hat.

Aus der Sprachwurzel des Wortes »Familie« können wir noch heute die negativen Assoziationen erkennen, mit der diese neue Institution von der Sippen- und Stammesgesellschaft betrachtet wurde. Es enthält im Lateinischen dieselbe Wurzel wie *famulus,* »Diener«, und stammt wahrscheinlich von dem oskischen *famel,* »Sklave«, ab. Da die Osker mutterrechtlich organisiert waren, betrachteten sie naturgemäß diese neue Einrichtung mit äußerstem Mißtrauen, denn erstens war es ein Konzept, das die ganze Denkform der Sippe zerschlug, und zweitens war es mit dem Schandmal der Sklaverei belastet, mit der es von Anfang an assoziiert war. Es zerschlug die Sippe, weil es eine bis dahin unbekannte Einheit von Vater, Mutter und Kindern postulierte. Gleichgültig, ob man die Abstammung in väterlicher oder mütterlicher Linie verfolgte, gehörten die Eltern in jeder Sippengesellschaft verschiedenen Sippen an. Sie konnten also nie eine Einheit bilden, solange man noch in Begriffen der Blutsverwandtschaft dachte. Zweitens erfolgte nahezu gleichzeitig mit der Einführung der patriarchalischen Familie auch die Einführung der Sklaverei, so daß die neue Zelle, die sich da in Opposition zu Sippe und Stamm etablieren wollte, nicht nur aus Eltern und Kindern, sondern auch aus den Familiensklaven bestand, die im gleichen Anwesen wohnten. Mommsen geht deshalb so weit, daß er das Wort *familia* als »Knechtschaft« übersetzt; nicht ohne Berechtigung, denn mit der Einführung der Familie beginnt tatsächlich die Knechtschaft der Frau. Deshalb kann die Befreiung der Frau auch nie ohne Zerschlagung der Familie erfolgen.

Daß die römische Sippe früheren Ursprungs als die römische Familie ist (und daß auch in Rom das Mutterrecht dem Varerrecht vorrangig), geht aus der Tatsache hervor, daß die Römer das Wort *materfamilias* kannten, lange ehe sie den Begriff *paterfamilias* prägten. Plautus hat *materfamilias* öfter, *paterfamilias* nicht ein einziges Mal benutzt. Bachofen sagt hierzu: »Nach dem Mutterrecht gibt es wohl einen *pater,* aber keinen *paterfamilias. Familia* ist ein rein physischer Begriff und darum zunächst nur der Mutter geltend. Die Übertragung auf den Vater ist ein *improprie dictum,* das daher zwar im Recht angenommen, aber in den gewöhnlichen nichtjuristischen Sprachgebrauch später erst übertragen wurde... Hier gilt der Grundsatz *pater est quem nuptiae demonstrant* (der Vater ist derjenige, den die Ehe als solchen bezeichnet).« (*Gesammelte Werke,* Bd. II: *Das Mutterrecht,* S. 102–118).

Die Sabiner nannten den Schoß der Frau *sporium* (Saatfeld) und sprachen dem Vater keine größere Bedeutung als die des Sämanns zu, der das Korn ausstreut und dann weiterzieht. Trotz jahrhundertelanger Versuche der patristischen Juristen Roms, diesen mutterrechtlichen Ursprung des römischen Rechts zu negieren und ein durchstrukturiertes Vaterrecht an seine Stelle zu setzen, ließen sich die matrilinearen Grundsätze des römischen Rechtsdenkens niemals völlig ausrotten. Julian spricht mehrmals den Grundsatz aus: »Jede Frucht wird nach dem Recht des Bodens, nicht nach dem des Samens gewonnen.« Oder: »Beim Gewinn der Früchte wird mehr nach dem Recht des Körpers gesehen, aus dem sie gewonnen werden, als nach dem des Samens, aus dem sie entstehen.« Cujacius sagt: »Es ist geltendes Recht, daß das Kind einer Sklavin dem Stand der Mutter folge und die Stellung des Vaters in dieser Hinsicht nicht in Betracht komme.« Auch hier, wie bei der freien Bürgerin Roms, galt also das Naturrecht, das die Frau dem Saatfeld (lat.: *solum*), den Mann aber nur dem Sämann (*sator*) gleichstellt: »Der Same nimmt des Bodens Natur an, niemals der Boden die des Samens.«

Der Vater galt also als juristische Fiktion, die Mutter dagegen als biologische Tatsache. »Die Mutter ist immer gewiß, auch wenn sie von aller Welt empfangen hat, der Vater dagegen ist nur der, den die Eheurkunde nennt« (Paulus, *Dig.* II, 4, 5). Das Mutterrecht ist *natura verum,* von Natur wahr, das Vaterrecht bloß *jure civili,* durch bürgerliches Recht wahr, wie Paulus sich ausdrückt. Daher sind auch die *uterini* (die leiblich von einer Mutter Geborenen) untereinander näher verbunden als die *consanguini, eodem patre nati* (die von dem gleichen Vater Gezeugten). Wir sehen auch hier wieder das Muttertum als das einigende, das Vatertum als das trennende Prinzip. »Was unter viele Väter verteilt wird, verbindet die Mutter zur Einheit« (Bachofen). Dieser Gedanke bestimmte auch das römische Konzept der Ehe. Man nannte sie ausdrücklich *matrimonium* (Mutterzustand), nicht *patrimonium,* ein Wort, das zwar existierte, aber etwas ganz anderes bezeichnete: das Erbteil, das der Vater dem Sohne weitergab, also ein historisch viel späteres Prinzip. *Matrimonium* war ein Konzept des Naturrechts, *patrimonium* ein Begriff des Zivilrechts.

Die römischen Vaterrechtler haben diese Grundsätze systematisch in ihr Gegenteil verwandelt. Während die Römerin sich selbst als das Permanente betrachtete, ihren Mann dagegen stets als Nomaden sah, als Fremdling, der seinen Samen säte und dann zu anderen Frauen weiterzog, stellten die römischen Juristen den Mann als das Primäre dar, als den Gründer der Familie. Deshalb heißt es auch in der juristischen Terminologie römischer Vaterrechtler: *mulier familiae suae caput et finis est,* »die Frau ist ihrer Familie Anfang und Ende«. Das bedeutet: Einerlei, wieviele Kinder sie gebiert, sie gründet keine Familie. In historischer Perspektive ist das auch durchaus korrekt: Die Familie ist in der Tat eine vaterrechtliche Erfindung. Aber vor der Familie war die *gens,* die Sippe, und diese war matrilinear – bei den Latinern sowohl wie bei den Sabinern, bei den Umbriern sowohl wie bei den Etruskern.

Die römische Familie muß aus historischer Sicht deshalb als ein vaterrechtliches Instrument zur Vernichtung der mutterrechtlichen Sippe definiert werden. Sie brach die horizontale Einheit Mutter-Vater-Kind aus der vertikalen Einheit Großmutter-Mutter-Tochter heraus und stellte sie ihr als Alternative gegenüber. Aus dieser Perspektive müssen wir das Vaterrecht vor allem als eine Institution zur Vererbung von Privateigentum betrachten. Denn die mutterrechtliche Sippe besaß kein privates Erbrecht, da sie noch kein Privateigentum kannte. Land und Kinder gehörten der Gemeinschaft. Erst die Pflugkultur und mit ihr die Produktion von Überschuß ermöglichte die Anhäufung von Privateigentum, und erst das Privateigentum brachte den Gedanken des Erbrechts hervor. Wären die ersten Produktionsüberschüsse im Zeitalter des Hackbaus erarbeitet worden, so hätte sich die Frage nach dem rechtmäßigen Erben sehr leicht beantworten lassen: Erbe wäre dann das Kind der Frau gewesen, denn die Frau war ja die Mutter des Hackbaus. Da aber der Mann die ersten Überschüsse im Zeitalter des von ihm erfundenen Pflugbaus erarbeitet hatte, war die Frage nach dem legitimen Erben nicht so leicht zu beantworten. Denn wie konnte der Mann jemals mit Sicherheit wissen, ob das Kind seiner Frau auch wirklich von ihm selber gezeugt worden war?

Die Antwort war ingeniös: Innerhalb einer bestimmten Frist nach der Geburt des Kindes (die Frist variierte bei den verschiedenen Stämmen) nahm der Vater das Recht in Anspruch, das Kind anzuerkennen oder abzulehnen. Erkannte er es als das seine an, so legte er es auf den Fußboden und hob es dann auf. Dieser Akt des Emporhebens zur Ehelichkeit und Freiheit hieß seit archaischen Zeiten *tollere liberum.* Von diesem Akt vaterrechtlicher Willkür, mehr noch als von den damals gewaltigen Gefahren der Säuglingssterblichkeit, hingen Leben und Zukunft des Kindes ab. Glaubte der Vater, das Kind stamme nicht von ihm, oder betrachtete er es einfach als lästig, dann setzte er es an einem einsamen Orte aus und überließ es seinem Schicksal. Hatte das Kind Glück, erbarmte sich ein anständiger Mensch seiner und zog es auf. Die meisten aber verhungerten oder verfielen der Sklaverei. Die Mutter hatte kein Recht des Einspruchs gegen diese legitime Form der Kindestötung. Das war der »Fortschritt«, den die F. mit sich brachte.

In diesem Sinne ist der von den meisten Rechtsgelehrten als unwichtig betrachtete Akt des Emporhebens, der Anerkennung des Kindes durch den Vater, die erste und wichtigste Maßnahme des römischen Rechts. Sein Gegenstück ist die *adoptio,* die Annahme an Kindesstatt, ein Konzept, das in Zeiten des Mutterrechts undenkbar gewesen wäre. Denn kein Sippenmitglied konnte jemanden, der nicht sein eigen Fleisch und Blut war, in die Sippe aufnehmen; nur die Sippe in ihrer Gesamtheit konnte das tun, und selbst dann nur durch den Ritus von Tötung und Wiedergeburt. Die Sippe kannte kein Zivilrecht; sie war, wie die Mutter, der sie entstammte, ein naturrechtliches Phänomen: *Mater naturae vocabulum est, non civile, adoptio autem civilis,* »Mutter ist ein Ausdruck der Natur, nicht des bürgerlichen Rechts, Adoption jedoch ein rechtlicher« (Cujacius, *Opp.* V, 85e).

Das römische Vaterrecht strebte deshalb mit aller Macht eine Ausdehnung des Adoptionsprinzips an, denn nur dadurch konnte der Vater den mütterlichen Anspruch auf die naturgegebene Legitimität ihres Kindes verneinen. Nicht mehr das Naturrecht, sondern das Zivilrecht sollte darüber entscheiden, wen der Vater als sein Kind betrachten durfte. Genau wie er durch den Akt des Emporhebens ein bis dahin nicht als blutsverwandt anerkanntes Wesen zu seinem Kind machen konnte, wollte er nun das Recht haben, ein nicht blutsverwandtes Wesen (meist seine Geliebte oder, bei Päderasten, seinen Lieblingsknaben) zu seinem legitimen Kind und Erben deklarieren zu können. So zerstörte der vaterrechtliche Anspruch auf Vererblichkeit des Eigentums nicht nur Sitte und Anstand der alten Sippenordnung, sondern auch die eigene Schöpfung des Vaterrechts: die Familie selber. Denn man konnte nicht einerseits die Familie als Institution einer höheren sittlichen Ordnung preisen, als ideale Form des Zusammenlebens von Mann und Frau, als bestes System zum Wohle des Kindes, und andererseits die Position der Gattin untergraben, indem man ihre Kinder aussetzte und die außerehelichen Sexualpartner als »Kinder« adoptierte. Praktiken von solcher moralischen Verwahrlosung wären zu Zeiten der mutterrechtlichen Sippengemeinschaft undenkbar gewesen. Aber wer kümmerte sich in der vaterrechtlichen Gesellschaft Roms um die Gefühle der Frauen? Worum es ging, war Macht und Besitz. Und mit den Zwillingspraktiken von *tollere liberum* und *adoptio* hatte sich das Vaterrecht den perfekten Schachzug zur Mattsetzung des Mutterrechts ausgedacht.

Wie auch immer die zukünftige Gesellschaft aussehen mag, in der Frauen und Männer endlich jene Erfüllung finden werden, die das Patriarchat ihnen rund fünf Jahrtausendelang versagt hat, eines ist sicher: es kann nie wieder eine Kultur der Monogamie, nie wieder der Familie, nie wieder des Einzelhaushalts einer einzelnen Frau mit einem einzelnen Manne und ihren Kindern sein. Lewis Henry Morgan schrieb bereits 1876: »Sollte in entfernter Zukunft die monogame Familie nicht mehr imstande sein, die Ansprüche der Gesellschaft zu erfüllen, so ist unmöglich vorauszusagen, von welcher Beschaffenheit ihre Nachfolgerin sein wird.« Daß sie nun seit langem die Ansprüche der Gesellschaft nicht mehr erfüllt, darüber gibt es heute keine Zweifel mehr. Daß sie eine Nachfolgerin haben wird, sah bereits Morgan voraus. → Kernfamilie, Kleinfamilie, Pater familias.

Familienneurose, seelische Störung, die mehrere Mitglieder der gleichen Familie befällt. In jeder eng verknüpften Gruppe löst die Neurose eines einzelnen eine Kettenreaktion aus. Die daraus entstehenden Neurosen bedingen und ergänzen einander. So ist es eine altbekannte Erfahrung der Psychotherapeuten, daß ein Familienmitglied, welches zum Arzt kommt, um Therapie für ein anderes zu erbitten, selbst therapiebedürftig ist. Deshalb können Ehegatten auch fast nie separat therapiert werden. Kinder sind fast nie »neurotisch«, sondern spiegeln nur die Neurosen ihrer Eltern und Erzieher wider. Sie können nur selten ohne Therapie der Eltern therapiert werden.

Familiensklaven nennt die Sexualwissenschaft jene erwachsenen Menschen, die weder lieben noch heiraten können, weil sie zu sehr an ihren Eltern hängen. Das mag exzessive Mutter- oder Vaterbindung sein, entspringt manchmal aber auch der Angst vor der Selbständigkeit, vor dem Geschlechtsverkehr, vor dem anderen Geschlecht oder vor zahllosen anderen Aspekten von Liebe und Ehe. Selbst wenn die F. den Mut zur Liebe oder Ehe finden, hängen sie doch weiterhin so sehr an ihren Eltern, daß Liebe und Ehe oft daran zerbrechen. Was sich als Ehrfurcht vor den Eltern oder gar als Pflichtbewußtsein maskiert, ist in Wahrheit oft neurotische Angst vor der Selbständigkeit. → Ehescheu, Kastrationsangst.

Familientherapie, sexuelle, die Behandlung der Gesamtfamilie, wenn bei irgendeinem Familienmitglied eine psychosexuelle Störung auftritt. Gegensatz: Individualtherapie. Die Logik der F. ist überzeugend, aber nach Meinung mancher Sozialtherapeuten geht sie nicht weit genug. Denn genau wie die F. mit Recht argumentiert, daß die Gründe der psychosexuellen Störung eines einzelnen Familienmitglieds fast stets in der psychosexuellen Interaktion mit den anderen Mitgliedern zu suchen seien, ließe sich mit noch größerem Recht die Ansicht vertreten, daß die Gründe der Familienstörung fast stets in der Interaktion mit anderen Familien und größeren Sozialeinheiten lägen. Wie das Individuum als Knotenpunkt der Familienstruktur erfaßt werden kann, kann die Familie als Knotenpunkt im gesamtgesellschaftlichen Gewebe verstanden werden. Da jede spezifische Gesellschaftsordnung auch ihre spezifischen Sexualstörungen erzeugt, argumentiert die sexuelle Sozialtherapie, daß diese Störungen nur selten in der Familie und noch seltener im Individuum erfaßbar sind. Denn wenn das individuelle Symptom nur der individuelle Niederschlag einer gesellschaftlichen Störung ist, dann ist auch das Familiensymptom nur der familiäre Niederschlag eines Sozialsymptoms. Den Hebel der Therapie bei der Familie anzusetzen, ist zwar ein wenig realistischer als die Hoffnung, den einzelnen in vacuo therapieren zu können, aber es bleibt immer noch eine symptomatische Therapie. Sie mag die Symptome des einzelnen Familienmitglieds temporär mildern, aber sie ignoriert die inhärenten Schwächen der Familie als Institution und weigert sich, die Ursachen der Störung in der Familie als solcher zu suchen; oder genauer: in jener Form der Familie, die das kranke Gesellschaftssystem des Patriarchats im Nukleus widerspiegelt.

Sind die psychosexuellen Familienstörungen *soziogen,* dann können wir sie ebensowenig »heilen«, wie der Pneumologe eine Pneumokoniose heilen kann. Zwar kann er temporäre Linderung verschaffen, aber wenn der Patient mit seiner Staublunge wieder in die gleiche Fabrik, ins gleiche Bergwerk zurückkehrt, werden seine Atemwege bald wieder der gleichen Entzündung anheimfallen. Die Mehrzahl der scheinbar psychogenen Sexualsymptome, die heute in der Praxis auftauchen, ist ebensowenig therapierbar wie die Eisenstaublunge des Stahlarbeiters, die Kohlenlunge des Kumpels oder die Tabaklunge der Zigarrenwicklerin. Der therapeutische Ansatzpunkt solcher soziogenen Sexualstörungen liegt nicht im Körper oder der »Psyche« des Patienten, sondern an seinem Arbeitsplatz, in seiner Familie, in seiner sozialen Umgebung.

Was die Sozialtherapeuten an der F. auszusetzen haben, ist also nicht, daß sie schlecht therapiert, sondern daß sie sich anmaßt, Menschen therapieren zu können, die nicht im psychogenen Sinne krank sind. Die Syndrome, die den Familientherapeuten zur Verweigerung der Therapie bewegen sollten, sind nicht jene, die exogen sind (obgleich es auch hier profunde Zweifel gibt, ob sie, wenn sie überhaupt heilbar sind, nicht schneller heilen, wenn man sie allein läßt, als wenn man sie »behandelt«), sondern die soziogenen. Einem solchen Patienten vorzumachen, wir könnten ihn therapieren, ist gefährlich. Denn wenn er eine Zeitlang in der Familientherapie zugebracht hat und dann wieder in die krankmachende Umgebung zurückkehrt, wird er das neuerliche Aufflackern der Symptome als Indiz seiner Unheilbarkeit auffassen und wird nun erst wirklich krank werden.

Psychosexuelle Störungen unterscheiden sich dadurch von somatischen, daß sie nicht von der individuellen Symptomatik her definiert werden können, sondern sich nur als Abweichungen von den sexuellen Normen der Gesellschaft, in der sie auftreten, erfassen lassen. Ein Darmkrebs in Nairobi ist genau das gleiche wie ein Darmkrebs in Pittsburgh oder in Essen. Aber eine »Perversion« in einer afrikanischen Stammesgesellschaft ist etwas völlig anderes als eine »Perversion« in einer industriellen Großstadt, hat andere Ursachen und kann überhaupt nur dann als Krankheit definiert werden, wenn sie in der Anamnese des Individuums und nicht in den gesellschaftlichen Normen begründet ist. Solche »Krankheiten« lassen sich nicht in die medizinische Skala »gesund/krank« einordnen, sondern sind nur als statistische Werte auf der Skala »normal/abnorm« abzulesen. »Gesund« sind die »Normalen«, »krank« sind diejenigen, deren Eigenschaften von denen der Norm abweichen.

Finden wir, wie es in unserer westlichen, großstädtischen Wirtschaft und den von ihr geprägten Gesellschaftsordnungen üblich ist, eine Mehrzahl von sexuell verunsicherten Menschen, so stellen diese die

Norm und nicht die Ausnahme dar. Ihre Symptome sind nicht das Resultat individualpsychologischer *Abweichungen* von der Norm, sondern sie *sind* die Norm. Uns einzubilden, wir könnten sie »heilen«, ist ein für beide Seiten gefährlicher Selbstbetrug. Denn da die Ursache des Leidens nicht in ihrer individualspezifischen Krankheitsgeschichte, sondern in dem pathogenen Charakter ihrer Umwelt liegt, kann das Leiden nur beseitigt werden, indem die pathogenen Aspekte der Umwelt korrigiert werden.

Die sozialtherapeutische Kritik an der F. ist also nicht etwa, daß sie unwirksam sei, sondern daß sie nur allzu wirksam ist, indem sie den Menschen, der in ihre Fänge gerät, überhaupt erst krank macht. Solange der Mensch weiß, daß seine Symptome gar nicht oder nur in geringem Maße von denen der Mehrheit abweichen, mag er zwar leiden, aber der Gedanke, daß sein Leiden pathogen sei, wird ihm ebensowenig kommen, wie er bei Menschen auftritt, die im Kriege oder bei einer Unwetterkatastrophe oder während eines Erdbebens leiden. Geben wir ihm aber die Illusion, sein Leiden sei krankhaft, indem wir ihm anbieten, ihn zu »heilen«, so setzen wir überhaupt erst jenen Teufelskreis in Bewegung, aus dem wir ihn angeblich befreien wollten. Wo die Umwelt und nicht das Individuum pathogen ist, da muß die Umwelt und nicht das Individuum therapiert werden. Die Kur liegt nicht in der individuellen Teilnahme an einem psychotherapeutischen Prozeß und auch nicht in der Teilnahme von zwei oder mehr Familienmitgliedern am Prozeß der F., sondern in der kollektiven Partizipation an einer gesellschaftsverändernden, umweltverbessernden Tätigkeit.

Fantasie, sexuelle →Sexualfantasie.

Farbfetischismus, die sexuelle → Fixierung auf gewisse Farben. In harmloser Alltagsform zeigt sich der F. in der Bevorzugung von Blondinen, Brünetten, Rothaarigen oder Grauhaarigen als Geschlechtspartnern, oder in der Vorliebe für blaue, braune, grüne oder graue Augen. Ernster ist bereits die sexuelle Abhängigkeit von gewissen Lippenstiften oder Augenschminken. Es gibt Männer, die impotent sind, wenn ihre Frauen keinen Lippenstift oder einen anderen als einen ganz bestimmten Farbton von Lippen- oder Augenstift benutzen. Bevorzugte Farben bei Kleidern, Anzügen und vor allem Unterwäsche gehören zum Alltagsfetischismus der Partnerwahl.

Die affektive Wahrnehmung der Hautfarbe liegt vielen Rassenfeindschaften, aber auch vielen sexuellen Idiosynkrasien zugrunde. Der Mythos, daß »Schwarze« und »Gelbe« sexuell potenter und leidenschaftlicher als »Weiße« seien, erzeugt sowohl positive wie negative Affekte.

In der Mythologie hat jede Farbe eine Anzahl klarer, aber oft widersprüchlicher Bedeutungen:

Weiß: Frau, Mond, das Absolute, Gewand des Papstes, der Mysten, der Braut, Reinheit, Gerechtigkeit, Verlassenheit, Kälte, Unfruchtbarkeit, Verzweiflung, Trauer, Quecksilber, Tag, Europa.

Schwarz: Magie, Trauer, Leid, Geheimnis, Macht, Nacht, Afrika.

Blau: Jupiter, Juno, Wahrheit, Loyalität, Ruhe, Treue, Friede, Denken, Geist, Weisheit, aber auch Narrheit, Ergriffenwerden, Homosexualität.

Grün: Venus, Natur, Wachstum, Hoffnung, Glück, Freude, Empfindung, Beziehung zur Wirklichkeit, Erfülltheit, Gewand des Johannes, Mantel des Mohammed, Arabien.

Gelb: Apollo, Logos, Gold, Sonne, Licht, Erleuchtung, Großherzigkeit, Glaube, Intuition, aber auch Egoismus, Hoffart, Enttäuschung, Verrat, Asien.

Rot: Mann, Mars, Kaiser, Kardinal, Geist, Mut, Feuer, Leidenschaft, Liebe, aber auch Wut, Mordlust, Henker, Teufel, Scham, Sünde, Bordell. Kinder ziehen rot allen anderen Farben vor. Im Russischen bedeutet *krasny* sowohl »rot« wie »schön«. Eine moderne Erklärung, Rot als die Farbe der Sexualität zu bezeichnen, geht dahin, daß der gesteigerte arterielle Zufluß nach bestimmten Körpergegenden, namentlich den Genitalien, zur Zeit der Pubertät und Menstruation eine Verarmung anderer Regionen, besonders auch der Sehnervenendungen, an arteriellem Rot und damit einen sexuell erregenden Reizhunger nach dieser Farbe bedingt. Darauf wurde bis vor kurzem auch die → Pyromanie, besonders bei jungen Mädchen um die Zeit der Menstruation, zurückgeführt, jener angebliche Trieb, Feuer zu sehen und anzulegen. Der sexuell erregende Reizhunger nach der roten Farbe erinnert auch an das Bedürfnis des Sadisten, beim Geschlechtsverkehr »rot zu sehen«, d.h. den Anblick des fließenden Blutes des geliebten Wesens zu genießen.

Fasching → Karneval, Mutterrecht, Mutterreligion, Orgie.

Fatzmänner [lat.: facetiae = Scherz, Witz, Stichelei] nannte man im ausgehenden Mittelalter jene fahrenden Spielleute, die das Erbe der → Ménestrels und → Jongleurs angetreten hatten und die Ansichten des Volkes als Schwänke, Zoten, Spottlieder und Narrenspiele vortrugen. Grafen, Fürsten und selbst Prälaten konnten sich nicht vor dem Spott der F. retten. Oft zahlten sie sogar für das zweifelhafte Vergnügen, sich von den F. verspotten zu lassen.

Fausse [frz.: die Falsche] ist Oswald Spenglers (1880–1936) Begriff für die → Demimondaine. Ihr männliches Gegenstück ist der → Zavalier. Vgl.: Dame demoiselle, Demicastor, Demimondaine, Femme de cinq heures, Halbflor, Halbwelt, Kokotte, Kurtisane, Lorette.

Faveurs [frz.: Gunstbeweise] nannten die französischen Ritter des Mittelalters jene fetischistischen Symbole, die sie von ihren »Herrinnen« erbaten: getragene Kleidungsstücke aller Art, wie Strumpfbänder, Schleier, Mieder, Hemden, Hüte, Schuhe. Diese Faveurs wurden dann entweder von dem Ritter getragen oder als Wimpel an Lanze, Schild oder Helm befestigt. So wie ein zerfetztes Fahnentuch die Kämpfe bekundete, die sein Träger bestanden hatte, so mußten die Faveur am Ende zerfetzt oder mit Blut bedeckt der Herrin zurückgebracht werden. Die sexuelle Bedeutung dieser Praxis ist uns heute klarer, als sie dem → Servus und seiner → Domina im Mittelalter war. → Emprises d'amour.

Fehlgeburt, die Geburt eines toten Fötus im Alter bis zu 26 oder 28 Wochen. → Abortus, Partus praematurus.

Feigenbrüderschaft, eine geheime erotische Vereinigung, die 1751 in Wien ausgehoben wurde. An der Spitze standen die Danziger Bürgermeistersöhne Johann und Ludwig Rottenburg. Friedrich Freiherr von der Trenk beschreibt die Aktivität der F. in seiner *Lebensgeschichte* (München 1912, I, S. 137) als »Schwelgerei, Unzucht und Liederlichkeit«. → sexuelle Clubs.

Fellatio [lat.: fellare = saugen], das Saugen am Geschlechtsorgan eines Menschen oder Tieres, besonders das Erzeugen der Ejakulation durch Berührung und Friktion mit Lippen und Zunge. Zwischen Eheleuten und Liebenden ist F. heute mindestens ebenso häufig wie → Cunnilingus. Zur Zeit der Kinsey-Reporte war das noch nicht so. Erst durch die graduelle Verschiebung der sexuellen Initiative vom Mann auf die Frau, die heute im Westen bei der jungen Generation in allen Ländern beobachtet werden kann, hat F. den Vorrang vor Cunnilingus erreicht. Die lateinische Wurzel des Wortes *fellare,* auf dem das Substantiv *Fellatio* beruht, bedeutete »nuckeln, an der Mutterbrust saugen«, führt die angeblich »widernatürliche« Tätigkeit der F. also auf die natürlichste, lebenserhaltende Tätigkeit der Nahrungsaufnahme beim Säugling zurück. Vgl.: Irrumatio, Penilinctio, Phönizisieren. → Coitus oralis, Lambitionsakt, Lécheur, Minette, Spermatophagie.

Fellator, Mann, der am Geschlechtsorgan eines anderen saugt oder leckt, um dieses zur Ejakulation zu bringen.

Fellatrix, Frau, die das Glied eines Mannes mit ihrem eigenen Munde und ihrer eigenen Zunge reizt, um bei ihm Orgasmus hervorzurufen.

Femina vult decipi [lat.: die Frau will betrogen werden], eines der ältesten Alibis des Mannes, der seine Frau betrügen will. Gleichzeitig aber oft auch die Rechtfertigung des Sadisten, der die Frau demütigen will. Aus der Ähnlichkeit der Argumente des Schürzenjägers und des Sadisten läßt sich eine Ähnlichkeit der Motive folgern. Da der Sadist ödipal motiviert ist (aus Haßliebe gegenüber dem einen oder anderen Elternteil handelt), ergibt sich die Frage, ob nicht auch der Schürzenjäger ödipale Beweggründe hat. Dies klingt widersinnig: wie kann der Mann, der besonders vielen Frauen nachrennt, Frauen hassen? Die Antwort ist, daß er gerade deshalb so vielen nachrennt, weil er bei keiner einzelnen Befriedigung finden kann. Und warum kann er keine Befriedigung finden? Weil er in jeder Frau die Mutter sucht, von der er aber gleichzeitig weiß, daß man sie nicht genital lieben darf. Daraus folgert er ein Alibi, das die Verantwortung auf die Schulter der Frau verlegt: Die Frau *will* betrogen sein. → Doppelliebe, Ehebruch, Geschädigter Dritter, Kandaulesismus, Mutterfixierung, Seitensprung.

Feministik [lat.: femina = Frau], das akademische Studienfach der Frauenkunde, Frauengeschichte, Frauenpsychologie. In den USA → Women's Studies genannt. Die heutigen → Feministinnen streben eine enge Verbindung (aber auch eine klare Abgrenzung der Aufgaben) zwischen → Frauenbewegung und Frauenforschung an. Während sich die erste der dringenden politischen Aufgabe einer Systemveränderung des Patriarchats widmet, befaßt sich die zweite mit der Geschichte der Frau und der Geschichte der Frauenbewegung. Es kommt ihr vor allem darauf an, historisch zu dokumentieren, wie das Patriarchat zustandegekommen ist und mit welchen Mitteln es die vorpatriarchalischen Gesellschaftsordnungen beseitigt hat. Während die Frauenbewegung sich vor allem mit dem Unrecht befaßt, das der Mann heute der Frau antut, hat die F. sich auch mit der Gerechtigkeit befaßt, welche die Frau dem Manne erwies, als sie der wichtigere Sozialpartner war. Während die Frauenbewegung die Schwächen der Gesellschaftsordnung aufzeigt, in der Frauen von Männern beherrscht werden, hat die F. die Stärke jener Gesellschaftsordnungen unter Beweis gestellt, in der es der Frau durchaus möglich gewesen wäre, den Mann zu beherrschen. Nur tat sie es nicht, und darin liegt der Unterschied.

Der bemerkenswerteste Aspekt dieser Phase der Sozialentwicklung ist die Tatsache, daß bis zur Etablierung der ersten Frauenforschungsprogramme nicht nur manche Laien, sondern auch viele Hochschullehrer geglaubt hatten, eine solche Phase habe es nie gegeben, da es sie nie gegeben haben könne. Die F. operiert deshalb vor allem als Gedächtnisstütze für all jene, Frauen sowohl wie Männer, die entweder vergessen oder verdrängt haben, wie es damals war. Da der patriarchalische Imperialismus sich nicht nur der Gehirne der Männer, sondern auch der Frauen bemächtigt hat, stellte es sich heraus, daß die F. immer wieder auf Frauen stieß, die so korrumpiert worden waren, daß sie allen Ernstes verkündeten, es sei doch »natürlich«, daß der Mann die Frau beherrsche; es sei »immer schon so gewesen«. Einer solchen Verwirrung harte Forschungsresultate gegenüberzustellen, war eine der ersten Hauptaufgaben der amerikanischen F.

Erst wenn die F. im Besitz aller verfügbaren Informationen über die matristischen Gesellschaftssysteme der Vergangenheit ist, kann die Frauenbewegung hoffen, ihren vollen Beitrag zur Verbesserung der Gesellschaft zu leisten. Gerade hierüber gab es bisher, dank der halb bewußten, halb unbewußten Unterschlagungsmethoden männlicher Ethnologen und Vorgeschichtsforscher, aber so gut wie keine veröffentlichten Informationen.

Zweitens benötigt die Befreiungsbewegung der Frau präzises Informationsmaterial über die Strategie und Taktik, mit der es dem Patriarchat gelang, die ihr vorausgegangenen matristischen Gesellschaften zu zerschlagen. Denn wenn diese Methoden einst praktikabel waren, um eine der besten Gesellschaftsordnungen zu zerstören, die es je in der Geschichte der Menschheit gegeben hat, dann sind sie möglicherweise auch heute noch von Nutzen, um eines der schlechtesten Sozialsysteme der Menschheitsgeschichte zu beseitigen. Was nicht ewig ist, braucht auch nicht ewig so zu bleiben. Weiß man erst einmal, daß die Herrschaft des Mannes über Frau und Kind nicht »von Natur her«, sondern erst durch eine putschartige Machtergreifung knapp vor Beginn der geschichtlichen Zeit erfolgt ist, so hat man Grund zur Hoffnung,daß sie auch wieder überwunden werden kann. Drittens kann die F. durch Erforschung der sozialen und ökonomischen Umstände, unter denen die Frau einst in wirklicher Gleichberechtigung gelebt hat, einen Hinweis auf die sozialen und ökonomischen Umstände gewinnen, unter denen die Frau hoffen kann, eines Tages wieder in den Besitz ihrer Rechte zu gelangen. Schließlich kann die Frau aus dem Studium des matrilokalen, matrilinearen Gesellschaftssystems ihrer Vorfahren ein Bild dessen rekonstruieren, was sie war, ehe der Mann sie zum »schwachen Geschlecht« degradierte.

Feminismus, die Hochschätzung und Verteidigung weiblicher Interessen und des weiblichen Geschlechts. Im Vokabular der »autonomen« Frauenbewegung auch der Kampf gegen das Patriarchat. In den romanischen Ländern die Frauenbewegung als solche.

Ein unerwartetes und von den Müttern der Frauenbewegung keineswegs vorausgesehenes Resultat des heutigen F. ist seine Leibfeindlichkeit. Sie äußert sich nicht nur in einer Ablehnung des Mannes als Geschlechtspartner – das wäre aus psychologischen und politischen Gründen durchaus verständlich –, sondern oft auch im Ekel vor dem Geschlechtlichen als solchem; in der Angst vor jeder, selbst der lesbischen Form des Geschlechtsverkehrs und in einem weitgehend unbewußten Haß auf alles Leibliche. Kennzeichnend ist die gezielte Verhäßlichung des eigenen Körpers, die eigentümlich puritanische Ablehnung jeder schmeichelnden, auf andere Menschen (also auch auf Frauen) anziehend wirkenden Kleidung, jeder Kosmetik und jeden Schmucks.

Auch bestimmte Abwehrmaßnahmen, die sich nominell gegen das männliche Geschlecht richten, lassen erkennen, daß hier nicht der Mann, sondern das Geschlechtliche schlechthin gefürchtet und gehaßt wird. In den Zeitschriften des amerikanischen F. finden sich seit Jahren Annoncen für kleine, in die Vagina einsetzbare Messerchen, die den Zweck haben, den Penis beim Geschlechtsverkehr zu zerfleischen. Daß das kein Verteidigungsmittel gegen Vergewaltigung, sondern ein aggressives Kastrationsinstrument ist, und nicht nur Angst vor dem männlichen Geschlecht, sondern vor dem Geschlechtsverkehr als solchem enthüllt, ist offensichtlich. Enthüllend ist auch die Tatsache, daß sich die zahlreichen »Selbstverteidigungskurse«, die in der feministischen Bewegung angeboten werden, stets gegen die Hoden des »Angreifers« richten. Hier soll nicht »verteidigt«, hier soll *zerstört* werden.

Am bedeutsamsten ist jedoch die Vielzahl von Schriften aus der neueren Frauenbewegung, in denen Frauen autobiographisch bekennen, wie sehr sie ihr ganzes Leben lang unter den »geilen«, »gierigen« Blikken der Männer gelitten haben, wie »ekelhaft« sie männliche Berührungen finden, und wie »demütigend« es sei, zum »Lustobjekt« eines Mannes »erniedrigt« zu werden. Jeder sexuell ausgeglichene Mensch, einerlei ob Mann oder Frau, kann sich im Leben kaum etwas Wünschenswerteres vorstellen, als attraktiv genug zu sein, um »Lustobjekt« eines anderen Menschen werden zu dürfen. Die meisten Männer und Frauen würden auf alles andere, was das Leben ihnen zu bieten hat, liebend gern verzichten, wenn sie nur reizvoll genug wären, um von den »geilen«, »gierigen« Blicken der Frauen oder Männer »verfolgt« zu werden. Eine anders reagierende Frau wird keinen Sexualwissenschaftler (und keine Sexualwissenschaftlerin!) von ihrer sexuellen Gesundheit überzeugen können, selbst wenn sie argumentiert, sie sei nur gegen die Lüste der Männer, nicht aber gegen die der Frauen eingestellt.

Denn jeder nicht von Leibfeindschaft, Sexualangst und Sexualhaß gepeinigte Mensch fühlt sich geschmeichelt und nicht verletzt, wenn er von anderen Menschen begehrt wird. Sein primärer Narzißmus reagiert positiv auf das Interesse des anderen, einerlei ob dieser nun dem eigenen oder dem anderen Geschlecht angehört. Jeder auch nur halbwegs mit dem Phänomen der Homosexualität vertraute Mensch weiß, daß die Zuneigung zum eigenen Geschlecht keineswegs mit Ablehnung des anderen gepaart zu sein braucht. Homosexuelle Männerliebe äußert sich bei keinem gesunden Homosexuellen in Frauenhaß, und homosexuelle Frauenliebe führt nicht notwendigerweise zum Männerhaß. Vom sexualmedizinischen Standpunkt aus ist die aufs eigene Geschlecht gerichtete Liebe ein sehr viel gesünderes Verhalten als der auf das andere Geschlecht gerichteter Haß.

Wenn wir im heutigen F. also ein wachsendes Maß an Leibfeindschaft vorfinden, so sagt das etwas über die Selbsttäuschung aus, der sich manche Feministinnen hingeben. Nicht das Patriarchat, sondern die Sexualität wird gefürchtet. Nicht der Patriarch als unterdrückende Sozialinstanz, sondern der Mann als gefürchtetes Sexualwesen wird verdammt. Gesellschaftliche Verhältnisse werden nur noch durch die Brille der Sexualangst gesehen. Das ist, als ob der Gewerkschaftler, statt bessere Lohn- und Arbeitsverhältnisse zu verlangen, den Unternehmer als biologisch geprägtes Unternehmerwesen mit angeborenem Unternehmersex fürchtete und aus Furcht attackierte. Oder als ob der Sozialist, statt das kapitalistische System zu kritisieren, den individuellen Kapitalisten kastrierte.

Kennzeichnend für die Verwechslung eines Gesellschaftssystems mit einem Sexualsystem ist der Titel des Buches von Alice Schwarzer »Der kleine Unterschied und die großen Folgen«. Hier wird das komplette Ausbeutungssystem des Patriarchats auf die primitive Sexformel »Penis = Penetration = Vergewaltigung« gebracht. Gesellschaftsumstände werden auf Biologismen reduziert. Dabei wird übersehen, daß die Hoffnung des F., die patriarchalische Gesellschaft zu verändern, zunichtegemacht wird. Denn wenn der Mann, wie Marieluise Janssen-Jurreit auf S. 460 ihres Buches »Sexismus« behauptet, das einzige Säugetier ist, das gegen den Widerstand seiner Partnerin oder zumindest ohne deren Aufforderung koitiert, dann wird die Aggressivität des Patriarchats auf die angeborene Aggression des Mannes zurückgeführt – und mit der kann man leider ebensowenig argumentieren wie mit jedem anderen biologischen Faktum.

Das Patriarchat läßt sich nur dann ändern oder abschaffen, wenn es ein historisch gewachsenes und deshalb auch historisch veränderliches Gesellschaftssystem ist. Betrachtet man das Patriarchat aber als Produkt der männlichen Geschlechtlichkeit, so ist es ebensowenig veränderlich wie diese. Führt der F. das Patriarchat auf die männliche Biologie zurück, so führt er sich dadurch ad absurdum und deklariert die selbst gestellte Aufgabe der Systemveränderung als unerfüllbar.

Verwechseln wir das männerrechtliche System mit der Sexualität des Mannes, so ergeben sich aber noch gefährlichere Formen des Defätismus. Denn wenn, wie Marieluise Janssen-Jurreit behauptet, der Mann von Natur her das vergewaltigende Tier ist, dann ist die Frau »von Natur her« das vergewaltigte Tier. Wenn, wie Alice Schwarzer meint, Penis gleich Penetration, und Penetration gleich Vergewaltigung ist, dann ist die Vagina das von der Natur zum Zweck des Vergewaltigtwerdens erschaffene Organ, und dann ist die Frau das von der Natur zur Vergewaltigung auserkorene Wesen.

Was der F. sich selbst antut, wenn er solche Biologismen zu politischen Parolen erhebt, liegt auf der Hand: er zerstört sich selbst. Aber er kann gar nicht umhin, sich selbst zu zerstören, wenn er seine Leibfeindlichkeit nicht als solche erkennt und dadurch überwindet. Unerkannte und unbewältigte Sexualängste sind gefährliche Leitmotive im politischen Kampf.

Femme de cinq heures [frz.: Fünfuhrfrau], Pariser Dame, die in den 1920er Jahren, als die Mode des »Five o'clock Tea«, des Fünfuhr-Tees, nach Frankreich importiert wurde, zur halbberuflichen Prostituierten wurde. Oft waren es verheiratete Frauen, die Geld oder auch nur Abenteuer suchten, oder Büromädchen, zuweilen Damen der guten Gesellschaft. Es ist bezeichnend, daß die Mode des nachmittäglichen Tanztees, die in England längst ausgestorben ist, in Frankreich nach wie vor weiterlebt und auch heute noch zur Anknüpfung von Bekanntschaften dient. → Demicastor, Demimonde, Halbflor, Halbwelt, Kokotten, Loretten.

Femme de marbre [frz.: Marmorfrau], frigide Frau. → Anorgasmie, Frigidität, Orgasmolepsie.

Femme de qualité [frz.: Frau von Qualität] nannten die Franzosen des 17. Jahrhunderts jene Kurtisanen, die ein Honorar von mehr als fünfzig Pistolen fordern konnten. → Kokotte, Kurtisane, Mignonne.

Fesselung, eine sadomasochistische Zwangsvorstellung, deren Sinn einerseits in der Machtlosmachung des Opfers, andererseits in der Schmerzbereitung tief einschnürender Fesseln liegt.

Fesselstuhl, ein sadomasochistisches Instrument, das immer wieder in den Wunschträumen entsprechend Veranlagter auftaucht und von wohlhabenden Sadisten früherer Jahrhunderte tatsächlich oft gebaut und benutzt worden ist. Im dritten ihrer berühmten Pariser Bordelle, dem in der Rue des Deux-Portes Saint-Sauveur, hatte Marguerite Gourdan 1775 einen solchen F. eingebaut, der sowohl Masochisten zur passiven Befriedigung wie Sadisten zur aktiven Benutzung diente. Für den masochistischen Kunden standen Mädchen bereit, die ihn mit Stechginsterruten, Peitschen und anderen Instrumenten bearbeiteten, während er nackt und hilflos an den Stuhl gefesselt war. Für sadistische Klienten dagegen gab es Mädchen, die man an den Stuhl fesseln konnte, um danach mit ihnen zu machen, was man wollte, solange man sie nur nicht umbrachte. Auch im → Kaunitzprozeß in Wien (1822) stellte es sich heraus, daß sich Ludwig Fürst Kaunitz (1777–1848) eines solchen Stuhls bedient hatte, um die minderjährigen Mädchen seines »Kinderballetts« zu vergewaltigen.
→ Armband, Fußketten, Halsband, Halskette, Gürtel, Käfig, Ketten, Knebelung, Kolligationsfetischismus, Korsett, Masochismus, Riemen, Sadismus, Selbstfesselung, Strick.

Fetischhaß → Antifetischismus, Fetischismus.

Fetischismus, die Verlagerung des sexuellen Ziels von einem lebenden Menschen des anderen Geschlechts auf etwas anderes, das den Menschen ersetzt, z.B. einen Körperteil, eine Eigenschaft, ein Kleidungsstück oder ein anderes Objekt. Das Wort F. hat lateinische und portugiesische Wurzeln. Als die portugiesischen Sklavenhändler des 18. Jahrhunderts zum erstenmal die animistischen Religionen Afrikas kennenlernten, gaben sie den animistischen Kultobjekten den Namen *feitiço* (Fetisch), der sich von der lateinischen Wurzel *Factus* (kunstvoll, kunstgerecht) ableitete. Die ursprüngliche Bedeutung war also: ein kunstvoll hergestellter Gegenstand, der eine Naturgewalt darstellt oder ersetzt, z.B. Fruchtbarkeit, Potenz, Zeugungskraft. 1760 erschien in Dijon das religionswissenschaftliche Pionierwerk von Charles de Brosse *Du culte des dieux fétiches (Vom Kult der Fetischgötter)*, das 1875 in der deutschen Übersetzung von Pistorius in Stralsund erschien. Damit zog das Wort »Fetischismus« in die deutsche Sprache ein. Aber erst der französische Experimentalpsychologe Alfred Binet (1857–1911) übertrug das Wort F. von der Religionsforschung auf das Gebiet der Sexualforschung, um eine Erklärung für das Phänomen zu finden, daß manche Menschen gewisse Eigenschaften (z.B. Jungfräulichkeit) oder gewisse Objekte (z.B. Schuhe, Handschuhe, Pelzmäntel) im gleichen Sinne vergöttern wie der Fetischanbeter den Stock, den Stein, die Keule, die Holzfigur, die ihm als Fetisch dienen (Binet: *Du fétichisme dans l'amour.* Revue philosophique, 1887).

Daß gewisse Eigenschaften des geliebten Menschen über ihren Nutzwert hinaus in magischer Weise verehrt werden, hatte bereits vor Binet den Psychologen und Pionieren der Sexualwissenschaft Kopfzerbrechen gemacht. Besonders die → Jungfräulichkeitsforderung des Ehemanns hatte zu Fragen Anlaß gegeben, die am Ende zum Konzept des Fetischismus führten. (→ Deflorationsmanie, Eifersucht, Jungfernschaftsprokurist, Keuschheit.)

Aber vor allem die Sexualisierung, Vergötterung und Anbetung von toten Objekten im Geschlechtsleben hatte zahllose Fragen ausgelöst, die bis zu Binets Zeiten ungeklärt geblieben waren. Binet entdeckte nun, daß fast jeder Gegenstand zum Objekt des Fetischisten werden kann: z.B. ein Pelzmantel, der Pelz einer bestimmten Art, oder ein Pelz überhaupt; das Haar eines geliebten Menschen, jedes Haar von einer bestimmten Farbe oder Haar ganz allgemein; der Gürtel der geliebten Person oder jeder Gürtel oder alle Gegenstände aus Leder; der Hut der geliebten Person oder jeder Hut der gleichen Art oder jeder Hut überhaupt. Die Liste ist endlos, die Abwandlungen sind unbegrenzt. Wie kommt es dazu?

In ihrer allgemeinen Form haben diese Dinge ihre Ursache vermutlich darin, daß wir zu der Zeit, als unsere Sinne erwachten – in früher Kindheit also – nicht fähig waren, von einem Menschen einen Gesamteindruck zu empfangen. Die Mutter blieb für uns eine Folge getrennter Eindrücke: eine Brust, die Nahrung gibt; eine Warze, die sich mit den Lippen fassen läßt; eine Stimme, die tröstet; Hände, die uns liebkosen;

ein Mund, der uns küßt; Haar, das uns kitzelt, und so weiter. Auf genau diese Art setzt sich der Erwachsene das Traumbild des idealen Partners zusammen. Das ist die Urform des Fetischismus. Der Liebhaber bittet die Geliebte um eine Haarlocke, einen Brief, eine parfümierte Postkarte. Er bewahrt das Taschentuch auf, das sie vergessen hat. Er bittet, den Handschuh behalten zu dürfen, den sie fallen ließ. Von hier aus ist der Weg nicht weit zu dem sexuell stark reagierenden Mann, der um eine Locke vom Schamhaar, einen Büstenhalter oder einen Slip bittet, und von da zu dem Fetischisten, der Unterwäsche aus einem Geschäft oder von der Wäscheleine stiehlt.

Innerhalb gewisser Grenzen ist also jeder Mensch ein Fetischist. Wenn wir uns verlieben und weder uns selber noch anderen Menschen erklären können, wieso wir ausgerechnet *diesen* Menschen und keinen anderen haben wollen, dann messen wir ihm, ohne uns dieser Tatsache bewußt zu sein, einen fetischistischen Wert bei. Aber auch, wenn wir von unserem »Typ« sprechen, benutzen wir ein fetischistisches Vokabular. Denn wieso ziehen manche Männer Blondinen vor, während andere Rothaarige lieben? Jeder »Typ« ist für den Menschen, der ihm verfallen ist, ein Fetisch. Barbara Bross sagt hierzu in einem ihrer Frauenbücher: »Ich würde mir keine Sorgen machen, wenn dein Mann möchte, daß du ihn in Unterwäsche und mit hochhackigen Schuhen liebst, oder mit langen Strümpfen und einer Karnevalsmaske. In der Tat solltest du selbst Vergnügen dabei empfinden. Es bedeutet nicht, daß er ein Fetischist ist. Es bedeutet lediglich, daß er ein normaler Mann ist in einer Zeit, in der diese harmlose Form des Fetischismus so weit verbreitet ist, daß wir sie nicht mehr als abnorm bezeichnen können.« Was so weit verbreitet ist, daß man es als durchschnittlich und in diesem Sinne »normal« bezeichnen muß, ist aber nicht notwendigerweise im medizinischen Sinne gesund. Die Frage stellt sich deshalb, wieso F. gerade in unserer Zivilisation so außerordentlich verbreitet ist, daß man ihn als eigentliche Fixierung des bürgerlichen Zeitalters bezeichnen kann. Vielleicht liegt es daran, daß die wirtschaftliche und politische Ordnung, in der wir leben, selbst fetischistisch ist: sie mißt toten Dingen (Kapital, Zinsen, usw.) einen Wert bei, der durchaus dem entspricht, den der Fetischpriester seinen kultischen Gegenständen gibt. Vor allem die Tendenz zur Versachlichung psychischer Werte, zur Verdinglichung von Emotionen, zur Verwandlung von geistigen Werten in Objekte, entspricht durchaus der fetischistischen Transsubstantation von Gefühlen in Objekte.

Jede gesellschaftliche Ordnung entwickelt eine ihr besonders adäquate Sexualneigung: die athenische Stadtdemokratie die Päderastie, der sterbende Feudalismus des 18. Jahrhunderts den Sadismus, das Bürgertum den Fetischismus. Deshalb toleriert die bürgerliche Rechtsordnung auch den F. weit mehr als irgendeine andere sexuelle Verirrung. In kaum einem bürgerlichen Staat gibt es Verbote des F. Die stillschweigenden Verbote, die Einschränkungen des F. durch sogenannten »guten Geschmack«, durch »sittliche Ordnung« und Heuchelei, die in den Gründerjahren der bürgerlichen Welt bestanden, verschwinden nun auch rapide vor unseren Augen. Der → Unterwäschefetischismus, der bis vor kurzem noch ausschließlich vom Versandhandel versorgt wurde, hat heute zum offenen Verkauf von Reizwäsche in Warenhäusern geführt. Daß die Zahl der Männer, die impotent sind, wenn ihre Frauen keine BHs, Slips oder Dekolletés bestimmter Art tragen, jedes Jahr größer wird, beunruhigt den bürgerlichen Gesetzgeber viel weniger als harmloser → Triolismus, → Pluralismus oder Nachdruck alter Scharteken wie der *Fanny Hill.* Erst wenn ein Wäschefetischist drei billige BHs von einer Wäscheleine nimmt, schreitet der Gesetzgeber ein, denn beim Verstoß gegen die heiligen Eigentumsgesetze hört der Spaß auf (Kleptolagnie ist der forensische Ausdruck des F. Vgl.: Kleptomanie). Auch die Ehefrau betrachtet à la Barbara Bross den Wäschefetischismus des Gatten als harmlos, »weil's alle anderen ja auch tun« – bis sie sich vernachlässigt zu fühlen beginnt. Denn alle sexuellen Obsessionen sind kumulativ. Der Mann, der heute seine Frau in schwarzen Netzstrümpfen sehen will, benötigt morgen nur noch Netzstrümpfe, um damit zu onanieren. Im dritten Stadium braucht er auch die Onanie nicht mehr: Orgasmus stellt sich bereits beim Betrachten, Befingern oder Selbstanziehen der Strümpfe ein. Im vierten Stadium verliert er bereits die Orgasmusfähigkeit, weil in der Sexualökonomie ein »law of diminishing returns« herrscht, ein Gesetz des abnehmenden Ertrags: je süchtiger die sexuelle Zwangsvorstellung wird, um so weniger Befriedigung bringt sie ein. Und je weniger Befriedigung sie bringt, um so süchtiger wird sie.

Das zwanghafte Sammeln ist deshalb besonders charakteristisch für den F. Stekel hat hierfür den Namen → Haremskult geprägt, weil der Fetischist seine Sammlung wie ein Pascha betreibt, der sich unter seinen Fetischen täglich eine neue »Favoritin« auswählt und andere dagegen »zurückweist«. Der Fetisch wird also wie ein lebendes Wesen betrachtet, aber in dem Maße, in dem der Fetischist sich seinem Haremskult ergibt, schwindet sein Interesse an lebenden Menschen. Nur in seinem Harem von Objekten fühlt sich der Fetischist sicher. Nur hier kann er ungestört herrschen. Hier gelten nur *seine* Gesetze. Hier bleibt er von Enttäuschungen verschont.

Aber das ist natürlich eine Flucht vor der Realität und der Verantwortung, vor dem anderen Geschlecht und dem eigentlichen Geschlechtsverkehr. Stekel hat deshalb mit Recht die Vermutung geäußert, daß dem F. eine leibfeindliche Komponente zugrunde liegt: Angst vor dem Koitus.

Vor sich selber verbirgt der Fetischist diese Angst aber unter dem Deckmantel der *Verachtung.* Er gibt vor (und überzeugt sich selber von dieser Fiktion), daß er nichts als Verachtung für den Menschen hat, der Geschlechtsverkehr ausübt. Für den Fetischisten ist jeder physische Kontakt mit einem lebenden Menschen (besonders einem Menschen des anderen Geschlechts) *ekelhaft.* In der ärztlichen Praxis beschreibt er immer wieder, wie *scheußlich,* wie *unhygienisch,* wie *unästhetisch* jede geschlechtliche Berührung zwischen Mann und Frau sei. Beim Küssen »holt man sich Erkältungen«, die meisten Menschen »riechen aus dem Mund«, Frauen »stinken nach faulem Fisch«, Koitus ist »tierisch«, kurzum, aller Geschlechtsverkehr ist widerlich. Der F. dagegen bedeutet ihm eine Art Keuschheit, eine Askese, für die er, wie Stekel so treffend gesagt hat, »göttlichen Lohn erwartet ... Der Fetischist schlägt sich an das Kreuz seiner Neurose (Christusneurose), an dem er mit einem narzißtischen Stolz hängt« (Stekel: *Störungen des Trieb- und Affektlebens,* Band VII).

Nahezu jeder Menschentyp, jedes physische Kennzeichen und jede psychische Eigenschaft eines Menschen kann als Fetisch in den frühen Stadien des F. dienen. Jeder Körperteil, jede körperliche Sekretion (Blut, Samen, Schweiß, Kot, Urin usw.) dient als Fetisch im mittleren Stadium des F. Jedes Kleidungsstück, jeder Gegenstand kann als Sammelobjekt des F. im dritten Stadium dienen. Es gibt einen Tierfetischismus und einen F., der sich an Pflanzen oder Bäume heftet. Kälte, Hitze, Wasser, Feuer, Eis, Schmutz können zum Fetisch werden. Gewisse Bewegungen, aber auch totale Bewegungslosigkeit, Einverleibung oder Ausstoßung, Fesselung oder Einmauerung, Worte oder Musik, Statuen oder Bilder, Bücher oder Uhren können als Fetische dienen.

Der beste Weg zum Verständnis des F. beginnt mit den Menschentypen, die den »harmlosen« Alltagsfetischisten interessieren. Er mag fügsame oder dominierende Frauentypen vorziehen, je nachdem ob die sadistische oder masochistische Komponente dominiert (→ Domina, Governess, Wanda). Er mag gewisse Altersstufen vorziehen, z. B. ältere Menschen (→ Gerontophilie, Graeophilie, Presbyterophilie) oder jüngere (→ Didaskalophilie, Ephebophilie, Korophilie, Neoterophilie, Pädophilie, Parthenophilie). Er mag seine Verwandten zum Fetisch erheben und nur mit ihnen koitieren können (→ Blutschande, Inzest). Er mag auf eine einzelne Frau oder einen einzelnen Mann fixiert sein (→ Idiogamie) oder auf gleichzeitgen Verkehr mit mehreren (→ Pluralismus). Er mag andererseits aber auch alle lebenden Menschen »ekelhaft« finden, tote Menschen dagegen als »attraktiv« betrachten (→ Hinrichtungsfetischismus, Kinephobie, Nekrophilie).

Es mag sein, daß gewisse Körperteile zum Fetisch werden – der Anus (→ Analerotik, Anilinctio, Coitus in anum, Cucurbitacées, Effeuille des roses, Épée de Charlemagne, Gesäßerotik, Immissio in anum, Introductio digiti, Klistieromanie, Lambitus ani, Natesfetischismus, Proctolagnie, Siphnisieren, Spinatstecher, Tabouret de verre), die Brüste (→ Brustfetischismus), die Haut (→ Autodermatophagie, Dermatophagie, Hauterotik), die Füße und Zehen (→ Fußfetischismus, Fußkitzeln, Zehenriecher, Zehensauger), die Hände und Finger (→ Handfetischismus, Fingernagel), das Haar (→ Haarfetischismus, Zopfabschneider, Zopffetischismus), selbst die Genitalien (→ Genitalfetischismus, Genitalmaske, Penisfutteral, Penisstrangulation, Vaginalerotik). Der Kopf, die Augen, der Mund, die Nase, die Ohren, der Hals, die Schultern, die Achselhöhlen, die Arme, der Torso, die Hüften, die Beine, die Ober- und Unterschenkel sind in der ärztlichen Praxis als Fetische bekannt geworden.

Besonderen Wert als Fetische genießen die *Sekretionen* des Körpers: Nasenschleim, Ohrenschmalz, Augenschlaf, Smegma, Samen (→ Spermatophagie), Schweiß (→ Achselhöhlenfetischismus, Perspirationsfetischismus, Zehenriecher, Zehensauger), Blut (→ Aderlaß, Blutfetischismus, Deflorationsmanie, Hämomanie, Lykanthropie, Menophagie, Menstruationsfetischismus, Nosferatu, Vampirismus, Venaesectio), Urin (→ Abortfetischismus, Épongeur, Harnerotik, Harnorgasmus, Harntriebhaftigkeit, Nachttopffetischismus, Nachttopfsklave, Renifleur, Soupeur, Urethralerotik, Urinfetischismus, Urolagnie, Urolalie, Uropotie), Kot (→ Exkrementophilie, Klistieromanie, Koprographie, Koprolagnie, Koprolalie, Koprophagie, Koprophilie, Kotschmierer, Picazismus, Soupeur, Spinatstecher.)

Deformationen des menschlichen Körpers sind für viele Fetischisten von besonderem Interesse, z. B. Pickel, Warzen, Hautausschläge, Muttermale, Buckel usw. Fetischisten dieser Art suchen sich als Sexualpartner oft Menschen, die schielen, hinken oder stottern, Einarmige oder Einbeinige, Prothesenträger und Amputierte. Aber auch besonders häßliche Menschen oder schwangere Frauen dienen einer erstaunlich großen Gruppe von Fetischisten als Fetisch (→ Amputationsfetischismus, Buckel, Deformationsfetischismus, Graviditätsfetischismus, Häßlichkeitsfetischismus, Hinken, Pelele, Prothesenfetischismus). Die systematische Verunstaltung des menschlichen Körpers zu den verschiedensten Zeiten der Geschichte und in den verschiedensten Kulturen erklärt sich zweifellos aus fetischistischen Gründen – z. B. das Tragen von Holz- und Metallpflöcken in Lippen, Nasen und Ohren, das Kupieren der Füße in China und Japan, das Korsettragen bei uns, ja selbst die bewußt deformierende Art der Frauenschuhe, die bei uns als schön gilt.

Gewisse Bewegungszustände des menschlichen Körpers, z. B. Tanzen, Eislaufen, Gymnastik, werden von den meisten Menschen als schön empfunden, aber nur wenige machen daraus einen Fetisch (→ Ergophilie, Dromomanie, Kinephilie, Poriomanie). Andererseits können gewisse Fetischisten nur mit ihren Geschlechtspartnern koitieren, wenn diese sich absolut bewegungslos verhalten (→ Kinephobie, Schlaffetischismus). Für viele Fetischisten sind die Dinge, die sie sehen, hören, riechen, schmecken, abtasten oder verschlucken, wichtiger als für gesunde Menschen der Koitus. Der → Voyeur ist stets ein auf optische Eindrücke fixierter Fetischist (→ Augen, Gesichtssinn, Mixoskopie, Skoptophilie, Visionismus). Seltener ist die Fetischisierung gehörter Eindrücke, aber der sinnliche Reiz des Beat-Sängers entspricht dem, den früher der Heldentenor ausübte, und ergibt sich ohne Zweifel aus der Fetischisierung der menschlichen → Stimme. Auch im Alltagsleben übt die hohe oder tiefe, die reine oder rauchige Stimme einen ungewöhnlich großen Einfluß auf die unbewußte Wahl unseres Liebesobjektes aus. Von pathologischem Interesse ist die Fetischisierung der Geräusche des Geschlechtsverkehrs (→ Écouteur, Gehörsinn, Ohr, Mixakusis, Nebenzimmersexualität).

Von allen fünf Sinnen übt der Geruchssinn sicherlich den stärksten Einfluß auf den Fetischisten aus. Die Erklärung verschiedener Fetischismen, die wir in anderem Zusammenhange aufgeführt haben, mag sich aus dem Geruch des fetischisierten Objekts oder Körperteils ergeben:

Haar, Achselhöhle, Füße, Genitalien, Anus, Taschentücher, Unterwäsche, Strümpfe, Juchtenleder, usw. (→ Geruchsfetischismus, Geruchssinn, Nase, Osphresiologie, Parfum, Type olfactif, Zehenriecher).

Der Geschmack gewisser Substanzen macht sie zum Fetisch, meist der Modergeschmack, der an Körpersekretionen erinnert: Wild, Käse, Nieren, Alkohol – aber auch der körperlichen Sekretionen selber. Man denke an den → Picazismus, die Neigung, nur solche Nahrungsmittel zu essen, die bereits von der geliebten Person vorgekaut und ausgespien oder in ihre Genitalien oder ihren After eingeführt worden sind. Man denke an die → Anthrophagie und die → Nekrophagie, das Essen von Menschenfleisch. Daß das Abtasten des geliebten Gegenstandes oder Körperteils als Surrogat des Koitus dienen kann, ist auch außerhalb des Fetischismus bekannt. Manche Männer und Frauen kommen bei der Berührung des Körpers des anderen Menschen zum spontanen Orgasmus, ohne daß ihre eigenen Genitalien berührt zu werden brauchen. Beim Fetischisten tritt das gleiche bereits beim Abtasten von geliebten Objekten ein – Schuhen, Handschuhen, Unterwäsche – oder beim An- und Ausziehen dieser Objekte. Dazu kommen eine Anzahl pathologischer Berührungsfetischismen (→ Berührungszwang, Biß, Délire de toucher, Folie de toucher, Frotteur, Fußkitzeln, Hauterotik, Lutschkomplex, Muskelerotik, Tastsinn).

Sehr eigentümlich ist der ganze Komplex der → Einverleibung und → Pfählung, also der Einfügung von Substanzen in den menschlichen Körper, dem eine besondere fetischistische Bedeutung zukommt. Man spricht hier, im Gegensatz zu der Verschiebung des sexuellen *Ziels* (→ Aberratio in objecto), von einer Verschiebung des sexuellen *Verkehrs* (→ Aberratio in actu). Während dem Schuhfetischisten der Schuh die Frau ersetzt, dient dem Einverleibungsfetischisten die Einverleibung als Symbol und Ersatz des Koitus. Einverleibung kann stattfinden durch den Mund, den After, die Genitalien oder die Haut. Als oral einverleibte Fetische sind die folgenden in der Fachliteratur bekannt geworden: Menschenfleisch (→ Anthrophagie, Kannibalismus, Nekrophagie), Menschenhaut (→ Autodermatophagie, Dermatophagie), Sperma (→ Fellatio, Irrumatio, Lambitionsakt, Penilinctio, Phönizisieren, Spermatophagie), Kot (→ Koprophagie, Lambitus ani, Soupeur), Urin (→ Épongeur, Renifleur, Urintrinken, Urophagie, Uropotie), Menstruationsblut (→ Menophagie, Menstruationsfetischismus) oder Blut im allgemeinen (→ Aderlaß, Blutfetischismus, Hämomanie, Lykanthropie, Nosferatu, Vampirismus, Venaesectio), Schweiß (→ Ach-

selhöhlenfetischismus, Perspirationsfetischismus, Zehenriecher, Zehensauger), Smegma, Ohrenschmalz, Augenschleim, Nasenschleim, Speichel, Vaginalsekretionen (→ Sekretionsfetischismus), Nahrungsmittel, die vorher in die Genitalien oder den After eingeführt worden sind (→ Picazismus, Soupeur), Schmutz (→ Besudelungstrieb, Mysophagie, Skatophagie), unverdauliche Fremdkörper aller Art, besonders stechende und schmerzende Dinge – Steine, Nägel, Nadeln (→ Nadelschlucker, Pfählung). Die »Pfählung« oder »Einverleibung« kann auch durch den Anus erfolgen (→ Analkoitus, Coitus in anum, anale Einverleibung, Épée de Charlemagne, Immissio in anum, Introductio digiti, Klistieromanie, Pedicatio, Pfählung, Proctolagnie, Siphnisieren, Spinatstecher), und jeder dieser analen Vorgänge kann als fetischistisches Surrogat des Koitus dienen.
Auch die Einführung von Fremdkörpern in die Genitalien stellt eine Form des Fetischismus dar, bei der diese genitale Einverleibung als Symbol und Surrogat des Koitus dient (→ Bague de Chine, Balak, Baubon, Bienfaiteur, Bijoux de religieuse, Bijoux indiscrets, Boule érotique, Cazzi, Consolateur, Dildo, Diletto, Dilin, Ergi, Fregona, Gànem, Godemiché, Gummipeter, Harikata, Klingelkugel, Ladies' Friend, Larrio, Mandingo, Olisbos, Parapilla, Passatempo, Plaisir des dames, Rinotama, Samthanse, Selbstkatheterisierung, Tejlak, Tröster, Vaginalkugeln, Vaginalpfählung, Watama, Witwentröster).
Zu den schwerwiegenden Formen des Fetischismus in actu gehören die Einverleibung durch die Haut (→ Injektomanie, Introjektion, Narkomanie) und die entsprechende Extrojektion durch die Haut (→ Aderlaß, Autodermatophagie, Dermatophagie, Hämomanie, Lykanthropie, Nosferatu, Vampirismus, Venaesectio). Auch das fetischistische Zähneziehen und Enthaaren (→ Epilation) fällt in die gleiche Gruppe des Extraktionsfetischismus.
Die bekannteste Form des F. ist die, die sich auf Kleidungsstücke richtet. Hierbei kann entweder das Bekleidungsstück den Sexualpartner ersetzen, oder der Vorgang des An- oder Auskleidens ersetzt den Koitus. → Kleidungsfetischismus tritt also sowohl als → Aberratio in objecto wie auch als → Aberratio in actu auf. Kleidungsstücke des eigenen oder des anderen Geschlechts können als Fetisch dienen, je nachdem, wieweit die transsexuelle Komponente nur latent ist oder bereits manifest wird (→ Cisvestitismus, Eonismus, Transvestitismus, Verkleidungstrieb). Die Faszination des Fetischs hängt fast stets mit der Faszination des Körperteils zusammen, den er bekleidet oder dem er

dient, z. B. den Genitalien (→ Genitalmaske, Keuschheitsgürtel, Penisfutteral, Regelbinden, Suspensoria), den Brüsten (→ BH, Wäsche), dem Torso (→ Korsett), der Taille (→ Gürtel), dem Hals (→ Kragen, Krawatten), den Armen und Händen (→ Handschuhe, Hemdsärmel), den Beinen (→ Hosen, Strümpfe, Strumpfbänder), den Füßen (→ Rétifismus, Schuhe, Stiefelfetischismus), dem Gesicht (→ Anonymität, Maske), dem Kopf (→ Hutfetischismus).

Bestimmte Ankleide- und Entkleidungshandlungen haben besonderen Wert, offenbar weil sie den Koitus symbolisieren, z. B. das Auf- und Zuknöpfen (→ Knöpfe, Reißverschluß), das Binden und abbinden von → Krawatten. Die → Kleideraufschlitzer, → Tintenspritzer, → Rockaufschlitzer und → Säurespritzer sind Fetischisten in actu, für die das Beflecken oder Zerschneiden von Kleidungsstücken den Koitalakt symbolisiert.

Gewisse Berufe und deren Bekleidung haben einen besonderen fetischistischen Status, z. B. Priester (Priestertracht), Nonnen (Nonnenkleidung), Schwestern (Krankenschwesteruniformen), Mönche (Kutten), Soldaten (→ Uniformfetischismus), Reiter (Reithosen, Reitstiefel, Sporenstiefel).

→ Windelfetischismus ist eine Form der infantilen Regression, die die Pathogenese des Fetischismus besonders deutlich erkennen läßt. Gewisse Farben erwecken in ähnlicher Weise ein Echo der Kindheit und werden deshalb zum Fetisch, besonders die Farben schwarz, rot, gelb und lila. Gewisse Stoffe werden wegen ihrer Weichheit zum Fetisch erhoben: Samt, Seide, Pelz (→ Hephephilie, Pelzfetischismus). Andere Stoffe finden wegen ihrer Härte oder ihres beengenden Charakters Verehrung: Leder, Gummi, Plastik. Regenmäntel aus diesen Materialien sammeln und tragen jene Fetischisten, deren Typologie eine exhibitionistische oder sadomasochistische Komponente zeigt. Alles, was beengt und einschnürt, wird unbewußt aus diesen Gründen zum Fetisch erhoben: Gürtel, Korsetts, Handschuhe, Schnürstiefel. Der → Kolligationsfetischismus (die Fetischisierung des Fesselns und Gefesseltwerdens) zeigt sich aber nicht nur im Tragen oder Sammeln von beengenden Kleidern, sondern vor allem im Sammeln und Anlegen von Fesseln aller Art (→ Berkeley Horse, Equus eroticus, Fesselung, Fußkette, Genitalmaske, Halskette, Hundeleine, Kette, Knebelung, Maulkorb, Penisfutteral, Penisstrangulation, Riemen, Selbstfesselung, Selbststrangulation).

Hirschfeld hat bereits zwischen zwei sehr eng verbundenen Formen des

F. unterschieden, die beide ihre libidinöse Energie aus dem Körperteil beziehen, dem sie sich angliedern. Er nennt den → Kleiderfetischismus → Adhärenzfetischismus und prägt den Begriff → Kohärenzfetischismus für die Fetischisierung all der anderen Dinge, die mit dem menschlichen Körper, vor allem mit der nackten Haut in Berührung kommen: Schönheitspflästerchen, Tätowierungen, Schminke, Puder, Lippenstift, Nagellack, Augenschminke, Augenbrauenstifte, Maskara, falsche Wimpern, falsche Haare, Perücken, falsche Brüste, falsche Zähne, Zahnbrücken, Goldplomben, künstliche Fingernägel, Brillen, Monokel, Kneifer, Lorgnons, Zigarettenspitzen, Taschentücher, Taschenuhren, Armbanduhren, Armbänder, Armreifen, Fingerringe, Ohrringe, Halsketten, Enkelketten, Haarspangen, Haarnadeln; aber auch Bidets, Klosetts, Nachttöpfe, Fußwannen, Waschbecken, Badewannen. Das Einseifen und Einölen des menschlichen Körpers genießt bei manchen Kohärenzfetischisten besondere Verehrung, und die Substanzen, die dazu benutzt werden (Seifen, Hautöle, Shampoos), werden mit Leidenschaft gesammelt.

Das Schreiben und Sprechen besitzt in der Welt des F. einen rituellen Status. Man denke an die → Sklavenbriefe der Masochisten, an den erotischen Briefwechsel der → Korrespondenzzirkel, das obsessive, zwanghafte → Tagebuchführen vieler Fetischisten, die → Erotographomanie, → Koprographie und → Pornographomanie. Dem Zeichnen und Malen kommt eine besondere fetischistische Bedeutung zu, sei es in der Form von erotischen → Wunschzeichnungen, von → Abortkritzeleien und → Graffiti, sei es im → Übermalen von Buchillustrationen, Bildern und Plakaten, oder sei es in Form der → Bilderschändung, der → Ikonophobie, → Monumentophobie und → Statuophobie.

Fetischhaß oder → Antifetischismus, der sich in der Zerstörung des Fetischs äußert, trägt dieselbe Beziehung zum F. wie der Sadismus zur Liebe. *Feuer* ist sowohl Fetisch wie Antifetisch und fungiert in der sadistischen Form des → Brandmarkens, der → Brandstiftung und der Verbrennung anderer Menschen, aber auch als → Selbstbrandmarkung und → Hitzefetischismus. → Kältefetischismus fungiert in ähnlicher Weise (→ Automasochismus, Masochismus, Sadismus). Wasser existiert sowohl als Fetisch (→ Undinismus) wie als Antifetisch (→ Ertränkung). Schmutz tritt außerordentlich oft als Fetisch, nur selten dagegen als Antifetisch auf (→ Besudelungstrieb, Inquinationstrieb, Mysophilie, Saliromanie, Skatophilie). Waffen und Werkzeuge, Instrumente zum Schlagen und Stechen, haben bei sadomasochistisch orientierten Fetischisten besonderen Wert und werden mit Fanatismus gesammelt und benutzt – sei es gegen einen Partner oder sei es gegen den eigenen Leib (→ Peitsche, Stock, Waffenfetischismus, Werkzeugfetischismus). Bilder, Statuen und Puppen gehören zu den beliebtesten Fetischen (→ Ikonolagnie, Monumentophilie, Puppenfetischismus, Pygmalionismus, Statuenliebe, Statuophilie, Venus statuaria). Was den Fetischisten an Statuen und Puppen anzieht, ist ihre Bewegungslosigkeit (→ Kinephobie), und hierin liegt eine Brücke zum Verständnis des Totenfetischismus, der sexuellen Fetischisierung von Leichen und Leichenteilen (→ Leichenschändung, Nekromanie, Nekrophagie, Nekrophilie, Nekrosadismus, Pädonekrophilie, Zoonekrophilie). Selbst Pflanzen und Bäume können zum Fetisch werden (→ Dendrophilie). Tiere nehmen im Fetischkult einen hohen Platz ein. Man unterscheidet zwischen sechs Formen des → Tierfetischismus:

1. *Geschlechtsverkehr mit dem Fetischtier:* → Kynophilie, Schoßhund, Unzucht mit Tieren, Ziege, Zooerastie;
2. *Behandlung des Tiers als Antifetisch:* → Tierschändung, Viehstecher, Zoosadismus, Zoostuprum;
3. *Behandlung des Tiers als Fetisch:* → Zoonekrophilie, Zoophilie;
4. *Anblick des tierischen Geschlechtsverkehrs als Fetisch:* → Mixoscopia bestialis;
5. *Der fetischistische Wunsch, sich in ein Fetischtier zu verwandeln:* → Berkeley Horse, Equus eroticus, Lykanthropie, Metamorphosismus, Nosferatu, Vampirismus, Wehrwolf, Zooanthropie, Zoomimik;
6. *Fetischisierung von Zaumzeug:* → Hundeleine, Käfig, Maulkorb, Reitgerte, Sattel, Sporen, Zaumzeug.

In unserer Analyse des F. haben wir nun den Punkt erreicht, an dem der Kreis sich schließt. Wir begannen mit dem animistischen Kult, von dem Binet den Namen F. borgte, um die sexuelle Dämonisierung von Objekten, Tieren, Pflanzen und Tätigkeiten zu erklären. Wir kommen zum Schluß nun zu einer Form des F., die dem Animismus gleicht, weil sie aus einer Sexualisierung des Dämonischen besteht – der Fetischisierung von Geistern, der → Dämonomanie. Hier dient ein Geist, eine Göttin, eine Dämonin, als Surrogat eines lebenden Wesens, und der imaginäre Geschlechtsverkehr mit dem Dämon oder der Dämonin wird zum festischistischen Ritual – eine Denkform und eine Handlungsweise, die uns zum Animismus der Afrikaner des 18. Jahrhunderts zurückführt. → Alpminne, Dämonophilie, Elben, Incubus, Lykanthropie, Nosferatu, Spectrophilie, Succubus, Vampirismus, Wechselbalg, Wehrwolf. (Vgl.: Antifetischismus, Emprises d'amour, Faveurs, Partialismus, Schlüsselreize, Sex-Appeal, sexuelle Symbolik.)

Feuer → Brandmarken, Brandstiftung, Hitzefetischismus, Pyrolagnie, Pyromanie, Pyrophobie.

Fiebigscher Garten hieß im Breslau des 18. Jahrhunderts der berühmteste → Lustgarten, in dem man unter freiem Himmel mit Prostituierten schlafen konnte.

Figurae veneris [lat.: Stellungen der Venus], Koitusstellungen, Koituspositionen. Seit den Frühzeiten des Altertums sind zahllose Werke erschienen, die alle Möglichkeiten des Geschlechtsverkehrs zwischen zwei oder mehreren Partnern in Wort oder Bild darstellen. Es ist sinnlos, sie hier noch einmal zusammenzufassen, denn jedes Liebespaar entdeckt sie sowieso für sich selber. Wer nicht genug Phantasie hat, um das zu tun, dem hilft ganz gewiß kein Lehrbuch. → Coitus, Dodekamechanon, Facies ad faciem, Geschlechtsverkehr, Koitus, Positio aversa, Positio obversa, Venus aversa, Venus observa.

Filia hospitalis [lat.: Tochter des Wirts] hieß bei deutschen Studenten von den 1880er Jahren an die »Haustochter«. Es galt damals als üblich, daß man versuchte, mit der Tochter seiner Wirtin, die meistens die Studentenbude saubermachte, anzubandeln. Oft geschah es dabei natürlich, daß das Mädchen schwanger wurde, und dann mußte der Student sie heiraten. In zahllosen Studentenliedern wurde dieser Tatbestand besungen, oft mit der Vermutung, daß die F. h. nur vorgab, schwanger zu sein, um den Studenten als Ehemann einzufangen. Der Begriff der F. h. wurde berühmt durch den Kehrreim des Liedes *O wonnevolle Jugendzeit* von Dr. O. Kamp, 1885: »Doch keine ist aequalis der filia hospitalis.« → Carabine, Cydalise, Étudiante, Florbesen, Grisette, Halbflor, Midinette.

Filles-Dieu [frz.: Gottestöchter], ein Orden zur Rettung »gefallener« Mädchen, der 1226 in Brügge und Paris gegründet wurde. Unter dem Namen Maisons des Filles de Dieu baute man in diesen Städten Bußhäuser für Prostituierte. → Arbeitshäuser, Beguinen, Bicêtre, Bon Pasteur, bekehrte Buhlerinnen, Casa de las arrepentidas, Convertite, Dispensaire de salubrité, Dominae poenitentes, Haus der Büßerinnen, Illuminate, Madelonettes, Magdalenenhäuser, Maison de Sainte-Pélagie, Pentite, Saint-Lazare, Sorores de penitentia, Spinnhäuser.

Filles domestiques [frz.: Dienstmädchen], männliche Homosexuelle, die sich als Diener verdingen, um mit unverheirateten Arbeitgebern ein Verhältnis zu beginnen.

Filles galantes [frz.: galante Mädchen], Strichjungen im Paris der Jahrhundertwende. Vgl.: Canapé, Catamitus, Filles domestiques, Filles pierreuses, Gadales, Homosexualität, Kinäden, Knabenbordell, Knabenprostitution, Lustknabe, Päderast, homosexuelle Prostitution, Strichjunge.

Filles pierreuses [frz.: steinerne Mädchen], Strichjungen im Paris der Jahrhundertwende. Vgl.: Canapé, Catamitus, Filles galantes, Gadales, Homosexualität, Kinäden, Knabenbordell, Knabenprostitution, Lustknabe, Päderast, homosexuelle Prostitution, Strichjunge.

Finger haben einen starken erotischen Reiz. Einmal, weil der Finger im menschlichen Traum, in archaischen Symbolen und in zahllosen Kunstwerken das Symbol des Penis ist. Sodann, weil die menschliche Hand das Symbol des Streichelns, des Urreizes der Sexualität, darstellt. Die Mutter streichelt das Kind; aus dieser ersten Liebkosung zweigt der Mensch als Erwachsener sowohl sein Bedürfnis nach Streicheln wie nach Gestreicheltwerden ab. Deshalb auch der außerordentliche Reiz der Masturbation, nicht nur als autoerotische Handlung, sondern als gegenseitige Liebkosung, deren ontogenetischer Wert darin liegt, daß sie in der Entwicklung der menschlichen Sexualität das Recht der Priorität besitzt. → Tastsinn.

Fingernagel, eines der zahllosen Symbole des aggressiven → Penis. Mehr noch als der Zahn, der eine ähnliche Funktion als Symbol des Liebesbisses besitzt, wirkt der F. als Symbol der Klaue, des Kratzens, des Zupackens, des Festhaltens. In den indischen Lehrbüchern der Liebe gibt es seitenlange Beschreibungen der Reize, die man mit den Fingernägeln erzielen kann. In der sadomasochistischen Praxis kommt dem F. eine besonders große Bedeutung zu. Er wird dort als Fetisch verehrt. → Fetischismus, Sadismus.

Fixierung [lat.: fixus = fest], im psychoanalytischen Vokabular das Festhalten der Libido an einer überholten Phase der psychosexuellen Entwicklung. Freud spricht von der »Klebrigkeit« der Libido und meint damit den inhärenten Konservativismus der menschlichen Psyche, die jedem Schritt zur Weiterentwicklung mißtraut und aus Angst vor jeder Änderung selbst dann noch an einer überholten Stufe der psychischen Entwicklung hängenbleibt, wenn die nächste Stufe sich bereits als ebenso befriedigend erwiesen hat. Dies ist, nach Freud, die Ursache aller → Perversionen, die nichts anderes als psychische Infantilismen sind: überholte Verhaltensformen, die darauf zurückgehen, daß die Libido auf eine als besonders lustvoll empfundene Phase der Kindheit

»fixiert« ist und nicht mehr über sie hinwegkommt. Manche Perversionen gehen aber auch darauf zurück, daß Menschen, die eine psychosexuelle Entwicklungsphase der Kindheit längst überwunden haben, auf diese *zurückgeworfen* werden. Diesen Prozeß nennt man nicht mehr F., sondern → Regression (Rückfall).

Flagellantismus [lat.: flagellum = Peitsche], das Auspeitschen oder Ausgepeitschtwerden als sexuelle Handlung, die dem Koitus vorausgeht oder ihn sogar ersetzt. Gleichzeitig aber auch die strafrechtlichen und religiösen Praktiken der → Geißler und der Advokaten körperlicher Züchtigung in Schulen und Gefängnissen.

Flagellation hat drei Bedeutungen:

1. Jemanden auspeitschen; → Auspeitschung, Bestrafung, Dippoldismus, Erziehersadismus, Folter, Gouvernantenwahn, Peitsche, Prügelmaschine, Rutenschlagen, Sadismus, Strafe;
2. Ausgepeitscht werden; → Berkeley Horse, Erziehungsmasochismus, Geschlagenwerden, Masochismus, Massagesalon, Postheoth Club, Urticatio;
3. Sich selber auspeitschen; → Automasochismus, Bußdisziplin, Geißler.

In dieser dreifachen Funktion stellt die F. die häufigste aller sexuellen Idiosynkrasien dar. Ob man sie als → Perversion betrachtet, hängt davon ab, ob sie als gelegentliche Einleitung zum Koitus benutzt wird (Konjunktions-F.) oder stets anstelle des Koitus tritt (Kompensations-F. oder Flagellomanie). Bei der sexuellen F. (Flagellantismus) spielen gleichzeitig eine Anzahl anderer Komponenten mit, zum Beispiel → Analerotik und → Natesfetischismus. Die passive F. ruft eine reflektorische Erregung des spinalen und sympathischen Ejakulationszentrums des Mannes hervor und führt bei beiden Geschlechtern durch starke Blutzufuhr zu einer Erigierung der Genitalien (Penis, Klitoris). Die aktive F. ruft durch die rhythmische Bewegung der Arme und Oberkörper starke Muskelreize hervor (→ Muskelerotik). Die Zukkungen des geschlagenen Körpers ähneln denen des Koitus und rufen damit psychische Reize hervor (→ Mixoskopie). Auch der farbliche Reiz der geröteten Hautteile (und manchmal des Blutes) im Gegensatz zu der weißen oder rosa Haut des nicht berührten Körpers wird oft von aktiven Flagellanten als besondere Attraktion der F. erwähnt. → Farbfetischismus.

Flaschenernährung hat keine großen ernährungsmäßigen Nachteile gegenüber der Ernährung des Säuglings durch Muttermilch, mag sich jedoch (dies ist umstritten) negativ auf die Sexualentwicklung des Menschen auswirken. Der Säugling empfindet Lustgefühl beim Saugen an der Mutterbrust. Viele spätere Formen des Sexualtriebs spalten sich aus dieser Urlust ab: das Verlangen nach Wärme, nach Umarmung, nach Haut- und Muskelreiz, nach Geruch, Geschmack und Gefühl eines anderen Körpers, nach dem Saugen an Körperteilen eines anderen Menschen und so fort. Da dies phylogenetische Bedürfnisse sind, werden sie bei Flaschenkindern nur minimal beeinträchtigt. Fehlt jedoch die stetige Liebkosung, die der Säugling normalerweise von seiner Mutter oder Amme empfängt, so verdorrt der archaische Ansatz der sexuellen Entwicklung. Experimente mit Schimpansen haben gezeigt, daß Jungtiere, die nicht umarmt, gestreichelt und in anderer mütterlicher Weise geliebkost werden, keinen Paarungswunsch entwickeln, wenn sie geschlechtsreif werden. Stetige Flaschenernährung über viele Generationen hinweg könnte in ähnlicher Weise die Sexualentwicklung des Menschen beeinträchtigen. → Entwöhnung, verfrühte.

Flatus vaginae [lat.: Vaginalwind], das vom Volksmund »Scheidenfurz« betitelte Geräusch, das manchmal beim Koitus entsteht, wenn die von dem Penis in die Vagina gepreßte Luft geräuschvoll wieder ausströmt. Vgl.: Garrulitas vaginae.

Flicoteaux, in den 1850er Jahren das berühmteste Hurenrestaurant in Paris. Wollten sich »anständige« Leute einen Spaß machen, zogen sie mit einer ganzen Gesellschaft gegen Mitternacht zu Flicoteaux und bestellten Hammelfüße mit Sauce Poulette und grüne Trauben in Branntwein. Der Ledergroßhändler Lévèque, der unter dem Spitznamen »Mister Pritchard« ein berühmter Cancan-Tänzer in der → Closerie des Lilas war, pflegte Rose Sergent, die sich »La Reine Pomare« nannte, und die ganze Tänzertruppe des Bullenparks dort zu bewirten.

Flirt [engl. vom frz.: fleurette = galante Schmeichelei], Koketterie, Kokettieren, Hofieren. Vgl.: Courmachen, Freien, Handkuß, Koketterie, Präliminarien.

Flitterwochen [ahd.: Flitarezzen; mhd.: flitern = flüstern, kichern, schmeicheln], die ersten Wochen nach der Hochzeit. In der Schweiz: Trutelwochen. Synonyme: Kuderwochen, Lachwochen, Zärtelwochen, Kußmonat, Honigmonat (vgl. engl.: honeymoon = Honigmond).

Flor, bei den deutschen Studenten der Jahrhundertwende die Welt der Damen aus der »guten« Gesellschaft. Das Wort lebte weiter bis in die dreißiger Jahre und zog eine Reihe von Ableitungen nach sich:

Florbesen, die Tochter einer Studentenwirtin (→ Filia hospitalis); das Wort starb gegen Ende der Weimarer Republik aus.

Florbüchse, ein »leichtes« Mädchen, im Gegensatz zum Flor und dem → Halbflor (Mädchen der Halbwelt). → Carabine, Cydalise, Étudiantes, Grisette, Midinette.

Florentinischer Kuß hieß im ausgehenden Mittelalter der → Zungenkuß. Die Kirche betrachtete ihn als schwere Sünde, selbst im ehelichen Geschlechtsverkehr. Vgl.: Biß, Handkuß, Kataglossismus, Kuß, Maraichinage, Nasenkuß, Seraphinenkuß, Suavium.

Flucht vor der Liebe, ein neurotisches Syndrom, das sich in manigfacher Form zeigt. Jede Generation produziert neue Varianten und neue Alibis: Verachtung der Liebe als »bürgerlich«, als »Illusion«, als »Sentimentalität«. Dahinter verbirgt sich Verachtung der Frau, des Mannes, der Nachkommenschaft. »Wenn die Bombe morgen fällt, will ich nicht neue Menschen in die Welt setzen« (andere Menschen unglücklich machen) und derlei mehr. Stets verbirgt die Flucht vor der Liebe eine begrenzte Anzahl eigentlicher Motive, deren sich der Betroffene nur selten bewußt ist: Angst vor Geschlechtsverkehr, vor Impotenz, vor Frigidität, vor Selbständigkeit und Verantwortung. Der Begriff »Angst vor Selbständigkeit« mag in diesem Kontext befremdlich wirken, da der Mensch, der sich verliebt, ja gerade ein gewisses Maß an Selbständigkeit aufgibt. Das stimmt aber nur theoretisch, denn meist sind die Menschen, die vor der Liebe flüchten, → Familiensklaven. Sie leben auch als erwachsene Menschen noch bei ihren Eltern und hängen so sehr an dem Elternhaus, daß jede erotische Bindung einen Schritt ins Dunkle, in die Unsicherheit, die Verantwortung, eben in die Selbständigkeit bedeutet. Vgl.: Distanzliebe, Doppelliebe, Ehescheu, Schattenliebe.

Folie à deux [frz.: Wahn zu zweit] → Selbstmord.

Folie de toucher [frz.: Berührungswahn] → Berührungszwang.

Folie utérine [frz.: Gebärmutterwahn], Mannstollheit. → Nymphomanie.

Folies [frz.: Narrheiten] nannten die Franzosen des 18. und 19. Jahrhunderts jene Petites maisons galantes, in denen man sich zu zweit oder in größeren Gruppen dem Liebesspiel widmete. Die Gärten dieser Liebeshäuser wurden oft mit künstlichen Ruinen, Wasserfällen und Grotten ausgestattet. In England führte dieser Kult der »Follies and Grottoes« zu einer ganz eigentümlichen Architektur, die in hohem Maße an spätere Formen des Jugendstils (Gaudi) und des Surrealismus erinnert. Es war eine Architektur erotischer Archetypen, die mehr an Traumbilder als an die römischen Lustvillen, die sie imitieren wollten, anklang. → Casini.

Folliculitis, eine von → Gonorrhöe erzeugte Inflammation der → Follikel und follikulären Gewebe. Sie äußert sich durch das Auftreten von hirsekorn- bis erbengroßen Knötchen, die man von der Unterseite der Harnröhre her an einer oder mehreren Stellen ihres Verlaufes ertasten kann und die auf Druck wenig oder gar nicht reagieren. Diese Knötchen sitzen gewöhnlich in der Fossa navicularis, seltener in der Pars pendula penis. Sie bilden sich in der Mehrzahl von Fällen spontan zurück, beziehungsweise durch die übliche Gonorrhöetherapie. In anderen Fällen bleiben sie lange bestehen.

Folter, seit Anfang der Menschheit eine Methode, den Menschen durch Schmerzzufügung zu einer Aussage oder Tat zu zwingen, die ihm widerstrebt. Die Folter enthielt stets eine sadistische Komponente. Man denke an die »eiserne Jungfrau«, die hohle Statue einer Frau, die mit einem Scharnier vertikal in zwei Hälften aufgeklappt werden konnte und innen Stacheln enthielt. Man schloß das Opfer ein und klappte die beiden Hälften zu, bis die Stacheln ins Fleisch eindrangen. Man denke auch an die heutige Praxis vieler Geheimdienste, Männern und Frauen durch Elektroden an den Genitalien zu foltern. Wer noch kein Sadist ist, wird beim Foltern zum Sadisten. Die psychologischen Resultate der Konzentrationslager haben gezeigt, daß nur sehr wenige Menschen der Versuchung sadistischer Akte widerstehen können.

Forestiera nannte man im Italien der Renaissance die ortsfremde Prostituierte, im Gegensatz zur einheimischen, der → Casalinga. Vgl.: Cantoniera, Cortigiana.

Fortpflanzung, geschlechtliche. Bei den Einzellern gibt es nicht nur eine Fortpflanzung ohne Geschlechtlichkeit, sondern auch eine Geschlechtlichkeit ohne Fortpflanzung. Und da dieser Prototyp der Sexualität am Anfang der biologischen Geschichte steht, übt er einen biologischen Einfluß auf alle Lebewesen aus. Für die Einzeller ist die Kopulation das Mittel zur Unterbrechung von Altersvorgängen, also eine Garantie der Unsterblichkeit, Verschmilzt der Einzeller nicht mit einem anderen, so kommt es zu keiner Kernteilung und zu keiner Polkörperchenabstoßung, also zu keiner Unsterblichkeit. Auch beim Menschen dient die Kopulation der Aufhebung des Alterns. Erstens, weil ein Teil unseres Körpers, nämlich das Kind, über unseren Tod hinaus weiterlebt; zweitens aber auch, weil der Geschlechtsverkehr den Menschen psychisch verjüngt. So hat die Sexualität eine doppelte Funktion: eine generative

(auf die Art bezogene) und eine re-generative (auf das Individuum bezogene); die eine dient der Erhaltung der Art, die andere bezweckt die Erhaltung des Individuums. Die Sexualität dient der Evolution nicht nur als Lockmittel zum Zweck der Fortpflanzung, sondern auch als Stimulation zur Verbesserung der Art durch erhöhte Vitalität eines jeden Individuums. Gälte die Sexualität nur der Fortpflanzung, wäre alles geschlechtliche, alle Liebe im Menschenleben, alles was sich beim Mann vor und nach der Sekunde der Kinderzeugung und bei der Frau außerhalb der neunmonatigen Schwangerschaft abspielt, ein Leerlauf.
Eine einzige → Ejakulation des Mannes produziert etwa 180000000 Spermatozoen, während die Frau im Laufe ihres gesamten Lebens selten mehr als 250000 Eier erzeugt. Da aber immer nur ein Ei durch ein Spermatozoon befruchtet werden kann, hat die Natur ohne Zweifel eine große Anzahl von Paarungen vorgesehen, bei denen Nachkommenschaft weder produziert werden soll noch kann. Von den 250000 in Bereitschaft stehenden Eiern sind im Laufe eines etwa dreißigjährigen Geschlechtslebens knapp 420 Eier generationsfähig. → künstliche Befruchtung.
Bei den anderen Säugetieren beschränkt sich die Paarung auf jene Zeiten, in denen das Weibchen befruchtungsreife Eier erzeugt. Die weiblichen Duftstoffe, die in diesem Stadium ausgestoßen werden, rufen den männlichen Paarungswunsch hervor. Das Männchen empfindet keinen Paarungswunsch, bis das Weibchen Reizhormone ausstößt, und das Weibchen ist nur zu jenen Zeiten geschlechtlich ansprechbar, wenn seine Eier befruchtungsreif sind. Bei der menschlichen Frau tritt dieser Zeitpunkt zwischen dem 13. und 15. Tag des Menstruationszyklus ein (Follikelsprung). Man sollte also erwarten, daß auch das menschliche Weibchen an diesen Tagen geschlechtlich am erregbarsten sei. Tatsächlich findet man diese Behauptung in den Werken zahlloser männlicher Autoren bis in die Gegenwart hinein. Erst die systematischen Forschungsarbeiten japanischer und amerikanischer Sexologen der letzten Jahre haben gezeigt, daß das Gegenteil der Fall ist. Die weibliche Erregbarkeit erreicht ihren Höhepunkt an den Tagen, an denen der Befruchtungszyklus seinen Tiefpunkt aufweist – an den fünf Tagen, die der Menstruation vorangehen, den sogenannten »sicheren« Tagen, an denen keine Befruchtung stattfinden kann. »Das ist der endgültige Beweis dafür, daß sich beim Menschen der Prozeß der Forpflanzung vom Geschlechtstrieb losgelöst hat und bei ihm daher von einem Fortpflanzungstrieb keine Rede sein kann« (Norman Haire, *Geschlecht und*

Liebe heute, List Taschenbuch 309–311). Im Gegensatz zum Tier und mit dem offenbaren Zweck, das selbstvernichtende Wuchern der menschlichen F. zu verhindern (→ Eugenik), ist die menschliche Sexualität offenbar so eingerichtet, daß sie nicht nur der F. dient.

Fortpflanzungsorgane → Zeugungsorgane.

Founteine, De [holl.: Die Fontäne], das berühmteste Bordell Europas in der ersten Hälfte des 19. Jahrhunderts. Es stand in Amsterdam und war wie ein großes, komfortables Hotel eingerichtet, nur mit dem Unterschied, daß alle weiblichen Bedienten nackt waren. → Bordeau merveilleux, Enfants du Prado, Leger, Perroquet Gris, Salon Markuski.

Fractura penis [lat.: Bruch des Gliedes], Verletzung der Penisschwellkörper beim Koitus. Dabei können schwere Blutungen im Glied auftreten. Außerdem droht die Gefahr der Urininfiltration, wenn die Harnröhre verletzt wird. Guttmann definiert F. p. als »Zerreißung der Corpora cavernosa penis, wenn ihr Gewebe durch Erektion oder entzündliche Prozesse starr geworden ist«. → Koitusverletzungen.

Frambösie [frz.: Himbeerenkrankheit], Krankheit, die durch das Treponema pertenue verursacht wird. Sie kommt in Afrika, in Indien, auf den Philippinen und Südseeinseln, in Australien, Zentral- und Südamerika (besonders auf Haiti und in Brasilien) vor. Wegen gewisser Ähnlichkeiten wird sie oft als tropische Schwester der → Syphilis bezeichnet. Der Primäraffekt sitzt am Unterschenkel oder am Fuß, oft auch in der Genitalgegend. Die Papeln-Aussaat (Hautknötchen) tritt in der Umgebung der Haut-Schleimhaut-Grenzen (Mund, Nasenrand, After) auf. Im Gegensatz zur Lues sind die inneren Organe nicht beteiligt; es kommt auch nicht zur → Paralyse oder → Tabes. Im dritten Stadium der F. bilden sich Gummageschwülste in Muskeln, Knochen und Gelenken. Bei Frauen kommt es zur Übertragung von der Mutter auf das Kind: nicht selten durch Säugen oder Kuß. Auch durch das Kind kann die F. auf die Brust der Mutter übertragen werden.

Franzosen, Franzosenkrankheit, im 16. Jahrhundert die → Syphilis, weil sie von der französischen Armee Karls VIII. über ganz Europa verbreitet wurde.

Frau. Das deutsche Wort »Frau« stammt paradoxerweise von Frô = Herr ab und bedeutet deshalb nicht »Dame«, sondern »Herrin«. Es kam zu einer Zeit in den allgemeinen Sprachgebrauch als, das Konzept der → Domina, der Herrin (mhd.: frouwe), durch die → Troubadours in ganz Europa bekannt wurde. Ulrich von Liechtenstein (1200–1276) meint in seinem autobiographischen Gedicht *Frauendienst* (1255) nicht etwa irgendein beliebiges weibliches Wesen, auch nicht einfach eine Ehefrau, sondern ausdrücklich das, was das Wort bedeutete: den Dienst für die Herrin, für die maskuline Frau, die den Mann beherrscht.

Der Körper der Frau enthält proportional größere Quantitäten von Desoxyribonukleinsäure, dem genetischen Rohmaterial des Körpers. Manche Forscher meinen, daß dies ihr die Kraft gebe, Kinder zu gebären, Schmerzen zu ertragen und den monatlichen Blutverlust wiedergutzumachen. Ihr Gehirn ist im Widerspruch zu der patriarchalischen Legende von der »angeborenen Dummheit« der Frau proportional größer als das des Mannes ($2^1/_2$ Prozent des Körpergewichts bei der Frau, 2 Prozent beim Manne). Der Stirnlappen, der »Sitz der Intelligenz«, und das Kleinhirn sind bei der Frau ebenfalls größer als beim Manne. Das gleiche gilt für den Vorderlappen der Hirnanhangdrüse (=Hypothalamus). Wegen des größeren Durchmessers ihrer Halsschlagader und Arterien ist ihr Gehirn besser durchblutet und deshalb auch zu größereren Leistungen als das des Mann geeignet.

Diese Befunde haben das Konzept des Mannes als desjenigen Geschlechts, das etwas hat, was die Frau nicht hat, auf den Kopf gestellt. Offenbar ist es die Frau, die in genetischer Hinsicht etwas besitzt, was dem Manne abgeht. So haben die Forscher Barr und Bertram erst 1949 entdeckt, daß die Frau im Zellkern ein sogenanntes »Sexchromatin« besitzt, das in den Zellen des Mannes fehlt. 1945 haben dann Davidson und Smith in den Blutzellen des weiblichen Körpers einen weiteren Faktor entdeckt, der dem Manne fehlt: sogenannte »Trommelschlegel« an den Kernen bestimmter weißer Blutkörperchen. Am wichtigsten war jedoch die Entdeckung, daß das Y-Chromosom des Mannes keine autonome Existenz besitzt und dem Organismus deshalb auch keine eigenständige Information mitteilen kann. Es wirkt nur durch Wirkungslosigkeit: Zwei X-Chromosomen sind nötig, um die Rinde des Keimzellenkerns in einen Eierstock zu verwandeln. Ist nur ein X und an Stelle des zweiten ein Y-Chromosom vorhanden, so verkümmert die Zellrinde, und aus dem übriggebliebenen Zellkern entwickeln sich die Hoden des werdenden Mannes.

Auch die unterschiedlichen Körpertemperaturen der Geschlechter bevorzugen die Frau in ihrer Lebenserwartung. Wie Ries (1957) zeigen konnte, sind die Hauttemperaturen bei Mann und Frau unter gleichen Bedingungen verschieden. Bei fast allen Tätigkeiten liegt die Temperatur der Frau um rund 1° C tiefer als beim Mann. Nun ist es aber seit langem bekannt, daß die Lebenserwartung des Menschen im umgekehrten Verhältnis zu seiner Körpertemperatur liegt. Gerontologen (Altersmediziner) haben errechnet, daß man das Leben des Menschen um fast 20 Jahre verlängern könnte, wenn es möglich wäre, die Körpertemperatur um nur 2° C zu senken. All diese Berechnungen kranken aber daran, daß man eben nicht von »dem« Mann oder »der« Frau sprechen kann, weil die Definition der Geschlechtszugehörigkeit so außerordentlich schwierig ist. → Geschlechtsanalyse. Vgl.: Sexualität der Frau, weibliche Intuition, Weiblichkeit.

Frau, Sexualität der → Sexualität der Frau.

Frau Aventiure [Frau Abenteuer], die Verkörperung der Poesie in den Liedern der deutschen Minnesänger. → Frau Minne, Frau Welt, Minne.

Frau Minne, die Verkörperung des Minnedienstes in den Schriften und Bildern des deutschen Mittelalters. → Frau Aventiure, Frau Welt, Minne.

Frau Welt, die symbolische Figur der weltlichen Lust in den Werken der mittelalterlichen Dichter und Minnesänger. In ihr offenbart sich der Konflikt zwischen der Weltverneinung, die das vereinigende Band so vieler mittelalterlicher Überzeugung war, und der Versuchung, die neu entdeckte Welt der Kreuzzüge und Ritterfahrten, die exotische Welt des Südens und Ostens, trotz allem zu bejahen. Einerseits ist »Frau Welt« also die große Hure Babylon, die trügerische Lust, die Vergänglichkeit der Welt; andererseits aber die Fülle des Lebens, die ewige Mutter, die Summe der Erfahrungen, die in der Renaissance zum Humanismus führen sollten. Hier trennt sich das Mittelalter von der Neuzeit. Gottfried von Straßburg steht auf der Schwelle zum Faustischen, wenn er beide Seiten der Frau Welt sieht und sich trotzdem mit ihr verlobt. Denn er will »mit ihr verderben oder genesen«. → Frau Aventiure, Frau Minne, Minne.

fraudieren [lat.: fraudare = betrügen, vorenthalten], einerseits das Vorenthalten der Ejakulation (→ Coitus reservatus), andererseits das zurückziehen des Gliedes aus der Scheide im Augenblick vor der Ejakulation (→ Coitus interruptus).

Frauenarbeit unterscheidet sich in keiner Weise von Männerarbeit. Die Zuordnung einer bestimmten Arbeit zu einem bestimmten Geschlecht ist stets ein Anzeichen sexistischen Denkens. In keiner auch nur halbwegs gesunden Gesellschaftsordnung wird ein bestimmter Arbeitsprozeß oder dessen Produkt als Privileg des einen oder anderen Geschlechts betrachtet. Finden wir eine solche Betrachtungsweise in einer uns fremden, noch nicht klassifizierbaren Kultur vor, so können wir als erstes bereits postulieren, daß hier nicht nur sexuelle, sondern oft auch soziale Dominanz des einen Geschlechts über das andere vorliegt.

Zwar geschieht es immer wieder in der menschlichen Geschichte, daß Vertreter des einen oder anderen Geschlechts einen bahnbrechenden Durchbruch im Produktionsprozeß entdecken. Das geschah, als die Frau die Hacke und als der Mann den Pflug entdeckte. Aber in allen einigermaßen gesunden Gesellschaftsordnungen eignet sich das andere Geschlecht die Fortschritte an und erlaubt nicht, daß sie, wie beim Geschlechtertotemismus, Monopole des einen Geschlechts bleiben.

Wo behauptet wird, daß die Frau »schwächer« sei und man ihr bestimmte Arbeiten nicht »zumuten« könne, da findet stets Bevormundung und Ausbeutung statt. Denn hinter dem scheinbaren Mitleid mit der »schwachen« Frau verbirgt sich stets der Wunsch des Mannes, diese Arbeit zu seinem Privileg zu machen. Auch die Gewerkschaften, an deren Gründung (z.B. in den Seidenspinnereien von Lyon und den Webereien von Crimmitschau) Frauen besonders aktiv beteiligt waren, haben sich im Widerspruch zu den führenden Gewerkschaftlerinnen dieses patronisierende Denken nur allzu oft angewöhnt.

Frauenbewegung, die organisierte Bewegung zur politischen, rechtlichen und kulturellen Befreiung der Frau in der bürgerlichen Gesellschaft. Obgleich die Wurzeln der F. bis tief ins 18. Jahrhundert hinabreichen, lag ihr Höhepunkt im 19. Jahrhundert, vor allem in England (Suffragetten) und den USA, aber auch in Frankreich, Italien, Rußland und den skandinavischen Ländern. Die deutsche F. gehörte zu den schwächsten Gruppen.

Sehr früh schon hat sich die F. in zwei Flügel gespalten – den bürgerlichen, der sich vor allem mit dem Wahlrecht, dem Recht auf Erziehung und der kulturellen Gleichstellung der Frau befaßt hat, und den proletarischen, der sich vor allem um gleichen Lohn für gleiche Arbeit, gewerkschaftliche Gleichstellung und politische Macht bemüht hat. In den 50er und 60er Jahren unseres Jahrhunderts entstand aus der linken Studentenbewegung eine neue F., die sich »autonom« oder »feministisch« nennt. Sie setzt sich hauptsächlich aus gebildeten jungen Frauen des Mittelstands zusammen und lehnt jede Zusammenarbeit (außer für kurzfristige taktische Ziele) mit »gemischten« oder »männerdominierten« Organisationen ab.

Obgleich sie kaum mehr als ein Viertel der in politischen Parteien, Gewerkschaften und anderen Gruppen organisierten Frauen ausmachen, üben sie einen relativ starken Publizitätsdruck auf die Massenmedien aus, vor allem durch Leserbriefe in Zeitungen und Zeitschriften und durch Teilnahme an Funk- und Fernsehdiskussionen. Das gibt die Illusion eines gewissen Erfolges, hat aber auch zu einem gefährlichen Gegendruck des patriarchalischen Establishments geführt, vor allem in den USA, wo eine Anzahl äußerst reaktionärer Gesetzes- und Regierungsmaßnahmen als direkte Reaktion auf die angedrohten, aber wegen fehlender Druckmittel nie durchgeführten Maßnahmen der Feministinnen getroffen worden sind. Dies hat besonders in linken Frauengruppen zu der Frage geführt, ob es wirklich sinnvoll ist, das patriarchalische Establishment mit Worten anzugreifen, solange man nicht die Mittel besitzt, Taten folgen zu lassen.

Frauenwewegung, autonome [gr.: autos = selbst; nomos = Zweck], jener Zweig der Frauenbewegung, der sich als Selbstzweck versteht, also jede Unterordnung unter andere (z.B. sozialistische oder gewerkschaftliche) Zwecke und jede Zusammenarbeit mit anderen Organisationen (z.B. solche, in denen auch Männer vertreten sind) strikt ablehnt. Die a.F. betrachtet sich zwar als politisch links stehend, lehnt aber die marxistische Grundthese ab, daß der Konflikt der Geschlechter ein Nebenwiderspruch neben dem Hauptkonflikt zwischen Mensch und Natur sei. Die sozialistische, im Gegensatz zur a.F., hält den »Kampf der Geschlechter« dagegen für den sexuellen Niederschlag des Klassenkampfs und meint, daß der eine nicht beendet werden kann, bis der andere beendet ist. Zwar garantiert auch die sozialistische Gesellschaft keineswegs eine automatische Lösung der Geschlechterfrage, aber sie stellt nach sozialistischer Meinung deren einzig mögliche Grundlage dar.
Während die sozialistische F. sich also primär als sozialistische und nur sekundär als F. auffaßt, sieht die a.F. den Kampf für die Rechte der Frau als primär an. Die sozialistische F. betrachtet dies als Trugschluß, da die Probleme der Frau innerhalb der bürgerlichen Gesellschaft unlösbar seien und jeder Versuch, sie dort lösen zu wollen, zur Kräftevergeudung, zu einer Niederlage nach der anderen, und schließlich zur Verzweiflung, zu Nervenzusammenbrüchen und zum Selbstmord führen müsse.

Frauenbewegung und Sozialismus. Nur der soziale und ökonomische Nachweis, daß die Frau beim Ursprung unserer Kultur eine dem Manne zumindest ebenbürtige Rolle gespielt hat, kann der Frauenbewegung unserer Tage das Argument liefern, das sie benötigt, wenn sie helfen will, das patriarchalische System abzuschaffen und damit die Grundlage einer freien Gesellschaft mit wirklicher Gleichberechtigung der Geschlechter zu legen.

Hierbei ist eins bereits heute sicher: Nichts fällt dem Manne schwerer, als sich mit der emanzipierten Frau abzufinden, und dies gilt nicht nur für die Erzreaktionäre des Patriarchats, sondern auch für die fortschrittlich gesinnten Männer, die sich ehrlich bemühen, der Frau zu der Freiheit zu verhelfen, die ihr gebührt. Untersuchungen in den antiautoritären, sozialistischen und anarchistischen Kommunen der sechziger und siebziger Jahre unseres Jahrhunderts (San Franzisko und Berlin) haben ergeben, daß selbst Männer, die von der Gleichberechtigung der Frau überzeugt sind und sich aktiv an der Emanzipationsbewegung beteiligt haben, oft mit Impotenz reagieren, wenn emanzipierte Frauen sich ihnen gegenüber genauso benehmen, wie sich der unemanzipierte Mann fast jeder Frau gegenüber benimmt. Das sexuelle Verhalten des Mannes und seine Reaktionen auf die sexuell emanzipierte Frau haben also Wurzeln, die dem Kontrollmechanismus des Bewußtseins und der Willenskraft widerstehen, weil sie in tiefe Schichten des Unbewußten hinabreichen.

Das läßt sich nicht nur im psychologischen Testexperiment und in der statistischen Sozialforschung mit Hilfe von Kontrollgruppen erhärten, sondern ergibt sich auch ziemlich überzeugend aus den unbewußten Ausdrucksformen männlicher Emanzipatoren. Eine Studie des Vokabulars der ehemaligen Apo-Autoren und anderer studentischer Vertreter der »Neuen Linken« wäre in dieser Hinsicht zweifellos von beachtlichem Interesse. Hier sei nur auf einige besonders krasse Beispiele hingewiesen: Als Andreas Baader seine Mitarbeiterinnen als »Votzen« titulierte, hatte er für jeden Sozialisten das Recht verloren, noch als Genosse zu gelten. Der extrem rüde Ton, der in einigen »Aufklärungswerken« der Linken als eine Art Überkompensation gegen die Sentimentalitäten der bürgerlichen Aufklärungsliteratur benutzt wird, dient ebenfalls eher der Anbiederei als der Aufklärung. Das sind Entgleisungen, die aus der Illusion bürgerlicher Intellektueller entstanden sind, man könne das Vertrauen des Proletariats gewinnen, indem man es »proletarischer« als die Proletarier treibt.

Aber selbst bei den Vätern des wissenschaftlichen Sozialismus, den weitaus klügsten und emanzipiertesten Männern ihrer Zeit, kommen solche Entgleisungen vor, bezeichnenderweise gerade in den Werken, in denen sie sich mit besonderem Nachdruck für die Rechte der Frau eingesetzt haben. So schreibt Friedrich Engels im *Ursprung der Familie, des Privateigentums und des Staats* (1884), in der klassenlosen Gesellschaft der Zukunft werde es für die Frau keinerlei Gründe mehr geben, »aus irgendwelchen anderen Rücksichten als wirklicher Liebe sich einem Mann hinzugeben, noch dem Geliebten die Hingabe zu verweigern aus Furcht vor ökonomischen Folgen«. Selbst dieser große Apostel der Gleichberechtigung konnte sich das Idealverhältnis der Geschlechter also nicht anders vorstellen denn als »Hingabe« der Frau an den Mann und hoffte dabei nur, daß die Frau sich aus wirklicher Liebe »hingeben« möge und die »Hingabe« nicht aus Furcht vor ökonomischen Folgen zu verweigern brauche. Auch hier fungiert der Mann also noch als herrschender, als einzig aktiver Partner: die Frau ist überhaupt keine Partnerin, sondern kann bestenfalls (genau wie bei den Reaktionären, die Engels verdammte) die Hingabe *freiwillig* vornehmen. Aber *hingeben* muß sie sich immer noch. Wie tief müssen die Wurzeln des Patriarchats liegen, wenn das Konzept der aktiven, ihre sexuellen Wünsche gleichberechtigt realisierenden Frau, selbst bei den am klarsten denkenden Männern des 19. Jahrhunderts undenkbar war!

Das zeigt sich auch deutlich in jener selbstzerstörerischen Frauenfeindschaft, die viele Jahrzehnte lang das Denken mancher Gewerkschaften beherrscht hat und heute noch in den Gehirnen gerade jener männlichen Arbeitnehmer herumspukt, die am meisten von einer ökonomischen Befreiung der Frau zu profitieren hätten. Da die Frau vom ersten Eintritt in das Arbeitsreservoir der industriellen Revolution an schlechter bezahlt wurde als der Mann, stellte sie für ihn eine lohndrükkende »Schmutzkonkurrenz« dar, die fast überall zu der gewerkschaftlichen Forderung führte, die Frau müsse aus der Fabrik heraus und wieder ins »Heim« hinein. Aber auch im »Heim« fand die gleiche lohndrückende Ausbeutung der Frau statt. Um die Wende vom 19. zum 20. Jahrhundert waren Arbeitszeiten der Heimarbeiterinnen von 14 bis 16 Stunden keine Seltenheit. Schließlich führte die Verbilligung der Frauenarbeit dazu, daß die Männer sowohl aus der Fabrik- wie aus der Heimarbeit entlassen und statt dessen Frauen angestellt wurden.

»Nun nimmt aber auch die Frauenarbeit immer mehr überhand, insbesondere in der Textilindustrie, die ihre Tausende von Dampfwebstühlen und Spindelmaschinen von billigen Frauen- und Kinderhänden bedienen läßt. Hier hat sich das frühere Verhältnis umgekehrt. Frau und Kind gehen in die Fabrik, und nicht selten sitzt der brotlos gewordene

Mann zu Hause und besorgt die häuslichen Verrichtungen ... In Nordamerika, das bei seiner rapiden kapitalistischen Entwicklung alle Übel europäischer Industriestaaten in viel größerem Umfang erzeugt hat, hat man für den Zustand, den diese Verhältnisse hervorriefen, einen sehr charakteristischen Namen. Man nennt Industrieorte, in denen hauptsächlich die Frauen beschäftigt sind, während die Männer zu Hause sitzen, she-towns, wörtlich ›Siestädte‹ Frauenstädte« (Bebel, *Die Frau und der Sozialismus,* 61. Aufl., Berlin 1964, S. 158 f.)

Statt daß die Arbeiterbewegung sich nun gezielt gegen die Unternehmer wandte, die solche Zustände erzeugt hatten, wandte sie sich gegen die Frau und beschuldigte sie, die Ehe zu zerstören, indem sie dem Manne bei der Arbeit Konkurrenz mache. Ein großer Teil der Gewerkschaftsbewegung vertrat die Ansicht, daß die einzige Lösung der »Frauenfrage« darin bestünde, den Männern so hohe Löhne zu zahlen, daß die Frauen wieder zu Kind und Küche zurückkehren könnten. Selbst Karl Marx, der sich damals noch nicht völlig vom Bürgertum dissoziiert hatte, sprach sich in der *Kritik des Gothaer Programms* (1875) für eine »Beschränkung der Frauenarbeit« aus, da sie »für das weibliche Geschlecht sittenwidrig« sei. Erst als die Frauen ihr Schicksal innerhalb der Arbeiterbewegung selber in die Hand nahmen, vor allem aber durch die mutige Agitation der bedeutendsten Frau in der Geschichte der Gewerkschaftsbewegung, Clara Zetkin, wurden diese zumindest unbewußt patriarchalischen Tendenzen der Arbeiterbewegung überwunden. Beim Pariser Internationalen Arbeiterkongreß des Jahres 1899 prägte sie jene Grundsätze, die noch heute unerreicht sind und besonders deutlich den Unterschied zwischen der proletarischen und der bürgerlichen Frauenbewegung beleuchten. Während die zweite immer wieder Sonderrechte für Frauen wegen ihrer besonderen physischen und psychischen Konstitution forderte, wandte sich Clara Zetkin mit äußerster Schärfe gegen jede Sonderrechte der Frau, weil sie in dieser Forderung eine Anerkennung der patriarchalischen Prämisse sah, daß Frauen »anders« und deshalb minderwertig seien. »Wir erkennen keine besondere Arbeiterinnenfrage an! Vom Standpunkt des Prinzips aus protestieren wir Frauen nachdrücklich gegen eine Beschränkung der Frauenarbeit. Da wir unsere Sache durchaus nicht von der Arbeitersache im allgemeinen trennen wollen, werden wir also keine besonderen Forderungen formulieren; wir verlangen keinen anderen Schutz als den, welche die Arbeit im allgemeinen gegen das Kapital fordert!«

Das ist ein frauenrechtliches Argument. So und nur so kann die Frau sich selber und damit auch den Mann emanzipieren. So und nur so kann der Mann der Frau helfen, sie und damit auch sich selber zu befreien. Jedes Pochen auf eine Sonderstellung der Frau ist eine verkappte Bestätigung der patriarchalischen These von der Minderwertigkeit der Frau. Ob man sagt, die Frau sei »besser« als der Mann, oder man meint, sie sei »schlechter«, läuft auf genau das gleiche hinaus; auf einen Verrat an der These der Gleichberechtigung der Geschlechter. Wer Sonderrechte der Frau verlangt, bevormundet sie und entwürdigt sie dadurch. Was die Frau an ihrer Entfaltung hindert, ist genau das, was auch den Mann in seiner Entfaltung beschränkt. Nur wer das beseitigt, was *beide* frustriert, beseitigt die Frustration als solche und damit auch ihre tieferen Gründe: das Patriarchat mit seinem inhärenten Prinzip der biologischen Hierarchie, der Unabänderlichkeit der Geschlechtsunterschiede.

Frauengasse, Frauengäßchen, Frauenpforte, Fraueneck, Winkeleck, Winkelgasse, Winkelpforte nannte man im Mittelalter den Bordelldistrikt einer Stadt. Wo solche Worte heute als Straßennamen überleben, kann man sicher sein, daß dort einstmals → Freudenhäuser gestanden haben.

Frauenhandel → Mädchenhandel.

Frauenhaß ist so alt wie das → Vaterrecht. In der mutterrechtlichen Gesellschaft gab es keinen F. Erst mit der Niedermetzelung der alten mutterrechtlichen Kulturen und dem schlechten Gewissen, das sich daraus ergab (der eigentlichen vorbiblischen Erbsünde), begann die Angst des Mannes, die Frau könne sich eines Tages rächen. Sie ist die Wurzel des F. Sie läßt sich schon in der Literatur der Chinesen und Inder nachweisen. Im chinesischen Shi-king findet sich folgende Charakteristik der Frau: »Genug, daß sie das Böse meidet, denn was kann Gutes tun ein Weib?« Im indischen Manu heißt es: »Der Unehre Ursache ist das Weib, der Feindschaft Ursache ist das Weib, des weltlichen Daseins Ursache ist das Weib: darum soll man meiden das Weib.« Derlei Herabsetzungen der Frau finden sich öfter in der indischen Literatur, sind aber auch in der Antike nachzuweisen. Besonders unter den griechischen Dichtern der Zeit zwischen 700 und 400 v. Chr. gab es zahlreiche Vertreter der → Misogynie.

Äschylos (525–456 v. Chr.), der in der *Oresteia* das klassische Drama des patriarchalischen Triumphs über die mutterrechtliche Gesellschaft geschrieben hatte, bezeichnete in seinen *Sieben gegen Theben* das weibliche Geschlecht als ein verhängnisvolles Geschenk der Götter. Euripides (480–406 v. Chr.) sprach sich in verschiedenen Theaterstücken gegen die Gleichberechtigung der Frau aus und nannte in der *Andromache* die Frau »eine grausame Geißel der Menscheit«. Xanthippe, die Ehefrau des Sokrates (469–399 v. Chr.), die schon genug Kummer in ihrer Ehe mit einem Homosexuellen hatte, wurde von den Zynikern obendrein noch als Inbegriff der zänkischen Frau verleumdet. Aristoteles (384–322 v. Chr.) argumentierte, daß die Frau »ein mangelhafter, mißglückter Mann« sei. Das Christentum, nach einer kurzlebigen Periode des Respekts für die Frau, übertraf alle früheren Weltanschauungen in der Verachtung und Herabsetzung des Femininen. Als Religion der Armen wandte sich das römische Christentum mit besonderer Härte gegen die Sinnesfreudigkeit der Reichen. Stets wurden dabei die »Versuchungen des Fleisches« mit der Frau gleichgesetzt. Nirgends in der Theologie der ersten Jahrhunderte findet man auch nur die Möglichkeit angedeutet, daß der Mann gleicherweise eine Versuchung für die Frau darstellen könne. Selbst wenn man den an Perversion grenzenden Masochismus der Wüstenväter (und Jahrhunderte später der Geißler) als moralisch wertvoll betrachtete, so bliebe noch immer die Frage, weshalb das Christentum in so eigentümlicher Weise die Frau und nicht den Mann zum Symbol der Sünde machte. In völligem Mißverständnis des ersten Buches Mose wurde die Erbsünde als Sünde der Frau interpretiert. Die Begriffe »Fleisch« und »Begierde«, die in der Bibel Selbstsucht oder Autonomiekult bedeuten, wurden als »Sinnlichkeit« ausgelegt. Die Kirchensynode von Mâcon (585) diskutierte in allem Ernst, ob die Frau überhaupt als Mensch betrachtet werden dürfe. Das heutige Alibi der Kirche, daß damals nur die semantische Frage diskutiert worden sei, ob das Wort *homo* Mann oder Mensch bedeute, stellt sich bei Nachprüfung der Dokumente als falsch heraus. Jede Stelle am Weibe, sagten die Konzilväter, vom Scheitel bis zur Sohle, sei ein Fallstrick des Teufels. Hatte Paulus nur die Gleichberechtigung der Frau neben dem Manne verneint, so verneinten die Kirchenväter selbst ihr Menschentum. Die natürliche Folge des Frauenhasses waren das Zölibat und die Hexenprozesse.

Bis in die Neuzeit hinein gab es immer wieder frauenhassende Männer, die sich ihre Misogynie von der Seele schrieben. Die Literatur ist reich an derartigen Werken, von denen hier nur das *Alphabet de l'imperfection et malice des femmes* von Jacques Oliver (Rouen 1646) erwähnt werden soll, weil es alle bis 1646 beobachteten schlechten Eigenschaften der Frauen mit bewundernswerter Genauigkeit zusammengetragen hat. Hundert Jahre später erschien ein ähnliches Werk in deutscher Sprache: Misogynis (d.i. Adolf Scheible), *Wohlbegründete Ursachen das weibliche Geschlecht zu verachten, besonders aber die von Arglist, Bossheit, Eyfersucht, Falschheit . . . angefüllte Böse Weiber, dem männlichen Geschlecht zur Warnung ans Licht gestellt* (1749). Ende des 18. Jahrhunderts erschien der Roman des Marquis de Sade *Aline et Valcour ou le Roman philosophique* (1793), worin Sades Frauenangst besonders hüllenlos zu Tage tritt. Sarmiento in *Aline et Valcour* möchte am liebsten alle Frauen austilgen und preist den Mann glücklich, der gelernt hat, auf den Umgang mit diesem »niedrigen, falschen und schädlichen Geschlecht« ganz zu verzichten. Auch über die »körperliche Häßlichkeit des Weibes« zieht de Sade los, hält die Frau für eine »Degradation« des Mannes und leistet sich ganz besonders in seiner *Histoire de Juliette* selbstenthüllende Schmähungen des weiblichen Körpers. Er weist auf das unreine und übelriechende Genitale, den herabhängenden Busen der Frau hin und sagt: »Entkleidet doch einmal dieses euer Idol! Sind es diese beiden kurzen und krummen Beine, die euch den Kopf verdrehen?« Auslassungen über den Frauenkörper, wie wir sie fast wörtlich bei Schopenhauer wiederfinden, wenn er in seiner berüchtigten Abhandlung *Über die Weiber* (*Parerga* II, §§ 362–371) die Frauen als »sexus sequior, das in jedem Betracht zurückstehende 2. Geschlecht« nennt und von dem »niedrig gewachsenen, schmalschultrigen, breithüftigen und kurzbeinigen Geschlecht« spricht, das »nur der vom Geschlechtstrieb umnebelte männliche Intellekt das schöne nennen konnte« (»Mit mehr Fug, als das schöne, könnte man das weibliche Geschlecht das unästhetische nennen«). Eine ähnlich geringschätzige Beurteilung des weiblichen Geschlechts finden wir auch in den Werken August Strindbergs. Sie tritt uns in seinen Theaterstücken *Der Vater, Kameraden* und *Der Gläubiger* entgegen, wir finden sie im *Scheiterhaufen* und in *Nach Damaskus,* wo der Dichter eine Frau sagen läßt: »Frauenhasser, wie man sagt? Das ist jeder gesunde Mann im Innersten seines Herzens, und Frauenverehrer sind alle verschrobenen Männer.« Bei anderen, von Frauenhaß und Angst vor der Frau geplagten Autoren heißt es: »Die Frau ist dem Manne gegenüber infantil« (Lombroso) und »neigt zu Extremen« (La Bruyère); nach Ed. v. Hartmann »gelangt das weibliche Geschlecht im ganzen sehr viel schwerer als der Mann zur sittlichen Reife des Charakters« (Reife heißt bei ihm Autonomie); »der Mangel an Rechtlichkeit und Gerechtigkeit macht das weibliche Geschlecht als Ganzes zu einem moralischen Parasiten des Mannes« *(Phänomenologie des sittlichen Bewußtseins);* ähnlich Schopenhauer: »Ungerechtigkeit« sei der Grundfehler des weiblichen Charakters (Parerga). »Verstellung und Lüge«, daneben auch Gefallsucht und Eifersucht gelten als Charakterschwäche der Frau bei Nietzsche, Lombroso, Zola, Tolstoj. Für Balzac ist sie »jesuitisch« und »grausam in der Rache«.

Sexualwissenschaftlich stellt der männliche Frauenhaß das gravierende sexuelle Problem der Gegenwart dar. Doch beginnen sich unter militanten Feministinnen ähnliche Züge der Angst herauszubilden, die sich in analoger Weise als → Männerhaß zeigen. Vgl.: Antifeminismus, Erektionsangst, Frauenrecht, Gleichberechtigung der Geschlechter, Gynäkophobie, Impotenzangst, Kastrationsangst, männlicher Protest, Misogynie, Mutterrecht, Mutterreligion, Patriarchat, gezahnte Vagina.

Frauenhaus, im Vokabular der bundesdeutschen, österreichischen und schweizerischen Frauenbewegung ein Haus, in dem geschlagene Frauen und andere, die sich von ihren Männern getrennt haben, temporären Unterschlupf, psychische und physische Betreuung, Rechtsschutz und Rechtsberatung erhalten können. Die meisten Frauenhäuser gehören der »Women's Aid Federation«, einer Organisation an, die Selbstverwaltung zum Prinzip erhoben hat und »Betreuung von oben« strikt ablehnt.

Frauenhäuser nannte man die Bordelle des Mittelalters. Das Wort F. taucht in den Städten zum erstenmal während des 12. Jahrhunderts auf, aber es stammt zweifellos aus dem Vokabular der großen Grundherren der fränkischen Könige, die ihre eigenen F. gründeten und damit das Bordellwesen des Hochmittelalters einleiteten (→ Columbaria, Genecium, Taubenhaus). Synonyme des mittelhochdeutschen Sprachgebrauchs für F. sind: → Boda meretricium (Gerichts- und Mönchslatein), Clötkas (Gaunersprache), Freies Haus, Freudenhaus, Freudenhol, Gemeines Haus, Haus der gelüstigen Fräuleins, Jungfernhaus, Jungfernhof, Kasten, Minnehaus, Mummenthaus, Offenes Haus, Rosengarten, Sonnenboss (Gaunersprache), Strom, Taubenhaus, Tempel, Töchterhaus.

Frauenkult, eine Zusammenfassung zweier sehr unterschiedlicher Begriffe:

1. Weiblichen Gottheiten gewidmete Mythen und Religionen.
2. Von weiblichen Priestern geleitete Riten und Kulte, auch wenn diese Teile einer sonst männerrechtlichen Religion bilden. Übergangs-

formen von der einen zur anderen Art des F. stellen jene Mythen vom weiblichen Ursprung der Kultobjekte (Masken, Fetische, Musikinstrumente) dar, die einen vorgeschichtlichen Raub dieser Objekte oder eine putschartige Aufdeckung der weiblichen Kultgeheimnisse durch den Mann verkünden.

Die erste Form des F. bildet sich vornehmlich in jenen Kulturen, in denen die Frauen einen größeren Anteil als die Männer zum Lebensunterhalt beisteuern. Da die Frau der ökonomisch wichtigere Sozialpartner ist, genießt sie auch höhere sexuelle und rituelle Wertschätzung als der Mann. Solche Formen des F. entstanden im europäischen Raum während des Übergangs vom höheren Wildbeutertum zur frühen Landwirtschaft. Die primitivste Form des Ackerbaus, der Hackbau, ist von Frauen erfunden worden und wurde auch vornehmlich von ihnen betrieben.

Aus zahlreichen Ausgrabungen schließt man, daß die Männer der Hackbauzeit ihre Frauen als magische Wesen verehrten. Da man zum erstenmal in der menschlichen Geschichte so viele Kinder versorgen konnte, wie geboren wurden, entwickelte der Mensch einen Kult der Fruchtbarkeit, der sich in zahllosen Frauenfiguren, meist mit gewaltig stilisierten Brüsten, Hüften und Becken, niederschlug. Man kann ohne Übertreibung sagen, daß die Darstellung des menschlichen Körpers in der Skulptur dem Frauenkult des Jungpaläolithikums entsprang.

Die großartigen Höhlengemälde von Altamira und Lascaux sind wahrscheinlich später entstanden als die ersten Frauenplastiken des Jungpaläolithikums. Eines jedoch ist sicher: Beide Arten der Darstellung benutzen eine Form, die den Menschen des zwanzigsten Jahrhunderts besonders beeindruckt, weil sie eine geradezu raffinierte, alles Nebensächliche zielstrebig abstrahierende Technik zu benutzen scheint. Aber das ist eine Interpretation, die an dem tatsächlichen Verhältnis zwischen der sozialen Basis der jungpaläolithischen Gesellschaft und ihrem kulturellen Überbau vorbeigeht. Denn hier herrscht nicht etwa, wie einige Kunsthistoriker vermeint haben, eine urbane Gabe des abstrakten Denkens, die sich in einer bewußt abstrahierenden Technik niedergeschlagen hat, sondern einfach die Denkwelt einer Sippenordnung, in der das Bewußtsein der Individualität noch nicht existierte. Es gibt in der Kunstgeschichte der Alten Welt kein »Porträt«, keine realistische Darstellung eines Individuums, vor dem Durchbruch der neolithischen Welt mit ihrem Herausschälen des einzelnen aus der Gemeinde. Erst der von der Gemeinschaftsarbeit freigestellte Häuptling, Füh-

rer, König, Pharao wird als Individuum faßbar. Deshalb stellt auch die Narmer-Palette, das Porträt des ersten Königs der Ägypter im vierten vorgeschichtlichen Jahrtausend, den ersten Durchbruch der realistisch gesehenen Persönlichkeit dar. Was aber bedeuten die »Venusstatuetten«, die man in so vielen jungpaläolithischen Siedlungen vorfindet?
Die erhaltenen Figuren sind aus Stein, Elfenbein, Knochen, Geweih, Ton oder Rötel gefertigt. Der größte Teil, der wahrscheinlich aus Holz geschnitzt war, ist verlorengegangen. Fast überall wie bei der »Venus von Willendorf« ist das Gesicht leer. Nicht der geringste Versuch der Individualisierung wird unternommen. Dagegen werden nicht nur die spezifisch weiblichen Eigenschaften betont, sondern alles, was nicht mit der Paarung, dem Gebären und dem Nähren zu tun hat, wird fortgelassen oder verkleinert. Brüste, Schenkel, Hüften, Becken, Vulva werden hervorgehoben; Kopf, Arme, Füße werden vernachlässigt. Im Körperausdruck wird das Mütterliche, das Gebären und Nähren, ebenfalls herausgearbeitet. Manche Figuren werden völlig auf Brüste oder Vulva reduziert, sind also nichts als Darstellung primärer oder sekundärer Geschlechtsmerkmale der Frau.
Anderen Figuren werden Tierplastiken beigeordnet, oder die Frau selber wird mit einem Tierkopf versehen, als ob man sie als Mutter der Tiere oder Tiergöttin betrachtet habe. Und tatsächlich überlebt in manchen Regionen bis zum heutigen Tag unter den Jägervölkern das Konzept einer Herrin der Tiere, unter den Fischervölkern und den Seehundjägern der Glaube an eine Beschützerin der Seetiere, eine Meeresmutter, eine magische Frau, die dem Fischer das Netz und dem Trapper die Fallen füllt, eine Jagdgöttin, die dafür sorgt, daß das Wild sich vermehrt, gesund bleibt und nicht abwandert. Ihr Kult reicht bis in die Zeiten des Ackerbaus und der Viehzucht hinein. Sie heißt »Große Frau«, »Alte Frau«, »Erdmutter«, »Kornmutter«, »Tiermutter«, »Namenlose« oder »die nicht heiraten wollte«. In ihr überlebt der kultische und rituelle Überbau der → matristischen Gesellschaftsordnung noch weit in ein Produktionsstadium hinein, in welchem die soziale Basis, der Besitz der Produktionsmittel, längst vaterrechtlich organisiert ist. Überall vertritt sie noch bis ins späte Patriarchat hinein die chthonische, irdische, materielle Welt der Mütter (Mater = Materie) im Kampf der Töchter und Söhne gegen die Tyrannei der Väter und ihrer himmlischen Beschützer. Die Vatergötter und ihre himmlischen Söhne verkünden stets, daß ihr Reich nicht von dieser Welt sei und vertrösten die Unterdrückten auf ein besseres Jenseits. Das Reich der Mütter dage-

gen ist stets von dieser Welt.

Die Tatsache, daß die Mutterstatuetten anfangs in den Zelten und Hütten, später in den Wandnischen der Wohnbauten und schließlich im Zentrum von Kultstätten auftauchen, läßt vermuten, daß eine anfängliche Ahnenverehrung der Sippenmutter allmählich in einen Kult der Frau als Erzeugerin der menschlichen Fruchtbarkeit und schließlich als Beschützerin der Fruchtbarkeit von Pflanzen und Tieren überging. Ein wichtiges Stadium, das von der Vorgeschichtsforschung besonders vernachlässigt worden ist, stellt hier die Funktion der Muttergottheit als Helferin der paläolithischen Frau dar: als Göttin der Sammlerkultur und damit wahrscheinlich als erste Gottheit der menschlichen Entwicklung.

Die Religionsforschung hat meist behauptet, daß das Konzept einer Beschützerin des Pflanzenwuchses erst der Zeit der Seßhaftigkeit und des Ackerbaus, also des Patriarchats, entspringen könne, aber die jüngeren Ethnologen lassen keinen Zweifel darüber zu, daß gerade bei den primitivsten Wildbeutern, wo kaum gejagt und fast nur pflanzliche Nahrung gesammelt wird, der Glaube an eine Vegetationsgottheit, die den Pflanzenwuchs hervorruft und den gläubigen Menschen zu der Nahrung führt, besonders aktiv ist. Am Ende der langen Dynastie solcher Fruchtbarkeitsgöttinnen stand der Kult der Großen Mutter, der in zahllosen örtlichen Varianten die ganze Alte Welt bis zum Beginn des Patriarchats beherrschte und in manchen Regionen noch tief bis in die Zeit des Vaterrechts hineinreicht.

Frauenleben im alten Hellas. Es ist von etymologischem Interesse, daß das griechische Wort für Frau, *gyne,* eigentlich »die Gebärende« bedeutet. Denn der Grieche des → patristischen Zeitalters sah in der Frau vor allem die Mutter seiner Söhne und schätzte sie nur insofern, als sie sein eigenes Geschlecht fortsetzte. Daß er sexuell von ihr abhängig war, empfand er oft als Schande. Vom Dank für die Erfüllung seiner sexuellen Wünsche hören wir nur selten. Öfter schon liest man Worte des Dankes für einen gut geführten Haushalt. Grundsätzlich aber galt, daß die Frau um so besser war, je weniger man von ihr außerhalb des Haushalts sah oder hörte.

Während des 5. Jahrhunderts v. u. Z. sah die Athenerin ihren Ehemann kaum jemals außerhalb des Schlafzimmers. Nur bei Familienfesten aß die Frau mit ihm zusammen. Der Mann speiste meist unter Männern, in einer Art Klub *(thiasos).* Wenn er Freunde in sein Haus einlud, war die Frau nicht zugelassen, sondern blieb in den Frauengemächern. Daß sie ihren Mann nicht begleitete, wenn er von Freunden eingeladen wurde, versteht sich von selbst. Sie teilte wohl sein Bett, wenn er es verlangte, aber niemals seinen Tisch und seine Geselligkeiten. Sie sprach ihn nicht mit seinem Namen an, sondern als »Herr«. Der in Sardes (Lydien) geborene Dichter Alkman gab in der zweiten Hälfte des 7. Jahrhunderts v.u.Z. den griechischen Männern den Rat, die Frauen gar nicht erst zu Worte kommen zu lassen, da sie nur unzufrieden würden, wenn man ihnen die Gelegenheit gebe, den Mund aufzumachen: »Vielsprech heiße der Mann und die Frau heiße: Immerzufrieden!«

Ein anderes Beispiel geradezu provozierender Bevormundung der Athenerin war die Institution des Gynaikonomen, des Frauenbeaufsichtigers, der darüber zu wachen hatte, daß sich die Frauen der Stadt keinen »Ausschweifungen« hingaben und nicht zu »verschwenderisch« lebten. Erst wenn man sich das Undenkbare vorstellt, nämlich die Institution einer athenischen Beamtin, die darauf aufpaßt, daß die Männer der Stadt sparsam lebten und keine Hetären berührten, wird einem die ganze Arroganz des athenischen Staatsdenkens in allen Fragen des Sexuallebens klar (C. Wehrli, *Les gynéconomes,* MH 19, 1962, 33 bis 38).

Selbst in ihrer Beziehung zu den Göttern, in ihrem Recht auf den Schutz der Gottheit und auf Teilnahme an Gottesdiensten, war die Frau benachteiligt. Denn ebenso wie der Triumph des Patriarchats sich im Sieg der männlichen Gottheiten über die Göttinnen der alten Mutterkulte widerspiegelte, trieb der Kult der Vatergötter die Frau immer mehr von der Position der Priesterin in den Laienstand und von der Teilnahme am Gottesdienst zur Mitwirkenden in dienender Stellung zurück. Während die bakchischen Orgien die Priorität der Frau beibehielten, trugen die Thesmophorien, die Frauenfeste zu Ehren der Demeter, bereits den Stempel der Erniedrigung, eben *weil* sie Frauenfeste waren. Jede Form der Absonderung, sei sie erzwungen oder freiwillig, bedeutet stets einen Verzicht auf gleiches Recht und auf *Wirkung.* Indem sie das Herbstfest der Aussaat (denn das war der ursprüngliche Sinn der Thesmophorien) zu ihrem Geheimkult machten, gaben die Frauen also ihr Recht auf Beeinflussung der Männer im gemeinsamen Gottesdienst auf. In wie hohem Maße allerdings die Segregation der Thesmophorien vom Manne erzwungen, statt von der Frau erwünscht war, steht noch immer in Zweifel. Außer Zweifel ist jedoch, daß die Ekstase das feminine Element der alten Orgienkulte darstellte und daß die Eindämmung der Ekstase und die Veramtlichung des Dionysoskultes den Triumph des maskulinen über das feminine Element widerspiegelte. Auch die Mysterien in Eleusis, eindeutige Überreste der alten Mutterreligion, wurden vom athenischen Staat übernommen und gerieten damit unter männliche Kontrolle. Selbst in den Kulten der Sippe und des Geschlechts, der letzten Hochburg der Frau, verstand der athenische Staat, die Frau zurückzudrängen, indem er das Konzept der Familie, also der vom Manne gelenkten Einheit, immer mehr zu Ungunsten der alten, von der Frau gelenkten Sippenkulte hervorkehrte.

Da die griechische Frau gesetzlich nicht als dem Manne ebenbürtig anerkannt wurde, mußte sie zeitlebens einen Vormund *(kyrios)* haben, einerlei wie alt sie und wie jung er war. Die Kyrieia schloß die Verfügung über Hand und Vermögen der Frau ein, war aber nicht zwingend mit ihr identisch. Als Rechtsobjekt konnte die Frau daher nicht Geschäfte abwickeln, testieren oder überhaupt im Prozeß auftreten. Sie besaß kein Vermögen, erbte nicht und hatte keinen rechtlichen Anspruch auf eine Mitgift. Als Erbtochter fiel sie zusammen mit dem Nachlaß, »sozusagen als Teil desselben« *(Lexikon der Antike,* unter »Frau«) an den nächsten männlichen Verwandten. Zu ihrem Schutz gab es allein eine von jedem Beliebigen zu erhebende Klage wegen *graphe kakoseos,* »Schlechtbehandlung«.

»Politische Rechte standen den Frauen in keinem der griechischen Staaten zu« *(Lexikon der Alten Welt* unter »Frau«). Sie besaß zwar ein potentielles Bürgerrecht, das sie in legitimer Ehe ihren Söhnen weiterreichte; seine Ausübung blieb aber immer an die Wehrfähigkeit geknüpft. Und da sie als Frau keine Wehrfähigkeit besaß, konnte sie auch kein volles Bürgerrecht beanspruchen. Sie war bestenfalls eine Art Behälter, in dem die Wehrfähigkeit von dem Vater auf den Sohn transportiert wurde.

Da die Töchter ebenfalls keine Wehrfähigkeit besaßen, erbten sie auch kein Bürgerrecht. Von ihren Müttern, wenn diese nicht selber Analphabeten waren, lernten sie bestenfalls die Rudimente des Lesens und Schreibens, dazu Kochen, Weben, Spinnen, Flicken, Säubern. Die Mädchen der herrschenden Klasse lernten vielleicht noch ein wenig Musik dazu, damit hatte es sich aber auch. Mehr wäre nach der Meinung der Männer zuviel gewesen. Gerade die Väter der Logik, die Männer der Stoa und des Neuplatonismus, haben sich hier besonders schandhafte Blößen gegeben. Der Gemeinnenner zahlloser Aussagen griechischer Philosophen über die Minderwertigkeit der Frau liegt in dem Syllogismus, daß Frauen minderwertig seien, weil sie weder das Feingefühl, noch die Tugend der Männer besäßen. Deshalb seien sie auch nicht der Erziehung würdig, die man den Knaben angedeihen ließ. Da es aber gerade diese Erziehung war, die dem Knaben ästhetisches Feingefühl und ethisches Denken beibringen sollte, lief die männliche Logik darauf hinaus, daß die Frauen minderwertig seien, weil sie keine Erziehung hatten, und daß man ihnen keine Erziehung zu geben brauche, da sie minderwertig seien.

Im *Schiedsgericht* sagte Menander:

Schwer ist, o Pamphile, für eine freie Frau
Der Kampf mit einer Hetäre. Hat sie doch mehr List,
Mehr Wissen, schämt sich nicht und schmeichelt mehr.

Der Schwerpunkt liegt hier auf dem Wort »Wissen«. Menander mag erotisches Wissen gemeint haben, aber ich bezweifle es. Der Kernpunkt des Arguments ist jedenfalls die wirtschaftliche Abhängigkeit der griechischen Frau von ihrem Mann und von den männerrechtlichen Institutionen der *poleis,* der Stadtstaaten. Hätte es eine Möglichkeit der ökonomischen Emanzipation gegeben, so wäre die rechtliche und politische Emanzipation von selber gefolgt. Aber eben die *ökonomische* Befreiung war so gut wie blockiert.

In den Zeiten der matrilinearen, matrilokalen, matrilateralen Hackbaukulturen des frühen Neolithikums, in denen die Frau den Großteil der Nahrung produzierte, gab es keine vergleichbare Abhängigkeit des Mannes von der Frau und ganz und gar keine Unterdrückung des Mannes. Homer erinnert sich noch an diese Zeiten und beschreibt die letzten Jahre eines untergehenden »Matriarchats«, ohne je zu erwähnen, daß die Männer darunter gelitten hätten. Wenn Odysseus in der Fremde Schutz und Hilfe sucht, so ist es stets die Königin, die ihm seine Bitte gewährt, nie der König, der nur dekorative Funktion besitzt; nicht er, sondern die Königin hat die Entscheidungsgewalt. Wenn Odysseus ins Land der Phaiaken verschlagen wird, spricht niemand von Alkinoos, dem König, sondern nur von seiner Frau, denn sie wird:

... von Herzen geehret und wird es noch heute
Von ihren lieben Kindern und von Alkinoos selber,
Auch von den Leuten, die sie wie eine Göttin betrachten
Und sie so begrüßen, so oft sie die Straßen durchwandert.

Sie und nicht der König schlichtet Zwist und Hader:

... schlichtet sie Zwist, ja selbst den Hader der Männer,
Denn wenn sie dir im Herzen freundlich gewogen,

O, dann hoffe getrost, die Deinen wiederzusehen…

Nausikaa erteilt Odysseus deshalb den Rat, sich nicht ihrem Vater, sondern ihrer Mutter zu Füßen zu werfen:

…Und bist du dann innen im Hofe,
So durcheile den Saal, zu meiner Mutter zu kommen.
Drinnen sitzt sie am Herd im hellen Glanze des Feuers,
Wie ein Wunder zu schaun, und spinnt die purpurnen Fäden,
An die Säule gelehnt, und hinter ihr sitzen die Mägde.
Neben ihr steht ein Thron für meinen Vater, den König,
Wo er mit Wein sich labt und sitzt wie einer der Götter.
Schreite an ihm vorbei und umfasse mit flehenden Händen
Unserer Mutter Knie, damit du die Stunde der Heimkehr
Schneller sähest und froh, und wohnest du auch in der Ferne.

Ausdrücklich weist Homer darauf hin, daß die Frauen in der Zeit des Odysseus mehr geehrt worden seien als die Frauen seiner eigenen Zeit (*Od.* VII, 66). Auch hatte die Frau im homerischen Zeitalter weitaus größere Freiheit als im klassischen Athen. Hekuba, Andromache und all die anderen Trojanerinnen, von Helena ganz zu schweigen, spazierten beliebig durch die Stadt und sprachen ungehindert mit den Kriegern. Zwar wurden die Frauen der höheren Schichten stets von mindestens einer Dienerin begleitet, aber dies waren keine Tugendwächterinnen, sondern eben nur Bedienstete. Nausikaa ging sogar allein an den Strand, wo sie badete und Ball spielte. Dies wäre später, im Athen des Perikles, undenkbar gewesen.

Daß die Frauen in der Heldenzeit ein weitaus größeres Maß an Freiheit genossen als in späteren Jahrhunderten, geht auch aus den Legenden der großen Jägerinnen hervor, die aus dieser Zeit stammen: Artemis, Kallisto, Atalante, die Amazonen. Die Tatsache, daß junge Mädchen sich im Wettkampf mit jungen Männern maßen, später nur noch in Sparta üblich, geht besonders deutlich aus dem Atalante-Motiv hervor.

Als Bestätigung der Erkenntnis, daß es mit der Frau in Griechenland bis ins 4. Jahrhundert v. u. Z. stetig bergab ging und dann auch nur für bestimmte Frauen der herrschenden Klasse eine kleine Besserung eintrat, kann man verallgemeinernd sagen, daß es der Frau des Herrschers in der homerischen Zeit zwar noch weitaus besser ging als im späteren Zeitalter der sogenannten Demokratie, daß sie es aber nirgends außer bei den Dorern so gut hatte wie in der vorgriechischen Zeit. Schon bei Homer speist die Frau niemals mit ihrem Ehemann zusammen. Langsam wird sie aus allen tätigen Bereichen ins Haus zurückgedrängt und dort isoliert. Sie erhält Räume zugewiesen, die Gynaikonitis, die wie orientalische Frauengemächer von der Welt abgeschlossen sind, und wird an Macht selbst dem unmündigen Sohn unterstellt. So weist Telemachos seine Mutter Penelope in Anwesenheit ihrer Freier scharf zurück: »Gehe nun heim, besorge deine Geschäfte, Spindel und Webstuhl, und treib in bescheidener Arbeit deine Mägde zum Fleiß! Die Rede gebühret den Männern, und vor allem mir, denn mein ist die Herrschaft im Hause!«

So wird Penelope zum Mündel ihres Sohnes und ihres Vaters, denn wenn Antinoos, der Sprecher der Freier, von Penelope verlangt, daß sie sich nun endlich entscheiden möge, wendet er sich nicht direkt an sie, sondern an ihren Sohn: »Sende die Mutter hinweg und befehle ihr, daß sie zum Manne nehme, wer ihr gefällt und wen der Vater ihr wählt!« Also hat sie zwar noch ein begrenztes Maß an Entscheidung über die Wahl ihres zukünftigen Gatten, aber der wichtigste Teil liegt bei ihrem Vater, dessen Vormundschaft sie in Abwesenheit ihres Gatten und in Vermutung seines Todes untersteht.

Von den Frauen der Ärmeren wissen wir wenig, denn Homer spricht nicht von ihnen. Wenn man aber bedenkt, daß er das Leben der Bauern, Viehzüchter, Jäger, Hirten und Fischer so sorgfältig beschreibt, ohne je deren Frauen zu erwähnen, könnten wir folgern, daß er der später dem Perikles zugeschriebenen Überzeugung war, die besten Frauen seien diejenigen, von denen man nicht spreche. Also die gehorsamen, eingeschüchterten Frauen, die schweigend ihren Haushalt versorgten, sich nie beklagten und nie nach Gleichberechtigung strebten.

Frauenleben im alten Sparta. Nichts fürchtete das griechische Patriarchat mehr als die Gynaikokratie, die »Frauenherrschaft«, deren warnendes Beispiel man in Sparta zu sehen vermeinte. Aber Sparta war weder ein Matriarchat noch eine Gynaikokratie. Es war nicht einmal ein rein matrilineares, rein matrilokales Gesellschaftssystem. Es war eine ganz einzigartige Mischung vater- und mutterrechtlicher Elemente, eine Synthese aus Hirtenpatrismen, wie wir sie bei den meisten Griechenstämmen vorfinden, und jenen eigentümlichen Steppenmatrismen, die auch bei anderen Indoeuropäern, so den Hethitern, Thrakern, Phrygern und Persern auftauchen. Dies nun überlagert von indigenen Matrismen, die einerseits von den Kretern, andererseits von den Messeniern und Lakoniern stammten, und hineingepreßt in eine militärische Zwangsjacke, die jeder matristischen Tradition widerspricht. Kein vergleichbares System hat je irgendwoanders bestanden. Wir können also von matristischen, mutterrechtlichen, ja sogar matriarchalischen Einzelelementen sprechen, keinesfalls aber von einem geschlossenen matristischen System.

Bis zum Alter von sieben Jahren gingen Knaben und Mädchen meist nackend: danach trugen sie ein kniefreies, ärmelloses Kleidungsstück, das für beide Geschlechter gleich war. Beim Zug in den Artemistempel führten die spartanischen Mädchen sogar in fast nacktem Zustand mimetische Tänze auf, die den Boden fruchtbar machen sollten. Die anderen Griechen hielten dies für unsittlich – nicht etwa, wie manche Forscher vermeint haben, weil den Griechen der nackte Körper unsittlich vorgekommen wäre, sondern weil sie die Frau als Eigentum des Mannes betrachteten und die Entblößung des spartanischen Mädchens deshalb als Bloßstellung ihrer ganzen männlichen Sippe empfanden.

Nacktheit war also bei den Spartiatinnen nicht nur eine Demonstration der Gleichberechtigung mit dem nackten Mann, sondern gleichzeitig auch noch das Echo eines kultischen Akts. Die Spartiatin, die in jeder Hinsicht frei über ihren Körper verfügen konnte, tat dies auch in dieser. Und da sie frei über sich verfügte, konnte sie auch sexuell mit jedem verkehren, der »würdig« war, das heißt: mit jedem jungen Mann, der Tapferkeit bewiesen hatte, einerlei ob er Spartiat war oder nicht. Genau das, was es in Athen überhaupt nicht gab, vorehelichen Geschlechtsverkehr mit einem Mädchen der eigenen Gesellschaftsschicht, war in Sparta die Norm. Die Mädchen heirateten deshalb in Sparta auch viel später als die ionischen und aiolischen Mädchen, oft nicht vor 24, während in Athen, Korinth und in den ionischen Kolonien Mädchen manchmal bereits mit 12 oder 14 heirateten. Die Jugend dauerte also lange. Jeder hatte Gelegenheit, sich vor der Ehe »auszutoben«, ja selbst nachher noch in begrenztem Maße außerehelich zu koitieren. Hagnon von Tharsus meint allerdings, es sei den Spartiatinnen vor der Ehe nur erlaubt gewesen, sich anal koitieren zu lassen, damit kein unehelicher Nachwuchs entstünde (Hagnon bei Athen. XIII 602e), aber das ist wahrscheinlich eine nachträgliche Erfindung, da in Sparta uneheliche Kinder spartiatischer Mütter mit ehelichen Kindern absolut gleichgestellt wurden.

Wichtig war, daß es überhaupt Nachwuchs gab, daß er gesund und daß die Mutter eine Spartiatin war. Ob sie verheiratet und ob der Vater Spartiat war oder nicht, ging niemanden etwas an. Das Kind einer jeden Spartiatin galt als Spartiat, selbst wenn sein Vater ein Sklave gewesen wäre. Das Kind des Mannes jedoch wurde nur dann als Spartiat anerkannt, wenn auch die Mutter Spartiatin war. Als Nichtspartiat galt also jeder Sohn einer Nichtspartiatin, selbst wenn sein Vater der König von Sparta gewesen wäre. So funktioniert ein matrilineares Deszendenzsystem.

Es ist durchaus verständlich, daß ein solcher Staat die Athener zur Raserei brachte. Wären die Spartiaten wenigstens Pantoffelhelden gewesen, unterdrückte Männlein, mutlos, kraftlos, »effeminiert«, so wäre das ganz gewiß ein Trost für die athenischen Vaterrechtler gewesen. Denn dann hätte man triumphierend verkünden können: »Na, was habe ich euch gesagt? Muttersöhnchen! Schwächlinge!« Aber da genau das Gegenteil der Fall war, wußten die Athener weder ein noch aus. Die Literatur Athens über Sparta hat deshalb einen geradezu absurden Charakter. Aristoteles, der Athener, macht dem spartanischen Gesetzgeber Lykurgos noch fünfhundert Jahre nach dessen Tod bittere Vorwürfe, weil er in seinen Gesetzen nicht einmal *versucht* habe, etwas gegen das Matriarchat zu unternehmen. Dabei wird dem heutigen Leser sehr schnell klar, daß das, was Aristoteles unter Matriarchat verstand, nicht etwa das Recht der Mutter, sondern die Herrschaft der Frau war.

Dies ist ein so wichtiger Unterschied, daß wir ihn analysieren müssen. Das Mutterrecht, wie es die Dorer verstanden, unterschied sich vom Vaterrecht der Athener nicht etwa dadurch, daß hier die Frauen und dort die Männer herrschten, sondern durch die Absage an das Konzept der Vorherrschaft des einen Geschlechts über das andere. Dies gab beiden Geschlechtern in Sparta eine Sicherheit, eine Reife, die wir selbst bei den größten Athenern vermissen. Bezeichnend für das völlige Mißverständnis der spartanischen Gesellschaftsstruktur ist in diesem Zusammenhange Plutarchs Beschreibung des Status der Spartiatinnen: »Daher sollen sie denn auch sehr dreist und gegen ihre Männer selbst männlich und gebieterisch gewesen sein, indem sie nicht nur im Hause unumschränkt herrschten, sondern auch in den wichtigsten Angelegenheiten des Staats ihre Meinung mit aller Freiheit sagen durften! (Plut. *comp. Lyc.* Num. 3). *Sagen durften!* Der Gedanke, daß »dürfen« in Sparta nicht zu den Vokabeln des Dialogs zwischen Mann und Frau gehörte, war Plutarch fremd. Was die Athener, die in der Beziehung der Geschlechter nur die Alternative zwischen Herrschen und Beherrschtwerden sahen, nicht verstehen konnten, war die Tatsache, daß nur diejenigen Männer, die ihrer selbst völlig sicher sind, es sich leisten können, die Vorzüge der Frau anzuerkennen, ohne Angst um ihren eigenen Status zu empfinden. Nur in mutterrechtlichen Gesellschaften sind Männer jemals frei von der Zwangsvorstellung, ihre Männlichkeit Tag und Nacht unter Beweis stellen zu müssen.

Sparta war ganz und gar kein Paradies. Das lag an der Rückständigkeit der Produktionsmittel, an der Verachtung der Arbeit, an der Unterdrückung und Ausbeutung der Heloten und an der Unfähigkeit der gesellschaftlichen Ordnung, sich Neuerungen anzupassen. Das Dilemma einer solchen Gesellschaft, die tiefen sozialen Widersprüche der Ökonomie, der an Reaktion grenzende soziale und politische Konservativismus vereint mit ungewöhnlicher sexueller Freiheit, Ausbeutung von Staatssklaven Seite an Seite mit freiwilliger Armut der herrschenden Klasse: all dies Widersprüchliche, Schillernde, Ambivalente, ja geradezu Schizophrene der spartanischen Gesellschaft beunruhigte und verwirrte ihre Nachbarn, wie es noch Jahrtausende später die Historiker irritiert und zu nachträglicher Aggression verleitet hat.

Halbwegs zwischen den Extremen Athens und Spartas befand sich der Rest Griechenlands. Daß die Frau im dorischen Megara fast die gleichen Rechte besaß wie im dorischen Sparta und im dorischen Gortyn, ist kaum verwunderlich. Daß sie in Lokris und im Rest Nordgriechenlands, in Boiotien (wo der dorische Einfluß stark war) und in Thessalien größere Freiheit hatte als in Attika, kann uns ebenfalls kaum überraschen. Aber daß es ihr auch auf den ionischen Inseln, zum Beispiel in Amorgos oder Tenos, unvergleichlich besser ging als im attischen Heimatland der Ioner, besagt schon viel über den horizonterweiternden Einfluß der Fremde. Und auch vielleicht ein wenig über den Einfluß der Nachbarn, denn die nächsten Inseln, Melos, Thera und Astypalaia, waren dorisch. Da war es schwer, den eigenen Frauen zu versagen, was die Nachbarinnen besaßen.

Frauenleben im alten Rom. Es ist sicherlich kein Zufall, daß die ersten Stimmen, die sich gegen die »Unsittlichkeit« der Römerin erhoben, aus jener Zeit stammen, in der die politische Emanzipation der römischen Frau begann. In eben dieser Zeit, gegen Mitte des 2. Jahrhunderts v. u. Z., begann der Konsul L. Piso Frugi zu klagen, die Keuschheit der Frau sei verschwunden (Plinius d.Ä., N. h. 17, 245). Auch Lucilius, der älteste Satiriker Roms, gestorben 102 v. u. Z., soll nach einer Notiz der Scholien zu Persius (III. 1) die »Ausschweifungen« und »Laster« der reichen Frauen getadelt haben. Über die Zeit der Scipionen (211 bis 129) lesen wir bei Velleius Paterculus (II, 1): »Der Macht der Römer bahnte der ältere Scipio den Weg, der Sittenverderbnis der jüngere. Denn da man von der Furcht vor Karthago befreit war und die Nebenbuhlerin um die Weltherrschaft aus dem Weg geräumt hatte, sank man nicht allmählich von der Tugend ins Laster, nein, man stürzte jählings und unaufhaltsam.« Schuld waren natürlich die Frauen. Sallust meint (*Cat.* 13), daß die Frauen seit den Zeiten Sullas ihre »Keuschheit« feilboten. Horaz klagt in der sechsten Römerode (*carm.* III, 6):

Mit Lust beginnt die Frau schon früh,
In aller Kunst des Bettes sich zu üben, ersinnt
Im Wiegenalter schon Unkeuschheit.

Im gleichen Sinne schreibt Properz (II, 32, 41 ff.):

Soll man bei solchem Gewühl von verhurten Frauen noch fragen,
Warum diese so reich, wer sie beschenkt und woher?
Allzu glücklich ist Rom bereits in unsren Tagen,
Wenn eine einzige Frau es nicht wie die andren treibt...
Eher ja könntest du wohl austrocknen die Strömung des Meeres
Oder mit menschlicher Hand heben die Sterne herab,
Als daß die Frauen von Rom du hinderst am Huren.

Ähnlich Martial:

Ich frage schon lange in der ganzen Stadt,
Ob keine Frau nein sagt: Keine sagt nein.
Als ob unerlaubt es wäre oder gar schimpflich,
Nein zu sagen: Keine sagt nein.
Also ist keine keusch? Tausend sind es.
Was tun denn nun die keuschen?
Sie sagen nicht ja. Aber auch nicht nein.

Ovid meinte: »Nur die ist keusch, um die keiner wirbt« (*Am.* I, 8, 43). Seneca sprach von »dem größten Übel unseres Zeitalters, der Unzüchtigkeit der Mehrzahl aller Frauen« (*ad Helviam* XVI, 3). Und im 95. Brief über die Römerinnen: »Nicht die Natur der Frauen ist verändert, sondern ihr Leben: Da sie es den Römern an Ausschweifungen gleichtun, so teilen sie auch die Leiden des männlichen Körpers... An Wollust geben sie selbst den Männern nichts nach. Von Natur der leidende Teil, sind sie – mögen sie Götter und Göttinnen verderben – auf so widernatürliche Art der Unzucht verfallen, daß sie selbst den Mann spielen.« Was die Römer also am meisten verärgerte, war die Tatsache, daß die Frauen nun selber die sexuelle Initiative ergriffen. *Nam quantula nostra voluptas!* rief Juvenal. Wie gering ist unsere Wollust, verglichen mit der der Frau! (VI, 254; vgl. auch XI, 168, 169).

Es ist bezeichnend, daß diese aus Neid und Ärger, aus Angst und wachsender Unsicherheit des Mannes stammenden Aussprüche sich hauptsächlich auf verheiratete Frauen, nicht auf junge Mädchen bezogen. Denn die Mädchen, die sich »hingaben«, waren nach der Meinung der Männer sowieso Huren oder Sklavinnen, und die, meinten sie, habe es immer gegeben. Aber daß verheiratete Frauen nun das gleiche wie ihre Männer tun wollten – sich zusätzliche Befriedigung außerhalb des Ehebettes verschaffen –, das war es, was die Gemüter der Männer erregte. Hinter dem Gejammer über die Unsittlichkeit der Frau verbarg sich die Angst, man werde die Gattin bald nicht mehr als Eigentum halten können. Die Gefahr drohte, daß das Eigentum sich eines Tages verselbständigen könne. Und damit wäre es dann wohl endgültig dem Patriarchat an den Kragen gegangen.

Die Frau der herrschenden Klasse war sich dieser Überlegungen des Mannes durchaus bewußt und benutzte die Ehe als Sprungbrett zur Freiheit. Denn mit Ausnahme jener Halbwelt von Tänzerinnen, Schauspielerinnen und anderen unverheirateten Frauen, meist Ausländerinnen oder Freigelassenen, gab es für das junge Mädchen nach wie vor nur die Alternativen der »Jungfrau« und der »Hure«. Wenn ein Mädchen seine sexuelle Freiheit suchte, mußte es sich deshalb erst einmal verheiraten. Plötzlich wurde dann das junge Mädchen, oft nicht älter als 12 Jahre, aus der Stille und Abhängigkeit des elterlichen Hauses (zumindest bei den Reichen) in eine fast unbeschränkte Freiheit versetzt, eine Welt, in der sie von Dienern und Sklaven umschmeichelt, von verheirateten und unverheirateten Männern umworben, von den anderenEhefrauen in die Geheimnisse des Ehebruchs eingeführt wurde. »In der kleinen Welt, die ein großes Haus mit seinen ausgedehnten Besitzungen, seinen Legionen von Sklaven, seinem Anhange von Klienten und Untergebenen bildete, entschied ihr Wille über Glück und Unglück, ja über Leben und Tod. Jünglinge und Männer in grauen Haaren, Gelehrte und Tapfere, Verdiente und Hochgeborene sah sie wetteifernd sich um ihre Huld bemühen. Welche Ansprüche auf Bewunderung sie auch besaß, mochte es Schönheit, Geist, Talent oder Bildung sein, sie war eines glänzenden Erfolges gewiß. In den Kreisen, in die sie nun eintrat, wurde der Eitelkeit und Gefallsucht die vollste Befriedigung, fand die Intrige den günstigsten Boden, die Leidenschaft die stärksten Anregungen, die Koketterie den unerschöpflichsten Wechsel, und wie hätten schwächere Naturen so vielen Versuchungen nicht erliegen sollen!« (Friedländer, *Darstellungen aus der Sittenge-*

schichte Roms, Bd. I, Leipzig 1901, S. 257). »Nichts ist sicher«, sagt Seneca, »wonach unzählige Wünsche schmachten. Der eine reizt durch Schönheit, ein anderer durch Geist, ein dritter durch Witz, ein vierter durch Freigebigkeit. Was von allen Seiten angegriffen wird, wird irgendwie und irgendwann einmal erstürmt.« Die Gattin zu bewachen, meint Ovid, sei also völlig nutzlos, denn gerade die Bewachung reize den erfahrenen Ehebrecher zum Ehebruch:

Daß du Wächter gesetzt
Der liebebedürftigen Gattin
Hilft dir wenig. Sie muß
Selber sich Hüterin sein.
Dann nur ist sie dir treu,
Wenn sie treu ist, ohne zu fürchten…
Die, der du zu fehlen erlaubt,
Fehlt seltener: Grad das Erlaubte
Läßt der Verführung Saat
Langsam nur sprossen empor…
Was man bewacht, begehren wir mehr:
Gerade die Sorgfalt
Lockt den Dieb. Man liebt selten,
Was einem erlaubt.
Nicht ihre Schönheit reizt,
Sondern der Argwohn des Gatten:
Etwas muß doch an ihr sein,
Daß man so streng sie bewacht!
Nicht wird die treu, die der Gatte
Bewacht, sondern nur daß er fürchtet,
Das macht reizvoller sie, als sie ist.
Weil es ihn ärgert, erfreut
Uns das unerlaubte Vergnügen.
Manchem gefällt eine Frau
Nur, die »Ich fürchte mich« sagt.

Deshalb betrachtete Ovid die Untreue der reizvollen Frau auch als unvermeidlich; nur eine reizlose Frau sei jemals treu. Wer also Treue verlange, solle eine häßliche Frau heiraten:

Wenn eine treue Frau du verlangest,
Was nützt dir eine schöne? Beides
In einem Körper findest vereinet du nie!

Ähnlich der jüngere Seneca, der Keuschheit als einen Beweis von Häßlichkeit betrachtete. Deshalb rät Ovid dem Gatten einer schönen Frau, sie nicht bewachen zu lassen, da sie sowieso einen Weg finden würde, die Bewachung zu umgehen:

Die nicht betrügt, weil sie nicht kann,
Die betrügt, wenn sie kann.
Sperrst du auch ein ihren Leib,
So bricht ihre Seele die Ehe.
Daß sie betrügen dich will,
Hindert dein Wächter sie nicht.
Nicht einmal ihren Leib
Vermagst du zu hüten, und schlössest
Alles du zu: ihr Freund
Fände zu ihr doch den Weg.

Das Klügste, meint er, sei es, den Ehebruch als unvermeidlich anzusehen und sich nicht über den Ehebrecher zu ärgern:

Rückständig ist ein Gemahl,
Der um einen Hausfreund sich aufregt:
Wie's in der Stadt zugeht,
Hat er noch gar nicht bemerkt.

Also sei es das beste, den Hausfreund nicht nur zu tolerieren, sondern ihn zu kultivieren, da er der einzige sei, der die Gattin in guter Laune halten könne – und obendrein brächte er ja auch noch Leben ins Haus, was auch nicht zu verachten sei (*Amores,* 137 bis 139):

Sei zu den Hausfreunden nett,
Und brächte sie noch so viele,
So mit der wenigsten Müh'
Hältst du in Gunst dich bei ihr.
So kannst du mit dich freu'n
Am Frohsinn munterer Jugend!

Aus dieser Perspektive gesehen, erhält auch der Ehebruch Helenas mit Paris ein neues Gesicht. Ovid schreibt (*Ars amatoria* II, 359 ff.):

Helena sündigt nicht, auch nicht ihr zärtlicher Gastfreund,
Er tut nur das, was du auch tätest und jedermann tät.
Du gabst Gelegenheit, du zwangst ihn, zum Diebe zu werden,
Ist deine Frau etwa nicht deinem Rate gefolgt?

Deshalb verliert die in den Armen eines Liebhabers überraschte Frau bei Juvenal auch keineswegs die Fassung: »Es war ja seit langem ausgemacht, daß du tun solltest, was dir beliebte, und ich ebenfalls nach meinem Gefallen leben könne.« Als Gabba bemerkte, daß Maecenas mit seiner Frau liebäugelte, schloß er deshalb klugerweise seine Augen und stellte sich schlafend. Als ein Diener ihm jedoch den Wein wegnehmen wollte, schrie er ihn an: »Idiot, verstehst du nicht, daß ich nur für Maecenas schlafe?« (Plut. *Amat.* 16, Lucil. 1223). Capitolinus erzählt, daß Mark Anton, in diesem Sinn der klügste aller römischen Herrscher, die Geliebten seiner Gattin – Tertullius, Orphitus und Moderatus – zu Ehrenstellungen erhoben habe, statt sie zu bestrafen (Capitol. M. *Anton. Philosoph.* 29). Dies war sicher nicht unklug, denn wenn wir sehen, wie Tibull einem Freund, dessen Frau er einst verführt hat, nun beschreibt, wie ihm das damals gelungen sei, erkennen wir, daß der tolerante Herrscher sich manches erspart hat:

Damals brachte ich ihr Gründe bei, separat von dir zu schlafen,
Lehrte sie die Tür zu öffnen ohne lästiges Knarren der Angel.
Dann auch gab ich ihr Säfte, Kräuter, die Spur zu tilgen,
Die mit Liebesbissen segnet die Liebe...
Wache, denn oft habe mit Wein ich dich trunken gemacht,
Mir selber mit Wasser mischend den nüchternen Trank.
Doch um Böses zu tun, tat ich niemals Böses dir an – verzeih,
Denn nur Amor gebot es, und wer vermag es, den Göttern zu trotzen?
Ich bin der – jetzt bekenn' ich's –, den bellend dein Hund
In der Nacht einst verfolgte. Wozu hast du Armer dir auch
Ausgerechnet ein reizvolles Frauchen geangelt? Weißt den Schatz du
Nicht zu verschließen, verschließest umsonst du die Tür!

In Silius' *De bello punico* (X, 353) tut Juno das, was manche sterbliche Römerin tat, um ihren Gatten in Schlaf zu versenken, während sie selber ihren Liebhaber traf: sie mischte Opium in seinen Wein:

...den sie so oft benutzt, um ihres Gemahls
Augen zu schließen, wenngleich er den Schlaf sich selber nicht wünschte.
Ohne Verweilen gehorcht der Berufene, fertigen Mohnsaft
Hat er im Horne bereit und enteilt durch nächtliches Dunkel...

Ausonius spricht von einer Ehebrecherin, die ihren eifersüchtigen Gatten in Schlaf zu setzen versucht, ihn vielleicht sogar vergiften will, aber das Quecksilber, das sie seinem Wein beigegeben hat, wirkt als Gegengift: Gift und Schlafmittel werden gemeinsam ausgeschieden (*Epigr.* 10). Oft geschah es allerdings, daß der Liebhaber eifersüchtiger war als der Ehemann – entweder auf diesen oder auf einen Rivalen –, so daß der Hausfreund zum Schützer der ehelichen Treue wurde. Etwas derartiges mag zu jenem Zeitpunkt des Verhältnisses zwischen Clodia und Catull eingetreten sein, als sie gleichzeitig mehrere Liebhaber hatte:

Zwar, ich weiß, es genügt ihr nicht ausschließlich Catullus,
Doch wir ertragen's, sie treibt's mäßig, die Diebin,
Und so wollen wir nicht lästig ihr fallen mit törichter Strenge.
Muß doch Juno sogar, die jegliche Schliche des losen Gemahls
Nur allzu gut kennt, ihr kochendes Herz bezwingen. Darf sich
Der sterbliche Mensch dann mit den himmlischen Göttern vergleichen?
Soll ich nach Elternart ängstlich behüten das Kind?

Seneca meinte, daß eine Römerin mit nur zwei Liebhabern ein Ausbund der Tugend sei. Wer sich nicht durch mindestens eine Liebschaft bemerkbar gemacht habe, würde für lesbisch gehalten werden. Es sei soweit gekommen, meinte er, daß die Frauen nur heirateten, um sich Liebhaber zuzulegen. Wo fände man eine Frau, die so vernachlässigt sei, daß sie sich mit einem einzigen Paar Männern begnügen müsse? So teilten die Frauen den Tag nach Liebhabern statt nach Stunden ein. Umgekehrt galt es als Schande für einen Mann, nicht mindestens einer Frau ein Jahrgeld zu zahlen. Wer das nicht tat, wurde nicht etwa als guter Ehemann, sondern als schwul oder als Sklavinnenvögler betrachtet, wobei das zweite als unehrenhafter galt. Denn ein Mann, der mit seiner eigenen Sklavin schlief, wurde als Geizhals empfunden.

Es gab tausend Gelegenheiten, um Frauen der eigenen Klasse kennenzulernen, so zum Beispiel das Ansprechen auf der Straße, eine damals völlig neue Sitte, von der Plutarch mit Erstaunen berichtet. Häufiger traf man sich beim Gastmahl, im Theater, bei den Gladiatorenspielen im Zirkus, bei Bootfahren im Seebad, ja sogar beim Gebet im Tempel oder in der Kapelle. Livius führte diesen Sittenwandel, wie wir gesehen haben, auf den Zweiten Punischen Krieg zurück und schrieb von den zurückkehrenden Soldaten, daß sie durch orientalische Sitten verdorben worden seien (XXXIX, 6): »Diese Soldaten brachten zum erstenmal Speisesofas mit Bronzefüßen, kostbare Teppiche, Vorhänge und andere kunstvolle Gewebe nach Rom, ferner runde, einfüßige Tische und Schenktische, die zu jener Zeit als besonders prächtiges Hausgerät galten.Damals wurden Saiten- und Harfenspielerinnen und allerlei Possenreißer zur Ergötzung bei den Gastmählern zugezogen. Die Gastmähler selbst begannen mit größerer Sorgfalt und mehr Aufwand vorbereitet zu werden.«

Tatsächlich war man bei den neuartigen Gastmählern dieser Zeit ähnlichen Eindrücken ausgesetzt wie im Theater, denn auf beiden »Bühnen« wurden von dieser Zeit an erotische Darbietungen üblich. Gar viele, sagt Plutarch, lassen bei ihren Mahlzeiten Handlungen aufführen, welche die Gemüter in höhere Erregung bringen als der Wein. Bei den Gelagen, sagt der ältere Plinius, schätzen die Gäste den Preis der Gastgeberin ab, während der Gastgeber den Wert der Preisgabe seiner Gemahlin kalkuliert. Die frühere Sitte, daß die Frauen sich nicht zu den Männern legten, sondern separat auf Stühlen saßen, hatte unter Augustus aufgehört. Jetzt lagen sie genau wie die Männer. Nur noch auf dem Kapitol, wo man den Göttern tägliche Mahlzeiten servierte, saßen die Göttinnen auf Stühlen, während die Götter in liegender Stellung ihr Essen empfingen. Es komme ja wohl, spottete Valerius Maximus, eher darauf an, daß die gute Sitte bei den Göttern, als daß sie bei den Menschen bewahrt bliebe.

Die Damen und Herren der eleganten Welt speisten in leichten Gewändern. Da das Essen oft drei Stunden und länger dauerte, verbreiteten die an Kandelabern hängenden großen Öllampen solche Hitze, daß Männer und Frauen mehrmals während der Mahlzeit ihre Kleider wechselten. Dieser Kleiderwechsel gab dann wiederum Gelegenheit zu Scherzen und Paarungen. Wonach man wieder Hunger und Durst bekam. So dauerten manche Gelage die ganze Nacht hindurch. Seneca und Juvenal berichten in fast denselben Worten, daß als Resultat dieser neuen Sitten zum erstenmal in der römischen Geschichte Trunksucht bei der Frau auftrat. Um die Ungeheuerlichkeit dieses Phänomens zu verstehen, müssen wir bedenken, daß der Römerin vom Beginn des Patriarchats an ausdrücklich untersagt worden war, Wein zu sich zu nehmen, und daß diese rituellen Gesetze noch nicht widerrufen worden waren, als die folgenden Szenen stattfanden.

»Ehe sie ihr Essen anrührt«, schreibt Juvenal in den *Satiren* (hrsg. von W. Plankl, München 1958), »schüttet sie ein zweites Gemäß in sich hinein, um ihren Appetit zum Heißhunger zu steigern; der Wein spült ihr den Magen aus und kehrt in einer Kaskade auf den Fußboden zurück – ganze Bäche springen über den Marmor dahin... Ihr Mann schließt die Augen und versucht, das steigende Erbrechen zurückzuhalten.« Ähnlich Seneca im 95. Brief: »Sie (die Frauen) durchwachen nicht weniger Nächte, trinken nicht weniger und wetteifern mit den Männern im Verbrauch des Öles und des Weines. Sie geben ebenso das, womit sie die widerstrebenden Eingeweide gefüllt haben, durch den Mund wieder von sich, und messen allen Wein nach dem Erbrochenen. Sie lecken ebenso Schnee zur Linderung für den erhitzten Magen.«

Neben den Gastmählern waren die Spiele die beliebtesten Anknüpfungspunkte neuer Verhältnisse. Ulrich Kahrstedt berichtet in seiner *Kulturgeschichte der Römischen Kaiserzeit* (Bern 1958, S. 249), daß der erfahrene Lebemann stets kleine Beutel mit Staub zu den Spielen mitnahm, damit er vorgeben könne, einer interessant aussehenden Frau die Sitzbank zu reinigen und so mit ihr ins Gespräch zu kommen. Deshalb versäumte auch keine Dame der Gesellschaft die Saison im Amphitheater. Der Dichter Statius war verwundert, als seine Frau ihm sagte, sie wolle Rom trotz Arena und Zirkus verlassen. Claudius versuchte den Frauen jedweden Zutritt zu den Zirkuskämpfen und den Gladiatorenschulen zu verbieten. Eben deshalb wurden die Gladiatoren zu den beliebtesten Trophäen der Patrizierfrauen und führten damit zum Ende der sexuellen Klassensolidarität. In Pompeji fand man Wandinschriften, auf denen die Gladiatoren als »Heilmittel der Liebe« angepriesen wurden. Da hieß es auf den Perystilsäulen eines Hauses, der thrakische Gladiator Celadus sei »die Sehnsucht der Frauen, der Stolz der Mädchen«, während der Netzkämpfer Crescence als »bester Arzt der Jungfrauenkrankheit« angepriesen wurde. Aus anderen Quellen ersehen wir, daß die Gladiatoren wegen ihres Mutes, des Geruchs von Schweiß und Leder, ihrer großen Muskeln oder ihrer großen Genitalien gesucht und gepriesen wurden. Faustina, die Gattin des Philosophenkaisers Mark Aurel, pflegte ihre Liebhaber vorzugsweise in der Arena zu suchen. Der Kaiser Commodus galt als Frucht eines solchen Verhältnisses.

Dabei bildete sich eine neue Form der Emanzipation heraus. Die Frauen, die durch ihre Bekanntschaften mit den Männern der Arena eine gute Kenntnis der verschiedenen Sport- und Kampfformen entwickelt hatten, wollten nun auch an den Kämpfen selber teilnehmen. So lesen wir von weiblichen Faust- und Ringkämpfern, weiblichen Tier- und Schwertkämpfern, weiblichen Wagenlenkern, die ihre Quadriga erfolgreich durch die Ziellinie steuerten. Man fand es zur Zeit des Commodus nicht mehr verwunderlich, wenn eine Patrizierin sich vor den Augen des Volkes in der Arena mit einem Sklaven oder Freigelassenen herumschlug. Arthur Maria Rabenalt sagt im ersten Band seiner sechsbändigen Geschichte des erotischen Theaters, *Mimus Eroticus* (Hamburg 1965, S. 231 f.): »In einer Zeit, in der ein Kaiser den einzigen Ehrgeiz hatte, als Zirkuskutscher Preise zu erringen, ist es fast als zwangsläufig zu betrachten, wenn die Zuschauerin die schweren Waffen ergreift, um einen blutigen Schaukampf zu veranstalten.« Die Gladiatorin hatte bereits unter Nero die Arena betreten, unter Kaiser Domitian nahm diese Attraktion im Zirkus an Beliebtheit zu. Der Höhepunkt der Frauenkämpfe im Amphitheater wurde aber unter Septimus Severus, dem römischen Punier erreicht. Unter dem Befehlshaber seiner Leibgarde Plautianus, der gleichzeitig Intendant der kaiserlichen Spiele war, wurde das Schauspiel in der Arena blutrünstiger als je zuvor; die weibliche Gladiatur war einer seiner wichtigsten Programmpunkte. Juvenal sagt hierzu (II, 6):

Purpurne Mäntel tragen die Frauen und triefen vom Öle.
Wem erzähle ich Neues, wer sah nicht am Pfahle die Kerben,
Die sie mit ihrem Rapiere geschlagen, hinterm Schilde hervor ihn
Reizend, in allen Regeln geübt; gewiß eine Frau, die es wert wär',
Mitzustreiten am Feste der Flora, es sei denn, sie trüge
Höheres im Sinn und trainierte bereits für die große Arena.
Kann eine Frau, mit dem Helm auf dem Haupt, ihre Ehre noch wahren,
Wenn sie verrät ihr Geschlecht aus Liebe zur Kraft? Aber völlig
Will sie dem Manne nicht untertan werden. Zu klein sei der Liebesgenuß dann?
Hielte Auktion diese Gattin, was kämen für Dinge zum Vorschein:
Schwertgurt, Handschuh des Fechters, Helmbusch und Wehr für den
Linken Schenkel. Doch sollte sie sich noch entscheiden für andere Kampfart,
Würde sie, dir zur Freude, auch ihre Schienen versteigern.
Sind das dieselben, die selbst im leichtesten Kleid sich erhitzen,
Deren empfindliche Haut ein seidenes Fähnchen schon wundreibt?
Siehe, mit welchem Getue gelernte Stöße sie ausführt,
Wie der schwere Helm sie bedrückt, welche gewaltige Binde
Ihr um das Knie gebunden, aus festem Baste geflochten.
Legt sie die Waffen dann ab, so lache, wenn sie zum Topf greift!
Enkel des Lepidus, Fabius, blinden Metellus, des Gurges
Töchter, sagt an, wann hat die Frau eines Fechters je solche
Kleider getragen, wann keucht' des Asylus Frau vor dem Pfahle?

Auch am Theater nahm die römische Frau aktiven Anteil. Nicht nur galten die großen Schauspieler als Lieblinge der High Society, nicht nur schliefen Paris und Mnester mit den Frauen der Cäsaren, sondern es waren auch Frauen, die langsam den Mann aus allen Frauenrollen verdrängten und am Ende sogar die Führung der Schauspieltruppen übernahmen. Die griechische Tradition, alle Frauenrollen von Männern spielen zu lassen, geriet bereits während der Republik in Verfall. Rabenalt sagt von den Atellanen und dem Mimus, den wichtigsten Volksformen des römischen Theaters: »Aus diesen Gesichtspunkten gewinnen wir einen neuen Standpunkt für die Beurteilung des römischen Theaters der älteren Epoche, dessen an Griechenland anknüpfende Tradition sich in der Kaiserzeit allerdings mehr und mehr verlor, insofern Pantomimen, Ballette und Possen an die Stelle von Dramen und Komödien traten. In diesen Schaustellungen, die unseren modernen Revuen ähnlich gewesen sein müssen, traten dann auch Frauen, gelegentlich halb oder ganz nackt auf… Stärker noch als in den Atellanen trat ein ausgesprochen obszöner Charakter im sogenannten Mimus hervor. Hier wurden die weiblichen Rollen von Frauen gespielt, die in der Entblößung des Körpers Erkleckliches leisteten. Die unanständigen Gesänge aus diesen Stücken, die sich durch leicht faßliche Melodien dem Publikum einprägten, wurden überall auf den Straßen gesungen.«

Nicht nur Männer, sondern auch Frauen strömten zu diesen erotischen Veranstaltungen. Ovid sagt zur Entschuldigung der sexuellen Freiheit seiner Gedichte, sie seien noch lange nicht so frei wie die Mimen, denen doch nicht nur verheiratete Frauen, sondern gar junge Mädchen beiwohnten. Nach seiner Verbannung beobachtete er mit ohnmächtiger Wut, wie die Szenen seiner *Ars amandi,* derenthalben man ihn ans Schwarze Meer verbannt hatte, nun in Rom als Libretti erotischer Mimen dienten – und niemand zensierte sie. Juvenal schreibt:

Frauen sehen gelassen, an den Gatten gelehnet, dem zu,
Was ein jeder sich schämt zu erzählen, wenn Frauen dabei sind.
Aufreizung schon erschlaffter Liebe und Brennessel für
Den reichen Wüstling. Jedoch das Vergnügen daran ist viel größer
Immer beim anderen Geschlecht. Es gerät in stärkere Erregung,
Saugt mit Aug und Ohr, und bald regt sich's bei ihm in den Lenden.

Kahrstedt meint, daß es einen kaum erstaunen dürfe, Schauspielerinnen und Tänzerinnen gesellschaftlich akzeptiert zu finden, aber es sei doch selbst für die Kaiserzeit ein Novum gewesen, in Dura Europos eine Schauspielertruppe zu finden, die unter einem weiblichen Direktor eine Tournee durch Mesopotamien unternahm. So verband sich also sowohl in der Arena wie auf der Bühne die ökonomische Emanzipation äußerst eng mit der sexuellen Emanzipation der Frau.

Auch die ökonomische Befreiung der nicht berufstätigen Frau schlug sich in ihrer sexuellen Emanzipation nieder. Je mehr die Tochter wohlhabender Eltern, die Witwe oder geschiedene Frau eines reichen Mannes in den Genuß ihres Vermögens kam, um so freier verfügte sie über die Wahl ihrer Liebhaber. Am Anfang dieser Entwicklung standen die sprichwörtlichen Verhältnisse solcher Frauen mit den gesetzlichen Verwaltern ihres Vermögens. Cicero spottet in der Rede für Cäcina über Äbutius, der die Geschäfte und Prozesse der Witwe Casennia führte und ihr eine solche Mcinung von sich beigebracht hatte, daß sie glaubte, ohne ihn könne nichts auf kluge Weise betrieben werden. Die Rolle, die er spielte, sei aus dem täglichen Leben bekannt: ein ergebener Diener der Frauen, Vertreter der Witwen, ein streitsüchtiger Verteidiger, albern und töricht unter Männern, unter Frauen jedoch rechtsgewandt und verschmitzt.

Seneca schildert in seinem Buch über die Ehe das Gefolge, das die junge Frau in ihr neues Haus mitbringt. Darunter ist auch der »Prokurator mit gekräuselten Locken, unter welchem Namen sich ein Liebhaber verbirgt«. Von dem »krausgelockten Männchen«, das der Frau »nicht von der Seite geht, unaufhörlich in ihr Ohr zischelt und stets ihren Sessel mit der rechten Hand umfaßt«, spricht auch Martial. Zu dem Ehemann einer reichen Frau, deren Vermögen von einem solchen Prokurator gesetzlich verwaltet wird, sagt der Dichter: »Er besorgt die Angelegenheiten deiner Frau? Deine eigenen Angelegenheiten besorgt er!« Der gesetzlich bestellte Tutor oder Prokurator lief deshalb stets Gefahr, zu einer Witzfigur zu werden. Wie Kahrstedt sagt: »Man glaubte nicht so recht, daß die beiden im Boudoir von Hypotheken redeten.«

In genau demselben Maße, in dem es der Frau gelang, zur Herrscherin über ihr eigenes Vermögen zu werden, überwand sie aber auch den Prokurator: Wenn er nicht tat, was sie wollte, feuerte sie ihn und stellte einen anderen an, und dies so lange, bis sie einen gefunden hatte, der ihr zu Willen war. Danach konnte sie sich sowohl Liebhaber wie Ehemänner kaufen. Ältere Damen bezahlten junge Männer für deren Bettdienste und vermachten ihnen ihr Geld. Juvenal (I, 41) höhnt, die Höhe der Erbschaft richte sich nach der Länge des Schwanzes. Aber auch die Dichter selber, nicht zuletzt Juvenal, lebten von der Gunst reicher Frauen. Martial hat seiner Gönnerin, der fünfzigjährigen Witwe Lucans, Polla Argentaria, sein an »Obszönitäten« nicht eben armes zehntes Buch gewidmet, offenbar in der Hoffnung, daß sie ihn finanziell unterstützen möge.

Auch Scheinehen, zu denen sich weniger begüterte Männer gegen Bezahlung hergaben, wurden oft von reichen Frauen geschlossen, um die Gesetze gegen Ehelosigkeit zu umgehen. Seneca hat dies in seinem Buch über die Ehe erwähnt und Martial spottet: »Deine Lälia, die dich des Gesetzes halber geheiratet hat, Quintus!« Tertullian spricht von der Geduld erkaufter Ehemänner, desgleichen Hieronymus von den gekauften Männern, die sich dazu hergeben, nur den Namen des Gatten zu führen, in Wahrheit aber fortgeschickt würden, sobald sie den geringsten Widerstand böten. Plautus sagt (in *Die Zwillinge*):

Die Frauen wollen die Männer lenken,
Zu reiche Mitgift macht sie toll.
Die Männer sind zwar auch nicht Engel,
Halten sich weiß Gott nicht frei von Schuld,
Doch klüger noch als das Gequengel
Ist, daß die Frau begebe sich in Geduld.

Deshalb führt er uns die Vorteile der Ehe mit einer mitgiftlosen Frau vor Augen (in *Die Goldtopfkomödie*):

Ich habe vielen Freunden meinen Plan
Der Hochzeit mitgeteilt. Und alle loben
Die Tochter Euclios. Ich täte gut daran
Und klug! Wär' jeder Reiche gleichen Sinnes
Wie ich, und führ' die Tochter eines Armen,
Die ohne Mitgift ist, als Frau ins Haus,
Dann gäb' es unter Bürgern größere Eintracht,
Und weniger bisse uns der Neid als jetzt.
Die Frauen hätten mehr Respekt vorm Geld,
Wir wen'ger Aufwand, weil sie nicht verwöhnt.
Dem größten Teil des Volkes wär' das recht,
Nur wen'ge Drohnen würden protestieren,
Für deren gierige Unersättlichkeit
Weder Gesetz noch Schuster einen Leisten fände.
So einer spräche: »Und die reichen Frauen,
Die mitgiftschweren, wen bekommen die,
Wenn solches Recht den Armen eingeräumt?«
Sie mögen nehmen, wen sie wollen; bleibt nur
Die Mitgift schön zuhaus. Wenn das geschähe,
Bemühten sie sich gleich um bessre Sitten
Als die, die Mitgift ihnen jetzt erlaubt.

Andererseits litten die reichen Frauen, die sich ihre Männer zu kaufen suchten, auch oft selber unter den Folgen eines so unwürdigen Systems. Genau wie es dem reichen Manne, der sich eine schöne junge Frau gekauft hatte, geschehen konnte, daß sie ihn mit jungen Männern oder gar jungen Frauen betrug, geschah es oft, daß die hübschen jungen Männer, die von reichen Witwen als Gatten oder Hausfreunde erworben wurden, mehr am eigenen als am Geschlecht der Gattin interessiert waren. Martial spricht einen solchen Bisexuellen, seinen Freund Bassus, an und wirft ihm vor, der Gattin seine wahren Neigungen verschwiegen zu haben, als er sich zur Ehe hingab (XII, 97):

Da eine junge Frau du hast…
Buhlst du, Bassus, nun mit Langgelockten,
Die du dir für der Gattin Geld verschafft hast.
Und so kommst du erschöpft zur Herrin wieder,
Die dich erkauft für viele Tausend hat…

In verschiedenen Oden hat Horaz die Folgen des Reichtums unabhängiger Frauen verflucht, stets mit der Begründung, daß eigener Geldbesitz die Frau nicht nur zum Ehebruch verführe, sondern daß die Männer, derer sie sich zu diesem Zweck bediene, den »niederen Schichten« angehörten, denn nur diese seien käuflich. So sagt er (III, 6, 25 bis 32):

Bald sucht sie schamlos jüngere Männer sich,
Wenn der Ehemann mit Freunden trinkt, wählt dabei
Nicht lange, wem sie im Dunkel
Ihre Gunst verschenkt.
Selbst in des Gatten Angesicht öffentlich
Folgt sie dem Kaufmann und dem hispontischen
Matrosen, der ihr winkt…

Eine weitere Folge der ökonomischen Selbständigkeit dieser Frauen der herrschenden Klasse war die Neigung zur mehrfachen Ehe. Statt sich einen jungen Mann als Liebhaber zuzulegen, heiratete man ihn, ließ sich scheiden, wenn er im Bett nichts taugte, und heiratete den nächsten. Seneca sagt (in *De Beneficiis* III, 16): »Sie berechnen ihr Alter nach der Anzahl ihrer Männer.« Martial ähnlich (VI, 7, 1, 3, 4): »Ist es der dreißigste Tag noch nicht, darüber gewiß nicht, und den zehnten Gemahl freit Telesilla bereits.« Juvenal (VI, 224 ff.):

Also beherrscht sie den Mann. Doch satt bald dieses Gebietes,
Wechselt die Häuser sie oft und verbraucht Brautschleier. Von da dann
Flattert sie wieder hinweg und sucht das verschmähte Bett auf.

Jüngst erst waren die Türen geschmückt, Vorhänge gebreitet,
Frisch noch grünen die Zweige der Schwelle – und wieder entflieht sie.
Also summiert sich's allmählich. Es gibt acht Männer zusammen
In fünf Herbsten – ein Stoff, in der Grabinschrift nicht zu vergessen.

Wenn Tertullian sagt, die Frauen heirateten nur, um sich scheiden zu lassen, so ist das zwar poetische Übertreibung, aber drei Ehen waren das Minimum sowohl bei den Männern wie bei den Frauen der herrschenden Klasse. Statilia Messalina war in fünfter Ehe mit Nero vermählt, Martial spricht von einer Frau, die sieben Mal geheiratet hat, von einer anderen, die gerade dabei ist, den achten Mann zu ehelichen, von einer dritten, die im Verdacht steht, sieben Männer umgebracht zu haben. Antonius war vier Mal verheiratet. Sulla und Pompeius fünf Mal. Ein Grabstein erwähnt die siebente Frau eines Bürgers, und Martial schreibt an Phileros: »Du begräbst schon die siebente Frau, Phileros, auf deinem Gute. Mehr Ertrag hat noch keinem ein Gut gebracht!«

Wir erwähnten bereits die Verhältnisse reicher Frauen mit Gladiatoren und Schauspielern. Nicht unähnlich waren die Liebschaften der Patrizierinnen mit Tänzern und Musikern. Eine verheiratete Frau legte Knabenkleidung an und ließ sich das Haar abschneiden, um dem Tänzer Stephanio aufzuwarten. Um den Tänzer Pylades stritten sich so viele Frauen, daß sie seine Gewänder zerrissen. Die Gemahlin des Kaisers Pertinax hatte ein stadtbekanntes Verhältnis mit einem Zitherspieler. Andere Musiker verkauften ihre Günste an die höchstbietende Frau. Die Instrumente der Musiker wurden als Fetische gesammelt und verehrt, geküßt und geliebkost. Um den Tänzer Bathyllus, der oft Frauenrollen darstellte, rissen sich beide Geschlechter.

»Je höher der Status, desto tiefer der Geschmack«, hat der Sexualforscher Magnus Hirschfeld einmal in einer seiner Abhandlungen über die Sexualität in der Antike gesagt. Damit meinte er, daß die reiche Römerin im »Rausch der ersten Freiheit« sich von den Männern ihrer eigenen Klasse abgewandt habe, um ihre Liebhaber am anderen Ende der gesellschaftlichen Skala zu suchen – nicht nur unter Schauspielern, Tänzern, Gladiatoren, Wagenlenkern, sondern sogar unter Sklaven. Diese Theorie ist zweifelhaft, weil der Begriff »Sklave« im Rom der Kaiserzeit keine eindeutige Bezeichnung des gesellschaftlichen Status war und in geistiger Hinsicht überhaupt nichts aussagte. Als die Tochter des Atticus nach ihrer Vermählung mit Marcus Agrippa ein Verhältnis mit dem Sklaven Q. Cäcilius Epirota anknüpfte, bedeutete das nicht etwa, daß sie sich mit dem Haussklaven ihres Vaters ins Bett legte, sondern daß sie einen namhaften Gelehrten, den Freund des Cicero, schätzen und lieben gelernt hatte. Daß er der Sklave ihres Vaters (nach anderen Quellen vielleicht ein schon Freigelassener) war, bedeutete nicht, daß er weniger kultiviert war als sein Besitzer.

Ein anderer Freigelassener, Tiberius Claudius Hermes, wurde von seiner 25jährigen Herrin geheiratet. Als ähnliche Heiraten überhandzunehmen drohten, beschloß der Senat zur Zcit des Vespasian, daß freie Römerinnen, die Sklaven heirateten, auch als Sklavinnen gelten sollten. Dies führte aber nicht etwa zum Ende der Liebschaften zwischen freien Frauen und ihren Sklaven, sondern nur dazu, daß man die Sklaven nicht mehr heiratete. Martial sagt zu seinem Freund: »Deine Frau beschwert sich, daß du ihre Hausmagd vögelst. Aber da sie selber von deinem Sänftenträger gevögelt wird, habt ihr einander nichts vorzuwerfen.« In einem anderen Epigramm zählt er die Kinder der Marulla auf, einer römischen Freifrau, die von sieben verschiedenen Sklaven ihres Hauses je ein Kind bekommen hatte, das erste von ihrem maurischen Koch, das zweite von einem plattnasigen Athleten, das dritte vom triefäugigen Bäcker, das vierte vom zarten Liebling des Vaters, das fünfte vom langohrigen Kretin, das sechste vom schwarzen Flötenbläser, das siebte vom rothaarigen Hofverwalter: und alle sahen aus wie ihre Väter. »Es gibt gewisse Frauen«, sagt Petronius in Vers 126 des *Satirikon,* »deren Leidenschaft nur nach der rohen Natur verlangt. Die Begierden wollen nicht eher heraus, bis sie einen schönen Sklaven erblickt.«

Nach Livius hat Quintus Fabius Gurges in seiner Eigenschaft als Ädil bereits im 3. Jahrhundert v. u. Z. mehrere Patrizierinnen mit Geldstrafen belegt, weil sie mit dem »Volk« verkehrt hatten. Von dem eingetriebenen Betrag ließ er der Göttin Venus einen Tempel bauen. So muß entweder die Strafe oder die Zahl der »verderbten« Frauen sehr hoch gewesen sein. Doch blieben die Strafen ohne Wirkung, denn während der Punischen Kriege ließen die Ädilen wieder mehrere Patrizierinnen aus der Stadt verweisen, weil sie »mit dem Volke Unzucht getrieben hatten«. Faustina, die Gattin des Mark Antonius, schlief vorzugsweise mit Matrosen, die sich vor dem Verkehr nicht waschen durften. Clodia, die Geliebte Catulls, wählte sich ihre Liebhaber unter den am Tiber badenden Söhnen der Armen aus. Martial spricht von adligen Frauen, die es vorziehen mit »hochgeschürzten Türhütern« zu schlafen. »Manche entzündet ein Klopffechter, ein bestaubter Mauleseltreiber...«

Wilhelm Kroll sagt von den Frauen im Freundeskreise Catulls, es sei für die damaligen Zustände bezeichnend, daß die Grenze zwischen Patrizierin und Hure, zwischen Matrone und Kurtisane zu verschwimmen begänne: »Postumia, die beim Gelage in der Fidelitas, wo nur noch ungemischter Wein getrunken wird, das Präsidium übernimmt, kann eine Dame der Gesellschaft sein; um Matronen handelt es sich bei Aufilena und der Frau aus Brixia, die er durch die Namen ihrer Männer und Liebhaber deutlich genug kennzeichnet; von ihnen konnte man wie von Clodia sagen, daß sie das Leben von Dirnen führten.« (*Zeitschrift für Sexualwissenschaft und Sexualpolitik,* Berlin u. Köln, Bd. XVII, Heft 3, 25. Juli 1930.)

Unter Tiberius Gracchus wurde es Mode für gewisse Patrizierfrauen, sich als öffentliche Dirnen einschreiben zu lassen und statt der Stola, der Tracht der Matrone, die dunkle Toga der Dirne zu tragen (Sueton, *Tiberius* XXXV). Martial sagt: »Scharlach und veilchenfarben empfängt die Hure dich. Willst du ihr schenken, was sie verdient, so gib ihr deine Toga!« (II, 39, 1 f.).

Es gab nichts, was diese Frauen nicht im Bett taten. Die Illusion des Mannes, daß er die »reine« Geliebte nicht mit seinen sexuellen Wünschen belästigen dürfe, wäre diesen römischen Frauen grotesk vorgekommen, da sie es meist selber waren, welche die höheren sexuellen Ansprüche stellten. So sagt Ausonius von Crispa (*Epigramm* 79, Peiper S. 341):

> Alles das praktiziert nun Crispa am eigenen Leibe,
> Treibt Onanie, ist Fellatrix und läßt sich vorn und hinten –,
> Daß sie einst sterbend mag sagen, es gäb' nichts, was sie nicht erfahren.

Wie es ein späterer Autor übersetzt hat: »Sie wichst, saugt und wird in beiden Höhlungen gemahlen.«

Frauenmeister, die Pächter der größeren und angesehensten → Frauenhäuser des Mittelalters. Sie standen eine Stufe über dem → Frauenwirt, Freihat, Freiwart, Hurenwirt, Töchterwirt. Der F. kam meist aus einer städtischen Zunft und gehörte deshalb der ständischen Gesellschaft an, während der Frauenwirt »ehrlos« war, da er keiner Zunft angehörte. Vgl.: Alphonse, Amicus, Aufmacher, Bärentreiber, Hackerbub, Jungfernschaftsprokurist, Kappelbub, Krameltreiber, Louis, Lude, Ludewig, Pilger, Plattenbruder, Pulion, Purlierer, Sponsierer, Stenz, Strawanzer, Strizzi, Zutreiber.

Frauenmeisterin, die vereidigte Leiterin eines mittelalterlichen städtischen Bordells (→ Frauenhaus). Sie stand über der → Abbesse, Äbtissin, Frauenwirtin, Hushelterin. Während die letzteren aus der »ehrlosen« Schicht der damaligen → fahrenden Frauen kamen, war die F. oft eine ehrenamtlich ernannte Person, manchmal die Ehefrau eines Ratsknechts, → Gewaltmeisters oder → Hurenweibels, also eine vom Stadtrat angestellte Beamtin, die der → Frauenordnung unterstand und für deren Durchführung dem Stadtrat gegenüber verantwortlich war. Vgl.: Alcahueta, Appareilleuse, Aufführdame, Ausschütterin, Blondinenlieferantin, Bordellbesitzerin, Chaperonnière, Duegna, Einheimerin, Einstößerin, Magistra, Maquerelle, Matrone, Puffmutter, Regina bordelli, Rippelreiger, Trüllerin, Verwerrin.

Frauenordnung nannte man im Mittelater die Reglementierung und Gesetzgebung der → Bordelle. Die F. Heinrichs II. von England aus dem Jahre 1161 bestimmte, daß der → Hurenwirt keine Hure zurückhalten dürfe, wenn sie in ein anderes Bordell oder »von ihrer Sünde ablassen« wolle, daß er keine Kunden in sein Haus hineinlocken und keine Nonnen oder verheirateten Frauen hineinlassen, daß keine Hure bei ihm wohnen und von ihm verköstigt werden, daß er keine kranken Huren anstellen dürfe, daß er an Feiertagen sein Haus schließen müsse, daß er kein Brot, Bier, Fleisch, Fisch, Holz, Kohle oder andere Viktualien verkaufen dürfe, und daß die Huren kein Geld fordern dürfen, wenn sie nicht die ganze Nacht »bis zum Morgen« mit einem Manne lägen. Die Ulmer Frauenordnung dagegen verlangte, daß der Hurenwirt die Huren verköstigen müsse, und zwar zu einem festgesetzten Maximumpreis von sechs Pfennig pro Tag. Dagegen bekam der Hurenwirt jeden dritten Pfennig, den ein Besuch eintrug, außerdem einen Kreuzer Schlafgeld für jeden Mann, der übernachtete. Die Eingänge wurden in eine Lade gegeben, über die eine → Lohnsetzerin zu wachen hatte, und zwar unter dreifachem Verschluß der Lohnsetzerin, des Hurenwirts und einer ausgewählten Hure. Selbstverständlich wurde der Hure das, was sie dem Wirt schuldig war, am Ende der Woche bei Eröffnung der Lade abgezogen. Wenn sie ihm einen gewissen Geldbetrag einhändigte, konnte sie aber, unbeschadet übriger Schulden, frei aus dem Frauenhaus gehen, falls sie gelobte, von dem sündhaften Leben abzulassen, doch mußte sie dem Hurenwirt die Schulden bezahlen, wenn er sie in einem anderen → Frauenhaus ertappte. Es war ferner das Recht des Hurenwirts, daß ihm die Huren täglich eine gewisse Menge Garn spannen oder statt dessen sechs Heller zahlten. Eine weitere Einnahme erwuchs ihm aus dem Verkauf des Weines an die Huren und ihre Freier. Übertretungen des Frauenwirtseides wurden streng geahndet. Falls sich der Wirt eines Vergehens schuldig machte, ging er bald seines Gewerbes verlustig. Und ohne gute Empfehlung war es nicht leicht, das einträgliche Amt eines Hurenwirts zu erhalten. In den meisten Städten Deutschlands durften keine am Ort geborenen Frauen in Frauenhäusern dienen, sondern nur Auswärtige. Eine Stunde vor Mitternacht mußten die Frauenhäuser schließen. Nur die Männer, die übernachten wollten, durften bleiben. Während der Nacht durfte niemand ein Frauenhaus betreten oder verlassen. In den meisten Städten des mittelalterlichen Deutschland hatten die Huren das Recht, bei Festlichkeiten den Gästen Blumensträuße zu überreichen und bewirtet zu werden. Oft gab es Streitigkeiten zwischen den Städten, den Fürsten und der Kirche, wem die Freudenhäuser unterstehen und wem sie Abgaben zahlen sollten. Erzbischof Dietrich von Mainz verlangte 1442, daß die Stadt keine Freudenhäuser ohne seine Erlaubnis betreiben dürfe und daß er für eine solche Erlaubnis bezahlt werden müsse. Papst Clemens VII. verlangte noch 1523 das halbe Vermögen aller Prostituierten, um damit den Konvent Santa Maria della Penitenza zu finanzieren. → Lex Ripuariorum, Lex Romana Visigotorum, Prostituiertenreglementierung, Prostituiertenstrafen, Prostituiertenverschickung.

Frauenrecht, von der weiblichen Physiologie und der gesellschaftlichen Position der Frau geprägtes Rechtssystem, das sich zum Teil, aber nicht zur Gänze mit dem sog. → Mutterrecht deckt und vor allem in Gesellschaftsordnungen mit matrilinearer Deszendenz, matrilateralem Verwandtschaftssystem und matrilokaler Ansiedlung der Paare auftaucht.

Von der gegenwärtigen Frauenbewegung wird das Wort F. manchmal auch mit dem Recht der Frau auf ihren Körper gleichgesetzt (→ Abtreibung) und mit der Forderung verbunden, die Frau aus dem Status eines »Lustobjekts« zu dem einer gleichberechtigten Partnerin zu erheben. Diese Forderung beruht auf einer gewissen Leibfeindlichkeit, denn in jeder liebevollen Geschlechtsbeziehung ist jeder Partner gleichzeitig »Lustobjekt« und »Lustsubjekt«. Geschlechtliche Liebe kann sich überhaupt erst dann bilden, wenn jeder bereit ist, sich zum Lustobjekt des anderen zu machen. Nicht die Substitution des Lustprinzips durch das Rechtsprinzip, sondern die Durchdringung des Rechts mit Lust ist erforderlich. Wenn wir keine Lust am Recht haben, bleibt das Gesetz ein toter Buchstabe.

Frauenrichter, Aufsichtsbeamter der Wiener Bordelle, der vom Kaiserlichen Hofmarschallamt eingesetzt und bezahlt wurde. Dem F. unterstellt waren die Frauenrichterinnen und Frauenmeisterinnen. → Ammeisterknecht, Bettelherr, Capita sexteriorum, Corte delle meretrici, Domini die nocte, Gewaltbote, Hurenhaber, Hurenweibel, Profos, Receveur des filles communes, Roi des Ribauds.

Frauenschutz, die von vielen Frauenrechtlerinnen, aber auch gerade vom konservativsten Flügel des patriarchalischen Establishments geforderte Sondergesetzgebung zum Schutze der Frau, z.B. kürzere Arbeitszeit, Beschränkung auf »leichtere« Arbeit, soziale, medizinische und rechtliche Sonderstellung. Der Gedanke des F. beruht also auf der stillschweigenden Annahme, daß die Frau schwächer und gefährdeter sei als der Mann und deshalb geschützt werden müsse. Gerade in der Frauenbewegung hat es aber Diskussionen über die Berechtigung und Notwendigkeit des F. gegeben. Denn wenn die Frau einen F. akzeptiert, gibt sie damit zu, daß sie »anders« sei und macht damit all ihre Forderungen nach Gleichberechtigung zunichte. Besonders in der sozialistischen Frauenbewegung hat es deshalb eine langjährige Tradition gegeben, jedes Angebot eines F. strikt abzulehnen. Diese Position ist besonders eindrucksvoll von Clara Zetkin vertreten worden.

Frauenwirt, im Mittelalter der Verwalter eines → Bordells. Da die Bordelle fast stets städtische, fürstliche oder kirchliche Betriebe waren, war der Frauenwirt nur selten auch der Besitzer, sondern meist nur Pächter und zahlte der Stadt einen wöchentlichen Zins. Er mußte beeiden, das »Frauenhaus« redlich zu halten, die Frauen »in gebührlicher Ziemlichkeit« mit Nahrung und Kleidung zu versorgen, das Hausinventar (insbesondere die Betten) am Ende seiner Pachtzeit wieder in guter Ordnung an die Stadtväter zurückzugeben, kein Glücksspiel im Frauenhaus zu dulden, die »gelüstigen Fräuleins« bei guter Gesundheit zu halten, die Kranken und Schwangeren auszuweisen, Kleriker, verheiratete Männer, Minderjährige und Nichtchristen fernzuhalten und die kirchlichen Feiertage einzuhalten. Vgl.: Alphonse, Amicus, Aufmacher, Bärentreiber, Frauenmeister, Freihat, Freiwirt, Hackerbub, Hurenwirt, Jungfernschaftsprokurist, Kappelbub, Krameltreiber, Louis, Lude, Ludewig, Pilger, Plattenbruder, Pulion, Purlierer, Sponsierer, Stenz, Strawanzer, Strizzi, Töchterwirt, Zutreiber.

Ähnliche Aufgaben hatte die *Frauenwirtin*, die Pächterin eines → Frauenhauses. Vgl.: Abbesse, Äbtissin, Alcahueta, Appareilleuse, Aufführdame, Ausschütterin, Blondinenlieferantin, Bordellbesitzerin,

Chaperonnière, Duegna, Einheimerin, Einstößerin, Frauenmeisterin, Husshelterin, Magistra, Maquerelle, Matrone, Puffmutter, Regina bordelli, Rippelreiger, Trüllerin, Verwerrin.

Free Love Colony [engl.: Kolonie der freien Liebe], sexueller Geheimclub in Amerika Anfang des 20. Jahrhunderts, von Frederick Reed auf einem Landgut namens Overbrook im Staat Massachusetts gegründet. Er existierte von 1905 bis 1908. → sexuelle Clubs.

Fregona [it., Etymologie unsicher], künstlicher Penis zur Selbstbefriedigung der Frau und zum Geschlechtsverkehr zwischen Lesbierinnen. Vgl.: Selbstbefriedigungsinstrumente.

Freidamenorden, ein lesbischer Frauenorden im Wien der josephinischen Zeit. Frau von Hohenholz war Großmeisterin. → sexuelle Clubs, weibliche Homosexualität.

Freie Töchter, die Prostituierten des Mittelalters – nicht weil sie wirklich frei waren (im Gegenteil, ihre Freiheit war außerordentlich begrenzt), sondern weil sie »vogelfrei«, d. h. rechtlos waren. Das unflexible mittelalterliche Standessystem kannte nur zwei Welten: die feudale der Ritter, deren Recht auf Landbesitz aufgebaut war, und die städtische der Handwerker und Händler, deren Recht auf Berufsvereinigungen – Gilden, Innungen, Zünfte – aufgebaut war. Wer nicht zu der einen oder anderen gehörte, war rechtlos. Die f. T. konnten an keinen gerichtlichen Handlungen teilnehmen, waren lehensunfähig und konnten ohne Widerspruchsrecht des Landes oder der Stadt verwiesen werden. Sie standen auf einer Ebene mit fahrenden Gauklern und Spielleuten, Marktschreiern, Zahnziehern, Wurzelkrämern, Bettelvögten und Vagabunden. Erst Rudolf von Habsburg beseitigte im Jahre 1278 durch einen Hurenfreiheitsbrief die gröbsten Schwierigkeiten der → fahrenden Frauen in seinen Landen. Der Freiheitsbrief gab ihnen das Klagerecht. Wenn die freie Tochter dem → Töchterwirt einen festgesetzten Betrag aushändigte, durfte sie, unbeschadet übriger Schulden, frei aus dem → Töchterhaus ausziehen, solange sie gelobte, von ihrem bisherigen Leben abzulassen. Brach sie jedoch ihr Gelöbnis und zog in ein anderes Töchterhaus, mußte sie dem ersten Töchterwirt alle Schulden zurückzahlen. Der Freibrief gab ihr also nicht nur gewisse Rechte, sondern legte ihr auch Pflichten auf. Sie mußte gesund sein, um ihr Gewerbe auszuüben, und hatte es aufzugeben, wenn sie schwanger wurde. Sie mußte dem Töchterwirt täglich eine festgelegte Menge Garn spinnen oder stattdessen einen Abstand zahlen. Sie durfte nicht mit Juden, Zigeunern, Türken, Heiden und Männern des fahrenden Volkes schlafen. Aber auch nicht mit Minderjährigen, Klerikern und verheirateten Männern. Und sie durfte keinen Mann an einem christlichen Feiertag empfangen. → Bademagd, Clötmoss, Geheime Fräulein, Gelüstige Fräulein, Hübschlerin, Landstörzerin, Leide Braut, Offene Bübin.

Freien nahm die Bedeutung von werben, hofieren, heiraten an, weil die Kinder früher in der Munt, der Gewalt des Vaters, standen und sich erst durch die Heirat frei machten. Vgl.: Berufsbekanntschaften, Courmachen, Flirt, Handkuß, Koketterie, Liebkosung, sexuelle Neugier, Partnerwahl, Petting, Präliminarien, Straßenbekanntschaften, Verlobung.

Freies Haus, im Mittelalter ein Bordell, in dem → Freie Töchter als Huren tätig waren. → Töchterhaus. Vgl.: Amyenhaus, Frauenhaus, Freudenhaus, Freudenhol, Jungfernhof, Minnehaus, Taubenhaus.

Freihat, der mittelalterliche Pächter eines Freihauses, eines nichtstädtischen Bordells. »Frei« bedeutet hier »vogelfrei«: der F. gehörte, wie der »Freimann« (Scharfrichter) und die → »Freien Töchter«, keiner Zunft, keiner Innung, keiner vom Mittelalter akzeptierten Gesellschaftsschicht an. Er war »ehrlos«, das heißt rechtlos. Er konnte weder Zeuge noch Eidhelfer, noch Vormund sein und keine städtischen Ämter bekleiden. Ihm stand weder Wergeld noch Buße zu. Er war lehensunfähig und stand auf der gleichen Stufe wie Juden, Türken, Zigeuner und Wenden: außerhalb des Gesellschaftsgefüges. Vgl.: Alphonse, Amicus, Aufmacher, Bärentreiber, Frauenmeister, Frauenwirt, Freiwirt, Hackerbub, Hurenwirt, Jungfernschaftsprokurist, Kappelbub, Krameltreiber, Louis, Lude, Ludewig, Pilger, Plattenbruder, Pulion, Purlierer, Sponsierer, Stenz, Strawanzer, Strizzi, Töchterwirt, Zutreiber.

Freiheit, sexuelle → Sexualfreiheit.

Freiwirt, Freywirth, im Mittelalter der Pächter eines »freien« oder »offenen« Hauses, d.h. eines Bordells oder Frauenhauses, das nicht unter städtischem Schutz stand. »Obgleich fähig, eine rechtsgültige Ehe einzugehen, war er doch nicht in der Lage, eine ebenbürtige Ehe zu schließen, weil er niemand ebenbürtig war. Eben darum konnte er weder gesetzlicher Erbe noch gesetzlicher Vormund seiner Verwandten werden, konnte niemand zum gerichtlichen Zweikampf fordern, war unfähig zum Richteramt und konnte in Strafsachen gegen keinen, der nicht gleich ihm rechtlos war, als Urteiler, Zeuge oder Fürsprecher auftreten« (R. Schröder und E. von Künssberg: *Lehrbuch der deutschen Rechtsgeschichte,* Berlin–Leipzig 1922, Teil I, S. 505).

Frenulum praeputii [lat.: frenum = Zaum, Zügel, Band; Praeputium = Vorhaut], Hautbändchen zwischen der Unterseite der Eichel des Penis und der Vorhaut. Der sexuell empfindlichste und stimulierbarste Teil des männlichen Körpers.

Frenulumriß, Ein- oder Abriß des männlichen Vorhautbändchens. Eine der häufigsten → Koitusverletzungen. Heilt schnell und gefahrlos, wenn keine Infektion der Wunde durch → Gonorrhöe oder → Syphilis eintritt.

Fremdkörper werden aus verschiedenen sexuellen Motiven in den Organismus eingeführt: zur Masturbation, zur Abtreibung, aus fetischistischen, masochistischen oder sadistischen Motiven. Sie sind manchmal auch als Evidenz eines fehlgeschlagenen Sexualmordes von Nutzen. Sie gelangen durch Mund, Nase, After, Genitalien, selbst durch die Haut in den Körper. Es gibt kaum einen penisgroßen Gegenstand, den man in der Scheide von Frauen nicht schon gefunden hat. Vor allem handelt es sich um Fremdkörper, die zur Masturbation eingeführt werden und dann oft steckenbleiben. Vielfach werden auch Gegenstände zur → Schwangerschaftsunterbrechung in die Scheide eingeführt und dann vergessen, oder es kommt vor, daß ihre Entfernung mißlingt. Weiter spielt die Scheide der Frau eine große Rolle als Versteck für Gegenstände verschiedenster Art bei Diebstahl, Schmuggel, Spionage etc. Auch bei »perversen« Sexualhandlungen gelangen häufig Gegenstände in die Scheide. Besonders wichtig sind die Fremdkörper, die Jugendliche und Kinder in die Scheide stecken. Sie fallen beim Kind nicht so leicht heraus wie beim Erwachsenen und werden durch das noch vorhandene Hymen oft zurückgehalten. Häufig führen sie zu einem starken Scheidenausfluß, der dann die Fehldiagnose einer → Gonorrhöe veranlaßt. Blutungen sind seltener. Hinter dem Fremdkörper entstehen öfter Scheidenverengungen, die ihn so festhalten, daß eine operative Entfernung erforderlich ist. Beliebt sind Haarnadeln, Obstkerne, Steine, Holzsplitter, Getreideähren, Knöpfe; seltener Eierschalen, Kohlestückchen usw. Eine Sechzehnjährige, die wegen einer Pfählungsverletzung der Scheide behandelt wurde, hatte sich 42 schwere Kieselsteine von insgesamt zweihundert Gramm in die Scheide eingeführt; ein anderes Mädchen eine Puderbüchse, ein drittes eine Dose mit Kaliumpermanganat, ein weiteres eine Patronenhülse. Oft werden Fremdkörper auch von anderen in die Scheide der Kinder gebracht. So steckte eine Achtjährige ihrer Freundin einen Flaschenkorken, einem anderen Mädchen ein Fremder, offenbar aus Sadismus, ein Stück Holz in die Scheide und erzeugte einen tiefen Scheidenriß. Ein Knabe führte einem Mädchen mehrmals täglich eine Schraube, einen Nagel und einen Bleistift in die Scheide ein und nahm sie auch wieder heraus. Dies sind wichtige Belege des immer wieder abgestrittenen Geschlechtslebens der Kinder. → Automasochismus, Einverleibung, Masochismus, Nadelschlucker, Pfählung, Sadismus.

Freud, Sigmund (1856–1939), Vater der Psychoanalyse. Seine Sexualtheorie war keineswegs das Produkt der Beschäftigung mit sexuellen Fragen. Im Gegenteil, in F.s frühen Schriften findet sich nicht die geringste Andeutung eines besonderen Interesses am Geschlechtsleben des Menschen. Erst durch seine ärztliche Praxis, und zwar bei der Behandlung von Hysterie, Zwangsneurose, Paranoia und Dementia praecox, entdeckte er, daß die Symptome dieser Krankheiten einen gemeinsamen Nenner zu haben schienen: sexuelle Appetenz, die von der internalisierten, für richtig befundenen gesellschaftlichen → Sexualmoral verdrängt wird und dadurch zur psychischen Erkrankung führt. Im Dilemma zwischen dem Wunsch, gewisse sexuelle Handlungen auszuführen, und dem Bewußtsein, daß diese Handlungen unmoralisch, ekelhaft oder verboten sind, flüchtet der Patient in die Krankheit. Erst bei der Untersuchung des Ursprungs der Gelüste, die diese heftige Abwehr der Psyche hervorgerufen hatten, machte F. die zweite große Entdeckung seines Lebens: daß all diese Gelüste sich bereits vor jener Lebensphase entwickelt hatten, die man bis dahin als den Anfang des Sexuallebens betrachtet hatte, nämlich vor der Pubertät. Bilden sich aber die sexuellen Regungen des Menschen heraus, ehe der Körper reif zur Fortpflanzung ist, kann die Fortpflanzung nicht der Zweck des Sexuallebens sein. Bei der Frage, warum der Geschlechtsverkehr eigentlich so reizvoll sei – einer Frage, die bis dahin niemand gestellt hatte, weil sie sich von selber zu beantworten schien –, gelang ihm die bahnbrechende Entdeckung, daß das gesamte Luststreben des menschlichen Körpers, ob mit der Fortpflanzung verknüpft oder nicht, aus einer einzigen Energiequelle kommt. Dieser Energie gab F. den Namen → Libido (lat.: Begierde). Ein Hauptzweck der Libido, aber durchaus nicht ihr einziger, besteht nun nach F. darin, den Menschen zur Fortpflanzung zu bewegen, indem sie die zur Fortpflanzung notwendige Körpertätigkeit, den → Koitus, reizvoll macht.

Hieraus ergibt sich, daß der Einwand seiner Gegner, er leite alle psychischen Prozesse von der Sexualität ab, unberechtigt ist. Denn er räumt der → Genitalität, die der Laie im täglichen Sprachgebrauch als »Geschlechtstrieb« bezeichnet, einen geringeren Anteil am menschlichen Lustbestreben ein, als es je zuvor geschehen war. Für ihn war das, was die meisten Menschen unter »Sexualität« verstehen, ein winziger Teil der Libido. Man könnte also sagen, daß Freud die Psychologie eher entsexualisiert als sexualisiert hat. An die Stelle eines einzigen »Sexualtriebs« stellte er eine Anzahl von → Partialtrieben, die nur wenig mit dem zu tun haben, was der Laie unter »Sex« versteht.

Freudenhaus, ein sehr altes Synonym für → Bordell. Es gemahnt an den in der kommerziellen Prostitution längst verlorengegangenen Begriff der rituellen oder → Tempelprostitution, den wir in Worten wie Freudenmädchen und → Freudenhol wiederfinden. Auch das Wort »Tempel« wurde in diesem Sinne während des Mittelalters benutzt. Vgl. auch im Frz.: Maison de joie, Fille de joie.

Freudenhol [= Freudenhöhle oder Freudenloch] nannte man im Mittelalter das deutsche Bordell. Das Wort *Mummenthaus* hat die gleiche Bedeutung.

Freundschaft. Sigmund Freud hat die Freundschaft vom Narzißmus, der Selbstliebe, abgeleitet und ihre Genese auf dem Umweg über die Homoerotik verfolgt. Das in der Entwicklung begriffene Kind muß erst einmal sich selbst, den eigenen Körper, zum Liebesobjekt machen, ehe es den Sprung zur Objektwahl eines anderen Menschen vornehmen kann. Da an dem zum Liebesobjekt gewählten Selbst die Genitalien die Hauptsache sind, führt der Weg zur Wahl eines heterosexuellen Liebesobjekts meist über den Umweg der freundschaftlichen Neigung zu einem Menschen mit den eigenen Genitalien, also zum gleichgeschlechtlichen Freund, zur gleichgeschlechtlichen Freundin. Selbst nach der Erreichung des heterosexuellen Ziels werden die homophilen Neigungen noch immer nicht gänzlich abgebaut, sondern bloß vom genitalen Sexualziel abgelenkt und neuen Verwendungen zugeführt. Sie vereinen sich mit bestimmten Ichtrieben, um in Zusammenarbeit mit ihnen ein Fortleben der Erotik in den nicht-genitalen Beziehungen zu anderen Menschen, vor allem zu Freunden, zu ermöglichen. Da bei solchen Beziehungen eine Hemmung gegenüber dem unbewußten genitalen Ziel auftritt, nennt Freud die Freundschaft auch »zielgehemmte Liebe«.

Obgleich er die Homosexualität des Erwachsenen als »Perversion« betrachtete, da sie in diesem Stadium steckengeblieben oder auf diese Stufe zurückgefallen (»regrediert«) sei und damit die erforderliche Hemmung des gleichgeschlechtlichen Genitalziels verpaßt habe, faßte er die kindliche Homosexualität also als »normal«, als gesunde, vielleicht sogar unerläßliche Durchgangsphase der jugendlichen Entwicklung auf.

Fricarelle, altfranzösisches Synonym für → Lesbierin. Von der lateinischen Wurzel frictrix = Reiberin, einer Übersetzung des griechischen Wortes → tribade. Das Wort spielt auf das gegenseitige Reiben der Geschlechtsteile zweier Frauen an.

Fricatrice, die französische Version des lateinischen Wortes frictrix = Reiberin, das seinerseits eine Übersetzung des griechischen tribade war.

Frigidität [lat.: frigidus = kalt], Geschlechtskälte. Giese hat hier mit Klarheit darauf hingewiesen, daß F. eine *Fehlhaltung* und kein organischer Defekt ist. Wie die → Unlustreaktion einen Lustmangel in Aggression, Wut, Angst oder Schmerz verwandelt, so kann sie auch den umgekehrten Weg gehen: oft beruht die F. auf Wut oder Aggression, Angst oder Schmerz.

Frigide Menschen entwickeln oft außerordentliche Fähigkeiten der Selbsttäuschung. Unbewußte, verdrängte Angst vor dem Manne gibt sich dann dem eigenen Bewußtsein gegenüber als Streben nach Frauenempanzipation aus, unbewußte Angst vor der Frau als Streben nach Emanzipation des Mannes. Andere halten ihre Angst für → Keuschheit und bezichtigen gesunde Menschen der Sittenlosigkeit, Geilheit oder mangelnden Selbstbeherrschung. Barbara Bross beschreibt den Fall einer Patientin, die ihre Frigidität als ein besonderes Geschenk der Natur und die Unzufriedenheit ihres Ehemannes als → Satyriasis betrachtete. Die Patientin sagte: »Das ist wie mit der Schönheit. Manche Frauen haben von Natur aus eine gute Figur und erhalten sie sich auch, weil sie nicht soviel essen. Andere Frauen haben dauernd Appetit und fressen sich voll und werden dick. Ich habe von Natur aus eine gute Konstitution. Ich habe weder auf Essen noch auf Sex Appetit und habe mir deshalb meine Gesundheit erhalten.«

»Und wie steht's mit der Gesundheit Ihres Mannes?« fragte die Ärztin.

»Ja, mein Mann ist krank. Der will dauernd mit mir schlafen.« Dr. Bross kommentiert: »Eine solche Frau dürfte nie heiraten. Da sie den vorehelichen Geschlechtsverkehr für unsittlich hält, kann eine solche Frau die Gesundheit ihres Ehemanns (und oft die ihrer Kinder) ruinieren, ehe Mann und Kinder die Gelegenheit haben, die Heiratsunfähigkeit der Frau zu erkennen.« → Alibido, Anästhesia sexualis, Anaphrodisie, Anerotismus, Anhedonie, Anorgasmie, Aphanisis, Asexualität, Asthenie, Ejaculatio deficiens und retardata, Femme de marbre, Hypästhesie, Hyphedonie, Hyposexualität, Impotenz, Libido deficiens, Orgasmolepsie, Orgasmus deficiens und retardatus, Parästhesie, Vaginismus.

Frotteur [frz.: Reiber], ein sexuell zurückgebliebener Mensch, der in dem infantilen Zustand der diffusen → Körpererotik steckengeblieben ist. Mit dem → Fetischisten teilt er das Streben nach → Anonymität, die Angst vor der verantwortungsvollen Kontaktaufnahme mit einem anderen Menschen. Im Gegensatz zum Objektfetischisten benötigt er aber doch einen sexuellen Partner. In diesem Konflikt nähert er sich einem Menschen des eigenen oder anderen Geschlechts im Gedränge (Straßenbahn, Untergrundbahn, Versammlungen, Demonstrationen, öffentliche Veranstaltungen) und versucht durch anonyme, unbemerkte Berührung mit dem anderen Körper zum Orgasmus zu gelangen. Bloch, Macé, Merzbach und Gugitz betrachten den F. als einen Stoff-Fetischisten (→ Hephephilie), der seine sexuelle Befriedigung darin findet, daß er sich an Frauen herandrängt, die ihm »wegen ihrer Bekleidung« besonders gefallen, um sie abzutasten und seine Genitalien mit ihnen in Verbindung zu bringen. Oft kommt es zu einer Art Exhibitionismus, der aber nicht als solcher zu bewerten ist, denn während der Exhibitionist sein Glied *zeigen* will, beabsichtigt der F. nur, es den anderen *fühlen* zu lassen. Er ist also ein → Hauterotiker, dessen Syndrom sich von dem des → Voyeurs oder → Écouteurs nur dadurch unterscheidet, daß er durch den → Tastsinn operiert, während die anderen sich des Gesichts- oder Gehörsinns bedienen. Während dieser Berührung tritt der F. in eine komplizierte pseudolistische Verbindung mit seinem Partner. Er bildet sich einen Dialog ein, der aus Herausforderung und Hingabe besteht. Nine Christine Jönsson hat das sehr gut in ihrer Skizze *Schlangestehen* im ersten Band der schwedischen Novellensammlung *Liebe* erfaßt (Bengt Forsbergs Förlag, Malmö 1965, Herausgeber Bengt Andersberg). Giese sagt: »Es gibt darüber hinaus aber auch selbständige und perverse Ausfaltungen dieser Stilbildung. Sie können besonders auch mit pädophilen Erlebnissen bzw. Wünschen einhergehen. Die abnorme Haltung tritt, wie immer wieder berichtet wird, im wesentlichen Fremden gegenüber in Erscheinung. Der Partner soll nicht nur am Anfang anonym sein, sondern er soll das auch im weiteren Verlauf bleiben. Es gibt Frotteurs, denen es auf eine gänzlich unbeteiligte Haltung des Partners ankommt. Es gibt aber auch

Frotteurs, denen es auf irgendeine Reaktion des Partners ankommt, zugleich damit aber auf das Bewahren der prinzipiellen Anonymität. Kennzeichend für den Frotteur ist noch dies, daß die sinnliche Wahrnehmung des Tastens bzw. Fühlens im Vordergrund des Erlebens steht, d.h. das unmittelbare Ansichspüren eines lebend-beweglichen, unbekannten Körpers, dessen Wärme, Art der Bewegung, Figur usw. Von hier aus dürfte der Ansatz zum Fetischismus hin zu sehen sein. Von alledem unabhängig können Frotteurs ihre Stilbildung prinzipiell heterosexuell oder homosexuell ausfalten.« Die Analogien zum → Berührungszwang und zur → Muskelerotik bieten sich an.

Fruchtwasser hat im Volksgebrauch stets mehr als das Wasser bedeutet, in dem der Fötus schwimmt. Wasser ist häufig das Symbol der Fruchtbarkeit. Fruchtwasser ist deshalb die Essenz der Fruchtbarkeit. Es taucht in dieser Funktion noch heute bei den »Hexenkulten« auf, die die heidnischen Mutterreligionen am Leben zu halten versuchen. Vgl.: Bad, Brunnen, Wasser.

Frühehe, eine Ehe, bei der die geistige Reife der Ehegatten geringer als ihre sexuelle Reife ist. Der juristische Begriff der F. als einer Ehe, bei der einer der Ehegatten minderjährig ist, hat wenig Sinn, denn manche Menschen erreichen ihre geistige Reife vor der Volljährigkeit, während andere sie auch viele Jahre später noch nicht erreicht haben. Filippo Gramatica und andere Exponenten der vergleichenden Rechtsforschung haben deshalb schon seit langem die Abschaffung aller juristischen Altersgrenzen und statt dessen Maßregeln vorgeschlagen, die auf die Persönlichkeit der Beteiligten abgestimmt sind. In der ganzen Welt (mit der einzigen Ausnahme von China) zeigt sich heute die Tendenz, früher als in der Vorkriegszeit zu heiraten.

Die Gefahren der F. sind außerordentlich ernst. Kinder aus Frühehen sind fast stets weniger reif, ausgeglichen und lebensfähig als die Kinder reifer Eltern. Da die Scheidungszahl der F. um so höher liegt, je früher die Ehe geschlossen wird, und da die Möglichkeit der gesellschaftlichen Entwurzelung bei Kindern aus geschiedenen Ehen fast ebenso hoch liegt wie bei unehelichen Kindern, ist die Wahrscheinlichkeit, daß die Kinder asozial aufwachsen, um so größer, je früher die Eltern heiraten. Eigentümlicherweise sind gerade diejenigen, die den Schutz der Ehe und Familie besonders nachdrücklich befürworten, oft für die Zerstörung von Ehe und Familie verantwortlich. Es gibt keinen Ehetypus, der eine höhere Scheidungsziffer, eine größere Verwahrlosung der Kinder und eine höhere Kindesmißhandlungsziffer aufweist, als die Ehen, in denen der Mann »aus sittlicher Pflicht« die Frau geheiratet hat, die von ihm ein Kind erwartete. »Die Situation der werdenden Mutter kann nicht ernst genug genommen werden, denn die Schwangerschaft ohne Heirat ist eine ungeheure Belastung. Vor einer überstürzten Zwangs- oder Unglücksheirat aber sollte man die Mutter und das Kind und auch den Erzeuger möglichst bewahren; von Ausnahmen abgesehen. Nur 28 Prozent unehelicher Kinder werden durch Heirat der Kindeseltern legitimiert. Mit der Erfüllung einer sittlichen Pflicht ist es daher praktisch nicht weit her. Das Postulat der Erfüllung sittlicher Pflicht in den Gerichtsentscheidungen ist weitgehend nur eine Utopie, in Wirklichkeit wird es allzu oft nur eine Zwangsehe, die ins Unglück führt. Allzuviel Unglück ist, auch für die Kinder, daraus entstanden. Gerade wer den Schutz von Ehe und Familie will, kann nicht genug vor solchen Zwangsehen warnen« (Jugendamtsleiter i. R. Leo Pelle auf der Klausurtagung der Deutschen Arbeitsgemeinschaft für Jugend- und Eheberatung in Hannover, 1960).

Die Eheberaterin Emilie Lottig hat auf der gleichen Klausurtagung die folgenden Erfahrungen mitgeteilt: »Für die junge, oft noch unerweckte Frau beginnen nun die Belastungen; sie steht – was heute im Zuge der Gleichberechtigung fast selbstverständlich mit einkalkuliert wird – mit im Beruf, sie hat für das Kind und den Haushalt zu sorgen und muß noch den Wünschen des jungen, auf diesem Gebiet meist anspruchsvollen Ehemannes genügen. Irgendwo muß sie der Überforderung Einhalt gebieten, und zuerst wird sie sich – einfach auch aus Müdigkeit – dem Manne verweigern, außerdem kann sie sich nicht ohne sofortige schwerwiegende Folgen dem Kind, dem Haushalt und selbst dem Beruf entziehen. Der nun ›vernachlässigte‹ Ehemann, der in den Fällen, die zu unserer Diskussion stehen, zu eben diesen Ausweichenden gehört, will seine Wunscherfüllung nicht missen und sucht einen anderenPartner. Die Untreue dieser jungen Männer ist oft so dumm und auch beziehungslos zum ›Objekt‹ ihrer Wahl; sie ist kein Don-Juanismus, sondern Flucht ins Vergessen des Unbehagens in der jungen Ehe im außerehelichen Verkehr. In dieser Situation liegt auch mit eine wesentliche Ursache zur Untreue der Frauen, die in Überforderung durch Mann, Kind, Haushalt und Beruf ihre leib-seelische Bereitschaft für den Ehepartner verlieren, in den Mängeln des Mannes die einzige Ursache zu sehen vermeinen und nun Fremdeinflüssen und Beziehungen zugänglich werden. Sie gehen ›fremd‹, um sich einmal selber bestätigt zu fühlen.«

Ein Hauptmotiv für Frühheirat ist gänzlich asexuell: der Wunsch, erwünscht zu sein; die Sehnsucht nach einem Wesen, das den jungen Menschen mit jener Achtung, jenem Interesse, jenem Respekt behandelt, die er nie von seinen Eltern empfangen hat. Professor Dr. Wolfgang Metzger hat einmal in einem Referat vor der Deutschen Arbeitsgemeinschaft für Jugend- und Eheberatung gesagt, der Hauptgrund für das Streben der Jugend, möglichst früh das Elternhaus zu verlassen und mit einem Menschen des anderen Geschlechts zusammenzuleben, sei nicht der Wunsch nach Geschlechtsverkehr, sondern »das Bedürfnis nach einem Menschen, der sich nicht nur aus Pflicht, sondern aus Neigung um einen kümmert, dem man etwas bedeutet, der sich freut, wenn man kommt, und traurig ist, wenn man sich wieder trennen muß. Diese Sehnsucht ist verständlich bei der wachsenden Zahl von Kindern, die ihre beiderseits berufstätigen Eltern entweder gar nicht oder nur hinter der Zeitung oder vor dem Fernsehschirm zu sehen bekommen, ganz allgemein, deren Eltern teilnahmslos neben ihnen herleben, solange nicht irgendeine Strafe erteilt werden muß. Das heißt, sie erwächst aus der nie endenden häuslichen Verlassenheit, Einsamkeit und Ausgestoßenheit, die in der Gesellschaft unserer Zeit den Kindern gedanken- und gewissenlos in zunehmendem Maße auferlegt wird.«

Es ist deshalb kein Zufall, daß die Mehrzahl aller Frühehen von Kindern unglücklicher, zerrütteter oder belasteter Elternehen eingegangen wird. Nach den langjährigen Untersuchungen des Hamburger Rechtsanwalts Dr. Bernhard Servatius handelte es sich bei den Männern, die Frühehen anstrebten, meist um die ältesten oder zweitältesten Söhne kinderreicher, aber wirtschaftlich und seelisch bedrängter Familien. Der Wunsch zur Frühehe war also eher ein Bestreben, das Elternhaus so früh wie möglich zu verlassen, als ein Verliebtsein. Nicht das Ziel (die künftige Ehefrau), sondern der Ausgangspunkt (das unglückliche Elternhaus) war der Grund für die Ehe. Bei Mädchen dagegen handelte es sich in ungewöhnlich großer Zahl um Töchter aus Restfamilien, die nur noch aus Mutter und Tochter bestanden, und um Waisen.

Frühschwangerschaft, ein charakteristisches Problem der Gegenwart. Sowohl eheliche wie → uneheliche Erstkinder werden seit dem Kriege von jüngeren Müttern als vor dem Kriege geboren. Eine große Anzahl junger Mütter steht im schulpflichtigen Alter. Hieraus erwuchs das Problem ihrer Erziehung. Wo schwangere Mädchen noch vor wenigen Jahren die Schule verlassen mußten, wenn sie nicht lieber freiwillig austraten, wo somit ihre Ausbildung häufig im Alter von vielleicht 15 oder 16 Jahren endete und der allzu jungen, ledigen Mutter in vielen Fällen im Berufsleben nur noch die Stelle einer ungelernten Arbeiterin offenstand, da sollen jetzt Sonderschulen helfen, die speziell für Fälle dieser Art geschaffen wurden und noch eingerichtet werden.

Nach einer Statistik des amerikanischen Gesundheitsministeriums ist die Zahl der unehelichen Kinder, die von minderjährigen Mädchen geboren werden, in den letzten Jahren nahezu unverändert geblieben. Die meisten werdenden Mütter unter den Schülerinnen, denen die Sonderschulen offenstehen sollen, kommen aus Familien mit geringem Einkommen, die es sich nicht leisten können, ihre »gefallenen Töchter« in Privatinstitute zu schicken. Ihre einzige Hoffnung bleibt die Möglichkeit einer Weiterbildung in einer öffentlichen Schule. Einen beispielhaften Anfang machte die amerikanische Bundeshauptstadt Washington, wo bereits 1963 die Webster-Schule für schwangere Schülerinnen eröffnet wurde. Die Anstalt unterrichtete schon im ersten Jahr 150 werdende Mütter; 1970 waren es bereits vierhundert. »Es war ein ziemlich kühnes Unternehmen«, bekannte später der stellvertretende Schulrat für den Bundesdistrikt Columbia, John Koontz. »Anfangs stießen wir auf eine ausgesprochen feindselige Haltung konservativ denkender Schulmänner. Einige von ihnen meinten, wir leisteten der Unmoral Vorschub. Jetzt wird unsere Sache allgemein anerkannt.«

Die Einrichtung hat inzwischen Schule gemacht. Andere große Städte sind dem Beispiel gefolgt und haben Unterrichtsstätten eingerichtet, deren gesamte Schülerschaft aus jungen Mädchen besteht, die ein Kind erwarten.

In Chicago wurde 1966 eine weitere Schule für werdende Mütter eröffnet. Dreihundert Mädchen meldeten sich an. Syracuse im US-Staat New York richtete im Oktober 1965 ein Institut für zunächst 60 Schülerinnen mit einem normalen Lehrplan, einer speziellen Gesundheitsfürsorge und einer Sozialberatung ein. Los Angeles hat 1967 mit einem jährlichen Zuschuß von 230 000 Dollar (damals 920 000 Mark) zwei Klassenräume im städtischen Krankenhaus für je fünzig werdende Mütter in jugendlichem Alter zur Verfügung gestellt. Die Mädchen erhielten hier täglich je vier Stunden normalen Schulunterricht und wurden zusätzlich sorgsam auf die Geburt vorbereitet. »Die Teilnahme ist freiwillig«, erklärte ein Sprecher der Sonderschule in Los Angeles. »Unser Ziel ist es, den Mädchen die Möglichkeit zu geben, ihre Schulausbildung abzuschließen. Eine erfreuliche Zahl von Schülerinnen geht nach der Entbindung auch zur Schule zurück.« In Dayton, Ohio, wird schwangeren Schülerinnen die Möglichkeit geboten, Abendkurse zu besuchen. »Der Hauptgrund dafür, daß wir schwangere Mädchen ersuchen, die öffentliche Schule zu verlassen, ist moralischer Art«, erläuterte ein Schuldirektor von Dayton. »Wenn wir sie weiter unter ihren Mitschülern ließen, dann erhielten diese vielleicht den Eindruck, daß solche Fehltritte geduldet würden.«

Anderenorts werden solche Schülerinnen zu Hause unter der Aufsicht eines regelmäßig vorbeikommenden Lehrers weitergebildet. Die Mädchen erhalten ihre Hausaufgaben per Telefon oder besuchen Abendkurse in Gemeinschaftszentren. Sobald das Baby da ist, redet man den jungen Müttern zu, in die öffentlichen Schulen zurückzukehren und ein Abschlußzeugnis zu erwerben.

In Massachusetts werden minderjährige werdende Mütter nach dieser Methode zu Hause unterrichtet; der Staat trägt die Hälfte der Kosten. Im Staat Washington stehen schwangeren Schülerinnen Abendkurse, Hausunterricht, Fernkurse und nach der Entbindung wieder die öffentliche Schule offen.

Funiculitis, eine meist durch → Gonorrhöe erzeugte Inflammation des Samenstranges. Die F. gibt sich als runder, etwa bleistiftdicker oder stärkerer schmerzhafter Strang zu erkennen. Die Schmerzen erstrekken sich auch nach oben und sind zuweilen über der Leistenbeuge bis in die Bauchhöhle hinein spürbar. Die Ausstrahlungsschmerzen, zum Teil durch Übertragung der Entzündung auf den umgebenden Peritonealüberzug verursacht, sind ungemein heftig. Mit dem Abklingen der akuten Erscheinungen kann die allmähliche Rückbildung der F. beginnen, die allerdings gewöhnlich ziemlich lange dauert.

Furor uterinus [lat.: Gebärmutterwut] → Nymphomanie.

füßerln → faire le michelin.

Fußfetischismus, eine sexuelle Abweichung, bei der sich das Interesse von der Gesamtpersönlichkeit des Sexualpartners auf den Fuß verlagert, der nun als Substitut dieser Person betrachtet wird. Freud deutete den Fuß als ein Penissymbol aus und betrachtete männlichen Fußfetischismus deshalb als eine larvierte Form der → Homosexualität, weiblichen F. jedoch als eine Art des privaten Phalluskults. Krafft-Ebing dagegen sah den F. bei beiden Geschlechtern als eine Form des → Masochismus, da die Bewunderung des Fußes den versteckten Wunsch der Unterwerfung enthalte. Ebenso wie man als Zeichen der Unterwerfung des Gegners früher den Fuß auf dessen Leib setzte, so sei es auch heute noch in der Liebe. Die Ätiologie eines Falles von Fußfetischismus beschreibt Moll. Der betreffende Fetischist hatte als sechsjähriges Kind die Füße des Dienstmädchens beim Waschen des Fußbodens mit besonderem Interesse beobachtet und seitdem beim Anblick nackter und schöner Füße die heftige Begierde empfunden, diese zu berühren und zu küssen. Zwischen dem 13. und 16. Lebensjahr wurde seine Schwärmerei für nackte Frauenfüße so groß, daß deren Anblick bei ihm stets geschlechtliche Erregung hervorrief. Der Fußfetischist küßt die Füße der Geliebten, leckt sie ab (→ Zehenlutscher), versucht mit ihnen zu »masturbieren«. Weibliche Fußfetischisten versuchen oft, den Fuß oder die Zehen ihres Geliebten als Penis zu benutzen und in die Vagina einzuführen. → Fetischismus, Fußketten, Schuhfetischismus, Strumpffetischismus.

Fußketten, einerlei ob als Schmuck oder als Fesselung, haben stets einen eigentümlichen sexuellen Reiz auf beide Geschlechter ausgeübt. Selbst in Europa, wo der menschliche, besonders der weibliche Fuß, niemals so große sexuelle Bedeutung gehabt hat wie in Asien, haben Fußfetischisten stets eine besondere Vorliebe für F. gezeigt. In Arabien pflegten die Eltern die Füße ihrer Töchter mit goldenen F. zu fesseln, um sicher zu sein, daß das Mädchen »keusch« blieb. In der sadomasochistischen Wunschwelt nehmen F. einen besonderen Platz ein, weil hier die Komponenten des masochistischen Getretenwerdens und des sadistischen Tretens zusammenfließen. → Armband, Fesselung, Fußfetischismus, Gürtel, Halsband, Halskette, Käfig, Ketten, Knebelung, Kolligationsfetischismus, Korsett, Maske, Riemen, Schmuck, Selbstfesselung, Strick.

G

Gadales, männliche Huren des Mittelalters. Die etymologische Wurzel des Wortes ist unklar. Karl der Große erwähnt G. in seinen Kapitularien unter *De Disciplina,* Kap. 3. Vgl.: Eintänzer, Gigolo, Homosexualität, männliche Prostitution.

Galérienne nannte man in Paris während der Cancan-Zeit eine Prostituierte, die sich auf den Galerien der Tanzsäle aufhielt. → Cancanneuse, Chahuteuse, Guincheuse.

Galli [lat.: Gallier, Kelten], Priester der Magna Mater, der großen Muttergöttin, die kastriert waren und bei analerotischen Akten als passive Tempelprostituierte dienten. Vgl.: Achnutschik, Basir, Basm, Batscha, Berdache, Bote, Epanga, Homosexualität, Kedeschim, Knabenehe, Mujadores, Ovashengi, Päderastie, Puer sanctus, Pumea, Schupan, Tempelprostitution, ritueller Transvestitismus, Tschukadn. → Mutterrecht, Mutterreligion.

Gànem [indonesisch: Glied], künstlicher Penis zur Selbstbefriedigung der Frau. Vgl.: Selbstbefriedigungsinstrumente.

Ganeum [lat.: Garküche] nannte man ein römisches Lokal, in dem junge Mädchen als Animierdamen oder Prostituierte arbeiteten. Hieraus entstand die sekundäre Bedeutung des Wortes ganeum: Kneipenleben oder Ausschweifung. → Caupona, Kapeleion, Lesche, Popina, Taberna.

Garrulitas vaginae [lat.: Die Geschwätzigkeit der Scheide], Scheidenblähungen, Geräusche beim Koitus, wenn die vom Penis in die Vagina gepreßte Luft ausströmt; deshalb bereits von den Römern → flatus vaginae (Scheidenfurz) genannt.

Geburtenbeschränkung, die gezielte Reduktion der potentiellen Nachkommenschaft. Die menschliche Bevölkerung hat im Jahre 1978 vier Milliarden überschritten. Sie wird sich voraussichtlich bis zum Jahre 2000 noch einmal verdoppeln. Selbst wenn diese Anzahl noch ernährbar sein sollte, was mit keiner bis jetzt bekannten Technologie möglich ist, so würde das derart enge Zusammenleben der Menschen unerträgliche psychische und sexuelle Probleme auslösen. Es ist deshalb kein Zufall, daß die Frage der G. gegenwärtig ernster diskutiert wird als zu irgendeiner Zeit seit Malthus (1766–1834).

Solange Fruchtbarkeit noch eine Tugend war, solange das Überleben unserer Gattung noch von mangelnder Vermehrung bedroht war, war auch die Ablehnung der G. berechtigt. Aber von dem Augenblick an, wo jede zusätzliche Geburt das Überleben einer vielfachen Zahl anderer Menschen zu gefährden begann, schlug der Glaube an das inhärent Gute der Vermehrung in sein Gegenteil um. Heute grenzt es ans Kriminelle, mit dem Appell an die Heiligkeit des »ungeborenen« Lebens Geburten zu erzwingen. Es gibt keinen medizinischen Zweifel daran, daß der Großteil aller heutigen Krankheiten auf zwei Ursachen zurückgeht: zu dichte Besiedlung der Erde und Verseuchung vieler biologisch wichtiger Substanzen. Das zweite ist das Resultat des ersten. Im Gegensatz zu der Vorstellung, daß man durch »Umweltschutz« diesen Prozeß rückgängig machen könne, ist er irreversibel. Wir können bestenfalls die Verschlechterungsrate verringern, aber aufheben können wir die Umweltverschmutzung nicht mehr, und den bereits angerichteten Schaden wiedergutmachen können wir mit keinem Mittel der Welt. Wenn es heute ein Gebot gäbe, das Vorrang vor allen anderen Geboten hätte, dann wäre es also die drastische Reduktion der Geburtenziffer. Eine Kirche, die sich heute noch gegen eine Einschränkung der Natalität sträubt, sündigt gegen Gottes Wort. Wir haben nur noch kurze Zeit auf dieser Erde zu leben. Jede Vermehrung der Menschheit verkürzt diese Zeit. Jede Geburt tötet viele tausende, die noch nicht geboren sind. »Mehr« ist nicht mehr »besser«. »Groß« ist nicht mehr »fortschrittlich«. Der Umschlag der Quantität in die Qualität ist negativ geworden. Fast alle Wertmaßstäbe, die gestern noch gültig waren, sind im Angesicht dieser Tatsachen ungültig geworden. Darunter auch der Wertmaßstab dessen, was im Verhältnis der Geschlechter zueinander gut und schlecht ist.

Schlecht ist, was die Verseuchung vermehrt. Und was vermehrt die Verseuchung? Die Vermehrung des Menschen. Fruchtbarkeit ist also keine Tugend mehr. Fruchtbarkeit ist zu einem Vergehen gegen die Gemeinschaft geworden.

Geburtenplanung, einerseits die staatliche Steuerung der Geburtenrate mit Hilfe von finanziellen und anderen Mitteln; andererseits die gezielte Planung des Nachwuchses in einer gegebenen Familie. Der staatliche Mißbrauch der G. im Deutschland der NS-Zeit hat Mißtrauen gegen jede Form des staatlichen Eingriffs in das Geschlechtsleben und die Fortpflanzung des Staatsbürgers erzeugt. Andererseits versucht jede Regierung, die Soldaten und Arbeitskräfte benötigt, die Geburtenrate durch finanzielle Begünstigung größerer Familien und hohe Besteuerung der Junggesellen zu heben. Nur wenige Staaten (darunter Japan und China) versuchen aus ökologischen Gründen die Geburtenrate zu bremsen. Familienplanung wird dagegen in fast allen Industriestaaten des Westens und Ostens als sinnvoll betrachtet und von den intellektuellen Schichten auch praktiziert. Sie dient nicht nur den Eltern, sondern auch den Kindern; denn das Kind, das nicht ausdrücklich von seinen Eltern gewünscht ist, rächt sich sein Leben lang für die Tatsache, daß es geboren worden ist. Es rächt sich an seinen Eltern, seinen Mitmenschen und der ganzen menschlichen Gesellschaft. Das sogenannte »Verbrechen« ist eigentlich nichts anderes als die Rache der ungewollten Kinder. G. ist also das extreme Gegenteil von dem, was ihre Gegner darunter verstehen: nicht Geburtenverhinderung und schon gar nicht → Abtreibung, sondern die Zeugung von gewünschten, gewollten, geliebten und deshalb lebensfähigen Kindern. → Emmenagoga, Empfängnisverhütung, IUCD, Karezza, Kastration, Kondom, Malthusianismus, Neo-Malthusianismus, Pille, Rhythmusmethode, Sterilisation, Verhütungsmittel.

Geburtsangst, ein Wort mit zwei völlig verschiedenen Bedeutungen. Bei dem Psychoanalytiker Otto Rank (1884–1939) bedeutet es die Angst des Fötus vor dem Geborenwerden. Rank glaubte, daß die Geburt den größten Schock des menschlichen Lebens darstellt (*Das Trauma der Geburt,* 1924) und daß alle späteren Ängste hierauf zurückgehen. Dies ist eine außerordentlich wichtige, von vielen Psychoanalytikern nur allzu leichtfertig abgetane Alternative zur Freudschen Ödipustheorie mit ihrer noch immer zweifelhaften Erklärung der Kastrationsfurcht als Wurzel aller Angst. – Im Sprachgebrauch mancher Gynäkologen bedeutet G. dagegen die Angst der Mutter vor dem Gebären. → Tokophobie.

Geburtstrauma. Sigmund Freud führte die Urangst des Menschen auf die Kastrationsfurcht zurück, auf die Angst, seine Potenz zu verlieren. Freuds Schüler, unter ihnen vor allem Otto Rank, Sandor Ferenczi und Siegfried Bernfeld, aber später auch Nandor Fodor und G. H. Graber, haben die Szene der Urangst immer früher in die Kindheit, ja sogar ins pränatale Stadium zurückverlegt. Von einigen Analytikern wird die Urangst deshalb heute mit dem »Geburtstrauma« gleichgesetzt, mit der »Vertreibung« aus dem Mutterleib, die von ihnen als Urform der Legende von der Vertreibung aus dem Paradies betrachtet wird.

Das eigentliche Paradies, argumentieren sie, sei der Körper der Mutter: der einzige Ort, wo der Mensch sich je sicher gefühlt habe, frei von Angst, aber auch frei von der Notwendigkeit, für sich selbst zu sorgen und für die eigenen Taten Verantwortung übernehmen zu müssen. Die Sehnsucht des heterosexuellen Mannes nach dem Körper der Frau wäre dann nichts anderes als das Heimweh nach dem Mutterleib. Auch die Liebeswünsche der Frau und des nicht-heterosexuellen Mannes seien Surrogatformen der archaischen Suche nach dem verlorenen Paradies, Varianten des Urwunsches nach Rückkehr zum gelobten Land, zur sorgenfreien Existenz, zur vorkulturellen Freiheit von den Bürden der Kultur, der Verantwortung und der Arbeit. Diese Analytiker faßten dann auch prompt den »kleinen Tod«, den Prozeß des Vergessens der Sorgen und des Selbst im Moment des Orgasmus, als temporäre Rückkehr zum pränatalen Status der Sorglosigkeit und Selbst-Losigkeit auf; als Beweis, daß der Ursprung des Geschlechtsverkehrs bei allen Wesen im unbewußten Heimweh nach einem vorgeburtlichen Zustand zu suchen sei.

Geburtswehen mögen gottgegeben sein, wie Gen. 3, 16 glauben läßt, aber es ist merkwürdig, daß Frauen in patriarchalischen Gesellschaftsordnungen stets größere Gebärschwierigkeiten und Geburtsschmerzen haben als in Kulturen, die noch Überreste mutterrechtlichen Denkens bewahrt haben. Es ist deshalb zweifelhaft, ob die verschiedenen Methoden der »natürlichen« Geburt, die von Grantley Read und anderen Ärzten unserer Zeit ausgearbeitet worden sind, wirklich viel helfen können, solange unsere Gesellschaft ihre grundsätzlich frauenfeindlichen Tendenzen beibehält. Es kann kaum Zufall sein, daß die beiden frauenfeindlichsten Stellen des Alten Testaments am Anfang der menschlichen Schöpfungsgeschichte stehen. Denn als diese Teile des ersten Buches Mose geschrieben wurden, mußte sich die junge jüdische Vaterreligion noch bitter mit den Mutterreligionen ihrer Nachbarn auseinandersetzen. Was wir heute als Antifeminismus lesen, war damals ein Aspekt des heiligen Krieges der Juden gegen ihre Feinde: »Ich will dir viel Schmerzen schaffen, wenn du schwanger wirst; du sollst mit Schmerzen Kinder gebären.«

Ähnliche Sätze gibt es in keiner der Mutterreligionen, und ebensowenig das Konzept vom → Kampf der Geschlechter. Nur Vaterreligionen haben Vorstellungen von so grausamer Aggressivität wie das hebräische Wort: »Und ich will Feindschaft setzen zwischen dir und dem Weibe und zwischen deinem Samen und ihrem Samen.« Wieso Feindschaft? Wieso nicht Liebe? Hier liegt der grundsätzliche Unterschied zwischen der Mentalität der Mütter und der der Krieger. Und die Krieger waren es, welche die einstmals ebenbürtige Position der Frau so lange erniedrigten, bis sie von selber zu glauben begann, sie sei »von Natur« passiv, es sei ihre »Natur«, beim Geschlechtsverkehr weniger zu empfinden als der Mann; es sei dem Mann vorbehalten, im Leben die führende Rolle zu übernehmen; kurzum, der Mann sei besser als die Frau.

Nun ist es zweifellos wahr, daß die Frauen der westlichen Gesellschaft heute weniger aktiv als die Männer sind, weniger beim Geschlechtsverkehr empfinden und seltener eine führende Rolle im gesellschaftlichen und geschlechtlichen Leben einnehmen. Aber das liegt nicht in ihrer Natur, sondern in jener Koppelung von Suggestion und Zwang, mit der die patriarchalische Gesellschaft die Frau zu dem gemacht hat, was sie heute ist. Wer jemals in Polynesien, Südostasien und großen Teilen Afrikas gelebt hat, weiß, daß Frauen zumindest nicht weniger aktiv als Männer im Sexualleben zu sein brauchen und ganz gewiß nicht weniger intensive Sexualempfindungen haben. Daß die Frauen in all diesen Regionen geringere Geburtsschmerzen empfinden, kann kein Zufall sein. Wer ohne Lust empfängt, kann nicht mit Freude gebären. Wer aber mit Lust empfängt, wird sich zumindest auf sein Kind freuen. Die einzelne Frau kann sich nur selten über die Ängste hinwegsetzen, welche die patriarchalische Gesellschaft ihr eingeimpft hat. Ringt sich aber die Gesellschaft als Ganzes von der Illusion der Minderwertigkeit der Frau los, so wird die Frau beweisen, daß sie mit ebensoviel Freude gebären wie empfangen kann. → Gleichberechtigung, Mutterrecht, Mutterreligion, Weiblichkeit.

gefährliches Alter nannte die Autorin Karin Michaelis das → Klimakterium der Frau. Die tatsächlichen Gefahren beginnen aber früher und enden später – bei der Frau in den Dreißiger- und Fünfzigerjahren, beim Mann zwischen 45 und 50. Die Frau hat nicht nur ein gefährliches Alter, sondern zwei. Im ersten hat sie, wenn sie verheiratet ist, oft ihre erste (und manchmal auch einzige) außereheliche Liaison. Im zweiten leitet sie, weil ihr sexuelles Bedürfnis gegen Ende der Menstruation sprunghaft anwächst und ihr Ehemann ihren Wünschen meist nicht mehr nachkommen kann. So beginnt die Frau nun, sich für junge Männer zu interessieren. Ist sie wohlhabend, wird sie vielleicht versuchen, die Gunst junger Männer mit Geld zu erlangen – nicht unbedingt, indem sie sich »Liebe erkauft« (so viele → Gigolos gibt es nicht), sondern indem sie jungen Männern das Studium finanziert, sie als Gäste aufnimmt, die Arbeit junger Künstler unterstützt und so weiter. Bürgerliche Ehemänner, die ihr Leben lang hart gearbeitet haben, sterben gewöhnlich früh und hinterlassen ihren Frauen ihr Vermögen. Was ist wahrscheinlicher, als daß sich eine reiche Witwe, die sonst nichts zu tun hat, einen jungen Mann zulegt?

Moralisch ist darin nichts Verwerfliches zu sehen. Viele berühmte Männer verdanken ihre Karriere Frauen von Ende Vierzig und Anfang Fünfzig, mit denen sie befreundet waren. Die Familie Winston Churchills verdankt ihr Vermögen einer solchen Frau, Barbara Villiers, der ehemaligen Mätresse Karls II., die für eine Nacht mit Sir John Hungerford zehntausend Pfund erhielt und in der nächsten Nacht die Hälfte davon ihrem mittellosen jungen Protégé John Churchill schenkte. Er kaufte sich dafür eine Leibrente, begann eine militärische Karriere, und einige Jahre, nachdem ihn die Königin zum Herzog von Marlborough ernannt hatte, schlug er Ludwig XIV. bei Blenheim.

Eine taktvolle Frau, die auf ihre Erscheinung achtet und geistige Vorzüge besitzt, hat mehr Recht auf die Gunst junger Leute als ein Mann von Fünfzig, der weder Takt noch Intellekt besitzt. Die Schwierigkeiten beginnen, wenn eine Frau in diesem Alter weder über Takt noch über Intelligenz verfügt und ihr Geld unverhohlen als Köder benutzt, um junge Männer zu sich ins Bett zu locken. Denn dem Mann, der das gleiche tut, verzeihen es die anderen Männer. Der Frau aber verzeihen es die anderen Frauen nicht.

Der erste und wichtigste Höhepunkt im Leben der Frau beginnt rund zwanzig Jahre früher: gegen Mitte der dreißiger Jahre, wenn die verheiratete Frau ihre sexuelle Sicherheit gewonnen und Geschmack an Männern gefunden hat. Die Unerfahrenheit von früher ist überwunden. Die Hemmungen, Ängste, Schuldgefühle sind vorbei. Die ersten beiden Kinder sind geboren, und damit ist auch das Bedürfnis nach Mutterschaft gestillt. Nun ist die Frau in ihren besten Jahren. Jeder erfahrene Mann weiß, daß es keine interessantere Frau als die Mittdreißigerin gibt. Er wird sie stets den jüngeren und älteren Frauen vorziehen. Und wenn sie aufmerksam ist, merkt sie das und läßt ihn wissen, daß sie verstanden hat und ebenfalls interessiert ist.

Nur kurzsichtige Ehemänner werden aus den ein oder zwei Affären, die fast jede attraktive Ehefrau um diese Zeit hat, einen großen Wirbel machen, denn zehn Jahre später werden sie die gleiche Toleranz von ihren Ehefrauen erwarten. Und eine Ehefrau, die ihre eigene Affäre gehabt hat, wird ein geduldigeres Verständnis für die ihres Mannes haben.

Barbara Bross schreibt in einem ihrer Frauenbücher: »Wenn dein Mann zu dieser Zeit eine jüngere Frau trifft, wird er sich selbst jünger fühlen. Wenn du ungefähr ebenso alt bist wie er oder nur einige Jahre jünger, dann kann sich dein Körper mit dem eines jungen Mädchens, einer Frau in den Zwanzigern oder auch einer geschiedenen Frau Mitte der Dreißiger nicht mehr messen. Wenn dein Mann mit 50 noch einigermaßen gut aussieht, dann werden diese drei Altersgruppen ihm mehr oder minder offene Angebote machen. Diese Angebote abzulehnen geht über die Widerstandskraft der meisten Männer. Das Problem ist deshalb für dich nicht, ob dein Mann in dieser Phase seines Lebens Affären haben wird oder nicht; es steht nicht einmal zur Debatte, was du tun kannst, um ihn daran zu hindern, sondern einfach, was du tun sollst, um ihn trotzdem zu halten. Geduld, das Fehlen offenkundiger Eifersucht von deiner Seite, Mitgefühl für das Dilemma, in das er geraten ist, und die schlichte Weigerung, dich zu beklagen, werden am Ende siegen. Wenn dein Mann über Fünfzig hinaus ist, wird er bei dir bleiben. Wenn du ihn halten willst, übe bis dahin Geduld.«

Der Grund für diese Seitensprünge des Mannes ist, daß sich selbst der beste Ehemann in jenen Jahren, da seine Männlichkeit zum letztenmal einen Aufschwung nimmt, bei seiner Frau sexuell langweilt. Wenn er bis dahin pro Woche zweimal oder häufiger mit ihr Verkehr gehabt hat, geschieht es jetzt nur noch dreimal in zwei Wochen und allmählich noch seltener. Das hat aber nichts mit schwindender Potenz zu tun, sondern ist das Resultat ehelicher Langeweile. Gesunde Männer bleiben bis ins hohe Alter potent. Es gibt Fälle, in denen sie noch in den Achtzigern Kinder zeugten – einige wenige sogar in den Neunzigern. Aber das bedeutet nicht, daß sie zu dieser Zeit noch an ihren Frauen interessiert sind. Das eheliche Geschlechtsleben nimmt im Laufe der Jahre auch bei den glücklichsten Paaren ständig ab. → Alterssexualität, Klimakterium, Sexualkrise.

Gefängnis besitzt einen starken sexuellen Symbolwert. Das Eingeschlossensein ist in psychoanalytischer Terminologie das Eingeschlossensein des Kindes im Leib der Mutter und das Eingeschlossensein des Penis in der Vagina. Beide Formen der Einschließung haben für den Mann einen traumatischen, gleichzeitig mit Angst und mit Sehnsucht besetzten Affekt. Die Reaktion der Frau ist anders, sie fürchtet das Eingeschlossensein im Mutterleib nicht, weil sie sich selber als Mutter fühlt. Und sie fürchtet das Eingeschlossensein des Penis in der Vagina nicht, weil sie hier selber die Einschließende ist. Die Angst des Mannes vor dem G. ist deshalb viel größer als die der Frau. Alle Formen der Strafe tragen eine sexuelle Komponente in sich, da die Strafe in ihrer Urform die Bestrafung des Kindes durch seine Eltern darstellt. Durch die Strafe, die ihm von einem geliebten Menschen zugefügt wird, entsteht in der kindlichen Psyche die Assoziation von Liebe und Schmerz. Von dieser Assoziation kann sich kein Mensch jemals gänzlich lösen. Aus ihr entsteht der → Masochismus. Das Gefängnis als Strafort ist deshalb, zumindest für den Mann, zweifach sexualisiert. Indem es ihm die Befriedigung seiner sexuellen Wünsche raubt, wird sein Denken in viel höherem Maße als in der Freiheit auf den Sexus gelenkt. Es ist also in nahezu jeder Hinsicht ein Treibhaus der Sexualität. Menschen, die einmal längere Zeit im G. zugebracht haben, können fast nie den Weg zurück zu einem gesunden Geschlechtsleben finden. Und da ein Großteil aller Verbrechen auf eine lieblose Kindheit, auf Liebesmangel und Frustration zurückgeht, stellt das G. das Gegenteil von dem dar, was es sein sollte: es führt den Täter nicht etwa in die menschliche Gesellschaft zurück, sondern entwurzelt ihn und macht ihn zum Gewohnheitsverbrecher. → Bestrafung, Strafe, Strafrecht, Zuchthaus.

Geheimclubs → Clubs, sexuelle.

geheime Fräuleins nannte der deutsche Volksmund des Mittelalters die Prostituierten. → Clötmoss, Fahrende Frauen, Freie Töchter, Gelüstige Fräuleins, Hübschlerinnen, Landstörzerinnen, Leide Braut, Offene Bübinnen.

Gehörsinn spielt in der Liebe hauptsächlich die Rolle des Empfangsorgans für die → Stimme, die Worte, die Stammellaute des geliebten Menschen. Aber auch die Geräusche der Liebe, die auf leibfeindliche Menschen abstoßend wirken, vor allem der schmatzende Klang des Penis in der Vagina, werden von Menschen mit starker Libido oft als stimulierend empfunden. Daß die menschliche Stimme, ganz unabhängig von den jeweiligen Worten, eine sexuelle Bedeutung hat, geht schon aus dem Unterschied zwischen der männlichen und der weiblichen Stimme hervor. Der außerordentliche sexuelle Einfluß, den Sänger und Sängerinnen in allen Zivilisationen ausübten, hält auch in unserem Zeitalter an. Opern-, Jazz-, Schlager-, Beatsänger finden zweifellos größeren sexuellen Anklang als selbst Filmstars und Schauspieler. Darum verbot bereits vor Jahrhunderten die puritanische Orthodoxie des Judentums das Anhören des weiblichen Gesanges, denn der Talmud befürchtete dabei eine Ablenkung des Mannes von religiösen auf weltliche Gefühle. Aus dem gleichen Grund verboten die Päpste Jahrhundertelang den weiblichen Gesang in der Kirche und benutzten stattdessen geschlechtsunreife Knaben oder kastrierte Männer als Kirchensänger. Nicht ohne Berechtigung, denn bereits das Timbre einer Stimme kann Lust auslösen, ohne daß die sprechende Person überhaupt gesehen wird.

Aber am wichtigsten für die Liebe sind natürlich die gehörten *Worte.* Keine Liebe ist offiziell, ehe eine Liebeserklärung stattgefunden hat. »Liebst du mich?« fragen wir immer wieder, um die drei Worte zu hören, die unsere endgültige Hingabe auslösen: »Ich liebe dich.«

Es gibt jedoch auch andere Worte, über die in der Literatur der Liebe wenig gesprochen wird, die aber in der Praxis der Liebe um so wichtiger sind: die »verbotenen« Worte. Nur in einer Gesellschaft wie der unserigen, die natürliches Geschlechtsverhalten seit Jahrhunderten verboten hat, konnte der geheime Kult der tabuisierten Worte jene Bedeutung erlangen, die er bei uns hat. Nur ein gläubiger Christ kann von einer schwarzen Messe schockiert werden. Für einen Agnostiker ist sie bedeutungslos. Nur ein Bürger, der das Volksvokabular schockierend findet, kann sexuell elektrisiert werden, wenn er einer »unschuldigen« Frau die »verbotenen« Worte ins Gesicht schleudert. Nur jemand, der sich mit dem absurden »Verbot« solcher Worte identifiziert, kann bis zur höchsten Ekstase gebracht werden, wenn seine »unschuldige« Frau nun endlich die Last der Verdorbenheit auf ihre zarten Schultern nimmt und diese Worte im Bett ausspricht. Da jedoch unsere westliche Zivilisation nun einmal auf dieser Doppelmoral aufgebaut ist, gibt es gerade für diejenigen, die solche Worte für »unsittlich« halten, kein größeres sexuelles Stimulans, als sie beim Koitus auszusprechen oder zu vernehmen.

Dr. Bross berichtet, sie habe Frauen als Patientinnen gehabt, die sich und ihren Mann beim Beischlaf auf Tonband aufgenommen haben, um später beim Abhören solcher Dialoge zu onanieren. Sie fügt hinzu: »Vielleicht ist dies das moderne Gegenstück zu den Miniaturgemälden ihrer nackten Geliebten, welche die Männer des 18. Jahrhunderts in ihren Ringen und dem Innendeckel ihrer Schnupftabaksdosen mit sich trugen.« → Ohr. Vgl.: Geruchssinn, Geschmackssinn, Gesichtssinn, Tastsinn.

Geilheit stammt von dem mittelhochdeutschen Wort geil, geile = Hode und meint etymologisch also nur den *männlichen* Geschlechtstrieb. Eine geile Frau wäre nach dieser semantischen Definition nicht etwa eine → Nymphomanin, sondern ein → Hermaphrodit, eine Frau mit Hoden.

Geißler, Geißelbrüder, Flegler, Bengler oder Flagellanten hieß man die

Sekten des 13. Jahrhunderts, die durch Schlagen des eigenen Körpers Vergebung ihrer Sünden zu erlangen hofften. Die Geißelung als → Bußdisziplin geht auf den Benediktinerpater Pietro Damiani (1007–1072) zurück, der die Abtötung des Fleisches als Protest gegen die klerikale und päpstliche Unzucht seiner Zeit empfahl. Die G. zogen paarweise mit entblößtem Oberkörper, aber verhülltem Haupt von Ort zu Ort und schlugen sich unter Gebeten und Bußgesängen den Rücken blutig. Als 1398 die Pest aus Asien eingeschleppt wurde und innerhalb von vier Jahren 25 Millionen Tote, fast ein Drittel der europäischen Bevölkerung, hinterließ, betrachteten die G. dies als göttliches Strafgericht und zogen in stetig wachsenden Prozessionszügen durch ganz Europa, von Ungarn bis Spanien, von Italien bis England. Als sie sich gegen den Klerus wandten und den Papst wegen seiner »Unbußwilligkeit« als Antichrist titulierten, stellte sich die Kirche, die sie anfänglich begrüßt hatte, gegen die Bewegung und zog die Inquisition zur Ausmerzung der G. heran. Wie die Bewegung selber, so hatte auch diese Verfolgung der G. ein Resultat, das dem widersprach, was sowohl Kirche wie G. hatten erzielen wollen. Denn erstens hatte die G.-Bewegung durch die Entblößung der Oberkörper, das paarweise Auftreten der Gläubigen und vor allem durch den stark sexuellen Reiz des Auspeitschens vom ersten Auftreten an zu sadomasochistischen Orgien geführt. Zweitens vergrößerten die Scheiterhaufen der Inquisition mit dem sexuellen Symbol des Feuers den sadomasochistischen Effekt der Bewegung, statt ihn einzudämmen. Brennende, zuckende, nackte Körper erzeugten sexuelle Spannungen von einer solchen Intensität, wie Europa sie wohl kaum vorher oder nachher wieder gekannt hat. Schließlich zogen sich die G.-Sekten ins Geheime zurück und verwandelten sich in einen Maquis, eine Untergrundbewegung, die einerseits bewußt und systematisch den Umsturz der Gesellschaft anstrebte, andererseits die Entdeckung des erotischen Effekts der Geißelung in komplizierte sexuelle Zeremonien verwandelte, die von den Gegnern oft als schwarze Messen beschrieben worden sind.

geistige Selbstbefriedigung → Selbstbefriedigung.

Gelbfieber, eine südamerikanische Krankheit, die bei der Frau Blutungen, Aborte und Fehlgeburten erzeugt. Impfung bringt Immunität.

Geld, nach Auffassung der Psychoanalyse ein Sexualsymbol aus der analen Entwicklungsstufe der Menschen. Bertolt Brecht hat einmal mit der ihm eigenen Direktheit ausgesprochen, was Psychoanalytiker seit einem halben Jahrhundert umschrieben haben: »Geld macht sinnlich.«

Das Kleinkind wird zum bewußten Menschen, wenn es entdeckt, daß es seine Eltern durch Ausstoßen oder Zurückhalten von Kot und Urin verärgern oder befriedigen kann. Das Urinieren (→ Harntriebhaftigkeit) und das Defäzieren (→ Analerotik) werden hiermit zu affektbetonten Handlungen. Wenn die Eltern allzu großen Wert auf »Sauberkeit« und »Regelmäßigkeit« legen und das Zurückhalten von Kot und Urin deshalb mit allzu großen Belohnungen versehen, so entwickelt das Kind oft eine lebenslange Neigung zum Geiz. Er ist eine Form von Infantilismus, die sich einerseits in einer Fixierung des Sexualwunsches auf die Analregion oder die Harnröhre, andererseits in einem exzessiven Interesse am Geld zeigt. Bei männlichen Analerotikern und weiblicher Harntriebhaftigkeit entwickelt sich oft eine Tendenz zur Homosexualität. Selbst wenn diese sublimiert wird und der Patient ein heterosexuelles Leben führt, schlägt sich seine Fixierung doch oft in kurzlebigen, rein physischen Affären mit ähnlich inklinierten, auch mit bezahlten Geschlechtspartnern nieder. Die Spannung, unter der solche Menschen arbeiten, läßt ihnen keine Zeit, kein Interesse und keine Geduld für jene Zärtlichkeiten, jenes tägliche Vorspiel, jene Liebkosungen, die vor allem in der Ehe vonnöten sind, wenn sie nicht an Monotonie, Gewohnheit und Langeweile sterben soll.

Barbara Bross sagt deshalb auch in ihrem politisch recht naiven, sexuell aber durchaus informativen Frauenbuch *Flitterwochen – und was dann?* (Günther Verlag, Stuttgart 1967): »Heirate nie um des Geldes willen. Wenn dein Mann viel verdient und dich dennoch liebt und deine Liebe verdient, um so besser für euch beide. Nur – auf deiner Liste der wichtigen Eigenschaften mußt du das Geld völlig streichen. Denn ein reicher Mann kann arm werden und ein armer reich, und wenn du ihn nicht so sehr liebst, daß du dir ein Leben unter wirtschaftlichen Bedingungen vorstellen kannst, die von denen, unter denen du ihn kennenlerntest, grundsätzlich verschieden sind, dann bist du für ihn nicht die richtige Frau. Ich will noch weitergehen – und zwar bis zu einer recht ungewöhnlichen Warnung: Heirate nie einen Mann, der allzu sehr am Geldverdienen interessiert ist. Manche Männer können Hingabe an ihre Arbeit mit Hingabe an ihre Familie vereinen – besonders Künstler und Wissenschaftler. Aber Männer, deren Gehirn nach dem Motto ›Wie du mir, so ich dir‹ funktioniert, sind schlechte Liebhaber. Der Gedanke, daß Geben und Nehmen in der Liebe kein Verhältnis zueinander haben, ist ihnen fremd und macht sie mißtrauisch. Wer sich so etwas gefallen läßt, sagen sie, der muß ein Trottel sein. Wie ihr Geld ihnen

Zinsen bringt, so erwarten sie, daß die Ehe ihnen einen festen Prozentsatz von Liebe garantiert. Und wenn sie diesen Prozentsatz nicht erhalten, werden sie böse und sprechen von Ungerechtigkeit.«
»Mein Mann ist immer müde, wenn er nach Hause kommt«, sagt die Frau des erfolgreichen Geschäftsmannes; »er hat soviel zu tun.« Aber warum hat er soviel zu tun, daß er stets zu müde ist, um seine Frau zu befriedigen? Sind die häufigen Geschäftsreisen, die endlosen Überstunden, die Bündel von Akten, die er nach Hause bringt, der wirkliche Grund seiner Müdigkeit, oder sind sie deren Symptom? Sind solche Männer müde, weil sie zuviel arbeiten, oder arbeiten sie zuviel, weil sie ehemüde sind? Ein Mann, der seine Frau wirklich liebt, würde mehr Zeit mit ihr verbringen, selbst wenn er dabei weniger Geld verdient. Barbara Bross betrachtet die Gewissensbisse des Mannes, der vorgibt, so hart arbeiten zu müssen, um seine Familie zu versorgen, als Selbsttäuschung: »Denn wenn er seine Frau liebte und ihrer Liebe wirklich sicher wäre, brauchte er nicht zu befürchten, daß sie ihm wegliefe, wenn er eines Tages arm werden würde. Eine Ehe, die nur so lange intakt bleibt, wie der Ehemann seinen Wohlstand bewahrt, ist keine Ehe.« → Arbeit, Berufsbekanntschaften, Ehe und Erfolg, Ermüdung, Gleichberechtigung, Hausarbeit, Haushaltsgeld, Hunger und Liebe, Kampf der Geschlechter, Sexualität und Politik, Sorgen, Zweitwohnung.

gelüstige Fräuleins, im Mittelalter die → Freudenmädchen. Vgl.: Fille folle à son corps (frz.).

Gen [gr.: genos = Geschlecht, Gattung, Nachkommenschaft], ein von W. Johannsen (1857–1927) geprägter Begriff, der die kleinste Einheit des Erbguts beschreiben sollte. Die heutige Molekulargenetik akzeptiert die Definition des Gens als kleinster, nicht mehr zerlegbarer Einheit des Erbguts nicht mehr, da sie ein jedes Gen bereits in viele Bestandteile zerlegen konnte, sondern betrachtet das Gen nur noch als Erbfaktor im Sinne von Informationsträger.

Genecium [lat.: gynaeceum = Frauenwohnung] nannten die Frankenkönige das Mädchenhaus auf den großen Landgütern ihrer Grundherren. Alle Mägde standen dem König zur Verfügung. Das G. war der Harem des Königs und seiner Mannen. → Columbaria, Taubenhaus.

genital [lat.: genitalis], geschlechtlich. In der Psychoanalyse wird das Wort fast stets dort benutzt, wo der Laie »sexuell« oder »geschlechtlich« sagt, denn Sigmund Freud unterschied zwischen der Sexualität der → Erogenzonen und der Sexualität der Geschlechtsteile. Die erste nannte er »sexuell«, die zweite »genital«. Diese Unterscheidung ist wichtig, weil Freud die Sexualität zwar als etwas Angeborenes betrachtete, das vom Augenblick der Geburt an funktioniert. Gleichzeitig wollte er aber vermeiden, daß man jenes Stadium der sexuellen Entwicklung, das etwa mit der Pubertät und der Fortpflanzungsfähigkeit beginnt, mit dem gleichen Namen bezeichnet wie die früheren Stadien der Sexualentwicklung, z.B. die → orale, → anale und → phallische Phase. Deshalb reservierte er das Wort »sexuell« für diese Vorstadien der → Genitalität und nannte die reife, von den Genitalien ausgehende und sich auf die Genitalien richtende Sexualität »genital«.

Genitalangst [lat.: genitale = Geschlechtsteil], meist das Resultat falscher Erziehung. Wenn das Kind während der Phase des Sauberkeitstrainings gelernt hat, seinen Genitalien (die ja gleichzeitig Teile des Harnapparates sind) besondere Aufmerksamkeit zu widmen, und dann plötzlich erfährt, daß alles, was mit diesen Organen zusammenhängt (z.B. Onanie, Doktorspiel, Vater-und-Mutter-Spiel) verboten, schmutzig oder geheimzuhalten ist, bringt es diese Umstellung oft nicht fertig und leidet lebenslang daran. Der Charakter des Gefährlichen und Verbotenen läßt sich dann nicht mehr von den Genitalien trennen und überträgt sich nun auf den Geschlechtsverkehr. Vgl.: Cypridophobie, Délire de toucher, Distanzliebe, Ehescheu, Familiensklave, Flucht vor der Liebe, Koitusangst, Ligatur, Venereophobie.

Das Genitale [lat.: Geschlechtsteil], altmodisches, aber noch in der Ärztesprache verwandtes Synonym für → Geschlechtsorgan. Häufiger in der Mehrzahl: die **Genitalien,** die Geschlechtsteile.

genitale Phase, in der Psychoanalyse die letzte und endgültige Phase der psychosexuellen Entwicklung des Menschen. Sigmund Freud betrachtete die → Pubertät nicht als Anfang, sondern als Ende des Reifungsprozesses der menschlichen Sexualität und postulierte drei Phasen, die ihr vorausgehen: die → orale, die → anale, die → phallische, und eine Entwicklungspause, die er → Latenzperiode nannte. Manche Psychoanalytiker, so Karl Abraham, unterteilen die g. Ph. in zwei von der Latenzperiode getrennte Stufen und setzen die erste mit Freuds »phallischer Phase«, die zweite mit Freuds g. Ph. gleich. Diese endgültige Stufe der Charakterbildung besteht nach Freud und Abraham vor allem in der Übertragung eines positiven Gefühls auf das Objekt, das im engeren Sinne der Geschlechtspartner, im weiteren Sinne die menschliche Gesellschaft ist. Der Abschluß der Libidoentwicklung geht also mit einem abschließenden Entwicklungsakt im Bereich der → Objektliebe Hand in Hand. Eine Einordnung des Individuums in den Interessenkreis der Gesellschaft ist nur möglich, wenn die phallische Stufe überwunden und die genitale Stufe erreicht ist. Der Beitrag dieser letzten Entwicklungsstufe besteht vor allem darin, »die Überreste der primitiveren Entwicklungsstadien, soweit sie dem sozialen Verhalten ungünstig sind, zu überwinden. Beispielsweise wird eine duldsame, den Interessen anderer Menschen gerecht werdende soziale Einstellung erst dann Platz greifen können, wenn die destruktiven, objektfeindlichen Antriebe aus sadistischer Quelle oder die Regungen von Geiz und Mißgunst aus analer Quelle bewältigt sind.« (Abraham, *Zur Charakterbildung auf der »genitalen« Entwicklungsstufe*, a.a.O., S. 218).

Gelingt diese Bewältigung, so bilden sich im Verhältnis zum Liebesobjekt neben dem unmittelbar erotischen Begehren die »zielgehemmten« Äußerungen der Libido: Zärtlichkeit, Anhänglichkeit, Hilfsbereitschaft, Mitleid, Güte. Allmählich strömen sie als freundliche Regungen auf einen weiteren Personenkreis und endlich auf die Gesamtheit über. So bildet sich aus sexueller Liebe Menschenliebe, und aus sexueller Zärtlichkeit Gemeinsinn. Dieser Prozeß läßt überall Beziehungen zu den vorausgegangenen Phasen erkennen. Er entnimmt aus ihnen dasjenige, was für eine verantwortungsvolle Einstellung zu den Objekten notwendig ist. Von der ersten oralen Stufe entlehnt er die vorwärtsstrebende Energie, aus der analen Quelle Ausdauer, Beharrlichkeit und Disziplin, aus den aggressiven Partialtrieben die zum Lebenskampf nötigen Energien.

Zum Prozeß der Überwindung des → Narzißmus und der → Ambivalenz meint Abraham, die früheren Stufen der Charakterbildung stünden noch großenteils unter der Herrschaft narzißtischer Antriebe. In seiner definitiven Ausbildung trägt der menschliche Charakter freilich auch noch derartige Bestandteile in sich. Die Erfahrung lehrt uns ja, daß keine Phase der Entwicklung auf organischem Gebiet überwunden wird oder spurlos verschwindet. Im Gegenteil trägt jedes neue Produkt der Entwicklung Zeichen an sich, welche seinen Vorstufen entstammen. Wenn aber die primitiven Erscheinungen der Selbstliebe auch zu einem Teil erhalten bleiben, so dürfen wir doch von der definitiven Bildungstufe des Charakters sagen, sie sei relativ unnarzißtisch. Zu betonen ist dabei, daß gewisse, der polymorphen und ersten Oralstufe eigenen Beiträge zur Charakterbildung mit denen der endgültigen Genitalphase zusammenfallen, da die Libido auf allen drei Stufen ambivalenzfrei ist.

Auf allen anderen Stufen aber regiert die Ambivalenz und greift die

Psyche mit immer neuen schizoiden Bedrohungen an. Der Fortbestand eines starken Ambivalenzkonflikts im Charakter bedeutet deshalb sowohl für das Individuum selbst als auch für seine Umgebung die fortdauernde Gefahr eines Umschlags von einem Extrem zum anderen. Nur wenn Narzißmus und Ambivalenz überwunden sind, Objektliebe erzielt ist und die Partialtriebe der gesellschaftlichen Verantwortung stattgegeben haben, können wir, nach Freud, eine reife, Gemeinsinn und Gemeinwohl bejahende Einstellung des Individuums erwarten.

Mißlingt dieser Prozeß jedoch auf irgendeiner seiner Stufen, so stürzt sich die Libido mit Gier auf das nächste Stadium. Meist mißlingt ihr dann auch hier die Anpassung an die Gesellschaft. Fast alle Fehleinstellungen ergeben sich, nach Freud, aus den Regressionen, die einer infantilen Fehlanpassung im Erwachsenenalter folgen.

Genitalfetischismus, ein von manchen Sexualwissenschaftlern gebrauchter Begriff, der die Faszination der Genitalien bezeichnen soll, ist ein Selbstwiderspruch, denn Fetischismus ist die Negation der → Genitalität. Ein G. wäre eine Negation des → Fetischismus. Diese Logik wird in keiner Weise durch solche Anomalien wie → Genitalmaske und → Penisfutteral widerlegt.

Genitalflora nennt man die Bakterien, die in den menschlichen Geschlechtsorganen leben. 1892 erkannte Döderlein, daß sie keine Schädlinge sind, sondern biologische Funktionen haben. Sie entwickeln sich sofort nach der Geburt. Sieben bis acht Stunden nach der Geburt befinden sich bereits Bakterien in den äußeren Geschlechtsteilen. 16 Stunden später findet man schon 14 Arten von Keimen, nach zehn Tagen schon 23. Der Bakterienreichtum ist an den äußeren Genitalien am größten, nimmt in der Scheide wesentlich ab und verschwindet im Zervikalkanal. Die Gebärmutter ist keimfrei. Zur G. gehören Bazillen, die in der Scheide harmlos sind, vielleicht sogar einen positiven Zweck ausüben, im Blut oder in anderen Organen jedoch Krankheiten hervorrufen. Der → Cunnilingus, obgleich als Sexualpraktik durchaus normal, ist deshalb oft ein Ansteckungsherd für den Mann und durch ihn wiederum für die Frau. Strumpfhosen und enge Jeans haben zu einer drastischen Vermehrung der G. geführt.

Genitalhypochondrie, unbegründete Befürchtungen und Minderwertigkeitsgefühle über den Zustand und die Fähigkeiten der eigenen Genitalien. Pubertäre Knaben glauben oft, daß ihre Genitalien zu klein, zu groß oder falsch gebaut sind. Mädchen im gleichen Lebensalter befürchten anatomische Mißbildungen ihrer Genitalien oder des Gebärapparats. Beide ängstigen sich vor Geschlechtskrankheiten, wo nur ein harmloser Blasenkatarrh vorliegt. Freud erklärt all diese neurotischen Illusionen als verkappte Onanieschuldgefühle und Formen der → Kastrationsangst. (→ Cypridophobie, Délire de toucher, Genitalangst, Koitusangst, Venereophobie). Bei erwachsenen Menschen tritt die G. hauptsächlich im Zusammenhang mit (und vielleicht als Resultat von) sexuellen Fehlhaltungen auf, z.B. → Fetischismus, Homosexualität, Narzißmus, Transvestitismus.

Genitalien → Geschlechtsorgane.

Genitalität, nach Sigmund Freud die reife Sexualität, die beim gesunden Menschen in der Pubertätszeit die kindlichen Phasen der Oralität und Analität unter ihrem Primat zusammenfaßt. Zwar bleiben die oralen und analen Appetenzen, zusammen mit den anderen → Partialtrieben, auch nach der Pubertät bestehen, aber Freud meinte, daß sie sich beim gesunden Menschen nur in der → Vorlust äußern: sie führen den Menschen durch Küssen, Streicheln und andere Tätigkeiten auf die → Endlust zu, die sich im Koitus entspannt. → Reifungsstufen

Genitalmaske, ein Fetisch, der die Genitalien des Mannes oder der Frau umhüllt – meist aus Leder, manchmal aber auch aus Gummi, Fell oder Samt. → Fetischismus, Genitalfetischismus, Gummifetischismus, Lederfetischismus, Maske, Pelzfetischismus, Penisfutteral.

Genito-Analhöcker → Geschlechtshöcker.

Genotropismus [gr.: genos = Geschlecht; trepein = wenden], die Wendung zum (anderen) Geschlecht, ein von Hirschfeld geprägter Ausdruck, den Szondi übernommen hat. Er soll in Anlehnung an den Heliotropismus der Pflanzen (»Wendung zur Sonne«) die Wendung des Menschen zum anderen Geschlecht ausdrücken. Im Gegensatz hierzu prägte Hirschfeld den Begriff → Metatropismus [gr.: meta = umgekehrt], die Umkehrung der Wendung zum anderen Geschlecht, also die Wendung zum eigenen Geschlecht.

Genotyp, Genotypus [gr.: typos = Typ], von den Erbfaktoren, nicht von der Umwelt, geprägte Erscheinungsform eines Individuums oder einer Gattung. Gegensatz: Phänotyp, Phänotypus.

genotypisch, erbgeprägt; von den Erbeinflüssen, nicht von den Umwelteinflüssen in der Erscheinungsform geprägt. Gegensatz: phänotypisch.

genotypische Geschlechtsbestimmung, Diagnose der Geschlechtszugehörigkeit eines Individuums aufgrund seiner → Gene. Zwei Menschen ähnlichen Genotyps können sich im → Phänotyp ähneln oder nicht.

Aus dieser Diskrepanz erwachsen die Schwierigkeiten der → Geschlechtsbestimmung, die beim Menschen größer sind als bei jeder anderen Gattung. Gegensatz: phänotypische Geschlechtsbestimmung.

Gens [lat.: Sippe] plur. **gentes**, die Sippenverbände der alten Stämme, die die Stadt Rom gründeten. Die Römer unterschieden zwischen *maiorum gentium*, den Patriziern, die ihre Abstammung von diesen Sippen ableiten konnten, und *minorum gentium*, den »jüngeren« oder »geringeren« Sippen, die während der Herrschaft des Tarquinius Priscus in den Senat erhoben worden waren. Beide Gentes waren → exogam. Niemand durfte innerhalb der eigenen Sippe heiraten. Von der großen Anzahl römischer Ehepaare, deren Namen uns überliefert sind, gehören Mann und Frau niemals zur gleichen Sippe: stets tragen sie verschiedene Sippennamen. Andererseits diente die → *curia*, die Bruderschaft, ausdrücklich dem Zweck, die in ihr vereinigten Sippen wechselseitig mit Ehepartnern zu versorgen. Die Sippen waren also exogam, die Curien endogam. Die Wechselheiraten innerhalb einer jeden Curie knüpften sowohl die Sippen wie die Paare um so inniger aneinander, je klarer dieses endogam-exogame Prinzip erhalten blieb.

Nun ist es eine alte Erfahrung der Ethnologie, daß es nirgends auf der Welt zwischen Mitgliedern verschiedener Sippen eine Erbgemeinschaft gibt. Einerlei ob die Sippe → matrilinear oder →patrilinear ist, stets muß das Sippeneigentum innerhalb der Sippe vererbt werden. Ist die Sippe matrilinear, so erbt das Kind von der Mutter. Ist sie patrilinear, so erbt es vom Vater. In der matrilinearen Sippe sind die Kinder von der Erbschaft ihres Vaters, in der patrilinearen von der ihrer Mutter ausgeschlossen. Es ist unumstritten, daß in Rom während der geschichtlichen Zeit das zweite Modell herrschte: Die Frau mußte durch Einheirat in die patrilineare Sippe ihres Gatten ihre Rechte verlieren. Ihre Kinder verloren dadurch auch das Recht auf den Nachlaß ihres Onkels oder Großvaters mütterlicherseits. Die Frau heiratete also außerhalb ihrer eigenen Sippe, ihre Kinder gehörten zur Sippe ihres Gatten.

In zahllosen Überlieferungen hat sich jedoch die Existenz einer ehemaligen matrilinearen Abstammungsfolge niedergeschlagen. So bezeichnete das Wort *avunculus* (Onkel) jahrhundertelang nur den Mutterbruder, nicht aber den Vaterbruder, für den es ein separates Wort, *patruus*, gab. *Avunculus* leitet sich von *avus* (Ahne) ab und beweist deshalb in seiner Etymologie, daß es das ältere Wort ist und daß nur derjenige ursprünglich als echter Ahne empfunden wurde, der mit der Mutter blutsverwandt war. Verwandtschaft mit dem Vater galt nicht als Blutsverwandtschaft.

Alle drei Stämme, von denen die Urbürger Roms ihre Ab-»stammung« herleiteten, zeigten zur Zeit der Stadtgründung noch Spuren des Mutterrechts. Selbst der Name der Stadt war mutterrechtlichen Ursprungs: er ging auf die etruskischen Sippen Rumale und Rumina zurück. Romulus, der Sprößling dieser Sippen, war zugleich ihre Verkörperung, denn »er kannte nur seine Mutter, nie seinen Vater«.

Rom blieb stets *die* urbs, *die* Stadt, denn im Lateinischen wurden die Städte stets als Mütter verstanden, die Bürger hervorbrachten, wie eine Frau Kinder gebiert. Romulus fand den Nabel der Mutter, den »Erdnabel« (Bachofen), im Sumpfland des etruskischen Mythos, das dort stets als Symbol des Mutterleibs verstanden wurde. Auf dem Nabelstein der etruskischen Muttergöttin erbauten die Römer das Forum. Die ersten Stücke Bauland wurden von Frauen gestiftet: von Acca Laurentia, der Pflegemutter des Romulus, und von Gaia Tarratia, der Vestapriesterin, denn nur Frauen, die Besitzerinnen des Sippenlandes, konnten es verschenken.

Die Latier, nach denen wir die Sprache der Römer benennen, bezogen ihren eigenen Namen von der Muttergöttin Latia. Nach den Müttern ihrer sabinischen Vorfahren nannten die Römer sich »Quiriten«. Der Quirinal, der Hügel, auf dem sich die Stämme zur Gründung der Stadt zusammenschlossen, war das Heim einer sabinischen Muttergöttin. Die Bruderschaften der Römer, die *curiae,* waren ursprünglich wie bei den Griechen, Schwesterschaften, denn das Wort *curia* stammt von der Hauptstadt der Sabiner, *Cures*, und die Sabiner waren Mutterrechtler. Der berühmte »Raub der Sabinerinnen« war kein Frauenraub aus sexuellen Motiven, sondern einfach die Landnahme der vaterrechtlichen Römer durch Einheirat in die mutterrechtlichen Sippen der Sabiner. Da das Land den Sabinerinnen gehörte, konnten die Römer es nur erwerben, indem sie in die Sippen der Sabinerinnen einheirateten.

Keine Stadt war also zu ihrer Gründungszeit tiefer im Mutterrecht verankert als Rom. Die sagenhaften Könige Roms, mit denen die Verwaltung der Stadt begann, wurden ausnahmslos in matrilinearer Folge gekrönt. Tanaquil, die Königsgattin und Königsmutter, die drei Männer nacheinander auf den Thron setzte, entstammte der mutterrechtlichen Welt Etruriens. Bis zur Gründung der Republik blieb die Königslinie in weiblicher Hand. Die Könige empfingen ihren Rang durch Heirat mit einer Frau aus dem Herrschergeschlecht. Keiner der Könige folgte, wie es beim patrilinearen System üblich ist, seinem Vater. Dagegen heirateten drei der Könige – Numa, Servius Tullius und der jüngere Tarquinius – die Töchter ihrer Vorgänger. Das Königreich starb aus, weil der letzte König, Tarquinius Superbus, seinem Sohn die Krone zu vermachen suchte und dadurch das Sippenrecht verletzte. Zu diesem Zweck schaffte er die beiden legitimen Thronfolger mütterlicher Linie, den Gatten und den ältesten Sohn seiner Schwester, aus dem Wege. Der jüngere Sohn, Lucius Junius Brutus, war es denn auch, der die Republik gründete und zusammen mit Tarquinius Collatinus deren erster Konsul wurde. Man bedenke: Nach dem Vaterrecht ist stets der älteste Sohn der wichtigste, nach dem Mutterrecht stets der jüngste. Derjenige, der nach altem Mutterrecht die Pflicht hatte, die Mutter zu rächen, war also Lucius Junius Brutus, und der tat es auch prompt, indem er den Vater stürzte. Die Legenden von den mythischen Königen des alten Rom führen in kaum verschlüsselter Form auf die mutterrechtlichen Ursprünge des Staates und ihre allmähliche Ausmerzung durch die Vaterrechtler, die Patrizier, zurück, *qui patres scire possunt*, »die ihre Väter kannten«, durch jene Männer also, die zum ersten Male ihre Abstammung auf ihre *Väter,* statt (wie bis dahin üblich) auf ihre *Mütter* bezogen. Wir dürfen uns den Übergang vom Mutter- zum Vaterrecht aber nicht als eine Mutation vorstellen; es war ein Prozeß langsamer Evolution, in dem die beiden Prinzipien jahrhundertelang nebeneinander existierten, ohne daß man sich stets des Widerspruchs zwischen ihnen bewußt gewesen wäre. Der wichtigste Schritt auf diesem Wege war die Verwandlung der Sippe in die → Familie.

Gentilgesellschaft → Sippengesellschaft

Geographie und Sexualität → Sexualgeographie.

Gerontophilie [gr.: geron = Greis; philia = Liebe], ein von Hirschfeld geprägter Begriff, der die Unfähigkeit eines Menschen bezeichnen sollte, mit anderen als älteren Männern zu koitieren. Hirschfeld dachte hierbei an ein homosexuelles Syndrom, aber das Wort hat sich auch als Ausdruck des Altersfetischismus heterosexueller Menschen eingebürgert. Die G. kann also ebensogut die Suche eines jungen Mädchens wie die eines jungen Mannes nach einem Geschlechtspartner bezeichnen, der ein Mutter- oder Vatersymbol darstellt (Hirschfeld: *Die Homosexualität*). Vgl.: Androphilie, Brotophilie, Graeophilie, Gynäkophilie, Helikophilie, Homosexualität, Presbyterophilie.

Geruchsfetischismus, die Unfähigkeit, durch andere sexuelle Eindrücke als durch Gerüche zum Orgasmus zu gelangen. Der echte Geruchsfetischist reagiert nicht auf einen anderen Menschen, sondern nur auf dessen Gerüche, und manchmal sogar auf Gerüche, die nicht menschlichen, sondern tierischen oder pflanzlichen Ursprungs sind. Hier muß eine Assoziation zwischen dem Geruch und einem Reiz bestehen, den der Mensch während der prägenden Stufe seiner Kindheit empfangen hat.

Man unterscheidet, wie bei den meisten → Fetischismen, zwischen autoerotischem, heterosexuellem, homosexuellem und echtem G. Der autoerotische oder narzißtische Geruchsfetischist reagiert nur auf Gerüche seines eigenen Körpers. Der homosexuelle G. unterscheidet sich von dem heterosexuellen G. nur durch das Geschlecht des Dufterzeugers. Der eigentliche G. besteht im Sammeln von Objekten, die den gesuchten Geruch ausströmen. Da die Gerüche, die den Fetischisten anziehen, fast stets die sind, die den Nichtfetischisten abstoßen (Kot, Urin, Schweiß, Moder, Zersetzungsgerüche aller Art), wirken auch die gesammelten Fetische des Geruchsfanatikers eher ekelhaft als anziehend auf den Außenstehenden: Regelbinden, schmutzige Wäsche, stinkende Schuhe, benutztes Klosettpapier, usw. Vgl.: Achselhöhlenfetischismus, Geruchssinn, Nachttopffetischismus, Nase, Nasenfetischismus, Nasenkuß, Osphresiolagnie, Parfumfetischismus, Perspirationsfetischismus, Type olfactif, Zehenriecher.

Geruchssinn, nach dem Tastsinn der sexuell wichtigste aller menschlichen Sinne. Unsere tierischen Vorfahren waren in noch höherem Maße als wir vom G. abhängig. Zeiten der → Brunst machten sich vor allem durch den G. wahrnehmbar. Gewisse Drüsen, die sogen. Glandulae vestibulares majores der Frau, sind Überbleibsel jener Stufe, in der die Geruchserzeugung das Hauptlockmittel des Weibchens war. Jeder Mensch, jedes Lebensalter, jedes Geschlecht, jede Rasse hat einen ganz charakteristischen Geruch. Der Körpergeruch eines jeden Menschen nimmt jedoch erst in der Pubertät seine wichtigsten Kennzeichen an. Mit dem Ende der geschlechtlichen Tätigkeit ändert er sich wieder. Die Genitalien beider Geschlechter haben individuelle Gerüche, die auf gewisse Menschen anziehend und auf andere abstoßend wirken. Die Natur hat also durch das Duftsystem gewisse Menschen füreinander prädestiniert und deren Paarung mit anderen Menschen absichtlich erschwert. Auch der persönliche, charakteristische Schweißgeruch, besonders der Achselhöhlen, der Gesäßspalte und der Oberschenkelfalten, hat einen für gewisse Menschen anziehenden und für andere abstoßenden Effekt. Das menschliche Haar übernimmt hierbei die Funktion des »Duftpinsels«, des Duftverbreiters. Der so oft von Dichtern gepriesene Duft des weiblichen Haars stammt nicht eigentlich vom Haar (Haar ist geruchlos), sondern von den Talgdrüsen, die um so wirksamer sind, je länger die Frau ihr Haar trägt. Das gleiche gilt für das Achselhaar und das Schamhaar. Die Frau, die sich rasiert, verliert einen Teil ihres charakteristischen Duftes und damit einen Teil ihrer Anziehungskraft. Überhaupt wirkt die gegenwärtige Tendenz der Desodorierung eher geschlechtshemmend als geschlechtsfördernd. Es kann keinen befriedigenden Geschlechtsverkehr geben, wenn der Geruchssinn nicht zu seinem Recht kommt; wenn die Nase des einen Partners nicht funktioniert oder wenn die Körpergerüche des einen oder des anderen Partners eliminiert werden. Abtötung des natürlichen Körpergeruchs hat nichts mit Sauberkeit zu tun. Es besteht ein Unterschied zwischen Hygiene und der Neutralisation von Körpergerüchen, die unsere gegenwärtige Zivilisation als Teil des Entfremdungs- und Verdinglichungsprozesses anstrebt. Ein Hauptgrund dafür, daß amerikanische Frauen europäischen Männern so oft »steril« vorkommen, liegt zweifellos an der Menge der in Amerika benutzten Desodorants.

Barbara Bross berichtet über den folgenden Fall: »Die attraktivste Frau, die ich je kannte, und zugleich auch die erfahrenste in allen sexuellen Kunstfertigkeiten, erzählte mir einmal, daß sie erst als Mittdreißigerin entdeckt hätte, wie falsch es gewesen war, daß sie seit ihrer Mädchenzeit jeden Tag zweimal ein Bad genommen hatte. Der Mann, den sie am meisten liebte, war so fasziniert vom Geruch ihrer Achselhöhlen, daß sie beschloß, sich vor jeder Begegnung mit ihm zwei Tage lang unter den Armen nicht zu waschen. Für eine Frau, die an zweimaliges Baden pro Tag gewöhnt war, war das ein Opfer, als hätte sie zwei Tage lang auf Essen verzichtet. Aber sie wußte, was sie tat. Und sie stank auch nicht; sie roch sehr angenehm. Wenn sie sich nicht auf eine Begegnung mit ihrem Liebhaber vorbereitete, badete sie genauso häufig, wie wir alle es tun, wenn wir nicht gerade mit unserem Geliebten oder Ehemann verabredet sind.« Nicht nur hat jeder Mensch und jede Körperstelle eines Menschen einen ganz charakteristischen und unvergeßlichen Geruch, sondern jeder Mensch hat auch bei verschiedenen Tätigkeiten verschiedene Gerüche. Ein körperlich hart arbeitender Mann schwitzt. Ein marschierender Soldat entwickelt andere Fußgerüche als einer, der im Panzer sitzt. Am stärksten aber entwickeln sich die charakteristischen Gerüche eines jeden Individuums beim Beischlaf, wenn alle Sexualdrüsen ihre Düfte ausstoßen. Kein Mensch kann sich je von den Dufterinnerungen an einen besonders geliebten Menschen trennen. Sie sind im Gehirn eingelagert und treten mit überwältigender Kraft hervor, wenn wir irgendwo auf der Welt, selbst Jahrzehnte später, einem ähnlichen Duft begegnen.

Wie der Beischlaf bei Mann und Frau ganz charakteristische Gerüche auslöst, so erzeugt auch die Abstinenz entsprechende Gerüche. Niemand, der einmal in einem Kloster gewesen ist, wird je den charakteristischen Abstinenzgeruch vergessen können, der durch die Resorption der Samenflüssigkeit erzeugt wird. Zahllose katholische Patienten und Patientinnen haben den »Beichtstuhlgeruch« des abstinenten Priesters beschrieben. Ebenfalls ist bekannt, daß sich der Körpergeruch normaler Männer und Frauen, die zu temporärer Abstinenz gezwungen sind (Gefängnis, Krieg, Internierung), merkbar ändert. Die Wissenschaft hat schon seit langem festgestellt, in welche chemische Gruppe die erotischen Gerüche gehören. Es sind die von Zwaardemaker als »Kaprylgerüche« bezeichneten Düfte, zu denen manche Pflanzengerüche gehören und die bei den Tieren und auch beim Menschen an oder bei den Geschlechtsteilen lokalisiert sind, zum Beispiel die sogenannten Parfumdrüsen des Moschustieres und des Bibers, der Geruch der männlichen Vorhaut, des männlichen Samens, des weiblichen Scheidensekretes. Gerade diese Zersetzungsgerüche (auch *odores hircini,* »Bocksgerüche« genannt) sind nun aber in all den Düften enthalten, die die Dichter als anziehend am anderen Geschlecht beschrieben haben: odore di carne, odor di femina, odeur de femme, odeur d'amour, odeur humaine. Vgl.: Achselhöhlenfetischismus, Geruchsfetischismus, Nachttopffetischismus, Nase, Nasenfetischismus, Nasenkuß, Osphresiolagnie, Parfumfetischismus, Perspirationsfetischismus, Schnupftabak, Schnupftuch, Type olfactif, Zehenriecher.

Gesäßerotik, die Verschiebung des Sexualinteresses von den Genitalien eines Sexualpartners auf dessen Gesäß. Es gibt sowohl heterosexuelle wie homosexuelle G. Die Vorstellung, daß jeder männliche Homosexuelle nur auf das Gesäß des anderen Mannes fixiert sei, ist verfehlt. Auch unter männlichen Homosexuellen gibt es sehr verschiedene und sehr persönliche Geschmacksrichtungen. Darunter solche, die sich vor allem auf die Genitalien des anderen Mannes richten, und solche, die den Anus des Partners so empfinden wie der heterosexuelle Mann die Vagina der Frau. → Analerotik, Cucurbitacées, Natesfetischismus, Proctolagnie.

geschädigter Dritter, ein Begriff, den → Sigmund Freud (1856–1939) in den psychologischen Sprachgebrauch eingeführt hat. In seiner Arbeit *Über einen besonderen Typus der Objektwahl beim Mann* (Jahrbuch für psychoanalytische und psychopathologische Forschungen, Band II, Verlag Franz Deuticke, Leipzig-Wien, 1910) beschreibt er einen Typus des Mannes, der sich nie in eine Frau verliebt, solange sie frei oder an ihm interessiert ist. Sein Interesse verschwindet, sobald sie ihn erhört. Und es wächst in dem Maße, in dem »ein anderer Mann als Ehegatte, Verlobter, Freund Eigentumsrechte geltend machen kann«. Er verliebt sich also nur, solange er »der geschädigte Dritte« sein kann. Daß sich hier mindestens drei Komplexe in eng verschränkter Form zeigen, braucht kaum unterstrichen zu werden. Das Bedürfnis, geschädigt zu werden, ist masochistisch. Das Interesse an einer Frau, die einem anderen Mann gehört, ist in Wahrheit ein Interesse an diesem Mann und deshalb homosexuell. Das sofortige Abflauen des Interesses, sobald die Frau frei wird oder sich für uns interessiert, bezeugt eine Angst vor der Frau und ist deshalb eine Form der Misogynie, und vielleicht der Cypridophobie, der Angst vor dem Geschlechtsverkehr. Freud benutzt den Terminus jedoch in der begrenzten Form der Mutterfixierung und der Inzestschranke. Der Mann sieht in jeder Frau die eigene Mutter, hat Angst, mit ihr Inzest zu begehen, und fühlt sich deshalb in seiner Liebe nur so lange sicher, wie die Frau unerreichbar ist. → Distanzliebe.

Geschlagenwerden, ein Wunsch, der in der → anal-sadistischen Entwicklungsphase des Kindes auftaucht, in der phallischen Phase zur → Masturbation führt (→ Kastrationskomplex) und im Stadium der → Genitalität die Regression der → Objektlibido kennzeichnet. Im Jahre 1916 entdeckte Freud bei der Analyse weiblicher Patienten, daß regelmäßig eine bestimmte Onaniephantasie auftauchte: »Ein Kind wird geschlagen.« Die eigentümliche Starrheit, mit der dieser Satz von verschiedenen Patienten, die einander nicht kannten, immer wieder ausgesprochen wurde, regte Freud zu der Deutung an: »Das Kind, das da geschlagen-geliebkost wird, mag im Grunde nichts anderes sein als die Klitoris selbst, so daß die Aussage zu allertiefst das Eingeständnis der Masturbation enthält…« (*Einige psychische Folgen des anatomischen Geschlechtsunterschieds,* 1918). Die außerordentlich enge Bindung zwischen Sexualität und Schlagen bzw. Geschlagenwerden fällt auch bei allen Formen der Bestrafung auf. → Auspeitschung, Berkeley Horse, Bestrafung, Bußdisziplin, Dippoldismus, Erziehersadismus, Erziehungsmasochismus, Flagellation, Geißler, Gouvernantenwahn, Luperkalien, Peitsche, Postheoth Club, Prügelmaschine, Rutenschlagen, Stock, Strafe, Urticatio.

Geschlecht. Unter Humanbiologen, Genetikern und Hormonforschern besteht seit geraumer Zeit kein Zweifel mehr, daß der sogenannte → Sexualdimorphismus, die Zweiteilung der Menschheit in Männer und Frauen, weitgehend gesellschaftlichen und nicht biologischen Ursprungs ist. In der Sexualwissenschaft spricht man schon seit langem nicht mehr davon, daß die Geschlechtszugehörigkeit des Menschen aus seinen primären und sekundären Geschlechtsorganen entnommen werden kann, sondern unterscheidet zwischen 9 und 13 verschiedene Faktoren, die seinen tatsächlichen sexuellen Status bestimmen:

1. Die Struktur der äußeren Geschlechtsteile, die von den Laien als allein bestimmend auf die Geschlechtszugehörigkeit des Individuums betrachtet wird. Diese Ansicht ist wichtig, weil sie eine falsche Massenmeinung darstellt und deshalb bekämpft werden muß.
2. Die Struktur der inneren Geschlechtsorgane, die von der Medizin bis vor kurzem als einziger zusätzlicher Faktor der Geschlechtsbestimmung herangezogen wurde.
3. Die Struktur seiner Chromosomformel (also XX oder XY oder eine der zahllosen, oft unerkannten Abweichungen), die sein genetisches Schicksal bedingt.
4. Die Wirkung der endokrinen Drüsen, die seine hormonale, innersekretorische Geschlechtszugehörigkeit bestimmt.
5. Die Erziehung als Knabe oder Mädchen, die er in den ersten drei Lebensjahren erfährt und die seine psychische Geschlechterrolle lebenslang beeinflußt.
6. Seine pubertäre Geschlechtserfahrung, die seine nachpubertäre Geschlechtidentität prägt.
7. Seine klassenspezifische Geschlechtserfahrung, die eine soziale Geschlechtsrolle bestimmt.
8. Bisher noch ungeklärte Faktoren, die seine sexuelle Partnerwahl prägen (also ob er sich zu Frauen, zu Männern oder zu beiden Geschlechtern hingezogen fühlt).
9. Ebenfalls ungeklärte Faktoren, die seine sexuelle Identität bestimmen (also ob er sich als Mann oder Frau empfindet; dies umfaßt den Komplex der → Inversion und → Transsexualität, der keineswegs identisch mit dem der → Homo- und → Bisexualität ist).

Jede beliebige Zusammensetzung dieser geschlechtsbestimmenden

Faktoren ist denkbar. Unter diesen Bedingungen von einer einzigen Geschlechtlichkeit zu sprechen, ist wissenschaftlich unhaltbar. Moderne Biologen haben bereits zusätzliche Kategorien der Sexualität, so zum Beispiel das »nukleare« Geschlecht definiert, das sich aus der Zellkernstruktur ergibt. Da der Mensch aber nun einmal nicht nur von biologischen, sondern auch von sozialen und psychischen Faktoren in seiner Sexualität beeinflußt wird, müssen wir uns vor allem mit den Faktoren 5–7 befassen. »Beim Menschen scheinen die Sexualhormone auch in dieser Beziehung nur einen untergeordneten, wahrscheinlich sogar überhaupt keinen Einfluß zu haben. Bei ihm haben in dieser Hinsicht die soziologischen und psychologischen Faktoren eine entscheidende Bedeutung. Aus den Beobachtungen von Scheinzwittern wissen wir, daß die von dem betreffenden Individuum angenommene Rolle als weibliches oder männliches Wesen in erster Linie davon abhängt, ob es von den Eltern und der Umwelt als Junge oder Mädchen akzeptiert und erzogen wird. Das neugeborene Kind ist psychosexuell nicht determiniert, es ist der sexuellen Prägung von außen zugänglich, es lebt sich in die ihm von der Umwelt zugedachte Rolle hinein. Die Fähigkeit zur psychosexuellen Prägung besteht nur während des frühkindlichen Lebens und ist nach etwa zwei bis drei Jahren, ungefähr mit der Etablierung der Sprache, beendet. Diese Prägung ist von dem eigentlichen genetischen Geschlecht, also dem Typ der Geschlechtschromosomen, und auch von den Gonaden unabhängig« (Prof. Dr. Klaus-Dieter Voigt und Dr. Helmuth Schmidt, *Sexualhormone,* Reinbek 1968, S. 140).

Wer in der frühen Kindheit als Knabe erzogen worden ist, bleibt lebenslang in seiner psychosexuellen Prägung ein Mann. Wer in dieser Zeit als Mädchen erzogen ist, bleibt sein ganzes Leben lang eine Frau, einerlei ob es sich in dem ersten Falle um eine Frau und im zweiten um einen Mann handeln mag. Männer, die an der sogenannten testikulären Feminierung leiden, also ein genetisch männliches Geschlecht und normale Hoden besitzen, die aber in der Bauchhöhle steckengeblieben sind, sehen von früher Kindheit an weiblich aus und werden deshalb meist als Mädchen erzogen. Sie können bereits nach dem vierten Lebensjahr mit keinem ärztlichen oder pädagogischen Mittel wieder zu einer männlichen Sexualrolle zurückgeführt werden. Weder Hormoneinspritzungen noch psychotherapeutische Behandlung haben den geringsten Effekt.

»Auch andere männliche oder weibliche Zwitter und Scheinzwitter verhalten sich entweder männlich oder weiblich, je nachdem ob sie bei der Geburt und späterhin als Knaben oder Mädchen angesehen wurden. Es ist dabei gleichgültig, ob in den Gonaden Androgene oder Östrogene produziert werden. Die in späteren Lebensabschnitten auftretenden körperlichen Erscheinungen des – psychologisch gesehen – anderen Geschlechts, zum Beispiel Brustdrüsenwachstum bei männlich empfindenden Zwittern und penisähnliche Entwicklung der Klitoris bei weiblich empfindenden Individuen, werden dann verständlicherweise als äußerst unangenehme Erscheinungen erlebt. Diese psychologische Geschlechterdeterminierung ist so fest, daß in fast allen Fällen der Arzt, unabhängig vom genetischen Geschlecht und von der Hormonbildung in den Gonaden, sein Handeln darauf einstellen muß, das körperliche Erscheinungsbild dem seelischen Geschlecht anzupassen und nicht etwa umgekehrt« (Voigt/Schmidt, a.a.O., S. 140).

Eine zweite Phase, die das Gefühl der Geschlechtszugehörigkeit beeinflußt, ist die Pubertät, die in der städtischen Welt der gemäßigten Zone gegenwärtig beim Mädchen zwischen dem 8. und 14. Lebensjahr (häufigster Einsatzpunkt: 10.–11. Jahr) und beim Knaben zwischen dem 9. und 16. Lebensjahr (häufigster Einsatzpunkt: 11.–12. Jahr) beginnt. Auch hier kann ein bis dahin sowohl genetisch wie hormonal männliches Kind in dieser Zeit durch starke psychische Prägungen zum psychisch weiblichen Wesen und ein genetisch und hormonal weibliches Kind auf dieser Stufe zum psychisch männlichen Wesen umgeprägt werden. Hierbei sei betont, daß dies nichts mit Homosexualität zu tun hat. Wir sprechen nicht von den Gefühlen des Menschen dem eigenen oder anderen Geschlecht gegenüber, sondern ausschließlich von seiner eigenen Überzeugung der Geschlechtszugehörigkeit; also nicht davon, ob er Männer oder Frauen liebt, sondern ob er sich selbst als Mann oder Frau empfindet.

Die Deutung der eigenen Geschlechtsrolle wird schließlich auch von der Klasse geprägt, zu der man gehört oder in der man aufgewachsen ist.

Geschlechterverhältnis, der zahlenmäßige Bevölkerungsanteil von Menschen weiblichen und männlichen Geschlechts in einer gegebenen Region (→ Geschlechtsverhältnis). Manchmal auch das psychosexuelle Verhältnis der Geschlechter zu einander.

Die **Geschlechtlichkeit** des Menschen ist keine biologische Kategorie. Die Worte »Weiblichkeit« und »Männlichkeit« bezeichnen in der Sexualpsychologie keine genetischen Eigenschaften, sondern Verhaltensweisen, die von der jeweiligen Gesellschaftsordnung der Frau und dem Manne zugewiesen werden. Diese Zuweisungen nehmen nur selten Rücksicht auf die tatsächlichen Sexualneigungen des Individuums. Statt das potentielle Repertoire individueller Empfindungen und Verhaltensweisen zugunsten der Gemeinschaft auszuschöpfen, verlangen die gesellschaftlich bestimmten → Geschlechtsrollen von beiden Geschlechtern gewisse Einschränkungen ihrer Bedürfnisse, fordern von beiden aber auch bestimmte Leistungen, die weder der individuellen Befriedigung noch den sozialen Bedürfnissen dienen. Die sozial bestimmten Ideale der Weiblichkeit und Männlichkeit scheinen also keinen rational erkennbaren Zweck zu verfolgen, sondern beruhen auf komplizierten, oft selbstzerstörerischen Vorstellungen, deren Gründe uns heute noch weitgehend unbekannt sind. Statt die Entfaltungsmöglichkeiten des Individuums im Sinne besserer Partnerbeziehungen zu fördern, belegen die meisten Gesellschaftsordnungen jede Form der individuellen, von der Norm abweichenden Sexualentfaltung mit Sanktionen und verhindern damit genau jene Entfaltung der Individualität, die sie zu fördern vorgeben.

Geschlechtsanalye, Geschlechtsbestimmung, Geschlechtsdeutung, Geschlechtsdiagnose, Geschlechtsentscheidung, Geschlechtsergründung, Geschlechtsermittlung, Geschlechtsfestlegung, Geschlechtsklärung, Geschlechtsschlüssel (oder -entschlüsselung), alle diese Begriffe tauchen in der Fachliteratur auf, um die diagnostische Feststellung der menschlichen Geschlechtszugehörigkeit vor der Geburt oder im Falle von (vermuteter) Zwittrigkeit zu ermitteln.

Die wichtigste Methode der vorgeburtlichen Geschlechtsermittlung ist die Amniozentese (→ Geschlechtsvoraussage). Im Falle von offenbarer oder vermuteter Zwittrigkeit entscheidet, neben der morphologischen und → phänotypischen Analyse der äußeren und inneren Genitalien (Gonadenanalyse, gonadophorische Analyse), die Untersuchung der Chromosomen, des Chromatins, der Zellkernmorphologie, der Hormone und der Hypophysen-Hypothalamus-Funktion.

Geschlechtsanlage, bimorphe [lat.: bi = zwei; gr.: morphe = Form], die zweiförmige (weiblich und männlich) angelegte Geschlechtlichkeit (des Menschen). → Dualismus, sexueller; Geschlechtsbimorphismus; Geschlechtsdichotomie; Geschlechtsdifferenzierung; Polarisierung, sexuelle.

Geschlechtsantinomie [gr.: anti = gegen; nomos = Gesetz], die Anschauung, daß die menschlichen Geschlechter zu unterschiedlich sind, um je vereinbar zu sein. Die Lehre von der Unvereinbarkeit des weiblichen und männlichen Prinzips. Sie besagt, daß jeder Fortschritt des einen Geschlechts nur auf Kosten des anderen erfolgen könne, und daß das Glück des einen nur mit dem Unglück des anderen erkauft werden kann.

Geschlechtsbestimmung, entweder die diagnostische Bestimmung der Geschlechtszugehörigkeit eines Individuums (→ Geschlechtsanalyse) oder der natürliche Prozeß, durch den das eine oder andere Geschlecht ontogenetisch bestimmt wird. Bei niederen Organismen wird dieser Prozeß ökologisch (durch Umwelteinflüsse) bestimmt, beim Menschen dagegen genetisch (durch den Zufall, ob das X-Chromosom im Ei von einem X oder einem Y im Spermium befruchtet wird).

Geschlechtsbestimmung, epigame [gr.: epi = danach; gamos = Heirat], nach der Befruchtung stattfindende Geschlechtsbestimmung.

Geschlechtsbimorphismus [lat.: bi = zwei; gr.: morphe = Form], die weiblich/männliche Doppelgestaltigkeit der menschlichen Geschlechtsanlage. → Dualismus, sexueller; Daulschema, sexuelles; Geschlechtsanlage, bimorphe; Geschlechtsdichotomie; Geschlechtsdifferenzierung; Polarisierung, sexuelle.

Geschlechtsdeutung → Geschlechtsanalyse.

Geschlechtsdiagnose, die Feststellung der Geschlechtszugehörigkeit eines Individuums. → Geschlechtsanalyse.

Geschlechtsdichotomie [gr.: dicha = zweifach; tome = Schnitt], die Zerschneidung der Menschen in zwei Arten von Wesen, Frauen und Männer. Der Begriff knüpft an Platons Schöpfungslegende an, nach der Frauen und Männer ursprünglich Teile eines gemeinsamen Wesens mit zwei Köpfen, vier Armen und vier Beinen gewesen seien. Die Götter haben sie getrennt, so daß daraus zwei Wesen mit je einem Kopf und je zwei Beinen und zwei Armen geworden sind. Aber da sie einst ein einziges Wesen waren, streben sie unaufhaltsam danach, sich wieder miteinander zu verbinden. Das ist, nach Platon, der Ursprung und Grund des Paarungswunsches.

Geschlechtsdifferenzierung [lat.: differo = unterscheiden, Unterschiede hervorrufen], ein Begriff, der bei den drei Zweigen der Sexualwissenschaft – Sexualgenetik, Sexualmorphologie und Sexualpsychologie – drei verschiedene Bedeutungen hat. In der Sexualgenetik: die Herausbildung sexueller Polarität. In der Sexualmorphologie: die Herausbildung sexueller Dualität. In der Sexualpsychologie: die Herausbildung psychischer Geschlechtsunterschiede. Evolutionsgeschichtlich ist es bemerkenswert, daß sich beim Menschen die Geschlechter um so mehr ähneln, je älter die Funde sind; mit anderen Worten: daß die Größenunterschiede zwischen Mann und Frau nicht »von Natur her« oder »von Anfang an« da waren, sondern erst Folgen der gesellschaftlichen Entwicklung sind: Folgen der Arbeitsteilung und der sich aus ihr entwickelnden Zuchtwahl. Erst nach Einführung der Arbeitsteilung beginnt die Polarisierung der Geschlechtsunterschiede. Aber selbst hier nimmt die Entwicklung nicht von vornherein Kurs auf eine etwaige Vorherrschaft des Mannes, sondern verfolgt viele Jahrtausende lang die umgekehrte Richtung. Erst das Patriarchat führt durch physische Entlastung der Frau zur Unterentwicklung des weiblichen Körpers und zur immer stärkeren Betonung der sekundären Geschlechtsmerkmale. Die frühesten Menschenskelette, die man gefunden hat, zeigen nur minimale Größenunterschiede zwischen Männern und Frauen. Auch deuten die fast identischen Durchmesser der Knochen darauf hin, daß beide Geschlechter die gleiche Arbeit zu leisten hatten und daß die männliche Partnerwahl sich aus guten Gründen noch nicht auf einen kleineren, weniger muskulösen, mit mehr Fett gepolsterten Frauentypus spezialisiert hatte.

Das Problem der G. ist beim Menschen also weder genetisch bedingt noch morphologisch unveränderlich. Bis tief in unser Jahrhundert haben die Morphologen jedoch die menschliche Sexualität nach den Genitalien, den Fortpflanzungsorganen und der angeblichen Mentalität der Geschlechter klassifiziert. Das war einfach. Der Mann hatte einen Penis, die Frau eine Scheide. Der Mann war behaart, hatte eine tiefe Stimme, einen Adamsapfel, breite Schultern, schmale Hüften, lange Beine und einen Brustkorb, der die Muskulatur zeigte. Er konnte Kinder machen, aber keine Kinder kriegen und hatte deshalb auch keine Monatsblutungen. Die Frau dagegen hatte Monatsblutungen und konnte Kinder »kriegen«, aber natürlich keine Kinder »machen«. Auch sonst war an ihr so ziemlich alles negativ. Sie hatte *keinen* Penis, *keinen* Adamsapfel, *keine* breiten Schultern, *keine* langen Beine, *keine* tiefe Stimme und außer dem Scham- und Achselhaar auch *keine* Körperbehaarung. Sie besaß angeblich weniger Selbstkontrolle und weniger Durchhaltevermögen als der Mann. Sie war kleiner, schwächer und dümmer als er. All diese Mängel galten als geschlechtsspezifisch.

Bis zum Zweiten Weltkrieg lernte jeder Medizinstudent in Deutschland und Österreich, daß die äußeren weiblichen Geschlechtsorgane dekadente Formen der männlichen seien: der Kitzler ein verkümmerter Penis, die großen Schamlippen ein gespaltener Hodensack, die Scheidenschwellkörper verunglückte Formen der Schwellkörper der männlichen Harnröhrenzwiebel. Auf die Idee, daß es auch umgekehrt sein könne, kam niemand in der bürgerlichen Sexualforschung. Wenn man sich aber auf rein anatomische Beobachtungen stützen will, dann kann man mit weit größerer Berechtigung behaupten, der Penis sei ein wuchernder Kitzler, der Hodensack eine Schrumpfform der großen Schamlippen, die Harnröhrenzwiebel eine späte Umbildung der Scheidenvorhofschwellkörper.

Beide Folgerungen ließen sich jedenfalls aus der angeblichen Entdeckung ziehen, daß der Embryo, das ungeborene Kind im Mutterleib, bis zur fünften Schwangerschaftswoche »geschlechtslos« oder gar »doppelgeschlechtlich« sei. Diese »Entdeckung«, die zu weitreichenden Schlüssen über die angebliche Bisexualität des Menschen geführt hat – besonders in der Psychoanalyse –, steht aber auf schwachen Füßen, denn in dem gesamten Fortpflanzungskanal, aus dem sich der Embryo entwickelt, gibt es nur zwei Teile, die man beim besten Willen bisexuell nennen kann: den Müllerschen Gang, aus dem sich bei weiblicher Entwicklung unter anderem der Eileiter bildet, und den Wolffschen Gang, aus dem bei männlicher Entwicklung unter anderem der Samenleiter entsteht. Aber selbst diese Gänge sind eher als dimorph, doppelgestaltig, denn als bisexuell oder neutral zu bezeichnen. Der Wolffsche Gang bildet sich aus den embryonalen Nieren, der Müllersche Gang aus den Ausstülpungen des Bauchfells. Alle übrigen Geschlechtswege und alle sekundären Geschlechtsorgane beginnen als monomorphe, eingestaltige, unmißverständlich *weibliche* Strukturen, die bei der Frau ihre Urform beibehalten und nur beim Manne von der sechsten Embryonalwoche an umgestaltet werden.

Mit »primären Geschlechtsorganen« bezeichne ich nicht etwa die Scheide oder den Penis, sondern die Entstehungs- und Reifungsorgane der Keimzellen und Sexualhormone bei beiden Geschlechtern (Eierstöcke bei der Frau, Hoden beim Mann), und mit »sekundären Geschlechtsorganen« meine ich nicht etwa Brüste oder Behaarung, sondern die Ausführungswege der Keimzellen und Sexualhormone (Eileiter und Gebärmutter bei der Frau, Samenleiter und Nebenhoden beim Mann). Anfangs bestehen, wie Freud korrekt beobachtet hat, die sekundären Organe aus einem einzigen Urorgan. Entwickelt sich der Embryo in der sechsten Schwangerschaftswoche zum Mädchen, so bilden sich aus diesem Urorgan der Eileiter, die Gebärmutter und die Scheide; entwickelt er sich zum Knaben, so formen sich aus dem gleichen Urorgan der Samengang, die Nebenhoden und die anderen Geschlechtsdrüsen des Mannes. Ganz ähnlich steht es mit den primären Sexualorganen des Menschen, den Eierstöcken und den Hoden. Beide entwickeln sich wiederum aus einem einzigen Urorgan, dem Zellkern der Keimdrüsenanlage. Aus dem Kern der Zelle entwickeln sich die Hoden, aus der Rinde die Eierstöcke.

Wodurch wird die Entwicklung des »geschlechtslosen« Embryos in die eine oder andere Richtung ausgelöst? Bei der Beantwortung dieser Frage stieß die Sexualforschung anfangs auf schwer überwindliche Widersprüche, denn die Entwicklung der primären und der sekundären Geschlechtsorgane gehorcht offenbar völlig verschiedenen Gesetzen. Die primären werden von den Genen, die sekundären von den Hormonen bestimmt. Genetisch betrachtet, enthält jede Zelle eines Organismus im Zellkern vorprogrammierte Information in Form von Chromosomen. Unter den 46 Chromosomen, die das Erbgut des Menschen bestimmen, gibt es zwei, die das genetische Geschlecht vorprogrammieren.

Beim Versuch, die Herausbildung der sekundären Geschlechtsorgane des Menschen ebenfalls aus seiner genetischen Anlage zu deuten, entdeckte man, daß es hier weitaus komplizierter zuging als bei den primären Geschlechtsmerkmalen. Denn es stellte sich heraus, daß das männliche Chromosom zwar in der Lage ist, die normale Bildung von Eierstöcken zu verhindern, daß es aber nicht stark genug ist, um ohne Mitarbeit gewisser Drüsen dem genetisch männlichen Embryo auch die sekundären Geschlechtsteile des Mannes einzuprogrammieren. Dies sind die sogenannten endokrinen oder hormonerzeugenden Drüsen, deren Absonderungen dem bis dahin scheinbar geschlechtslosen Embryo in der sechsten Schwangerschaftswoche die männlichen oder weiblichen Sekundärorgane einprägen. Verkümmern diese Drüsen vor der sechsten Schwangerschaftswoche oder werden sie im Laborexperiment herausoperiert, so entwickelt der Embryo, einerlei ob sein genetisches Geschlecht nun männlich oder weiblich ist, stets sekundäre weibliche Geschlechtsorgane. Auch hier sehen wir also die Dominanz der weiblichen Geschlechtsanlage beim Menschen.

GESCHLECHTSDIFFERENZIERUNG, EMBRYONALE. Das Geschlecht des Embryos steht von der Konzeption an fest, aber nur ein Chromosomentest kann es vor der sechsten Woche ergründen. Anatomisch besteht bis zur sechsten Embryonalwoche beim späteren Mann noch keine maskuline Differenzierung. Erst danach wandern die Keimzellen in der Endodermis, dem inneren Keimblatt des Dottersacks und des hinteren Teils des Verdauungskanals, in das gonadische Mark, die zukünftigen Hoden. Dort angesiedelt, stimulieren sie die Erzeugung einer testikularen Induktorsubstanz, die ihrerseits Markentwicklung und Verfeinerung der männlichen Hormone (Androgene) fördert. Die weibliche Sexualanlage verkümmert dann. Der Müllersche Gang, aus dem sich bei weiblicher Entwicklung der Eileiter bildet, und die Gonadenringe, aus der bei weiblicher Bildung die Eierstöcke entstanden wären, bilden sich zurück. Statt dessen bildet sich unter Androgeneinfluß in dem anderen Teil des zweipaarigen Gangsystems der Wolffsche Gang als Samenleiter des Embryos. Bleibt das genetische Geschlecht in der sechsten Woche weiblich, so wandern die Keimzellen zur Gonadenrinde, bilden die Eierstöcke und stimulieren die Produktion des Zellkerns und der weiblichen Hormone (Östrogene).

Bezeichnenderweise sind diese Östrogene für die Fortdauer des Feminierungsprozesses aber nicht erforderlich, sondern leisten nur begrenzte Hilfestellung, während die Androgene für die Maskulierung des Embryos unerläßlich sind. Fällt die Östrogenerzeugung durch irgendeinen anatomischen Defekt aus, so entsteht trotzdem ein normales weibliches Wesen. Stirbt aber der Androgenzufluß aus irgendeinem Grunde ab, so findet komplette Feminierung statt. Die Norm des Embryos ist also die weibliche. Nur durch enorme Androgenabsonderung wird der Embryo auf männlichem Kurs gehalten. Folglich ist auch die patriarchalische Beweisführung irrig, daß die Frau ein verunglückter Mann sei, weil die weiblichen Organe extrem leicht auf Androgene ansprechen, während die männlichen nur äußerst schwer auf Östrogene reagieren. Denn die Frau ist androgenempfindlich, weil ihr Organismus so gut wie keine Östrogene benötigt: er ist von Natur her weiblich: die weiblichen Hormone haben nur die Funktion eines Hilfsdienstes. Der Mann dagegen ist weitgehend östrogenunempfindlich, weil sein Organismus gewaltige Mengen von Androgenen absondert, die ihn männlich erhalten und dadurch die Östrogene neutralisieren.

Man kann das experimentell mit drei operativen Eingriffen belegen. Entfernt man die Wolffschen Gänge aus dem Embryonalkörper und erhält sie in vitro am Leben, so entwickeln sie sich zu Müllerschen Gängen. Das heißt: zu Ansätzen des Eileiters. Entfernt man die fötalen Gonaden, ehe in der sechsten Woche die Maskulinierung stattgefunden hat, so entwickelt sich der Embryo zu einem normalen weiblichen Wesen, dem nur die Eierstöcke fehlen, und zwar ungeachtet des genetischen Geschlechts. Die äußeren Genitalien und die von ihnen abgeleiteten Funktionen des urogenitalen Sinus bilden sich nach weiblichem Modell um. Der Müllersche Gang bleibt bestehen und funktioniert faktisch normal weiter, während der Wolffsche Gang sich rückbildet. Entfernt man aber einem weiblichen Embryo die Ansätze der Eierstöcke, so findet keine analoge Vermännlichung statt. Kastrierte Embryos beiderlei Geschlechts besitzen am Ende der normalen Schwangerschaftszeit weibliche Genitalsysteme, die anatomisch voll ausgebildet und fast so gut entwickelt sind wie die normaler Frauen.

GESCHLECHTSDIFFERENZIERUNG, SOZIALE. Mit der Geburt des Kindes ist der wichtigste Teil der biologischen G. abgeschlossen. Nun beginnt der nicht weniger wichtige Prozeß der sozialen G. Vom Moment der Geburt an wirken zahllose soziale Einflüsse auf das Kind, um das gesellschaftlich erwünschte Geschlechtsverhalten zu erzeugen. Im Gegensatz zur Theorie des sozialen Lernens (Bandura und Walters 1963) darf das Kind dabei keineswegs als passives Derivat sozialer Belohnungen und Sanktionen, sondern muß bereits im Säuglingsalter als aktiver, sowohl geprägter wie prägender Teil der Gesellschaft betrachtet werden. Die Prägung ist keine rein kognitive, wie Kohlberg noch 1966 meinte, sondern eine vom nichtkognitiven Teil der Psyche veranlaßte. In dem Prozeß der unbewußten Prägung spielt die Identifikation mit den weiblichen und männlichen Bezugspersonen die wichtigste Rolle der Beeinflussung in weiblicher und männlicher Richtung. Wichtigstes Kennzeichen der s. G. in hierarchisch gegliederten Gesellschaftsordnungen ist die sexuelle → Polarisierung, also der Versuch der Gesellschaft, das natürliche Kontinuum der menschlichen Sexualität in zwei grundverschiedene Klassen aufzuspalten und den Gesellschaftsmitgliedern, vor allem den Kindern und Jugendlichen, zu suggerieren, daß dies natürlich und notwendig sei.

Nur Subsistenzgesellschaften, die sozial ungespalten sind und deshalb eine ununterbrochene Bandbreite individueller Unterschiede ihrer Mitglieder aufweisen, sind offenbar in der Lage, auch den individuellen Geschlechtsunterschieden freie Entfaltung zu gewähren, statt sie in ein → antinomisches Dualschema hineinzupressen. In unserem bürgerlich patriarchischen System wird dagegen mit aller Macht versucht, Knaben und Mädchen verschiedene psychosexuelle Persönlichkeiten aufzupressen. Dabei zeigt es sich, daß trotz der männlichen Dominanz die Durchsetzung der männlichen Sozialeigenschaften sehr viel größere Kräfte benötigt als die der weiblichen. »Im Hinblick auf das angeblich höhere Vorkommen psychosexueller Störungen beim Mann ist es denkbar, daß eine psychosexuelle Differenzierung in die männliche Richtung schwerer zu erlangen ist als eine weibliche und auch anfälliger gegenüber störenden Einflüssen ist« (John Money). Dies ist eine der Kernfragen der Diskussion in der neueren Sexualwissenschaft. Trifft diese Bemerkung des bedeutenden amerikanischen Sexualforschers auf alle Gesellschaftsordnungen zu oder nur auf die patriarchalische, die vom Manne ein hohes Maß an »Entweiblichung« verlangt, weil sie »Männlichkeit« als das definiert, was der »Weiblichkeit« möglichst unähnlich sein soll?

geschlechtsdimorphes Verhalten [gr.: di = doppelt; morphe = Form, Gestalt], doppelgestaltiges Geschlechtsverhalten; → heterosexuelles Verhalten nicht nur im Sinne der → Objektwahl, sondern auch im Sinne des Bewußtseins, daß es zwei Geschlechter gibt.

Geschlechtsdimorphismus [gr.: di = doppelt; morphe = Form, Gestalt], die Doppelförmigkeit der menschlichen Sexualität; die Tatsache, daß der Mensch in zwei Varianten auftritt – als Frau und Mann. → Dualismus, sexueller; Geschlechtsanlage, bimorphe; Geschlechtsbimorphismus; Geschlechtsdichotomie; Geschlechtsdifferenzierung; geschlechtsdimorphes Verhalten; Polarisierung, sexuelle.

Geschlechtsdualismus [lat.: duo = zwei], die Zweiteiligkeit der menschlichen Gattung in Frauen und Männer. → Geschlechtsanlage, bimorphe; Geschlechtsbimorphismus; Geschlechtsdichotomie; Geschlechtsdifferenzierung; geschlechtsdimorphes Verhalten; Geschlechtsdimorphismus; Polarisierung, sexuelle.

Geschlechtsentscheidung → Geschlechtsanalyse.

Geschlechtsentschlüsselung, Geschlechtsschlüssel → Geschlechtsanalyse.

Geschlechtsergründung → Geschlechtsanalyse.

Geschlechtsermittlung → Geschlechtsanalyse.

Geschlechtserziehung, Vorbereitung eines Kindes, vor allem durch die Mutter, auf das Geschlechtsleben in der Zeit der Reife.

Mutter und Sohn: Vom zweiten oder dritten Lebensjahr an stellt sich der Mutter das Problem der »Aufklärung« ihres Sohnes. Daß sie ihm vom frühesten Lebensalter an ohne Umschweife die Wahrheit sagen soll, versteht sich von selbst. Es gibt kein Alter, in dem ein Kind »zu jung« ist, um eine ehrliche Antwort zu erhalten. Denn wenn es *fragt,* dann hat es das Alter erreicht, in dem es die *Antwort* verdauen kann. Aber Geschlechtserziehung besteht nur zum kleinsten Teil aus »Aufklärung«. Den größeren Teil bildet die Vorbereitung auf das Geschlechtsleben des Mannes. Die Mutter kann den Knaben von frühester Jugend an nicht so behandeln, wie sie ein Mädchen behandeln würde. In der patriarchalischen Gesellschaft, zu der Mutter und Sohn nun einmal gehören, ob sie es wollen oder nicht, entdeckt der Knabe nur allzu früh seine männlichen Privilegien. Stolz auf seine maskulinen Vorzüge, lacht er über Anweisungen aus dem Mund einer Frau. Um sich zu verteidigen, fühlt die Mutter sich dann oft versucht, all das zu tun, was Freud als Wurzel unserer sexuellen Probleme ansah. Wenn die sexuellen Erfahrungen der Mutter sie zur Männerfeindin gemacht haben, versucht sie in dieser Situation, den Sohn zu *beherrschen.* Sie rächt sich für die männliche Arroganz, indem sie die Männlichkeit des Sohnes zu zerstören sucht. Dabei ist sie sich fast nie des Zusammenhangs bewußt. Sie handelt stets »zum Besten« des Kindes. Der Testfall ist stets die Entdeckung, daß der Junge onaniert. Hier scheiden sich die Gemüter. Wenn die Mutter ein gesundes Geschlechtsleben gehabt hat, Männer wirklich geliebt hat und von ihnen wirklich geliebt worden ist, so wird sie sagen: »Gott sei Dank. Es ist soweit. Ich habe einen Mann produziert.« Und sie wird ihn in dem Alter, in dem Kinder nun einmal onanieren (also bis zum ersten Koitus) so viel onanieren lassen, wie er will, ohne das Bewußtsein zu haben, daß hier irgend etwas Ungewöhnliches geschieht oder daß man hier eingreifen müsse. Wenn sie aber in ihrem Geschlechtsleben unglücklich gewesen ist, wenn sie Zweifel an der eigenen Sexualität hat, so wird sie nun genau das tun, was die schwerwiegendste Folgen im Geschlechtsleben eines Mannes haben kann: sie droht ihm, das kleine Ding abzuschneiden, wenn er nicht aufhört, damit herumzuspielen (→ Kastrationskomplex, Oedipuskomplex).

Das unbewußte Bedürfnis, den Sohn zu kastrieren, steckt in jeder Mutter, die in einer patriarchalischen Gesellschaft lebt. Sie möchte zwar gern einen großen Mann aus ihm machen, einen richtigen Mann, den andere Männer respektieren, aber vorläufig erzieht sie ihn, als wäre er ein kleines Mädchen. Er soll sich nicht schmutzig machen, er soll nicht auf Bäume klettern, nicht auf Eisenbahnbrücken spielen, sich nicht mit anderen Jungen prügeln. Trotzdem soll er aber kein Muttersöhnchen werden. Wie vereinbart sich das? Eines Tages soll er die Macht über einen Industriebetrieb, eine Partei, eine Armee, ein ganzes Land haben. Aber vorläufig muß er sich schön sauber die Haare kämmen und zeitig ins Bett gehen. Die Mutter küßt ihn, drückt ihn ans Herz, umarmt ihn, schmust mit ihm. Aber wenn die anderen Jungen ihn »weich« nennen, ist sie empört. Wer hat ihn dazu gemacht?

Die Mutter will ihn ganz für sich haben, denn schließlich hat sie ihn ja geboren. Niemand auf der Welt hat mehr für ihn gelitten als sie. Aber wie soll er denn je unabhängig und zum Mann werden, wenn die Mutter ihn nicht eines Tages in die Welt hinausschickt? Es genügt nicht, zu warten, bis er selber seine Unabhängigkeit erklärt. Wenn die Bibel recht hat, indem sie sagt, daß der Mann Vater und Mutter verlasse, um zum Weibe zu gehen, dann schließt das auch den Rat an die Mutter ein, den Sohn gehen zu lassen, sobald er geschlechtsreif ist. Jede Mutter-Sohn-Bindung, die über diesen Punkt hinausgeht, ist eine Inzestbindung.

Mutter und Tochter: Das Beste, was je über die Geschlechtserziehung einer Tochter durch ihre Mutter gesagt worden ist, steht im zweiten Band von Simone de Beauvoirs *Le deuxième sexe* (Gallimard, Paris 1949) und im achten Kapitel von Barbara Bross' *The Pleasures of Love* (Rapp & Carroll, London 1967) – zwei Werke, die einander in ungewöhnlich klarer Form ergänzen. Die Thesen der beiden Autorinnen lassen sich am besten in Form einer Serie von Fragen an die junge Mutter zusammenfassen:

Wie würdest du reagieren, wenn du dein vierjähriges Mädchen beim Onanieren antriffst, oder wenn dein Baby sich zusammenrollt, um an seiner kleinen Vulva zu saugen, oder wenn deine fünfjährige Tochter ihrem sechsjährigen Bruder ihre Genitalien zeigt, oder wenn deine zwölfjährige Tochter den Artikel über Geschlechtsleben im Lexikon nachliest?

Wenige Mütter sind fähig, der automatischen Reaktion »Das muß aufhören!« zu widerstehen. Aber wenn man ihm die Gelegenheit dazu gibt, wird einem der Verstand sagen, daß das ein biologisch natürliches Verhalten ist, dem Alter des Kindes angemessen, völlig normal als Verhaltensmodell und in der Tat wichtig für die geistige Entwicklung des Kindes. Die Sache hat mit Moral nicht das mindeste zu tun. Wenn man dem Kind dennoch Einhalt gebietet, dann nicht zu seinem Besten, sondern um des eigenen Seelenfriedens willen. Es verleiht einem das Gefühl, etwas Moralisches getan zu haben. Man hat den Forderungen der eigenen Eltern gehorcht, hat sich in Übereinstimmung mit der Autorität gebracht, hat das eigene Gewissen von einem vagen Schuldgefühl befreit. Aber gleichzeitig hat man dem Kind etwas Böses angetan: man hat einen unvernünftigen, irrationalen, unerklärlichen Faktor in sein Leben hineingetragen, man hat dem Kind eine biologisch notwendige Befriedigung geraubt. Und wir sind nicht einmal in der Lage, ihm zu erklären, weshalb wir es getan haben. Uns fehlen die Worte, denn unsere Heuchelei geht so weit, daß wir uns weigern, die Volksausdrücke für die Genitalien und ihre Funktion in Anwesenheit unserer Kinder zu gebrauchen. Wir alle kennen die Worte, aber aus mysteriösen Gründen, die niemand zu erklären vermag, glauben wir, daß wir sie in Anwesenheit von Kindern nicht gebrauchen sollten. Die Folge ist, daß das Kind die Worte später lernt, unter den fragwürdigsten Umständen, und daß sie für das Kind, genau wie für den Erwachsenen, von nun an immer diese Umstände widerspiegeln werden. Kurzum, man hat bei seinem Kind versagt, als es einen dringend brauchte. Man hat der Tochter nicht geholfen, die dringendsten Bedürfnisse ihres Lebensalters in eine ihr verständliche Perspektive einzuordnen. Das ist ein Verbrechen. Es ist, als ließe man ein Kind hungern, wenn es essen will. Man stelle sich vor, welche Komplexe, Neurosen und Psychosen in einem Kind entstünden, wenn die Funktion des Essens mit ebenso albernen, ebenso unverständlichen und ebenso gefährlichen Tabus umgeben wäre. Man würde das arme Geschöpf zu lebenslangen Verdauungsstörungen, lebenslangen Magenschmerzen und lebenslanger Verstopfung verdammen. Wenn ein Kind nach einer solchen Behandlung durch die Eltern je zu einem gesunden Geschlechtsleben gelangt, ist es ein Wunder.

Entweder wird das Kind erzogen, oder es wird nicht erzogen. Wer glaubt, er könne die geschlechtlichen Probleme herauslösen und sie als eigenes »Fach« einem heranwachsenden Kind beibringen, weiß entweder nichts über Kinder oder nichts über das Fach. Wenn man so lebt, wie man leben sollte, werden die Kinder geistig und körperlich gesund heranwachsen. Wenn man die richtigen Bücher liest und sie nicht versteckt, werden die Kinder sie finden, wenn sie sie brauchen. Wenn man so redet, wie Erwachsene reden sollen – wenn man weder ein Geheimnis aus sexuellen Dingen noch viel Aufhebens von ihnen macht –, werden die Kinder mit der gleichen Einstellung aufwachsen. Wenn man praktiziert, was man predigen möchte, kann man sich alle Predigten sparen. Die Kinder werden sehen, wie die Eltern leben, und wenn sie die Eltern respektieren, werden sie sich selbst zu respektieren lernen. Hat man Freunde, die so leben und denken wie man selber, werden die Kinder zusammenkommen und einander mitteilen, was sie über geschlechtliche Dinge wissen. Diese Art des Mitteilens erfolgt nicht mit

Worten, sondern mit den Körpern. Daran ist nichts auszusetzen. Es ist der einzige Weg, sexuelle Erfahrungen zu erwerben. → Aufklärung, Sexualerziehung.

Geschlechtsfestlegung → Geschlechtsanalyse.

Geschlechtshöcker, Genito-Analhöcker, embryonale Uranlage der äußeren Genitalien des Menschen. Bildet sich in der 5.–6. Embryonalwoche. Daraus entstehen die Geschlechtsfalten, der Analhöcker, der Penis und die Klitoris.

Geschlechtshunger ist wahrscheinlich eine mehr als nur metaphorische Beschreibung der Sexualität. Die Protozoen, von denen alle irdischen Lebewesen abstammen, pflegten einander bei der Kopulation zu absorbieren, gewissermaßen gegenseitig aufzuzehren. Zweifellos geht der Wunsch, sich mit dem Geschlechtspartner völlig zu vereinigen, mit ihm »eins zu werden«, auf diese phylogenetische Erinnerung zurück. → Hunger und Liebe.

Geschlechtsidentifizierung, Geschlechtsidentifikation, Geschlechtsidentität [spätlat.: identitas = Wesenheit; facere = machen], die subjektive Deutung der eigenen Geschlechtszugehörigkeit: ob man Frau, Mann oder Zwitter ist. Die Geschlechtsidentifikation kommt in der nuklearen Familie meist durch die Gleichsetzung des sexuellen Subjekts mit einem bestimmten sexuellen Objekt zustande, meist mit einer gleichgeschlechtlichen Bezugsperson. Von Geschlechtsidentifizierung spricht man, wenn der Sohn das geschlechtliche Verhalten des Vaters oder die Tochter das der Mutter verinnerlicht.

Die Deutung der eigenen Geschlechtsidentität wird auch von der Gesellschaftsschicht geprägt, in der man aufwächst. Die Rolle des eigenen Geschlechts wird von dem Sohne eines Fabrikbesitzers anders empfunden als von dem eines Fabrikarbeiters. Die Tochter eines Universitätsprofessors deutet ihre Rolle als Geliebte und Liebhaberin, als Tochter und Mutter, als Erzieherin ihrer Kinder und als gesellschaftlich verantwortliche Frau sehr viel anders als die Tochter eines Bauern oder eines Landarbeiters. Wer in einer Baracke lebt, baut seine Sexualerwartung anders auf als der Bewohner einer Villa.

Geschlechtsklärung → Geschlechtsanalyse.

Geschlechtskrankheiten gehören zu den ältesten Krankheiten der Menschheit. Knochenfunde aus der Steinzeit zeigen unmißverständliche Zeichen der → Syphilis. Nahezu jede der in diesem Lexikon behandelten G. existierte zu anderen Zeiten und in anderen Zivilisationen. Jedoch haben G. die Eigentümlichkeit, jahrhunderte- oder jahrtausendelang unterzutauchen oder sich in dieser Zeit auf begrenzte Regionen zu beschränken. Sobald eine Region dann gänzlich frei von G. ist, die Einwohner also keinerlei Widerstandskraft mehr gegen sie haben, befällt sie die Region von neuem und richtet doppeltes Unheil an. Dies geschah Ende des 15. Jahrhunderts mit der Syphilis in Europa. Ende des 16. Jahrhunderts mit der → Gonorrhöe in Polynesien. Die in Deutschland am häufigsten auftretenden G. sind Gonorrhöe (Tripper), Syphilis (Lues) und → Ulcus molle (Weicher Schanker). Über die Definition dessen, was eine G. ist, herrscht in der Medizin Unklarheit. Die Syphilis mag man zum Beispiel als eine Allgemeinerkrankung des Organismus auffassen, die zwar durch Geschlechtsverkehr, ebenso gut aber auch durch andere Formen der Infektion verbreitet werden kann. Gonorrhöe ist am gefährlichsten, wenn sie im Auge, nicht wenn sie in den Genitalien auftritt. Dagegen entstehen etwa ein Dutzend anderer Erkrankungen, die keine eigentlichen G. sind, fast ausschließlich durch Geschlechtsverkehr, z. B. Cavernitis, Chorda penis (Chorda venerea), Periurethritis, Posthitis, Salpingitis u. ä. Weiterhin gibt es etwa dreißig distinkte Erkrankungen, die man nicht als eigentliche G. auffassen kann, die aber fast ausschließlich durch Gonorrhöe, Syphilis oder Ulcus molle entstehen, etwa Bartholinitis, Bubo, Cervitis, Cowperitis, Folluculitis, Funiculitis u. ä. Endlich gibt es distinkte Krankheiten, die aber heute so selten bei uns auftauchen, daß man sie kaum je in die Liste der G. aufnimmt: Balanitis, Frambösie, Granuloma venereum, Lymphogranuloma inguinale u. a. Dann darf man die spezifischen Erkrankungen der Sexualorgane nicht vergessen, die aber deshalb nicht als G. definiert werden, weil sie nicht durch Geschlechtsverkehr übertragen werden, z. B. Elefantiasis vulvae, Feigwarzen, Kraurosis vulvae, Leukoplakia vulvae, Phimose, Ulcus vulvae acutum, Ulcus vulvae chronicum, Vulvitis. Hinzu kommen die Krankheiten, die bei der Frau Blutungen, Aborte und Fehlgeburten hervorrufen, aber auch nicht eigentliche G. sind: Gelbfieber, Hakenwurmkrankheit, Malaria, Maltafieber, Pocken, die verschiedenen Rickettsiosen, Rückfallfieber und so weiter. Die Behandlung der G. hat erst in unserem Jahrhundert Fortschritte gemacht, vor allem durch Salvarsan (→ Syphilis) und die Antibiotika (→ Penicillin). Aber seit Ende der 60er Jahre verbreiten sich Gonorrhöe und Syphilis von neuem mit außerordentlicher Schnelligkeit. Dies hat sieben Gründe:

1. Wachsende Promiskuität;
2. Rapide Akzeleration, also frühere Reife der Jugend;

3. Substitution des Präservativs durch andere Verhütungsmittel;
4. Eine Verlagerung der Hauptinfektionsquelle von der Prostitution auf die Allgemeinheit, vor allem auf die Altersgruppe von 17 bis 27;
5. Verfall des Pflichtmeldesystems für G., das in der Vorkriegszeit einen weitaus höheren Grad der Organisation hatte als heute;
6. Wachsende Resistenz der Erreger (Gonokokken, Streptokokken, Spirochäten) gegen die Antibiotika
7. Ärztliches Zögern beim Einsatz von Antibiotika infolge der Todesfälle, die in den 50er Jahren durch Überdosierung von Antibiotika auftraten. Es ist durchaus denkbar, sogar wahrscheinlich, daß die Überdosierung und der allgemeine Einsatz von Antibiotika in den ersten Nachkriegsjahren als Nebenprodukt der beabsichtigten Therapie tatsächlich eine große Anzahl von latenten G. und unentdeckten Neuinfektionen geheilt haben mögen. Dadurch werden, zumindest in den USA, die G. in den Jahren 1945 bis 1955 fast völlig ausgemerzt. Aber gerade durch diese Überdosierung lernten die Erreger der G., mit den Antibiotika zu leben, so daß die Generation der zwischen 1920 und 1930 geborenen Amerikaner heute kaum noch mit Penicillin behandelt werden kann.

Ohne Zweifel benötigen wir deshalb eine gesetzliche Neuregelung der ärztlichen Meldepflicht und einen Behandlungszwang für G. → Akroposthitis, Analgonorrhöe, Balanitis, Biertripper, Blennorrhöe, Bonjourtropfen, Bubo, Bubonulus, Cavernitis, Cervitis gonorrhoica, Chancre larvé, Chorda penis, Coitus suspectus, Color tristis, Cowperitis, Crédésche Prophylaxe, Deferentitis, Eicheltripper, Elefantiasis vulvae, Folliculitis, Frambösie, Franzosen-Krankheit, Funiculitis, Gelbfieber, Genitalflora, Gonorrhöe, Goutte militaire, Granuloma venereum, Hakenwurmkrankheit, Kraurosis vulvae, Leukoplakia vulvae, Lues, Lymphogranuloma inguinale, Malaria, Maltafieber, Mastdarmtripper, Morbus gallicus, Nicolas- und Favresche Krankheit, Ophtalmo-Blennorrhöe, Ophthalmia gonorrhoica, Paralyse, Parastreptokokken, Pelveoperitonitis, Penicillin, Periurethritis, Phimose, Pocken, Posthitis, Prostatitis, Pyosalpinx, Quecksilber, Rheumatismus gonorrhoicus, Rickettsiosen, Rückenmarkschwindsucht, Rückfallfieber, Salpingitis, Schanker, Spermatitis, Strabismus penis, Suspensorium, Syphilis, Tabes dorsalis, Tripper, Ulcus (durum, mixtum, molle, molle miliare, vulvae acutum, vulvae chronicum), Venushalsband, Venuskranz, Vulvitis, Wassermannsche Reaktion, Xerosis vaginae.

G. und Psychopathologie haben einen engen, aber bisher nicht voll erfaßten Zusammenhang. Der Kopenhagener Psychiater Preben Hertoft befragte 1966 im Auftrag der dänischen Regierung 3500 zur Musterung vorgeladene Dänen zwischen 18 und 20 Jahren, ob sie jemals Geschlechtskrankheiten gehabt hätten. Bei denen, die nachweisbar geschlechtskrank gewesen waren, fand Hertoft 1. unterdurchschnittlich wenige mit regulärer Berufsausbildung (23 gegenüber 73 Prozent bei den Nichterkrankten); 2. durchweg besonders frühe geschlechtliche Aktivität (71 gegenüber 20 Prozent hatten im Alter von 13 bis 15 Jahren begonnen); 3. eine höhere Anzahl von Sexual-Partnern (88 Prozent gegenüber 18 Prozent hatten schon mit mehr als acht Partnern Verkehr gehabt). Die Jugendlichen verwendeten keine Verhütungsmittel (jeder zweite hatte sich zweimal oder öfter angesteckt) und trafen auch keine Vorkehrungen, die Partnerinnen vor Schwangerschaft zu schützen.

Vielfach ist die Ähnlichkeit von Patienten, die wegen Geschlechtskrankheiten in Behandlung sind, mit neurotischen oder psychopathischen Kranken so auffällig, daß Dermatologen vorschlugen, Geschlechtskranken sollte – neben der medikamentösen – vor allem auch psychiatrische Hilfe zuteil werden. Wie der Däne Hertoft, so konstatierten auch englische, amerikanische und französische Wissenschaftler, daß Geschlechtskranke besonders häufig aus jener sozialen Gruppe stammen, die von den Gesellschaftswissenschaftlern als »Problemgruppe« bezeichnet wird: aus zerbrochenen Familien stammend, wechseln sie oft den Arbeitsplatz und finden weder gesellschaftliche noch innere Stabilität. »Von denen, die es erwischt hatte, behauptete keiner, er habe vorher nicht Bescheid gewußt«, berichtete Hertoft. Wenn aber ein Mensch mit offenen Augen in die Geschlechtskrankheit stolpert, dann aus einem unbewußten Selbstzerstörungswunsch. Er handelt wie das Kind, das seiner Mutter sagt: »Es geschieht dir ganz recht, wenn mir die Hände erfrieren. Warum hast du mir keine Handschuhe gekauft!« Da die bürgerliche Gesellschaft ihm jene Privilegien versagt hat, die zum bürgerlichen Erfolg führen, rächt er sich an der Gesellschaft, indem er sich selbst und andere infiziert.

Geschlechtsleben, menschliches. Das menschliche Geschlechtsleben unterscheidet sich von dem tierischen in drei Hauptaspekten:

1. Es ist nicht saisongebunden, beruht nicht auf Brunst (→ Paarungszeit).
2. Es beruht nicht auf Trieben, sondern auf gesellschaftlich erzeugten und gesellschaftlich regulierten Stimuli und Verboten (→ Sexualität,

Sexualtrieb, Trieb).

3. Es beruht weitgehend auf fantasierten Sexualvorstellungen, die bereits im Kindesalter auftreten (→ Sexualfantasien).

Geschlechtsleben der Vorgeschichte. Die frühesten Paarungsverhältnisse des Menschen, von denen wir im europäischen Raum einigermaßen verläßliche Kenntnis besitzen, sind die der Wildbeuter des Altpaläolithikums. Sie lassen sich weder als »Ehelosigkeit« noch als »Ehe« bezeichnen, weil die sozialen und ökonomischen Bedingungen, auf denen die Ehe beruht, noch nicht vorhanden waren. Ebenso simplifizierend wäre der Gebrauch solcher Vokabeln wie »Frauengemeinschaft« oder »Weibergemeinschaft«, die während des neunzehnten Jahrhunderts üblich waren. Treffender wäre schon das Wort »Männergemeinschaft«, aber auch dies wäre falsch, weil beide Begriffe implizieren, daß das »herrschende« Geschlecht sich einen Harem aus Mitgliedern des anderen Geschlechts zugelegt hätte. Es gab aber noch kein herrschendes Geschlecht – das Verhältnis der Geschlechter zueinander war wahrscheinlich ausgeglichener als zu irgendeiner späteren Zeit der Menschheitsgeschichte –, und außerdem setzen solche Begriffe voraus, daß es in jener unspezifizierten Zeit der Vorgeschichte, in der diese mysteriösen Weibergemeinschaften existiert haben sollen, eine überwältigende Mehrheit von Frauen gegeben habe. Da die Skelettfunde aber keinen Zweifel darüber lassen, daß das Zahlenverhältnis der Geschlechter in allen uns bekannten Stadien der Vorgeschichte ebenso ausgeglichen war wie heute, stellen die Paarungsverhältnisse der altpaläolithischen Wildbeuter eher eine Form sexueller Isonomie dar als jenes wilde Herumvögeln menschlicher Gockel in ihrem prähistorischen Hühnerhof, das die Vorzeittheoretiker des neunzehnten Jahrhunderts mit einer so bezeichnenden Mischung von Abscheu und Neid beschrieben haben.

Einen solchen »Urzustand« des menschlichen Sexuallebens hat es nie gegeben. Da der Körper der Frau, im Gegensatz zu dem des Mannes, aber einer nahezu unbegrenzten Anzahl von Orgasmen fähig ist, müssen wir es als selbstverständlich erachten, daß die Frau vor der Machtergreifung des Mannes sich zu gewissen Jahreszeiten mit so vielen Männern gepaart hat, wie sie zu diesem Zweck finden konnte. Der umgekehrte Vorgang dagegen ist nur auf einer weit späteren Stufe der gesellschaftlichen Entwicklung denkbar, nämlich einem Patriarchat mit so großen Nahrungsüberschüssen, daß ein einzelner Mann einer herrschenden Klasse sich mehrere Frauen leisten konnte. Zu jener armen

Zeit dagegen, in der die Menschen ihre ganze Kraft aufbieten mußten, um sich vor dem Hungertod zu bewahren, kann der Geschlechtsverkehr nicht die Rolle gespielt haben, die wir ihm einräumen, wenn wir genug zu essen haben.

Koitus findet beim Menschen in allen Gesellschaftsordnungen um so häufiger statt, je höher der Lebensstandard und je geringer die Zeit ist, die der Mensch zum Erwerb seines Lebensunterhaltes benötigt. Je niedriger das ökonomische Niveau und je zeitraubender der Erwerb der Nahrung, desto seltener der Geschlechtsverkehr. Die puritanische Vorstellung, daß der Mensch »zum Tier« wird, wenn er sich keine restriktiven Sexualgesetze auferlegt, widerspricht der zoologischen Erfahrung mit den höheren Primaten, die bekanntlich weniger Geschlechtsverkehr als von Arbeit freigestellte Menschen betreiben.

Die ersten Belege des Sexuallebens unserer europäischen Vorfahren stammen aus dem Altpaläolithikum, das wir von etwa 800 000 bis etwa 100 000 vor unserer Zeitrechnung ansetzen können. Es waren kleinere Horden von Nomaden, die sich fast ausschließlich vom Sammeln ihrer Nahrung ernährten, also noch nicht jagten. Man bezeichnet solche rein aneignenden Gesellschaftsordnungen als »ältere Wildbeuter der Vorjägerstufe«. Da wahrscheinlich noch keine Arbeitsteilung zwischen den Geschlechtern existierte – sie bildet sich erst auf einer höheren Stufe der Werkzeugentwicklung –, gab es wahrscheinlich auch keine Vorherrschaft des einen oder anderen Geschlechts. Ob und in welchem Maße Homosexualität existierte, wissen wir nicht.

Im europäischen Mittelpaläolithikum (etwa 100 000 bis etwa 50 000) finden wir die ersten Belege einer Arbeitsteilung zwischen Frau und Mann. Während die Frauen weiterhin das Sammeln von vegetabiler Nahrung und Kleintieren verfolgten, begannen die Männer sich mehr und mehr dem Fallenstellen und der Jagd zu widmen. Die Vorzeitforschung, unterstützt von einigen, wenn auch nicht allen Ethnologen, hat die Behauptung aufgestellt, daß dies »immer« so gewesen sei, weil die relative Unbeweglichkeit der Frau während der Schwangerschaft und der Stillperiode sie »von Natur her« zur passiveren Rolle verdamme. Selbst als Nahrungssammler sei die Frau deshalb dem Manne unterlegen, von der Jagd ganz zu schweigen, und wo es um die Beweglichkeit einer Nomadenschar gehe, sei die Frau stets eine Behinderung gewesen und habe deshalb den Mann am Ende zur Seßhaftigkeit gezwungen.

An dieser Theorie stimmt nichts. Wer jemals als Ethnologe unter nomadischen Wildbeutern gelebt hat, weiß, daß die Frauen nie hinter dem

Trupp zurückbleiben, daß sie auf der Wanderschaft gebären, nach spätestens einer Stunde wieder weiterwandern und die Kinder stets auf der Wanderschaft nähren. Bei den Jägervölkern Sibiriens reitet die Frau genau wie der Mann, jagt wie er die ganze Schwangerschaft hindurch und zeigt sich in keiner Hinsicht schwächer oder unbeholfener als der Mann. Der ganze Mythos der schwachen Frau, die wer weiß wie viel Zeit brauche, um sich zu schonen, ist eine Erfindung des Mannes; genauer: des Patriarchats. Erst seit der Mann den Typus der »weiblichen«, gebrechlichen, schonungsbedürftigen, in allem benachteiligten Frau durch Zuchtwahl und ideologische Verbrämung geschaffen hat, hat die Frau tatsächlich Schwierigkeiten beim Gebären und benötigt einen »Mutterschutz«, der von jedem weiblichen Mitglied einer mutterrechtlichen Gemeinschaft als das erkannt worden wäre, was er in Wahrheit ist: eine Bevormundung und keine Wohlfahrtsinstitution. Oder bestenfalls ein Trostsprüchlein für die Benachteiligte, nachdem man sie systematisch benachteiligt hat.

Jedenfalls fand die Arbeitsteilung zwischen dem jagenden Mann und der nahrungsammelnden Frau nicht plötzlich statt, sondern über viele Jahrhunderte, wahrscheinlich über einige Jahrtausende hinweg. Fast überall in der Alten Welt, sowohl im asiatischen wie im europäischen Teil, spielte noch die Frau jahrtausendelang als Jägerin eine nahezu gleichbedeutende, in manchen Regionen sogar eine führende Rolle. Die Mythen von der »Herrin der Tiere«, der Jagdgöttin der Alten Welt, sind so zahlreich und so weit verbreitet, daß sie keinen Zweifel über ihren Wahrheitskern zulassen. Die Analogien mit heutigen Jägerstämmen bestätigen dies. Der russische Vorzeitforscher M. O. Koswen schreibt: »Es gibt Nachrichten darüber, daß bei einigen bereits entwickelten Stämmen die Frauen neben den Männern noch sehr aktiv an der Jagd beteiligt waren. Diese Beobachtung wurde bei den mongolischen Völkerschaften und den Völkern Kaukasiens gemacht. Bei einigen nordamerikanischen Indianern gab es noch vor kurzem Frauen, die als ausgezeichnete Jägerinnen bis an ihr Lebensende berühmt waren. Der englische Ethnograph Becker, der einen der Negerstämme Zentralafrikas beschreibt, erzählt, daß dort die Frau fast der Kamerad des Mannes ist; der Mann behandelt sie wie seinesgleichen, und beide jagen oft gemeinsam. Es kommt aber auch vor, daß die Frau sich allein auf die Jagd begibt, während der Mann zu Hause bleibt und das Kind wartet. Oft jagen Bruder und Schwester zusammen und führen mitunter ausgedehnte Expeditionen durch« (*Abriß der Geschichte und Kul-*

tur der Urgesellschaft, Moskau 1953; deutsch 1957, S. 70 f.).
Einer der Gründe, weshalb die Frau als Jägerin am Anfang der Mittleren Altsteinzeit noch eine so bedeutende Rolle spielte, war die Notwendigkeit, alle verfügbaren Arbeitskräfte zur gemeinsamen Beteiligung an der Jagd heranzuziehen, denn diese jüngeren Wildbeuter jagten nicht individuell, sondern kollektiv. Mit großer Wahrscheinlichkeit verdankt die Menschheit ihre frühe Sozialentwicklung der Existenz von Großwild, das von keinem Einzelmenschen erlegt werden konnte. Nur durch kollektive Tätigkeit der ganzen Horde konnte sich der einzelne vor dem Hungertod bewahren. So wurde die Notwendigkeit, Handlungen zu koordinieren, einerseits zur Mutter der menschlichen Gesellschaft, andererseits zum wichtigsten Denkanstoß.
Stellen wir die These auf, daß in dieser Region und in diesem Zeitraum, 100 000–50 000, die Menschen meist in Horden von rund 30 Müttern mit ihren Männern, Kindern und den überlebenden Mitgliedern der älteren Generation lebten (das ist jedenfalls die wahrscheinlichste Deutung der Spuren, die wir gefunden haben), so ergibt sich die Wahrscheinlichkeit, daß jede dieser Horden ihre Abstammung von einer Urmutter ableitete. Zwei Befunde führen zu dieser Vermutung: erstens die Tatsache, daß die verbesserten Jagdwerkzeuge des Mannes immer noch weniger Nahrung nachhause brachten als das geduldige Nahrungssammeln der Frauen; zweitens die vielen Frauenidole dieser Zeit bei gleichzeitiger Abwesenheit von phallischen Figuren.
Dies bedeutet wahrscheinlich, daß die Frauenfiguren keine Sexualidole, sondern Fruchtbarkeitssymbole sind, daß sie also nicht Frauen im allgemeinen, sondern *bestimmte* Frauen, nämlich *Mütter,* darstellen. Das ist auch verständlich, denn die Sterblichkeit durch Hunger, Krankheit und Unfall war so hoch, daß das Überleben der Horde von der Anzahl der Kinder abhing, die sie erzeugen konnte. Nur wenn genügend Nachwuchs zur Verfügung stand, konnten die Alten und Kranken hoffen, von den Jüngeren ernährt zu werden. Wenn Fruchtbarkeit aber so hoch geschätzt wurde, dann können wir wahrscheinlich aus der Abwesenheit von Vatersymbolen entnehmen, daß der Zusammenhang zwischen Paarung und Zeugung noch nicht klar war. Deshalb also → matrilineare Deszendenz. Deshalb auch der höhere Rang der Frau, denn sie war es ja, die erstens den Großteil der Nahrung heranschaffte und zweitens durch den Akt des Gebärens die Zukunft der Horde sicherte. Nun gibt es, und das ist wichtig, aber auch eindeutige Beweise, daß diese separat lebenden Horden mit anderen Horden in irgendeinem

Zusammenhang standen, der entweder Handel oder Austausch von Geschlechtspartnern zur Ursache hatte. Da noch keine Produktion bestand und diese Horden noch nicht einmal das ökonomische Niveau von Subsistenzgesellschaften erreicht hatten, ist die erste Annahme unwahrscheinlich. Fand aber ein Austausch von Sexualpartnern statt, dann haben wir bei matrilinearer Deszendenz mit großer Wahrscheinlichkeit eine Form von → matrilokaler Exogamie, und das bedeutet: die einheiratenden Männer blieben lebenslang Mitglieder ihrer eigenen Muttersippe, obgleich sie bei der Sippe ihrer Frauen lebten und mit deren Blutsverwandten jagten.

Psychoanalytiker und bürgerliche Vorgeschichtsforscher haben den Ursprung der Exogamie mit der Eugenik in Verbindung gebracht und ihn als ein System der Vermeidung genetischer Schäden zu deuten versucht. Aber wo der Anteil des Vaters an der Zeugung unbekannt ist, kann es auch kein eugenisch bedingtes Inzesttabu geben. Freuds Vorschlag einer angeborenen Inzestfixierung des Menschen auf seinen gegengeschlechtlichen Elternteil wird ebenfalls hinfällig, wo die Tochter ihren Vater gar nicht als solchen kennt und wo Kinder alle Männer der väterlichen Generation als Väter und alle Frauen der mütterlichen Generation als Mütter betrachten. Wo der Begriff »Vater« nicht leibliche Vaterschaft impliziert, da impliziert der Begriff »Mutter« ebenfalls keine leibliche Mutterschaft. Eine fixierte emotive Bindung an die leibliche Mutter konnte noch gar nicht entstehen und brauchte deshalb auch nicht durch ein Inzestverbot verhindert zu werden.

Wir wissen aber, daß inzestuös lebende Gruppen, auch wo durch Inzucht kein genetischer Schaden entsteht, gegenüber exogam lebenden Gruppen benachteiligt sind, weil ein mangelnder Austausch von Erfahrungen zwischen ihnen stattfindet. Die Gruppen stagnieren nicht aus genetischen, sondern aus sozialen Gründen. Die Entwicklung der Menschheit beruhte ohne jeden Zweifel auf dem Erfahrungsaustausch zwischen Gruppen, die unter verschiedenen Lebensbedingungen arbeiteten und dabei verschiedene Produktionstechniken erfunden hatten. Und es ist auch wichtig, hier festzuhalten, daß dasjenige Geschlecht, das aus der eigenen Gruppe auswandert, um seinen Partner in einer anderen zu suchen, stets dasjenige ist, das größere Erfahrungen sammelt und damit eine schnellere und gründlichere intellektuelle Schulung erfährt. Das war in der Region und in dem Zeitalter, von dem wir sprechen, die Frau. Sie ging auf Wanderschaft, sie suchte sich ihren Mann bei der anderen Horde aus und brachte ihn nachhause. Das gab ihr einen gewaltigen intellektuellen Vorsprung, denn derjenige, der sich in einer fremden Welt orientieren muß, lernt mehr als der, der zuhause bleibt.

Das änderte sich in der nächsten großen Zeitspanne unserer Vorgeschichte, dem Jungpaläolithikum (etwa 50 000 bis etwa 10 000 v. u. Z.), weil die Männer in dieser Zeit solche Durchbrüche bei der Herstellung von Jagd- und Fischereiinstrumenten machten, daß sie zum ökonomisch dominanten und damit auch zum sexuell dominierenden Geschlecht wurden. Von nun an waren es dic Männer, die ihre Sexualpartner wählten und sie entweder zu ihrer eigenen Horde zurückbrachten oder mit ihnen eine neue Wohnzelle gründeten. Obgleich das Jungpaläolithikum bereits strikte Inzestverbote kannte und praktizierte, war es doch noch nicht zur Einehe vorgestoßen, weil die Nahrungsversorgung den Luxus des Einzelhaushaltes vorerst noch nicht gestattete. Man bezeichnet deshalb die Kultur des Jungpaläolithikums auch als die der »sich entfaltenden Sippengemeinschaft«. In jeder Siedlung gehörten die Frauen alle zur gleichen Sippe, die Männer alle zu anderen Sippen. Die Frauen waren sozusagen zuhause und hatten deshalb auch das Recht und die Pflicht, Haus oder Hütte, Zelt oder Schutzdach zu errichten. Die Männer dagegen, selbst wenn sie seit Jahren mit der einen oder anderen Frau lebten, blieben lebenslang nur Gäste der Sippe.

Das Mesolithikum (etwa 10 000 bis etwa 60 000 v. u. Z.) ist von der bürgerlichen Vorgeschichtsforschung als eine Periode des Rückschritts betrachtet worden, sozusagen als das Mittelalter der Vorgeschichte, als eine Zeit des Dämmerschlafs zwischen den großen Kunstwerken des Jungpaläolithikums (Höhlengemälde, erste Periode des Männerrechts) und der endgültigen Machtübernahme des Mannes im Spätneolithikum. Das stimmt nur teilweise, denn in diese Zeit fällt auch der Anfang der Vorratswirtschaft und die Entwicklung des Tauschhandels.

All dies führte zu einer Stärkung der Position des Mannes und einer Schwächung der weiblichen Stellung, denn je ertragreicher Jagd und Fischfang wurden, die sich mittlerweile zu Domänen des Mannes entwickelt hatten, desto weniger wog der Beitrag, den die Frau als Nahrungssammlerin zu leisten vermochte. Gleichzeitig wurde die Position der Frau durch die Erzielung von Nahrungsüberschüssen, die der Mann einbrachte, durch die Entdeckung der Vorratswirtschaft, die seine Domäne erweiterte und schließlich durch die Anfänge des Tauschhandels, der sein Monopol blieb, maßgeblich geschwächt.

Je erfolgreicher die Werkzeuge des Mannes wurden, desto mehr lernte er sie zu schätzen und desto größer wurde sein Stolz an dem Werk seiner Hände. Vom Mesolithikum an finden wir die Lieblingswaffen und -werkzeuge des Mannes deshalb auch oft in seinem Grab. Die Sippe hatte offenbar zu akzeptieren begonnen, daß der Mann nicht nur ein Nutzrecht an seinen Werkzeugen und Waffen hatte, sondern sie auch tatsächlich *besaß,* und zwar so endgültig, daß sie ihm auch noch nach seinem Tode *gehörten.* Der Gedanke des Privateigentums entwickelte sich also in direktem Verhältnis zur Effektivität der Produktionsmittel und in genauem Maß der Leistung des Individuums. Die Sippengesellschaft hielt diesen Spannungen vorläufig noch stand, aber der Gedanke, daß der besonders fähige Werkzeugmacher für seine Leistung belohnt werden sollte, indem man ihm erlaubte, seine Werkzeuge mit ins Grab zu nehmen, verletzte die Prinzipien der Sippengemeinschaft in zwei Aspekten: Erstens wurde der Gemeinschaftsbesitz der Sippe beraubt, indem ihm die besten Werkzeuge entzogen wurden; zweitens konstituierte das Leistungsprinzip einen grundsätzlichen Bruch mit dem Leitprinzip der mütterlichen Sippe: der gleichmäßigen Versorgung aller Sippenmitglieder ohne Ansehen ihrer Leistung. Wie die Mutter ihre Kinder nährt, ohne zu fragen, welcher Säugling mehr »leistet«, so mußte die Sippe ihre Mitglieder versorgen, ohne den einen oder anderen zu bevorzugen. Sobald das Leistungsprinzip der proportionellen Entlohnung für geleistete Arbeit an die Stelle der gleichen Versorgung aller trat, brach die Sippe zusammen, als ob ein Krebs sie befallen hätte.

Der Anfang vom Ende kam mit dem Anspruch der Verwandten, daß man die Werkzeuge des Toten, statt sie ihm ins Grab mitzugeben, ihnen überlassen solle. Aus diesem unerwarteten Winkel, der Entwicklung des Erbrechts, sollte Generationen später das Patriarchat erwachsen, jener Todfeind der Sippenordnung, der das ganze soziale und ethische Gefüge der Vorzeitkultur in wenigen Jahrhunderten zerstörte. Im späten Mesolithikum gehörte der Großteil aller Besitztümer jedoch nach wie vor der Sippe. Privatbesitz beschränkte sich auf Werkzeuge, Waffen, Kleidung und Schmuck. Die Zweckentfremdung solcher Besitztümer als Grabbeigaben wurde noch nicht als Diebstahl an der Gemeinschaft empfunden. Auch als die Verwandten gegen Ende der Mittelsteinzeit zum ersten Mal einen Anspruch auf die Besitztümer ihrer Toten erhoben, wurde dies offenbar noch nicht als Enteignung der Sippe betrachtet, denn die Sippenmütter, die Hüterinnen der alten Ordnung, waren vor allem darauf erpicht, daß die matrilineare Deszendenz nicht verletzt wurde. Und da diese auch in den Anfängen des Erbrechts gewahrt blieb, setzte sich die Vererbung in matrilinearer Folge durch. Starb eine Frau, so erbten ihre Kinder, nicht aber ihr Mann. Starb ein Mann, so erbten seine Brüder und Schwestern, ja sogar die Brüder seiner Mutter und seiner Schwester, nicht aber seine eigenen Kinder.

Gegen Ende des Mesolithikums ergibt sich also das folgende Bild: Was man selber hergestellt hatte, am eigenen Körper trug (Kleidung und Schmuck), und allein betätigen konnte (kleinere Werkzeuge, kleinere Jagd- und Fischinstrumente) waren Privatbesitz. Was man gemeinsam ausbeutete, erjagte, erzeugte oder bewohnte (Jagd- und Fischreviere, gemeinschaftlich benutzte Jagd- und Fischereigeräte, gemeinschaftlich benutzte Boote, Werkzeuge und Wohngebäude) blieb Sippeneigentum. Das erste konnte in mütterlicher Folge vererbt werden. Das zweite blieb unveräußerlicher Besitz der Sippe.

Obgleich die Sippe intakt blieb und die Position der Frau in keiner Weise gefährdet schien, trug die Einführung des Erbrechts den Keim der Sippenzerstörung in sich. Denn wenn sich Besitz überhaupt über den Tod des Besitzenden hinaus vermachen ließ, dann war vorauszusehen, daß die Väter früher oder später verlangen würden, auch ihre Söhne sollten erbberechtigt sein. Von dem Augenblick an, wo dies gestattet wurde, war das matrilineare System aber zerschlagen und die Frau rechtlos geworden. Es gab nur noch eine Möglichkeit, die Situation der Frau zu retten: die Übernahme der Produktionsmittel. Die Frau mußte sich zum zweiten Male jenen ökonomischen Status erwerben, der ihr einst die maßgebliche Position in der Sippe verschafft hatte. Das war aber nicht leicht, denn die aneignende Nahrungsversorgung durch Jagd und Fischerei hatte die absolute Grenze ihrer technologischen Möglichkeiten erreicht. Es gab nur noch einen Weg, die Versorgung zu verbessern: den Durchbruch von der Aneigung zur Produktion. Genau das gelang der Frau im Altneolithikum (etwa 6 000 bis etwa 4 000 v. u. Z.), indem sie entdeckte, daß aus den Abfallbergen vor der Hütte neue Pflanzen zu sprießen begannen. Man brauchte also nicht mehr mühselig zu sammeln; man konnte Pflanzen anbauen. So entwickelte sich nach vielen Fehlschlägen und Irrwegen das Stadium des Hackbaus, in dem die Frau mit Hilfe der von ihr erfundenen Hacke die Grundlagen der Landwirtschaft legte. Dies gab ihr eine Machtposition, wie sie nie wieder von Frauen besessen worden ist.

Der Rückschlag erfolgte mit der Erfindung des vom Rinde gezogenen

Pflugs, die dem Manne im Mittelneolithikum (in unserer Region um 4 000 v. u. Z.) gelang und das Pendel zum ersten Mal in Richtung einer Herrschaft der Väter über Mütter und Kinder ausschlagen ließ. Mit dieser Erfindung gelang der Durchbruch zur gemischten Landwirtschaft, zum Dorf, zur Stadt und zu den ersten Ansätzen der Industrie (Bergwerke, Wassermühlen, Windmühlen, Schmiedewerkstätten). Damit ging aber auch jene Ära zu Ende, deren Erinnerungen in den zahllosen Legenden vom verlorenen Paradies weiterleben: die Zeit der Gleichheit, der Brüderlichkeit und der Abwesenheit jeglichen Kampfs der Geschlechter.

Wenn wir die komplizierten, hier sehr vereinfacht dargebotenen Geschehnisse der ersten 800 000 Jahre der europäischen Kultur auf einen gemeinsamen Nenner bringen, so könnten wir sagen: Solange die Produktionsmittel noch so unentwickelt blieben, daß die Gruppe (Sippe, Großfamilie, Stamm, Dorf) sich gerade noch mit Mühe und Not ernähren konnte, bestand für jedes Mitglied der Gruppe die Verpflichtung, an der Ernährung aller anderen mitzuwirken. Sie bestand auch für Kinder, die dadurch eine viel wichtigere, an Gleichberechtigung grenzende Funktion besaßen als im heutigen Patriarchat. Das geschah nicht aus pädagogischen oder moralischen Motiven, sondern weil jede arbeitende Hand gebraucht wurde, um die Gruppe vor dem Verhungern zu retten. Sobald aber Überschüsse erzielt wurden (Vorratssystem), begannen sich die Einflüsse einzelner Mitglieder der Gruppe durchzusetzen: Privateigentum und Ausbeutung der Ärmeren durch die Reicheren erfolgten also in direkter Konsequenz des Fortschritts der Produktivkräfte. Eine Vergesellschaftung der Produktionsmittel war wegen des primitiven Standes der Werkzeuge damals noch unmöglich.

Vergleichen wir diese Entwicklungsgeschichte der ökonomischen Basis nun mit ihrem sexuellen Überbau, so sehen wir, daß sich die frühen Subsistenzgesellschaften wie Mütter verhielten. So wie die Mütter ihre Kinder säugten, ohne sich den Kopf darüber zu zerbrechen, welches Kind mehr »leistete« und deshalb mehr Milch »verdiente«, so ernährte die Gemeinde all ihre Mitglieder gleichmäßig, einerlei wieviel oder wie wenig der einzelne an Nahrung heranzuschaffen vermochte. Aus dieser Analogie zwischen dem Verhalten der Mütter und den Rechtsverhältnissen in Subsistenzkulturen hat der schweizerische Rechtsgelehrte Johann Jakob Bachofen (1815–1887) den Begriff »Mutterrecht« abgeleitet und ihn dem des »Vaterrechts« gegenübergestellt, das die Verpflichtung eines jeden, für alle anderen zu sorgen, durch den Vorschlag

ersetzte, jeder solle nur so viel erhalten, wie er an Nahrung heranschaffen konnte. Das war das »Leistungsprinzip«, das Kernstück der vaterrechtlichen Ordnung.
Ändert sich die Basis, so ändert sich früher oder später auch der Überbau. Erzielt eine ehemalige Subsistenzkultur ihre ersten Überschüsse, so wird sie sich bald in eine Marktwirtschaft verwandeln und wird die strukturellen Prinzipien von Angebot und Nachfrage aus der ökonomischen Sphäre in die der Psyche übertragen. Wie auf dem offenen Markt die Güter und Preise ausgehandelt werden, so wird nun in der Familie Leistung gegen Belohnung ausgetauscht. Die Gehorsamkeitsleistung des Kindes wird genauso belohnt wie die sexuelle oder hausfrauliche Leistung der Gattin. Mangelnde Leistungen wurden bereits von den Griechen mit den gleichen Mitteln bestraft wie in der heutigen bürgerlichen Gesellschaft: mit Liebesentzug und ökonomischer Benachteiligung.

Geschlechtsleben im alten Hellas. Die griechische Sprache vergleicht den Geschlechtsverkehr in vielen Metaphern und Katachresen mit dem Krieg. Im Vers 894 des *Friede* nennt Aristophanes den Verkehr *klinopale,* »Bettkampf«: *Man ficht auf der Erde, ringt auf allen vieren, duelliert von der Seite und fällt am Ende vor dem anderen in die Knie.* Dies mag spielerisch, poetisch, sogar lustig klingen, sagt aber in Wahrheit viel über die gespannten Beziehungen zwischen den Geschlechtern aus. Tatsächlich war der »Kampf der Geschlechter« kaum jemals in einer westlichen Kultur so aggressiv wie in jenen Gründerjahren des Vaterrechts, da die Erinnerungen an den früheren Zustand des Mutterrechts bei beiden Geschlechtern nur noch allzu lebendig waren. Daß der Koitus oft mit dem Beibringen einer Wunde verglichen wurde und ein erstaunlich großer Anteil des nicht gerade kleinen griechischen Vokabulars des Koitus den Verkehr als verwundend, vergewaltigend, niederschmetternd, verletzend bezeichnet, bestätigt dies. Von den Synonymen für »koitieren« bedeuten *aischynein*: »entehren«, »schänden«; *diakopeuein*: »zerhauen«, »klaffende Wunden beibringen«; *diamerizein*: »zerteilen«, »zerstückeln«; *diaphtheirein*: »zu Grunde richten«, »verwüsten«; *spodein*: »ausklopfen«, »stoßen«, »verhauen«. Daß die Griechen den Kampf der Geschlechter als eine Art Wettstreit betrachteten, geht aus dem Wort *pankratiazein* hervor, das sich von dem Pankration, den großen Wettspielen der Griechen, ableitete.
Auch die Tatsache, daß gewisse Wörter nur ins Sexualvokabular der Frauen, andere nur in das der Männer gehörten, ist bezeichnend. Ich

habe bereits das Hauptwort *diamerismos* (wörtlich: »Zerteilung« oder »Zerstückelung«) erwähnt, das man benutzte, um das erzwungene Spreizen der Frauenschenkel zu beschreiben. Zwei andere Synonyme für »koitieren«, die nie von einem Manne, sondern nur in bezug auf die Frau verwendet wurden, waren *katagein meteora,* »die Beine hochheben«, und *thoriskesthai,* »Samen aufnehmen«. Ebenso bezeichnend ist es, daß man das Adverb *aidemos,* »sittsam«, nie auf den Mann, sondern nur auf die Frau anwandte. Denn sie hatte schamvoll und sittsam zu sein; der Mann dagegen konnte sich nahezu alles erlauben. So weit hat es selbst die bürgerliche Doppelmoral unserer Tage nie gebracht.

Einerseits beschimpften die Griechen ihre Frauen als geil und unersättlich, andererseits beklagten sie sich über ihre Frigidität. *Priapeia XXVI* beschreibt die Frauen als »vögelnde Katzen, geiler als im Frühling die Spatzen«. Das Wort *machlos,* »geil«, wurde nur auf Frauen verwandt, ebenso das Wort *kapran,* »geile Menschen betreffend«, das sich von *kapraina,* »läufige Sau«, ableitete. *Anaphrodisia* bedeutete niemals »mangelnde Potenz«, sondern stets »Frigidität«, bezog sich also ebenfalls nur auf die Frau, und zwar auf die *chione,* »die Kalte« (von *chion,* »kalt«). Kein Wunder, denn wie ich an anderer Stelle bereits erwähnt habe, war die einzige Situation, in welcher der Grieche verpflichtet war, seiner Gattin beizuwohnen, der Tod des Schwiegervaters vor Geburt eines männlichen Erbfolgers. In diesem Falle war der Gatte nach verschiedenen Stadtgesetzen verpflichtet, so häufig wie möglich mit seiner Frau zu koitieren, damit sie einen Sohn produziere, der das Familieneigentum erben könne.

Die griechischen Ärzte waren sich der Tatsache bewußt, daß die Frau nach der Menopause eine Art zweiter Jugend erlebt, zumindest was ihr Bedürfnis nach sexueller Befriedigung anbelangt. Ein bekanntes Sprichwort hieß: »Die Greisin geilt wieder«, denn wenn eine Ehefrau ihr Klimakterium erreicht hatte, war sie meist so erschöpft, verbittert und frustriert, daß der Mann sie als Greisin empfand. In verschiedenen Komödien, so der *Ananeumene* des Philemon, wird diese Tatsache als komisch dargestellt: Die Frau über 50, die noch befriedigt werden will, wurde von den Ehemännern als Witzfigur betrachtet.

Eine der unvermeidlichen Reaktionen der weiblichen Psyche auf die Entwürdigung und Frustration, der sie in allen Zweigen ihres Lebens unterworfen war, die sogenannte Hysterie, entnimmt nicht nur ihren Namen aus dem Altgriechischen (*gynaikes hysterikai:* »gebärmutterkranke Frauen«), sondern stellt ein spezifisches Syndrom des griechischen Patriarchats dar. Nach Angaben der griechischen Ärzte lagen die Patientinnen wochen- oder monatelang mit minimalem Puls bewußtlos und apathisch herum. Andere waren bei Bewußtsein und konnten sich bewegen, aber sie atmeten kaum. Bei einem Fall, den Herakleides Pontikos beschreibt, lag die Patientin ohne feststellbaren Puls und Atmung da: »Sie unterschied sich von einer Toten nur dadurch, daß ihre mittlere Körperpartie noch etwas Wärme aufwies.«

Bei Plutarch lesen wir folgendes: »Die milesischen Jungfrauen wurden einst von einem schrecklichen und sonderbaren Übel befallen, ohne daß man irgendeinen Grund dafür auffinden konnte. Man vermutete zunächst, daß die vergiftete und verpestete Luft diese Veränderung und Verrücktheit des Verstandes in ihnen hervorgebracht habe. Bei allen nämlich zeigte sich plötzlich ein Verlangen zu sterben und eine unsinnige Neigung, sich zu erhängen. Viele erhängten sich auch tatsächlich. Die Worte und Tränen der Eltern und das Zureden der Freunde half nichts, sie täuschten sogar bei ihrem Selbstmorde alle Wachsamkeit und Schlauheit der Wächter.«

Wenn »Frigidität« und »Hysterie« die Sexualängste der griechischen Frau im Zeitalter des Patriarchats kennzeichnen, dann ist »Impotenz« die charakteristische Sexualangst des patriarchalischen Mannes. Was niemanden in einer mutterrechtlichen, nicht auf Leistung bezogenen Gesellschaftsordnung interessiert – wie oft der Mann »kann« und wie groß sein Penis ist –, stellte die Kernfrage des patriarchalischen Sexuallebens dar – zumindest in den Augen des Mannes der herrschenden Klasse. Die gesamte griechische Literatur der Sexualität ist eine Literatur der Potenz. Der Koitus hieß *erga* (»Leistung«); die Manneskraft hieß *myelos* (eigentlich: »Rückenmark«); *gonikos* war »zeugungsfähig«, deshalb auch *gonime* (»Zeugungsader«) für Penis. Aus der gleichen Logik ergeben sich zwei weitere Synonyme für Penis: *morion andros gonimon* (»männliches Zeugungsglied«) und *stoma paidopoion* (»knabenzeugender Körperteil«).

Die Anzahl der Wörter, die Länge und Erektionsfähigkeit des Penis beschreiben, war im Altgriechischen weitaus größer als in der Gegenwart. Für die feinsten Schattierungen gab es spezielle Wörter. Selbst für die unbewußte Erektion, die im Traume eintritt und zur Pollution führt, hatten die Griechen ein eigenes Wort: *skindaros* (von *skindarion,* »Fisch«). Eine Erektion haben hieß *styesthai,* eine große Erektion haben dagegen *styesthai triembolon* (»wie ein dreifacher Schiffsrammsporn«). Das Glied erigieren hieß *orthian,* (»aufrichten«). Die durch

Reiben erzeugte Erektion dagegen hieß *anaphlan* oder *anamalatein,* wonach der, welcher eine Erektion hatte, *anapephlasmenos* hieß. *Orthiazon,* von *orthian,* aufrichten, war gleichzeitig ein Hinweis auf *orthiaz,* den Segelmast, bedeutete also: »Mann mit einer Erektion wie ein Schiffsmast«. Selbst so feine Einzelheiten wie das Zurückziehen der Vorhaut zum Entblößen der Eichel spiegeln sich im Sprachgebrauch wider: *apotylun,* das eigentlich das Hartwerden von Früchten bezeichnet, deren Schale man entfernt hat. Die normale Erektion hieß *styma* oder *syntonia,* das erigierte Glied *histos* (»Mastbaum«) oder *ithyphallos* (»gerader Phallos«). Das zweite Wort wurde als Beiname mancher Götter benutzt, vor allem des Dionysos.

Die lobenden Koseworte, die den Mann mit großem Penis bezeichneten, entstammen teils dem Vokabular der Päderasten, teils dem der Hetären, denn die griechische Hausfrau und Gattin benutzte solche Vokabeln nicht. Den Mann mit großem Schwanz nannten die Hetären und Päderasten *peoides* oder *peodes,* was von *peos* (»Schwanz«) und *oidan* (»schwellen«) abgeleitet ist und wörtlich »Schwellschwanz« bedeutet. *Posthon* (wörtlich: »Vorhautmann«) hieß der Mann mit großer Vorhaut, denn die Griechen betrachteten das Präputium als höchste Zierde des Mannes und sahen in der orientalischen Sitte der Beschneidung eine Form der Kastration. Deshalb nannten sie den Juden *kolobos* (»Verstümmelter«), *aposyrmenos* (»Abgeschundener«) oder noch am höflichsten *leipodermos* (»Enthäuteter«).

Koseworte dagegen waren: *smordon* (»Gliedermann«), *monobelos* (»Einspießiger«, von *monos,* »einmalig«, und *belos,* »Spieß«), *triembolos* (»Dreifachgroßer Rammsporn«), von *tri,* »drei«, und *embolos,* »Schiffsrammsporn«), *triphales* oder *triphallos* (»Dreifachgroßer Schwänzling«, von *tri,* »drei« und *phallos*), *orthagoras* (»Steifling«) oder *psolos* (von *psole,* »Erektion«). Die dazugehörigen Adjektive waren *eumezos* (»mit schönem Glied«), *androsathon* (»mannesgliedrig«), *lastauros* (»stiergliedrig«), *makrokaulos* (»langstielig«), *orthophallikos* (»geradgliedrig«), *psoleis* (»steifgliedrig«). Es ist bezeichnend, daß unter den Vokabeln, die den Penis bezeichnen sollten, eine unverhältnismäßig große Anzahl ist, die entweder tierische Kraft oder verwundende Fähigkeit ausdrücken sollen; also einerseits animalische Potenz, andererseits Waffenkraft. Zur ersten Gruppe gehören *hippo* (»Hengst«), *tauros* (»Stier«), *kyon* (»Hund«) und *sathe* (»Fischotter«); zur zweiten *kentron* (»Stachel«), *keras* (»Horn«, »Geweih«) und *phales* (»Pflock«, »Keil«).

Als Sitz der Männlichkeit betrachteten die Griechen jedoch nicht den Penis, sondern die Hoden: *didimoi* (»Zwillinge«), *kokkoi* (»Beeren«), *kyamoi* (»Bohnen«), *orches* (»Oliven«), *sphairidia* (»Kügelchen«). Der sonst so trockene Arzt Galenos wird lyrisch, wenn er von der »Dynamik« des männlichen Samens spricht: »Der Same macht die Männer warm, gelenkig, haarig, tiefstimmig, hochgemut, stark im Denken und Handeln.« Daher hieß ein richtiger Mann *enorches aner,* »Hodenmann«. Ein besonders potenter Mann war ein *lapidorchas,* »Hodenkönig«. Das männliche Jungvolk nannte man *enorches laos,* »das mit Hoden versehene Volk.« Das bevorzugte Wort für »männlich« war *enorcha,* »hodig«, während man das Synonym *arsena,* »männlich«, von *arsenein,* »befeuchten«, ableitete, da der Mann sich ja dadurch auszeichnete, daß er die Frau »befeuchtet«, d.h. befruchtet. Ebenso leitet sich *posis,* »Gatte«, von *potizein,* »tränken«, und *pater,* »Vater«, von *opater, opeirin,* »säen« ab. Jedenfalls waren dies beliebte Ansichten der griechischen Etymologen.
Die Vergötterung der Hoden spricht auch daraus, daß die Götter stets unkastrierte Opfertiere verlangten. Nur den Toten brachte man kastrierte Opfer dar, da sie dem schwachen, leblosen, zeugungsunfähigen Zustand der Toten entsprachen. Bei Eidopfern mußte der Schwörende auf die ausgeschnittenen Hoden der Opfertiere treten, um zu bezeugen, daß er bei einem Meineid seine Virilität opfere. Die Strafe für einen solchen Meineid wurde von den Göttern gesandt und war die furchtbarste, die sich ein Mann der herrschenden Klasse vorstellen konnte: *orchipede,* »Impotenz«. Der Impotente hieß *loluros, kouthuros* (»dem der Schwanz beschnitten ist«), *lakkoscheas* (»Lochsack«) oder *ophis* (»Schlappschwanz«).
Platon setzte die geschlechtliche Vollkraft für das männliche Geschlecht auf das 30. bis 50., für das weibliche auf das 20. bis 40. Jahr an, während bei Aristoteles die Blüte des männlichen Körpers auf das 30. bis 35. Lebensjahr fiel. Galenos, der bedeutendste griechische Arzt des 2. Jahrhunderts u.Z., setzte die Akme, die Spitze des schöpferischen Lebens, mit 30 bis 40 Jahren an, glaubte aber, daß ein Mann mit 35 bereits physisch verblüht war. Das mag etwas mit der sehr viel früheren Sterblichkeit im Altertum zu tun haben, bezieht sich aber auch ganz gewiß auf den hochentwickelten Sinn der Griechen für das Ästhetische, der den menschlichen Körper im Stadium der ersten Reife als den einzig schönen betrachtete und den Verfall der menschlichen Schönheit schon vom zweiten Jahrzehnt des Lebens an wahrnahm.

Das beste Bild des griechischen Geschlechtsverkehrs, sowohl in Hinblick auf das, was zwischen den Geschlechtern stattfand, wie auf die sexuellen Wunschträume und Frustrationen der Griechen, liefern uns die Mythen und die dichterischen Darstellungen des Geschlechtslebens ihrer Götter. Denn im Gegensatz zu der jüdisch-christlichen Konvention der göttlichen Asexualität, waren die griechischen Götter nicht nur sexuell tätig, sondern betrieben Ehebruch, Notzucht, Erschleichung des Beischlafs und nahezu jedes andere »Sittlichkeitsverbrechen« – und dies mit einer solchen Aggressivität, daß wir es nicht einfach als Toleranz der Griechen für das Verhalten ihrer Götter betrachten können, sondern es als eine Mischung von Wunschtraum und Frustration verstehen müssen.

Bei den Juden hat Gott der Vater weder Frau noch Mutter. Bei den Christen hat Er einen Sohn, aber Maria gebiert ihn nach unbefleckter Empfängnis. Bei den Griechen dagegen taten die Götter all das, was die Menschen gern getan hätten. Es gibt keine Form der sogenannten Perversion, die nicht von diesem oder jenem griechischen Gott begangen wurde. Vergewaltigung ist eher die Regel als die Ausnahme. So wie im Kriege alles erlaubt ist, solange es zum Sieg verhilft, ist auch im Geschlechtsverkehr alles erlaubt, um durch Täuschung zum Erfolg zu gelangen. Die Götter verkleiden sich als Ehemänner der Frauen, die sie zu besitzen suchen. Sie machen sich schöner als sie sind. Sie treten als Frauen oder Tiere auf. Kein Mittel ist ihnen zu billig, um ihre Befriedigung zu erlangen. Promiskuität und ständige Geilheit wird als selbstverständlich betrachtet. Nur wenige der Götter kümmern sich um die Kinder, die sie wie Abfall bei den irdischen Frauen hinterlassen.

Daß fast alle Götter und Göttinnen selber unehelich sind, besagt dagegen nichts über ihre Ehemoral, denn sie stammen ja aus einer Zeit, in der es auch bei den Menschen noch keine Einehe gab. Wo wir bei den Göttern eheliche Verhältnisse vorfinden, können wir mit Sicherheit darauf schließen, daß diese Götter oder zumindest ihre ehelichen Beziehungen aus späteren Zeiten stammen. Es sind, wie Aischylos sie nannte, die »jungen Götter«. Bei ihnen taucht auch zum erstenmal das Phänomen der Eifersucht auf, das in mutterrechtlichen Zeiten unbekannt war. Das Verhältnis zwischen Zeus und der ewig eifersüchtigen Hera, oder zwischen Poseidon und seiner nörgelnden, keifenden Gattin Amphitrite, zeigt unverkennbare Züge der vaterrechtlichen Ordnung, in der selbst die Frau von jener sexuellen Besitzsucht angesteckt worden ist, die der Mann in das Verhältnis der Geschlechter hineingetragen hat. Hera und Amphitrite verfolgen nicht nur die Geliebten ihrer Gatten mit einer manischen Rachsucht, sondern zeigen auch in ihrem nichtsexuellen Leben einen Neid, der sie sofort als Kreaturen der Ära des Privateigentums erkennen läßt. Hierher gehören auch die Mythen von der Athene, die auf die irdische Arachne so eifersüchtig ist, daß sie sie mit der Lade eines Webstuhls niederschlägt, und von der Leto, die selbst nur zwei Kinder besitzt und deshalb die zwölf Kinder der sterblichen Niobe umbringen läßt. Ähnlich auch die Nymphe Echenais, die sich in den Sohn des Hermes verliebt und ihn mit Blindheit schlägt, als er sich mit einer sterblichen Frau paaren will. Dies wäre bei einer mutterrechtlichen Göttin, die sich gern und oft paarte, aber weder Liebe noch Eifersucht kannte, undenkbar gewesen.

Eine Aufzählung der Affären griechischer Götter würde ein separates Buch füllen. Ich gebe einige wenige Beispiele, um eher den Tonus des Sexualverhaltens dieser Wunschbilder griechischer Männer als Einzelheiten der Mythen darzustellen. Apollon, abgesehen von seinen zahllosen päderastischen Abenteuern, verführt die Koronis (Sohn Asklepios), die Kyrene (Sohn Aristaios), die Rhoio (Sohn Arios) und die Dryope (Sohn Amphissos). Die Nymphe Daphne kann sich nur dadurch vor Vergewaltigung retten, daß sie sich in einen Lorbeerbaum verwandelt. Ares betrügt den Gott Hephaistos mit dessen Gattin und zeugt fünf Kinder mit ihr. Er verführt die Kyrene, die bereits Opfer des Apollon gewesen ist (Sohn Diomedes), und die sterbliche Pelopia (Sohn Kyknos). Weitere Folgen seiner Affären sind Lykaon, Euneos, Penthesilea und die übrigen Amazonen.

Der Windgott Boreas raubt die sterbliche Oreithyia und zeugt zwei Söhne mit ihr. Dionysos verführt Ariadne (Söhne Oinopion, Staphylos, Thoas). Halirrhothios, Sohn des Poseidon, vergewaltigt Alkippe, Tochter des Ares. Als Hephaistos die Athene verfolgt, um sie zu vergewaltigen, spritzt er seinen Samen auf die Erde, woraus Erechtheos, der Stammvater der Athener, erwächst. Hermes verführt die sterbliche Herse (Sohn Kephalos). Orion vergewaltigt Frau und Tochter seines Gastfreundes Oinopion. Pan verführt Selene, Syrinx und Pitys. Aus Eifersucht läßt er die Nymphe Echo, die sich ihm verweigert, von Hirten zerreißen. Poseidon verführt die Skylla (Sohn Triton), die von seiner Gemahlin Amphitrite deshalb in ein Ungeheuer verwandelt wird. Außerdem hat er von der Tyro den Neleus und Pelias, von der Aithra den Theseus, von Amymone den Nauplios und von anderen Göttinnen eine seltsame Sammlung von halbmenschlichen, halbtierischen Kindern.

Zeus verführt die Ägina in Gestalt eines Adlers, als Stier die Europa, als Schlange die Persephone, als Schwan die Leda, als Ameise die Kleitoria. In lesbischer Liebe, verkleidet als Artemis, verführt er die Nymphe Kallisto. Seine eigene Enkelin, die Tochter seines Sohns Hephaistos, vergewaltigt er. Mit der Frau des Amphitryon, Alkmene, begeht er Ehebruch. Aus seinen Verbindungen mit anderen Frauen gehen hervor: Amphion und Zethos (Mutter Antiope), Perseus (Mutter Danae), Dardanos und Iasion (Mutter Elektra), Epaphos (Mutter Io), Sarpedon (Mutter Laodameia), Argos und Pelasgos (Mutter Niobe), Tantalos (Mutter Plute), Dionysos (Mutter Semele), Lakedaimon (Mutter Taygete). Von den Göttinnen Demeter, Dione, Eurynome, Leto, Metis, Mnemosyne und Themis hat er den Apollon, die Persephone, Aphrodite, Artemis, Athene, die Chariten, Musen, Horen und Moiren. Wenn er Hera sagen will, wie attraktiv sie doch sei, prahlt er mit all den anderen Frauen, die sich ihm hingegeben haben.

Geschlechtsmerkmale, die das weibliche und männliche Geschlecht kennzeichnenden körperlichen Eigenschaften des Menschen. Nicht mit → Geschlechtsorganen (Geschlechtsteilen, Genitalien) zu verwechseln, obgleich die vier Begriffe teilweise überlappen. Diejenigen G., die der → Fortpflanzung dienen, nennt man *primäre* G. (Eierstock, Eileiter, Gebärmutter und Scheide der Frau; Hoden, Nebenhoden, Samenleiter und Penis beim Mann). Diejenigen G., die nicht der Fortpflanzung dienen, nennt man *sekundäre* G. (Brüste, breites Becken, hohe Stimme der Frau; Körper- und Barthaar, enges Becken, Adamsapfel, tiefere Stimme beim Mann). Diese Klassifizierung ist fehlerhaft, da Penis und Scheide ja nicht *nur* der Fortpflanzung dienen, während die Brüste bis zur Erfindung der Flaschennahrung für die Fortpflanzung unerläßlich waren, aber dies ist bis zum heutigen Tage die gültige Definition der Schulmedizin.

Manche älteren Autoritäten bezeichnen die *Abwesenheit* der gegengeschlechtlichen G. als *tertiäre* G. So wäre es z.B. ein tertiäres G. des Mannes, daß er *keine* Brüste besitzt und ein tertiäres der Frau, daß sie *kein* Körperhaar und *keinen* Adamsapfel hat. Andere tertiäre G. sind Körpergröße, Schulterbreite, Hüftumfang und Atemsystem.

Geschlechtsorgane des Menschen [lat.: organa genitalia feminina et masculina] sind nach ihren Funktionen nicht identisch mit den → Zeugungsorganen (organa generationis). Trotzdem werden sie oft miteinander gleichgesetzt. Man unterscheidet dann entweder zwischen *äußeren* und *inneren,* oder zwischen *primären* und *sekundären* G. Unter den *äußeren* G. versteht man Klitoris, Schamlippen, Scheidenvorhof, Vorhofschwellkörper, Vagina und Urethra der Frau; Penis, Hodensack, Harnröhrenzwiebel und Harnröhre des Mannes. Unter den *inneren* G. versteht man (vereinfacht ausgedrückt) Eierstöcke, Beieierstöcke, Eileiter, Gebärmutter, skenische Gänge, Uterogenitalkanal, Gebärmutterhals, Gebärmutter, Urethra und Bartholinsche Drüsen der Frau; Hoden, Beihoden, Samenleiter, Samenbläschen, Vorsteherdrüse, Nebenhodengang, Harnröhre und Cowpersche Drüsen des Mannes. *Primäre* G. sind die Entstehungs- und Reifungsorgane der Keimzellen und Sexualhormone. *Sekundäre* G. sind die Ausführungswege der Keimzellen und Sexualhormone (Eileiter und Gebärmutter der Frau, Samenleiter, Nebenhoden, Vorsteherdrüse und Samenblase beim Mann). NB: primäre G. sind nicht identisch mit primären → Geschlechtsmerkmalen, und sekundäre G. sind nicht identisch mit sekundären → Geschlechtsmerkmalen.

Geschlechtsorientierung, der (oft unbewußte) Maßstab, nach dem das Individuum sich in seinem geschlechtlichen Fühlen, Denken und Handeln richtet. Die G. erfolgt aus dem Zusammenwirken von Geschlechtsidentität (dem Bild, das man sich von der eigenen Geschlechtszugehörigkeit macht) und → Geschlechtsrolle (dem Bild, das die Gesellschaft sich von der Geschlechtszugehörigkeit des Betroffenen macht).

Geschlechtspolarität, Geschlechtspolarisierung → Polarisierung, sexuelle.

Geschlechtsprägung, ein von Konrad Lorenz im Jahre 1935 in das Vokabular der Verhaltensforschung eingeführter und von E. H. Hess seit 1973 weiter entwickelter Begriff, der die These unterstreichen soll, daß Menschen und Tiere nur in bestimmten »prägungssensitiven« Perioden ihres Lebens sexuell geformt werden können. Geht diese Periode vorüber, ohne daß ein sexueller Einfluß von außen her eingewirkt hat, so kann der Mensch, genau wie das Tier, nicht mehr sexuell geprägt werden.

Die Wirkung der prägenden Bezugsperson, die man auch als Wirkung des auslösenden → Sexualobjekts bezeichnen kann, ist lebenslang und unwiderruflich. Geprägt wird aber immer nur eine bestimmte Sexualreaktion auf ein bestimmtes Sexualobjekt. Die prägende Wirkung des Sexualobjekts kann zu einem Zeitpunkt erfolgen, zu dem die daraus folgende Sexualhandlung noch gar nicht ausgereift ist. Das heißt:

1. Kleinkinder können bereits durch ihre bevorzugten Bezugspersonen auf ihre künftige (erwachsene) → Objektwahl festgelegt werden.

2. Das sexuelle Verhalten der Bezugsperson kann das spätere sexuelle Verhalten des Erwachsenen bereits zu einem Zeitpunkt prägen, in dem die Sexualreife noch lange nicht erreicht ist.

Das amerikanische Zoologenehepaar H.F. und M.K. Harlow hat diese These in einer Anzahl von Versuchsreihen mit Menschenaffen überprüft und ist zu folgenden Resultaten gelangt:

1. Affenkinder, die während der Zeit der Geschlechtsprägung nicht von ihren Müttern umarmt, gestreichelt, getragen und geliebkost werden, entwickeln sich zu mürrischen Junggesellen und zeigen keinen Paarungstrieb.

2. Affenjungen, denen während der Prägungszeit der Anblick des Geschlechtsverkehrs ihrer Artgenossen versagt worden ist, lernen nie zu koitieren.

Aus diesen Experimenten ließen sich, wenn sie sich auf den Menschen übertragen lassen, folgende Schlüsse ziehen:

1. Sigmund Freud hatte recht, als er den um die Jahrhundertwende als geradezu gotteslästerlich empfundenen Gedanken äußerte, daß es zwischen Elternliebe (Mutterliebe) und sexueller Liebe weniger Unterschiede gäbe, als man bis dahin angenommen hatte. Denn nur auf dem Umwege über die elterliche oder mütterliche Zärtlichkeit lernt der Mensch sexuelle Zärtlichkeit. Kinder, die nie von ihren Eltern oder Bezugspersonen geliebkost worden sind, werden auch nie zu liebevollen Sexualpartnern aufwachsen.

2. Der menschliche »Geschlechtstrieb«, den man manchmal auch den »tierischen Trieb im Menschen« genannt hat, besteht nicht, denn er ist bereits in unseren nächsten Gattungsverwandten, den Menschenaffen, ausgestorben. Wir besitzen zwar, wie alle dimorphen Tiere, eine angeborene sexuelle Appetenz, aber ob diese Appetenz sich ihren Weg zum Koitus bahnt, hängt völlig von der Einwirkung der Außenwelt ab.

3. Genau wie ein Jungtier, das von Eltern einer anderen Gattung aufgezogen wird, niemals mehr das sexualspezifische Verhalten seiner eigenen Gattung erlernt, so wird auch ein Kleinkind, das von leibfeindlichen Eltern aufgezogen wird, nie im Leben lernen, ein leibfreundliches Geschlechtsleben zu führen. → Prägung.

Geschlechtsrolle, die sexuelle und soziale Rolle, die eine gegebene Gesellschaftsordnung ihren weiblichen und männlichen Mitgliedern in unterschiedlicher Form zuweist. Sie umfaßt die Verhaltensformen, die von der Mehrheit als sexuell stimulierend und sexuell befriedigend empfunden werden, wenn das eine Geschlecht sie praktiziert, und als sexuell abstoßend und unbefriedigend, wenn das andere sie ausübt. Die G. beschreibt das, was die Mehrheit unter einem »richtigen Mann« und einer »richtigen Frau« versteht. Nur wenige gesellschaftliche Rollen erlauben so geringe Variationen des Verhaltens und sind so genau vorgezeichnet wie die G., von der die ganze Gesellschaftsordnung erwartet, daß die Individuen sie bis ins einzelne übernehmen.

geschlechtsspezifisch, geschlechtstypisch, aus der Tierwelt entlehnte Begriffe, die beim Menschen nur geringe Relevanz besitzen. Da das menschliche Sexualverhalten »weniger vom Sexualtrieb her bestimmt ist als vom Bemühen, sich der Gesellschaft anzupassen und wenn irgendwie möglich so zu sein wie die anderen« (W. Züblin), ist scheinbar geschlechtsspezifisches Verhalten beim Menschen in Wahrheit stets sozialspezifisches Verhalten. Ich erfülle in meinem scheinbar geschlechtstypischen Fühlen, Denken und Handeln keine sexualbiologischen Gesetze, sondern nur die Erwartungen, die meine Gesellschaftsordnung an mein Geschlecht, meinen sozialen Status und meine Altersgruppe knüpft.

geschlechtsspezifische Widerstandskraft → Widerstandskraft, geschlechtsspezifische.

Geschlechtsteile, die äußeren Genitalien des Menschen. → Geschlechtsorgane.

Geschlechtstotemismus, Gesellschaftssystem in Australien und Malakka, bei dem Frauen und Männer ihre respektive Abstammung von verschiedenen Totemtieren ableiten. Sie stehen einander feindselig gegenüber, verhöhnen sich gegenseitig und suchen dem anderen Geschlecht durch Töten seines Totemtieres zu schaden. Bei den tropischen Pflanzervölkern reicht dieser Antagonismus von der fast völligen Trennung der Geschlechter (Melanesien) zu einer Teilung aller Nahrungsmittel, aller Tiere, aller Pflanzen in männliche und weibliche Arten (Jivaro und Canella in Ekuador). Nur das eine oder das andere Geschlecht darf diese oder jene Pflanze säen, ernten und essen. Ißt die Frau das männliche Tier, so stirbt sie. Unzählig sind diese Speisegebote und -verbote, da die Nahrung als magische Aufbausubstanz der Persönlichkeit angesehen wird. Um das Männliche im Mann aufzubauen, ihn aber gleichzeitig auch vor dem Weibchen zu schützen, wird ihm zum Beispiel auf den Neuen Hebriden (Santo, Malekula) verboten, weibliche Schweine oder Hühnereier zu essen. Eine solche Einschränkung der Nahrung führt unweigerlich zur Unterernährung und dem langsamen Aussterben der Kultur, die von ihr befallen ist.

Geschlechtstrieb, ein aus dem Tierreich in die Sexualanthropologie übertragener Begriff, der beim Menschen so gut wie keine Berechtigung hat. Die Sexualmedizin des 19. und frühen 20. Jh. ging von dem Postulat eines G. aus, ohne je zu untersuchen, worin er besteht. Es wurde als selbstverständliche, keines Beweises bedürftige Annahme vorausgesetzt, daß das menschliche Geschlechtsleben, genau wie das tierische, einem Trieb entspringt und einem Instinkt gehorcht. Man nahm an, es folge einer zwanghaften Form, die ein vorbestimmtes Ziel (die Vereinigung der Genitalien im Koitus) und ein vorbestimmtes Objekt (den gegengeschlechtlichen Menschen eines bestimmten Lebensalters) habe. Man nahm aber auch an, daß beides nur von der Natur vorgegaukelte Lockziele und Lockobjekte seien. Das eigentliche Ziel sei die Fortpflanzung, und das eigentliche Objekt sei das Kind.

Die frühen Sexualmediziner gingen also nicht, wie es sich für Naturwissenschaftler gehört hätte, *empirisch,* sondern *spekulativ* vor. Sie argumentierten nicht *kausal,* sondern *teleologisch.* Statt die *Ursachen* unserer sexuellen Appetenz zu untersuchen, unterstellten sie, daß diese Appetenz einen höheren *Zweck* haben müsse, ein von »Gott« oder der »Natur« gesetztes, vor dem appetenten Subjekt jedoch verborgenes *Ziel.* Die Fortschrittsideologie jener Jahre unterstützte diese Denkweise. Man meinte, die Erde sei unbegrenzt ausbeutbar; man müsse nur neue Maschinen entwickeln, dann sei der Fortschritt unaufhaltsam. Da Fortschritt mit Wachstum gleichgesetzt wurde und da viele Regionen der Erde noch unbewohnt und unverseucht waren, schien der G. Gottes Willen zu erfüllen, solange er nur der Fortpflanzung und nicht dem Selbstzweck der sexuellen Befriedigung diene.

Diese Ansicht ist nicht nur durch die ökologische Erfahrung einer verseuchten, von somatischen, psychosomatischen und psychischen Störungen fast zum Stillstand gebrachten Kreativität des Menschen erschüttert worden, sondern auch durch die Primatenforschung (Harlow et al.), die ein weitgehend umweltgeprägtes, nicht mehr instinktgesteuertes Sexualverhalten bei Menschenaffen festgestellt hat, vor allem aber durch die Forschungsergebnisse der empirischen Sexualwissenschaft, die ein nahezu völliges Verschwinden triebgesteuerten Sexualverhaltens beim Menschen und keinen einzigen Beweis für einen heute noch wirksamen Sexualinstinkt beim Menschen feststellen konnte.

Sigmund Freuds Triebtheorie, die einzige, die sich bei einer relativ großen Gruppe heutiger Sexualwissenschaftler durchzusetzen vermochte, ging in ihrer ersten Fassung davon aus, daß der G. dem Selbsterhaltungstrieb gegenüberstehe und daß die Widersprüchlichkeiten und Spannungen des menschlichen Geschlechtslebens auf den dauernden Konflikt dieser beiden »Triebe« zurückgingen. In seiner zweiten Triebtheorie setzte Freud den G. dem Lebenstrieb oder Eros gleich und erklärte die Spannungen und Konflikte unseres Sexualverhaltens aus den permanenten Widersprüchen zwischen Eros und Thanatos, zwischen Lebens- und Todestrieb.

Das klingt für heutige Sexualmediziner viel zu sehr wie ein »naturbedingtes« Walten der Geschlechtlichkeit. Andererseits sind Freuds Vorstellungen der Triebhaftigkeit sehr viel freier als die der heutigen Verhaltensforscher. Für ihn hat »Trieb« so gut wie nichts mit »Instinkt« zu tun. Weder *Ziel* noch *Objekt* des menschlichen G. ist vorbestimmt. Der G. setzt sich aus einer Anzahl von »Partialtrieben« zusammen, ist also nicht aus einem Stück, sondern ist variabel, veränderlich, entwicklungsfähig; keine »Naturgewalt« mehr, sondern eine Art archaischer Appetenz, die nur deshalb das Wort »Trieb« verdient, weil sie nicht individualspezifisch, sondern gattungsgebunden ist. Deshalb widerspricht auch die bedeutsamste Erkenntnis der empirischen Sexualforschung unserer Tage – daß die sexuelle Appetenz des Individuums gesellschaftlich erweckt und gesellschaftlich kanalisiert wird – weit weniger der Freudschen Triebtheorie als beispielsweise der von Konrad Lorenz.

Geschlechtsübergänge → Zwischenstufen, sexuelle.

Geschlechtsumwandlung, die Verwandlung einer Frau in einen Mann oder eines Mannes in eine Frau. Bereits 1849 hatte Berthold die ersten Vorversuche auf dem Gebiet der hormonellen Sekretion vorgenommen. 1910 gelang Harms und Steinach der Durchbruch in der Erforschung der inneren Sekretion der Geschlechtsdrüsen. Durch Zufuhr von weiblichen Geschlechtshormonen rief Steinach in männlichen Meerschweinchen eine Reihe weiblicher Sexualcharaktere hervor. Andererseits wurden Weibchen durch Einpflanzung von männlichen Drüsen vermännlicht. Um die gleiche Zeit begann Halban, weiblichen Scheinzwittern ihre volle Weiblichkeit zurückzugeben, indem er die männlichen Keimdrüsen operativ entfernte und weibliche Keimdrüsen einpflanzte. Trotz vorhandener Hoden bildete sich diese Pseudohermaphroditin nach der Operation zur vollen Frau aus und stellte damit den ersten erfolgreichen Fall einer G. dar. Seitdem haben Benjamin, Burou, Hoopes, Edgerton und eine Anzahl anderer Chirurgen erfolgreiche G. an körperlich normalen Männern und Frauen vorgenommen.

Es geht hier um Penisamputationen oder Penisplastik, Brustentfernung oder Brustplastik (→ Kolpoplastik), Scheidenamputation oder Scheidenplastik, Entfernung der eigenen Keimdrüsen und Substitution von Keimdrüsen des anderen Geschlechts, Zufuhr von Östrogenen oder Androgenen und viele zusätzliche Maßnahmen. Da die → Psychosexualität des Menschen nicht notwendigerweise mit seinem morphologischen Geschlecht übereinstimmt, sind diese Eingriffe für den Arzt weniger überraschend als für den Laien, der sich selten von der Illusion lösen kann, daß Männlichkeit und Weiblichkeit eindeutige, von den äußeren Geschlechtsorganen festgelegte Tatsachen seien. Er mag sich wohl dumpf bewußt sein, daß die Klitoris ein verkümmerter Penis und die Prostata ein verkümmerter Uterus ist, daß man aber den Harnleiter der Frau in einen Penis verwandeln und die sensitive Haut des Penis zur Auskleidung einer künstlichen Vagina benutzen kann, scheint nur wenigen Nichtmedizinern möglich oder gar sinnvoll. Trotzdem leben heute rund drei- bis vierhundert geschlechtsverwandelte Menschen in erfolgreichen Ehen mit Gatten, deren Geschlecht das gleiche ist wie ihr eigenes vor dem operativen Eingriff.

Die Ethik dieser transsexuellen Operationen ist umstritten. Wenn die kritische Sexualmedizin (Schorsch, Sigusch, Schmidt, Rieber) sich mit Recht gegen stereotaktische Operationen ausspricht, so ist nicht einzusehen, weshalb sie sich für → transsexuelle Eingriffe stark macht. Entweder können psychosexuelle Probleme nur mit psychosexuellen und nicht mit somatischen Mitteln gelöst werden, oder wir müssen stereotaktische Operation ebenso dulden wie transsexuelle.

Forensisch sind die Probleme der G. nach wie vor ungelöst. Im 18. Jahrhundert war die Rechtslage so, daß Personen zweifelhaften Geschlechts selber entscheiden durften, zu welchem Geschlecht sie sich bekennen wollten. Mit der Einführung des Bürgerlichen Gesetzbuches, das ja in vieler Hinsicht ein Rückschritt gegenüber manchen Landrechten war, komplizierte sich in Deutschland die Situation der Transsexuellen. Es bedarf jetzt eines komplizierten Instanzenwegs, um G. zu legalisieren. Offiziell gibt es keine entsprechende Gesetzgebung, aber der Bundesgerichtshof hat 1967 entschieden, daß ein geschlechtsverwandelter Mann, der sich als weibliche Prostituierte betätigt, auch dann wegen gewerbsmäßiger Unzucht zu bestrafen ist, wenn seine Kunden sein wirkliches Geschlecht nicht erkannt haben (Aktenzeichen: 2 StR 51/67). Die englische Ärztekammer hat ihren Mitgliedern empfohlen, keine G. vorzunehmen, ohne die schriftliche Zustimmung eines möglichen Ehepartners erhalten zu haben.

Geschlechtsvariabilität, die Veränderlichkeit der Sexualität, sowohl im → ontogenetischen wie im → phylogenetischen Sinne, sowohl in der → Geschlechtsidentität wie in der → Objektwahl.

Kennzeichen nicht nur der menschlichen, sondern auch der tierischen Geschlechtlichkeit ist ihre entwicklungsgeschichtliche Veränderlichkeit. Bei den Einzellern wird die → Geschlechtsbestimmung überhaupt nicht endogen (von innen her), sondern exogen (von außen her, durch Umwelteinflüsse) getroffen. Und im Gegensatz zu den Lehrmeinungen der Biologen des vorigen Jahrhunderts hat es sich herausgestellt, daß sich die Sexualität fast aller irdischen Gattungen in einem stetigen Prozeß der Veränderung befindet. Während sich die Sexualität der meisten anderen Gattungen zumindest teilweise unter dem Einfluß ihrer Umwelt herausgebildet hat, ist die menschliche Sexualität aber nicht nur ökologisch, sondern in höherem Maße als die anderer Tiere auch sozial geprägt worden.

Es hat sich deshalb als unmöglich erwiesen, die Geschlechtlichkeit des Menschen rein biologisch zu definieren. Je höher die Gattungen sich auf der evolutionären Leiter befinden, desto größer wird der Anteil der erlernten, und desto geringer der Anteil der ererbten Verhaltensformen. Das gilt auch für das sexuelle Verhalten und bedeutet, daß der Mensch zwar mit einer genetisch, morphologisch und hormonal definierten Sexualität zur Welt kommt, daß die psychische Definition der menschlichen Geschlechtlichkeit jedoch nicht von der genetischen, morphologischen und hormonalen ableitbar ist, sondern sich erst im Wechselspiel zwischen ihr und den letztlich entscheidenden Einwirkungen der sozialen Umwelt herausbildet.

Geschlechtsverhältnis, das zahlenmäßige Verhältnis der Mädchen- zu den Knabengeburten. Von dem *primären* G. (bei der Befruchtung) unterscheidet man das *sekundäre* G. (bei der Geburt). In den westlichen Industriestaaten entfallen auf 100 Mädchengeburten gegenwärtig rund 105–110 Knabengeburten. Man nimmt an, daß das wegen der höheren Knabensterblichkeit geschieht, aber die Gründe eines offenbar bestehenden Zusammenhangs zwischen geschlechtsspezifischen Geburten- und Todesziffern sind immer noch völlig ungeklärt.

Geschlechtsverkehr → Abwechslung im G., Akme, Aktivität und Passivität im G., Ampallang, Analipsation, Analkoitus, Analmasturbation, Analvioline, Anilinctio, Befriedigung, Begattung, Begierde, Beischlaf, Beiwohnung, Bett, Biß, Blinde Raae, Bräutigamshoden, Catena, Cohabitatio, Coitus, Congressus, Courmachen, Copulatio, Cunnilingus, Defloration, Deflorationsmanie, Deflorationsphobie, Dengeln, Destillatio, Detumeszenz, Digitatio, Dodekamechanon, Effeuille des roses, sexuelle Ehepflicht, Ejaculatio, Endlust, Entjungferung, Entspannung, Épée de Charlemagne, Erektion, Ermüdung, Erweckung, Facies ad faciem, Fellatio, Figurae veneris, Fingernagel, Flatus vaginae, Flirt, Florentinischer Kuß, Fortpflanzung, Fractura penis, Fraudieren, Freien, Garrulitas vaginae, Guesquel, Handkuß, Harnorgasmus, Hingabe, Idiosynkrasien, Immissio, Inkrustation, Introductio, Irrumatio, Jungfernessig, Jungfernschaft, Jungfräulichkeit, Kabutodama, Kabutogata, Kampiong, Karezza, Kataglossismus, Kinepimastie, Klimax, Klitoralorgasmus, Kohabitation, Koitus, Koitusangst, Koitusverletzungen, Koketterie, Kopulation, Kuß, Lambitionsakt, Lambitus ani, Lécheur, Liebesspiel, Liebkosungen, Lust, Mammalkoitus, Maraichinage, Masturbatio conjugalis, Minette, Nachlust, Nachspiel, Nasenkuß, sexuelle Neugier, Orgasmus, Paarung, Paarungszeit, Pedicatio, Penilinctio, Penis captivus, Penisfraktur, Penisinkrustation, Penisluxation, Persimbraon, Petting, Phönizisieren, Positio aversa, Positio obversa, sexuelle Potenz, Präliminarien, Proctolagnie, Pygismus, Revirgination, Rückzieher, Schlüsselreize, Schönheit, Seraphinenkuß, Sex, Sex-Appeal, Siphnisieren, Sophisticatio virginum, Spiegelakte, Spinatstecher, Spintrien, Suavium, Suctustupratio, sexuelle Symbolik, Symplegma, Tumeszenz, Urethrorrhoea ex libidine, Urorrhoea, Vaginalorgasmus, Vaginorrhoea libidinosa, Venus averse, Venus obversa, Vergattung, Verlobung, Voreheliche G., Vorlust, Zuiki, Zungenkuß.

GESCHLECHTSVERKEHR, FREQUENZ DES G.: Es gibt keine Regeln der Koitusfrequenz. Manche Männer können von der Pubertät bis in ihre 70er Jahre hinein jeden Tag koitieren, neigen aber nur zu einer einzigen Ejakulation pro Geschlechtsverkehr. Andere können zwei- bis dreißigmal ejakulieren, benötigen aber nur einmal pro Woche oder einmal pro Monat Geschlechtsverkehr. Die orgastische Potenz der Frau ist größer als die des Mannes. Unter lesbischen Frauen und bei der Masturbation ist weibliche Potenz fast unbegrenzt. Im heterosexuellen Verkehr setzen die ejakulatorischen und erektiven Grenzen des Mannes die Grenzen des Paares. Luthers Diktum entspricht dem Durchschnittsrhythmus der Verheirateten Deutschlands:

»Die Woche zwier,
der Weiber Gebühr,
schadet weder dir noch mir,

macht's Jahr hundertvier.«
Unter Unverheirateten und bei größerer Abwechslung der Geschlechtspartner mag das Bedürfnis aber weit höher liegen, besonders beim Manne im Alter zwischen 16 und etwa 26. Das größte Bedürfnis nach Geschlechtsverkehr besteht genau dann, wenn es in unserer Zivilisation nur selten erfüllt werden kann: in der Pubertät. – In tropischen Gegenden ist das Bedürfnis nach größerer Frequenz des G. nicht nur bei den Eingeborenen, sondern auch bei Europäern weitaus stärker als in gemäßigten Zonen, wo der Mann kaum mehr als drei- bis fünftausend Ejakulationen in seinem Leben hat. In den Tropen dagegen sind tausend Ejakulationen pro Jahr durchaus normal. – Der regelmäßige Rhythmus des Geschlechtsverkehrs ist ein Kennzeichen der gesunden Sexualität. Die gesunde Sexualität erfordert ein regelmäßiges Aufladen der seelischen Batterien.
Fließ und Swoboda haben bereits vor Generationen neben der Existenz einer weiblichen Periodizität von 28 Tagen auf eine männliche Frequenz von 23 Tagen hingewiesen. Ohne Zweifel sinkt und steigt, zumindest in den gemäßigten Zonen, der menschliche Sexualrhythmus in diesen Zyklen. → Fortpflanzung, Paarungszeit.

Geschlechtsvoraussage ist heute möglich, erfordert aber einen nicht ungefährlichen Eingriff. Indem er eine Sonde in den Unterleib der Frau einführt, um eine Probe des Fruchtwassers zu erhalten, kann der Arzt die Chromatinstruktur analysieren, die das Geschlecht des Fötus bestimmt.

Geschmacksfetischismus → Picazismus.

Geschmackssinn. Er umfaßt die zwei wichtigsten Komponenten des Menschenlebens: Hunger und Sexualität. Der Säugling stillt an der Mutterbrust nicht nur seinen Hunger, sondern er nimmt auch den charakteristischen Geschmack der Muttermilch wahr. Freud sagt, daß dieses erste Stillen des wichtigsten menschlichen Bedürfnisses (Hunger) lustvolle Assoziationen der Lippenschleimhäute mit der Brustwarze der Mutter erzeugt (→ Oralerotik) und daß das Kind diese Lust lange zu bewahren versucht, indem es die Lippen auch dann weiterbewegt (als ob es noch am Lutschen wäre), nachdem es seinen Hunger bereits gestillt hat. Beim Fingerlutschen entdeckte es dann zum erstenmal, daß es seinen eigenen Körper zum Lustgewinn benutzen kann (→ Autoerotik, primärer Narzißmus). Das Lutschen oder Ludeln ist also eine erste Stufe in der sexuellen Entwicklung des Menschen.
Die eigentlichen Geschmacksorgane des Menschen sind die Schmeck-

zellen in den Geschmacksknospen der Zunge, des weichen Gaumens und des Kehldeckels. Wie die übrigen vier der fünf menschlichen Sinne hat auch der G. eine Verkümmerung erfahren. Bei allen Tieren ist der G. im umgekehrten Verhältnis zur Zerebralsphäre entwickelt: je besser wir denken können, desto schlechter funktioniert unser G.

Zwischen → Oralerotik und → Kannibalismus bestehen enge Beziehungen: »Ich liebe dich so, daß ich dich auffressen könnte«, ist keine leere Phrase. Ein großer Teil des Liebesspiels ist ein symbolischer Versuch der → Einverleibung des geliebten Menschen. Dazu gehört das Küssen, bei dem die Zunge um so tiefer in den Mund des anderen Menschen eindringt, je intensiver unsere Gefühle werden. Deshalb sind auch → Irrumatio (ursprünglich das Küssen und Lecken der Brust), → Fellatio (das Küssen und Lecken der männlichen Genitialien), → Cunnilingus (das Küssen und Lecken der weiblichen Genitalien) und → Anilinctio (das Küssen und Lecken des Afters) keine »Perversionen«, sondern Handlungsformen, die bei allen Säugetieren Liebe ausdrücken – und nicht nur sexuelle Liebe. Die Katze leckt ihre Jungen, die Kuh leckt ihre Kälber nicht nur, um sie zu säubern, sondern als Ausdruck ihrer Mutterliebe. Bei all diesen Handlungen spielt der G. eine große Rolle.

Dies wird besonders deutlich, wenn wir die Wurzeln gewisser sexueller Neigungen zu finden versuchen – des Kotessens (→ Koprophagie) und Urintrinkens (→ Uropotie) beispielsweise, oder der Sucht, Früchte, Austern, Schnecken oder andere Nahrungsmittel zu essen, die vorher in die Vagina oder den After der oder des Geliebten eingeführt worden sind (→ Picazismus). Eine der möglichen Erklärungen dafür lautet, daß der Mensch als Erwachsener den Geschmack des Geborenwerdens, der Vulva und des naheliegenden Afters wiederzugewinnen versucht; oder daß, wie Freud glaubte, Oralerotik der sexuelle Infantilismus jener Menschen ist, deren Geschlechtsleben auf die erste, die orale Entwicklungsstufe fixiert geblieben ist.

Jedenfalls ist das Vor- und Nachspiel der Liebe auch heute noch eng mit dem G. verbunden. Im 18. Jahrhundert gehörte das Petit Souper zum unerläßlichen Vorspiel der Liebe. Der Gastrosoph Grimod de la Reynière (1758–1837) schrieb: »Das Souper gehört hauptsächlich der Liebe an. Seine Stunde, die der Schäferstunde am nächsten ist, sein Moment ist der der Ruhe und des Aussetzens der Pflichten und Geschäfte... Fügen wir hinzu, daß die Frauen beim Souper liebenswürdiger sind als zu jeder anderen Tageszeit.« Mit anderen Worten: gutes

Essen und gute Getränke geben den Liebenden die Ruhe, um sich auf die Liebe vorzubereiten. Und danach ißt man wieder, weil die Liebe hungrig macht. Vgl.: Gehörsinn, Geruchssinn, Gesichtssinn, Tastsinn.

Geschwisterehen gab es im Ägypten der Pharaonenzeit, im Peru der Inkas, im oberen Nilgebiet, in Uganda, Südrhodesien (Monomotapas), Westafrika (Jorubas), Sumer, Elam, Persien, Java, Bali, Hawaii, Burma, Siam, Südindien (bei Drawiden und Singhalesen), Südostchina, Brasilien, Feuerland. In Athen war nach den Solonischen Gesetzen die G. gesetzlich erlaubt, aber nur dann, wenn die Ehepartner verschiedene Mütter hatten. → Blutschande, Inzest, Mutterrecht.

Gesichtssinn. Der menschliche G. besitzt größte sexuelle Bedeutung, weil wir von einem potentiellen Geschlechtspartner als erstes meist sein Aussehen wahrnehmen. Wir verlieben uns in ein Mädchen, weil sie hübsch ist, rote Haare, blaue Augen und weiße Zähne hat. Woher wissen wir das alles? Weil wir es *gesehen* haben. Hunde lassen sich vom Geruch leiten, andere Tiere vom Geschmack, vom Gehör, vom Tastsinn. Aber der Mensch ist das Tier, das sich bei der Partnerwahl hauptsächlich vom → Auge leiten läßt.

Das Auge selber gilt als wichtiges Sexualsymbol. Freud betrachtete es als erogene Zone ersten Ranges, die unter bestimmten Umständen die Funktion eines Genitals einnehmen kann. Viele Menschen, nicht nur → Voyeure, gelangen beim Anblick der Geliebten bereits zum Orgasmus. Erotische Schauspiele aller Art, vom → Striptease bis zur → Adspektprostitution, dienen diesem Zweck.

Beim Liebesverkehr erregt uns nicht das, was wir sehen, sondern vor allem das, was der oder die Geliebte sieht. Richtet eine Frau zum erstenmal ihren Blick auf die Genitalien eines Mannes, beginnt eines der erregendsten Stadien in der Evolution einer Liebesbeziehung. Liebend sehen wir stets gleichzeitig durch unsere eigenen Augen und durch die des geliebten Menschen. Was sein Interesse erweckt, erregt uns. Was unser Interesse erweckt, erregt ihn. Auf dieser wechselseitigen Beziehung zwischen dem Sehenden und dem Gesehenen baut sich der optische Reiz der Liebe auf. → Auge. Vgl.: Gehörsinn, Geruchssinn, Geschmackssinn, Tastsinn.

Gesundbrunnen, die Badeorte des späten Mittelalters. Man fuhr zur Kur dorthin, wie man es heute tut, und auch die Krankheiten, die man zu heilen hoffte, waren die gleichen wie heute – außer einer: der Sterilität. Man glaubte damals noch, vielleicht in Erinnerung an heidnische Zeiten, daß Wasser das Symbol der Fruchtbarkeit sei: »Für unfruchtbare

Frauen ist das Bad das Beste. Was das Bad nicht tut, das tun die Gäste.« Was tatsächlich in den Badeorten geschah, um Sterilität und Impotenz zu heilen, hat → Casanova beschrieben: man wurde von einer Anzahl nackter Bademägde (oder Badeknechte) bedient, die einem zumindest festzustellen ermöglichten, ob man selber der Schuldige war oder ob es vielleicht doch am Ehegatten gelegen hatte. Berühmte Gesundbrunnen waren Wildbad im Schwarzwald, Pfäfers im St. Gallener Oberland, Baden im Aargau, Wiesbaden und Baden im Badischen.→ Bad, Bagnio, Brunnen, Étuve, Fruchtwasser, Henselin, Hygiene, Piscine, Verenenkult, Wasser.

Gesundheitsbuch, der in den 1860er Jahren in Wien eingeführte Prostituiertenpaß. Er enthielt die gleichen Angaben wie ein normaler Reisepaß, außerdem aber noch ein Führungs- und Gesundheitszeugnis, das auf wöchentlich zwei Besuchen bei einem von der Behörde festgelegten Arzt beruhte. Ein ähnliches G. gab es in Rußland, Frankreich und verschiedenen südamerikanischen Ländern. Jeder Kunde einer Prostituierten hatte das Recht, vorher ihr G. zu sehen. Unterließ er dies, so hatte er im Falle einer Infektion kein Regreßrecht. → Blaues Buch, Frauenordnung, Kontrollstraße, Prostituiertenreglementierung.

Gewaltboten oder Gewaltmeister nannte man im Mittelalter die Sittenpolizei. Sie übten einen Teil der Funktion der Ratsknechte, → Ammeisterknechte, Stocker oder → Hurenweibel aus, kassierten jede Woche den Pachtzins der → Frauenwirte für die städtischen Bordelle, begutachteten die Verpflegung und den Gesundheitszustand der → Hübschlerinnen und achteten in jeder anderen Hinsicht darauf, daß die Bedingungen der → Frauenordnung eingehalten wurden. → Bettelherr, Capita sexteriorum, Corte delle meretrici, Domini di nocte, Frauenrichter, Hurenhaber, Profos, Receveur des filles communes, Roi des Ribauds.

Gigolo [frz. Argot: Eintänzer] leitet sich entweder von gigot (Hinterschenkel) oder von gigotter (mit den Beinen strampeln) ab. Der Eintänzer als Institution ist ausgestorben. Aber der käufliche Mann ist heute, im Zeitalter der bürgerlichen Frauenemanzipation, häufiger geworden als je zuvor. In dem Maße, in dem Frauen ihr eigenes Geld verdienen und Männer aus steuerlichen und anderen Gründen ihr Vermögen auf ihre Ehefrauen überschreiben, wird die patriarchalische Frau wohlhabender und selbständiger und beginnt, genau die gleichen Anforderungen an den patriarchalischen Mann zu stellen, die er seit Jahrtausenden an die Frau gestellt hat: »Ich will befriedigt werden!«

Wie die Mätresse den Fürsten widerspiegelt, wie die Kurtisane den Wunsch des Aristokraten verkörpert, so stellt der Gigolo die Komplementärfigur der patriarchalisch »emanzipierten« Frau dar – der Frau des erfolgreichen Geschäftsmanns.

Gleichberechtigung der Geschlechter wird allen Bürgern der BR im Grundgesetz garantiert, in der Praxis jedoch oft vorenthalten. Artikel 3 Abs. 2 u. 3 des Grundgesetzes lauten: »Männer und Frauen sind gleichberechtigt. Niemand darf wegen seines Geschlechts... benachteiligt oder bevorzugt werden.«

Gleichberechtigung der Frau, das Recht der Frau auf juristische Gleichstellung mit dem Mann. Wir leben trotz nomineller Gleichberechtigung der Frau in einer grundsätzlich patriarchalischen Gesellschaft, die zur Kommerzialisierung menschlicher Werte neigt. Die Frau wird deshalb von der Gesellschaft auf dreifache Weise zum Nutzobjekt des Mannes degradiert:

1. Als Köchin und Dienstmagd (»Hausfrau«);
2. Als Gebärmaschine und Kindermädchen (»Mutter«);
3. Als legalisierte Mätresse (»Ehefrau«).

Die bürgerliche Frauenbewegung des 19. Jh. wandte sich gegen diese Erniedrigung der Frau und empfahl als erste Ziele:

1. Abbau der übermäßigen Haushaltsarbeit durch vereinfachte Lebensführung, Mitarbeit des Ehemanns im Haushalt, gesündere und weniger aufwendige Mahlzeiten, modernisierte Küchen- und Wohnungsausstattung, Einführung mechanischer Haushaltsgeräte;
2. Abbau der mütterlichen Überbelastung durch Familienplanung und Einrichtung von öffentlichen Kindergärten;
3. Abbau der finanziellen Hörigkeit durch Recht der Frau auf eigene Berufstätigkeit; Aufhebung des entwürdigenden Zustands, in dem die Frau nur durch Gewährung oder Vorenthalten von sexuellen Leistungen einen Einfluß auf den Ehemann ausüben kann.

Die proletarische Frauenbewegung argumentierte anders. Beim Pariser Internationalen Arbeiterkongreß des Jahres 1899 prägte Clara Zetkin jene Grundsätze, die besonders deutlich den Unterschied zwischen der proletarischen und der bürgerlichen Frauenbewegung beleuchten. Während die zweite immer wieder Sonderrechte für Frauen forderte, wandte sich Clara Zetkin mit äußerster Schärfe gegen jede Sonderrechte der Frau, weil sie in dieser Forderung eine Anerkennung der patriarchalischen Prämisse sah, daß Frauen »anders« und deshalb minderwertig seien. »Wir erkennen gar keine besondere Frauenfrage an«, rief sie in den Kongreßsal. »Wir erkennen keine besondere Arbeiterinnenfrage an! Vom Standpunkt des Prinzips aus protestieren wir Frauen nachdrücklich gegen eine Beschränkung der Frauenarbeit. Da wir unsere Sache durchaus nicht von der Arbeitersache im allgemeinen trennen wollen, werden wir also keine besonderen Forderungen formulieren; wir verlangen keinen anderen Schutz als den, welche die Arbeit im allgemeinen gegen das Kapital fordert!«

Das ist ein logisches und tapferes Argument. So und nur so kann die Frau sich selber und damit auch den Mann emanzipieren. So und nur so kann der Mann der Frau helfen, sie und damit auch sich selber zu befreien. Jedes Pochen auf eine Sonderstellung der Frau ist eine verkappte Bestätigung der patriarchalischen These von der Minderwertigkeit der Frau. Ob man sagt, die Frau sei »besser« als der Mann, oder man meint, sie sei »schlechter«, läuft auf genau das gleiche hinaus: auf einen Verrat an der These der Gleichberechtigung der Geschlechter. Wer Sonderrechte der Frau verlangt, bevormundet sie und entwürdigt sie dadurch. Was die Frau an ihrer Entfaltung hindert, ist genau das, was auch den Mann in seiner Entfaltung beschränkt. Nur wer das beseitigt, was *beide* frustriert, beseitigt die Frustration als solche und damit auch ihre tieferen Gründe: das Patriarchat mit seinem inhärenten Prinzip der sexuellen Hierarchie.

Denn auch sexuelle Befriedigung beruht auf sexueller G. Wenn so viele männlich dominierte Ehen an Abwechslungsmangel scheitern, so liegt das zumindest teilweise an der festgefrorenen Machtbeziehung der Ehepartner zueinander. Der Preis, den der Mann für seine Dominanz zahlt, ist die sexuelle Einfallslosigkeit seiner Frau. Der Preis, den sie dafür zu entrichten hat, ist aber nicht nur ihre eigene Lustlosigkeit, sondern auch die sexuelle Verkümmerung des Mannes, der keinen echten Gegenspieler mehr hat. Während er sich nur selbst beraubt, beraubt er sie doppelt.

Die Tragödie des Patriarchats ist also nicht nur die Selbstzerstörung des Mannes als Resultat seines Versuches, die Frau zu seiner Sklavin zu machen, sondern die Zerstörung des weiblichen Bewußtseins seiner selbst, die Ausmerzung aller Erinnerungen der Frau an ihre vorpatriarchalische Vergangenheit, die Blockierung der Erkenntnis, was sie einst war, heute ist und morgen wieder sein kann.

Da gibt es heute noch Frauen, und dies nicht nur unter den Bürgerlichen, die allen Ernstes verkünden, es sei schon am besten, wenn alles so bliebe, wie es ist. Sie haben sich derart mit dem Patriarchat assoziiert, daß sie nicht einmal mehr merken, wie unfraulich sie geworden sind, wie weit sie sich mit all ihrem Bestreben, die Frau Frau bleiben zu lassen, in ein Sprachrohr des Mannes verwandelt haben. Andere Frauen betrachten die Unterdrückung ihres Geschlechts als ein Phänomen von der Art des Wetters: alle reden drüber, aber niemand tut etwas, um's zu ändern. Das ist aber ein Prozeß, der nicht erst in der bürgerlichen Welt unserer Tage begonnen hat, sondern schon im griechischen Patriarchat stattfand. Morgan sagt in der zweiten, durchgesehenen Auflage seiner *Urgesellschaft* (Stuttgart 1908, S. 400): »So mächtig hatten die Gebräuche vor Jahrhunderten den Gemütern der griechischen Frauen ein Gefühl ihrer Inferiorität eingeprägt, daß sie dasselbe bis in die späteste Zeit der Selbständigkeit Griechenlands nicht loszuwerden vermochten.« Dies ist der Kernpunkt des Emanzipationsproblems. Nicht in der Unterdrückung als solcher, sondern in deren psychischen Folgen, in der Zerstörung der Würde, des Selbstbewußtseins und endlich des Bewußtseins dessen, was eine Frau überhaupt *ist,* liegt der Grund des Scheiterns so vieler Emanzipationsversuche der Frau. Denn wenn sie nicht mehr weiß, was sie eigentlich ist, kann sie nur noch versuchen, sich innerhalb der männlichen Gesellschaft zu bewähren, sich mit männlichen Mitteln Ansehen und Macht zu verschaffen. Damit realisiert sie aber nicht ihr weibliches Potential, sondern negiert ihren Charakter als Frau und macht sich freiwillig zur Imitation des Mannes. »Gleichberechtigung« in der patriarchalischen Gesellschaft bedeutet stets Angleichung an die Wertmaßstäbe des Patriarchats, und diese zerstören nicht nur die Frau, sondern auch den Mann selber, weil das Patriarchat nicht nur die Diktatur des Mannes über Frau und Kind, sondern auch die Ideologie eines ausbeuterischen Produktionssystems ist, das alle Beteiligten korrumpiert: nicht nur die Unterdrückten, sondern auch die Unterdrücker, nicht nur die Ausgebeuteten, sondern auch die Ausbeuter.

Wenn die Frau versucht, sich im Patriarchat Gleichberechtigung zu verschaffen, macht sie sich also zum Handlanger eines Ausbeutungssystems, das den Gemeinnenner von Sklaverei, Feudalherrschaft und Kapitalismus darstellt: den Gemeinnenner der Klassenherrschaft. Will sie sich und ihre Kinder je von der Tyrannei der Klassenausbeutung befreien, muß sie nicht nur das Patriarchat, sondern auch das Produktionssystem zerschlagen, das ihm zugrunde liegt. Die Befreiung der Frau kann nur durch die Befreiung der Gesellschaft erfolgen, die Befreiung der Gesellschaft aber nur durch die Befreiung der Klassen.

Es ist kein Zufall, daß die einzigen Gesellschaftsformen, in denen die Frau je Vollendung und Erfüllung gefunden hat, die klassenlosen Sippen- und Stammesgesellschaften sind, und es ist auch kein Zufall, daß diese Gesellschaften frei von Privatbesitz an den Produktionsmitteln gewesen sind. Will die Frau sich je selber finden, so muß sie helfen, eine Gesellschaftsform frei von Klassen und frei von Privatbesitz an den Produktionsmitteln aufzubauen. Jeder Versuch der Eingliederung in das patriarchalische System korrumpiert die Frau. Nicht durch Angleichung an das Patriarchat, nicht durch »Machtergreifung« innerhalb des patriarchalischen Systems, und ganz gewiß nicht durch »Gleichberechtigung« mit dem Patriarchen, sondern nur durch Zerschlagung des patriarchalischen Systems kann sie sich und ihre Kinder befreien. Daß sie dabei auch den Mann befreien wird, kann beiden Geschlechtern erst dann klar werden, wenn sie zum ersten Male seit den Zeiten der Sippen- und Stammesgesellschaft wieder entdeckt haben werden, daß Selbstachtung und gegenseitige Achtung identisch sind.

Gleichliebende → Homosexuelle.

Gnosis [gr.: Erkenntnis], theologische Lehre des 2. nachchristlichen Jahrhunderts (auch Gnostizismus genannt). Die Gnostiker waren einerseits von Platos Lehre, andererseits von babylonischen und persischen Mythen beeinflußt. Gnostizismus war also eine Erlösungsreligion weit älteren Ursprungs als das Christentum. Die Gnostiker gaben vor, den einzigen Schlüssel zur Erlösung zu besitzen. Sie betrachteten das Leben als Kampf zwischen dem guten und dem schlechten Prinzip. Alles Irdische, einschließlich des menschlichen Leibes, war schlecht. Je weniger man mit der irdischen Welt zu tun hatte, desto größer wurde das Recht auf ein besseres Leben in der anderen Welt. Da die Fortpflanzung das Schlechte vervielfältigte, war der Geschlechtsverkehr nur dann geduldet, wenn er nicht der Fortpflanzung diente. Da das Fleisch aber nicht nur schlecht, sondern auch schwach war, konnten nur wenige Menschen völlige Enthaltsamkeit üben: die Parakleten, die beseelten Priester des Gnostizismus. Für die große Masse der Gläubigen gab es dagegen nur einen einzigen Ausweg: jene Arten des Geschlechtsverkehrs auszuüben, die das Schlechte zumindest dadurch einschränkten, daß sie keinen Nachwuchs erzeugten. Die Gegner des Gnostizismus haben seinen Anhängern deshalb verschiedene Formen der »Perversion« vorgeworfen – vor allem → Homosexualität und → Pedicatio. Viele dieser Vorwürfe waren Verleumdungen: nur wenige Gnostiker nahmen an solchen Formen des Geschlechtsverkehrs teil. Und selbst diese taten es nicht aus sexueller Neigung, sondern in Erfüllung einer religiösen Pflicht.

Die große Mehrzahl aller mittelalterlichen Sekten, die von der Kirche als → Häretiker betrachtet und von der → Inquisition ausgerottet wurden, tendierten zum Gnostizismus. Das tragische Paradox dieser Verfolgungen bestand darin, daß die Verfolger im Lauf der Zeit immer mehr von den Prinzipien der Verfolgten übernahmen. Der Niedergang der christlichen → Sexualmoral bestand vor allem in der Übernahme all jener gnostischen Lehren, die das Fleisch als schlecht und die Sexualität als teuflisch betrachteten. Jene Aspekte des Christentums, die von der Sexualwissenschaft seit einem Jahrhundert besonders kritisiert worden sind, stellen sich deshalb bei der historischen Betrachtung fast ausnahmslos als Einflüsse des Gnostizismus heraus. Einige der bedeutendsten Kirchenväter wuchsen unter gnostischem Einfluß auf und führten entsprechende Elemente in die katholische Theologie ein – stets unter dem Vorwand, diese Elemente zu bekämpfen: vor allem Hippolytos, Clemens von Alexandrien und Origenes. Genau das gleiche geschah ein Jahrhundert später, als der Gnostizismus einen neuen Aufschwung durch die Lehren des persischen Religionsstifters → Mani erfuhr. Obgleich Manis Lehre uns heute eher primitiv als stimulierend anmutet, beeinflußte sie doch die führenden christlichen Denker seiner Zeit. Augustinus war während seiner wichtigsten geistigen Entwicklungszeit ein »auditor«, ein Anhänger des Mani – neun Jahre seines Lebens. Und als er seine eigene Lehre zu entwickeln begann, verstand er sie hauptsächlich als Kampf gegen Mani, so daß das, was er angriff, zur eigentlichen Substanz seines Denkens wurde. So geschah es, daß der Dualismus der Gnostiker und Manichäer die Lehren des Christentums unterwanderte – nicht nur die der katholischen Kirche, sondern auch die der Reformation. Calvin und Jansen wären ohne die gnostische Verachtung des Fleisches, ohne den manichäischen Gedanken der Askese nie zu ihrer Theologie des Puritanismus gekommen. → Katharer, Manichäismus, Minne, Troubadours.

Godemiché [lat.: gaude mihi = es macht mir Freude], künstlicher Penis zur Selbstbefriedigung der Frau und zum lesbischen Geschlechtsverkehr. Brantôme benutzte den Ausdruck bereits im 16. Jahrhundert. Vgl.: Selbstbefriedrigungsinstrumente.

Golddigger [engl.: Goldgräber], jene Frauen der 1920er Jahre, die reiche Männer heirateten, um sich so bald wie möglich mit der größtmöglichen Alimentationssumme wieder scheiden zu lassen. Das Wort existiert noch heute im am. Sprachgebrauch, gilt jedoch als altmodisch und bezeichnet heute nahezu jede Frau, die ihren Körper benutzt, um einem Mann Geld zu entlocken, schließt aber die eigentliche Prostitution aus.

Goldene Orchideengesellschaft, sagenhafter lesbischer Geheimbund im China des 19. Jahrhunderts. → Sexuelle Clubs, Homosexualität.

Gonorrhöe [gr.: gonorroia = Samenfluß], Tripper, die häufigste aller → Geschlechtskrankheiten. Sie wird verursacht durch den von Albert Neißer (1855–1916) im Jahr 1879 entdeckten Gonococcus Neisseri. Die Ansteckung mit G. erfolgt fast ausschließlich auf geschlechtlichem Weg, außerhalb des Körpers stirbt der Keim rasch ab. Die Inkubationszeit wechselt, im Durchschnitt beträgt sie etwa drei bis vier Tage, doch sind auch bedeutend längere Inkubationszeiten bis zu drei Wochen bekannt geworden. Im allgemeinen zeigt sich drei oder vier Tage nach der Ansteckung bereits gelber Eiter an der Harnröhrenöffnung. Der weitere Verlauf der Krankheit unterscheidet sich grundsätzlich bei den Geschlechtern.

1. *Die G. des Mannes.* Ist die Ansteckung erfolgt, wachsen die Gonokokken zunächst in der vorderen Harnröhre weiter, doch nach etwa drei Tagen ist schon der größere Teil der vorderen Harnröhre befallen. Die Littréschen Drüsen und die großen Morgagnischen Lakunen sind überall in der Schleimhaut verstreut. In diese wachsen die Gonokokken hinein, so daß sie, wenn die Erkrankung einmal ausgebrochen ist, nur noch schwer zu erreichen sind. Das Weiterwachsen der Gonokokken geht im allgemeinen nur bis zum Blasenhals, die Blase erkrankt nicht allzu häufig; in seltenen Fällen schreitet aber auch die Erkrankung über die Blase fort und gelangt durch die Harnleiter bis in die Nieren. Viel häufiger werden dagegen von der hinteren Harnröhre aus Prostata und Samenblasen befallen. Die Prostata schwillt dabei von der normalen Kastanien- bis zur Faustgröße an. Die Erkrankung ist außerordentlich schmerzhaft. Es kommt zur Vereiterung, zur Abszeßbildung, manchmal auch zum Durchbruch des Abszesses nach außen in der Dammgegend, durch die Harnröhre oder in den Mastdarm. Eine weitere sehr häufige Komplikation bildet die anschließende Nebenhodenentzündung. Die Gonokokken gelangen in den Anfangsteil des Samenweges und üben offenbar in ihm einen Reiz als Fremdkörper aus. Die Samenstränge machen rückläufige, sogenannte antiperistaltische Bewegungen, durch welche die Gonokokken nun in die Nebenhoden gelangen und sich dort weiter vermehren. Das Resultat sind sehr heftige Entzün-

dungen der Nebenhoden und der sie umgebenden Häute, die überaus schmerzhaft und ebenso wie die → Prostatitis von hohem Fieber begleitet sind und die Patienten ans Bett fesseln. Tritt eine doppelseitige Nebenhodenentzündung ein, wird in ca. 80 bis 90 Prozent der Fälle den Samenkörperchen für immer der Weg nach außen versperrt. Das Resultat ist dauernde Unfruchtbarkeit (→ Impotentia generandi). Der Hoden erkrankt im Gegensatz zur Spätsyphilis durch die Gonokokken meist nicht. Weitere Folgen der G. sind Strikturen der vorderen oder hinteren Harnröhre. Durch die Gonokokken wird die ursprünglich vorhandene Schleimhaut vernichtet und auch nie wieder in ursprünglicher Weise regeneriert. Bei der schließlichen Ausheilung der gonorrhoischen Entzündung kommt es oft zu Narbenbildungen, diese ziehen sich immer mehr zusammen, so daß es zu einer Harnröhrenverengung, einer sogenannten Striktur, kommt. Oft wird die Verengung erst 10 bis 14 Jahre nach der G. so akut, daß der Patient Beschwerden beim Wasserlassen hat – zuweilen so sehr, daß gar kein Urin mehr entleert werden kann.

2. *Die G. der Frau.* Auch bei der Frau erfolgt die Ansteckung mit G. zunächst in der Harnröhre. Die Erscheinungen sind die gleichen wie beim Mann. Von der Harnröhre aus wandern aber die Gonokokken in die Gebärmutter, und ist einmal deren Infektion erfolgt, ist mit einem langen und sehr oft schweren Krankheitsverlauf zu rechnen. Die G. der Harnröhrenschleimhaut bei der Frau verläuft im allgemeinen harmloser als beim Mann. In der Scheide selbst nisten sich die Gonokokken gewöhnlich nicht dauernd ein; die Scheide besitzt eine so derbe Schleimhaut, daß sie eine erhebliche Widerstandskraft leistet; nur bei Auflockerung der Scheidenschleimhaut, zum Beispiel während der Schwangerschaft, bietet sie einen günstigen Nährboden für Gonokokken; dennoch ist nach neueren Arbeiten die Erkrankung der Schleimhaut nicht so selten wie man früher angenommen hatte. Dagegen erkrankt bei der Frau auch sehr oft durch herabfließendes Sekret die Schleimhaut des Afters und des Mastdarmes an G. (Analgonorrhöe, Mastdarmtripper), und diesem Umstand ist bei der Untersuchung immer Rechnung zu tragen. Rektalgonorrhöe dürfte bei der Frau in etwa 40 bis 50 Prozent der Fälle vorkommen. Der Nachweis der Erreger geschieht besonders in den dem Stuhl anhaftenden Flocken. Ist der Tripperereger in die Gebärmutter eingedrungen, breitet er sich nicht nur in ihr selbst aus, sondern geht auch in die Eileiter über. Die Wirkungen sind ähnlich wie beim Mann. Durch die gonorrhoische Entzündung

wird das Flimmerepithel der Eileiter zerstört, es treten vielfache Erkrankungen des Eileiters und Abszeßbildung auf, so daß die betreffende Frau unfruchtbar wird. Da die Eileiter in offener Verbindung mit der Bauchhaut stehen, kommt es nicht nur zur Schädigung der Eierstöcke, sondern auch zu gonorrhoischer Erkrankung der Bauchhöhle und ihrer Organe selbst. Häufig ist bei Frauen die sogenannte Ein-Kind-Sterilität, das heißt, eine junge Frau wird geschwängert und ungefähr gleichzeitig mit G. angesteckt, sie gebiert zwar ein Kind, wird aber durch die Tripperkrankung dauernd unfruchtbar. Recht häufig sind auch Erkrankungen weiterer Drüsen an den Geschlechtsorganen; insbesondere die an den Schamlippen liegenden Bartholinschen Drüsen der Frau vereitern häufig durch G., es entstehen große Abszesse, die mit dem Messer geöffnet werden müssen. Nicht selten finden sich um die Harnröhrenöffnung und in ihrer Nähe kleine Gänge, die sogenannten para- oder periurethralen Gänge. Diese werden häufig von Gonokokken invadiert und müssen gesondert behandelt werden, weil sonst von hier aus die G. immer wieder neu übertragen wird. In das Körperinnere können Trippererreger eindringen, sei es durch Einbruch in Blut- oder Lymphgefäße; dadurch entsteht die sogenannte Trippersepsis; es stellt sich lang andauerndes wechselndes Fieber ein, meist erkrankt das Herz durch die Trippergifte oder durch direkte Ansiedlung von Gonokokken. Der Verlauf der langwierigen Entzündung ist immer zweifelhaft und endet oft tödlich.

3. G. und Schwangerschaft können nebeneinander verlaufen. Erfolgt die Infektion gleichzeitig mit dem zur Konzeption führenden Akt, verläuft der Infektionsprozeß viel heftiger als unter normalen Umständen, weil dann die Geburtswege viel durchlässiger für die Infektion sind. Die Schwangerschaft braucht aber nicht immer zur Verbreitung der G. durch Aszension zu führen, und es wurden Fälle beobachtet, bei denen in der Schwangerschaft die G. zum Stillstand gebracht wurde. Falls sich eine Pyosalpinx (mit Eiter gefüllter Eileiter) gebildet hat, ist das Anwachsen der Gebärmutter eine der Ursachen für ein mögliches Platzen dieses Eitersackes. Vor der Entdeckung des Penicillins war auch das Kind durch die G. gefährdet, und die Blennorrhoea neonati (Entzündung der Bindehaut des Neugeborenen) war eine gefürchtete Erkrankung, die häufig zum Erblinden der Kinder führte. Nach der Geburt, in der Wochenbettzeit kommt es oft vor, daß die Gonokokken im Lochialsekret enthalten sind, obwohl es nicht zur Infektion kommen muß. Die Entwicklung der G. nach der Schwangerschaft erfolgt immer erst, wenn bereits die für die Menstruation notwendigen Zustände geschaffen sind. Erst dann kommt es zur normalen Verbreitung der Keime. Zwischen dem 8. und dem 10. Tag nach der Entbindung liegt ein kritischer Punkt in der Aszensionsfrage der Gonokokken. Zu frühes Aufstehen kann zur Ausbreitung der Krankheit führen. Ebenso mag eine → Kürettage zur Entfernung von Plazentaüberresten zur Erweiterung einer gonorrhoischen Infektion führen. Heute kann eine größere Dosis Penicillin die Aszension und dadurch die Ein-Kind-Sterilität verhüten.

4. *Die G. der Augen.* Die Gonokokken können von innen an die Augen gelangen und Netzhauterkrankungen auslösen. Sind einmal Trippererreger ins Auge gelangt und wird nicht sofort eingegriffen, fressen die Trippererreger ein kleines Loch in das Auge, durch das auch andere Bakterien eindringen können. Hierdurch erfolgt unrettbar Erblindung. Dank der unspezifischen Behandlung sowie der Crédéschen Prophylaxe (Einträufeln eines Tröpfchens Silbernitratlösung in das Auge eines Neugeborenen) ist die Zahl der Tripperblinden im Rückgang begriffen; früher machten sie über ein Viertel der Insassen aller Blindenanstalten aus.

5. *Die G. der Gelenke.* Gewöhnlich erkrankt beim Mann zuerst ein Kniegelenk. Es können nur einzelne oder auch viele Gelenke gleichzeitig oder nacheinander befallen werden. Der Tripperrheumatismus (→ Rheumatismus gonorrhoicus) und die Trippergelenkentzündungen sind ernsthafte Erkrankungen, die oft zur Versteifung des betreffenden Gliedes führen. Selbst durch spätere chirurgische Nachbehandlung ist nur selten die gänzliche Gebrauchsfähigkeit des Gelenkes wieder herzustellen.

6. *Die G. der Kinder* trat früher nur bei ungeschlechtlicher Infektion auf. Während bei kleinen Knaben durch die meist vorhandene → Phimose ein gewisser Schutz vor Ansteckung gegeben ist, bekommen kleine Mädchen sehr häufig dadurch einen Tripper, daß sie mit Erwachsenen zusammen dieselben Bade- oder Wascheinrichtungen, Badeschwämme, Tücher etc. benutzen. Diese → Vulvitis infantium der kleinen Mädchen ist eine überaus hartnäckige, jahrelang dauernde Erkrankung, die sorgfältigster Behandlung bedarf. Seit der dramatischen Akzeleration der Nachkriegsjahre finden wir jetzt aber auch geschlechtliche Infektion bei Kindern von sieben, acht und neun Jahren, Jugendlichen und Heranwachsenden.

7. *Die Behandlung der G.* hat große Fortschritte gemacht, ist nun aber wieder in ein Stadium des Rückschritts getreten. Bis zur Entdeckung

der Antibiotika verwandte man in der Therapie der G. anfangs Adstringentia (Zinksalze, Kupfersalze, Alaun), dann gonokokkentötende Silberpräparate und zur internen Verwendung ätherische Öle, Harndesinfizientien und harntreibende Mittel. Eine Zeitlang erhoffte man sich viel Erfolg von den Sulfonamiden. 1943, als das Versagen der Sulfonamide schon bekannt war, wurde das Penicillin in die Behandlung der Gonorrhöe eingeführt. Dies blieb die bis heute beste Behandlungsart. Es gibt aber auch Penicillinversager, was verschiedene Ursachen hat. Erstens kommen penicillinresistente Stämme von Gonokokken vor, zweitens kann sich eine Resistenz gegen Penicillin ausbilden, dann gibt es falsche Dosierungen, Neuansteckungen und schließlich die Tatsache, daß die in den Hohlräumen sitzenden Gonokokken nicht immer durch die Behandlung erfaßt werden. Auch reagieren nicht alle Schwangeren gut auf diese Behandlung, und auch die Konstitution kann als Faktor auftreten, welcher die Behandlung erschwert. Trotz der großen mit Penicillin erzielten Erfolge darf man es also nicht als ein Wundermittel für alle Fälle betrachten. Auch Streptomycin, Aureomycin, Chloromycetin und Terramycin wurden in die Therapie der G. eingeführt. Die Behandlung mit Terramycin zeigte gute Erfolge, sie ist aber durch Nebenerscheinungen (Erbrechen) erschwert.

Den Verdacht, daß womöglich die Ärzte selbst – unbewußt und ungewollt – zur Ausbreitung der G. beigetragen haben, äußerte 1967 auf einer Dermatologentagung in München der amerikanische Dermatologe William J. Brown aus Atlanta (US-Staat Georgia). Die Geschlechtskrankheiten, so erläuterte Brown, wurden wieder häufiger, seit die Mediziner Penicillin und ähnliche keimtötende Medikamente nicht mehr wahllos gegen alle Infektionskrankheiten verschrieben. Früher haben diese Mittel – etwa gegen harmlose Erkältung verabreicht – mitunter zugleich eine beginnende Syphilis oder G. geheilt, noch ehe Arzt oder Patient sie erkannt hatten. In den letzten Jahren dagegen setzen die Ärzte Antibiotika gezielt ein und dosieren sie so vorsichtig, daß Zufallsheilungen von Geschlechtskrankheiten selten wurden. Als Resultat wuchs die G. wieder an. In den USA wurden 1966 dreihunderttausend neue Fälle von G. behandelt. Die amerikanischen Gesundheitsbehörden schätzen, daß die Zahl der Erkrankten, aber nicht Behandelten etwa viermal so groß ist: rund 1,2 Millionen pro Jahr. G. rangiert in den USA heute bereits an dritter Stelle in der Liste der ansteckenden Krankheiten. 15 von 22 Ländern, die der WHO, der Weltgesundheitsorganisation, G.-Ziffern übermitteln, stellten seit 1965 ähnlich ansteigende Kurven fest. Französische Behörden berichteten, die Erkrankungsziffern für G. seien seit 1955 jährlich um 15 Prozent gestiegen. Englische Ärzte teilten mit, daß in der Zeitspanne von 1957 bis 1960 die Gonorrhöe-Erkrankungen bei Frauen um 43, bei Männern um 42 Prozent zugenommen hätten.

Ähnlich detaillierte Angaben aus der Bundesrepublik fehlen zwar, da der Bundestag die Meldepflicht für Geschlechtskrankheiten im Jahre 1953 abgeschafft hat. Fachleute zweifeln aber nicht an einer »starken Zunahme venerischer Infektionen« in Westdeutschland (so der Hamburger Ordinarius für Hygiene, Profesor Dr. Dr. Harmsen).

→ Analgonorrhöe, Bartholinitis, Biertripper, Blennorrhoea, Blennorrhoea neonati, Bonjourtropfen, Cavernitis, Cervitis gonorrhoica, Chorda penis, Coitus suspectus, Cowperitis, Crédésche Prophylaxe, Deferentitis, Eicheltripper, Folliculitis, Funiculitis, Geschlechtskrankheiten, Goutte militaire, Mastdarmtripper, Ophthalmo-Blennorrhöe, Ophthalmia gonorrhoica, Pelveoperitonitis, Penicillin, Periurethritis, Posthitis, Prostatitis, Pyosalpinx, Rheumatismus gonorrhoicus, Salpingitis, Spermatitis, Strabismus penis, Tripper.

Gougnotte, französisches Argot für Lesbierin. → Lesbizismus.

Gourgandine, im Paris des 15. Jahrhunderts die Prostituierten der Seine-Insel La Gourdaine. Seitdem ist das Wort auf alle Straßenmädchen übertragen worden. Vgl.: Araignée, Boulonnaise, Galérienne, Guincheuse, Lorette, Lyonnaise, Marneuse, Pierreuse, Pontonnière, Rempardeuse.

Goutte militaire [frz.: Militärtropfen] nannte man in Offizierskreisen den frühmorgens aus der Harnröhre tretenden Sekrettropfen der → Gonorrhöe.

Gouvernantenwahn, sexualwissenschaftlicher Ausdruck für den weiblichen → Erziehersadismus. Vgl.: Auspeitschung, Bestrafung, Bußdisziplin, Dippoldismus, Erziehungsmasochismus, Flagellation, Geißler, Governess, Postheoth Club, Puerilismus, Strafe.

Governess [engl.: Gouvernante, Erzieherin], ein Schlüsselwort im Vokabular des Masochisten, der in der G. die ideale Gefährtin findet, die »strenge« Frau, die ihn für seine »Unarten« bestraft. In ihr findet er die Wunschfigur seiner Kinderjahre wieder, die Frau, die ihn aus Liebe schlägt. Vgl.: Domina.

Graeophilie [gr.: graos = Greisin; philia = Liebe], ein von Hirschfeld geprägter Begriff, der die Unfähigkeit eines Menschen bezeichnen soll, mit anderen als älteren Frauen zu koitieren. Hirschfeld dachte hierbei an ein lesbisches Syndrom, aber das Phänomen findet sich mindestens ebenso oft bei heterosexuellen Männern wie bei homosexuellen Frauen. Bien zitiert den folgenden Fall: »Ein 31jähriger Arzt wird nur von Frauen über 50 Jahren sexuell angezogen. Je älter, ja greisenhafter das Objekt, um so größer die Begierde, sich ihm zu nähern, ohne Rücksicht auf soziale, hygienische oder berufliche Bedenken, während ihn junge, hübsche Frauen völlig gleichgültig lassen. Die Aktivität des Patienten beschränkt sich lediglich auf die Objektfindung, alles andere bleibt dann der Greisin überlassen. Es gelingt ihm niemals, eine aktive Immissio zu vollziehen, da es gewöhnlich zu Ejaculatio praecox kommt. Seine G. reicht bis in die Kindheit zurück. Schon als Knabe zeigte er Vorliebe für alte Frauen, als 13jähriger ging er nur zu recht alten und häßlichen Dirnen. Im Laufe der analytischen Behandlung erwies es sich, daß eine in der Kindheit erfolgte Fixierung des Patienten für sein Krankheitsbild ausschlaggebend gewesen war. Die Durchforschung der Kindheitserlebnisse ergab, daß der Patient als Knabe oft ins Bett der Mutter kam und sich an ihren Körper anschmiegte. Der Niederschlag dieser lustbetonten Erlebnisse war auch in einem seiner Pollutionsträume zu finden. Die Mutter verführt ihn, er verhält sich dabei passiv, es kommt zu keiner Immissio, aber zum engen körperlichen Kontakt (etwa wie im gerontophilen Akt). Der Patient erstrebt die Persistenz des Altersunterschiedes, der, als er noch ein Kind war, zwischen ihm und seiner Mutter herrschte (E. Bien, Zeitschrift f. Psychotherapie, 1929). Vgl.: Androphilie, Brotophilie, Gerontophilie, Gynäkophilie, Helikophilie, Presbyterophilie.

Gräfenberg-Ring → Spirale, IUCD.

Graffiti [it.], erotische oder skatologische Wandzeichnungen und Wandinschriften, sind so alt wie die Menschheit. Von den Höhlenzeichnungen über griechische und römische Beispiele bis zu den Gefängnis- und Abortzeichnungen unserer Tage läuft eine ungebrochene Chronologie des erotischen Wunschtraums der Menschheit. Die psychologische Erklärung für diese Art Latrinen-Kunst ist nach Lüdecke in der Langeweile während der Abtrittsbenützung und im Nachahmungstrieb, nach Schnabel als Ausfluß des erotischen Lustgefühls zu suchen, den eine Entleerung mit sich bringe, und nach Schidrowitz in der durch die Versperrung des Abtrittes geschaffenen Sicherheit vor Beobachtung, die es dem Wändebekritzler ungeniert ermöglicht, seine Freude an der Obszönität zu betätigen, die vielfach einem Wortexhibitionismus entspringt. Graffiti, die Martial in einem Epigramm (*carmina, quae legunt*

cacantes, Epigr. XII, 61, 10) glossierte, fanden sich schon im alten Rom; der Inhalt dieser Verse ist mit den heute noch als Wandkritzelei üblichen Humor- und Geistesprodukten in einer für die Unwandelbarkeit des obszönen Gedankens charakteristischen Weise wörtlich identisch. Aristophanes, Cicero, Plinius, Lucian und noch viele andere erwähnen sie. Pompeji bietet eine Fülle handgreiflicher Belege dafür. Einige Beispiele: *Veni, vidi, futui; Futuitur cunnus pilosus magis quam glaber; Gentius cunnum lingit; Amat qui scribit – pedicatur qui legit.* Die gleichgeschlechtliche Liebe ist natürlich sehr stark vertreten, daneben Fellatio, Cunnilingus u. a. Verhältnismäßig selten sind dagegen die Inschriften skatologischen Charakters. Daß Graffiti selbst im Palast des Papstes angebracht wurden, beweist die Inschrift, die im Abtritt des Laterans sofort nach dessen Fertigstellung durch Papst Pius V. prangte.
Papa Pius quintus, ventres miseratus
onustos
Hocce cacatorium nobile fecit opus.
Nebst dem obszönen Witz gelten Graffiti der Anbahnung homosexueller Verbindungen (in öffentlichen Bedürfnisanstalten). In beiden Geschlechtern gemeinsam zugänglichen Abtritten (Gaststätten, Bahnhofsanlagen usw.) findet sich meist auch ein reichlicher Inseratenmarkt zum heterosexuellen Verkehr, wobei das Angebot in der Mehrzahl der Fälle von Männern stammt. Allen Walker Read (1935) und Alfred C. Kinsey haben einige Hunderte Graffiti dieser Art gesammelt und analysiert. Die Inschriften beschäftigen sich am häufigsten mit solchen Betätigungen, die in Wirklichkeit selten vorkommen. Das bedeutet, daß die Urheber der Kritzeleien und ihre Leser damit ihre unbefriedigenden Wünsche enthüllen. In den Graffiti stellen sie das dar, was sie gern in Wirklichkeit erlebt hätten. Gewöhnlich sind diese Kritzeleien anonym. Kinsey berichtet von drei Hauptthemen: Genitalien (entweder männliche oder weibliche), Genital-, Oral- oder Analtätigkeit (und zwar heterosexuell oder homosexuell) und volkstümliche Ausdrücke aus dem Jargon. Vergleiche dieser Graffiti, die in der Hauptsache von männlichen Urhebern stammen, mit den Kritzeleien weiblicher Personen lassen erkennen, daß nur 25 Prozent der an Wänden von Frauentoiletten gefundenen Kritzeleien mit den genannten Hauptthemen zu tun haben. Die meisten der Kritzeleien von Frauen bezogen sich in Kinseys Material auf allgemeine erotische Sachverhalte. Dies widerspricht der deutschen Erfahrung, wo → Wunschzeichnungen in der folgenden Häufigkeitsreihenfolge auftre-

ten: Koitus, Skatologie, Onanie, Homosexualität. Vgl.: Anonymität, Bilderschändung, Erotographomanie, Koprographomanie, Pornographomanie, Pseudolismus, Saliromanie, Skatophilie, Übermalung.

Grande Chaumière [frz.: große Strohhütte], das erste der berühmten Pariser Cancan-Lokale. Es lag an der Stelle, wo sich heute der Boulevard Raspail und der Boulevard Montparnasse kreuzen. Die Rue de la Grande-Chaumière trägt noch den Namen dieses Lokals. 1783 bildete das Viertel Montparnasse noch ein Dorf außerhalb des eigentlichen Stadtkerns von Paris. Ein Engländer namens Tickson kaufte dort ein größeres Gelände und ließ kleine Häuschen errichten, die nach der damaligen Bauweise mit Stroh gedeckt wurden. Hier konnte man Getränke bekommen und tanzen. Das Publikum bestand aus kleinen Leuten, Leibgardisten und den Söhnen vornehmer Familien, die sich in Gesellschaft ebenso hübscher wie anlehnungsbedürftiger junger Mädchen vergnügen wollten. Dieses Etablissement hieß »La Chaumière«. Es wurde während des Direktoriums von Tickson und seinem Partner, dem Restaurateur Fillard, abgerissen und als ein → Lustpark nach englischem Modell mit Hecken, Lauben, versteckten Pfaden und einer Tanzfläche unter dem Namen »La Grande Chaumière« neu eröffnet. 1837 übernahm Fillons Schwiegersohn, ein Mann namens Lahire, das Unternehmen und machte es zur berühmtesten, aber auch berüchtigtsten Gaststätte von Paris. Hier versammelten sich die Pariser Studenten mit ihren Liebchen und tanzten einen besonders ausgelassenen Cancan, der nach Ansicht der Pariser Polizei oft gegen den Paragraphen 7 der Polizeiverordnung vom 31. 5. 1833 verstieß: »Jeder Unternehmer von öffentlichen Tanzveranstaltungen muß in seinem Etablissement alle unzüchtigen Tänze verbieten und hat Polizeischutz anzufordern, damit die Urheber sowie alle Personen, die öffentliches Ärgernis erregen, aus dem Lokal entfernt werden.« Das hörte sich gut an, war aber undurchführbar, denn 1845 wurde die »Polka piqué« Mode, der erste der Tänze, in denen die Damen ihre Beine weit genug emporhoben, um ihre Dessous sehen zu lassen. Da viele der Tänzerinnen der G. Ch. aber zu arm waren, um sich Dessous leisten zu können, gab es jeden Abend Gründe für polizeiliches Eingreifen. 1857 wurde deshalb das Lokal geschlossen.

Graues Kreuz, eine von dem Berliner Nervenarzt Hermann Tillmann Haftentlassung (wegen angeblicher Notzucht und Kuppelei) gegründete Vereinigung zur ärztlichen Behandlung von Straffälligkeitsursachen. Im Vorstand der Vereinigung befanden sich bei der Gründung im

Jahre 1966 Propst Heinrich Grüber, der Berliner FDP-Landesvorsitzende William Borm und der ÖTV-Funktionär Dieter Schwaebl. West-Berlins Justizsenator Wolfgang Kirsch sagte dem Vorhaben »Unterstützung in vollem Umfange« zu und begrüßte es als »echte Bürgerinitiative«. Der Wissenschaftliche Rat Dr. Werner Krause vom Institut für Sexualforschung an der Hamburger Universität fand sich bereit, die Hormonbehandlung straffälliger Sexualpsychopathen zu überwachen.

Graviditätsfetischismus, sexuelle Leidenschaft für schwangere Frauen. Fetischisierung des durch Schwangerschaft angeschwollenen Körpers und des im Körper lebenden Fötus. Vgl.: Amputationsfetischismus, Buckel, Deformationsfetischismus, Häßlichkeitsfetischismus, Pelele, Prothesenfetischismus.

Grisette [frz.: graue Volkstracht], zu Beginn des 19. Jahrhunderts Spitzname jenes arbeitenden Mädchens, das sich als Wäscherin, Näherin oder Putzmacherin ernährte, gleichzeitig aber oft einen gemeinsamen Haushalt (→ Ménage) mit einem nicht immer wohlhabenden Mann führte, meist einem Studenten, Maler oder Dichter. Murgers *Scènes de la vie de Bohème* (1847, Bühnenfassung 1849) und die darauf aufgebauten Opern von Puccini (1896) und Leoncavallo (1897) haben den Typ der Grisette romantisiert, aber nicht erfunden. → Carabine, Cydalise, Étudiante, Femme de cinq heures, Lorette, Marchande de mode, Midinette, Musette, Parfumeuse.

Große Funkenburg, Leipziger → Lustgarten des frühen 18. Jahrhunderts, in dem die Postituierten nach englischem Modell (→ Vauxhall, Ranelagh) ihre Kunden unter freiem Himmel »versorgten«.

Großfamilie, das Zusammenleben von Vater und Mutter mit ihren Kindern und ihren überlebenden Großeltern, manchmal auch mit anderen angeheirateten oder Blutsverwandten. Im historischen Sinne ist die → Klein- oder → Kernfamilie keineswegs der »Kern« der G., sondern deren geschrumpftes und kaum noch lebensfähiges Überbleibsel.

Gruppenfetischismus, die Unfähigkeit, im Geschlechtsverkehr mit einer einzelnen Person einen Orgasmus zu erreichen. Beim G. dient die Pluralität der Beischläfer als Fetisch. Der Fetisch mag aus zwei Männern, zwei Frauen, einem Paar, drei Menschen oder größeren Gruppen bestehen. Es gibt heterosexuellen und homosexuellen G. Aber die Tatsache, daß in jeder Paarung eines Menschen mit mehreren anderen mindestens zwei das gleiche Geschlecht haben, legt die Möglichkeit einer homosexuellen Komponente bloß. Vgl.: Adamsfeste, Catena, Enfants du Prado, Fetischismus, Gruppensex, Hirschpark, Kreisorgie, Orgie, Partnertausch, Partouze, Petit Ermitage, Petite Société, Pluralismus, Rehane, Schauorgie, Spintrien, Strip-Poker, Symplegmus, Symposion, Tetragamie, Triolismus.

Gruppensex, Geschlechtsverkehr von mehr als zwei Personen. Die Griechen kannten den Begriff bereits als → Symplegma, »Gruppen« von Liebenden, die ineinander »verflochten« waren. Die Römer sprachen von → Catena, »Ketten« von Liebenden. In unserer Zeit wird der G. hauptsächlich in der Form des → Partneraustauschs praktiziert. In zahllosen Zeitungen und Zeitschriften aller Länder findet man Annoncen der folgenden Art:

> Ehepaar, 25/25, gepflegt, sehr aufgeschlossen, sucht passendes Ehepaar für unkonventionelle, jedoch gepflegte und niveauvolle häusliche Geselligkeit. Vertrauensvolle Zuschriften, evtl. mit Bild (zurück), werden diskret beantwortet unt....
>
> 2 gutausseh. fröhliche tolerante Damen möcht. interessanten Partner kennenlernen. Jede Zuschrift wird beantwortet, auch einzeln angen. Zuschriften unt....
>
> Welche guten Freundinnen od. die es werden wollen, mit Charme und Tol., möchten Freunde 34/180, gutaussehend, aufgeschl. Kaufl. zw. interessanter Geselligkeit kennenlernen? Bildzuschr. (zur.) mit Tel.-Nr. erbeten unt....

Rund fünfhundert Antworten erhielt vor einigen Jahren der amerikanische Journalist Michael Leigh, als er entsprechende Anzeigen dieser Art in amerikanischen Zeitschriften beantwortete, um hierüber ein Buch zu schreiben *(The Velvet Underground,* MacFadden-Bartell, New York, 1964. Deutsch als: *Leigh-Report,* Hohwacht Verlag, Bad Godesberg, 1965.) Leigh suchte die Inserenten auf, um zu untersuchen, aus welchen sozialen Schichten solche Menschen kommen und in welchen Umständen sie leben. Das Ergebnis war überraschend.

Leigh: »Sie führen ein ordentliches und geregeltes Leben. Die meisten sind regelmäßige Kirchgänger und haben Kinder. Sie trinken durchweg nur sehr mäßig, viele sind sogar Anti-Alkoholiker. Mit wenigen Ausnahmen sind sie in angesehenen Positionen tätig, viele haben ein eigenes Geschäft, viele sind Akademiker, Architekten, Krankenschwestern. Zahnärzte und Rechtsanwälte gehören ebenso dazu wie Großfarmer, Grundstücksmakler, Filmschauspieler, Mannequins, Schriftsteller, Apotheker, Behördenangestellte, Angehörige der Armee, Geschäftsleute und Politiker. Keiner von ihnen unterhielt einen Nachtklub oder eine Bar.«

Zu ähnlichen Ergebnissen gelangte auch das Eheberater-Ehepaar Dr. Eberhard und Dr. Phyllis Kronhausen, die in dem US-Magazin »Fact« über Frauentausch-Gebräuche in Kalifornien berichteten. Eine 32jährige Hausfrau und Mutter in Los Angeles erzählte ihnen: »Fast jeden Samstagabend laden mein Mann und ich einige Freunde ein, oder wir schauen zu ihnen hinüber. Wir setzen uns gemütlich zusammen und trinken ein paar Cocktails. Und dann fangen wir alle an, uns gegenseitig auszuziehen, und machen eine Sex-Party.« Wichtigstes Gebot für jeden Gast sei, dem Partner »ein Höchstmaß an Lust« zu bereiten. Im allgemeinen genüge es, »der Natur ihren Lauf zu lassen«. Lediglich bei »Anfängern« müßten etwaige Hemmungen gelegentlich durch »Strip-Poker« – ein Kartenspiel um Kleidungsstücke – schonend überspielt werden. Die Sexspiele werden nicht nur im engeren Freundeskreis, sondern auch in Lustbarkeitsgroßveranstaltungen gepflegt.

Das größte bislang publik gewordene Sexfestival ereignete sich in Kalifornien: fünfzig Paare mieteten ein ganzes Motel, um in den Schlafgemächern ungestört freundschaftliche Beziehungen knüpfen zu können. Eine andere Gruppe, ein Sexklub aus Seattle (US-Staat Washington), unternahm mit gleichem Ziel einen Weekend-Trip in das Vergnügungszentrum Las Vegas (US-Staat Nevada). Mehrere Busse waren zu diesem Zweck gechartert worden.

1964 stöberte in Sacramento (US-Staat Kalifornien) der Kriminalinspektor Carl Blasofsel eine Gruppe von 32 Ehepaaren auf, die mittels Zeitungsinserats weitere Mitglieder zu »Unterhaltung für Gereifte« angeworben hatten. Die Staatsanwaltschaft belehrte jedoch den Polizisten, daß es keine gesetzliche Handhabe gebe, gegen die Sexfreunde vorzugehen. Staatsanwalt Robert Puglia: »Der kurzfristige Tausch von Ehefrauen mag unmoralisch sein, ungesetzlich ist er jedenfalls nicht.« → Kreisorgie, Orgie, Partnertausch, Partouze, Pluralismus, Spintrien, Strip-Poker, Symposion, Tetragamie, Triolismus.

Gualani, Zuhälter im Italien des 16. Jahrhunderts. Vgl.: Barnabotten, Caro uomo, Riccotari, Ruffiano.

Guesquel, indianisches Reizinstrument, das von den Männern auf den Penis gesetzt wird, um den Frauen beim Koitus größere Wollust zu bereiten. Der G. besteht aus einem Kranz von Maultierhaaren, der um die Eichel gebunden wird. Vgl.: Ampallang, Blinde Raae, Kabutodama, Kabutogata, Kampiong, Penisinkrustation, Persimbraon, Reizinstrumente, Zuiki.

Guincheuses [frz. Argot] nannte man in Paris zu Anfang des 19. Jahrhunderts die Arbeiterinnen, die die »guinches«, die Tanzkneipen der Vorstädte, bevölkerten. Aus ihnen rekrutierten die Cancan-Lokale des Montparnasse gegen Mitte des Jahrhunderts die Cancan-Tänzerinnen, die jahrelang zur Hauptanziehungskraft des Fremdenverkehrs werden sollten. → Araignées, Cancanneuses, Chahuteuses.

Guinguette [frz.: Kneipe, Schenke], Pariser Vorstadtlokal, in dem die Arbeiter und Arbeiterinnen des späten 18. Jahrhunderts Tabak kauften, tanzten und tranken. Aus der G. entstand die ganze Tradition der französischen Vorstadtlyrik, der Vorstadtchansons und des romantischen Mythos vom armen, aber schönen Arbeitermädchen. → Araignée, Cancanneuse, Carabine, Chahuteuse, Étudiante, Grisette, Guincheuse, Midinette, Musette.

Guinièvre, die Gattin des König Artus, ist die dominierende Frauengestalt der mittelalterlichen Sagen und Romanzen, die sich mit der *Table Ronde,* der Tafelrunde des Artushofes, beschäftigten. Eine gänzlich andere Auffassung der Liebe spricht in diesem Sagenzyklus als etwa in der Edda oder der → Minnelyrik. Im Gegensatz zur vorwiegend männlichen Welt der → Chansons de geste beginnen hier Frau und Liebe eine wichtige Rolle zu spielen. Die Liebe, die als Quelle der weiblichen Tugend gilt, und Tapferkeit als Quelle männlicher Tugend treten in dynamische Wechselbeziehung, steigern sich gegenseitig und bewirken damit eine Erhöhung des menschlichen Werts. Guinièvre ist eine Dame von vollkommener Schönheit, Tugend und Güte. Sie verleiht dem Hof mit ihren Frauen und Mädchen den eigentlichen Glanz; ihre Anwesenheit bei Festen und Turnieren steigert den Mut der Ritter und wirkt verfeinernd auf deren Lebenshaltung. Die deutschen Dichter Hartmann von Aue, Wolfram von Eschenbach und Gottfried von Straßburg haben eine Anzahl Artuslegenden nachgedichtet und damit zu einer seltsamen Vermischung des → Minnedienstes mit der viel älteren matière de Bretagne beigetragen. Im deutschen Sprachraum haben diejenigen Artuslegenden, die sich mit dem heiligen Gral beschäftigen, besonderen Anklang gefunden. Vgl.: Minne.

Gummifetischismus, der sexuelle Reiz von Gummi und von Artikeln und Kleidungsstücken aus Gummi. Diese Form des → Fetischismus geht angeblich auf die Verwendung von Gummiartikeln (Windelunterlagen, Gummitücher, Gummischnuller, Gummihöschen) in der Säuglings- und Kinderpflege zurück. Kinder assoziieren die angenehmen Eindrücke der Kindheit mit dem charakteristischen Gefühl und Geruch des Gummis und können in späteren Jahren nur erfolgreich koitieren, wenn sie oder ihr Partner Gummiartikel benutzen oder tragen. Von vielen Patienten ist bekannt, daß sie das eng einschnürende Gummituch, das man bei Feuchtigkeitspackungen (Fieberkur) über die Pakkung band, um das Bett trocken zu halten, lebenslänglich mit dem Geschlechtsverkehr assoziiert haben. Besonders Frauen berichten, daß sie das Gewicht des auf ihnen liegenden Mannes stets mit dem eigentümlich beklemmenden und doch wollüstigen Brusteinschnüren solcher Packungen der Kindheitsjahre assoziiert haben. Auch die eng einschnürenden und oft Gummi benutzenden → Korsetts früherer Jahre betrachteten viele Frauen als Lustobjekte.

Die Verbindung zwischen G. und der sadistischen Freude am Einklemmen und Einschnüren anderer Menschen ist ebenso offensichtlich wie die entsprechende Verbindung mit dem masochistischen Wunsch, gefesselt und eingeschnürt zu werden (→ Kolligationsfetischismus).

Eigentümlich und bisher nicht gänzlich geklärt sind die Verbindungen zwischen G. und → Transvestitismus einerseits, → Exhibitionismus andererseits. Gummierte Regenmäntel haben bei Exhibitionisten einen besonderen fetischistischen Reiz, dessen Begründung bisher nur spekulativ erörtert worden ist.

Gummimasken gehören zur Garderobe vieler Transvestiten. Diese Masken, die weibliche Gesichtszüge tragen, werden von Spezialwerkstätten in vielen Ländern hergestellt und zu absurden Preisen an Transvestiten verkauft. Da sie niemals erfolgreich das Gesicht einer Frau vortäuschen können, haben sie nur symbolischen Wert und lassen sich nur im eigenen Zimmer zu autoerotischen Zwecken verwenden. Daß der einschnürende, atemberaubende Effekt solcher Gesichtsmasken eine masochistische Komponente haben muß, braucht kaum betont zu werden.

Auch → Penisfutterale und → Genitalmasken aus Gummi gehören in dieses Niemandsland zwischen G. und Sadomasochismus. Vgl.: Fesselung, Gürtel, Handschuh, Hephephilie, Knebelung, Kolligationsfetischismus, Korsettdisziplin, Leder, Riemen, Strumpfband.

Gummipeter, künstlicher Penis aus Gummi zur Selbstbefriedigung der Frau und zum lesbischen Sexualverkehr. Vgl. Selbstbefriedigungsinstrumente.

Gürtel, ein Gegenstand, der in der westlichen Welt eine dreifache sexuelle Bedeutung hat: als Schmuck; als Symbol der Tugend; als Fetisch des Sadisten, Masochisten und Lederfetischisten. Der G. schmückt, weil er die Taille hervorhebt. Er dient als Symbol der Tugend (Brautgürtel), weil er den Schoß der Frau beschützt (Keuschheitsgürtel). Das Lösen des G. war sowohl bei den alten Griechen wie bei den Germanen das Symbol der Entjungferung (Brunhildes G. im Nibelungenlied. Der G. der Aphrodite in der griechischen Mythologie). Weil der G. fesselt, fesselt er den Masochisten. Weil man mit ihm schlagen kann, reizt er den Sadisten. Und weil er aus Leder ist, wird er zum Fetisch des Lederfetischisten. → Armband, Fesselung, Fußkette, Halsband, Kolligationsfetischismus, Korsett, Masochismus, Riemen, Sadismus, Schmuck.

Gynäcinämie [gr.: gyne = Frau; haima = Blut], nach Hirschfeld eine durch Enthaltsamkeit vom Geschlechtsverkehr erzeugte hormonelle Blutvergiftung der Frau. → Abstinenz, Askese, Epididymitis sympathica, Keuschheit, Neuralgia testis, Paradidymitis sympathica, Phrenokardie, Vorehelicher Geschlechtsverkehr.

Gynäkerastie [gr.: gyne = Frau; erastes = Liebhaber], ein von Friedländer in seinem Werk *Renaissance des Eros uranios* geprägter Ausdruck für die Frauenliebe des Mannes. Er schlägt vor, die Männer in Päderasten (Homosexuelle), Gynäkerasten (Heterosexuelle) und Ambierasten (Bisexuelle) einzuteilen. Vgl.: Alloerotismus, Alloiophilie, Dionäismus, Heterosexualität, Normalität.

Gynäkophilie [gr.: gyne = Frau; philia = Liebe], ein von Hirschfeld geprägter Ausdruck, der die Unfähigkeit eines Menschen bezeichnen soll, mit anderen als voll entwickelten, geschlechtsreifen Frauen sexuell zu verkehren. Hirschfeld dachte hierbei an ein lesbisches Syndrom, aber das Phänomen findet sich mindestens ebenso häufig bei heterosexuellen Männern wie bei homosexuellen Frauen (Hirschfeld: *Die Homosexualität)*. Vgl.: Androphilie, Brotophilie, Gerontophilie, Graeophilie, Helikophilie, Presbyterophilie.

Gynäkophobie [gr. gyne = Frau; phobos = Furcht], Furcht vor Frauen, Frauenangst, Frauenhaß, »Weiberscheu«. Bei Männern oft, aber nicht immer und nicht notwendigerweise ein Zeichen latenter Homosexualität. Vgl.: Antifeminismus, Frauenhaß, Frauenscheu, männlicher Protest, Misogynie. Das weibliche Gegenstück ist → Androphobie.

Gynandrier [gr.: gyne = Frau; andros = Mann], verweiblichter Mann, männlicher Zwitter. Im Sprachgebrauch des 19. Jahrhunderts auch zur Bezeichnung der »männlichen« (aktiven) Lesbierin benutzt.

H

Haarfetischismus, in seiner harmlosen Alltagsform häufigste aller Arten des → Fetischismus und deshalb für den Laien die verständlichste. Nahezu jeder Mensch in einer Bevölkerung, die viele Haarfarben und Haartypen aufweist, bevorzugt einen bestimmten Typ: blond oder brünett, rot- oder schwarzhaarig, Frauen mit langen oder mit kurzen Haaren, Männer mit Yul-Brynner-Kahlkopf oder mit grauen Schläfen. Manche Männer sind nur bei Frauen einer bestimmten Haarfarbe potent, manche Frauen können nur mit Männern eines bestimmten Typs zum Orgasmus gelangen. Kein sehr langer Weg führt vom gesunden Mann, der seine Geliebte um eine Locke ihres Haares bittet, zum → Zopfabschneider, der fremden Frauen die Haare coupiert, oder zum Haarfetischisten, der beim Anblick der sorgfältig etikettierten Schamlocken seiner Freundinnen onaniert, mit den Haaren dieser Frauen komplizierte Ritualien vornimmt, sich den Penis mit Haarsträhnen einschnürt, oder aus ihnen → Penisfutterale und → Genitalmasken anfertigt.

Hackerbuben, Anfang des 19. Jahrhunderts die Wiener → Zuhälter. Vgl.: Alphonse, Amicus, Aufmacher, Bärentreiber, Frauenmeister, Frauenwirt, Freihat, Freiwirt, Hurenwirt, Jungfernschaftsprokurist, Kappelbub, Krameltreiber, Louis, Lude, Ludewig, Pilger, Plattenbruder, Pulion, Purlierer, Sponsierer, Stenz, Strawanzer, Strizzi, Töchterwirt, Zutreiber.

Hakenwurmkrankheit, eine tropische Erkrankung, die zu Schwangerschaftsunterbrechungen und hoher Kindersterblichkeit führt.

Halbflor nannten die Studenten die Mädchen der Halbwelt. → Flor waren die Mädchen der oberen Schichten, → Florbesen die Töchter der Studentenwirtinnen, → Florbüchsen die leichten Mädchen. Dieses ganze Vokabular ist mit der Verschiebung der sozialen Schichten, der liberalisierten → Geschlechtsmoral und vor allem mit der wachsenden Zahl der Studentinnen in Vergessenheit geraten. → Carabine, Cydalise, Étudiante, Grisette, Midinette.

Halbwelt, die deutsche Übersetzung des Titels → Demimonde, den Alexandre Dumas (1802–1870) im Jahre 1855 einem Theaterstück gegeben hat, das sich mit der Schicht zwischen der »guten« Gesellschaft und der Unterwelt befaßte.

Halsband, Halskette, eines der ältesten Schmuckstücke der Menschheit. Der starke erotische Reiz kommt nicht nur vom dekorativen Wert, sondern liegt auch in der Assoziation der Halskette mit der Kette, dem Strick, dem Henker, dem Sklavenhalter, hat also starke sadistische, masochistische und fetischistische Übertöne. → Armband, Fußkette, Gürtel, Kolligationsfetischismus, Schmuck.

Hämomanie [gr.: haima = Blut; mania = Wahnsinn], Blutwahn, Blutrausch, → Blutfetischismus. Die sexuelle Faszination des tierischen oder menschlichen Blutes. Vgl.: Aderlaß, Anthrophagie, Deflorationsmanie, Lustmord, Lykanthropie. → Menomanie, Menophagie, Menstruationsfetischismus, Nosferatu, Vampirismus, Venaesectio.

Handfetischismus, die Erhebung der Hand über die Genitalien als beherrschendes Element und Vollzugsorgan der Sexualität.

In einem von Binet beobachteten Falle verspürte ein junger Mann beim Anblick einer schönen Frauenhand starke sexuelle Erregung und wurde, um den Gegenstand seiner Verehrung sich möglichst nahe zu bringen und recht oft die ihm sympathische Frauenhand zu ergreifen, Wahrsager. Nur die Hand, kein anderer Körperteil, erregte ihn wollüstig. Wie weit der Handfetischismus gesteigert werden kann, beweist jener Fall, in welchem Merzbach bei einer Dame auf deren Kaminsims eine große Anzahl von Frauenhänden, künstlerisch in Marmor modelliert, bewundern konnte. Diese Handsammlung stammte von dem verstorbenen Vater dieser Dame, der ein so enthusiastischer Bewunderer schöner Frauenhände war, daß er solche, die sein besonderes Wohlgefallen erregten, für sich nachbilden ließ. Eine weitere Beobachtung Merzbachs betrifft einen 35jährigen Juristen, dessen Leidenschaft für schöne, besonders kleine und zarte Frauenhände so außerordentlich war, daß es sein höchstes Entzücken ausmachte, wenn es ihm gelang, sich von der Trägerin einer nach seinem Empfinden vollendeten Frauenhand masturbieren zu lassen. Als Handfetischisten können auch jene Männer gelten, die mit Vorliebe Frauen die Hand küssen und dabei ein wollüstiges Gefühl verspüren, wie auch Stekel anführt, daß ihm Fälle von Liebe auf den ersten Blick bekannt sind, in denen der Anblick der wohlgeformten oder eine spezifische Liebesbedingung erfüllenden Hände den Kurzschluß zwischen Liebesbereitschaft und Verlieben ermöglichte. Erwähnt sei hier, daß Gabriele d'Annunzio sein Drama *Gioconda* den schönen Händen der Duse gewidmet hat.

Das ehemalige Archiv des Instituts für Sexualforschung in Wien besaß eine Anzahl wirklich erstaunlicher Briefe von Handfetischisten. Es ist ein bezeichnender Aspekt des H., daß er sich oft mit Sadomasochismus verknüpft, denn die Hand ist das ausübende Organ sowohl des Sadismus wie des Masochismus. So schreibt ein Handfetischist: »Die Hände einer sinnlich geliebten Dame sind mir wahnsinnig gefährlich, reichen Sie mir beide, diese beiden weißen, nackten, parfümierten Hände, ich küsse Ihnen selbe zum Schlusse meines heutigen Erzitterns in Wollust, ich küsse jeden Finger einzeln, ich belecke jeden derselben bis zur Spitze, ich küsse beide Hände gut, heiß und – quälen Sie mich!« Und wieder: »... meinen wollustschmachtenden Blicken entgeht nichts, so auch nicht der Umstand, daß Sie bei der entsetzlichen Schilderung der Wohlgepflegtheit Ihrer Hände noch einschalteten das Wörtlein ›nackten‹ Hände, gut, sehr gut, Meisterin, Sie wollten mich erregen, Sie haben mich erregt durch das Thema Ihrer gepflegten Damenhände bis zur spritzenden Wollust!« Dieser Handfetischist geht so weit, daß er zum Beispiel den Satz »die Vorstellung Ihrer nackten gepflegten weißen parfümierten und manikürten Hände« mit roter Tinte schreibt, wohl um ihn für seinen Orgasmus besser hervortreten zu lassen.

Am häufigsten jedoch verknüpft sich die Vorstellung einer Frauenhand mit sadistischen und masochistischen Ideen, zum Beispiel in jenen Fällen von Krafft-Ebing, wo ein Patient durch die Vorstellung erregt wurde, daß das betreffende Mädchen aus den Fingern blute, oder durch die Phantasie, selbst in die Hände einer Frau zu schneiden, ein anderer Patient durch die entgegengesetzte Vorstellung von der Mißhandlung durch eine kräftige Frauenhand geschlechtlichen Orgasmus erreichte. Vgl. Fetischismus, Handschuhfetischismus.

Handkuß, eine europäische Angewohnheit, die bereits in England auf Unverständnis und Widerwillen stößt, in Amerika kaum bekannt ist und in Afrika und Asien Gelächter oder Bestürzung auslöst. Als Liebeserklärung deshalb nur von regional begrenztem Wert. Vgl.: Biß, Florentinischer Kuß, Kataglossismus, Kuß, Maraichinage, Nasenkuß, Seraphinenkuß, Suavium, Zungenkuß.

Handschuh, ein Symbol der Vagina, sowohl in Träumen wie in der Folklore. Die Hand ist der Penis. Wenn die Burgfrauen des Mittelalters ihren Anbetern einen H. gaben, so bedeutete das, daß sie sich selbst gaben. Bei den Langobarden wurde im 10. und 11. Jahrhundert durch »Schwert und H.« getraut: das Schwert symbolisierte den Mann, der H. die Frau. Seit dem 18. Jahrhundert gibt es H., die rein erotische Zwecke haben, durchsichtig, ohne Finger oder nur mit halben Fingern. Weil der Fetischist von der Masturbation lebt, hat die Hand für ihn einen ganz besonderen Symbolwert. Dies erklärt die enorme Verbreitung des → Handschuhfetischismus. Für den Lederfetischisten haben H. doppelte

Bedeutung: als Symbol der Hand wie als Gegenstand aus Leder. Für den Sadisten und Masochisten hat der Handschuh eine andere, aber ebenfalls doppelte Bedeutung: als optische Betonung der schlagenden Hand wie als Symbol des Einschnürens, der Enge, des Korsetts. → Gürtel, Kolligationsfetischismus, Lederfetischismus, Schuh.

Handschuhfetischismus, die sexuelle Hörigkeit des Mannes oder der Frau einem ledernen Handschuh gegenüber. In der harmlosesten Form tritt der H. als Wunsch auf, daß der Geschlechtspartner beim Koitus Handschuhe trage. Manchmal genügt bereits ein im Bett liegender oder darüber hängender Handschuh, um den Orgasmus zu ermöglichen. Oft gelingt es dem Patienten in diesem Stadium auch, nur durch die Vorstellung, daß der andere Mensch Handschuhe trage, zum Orgasmus zu kommen. Ernster wird der H., wenn kein Geschlechtspartner mehr nötig ist und der Handschuh an dessen Stelle tritt. Dann onaniert der Patient mit dem behandschuhten Finger (weibliche Praxis) oder in den Handschuh hinein (männliche Praxis). Daß der Handschuh in dieser Weise sowohl als weibliches wie als männliches Genitalsymbol behandelt werden kann, erklärt seinen großen fetischistischen Wert. Im dritten Stadium verhilft auch die Onanie nicht mehr zum Orgasmus, aber der Patient sammelt oder stiehlt (→ Kleptomanie) immer mehr Handschuhe, um sich einen Handschuhharem anzulegen, über den er in seiner Wunschwelt ungehindert als Pascha herrschen kann.

Die Pathogenese des H. wird in einer Anzahl berühmter klinischer Fälle deutlich. Sigg beschreibt den Fall eines Patienten, der im Alter von neun Jahren die Handschuhe seiner besonders innig geliebten Mutter mit ins Bett nahm, zwischen Anus und Skrotum klemmte und dabei die Onanie für sich selber entdeckte (Übergangsobjekt). Erst als es zum Samenerguß kam, also in der Pubertät, begann er sich dann für die Handschuhe gleichaltriger Mädchen zu interessieren. Im Tanzkursus engagierte er nur Mädchen, die Glacéhandschuhe trugen. Fühlte er das Leder der Handschuhe, kam es zu einer Erektion. Er dachte zwar an Mädchen, die diese Handschuhe tragen könnten, aber Koitusideen will er damit nicht verbunden haben. Auf Spaziergängen zählte er stets die dabei gesehenen Handschuhe: »Meine Augen waren wie gefesselt.« Sein Hauptinteresse galt schwarzen oder braunen Handschuhen. Seidene oder gar weiße machten keinen Eindruck auf ihn. Auch später blickte er in Theatern und Konzerten stets nach Handschuhen aus. Gleichzeitig wünschte er immer, mit solchen Handschuhen zu onanieren oder sexuellen Verkehr mit deren Trägerinnen zu pflegen. Doch mußten die Handschuhe ganz straff anliegen, es durfte keine Falten geben, und sie mußten absolut sauber sein.

Ähnlich entdeckte Krafft-Ebings Patient bereits im Alter von neun Jahren ein kleines Stückchen Sämischleder, das er über sein Glied zog und dabei eine überaus angenehme Empfindung hatte. Er benützte es nun zur Onanie, legte es auch ums Skrotum und trug es Tag und Nacht bei sich. Von da an erwachte in ihm ein großes Interesse für Leder überhaupt, besonders aber für Glacéhandschuhe. Von der Pubertät ab waren es nur lederne Damenhandschuhe, die ihn faszinierten und zur Erektion führten; wenn er in der Lage war, seinen Penis damit zu berühren, erfolgte Ejakulation. Herrenhandschuhe hatten nicht den geringsten Reiz für ihn, er trug sie jedoch gerne am eigenen Körper. An Frauen interessierte ihn nur noch der Glacéhandschuh. Dieser wurde sein Fetisch, und zwar mußte er möglichst lang, mit vielen Knöpfen, besonders aber schmutzig, fettglänzend sein. Derart bekleidete Frauen, selbst häßliche und alte, entbehrten für ihn nicht eines gewissen Reizes. Damen mit Stoff- oder seidenen Handschuhen ließen ihn kalt. Durfte er einer Dame mit Glacéhandschuhen die Hand drücken, so gelangte er unter dem Gefühl des »warmen, sanften« Leders zu Erektion und Orgasmus. Konnte er in den Besitz eines solchen Damenhandschuhs kommen, ging er auf den Abort, hüllte damit seine Genitalien ein und masturbierte. Er wurde dann auch Sammler von weiblichen Glacéhandschuhen und besaß immer Hunderte von Paaren.

Gugitz berichtet einen Fall, der bezeichnenderweise auch bereits im neunten Lebensjahr mit Onanie beginnt, dann aber stark auf eine masochistische Komponente abweicht, weil hier der Patient von seiner Mutter gezwungen wurde, im Sommer und Winter helle Lederhandschuhe zu tragen, und mit diesen Handschuhen durch ein Loch in seiner Hosentasche zu onanieren begann. »Die Tatsache, Lederhandschuhe... anziehen zu müssen, erregte meine Genitalien.« Auch als Erwachsener blieb er auf solche Handschuhe fixiert. »Diese Handschuhe müssen neu, sehr eng und sehr rein sein. Ich besitze davon 4 bis 5 Paare, deren ich mich zu Hause bediene, um zu onanieren, wobei ich aber in meiner Phantasie eine junge Frau heraufbeschwöre, die ich häufig auf meinem Weg treffe und die ungefähr dieselben Handschuhe trägt. Ich habe so einen ganzen Harem in meiner Vorstellung. So besucht mich bald die eine, bald die andere elegante und glühend ersehnte Frau, selbst solche, die ich seit Jahren aus den Augen verloren habe... Die Ejakulation ruft der Gedanke hervor, wie diese Frauen selbst im Hochsommer bei heißem, schwülem und stürmischem Wetter diese drükkenden... besonders engen Handschuhe aushalten und ertragen können. Ich bilde mir ein, selbst diejenige zu sein, die ich ersehne, ganz so wie sie gekleidet, um dabei bis an die Grenze meiner Sensibilität enerviert zu werden. Die Vorstellung, selbst gut gekleidet und behandschuht bei einer dieser parfümierten, gepflegten und ersehnten Grazien zu sein, sie zu liebkosen und zu umarmen, indem ich unter ihren seidenen feinen Dessous cunnum lambo, löst in mir den Genuß aus... Eine Frau zieht mich nur an, wenn sie sehr schön und außerdem äußerst elegant, vor allem mit guten Handschuhen versehen und überdies beinahe unzugänglich (verheiratet, verlobt, in einen anderen verliebt) ist, so daß es beinahe unmöglich ist, sich ihr zu nähern. Zu masturbieren, bekleidet mit schönen neuen Glacéhandschuhen oder, was dasselbe ist, indem ich eine sehr ersehnte Frau, die mit ebensolchen Handschuhen versehen ist, heraufbeschwöre, das ruft den Orgasmus hervor. Eine nackte Frau habe ich nur selten, dann aber stets nur behandschuht beschworen. Als ich einmal, ein ganz seltener Fall, mit einer jungen Frau beisammen war, mußte ich, um den Coitus vollziehen zu können, mir die bis aufs Hemd Ausgezogene in Gedanken so vorstellen, wie sie einige Stunden vorher behandschuht auf der Straße ausgesehen hatte. Doch würde ich es niemals gewagt haben, sie zu bitten, ihre Glacéhandschuhe während der Nacht im Bette anzubehalten, denn sie würde mich für närrisch gehalten haben. Mein Ideal wäre es, eine Geliebte oder selbst eine legitime, in ihrer Eleganz äußerst raffinierte Gattin zu besitzen, die vor allem außer Haus stets neue frische Chevreauhandschuhe trägt. Zu einem vollkommenen Coitus könnte es nur kommen, wenn sie einwilligte, sich mir nackt und nur mit Handschuhen von vollendeter Frische bekleidet in einem Zimmer von schlichtem, aber künstlerischem Geschmacke hinzugeben.«

Hier fallen einige Aspekte auf, die zu denken geben. »Die Ejakulation ruft der Gedanke hervor, wie diese Frauen selbst im Hochsommer bei heißem, schwülem und stürmischem Wetter diese *drückenden... besonders engen* Handschuhe aushalten und ertragen können.« Hier spricht der Sadomasochist, dessen ganzes sexuelles Leben auf die Assoziation des Handschuhtragen*müssens* mit der ersten Onanie fixiert ist.

Zweitens fällt der Satz ins Auge: »Eine Frau zieht mich nur an, wenn sie... beinahe *unzugänglich* (verheiratet, verlobt, in einen anderen verliebt) ist.« Dies ist das Syndrom des »geschädigten Dritten«, das Freud in so vorbildlicher Weise auf → Mutterfixierung zurückgeführt hat. Immer wieder finden wir in der Unfähigkeit, den sexuellen Teil der Mutterliebe auf eine andere Frau zu übertragen, den Grund zahlloser Formen von Fetischismus und Masochismus. → Fetischismus, Handschuh, Geschädigter Dritter, Masochismus.

Haremskult, ein von Wilhelm Stekel (1868–1940) geprägter Begriff, der die charakteristische Sammelleidenschaft des Fetischisten bezeichnen soll. Es ist ein Kennzeichen der fetischistischen Süchtigkeit, daß der Fetischist stets eine Mehrzahl von Erscheinungsformen seines Fetischs um sich haben muß – einen Harem von Schuhen oder BHs oder Taschentüchern, über die er herrschen kann wie ein Pascha. Er »ernennt« dann jeweils ein Objekt zu seiner Favoritin für diese eine Gelegenheit und weist andere Objekte auf niedrigere Stufen in der Rangordnung seines Harems zurück. Hieraus erkennt man einerseits die unverläßliche, flatterhafte Natur des Fetischismus, andererseits aber auch die charakteristische Flucht vor der Verantwortung und der Realität in ein Traumland, über das der Fetischist uneingeschränkt herrschen kann. Je schwieriger ihm der Verkehr mit dem lebenden Menschen wird, um so süchtiger wird seine Flucht in den imaginären Harem seiner gesammelten Objekte. → Fetischismus.

Häresie [gr.: Irrlehre], Ketzerei, Leugnung eines kirchlichen Dogmas. Auch von jenen Formen des sexuellen Verhaltens gesagt, die den Vorstellungen der Kirche widersprechen.

Harikata, in Japan hergestellter künstlicher Penis aus Horn oder Schildpatt. Vgl.: Selbstbefriedigungsinstrumente.

Harnerotik → Harntriebhaftigkeit, Urethralerotik.

Harnorgasmus, eine Verschiebung des Lustgefühls von den Genitalien auf den Harnapparat. Der Patient ist unfähig, einen normalen Orgasmus zu erleben, erfährt jedoch manchmal beim Urinieren orgasmusähnliche Sensationen. → Harntriebhaftigkeit, Selbstkatheterisierung, Urethralerotik, Urolagnie. Vgl.: Koprolagnie, Proctolagnie.

Harntriebhaftigkeit, ein von Hans Christoffel geprägter Begriff, der Freuds Terminus → Urethralerotik ergänzen und erweitern soll. Denn nach Christoffel beschränkt sich die H. nicht auf die Harnröhre oder den Harnleiter, sondern bezieht die Harnblase und den symbolischen Wert des Harns und Harnens in sich ein. Es stimmt nachdenklich und läßt ein → Skotom in Freuds eigener Psyche vermuten, daß er in seiner Beschreibung der Patrialtriebe der → Analerotik so viel Platz einräumt und über die H. so leichtfertig hinweggeht. Denn nahezu alles, was er

über die erste sagt, trifft auch auf die zweite zu. Wenn das Kind durch das Zurückhalten der Fäkalien eine erogene Reizzone im After entwickelt und durch Zurückhalten und Ausstoßen der Fäkalien zum ersten Mal lernt, einen anderen Menschen zu ärgern oder zu befriedigen, so geschieht zweifellos genau das gleiche beim Urinieren. Ohne auf diese Analogie hinzuweisen, zitiert Christoffel eine Patientin, die den Reiz gegenseitiger Onanie im Alter von sieben bis neun Jahren beschreibt: »Er erinnerte mich an das Gefühl, das ich beim Zurückhalten des Urins hatte und das wir in der Kindersprache ›Not haben‹ nannten. Neben der Not war aber viel Lust, geschlechtliche Lust, durch das Zusammenpressen der Beine beim Zurückhalten« *(Trieb und Kultur,* Benno Schwabe, Basel, 1944, S. 216).
Wie die Analerotik zur Analmasturbation führt, so führt die H. zur Harnröhrenmasturbation. Da die Harnröhre aber für Hand und Finger nicht so leicht zugänglich ist wie der After, so werden zur Harnröhrenmasturbation fast stets zusätzliche Instrumente oder Gegenstände benutzt. So wurde die Praxis der Harnröhrenmanipulation auch zuerst dadurch bekannt, daß Chirurgen so oft zur Entfernung von Gegenständen aus der Harnröhre und Harnblase eingreifen mußten (→ Einverleibung). Bereits 1926 schrieb Magnus Hirschfeld in seiner *Geschlechtskunde* (J. Püttmann, Stuttgart, Bd. I, S. 268): »Man hat auch wiederholt beobachtet, daß sowohl Kinder wie Erwachsene allerlei Gegenstände in die Harnröhre einführen, wie Erbsen, Bohnen, Blumenstiele, Strohhalme, Kornähren, Zahnstocher, Stricknadeln, Stecknadeln, Bleistifte, Federhalter, Sonden, Streichhölzer und ähnliches. Sowohl männliche wie weibliche Personen hat man bei solchem Tun getroffen, und im Jahre 1862 war die Onanie mit Haarnadeln so weit verbreitet, daß ein Chirurg ein besonderes Instrument zur Entfernung von Haarnadeln aus der weiblichen Blase erfand.«
1942 wies L. Kielleutner in einer Fragekastenantwort der Münchner medizinischen Wochenschrift (Nr. 6, S. 131) noch einmal auf die Schädigungen hin, »die in der Harnröhre und am Blasenhals durch Masturbation hervorgerufen werden... Das nicht so seltene Auffinden von zur Reizung benutzten Fremdkörpern in der Blase beweist, wie ungeheuer häufig die Friktionen ausgeführt werden. Die Ehe schließt keineswegs diese Betätigung aus. Es ist nur außerordentlich schwierig, von den Frauen über diese Masturbation Angaben zu erhalten; über diesen Punkt werden auch bei taktvollster Anfrage die meisten Frauen den Arzt im unklaren lassen. Nur der Zufall oder frische mechanische

Verletzungen geben dem Arzt manchmal die sichere Diagnose.« Christoffel beschreibt vergleichbare männliche Fälle: »Stricknadeln und Fieberthermometer sowie Pinselstiele dienten als Reizkörper. Bloß in einem Falle war es vorgängig der psychotherapeutischen Behandlung zu einer Harnröhrenverletzung mit nachfolgender narbiger Verengung gekommen. Soweit meine Kenntnis reicht, handelt es sich um scheue und mehr feminisierte als feminine Männer. Die Reaktion auf die Harnröhrendehnungen und Reibungen pflegt eine Samenentleerung zu sein. Einer dieser Männer, der diese Perversion nur kurze Zeit praktiziert hatte – übrigens ein hervorragender, tüchtiger Mann –, gab seinen Weiblichkeitswünschen zu andern und ausgedehnteren Zeiten durch heimliches Korsettanziehen mit maximaler Schnürung Ausdruck« (op. cit. S. 224). Hier haben wir also die denkbar engste Analogie zu den transsexuellen und sadomasochistischen Vorstellungen, die Freud als anal bezeichnet hat.

Eine ähnliche Analogie ergibt sich zwischen den Darmerkrankungen der Kindheit, die Freud als anale Ursachen späterer Neurosen auffaßte, und den Blasenleiden der Kindheit, die er mit Recht als Vorboten sexueller Störungen betrachtete. Die Fixierung der kindlichen Sexualtriebe auf das Harnsystem erzeugt beim Erwachsenen eine Neigung zum → Harnorgasmus, zur Ausscheidung von Harn statt Samen oder Vorhofdrüsensekret. Freud schrieb bereits 1905, daß die Enuresis (das Bettnässen) der Pollution entspricht, und Fenichel beschrieb 1931 die Pubertätsenuresis als Versuch, »die Onanielust ohne die Onanieschuld zu genießen«, also als ein unbewußtes Onaniesurrogat. Karl Abraham hat 1915 bereits die → Ejaculatio praecox als eine larvierte Spätform harntriebhafter Entäußerungen, besonders der Enuresis, dargetan (*Klinische Beiträge zur Psychoanalyse aus den Jahren 1907–1920,* Internationaler Psychoanalytischer Verlag, Leipzig–Wien–Zürich, 1921, S. 259–278). Wie der Analerotiker, so neigt auch der Harntriebhafte zum → Masochismus. Abraham beschreibt in der oben erwähnten Arbeit zwei Hauptsymptome der Patienten, die wegen Ejaculatio praecox, der häufigsten Potenzstörung des Mannes, zu ihm kamen. Erstens »starke Lustbetonung der willkürlichen Harnentleerung in der Kindheit«, Schwierigkeiten bei der Gewöhnung zur Reinlichkeit, unfreiwillige Urinverluste in wachem und schlafendem Zustand, unwiderstehlicher Harndrang bei Erregung aller Art. Zweitens aber auch psychische Widerstände gegen die Frau, Grausamkeit gegen Frauen, aber auch Wunsch nach weiblicher Grausamkeit, Widerstände gegen eigene Aktivität, Neigung zur Passivität.

Haß → Liebeshaß.

Häßlichkeitsfetischismus, sexuelle Leidenschaft für häßliche Menschen des eigenen oder anderen Geschlechts, eine Form des → Deformationsfetischismus mit starker masochistischer Besetzung. Vgl.: Automasochismus, Amputationsfetischismus, Buckel, Fetischismus, Graviditätsfetischismus, Masochismus, Pelele, Prothesenfetischismus.

Haus der Büßerinnen zum Sankt Hieronymus nannte sich ein Wiener Institut zur Bekehrung von »gefallenen« Mädchen, das am 24. 2. 1384 von Herzog Albrecht III. sein Patent erhielt »für die armen freien Frauen, die aus dem offenen Frauenhaus sich von ihren Sünden Gott zur Buße ergeben wollen«. Sie waren für immer und ewig von allen Steuern und Zöllen freigesetzt und durften jegliche Beschäftigung außer Gastgeben, Weinschank und Kaufmannschaft ausüben. Der Herzog selber war ihr Schirmherr. Der Bürgermeister von Wien übte die Aufsicht aus. → Arbeitshäuser, Beguinen, Bicêtre, Bon Pasteur, bekehrte Buhlerinnen, Casa de las arrepentidas, Convertite, Dispensaire de salubrité, Dominae poenitentes, Filles-Dieu, Illuminate, Madelonettes, Magdalenenhäuser, Maison de Sainte-Pélagie, Pentite, Saint-Lazare, Sorores de penitentia, Spinnhäuser.

Hausarbeit kann den ehelichen Einklang nur allzu leicht stören, wenn die Hausfrau sie nicht aus Liebe tut. Denn Hausarbeit ist die härteste, langwierigste, am wenigsten regenerative Arbeit des menschlichen Lebens. Sie droht, den Elan, die Vitalität der Frau zu zerstören und sie zum unbezahlten Dienstmädchen ihres Mannes zu machen. Daß Hausarbeit, wenn sie als Pflicht empfunden und nicht aus Überzeugung gewählt wird, eine verdummende Wirkung hat, weiß jeder, der je einen eigenen Haushalt geführt hat. Nur unwissende Patriarchen sprechen von der »edlen und veredelnden Arbeit der Frau und Mutter«. Andererseits wirken sich die im Namen der Emanzipation von manchen Feministinnen erhobenen Angriffe gegen die Hausarbeit als einer grundsätzlich verdummenden Aktivität auf viele Frauen äußerst demoralisierend aus. Hausarbeit muß ja auch in Frauenwohngemeinschaften geleistet werden, und sie wird auch in zukünftigen sozialistischen Gesellschaften noch nicht von Spezialisten übernommen werden können. Sie ist also eine Realität, mit der wir fertig werden müssen. Gerade in emanzipierten Familien, wo Frauen und Männer sich alle Arbeiten teilen, stellt die grundsätzliche Kritik an der Hausarbeit aber das Risiko dar, den Stolz und die Selbstsicherheit des Haushälters, sei dies nun

Frau oder Mann, zu brechen. Je mehr die Haushaltsarbeit verteufelt wird, desto schlechter wird sie getan. Je schlechter sie getan wird, desto widerwärtiger wird sie. Je widerwärtiger sie einem vorkommt, desto mehr neigt man dazu, sie zu verteufeln.

Dieser Teufelskreis ist nur überwindbar, wenn man an der Hausarbeit, wie an jeder anderen Arbeit, Stolz entwickelt; wenn man sie trotz eigener emanzipatorischer Gesinnung (genauer: eben *wegen* emanzipatorischer Gesinnung!) so gut wie irgend möglich leistet und dadurch jene Entfremdung überwindet, die Arbeit zur Qual werden läßt. Arbeit führt ja nicht etwa deshalb zur Entfremdung, weil sie verdummt, sondern sie verdummt, wenn sie entfremdet ist. Selbst monotone, nervtötende Fließbandarbeit kann eine Zeitlang ertragen werden, wenn man als Arbeiter in einem den Arbeitern selbst gehörenden Betrieb tätig ist und (wie bei LIP) das Gefühl hat, der ganzen Arbeiterklasse ein Vorbild zu geben. Sobald man aber eine Tätigkeit ausübt, die als ausbeuterisch empfunden wird, dann leidet man unter ihr, selbst wenn sie nicht monoton ist. Das gilt für Fabrikarbeit genau wie für Hausarbeit und sollte eine Warnung an uns alle sein, uns nicht den Stolz auf einen gut organisierten Haushalt vergraulen zu lassen. Ein schlampiger Haushalt ist keineswegs »emanzipierter« als einer, der klappt. Und es ist schon bemerkenswert, daß Frauen und Männer, die es fertigbringen, bei ihrer Berufstätigkeit einen gewissen Stolz zu empfinden, auch jene sind, die das bei der Hausarbeit fertigbringen. Aber diesem Stolz sind Grenzen gesetzt. Die Frau, die nur an ihr Haus denkt, die von morgens bis abends putzt und wäscht und kocht und schrubbt, mag zwar vorgeben (und sich selber vormachen), daß sie all dies nur aus Liebe zu ihrem Manne tut, aber wenn die Arbeit all ihre Energie verschlingt, so daß für die eigentliche Liebe im ehelichen Bett weder Zeit noch Interesse übrig bleibt, dann ist die Hausarbeit nicht mehr *Ausdruck* der ehelichen Liebe, sondern ist zu deren *Ersatz* geworden.

Haushaltsgeld. Im Juni 1967 legte der VI. Zivilsenat des Bundesgerichtshofs in Karlsruhe unter Aktenzeichen VI. ZR 195/65 fest, daß die im Grundgesetz verankerte Gleichberechtigung der Frau ihr als Ehegattin auch die gleichen finanziellen Verpflichtungen auferlegt. Beide Ehegatten sind in gleicher Weise für die Finanzierung des gemeinsamen Haushalts verantwortlich. Für die Frage, ob eine Ehefrau mit ihrem Einkommen zum Unterhalt der Familie beitragen muß, ist es unerheblich, ob sie auf Grund gesetzlicher Verpflichtung oder ob sie freiwillig einer Berufsarbeit nachgeht. Auch wenn sie erwerbstätig ist, ohne dazu verpflichtet zu sein, muß sie paradoxerweise aus ihrem Arbeitseinkommen einen entsprechenden Beitrag zum Familienunterhalt leisten, obwohl sie schon durch die Führung des Haushalts zum Unterhalt der Familie beiträgt. Das ergibt sich angeblich aus dem Grundsatz der Gleichberechtigung und entspricht angeblich dem Grundgedanken des Bürgerlichen Gesetzbuches, wonach die Last des Familienunterhaltes gemeinsam von den Ehegatten getragen wird. Barbara Bross sagt in ihrem ausschließlich an Frauen gerichteten Buch *Flitterwochen – und was dann?* (Günther Verlag, Stuttgart, 1967): »Selbst in den Ländern, in denen es die gesetzliche Pflicht des Ehemannes ist, die Ehefrau zu versorgen, darf die Frau ihn nie fühlen lassen, daß es ihr Privileg sei, sich ernähren zu lassen. Denn dies ist ganz und gar kein natürlicher Vorgang. Wenn wir Frauen um Gleichberechtigung kämpfen, müssen wir auch die gleichen Pflichten akzeptieren. Bei den Lebewesen, die mit den Menschen das meiste gemein haben, den Primaten, ernährt das Männchen das Weibchen nicht einmal während der Trächtigkeit. Schwerfälligkeit hin, Mühsal her, es muß für sich selber sorgen. Das Männchen kämpft vielleicht, um das Weibchen zu beschützen, aber es ernährt es nicht. Wenn du also an die ›Natur‹ glaubst, erwarte nichts von deinem Mann. Sorge lieber finanziell für dich selber. Nimm nicht als selbstverständlich hin, daß er irgendetwas für dich tut. Nimm überhaupt nie etwas als selbstverständlich hin. Die Hauptursache für eheliche Spannungen, vor allem in den ersten Monaten einer Ehe, liegt darin, daß jeder vom anderen erwartet, der andere habe bestimmte Dinge gefälligst zu tun. Tut er sie nicht, sind wir enttäuscht, bitter oder zornig. Wir können uns Enttäuschung, Bitterkeit und Zorn von Anfang an ersparen, wenn wir alle vorgefaßten Vorstellungen von dem, was ein Mann oder eine Frau tun sollte, über Bord werfen. Eine allgemeingültige Regel gibt es nicht. Ich kenne glückliche Ehen, in denen die Frau arbeitet und der Mann den Haushalt führt. Ich kenne andere, in denen die Frau weit mehr verdient als der Mann. In beiden Fällen fühlt sich die Frau nicht überlegen, der Mann nicht unterlegen. In den meisten französischen Haushalten ist es die Frau, die den Finger auf dem Portemonnaie hat und dem Mann Geld zuteilt. Dabei macht es keinen Unterschied, wer das Geld verdient: in Gelddingen regiert die Frau. Trotzdem sind in diesem Land die Frauen reizvoller und weiblicher als irgendwo sonst. Also nimm es um Himmels willen nicht als selbstverständlich hin, daß alles immer auf ein und dieselbe Art getan werden muß. Die Situation ändert sich, wenn ihr beide euren Lebensunterhalt verdient. Dann haben beide gleiche Rechte und gleiche Pflichten. Das heißt, entweder kommt euer Geld auf ein gemeinsames Konto und beide haben das Recht, davon abzuheben, oder jeder behält sein eigenes Geld und trägt einen bestimmten Betrag zum Haushalt bei. Dieser Betrag sollte für beide im gleichen Verhältnis zum Gesamteinkommen stehen. Daß unter diesen Umständen die Hausarbeit gemeinsam getan werden sollte, ist selbstverständlich. Bei einer bezahlten Hilfe müssen beide ihr Teil zu ihrem Lohn beitragen.«

Hauterotik, die Erotik der → kutanen oder → polymorphen Phase. Ohne H. aber auch keine → Genitalität, und ohne Genitalität kein gesundes Geschlechtsleben. Man könnte argumentieren, daß alle anderen Formen der Erotik nur Surrogate für die H. sind. Bei der Frau kann die Erogenität der Haut so gesteigert sein, daß das Streicheln schon mehr als bloße Vorlust bedeutet: es löst bereits den Orgasmus aus. Auch die Reize des kalten, des warmen, des bewegten, des ruhigen Wassers können sexuell erregend wirken. Es gibt Männer, bei denen Schwimmbewegungen im Wasser Orgasmus auslösen (→ Undinismus). Die Psychoanalyse führt die gesteigerte Hauterotik auf übertriebene Kinderpflege und unbeherrschte mütterliche Zärtlichkeit zurück. Es gibt Mütter, die den ganzen Körper ihres Kindes mit Küssen bedecken, es vor dem Einschlafen lange streicheln, usw. Besonders das Kitzeln der Kinder, das so beliebt ist, kann gefährlich werden und die Erogenität der Haut stark steigern. Diese Reize fixieren sich und verlangen Wiederholung. Hier wäre noch die Massage zu erwähnen, deren Heilwirkung neben ihrer physiologischen Komponente deutlich einen libidinösen Zug aufweist. Jedenfalls kommt die Hauterotik bei der Massage auf ihre Rechnung. Die zahlreichen → Massagesalons dienen nicht nur der Befriedigung masochistisch eingestellter Klienten, sie befriedigen auch die Ansprüche einer infantilen Hauterotik. In der orientalischen Liebeskunst nimmt das → Kitzeln einen breiten Raum ein. Auch in den Massagesalons wird die Kunst des Kitzelns sehr gepflegt, wobei den Fußsohlen und der Genitalgegend die führende Rolle zukommt. Stark ausgeprägte Kitzelempfindung ist ein Zeichen gesteigerter Hauterotik. Die Angewohnheit des Duschens ist nur in ganz begrenztem Maße eine Befriedigung des Reinlichkeitsbedürfnisses, in hohem Maße dagegen eine Form der H. Auch das Küssen der Haut, das Kitzeln, das Lecken mit der Zunge, alle sanften Reize bis zu den starken Erregungen durch die Peitsche wirken luststeigernd und lustspendend. Bei Sadisten und Masochisten erzeugt die Vorstellung der von Striemen geröteten, blutenden oder blutunterlaufenen Haut orgastische Empfindungen. → Berührungszwang, Faire le michelin, Folie de toucher, Frotteur, Kitzeln, kutane Phase, Muskelerotik, Tastsinn.

Heiratserwartung nennt man die statistische Wahrscheinlichkeit, daß ein Mensch eines bestimmten Landes einen Ehepartner finden wird. Nach der reichsdeutschen Heiratstafel von 1910/11 ergab sich für die damals geborenen »weiblichen Personen« eine H. von 66,8 Prozent und für die »männlichen Personen« eine H. von 64,4 Prozent. Die im Jahre 1966 in der BR geborenen Mädchen dagegen haben eine H. von 91,6 Prozent, die im gleichen Jahre geborenen Jungen eine fast gleiche H. von 91 Prozent. Während der letzten zehn Jahre, mehr oder weniger koinzidentell mit der neuen Frauenbewegung, ist die H. jedoch im Sinken begriffen.

Helikophilie [gr.: helix = Altersgenosse; philia = Liebe], ein von v. Romer geprägter Begriff, der die Unfähigkeit eines Menschen bezeichnen soll, mit anderen Menschen als denen der eigenen Altersstufe zu koitieren; v. Romer dachte hierbei hauptsächlich an ein homosexuelles Syndrom, aber das gleiche Phänomen läßt sich auch bei heterosexuellen Menschen beobachten (*Jahrbuch für sexuelle Zwischenstufen,* Band IV). Vgl.: Androphilie, Brotophilie, Gerontophilie, Graeophilie, Gynäkophilie, Presbyterophilie.

Hemmung, Triebhemmung, Zielhemmung, drei psychoanalytische Begriffe, die den Verzicht auf Befriedigung sozial tabuierter Sexualwünsche zugunsten einer geringeren Befriedigung durch einen erlaubten Wunsch ausdrücken sollen. Die frühesten Entwicklungsstufen des Kindes sind frei von solchen Hemmungen, weil überhaupt noch keine Beziehungen zur Außenwelt stattfinden. Erst auf der zweiten → Oralstufe, wenn sich die ersten Zähne bilden, präsentiert sich auch die erste Hemmung: *Angst.* Der zerstörerische Beißwunsch dieser Jahre produziert eine zweite Hemmung: *Schuldgefühl.* Als dritte Hemmung bilden sich die → ambivalenten Gefühle des *Ekels* und des *Mitgefühls* aus, und zwar beide als Reaktion gegen den unbewußten, aber außerordentlich starken Wunsch, sich die Dinge einzuverleiben. Das mag vom Kotessen über das Verschlucken von Spielzeug bis zum unbewußten Wunsch reichen, sich die Mutter zu introjizieren, damit man sie immer bei sich habe. Beginnt sich die Libido in der → »phallischen« Phase auf das andere Geschlecht zu richten, ehe Zeugungs- und Gebärfähigkeit sich entwickelt haben, so entsteht angeblich als nächste Hemmung die *Scham.* → Objektliebe ist bereits vorhanden, aber sie schließt im Patriarchat selbst heute noch manchmal die Genitalien aus. Wird auch diese letzte Triebhemmung durch zufriedenstellenden Geschlechtsverkehr überwunden, so tritt an ihre Stelle als letzte und endgültige Triebhemmung das Gefühl der gesellschaftlichen *Verantwortung*.

Wird in irgendeinem Stadium der Libidoentwicklung die ihm eigene Triebhemmung nicht überwunden, so gelingt es dem Menschen nur selten, die nächste Phase erfolgreich zu erreichen. So erklärt sich mangelndes Sozialgefühl oft aus den unberücksichtigten und unüberwundenen Hemmungen früherer Entwicklungsstufen der Libido. Finden wir einen rücksichtslosen, ausschließlich der Aneignung ergebenen Charaktertyp, der das Konzept des Gemeinwohls als Contradictio in adjecto empfindet, so können wir mit großer Wahrscheinlichkeit vermuten, daß es in der Ätiologie seiner Neurose irgendwann eine unverarbeitete Hemmung gegeben hat.

Henselin, Stutzer des Mittelalters, Gegenstück des französischen Coquin. Die H. betrieben *peccata luxuriae* (Sünden der Schwelgerei) »und manch Schendlichkeit«, vor allem in den Badestuben und → Gesundbrunnen des Mittelalters. In großen Badehäusern warfen die H. Blumensträuße oder Münzen von den Galerien hinab, so daß die badenden Damen, die nur Bad-Ehren (Lendenschürze) trugen, diese ausbreiten mußten, um die Liebesgaben zu empfangen, und sich dabei völlig entblößten. → Bad, Bagnio, Étuve, Hygiene, Piscine, Verenenkult, Wasser.

Hephephilie, ein von Clérambault geprägtes Synonym für Stoff-Fetischismus, die sexuelle Reizauslösung beim Anblick oder Betasten gewisser Stoffe, z. B. Samt oder Seide. Vgl.: Fetischismus, Gummifetischismus, Lederfetischismus, Pelzfetischismus.

Heranwachsender ist nach § 1 Abs. 2 des Jugendgerichtsgesetzes vom 4. August 1953, wer 18, aber noch nicht 21 Jahre alt ist. *Jugendlicher* ist nach dem gleichen Gesetz, wer 14, aber noch nicht 18 ist.

Hereismus, nach Hera, der Göttermutter, Gattin des Zeus, die den Haushalt regierte: jene Form der ehelichen Gemeinschaft, in der die Frau tonangebend ist. → Frauenrecht, Gynäkokratie, Matriarchat.

Hermaphrodit [gr.: Hermaphroditos, Sohn des Hermes und der Aphrodite, der die Geschlechter beider Eltern erbte], Zwitter. An den Statuen des Hermaphroditos finden wir stets einen Penis, nie eine Vagina. Dies sagt viel über den griechischen Wunschtraum der Bisexualität aus: Es ist ein päderastisches Ideal, das Konzessionen an die Heterosexualität macht. Der entsprechende Koitus ist anal, nicht vaginal, eine Obsession, die auf die Gründerjahre des Patriarchats zurückgeht, in denen die Griechen als Eroberer auf die Frauen der Eroberten hinabzusehen gelernt hatten. Auch den Nachfahren der Eroberer blieb die Frau, was sie seinen Vorfahren gewesen war: Kriegsbeute, Sklavin, Mitglied eines stammesfremden, verachteten, unterjochten Teils der menschlichen Familie, ein Körper, mit dem man sich hastig und lieblos paarte, ein Ding zum Vergewaltigen, ein Ding, das einem zu dienen hatte, sei es als Hetäre, sei es als Haushälterin. Manches davon ist bis auf unsere Zeit in patriarchalischen Gesellschaftsordnungen hängen geblieben. Aber bei den Griechen erreichte das Phänomen extreme, geradezu zwanghafte, jedenfalls eindeutig neurotische Formen.

Da die einzigen Wesen, die der Grieche als ebenbürtig betrachten konnte, nun einmal Männer waren, und da die Tugend, die seinen Vorfahren zum Triumph über die alten Ackerbauvölker der Ägäis verholfen hatte, nun einmal Jugend war, mußte der Körper des jungen Mannes nicht nur als sexuelles, sondern auch als ästhetisches Ideal herhalten. Dies ist ein unbehaarter, noch halbwegs mädchenhafter Typus, ein androgynes Ideal, eine Art Hermaphrodit, aber eine ganz bestimmte Art: niemals ein Mann mit Vulva, sondern stets eine Frau mit Penis. Die ganze griechische Kunst bleibt unverständlich, wenn man sie nicht als Versuch der Bewältigung dieses Problems betrachtet.

Wo wir in der Kunstgeschichte der Ägäis, so zum Beispiel in den frühen Formen der kykladischen und minoischen Kunst, eine Herausarbeitung der Gegensätze zwischen Mann und Frau finden, können wir mit Sicherheit sagen, daß es sich hier nicht um griechische, sondern um »helladische«, »semitische«, jedenfalls nicht männerrechtliche Kunstformen handelt. Die Kunst der Hellenen zeigt von ihren frühesten Anfängen an eine genau gegenläufige Tendenz: die größtmögliche Annäherung der Geschlechtsmerkmale, ein Schönheitsideal, das die Einordnung des weiblichen in die Größenmaße des männlichen Körpers anstrebt. Manche Kunstforscher, zum Beispiel H. Lechat, haben behauptet, die griechischen Frauenskulpturen seien »Männer mit weiblichen Gesichtern und Genitalien«, zumindest die *korai* (Mädchen) und die Göttinnen des Parthenon, die sich anatomisch nicht von den Göttern unterschieden (P. Hertzt). Die *kouroi* (Jünglinge) haben ungewöhnlich schlanke Taillen, ausgebildete Brustmuskeln und Hinterbakken, während die *korai* schmale Hüften, kaum ausgebildete Taillen und kleine, weit voneinander getrennte Brüste aufzeigen. Die Gesichter sind so ähnlich, daß die bedeutendsten Archäologen in der Zuordnung

von Köpfen und Gliedern zu Torsi wiederholt Fehler gemacht haben, männliche Gliedmaßen als weibliche verkennend und umgekehrt.
Oft läßt uns bei den archaischen Statuen nur Kleidung und Frisur erraten, ob es sich um eine Frau oder einen Mann handelt. »Das Gesicht trägt den gleichen, sexuell unbestimmbaren Ausdruck, der Leib ist ephebenhaft schlank, die Arme sind mädchenhaft fein geformt, auch wenn die Inschriften uns darüber belehren, daß dies Bildwerk einen Hermes und jenes eine Aphrodite darstellen soll. Und noch in der klassischen Epoche, als die Kunst aufs Große und Pathetische ausgeht, wird das Sexuelle bis zur Unkenntlichkeit neutralisiert. Apollo, der leierspielende Gott im langen Gewand, der Anführer im Reigen der Musen, unterscheidet sich so wenig durch Männlichkeit von den Frauengestalten, die ihn umgeben, daß die Archäologie der Biologie zu Hilfe kommen muß.« (Richard Lewinsohn: *Eine Weltgeschichte der Sexualität,* Reinbek, 1956, S. 44.)
Der französische Anatom Dr. Paul Richer hat eine große Anzahl griechischer Statuen von der archaischen bis zur Alexandrinischen Zeit untersucht und dabei die Entdeckung gemacht, daß die griechischen Bildhauer entweder systematisch auf eine Norm hingearbeitet haben, die genau zwischen Mann und Frau liegt, oder Körperteile, die weder primäre noch sekundäre Geschlechtsteile, aber bei Mann und Frau doch verschieden sind (Schultern, Taille, Leisten, Hals, Gesäß), systematisch von einem anderen als dem dargestellten Geschlecht entlehnt haben, um jenen subtilen Eindruck der sexuellen Ambiguität zu vermitteln, der das wichtigste Kennzeichen der griechischen Kunst ist (Dr. Paul Richer, *Le nu dans l'art,* Vol. V: *L'art grec,* 1926, S. 291–306).
Der Eindruck einer bewußten Ambivalenz wird auch dadurch bestärkt, daß griechische Maler und Bildhauer geradezu einen Fetisch daraus machen, Männer und Frauen gleich groß darzustellen. Da die Ausgrabungen eindeutig bewiesen haben, daß bei den alten Griechen die Unterschiede der Körpergröße zwischen den Geschlechtern etwa den unsrigen entsprechen, stellt der Versuch, die Geschlechter im Bild gleich groß darzustellen, einen weiteren Beweis dafür dar, daß sexuelle Ambiguität ein ästhetisches, vielleicht auch ein sexuelles Ideal war. Dieses Ideal fand seinen höchsten Ausdruck in den zahllosen Statuen des Hermaphroditos, die Gymnasien, Bäder und Privathäuser des klassischen und nachklassischen Hellas zierten. Es ist eine ganz bestimmte Form der Bisexualität, die hier angestrebt wird. In den weiblichen Geschlechtsteilen sah der Grieche nur fehlende, in den männlichen dage-

gen die Potenzierung aller Reize. Darum ist selbst der Anus des Mannes »edler« als die Vulva der Frau. Hatten die Götter, nach Meinung der Griechen, das Genital der Frau ästhetisch vernachlässigt, so oblag es dem Menschen, in diesem Falle meist dem Bildhauer, die Glutäen beider Geschlechter so zu modellieren, daß sie den Blickfang des Ganzen darstellten. Das ist bei den Frauengestalten weniger auffällig, da die Frau ja von der Natur her stärker entwickelte Glutäen als der Mann hat. Bei den Jünglingsstatuen der Griechen jedoch beeindruckt uns als erstes die überaus starke Modellierung der Hinterpartien, nicht nur in ihrer ans Weibliche anklingenden Größenordnung, sondern vor allem in der Durcharbeitung der Muskulatur, die wir niemals beim lebenden Menschen finden. Die Besessenheit der Griechen mit dem Analverkehr, eine Libidofixierung, die wir keineswegs bei allen homosexuellen Kulturen finden, drückt sich hier ganz eindeutig im ästhetischen Ideal aus.

In diesem Zusammenhang ist es auch wichtig, darauf hinzuweisen, wie spät sich in der Kunst des klassischen Griechenlands überhaupt die ersten Frauenstatuen durchsetzen. Uns ist keine nackte Frauenstatue von Bedeutung vor der Aphrodite von Knidos, einer Arbeit des Praxiteles, bekannt, mit der möglichen Ausnahme der sogenannten esquilinischen Venus, die aber schwer zu datieren ist und trotz der gegenteiligen Beweisversuche ein nachpraxiteleisches Werk zu sein scheint. Jean Charbonneaux sagt: »Der weibliche Akt war keine Neuheit in der griechischen Kunst von Praxiteles. Er blieb jedoch selten während des 6. und 5. Jahrhunderts, vor allem in der Skulptur. Diese Tatsache ist um so bezeichnender im Hinblick auf die außerordentliche Häufigkeit des männlichen Akts.« Die Inschrift *kalos* (schöner Knabe) taucht auf hunderten von Vasenbildern auf. Die Inschrift *kale* (schönes Mädchen) ist dagegen sehr selten. Vgl.: Ambierastie, Ambisexualität, Amphierotik, Biamanten, Bisexualität, Doppelgeschlechtlichkeit, Drehpunkt, Drittes Geschlecht, Geschlechtsübergänge, Intersexualität, Panhermaphroditismus, Seelenzwitter, Trisexualität, sexuelle Zwischenstufen.

Herrenbriefe verlangt die Masochistin von ihrem »Herrn« und der Masochist von seiner »Herrin« (→ Domina, Governess, Wanda-Typ), denn die Welt des Masochismus wird in hohem Maße von dem → Fetisch des Schreibens regiert. Immer wieder findet man in den → Sklavenbriefen der Masochisten den Wunsch, daß der Herr oder die Herrin doch möglichst bald und möglichst oft »Herrenbriefe« schreiben möge, in denen er die Erfüllung gewisser kontraktlich festzulegender »Pflichten« oder »Dienste« verlangt, z. B. daß der »Sklave« sich in Ketten legen lasse, daß er den Fußboden sauberlecke oder daß er zusehe, wie die »Herrin« ihn mit einem anderen Manne betrügt. → Erotographomanie, Koprographomanie, Korrespondenzzirkel, Pornographomanie, Wortmasochismus, Wortsadismus.

Hetären [gr.: hetaira = Gespielin]. Das Wort *hetaira* taucht in der griechischen Literatur zum ersten Male bei Sappho (um 600 v. u. Z.) auf und bedeutet bei ihr »Gespielin«, »Gefährtin«, »Geliebte«. Die Griechen der klassischen Zeit unterschieden zwischen den *pezai hetairai,* den niedrigen Dirnen (von *pezos,* »was sich nicht vom Boden abhebt«) und den *hetairai musikai,* den von den Musen gesegneten Hetären, die singen, tanzen, Musikinstrumente spielen und brillant konversieren konnten. Sie arbeiteten als Callgirls und kamen in die Häuser der unverheirateten Männer, wurden zu den Gastmählern der verheirateten Männer eingeladen, wurden von zwei bis drei wohlhabenden Männern, die sich ihre Günste teilten, gemeinsam ausgehalten oder lebten als Mätressen eines einzelnen Mannes, dem sie meist auch treu blieben, bis er sie verließ.

Manche berühmten Männer finanzierten gleichzeitig drei oder mehr Hetären, so zum Beispiel der Redner Hypereides, der in Athen die Myrrhine, in Eleusis die Phila, am Peiraieus die Aristagora unterhielt. Als sein Sohn Glaukos sich über diese Geldverschwendung beschwerte, verstieß ihn Hypereides (FHG II, 492, 12 aus Athen. XIII, 590c; Plut. *vit. decem. orat 849d*). Es ist bezeichnend für die Begünstigung der Wohlhabenden, daß die Prostituiertensteuer, die selbst von den ärmsten Straßenmädchen zu zahlen war, den teuersten Hetären erlassen wurde, wenn sie ins Haus eines reichen Bürgers einzogen und dort als dessen Konkubine (*pallake, pallakis, pallakidion, pallax*) oder Nebenfrau (*nothon lektron*) lebten. Die Institution der Nebenehe (*pallakeia, pallakia, pallakisma*) wird an anderer Stelle dieses Lexikons erwähnt; hier soll nur hinzugefügt werden, daß die athenischen Nebenfrauen fast immer Hetären waren. Aus der Hetärensprache stammen deshalb auch die Verben *pallakeusthai tina* (sich eine Zweitfrau halten) und *tini* (eines Mannes Zweitfrau sein).

Aus der fälschlich dem Demosthenes zugeschriebenen Rede gegen Neaira erhält man das typische Bild einer Hetärenlaufbahn. Neaira wurde von einer berufsmäßigen Kupplerin namens Nikarete, einer ehemaligen Sklavin, die später einen Koch heiratete und sich freikaufte, zusammen mit sechs anderen kleinen Mädchen von frühester Kindheit an als Prostituierte ausgebildet. Nikarete kaufte die Kinder auf dem Sklavenmarkt oder holte sie sich vom Altar des Mitleids, wo verarmte Eltern ihre neugeborenen oder Mütter ihre vom Gatten nicht anerkannten Kleinkinder aussetzten. Sie gab die Kinder als ihre Töchter aus und berechnete den Männern, die mit ihnen schlafen wollten, den Preis für Geschlechtsverkehr mit freien Bürgerinnen, der weitaus höher als der für den Verkehr mit Sklavinnen war. Nachdem sie mit den sieben Mädchen ein kleines Vermögen verdient hatte, verkaufte sie sie zusammen auf dem Sklavenmarkt und wurde eine reiche Frau.

Eines der anderen Mädchen wurde von dem Redner Lysias gekauft, der sich so in sie verliebte, daß er sie in die Eleusinischen Mysterien einweihte, ein unerhörtes Vergehen gegen die Heiligkeit dieses Kults, der keinem Sklaven offenstand. Neaira selber wurde von zwei Männern gemeinsam für den Preis von dreißig Minen (rund 30 000 DM in heutiger Währung) gekauft und konnte später, als ihre beiden Liebhaber heirateten, mit Hilfe des Atheners Phrynion ihre eigene Freiheit erkaufen. Aber nach einem Streit zwischen den beiden floh sie, nun als freie Frau, mit vier Kindern nach Megara. Dort fiel sie in die Hände eines Zuhälters namens Stephanos, der sie und ihre Kinder zum Geschlechtsverkehr anbot, um die Freier danach zu erpressen. Es gelang ihr aber, aus dieser Zwangslage herauszukommen, indem sie ihre Tochter Phano mit einem Athener verkuppelte, der später zum höchsten Amt in der *polis* aufstieg. Dadurch wurde Phano zur »Jahreskönigin« und nahm an den höchsten und geheimsten Riten der Stadt teil.

In manchen Hetärenfamilien war der Beruf sozusagen erblich. Die Hetäre Lais war die Tochter der Hetäre Timandra, Agathokleia war die Tochter der Oinanthe, Niko war die Mutter der Pythias; die Mutter und Tochter der Korone, die ältere und jüngere Nannion, waren gleichzeitig als Hetären tätig; die ältere nannte man deshalb *thete,* »Großmutter«. In den Hetärendialogen des Lukian und den Miniamben des Herondias finden wir stets, daß die Mutter die Tochter für ihr Gewerbe ausbildet. Man hatte sogar einen Namen für den Ausbilder von Hetären, *pornodidaskalos,* und kein geringerer als Sokrates betätigte sich unter anderem in dieser Funktion, wie wir aus dem *Memorabilia* des Xenophon (III, 11) erfahren. Auch die Schwester der Hetäre Philemation war eine berühmte Dirnenausbilderin. Ihr Grundsatz war: »Ihr begehrt Schönheit, ich Geld. Befriedigen wir gegenseitig unser Verlangen, das nennt man Geschäft!« (Aristenaitos I, 14). Athenaios meint,

auch die Aspasia sei eine Dirnenausbilderin gewesen, aber die Wissenschaft hält das heute für ein Mißverständnis (Athen. XII, 533c–d).
Die Geldgier und Habsucht der Hetären wird in vielen Beobachtungen der Griechen erwähnt. Die Preise der Berühmtesten, zum Beispiel der Phryne und Gnathaina in Athen, oder der Lais in Korinth, waren erstaunlich hoch. Der Erlös ganzer Schiffsladungen, durch die man in den griechischen Handelsstädten ja vor allem reich wurde, ging oft für eine einzige Nacht mit einer dieser Frauen dahin. Im Kerameikos, dem Töpferviertel in Athen, gab es eine Art Hetärenbörse, wo die höchsten Angebote für die Gunst bestimmter Hetären täglich vermerkt wurden. Alkiphron legt der Hetäre Petale die Worte in den Mund: »Wir brauchen schöne Kleider, Gold und Schmuck und Dienerinnen; das sind wir einfach unserem Stande schuldig. Leider besitze ich kein ererbtes Landgut, auch habe ich keinen Anteil an Silberbergwerken. Ich bin von meinen geringen Verdiensten abhängig, von den oft beseufzten Gaben meiner Liebhaber« (I, 36). Noch schärfer ist der Brief der Hetäre Philumene an Kriton: »Warum bemühst du dich mit langen Briefen? Ich brauche fünfzig Goldstücke, keine Briefe. Wenn du mich also liebst, dann gib. Wenn du aber kein Geld mehr hast, dann belästige mich nicht mehr. Damit Gott befohlen!« (Alkiphr. I, 40).
Um den Lebensstil der Hetären darzustellen, folgen nun in alphabetischer Reihenfolge einige biographische Notizen über die berühmtesten Frauen ihres Fachs. *Abrotonon* war die Mutter des Themistokles (Athen. XIII, 576c), Führer der Athener im zweiten und dritten Perserzug (490 und 480 v.u.Z.) und Archon von 493 bis 492. *Archianassa* war Platons Geliebte. Sie kam aus Kolophon, trug den Spitznamen Ulrike und war nicht mehr jung, als er auf ihre Runzeln Verse schrieb und fragte, welch lodernde Glut erst die Armen ergriffen haben müsse, die sich ihr genähert hatten, als sie noch jung gewesen war (Diog. Laert. III, 23). *Archedike* aus Naukratis wird von Athenaios wegen ihrer Schönheit erwähnt. *Archippe* war die Geliebte des Sophokles, *Aristagora* die des Hypereides.
Aspasia war zweifellos die bedeutendste dieser Frauen. Sie wurde um 469 v.u.Z. in Milet als Tochter des Axiochos geboren. Ihr Jugendfreund, der Architekt Hippodamos, holte sie nach Athen, wo Perikles sich in sie verliebte. Obgleich sie rund dreißig Jahre jünger war, betrachtete er sich als ihr Schüler, denn nach ihrer Ankunft in Athen hatte sich ein Kreis von Philosophen um sie gebildet, der besonderen Respekt in Athen erweckte, weil selbst Sokrates zu ihren Füßen saß und

von ihr zu lernen suchte. Die Tatsache, daß eine Frau nicht nur attraktiv, sondern auch klug war und mehr Bildung besaß als die meisten Männer, rief im vaterrechtlichen Athen eine solche Verbitterung hervor, daß man mit allen Mitteln versuchte, Aspasia und ihre Freunde zu vernichten. So wurde sie unter anderem der Gotteslästerung und der Kuppelei bezichtigt. Perikles' politische Gegner liierten sich mit den Neidern der Aspasia und setzten das Gerücht in Umlauf, sie habe den Krieg zwischen Samos und Athen angestiftet, um dadurch ihrer Vaterstadt Milet zu helfen. Um beim Volke Unterstützung gegen sie zu mobilisieren, appellierten die Reaktionäre an den Lokalpatriotismus der Athener und stellten es als Schande dar, daß eine Fremde das politische Schicksal der Stadt beeinflusse, eine Frau aus dem »sittenlosen« Ionien, eine »milesische Hure«. Ihre Ehe mit Perikles wurde als Konkubinat dargestellt. Sokrates, der in ihren bisexuellen Neigungen das Spiegelbild seiner eigenen Homoerotik sah, verteidigte sie vor Gericht. Wenn wir Platon glauben dürfen, hielt sie zum Dank die Leichenrede an seinem Grab. Nach dem Tode des Perikles, der verfrüht und zermürbt von den Angriffen seiner Feinde im Jahre 429 starb, heiratete sie den Lysikles und verhalf auch ihm zu einer beachtlichen Laufbahn. Sie war zweifellos die bedeutendste Frau ihres Jahrhunderts. Ob sie eine Hetäre war, oder ob man ihr aus Verbitterung über ihren Erfolg den Ruf der Hetäre angedichtet hat, ist bis zum heutigen Tage umstritten.
Aspasia nannte sich auch zum Gedenken an die Frau des Perikles die aus Phokaia stammende Hetäre Milto, die den König von Persien, Kyros den Jüngeren, liebte. Sie begleitete ihn auf seinem Feldzug gegen Artaxerxes und fiel nach dem Siege des letzteren bei Kunaxa im Jahre 401 als Beute an Artaxerxes Memnon, der sich gleichfalls so in sie verliebte, daß es zwischen ihm und seinem Sohn Dareios über sie zum Bruch kam. Dareios putschte gegen seinen Vater und verlor dabei Milto, das Königreich und sein eigenes Leben. Die Legende besagt, daß sie nach dem Tode des Dareios Priesterin der Muttergöttin Anaitis wurde.
Belestiche oder *Bilistiche* aus Argos nahm eine Ausnahmestellung unter den großen Hetären ein, weil sie keine Sklavin und auch keine Nichtgriechin war, sondern aus dem »edelsten Geschlecht der Griechen«, dem der Atriden, kam, dem auch Agamemnon und Menelaos entstammten. *Chrysilla* war Perikles' Freundin, bevor er Aspasia kennenlernte. *Doricha* aus Naukratis war die Geliebte eines Pharao. Strabo erzählt die folgende Legende von ihr: Während sie einstmals badete, entführte ein Adler eine ihrer winzigen Sandalen nach Memphis, wo sie

dem Pharao, der gerade im Freien Gericht hielt, in den Schoß fiel. Entzückt von der Zierlichkeit des Fußes, ließ er in ganz Ägypten nach der Besitzerin der Sandale suchen. So wurde sie die Geliebte des Königs. Berühmter noch als durch ihre Liaison mit dem Herrscher von Ägypten wurde sie durch ihre langjährige Liebschaft mit Charaxos, dem Bruder der Sappho, der vierundvierzig war, als er sie kennenlernte. Er war ein Weinhändler, der jährlich zweimal von Lesbos nach Naukratis segelte, um dort seine Schiffsladung meistbietend zu versteigern. Als er seiner Schwester mitteilte, er wolle die Doricha heiraten, antwortete sie mit einem Gedicht, von dem die Zeilen erhalten sind:

… mit der du in unsteter Liebe verbunden bist,
Und du hältst auch das noch für schön.
Was doch öffentliches Eigentum ist!

Eine Zeitlang gelang es der Sappho, Doricha dem Bruder abspenstig zu machen. Als er jedoch zum zweiten Male zu Doricha nach Naukratis zurückkehrte, schrieb Sappho ein Gedicht an Aphrodite, dessen folgende vier Zeilen erhalten sind:

Kypris, dich soll er gnadenlos finden,
Daß Doricha nicht mehr mit Reden prahle,
er habe zum zweiten Male zur langersehnten
Liebe zurückgefunden!

Der Grund der Verbitterung der Dichterin war die Zersplitterung des Familieneigentums, die stattgefunden hätte, wenn Charaxos Doricha geheiratet hätte. So schrieb sie ein Gedicht mit einer Fußnote in Prosa, das viel über alle drei Beteiligten aussagt:

Kypris und ihr, Töchter des Nereus, bringt mir
Unversehrt den Bruder zur Heimat zurück!
Wonach das Herz ihm verlangt.
Das gebet ihm!
Was er einst gesündigt, gesühnet sei es,
Daß er seinen Freunden zur Freude lebe
Und zum Gram den Feinden. Niemals wieder
Sei er uns niemand!
Seiner Schwester mög' er den Glanz
Der Ehre wiedergeben. Die erlebte Schande
Sei gelöscht: Trauer, Ärger, alles.
Was er mir antat.
Und möge er, wenn er eine Gattin wünscht, unter den anständigen Frauen eine finden. Was aber dich betrifft, du niedrige, hinterlistige

Hündin du, so pack dich, die Nase im Dreck, und schnüffle anderswo nach einem Herrn!

Arthur Weigall, der Biograph der Sappho, erklärt diese verbitterte Fußnote mit dem Alter der Dichterin, die jetzt an die fünfzig war und sich dem Klimakterium näherte: »In den Jahren des Alterns wurde sie zunehmend besorgter um ihren guten Ruf, und die beschämende Vorstellung, eine Sklavin zur Schwägerin zu bekommen, peinigte sie. Sie dachte und fühlte aristokratisch, ja sogar konventionell, wenn es um gesellschaftliches Ansehen ging, und sie erwartete von ihrem Bruder, daß er seine Leidenschaft der Konvention unterordnete« (*Sappho auf Lesbos,* List Taschenbuch Nr. 292. S. 136–137). Weigalls Bezeichnung der Doricha als Sklavin ist interessant, denn sie zeigt, daß die Freigelassene selbst in den Gedanken des Historikers immer noch als Unfreie weiterlebt. Tatsächlich war sie eine Thrakerin, die in ihrer Kindheit nach Samos verkauft worden war. Dort hatte der Kaufmann Jadmon sie erworben, der übrigens auch der Besitzer des Fabeldichters Aesop war. Als sie sechzehn war, kaufte der griechische Händler Xanthes sie dem Jadmon ab, um sie als Hetäre in der milesischen Kolonie Naukratis ins Geschäft zu bringen. Von ihm kaufte der Pharao sie, und als er ihrer überdrüssig wurde, schenkte er ihr die Freiheit und dazu ein großes Haus in Naukratis. Charaxos hatte sie bereits um 580 in Samos kennengelernt, als sie noch dem Jadmon gehörte, und sie nie vergessen. Ob er sie je geheiratet hat, ist heute nicht mehr festzustellen (Eustath. *Epist*. IV; Hdt. II 135; *Oxyrhynchos Pap.* 1231 I, 1 und 7; Athen. XIII, 596b).

Glykera war die Geliebte des Dichters Menander. Harpalos, der ehemalige Schatzmeister Alexanders des Großen, lernte sie in Megara kennen und entführte sie nach Tarsos, wo er ihr die Königsburg zur Verfügung stellte und sie als Königin verehren ließ. Als man sich weigerte, sie zu bekränzen, sagte er, auch er wolle keinen Kranz tragen, wenn man ihn seiner Königin versage. In der syrischen Stadt Rhossos ließ er ihr noch zu ihren Lebzeiten eine bronzene Bildsäule errichten (Athen. XIII, 595d).

Gnathaina, die vor allem wegen ihrer Schlagfertigkeit bekannt war, sagte einmal, als einer ihrer Kunden ihr als einziges Geschenk eine Flasche Wein brachte und obendrein stolz verkündete, er sei sechzehn Jahre alt: »Für sein Alter ist er aber noch reichlich klein.« Da das griechische Wort für »klein« auch »wenig« bedeutete, wurde dies ein geflügeltes Wort unter den Hetären Athens. Wie in so vielen Hetärenfamilien, setzte ihre Enkelin *Gnathainon* das Gewerbe der Großmutter fort. Als ein fast Neunzigjähriger die beiden zusammen beim Kronosfest in Athen sah und die Großmutter nach ihrem Preise fragte, sagte sie: »Tausend Drachmen«. Das war dem alten Herrn ein wenig zu viel. »Gut«, sagte Gnathaina, »gib mir, was du willst. Ich weiß ja doch ganz genau, daß du meiner Enkelin das Doppelte geben wirst!« Bei beiden Frauen, vor allem aber bei der Großmutter, verkehrten die Philosophen Athens. Um deren Sitten zu parodieren, hatte sie Tischregeln eingeführt, deren beachtlichste die war, daß die Gäste nach dem Essen die Teller ablecken und mit den Fäusten untereinander ausmachen mußten, wer mit ihr zu Bett gehen dürfe. »Und diese fanden es keineswegs unter ihrer Würde, täglich wie brünstige Hirsche aufeinander loszugehen und rücksichtslos Hiebe auf ihre philosophischen Glatzen auszuteilen« (Georg Friedrich Collas, *Der Flagellantismus im Altertum,* Leipzig, 1932, S. 241 f.).

Herpyllis war die Geliebte des Aristoteles und die Mutter seines Sohnes. Athenaios schreibt: »Aristoteles erzeugte mit der Hetäre Herpyllis seinen Sohn Nikomachos und liebte sie bis zu seinem Tode, da, wie Hermippos sagt, die Bedürfnisse des Philosophen bei ihr das nötige Entgegenkommen gefunden hätten« (XIII. 589c; FHG III, 46). Dies deutet auf gewisse sexuelle Abweichungen des Aristoteles hin, deren genaue Beschaffenheit uns nicht überliefert ist. *Kallistrate,* eine Hetäre aus Lesbos, wird von Athenaios erwähnt (V, 220f.). *Kallixena* war eine der Geliebten Alexanders des Großen. *Kampaspe* war eine andere Geliebte des Alexander. Plinius schreibt (35, 10; 36, 12; 86): »Als Alexander befahl, Apelles solle eine der liebsten unter seinen Kebsweibern, die Kampaspe hieß, ihrer herrlichen Figur halber nackt malen, und dabei merkte, Apelles habe sich bis über beide Ohren in sie verliebt, da gab er sie ihm zum Geschenk.« Athenaios meint, sie habe ihm später Modell zur koischen Aphrodite gestanden. Er meint auch, Praxiteles habe die Aphrodite von Knidos nach seiner Geliebten, der Hetäre *Kratina,* gebildet (XIII, 590 f., 591q).

Kyrene war eine athenische Hetäre, die wegen ihrer großen sexuellen Fähigkeiten den Beinamen Dodekamechanos, »Zwölfkünstlerin« oder »Zwölfmechanikerin« erhielt (Aristoph. *Ran.* 1327). *Lagiska* war die Geliebte des Philosophen Isokrates. Die ältere *Lais* stammte aus Korinth, lebte um 400 v. u. Z. und war ebenso wegen ihrer Schönheit wie wegen ihrer Habgier berühmt. Zu ihren Verehrern gehörten die Philosophen Diogenes, Begründer der kynischen Schule, und Aristippos (etwa 435 bis 360), Schüler des Sokrates und Vater des Hedonismus. Nach den Worten des Properz hatte ganz Griechenland »vor ihrer Tür geschmachtet« (II, 6, 1f.). Ihre »schwellende Brust, kydonischen Äpfeln gleich« (Aristainetos I, *Ep.* 1), diente vielen Malern zum Vorbild (Athen. XIII 588e). Um ihn zu ärgern, sagte man dem Aristippos einmal, die Lais liebe ihn nicht. »Das macht mir gar nichts«, antwortete er. »Fisch und Wein lieben mich auch nicht. Trotzdem bereiten sie mir Freude!« Ein anderes Mal beantwortete er eine ähnliche Neckerei mit dem Satz: »Ich habe die Lais, nicht sie mich!« Als sein Hausverwalter ihm Vorwürfe machte, weil er so viel Geld für sie ausgebe, während der Kyniker Diogenes, der jeden Besitz verachtete, die Günste der Lais gratis erhielt, antwortete Aristippos: »Ich bezahle sie, damit sie mir Genuß verschafft und nicht, damit sie einem anderen keinen bereitet« (Athen. XII, 544d, XIII, 588e). Als Lais älter wurde, opferte sie der Aphrodite ihren Spiegel, weil, wie sie sagte, er nicht mehr ihr wahres Gesicht, sondern das einer fremden Frau zeige (Anth. *Pal.* VI, 1; Auson. *Epigr.* 55). Trotzdem sei sie ihrem Gewerbe bis ins hohe Alter nachgegangen, sagt Philetairos, und sei sogar während des Aktes gestorben (Athen. XIII, 570 f. und 587c).

Die jüngere *Lais* war in Hykkara auf Sizilien als Tochter der Timandra, der Geliebten des Alkibiades, geboren. Um 330 lernte sie Apelles, den Hofmaler Alexanders des Großen, kennen, der sie verschiedentlich als Aphrodite darstellte. Er hatte sie beim Wasserschöpfen am Brunnen entdeckt und zu seinen Freunden mit nach Hause genommen. Als diese sich über ihn lustig machten, weil er ein Kind, das noch keinem Manne von Nutzen sein könne, statt einer Hetäre, an der sich alle erfreuen könnten, nach Hause gebracht habe, antwortete er: »Wartet nur, ich werde schon noch eine aus ihr machen!« (Athen. XIII, 588c). Später wurde sie die Geliebte des athenischen Redners Hypereides (389 bis 322), des Schülers Platons und Isokrates'. Die Legende behauptet, sie sei um 320 in Thessalien von Frauen, die auf ihre Schönheit neidisch gewesen seien, erschlagen worden (Pausan. II, 2, 4; Plut. *Amor.* Cap. 21, p. 768a; Athen. XIII, 589b. Ihre Grabschrift in App. *Anth. Pal.* 342).

Lamia, die Geliebte des Generals Demetrios Poliorketes (um 300 v. u. Z.), war ursprünglich Flötenspielerin gewesen. Nachdem er Athen erobert hatte, erbaute er ihr auf der Akropolis einen Tempel der »Aphrodite Lamia«. Als er einmal eine Botschaft an Lysimachos sandte, der ihn später aus Makedonien vertrieb, fielen seinem Botschafter

die tiefen Wunden auf, die der Makedonier an Hals und Brust trug. »Dies sind die Bisse eines Löwen«, sagte Lysimachos stolz. »Habt auch ihr in euren Bergen Löwen?«
»Nein«, antwortete der Gesandte, »aber Löwinnen. Unsere Lamia beißt genau so!« (Plut. *Dem.* cap 27).
Lamias Reichtum war so stadtbekannt wie ihre Schlagfertigkeit. Der Stadt Sikyon schenkte sie nach einem Erdbeben genug Geld, um die Gemäldegalerie wieder aufzubauen. Plutarch zitiert ihren Kommentar zu einem Gerichtsfall, in welchem eine Hetäre einen jungen Mann verklagt hatte, ihr den gewohnten Lohn zu zahlen, weil er von ihr geträumt und im Traum seine Befriedigung erfahren habe. Der Richter urteilte, daß der Jüngling ihr das Geld bringen müsse, sie es aber nicht nehmen, sondern nur ihre Hände nach dem Schatten des Geldes ausstrecken dürfe. Denn da der Beklagte nur den Schatten der Klägerin erhalten habe, könne auch die Klägerin nur den Schatten der Entlohnung verlangen. Lamia wies diesen salomonischen Spruch als ungerecht zurück, da der Jüngling seine Befriedigung durch den Traum, die Hetäre aber nicht die ihre durch das Geld erhalten habe (*Demetr.* 27). Diese Bemerkung wurde in Athen viel zitiert; wegen der Klugheit der Lamia vergab man ihr ihren Geiz.
Leaina war die Geliebte des Tyrannenmörders Harmodios. Als sie von dem Bruder des Ermordeten gefangengenommen und gefoltert wurde, starb sie auf der Folter, ohne Harmodios zu verraten (Athen. 596d). Die Hetäre *Leme* war die Geliebte des Redners Stratokles (ebd.) *Leontion* war die schriftstellernde Geliebte des Philosophen Epikur. *Metaneira* teilte ihre Günste zwischen den großen Rednern Lysias und Isokrates. *Myrrhine* war die Geliebte des Hypereides. *Nannion* trug den Spitznamen »Maske«, weil sie ein schön geschnittenes Gesicht, aber eine ärmliche Figur hatte, die sie allerdings durch besonders prächtige Kleider zu verbergen wußte. *Nanno* war die Geliebte des Mimnermos. *Nikarete* aus Megara war eine Schülerin des Philosophen Stilpon. Sie gehörte zu den wenigen Hetären, die aus adliger Familie kamen und sich nicht den Weg von der Sklavin zur Erfolgsfrau zu erkämpfen brauchten. Die Hetäre *Niko* hatte bereits eine als Hetäre arbeitende Tochter namens Pythias, als sich Demophon, der Geliebte des Sophokles, der sonst für weibliche Reize unempfänglich war, wegen ihres reizvollen Hinterns um sie bemühte. Da sie einen Kaufmann namens Thallos (Zweig) durch ihren Geiz zugrundegerichtet hatte, nannte man sie Aix (Ziege): sie habe ihn, sagte man, sozusagen aufgefressen.

Die Hetäre *Penkaste* war ein Modell des Malers Apelles. Hieronymus von Syrakus heiratete die Hetäre *Peitho,* die ein Bordell besaß. *Phila* war eine der Geliebten des Hypereides. Berühmter als all diese war *Phryne,* deren eigentlicher Name Mnesarete war, »die sich an die Tugend erinnert«. Sie stammte aus der boiotischen Stadt Thespiai und ließ sich in Athen nieder, wo sich die Bildhauer und Maler ihrer annahmen, vor allem Praxiteles und Apelles, denen sie als Modell diente. Als sie Praxiteles einmal fragte, welches er für sein bestes Werk hielte und er ihr ausweichend antwortete, befahl sie einem Sklaven, während Praxiteles das nächste Mal bei ihr schlief, atemlos hereinzukommen, um zu verkünden, sein Atelier stünde in Flammen. Als der Bildhauer sich als erstes an die Rettung seiner Erosstatue machte, erbat sie diese von ihm und vermachte sie ihrer Heimatstadt. Dort baute man einen Tempel um die Statue herum und machte Thespiai hierdurch zu einem Wallfahrtsort für ganz Griechenland. Die Stadt bedankte sich bei ihrer Gönnerin, indem sie bei Praxiteles ein goldverziertes Standbild der Phryne bestellte. Auf einer Säule aus pentelischem Marmor wurde es in Delphi zwischen den Standbildern der Könige Archidamos und Philippos II errichtet. Einer ihrer ehemaligen Liebhaber, den sie zurückgewiesen hatte, erhob später Klage, sie habe in einem Tempel koitiert. Da die Sache offenbar wahr war, stand es schlecht um sie. Da riß ihr Verteidiger, der berühmte Redner Hypereides, ihr plötzlich die Kleider vom Leib. Hierdurch kamen die Richter zur Überzeugung, eine Frau von solcher Schönheit müsse wohl eine Priesterin der Aphrodite sein und dürfe deshalb im Tempel die heilige Hochzeit vollziehen. Ein anderes Mal legte sie, die im öffentlichen Leben eher prüde als lasziv war, bei der Poseidonfeier ihre Kleider ab und schritt mit offenem Haar ins Meer, was offenbar niemand vergessen hat, der dabei war, denn wir besitzen gleichlautende Berichte verschiedener Zuschauer.

Trotzdem war sie eben doch nur eine Hetäre. Folgendes erzählt Machon in seinen *Chrien* (Athenaios XIII, 583c):

Einst suchte Moirichos der thespischen Phryne Gunst,
Und da sie eine Mine begehrte, antwortete er:
So viel? Hast du nicht einem Fremdling für halbes Geld,
Für zwei Goldstücke neulich gleiche Gunst erzeigt?
Schön, sagte sie. Warte auch du, bis einmal ich wiederum
Recht geil bin: dann nehm' ich mit diesem Preise vorlieb!

An einem anderen Ort erzählt Machon die Geschichte von einem Freier, der ihren Preis ablehnte: »Versuch erst mal, wie sich's mit mir liebt.

Wenn du dann den Preis nicht von selber bezahlst, verstehst du nichts von der Liebe und bist sowieso am falschen Ort« (Ath. XIII, 582c). Im Gegensatz zu den meisten anderen Hetären wurde Phrynes Leben weniger vom Geld als von der Sucht nach Ruhm bestimmt: Sie war willens, nahezu alles zu tun, was ihr Unsterblichkeit verleihen konnte. Daß Praxiteles die knidische Aphrodite nach ihrem Körper geformt haben soll, ist so oft von den Alten erwähnt worden, daß man ihren Ruhm wohl kaum erschüttert, wenn man sagt, daß es keine sehr gute Statue ist. Bezeichnend für Phryne ist es, daß sie sich erbot, die zerstörten Festungsmauern von Theben aus ihren eigenen Ersparnissen wieder aufbauen zu lassen, wenn die Thebaner versprochen hätten, eine Inschrift anzubringen: ZERSTÖRT VON ALEXANDER DEM EROBERER. AUFGEBAUT VON PHRYNE DER HETÄRE.

Pythionike, der Mätresse des Harpalos, gelang, was der berühmteren Phryne versagt blieb: Sie erhielt ein Denkmal, das ihren Ruhm noch Hunderte von Jahren weiter verkündete. Sie war als Magd der Flötenspielerin Bakchis nach Athen gekommen. Dort hatte Harpalos, ehemaliger Statthalter Alexanders des Großen, sie kennengelernt. Nach ihrem Tode erbaute er nicht weit von Eleusis, dem höchsten Heiligtum der Griechen, ein gigantisches Grabmal in Form eines Tempels der »Pythionike Aphrodite«, was noch Hunderte von Jahren später als Gotteslästerung empfunden wurde.

Plangon aus Milet unterschied sich von den meisten ihrer Kolleginnen durch Großmut und völligen Mangel an Geldgier. Deshalb nannten ihre Landsleute sie Pasiphile, »Freundin des Besitzes der Anderen«. Archilochos preist sie in einem Epigramm, in welchem er ihre Freier als Krähen, sie aber als einen Feigenbaum beschreibt, der die Krähen ernährt.

Rhodopis gehörte zu jener Gruppe von Hetären, denen ihr Nachruf wichtiger war als ihr Ruf. Sie spendete dem Heiligtum in Delphi einen Obelisk mit ihrem Namen. Herodot bezweifelt diese Geschichte und weist darauf hin, daß das Wort *obeliskos* im Griechischen auch Bratspieß bedeutet, und meint deshalb, alles, was Rhodopis dem Heiligtum gestiftet habe, seien Bratspieße, und da man nicht gewußt habe, was man damit anfangen solle, habe man sie hinter einem Altar verborgen (II, 135). Athenaios erklärt die suspekte Legende, die Dichterin *Sappho* habe sich in ihren späten Jahren in einen »schönen Jüngling« namens Phaon verliebt, mit dem Hinweis, daß es eine Hetäre des gleichen Namens gegeben habe, die die Geliebte dieses Phaon gewesen sei

(XIII, 596d). Nymphis bestätigt diese Fassung in seiner *Umseglung Asiens* (FHG III, 16).

Eine der berühmtesten Hetären aller Zeiten war die Athenerin *Thais,* die im Jahre 331 v. u. Z., nach der Schlacht von Gaugamela, Alexanders Geliebte wurde, nach seinem Tode Ptolemaios I., den König von Ägypten, heiratete und damit zur Stammutter eines der mächtigsten Geschlechter des Altertums wurde, der Ptolemäer, dem auch Kleopatra entstammte. *Theodota* war, wie wir wissen, eine athenische Hetäre, von der Alkibiades und Sokrates fasziniert waren. Xenophon erzählt in seinen *Erinnerungen an Sokrates:* »Als jemand behauptete, die Theodota sei über alle Maßen schön und würde als Modell von den Künstlern allen anderen Frauen bevorzugt, sagte der Meister: ›Dann müssen wir hin und dieses Wunder der Natur begutachten. Wollt ihr nicht gleich mit?‹« Xenophon erzählt dann, Sokrates sei so von ihr beeindruckt gewesen, daß er sich als Berater beim Einfangen wohlhabender Freier zur Verfügung gestellt habe. Dieses Gespräch ist psychologisch bedeutsam, weil es uns vermitteln kann, wie leicht es der Theodota fällt, den großen Sokrates, der sexuell nur wenig an Frauen interessiert ist, um ihren kleinen Finger zu wickeln, indem sie ihn ausdrücklich nicht als Philosophen und nicht als Päderasten, sondern als einen »normalen« Mann behandelt und ihm dadurch mehr schmeichelt als all seine Jünger (Xen. *mem.* III, 11, 1 zitiert von Athen. XIII, 588d). *Theoris* war die Geliebte des Sophokles, *Timandra* die des Alkibiades, woraus man sieht, daß selbst die berühmtesten Päderasten in dem Sinne bisexuell waren, daß sie auch mit einigen wenigen Frauen, meist erfahrenen Hetären, befriedigende Verhältnisse unterhalten konnten.

Die Tatsache, daß so viele der Freunde und Geliebten großer Hetären berühmte Dichter, Schriftsteller, Dramatiker und Philosophen waren, hat zu einer gewaltigen Hetärenliteratur geführt. Wir wissen über kaum einen Bereich des hellenischen Lebens so gut Bescheid wie über das dieser Frauen. »Die Vasenbilder erzählen davon, die Dichter rühmen die Schönheit und den Witz der Kurtisanen, im Lustspiel sehen wir die Hetäre zur idealen Geliebten werden. Wie aus einer natürlichen Affinität zwischen Literaten und Hetären entsteht ein Schrifttum, das uns für die Zeit von Alkibiades bis Demetrios Poliorketes, ein Jahrhundert besonderer Erotomanie, die Abfolge der großen Lebedamen so sorgfältig bewahrt hat wie die Sukzession der Magistrate und fürstlichen Häuser« (Vogt, *Gleichwertigkeit,* 218).

Die älteste Nachricht über diese Literaturform weist in vorgeschichtliche Zeit zurück. Suidas behauptet nämlich, daß eine ehemalige Sklavin der Helena, Astyanassa, die erste griechische Hetäre gewesen sei und »als erste die verschiedenen Stellungen beim Beischlaf erfand und auch ein Buch über die erotischen Stellungen schrieb« (Suidas sub *Aystyanassa).* Noch frühere Hetären finden wir jedoch in der Sage von der Neleustochter Peiro, der man den Spitznamen *Elegeis* »Fickerin«, (von *elegeiein = ficken)* gab, von der Ailian (v. H. III, 42) erzählt, sie liefe, von der Aphrodite angesteckt, nackt im Peloponnes umher (*Elegeis* nach Et. M. 152, 50 und 57).

In historische Zeiten kommen wir mit der Hetäre *Philainis,* die das erste Lehrbuch der Liebe geschrieben haben soll. Pseudo-Lukian meint jedoch, ein gewisser Polykrates aus Athen habe ihr das Buch untergeschoben, um ihren Ruf zu ruinieren (Athen. VIII 335b; Lukian *apophr.* 24; Pseudoluk. 24). Die nächste Hetäre, die ihre Spuren in der Literatur hinterlassen hat, war *Elephantis,* deren Lehrbuch der Liebe verloren gegangen ist, aber von vielen Autoren der Antike erwähnt und zitiert wird (Mart. XII, 43, 4; Suet, *Tib.* 43; Carm. *Priap*. 4). Bei Athenaios sagt einer der Sprecher zu einem Sophisten: »Du hast beständig solche Bücher bei dir wie die, welche Aristophanes, Apollodoros, Ammonios, Antiphanes und Gorgias über die Hetären von Athen geschrieben haben. Eine schöne Belesenheit ist das! Du kommst mir vor wie Amasis aus Elis, von dem Theophrast in seinem *Erotikos* sagt, er sei... in einer Linie mit Aristeides, Pausias und Nikophantes« (Athen. XIII, 567a; Theophr. *erot.* fr. 108).

Hier haben wir also einen ganzen Namenskatalog der Autoren von Hetärenliteratur. Das meiste davon ist verloren gegangen. Aristophanes ist nicht der berühmte Komödiendichter, sondern war (etwa 220 v. u. Z. in Byzanz geboren) als Leiter der Bibliothek von Alexandria der bedeutendste Philologe seiner Zeit. Daß er offenbar auch Hetärenbücher geschrieben hat, ist beachtlich. Athenaios schreibt, es habe laut Aristophanes in seiner Zeit 135 Hetären in Athen gegeben (VI, 241 und XIII, 583e). Apollodoros, der bedeutendste Gelehrte des 2. Jahrhunderts v. u. Z. geruhte, wenn Athenaios recht hat, ebenfalls über die Hetären von Athen zu schreiben. Auch sein Buch ist verloren gegangen. Ammonios aus Alexandria (175 bis 242) war der Begründer des Neoplatonismus. Antiphanes ist ein häufiger Name; wahrscheinlich meint Athenaios hier den Komödiendichter des 4. Jahrhunderts v. u. Z. Auch Autoren mit Namen Gorgias sind nicht selten. Keines der erwähnten Hetärenbücher ist erhalten.

Überliefert sind dagegen Teile der *Chrien* des Machon, der *Hetärengespräche* des Lukian, der *Hetärenbriefe* des Alkiphron, der *Erotischen Briefe* des Aristenait, der *Miniamben* des Herondas. Außerdem war die Hetäre *Klepsydra* Heldin eines Lustspiels des Eubulos, die Hetäre *Korianno* Titelfigur einer Komödie des Pherekrates, *Anteia* Heldin einer Komödie des Eunikos, *Thalatta* des Diokles, *Opera* des Alexis, und *Phanion* des Menander, der auch ein verlorengegangenes Stück über die *Thais* geschrieben hat. Oben haben wir bereits auf die verschiedenen Hetären hingewiesen, die ihren Namen auf Denkmälern und Grabstätten verewigt haben. Hier bleibt nur noch hinzuzufügen, daß das Grabmal des lydischen Königs Alyattes (610 bis 560) auf fünf phallischen Säulen den Anteil der Geldgaben aufzeichnet, den die Lyder zum Bau des Denkmals beisteuerten. Die Säulen sind noch heute erhalten und zeigen, daß der größte Teil des Geldes von den lydischen Hetären aufgebracht worden ist.

Der *Kalirrhoe* hat ein Mann namens Thomas einen Grabstein mit der folgenden Inschrift gesetzt: *Eine Hetäre war ich in Byzanz und gab allen alles von mir für Geld. Ich bin die in allen Künsten der Liebe erfahrene Kalirrhoe. Von Sehnsucht gepeitscht hat Thomas mir diese Grabschrift gesetzt. Aufzeigend die Leidenschaft seines Herzens: Wie Wachs schmolz ihm das Herz dahin* (Agath. Schol. in *Anth. Plan.* 80).

Heterosexualität [gr.: heteros = anders; lat.: sexus = Geschlecht], die Neigung zum anderen Geschlecht, im Gegensatz zur → Homosexualität, der Neigung zum eigenen Geschlecht. Vgl.: Alloerotismus, Alloiophilie, Dionäismus, Gynäkerastie, Normalität.

Hingabe, ein Verhalten, das in männerrechtlichen Gesellschaftsordnungen stets von der Frau, in frauenrechtlichen Kulturen aber nie vom Manne verlangt wird. Spräche das Patriarchat von gegenseitiger H., so wäre das Konzept einer mutuellen Unterwerfung im Liebesakt durchaus sinnvoll. Aber stets ist es die Frau, von der der Patriarch verlangt, sie solle sich ihm »hingeben«. Selbst unter den liberalen, den »emanzipierten« Männern des 19. Jahrhunderts, ja sogar bei den Vätern des wissenschaftlichen Sozialismus, kommen solche Entgleisungen vor, bezeichnenderweise gerade in den Werken, in denen sie sich mit besonderem Nachdruck für die Rechte der Frau eingesetzt haben. So schreibt Friedrich Engels im *Ursprung der Familie, des Privateigentums und des Staats* (1884), in der klassenlosen Gesellschaft der Zukunft werde es für die Frau keinerlei Gründe mehr geben, »aus irgendwelchen anderen Rücksichten als wirkliche Liebe sich einem Mann hinzugeben, noch dem Geliebten die Hingabe zu verweigern aus Furcht vor ökonomischen Folgen.« Selbst dieser große Apostel der Gleichberechtigung konnte sich das Idealverhältnis der Geschlechter also nicht anders vorstellen denn als »Hingabe« der Frau an den Mann und hoffte dabei nur, daß die Frau sich aus wirklicher Liebe »hingeben« möge und die »Hingabe« nicht aus Furcht vor ökonomischen Folgen zu verweigern brauche. Auch fungiert der Mann also noch als herrschender, als einzig aktiver Partner: die Frau ist überhaupt keine Partnerin, sondern kann bestenfalls (genau wie bei den Reaktionären, die Engels verdammte) die Hingabe *freiwillig* vornehmen. Aber *hingeben* muß sie sich immer noch. Wie tief müssen die Wurzeln des Patriarchats liegen, wenn das Konzept der aktiven, ihre sexuellen Wünsche gleichberechtigt realisierenden Frau selbst bei den am klarsten denkenden Männern des 19. Jahrhunderts undenkbar war!

Solches Denken findet sich aber nicht nur bei Männern, sondern allzu oft auch bei patriarchalisch denkenden Frauen. Die amerikanische Frauenärztin Marie N. Robinson beschreibt die Sache so, als sei Hingabe gleich Unterwerfung und Unterwerfung ein Privileg der Frau. In ihrem berühmten Buch *The Power of Sexual Surrender* (Doubleday, Garden City, 1959) sagt sie hierzu: »Beim Orgasmus der Frau entsteht die Erregung durch den Akt der Unterwerfung. Eine ungeheuer erhebende, physische Ekstase liegt im Akt der Preisgabe, in dem Gefühl, das passive Instrument eines anderen Menschen zu sein, rücklings unter ihm ausgestreckt zu liegen, von seiner Leidenschaft willenlos emporgetragen zu werden wie Blätter vom Wind. Es versteht sich von selbst, daß es bei dieser Hingabe, diesem Ergeben, keine Vorbehalte, keine Zurückhaltung geben darf.«

Das ist wahr, gut beobachtet und gut beschrieben. Aber es ist nicht die Beschreibung einer typisch weiblichen Empfindung. Es beschreibt einen Teil und *nur* einen Teil dessen, was sowohl Mann wie Frau beim Orgasmus empfinden. Es ist die Beschreibung eines → Partialtriebs, der passiven, masochistischen Komponente des Ganzen. Die Sexualwissenschaft hat für den unerläßlichen Rollenwechsel beim Geschlechtsspiel den Begriff → Metatropismus geprägt. Einmal ist der Mann aktiv, das nächstemal die Frau; die Frau passiv während der ersten Klimax, der Mann passiv während der zweiten. Und da diese Rollen des Aktiven und des Passiven, des Angriffs und der Hingabe, des Oben und Unten weitgehend der sadomasochistischen Dialektik entsprechen, versteht sich von selbst, daß das Verlangen, sich zu ergeben, unter dem anderen »rücklings ausgestreckt zu liegen«, die Erfüllung des »willenlos Emporgetragenwerdens« durch die Leidenschaft des anderen (»wie Blätter vom Wind«) bei einem normalen Mann ebenso häufig vorkommt wie bei einer normalen Frau und daß die öfter praktizierte Abwechslung zwischen der aktiven und der passiven Rolle, zwischen der sadistischen und der masochistischen Komponente im Menschen tatsächlich das Hauptelement der Abwechslung in der sexuellen Aktivität eines durchaus normalen Paares ist.

Diese qualifizierte Hingabe ist für diejenigen, denen sie nicht natürlich ist, etwas sehr Schwieriges. Fast alle Aufklärungswerke, fast alle sogenannten Lehrbücher der Liebe, beschreiben eine von zwei Möglichkeiten. Die einen sagen: Laß dich einfach gehen, dann kommt alles von selbst. Die anderen beschreiben die »Technik« der Liebe, als ob es ein Lehrbuch der Automechanik sei. Beides ist sinnlos. Denn die Liebe ist ein Dialog. Manchmal spricht der eine, und der andere hört zu. Dann wieder spricht der andere, und der erste hört zu. Sprächen beide gleichzeitig, verstünden sie einander nicht. Um den anderen zu verstehen, müssen wir zuhören, das heißt: uns hingeben können, und zwar mit einer so uneingeschränkten Preisgabe, daß wir uns selbst vergessen. Von all unseren Erfahrungen ist sexuelle Ergebung dieser Art dem Tod am nächsten. Manche Männer und Frauen sind minutenlang bewußtlos – von dem Augenblick an, da sie sich dem Orgasmus nähern, bis zu dem, da sie sich ihrer selbst, des Partners, der Geräusche, Gerüche und ihrer Umgebung wieder bewußt werden. Diese Art Hingabe ist das tiefste Gefühl, das Menschen empfinden können.

Geben wir uns aber in einem Augenblick völlig hin, so müssen wir im nächsten völlig wach sein. Eine so vollkommene Hingabe erfordert bei dem Menschen, der sie bei uns hervorruft, sehr viel Erfahrung, Kunstfertigkeit und Übung. Die Frau, die sie in einem Mann erzeugen will, muß sie ebenso lernen wie der Mann, der sie bei einer Frau hervorrufen will. Aber wenn er will, daß sie dies für ihn tut, muß er auch willig und fähig sein, sich ihr mit gleicher Vorbehaltlosigkeit zu unterwerfen. Der Mann büßt dabei ebensowenig von seiner »Männlichkeit« ein, wie die Frau von ihrer Weiblichkeit einbüßt, wenn sie den Mann zu seinem Orgasmus führt.

Hinrichtungssadismus, ein einseitiger Begriff, weil er nur auf die sexuellen Empfindungen derjenigen Menschen eingeht, die sich bei einer Hinrichtung mit dem Scharfrichter identifizieren, nicht aber auf diejenigen, die sich mit dem Opfer identifizieren und deshalb Hinrichtungsmasochisten genannt werden müßten. Hinrichtungen haben stets eine eigentümliche Faszination auf Menschen ausgeübt, die sich sonst ihrer sadistischen oder masochistischen Neigungen nicht bewußt sind und auch meist bestreiten, daß sie Lustgefühle empfinden, wenn sie einer Hinrichtung beiwohnen. Wäre das aber wahr, würden sie einem so scheußlichen Geschehnis aus dem Wege gehen, statt ihm nachzulaufen. Die Feststellungen verläßlicher Zeugen besagen, daß Hinrichtungen tatsächlich in einer großen Anzahl von Menschen hohe sexuelle Erregung erzeugen, die dann unbedingt so schnell wie möglich im Koitus, in der Masturbation oder in sadistischen oder masochistischen Akten befriedigt sein will. Casanova, einer der schärfsten Beobachter des menschlichen Geschlechtslebens, notierte bereits 1757 bei der Hinrichtung des Robert François Damiens, der König Ludwig XV. zu töten versucht hatte, der Edelmann Tiretta habe die Ekstase einer Zuschauerin ausgenutzt, um wiederholt mit ihr während der langen, besonders blutrünstigen Folterung des Attentäters per anum zu koitieren. Auch die Verbindung zwischen Analität und Sadismus hat Casanova hier mit seiner ungewöhnlichen Intelligenz wahrgenommen. Im 18. Jahrhundert gab es eine ganze Anzahl berühmter Hinrichtungssadisten, die von Ort zu Ort reisten, um Hinrichtungen beizuwohnen. Zu ihnen gehörten George Selwyn, Lady Hamilton und James Boswell. In manchen Bordellen werden als eine Form von → Adspektprostitution Hinrichtungsszenen vorgeführt. Eine Prostituierte spielt das Opfer. Entweder durch Spiegelvorrichtungen oder andere Mittel wird der Tod durch Guillotinieren oder Erhängen dargestellt. Die Frau ist meist nackt oder nur spärlich bekleidet. Bei den Todeszuckungen soll der Kunde zum Orgasmus kommen, entweder von selber oder durch Masturbation oder mit Hilfe einer zweiten Prostituierten. → Bestrafung, republikanische Hochzeit, Prügelmaschine, Strafe, Trülle.

Hippies [am. Negerslang: hip = klug, weise, erfahren], die Nachfolger der → Beats, die in den 50er Jahren das Evangelium einer neuen amerikanischen Weltanschauung verbreiteten: *Flower Power,* Blumenmacht, eine neochristliche, aber auch stark von östlicher Mystik geprägte Weltanschauung, die die Nächstenliebe zum einzigen Gebot erhebt. »Du sollst deinem Mitmenschen nicht weh tun«, lautet das Gebot der Hippies. Sie sagen nein zu einer großen Anzahl traditioneller amerikanischer Grundsätze: Leistung, Geldverdienen, Erfolg, Macht, Reichtum, Sauberkeit, Patriotismus. Sie bejahen andere Grundsätze, die dem Establishment zutiefst widersprechen: vorehelichen und außerehelichen Geschlechtsverkehr, Armut, Gleichheit der Rassen und Geschlechter, Kriegsdienstverweigerung, Genuß bestimmter Narkotika, besonders Marihuana (→ Pot), und halluzinogener Drogen (LSD, Peyote, Meskalin usw.), Weltoffenheit, Wanderjahre, die mit anderen Ländern und anderen Kulturen vertraut machen, bunte Kleidung in Schockfarben (jeder trägt, was er will: eine Absage an jede Form der Mode), vor allem aber eine an moralische Pflicht grenzende Promiskuität. Die Sexualmoral der Hippies lautet: Das einzige, was glücklich macht, ist Geschlechtsverkehr. Man soll so viele Menschen wie möglich glücklich machen und deshalb auch mit möglichst vielen verkehren. Unmoralisch ist, sich selber zu befriedigen, ohne an den anderen zu denken. Verwerflich ist schlecht ausgeführter Geschlechtsverkehr, der den anderen unbefriedigt läßt. Unverzeihlich ist jede Form der Eifersucht und des sexuellen Privateigentums. Jeder Mensch gehört allen anderen Menschen. Die Ehe ist ein Monopol, das vor allem deshalb verwerflich ist, weil es zwei Menschen aus dem Verkehr zieht und damit die Gemeinschaft beraubt.

Hitzefetischismus, das Empfinden der Hitze als einen sexuellen Reiz. Es gibt drei Grundtypen von Hitzefetischisten:

1. Den masochistischen Typ, der Hitze, Feuer, glühende Metalle am eigenen Leib verspüren will und sich deshalb Verbrennungen beibringt (→ Automasochismus, Autotomie, Brandmarken, Masochismus).

2. Den sadistischen Typ, der andere Menschen brandmarken, ihre Genitalien mit Brandwunden versehen, ihr Schamhaar versengen will. Der Tod auf dem Scheiterhaufen und das Ablösen des Fleisches von den Knochen durch langsames Einsenken in siedendes Öl bildeten im Mittelalter legale Strafmaßnahmen. Verschiedene Sexualwissenschaftler und Psychoanalytiker haben darauf hingewiesen, daß solche Strafmaßnahmen ohne jeden Zweifel eine sadistische Haltung voraussetzen und daß H. die Hauptkomponente dieses Sadismus sei. Auch die Tatsache, daß Brandmarken hauptsächlich als Strafe für sexuelle Vergehen auferlegt wurde, ist bezeichnend.

3. Den eigentlichen Hitzefetischismus, der häufig eine sexuell motivierte Form der Feueranbetung darstellt. Gaston Bachelard hat sich mit diesem Thema auseinandergesetzt (*Psychoanalyse des Feuers,* Curt E. Schwab, Stuttgart 1959). → Brandmarken, Brandstiftung, Fetischismus, Kältefetischismus, Pyromanie, Pyrophobie.

Hochzeit [mhd.: hôchzît] bedeutet erst seit der Zeit des Bürgertums die Feier der Eheschließung. Vorher bedeutetete H. eine hohe Feier ohne

Bezug auf die Ehe. Die germanische Feier der Eheschließung bestand darin, daß der Bräutigam die Braut aus dem Hause ihres Vaters in das seinige überführte. Gefeiert wurde der Akt der Übergabe der Braut aus den Händen ihres Vaters in die Hände des Bräutigams. Diese Funktion übt heute der Trauzeuge oder Brautführer aus. Besiegelt wurde die Eheschließung nicht durch eine kirchliche Einsegnung, sondern durch das »Beilager«, das heißt den vollzogenen Beischlaf. Selbst als sich im 8. Jahrhundert die kirchliche Trauung einzubürgern begann, fand diese erst *nach* dem Beilager statt. Sie hieß deshalb auch ursprünglich *copulatio* und wurde erst später *benedictio* und dann *solemnisatio* genannt. Heute hat sich die Sitte eingeführt, die H. mehr für die Eltern der Brautleute als für diese selber stattfinden zu lassen. Man sagt sich: Wir müssen etwas für die alten Leute tun. Die sind nun einmal altmodisch genug, um so etwas feiern zu wollen. Na schön, lassen wir sie machen, was sie wollen. Auf diese Weise gerät die Veranstaltung der Hochzeit in die Hände der Eltern, besonders der Brautmutter. Trotzdem fragen sich manche Brautleute heute wie vor hundert Jahren: »Wie groß soll die H. sein? Kirche oder Standesamt? Wer soll eingeladen, wer ausgeladen werden? Senden wir Karten oder inserieren wir in der Zeitung? In großer Toilette oder ganz leger?« Für jeden wirklich verantwortungsvollen Menschen, der heute zu heiraten beabsichtigt, sollte sich die Antwort aus den Scheidungsstatistiken ergeben. Da rund ein Viertel aller Ehen in Scheidung endet, ist die Chance einer ungeschiedenen Ehe bestenfalls 75 Prozent. Und da selbst die ungeschiedenen Ehen meist in einem Zustand so erbitterter → Ehezwiste oder so totaler → Ehemüdigkeit enden, daß man sie kaum als erfolgreich bezeichnen kann, stellt jede Hochzeitsfeier die Gefahr dar, alle Beteiligten lächerlich zu machen. Wird die Ehe wider Erwarten zum wirklichen Erfolg, gibt es immer noch genügend Grund zum Feiern – und je länger sie erfolgreich bleibt, um so mehr sollte man sie feiern. Aber die H. selber ist beim heutigen Stand der Eheverhältnisse eher ein Grund zum schweigenden Insichgehen.

Hochzeit, republikanische, eine sadistische Form der Hinrichtung in Nantes während der Jakobinerzeit. Etwa vierhundert Männer und vierhundert Frauen wurden im Jahre 1794 paarweise umgebracht, indem man sie nackt Bauch an Bauch zusammenband und ertränkte. → Hinrichtungssadismus.

Hochzeit, wälsche, mittelalterliches Synonym für → homosexuellen Geschlechtsverkehr.

Hochzeitsnachtimpotenz pflegte man im vorigen Jahrhundert das bekannte Phänomen des Umschlags von Begierde in Impotenz zu nennen. Es ist heute seltener geworden, weil das Tabu des vorehelichen Geschlechtsverkehrs erloschen und der erste Koitus mit einem neuen Sexualpartner deshalb nicht mehr mit jener unerträglichen Spannung belastet ist, die früher so oft in eine Angstneurose und damit in temporäre Impotenz umschlug. Vgl. Actus brevis, Asthenie, Deflorationsphobie, Ejaculatio deficiens, praecox und retardata, Impotentia erigendi und nervosa irritativa, psychische und temporäre Impotenz, Impotenzangst, Koitusangst.

Hochzeitsreisen, eine verhältnismäßig neue Sitte. Erst Anfang des 19. Jahrhunderts wurden H. populär, und zwar nur unter den Wohlhabenden und Gebildeten, denn die ersten Erfahrungen der Ehe sollten unter dem Eindruck »erhabener Naturschönheiten und seltener Kunstschöpfungen« stehen. Mittlerweile ist die H. eine Prestigeangelegenheit geworden. Wer sich keine leisten kann, gilt als gescheiterte Existenz, und wer keine unternehmen will, als bedauernswerter Exzentriker. Der Ehemann trägt nach patriarchaler Sitte die Alleinverantwortung für die H. Idealerweise soll er seine junge Ehefrau mit dem Ziel und der Form der H. überraschen. So unschuldig, wie sie in die Ehe kommen soll, so unwissend soll sie auch über das Ziel der H. sein. Viele Sexualwissenschaftler haben gegen diese Absurdität protestiert. Barbara Bross kritisiert die Sitte vom Standpunkt der Frau und rät ihren Leserinnen: »Bei der Planung der H. darfst du nicht zulassen, daß dein Mann alle Vorbereitungen alleine trifft, alle Ausgaben übernimmt (das heißt, wenn du selbst Geld verdienst oder mit in die Ehe gebracht hast) und alle Zimmer bestellt. Der Grund dafür liegt auf der Hand. Wenn ihr noch nicht zusammen gelebt habt, ist dein Mann einer Panik nahe, so sehr er auch vorgibt, Herr der Lage zu sein. Sicherlich hat er schon vorher Fahrkarten für den Zug, das Flugzeug oder das Kreuzfahrtschiff bestellt. Zumindest spricht nichts dagegen, daß er sich in diesen Dingen auskennt. Er hat sicher oft genug Hotelzimmer betreten und wieder verlassen, vielleicht sogar mit einem anderen Mädchen. Aber mit dir noch nicht, und du bist seine Frau. Du bist gleichfalls ein wenig nervös, aber nicht so sehr, da du ja erwartest, daß er dir all diese Probleme abnimmt. Und bis zu einem gewissen Grade wird er es natürlich auch tun. Aber er braucht deine Unterstützung, und zwar von der ersten Minute eurer Ehe an. Also sei nicht ungeduldig mit ihm, verachte ihn nicht, wenn er unsicher ist oder Fehler macht. Tu so, als bemerktest du nicht, was er falsch macht, und lobe ihn für das, was er richtig macht. Nichts gibt einem Mann mehr Mut und lehrt ihn rascher, seiner selbst sicher zu werden, als die Achtung und Zuneigung seiner Frau. Nichts jedoch nimmt ihm seine Würde, seine Selbstachtung und jegliche Sicherheit schneller als eine Frau, die an ihm zweifelt, ihn verhöhnt oder ihm ins Wort fällt. Ihm zu widersprechen ist nicht Emanzipation, sondern Selbstzerstörung. Bald wird sich Gleichberechtigung in allen Dingen einpendeln. Tut sie es nicht, so ist er ebenso der Verlierer wie du.«

Hominiden [lat.: homo = Mensch], menschenartige Wesen in der Familie der → Primaten. Der Begriff umfaßt den Ramapithecus, den gemeinsamen Vorfahren der ausgestorbenen Menschengattung Austropithecus und des Urmenschen, sowohl wie die Euhominiden, die »echten« Menschen. Die ersten Primaten tauchen vor etwa 70 Millionen Jahren auf, die ersten H. vor rund 12 Millionen Jahren.

Homme à femmes [frz.: Mann für Frauen], Frauentyp: der Mann, der nicht nur Frauen liebt, sondern von ihnen auch geliebt wird. Der Homme à femmes ist nie der bürgerliche Ehemann, sondern stets der etwas anrüchige Abenteurer, dem der Ruf des Verführers vorausgeht. Dadurch wird er aber stets vom Verführer zum Verführten, denn jede patriarchale Frau schuldet es ihrem Selbstbewußtsein, sich zu beweisen, daß sie mindestens ebenso attraktiv ist wie die, mit welcher der Homme à femmes gerade ein Verhältnis hat. Und so braucht er sich um eine Frau nicht zu bemühen: die Frauen bemühen sich um ihn. Man denke an Tizian, Goethe, Heine, Liszt, Wagner, Paganini, Chopin, Ole Bull, Gerhart Hauptmann, Chaplin, Picasso, Ingmar Bergman. Der Prototyp des Homme à femmes war natürlich → Casanova, der besser als jeder andere das Phänomen des Frauentyps und die Leichtigkeit seiner Erfolge beschrieben hat.

Hommes [frz.: Männer], **Hommes de voyage** [frz.: Reisende], → Selbstbefriedigungsinstrumente für Frauen, meist ein künstlicher Penis, der innen hohl ist und durch Druck auf die »Hoden« zur »Ejakulation« gebracht werden kann.

Homoerotik [gr. homos = gleich; eros = Liebe], gleichgeschlechtliche Liebe. → Homosexualität.

Homoiophilie [gr.: homos = gleich; philia = Liebe], Gleichliebe, gleichgeschlechtliche Liebe, Synonym für → Homosexualität.

Homosexualität [gr.: homos = gleich; lat.: sexus = Geschlecht], Gleichgeschlechtlichkeit, ein unglücklich geprägtes Wort, das der Volksmund von Krafft-Ebing übernommen und mißverstanden hat. Wie öffentliche Umfragen gezeigt haben, glaubt die Mehrzahl der Deutschen, daß H. »Geschlechtsverkehr zwischen Männern« sei, weil sie die Wurzel *homos* nicht ohne Grund (da ja auch das Wort *Sexualität* vom lateinischen *sexus* = Geschlecht stammt) für lateinisch halten und deshalb mit »Mann« übersetzen, also H. als Männerverkehr verstehen. In Wirklichkeit meinte Krafft-Ebing aber die griechische Wurzel *homos* = gleich. H. schließt also auch die Welt der lesbischen Frauen und selbstverständlich die der Tiere ein. Denn H. tritt so häufig bei Tieren auf, besonders bei höheren Säugetieren, daß es unmöglich ist, sie als eine menschliche Zivilisationserscheinung aufzufassen. Mitglieder jeder höheren Tierart wenden sich zur Paarungszeit Tieren ihres eigenen Geschlechts zu, wenn keine andersgeschlechtlichen Partner verfügbar sind. Kühe reiten aufeinander, stampfen mit den Vorderfüßen, werfen die Erde mit den Hinterfüßen auf und brüllen wie Stiere. Stuten stülpen die Schamlippen auf, drängen die Klitoris vor, entleeren Schleim, »blitzen« mit den Schamlippen, biegen den Hinterleib ein, wenn eine andere Stute die Flanke berührt, reiten aufeinander und lecken sich gegenseitig die Genitalien. Kamelhengste besteigen einander und verkehren per Pedicatio. Beide Löwengeschlechter versuchen gleichgeschlechtliche Deckversuche. Weibliche Löwen belecken einander die Geschlechtsteile. Die Hyänen stehen während der Brunstzeit in einem fast regelmäßigen gleichgeschlechtlichen Verkehr. Ghiolani beschreibt die tödliche Quetschwunde im Mastdarm eines Pudels infolge seines Geschlechtsverkehrs per anum mit einer dänischen Dogge. Solche Verhältnisse sind unter Hunden besonders häufig. Ghiolani beschreibt einen anderen Fall, bei dem einer von zwei männlichen Bulldoggen nach einem langjährigen Verhältnis an Mastdarmentzündung zugrunde ging. Auf Hühnerhöfen finden wir überall lesbische Verhältnisse bei Hühnern, Gänsen, Enten und Fasanen, wenn keine männlichen Tiere zur Verfügung stehen oder es diesen an Virilität mangelt. Selbst homosexuelle Beziehungen zwischen zwei verschiedenen Tierarten sind nicht selten. Berkun und Stosch beschreiben ein langjähriges lesbisches Verhältnis zwischen einer Doppelponystute und einer Elefantin, das auf Cunnilingus aufgebaut war. Ghiolani berichtet von einer triolistischen Affäre zwischen einem Ziegenbock und zwei Eselhengsten, die auf Pedicatio beruhte.

Ob die H. genetisch, durch den Körpertypus oder durch die Beziehungen zur Außenwelt entsteht, ist eine der umstrittensten Fragen der Sexualwissenschaft. Die Konstitutionsforschung glaubt, daß bestimmte

Körperformen eine Prädisposition zu bestimmten Formen der H. mit sich bringen. Die meisten der jüngeren Psychoanalytiker nehmen dagegen an, daß weder Körperstruktur noch Vererbung das geringste mit der Pathogenese der H. zu tun haben, sondern daß sie eine Erscheinungsform der grundsätzlich bisexuellen Natur des Menschen sei und hauptsächlich durch die Beziehungen zwischen dem betreffenden Menschen und seinen Eltern erzeugt wird. Der Junge, dessen Bindung an die Mutter zu eng und an den Vater nicht eng genug ist, tendiert zur H. Das Mädchen, dessen Bindung an den Vater zu eng und an die Mutter nicht eng genug ist, tendiert zum → Lesbizismus.

Manche Sexualwissenschaftler meinen, daß diese Auffassungen miteinander vereinbar sind. Freud neigte zu einer ähnlichen Ansicht. Mit Unrecht hat man ihm eine Unterlassung vorgeworfen, die nur seine Schüler begangen haben: die Verneinung einer konstitutionellen Basis der H. In Wahrheit hat er die Möglichkeit einer konstitutionellen Dominante stets bejaht. In den *Drei Abhandlungen zur Sexualtheorie* bezeichnet er die H. ausdrücklich als »das Ergebnis einer noch nicht übersehbaren Reihe von Faktoren, die teils konstitutioneller, teils aber akzidenteller Natur sind« (Fischer-Bücherei Nr. 422, Fußnote S. 23). Entschieden verneint er die erbbiologische Ansicht, daß die Homosexuellen von Natur aus eine unintegrierbare Minorität seien, die »eben anders als wir« sind – eine Ansicht, die ihn immer an die rassistische Vorstellung von der unheilbaren Inferiorität mancher »Minoritäten« erinnerte. Deshalb sagte er: »Die psychoanalytische Forschung widersetzt sich mit aller Entschiedenheit dem Versuche, die Homosexuellen als eine besonders geartete Gruppe von den anderen Menschen abzutrennen« (ebenda, S. 22).

Die Konstitutionsforschung dagegen glaubt, daß die Homosexuellen tatsächlich eine besonders geartete Gruppe seien, deren Schicksal von Geburt her durch ihre Körperform bedingt sei. Willhart S. Schlegel zum Beispiel reiht die Menschentypen in vier Grundformen und deren Zwischenstufen ein – den asthenischen, athletischen, gynäkomorphen und andromorphen Typus. Er sieht den Unterschied zwischen den ersten beiden Typen hauptsächlich in der Stärke des Knochenbaus und benutzt als Kontrollfaktor den Handumfang – den größten Umfang der gestreckten und angespannten linken Hand über den Fingergelenken des zweiten bis fünften Fingers. Ähnlich definiert er den Unterschied zwischen dem gynäkomorphen (»frauengestaltigen«) und dem andromorphen (»männergestaltigen«) Typus aus der Form des Beckens, das ja bei der Frau nicht nur breiter als beim Mann, sondern auch in der Form ganz anders ist: röhrenförmig bei der Frau, trichterförmig beim Mann. Hier benutzt Schlegel als Kontrollfaktor den Querdurchmesser des Beckenausgangs, der beide Faktoren – Breite und Form – in einem einzigen Meßresultat erfaßt. Die Messung bei fast fünfzehntausend Männern und Frauen ergab nach seinen (von anderen Forschern bisher nicht überprüften Angaben) ein sehr merkwürdiges Resultat: unter den männlichen Andromorphen und unter den weiblichen Gynäkomorphen gab es so gut wie keine Homosexuellen. (Die wenigen andromorphen Homosexuellen bei den Männern waren fast durchweg Astheniker.) Unter den weiblichen Andromorphen und den männlichen Gynäkomorphen dagegen fanden sich mehr Homosexuelle als Heterosexuelle.

Der Querdurchmesser des männlichen Beckenausgangs hat nach seiner Angabe eine Spanne von 6,5 bis 12 Zentimeter, der der Frau von 8,5 bis 15 Zentimeter. In der Region von 8,5 bis 12 Zentimeter gibt es also nach seiner Ansicht eine Gruppe von Männern und Frauen, deren Beckenausgang den gleichen Querdurchmesser hat, und hier finden wir eine angebliche Prädisposition zur → Bisexualität. Nun schlägt sich eine Körperform aber nicht unbedingt in einer sexuellen Verhaltensweise nieder, einerlei wie groß die psychische Disposition zu dieser Verhaltensweise auch sein mag. Etwas anderes muß hinzukommen, um ein latentes Symptom manifest werden zu lassen. Dieser andere Faktor ist meist die Beziehung des Kindes zu seinen Eltern. Die Konstitutionsforschung hat diesem Thema sehr wenig Interesse gewidmet, die Psychoanalyse sehr viel. Die scheinbaren Meinungsverschiedenheiten zwischen beiden Forschungssystemen verflüchtigen sich rasch, wenn man dieses Grenzgebiet von beiden Disziplinen her durchdringt. Zwischen der psychosomatischen Konstitution des Kindes und der seiner Eltern besteht nämlich eine Beziehung, die sowohl von der Psychoanalyse wie von der Konstitutionsforschung her mit sehr ähnlichen Resultaten untersucht worden ist, die nur noch nicht verglichen worden sind. Der Ansatz zu einer solchen Studie mag in einer psychoanalytischen Überprüfung der Schlegelschen Meßdaten liegen. Vergleicht man nämlich die Beckenmaße der *Eltern* der Schlegelschen Probanden, so fällt eine eigentümliche Koordination einerseits zwischen Müttern und homosexuellen Söhnen, andererseits zwischen Eltern und lesbischen Töchtern auf. Gynäkomorphe Männer haben oft andromorphe Mütter. Zwischen den Beckenmaßen von gynäkomorphen Männern und denen ihrer Väter dagegen fehlt jede Beziehung. Die Väter andromorpher Frauen zeigen ebensooft eine gynäkomorphe wie eine extrem andromorphe Beckenstruktur – also Abweichungen von der Norm in beiden Richtungen. Die Versuchung liegt deshalb nahe, eine genetische Übertragung anzunehmen. Der normale Mensch besitzt 46 Chromosomen, von denen beim Mann jeweils ein Chromosom zum Typ X und ein anderes zum Typ Y gehört. Bei der Frau dagegen gehören beide zum Typ X. Das X des Mannes kommt stets von der Mutter, bei der Frau dagegen stammt nur ein X von der Mutter, das andere vom Vater. Eine X-chromosomale Erbanlage des Vaters geht also stets auf die Tochter, nie auf den Sohn über. Von der Mutter dagegen geht das X auf die Hälfte der Söhne und die Hälfte der Töchter über. Benützen wir nun Schlegels Theorie einer inversen Vererbung ungewöhnlicher Beckenmaße als Arbeitshypothese, dann stimmen seine Resultate in denkbarer Weise mit denen der Psychoanalyse überein. Andromorphe Frauen sind oft starke Persönlichkeiten, die von ihren Söhnen außerordentliche Mutterbindung fordern. Gehört der Sohn nun dem gynäkomorphen, also dem weichen, ein wenig effeminierten Typus an, so wird seine Mutterbindung um so fester und seine Prädisposition zur Homosexualität um so größer. In ähnlicher Weise knüpft sich oft eine besonders enge Beziehung zwischen einem gynäkomorphen Mann und seiner Tochter an. Gehört die Tochter dem andromorphen, etwas männlichen Typus an, so mag die intensive Vaterbindung oft in Lesbizismus umschlagen. So zeigt sich also, daß die Genetik, die Konstitutionsforschung und die Psychoanalyse zu nicht unähnlichen Resultaten in der Pathogenese der H. gelangen könnten.

In Anlehnung an Lorenz' Erfahrungen in der Verhaltensforschung haben einige Sexualforscher das Konzept der → »Schlüsselreize« übernommen, um das Phänomen der H. aufzuhellen. Dabei stellte es sich heraus, daß es auch unter den Homosexuellen eine Reihe sehr verschieden gearteter Grundtypen gibt, die weniger miteinander als mit gewissen Heterosexuellen gemein haben. Bei männlichen Homosexuellen muß man z.B. sehr sorgfältig den Typ, der auf den Phallus als Schlüsselreiz reagiert, von jenem Typ unterscheiden, für den die Analregion und das Becken den Schlüsselreiz darstellen. Angeblich deckt sich der erste Typ mit dem Typ des sogenannten passiven Homosexuellen, der zweite dagegen mit dem des »aktiven« Homosexuellen. Der gynäkomorphe männliche Homosexuelle benimmt sich angeblich wie eine Frau, der er auch physisch ähnelt: er will penetriert werden. Sein

Blick richtet sich also, wie der der Frau, auf den Phallus des Sexualpartners. Der andromorphe männliche Homosexuelle dagegen benimmt sich seinem Partner gegenüber wie ein Mann im Verkehr mit einer Frau: er will penetrieren. Sein Blick richtet sich also auf den Mund und Anus des anderen Mannes, wie sich der des heterosexuellen Mannes auf die Vagina der Frau richtet.

Die Typologie der homosexuellen Frau ist ähnlich. Die andromorphe Lesbierin benimmt sich wie ein Mann: sie will imprägnieren. Sie sucht bei der anderen Frau die Vagina. Die gynäkomorphe Lesbierin benimmt sich wie eine Frau: sie will penetriert werden; sie sucht bei ihrer Partnerin die Hand, die Zunge, die als Penissurrogate dienen. Bei der andromorphen Frau ist die Klitoralspitze in höherem Maße erogen als bei der gynäkomorphen Frau. Sie neigt deshalb eher zum Klitoral- als zum Vaginalorgasmus, und dies führt dann häufig beim Verkehr mit Männern zu der Illusion, daß sie frigid sei. Da die Frau jedoch weiß, daß sie nicht frigid ist, verstärkt sich der latente Drang zur Homosexualität. Ganz ähnlich wirkt die Erogenität der Analgegend des gynäkomorphen Mannes oft als Stimulus zur passiven Form der Homosexualität.

Das zumindest ist eine der herrschenden Theorien der H. Sie wird von Soziologen bestritten. Die GFSS (Gesellschaft zur Förderung sozialwissenschaftlicher Sexualforschung), eine der führenden deutschsprachigen Vereinigungen von Sexualforschern und Sexualwissenschaftlern, bestreitet energisch jede somatische, genetische oder hormonale Ursache der H., sondern betrachtet sie ausschließlich als Produkt gesellschaftlicher Verhältnisse. Nach dieser These erzeugt jede Gesellschaftsordnung eine bestimmte Anzahl Abweichungen von der jeweils postulierten sexuellen Norm. Diese »Abweichungen«, zu denen in heterosexuellen Kulturen auch die H. gehört, sind keine »Krankheiten«, sondern lebenswichtige Sicherheitsventile der jeweiligen Gesellschaftsordnung. Eins ist jedenfalls sicher: H. ist das Produkt heterosexuell dominierter Gesellschaftssysteme. In Gesellschaftsordnungen, die eine bisexuelle Objektwahl tolerieren oder als selbstverständlich betrachten, ist eine ausschließlich homosexuelle Partnerwahl ebenso selten wie eine ausschließlich heterosexuelle.

Die Affektivität, mit der das Gebiet der H. in unserer Kultur umgeben ist, macht es sehr schwierig, zu ihrem Verständnis zu gelangen. Die Selbstverteidigung der Homosexuellen und die Angriffe des »gesunden Volksempfindens« haben das Klima so erhitzt, daß eine kühle Diskussion der H. kaum möglich ist. Trotzdem muß man den Versuch machen, die H. nicht als ein »Problem« oder gar als ein »Sonderproblem« zu sehen, sondern sie als gesellschaftlich wirkendes Phänomen zu beurteilen und bei dieser Beurteilung die gleichen Maßstäbe anzulegen wie bei der sozialen Bewertung jeder anderen sexuellen Aktivität. Der ethische Wert der Sexualität liegt in dem Glück, das wir einander im Geschlechtsverkehr schenken können. Unmoralisch ist, wer sich dem anderen vorenthält, denn Gott hat uns die Geschlechtsorgane gegeben, damit wir einander beglücken. Jede Form der Askese ist eine Form der Eitelkeit, denn sie schätzt die Wohlfahrt der eigenen Seele höher als die des anderen. Das gilt nicht nur für die heterosexuelle Liebe, sondern auch für die homosexuelle. Wichtig allein, hier wie dort, ist das Maß an Befriedigung, das wir dem anderen Menschen geben können, damit er in seinem nichtsexuellen Leben die Stärke findet, Gutes zu tun. Die Grenze, die hier Gutes von Bösem trennt, läuft nirgends parallel zur Grenze zwischen Hetero- und Homosexualität. Wir finden Heterosexuelle, die weder sich selber noch andere Menschen glücklich machen können. Und wir finden Homosexuelle, deren ganzes Leben ein einziger Versuch ist, durch gute Taten den subjektiv empfundenen Makel der Infertilität wieder gutzumachen. Daß der Homosexuelle seine Kinderlosigkeit oft als Makel empfindet, ist sein Recht, nicht aber seine Pflicht. Ganz gewiß hat im Zeitalter der Überbevölkerung kein Heterosexueller das Recht, den Homosexuellen wegen seiner Infertilität zu verdammen. Im Gegenteil, einer der wenigen Maßstäbe, mit denen man heute den Wert einer sexuellen Tätigkeit messen kann, ist das Verhältnis zum Elend der Überbevölkerung. Wenn die H. auch nur in geringem Maße hilft, dieses Elend zu vermindern, so hat sie allein damit bereits ihre ethische Rechtfertigung bewiesen.

Die Affektivität, die die westliche Stellungnahme zur H. beherrscht, macht das Verständnis anderer Kulturen, die von dieser Affektivität frei sind oder in anderer Form von ihr beherrscht werden, für viele westliche Menschen nahezu unmöglich. Trotzdem, oder vielleicht gerade deshalb, müssen wir uns solche Kulturen stets vor Augen halten, um unser eigenes Bild der H. perspektivisch richtig zu sehen. Vier Beispiele mögen hierbei helfen:

1. Die Homosexualität des alten Hellas war keine Männerliebe, sondern eine Knabenliebe. Sie entsprang nicht etwa einer perversen sexuellen Neigung, sondern stellte eine von zwei möglichen Antworten auf die Frage dar, wo man in der patriarchalischen Gesellschaft des alten Hellas einen Menschen finden konnte, den man nicht nur körperlich,

sondern auch geistig zu lieben vermochte. Denn die Position der Ehefrau war so niedrig, ihre Erziehung und Bildung der des Mannes so tief unterlegen, daß er sie nur als Gebärwerkzeug und als Haushälterin betrachten konnte. Die einzigen Frauen, mit denen der Mann als geistig Ebenbürtige verkehren konnte, waren die Hetären. Ihr Reiz lag also nicht allein in ihrer sexuellen Verfügbarkeit und auch nicht allein in ihrer erotischen Kunstfertigkeit, sondern vor allem in der Tatsache, daß sie, im Gegensatz zu den Ehefrauen, mit all jenen Problemen vertraut waren, die die Männer beschäftigten: Politik, Kunst, Philosophie, Kriegskunst, Seefahrt, Handel, Finanzen. Trotzdem waren sie aber eben doch nur käufliche Wesen. Der Mann, der sich danach sehnte, einen geistig ebenbürtigen Menschen zu lieben, der nicht käuflich war, und von diesem Menschen in gleicher Weise geliebt zu werden, wurde zur Knabenliebe getrieben. Was ihn an dem Knaben reizte, war nicht das männliche Geschlecht, sondern seine Formbarkeit – genau das, was den Mann in der patriarchalen Gesellschaft an der Frau reizt, aber natürlich nur an derjenigen, die zumindest die minimale Bildungsgrundlage besitzt, um darauf aufbauend nach »Höherem« streben zu können. Diese Grundlage fehlte aber bei der Ehefrau. Sie war nur unter Männern zu finden. Freud hat das sehr gut verstanden. Er schrieb: »Bei den Griechen, wo die männlichsten Männer unter den Invertierten erscheinen, ist es klar, daß nicht der männliche Charakter des Knaben, sondern seine körperliche Annäherung an das Weib sowie seine weiblichen seelischen Eigenschaften, Schüchternheit, Zurückhaltung, Lern- und Hilfsbedürftigkeit die Liebe des Mannes entzündeten. Sobald der Knabe ein Mann wurde, hörte er auf, ein Sexualobjekt für den Mann zu sein, und wurde etwa selbst ein Knabenliebhaber. Das Sexualobjekt ist also in diesem Falle, wie in vielen anderen, nicht das gleiche Geschlecht, sondern die Vereinigung beider Geschlechtscharaktere, der Kompromiß etwa zwischen einer Regung, die nach dem Manne, und einer, die nach dem Weibe verlangt, mit der festgehaltenen Bedingung der Männlichkeit des Körpers (der Genitalien), sozusagen die Spiegelung der eigenen bisexuellen Natur. Lykurgos, der Gesetzgeber Spartas, erklärte in seinen Gesetzen, daß »niemand ein tüchtiger Bürger sein könne, der nicht einen Freund im Bette habe«. All das war nur in einer Zivilisation möglich, die nicht, wie die unsrige, in panischer Angst vor der H. lebt, sondern sie einfach als eine der vielen gleichberechtigten erotischen Bindungen zwischen zwei Menschen betrachtete. Wer es überhaupt für nötig hält, die H. als etwas Besonderes, sei es im guten oder schlechten Sinne, zu betrachten, der offenbart bereits in der Affektivität seiner Stellungnahme die unbewußte Angst, selber homosexuell zu sein. Da die Griechen hiervor keine Angst hatten, nahmen sie die H. als Selbstverständlichkeit hin.

2. Die amerikanischen Steppenindianer, die Tapferkeit im Kriege höher schätzten als irgendeine andere männliche Tugend, wußten nur allzu gut, daß es nicht allen Menschen gegeben ist, tapfer zu sein, und erzogen deshalb all jene Knaben, die nicht der höchsten Tapferkeit fähig waren, als Frauen. Niemand machte diesen Transvestiten, die man Berdaches nannte, irgendwelche Vorwürfe. Niemand lachte über sie. Man betrachtete sie als eine naturgegebene dritte Klasse von Menschen, nicht aber als drittklassige Menschen. Es gab Männer, Frauen und Berdaches. So hatte Gott es gewollt, so hatte er die Menschen geschaffen. Bei den Mohave-Indianern wurden die Berdaches einmal pro Jahr feierlich von großen Steinen entbunden. Niemand fand das seltsam, niemand machte sich darüber Gedanken. Was die Steppenindianer beunruhigte, war nicht etwa, daß die Männer zu weibisch, sondern daß die Frauen zu männlich werden könnten. Um dies zu verhindern, erzogen sie die Frauen systematisch zu einer solchen Hilflosigkeit, daß sie sich nicht mehr gegen Vergewaltigungen wehren konnten und deshalb nur in Gemeinschaft von Berdaches ausgingen. Der homosexuelle Transvestit wurde damit zum Bindeglied zwischen Mann und Frau, zur sexuellen Zwischenstufe, in der die Extreme der Männlichkeit und Weiblichkeit ausgeglichen wurden.

3. Bei den Manus von Neu-Guinea fand genau das Gegenteil statt. Männer und Frauen waren in Sitte, Kleidung, Gebärde und gesellschaftlicher Funktion so wenig voneinander differenziert, daß Geschlechtsverkehr zwischen Männern überhaupt nicht als etwas anderes als Geschlechtsverkehr zwischen Mann und Frau empfunden wurde. Es gab nicht einmal ein Wort für Pedicatio. Analkoitus und Genitalkoitus hatten den gleichen Namen.

4. Der extremste Fall der Andersartigkeit, den die Ethnologie entdeckt hat, ist der der Marind-Anim von Neu-Guinea. Ihr Geschlechtsleben war ausschließlich homosexuell, sowohl bei Männern wie bei Frauen. Die jährlich einmalige Paarung zwischen Männern und Frauen galt nur der Erzeugung von Nachkommenschaft und stellte eine Form von so ekelerregender Abartigkeit dar, daß dabei Impotenz nahezu als Norm auftrat. Um die Impotenz zu bewältigen, brachte man den Göttern ein Opfer. Ein Paar wurde während des Geschlechtsaktes in eine Grube

geworfen und getötet. Ihr Tod sollte die Götter dazu bewegen, den Männern bei der Befruchtungszeremonie Potenz zu geben und beiden Geschlechtern den Ekel vor dem anderen Geschlecht bei dieser einen Paarung zu nehmen. Die Missionare versuchten diese Sitte mit Feuer und Schwert auszumerzen, weil sie gegen das Naturgesetz zu verstoßen schien. Aber in Wahrheit ist sie natürlich genauso sinnvoll wie die christliche Moral der Enthaltsamkeit. Denn die Überzeugung der Marind-Anim, *kein* Mann könne je das Verlangen nach Geschlechtsverkehr mit einer Frau empfinden, wenn er nicht vorher den Göttern ein Opfer brächte, ist ja ein präzises Spiegelbild der christlichen Überzeugung, *alle Männer* würden stets mit *allen* Frauen Geschlechtsverkehr haben wollen, wenn die Kirche ihnen nicht das Opfer der vorehelichen Keuschheit und der ehelichen Treue auferlegte. → Aequisexualität, Aggressionsinversion, Analerotik, Gleichliebende, wälsche Hochzeit, Inversion, Konträre Sexualempfindung, Mixoscopia homosexualis, Mutterfixierung, Päderastie, homosexuelle Prostitution, Sodomie, Transgestismus, Transvestitismus.

Männliche Homosexualität, → Achnutschik, Analerotik, Androgynen, Androphilie, Anilinctio, Basir, Basm, Batscha, Benjamite, Berdache, Bona Dea, Bote, Bougre, Canapé, Chevalier de la manchette, Club degli ignoranti, Club der Vernünftigen, Coitus in anum, Collegium sodomitarium, Commasculatio, Damenimitator, Effemination, Effeuille des roses, Eonismus, Epanga, Épée de Charlemagne, Ephebophilie, Fille domestique, Fille galante, Fille pierreuse, Gadales, Galli, Gesäßerotik, Immissio penis in anum viri, Introductio digiti, Kandaulesismus, Kedeschim, Kinäden, Knabenbordell, Knabenehe, Knabenharem, Lambitus ani, Lustknabe, Mignon, Mollies' Club, Mujadores, Muliebriores, Mutterfixierung, Natesfetischismus, Ordre de Félicité, Ovashengi, Päderast, Päderastie, Pedicatio, Petit-Jésus, Pfählung, Platonische Liebe, Polyhymnier, Proctolagnie, Puer sanctus, Pumea, Pygismus, Schupan, Siphnisieren, Sodomie, Sokratische Krankheit, Spinatstecher, Strichjunge, Tempelritter, Tschukadn, Unzucht mit Männern, Uranismus, Urning, Vere Street Coterie, Viriliores.

Weibliche Homosexualität hatte zur Zeit des → Mutterrechts rituellen Status. Die Feste der Demeter und Kore im alten Hellas bewahrten einen Rest der kultischen Erinnerungen früherer Religionen. Bei den Thesmophorien waren weder Männer noch männliche Tiere (z.B. Rüden oder Kater) zugelassen. Fand man sie, so brachte man sie um. In seinem 6. Mimiambus schildert Herondas (3. Jahrhundert v.Chr.) einen tribadischen Kult unter dem Schutz der Göttin Mise. Die gute Göttin des alten Rom, die Bona Dea, war auch die Göttin der weiblichen Homosexualität. In den tribadischen Orden des Mittelalters, Quintilla und Sahhaqat, wurden die lesbischen Riten des alten Hellas und Rom aufgewärmt.

Die männlichen Erklärungen der weiblichen Homosexualität sind von einer Naivität, die sich bei dem sonst so hohen intellektuellen Niveau mancher Sexualforscher nur als → Skotom erklären läßt. Dies gilt für Havelock Ellis, Magnus Hirschfeld, Sigmund Freud, Alfred Adler, Wilhelm Stekel, Edmund Bergler, Alfred Kinsey und Frank Caprio. Phrasen wie »männlicher Protest«, »Penisneid«, »orale Regression«, »phallischer Erogenismus«, »exklusiver Klitoridismus« sind Verbalisationen, keine Erkenntnisse. Selbst Jeanne Lampl de Groot, Marie Bonaparte, Marie Delcourt, Phyllis Blanchard, Marjorie Brierley, Helene Deutsch, Lucy Freeman, Karen Horney, Jane McKennon, Margaret Mead, Esther Wybret haben uns hier nicht viel weitergebracht. Barbara Bross schreibt überzeugend über dieses Thema in *Flitterwochen – und was dann?* (Günther Verlag, Stuttgart 1967), wagt sich aber auch nicht an eine Analyse der Ursachen der weiblichen Homosexualität heran. Die Pathogenese durch exzessive Vaterbindung erklärt nicht alle Fälle der w. H. Die Konstitutionsforschung hat sich hauptsächlich mit der männlichen H. befaßt. Die Freudschen Erklärungen gehen kaum über das Selbstverständliche hinaus. (Wenn die Lesbierin oben liegt, befriedigt sie ihre männliche, wenn sie unten liegt, ihre weibliche Komponente. Wenn sie die Brust ihrer Freundin küßt, regrediert sie zum Säugling. Bietet sie ihre eigene Brust an, so wird sie zur Mutter. Der Versuch, die Klitoris oder die Brustwarze in die Vagina der Freundin einzuführen, stellt den Immissionstrieb dar, usw., usf.) Beim gegenwärtigen Stadium unseres Wissens über die weibliche Homosexualität verhelfen uns die Romane und Autobiographien lesbischer Frauen zu einem besseren Verständnis als die gesamte Fachliteratur. Die w. H. ist in der BR, der DDR, allen skandinavischen Ländern, Großbritannien und fast allen romanischen Ländern straffrei. In der Schweiz und der DDR wird die gewerbsmäßig homosexuelle Unzucht mit Frauen bestraft. → Anandrynes, Bona Dea, Chevalière du clair de lune, Désirantes, Freidamenorden, Fricarelles, Fricatrices, Goldene Orchideengesellschaft, Gougnotte, Gynandrier, Homosexualität, Hosenrolle, Hyperandrinismus, Korophilie, Lesbizismus, Mannweib, Medusenorden, Ordre des Aphrodites, Quintilla, Parthenophilie, Sahhaqat, Sapphismus, Tribade, Urninde, Viragines, Virilismus.

Homosexualität im alten Hellas. Da die Griechen Angst vor der Frau hatten und sie als gefährlich betrachteten, versagten sie ihr auch den Zugang zu den meisten Gottesdiensten. Das führte einerseits zur weiteren Isolierung der Frauen, förderte andererseits aber auch das Überleben der alten Frauenkulte. Denn da die Frauen nun von den Festen der Männer ausgeschlossen waren, mußten sie ihre eigenen Kulte bilden, und das ging nur, indem man an die fast verblichenen Erinnerungen der Großen Mutter und ihrer Riten anknüpfte. In vielen Orten, besonders aber am Kithairon und am Parnaß, auf den ägäischen Inseln und in den griechischen Kolonien Kleinasiens, fanden jedes zweite Jahr nächtliche Feiern statt, an denen nur Frauen und Mädchen teilnehmen durften. Sie gingen nackt unter Hirschfellen und trugen ihr Haar aufgelöst. Fast stets kulminierten die Riten in einer kultischen Gruppenpaarung der Frauen untereinander.

Ähnlich waren fast alle Feste der Demeter Frauenfeste, bei denen Männer entweder ganz ausgeschlossen waren (wie in Pellene am Peloponnes, in Aigilia, und auf der Insel Kos), zeitweilig abwesend sein mußten, oder eine den Frauen demonstrativ untergeordnete Rolle spielten. Bei dem Fest der Demeter Mysia in Pellene war nicht nur Männern, sondern auch männlichen Tieren der Zutritt verboten. Verirrte sich ein solches Tier auf den Festplatz, so wurde es von den Frauen rituell geschlachtet.

Einige dieser Feste, zum Beispiel die Oleien in Orchomenos, die Thyiaden in Delphi, die Dionysiaden in Sparta, die Dymainen am Berge Tygetos, die Lenaien in Ionien, vor allem aber die Thesmophorien, die Feste der gesetzgebenden Göttinnen, die im Saatmonat in ganz Griechenland stattfanden, gehen nachweislich auf die frühesten Mutterkulte der vorgriechischen Einwohner zurück. Herodot sagt von den Thesmophorien, sie seien bereits bei der pelasgischen Urbevölkerung bekannt gewesen. Neun Tage vor dem Fest mußten die Teilnehmerinnen sich bereits jeden Verkehrs mit Männern enthalten. Am ersten Tage des Festes fand gegenseitige Geißelung mit Ruten und gleichgeschlechtlicher Verkehr statt. Am zweiten Tage wurde nackt im Meer gebadet, am dritten wurde getanzt. Der vierte Tag war ein Fasttag. Der fünfte hieß *kaligeneia,* »Erzeugung schöner Kinder«, und war dem Gedanken der Parthenogenese, der Jungfernzeugung, gewidmet, aus dem die Christen später die Idee der unbefleckten Empfängnis entwickelten.

Nur gegen diesen kultischen Hintergrund wird Sappho (etwa 612 bis etwa 557) verständlich. Sie war Leiterin eines *thiasos,* eines Kultvereins, in Mytilene, Hauptstadt der Insel Lesbos, die der Sage nach von den Amazonen gegründet und nach deren Königin benannt worden war. Von den anderen Mitgliedern des *thiasos* sind uns die Namen der Anagora, Anaktoria, Atthis, Eranna, Euneika, Gongyla, Gyrinna, Klais, Kydno, Megara, Mnasidika, Nossis und Telesippa überliefert. Mit ihnen und ihrer Insel verknüpft unsere heutige Sprache den Gedanken der weiblichen Homosexualität. Wir sprechen von »sapphischer« oder »lesbischer« Liebe, wenn wir an gleichgeschlechtliche Neigungen zwischen Frauen denken. Aber Sappho war weder »sapphisch« noch »lesbisch«: sie war bisexuell, mit einer starken Neigung zum Triolismus. Man denke an Verse wie diese:

Und wir Mädchen verbringen die
Ganze Nacht an dieser Tür und singen
Von Liebe zwischen euch, du
Reich gesegneter Bräutigam, und du,
Braut, mit der veilchenduftenden
Brust...

Oder dies:

Ach! Mutter, nicht mehr kann ich
Am Gewebe wirken! Kypris, die schlanke,
Überfiel mich mit Sehnsucht nach
Dem Knaben!

Sappho war mit Kerkidas verheiratet, hatte in ihrer Jugend ein auch literarisch bedeutsames Verhältnis mit dem Dichter Alkaios, der einige seiner schönsten Verse an sie gerichtet hat, und läßt uns durch all ihre Gedichte, die sie ihren Gefährtinnen gewidmet hat, sehr deutlich die Figuren der Männer erkennen, die diese Mädchen liebten und von ihnen geliebt wurden. Man darf hier das Wort »Liebe« benutzen, denn in diesen Versen, auf dieser amazonischen Insel, finden wir tatsächlich zum ersten Mal in der abendländischen Geschichte die Überzeugung, daß erst die Pflicht, den anderen glücklich zu machen, Reife in das Spiel der Sinne hineinträgt. Die Erkenntnis, daß nur völlige Gleichberechtigung und gegenseitiger Respekt Liebe ermöglicht, ist nirgends zuvor in der Dichtung des Westens zu finden. Sie stellt deshalb einen revolutionären Durchbruch nicht nur in der Lyrik, sondern auch in der Soziologie, im Bewußtsein der Gleichheit der Geschlechter dar. Da die männerrechtliche Gesellschaftsordnung der Griechen aber bereits die mutterrechtliche Isonomie der Geschlechter zerschlagen hatte, war eine sexuelle Gleichberechtigung nur noch innerhalb des einen oder anderen Geschlechts möglich. Sapphos Form der Liebe stellt also weniger ein homoerotisches Syndrom, als den einzig möglichen Weg dar, auf dem eine heterosexuell veranlagte Frau in jenem Stadium der griechischen Geschichte einen gleichberechtigten Sexualpartner finden konnte.

Die Tatsache, daß die Liebe zuerst als ein homosexuelles Phänomen ins Bewußtsein der Griechen eindrang, hat unabsehbare Folgen in der kulturellen Entwicklung der westlichen Welt gehabt. Denn der wichtigste Einfluß der Sappho war der auf Sokrates und die Akademie. Man kann das nicht nur in den großen Zügen der Didaktik dieser beiden bedeutenden Griechen, sondern sogar in kleinen Phrasen, Satzfetzen und Denkformen wahrnehmen, die Sokrates von Sappho entlehnt hat. »Heil dir und Segen, des Polynax Töchterlein«, sagt Sappho ironisch zu einer Jüngerin. »Heil dir, mein Ion«, sagt Sokrates zu einem Jünger. »Du schienest mir ein kleines Kind noch zu sein, ohne Anmut«, sagt Sappho zu einer Geliebten, indem sie ihre ersten Eindrücke von der anderen beschreibt. In fast identischen Worten spricht Sokrates von seinem ersten Zusammentreffen mit Alkibiades. Sappho nennt den Eros einen Redekünstler, Sokrates nennt ihn einen Sophisten. Sappho sagt zu Klais: »Laß nicht in dem Haus, das den Musen dient, Klage schallen, es ziemt sich nicht!« Ähnlich spricht Sokrates, wenn er Xanthippe zur Einsicht bringen will.

Wenn Platons Bericht verläßlich ist, dann bewunderte Sokrates nicht nur die Dichtkunst der Sappho, sondern bildete die Akademie nach dem Modell des sapphischen Thiasos. Das bedeutet aber auch, daß Platon seine pädagogischen Vorstellungen nicht, wie die bürgerliche Gräzistik vermeint, von der päderastischen Didaktik der Spartiaten, sondern von Sappho auf dem Umwege über Sokrates übernommen hat. Denn auf Lesbos und nicht in Sparta begann der Gedanke, daß Wissen nur durch affektive Beziehungen zwischen dem Lehrenden und dem Lernenden vermittelt werden könne. Es ist Sapphos historisches Verdienst, das Prinzip des Thiasos, des Kultvereins, in das einer schulischen Institution verwandelt zu haben. So wurde aus Kult Pädagogik und aus Ritus Didaktik.

Diesen Gedanken übernahm Sokrates, übertrug ihn vom weiblichen auf das männliche Geschlecht und prägte ihn Platon ein: »Gründe eine Schule, in der der jeweilige Leiter der Geliebte seines Vorgängers ist.« Als Platon im Jahre 387 vor unserer Zeitrechnung ein Stück Land beim

Haine des Heros Akademos kaufte und dort eine Schule gründete, die er »Akademie« nannte, führte er also nicht nur die Weisungen des Sokrates, sondern auch die Tradition der Sappho fort. Wie Sappho die Leitung ihrer Schule an ihre Geliebten Gorgo und Andromeda weitergegeben hatte, so gab Platon die Akademie nun an seine Geliebten Alexis und Dion weiter. Und so geht die ganze abendländische Tradition der Erziehung via Sappho, Sokrates und Platon auf die kultische Homosexualität der Griechen zurück.

Als Kaiser Justinian im Jahre 529 unserer Zeit die Akademie nach acht Jahrhunderten ununterbrochener Tätigkeit auflöste und die letzten Mitglieder der Akademie in den Orient auswanderten, legten sie dort den Grundstein der arabischen Philosophie, die dann ihrerseits das Christentum befruchten sollte. Da die Renaissance mit ihren Platonstudien die akademische Tradition von neuem belebte, können wir von einer nahezu ununterbrochenen Wirkung der Sappho bis in die Gegenwart hinein sprechen. Wenn die homosexuelle Note in der europäischen Erziehungstradition dem bürgerlichen Establishment jemals bewußt geworden ist (was bei dem hohen Maße an Verdrängung, das die europäische Pädagogik beherrscht, natürlich selten genug geschehen ist), dann ist sie aber prompt als Einbildung zurückgewiesen worden.

Das mag nicht nur an der bürgerlichen Verleugnung der Homosexualität liegen, sondern auch an der Erkenntnis, daß es schließlich doch einen gewissen Unterschied zwischen Sappho und Sokrates, zwischen den Theorien des frauenrechtlichen Thiasos und denen der männerrechtlichen Akademie gibt. Denn während Sokrates und Platon trotz der Achtung, die sie der Diotima und der Aspasia entgegenbrachten, doch immer wieder in die Zwillingsversuchungen der Frauenfeindschaft und des Lobs der Päderastie als einer »edleren« Form des Geschlechtsverkehrs abglitten, finden wir bei Sappho weder Männerfeindschaft noch jemals die Versuchung, weibliche Homosexualität als eine der Heterosexualität überlegene Form der Geschlechterbeziehungen darzustellen.

Die frauenrechtlichen Gesellschaftsordnungen der Vorgeschichte haben dem Manne niemals sexuelle oder soziale Gleichberechtigung versagt, die männerrechtliche Gesellschaft der Griechen aber versagte der Frau nicht nur ihre soziale, sondern auch ihre sexuelle Gleichberechtigung. In diesem Sinne stellt die homophile Männergesellschaft, wie Sokrates und Platon sie immer wieder idealisiert und ideologisiert haben, nur noch eine Potenzierung der restriktiven Wünsche des heterosexuellen Patriarchats dar. Das impliziert nun aber auch folgendes: Wir dürfen die griechische Päderastie nicht als eine sexuelle »Abweichung« im Sinne der Individualpsychologie werten, sondern müssen sie als ein soziologisches Phänomen erkennen. Mehr noch: als ein Klassenphänomen, das in Athen den Zugang zu den führenden Positionen im Staatswesen, der Wirtschaft, der Philosophie und der Künste regelte.

Die bürgerliche Deutung der hellenischen Päderastie als einer »Dekadenzerscheinung«, die durch die Perserkriege aus dem Orient nach Europa eingeschleppt und durch Alexanders Homosexualität im ganzen hellenistischen Reich »legalisiert« worden sei, läßt sich nicht aufrechterhalten. Im Gegenteil, mit dem wachsenden Wissen, das uns die Geschichtsforschung der letzten Jahrzehnte gebracht hat, wächst auch die Wahrscheinlichkeit, daß die besondere Form der Päderastie, die sich aus dem Zusammenprall der einstmals nomadischen, gerade zum Vaterrecht übergetretenen Griechen mit den mutterrechtlich orientierten Ureinwohnern der Balkanhalbinsel, der Ägäis und der Westküste Kleinasiens entwickelt hat, tief im Klassensystem der resultierenden Mischbevölkerung verankert ist und den sexuellen Überbau spezifischer Produktionsverhältnisse bestimmt hat.

Die eigenen Theorien der Griechen über den Ursprung der Homosexualität in ihrer Welt sind äußerst widersprüchlich, reflektieren aber auch sehr deutlich die unterschiedlichen sozialen Standpunkte der Autoren, die sich zu diesem Thema geäußert haben. Aristoteles, der für alles rationale Erklärungen zu finden suchte, konnte nur daran denken, daß die Päderastie auf einer Insel entstanden sein müsse, damit dort keine Überbevölkerung entstünde. Er meinte deshalb, König Minos habe sie in Kreta offiziell angeordnet und von dort hätten die Griechen sie übernommen. Timaios, der rund vierzig Jahre später lebte, schloß sich Aristoteles an und sagte kategorisch: »Die Päderastie wurde in Griechenland zuerst von den Kretern eingeführt.« Apollodor, der bedeutendste griechische Gelehrte des 2. Jahrhunderts v. u. Z. meinte dagegen, der Sänger Thamyris habe die Knabenliebe in Thrakien »erfunden«, nachdem er den Knaben Hyakinthos (in den sich der Gott Apoll später verliebte) zum ersten Mal gesehen habe (Apoll. I, 16).

Ebenso kategorisch äußert Herodot (I, 135), der von Karern abstammte, um 484 in Halikarnassos geboren war, von 444 bis zu seinem Tode um 425 in Athen lebte und vorher ausgedehnte Reisen durch Kleinasien, Syrien, Babylonien, Thrakien, Nordafrika, Italien und Sizilien gemacht hatte, die Ansicht, daß weder die Kreter noch die Thraker die Knabenliebe nach Griechenland gebracht hätten, sondern daß sie ein eigenständiges griechisches Erzeugnis sei, welches die Griechen ihrerseits dann nach Persien eingeschleppt hätten. Plutarch, um 46 in Chaironeia geboren, in Athen aufgewachsen, als Gesandter in Rom und als Prokurator in Achaia tätig, widersprach Herodot verärgert in seiner Arbeit *Über Herodots Boshaftigkeit* (XIII), indem er fragte: »Wie können die Perser den Griechen diese Unkeuschheit verdanken, wenn alle Geschichtsschreiber darüber einig sind, daß es bei ihnen Eunuchen gab, noch bevor sie ans griechische Meer kamen?«

Aristophanes behauptet in den berühmten Versen 663 ff. der *Wolken*, daß die Päderastie zwar vor seiner Zeit (etwa 445 bis etwa 386 v. u. Z.) bestanden haben mag, damals aber noch nicht jene Treibhausatmosphäre in den Gymnasien angenommen habe, deren Auswirkungen er tadelnd mit der »reineren« Moral der vorangegangenen Generation, dem Zeitalter der »Helden von Marathon« vergleicht. Xenophon (430 bis 354) sagt, daß in seiner Generation eheähnliche Institutionen zwischen Männern in Boiotien bestanden hätten (*rep. Lac.,* 213). Und in der Tat finden wir weder bei den Boiotiern noch bei den Eleern irgendwelche Anzeichen, daß bei ihnen jemals eine Bestrafung der Päderastie stattgefunden hätte. In Megara gab es zur Zeit Xenophons einen Tempel der Aphrodite Praxis, der bisexuellen Liebesgöttin, zu der Päderasten von nah und fern pilgerten, um ihre Freundschaften segnen zu lassen. Die »Ehe« der Freunde Chariton und Melanippos wurde sogar vom delphischen Orakel heilig gesprochen. Eine ähnliche, der Männerehe gewidmete Institution, bestand auf der Insel Thera, im Ephebeion (»Jünglingstempel«) des Apollon Karneios, des Widdergottes Apoll.

Obgleich das Pantheon der Griechen auf fast jeder Stufe der sozialen Entwicklung ein getreues Abbild der griechischen Gesellschaft hergab, sah sich die Gesellschaft in diesem Bild doch wie in einem Vergrößerungsspiegel: Alles, was ihr da entgegenblickte, hatte plötzlich die Macht der absoluten Autorität. Selbst die Gesetze, die sie den Göttern in den Mund gelegt hatten, kamen nun mit mythisch verstärktem Echo vom Olymp zurück. Statt der Duldung der Päderastie, die man den Göttern nahegelegt hatte, antworteten die Götter mit sehr seltsamen Forderungen: Forderungen nach päderastischen Göttern, nach Schutzgottheiten der Päderasten, nach päderastischen Riten, päderastischen Kulten, päderastischen Festen.

Rudolf Beyer hat bereits im Jahre 1910 eine Monographie über die homoerotischen Tätigkeiten der griechischen Götter verfaßt (II, 205 ff.). Eine der ausführlichsten Darstellungen des Themas finden wir bei dem Kirchenvater Clemens Alexandrinus (*hom.* V. 15). Das mythologische Schulbuch des Hyginus enthält ganze Kapitel mit den Namen der homoerotischen Götter und ihrer menschlichen Geliebten. Ebenso enthalten die *Erotes* des Phanokles lange Listen von Knaben und ihren göttlichen Liebhabern. Aber alle haben die Frage offen gelassen, *wieso* sich diese Mythologie der Homosexualität gebildet hat. Nehmen wir uns einige der homoerotischen Götter in alphabetischer Reihenfolge vor.

Adonis, der Sohn des Kinyras und dessen Tochter Myrrha, verkehrte sowohl mit Aphrodite wie mit Dionysos, war also im heutigen Sinne »bisexuell«. Für die Griechen gab es keinen entsprechenden Begriff, weil sie es als selbstverständlich erachteten, daß jeder normale Mensch sowohl mit seinem eigenen wie mit dem anderen Geschlecht verkehren wolle. Platon aus Athen, der »Komiker«, dessen dichterische Tätigkeit von etwa 415 bis 390 reichte, sagt in seinem *Adonis* (Fr. 3):

> O Kinyras, König der Kyprier, der Männer mit behaartem Hintern,
> Ein Knabe ward dir geboren, der schönste aller Sterblichen.
> Zwei Gottheiten aber werden ihn vernichten: die eine gerudert werdend
> Mit geheimnisvollen Rudern, die andere selber rudernd.

Die beiden Gottheiten sind natürlich Aphrodite, die »gerudert wird mit geheimnisvollem Ruder« (d. h. mit dem Penis des Adonis), und Dionysos, der ihn »selber rudert« (also anal mit ihm verkehrt).

Anteros, der Gott der Gegenliebe oder auch der erwiderten Liebe, war der Sohn des Ares und der Aphrodite, Bruder des Eros und Gott der »Bruderliebe«, d. h. der Homosexualität. In Athen war sein Altar dort errichtet, wo Timagoras von der Akropolis gesprungen war, weil sein Lieblingsknabe Meles dies als Beweis seiner Liebe von ihm verlangt hatte (Paus. VI. 23, 3).

Aphroditos war die Aphrodite der Homosexuellen. Seine Heiligtümer standen in Pamphilien und auf Zypern. Er war bärtig, trug aber weibliche Kleidung. Auch seine Anbeter trugen beim Gottesdienst Frauenkleidung (Macr. *Sat.* III, 8,2 f. Hesych. s. v.).

Apollon, der beliebteste der griechischen Götter, hatte neben seinen vielen Frauenliebschaften rund zwanzig homosexuelle Affären, die Rudolf Beyer in seiner Abhandlung über die homoerotischen Fabeln der Griechen gewissenhaft aufgezählt hat. Neben Hermes und Herakles galt er deshalb als Schutzgott der Päderasten. Sein Standbild fehlte in keinem griechischen Gymnasium. In Sparta, Thera und Kyrene wurde er als Apollon Karneios, als Widdergott, verehrt. »Unter Anrufung des delphischen Apollon vollzog ich, Krimon, hier mit einem Knaben, dem Sohn des Bathykles, den Liebesakt.« Solche Inschriften findet man in großer Zahl im Ephebeion, dem der Knabenliebe gewidmeten Tempel auf der Insel Thera (Santorin) im Ägäischen Meer. Die größte Zahl dieser in Stein gehauenen Inschriften entstand im 7. Jahrhundert v. u. Z., als die Dorer sowohl Kreta als auch Thera beherrschten. Wir haben es also mit einem dorischen Kult zu tun. Aus verschiedenen Anzeichen wird eindeutig erkenntlich, daß es sich nicht um die amoureusen Inschriften homosexueller Paare handelt, sondern tatsächlich um einen religiösen Ritus, denn die Inschriften benutzen nicht das Verb *beinein,* was »kopulieren« bedeutet hätte, sondern das Wort *ophein,* was sich nur auf den rituellen Geschlechtsverkehr zwischen Priestern und Frauen oder zwischen Priesterinnen und Männern bezieht (im Attischen: *opyein,* »nach dem Gesetz verkehren«). Zweitens wird der Knabe weder mit seinem Namen, noch mit seinem Kosenamen, sondern mit dem seines Vaters angesprochen: eine Form, die nur bei rituellen Gelegenheiten verwandt wurde.

Die griechischen Autoren erwähnen Apollons eigene Affären mit Admetos, Amyklas, Branchos, Hyakinthos, Hylas, Hymenaios, Karnos, Kinyras, Kyparissos, Melampos, Oileos, Orpheus, Paros, Phorbas, Potnios, Troilos, Tymnios, Zakynthos. Admetos diente sowohl dem Apoll wie dem Herakles als Lustknabe. Ein anderer Knabe, Hyakinthos, der sowohl dem Apoll wie dem Windgott Zephyros diente, wurde von diesem aus Eifersucht getötet. Während Apoll sich mit dem Knaben beim Diskuswerfen übte, sandte Zephyros einen plötzlichen Westwind, der den Diskus des Gottes vom Felsen abprallen und den Knaben töten ließ. Zu seinem Angedenken feierte man in Amyklai und in anderen Orten Lakoniens, in Argos, Thera, Kos und Kyrene das homosexuelle Fest der Hyakinthia. Am ersten Tage brachte man der Erinnerung des »schönen Knaben« phallische Opfergaben dar. Am zweiten Tage traten Knaben auf, die, wie Athenaios sagt, »in hochgeschürztem Chiton die Kithara schlagen«. Andere, dem Apoll gewidmete päderastische Feste waren die Gymnopaidia, der »Nacktknabentanz« in Sparta, die Agetoria in Lakonien, die Apellai in Delphi und im Rest des dorisch-aiolischen Gebietes, die Apollonia in Delos, Delphi und Grynaion in der südlichen Aiolis, die Daphnephoria in Theben und Athen, die Delia in Delos, die Pyanepsia in Attika. Auch den Knaben, mit denen er nicht geschlafen hatte, half Apoll. Als der schöne Knabe Kyknos von seinem Liebhaber Phylios verlassen wurde, verwandelte Apoll ihn in einen immer glücklichen Schwan. Als ein Besucher des Schatzhauses der Spinaten in Delphi sich so in das Marmorbild eines Knaben verliebte, daß er mit ihm zu koitieren und ihm danach einen Kranz aufs Haupt zu setzen versuchte, wollten alle ihn wegen Gotteslästerung verurteilen. Nur Apoll selber plädierte für Freispruch, da der Angeklagte den Preis, nämlich den Kranz, bezahlt habe (Athen. XIII, 606b).

Attis erscheint in Attika als Liebhaber des Knaben Agdistis (mit dem er in Phrygien identisch ist). Als er sich in die Tochter des Königs Midas verliebt, kastriert ihn der eifersüchtige Agdistis. In dieser Form wurde der Mythos zum Geheimkult der Päderasten im Peiraieus und verbreitete sich von dort nach Rhamnos, Lesbos und ins Pantikapeion. Nach seiner Kastration trug Attis Frauenkleidung. Dies taten auch seine Anbeter während des Attisfestes.

Der Heilgott *Asklepios* liebte den Knaben Hippolytos (Clem. Al. *hom* V, 15). *Bakchocs-Dionysos*, der Gott des Weins, ist auch in mancher Hinsicht der Gott der Knabenliebe. In den *Dionysika* des Nonnos nimmt seine Affäre mit dem Knaben Ampelos einen breiten Raum ein. Bezeichnend für die Verbreitung der Päderastie unter den Göttern ist die Tatsache, daß Dionysos während seines Idylls mit dem Knaben nur eine Sorge hat: daß Zeus, der Vater der Götter und der eigene Vater des Dionysos, ihm den Knaben stehlen könne, da er schöner sei als Ganymed, den Zeus bereits in den Olymp entführt hatte. Zwischen Rom und Florenz fand man eine Marmorgruppe des Dionysos und Ampelos, die heute im Britischen Museum in London steht. Andere Knaben des Dionysos waren Achilles, Adonis, Hermaphroditos, Hymenaios und Laonis. Ein interessantes Abenteuer hatte er mit Prosymnos, der ihm versprach, ihm die Geheimnisse der Unterwelt zu zeigen, wenn er sich ihm später anal zur Verfügung stelle. Dionysos stimmte zu. Als er aber aus der Unterwelt zurückkam, fand er Prosymnos tot. Darauf schnitzte er sich ein künstliches Glied aus Holz und führte es in seinen After ein, um auch dem Toten gegenüber nicht vertragsbrüchig zu werden. Die Griechen meinten, daß der Brauch, hölzerne Phallen an allen Dionysosfesten herumzutragen, auf dieses Geschehnis zurückzuführen sei.

Fast alle Statuen des Dionysos zeigen ihn als Tunte, als den weiblichen Typus des Homosexuellen. In der frühesten orphischen Kosmogonie taucht er als androgynes Produkt des Ur-Eis auf. In dem olympischen Pantheon erscheint er als Knabe in Frauenkleidung. Später naht er sich den Minyerinnen in Frauenkleidung. Aischylos fragt: »Was trägst du da für seltsame Kleidung?« Er meint damit die schwere ionische Robe, die nur den Unterarm frei läßt. Euripides nennt ihn den »effeminierten Fremden«. Seine Beinamen sind bezeichnend: Dionysos Androgynos, Dionysos Pseudanor, Dionysos Choiropsolas, Dionysos Erikepaios, Dionysos Protogonos. Plato nennt ihn *androgynos,* weil er den Beischlaf als Mann ausführte, sich aber auch anal als Frau gebrauchen ließ. Als *pseudanor,* »den man fälschlich für einen Mann hält«, verehrte man ihn in Makedonien. Der makedonische König Argaios setzte ihm ein Denkmal, auf dem er als dicker Mann mit großem Bauch und prallen Frauenbrüsten, jedoch mit erigiertem Penis zu sehen war. Auch Diodor beschreibt ihn ganz und gar nicht als männlich; im Gegenteil, er habe einen weibischen Körper gehabt. Im boiotischen Sikyon nannte man ihn *choiropsalas* oder *choirothlips,* was nach dem Heiligen Klemens und anderen Kirchenvätern bedeutet haben soll, er habe gern an den Scheiden der Frauen manipuliert. Das ist eine falsche Deutung, denn die »Scheide«, *choiros,* von der hier die Rede ist, ist sein eigener After. Die orphische Kosmogonie beschreibt ihn dann auch prompt als selbstzeugende Gottheit (*protogonos*) mit einem schwanzartigen Penis, mit dem er seinen eigenen After befruchtet.

Das Motiv des als Frau verkleideten Mannes taucht in fast all den ihm gewidmeten Festen auf: den Anthesterien in Athen und dem ganzen ionischen Bereich, den Askolien (ländlichen Dionysien), den eigentlichen Dionysien in Athen, Eleusis und anderen ionischen Städten, den Lenaien in Attika, Naxos, Teos, Andros und Mykonos, den Oschophorien in Athen und Phaleron, den Peireien im Peireios. Bei den Dionysien trugen die Phallosträger weibliche Kleidung. Bei den Anthesterien, die zwar dem Dionysos gewidmet waren, aber nominell den Sieg von Marathon feierten, beschwerte sich Apollonios von Tyana darüber, daß die *krokotoi,* die safranfarbigen Frauenkleider und Frauenschleier der Männer, eine Beleidigung der Helden seien, welche die Perser besiegt hatten. Selbst die Askolien, die ländlichen Dionysosfeiern, hatten stark päderastische Aspekte. Nackte Knaben hüpften auf einem prall gefüllten, mit Öl schlüpfrig gemachten Sack von einem Bein auf das andere, dem Zuschauer »Stellungen« vorführend, wie er sie sonst nur im Knabenpuff zu sehen bekam.

Nach einem Fragment des Epimenides aus Kreta (fr. 11) wurden die

Dioskuren, Kastor und Pollux (Polydeukes), die Söhne des Zeus und der Leda, als homosexuell und doppelgeschlechtlich aufgefaßt. Die ihnen gewidmeten Feste in Sparta, Delphi, Kyrene und dem Rest des dorischen Bereichs wurden jedenfalls von homosexuellen Freundespaaren besucht, die dort um Segnung ihres Verhältnisses baten.

Erikepaios, ein Gott der orphischen Kosmogonie, manchmal mit Dionysos, oft aber auch mit Zeus identifiziert, galt als Gottheit des Analverkehrs. Man schrieb ihm einen rüsselartigen Schwanz zu, mit dem er in seinem eigenen Anus koitieren konnte.

Eros war nicht nur der Gott der Liebe, sondern auch der Knabenliebe. Ihm war in Athen am Eingange der Akademie von Charmos, dem Liebhaber des Hippias, ein Altar gesetzt worden, zu dem die Päderasten von ganz Attika pilgerten (Paus. I, 30, 1; Athen. XIII, 609d). Auch in Theben galt er als Schutzgottheit der Päderastie und wurde in dieser Funktion besonders von der Heiligen Schar, der homosexuellen Stoßtruppe der Thebaner, verehrt. Bei dem Erosfest in Thespiai fand ein Wettbewerb statt, der das beste päderastische Lied des Jahres mit einem Preis krönte (Plut. *amat.* I; Paus. IX, 31, 3; Athen. XIII, 601a).

Helios, der Sonnengott, hatte laut Hesiod (fr. 15) ein homosexuelles Verhältnis mit Orion, dem boiotischen Sterngott. Bezeichnend ist auch, daß Orion als Kennzeichen die Doppelaxt, oft das Symbol der Bisexualität, führt.

Hephaistos, der hinkende Schmiedgott, Ehemann der Aphrodite, wurde oft als Knabenliebhaber bezeichnet. Zu seinen Partnern gehörten Peleus, der einzige Sterbliche, der eine Unsterbliche heiratete, und Orion, der boiotische Jagdgott, der später in die Sterne versetzt wurde (Clem. Al. *hom.* V, 15).

Hermaphroditos war nicht nur ein »Hermaphrodit«, sondern auch ein Anhänger der Männerliebe. Oft finden wir ihn im Verkehr mit Pan, Eros und den Satyrn. Manchmal zieht ihm Eros das Gewand hoch, so daß wir seinen erigierten Penis sehen, manchmal betrachten geile Satyrn seine Reize. Manchmal umschlingen sie ihn oder koitieren ihn anal, denn er wurde niemals als Mann mit Vagina, sondern stets als Frau mit Penis dargestellt. Dies hat seine Gründe in der hermaphroditischen Figur als Wunschfigur der Päderasten, die den Busen, den Penis und den After schön, die Vulva aber häßlich fanden. Das Zentrum des Hermaphroditenkults war im attischen Gau Alopeke. Am 4. und 7. Monatstag pflegte man dort die Hausstatuen des Hermaphroditos zu bekränzen, denn diese Tage galten als besonders glücklich für die Knabenliebe.

Hermes, der Vater des Hermaphroditos, verkehrte nicht nur heterosexuell mit Aphrodite und zahllosen anderen Frauen, sondern ist vor allem wegen seiner homosexuellen Abenteuer bekannt. Zu seinen Lustknaben gehörten Chryses, Kadmos, Odryses, Perseus und Therses. Bei den kretischen Hermesfeiern trugen die Männer Frauenkleidung und wurden von den Frauen mit Ruten um den Hermesaltar herum getrieben.

Hypnos, der Schlafgott, trieb es mit Endymion. Der auf Chios geborene Lyriker Likymnios behandelt dieses Thema sehr lustig, indem er den Gott dauernd bei der Knabenliebe einschlafen läßt und am Ende von dem Knaben verlangt, daß dieser, damit der ältere potent bleiben könne, ihm beim Verkehr die Augen aufhielte (fr. 3 bei Athen. XIII, 564c).

Da die griechischen Gastmähler und Gelage nur von Männern für Männer gegeben wurden (Ehefrauen waren ausgeschlossen, nur Hetären waren manchmal zugelassen), ist es kaum verwunderlich, daß auch der Gott der Gastfreundschaft, *Komos,* als Päderast galt. Bei den nächtlichen Umzügen, die man nach dem Gotte ebenfalls *komos* nannte, trugen die Männer deshalb oft Frauenkleidung.

Konisalos war eine doppelgeschlechtliche attische Gottheit, ähnlich dem Orthanes und dem Tychon, die stets ithyphallisch, d. h. mit erigiertem Glied, gleichzeitig aber auch mit Frauenbrüsten dargestellt wurde.

Kronos, der Sohn des Uranos, der seinen Vater kastrierte und seine Söhne auffraß, galt selbst in Athen und Olympia, seinen Hauptkultstätten, als nicht ganz normal. Beim Kronosfest trugen die Männer deshalb Frauenkleidung.

Eine hermaphroditische Gottheit war *Leukippos,* zu dessen Ehren man in Phaistos auf Kreta das Fest der Apodysia oder Apodyteria, wörtlich: das »Entkleidungsfest« feierte. *Leukippos* war ursprünglich ein Mädchen gewesen, das damals Leukippe hieß. Da sie sich in ein anderes Mädchen verliebt hatte, flehte sie die Göttin Leto (Latona) um einen Penis an. Die Statue des Leukippos trug deshalb Mädchenkleidung, besaß aber einen meist erigierten Penis (Anton. Lib. 17).

Narkissos, der Gott der Selbstliebe, galt als homosexuell, da er ja in sich selber sein eigenes Geschlecht liebte. Oft machte man sich darüber lustig, daß er nur deshalb unglücklich war, weil er nicht erkannt hatte, daß das, was er eigentlich wollte, sein »Ebenbild«, d. h. ein anderer Jüngling sei. So Ausonius in *Epigramm* 97:

Schmachtest du nach anderen, Narcissus, du könntest besitzen!
Jetzt, wo du selbst dich besitzt, fehlt dir jeder Genuß.

Orion, der Sterngott, unterhielt päderastische Beziehungen zu Helios, dem Sonnengott, und Hephaistos, dem Gatten der Aphrodite.

Orpheus, der große Sänger, der in Thrakien als Gott galt und durch die Lehre seiner Apostel, der Orphiker, zum wichtigsten Religionsstifter in der griechischen Geschichte wurde, galt auch als Erfinder der Knabenliebe (Ovid *met.* X, 83 ff). Er sei von den Mänaden, den thrakischen Frauen, kastriert und zerrissen worden, weil er ihnen die Männer entfremdet habe (Phanokl. nach Stob.*flor.* (64, 14; Luc.*adv. ind.* 11; Ovid *met.* XI, 50 ff.). Phanokles schildert die Liebe des Orpheus zu dem Knaben Kalais mit vielen erotischen Einzelheiten.

Orthanes war ein doppelgeschlechtlicher Gott in Attika (Strab. XIII, 588), ähnlich dem Tychon und dem Konisalos. Er hatte Frauenbrüste, trug oft Frauenkleidung, besaß aber auch einen meist erigierten Penis. Auch der »große Gott *Pan*« war hermaphroditisch und wurde, wie Dionysos und Hermaphroditos, oft im Geschlechtsverkehr mit den Satyrn dargestellt.

Der Gott *Phales*, der eigentlich eine Personifizierung des Phallos ist, wird fast stets als homosexuell dargestellt. Aristophanes nennt ihn in den *Acharnern* (263, 276) »Knabenschänder«.

Phales, der orphische Gott, oft mit Eros, Dionysos, Phaeton, Antauges und Eubuleus identifiziert, galt als bisexuell und hat, genau wie Priapos in manchen Darstellungen, seinen Penis über den Hinterbacken: der After dient ihm als Vulva, um sich selber zu begatten (*Orphica,* ed. Abel, fr. 62; 6, 9; 56, 4; 69, 1. Nonnos Dion. XIV, 187; Paus. IX, 31, 2).

Poseidon liebte nicht nur Pelops, den Helden, nach dem der Peloponnes benannt war, sondern auch den doppelgeschlechtlichen Kaineus, den Sohn des Königs der Lapithen, den man als Mädchen auch Kainis nannte. Als Pelops, zum Manne geworden, einmal die Hilfe des Poseidon benötigte, rief er ihn an, indem er sich ausdrücklich auf die Lustbefriedigung berief, die er dem Gotte einst gegeben hatte: »Höre mich, Poseidon, wenn jemals du Freude durch meine Liebe erfuhrst und durch die süßen Gaben...« (Pindar, *Olympia,* 1). In der Sippe des Pelops lief das päderastische Motiv übrigens noch Generationen weiter, denn der Sohn des Pelops, Chrysippos, wurde von Laios, dem König von Theben, zur Knabenliebe verführt.

Priapos ist, wie Phales, eigentlich kaum mehr als eine Verkörperung des Phallos und hat im übrigen fast alle Eigenschaften seines Vaters

Dionysos geerbt. Auch er ist bisexuell, hat zwar einen gewaltigen Penis aber auch Frauenbrüste und verkehrt per anum mit den Satyrn und mit Hermaphroditen. Seine Liebe zu dem Knaben Daphnis finden wir bei Theokrit (I, 18 mit schol.) und bei Tibull (I, 4).

Protogonos, der selbstzeugende Urgott der Orphiker, wurde, wie Phales und Erikepaios, als Analerotiker verstanden, der seinen Penis in seinen eigenen After stecken und so homosexuell mit sich selber koitieren konnte.

Auch die *Satyrn* wurden von den Griechen als bisexuell aufgefaßt, denn es schien den Alten selbstverständlich, daß sie als Verkörperung der Geilheit nicht nur mit Frauen, sondern vor allem mit Knaben koitieren wollten.

Trophonios, der dem Asklepios gleichgestellte Heilgott der Boiotier, galt ebenfalls als doppelgeschlechtlich. Beim Traumorakel des Trophonios in Lebadeia wurde der Auskunftsuchende von Knaben mit Öl gesalbt und masturbiert.

Tychon war eine zweigeschlechtliche attische Gottheit, die ähnlich wie Orthanes und Konisalos mit erigiertem Penis und Frauenbrüsten dargestellt wurde.

Zephyros, der Gott des Westwinds, verkehrte mit den Knaben Hyakinthos und Kyparissos. Es ist vielleicht kennzeichnend für die Kurzlebigkeit der Knabenliebe, daß Eros, nachdem Zephyros, halb aus Versehen, halb aus Eifersucht den Knaben Hyakinthos getötet hat, ihm rät, die Sache nicht zu ernst zu nehmen und Trost bei einem anderen Knaben zu suchen: »Das einzige Heilmittel einer alten Liebe ist eine neue. Suche dir darum einen noch prächtigeren Knaben!« (Nonnos IV, 105 ff.).

Selbst *Zeus,* der Gottvater, der Herrscher des Olymp, höchster der griechischen Götter, wird in zahllosen Schriften als Päderast geschildert. Daß er nicht nur Knaben liebt, sondern sie auch raubt, vergeben ihm die Väter der Knaben nicht; er muß dem Tros für den Raub des Ganymed und dem Tantalos für den Raub des Pelops (den er seinem Bruder Poseidon stiehlt) Strafe zahlen. Lukian sagt in seinem *Charidemos:* »Sobald Zeus zu den schönen Jünglingen auf die Erde herabsteigt, wird er auf einmal so sanft und mild und gefällig, daß er immer damit anfängt, den Zeus abzulegen, und aus Besorgnis, seinen Geliebten in seiner eigenen Gestalt nicht angenehm genug zu sein, irgendeine andere annimmt, und zwar immer eine so schöne, daß er gewiß sein kann, alle, die ihn erblicken, an sich zu ziehen.« Er betrügt die Sterblichen also selbst in seiner Erscheinung.

Teils wegen seiner homosexuellen Neigungen, teils aber auch, weil er dadurch von den alten Muttergöttern unabhängig wird, schildern die Orphiker Zeus stets als selbstzeugend, als sich selbst befruchtend. Und da dies bei den orphischen Göttern immer in analerotischer Weise geschah, nämlich indem der Penis des Gottes den eigenen Leib begattet, wurde er als doppelgeschlechtlich dargestellt: als Zeus Protogonos oder Zeus Erikepaios. »Zeus ist männlich, Zeus ist die unsterbliche Frau!« heißt es in einer der orphischen Hymnen. Eine andere Hymne nennt ihn *metropator,* »Muttervater.« In Karien stellte man ihn als bärtigen Mann mit sechs Frauenbrüsten dar. In Labranda, nahe der karischen Hauptstadt Mylassa, wo man ihn als Zeus Labrandeus anbetete, ist er kahlköpfig und hat vier Frauenbrüste. In der Hand hält er das Symbol der Doppelgeschlechtlichkeit, die Doppelaxt, die Herakles, der selber doppelgeschlechtlich war, der doppelgeschlechtlichen Amazone, Hippolyte entrungen und dem Mannweib Omphale gegeben hatte. Gyges, der den letzten König der Lydier tötete, brachte die Axt nach Karien. Nun trägt sie der karische Zeus.

Die Verschmelzung der orphischen, selbstzeugenden Gottheiten mit den bisexuellen Göttern späterer Generation zeigt sich in der nachträglichen Einbeziehung der archaischen Symbole (Doppelaxt) in das olympische Pantheon. Zeus stellt in dieser Hinsicht den Versuch der vaterrechtlichen Gesellschaft dar, den selbstzeugenden Müttern der vorgriechischen Kosmogonie den selbstzeugenden Vater der olympischen Familie entgegenzustellen. So kann er ohne Mithilfe einer Mutter aus seinem Haupt die mutterlose Göttin Athene erzeugen, die dann auch prompt die Schutzgöttin der Hochburg des Vaterrechts, der Stadt Athen, wird. Als Zeus Meilichios, der sanfte, süße, liebliche Gott, war er der Beschützer der Männerfreundschaft. Die Diasien, die Freundschaftsfeste Attikas, waren ihm in dieser Funktion gewidmet.

Andere, der Knabenliebe geweihte Feste, waren die Diokleia in Megara, die Eleutheria in Samos, und in Athen das jährliche Fest zum Andenken an das homosexuelle Liebespaar Harmodios und Aristogeiton, die den Tyrannen Hipparchos im Jahre 514 v.u.Z. ermordet hatten. Ganz ähnlich waren die Diokleien in Megara, die jedes Jahr zur Frühlingszeit zum Andenken an den Feldherrn Diokles abgehalten wurden. Er war während der Verteidigung seiner Vaterstadt für seinen Geliebten eingesprungen und hatte dessen Körper mit dem seinigen gedeckt. Zur Erinnerung an seinen Opfertod fand jeden Frühling ein Wettbewerb von Jünglingen im Küssen statt, von dem Theokrit schreibt:

Im Frühling um sein Grab in jedem Jahr
Kämpft um den Preis im Kuß die junge Schar.
Wer Lippe da am süßesten auf Lippe drückt,
Kehrt kranzgeschmückt zur Mutter heim beglückt.

Man beachte: zur Mutter! Klarer kann die Ödipus-Situation kaum ausgedrückt werden! Ähnlich die Eleutheria in Samos, die jährlich zur Befreiung der Stadt durch ein männliches Liebespaar gefeiert wurde.

In Sparta fand jedes Jahr eine Prozession zum Berge Taygetos statt, bei der die Männer Frauenkleidung trugen. Beim Hybriskafest in Argos trugen die Männer den weiblichen Peplos und den Frauenschleier, Krokotos. Wenn die Prozession, welche die Eleusinischen Mysterien einleitete, die Brücke von Kephisa passierte, wurde sie von einem Mann in Frauenkleidung empfangen. Die homosexuellen Anklänge dieser transvestitischen Bräuche sprechen für sich selbst. Schwieriger zu erklären ist das Phänomen der weiblichen Schutzgöttinnen der Päderastie.

Aphrodite, Artemis, Athene, Hera, Kotys, Kybele, Leto – Göttinnen der verschiedensten Art und der verschiedensten geographischen Herkunft –, haben alle zu verschiedenen Zeiten an verschiedenen Orten als Schutzgötter der Päderastie gedient. In Megara beteten die Päderasten zur Aphrodite Praxis, in Thessalien zur Aphrodite Anosia. Bei den Anosien, dem Fest der Aphrodite Anosia, trennten sich Männer und Frauen und feierten, jede Gruppe für sich, mit erotischen Geißelungen der Göttin gewidmete Orgien (Athen. XIII, 589a; schol. Aristot. *plut,* 179; Plut. *amat.,* 767 f.). Straton ruft in einem Gedicht die aus dem Meer auftauchende Aphrodite an, um sie mit dem aus der Badewanne auftauchenden Penis seines Geliebten zu vergleichen.

Artemis wurde vor allem in Lakonien als Schutzgöttin der Knabenliebe angerufen. Am Altar der Artemis Orthia in Sparta wurden die Epheben jedes Jahr bis aufs Blut ausgepeitscht. Hans Licht leitet ihren Namen von *orthos,* »aufrechtstehend«, ab und meint, daß sich dies auf die Erektion bezog, die sich bei der Flagellation bildete. Pausanias sagt, die Priesterin der Artemis habe dabei zugesehen, das Kultbild der Göttin im Arm. Seltsamerweise sei dieses manchmal leicht, manchmal schwer geworden, so daß die Priesterin es kaum noch habe tragen können. Die Flagellanten hätten daraus entnommen, welche der Knaben man schwer bestrafen und welchen man nur leichte Schläge geben solle (Paus. III, 16 ff.; II, 24, 5). In ihrer Funktion als Artemis Korythalia habe die Göttin dagegen verlangt, daß die *korittoi,* die »Hornstößer«, die phallischen Männer beim Fest der Tithenidia, Frauenkleidung und Frauenmasken zu tragen hätten. Auch bei den Artemisia, den eigentlichen Artemisfesten in Lakonien, hätten die Männer stets Frauenkleidung tragen müssen.

Im Monat Pyanepsion (November/Dezember) feierte man in Athen das Fest der Oschophoria, benannt nach den *oschoi,* den mit Trauben behangenen Weinranken, die als Symbol der männlichen Genitalien galten. Nun ist hierbei bemerkenswert, daß die *oschoi* von Athen zum Kultbild der Athena Skiras in Phaleron getragen wurden, und daß die Träger Frauenkleidung anhaben mußten (Plut. Thes. 22 f.). Selbst Hera, die Göttin des heimischen Herdes, diente als Schutzgöttin der Päderastie. Der Dichter Anakreon ließ von Polykrates eine Statue seines Lieblingsknaben Bathyllos im Heratempel zu Samos errichten, die Apuleius noch gesehen und beschrieben hat (Max. Tyr. XXXVII, 439; Hor. *epod.* 14,9; Apul. *flor.* II, 15). Bei den Heraien, den Festen zu Ehren der Hera in Samos, trugen die Männer lange weiße Roben, goldene Haarnetze, Frauenarmbänder und Frauenhalsketten.

Die thrakische Göttin Kotys oder Kotytto galt als die eigentliche Schutzgöttin der Päderastie. Ihre Priester, die *baptai* (»Täufer«), vollzogen nackt mit ihren nackten Gläubigen die Taufe. Nach der Taufe legten sie Frauenkleidung, Perücken und goldene Haarnetze an, schminkten sich, verlängerten sich die Augenbrauen mit Kienruß, tranken aus Gläsern in Phallusform (Juvenal II, 91 bis 101), tanzten miteinander und vollzogen in Gruppen den Analverkehr. Alkibiades war ein Kotyspriester, aber als der Dichter Eupolis ihn deshalb angriff und Alkibiades den Eupolis ertränkte, wagte niemand, Anklage gegen ihn zu erheben (Fragmente des Eupolis Textes bei Kock, *comici* I, 273 ff. Siehe auch Licht in *Anthropophyteia* VII, 134 ff.; Calv. *enc.* 865; *epist.* 44; Dekk. *an. gr.* 246. Suid. und Hesych. s. v. Kotys; Hor. *epod.* XVII, 56; Verg. *cat.* V, 19).

Die phrygische Göttin Kybele oder Kybebe wurde bereits in archaischer Zeit von den Griechen angebetet und seit dem 5. Jahrhundert v. u. Z. in ganz Griechenland als *meter megale,* Große Mutter, verehrt. In Athen gehörte ihr Tempel, das Metroon, zum Staatskult. In Anlehnung an den ionischen Namen der Göttin, Kybebe, tauften die Ioner ihre Priester *kybeboi,* wovon sie auch den Ausdruck *kybebis* (»Eunuch«, »Beschnittener«) ableiteten, denn man sagte, ihre Ablehnung des weiblichen Geschlechts ginge so weit, daß sie sich die Glieder abschnitten und sich nur noch anal von anderen Männern koitieren ließen. Die Phrygier nannten diese Priester nach dem Flusse Gallos, der durch das Heiligtum der Göttin in Pessinus floß, *galloi.* Zu Ephesos nannte man solche Kastratenpriester *megabyrzi,* in anderen Landstrichen *metragyrtoi,* »Bettler der Mutter«. Wenn ein solcher Priester sich nicht nur zeugungsunfähig, sondern tatsächlich gliedlos gemacht hatte, sprachen die Griechen von *kartzimoi,* »Gliedlosen«. Trotzdem galten diese Männer, die ja keinen eigentlichen Geschlechtsverkehr mehr ausüben konnten, als Homosexuelle (Pseudolukian in *Lucius,* 35 ff.), die »ganz offensichtlich zu homosexuellen Zwecken entmannt worden sind« (Justin in *Apol.* I, 27).

Leto, die ehemalige Gattin des Zeus (vor seiner Hochzeit mit Hera), Mutter des Apoll und der Artemis, galt in Phaistos auf Kreta als Schutzgöttin der Päderastie. Bei ihren Festen trugen die Männer Frauenkleidung.

Eine Erklärung, weshalb weibliche Gottheiten die männliche Homosexualität schützen sollten, läßt sich mit modernen, vaterrechtlichen Denkformen nicht finden. Aber zwei grundsätzliche Unterschiede zwischen den Motiven der vater- und mutterrechtlichen Gottheiten lassen sich herausschälen: Während die Götter von dem Manne verlangen, er solle sich von der Frau frei machen, also eine Art sexueller Autonomie anstreben, verlangen die Göttinnen, er solle sich zur Frau machen, indem er sich anal koitieren lasse, und er solle seine Unterordnung unter das Regime der Mütter kundtun, indem er zumindest an den Festtagen der Göttinnen Frauenkleidung anlege. Die Zwänge, die den Griechen zur Päderastie führten, waren also außerordentlich komplex und wirkten von nahezu entgegengesetzten Seiten, deshalb aber mit um so stärkerer Kraft auf ihn ein.

Daß es in Wahrheit die Priester und Priesterinnen waren, die da sprachen, und nicht die Götter und Göttinnen, war nur wenigen Griechen bewußt. Da die Priesterkaste aber sehr spezifische soziale Interessen vertrat, wirkten sich die ökonomischen Gründe in einer Vergötterung der Päderastie aus. Manche Gräzisten haben dieses Verhalten dem Erbe der nomadischen Zeit zugesprochen, in der die Griechen als bewaffnete Männerhorde vom Schwarzen Meer her nach Griechenland einbrachen, die Ureinwohner des Landes unterjochten, ihre Frauen vergewaltigten und aus diesem traumatischen Erlebnis ihr sexuelles Ideal entwickelten: das des Jünglings der eigenen Rasse. Denn Frauen kannten sie nur als Fremde, als Opfer kurzfristiger, liebloser Paarungen. Scham über die eigene Hörigkeit gegenüber der Frau verband sich mit Verachtung gegenüber dem Geschlecht, dem man hörig war. So wurde die Überwindung der sexuellen Abhängigkeit von der Frau zu einer Art ethischer Stammespflicht. Solche traumatischen Erlebnisse haben aber trotz ihrer Schockwirkung, die sich durch Legenden, Mythen und Maximen von Generation auf Generation »vererbt«, nur begrenzte Lebensdauer und hätten sich auch bei den Griechen sicherlich im Laufe der Jahrhunderte erschöpft, wenn nicht gewisse soziale und ökonomische Einflüsse wirksam gewesen wären, den ursprünglichen Erfahrungsschock in jeder Generation von neuem fühlbar zu machen.

Homosexualität im alten Rom. Die Literatur der männlichen und weiblichen Homosexualität ist bei den Römern nicht so allumfassend wie bei den Griechen, aber sie nimmt innerhalb der erotischen Literatur des alten Rom doch einen weitaus größeren Platz als in der Literatur des heutigen Bürgertums ein. Die grundsätzlichen Unterschiede zwischen der römischen und griechischen Homosexualität, vor allem der des Mannes, liegen darin, daß der Römer nie versucht hat, die Homosexualität als besser, edler, würdiger anzupreisen, sondern sie bestenfalls als gleichwertig betrachtete. Auch haben die Römer nie jene philosophische Idealisierung der Päderastie vorgenommen, mit deren Hilfe die Griechen sich eingeredet hatten, sie sei die einzige dem Manne angemessene Form der Geschlechtsverbindung. Endlich herrschte bei den Römern eine weniger auf unreife Knaben und mehr auf den partizipierenden, reifen Mann ausgerichtete Homoerotik.

Auch bei dem römischen Lesbizismus finden wir keine Idealisierung des gleichgeschlechtlichen Verkehrs und auch keinen Versuch, ihn als Schule des jungen Mädchens im Sinne Sapphos aufzubauen, sondern nur eine begrenzte Duldung, und selbst diese nur bei Frauen, nicht aber bei den Männern, die jede Form der weiblichen Homosexualität als Angriff auf ihr eigenes Geschlecht auffaßten: als Zweifel an der Fähigkeit des Mannes, die Frau zufriedenzustellen.

Da also der Römer frei von der griechischen Illusion war, Homosexualität sei eine elitäre Form des Geschlechtsverhaltens, sah er auch keinen Grund, den homosexuellen Verkehr mit Sklaven als entehrend zu betrachten. Es ist deshalb bezeichnend, daß die Annalen der römischen Homosexualität mit der Vergewaltigung von Sklaven beginnen. Der erste Bericht hierüber liegt aus der Ära der Dezemviratsgesetzgebung von 449 v. u. Z. vor, der zweite aus der Zeit des zweiten Samniterkrieges (326 bis 304), von der Livius berichtet (VIII, 28), ein Wucherer habe seinen Schuldgefangenen anal zu vergewaltigen versucht. Der Gefangene sei jedoch entkommen, und den Wucherer habe keine Strafe getroffen, da der Gefangene sich selber in die Sklaverei verkauft habe, um seine Schulden zu tilgen. Tatsächlich gab es bis zu Antonius kein Gesetz gegen die Vergewaltigung von Sklaven durch ihre Herren. Da der Sklave nicht als Mensch, sondern als »Sache« seines Herrn galt, betrachtete das Gesetz einen solchen Akt nicht als Rechtsverkehr zwischen Menschen und deshalb auch nicht als homosexuellen Akt. Charakteristisch ist die folgende, zeitlich nicht mehr fixierbare Anekdote: Ein freigeborener Römer namens Calidius hatte ein Verhältnis mit der Frau seines Freundes. Als er eines nachts von diesem in dessen Haus ertappt wurde und wegen Ehebruchs um sein Leben fürchten mußte, sagte er, er habe nur dessen Sklavin vergewaltigen wollen. Das war straffrei und durchaus einleuchtend.

Catull meinte, daß es die moralische Pflicht des Sklaven oder Freigelassenen sei, seinen Herrn sexuell zu befriedigen. So spricht er von dem Freigelassenen Aufilenus, auf den sein Freund Cälius scharf ist, und kommentiert:

> Doch wem gönn' ich am meisten sein Glück? Dir, Cälius, du hast
> Seltene Freundestreu' einst durch die Tat mir gezeigt,
> Als mein innerstes Ich wahnsinnige Gluten versengten.
> Cälius, möge das Glück fördern, was heiß du begehrst!

Juvenal dagegen meinte, ein Sklave, der das Feld beackere, sei weniger zu bedauern, als einer, der seinen Herrn beackern müsse (45 f.). Jedenfalls bestand die Institution der zum homosexuellen Verkehr dienenden Lustknaben in Rom bis ins späte Kaiserreich.

Eine der übelsten Folgen dieser Verbindung von Sklaverei und Homosexualität war die Kastration von Sklaven, die der Erhaltung eines jugendlichen Teints, der Unterbindung von Haarwuchs und der Erzielung einer »schönen« (also knaben- oder mädchenhaften) Stimme dienen sollte. Der römische Verschneider solcher Lustknaben unterschied – wie bei den Griechen und ähnlich wie bei den zur Empfängnisverhütung beschnittenen Lustknaben der römischen Frauen – zwischen *castrati veri,* »wirklichen Eunuchen«, denen man beide Hoden entfernt hatte, und dem *thlasias* oder *thlibias,* dem man beide Hoden belassen, aber durch Zerquetschen unfruchtbar gemacht hatte. *Spado* nannte man denjenigen, dem man eine einzige Hode entfernt hatte. Von den Spadonen glaubte man, sie hätten alle Eigenschaften eines richtigen Mannes beibehalten, seien aber zarter und anschmiegsamer als dieser.

Erst Domitian, der übrigens selber eine Anzahl von kastrierten Lustknaben besaß, verbot die Kastration von Sklaven (Mart. IX, 8,8).
Zweifellos hat das Vorbild der Herrscher die Form und den Verlauf der Homosexualität in Rom maßgeblich beeinflußt. Das gilt nicht erst für die Kaiser, sondern bereits für Cäsar und die Triumvirn. Andererseits bedeuten homosexuelle Handlungen bei den Cäsaren nicht notwendigerweise, daß diese Kaiser homosexuell oder auch nur bisexuell gewesen seien, und dies ist ein viel ernster zu nehmender Einwand als der läppische Vorwurf der Zügellosigkeit gegen Menschen, die sich nicht anders als homosexuell benehmen können. Die ersten drei Jahrhunderte des Kaiserreichs waren ein ausgesprochenes Konsumzeitalter. Da die Produktionsmittel sich nicht mehr weiterentwickelten, schlug die Libido vom Schaffen ins Verzehren um. Auf sexuellem Gebiete bedeutete dies, daß fast jeder, der Geld hatte, so viele und so verschiedene sexuelle Erfahrungen zu sammeln suchte, wie er sich nur leisten konnte. Wie ein Neureicher unserer Tage, dem man gesagt hat, ein Mann der Welt müsse mit Austern, Kaviar und Schnecken vertraut sein, sich nun verpflichtet fühlen mag, auch geröstete Ameisen, gedünstetes Hundefleisch oder gehäutete Schlangen zu vertilgen, hat man bei den homosexuellen Affären der Kaiser oft das Gefühl, daß sie sich zu manchen dieser Aktivitäten geradezu zwingen mußten, um dem Lumpenproletariat Roms, von dem sie abhängig waren, jenen Herrschertypus darzubieten, von dem sie glaubten, er sei erwünscht.
Cäsar selber war zweifellos bisexuell und hatte keinen Grund, irgend jemandem vorzumachen, er sei lasterhafter, als er es wirklich war. Sueton meint (*Cäsar* 2), er habe als junger Mann dem König Nikomedes von Bithynien als Lustknabe gedient; und während Cäsar die meisten der anderen Anwürfe ignorierte, nahm er diesen ernst, weil er darauf hinauslief, daß ein Römer sich einem Asiaten gefügt hatte. Ganz spezifisch warf man ihm vor, er habe sich in Frauenkleidung dem König »als Rivale der Königin und Matratze des königlichen Bettes« angeboten. Die Speerspitze des Angriffs war also nicht die Homosexualität als solche, denn das war in Rom keine ehrenrührige Sache, sondern daß Cäsar sich mit einem Fremden eingelassen und dabei sogar die Rolle der Frau gespielt habe. Wegen einer Anzahl anderer Affären, sowohl homo- wie heterosexueller Art, die aber alle mehr seiner Laufbahn als seinem Vergnügen gedient hatten, nannten die Römer ihn »die Ehefrau aller Männer und den Ehemann aller Frauen« – eine halb bewundernde Anzüglichkeit, die ihn keineswegs daran hinderte, der mächtigste Mann im

Staate zu werden.

Was wichtig ist, ist nicht, ob Cäsar wirklich homosexuell war, sondern was ihm seine Zeitgenossen nachsagten: die spezifischen Formen der Homosexualität, die man von ihm berichtete und die Wertmaßstäbe, mit denen die Historiker des Patriarchats ihre eigenen Herrscher maßen. Auch dem Antonius warfen sie vor, er habe in seiner Jugend als Lustknabe gedient und »sich damit viel Geld zusammengevögelt« (Dio Cassio 45, 26. Cicero *Phil.* II, 18). Die Toga habe er zu einem Hurenkleid gemacht. Wie ein Straßenmädchen sei er »um einen festen und nicht kleinen Preis« »käuflich gewesen: »Kein Knabe, der Wollust wegen erkauft, war je so sehr in seines Herrn Gewalt wie du freiwillig in der des Curio. Wie oft hat dich dessen Vater aus dem Hause geworfen? Wie oft Wächter aufgestellt, um dich von dem Eintritt an der Schwelle abzuhalten, während du unter dem Schutze der Nacht, Wollust vorgaukelnd, in Wahrheit aber angetrieben von dem Lohn, dich durch die Dachziegel herabließest?« Was man Antonius ebenso wie Cäsar vorwarf, war also nicht, daß er homosexuell gewesen sei, sondern daß er es eben *nicht* war, sondern seinen Hintern zum Sprungbrett seiner Karriere habe machen lassen.

Dem Augustus warf man ähnlich vor, er habe sich seine Adoption durch seinen Onkel, mit welcher seine eigentliche Laufbahn begann, dadurch erworben, daß er ihm als Lustknabe gedient habe. Mark Anton war der bedeutendste Verfechter dieser Ansicht. Lucius, der Bruder des Marcus, warf ihm dagegen vor, er habe seinen Hintern nicht nur Cäsar, sondern auch Aulus Hirtius in Spanien für 300 000 Sesterzien preisgegeben. Sextus Pompeius schalt ihn einen weibischen Weichling. Und als einmal in einem Theaterstück von einem beschnittenen Kybelepriester gesagt wurde: »Siehe, wie schön er die Pauke schlägt«, brach das Publikum in Gelächter aus, denn die Worte waren doppelsinnig und konnten ebenso gut bedeuten: »Siehe, wie schön der Schwule die Welt regiert!« Caligula warf man vor, er habe bei Marcus Lepidus als Frau gedient und den Pantomimen Mnester zu seiner Frau gemacht. Valerius Catullus, ein junger Mann aus konsularischem Hause, klagte Caligula an, ihn nicht nur anal vergewaltigt, sondern auch krank gemacht zu haben (Sueton, *Cal.* 36), woraus manche Historiker der Medizin entnehmen möchten, daß es in Rom Geschlechtskrankheiten gegeben habe – eine umstrittene Frage. Was man ihm aber am bittersten vorwarf war, daß er einige als Geiseln in Rom lebende Fürsten zum Analverkehr erpreßt oder gezwungen habe. Also galt auch hier die Regel, daß Homosexualität als solche nicht verwerflich war. Diente sie aber der Karriere oder der Ausbeutung anderer, war sie unehrenhaft.

Der erste Fall einer eindeutig pathologischen Persönlichkeit unter den Cäsaren tritt uns in Nero entgegen, der in seiner Jugend bereits von seinem Lehrer zur Homosexualität erzogen worden war (Cassius Dio) und seinen Stiefbruder Britannicus anal vergewaltigt hatte, als dieser erst 14 war (Tacitus, *Annalen* XIII). Und wer war dieser Lehrer? Niemand anders als der große Moralprediger des Vaterrechts, Seneca. Nachdem Nero zur Macht gekommen war, machte er sich die Welt zum homosexuellen Theater und das homosexuelle Theater, vor allem die Schauspieler, zu seiner bevorzugten Welt: »Den jungen Sporus, den er entmannen und mit allen Regeln der ärztlichen Kunst zur Frau machen ließ, heiratete er mit rotem Schleier und voller Mitgift nach feierlicher Vollziehung der Hochzeitszeremonien unter großem Gepränge in seinem Palast und ließ ihn wie seine Gemahlin behandeln. Es existiert darüber noch heute ein nicht ungeschickter Einfall eines Witzlings, es wäre ein Glück für die Menschheit gewesen, wenn Domitius, der Vater, eine solche Gemahlin gehabt hätte! Diesen Sporus kleidete er in die Tracht der Kaiserinnen, ließ ihn in einer Sänfte tragen und führte ihn auf den Festversammlungen und Messen von Griechenland und darauf auch zu Rom am Sigillarienfest unter vielen zärtlichen Küssen als Begleiter mit sich umher.«

»Seinen eigenen Leib gab er so sehr preis, daß er, nachdem fast kein Teil von ihm unbefleckt geblieben war, sich eine Art Spiel ausdachte, in welchem er, in das Fell eines wilden Tieres genäht, aus einem Käfig herausgelassen wurde und in diesem Aufzug sich auf die Schamteile von an einen Pfahl gebundenen Männern und Frauen stürzte, und, nachdem er seine Lust befriedigt hatte, sich von Doryphoros, einem Freigelassenen, fertigmachen ließ, den er seinerseits zum Mann nahm, wie er den Sporus zur Frau genommen hatte, wobei er auch die Töne und Aufschreie von Gewalt leidenden Jungfrauen nachahmte« (Sueton, *Nero,* 28 bis 29).

Tacitus sagt in den Annalen (XV, 37): »Er hatte jedwede Schändlichkeit erschöpft, welche ihn noch lasterhafter machen konnte; nur daß er wenige Tage darauf einem Menschen von jener grauenhaften Schar, mit Namen Pythagoras, sich feierlich antrauen ließ. Man hängte über des Kaisers Gesicht den Brautschleier, man sah die Zeugen, Mitgift, Brautbett und Hochzeitsfackeln; ja, alles ward zur Schau gestellt, was selbst beim Weibe die Nacht verhüllt.«

Von Galba sagt Sueton (II, 22): »Seine Lust fand er mehr am männlichen als am weiblichen Geschlecht, und zwar ausschließlich an hageren und altgewohnten Unzuchtsgenossen. Man sagte ihm nach, er habe in Spanien den Icelus, einen sehr alten ›Freund‹, als dieser ihm die Nachricht vom Tode Neros brachte, nicht nur vor aller Welt auf das leidenschaftlichste geküßt, sondern ihn auch auf der Stelle beiseite geführt, um sofort seine Gunst zu genießen.«

Kaiser Vitellius, den die Soldaten im Jahre 69 unserer Zeit zuerst willkommen geheißen hatten, nach wenigen Monaten aber erschlugen, begrüßte auf seinen Reisen jeden Soldaten mit einem Kuß. »Das war der Beginn einer Regierung, die er dann weiterhin der Willkür und Laune seines ersten besten Komödianten und Wagenlenkers und namentlich seines Freigelassenen Asiaticus überließ. Den letzteren hatte er als jungen Menschen mißbraucht und ihn, als er aus Überdruß an diesem Leben davongelaufen war, in Puteoli wiedergefunden, wo er das Gewerbe eines Limonadenverkäufers betrieb, worauf er ihn zuerst in Fesseln werfen ließ, ihn aber wieder befreite und wieder mit der früheren Gnade aufnahm« (Sueton, II, 12).

Titus sagte man nach, er habe einen ganzen Harem von verschnittenen Lustknaben gehabt, sei aber trotzdem von Natur heterosexuell gewesen und habe die Königin Berenice leidenschaftlich geliebt. Sein Nachfolger Domitian, der mit Ausnahme einer Anzahl von sadistischen Akten ein ziemlich normales heterosexuelles Leben führte, hatte trotzdem ein langes Verhältnis mit dem beschnittenen Mundschenk Eurinus, der sowohl von Martial wie von Statius besungen worden ist. Als junger Mann hatte er sich offenbar als Mannhure betätigt. Sowohl Clodius Pollo wie Domitians Nachfolger Nerva gaben an, ihn für Geschlechtsverkehr bezahlt zu haben. Bei den eigentümlichen nekrophilen Gastmählern, die Domitian im Stil eines Todesmahls zu geben pflegte, traten stets nackte Knaben auf, die schwarz geschminkt waren und den Gästen am Ende der Mahlzeit sozusagen als Nachtisch geschenkt wurden (Sueton, *Domit.* 1; Cass. 67, 9).

Trajan, »der beste aller Fürsten«, reiste stets mit einem *paedagogium,* einem Knabenharem, herum, der ihn auch während seines siegreichen Orientfeldzugs begleitete. Sein Nachfolger, Hadrian, war einer dieser Knaben (Spartianus, *Hadrianus* 2). Hadrians Leidenschaft für den Jüngling Antinous stellt eine der großen Liebesgeschichten des Altertums dar. Obgleich Hadrian nicht unglücklich mit Sabina, der Nichte Trajans, verheiratet war und offenbar auch ein Verhältnis mit Trajans

Gattin Plotina hatte, war seine eigentliche, lebenslängliche »Gattin« der kluge, schöne und ihm auch treue Jüngling Antinous, dessen früher Tod zu der Vergötterung und dem Kult des Antinous führte.

Von dem Kaiser Commodius sagt Lampridius (5 und 10): »Er hat sich zum Werkzeug fremder Lust gebrauchen lassen und kein Glied an seinem ganzen Leibe, den Mund nicht ausgenommen, ist von den unkeuschen Berührungen beider Geschlechter freigeblieben.« Besonders liebte er einen Freigelassenen mit ungewöhnlich großem Glied, den er seinen »Esel« nannte (Onosandros): »Er hatte ihn sehr lieb, machte ihn zum reichsten Manne und zum Oberpriester des ländlichen Herkules.«

Der komplizierteste sexualpathologische Fall unter allen römischen Kaisern war der des Elagabal, bei dem allerdings orientalische Erziehung und eine Anzahl mutterrechtlicher Bräuche das Krankheitsbild so verwirren, daß es heute nicht mehr eindeutig diagnostiziert werden kann. Marcus Aurelius Antoninus Bassianus (dies war sein richtiger Name) kam als minderjähriger Priester aus Emesa in Kleinasien nach Rom. Aufgewachsen war er in einem orientalischen Kult von sexuellem Grundcharakter, erzogen von starken, mutterrechtlich orientierten Frauen, von Kindheit an verwickelt in Intrigen und Machtkämpfe, durch eine ehrgeizige Mutter, die ihn fälschlich als Produkt eines Ehebruchs mit dem Kaiser Caracalla ausgab, zum Kaiser hochgespielt, ein erfahrener Lustknabe, gleichzeitig aber auch ein unreifes Muttersöhnchen, ein Narziß, der sich selber für die Verkörperung des griechischen doppelgeschlechtlichen Gottes Hermaphroditos hielt und sich den Namen Elagabal oder Heliogabal gab, weil er sich zu allem anderen auch noch für den syrischen Sonnengott hielt. Hier ging also vieles durcheinander. Wenn wir in Alexander dem Großen nicht viele, aber doch einige positive Aspekte der ostwestlichen Verknüpfung von Sitten, Bräuchen und Kulturen finden, so kann man in Elagabal kaum andere als negative Aspekte dieser Synthese entdecken.

Er tanzte nackt vor seinen Legionären, »heiratete« Männer, Frauen und Pferde, ehelichte eine Vestalin und stellte nahezu alles auf den Kopf, was in Rom bis dahin an kultischer Tradition erhalten geblieben war. Trotzdem war manches an seinem Regime auf alten, wenn auch mittlerweile verwirrten und verderbten Konzepten des Matriarchats aufgebaut. Aus Emesa hatte er einen schwarzen, kegelförmigen Stein mitgebracht, der dem Monolith der Großen Mutter ähnelte und zweifellos das Zentrum eines alten, mutterrechtlich-phallizistischen

Fruchtbarkeitskultes war. Wie fast alle Priester solcher Religionen fühlte er sich als Frau, wollte sich eigentlich nach dem Brauch der Kybelepriester entmannen lassen, ließ sich dann aber dazu überreden, es bei einer Beschneidung zu belassen, und trat bei allen Riten in weiblicher Kleidung auf. Sein Interesse an Männern mit besonders großem Glied braucht nicht ausschließlich homoerotischen Ursprungs zu sein, denn es ist auch Teil des phallizistischen Glaubens. Auch seine verschiedenen »Ehen« mit Männern gehen auf die mutterrechtlichen Wurzeln der »heiligen Hochzeit«, der kultischen Verbindung des mutterrechtlichen Hohepriesters mit der Hohepriesterin zurück.

Manche der scheinbar masochistischen Neigungen, die Cassius Dio beschreibt, ohne sie ergründen zu können, haben ihre tatsächlichen Wurzeln in den flagellantischen Bräuchen der alten Fruchtbarkeitskulte. Es ist also durchaus möglich, daß in den Beschreibungen der Sexualpathologie des Elagabal ein großer Teil mißverstandener Überlieferungen orientalischer Kulte verborgen liegen. Dio Cassio sagt zum Beispiel: »Heliogabalus ging nachts in die Schenken, durch falsches Haar unkenntlich gemacht, und versah den Dienst eines Hurenwirts. Er kam in berüchtigte Freudenhäuser, jagte die Dirnen hinaus, und vergnügte sich mit einem Lustknaben. In seinem Palast bestimmte er ein eigenes Zimmer für seine geilen Lüste. Er stand nackt wie eine Hure unter der Tür, zog den in goldenen Ringen hängenden Vorhang zurück und suchte die Vorübergehenden mit schmeichelnder, gebrochener Stimme anzulocken. Die Besucher mußten zahlen. Er prahlte mit diesen Einnahmen und behauptete, mehr Liebhaber als jeder andere zu haben und auch mehr zu verdienen« (Dio Cass. 79, 13).

Er versprach den Ärzten hohe Belohnungen, wenn sie ihn durch einen Eingriff zur Frau machten (Dio Cass. 79, 16). Er wählte den Hierokles zum »Gatten« und ließ sich von ihm beim Ehebruch mit Männern ertappen und schlagen. Er küßte ihm die Geschlechtsteile (Dio Cass. 79, 15. Lamprid. *Heliogab.* 6).

Den Aurelius Zoticus aus Smyrna, einen Mann mit riesigem Penis, ernannte er zum Kammerherrn, noch ehe er ihn gesehen hatte, neigte vor ihm verschämt den Kopf, schlug die Augen nieder und wünschte von ihm »Gebieterin« genannt zu werden (Dio Cass. 79, 16).

Lampridius, Kap. 10: »Unter ihm stand Zoticus in solchem Ansehen, daß die ersten Hofbeamten insgesamt ihn als Gemahl ihres Gebieters betrachteten. Er vermählte sich auch förmlich in Gegenwart eines Ehestifters, übte den Koitus aus und rief dabei aus: ›Stoß zu, Magirus!‹ und dieses geschah, während Zoticus kränkelte.« Magirus (»Koch«) wurde Zoticus nach dem Gewerbe seines Vaters, eines Kochs, genannt. Der eifersüchtige Hierokles, erzählt Dio, ließ dem Nebenbuhler einen schwächenden Trank beibringen. Zoticus blieb die ganze Nacht zum Liebesgeschäft unfähig und wurde weggejagt (Dio Cass. 79, 16).

Von allen seinen Geliebten ließ Elagabal sich schlagen, kratzen, beißen, stechen, so daß er Wunden am ganzen Körper trug. Cassius Dio sagt: »Jenen, der ihm Schmerzen zufügte, liebte er aber nicht nur mit oberflächlichem Ungestüm, sondern ernstlich und mit nachhaltiger Leidenschaft, so daß er darüber nicht nur fern von Unwillen war, sondern im Gegenteil ihn deshalb nur noch mehr liebte und ihn sogar zum Cäsar ernennen wollte.« Er ließ seine Geliebten in alle Höhlen seines Körpers ihren Samen einspritzen, in die Achselhöhlen, die Schamfuge, die Kniekehlen, die Höhlung beim Steißbein, was Lampridius dazu veranlaßte (*Heliogabalus* 5), die Nachwelt zu fragen: »Wer hätte wohl einen Fürsten ertragen können, dem jede Öffnung seines Körpers zur Befriedigung seiner Wollust diente? Selbst bei einem unvernünftigen Tiere hätte man das nicht geduldet. So bestand seine Hauptbeschäftigung in Rom darin, daß er sich Kundschafter hielt, die ihm wohlbeschlagene Mannspersonen aufsuchen und solche in den Palast zur Befriedigung seiner Wollust bringen mußten. Er führte überdies in seinem Palast das Urteil des Paris auf, wobei er selber die Rolle der Venus übernahm, auf einmal seine ganze Kleidung fallen ließ, ganz nackend dastand, mit der einen Hand die Brust, mit der anderen die Schamteile bedeckend, und darauf niederkniete und den aufgehobenen Hintern einem Päderasten preisgab.« Ferner, Kap. 6: »In den Hierokles war er so sehr verliebt, daß er – was man ohne Erröten nicht sagen kann –, ihm die Schamglieder küßte, und dabei behauptete, er feiere die heiligen Floralien.«

Er neigte offenbar auch zu verschiedenen Formen des Fetischismus, denn er bediente sich für seinen Bart desselben Haarentfernungsmittels, mit dem er kurz vorher die Schamhaare seiner Liebhaber entfernt hatte, und benutzte dasselbe Schermesser, womit er deren Körperhaare geschoren hatte (Lamprid., *Heliogabalus* 31). Daß seine »Hochzeiten« mit verschiedenen Männern keine Imitationen des Nero waren, sondern einem jener Zeit eigenen Glauben an die Doppelgeschlechtlichkeit des Menschen entsprangen, geht aus der Häufigkeit des Phänomens außerhalb des kaiserlichen Hauses hervor. Martial berichtet von einer solchen Hochzeit, die völlig nach den Bräuchen normaler

Hochzeiten ablief. Sogar eine Mitgift war vereinbart worden (XII, 42):

Aber, dem rüstigen, hat Callistrat sich vermählet, der bärtige,
Ganz nach der Jungfrauen Brauch, die sich dem Manne vermählt.

Auch in mutterrechtlichen Gesellschaften gibt es Homosexualität, vor allem wegen der Anlehnung des Knaben an eine starke Mutter, aber die matristische Homosexualität hat eine völlig andere Kasuistik als die des Patriarchats. Elagabal war jedenfalls ein eindeutig matristischer Typus, als er in Rom ankam. Die ganze Pathogenese seiner Homoerotik deutet auf den matristischen Hintergrund der Gesellschaftsordnung, aus der er kam, und auf die unmißverständliche Mutterfixierung, die das Syndrom seiner Homosexualität erzeugt hatte. Aber der spezifische Kurs, den die Krankheit beschrieb, nachdem er in eine vaterrechtliche Gesellschaft eingegliedert worden war und sie sogar führen sollte, läßt sich nur durch die männliche Komponente der römischen Gesellschaft erklären: Patristische Homosexualität, wie die Athens, formt sich immer am Vorbild des Mannes; matristische Homosexualität, wie die in Sparta, formt sich am Vorbild der Frau. Im Patriarchat wünscht der Homoerotiker, alle Frauen seien wie Männer. Im Matriarchat wünscht der Homoerotiker, alle Männer seien wie Frauen.

Die Römer pflegten zu sagen, daß die Päderastie und Homosexualität am Hofe aus der engen körperlichen Berührung zwischen Herren und bestimmten Sklaven entstanden sei. So dienten gewisse Sklaven dem Waschen und Baden, andere dem Massieren und Salben ihrer Herren. Da man stets nackt badete, und vor dem Salben mit Striegel und Schaber bearbeitet wurde, war der Verkehr dieser Sklaven mit ihren Herren tatsächlich sehr intim. Der Badesklave warf dann die Leintücher über den gereinigten Körper des Herrn und entfernte damit die letzten Spuren von Schweiß und Öl. Darauf rasierte ein anderer Sklave die Haare an Brust, Armen und Beinen, oder verrieb sie mit Puder. Dieses Enthaaren gehörte zu den Vorbedingungen römischer Eleganz. Zuletzt wurde die Haut mit Schwanenfedern bearbeitet. Ist es überraschend, daß die Berührungen manchmal über das Maß des hygienisch Notwendigen hinausgingen?

In republikanischen Zeiten gab es kein Gesetz gegen die Vergewaltigung von Sklaven seitens ihrer Herren. Erst Kaiser Antoninus erhob Strafen gegen die Nötigung von Sklaven zur Unzucht. Selbst der Versuch, Sklaven zum homosexuellen Verkehr zu verführen, konnte eine *actio iniuariarum* nach sich ziehen. Dagegen fiel der Verkehr mit einem Freien unter den Begriff des *stuprum,* ohne daß jedoch die Gesetze ursprünglich eine Handhabe dagegen boten. Nur wenn Notzucht vorlag, konnte *de vi* geklagt werden. Sonst unterlag das Delikt der Hauszucht. Das heißt: der Vater konnte gegen jedes männliche Familienmitglied einschreiten, das einen Knaben oder einen Mann verführt hatte. Plautus geht ausdrücklich darauf ein, daß man freigeborene Knaben nicht verführen, unfreie aber benutzen dürfe: sowohl hetero- wie homosexuell:

Niemand verwehrt das Gehen auf offener Straße dir!
Wenn nur durch ein umzäuntes Grundstück du den Weg
Dir nicht erzwingst, von Ehefrauen, Witwen, unbescholtenen
Mädchen, freigeborenen Knaben fern dich hältst,
So magst du lieben, wenn du willst.

Von unfreien Knaben braucht sich der junge Herr, der hier von seinem Sklaven aufgeklärt wird, also nicht fernzuhalten: sie darf er getrost verführen. Deshalb bewegen sich auch die Hinweise, die wir in den Wandinschriften und den Texten der Römer über ihre homosexuellen Verhältnisse mit Sklaven und Freigelassenen finden, in genau den gleichen sozialen Bahnen wie die entsprechenden heterosexuellen Verhältnise: Die männlichen Huren, genau wie ihre weiblichen Gegenstücke, sind fast ausschließlich Sklaven, und zwar in der Mehrzahl Ausländer. Feste Verhältnisse innerhalb eines einzelnen Haushaltes bestehen sowohl mit dem Leibsklaven des Herrn wie auch mit einem bevorzugten Freigelassenen. Das erste entspricht dem Verhältnis des Herrn mit seiner Magd, die auch stets eine Sklavin war; das zweite dem mit seiner Konkubine, die fast stets eine Freigelassene war. Die sozialen Wurzeln der erotischen Verhältnisse zwischen Freien und Unfreien sind also die gleichen bei Homo- wie bei Heterosexuellen.

Was die erste Gruppe, die Mannhuren, anbelangt, so finden wir in den pompejanischen Wandkritzeleien eine große Zahl solcher Hinweise wie diese: »Ampliatus, Icarus vögelt dich. Salvius schrieb dies«, »Chryseros hat hier dreimal mit Successus gefickt«, »Jarinus hat hier mit Atheltus gevögelt.« Auch präzisere Angaben finden sich hier: »Ich habe sechsmal gevögelt«, »Der nette Menander tut's für zwei Kupferasse«, »Trebonius, des Eucinus Sklave, wackelt mit dem Arsch«, »Wer den Accensus fickt, reibt sich nachher den Schwanz.« Die Namen der Angesprochenen bezeugen, daß es sich um Sklaven handelt.

Andererseits war es nicht unüblich, daß der junge Römer aus gutem Hause von seinem Vater einen jungen Sklaven zum ausdrücklichen Zweck des Geschlechtsverkehrs zur Verfügung gestellt bekam. Der

Sklave hieß dann *concubinus* und hatte einen ebenso festen Status im Haushalt, wie die Konkubine des Vaters. So wird in einem Hochzeitslied Catulls, das er für den vornehmen Manlius Torquatus schrieb, ganz offiziell auf dessen *concubinus* hingewiesen, von dem er sich nun, wie es üblich ist, trennen muß, da mit der Hochzeit der gleichgeschlechtliche Verkehr aufzuhören habe. Übrigens enthält dieses Gedicht den sicher auch nicht untypischen Hinweis, daß der junge Sklave ganz und gar nicht homosexuell veranlagt war, sondern im Gegenteil allen Bauernmädchen nachzurennen pflegte.

Auch Trimalchio, der ehemalige Sklave und später freigelassene Veranstalter des berühmten Gastmahls im *Satyrikon* des Petronius, gesteht ganz freimütig: »Ich war vierzehn Jahre lang der Lieblingsknabe meines Herrn. Warum soll ich's nicht gestehen? Was der Herr befiehlt, dessen braucht man sich nicht zu schämen. Aber ich stellte auch die Herrin zufrieden. Ihr versteht mich. Ich schweige, weil ich mich nicht rühmen will.« In der *Mostellaria* des Plautus heißt es im Zwiegespräch der Sklaven (IV, 2): »Mich kennt der Herr!« – »Er wird doch wohl sein Ruhepolster kennen!«

Solche Knaben hießen *deliciae domini* oder *delicati;* sie wurden auf den Märkten angeboten. Die öffentliche Meinung nahm daran kaum Anstoß. Unangenehm aber fiel es auf, wenn solche Knaben über die Jugendblüte hinaus in dieser Stellung verblieben: das waren die *exoleti,* »die Ausgewachsenen«. Cicero behauptet z. B. von P. Clodius, er habe solche *exoleti* immer um sich gehabt. Ein typischer *delicatus* war der berühmte Asiaticus, der als Kind von einem Herrn wegen seiner Schönheit auf dem Sklavenmarkt gekauft worden war und sofort zur Päderastie benutzt wurde. Da er nicht homosexuell veranlagt war, entfloh er seinem Herrn und wurde Getränkeverkäufer in Puteoli, einem Armenviertel. Wieder eingefangen, wurde er sofort wieder von seinem Herrn anal mißbraucht, weigerte sich von neuem und wurde deshalb von seinem verärgerten Besitzer an einen Gladiator verkauft – was in der Praxis bedeutete, daß er früher oder später im Zweikampf getötet werden würde. Das verursachte seinem ehemaligen Herrn offenbar nach einer Weile Gewissensbisse. Er kaufte den jungen Asiaticus also wieder zurück, lebte eine Zeitlang mit ihm und gab ihm dann seine Freiheit. Irgendwie lernte Asiaticus nun als Freigelassener den späteren Kaiser Vitellius kennen und wurde dessen Geliebter. Am Tage seiner Thronbesteigung erhob der Kaiser Asiaticus in den Ritterstand.

Ein ehemaliger Lustknabe des Licinius Sura, des mächtigen Freundes

Trajans, gelangte ebenfalls auf diesem Wege zu großem Reichtum. Im Jahre 61 wurde der Stadtpräfekt Pedanius Secundus von seinem *delicatus* ermordet, angeblich weil beide in einen jüngeren Sklaven verliebt waren. Überhaupt finden wir eine große Anzahl triolistischer Verhältnisse, teils homosexueller, teils bisexueller Art in den Chroniken des römischen Sexuallebens. Catull 99 deutet auf ein triolistisches Verhältnis zwischen sich, seinem Freund Cälius und dem Sklaven Aufilenus hin.

Aufilenus entflammt dich, Cälius; Aufilena,
Quintius, dich. Kein Paar gibt's in Verona wie ihr.
Dieser erwählt sich den Bruder, die Schwester der andere. Das ist ja
Wahrlich ein Liebesbund brüderlich inniger Art.
Doch wem gönn' ich am meisten sein Glück? Dir, Cälius, du hast
Seltene Freundestreu' einst durch die Tat mir gezeigt,
Als mein innerstes Ich wahnsinnige Gluten versengten.
Cälius, möge das Glück fördern, was heiß du begehrst!

Im *Satyricon* des Petronius hilft der Sklave seinem Herrn, ein junges Mädchen besonders effektiv zu vögeln, indem die Kleine auf dem Spieß des Herrn Platz nimmt, während der Sklave Corax unter das Bett geht und, die Hände auf den Boden gestützt, mit dem Hintern seinen Herrn auf- und niederschaukelt. Das Mädchen arbeitet im Gegentakt. Es ist klar, daß der Sklave nicht nur bei heterosexuellen Aktivitäten in dieser Weise mit seinem Herrn zusammengearbeitet hat (*Satir.* 140).

Außer den Haussklaven, die man sich als homosexuelle Partner hielt, gab es natürlich auch Mannhuren, die fast stets freigelassene Sklaven waren. Diese Lustknaben waren in Rom weitaus teurer als weibliche Prostituierte. Cato entrüstete sich nicht etwa darüber, daß es eine solche Institution gab, sondern daß sie so viel kostete: manche Knaben so viel wie ein ganzer Bauernhof. Wie Martial es mit seiner gewöhnlichen Schärfe (VI, 33,4) ausgedrückt hat: Wer Pleite gemacht hatte, mußte sich mit Frauen begnügen.

Den Lustknaben nannte man *puer meritorius,* »der verdienende Knabe«, *puer consuetus,* »der vertraute Knabe«, *puer usurarius,* »der wuchernde Knabe«, *pathicus,* »der Duldende« (der sich zum Analverkehr hergibt) und *cinaedus* (ein aus dem Griechischen stammendes Wort, das dort sowohl den Lustknaben wie bestimmte Kategorien von Schauspielern bezeichnete). Im Männerstaat Rom galt natürlich nicht etwa der Mann als unehrenhaft, der einen solchen Kinäden bezahlte, sondern nur der Kinäde, der das Geld empfing. Denn das »Empfangen« galt sowohl im sexuellen wie im finanziellen Sinne als »weibisch« und deshalb als entehrend.

Die männliche Prostitution in Rom nahm in der späteren Kaiserzeit Ausmaße an, die uns heute kaum glaubhaft erscheinen. Neben der freien Prostitution, die vor allem an der Via Suburana, am Mons Esquilinus, am Vicus Patricius und an der Porta Trigemina betrieben wurde, gab es päderastische Bordelle in den Theater- und Zirkushallen. Wirtshäuser offerierten ihren Gästen junge Burschen, *pueri* genannt, als passive Lustknaben, und muskulöse, behaarte Männer, *drauci* oder *agentes in paedicatione,* als aktive Liebhaber. Reiche Aristokraten hielten sich einen Harem, den die Mode – ein charakteristisches Paradoxon –*paedagogium* nannte. Die Lustknaben, die dort ihre Dienste anboten, stammten meist aus Afrika und Kleinasien; die Alexandriner scheinen sehr gefragt gewesen zu sein, aber auch Syrer und Nubier waren wegen ihrer Schönheit geschätzt. Die *pueri* und *drauci* gaben der römischen Päderastie einen obszönen und pöbelhaften Anstrich, der für die Sitten in der späten Kaiserzeit charakteristisch war.

Augustus benutzte die *lex Iulia de maritandis ordinibus,* als Ehegesetz formuliert, in Wahrheit aber der Vermehrung des zur Verteidigung verwendbaren Nachwuchses dienend, auch um die Päderastie und Homosexualität einzuschränken. Er tat dies weniger aus moralischen Gründen als in der durchaus berechtigten Befürchtung, daß der homophile Verkehr den potentiellen Nachwuchs beschränke. Deshalb schaffte er die *lex Scantia de nefanda Venere,* die seit dem 3. Jahrhundert v. u. Z. die Verführung und Verkuppelung von Knaben mit Geldbußen bestraft hatte, ab und setzte für die Verkuppelung freier Knaben die Todesstrafe ein. Die christlichen Kaiser gingen noch strenger gegen das *stuprum cum masculis* vor. Eine Zeitlang verbrannte man die schuldig befundenen Päderasten (*Cod. Theod.* IX, 7,6; *Coll.* V, 3). Seit Iustitian enthauptete man sie (*Inst.* IV, 18, 4; *Nov.* 141,77; *Cod. Theod.* IX, 7, 3).

Das Resultat war die Bildung einer Anzahl von homophilen Geheimgesellschaften beider Geschlechter, die teils unter dem Vorwand religiöser, teils unter dem politischer Aktivität florierten. Livius berichtet von einem Geheimbund, dem mehr als 7000 Männer und Frauen angehörten und der von der Bona-Dea-Priesterin Paculla Annia geleitet wurde: »Die Männer begingen mehr Unzucht unter sich als mit den Frauen.« Wer sich sträubte oder auszuscheiden versuchte, wurde als Schlachtvieh geopfert (Livius XXIX, 8ff). Juvenal erwähnt geheime Päderastengesellschaften, die der Bona Dea geschminkt und in weiblicher Kleidung opferten (II, 84 ff.). Umgekehrt war das Fest der Bona Dea in der ersten Mainacht ausschließlich der weiblichen Homosexualität gewidmet. Alles Männliche, selbst Bilder von Männern und männliche Tiere, mußten ferngehalten werden (Juvenal VI, 311). Das Band, das Catilina und seine Verschworenen zusammenhielt, war homoerotischer Natur. Als Erkennungszeichen diente das Kratzen des Kopfes mit dem kleinen Finger, ein altes, bereits in Griechenland benutztes Kinädenzeichen (Seneca, *Contr.* VII, 419). Im Jahre 52 v. u. Z. war eine solche Geheimgruppe bereits aufgeflogen, weil ein Konsul und die Volkstribunen von einem Mitglied der Gesellschaft, einem Unterbeamten, zu einem Gelage eingeladen worden waren, bei dem zwei Frauen miteinander koitierten und am Ende einen Knaben hinzuzogen. Die Überlegung war, daß hohe Beamte, nachdem sie einmal an einer solchen Orgie teilgenommen hatten, nicht mehr in der Lage sein würden, den Bund zu denunzieren.

Zwei Tendenzen kamen im römischen Patriarchat zusammen, um weibliche Homosexualität auszulösen: erstens die Verachtung des Mannes für die Frau, die nur unter Frauen einen Partner finden konnte, der sie respektierte; zweitens die männliche Homosexualität, die viele Frauen ihrer Männer beraubte. Juvenal beschreibt (VI, 314 bis 326) das Resultat mit zweifelhafter Autorität:

Geh und betrachte genau, was Tullia macht für Gesichter
Und was Maura der schwarzen, liebenden Milchschwester zuraunt...
Sie reiten miteinander sodann, und der Mond sieht ihre Bewegung...
Wohl sind der Bona Dea Mysterien bekannt, wenn die Flöte die Lenden
Aufregt, wenn von dem Horne zugleich betäubt und dem Weine
Rasen Priaps Mänaden mit wirbelndem Haar und erheben
Geiles Geheul. O wie groß ist dann bei ihnen die Lust nach
Liebe, wie die Stimme bei berstender Lust, o wie groß doch
Abgelagerten Weins über triefende Schenkel Beströmung!
Mägde der Kuppler entbietet zum Kampf Saufeia, den Kranz nimmt
Erst sie herab und gewinnt den Preis der schwebenden Hüfte,
Selber bewundernd den Schwung, womit Medulla den Steiß wiegt.
So gleicht mit der Geburt unter Herrinnen Stärke den Sieg aus.
Nichts zum Scherze wird dort geheuchelt, alles geschieht da
So wahrhaftig, daß leicht des Laomedon Sohn, den die Jahre
Längst schon gekühlt, und der Bruch des Nestors noch sich entzünden.

Seneca spricht in ähnlich voreingenommener Weise von den weiblichen Homoerotikern. In *Controversiae* (II) berichtet er von der Eifersucht eines Mannes auf die Freundin seiner Frau und klagt in dem bereits zitierten 95. Brief: »An Wollust geben sie den Männern nichts nach. Von Natur her der leidende Teil, sind sie – mögen sie Götter und Göttinnen verderben – auf so widernatürliche Art der Unzucht verfallen, daß sie sogar den Mann zu spielen versuchen.« Selbst Martial, sonst der verläßlichste aller Berichterstatter über die Erotik seiner Zeit, spricht mit einer eigentümlichen Mischung von Neid und Verbitterung, wenn er das Thema des Lesbizismus aufgreift. Von der Lesbierin Philaenis schreibt er (VII, 67):

Wird der Unzucht gehuldigt, nimmer befleckt sie
Sich an Männern den Mund – als männlich gält's nicht –
Nein, sie verschlingt der Mädchen Scham vollständig,
Mag Vernunft dir ein Gott, Philaenis, geben,
Die für männlich es hält, die Scham zu lecken!

Weiter von der gleichen Frau (IX, 40):

Das gelobte Philaenis: Wenn ihr Gatte,
Diodorus aus Pharus, heimwärts kehre,
Von der Romfahrt zu den Trapejaner Kränzen,
Sollt' ihr lecken ein unerfahrenes Mädchen,
Was auch junge Sabinerinnen lieben.

Martial schreibt an die Bassa (I, 90):

Weil ich, Bassa, dich nie umringt von Männern gesehen,
Und weil nie das Gerücht einen Geliebten dir gab,
Sondern den ganzen Dienst dir solche vom gleichen Geschlechte
Leisteten, ohne daß je Männer erschienen dabei,
Hatt' ich dich, muß ich gestehn, für Lucretia selber gehalten.
Aber, o Frevel, du warst, Bassa, Vöglerin selbst!

Später:

Wunderbares, wert des Thebanischen Rätsels, ersannst du:
Daß es Ehebruch gibt, wo es am Manne gebricht!

Und (VII, 71):

Du, Philaenis, Tribade der Tribaden,
Nennest Freundin mit Recht die, der du beiwohnst!

Und (VII, 67):

Von wilderer Lust erpackt als Männer
Schlingt elf Mädchen sie an einem Tag.

Auch aus Phaedrus' Legende vom Ursprung der Tribaden spricht der gleiche männliche Unverstand (IV, 15):

Es fragte einer, woher die Tribaden wohl
Und auch die Schwulen stammen. Antwort gab ein Greis:
Prometheus, der aus der Erde Menschen schuf,
Hat jene Teile, die verhüllt man schamhaft trägt,
Für sich besonders eines Tags geformt,
Um sie den fertigen Körpern anzupassen dann.
Nun traf es sich, daß Bacchus ihn zum Mahle lud,
Wo er vom edlen Nektar manchen Tropfen trank.
Spät kam er heim, ein bißchen schwankend schon,
Vom Wein umnebelt, und dem Schlaf schon nah
Fügt er des Weibes Glied dem Manneskörper an
Und gab dem Weiberleib des Mannes stolzes Glied.
So kommt die Wollust nun zu spärlichem Genuß.

Weibliche und männliche Homosexualität beherrschte das Theater. Juvenal schreibt (II, 6), wie sehr die Frauen, vor allem die Lesbierinnen, von Schauspielern beeindruckt waren, die Frauenrollen spielten:

Wenn der zarte Bathyllus sich schwingt im Tanze der Leda,
Kann nicht Tuscia zähmen den Schoß, auch Apula ächzt dann,
Wie in den Armen eines Mannes, in Brunst sich verzehrend. Es sieht die
Thymele lang dort zu, und die bäurische Thymele lernt noch.

Rabenalt sagt: »Der Pantomime spielt den liebenden Mann und das liebende Weib in raschem Wechsel, ja fast in Simultaneität. Er drückt erotische Handlungen, die Empfindungen und Erregungen beider Geschlechter beim Liebesakt aus« (Arthur Maria Rabenalt, *Mimus Eroticus,* Hamburg 1965, Bd. I, S. 241). Hier folgte die Bühne aber nur der Wirklichkeit, denn die Verwirrung der Geschlechtsbeziehungen »machte die Wahrheit zum Schein, den Schein zur Wahrheit, den Kaiser zum Komödianten, die Komödiantin zur Kaiserin, die Patrizierfrau zum dienenden Sklaven, den Sklaven zur Kurtisane, die Frau zur Knäbin, den Epheben zur Dirne usw., usw., in einer nicht mehr endenden Spirale, die durch alle Schichten des Proletariats, des Volkes, des Bürgertums, des Adels, durch alle Religionen, Sekten und Kultanhänger ging, durch alle Nationalitäten, Rassen und Stämme. Der Schauspieler fungierte in diesem sexuellen Weltbild, das ein wahres Vexierbild war, als Mann und Frau, als Liebhaber und Geliebte, die Schauspielerin desgleichen, sie war Sappho und Phryne. Der Komödiant und die Komödiantin stellten sexuelle Umbaumöbel dar, die mit wenigen Handgriffen so, aber auch anders zu gebrauchen waren. Sie wurden benützt wie Mehrzweckgegenstände« (ebd. 226 bis 227).

Die Schauspieler dienten also nicht nur den Männern als Geliebte, den Frauen als Liebhaber, sondern vollstreckten in manchen Familien beide Funktionen für beide Ehepartner. Der deutsche Pionier der Sexualforschung, Magnus Hirschfeld, hat diese römischen Schauspieler aus seinen eigenen Erfahrungen mit japanischen und chinesischen Frauendarstellern in drei Gruppen einzuteilen versucht:

1. Heterosexuelle, die das Rollenspiel allein als künstlerische Herausforderung betrachten;
2. Transvestiten, die zwar aus der Verkleidung Genuß schöpfen, aber sich sexuell doch zum anderen Geschlecht hingezogen fühlen;
3. Homosexuelle, die sich auf der Bühne wie im Leben nur in der Rolle des anderen Geschlechts wohlfühlen.

Dabei betont Hirschfeld aber, daß die Übergänge fließend sind und daß ein Überwiegen der narzißtischen Komponente oft die Abgrenzung erschwert. Mit anderen Worten: der Schauspieler findet oft in der vollkommenen Darstellung auch den vollkommenen Genuß: sein Liebesleben verkümmert dabei.

Die Schauspieler und jene Transvestiten, die ihrer Mode folgten, kräuselten sich die Haare und schminkten sich auch außerhalb der Bühne. Martial (V. 61) berichtet, eine Duftwelle reise mit ihnen spazieren. Wir haben bereits die Stelle zitiert, in welcher er einen solchen Mann, den Cotilus, beschreibt, »der seine Locken in kunstvoller Ordnung trägt, stets nach Balsam und Zimtöl duftet, die Melodien alexandrinischer und spanischer Tänze summt, seine glattpolierten Arme wie ein Tänzer bewegt...« Selbst wenn ein solcher Mann keinen aktiven homosexuellen Verkehr hatte, betrachteten ihn seine Zeitgenossen, als wäre er ein Homosexueller. So Gellius, der in seinen *Attischen Nächten* das Bruchstück einer Rede des jüngeren Scipio Africanus zitiert (VII, 12): »Ein Mann, der täglich gesalbt vor dem Spiegel sich schmücken läßt, der mit rasierten Augenbrauen, geschorenem Bart und sogar mit rasierten Schenkeln einhergeht, der als junger Mann bei Gelagen in Begleitung junger Männer, mit einer langärmeligen Tunika bekleidet, sich auf das niedrigste Bett legt, der nicht nur den Wein, sondern auch die Liebkosungen des Mannes sucht, tut der etwas anderes, als was Brauch der Kinäden ist?«

Manche Schauspieler trugen, wie die Strichjungen, farbige Frauenkleider aus durchsichtigem Material mit farbiger Unterwäsche (Sueton,

Otho XII). Nach Tacitus (*Ann.* II, 33) mußte unter Tiberius manchen Männern verboten werden, durchsichtige Seidenkleider zu tragen. Juvenal verspottet einen solchen Mann und rät ihm, doch lieber ganz nackt vors Volk zu treten. M. Terentius Varro beschreibt solche Männer in seinen *Eumeniden* und vergleicht sie mit Najaden. Als Gegenstück erwähnt er in den *Meleagri* die männliche Kleidung mancher Frauen und beschreibt eine wie Atalante aufgeschürzte Lesbierin. Auch die Mode, Strümpfe zu tragen, wurde um diese Zeit von Transvestiten eingeführt, welche die *fasciae crurales,* die Wickelgamaschen der Frauen, übernahmen. Aber während diese meist weiß waren, zeichneten sich die Transvestiten und Schauspieler durch ihre purpurfarbenen Beinkleider aus.

Als Resultat der wachsenden Geschlechtertrennung, die Männer mit Männern, die Frauen mit Frauen verkuppelte, wuchs bei beiden die Mißachtung des anderen Geschlechts. Man hat oft den berühmt gewordenen Satz des Q. Metellus Macedonicus zitiert, daß jeder Mann von Natur her lieber ohne Frauen auskommen würde, dies aber manchen unmöglich sei. Deshalb müsse man heterosexuellen Vergnügungen abschwören und sich statt dessen dem Staatswohl widmen. Die gleiche Frauenfeindlichkeit finden wir bei Petron, der seine homosexuellen Protagonisten zwar von Zeit zu Zeit auch mit Frauen schlafen läßt, dabei den Frauen aber immer negative Eigenschaften zuschreibt, so zum Beispiel der Ehefrau des Trimalchio unbeherrschte Zanksucht: »Da fing sie an, auf Trimalchio zu schimpfen, nannte ihn einen schmutzigen, garstigen Mann, der seine Geilheit nicht im Zaume halten könne, und sagte schließlich: ›Du geiler Hund!‹ Trimalchio, durch diese Schimpfworte beschämt und im höchsten Grade beleidigt, warf ihr einen Becher gerade ins Gesicht. Diese schrie nun ganz erbärmlich, als wenn er ihr ein Auge aus dem Kopfe geworfen hätte, und hielt ihre zitternden Hände vors Gesicht.«

Schließlich sagt Trimalchio von seiner Frau: »Was bildet sich die Hure ein, daß sie mich so behandeln will? Aus dem Backhaus hab' ich sie herausgezogen und unter die Menschen gebracht. Jetzt bläht sie sich wie ein Frosch auf. Aber sie speit sich selbst auf ihren Busen. Ein Stück Holz ist sie, kein Weib. Aber es hat seine Richtigkeit, ein Mistfink wird sich niemals in die große Welt schicken. Nicht eher will ich mich ruhig zu Bett legen, als bis ich diese großsprecherische Kassandra gedemütigt habe.«

Homosexualität und Ökologie. Es ist ein eigentümliches Paradox der

Männerherrschaft, daß die erste wirklich tiefschürfende Kritik am Patriarchat von homosexuellen Männern im alten Hellas betrieben wurde. Auch eine beachtliche Anzahl der großen Sexualwissenschaftler unserer Zeit war und ist homosexuell. Einige der profundesten Analysen der Schwächen des bürgerlichen Patriarchats stammen von ihnen. Der Gedanke, daß das individuelle Geschlechtsleben weitgehend sozial bedingt ist, wird heute in konsequentester Weise von homosexuellen Kritikern des heterosexuellen Patriarchats vertreten.

Paradoxerweise haben sich aber gerade diese Kritiker entrüstet gegen die These gewandt, daß auch Homosexualität ein gesellschaftlich verursachtes Phänomen sei, und haben diese Ansicht als »Heteroterror« und »Neo-Malthusianismus« angeprangert. Besonderen Widerstand unter heutigen Homosexuellen hat die bereits von den altgriechischen Homosexuellen entwickelte These ausgelöst, daß Homosexualität ein bevölkerungsgenetischer Regelmechanismus sei. Aristoteles führte die Homosexualität in diesem Sinne auf die drohende Überbevölkerung der griechischen Inseln zurück und meinte, König Minos habe sie angeordnet, um den Geburtenüberschuß auf Kreta einzudämmen. Da wir bis zum heutigen Tage nicht wissen, wie der Regelmechanismus funktioniert, der nach jedem Krieg mit starken Männerverlusten einen drastischen Anstieg von Knabengeburten verursacht, ist es keineswegs unwissenschaftlich, die Aristotelische Arbeitshypothese mit den Mitteln moderner Sexualforschung noch einmal zu überprüfen. → Geschlechtsverhältnis, Sexualität und Ökologie.

homosexuelle Prostitution → Prostitution.

Hörigkeit, geschlechtliche, ein Begriff, den Richard Freiherr von Krafft-Ebing (1840–1902) im Jahre 1892 zur Bezeichnung der Tatsache gewählt hat, daß eine Person einen ungewöhnlich hohen Grad von Abhängigkeit und Unselbständigkeit gegenüber einer anderen Person erwerben kann, mit der sie im Sexualverkehr steht. Diese Hörigkeit kann gelegentlich bis zum Verlust jedes selbständigen Willens und bis zur Erduldung der schwersten Opfer gehen. Krafft-Ebing hat aber nicht versäumt zu bemerken, daß ein gewisses Maß solcher Abhängigkeit »durchaus notwendig ist, wenn die Verbindung einige Dauer haben soll«. Es ist interessant, daß Sigmund Freud (1856–1939) sich 1918 dieser Auffassung angeschlossen hat, indem er schrieb: »Ein solches Maß von sexueller Hörigkeit ist in der Tat unentbehrlich zur Aufrechterhaltung der kulturellen Ehe und zur Hintanhaltung der sie bedrohenden polygamen Tendenzen.« Aber, sagt Freud, Krafft-Ebbings

Ableitung aus dem zufälligen Zusammentreffen von Verliebtheit und Charakterschwäche bei dem einen Partner mit Egoismus bei dem anderen gehe nicht tief genug: »Analytische Erfahrungen gestatten es aber nicht, sich mit diesem einfachen Erklärungsversuch zu begnügen. Man kann vielmehr erkennen, daß die Größe des überwundenen Sexualwiderstandes das entscheidende Moment ist, dazu die Konzentration und die Einmaligkeit des Vorgangs der Überwindung. Die Hörigkeit ist demgemäß ungleich häufiger und intensiver beim Weibe als beim Manne, bei letzterem aber in unseren Zeiten immerhin häufiger als in der Antike. Wo wir die sexuelle Hörigkeit bei Männern studieren konnten, erwies sie sich als Erfolg der Überwindung einer psychischen Impotenz durch ein bestimmtes Weib, an welches der betreffende Mann von da an gebunden blieb. Viele auffällige Eheschließungen und manches tragische Schicksal – selbst von weitreichendem Belange – scheinen in diesem Hergange ihre Aufklärung zu finden« (*Das Tabu der Virginität,* 1918). Keine sexuelle Emanzipation wird je die Möglichkeit der H. überwinden können, denn sie ist keine Frage des Rechts, sondern der sexuellen Empfindsamkeit. Und die läßt sich weder sozial noch juristisch regeln.

Horror sexualis partialis [lat.: teilweise Geschlechtsfurcht], nach Hirschfeld eine Form des sexuellen → Antifetischismus, die zur psychischen Impotenz führen kann. Ein bestimmter Aspekt eines anderen Menschen bereitet dem Patienten solchen Ekel und Widerwillen, daß es ihm unmöglich ist, mit diesem Menschen zu kohabitieren. Da nahezu jeder Körperteil, jede körperliche Sekretion, jedes Bekleidungsstück und viele andere Gegenstände als → Fetisch dienen können, kann auch jeder von ihnen zum Antifetisch werden. Vgl.: Cypridophobie, Délire de toucher, Furcht vor der Liebe, Genitalangst, Geschlechtshaß, Koitusangst, Liebeshaß, Repulsionskräfte, Venereophobie.

Hosenrolle, eine von Frauen gespielte Theaterrolle, die entweder einen Mann oder eine als Mann verkleidete Frau oder andere Formen der sexuellen Inversion darstellt, z.B. Georg in *Götz von Berlichingen,* der Herzog von Reichstadt in *L'Aiglon,* Rosalinde in *Wie es euch gefällt,* Alma in *König Nicolo* (Wedekind), Cherubino in *Figaros Hochzeit,* Oktavian im *Rosenkavalier,* die Titelrollen in *Don Gil von den grünen Hosen, Die verlorene Tochter* (Fulda) und *Fidelio.* Die H. hat stets besonderen Reiz auf lesbische Schauspielerinnen ausgeübt. Vgl.: Cisvestitismus, Damenimitator, Eonismus, Genitalmaske, Maske, Metamorphosismus, Metatropismus, Namenstransvestitismus, Transgestitismus, Transvestitismus, Verkleidungstrieb, Weihnachtspantomime.

Hövescheit nannten die deutschen Ritter des Mittelalters jenen Tribut, den sie der Dame ihres Herzens zollten. Während der Minnedienst die formelle Bezeichnung der Beziehung zwischen der auserkorenen Herrin und ihrem Diener darstellte, galt Hövescheit als das Maß der Untadeligkeit im Verkehr mit dem anderen Geschlecht – also mit der Magd sowohl wie mit der Fürstin. → Courtoisie, Minne, Ritterlichkeit.

Hübschlerinnen, Hübschinnen, die deutschen → Freudenmädchen des Mittelalters. Vgl.: Bademagd, Clötmoss, Fahrende Frauen, Freie Töchter, Geheime Fräuleins, Gelüstige Fräuleins, Hure, Landstörzerin, Leide Braut, Offene Bübinnen.

Humanbiologie [neolat.: Lehre vom menschlichen Leben] → Eugenik, Fortpflanzung, Konstitutionsforschung, Reifungsstufen, Schlüsselreize, Typenlehre.

Hundeleine, Hundehalsband sind bei Sadomasochisten beliebte Symbole der Erniedrigung eines Menschen zum Tier. Der Masochist trägt ein Hundehalsband mit seinem Namen, liegt an der Hundeleine unter dem Tisch seiner Herrin, läßt sich über Nacht nackt in die Hundehütte sperren, bettelt um Knochen usw. Der Sadist dagegen kettet sein Opfer an die Hundeleine, legt ihm ein Hundehalsband um, schlägt es mit der Hundepeitsche und so weiter. Vgl.: Berkeley Horse, Equus eroticus, Käfig, Kynophilie, Maulkorb, Metamorphosismus, Reitgerte, Tierfetischismus, Zaumzeug, Zooanthropie, Zoomimik. → Masochismus, Sadismus.

Hunger und Liebe sind bei den Säugetieren sehr eng miteinander verkuppelt. Das Jungtier entwickelt das sexuelle Bedürfnis nach einem anderen Wesen der gleichen Art aus dem Lustgefühl heraus, das es beim Saugen an der Mutterbrust empfindet. Das Nahrungsbedürfnis wird also von der ersten Sekunde seiner Befriedigung mit ganz bestimmten, sexuellen Lustgefühlen gekoppelt: Wärme, Lippen- und Zungenreiz, Geruch, Geschmack und Gefühl eines anderen Körpers, Lecken und Saugen an Körperteilen eines anderen Wesens der eigenen Art. Deshalb kann es nicht überraschen, daß beide Enden des Ernährungsapparates für das geschlechtsreife Tier erogene Zonen und, im Harnsystem, sogar teilweise mit den Genitalien identisch sind. Der Kuß ist in diesem Sinne kaum mehr oder weniger »pervers« als → Anilinctio, Cunnilingus, Fellatio, Pedicatio. Experimente mit Schimpansen haben gezeigt, daß Jungtiere, die als Flaschenkinder aufgezogen und von keinem Muttertier umarmt, gestreichelt, und in all den anderen mütterlichen Formen geliebkost worden sind, keinen Paarungswunsch entwickeln, wenn sie geschlechtsreif werden. Vgl.: Geschlechtshunger.

Hure, heute gleichbedeutend mit Prostituierte, hatte einstmals die Bedeutung »Freundin« oder »Geliebte« und nahm erst auf dem Umweg über das altdeutsche Wort *hor* (= Schmutz, Kot) die mittelhochdeutsche Bedeutung *huore* = Prostituierte an. Im Altnordischen bedeutete *hor* »Ehebruch«, als Glossenwort jedoch auch »Lust« und »Liebe«. Das Mittelalter unterschied grundsätzlich zwischen fahrenden und seßhaften Huren. Die ersteren waren doppelt ehrlos: als »Fahrendes Volk« und als Dirnen. Die zweiten konnten im Laufe des 14. und 15. Jahrhunderts ihre Ehrlosigkeit tilgen, indem sie Innungen und Zünfte bildeten und damit in das städtische System integriert wurden. →Bademagd, Dirne, Kerzenhure, Prostituierte.

Hurenhaber, im Wien des 13. Jahrhunderts der Vogthaber, der dem Hofmarschall in dessen Funktion als Schirmherr des → Frauenhauses assistierte. → Ammeisterknecht, Bettelherr, Capita sexteriorum, Corte delle meretrici, Domini di nocte, Frauenrichter, Gewaltbote, Hurenweibel, Profos, Receveur des filles communes, Roi des Ribauds.

Hurenschneider, im Mittelalter der Amtsdiener, zu dessen Pflichten es gehörte, straffälligen Huren den Kopf zu scheren.

Hurentaiber, im 15. Jahrhundert das illegale Bordell.

Hurentrecker nannte man im Mittelalter den Bordellhabitué.

Hurenweibel, Amtmann der Soldatendirnen, Troßkommandant der mittelalterlichen Heereszüge. Der H., der meist im Rang eines Hauptmanns stand, hatte nach Leonhard Frondspergers Kriegsbuch die Aufgabe, den Troß in Ordnung zu halten und die mit dem Heer mitziehenden Dirnen zur Arbeit anzuhalten. Die Dirnen hatten zu kochen, zu waschen und zu fegen, das Lager aufzuräumen sowie die Kranken zu pflegen. Im Dreißigjährigen Krieg gingen die Obliegenheiten des H. auf den → Profos über. Vgl.: Fahrende Frauen, Landsknechtsweiber, Landstörzerinnen, Soldatenhuren, Troß.

Hurenwirt, Besitzer oder Pächter eines Bordells gegen Ende des Mittelalters. Im frühen und Hochmittelalter benutzte man für die gleiche Tätigkeit die Worte → Frauenmeister, Frauenwirt, Freihat, Freiwirt oder Töchterwirt. Vgl.: Alphonse, Amicus, Aufmacher, Bärentreiber, Hakkerbub, Jungfernschaftsprokurist, Kappelbub, Krameltreiber, Louis, Lude, Ludewig, Pilger, Plattenbruder, Pulion, Purlierer, Sponsierer, Stenz, Strawanzer, Strizzi, Zutreiber.

Hurenzelte, im 17. und 18. Jahrhundert die Behausungen der Prostituierten, die den Armeen ins Sommerlager oder in den Krieg folgten. In § 10 des preußischen Reglements vom 28.2.1714 heißt es: »Keine Huren sollen im Lager, Hauptquartier oder Garnison gelitten werden... weswegen auch die Generals nicht zugeben sollen, daß... Hurenzelte aufgeschlagen werden, worauf der General-Auditeur mit Acht haben soll.« In den Koalitionskriegen zogen die Hurenzelte jedoch überall mit. F.C. Laukhard schreibt über die Belagerung von Mainz: »Bei unserem Regiment gab es eine ordentliche Hurenwirtschaft, das heißt ein ordentliches Bordellzelt, worin sich vier Dirnen aufhielten, welche, um doch einen Vorwand zu haben, Kaffee schenkten und dann jedem zu Dienste waren.« → Landsknechtsweiber, Marketenderinnen, Soldatenhuren, Troß.

Husheltern [mhd.], im Mittelalter die Puffmutter. Nach der erstaunlich fortgeschrittenen Demokratie der → Freien Häuser, Minnehäuser, Jungfernhöfe, Töchterhäuser des Mittelalters war sie nicht ermächtigt, über die Einnahmen der »Töchter« frei zu verfügen, sondern mußte alle Einnahmen einer → Lohnsetzerin übergeben, die von den »Töchtern« ernannt wurde. Die Eingänge wurden in einer → Schlaflade aufbewahrt, die unter dreifachem Verschluß der Lohnsetzerin, der H. und einer erwählten »Tochter« stand. Am Ende jeder Woche wurde die Schlaflade feierlich aufgeschlossen und das Geld nach einem festgelegten Schlüssel verteilt. Die H. erhielt ein Drittel der gesamten Summe, die der Kunde im Hause ausgegeben hatte (also einschließlich des Verkaufs von Wein und Nahrungsmitteln an die Töchter und ihre Freier), und dazu ein festgelegtes »Schlafgeld« für jeden Mann, der bei einer Tochter übernachtete. Was die Tochter am Ende der Woche der H. schuldig geworden war, wurde ihr bei der Eröffnung der Lade abgezogen. Was übrigblieb, wurde gleichmäßig unter alle Töchter verteilt. → Abbesse, Äbtissin, Frauenmeisterin, Frauenwirtin, Magistra, Regina bordelli. Vgl.: Alcahueta, Appareilleuse, Aufführdame, Ausschütterin, Blondinenlieferantin, Bordellbesitzerin, Chaperonnière, Duegna, Einheimerin, Einstößerin, Maquerelle, Matrone, Puffmutter, Rippelreiger, Trüllerin, Verwerrin.

Hutfetischismus, die Fixierung des Sexualwunsches auf die Kopfbedekkung. In seiner simpelsten Form besteht der H. in dem Wunsch, daß der Sexualpartner beim Koitus einen Hut tragen soll. Der echte Hutfetischist ist orgasmusunfähig, wenn der Hut nicht zumindest im Bett liegt oder während des Geschlechtsverkehrs zu sehen ist. Dies ist das Stadium der → Konjunktionsabweichung. Tritt der Hut an die Stelle eines

Geschlechtspartners, ersetzt er also den lebenden Menschen, handelt es sich um das Stadium einer → Kompensationsabweichung. In diesem Stadium sammelt der Patient Hüte und onaniert bei deren Anblick oder beim Anprobieren. Wie bei den meisten Fetischisten ist auch hier das Endstadium → Orgasmolepsie. → Fetischismus, Kleiderfetischismus, Kohärenzfetischismus.

Hygiene [gr.: hygiene techne = Kunst der Gesundheit], in der westlichen Welt stets ein Duell zwischen der unsittlichen Reinlichkeit und dem sittlichen Schmutz. Denn um sich zu waschen, muß man sich ausziehen. Und der nackte Körper gibt stets Veranlassung zu sinnlichen (das heißt nach westlicher Auffassung: unsittlichen) Gedanken. Also ist das Pendel der westlichen Geschichte nach jeder Periode der Reinlichkeit wieder zu einer des Schmutzes zurückgekehrt.

In der Mittelmeerkultur des Altertums, die stark von der Mentalität Nordafrikas, Kleinasiens und des Mittelostens beeinflußt war, galt Sauberkeit von früher Zeit an als Sittlichkeit. Die Juden nahmen nach dem Beischlaf ihr rituelles Bad, und das galt ebenso für den ehelichen wie für den unehelichen Geschlechtsakt. Wo es Wasser gab, gab es also nicht nur Ehefrauen, sondern auch Prostituierte, die sich wuschen. Quellen und → Brunnen waren Symbole der Reinheit und der Fruchtbarkeit. Bereits in vorgeschichtlichen Zeiten kannte man das warme Bad. Das Alte Testament berichtet davon, Homer auch. Dem einkehrenden Gast bereitete man in allen patriarchalen Gesellschaftsordnungen des Ostens ein Bad, in dem er von der Frau, der Tochter oder der Dienerin des Gastgebers gewaschen und massiert wurde. Die Assoziation zwischen Sauberkeit und Geschlechtsverkehr ist offenbar so alt wie das Patriarchat. Wurden die Griechen während jener Jahrhunderte, die den Höhepunkt ihrer Kultur darstellten, von Knaben statt von Mädchen im Bad bedient, so stellte das keine Abkehr von der homerischen Sitte, sondern einen Wandel im Schönheitsideal dar. In den öffentlichen wie in den privaten Bädern gehörte Geschlechtsverkehr mit Knaben zum Ritual der Säuberung. Im Italien der Römer hatte jedes Dorf, auch das kleinste, seine eigene Badeanstalt. Zu Agrippas Zeiten (62–12 v. Chr.) wurden in Rom *balnea mixta,* gemeinsame Bäder für Männer und Frauen, eingeführt. Der *balneator* (Bademeister) wurde dabei unweigerlich zum Kuppler, während der *tractator* (Masseur) und die *tractatrix* (Masseuse) der Prostitution dienten. In Bajae, dem modischen Kurort der Römer, gehörten *libidines, amores, adulteria* (Ausschweifungen, Liebschaften, Ehebrüche) zur Tagesordnung. Und nicht nur dort. Cäsar sagt von den Germanen, sie machten aus der Geschlechtsverschiedenheit »kein Geheimnis, denn beide Geschlechter baden gemeinsam in Flüssen«. Im Winter dagegen schmorte die ganze germanische Familie nackt in Schwitzbädern, ebenso wie im Rußland der vorchristlichen Zeit. Als die Finnen die Sauna nach Rußland einführten, verbreitete sich das gemeinsame Nacktbaden in solchem Maß, daß Katharina II. es gesetzlich verbot. Auch im übrigen Europa setzte unter dem Einfluß der Kirche eine Gegenbewegung ein, die das Baden, selbst das Baden im heimischen Bottich, als sündhaft verbot. Die → Anachoreten proklamierten völlige Absage an Wasser und Waschen. Wie weit die Sitte des gemeinsamen Nacktbadens der Geschlechter mittlerweile jedoch fortgeschritten war, geht aus der Tatsache hervor, daß es das Konzil von Nicäa im 4. Jahrhundert für nötig hielt, geistlichen Personen ausdrücklich zu verbieten, gemeinsam mit Frauen zu baden. Und so geschah es, daß die guten Christen fast wieder dem Schmutz der Urzeit verfallen wären, hätten sie sich nicht aufgemacht, die Heiden zu bekehren, und nun bei den unwissenden Orientalen zum ersten Mal wieder die Freuden der Hygiene entdeckt. Der orientalische Badekult kehrte also mit den Kreuzrittern nach Europa zurück und setzte sich nun unaufhaltsam durch.

Wie im Altertum wurde der Gast nun wieder von der Tochter, der Ehefrau oder der Magd des Gastgebers im Bade gewaschen oder massiert. Im Winter verbrachten der Ritter und seine Familie oft ganze Tage in der Badestube, weil es der einzige warme Raum in der Burg war. Von den Burgen und Schlössern verbreitete sich die Badesitte in die Dörfer und Städte. Überall entstanden öffentliche Badestuben, in denen → Bademägde und → Badeknechte die Badenden bedienten. Und wie es im Altertum geschehen war, so wurden Badeknechte und Bademagd auch hier zu Prostituierten, und zwar wiederum nicht nur zu heterosexuellen, sondern vor allem zu homosexuellen. Im Jahre 1486 gab die Stadt Breslau deshalb den → Badern den Befehl, die weiblichen Badenden nur noch von Männern bedienen zu lassen, damit die »lesbische Hurerei« ein Ende nehme. 1591 wurden in Eßlingen 18 Paare ausgehoben, die in komplizierten Verbindungen tagelang im Bade Orgien gefeiert hatten. Erasmus von Rotterdam schrieb: »Man sucht der Frauen Gesellschaft, geht ins Bad, befleckt seine Seele... Im Bade sitzen sie nackt mit Nackten zusammen, nackt tanzen sie.« In kleinen oder großen Holzbottichen badeten Unverheiratete zusammen. Im Wasser, zwischen den Badenden, schwammen Blumen, und Blumen trugen auch die nackten Frauen über dem Ohr, im Haar und in Kränzen um den Hals. Andere trugen nichts als kokette Halsketten oder winzige Lendenschürzlein, die man → Bad-Ehren nannte. Fremde Menschen, die die Badestube so betrachteten wie wir das Theater, gingen zwischen den Bottichen spazieren und warfen den badenden Damen Blumen oder Münzen zu. Musikanten spielten auf Estraden oder wanderten spielend hin und her. Nackte Bademägde servierten Speisen und Getränke, scherzten mit den Gästen, den Zuschauern und den Musikern, setzten sich allerlei Zudringlichkeiten aus und erwiderten sie mit wohlgezielten, aber nicht immer ganz unerotisch gemeinten Schlägen.

Nicht die Kirche, sondern die Syphilis beendete den Badekult im 15. Jahrhundert. Angst vor Infizierung durch Pest und Geschlechtskrankheiten hielt die Menschen von allen gemeinsamen Veranstaltungen fern. Selbst als die Pest überwunden und die Syphilis gesellschaftsfähig geworden war, blieb die Angst vor der Reinlichkeit. Vom 17. Jahrhundert an begannen die Ärzte, das Baden im Freien als verrückt und das Waschen im eigenen Hause als schädlich zu betrachten. Parfums ersetzten die Seife. Das berühmte 18. Jahrhundet, das Zeitalter der »Galanterie«, war vor allem das Zeitalter des Schmutzes, des Gestanks und der Unhygiene. Noch in den siebziger Jahren des 19. Jahrhunderts besaß das königliche Schloß in Berlin keine Badestube. Wenn er baden wollte, mußte Kaiser Wilhelm I. sich aus einem Hotel eine Badewanne besorgen.

Nur in Südeuropa, in den von den Deutschen so oft als dreckig beschriebenen Balkanländern und im östlichen Zipfel der »verschlampten« Donaumonarchie, erhielt sich die Sitte des Badens – und mit ihr die der Badeprostitution. In Budapest waren vor allem Zigeunermädchen bis ins zwanzigste Jahrhundert hinein als »Hindu-Girls« (angeblich indische Bademädchen) tätig. Wollte man auf dem Balkan in einem Hotel baden, pflegte der Portier stets zu fragen: »Mit oder ohne?« Und das bedeutete: Mit Mädchen oder ohne Mädchen? Diese Sitte ist als Degradierung der Frau erst von den Volksrepubliken der Gegenwart abgeschafft worden. → Bad, Bagnio, Étuve, Gesundbrunnen, Piscine, Verenenkult, Wasser.

Hymenismus [gr.: hymen = Jungfräulichkeit, Jungfernhäutchen], Rohleders Bezeichnung für den reflektorischen Scheidenkrampf, der den Geschlechtsverkehr unmöglich macht. → Vaginismus.

Hypästhesie, sexuelle [gr.: hypo = unter; aisthesis = Empfindung; lat.: sexus = Geschlecht], geschlechtliche Unterempfindlichkeit, → Frigidität.

Hyperandrinismus [gr.: hyper = über; aner = Mann], Übervermännlichung, ein von Hirschfeld geprägter Ausdruck, der die pathologischen Auswirkungen des Männlichkeitswunsches der Frau ausdrücken soll, also nicht die Tendenz zur Trans- oder Homosexualität, sondern zu gewissen Formen der Paranoia und Hysterie.

Hyperästhesie [gr.: hyper = über; aisthesis = Empfindung], abnorm gesteigerte Sinnesempfindlichkeit.

Hyperahprodisie [gr.: hyper = über; aphrodisia = Liebesgenuß], abnorm gesteigerte Sexualität. → Nymphomanie, Satyriasis.

Hypererosie [gr.: hyper = über; eros = Gott der Liebe], Eulenburgs Synonym für → Nymphomanie und → Satyriasis.

Hypererotismus [gr.: hyper = über; eros = Liebe], abnorm gesteigerte sexuelle Erregbarkeit. → Nymphomanie, Satyriasis.

Hyperhedonie [gr.: hyper = über; hedone = Lust], abnorm gesteigerte Lustempfindlichkeit, → Nymphomanie, Satyriasis.

Hyperlagnie [gr.: hyper = über; lagneia = Wollust], Eulenburgs Sammelbegriff für abnorm gesteigerte Sexualität, der → Nymphomanie und → Satyriasis zusammenfassen sollte.

Hypersexualität [gr.: hyper = über; lat.: sexus = Geschlecht], abnorm gesteigerter Geschlechtstrieb. → Nymphomanie, Satyriasis.

Hyphedonie [gr.: hypo = unter; hedone = Lust], sexueller Lustmangel, → Frigidität.

Hypochondrie, sexuelle → Sexualhypochondrie.

Hyposexualität [gr.: hypo = unter; lat.: sexus = Geschlecht], unterdurchschnittliches Sexualempfinden, → Frigidität.

Hysteromanie [gr.: hystera = Gebärmutter; mania = Wahn], Gebärmutterwahn, → Nymphomanie.

I

Ich, nach Sigmund Freuds zweiter Theorie der Psychoanalyse die zentrale Instanz der Persönlichkeit; im Gegensatz zum *Es,* das triebhaft und unbewußt ist, und zum *Über-Ich,* das die Autorität der Eltern repräsentiert und als Gewissen fungiert. Das Ich differenziert sich unter dem Einfluß der äußeren Realität aus dem Es heraus. Es ist nicht mit dem Bewußtsein identisch, da es auch unbewußte und vorbewußte Elemente enthält. Trotzdem ist es die eigentliche Instanz des menschlichen Selbstverständnisses und im phylogenetischen Sinne jener Aspekt der menschlichen Psyche, der uns Hoffnung gibt, daß wir als Gattung je in der Lage sein werden, unser eigenes Schicksal zu bestimmen.

Ich-Libido [gr.: libido = Lust, Begierde, Liebessehnsucht], ein von Sigmund Freud geprägter Begriff, der die Besetzung der eigenen Person mit → narzißtischer Libido bezeichnen soll. Nach Freud besetzt die Libido, die menschliche Liebessehnsucht oder Sexualbegierde, zuerst das Ich (primärer → Narzißmus) und dann erst einen anderen Menschen (→ Objektlibido); zuerst das Subjekt, dann erst ein Objekt. Zieht sich die Libido von diesem Objekt wieder auf das eigene Subjekt zurück, so entsteht der sekundäre → Narzißmus, das Kennzeichen der Psychose und des Verlusts des Realitätssinns.

Identifizierung, sexuelle → Geschlechtsidentifizierung.

Identität, sexuelle → Geschlechtsidentität.

Identitätswechsel, sexueller, die revidierte Deutung der eigenen Geschlechtszugehörigkeit; die Entdeckung, daß man fälschlich dem anderen Geschlecht zugeordnet worden ist; aber auch die Entdeckung, daß die eigene Psychosexualität nicht mit den eigenen Geschlechtsorganen übereinstimmt. → Geschlechtsidentität, Transvestitismus.

Idiogamie [gr.: idios → eigen, einzeln, alleinig; gamos = Hochzeit], ein Begriff, den der italienische Arzt Paolo Mantegazza (1830–1910) im Jahre 1908 geprägt hat, um die Unfähigkeit zu bezeichnen, mit mehr als einem einzigen Menschen koitieren zu können. Er beschreibt die I. (Zeitschrift für Sexualwissenschaft, 1908, Seite 223 ff.) als eine »Perversion«, die der Homosexualität oder dem Fetischismus entspricht. Wie der Homosexuelle nur mit einem Menschen seines eigenen Geschlechts zum Orgasmus kommen kann, wie der Schuhfetischist nur mit der Frau koitieren kann, die gewisse Schuhe trägt, so kann der idiogame Mensch nur mit einer einzigen Person seinen Orgasmus erlangen. Was Mantegazza hier als angebliche Perversion bezeichnet, beschreibt aber auch das Verhalten aller Liebenden in der Literatur der abendländischen Romanik – von dem *Frauendienst* Ulrich von Lichtensteins über die *Tannhäuser*-Legende bis zu *Tristan und Isolde, Romeo und Julia* und jeder modernen Liebesromanze in jeder deutschen Frauenzeitschrift oder Illustrierten. Dieses Konzept der *una cum uno* ist anderen Kulturen unbekannt. Es typisiert für nahezu alle Menschen außerhalb des europäischen Kulturkreises die exotische Natur der exotischsten aller Kulturen – der unsrigen. Eine amerikanische Lehrerin, die Jahrzehnte in Afrika zugebracht und afrikanischen Jugendlichen viele unserer klassischen Liebesgeschichten erzählt hat, deren Held zahllose Menschen und am Ende sich selber ins Unglück stürzt, weil er eine und nur diese Frau liebt und sie und keine andere haben will, einerlei wieviele Hindernisse ihm im Wege stehen, berichtet, daß sie überall auf völliges Unverständnis gestoßen sei. Stets stellten die Afrikaner – junge und erwachsene, Männer und Frauen – die gleiche Frage: »Aber weshalb nahm er kein *anderes* Mädchen?« Die Frage ist nicht absurd, denn auch bei uns heirateten die meisten Männer Frauen aus ihrer eigenen Nachbarschaft oder aus sehr ähnlichem, vertrautem Milieu. Diese Mädchen ähneln ihren Müttern. In jeder beliebigen Umgebung, die von Leuten mit ähnlichem Einkommen, ähnlicher Beschäftigung und ähnlichen Ideen bewohnt ist, sind die Ähnlichkeiten zwischen den verfügbaren Mädchen so groß, daß es wahrhaftig keinen anderen Grund gibt als den bloßen Zufall, weshalb ein Mann sich für ein bestimmtes Mädchen entscheiden sollte und nicht für das Mädchen aus dem Haus nebenan. Wenn es also mit dem einen Mädchen nicht klappt – weshalb, um den Afrikaner zu zitieren, nimmt er nicht wirklich ein anderes? Umgekehrt: Wenn es mit dem einen Mann nicht klappt, wieso nimmt die Frau keinen anderen? Die Antwort liegt wahrscheinlich bei jenem Alltagsfetischismus, den Mantegazza I. getauft hat.

Idiosynkrasie [gr.: idios = eigen, einzeln, alleinig; syn = zusammen; krasis = Mischung]. Sexuelle Idiosynkrasien sind in jedem Menschen vorhanden. Wie der Fisch nicht in sterilem, keimfreiem Wasser leben kann, so kann der Mensch nicht in einem Zustand leben, der frei von sexuellen Idiosynkrasien ist. Im Gegensatz zu den sexuellen Zwangsvorstellungen, die obsessiv zur Befriedigung drängen (der → Exibitionist hat keine Wahl: er *muß* sich entkleiden), bleiben die Idiosynkrasien oft im Unbewußten hängen und werden dem Betroffenen erst dann bewußt, wenn sie zum erstenmal befriedigt werden. Das klinische Bild ist stets das gleiche: Ein Mensch, der bis dahin ein völlig »normales« Sexualleben geführt hat, oft verheiratet ist, Kinder haben mag und in jeder anderen Weise »gesund« ist, begeht einen → »Seitensprung«, meist während einer Ferienreise oder während der normale Sexualpartner langfristig abwesend ist (im Krieg, im Gefängnis, im Internierungslager, im Ausland), und entdeckt dabei plötzlich, daß sein ganzes bisheriges Sexualleben ihm nur eine Halbbefriedigung gegeben hat. Es ist, als habe ein unerfahrener Automobilist jahrelang einen Wagen gefahren, bei dem nur drei von vier Zylindern funktioniert haben. Dann bringt ein Fremder den »Schaden« in Ordnung, und plötzlich entdeckt man, wie das Fahrzeug eigentlich laufen *sollte.* Da wir den bisherigen Zustand als »normal« betrachtet haben, sind wir verblüfft, ja verärgert, daß wir uns so viel haben entgehen lassen. Wir fühlen, daß die Natur uns jahrelang betrogen hat, daß unser eigener Körper uns das Geheimnis der Befriedigung vorenthalten hat, daß wir bisher überhaupt nicht gelebt haben und nun im eigentlichen Sinne erst »erweckt« worden sind. Das geht dem Mann genau so wie der Frau, und das mag bei Menschen geschehen, die bis dahin mit zwanzig, dreißig oder mehr Menschen des anderen Geschlechts verkehrt haben. Die Idiosynkrasien entsprechen den Perversionen. Aber sie finden ihre Befriedigung als Vorspiel oder Nebenspiel des → Koitus. Sie sind keine Surrogathandlungen, sondern stellen die Atmosphäre dar, in denen der Koitus sich entfalten muß, um zum maximalen → Orgasmus zu führen. Die meisten Idiosynkrasien sind sadomasochistischer oder fetischistischer Gestalt. Aber sie beruhen auch oft auf einer Verschiebung der erogenen Zonen von dem üblichen zu einem anderen Körperteil. Der Sexualpartner, der diesen Körperteil zufällig berührt, streichelt, küßt, entdeckt das Geheimnis, als ob er einen Geheimschlüssel zu einem Tresor gefunden hätte, von dessen Existenz selbst der Besitzer bis dahin nichts wußte. → Choc fortuit, Fetischismus, Liebe auf den ersten Blick.

MONOSEXUELLE I. [gr.: monos = allein], die autoerotische Antipathie gegen andere Körper. Die m. I. ist einerseits die Eigentümlichkeit, sich nur am eigenen Körper entzünden zu können, andererseits eine Form des → Antifetischismus, die sich gegen alle anderen Körper richtet, also ebenso gegen männliche wie gegen weibliche Wesen. Selbstbefriedigung vor dem Spiegel oder beim Anblick von Fotos, die den eigenen Körper darstellen, ist meist die einzige sexuelle Tätigkeit, die zum Orgasmus führt. Vgl.: Autismus, Autoerastie, Autoerotik, Autoerotismus, Autofetischismus, Automonosexualität, Autosexualismus, Monosexualität, Narzißmus, Spiegelakt, Tagebuch, Trisexualität.

Ikonolagnie [gr.: eikon = Bild; lagneia = Geilheit, Beischlaf], Bildgeilheit oder Bildbeischlaf, ein Begriff, der von verschiedenen Sexualwissenschaftlern verschieden benutzt worden ist. Armand Mergen definiert die I. als »eine sexuelle Perversion, in der der Orgasmus durch das Betrachten pornographischer Bilder oder die Herstellung pornographischer Werke (Zeichnungen, Schriften, Fotografien etc.) erreicht wird«. Andere Sexologen haben I. als Bildfetischismus verstanden. → Monumentophilie, Pygmalionismus, Statuenliebe, Statuophilie, Venus statuaria, Wunschzeichnung. Vgl.: Bilderschändung, Ikonophobie, Monumentophobie, Statuenhaß, Statuophobie, Übermalung.

Ikonophobie [gr.: eikon = Bild; phobos = Furcht], Bilderangst, Bilderhaß. Eine Form des → Antifetischismus, bei der sich die Angst des Patienten oder dessen Haß auf ein bestimmtes Bild oder auf Bildwerke aller Art richtet. → Bilderschändung, Monumentophobie, Statuenhaß, Statuophobie, Übermalung. Vgl.: Ikonolagnie, Monumentophilie, Pygmalionismus, Statuenliebe, Statuophilie, Venus statuaria, Wunschzeichnung.

Illuminate [it.: Die Erleuchteten], eine italienische Stiftung zur Rettung von Prostituierten, die Carlo Carafa (1561–1633), ein ehemaliger Priester, gegründet hat. Als Soldat, der ein sehr ausschweifendes Leben geführt hatte, wurde Carafa durch den Gesang einer Nonne bekehrt und widmete sich nun seinerseits der Bekehrung von Prostituierten. → Arbeitshäuser, Beguinen, Bicêtre, Bon Pasteur, bekehrte Buhlerinnen, Casa de las arrepentidas, Convertite, Dispensaire de salubrité, Dominae poenitentes, Filles-Dieu, Haus der Büßerinnen, Madelonettes, Magdalenenhäuser, Maison de salubrité, Pentite, Saint-Lazare, Sorores de penitentia, Spinnhäuser.

Immissio [lat.: Einführen, Hineinlassen, Wachsenlassen], im Mönchslatein des Mittelalters meist im Sinne der Einführung des Penis in die Vagina benutzt (→ Introductio). Manchmal aber auch im Sinne von → Erektion oder → Ejakulation.

Immissio Penis in Anum [lat.: Einführen des männlichen Gliedes in den After], Einführen des männlichen Gliedes in den After eines Menschen oder Tieres. Öfter beim homosexuellen als beim heterosexuellen Verkehr, aber auch beim letzteren häufig, da die Afterschleimhaut der Frau äußerst empfindlich ist und viele Frauen dort größere Reize als in der Vagina verspüren. → Analerotik, Analkoitus, Coitus in anum, Gesäßerotik, Natesfetischismus, Pedicatio, anale Pfählung, Proctolagnie, Pygismus, Spinatstecher, Stercoraires.

IMMISSIO PENIS IN ANUM MULIERIS, Einführen des männlichen Glieds in den After der Frau.

IMMISSIO PENIS IN ANUM VIRI, Einführen des männlichen Glieds in den männlichen After. → Bougre, Catamitus, Collegium sodomitarium, Homosexualität, Sodomie, Unzucht mit Männern.

Impotentia, der lateinische Ausdruck für Impotenz, der im medizinischen Fachvokabular in vielen Zusammenstellungen auftaucht:

IMPOTENTIA ALCOHOLICA [lat.], alkoholisch bedingte Zeugungsunfähigkeit. Alkohol »treibt das Verlangen und vertreibt das Erlangen«. Er vertreibt Hemmungen, aber beschränkt die Erektions- und Ejakulationsfähigkeit des Mannes. Bei beiden Geschlechtern beeinträchtigt er die körperliche Fähigkeit des Koitalvollzugs und die geistige Fähigkeit des Orgasmusgenusses. Vgl.: LSD, Narkomanie.

IMPOTENTIA COEUNDI [lat.], Paarungsunfähigkeit, die Unfähigkeit, den Geschlechtsverkehr zu vollziehen, sei es aus physischen oder aus psychischen Gründen. Sterilität gilt nicht als I. c., denn wenn der Geschlechtsverkehr vollzogen werden kann, besteht auch dort keine I. c., wo Zeugungsunfähigkeit (Impotentia generandi) oder Unfruchtbarkeit (Impotentia concipiendi) vorliegt.

IMPOTENTIA CONCIPIENDI [lat.], Empfängnisunfähigkeit, Sterilität der Frau (das männliche Gegenstück ist Impotentia generandi). Beides muß von der Paarungsunfähigkeit (Impotentia coeundi) unterschieden werden. Alle drei Formen der Impotenz sind in fast allen Ländern sowohl Ehehindernisse wie Ehescheidungsgründe.

IMPOTENTIA CONCUPISCENTIAE [lat.], Begehrungsunfähigkeit, fehlender Drang zum Geschlechtsverkehr.

IMPOTENTIA ERIGENDI [lat.], Erektionsunfähigkeit, die Unfähigkeit des Mannes, eine genügende Gliedversteifung aufzubringen, um den Geschlechtsverkehr auszuführen. Vgl.: Erektionsangst.

IMPOTENTIA GENERANDI [lat.], Zeugungsunfähigkeit, Sterilität des Mannes (das weibliche Gegenstück ist Impotentia concipiendi). Beides muß von der Impotentia coeundi, der Unfähigkeit zum Vollzug des Geschlechtsverkehrs, unterschieden werden. Vgl.: Kinderlosigkeit.

IMPOTENTIA NERVOSA IRRITATIVA [lat.: Impotenz durch reizbare Schwäche], Caspers Synonym für → Actus brevis und → Ejaculatio praecox.

IMPOTENTIA SATISFACTIONS [lat.], Befriedigungsunfähigkeit, entweder als Resultat der → Orgasmolepsie oder als Ausfall der Befriedigung beim Orgasmus. Im Gegensatz zur Impotentia coeundi, concipiendi und generandi hat die I.s. keinen rechtlichen Status als Ehehindernis oder Ehescheidungsgrund. Trotzdem ist sie in mancher Hinsicht eine ernste Erkrankung als die drei anderen Formen der Impotenz, denn der Geschlechtsverkehr gibt dem gesunden Menschen die Energie und Fähigkeit, seine nichtsexuellen Pflichten erfolgreich zu erfüllen. Wo die sexuelle Befriedigung fehlt, fehlt die Fähigkeit, die nichtsexuellen Aufgaben zu bewältigen. Vgl.: Anorgasmie, Befriedigung, Frigidität, Orgamus deficiens.

Impotenz [lat.: im = un; posse = können], sexuelles Unvermögen. Eine Anzahl unzusammenhängender Phänomene mit sehr verschiedener Pathogenese (Krankheitsursache) werden vom Laien unter diesem Begriff zusammengefaßt:

1. Organische Defekte der Genitalien, die den Geschlechtsverkehr unmöglich machen (→ Algopareunie, Dyspareunie, Impotentia coeundi).
2. Sterilität des Mannes oder der Frau, die die Erzeugung von Nachkommenschaft unmöglich macht (→ Impotentia concipiendi und generandi).
3. Nervöse Verkrampfungen der Genitalien (→ Hymenismus, Vaginismus).
4. Ejakulationsstörungen (→ Actus brevis, Ejaculatio deficiens, praecox und retardata).
5. Erektionsstörungen (→ Erektionsangst, Impotentia erigendi).
6. Impotenz durch Vergiftung oder Drogenmißbrauch (→ Impotentia alcoholica, Narkomanie).
7. Impotenz als Resultat erzwungener Abstinenz (→ Ehemetritis, Enthaltsamkeitskrankheiten, Epididymitis sympathica, Neuralgia testis, Paradidymitis sympathica, Phrenokardie).
8. Frigidität (→ Alibido, Anästhesia sexualis, Anaphrodisie, Anerotismus, Anhedonie, Anorgasmie, Aphanisis, Asexualität, Asthenie, Hypästhesie, Hyphedonie, Hyposexualität, Impotentia satisfactionis, Libido deficiens, Orgasmolepsie, Orgasmus deficiens, Orgasmus retardatus, Parästhesie, Unlustreaktion).
9. Angst vor Geschlechtsverkehr (→ Berührungsangst, Cypridophobie, Genitalangst, Genitalhypochondrie, Horror sexualis partialis, Impotenzangst, Koitusangst, Liebeshaß, monosexuelle Idiogamie, Sexualhypochondrie, Repulsionskräfte, Sexualneurose, Venereophobie).
10. Angst vor dem anderen Geschlecht oder Haß des anderen Geschlechts (→ Androphobie, Brusthaß, Frauenhaß, Gynäkophobie, Homosexualität, Horror sexualis partialis, Kastrationsangst, Männer-

haß, Misandrie, Misogynie, Penisneid).
11. Angst vor der Entjungferung (→ Deflorationsphobie).
12. Angst vor Nachwuchs, Kinderhaß (→ Geburtsangst, Misopädie, Tokophobie).
13. Angst vor geschlechtlicher Bindung (→ Doppelliebe, Ehescheu, Misogamie).
14. Temporäre Impotenz (→ Hochzeitsimpotenz, temporäre Impotenz).
15. Selektive Impotenz: der Patient ist mit nur einer Person potent, mit allen anderen impotent (→ Idiogamie).
16. Wahl eines Sexualpartners, der nicht verfügbar ist und deshalb keine Potenzforderungen stellt (→ Distanzliebe, Flucht vor der Liebe, Schattenliebe).
17. Impotenz verkleidet als moralischer Einwand gegen den Geschlechtsverkehr (→ Abstinenz, Angst, Askese, Ekel, Enthaltsamkeit, Familiensklave, Keuschheit, Scham, Sexualmoral, Zölibat).
18. Narzißmus, die Unfähigkeit, irgendeinen Menschen außer sich selber zu lieben (→ monosexuelle Idogamie.)
19. Perversionen: alle Formen dessen, was wir in der heterosexuellen Gesellschaft »Perversion« nennen, führen zur heterosexuellen Impotenz, weil sie den Koitus zwischen Mann und Frau durch ein anderes Wunschbild ersetzen. Jede dieser Formen der Impotenz stellt ein eigenständiges Syndrom dar, das nur vom Sexualmediziner diagnostiziert werden kann. Die Ratschläge und Verallgemeinerungen, die man über dieses Thema in manchen Sexualwerken und medizinischen Lexika für Laien findet, sind unzulässig.

Psychische Impotenz ist das häufigste aller männlichen Leiden in der Praxis des Psychoanalytikers. »Diese sonderbare Störung betrifft Männer von stark libidinösem Wesen und äußert sich darin, daß die Exekutivorgane der Sexualität die Ausführung des geschlechtlichen Aktes verweigern, obwohl sie sich vorher und nachher als intakt und leistungsfähig erweisen können, und obwohl eine starke psychische Geneigtheit zur Ausführung des Aktes besteht. Die erste Anleitung zum Verständnis seines Zustandes erhält der Kranke selbst, wenn er die Erfahrung macht, daß ein solches Versagen nur beim Versuch mit gewissen Personen auftritt, während es bei anderen niemals in Frage kommt. Er weiß dann, daß es eine Eigenschaft des Sexualobjekts ist, von welcher die Hemmung seiner männlichen Potenz ausgeht, und berichtet manchmal, er habe die Empfindung eines Hindernisses in seinem Innern, die Wahrnehmung eines Gegenwillens, der die bewußte Absicht mit Erfolg störe«, schrieb Sigmund Freud bereits 1912. »Die Grundlage des Leidens ist hier wiederum – wie sehr wahrscheinlich bei allen neurotischen Störungen – eine Hemmung in der Entwicklungsgeschichte der Libido bis zu ihrer normal zu nennenden Endgestaltung. Es sind hier zwei Strömungen nicht zusammengetroffen, deren Vereinigung erst ein völlig normales Liebesverhalten sichert, zwei Strömungen, die wir als die zärtliche und die sinnliche voneinander unterscheiden können. Von diesen beiden Strömungen ist die zärtliche die ältere. Sie stammt aus den frühesten Kinderjahren, hat sich auf Grund der Interessen des Selbsterhaltungstriebs gebildet und richtet sich auf die Personen der Familie und die Vollzieher der Kinderpflege... Im Lebensalter der Pubertät tritt nun die mächtige ›sinnliche‹ Strömung hinzu, die ihre Ziele nicht mehr verkennt. Sie versäumt es anscheinend niemals, die früheren Wege zu gehen und nun mit weit stärkeren Libidobeträgen die Objekte der primären infantilen Wahl zu besetzen. Aber da sie dort auf die unterdessen aufgerichteten Hindernisse der Inzestschranke stößt, wird sie das Bestreben äußern, von diesen real ungeeigneten Objekten möglichst bald den Übergang zu anderen, fremden Objekten zu finden, mit denen sich ein reales Sexualleben durchführen läßt. Diese fremden Objekte werden immer noch nach dem Vorbild (der Imago) der infantilen gewählt werden, aber sie werden mit der Zeit die Zärtlichkeit an sich ziehen, die an die früheren gekettet war. Der Mann wird Vater und Mutter verlassen – nach der biblischen Vorschrift – und seinem Weibe nachgehen. Zärtlichkeit und Sinnlichkeit sind dann beisammen. Die höchsten Grade von sinnlicher Verliebtheit werden die höchste psychische Wertschätzung mit sich bringen.«

Aber die Paarung der zärtlichen mit der sinnlichen Komponente gelingt nicht, wenn der Knabe zu sehr an seiner Mutter hängt, denn dann wird er in jeder Frau seine Mutter sehen und wird fühlen, daß einer »anständigen« Frau gegenüber zwar Zärtlichkeit, niemals aber Sinnlichkeit erlaubt sei. Das klingt im ersten Augenblick, als ob es eine besonders hohe Wertschätzung der Frau sei, bedeutet aber in der Praxis genau das Gegenteil, denn ein solcher Mann ist nur mit einer Frau potent, die er *nicht* achtet. Seine Sinnlichkeit, seine Potenz entfacht sich nur an Frauen, die soweit von seinem Mutterideal entfernt sind, daß er sie verachten kann. Wo er liebt, begehrt er nicht, und wo er begehrt, liebt er nicht. Das sind die Kunden der Prostituierten, denn sie suchen nach Frauen, die sie erniedrigen können, und die Tatsache, daß sie die Prostituierte *kaufen,* bedeutet für sie bereits einen sinnlichen Reiz, weil der Kauf eine Form der Erniedrigung ist. Die Attraktion der Prostituierten liegt für solche Männer also nicht in ihren physischen Reizen, sondern gerade in ihrer Reizlosigkeit. Je häßlicher sie ist, je unattraktiver die Begleitumstände der Begegnung, um so größer die Befriedigung. Dies erklärt das für naive Menschen unerklärliche Phänomen, daß gerade die ältesten und häßlichsten Prostituierten oft bessere Geschäfte machen als ihre jungen und attraktiven Kolleginnen. Denn die attraktive, saubere, nette Frau erinnert diesen Typ von Freier zu sehr an die guten Eigenschaften der eigenen Mutter. Und sowie ihn eine Frau an die eigene Mutter erinnert, taucht die Inzestschranke auf und er wird impotent.

Temporäre Impotenz ist nur selten ein Zeichen organischer Krankheit und kaum je ein Zeichen sexueller Überforderung. Ist ein gesunder Ehemann, der in normaler Ehe mit einer gesunden Frau lebt, eines Abends oder auch an verschiedenen Abenden unfähig, seinen eigenen Orgasmus zu erreichen, so deuten manche Ehefrauen dies als Beweis der Untreue ihres Mannes: Er *muß* eine Freundin haben, die ihn »aussaugt«, denn sonst wäre »das« nicht geschehen.

Diese Folgerung stimmt nie. Denn entweder ist die Ehe wirklich zerrüttet, aber dann würde der Mann gar nicht erst den Versuch machen, mit seiner Frau zu koitieren. Oder er liebt seine Frau, ist aber temporär impotent, dann ist der Grund mit Sicherheit nicht der, daß er sich bei einer anderen Frau »erschöpft« hat. William H. Masters' Experimente über die männliche Potenzgrenze haben gezeigt, daß ein Mann, der nach mehrmaligem Koitus mit einer Frau seine absolute Potenzgrenze erreicht zu haben glaubt und nun wirklich nicht mehr »kann«, fast stets fähig ist, noch einmal zu können, wenn er es mit einer anderen Frau versucht. Paradoxerweise *wächst* die Potenz des Mannes, statt sich zu verringern, wenn er Gelegenheit hat, abwechselnd mit zwei Frauen zu koitieren. Jede aufmerksame Ehefrau erkennt die → Seitensprünge ihres Mannes daran, daß er in diesen Zeiten *öfter* mit ihr schlafen will als gewöhnlich. Die amerikanische Frauenärztin Barbara Bross erklärt deshalb auch den Leserinnen eines ihrer Frauenbücher, daß sich nahezu jede Frau und jeder Mann früher oder später in jeder Ehe, auch der besten, zu langweilen beginnt: Dasselbe Haus, dieselben Kinder, dieselben Wände, derselbe Tagesablauf – man fühlt, daß man verrückt wird, wenn man nicht noch einmal versucht, wirklich zu »leben«. Dann holt die Frau sich also irgendeinen x-beliebigen Mann, oder der Mann sucht sich irgendeine x-beliebige Frau und geht mit ihr ins Bett. Häufig ist das eine Katastrophe. Er haßt alles an ihr– sie ist schmuddelig, sie ist dumm, sie riecht aus dem Mund, sie redet Unsinn, wie will Geld haben, sie ist *unmöglich*. Der einzige Erfolg ist, daß er seine eigene Frau, die ihn bis dahin so entsetzlich gelangweilt hat, nun in völlig neuem Licht sieht. »Wenn dein Mann eines Abends nach Hause kommt und besonders liebevoll und potent ist, dann ist durchaus möglich, daß er gerade aus dem Bett einer anderen Frau kommt. Wenn er andererseits eines Abends nach Hause kommt, nach Schnaps riecht und nicht mit dir ins Bett gehen will, obwohl du in deinem verführerischsten Nachthemd auf ihn gewartet hast, dann bedeutet das vermutlich nicht, daß er bei einer anderen Frau gewesen ist. Es bedeutet, daß er Sorgen im Büro oder in der Fabrik hatte und dir in der Stimmung, in der er sich befand, nicht gegenübertreten wollte. Daß seine Stimmung jetzt noch schlechter ist als zuvor, ändert nichts an seinen guten Absichten. All dies soll lediglich darauf verweisen, daß die Männlichkeit eines Mannes – sein Verlangen, seine Erektionen, seine Orgasmen – nur sehr wenig zu tun hat mit seiner Liebe, seiner Loyalität, seiner Treue, seiner Achtung vor dir und deinen Kindern. Wenn er nicht zum Orgasmus gelangen kann, laufe nicht gleich zum Nervenarzt, aber sage auch nicht: ›Du bist kein richtiger Mann! Was ist bloß mit dir los?‹ Denn wenn du das tust, dann kannst du wirklich jene Krise erzeugen, die du zu überwinden versuchst. Wenn man einem Mann oft genug sagt, daß es kein ›richtiger‹ Mann ist, dann verliert er seine ›richtige‹ Männlichkeit. Und versuche auch nicht, ihn zu trösten, denn das ist fast ebenso schlimm. Benimm dich einfach, als ob nichts geschehen wäre. Und wenn er seine berufliche Krise wieder unter Kontrolle hat, wird er dir auch bald genug beweisen, daß wirklich nichts geschehen ist.«

Impotenzangst, die Angst des Mannes, mit einer bestimmten Frau impotent zu sein. Sie beruht entweder auf Angst vor der eigenen Sexualität oder auf → Kastrationsangst. Obgleich die I. nie bei physisch impotenten Männern auftritt, hat sie den eigentümlichen Effekt, daß sie tatsächlich oft zu physischer Impotenz führt. (Vgl.: Cypridophobie, Ehescheu, Flucht vor der Liebe, Genitalangst, Koitusangst, Misogamie, Venereophobie). Oft entspricht die I. jedoch einer verdrängten Homosexualität. Der Patient hat also in Wirklichkeit nicht etwa Angst, bei einer *bestimmten* Frau, sondern bei *allen* Frauen impotent zu sein. Er weiß, aber verbirgt vor sich selber, daß er eigentlich nur mit *Männern* potent sein möchte.

Impotenz im alten Hellas. Den weniger potenten Mann betrachteten die Griechen als *gynnis,* »weibisch«, und dieses Attribut gaben sie sogar Alexander dem Großen, über dessen militärische Leistungen es keinen Zweifel gab. Derartige Schwachpotente nannten sie auch *nothuroi,* »Trägschwänzige«. Selbst für das Haus eines solchen Mannes besaßen die Griechen ein eigenes Wort *astytos oikos,* »erektionsloses Haus«. Philodemos klagt in der *Anthologie Palatina* (IX, 30): »Früher konnte ich fünfmal, ja mit mancher gar neunmal das Werk der Aphrodite vollbringen. Jetzt kriege ich es während der liebeslangen Nacht kaum einmal fertig, und auch das nur mit knapper Not. Oft stirbt mir der Priap auf halbem Wege ab, noch vorm Erreichen des Ziels. O, wie wird's mir erst im Alter ergehen!«

Selbst Zeus, der Göttervater, dem alles möglich ist, wird in seiner Potenz als menschlich begrenzt aufgefaßt. Als er zwei Tage und zwei Nächte lang mit Alkmene koitiert hat und immer noch gern weitermachen möchte, obgleich er nicht mehr kann, hält er einfach die Zeit still, indem er die Sonne einen Tag lang nicht aufgehen läßt. So verschafft er sich, ohne Potenzmittel, einen dritten Tag der Liebe. Vielleicht ist es bezeichnend für die griechische Auffassung von der Frau, daß Alkmene, die nun drei Tage und drei Nächte lang mit Zeus geackert hat, ganz im Gegensatz zu ihm auch am vierten Tag noch immer nicht erschöpft ist und deshalb mit ihrem Ehemann Amphitryon weitermacht. Resultat: neun Monate später gebärt sie Zwillinge – von Zeus den Herakles, von Amphitryon den Iphikles. Nur Herakles selber, der eben in jeder Hinsicht übernatürliche Kräfte besitzt, kriegt es später fertig, in einer Nacht fünfzig Frauen zu befriedigen. Das bedeutet (in einer Arbeitszeit von acht Stunden und 20 Minuten) rund zehn Minuten pro Frau – eine Leistung, die die Griechen als einmaligen Rekord betrachteten und als »dreizehnte Arbeit« des Herakles in die Geschichte einbrachten.

Aus der patriarchalischen Angst vor der Impotenz erklärt sich die geradezu riesige Literatur der Griechen über Potenzzauber, Liebesmittel, Aphrodisiaka und ähnliches. In einer sonst von Aberglauben verhältnismäßig freien Kultur nimmt dieses Kapitel einen ganz unverhältnismäßig großen Platz ein. Wir sprechen hier nicht von der »Liebesmassage«, der Masturbationstechnik, die in vielen griechischen Tempeln als Mittel gegen Impotenz praktiziert wurde, und auch nicht von der Lektüre geilmachender Bücher (zum Beispiel der *Rhodischen Geschichten* des Philippos von Amphipolis, des Herodianos und des Iamblichos), die der Arzt Aitios als Therapie empfahl, sondern einerseits von den

»medizinischen« Potenzmitteln, andererseits von den Zauberkuren.
Zu den Potenzmitteln gehörten die Hoden fast aller eßbaren Tiere, vor allem die der Stiere, Böcke, Widder, Eber, Hengste, Esel, Füchse, Hasen, Biber, Dachse, Hähne und Adler, der Oktopus (*phlebos tropoter,* »Stärker des Glieds« genannt), Eier, Honig, aber auch Malvensaft, in Ziegenmilch eingelegtes Knabenkraut, Cyclaminus (Saubart), Habrotonum (Stabwurz), das Mark des Granatapfelbaumzweigs, Kichererbsen, Knoblauch, Rettich, Euzomon, Kostwurz, Safran, Sesam, Flachs, Zaunwinde, Golddistel, Panax, Taubenkraut, Lilienwurz, Skiron, Bertramwurz, Byronia, Polei, Betonie, Katananke, Reseda, Labkraut, Sonnenwende, Judenkirsche, Zypressenkraut, Wolfsmilch, Drachenwurz, Hirnkraut, Wanderzuckerwurzel, Leporina, Mandragora, Charisia.

Zusätzlich zu den Aphrodisiaka und »geilmachenden Speisen« kannten die Griechen auch spezifische Erektionsmittel, *dynameis stytikas.* Chrysippos in *De pulchro et voluptate* (bei Athen. I, p. 9 C) erwähnt ein solches Mittel namens *lastasokakkabon,* das sich allerdings nur ein sehr reicher Mann *(plutaks)* leisten konnte. Die älteste hierauf bezügliche Stelle befindet sich bei Euripides, wo Medea dem greisen Ägeus sagt, daß sie Heilkräuter kenne, die geeignet seien, ihm zu dem fehlenden Kindersegen zu verhelfen. Auch gab es Mittel, um eine möglichst häufige Wiederholung des Koitus zu bewirken, wie Satureia (Pfefferkraut) oder zerstoßenen, mit Nesselsamen gemischten Pfeffer oder alten Wein, dem man zerriebenes Pyrethrum beigefügt hatte, das sich schon durch seinen Namen als ein »das Liebesfeuer anfachendes« Kraut zu erkennen gab.

Die Zwiebel wird unter den alten Reizmitteln am häufigsten genannt; neben Steckmuscheln, Krabben, Schnecken, Schweinefleisch, zumal von den Extremitäten und dem Rüssel, wird sie von dem Komödiendichter Alexis als besonders wirksam erwähnt. Diphilos sagt: »Die Zwiebeln sind schwer verdaulich, aber nahrhaft und gut für den Magen, sie sind zum Reinigen geeignet, schwächen das Augenlicht, reizen aber sehr zur Wollust. Daher das Sprichtwort: ›Nichts nützt die Zwiebel, wenn du keinen Schwanz hast‹. Am meisten werden die sinnlichen Begierden durch die sogenannten Königszwiebeln angestachelt, die von allen die besten sind.«

Ein anderer Komödiendichter, Platon (nicht mit dem Philosophen zu verwechseln), persifliert einmal ein *Das Gastmahl* betiteltes Gedicht des Philoxenos. Darin heißt es: »Iß möglichst viel Zwiebeln, die du in glühender Asche gebraten und mit Brühe getränkt hast, denn das richtet das Glied des Mannes auf... Die Seebarbe aber bringt keine Stärkung des Gliedes, denn sie ist der jungfräulichen Artemis Geschöpf, und dieser sind die Erektionen verhaßt.«

Die Reizmittel hat Galenos zusammengestellt. Er nennt sie Versteifungsmittel des Penis und empfiehlt neben verschiedenen Pflanzensamen unter anderem auch die Einreibung des Gliedes mit unmittelbar nach einem Koitus gelassenem Stierharn. Ebenso werden in der *Naturgeschichte* des Plinius zahlreiche potenzstärkende Mittel genannt.

In den griechischen Zauberpapyri sind uns zahlreiche Rezepte erhalten, die eine Kräftigung der Geschlechtsteile bezwecken. Ein solches lautet: »Nimm 50 Pinienapfelkerne in zwei Gläser Wein, tu geriebenen Pfeffer dazu und trinke das, dann wirst du oft koitieren können.« Ein anderes: »Wenn du recht kräftige Erektionen haben willst, mische Honig mit geriebenem Pfeffer und bestreiche damit deine Fußsohlen.«

Impotenz im alten Rom. Die Angst der Impotenz stellte das Kernproblem des Mannes im römischen Patriarchat dar. Deshalb stößt man in der Liebesliteratur der Römer immer wieder auf das kompensatorische Phänomen der Prahlerei mit der Größe des Penis und der Anzahl der geleisteten Emissionen. Eine »Leistungsgesellschaft« verlangt auch auf sexuellem Gebiet Leistungen, und wer sie nicht erbringen kann, muß immer in der Furcht leben, zum Versager abgestempelt zu werden. So verspricht Catull (XXXII) seiner Hypsithilla, es neun Mal in der Nacht mit ihr zu tun. Ovid, von seinem dichterischen Vorfahren beeindruckt, rühmt sich, das gleiche mit seiner Corinna geschafft zu haben. Der Gegenkaiser Proculus, um nicht hinter den Literaten herzuhinken, bestätigt seinem Vetter Metianus: »Ich habe hundert sarmatische Mädchen in meine Gewalt bekommen. Von diesen habe ich zehn in einer Nacht begattet, allesamt aber innerhalb von fünfzehn Tagen entjungfert.«

Obgleich Ovid freimütig genug ist, sein gelegentliches Versagen zuzugeben, prahlt er doch dazwischen immer wieder mit seiner Leistungsfähigkeit, so in den *Amores* (II, 10, 25 ff.):

Und zu den Lenden Kraft wird Nahrung geben die Wollust.
Nimmer bei meinem Werk hab ich ein Mädchen getäuscht.
Oft, nachdem ich die Nacht durchbracht mit lüsternem Spiele,
War ich des Morgens früh tauglich und keineswegs schlapp.
Glücklich, wer in dem Zweikampf der Liebe verlieret sein Leben.
Geben die Götter, daß so ende mein Leben einmal!

Der Dichter wiederholt diesen Wunsch (in II, 10, 35 f.):

Mir aber sei's bestimmt, durch der Liebe Spiel zu ermatten,
Und einst raffe der Tod mitten im Werke mich weg!

Doch auch Ovid hatte seine leistungsschwachen Stunden, in denen er sein Glied dann prompt als einen entfremdeten, ihm nicht mehr verantwortlichen Gegenstand darstellt, der sich »schmählich« benimmt und ihm, dem virilen Ovid, hier Schande macht. Von einem »feindlichen Geschick« getroffen, liegt der fremde Gegenstand nun leblos da. Und damit die Zofen des betroffenen Mädchens nicht merken sollen, daß sie unberührt geblieben ist, wird die Schmach verheimlicht, indem die Herrin sich Wasser wie zur postkoitalen Reinigung bringen läßt. Kann das vaterrechtliche Theater seine Absurdität besser darstellen? (*Amores* III, 7).

Besonders deutlich werden die Gründe der temporären Impotenz römischer Männer von Martial aufgedeckt, indem er berichtet, er könne einfach nicht zur vollen Erektion kommen, wenn seine Lesbia das von ihm *verlange* (VI, 23):

Immer, o Lesbia, verlangst du, soll steif für dich stehen mein Finger.
Aber bedenk doch, das Ding hat ja kein Fingergelenk!
Wenn du mich auch bestürmst mit schmeichelnden Händen und Worten,
Ist doch ein Tyrann gegen dich selbst dein kommandierender Blick.

Wo die Frau die Führung übernimmt, reagiert der Römer also mit Impotenz. Deshalb betrachteten die römischen Ärzte auch jeden starken weiblichen Geschlechtsdrang als krankhaft. Sie gaben vor, in ihm ein Gebrechen des Uterus zu sehen, und nannten ihn deshalb *furor uterinus.* In einer Gesellschaft, die völlig von Sklaven abhängig ist, wird der Mann eben stets mit dem Herrn identifiziert, die Frau stets mit dem Sklaven. *Verlangt* der Sklave etwa, statt zu gehorchen, so macht er sich strafbar oder ist einfach verrückt. So erklärt es sich, daß ein und dieselbe Handlung, die überhaupt erst durch das sexuelle Zusammenwirken zweier Personen möglich wird, stets zwei Deutungen hat: eine infame, die den duldenden, den weiblichen, den Teil des Sklaven trifft, und eine triumphierende, die dem männlichen, dem erobernden, dem Teil des Herrn zukommt.

Incubus [lat.: Obenauflieger], nach Auffassung der Inquisition der angebliche Beischläfer der Hexe. Thomas von Aquin sagt, daß der I. zwar zeugen kann, aber nicht über eigenen Samen verfügt, sondern einem Mann das Sperma entwenden müsse, um sich mit einem Menschenweib zu paaren. Das inquisitorische Werk *Der Hexenhammer* sagt, daß der I.

einen Partner habe, den sogenannten → Succubus, einen weiblichen Teufel, der sich zum Zwecke der Samenentwendung mit einem Mann paart und dessen Samen dann dem I. übergibt, damit der I. sich nun seinerseits mit einer Frau paaren könne. → Alpminne, Dämonomanie, Dämonophilie, Elben, Lykanthropie, Nosferatu, Spectrophilie, Vampirismus, Wechselbalg.

Infertilität → Kinderlosigkeit.

Infibulation [lat.: fibula = Heftel, Spange], das Vernähen, Verheften oder Verspangen der männlichen oder weiblichen Genitalien, um vorzeitigen Beischlaf oder Masturbation zu verhindern. Die Römer nahmen die I. an Sängern, Schauspielern, Eunuchen vor, indem sie durch die Falte der Vorhaut einen Ring zogen oder die Vorhaut vor der Eichel durch ein Bändchen verschnürten oder eine sogenannte fibula (Heftel) anbrachten – Drähte aus Silber, Kupfer oder Gold, die durch die Vorhaut gezogen und ringförmig zusammengeflochten wurden. Unter fibula verstand man aber auch eine metallene oder lederne Hülle, durch die das Glied bedeckt und geschützt wurde, also eine Art Keuschheitsgürtel, wie ihn die Frauen im Mittelalter trugen. Kennzeichnend für die Natur der Sexualität in patriarchalischen Gesellschaftsordnungen ist es, daß Römer und Römerinnen in der Einrichtung der I. einen Vorwand fanden, um sich seltenere und erschwerte Freuden zu verschaffen. Darum wandten viele Römerinnen den Infibulierten ihre besondere Aufmerksamkeit zu, worüber uns Martials Epigramme gut unterrichten. Für die allgemeine Verbreitung des Gebrauches der I. sprechen gewisse Redensarten, in welchen die Fibula auch im übertragenen Sinne angewendet wird. So bedeutete *fibulam imponere* »den Verkehr (die Ehe) verbieten« und *fibulam relaxare* »den Verkehr (die Ehe) zulassen«.

Die I. der Frau wurde vor allem von extrem vaterrechtlichen Gesellschaften ausgeübt. Sie bestand in einer Vernähung der Schamlippen, wie sie von verschiedenen Naturvölkern, vor allem aus Nordostafrika und dem Ostsudan (Somal, Afar, Bogos, Saho, Beni Amer, Galla von Harar, Abessinier, Sudanaraber mit Ausnahme der Tundjer u. a.) und auch von einzelnen Indianerstämmen Südamerikas (z. B. Conibos am Rio Ucayali in Peru) berichtet wird. Sie verfolgt den Zweck, die Mädchen zu absoluter geschlechtlicher Enthaltsamkeit zu zwingen. Schon der arabisch-ägyptische Historiker Makristi († 1442) wußte von dieser männerrechtlichen Sitte bei den Bedscha (NO-Afrika) zu berichten, und F. Werne beschrieb in *Reise durch Sennar* den auch von späteren

Autoren im wesentlichen bestätigten Brauch, der das Mädchen während vierzig Tagen in peinlicher Lage auf ein Bett fesselt. Vor der Hochzeit erwartet das Mädchen die neue Marter einer teilweisen Aufschneidung. Vor dem Gebären wird der ursprüngliche Zustand zwar durch totale Lösung wieder hergestellt, allein nach der Geburt wird, je nach Belieben des Mannes, die Vagina bis auf eine kleine Öffnung wieder geschlossen, und so fort. Ganz entsprechende Bräuche sind, wenn auch vereinzelt, aus Südamerika bekannt. Diese Sitte, die seit einem halben Jahrtausend in jedem Fachwerk über diese Thematik zu finden war, ist sehr verspätet und unter der Vorgabe, sie sei bisher nirgends veröffentlicht worden, in den siebziger Jahren unseres Jahrhunderts von feministischen Autorinnen aufgegriffen worden und den Männern (als Geschlecht) statt dem Patriarchat (als Sozialinstitution) zur Last gelegt worden. Vgl.: Chemise cagoule, Eifersucht, Keuschheit, Klitoridektomie, Klitorisspaltung.

Injektomanie [lat.: injicere = einspritzen; gr.: mania = Wahn], Lust am Einspritzen medikamentöser Flüssigkeiten in den menschlichen Körper. Es gibt eine aktive I. von sadistischem Charakter, meist bei Ärzten und Krankenschwestern. Die passive I. findet sich vor allem bei Masochisten und Automasochisten. In beiden Fällen dient die Spritze (= Penis) als Fetisch und der Akt des Einspritzens als unbewußter Substitut des Koitus. Die I. ist ein Teil einer großen Gruppe sadomasochistischer Handlungen, die man unter dem gemeinsamen Nenner der → Einverleibung zusammenfaßt. → Introjektion, Klistieromanie, Nadelschlucken, Pfählung, Selbstkatheterisierung. Vgl.: Narkomanie.

Inkontinenz [lat.: continere = behalten], Unfähigkeit zum Zurückhalten von Harn und Kot. Im übertragenen Sinn die Unfähigkeit, sich im Sexualleben zu beschränken. Vgl.: Nymphomanie, Promiskuität, Satyriasis.

Inquinationstrieb [lat.: inquinare = beschmutzen], ein von Merzbach geprägter Begriff, der sich etwa mit dem des → Besudelungstriebs und der → Saliromanie deckt. Es handelt sich um die sexuelle Substituthandlung des Lustgewinns durch Beschmutzung eines anderen Menschen, z. B. durch → Tintenspritzen, Kotschmieren usw. Es mag sein, daß dem I. eine aggressive Dynamik zugrunde liegt, die an das tierische Besitzergreifen eines Lebensraumes durch Urinieren anknüpft. So wie das Tier, teils durch systematische Verteilung seiner Fäkalien, teils durch Harnausscheidung, die Macht über seinen Lebensraum bekanntgibt, so mag der Mensch, der vom I. beherrscht wird, seinen sexuellen Anspruch auf einen anderen Menschen dadurch äußern, daß er ihn beschmutzt. Jedenfalls müssen wir zwischen dem aggressiven I. des Sadisten und der passiven Kotliebe des Masochisten unterscheiden. Die erstere tritt auf als Besudelungswunsch und Saliromanie, die letztere als → Exkrementophilie, Koprolagnie, Koprophagie, Koprophilie, Mysophilie und Skatophilie.

Inquisition [lat.: Untersuchung], kirchliche Untersuchungskommission des Mittelalters zur Prüfung von Ketzereien und Irrlehren. In Spanien war die I. vom Jahre 1487 an eine staatliche Institution. In Deutschland wurde sie im 16. Jahrhundert abgeschafft, in Frankreich erst 1772. Obgleich die I. nominell nur über Glaubensfragen zu entscheiden hatte, wurde sie in der Praxis zur wichtigsten Sexualbehörde des Mittelalters. Denn das geschlechtliche Brauchtum war so mit der kirchlichen Praktik verquickt, daß sich jeder Verstoß gegen die sexuelle Orthodoxie als ein Verstoß gegen die religiöse Orthodoxie ausdeuten und verfolgen ließ. Ein Musterbeispiel liefern die Hexenprozesse und die Untersuchungen der → Incubi und → Succubi, der → Werwölfe und Vampire (→ Vampirismus), ebenso die gegen → Katharer und Tempelritter.

Intelligencer [engl.: Nachrichtengeber], im England des 18. Jahrhunderts ein → Zuhälter, dessen Aufgabe ausschließlich darin bestand, potentielle »Opfer« ausfindig zu machen. Wenn er diese gefunden hatte, benachrichtigte er die → »setters«, die dann darangingen, die betreffenden Mädchen gefügig zu machen. Vgl.: Bully, Crosbiting, Pimp, Ponce.

Intersexualität [lat.: Zwischengeschlechtlichkeit], ein von Richard Goldschmidt 1915 geprägter Begriff, der die Veränderlichkeit des angeborenen Geschlechts ausdrücken sollte. Goldschmidt war Professor der Biologie am Kaiser-Wilhelm-Institut in Berlin und erkannte bei seinen Züchtungsversuchen mit Schmetterlingen, daß sich das von den ererbten Chromosomen bestimmte Geschlecht im Laufe der embryonalen Entwicklung ändern kann. Im extremen Fall beginnt das Individuum seine Entwicklung mit dem einen Geschlecht und beendet sie mit dem anderen. Es können aber auch alle Stufen des Übergangs zwischen dem einen und dem anderen auftreten (sexuelle → Zwischenstufen). Man unterscheidet weibliche und männliche »Intersexe«, je nachdem, von welchen Tendenzen zum anderen Geschlecht ein seiner genetischen Natur nach weibliches oder ein genetisch männliches Individuum betroffen wird. Der Nachweis der Intersexualität läßt sich jedoch niemals durch die äußere Erscheinung des Testindividuums allein, sondern nur in Verbindung mit der Chromosomenanalyse, der Gonadenanalyse und der gonadophorischen Analyse erbringen. Der Frauenarzt P. Mathes hat den Begriff der I. auf die menschliche Typologie angewandt und in seiner 1924 veröffentlichten Arbeit *Die Konstitutionstypen des Weibes, insbesondere der intersexuelle Typus* (in Halban-Seitz: *Biologie und Pathologie des Weibes,* III, 1924) nicht uninteressante Beobachtungen über bisexuelle und homosexuelle Frauen mitgeteilt, die aber unzulässige Übertragungen aus dem somatischen ins psychosexuelle Gebiet enthalten. → Ambierastie, Ambisexualität, Amphierotik, Biamanten, Bisexualität, Doppelgeschlechtlichkeit, Drehpunkt, Drittes Geschlecht, Geschlechtsübergänge, Hermaphrodit, Panhermaphroditismus, Seelenzwitter, Trisexualität, sexuelle Zwischenstufen.

Intimmoral, ein Begriff, der die Moral der → Intimsphäre von der öffentlichen Moral unterscheidet. Nirgends tritt der Widerspruch zwischen der bürgerlichen Theorie der Liebe und ihrer Praxis deutlicher hervor als in der angeblichen Unantastbarkeit der Intimsphäre. Wir sagen im Brustton der Überzeugung, daß die Liebe »frei« sei, daß das Liebesleben »Privatsache« eines jeden Menschen sei, daß weder Staat noch Polizei, weder Kirche noch Zensur, weder Nachbarn noch Verwandte ein Recht hätten, uns zu sagen, wie, wann, wo und wen wir lieben sollen. In Wahrheit wird unser Geschlechtsleben jedoch überall von Gesetzen geregelt, von Zensurbehörden eingeschränkt, von Strafen bedroht. Die Sexualreformer, die diesen Widerspruch aufgedeckt und angegriffen haben, hatten stets weniger Erfolg als die Sozialreformer, die ökonomische Widersprüche unserer Gesellschaft enthüllt und angeklagt haben. Denn im Gegensatz zu dem Respekt, den selbst die politischen Gegner den großen Sozialreformern erwiesen haben, sind die Sexualreformer stets als Exzentriker betrachtet worden – als komische Figuren, als Verrückte, als Zielscheiben der Lächerlichkeit. Wir lachen über sie, weil wir uns wie Kinder benehmen, die ihre Angst verbergen, indem sie kichern. Gelächter ist ein Versuch, sich von einer Bedrohung zu befreien, indem man sie als absurd darstellt. Wir betrachten deshalb all jene Zivilisationen als absurd, deren Sexualmoral grundsätzlich von der unsrigen abweicht. Es ist sicherlich kein Zufall, daß wir gerade jene Kulturen besonders schnell vernichtet haben, deren Sexualmoral uns bedroht, weil sie uns beweist, daß es eine alternative Möglichkeit der Sozialorganisation gibt: zum Beispiel die polynesische Kultur des 18. Jahrhunderts – eine Welt ohne Neurose, eine Kultur, in der vier- bis fünfjährige Kinder von Jugendlichen in die Praxis des Geschlechtslebens eingeführt wurden, wo alle Formen des Geschlechtsverkehrs öffentlich von Erwachsenen vorgeführt wurden, so daß »Aufklärung« keine Sache der Theorie blieb, sondern zur konkreten Instruktion, zur praktischen Ausbildung wurde. Weil wir eine solche Welt nie erlebt haben, können wir sie uns nicht vorstellen. Und weil wir sie uns nicht vorstellen können, scheint sie uns nicht nur »unsittlich«, sondern absurd. Dabei übersehen wir, daß unsere Vorstellung einer »Intimmoral«, die sich irgendwie von der öffentlichen Moral unterscheidet, viel absurder ist als jene einheitliche, ungespaltene Moral, die Captain Cook in Polynesien vorfand.

Wir glauben, daß es unsere moralische Pflicht sei, unsere »Intimsphäre« vor allen anderen Menschen zu verbergen. Aber der Versuch, unser Geschlechtsleben geheim zu halten, ist bereits ein Beweis unseres schlechten Gewissens. Denn es mag berechtigt sein, daß wir uns von anderen Menschen zurückziehen, wenn wir defäzieren: Defäkation stinkt. Aber wir treffen uns zum Abendessen, wir tanzen gemeinsam, wir gehen gemeinsam ins Theater, wir hören Musik gemeinsam, wir betreiben öffentlich Sport, wir tun all das in aller Öffentlichkeit, was ästhetisch ist und uns Spaß macht. Macht uns die Liebe keinen Spaß? Ist sie nicht ästhetisch? Warum verbergen wir sie?

Eine freie Entfaltung der kreativen Potenz des homo sapiens kann erst dann beginnen, wenn sein Geschlechtsleben die Geheimnistuerei abgestreift hat, die der Grund unserer Angst ist – der Angst, in unseren »abwegigen« Sexualpraktiken ertappt zu werden. Aber diese Angst konnte nur deshalb entstehen, weil wir keine Ahnung hatten, was die anderen Menschen taten. So war der circulus vitiosus entstanden, der unser Geschlechtsleben seit fast zwei Jahrtausenden beherrscht: Wir koitieren im geheimen, weil wir Angst haben, dabei ertappt zu werden, daß die Praxis unseres Geschlechtsverkehrs von der Theorie abweicht, die wir selber verkünden. Aber wir verkünden sie nur deshalb, weil auch die anderen im geheimen koitieren und uns deshalb die Möglichkeit nehmen, ihr Geschlechtsleben mit dem unsrigen zu vergleichen. Wenn wir nicht im geheimen koitierten, hätten wir längst herausgefunden, daß alle anderen das gleiche tun: daß die »Abwegigkeit« unseres individuellen Geschlechtslebens nichts mehr und nichts weniger als das Maß unserer Individualität darstellt und daß die Vorstellung eines normativen Geschlechtslebens ebensowenig erstrebenswert ist wie die einer Menschheit ohne Individualität.

Wenn die Sexualwissenschaft heute dazu neigt, den Geschlechtsverkehr aus dem Dunkel des Schlafzimmers in das Licht der Öffentlichkeit zu versetzen (in den »Love-ins« der jungen Generation ist das längst geschehen) und damit die Doppelmoral der Intimsphäre zu beseitigen, so bedeutet das nicht, daß sie das Individuum von der Verantwortung für die gesellschaftlichen Folgen des Liebeslebens freisprechen will. Im Gegenteil, erst wenn das verlogene Konzept einer unantastbaren Intimsphäre beseitigt ist, kann die Gesellschaft den Staatsbürger für sein Sexualleben voll zur Verantwortung ziehen. Gerade die Sexualwissenschaft leistete der Menschheit einen schlechten Dienst, wenn sie nicht auf den sozialen Charakter aller sexuellen Handlungen hinwiese.

Der Erfolg oder Mißerfolg des Zusammenlebens zweier Liebender beeinflußt alle Menschen um sie herum: nicht nur ihre Kinder und ihre Verwandten, sondern auch ihre Nachbarn, ihre Arbeitgeber, ihre Arbeitnehmer und ihre Arbeitskollegen. Ehepartner, die sich dauernd streiten, machen das Leben für ihre Nachbarn schwierig. Menschen, deren Sexualleben unbefriedigend ist, laden ihre Unzufriedenheit auf ihre Mitmenschen ab und werden zu tyrannischen, unverträglichen oder permanent deprimierten Mitarbeitern. Der gesellschaftliche Zweck des Geschlechtslebens ist der, uns von den Spannungen des gesellschaftlichen Lebens zu erholen, die Schlacken des täglichen Energieverbrauchs abzubauen und neue Energien für den Aufbau der menschlichen Gesellschaft zu erzeugen. Wenn unser Geschlechtsleben uns nicht befriedigt, so sind wir nicht in der Lage, unsere Sozialpflichten zu erfüllen. Die Idee, daß die Gesellschaft kein Recht hätte, sich mit unserer Intimsphäre zu befassen, ist deshalb außerordentlich naiv. Andererseits sind die Bestrebungen sowohl der bürgerlichen wie auch der sozialistischen Staaten, das Geschlechtsleben ihrer Staatsbürger zum Zwecke der Arbeitssteigerung einzuschränken, wahrscheinlich ebenso naiv. Denn die Einschränkung des Sexuallebens wirkt sich meist nicht in einer Sublimierung der Libido aus, sondern als Neurose; nicht in verstärkter, sondern in verminderter Arbeitsleistung. → Abstinenz, Sexualmoral.

Intimsphäre, ein Begriff, der sowohl im philosophischen wie im juristischen Sinn (»Verletzung der I.«) neuartig ist, weil das Konzept des Privatlebens als solches ein Novum in der Geschichte der Menschheit darstellt. Bis ins 18. Jahrhundert leiteten die Räume selbst der größten Schlösser ineinander über. Das Schlafzimmer der Herrin diente oft als Empfangsraum. Küche und Badezimmer waren Treffpunkte des ganzen Haushalts, da sie oft die einzigen heizbaren Räume waren. Niemand nahm Anstoß an nackten oder halbnackten Menschen, niemand störte sich am Geruch oder am Geräusch vieler Menschen in einem Zimmer. Das Bedürfnis, sich zurückzuziehen, ließ sich, wenn es überhaupt je auftrat, allein mit religiösen Motiven rechtfertigen: nur im Kloster konnte der Mensch des Mittelalters zumindest einige Stunden lang jene Abgeschlossenheit finden, die das spätere Bürgertum als sein Privileg betrachtete. Gegen Mitte des 20. Jahrhunderts beginnen wir uns bereits wieder von diesem bürgerlichen Ideal abzuwenden. Sowohl in Amerika wie in den kommunistischen Ländern, besonders aber in China, gilt jede Form des Alleinseins bereits wieder als Eigenbrötelei, oft sogar als Verrat an der Gemeinschaft. Es mag durchaus sein, daß auch die Idee eines Sexuallebens zu zweit im verschlossenen Kämmerlein dem Ende entgegensieht. Die immer weitere Verbreitung des → Gruppensex, des → Partnertausches und der öffentlichen Nacktheit (Striptease, Oben-ohne-Bars, Freikörperkultur und so weiter) scheint darauf hinzuweisen, daß die Zukunft des bürgerlichen Geschlechtslebens eine pluralistische ist. Jedenfalls ist sie das sexuelle Gegenstück der pluralistischen Gesellschaft. Eine klassenlose Gesellschaft, wie der Marxismus sie anstrebt, wird stattdessen eine klassenlose Geschlechtlichkeit erzeugen. Siehe hierzu Ernest Borneman: *Das Patriarchat,* S. Fischer Verlag, Frankfurt am Main 1975, S. 531–537, 542. Ders.: *Die Trszene.* S. Fischer Verlag, Frankfurt am Main 1977, S. 41–44, 137–149. → Intimmoral, Orgie, Pluralismus, Symposion, Triolismus.

Introductio [lat.: Einführung], die Einführung des Penis in die Vagina, ein Begriff, der im mittelalterlichen und kanonischen Eherecht benutzt wird.

INTRODUCTIO DIGITI [lat.: Einführung des Fingers], Afteronanie mit Hilfe des eigenen Fingers oder durch den Finger einer anderen Person. In den *Märchen aus 1001 Nacht* heißt es: »Das Lied entzückte den verfluchten Iblis so sehr, daß er seinen Finger in den Hintern steckte, während Meiman tanzte.« → Analerotik, Épée de Charlemagne, Proctolagnie, Siphnisieren. Vgl.: anale Einverleibung, Klistieromanie, Pfählung.

Introjektion, die sexuell motivierte Einführung von Fremdkörpern in den menschlichen oder tierischen Organismus. Nimmt man die Handlung an einem Tier vor, handelt es sich um → Zoosadismus. Führt man sie an einem anderen Menschen aus, ist sie → Sadismus. Läßt man sie von einer anderen Person am eigenen Körper vornehmen, ist sie → Masochismus. Nimmt man sie am eigenen Körper vor, ist sie → Automasochismus. Sigmund Freud (1856–1939) hat sich besonders mit der letzteren Form befaßt, weil er in ihr sowohl die Wurzel wie auch den Ausdruck der Melancholie sah. Die I. kann physisch sein (Einführung von Kieselsteinen, Nadeln, Murmeln in den Magen, die Genitalien, den After und so weiter) oder mag nur symbolisch, also in Gedanken oder im Unterbewußtsein oder sogar ganz unbewußt, stattfinden. In beiden Fällen ist das introjizierte Objekt das Symbol eines geliebten Menschen, dessen Liebe man verloren hat oder verloren zu haben glaubt. Da man sich den anderen Menschen auf diese Weise »einverleibt« hat, kann man sich nicht mehr von ihm trennen. Der eigentliche, unbewußte Zweck der Handlung ist natürlich der, daß der *andere* Mensch sich nun nicht mehr von *uns* trennen soll, denn wir haben ihn ja »verschluckt«. In Wahrheit aber wird man zum Sklaven der eigenen Wahnvorstellung, denn man kann nicht mehr von ihr los. Die scheinbaren Selbstbeschuldigungen des Melancholikers sind verkappte Beschuldigungen gegen den anderen Menschen, der nun Teil des eigenen Körpers geworden ist. Das scheinbare Strafbedürfnis des Melancholikers ist in Wahrheit der Wunsch, den anderen Menschen für seine Treulosigkeit zu bestrafen. Die häufigen Selbstmordversuche sind verkappte Versuche, den anderen Menschen zu ermorden. Bei Hysterikern kommt es deshalb oft zu Reaktionsbildungen, zu Umkehrungen des Versuches, sich den anderen Menschen (z.B. in Form des »Verschluckens«) einzuverleiben, zum hysterischen Ekel vor allem Essen und Trinken, zum dauernden Erbrechen, dem symbolischen Versuch, das introjizierte Objekt auszustoßen.

Es besteht auch eine sehr enge Verbindung zu dem, was eigentlich das Gegenteil des Einverleibungswunsches zu sein scheint, zu dem hysterischen Zwang, sich Dinge aus dem Körper *herausnehmen* zu lassen. Hierher gehören die Menschen, die dauernd zum Chirurgen oder Zahnarzt laufen, um sich Körperteile operativ entfernen oder Zähne ziehen zu lassen, die beim Blutspenden wollüstige Gefühle haben, ja selbst die habituellen Haarausrupfer, die jedes Härchen unter der Achsel, an den Genitalien, den Augenbrauen oder anderen Körperteilen als Eindringling betrachten und Stunden damit zubringen, sich zu epilieren (→ Epilation, Venaesectio).

Physische I. kann durch eine Körperöffnung stattfinden (Mund, Nase, Ohr, Auge, After, Genitalien, Harnröhre) oder durch die Haut (Einspritzung, Impfung). Nahezu jeder Fremdkörper und jede Fremdsubstanz kann als Surrogat eines geliebten oder gehaßten Menschen dienen. Dabei ist erstaunlich, wie oft die introjizierten Dinge das Geschlecht dieses Menschen symbolisch darstellen. Nägel, Schrauben, Nadeln, Bleistifte stellen fast stets einen Mann dar, Knöpfe, Ringe, Büroklammern, Schnallen fast stets eine Frau. Auch beim Essen und Trinken fällt das gleiche Bild auf. Männer neigen zur Trunksucht (Frau = Flüssigkeit), Frauen neigen zu Naschsucht (Mann = Penis = Konfekt). → Aderlaß, Analerotik, Automasochismus, Einverleibung, Harntriebhaftigkeit, Injektomanie, Klistieromanie, Nadelschlucken, Oralerotik, Pfählung, Selbstkatheterisierung.

Intuition, weibliche → weibliche Intuition.

Inversion [lat.: Umkehrung], in der Sexualforschung manchmal als Synonym von → Homosexualität benutzt.

Inviteuses [frz.: Einladerinnen], seit Anfang des 20. Jahrhunderts die Kellnerinnen der Pariser Animierlokale. → Araignées, Bierhäuserlmenscher, Kaffeemenscher, Kellnerinnen, Marketenderinnen, Orange Girls.

Inzest [lat.: incestus = Blutschande], der Geschlechtsverkehr zwischen nahen Verwandten. Er ist in fast allen Ländern verboten und fast überall mit so absurd hohen Strafen bedroht, daß die Vermutung eines tiefen psychologischen Traumas beim Gesetzgeber naheliegt. Der Vorwand, daß Geschlechtsverkehr zwischen Verwandten strafbar sei, weil er zu »degenerierter« Nachkommenschaft führe, steht in Widerspruch zu den experimentell bewiesenen Beobachtungen der Genetiker, daß sich Hunderte von Versuchstiergenerationen durch Verbindungen der Abkömmlinge eines einzigen Paares erzeugen lassen, ohne daß die geringsten Schädigungen zu beobachten sind. Völker wie die Juden, die durch Einschließung in Gettos gezwungen waren, Verwandte zu heiraten, haben den Degenerationsmythos längst widerlegt. Hohe Intelligenz, minimales Auftreten von Geisteskrankheiten und größte Vitalität ergaben sich gerade *wegen* des hohen Maßes an Inzucht. Die Gesundheit der Kinder hängt nicht von dem Verwandschaftsgrad der Eltern, sondern von dem Erbmaterial ab, das sie mitbringen. Ist dieses gut, so kann Inzucht es nur besser machen. Ist es schlecht, wird Inzucht es verschlechtern.

Fast alle Mythen der Weltgründung und des menschlichen Ursprungs gehen auf I. zurück – die ersten auf den I. der Götter, die zweiten auf den I. der ersten Menschen. Und tatsächlich müßte die Anzahl unserer Vorfahren größer als die unserer eigenen Zeit sein, wenn die Menschheit *nicht* aus I. entstanden wäre. Da wir aber mit Sicherheit wissen, daß die Bevölkerung der Erde stetig gewachsen ist, kann es kein Argument um die Tatsache geben, daß er Mensch von Natur her ein inzestuöses Säugetier ist.

Es ist deshalb auch kaum überraschend, daß I. in den frühen Hochkulturen nicht nur erlaubt, sondern bei den Herrengeschlechtern ausdrücklich zur Pflicht gemacht worden ist. In Sumer, Elam, Iran, dem drawidischen Indien, Südost-China, Burma, Siam, Ceylon, Java, Bali, Hawaii gehörte I. zur Norm. Bei den alten Peruanern durfte ein Inka nur seine Schwester ehelichen, bei den Ägyptern die Pharaonin nur ihren Bruder, bei den Persern des königlichen Geschlechts die Geschwister nur einander. In Griechenland pendelte die Haltung zum I. jahrhundertelang zwischen »erlaubt« und »verboten« hin und her.

Sicherlich spielte in allen frühen Hochkulturen der Wunsch, das Sippenvermögen nicht zu zersplittern, eine maßgebliche Rolle. Diesen Wunsch teilte der Staat als Exkutivorgan der patriarchalischen Ordnung und bestimmte deshalb, daß die Tochter, die das Vermögen ihrer Eltern erbte, den nächsten ledigen Verwandten heiraten müsse, einerlei ob sie wolle oder nicht. Aus den gleichen Gründen waren selbst Geschwisterehen in den reichen Familien nicht selten, wie das Beispiel des Athener Kimon (etwa 500 bis 449) zeigt, der das riesige Vermögen seines Vaters Miltiades erbte und seine Schwester Elpinike heiratete, um es der Familie ungeteilt zu erhalten. Im Jahre 451 v. u. Z. wurden Stiefgeschwisterehen in Athen ausdrücklich legalisiert, solange die Geschwister denselben Vater, nicht aber dieselbe Mutter hatten.

Da die ökonomischen Motive die sexuellen Neigungen in so komplizierter und oft widersprüchlicher Weise überlagerten, ist es kaum überraschend, daß die griechischen Autoren zu den verschiedenen Formen des Inzests widersprüchliche Stellungen einnahmen, hier den Inzest verteidigend, ja geradezu lobpreisend, dort ihn verdammend, zum Anlaß der politischen und ethischen Verteufelung machend. Zeus, der Vater der Götter, ist nicht nur Ehemann, sondern auch Bruder seiner Gattin Hera. Iakchos, der Sohn des Zeus und der Hera, heiratet seine eigene Schwester Kore. Die sechs Söhne des Aiolos heiraten bei Homer ungestraft und mit absoluter Selbstverständlichkeit ihre sechs Schwestern, aber wenn Euripides das gleiche Thema einige Jahrhunderte später aufgreift und nur einen einzigen der Brüder, Makareos, mit einer einzigen Schwester, der Kanake, verkehren läßt, bricht in Athen ein solcher Sturm der Entrüstung aus, daß Euripides das Stück zurückziehen und neu bearbeiten muß. Bestraft wird auch Demophaon, König von Athen, für den Beischlaf mit seiner Schwester Phyllis, Byblis für den mit ihrem Bruder Kaunos, Mausolos für den mit seiner Schwester Artemisia, Leukippe für den mit ihrem Bruder, Leukippos für den mit seiner Schwester.

Wenn aber Poseidon seine Schwester Demeter vergewaltigt, trifft ihn keine Strafe, und wenn Ptolemaios II (285 bis 247) seine Schwester Arsinoe heiratet, wird nicht er, sondern sein Kritiker, der Autor Sotades, dafür betraft, daß er es gewagt hat, den König mit den Worten anzuklagen: »In unerlaubtes Loch triebst du den Nagel ein!« Ptolemaios ließ den Dichter lebendig in einen bleiernen Behälter einschließen und ins Meer versenken. Dazu muß allerdings gesagt werden, daß die makedonische Königsfamilie der Ptolemaier, als sie die Herrschaft über Ägypten errang, den Usus der Geschwisterheirat von den alten Pharaonen übernommen hatte, weil die ägyptische Krone stets mutterrechtlich vererbt wurde und selbst der Bruder der großen Kleopatra VII nur dadurch Pharao werden konnte, daß er seine Schwester heiratete. Die Königswürde vererbte sich in weiblicher Folge von der Mutter auf die Tochter: König konnte nur werden, wer Mutter oder Tochter heiratete.

Auch Platon teilte die Ansicht, daß die Geschwisterehe das »natürliche Gesetz« sei, und meinte, dies sei auch von der delphischen Pythia bestätigt worden. Kein Wunder, denn die delphischen Priesterinnen dachten stets mutterrechtlich. Die Toleranz der Griechen für Ehen zwischen Halbgeschwistern, die den gleichen Vater hatten, mag sich also zumindest teilweise aus der Tatsache ableiten, daß nach dem mutterrechtlichen Empfinden der ganzen alten Welt solche Geschwister zu verschiedenen Sippen gehörten und deshalb heiraten durften. Jedes Kind galt als nur mit seiner Mutter blutsverwandt, und da die Ehepartner hier verschiedene Mütter hatten, galten sie nicht als blutsverwandt. »Mein Großvater«, sagte Euxithius, »heiratete meine Schwester, da sie zu ihm nicht Schwester von derselben Mutter war« (Demosthenes, *Rede gegen Eubulides*).

Der Widerspruch in der griechischen Auffassung der verbotenen und erlaubten Paarungsgrade entsteht also einerseits aus der inhärenten Widersprüchlichkeit der beiden Abstammungssysteme – hier matrilineare, dort patrilineare Deszendenz –, andererseits aber auch aus dem historischen Widerspruch zwischen einer auf Gemeinschaftseigentum aufgebauten Sippenordnung, sei diese nun mutter- oder vaterrechtlich, und der auf Privateigentum aufgebauten Gesellschaftsordnung der *poleis*. Aus dieser doppelten Unvereinbarkeit erklärt sich auch die sehr unterschiedliche Haltung verschiedener griechischer Autoren zur

Frage der Paarung zwischen Mutter und Sohn. Wenn Ödipus seine Mutter Iokaste heiratet, so wird seine Bestrafung zum Kernpunkt der Auseinandersetzung zwischen der patri- und der matrilinearen Ordnung. Wenn Periander von Korinth, der fortschrittlichste Staatsmann seiner Zeit, mit seiner Mutter koitiert, wird er von allen griechischen Stadtstaaten verdammt. Wenn aber die Göttinnen mit ihren Söhnen koitieren, kräht kein Hahn danach. Im Gegenteil, man hat das Gefühl, daß die Griechen hier ihre sexuellen Wunschträume in den Olymp projizierten, wo sie straflos von den Göttern realisiert werden konnten, während sie die gleichen Wünsche, die sie so mühselig in sich selber unterdrücken mußten, mit einer Wut, die dieser Mühsal entsprach, bei allen Sterblichen verfolgten, die den Mut hatten, solche Wünsche hier auf Erden wahrzumachen.

Umgekehrt ist es kaum verwunderlich, daß die Griechen zur vaterrechtlichen Zeit mehr über die Vater-Tochter-Paarung als über irgendeine andere Form des Inzests nachgedacht haben. So war Adonis die Frucht der inzestuösen Verbindung seines Großvaters mit seiner Mutter. Er war der Sohn des Theias, des Königs von Assyrien, und seiner Tochter Smyrna, auf die Aphrodite eifersüchtig war, weil man ihr nachsagte, sie sei schöner als die Göttin der Liebe. Aphrodite strafte sie, indem sie ihr eine unstillbare Leidenschaft für ihren Vater einflößte. Dieser Leidenschaft entsproß Adonis, in den Aphrodite sich dann selbst sterblich verliebte. Ähnliche Tragikomödien spannen die Griechen um die Verhältnisse des Mykerinos mit seiner Tochter, der Harpalyke mit ihrem Vater Klymenos, des Piasos mit seiner Tochter Larissa, der Skylla mit ihrem Vater Minos, des Kinyras mit seiner Tochter Myrrha. Hierüber Ovid in *Metam.* X, 298 bis 518.:

> Die anderen Tiere vereinen
> Ohne Bedenken sich doch. Die Kuh läßt ruhig den Vater
> Ihren Rücken bespringen. Der Hengst nimmt die Tochter zur Gattin.
> Schafen gesellt sich der Bock, die er selber erzeugte, der Vogel
> Läßt sich befruchten von dem, durch den er selber entstanden.
> Glücklich, wem solches erlaubt. Und nur die Sorgfalt der Menschen
> Gab so üble Gesetze. Nur neidische Rechte verweigern,
> Was der Natur genehm. Doch sagt man, es gäbe Völker,
> Wo sich die Mutter dem Sohn und die Tochter dem eigenen Vater
> Hingibt, und doppelte Lust noch so die Innigkeit steigert.
> Weh mir, daß ich nicht auch daselbst geboren und hier nun
> Leide die Ungunst des Ortes!...

So auf dem Lager der Unzucht empfängt der Erzeuger sein eigen
Fleisch und die Mädchenscheu und ihr Zagen sucht er zu dämpfen,
Nennt sie vielleicht auch die Tochter des Alters wegen und sie ihn
Vater darauf, damit auch Namen der Blutschand nicht fehlen.
Schwanger vom Vater verläßt sie die Kammer und trägt den verruchten
Samen im schandbaren Schoß und mit ihm die Frucht ihrer Untat.
Folgende Nacht erneut sie die Tat und endet auch dann nicht.

Der athenische Redner Lysias, um 445 geboren, erzählt von Alkibiades eine Anekdote, in der sich Triolismus und Inzest seltsam mischen. In Abydos, am Hellespont, hätte Alkibiades gemeinsam mit seinem Freund Axiochos ein Mädchen namens Medontis geheiratet. »Darauf wurde ihnen eine Tochter geboren, von der sie sagten, sie wüßten nicht, wer der Vater sei. Als die Tochter heranwuchs, wohnten sie auch dieser bei. Wenn sie Alkibiades im Bette hatte, sagte er, es sei die Tochter des Axiochos, und wenn Axiochos mit ihr schlief, nannte er sie: Tochter des Alkibiades.«

Das genetische Alibi für die bestehenden Inzestverbote ist also unhaltbar. Werden negative Erbfaktoren durch I. begünstigt, dann auch positive. Da die Erhebung des homo sapiens über seine tierischen Vorfahren in keiner anderen Weise als durch Inzucht der »menschlichen« Eigenschaften stattgefunden haben kann, muß Inzucht um so positivere erbbiologische Resultate gehabt haben, je weiter wir in die Vergangenheit zurückgehen. Tatsächlich können wir den Umschlag der Inzest-Kulturen in die Anti-Inzestkulturen nur dort feststellen, wo eine mutterrechtliche Gesellschaft sich in eine vaterrechtliche verwandelt. Die Geschwisterehe der Pharaonen war erforderlich, weil der Pharao nur dann die väterliche Gewalt über die Kinder seiner Gemahlin erlangen konnte, wenn er gleichzeitig die Autorität des Onkels besaß. Das I.-verbot ist also nicht mehr und nicht weniger als das Siegel des Triumphs einer patriarchalischen über eine matriarchalische Gesellschaftsordnung. Und die Strenge, mit der der Gesetzgeber nach wie vor die Übertretung des I.-verbots ahndet, entspringt der männlichen Angst vor der Rache der Mütter. Bei Frauen dagegen tritt uns I.-Angst viel seltener entgegen.

I. ist von der Natur der Geschlechtsbeziehungen her ein männliches »Vergehen«. Die Mutter hängt mehr an ihren Kindern als der Vater. Ihre Liebe ist größer, und zwar sowohl die heterosexuelle Liebe zum Sohn wie die homosexuelle zur Tochter. Die Sexualität des Menschen entwickelt sich aus dem Verhältnis zur Mutter. Die Wärme, die Umarmung, die Liebkosung, die wir von ihr empfangen, bestimmen unser geschlechtliches Leben als Erwachsene. Ein Mensch, der als Kind nicht von seiner Mutter liebkost worden ist, wird auch als Erwachsener nicht der Liebe fähig sein. Aus der Berührung unserer Lippen mit der Mutterbrust erwächst die erotische Sensibilität der Lippen, das Bedürfnis zu küssen und geküßt zu werden, die Brust der Frau, den Penis des Mannes mit den Lippen zu berühren. Alle sexuellen Handlungen des Erwachsenen, die »normalen« sowohl wie die »perversen«, gehen auf die Beziehung zur Mutter zurück. Kein Wunder, daß der Knabe die Beziehung zur Mutter oder zu deren Substitut, der Schwester, beibehalten will. Kein Wunder, daß die Tochter in der Mutter die Rivalin um die Liebe des Vaters sieht und ihr das Liebesobjekt zu entringen sucht. Gelingt ihr das nicht, wendet sie sich dem nächstliegenden Vatersubstitut zu: dem Bruder. Stets ist in inzestuösen Verbindungen die Frau der aktive Teil der Partnerschaft, die »Verführerin«, die Einleiterin einer solchen Beziehung. I. ist das Privileg der Mutter und der Schwester. Die I.-Angst des Mannes ist deshalb in erster Linie eine Angst vor der Dominanz der Frau. Bei inzestuösen Handlungen, die zur Kenntnis der Gerichte kommen, fällt immer wieder die nahezu zwanghafte Wiederholung des klassischen Ödipus-Modells auf. In einem berühmt gewordenen englischen Fall gab die Mutter eine Erklärung, die nur dem Erstaunen verursachen wird, der mit solchen Fällen unvertraut ist: »Wenn der Junge schon solche Sachen machen muß, ist es am besten, wenn er alles im eigenen Hause macht.« Andere Fälle: Eine Tänzerin der Ost-Berliner Staatsoper verbringt ihren Urlaub in Varna, an der Goldküste Bulgariens, verliebt sich auf den ersten Blick in einen Polen, der sich ebenso dazu bekennt, bei ihrem ersten Zusammentreffen eine noch nie gefühlte Liebe auf den ersten Blick empfunden zu haben. Die beiden beschließen zu heiraten. Das Mädchen, in Westdeutschland geboren, ersucht um eine Geburtsurkunde und entdeckt, daß ihr Verlobter ihr Vater ist. Als Fremdarbeiter war er während des Krieges nach Deutschland verschickt worden. Dort lernte er ein polnisches Mädchen kennen, verliebte sich in sie, wurde aber noch vor der Geburt eines gemeinsamen Kindes von ihr getrennt. Ein anderer Mann heiratete das Mädchen und gab dem Kind seinen Namen. Nie wußte sie, daß er nicht ihr Vater war. Die Tänzerin, die statt eines Ehemannes einen Vater fand, und der Mann, der statt einer Frau eine verlorene Tochter entdeckte, waren völlig gebrochen.

Das gleiche Modell blitzartiger, überwältigender Anziehung wurde bei einem berühmten englischen Fall im Jahre 1955 erwähnt. 1935 war die Mutter der Kinder Geoffrey und Marjory gestorben, und beide kamen in verschiedene Kinderheime. Später wurde das Mädchen adoptiert, ohne ihren wahren Namen je gekannt zu haben. 1937 heiratete der Vater zum zweitenmal und starb, ehe Marjory und Geoffrey einander 1947 kennen- und liebenlernten. 1952 heirateten sie und hatten zwei Kinder, ehe sie erfuhren, daß sie Bruder und Schwester waren.

Dieses Syndrom taucht übrigens auch einige Male bei → Casanova auf, der die ungewöhnlich intensive und blitzartige Attraktion, die er von Zeit zu Zeit einem jungen Mädchen gegenüber empfand, später darauf zurückführte, daß sie wahrscheinlich seine Tochter war. Eine zweite Inzestsituation, die sich mit außerordentlicher Häufigkeit wiederholt, ist multipler Beischlaf innerhalb einer einzigen Familie, oft eines Vaters mit mehreren Töchtern, manchmal aber auch eines Sohnes mit seiner Mutter und verschiedenen Schwestern. → Blutschande.

Inzestfetischismus, die sexuelle Reizauslösung durch Blutsverwandte. Der Inzestfetischist kann nur mit ganz bestimmten Blutsverwandten zum Orgasmus gelangen, z.B. mit Mutter oder Vater, Bruder oder Schwester, Onkel oder Tante, Neffe oder Nichte, Großvater oder Großmutter. In keinem Aspekt des Fetischismus wird die Pathogenese aus dem Kindheitserlebnis deutlicher als bei I. Stets liegt ihm eine kindliche Bindung an einen bestimmten Menschen zugrunde, von der sich der Patient auch als Erwachsener nicht lösen kann. Öfter als bei anderen Formen des Fetischismus liegt dem I. die oft gut gemeinte Säuglings- oder Kindheitsmasturbation zugrunde, mit deren Hilfe viele Menschen im besten Glauben schreiende oder schlaflose Kinder zu beruhigen und einzuschläfern versuchen. Manche Kinderärzte sprechen hier von einem »Ammenrezept«, das sich im 19. Jahrhundert so eingebürgert hatte, daß fast alle Ammen es benutzten. Hierdurch entstand der sogenannte → Ammeninzest, eigentlich eine durch Onanie erzeugte lebenslange Bindung an die Amme. Da aber auch Eltern, Großeltern, Onkel und Tanten sich dieses Rezepts bedienten, entstand jene Bindung, die man nur als I. bezeichnen kann. → Blutschande, Fetischismus, Geschwisterehe, Inzest, Masturbation.

Inzestverbot. Es ist eine allgemeine Erfahrung der Paläosexologie, daß Inzestverbote in allen Gesellschaftsordnungen in einer gewissen Reihenfolge auftauchen. Auch in der europäischen Vorgeschichte war das erste I. offenbar das zwischen den Generationen: Innerhalb einer jeden

Sippe verkehrten die Elterngeneration, die Generation der Kinder und die Generation der Kinder dieser Kinder frei untereinander, aber Verkehr zwischen den Generationen war untersagt. Die zweite Einschränkung betraf den Verkehr zwischen Brüdern und Schwestern, und erst nach zahllosen Stadien geradezu mathematisch komplizierter Inzestverbote erreichten unsere Vorfahren, die Stufe der exogamen Monogamie. Die Vorstellung, daß gewisse Formen der Mehrehe, zum Beispiel sororale Polygynie, bei der mehrere Schwestern mit dem gleichen Mann verkehren, oder fraternale Polyandrie, bei der mehrere Brüder mit derselben Frau leben, Verfallserscheinungen der Einehe oder Resultate der Unkenntnis dieser »höheren« Kulturstufe seien, ist falsch. Das Gegenteil ist der Fall: Die Einehe ist fast stets eine Schrumpfform der Mehrehe. Kaum irgendwo finden wir Beispiele einer zur Mehrehe aufgeblasenen Einehe. So ist sororale Polygynie fast stets das Resultat hoher Kindbettsterblichkeit: Um die verwaisten Kinder zu versorgen, bedarf der Haushalt einer zweiten Frau, die einspringen kann, wenn die erste stirbt; und das ist dann am besten die Schwester, weil so das Sippeneigentum in der Sippe bleibt. Ähnlich dient fraternale Polyandrie dem Zusammenhalt des Sippeneigentums. Beides sind Formen der mutterrechtlichen Ehe. Beide gehen davon aus, daß das Eigentum der mütterlichen Sippe gehört und nicht zersplittert werden darf. Der Polygamie in diesem frühen Stadium der Nahrungsmittelversorgung sexuelle Motive zu unterstellen, ist verfehlt, weil damit Maßstäbe der bürgerlichen Welt in eine Ökonomie hineinverlegt werden, in der es so geringen Überschuß gab, daß Mann und Frau einander vor allem zur gegenseitigen Nahrungsmittelversorgung benötigten. Sexuelles Denken taucht auf dieser Stufe der Minimalwirtschaft überhaupt noch nicht auf. Um so wichtiger sind die ökonomischen Faktoren. Die Pflicht zur Fruchtbarkeit, einer der wenigen kategorischen Imperative des Mutterrechts, ist nicht etwa als Lust an der Paarung zu verstehen, sondern als Aufgabe, Kinder zu zeugen, die einen ernähren können, wenn man zu alt und schwach wird, um sich selber zu versorgen.

Aus der Entwicklung der Inzestschranken können wir sehr deutlich die Entwicklung gesellschaftlicher Systeme, besonders aber der Abstammungslehre folgern. Denn das Inzest-Tabu zwischen den Generationen begann mit dem Verbot der Paarung zwischen Mutter und Sohn und erzielte seine stärkste Wirkung im Verbot der Paarung von Vater und Tochter. Diese Reihenfolge spiegelt die Entwicklung der patriarchalischen aus der matristischen Ordnung wider. Denn da zur matristischen

Zeit der Vater entweder unbekannt war oder als Fremder zur Sippe der Mutter kam und dort nur als Gast geduldet war, entwickelte sich ein viel engeres Verhältnis zwischen Mutter und Sohn als zwischen Gatte und Gattin. Die Gefahr des Inzests zwischen Mutter und Sohn war also in solchen Gesellschaftsordnungen außerordentlich groß und wurde auch noch dadurch bestärkt, daß fast alle Mutterreligionen ihre Theogonie mit einer Urmutter beginnen, die durch Parthenogenese einen Sohn hervorbringt und sich dann mit ihm paart, um den Rest des Pantheons zu zeugen. Wenn also selbst die Götter den Beischlaf zwischen Mutter und Sohn erlaubten, weshalb dann nicht die Menschen?

Die Antwort war bereits sehr früh in der Geschichte der alten Welt erarbeitet worden: weil inzestuös aufgebaute Sippen rückständig bleiben. Da sie keine Beziehungen zu anderen Sippen benötigen, bleiben sie vom Rest der Welt isoliert und machen deshalb weder wirtschaftliche noch kulturelle Fortschritte. Also errichtet die mutterrechtliche Gesellschaft als erste Inzestschranke das Verbot der Paarung zwischen Mutter und Sohn. Und in sehr ähnlicher Form, aus analogen Gründen, errichtete die vaterrechtliche Gesellschaft das Verbot der Paarung zwischen Vater und Tochter.

Wir müssen hierbei sehr deutlich zwischen den Beweggründen unterscheiden, die das eine Geschlecht zur Endogamie, das andere zur Exogamie veranlassen. Beim Manne deutet die Neigung zur Exogamie stets eine Fixierung auf das Bild der Mutter an, denn wo keine übermäßige Mutterbindung vorliegt, gibt es keinen Grund, die sexuellen Auswirkungen dieser Bindung durch Inzestschranken einzudämmen. Umgekehrt deutet das Bestreben der Frau, Endogamie zu unterbinden, stets eine gewisse Fixierung auf das Bild des Sohnes an, denn wo keine übermäßige Sohnesbindung vorliegt, gibt es auch keinen Grund, diese Bindung durch ein exogames System zu verhindern. Die endogamen Bestrebungen eines vaterrechtlichen Systems entspringen dagegen der männlichen Eifersucht: Der Mann will seine Frau und Tochter möglichst nahe haben, so daß er sie überwachen kann. Seine Eifersucht enthüllt sich damit als eine andere Form der Mutterbindung: er klammert sich an das weibliche Geschlecht. Umgekehrt enthüllt das endogame Denken in mutterrechtlichen Gesellschaften stets eine Form der übermäßigen Vaterbindung: die Frau klammert sich an das männliche Geschlecht, will den Sohn nicht gehen lassen, ist auf andere Frauen eifersüchtig. Eifersucht ist deshalb sowohl das Syndrom der Endogamie wie das der patriarchalischen Ordnung. Inzest dagegen ist nicht nur das

Syndrom der Exogamie, sondern auch des Matriarchats.

Inzucht, Fortpflanzung unter Blutsverwandten. Findet die I. statt, weil die Auswahl der Nichtverwandten natürlich begrenzt ist (Inseln, Bergtäler usw.), so spricht man von natürlicher oder ökologischer I. Findet sie bewußt und gezielt statt (um das Familienerbe nicht zu zersplittern oder um nur innerhalb des Adels zu heiraten), so spricht man von sozialer I. I. erzeugt eine Zunahme der reinerbigen und eine Abnahme der mischerbigen Individuen. Das Risiko rezessiver Erbkrankheiten besteht nur dort, wo solche Erbkrankheiten von Anfang an vorhanden waren. Die Probleme der I. liegen also weniger auf dem eugenischen als auf dem kulturellen und sozialen Gebiet. Denn sexuelle I. ist stets auch eine Form der kulturellen und sozialen I. Es fehlt nicht nur das »junge Blut«, sondern auch die anders geartete kulturelle Erfahrung, die zum vergleichenden Denken und zu großen Durchbrüchen in der materiellen Produktion führen kann. → Endogamie, Inzest, Inzestverbot.

Ipsismus, Ipsatio [lat.: ipse = selbst, in eigener Person], ein von Hirschfeld geprägter Ausdruck, der die minderwertigen Begriffe → Onanie und → Masturbation ersetzen sollte. Denn Onan betrieb nicht »Onanie«, sondern → Coitus interruptus. Und »Masturbation« entnimmt seine Wurzel aus dem Wort manus = Hand, wird aber durchaus nicht immer mit der Hand betrieben. Ipsismus oder Ipsatio stellt deshalb eine brauchbare Latinisierung des Wortes → Selbstbefriedigung dar. Der Sinn all dieser Neo-Latinismen ist ja stets der, daß ein Wort im medizinischen Gebrauch verschiedener Länder benutzt werden kann. Selbstbefriedigung dagegen ließe sich nicht in viele andere Sprachen übersetzen, da es dort bereits eine andere Bedeutung hat, z. B. engl. *self-satisfaction,* das nicht Onanie, sondern Selbstzufriedenheit bedeutet. Vgl.: psychischer Koitus, Manualipsation, Manustupration, Selbstbefleckung, Tagebuch, Wunschzeichnungen.

Irrigator [lat.: irrigare = bewässern], Instrument zum Auswaschen des Darms oder der Scheide, meist zur Reinigung und Empfängnisverhütung, oft aber auch zur Selbstbefriedigung dienend. Der weiblichen Hygiene ist der I. eher schädlich als nützlich. Zur Geburtenverhütung ist er nutzlos. Nur zur Selbstbefriedigung wird er heute noch gebraucht, und zwar meist der Birnspritztyp, der wie eine altmodische Autohupe aussieht und ein penisartiges Mundstück besitzt. Die Ejakulation läßt sich durch plötzlichen Druck auf die Spritze täuschend imitieren. Manche Frauen benutzen auch die Spritzdüse einer Badebrause zum gleichen Zweck oder lassen sich warmes Wasser direkt aus dem Badewasserhahn unter Druck in die Scheide fließen, um hierdurch zum Orgasmus zu gelangen. → Selbstbefriedigungsinstrumente.

Irrumatio [lat.: ruma = Kehle, Schlund], das theologische Synonym für → Fellatio, das Lecken und Saugen am männlichen Glied. Der römische Grammatiker des 4. Jh. Nonius Marcellus leitet das Wort *ruma* von dem altrömischen Wort für *Brust* ab und bringt es in Verbindung mit *Rumina,* der römischen Schutzgöttin der Säuglinge. In diesem Falle würde I. »Brustreichung« bedeuten und damit auf einen sehr natürlichen, zum Überleben unerläßlichen Vorgang zurückgehen. Vgl.: Anilinctio, Coitus oralis, Cunnilingus, Effeuille des roses, Lambitionsakt, Lambitus ani, Lécheur, Minette, Penilinctio, Proctolagnie, Spermatophagie.

Irrumator, Mann, der das Glied eines anderen saugt oder leckt, um ihn zur Ejakulation zu bringen. Vgl.: Fellator.

Irrumatrix, Frau, die das Glied eines Mannes in den Mund nimmt, um ihn zum Orgasmus zu reizen. Vgl.: Fellatrix.

IUCD [engl.: Intra-Uterine Contraceptive Device = Intra-uterines Empfängnisverhütungsmittel], »Spirale«, in Deutschland erfundenes, aber merkwürdigerweise gerade in Deutschland eine Zeitlang verbotenes Antikonzeptionsmittel. In den zwanziger Jahren hatte der Berliner Gynäkologe Dr. Ernst Gräfenberg seinen Patientinnen aus Metalldrähten geflochtene Ringe in die Gebärmutter eingesetzt. Er ging dabei von der schon lange bekannten Erfahrung aus, daß ein Fremdkörper in der Gebärmutter eine Schwangerschaft verhütet. Bis heute freilich ist nicht vollends geklärt, ob der Fremdkörper bereits die Befruchtung des Eis oder nur seine Einnistung in der Gebärmutterschleimhaut verhindert. Der gesetzliche Einwand bezog sich nicht auf eine gesundheitsschädigende Eigenschaft der IUCD (im Gegenteil, manche der Ärzte, die gegen die → Pille medizinische Einwände haben, haben keine gegen die IUCDs), sondern in dem oben erwähnten Zweifel, ob die IUCDs die Befruchtung des Eis verhindern und damit ein echtes Empfängnisverhütungsmittel darstellen, oder ob sie die Einnistung des bereits befruchteten Eis in die Gebärmutterschleimhaut verhindern und damit ein → Abtreibungsmittel darstellen. Da → Abtreibung in der BR nur unter besonderen medizinischen Bedingungen erlaubt ist, hatte man die IUCDs vorsichtshalber verboten. Dieses Verbot berief sich unter anderem auf die 1965 geschriebene Antwort des Göttinger Ordinarius Professor Heinz Kirchhoff auf eine Umfrage des Ärzte-Magazins *Selecta,* die IUCDs seien Abtreibungsmittel und verstießen gegen den Strafgesetzbuch-Paragraphen 218. Obgleich Kirchhoff diese Ansicht bereits 1966 revidiert hat, blieben die IUCDs jahrelang in der BR verboten. Die Logik einer solchen Unterscheidung zwischen Empfängnisverhütungs- und Abtreibungsmittel ist jedoch unhaltbar. Denn nach dieser Logik wäre nicht nur die sogen. Pille-Danach, sondern auch die einfache → Scheidenspülung ein Abtreibungsmittel. Denn auch sie findet erst nach dem Koitus statt und soll das Einnisten des möglicherweise bereits befruchteten Eis verhindern. Daß dies der Scheidenspülung nicht gelingt, tut nichts zur Sache. Zumindest stellt sie nach dieser Logik einen strafbaren Abtreibungsversuch dar.

Obgleich niemand weiß, wie sie wirken, stellen die IUCDs in vieler Hinsicht das beste mechanische Antikonzeptionsmittel dar, über das die heutige Medizin verfügt. Gräfenberg, der seine ersten IUCDs Gräfenberg-Ringe nannte und sie aus Silber herstellte, stützte sich auf die Erfahrung arabischer Kameltreiber, daß die Einführung eines kleinen polierten Steines in die Gebärmutter eines Kamels dessen Befruchtung verhindert. Vielleicht löst der Stein Muskelbewegungen aus, die das Ei in die Gebärmutter hineinschleudern, und zwar mit solcher Geschwindigkeit, daß es keine Zeit hat, sich einzunisten. Vielleicht erzeugt er Abstoßungskräfte, die die Einnistung verhindern. Vielleicht erhöht er aber auch den Säuregehalt der Gebärmutter, wodurch die männlichen Samenzellen abgetötet werden. Gräfenberg-Ringe erzeugten oft Entzündungen und Blutungen, die man anfangs auf ihr Wirkungsprinzip zurückführte. Jahrzehntelang trafen sie deshalb auf den erbitterten Widerstand anderer Ärzte. In den folgenden vier Jahrzehnten entdeckten Gynäkologen in anderen Ländern jedoch, daß das Prinzip der Gräfenberg-Ringe korrekt gewesen war, daß aber andere Materialien als Silber und höhere Normen der Sterilisierung nötig waren, um Entzündungen und Blutungen zu vermeiden.

Dr. Willi Oppenheimer in Jerusalem, Dr. Atsumi Ishihama in Yokohama, Dr. Herbert H. Hall, Dr. Lazar C. Margulies und Dr. Charles H. Birnberg in New York und Dr. Jack Lippes in Buffalo entwickelten verschiedene Formen von Gräfenberg-Pessaren aus sterilisiertem Plastik und erzielten so eindeutige Erfolge, daß andere Ärzte ihre Einwände zurückzogen. Diese »zweite Generation« von Gräfenberg-Pessaren sind die eigentlichen IUCDs oder IUPs der Gegenwart. Sie sind etwa 25 mm lang, werden vom Arzt in zusammengebogener Form durch ein Röhrchen auf schmerzlose Weise in die Gebärmutter eingeführt und federn dort von selber wieder auseinander. Der außerordentlich geringe Preis der IUCDs (ein paar Pfennige) macht sie besonders geeignet für unterentwickelte, überbevölkerte Länder. Aber auch in den wohlhabenden Ländern wie den USA und Schweden ziehen viele Frauen aus psychologischen Gründen ein einfaches physisches Verhütungsmittel jener tiefgreifenden Veränderung des Hormonsystems vor, die die → Pille vornimmt.

Das Einsetzen eines IUCD oder IUP ist bei Frauen, die schon ein Kind hatten, einfacher, und am leichtesten ist es unmittelbar nach der Menstruation, wenn die Öffnung der Gebärmutter etwas erweitert ist. Doch es kann bei allen Frauen und zu jeder Zeit eingesetzt werden. Das IUP kann jahrelang an seinem Platz bleiben, da es keinerlei unangenehme Nebenwirkungen zu haben scheint. Es kann auch jederzeit entfernt werden, wenn die Frau ein Kind zu haben wünscht. In den Fällen, in denen es wieder herausgenommen wurde, trat gewöhnlich innerhalb von sechs Monaten bis zu einem Jahr eine Schwangerschaft ein; daraus kann man schließen, daß die Verwendung dieses Mittels einem späteren Wunsch nach Kindern in keiner Weise im Wege steht. Sollte es trotz Benutzung eines IUP jemals zu einer Schwangerschaft kommen, so wirkt es sich weder auf das normale Wachstum des Ungeborenen noch auf die Entbindung nachteilig aus. Bei der Geburt wird es einfach ausgestoßen. → Empfängnisverhütung, Spirale, Verhütungsmittel.

IUP [engl.: Inter-Uterine Pessary = Intra-uterines Pessar] → IUCD.

J

Jack the Ripper, englischer Frauenmörder, der zwischen 1887 und 1889 in Whitechapel mindestens elf Prostituierte tötete und nie gefaßt wurde. Er gehörte zur Kategorie der → Aufschlitzer und war angeblich ein homosexuell motivierter Frauenhasser. → Lustmord, Sadismus.

Jagen und Jagd sind seit den Frühzeiten der Menschheit stets als sexuell stimulierend empfunden worden. Das Reiten (für beide Geschlechter stets ein sexuell stimulierendes Erlebnis) und das Töten von Tieren mit seinen sadistischen Anklängen haben zahllosen Malern als Hintergrund von ländlichen Liebesszenen gedient. Oft fielen die Damen (absichtlich oder unabsichtlich) vom Pferd, und das gab dann stets einen guten Vorwand zu ritterlicher Hilfe hinter verbergendem Gebüsch. So entstand der erotische Kult der Jagd, der vom Mittelalter bis ins 19. Jahrhundert reicht.

Jagdschlösser dienten nicht nur der Jagd, sondern stets auch als Vorwände für erotische Zwecke. In seinem Jagdschloß war der Mann der Herr. Hier konnte er ohne seine Ehefrau leben, indem er vorgab, daß die Jagd Männersache sei. Lud er aber trotzdem ein paar Damen ein, so war es in dieser Zeit, in der es weder schnelle Verkehrswege noch Telephonverbindungen gab, für die Ehefrau unmöglich, ihren Mann in seinem Jagdschloß zu überwachen. Ein großer Teil des außerehelichen Liebeslebens der Aristokratie spielte sich also im Jagdschloß ab. → Casini, Folies, Petites maisons.

Jardin de Paris [frz.: Pariser Garten], → Lustgarten, den Joseph Ollier, der Gründer des Moulin-Rouge, im Jahre 1900 auf den Champs-Élysées eröffnete. Um elf Uhr abends wurden in Pferdeomnibussen Cancanfanatiker vom Moulin-Rouge in den Jardin de Paris transportiert und blieben hier bis zum Morgengrauen. André Warnod hat das in seinem Buch »Bals de Paris« liebevoll beschrieben: »Der Kiosk der Quadrille wurde zum Mittelpunkt eines Kreises leidenschaftlich begeisterter Zuschauer, und die elektrischen Bogenlampen ergossen Fluten von Licht über die gleich Standarten wehenden und wie Meereswogen schäumenden weitausgebreiteten Unterröcke. Von der Tänzerin sah man nur noch die herrlichen, der Blüte einer märchenhaften Blume gleichenden Dessous, aus der das schwarzbestrumpfte Bein gleich einem Griffel ragte, bis zu dem Augenblick, da mit dem letzten Akkord der entfesselten Kapelle die Frau mit einem meisterhaften Spagat zu Boden sank.« Das Eröffnungsplakat des Jardin de Paris war von Toulouse-Lautrec zu Ehren Jane Avrils gezeichnet worden. Die Goulue erlitt deshalb einen fast männlichen Tobsuchtsanfall.

Jardin Égalité [frz.: Gleichheitsgarten] nannten die Pariser während der Französischen Revolution den Garten des Palais Royal. Die Nacktmode jener Jahre, die Delacroix in seinem berühmten Bild »Die Freiheit, das Volk anführend« symbolisch behandelt hat, wurde in den Gärten des Palais Royal zur alltäglichen Realität. Der Volksmund verwandelte den Jardin Égalité deshalb auch bald in einen Jardin Lupanar (Bordellgarten).

Jazz bedeutet in einer Anzahl westafrikanischer Sprachen »Geschlechtsverkehr«. Unter amerikanischen Negern wurde das Verbum »to jazz« von der Jahrhundertwende bis in die dreißiger Jahre als Slangwort für »koitieren« benutzt. Als die erste Kapelle, die das Wort »Jazz« als Teil ihres Namens benutzte, die »Original Dixieland Jass Band«, nach Chicago kam, weigerte sich der Besitzer eines Tanzlokals, den Namen anzukündigen, da er eine Klage wegen Erregung öffentlichen Ärgernisses befürchtete.

Jeu parti [frz.: Parteienspiel] nannten die Troubadours jene Lieder in Dialogform, die von zwei Sängern oder einer Sängerin und einem Sänger über ein gegebenes Thema improvisiert wurden. Melodie und Versschema standen fest. Das Thema selber jedoch wurde stets von der → Domina, der angebetenen »Herrin« des Troubadours, als Aufgabe gestellt, über die nun in gereimten Versen diskutiert werden mußte. Meist handelte es sich um Fragen der Liebeskasuistik oder der → Hövescheit. Stets entschied die Domina, wer aus dem musikalischen Duell als Sieger hervorging.

Johannestrieb → Alterssexualität, gefährliches Alter, Klimakterium, Männlichkeit.

Jongleurs [frz. von spätlat.: ioculator = Spaßmacher, Spielmann, Gaukler], die »zweite Generation« der mittelalterlichen Spielleute, die der »ersten Generation«, der des »scôp«, folgten. Die Jongleurs waren Sänger, Tänzer, Akrobaten, Bärenführer. Aber sie schrieben und sangen auch jene Liebeslieder, die die Grundlage für die volkstümliche Liebeslyrik des Mittelalters legten.

JONGLERESSES, die weiblichen Spielleute des Mittelalters. Sie führten Geschicklichkeitskunststücke vor, sangen, tanzten und versorgten manchmal auch die wohlhabenden Zuschauer mit Liebeswerken eigener Art. Agnes, die Geliebte König Wenzels II. von Böhmen (1271–1305), war eine J.

→ Fatzmänner, Marketenderin, Ménestrelles, Ménestrels, Mère sotte, Minstrels, Troubadours, Trouvères.

Jugendlicher ist nach § 1 des Jugendgerichtsgesetzes vom 4. August 1953, wer 14, aber noch nicht 18 Jahre alt ist. *Heranwachsender* ist nach dem gleichen Gesetz, wer 18, aber noch nicht 21 Jahre alt ist.

Jugend, Sexualität der → Sexualität der Jugend.

Jugendschutz, ein Rechtskonzept, das dem Gesetzgeber nur langsam zum Bewußtsein gekommen ist. Das Rechtsbewußtsein des Mittelalters war frei von der Idee des J. Überall arbeiteten bis ins 19. Jahrhundert hinein Kinder und Jugendliche unter unmenschlichen Bedingungen. In den großen Gerichtsordnungen des ausgehenden Mittelalters erscheint kein Wort über die Rechte der Jugend, weder in der Bamberger Halsgerichtsordnung Johann von Schwarzenbergs (1507) noch in dem größten Werk der deutschen Rechtsgeschichte, der Carolina von 1532. Selbst im preußischen Allgemeinen Landrecht von 1794, einem vorbildlichen Werk, findet sich nichts über den Schutz der Jugend. Das Bürgerliche Gesetzbuch vom 18. August 1898 hat nur langsam durch eine Anzahl von Novellen jenen Zustand erreicht, den wir heute in den §§ 106–113, 832, 1666–1698, 1773–1857 sehen. Im Jahre 1954 begann die Gegenströmung – eine Flut von Jugendgesetzen, die in vieler Hinsicht mehr schadeten als nützten, Gesetze zur Bevormundung einer Jugend, die längst fähig war, auf eigenen Beinen zu stehen. Während die Sozialparagraphen dieser Gesetze, vor allem der Arbeitsschutz, durchaus begrüßenswert waren, nahm der »sittliche« Schutz groteske Proportionen von Weltfremdheit an. Das begann mit der »Verordnung zur Durchführung des Gesetzes über die Verbreitung von jugendgefährdenden Schriften« (4.3.1954), setzte sich fort mit dem »Gesetz zum Schutz der Jugend in der Öffentlichkeit« (27.7.1957), der »Ersten Verordnung zur Bezeichnung von Veranstaltungen« (2.4.1959) und dem »Gesetz über die Verbreitung jugendgefährdender Schriften« (29.4.1961) und hat mit der »Verordnung über das Verbot der Beschäftigung von Personen unter 21 Jahren mit sittlich gefährdeten Tätigkeiten (3.4.1964) wahrscheinlich noch immer kein Ende gefunden. Man beachte: »Die Anwesenheit bei Variété-, Kabarett- oder Revueveranstaltungen darf Kindern und Jugendlichen nicht gestattet werden« (§ 5 des Gesetzes zum Schutze der Jugend in der Öffentlichkeit). Ebenfalls verboten ist die Anwesenheit von Jugendlichen bei »verrohenden Veranstaltungen« (§ 8 des gleichen Gesetzes). Als »verrohende« Veranstaltungen gelten nach § 1 der Ersten Verordnung zur Be-

zeichnung von Veranstaltungen vom 2. April 1959:
Box- und Ringkämpfe auf Jahrmärkten, Schützenfesten oder bei ähnlichen öffentlichen Veranstaltungen (nicht verrohend dagegen ist der Militärdienst). Wer Kinder oder Jugendliche als Arbeitgeber beschäftigt, muß sie gem. § 31 Abs. 2 des Jugendarbeitsschutzgesetzes nicht nur vor körperlichen Züchtigungen und Mißhandlungen, sondern auch vor »sittlicher Gefährdung« schützen, was immer das bedeuten mag.
Unter all diesen Bevormundungen der Jugend stellt das »Gesetz über die Verbreitung jugendgefährdender Schriften« in der Fassung vom 29. April 1961 den Höhepunkt der Weltfremdheit dar. Denn es beruht auf falschen Vorstellungen von der jugendlichen Psyche. Das Modell der jugendlichen Seele, das diesen Vorstellungen zugrunde liegt, ist das eines reinen, ungetrübten Brunnens, der durch Einfluß von Kloaken verseucht werden kann und deshalb davor geschützt werden muß. Aber die Jugendpsychologie der letzten fünfzig Jahre, besonders die Jugendstudien der Psychoanalytiker, haben erwiesen, daß das Sexualleben des Kindes in vieler Hinsicht bewegter und komplizierter als das des Erwachsenen ist. Das schadet nichts; es ist vielmehr für den Entwicklungsprozeß unerläßlich. Schaden läßt sich dagegen dadurch anrichten, daß die Bedürfnisse des Kindes mit Werten belastet werden, die ihm fremd sind. Erst der Versuch, die kindliche Sexualität zu unterdrücken und dem Kind klarzumachen, daß das, was es fühlt, »ungesund« sei, ruft jene Verwirrung hervor, die dann zu einer tatsächlich ungesunden Reaktion führen kann, und zwar auf *jedes* Sexualerlebnis, nicht nur auf das der Pornographie. Korrumpiert wird das Sexualleben des Kindes erst durch das Benehmen, die Erklärungen und die Verbote der Erwachsenen. Für das Kleinkind gibt es nur *ein* Kriterium: ob ihm etwas Lust bereitet oder Schmerz verursacht. Es weiß nicht, was gut oder schlecht, richtig oder falsch, schön oder häßlich ist. Erst wenn es geschlagen oder ausgescholten wird, wenn ihm also als Teil der Erziehung Schmerzen von geliebten Menschen (der Mutter oder dem Vater) zugefügt werden, beginnt es, »erwachsen« zu werden, indem es Schmerz und Lust vermengt und somit sadistische und masochistische Neigungen in sich erzeugt. Damit – und nicht mit dem Einfluß sexueller Literatur oder Kunst – beginnt die Korruption des Kindes.
Ein Kind, das nicht bereits durch falsche Erklärungen seiner Eltern oder anderer Kinder einen falschen Eindruck vom Wert oder Unwert sexueller Phänomene empfangen hat, wird der Darstellung sexueller Motive mit Freude oder Gleichgültigkeit entgegensehen. Es wird die

Dinge verstehen, die der sexuellen Entwicklung seines Alters entsprechen, und wird von ihnen einen berechtigten Lustgewinn erhalten. Es wird durch die Darstellung anderer sexueller Phänomene nicht korrumpiert, sondern verspürt nur Langeweile, weil es sie nicht versteht. Verursacht die Darstellung eine Erregung, die über das normale Maß der Altersstufe des Kindes hinausgeht, so ist das nicht etwa ein Zeichen dafür, daß der Inhalt objektiv »jugendgefährdend«, sondern daß das Kind bereits durch falsche Darstellungen der Sexualität korrumpiert worden ist. Die Schuld liegt dann fast stets bei den Eltern.

Sollte ein Amt zum Schutze der Jugend vor korrumpierenden sexuellen Einflüssen sinnvoll sein, müßte seine Funktion nicht darin liegen, die Kinder vor pornographischen Schriften, sondern vor den wohlgemeinten Erziehungsmaßnahmen seiner eigenen Eltern zu schützen. Da die gegenwärtigen Organisationen, die sich in den meisten Ländern der Welt mit »Jugendschutz« beschäftigen, aber oft die Meinung der Eltern teilen, daß Sexualität als solche ein Negativum darstelle und daß die sexuelle Phantasie der Kinder eher gehemmt als gefördert werden solle, besteht ihr tatsächlicher Effekt leider oft darin, genau das zu erzeugen, was sie verhindern wollen: die sexuelle Verwirrung der Jugend.

Ein Beispiel des Wirrwarrs, der in den Köpfen solcher Behörden herrscht und dann natürlich auch die Jugendlichen verwirren muß, die hier eigentlich geschützt werden sollten, stellt die Begründung für die Indizierung des amerikanischen Magazins *Playboy* durch die Bundesprüfungsstelle für jugendgefährdende Schriften dar: es verstoße »gegen die Würde der Frau«. Die wirkliche Gefahr des Magazins besteht nun aber gerade darin, daß es die Frau vergöttert, nicht daß es sie entwürdigt. Es gaukelt dem Mann ein Schönheitsideal vor, das nur wenige Frauen im Alltagsleben verwirklichen können. Der Mann, der beim Anblick dieser Frauenbilder onaniert, fixiert sein eigenes Sexualleben auf ein Schönheitsideal, das zwar im Teenager noch existiert, in der Frau von heiratsfähigem Alter aber schon seltener wird und nach der ersten Geburt fast stets verlorengeht.

Sind Magazine dieser Art tatsächlich entwürdigend, so also nur für den erwachsenen Mann, den sie auf ein Schönheitsideal fixieren, das in keiner Ehe erhalten bleiben kann und das ihn deshalb zur stetigen Suche nach einer Frau veranlassen wird, die er nie im Leben findet. Stellen sie eine Gefahr dar, dann nur für den Erwachsenen, den sie zu einem infantilen Geschlechtsverhalten ermuntern, das nur allzu leicht zur sexuellen Ersatzhandlung werden kann. Onanie ist aber keine *Ersatzhand-*

lung für Kinder: sie ist die *eigentliche* Sexualhandlung ihrer Altersstufe. Indem eine Zeitschrift dem Jugendlichen ein Schönheitsideal vorlegt, das er in seiner ersten Freundin tatsächlich finden mag, errichtet sie zwischen Illusion und Wirklichkeit ganz und gar nicht jene Barriere, die erst dem Erwachsenen schädlich werden kann. Da *Playboy* das erfolgreichste der Aktmagazine ist und es sich leisten kann, die besten Photographen und die attraktivsten Modelle zu beschäftigen, stellt es in vieler Hinsicht eine wertvolle Alternative zu den schäbigen Pornomagazinen dar, die dem Jugendlichen sonst als einziges Onaniermaterial zur Verfügung stünden. Da solche Magazine stets unter der Hand verkauft werden, also nicht der Bundesprüfstelle vorliegen, stellt die Indizierung der Zeitschrift *Playboy* eine Unterstützung solcher Magazine und damit eher eine Jugendgefährdung als deren Beseitigung dar. → Obszönität, Pornographie.

Jungfernessig, eines der vielen Rezepte der »weisen Frauen«, um durch adstringente Wirkung den Scheideneingang zusammenzuziehen, damit die Illusion eines unversehrten Jungfernhäutchens entsteht. Vgl.: Maientau, Revirgination, Sophisticatio virginum.

Jungfernhöfe, jene Höfe des deutschen Mittelalters, deren Einwohner keine Jungfern waren: die Bordelle. Vgl.: Taubenhaus, Töchterhaus.

Jungfernschaft, künstliche → Jungfernessig, Maientau, Revirgination, Sophisticatio virginum.

Jungfernschaftsprokurist nannte man im alten k. und k. Österreich den → Zuhälter, der sich auf »unberührte« Mädchen spezialisierte. Die berühmten Budapester J. Malek, Bizay und Spargel versicherten ihren Klienten um 1870, daß sie alles, aber auch absolut alles beschaffen könnten, wenn nur genug Geld vorhanden sei. Vgl.: Alphonse, Amicus, Aufmacher, Bärentreiber, Frauenmeister, Frauenwirt, Freihat, Freiwirt, Hackerbub, Hurenwirt, Kappelbub, Krameltreiber, Louis, Lude, Ludewig, Pilger, Plattenbruder, Pulion, Purlierer, Sponsierer, Stenz, Strawanzer, Strizzi, Töchterwirt.

Jungfräulichkeit, im juristischen Sinn der unbeschädigte Zustand des Hymens, des Jungfernhäutchens. Im übertragenen Sinn das Fehlen jeglicher sexueller Erfahrung der jungen Frau. Ob ein Kuß hier eine »sexuelle Erfahrung« darstellt, hängt von der Meinung des »Käufers« ab. Denn das Konzept der J. ist ein maskulines Konzept und stammt aus jener Zeit, in der der Mann die Frau als sein *Eigentum* betrachtete. In mutterrechtlichen Kulturen, die das Konzept der Frau als Privateigentum des Mannes nicht kennen, herrscht denn auch der entgegengesetzte Maßstab: der Wert einer Frau steigt mit ihrer sexuellen Erfahrung. So gilt es bei ungezählten Volksstämmen für ein Mädchen geradezu als Schmach, zur Zeit der ersten Menstruation noch Jungfrau zu sein. Bei den Sakkavalen im Madagaskar entjungfern sich die Mädchen selber, und in Zentralasien wird an jungen Mädchen durch eine eigene Operation (Introcision nach Spencer) das Hymen entfernt. In einigen Gegenden Indiens defloriert die Mutter das Mädchen mit einem Instrument während einer nächtlichen Feier, die mit großem Pomp begangen wird. Marco Polo berichtete es bereits als einen merkwürdigen Brauch der Einwohner Tibets, daß dort ein Mann unter keinen Umständen ein Mädchen heiraten würde, das Jungfrau sei. »Denn sie halten ein Weib für nichts wert, wenn es nicht Umgang mit Männern gepflogen hat«. Man bot die Mädchen den Reisenden an und erwartete, daß der Fremde die Gefälligkeit mit einem Ring oder einer anderen Kleinigkeit belohnte, die das Mädchen, wenn es heiraten sollte, als »Liebeszeichen« vorzeigen mußte. Je mehr es davon besaß, desto gesuchter war es als Gattin.

Der Wunsch nach Jungfräulichkeit enthält stets den Wunsch der Defloration. Eine Frau zu deflorieren, bedeutet aber: ihr Schmerz bereiten, sie zum Bluten bringen, und dies ist zumindest unbewußt stets ein sadistischer Wunsch. Wenn eine Frau einen Mann sagen hört, daß er nur eine »reine« Frau heiraten würde, so sollte das eine Warnung sein. Denn Deflorationssüchtige sind selten gute Ehemänner; sie werden stets nach anderen Frauen suchen, die sie deflorieren können. In diesem Sinn stimmt auch die Forderung der Kirchenväter nach körperlicher und geistiger Jungfräulichkeit den heutigen Sexualwissenschaftler sehr nachdenklich. Denn Hieronymus verlangte nicht nur totale körperliche Enthaltsamkeit von der Frau, sondern eine Art geistiger Anaesthesia sexualis: »Nur jene Jungfräulichkeit ist eine Opfergabe an Christus, deren Geist kein Gedanke, deren Fleisch keine Lust befleckt hat.« Hat das arme Wesen aber nicht einmal Lust verspürt, ist sie eine wandelnde Tote. Denn Lust (Libido) ist die Quelle nicht nur der Liebe, sondern auch des Denkens, des Glaubens, also gerade jener Qualitäten, die Hieronymus zu fordern scheint, wenn er uns zu guten Menschen machen will. Aber genau dort liegt das Verdächtige in seiner Theologie. Denn was er verlangt, ist das geistige Gegenstück der ehemännlichen Forderung, daß die Gattin Jungfrau sein solle. Es ist die sadistische Komponente bei Hieronymus, die ihn mit dem Deflorationssüchtigen verbindet. Wie der Ehemann den Schmerz der Defloration auskosten will, so will Hieronymus das »Opfer« der Lust: nicht jene Jungfrau, die noch keine Lust verspürt hat, weil sie eben noch jung ist, sondern jene, die ihre Lust mit Schmerzen unterdrückt hat. Und diese Schmerzbereitung, diese sadistische Komponente fordert Hieronymus wie Shylock sein Pfund Fleisch.

In sensitiven Kulturen gilt es deshalb als Fehler, jemals die eigene Ehefrau zu deflorieren. Denn mit Defloration verbindet sich Schmerz, und Schmerz soll man einem geliebten Wesen nicht zufügen. Die römischen Bräute deflorierten sich deshalb selber, indem sie sich auf den Schoß des Gottes Mutunus setzten, durch dessen Phallus das Hymen zerrissen und die Vagina erweitert wurde. Auch mit dem Lingamdienst in Indien sind ähnliche Zeremonien verbunden. An Stelle des Götterbildes übernahmen später die Priester oder auch die Zauberer die Entjungferung. Das Jus primae noctis wurzelt in dieser Idee. Nie sollen Liebe und Schmerz in der Person des Entjungferers eine Personalunion eingehen.

Die Zwiespältigkeit des Begriffs der J. wird besonders klar, wenn wir seine Verwandlung bei verschiedenen Altersstufen beobachten. Idealerweise soll jede Frau Jungfrau bleiben, bis sie heiratet. Was aber geschieht mit denen, die nie heiraten? Sicherlich ist es kein Zufall, daß das Volksempfinden in allen Kulturen (auch der frauenrechtlichen!) jene Frauen verachtet hat, die kein Geschlechtsleben, keinen Mann, keine Kinder gehabt haben. Nirgends ist die »alte Jungfer« als mutige Asketin verstanden worden, deren Enthaltsamkeit Bewunderung verdient. Im Gegenteil, das Volk hat sich stets über sie lustig gemacht, weil es ihre Jungfräulichkeit als mangelnde Attraktivität, nicht aber als freiwillige Keuschheit empfindet. Es ist bezeichnend, daß die alte Jungfer in der europäischen Geschichte erst von der Zeit an auftaucht, wo Ehen nach der persönlichen Anziehungskraft der Gatten, nicht mehr des Geldes, des Standes, der Zunft oder der Familie halber geschlossen wurden. Im Mittelalter gab es keine alten Jungfern. Erst in der Dichtung des 18. Jahrhunderts finden wir die alte Jungfer als ein böses und zugleich lächerliches Wesen. Bei den Naturvölkern ist die »Alt-Jungfernschaft« fast vollständig unbekannt; dort gilt es meist als Schande für die Familie, wenn ein junges Mädchen nicht heiratet. Da bei den »primitiven« Völkern die → Frühehe die Regel ist, gelten, wie z. B. in Java, Mädchen von 14 bis 25 Jahren als alte Jungfern. Bei den Südslawen bildet die alte Jungfer einen »Schandfleck« der Familie, und bei den Mohammedanern ist sie ganz ohne Rechte. Auch im deutschen Volk gilt das Altjungferntum als etwas Unnatürliches, wie sich aus manchen Bräuchen und Anschauungen schließen läßt. Selbst in der patriarchalischen Gesellschaft stellt die J. deshalb ein sehr zwiespältiges Konzept dar. Wenn sie jung ist, soll die Frau unberührt sein. Wenn sie aber alt und noch immer unberührt ist, lacht man sie aus. → Abstinenz, Askese, Deflorationsmanie, Deflorationsphobie, Eifersucht, Enthaltsamkeit, Flucht vor der Liebe, Frauenhaß, Jungfernschaftsprokurist, Jungfräulichkeitsforderungen, Keuschheit, Misogamie, Scham, Sexualmoral, Vorehelicher Geschlechtsverkehr, Zölibat.

JUNGFRÄULICHKEITSFORDERUNGEN DES EHEMANNES. Ein sehr enges Verhältnis besteht zwischen dem männlichen Wunsch, eine jungfräuliche Frau zu heiraten, und der Initiation dieser Männer durch Prostituierte. Wo die Einführung des Mannes in den Geschlechtsverkehr durch Prostituierte stattfindet, verlangt er stets von seiner zukünftigen Frau,daß sie sich bis zur Ehe »rein« halten müsse. Eine statistische Umfrage, die von einer katholischen Organisation 1965 in Italien veranstaltet wurde, ergab, daß in Sizilien siebzig Prozent aller Männer ihr Geschlechtsleben mit Prostituierten begannen. Fast der gleiche Prozentsatz, 72 Prozent aller Sizilianer, verlangte aber, daß die Frauen vor der Heirat *keinen* Geschlechtsverkehr haben sollten. In der Toskana betrugen die entsprechenden Zahlen 47 und 49 Prozent, in Norditalien 36 und 39 Prozent. Hier ergibt sich also die groteske Situation, daß das Verlangen des Mannes nach »Reinheit« der Frau stets im umgekehrten Verhältnis zu seiner eigenen »Reinheit« steht. Wo der Mann seine ersten sexuellen Erfahrungen dagegen bei einem Mädchen seines eigenen Alters und seiner eigenen gesellschaftlichen Schicht macht, erwartet er bezeichnenderweise auch nicht, daß die Frau, die er heiratet, ohne jede Erfahrung sei. Die männliche Forderung, daß die Gemahlin jungfräulich sein solle, steht also fast überall in der westlichen Welt in direktem Verhältnis zu seinem schlechten Gewissen. Die Frau stellt für ihn das Reinigungsmittel dar, das er benötigt, um seine eigenen Sünden wegzuwaschen. Deshalb haben Anthropologen schon seit geraumer Zeit gelernt, das voreheliche Geschlechtsleben der Männer einer gegebenen Kultur nach den Forderungen zu beurteilen, die sie an die voreheliche Tugend der Frauen stellen. Je anspruchsvoller diese Forderungen sind, umso mehr ist sich der Mann bewußt, daß sein eigenes voreheliches Leben nach seinen eigenen Maßstäben unmoralisch war.

Junin, die berühmteste Bordellstraße von Buenos Aires zu Anfang dieses Jahrhunderts. → Frauengasse, Persil, Rue aux putains, Storyville, Strich.

K

Kabutodama, Sammelname für japanische Reizinstrumente, die über den Penis gestülpt werden: Versteifungsgeräte, Ringe und Hülsen mit Stacheln und Protuberanzen, welche die Reibung verstärken sollen. Sie dienen der Lust der Frau, nicht des Mannes. Vgl.: Ampallang, Blinde Raae, Guesquel, Kabutogata, Kampiong, Penisinkrustation, Persimbraon, Reizinstrumente, Vibro, Zuiki.

Kabutogata, ein japanisches Reizinstrument aus Schildpatt, Horn oder Plastik, das über den Penis gestreift wird, um der Frau beim Geschlechtsverkehr größere Wollust zu bereiten. Es ist eine Art Peniskorsett, bestehend aus drei Ringen, die durch Längsstäbchen zusammengehalten werden. Vgl.: Ampallang, Blinde Raae, Guesquel, Kabutodama, Kampiong, Penisinkrustration, Persimbraon, Reizinstrumente, Zuiki.

Kaffee galt bei seiner Einführung in Europa als → Aphrodisiakum. Kaffeehäuser wurden deshalb jahrzehntelang den Bordellen gleichgesetzt. Und da ein schlechter Ruf nur allzu oft das erzeugt, was er angreift, verwandelten sich die harmlosen Londoner, Pariser und Wiener Kaffeehäuser während des 18. Jahrhunderts tatsächlich in Stätten der Prostitution. Der österreichische Volksmund hat bis zum heutigen Tag das Wort → Kaffeejungfer für Prostituierte beibehalten. In vielen deutschen Städten gab es in den zwanziger Jahren sogenannte »Mokkadielen«, in denen man in kleinen Logen ungestört zu zweit Kaffee trinken und koitieren konnte.

Kaffeejungfern, Kaffeemenscher, gegen Anfang des 18. Jahrhunderts jene Mädchen, die den kleineren Teil ihres Einkommens als Kellnerinnen in den Wiener Kaffeehäusern, den größeren aber als Prostituierte verdienten. → Araignées, Bierhäuserlmenscher, Inviteuses, Kellnerinnen, Orange Girls.

Käfig, ein sexuelles Symbol, das mit dreifacher Bedeutung beladen ist: erstens als Symbol der Vagina (in Träumen und Bildern); zweitens als Fetisch des Sadisten und Masochisten; drittens als Tiersymbol für den Zoophilen. Besonders in den Wunschträumen der Sadisten taucht der K. immer wieder als der Ort auf, in den er sein Opfer sperren will, um es dort wie ein Dompteur mit Peitsche und Stock zu traktieren. Der Masochist dagegen sieht sich selber als gepeinigtes Tier im K. und erträumt sich einen Dompteur oder eine Dompteuse, die ihn einsperren und peinigen will. → Gefängnis, Fessel, Kette, Knebelung.

Kältefetischismus, das Empfinden der Kälte als sexueller Reiz. Es gibt drei Grundtypen von Kältefetischisten:

1. Den masochistischen Typ, der Kälte am eigenen Leibe verspüren will. Die Asketen des Altertums und des Mittelalters gaben vor, ihre geschlechtliche Lust durch kaltes Wasser und, wo möglich, durch Eis zu bekämpfen. Schjelderup hat jedoch bereits vor einem halben Jahrhundert darauf hingewiesen, daß diese Übungen sicherlich in hohem Grad dazu geeignet seien, eine narzißtische Hauterotik zu entwickeln und zu befriedigen. Denn die kalten Bäder »bekämpfen« den libidinösen Wunsch nicht nur, sondern fördern auch dessen Auslösung: wie ein Patient Schjelderups bei der Analyse angab, daß ihm kalte Sturzbäder allmählich immer mehr zur Befriedigung geworden seien. Magnus Hirschfeld zitiert einen Kältefetischisten, der seiner Zwangsvorstellung gefolgt war und in der halbvereisten Partnach bei Partenkirchen in Bayern »unter tief verschneiten Bäumen bei einigen Grad Kälte ein Bad genommen« hatte, was ihm »ausgezeichnet bekommen« sei. Der Mann entwickelte auch fetischistische Phantasien, die sich in der gleichen Richtung bewegten: sich »halbwüchsige Mädchen in leichtester Kleidung im Winter vorzustellen oder Zeichnungen mit derartigen Bildern zu verfertigen«. Der Gedanke an die vor Kälte zitternden Mädchen und der Anblick von entsprechenden Bildern löste den Orgasmus aus.

2. Den sadistischen Typ, der andere Menschen in kaltes Wasser werfen, mit Eiswasser begießen, in Eis einfrieren lassen möchte. Wie bei dem eben beschriebenen Fall Hirschfelds finden sich beide Komponenten, die masochistische und die sadistische, manchmal in einem Patienten vereint. Berühmt als Prototyp des sadistischen Kältefetischisten war die ungarische »Blutgräfin« Elisabeth Barthory, eine lesbische Sadistin, die ihren Opfern die Haut abzog und sie dann in Eisblöcke einfrieren ließ.

3. Den eigentlich fetischistischen Typ, dem der Zustand der Kälte schlechthin als Fetisch dient. Dieser K. beruht auf einer abnormen Entwicklung des Tast- bzw. Hautsinns. Die Haut fühlt sich nach Geschlecht, Alter und Individuum sehr verschieden an, und nicht selten wird auf die Beschaffenheit der Haut, ob sie sich beispielsweise weich oder straff anfühlt, als auf einen erotisch oder antierotisch bedeutsamen Faktor größtes Gewicht gelegt. Der Fetischist kann, wie Hirschfeld richtig betont, durch eine bestimmte Hautberührung sehr angezogen oder sehr abgestoßen werden. Darauf beruht auch die Vorliebe

mancher Männer für sich kalt anfühlende Frauenleiber, durch die sie sexuell besonders erregt werden können. Wie der → Nekrophile, mit dem er viel gemein hat, kommt der Kältefetischist ohne Koitus aus. Die Berührung der kalten Haut dient als Surrogat des normalen Geschlechtsverkehrs. Vgl.: Hitzefetischismus.

Kampf der Geschlechter, nach vaterrechtlicher Ansicht ein ureignes, bei den frühesten → Hominiden bereits vorhandenes und zur sexuellen Befriedigung notwendiges Kennzeichen der menschlichen Geschlechterbeziehungen; nach mutterrechtlicher Ansicht dagegen ein sexualfeindliches und spezifisch vaterrechtliches Verhalten, das dem menschlichen Individuum keineswegs angeboren ist. Nach marxistischer Ansicht der sexuelle Niederschlag des Klassenkampfs, der nur dort auftaucht, wo dieser besteht, und nur dann verschwinden kann, wenn dieser in einer klassenlosen Gesellschaft aufgehoben wird. Er ist eng verknüpft mit der Arbeitsteilung. Marx sagt: »Die erste Teilung der Arbeit ist die von Mann und Weib zur Kindererzeugung«. Engels schreibt: »Der erste Klassengegensatz, der in der Geschichte auftritt, fällt zusammen mit der Entwicklung des Antagonismus von Mann und Weib in der Einzelehe, und die erste Klassenunterdrückung mit der des weiblichen Geschlechts durch das männliche«. Dieser Konflikt begann wahrscheinlich bereits im Jungpäolithikum mit der Arbeitsteilung zwischen der sammelnden Frau und dem jagenden Mann. Jagen ist eine der besten Methoden zum Erwerb von Wissen. Je weiter sich der jagende Mann vom Lager fortbewegte, desto mehr lernte er. Seine Sinne wurden geschärft, sein Orientierungsvermögen wuchs. Alle paar Sekunden lernte er etwas, was die zuhausegebliebene Frau nicht einmal vom Hörensagen kannte. Und je erfolgreicher er als Jäger wurde, je mehr Nahrung er nach Hause brachte, je mehr er seine Frau von der Aufgabe des Nahrungssammelns entlastete, desto größer wurde sein Vorsprung. Er lernte sich an den Sternen zu orientieren, er lernte die Spuren der Tiere und ihre Lebensgewohnheiten zu erkennen, und er lernte sie aus immer größeren Entfernungen zu töten. So entwickelte er immer bessere Jagdwaffen, auf denen die Technologie späterer Jahrhunderte aufbaute.

Das alles war aber keineswegs, wie manche Biologen fälschlich meinen, das Resultat einer »natürlichen, angeborenen Überlegenheit des Mannes«, sondern eine parasitäre Förderung seines Status und seiner Intelligenz auf Kosten seiner Frau. Denn wenn er nicht immer wieder jene Versorgungs-, Aufpäppelungs- und Trostinstitution zur Verfügung gehabt hätte, das weibliche Nest, hätte er für sich selber sorgen müssen. Und wenn er für sich selbst zu sorgen gehabt hätte, seine Brut allein aufgezogen, sein Essen selbst gekocht, seine Kleidung selbst genäht, seine Hütte selbst sauber gehalten hätte, wäre ihm keine Zeit mehr übrig geblieben, die Welt zu erkunden und sich damit die Kraft zur Unterdrückung seiner Frau zu erwerben. Heute wie damals ist das eheliche Heim die Energiequelle, an der er jeden Abend, wenn er erschöpft von der Arbeit zurückkehrt, seine Batterien auflädt. Was er als seine männliche Kraft, seine spezifisch maskuline Leistung betrachtet, ist in Wahrheit die Kraft der Frau, die ihn versorgt. In diesem Sinne ist der gut bürgerliche, legitim verheiratete Ehemann kaum besser als der Zuhälter, den er verachtet. Beide leben von der Frau, die sie ausbeuten.

Die wichtigste sexualwissenschaftliche Lehre, die sich aus dem Studium der Vorgeschichte ergibt, ist also die Tatsache, daß eine sogenannte → Gleichberechtigung der Geschlechter nur dann erfolgen kann, wenn Frau und Mann ähnliche Tätigkeiten ausüben, bei denen ein ähnliches Maß von neuen Erfahrungen anfällt. Der bürgerliche Schluß, daß juristische Gleichberechtigung bereits genüge, um den tausendjährigen Vorsprung des patriarchalischen Mannes aufzuholen, ist falsch. Selbst ökonomische Gleichberechtigung – gleicher Lohn für gleiche Arbeit –, ein unerläßlicher erster Schritt zur Befreiung vom Patriarchat, ist doch nur ein erster Schritt. Er bringt uns nicht weiter, solange Lohnarbeit einen Mehrwert erzeugt, der dem Unternehmer zufließt. Der Kampf der Geschlechter ist also ein soziales, kein sexuelles Phänomen. Es ist aber auch falsch, ihn der entwickelten Klassengesellschaft zuzuschreiben, denn wir finden ihn bereits in voll entwickelter Form beim sogenannten → Geschlechtstotemismus in Australien und Semang, wo zwar Sozialunterschiede in Rang und Besitz auftauchen, wo man aber noch keineswegs von Klassen sprechen kann. Dort stehen indes Frauen und Männer mit ihren respektiven Abstammungstieren einander in besonders feindseliger Weise gegenüber. Sie verhöhnen sich gegenseitig und suchen dem anderen Geschlecht durch Töten seines Totemtieres zu schaden.

Bei den tropischen Pflanzervölkern reicht dieser Antagonismus von der fast völligen Trennung der Geschlechter (Melanesien) zu einer Teilung aller Nahrungsmittel, aller Tiere, aller Pflanzen in männliche und weibliche Arten (Jivaro und Canella in Ekuador). Nur das eine oder das andere Geschlecht darf diese oder jene Pflanze säen, ernten und essen. Ißt die Frau das männliche Tier, so stirbt sie. Unzählig sind diese Speisegebote und -verbote, da die Nahrung als magische Aufbausubstanz der Persönlichkeit angesehen wird. Um das Männliche im Mann aufzubauen, ihn aber gleichzeitig auch vor dem Weiblichen zu schützen, wird ihm zum Beispiel auf den Neuen Hebriden (Santo, Malekula) verboten, weibliche Schweine oder Hühnereier zu essen. In der typisch selbstzerstörerischen Aktionsform dieser Angstsitten führt eine solche Einschränkung der Nahrung unweigerlich zur Unterernährung und dem langsamen Aussterben der Kultur, die von ihnen befallen ist.

Die Angst zeigt sich auch in der räumlichen Trennung der Geschlechter und der Bildung von Männerbünden, die dann prompt zu Verteidigungsmaßnahmen der Frauen in der Form von Frauenbünden führen. Das wirkt sich im Bau von separaten Männer- und Frauenhäusern aus. Während in großen Teilen Afrikas, Polynesiens, Australiens und Nordasiens der Geschlechterantagonismus und die Geschlechterfurcht sich in getrennten Mahlzeiten auswirken, finden wir die getrennten Wohnverhältnisse vor allem in Melanesien und Neuguinea. Bei den Digul-Völkern Neuguineas sind sogar die Geräte streng nach Männer- und Frauentabus geordnet und dürfen nicht vom anderen Geschlecht berührt werden. Auf dem Wege zur Arbeit in den Feldern gehen Männer und Frauen separat und sprechen nicht miteinander. Zuhause sind sie im gleichen Raum durch eine Wand mit einer kleinen Öffnung zum Durchreichen der Nahrung getrennt. Nur das Allernötigste wird gesprochen. Stirbt die Frau, so wird sie im Frauenteil des Raumes aufgebahrt. Selbst dann kommt der Mann nicht herüber, um sie zu betrauern. Man braucht kaum zu betonen, daß sich bei so strikter Trennung die Geschlechter nicht nur feindlich gegenüberstehen, sondern einander fremd werden.

Wie in geschlechtstotemistischen Kulturen spielen sich auch in Neu Irland zwischen Männern und Frauen rituelle Verspottungen und oft ins Ernste umschlagende Spiele ab, zum Beispiel Schlägereien zwischen Männern und Frauen bei der Geburt des ersten Kindes. Alles Weibliche wird von den Männern in solchen Kulturen als unheilvoll und gefährlich betrachtet. Der Geruch von Frauen vertreibt die Bonito-Fische in den Salomonen. Das Berühren weiblicher Kleidung schwächt den Kayan-Dayak im Krieg und bei der Jagd. Der Medizinmann der Aranda in Zentralaustralien verliert seine Kraft, wenn er nicht ein Feuer zwischen sich und seine Frau legt. Das Berühren der Nabelschnur seiner Tochter bringt dem Tenetehara-Indianer in Brasilien

Jagdpech. In Hunderten von Kulturen gilt das Menstrualblut der Frau als Gefahr für den Mann.

Und trotzdem finden wir gerade in den Kulturen, die besondere Angst vor der Frau zeigen und besondere Feindschaft zwischen den Geschlechtern bekunden, eine besonders starke → Geschlechtsdifferenzierung beim Schmuck, Bemalen und Kleiden. Das klingt widersinnig, denn wenn die Geschlechter einander hassen, scheint keine Notwendigkeit zu bestehen, sich füreinander attraktiv zu machen. Aber Geschlechtsdifferenzierung ist stets mehr als Schönheitspflege oder Betonung der sexuellen → Schlüsselreize. Geschlechtsdifferenzierung ist stets auch ein Versuch, das eigene Geschlecht als überlegen und das andere als minderwertig zu kennzeichnen. Wo → Gleichberechtigung der Geschlechter herrscht, benötigt man keine Betonung der → Geschlechtsmerkmale. Genau wie paarweis lebende Tiere mit ausgesprochener »Gleichberechtigung« der Geschlechter (zum Beispiel Tiger oder Störche) verhältnismäßig geringe Sexualdifferenzierungen besitzen, während Gattungen mit starker Männchendominanz und ausgesprochener Haremswirtschaft, zum Beispiel Paviane oder Seebären, besonders starke Differenzierungsmerkmale aufweisen, so geschieht es auch beim Menschen, daß gerade dort, wo die geringste Gleichberechtigung vorliegt, die sexuellen Unterschiede am stärksten betont werden. → Abwertung, Aktivität und Passivität im Geschlechtsverkehr, Androphobie, Antifeminismus, Deflorationsmanie, Dianakomplex, Frauenhaß, Frauenrecht, Gleichberechtigung der Geschlechter, Gynäkophobie, Infibulation, Kastrationskomplex, Keuschheit, Klitoridektomie, Liebeshaß, Ligatur, Männerhaß, Männlicher Protest, Misandrie, Misogynie, Mutterrecht, Mutterreligion, Patriarchat, Penisneid, Repulsionskräfte, gezahnte Vagina.

Kampiong [indones.], ein in den Penis eingesetztes Reizinstrument, das den Geschlechtsverkehr für die Frau angenehmer machen soll. Auf Celebes bis zur Gegenwart üblich. Der K. besteht aus einem Kupfer-, Gold- oder Silberstäbchen, das gewöhnlich einen Durchmesser von zwei Millimetern hat. An einem Ende befindet sich ein Kügelchen oder eine birnförmige Erweiterung aus Achat oder Metall, während man auf die andere Seite ein zweites Kügelchen steckt, sobald der K. in die geeignete Lage gebracht worden ist. Dies geschieht derart, daß man das Instrument durch eine Wunde, die durch eine geölte Taubenfeder dauernd offengehalten wird, in der Eichel einführt. Der K. hat eine Länge von fünf Zentimetern, die jedoch manchen Dayakinnen noch nicht genügt, so daß manchmal sogar zwei angewendet werden. Vgl.: Ampallang, Blinde Raae, Guesquel, Kabutodama, Kabutogata, Penisinkrustation, Persimbraon, Reizinstrumente, Zuiki.

Kandaulesismus, nach dem Spitznamen des lydischen Königs Sadyattes († 687 v. Chr.), den Herodotus »Kandaules« (Hundewürger) nannte. Er sagt, daß Kandaules so von der Schönheit seiner Frau eingenommen gewesen sei, daß er sie allen Männern nackt zeigen wollte. Zu diesem Zweck lud er seinen Günstling Gyges ins Schlafzimmer seiner Frau ein und verbarg ihn dort. Die Königin entdeckte den Eindringling und stellte ihn vor die Wahl, umgebracht zu werden oder den König umzubringen und sie zu heiraten. Cyges tötete den König und gründete die Dynastie der Mermnaden. Gugitz prägte hieraus den Begriff des K. und zerlegte ihn in seine exhibitionistischen, fetischistischen, masochistischen und sadistischen Komponenten: »Da der dem Exhibitionismus zugrunde liegende Trieb darauf beruht, daß man Bewunderung mit seiner Entblößung hervorrufen will, so begehrt man, jene Teile zur Schau zu stellen, die man selbst für die schönsten und verlockendsten hält und in die man daher verliebt ist. Es bedarf also durchaus nicht, daß der Mann seinem Exhibitionstrieb bloß in der Exposition seiner eigenen erogenen Zonen Luft macht, sondern es ist gleichbedeutend, wenn er auf einem Umweg seine Exhibitionslust auf die Schaustellung der eigenen Gattin oder Geliebten überträgt.«

Statt anderen Menschen, meint J. Sadger, »seinen Phallus zu zeigen, tut man dies mit dem teuersten Besitz: der Geliebten oder Gattin«. Zwingt die Entblößungslust den Exhibitionisten dazu, jene erogenen Zonen öffentlich zu zeigen, in die er am meisten verliebt ist, und sich damit sexuell zu erregen, dann gehören dazu logischerweise auch die der eigenen Gattin und Geliebten, die somit fetischistisch ausgewertet werden, »vor allem dann, wenn die Beziehungen zu der betreffenden Frau in irgendeiner Weise ganz pointiert erotischer Art sind, weiter, wenn er an ganz spezifische Reize seiner Gattin oder Geliebten mit seinem gesamten Reizungsempfinden fixiert und ständig davon fasziniert ist. In solchen Fällen entblößt der Betreffende tatsächlich und direkt ein Stück von sich selbst, wenn er die Gattin oder Geliebte vor den Augen anderer entblößt«. Damit ist die fetischistische Seite des K. gestreift. Der masochistische Einschlag liegt darin, daß die Schaustellung der Frau beim K. eine als Erniedrigung zu bewertende seelische Qual darstellt. Ein sadistischer Einschlag liegt vor, wenn die Nötigung der Frau zum K. und ihre seelischen Qualen ihrem Mann sexuelle Befriedigung bringen.

Hirschfeld berichtet hierzu den Fall eines Patienten, der ziemlich häufig von seiner Ehefrau verlangte, sie solle mit Geschäftsfreunden koitieren, die er zu sich bat. Erschien der Eingeladene zum Abendessen, mußte die Frau erklären, ihr Mann sei plötzlich in dringender Angelegenheit abberufen In Wirklichkeit saß er in einem dunklen Alkoven und beobachtete durch ein Bohrloch in der Türe die Vorgänge im Wohnzimmer. Unmittelbar nach beendetem Koitus mußte die Frau darauf drängen, daß der Fremde sich schleunigst entferne. Sobald dieser das Haus verlassen hatte, stürzte der Gatte aus seinem Versteck und vollzog nun selbst den Geschlechtsakt mit seiner Frau. Daß es sich bei vielen Fällen des K. tatsächlich um eine verkappte Form der Homosexualität handelt, hat M. Rudolf Senf in seinen Ausführungen über »Homosexualisierung« überzeugend begründet. Vgl.: Triolismus.

Kannibalismus, sexueller → Anthrophagie.

Kapeleion [gr.], Animierlokal im alten Griechenland, in dem attraktive Kellnerinnen, oft syrischer oder vorderasiatischer Herkunft, als halbberufliche Prostituierte tätig waren. → Caupona, Ganeum, Lesche, Popina, Taberna.

Kappe → Empfängnisverhütung, Verhütungsmittel.

Kappelbub, der Wiener → Zuhälter von etwa 1800 bis 1850. Danach nannte man ihn bis etwa 1900 → Strizzi, schließlich Plattenbruder. Vgl.: Alphonse, Amicus, Aufmacher, Bärentreiber, Frauenmeister, Frauenwirt, Freihat, Freiwirt, Hackerbub, Hurenwirt, Jungfernschaftsprokurist, Krameltreiber, Louis, Lude, Ludewig, Pilger, Pulion, Purlierer, Sponsierer, Stenz, Strawanzer, Strizzi, Töchterwirt.

Karezza, eine Form des → Coitus reservatus, die in mißverstandener Weise gewisse Grundsätze des indischen Tantrismus zu popularisieren sucht. Die Methode wurde erstmals 1896 von der Amerikanerin Alice B. Stockham beschrieben. Die Einführung des Gliedes findet wie gewöhnlich statt, aber der Penis bleibt eine Zeitlang (Stockham spricht von einer Stunde) regungslos in der Scheide, wobei dadurch, daß beide Partner »durch Lesen und innere Versenkung (Meditation) den Geist erheben und den Körper zurücktreten lassen«, eine Ejakulation vermieden wird. Der Koitus endet mit der Erschlaffung des Penis; oder, wenn es, ohne daß es zu einer solchen Erschlaffung kommt, den Partnern zu lange dauert; oder endlich, weil der Mann fühlt, daß eine Fortsetzung des Vorgehens doch eine Ejakulation auslösen könnte. So bestechend diese Methode insbesondere für Frauen aussieht, so wenig vermag sie in Wirklichkeit zu geben. Nur wenige normal veranlagte

Menschen werden in regungslosem Zustand zur Befriedigung gelangen. Abgesehen davon kann ein derartiger Koitus ohne Orgasmus nervenzerrüttend wirken. (Vgl.: Coitus prolongatus.) Die Gefahren für beide Partner sind ähnlich wie die des → Petting: schmerzhafte Spannung des Perineums, die auf die inneren Genitalien ausstrahlt. Vgl.: Andrinämie, Ehemetritis, Epididymitis sympathica, Gynäcinämie, Neuralgia testis, Paradidymitis sympathica, Phrenokardie.

Karneval → Mutterrecht, Mutterreligion, Orgie.

Kasten, im 16. und 17. Jahrhundert die → Bordelle, die sich außerhalb der Stadt, meist am Fluß oder vor der Stadtmauer befanden. Die neuen, nach französischem Vorbild im Stadtzentrum eingerichteten Bordelle nannte man dagegen → Mamsellenhäuser. Vgl.: Amyenhaus, Blumenboot, Brunnen, Wasser.

Kastration [lat.: castratus = Eunuch], chirurgische Entfernung der Keimdrüsen; Zerstörung der Geschlechtszellen durch Röntgenstrahlen oder chemische Mittel. Nicht mit der → Sterilisation zu verwechseln, bei der nur die Befruchtung blockiert, die Sexualfunktion aber intakt gelassen wird.

Kastrationskomplex, der Schockeffekt der Unterwerfung des Knaben unter die Autorität des Vaters und der Frau unter die des Mannes. Der K. ist in diesem Sinne das Kernsymbol der patriarchalischen Gesellschaft. Sigmund Freud (1856–1939) sieht in den Beschneidungsriten, die nicht nur bei Juden und Mohammedanern, sondern bei zahllosen primitiven Gesellschaften unabhängig voneinander auftauchen, ein Symbol der Kastration, der Unterwerfung des Knaben unter den Willen des Vaters. Weibliche Beschneidung, die Exzision der Klitoris, des weiblichen Penis, drückt den Penisneid des Mannes aus: die Frau soll nichts von dem besitzen, was er besitzt. Vielleicht erleichtert es das Verständnis dessen, was Freud mit K. meint, wenn wir uns daran erinnern, daß das ganze Gebäude der Psychoanalyse ja vor der Entdeckung der Geschlechtshormone und der Entwicklung der modernen Endokrinologie errichtet wurde und daß Freud selber es nur als ein Gleichnis betrachtete, das eines Tages von der Biochemie überprüft und korrigiert werden müsse. Was er mit dem K. meinte, war also nichts anderes als die Konfrontation mit dem Schlüsselerlebnis menschlicher Melancholie, dem Verlust. In seinem ursprünglichen Konzept des Kastrationskomplexes stellte er die unhaltbare Hypothese auf, daß *jeder* Mensch in seiner Kindheit durch den Anblick eines Kindes des anderen Geschlechts in ein lebenslanges Trauma gestürzt werde. Der Knabe sieht, daß das

Mädchen keinen Penis hat, versucht sich selber davon zu überzeugen, daß er nicht richtig hingesehen hat, beschönigt den Widerspruch zwischen Beobachtung und Vorurteil durch die Vorgabe, der Penis sei noch klein und werde erst wachsen, und kommt endlich zu dem bedeutsamen Schluß, er müsse wohl vorhanden gewesen und dann weggenommen worden sein. Das Mädchen dagegen sieht, daß der Knabe etwas hat, was es nicht hat, und fühlt sich danach lebenslang als minderwertige Kreatur. In einer zweiten Fassung stellt Freud die ebenso schwer haltbare Hypothese auf, daß jeder Knabe onaniere, von der Mutter oder vom Vater dabei entdeckt werde und dann die Drohung höre, man werde ihm sein Glied abschneiden, wenn er nicht aufhöre, damit zu spielen. Daraus erwachse die lebenslange Kastrationsangst, die das Geschlechtsleben aller Männer maßgeblich beeinflusse.

Faßt man diese Darstellungen nicht als Gleichnisse auf, ergibt sich die Frage, was geschieht mit den zahllosen Menschen, die nie ein nacktes Wesen des anderen Geschlechts sehen, bis sie erwachsen sind? Oder umgekehrt: Was geschieht mit den Kindern armer Leute, die in einem einzigen Zimmer aufwachsen und deshalb von frühester Kindheit an mit den Genitalien der Eltern und Geschwister vertraut sind? Was geschieht mit den Knaben, die nicht onanieren oder nicht dabei entdeckt werden oder Eltern haben, die tolerant oder klug genug sind, keine Kastrationsdrohungen auszusprechen? Wäre der Kastrationskomplex die absolute, unumgängliche, universelle Norm, als die Freud ihn darstellt, dann könnte er nicht von solchen Zufälligkeiten abhängig sein. Und in der Tat hat Freud in einer später hinzugefügten Fußnote zu seiner 1923 geschriebenen Arbeit *Die infantile Genitalorganisation* einen Hinweis gegeben, daß er mit dem Kastrationskomplex tatsächlich nur das Symbol der Trennung, des Verlustes, der unwiederholbaren Erfahrung gemeint habe: »Es ist mit Recht darauf hingewiesen worden, daß das Kind die Vorstellung einer narzißtischen Schädigung durch Körperverlust aus dem Verlieren der Mutterbrust nach dem Saugen, aus der täglichen Abgabe der Fäzes, ja schon aus der Trennung vom Mutterleib bei der Geburt gewinnt. Von einem Kastrationskomplex sollte man aber doch erst sprechen, wenn sich diese Vorstellung eines Verlustes mit dem männlichen Genital verknüpft hat.« Man sollte das tun, wenn man unbedingt die anfängliche Terminologie der Psychoanalyse beibehalten will, aber man darf auch nicht eine These auf der vermeintlichen Universalität einer Erfahrung aufbauen, die zahlreiche Menschen nicht gehabt haben. → Ödipuskomplex.

Kasuistik, sexuelle → Sexualkasuistik.

Kataglossismus [gr.: kata = ganz, hinunter, daneben; glossa = Zunge], Zungenkuß. Vgl.: Biß, Florentinischer Kuß, Handkuß, Kuß, Maraichinage, Nasenkuß, Seraphinenkuß, Suavium, Zungenkuß.

Katamnese, sexuelle → Sexualkatamnese.

Katharer [gr.: Reine], eine gnostische Sekte, die sich im 10. Jahrhundert unter manichäischem Einfluß von den Bogumilkirchen Bulgariens durch Deutschland und Italien hindurch nach Südfrankreich verbreitete, um dort in der Provence ihr Zentrum zu finden. Nach der provençalischen Stadt Albi nannte man sie auch → Albigenser. Sie selber bezeichneten sich als »boni homines« (gute Menschen) und wurden von der Bevölkerung der Provence, den Weinbauern, Leibeigenen und Zünften, genauso unterstützt wie von den Fürsten und Rittern. Guillaume IX., Herzog von Aquitanien, und Raimund, Graf von Toulouse, beschützten, Papst Innozenz III. und Simon von Montfort bekämpften sie. Ihre Lehre war dualistisch: Sie erklärte die Welt als ein Duell zwischen Gut und Böse, wobei das Böse in allen materiellen Aspekten stets den Sieg davontrage. Es gäbe keine separate Hölle: die Hölle sei das irdische Leben als solches. Alles Leben, das durch sexuelle Fortpflanzung entstehe, gehöre zum Werk des Teufels. Enthaltsamkeit vom Geschlechtsverkehr war deshalb für die »perfecti«, die Katharerpriester, das erste Gesetz. Das zweite war Enthaltsamkeit von allen Nahrungsmitteln, die durch geschlechtliche Fortpflanzung entstanden waren – also eine Form des religiösen Vegetarismus. Die »credentes«, die Gläubigen, die diesen strikten Regeln nicht folgen konnten, wurden angehalten, zumindest so wenig Fleisch wie möglich zu essen und wenigstens denjenigen Geschlechtsverkehr zu vermeiden, der zur Nachkommenschaft führen könne → Albigenserkriege, Gnosis, Manichäismus.

Kaunitzprozeß. 1822 wurde in Wien Ludwig Fürst Kaunitz (1777 bis 1848) der Unzucht mit Minderjährigen angeklagt. Er hatte sich durch Zuhälter und Kupplerinnen aller Art mehr als tausend minderjährige Mädchen beschaffen lassen, darunter die meisten Mitglieder eines → Kinderballetts, das fast ausschließlich von seinem Geld lebte. Das Erschütterndste an diesem Prozeß war die Tatsache, daß es oft die Eltern gewesen waren, die ihre eigenen Kinder verkuppelt hatten, und daß berühmte Frauen sich freiwillig dem Fürsten angeboten hatten – zum Beispiel eine Prinzessin von Kurland, die Schauspielerin Therese Elßler, die Tänzerinnen Abegg und Hasenhut und die Frau des Dichters Ferdinand Raimund (1790–1836), der sich später das Leben nahm. Kaunitz wurde beschuldigt, sich eines narkotischen Schnupftabaks und eines besonders angefertigten → Fesselstuhls zur Vergewaltigung von Kindern bedient zu haben. Ein Kind soll bei der Defloration gestorben sein. Was einen anderen das Leben gekostet oder zumindest zu lebenslänglichem Zuchthaus geführt hätte, brachte einem Mann wie Kaunitz, der aus dem diplomatischen Dienst kam, nur Polizeiaufsicht und Verweisung nach Brünn ein.

Kedeschim [hebr.: Geheiligte], Baalspriester, die kastriert waren und als passive Homosexuelle bei der rituellen → Tempelprostitution dienten. Vgl.: Achnutschik, Basir, Basm, Batscha, Berdache, Epanga, Bote, Galli, Homosexualität, Knabenehe, Mujadores, Ovashengi, Päderastie, Puer sanctus, Pumea, Schupan, ritueller Transvestitismus, Tschukadn.

Kellnerinnen sind durch den Druck ökonomischer Verhältnisse seit den Zeiten des alten Griechenland oft zur halbberuflichen Prostitution gezwungen worden. Im griechischen → Kapeleion, in der römischen → Caupona, → Popina, → Taberna und im → Ganeum dienten sie in dieser doppelten Funktion. Konstantin erklärte durch ein Gesetz die »ministrae cauponae«, d. h. die Kellnerinnen der Animierkneipen, für Prostituierte. Auch im Mittelalter waren die weiblichen Angestellten der Weinschenken leicht zugänglich und die Badestuben oft nur verrufene Kneipen mit weiblicher Bedienung. In England kamen im 17. und 18. Jahrhundert die »Barmaids« auf, die vielfach mit der Prostitution im Zusammenhang standen. → Araignées, Bierhäuserlmenscher, Inviteuses, Kaffeemenscher, Orange Girls.

Kernfamilie, die falsch benannte Gemeinschaft von Mutter, Vater und Kind. Denn erstens hat sich diese Form der Kleinfamilie erst in allerjüngster Zeit aus der geschrumpften → Großfamilie herausgebildet, stellt also nicht den »Kern« der Großfamilie, sondern ihr Überbleibsel dar, und zweitens hat diese Trias nichts mit der historisch gewachsenen Institution der → Familie zu tun. Millionen von Jahren lang haben Mütter mit ihren Kindern in größeren oder kleineren Formen des Haushalts zusammengelebt, ehe sie auf den Gedanken kamen, daß der Mann, mit dem sie ihre sexuelle Appetenz befriedigten, irgendetwas mit der Geburt ihrer Kinder zu tun hatte. Erst sehr spät in der Geschichte der Menschheit haben sich Formen des Kleinhaushaltes herausgebildet, die aber immer noch nicht als »Familien« bezeichnet werden können, weil die jeweilige Verbundenheit des einen oder anderen Ehegatten mit seiner eigenen Sippe weitaus größer war als mit seiner Frau oder seinen Kindern. Bei → matrilinearer → Deszendenz gehörten die Kinder zur Mutter und deren Mutter, der Vater dagegen zu seiner eigenen Muttersippe, die meist in einem anderen Orte lebte. Bei → patrilinearer Deszendenz gehörten die Kinder zum Vater und dessen Vater, die Gattin zu ihrem Vater, dessen Sippe meist an einem anderen Orte lebte. Das heißt: bei matrilinearer Deszendenz und → matrilokaler Martitalresidenz war der Ehemann lebenslang nur Gast im Hause seiner Frau und ihrer Sippe; bei patrilinearer Deszendenz und → patrilokaler Heiratswohnfolge war die Ehefrau lebenslang nur Gast im Hause ihres Mannes und seiner Vatersippe. Da diese Formen der → Sippengesellschaft überall in Europa bis ins 2. Jahrtausend v. u. Z. existierten, kann man weder von einer »Kernfamilie« noch überhaupt von einer »Familie« sprechen, bis die Römer ihr diesen Namen gaben.

Kerzenhuren, die Prostituierten, die sich in dunklen Hinterzimmern bei Kerzenlicht zur Verfügung stellten. Das Wort war in ganz Europa bekannt (*cortesane da candela, putas a la candela*). Vgl.: Lampronnières, Torcie.

Ketten, ein Symbol der Liebe und der Sklaverei, weil die Glieder »unlöslich« ineinander verschlungen sind. Besonders in den Wunschträumen und auch in den Praktiken der Sadisten und Masochisten tauchen Ketten mit unheimlicher Häufigkeit auf. Mehr noch als Riemen (das Symbol der Haut und des Tieres) wirken Ketten als Symbol der Härte auf die Phantasie des Sadisten, der sein Opfer anketten will, und des Masochisten, der selber möglichst eng und schmerzhaft in K. gelegt werden möchte. → Fesselung, Käfig, Knebelung, Kolligationsfetischismus, Riemen, Selbstfesselung, Strick.

Keuschheit [lat.: castimonia]. Die lateinische Wurzel stammt von gr.: agnizio = heilige Enthaltsamkeit, einem Begriff, der dem Komplex der Heiligen Hochzeit (hieros gamos), der sogenannten → Tempelprostitution angehört. Die »Gottesbraut«, die Priesterin, die den rituellen Koitus mit dem Priester vollzog, mußte sich des Geschlechtsverkehrs mit anderen Männern enthalten. Die etymologische Wurzel des Begriffs K. deckt also nahezu das Gegenteil dessen auf, was wir heute darunter verstehen. Und das mit Recht. Denn wie Anatole France bereits sagte, ist die K. von allen Perversionen die perverseste.

Nichts stachelt die Sexualität so auf wie erzwungene Enthaltsamkeit vom Geschlechtsverkehr. Keine → Obszönitäten, keine → Pornographien, auch nicht die größte Freiheit der Sitten erzeugt sexuelle Wünsche von solcher Wollust wie die → Askese, die jederzeit in Ekstase umschlagen kann, also in eine Sinnenlust der höchsten Ordnung. In der gesamten erotischen Literatur der Welt gibt es nichts, was sich an obszöner Phantasie mit den Versuchungen der → Anachoreten und den Visionen der → Geißler und Büßerinnen vergleichen ließe. → Abstinenz, Enthaltsamkeit, Flucht vor der Liebe, Jungfräulichkeit, Scham, Sexualmoral, vorehelicher Geschlechtsverkehr, Zölibat.

KEUSCHHEITSDECKE, eine Decke mit einem Loch in der Mitte, die bei verschiedenen besonders sittenstrengen Indianerstämmen gebraucht wurde, um während des Zeugungsaktes die Frau zuzudecken, so daß weder Mann noch Frau einander sehen konnten. Der Mann borgte sie sich zum Beischlaf vom Stammeshäuptling aus. Je seltener ein Mann die Decke ausborgte, um so höher war sein Ruf. Vgl.: Chemise cagoule.

KEUSCHHEITSGÜRTEL, Instrument, das das Urinieren und Defäzieren erlaubt, den Koitus aber verhindert. Es gibt K. für beide Geschlechter, männliche K. aber nur zur Verhinderung der Onanie. Da männliche Keuschheit nicht zu den Idealen der mutterrechtlichen, weibliche Keuschheit aber zu den Zwangsvorstellungen der vaterrechtlichen Gesellschaften gehört, finden wir diese grotesken Instrumente nur dort, wo sich der Mann in seiner Beziehung zur Frau besonders unsicher und gefährdet fühlt. Die Stellung des Eheweibes als eines unantastbaren Eigentums des Mannes nach den Begriffen des Altertums und des frühen Mittelalters, die im Orient zur Abgeschiedenheit im Harem führte, löste im Mittelalter, durch die Kreuzzüge aus dem Orient eingeführt, den kuriosen Versuch aus, sich der Treue der Frau durch einen versperrbaren Gürtel zu versichern. Vgl.: Chemise cagoule, Eifersucht, Infibulation, Klitoridektomanie, Klitorisspaltung.

KEUSCHHEITSKLAUSEL, ein psychoanalytischer Begriff, der sich mit den Motiven der Askese, Keuschheit, Prüderie, Scham und sexuellen → Abstinenz befaßt. Die Psychoanalyse sagt: Jeder Mensch strebt nach Lust und vermeidet Unlust. Geschlechtsverkehr gibt dem Menschen die größte Lust, die er erfahren kann. Wieso vermeidet er diese Lust und bleibt keusch? Durch irgendeinen komplizierten Mechanismus muß es der menschlichen Psyche möglich sein, im Verzicht auf Geschlechtsverkehr größere Befriedigung als in dessen Ausführung zu finden. Worin besteht dieser Mechanismus und wie funktioniert er? Daß ein impotenter Mann keine großen Schwierigkeiten hat, sein Keuschheitsgelübde zu erfüllen, versteht sich von selbst. Auch ein Homosexueller kann Personen des anderen Geschlechts gegenüber ohne

Schwierigkeiten keusch bleiben. Freud glaubte nun, für eine große Anzahl von Keuschheitspraktiken einen ähnlichen Grund entdeckt zu haben, dessen sich der auf seine Keuschheit stolze Mensch kaum je bewußt wird. Für eine erstaunlich große Anzahl von Menschen ist ein wirklicher Lustgewinn beim Geschlechtsverkehr nur unter ganz bestimmten, außerordentlich eng begrenzten Umständen möglich: nur mit *einer* Frau und keiner anderen, nur mit einer *Blondine* und keiner Brünetten, nur mit einer *jungen* Frau und keiner alten, nur wenn man mit ihr *verheiratet* ist, nur im *dunklen* Zimmer und nicht bei Licht, nur in der *Nacht* und nicht am Tage usw. Ist Lust von so vielen Einschränkungen abhängig, dann werden diese psychologisch wichtiger als die Lust selbst. Worin also besteht der Lustgewinn der Einschränkung?
Am Ende zeigte es sich, daß der Mechanismus der Keuschheitsklausel von dem Konzept des *Opfers* bestimmt wurde. Der Mensch sagt sich: Wenn ich die irdische Lust opfere, gewinne ich ewige Seligkeit. Je größer das Opfer, desto größer der Lustgewinn. Auf dieser Basis operiert aber auch der → Masochismus. Die Keuschheitsklausel stellt sich also als masochistischer Prozeß heraus, dessen Lustgewinn darin besteht, daß er normale Sexualenergie (Libido), die eigentlich zum Zwecke der *Verbindung* zweier Menschen gemeint war, in ihre Perversion verwandelt, in *Trennung*. → Automasochismus, Selbstentmannung, Selbstkastration.

KEUSCHHEITSORDALIEN, die Torturen, denen sich eine Frau im Mittelalter unterwerfen mußte, um einem Mann ihre Keuschheit oder Treue zu beweisen. Es ist bezeichnend, daß uns aus keiner mutterrechtlichen Gesellschaft K. für Männer bekannt geworden sind; nur die vaterrechtliche Gesellschaft war sich stets ihrer Position so unsicher, daß sie solcher Ordalien bedurfte, um sich der Verläßlichkeit der Frauen zu versichern. Nie war eine mutterrechtliche Gesellschaft ihrer Sache so unsicher, daß sie derartige Stützen benötigte, um ihr Regime aufrechtzuerhalten. Um ihre »Tugend« zu beweisen, mußten die Frauen ein heißes Eisen in bloßen Händen tragen, über glühende Pflugscharen schreiten, durch einen brennenden Scheiterhaufen gehen, aus kochendem Wasser Steine herausholen, einen kochenden Kessel mit den Händen auffangen, mit gebundenen Händen und Füßen ins Wasser gehen (wenn sie ertranken, waren sie unkeusch). → Chemise cagoule, Eifersucht, Infibulation, Klitoridektomie, Klitorisspaltung.

KEUSCHHEITSPROBE, teils Martyrium (Keuschheitsordalien), teils Aberglaube. Hob in Bayern ein Mädchen einen Topf kochenden Wassers vom Herd und hörte das Wasser zu kochen auf, so war das Mädchen keine Jungfrau mehr (Topfprobe). Ebenso hatte ein Mädchen ihre Jungfernschaft verloren, falls sie nach Einnahme eines Pulvers von verbrannten Efeuwurzeln ihren Urin nicht halten konnte (Harnprobe). Ein weit verbreiteter Aberglaube in Norddeutschland war das Lichtanblasen, die Annahme, daß eine keusche Jungfrau oder ein keuscher Junggeselle ein verlöschtes Licht wieder anzublasen vermöge. Weitere Keuschheitsproben waren die Mantelprobe: der Mantel, der nur der keuschen Frau paßte, der unkeuschen aber zu kurz oder zu lang, zu weit oder zu eng war; die Handschuhprobe, wobei der Handschuh, über die rechte Hand gestreift, den Körper unsichtbar machte, mit Ausnahme jenes Teiles, welcher gesündigt hatte; und schließlich die Becherprobe: ein Becher, aus welchem kein unkeuscher Mensch zu trinken vermochte. Eine sehr gebräuchliche K. bestand darin, daß man ein Mädchen, dessen Unschuld angezweifelt wurde, sich auf ein Räuchergefäß setzen ließ. War der Rauchgeruch durch den geöffneten Mund des Mädchens wahrnehmbar, so galt dies als Zeichen der verlorenen Jungfernschaft. Als wichtigste K. galt der Achat, ein Halbedelstein, der nach dem Aberglauben des Mittelalters die Eigenschaft besaß, eine verletzte Jungfräulichkeit feststellen zu können. »Will tu wissen«, heißt es in einem Traktat, »ob eins eine Junkfrawe sei oder nit, so nim diesen Stein und zerstoss ihn zu Pulver und gib dies einer Jungfrawe ihr unwissende ein. Ist sie ein rein Jungfrawe, so hält sie den Harn bei ihr. Ist sie kein rein Jungfraw mehr, so muß sie ihren Harn abschlagen wider ihren willen.«

Kinäden, männliche Hetären im alten Griechenland. Vgl.: Achnutschik, Basir, Basm, Batscha, Berdache, Bote, Catamitus, Epanga, Gadales, Galli, Homosexualität, Kedeschim, Knabenbordell, Knabenprostitution, Knabenehe, Knabenharem, Lustknabe, Ovashengi, Päderast, homosexuelle Prostitution, Puer sanctus, Pumea, Schupan.

Kind ist nach § 2 des Jugendarbeitsschutzgesetzes vom 12. April 1976, wer noch nicht oder noch zum Besuch einer Schule mit Vollunterricht verpflichtet ist oder, falls er der Pflicht zum Besuch einer solchen Schule nicht unterworfen oder von ihr befreit ist, noch nicht 14 Jahre alt ist. Mit der Vollendung des 7. Lebensjahres wird das Kind → geschäftsfähig.

Ein *Jugendlicher* dagegen ist ein Minderjähriger, der 14, aber noch nicht 18 Jahre alt ist. Als *Heranwachsender* gilt, wer 18, aber noch nicht 21 Jahre alt ist.

Das Kind als Vater des Erwachsenen, ein von Sigmund Freud entwickelter Gedanke, der den Einfluß kindlicher Erfahrungen auf den Charakter des Erwachsenen ausdrücken soll. Nicht der Erwachsene ist der Vater des Kindes, sondern das Kind der Elter des Erwachsenen. Jeder Erwachsene war ursprünglich ein Kind; all das, was er als Erwachsener fühlt, denkt und tut, geht auf das Fühlen, Tun und Denken seiner Kindheit zurück. Das Geschlechtsleben des Kindes ist keine Imitation des Geschlechtslebens des Erwachsenen, sondern dessen Urform. Statt das Geschlechtsleben des Kindes (→ Oralerotik, → Analerotik, Doktorspiel, Papa-und-Mama-Spiel) als mißverstandene Imitation des Geschlechtslebens des Erwachsenen zu interpretieren, sollten wir das Geschlechtsleben des Erwachsenen als verdrehte Form der Kindersexualität verstehen. Nicht das Kind ist pervers, wenn es sich analen, oralen oder masturbatorischen Tätigkeiten widmet, sondern der Erwachsene ist pervers, wenn er nach der Pubertät noch auf solche sexuellen Infantilismen fixiert ist.

Ein interessanter Aspekt dieses Freudschen Diktums ist die Tatsache, daß Freud das Neutrum »Kind« von dem Maskulin »Vater« und nicht von dem Femininim »Mutter« oder dem Neutrum »Elternpaar« ableitet und sich niemals der Tatsache bewußt geworden ist, welch patriarchalisches Denken er dadurch enthüllt. Der Gedanke taucht mehrmals in seinen Werken auf und stets in der gleichen vaterfixierten Form, zum letzten Male im *Abriß der Psychoanalyse* (1938; Gesammelte Werke, Bd. XVLL, S. 113): »... das Kind sei psychologisch der Vater des Erwachsenen«. Der *Vater* des Erwachsenen? Wieso nicht seine *Mutter?* In zahllosen Fehlleistungen dieser Art bricht Freuds Vaterfixierung durch die Abwehrmechanismen dieses so kühlen, so überlegten, überlegenden und überlegenen Denkers hindurch. Jedes der Symptome, die er in seiner *Psychopathologie des Alltagslebens* (1904) beschreibt – Vergessen, Versprechen, Verlesen und Verschreiben –, wirkt in seinem eigenen Leben und stellt die undurchtrennte Nabelschnur zum Vater unter Beweis. Immer wieder – gegen den Willen, gegen das Bewußtsein, gegen die Kontrollfunktion des Ichs und Über-Ichs – bricht die ununterdrückbare Abhängigkeit vom Vater, die manische Überschätzung des Mannes, durch die wohlüberlegten, die ausgewogenen, die oft überprüften und für gut befundenen Sätze hindurch und enthüllt den Verrat an der Mutter, die Angst vor der Frau, den lebenslangen Mangel an sexueller Befriedigung, der denen blüht, die ihre Mutter nicht geliebt haben.

Das Kind als *Vorfahr* des Erwachsenen, das ginge. Das Kind als *Erzeuger* des Erwachsenen, auch das zur Not noch. Der *Knabe* als *Vater* des Erwachsenen, das wäre sinnvoll. Auch das *Mädchen* als *Mutter* der Erwachsenen. Aber das *Kind* als *Vater* des Erwachsenen? Hier kann nur der Durchbruch des Irrationalen, des Unkontrollierten und Unkontrollierbaren erklären, wieso ein Neutrum da ein Maskulinum, nicht aber ein Femininum gebiert.

Kinder als Ehetherapie werden oft von wohlmeinenden, aber unerfahrenen Verwandten vorgeschlagen, wenn eine bis dahin kinderlose Ehe zu zerbrechen droht. »Schaff dir doch ein Kind an«, sagt die Mutter zur verheirateten Tochter, »dann wird er schon bei dir bleiben.« Und der beste Freund des Ehemannes sagt: »Mach ihr doch ein Kind, dann wird sie sich schon beruhigen.« Selbst achtbare Ärzte raten manchmal hilflosen Frauen, sich ein Kind »zuzulegen«, um einen schwankenden Ehemann an sich zu binden, einen leichtfertigen Ehemann daran zu hindern, anderen Frauen nachzulaufen, um eine chronische Depression zu überwinden oder neues Feuer in eine alte Ehe zu bringen. Leider klappt das nie. Durch das Kind wird die Situation schlimmer, als sie vorher war. Und das Kind selbst gerät in ein Dilemma, von dem es sich nie freimachen wird. Es ist verbrecherisch, ein Kind zu zeugen, wenn die Eltern nicht glücklich miteinander sind und nicht wirklich eines haben möchten. Unter anderen Umständen sollte ein Kind nicht geboren werden. Die schlechteste Gesellschaft für ein Kind sind unglückliche Eltern. Margaret Mead hat eine ganze Reihe von Begriffen für nicht zueinander passende Mütter und Kinder geprägt. Manchmal passen sie absolut nicht zueinander. Irgendetwas stimmt nicht, wenn ein Kind zu weinen beginnt, sobald die Mutter das Zimmer betritt; wenn der Geruch der Mutter das Kind gereizt brüllen läßt; wenn das Kind auf die Mutter oder die Mutter auf das Kind allergisch reagiert. Es hat keinen Zweck, hier um die Sache herumzureden; es ist fast unweigerlich die Folge davon, daß eine Mutter ein Kind bekommen hat, das sie nicht wirklich haben wollte oder nicht haben sollte.

Das zeigt sich an eindeutigen psychosomatischen Symptomen. Margaret Mead baut ihre Behauptung auf einem ganz konkreten biologischen Kriterium auf: der Fähigkeit, ein Kind zu stillen. In einer Gesellschaft, die auf das Stillen angewiesen war, verhungerten jene Kinder, bei denen die Ernährung durch Muttermilch nicht ausreichte. Die Angst einer Mutter um ihr Kind ließ ihre Milch noch schneller versiegen. Schließlich starb das Kind. Das war zwar traurig, aber zugleich der schlüssige Beweis dafür, daß etwas nicht stimmte. Aber heute, da wir die Kinder mit allen möglichen Arten künstlicher Nahrung füttern können, stellen wir im allgemeinen zu spät fest, daß »ein gegebenes Mutter-und-Kind-Paar« (Margaret Meads Ausdruck) einfach nicht zusammenpaßt. Das Kind stirbt nicht, aber es wächst mit allen möglichen Symptomen auf, die später den Arzt oder Psychiater beschäftigen werden. Ein »Still-Paar«, wie Margaret Mead Mutter und Kind genannt hat, muß eine »lebensfähige Ernährungseinheit« sein, wenn bewiesen werden soll, daß das Kind erwünscht war.

Kinder wirken stets als Ehebestätigung. Sie machen eine gute Ehe besser und eine schlechte Ehe schlechter. Sie können den Kurs der Ehe nicht grundsätzlich ändern. Sie können ihn nur verstärken.

Kinder und Jugendliche, Sexualprobleme der →Akzeleration, Bal Graffart,Beat, Blutschande, Catamitus, Didaskalophilie, Dippoldismus, Enfants du Prado, Ephebophilie, Erziehersadismus, Erziehungsmasochismus, Frühehe, Frühschwangerschaft, Genitalität, Geschlechtserziehung, Gouvernantenwahn, Governess, Heranwachsende, Hippies, Inzest, Jugendliche, Jugendschutz, Jungfernschaftsprokurist, Jungfräulichkeit, Kaunitzprozeß, Kind, Kinderballett, Kinderbordell, Kinderehen, Kindermißhandlung, Kinderprostitution, Knabenbordelle, Knabenehe, Knabenharem, Knabenliebe, Korophilie, Lustknabe, Minderjährigkeit, Mißhandlung Abhängiger, Mißhandlung von Kindern und Jugendlichen, Neoterophilie, Päderastie, Pädonekrophilie, Pädophilie, Pädosadismus, Pagismus, Parthenophilie, Petting, Platonische Liebe, Pot, Pubertät, Puerilismus, Reifungsstufen, Schatten der Eltern, Schutzaufsicht, Sokratische Krankheit, Strafmündigkeit, Strichjunge, Tötungsdelikte, Virginitätsfetischismus, Volljährigkeit, Vorehelicher Geschlechtsverkehr.

Kinderballett, zur Ausbildung von Ballett-Tänzerinnen unerläßlich, denn je früher man mit dem Ballett-Training beginnt, um so besser. Aber das K. hat auch immer wieder zu pädophilen Handlungen geführt. Berühmt war der Fall des von Horschelt geleiteten K. im Theater an der Wien, das am 30. November 1821 ausgehoben wurde. → Kaunitzprozeß, Kinderprostitution, Knabenbordell.

Kinderbordell → Kinderprostitution, Knabenbordell.

Kinderehen, Ehen noch nicht geschlechtsreifer Menschen, gibt es noch heute in Südamerika, Australien und Afrika. In Indien versucht die Regierung, das System der K. aufzuheben; in China ist das bereits gelungen. Die K. hat meist gesellschaftliche und ökonomische, selten sexuelle Gründe. Man versucht, Familien aneinander zu binden oder Besitz zu erwerben, indem man eheliche Verträge schließt, ehe diese von den Ehepartnern sexuell volzogen werden können.

Kinderlosigkeit kann so viele gänzlich unzusammenhängende Ursachen haben, daß es unverantwortlich wäre, in einem Sexuallexikon den Eindruck zu erwecken, als könne man sie beheben, ohne zum Arzt zu gehen. Was die amerikanische Frauenärztin Barbara Bross zu ihren Leserinnen sagt, sollte deshalb vor allem von Männern gelesen werden: »Was sollst du tun, wenn du ein Kind haben möchtest und nicht in der Lage zu sein scheinst, eins zu bekommen? Die Antwort ist: Geh zum nächsten Arzt *und nimm deinen Mann mit.* Die Ursache deines Kummers kann völlig harmlos sein. Ein Zuviel an Säure in der Vagina beispielsweise kann das männliche Sperma zerstören oder neutralisieren. Es kann ein rein physisches Hindernis in deinem Körper sein, das das Sperma daran hindert, zum Ei zu gelangen, zum Beispiel eine Verlagerung der Gebärmutter oder eine minimale Entzündung, die als Sperre wirkt. Es kann aber auch etwas Ernsteres sein, das sich nur durch eine größere Operation beheben läßt. Nur allzu oft ist es die Folge einer unfachmännisch ausgeführten → Abtreibung oder einer → Geschlechtskrankheit. Nun ring nicht gleich die Hände und sag nicht, das sei unmöglich. Es *ist* möglich. Ich hatte drei Patientinnen mit Syphilis und zwei mit Gonorrhöe, die genau genommen Jungfrauen waren. Dergleichen kommt vor. Du wirst mich nun fragen, weshalb du deinen Mann mitbringen sollst. Erstens, weil du diese Dinge nicht verbergen darfst. Und zweitens, weil der Mann genauso oft wie die Frau der verantwortliche Teil ist – entweder, weil in seinem Samen nicht genug Spermatozoen sind, weil die Spermatozoen wirkungslos sind, weil eine Striktur der Harnröhre vorliegt oder auch hier eine Geschlechtskrankheit. Und mit den daraus erwachsenden Problemen kann ein Ehepaar nur gemeinsam fertigwerden.« → Adoption, künstliche Befruchtung, Impotenz.

Kindermißhandlung → Dippoldismus, Erziehersadismus, Erziehungsmasochismus, Gouvernantenwahn, Governess, Kindestötung, Mißhandlung Abhängiger, Mißhandlung von Kindern und Jugendlichen, Pädonekrophilie, Pädosadismus, Tötungsdelikte.

Kinderprostitution, seit dem Altertum eine der beliebtesten Formen der Prostitution, weil es für den Pädophilen viel schwieriger als für den Helikophilen ist, einen Geschlechtspartner zu finden, und hier nur Inzest und Prostitution Auswege bieten. Im Zeitalter der Sklaverei gab es eine weitere Alternative, den Ankauf von Kindern zum Zweck des Geschlechtsverkehrs, und dies führte zu einer Herabsetzung des Alters von Prostituierten, die meist Sklavinnen waren. So übte die berühmte Neaira, wie Demosthenes berichtet, schon als Kind das Prostitutionsgewerbe aus, und in dem *Schiedsspruch* des Menander sagt die junge Hetäre und Psaltria Habrotonon, daß sie das Jahr vorher noch nicht gewußt habe, was überhaupt ein Mann sei. Aus einem Epigramm Martials (VI, 66) ersehen wir, daß offenbar auch ein Handel mit »jungfräulichen« Mädchen betrieben wurde, deren Preis höher war als der bereits deflorierter. Auch im Mittelalter finden wir minderjährige Mädchen in Freudenhäusern trotz wiederholter Verbote (so z.B. einer Straßburger Verordnung vom Jahre (1493). Im 18. Jahrhundert gab es in England eine ausgedehnte Kinderprostitution. Sie war eine Folge der herrschenden → Deflorationsmanie. Sogar Kinderbordelle bestanden damals, wie Dühren berichtet. So wird ein solches Bordell in der Crispin Street, Spital Fields, erwähnt, das im Jahre 1810 ausgehoben wurde und ausschließlich dazu bestimmt war, kleine Mädchen unter 14 Jahren aufzunehmen und zu prostituieren. Noch um 1830 gab es in London solche Kinderbordelle. Sehr berüchtigt war das des David Romaine in Mile End, in dem man bei der polizeilichen Schließung drei Mädchen von 15 Jahren fand, von deren Prostitution das Besitzerpaar lebte. In diesem Etablissement war jede Möglichkeit geboten, Kinder beider Geschlechter zu verführen. Oft versammelten sich dort am Sonnabend abends 10 bis 14 Knaben im Alter von 10 bis 15 Jahren zur → Adspektprostitution mit den Mädchen. Gewöhnlich wurde eines der drei kleinen Mädchen am Abend auf die Straße geschickt, um die Knaben ins Haus zu locken, die, wenn ihre Zahl groß und eine gemeinschaftlich aufgebrachte Geldsumme beträchtlich genug war, zum Schauplatz der Vorführung zugelassen wurden, welche hauptsächlich die beiden anderen Mädchen mit ihnen begingen. Heute ist die K. verbreiteter als je, da die Kinder von sehr frühem Alter an versuchen, die Erwachsenen zu verführen, um zu Geld zu kommen. Es ist leider ein Fehlschluß, die K. – genau wie die Kinderpornographie – nur auf die Geldgier der Eltern und Erziehungsberechtigter solcher Kinder zurückzuführen, denn in einer Gesellschaftsordnung wie der unserigen, die Geld zum Maß aller Dinge macht, sind die Kinder bereits korrumpiert und benötigen keine elterliche Überredung, um in die K. oder die Kinderpornographie zu gehen. Im Gegenteil, es sind erfahrungsgemäß öfter die Kinder, die ihre Eltern und Erziehungsberechtigten überreden, als umgekehrt. → Bal Graffart, Blutschande, Enfants du Prado, Jungfernschaftsprokurist, Kaunitzprozeß, Kinderballett, Knabenbordell, Knabenharem, Pädophilie.

Kindersexualität. Kein Gebiet der Sexualwissenschaft ist umstrittener als das Studium der K. Jede Form der Untersuchung dieses Themas wird von den Eltern, den anderen Erwachsenen und den Organen des Staates verhindert, da bei den meisten Laien die Vorstellung herrscht, daß die Sexualität erst mit der Fortpflanzungsfähigkeit und diese erst in der Pubertät beginne. Deshalb auch die irrige Vorstellung, daß die Fragen des Sexualwissenschaftlers, wenn sie vor der Pubertät gestellt werden, bis dahin noch nicht vorhandene Sexualaffekte in der kindlichen Seele auslösen könnten. Da bei den meisten Erwachsenen in der westlichen Welt die Illusion herrscht, daß Sexualität etwas Negatives sei, wird auch der sexuelle Affekt im Kindesalter nicht etwa als normales Produkt der menschlichen Entwicklung, sondern als eine von außen her einwirkende Störung dieser Entwicklung gedeutet.

All das ist nachweislich falsch, aber die zwiespältige Haltung des westlichen Erwachsenen zur Sexualität verhindert die Beweisführung und belegt sie mit Strafen. Deshalb lassen sich heute nur relativ wenige Aussagen über K. mit wirklicher Sicherheit machen. Mindestens sechs Punkte sind aber gesichert:

1. Jeder gesunde Mensch durchläuft in seiner frühen Kindheit eine Periode aktiver sexueller Tätigkeit. Er masturbiert oft schon im Säuglingsalter. Das Phänomen der Säuglingsmasturbation ist jedem Kinderarzt und auch vielen Müttern bekannt. Die Mütter weigern sich jedoch meist, die Manipulationen der Kinder als das zu erkennen, was sie ohne jeden Zweifel sind: Versuche, einen Orgasmus zu erzielen.

2. Orgasmusähnliche Zustände sind bei vier bis fünf Monate alten Säuglingen beider Geschlechter vielfach belegt: »... der Vorgang umfaßt eine Reihe von allmählichen physiologischen Veränderungen, die Entwicklung rhythmischer Körperbewegungen mit deutlichem Puls im Penis und Beckenstößen, einer offensichtlichen Veränderung der Leistungen der Sinnesorgane, finale Muskelspannung, besonders in Unterleib, Hüften und Rücken, eine plötzliche Entspannung mit Konvulsionen einschließlich rhythmischer Analkontraktionen und schließlich ein Verschwinden all dieser Reaktionen« (Kinsey und Mitarbeiter 1948, S. 177). »Das jüngste Kind, ein noch nicht anderthalbjähriges Mädchen, hatte bereits mit dem 7. Lebensmonat Praktiken entwickelt, durch die es mehrmals am Tage einen auch von den Eltern als Orgas-

mus angesprochenen Zustand herbeiführte, mit Kongestion, vertiefter Atmung und leichter Benommenheit« (Erika Geissler, *Das sexuell mißbrauchte Kind,* Göttingen 1959, S. 24).

3. Aktiver Geschlechtsverkehr in der Form von Papa-und-Mama-Spielen oder Doktor-Spielen mit gegenseitigem Abfühlen des Körpers und der Genitalien, dem Aneinanderreiben der Genitalien und dem gegenseitigen Entblößen und Vorzeigen der Genitalien stellen nicht Ausnahmen, sondern die bewiesene Norm des kindlichen Sexualverhaltens in den Großstädten der westlichen Welt dar.

4. Trotzdem leugnen nicht nur puritanisch eingestellte Bürger mit an Wut grenzender Entrüstung immer wieder ab, jemals an solchen Sexualtätigkeiten teilgenommen zu haben. Selbst aufgeklärte Männer und Frauen, ja sogar die Sexualforscher selber können sich kaum je daran erinnern, solche sexuellen Praktiken ausgeübt zu haben.

5. Es gibt aber eine Reihe belegter Fälle, in denen Väter, Mütter und Erzieher Kinder bei solchen Tätigkeiten ertappt und Tagebuchnotizen hierüber verfaßt haben. Wurden die betroffenen Kinder dann als Erwachsene mit diesen Tagebuch-Eintragungen konfrontiert, bezeichneten sie sie stets als Verleumdung. Ganz eindeutig war die Erinnerung an diese Tätigkeiten erloschen.

6. Befragungen unter Hypnose haben jedoch bei den gleichen Versuchspersonen genaueste Bestätigungen der beobachteten Sexualhandlungen ergeben. Die Erinnerung wurde also aus dem Bewußtsein verdrängt. Der Beweis, daß diese Verdrängung während der Pubertät erfolgte, wurde dadurch erbracht, daß bei Befragungen von Jugendlichen die Anzahl der zugegebenen Sexualakte im umgekehrten Verhältnis zum Alter des Befragten steht: je früher das Kind befragt wird, um so deutlicher erinnert es sich an seine präpuberalen Handlungen. Je weiter die Pubertät fortschreitet, oft sogar schon vor Ende der puberalen Phase, sind die Erinnerungen »wie weggewischt«. Die Pubertät errichtet also in der bürgerlichen Welt des Westens nicht nur eine Schranke zwischen der Kindheit und dem Erwachsenenalter, sondern auch eine entsprechende Schranke zwischen den Erinnerungen an die Sexualhandlungen der Kindheit und denen an die Sexualhandlungen der Pubertät selber.

Aus diesem Phänomen erklärt sich der extreme Widerstand, den man anfänglich der Freudschen Entdeckung des Sexuallebens der Kinder entgegengebracht hat; ein Widerstand, der auch heute noch in der bürgerlichen Welt bei der Mehrheit aller Laien andauert. Der Erwachsene, der in aller Ehrlichkeit sagen kann, »als *ich* ein Kind war, habe *ich* solche Schweinereien *nie* gemacht!« muß den Analytiker unweigerlich als persönlichen Feind, als Verleumder und Aggressor betrachten. Denn die These, daß *jeder* Mensch ein präpuberales Sexualleben geführt hat, straft den, der sich nicht an sein eigenes erinnern kann, Lügen, und dagegen wehrt sich der Betroffene mit aller Kraft. Die Kräfte, die er dabei mobilisiert, sind weitgehend identisch mit denen, die ursprünglich zur Verdrängung der Erinnerung gedient haben.

Genau betrachtet ist der Vorgang noch komplizierter. Es ist ja ein unabdingbarer Teil der bürgerlichen Moral, daß der Erwachsene nicht nur dem Nachbarn, sondern auch sich selber vormacht, er müsse dieses dunkle Kapitel seines Lebens verbergen, damit er seine Kindheit so betrachten könne, wie der Nachbar die seine betrachtet: als »unschuldig«, als frei von Sexualregungen. Beweist der Analytiker ihm nun, daß alle anderen ein ebenso »dunkles« Kapitel hinter sich haben, so fühlt er sich düpiert, denn dann hätte er jene enormen psychischen Anstrengungen, die erforderlich waren, um die Erinnerungen zu verdrängen, ja völlig umsonst aufgebracht. Und da er seine Selbstachtung nicht verlieren will, wehrt er sich gegen die Erkenntnisse der Psychoanalyse und verwandelt seinen Ärger in Aggression gegen den Analytiker und seine Lehren. Dabei stehen die Aggressionskräfte in direktem Verhältnis zu den Verdrängungskräften: je härter der Kampf mit sich selbst war, um so fanatischer die Aggression gegen den Analytiker, der diesen Kampf bewußt zu machen droht.

Spielte sich der Kampf nur zwischen Laien und Analytikern ab, so wäre er allerdings von geringer Bedeutung. Er findet aber auch zwischen Eltern und Kindern statt, und darin liegt sein Schwerpunkt. Was soll ein Kind von seinen Eltern halten, wenn diese ihm mit allen Anzeichen der ehrlichen Entrüstung berichten, *sie* hätten solche Schweinereien als Kinder nie getan? Die Reaktion ist stets und unweigerlich eine der folgenden drei, und oft sind es alle drei gleichzeitig:

1. Die Eltern sind geistig zurückgeblieben.
2. Die Eltern waren als Kinder nicht ganz normal.
3. Die Eltern lügen.

In allen drei Fällen sinkt der Respekt vor den Eltern. Das Vertrauen zu ihnen leidet. Die Umwelt des Kindes wird schwieriger und weniger verläßlich. Das Kind wächst langsamer auf, als es sollte. Es beginnt gegenüber der ganzen Welt der Erwachsenen jenes Mißtrauen zu entwickeln, das von allen Entwicklungsstörungen die gravierendste ist. Denn das

Kind will ein Vorbild haben, an dem es sich messen und bilden kann. Es mißt alles am Maßstab und Vorbild der Bezugsperson. Da das in der bürgerlichen Welt meist die Eltern sind, erwartet das Kind zwar nicht Perfektion, aber doch Ehrlichkeit von den Eltern. Es erwartet, daß sie sich selbst an das halten, was sie dem Kinde predigen. Oder umgekehrt: daß sie dem Kinde niemals Lektionen erteilen, die sie nicht selbst praktizieren. Geben die Eltern dem Kind ein praktikables Vorbild, so erübrigt sich also ein guter Teil der »moralischen« Erziehung. Das Kind übernimmt stillschweigend die Qualitäten der Eltern. Versuchen die Eltern aber, dem Kind etwas einzubleuen, was sie nicht selbst praktizieren, wird das Kind widerborstig und tut systematisch das Gegenteil. Eine solche Diskrepanz zwischen Rede und Tat kann das Leben des Kindes unwiederbringlich zerstören. Eine ähnliche Zerstörung droht aber auch, wenn das Kind den Eltern keinen Glauben mehr schenken kann: wenn es zu der Erkenntnis kommt, daß die Eltern lügen. Und wenn die Eltern abstreiten, daß sie sich in ihrer Kindheit genauso benommen haben, wie das Kind es heute tut, bricht ihre Glaubhaftigkeit zusammen.

Daß diese Meinung die Ansicht einer winzigen Minderheit unter Kinderpsychologen, Sexualwissenschaftlern und anderen Fachleuten ist, soll nicht verschwiegen werden. Aber gerade die Tatsache, daß die Anzahl der Ärzte, die diesem Phänomen ins Auge zu sehen wagen, so klein ist, weist auf das Versagen der Medizin gegenüber dem Phänomen der präpuberalen Sexualität hin, besonders wenn wir ihr Desinteresse, ihre Vogel-Strauß-Politik in dieser Sache mit ihrer Leistungsbeflissenheit in anderen Fragen der Jugendmedizin, beispielsweise der Kinderpsychologie, vergleichen.

Kinderverse. Ein großer Teil der Freudschen Beobachtungen über die Sexualität des Kindes spiegelt sich im Kindervers wider und bestätigt dadurch weitgehend Freuds Thesen. Allerdings kann man als Volksliedforscher nichts über die polymorphe Phase und nur wenig über die orale sagen, weil das Kind in diesem Stadium noch nicht spricht oder bestenfalls gegen Ende der Oralstufe Einzelheiten aus den Wiegenliedern, Fingerspielen, Kribbelmärchen, Zahnsegen, Heilsprüchen, Kniereitern der Erwachsenen nachplappert. Man findet aber im Kindervers noch Jahre nach der Entwöhnung ganz eindeutige Nachwirkungen der ersten und zweiten Oralstufe, die sich mit Hunderten von Beispielen belegen lassen. So wird unter dem Einfluß der ersten Oralstufe die ganze Umwelt des Kindes als Nahrung gesehen, in der zweiten als etwas

Zerbeißbares. Auf der ersten Analstufe werden Menschen, Tiere, Dinge zu modellierbaren Fäkalien, ebenfalls mit Hunderten von Versen belegbar. Auf der zweiten Analstufe werden Menschen, Tiere, Objekte zu Analsymbolen – Anus, Hinterbacken, Fäzes, Darmwind, Schmutz, Ungeziefer –, die als Metaphern oder in direkter Assoziation mit anderen Worten auftauchen. Solche Verse enthalten auch bereits sadistische Töne und werden oft in unmißverständlich aggressivem Ton vorgetragen.

Diese Phase endet im heutigen westdeutschen Kindervers um das fünfte Lebensjahr und wird von einer Ödipalphase gefolgt, in der das Kind starke libidinöse Bindungen zum andersgeschlechtlichen Elternteil und intensive Haß- und Eifersuchtsgedanken gegen den gleichgeschlechtlichen Elternteil auszudrücken beginnt. Die ganze Umwelt, auch das Klima, die Jahreszeiten, die Menschen außerhalb der Familie, werden von dieser Polarisierung erfaßt und in sie hineingepreßt. Intensive Kastrationsängste und – für den Nichtanalytiker kaum glaubhaft – panische Impotenzfurcht treten im Knabenvers auf, ehe er nach dem Urteil der meisten Erwachsenen, überhaupt wissen kann, was Potenz bedeutet. Diese Phase endet im Kindervers der bürgerlichen Welt zwischen dem sechsten und achten Lebensjahr.

Es folgt eine rund vier- bis fünfjährige Latenzperiode, die bei den meisten bürgerlichen Kindern vom achten bis zum zwölften Lebensjahr andauert. Bei der Mehrzahl sind die Verse dieser Periode fast völlig frei von oralen, analen oder ödipalen Sprachbildern. Bei einer beachtlich großen Anzahl sind aber bereits in dieser Phase Regressionen auf orale, anale oder ödipale Fixierungen festzustellen. Die Neurose setzt also bereits im Kindesalter ein.

Mit spätestens dreizehn Jahren beginnt in den deutschsprachigen Großstädten die Pubertät. Nun wird die Umwelt genitalisiert, und zwar beim Knaben anfangs in aggressiv-phallischen Sprachbildern, später in freieren Genitalsymbolen. Im Gegensatz zu den Feststellungen Freuds durchläuft das Mädchen – zumindest in den Versen, die man heute entdecken kann – keine phallische Phase, sondern wendet sich sofort einer kunnischen Genitalität zu. Gleichzeitig sprechen die heutigen Knabenverse des 6. und 7. Lebensjahres bereits mit Eindeutigkeit von den Geschlechtsteilen des Mädchens, während die Mädchenlieder dieser Altersstufe keine Spur von Penisneid aufweisen. Kastrationsängste sind häufig, aber sie treten beim Knaben so gut wie nie im Zusammenhang mit der schockhaften Entdeckung der weiblichen Penislosigkeit und beim Mädchen äußerst selten im Zusammenhang mit der Entdeckung des männlichen Glieds auf. Was Freud als »das größte Trauma« der Entwicklung bezeichnet hat, die Entdeckung des Knaben, daß das Mädchen keinen Penis besitzt, und die Entdeckung des Mädchens, daß der Knabe einen hat, wirkt sich im heutigen Kindervers so gut wie überhaupt nicht aus.

Im Gegensatz zum Penisneid des Mädchens findet man heute einen ausgesprochenen Busenneid des Knaben im Kindervers. Auch fällt in den Großstädten der BRD, der Schweiz, Elsaß-Lothringens und des Saarlandes immer wieder auf, daß die Zahl der Mädchen, die zur Mitarbeit bereit sind, jedes Jahr wächst, und daß der Anteil der Mädchenverse am Gesamtgut der Kinderverse jedes Jahr steigt. Trotz des Verfalls der bürgerlichen Ordnung nimmt die Selbständigkeit, Sicherheit und Zielstrebigkeit des bürgerlichen Mädchens unbestreitbar zu. Gerda Grober-Glück hat bereits vor zehn Jahren in ihrer Arbeit *Kinderreime und -lieder in Bonn 1967,* darauf hingewiesen, daß Mädchen sich bei der Aufnahme solcher Lieder, Reime und Verse stets als »kenntnisreicher und mitteilungsfreudiger« zeigen und daß man sie deshalb »als die Hauptträger dieses Gutes« betrachten müsse *(Jahrbuch für Volksliedforschung* Jhrg. 17, hrsg. v. R. W. Brednich, Berlin 1971, S. 91). Es mag durchaus sein, daß dies ein altes Kennzeichen des bürgerlichen Kinderverses ist. Aber während des letzten Jahrzehnts sind gesellschaftliche Einflüsse hinzugekommen, die das Phänomen sowohl verstärkt als auch ein wenig verschoben haben.

Kindheit im alten Hellas. Während das vorgriechische Mutterrecht der Balkanhalbinsel die Frau als das einzig wichtige Wesen bei der Fortpflanzung des Menschen betrachtete und dem Manne anfangs überhaupt keinen Anteil hieran, später nur den des Anstoßgebers zubilligte, stellte das griechische Vaterrecht diesen Glauben auf den Kopf, indem es die Zeugung als das einzig Wichtige, das Austragen und Gebären dagegen nur als Sache der Geduld darstellte. Die Frau war der Behälter, in dem das Sperma aufbewahrt wurde, bis es sich zum geburtsreifen Kinde entwickelt hatte. Selbst Aristoteles gab vor, allen Ernstes zu glauben, das einzige, was die Frau dem Geburtsprozeß beizusteuern habe, sei Menstrualblut. Das griechische Wort für »sich fortpflanzen«, »sich vermehren« war deshalb *paidosporein,* »Kinder säen«, denn der Mann tat die eigentliche Arbeit des Säens; die Frau war nur der Boden, in welchem die Saat heranwuchs.

Trotzdem gab man zu, daß gewisse Koitalpositionen der Empfängnis zuträglicher seien als andere. Nach Lukrez IV, 1256 ff., der hier einen griechischen Text wiedergibt, glaubten die Griechen:

…es könne
Besser empfangen die Frau, wenn der Mann sie begattet in der Art
Wie die vierfüßigen Tiere, bei hängender Brust und gehobnen
Schenkeln, so fände der Same sich leicht zu verborgenem Orte.

Ebenso glaubte man, man könne Knaben zeugen, wenn der Saft des gemeinen Flohkrauts *polygonum persicaria,* das die Griechen *krataiogonos* nannten, vierzig Tage lang vor der Zeugung von den Eltern dreimal am Tage eingenommen wurde. Man beachte: Nicht von dem Manne allein, sondern von *beiden* Eltern mußte das Kraut genommen werden, damit es wirke. Man wußte also sehr wohl, worum es ging; man gab nur vor, es nicht zu wissen. Sehr deutlich wird dies in dem umgekehrten Falle, wo man »böswillige Frauen« verdächtigte, vierzig Tage lang insgeheim den Saft des Phyllon, von den Griechen *thelygonon* genannt, einzunehmen und ihn dem Gatten heimlich ins Essen einzumischen, damit das kommende Kind *kein* Knabe, sondern ein Mädchen werde. Wem das allerdings nützen sollte, ist fraglich, denn der Grieche konnte seine Frau fortschicken, wenn sie ihm nur Töchter gebar. In einem solchen Falle hatte er auch das Recht, mit einer Konkubine Söhne zu zeugen. Dies tat Menelaos, weil Helena ihm nur Töchter geboren hatte. Homer erwähnt es, als ob das damals üblich gewesen sei.

All das traf aber nur auf die Reichen zu; bei den Armen war es nahezu umgekehrt, denn sie konnten sich oft überhaupt keine Kinder leisten. Vor allem bei den verarmten Kleinbauern im Sog der schnell wachsenden *poleis* galten vom 7. Jahrhundert an Töchter und zweite Söhne als Katastrophen. Ein erster Sohn, der den Hof übernehmen und den Vater im Alter ernähren sollte, war alles, was man sich leisten konnte. Man praktizierte deshalb, so gut man es konnte, Empfängnisverhütung durch *coitus interruptus,* einer der Hauptgründe der permanenten Frustration der Armen im griechischen Altertum. Und wenn die Sache danebenging, was nur allzu oft geschah, versuchte man sich mit einem von drei Notmitteln zu helfen: Abtreibung, Kindesaussetzung, oder Verkauf der Kinder in die Sklaverei. Friedrich Engels schrieb im Jahre 1884: »Verkauf der Kinder durch den Vater – das war die erste Frucht des Vaterrechts und der Monogamie!« (*Ursprung der Familie…,* Berlin 1953, S. 111).

Unterbrach die Frau die Schwangerschaft ohne Einwilligung des Vaters, so setzte sie sich der Gefahr aus, wegen Kindestötung bestraft zu werden. Der Mann aber konnte die Abteibung erzwingen – in jenen Jahren häufig mit dem Resultat, daß die Frau dabei starb. So blieb der Frau oft kein anderer Ausweg als die heimliche Aussetzung des Kindes. War man auf dem Lande, so setzte man das Kind in einem großen Tonkrug aus, hoffend, daß kinderlose und nicht allzu arme Leute das Kind noch vor dem Verhungern retten und aufziehen würden. Deshalb gab man ihm auch eine Halskette, einen Ring oder ein Amulett mit, an denen es dann später erkannt werden konnte.

Befand man sich in der Stadt, so gab es zwei Alternativen: Man konnte das Kind, wie in Athen, am Altar des Mitleids niederlegen, denn dort suchten kinderlose Ehefrauen und Mütter, die bisher nur Töchter geboren hatten, oft nach einem Neugeborenen, den sie als eigenen Sohn ausgeben konnten; oder man verkaufte das Kind direkt an eine solche Frau. Aristophanes sieht in beiden Situationen nur die Lügenhaftigkeit der Frau, die das Kind ihrem Manne unterschiebt. Ihm entgehen sowohl die Gründe, die sie dazu treiben, wie das grausame Schicksal der anderen Frau, die ihr eigenes Kind hierzu hergeben muß. In den *Thesmophoriazusen* läßt er den mit allen Tricks vertrauten Mnesilochos berichten, er wisse von einer Frau,

… die neun ganze Tage lang
In schweren Wehen lag, bis man ein Knäblein ihr gekauft.
Während der blöde Gatte noch nach Borax läuft und Mutterkorn,
Bringt eine Kupplerin heimlich im Topf das fremde Kind
Mit Wachs im Mund, damit's nicht schreien kann.
Kaum hat das Weib den Topf gebracht, schreit die Frau schon:
»Lieber Mann, geht jetzt, schnell! Gleich kommt das Kind, mich quält's im Bauch!«
Im Bauch des Topfes quält es sich, das Kleine. Er aber,
Genasführter Mann, lief glücklich weg. Da nahm das Weib
Dem Kindlein aus dem Mund das Wachs, nun schreit's!
Da rennt die Kupplerin dem Manne nach und ruft:
»Zurück komm jetzt, 's ist schon da, ein wahrer Löwe,
Glied für Glied dein Sohn, selbst das Schwänzlein gleicht
Dem deinen schon! Ein wahrer Eichelpeserich!«

Nicht immer ging die Sache so gut aus. Oft wurde die Frau beim verzweifelten Versuch der Unterschiebung ertappt und verstoßen. Aber nicht nur Armut, sondern auch ein anderes, noch tragischeres Schicksal zwang die Mutter oft dazu, ihr Kind auszusetzen oder vom Vater töten zu lassen – wenn es verkrüppelt geboren wurde. In Sparta erfolgte die

Aussetzung in diesem Falle durch Staatsgesetz, in Athen überließ man dem Vater die Entscheidung. Das Resultat war, daß zwar manche verkrüppelten Söhne, aber keine solchen Töchter mit dem Leben davonkamen, denn kein Mann hätte eine verkrüppelte Frau geheiratet. Aristoteles meint deshalb, wenn das Gesetz gegen die Aussetzung von Kindern sei, müsse es auch die Zahl der erlaubten oder erforderlichen Kinder festlegen. Bei zusätzlichen Schwangerschaften sei staatlich abzutreiben, »noch ehe die Frucht Leben und Empfindung erhalte« (*Pol.* VII, 14, 10).

Man glaubte, die Geburt in knieender Stellung sei am gesündesten. Deshalb stellte man die geburtshelfenden Gottheiten Hera, Hekate, Eileithyia und Kurotrophos oft in dieser Stellung dar, zum Beispiel die Eileithyia von Tegea. Der interessanteste Fall dieser Art ist Kurotrophos, eine bisexuelle Gottheit, deren Name eigentlich bedeutet: »knabenernährend«. Dies war eine jener doppelgeschlechtlichen Fruchtbarkeitsgottheiten der mutterrechtlichen Zeit, deren Namen die Griechen borgten, um ihn anderen Gottheiten anzuhängen. So sprach man zum Beispiel von einer Artemis Kurotrophos, einer Gaia Kurotrophos, einer Demeter Kurotrophos oder eine Hekate Kurotrophos, aber auch von einem Dionysos Kurotrophos und einem Asklepios Kurotrophos. Diese Gottheiten sollten Mutter und Kind vor den kinderraubenden Dämonen Gello, Lamia und Strinx schützen. Um das Haus vor diesen und anderen bösen Einflüssen zu bewahren, wurde es während der Schwangerschaft mit Pech bestrichen.

Da die Vaterrechtler teils bewußt, teils aus Angst vor der Rache der Muttergöttinnen, die Legende von der Unreinheit der Frau verbreitet hatten, galt die Schwangere nicht nur als gefährdet, sondern auch als gefährlich. Einer der grausamsten Aspekte dieser Angst vor der Frau war der Keil, den der Mann zwischen Mutter und Kind trieb, indem er verkündete, das Kind müsse sofort nach der Geburt von der Beflekkung durch die Mutter befreit werden. Dies wurde durch Waschungen der Mutter und des Kindes erreicht, und auch dadurch, daß man die Mutter zwang, Kohle zu essen. Um das Kind zu beschützen, wurde es gleich nach der Geburt in enge Wickeltücher verpackt, die ihm keinerlei Bewegungsfreiheit ließen. Der lebenslange Einfluß solcher Wickelpackungen ist von verschiedenen Psychologen und Psychoanalytikern behandelt worden, allerdings mit so unterschiedlichen Auslegungen, daß wir hier nur auf den möglichen Einfluß dieser Sitte hinweisen wollen, ohne ihn weiter zu deuten.

Nicht jedem Kind war das Leben garantiert, nachdem es einmal heil aus dem Mutterleibe hervorgegangen war. Es konnte, wie wir gesehen haben, getötet, ausgesetzt, verkauft oder versklavt werden. Die Entscheidung über all diese Dinge stand allein dem Vater zu. Er konnte das Kind aber auch als sein eigenes anerkennen und ihm dadurch eine legitime Existenz geben, oder er konnte es ablehnen und damit zu einem Schattendasein außerhalb der Gesellschaft der Freien verdammen. Denn auch hier hatte das griechische Vaterrecht sich wohlweislich von dem mutterrechtlichen Brauch getrennt, daß der Ehekontrakt als solcher den Nachwuchs legitimiere. Statt dessen führten die Griechen den Brauch ein, dem Vater nach der Geburt fünf bis zehn Tage Bedenkzeit zu geben, um dann zu entscheiden, ob er es anerkennen wolle oder nicht. Weigerte er sich, so galt das Kind als unehelich. Erkannte er es an, so wurde es feierlich um den Herd des Hauses herumgetragen. Dies war die *amphidromia,* das »Umlauffest« (schol. Plat. Theait. 160 E). War es ein Knabe, wurde ein Ölzweig an die Haustür genagelt; war es ein Mädchen, eine Wollbinde.

Wie leicht es der Mann hatte, seine Vaterschaft abzuleugnen, geht aus der Antwort hervor, die der Philosoph Aristippos seiner Bettgenossin gab, als sie ihm mitteilte, sie sei schwanger: »Woher willst du das wissen? Weißt du, wenn du durch eine Dornenhecke kriechst, welcher Dorn dich gepiekt hat?« (Diog. Laertios II, 8, 81). Aber auch die Frau konnte mit der Unehelichkeit sehr leicht fertig werden, wenn sie zu einer der Familien des höheren Adels gehörte. Es war eine akzeptierte Redewendung in solchen Kreisen, daß ein unverheiratetes Mädchen, wenn es ein Kind bekam, zu sagen pflegte, ein Gott habe sie besucht. Deshalb ist in der griechischen Mythologie auch die Zahl jener Halbgötter, deren Mütter sterbliche Frauen waren, unvergleichlich größer als die, deren Väter sterblich waren. Denn der Mann konnte beim besten Willen nicht vorgeben, daß das außereheliche Kind von einer Göttin stamme; die Frau dagegen konnte keinen besseren Euphemismus finden als den des »göttlichen Sämanns«. Als Orithyia, Tochter des Königs Erechteus von Athen, im Laufe der Jahre mit zwei Söhnen und zwei Töchtern niederkam, verkündete der König, der Nordwind sei der Schwängerer. Und da man den Wind Boreas nannte, hießen die Söhne Boreaden und erhielten von Zeus Flügel, um es ihrem Vater gleichzutun.

Stammte der Euphemismus des göttlichen Vaters noch ganz aus matrilokaler, matrilinearer Zeit, so entsprang der Brauch der Adoption völlig dem Vaterrecht, denn er wurde getragen von der Annahme »geistiger« Zeugung, von der Fiktion mutterloser Geburt, von der Substitution des Buchstabens des Rechts für den physischen Vorgang der Schwangerschaft. In keiner mutterrechtlichen Gesellschaft gibt es eine Adoption; erst die vaterrechtlichen Griechen führten dieses Konzept in das europäische Rechtsdenken ein. Hierfür gab es zwei Gründe: Erstens, einem kinderlosen Mann oder einem Vater von Töchtern einen männlichen Erben zu verschaffen; zweitens, den geliebten Knaben eines Päderasten finanziell an den Liebhaber zu binden und ihm eine sichere Zukunft zukommen zu lassen. Das adoptierte »Kind« war also in der Praxis des griechischen Patriarchats kaum je ein Kind, sondern fast stets ein Knabe oder gar ein reifer Mann. Wuchs ein Kind im Hause eines verheirateten Mannes auf, so war es zwar nicht notwendigerweise sein eigenes Kind – es konnte unterschoben oder von einem anderen Mann gezeugt sein –, aber adoptiert war es mit großer Wahrscheinlichkeit nicht.

Die ersten Lebensjahre verbrachte das Kind zumeist im Elternhaus, wo die Mutter ausschließlich für seine Erziehung verantwortlich war. Da sie aber selber nichts gelernt hatte, oft nicht einmal lesen oder schreiben konnte, war das Wissen des Kindes bis zum 12. Lebensjahr, wenn der Vater meist die Erziehung des Sohnes übernahm, äußerst gering. Selbst dann lernte der Sohn nur wenig hinzu, denn es gehörte zu den Schattenseiten der Demokratie, daß der athenische Staatsbürger zwar einen außerordentlich großen Teil seiner Zeit den Staatsgeschäften freiwillig und unbezahlt zur Verfügung stellte, daß diese Tätigkeit ihm aber auch so gut wie keine Zeit für seine Frau und Kinder übrigließ. So hielt man sich dann meist, wenn man sich dies leisten konnte, einen Sklaven zur Erziehung der Söhne. Da aber auch der Sklave meist ungebildet war, fanden die Päderasten ein weit offenes Feld, als sie zum ersten Male, wahrscheinlich im 7. Jahrhundert vor unserer Zeit, die These aufstellten, daß es die Pflicht des Mannes sei, den Knaben durch »Liebe« zu erziehen. Der Dichter Theognis aus Megara, der im sechsten Jahrhundert v. u. Z. lebte, sagte zu dem Knaben Kyrnos: »Es ist zu deinem Besten, Kyrnos, daß ich die folgenden Regeln für dich niederlege, genauso wie ich sie in meiner Jugend von bedeutenden Männern empfangen habe« (V, 27, 28). Hieraus müssen wir schließen, daß diese Form der Ausbildung mindestens noch eine weitere Generation und möglicherweise mehrere Generationen zurückreicht. Eine gemeinsame Erziehung von Knaben und Mädchen gab es weder bei den Ionern noch den Aiolern.

Ganz anders war die Situation bei den Dorern, dem einzigen griechischen Stamm, der bis zu seinem Zerfall mutterrechtlich orientiert blieb. Dort genossen zwar die Frauen unvergleichlich viel höheres Ansehen als bei den Ionern, hatten größere soziale, politische und sexuelle Freiheit, litten aber genau wie die Athenerinnen darunter, daß ihnen so gut wie keine Erziehung gewährt wurde. Hier war der Mangel an Erziehung aber nicht das Resultat des Versuches, die Frau in Unwissenheit zu halten; er entsprang vielmehr dem niedrigeren Entwicklungsstadium der Produktionsmittel, das den Männern keine sehr viel bessere Ausbildung als den Frauen erlaubte. Was den Männern auf diesem ökonomischen Niveau an Erziehung zukam, war eher eine Kombination von Waffentraining und moralischer Unterweisung als eine Vermittlung von Wissen.

Das einzig Gute, was man über die spartanische Erziehung sagen kann, ist, daß sie den Mädchen (im betonten Gegensatz zu Athen) die bestmögliche Erziehung gab, die man sich mit den begrenzten Mitteln des bettelarmen Sparta leisten konnte. Mädchenschulen gab es zwischen dem 5. und 4. Jahrhundert außer in Sparta nur noch im aiolischen Lesbos, im mutterrechtlichen Kreta, und zum beginnenden Hellenismus in Teos, Pergamon und Thera. Allerdings diente die Erziehung der kleinen Frau, genau wie die des Knaben, in Sparta vor allem dem Staatsinteresse. Sie lief darauf hinaus, ihre Körperkräfte zu entwickeln, damit sie gesunde Kinder zur Welt bringen könne. Für sie gab es also separate Ausbildungslager, wo sie in Leibesübungen, Tanz, Musik und Gesang unterrichtet wurde. Der Unterricht im Lesen und Schreiben war genau wie bei den Knaben auf ein Minimum beschränkt.

Dieser Unterricht begann mit dem siebten Lebensjahr. Bis dahin wuchsen Knaben und Mädchen gemeinsam auf. Auch nach dem siebenten Lebensjahr wurden sie weiterhin von Zeit zu Zeit in sportlichen Wettbewerben einander gegenübergestellt, und es war durchaus nicht selten (und galt für den Knaben auch nicht als Schande), daß ein Mädchen gewann. Selbst Ringkämpfe zwischen Knaben und Mädchen gehörten zur Norm der spartanischen Erziehung. Nur in Sparta und auf der Insel Chios trainierten Frauen auf den Sportfeldern und nahmen an sportlichen Wettbewerben aller Altersstufen teil.

Kindheit im alten Rom. Vier Faktoren bestimmten das Leben des römischen Kindes:

1. Die *patria potestas*

2. Das Recht des Vaters, den Kindern seiner Frau die Anerkennung zu verweigern
3. Das Recht des Vaters, seine Kinder auszusetzen
4. Das Adoptionsrecht des Vaters.

Die *patria potestas* war eine Gewalt über Leben und Tod. Sie konnte nur durch den Tod des Vaters gebrochen werden und stellte damit den absoluten Machtanspruch des Vaterrechts dar.

Das *Recht auf Anerkennung* oder Ablehnung des Kindes war eine vaterrechtliche Maßnahme von äußerster Gewichtigkeit: ein Eingriff in die biologische Ordnung. Durch ihn abrogierte der Mann das Naturrecht. Von nun an war die Grundlage des Mutterrechts zerschlagen. Die Frau konnte sich nicht mehr damit brüsten, sie wisse stets, welches Kind das ihre sei, während der Mann das nie mit Sicherheit wissen könne. Denn von nun an verkündete der *Mann,* welches Kind das seine war: das, das *er* anerkannte. Die Natur war entmachtet, die Willkür zum Prinzip erhoben worden.

Das *Recht der Kindesaussetzung* bedeutete in der Praxis das Recht der Tochteraussetzung: Selbst die ärmsten der Armen setzten nur selten einen Sohn aus, denn der Sohn konnte die Familie schon von früher Kindheit an unterstützen. Die Tochter dagegen konnte bestenfalls im Haushalt helfen, bis sie heiratsfähig war; dann mußte sie ausgestattet werden, und die Aussteuer fraß oft die gesamten Familienersparnisse auf. War die Familie also zu arm, um noch weitere Kinder zu ernähren, mußten meist die Mädchen dran glauben, in einem einsamen oder ausdrücklich zu diesem Zweck bestimmten Ort ausgesetzt zu werden, in der Hoffnung, daß sich ein wohlhabender Mensch ihrer erbarme. Sonst verhungerten sie. Der Staat schritt nicht gegen diese Praxis ein. Manche Städte versuchten, solche Praktiken durch Ortsstatuten zu unterbinden; es fehlte auch nicht an privaten Stimmen, die sich gegen die Aussetzung erhoben, aber die kaiserlichen Dekrete begnügten sich damit, die Rechtsstellung solcher Findelkinder zu regeln.

Auch das *Adoptionsrecht* war ursprünglich als Kampfmaßnahme des Patriarchats gegen das Mutterrecht eingeführt worden. Es war die juristische Negation der Biologie. Es sollte besagen: »Ich, der Vater, benötige keine Frau, um Söhne zu zeugen!« Deshalb gab es auch kein Adoptionsrecht der Frau. Wollte sie Kinder haben, sollte sie auf den Mann angewiesen bleiben. Wollte aber der Mann Kinder haben, sollte ihm das jederzeit möglich gemacht werden, ohne sich in die Gewalt seiner Gattin zu begeben. Das verunsicherte natürlich den Status der Frau als

Gattin und Mutter, und so war es auch gemeint; denn im Gegensatz zu Hellas, wo die Frau zumindest durch ihre Fähigkeit, dem Gatten Nachwuchs zu gebären, eine unersetzliche Rolle in der Familie ausübte, konnte der römische Ehemann, wenn er ein eigenes Kind haben wollte, es außerehelich zeugen und dann adoptieren. Eine solche Praktik war dem naturrechtlichen Denken des Matriarchats völlig fremd, denn dort war das Kind nur mit der Mutter, nicht mit dem Vater verwandt, und wer nicht von Natur verwandt war, konnte auch nicht durch einen privaten Rechtsakt zum Verwandten gemacht werden. Jegliche Form der privaten Adoption war mutterrechtlich undenkbar. Nur die Sippe konnte einen Fremden aufnehmen, aber selbst das nur nach einem komplizierten Ritus von Tod und Wiedergeburt.

Das Adoptionsrecht des Mannes stellt also einen wichtigen Meilenstein auf dem Wege zur Unterjochung der Frau dar und kennzeichnet das römische im Vergleich zum griechischen Recht als ein späteres und ausgebildeteres Stadium des Vaterrechts. Es erlaubte dem Römer außerdem, seine Geliebte legal als Adoptivtochter in den Haushalt einzubringen, so daß die Kinder, die er mit ihr zeugte, von vornherein als seine legitimen Enkel zur Welt kamen.

Die Kinderlosigkeit der römischen Bürger war das Kernproblem der Kaiserzeit. Einer der vielen Gründe hierfür war der Wunsch, die Reichen zu beerben – ein Wunsch, der organisch aus einer parasitären Gesellschaftsschicht erwachsen mußte, weil der Gedanke, sich Eigentum durch Arbeit zu verschaffen, überhaupt nicht in diesen Schichten bestand. Man hatte entweder das Glück, reich geboren zu werden, oder man gelangte durch Schmeichelei an den Reichtum anderer. Eine dritte Möglichkeit gab es nicht. So führte die Kinderlosigkeit zur Erbschleicherei, und die Erbschleicherei zur Kinderlosigkeit. Nero Petron schreibt: »In dieser Stadt erkennt niemand Kinder an, denn wer Leibeserben hat, wird weder zu Gastmählern geladen, noch zu Lustbarkeiten zugelassen, sondern von allen Vorteilen ausgeschlossen, und führt unter den mit Schande Bedeckten ein unbekanntes Leben. Die aber nie geheiratet haben und keine nahen Verwandten besitzen, gelangen zu den höchsten Ehren und werden für die einzigen vortrefflichen Menschen und sogar für schuldlos gehalten.«

Daß Petrons Schilderung kein bloßes Phantasiegemälde war, zeigen die Klagen über Scheinadoptionen, durch welche Kinderlose die Vorrechte der Familienväter erschlichen. Seneca, der oft mit großer Erbitterung von der Erbschleicherei spricht, richtete an eine Mutter, die ihren einzigen Sohn verloren hatte, folgende Trostschrift: »Um einen sehr unwahrscheinlich klingenden, aber doch wahren Trost anzuwenden, so gibt in unserer Stadt Verwaisung mehr Einfluß, als sie entreißt, und Einsamkeit führt das Alter, das sie seiner Stützen zu berauben schien, vielmehr so sicher zur Macht, daß viele Feindschaft gegen ihre Söhne heucheln, ihre Kinder abschwören und sich eine künstliche Verwaisung schaffen.« Der ältere Plinius nennt Erbschleicherei den einträglichsten Erwerb; auch nach ihm stand die Kinderlosigkeit in Ehre und höchstem Ansehen: Die Kinderlosen wurden von den Reichen zu Gast geladen, die Vornehmen schmeichelten ihnen, die Redner erteilten ihnen ihren Beistand umsonst. Wenn ihnen aber ein Kind geboren wurde, waren sie plötzlich freund- und machtlos.

Die Vorteile, die den Kinderlosen zuflossen, wenn sie eine Erbschaft zu vergeben hatten, wogen also die Nachteile, die ihnen durch die Ehegesetzgebung des Augustus erwuchsen, bei weitem auf. Sie konnten von den Erbschaftsjägern beinahe alles fordern und erwarten, von kleinen Aufmerksamkeiten bis zu Dienstleistungen, die mit persönlicher Aufopferung verknüpft waren. Sie wurden mit Geschenken überhäuft, man schickte ihnen Leckerbissen aller Art. Wenn sie krank waren, wurden sie gepflegt. Sie brauchten nichts mehr selbst zu erledigen, man wusch und schneuzte sie sogar. Für ihre Gesundung wurden Gebete gesprochen und Opfer gebracht. Juvenal erwähnt, daß im Falle ihrer Genesung selbst Menschen geopfert wurden. Wenn sie in einen Rechtshandel verwickelt waren, drängte man sich dazu, sie zu verteidigen. Gewöhnlich gewannen sie dann. So wurde z. B. Pompeius Silvanus im Jahre 58 wegen Mißbrauchs der Amtsgewalt als Prokonsul von Afrika angeklagt. Seine Ankläger waren zahlreich, aber dank seines Reichtums und seiner Kinderlosigkeit wurde er freigesprochen. Ironischerweise überlebte er diejenigen, die ihm dazu verholfen hatten, und die Hoffnung hegten, ihn zu beereben.

Auch wenn die Kinderlosen Vorlesungen hielten oder Verse machten, hatten sie immer eine Schar von Bewunderern um sich. Der kinderlose Philosoph Annäus Cornutus soll sein volles Auditorium hauptsächlich der Hoffnung seiner Zuhörer, ihn einmal zu beerben, verdankt haben. Auch die Frauen schenkten den Anträgen der Kinderlosen gern Gehör. Das Geschäft der Erbschleicher war aber ein sehr ungewisses, da diejenigen, die sie zu beerben hofften, ihre Opferwilligkeit ausbeuteten und ihrerseits versuchten, sie zu überlisten. So stellten sie sich blaß und krank und hüstelten; Plinius erzählt uns von einem reichen Römer, der sich sogar zur Anlockung von Erbschaftsjägern durch ein Medikament eine künstlich bleiche Gesichtsfarbe verlieh. Mancher versetzte sich auch in die Vorteile der kinderlosen Reichen, ohne wirklich reich zu sein. Seine Güter in Afrika, die Schiffe, die von Karthago unterwegs waren, die ungeheuren Sklavenheere, mit denen er Bewunderer anlockte, waren gezielte Aufschneidereien.

Die Äußerungen der Schriftsteller aus den verschiedenen Perioden dieses Zeitraums sind im wesentlichen gleich. Die einzige Stelle in der ganzen Literatur dieser Ära, in der die Kinderlosigkeit beklagt wird, findet sich in einem Gratulationsgedicht des Statius an den Ritter Vibius Maximus zur Geburt eines Sohnes. Juvenal erwähnt, als er ein Dankopfer für einen aus Seenot geretteten Freund anordnet, daß dieser drei Kinder habe. Er sei also ein Mann, an den sonst nicht leicht jemand auch nur das Opfer eines kranken Huhnes oder einer Krähe verschwenden würde.

Augustus, dessen Familien- und Ehegesetze sich grundsätzlich von allen früheren und späteren Sexualgesetzen der römischen Geschichte unterschieden, bot den Frauen deshalb einen interessanten Kuhhandel an. Da die Frau bis zur augusteischen Zeit gesetzlich unter der Vormundschaft eines Mannes stehen mußte, schlug der Kaiser vor, sie von dieser Vormundschaft zu befreien, wenn sie mindestens drei (bei ehemaligen Sklavinnen: vier) Kinder in die Welt setzte. Hier war der Gesetzgeber also bereit, seine Funktion als Hüter des Patriarchats gegen die des militärischen Schirmherrn einzutauschen, um die Frau zum Gebären zu bewegen. Oder zumindest die Frauen der herrschenden Klassen, denn die ganze augusteische Gesetzgebung galt ja nur für die beiden Stände der Hauptstadt, nicht für den Mittelstand und die Masse des Volkes.

Daß eine so kinderfeindliche Gesellschaft, oder zumindest eine so kinderfeindliche Herrscherklasse, einen ganz bestimmten Typus von Nachwuchs fördert, braucht kaum betont zu werden. Die Kinder der Patrizier wurden nicht von ihren Müttern, sondern von Ammen genährt, nicht von ihren Vätern, sondern von Sklaven erzogen. Sie wurden im Sinne des Patriarchats rücksichtslos geschlagen, um ihnen die Unterwerfung unter die Macht (und die Ausübung der Macht, das heißt: die Unterwerfung anderer) von frühester Zeit an einzuprägen.

Juvenal sagt, es sei für den römischen Lehrer nicht leicht gewesen, »die Hände so vieler Knaben und ihre beim Erguß zitternden Augen« zu bewachen. Also muß Masturbation bei römischen Knaben nicht nur üblich, sondern sogar im Klassenzimmer häufig gewesen sein (VIII, 238–241). Den Knaben der herrschenden Klasse war der Verkehr mit Prostituierten nicht nur von sehr frühem Alter an erlaubt, sondern geradezu vorgeschrieben. Es ist bezeichnend, daß die Verfechter des Rechts des Knaben auf Geschlechtsverkehr mit Prostituierten besonders bei den Vaterrechtlern zu finden sind – bei Cato, Seneca, Cicero. Als ein »achtbarer« Jüngling einen Puff verließ, sagte Cato: »Recht so! Das heiße ich Tugend. Dorthin, ihr jungen Leute, sollt ihr gehen, sobald euch die Brunst erhitzt. Das ist besser, als ehrbare Frauen geil zu umschleichen.« (Horat. *Sermonum* I, 2, 31 bis 35).

Ähnlich Cicero in seiner Rede für Marcus Coelius XX: »Wenn jemand glaubt, daß den Knaben der Verkehr mit Dirnen verboten sei, so mag er strenge Grundsätze haben, aber er geht nicht konform mit den freien Sitten der Gegenwart, und übrigens auch nicht mit denen unserer Vorfahren. Denn wann sind solche Dinge nicht passiert? Wann war das verboten? Wann getadelt? Wann durfte man das Erlaubte nicht tun?«

Ähnlich auch Seneca (*Contr.* IX, 12): »Er hat nichts ausgefressen, er hat nur mit einer Nutte gevögelt. Das geschieht nun einmal. Er ist jung. Eines Tages wird er heiraten.«

In den *Brüdern* sagt Terenz (I, 2, 21f.):

> Nicht ist's Verbrechen, glaub mir, wenn ein junger Mann mal hurt . . .

Was sich wie liberal, human und aufgeklärt anhört, ist in Wahrheit aber eine Schutzmaßnahme des Vaterrechts: Ehefrau und Tochter, die beide als Besitz des Vaters, als sein Privateigentum aufgefaßt wurden, sollten unbeschädigt bleiben. Also diente die Hure als offizieller Blitzableiter. Da die jungen Mädchen aber schon vom 12. Lebensjahr an, die jungen Männer bereits mit 14 heiraten durften, dauerte die Abhängigkeit von Huren nicht allzu lange. Zumindest nicht für die jungen Männer. Mit wem sich die jungen Mädchen vor der Ehe vergnügten, fragte niemand, denn sie sollten ja, wie in allen vaterrechtlichen Gesellschaften, »jungfräulich« in die Ehe eingehen.

Kindheit und Autorität. Kein Säugetier kann sich ohne Vorbild entwikkeln. Je höher das Tier auf der Entwicklungsleiter steht, desto langsamer der Prozeß der Entwicklung, desto geringer der Einfluß des genetisch vorprogrammierten Anteils der Psychogenese und desto bedeutsamer die Funktion des Vorbilds. Beim Menschen ist sie unerläßlich. Dabei herrscht allerdings ein paradoxer Mechanismus, den wir nirgends in der Tierwelt, auch nicht unter den Primaten, zu finden vermögen und der offenbar eine der Mutationen darstellt, die uns von unseren tierischen Vorgängern unterscheidet: Je weniger das Vorbild auf seinem Autoritätsstatus besteht, um so erfolgreicher übt es seine Vorbildfunktion aus. Je mehr die Bezugspersonen dagegen darauf dringt, daß das Kind dieses oder jenes tun solle oder tun müsse, desto intensiver prägt sich der Widerstand des Kindes. Autorität klappt nur so lange, wie sie auf Druck verzichtet. Aber sie klappt auch nur so lange, wie sie glaubwürdig ist. Wenn das Kind merkt, daß der Vater vor seinem Chef kuscht oder daß die Mutter Geld wichtiger nimmt als Liebe und Verantwortung, können die Eltern nicht erwarten, daß das Kind sie respektiert. Alle »fortschrittlichen«, »liberalen«, »anti-autoritären« Erziehungsmethoden sind nutzlos, wenn die Eltern kein starkes, sicheres, ehrliches Vorbild liefern können. Das können sie aber von der Natur der Sache her nicht, wenn sie die bürgerliche Moral akzeptieren. Wer die Spielregeln der bürgerlichen Welt mit ihrem Kuschen nach oben und Treten nach unten, ihrer Überzeugung, daß »jeder sich selbst der Nächste« sei und daß vor allem »die Kohlen stimmen müssen« kritiklos übernimmt, kann nicht hoffen, daß er seinen Kindern jenes Vorbild gibt, das sie benötigen, wenn sie zu aufrechten Menschen werden sollen.

Der Verfassungsgrundsatz des bürgerlichen Liberalismus, daß die drei Aufgaben der Staatsgewalt von gegenseitig unabhängigen Organen – von Parlament, Regierung und Gerichten – durchgeführt werden sollen, wird zur Farce, wenn jedes individuelle Mitglied der gesetzgebenden, verwaltenden und rechtsprechenden Institutionen schon in seiner Kindheit unfähig gemacht worden ist, jemals zum Wohle anderer zu handeln. Genau das geschieht aber, wenn die wichtigste aller menschlichen Aufgaben, die Aufziehung des Nachwuchses, Eltern überlassen wird, die ihren Kindern kein Vorbild geben können, weil sie ihren Lebensunterhalt in einem System verdienen, das ihnen nur zwei Möglichkeiten bietet: entweder Anpassung und damit die seelische Zerstörung ihrer Kinder, oder Widerstand und damit Armut, Hohn, Verleumdung und Verfolgung.

Eine Gesellschaft, die den sozial Denkenden als »radikal« einstuft und aus dem Staatsdienst entfernt, den asozialen Karrieremacher aber als loyal betrachtet und mit Geld und Ehren belohnt, kann sich kaum wundern, wenn ihre Kinder sich mit Ekel von ihr abwenden. Sich immer wieder über das »Unverständnis« der Kinder zu beklagen, ohne die Ursache zu erkennen, die den Eltern ins Gesicht starrt, grenzt schon ans

Schizophrene und stellt ein getreues Abbild der unheilbaren Sozialwidersprüche dar, die zu so krankhaften Widersprüchen im Verhalten der Eltern führen.
Wieso sind die Kinder denn voller »Unverständnis«? *Wieso* sind sie ungehorsam, aggressiv, zerstörerisch? *Wieso* sind sie so schrecklich »unzufrieden«, wenn sie's doch so viel »besser« haben als ihre Eltern es damals hatten? Haben die Eltern sie denn nicht »geliebt«, »versorgt«, »erzogen«? Wenn die Kinder aber trotz »Liebe«, »Versorgung« und »Erziehung« rebellieren oder – was weitaus bedeutsamer ist – sich in einen infantilen Untergrund zurückziehen, der auch ihr Leben als Erwachsene prägen wird, was ist dann danebengegangen?
Immer wieder versichern die Eltern, sie hätten doch ihr »Bestes« getan, hätten »Opfer« gebracht, hätten den Kindern einen größeren Prozentsatz ihres »Einkommens« gewidmet, als sie sich eigentlich hätten leisten können, hätten auf dieses und jenes verzichtet, nur damit die Kinder es »besser« haben würden – und dann diese Undankbarkeit!
Die Antwort ist einfach: Man kann sich die Loyalität, den Respekt, die Liebe der Kinder nicht *kaufen.* Man kann ihnen auch keine moralische Haltung vorschreiben. Man kann ihnen nur ein Vorbild geben.
Und dieses Vorbild kann einzig und allein darin bestehen, daß man sich aktiv gegen die Korruption unseres Gesellschaftssystems wehrt, daß man den Kindern beweist, man hat den Mut und die Disziplin, auf einen »Aufstieg« in die bürgerliche Hierarchie und ihre Versuchungen an Geld, Macht und Ruhm zu verzichten. Wer sich grundsätzlich weigert, an der Beute des Ausbeutungssystems teilzuhaben, wer statt dessen seine ganze Kraft aufbietet, um anderen zu helfen, aus dem Käfig eines neurotischen und neurotisierenden Systems auszubrechen, der braucht sich auch keine Sorgen um die Loyalität seiner Kinder zu machen.
Nur wer sich bewußt von der Gesellschaftsordnung, in die er hineingeboren ist, zu emanzipieren vermag, hat das gesellschaftliche Gegenstück der Selbstanalyse vollbracht. Die psychoanalytische Therapie der Neurosen klappt nur dann, wenn sie das Spiegelbild einer erfolgreichen Gesellschaftsveränderung ist. Genau wie die Befreiung von der Tyrannei einer herrschenden Klasse nur durch Bewußtmachung der gesellschaftlichen Konflikte erfolgen kann, so gelingt die Befreiung von der Neurose nur durch Bewußtmachung der psychischen Konflikte. Umgekehrt spiegelt das wichtigste Stadium der Freudschen Kindheitsmythologie, die Überwindung des Ödipuskomplexes, nur das wichtigste Stadium der Gesellschaftsgeschichte, die Überwindung der Abhängig-

keit wider. Wie sich der Mensch als gesellschaftliches Wesen von der herrschenden Klasse befreien muß, um überhaupt erst zum Menschen im vollen Sinne des Wortes zu werden, so muß sich bei Freud das Kind vom Vater befreien, um sein eigenes Ich zu finden. Was Freud als Reife, als Liebesfähigkeit, als Überwindung des Narzißmus und der Partialtriebe, als Zuwendung zum anderen Geschlecht beschrieben hat, ist im gesellschaftlichen Sinne die Abwendung vom Individualismus und die Zuwendung zur gesellschaftsverändernden Gemeinschaft. Indem der Erwachsene sich dieser Tätigkeit zuwendet, befreit er auch sein Kind und gibt ihm jenes Vorbild, das die Schrecken der bürgerlichen Kindheit zu überwinden hilft.

Das, was fast jedes Mitglied der bürgerlichen Gesellschaft als selbstverständlich, unvermeidlich und normal betrachtet – die Bereitschaft, eine widerwärtige Arbeit zu leisten und gegen Entlohnung auch die Unterordnung unter Vorgesetzte in Kauf zu nehmen, die man weder respektiert noch als besser oder überlegen anerkennt –, ist keineswegs selbstverständlich, unvermeidlich oder normal. Die Vorstellung, daß es normal sei, ist eine Selbsttäuschung, die dem Kinde von frühester Zeit an eingeprägt wird, und der Mechanismus der Einprägung ist die hämmernde Insistenz der Eltern, daß man arbeiten müsse, um *Geld* zu verdienen, und daß nur jene Arbeit ernst zu nehmen sei, die einem *schwer*falle, die einem wirkliche *Arbeit* mache. Bereite einem die eigene Tätigkeit *Freude,* wie das ja bei manchen Malern, Musikern, Kunsthandwerkern, Mathematikern und Forschern der Fall ist, so sei sie nicht als wirkliche *Arbeit,* sondern als eine Art *Spiel* für Erwachsene einzustufen. Man arbeite, um Geld zu verdienen, nicht um glücklich zu sein: Glück sei der Preis, den wir für unsere erarbeitete Kultur zu zahlen hätten.

Diese Illusion, daß jeder »Fortschritt« per definitionem einen fortschreitenden Verzicht auf Zufriedenheit mit sich bringen müsse, ist das gefährlichste Erbe der Freudschen Thesen vom »Unbehagen in der Kultur« und von der Kultur als »Sublimierung« der Sexualität. Beide Thesen sind in Wahrheit nichts anderes als verkappte Rechtfertigungen des bürgerlichen Systems. Soll das Kind je befreit werden, soll es sich je als freier Mensch entfalten können, so muß ihm die Möglichkeit geboten werden, aus diesem System herauszuwachsen. Das kann aber nicht durch »Erziehung«, sondern nur durch das Vorbild der Erwachsenen erfolgen. Und dieses Vorbild kann der Erwachsene nur dann geben, wenn er das bürgerliche System durchschaut und sich aktiv gegen seine korrumpierenden Organe wendet. Die Befreiung des Kindes kann deshalb auch niemals innerhalb der bürgerlichen »Ordnung« erfolgen; erst die Befreiung von dieser »Ordnung« ermöglicht die ersten Schritte zur Befreiung des Kindes.

Natürlich kann man sagen, wie es manche Linken tun: »Laßt die bürgerliche Erziehung um Gotteswillen in Ruhe, denn dann wird sie die bürgerliche Gesellschaft schneller zerstören, als wir es je durch revolutionäre Aktionen tun könnten.« Aber wem das Leben der Kinder, ihre Gesundheit, ihre Entfaltung, ihr Recht auf geistige und körperliche Unversehrtheit am Herzen liegt, der kann nicht tatenlos dabeistehen, wenn eine Generation nach der anderen durch die Ignoranz und Indolenz der Eltern, durch das Machtstreben der herrschenden Klasse und ihrer Bildungsorgane in der Kindheit bereits zu psychischen Krüppeln gemacht wird. Vor »schlechten« Eltern schützt dieser oder jener Gesetzesparagraph. Wer aber schützt das Kind vor »guten« Eltern? Wer schützt den kleinen Mitbürger davor, daß seine Eltern ihn nach ihrem Ebenbild modellieren und dadurch ihre eigenen Neurosen und Psychosen nicht nur von einer Generation in die nächste verpflanzen, sondern sie mit jeder Generation vermehren und verschlimmern?

Kindlicher Forschungsdrang, ein von Sigmund Freud geprägter Begriff, der die sexuelle Neugier des Kindes mit dem späteren Wissensdrang des Forschers verbinden und den zweiten aus der ersten ableiten soll. Freud hält den Wunsch des Kindes, auf Biegen und Brechen herauszufinden, worin das Geheimnis der Sexualität liegt und wo die kleinen Kinder herkommen, für die Triebkraft jeden menschlichen Fortschritts. Wenn dieser Wunsch nicht oder falsch befriedigt wird, so schwindet der Wissensdrang. Die Psyche verkümmert. Das Kind wird zum gedankenlosen Obrigkeitssklaven und zerbricht sich nie mehr den Kopf über irgendeine für ihn und die menschliche Gattung bedeutsame Frage.

Für Freud beruht also das ganze Schicksal der Menschheit auf der Aufklärung, der Geschlechtserziehung des Kindes. Oder genauer: auf einer elterlichen Sexualität, die dem Kinde eine befriedigende und doch weiterhin stimulierende Erklärung des menschlichen Geschlechtsverhaltens vermittelt. Weigern sich die Eltern, dem Kinde auf seine berechtigten Fragen eine wahrheitsgemäße Antwort zu geben, so verliert das Kind, sobald es die Wahrheit für sich selbst herausfindet, jeden Respekt für seine Eltern und in vielen Fällen auch jeden Respekt für jede andere Form der Autorität. Das Lügen oder Verschweigen der sexuellen Wahrheiten stellt für Freud also den eigentlichen Grund des »Konflikts der Generationen« dar. Denn das Kind assoziiert die ganze Generation seiner Eltern mit der Lüge der eigenen Eltern und verliert damit nicht nur den Respekt für die eigenen lügenden Eltern, sondern auch für alle anderen Mitglieder der elterlichen Generation.

Borneman hat Freuds Konzept des k.F. als eine Beziehung des Kleinkindes zum Körper der Eltern, besonders zu dem der Mutter, präzisiert. Besonders die stillende Mutter liefert dem Kinde die Möglichkeit, seine Umwelt nicht nur durch den Mund an der Brustwarze und die Hände an der Brust der Mutter zu erkunden, sondern auch den ganzen Rest des mütterlichen Körpers zu explorieren. Deshalb sind nicht an der Mutterbrust gestillte Kinder in vieler Hinsicht benachteiligt. Es geht nicht nur um den Nährwert der Muttermilch, sondern um die Stimulierung aller fünf Sinne des Kindes, die bei Flaschenernährung nie stattfindet. Wo der Wunsch des Kindes, den Körper der Mutter zu erkunden, in ungenügendem Maße befriedigt wird, bleibt nicht nur das Verhältnis zum späteren Sexualpartner, sondern auch zur Wissenschaft, zum Wissensdrang, zum Wissen-Wollen, zeitlebens getrübt.

Aber auch der Körper des Vaters gehört organisch zum Territorium, das das normale Kind erkunden muß, um seinen Wissensdrang zu stimulieren und zu befriedigen. Die schier wahnwitzige Vorstellung der meisten westlichen Gesetzgeber, daß Körperkontakt zwischen Kind und Erwachsenen zu verbieten sei, da es eine Art von Pädophilie darstelle, zeigt einen Verlust jeden Verständnisses für das gewachsene, organisch notwendige Verhältnis der Generationen bei den Säugetieren dar.

Kinephobie [gr.: kinein = bewegen; phobia = Angst], Bewegungsangst, eine Form des → Antifetischismus. Menschen, die an K. leiden, können nur dann mit einem anderen Wesen koitieren, wenn es sich absolut ruhig verhält. Die Affinität zur → Nekrophilie ist offensichtlich. Wie alle anderen Formen des Antifetischismus ist auch die K. eine grundsätzlich lebensfeindliche Haltung. Der Infantilismus der K. liegt in der Angst vor der Verantwortung und der Reziprozität. Es ist eine narzißtische Haltung, die auf der dauernden Furcht beruht, der andere Mensch könne etwas tun oder sagen, was die autoerotischen Wunschträume stört.

Kinepimastie [gr.: kinein = bewegen; epi = auf; mastos = Brust], Brustonanie, die Reizung der eigenen Brust zum Zweck der Selbstbefriedigung. Vgl.: Mammalonanie, Suctustupratio.

Kitzeln, oft ein Surrogat des Koitus. Aus dem Altertum gibt es zahllose Statuen, die Silene und Faune beim gegenseitigen Fußkitzeln zeigen. Am zaristischen Hof waren Damen der Gesellschaft damit betraut, den Zarinnen die Füße zu kitzeln, um sie sexuell anzuregen. Um die Jahrhundertwende gab es in Rußland auch eine Kitzlersekte, die ihren Ritus auf dem Kitzeln der weiblichen durch die männlich Mitglieder aufbaute. Die Frauen fielen am Ende in Ohnmacht. Die Sekte wurde ausgehoben, als eine Frau daran starb. Ludwig Fürst Kaunitz (1777–1848), der nach den berühmten Kinderballettprozeß 1822 des Landes verwiesen wurde, beschäftigte eine Frau als offizielle Kitzlerin. Jede Nacht vor dem Schlafengehen mußte sie ihm Kopf, Rücken und Arme kitzeln. In seinem Wiener Palais trug sie den Spitznamen »Die Kratzerin«. → Berührungszwang, Faire le michelin, Folie de toucher, Frotteur, Hauterotik, Muskelerotik, Tastsinn.

Kitzler → Klitoris.

Klassifikatorisches System, eine von dem amerikanischen Rechtshistoriker Lewis Henry Morgan (1818–1881) entwickelte Theorie der Verwandtschaftsordnungen prähistorischer und »primitiver« Kulturen. Morgans Vorstellung, daß wir etwas über die Paarungssitten vergangener Kulturen aus dem Vokabular entnehmen können, mit dem sie ihre Verwandten bezeichneten, baute sich auf der Entdeckung auf, daß es sowohl in nichteuropäischen Kulturen der Gegenwart wie auch in den europäischen Kulturen der Vorzeit völlig andere Methoden der Verwandtschaftsbezeichnung gibt als die, mit denen wir vertraut sind und die wir deshalb als selbstverständlich betrachten. Während wir beispielsweise von der Position des Individuums ausgehen, sind sich andere Systeme, vor allem diejenigen, die bisher noch nicht durch das Stadium der Monogamie gegangen sind, der Eigenständigkeit des Individuums noch nicht bewußt und denken deshalb in Begriffen von Gruppen, nicht von Personen. So werden nicht nur die eigenen Brüder, sondern auch die Söhne der Brüder des Vaters als Brüder bezeichnet; nicht nur die eigene Mutter, sondern auch deren Schwestern werden als »Mutter« angesprochen.

Morgan nannte dieses System »klassifikatorisch« im Gegensatz zu unserem, das er als »beschreibend« oder »deskriptiv« bezeichnete, wobei der Ausdruck »klassifikatorisch« insofern irreführend ist, als er den Eindruck vermittelt, es handle sich bei diesem System um eine Einteilung der Menschen in »Klassen«. Genau das tut das klassifikatorische System aber nicht, denn es stammt aus einer Zeit vor der Herausbildung der Klassengesellschaft. Was es wirklich widerspiegelt, ist die → Sippengesellschaft. Während das deskriptive System die Aussonderung des Individuums aus seiner natürlichen Gemeinschaft, der Sippe, und die Verpflanzung in eine unnatürliche Gruppe, die Klasse, ausdrückt, beschreibt das archaische, das klassifikatorische System das vorindividualistische Denken in Gruppen von Blutsverwandten. Das deskriptive System legt also die Beziehung zwischen Ich und Du fest, das klassifikatorische System die zwischen Wir und Ihr.

Morgan ging nun von der richtigen Beobachtung aus, daß die Sprache sich langsamer ändert als die Sitten, so daß wir aus dem Sprachgebrauch derjenigen Kulturen, bei denen sich ein klassifikatorisches System der Verwandtschaftsbezeichnungen erhalten hat, folgern können, wie diese Gesellschaften sich einst gepaart haben. Bei Morgan heißt das: welche »Eheformen« sie früher gehabt haben, zum Beispiel »Gruppenehen«, bei denen alle Brüder der einen Sippe mit allen Schwestern der anderen Sippe »verheiratet« waren. Aber erstens sind die Begriffe »Heirat« und »Ehe«, die aus der monogamen Zeit stammen, nicht übertragbar in eine vormonogame oder nichtmonogame Gesellschaftsordnung, und zweitens ging Morgan einen Schritt zu weit, als er aus den Paarungstabus, die sich zweifellos im Sprachgebrauch widerspiegeln, die Folgerung zog, daß all das, was nicht verboten war, auch praktiziert wurde, und daß alles, was praktiziert wurde, den Status einer eheartigen Institution hatte. Beide Folgerungen sind falsch, aber das bedeutet nicht, wie die Mehrzahl der Ethnologen unserer Zeit vorgibt, daß die Verwandtschaftsbezeichnungen überhaupt keine Schlüsse über die Sexualsitten zuließen oder gar, wie Lévi-Strauss meint, daß die Verwandtschaftsterminologie nur metaphorischen Charakter hat.

Kleideraufschlitzer → Aufschlitzer.

Kleidung, von der Geburt des »nackten Affen« an sowohl eine Form des Sexualschmucks wie des Kälteschutzes. Die Ansicht, daß Kleidung ursprünglich nur ein Wetterschutz gewesen sei, erklärt das Phänomen der Mode ebensowenig wie die Theorie, daß Kleidung vor allem unser Schamgefühl befriedigen solle. Denn Kleidung unterstreicht stets das, was sie zu verbergen vorgibt. → Bad-Ehr, BH, Genitalmaske, Gürtel, Handschuh, Hut, Knöpfe und Knopflöcher, Korsett, Krawatten, Maske, Nacktheit, Regenmäntel, Schmuck, Schuh, Strumpf, Strumpfband, Suspensorium.

Kleidung im alten Hellas. Der schweizerische Rechtshistoriker Johann Jakob Bachofen (1815–1887) führt die ionische Kleidung, die den

Frauenkörper völlig verhüllte, auf den Triumph des Vater- über das Mutterrecht zurück. Das ist keine Theorie unseres Jahrhunderts, sondern beschäftigte bereits die Griechen selber. Gegen Mitte des 5. Jahrhunderts vor unserer Zeit begann sich der »Vater der Geschichte«, der athenische Historiker Herodot (484–424), über die Unterschiede zwischen der dorischen und der ionischen Mode den Kopf zu zerbrechen. Wieso duldeten die Ioner die Nacktheit des Mannes, nicht aber die der Frau? Weshalb verhüllten die Athener ihre Frauen in lang herabwallenden weißen Kleidern, während die Spartanerinnen ärmellose, seitlich offene und ganz kurze Kleider bevorzugten? Wieso lehnten die Athener jede Form von Schulterspangen ab, benutzten dagegen aber Ärmelspangen? Wieso benutzten die Spartanerinnen keine Ärmelspangen, dagegen aber Schulterspangen? Wieso waren die Schulterspangen in Aigina nahezu doppelt so groß wie in Sparta?

Einem Mann von geringerem intellektuellem Kaliber wären diese »oberflächlichen« Dinge kaum aufgefallen, ernsthafte Fragen hätte er ganz gewiß nicht an sie geknüpft. Herodot aber kam zu einer der wichtigsten Entdeckungen der griechischen Geschichte, indem er nach langem Suchen auf die Sage von den Epidauriern stieß, die einst Aigina erobert und die Aigineten versklavt hatten, trotzdem aber beinahe Hungers gestorben wären, weil ihre Ernte jedes Jahr fehlschlug. In ihrer Not wandten sie sich an die Wahrsagerin Pythia, die offenbarte, ihre Felder würden erst dann wieder fruchtbar werden, wenn sie den Göttinnen Damia und Auxesia Standbilder aus dem Holz eines heiligen Ölbaums errichteten.

Heilige Ölbäume besaßen aber nur die Athener. Als die Epidaurier nun nach Athen zogen, um Erlaubnis zum Fällen eines solchen Baumes zu erbitten, stimmten die Athener zwar zu, stellten aber die Bedingung, daß die Epidaurier ihrerseits den athenischen Göttern, vor allem dem Erechtheos, Opfer brächten. Dies geschah auch jahrelang, aber eines Tages rebellierten die Aigineten gegen ihre Unterdrücker und raubten deren Götterbilder. Dadurch sahen sich die Epidaurier der Pflicht enthoben, den athenischen Göttern weiterhin Opfer zu bringen. Die Athener bestanden jedoch auf ihren Vertrag und verlangten, daß die Epidaurier die aus athenischem Holz geschnitzten Götterbilder zurückerobern und nach Athen bringen sollten. Da dies den Epidauriern unmöglich war, erklärte Athen ihnen den Krieg, marschierte nach Aigina ein, entdeckte die Götterbilder und brach sie von ihren Sockeln, um sie mitzunehmen.

Die Götter betrachteten dies als Frevel und bestraften die Athener, indem sie das athenische Heer von den Aigineten umbringen ließen. Nur ein einziger Athener kam mit dem Leben davon. Als er nun in seine Heimatstadt zurückkam und den Frauen berichtete, was geschehen war, legten diese die Niederlage ihrer Männer als Feigheit aus und nahmen ihre Rache an dem Überlebenden, indem sie ihre Schulterspangen öffneten, ihre Kleider fallen ließen und den Boten mit den spitzen Nadeln ihrer Spangen erstachen. Bei jedem Stich rief eine jede den Namen ihres gefallenen Mannes aus, indem sie sagte: »Dies ist für . . .!« Deshalb, meint Herodot, hätten die Athener ihren Frauen verboten, jemals wieder Schulterspangen zu tragen. Die Aigineten dagegen hätten das Gesetz eingeführt, die Schulterspangen zu vergrößern, so daß sie den Frauen im Notfall als Waffe dienen konnten, und die abgelegten Spangen jedes Jahr den Göttinnen Damia und Auxesia zu weihen: »Und die Frauen der Aigineten behielten von jener Zeit im Angedenken des Siegs ihrer Männer die Sitte bei, bis zu meiner Zeit größere Schulterspangen zu tragen als in anderen Gauen« (Herodot 5, 82 bis 88).

Wahrscheinlich ahnte bereits Herodot, daß sich hinter dieser Legende mehr als nur ein geschichtliches Ereignis verbarg, doch der erste, der die Sache in unserer Zeit entschlüsselte, war Bachofen: »Der aphroditisch-erotische Sinn kann nicht bezweifelt werden. Die Weihung der Nadelspange (*perone, porpe,* von welchem das letztere den Ring an der Spange, das erstere die sie durchschneidende Nadel bezeichnet), welche das Gewand zusammenhält, hat mit der Weihung des weiblichen Gürtels dieselbe Bedeutung. Beides deutet auf die Hingabe der Jungfräulichkeit. Die Weihung der Spange bezeichnet den Übergang zum Muttertum, den Eintritt in die Ehe . . . Das geschlossene Kleid wird jetzt eröffnet. Die Spange, früher Symbol der Jungfräulichkeit, wird nun Bild der Ehe. Der von der Nadel durchschnittene Kreis ist selbst das Bild des zur Zeugung vereinigten Geschlechts. Mit dieser erotischen Beziehung stimmen alle Einzelheiten der horodotischen Erzählung überein. Vorerst die Mutternatur der beiden Gottheiten Damia und Auxesia, deren cerealische Beziehung nicht verkannt werden kann.« (*Gesammelte Werke,* Band II, S. 242–243.)

Tatsächlich sind beide Göttinnen Darstellungen des Muttertums, *thaleiai,* »Göttinnen der Fülle« (Plut. *Symp.* 9, 14), und geben sich als solche in ihren Namen zu erkennen. Auxesia ist von *auxano,* »mehren«, abgeleitet, einem Wort, das die Alten häufig zur Kennzeichnung der

Wachstum verleihenden Naturkraft gebrauchten. In Damia dagegen liegt ein Stamm vor, der in einer großen Anzahl von Bezeichnungen wiederkehrt und stets die Erde, die Materie, die Mutter zur Grundlage hat. »Daher sind jene Götterbilder aus dem Stamme eines die Erdfruchtbarkeit in besonderem Grade darstellenden Baumes angefertigt.«

Sicherlich stimmt das. Wie so oft, nimmt Bachofen hier Erkenntnisse voraus, zu denen Freud und Jung erst ein halbes Jahrhundert später gelangten. Aber er läßt unerklärt, wieso die Frauen den überlebenden Mann ermordeten und wieso das Mordwerkzeug ausgerechnet der Dorn der Spange, also das Penissymbol sein sollte. Auch die Angabe, daß die Frauen den Boten töteten, weil sie nicht wußten, daß der Tod ihrer Männer von den Göttern als Bestrafung eines Frevels verordnet worden war, ist nicht überzeugend. Denn selbst wenn sie, wie Herodot vermeint, fälschlich glaubten, ihre Männer seien feige gewesen, gibt es keinen Grund, den Überlebenden für diese Feigheit verantwortlich zu machen und sich an ihm zu »rächen«.

Weshalb wurden die Athener denn eigentlich vernichtet? Weil sie gegen die alten Muttergottheiten gefrevelt hatten: Sie hatten versucht, die Muttergöttinnen von ihren Sockeln loszubrechen, um sie nach Athen, der Stadt des Vaterrechts, mitzunehmen. Es ist also ein Kapitel der Chronik vom Kampf der neuen Vatergötter gegen die alten Muttergöttinnen, vom Versuch der Vaterrechtler, das Reich der Mütter zu usurpieren. Die Göttinnen schlagen zurück, indem sie die Frauen zur Vernichtung des Mannes aufrufen. Und womit findet die Vernichtung statt? Mit des Mannes eigenem Genital: dem Penis. Die Szene ist bestechend: Die nackten Frauen mit ihren Schulterschnallen stechen dem Manne zuerst die Augen aus. Er wird kastriert, denn die Augen sind stets das Symbol der Virilität. Wenn Ödipus sich die Augen aussticht, so ist es auch dort ein Akt der Selbstkastration. Und womit sticht er sie sich aus? Mit der Schulterspange seiner Mutter! Das ganze ist ein ritueller Akt: ein Akt der Rache, aber auch ein Akt der Sühne. Und zum Sühneakt zog man sich in den alten Mutterkulten nackt aus.

Kleidungsfetischismus, die sexuelle Fixierung auf ganz bestimmte Kleidungsstücke. Im ersten Stadium verlangt der Patient, daß sein Geschlechtspartner diese Kleidungsstücke während des Geschlechtsverkehrs trägt. Im zweiten Stadium begnügt er sich damit, sie während des Koitus im Bett oder zumindest in sichtbarer oder greifbarer Nähe zu haben. Nur so ist er orgasmusfähig. Im dritten Stadium tritt Verzicht auf einen Geschlechtspartner ein. Das Kleidungsstück wird zum Surrogat eines Menschen und der Akt des An- und Ausziehens zum Surrogat des Koitus. Der Geschlechts»verkehr« schränkt sich von der → Alloerotik auf die → Autoerotik ein. Die wichtigsten Kleidungsstücke, an die sich der K. heftet, sind: Unterwäsche, besonders Slips und BHs, Schuhe, Stiefel, Strumpfbänder, Regenmäntel, Hüte, militärische Uniformen, Priester- und Nonnentracht, Braut- und Trauerkleidung. → Adhärenzfetischismus, BH, Fetischismus, Gürtel, Handschuh, Hut, Kleideraufschlitzer, Klerikalfetischismus, Knöpfe, Korsett, Krawatte, Maske, Regenmäntel, Rétifismus, Rockaufschlitzer, Schuhfetischismus, Sporen, Strumpfband, Strumpf, Trauerfetischismus, Uniformfetischismus, Wäschefetischismus. Vgl.: Transvestitismus.

Kleinfamilie, die Schrumpfform der → Großfamilie, eine relativ späte Form der sexuellen und sozialen Entwicklung, die eine relativ komplexe Technologie und ein relativ hohes ökonomisches Niveau voraussetzt. Denn die Versorgung von Kleinfamilien verschlingt mehr Arbeitskraft, Material und Geld als die Versorgung der gleichen Anzahl von Menschen in Großfamilien. Je primitiver eine Gesellschaftsordnung ist, desto größer die gemeinsamen Haushalte der Sippe. Statt Einzelhütten oder Einzelhöhlen finden wir Gemeinschaftshöhlen, Sippenhäuser, Frauenhäuser, Männerhäuser und ähnliche Institutionen, in denen eine Anzahl von Blutsverwandten und deren Gatten gemeinsam versorgt werden. Erst das 20. Jh. kann es sich leisten, die Alten in Altersheime abzuschieben und Betonwüsten voller Kleinfamilienhaushalte zu bauen und zu versorgen.

Kleptomanie [gr.: kleptein = stehlen; mania = Wahnsinn], Diebstahl aus sexuellen Motiven. Die wichtigsten Varianten sind:

1. Diebstahl aus sadistischen Motiven, also um sich an dem Unglück zu weiden, das der Verlust anderen Menschen zufügt.
2. Diebstahl aus masochistischen Motiven, also um ertappt und bestraft zu werden.
3. Diebstahl aus fetischistischen Motiven, also um einen Fetisch zu erwerben, z. B. gebrauchte Damenwäsche (neue, ungetragene Wäsche ist für den → Wäschefetischisten wertlos).
4. Diebstahl aus Liebe, also um ein Andenken an die geliebte Person zu besitzen.
5. Diebstahl aus Eifersucht, z. B. eines Geschenks, das ein anderer Mann der geliebten Frau gegeben hat.
6. Echte Kleptomanie, bei der das Stehlen ein Surrogat des Koitus dar-

stellt. Einen typischen Fall von sexueller Kleptomanie teilt H. Zingerle mit (*Beiträge zur psychologischen Genese sexueller Perversitäten* in: Jahrbücher für Psychiatrie und Neurologie 1900): Eine 21jährige von Kindheit an psychopathische Frau hatte von der Schulzeit an das bestimmte Verlangen, sich fremde Gegenstände anzueignen, am liebsten solche aus braunem Leder. Nur das Stehlen befriedigte sie, nicht das Behalten des Gestohlenen, das sie meist zerstörte oder verschenkte. Sie hatte beim Diebstahl ein ausgesprochenes Gefühl von Wollust mit Absonderung eines Sekretes in den Genitalien, handelte mehr aus einem unwiderstehlichen Antrieb und Zwang und empfand nach der Tat Abscheu davor. Sie bevorzugte große und schwer zu verbergende Gegenstände; gerade die ihr sich entgegenstellenden Hindernise und Gefahren und die in deren Begleitung auftretenden Affekte bildeten das wesentliche, die Wollust erweckende Moment. Die psychopathische Grundlage des Zustandes ließ sich einwandfrei feststellen. Vgl.: Brandstiftung, Pyromanie.

Klerikalfetischismus, die sexuelle Fixierung auf Priester, Nonnen, Mönche und deren Kleidung und Utensilien. Das → Zölibat stellt natürlich einen besonderen sexuellen Reiz für alle diejenigen dar, die in der Übertretung des Verbotenen den eigentlichen Sexualgenuß finden. Je restriktiver eine Religion der Gesellschaftsordnung ist, um so größer wird die Versuchung, solche Restriktionen zu durchbrechen. → Askese, Blasphemie, Sexualmoral.

Klimakterium [gr.: klimaktes = Sprosse, Stufe], Wechseljahre der Frau und des Mannes, bei der Frau deutlich durch den Ausfall der Menstruation, beim Manne weniger deutlich markiert. Als erster beschrieb 1910 Kurt Mendel die klimakterischen Veränderungen beim Manne, denen dann im Jahre 1916 Max Marcuse besondere Beachtung schenkte, um nochmals 1926 in einer ausführlichen Arbeit auf das Thema zurückzukommen. Seitdem ist eine ganze Bibliothek wissenschaftlicher Studien über dieses Thema veröffentlicht worden. Bei beiden Geschlechtern nimmt der Geschlechtstrieb entweder drastisch ab oder steigt ebenso drastisch. Wo keine sexuelle Befriedigung stattfindet, d. h. wo der Ehepartner keinen sexuellen Reiz mehr ausübt und keine außerehelichen Beziehungen angeknüpft werden, treten psychosomatische Krankheitserscheinungen aller Art auf. Der größte Prozentsatz aller ärztlichen Patienten sind unbefriedigte Männer und Frauen im Klimakterium. Schlanke Menschen beginnen plötzlich Fett anzusetzen, dicke Menschen magern bis zum Skelett ab, Prostatastörungen beim Mann,

Harnträufeln bei der Frau, Feminisierung beim Mann, Maskulinisierungserscheinungen bei der Frau, Gedächtnisschwäche, Konzentrationsunfähigkeit, Grübelsucht, Melancholie, Hypochondrie, Selbstmordgedanken bei beiden Geschlechtern.

Ganz anders ist das klinische Bild, wenn es Mann oder Frau im Klimakterium gelingt, neue und erfolgreiche sexuelle Bindungen zu finden. Eine nahezu unglaubliche Verjüngung tritt dann ein. Keine der oben erwähnten Beschwerden taucht auf. Die »normalen« Ausfallerscheinungen der Frau (Wallungen, fliegende Hitze, Kongestion, Schweißausbrüche, Herzklopfen, Schwindelanfälle, Ohrensausen) vermindern sich und treten in manchen Fällen, wo besonders befriedigender Sexualverkehr stattfindet, überhaupt nicht auf. Selbst die Disposition zu bösartigen Wucherungen, die dieses Alter der Frau normalerweise bedrohen, wird aus uns unbekannten Gründen schwächer, wo regelmäßiger beglückender Geschlechtsverkehr über das Klimakterium hinwegführt.

Die Annahme früherer Sexualwissenschaftler, daß das plötzlich aufflackernde Sexualinteresse der Klimakteriumsjahre eine Krankheitserscheinung sei, oder bestenfalls ein letzter, verzweifelter Versuch, sich an die Jugend zu klammern, mag deshalb verfehlt sein. Es ist durchaus denkbar, daß der gesunde Organismus gerade in diesen Jahren nach besonders aktivem Geschlechtsverkehr strebt, um sich gesund zu halten. Karin Michaelis' berühmt gewordenes Wort vom → »gefährlichen Alter« der Frau wird deshalb von heutigen Sexologen anders ausgedeutet als zu ihren Lebenszeiten. Sie glaubte, daß die Angst vor dem Erlöschen der Fruchtbarkeit zu »ungesunden« Begierden führe. »Das in früheren Jahren die Frau beherrschende Element der Zurückhaltung tritt gegenüber dem Wunsch, jede eben noch zu erlangende Möglichkeit einer sexuellen Betätigung schrankenlos zu genießen, in den Hintergrund und wird durch die Überzeugung, nicht mehr schwanger werden zu können, völlig ertötet. Früher keusche und höchst moralische Frauen stürzen sich unüberlegt in die kühnsten Situationen und suchen mit einer gewollten Rücksichtslosigkeit und moralischen Hemmungslosigkeit die nackte Erfüllung ihrer geschlechtlichen Begierden bei und mit jedem Mann. Die alternde Frau sucht mit Vorliebe jugendliche Männer an sich zu fesseln, noch mehr aber geht ihr Streben dahin, unerfahrende Jünglinge ›aufzuklären‹, in die Mysterien der Liebe einzuführen und sich sexuell hörig zu machen. Perversitäten jeglicher Art, lesbische Liebe und Zoophilie kommen in diesem Alter vor.« Vieles hier-

von stimmt: nur die Akzente sitzen falsch. Was an diesem Zustand ungesund ist, sind nicht die Symptome der Frau, sondern ist die Weisung der maskulinen Gesellschaft, sie als normal zu akzeptieren. In diesem Sinne betrachten wir auch heute die sogenannten »Klimakteriumspsychosen« und »Klimakteriumsdelikte« in einem anderen Lichte als selbst vor einem Jahrzehnt. Die verfügbaren Statistiken lassen sich gänzlich anders ausdeuten, als die forensische Medizin sie bisher gedeutet hat. »Psychotische« Handlungen stellen sich außerordentlich oft als Folgen der Lieblosigkeit, des mangelnden Liebespartners heraus, während kriminelle Delikte der Klimakteriumsjahre viel öfter die Folge absurder Gesetze und Verbote als Kennzeichen moralischen Verfalls des oder der Angeklagten sind.
Bei beiden Geschlechtern tritt das Klimakterium um so früher ein, je später die jugendliche Reife beginnt. Wir finden hier also das Paradoxon vor, daß Menschen, welche sehr früh mit dem Geschlechtsverkehr beginnen, sich ihre Potenz und Fertilität auch bis in ein besonders hohes Alter hinein bewahren, während Spätentwickler ihre Virilität und Fruchtbarkeit besonders früh verlieren. Offenbar hat auch der gesellschaftliche Status der Frau einen Einfluß auf das Klimakterium. Seit der Emanzipation der Frau findet nicht nur eine stetig frühere → Menarche, sondern auch eine stetig spätere → Menopause statt. Umgekehrt steht es mit dem Mann. Nicht nur tritt sein Klimakterium seit etwa acht Jahrzehnten stetig früher ein, sondern auch seine Lebenserwartung sinkt: die Anzahl der Lebensjahre zwischen Klimakterium und Tod schrumpft. Das Klimakterium des Mannes tritt zwischen 35 und 45 Jahren ein, das der Frau selten vor 50. In 60 von 100 Ehen stirbt heute der Mann eher als die Frau, deren Lebenserwartung mit jeder Generation steigt. Ein 15jähriger Junge hat heute eine Lebenserwartung von 55, seine gleichaltrige Schwester eine von 60 Jahren. Sein Klimakterium wird vor dem 45. Lebensjahr liegen, ihr Klimakterium nach dem 50. Lebensjahr. Die Position der Frau in der patriarchalen Gesellschaft unserer Tage wird immer stärker, die des Mannes immer schwächer. → Alterssexualität, Gefährliches Alter.

Klimax [gr.: Leiter, Treppe, Eskalation], Gipfel des Orgasmus, der durch die Nervenenden in der Haut des Penis, der Klitoris und in sehr begrenztem Maße auch in der Scheide ausgelöst wird und sich beim Mann in der Ejakulation, bei der Frau in unwillkürlichen Muskelkontraktionen der Scheide, der Gebärmutter und des Beckens äußert. → Akme, Detumeszenz, Ejakulation, Endlust, Klitoralorgasmus, Koitus, Orgasmus, Vaginalorgasmus.

Klingelkugeln, in Japan hergestellte → Selbstbefriedigungsinstrumente für Frauen. Es gibt zahllose Varianten. Früher wurden sie meist aus Metall oder Elfenbein hergestellt, heute bestehen sie oft aus Plastik. Alle beruhen auf dem Prinzip, daß ein in die Vagina eingeführter Gegenstand durch die leichtesten Bewegungen in Schwingung versetzt wird und durch seine starke Oszillation zu einem heftigen Orgasmus führt. Meist handelt es sich um zwei hohle Kugeln, von denen die innere entweder Quecksilber oder kleine Metallzungen enthält, zwischen denen massive Metallkügelchen hin- und herrollen.

Klistieromanie [gr.: klyzein = abspülen; mainomai = verrückt sein], Klistiersucht, eine Form der → Analerotik, bei der sich der → Introjektionswunsch auf die anale Einflößung bezieht. So gibt es, wie bereits Stekel berichtet hat, Menschen, die sich in ihren Irrigator verlieben, ja die ohne Irrigator nicht leben können. Wiederholt hörte Stekel von Frauen, sie hätten bei einer von der Hebamme applizierten Irrigation die stärkste Lustempfindung durchgemacht. Andererseits gab und gibt es pathologisch veranlagte Menschen, die mit Vorliebe Frauen klistieren. Für beide Fälle finden sich bei de Sade Belege. So läßt sich Juliette mit Lavements in der »Gesellschaft der Freunde des Verbrechens« zur K. reizen. Andererseits führt de Sade den König von Sardinien vor, dessen Manie das Klistieren ist, das er zu einem förmlichen System erhebt. Ein solcher Klistieromane wird übrigens auch in A. Tschabuschniggs Roman *Der moderne Eulenspiegel* (Pest 1846) gezeigt, der alle Gäste seiner Burg trefflich bewirtet, aber keinen entläßt, bevor er ihm nicht eigenhändig ein Lavement beigebracht hätte. Bei der K. scheinen sich homosexuelle und sadistische Elemente zu vereinen. Andererseits gehört die K. zweifellos zu der großen Gruppe der Einverleibungswünsche, der Wünsche, Fremdkörper in den Organismus aufzunehmen, also um masochistische und automasochistische Wünsche. Vgl.: Automasochismus, Einverleibung, Harntriebhaftigkeit, Injektomanie, Introjektion, Nadelschlucken, Oralerotik, Pfählung, Selbstkatheterisierung.

Klitoralerotik, ein psychoanalytischer Begriff, der die sexuelle Empfindsamkeit des jungen Mädchens von der der geschlechtsreifen Frau (→ Vaginalerotik) unterscheiden soll. Der Begriff des → Vaginalorgasmus beruht auf einer Illusion, denn die Vagina besitzt keine Nervenenden und erzeugt bei der reifen Frau deshalb nur ein gewisses »Füllegefühl«, das allerdings von vielen Frauen als ein unerläßlicher Zusatz zum →

Klitoralorgasmus empfunden wird. Vgl.: Analerotik, Genitalität, Hauterotik, Muskelerotik, Oralerotik, Urethralerotik.

Klitoralorgasmus, falscher Begriff, der sich an die Hypothese anknüpft, daß es bei der Frau zwei Arten von Orgasmus gibt, den Klitoralorgasmus und den → Vaginalorgasmus, und daß nur bei sexuell reifen Frauen die beiden Formen zusammentreffen. Da die Klitoris eine weibliche Form des Penis ist und der Penis innerhalb eines einzigen Koitus nur einen Orgasmus liefern kann, hat man die Tatsache, daß die Frau, im Gegensatz zum Mann und auch zum tierischen Weibchen, mehrerer Orgasmen im Verlauf eines einzigen Koitus fähig ist, als Beweis dafür aufgefaßt, daß es sich hier um Vaginalorgasmen handeln müsse. Diese Ansicht ist umstritten. Bei der reifen Frau, wie die Psychoanalyse sie postuliert, schließt der Orgasmus die gleiche Befriedigung der Klitoris und der Vagina ein. Aber die Zahl solcher »reifen« Frauen ist außerordentlich klein. Die überwältigende Mehrheit reagiert *nur* klitoral oder *nur* vaginal. Es ist die Aufgabe des Mannes oder der lesbischen Partnerin, durch manuelle und orale Reizung denjenigen Teil der Genitalien, der bei seiner Partnerin weniger empfindlich ist, vor dem Koitus so zu erregen, daß beim Orgasmus die klitorale und vaginale → Akme zusammenfallen. Vgl.: Klitoralerotik, Koitus, Orgasmus, Vaginalerotik.

Klitoridektomie, die chirurgische Entfernung der Klitoris (des »Kitzlers«). Angeblich als Mittel zur Bekämpfung der Onanie und der Nymphomanie, in Wahrheit ein Durchbruch des ärztlichen Frauenhasses in Form eines Kastrationswunsches. Bei extrem patriarchalischen Völkern findet man die K. in Form der → Infibulation. Die Entdeckung, daß das kleine Mädchen keinen Penis hat, wird vom kleinen Jungen oft in Zusammenhang mit der väterlichen Warnung vor Onanie gebracht: »Wenn du damit nicht aufhörst, schneide ich dir deinen Petermann ab!« Der kleine Junge glaubt dann, daß das kleine Mädchen auch onaniert hat und von ihrem Vater mit Kastration bestraft worden ist. Später entdeckt er dann, daß er getäuscht worden ist. Statt seinen Vater für die Täuschung verantwortlich zu machen, wendet er seinen Ärger lebenslang gegen das weibliche Geschlecht. Solche Männer entwickeln dann den geheimen, ihnen selber unbewußten Wunsch, die Frauen, die ihnen vorgemacht haben, daß sie kastriert seien, nun wirklich zu kastrieren. In der Alltagspraxis bedeutet das, daß sie die »Virilität« jeder Frau systematisch zu zerstören suchen, indem sie sie abkanzeln, sich über die weibliche »Unlogik« beschweren, alle Frauen als Lügner betrachten, weibliche Autofahrer als »unfähig« deklarieren, weiblichen Angestellten nur untergeordnete Positionen zubilligen (weil Frauen ja so »unverträglich« sind und dauernd »intrigieren«), kurzum, indem sie all die Untugenden praktizieren, die sie den Frauen zuschreiben. Wird ein solcher Mensch unglücklicherweise Arzt, besteht jede Konsultation in einem ihm selber unbewußten Versuch, die Frau krank statt gesund zu machen. Die K., die im 19. Jahrhundert systematisch als Therapie der exzessiven Masturbation und »Andromanie« benutzt wurde, gab solchen Ärzten das ideale Alibi, ihre geheimen Kastrationswünsche mit gutem Gewissen in die Tat umzusetzen. Vgl.: Kastrationskomplex, Klitorisspaltung. Freud stellte die K. als einen Versuch dar, die Frau noch mehr zu »feminisieren«, indem man ihr die phallischen Überreste wegoperiert. Marie Bonaparte vergleicht dies mit der Sitte mancher mutterrechtlichen Naturvölker, dem Mann die Brustwarzen wegzuoperieren, damit keinerlei Ähnlichkeit mit der Frau verbleibe.

Klitoris [gr.: kleitoris = das Eingeschlossene], wichtigste → Erogenzone der Frau, im Volksmund »Kitzler« genannt. Die K. wurzelt an den Schambeinästen und endigt zwischen den kleinen Schamlippen vor und unter der Schambeinfuge. Die Anzahl ihrer Nervenendkörperchen ist proportional größer als die des vergleichbaren männlichen Organs, des Penis. Sie transportiert also höhere Lustreize als die des analogen männlichen Schwellkörpers. Bei sexueller Erregung füllt sie sich mit Blut, erhärtet und vergrößert sich, ragt im ersten Erregungszustand mit ihrer Spitze, der Klitoriseichel, aus der Vorhaut heraus, schlüpft aber vor dem Orgasmus wieder unter die Vorhaut zurück. Dies bedeutet, daß die K. in den fortgeschrittenen Stadien der geschlechtlichen Erregung nicht manuell stimulierbar ist, sondern eher mit Schmerz als mit Lust auf Stimuli reagiert. Im Gegensatz zum Penis enthält die Klitoris keine Zweitfunktionen wie zum Beispiel die der Harnröhre. Als einziges, ausschließlich der sexuellen Reizvermittlung gewidmetes Organ stellt sie ein Unikum unter sämtlichen menschlichen Organen dar.

Seit Jahrzehnten hat sich zwischen Feministen und Psychoanalytikern ein Streit um die Freudsche Theorie des Orgasmus entwickelt. Freud meinte, daß die K. nur als masturbatorisches Organ sinnvoll sei, also eine unreife, auf die Pubertät bezogene Form der Lust vermittele. Erst wenn sich die Lust von der Klitoris auf die Vagina verlege, erreiche die Frau ihre Geschlechtsreife. Da es sich aber herausgestellt hat, daß die Vagina keine nervlichen Reize vermitteln kann, sondern bestenfalls ein gewisses Gefühl der Fülle beim heterosexuellen Geschlechtsverkehr vermittelt, haben sich sowohl Feministinnen wie Lesbierinnen gegen Freuds Konzept des Vaginalorgasmus gewandt. Die somatischen Fakten sind relativ simpel. Beim heterosexuellen Geschlechtsverkehr reizt der Penis die K. durch indirekten Druck auf den Schamberg und durch das Auseinanderdrängen der kleinen Schamlippen. Bei den Penisstößen wird der Körper der K. durch den Zug zu beiden Seiten seiner Vorhaut nach unten gezogen. Die rhythmische Bewegung der K. durch die Kolbenbewegung des Penis bewirkt eine sekundäre Reizung. Zweifellos erstreckt sich der Orgasmus über eine größere Region als die der K., hat also Ähnlichkeiten mit Freuds Vorstellung des vaginalen Orgasmus. Jeder erfahrene Mann und jede erfahrene Lesbierin wird aber stets versuchen, durch manuellen Druck auf das Schambein eine zusätzliche Stimulierung der K. vorzunehmen.

Klitorisspaltung, eine ostafrikanische Sitte, die die Frau einen Teil ihrer Orgasmusfähigkeit kostet und dem Mann angeblich größere Lust bereitet. Die Klitoris kann der Länge nach in sechs bis acht Teile zerlegt werden. Vgl.: Infibulation, Klitoridektomie.

Knabenbordelle gab es seit dem Altertum. Sowohl in Hellas wie in Rom waren sie verbreitet. In China bestand die Praxis, die Knaben entblößt auf Holzpflöcke verschiedener Größen zu setzen, um sie langsam an die Einführung des Penis eines Erwachsenen in ihren Anus zu gewöhnen. → Bal Graffart, Didaskalophilie, Enfants du Prado, Homosexualität, Kinderprostitution, Knabenehe, Knabenharem, Päderastie, homosexuelle Prostitution.

Knabenehen, homosexuelle Ehen zwischen Knaben und Männern, hat es in verschiedenen Zivilisationen zu verschiedenen Zeiten gegeben. Der Raub des Ganymed durch Zeus, des Chrysippos durch Laios läßt vermuten, daß es bereits im alten Hellas eine Art homosexueller Raubehe gegeben hat. Ephoros berichtet, daß die Kreter, bei denen die gleichgeschlechtliche Liebe besonders verbreitet war, eine formalisierte Art des Knabenraubs gekannt hätten. Und zwar kündigte der Liebhaber den Verwandten des Jünglings etwa drei oder mehr Tage vorher an, daß er den Raub beabsichtige. Es wurde als größter Schimpf angerechnet, wenn sie den Jüngling verbergen oder ihn nicht den verabredeten Weg gehen lassen wollten, da sie damit eingestanden hätten, daß der Jüngling dieses Liebhabers nicht würdig sei. War der Räuber nach seinem Stand und auch sonst dem Jüngling gleich oder gar vornehmer als dieser, führten die Verwandten ein Zusammentreffen herbei, leisteten formellen Widerstand und verfolgten den Räuber auch eine Weile, um dem Gesetz zu genügen. Im übrigen aber ließen sie die Entführung willig zu. Nur »Unwürdigen« wurde der Jüngling entrissen. Die Verfolgung hörte auf, sobald der Jüngling bis zur Behausung (Andreion) des Räubers gelangt war. Diese unter der Zeremonie des Liebesraubs stattfindende geschlechtliche Verbindung fand in den ältesten Zeiten auch in anderen griechischen Staaten statt, etwa in Korinth. In Grönland dagegen soll es bis ins 19. Jahrhundert sogenannte Achnutschiks oder Schupans gegeben haben, Knaben, die als Mädchen angezogen und ausgebildet wurden, um homosexuelle Männer formell zu heiraten. Ähnliche Sitten werden von den Tschuktschen, verschiedenen nordamerikanischen Indianerstämmen und den westaustralischen Ureinwohnern berichtet. → Homosexualität, Knabenharem, Päderastie, homosexuelle Prostitution, Unzucht mit Kindern. Vgl.: Achnutschik, Basir, Basm, Batscha, Berdache, Bote, Epanga, Mujadores, Ovashengi, Puer sanctus, Pumea, Schupan, Tschukadn, ritueller Transvestitismus.

Knabenharems gab es sowohl in Arabien wie in der Türkei und im alten Rom. Kaiser Commodus soll einen solchen Harem von dreihundert Knaben gehabt haben. → Bal Graffart, Didaskalophilie, Enfants du Prado, Homosexualität, Kinderprostitution, Knabenbordell, Knabenehe, Päderastie, homosexuelle Prostitution.

Knabenliebe → Päderastie.

Knebelung taucht oft in der Traumwelt, den Wunschträumen und der Praxis der Sadisten, Masochisten und einiger Fetischisten auf. Der Sadist will ein Opfer seinem Willen unterwerfen und raubt ihm deshalb die Macht der Stimme, des Schreiens, des Protestierens. Der Masochist will sich dem Willen eines anderen Menschen unterwerfen und bittet deshalb, geknebelt zu werden. Oft tritt an die Stelle der K. ein Maulkorb, der durch seine tierischen Assoziationen die Reduktion des Menschen zum Opfer noch mehr hervorhebt. Selbstknebelung gehört zur Standardpraxis des Automasochisten. In all diesen Fällen tritt oft aus Versehen der Tod ein, denn es ist außerordentlich schwierig, sich selbst oder einen anderen Menschen zu knebeln, ohne dabei Ersticken zu verursachen. Improvisierte Knebel, die nur dazu dienen sollen, das Opfer am Schreien zu hindern, führen bei der Entdeckung von Pädophilen und anderen nichtsadistischen Psychopathen auch oft zu der völlig falschen Diagnose des → Lustmordes, weil auch hier das Opfer manchmal erstickt, ohne daß der Psychopath die Absicht des Tötens hat. → Fesselung, Fetischismus, Masochismus, Sadismus, Selbstfesselung, Selbsterhängung, Selbsterstickung.

Knöpfe und Knopflöcher sind Sympbole des Penis und der Vagina. Das Auf- und Zuknöpfen ist seit der Entdeckung des Knopfes als Symbol des Koitus verstanden worden. Erschien im Stummfilm die Großaufnahme einer Hand, die einen Knopf öffnete, so wußte das Publikum aller Länder, ohne daß man etwas hätte erklären müssen, daß zwei Menschen nun koitieren würden. Es gibt Knopffetischisten, die gigantische Sammlungen von (vorzugsweise gebrauchten) Knöpfen besitzen und diese Knöpfe wie einen Privatharem betrachten (→ Haremskult). Neuerdings hat sich ein ganz ähnlicher Symbolismus und eine neue Art des → Fetischismus um den Reißverschluß (»Reizverschluß«) entwickelt. Vgl.: Korsett, Krawatte, Schuhfetischismus (besonders die Faszination des Knöpfstiefels. Siehe auch den Knopffetischismus im Werk von Knut Hamsun, besonders in *Hunger*).

Kognaten [lat.: cognati], nach römischem Recht alle von den gleichen Stammeltern abstammenden Blutsverwandten in beiden Linien (→ bilineare Deszendenz). Nach germanischem Recht dagegen alle Blutsverwandten, die in weiblicher Linie von derselben Stammutter abstammen (→ matrilineare Deszendenz). In der heutigen Abstammungslehre ist die römische Definition der K. übernommen worden. Vgl.: Agnaten.

Kohabitation [lat.: cohabitatio = Beiwohnung] → Koitus.

Kohärenzfetischismus [lat.: cohaerentia = Zusammenhang, Berührung], ein von Magnus Hirschfeld geprägter Begriff, der die Gruppe der auf die Haut gerichteten Fetische unter einen Gemeinnenner bringen sollte, z.B. Schönheitspflästerchen, Tätowierungen, Schminke, Puder, Lippenstift, Nagellack, Augenschminke, Augenbrauenstifte, Maskara, falsche Wimpern, falsche Haare, Perücken, falsche Brüste, falsche Zähne, Zahnbrücken, Goldplomben, künstliche Fingernägel, Brillen, Monokel, Kneifer, Lorgnons, Zigarettenspitzen, Taschentücher, Taschenuhren, Armbanduhren, Armbänder, Armreifen, Fingerringe, Ohrringe, Halsketten, Fußketten, Haarspangen, Haarnadeln. Aber auch Bidets, Klosetts, Nachttöpfe, Fußwannen, Waschbecken, Badewannen. Das Einseifen und Einölen des menschlichen Körpers genießt bei manchen Kohärenzfetischisten besondere Verehrung, und die dazu benutzten Substanzen (Seifen, Hautöle, Shampoos) werden mit besonderen Leidenschaft gesammelt.

Hirschfeld unterscheidet den K. vom → Adhärenzfetischismus, womit er all die Varianten des → Kleidungsfetischismus meint. Vgl.: Amputationsfetischismus, Fetischismus, Fußketten, Genitalmaske, Halsband, Halskette, Keuschheitsgürtel, Ölfetischismus, Ohrring, Penisfutteral, Prothesenfetischismus, Regelbindenfetischismus, Schmuck, Suspensorium, Taschentuchfetischismus, Windelfetischismus.

Koitus [lat.: coire = zusammengehen], der menschliche Geschlechtsakt. Die Einführung des Penis in die Vagina und die gemeinsame Erzeugung des gegenseitigen → Orgasmus eines Mannes und einer Frau. Hierbei kann eine Befruchtung eintreten. Sie ist aber nicht identisch mit dem K., sondern stellt ein koinzidentelles Nebenprodukt des K. dar. Die Aktion des K. ist der eines Kolbens in einem Zylinder vergleichbar. Um die Friktion hervorzurufen, die den Orgasmus auslöst, müssen beide Partner ihre Körper im gleichen Rhythmus aufeinander zu- und voneinander fortbewegen. Jedes Paar hat einen anderen Rhythmus, und jeder Rhythmus erfordert Einfühlungsgabe und Muskelkontrolle. Die Vorstellung, daß jeder Mensch von Natur die körperliche Fähigkeit habe, einen anderen Menschen sexuell zufriedenzustellen, ist erstaunlich naiv. »Jeder Mensch kann ficken«, heißt es in der berühmtesten Maxime des Abortkritzlers. Zweifellos. Aber wie gut?

Je älter der Mensch wird, je mehr sein Körper an Kraft, Agilität und Geschmeidigkeit verliert, um so schlechter koitiert er. Zum guten K. gehören Wendigkeit, Ausdauer und Muskelkraft. Von den psychischen Qualitäten der Liebe soll hier nichts gesagt werden. Man besitzt sie oder man besitzt sie nicht. Niemand kann sie lehren. Man lernt sie bestenfalls von der Geliebten oder dem Liebhaber, gewiß aber nicht aus diesem oder einem anderen Buch. Die körperliche Ausbildung jedoch kann man sich verschaffen. Die größten Feinde des K. sind Gleichgültigkeit, Trägheit und Gewohnheit. Die Vorstellung, daß alles von selber klappt, ist tödlich. Die faulen Muskeln, der wachsende Bauch, das träge Fett, die schlaffen Brüste, der schlechte Atem, die ungewaschenen Genitalien sind größere Feinde des K. als mangelnde Liebe.

Voraussetzung des erfolgreichen K. ist gegenseitiges Interesse: genügendes Interesse, um beim Manne Erektion und bei der Frau Schlüpfrigkeit der Scheide hervorzurufen. Beides sind Reflexvorgänge, die nicht vom Willen kontrolliert werden können. Sie können aber in zwei völlig verschiedenen Formen und über zwei gänzlich verschiedene Nervensysteme hervorgerufen werden – entweder durch psychische Reizung, z.B. durch den Anblick des nackten Körpers (Erotisierung des Zentralnervensystems), oder durch physische Reizung, z.B. Küssen, Berühren der Brüste, Berührung der Genitalien (bedingte Refle-

xe). Das Effektorzentrum, das Peniserektion und Scheidensekretion hervorruft, liegt im Kreuzbeinanteil des Rückenmarkes. Es wird aber seinerseits erst durch übergeordnete Nervenzentren im Zwischenhirn und in der Großhirnrinde angeregt. Die zu den Schwellkörpern (Genitalien, Brüsten, Brustwarzen) führenden Arterien erweitern sich hierdurch, während die ableitenden Venen durch Muskelkontraktion abgedrosselt werden. Eine Blutstauung tritt ein, die zur allgemeinen → Tumeszenz führt. Der Penis des Mannes schwillt an und richtet sich auf. Brüste und Brustwarzen der Frau versteifen sich. Die Vulva entfaltet sich, die Klitoris schwillt an, die großen Schamlippen schwellen an und entfalten sich, die kleinen Schamlippen schwellen gleichfalls an und werden dunkler, die Vagina öffnet sich und neigt sich sichtbar vor, die Cowperschen und Littréschen Drüsen des Mannes, die Bartholinschen und Skeneschen Drüsen der Frau erhöhen ihre Sekretion.
Die Einführung des Penis in die Vagina stellt für die reife Frau einen entscheidenderen Vorgang als für den Mann dar. Manche Frauen beschreiben dies als den eigentlichen Höhepunkt des K. Man nennt diesen Typ der Frau den vaginalen (im Gegensatz zum klitoralen) Typ (→ Klitoralorgasmus, Vaginalorgasmus). Sofort nach Einführung des Penis und mit Beginn der rhythmischen Gegenbewegungen beider Partner kontraktieren Damm- und Beckenmuskeln, Levator und Analschließmuskel. Beim Ansteigen der Erregung beginnt bei der Frau auch der Scheidenschließmuskel spastisch zu kontraktieren. Die Bewegungen werden rascher und heftiger, der ganze Körper nimmt an der Erregung teil, der Blutdruck steigt, Atmung und Herztätigkeit intensivieren sich. Die gegenseitige Friktion bewirkt eine immer stärkere Reizung von Glans und Klitoris, die ihren Höhepunkt im → Orgasmus, einem spastischen Reflex mit Atemstockung und Bewußtseinstrübung, findet.
Auf diesem Höhepunkt, der → Akme oder → Klimax des Orgasmus, tritt bei der Frau eine Relaxion des Muttermundes und des Halskanals ein. Der zähe, glasige Schleimpfropf, der normalerweise den Muttermund fest verschließt, wird explosiv herausgeschleudert, während beim Mann im gleichen Stadium die → Ejakulation erfolgt. Die in den Nebenhoden wie in einem Samenspeicher angesammelten Samenfäden werden durch Muskelkontraktionen in den Samenleiter und von dort in den Vorsteherdrüsenteil der Harnröhre transportiert, von wo sie nach der Beimengung von Sekreten der Samenbläschen und der Vorsteherdrüse als Sperma aus dem Penismund herausgeschleudert werden.

Etwa 200 bis 500 Millionen Samenfäden gelangen so bei dem K. in die Vagina und werden im hinteren Scheidengewölbe deponiert, von wo sie sich durch eigene Kraft (Schwanzbewegung) in den Halsteil der Gebärmutter bewegen. Ihre Geschwindigkeit hierbei beträgt etwa zwei bis drei Millimeter pro Minute. Unter dem Einfluß der Bauchhöhlenwärme, der sie dort ausgesetzt sind, verlieren sie innerhalb von 24 bis 48 Stunden ihre Befruchtungsfähigkeit.
Die Intensität des Orgasmus hängt weniger von der Schönheit des Sexualpartners oder der Intensität der Liebe ab, die der eine für den anderen empfindet, als von dem Zufall, daß der andere unsere unbewußten Sexualwünsche errät. »Der intensivste Orgasmus findet nur statt, wenn das geheime sexuelle Ziel des Individuums erreicht ist« (Stekel). Der ganze Vorgang dauert fünf bis zehn Sekunden. Die → Detumeszenz setzt sofort ein. Kein Mann kann durch Willenskraft den Penis nach dem Orgasmus in Erektion halten. Vgl.: Aktivität und Passivität, Analkoitus, Befriedigung, Begattung, Bett, Coitus, Endlust, Entspannung, Figurae veneris, Fortpflanzung, Fraudieren, Geschlechtsverkehr, Hingabe, Immissio, Karezza, Liebesspiel, Liebkosungen, Lust, Mammalkoitus, Nachlust, Neugier, Paarung, Paarungszeit, Pedicatio, Petting, sexuelle Potenz, Präliminarien, Pygismus, Rückzieher, Susceptio, Tumeszenz, Vorehelicher Geschlechtsverkehr, Vorlust.

Koitusangst, die Angst vor Geschlechtsverkehr, kann viele Gründe haben und gibt sich meist als Askese (aus religiösen Gründen) oder als Keuschheit (aus moralischen Gründen) aus. Aber es gibt auch eine K. aus ästhetischen Gründen: Manche Menschen finden die Genitalien des eigenen oder des anderen Geschlechts so häßlich, daß sie sich ekeln. Andere Menschen finden bereits die Nähe eines anderen Körpers ekelerregend, und wiederum andere können die Vorstellung des »In-einen-anderen-Körper-Hineinhackens« oder »Hineingehacktwerdens« nicht mit ihren Ideen der Menschenwürde verbinden. In all diesen Fällen liegen ernste Neurosen vor, die sich auch unabhängig vom Geschlechtsverkehr als schwerwiegende psychosomatische Erkrankungen auswirken. Vgl.: Abstinenz, Angoisse de toucher, Askese, Cypridophobie, Délire de toucher, Distanzliebe, Doppelliebe, Familiensklaven, Flucht vor der Liebe, Genitalangst, Horror sexualis partialis, Keuschheit, Liebeshaß, Ligatur, Repulsionskräfte, Schattenliebe, Sexualmord, Sexualneurose. Zur K. des Mannes → Antifeminismus, Erektionsangst, Frauenhaß, Gynäkophobie, Impotenzangst, Kastrationsangst, Männlicher Protest, Misogynie, Penisstrangulation, gezahnte Vagina. Zur K. der Frau → Androphobie, Deflorationsphobie, Dianakomplex, Frigidität, Geburtsangst, Hymenismus, Männerhaß, Misandrie, Penisneid, Vaginismus.

Koitusbewegungen sind wichtiger als Koituspositionen. Unendlich viel ist über die letzteren geschrieben worden – und alles eher aus prahlerischen als aus didaktischen Gründen. Denn es gibt kein Koitusposition, die ein unternehmungsfreudiges Paar nicht früher oder später für sich selber entdeckt. Aber die Koitalbewegungen sind in der westlichen Welt verkümmert. Nur diejenigen Männer und Frauen, die in Afrika, Asien und anderen Teilen des Orients gelebt oder Menschen dieser Landstriche geliebt haben, erfahren meist mit einem Schock des Erwachens, was sie bis dahin verpaßt hatten. Der grundsätzliche Unterschied zwischen der westlichen und der östlichen Technik der Liebe liegt also ganz und gar nicht in den »Positionen«: alles, was wir tun, tut man auch dort. Und alles, was man dort tut, tun auch wir. Ein gewisser Unterschied ist, daß die Positionen, die wir am häufigsten gebrauchen, dort selten sind und daß jene Positionen, die dort zur Norm gehören, bei uns noch immer als Abarten gelten. Der wichtigere Unterschied aber ist der, daß wir stets, einerlei welche Position wir einnehmen, eine Vor-und-zurück- (oder eine Auf-und-ab)-Bewegung ausüben, während man sich in vielen anderen Teilen der Welt rotierend bewegt.

Die sensitivste Region der Frau liegt um die Klitoris, die des Mannes im Frenulum. Sollen diese beiden Zonen in möglichst vielfältige Berührung miteinander gebracht werden, ist die in Europa übliche Bewegung ungeeignet, ihren Zweck zu erfüllen. Es ist deshalb kein Zufall, daß zu den erotischen Tänzen aller Nationen – den mahlenden Bewegungen der Striptease-Tänzerin, dem sogenannten Bauchtanz in Nordafrika und im Mittleren Osten oder der Hula-Hula im Pazifik – ein Kreisen der Hüften gehört. Es ist die einzige Bewegung, die Männer und Frauen gleichermaßen vollauf befriedigen kann. Eine andere Variante, die nur wenige westliche Frauen kennen (aber die amerikanischen Neger haben sich ihre Kenntnis bewahrt), ist eine kurze, sehr rasche Art von Zittern, das entweder seitwärts oder vor- und rückwärts stattfinden kann. Die Bewegung ist so schnell, daß sie fast einem Vibrieren gleicht. Wer jemals eine gute Shaketänzerin gesehen hat, wird wissen, was hier gemeint ist. Da wir diese Bewegungen nicht beim Tanzen lernen, sind sie uns fremd. Wir müssen sie anderswo lernen. Das Lernen lohnt sich, denn sie haben den zusätzlichen Vorteil, schlank zu machen. Es gibt keine bessere Schlankheitskur – und auch keine gesündere Gymnastik

– als den Rhythmus des gesunden Geschlechtsverkehrs.

Koituspositionen sind von Tausenden von Autoren und Künstlern seit der Erfindung von Schrift und Kunst dargestellt worden. Die frühesten Zeichnungen und Plastiken der Menschheit befassen sich mit diesem beliebten Thema. Die griechischen Hetären Elephantis, Kyrene, Nike und Kallistrate schrieben Lehrbücher der Erotik, in denen die K. den Vorrang einnahmen. Astyanassa, die Dienerin der Helena, und Philainis, die griechische Dichterin des 5. Jahrhunderts v. Chr., folgten den Spuren der Hetären. Hesychios, Pasmos, Sphodrias, Didymus, Martial, Sabellus, Suidas behandelten das Thema in Hellas und Rom. In der Renaissance illustrierten Carracci und Giulio Romano die 24 Positionen Aretinos. Friedrich Carl Forberg (1770–1848), der gleichzeitig mit Fichte als Philosophieprofessor in Jena wirkte, begann 1807 seine Tätigkeit als Bibliothekar in Coburg und verbrachte mehr als ein Jahrzehnt seines Lebens mit dem Studium aller Zeugnisse der Antike, des Mittelalters und der Renaissance, um eine vollständige Liste erotischer Positionen zusammenzustellen. Diese Liste, sicherlich die beste, die es gibt, mutet heute so grotesk an wie der Versuch, die Mathematik der »himmlischen Körper« im Nackballett darzustellen. Auch Theodor van de Veldes Liste der zwanziger Jahre wirkt eher komisch als hilfreich. Wer sich nicht seine eigenen K. ausdenken kann, dem helfen Bücher ganz gewiß nicht, sich in einen Meister der Liebe zu verwandeln. → Abwechslung im Geschlechtsverkehr, Aktivität und Passivität, Analkoitus, Catena, Dodekamechanon, Facies ad faciem, Positio aversa, Positio obversa, Spintrien, Symplegma, Venus aversa, Venus observa.

Koitusverletzungen sind sehr häufig, aber selten ernst. Bei manchen Männern erzeugt jeder Koitus kleine Hautrisse im Frenulum, die jedoch innerhalb eines Tages wieder heilen. Gefährlich sind sie nur als Quelle möglicher Infektionen. Seltener sind Verletzungen der eigentlichen Schwellkörper (→ Fractura penis), bei denen Blutungen und Urininfiltration auftreten. Man hat derartige Zufälle besonders beim Beischlaf im Sitzen und Stehen beobachtet. Bei stürmischer Kohabitation kann es auch durch Einreißen der Harnröhrenschleimhaut und Blutungen in die Samenblasen zur Absonderung blutigen Spermas kommen. Reißt das Glied von der Haut los, kann es unter die Schamfuge oder in den Hodensack zurückrutschen (→ Penisluxation). Bei großen Hodenbrüchen werden manchmal während des Geschlechtsaktes die Hoden gequetscht. Hierher gehört das auf dem Lande verbreitete → Dengeln, wobei die Mädchen zur Erhöhung ihrer Geschlechtslust mit der Hand die Hoden ihrer Liebhaber quetschen. Auch im Orgasmus kann der weibliche Partner dem Mann mit der Hand schwere Verletzungen an den Geschlechtsteilen beibringen. Ein Mädchen suchte im Orgasmus, als ihr Partner das Glied zurückziehen wollte, dies durch Zupacken zu verhindern und riß ihm dabei den ganzen Hodensack auf. Auch sind mehrere Fälle von zum Teil schweren beim → Coitus in os beigebrachten Bißwunden am Penis beschrieben. In der Abwehr können Frauen bei Notzuchtsdelikten ebenfalls dem Manne schwere Verletzungen an Hoden und Penis beibringen. Ihre Prognose ist gut, da Wunden an den Genitalien sehr schnell heilen. Bei der Frau sind die Koitusverletzungen bei weitem nicht so mannigfaltig. Es handelt sich neben typischen Hymenrissen, vor allem beim ersten Beischlaf, um Einrisse des Schambandes, der kahnförmigen Grube oder (besonders bei Kindern, aber auch bei Erwachsenen, wenn der Akt mit besonderer Brutalität ausgeführt wird) am Damm. Sie führen meist zu bedrohlichen Blutungen. Scheidenrisse nach hinten bis in den Mastdarm, nach oben in die Bauchhöhle und nach vorn in die Harnblase entstehen fast immer durch Einführen eines Fremdkörpers vor allem des Fingers; durch den Penis nur dann, wenn zwischen den Genitalien der Geschlechtspartner ein starkes Mißverhältnis besteht, also bei Jugendlichen, angeborenen Mißbildungen (Infantilismus, abnorme Kürze und Enge der Scheide, Septumbildung) oder Altersschrumpfung der Scheide. Es sind meist typische Platzwunden, die aber oft wie Schnittwunden aussehen. Merkwürdigerweise sind es selten Deflorationsverletzungen, sie werden vielmehr meist bei Frauen beobachtet, die schon länger Geschlechtsverkehr, ja schon geboren haben. Ihre Entstehung begünstigen vor allem besondere Stellungen beim Akt, Trunkenheit, erster Beischlaf mit einem fremden Manne oder Gewaltanwendung seitens des Mannes bei Gegenwehr der Frau. Bei »perversen« Geschlechtsakten können ebenfalls Verletzungen der Genitalien vorkommen, bei der → Zooerastie z. B., wenn sich Männer oder Frauen von Hunden bespringen lassen und durch plötzliches Herausreißen des Hundepenis der Penisknochen Einrisse am After oder in der Scheide bewirkt oder wenn die Pfoten des Tieres Kratzwunden hervorrufen. Auch durch brüskes Einführen des Gliedes in den After bei der → Pedicatio sind Schleimhautrisse im Mastdarm und am After beobachtet worden. Vgl.: Deflorationspyelitis, Dengeln, Penis captivus, Penisluxation.

Psychischer Koitus, ein von Hammond geprägter Begriff, der die

Fähigkeit ausdrücken soll, ohne Berührung der Genitalien zum Orgasmus zu gelangen. Vgl.: Delectatio morosa, extragenitale Masturbation, Pollution, geistige Selbstbefriedigung, Selbstbefriedigungssurrogate, Wunschzeichnungen.

Koketterie [frz.: Gefallsucht], Flirt, das Auf-sich-aufmerksam-Machen der Frau, die Herausforderung durch Charme, Gestik oder konversationelle Plänkelei. K. bedeutet nicht, daß die Frau zum Geschlechtsverkehr bereit ist. Im Gegenteil, die Frau, die einen Mann verführen will, ist selten kokett. K. ist vielmehr ein patriarchales Spiel, das seine eigenen Regeln hat und nicht notwendigerweise zum Geschlechtsverkehr führt. Die kokette Frau ist eitel und will weniger erobert als »erschmeichelt« werden. Kokette Frauen bevorzugen oft effeminierte Männer, die der weiblichen Mentalität näher stehen als die männlicheren Männer. Vgl.: Courmachen, Freien, Handkuß, Petting, Präliminarien.

Kokotten [franz.: cocotte = Hühnchen], die Kurtisanen der Belle Époque. → Chaperonnière, Dame demoiselle, Demicastor, Demimondaine, Fausse, Femme de cinq heures, Femme de qualité, Kurtisane, Lorette, Mignonne.

Kolligationsfetischismus [lat.: colligare = binden, fesseln], eine sexuelle Substituthandlung, bei der das Fesseln einer Person an die Stelle des Koitus tritt. Wie bei allen Formen des Fetischismus gibt es auch hier harmlose Vorstufen, bei denen ein Mann seine Frau bittet, sich beim Koitus mit einem meist nur symbolischen Strick ans Bett binden zu lassen, oder wo ein Strick, eine Handfessel, ein Riemen, eine Kette, die über dem Bett hängen, schon ausreichen, dem Betreffenden beim Koitus seine Potenz zu geben. Oft geschieht es jedoch, daß der Fesselungstrieb immer stärker wird, so daß der Patient am Ende nur noch die Fessel und nicht mehr die Frau benötigt. Dies führt dann zur → Selbstfesselung, bei der oft unbeabsichtigt (oder vielleicht unbewußt beabsichtigt) der Tod eintritt.

An die Stelle einer wirklichen Fessel, also eines Stricks, einer Kette, einer Handschelle oder eines Riemens, mag in manchen Fällen nahezu jeder andere Gegenstand treten, der eine einschnürende Wirkung hat: eine Zwangsjacke, ein Korsett, ein Gürtel, enge Schuhe, enge Handschuhe, eine Gesichtsmaske aus Gummi, ein Penisfutteral. Der K. grenzt also an viele andere Fetischismen an: Lederfetischismus, Handschuhfetischismus, Maskenfetischismus, Korsettfetischismus, aber auch an andere sexuelle Obsessionen, denn das Einschnüren ist ein sadistischer Wunsch, das Eingeschnürtwerden der Wunsch eines Masochisten. Da der Kolligationsfetischist die Gegenstände, die er sammelt, oft selber trägt und da diese Gegenstände meist weiblichen Ursprungs sind (Frauenkorsetts, Frauenschuhe, Frauenhandschuhe), so dekuvriert sich hier deutlich das Bild eines → transsexuellen oder → transvestitischen Wunsches. Und da er sich bei seinen Verkleidungszeremonien sehr oft im Spiegel zu beobachten sucht, zeigt sich unter der Oberfläche die eigentliche autoerotische, narzißtische Grundlage des Syndroms. → Armband, Automasochismus, Berkeley Horse, Fesselstuhl, Fesselung, Fetischismus, Fußkette, Gürtel, Halskette, Handschuh, Kette, Knebelung, Korsett, Maske, Masochismus, Riemen, Schuh, Selbsterhängung, Selbstfesselung, Stock, Strangulation.

Kolpoplastik [gr.: kolpos = Brust, Schoß; plastikos = formend], die künstliche Herstellung einer weiblichen Brust oder einer weiblichen Scheide, entweder bei der → Geschlechtsumwandlung, bei angeborenen Bildungsfehlern oder auch bei Verkümmerung der Scheide durch Infektionskrankheiten in der Kindheit (Diphtherie, Masern, Scharlach). In das lockere Bindegewebe zwischen Darm und Harnröhre bzw. Blase kann leicht ein Tunnel angelegt werden, der aber verkleidet, also mit Darm, äußerer Haut und Eihaut ausgestattet werden muß. Die Kolpoplastik der Brust wird viel häufiger vorgenommen als die der Scheide. Und zwar durch:

1. Einspritzung von Wachs oder Silikon;
2. Einpflanzung von schaumstoff- oder silikongefüllten Schwellkörpern;
3. Einpflanzung von körpereigenem Fettgewebe aus der Hüft- oder Gesäßgegend.

→ Geschlechtsumwandlung, Transsexualität, Transvestitismus.

Kolporrhoea ex libidine → Vaginorrhoea libidinosa.

Kompensationsabweichung [lat.: compensatio = Ausgleich], sexuelle Handlung, die als Surroyot des Geschlechtsverkehrs dient. Da die kompensierenden Handlungen aber oft autoerotischer Natur sind, z. B. fast alle Formen des Kompensationsfetischismus, kann man kaum noch von einem Geschlechts-»Verkehr« sprechen, denn der Fetischist verkehrt zwar in seiner Einbildung mit seinem Fetisch, in Wahrheit aber nur mit sich selber. Vgl.: Konjunktionsabweichung.

Kondom [Präservativ, »Überzieher«], eine Penishülle, die den Träger vor Geschlechtskrankheiten und seine Partnerin vor Befruchtung schützen soll. Die Etymologie des Wortes K. ist umstritten. Angeblich wurde das

K. von dem englischen Oberst Condom in den 1660er Jahren erfunden. Der Name erscheint zum erstenmal in den Schriften der Höflinge König Charles II. Andere Autoritäten führen das Wort K. auf die französische Stadt Condom (30 km NNW von Auch) zurück, deren Einwohner diese Art des Präservativs im 17. Jahrhundert erfunden haben sollen. Beide Etymologien sind in einem Sinne beweisbar falsch: Präservative aus Fisch- und Tierdärmen waren bereits im Altertum bekannt. Das K. ist bis zum heutigen Tage das einzige Empfängnisverhütungsmittel, das gleichzeitig vor Geschlechtskrankheiten schützt. Seine Nachteile bestehen in der Peinlichkeit, es vor dem Koitus anlegen zu müssen, und in dem starken Verlust an Kontakt mit den Genitalien des Partners, den selbst die besten Kondoms verursachen. Madame de Sévigné sagte bereits vor drei Jahrhunderten: »Es ist ein Spinnweb gegen Gefahr, aber ein Panzer gegen die Liebe.« → Empfängnisverhütung, Verhütungsmittel.

Konjunktionsabweichung [lat.: coniunctio = Verbindung, Zusammenhang], jene Form der sexuellen Triebabweichung, bei der von der gesellschaftlichen Norm abweichende Tätigkeiten zur Einleitung oder Begleitung des Koitus dienen, und zwar im Gegensatz zur → Kompensationsabweichung, bei der diese Tätigkeiten den Koitus ersetzen und damit zur einzigen Form des Geschlechtsverkehrs werden.

Konkubine [lat.: concubina], schon im alten Rom die Geliebte eines Mannes. Dort war das Konkubinat rechtlich geduldet und gemäß der → lex Julia de adulteriis (4–9 n. Chr.) nicht strafbar. Das Konkubinat wurde in der Regel auf Lebenszeit eingegangen. Ein Mann konnte zwar vor dem Erlaß der lex Julia de adulteriis, nicht aber danach eine Ehefrau *und* eine Konkubine haben. Mann und Frau waren auch im Konkubinat zu gegenseitiger Treue verpflichtet, deren Verletzung dem Ehebruch gleichgesetzt wurde. Die aus einem Konkubinat stammenden Kinder hatten gewisse Unterhaltsansprüche auch gegenüber dem Vater. Bei großen Standesunterschieden wurde das Konkubinat oft der Ehe vorgezogen. In der nachjustinianischen Zeit schlug diese Duldung des Konkubinats in das Gegenteil um, und im 9. Jahrhundert wurde es im oströmischen Reich verboten.

In unserem Zeitalter hat sich die Institution des → Rentenkonkubinats eingeführt. Da Witwenpensionen bei einer Wiederverheiratung erlöschen, treten Witwen immer öfter in eine konkubinatsähnliche Beziehung zu Männern, die sie normalerweise heiraten würden, wenn sie dadurch nicht ihre Pension verlören. 1953 haben sich die österreichischen

Bischöfe deshalb energisch gegen jedwede Gesetzgebung ausgesprochen, die zum Rentenkonkubinat führt. → Liaison, Massipia, Mätresse, Ménage, Servante-Maîtresse.

Konstitutionsforschung, die auf den Lehren von Lombroso (1888), Kretschmer (1921), Sigaud und Viola aufgebaute Erforschung des Zusammenhangs zwischen Körperbau und Charakter. Die wichtigsten Werke der K. im deutschen Sprachraum stammen von Mathes (1924), Kühnes (1932), Zeller (1940), Schlegel (1949 et seq.), Undeutsch (1952) und Hartmann (1955). Die hauptsächlich in angelsächsischen Ländern betriebene *physical anthropology* (ethnologische Körpervermessung) hat viel dazu beigetragen, die europäische K. mit ihrer schwer zu zähmenden Verallgemeinerungstendenz auf dem Boden wissenschaftlicher Arbeit zu halten und die europäischen Meßwerte mit Messungen in anderen Kontinenten zu vergleichen. Der anspruchsvollste Verteidiger der K. in Deutschland ist Dr. Willhart S. Schlegel, Leiter des Instituts für Konstitutionsbiologie und menschliche Verhaltensforschung in Hamburg, der in einer Reihe von Werken vier Grundtypen der Menschheit herausgearbeitet hat: den athletischen, den asthenischen, den gynäkomorphen und den andromorphen Typus. Jedem dieser Typen und ihren Zwischenstufen schreibt Schlegel einen ganz bestimmten sexuellen Charakter zu. Selbst die Partnerwahl dieser Typen wird nach Schlegel von der körperlichen Konstitution bestimmt, so daß die freie Wahl des sexuellen Verhaltens begrenzt ist.

Eine solche These setzt die Annahme voraus, daß die Sexualität des Menschen instinktgesteuert sei: wir würden wie Marionetten von den Schnürchen unserer Instikte bewegt und zappelten nahezu willenlos auf der Bühne des Geschlechtsverkehrs. Das Anfechtbare dieser Theorie liegt einerseits in ihrem biologischen Fatalismus, andererseits in der Annahme, daß die Folgerungen, die Schlegel aus seinen deutschen Meßwerten gezogen hat, für die ganze Menschheit gälten. Zumindest finden wir in keinem seiner Werke auch nur eine Andeutung dafür, daß die Folgerungen bestenfalls für die Heimatländer der von ihm gemessenen Personen gelten dürften. Da der Körperbau und die Verhältniswerte gewisser skelettaler Charakteristiken (z.B. Handumfang und Querdurchmesser des Beckenausgangs) aber bei den Rassen der Menschheit sehr verschieden sind, ist es zweifelhaft, ob die Folgerungen, die Schlegel aus seinen deutschen Probanden zieht, auch auf (beispielsweise) Bantus, Chinesen, Melanesier, australische Ureinwohner oder Pygmäen zutreffen. Tun sie das nicht, dann stellt sich die Frage, wieso wir Deutschen hier wieder einmal das auserwählte Volk sein sollen, an dessen Meßwerten die Menschheit genesen solle. Entweder muß die K. ihre Verallgemeinerungen auf die Herkunftsländer der Probanden beschränken, oder sie muß ihre Meßergebnisse ohne allgemein verbindliche Folgerungen darbringen.

konträre Sexualempfindung, ein von dem Berliner Psychiater Westphal geprägtes Synonym für → Homosexualität. Moll hat diesen Ausdruck als Titel eines seiner Werke übernommen.

Kontrollstraße, polizeilich festgelegte und kontrollierte Straße, in der nur Prostituierte wohnen dürfen. Meist fällt der Begriff der K. mit dem der gesundheitlichen Kontrolle von Prostituierten zusammen. Die Logik lautet: Wenn schon Prostitution, dann nur in begrenzten Gebieten, wo man sie überwachen kann. Von hier bis zur Legitimierung des Bordells ist es nur ein kleiner Schritt. → Bicêtre, Blaues Buch, Dispensaire de salubrité, Frauenordnung, Gesundheitsbuch, Maison de tolérance, Prostituiertenreglementierung, Storyville.

Konturerotik, ein Begriff, den der Psychoanalytiker Max Rudolf Senf geprägt hat, um gewisse Formen des → Narzißmus zu definieren. Es handelt sich um die Erkenntnis der eigenen Kontur im Spiegel. Giese hat dieses Thema sorgfältig ergründet. Das eigene Geschlecht präsentiert sich zunächst und vor allem im eigenen Körper. Im Zusammenhang des In-Erfahrung-Bringens der eigenen Sexualität können sich wichtige Fehlhaltungen etablieren, bei denen es, allgemein gesagt, um das Verhältnis zum eigenen Leib geht (Homosexualität, Transsexualität, Transvestitismus).

Eine interessante Rolle in diesem Zusammenhang spielt der Spiegel. Es lohnt sich, auf die Spiegelszenen in der lebensgeschichtlichen Entwicklung des einzelnen zu achten. S. Lacan spricht von einer »Spiegelstufe« der Säuglingsentwicklung (die ersten 6–18 Monate). Im Spiegel mag der Heranwachsende in besonders ichbetonter Weise entdecken, daß sein Genitale gemessen an dem der Kameraden, anders gestaltet ist. Er sieht sich selbst als Ganzes, gewissermaßen als ein ›bewegliches Abbild‹, leibhaftig erst im Spiegel. »Auf dem Wege der unmittelbaren Selbstbetrachtung kann er sich nur unzulänglich erfahren. Die Gegenüberstellung mit dem eigenen Spiegelbild kann von eindringlicher Bedeutung werden, sowohl dort, wo die Entdeckung der Eigenheiten mit Befriedigung erlebt wird, als auch in den umgekehrten Fällen (Giese).« Bei Konturerotik geht es also prinzipiell um sexuelle Partnerschaft mit dem im Körper erscheinenden eigenen Leib. Es ist die sinnliche Wahrnehmung des Sehens, orientiert an der Kontur des eigenen Körpers. Bei 25 Prozent der Männer, aber überraschenderweise nur bei 1 Prozent der Frauen fand Kinsey sexuelle Stimulierbarkeit durch den Anblick der eigenen Genitalien oder durch deren Betrachtung im Spiegel während masturbatorischer Akte. Giese erklärt diese Tatsache dadurch, daß die an und für sich intensivere Konturerotik der Frau im Kosmetischen und in der Mode ihre Befriedigung findet. Die Gesellschaft bietet ihr die Möglichkeit einer Sublimierung, die festen Status in der Gesellschaftsordnung hat. Dadurch wird das Risiko des sekundären Narzißmus herabgesetzt. Die Konturerotik schlüpft sozusagen aus dem Schlafzimmer in die Öffentlichkeit.

Konvergenz, sexuelle, das Zustandekommen ähnlicher sexueller Verhaltensweisen bei Frau und Mann unter dem Einfluß ähnlicher sozialer und ökonomischer Einflüsse auf beide Geschlechter. Gegensatz: Polarisierung, sexuelle.

Koprographomanie, Koprographie [gr.: kopros =Kot; graphein = schreiben], das zwanghafte Verfassen und Versenden anonymer Briefe unflätigen Inhalts. Der Begriff setzt sich zusammen aus dem griechischen Wort für Kot, dem lateinischen Wort für Griffel und dem griechischen Wort für Wahnsinn – es handelt sich also um die wahnhafte Vorstellung, über Kot und Unflat schreiben zu müssen. → Erotographomanie, Pornolalie, Pornographomanie.

Koprolagnie [gr.: kopros = Kot; lagneia = Lust], Kotlust, Kotorgasmus, eine Verschiebung der Orgasmuszone von den Genitalien auf den Anus. An die Stelle der Lustempfindung beim Ausscheiden von Samen tritt eine Art Ejakulationslust beim Ausscheiden von Kot. → Analerotik, Harnorgasmus, Proctolagnie.

Koprolalie [gr.: kopros = Kot; lalia = Geplauder], der Drang, unflätige Worte auszusprechen. Der davon Befallene versucht oft mit größter Willenskraft, die Worte zurückzuhalten, die sich ihm aufdrängen. Trotzdem wird er oft mitten in einer normalen Unterhaltung mit lauter Stimme eine Reihe anstößiger Worte herausschreien, die alle etwas mit Kot, Harn, Schmutz oder Teilen des Gesäßes oder des Afters zu tun haben. → Pornolalie.

Koprophagie [gr.: kopros = Kot; phagein = essen], Kotessen, eine Zwangshandlung bei Schizophrenen und eine sexuelle Zwangsvorstellung bei Exkrementfetischisten, Masochisten und extremen Formen der Analerotik. Sie beruht auf der libidinösen Einstellung des Säuglings zu seinen Fäkalien und stellt damit eine Form des sexuellen Infantilismus dar. Bei Masochisten allerdings ist das Syndrom ein anderes. Sie schätzen weder den Geruch des Kots (das tut nur der Geruchsfetischist) noch den Geschmack der Fäkalien (das tut nur der Picazist und der wahre Kopromane), sondern wollen sich einfach erniedrigen und finden in der Erniedrigung des Kotessens ihre Befriedigung. Zum Thema Kotfetischismus → Exkrementophilie, Koprolagnie, Koprophilie, Kopropraxie, Kotschmierer, Spinatstecher, Stercoraire. Zum Thema des Kotessens und Urintrinkens → Épongeur, Renifleur, Skatophagie, Soupeur, Urophagie, Uropotie. Zum Thema der masochistischen Selbsterniedrigung → Masochismus, Mysophilie, Nachttopfsklave. Von zahlreichen Autoren ist eine lange Reihe hierhergehöriger Fälle aufgezeichnet worden, in denen sich Männer von Frauen auf die Brust oder in den Mund defäzieren lassen, »als präparatorische oder als Ersatzakte«. Merzbach erzählt von einem jungen Lebemann, der in den Kreisen der eleganten Demimonde sowohl durch seine Freigebigkeit als auch durch seine »Perversität« bekannt war. Er führte stets einen kleinen, goldenen Teller und einen ebensolchen Löffel mit sich. Auf diesen Teller mußte das Mädchen defäzieren, während er mit dem goldenen Löffel die frischen Fäzes verzehrte. Die K. war übrigens bereits im Altertum bekannt. Denn schon über Caligula wird berichtet: »et quidem stercus uxoris degustavit.« Ebenso erwähnt Galen diese Prädilektion, die auch de Sade in seine Romane aufgenommen und Pasolini in seinem letzten Film (»Salò«) vorgeführt hat.

Koprophilie [gr.: kopros = Kot; philia = Freundschaft, Liebe], Kotliebe, eine sexuelle Triebneigung, die auf die analerotische Entwicklungsphase des Kindes zurückgeht. K. ist nicht auf den Menschen beschränkt, sondern findet sich auch bei anderen Primaten, z.B. beim Schimpansen, und dient dort als eine Art Selbstbefriedigung. Der Koprophile sammelt die Fäkalien seiner Freunde oder Geliebten und benutzt sie zum Onanieren oder trocknet und etikettiert sie und betreibt mit ihnen einen »Haremskult«. Koprophile sammeln auch oft Klosettpapier, behandeln es, als ob es ein Liebesbrief sei, und versehen jedes Stück Papier sorgfältig mit Namen und Datum. Die K. beginnt meist als eine vage Form des → Analfetischismus, also als eine besondere geschlechtliche Faszination für den »Popo«, die Nates, des anderen Geschlechts und engt sich langsam auf die Analregion, den Anus, und endlich die Analprodukte, also den Kot ein. Anfangs liebt man noch die Frau, die den Kot ausscheidet, und bittet sie, beim Defäzieren dabeisein zu dürfen, also als eine Art Voyeur des Kotausscheidens dienen zu dürfen, aber allmählich wird der Kot wichtiger als die Person, die ihn ausscheidet. Der Patient gibt an, keine Geliebte mehr zu benötigen, denn sein eigener Kot oder der einer Frau in einer öffentlichen Bedürfnisanstalt (oder bei homosexuellen Kopromanen der eines Mannes) genüge ihm, um sein sexuelles Bedürfnis zu befriedigen. Der Patient beschmiert sich mit Kot oder zerdrückt ihn in der Hand oder ißt ihn oder onaniert in ihn hinein. Die Ursache der K. liegt in der Lustempfindung des Kleinkindes beim Defäzieren und stellt deshalb eine Form des sexuellen Infantilismus dar. → Abortfetischismus, Analerotik, Exkrementophilie, Gesäßerotik, Klistieromanie, Koprophagie, Koproph, Kotschmierer, Lambitus ani, Nachttopffetischismus, Natesfetischismus, Skatophagie, Skatophilie, Soupeur, Stercoraire, Tabouret de verre.

Kopropraxie [gr.: kopros = Kot; praxis = Handlung], eine schmutzige Handlung, in der Sexualwissenschaft aber meist als Analexhibitionismus beschrieben: als Entblößung des Afters, der Nates, des Gesäßes. → Analerotik, Cucurbitacée, Exhibitionismus, Gesäßerotik, Natesfetischismus.

Kopulation [lat.: copulatio = Verbindung] → Koitus.

Korophilie [gr.: kore = Mädchen; philia = Liebe], Mädchenliebe, ein von Hirschfeld geprägter Begriff, der die Unfähigkeit mancher Menschen ausdrücken soll, mit anderen als jungen Mädchen sexuell zu verkehren. Hirschfeld dachte hier an ein lesbisches Syndrom, aber das Phänomen tritt noch häufiger bei heterosexuellen Männern als bei homosexuellen Frauen auf und bezeichnet deshalb im heutigen Sprachgebrauch ganz allgemein die Neigung zu jungen Mädchen, im Gegensatz zur Vorliebe für reife Frauen. (Hirschfeld: *Die Homosexualität*.) Vgl.: Bal Graffart, Didaskalophilie, Enfants du Prado, Jungfernschaftsprokurist, Jungfräulichkeitsforderung, Kaunitzprozeß, Kinderballett, Kinderprostitution, Lesbizismus, Neoterophilie, Pädophilie, Parthenophilie, Unzucht mit Kindern, Verführung Jugendlicher, Virginitätsfetischismus.

Körpererotik, das lustvolle Rekeln, Strampeln, Laufen, Springen des Kindes. Der Anfang des Bewußtseins, daß man sich durch Betätigung des eigenen Körpers Lust bereiten kann. Vgl.: Hauterotik, Kinephilie, Muskelerotik, Tastsinn.

Korrespondenzzirkel, eine Gruppe von Menschen mit gleichen erotischen Interessen, die entweder erotische Fotos austauschen oder einander erotische Briefe einer bestimmten Geschmacksrichtung schreiben, zum Beispiel masochistischer Art. Keine sexuelle Minderheit neigt mehr zum Schreiben von solchen Briefen als die Masochisten, die oft Jahrzehnte hindurch »Sklavenbriefe« an eine »Herrin« schreiben, die sie nie kennengelernt haben. Der tragikomische Aspekt der K. besteht darin, daß sich die Mitglieder fast stets als etwas anderes ausgeben, als sie in Wirklichkeit sind. Daß eine alternde Frau, die keinen Mann mehr finden kann, sich in ihren Briefen als schönes junges Mädchen ausgibt, ist noch verständlich. Aber daß Männer sich als Frauen und Frauen als Männer darstellen, macht die Praktik der K. oft zu einer Farce. Die Mitglieder solcher Zirkel sind fast stets Pseudolisten, die in einer Traumwelt leben. → Anonymität, Erotographomanie, Pornographomanie, Pseudolismus, Pseudonym, Sklavenbriefe, Tagebuch.

Korsett [Verkleinerungsform des frz. surcors, des mittelalterlichen Mieders], ein Kleidungsstück zum Einschnüren der Taille. Bei Frauen hat es den zusätzlichen Reiz, die Brüste und das Gesäß um so stärker hervortreten zu lassen, je mehr man die Taille einschnürt. Aus dieser dreifachen Wirkung des Korsetts ergibt sich eine Faszination für den Busenfetischisten, den Gesäßfetischisten und den Analerotiker, aber auch für den Sadisten, der die Schmerzen des engen Einschnürens auskosten will, den Masochisten, der Schmerzen beim Eingeschnürtwerden empfinden möchte, den Transvestiten, der im Korsett das weiblichste aller weiblichen Kleidungsstücke sieht, und den Homosexuellen, der mit Hilfe des K. seinen Geliebten in eine Geliebte verwandeln kann. Daß die einschnürende Wirkung des K. auch manche Frauen sexuell aufreizt, hat bereits Havelock Ellis (1859–1939) im vorigen Jahrhundert betont: »Das starke Schnüren ist ein Faktor geschlechtlicher Erregung und reizt zur Masturbation. Frauen, die nie ein Korsett tragen, empfinden manchmal beim Anlegen eines solchen eine so intensive sexuelle Erregung, daß sie es einfach wieder ablegen und auf seinen Gebrauch verzichten müssen.« → Gürtel, Korsettdisziplin, Korsettfetischismus.

Korsettdisziplin, eine bereits im Namen an die mittelalterliche → Bußdisziplin angelehnte sadomasochistische Praktik. Das Heimatland der K. war England im späten 18. und frühen 19. Jahrhundert, wo sie in Bordells und Geheimklubs als genau festgelegte sadomasochistische Praktik florierte. In der sadistischen Variante schnürte der Kunde eine Prostituierte oder vorzugsweise eine eigens hierfür bezahlte Frau nackt in ein besonders angefertigtes, extra enges und kompliziert verschnürtes Korsett ein, bis sie den Atem verlor und ohnmächtig wurde. Dann kopulierte der Kunde mit der nur halb bewußten Frau. Daß der K. außer ihrer sadomasochistischen Komponente auch ein starker fetischistischer Zug innewohnte, geht unter anderem daraus hervor, daß die Frauen bei dieser Vorführung meist auch hohe, enge Schnürstiefel (→ Schuhfetischismus) und lange, ebenfalls verschnürbare Handschuhe tragen mußten (→ Handschuhfetischismus). In der masochistischen Variante der K. boten sich Damen der besten Gesellschaft, meist in lesbischen Klubs, zu ähnlichen »Disziplinen« an, die in diesem Fall fast stets mit → Flagellation verbunden waren. → Fetischismus, Kolligationsfetischismus, Korsettfetischismus, Masochismus, Sadismus.

Korsettfetischismus, eine sexuelle Substituthandlung, bei welcher der Schlüsselreiz des Orgasmus durch ein Korsett ausgelöst wird. In seiner harmlosesten Form besteht der K. darin, daß der Betroffene, fast stets ein Mann, nur potent sein kann, wenn seine Sexualpartnerin ein Korsett trägt. In seinen gravierenden Formen wirkt sich der K. so aus, daß der Patient Korsetts sammelt oder selbst trägt und vor dem Spiegel onaniert oder bereits beim Anziehen des Korsetts oder beim Zuschnüren zum Orgasmus kommt. In seiner endgültigen und tragischsten Form besteht der K. darin, daß der Fetischist nie zum Orgasmus gelangt und trotzdem nicht dem immer häufiger wiederholten Versuch widerstehen kann. Im K. kommen eine Anzahl sehr verschiedener Komponenten zusammen: Masochismus (der Versuch, sich selber durch allzu enges Zuschnüren Schmerzen zu bereiten); Sadismus (wenn der Betreffende darauf besteht, jemanden anderen so eng wie möglich in das Korsett zu schnüren); Transvestitismus (wenn er gern weibliche Kleidung trägt und das Korsett aus diesem Grund anzieht); Homosexualität (wenn er einen anderen Mann oder manchmal auch sich selber in Gegenwart eines anderen Mannes gern im Korsett sieht); Narzißmus (wenn er sich gern beim Anlegen und Zuschnüren des Korsetts im Spiegel beobachtet). → Automasochismus, Fetischismus, Kolligationsfetischismus, Korsett, Korsettdisziplin, Masochismus, Narzißmus, Sadismus.

Kotschmierer, volkstümlicher Ausdruck für Fäkalfetischisten, die im Onanieren mit Fäkalien anderer Menschen ihre Befriedigung finden. Einen typischen Fall von Kotschmiererei veröffentlichte Bien. Der menschliche Kot wurde vom Patienten zu onanistischen Zwecken verwendet, und zwar direkt als Gleitmittel, quasi als Seifenersatz. In der die Onanie begleitenden Phantasie sah der Patient eine Anzahl von fetten Schweinen, die er untereinander sexuellen Verkehr ausüben ließ und denen er dann als »Höhepunkt« das »Fett abzapfte«, worauf sich der Orgasmus einstellte (*Eine seltene Onanieform,* Zeitschrift für Sexualwissenschaften, 1930).

→ Abortfetischismus, Analerotik, Exkrementophilie, Gesäßerotik, Klistieromanie, Koprolagnie, Koprophagie, Koprophilie, Lambitus ani, Nachttopffetischismus, Skatophagie, Skatophilie, Soupeur, Stercoraires, Tabouret de verre.

Krameltreiber, die Wiener → Zuhälter, die sich auf »Krameln« (kleine Huren der Vorstädte) spezialisiert hatten. Sie trugen, wie die → Strizzi der 1860er Jahre, pomadisierte Haare, glatt auf dem Kopf, aber lockig über den Ohren, weite Hosen, blaue Schürzen, eine zeugene Jacke, Kappen, besonders bunte Krawatten und im Winter kurze Pelzmäntel. Vgl.: Alphonse, Amicus, Aufmacher, Bärentreiber, Frauenmeister, Frauenwirt, Freihat, Freiwirt, Hackerbub, Hurenwirt, Jungfernschaftsprokurist, Kappelbub, Louis, Lude, Ludewig, Pilger, Plattenbruder, Pulion, Purlierer, Sponsierer, Stenz, Strawanzer, Strizzi, Töchterwirt, Zutreiber.

Kranzgeld, nach § 1300 BGB die Schadenersatzsumme, die einer unbescholtenen Verlobten zusteht, wenn sie sich im Hinblick auf die zu erwartende Eheschließung ihrem Verlobten hingegeben hat und dieser dann ohne ihr Verschulden von der Heirat zurücktritt. Gibt sich eine Minderjährige dem Mann hin, der ihr die Ehe versprochen hat, hat sie kein Recht auf K., denn ehe sie ihre Mündigkeit erreicht hat, kann sie sich ohne Erlaubnis ihrer Eltern oder ihres Vormunds nicht rechtskräftig verloben. Da die Unbescholtenheit eines Mädchens schon durch einen einmaligen außerehelichen Verkehr verlorengeht, kann eine sitzengebliebene Braut auch dann kein Kranzgeld mehr verlangen, wenn sie nur einmal vorher mit einem anderen Mann intimen Verkehr hatte (Oberlandesgericht Bamberg; Aktenzeichen: 2 U 86/66). Andererseits kann eine Witwe, die selbstverständlich keine Jungfrau mehr ist, K. verlangen, wenn sie seit dem Tod ihres Ehemannes keinen Geschlechtsverkehr gehabt hat, nun aber mit dem zweiten Mann, der sie heiraten wollte, geschlafen hat und er die Verlobung löst.

Kraurosis vulvae, eine Schrumpfung sämtlicher äußeren Geschlechtsorgane der Frau. Sie befällt hauptsächlich Frauen im → Klimakterium. Es wurde aber auch ein Fall bei einem 18jährigen Mädchen beschrieben.

Krawatten haben stets eine sexuelle Bedeutung besessen. In zahllosen Filmen wurde das Aufknüpfen der Krawatte eines Mannes durch eine Frauenhand als Symbol des Ausziehens und Masturbierens benutzt. Die hängende Krawatte des Mannes gilt dabei unmißverständlich als Symbol des Penis. Es gibt auch einen Krawattenfetischismus, der im Sammeln und Manipulieren von Krawatten besteht. Vgl.: Knöpfe,

Schuhfetischismus, Strumpf, Strumpfband.

Kreisorgie, entweder eine Orgie, die in einem kleinen Kreise stattfindet, oder eine Orgie in Kreisform, d.h. die Teilnehmer liegen oder stehen im Kreise, so daß der letzte Teilnehmer die Kette mit dem ersten schließt und somit alle gleichzeitig miteinander verbunden sind. In den mutterrechtlichen Gesellschaften galt diese zweite Form der K. als die heiligste Form des Geschlechtsverkehrs. Auch bei den kabirischen Orgien und den Bacchanalen galt die K. als die höchste Form der menschlichen Gemeinschaft. → Catena, Gruppensex, Orgie, Partouze, Pluralismus, Schauorgie, Spintrien, Symplegma, Symposion.

Krise, sexuelle → Sexualkrise.

Kristellerscher Pfropf [Samuel Kristeller, Berliner Gynäkologe, 1820–1900], der zähe, glasige Schleimpfropf, der den Muttermund der Frau fest verschließt. Im Augenblick des → Orgasmus wird er herausgeschleudert, um den Weg zur Gebärmutter freizumachen. Die Ausstoßung des K. P. stellt nach Kristeller das Gegenstück der männlichen → Ejakulation dar. Diese Ansicht wird von William Masters bestritten. Die → Pille wirkt u. a., indem sie eine Art permanenten K. P. erzeugt, der dem Sperma den Zugang zur Gebärmutter versperrt. Der angebliche Verlust eines gewissen Maßes an weiblicher Orgasmuslust bei Benutzung der Pille mag hierauf zurückzuführen sein. Vgl.: Verhütungsmittel.

kritische Sexualwissenschaft → Sexualwissenschaft, kritische.

Kultur und Sexualität → Sexualkultur.

Kunst und Sexualität sind eng verknüpft. Obgleich alle kulturellen Aktivitäten des Menschen Sublimierungen des Sexualtriebs sind, zeigt sich der Zusammenhang zwischen Wurzel und Werk nirgends deutlicher als in der Kunst. Die Wahl des dargestellten Subjekts und Objekts (aber auch die Entscheidung, objektfreie Kunst zu schaffen), die Wahl des Werkzeugs, des Instruments, der Farben, des Vokabulars, der Töne und Klangfarben zeigen dem geschulten Beobachter, aus welchen sexuellen Motiven der Künstler schöpft. Darin liegt keine Herabsetzung des Kunstwerks; im Gegenteil, nur was aus einer starken, dem Künstler eigentümlichen Sexualität entstanden ist, kann zur Kunst werden.

Aber auch die Sexualpathologie schlägt sich im Kulturleben nieder, manchmal als kunstzerstörendes Element (→ Bilderschändung, Ikonophobie, Monumentophobie, Statuophobie, Übermalung), manchmal in ungenügend sublimierter Form (→ Abortkritzeleien, Graffiti, Pornographomanie, Wunschzeichnungen).

Ein fetischistischer, unmißverständlich sexueller Aspekt der Kultur zeichnet sich in Mode, Schmuck und Kleidung ab (→ Armband, Fußkette, Genitalmaske, Gürtel, Haar, Halskette, Handschuh, Korsett, Leder, Maske, Ohrring, Puppe, Schmuck, Schuh, Stiefel, Strumpf).
Am deutlichsten wird der Zusammenhang in den klassischen Legenden der Kunstwerke, die zum Leben erwachten (→ Pygmalionismus, Venus statuaria) und in der Kunst des Mittelalters (→ Chanson, Chanson de la maumariée, Chanson de toile, Fabliau, Facetiae, Fatzmänner, Frau Aventiure, Frau Minne, Frau Welt, Jeu parti, Jongleur, Jongleresse, Ménestrelles, Ménestrels, Mère sotte, Minne, Minstrels, Pastourelle, Senhal, Troubadours, Trouvères, Winileod). Zum Zusammenhang zwischen Sexualmilieu und Malerei → Perroquet-Gris, Salon Cadet, Von besonderem Interesse ist die noch in der Etymologie erkennbare Sexualwurzel des → Jazz.

Kuppelei als selbständig strafbare Unterstützung fremder Unzucht ist erst seit der Gesetzgebung des 16. Jahrhunderts, insbesondere der peinlichen Halsgerichtsordnung Karls V., der sogen. »Constitutio Carolina criminalis« aus dem Jahre 1532, ins deutsche Rechtsbewußtsein eingedrungen. Noch dem mittelalterlichen Recht war der Begriff im allgemeinen fremd gewesen. Wir begegnen lediglich polizeilichen Anordnungen über die im übrigen städtisch und landesrechtlich anerkannte und genau geregelte Prostitution. Vom sexualwissenschaftlichen Standpunkt aus gehörten die Kuppeleiparagraphen fast ein Jahrhundert lang zu den anstößigsten der deutschen Rechtsprechung. Vater und Mutter machten sich der Kuppelei schuldig, wenn sie eine *erwachsene, mündige* Tocher nicht wegen Geschlechtsverkehrs mit ihrem *Verlobten* anzeigten. Kuppelei beging jeder Ehemann, der seine Frau nicht bei der Polizei anzeigte, wenn er Grund zur Annahme hatte, daß sie ihn in der ehelichen Wohnung mit einem anderen Mann betrogen hatte. Als Kuppelei galt es, wenn eine Zimmervermieterin ihren Mieter, der in ihrer Wohnung mit seiner Freundin Geschlechtsverkehr hatte, nicht umgehend anzeigte. Der Kuppelei machte sich schuldig, wer einem Restaurant, in dem Prostituierte verkehrten, oder einem Animierlokal Waren auf Kredit lieferte – in der Praxis also fast jede Brauerei. Die Kuppelei wurde selbst dann mit Zuchthaus bis zu fünf Jahren bestraft, wenn sie weder gewohnheitsmäßig noch aus Eigennutz, jedoch mit Hilfe von »hinterlistigen Kunstgriffen« betrieben wurde. Da Kuppelei bis vor kurzem noch als »Leistung des Vorschubs zur Unzucht« definiert wurde und da als Unzucht unter anderem das bloße »Abküssen«

einer Person des anderen Geschlechts galt, machte sich nahezu jeder Mensch früher oder später der Kuppelei schuldig. Entging er dem Zuchthaus, so nicht aus Rechtschaffenheit, sondern weil er das Glück hatte, nicht angezeigt worden zu sein.

Kürettage, die mit einem chirurgischen Löffel (curette) vorgenommene Ausschabung der Gebärmutterschleimhaut. → Abortus incompletus, Abrasio uteri, Schwangerschaftsunterbrechung.

Kurtisane [sp.: cortesana; it.: cortigiana = Hofdame], die Hetäre der Renaissance. Die Kurtisanen lebten vom Geld ihrer Liebhaber und waren in diesem Sinne Prostituierte. Aber sie trugen auch maßgeblich zur Kultur ihrer Zeit bei, indem sie neue Moden, neue Formen der Kosmetik und Haartracht erfanden – die heutige Mode des blondgefärbten Haars geht zum Beispiel auf sie zurück (→ biondeggiare) –, vor allem aber, weil sie die fähigsten Dichter, Maler, Sänger und Tänzer ihrer Zeit um sich scharten. Imperia da Ferrara (1481–1512) nannte sich stolz »nobilissimum Romae scortum« (die edelste Hure Roms). Sie war die Geliebte des größten Bankiers ihrer Zeit, des Agostino Chigi, liebte den römischen Edelmann Angelo del Bufalo und wurde von Raffael gemalt. Tullia d'Aragon (1510–1556) war die Enkelin Ferdinands I. und die Tochter des Kardinals Luigi d'Aragon. Bernardo Tasso, F. M. Molza, Fracastoro, Varchi, Lasca und Gerolamo Muzio gehörten zu ihren Freunden und Geliebten. Veronica Franco (1546–1591) war die Tochter einer Hofdame und schrieb Gedichte von bedeutender Intelligenz. Zu ihren Geliebten gehörten Tizian, Domenico Venier und Heinrich III. von Frankreich. Sie heiratete einen Arzt, zog sich im Alter von 34 Jahren von der Hofwelt zurück und gründete ein Heim für ledige Mütter. Andere Kurtisanen, deren Namen in den Gedichten und Liedern der Renaissance auftauchen, waren Angela Zafetta, Camilla da Pisa, Beatrice da Ferrara und Isabella da Luna. Zentren des italienischen Kurtisanentums bildeten Rom (der päpstliche Hof) und Venedig.

Im 17. Jahrhundert verlagerte sich das Zentrum des Kurtisanenkults nach Paris. Ninon de Lenclos (1620–1705) war nicht nur die klügste der französischen Kurtisanen, sondern begründete auch die Mode der → Salons. Ihr Einfluß stützte Molière, den sie beriet. Sie hinterließ dem jungen Voltaire ein Vermächtnis zur Anschaffung von Büchern.

Um 1780 zog der Kurtisanenkult nach Spanien. La Candelaria, Mariquita la Andaluza, la Ramona, Rafaela grande sind die berühmtesten Namen der »vida putesqua« jener Jahre.

Im 2. Kaiserreich begann man die Kurtisanen → Demimondaines zu nennen. Die Schauspielerin Léonide-Alexandrine Leblanc (1842–1894) schrieb unter dem Pseudonym »Les Joueuses« und galt als Verkörperung des Kurtisanentums ihrer Zeit. Cora Pearl in England, Anna Deslions, Isabelle de Lineuil und Thérèse Paiva (1819 bis 1884), Bismarcks Spionin in Paris, gehörten zur gleichen Gruppe des Spätkurtisanentums im 19. Jahrhundert. → Chaperonnière, Dame demoiselle, Femme de qualité, Kokotte, Liaison, Lorette, Mätresse, Ménage, Mignonne.

Kuß, der Kontakt der Lippen und Zungen zweier Menschen, ist keine allgemein bekannte Form des menschlichen Geschlechtsverkehrs. In vielen Kulturen, besonders in Asien, gab es ursprünglich nur den »Nasenkuß«. Während dieser wohl aus dem gegenseitigen Beschnüffeln der Tiere entstanden ist, stammt der K. wahrscheinlich aus dem Verbeißen beim Begatten. Freud betrachtete die → Oralerotik als die formative Phase des menschlichen Geschlechtslebens und glaubte, daß die Berührung der Mutterbrust (und die Assoziation mit Wärme, Nahrung, Umarmung, Sättigung und Befriedigung) die Lippen des Säuglings »sexualisiert«. Tatsächlich stellen unsere Lippen, als Grenzbezirk zwischen Haut und Schleimhaut, eine Struktur dar, die in hohem Maße der Vulvo-Vaginalöffnung entspricht. Berühren sich die Spitzen der nervenreichen Zungen, so entsteht ein Kontakt innerer Organe, der eine Analogie zum Koitus darstellt. Der Kuß ist deshalb nicht nur eine Einleitung zum Geschlechtsverkehr, sondern eine Übung in dessen Praxis. Von den Nervenenden der Zunge und Lippen gehen Reize in das sympathische Nervensystem und von dort in die Geschlechtsorgane. Der Lippenreiz bereitet die Sexualorgane auf den Geschlechtsverkehr vor. → Biß, Florentinischer Kuß, Handkuß, Kataglossismus, Lambitionsakt, Maraichinage, Nasenkuß, Seraphinenkuß, Suavium, Zungenkuß, Vgl.: Anilinctio, Cunnilingus, Effeuille des roses, Fellatio, Irrumatio, Lambitus ani, Lécheur, Minette, Penilinctio, Phönizisieren, Spermatophagie, Suctustupratio.

Kußkrankheit. Das Pfeiffersche Drüsenfieber (infektiöse Mononukleose), auch Kußkrankheit genannt, wurde von dem Nürnberger Internisten Professor Friedrich Meythaler 1967 in der *Deutschen Medizinischen Wochenschrift* als »Zivilisationsseuche« bezeichnet. Die Krankheit wird fast ausschließlich durch Küssen übertragen und befällt deshalb hauptsächlich junge Menschen zwischen 18 und 25 Jahren. Als Viruserkrankung, die im Körper ungewöhnlich viele abnorm große weiße

Blutkörperchen produziert, stellt das Pfeiffersche Drüsenfieber eine Parallele zur gewöhnlichen Erkältung dar. Es ist eine Krankheit, die sich bis 1967 allen ärztlichen Bemühungen entzogen hatte. Der Nachweis des die Mononukleose hervorrufenden EB-Virus (Epstein-Barr-Virus) gelang 1968 den Virologen Werner und Gertrude Henle an der Kinderklinik der Universität Philadelphia. Spezifische EB-Virus-Antikörper wurden erstmals von M. A. Epstein und Y. M. Barr am Middlesex Hospital in London nachgewiesen. Es handelt sich um eine im allgemeinen nicht sehr schwere Krankheit mit Fieber, Rachenentzündung, Vergrößerung der Lymphdrüsen sowie typischen Veränderungen im Blutbild und Milzvergrößerungen. Offenbar geht die Antikörperbildung gegen das Virus allmählich vor sich, und zwar in der Zeit zwischen dem 24. und 40. Lebensjahr, bis volle Immunität erreicht ist. So ist es erklärlich, daß die Krankheit bei älteren Menschen in der Regel nicht mehr auftritt.

kutane Phase [gr.: kytos; lat.: cutis = Haut], die Hautphase, ein von Borneman geprägter Begriff, der die erste Phase der Sexualentwicklung des Menschen beschreiben soll. Wenn das Kind nach neunmonatiger Isolierung im Mutterleib zum erstenmale mit der Außenwelt in Berührung kommt, ist seine Hautoberfläche in derart hohem Maße sensitiviert wie niemals wieder in einem späteren Lebensstadium. Jede Berührung erzeugt extreme Lust oder extremen Schmerz. Die Libido, die Urform der sexuellen Appetenz des Menschen, hat sich noch nicht auf den Mund (orale Phase), den After (anale Phase) oder die Genitalien (phallische Phase, genitale Phase) konzentriert, sondern haftet der gesamten äußeren Epidermis an. Erogene Zonen, Liebesobjekte, Hemmungen haben sich noch nicht entwickelt, und aus diesem Grunde gibt es auch noch keine Ambivalenz der Gefühle. Das Kind steht weder unter dem Einfluß oraler, noch analer oder genitaler »Triebe«, denn Reizzonen haben sich noch nicht lokalisiert, die Libido ist noch undifferenziert. Es herrscht ein Zustand des Urkommunismus in der Hierarchie der Gefühle und Erogenzonen.

Während die späteren drei Phasen unter dem Primat bestimmter Partialtriebe stehen und die vierte vom Primat der Genitalität über diese bestimmt wird, zeichnet sich die k.P. durch die Abwesenheit jedes Herrschaftsanspruchs einer bestimmten Körperzone über alle anderen aus. Es ist das paradiesische, das herrschaftsfreie Stadium der menschlichen Entwicklung.

Als Herbert Marcuse Freuds Konzept der Reife als Primat der Genita-

lität über die Partialtriebe mit dem Anspruch bürgerlicher Herrschaft über die anderen Gesellschaftsschichten verglich und auf die revolutionäre Potenz der Partialtriebe hinwies (*Eros and Civilization,* S. 38–41), antwortete Norman O. Brown, daß der Herrschaftsanspruch der Partialtriebe ja genauso tyrannisch wie der der Genitalität sei und daß die einzige herrschaftsfreie Phase, aus der sich eine herrschaftsfreie Gesellschaftsordnung entwickeln könne, die präorale sei (Norman O. Brown, *Life against Death,* S. 27, 122–127, 131–134).
Tatsächlich lassen sich in der Entwicklungsgeschichte der Menschheit eine Anzahl von Stadien verfolgen, die den Entwicklungsphasen der Libido ähneln. So würde die k.P. jenem ersten Entwicklungsstadium der Menschheit ähneln, in dem es noch keine Arbeitsteilung, keine Herrscher und keine Beherrschten gab.
Aus den Mythen der Ägäis und ihres vorderasiatischen Hinterlandes läßt sich als Gemeinnenner der Erinnerungen an das verlorene Paradies der Vorzeit eine ganz bestimmte, von den späteren Wunschträumen der Menschheit sofort unterscheidbare Form des Geschlechtslebens rekonstruieren: eine noch nicht völlig genitalisierte, noch nicht auf die Dominanz der Geschlechtsteile ausgerichtete Sexualität; eine amorphe, alles Warme, Lebendige, Pulsierende umfassende Zärtlichkeit, ein friedliches Streicheln und Kosen, das völlig im Gegensatz zum späteren Kampf der Geschlechter steht; eine Blutsbrüderschaft und Blutsschwesterschaft, die wir, da wir sie nie erfahren haben, kaum beschreiben können und die offenbar schon den Griechen nicht mehr verständlich war.
Die Erinnerung, wenn es eine ist, knüpft sich offenbar einerseits an das Gefühl völliger Geborgenheit in einer Gemeinschaft, die den Durchbruch zum Bewußtsein der Individualität, des Anderssein, des Separatseins und damit des Alleinseins noch nicht vollzogen hatte; andererseits können wir eine Sexualität spüren, die noch nicht auf die Polarität der Geschlechter fixiert ist, sondern den anderen Menschen, unabhängig von seinem Geschlecht, als wärmendes, tröstendes Geschöpf sucht. Die Beziehung ähnelte offensichtlich mehr der zwischen Mutter und Kind als der heutigen zwischen Mann und Frau, und dies aus dem simplen Grunde, daß die Barriere des Ödipuskomplexes noch nicht existierte. Die Kausalverbindung zwischen Paarung und Befruchtung war noch nicht bewußt geworden. Das Kind kannte zwar seine Mutter, nicht aber seinen Vater, und konnte folglich auch nicht auf ihn eifersüchtig sein. Es war also eine Sexualität, die nicht im Koitus zu enden brauchte, son-

dern sich schon am Körperkontakt, am Händehalten, am Umarmen und Umarmtwerden, am Brustkontakt und Brustsaugen befriedigte; eine Sexualität vor allem, die nicht auf die Ausschließlichkeit des Verhältnisses zweier Menschen ausgerichtet war und deshalb auch nicht die Gemeinschaft mit allen anderen von sich wies.

Es ist nicht undenkbar, daß die Menschheit im Zeitalter der Übervölkerung ihres Planeten sich auf die kutane Phase in Präferenz zur genitalen zurückzieht und eine zärtlichere, weniger auf Genitalität und Orgasmus (= Leistung) bezogene Gesellschaftsordnung der patriarchischen, leistungsdominierten, orgasmusfixierten vorzieht.

Kynanthropie [gr.: kyon = Hund; anthropos = Mensch], die Verwandlung eines Hundes in einen Menschen oder eines Menschen in einen Hund. In der sexuellen Mythologie und in den sexuellen Zwangsvorstellungen der → Zoophilen sehr häufig. Vgl.: Lykanthropie.

Kynophilie [gr.: kyon = Hund; philia = Liebe], Hundeliebe, Geschlechtsverkehr mit Hunden. → Adspektprostitution, Mixoscopia bestialis, Tierfetischismus, Zooerastie, Zoophilie.

L

Ladies' Friend [engl.: Damenfreund], künstlicher Penis zur Selbstbefriedigung der Frau und zum Geschlechtsverkehr zwischen Lesbierinnen. Vgl.: Selbstbefriedigungsinstrumente.

Lagnänomanie [gr.: lagnos = männlich wollüstig; ainos = wild, mania = Wahnsinn], ein von Eulenburg geprägtes Synonym für → Sadismus. Vgl.: Machlänomanie.

Lambitionsakt [lat.: lambere = lecken, belecken], das Lecken der Geschlechtsorgane, des Anus oder anderer Körperteile eines anderen Menschen oder eines Tiers. Vergl.: Anilinctio, Cunnilingus, Effeuille des roses, Irrumatio, Lambitus ani, Lécheur, Minette, Penilinctio, Phönizisieren, Proctolagnie, Spermatophagie.

Lambitus ani [lat.: Afterlecken], eine von Analerotikern besonders geschätzte Form des Geschlechtsverkehrs. Man unterscheidet zwischen passivem und aktivem Lambitus. Der passive L., das Gelecktwerden, ist wegen der erogenen Natur der Mastdarmschleimhaut außerordentlich reizvoll. Der aktive L., das Lecken des After eines anderen Menschen, wird mit besonderer Vorliebe von Masochisten ausgeführt, weil sie in der Erniedrigung schwelgen, hat aber auch großen Reiz für alle Geruchsfetischisten, die den Aftergeruch (wie es ja auch bei vielen unserer tierischen Vorfahren der Fall ist) besonders schätzen. → Anilinctio, Effeuille des roses, Proctolagnie. Vgl.: Analerotik, Gesäßerotik, Natesfetischismus, Stercoraires.

Lampronnières [frz.: Lampenläuferinnen], im Paris des 16. Jahrhunderts Straßenmädchen, die eine Lampe trugen, um sich kenntlich zu machen. → Kerzenhure, Torcie.

Lanceur [frz.: jemand, der etwas lanciert, in Gang bringt] nannte man in Frankreich bis vor kurzem in der Zuhältersprache den Mann, der eine Prostituierte »lanciert«, das heißt, ihr Geld vorschießt, um Kleider, eine Wohnung, einen Wagen zu kaufen. Er erhält dann den Großteil ihres Einkommens, bis sie ihre Schulden mit Zins und Zinseszins abgezahlt hat. → Alphonse, Apache, Essayeur, Louis, Maquereau, Souteneur.

Landsknechtsweiber, nicht immer die Ehefrauen der Landsknechte, sondern oft deren Geliebte, Mätressen, Töchter, Schwestern und Mütter. Sie zogen im → Troß hinter ihren Männern her, oft kreuz und quer durch Europa, und setzten sich aus allen Ständen zusammen, von der Hure bis zur Fürstin von Anhalt, die 1532 als Geliebte eines Söldners im Troß herumzog. → Jongleresses, Marketenderinnen, Ménestrelles.

Landstörzerinnen → Fahrende Frauen des Mittelalters, die das Geschäft der Prostitution auf der offenen Landstraße betrieben. Sie waren entweder Töchter der »ehrlosen« Berufe (Scharfrichter, Henker, Totengräber, Abdecker, Töpfer, Türmer, Nachtwächter, Bader, Barbier, Wurzelkrämer, Bettelvogt, Hundshaut-Gerber, Schweineschneider, Gaukler, Marktschreier, Spielmann), Witwen oder Töchter gefallener Soldaten, entflohene (hörige) Mägde oder einfach Pilgerinnen auf dem Wege nach Rom, die nichts mehr zu essen hatten. Das ganze Mittelalter hindurch wanderte die L. von einem Markt zum anderen, zu Messen, Jahrmärkten, Reichstagen und Konzilen. Auf dem Frankfurter Reichstag von 1394 waren mehr als achthundert, zum Konzil von 1415 erschienen fünfzehnhundert von ihnen in Konstanz, auf den Messen genossen sie »Meßfreiheit«, das heißt freie Ausübung ihres sonst verpönten Gewerbes. L. als Massenerscheinung verschwanden erst zu Anfang des 18. Jahrhunderts. → Landsknechtsweiber, Lyonnaise, Marketenderin, Soldatenhure.

Larrio [tagalog: Gebärvater], ein künstlicher Penis, den die Tagalenfrauen der Philippinen zur Selbstbefriedigung und Geburtserleichterung benutzen. Vgl.: Selbstbefriedigungsinstrumente.

Laster, sagt La Rochefoucauld (1613–1680), ist ein Bestandteil der Tugend, wie Gift ein Bestandteil der Medizin ist. Das Christentum hat den bekehrten Sünder stets höher bewertet als den Tugendhaften, der nie die Versuchung des L. gefühlt hat. In der Sexualwissenschaft hat der Begriff des L. keinen Platz, denn er bezieht sich auf das Böse, während sich die Medizin mit dem Kranken beschäftigt.

Latenzperiode, Latenzzeit [lat.: latens = verborgen, unsichtbar], ein von Wilhelm Fließ geprägter und von Sigmund Freud übernommener Begriff, der den doppelten Ansatz der menschlichen Sexualreife und die Pause zwischen beiden Reifungsschüben beschreiben sollte. Fließ und Freud gingen von der These aus, daß der Mensch, im Gegensatz zu allen anderen Primaten, keine kontinuierliche Sexualreife hat, sondern eine erste zwischen dem 3. und 5. Lebensjahr, die etwa mit Freuds Begriff des → Ödipuskomplexes und der → phallischen Phase zusammenfällt, und eine eigentliche Sexualreife, die mit der Pubertät und der → genitalen Phase zusammenfällt. Da aber sorgfältige Studien von Psychoanalytikern und Sexualethnologen in »primitiven« Gesellschaftsordnungen kein Anzeichen einer solchen Zweiteilung der Sexualreife vorfinden konnten, wird heute von der Psychoanalyse vermutet, daß das zweifellos bei vielen Kindern und Jugendlichen auftauchende Phänomen einer L. oder Ruhepause zwischen zwei intensiven Schüben der Sexualität ein spezifisch westliches Kulturphänomen ist, das auf die sexualrestriktiven Normen zurückgeht, die der Erwachsene dem Kinde in unserer Kultur nur allzu oft auferlegt → Reizungsstufen.

Lebenstriebe nannte Sigmund Freud (1856–1939) sowohl die erotischen Triebe (die → Libido) wie auch den Selbsterhaltungstrieb (das Ich). Er betrachtete das Leben als ein dialektisches Wechselspiel, einen ewigen Zweikampf zwischen dem L. und dem → Todestrieb, in dem er das Streben nach Ruhe, nach Wiederherstellung des Gleichgewichtszustandes sah. Die L. dagegen sind das generative, Lust bejahende Element im seelischen Organismus. Sie bauen auf, ändern das Gleichgewicht, fördern die Entwicklung und bilden die Antriebe zu allen Leistungen des menschlichen Geistes. Vgl.: Destrudo.

Lécheurs [frz.: Lecker], Männer oder Frauen, die → Cunnilingus, → Anilinctio oder → Fellatio ausführen. Vgl.: Coitus in os, Coitus oralis, Effeuille des roses, Irrumatio, Lambitionsakt, Lambitus ani, Minette, Penilinctio, Phönizisieren, Proctolagnie, Spermatophagie.

Lederfetischismus, die sexuelle Leidenschaft für Leder und lederne Gegenstände. In ihrer harmlosesten Form besteht sie darin, daß der Betroffene beim Koitus Lederkleidung tragen will oder darauf besteht, daß sein Sexualpartner solche Gegenstände trägt: lederne → Handschuhe, Lederjacken, Lederhosen, Ledergürtel, lederne → Masken, Lederschuhe (→ Schuh, Schuhfetischismus). Im zweiten Stadium entfällt die Notwendigkeit eines Sexualpartners: der lederne Fetisch tritt an seine Stelle; der Patient onaniert in ihn oder mit ihm. Im dritten Stadium gelingt auch die Onanie nicht mehr. Der Patient sammelt oder stiehlt Gegenstände aus Leder (→ Kleptomanie) und findet eine begrenzte Befriedigung bei deren Anblick oder beim Tragen (viele Lederfetischisten tragen unter ihrer normalen Kleidung lederne Fetische). In allen größeren Städten der Welt gibt es Werkstätten, Klubs und Bordelle für Lederfetischisten. Hier kann man Unterkleidung aus Leder, lederne → Penisfutterale und → Genitalmasken, lederne Gesichtsmasken, lederne Korsetts, lederne Unterwäsche, Jacken, Hosen, Hemden, Kutten, Stiefel, Handschuhe, Gürtel, Riemen, Zaumzeug, Reitgerten, Hundehalsbänder, Sättel, Bettwäsche haben oder benutzen. Die Tatsache, daß Korsetts, Riemen, Reitgerten, Hundehalsbänder und ähnliche Gegenstände mit besonderer Vorliebe gesammelt und benutzt werden, zeigt die starke sadomasochistische Komponente dieses Fetischismus. In den »Lederklubs« und »Lederbordellen« kann man stets komplizierte sadistische und masochistische Zeremonien erleben: Binden, Fesseln, Schlagen, Aufhängen, Einschnüren usw. Der Lederfetischismus hat auch sehr enge Bindungen zum → Narzißmus (die zahllosen Spiegel, in denen die Fetischisten sich beobachten), zur Homosexualität und zum Transvestitismus (Frauen in lederner Männerkleidung, Männer in lederner Frauenkleidung) und zum → Pelzfetischismus (denn Leder ist ja nur enthaarter Pelz). Unter »Lederszene« versteht man jene sadomaso-masochistischen Clubs der Homosexuellen, die ihre Kleidung von den Rockers und Motorradclubs entlehnt haben. → Automasochismus, Fetischismus, Gürtel, Handschuh, Handschuhfetischismus, Kolligationsfetischismus, Masochismus, Sadismus, Selbstfesselung.

Leger, berühmtes Berliner Bordell an der Ecke Französische und Kanonierstraße um die Wende des 18. Jahrhunderts. Es enthielt einen eigenen Tanzsaal; der Eintritt kostete nur 8 Gr.

Leichenschändung, der volkstümliche Sammelbegriff für eine Anzahl der verschiedenartigsten Vergehen. Für den Laien ist alles L., was mit ausgegrabenen Körpern getan wird, ob das Motiv nun Diebstahl, Leichenbeschaffung für Anatomiestudien, schwarze Messen oder sexuelle Betätigung an toten Köpern ist. → Nekromane, Nekrophagie, Nekrophilie, Nekrosadismus, Pädonekrophilie, Zoonekrophilie.

Leide Braut, im Mittelalter die Prostituierte. Vgl.: Geheime Fräulein, Gelüstige Fräulein, Hübschlerin, Landstörzerin, Offene Bübin.

Leistungsprinzip, sexuelles. Von allen strukturellen Elementen, die das Patriarchat von den ihm vorausgegangenen Kulturen unterscheiden, ist das Element der Leistung das wichtigste. Es ist bezeichnend für die Kohärenz der vaterrechtlichen Tradition, daß das bürgerliche Patriarchat unserer Tage ausgerechnet in der griechischen Olympiade ihr Modell und ihre Rechtfertigung gesucht hat, denn hier tritt uns das Leistungsprinzip in verklärter Form entgegen. Hier zeigen die Besten der Welt, durch zahllose Leistungsproben ausgewählt, in spielerischer, nur der eigenen Freude dienender Form, ohne materiellen Gewinn und ohne Hoffnung auf materiellen Gewinn, die höchsten Leistungen und werden dafür mit Ruhm und Ehre belohnt. Das zumindest ist die Fabel, und genauso möchte die bürgerliche Gesellschaft die Leistungen ihrer eigenen Elite verstanden wissen. Hier, in der »Unternehmer«-Klasse, sind die Leistungsstärksten versammelt, die in lebenslangem Ausscheidungskampf selbstlos und ohne privaten Vorteil gegeneinander gespielt haben, bis sich die Besten der Besten durch die Zahl ihrer angehäuften Dollars als absolute Sieger erwiesen haben. Das ist das »Leistungsprinzip«, das die herrschende Klasse dem Arbeiter vorlegt: »Auch du kannst reich und glücklich werden, wenn du nur tüchtig arbeitest und keine Zeit mit nutzlosen Streiks verlierst!« Aber so wie dieses Bild in keiner Weise den Realitäten der bürgerlichen Gesellschaft und ihrer Machtkämpfe entspricht, so verzerrt es auch die Realität hinter den Kulissen der Olympiade, wo nichts aus spielerischer Freude, alles dagegen aus national finanziertem Leistungsstreben geschieht. Das, was die Spiele zu sein vorgeben, nämlich *Spiele,* sind sie eben nicht. Denn der Begriff des Spiels und der der Leistung widersprechen einander. Spiel ist gesund, regenerativ, ermunternd, kräftigend. Leistungssport dagegen ist zerstörerisch, ungesund, von Neid und Aggression geprägt, sowohl psychisch wie somatisch schädlich. Kein Mensch kann einen anderen »besiegen«, ohne ihn zu »schlagen«. Das ist Sadismus. Der Wunsch, dieses oder jenes »besser« zu machen als der andere, entspringt einem geschädigten, unsicheren Ich, das sich durch Zerstörung des anderen Ichs aufbauen will und nur im Leid des anderen sein eigenes Glück finden kann.

Uns ist von den ersten Schulzensuren bis zu dem numerus clausus, der unser Recht des Zutritts zu den Universitäten beherrscht, von der »Bewerbung« um unseren ersten Arbeitsplatz bis zum »Erfolg« in unserer »Karriere«, der Gedanke der Leistung so oft als positiv eingeprägt worden, daß wir gewaltiger Anstrengungen bedürfen, um uns umzustellen und den negativen Kern des Leistungsgedankens wahrzunehmen. Da wir unser Leben auf Leistungsstolz aufgebaut haben, stellt jede Kritik des Leistungsstolzes den Sinn unseres Lebens in Frage. Deshalb weigern wir uns mit aller Kraft, anderen einzugestehen, daß all die Opfer, die wir der Leistung wegen erbracht haben, nicht nur sinnlos, sondern sogar moralisch anrüchig sein könnten.

Aber in Wahrheit kann das Modell einer funktionierenden menschlichen Gesellschaft niemals das des Kampfes, der Konkurrenz, des Neids und der Aggression, sondern nur das des Schöpfungsprozesses sein, das wir am besten in der Tätigkeit des Forschers, Wissenschaftlers, Bastlers und Künstlers beobachten können. Kein Forscher forscht, um einen anderen Forscher zu »schlagen«. Kein Schriftsteller schreibt, weil er sich im Wettbewerb mit einem anderen Schriftsteller wähnt und ihn »besiegen« will. Kein Maler malt, weil er mehr »leisten« will als sein Nachbar. Kein Komponist komponiert, um unter Beweis zu stellen, daß er »bessere« Noten schreiben kann als andere Komponisten. Der schöpferische Mensch benötigt keine Vernichtung anderer schöpferischer Menschen, weil seine ganze Kraft auf das Schaffen gerichtet ist. Er leidet weder an Angst vor dem Nachbarn noch an jener Furcht vor der eigenen Inferiorität, die früher oder später zur Aggression und zur Rechtfertigung der Gewalt führen muß. Dahin aber führt das Leistungsprinzip mit unausweichlicher Logik, weil es das eigentliche Gewaltprinzip ist: das Prinzip, das jeden Menschen im Wettkampf mit jedem anderen Menschen wähnt und unter dem Vorwand, daß man sich ja wohl verteidigen müsse, unweigerlich zum Angriff auf den Nachbarn führt.

Die sexuellen Implikationen sind offensichtlich. In der »Leistungsgesellschaft« wird sexuelle Befriedigung nicht, wie in frauenrechtlichen Kulturen, als Geschenk des Sexualpartners dankbar entgegengenommen, sondern als Eigentum am Körper des anderen *verlangt.* An die Stelle der Sexualverbote des 19. Jh. sind Sexualzwänge getreten. Seit Geschlechtsverkehr zwischen Jugendlichen *erlaubt* ist, fühlen viele Jugendliche sich *verpflichtet,* ihn möglichst oft auszuüben. Seit Homosexualität, Gruppensex, orale und anale Praktiken erlaubt sind, fühlen viele Menschen, die kein Bedürfnis danach empfinden, sich gezwungen, sie trotzdem auszuüben. Schon immer hatten patriarchale Männer sich moralisch verpflichtet gefühlt, Frauen zu verführen und zu vergewaltigen, selbst wenn sie nicht das geringste sexuelle Bedürfnis nach der betroffenen Frau empfanden. Heute gibt es »emanzipierte« Frauen, die sich verpflichtet fühlen, Männer nach der gleichen Logik zu verführen und zu vergewaltigen. Gruppenvergewaltigung einzelner Männer durch bewaffnete Frauen ist zum Sport geworden. Seit die »Emanzipation« der Frau ihr das Recht der sexuellen Initiative gegeben hat, fühlen sich gerade die »emanzipierten« Frauen verpflichtet, die sexuelle Initiative zu ergreifen, selbst wenn der betroffene Mann sie überhaupt nicht reizt. Seit Masters, Johnson und Sherfey bekanntgegeben haben, daß die Frau zu multiplen Orgasmen fähig sei, fühlen unzählige Frauen sich verpflichtet, die Orgasmen auch pflichtgemäß zu leisten.

Während man also vor wenigen Jahren noch Angst hatte, sexuell Verbotenes zu tun, hat man heute Angst, sexuell Erlaubtes *nicht* zu tun. Sexuelle Freiheit läßt sich aber niemals in der Konformität, sondern nur im Widerstand realisieren: nicht indem man erlaubte Freiheiten wahrnimmt, sondern indem man sich vom Verbotenen befreit. Wer noch immer vermeint, Leistung sei notwendigerweise etwas Gutes, hat sich nicht mit der Entstehungsgeschichte dieses Gedankens befaßt, denn in kaum einem anderen Aspekt des Patriarchats deckt sich der Schein einer Tugend so nahtlos mit der Praxis einer Untugend. Schon Homer sagt in der *Ilias* (VI, 208), der Sinn des Lebens sei »immer der erste zu sein und überlegen den anderen«. Daß dieser scheinbar so löbliche Gedanke einerseits zu Arroganz, zum Strebertum, zur Überheblichkeit, andererseits zum Neid, zum Krieg, zur Zerstörung der Mitmenschen führen muß, hat uns erst die Geschichte des Patriarchats gezeigt. Unter dem Vorwand, daß es aus jedem das Beste heraushole, holt das Leistungsprinzip aus jedem das Schlechteste heraus, macht jeden zum Feind aller anderen, setzt Mensch gegen Mensch, kehrt das uns Trennende hervor, statt das uns Vereinende anzuregen.

In der Geschichte des Patriarchats hatte das Leistungsprinzip eine präzise Funktion: es war die Ideologie eines von produktiver Arbeit freigestellten Raubvolkes, das sich als herrschende Klasse konstituiert hatte und diese Herrschaft zu verlieren fürchtete, wenn es nicht täglich beweisen konnte, daß es stets »überlegen den anderen« sei. Es war der intellektuelle Überbau einer bestimmten ökonomischen Basis: der Sklaverei, aber mit ihr verband sich bereits die Erkenntnis, daß man mit Handel mehr Geld verdienen konnte als durch Ackerbau, also das Prinzip des Konkurrenzkampfs, des ökonomischen Wettbewerbs, das der Kapitalismus später zum ideologischen Kern seiner Rechtfertigung erhob. Bei den Griechen führte die Überlegung, daß man »immer der erste« sein müsse, zu dem Gedanken des *agón,* eines Weltbildes, das jeden im Kampf mit jedem sieht und sich in dem philosophischen Prinzip der »Eristik«, der »Streitkunst«, niederschlug.

Lesbizismus, weibliche Homosexualität, nach der griechischen Insel Lesbos, auf der die angeblich homosexuelle Dichterin Sappho (612–557 v. Chr.) lebte. Schon vor ihrer Zeit und noch lange nach ihrem Tode wurde dort der Kult der gleichgeschlechtlichen Frauenliebe geübt. Er war keine Form des Männerhasses und auch keine oberflächliche Sinnlichkeit, sondern ein Fortleben der kultischen Aspekte alter → Mutterreligionen. → Amor lesbicus, erotische Clubs, Fricarelle, Fricatrice, Gougnotte, Gynandrier, weibliche Homosexualität, Hosenrolle, Hyperandrinismus, Korophilie, Viragines, Virilismus.

Lesbos, Insel im Ägäischen Meer, nördlich vom Golf von Smyrna. Ihre Lage machte sie vom Anfang der menschlichen Geschichte an zum wichtigen Handelsplatz. Nach griechischer Tradition waren die Ureinwohner Pelasger, spätere Einwanderer Ionier. In geschichtlichen Zeiten eroberten die Äolier die Insel. Sie gaben vor, um 1050 v. Chr. aus Böotien gekommen zu sein. Das herrschende Geschlecht verfolgte seinen Stammbaum bis in die Zeiten des trojanischen Krieges und betrachtete Agamemnon als seinen Stammvater. Der Höhepunkt der lesbischen Zivilisation lag um 600 v. Chr., als Pittakos, der Herr der Insel, einer der Sieben Weisen Griechenlands war. Die lyrische Dichtung Griechenlands begann um diese Zeit auf dieser Insel – Aion, Alkaios, Sappho, Lesches. Es ist wichtig, sich daran zu erinnern, daß alle großen griechischen Dichter des Festlandes später kamen. Sappho wurde 612 v. Chr. geboren; Äschylos, der Begründer der Tragödie, erst 525, Pindar 522, Sophokles 495, Euripides 480, Aristophanes 445 v. Chr. Vor allem mit Sapphos Namen verknüpft die heutige Sprache vieler Länder den Namen der Insel. Wir sprechen von »sapphischer« oder »lesbischer« Liebe, wenn wir die weibliche Homosexualität umschreiben wollen. Aber Sappho war nicht »lesbisch«, sie war bisexuell. Sie hatte in ihrer Jugend ein bedeutsames Verhältnis mit dem Dichter Alkaios, war mit Kerkylas verheiratet, und tötete sich aus verschmähter Liebe zu dem Seemann Phaon (Arthur Weigall, *Sappho auf Lesbos,* List Taschenbuch 292). Durch all ihre Dichtungen hindurch läuft der Schatten der Männer, die ihre Freundinnen liebten und von ihnen geliebt wurden. Sapphos Thematik ist deshalb *implicite* triolistisch. Man denke an Zeilen wie diese:

Wem, o Bräutigam, kann ich gebührend
dich wohl vergleichen? Einer biegsamen Gerte am ehesten
will ich dich vergleichen.

Ach Mutter, nicht mehr kann ich
am Gewebe wirken; Kypris, die schlanke,
überfiel mich mit Sehnsucht nach
dem Knaben.

Und wir Mädchen verbringen die
ganze Nacht an dieser Tür und singen
von Liebe zwischen euch, du reich
gesegneter Bräutigam und du,
Braut, mit der veilchenduftenden
Brust . . .

Lesche nannten die alten Griechen seit Homers Zeit jene in Säulenhallen untergebrachten Lokale, in denen man sich zur guten Konversation und oft auch zum Rendez-vous mit einer Hetäre traf. → Caupona, Ganeum, Kapeleion, Popina, Symplegma, Symposion, Taberna.

Leukoplakia vulvae [gr.: leukos = weiß; plax = Platte; lat.: vulva = Gebärmutter], eine Erkrankung der weiblichen Geschlechtsteile, die sich in weißen Flecken an der Vulva äußert. Die Haut ist trocken. Das Hauptsymptom ist das Jucken, das so stark sein kann, daß es den Schlaf stört. Behandlung durch Follikulin und andere Hormonprodukte.

Lex Heintze, der juristische Spitzname des § 181a StGB (Zuhälterei). Nach dem Berliner Zuhälter Heintze, dem um 1900 der Prozeß gemacht wurde.

Lex Julia de adulteriis, das von Kaiser Augustus (63 v. Chr.–14 n. Chr.) im Jahre 18 v. Chr. erlassene Ehebruchsgesetz, gehörte zu einem Block bedeutender Sexualgesetze (→ Lex Julia de maritandis ordinibus, Lex Papia Poppaea), die den ersten Versuch in der abendländischen Geschichte darstellten, das gesamte Sexualleben eines Volkes vom bevölkerungspolitischen Standpunkt aus zu regulieren. Moralische Aspekte dieser Gesetzgebung, die uns widersprüchlich vorkommen, weil sie in einer Hinsicht liberal, in anderer konservativ sind und uns hier fortschrittlich, dort aber reaktionär anmuten, erweisen sich als aus einem Guß, wenn man den Zweck des Gesetzes nicht etwa darin sieht, die römische Familie zu stärken, sondern darin, Nachkommenschaft zu erzeugen – denn Rom brauchte Soldaten. Einerseits wurden also Belohnungen für Verheiratete ausgesetzt, während den Junggesellen Strafen drohten. Andererseits wurde das → Konkubinat aus der Reihe der illegitimen Verbindungen herausgelöst und für legitim erklärt. In beiden Fällen aber geschah es, um die Zeugung von Kindern zu stimulieren. Die Verheirateten erhielten ihre Belohnungen nur, wenn sie Kinder produzierten, und die Konkubinatskinder erhielten volle Bürgerrechte und hatten Erb- und Unterhaltsansprüche gegenüber dem Vater.

Lex Julia de maritandis ordinibus, eines von drei wichtigen Sexualgesetzen, die Augustus (63 v. Chr.–14. n. Chr.) zwischen 18 v. Chr. und 9 n. Chr. erließ (→ Lex Julia de adulteriis, Lex Papia Poppaea). Für jene Volksschichten, deren Vermehrung Augustus als unratsam für seine Militärpolitik hielt, wurden Eheverbote erlassen. Prostitution und Kuppelei wurden schwerer bestraft als bisher. Die Lex Scantia de nefanda Venere aus dem 3. Jahrhundert v. Chr., die die Verführung und Verkuppelung von Knaben nur mit Geldbußen bestrafte, wurde abgeschafft und durch ein Gesetz ersetzt, das das Verkuppeln freier Knaben mit dem Tode bestrafte.

Lex Papia Poppaea (9. n. Chr.), das letzte der drei großen Sexualgesetze, die Augustus (63 v. Chr.–14 n. Chr.) erließ, um das römische Sittenleben nach bevölkerungspolitischen Grundlagen zu organisieren.

Lex Ripuariorum, ein Gesetz des 7. Jahrhunderts, das die → fahrenden Frauen von den Straßen in städtische oder landeigene Bordelle treiben sollte. → Arbeitshaus, Capita sexteriorum, Corte delle meretrici, Domini di nocte, Frauenordnung, Frauenrichter, Kontrollstraße, Magdalenenhaus, Prostituiertenreglementierung, Prostituiertenstrafen, Prostituiertenverschickung, Receveur des filles communes.

Lex Romana Visigotorum (oder Breviarum Alaricianum), die erste Neuedition klassischer Jurisprudenz im Mittelalter. Unter König Alarich II. (485–507) veröffentlichte 506 eine Kommission von westgotischen Juristen eine vergleichende Aufstellung der Gesetze des Gaius, Paulus und Papinian und des Codex Theodosianus, Gregorianus und Hermogenianus. Die L. enthielt den ersten Versuch des Mittelalters, die Prostitution staatlich zu regulieren. → Capita sexteriorum, Corte delle meretrici, Domini di nocte, Frauenordnung, Frauenrichter, Kontrollstraße, Magdalenenhaus, Prostituiertenreglementierung, Prostituiertenstrafen, Prostituiertenverschickung, Receveur des filles communes.

Liaison [frz. vom lat.: ligatio = Verbindung], seit mehr als einem Jahrhundert der internationale terminus technicus für das Liebesverhältnis zweier Menschen, die nicht miteinander verheiratet sind. In Frankreich gilt sie als durchaus ehrenhaft, in Deutschland hat sie noch immer den Beigeschmack des Sündhaften oder Verbotenen. → Konkubine, Mätresse, Ménage, Servante-Maîtresse.

Libertin [frz.: Wüstling, Freidenker]. Die doppelte Bedeutung der Wurzel liber (frei) – einmal im Sinn von politischer und religiöser Freiheit, zum anderen als frei von Moral – ist bezeichnend für das 18. Jahrhundert, dem wir dem Begriff L. verdanken. Vgl.: Casanova, Coquin, Don Juan, Henselin, Hippie, Liebhaber, Roué, Swinger, Sybarit, Zavalier.

Libido [lat.: Lust, Gelüste, Begierde, Trieb], ein von Albert Moll geprägter und von Sigmund Freud übernommener Begriff, der die sexuellen Wünsche des Menschen als quantitativ wirkende Kraft betrachtet. Nach Freud also die individualspezifische Liebesenergie des Menschen. Carl G. Jung hat den Begriff übernommen, definiert ihn aber im monistischen Sinne als allgemeine Lebensenergie des Menschen. Freud hat gegen diese Deutung vehement protestiert. Intensiver als irgendeine andere Meinungsverschiedenheit zwischen Psychoanalyse und Tiefenpsychologie trennt das Libidokonzept bis zum heutigen Tage die Freudianer von den Jungianern.

In seinem ersten Triebmodell stellt Freud die Libido dem Selbsterhaltungstrieb gegenüber, in seinem zweiten identifiziert er sie teilweise miteinander und stellt ihnen den Todestrieb entgegen. Er unterschied dabei zwischen → Objektlibido, die sich einem anderen Menschen zuwendet, und → narzißtischer oder → Ich-Libido, die eine Form von Selbstliebe ist und den eigen Körper »besetzt«. Die Libido kann also jeden Teil des eigenen oder anderen Körpers, jede Handlung, jedes → Sexualobjekt, jedes → Sexualziel, »besetzen«. Sie kann beliebig verteilt oder verschoben werden, aber sie kann niemals größer oder kleiner werden, als sie von Anfang an ist. Obgleich sie sich als Quantität geltend macht, ist sie keine physische, sondern eine psychische Kraft, ist nicht mit der physischen Sexualerregung identisch und kann deshalb auch nicht mit somatischen Kategorien wie Potenz oder innerer Sekretion in Verbindung gebracht werden.

Libidophasen, die Stufen der kindlichen Sexualentwicklung. → anale, genitale, kutane, ödipale, orale, phallische, polymorph-perverse Phase.

Libidotheorie, Sigmund Freuds Theorie der Organisation menschlicher Psychosexualität.

LIBIDOSTRUKTUR UND GESELLSCHAFTSSTRUKTUR. Zwischen dem elterlichen Einfluß auf die Libidostruktur des Kindes und dem Einfluß des zum Erwachsenen herangereiften Kindes auf die Gesellschaftsstruktur seiner Generation bestehen enge Verbindungen. Sigmund Freud glaubte (und die meisten Psychoanalytiker haben sich dieser Ansicht angeschlossen), daß jedes Elternpaar durch bewußte und unbewußte Einflüsse den Charakter ihres Kindes unwiderruflich prägt. Der wichtigste Teil der Prägung findet im ersten Lebensjahr statt und ist sowohl den Eltern wie dem Kinde unbewußt. Eben deshalb ist die Wirkung um so nachdrücklicher. Denn gegen bewußt empfangene Einflüsse kann das Bewußtsein sich wehren; gegen unbewußt empfangene aber nicht, weil es gar nicht weiß, daß sie empfangen worden sind. Auch die Ernährung des Kindes – ob durch Muttermilch oder per Flasche, ob früh entwöhnt oder spät, ob drastisch entwöhnt oder liebevoll und geduldig – spielt eine große Rolle in der Prägung des kindlichen Charakters. Hierdurch können Oralerotiker oder Oralneurotiker, orale (eßfreudige, lebenslustige, aber manchmal auch gierige) Charaktere gebildet werden,

ohne daß Eltern oder Kinder sich bewußt werden, wie der ganze Prozeß zustandegekommen ist. Schließlich üben die Reinlichkeitsdressur und die Sexualerziehung des Kindes maßgebliche, unwiderrufliche Einflüsse auf seine Charakterbildung aus. Frühe und drastische Reinlichkeitserziehung hat andere Folgen als späte und geduldige. Ein sexuell offen erzogenes Kind wird sein Leben lang eine größere Offenheit in allen sexuellen Fragen entwickeln als ein sexuell restriktiv oder abweisend erzogenes Kind. Die ganze Gesellschaftsordnung der Generation, zu der das Kind gehört, wird von diesen weitgehend unbewußten Erziehungsmethoden der Eltern geprägt.
So sprechen manche Psychoanalytiker von einer »oralen Kultur« und meinen damit eine, die sich die Welt so rücksichtslos aneignet, wie der Säugling rücksichtslos Nahrung zu sich nimmt. Oder man spricht von einer »analen Gesellschaftsordnung« und meint damit, sie geizt, wie das Kind mit seinen Fäkalien »geizt«, wenn es sie zurückhält, statt sie auf Befehl auszuscheiden. Jede dieser Gesellschaftsordnungen besitzt klar definierbare politische Implikationen. So hat zum Beispiel der Analcharakter, der die bürgerliche Kultur weitgehend geprägt hat, eine ausgesprochen konservative, bewahrende Tendenz, und dies wirkt sich auch im Festhalten an den Erziehungsmethoden der Eltern aus. Der Oralcharakter, der die Kultur des Feudalismus kennzeichnete, war dagegen in mancher Hinsicht flexibler als der Analcharakter. Aber er war unfähig, neue weltverändernde Produktionsmethoden durchzusetzen, und erzeugte deshalb eine über Jahrhunderte unveränderte, unbiegsame, widerborstige Kultur, die weniger den tatsächlichen Oralcharakter der Individuen als die Rückständigkeit ihrer Produktionsmittel widerspiegelte. Daraus ergibt sich die Vermutung, daß hier gleichzeitig zwei einander neutralisierende Evolutionsprozesse stattfinden. Die Freudsche These, daß die Beziehungen zwischen Eltern und Kindern nicht nur die weitere Entwicklung der Kinder maßgeblich beeinflussen, sondern auch die Form der Gesellschaftsbildung mitbestimmen, ist zweifellos korrekt. Aber gleichzeitig erfolgt ein wichtiger Entwicklungsprozeß in umgekehrter Richtung: Neue Produktionsmittel stellen die Menschen vor neue Aufgaben, neue Aufgaben erfordern neue Erziehungsmethoden, die neu erzogenen Kinder werden mit den neuen Produktionsmitteln besser fertig als die nach altem Muster Erzogenen, so daß die neuen Charaktereigenschaften sich letzten Endes nur aus der Entwicklung neuer Produktionsmethoden deuten lassen.

Liebe ist ein zu großes Thema, um in einer einzigen Eintragung gewürdigt zu werden. Das Vorwort dieses Lexikons befaßt sich mit der Geschichte des westlichen Konzepts der Liebe. Viele Einzeleintragungen stellen Facetten der Liebe dar. Hier wollen wir den eigentümlichsten Aspekt der Liebe behandeln: den Grund, weshalb wir uns in einen bestimmten Menschen verlieben (→ Partnerwahl). Dies scheint uns so selbstverständlich, daß die Frage danach eher befremdlich als sinnvoll wirkt. Es gibt aber gute Gründe, diesen Grund zu erforschen. Eifersucht, Eifersuchtsverbrechen, die Unfähigkeit, nach dem Tode des Geliebten einen anderen Menschen lieben zu können, Vernachlässigung der Kinder um des Gatten willen, Selbstmord aus Liebeskummer – all dies sind negative Produkte der Liebe, und zwar eines ganz bestimmten Aspekts der Liebe: der Illusion, daß der oder die Geliebte einzigartig und unersetzlich sei. Wie kommt diese Illusion zustande, und wieso sträuben wir uns so intensiv, sie als Illusion zu erkennen? Glaubt der Mann, daß die Frau seiner Wahl unersetzlich ist, so leidet er an einer allzu engen Mutterbindung. Denn die einzige Frau, die unersetzlich ist, ist die Mutter. Niemand wird mehr als einmal und von mehr als einer Mutter geboren. Es liegt aber in der Natur des Reifungsprozesses, des Erwachsenwerdens, der Durchtrennung des psychischen Nabelstranges, daß wir nicht nur Liebe von unserer Mutter auf unsere Geliebte übertragen, sondern daß wir uns auch von der Einzigartigkeit und Unersetzlichkeit der Mutter befreien.

Viel ist von den Gefahren der Mutterfixierung in ihrer Auswirkung auf die → Homosexualität und die psychische → Impotenz geschrieben worden. Aber selbst bei den Vätern der Psychoanalyse finden wir sehr wenig über die Gefahr der Übertragung des Einzigartigkeitskomplexes von der Mutter auf die Geliebte (oder vom Vater auf den Geliebten).

Dialektik der Liebe. Das Geheimrezept des Schadchens, des altjüdischen Heiratsvermittlers, bestand darin, daß er jedem der beiden Menschen, die er zusammenbringen wollte, unter dem Siegel der Diskretion mitteilte, daß der andere ihn bewundere, verehre, schön und klug fände. Das Rezept war unfehlbar, denn es gibt nichts auf der Welt, das uns schneller und mit größerer Sicherheit dazu veranlaßt, uns in einen Menschen zu verlieben, als dessen Liebe. Wer uns liebt, wer in uns etwas Besonderes, Einmaliges, Einzigartiges sieht, der ist ganz offenbar der Richtige für uns. Denn er versteht uns. Er sieht jene Tugenden in uns, die allen anderen Menschen bis dahin verborgen geblieben sind. Er ist der Auserwählte. Und deshalb verlieben wir uns prompt in ihn. Das ist nicht so lächerlich, wie es klingt. Es zeigt nicht nur, wie leicht es ist, die menschliche Eitelkeit auszunützen. Es zeigt auch, wie die Dialektik der Liebe tatsächlich funktioniert. Denn worin besteht der Dornröschenkuß, mit dem der Prinz das schlafende Mädchen »erweckt«, wenn nicht darin, daß er ihr hilft, das eigene Ich zu entdecken? Werden wir zum erstenmal geküßt, entdecken wir zum erstenmal, daß wir küssenswert sind. Und aus der Entdeckung, daß wir wert sind, geküßt zu werden, nehmen wir den Mut, den anderen zu küssen. Bis dahin waren wir zu scheu. Nun aber sind wir selbstsicher geworden, und diese Selbstsicherheit, dieser Stolz verleiht uns prompt jene magische Ausstrahlung, die der andere als Liebe empfindet. Diese Empfindung ruft auch bei ihm Liebe hervor, so daß sich jede Freude, die der andere in uns erweckt, sofort in eine Freude umsetzt, die wir ihm geben. Dies ist der Sinn und Zweck der Liebe.

Liebe auf den ersten Blick entflammt sich nie am Charakter, am ethischen Wert eines Menschen, sondern stets an dessen physischer Ausstrahlung – am Aussehen, am Geruch, am Ton der Stimme, an der Berührung einer Hand, eines Fußes, eines Mundes. Diese Ausstrahlungen besagen nichts über das sexuelle Temperament des Menschen, der diese Impulse ausstrahlt, sondern nur etwas über die Person dessen, der sie empfängt. Menschen sehen selten so aus, wie sie sind. Eine Frau, die aussieht wie Brigitte Bardot, mag frigid, ein Mann, der vor Virilität zu platzen scheint, mag impotent sein. Der erste Eindruck, den unsere Sinne uns von anderen Menschen vermitteln, ist fast stets falsch. Liebe auf den ersten Blick ist nicht etwa, wie romantische Autoren uns glauben machen wollen, die tiefste aller Leidenschaften, sondern die oberflächlichste. Liebe braucht Zeit. Liebe ist etwas, das stets *nach* dem Geschlechtsverkehr, nie vor ihm kommt. Was vorher da war, kann Begierde oder Leidenschaft, Respekt oder Zuneigung, niemals aber Liebe sein. Liebe entsteht, nachdem zwei Menschen kopuliert haben und *dann* entdecken, daß das, was sie zusammengeführt hat, mehr als ein Wunsch nach genitaler Befriedigung war. Das – und nur das – ist Liebe. Aber Liebe bringt anderes mit sich. Sie bringt Dankbarkeit für gewährte Freuden. Sie bringt Erinnerungen an gute und schlechte Zeiten, die man gemeinsam verbracht hat. Sie birgt das Wissen über die Fähigkeit, daß man dem Geliebten besser dienen kann als andere Menschen unseres Geschlechts. Liebe enthält etwas von dem Gefühl, das wir unseren Eltern, unseren Kindern und unseren Freunden entgegenbringen. Liebe ist das Klima, in dem Selbstsucht sich in Hilfe verwandelt. Liebe ist der Mikrokosmos der menschlichen Existenz.

Liebe im Vater- und Mutterrecht. Im Patriarchat verliebt man sich »auf den ersten Blick«. Zwei Menschen sind »von Natur her« für einander bestimmt. Finden sie einander nicht, so bleiben sie lebenslang unglücklich. All das ist dem Mutterrecht fremd. Jeder gesunde Mann kann mit jeder gesunden Frau Zufriedenheit finden, jede gesunde Frau mit jedem gesunden Mann. Liebe ist, was erfüllt wird. Liebe ist hier und jetzt. Liebe beginnt, nachdem man miteinander geschlafen und dadurch einander schätzen gelernt hat. (Im Patriarchat kopuliert man absurderweise erst, nachdem man sich verliebt hat, und ist dann selbstverständlich enttäuscht, weil es nicht so schön ist, wie man sich das vorher vorgestellt hat.) In der Welt der Mütter dagegen ist alles konkret, hiesig, irdisch. Das matristische System ist, um ein Wort von Karl Marx zu paraphrasieren, »das gelöste Rätsel der Geschichte«, die Lösung eines mit keinen anderen Mitteln lösbaren Widerspruchs zwischen Mensch und Natur, zwischen Gesellschaft und Individuum, zwischen den bewußten und unbewußten Bereichen der Psyche.
Der Selbstzerstörungswille des Patriarchats ist untrennbarer Teil seiner selbst. Man denke an die patriarchalische Gleichung von Liebe und Tod. Liebe ist »der kleine Tod«. Alle Liebesgeschichten, wenn man sie nur weit genug verfolgt, enden mit dem Tod des Liebenden oder der Geliebten. Die Liebe brennt nur, solange sie aus Sehnsucht besteht. Wird sie erfüllt, so stirbt sie. In unzähligen Legenden des Patriarchats sterben die Liebenden, um ihre Liebe zu erfüllen. Plutarch hat den Gedanken geäußert, daß das Prinzip der Liebe in der Verwundung liege, weshalb Amor auch den Pfeil führe. Dies ist ein zutiefst vaterrechtliches Konzept, das der Logik entspricht, die Frau sei der Acker, der Mann sei der Pflug; erst durch die »Verwundung« der Erde entstünde die Ernte.

Liebe geht durch den Magen, eine Maxime, die die Überzeugung belegen soll, daß Männer gerne essen und meist bei den Frauen bleiben, die gut für sie kochen. Das gleiche Sprichwort läßt sich aber auch so ausdeuten, daß sexuell interessierte Frauen gern essen und gut kochen. Bei einer Untersuchung über die Zusammenhänge zwischen sexuellen und anderen Persönlichkeitszügen stellten Dr. F. Fischer und H. Osofsky von der New York State University fest, daß die am stärksten ausgeprägte Begleiterscheinung einer stark entwickelten weiblichen Sexualität das Interesse an gutem Kochen und gutem Essen ist.

Liebe und Hunger → Hunger und Liebe.

Liebe als Suche nach dem eigenen Ich. Der Mensch ist das Tier, das in der Paarung nicht nur den Koitus, sondern die Selbsterkenntnis sucht. »Liebst du mich?« ist deshalb eine Doppelfrage. Sie bedeutet: »*Liebst* du mich?« Aber sie bedeutet auch: »Liebst du *mich*?« Sie bedeutet: »Bin ich dir mehr *wert* als alle anderen?« Aber sie bedeutet auch: »Was ist Besonderes an *mir*?« In den Augen der Geliebten sucht der Mann sein Spiegelbild. In seinen Augen sucht sie das ihrige. Wir wollen voneinander wissen, wer wir sind. Und das ist gut. Darin liegt weder Schwäche noch Schande. Wir sind so beschaffen, daß wir uns im Sexualakt endgültig offenbaren können. Keine Beichte, keine Autobiographie, kein Geständnis im Gerichtssaal und keine freien Assoziationen auf der Ledercouch des Psychoanalytikers zeigen uns so nackt, wie wir uns unserer Geliebten im Koitus dekuvrieren. Und deshalb ist sie auch die einzige, die uns die Bestätigung geben kann, die wir benötigen, um leben zu können. Deshalb sagt die Liebe: »Ich weiß, wer du bist. Aber du kennst dich nicht. Du weißt, wer ich bin. Aber ich kenne mich nicht. Sag mir, wer ich bin, und ich sage dir, wer du bist.«

FREIMÜTIGKEIT IM LIEBESLEBEN kann nur allzu leicht übertrieben werden. Nichts ist schneller zu Tode geredet als die Liebe. Wir haben heute die zweifelhafte Angewohnheit entwickelt, allzu viel und allzu freimütig über unser eigenes Liebesleben und das des Geliebten zu reden. Das hat drei Gründe. Einmal ist es eine Reaktion auf jenes Totschweigen aller sexuellen Dinge, das unsere Eltern und Großeltern praktizierten; dann eine mißverstandene Übertragung der psychoanalytischen Therapie ins Privatleben; und schließlich ein Versuch junger Menschen, einander mit jener »Offenheit« zu behandeln, die sie an ihren Eltern vermißt haben. All das hat zwar seine guten Seiten, aber auch seine Gefahren. Jeder Versuch, der Braut oder Freundin, dem Verlobten oder Freund oder Ehemann gegenüber mit den vergangenen oder vorehelichen Liebeserlebnissen »reinen Tisch« zu machen, ist gefährlich. Kein Mensch liebt einen anderen Menschen, wie er ist. Alle lieben im anderen das, was sie in ihn hineinprojizieren. Jeder Versuch, dem anderen das »wahre« Bild zu oktroyieren, das er eigentlich lieben »sollte«, ist eine Form der Selbstsucht, ein unbewußter Versuch, seine Liebe zu zerstören. Wenn wir uns in unserer Liebe offenbaren, so erkennt der andere sehr schnell unsere Stärken und Schwächen, unsere sexuellen Idiosynkrasien und Blößen. Wir können da sowieso nichts verbergen. Der Versuch, diese Dinge auszusprechen, ist so hoffnungslos wie der, Musik oder Malerei in Worte zu fassen. Wenn der Maler sprechen könnte, wäre er ein Dichter. Wenn der Musiker in Worten ausdrücken könnte, was er in Tönen zu sagen versucht, wäre er kein Komponist. Und so ist es auch in der Liebe. Die Liebe spricht mit dem Körper, nicht mit Worten. Liebesbriefe mögen Kunstwerke der Prosa sein, aber sie sind keine Kunstwerke der Liebe.

Liebe ist unter anderem auch Diskretion. »Offenheit« dagegen ist stets Eitelkeit, stets Narzißmus. Man erzähle also grundsätzlich nie einem anderen, was einem der geliebte Mensch anvertraut hat. Denn wenn sein Vertrauen einmal mißbraucht ist, braucht man sich nicht zu wundern, daß er es zurückzieht. Viele Ehen sind an einer einzigen Indiskretion gescheitert: »Aber um Gottes Willen, erzähl es niemand weiter, Fritz.« »Aber natürlich nicht, Willi. Du kennst mich doch. Ich halte die Schnauze.« Und beim nächsten Stammtisch erzählt er's dem Jochen. Jochen erzählt's dem Max. Max sagt's unter dem Siegel der Verschwiegenheit seiner Freundin Uschi. Uschi erzählt's ihrer besten Freundin Kathrin. Und Kathrin erzählt's deiner Frau.

Ein Recht auf Liebe gibt es nicht – nicht einmal in der Ehe. Der Bundesgerichtshof hat zwar ein Recht auf ehelichen Geschlechtsverkehr festgelegt, aber selbst dies bedeutet nur das Recht, bei Impotenz, Infertilität oder Verweigerung des Geschlechtsverkehrs eine Scheidung zu erlangen. Wie oft der eheliche Geschlechtsverkehr vollzogen werden soll und mit welchem Maß von Leidenschaft der Ehegatte reagieren muß, läßt sich nicht durch Gerichtshöfe festlegen. Der Versuch des IV. Zivilsenats des Bundesgerichtshofs in Karlsruhe (BGH), im Jahre 1967 eine solche Entscheidung zu treffen, wirkt deshalb auch eher komisch als juristisch. Es handelte sich um den Scheidungsantrag eines Berliner Ehemanns, dessen Gattin ihm zwar nicht den Geschlechtsverkehr verweigert, aber doch daran so wenig Interesse bekundet hatte, daß er die Ehe als zerrüttet betrachtete und in seinem Antrag feststellte, die Zerrüttung sei aus der Einstellung seiner Frau zum ehelichen Verkehr entstanden. Sie habe ihm erklärt, »sie empfinde nichts beim Geschlechtsverkehr und sei imstande, dabei Zeitung zu lesen; er möge sich selber befriedigen. Der eheliche Verkehr sei eine reine Schweinerei. Sie gebe ihm lieber Geld fürs Bordell. Sie wolle auch nicht mit einem dicken Bauch herumlaufen; mit Kindern wüßte sie gar nichts anzufangen.«

Der IV. Zivilsenat des BGH entschied: »Die Frau genügt ihren ehelichen Pflichten nicht schon damit, daß sie die Beiwohnung teilnahmslos geschehen läßt. Wenn es ihr infolge ihrer Veranlagung oder aus anderen Gründen, zu denen die Unwissenheit der Eheleute gehören kann, versagt bleibt, im ehelichen Verkehr Befriedigung zu finden, so fordert die Ehe von ihr doch eine Gewährung in ehelicher Zuneigung und Opferbereitschaft und verbietet es, Gleichgültigkeit oder Widerwillen zur Schau zu tragen. Denn erfahrungsgemäß vermag sich der Partner, der im ehelichen Verkehr seine natürliche und legitime Befriedigung sucht, auf die Dauer kaum jemals mit der bloßen Triebstillung zu begnügen, ohne davon berührt zu werden, was der andere dabei empfindet.« Daß man dem Ehemann die Scheidung gönnt, kann nicht über die Absurdität hinwegtäuschen, die eine richterliche Entscheidung dieser Art darstellt. Man sieht das gespenstische Bild Tausender deutscher Ehefrauen vor sich, die von nun an mit dem Karlsruher Urteil in der einen und dem Kinsey Report in der anderen Hand pflichtbewußt ins eheliche Bett marschieren. Denn der deutsche Staatsbürger ist ja bekanntermaßen ein gehorsamer Diener der Obrigkeit und wird von nun an prompt ausführen, was ihm seine oberste juristische Instanz befohlen hat. Aber der wohlgemeinte Rat des obersten Gerichtshofs ist leider undurchführbar. Denn selbst ausgebildeten Schauspielerinnen dürfte es schwerfallen, den Befehl auszuführen, Lust zu zeigen, wenn sie keine empfinden. Andererseits sollten Frauen, die Widerwillen gegen das männliche Geschlecht oder den Geschlechtsverkehr empfinden, eben nicht heiraten – eine Perspektive, die der IV. Zivilsenat vielleicht nicht in ihrer ganzen Tragweite erfaßt hat. → Vorwort, Befriedigung, Begierde, Eifersucht, Fortpflanzung, Genitalität, Geschlechtsverkehr, Hingabe, Hunger und Liebe, Intimmoral, Intimsphäre, Lust, Neugier, Orgasmus, Partnerwahl, Potenz, Schlüsselreiz, Sexualmoral, sexuelle Symbolik, Weiblichkeit.

Liebesgarten, Liebeshof → Cour d'amour.

Liebeshaß, ein von dem Schriftsteller Carl Moreck gebildeter Begriff. Moreck sagt: »Als L. bezeichnen wir jene Empfindung, der gewisse seelische Störungen des modernen Mannes entspringen, die in der Richtung sadistischer Triebbetätigung expansionieren und durchaus nicht pathologisch sind, sondern sich im Bereich des Normalen halten. Dieser L. wurzelt im Bewußtwerden der Abhängigkeit vom Weibe, in die uns die Macht des Geschlechtstriebes immer wieder bringt und gegen die wir uns in Stunden, wo unser geschlechtliches Begehren gestillt ist, auflehnen; die Erinnerung an dieses Auflehnen verfolgt uns oft in die Periode des neuen Verlangens nach dem Weibe, und so mischt sich dann Weibhaß in die Weibliebe und ergibt den L., der sich selbst in den Momenten der höchsten Ekstase als Verbindung von glühendster Zärtlichkeit und brutalstem Vernichtungswillen äußert. Der sich in solchen Momenten beim Manne zuweilen einstellende Wunsch nach Zeugung dürfte ebenfalls mit diesem L. zusammenhängen und ein sadistischer Zug sein, denn dem Verlangen nach dem Kinde verbindet sich da unbewußt oder auch bewußt der Gedanke der Verunstaltung weiblicher Schönheit durch die Schwangerschaft, der Deformation des leidenschaftlich begehrten Körpers des geliebten Weibes. Dieser L., der sich in unserer Zeit der Effemination des Mannes und der Maskulinisation des Weibes wesentlich verschärft hat und der zwischen der um sich greifenden ›masochistischen Vertrottelung‹ und der ›zähneknirschenden Misogynie‹ vielleicht gerade ein charakteristisches Gefühl des Vollmannes bildet, schaltet sich wohl in die meisten intimen sexuellen Bündnisse zwischen Mann und Weib ein.«

Diese Darstellung illustriert fast in Lehrbuchform den Mechanismus des psychischen → Skotoms, jener menschlichen Blindheit für subjektive Motive, die uns glauben läßt, unsere Überzeugungen seien objektiv motiviert. Moreck glaubte offenbar ernstlich, das von ihm als Liebeshaß dargestellte Phänomen sei eine allgemeine Erscheinung des menschlichen Liebeslebens. Was er aber beschreibt, ist eine homosexuell motivierte Form des → Konjunktionssadismus. Alle solche homosexuell motivierten Sadismen werden dadurch gekennzeichnet, daß die daran Leidenden der Ansicht sind, es handle sich bei ihnen um Gefühle und Handlungsformen, die das Geschlechtsleben eines jeden Menschen bestimmten (vgl.: Antifeminismus, Frauenhaß, männlicher Protest, Misogynie, gezahnte Vagina).

Der tatsächliche Zusammenhang zwischen Liebe und Haß ist unvergleichlich viel komplizierter. Er spielt sich zwischen drei dialektischen Triaden ab: Lust-Unlust, Aktivität-Passivität, Subjekt-Objekt und ihren Synthesen. Wie alle dialektischen Vorgänge, wird auch dieser nur in seiner zeitlichen Perspektive, in seinem Wachsen verständlich: wir können nur verstehen, was hier vorgeht, wenn wir die Entwicklung der Ich-Triebe (→ Triebe) von der Geburt des Menschen bis zu seiner Reife verfolgen.

1. Zu Anfang des seelischen Lebens kann der Mensch seine Wünsche nur an sich selber befriedigen. Wir nennen diesen Zustand → Narzißmus, die Befriedigungsmöglichkeit → autoerotisch. Die Außenwelt ist für den Säugling noch nicht von großem Interesse, da er sie noch nicht klar als etwas von ihm selber Getrenntes erkennt. Dem Ich kommt in dieser Phase also der Charakter des Lustvollen, der Außenwelt der

Charakter des Indifferenten zu. Das, was wir später »Liebe« nennen werden, beginnt in diesem Stadium als die Beziehung des Ich zu seinen Lustquellen: der Mensch liebt sich selbst und ist seiner Umgebung gegenüber gleichgültig.

2. Schritt für Schritt dringt die Umwelt jedoch auf ihn ein. Nicht alle seine Wünsche werden befriedigt. Er beginnt also, einige seiner Triebreize als unlustvoll und einige Aspekte der Umwelt als lustvoll zu empfinden. Diese Aspekte introjiziert er sich nun und stößt andererseits von sich ab, was ihm im eigenen Innern zum Unlustanlaß geworden ist. Der Erfolg ist ein vom frühesten Anfang der Wahrnehmungsfähigkeit an verzerrtes Bild der Welt. Das Kind unterscheidet Innen und Außen nicht nach objektiven Kennzeichen, sondern nach dem, was ihm Lust oder Unlust bereitet. Was ihm in seinem eigenen Innern Unlust bereitet, projiziert es auf die Außenwelt und betrachtet es von nun an als einen feindlichen Teil dieser Welt. Was ihm an der Außenwelt dagegen Lust bereitet, introjiziert es sich selbst und betrachtet es von nun an als lustvollen Aspekt seines eigenen Ichs. Diese zweite Phase des Lebens wird also durch die beiden Formeln gekennzeichnet: Ich = Lust, Außenwelt = Unlust. Der ursprüngliche Zustand der Indifferenz ist verschwunden. Oder, genauer gesagt: er ordnet sich als Sonderfall der Abneigung ein, nachdem er zuerst als deren Vorläufer aufgetreten war.

3. Erweist sich im dritten Stadium das Äußere, das Objekt, das Du als Lustquelle, so wird es geliebt, aber auch dem eigenen Ich einverleibt, so daß für das purifizierte Ich das Objekt, die Außenwelt, das Du doch wieder mit dem Fremden und Gehaßten zusammenfällt. Wird das Du nun zur Quelle von Lustempfindungen, so versucht das Ich, sich diese Quelle der Lust einzuverleiben; wir sprechen dann von der »Anziehung«, die ein anderes Wesen auf uns ausübt, und sagen, daß wir es »lieben«. Wird uns das andere Wesen aber zur Quelle von Unlustempfindungen, so unternimmt das Ich einen Fluchtversuch, der eine Wiederholung des ersten Versuchs darstellt, die Distanz zwischen der reizausschickenden Umwelt und dem Ich zu vergrößern. Wir empfinden das andere Wesen als »abstoßend«; wir hassen es, und dieser Haß kann sich bis zur Aggression, zur Vernichtungsabsicht steigern.

4. Liebe und Haß, die wir oft als Gegensätze, manchmal aber auch als Kehrseiten desselben Gefühls empfinden, sind also doch verschiedenen Ursprungs und haben eine eigene Entwicklung durchgemacht, ehe sie sich unter dem Einfluß der Lust-Unlust-Beziehung zu Gegensätzen formieren. Der Haß ist als Beziehung zum Du älter als die Liebe, denn

er entspringt der anfänglichen Ablehnung der Außenwelt durch das narzißtische Ich. Als Äußerung der durch Objekte hervorgerufenen Unlustreaktion bleibt er immer in inniger Beziehung zu den »Trieben« der Selbsterhaltung. Die Liebe dagegen läßt sich kaum als eine Beziehung zwischen Trieb und Objekt ausdrücken. Man kann nicht von einem Trieb sagen, daß er das Objekt, nach dem er zu seiner Befriedigung strebt, »liebt«. Man sagt stattdessen, daß man der Objekte *bedarf*, die zur Selbsterhaltung dienen, daß man sie *gern* hat, *gern* sieht, *angenehm* findet. Man wendet also Worte an, die ein abgeschwächtes Lieben ausdrücken. Die Liebe fügt sich mit jeder Phase der Reifung mehr und mehr in die Sphäre der reinen Lustbeziehung des Ich zum Du ein und fixiert sich schließlich an die Sexualobjekte im engeren Sinn und an solche Objekte, die die Bedürfnise sublimierter Sexualtriebe befriedigen.

Die Psychoanalyse unterscheidet deshalb klugerweise die Ich-Triebe von den Sexualtrieben. Wenn wir nicht gewohnt sind zu sagen, der einzelne Sexualtrieb liebe sein Objekt, aber die adäquateste Verwendung des Wortes »lieben« in der Beziehung des Ichs zu seinem Sexualobjekt sehen, so lehrt uns diese Beobachtung, daß dessen Verwendbarkeit in dieser Beziehung erst mit der Synthese aller → Partialtriebe unter dem Primat der Genitalien beginnt. Dies erklärt die Ambivalenz der Liebe. Der der Liebe so oft beigemengte Haß rührt zum Teil von den nicht völlig überwundenen Vorstufen des Liebens her, zum anderen Teil begründet er sich durch Ablehnungsreaktionen der Ichtriebe, die sich bei den häufigen Kollisionen zwischen Selbsterhaltungs- und Liebesinteressen auf reale und aktuelle Motive berufen können. In beiden Fällen geht der beigemengte Haß auf die Notwendigkeit der Selbsterhaltung zurück. Wird die Liebesbeziehung zu einem bestimmten Objekt abgebrochen, so tritt nicht selten Haß an deren Stelle, woraus wir den Eindruck einer Verwandlung der Liebe in Haß empfangen. Aber das ist eine Illusion: nur die Liebe hat sich zurückgezogen, das von Anfang an beigemischte Haßgefühl jedoch ist verblieben.

Diese Darstellung lehnt sich eng an Hinweise an, die Freud in verschiedenen Arbeiten zur Trieblehre gegeben hat, vor allem an seine Studie über *Triebe und Triebschicksale*, die 1915 im zweiten Band der Z. f. Psychoanalyse erschien. Wir müssen jetzt jedoch auf die Dialektik von Lust-Unlust, Aktivitäts-Passivität und Ich-Du eingehen, die Freud nur angedeutet, aber nie voll ausgearbeitet hat.

1. Der Gegensatz von Ich und Du, von Selbst und Außenwelt, von Sub-

jekt und Objekt drängt sich dem Kinde frühzeitig durch die Erfahrung auf, daß es unangenehme Außenreize durch Muskelaktion, durch Flucht, durch Zurückziehen vermeiden kann, gegen Triebreize aus dem eigenen Inneren aber wehrlos ist. In seiner klugen Unwissenheit dreht das Kind die Welt nun um und betrachtet all das, was ihm Unlust bereitet, als Außenwelt, als Objekt, als Du. Alles, was ihm Lust bereitet, betrachtete es dagegen als Ich, als Selbst, als Subjekt.
2. Der Lust-Unlust-Gegensatz ist also im frühesten Alter nicht von dem Subjekt-Objekt-Gegensatz trennbar und wird mit ihm verwechselt.
3. Der Aktivität-Passivität-Gegensatz wird in ähnlicher Weise mit den beiden anderen Polaritäten verzahnt und zwar auch hier so eng, daß keine tatsächliche Trennung feststellbar ist: das Kind reagiert nicht bewußt, mit Willenskraft, auf lustvolle oder unlustvolle Reize, sondern reflexmäßig. Das Ich verhält sich passiv gegen die Außenwelt, insofern es Reize von ihr empfängt, aktiv, wenn es auf dieselben reagiert. Das Ich ist passiv gegen die äußeren Reize, aktiv durch seine eigenen Triebe. In der patriarchalischen Gesellschaft, in der wir leben, verschmilzt die Polarität aktiv-passiv später mit der von männlich-weiblich, die keine psychologische Bedeutung hat, ehe diese Verschmelzung stattfindet. Freud betrachtete die Verlötung der Aktivität mit der Männlichkeit, der Passivität mit der Weiblichkeit als ein phylogenetisches Prinzip. Anthropologische Forschungsresultate in primitiven und mutterrechtlichen Gesellschaften haben dagegen gezeigt, daß dies nicht so ist.
4. Das wichtigste Stadium der Entwicklung ist erreicht, wenn sich die ursprüngliche Indifferenz, mit der der Säugling die Umwelt betrachtet, in eine affektive Beziehung zur Umwelt verwandelt. Wie der Gegensatz Liebe-Indifferenz nun die Polarität Ich-Außenwelt spiegelt, so reproduziert der zweite Gegensatz Liebe-Haß die mit der ersteren verknüpfte Polarität von Lust-Unlust. Oder, wie Freud es ausdrückt: Mit dem Eintreten des Objekts in die Stufe des Narzißmus erscheint der Haß; mit der Ablösung der narzißtischen Stufe durch die Objektstufe bedeuten Lust und Unlust Beziehungen des Ichs zum Objekt. Wird das Objekt zur Quelle von Lustempfindungen, so stellt sich eine motorische Tendenz ein, dieses Objekt dem Ich anzunähern, es dem Ich einzuverleiben. Dies ist die Liebe.

Liebeskrankheit → Erotomanie.

Liebesnest, das Zimmer, die Wohnung oder das Haus, in dem ein Liebespaar sich trifft. Es kann dem einen oder anderen Partner gehören und mag für eine Nacht oder einen Monat oder ein Jahr gemietet sein. Im übertragenen Sinne spricht man auch manchmal von der Wohnung eines jungverheirateten Paares als von einem L. Im eigentlichen Wortsinn jedoch dient das L. stets der außerehelichen Liebe. → Absteigequartier, Casini, Folies, Jagdschloß, Maison de Passe, Maison de Rendez-vous, Petite maison, Stundenhotel, Zweitwohnung.

Liebesspiel, das älteste Spiel des Menschen, ein Spiel, sogar älter als die Menschheit. Die meisten Tiere haben Liebesspiele. Die → Paarung ist stets nur das Endstadium der Liebe, niemals die Liebe selber. Der Spieltrieb stammt vom L., nicht umgekehrt. → Abwechslung, Aktivität und Passivität, Anilinctio, Bett, Biß, Courmachen, Cunnilingus, Dengeln, Digitatio, Dodekamechanon, Effeuille des roses, Ehepflicht, Épée de Charlemagne, Erweckung, Fellatio, Figurae veneris, Fingernagel, Flirt, Freien, Geschlechtsverkehr, Handkuß, Irrumatio, Kataglossismus, Kinepimastie, Koketterie, Kuß, Lambitionsakt, Lambitus ani, Lécheur, Liebkosungen, Mammalkoitus, Maraichinage, Nachspiel, Neugier, Pedicatio, Penilinctio, Petting, Phönizisieren, Präliminarien, Seraphinenkuß, Sex-Appeal, Siphnisieren, Spiegelakte, Suctustupratio, Vorlust, Zungenkuß.

Liebesurteil → Arrêt d'amour.

Liebeswahn → Erotomanie.

Liebhaber, große. Die großen Liebhaber und Liebhaberinnen der Weltgeschichte waren weder Dirnen noch Sexualathleten. Sie litten weder an → Nymphomanie noch an → Satyriasis. Männer wie → Casanova waren nicht deshalb große Liebhaber, weil sie viele Frauen liebten, sondern weil viele Frauen sie liebten. Und Frauen lieben Männer nicht nur wegen ihrer sexuellen Potenz. Der → Homme à femmes, der Frauentyp, ist nicht deshalb erfolgreich, weil er ein Verführungskünstler ist, sondern weil er sich in weiblicher Gesellschaft wohlfühlt und weil sich Frauen in seiner Gesellschaft wohlfühlen. Es gibt erstaunlich wenige Männer dieser Art. Denn die Tatsache, daß Männer gern mit attraktiven Frauen zu Bett gehen möchten, bedeutet nicht, daß sie sie zufriedenstellen können. Die Männer, die besonders stolz auf ihre Potenz und Liebestechnik sind, gehören meist zur Kategorie der Frauenhasser – jener Männer, die sich an den Frauen rächen wollen, indem sie sie zur Hingabe veranlassen. Auch sogenannte »Männlichkeit« bedeutet in diesem Zusammenhang sehr wenig. Denn gerade der »männliche« Mann fühlt sich meist unter Männern wohler als unter Frauen. Hat die

Frau sein Sexualbedürfnis befriedigt, hört sie auf, ihn zu interessieren. Indem er vorgibt, daß er sie zu sehr respektiere, um sich in ihre Sphäre einzumischen, degradiert er sie zur Mutter, zur Hausfrau, zur Gastgeberin. Der wirkliche → Homme à femmes dagegen »respektiert« die Frau niemals, denn er liebt sie so sehr, daß ihn alle Sphären ihres Lebens interessieren. Für ihn gibt es keinen Aspekt der weiblichen Tätigkeit, der nur der Frau vorbehalten wäre. Er ist Feminist. Er interessiert sich fürs Frauenzentrum, fürs Frauenforum, für die Befreiung der Frau. Aber auch für Kleider und für Kosmetik, für Haartracht und für Parfums, für Kochkunst und für Schlafzimmerdekoration. Er hat nicht das Bedürfnis, sobald wie möglich wieder ins Büro, in die Fabrik, auf den Fußballplatz, in die Garage oder zum Stammtisch zurückzukehren. Er liebt die Frauen nicht nur als Sexualobjekte, sondern als Wesen, die in jeder Hinsicht, nicht nur in physischer, anders sind als er. Gerade ihre Andersartigkeit fasziniert ihn. Jede Frau bedeutet ihm eine neue Forschungsreise in ein Land der unbegrenzten Möglichkeiten. Frauen wissen, wie selten solche Männer sind. Sie schätzen sie. Sie gewähren ihnen Freiheiten, die sie keinen anderen Männern erlauben würden. Sie offenbaren sich ihnen, weil sie sicher sind, daß sie verstanden werden. Die Liebe der großen Liebhaber hat für die Frau deshalb einen Reiz, der vieles mit dem der Lesbierin zu tun hat. Die Frau fühlt: Dieser Mann ist einer von uns. Er weiß alles von uns. Vor ihm kann ich nichts verbergen. Und deshalb offenbart sie sich ihm mit einer Rückhaltlosigkeit, die nur wenige Frauen und noch weniger Männer je im Leben kennenlernen.

Die großen Liebhaberinnen stellen einen komplementären Typ dar. Sie sind niemals »feminine« Wesen. Ihre Sexualität hat schon deshalb etwas »Männliches«, weil sie *aktiv* ist. Solche Frauen wollen einen Mann haben und machen kein Geheimnis daraus. Sie sind ebenso oft Werbende wie Umworbene. Aber sie sind nicht nur im Bett an Männern interessiert. Sie gehören zu jenen seltenen Frauen, die die Welt der Männer verstehen und sich in ihr wohlfühlen. Sie waren deshalb zu allen Zeiten auch gute Politikerinnen und im Zeitalter des Feudalismus an Waffen, an der Jagd, an der Falknerei, der Schmiedekunst, der Kriegsführung interessiert. Sie sind heute fast stets beruflich tätig, gute Autofahrerinnen, verstehen etwas vom Geschäft, können überall ihren Mann stehen. Der Mann, der eine solche Frau hat, kann auch im Bett mit ihr viel offener verkehren als mit dem »weiblichen« Frauchen, das ihm bestenfalls als Matrize seiner Lust dient. Im Gegensatz zu der naiven Vorstellung, daß der große Liebhaber besonders maskulin und die große Liebhaberin besonders feminin sei, läßt sich deshalb aus der historischen Literatur die Folgerung ziehen, daß in der ganzen Geschichte der westlichen Welt das Gegenteil der Fall gewesen ist. → Männlichkeit, Weiblichkeit.

Liebkosungen, die Zärtlichkeitsbezeigungen der Mutter, die das Sexualleben des Kindes bestimmen. Der Mensch ist nicht das einzige Tier, das Liebkosungen benötigt, um den Koitus vorzubereiten und den Orgasmus intensiver zu gestalten. Aber je reifer er ist, um so größer wird sein Bedürfnis nach solchen Liebkosungen. Kein Sexualakt ist vollkommen, wenn er nicht im Orgasmus kulminiert. Aber die relative Bedeutung des Koitus schwindet, und die der anderen Liebkosungen wächst mit der sexuellen Reife des Menschen. Barbara Bross hat diese Erfahrung eindrucksvoll in ihrem Buch *Flitterwochen – und was dann?* (Günther Verlag, Stuttgart 1967) geschildert. Es wäre töricht, sagt sie, in einem an Frauen gerichteten Buch erörtern zu wollen, »weshalb bestimmte Männer an bestimmten Stellen reagieren und andere Männer an anderen. Ich kann nur sagen, daß du das selbst herausfinden mußt. Laß dich von der Neugier leiten. Und glaube nie, daß du am Ende deiner Entdeckung angelangt bist. Ehepaare entdecken oft in den Fünfzigern noch völlig neue Empfindungen, die sie in dreißig Ehejahren nicht herausgefunden haben. Also gib niemals auf. Es gibt immer noch eine Liebkosung, die du noch nicht probiert hast. Das bedeutet die völlige Überwindung von Scham- und Schuldgefühlen und diese Überwindung wird nie plötzlich kommen. Aber das allmähliche Ablegen all der Scham- und Schuldgefühle, die die Gesellschaft dir eingeprägt hat, bedeutet zweifellos das größte Abenteuer für dich und die größte Entdekkung für den geliebten Mann. Sobald du die Scham aufgibst, mit der du bisher deinen Körper verborgen hast, beginnst du, deine Neugier auf den Körper deines Mannes einzugestehen. Sobald du dich bemühst, herauszufinden, welche Liebkosungen ihn am meisten bewegen, sobald du neue zu erfinden versuchst, die sein Vergnügen erhöhen, gehst du auf eine Entdeckungsreise, die die Grundlage allen menschlichen Verlangens zu wissen, zu erkunden, zu entdecken ist.«

Liga der freien Liebe, ein russischer Geheimclub im ersten Jahrzehnt unseres Jahrhunderts. Ursprünglich eine studentische Vereinigung in Petersburg, bald aber eine rein erotische Liga. Die weiblichen Mitglieder waren 20 bis 25 Jahre alt, die Männer zwischen 30 und 40. Man trieb einen besonderen Wäschekult mit komplizierten fetischistischen Praktiken. → sexuelle Clubs, Fetischismus.

Ligatur [lat.: ligare = binden], die Brechung der sexuellen Hörigkeit durch eine magische Handlung, die Befreiung vom anderen Geschlecht, eine Art magischer Selbstkastration. Das Eigentümliche an diesem archaischen Zauberkonzept, das bis in die frühesten Entwicklungsstufen der Menschheit zurückverfolgbar ist, mag wohl der Name sein, den Plinius der Ältere (23–79 n. Chr.) ihm in seiner *Naturalis historia* (»Naturgeschichte«) gibt. Denn das Konzept beinhaltet ja einen *Schnitt* (sectio) und keine *Bindung* (ligamentum, ligamen). Könnte der wahre Sinn eine Bindung an den Teufel sein? Um sich von der Frau zu befreien, verschreibt sich der Mann dem Teufel, der ihm Macht als Gegengabe verspricht. In diesem Sinn entspräche die L. dann etwa Freuds Konzept der Sublimierung, die sexuelle Energie (Libido) in nichtsexuelle Kraft verwandelt und diese Kraft zum Antrieb zivilisatorischer Prozesse benutzt. Die → Askese ist eine Form der L.; Fasten, Enthaltsamkeit, Opfer sind magische Konzepte, die alle auf dem Prinzip der L. aufgebaut sind.

Lilith [assyrisch: Lilitu = Sturm], nach talmudischer Überlieferung Adams erstes Weib, nach anderer Überlieferung der erste Mensch überhaupt. Aus der Tatsache, daß sie Adam »verließ« und von den Juden prompt zur Dämonin erklärt wurde, können wir die Verdrängung eines früheren mutterrechtlichen Mythos durch eine spätere vaterrechtliche Schöpfungsgeschichte erkennen. Denn da es in der Vor- und Frühgeschichte noch kein Patriarchat und deshalb auch kein Recht des Mannes auf den Körper »seiner« Frau gab, hatte Lilith durchaus das Recht, Adam zu verlassen. Die Erinnerungen an eine Zeit, in der die Frauen tun und lassen konnten, was sie wollten, war den Vätern der Bibel noch allzu gut im Gedächtnis und mußte mit einer neuen, völlig veränderten Schöpfungsgeschichte bekämpft werden. Das war Genesis, das erste Buch Mose, das die Reaktion der Rabbinerkaste auf die babylonische Schöpfungsgeschichte war, die sie in der babylonischen Gefangenschaft kennengelernt hatten. Selbst dort klingt aber noch in der Legende vom Paradies eine Erinnerung an jene »paradiesischen« Zustände menschlichen Glücks durch, die vor der jüdischen Verteufelung der freien, weiblichen Sexualität bestanden. Denn aus der Tatsache, daß L. im talmudischen Glauben »Macht über Kinder« besaß, können wir folgern, daß sie eine Fruchtbarkeitsgöttin gewesen sein muß. → Eva, Frauenkult, Magna Mater, Mutterreligion.

Linguistik, sexuelle → Schreiben und Sexualität, Sexualität und Sprache, Sexuallinguistik.

links und rechts im Geschlechtsleben. Alle römischen Autoren, die das Thema behandelt haben (und das sind nicht wenige), sind sich darüber einig, daß der Römer stets die linke Hand zur Masturbation benutzte, die deshalb auch *sinistra manus* oder *pelex laeva* genannt wurde, was zwar wörtlich »linke Hand« oder »linke Freundin«, im idiomatischen Sprachgebrauch aber einfach »Onanierhand« bedeutete – »Wichsgriffel«, wie wir heute sagen würden. Wieso aber die Linke?

Kein römischer Autor und auch kein moderner Forscher gibt eine Antwort. Johann Jakob Bachofen (1815–1887) dagegen sagt in einem anderen Zusammenhange: »Die erste Beobachtung, in welcher sich diese Folgerichtigkeit der gynaikokratischen Gedankenwelt bewährt, liegt in dem Vorzug der linken vor der rechten Seite. Das Links gehört der weiblichen leidenden, das Rechts der männlichen tätigen Naturpotenz. Die Rolle, welche die linke Isishand in dem vorzugsweise dem Mutterrecht huldigenden Nillande spielt, genügt, um den hervorgehobenen Zusammenhang klarzumachen. Andere Tatsachen strömen dann in großer Anzahl herbei und sichern ihm seine ganze Wichtigkeit, Universalität, Ursprünglichkeit und Unabhängigkeit von dem Einfluß philosophischer Spekulation. In Sitten und Gebräuchen des bürgerlichen und des kultischen Lebens, in Eigentümlichkeiten der Kleidung wie der Haartracht, nicht weniger in der Bedeutung einzelner Ausdrücke wiederholt sich stets dieselbe Idee, der *maior honos laevarum partium*, die ›höhere Würde der Linken Seite‹, und ihre innere Verbindung mit dem Mutterrecht.« (Bachofen, Cr. W., Bd. II, 18)

Die Frage nach dem Grund der Symbole ist eine außerordentlich komplizierte. Eines jedoch ist sicher: durch die ganze uns bekannte Antike und durch einen großen Teil der uns bisher nur teilweise verständlichen Vorgeschichte des Mittelmeerbeckens und seines Hinterlandes zieht sich der Glaube an gewisse Merkmale: die linke Seite war die der Mutter, die rechte die des Vaters; Mädchen, glaubte man, gingen aus dem linken Hoden, Knaben aus dem rechten hervor. Die linke Seite war die der irdischen Welt, die rechte die des Himmels. Links war die Materie, rechts der Geist; links die Erde, rechts die Luft; links die Nacht, rechts der Tag; links der Mond, rechts die Sonne; links die geraden Zahlen, rechts die ungeraden. Den Göttern der Erde, also den alten Muttergottheiten, opferte man noch in Platons Zeit Tiere in gerader Zahl, den neuen Vatergottheiten solche in ungerader Zahl (Platon, *Gesetze* IV).

Die linke Seite war die Ehrenseite der mutterrechtlichen Götter, die rechte die der vaterrechtlichen. Im mutterrechtlichen Ägypten galt die linke Isishand als die mütterliche, die nährende. Nur sie wurde in Prozessionen herumgetragen. In römischer Zeit nannte man sie *manus aequitas*, die Hand der Gleichheit oder Gerechtigkeit. Semiramis und Rhodogyne trugen nur auf der linken Kopfseite gekämmtes Haar. Demeter und Bona Dea führten ihr Szepter in der linken Hand. Die Glücksgöttin Nike stand stets links. Die Athenepriesterin brachte das Opfer stets mit dem linken Arm dar. Theseus, durch Aphroditens Beistand aus dem Labyrinth gerettet, stiftete der Göttin auf Delos einen Altar aus lauter linken Hörnern. Dionysos trug sein Band am linken Arm. Alles Poseidonische war linksbetont. Zur Linken floß im Hades Lethe, das Wasser des Vergessens. Die Pelopiden, die Nachkommen des Tantalossohnes Pelops, trugen das Zeichen ihrer väterlichen Abstammung, das weiße Mal ihres Schutzpatrons, auf der rechten Seite; das Gorgonenhaupt, das Zeichen ihrer Mutter, aber auf der linken Schulter. Der Seher Melampos, der im mutterrechtlichen Tiryns lebte, und seine Nachfolger, die Melampoiden, leiteten ihre Mantik von der linken Körperseite her. Iamos, der Sohn des vaterrechtlichen Apollon, und seine Nachfolger, die Iamiden, leiteten dagegen ihre Macht von der rechten Körperseite ab.

Ehrung durch die Linke galt allgemein den chthonischen, tellurischen Göttern, den Gottheiten des Irdischen, den Göttern der Mutter. Ehrung durch die Rechte galt fast ausnahmslos den olympischen, himmlischen Göttern, den vaterrechtlichen Gottheiten. Deshalb opferte man den alten Göttern die inneren Organe der linken, den neuen Göttern aber bei allen Opfertieren die Organe der rechten Seite (Platon, *Gesetze* IV). Nach altetruskischem, matriarchalischem Augurenrecht war der linke Vogel glückbringend; nach dem Triumph des römischen Vaterrechts, der rechte. Der Erretter einer Stadt erhielt in alter Zeit den Platz zur Linken des Standbildes der Stadtgöttin; zur späteren Zeit den Platz zur Rechten des Stadtgottes.

Die Wertbetonung der linken Seite konnte sowohl durch Bekleidung wie durch Entkleidung ausgedrückt werden. Nacktheit des linken Fußes galt als eines der ältesten Symbole der Mutter. Von den Hernikern, einem mutterrechtlichen griechischen Stamm, der vor den Vaterrechtlern nach Italien geflüchtet war, hieß es, sie gingen nur mit nackten linken Füßen in die Schlacht. Jason, Günstling der mütterlichen Hera, war am linken Fuß unbeschuht, weil er seine linke Sandale im Sumpf verloren hatte. Der Sumpf aber war immer das Symbol des Reichs der Mütter. Die Athenepriesterin brachte ihre Opfer stets mit nacktem linkem Arm dar.

Während der Zeit des Übergangs vom Mutter- zum Vaterrecht fand ein bewußter Versuch statt, die Symbole in ihr Gegenteil zu verwandeln. Zwar gab man beispielsweise noch zu, daß die Macht des Zaubers in der linken Hand lag, betonte aber bereits, daß die rechte Hand die Macht habe, den Zauber aufzuheben. Nach Plutarch schrieb Platon, als Apostel des Vaterrechts, die rechte Seite den Göttern zu, die linke den Dämonen. Plutarch selber betrachtete die rechte Hand als die schaffende, die linke als die zerstörende. Selbst die Semantik der Vaterrechtszeit arbeitete für die Männer. Das lateinische Wort *sinister*, das früher »glücklich«, »günstig« bedeutet hatte, wurde nun umgekehrt, um »unglücklich«, »ungünstig«, »unheilvoll«, »verkehrt«, »ungeschickt«, »linkisch« zu bedeuten. Die linke Seite drückte eine Zeitlang noch die sakralen Rechte aus, die rechte Seite aber bereits gänzlich das weltliche Recht, das *Recht* als solches. Auch im asiatischen Kulturkreis, vor allem im alten vaterrechtlichen China, ist die gleiche Beiordnung alles Guten zum Vaterrecht und alles Schlechten zum Mutterrecht zu finden: alles Rechte ist gut, alles Linke schlecht.

Es ist deshalb auch durchaus angemessen, daß in jedem Parlament der Konservative rechts, der Fortschrittliche links sitzt. In der römischen Augurensprache, die vom mutterrechtlichen Etrurien stammt, gilt links als günstig, rechts als ungünstig. Bei der Hochzeit wird die linke Hand der Braut vor Zeugen in die rechte des Bräutigams gelegt, was die Römer *dextrarum conjunctio*, die Vereinigung der Rechten, nannten. Ist es deshalb überraschend, daß die Römer, ein vor kurzer Zeit erst von der Toleranz des Mutterrechts zur Disziplin und Sexualunterdrückung des Vaterrechts übergewechseltes Volk, alle sexuellen Tätigkeiten als der Mutter zugehörig, alle Sexualverbote dagegen als dem Vater unterstehend empfanden? Das würde jedenfalls erklären, weshalb bei einer vom Vater verdammten, von der Mutter tolerierten Handlung wie der Masturbation stets die linke Hand, das Symbol der Mutter, und nicht die rechte, die des Vaters, benutzt wurde.

Diese Vermutung wird dadurch erhärtet, daß die Römer ihre linke Hand auch als *manus amica*, »Hand der Freundin«, oder gar als *manus fututrix*, »Hand der Beischläferin«, bezeichneten.

Martial, der zugibt, daß er onaniert (II, 43, 14) und oft in Sehnsucht die Linke benutzt habe (XI, 73, 4), tut es trotzdem mit schlechtem Gewissen. Denn wie alle Vaterrechtler betrachtet er das »Verschleudern« des

Samens als Frevel gegen die Götter und klagt deshalb seinen Freund Ponticus durchaus im Sinne späterer Kirchenväter an, einen Menschen »vergeudet« zu haben (IX, 41):

Daß du, Ponticus, nie beiwohnest, sondern die Linke
Brauchest als Buhlin, die Hand statt der Geliebten dir dient,
Hältst du für nichts? Doch es ist ein gewaltiger Frevel, das glaub' mir,
So groß, daß dein Verstand kaum ihn zu fassen vermag . . .
Sei versichert, es sagt die Natur dir selber: »Es ist das,
Ponticus, was mit der Hand du vergeudest, ein Mensch!«

Diese Denkform wäre dem Mutterrecht, trotz dessen Ehrfurcht vor der Fruchtbarkeit, völlig fremd gewesen.

Lockenwickler, nach der Meinung der deutschen Bundesbürger die größte Sünde der deutschen Frau wider den deutschen Anstand. 1966 stellte das Institut für Demoskopie in Allensbach eine Repräsentativuntersuchung über das an, was die Deutschen für gute oder schlechte Manieren hielten. Dabei sprachen sich 85 Prozent aller Bundesbürger dafür aus, daß Frauen, die mit Lockenwicklern im Haar auf die Straße gingen, den größten Verstoß gegen das begingen, was sie als »anständig« empfinden.

Lohnsetzerin nannte man im Mittelalter die von den Huren eines städtischen Bordells ernannte Verwalterin des Bordellgelds. Dieses wurde in einer »Schlaflade« verwahrt, zu der die L., die Bordellpächterin und eine ausgewählte Hure Schlüssel hatten. Am Ende einer jeden Woche öffnete man die Schlaflade gemeinsam und verteilte die Einnahmen nach einem städtisch festgelegten Verhältnis. In der Schlaflade verblieb eine feste Summe, eine Art Krankenkasse, zu der alle Huren und auch der → Hurenwirt beitrugen und die von der L. verwaltet wurde.

Lokalexogamie [lat.: locus = Ort; gr.: exos = außen; gamos = Heirat], das Gebot der Partnerwahl außerhalb des Kreises der im Ort lebenden Blutsverwandten. Die L. hat den Zweck, den Lebensstandard der örtlichen Bevölkerung zu heben, indem man in Ortschaften mit anderem oder höherem Lebensstandard einheiratet. Es gibt → matrilineare und → patrilineare L. Im ersten Falle siedelt sich der einheiratende Mann bei der Ortssippe der Brautmutter an, während der ausheiratende Sohn aus dem eigenen Ort auszieht, um sich im Ort der Schwiegermutter anzusiedeln. Im zweiten Falle siedelt sich die einheiratende Frau bei der örtlichen Sippe der Brautmutter an, während die ausheiratende Tochter auszieht, um sich im Ort des Schwiegervaters anzusiedeln. → Exogamie.

Loretten [frz., nach dem Pariser Stadtviertel Notre-Dame-de-Lorette], anfangs des 19. Jahrhunderts jene jungen Pariserinnen, oft Näherinnen, aber manchmal auch Lebedamen der Gesellschaft, die im Quartier Notre-Dame-de-Lorette wohnten. Die Bezeichnung L. hat Alphonse Karr (1808–1890) in seinem Magazin *Guèpes* (1839–1848) geprägt. Ihr Leben erschien in zahllosen Bühnenstücken, deren berühmtestes, »Die Kameliendame« von Alexandre Dumas, auch einen neuen Namen für Loretten brachte. Als historisches Vorbild der L. und Kameliendamen galt Marie Duplessis, ein früheres Bauernmädchen aus der Normandie. → Grisettes, Marchandes de mode, Midinettes, Mignonnes, Musettes.

Louis [frz.: Ludwig], → Zuhälter. Vgl.: Alphonse, Apache, Essayeur, Lanceur.

Love-in [engl.: »einlieben«], ein von den amerikanischen → Hippies und → Beats geprägter Ausdruck, der eine moderne Form der → Orgie beschreiben soll, bei der es aber nicht um rücksichtslose, rein fleischliche Befriedigung geht, sondern um eine Art kultischer und zeremonieller Geste, in der sich → Agape und → Eros vereinigen sollen.

LSD [d-Lysergsäurediäthylamid], die bekannteste der → psychedelischen Drogen. Ihre Gefahr besteht nicht darin, daß sie süchtigmachend wäre, sondern in einer Verzerrung des Orientierungssinnes, einer tiefgreifenden Änderung der psychischen Struktur (besonders des Gleichgewichts zwischen Ich, Es und Über-Ich) und einer Chromosomschädigung des Nachwuchses mit conterganähnlichen Mißbildungen. → Narkomanie, Süchtigkeit.

Lude, Ludewig, in Berlin seit dem 18. Jahrhundert der → Zuhälter. Das Wort verbreitete sich schnell durch alle deutschen Lande. Vgl.: Alphonse, Amicus, Aufmacher, Bärentreiber, Frauenmeister, Frauenwirt, Freihat, Freiwirt, Hackerbub, Hurenwirt, Jungfernschaftsprokurist, Kappelbub, Krameltreiber, Louis, Pilger, Plattenbruder, Pulion, Purlierer, Sponsierer, Stenz, Strawanzer, Strizzi, Töchterwirt, Zutreiber.

Lues, der lateinische Name für → Syphilis.

Luperkalien, Feste zu Ehren des römischen Gottes Lupercus, bei denen die Frauen Fruchtbarkeit zu erlangen suchten, indem sie sich von den Priestern mit Riemen oder Ruten auf das entblößte Gesäß schlagen ließen. Auch im germanischen Ritus lebte der gleiche Glaube, daß das Schlagen mit der »Lebensrute« fruchtbar mache. Die Rute galt als Zeugungsglied des Baumdämons. Der Brauch überlebt in dem Fudeln oder Fitzeln, dem Schlagen mit der Osterrute. Vgl.: Auspeitschung, Geschlagenwerden, Rutenschlagen, Urticatio.

Lust, im allgemeinen Sprachgebrauch von der gleichen Doppelsinnigkeit, aus der die Psychoanalyse die Begriffe → Vorlust und → Endlust entwickelt hat. Lust bezeichnet sowohl den Wunsch (ich habe Lust) wie dessen Erfüllung (Lustjagd, Lustschloß, Lustmord, Lustspiel, eine Lust zu leben).

Lustgärten, im 17. und 18. Jahrhundert die Parkanlagen mit Tanzpavillons, die nach kurzer Zeit zu Treffpunkten der → Kurtisanen, Koketten, Prostituierten und anderer Damen der Halbwelt wurden. → Bal Mabille, Bosischer Garten, Closerie des Lilas, Dillmanns Garten, Elysium, Fiebigscher Garten, Grande Chaumière, Große Funkenburg, Jardin de Paris, Jardin Égalité, Palais Royal, Paphos, Ranelagh, Vauxhall, Vauxhall d'hiver.

Lustknabe, die altmodische Bezeichnung des passiven → Päderasten oder → Strichjungen. Vgl.: Catamitus, Didaskalophilie, Ephebophilie, Gadales, Gigolo, Homosexualität, Kinäde, Kinderbordell, Kinderprostitution, Kinderschändung, Knabenbordell, Neoterophilie, Päderastie, Pädophilie, Pagismus, Platonische Liebe, homosexuelle Prostitution, Puerilismus, Sokratische Krankheit.

Lustmord, die laienhafte Bezeichnung für Tötungsvorgänge verschiedenster Ursachen. Das Strafgesetzbuch sagt: »Mörder ist, wer aus Mordlust, zur Befriedigung des Geschlechtstriebs . . . einen Menschen tötet« (§ 211 Abs. 2 StGB). Nach dem alten § 51 StGB waren solche Delikte nur dann nicht strafbar, »wenn der Täter zur Zeit der Tat wegen Bewußtseinsstörung, wegen krankhafter Störung der Geistestätigkeit oder wegen Geistesschwäche unfähig ist, das Unerlaubte der Tat einzusehen oder nach der Einsicht zu handeln.« Der neue § 20 StGB sagt: »Ohne Schuld handelt, wer bei Begehung der Tat wegen einer krankhaften seelischen Störung, wegen einer tiefgreifenden Bewußtseinsstörung oder wegen Schwachsinn oder einer schweren seelischen Abartigkeit unfähig ist, das Unrecht der Tat einzusehen oder nach dieser Einsicht zu handeln.«

Der Begriff »Schwachsinn« ist relativ unumstritten. Alle anderen Begriffe würden von Psychiatern verschiedener Schulen, von Psychoanalytikern und von Sexualmedizinern ganz unterschiedlich definiert werden. Besonders an dem Begriff der »Schuldfähigkeit« scheiden sich die Geister. Denn bei sexuell bedingten Taten besteht nach Meinung der führenden Sexualwissenschaftler das Pathologische nicht in der Unfähigkeit, das Unrechtmäßige der Tat einzusehen oder nach dieser Einsicht zu handeln, sondern in der zwanghaften Neigung, sie trotz des Bewußtseins ihrer Widerrechtlichkeit zu begehen. Genau das, was der Jurist als Beweis der Schuldfähigkeit betrachtet, ist also für den Sexualwissenschaftler der Beweis der Schuldunfähigkeit. Eben das, was § 211 StGB ausdrücklich als Mord definiert: »Mordlust« und »Tötung zur Befriedigung des Geschlechtstriebs«, würden die führenden deutschen Sexualwissenschaftler nahezu einstimmig als Beweis dafür erachten, daß hier keine Tat eines gesunden Menschen vorliegt, also *kein* Mord. Gesunde Menschen töten weder aus Lust noch zur Befriedigung des Geschlechtstriebs. Tötet ein Mensch aus Lust oder zur Befriedigung des Geschlechtstriebs, dann ist er per definitionem nicht gesund.

Da die Gerichte seit fast einem Jahrhundert dazu tendieren, drei völlig verschiedene Arten von Tötungsdelikten so zu behandeln, als handle es sich um den gleichen Tötungsvorgang, muß man zunächst den eigentlichen Lustmord von jenen Tötungsdelikten unterscheiden, die entweder aus Angst vor Entdeckung oder aus Versehen geschehen. Ein pädophiler Täter, der ein Kind nur ausziehen und vielleicht mit seinen Genitalien spielen, aber ganz bestimmt nicht verletzen will, kann zum Mörder werden, wenn er dem Kind, das Wollustlaute von sich gibt, den Mund zuhält und es dabei unwillkürlich erstickt, Frauen und Mädchen, an denen Notzuchtverbrechen begangen wurden, werden oft nur infolge ihres Widerstands getötet. Der mehrfache Lustmörder Böttcher tötete Senta E. hauptsächlich deswegen, weil sie schrie und mehrere Leute vorbeikamen, die aufmerksam werden mußten. Der Anblick der Leiche erregte ihn dann so, daß er sein Glied in die Scheide des toten Mädchens einführte, was ihm erst nach einigen vergeblichen Versuchen gelang. Bei einem Raubüberfall erschlugen zwei Täter eine alte Frau und übten dann mit der Leiche noch den Beischlaf aus. Wulffen teilt einen ähnlichen Fall mit. Auch Böttcher fiel zahlreiche Mädchen an, um sie zu berauben. Gleichzeitig wurde er aber auch beim Überfall sexuell erregt und notzüchtigte die Mädchen unter schweren Drohungen. Auch sein letztes Opfer, die Gräfin Lambsdorff, fiel er ursprünglich an, um sie zu berauben. Als er sie nach heftigem Kampf niedergeschossen hatte, erregte ihn der Anblick der Leiche mit den verschobenen Kleidern derart, daß er mit ihr von hinten den Beischlaf vollzog. Keiner dieser Fälle stellt jedoch einen L. dar.

Ein Sadist, der keine nekrophilen Neigungen hat, weidet sich am

Schmerz seines Opfers, weiß aber ganz genau, daß der Spaß vorbei ist, wenn das Opfer stirbt. Sadisten töten also äußerst selten, und selbst wenn sie es tun, ist der Tod meist das unglückliche Resultat einer Verwundung, die nicht mit Tötungsabsicht beigebracht wurde. Auch dies ist also kein eigentlicher »Lust«-Mord.

Bei den wirklichen Lustmördern kann man dagegen vier immer wiederkehrende Typen erkennen:

1. *Die Aufschlitzer.* Am 1. 12. 1887 wurde in London der aufgeschlitzte Leichnam einer Frau gefunden. Am 7. 8. 1888 fand man eine zweite Frauenleiche, die in ähnlicher Weise etwa 39 Schlitzwunden aufwies. Die dritte Frauenleiche fand man am 8. 9. 1888. Der Kopf war fast vollständig vom Torso abgetrennt. Die Eingeweide hingen aus dem Leib. Es folgten im selben Jahr noch vier und im folgenden Jahr drei weitere Frauenmorde, die alle die gleichen Merkmale aufwiesen: Sektion des Abdomens, Manipulation mit den Eingeweiden, Zerschlitzen der Genitalien. Der Täter wurde nie entdeckt. Der Volksmund nannte ihn »Jack the Ripper«, den »Aufschlitzer«, und dieses Wort hat man in die forensische Terminologie übernommen. Auch der französische Massenmörder Vacher gehörte zu den Aufschlitzern. Die Franzosen nannten ihn *L'Éventreur*, den Bauchaufschlitzer.

Besonders das Herausreißen der Eingeweide und das Herumwühlen im Leib des Opfers ist charakteristisch für diesen Typus. Krafft-Ebing schilderte bereits den Fall des Spaniers Gruyot, der sechs Prostituierte ermordete und ihnen durch die Scheide die Eingeweide und Nieren herauszog. Oft wird der Täter durch den Anblick der Leiche so stark sexuell gereizt, daß er noch eine Reihe von schweren postmortalen Verletzungen, vor allem Öffnung der Bauchhöhle, an ihr vornimmt. So erwürgte ein Maurer ein dreieinhalbjähriges Kind und führte mehrfach unter Wollustgefühlen den Finger in die Scheide ein, schlitzte den Bauch auf, schnitt die Genitalien heraus und wühlte in den noch warmen Eingeweiden.

2. *Die Pfähler.* Wie der Aufschlitzer Löcher im Körper seines Opfers anbringen will, so will der Pfähler sie füllen. Er rammt seinen Arm, seinen Stock, seinen Regenschirm in die Vagina oder den Anus, stopft Klötze, Stöcke oder seine eigenen Finger in die Vulva, den Bauchnabel, den After, die Ohren, die Nasenlöcher, den Rachen seines Opfers. Großmann bohrte zum Teil noch lebenden Frauen mit einem Quirl in der Scheide und brachte ihnen dadurch schwere Verletzungen bis in Mastdarm und Bauchhöhle bei. Nach Merkel schob ein Lustmörder

seinem Opfer einen Spazierstock in die Scheide, der bis zur Leber vordrang. Ein Hilfsarbeiter steckte seinem Opfer einen Regenschirm in die Scheide und ließ es so liegen. Pfählungsphantasien sind selbst bei normalen Menschen (als Träume) nicht selten. Bei Neurotikern gibt es aktive und passive Pfählungsphantasien. Die aktiven beruhen auf dem sadistischen Impuls, das Objekt mit einem spitzen, scharfen Gegenstand (Messer, Eisenstab usw.) genital oder anal zu durchbohren. Diese Phantasien können isoliert bleiben, können aber auch in erweiterter Fassung in Lustmordphantasien münden. Die passiven Pfählungsphantasien gehen mit masochistischer Lust einher, sie werden mit allen minuziösen Details ausgemalt, bis im Moment der vorgestellten Pfählung der Orgasmus erfolgt.

3. *Die Hämomanen* oder Blutliebhaber, denen es gleichgültig ist, wie die Wunden beigebracht werden, solange sie nur stark bluten. Schütz zitiert sie als Lustmörder par excellence, denen nur der langsame, unter Qualen vor sich gehende Tod des Opfers Befriedigung verschafft. Ein solcher Hämomane tötete im Verlauf vieler Jahre eine ganze Reihe von Mädchen und auch einen Knaben. Beim Onanieren stellte er sich im Geist nackte Frauen mit blutenden Wunden vor. Im Kriegslazarett wurde er wollüstig erregt, wenn er die großen Wunden seiner Kameraden sah, ebenso bei Tierschlachtungen. Alle seine Opfer versuchte er zuerst zu entkleiden; wehrten sie sich, wurde seine sexuelle Erregung nur noch gesteigert: er machte dann seine Opfer durch Einschlagen des Schädels wehrlos, um sie doch zu entkleiden, oder band und knebelte sie. Dann betastete er den nackten Körper, fing an, ein Messer in die Drosselgrube am Hals zu stechen, ließ das vorquellende Blut auf sich wirken, weidete sich an dem allmählichen Hinsterben des Opfers und stieß endlich tief zu, wobei er zum Orgasmus kam. (Vgl.: Aderlaß, Lykanthropie, Menophagie, Menstrualfetischismus, Nosferatu, Regelbindenfetischismus, Vampirismus, Venaesectio.)

4. *Die Zerstückler*. Die Gerichtsmedizin neigt dazu, das Zerstückelungsmotiv als einen Versuch des Täters zu betrachten, das inkriminierende Indiz, den Leichnam, zu beseitigen. Das mag bei manchen Tätern auch der Fall sein. Es gibt aber einen Typus des Lustmörders, dessen Befriedigung weniger im Töten als im Zerstückeln liegt. Der Psychoanalytiker Otto Rank weist darauf hin, daß die Zerstückelung eine Kastrationshandlung ist, denn der Zerstückler schneidet fast stets zuerst die Genitalien seines Opfers heraus, einerlei ob es sich um einen Mann oder eine Frau handelt. Anschließend schneidet er Brüste, Nase, Oh-

ren, Zehen und Finger ab. Dann erst Kopf, Arme und Beine, bis am Ende nur noch der Rumpf übrig ist. Er reduziert sozusagen den Menschen auf das Essentielle. Hier liegen viele Parallelen zum → Deformationsfetischismus mit seiner Neigung zu Verkrüppelten und Amputierten vor. Die Wunschzeichnungen der Deformationsfetischisten zeigen immer wieder das Ideal des Geschlechtsverkehrs mit einem Menschen, der nur noch aus dem Rumpf besteht.
Die Zerstückler betrachten aber nicht nur den Torso, sondern auch die abgeschnittenen Stücke als Fetische. Der Lustmörder Großmann zerstückelte die Leichen der von ihm getöteten zahlreichen Frauen nicht nur, um sie zu beseitigen, sondern auch, um sich dabei zu erregen. Dafür sprach außer der Art der Zerstückelung die Tatsache, daß er die Leichenteile mehrerer Frauen oft längere Zeit gleichzeitig in seiner Behausung liegenließ. Diese Fälle bilden Übergänge zu denen, wo die Tötung nicht sexuellen Motiven entspringt, sondern dem Wunsch, in den Besitz der Leiche zu gelangen und sie zu zerlegen. Der Prototyp dieser Lustmörder ist Denke, der mehr als ein Dutzend Menschen tötete, um sie zu zerstückeln. Der fetischistische, rein rituelle Charakter seiner Tätigkeit zeigte sich unter anderem darin, daß er seine Opfer und deren Körperteile immer wieder auf die Waage legte, die Gewichte notierte und mit ihnen, willkürlich addierend, multiplizierend, subtrahierend, einen kabbalistischen Zahlenkult trieb. Er zog die Zähne und hob sie sorgfältig in etikettierten Weckgläsern auf, machte aus Hautstücken Hosenträger und Schnürsenkel, wusch kleine Lumpenstücke peinlich sauber, umschnürte sie mit Menschenhaut und stapelte sie nach merkwürdigen rituellen Systemen.
Auch → Jack the Ripper pflegte die abgeschnittenen Brüste und herausgezerrten Eingeweide stets mit künstlerischer Sorgfalt symmetrisch und dekorativ auf dem Leib seiner Opfer aufzubauen. Ein von Schackwitz mitgeteilter Fall kulminiert darin, daß der Täter sich der Polizei stellte, nachdem er einer Prostituierten fein säuberlich die Genitalien und Brüste heraus- bzw. abgeschnitten hatte. Er selbst hatte (»merkwürdigerweise«, sagt Schackwitz) das Hemd der Toten an, als er bei der Polizei erschien. Das ist aber eher bezeichnend als merkwürdig, denn viele Lustmörder, Männer sowohl wie Frauen, sind homosexuell motiviert. Sie mögen, wie Jürgen Bartsch, Haarmann und Wenzel, praktizierende Homosexuelle sein oder mit größter Anstrengung ihre Homosexualität *verdrängt* haben und sich lebenslänglich als besonders virulente Schwulenhasser gebärden: das tatsächliche, wenn auch oft vor

dem eigenen Ich verborgene Motiv ist der Haß auf das andere Geschlecht und die Haßliebe zum eigenen Geschlecht.

Daß das Zerstückelungsmotiv auf die ältesten Ängste und Wünsche der Menschheit zurückgeht, läßt sich an der altägyptischen Legende von Isis und Osiris, den inzestuösen Zwillingen, erkennen, die schon im Mutterleib in Liebe zueinander entbrannten und sich dort als Fötusse begatteten. Als Osiris mit einer zweiten Schwester Treuebruch begeht, tötet ihn sein Bruder Set und zerstückelt seinen Leichnam in vierzehn Teile. Isis sammelt die verstreuten Stücke, findet aber nur dreizehn. Der vierzehnte Teil fehlt: der Phallus, der ins Meer fiel und von einem Fisch verschluckt wurde. Isis setzt den toten Körper zusammen und ergänzt den fehlenden Phallus durch Holz. Die Zerstückelung des Körpers Osiris' hatte also hauptsächlich Kastrationscharakter, da es ja offenbar auf die Beseitigung des Phallus ankam. Auch in anderen mythologischen Beispielen finden wir den Entmannungswunsch als treibendes Motiv.

Da es nicht nur für den Laien, sondern auch für den Arzt schwer ist, sich in die Psyche des Lustmörders zu versetzen, mag eine Analogie aus einem anderen Gebiet das Verständnis erleichtern. Ende der 1740er Jahre führte Nikolaus Ludwig Graf von Zinzendorf den Wundenkult in den Ritus der Herrnhuter Brüder, einer protestantischen Sekte, ein. Er argumentierte, daß die Wunde, die Jesus von einem Kriegsknecht bei der Kreuzabnahme zugefügt worden war (das sogenannte Seitenhöhlchen), das Symbol für die Geburt der Kirche Christi sei. Das Seitenhöhlchen sei also als weibliches Geschlechtsorgan aufzufassen, und zwar in der doppelten Bedeutung eines Geburts- und Wollustorgans. So wurde es zum Sexualziel und zur kultischen Wollustquelle erklärt: Man »kriecht in das Seitenhöhlchen hinein«, »wühlt sich hinein«, »beleckt es«, »frißt sich ein«, wird zum »Wundenbienelein«, »Wundentücherlein«, »Blutwundenfischlein«. Viele der Seitenhöhlchendichtungen (man sang sie beim Gottesdienst) tragen sadomasochistischen Charakter; ein Vers beginnt mit den Worten:

»Ach Höhlingen von dem Speer,
Halt schon dein Mäulgen her,
Geküßt, geküßt muß seyn . . .«

Ein Gesangbuchvers redet offen den Penis an: »Und geheimnisvolles Glied, das die ehelichen Salben (= semen virile) heilig gibt und keusch empfäht im Gebet . . .« Das Seitenhöhlchen wurde auch theatralisch-plastisch dargestellt: inmitten der Vulva finden sich Tisch und Bett und unter Umständen auch eine Reihe menschlicher Figuren ohne Köpfe, als Zeichen dafür, daß das Herz vor diesem Mysterium den Verstand verloren habe. Bei einem Fest war das Bild des Heilands mit seinen Wunden illuminiert, dann aber erschien an seiner Stelle das Seitenhöhlchen, durch das die Teilnehmer feierlich schreiten mußten. Hand in Hand mit diesem Seitenhöhlchenkult ging die allgemeine Wundenverehrung. Man schwelgte in Blutschweiß und Leichenduft; das Abendmahl gestaltete sich für die »Kreuzluftvögelein« zu einer nekrophagen Handlung.

Was hier auf theologischer Basis als heilige Kulthandlung vorgenommen wurde, ist aber nichts anderes als eine Rationalisierung des Lustmords. Erst auf dem Umweg über die Theologie wird verständlich, was in einem Haarmann, einem Wenzel, einem Jürgen Bartsch vorgeht. Immer wieder findet man Fälle, bei denen alle Anzeichen des Geschlechtsverkehrs, selbst die des *versuchten* Koitus, gänzlich fehlen. Dagegen findet man den Samenerguß in den vom Töter geöffneten Wunden und Körperhöhlen. Da die von außen zugänglichen Genitalien ihnen keinen Reiz bieten können, sind sie vom Drang beherrscht, tiefer ins Körperinnere einzudringen, um vielleicht durch Sehen und Betasten der inneren Organe eine Quelle zur Befriedigung der Libido aufzuspüren. Diese Annahme bestätigt das Geständnis eines Sadisten, der laut Krafft-Ebing angab, er habe bereits in der Jugend seine Phantasie durch die Vorstellung zu befriedigen gesucht, daß er den Arm bis zum Schulterblatt in die Vagina einer Frau einführe und in deren Innerem wühle. Ein typisches Beispiel für dieses abnorme Streben der Lustmörder ist der Fall Emmert, den M. Stumpf erwähnt: außer mehrfachen Bißwunden im Gesicht sowie Schnitten an Gesicht und Hals war die linke Brust völlig abgetrennt und die ganze linke Rumpfhälfte von der Medianlinie vom Brustbein bis zur Symphyse aufgeschlitzt. Herz, Leber und Gedärme waren zum Teil durchschnitten und aus dem Körper herausgerissen.

Daß der »Lustmord« nicht immer aus Lust am Morden, sondern im Gegenteil meist aus Furcht vor jeder Art von Geschlechtsverkehr und oft aus Haß gegen alles Geschlechtliche stattfindet, geht aus dem gesamten Belegmaterial hervor. Vielfach tötet der Lustmörder sein Opfer aus Wut, daß er bei ihm keine Erektion hatte, und versucht durch die Tötung und durch sadistische Manipulationen an der Leiche Befriedigung zu erlangen. Diese Motive spielen bei dem Fall Gert mit, der zwei Prostituierte, Mutter und Tochter, tötete. Als er nach Erdrosselung der Tochter keine Erektion bekam, stieß er der Sterbenden noch ein Messer in die Brust, biß sie in Brüste und Oberschenkel und zerrte die Tote ins Mondlicht, um sie besser sehen zu können. Er onanierte mit der Vorstellung von nackten, unbeweglichen und wehrlosen Frauen. Wulffen berichtet einen Fall, wo diese Wut über den mißlungenen Geschlechtsakt den Täter dazu trieb, die Leiche zu verstümmeln und ihre Brüste und Genitalien gekocht zu verzehren (→ Anthrophagie).

Fast alle → Prostituiertenmorde gehen auf Frauenhaß zurück. Die Anwohner eines Bordells in Gr. wurden eines Nachts durch gellende Hilferufe aus dem Schlaf geweckt; sie kamen aus einem Zimmer, in dem sich eine Prostituierte mit dem Gesellen J. befand. Als man eintraf, lag die Prostituierte mit schweren Schnitt- und Stichwunden an Hals, Nacken, Brust und Oberschenkeln blutüberströmt auf dem Sofa und starb, nachdem sie noch angeben konnte, daß ihr J. die Schnitte beim Geschlechtsakt beigebracht habe. Er war ein schwächlicher Mensch, der stotterte. Wegen seiner vielfachen sexuellen Mißerfolge hatte er einen zwanghaften Zorn auf »die Weiber« entwickelt. → Aderlaß, Amputationsfetischismus, Androphobie, Aufschlitzer, Deformationsfetischismus, Folter, Frauenhaß, Gynäkophobie, Hämomanie, Homosexualität, Kinephobie, Leichenschändung, Liebeshaß, Mädchenstecher, Männerhaß, Misandrie, Misogynie, Mißhandlung von Kindern, Nadelstecher, Nekromanie, Nekrophagie, Nekrophilie, Nekrosadismus, Pädonekrophilie, Pädosadismus, Pfählung, Piqueur, Prothesenfetischismus, Prostituiertenmord, Sadismus, Somatoskopie, Stecher, Tortur, Zoonekrophilie.

Lustprinzip, nach Sigmund Freud der Widerpart des → Realitätsprinzips, das er in seiner ersten Triebtheorie als Partner und Gegenpol des L. bezeichnet. Das → Ich ist nach dieser Theorie eine unter dem Einfluß der Realität erzeugte Differenzierung des Es, das vom L. regiert wird. Das L. zwingt den Säugling, von der Realität Befriedigung seiner Wünsche zu verlangen – gefüttert, trockengelegt, gewiegt, gestreichelt und geliebkost zu werden. Merkt er aber, daß ihm das nicht immer gelingt, so lernt er, mit dem vorlieb zu nehmen, was weniger befriedigend, aber möglich (= real) ist. Als Resultat bilden sich die »Kulturfähigkeiten« heraus: Erinnern, Abwägen, Probieren, Entscheiden.

Das L. ist also nicht, wie Freud selbst verschiedentlich meinte, eine allen lebenden Geschöpfen eigene Neigung, sich Lust zu verschaffen, sondern eine von der Realität erzwungene Entscheidung, Unlust auf ein Minimum zu reduzieren. Diese pessimistische Deutung des Verhältnisses zwischen dem Natürlichen und der Kultur wird nicht von allen Psychoanalytikern der Gegenwart geteilt. Denn die Kulturethnologie hat eine große Masse von Beweisen erbracht, die bestimmte Vermutungen der Vorgeschichtsforscher bestätigt haben: nämlich daß es Kulturen gibt und gegeben hat, die keineswegs auf dem Prinzip des Lustverzichts aufgebaut waren, sondern im Gegenteil gerade aus der gesunden Befriedigung der sexuellen Wünsche ihre Kulturtätigkeit »finanziert« haben. Was Freud beschreibt, ist nicht »die Kultur«, sondern eine ganz bestimmte Form der Kultur: das → Patriarchat. In → matrilinearen, → matrilokalen und → matrilateralen Kulturen findet der Konflikt zwischen Lustprinzip und Realitätsprinzip in völlig anderer Form statt.

Lutschkomplex, der Wunsch des Lutschens, der nicht mit dem des Essens oder Schmeckens verwechselt werden darf. Er fällt eher in die Kategorie der → Hauterotik und des → Tastsinns und leitet sich von der ersten Leidenschaft des Menschen her: dem Lutschen und Saugen an der Mutterbrust. Viele menschliche Wünsche und Angewohnheiten späterer Jahre sind Surrogate dieses Urwunsches, z. B. das Küssen, das Rauchen, das habituelle Herumspielen mit den Händen an den Lippen. Frank S. Caprio rechnet auch das Trinken im Sinn der Trunksucht zu diesen Surrogaten des Lutschwunsches. Vgl.: Berührungszwang, Biß, Geschmacksfetischismus, Geschmackssinn, Picazismus.

Lycée voluptueux [frz.: Hochschule der Wollust], der Liebeskult, der sich in den → Petites maisons galantes des 18. Jahrhunderts entwickelte. Die jungen Herren des Adels und der Finanzaristokratie betrachteten es als eine Pflicht, junge Mädchen anderer Stände zu »erziehen«, sie nämlich ins Ritual sexueller Varianten einzuführen, von denen de Sade, Rétif de la Bretonne und zahllose andere französische Autoren des 18. Jahrhunderts sehr vollständige Berichte hinterlassen haben.

Lykanthropie [gr.: lykanthropia, von lykos = Wolf; anthropos = Mann, Mensch], die angebliche Fähigkeit eines Menschen, sich in einen Wolf zu verwandeln. Das Wort existierte im Griechischen und im Lateinischen: Vergil, Plinius, Agriopas, Herodot, Varro, Pomponius, Mela, Solinus, Ovid, Strabon, Petronius, Apuleius glaubten, daß es tatsächlich Lykanthropen gebe. Im Mittelalter taucht der Glaube in ganz Europa von neuem auf. Die Kirche untersuchte das Phänomen und gab vor, Hexenmeister gefunden zu haben, die sich mit Hilfe einer Hexensalbe in Werwölfe verwandeln könnten. Jagte man den Wolf und brachte ihm Wunden bei, fand man diese Wunden an dem Menschen, in den sich der Werwolf zurückverwandelt hatte. Wie bei allen Aspekten des Hexenglaubens, des → Metamorphosismus und der → Zoomimik ist auch in dem Glauben an die L. ein starkes sexuelles Element wirksam. Man sagte den Lykanthropen nach, daß sie in der Paarung mit Wölfinnen größere Lust verspürten, als ein Mann je in der Vereinigung mit einer Frau finden könne. Zweifellos gab es Menschen, die sich selber für Lykanthropen hielten. Der berühmteste Fall ist der des französischen Autors Pierre Joseph Borel d'Hauterive (»Petrus Borel«, 1809–1859). Verwandt mit der L. ist der afrikanische und asiatische Glaube, daß sich Menschen in Tiger, Leoparden und Hyänen verwandeln können, der südamerikanische Glaube an Jaguarmenschen und die alte skandinavische Sage von den Bärenmännern. Die Griechen glaubten auch an eine Verwandlung von Menschen in Hunde und nannten dies → Kynanthropie. Die Römer hatten ihr eigenes Wort für den Werwolf. Sie nannten ihn → Versipellis (Wechselhaut), was sofort an den vergleichbaren Begriff des → Wechselbalgs erinnert, der ja auch stets starke sexuelle Übertöne gehabt hat.

Lymphogranuloma inguinale [ansteckende Lymphknotenschwären], eine der selteneren Geschlechtskrankheiten. Der Verlauf ist wie beim → Ulcus molle, nur werden hier außer den Leisten auch die anderen Lymphdrüsen befallen. Der Erreger ist kein Streptokokkus, sondern ein Virus. Behandlung nur durch den Arzt (Aureomycin u. a.). Die Krankheit wird nicht auf den Nachwuchs übertragen.

Lyonnaises [frz., nach der Stadt Lyon], die Soldatenhuren, die das Heer Karls VIII. begleiteten. Sie waren so mit Syphilis verseucht, daß man sie alle acht Tage untersuchen lassen mußte. Trotzdem war von 1494 ab kaum ein Soldat der Armee mehr gesund. Vgl.: Landsknechtsweiber, Landstörzerin, Marketenderin, Rempardeuse, Soldatenhure.

M

Machlänomanie [gr.: machlos = weiblich wollüstig; ainos = wild; mania = Wahnsinn], ein von Eulenburg geprägtes Synonym für → Masochismus. Vgl.: Lagnänomanie.

Mädchenhandel, Frauenhandel, der Verkauf von weiblichen Wesen zum Zweck der Prostitution. Er ist nicht mit Zuhälterei identisch und nicht mit dieser zu verwechseln. M. operiert fast stets unter dem Vorwand eines legitimen Geschäfts: einer Theateragentur, eines Vermittlungsbüros für Hotel- oder Hauspersonal, manchmal auch einer Heiratsvermittlung. Der Mädchenhändler sucht vorzugsweise Mädchen von geringer Intelligenz und Bildung zu finden, die im Ausland hilflos sind, weil sie die Sprache des Landes nicht kennen. In der Vergangenheit wurden Analphabetinnen bevorzugt, damit sie nicht nach Hause schreiben konnten. Die Technik des M. beruht auf der Erfahrung, daß Mädchen aus kleinen Ortschaften oder ländlichen Ständen besonders gern in die »große, weite Welt« wollen und nahezu alles unterschreiben, wenn man ihnen schöne Kleider, ein eignes Auto, einen reichen Ehemann oder zumindest viele reiche Kavaliere verspricht. Hat das Mädchen erst einmal seinen normalen Bereich verlassen, schwindet seine Widerstandskraft. Der Mädchenhändler droht ihm dann mit genau den Gefahren, in die er es selbst versetzt hat: mit Gefängnis und Deportation. Er macht das Mädchen darauf aufmerksam, daß es Aufenthalts- und Arbeitserlaubnis haben müsse, und erinnert es daran, daß es jetzt jederzeit verhaftet werden könne, weil es sich diese Erlaubnis nicht rechtzeitig beschafft habe. In Wahrheit kann es sich solche Papiere natürlich gar nicht verschaffen, weil es keine legitime Tätigkeit ausübt. Nach Hause will es nun aber auch nicht, weil es sich nicht blamieren will. So bleibt ihm am Ende nichts anderes übrig, als in dem »Nachtklub«, der »Pension«, dem Bordell zu bleiben, in das man es gesteckt hat. Wer mit der Technik des Mädchenhandels vertraut ist, wundert sich immer wieder, daß es heute noch möglich ist, mit den gleichen Tricks wie vor hundert Jahren zu arbeiten. Trotzdem finden sich nach wie vor selbst intelligente Mädchen, die nach einem Krach mit ihren Eltern oder ihrem Verlobten (besonders nach einem unehelichen Kind) zu allem bereit sind, um nur in ein anderes Land zu kommen, wo man ihre »Schande« nicht kennt. Meist glauben sie selber kein Wort von dem, was der Mädchenhändler ihnen verspricht. Aber sie zwingen sich, ihre eigene Skepsis zu unterdrücken, um alle Brücken abzubrechen.

Und genau das will der Mädchenhändler. In jedem Nachtklub der Welt, am Ausgang jedes Heims für »gefallene« Mädchen, im Bahnhof jeder Großstadt wartet ein Mädchenhändler auf den Zug, der zwischen 2 und 6 Uhr morgens ankommt. In jedem Nachtklub, jedem Nachtzug, jedem Entbindungsheim sitzt ein Mädchen, das ein potentieller Konsumartikel ist – heute wie vor vielen Jahren. Wer von dem Vorhaben oder der Ausführung eines Mädchenhandels zu einer Zeit, zu der die Ausführung oder der Erfolg noch abgewendet werden können, glaubhaft erfährt und es unterläßt, der Behörde oder dem bedrohten Mädchen rechtzeitig Anzeige zu machen, wird gem. § 138 StGB mit Gefängnis bestraft. → Kuppelei, Prostitution, Zuhälterei.

Mädchenstecher → Nadelstecher.

Madelonettes [frz.: Magdaleninnen], ein französischer Orden des 14. und 15. Jahrhunderts zur Bekehrung gefallener Mädchen. Nach ihm benannte man ein berühmtes Pariser Besserungshaus für Prostituierte. → Arbeitshäuser, Beguinen, Bicêtre, Bon Pasteur, bekehrte Buhlerinnen, Casa de las arrepentidas, Convertite, Dispensaire de salubrité, Dominae poenitentes, Filles-Dieu, Haus der Büßerinnen, Illuminate, Magdalenenhäuser, Maison de Sainte-Pélagie, Pentite, Saint-Lazare, Sorores de penitentia, Spinnhäuser.

Magdalenenhäuser, eine Vielfalt mittelalterlicher Stiftungen zur Bekehrung von Prostituierten. Alle entlehnten ihren Namen von der heiligen Maria Magdalena, der Patronin gefallener Mädchen. Der heilige Basilius (330–379) und die Kaiserin Theodora (507–547) sollen die ersten M. gegründet haben. Um 1220 begann die Bewegung der M. in Deutschland Fuß zu fassen und verbreitete sich von hier unter dem Einfluß des Ordens der Reuerinnen der heiligen Magdalena über Frankreich, Spanien und Italien. Die M. waren Arbeitshäuser, Besserungsanstalten, Klöster und Asyle. Manche von ihnen hatten bedeutende Privilegien und standen unter fürstlichem Schutz. Die Insassinnen durften keinen Beleidigungen ausgesetzt werden, wurden aber mit Gefängnis und Ausweisung bestraft, wenn sie die M. verließen, und mit dem Tod, wenn sie ihr altes Gewerbe wieder aufnahmen. Manche jedoch kehrten durch Heirat ins »legitime« Leben zurück. → Arbeitshäuser, Beguinen, Bicêtre, Bon Pasteur, bekehrte Buhlerinnen, Casa de las arrepentidas, Convertite, Dispensaire de salubrité, Dominae poenitentes, Filles-Dieu, Haus der Büßerinnen, Illuminate, Madelonettes, Maison de Sainte-Pélagie, Pentite, Saint-Lazare, Sorores de penitentia, Spinnhäuser.

Magistra [lat.: Meisterin], die Äbtissin eines → Beguinenklosters. Da die Beguinen keine Nonnen waren und sich zu keiner Enthaltsamkeit, sondern nur zu guten Werken verpflichteten, wurde der Titel der M. von den städtischen Bordellen übernommen und fiel bald mit dem der Frauenmeisterin zusammen. → Abbesse, Äbtissin, Frauenmeisterin. Vgl.: Frauenwirtin, Hushelterin, Regina bordelli.

Magna Mater [lat.: große Mutter], römischer Name jener Urgöttin des Mittelmeergebietes, die den Vorfahren der Römer überall entgegentrat, als diese nach Italien einwanderten. Sie war die Göttin kleiner Hackbauern, bei denen die Frau mehr Nahrung beisteuerte als der Mann, der mit relativ ineffizienten Jagdinstrumenten und relativ primitiven Fischnetzen einen geringeren Anteil zum Haushalt beisteuerte als die Hackbäuerin. Im Gegensatz zu den einwandernden Indogermanenstämmen, die hauptsächlich von der nomadischen Viehzucht lebten und deshalb, wie alle Hirtenvölker, eine stark männerbetonte Gesellschaft bildeten, waren die Hackbauern weiblich ausgerichtet, sowohl in ihrer Abstammungsordnung wie in ihrer Maritalresidenz. Deshalb genoß die Frau bei ihnen einen höheren Status als in irgendeiner späteren westlichen Gesellschaftsordnung.

Wie es so oft in solchen Kulturen geschieht, wird die Frau zuerst als Urmutter, später als Göttin verehrt. Der Vorgang des Gebärens, der den Männern rätselhaft vorkam, war ein weibliches Privileg. Deshalb wurde Weiblichkeit mit Fruchtbarkeit gleichgesetzt. Fruchtbarkeit des Ackers, Fruchtbarkeit des Wilds, Fruchtbarkeit des Meeres (das ebenfalls mit der Mutter gleichgesetzt wurde) war zur Erhaltung dieser Subsistenzkulturen unerläßlich und stellte das Zentrum der Heiligkeit dar. Deshalb sind alle Mutterreligionen auch heute noch Fruchtbarkeitskulte. Sexualität genießt in solchen Kulten und Religionen einen hohen, ethischen Wert. Der Gedanke späterer Überschußkulturen, daß Sexualität etwas Negatives sein könne, etwas, dessen man sich zu schämen habe, das im Geheimen stattfinden müsse, das gar sündhaft sei, wäre diesen Hackbauern und Hackbäuerinnen undenkbar gewesen.

Der Kult der Mutterreligionen des Hackbaustadiums kulminierte jedes Jahr im Erntefest und bestand darin, daß die zahllosen Verbote, die während der übrigen Zeit des Jahres galten, an diesen Festtagen demonstrativ aufgehoben wurden. Hierbei war die Aufhebung des Inzestverbots zwischen Mutter und Sohn der wichtigste Ritus. Ein Inzestverbot zwischen Vater und Tochter konnte es natürlich nicht geben, solange der Vater nicht sicher war, welches der jungen Mädchen von ihm

selber stammte.
Die rituelle Aufhebung des Inzestverbots am Tage der Großen Mutter stellt also einerseits die ägäische Urform der heiligen Orgie, andererseits den Prototyp aller späteren Narrenfeste, Rauhnächte, Fastnachtsfeiern und Karnevalsbräuche dar (rituelle Völlerei und Sauferei, unfugstiftende Umzüge und Plündereien, obszöne Lieder, Verse, Sprüche und Gesten, straflose Verächtlichmachung der Obrigkeit, Vertauschung der Position von Herr und Diener, Vertauschung der Kleidung von Mann und Frau, sexuelle Freiheit unter dem Schutz der Anonymität, Maskierung, Partnertausch unter Eheleuten, Aufhebung der Paarungsschranken zwischen Altersgruppen, Blutsverwandten und feindlichen Sippen). Der Kernakt des Festes war die kultische Feier der Paarung der Großen Mutter mit ihrem Sohn, eigentlich ein Akt der Selbstbefruchtung, denn man konnte kaum annehmen, daß die Muttergöttin sich mit einem Manne paaren könne, der nicht von ihr selber gezeugt und damit ebenbürtig sei.
Diese »heilige Hochzeit«, welche die Griechen *hieros gamos* nannten, erscheint in den frühgeschichtlichen Kulturen des Mittelmeers als symbolische Paarung zwischen einer Hohepriesterin und ihrem göttlichen Gemahl, dem Hohepriester, oder zwischen der Priesterin und den Männern des Volkes. Die Muttergöttin entwickelte sich also aus einer Hausgottheit, der Ahnfrau der Sippe, in eine Tempelgottheit mit einer Hierarchie von Priesterinnen, Priestern und Tempeldienerinnen. Diese Hierarchisierung spiegelt getreulich die gesellschaftliche Stratifikation wider, die sich aus der wachsenden Ergiebigkeit der Produktionsmittel, der Spezialisierung der Arbeit und der Erzielung jener Überschüsse bildete, von denen die Priesterkaste lebte.
Wir können den Prozeß dieser allmählichen Herausbildung einer Klassengesellschaft sehr deutlich an der Zeitfolge der Mutteridole der Alten Welt verfolgen. In Tschatal Hüyük finden wir in den Schichten des 8. bis 6. Jahrtausends v. u. Z. vor allem kleine Ahnenbilder aus Lehm, zum Teil in Reihen nebeneinander gesetzte Frauenbrüste, Stuckreliefs von Frauen in Gebärstellung, aber auch schon Wandgemälde, in denen eine übergroße, gottartige Frauengestalt erscheint. In Jericho finden wir kleine Mutteridole in den obersten Fundlagen. Zahlreich sind die Frauenfigürchen von Tepe Sarab in Südkurdistan. In Djarmo sind große Mengen leicht gebrannter Tonfiguren zu finden, darunter vor allem sitzende, nackte Frauen. Auch in Hassunan finden wir Frauenfigürchen aus gebranntem Ton. Neben den Rundbauten der Halaf-

Gruppe hat man Frauenfiguren entdeckt, die möglicherweise Grabbeigaben sein können. Manche hocken in der damals üblichen Gebärstellung, andere sitzen und haben die Hände über den Brüsten gefaltet. Die Gesichter sind völlig ausdruckslos, so daß man sofort merkt: Dies sind keine lebenden Wesen, sondern Göttinnen. Manche sind auf violinartige Formen reduziert, andere kann man nur als kurzschriftartige Darstellungen des Gebärens und Nährens deuten. In der südlichen Obed-Gruppe herrschen dagegen stehende Frauen mit strahlenartiger Frisur vor, wie die späteren Schlangenhauptfiguren Kretas. Manche halten auf dem Arm ein Kind, das sie nähren. Die Sexualmerkmale sind kräftig eingeritzt.

Ganz ähnliche, kaum von ihren orientalischen Schwestern unterscheidbare Mutteridole finden wir auch in Osteuropa – bei den Donaukulturen I und II, bei den Sesklo- und Vinča-Stämmen, bei den Starčevo-Bauern und in den Tripolje-Langhäusern. Während aber die Aufstellung der Figuren innerhalb der Gemeinschaftshäuser sowie die kreuzförmigen Bodenerhebungen, auf denen die Figürchen standen, ganz deutlich den häuslichen Charakter dieses Kults belegen, finden wir außerhalb der Mauern von Troja I bereits eine Frauenstele mit dem Gesicht einer Eule, die möglicherweise Ansätze eines Tempelkults zeigt, und ganz ähnliche Stelen finden sich noch weitaus später in Südfrankreich. Auf den kykladischen Inseln und in den ligurischen Gräbern finden wir Statuetten der Muttergöttin, die den Übergang zum Tempelkult andeuten, obgleich sie noch außerhalb von Tempeln, meist in der Nähe von Gräbern gefunden worden sind. Kalksteinidole aus sardischen Gräbern sehen wie spätere Kopien dieser Kykladengöttinnen aus. Stark stilisierte Bilder der Muttergöttin, auf Vorderbeinknochen von Pferden gemalt oder auf Schieferplatten eingeritzt, finden wir bis nach Spanien und Portugal hin verbreitet. Der Mutterkult muß also bereits vor Anfang der eigentlichen Mutterreligion das ganze Mittelmeerbecken und sein Hinterland erfaßt haben. Es ist bezeichnend, daß die eigentlichen Mutterreligionen bereits in die Zeit des Vaterrechts hineinspielen, denn der Nahrungsüberschuß, der erforderlich war, um eine Priesterkaste zu ernähren, konnte nur mit Hilfe des Pflugs erzielt werden. Und der Pflug, selbst wo er von matristischen Kulturen übernommen worden ist, bezeugt grundsätzlich einen Triumph des Mannes. Daß man auch noch nach der Herausbildung einer von Männern beherrschten Kultur weibliche Götter verehrte, ist nicht verwunderlich: Man verehrt ja oft das, was man liebt.

Aus diesem Grunde stellen auch die meisten phallischen Idole keine Beweise für die Existenz männlicher Vorherrschaft dar, sondern sind fast überall im Mittelmeerbecken und seinem Hinterlande weibliche Liebesbezeugungen an das Organ, das ihnen Freude und Nachwuchs gab. Wie in Indien Lingam und Yoni zusammengehören, so auch in Europa Vulva und Phallos. Einen männerrechtlichen Fruchtbarkeitskult hat es weder hier noch dort jemals gegeben. Wo ein Fruchtbarkeitskult besteht, einerlei ob er das männliche oder weibliche Sexualorgan verehrt, stellt er stets den Beweis einer matristischen Sozialstruktur dar. → Eva, Frauenkult, Fruchtbarkeitsgöttin, Lilith, Mutterreligion.

Maientau, altes Hausfrauenmittel zur Herstellung eines »künstlichen Jungfernhäutchens«. Durch seine adstringente (zusammenziehende) Wirkung zieht der oft in Essig aufgelöste M. die Scheidenwände zusammen und gibt dem Mann die Illusion, er habe es mit einer »Jungfrau« zu tun. Vgl.: Jungfernessig, Revirgination, Sophisticatio virginum.

Maison à partie [frz.: Lusthaus], in Frankreich während des Regimes Ludwigs XV. eine intime Liebesvilla, die in Wahrheit ein Privatbordell war. Jedes solche Haus hatte einen »Serail«, ein Schwimmbassin, ein Cabinet de toilette, einen Ballsaal, oft ein sogenanntes »Spital«, in dem »Massage« und »Liebesessenzen« verabreicht wurden, und stets ein Geheimgemach, das nur von den Eingeweihten durch ein trompe-valet, ein Guckloch, beobachtet werden konnte.

Maison de Passe [frz.: Haus für flüchtige Liebschaften], im 19. Jahrhundert ein Haus, eine Wohnung oder eine Villa, die man zum → Rendezvous mit einer Dame der guten Gesellschaft mieten konnte. Oft stellte die Besitzerin der Maison de Passe aber auch Verbindungen für ihre Kunden und Kundinnen her, meist mit Damen und Herren der eigenen Kreise, die sich entweder aus Abenteuerlust oder zum Gelderwerb einer Art selektiver Prostitution hingaben. → Absteigequartier, Casini, Folies, Jagdschloß, Liebesnest, Maison de Rendez-vous, Petite maison, Stundenhotel, Zweitwohnung.

Maison de Rendez-vous [frz.: Haus des Zusammentreffens], die teureren Absteigequartiere im Paris der Jahrhundertwende. Der Begriff hat sich erhalten, gilt heute aber als altmodisch, weil sich junge Liebhaber nicht mehr zu verbergen brauchen und einander ebensogut in ihren eigenen Wohnungen, Studentenbuden oder normalen Hotels treffen können. Selbst für den verheirateten Mann oder die verheiratete Frau gibt es heute andere Möglichkeiten, ihre Liebhaberinnen und Liebhaber zu treffen. Nur im Sinn eines bordellartigen Betriebs, in dem halbberufsmäßige Prostituierte ihre Kunden treffen, existiert die Maison de Rendez-vous heute noch in Paris. → Absteigequartier, Casini, Folies, Jagdschloß, Liebesnest, Maison de Passe, Petite maison, Stundenhotel, Zweitwohnung.

Maison de Sainte-Pélagie ou de Bonne Volonté [frz.: Haus der heiligen Pelagia oder des guten Willens] nannte sich ein Pariser → Magdalenenhaus des 14. und 15. Jahrhunderts, das die Funktion hatte, jene angeklagten Frauen des Adels zu internieren, die man nicht ins Gefängnis senden wollte und auch nicht freilassen konnte. → Arbeitshäuser, Beguinen, Bicêtre, Bon Pasteur, bekehrte Buhlerinnen, Casa de las arrepentidas, Convertite, Dispensaire de salubrité, Dominae poenitentes, Filles-Dieu, Haus der Büßerinnen, Illuminate, Madelonettes, Magdalenenhäuser, Pentite, Saint-Lazare, Sorores de penitentia, Spinnhäuser.

Maison de Tolérance [frz.: Toleranzhäuser], im 18., 19. und frühen 20. Jahrhundert jene Bordelle, die zwar nicht lizensiert, aber auch nicht verboten waren – Zwischendinge zwischen den → Freien Häusern des Mittelalters und den → Kontrollstraßen der Gegenwart.

Maison dorée [frz.: Goldenes Haus], berühmtes Lokal der Pariser Lebewelt in den 1830er Jahren. Es bestand aus einem Feinschmeckerlokal zu ebener Erde, einem Spielsalon im ersten Stock und Schlafzimmern in der zweiten und dritten Etage. Unter den Gästen war es Sitte, im Spielsalon die eigene Person als Einsatz zu benutzen. Gewann eine Dame gegen einen Herrn, hatte sie das Recht, ihn als Bettpartner für die Nacht zu kassieren. Und umgekehrt.

Malaria, keine Geschlechtskrankheit, übt aber mannigfaltige Schädigungen der Sexualfunktionen aus. Bei der Frau erzeugt die M. Blutungen während der Schwangerschaft und führt dadurch zu Aborten. Geschwülste der Eierstöcke sind ebenfalls oft auf M. zurückzuführen.

Maltafieber [Wellenfieber, Febris undulans], eine Tropenkrankheit, die die Scheide, die Eierstöcke und die Gebärmutter der Frau angreift und deshalb oft fälschlich als eine → Geschlechtskrankheit gilt. Das M. erzeugt Aborte und Frühgeburten. Das Kind kann durch den Mutterkuchen infiziert werden. Behandlung durch Sulfonamide, Streptomycin oder Aureomycin.

Malthusianismus → Eugenik.

Mammalkoitus [lat.: mamma = Brust; coitus = Begattung], Brustkoitus. Die Reibung des männlichen Gliedes zwischen den Brüsten der Frau bis zur Ejakulation. Manche Autoren nennen den Vorgang »Mammalonanie«, weil sie den Begriff »Koitus« für die Einführung des Penis in die Vagina reservieren wollen. Aber damit wären auch solche Begriffe wie → Analkoitus oder → Coitus inter femora hinfällig. In den romanischen Ländern taucht auch das Wort → Kinepimastie oder Cinépimastie für den gleichen Vorgang auf, während deutsche Autoren dieses Wort für die tatsächliche Brustmasturbation benutzen, also für die Berührung zwischen Brust und Hand, nicht Brust und Glied (Die Berührung zwischen Brust und Mund heißt → Suctustupratio). Vgl.: Coitus intermammarius.

Mammalonanie [lat.: mamma = Brust], Selbstbefriedigung durch Manipulation der eigenen Brüste oder durch Saugen an den eigenen Brustwarzen. → Suctustupratio. Vgl.: Analonanie, Autocunnilingus, Autofellatio, Kinepimastie, extragenitale Masturbation, Selbstbefriedigungssurrogate.

Mamsellenhäuser, die besseren deutschen Bordelle des 16. und 17. Jahrhunderts. Im Gegensatz zum → Kasten, dem preiswerteren Bordell, gab das Mamsellenhaus stets vor, nach »französischem« Muster zu arbeiten. Die → Puffmutter wurde deshalb auch stets als »Madame« angesprochen. → Amyenhaus, Boucan, Maison à partie, Tôles d'Abattage.

Mandingo [haussa], künstlicher Penis zur Selbstbefriedigung der Frau und zum Geschlechtsverkehr zwischen Lesbierinnen. Das Wort M. taucht bei den Haussa und in verschiedenen anderen afrikanischen Sprachen auf. Die dortigen Modelle können stets umgeschnallt werden, enthalten eine künstliche Samenröhre und einen meist aus Schweinsblasen angefertigten Hoden, der mit Reiswasser gefüllt wird und durch Druck im Augenblick des Orgasmus entleert werden kann. Das Glied wird sorgfältig aus Holz geschnitzt und mit Leder überzogen. Vorher wird die Blase oft auch mit dem Saft des Dalaku-Baumes gefüllt, der gegenüber dem üblichen Reiswasser manche Vorzüge hat, denn er ist klebrig und riecht wie menschliches Sperma. Vgl.: Selbstbefriedigungsinstrumente.

Manichäismus, eine »häretische« Theologie des Mittelalters, begründet von dem persischen Religionsphilosophen *Mani* (ca. 215–276). Er wurde von seinem Vater Patak nach den Lehren babylonischer Baptisten erzogen. Die direkte Linie seiner theologischen Vorfahren geht von den Urreligionen Babylons über Mendäer, Elkesaiten und Hemerobaptisten zu den Gnostikern des 3. Jahrhunderts. Er begann seine

Lehre zuerst im Jahre 241 am Hofe des persischen Königs Shapur I. zu verkünden, wanderte dann durch Asien nach China und Indien, wo er von buddhistischen und brahmanischen Lehren beeinflußt wurde. Gegen 270 kehrte er nach Persien zurück. König Hormizd, Shapurs Nachfolger, unterstützte Mani in seinem Kampf gegen die zoroastrische Staatsreligion und deren Priester, aber Hormizds Nachfolger, König Bahram I., gab den Priestern nach und ließ Mani 276 hinrichten. Mani schrieb seine Lehren aramäisch und persisch nieder. Der M. ist eine Synthese dreier Religionsformen: der babylonischen Urreligionen Mesopotamiens, der zoroastrischen Tradition Persiens und der platonisch-christlichen → Gnosis. Die Welt erscheint als Kampf zwischen der Dunkelheit (dem Bösen) und dem Licht (dem Guten), wobei beide nicht symbolisch, sondern konkret aufgefaßt werden. Was im Dunkel geschieht (zum Beispiel die menschliche Zeugung im Dunkel des weiblichen Körpers), ist schlecht. Was im Licht geschieht, ist gut. Da das Licht auf Erden aber Schatten wirft, ist nichts, was auf Erden geschieht, gänzlich gut. Wirklich Gutes gibt es nur außerhalb der irdischen Welt. Der Zugang zu dieser reinen Welt ist nur wenigen bekannt. Allein kraft gewisser magischer Formeln, die nur die Eingeweihten kennen, öffnen sich die Tore des Lichts. Lediglich die »Perfecti«, die manichäischen Priester, kennen diese Formeln. Die »Auditores«, die Zuhörer, können nur durch reines Leben Zugang zum Licht erhalten. Reinheit erwirbt man durch Abstinenz. Abstinenz besteht in der Weigerung, die Verbreitung des Bösen zu unterstützen. Da sich das Böse durch geschlechtliche Fortpflanzung verbreitet, darf man nur denjenigen Geschlechtsverkehr betreiben, der nicht zur Nachkommenschaft führt, und nur diejenigen Nahrungsmittel kaufen oder essen, die nicht durch sexuelle Fortpflanzung entstanden sind – also keine tierischen Substanzen mit Ausnahme des Fischs, von dem Mani glaubte, daß er sich nicht geschlechtlich fortpflanze.

Als Manichäer gelten vor allem die Jünger Manis, dann aber auch alle von seinen Lehren Beeinflußten. Die große Mehrzahl der europäischen Sekten des Mittelalters zeigt manichäische Einflüsse, so daß der Begriff mehr als hundert Sekten und → Häresien erfaßt. Schließlich nennt man heute (fälschlich) alle diejenigen Theologen »Manichäer«, die von den Denkformen der → Gnosis beeinflußt sind, darunter viele der bedeutendsten Denker des Katholizismus (Hippolytos, Clemens von Alexandria, Origenes, Augustin, Jansen) und des Protestantismus (Calvin, Hus). Hier bedeutet das Wort »Manichäer« kaum mehr als

»Dualist« und soll aussagen, daß der betreffende Theologe die Welt als eine Zweiheit von Gut und Böse betrachtet und, im Gegensatz zum Katholizismus, den Triumph des Guten nicht als gegeben ansieht. Als Manichäer kann man in diesem Sinne Basilides, Cerinthus, Heracleon, Karpokrates, Marcion, Paulus von Samosata, Priscillian, Satornilius und Valentinian auffassen. Zu den Manichäern zählt man die Abelianer, Adamiten, Archontiker, Bogumilen, Borborianer, Docetäer, Elkesaiten, Ethioproskopten, Euchiten, Henrizier, Justinianer, Kainiten, Karpokratier, Katharer, Mendäer, Naassener, Nasoräner, Nikolaiten, Ophiten, Patarener, Paulizier, Pepuzianer, Peratäer, Petrobrusianer, Picardisten, Priscillianer, Prodikianer, Sabianer, Satornilianer, Sethianer, Severianer, Valentianer, Valesianer und Waldenser. All diesen Gruppen warf die Kirche sexuelle Vergehen vieler Art vor: rituelle → Orgien, Homosexualität, rituellen → Kannibalismus, Selbstkastration, Blutschande, Pedicatio, Koprophagie und vieles mehr. Von diesen Anschuldigungen stimmen wahrscheinlich nur zwei: Erstens, daß die Manichäer den Koitus zu vermeiden suchten, um sich nicht fortzupflanzen. Und zweitens, daß rituelle Enthaltsamkeit, wie sie Mani von seinen Anhängern verlangt hat, früher oder später zu Entladungen der Sexualität führen muß und daß diese Entladungen dann zwangsweise andere Formen als die des heterosexuellen Verkehrs und des normalen Koitus annehmen. → Albigenserkriege, Gnosis, Katharer.

Männerhaß, eine nur allzu berechtigte weibliche Regung in einem Zeitalter, da trotz verbriefter Gleichberechtigung der Frau (Art. 3 Ziff. 2 des Grundgesetzes: »Männer und Frauen sind gleichberechtigt«) so gut wie keine Gleichberechtigung existiert – weder politisch noch gesellschaftlich, weder ökonomisch noch sexuell. Das Resultat ist einerseits eine außerordentlich rapide Zunahme weiblicher Homosexualität, andererseits ein ungewöhnliches Ansteigen der weiblichen Frigidität – und dies zu einer Zeit, da durch frühere Aufklärung und gründlicheres Verständnis für die weibliche Sexualität zumindest die Hoffnung auf ein besseres Sexualverhältnis der Geschlechter besteht. Vielleicht liegt die Erklärung darin, daß die Verbitterung und Aggressivität jeder Gesellschaftsschicht um so größer wird, je näher sie einer Gleichberechtigung kommt, ohne diese tatsächlich zu erreichen. Man denke an die ehemaligen Kolonialvölker, an die amerikanische Negerbewegung, an die Nationale Befreiungsfront in Vietnam usw. In einer ähnlichen Position befindet sich heute die Frau in der bürgerlichen Gesellschaft. Eine nominelle Gleichberechtigung steht bereits in vielen Verfassungen, während die tatsächliche Gleichberechtigung ferner denn je scheint. Das Resultat ist eine Verbitterung der Frau, die sich auch im Sexualverhältnis zum Mann niederschlägt. Vgl.: Abwertung, Dianakomplex, Frauenrecht, Frigidität, Gleichberechtigung, Kampf der Geschlechter, Mutterrecht, Mutterreligion, Patriarchat, Penisneid, Weiblichkeit. → Androphobie, Misandrie.

männliche Prostitution → Prostitution.

männlicher Protest, Alfred Adlers (1870–1937) Begriff für den Versuch unsicherer Menschen, sich durch Trotz und Herrschsucht die Illusion zu geben, sie seien »männlich« und damit »stark«. Bezeichnenderweise gibt es nach Adler auch Frauen, die sich in der Rolle des m. P. gefallen und in der Illusion, sich gegen männliche Aggression zu wehren, diese übernehmen. Adler betrachtete den m. P. als ein neurotisches Rollenspiel zum Ausgleich von Minderwertigkeitsgefühlen.

Männlichkeit im genetischen Sinne wird bereits bei der Befruchtung festgelegt. Dringt ein Spermium, das ein Y-Chromosom enthält, in die Eizelle, so bildet sich ein männliches Wesen. (Dringt dagegen ein X-Chromosomtragendes Spermium ein, so entsteht ein weibliches Wesen.) Aus dem Mark der Keimzelle bilden sich die Hoden und aus dem Wolffschen Gang der Samenleiter. (Wäre ein X-Chromosom eingedrungen, so hätten sich aus der Rinde der Keimzelle der Eierstock und aus dem Müllerschen Gang der Eileiter und die Gebärmutter gebildet.) Die fötale Keimdrüse sondert nun männliches Hormon ab, das zur Bildung der inneren Geschlechtsorgane des Mannes und durch diese erst zur Formierung der äußeren männlichen Genitalien führt. Die Wirkung der Hormone beschränkt sich aber nicht auf die Ausbildung der Genitalorgane und die spätere Aufrechterhaltung der sexuellen Funktion, sondern spielt eine Schlüsselrolle im gesamten Metabolismus. Das männliche Embryo bildet Androgene, die die weitere Differenzierung von der ursprünglich weiblichen Tendenz der Keimzelle bewirken. Das wichtigste Androgen ist das Testosteron, das von den Hoden gebildet wird. Während der Pubertät bewirkt es zusammen mit den anderen Androgenen das Wachstum der äußeren und inneren Geschlechtsorgane. Im allgemeinen Metabolismus hilft das Testosteron beim Aufbau von Eiweiß. Sondern die Hoden nicht genügend Testosteron ab, treten Potenzschwierigkeiten auf. Vgl. Bisexualität, Weiblichkeit. → Sexualität des Mannes.

Mannweib → Gynandrier, Hyperandrinismus, Viragines, Virilismus.

Manualipsation [lat.: manus = Hand; ipse = selbst], Selbstbefriedigung.

Vgl.: Ipsatio, Ipsismus, Manustupratio, Masturbation, Onanie, Selbstbefleckung, Selbstbefriedigung, Zwangsmasturbation.

Manuelle [frz.: vom lat.: manus = Hand], französische Prostituierte, die nur Masturbation, aber keinen Koitus vornimmt. → Massagesalon, Soins estétiques.

Manustupratio [lat.: manus = Hand; stupratio = Schändung], Selbstbefriedigung mit der Hand. Vgl.: Suctustupratio, die Selbstbefriedigung durch Saugen. → Affektonanie, Analonanie, Autocunnilingus, Autofellatio, Ipsismus, Kinepimastie, Mammalonanie, Manualipsation, Masturbation, Onanie, Selbstbefleckung, Selbstbefriedigung, Zwangsmasturbation.

Maquereau [frz.: Makrele], der gegenwärtig übliche Ausdruck des französischen Volksmunds für → Zuhälter. Vgl.: Alphonse, Apache, Essayeur, Lanceur, Souteneur.

Maquerelles [frz. Argot], seit dem 18. Jahrhundert in Frankreich die berufsmäßigen Kupplerinnen. → Alcahueta, Appareilleuse, Blondinenlieferantin, Chaperonnière, Duegna, Einheimerin, Einstößerin, Matrone, Rippelreiger, Trüllerin, Verwerrin.

Maraichinage [frz.: Maraichin = Bewohner des Pays de Mont in der Vendée], Zungenkuß, der angeblich bei den Maraichins besonders populär ist. Vgl.: Biß, Florentinischer Kuß, Handkuß, Kataglossismus, Kuß, Nasenkuß, Seraphinenkuß, Suavium, Zungenkuß.

Marchandes de mode [frz.: Putzwarenhändlerinnen], im 18. Jahrhundert oft halbberufliche Prostituierte, manchmal auch Kupplerinnen, die einen Teil ihres Geschäfts oder ihrer Wohnungen als → Bordelle oder → Absteigequartiere benutzten. Zahlreiche galante Stiche illustrieren das Leben der M. → Chaperonnière, Grisette, Lorette, Midinette, Musette, Parfumeuse.

Marchandes des quatre-saisons [frz.: Verkäuferinnen der vier Jahreszeiten], französische Straßenverkäuferinnen, die jene Nahrungsmittel feilhalten, die zu jeder Jahreszeit frisch sind. Gegen Ende des 19. Jahrhunderts standen sie im Ruf, ausgediente Prostituierte zu sein. La Goulue, die berühmte, von Toulouse-Lautrec oft gemalte Cancan-Tänzerin, war gegen Ende ihres Lebens eine M. in der Rue Lepic. → Marchande de Mode, Marketenderin, Orange Girls.

Maricon [sp.: Pupenjunge], in Spanien der Strichjunge.

Mariposa [sp.: Schmetterling], in Spanien die Prostituierte.

Maritalresidenz [lat.: maritalis = ehelich; resido = sich ansiedeln], der Ort, wo sich ein Ehepaar nach der Eheschließung ansiedelt. Zieht die

Ehefrau, wie das bei bäuerlichen Familien in vielen Gegenden der Welt noch heute üblich ist, in den Ort oder ins Haus ihres Schwiegervaters, so spricht man von → patrilokaler M. Siedelt sich der Ehemann, wie das bei → matrilokalen Kulturen üblich ist, im Haus oder Ort seiner Schwiegermutter an, so spricht man von matrilokaler M. Gründet das jungverheiratete Paar, wie das in unserer westlichen Industriekultur heute üblich ist, einen eigenen Haushalt, so nennt man das neolokale M.

Marketenderinnen, halbberufsmäßige Prostituierte, die die abendländische Geschichte mit Material für unzählige Legenden versorgt haben. Sie waren die fahrenden Marktfrauen des Mittelalters, die den → Troß mit Alkohol, Tabak und Liebesdiensten versorgten. → Bierhäuserlmenscher, Jongleresses, Kaffeemenscher, Kellnerin, Landsknechtsweiber, Orange Girls.

Marneuses, französische Beischlafdiebinnen, die ursprünglich an den Ufern der Marne tätig waren. Sie gaben vor, arme obdachlose Mädchen zu sein, und holten dann ein oder zwei Männer heran, die den Hilfreichen ausraubten. → Beischlafdiebstahl, Entôlage.

Maske, ein komplizierter Fetisch, dessen Reizwirkung auf einer Anzahl sehr verschiedener Komponenten beruht. Zugrunde liegt der → Metamorphosismus des Menschen, das Bedürfnis, etwas anderes zu sein, als man ist, oder sich in etwas anderes zu verwandeln: in ein Tier (Tiermasken), in das andere Geschlecht (Frauenmasken, Männermasken), in ein höheres oder tieferes Wesen (Engelsmasken, Teufelsmasken, Dämonenmasken), oder in ein anonymes Wesen, dessen Art und Charakter verborgen bleibt (schwarze oder neutrale Gesichtsmasken). Bei den Tänzen der Naturvölker, beim Karneval, bei der klassischen Orgie und bei ihren modernen Varianten maskiert man sich. Man will den eigenen Charakter verbergen und eine Nacht lang einen anderen spielen. Oder (da man ja zumindest in der zivilisierten Gesellschaft stets vortäuscht, anders zu sein, als man ist) will man an diesem einen Abend zumindest das sein dürfen, was man wirklich ist oder zu sein glaubt: ein Satyr, ein Faun, eine Nymphe, ein Don Juan, eine Messalina. In der Maske ist alles erlaubt. Wir können uns gehenlassen. Wir sind anonym. Wir gehören zur großen entpersonalisierten Gemeinschaft der Orgie. Die Maske ist die Eintrittskarte in das Land, in dem nichts verboten ist, die Rückfahrkarte ins Paradies.

Aber sie hat auch eine rein physische Qualität: sie liegt eng am Gesicht, sie ist unbequem, sie raubt den Atem. Und in diesem Sinne ist sie ein sadomasochistischer Fetisch. Der Gummifetischist trägt enge, schmerzende Gummimasken, die sein Gesicht verzerren. Der Lederfetischist legt sich lederne Gesichts- und Genitalmasken an (→ Penisfutteral). Sie sind nur ein Teil der komplizierten Ausrüstung (Schnürstiefel, lange Handschuhe, Gürtel, Riemen), die er bei seinen privaten Ritualen trägt. Die fetischistische Maske maskiert nicht nur das Gesicht, sondern jeden erogenen Körperteil. Für den Maskenfetischisten gibt es Analmasken, Handmasken, Fußmasken, Brustmasken; er betrachtet jedes Kleidungsstück und jede Dekoration als Maske. Und da er gleichzeitig Sadomasochist ist, muß jede Maske eng anliegen und weh tun. → Automasochismus, Fetischismus, Genitalmaske, Masochismus, Sadismus.

Masochismus, ein von Krafft-Ebing (1840–1902) geprägtes Wort, das die sexuellen Obsessionen des österreichischen Schriftstellers Leopold von Sacher-Masoch (1836–1895) beschreiben sollte, der in seinem Roman *Venus im Pelz* geschrieben hatte: »Für mich besteht ein einzigartiger Reiz im Leiden; die Tyrannei, die Grausamkeit und vor allem die Untreue einer schönen Frau steigern meine Leidenschaft.« Wie beim → Sadismus muß man auch beim M. zwischen sehr verschiedenen Erscheinungsformen unterscheiden:

1. *Nichtsexueller oder psychischer M.,* eine Mentalität, die nach Niederlagen im privaten und gesellschaftlichen Leben, nach Unterordnung in der beruflichen Tätigkeit, nach Demütigung und Mißerfolg trachtet, in Leid, Schuld und Minderwertigkeitsillusionen schwelgt und schlechte Behandlung protestlos hinnimmt. Die Schwäche, Unterwürfigkeit und Erfolgsangst solcher Menschen ist aber nur eine scheinbare, denn ohne sich selber dieses Wunsches bewußt zu sein, provozieren sie stets ihre eigene Niederlage. Ihr Geschlechtsleben ist zwar oft schwach und leidet an Libidomangel, zeigt aber keinerlei masochistische Sexualpraktiken (→ Hörigkeit, Pantoffelheld, Passiophilie).

2. *Sexueller oder Konjunktions-M.,* das Bedürfnis nach Geschlechtsverkehr »in Konjunktion« mit Schmerzzufügung und Demütigung durch einen Sexualpartner (→ Domina, Wanda). Während der nichtsexuelle Masochist des ersten Typs auch im Alltagsleben meist den Eindruck eines Schwächlings macht, beeindruckt der sexuelle Masochist oft durch das Gegenteil, durch besondere Autorität und Stärke, durch Erfolg im gesellschaftlichen und beruflichen Leben, durch Härte im Verkehr mit Untergeordneten, durch Zielstrebigkeit und Herrschsucht. Ebenso, wie sich der psychische Masochist seiner Erfolgsangst

nicht bewußt ist, hat der sexuelle Masochist eine unbewußte Erfolgsscham, die an seinem Gewissen nagt und ihn dazu veranlaßt, in seinem Sexualleben Buße für die Aggression zu leisten, die er im Berufsleben (und oft auch in den nichtsexuellen Aspekten seines Privatlebens) ausübt. Viele, wenn auch nicht alle, Konjunktionsmasochisten versuchen sozusagen am Tage wettzumachen, was sie in der Nacht verlieren, und dann in der Nacht wiederzugewinnen, was sie am Tage verloren haben.

3. *Perverser oder Kompensations-M.* ist jene Form des M., bei dem das Bedürfnis nach physischem Schmerz und psychischer Demütigung *an die Stelle* des Koituswunsches tritt. Hier dienen die sexuellen Wünsche (z. B.. von einer nackten Frau ausgepeitscht zu werden) nicht mehr zur Einleitung des Geschlechtsverkehrs und auch nicht zur Vergrößerung des sexuellen Reizes beim Koitus, sondern *ersetzen* diesen. Der Patient erreicht den Orgasmus entweder von selbst oder durch Masturbation oder wird orgasmusunfähig, ohne jedoch das um so dringendere Bedürfnis nach masochistischen Sexualtätigkeiten zu verlieren.

4. *Automasochismus,* die schmerzbereitende oder demütigende Sexualtätigkeit am eigenen Körper ohne Anwesenheit oder Mitwirkung eines anderen Menschen. → Autodermatophagie, Automasochismus, Autotomie, Bußdisziplin, Eviratio, Nadelschlucker, Penisfutteral, Penisstrangulation, Selbstentmannung, Selbsterhängung, Selbsterstikkung, Selbstfesselung, Selbstkastration, Selbstkatheterisierung, Selbstkreuzigung, Todestrieb.

Zur Pathogenese des M. und zum Hinweis auf die separaten Stichworte, die sich mit einzelnen Aspekten dieser vier Erscheinungsformen des M. beschäftigen, ist zu sagen:

1. *Der nichtsexuelle oder psychische M.:* Das Syndrom hat seinen Ursprung in der unbewußten Formalisierung des kindlichen Zustandes der Unterordnung. Der Betroffene ist nicht nur unfähig, als Erwachsener den Unterlegenheitszustand der Kindheit zu überwinden, sondern sucht unbewußt ihn wiederherzustellen, um so die Freuden der Kindheit, vor allem das Enthobensein von aller Verantwortung, noch einmal zu erleben. Was hierbei nur selten als M. erkannt wird, weil es so gänzlich fern von jedem sexuellen Masochismus zu liegen scheint, ist das Bedürfnis solcher Menschen, weniger zu scheinen als zu sein, das Leben in einer besonders häßlichen oder unangenehmen Gegend zu verbringen, Opfer auf sich zu nehmen, eine Art Alltagsmartyriums zu erdulden, aber auch einen unwürdigen Beruf auszuüben und häßliche

Kleidung zu tragen; es handelt sich mithin um die Weigerung, dem eigenen ästhetischen Maßstab und der eigenen geistigen Potenz entsprechend zu leben. Forensisch wichtig ist, daß Masochisten dieser Art sich oft aller möglichen Verbrechen bezichtigen, die sie nicht begangen haben. Sie tun dies, um ihren Drang nach Sühne, Freiheitsberaubung, Buße, Gefangenschaft und Unterwerfung zu befriedigen. Hierin liegt einer der Hauptgründe, weshalb ein Geständnis nie als einziger Tatbeweis betrachtet werden darf. Auch erklären sich scheinbar unerklärliche, grundlose, sinnlose, zwecklose Verbrechen manchmal dadurch, daß ein derartiger Masochist eine beliebige Tat begeht, um ins Gefängnis zu kommen oder (in Ländern mit Todesstrafe) sein Leben zu verlieren.

2. *Der sexuelle oder Konjunktions-M.:* Der psychische Infantilismus des Masochisten, sein unbewußter Versuch, in das umhegte, von jeglicher Verantwortung freigesetzte Stadium der frühen Kindheit zurückzuschlüpfen, wird besonders deutlich, wenn wir die eigentümlich provokatorische Haltung, mit der der Masochist seine Demütigung von der »Herrin« *fordert*, als eine Art Trotzliebe zur Mutter auffassen. Es stimmt bereits nachdenklich, daß die Domina meist älter sein soll als ihr »Sklave« und daß ein großer Teil der masochistischen Tätigkeit aus einem endlosen, offenbar kompulsiven *Schreiben* von Unterwürfigkeitsbriefen besteht. Auch hier scheint man ins Reich der Kindheit, in jene Phase zurückzukehren, in der man sprechen und schreiben gelernt hat (→ Sklavenbriefe). Endlich, und dies ist das Wichtigste, drückt die Beziehung des Masochisten zu seiner Herrin den Versuch aus, ihr die Verantwortung für das eigene Schicksal aufzudrängen. Sartre hat den M. deshalb auch als eine paradoxe Form des »Fürsorgesuchens« ausgedeutet.

Da es für den Masochisten nicht leicht ist, einen geeigneten Sexualpartner zu entdecken, versucht er durch drei herkömmliche Methoden, »Herrinnen« zu finden: durch Zeitungsinserate, durch → »Korrespondenzzirkel« und durch Aufsuchen von »sadistischen« Prostituierten. Korrespondenzzirkel gehören ja seltsamerweise zur sexuellen Obsession wie Zucker zum Rhabarber. Da die Obsession eine Wunschwelt bildet, in die der sexuelle Außenseiter flüchtet, um der drohenden Verantwortung des Familienlebens zu entgehen, tritt der Briefverkehr zwischen Menschen, die abweichende Neigungen, aber nicht den Mut zu deren Realisation haben, oft an die Stelle abweichender Handlungen. Dies geschieht auch unter Homosexuellen, Fetischisten und Sadisten.

Aber keine sexuelle Minderheit schreibt derart viel wie die Masochisten. Wie eingangs gesagt, besteht zweifellos eine enge Verbindung zwischen dem Schreibzwang des Masochisten und der Altersstufe des Schreibenlernens, auf die der Masochist fixiert ist. Neben Korrespondenzzirkeln stellen Inserate des folgenden Typs die wichtigste Form der masochistischen Kontaktsuche dar:

Angestellter, 47/168, anpassungsfäh., möchte aufgeschl. u. sehr selbstbewußte Dame, im Wesen liebevoll-streng, kennenlernen. Zuschr. unt. . . .

Jg. Mann, 31, aber noch in d. Flegeljahr., wünscht Bekanntschaft mit reifer energ. Dame, gerne älter. Zuschr. u. . . .

Führungsbedürftiger Jüngling sucht Korr. m. energischer, strenger Dame oder Anschl. an entspr. Korresp.-Zirkel. Zuschr. an . . .

In den Annoncenspalten der gleichen Zeitungen und Zeitschriften kann man auch oft entsprechende Anzeigen von willigen »Herrinnen« finden, meist allerdings von beruflichen oder halbberuflichen Prostituierten:

Welcher anpassungswillige Individualist erhofft Kontakt m. dominierender attraktiv. Eva, romanisch-üppiger, interessant. Typ, 44, m. Esprit plus Energie? Nichtanonyme Zuschriften kultivierter Herren m. finanzieller Bewegungsfreiheit erbeten unt. . . .

Junge Dame, 31, gesch., berufl. sehr angesp., sucht gebildeten Partner zur Freizeitgestaltung, starke Nerven erforderlich, Mindestgröße 180 cm. Zuschr. erb. u. . . .

Freizeitgestaltung mit geistreichem, unternehmungslustigem Herrn sucht temperamentv. Dame Anfang 40, Zuschr. erbeten unter . . .

Die masochistische Prostitution ist hochspezialisiert und verfügt über Frauen und Männer, die auf jeden Wunsch eingehen und die dazugehörigen Instrumente besitzen – Ruten, Peitschen, Geißeln, Rohrstöcke aller Größen, Instrumente zum Schneiden, Stechen, Brennen, Ätzen, Fesseln, Anschnallen, Aufhängen, Strangulieren. (→ Auspeitschung, Brennessel, Flagellation, Geschlagenwerden, Massagesalon, Peitsche, Postheoth Club, Stock, Strangulation, Tortur, Urticatio.) Der Masochist will »bestraft« werden, und strafen kann man auch durch Einsperren. Also haben viele masochistische Bordelle und Clubs »Gefängniszellen«, »Käfige«, »Verliese«, wo der Masochist eingeschlossen oder angekettet wird (→ Einmauerung, Fesselung, Fußketten, Gefängnis, Halskette, Hundeleine, Käfig, Ketten, Knebelung, Maulkorb, Riemen, Trülle, Zaumzeug, Zuchthaus). Das Eigentümliche an diesen Fesselungsmitteln ist, daß sie oft von dem Masochisten um ihrer selber willen verehrt und geschätzt werden und damit bereits das Übergangsstadium zum Kompensations-M. darstellen, bei dem das Instrument der Erniedrigung zum Fetisch wird. Man denke an den → Schuhfetischismus, der stets das Getretenwerden mit einschließt; an → Korsettfetischismus, der das Element des Einschnürens enthält; an → Lederfetischismus, der an Riemen, Gürtel, Reitgerten und Hundepeitschen anklingt; an → Handschuhfetischismus, der das Einschnüren der Hand betont und das Auge auf den Arm richtet, der die Peitsche schwingt; an den → Waffenfetischismus, der an das Verletztwerden und Getötetwerden erinnert; und vor allem an den → Pelzfetischismus, der die Frau in ein Raubtier verwandelt. (Vgl.: Sacher-Masoch: *Venus im Pelz,* Stiasny, Graz 1964; Suhrkamp, Frankfurt am Main 1968).

Manche Bordelle besitzen komplette Folterkammern, in denen Instrumente der Inquisition nachgebaut worden sind. Das berühmte → Berkeley Horse stellt eine neuere Variante der → Tortur dar, an die die Folterknechte des Mittelalters noch nicht gedacht hatten. Aber auch einfachere Torturen zur Einleitung des Koitus sind bekannt geworden. So berichtet Weimann von einem Patienten, der eines Tages mit einer riesenhaften Schwellung von Hodensack und Glied zu ihm kam. Es stellte sich heraus, daß der unter Prostituierten als »Nagelwilhelm« bekannte Mann darauf bestanden hatte, daß die Frauen, mit denen er verkehrte, sich ihre Nägel besonders lang wachsen ließen und ihm dann Glied und Hoden so lange kratzten, bis das Blut in Strömen lief. Ein anderer Masochist ließ sich von Prostituierten den Hodensack mit dikken Packnadeln auf dem Polster eines Sofas festnähen und in dieser Position masturbieren. Edenhofer berichtet von einem homosexuellen Masochisten, der sich von einem von ihm bezahlten Mann Hufeisen in glühendem Zustand mit richtigen Hufnägeln auf die Sohlen und Oberschenkel nageln, sich auspeitschen, mit glühenden Messern am ganzen Körper schneiden und sogar Teile des Penis und der Vorhaut wegbrennen ließ. Dabei befriedigte er sich selbst.

Feuer, Verbrennen und Verbranntwerden spielen überhaupt eine große Rolle in der Wunschwelt der Sadomasochisten und stellen zweifellos eine Brücke zur aktiven und passiven → Pyromanie dar. Weimann berichtet von einem Masochisten, der mit einer Sadistin zusammenlebte und sich von ihr mit brennendem Papier die Genitalien ansengen ließ. »Es kam zu richtigen Orgien, vor allem im Beisein anderer Frauen. Besonders stark wurde er erregt, wenn sie zusahen, wie er ge-

peitscht wurde.«
Die Kunden lassen sich von der Prostituierten beißen, treten, die Haare ausreißen, aufhängen und kurz vor dem Ersticken wieder loslösen, an den Füßen aufhängen, bis sie ohnmächtig werden, auf Eis legen, auf Glasscherben oder Nadelkissen setzen, Penis, Hoden und Brustwarzen durchbohren, Gewichte anhängen, die Bauchhaut aufschlitzen und andere Torturen zufügen. Aber die Schmerzen sind stets nur *Symbol* der Auslieferung, der Preisgabe, der Unterwerfung. So läßt dieser Typ des Masochisten gern Frauen auf sich treten, manchmal mit nackten Füßen (→ Fußfetischismus), manchmal mit Schuhen oder Stiefeln (→ Rétifismus).
Eine Form der Erniedrigung, die der Masochist besonders innig sucht, ist das Betrogenwerden (→ Kandaulesismus, Geschädigter Dritter). So tragisch diese Variante auch ist, so enthält sie zumindest noch Reste erkennbarer Genitalität. Und je mehr Genitalität in einer Substituthandlung enthalten ist, um so harmloser ist sie. Hier verlangt der Masochist (Sacher-Masoch tat dies häufig in seinem Leben), daß die Geliebte ihn möglichst in seiner eigenen Gegenwart mit einem anderen Mann betrügt. Zu diesem Zweck lassen sich Masochisten oft in den Schrank einer Prostituierten einschließen oder kauern unter ihrem Bett, während sie mit anderen Männern koitiert. Dies wird manchmal als → Mixoskopie, als Wunsch des Voyeurs aufgefaßt, mit dem es sich auch in diesem Fall deckt. Aber das Motiv ist ein völlig anderes: der Voyeur will *sehen*, seine Blicke sind vor allem auf die *Frau* gerichtet. Der Masochist dagegen will *gedemütigt* werden, seine Blicke sind auf den Demütiger, den anderen *Mann* gerichtet, und hierin liegt zweifellos, wie bei allen masochistischen Handlungen, eine homosexuelle Komponente.
Masochismus dieser Art tritt häufiger bei Männern als bei Frauen auf, aber man findet gerade heute im Zeitalter der bürgerlichen Frauenbewegung immer öfter politisch aktive, sich ausdrücklich für die Rechte der Frau einsetzende, öffentlich besonders aktiv gegen männliche Aggression argumentierende Frauen, die ihre nominellen Emanzipationsbestrebungen sexuell zu kompensieren suchen, indem sie sich besonders aggressive männliche Partner aussuchen, um sich von ihnen im geheimen demütigen zu lassen. Solche Frauen können mit Männern ihrer eigenen Bildungs- und Kulturstufe keine Befriedigung erlangen, weil diese zu höflich, zu feinfühlig, zu dezent sind. Sie suchen deshalb systematisch gefühlsrohe, ungebildete, kaltsinnliche Männer auf und provozieren sie zu Formen der Vergewaltigung und Erniedrigung. (Es

ist in diesem Zusammenhang vielleicht aufschlußreich, daß Stekel den M. unter anderem als einen Versuch des Menschen aufgefaßt hat, den Unterschied zwischen sich und dem Sexualpartner so groß wie möglich zu machen. Um ihre Femininität zu betonen, sucht eine solche Masochistin sich also einen besonders »maskulinen« Mann; um ihre Intelligenz zu unterstreichen, einen besonders unintelligenten; um ihre Sensibilität hervorzuheben, einen besonders gefühlsrohen.) Mit Ausnahme dieses Frauentyps tauchen weibliche Masochisten aber selten in der ärztlichen Praxis auf – vielleicht, weil das Alltagsleben in unserer patriarchalischen Gesellschaft der Frau bereits so viele Erniedrigungen bringt, daß sie diese nicht in einer masochistischen Sexualtätigkeit zu suchen braucht. Oder vielleicht auch, weil die Frau in ihrer Kindheit den pathogenen Einflüssen, die den M. fördern (Geschlagenwerden, besonders auf das nackte Gesäß) weniger ausgesetzt ist als der Mann.
3. *Der perverse oder Kompensations-M.:* Während beim sexuellen oder Konjunktions-M. die masochistische Handlung als *Einleitung* des Koitus dient, kompensiert sie ihn hier und dient ihm als *Surrogat*. Die Beziehung zwischen dem Masochisten und seinem Partner wird *verfremdet*. Das mag bereits damit beginnen, daß der Masochist dieses Typs sich als Geschlechtspartner einen besonders abstoßenden, häßlichen, deformierten oder alten Menschen aussucht (→ Deformationsfetischismus, Gerontophilie, Graeophilie, Presbyterophilie). Der Ekel beginnt den Schmerz als Instrument der Demütigung zu ersetzen. Deshalb gehört auch das Essen von ekelerregenden Dingen – Maden, Regenwürmern, Käfern – zu den »Diensten«, die dieser Typus des Masochisten seiner »Herrin« leisten will, ebenso das Essen von Nahrungsmitteln, die vorher von der Herrin durchgekaut und angespeichelt, dann ausgespuckt worden sind (→ Picazismus), oder das Verschlingen von Beeren, Trauben oder anderen Nahrungsmitteln, die vorher in den After der Frau eingeführt worden sind. Von hier zum Kotessen und Urintrinken ist nur ein kleiner Schritt (→ Épongeur, Koprophagie, Renifleur, Skatophagie, Soupeur, Stercoraire, Uropotie). Der »Sklave« läßt sich von seiner Herrin »bepinkeln« und in den Mund defäzieren (→ Besudelungstrieb, Exkrementophilie, Inquinationstrieb, Koprophilie, Mysophilie, Nachttopfsklave, Nachttopffetischismus, Saliromanie, Skatophilie). Bei solchen Fällen ist es oft schwer, mit Sicherheit festzustellen, ob überhaupt noch Masochismus vorliegt, also *Selbsterniedrigung*, oder ob der Patient auf das ekelerregende oder erniedrigende Objekt fixiert ist und an Fetischismus leidet. Man denke an →

Regelbindenfetischismus oder an → Menophagie, das Ablecken des aus der Scheide fließenden Menstruationsblutes – ein Blutfetischismus, der sich auch als → Aderlaß, (Lykanthropie, Nosferatu, Vampirismus, Vaenaesectio) zeigen kann – oder an die zahllosen Varianten des → Sekretionsfetischismus, die man immer wieder bei Masochisten findet: das Auflecken oder Essen von Schweiß, Smegma, Sperma, Vaginalsekret, Ohrenschmalz, Nasenschleim, Augenschlaf oder von angesammelten Abfallprodukten im Bauchnabel der Herrin.
Je tiefer man in die Welt des M. eindringt, um so schwieriger wird es, die Motive eindeutig klarzustellen. Ob die Schwierigkeit nur in der Diagnose liegt oder ob bereits in der Pathogenese eine Ambiguität besteht, sei dahingestellt. Da der Fetischismus sich an jeden Körperteil, an jede Sekretion dieses Körperteils und an jedes den Körperteil bedeckende Kleidungsstück angliedern kann, liegt die Ambiguität vielleicht in der Natur des Fetischismus. Zu verschiedenen Zeiten haben ja verschiedene Sexualwissenschaftler immer wieder die Vermutung geäußert, daß Fetischismus stets masochistisch motiviert sei. Das mag unter anderem aus dem *symbolischen*, nicht physischen Charakter des Schmerzes oder der Demütigung hervorgehen, den der Masochist sucht. So sind die bereits erwähnten Folter- und Hinrichtungszimmer der masochistischen Bordelle selbstverständlich nur symbolische Todesstätten. Der Masochist erzielt seinen Orgasmus (*wenn* er ihn überhaupt erreicht) bereits bei dem *Gedanken*, gefoltert oder hingerichtet zu werden. Bekannt aus der Fachliteratur ist der Fall des homosexuellen Masochisten, der sich von einigen eigens hierzu angestellten Strichjungen nackt auf eine Schlachtbank schnallen ließ und ihnen befahl, sich so zu benehmen, als ob sie ihn schlachten wollten. Sie mußten Schlächterschürzen tragen und Schlächterbeile schärfen. Beim Geräusch des »Wetzens« dieser Instrumente ejakulierte er dann ohne manuelle Hilfe. In ähnlicher Weise vereinbarte eine Masochistin mit zwei Strichjungen, sie sollten sie mit der Drohung »Geld oder das Leben« auf der Straße überfallen. Sie weigerte sich dann, ihr Geld herzugeben, und wurde von den Männern in ein Bordell »verschleppt«, aber nun nicht, wie es in den Phantasien so vieler hysterischer Frauen geschieht, »vergewaltigt«, sondern nur ausgezogen und mit Messern bedroht. Beim Anblick der auf ihre Brust und Genitalien gerichteten Messer kam sie dann ohne direkte Schmerzzufügung zum Orgasmus.
Der symbolische Charakter der Drohung braucht nicht einmal auf Schmerzbereitung hinauszulaufen, sondern beschränkt sich oft auf

Angst oder Demütigung. Ein solcher Fall ist der des Masochisten, der eine vorher instruierte Prostituierte auf der Straße ansprach, ob er für zwanzig Mark mit ihr gehen könne (wie der Preis bereits besagt, stammt der Fall aus der guten, billigen Zeit der Weimarer Republik). In ihrem Zimmer erklärte er dann weinerlich, er habe nur fünf Mark bei sich. Sie mußte ihn beschimpfen und durchsuchen und dabei irgendwo in seiner Kleidung einen eingenähten Hundertmarkschein finden. Diese Entdeckung löste dann bei ihm den Orgasmus aus. (Über die sexuelle Funktion des → Geldes bei der Prostitution → Zuhälterei). Auf sein Flehen, ihm wenigstens die Hälfte zurückzugeben, bekam er nur höhnische Scheltworte und erhielt schließlich eine Mark zurück, was meist zu einer zweiten Ejakulation führte.

Grundsätzlich lassen sich die Formen der Erniedrigung, die der Kompensationsmasochist sucht, als → Metamorphosismus, als Verwandlungssucht verstehen. Der Masochist will eine *Rolle* spielen – als Sklave, als Schüler, als Zofe, als Kind, als Tier oder als Ding. Jede dieser Stufen stellt einen Schritt in ein tieferes Stadium der Erniedrigung dar.

Als Sklave verlangt er von seiner Herrin, sie solle einen Vertrag mit ihm schließen, der ihn zwingt, die niedrigsten Dienste für sie zu leisten (→ Servilismus). Der Vertrag soll unkündbar sein und Rechtskraft haben. (Sacher-Masoch selber schloß eine Anzahl solcher Verträge mit seinen verschiedenen Herrinnen. Die Texte sind erhalten.) Diese Masochisten schreiben »Sklavenbriefe« und verlangen von der Domina, daß sie ihnen »Herinnenbriefe« schreibe. Sie lassen sich als Diener behandeln, für alle möglichen imaginären Fehler abkanzeln, werden »entlassen«, bitten auf Knien, wieder »angestellt« zu werden, werden mit Entziehung ihrer Kleider »bestraft« oder zu Wasser und Brot »verurteilt« (→ Pagismus). Je entwürdigender der Dienst, um so besser. Sie halten der Herrin den Nachttopf hin (→ Nachttopfsklave), trinken ihren Urin (→ Uropotie), beschmieren sich mit ihrem Kot oder essen ihn (→ Koprophagie), müssen ihr die Fingernägel abbeißen, den Nagelschmutz aufessen (→ Dermatophagie), den Fußboden sauberlecken, auf dem die Herrin steht (→ Skatophagie), und dergleichen mehr.

Als *Frau* erniedrigt sich der Masochist, indem er die Rolle der Zofe oder des Dienstmädchens spielt, sich Frauenkleider anzieht, häusliche Arbeiten verrichtet, ausfegt, Staub wischt, Betten macht, Kartoffeln schält, die Herrin frisiert oder aus- und ankleidet. Daß hier ebenfalls eine homosexuelle oder vielleicht transvestitische Komponente auf-

taucht, braucht kaum betont zu werden. Immer wieder hört der Arzt auch von Fällen, bei denen der Masochist seine Herrin bittet, sie möge Männerkleidung tragen und ihm erlauben, sich als Frau anzuziehen und zu benehmen (→ Metatropismus, Transvestitismus).
Als *Kind* sieht sich der Masochist gern, weil er dann gezüchtigt werden kann (→ Puerilismus) oder von einer »strengen Erzieherin« (→ Governess) für seine Schreibfehler geohrfeigt wird, nachsitzen muß oder mit dem Rohrstock auf die Hand oder das Gesäß geschlagen wird (→ Erziehungsmasochismus). Andere Masochisten bestehen darauf, als Säuglinge betrachtet zu werden und »Popoklapse« zu bekommen, wenn sie »in die Windeln machen« (→ Windelfetischismus).
Als *Tier* sieht sich der Masochist gern, weil dann die Erniedrigung noch tiefer ist (→ Zoomimik). Es gibt bereits eine altgriechische Statue, die Aristoteles auf allen Vieren zeigt. Auf ihm reitet die nackte Hetäre Phyllis (→ Equus eroticus). Sattel, Zaumzeug, Sporen, Steigbügel, Reitpeitsche gehören deshalb zur Standardausrüstung aller masochistischen Bordelle. Aber auch im Privathaus der »Herrin« läßt sich der Masochist gern von ihr satteln und trägt sie dann nackt, oft mit Zügeln im Mund, herum, während sie ihn mit der Reitgerte bearbeitet. Oder er läßt sich einen Maulkorb und ein Hundehalsband umlegen und verbringt die Nacht nackt in der Hundehütte. Er darf dann vielleicht am nächsten Morgen unter dem Frühstückstisch liegen, während die Herrin Herrenbesuch empfängt, oder unter dem Bett, während sie dort mit einem anderen Mann schläft, oder auf der Türschwelle ihres Schlafzimmers, während sie sich drinnen vergnügt. Er bellt, wird gezüchtigt, macht Männchen, bekommt einen Knochen zugeworfen, den er abnagen muß. Er ist ein Hahn und muß krähen (Heinrich Mann: *Professor Unrat*, 1905; Film: *Der blaue Engel*, 1930). Er ist ein Huhn und muß gackern und Eier legen. Wenn kein Ei kommt, wird er geschlagen. Er ist ein Kanarienvogel, wird in einen Käfig gesperrt und muß singen.
Die endgültige Erniedrigung, tiefer noch als zum Sklaven oder zum Tier, ist die zum *Ding*, zum toten Gegenstand. Wir erwähnten bereits den Wunsch, sich zur Fußmatte der Herrin zu machen. Andere Varianten der gleichen Leidenschaft sind die, ihr als Teppich, Fußbank, Schemel, Stuhl oder Sofa zu dienen. In der Fachliteratur gibt es Fälle, in denen der Mann als Regenschirm, Schirmständer, Kleiderhaken oder gar als Abort dienen wollte.
Und bei all diesen komplizierten Sexualpraktiken kommt es *nie* zum Koitus. Ihn *ersetzt* die erniedrigende Handlung.

4. *Der Automasochismus:* Dies ist ein so außerordentlich kompliziertes Thema, daß wir es als selbständige Eintragung behandelt haben. Der fetischistische Charakter des erniedrigenden Aktes oder Instruments ist hier so autonom geworden, daß der Patient keines Sexualpartners mehr bedarf (→ Autodermatophagie, Autotomie, Bußdisziplin, Eviratio, Nadelschlucker, Penis-Futteral, Penis-Strangulation, Pfählung, Selbstentmannung, Selbsterhängung, Selbsterstickung, Selbstfesselung, Selbstkastration, Selbstkatheterisierung, Selbstkreuzigung, Todestrieb). Ob der Automasochismus, wie Freud glaubte, die eigentliche Urform des M. ist, weil er aus der narzißtischen Kindheitsphase stammt, oder ob er die gravierendste Umkehrform des → Sadismus darstellt, gehört zu den umstrittensten Fragen der modernen Sexualwissenschaft. → Sadomasochismus.

Massagesalon, oft ein Deckname für masturbatorische oder flagellantische Prostitution. In fast allen Ländern der westlichen Welt (und in vielen der östlichen) gibt es einen festen Code, der dem Klienten klarmacht, daß es sich nicht um ein echtes Massageinstitut, sondern um ein spezialisiertes Bordell handelt. Wo von »kräftigen« Masseusen gesprochen wird, handelt es sich stets um masochistische Betriebe. »Doppelmassage« bedeutet stets eine → triolistische Aktivität. Meist findet nicht Koitus, sondern Masturbation statt. Die »Masseusen« tragen fast stets aufgeknöpfte Krankenschwesteruniformen auf der nackten Haut, oft nur die Haube einer Krankenschwester und sonst keine Kleidung. Ohne Zweifel liegt bei manchen Kunden dieser M. eine Form des Fetischismus vor, die auf Krankenschwestern und deren Uniformen fixiert ist. → Manuelle, Soins estétiques.

Massipia [sp.], im 15. Jahrhundert der Kauf einer Konkubine. Die Sitte war über Spanien und Südwestfrankreich verbreitet. In der Grafschaft Bigorre, Hautes Pyrenées, hatten selbst verheiratete Männer das Recht, sich auf begrenzte, aber festgelegte Zeit eine Konkubine zu kaufen. → Konkubine.

Mastdarmtripper → Analgonorrhöe, Gonorrhöe.

Masturbatio, Masturbation [lat.: manus = Hand; stuprare = schänden], Betätigung der eigenen Genitalien mit der Hand zum Zweck der → Selbstbefriedigung. Das Wort M. sollte das Wort → Onanie ersetzen, da Onan ja bekanntlich nicht masturbiert, sondern → coitus interruptus (»Rückzieher«) vorgenommen hatte. Aber auch das Wort M. ist irreführend, denn Selbstbefriedigung braucht weder mit der Hand noch durch Berührung der Genitalien stattzufinden. Es gibt Selbstbefriedigung durch den Mund (→ Autocunnilingus, Autofellatio, Suctustupratio), und es gibt Selbstbefriedigung durch Berührung anderer Körperteile als der Genitalien (→ Analonanie, Kinepimastie, Mammalonanie, Selbstbefriedigungssurrogate). Selbstbefriedigung kann auch mit Instrumenten vorgenommen werden (→ Selbstbefriedigungsinstrumente), und sie kann andererseits ohne irgendwelche Berührungen von Hand, Mund oder Instrument erzielt werden (→ Delectatio morosa, psychischer Koitus, Pollution, geistige Selbstbefriedigung). Sehr häufig ist ein Zwischenstadium, in dem weder Hände noch Mund noch Instrument benutzt werden, sondern Orgasmus durch Reiben der Genitalien an einem Gegenstand (Stuhlbein, Bettpfosten) oder einfach durch Zusammenpressen der Schenkel erzielt wird. Zahllose Gegenstände werden von Frauen als Ersatz des Penis benutzt (→ Pfählung, Einverleibung, Fremdkörper). Beim Mann sind Selbstbefriedigungsinstrumente allerdings weitaus seltener als bei der Frau. Freud betrachtete die M. vor allem deshalb als gefährlich, weil sie den Charakter durch Verwöhnung auf mehr als eine Weise verdirbt: »erstens, indem sie bedeutsame Ziele mühelos, auf bequemen Wegen, anstatt durch energische Kraftanstrengungen erreichen lehrt, also nach dem Prinzipe der *sexuellen Vorbildlichkeit*, und zweitens, indem sie in den die Befriedigung begleitenden Phantasien das Sexualobjekt zu einer Vorzüglichkeit erhebt, die in der Realität nicht leicht wiedergefunden wird« (Freud: *Die »kulturelle« Sexualmoral und die moderne Nervosität*, 1908). Dies zeigt sich besonders deutlich in der fetischistischen Erhebung eines Gegenstandes zu irrealer Vorzüglichkeit, denn die M. stellt ja die eigentliche Sexualtätigkeit nahezu aller Formen des → Fetischismus dar. Obgleich der Fetischismus die Struktur eines Wir-Erlebnisses hat, verengt er sich in der Praxis zum Ich-Erlebnis. Nur beim Konjunktions-Fetischismus dient der Fetisch zur Vorbereitung, Einleitung und Reizstärkung des Koitus. Beim Kompensations-Fetischismus dagegen wird der Fetisch zum Surrogat eines lebenden Sexualpartners. Tritt der Orgasmus dann nicht spontan beim Betrachten, Tragen oder Manipulieren des Fetischs ein, kann die Befriedigung nur durch M. ausgelöst werden. Vgl.: Autismus, Autoerastie, Autoerotik, Autoerotismus, Autofetischismus, Automonosexualität, Autosexualismus, monosexuelle Idiosynkrasien, Monosexualität, Narzißmus, Selbstbefleckung, Spiegelakte, Tagebuch, Trisexualität.

Extragenitale Masturbation kommt bei Säuglingen und Kindern sehr häufig vor. Da die sexuellen Lustempfindungen des Kindes noch nicht in den Genitalien lokalisiert sind, sondern über die ganze Hautoberfläche reichen, kann nahezu jeder Körperteil in eine erogene Zone verwandelt werden, die dann zur Befriedigung befingert oder besaugt wird. Alle Körperöffnungen werden von Kindern zu diesem Zweck benutzt, der Nabel, die Ohren (Ohrenbohren, Ohrläppchenzupfen), die Nase (Nasebohren, Popeln), der After (→ Analmasturbation). Zum onanistischen Saugen (→ Ludeln, Lutschkomplex) kann jede erreichbare Stelle benutzt werden, die aber dann regelmäßig benutzt und durch stetige Reizung immer stärker erogenisiert wird. → Analerotik, Hauterotik, Körpererotik, Muskelerotik, Oralerotik, Selbstbefriedigungssurrogat, Suctustupratio.

MASTURBATIO CONJUGALIS [lat.: eheliche Onanie], gegenseitige Masturbation von Mann und Frau. → Digitatio.

Mätresse [frz.: maîtresse = Herrin], ursprünglich die Geliebte eines französischen Fürsten. Den Höhepunkt des Mätressenwesens bildeten das 17. und 18. Jahrhundert. Zu den Mätressen der französischen Könige gehörten die klügsten und fähigsten Frauen ihrer Zeit: Madame de Maintenon, die Marquise de Pompadour, die Comptesse du Barry. → Chaperonnière, Dame demoiselle, Konkubine, Kurtisane, Liaison, Ménage.

Obgleich es absurd ist, das Wort Mätresse heute für die Freundin eines verheirateten (oder auch unverheirateten) Mannes zu benutzen, so stellt die Situation einer Frau, die ein Leben lang mit einem Mann gelebt hat, mit dem sie nicht verheiratet ist, in der heutigen Bundesrepublik doch ein sehr akutes soziales und ökonomisches Problem dar. Das Liebesverhältnis gilt nach wie vor als »öffentliches Ärgernis«. Ist der Mann verheiratet, so stellt die Rechtsprechung »zum Schutze der Familie« eine »Vermutung« der »Unsittlichkeit« auf – und zwar selbst dann, wenn die Ehefrau steril ist und der Mann nur deshalb ein Verhältnis mit einer anderen Frau begonnen hat, um mit ihr die Familie zu gründen, die seine Ehefrau ihm nicht geben kann. Die der Ehefrau zustehende → Schlüsselgewalt hat die Geliebte nicht, auch wenn sie berufstätig ist und den gemeinsamen Haushalt entweder teilweise oder ganz aus eigenem Einkommen finanziert. Keine der steuerlichen Vergünstigungen, die einer verheirateten Frau gewährt werden, stehen ihr zu. Ihre Kinder gelten als »illegitim«. Obgleich ein Verhältnis dieser Art oft größere Liebe, Selbstüberwindung und Willenskraft erfordert, als die meisten Ehefrauen ihren Männern zu geben bereit sind, erhält die unverheiratete Frau keine der rechtlichen Privilegien einer Ehefrau. Stirbt ihr Freund, ist es zweifelhaft, ob er ihr sein Vermögen oder auch nur einen Teil davon vermachen darf. Das Kammergericht Berlin hat im Juli 1967 entschieden, daß das Testament eines verheirateten Mannes zugunsten seiner Freundin »sittenwidrig und nichtig« sei, wenn es als »Liebeslohn« gedacht sei (Aktenzeichen 1W 3021/66). In einem anderen Falle wurde das Testament eines unverheirateten Mannes zugunsten seiner Lebensgefährtin zwar nur von dessen Verwandten (nicht von der Staatsanwaltschaft) angefochten, die Steuerbehörde dagegen erklärte den bereits erhaltenen »Liebeslohn« der vergangenen 37 Jahre als undeklariertes Einkommen und erhob Klage gegen die Frau wegen Steuerhinterziehung. Daß solche Entscheidungen mit einem liberalen Staat, der die Gleichberechtigung der Frau garantiert, unvereinbar sind, braucht nicht unterstrichen zu werden.

In einem dritten Fall hinterließ ein Berliner Junggeselle seiner verheirateten Freundin sein gesamtes Vermögen. Der Testamentsvollstrekker, ein Berliner Rechtsanwalt, weigerte sich aber, den letzten Willen des Verstorbenen zu vollziehen, weil das Vermächtnis wegen Verstoßes gegen die guten Sitten nichtig sei. Ein Urteil des Kammergerichts, in dem der letzte Wille des Verstorbenen respektiert worden war, wurde vom III. Zivilsenat des Bundesgerichtshofes aufgehoben. Der Bundesgerichtshof erklärte, die Ehe sei nicht nur eine Angelegenheit der Partner; wörtlich: »Sie ist eine auch in hohem Maße im Interesse der Allgemeinheit geschaffene und geförderte Einrichtung; ohne sie wäre ein Kultur- und Rechtsstaat, wie er das Leitbild des Grundgesetzes ist, nicht denkbar. Das Gesetz hat deshalb an den rechtlichen Bestand der Ehe – neben Rechten verschiedenster Art – auch Pflichten geknüpft, die von den Ehegatten nicht nach Belieben außer acht gelassen oder aufgehoben werden können und deren Verletzung sowohl gegen das Gesetz wie gegen die sittliche Ordnung verstößt.« Auch der Bruch einer zerrütteten Ehe bleibe, rechtlich gesehen, Ehebruch. Er würde auch allgemein als sittenwidrig angesehen. Die Ansicht, die geschlechtlichen Beziehungen des Erblassers und der Klägerin seien »wegen der Verhältnisse in deren Ehe nicht mit einem Sittenmakel behaftet, beruht daher auf einer der Rechtsordnung kraß widersprechenden und damit unrichtigen Rechtsauffassung« (Aktenzeichen III ZR 38/65). Wie tief diese Auffassung dem tatsächlichen Volksempfinden widerspricht, ist wohl eindeutig. Der Deutsche empfindet die Ehe als einen zwischen ihm und seiner Gattin geschlossenen Privatvertrag, nicht als eine vom Staat gelenkte Institution.

Matriarch, Matriarchin [lat.: mater = Mutter; gr.: archon = Herrscher], herrschende Mutter, Herrscherin in einer → matristischen Gesellschaftsordnung mit → matrilateralem Verwandtschaftssystem, → matrilinearer Deszendenzordnung oder → matrilokaler Maritalresidenz. Das Wort ist irreführend, weil matristische Gesellschaftsordnungen, im Gegensatz zu patristischen, keine »Herrscher« benötigen, sondern nur gewählte, stets abrufbare Sprecher haben. »Matriarchate« sind dezentralisierte Gebilde mit einem Minimum an Verwaltungsorganen. Eben dadurch unterscheiden sie sich vom Patriarchat, das selbst in seiner simpelsten Form ein zentralistisches Machtsystem anstrebt.

matriarchale Sippe → Sippe, matriarchale.

Matriarchat [lat.: mater = Mutter; gr.: archon = Herrscher], Mutterherrschaft, ein Begriff, der in Anlehnung an das Wort → Patriarchat geprägt worden ist und weder im alten Hellas noch im alten Rom bekannt war. Obgleich es zahllose Gesellschaftsordnungen gegeben hat, die von Frauen geprägt und geleitet worden sind, hat es nie ein M. im Sinne einer Herrschaft der Frau über Mann und Kind gegeben. Im Gegenteil, matristische Gesellschaftsordnungen weisen stets ein besonders hohes Maß von Herrschaftsfreiheit auf. Gerade wer matrilineare, matrilaterale und matrilokale Kulturen studiert hat, steht deshalb dem Begriff des M. skeptisch gegenüber. Wo immer in der Weltgeschichte wir Stämme oder Staaten finden, die autoritär von einer Frau regiert werden, sind es Patriarchate, in denen eine Frau durch Zufall oder individuelles Machtstreben zur Herrschaft gelangt ist, niemals aber Gesellschaftssysteme, die eines oder mehrere der drei Grundlagen matristischer Kulturen darstellen: matrilaterales Verwandtschaftssystem, matrilineare Abstammungsordnung und matrilokale Heiratswohnfolge.

matrilateral [lat.: mater; latus = Seite], mütterlicherseits, nach der Seite der Mutter orientiert. Von Verwandtschaftssystemen gesagt, die sich an der mütterlichen Seite des Stammbaums orientieren und ihre Verwandtschaftsbegriffe auch verbal nach dieser Seite hin definieren. Man findet in solchen Kulturen beispielsweise eine Bevorzugung der matrilateralen Vetter-Basen-Ehe, die darin besteht, daß ein Mann die Tochter seiner mütterlichen Tante oder seines mütterlichen Onkels heiratet. Im weiteren Sinne spricht man auch von m. Gesellschaftsordnungen, wenn man damit ausdrücken will, daß die mütterliche Seite oder das mütterliche Element im sozialen, kulturellen und sexuellen Leben bevorzugt wird. Gegensatz: patrilateral.

Matrilineage [lat.: mater = Mutter; linea = Linie], mütterliche Linie; Abstammungssystem, das die Herkunft des Menschen in mütterlicher Linie verfolgt. In den europäischen Frühkulturen, besonders in denen, die sich zwischen dem unteren Lauf der Donau und dem heutigen Griechenland gebildet hatten, lassen sich die Übergangsstufen von der M. zur Patrilineage relativ klar rekonstruieren:

1. *Direkte matrilineare Folge:* von der Mutter auf die Tochter.
2. *Indirekte matrilineare Folge, erstes Stadium:* vom Mutterbruder auf den Schwestersohn. Die Rechte der Frau werden auf ihren Bruder übertragen, den nächsten Verwandten in matrilinearer Folge.
3. *Indirekte matrilineare Folge, zweites Stadium:* vom Schwiegervater auf den Schwiegersohn. Die Rechte der Frau werden nicht mehr auf ihren nächsten Blutsverwandten, sondern auf ihren Gatten übertragen.
4. *Patrilineare Folge:* vom Vater auf den Sohn. Die Mutter wird ausgeschaltet.

Auch diejenigen griechischen Stämme, wie die Dorer, die ihre matrilineare Struktur weitgehend bewahrt hatten, gingen von Sprecherinnen zu Sprechern, und von Sprechern zu Heerführern über, nachdem es sich herausgestellt hatte, daß sie sich nur mit kriegerischen Mitteln gegen die Vaterrechtler behaupten konnten.

Aus der Schwesterschaftssprecherin wurde der Bruderschaftssprecher und aus ihm der *phratriarchos*. Aus der Stammessprecherin wurde der Stammessprecher und aus ihm der Heerführer, der *basileus*. Es war der Anfang jener Hierarchie, die am Ende das ganze Stammessystem zerschlagen sollte. Die freie Wahl des Sprechers oder Häuptlings wurde eingeengt, bis sie zum erblichen Posten wurde, zum Grundstein des Adels und damit der Klassengesellschaft. Man kann diese Entwicklung sehr deutlich bei den Griechen verfolgen, wo sie in vier großen Sprüngen stattfand:

1. Häuptling frei gewählt und absetzbar. Häuptlingswürde nicht vererblich.
2. Häuptling frei gewählt und absetzbar, aber auch erblich, wenn keine neue Wahl vom Stamm gefordert wird. Nur der Schwestersohn oder der jüngere Bruder kann die Häuptlingswürde erben, also matrilineare Erbfolge.
3. Häuptling frei gewählt und absetzbar, aber auch erblich, wenn keine neue Wahl von den Stammesmitgliedern verlangt wird. Nur der Sohn des Häuptlings kann die Würde erben, also patrilineare Folge.
4. Häuptlingswürde patrilinear erblich.

Über die Tatsache, daß die matristischen Sippengesellschaften frei von Rangordnungen, Hierarchieen und Klassen waren, gibt es keine Zweifel. Im ganzen Donaukulturkreis I und II finden wir keine Anzeichen von Rangunterschieden.

→ Patrilineage. Vgl.: Bilineage, Unilineage.

matrilinear [lat.: mater = Mutter; linea = Linie], in mütterlicher Linie, von der Mutter abstammend, die mütterliche Abstammungslinie betonend oder ausschließlich benutzend. Die meisten Frühkulturen der Menschheit folgten diesem → Deszendenzsystem, weil es auf eine Zeit zurückgeht, in der man zwar wußte, wer die eigene Mutter war, aber nie sicher sein konnte, wer der Vater war. Vielleicht stammt es sogar aus einer Ära, in der man überhaupt noch nicht entdeckt hatte, daß der Mann etwas mit der Fortpflanzung zu tun hatte, also aus einer Entwicklungsphase der menschlichen Erkenntnis, in welcher der Zusammenhang zwischen Paarung und Zeugung noch nicht bekannt war. Gesellschaftsordnungen mit m. Deszendenzsystem weisen stets eine höhere Position der Frau auf als → patrilineare Kulturen.

matrilineare Sippe → Sippe, matrilineare.

matrilokal [lat.: mater = Mutter; locus = Ort], am Wohnort der Mutter. Von der → Maritalresidenz in matristischen Kulturen gesagt, wo der Ehemann sich bei der Sippe seiner Schwiegermutter ansiedelt. Da der Wohnort des neu verheirateten Paars einen starken Einfluß auf seine sozialen, kulturellen und ökonomischen Bedingungen ausübt, findet man in Kulturen mit m. Heiratswohnfolge stets eine höhere Stellung der Frau als in → patrilokalen Gesellschaftsordnungen.

matrilokale Exogamie [gr.: exos = außen; gamos = Heirat], Paarungsordnung, bei welcher der Mann in einen fremden Stamm oder eine fremde Sippe »einheiratet« und sich bei der Sippe seiner Gattin ansiedelt. M. E. fällt meist mit → matrilinearer Deszendenz zusammen und stammt wahrscheinlich aus einer vormonogamen Zeit, in welcher der Nexus zwischen Paarung und Zeugung noch nicht bekannt war. Da die Sippe niemals wissen konnte, welche ihrer Kinder von welchen Vätern stammte, folgte sie dem einzig möglichen System und setzte die Abstammung in mütterlicher Folge fest. Dieses Prinzip der Matrilinearität gab der Frau und Mutter unweigerlich einen höheren Status als dem Manne. Die Erinnerung an eine Ahnfrau, die Gründerin der Sippe, von der alle Frauen und Kinder abstammen, begann sich offenbar sehr früh zu einem Kult der Urmutter, der frühesten Form der Religion in der Alten Welt, zu entwickeln.

Als Mitglieder der Sippe galten nur diejenigen, die von der Urmutter abstammten. Die »eingeheirateten« Männer, einerlei wie lange sie bei der Sippe wohnten, lebten, jagten und fischten, blieben wahrscheinlich Mitglieder einer anderen Sippe, nämlich der ihrer eigenen Mütter. Ein solches System nennt man m. E.

Der »einheiratende« Mann erhielt von der Sippe seiner Gattin ein Stück des Gemeinschaftshauses zugewiesen, jagte zusammen mit den Männern ihrer Sippe und erhielt einen Anteil an ihrer gemeinsamen Beute. Scheiterte die »Ehe« aber, oder zog der Mann aus irgendeinem anderen Grunde wieder fort, so verblieben ihm nur seine Kleider und die Werkzeuge, die er mitgebracht oder während seines Aufenthaltes bei der Sippe seiner Frau hergestellt hatte.

Hieraus erwuchs die Notwendigkeit, die Frau anständig zu behandeln: »Die Beziehungen zwischen den ›Eheleuten‹ sind kameradschaftlich und natürlich; von einem schlechten Verhalten des Mannes seiner Frau gegenüber kann im ›Matriarchat‹ keine Rede sein. Falls sich der Mann irgend etwas derartiges herausnimmt, genügt das, um die ›Ehe‹ unverzüglich zu trennen. Dem Manne droht außerdem noch die Rache seitens der Angehörigen der beleidigten Frau« (M. O. Koswen, *Abriß der Geschichte und Kultur der Urgesellschaft,* Berlin 1957, S. 122). War die Frau mit dem Manne ihrer Wahl unzufrieden, so machte sie ihm also klar, daß er seine Habseligkeiten packen und sich entfernen möge. Ihm blieb dann nichts anderes übrig, als sich zu trollen.

Vorzeitforscher haben geltend gemacht, daß man zu einer Zeit, da es noch keinen festen Wohnsitz gab, unmöglich von Matrilokalität sprechen kann, aber das ist ein unsinniger Einwand, denn die Sippe, einerlei wo sie lebte, stellte ja in sich selbst einen Fixpunkt dar. Das »Einheiraten« der Männer anderer Sippen und das »Ausheiraten« der eigenen Söhne in andere Sippen hatte die Wirkung, beide Sippen sehr schnell über einen verhältnismäßig großen Raum zu verbreiten, und hat zweifellos maßgeblich dazu beigetragen, diese Frühbewohner der Alten Welt in alle Richtungen des damaligen Universums hinauszukatapultieren. Ob sich die Mitglieder dieser mittelpaläolithischen Sippen eines solchen Ziels bewußt waren, ist selbstverständlich zu bezweifeln. Lévi-Strauss' oft wiederholte Überzeugung, daß die menschliche Ehe ursprünglich nicht der Versorgung der Kinder, sondern dem Erwerb nutzvoller Verwandter gedient habe, scheint deshalb ein wenig suspekt; nicht weil sie einen Zustand erfindet, der nicht besteht, sondern weil sie Ursache mit Wirkung vertauscht: *post hoc, ergo propter hoc*.

Im Widerspruch zu seiner These, daß der Mensch die Exogamie erfand, um in Tauschbeziehungen mit angeheirateten Verwandten treten zu können, ließe sich argumentieren, daß nicht die Exogamie den Tauschhandel, sondern der Tauschhandel die Exogamie erzeugt hat. Man erkennt das sehr deutlich an der Frühgeschichte des alten Hellas.

Die matrilineare, matrilokale, exogame Form der frühgriechischen Gesellschaft läßt sich aus zahllosen Mythen, Sagen und Legenden erhärten. Die sagenhaften Könige der athenischen Frühzeit, deren Namen wahrscheinlich ganze Sippen verkörpern, so Kekrops und Amphiktyon, erwarben den Thron, indem sie Frauen des herrschenden Geschlechts heirateten (Pausanias I, 2, 6). Die Krone vererbte sich stets in weiblicher Folge. Deshalb stammt auch der Name des Landes Attika von seiner Urmutter Attis ab. Die Sippenmitglieder nannten einander *homogalaktes,* »von der gleichen Milch Genährte«, also Söhne der gleichen Mutter. Auch das attische Wort *adelphos,* »Bruder«, hat die gleiche Etymologie. Es leitet sich von *delphys,* »Gebärmutter«, ab und bedeutet also: »der gleichen Gebärmutter entstammend«. Die patrilinearen Gegenstücke dieser Worte sind: »Söhne des gleichen Vaters« und »dem gleichen Samen entsprungen«, zeigen also eine andere Denkform, eine andere Art des Bewußtseins auf.

Die ganze Geschichte der »Heldenzeit« ist eine Geschichte junger Männer, die ihre Heimat und ihre Sippe verlassen, um in einem anderen Lande, bei einer anderen Sippe ihr Glück zu suchen. Je tapferer sie sind, desto höher steigen sie auf. Aber ihr Aufstieg wird stets damit begründet, daß sie die Tochter oder Witwe des Königs heiraten. Der König selber ist nur ein Attribut der Königin. Er trägt die Krone, aber er trägt sie nur dank seiner Frau oder Mutter. Deshalb muß der Held, um seine Würdigkeit zu beweisen, viele Proben bestehen, ehe er die Königstochter als Belohnung erhält. Auch in zahllosen nordischen Märchen herrscht das gleiche Motiv. Stets ist der Haushalt, in den der wandernde Held hineinheiratet, matrilokal: wo die Königin, die Mutter der Prinzessin lebt, da siedelt sich auch der Held an. Nie ist der Haushalt patrilokal, denn das würde bedeuten, die Königstochter habe dem Helden in sein eigenes Land zu folgen. Täte sie das, so wäre der ganze Sinn dieser Heldenlegenden dahin. Denn wenn der Held schon von Anfang an eine Krone besitzt und sich im Ausland nur eine Braut holt, dann ist er kein Held: er verdankt seinen Aufstieg nicht seinem Mut, sondern einfach der Tatsache, daß er seines Vaters Sohn ist und ihn beerbt hat.

Die sogenannte Heldenzeit der Griechen ist also ganz eindeutig die Übergangszeit vom Mutter- zum Vaterrecht. Der Held kann überhaupt kein Held sein, wo es kein Mutterrecht mehr gibt, denn im Vaterrecht reduzieren sich alle Kämpfe auf die Erhaltung des bereits Erworbenen oder Ererbten. Es sind Rechtsstreitereien und Machtkämpfe. Sie drehen sich nicht mehr um den Beweis von Mut, sondern um Besitz und Eigentum. Es sind die Händel der Händler, nicht mehr die Mutproben der Helden. Die Heldenzeit steckt aber andererseits auch nicht mehr gänzlich im Mutterrecht, denn der Gedanke des *agón,* des Wettbewerbs, der die ganze Heldenzeit und ihr Denken beherrscht, stammt eindeutig aus dem Vaterrecht, aus der Denkwelt der Wanderhirten und der nomadischen Reitervölker, bei denen er das wachsende Bewußtsein des Privateigentums ausdrückt.

Der Kampf um die Königstochter war anfangs der Zweikampf der Bewerber, der nur mit dem Tod des einen beendet werden konnte. Später wurde aus dem Kampf ein Wettrennen oder ein Wagenrennen. (Schließlich wurde die körperliche Aufgabe durch die geistige ersetzt: An die Stelle des Wettkampfes trat die Lösung eines Rätsels). Odysseus erwarb Penelope und damit die Herrschaft über Ithaka, indem er all seine Nebenbuhler in einem von ihrem Vater veranstalteten Wettlauf aus dem Felde schlug. Die Freier der Penelope, die durch diese Heirat den Thron des Landes erwerben wollen, müssen sich im Bogenschießen messen: Wer den Bogen des Odysseus spannen und einen Pfeil durch alle Äxte hindurchschießen kann, soll nicht nur Penelope, sondern auch die Herrschaft über Ithaka erlangen. Daß Odysseus dann die Verlierer auch noch erschießt, ist ganz in der Tradition des Kampfes um Leben und Tod.

Danaos veranstaltet ein Wettrennen für die Freier seiner Töchter, die je nach ihrer sportlichen Leistung entweder die jüngere oder die ältere Tochter und damit den kleineren oder größeren Anteil des Königreichs erhalten. Pelops, Sohn des Königs Tantalos, erwirbt die Herrschaft über Pisa, indem er ein Wagenrennen gewinnt, dessen Preis die Königstochter Hippodameia ist (Diodoros IV, 73; Hyginus *Fabulae* 82 bis 84; Servius, über Virgil, Georg. III, 7). Sein Sohn Atreus zog nach Mykene und wurde dessen Herrscher (Thukydides I, 9; Strabo VIII, 6, 19). Menelaos, Sohn des Atreus, wanderte nach Sparta aus, heiratete Helena, die Tochter des Königs, und erhielt durch sie den Thron des Landes (Apollodoros III, 10, 8): »Es bedurfte mehr als nur der schönen Larve Helenas, um die tausend Schiffe zu Wasser zu bringen. Paris hatte noch andere Schätze geraubt. Da der Reichtum stets bei der Frau verblieb, waren die Kämpfe um schöne Damen Kämpfe um harte Münzen« (George Thomson, *Frühgeschichte Griechenlands und der Ägäis,* Berlin 1960, S. 352). Agamemnon, der ältere Bruder des Menelaos, hatte die Krone von Lakedaimon erworben, indem er die Königstochter Klytaimestra geheiratet hatte (Schol. zu Euripides *Orestes* 46; Pindar Pyth. XI, 31 f.; Pausanias III, 19, 6).

Die Männer der Sippe des Aiakos »zogen von frühesten Zeiten an in die Fremde« (Pausanias II, 29, 4). Aiakos selber lebte in Aigina. Sein Sohn Telamon wanderte nach Salamis aus, heiratete die Tochter des Königs und wurde Herrscher der Insel (Diodoros Sikulos IV, 72, 7). Telamons Sohn Teuker wanderte von Salamis nach Zypern aus, heiratete die Tochter des dortigen Herrschers und folgte seinem Schwiegervater auf den Thron (J. Tzetzes, Scholar zu Lykophron 450. Vergleiche Pausanias II, 29, 4). Ein anderer Sohn des Aiakos, Peleos, wanderte nach Thessalien aus, heiratete die Tochter des Herrschers von Phthia und empfing ein Drittel des Königreichs von ihr. Achilles, Sohn des Peleos, zog nach Skyros, heiratete die Tochter des Königs, zeugte mit ihr den Neoptolemos, der seinerseits nach Epiros auswanderte und das dortige Königsgeschlecht gründete (Apollodoros III, 13, 8; Hyginus *Fabulae* 96; Pausanias I, 11, 1 ff.; Justin XVII, 3). Ein ähnliches Beispiel bietet uns das Geschlecht des Oineos, eines aitolischen Herrschers, dessen Sohn Tydeos nach Argos auswanderte und die Tochter des Königs heiratete (Apollodoros I, 8, 5). Sein Sohn Diomedes zog nach Daunia in Italien, heiratete die Tochter des dortigen Herrschers und erhielt einen Teil seines Reiches (Antoninus Liberalis *Transform.* 37; Ovid *Metam.* XIV, 459 ff., 510 ff. Vergl. Virgil *Aen.* XI, 243 ff.).

Aber ebenso gut wie die Tochter des Herrschers kann der eingewanderte Held auch dessen Witwe heiraten und dadurch die Krone erwerben. Aigisthos tat das in Mykene. Oder er kann den König töten und dessen Witwe heiraten, wie Oedipus es tat, aber er kann nie durch Ermordung des Herrschers zur Macht kommen, wenn die Herrscherin ihn nicht als Ehemann akzeptiert. Solche Fälle von Königsmord und Witwenheirat finden wir besonders oft im matrilinearen Lydien, wo Gyges den König Kandaules tötete und durch Ehe mit dessen Witwe König wurde. Später tötete Spermos den lydischen König Kadys und wurde durch Heirat mit dessen Witwe König des Landes. Auch die für die späteren, männerrechtlichen Griechen völlig unverständliche, unendlich beschämende Geschichte von der Unterwerfung des tapfersten Helden, des unbesiegbaren Herakles, unter die Frauenherrschaft der Königin Omphale von Lydien, wird nur dann verständlich, wenn wir wissen, daß die Herrschaft in jenen Jahren weder durch Mut noch durch Kraft, weder durch Mord noch durch politische Manipulation, sondern allein durch Einheirat in die Sippe der Herrscherin erworben werden konnte.

Frauen erwarben die Macht, indem sie sie erbten; Männer, indem sie die herrschenden Frauen heirateten. Manipulieren konnten sie die Macht nur, indem sie die Machthaberinnen manipulierten. Wenn man im Zeitalter der absoluten Monarchie von Bettgäßchenpolitik sprach und damit meinte, daß die Frau nur dann zur Macht kommen konnte, wenn sie den Herrscher im Bett beherrschte, so ließe sich über das Zeitalter der mutterrechtlichen »Helden« Griechenlands mit gleicher Berechtigung sagen, daß sie trotz all ihrer Muskelkraft nur dadurch zur Macht gelangten, daß sie die Herrscherinnen auch im Bett beherrschten.

matrilokale Sippe → Sippe, matrilokale.

matristisch, mütterlich. Der Begriff stammt aus der Theologie und soll das mütterliche Erbe in der Kirche beschreiben, z.B. den Marienkult, die Verehrung der Mutter Gottes. Gegensatz: → patristisch, die Verehrung des väterlichen Erbes, also der alttestamentarischen Patriarchen und der Kirchenväter. Die Ethnologie hat diesen Begriff auf dem Umwege über die Mythographie, die Beschreibung und Klassifizierung von Mythen und Legenden, übernommen und meint damit all jene Kulturen und Gesellschaftsformen, in denen das mütterliche Prinzip stärker wirkt als das väterliche. Die bis dahin benutzten Worte → matriarchalisch und → mutterrechtlich, die auch in diesem Lexikon verwandt werden, um komplizierte Verhältnisse simplifizierend klarzumachen, werden heute von der Ethnologie abgelehnt, weil die Wurzel *archos* im Begriff Matri*archat* fälschlich impliziert, daß hier eine *Herrschaft* der Mutter stattfindet, und weil die Wurzel *Recht* im Begriff Mutter*recht* fälschlich impliziert, daß es in matristischen Kulturen der Vorgeschichte bereits einen Rechtszustand gegeben habe.

Da der Begriff m. eine Vielzahl von vor- und frühgeschichtlichen Kulturen mit zahllosen späteren und »primitiven« Gesellschaftsordnungen der »Naturvölker« zusammenfaßt, ist es schwierig, einen Gemeinnenner matristischer Sozialformen und Weltanschauungen herauszukristallisieren. Trotzdem soll im folgenden der Versuch gemacht werden, einige der bedeutsameren Gemeinsamkeiten matristischer Kulturen herauszuarbeiten und einem vereinfachten Gemeinnenner patristischer Gesellschaftsordnungen, vor allem dem europäischen Patriarchat, gegenüberzustellen:

Strukturelle Elemente der matristischen Sippengesellschaften	*Strukturelle Elemente des Patriarchats*
Gesellschaftsordnung als Analogon der Mutter	Gesellschaftsordnung als Analogon des Vaters
Biologische Struktur der Gesellschaftsordnung: Wer blutsverwandt ist, gehört zum Stamm.	Politische Struktur der Gesellschaftsordnung: Wer Staatsbürgerschaft besitzt, gehört zum Staat.
Keine territoriale Begrenzung der Gemeinschaft: Wer blutsverwandt ist, gehört zur Gemeinschaft, einerlei wo er wohnt.	Territoriale Begrenzung der Gemeinschaft: Wer innerhalb der Grenzen wohnt und Bürgerschaftsrechte besitzt, gehört zur Gemeinschaft.
Zusammengehörigkeit	Vereinzelung
Verkittung der Gesellschaft	Aufspaltung der Gesellschaft
Kollektivismus	Individualismus
Zusammenarbeit	Konkurrenz
Gegenseitiger Beistand	Jeder für sich
Produktionsmittel als Gemeinschaftseigentum	Privateigentum an den Produktionsmitteln
Gleichmäßige Versorgung aller ohne Ansehen ihrer Leistung: Analogon zur mütterlichen Versorgung des Kindes.	Belohnung und Strafe als Leistungsförderung: Analogon zur väterlichen Auffassung, daß das Kind für Gutes belohnt und für Schlechtes bestraft werden muß.
Betätigung als Wunsch, etwas Bleibendes zu erzeugen: Analogon zum Wunsch der Mutter, ein Kind zu haben, das sie überlebt.	Betätigung als Abreaktion von Neid und Frustrierung: Analogon zum Wunsch des Vaters, ein Kind zu haben, dem all das vergönnt sein möge, was er verpaßt hat.
Hingabe	Ausbeutung
Sicherheit	Erwerb
Sozialwirtschaft	Marktwirtschaft
Dezentralisation	Zentralisation
Selbständigkeit	Autorität
Initiative	Befehl und Gehorsam
Keine Bürokratie	Bürokratie
Keine Exekutive	Exekutive
Keine Legislative	Legislative
Keine Beamten	Beamtenapparat
Keine Polizei	Polizeiapparat
Keine Gerichtshöfe	Gerichtsapparat

Keine Gefängnisse	Apparat des Strafvollzugs
Fast alle Verstöße gegen Mitglieder der Gemeinschaft (Ausnahme: Totschlag) werden durch Gaben oder Dienstleistungen der Sippe des Schädigers an die Sippe des Geschädigten geregelt. Das Verfahren ist sinnvoll, weil es der Gemeinschaft keine Kosten verursacht und dem Betroffenen Entschädigung zukommen läßt. Das Motiv ist edel: Wiedergutmachung.	Langwieriger, kostspieliger Instanzenweg von Anzeige über Ermittlung, Verhaftung und Gerichtsverfahren bis zur Haft, Geldstrafe oder Hinrichtung. Das Verfahren ist widersinnig, weil die Gemeinschaft dafür bezahlen muß und der Geschädigte keine Wiedergutmachung erhält. Das Motiv ist unedel: Rache.
Vergebung	Bestrafung
Vorbeugung	Vergeltung
Verteidigung	Aggression
Prophylaxe	Therapie
Liebe	Pflicht
Kreativität	Leistung
Akzent auf Produktivität	Akzent auf Konsum
Arbeit als Freude an der Kreativität: Analogon zur Tätigkeit des Bastlers, Künstlers, Denkers.	Arbeit als unvermeidliches Übel: Analogon zur patriarchalischen Überzeugung, daß man auch lernen müsse, Dinge zu tun, die einem keinen Spaß machen.
Arbeit als Befriedigung	Arbeit als Mittel zum Geldverdienen
Anteilnahme als Motiv aller Überlegungen: »Warum geht es mir so viel besser als dem da?«	Neid als Motiv aller Überlegungen: »Warum geht es mir nicht so gut wie dem da?«
Angleichung der Geschlechter	Polarisierung der Geschlechter
Zusammenarbeit der Geschlechter	Kampf der Geschlechter
Keine Herrschaft des einen Geschlechts über das andere	Herrschaft des Mannes

Der patriarchalische Apparat ist zentralisiert, die matrilineare Sippengesellschaft war dezentralisiert. Morgan beklagt »die Zersplitterung, die mit den Gentileinrichtungen unzertrennlich verbunden ist« (a.a.O., S. 255). Darin liegt aber nicht nur eine Schwäche, sondern auch eine gewisse Stärke, denn sie schafft Freiheit, Ausgeglichenheit, Zufriedenheit, Freiheit von Neurosen und Psychosen. Andererseits gibt die zentralisierte Organisation dem Patriarchat bei bewaffneten Konflikten mit dezentralisierten Stammesgesellschaften fast stets die Oberhand. Denn jedwede Form der kriegerischen Aktivität, einschließlich der bewaffneten Verteidigung, widerspricht dem »Mutterrecht«. Und darin liegt einer der Gründe des rapiden Aussterbens matristischer Kulturen. Wie eine Krebszelle alle gesunden Zellen um sich herum angreift und verschlingt, so fraß das Patriarchat sofort nach seinem Auftauchen die umliegenden matristischen Gesellschaften auf. Der Grund seiner Aggression war die Unzufriedenheit seiner Bürger. Und gegen Aggression sind matristische Kulturen weitgehend wehrlos, weil ihre Mitglieder zufrieden und deshalb friedlich sind.
Wenn wir auf Phänomene wie Sparta oder die Huronen und Irokesen Nordamerikas stoßen, wo eine matrilineare, matrilokale Gesellschaftsordnung sich mit militärischer Kultur verbindet, können wir sicher sein, daß es sich hier um Gesellschaften handelt, die nicht mehr auf der Freiheit und Gleichheit der alten Stammesordnung beruhen (was ja im Falle Sparta bereits aus der Existenz und Unterjochung der Heloten hervorgeht), sondern sich im Konflikt mit vaterrechtlichen Kulturen und als Reaktion auf diese gebildet haben. Auch die Legenden von Amazonenheeren entspringen nicht dem matristischen Zeitalter, sondern stammen aus der Zeit der großen Unruhen nach der Einführung des Patriarchats, den finstersten Zeiten Griechenlands, in denen die letzten Rebellionen der »Mutterrechtler« Mykene erschütterten, wo die Frauen auf der Insel Lemnos die Männer umbrachten und die Söhne (wie in der Titanenlegende) im Auftrag der Mütter die Väter kastrierten. Dies sind Verfallserscheinungen. Eine Gynaikokratie, eine »Herrschaft« der Frau, gibt es ebenso wenig wie ein Matriarchat, eine »Herrschaft« der Mutter, denn das Prinzip des Herrschens entstammt dem Vaterrecht und widerspricht den Organisationsformen der »mutterrechtlichen« Stammesgesellschaften. Dort regiert man sich selber. Es gibt nur Sprecher der Sippen und Stämme, und diese sind jederzeit abwählbar. Es gibt keine Exekutivgewalt, und deshalb auch keine Herrschaft.

Wie diese Gesellschaft frei von Unterdrückung ist, so ist sie es auch im Verhältnis der Geschlechter. Im Gegensatz zum Patriarchat mit seiner extremen Polarisierung der Geschlechter, die sich sogar in der Kleidung niederschlägt, ist auch in allen matristischen Gesellschaftsordnungen die Kleidung der Geschlechter ähnlich. Im Patriarchat dagegen hat man es stets als geradezu unsittlich betrachtet, wenn die Frau »männliche« Kleidung oder der Mann »weibliche« trug. Es ist deshalb auch kein Zufall, daß in der bürgerlichen Welt unserer Tage die ältere, konservativere Generation den fortschreitenden Prozeß der sexuellen Angleichung unter den jüngeren, progressiveren Mitgliedern ihrer eigenen Klasse mit Angst beobachtet. Das lange Haar des Mannes, die Hosen der Frau, die Unisex-Kleidung und die Unisex-Sitten der Jüngeren drücken eine Liberalisierung des Patriarchats und einen wachsenden Respekt der Geschlechter für einander aus. Daß diese Liberalisierung nur oberflächlich ist, daß wirkliche Gleichberechtigung nur auf der Ebene der ökonomischen Befreiung erfolgen kann, steht auf einem anderen Blatt.

Matrone [lat.: matrona = Hausfrau, angesehene Frau], im 18. Jahrhundert die Pariser Kupplerin, Bordellbesitzerin und Heiratsvermittlerin oberster Klasse. → Alcahueta, Appareilleuse, Aufführdame, Blondinenlieferantin, Chaperonnière, Duegna, Einheimerin, Einstößerin, Maquerelle, Rippelreiger, Trüllerin, Verwerrin.

Matzentanz [mhd.], der zweimal im Jahr von der Innung der fahrenden Frauen veranstaltete »Huorentanz« am Grab der heiligen Verena in Zurzach am Rhein. Der Landvogt von Baden war Ehrengast, tanzte mit der »Huorenkönigin«, der schönsten Hure des Jahres, und präsentierte ihr einen Gulden als Andenken an König Albrecht, der im Jahre 1308 in den Armen einer Hure gestorben war.

Maulkorb, ein Objekt, das für verschiedene sexuelle Zwecke benutzt wird. Der Tierfetischist benutzt den M., um sich selber in ein Tier zu verwandeln (→ Equus eroticus, Metamorphosismus, Zooanthropie, Zoomimik). Der Sadist bindet seinem Opfer den M. um, um es zum Tier zu erniedrigen. Der Masochist läßt sich den M. von seiner Herrin umbinden und sich so zum Tier erniedrigen (→ Masochismus, Sadismus). Vgl.: Hundeleine, Käfig, Reitgerte, Sattel, Sporen, Zaumzeug.

Le Maxe [frz. Argot: der Max], vor dem Krieg die Vorsteherin eines hochklassigen Pariser Bordells. → Abbesse, Appareilleuse, Duegna, Einstößerin, Magistra, Matrone.

Medusenorden, lesbischer Frauenorden im Frankreich des 18. Jahrhunderts. Die Mitglieder kamen aus den Kreisen des höchsten französischen Adels. → sexuelle Clubs, Homosexualität.

Melancholie → Introjektion.

Ménage [frz.: Haushalt], das Zusammenleben eines Mannes mit einer Frau, die nicht mit ihm verheiratet ist. Beide können mit anderen verheiratet oder verwitwet oder auch ledig sein. Meistens handelt es sich um lebenslange oder zumindest langjährige Verhältnisse von Menschen, die aus juristischen oder anderen Gründen nicht heiraten können. → Konkubine, Liaison, Mätresse, Onkelehe, Servante-Maîtresse.

Menarche [gr.], die erste → Menstruation oder Regelblutung.

Ménestrelles [frz., vom lat.: ministerialis = Hofmann], die wandernden Spielmädchen des Mittelalters. Da sie oft auch als Kurtisanen tätig waren, galt das Wort M. als Schimpfwort. Kirche und Staat erließen scharfe Edikte gegen sie, obgleich viele von ihnen Dichterinnen von Format waren. Sie kamen aus der gleichen Schule wie die → Troubadours und → Minnesänger, sangen aber außer den → Chansons de geste des Rittertums auch Volkslieder, erzählten → Fabliaux, tanzten, spielten Instrumente und dienten manchmal Rittern und wohlhabenden Bürgern als intelligente, belesene und weitgereiste Mätressen. → Fatzmann, Jongleresse, Marketenderin, Mère sotte, Minstrel, Troubadour, Trouvère.

Ménestrels [frz., vom lat.: ministeriales = Hofmänner], die »dritte Generation« der mittelalterlichen Spielleute. Vor ihnen kamen der »scôp« und dann der → Jongleur, nach ihnen der → Troubadour und der → Trouvère. Die Ménestrels sangen Partimens, zweistimmige Liebeslieder in Dialogform, führten → Fabliaux vor und erzählten rüde Zoten in derber Volkssprache. Aus dem Repertoire der Ménestrels gewinnen wir ein gutes Bild von der mittelalterlichen Volksauffassung der Liebe (im Gegensatz zur → Minnelyrik des Rittertums). → Fatzmann, Jongleresse, Jongleur, Ménestrelle.

Menomanie [lat.: mensis = Monat; gr.: mania = Wahnsinn], Monatswahn, ein Begriff, der von verschiedenen Sexualforschern mit unterschiedlicher Bedeutung benutzt worden ist: entweder um die weiblichen Ängste, Neurosen und Geistesverwirrungen zu bezeichnen, die sich bei manchen Frauen an die Menstruation knüpfen; oder um den Menstruationsfetischismus zu bezeichnen: den Reiz, den manche Frauen gerade zur Zeit der Menstruation auf gewisse Frauen und Männer ausüben. Oder endlich als Bezeichnung der Faszination, die das

Menstrualblut für gewisse Blutfetischisten hat. Vgl.: Aderlaß, Blutfetischismus, Deflorationsmanie, Hämomanie, Lykanthropie, Menophagie, Menstruationsfetischismus, Nosferatu, Vampirismus, Venaesectio.

Menopause [lat.: mensis = Monat; pausa = Ende], das Ende der weiblichen Fruchtbarkeitszeit; das Klimakterium; die Zeitspanne nach der letzten Menstruation der Frau.

Menophagie [lat.: mensis = Monat; gr.: phagein = essen], **Menopotie** [lat.: potio = Liebestrank], Verspeisen der weiblichen Monatsblutung, Blutlecken, Bluttrinken. Eine sexuelle Neigung, die sowohl masochistische wie kannibalistische Komponenten zeigt. → Anthrophagie, Autodermatophagie, Dermatophagie, Menomanie, Menstruationsfetischismus. Vgl.: Aderlaß, Blutfetischismus, Deflorationsmanie, Hämomanie, Lykanthropie, Nekrophagie, Nosferatu, Vampirismus, Venaesectio.

Mensinga → Verhütungsmittel.

Menstruation [lat.: menstruus = monatlich], die Monatsblutung (»Regel«) der Frau.

Menstruationsfetischismus, der sexuelle Reiz, den die Monatsblutung auf manche Männer und Frauen ausübt. Menstruationsfetischisten können nur dann einen Orgasmus erreichen, wenn sie mit einer Frau während ihrer Monatsblutung koitieren. Sie sammeln das Monatsblut in Flaschen, etikettieren jedes Fläschchen mit Namen und Datum der Spenderin, manipulieren mit den Flaschen, reiben sich mit dem Blut beim Onanieren das Glied oder den ganzen Körper ein, trinken es (→ Menophagie), sammeln Monatsbinden, binden sie sich um (→ Transvestitismus) und geben manchmal vor (obgleich sie Männer sind), monatliche Blutungen zu haben. Vgl.: Aderlaß, Blutfetischismus, Deflorationsmanie, Hämomanie, Lykanthropie, Menomanie, Nosferatu, Vampirismus, Venaesectio.

Mère sotte [frz.: verliebte Mutter, Zotenreißerin] nannte man die Hauptfigur des mittelalterlichen Narrenspiels (*sotie*). Sie kann als ein Überbleibsel mutterrechtlicher Kultur in einer patriarchalischen Gesellschaft gelten. Ihr war alles erlaubt. Sie konnte sich über arm und reich lustig machen, Bürger und Fürsten angreifen, Zoten erzählen und darstellen, die den Klerus zur Witzfigur des Volkes machten. In ihr lebten die → Ménestrelles und → Jongleresses des früheren Mittelalters weiter.

Merkin [engl., Etymologie ungeklärt], Selbstbefriedigungspuppen für

Männer, die im 18. Jahrhundert in England verkauft wurden. Sie stellten den weiblichen Körper in allen Einzelheiten dar. Genitalien, Schamhaar, Schamlippen, Klitoris waren mit größter Sorgfalt nachgebildet. Man konnte sogar ein M. mit künstlichem Jungfernhäutchen kaufen, das sich nach jedem Gebrauch erneuern ließ. Vgl.: Selbstbefriedigungsinstrumente.

Metamorphosismus [gr.: metamorphosis = Verwandlung], sexueller Verwandlungstrieb. Der Begriff ist zu weitmaschig, um nutzvoll zu sein, denn er enthält Elemente der Homosexualität, des Fetischismus, des Sadomasochismus, der Zoophilie und des Transvestitismus. Der betroffene Mann betrachtet sich als Frau, Tier oder Ding, die betroffene Frau sich als Mann, Tier oder Ding. Fast stets ist das Ding oder Wesen, in das man sich verwandeln möchte, etwas, das mißachtet oder mißhandelt wird: ein Sklave, eine Sklavin, ein geschundenes Reitpferd (→ Equus eroticus), ein geschlagener Hund, eine Fußmatte, ein Nachttopf. Hier spricht der masochistische Wunsch des Befallenen: er will von seinem Herrn oder seiner Herrin mißhandelt, geschlagen oder zu niedrigen Diensten angehalten werden. Der M. ist deshalb nur selten eine einsame Praktik: er verlangt nach einem Partner oder einer Partnerin. Der Partner muß vorgeben, daß er dem Patienten glaube, und muß Befehle geben, die der Patient in der Form eines Tieres oder Bediensteten ausführen kann. Oft gibt sich der Betroffene einen Namen. Als Mann mag er sich Mimi oder Lulu nennen, als Frau gibt man sich meist einen Männernamen oder den Namen eines männlichen Tiers (→ Namenstransvestitismus). Vgl.: Lykanthropie, Vampirismus. → Zoomimik.

Metatropismus [gr.: meta = umgekehrt; tropos = Wendung], eine Verschiebung der »traditionellen« Rollen von Mann und Frau, wobei die Frau den aktiveren, der Mann den passiveren Teil übernimmt. M. hat nichts mit Homosexualität zu tun, sondern stellt eine Gegenreaktion gegen die patriarchalische Verteilung der Sexualrollen dar; allerdings keine Aufhebung dieser Rollen, sondern nur eine Umpolung. Ein Kennzeichen der »autonomen« Frauenbewegung ist, daß sie weniger feministisch als metatrop handelt. Ohne Zweifel ist M. das wichtigste sexuelle Kennzeichen der Nachkriegszeit. Überall, besonders in der jüngeren Generation und vor allem im Lebensalter zwischen 17 und etwa 25 Jahren, tritt die Frau heute als die Werbende auf. Es gibt kaum einen Film der jüngeren Generation, der das Verhältnis der Geschlechter nicht in dieser Form darstellte. Die ganze Kunst der 60er Jahre ist metatrope Kunst – nicht nur im Inhalt, sondern vor allem in der Form. Der Geschmack der Zeit ist metatrop: die langen Haare und taillierten Anzüge des Mannes, die hüfthohen Stiefel, untaillierten Kleider und militärischen Moden bei der Frau.

Eheberater in allen Industriestaaten berichten, daß die junge Frau größere Entscheidungskraft, größere Stärke und schnellere Entschlußfähigkeit als der junge Mann aufweist. Obgleich bei einer Frühehe die Frau die doppelte und dreifache Belastung der Berufstätigkeit, Wohnungseinrichtung und Mutterschaft trägt, bleibt sie noch immer der ruhigere, weniger nervöse, weniger ängstliche Ehepartner. Der junge Ehemann tendiert zur Panik, betrinkt sich, verliert seine Selbstbeherrschung, weint und findet auf die einfachsten Fragen keine Antwort. Die Frau übernimmt alle Verantwortung und verwandelt sich von der Geliebten in die Mutter des Ehemanns.

Metromanie [gr.: meter = Mutter; mania = Wahn], Mutterwahn, Mannstollheit. → Nymphomanie.

Midinettes [frz.: Mittagsmädchen], im Paris des 19. Jahrhunderts die Lehrmädchen der Modistinnen, Schneiderinnen und Putzmacherinnen, die mittags in Scharen auf die Straßen strömten und dort oft mehr oder weniger junge Männer fanden und von ihnen zum Essen eingeladen wurden. Die M. sind in zahllosen Romanen, Theaterstücken, Chansons und Zeichnungen romantisiert worden. Im Jahre 1927 machte sich die Akademie zum Gespött der ganzen Welt, indem sie sich weigerte, das Wort M. in das französische Dictionnaire aufzunehmen. → Carabine, Cydalise, Étudiante, Grisette, Lorette, Marchande de mode, Musette, Parfumeuse.

Mignon [frz.: Liebling, Geliebter], seit dem 16. Jahrhundert ein Argotwort für Homosexueller. Um 1576 begann das Wort sich einzubürgern. Der Volksmund benutzte es zur Bezeichnung der effeminierten Günstlinge König Heinrichs III. Vgl.: Benjamite, Bougre, Chevalier de la manchette, Fille domestique, Fille galante, Fille pierreuse, Gadale, Petit-Jésus.

Mignonne [frz.: Geliebte, Liebste] nannten die Franzosen im 17. Jahrhundert den Typus der ausgehaltenen Frau, die von Hand zu Hand ging, bis sie sich endlich mit einem mehr oder weniger ansehnlichen Vermögen aus dem Verkehr ins Privatleben zurückziehen konnte. Jean Hervez sagt: »Es gab, genau genommen, zweierlei Mignonnes; die einen waren ausgehaltene Frauen im heutigen Sinn des Wortes, die ihre erwählten Verehrer, ihre offiziellen Liebhaber bei sich empfingen; die anderen begaben sich gleichsam auf Bestellung in die Wohnungen der Lebemänner, und zwar nicht selten in prächtigen Karossen.« → Call Girl, Castor, Castor-fin, Dame demoiselle, Demicastor, Demimondaine, Fausse, Kokotte, Konkubine, Kurtisane, Liaison, Mätresse, Ménage.

Minderjährigkeit, das Lebensalter vor der Erlangung der Volljährigkeit, der vollen Rechtsfähigkeit des Erwachsenen. Das Latey-Komitee, das 1967 nach zweijährigen Beratungen der britischen Regierung vorschlug, die Volljährigkeit vom vollendeten 21. Lebensjahr auf das vollendete 18. Lebensjahr herabzusetzen, versuchte unter anderem zu ergründen, wie es je dazu gekommen war, die Volljährigkeit »so spät wie heute« anzusetzen, und entdeckte, daß im alten Rom eine Frau mit 12 Jahren, ein Mann mit 14 Jahren heiraten konnte und daß in England bis zur Magna Charta von 1215 die Volljährigkeit bei 15 Jahren gelegen hatte. Der Grund, weshalb die Magna Charta (der später alle Gesetze Europas folgten) die Volljährigkeit auf 21 heraufsetzte, war das zunehmende Gewicht der Ritterrüstung, das 15jährige noch nicht tragen konnten. »Da wir keine Ritterrüstungen mehr tragen, gibt es auch keinen Grund, weshalb wir eine Volljährigkeit bei 21 beibehalten sollten«, sagte Sir John Latey in der Zusammenfassung seines 207 Seiten starken Berichts. Nicht nur schwankt das Volljährigkeitsalter von Land zu Land, sondern auch von Mann zu Frau. In Columbien, Nicaragua und neun Staaten der USA werden Frauen früher, in den Philippinen werden sie später volljährig. In Dänemark erlangen minderjährige Frauen durch Eheschließung die Volljährigkeit. Die Ehemündigkeit (→ Eherecht) ist nicht notwendigerweise identisch mit der Volljährigkeit. Sie liegt oft niedriger für Frauen als für Männer.

Minette [frz.: Kätzchen], idiomatisches Synonym für → Cunnilingus und → Fellatio. Vgl.: Anilinctio, Effeuille des roses, Irrumatio, Lambitionsakt, Lambitus ani, Lécheur, Penilinctio, Phönizisieren, Proctolagnie, Spermatophagie.

Minne, ursprünglich die helfende, erbarmende Liebe, im 12. und 13. Jahrhundert jedoch die Beziehung zwischen dem Ritter und seiner → Frau, die in der »hohen M.« als weibliches Idealbild unerreichbar blieb, während die »niedere M.« auf die geschlechtliche Erfüllung hin drängte. Zumindest die hohe M. war ein ständiges, gesellschaftliches Spiel mit festen Regeln, eine Art ritterlicher Philosophie. Zugleich aber stand sie unter dem entscheidenden Einfluß der → Gnosis. Die Tatsache, daß diese Liebe von der Frau gar nicht erfüllt werden sollte, verweist auf ein Element von Homosexualität. Daß die Erfüllung der hohen M. im Minne*dienst* bestand, zeigt die sexuell zersetzende Kraft des gnostischen Masochismus, der von den neo-manichäischen Sekten Kleinasiens und den Bogomilkirchen Dalmatiens und Bulgariens nach Südfrankreich und von dort über ganz Europa wanderte. Der Ritter »diente« der geliebten Frau. Er setzte sein Leben aufs Spiel, erniedrigte sich, trank ihr Badewasser, wusch sich in ihrem Urin, trug ihre abgelegten Hemden und machte sie in jeder Hinsicht zu seiner → Domina, seiner Herrin. In Deutschland hat sich der Minnedienst deshalb anfangs nur dort entwickelt, wo es eine Kirche der → Katharer gab: am Rhein. Nach Österreich trugen drei Herzoginnen byzantinischer Herkunft die katharische Lehre und den darauf beruhenden Teil des Minnedienstes und der Minnelyrik.

MINNEBURG → cour d'amour.

Minnehäuser, Bordelle zur Zeit des Minnegesangs. »Minnefrau« war ein oft gebrauchtes Synonym für Freudenmädchen. Vgl. aber: Frau Minne, Minne.

MINNEHOF → cour d'amour

MINNELYRIK, MINNEGESANG, die deutsche Imitation der → Troubadourlieder der Provence, hatte zwei Blütezeiten – um 1190 in der Rheinpfalz (Friedrich von Hausen, Ulrich von Gutenberg, Bligger von Steinach) und in den Donauländern (Albrecht von Johannsdorf, Reinmar von Hagenau, Walther von der Vogelweide); dann zwischen 1230 und 1250 (Friedrich von Leiningen, Rudolf II. von Neuenburg, Gottfried von Neifen, Ulrich von Winterstetten), die letzteren in Schwaben. Nur einem der Minnesänger gelang es, das gnostische Erbe der Troubadours halbwegs abzustreifen und eine lebende Dichtung der realen Liebe zu formen: Walther von der Vogelweide. Aber selbst er stand noch so tief im Bann der latenten Homosexualität, die die gesamte hohe Minne durchsetzte, daß er seine schönsten Liebeslieder in den Mund eines Mädchens legte und so als Mann in einer Frauenrolle die Freuden der männlichen Liebe pries. → Ménestrels, Minstrels, Troubadours, Trouvères.

Minstrels [engl. vom frz.: ménestrel = Hofmann, Spielmann] nannte man in England die Nachfolger der französischen →Ménestrels, der Spielleute des Mittelalters. In Wahrheit waren sie jedoch den Troubadours ähnlicher als jenen. Während die ménestrels und jongleurs für Geld tätig waren, gehörten die Troubadours zum Hof eines Fürsten. Die englischen M. folgten dieser höfischen Tradition. Sie waren aber zunftgemäß organisiert und unterstanden einem von ihnen gewählten »minstrel king«. Im Gegensatz zu ihren kontinentalen Vorfahren besaßen sie auch eine Art eigener Gerichtsbarkeit. Vom 15. Jahrhundert an verfiel das Minstreltum, und 1597 erließ Königin Elisabeth eine Verordnung, in der die M. den Landstreichern gleichgestellt wurden. → Ménestrels, Troubadours, Trouvères.

Misandrie [gr.: misein = hassen; aner = Mann], Männerhaß, entspringt oft latentem Lesbizismus, manchmal aber auch der Angst vor Geschlechtsverkehr irgendwelcher Art (→ Cypridophobie, Deflorationsphobie, Venereophobie). Frauen, die den männlichen Körper abstoßend finden (Behaarung, Brustlosigkeit, Härte, Tiefstimmigkeit) werden von manchen Ärztinnen und Ärzten als homosexuell diagnostiziert, selbst wenn sie sich nie des geringsten sexuellen Interesses am eigenen Geschlecht bewußt geworden sind. Oft verbirgt die M. auch eine Angst vor dem Gebären und vor der Nachkommenschaft (→ Geburtsangst, Misopädie, Tokophobie). Vgl.: Androphobie, Frauenhaß.

Misogamie [gr.: misein = hassen; gamos = Hochzeit], Hochzeitshaß, Heiratsunlust. → Ehescheu.

Misogynie [gr.: misein = hassen; gyne = Frau], Frauenhaß, ein Phänomen, das fast stets eines von drei Motiven verbirgt: männliche Homosexualität, Angst vor der Frau, Angst vor der Geschlechtlichkeit und dem Geschlechtsverkehr. Das zweite Phänomen geht wahrscheinlich auf ein Urereignis zurück, die Ausrottung der alten friedlichen Mutterkulturen durch nomadische vaterrechtlich orientierte Reitervölker – ein Ereignis, das etwa dreißigmal den Kurs der menschlichen Urgeschichte verändert und die menschliche Kultur jedesmal um Jahrhunderte zurückgeworfen hat. Die analogen Fälle dieser Art, die wir in unserem Zeitalter bei primitiven Kulturen während und nach der Eroberung einer mutterrechtlichen durch eine vaterrechtliche Kultur verfolgen können, zeigen stets das gleiche Syndrom der panischen Angst des Mannes vor der Rache der Frau und den Göttinnen des mutterrechtlichen Pantheons. Im sexualpathologischen Sinne schlug sich das nieder als Angst vor den generativen Funktionen der Frau: Defloration, Menstruation, Schwangerschaft, Geburt, Laktation. Jede Stufe bedeutete äußerste Gefahr für den Mann. In manchen Kulturen meinte man, daß bereits die Berührung eines Gegenstandes, den die Frau in einem dieser Zustände angefaßt hat, den Tod des Mannes auslösen werde. An einer somatisch wirksamen Angstpsychose starb er dann auch tatsächlich. Die Israelitin durfte sich während der Regel nicht mit Männern an einen Tisch zum Speisen setzen, nicht in den Tempel gehen, nichts berühren, was leichtem Verderben ausgesetzt war, nicht aus einem Glas trinken, das ein Mann benutzen sollte. Schon Moses hatte diese Unreinheit betont. Auf dem Geschlechtsverkehr mit einer Menstruierenden stand die Todesstrafe für beide Teile. Jede Berührung verunreinigte; deshalb war es bei den Hindus Sitte, daß jedes Mädchen seine Regel durch ein mit ihrem Blute gefärbtes Läppchen Leinwand, das am Hals befestigt war, bekanntgab. Der Ausdruck »Frauengift« für Menstruation bezeugt, daß auch in unserer Zivilisation die Angst vor der Giftigkeit der menstruierenden Frau noch nicht ausgestorben ist. Auch überlebt unter vielen Männern die Angst vor der Giftigkeit des Deflorationsblutes (→ Deflorationsphobie). Hirschfeld berichtet von einem Patienten, der »prinzipiell« nicht in Restaurants ging, in denen Kellnerinnen servierten, und der seit zwanzig Jahren nie einer Frau erlaubt habe, seine Wohnung zu betreten.

Die Angst des »Primitiven« vor der Gefährlichkeit der Frau überlebt auch bei uns im Glauben an die Gefährlichkeit der Braut. Manche Bekleidungssitten bei der Trauung mögen sich teilweise daraus erklären, z. B. die Verhüllung der Braut und ebenso die des Bräutigams, die als eine Art von Schutzritus aufzufassen wäre. Im alten Indien redete der Vater des jungen Gatten bei Ankunft des Brautzuges im neuen Heim seine Schwiegertochter folgendermaßen an: »Hab kein böses Auge, töte nicht den Gatten! Sei hold, kräftig, mild den Hausleuten, heilvoll!« Auch die bei Naturvölkern vielfach übliche Bestimmung, daß sich die Verlobten vor der Hochzeit nicht sehen dürfen, gehört vielleicht in diesen Zusammenhang: die Braut hat den bösen Blick; es gilt, sich davor zu schützen. In Schweden verteilt die Braut am Hochzeitstag, um sich selbst gegen Zauberei zu sichern, Brot an die Armen, aber diese dürfen es unter keinen Umständen genießen, denn das würde schweres Unheil auf sie herabbeschwören. Sehr eigenartig ist eine Notiz aus Artâs bei Bethlehem, die sich bei Seligmann (*Die Zauberkraft des Auges*) findet. Dort heißt es: »Wenn einer Frau mehrmals kurz nach der Hochzeit der Gatte gestorben ist, geht das Gerücht um, ihre kaschra (der böse Blick) habe den Tod des Mannes herbeigeführt.« Um diesem Übel bei einer neuen Eheschließung wirksam entgegenzutreten, wird im Hochzeitszug neben dem Bräutigam ein Esel mitgeführt und der Braut unter Hindeutung auf den Esel fortwährend gesagt: »Das ist dein Bräutigam!« Man rechnet in diesem Fall damit, daß die »kaschra« der Braut auf den Esel fällt und der Mann am Leben bleibt. In der Bibel zeigt sich dieser Glaube sehr deutlich in der Legende von Tobias, dem einzigen Manne, der *nicht* starb, nachdem er mit Sara geschlafen hatte – aber das nur, weil der Erzengel Raphael ihm ein Zaubermittel gegen die Gefährlichkeit der Frau gegeben hatte. Nach dieser Legende nennen wir immer noch die Nacht der Enthaltsamkeit die »Tobiasnacht«. Freud sagt: »Der Mann fürchtet, vom Weibe geschwächt, mit dessen Weiblichkeit angesteckt zu werden und sich dann untüchtig zu zeigen. Die erschlaffende, Spannungen lösende Wirkung des Koitus mag für diese Befürchtung vorbildlich sein.« Jeder Koitalakt macht ihm im Unterbewußtsein Angst, daß ihn die »gezahnte Vagina« der Frau kastrieren könne. Jeder Kraftverlust beim Koitus ist eine symbolische Kastration. So wurden die angebliche Wankelmütigkeit der Frau und ihr angeblich mangelnder Verstand vorgeschützt, um ihre Geschäftsfähigkeit, in einigen Ländern zu beschränken. Mit dem Kavalierstrick ihrer angeblichen Schutzbedürftigkeit wurde für die Mündigkeit der Frau entweder ein höheres Alter als für Männer gefordert oder die Frau zeitlebens unter einem Vormund belassen. In der Hochburg der »Demokratie«, der Schweiz, fehlt der Frau bis heute in zwei Kantonen noch immer das Wahlrecht. Die angebliche Schwatzhaftigkeit der Frau wurde zitiert, um sie vom Staats- und Kirchendienst fernzuhalten. Die Meinung, Frauen litten allzu sehr an Mitleid, wurde angeführt, um ihnen das Bürgschaftsrecht vorzuenthalten. Wegen angeblich größerer Neigung zu Einbildungen wurde das Zeugnis der Frau im Gerichtsverfahren entwertet. Und dies sind nur wenige der zahllosen Abwertungen, die die Frau in der patriarchalischen Welt erlebt hat. Zweifellos stellt die Misogynie auch noch in unserem Zeitalter der vorgeblichen Gleichheit der Geschlechter eines der ernstesten sexuellen Probleme der Menschheit dar – vielleicht *das* ernsteste von allen. Eine ihrer Folgen ist jedenfalls das kompensatorische Ansteigen der → Misandrie bei Frauen in der Nachkriegszeit. → Antifeminismus, Frauenrecht, Gleichberechtigung, Gynäkophobie, Mutterrecht, Mutterreligion, Patriarchat.

Misogynie im alten Hellas. Nur wenige Menschen in unserer heutigen Gesellschaft sind sich der Tatsache bewußt, daß die immer noch herrschende Frauenangst und Frauenfeindschaft des Mannes, die ihm heutzutage kaum noch bewußt ist, von bestimmten Erfahrungen des Mannes im alten Hellas geprägt worden ist, vor allem von denen der achaischen Raubvölker, die von Norden her in die Balkanhalbinsel einbrachen und die dort lebenden Hackbauvölker unterjochten.

Das Verhältnis zwischen einer erobernden Truppe und den Frauen des eroberten Volkes steht fast überall unter dem Schatten gegenseitiger Verachtung. Wo Vergewaltigung die Norm ist, können wir kaum hoffen, gegenseitiges Verständnis oder gegenseitigen Respekt vorzufinden. Als die Griechen in die Balkanhalbinsel einfielen und sich die Frauen der Ackerbauvölker aneigneten, kam aber ein erschwerender Faktor hinzu: sie machten die Frauen zu Sklaven. Die Unfähigkeit des patriarchalischen Griechen, die Frau als ebenbürtiges Wesen wahrzunehmen, geht wahrscheinlich auf diese traumatische Erniedrigung der Frau zurück.

Andererseits hinterließen aber auch die Jahrhunderte der nomadischen Lebensführung, des Zusammenlebens von Männern mit Männern, ihre Spuren. Da die Tugenden, die diesen Nomaden während der entscheidenden Epoche ihrer Geschichte Erfolg gebracht hatten, Jugend und Kraft waren, wurde der Körper des kräftigen jungen Mannes zur Schlüsselfigur, die noch Jahrhunderte später einen gewissen Schlüsselreiz beim Manne auslöste. Auf die eigentümlichen Rollen, die Päderastie und Homosexualität in der Evolution des griechischen Patriarchats gespielt haben, wird an anderer Stelle dieses Lexikons hingewiesen. Hier soll nur der Ursprung der griechischen Misogynie erklärt werden, jene charakteristische Mischung von Frauenangst und Frauenhaß, die sowohl die Geschichte Griechenlands wie die des Patriarchats geformt hat.

Überblicken wir die Perspektive des halben Jahrtausends von Homer bis zu Alexander, so finden wir kaum irgendwo in der Weltgeschichte eine konsequentere Ablehnung der Frau als hier bei den Vätern unserer Kultur. »Nichts ist scheußlicher doch, nichts unverschämter auf Erden als das Weib«, sagt Homer (*Od.* XI 427). Als der Kyniker Diogenes eine Frau an einem Ölbaum erhängt sah, rief er aus: »Mögen doch alle Bäume solche Früchte tragen!« Aphrodites wichtigste Gaben an die Frau seien »ihr Gequatsche, ihr Grinsen und ihre Tricks«, sagt Hesiod. Und an anderem Orte: »Laß dich nie vom Weib, dem arschrollenden, bezirzen, und auch nicht durch ihr schmeichelndes Geschwätz, das dich nur einfangen will!«

Einen breiten Raum nimmt in seiner wichtigsten Schrift, der *Theogonie,* die Erzählung von der Erschaffung der Frau ein (570 bis 612). Nachdem schon vorher (512) einmal kurz angedeutet worden ist, daß alles Elend durch sie in die Welt gekommen sei, gibt ihm nun die Geschichte von der Geburt der Pandora ergiebige Gelegenheit, seine Überzeugung zu begründen, daß die Begriffe »Frau« und »Elend«

identisch seien. Pandora wird von dem Schmiedgott Hephaistos, dem Ehemann der Aphrodite, aus Erde in Gestalt einer »sittsamen Jungfrau« gebildet und von den anderen Göttern mit allen erdenklichen Attributen der Schönheit ausgerüstet. Hesiod gibt zu, daß sie »ein Wunder zu schauen« sei, aber er kann an nichts anderes denken, als daß sie ja eben doch nur eine Frau und deshalb verhängnisvoll ist: ein Unheil (570), ein schönes Unheil (585), ein raffinierter Trug, dem die Menschen erliegen (589).

Pandora wird zur Stammutter aller anderen Frauen, »und so kam das verderbliche Geschlecht der Weiber in die Welt, ein großes Übel für die Männer« (591). Hermes stattet sie mit »hündisch-schamloser Gesinnung und verschlagenem Sinne« aus (67), »mit Lug und Trug und schmeichelnd-betörender Rede« (78). Dann wird sie auf die Erde geschickt, wo sie von Epimetheus, dem törichten Bruder des klugen Prometheus, aufgenommen wird, der nicht ahnt, was er für ein Unheil damit heraufbeschwört (83 bis 89). Pandora öffnet die berühmte »Büchse«, aus der nun alles Elend und Leid auf die Menschen herausströmt, die doch bis dahin so glücklich gelebt hatten (90 ff.):

Von ihr stammt des Verderbens Geschlecht, die Scharen der Weiber,
Die zu gewaltigem Leid für sterbliche Männer geworden.

Ebenso wie bei Hesiod erscheint auch bei Platon die Frau nicht nur als späteres, sondern auch als minderwertiges Werk des göttlichen Schöpfungsaktes. Ursprünglich steckten nach Platon alle Seelen in männlichen Körpern. Diejenigen, die ihr Leben auf Erden ohne Tadel verbrachten, durften zu den Fixsternen zurückkehren, von denen sie gekommen waren. Die Seele aber, die es hierin fehlen ließ, mußte durch eine zweite Geburt wieder auf die Erde zurück und zwar diesmal als Frau. Benahm sie sich dort allzu sinnlich, so wurde sie um eine weitere Stufe degradiert: sie wurde zum dritten Mal geboren, diesmal als Tier.

»Wenn es ein Gott ist, der die Frau erfand, wo immer er sei, er wisse, daß er der unselige Urheber des höchsten Übels ist«, sagt Thukydides. Dazu soll Susarion, der erste attische Komödiendichter, gesagt haben, die Frauen seien ein Unheil, ohne das man allerdings keinen Haushalt gründen könne. Ebenso sagt Menander:

Ein bös' Gewächs im Leben ist das Weib;
Als nöt'ges Übel aber kaufen wir es doch!

Man beachte: »kaufen«! Hier spricht am deutlichsten der Verfall des mutterrechtlichen Ethos in der Ära der Krämer. Ähnlich sehnt sich Euripides nach einer Welt, in der der Mann »Kindersamen« für Gold und Silber kaufen könne, damit er sich die Mühe der Paarung erspare. Und an anderer Stelle:

Ein Mittel gegen schlimme Frauen hat noch nie
Jemand erfunden: solch ein Übel sind die Frauen!

Und wieder Euripides:

Stets sind die Weiber hinderlich dem Wohlergehn
Der Männer, daß zum Schlimmer'n es sich wenden muß.

Oder Menander:

Drei Übel gibt's: Das Meer, das Feuer und das Weib!

An anderer Stelle:

Voll Übel eine Bürde ist dem Mann das Weib.

Der gleiche:

Ein Leid, das stets uns beiwohnt, ist das Weib.

Derselbe an anderem Ort:

Von Weibern nur stammt alles Übel, alles Leid.

Und zusammenfassend:

Wo Weiber sind, sind alle Übel beieinand'!

In der *Anthologia Graeca* (Appendix III, 192):

Das erste aller Übel aber ist das Weib...

Bei Hesiod:

So hat Zeus die Weiber den Männern als Plage geschickt, voll von bösen Plänen.

Bei Semonides:

Da sie nichts können als nur fressen,
Sind sie den Männern das größte aller Übel.

Wie eine Zwangsvorstellung kehrt die Klage wieder, daß die Frauen einer guten Tat unfähig seien. Euripides läßt eine Frau von ihrem eigenen Geschlecht sagen:

Zu Edlem sind wir Weiber nicht im Stand, doch Schlechtigkeit,
Die setzen wir am schlau'sten leicht ins Werk.

Oder:

...Geboren sind wir ja
Als Weiber, zwar zu Edlem Unbefähigtste,
Doch allem Bösen schlau'ste Ränkeschmiedinnen!

Sokrates pflegte zu sagen, aus drei Gründen sei er dem Schicksal dankbar: Erstens, weil er als Mensch auf die Welt gekommen sei und nicht als Tier. Zweitens, weil er als Mann geboren wurde und nicht als Frau. Drittens, weil er Grieche sei und nicht ein Barbar (FHG II, 334, 1 aus schol. Aristoph. pax 363; weitere Belege bei Müller). Hermippos gibt allerdings an, daß Thales, der erste ionische Naturphilosoph, bereits um 600 vor unserer Zeitrechnung das gleiche gesagt habe.

Alexandros von Aphrodisias unterschied die Männer als »Menschen« (*anthropoi*) ausdrücklich von den Frauen, die nicht Menschen, sondern Weiber seien (*gynaikes*). Aristides, der Redner, betrachtete die Frau in jeder Hinsicht unvollkommener als den Mann. Aristoteles sah in ihr einen unvollkommenen Organismus, eigentlich einen unfertigen, unvollendeten Menschen. Philo betrachtete sie als von Natur aus untertan und »mehr zum Leiden als zum Wirken bestimmt«.

Platon läßt den Sokrates fragen, ob im ganzen betrachtet die Männer oder die Frauen die vernünftigeren seien, was natürlich für die Männer entschieden wird. Weiter ist nach Platon das weibliche Geschlecht als das schwächere auch weit hinterhältiger denn das männliche. Der Arzt Hippokrates schließt hieraus: »Die Frau bedarf eines Zuchtmeisters, denn sie hat von Natur das Zügellose an sich, so daß sie, wenn sie nicht täglich ausgerodet wird wie die Bäume, zu üppig ins Kraut schießt.« Ähnlich nennt der Komödiendichter Platon die Frau »ein frevelnd Ding und voller Zügellosigkeit«.

Die Physiognomen, die vorgaben, den Charakter eines jeden Menschen aus seinen Gesichtszügen, Gesten und Bewegungen lesen zu können, deuteten den Mann wie folgt: »Er ist heftig, angriffslustig, uneingedenk des Hasses, freimütig, offen, stumpft nicht ab und läßt sich weder durch Scharfsinn noch List umgarnen, strebt nach dem Sieg durch Tüchtigkeit und ist großherzig.« Von der Frau dagegen heißt es: »Ihr Charakter ist raffiniert, zornig, haßmütig, aber auch... neidisch, Anstrengungen nicht gewachsen, ...verschlagen, bitter, kopflos, flüchtig und feige.« Aristoteles meinte, die Frauen seien träger als die Männer, schwerer beweglich aber leichter zu hintergehen, schneller niedergeschlagen und verzweifelt, mehr zu Tränen geneigt, mißvergnügter, neidischer, weniger zum Verzeihen und mehr zum Schmähen geneigt, lügenhafter, unverschämter und streitsüchtiger als die Männer. Semonides von Amorgos meinte, die Frau sei verschlagen wie die Füchsin, neugierig und frech wie die Hündin, wetterwendisch und unzuverlässig wie das Meer, geil und sich jedem hingebend wie die Eselsstute, diebisch und genußsüchtig wie die Katze, putzsüchtig wie die Stute.

Für jede dieser der Griechin angelasteten Untugenden findet sich ein Grieche als Zeuge. Polemon nennt die Frauen »frech, verschlagen, treulos und betrügerisch.«

Menander klagt:

Wie ohne Treu' ist doch des Weib's Natur!

Antiphanes, ähnlich:

Dem Weib trau' ich nur in einem einz'gen Punkt:
Daß nach dem Tod es nicht von neuem leben wird.
In allem andern trau' ich nicht, bis daß es stirbt.

Und an anderer Stelle:

Dem Weib vertraue nie dein Leben an!

Und:

Bei Weibern kannst du niemals Treue seh'n!

Ähnlich schon Hesiod:

Wer einem Weibe traut, der schenkt dem Räuber Vertrauen.

Aristophanes sagt: »...kein Gezücht auf Erden ist so schamlos wie die Weiber.« Ein anderer Komödiendichter, Alexis, sagt ähnlich: »Es gibt kein schamloseres Tier als das Weib.«

Oft wird die Eifersucht der Frau getadelt, so von Menander: »Des Weibes Eifern steckt das ganze Haus in Brand.« Selbst das Benehmen der Göttinnen wird durch Eifersucht gekennzeichnet. Kore, die Gattin des Hades-Pluton, zertritt aus Eifersucht seine Geliebte Minthe, die er, um sie zu verbergen, in die gleichnamige Pflanze verwandelt hatte. Oinone, die frühere Geliebte des Paris, erweckt ihn vom Tode, läßt ihn aber gleich wieder sterben, als er erwachend den Namen der Helena flüstert. Ino wird aus Eifersucht auf die Sklavin Antiphera wahnsinnig und vergeht sich an ihrem eigenen Sohn.

Wenn wir erfahren, daß die Frau nicht einmal sexuell attraktiv, sondern eher abstoßend, häßlich und schmutzig sei, fragen wir uns natürlich, wieso der Grieche sie denn überhaupt noch als Sexualpartnerin benötigte. »Häßlich wie die Äffin, schmutzig wie die Sau« nannte Semonides von Amorgos die Griechin. »Vergoldet Schmutz und Dreck – das ist das Weib!« sagte Menander. »Mistloch«, »Schamzeigerin«, »Gliedschüttlerin« nennt Hippias die Frau. Aus dieser grundsätzlich antifemininen Tendenz des griechischen Männerdenkens, nicht aus mangelnder Reinlichkeit der Griechin, läßt sich auch das Wort *kikke* verstehen, das den angeblichen Gestank der weiblichen Genitalien bezeichnen sollte.

Karkinos, wie so oft, schießt den Vogel ab, indem er zusammenfaßt (Fr. III, N 3):

O Zeus, was soll die Weiber man noch schmäh'n?
Genügt doch völlig schon dies Wort: Ein Weib!

Vor den Frauen, die den Mann »nur ausdörren und ihn einem traurigen Alter überliefern«, warnt Hesiod (703 ff.): »In bescheidenes Leben wollen sie sich nicht schicken, alles muß aus dem Vollen gehen, und so gleichen sie den Drohnen, die selbst keine Arbeit verrichten und nur die Mühe anderer in ihren Bauch ernten... Wer also der Ehe entgeht und den schändlichen Werken der Weiber und nicht heiratet, der hält sein Hab und Gut zusammen. Wer aber solch verderbliches Geschöpf zu sich nimmt, dessen Leben ist eine beständige Plage und das Leid ist unerträglich« (591 bis 612).

Wenn der griechische Mann die griechische Frau auf diese Weise der Habsucht und Verschwendungslust bezichtigte, war er sich nirgends bewußt, daß das, was er ihr vorwarf, ja das unvermeidliche Resultat der ökonomischen Bevormundung war, zu der er sie verdammt hatte. Wenn Menander sagt: »Das Weib umschmeichelt dich, nur daß es ›was erhält‹«, so hätte jede Griechin seiner Zeit, sei sie Gattin, Sklavin oder Hetäre, ihn mit gutem Recht fragen können: »Wie soll ich denn sonst irgendetwas erhalten? Welch' andere Möglichkeit gebt ihr mir?« Und wenn Menander an anderer Stelle sagt: »Durch Weiber wird auch großer Reichtum schnell zu nichts«, so fühlt man sich versucht zu fragen: »Wozu erwirbst du deinen Reichtum, wenn du ihn nicht für das ausgeben willst, wonach es dich verlangt? Verlangst du aber nicht nach der Frau, dann hast du keinen Grund, dich über sie zu beklagen.«

Amüsant, wenn sie nicht so traurig wäre, ist die Vorstellung, daß die Frau »nutzlos« sei. Bei Menander:

> ... und Nutzen bringen will das Weib nun einmal nicht.

Bei Euripides:

> Denn solch' Gezücht nährt weder Land noch Ozean!

Die Tatsache, daß der griechische Mann seine Gefährtin ja ausdrücklich ihres Nutzens beraubt hatte, indem er ihre einstmalige Einheit als Mutter, Mitarbeiterin und Geliebte aufgespalten und einige Frauen nun zu Zuchttieren und Dienstmädchen, andere zu Prostituierten und Hetären erniedrigt hatte, diese Tatsache hatte er so erfolgreich aus seinem Bewußtsein verdrängt, daß er ihr die Nutzlosigkeit, zu der er sie selber verdammt hatte, nun als eine Art Erbmangel anlastete. Nur ganz wenige Griechen waren fähig, die Situation in dieser Perspektive zu sehen. Euripides kam ihr ein einziges Mal nahe in den folgenden meisterhaften Zeilen der *Medea:*

> Kein Wesen ist unsel'ger, als wir Frauen sind,
> Denn durch unmäß'ge Schätze müssen wir zuerst

Den Mann erkaufen und 'nen unumschränkten Herrn
Des Leib's empfangen – ein Übel über jenes arg!
Der Mann – wenn drinnen ihn etwas verdrossen hat –
Kann doch hinausgeh'n, stillen seines Herzens Gram,
Zu einem Busen- oder Jugendfreund gewandt;
Dem Weib bleibt nur der Blick ins eigne Herz!

Theodor Hopfner sagt in seinem vorzüglich recherchierten, aber soziologisch mangelhaften Werk *Das Sexualleben der Griechen und Römer* (Prag 1938): »Im Allgemeinen erscheint so das Weib als minderwertig und zwar sowohl in körperlicher als auch in seelisch-moralischer Beziehung, woraus sich auch die Zurückdrängung der Frau im öffentlichen Leben, ja auch im geistig gesellschaftlichen Leben ergab, obwohl auch wieder diese Zurückdrängung unleugbare Minderwertigkeit beim weiblichen Geschlechte erzeugen mußte.« Das Argument ist nicht gerade falsch, aber es setzt zu spät ein: Es beginnt mit dem zweiten Glied der logischen Kette. Denn *wieso* drängte der Grieche die Frau zurück? Nicht weil sie wirklich minderwertig war und auch nicht weil er sie als minderwertig betrachtete, sondern genau im Gegenteil: Weil er ihre *Überlegenheit* fürchtete und weil die Jahrhunderte der Unterdrückung, zu denen er sie verurteilt hatte, sein schlechtes Gewissen und damit seine Angst vor ihrer Rache verstärken mußte.

Man denke nur an die Panik, die er vor den Genitalien der Frau empfand. Überall in der griechischen Folklore tritt uns das Schreckbild der »gezahnten Vagina«, der kastrierenden Scheide entgegen. Ein wichtiger Teil der griechischen Analerotik entsprang der Furcht vor der Vulva und dem Wunsch nach Substitution des Analverkehrs für den Koitus. Geschlechtsverkehr mit einer Frau galt als schwächend, mit einem Knaben als stärkend. Athleten durften, wie heute noch, vor Wettkämpfen nicht mit einer Frau koitieren, weil der Verlust von Sperma als Verlust von »Manneskraft« galt – ein Aberglaube, der in vaterrechtlichen Gesellschaften nicht auszurotten ist und geradezu als Kennzeichen vaterrechtlicher Mentalität gewertet werden kann. Bei den Griechen ging dies so weit, daß selbst die Schauspieler den Koitus vermieden, weil man ihm den Verfall der Stimme anlastete. Manche Schauspieler trugen deshalb Heftel, die den Penis abklammerten, so daß sie weder koitieren noch masturbieren konnten. Auch die Kitharoeden, die Zitherspieler, enthielten sich des Geschlechtsverkehrs, um sich ihre Technik zu erhalten. Ja, selbst die großen attischen Redner glaubten, daß ihre Stimme sich durch allzu häufigen Geschlechtsverkehr in eine

Kastraten- oder Frauenstimme verwandeln könne; allerdings nur, wenn der Geschlechtsverkehr mit einer Frau stattfand. Hieraus erklärte man sich die besonders häufige Päderastie unter Rednern, obgleich gerade ihnen die Verführung von Knaben besonders streng untersagt war.

Aus dem gleichen Grunde wurden auch die weiblichen »Ausdünstungen« von den Männern mit an Terror grenzender Panik betrachtet. Menstrualblut galt als lebensgefährlich. Man sagte ihm nach, daß nahezu alles, was hiermit in Berührung käme, zum Tode verdammt sei: Bienenstöcke sterben aus, Ameisen laufen davon, Hunde werden toll, Pferde abortieren, die Raute vertrocknet, der Nußbaum verliert seine Nüsse, Gurken und Kürbisse welken, Weinstöcke gehen ein, Setzlinge sterben ab, Gartenpflanzen verdorren, Obst fällt ab, der Most wird sauer, das Leinen schwarz, der Spiegel matt, das Messer stumpf, das Eisen rostig, das Elfenbein braun. Der Neuplatoniker Heraiskos gab vor, stets Kopfschmerzen zu bekommen, wenn er eine Menstruierende auch nur sprechen hörte. Priester und Opferdiener verloren ihre Amtsfähigkeit, wenn sie eine Menstruierende berührten.

Von den Wöchnerinnen in Altgriechenland glaubte das Patriarchat, sie seien genau so befleckt wie jemand, der fremdes Blut vergossen oder einen Leichnam berührt hat. In Eleusis blieben alle, die sich einer Wöchnerin genähert hatten, so lange von der Teilnahme an den Mysterien ausgeschlossen, bis sie sich einer Reinigung unterzogen hatten. In Hesiods *Werken und Tagen* werden alle Männer davor gewarnt, sich in demselben Wasser zu waschen, das bereits von einer Frau benutzt wurde. Aus Inschriften erfahren wir, daß für eine Reihe von Tagen nach der Menstruation und der Entbindung keine Frau einen Tempel betreten durfte, und dann auch nur, nachdem sie sich durch ein Bad gereinigt hatte.

Die Panik, in der die männerrechtliche Gesellschaft Athens lebte, geht auch aus jenem Paragraphen der Gesetze Solons hervor, der da anordnet, daß Verpflichtungen nichtig seien, wenn sie unter dem Einfluß von Frauen zustande gekommen waren. Der dänische Psychoanalytiker Thorkil Vanggaard meint mit erschütternder Naivität, dies bewiese genau das Gegenteil, nämlich die Gleichberechtigung der Athenerin des 7. bis 6. Jahrhunderts; denn wenn sie nicht gleichberechtigt gewesen wäre, hätte es ja keinen Grund gegeben, ihren Einfluß zu beschränken. Das ist, als ob man die Nürnberger Gesetze zum Beweis der Gleichberechtigung der Juden im nationalsozialistischen Deutschland zitiert. In

Wirklichkeit sah die Sache so aus: Da die Verpflichtungen, die unter dem Einfluß einer Frau zustande gekommen waren, als nichtig galten, galt auch der Mann, der unter den Einfluß einer Frau geriet, als nichtig, als »Nichtmann«, als »Frauenknecht« (*katagynaiŏs*), als »Frauensklave« oder »Pantoffelheld« (*gynaikodulos*).

Die Erfindung des Privateigentums und die Übertragung dieses Konzepts auf menschliche Wesen, vor allem auf Sklaven, Frauen und Kinder, hatte zu jener charakteristischen Angst vor dem Verlust des Eigentums geführt, die man als Neurose des Patriarchats bezeichnen kann. So sprach aus den solonischen Gesetzen vor allem die Angst des Atheners, daß seine Frau ihn nahezu zwangsläufig betrügen müsse, wenn sie nicht völlig von ihm abhängig sei. Jeder Spaziergang der Frau wurde als kaschierter Versuch eines Stelldicheins gedeutet, jeder Einkauf als möglicher Einkauf von Gift, mit dem sie ihren Mann umbringen wolle. Solon legte deshalb gesetzlich fest, daß Frauen, wenn der Ehemann ihnen überhaupt erlaubte, das Haus jemals zu verlassen, dies nur bei Beerdigungen und religiösen Festlichkeiten dürften, und selbst dann nur, wenn die Frau nicht mehr als drei Kleidungsstücke und nicht mehr Nahrung mitnähme, als sie für einen Obolos kaufen könne.

Auf der Straße mußte sie verschleiert und in der einfachsten Kleidung gehen. Wie selten es aber war, daß sie überhaupt ausging, geht daraus hervor, daß selbst bei der Niederlage von Chaironeia, die vielen Ehemännern und Vätern das Leben kostete, die Athenerinnen nicht wagten, auf die Straße zu gehen, um zu erfahren wer überlebt hatte. Daß manche Ehefrauen und Töchter an ihre Haustüren gegangen waren, um Passanten um Nachricht zu bitten, empfand man als ihrer und der Stadt unwürdig. Hypereides sagt, die Athenerin habe erst dann freien Ausgang, wenn sie in solch fortgeschrittenem Alter sei, daß der auf der Straße ihr Begegnende nicht fragte, wessen Gattin, sondern wessen Mutter das wohl sei (Stob. LXXIV, 33). Ja selbst der gesellschaftliche Verkehr zwischen Frauen war beschränkt, denn wie wir von Euripides erfahren, duldete kein »vernünftiger« Mann, daß seine Frau von anderen Frauen besucht würde, da diese »die Lehrmeisterinnen alles Schlechten« seien (*Androm.* 925).

»Es gereicht der Frau zum Tadel, nicht von selber und unaufgefordert im Hause zu bleiben«, sagt Euripides (*Troad.* 642). Saß eine Frau beim Fenster, beispielsweise zum Spinnen oder Weben, wozu sie ja Licht benötigte, so war es ihre Pflicht, aufzustehen und sich ins Innere des Hauses zurückzuziehen, sobald ein Mann auf der Straße vorbeikam (Arist.

Thesm. 797). Die Frauengemächer wurden mit Wachs versiegelt oder mit spartanischen dreizackigen Schlüsseln verschlossen. Die Schlösser waren von innen nicht zu öffnen. Im Falle von Feuer verbrannten die Frauen deshalb oft. Molossische Haushunde, »Vogelscheuchen für Ehebrecher« genannt, sollten dem Familienvater die »Treue« seiner Gattin sichern (Arist. *Thesm.* 415 bis 428).

»Niemand hätte Perikles Vorwürfe gemacht, hätte er sich mit Knaben abgegeben oder seine erste Frau grausam behandelt. Aber die Leute betrachteten es als einen Skandal, daß er seine zweite Frau als menschliches Wesen behandelte, sie in seinen eigenen Gemächern unterbrachte, statt sie in die *gynecea* einzusperren, und obendrein von seinen Freunden erwartete, daß sie ihre Frauen mitbringen sollten, wenn sie ihn besuchten« (Marie Delcourt, *Péricles,* Paris, 1939, S. 77).

Misogynie im alten Rom. In jener Zeitwende, in der sich Rom langsam aus einem Bauerndorf in eine Stadt verwandelte, entwickelte sich aus dem Kaufpreis, den der Bauer einst dem Vater seiner Braut gezahlt hatte, die Mitgift, die dieser nun an jenen zahlen mußte. Das drückte den veränderten ökonomischen Status der Frau aus. Statt die Arbeit ihres Mannes zu teilen, wie das bei Bauern üblich war, brauchte die Städterin »nur« noch Kinder zu gebären und zu erziehen, Mahlzeiten herzurichten und das Haus in Ordnung zu halten, vor allem aber den Mann im Bett zufriedenzustellen. Nach bürgerlichen Maßstäben ging es ihr also jetzt besser. In Wahrheit verlor sie durch die Arbeitseinschränkung sowohl den ehelichen wie den sozialen Status, den sie einst als ebenbürtige Produzentin des Lebensnotwendigen besessen hatte. Denn Arbeit war nicht nur eine Pflicht der vorrömischen Bäuerin, sondern auch ihr Recht gewesen, und mit diesem Recht hatte sie sich die Achtung des Mannes erworben.

Zusammen mit seiner Achtung verlor sie nun auch ihr Erbe, denn erben konnten jetzt nur noch die Söhne. Witwen und Töchter waren vom Erbrecht ausgeschlossen. Im Jahre 169 v. u. Z. wurde dies noch einmal ausdrücklich in einem neuen Gesetz festgelegt, der *Lex Voconia.* Domitian (81–96) änderte dieses Gesetz insofern, als es von nun an nur noch »anrüchigen« Frauen verboten sein solle, von ihren Gatten zu erben. Während der langen Geschichte der Republik blieb das Erbrecht jedoch allen Ehefrauen versagt. Und nicht nur dies. Der Machtanspruch des Mannes erstreckte sich sogar auf den Glauben seiner Frau, denn auch dieser hatte ökonomische Aspekte. Plutarch meinte, die Frau dürfe nur die Götter ihres Mannes verehren, denn Opfergaben kosteten Geld, und wenn die Frau anderen Göttern opfere, schmälere sie das Einkommen ihres Mannes. Der Volkstribun Valerius, der als liberal galt, versuchte oft, die weiter rechts stehenden Senatoren davon zu überzeugen, daß ihre Ängste vor einer neuerlichen Machtergreifung der Frau unberechtigt seien, und schwor ihnen: »Beruhigt euch! Bei Lebzeiten eurer Angehörigen wird keine Frau je der Sklavenketten ledig!«

Die Behauptung mancher Altertumsforscher, dem Römer sei der Gedanke weiblicher Gleichberechtigung unbekannt gewesen, trifft also nicht zu. Es war eher umgekehrt. Der Römer erinnerte sich nur allzu genau der Zeiten, da seine Vorfahren nach jahrhundertelangem Kampf gegen die Sippenmütter endlich gleiche Rechte der Väter erreicht hatten. Nun galt es, die mühsam erkämpfte Gleichberechtigung in eine absolute Herrschaft über die Frau auszubauen. Der Gedanke der Gleichberechtigung lag nur allzu nahe; so nahe, daß er die stets lauernde Gefahr einer Rückkehr zum Mutterrecht ausdrückte. Und diese Gefahr stellte das Kernproblem der römischen Gesellschaft dar; sie war die lebenslange, alles beherrschende Furcht, unter der jeder Römer litt; sie war das Trauma, das die gesamte römische Geschichte überschattete. Selbst die freundlichsten, von höchstem Respekt und größter Liebe zeugenden Aussagen der Römer über ihre Frauen drückten vor allem deren »Tugend« des Gehorsams aus. Auf den zahllosen Grabsteinen früh verstorbener Ehefrauen wird neben Fleiß, Keuschheit und Treue immer wieder gelobt, daß die Verstorbene keinen Wunsch geäußert habe, der nicht auch ein Wunsch ihres Mannes gewesen sei, daß sie stets getan habe, was *er* wollte und sich nie gegen ihn aufgelehnt habe. Das also war es, was der Römer von seiner Frau erwartete.

Deshalb verlangte Cato auch von der Frau als ersten Beweis der Liebe ihre Unterwürfigkeit. Cicero sah die wichtigste Aufgabe des Zensors darin, den Männern beizubringen, wie man den Frauen Gehorsam abverlangte. Selbst Martial, der sich sonst seiner freiheitlichen Ansichten rühmte, trauerte den Zeiten nach, da Frauen noch Untertanen des Mannes gewesen waren (VIII, 12):

> Nicht behagt's mir, die Frau meiner Gemahlin zu sein.
> Untergeordnet sei die Hausfrau, Priscus, dem Manne,
> Anders stehen sich nicht Gatten und Gattinnen gleich.

Politische Betätigung war der Frau untersagt, und zwar nicht nur in den Jahren der Republik, wo tatsächlich keine Frau irgendeine Rolle in der Politik spielte, sondern auch in denen des Kaiserreichs, die vor allem von den Intrigen der Cäsarenmütter und Cäsarenfrauen geprägt waren, denn selbst in diesen Jahren waren solche Tätigkeiten in höchstem Maße ungesetzlich. Wie es geschah, daß sie trotzdem stattfanden, wird in der Eintragung → Emanzipation im alten Rom behandelt. Juristisch war die Frau jedenfalls sowohl während der Republik wie auch während des Kaiserreichs von allen staatlichen Aufgaben ausgeschlossen. Sie unterstand ihrem Ehemann auf Leben und Tod. Wenn er sie umbrachte, brauchte er niemandem Rechenschaft zu geben. Ohne Unterschied des Alters, also auch wenn sie längst mündig war, unterstand sie der Aufsicht eines Vormunds (*tutor mulieris*), konnte ohne seine Zustimmung keine Geschäfte betreiben, war aber andererseits in ihrer juristischen Deliktsfähigkeit unbeschränkt. Das heißt: sie besaß alle juristischen Nachteile und keine juristischen Vorteile. Noch im ersten Jahrhundert unserer Zeitrechnung, das in der Geschichtsforschung als »aufgeklärt« gilt, wurde die Römerin ein zweites Mal – und dies ausdrücklich – als rechtlos deklariert. Selbst Bürgschaft durfte sie nun nicht mehr leisten. Versuchte sie es trotzdem, galt die Bürgschaft als ungültig.

Unter diesen Umständen war zu erwarten, daß das Frauenbild des Römers nicht nur negativ, sondern geradezu misogyn wurde. Cato der Ältere, jenes Musterbeispiel des Vaterrechtlers, hielt die Frau von Natur aus für unkorrigierbar schlecht. Nach seiner Ansicht bestanden die zwei wichtigsten Aufgaben des Mannes darin, sich erstens unter den unvermeidlich Schlechten die noch am wenigsten Schlechte auszusuchen, um sie dann, zweitens, durch straffe Führung und tägliche Unterweisung zu jener begrenzten Tugend zu führen, derer sie mit Geduld und Hilfe der Götter vielleicht noch fähig werden könne. Plutarch drückt das so aus: »Cato heiratete eine Person, die arm aber von guter Abstammung war, denn er glaubte, daß zwar alle Frauen, die vornehmen wie die wohlhabenden, von Arroganz und Dünkel beherrscht seien, die von edlen Männern Abstammenden jedoch vor schändlichen Dingen mehr Scham hätten und sich daher von ihren Gatten leichter zum Guten leiten ließen.«

Phaedrus, dessen kurze, parabelartige Gedichte uns heute ein wenig an Brecht erinnern, sieht selbst die liebende Frau als Gefahr für den Mann. So schreibt er von dem Manne, der sich glücklich vermeint, weil er gleich von zwei Frauen geliebt wird, und dabei entdecken muß, daß er dadurch seine Virilität verliert:

Da beide jenem Manne nun zu gleichen wünschten,

So rauften sie ihm nach und nach die Haare aus.
Und während jener glaubte, daß die Frau'n ihn putzten,
Ward er zuletzt ein Kahlkopf, denn das junge Mädchen
Zog ihm die grauen aus, die ältere die schwarzen.

Da jede Frau sowieso von Untugend und Selbstsucht geprägt sei, sei es ihm gleich, sagt Horaz, mit welcher er schliefe, solange sie nur die Technik des Beischlafs beherrsche:

...wenn mich
Nicht zu bezwingender Trieb der Natur entflammt, ist die nächste
Nackte mir recht, die beim Scheine der Lampe den Geilen befriedigt,
Wackelt sie nur mit dem Steiß und reitet hurtig auf mir dann.

Nachdem sie vom Manne zum Objekt seiner Lust degradiert worden war, blieb der Römerin nichts anderes übrig, als aus dieser Not eine Tugend zu machen. Da ihr Körper zu ihrem einzigen Kapital geworden war, versuchte sie ihn mit allen Mitteln zu erhalten und zu pflegen, was den Mann prompt zu der Kritik verführte, sie dächte an nichts anderes als an Schmuck, Kleidung und Kosmetik. Ovid, der es eigentlich besser wissen sollte, kam so zu der Überzeugung, daß alle Frauen verfügbar seien, wenn man ihnen nur Kleidung, Schmuck und Kosmetika kaufte. Und selbst diejenigen, die sich weigerten, seien doch froh, daß man sie zumindest gewollt habe:

Eher schwiegen die Vögel im Lenz, die Zikaden im Sommer,
Jagte ein Has' in die Flucht einen mänalischen Hund,
Als daß sich, zärtlich bestürmt, eine Frau versagte dem Manne.
Die auch, von welcher du nicht dächt'st, daß sie wolle: sie will!
Auf denn, und nicht steh an, auf alle Mädchen zu hoffen,
Wird von den vielen doch kaum eine Versagende sein.
Ob sie gewährt oder versagt, sie freut's doch, daß du sie batest!

So wurde aus der Not der Frau, sich nur durch das Bett den Weg nach oben ebnen zu können, die Illusion des Mannes, daß die Frau verführt, ja sogar vergewaltigt werden wolle:

Wer, der gescheit, mischt zu schmeichelnden Worten nicht Küsse?
Gibt sie dir keine, so nimm, was sie dir selber nicht gibt!
Möglich, sie sträubt sich zuerst und schilt zudringlich und frech dich.
Wie sie sich sträubt, sie wünscht selber, sie werde besiegt.
Wer erste Küsse sich nahm und das übrige nicht nimmt sich,
Der hat verdient, daß er auch, was ihm gegeben, verliert...

Nenn es Gewalt, wenn du willst, denn Gewalt freut grade die Mädchen.
Was sie ergötzt, dazu wollen gezwungen sie sein.
Wenn sie, die bezwungen sich gab, unberührt davonkam,
Heuchelt sie gleich mit dem Blick Freude, berührt ist sie doch.
O, der Jüngling vertraut zu sehr auf die eigene Schönheit,
Der da wartet, bis ihn bittet das Mädchen zuerst.

Aus dieser Logik, daß die Frau vergewaltigt werden wolle, entnahm die römische Rechtsprechung das Recht des Ehemannes, seine Frau zu züchtigen. Daß dies der römischen Ehe einen latent sadomasochistischen Charakter gab, braucht kaum betont zu werden. Die Frau, die sich nicht freiwillig diesem Recht beugte, keinen Spaß an der Züchtigung fand und obendrein auch noch einen eigenen Willen zeigte, galt als böswillig und dumm. So läßt Plautus seinen Ehemann in den *Zwillingen* sagen:

…Du bist
Ein böses, dummes, ganz verrücktes Weib,
Sonst würd'st du selbst nicht mögen, was dein Mann nicht mag!
Das aber sag ich dir: Wenn du ein einziges Mal
Vom heut'gen Tage an es wieder mal so treibst,
Spazierst du als Geschiedne heim zum Herrn Papa.
Ein jedes Mal, wenn ich das Haus verlassen will,
Hältst du mich auf, rufst mich zurück und fragst mich aus,
Wohin ich geh, warum ich geh, und was ich tu,
Was ich besorge, was ich bringe, was ich will.
Hab ich mir einen Zollbeamten engagiert,
Der Rechenschaft von mir verlangt für jeden Quark,
Von allem, was ich tu und tuen will?
Ich hab dich gar zu sehr verwöhnt. Jetzt aber hör,
Wie es von heute an gehalten werden soll:
Ich gebe reichlich dir für Haus und Mägde Geld,
Für Haus- und für Gesellschaftskleider und für Schmuck
Und alles, weiß der Deibel, was du sonst noch brauchst.
Du aber nimmst gefälligst dich in acht und läßt
Von jetzt an deinen Mann unkontro-kontrolliert!
Damit du aber nicht umsonst mich so bewachst,
So schaff ich dir zum Tort mir heut ein Mädchen an
Und mache mir mit ihr ein Fest im Separée.

Während der Römer seiner Frau drohen kann, er werde »nur zum

Tort« Ehebruch begehen, war der Römerin bei Todesstrafe verwehrt, gleiches mit gleichem zu vergelten. Es herrschte also, wie in allen vaterrechtlichen Gesellschaftsordnungen, das Prinzip der Doppelmoral. Catull, der weiß Gott kein Tugendbold war, verlangte in einem seiner Hochzeitsgedichte mit geradezu penetranter Arroganz, daß die Mädchen selbstverständlich all das nicht tun sollten, was er mit seiner verheirateten Freundin trieb:

Wie ein Blümchen verborgen erwächst im Gehege des Gartens,
Gegen die grasende Herde geschützt und gegen die Pflugschar,
Lüftchen umspielen und Sonne verpflegt und Regen erzieht es,
Knaben verlangen nach ihm, drum solle das Mädchen es schätzen.

Was mag das »es« wohl sein, von dem Catull so rührend schreibt? Es ist, man glaubt es kaum, das Jungfernhäutchen. Er fährt fort:

Aber sobald es, gepflückt mit der Fingerspitze, dahinwelkt,
Keinem der Knaben verlanget mehr nach ihm und keines der Mädchen:
So, die frei sich bewahret, der Ihrigen Freude, die Jungfrau,
Aber sobald sie verschenkt die züchtige Blüte des Häutleins,
Bleibt sie weder den Knaben, noch bleibt sie teuer den Mädchen.

Hätte Cato oder Seneca, Juvenal oder Cicero diesen rührseligen Lobspruch des Jungfernhäutchens geschrieben, so wäre man kaum erstaunt. Aber Catull! Die Doppelmoral hing also auch den fortgeschrittensten Römern an. Selbst Juvenal meinte, daß »Keuschheit« nur zu einer Zeit geherrscht habe, als die Römer in Höhlen gelebt hatten:

Wohl mag unter Saturns Herrschaft auf Erden die Keuschheit
Haben geweilet recht lang, als noch eine frostige Höhle
Enge Behausung bot und zugleich Altar und Herd war,
Auch noch Herren und Vieh mit gemeinsamem Schatten umfaßte,
Als noch das Weib vom Gebirg' ihr ländlich' Lager aus Blättern,
Stroh und den Fellen des Wilds von der Nähe bereitete, gar nicht,
Cynthia, dir zu vergleichen, in nichts, und Lesbia, dir nicht,
Welcher des Sperlings Tod trüb machte die leuchtenden Augen,
Sondern die Brüste zum Trunke bietend den stämmigen Kindern,
Und oft struppiger selbst als der Eicheln zerkauende Gatte.

Das Gedicht war gegen den »Luxus« und die »Verschwendung« der eigenen Zeit, vor allem aber gegen Properz und Catull gerichtet, denn Cynthia war die Freundin des ersten, Lesbia die des zweiten. Diese Romantik der Primitivität, die Illusion, daß nur Armut, Krieg und harte Strafen die Frau von ihrer »natürlichen« Neigung zur Unzucht abhalten können, ist ja ein Kennzeichen aller autoritären, vaterrechtlichen Gesellschaften.

Während man von dem Manne erwartete, daß er sich im Verkehr mit verheirateten und unverheirateten Frauen voreheliche Erfahrung verschaffte, verurteilte man die Frauen, die ihm zu dieser Erfahrung verholfen hatten. Noch im Jahre 18 unserer Zeit wurde dem römischen Ehemann ausdrücklich befohlen, seine Frau vor Gericht zu bringen, wenn sie ihn »betrogen« hatte. Er durfte ihr nicht vergeben, denn wenn er es unterließ, gegen sie Klage zu erheben, war ihr Vater verpflichtet, dies gegen seine eigene Tochter zu tun. Unterließ auch er die Klage, so war jeder römische Bürger verpflichtet, diesen Affront gegen das männliche Geschlecht durch öffentliche Anklage zu bereinigen. Als Lohn erhielt der Denunziant einen festgesetzten Teil ihres Vermögens. Ehebruch war also keine Privatangelegenheit, sondern eine Staatssache. Wurde die Frau des Ehebruchs schuldig befunden, nahm der Staat ihr die Hälfte ihrer Mitgift ab. Nichts macht den Charakter des Vaterrechts deutlicher als diese Anmaßung des patriarchalischen Systems, die »Ehre« des Mannes gegen die Ansprüche der Frau offiziell verteidigen zu müssen und obendrein noch daraus kassieren zu dürfen.

Um die »Reinheit« und »Treue« ihrer Ehefrauen zu bewahren, übernahmen manche römischen Ehemänner die orientalische Sitte, der Frau einen Ring durch die kleinen Schamlippen zu ziehen, so daß sie zwar urinieren, aber nicht koitieren konnte, bis er ihr den Ring abnahm. Andere Männer ließen den Halsumfang ihrer Gattin regelmäßig von einer Amme oder Sklavin überprüfen, da sie glaubten, daß ehebrecherischer Geschlechtsverkehr sich in einer Zunahme des Halsumfangs bemerkbar mache. Catull sagt:

Wird bei erwachendem Licht zum Gruß ihr nahen die Amme,
Kann sie den Hals ihr nicht mit dem gestrigen Faden umspannen.

Was das römische Patriarchat mehr als alles fürchtete und worunter es trotz aller Bestrebungen, Leidenschaft gar nicht erst aufkommen zu lassen, am schwersten litt, war also Eifersucht. Am Anfang seiner Zuneigung zu Lesbia dankt Catull dem Freunde Allius, daß er ihm sein Haus zur Verfügung stellt und die Geliebte dazu, »daß wir beide vereint uns dort erfreuten der Liebe«. Wie schön, ein Freund ohne Eifersucht! Nachdem Catull aber zum Ziele gekommen ist, treibt seine eigene Eifersucht ihn dazu, nicht nur die anderen Liebhaber seiner Geliebten, sondern auch deren armen Ehemann zu hassen. Noch bemüht er sich allerdings, seine Gefühle zu verbergen:

Zwar, ich weiß, es genügt ihr nicht ausschließlich Catullus,
Doch wir ertragen's, sie treibt's mäßig, die Diebin, und fein,
Und so fallen wir ihr nicht lästig mit törichter Strenge.
Muß doch Juno sogar, welche mit Jupiter teilt,
Oft ihr kochendes Herz bei den Schwächen bezwingen des Ehherrn,
Sie, die jeglichen Schlich kennt des losen Gemahls.
Darf sich der sterbliche Mensch mit den seligen Göttern vergleichen?
Soll ich nach Elternart ängstlich behüten das Kind?
Ist sie ja nicht vom Vater am Arme geleitet gekommen
In ein syrischen Duft atmendes festliches Haus,
Sondern verstohlene Gaben im Schweigen der Nächte nur lieh sie,
Die sie vom Schoße hinweg hatte dem Gatten geraubt.
Darum hab' ich genug, wenn mir der Tag nur des Heiles
Immer beschieden verbleibt, den sie bezeichnet mit Weiß.

Bald aber geht die Eifersucht mit ihm durch:

Unsre Lesbia, Cälius, meine Lesbia,
Jene Lesbia, die Catull geliebet
Mehr als alle die Seinen und sich selber:
In den Winkeln und auf der Gasse steht sie
Nun und schröpft die erlauchten Remusenkel.

Das war Übertreibung. Lesbia betrog ihn zwar, aber sie war keine Hure. Sie als Hure zu sehen, war genau jener Leidenschaftswahn, gegen den er uns und sich selber vorher gewarnt hatte. So läßt sie ihn am Ende sitzen. Nachträglich verleumdet er sie noch:

Sie lebe mir wohl und mag sich
Freun des Lebens mit ihren hundert Buhlen,
Die sie alle mit gleicher Brunst umhalset.
Keinen liebt sie wahrhaftig: einem
Bricht sie die Kraft der Lenden wie dem andern!

Wenn eine emanzipierte Frau also genau das tut, was der Dichter den Männern empfohlen hat, ist sie treulos und eine Hure. Nur der Mann darf sich der Frau gegenüber distanzieren, sich gegen Leidenschaft schützen. Tut die Frau aber das gleiche, so wirft Catull ihr vor, sie liebe niemanden wahrhaftig. Kann Selbsttäuschung weiter gehen?

Kaum. Aber sehr ähnlich ging es Properz. Er fand zwar Keuschheit unausstehlich, entdeckte aber trotzdem Eifersucht in sich selber und schrieb:

…Zwar reiß' ich Kleider nicht vom falschen Leib dir,
Noch rennt mein Zorn verschlossene Türen ein.

Nie würd' in Wut ich deine Flechten zausen,
Noch mich mit roher Faust an dir vergehn.
Solch Pöbelstreit mag Bauernvolk belieben,
Dem nie Dionysos die Stirn umwand.
Ich singe – keine Zeit soll's von dir tilgen –:
»Cynthia an Schönheit groß, an Treue klein.«
Glaub mir – magst du der Menge Klatsch verachten –,
Der Spruch treibt einst die Scham dir ins Gesicht!

Mit der stolzen Geste des selbstbeherrschten Mannes warnt er seinen Nebenbuhler vor dem, was ihm als Liebhaber der treulosen Cynthia bevorsteht:

Also, Cynthias Macht gib auf zu erproben, o Gallus!
Niemand, der sie beschwört, kam ohne Strafe davon.

Aber nach einer Weile gibt er zu, daß Eifersucht ihn zu einem seelischen und körperlichen Wrack gemacht hat:

Wunderst dich auch so oft nicht mehr, weshalb ich so blaß bin,
Oder mein Leib schwinde zum Schatten dahin.

Am Ende gibt er dann die ganze Wahrheit zu:

Mich kränkt selbst die gemalte Gestalt von Männern und Göttern,
Mich das Knäblein, das noch lallt aus der Wiege dich an.
Mich kränkt selber die Mutter, wenn dich zu häufig sie küsset,
Mich die Schwester, und schläfst du mit der Freundin im Bett.
Alles kränkt mich, ich bin furchtsam, du verzeihe die Furcht mir:
Bang argwöhn' ich, ein Mann steck' in dem Frauengewand.

Tut die Geliebte alles, was der Mann von ihr verlangt, oder tut sie es von sich aus, ohne daß er besondere Wünsche geäußert hätte, so liebt und ehrt er sie als ein geradezu göttliches Wesen. Aber sobald sie auch nur das geringste seiner Gebote übertritt oder, noch schlimmer, andere Neigungen als die seinen zeigt, ist er nicht nur böse mit ihr, sondern betrachtet dies als Beweis ihrer Minderwertigkeit. Das gilt für Terenz, Catull, Horaz, Properz, Ovid und Martial. Keiner der großen römischen Liebesdichter ist fähig, die Frau als ein gleichwertiges, selbständiges Wesen zu betrachten, mit eigenen Wünschen und dem Recht, sie auf eigene Weise zu befriedigen. Hier hört sowohl Verständnis wie Toleranz des römischen Liebhabers für seine Geliebte auf.

Aber durch die gesamte römische Liebeslyrik zieht sich noch ein zweiter Faden, der den Leser an die Wurzel des römischen Patriarchats führt: die unterschiedliche Bewertung des Aktiven und Passiven, das der Römer mit dem Männlichen und dem Weiblichen gleichsetzte. Alles, was »aktiv« war, galt als männlich und deshalb gut; alles, was »passiv« war, galt als weiblich oder weibisch und deshalb schlecht. Bei jeder Sexualhandlung, an der zwei oder auch mehr Menschen teilnahmen, galt der »Passive« als minderwertig. So war beispielsweise der Analverkehr durchaus erlaubt, aber nur der aktive, einführende Partner war ehrenhaft; der passive, »duldende« Partner wurde verhöhnt und verspottet. Ebenso beim Oralverkehr, wo der Irrumator als der aktive Teil galt und deshalb als ehrenhaft angesehen, während der Fellator als passiv galt und deshalb als unehrenhaft betrachtet wurde. Wir würden heute den Irrumator als den passiven Partner betrachten, weil er geleckt wird, während wir den Fellator als aktiv empfinden würden, weil er ja leckt. Die Römer aber sehen im Fellator vor allem den Mund, das empfangende Organ, und betrachteten ihn deshalb analog zur Scheide, also zur Frau, die stets als der passive, also unehrenhafte Teilnehmer galt.

Daß eine Sexualethik, die jeden Akt zwischen zwei Personen als Kupplung zwischen einem ehrenhaften und einem unehrenhaften Partner betrachtet, unheilbar gespalten ist und deshalb echte Partnerschaft unmöglich macht, braucht kaum unterstrichen zu werden. Auch braucht man wohl nicht zu betonen, daß der Endeffekt eines solchen Dualismus Ekel sein muß. Da der passive Teil minderwertig ist, werden all seine Auswirkungen, auch seine Sekretionen, als schmutzig empfunden. Der Verkehr wird zur Besudelung. Die Frau wird nur noch als Menstruantin, der Mann nur noch als Koterzeuger empfunden, so bei Lucilius (*Satir. frag. inc.* 54): »Bei ihr besudelst du dich mit dem Blut und bei ihm mit dem Kot.«

Wobei Blut aber als das gefährlichere Gift galt. Nichts fürchtete der Römer mehr als die Menstruation seiner Frau. Die Furcht vor der gezahnten Vagina, die den Mann in den Penis biß und ihn kastrierte, hing eng mit der panischen Furcht vor dem Menstrualblut zusammen. Plinius schrieb (in *Nat. Hist.* VII, 64): »Nicht leicht wird man etwas finden, das ungeheuerlichere Wirkungen als der Wochen- und Monatsfluß der Frauen hervorbringen kann. Denn kommen sie während der Zeit ihres Unwohlseins in die Nähe eines Gefäßes mit Wein oder schreiten darüber hinweg, so wird er augenblicklich sauer, mag er auch noch so jung sein. Die Feldfrüchte verdorren durch ihre Berührung und kommen um. Wenn sie in diesem Zustand irgendwelche Gräser berühren, so sterben diese ab; die Kräuter und jungen Knospen eines Gartens werden vom Rost befallen und verkohlen völlig, wenn sie auch nur daran vorübergehen.«

Das ist eindeutig die Frucht des schlechten Gewissens: Angst, daß die Unterdrückte sich rächen könne; sich rächen mit den einzigen Waffen, die der Unterdrücker ihr noch nicht geraubt hatte: mit ihrer Sexualität. Menopotie, das Trinken von Menstrualblut, war offenbar nicht selten, was als Reaktionsbildung bei einer extremen männerrechtlichen Ordnung kaum überrascht. Seneca schreibt (in *De beneficiis* IV, 32): »Wie, als du, o Vorsehung, den Mamercus Scaurus Konsul werden ließest, wußtest du da etwa nicht, daß er die monatlichen Blutungen seiner Sklavinnen mit offenem Munde auffing? Hat er denn selbst ein Geheimnis daraus gemacht? Hat er denn für einen reinen Menschen gelten wollen?« Im 87. Brief schreibt Seneca: »In unseren Zeiten war Natalis ein Mensch von gottloser und durch unreine Dienste entehrter Zunge, in dessen Mund die Frauen ihre monatliche Reinigung vollzogen.«

Misopädie [gr.: misein = hassen; pais = Kind], Kinderhaß, Angst vor Nachkommenschaft. Vgl.: Tokophobie.

Mißhandlung Abhängiger, ein oft auftretender Fall des nichtsexuellen → Sadismus. Abhängige Hausangestellte werden geschlagen, ausgehungert, im Winter in ungeheizte Zimmer gesperrt, müssen auf dem Fußboden, in Wasserlachen oder im Hundehaus schlafen – all dies nicht aus Geiz, sondern aus Liebe zur Tortur. Nach § 223 b StGB wird mit Freiheitsentzug von drei Monaten bis zu fünf Jahren bestraft, wer Wehrlose, die seinem Hausstand angehören oder durch ein Dienst- oder Arbeitsverhältnis von ihm abhängig sind, quält oder roh mißhandelt oder sie an der Gesundheit schädigt.

Mißhandlung von Kindern und Jugendlichen wird gemäß § 223 b StGB mit Freiheitsentzug von drei Monaten bis zu fünf Jahren bestraft. Als M. dieser Art gelten Quälerei, rohe Mißhandlung, böswillige Vernachlässigung der Sorgepflicht und Gesundheitsschädigung von Kindern und Jugendlichen, die der Fürsorge oder Obhut des Täters unterstehen, seinem Hausstand angehören, von dem Fürsorgepflichtigen seiner Gewalt überlassen werden oder durch ein Dienst- oder Arbeitsverhältnis an ihn gebunden sind.

Mißhandlung von Wehrlosen und Gebrechlichen, eine nur allzu oft auftretende Form des unbewußten oder zumindest nichtkoitalen → Sadismus. Sie wird gem. § 223 b StGB mit Freiheitsentzug von drei Monaten bis zu fünf Jahren bestraft.

Mitgift nennt man die Vermögenswerte, die eine Tochter von ihren Eltern zur Einrichtung eines Hausstandes in die Ehe mitbekommt. Die Eltern sind zur Leistung einer M. verpflichtet, es sei denn, die Tochter führe einen unzüchtigen Lebenswandel oder heirate ohne Einwilligung der Eltern. Anläßlich einer zweiten Eheschließung steht der Tochter jedoch keine zweite M. zu. Der Anspruch auf M. ist unübertragbar und verjährt innerhalb eines Jahres nach der Eheschließung. Die Tochter muß sich die M. auf ihren Anteil am elterlichen Erbe anrechnen lassen. Sie bleibt Eigentum der Frau. Die M. geht auf den germanischen Brautkauf zurück. Im Mittelalter wurde es Sitte, daß der Vater der Braut die empfangene Kaufsumme, den »Brautschatz«, an die Tochter zurückgab und ihm eine zusätzliche Summe, die »Mitgabe«, hinzufügte. Der Gatte hatte den Fruchtgenuß der M., mußte aber Sicherstellung geben, daß die M. der Frau ungeschmälert erhalten blieb. Nach den Dekretalen Gregors IX. brauchten die Eltern nur dann keine M. zu zahlen, wenn der Bräutigam die Braut vor der → Verlobung bereits verführt hatte (*duc et dota* = Heirat und Mitgift). Die deutsche mittelalterliche Gerichtspraxis stellte den Verführer vor die Alternative, das Mädchen entweder zu heiraten oder für dessen Mitgift zu sorgen (*duc aut dota* = Heirat oder Mitgift). → Ausstattung.

Mixakusis [vom gr.: mixis = Beischlaf; akouein = hören], ein von B. Holthaus geprägter Begriff, der drei verschiedene Phänomene unter einen Nenner zu bringen sucht: erstens den Versuch, sich durch Belauschen anderer Menschen beim Geschlechtsakt sexuelle Befriedigung zu verschaffen; zweitens die Zwangsvorstellung, daß man die Geräusche des Geschlechtsverkehrs höre, obgleich alles still ist; drittens die Umdeutung aller Geräusche in Koitalgeräusche, also die unbewußte Sexualisierung all dessen, was man hört. In der *Zeitschrift für Sexualwissenschaft* (Band XVII, Heft 5) schildert Holthaus den folgenden Fall einer 32jährigen Patientin, die ihn wegen chronischer Schlaflosigkeit aufsuchte: Sie kann nicht einschlafen, weil sie von Pseudo-Halluzinationen verfolgt wird. Sie hört aus den Nebenzimmern, auch wenn sie weiß, daß sich niemand in ihnen befindet, Geräusche, die so klingen, als verkehre ein »Pärchen« geschlechtlich miteinander. Deutlich hört sie das Stöhnen des Mannes und das Schreien und Wimmern der Frau, das Geräusch der Küsse, das Knarren des Bettes usw. Sie gerät hierbei so in Erregung, daß sie »von selbst« zur Befriedigung kommt, in manchen Fällen hilft sie auch mit der Hand nach. Nächtelang muß sie so »an der Wand stehen«, und wenn sie einmal das Bett aufgesucht hat, zwingen sie die von neuem einsetzenden Geräusche, wieder aufzustehen und weiter an der Wand zu lauschen. Infolge dieser dauernden Schlaflosigkeit fühlt sie sich stets matt und müde und leidet an Kopfschmerzen. Über ihr Vorleben gibt die Patientin an, daß sie schon als zwölfjähriges Mädchen zu onanieren begonnen habe. Im sexuellen Verkehr mit Männern fand sie dann keine Befriedigung, erzielte sie nie die Endlust. In besondere sexuelle Ekstase geriet sie, als sie eines Tages eine Freundin und deren Verlobten beim Koitus belauschen konnte. Hauptsächlich das Stöhnen der beiden Partner erweckte in ihr starke Lustgefühle. Ohne jede »Hilfe« kam sie hierbei verschiedene Male zum Orgasmus. Sie knüpfte Beziehungen zu einem Hotelbesitzer an, der es ihr ermöglichte, Liebespaare zu belauschen, wobei sie immer in sexuelle Ekstase geriet. Doch legte sie dabei keinen Wert darauf, diese Personen beim Koitus zu Gesicht zu bekommen, sondern begnügte sich damit, das Stöhnen des Mannes und das Ächzen und Wimmern der Frau in sich aufzunehmen. Während zu Beginn des Leidens diese Vorstellungen willkürlich hervorgerufen wurden, kamen sie später auch auf, ohne daß die Patientin es wollte. Was sie bisher als angenehm empfunden hatte, quälte sie jetzt unaufhörlich. Selbst im Krankenhaus glaubte sie in der Nacht aus einem von zwei älteren Damen bewohnten Zimmer derartige Geräusche zu hören, lauerte am Morgen vor der Türe, um den Mann aus dem Zimmer kommen zu sehen. Da aber keine männliche Person aus dem Zimmer trat, wurde ihr klar, daß sie sich die Geräusche in der Nacht eingebildet hatte. Selbst im Wartezimmer glaubte sie Koitusszenen im Ordinationszimmer belauschen zu können.

Einen ähnlichen Fall berichtet Stekel (*Psychosexueller Infantilismus,* Berlin-Wien, Urban & Schwarzenberg, 1922), und zwar von einem 22jährigen Patienten, der bei Frauen immer impotent war und stets mit der Vorstellung onanierte, er höre im Nebenzimmer ein Paar koitieren. Er hat auch diese Phantasien in die Tat umgesetzt, indem er Stundenhotels aufsuchte und ein Zimmer wählte, das zwischen zwei anderen Zimmern lag und dünne Wände hatte. Hohe Trinkgelder sicherten ihm eine anregende Nachbarschaft. Er horchte nun gespannt auf alle Geräusche: wie das Paar ins Zimmer trat, was es sprach, ihr Sträuben, sein Zureden, das Flüstern, das Knarren des Bettes, ihr Seufzen und Stöhnen. Er geriet in höchste Aufregung und trachtete seinen Orgasmus nach dem des Paares einzurichten. In Stekels Fall ließ sich eine frühe infantile Wurzel dieser Sexualperversion ermitteln. Der Mann erinnerte sich nämlich, daß er durch viele Jahre den Koitus der Eltern belauscht und dabei onaniert hatte (→ Urszene). Die M. ist von forensischem Interesse, weil Patienten, die an ihr leiden, immer wieder Klagen erheben, daß Ärzte in ihrer Praxis mit Patientinnen Geschlechtsverkehr hätten. Fragt man die Ankläger dann, woher sie dies wüßten, so sagen sie stets, sie hätten es vom Wartezimmer aus »gehört«. → Écouteur, Nebenzimmersexualität.

Mixoscopia, Mixoskopie [gr.: mixis = Beischlaf; skopein = zusehen], die Obsession des Voyeurs, der seine sexuelle Befriedigung nicht im Koitus, sondern beim Betrachten des Koitus anderer Menschen findet. Manchmal onaniert er dabei, aber in gravierenden Fällen tritt Samenerguß ohne Manipulation ein. Wie bei allen Perversionen ist das Endstadium auch hier der Fortfall des Orgasmus. Wie die Nymphomanin strebt der Patient durch ständige Wiederholung des Versuches nach einer Befriedigung, die er nicht finden kann.

MIXOSCOPIA BESTIALIS [lat.: bestialis = tierisch], die Lust, den Beischlaf zwischen Tieren oder zwischen Mensch und Tier zu sehen. Der Ausdruck stammt von Albert Moll. Vgl.: Tierfetischismus, Zooerastie, Zoophilie.

MIXOSCOPIA HOMOSEXUALIS [gr.: homos = gleich; lat.: sexus = Geschlecht], die Lust, dem gleichgeschlechtlichen Verkehr zuzusehen. Der Voyeur, der auf diesen Anblick fixiert ist, braucht nicht selber homosexuell zu sein. Man findet bei heterosexuellen Männern sehr häufig die Sucht, zwei Frauen beim lesbischen Verkehr zu beobachten (→ Triolismus). Ebenso findet man Frauen, die beim Anblick des homosexuellen Verkehrs zweier Männer zum Orgasmus gelangen. Wie bei allen anderen Formen der Mixoskopie unterscheidet man auch hier zwischen der KONJUNKTIONSMIXOSKOPIE, die nur zur Einleitung und Reizsteigerung des dann folgenden Koitus dient, und der KOMPENSATIONSMIXOSKOPIE, die als Surrogat des Koitus dient. → Adspektprostitution, Homosexualität, Metatropismus, Pluralismus, Skoptophilie, Visionismus, Voyeur.

Mollies' Club, englischer Geheimclub männlicher Homosexueller um 1700. → sexuelle Clubs, Homosexualität.

Monogamie [gr.: monos = allein, einzig, einzeln; gamos = Ehe], die lebenslange, jeden Geschlechtsverkehr mit anderen Menschen ausschließende sexuelle Gemeinschaft zweier Menschen verschiedenen Geschlechts. Die M. hat nichts mit der → Familie zu tun und dient auch nicht notwendigerweise der Aufzucht von Kindern. Sie provoziert deshalb die Frage, wieso denn der Mensch, dessen anatomisches System große Promiskuität ermöglicht, nicht nur in der Alten Welt, sondern auch in fast allen anderen Kulturen ein einschränkendes Paarungssystem angestrebt hat. Die Erklärung, daß Inzest notwendigerweise eugenisch schädlich sein müsse, wird keinen Tierzüchter, geschweige denn den Humanbiologen überzeugen. Auch die Hypothese, daß alle Formen der Paarungsbegrenzung nur Vorfahren der M. seien und der Versorgung des ehelichen Nachwuchses dienen, ist nicht stichhaltig. Jede Gesellschaft kann ihre Kinder versorgen, ohne wissen zu müssen, welches Kind welchen Vater hat. Der wirkliche Zweck der M. ist also nicht die Versorgung des Kindes, sondern die Vererbung des väterlichen Privatbesitzes.

Man erkennt die Dinge manchmal am deutlichsten, wenn man erst einmal definiert, was sie *nicht* sind. So ist die bedeutungsvollste Negation der Ehe zweifellos der Ehebruch. Als das Konzept des Ehebruchs zuerst in der Geschichte der westlichen Welt auftauchte, bedeutete es aber etwas ganz anderes als heute, nämlich eine Form des Diebstahls. Die Gattin, die sich mit einem anderen Manne paarte, konnte von ihm geschwängert werden. Merkte der Gatte das nicht, so zog er einen Bastard heran, der ihn beerbte, das heißt: bestahl. Denn erben durfte nach patriarchalischem Usus nur der leibliche Sohn.

Die Paarungsbeschränkung verfolgt also zwei Zwecke. Erstens zwingt sie den Menschen aus der Isolierung der inzestuösen Sippe hinaus in die weite Welt. Er muß seinen Partner anderswo suchen, und diese Suche führt zur Weltoffenheit, zur Berührung der Kulturen, zum Fortschritt. Zweitens führt die Herausbildung des Eigentums über den Umweg des Erbrechts zur erzwungenen »Treue« der Frau. Erst die Erfindung der chemischen Antikonzeptionsmittel befreit sie in begrenztem Maße von dieser erzwungenen Karenz. Darin liegt aber noch keine Legitimierung der Paarungsfreiheit; eine solche Legitimierung kann erst dann erfolgen, wenn Paarung und Vermehrung grundsätzlich getrennt werden.

Wer nicht, wie es allzu viele tun, die Welt aus der Deutung der eigenen Psyche (aus einer solipsistischen Projektion der eigenen Erfahrungen auf andere Menschen) interpretieren will, der hat, wenn er nicht gerade Arzt oder Psychiater oder Psychoanalytiker ist, überhaupt keine Alternative, die Welt verstehen zu lernen, als durch jene Gespräche, die man in den ersten Stunden nach dem Liebesakt führt, wenn die Schranken der Vorsicht niedergebrochen sind und der eine zum anderen so frei spricht, wie er es nie wieder tun wird. Deshalb ist M., wenn sie strikt befolgt wird, wahrscheinlich auch eine verdummende, eine erfahrungshemmende, eine zu falschen Urteilen verführende Paarungsform. Der

Mann, der alle Frauen nach dem Modell der »eigenen« beurteilt und deshalb vermeint, er wüßte, wie »die« Frauen »in Wirklichkeit« sind, der schadet nicht nur sich, nicht nur »seiner« Frau, nicht nur allen anderen Frauen, sondern der ganzen Gesellschaftsordnung, zu der er gehört. Letztlich ist keine Gesellschaftsordnung besser als das Wissen, das ihre Mitglieder besitzen. Und das hängt nicht nur von dem Maß der individuellen Aufmerksamkeit und Beobachtungsgabe, sondern auch von der simplen Quantität der Erfahrungen ab, die ein jeder mit dem anderen macht.

Monosexualität [gr.: monos = allein; lat.: sexus = Geschlecht], → Autoerotismus, Narzißmus, ein von Kertbeny geprägter Ausdruck. Die M. äußert sich meist in der Masturbation beim Anblick des eigenen Spiegelbildes oder von Fotos, die den eigenen Körper darstellen. Vgl.: Autoerastie, Autoerotik, Autofetischismus, Automonosexualität, Autosexualismus, monosexuelle Idiosynkrasien, Konturerotik, Spiegelakte, Trisexualität.

Monumentophilie [lat.: monumentum = Denkmal; gr.: philia = Liebe], die sexuelle Fixierung auf Monumente. Im Gegensatz zur → Statuophilie, der sexuellen Fixierung auf Statuen, zieht die M. nur diejenigen Fetischisten an, deren Syndrom einen Drang zur Öffentlichkeit, also zum Exhibitionismus einschließt, und die gleichzeitig an einer starken Vaterbindung leiden und deshalb Neigung zu allen Symbolen der väterlichen Macht, also z.B. zu öffentlichen Denkmälern, empfinden. M. kann aber auch eine nekrophile Komponente haben, wenn sie sich hauptsächlich beim Anblick, Abtasten und manchmal dem versuchten Koitus mit Grabdenkmälern entzündet. → Ikonolagnie, Pygmalionismus, Statuenliebe, Venus statuaria, Wunschzeichnung. Vgl.: Bilderschändung, Ikonophobie, Monumentophobie, Statuenhaß, Statuophobie, Übermalung.

Monumentophobie [lat.: monumentum = Denkmal; gr.: phobia = Angst], Denkmalsangst oder Denkmalshaß, eine Form des → Antifetischismus, in der sich Sadismus mit Denkmalsfetischismus verbindet. Der Monumentophobe beschmiert, verunstaltet, beschädigt oder zerstört öffentliche Denk- oder Grabmäler. Man kann aus der Wahl der attackierten Monumente und aus der Art der Beschädigung meist klare Rückschlüsse auf die präzise Ausrichtung seines Syndroms ziehen. Bei Angriffen auf Denkmäler, die die Obrigkeit verkörpern, liegt meist Vaterhaß vor. Jeder Angriff auf ein Denkmal ist symbolischer Vatermord. Bei Beschädigungen von Grabmälern liegt meist eine Form des Nekrosadismus vor. → Bilderschändung, Ikonophobie, Statuenhaß, Statuophobie, Übermalung. Vgl.: Ikonolagnie, Monumentophilie, Pygmalionismus, Statuenliebe, Statuophilie, Venus statuaria, Wunschzeichnung.

Moral → Abstinenz, Agape, Askese, Bußdisziplin, Caritas, Concupiscentia, Ehepflicht, Ekel, Erbsünde, Erkenntnis, Intimmoral, Jugendschutz, Jungfräulichkeit, Keuschheit, Mutterschutz, Perversion und Moral, Repulsionskräfte, Salacitas, Scham, Schuld, Schutzaufsicht, Sexualmoral, Sittlichkeit, Sündenfall, Zölibat.

Morbus gallicus [lat.: gallische Krankheit] nannte man im 16. Jahrhundert die → Syphilis, weil sie von der französischen Armee Karls VIII. durch ganz Europa getragen wurde.

Moulin Rouge [frz.: Rote Mühle], das Tanzlokal, das Joseph Ollier, der »König der Belle Époque«, 1889 an der Ecke der Place Blanche und der Rue Lepic eröffnete. Es stand auf der Stelle des alten → Bal de la Reine Blanche und wurde von dem Maler Adolphe Willette entworfen. Die Hauptattraktion war der → Cancan, der dort zum ersten Mal in kommerzialisierter Form einem Publikum von Nichttänzern vorgeführt wurde. Im Gegensatz zu den Ursprungslokalen dieses Unterweltstanzes, der → Closerie des Lilas, des → Bal Mabille und der → Grande Chaumière, wo die Tänzerinnen manchmal keine Beinkleider und oft welche mit offenem Schlitz trugen, legte Ollier Wert darauf, daß die Damen besonders viele und kostspielige Unterhöschen und Unterröcke mit Spitzen aller Art trugen und daß diese stets sauber waren. Einer seiner Angestellten, Durocher, genannt »Père-la-Pudeur« (Keuschheitsvater), hatte die Aufgabe, die Unterhosen der Tänzerinnen persönlich zu kontrollieren. Fand er eine schmutzige, tauschte er sie gegen eine saubere aus, die er aus einem Wäschesack zog, den er stets mit sich herumtrug. Hatte eine der Damen vergessen, den damals üblichen Schlitz in der Unterhose zuzunähen, so schloß er persönlich das corpus delicti mit riesigen Sicherheitsnadeln, die er in der Tasche hatte. Zu den Stammgästen des Moulin Rouge gehörten Toulouse-Lautrec, Jean Louis Forain, Oscar Wilde, Léon Blois, Maurice Barrès, Guy de Maupassant, Tristan Bernard, Jean Richepin und Jean Moréas.

Moulins de la Galette [frz.: Fladenmühlen], die berühmten Windmühlen von Montmartre, stammen aus dem Anfang des 17. Jahrhunderts. Im 19. Jahrhundert gehörten sie der Familie Debray, die 1814 als Franctireurs gegen die Russen kämpfte und von ihnen fast ausgerottet wurde.

Der einzige überlebende Debray verwandelte seine Mühle in ein Tanzlokal um und führte trotz einer Lanzenwunde, die nie heilte, jeden Abend persönlich die Cancan-Quadrille an. La Goulue, die berühmteste, oft von Toulouse-Lautrec gemalte Cancan-Königin, wurde im Schatten dieser Mühle geboren und lernte dort bei den Artilleristen tanzen. Die Hauptattraktion der Mühle waren die jungen Arbeitermädchen, meist Angestellte der staatlichen Tabak- und Zündholzfabriken, aber auch Wäscherinnen, Näherinnen und Plätterinnen, die sich teils aus wirklicher Armut, teils weil es ihre einzige Chance war, aus dem »milieu« herauszukommen, an die wohlhabenden Gäste verkauften. Man munkelte jedoch, daß Debray über einen reichen Vorrat von zerrissenen und geflickten Kleidern, schiefgetretenen Schuhen und verbeulten Hüten verfügte, die er den »berufsmäßigen Damen« des Distrikts gegen gute Bezahlung auslieh, so daß sie sich als »arbeitende Jungfrauen« ausgeben konnten.

Mujadores [sp.: mujer = Frau], »Fraulinge«, männliche Transvestiten bei den Pueblo-Indianern, die zum Kult des Stammes gehörten. Sie wurden von frühester Kindheit an als Mädchen gekleidet und erzogen, um eines Tages dem ganzen Stamme als päderastische Ehrenjungfrauen zur Verfügung zu stehen. Vgl.: Achnutschik, Basir, Basm, Batscha, Berdache, Epanga, Bote, Galli, Homosexualität, Kedeschim, Knabenehe, Ovashengi, Päderastie, Puer sanctus, Pumea, Schupan, Tempelprostitution, Tschukadn, ritueller Transvestitismus.

Muliebriores [lat.: mulier = Frau], ein von Ulrichs geprägter Ausdruck, der den »weiblichen« (passiven) Typ des männlichen Homosexuellen bezeichnen soll. Vgl.: Viriliores.

Musette [frz.] bedeutete ursprünglich Sackpfeife oder Dudelsack und wurde Anfang des 19. Jahrhunderts zum Spitznamen jener jungen Pariser Nähmädchen, die Henri Murger (1822–1861) in seinen *Scènes de la vie de Bohème* (1847, Bühnenfassung 1849) verewigt hat. Der Mythos jener Jahre verwandelte die Armut dieser Nähmädchen und ihre Abhängigkeit von Männern in eine Legende von liebenden Gefährtinnen der Maler und Dichter des Quartier Latin. M. spielt in Leoncavallos Oper *Bohème* (1897) eine größere Rolle als in Puccinis *Bohème* (1896), wo sie hinter Mimi zurücktritt. → Carabine, Étudiante, Grisette, Lorette, Marchande de mode, Midinette, Parfumeuse.

Music Hall [engl.: Musikhalle] nannte man zuerst in London und dann in Paris die Variétépaläste des 19. Jahrhunderts: »Alhambra«, »Coliseum«, »Collins'«, »Empire«, »Hippodrome«, »Leicester Square«,

»Pavilion«, »Oxford«, »Palladium«, »Stoll«, »Tivoli«, »Trocadero« in London, »Hippodrome«, »Scala«, »Alcazar d'hiver«, »Olympia«, »Alhambra«, »Théâtre d'Étoile«, »Bobino«, »A.B.C.« in Paris. Hier wurden zu meist erträglichen Preisen einem Publikum von Arbeitern und kleinen Angestellten all die großen Chansonniers vorgestellt, während die Reichen und die Touristen in Nachtklubs das Doppelte und Dreifache zahlen mußten. Erst der Applaus Pariser Arbeiter ist von Künstlern wie Aristide Bruant, Maurice Chevalier, Gilbert Bécaud, Charles Aznavour, Georges Brassens, Yves Montand, Lucienne Boyer, Edith Piaf, Juliette Gréco als Legitimation akzeptiert worden, daß man »angekommen« sei. Das Liebeslied des heutigen Frankreich ist in diesen Music Halls ratifiziert worden.

Musico, in den Niederlanden von Anfang des 17. Jahrhunderts an die Hafenlokale, in denen Prostituierte die Matrosen mit Liedern und Tanz unterhielten. → Casanova beschreibt ein solches Lokal im 3. Band seiner Memoiren.

Muskelerotik, jene Form der sexuellen Orientierung, die auf das kindliche Stadium der Freude an der Bewegung und der Betätigung der sich entwickelnden Muskeln zurückgeht. Die M. beginnt sich im frühesten Säuglingsalter zu entwickeln und führt von der ersten Bewegung über das Kriechen, Stehen, Gehen, Rennen und Balgen der Kinder bis zu den Koitalbewegungen des Erwachsenen. Sport ist deshalb von den Erziehern mit Recht stets als ein Sexualsurrogat betrachtet worden. Leistungssportlern ist vor Wettkämpfen der Geschlechtsverkehr verboten. Beim Body-building wird die körperliche Ausbildung oft zur Autoerotik und tötet damit das Bedürfnis nach Geschlechtsverkehr. Niemand triebe Sport, wenn die Betätigung der Muskeln nicht Lust bereitete, wenn Sport also *keine* erotische Tätigkeit wäre.

Freud trennt die passiven Muskelreize von den aktiven und überträgt die Lust des Kleinkindes, gewiegt zu werden, auf spätere Freude am Schaukeln, Karussellfahren, Rutschen, Rodeln und so weiter. Aber diese Trennung ist akademisch: der Muskelreiz ist in beiden Fällen der gleiche. Daß die rhythmischen Erschütterungen des Eisenbahn- und Autofahrens gleichzeitig einen Reizeffekt auf die Genitalien ausüben und daß die Balgereien der Kinder auch einen Genitalreiz haben, versteht sich von selbst und zeigt, wie die M. zur Genitalerotik führt. »Die Neigung zum Muskelstreit mit einer bestimmten Person, wie in späteren Jahren zum Wortstreit (›was sich liebt, das neckt sich‹), gehört zu den guten Vorzeichen der auf diese Person gerichteten Objektwahl.«

Andererseits ist in der Förderung der sexuellen Erregung durch Muskeltätigkeit zweifellos auch »eine der Wurzeln des sadistischen Triebes zu erkennen. Für viele Individuen wird die infantile Verknüpfung zwischen Raufen und sexueller Erregung mitbestimmend für die später bevorzugte Richtung ihres Geschlechtslebens« (Freud: *Drei Abhandlungen zur Sexualtheorie,* 1905, Fischer Bücherei 422, S. 74–75).

Mutterfixierung, die Unfähigkeit des Mannes, die sexuelle Komponente der Mutterliebe von der Mutter auf einen gegengeschlechtlichen Sexualpartner zu übertragen. Männliche Homosexualität geht deshalb angeblich oft auf M. zurück. Da der Patient in jeder Frau die Mutter sieht und Geschlechtsverkehr mit der eigenen Mutter als Inzest betrachtet, verliebt er sich nur in Menschen des eigenen Geschlechts. Aus den gleichen Gründen verlieben sich andere mutterfixierte Männer nur in Frauen, die unerreichbar sind und deshalb kein Risiko des (inzestuösen) Geschlechtsverkehrs bieten. Oder der Patient wendet sich von der Subjektliebe zur Objektliebe, von der Menschenliebe zum → Fetischismus. → Distanzliebe, Geschädigter Dritter, Homosexualität.

Mutterrecht, die angebliche Urform der menschlichen Rechtsordnung. Der Begriff stammt von dem schweizerischen Rechtshistoriker Johann Jakob Bachofen (1815–1878), ist aber eine contradictio in adjecto, denn der Kernpunkt jener Kulturen, die er »mutterrechtlich« nennt, ist gerade der, daß sie präjuristischen Ursprungs sind: ihr Gesellschaftssystem stammt aus der Ära vor der Konstituierung des menschlichen Rechts. Das Recht – dies ist eine Kernthese des vorliegenden Lexikons – geht auf einen historischen Urakt zurück: die Negation der Natur. Der natürliche Vorgang, der hier negiert wird, ist die Geburt. Die Frau weiß stets, daß das Kind, welches sie soeben geboren hat, ihr eigenes ist; der Mann dagegen kann seiner Vaterschaft nie sicher sein. Das Patriarchat konstituiert sich mit der Deklaration des Mannes, daß dieser Zustand hiermit aufzuhören habe: »Da die Frau uns bis in alle Ewigkeit überlegen wäre, wenn ein solcher Zustand weiter bestünde, verbiete ich ihn hiermit. Dieses Verbot nenne ich: das Recht.«

Recht ist also im historischen Sinne das, was die Natur negiert und deshalb mit einem stets wachsenden Apparat von Gesetzgebern und Gesetzen, Richtern und Richtsprüchen, Polizisten und polizeilichen Maßnahmen, Gefängniswärtern und Gefängnissen, Strafbehörden und Strafen erzwungen werden muß. Deshalb stellt der Ausdruck »Mutterrecht« auch einen Widerspruch in sich selbst dar. In → matrilateralen Subsistenzkulturen kann es noch gar kein »Recht« geben, weil es noch keine Überschüsse gibt. Niemand zerbricht sich den Kopf, wem das Kind »gehört«, solange das Kind noch nicht als Eigentum empfunden wird. In Begriffen des Eigentums lernt der Mensch erst dann zu denken, wenn seine Nahrungsmittelerzeugung so weit fortgeschritten ist, daß sie einen Überschuß produziert. Erst der Nahrungsüberschuß ermöglicht die Akkumulation von Eigentum, erst die Akkumulation von Eigentum ermöglicht dessen Vererbung, und erst die Vererbung von Eigentum erfordert die Feststellung der Vaterschaft. Dies ist der historische Punkt, der die Machtübernahme des Patriarchats kennzeichnet.

Die ersten beweisbaren Ansätze dessen, was Bachofen »M.« nennt, treten erst in der Gentilgesellschaft auf:

1. Gleiches Recht für Männer und Frauen.
2. Recht auf Sippenmitgliedschaft durch Abstammung von einer Mutter, die Sippenmitglied ist.
3. Das Recht auf einen Sippennamen, der Sippenrechte verleiht, wie heute Staatsbürgerschaft Bürgerrechte gibt. Benennung des Kindes nach der Mutter.
4. Das Recht, bei der gemeinsamen Sippenversammlung gleichberechtigt zu stimmen.
5. Das Recht, in freier, offener Wahl als Sippensprecher gewählt zu werden. Damit verbunden aber auch die Pflicht, eine jederzeitige Abwahl zu akzeptieren.
6. Das Recht, in einem gemeinsamen Sippengrab beerdigt zu werden.
7. Kein Recht der Paarung mit anderen Sippenmitgliedern, denn das wäre Blutschande.
8. Kein Recht der Adoption, denn nur Blutsverwandte konnten Sippenmitglieder sein.
9. Kein individuelles Jagd-, Fisch- oder Sammelrecht.
10. Kein individuelles Recht auf Bodenbesitz.
11. Kein Recht auf individuelle Vererbung. Erben konnte nur die Sippe, die das Erbe dann nach matrilinearen Deszendenzregeln verteilte.
12. Primat der Tochter gegenüber dem Sohn.
13. Primat der Schwester gegenüber dem Bruder.
14. Primat der Jüngsten unter den Kindern einer jeden Mutter. Im Gegensatz zu dem patriarchalischen Primat des ältesten Sohnes galt bei allen matristischen Sippengesellschaften das Primat der jüngsten Tochter. Die Bevorzugung der Jüngstgeburt »knüpft die Fortdauer des Lebens an denjenigen Zweig des Mutterstammes an, der, weil zuletzt entstanden, auch zuletzt von dem Tode erreicht werden wird« (Johann Ja-

kob Bachofen, *Gesammelte Werke,* Basel 1948, Band II, S. 19).
15. Die Pflicht, anderen Sippenmitgliedern Hilfe, Beistand, Rechtsprechung und Sühne zukommen zu lassen.
16. Die Pflicht, alle Entscheidungen der Sippe zu befolgen.

Während der Übergangszeit zum Vaterrecht änderten sich einige dieser Rechte und Pflichten:
1. Die Erbberechtigung ging von der Sippe auf die Tochter über.
2. Gleichzeitig wurde die Tochter ihrer Mutter gegenüber alimentationspflichtig.
3. Daraus erwuchs aber auch für die Tochter die Pflicht der → Elokation (Ausstattung) und Dotierung ihrer Brüder.
4. Das Verbot der Paarung innerhalb der Sippe wurde für verwaiste Töchter und Erbinnen aufgehoben, damit ihr Besitz innerhalb der Sippe bleibe.
5. Einführung des Adoptionsrechts. Dies gehörte anfangs noch der Sippe in ihrer Gesamtheit und fand durch einen Ritus statt, in welchem der Adoptierte starb und neu geboren wurde. Durch den Tod starb er als Mitglied seiner alten Sippe, durch die Wiedergeburt wurde er zum Sohne der ihn adoptierenden Sippenmutter. So wurde auch Orest nach der Ermordung seiner Mutter rituell wiedergeboren (George Thomson, *Frühgeschichte Griechenlands und der Ägäis,* übers. v. Hans-Georg Heidenreich, Berlin 1960, S. 113). Nach wie vor hatte kein Individuum das Recht, ein anderes Individuum zu adoptieren, aber selbst wenn die Sippe als Ganzes sich das Privileg vorbehielt, einen Fremden einzubürgern, so stellte das Einbürgerungsrecht als solches doch bereits eine nie wieder gutzumachende Verletzung der früheren Sippentradition dar. Es erlaubte, gemeinsam mit dem Recht auf Privateigentum und dessen Vererbung, den Männern später, das Recht der Frau zu brechen und damit das Zeitalter des Patriarchats einzuleiten.

Die sexuellen Implikationen eines solchen Systems sind so eindeutig, daß man sie kaum zu beschreiben braucht. Trotzdem muß einiges gesagt werden, weil die Vorgeschichtsforschung das Thema vernachlässigt hat. Für den heutigen Bürger drückt Monogamie Ordnung und Sittlichkeit aus, weil nur durch Einehe die Illusion des Vaters erzeugt werden kann, die Kinder seiner Frau seien auch die seinen. Wenn er nun erfährt, in den matristischen Sippengesellschaften der Vorzeit habe es weder eine Ehe im gegenwärtigen Sinne noch ein ausschließliches Zusammenleben einer einzigen Frau mit einem einzigen Manne gegeben, so folgert er, daß diese Gesellschaften unsittlich gewesen seien und in »ungeordneten Verhältnissen« gelebt hätten. Genau das kann man aber selbst beim schlechtesten Willen den matristischen Gesellschaften nicht vorwerfen. Kaum irgendwann und irgendwo hat es Gesellschaftsordnungen mit höherer Moral gegeben. Da die Mutter sowieso stets wußte, welches Kind von ihr selber stammte, benötigte sie allerdings, im Gegensatz zum Vater, niemals die Institution der Einehe. Monogamie drückt Männerherrschaft aus, selbst wo matrilineare Deszendenz besteht, denn nur der Mann hat ein Interesse daran, daß »seine« Frau sich ausschließlich mit ihm paare. Es gibt dagegen keinen erdenklichen moralischen Grund, weshalb eine Frau ein Interesse daran haben solle, daß der Mann, mit dem sie lebt, sich mit niemand anderem paaren möge; es gibt nur den harten ökonomischen Grund, daß sie ihm »treu« sein muß, wenn sie von ihm ernährt werden will. Solange sie aber selber den Löwenanteil an allen Lebensnotwendigkeiten erzeugt, ist sie von diesem Motiv glücklicherweise frei.

Deshalb stellt auch das Gerede der Vorgeschichtsforscher des 19. Jahrhunderts von den »Weibergemeinschaften« der »Urzeit« ein Mißverständnis des Kräfteverhältnisses in diesen Sippengesellschaften dar. Wo die Frau der ökonomisch stärkere Partner ist, da sucht sie sich auch ihre Partner aus. Es bestand also eher eine »Männergemeinschaft«, aber auch dies wäre eine aus unserer Zeit retrojizierte Vorstellung, weil Polygamie nur dort herrschen kann, wo es eine herrschende Klasse gibt, die sich das Privileg der multiplen Ehe leisten kann.

Mutterrecht im alten Rom. Findet man Überbleibsel »naturrechtlicher« Vorstellungen in einer Gesellschaftsordnung mit voll entwickeltem Vaterrecht, so kann man in solchen Fällen die Anführungsstriche vor und nach dem Wort Mutterrecht fortlassen, denn hier handelt es sich tatsächliche um Formen juristischen Denkens, die an alte matristische, vorrechtliche Grundsätze anknüpfen. Solches Denken findet man bei einer beachtlichen Anzahl römischer Juristen, vornehmlich solcher, die nicht in Rom selbst, sondern in einer einst matrilinearen, matrilokalen, matrilateralen Gesellschaft aufgewachsen sind.

Es ist gewiß kein Zufall, daß nur die Muttterrechtler unter den römischen Juristen das Recht des Volkes auf Widerstand gegen die Staatsgewalt, ja sogar ausdrücklich auf Revolution geltend gemacht haben. Und es ist sicherlich auch kein Zufall, daß einer der bedeutendsten dieser Mutterrechtler, Ulpian (um 200 u. Z.), in einem mutterrechtlichen Land, in Phönizien, geboren und aufgewachsen war. Er leitete das *ius naturale,* das Naturrecht, das alle Zivilrechte überstimmt, aus dem traditionellen Sexualrecht der alten Mutterreligionen ab. Der Muttergöttin sei jedes Sonderrecht verhaßt, meint er (in *Dig.* I, 1,3). Und damit meint er sowohl den Eigentumsanspruch des Mannes auf den ausschließlichen Besitz des Körpers seiner Gattin als auch den Besitzanspruch der Frau auf die eheliche »Treue« ihres Mannes. Der Grundsatz des Mutterrechts, das Recht eines jeden Menschen auf Geschlechtsverkehr mit allen anderen Menschen, wird hier noch einmal angesprochen und als Grundlage der Ablehnung jeder Form des Privateigentums zitiert: Alle Menschen haben das gleiche Recht auf Grund und Boden, auf das Meer, auf die Luft, auf einander; die Erde und alle auf ihr lebenden Menschen sind grundsätzlich eine *communitas omnium possessio,* ein Gemeinbesitz aller. Deshalb sei auch das *vim vi repellere,* das Recht, Gewalt durch Gewalt auszutreiben, ein unabdingbarer Grundsatz des Naturrechts.

Bachofen, der trotz seiner politischen Konservativität durch die Brillanz und Unbestechlichkeit seines Geistes immer wieder zu revolutionären Schlüssen getrieben wird, sagt hierzu: »Die vielfältige Hervorhebung eines ganz natürlichen Gesichtspunktes im Rechte verdient die höchste Beachtung. Sie erscheint als Reaktion gegen den staatlichen Gesichtspunkt, dem Rom alles unterordnete, und als Bestreben, der Herrschaft der Form mehr und mehr zu entgehen. Darin liegt nun in der Tat wiederum eine Annäherung an das mütterlich stoffliche Prinzip des alten rein physischen Naturrechts, und eine Bewahrheitung des Satzes, daß Ende und Anfang menschlicher Zustände eine innere Verwandtschaft tragen.« (Johann Jakob Bachofen, *Das Mutterrecht,* zitiert aus Kröners Taschenausgabe Band 52, Seite 228). Hiermit nimmt Ulpian nicht nur Vico, sondern auch Marx vorweg. Denn was er mit der Verwandtschaft von Anfang und Ende meint, ist der Konnex zwischen dem Urkommunismus, der *communitas omnium possessio,* und der Zukunft mutterrechtlicher Freiheit und Gleichheit, den er in den *Regulae* und den Kommentaren zum prätorischen Edikt und zu Sabinus anstrebt. Es wird selbst diejenigen, die nicht mit seinem Leben und seinen Werken vertraut sind, nach diesem Hinweis kaum überraschen, daß er im Jahre 228 von meuternden Prätorianern ermordet wurde.

Weshalb stellten die Römer dann aber das Recht als *Frau* dar? Augustus weihte der verkörperten Gerechtigkeit, der Göttin *Iustitia,* ein Heiligtum und ein Standbild, Hadrian ließ ihr zu Ehren Münzen prägen. Auch Ceres, die Fruchtbarkeitsgöttin, wurde vom Patriarchat als

Ceres Legifera, als Gesetzgeberin, verehrt. Die *leges aere incisae,* die in Erz geschriebenen Gesetze, wurden im Tempel der Ceres, nicht in dem einer männlichen Gottheit aufgehoben. Auch die Weisheit wurde sowohl von den Griechen *(Sophia)* wie von den Römern *(Sapienta)* als Frau verehrt. Das Bürgertum hat all diese Figuren bis in unsere Tage übernommen. Zahllose Gerichtshöfe der westlichen Welt tragen das Bild einer Frau mit Waagschale, manchmal mit Schwert, oft mit verbundenen Augen. Zahllose Universitäten tragen trotz *numerus clausus* das Bild einer Weisheitsgöttin.. Als Delacroix in der bürgerlichen Revolution die Figur der Freiheit darstellen wollte, wählte er eine Frau, die mit der Trikolore in der Hand den Männern über die Barrikaden vorauseilte. Im Hafen von New York, wo Freiheit weiß Gott nicht mehr leicht zu finden ist, steht die Freiheitsstatue, eine Frau mit Fackel, die den einst auf Ellis Island festgehaltenen Immigranten als Inbegriff des Hohns vorgekommen sein muß.

Nirgends tritt die Widersprüchlichkeit des Patriarchats deutlicher in Erscheinung als in diesen Gestalten, die aus dem Mutterrecht übernommen worden sind und dem Vaterrecht als Rechtfertigung für die Unterdrückung der Frau dienen; denn wenn man die Frau als Symbol verehrt, entledigt man sich der Pflicht, ihr auch als lebendem Wesen Ehre zu erweisen. Wenn man sie als Gerechtigkeit, als Freiheit, als Weisheit symbolisiert, braucht man ihr in der Realität keine Freiheit, keine Gerechtigkeit zu geben und kann ihre Weisheit getrost mit Füßen treten. Hier deckt das Patriarchat also sein schlechtes Gewissen auf und zeigt gleichzeitig, wie man es durch Aufdeckung beschwichtigt.

Jede Form des rechtlichen Denkens geht auf bestimmte Produktionsbedingungen zurück und ist von diesen untrennbar. So wie die vorgeschichtlichen Subsistenzgesellschaften, in denen der Anteil des Mannes an der Fortpflanzung noch nicht bekannt war, matrilineare Deszendenzsysteme entwickelten und wegen des Nahrungsmangels alles miteinander teilten, wie eine Mutter mit ihren Kindern teilt, so entwickelt eine Überschußgesellschaft mit vererbbarem Privateigentum und patrilinearer Deszendenz unweigerlich vaterrechtliche, patriarchalische Tendenzen.

Der oft von mangelnder Kenntnis der historischen Vorgänge getragene Gedanke eines mutterrechtlichen Staates als Alternative zum vaterrechtlichen Staat stellt also einen Widerspruch in sich selber dar, eine *contradictio in adjecto.* Das Mutterrecht entspricht einem Entwicklungsstadium der Produktionsmittel, in welchem der Staat weder notwendig noch möglich ist. Wo es keine Klassen und deshalb auch keinen Klassengegensatz gibt, kann kein Staat entstehen. Das Mutterrecht, insofern wir uns überhaupt sein Überleben nach dem Verschwinden seiner ökonomischen Basis vorstellen können, ist grundsätzlich »staatszersetzend«. Präziser ausgedrückt: Da die Gleichberechtigung der Geschlechter nur in einer klassenlosen Gesellschaft erfolgen kann, bedeutet jedes konsequent vorgetragene Bemühen um eine Befreiung der Frau vom Patriarchat auch einen Angriff auf den Staat.

Die Römer waren sich dieser Tatsache durchaus bewußt, als sie die Doppeltheorie entwickelten, daß der einzige Staat der römische sei, weil alle anderen Völker Mutterrechtler und deshalb der Staatsgründung unfähig seien. Wo die Römer auch hinblickten, sahen sie matrilinear ausgerichtete Völker: Ägypter, Apuaner, Ausoner, Deciater, Dorer, Germanen, Ingaunier, Karthager, Kelten, Ligurer, Lokrer, Oinotrier, Oxybier, Sabiner, Sallurier, Segobrier, Sikuler, Skythen, Stoenier, Verdranter, Volsker. Und nur indem sie eines dieser Völker nach dem anderen besiegten, konnten sie sich beweisen, daß alle anderen minderwertig seien, weil sie keinen Staat aufbauen konnten, und daß sie keinen Staat aufbauen konnten, weil sie unter der Fuchtel ihrer Frauen standen. Deshalb also die schier manische Überkompensierung einer auf die Frau fixierten Lebensweise. Denn wer die Frau fürchtet, ist von ihr abhängiger als der, der sie liebt.

Mutterreligionen, die Urreligionen der Menschheit. Sie gehen auf drei archaische Erfahrungen zurück, von denen die zwei ersten von beiden Geschlechtern empfunden wurden, während die dritte die männliche Komponente darstellt:

1. Das Rätsel der Geburt. Erst spät in der Entwicklung der Menschheit wurde der Zusammenhang zwischen Koitus und Befruchtung klar. Um so größer die Ehrfurcht des Urmenschen vor der Frau als dem Wesen, das Leben gebären kann.
2. Die unheimliche Übereinstimmung zwischen dem Mondzyklus und der Menstruation.
3. Die für ihn selber unverständliche Anziehungskraft, die die Frau auf den Mann ausübt.

Die M. entwickelten sich während drei separater Phasen der menschlichen Urgeschichte:

1. Während des Jungpaläolithikums (50.–10. Jahrtausend v. Chr.) aus der Übergangszeit von der Wildbeuterkultur zur Welt der höheren Jäger und Fischer;

2. Während des Mesolithikums (10.–5. Jahrtausend v. Chr.) aus den mikrolithischen Kulturen;
3. Während des Neolithikums (5.–3. Jahrtausend v. Chr.) aus den Hackbaukulturen, den Urformen der Landwirtschaft.

»Bei den paläolithischen Frauenfigürchen weist schon die völlige Vernachlässigung des Gesichtes (im Gegensatz zu der oft sorgsam ausgeführten Frisur) und die meist nur schwache – wenn überhaupt vorhandene – Andeutung der Arme darauf hin, daß sie nicht einfach Kunstwerke als solche oder Spielzeug und dergleichen sind, sondern eher irgendwelche Symbole: Zeichen, mit denen dem Bewußtsein ein jenseitiges Objekt durch die Darstellungswerte sinnlicher Gestalten vergegenwärtigt oder in denen ein Jenseitiges selbst zur übernatürlichen Wirkkraft wird . . . Der Gedanke an die weibliche Fruchtbarkeit drängt sich bei einem Teil dieser Kleinplastiken ganz von selbst und unabwendbar in den Vordergrund und hat zur Deutung als Fruchtbarkeitsidole und Muttergottheiten oder magische Mittel der Fruchtbarkeit geführt . . . So wird es zumindest nicht unwahrscheinlich, daß sich auch in den weiblichen Plastiken des Jungpaläolithikums Aspekte von Schutz- und Hilfsgeistern der Jäger oder einer Herrin der Tiere und des Jagdreviers wie der Naturkräfte, einer Beutespenderin und Jagdhelferin, Schützerin der Wohnung und Stammutter verbinden, ohne daß wir sagen könnten, welcher Zug hier oder dort allein gemeint war oder besonders hervortrat. Wohl können wir für die Figürchen von der Art der Willendorferin mit einer Betonung des Mütterlichen und der Fruchtbarkeit rechnen oder das Vorkommen an Wohnstellen eher im Sinne einer Schützerin der Wohnung werten, vielleicht mit der naturhaften Darstellung unmittelbare Nähe des Prinzips der Fruchtbarkeit ertasten, mit mehr abstrahierenden eher eine Repräsentation von höheren Wesen verschiedener Funktion« (Karl J. Narr: *Handbuch der Urgeschichte,* Francke, Bern 1966, Bd. I, S. 318–319).

Da die Frau als Sammlerin mehr Nahrungsmittel beisteuerte als der Mann durch die Jagd, genoß sie während dieser drei Frühstadien einen höheren gesellschaftlichen Status als in späteren Stadien der Entwicklung. Und da der Vorgang des Gebärens und der zyklischen Übereinstimmung zwischen Mondphasen und Menstruation dem Urmenschen unheimlich und rätselhaft vorkam, wurde die Frau zur Göttin. So entstand das Konzept der »Großen Mutter«, der Urgottheit des Menschen.

Die Entwicklung von der Jagd zum Ackerbau begünstigte diese Entwicklung, denn sie stärkte die soziale und ökonomische Position der Frau. Die erste Form der Landwirtschaft, der Hackbau, wurde fast ausschließlich von Frauen betrieben. Sitzende Frauenfiguren in sogenannter »Gebärstellung« treten jetzt auf, die man nur als Fruchtbarkeitssymbole verstehen kann. Man entdeckte solche Figuren in der präkeramischen Siedlung Qalat Jarmo im Ostirak (etwa 6700 v. Chr.), ebenso in der weitaus höher entwickelten frühneolithischen Stadt Tschatal Hüyük im heutigen Anatolien (8.–6. Jahrtausend v. Chr.). Hier fand man auch aus Lehm geformte, zum Teil in Reihen nebeneinander auf die Wände gesetzte Frauenbrüste und schwer deutbare Wandgemälde, in denen eine übergroße, alles dominierende Frauengestalt erscheint.

Der Kult dieser frühen Mutterreligionen des Ackerbaustadiums kulminierte jedes Jahr im Erntefest, bei dem die zahllosen Verbote sexueller Art, die während der übrigen Zeit des Jahres galten (z. B. das Inzestverbot und das Verbot des Geschlechtsverkehrs zwischen bestimmten Altersgruppen und Sippen), aufgehoben wurden. Hierbei war die Aufhebung des Inzestverbotes der weitaus wichtigste Ritus. Denn die ganze Macht der Mutter beruhte darauf, daß sie stets wußte, welches Kind das ihrige war. Der Mann dagegen konnte nie sicher sein, ob dieses Kind ihm oder einem anderen Mann entstammte. Das hatte Vor- und Nachteile. Einerseits verhinderte es die Schaffung eines männlichen Erbrechts: Der Sohn konnte von seiner Mutter erben, nicht aber vom Vater. Andererseits verhinderte es aber auch das Entstehen eines strikten Inzestverbotes zwischen Vater und Tochter. Denn wenn der Mann nicht sicher war, ob das junge Mädchen, das ihn reizte, seine Tochter war, gab es keinen Grund, nicht mit ihr zu schlafen. Umso ernster aber war das Inzestverbot zwischen Mutter und Sohn. Die Auflösung dieses Verbotes an gewissen heiligen Tagen des Jahres stellte also die größte Schockwirkung dar, die eine mutterrechtliche Gesellschaft sich selber zufügen konnte.

Die rituelle Aufhebung des Inzestverbots am Tage der großen Mutter stellt einerseits die Urform der griechischen → Orgie, andererseits den Prototyp aller Narrenfeste, aller Fastnachtsfeiern und Karnevalsbräuche dar. Hierher gehören rituelle Völlerei und Sauferei, unfugstiftende Umzüge und Plündereien, obszöne Lieder, Verse, Sprüche und Gesten, straflose Verächtlichmachung der Obrigkeit, Vertauschung der Positionen und der Kleidung von Herr und Diener, von Mann und Frau, sexuelle Freiheit unter dem Schutz der Anonymität (Maskierung,

Maskenball), Frauen- und Männertausch unter Eheleuten, Lösung vieler Paarungsschranken zwischen Altersgruppen, Blutsverwandten und feindlichen Sippen. All das jedoch ist nur ein entferntes Echo der Zeremonie, die den rituellen Orgien des alten Hellas, den Bacchanalien und Saturnalien Roms zugrunde lag. Denn bei der mutterrechtlichen Orgie ging es um die Katharsis, die Läuterung der Leidenschaften durch die alljährliche einmalige Auflösung des gravierendsten Tabus der mutterrechtlichen Gesellschaften.

Eine mutterrechtliche Gesellschaft macht sich meist ein weibliches Gottesbild, eine vaterrechtliche Gesellschaft ein männliches. Andererseits spiegeln die Vater- und Mutterreligionen auch die Mentalität der Geschlechter wieder. Vaterreligionen sind aggressiv, Mutterreligionen dagegen defensiv. Die mutterrechtlichen Kulturen, die ihre Wertmaßstäbe aus der sexuellen Konstitution der Frau ableiten, betrachten die Liebe als Erfüllung des göttlichen Willens. Der »kleine Tod«, der kurze Verlust des Bewußtseins beim Orgasmus, wird als Offenbarung aufgefaßt: durch ihn wird der Mensch zum Werkzeug der Großen Göttin und erlebt am eigenen Leibe die Ekstase der göttlichen Schöpfung. Der Sinn der Liebe ist, daß sie uns zusammenführt, daß sie die Geschöpfe Gottes vereint, daß sie die ursprüngliche Einheit der Welt, aus der sich alle Geschöpfe differenziert haben, noch einmal herstellt und uns damit die Ruhe gibt, die wir benötigen, um Kräfte zu sammeln. Die Frau weiß, daß das so ist, denn die Große Mutter hat ihr die Fähigkeit gegeben, Leben zu gebären. Das Kind ist die lebende Evidenz, daß die Göttin durch die Frau schaffen kann.

Deshalb ist den mutterrechtlichen Kulturen die Liebe heilig. Sie ist frei von Scham und Schuld. Den vaterrechtlichen Kulturen dagegen ist der Geschlechtsverkehr ein Mittel zum Lustgewinn. Da der Mann für seine Lust kein Opfer zu bringen braucht (nicht er, sondern die Frau »gebärt in Schmerzen«), wird sein Geschlechtsleben oft vom schlechten Gewissen verfolgt. Dieses schlechte Gewissen kann zwei Formen annehmen: entweder, wie in den asketischen Religionen, eine Mischung aus Frauenhaß und selbstauferlegter Enthaltsamkeit; oder, wie in Hellas und Rom, eine Aufteilung der Menschheit in lustbefriedigende Wesen (Knaben, Kinäden, Hetären, Kurtisanen, Mätressen) und Nachkommenschaftserzeuger (Ehefrauen, Mütter). Die scheinbare Toleranz und Liberalität des zweiten Systems kann nie das schlechte Gewissen, die moralische Spaltung, die ethische Schizophrenie verbergen, die ihm zugrunde liegt. Denn auch hier dominieren Schuld und Scham. Nur werden beide *verdrängt.* Es entsteht eine gespaltene Loyalität. Wo der Mann »liebt« kann er nicht »verehren«, und wo er »verehrt«, kann er nicht »lieben«. Dies ist die unheilbare Krankheit aller vaterrechtlichen Systeme. Sie spiegelt sich in der gebrochenen Ethik der Vaterreligionen wider.

Ob es direkte Verbindungen zwischen den drei Urformen der M. gibt, ist umstritten. Wir wissen also nicht, ob die zweite Form eine Weiterentwicklung der ersten oder eine Neubildung ist. Sicher ist nur, daß vier der Frühformen menschlicher Nahrungssuche *nicht* zur Bildung von M. führten:

1. Jagd und Fischerei (ohne gleichzeitiges Überleben einer von Frauen betriebenen Sammlerkultur);
2. Pflugkultur;
3. Viehzucht;
4. Nomadische Reiterkulturen.

Wo immer diese Kulturen auftraten, widerstanden sie den M. und führten am Ende zur Entwicklung der monotheistischen Vaterreligionen (Judentum, Christentum, Islam). Während diese vaterrechtlichen Kulturen von dem Wunsch des Vaters ausgingen, seine Nachkommenschaft rechtlich festzulegen – ein Bedürfnis, das nur die Ehe eines *einzigen* Mannes mit einer oder mehreren Frauen erfüllen kann (Monogamie bei den Christen, Polygamie bei den Juden und Mohammedanern) –, bedurften die mutterrechtlichen Gesellschaften keiner solchen ehelichen Dominanz des Mannes, da die Mutter ja sowieso stets wußte, welches Kind das ihrige war, einerlei wer der Vater war. Die vaterrechtlichen Kulturen als Erfinder des Privateigentums richteten ihre sexuellen Ängste vor allem auf den Ehebruch und die → Eifersucht, weil die Frau in diesen Kulturen das Eigentum des Mannes war und → Ehebruch deshalb nicht nur eine Verletzung der männlichen Eitelkeit, sondern vor allem eine Form des Diebstahls darstellte. Mutterrechtliche Kulturen dagegen richteten ihre sexuellen Ängste vor allem auf den → Inzest, der die Entwicklung einer menschlichen Gemeinschaft in den ehelosen, polyandrischen oder Gruppenehe-Formen der mutterrechtlichen Ordnung unmöglich gemacht hätte.

Inzest zerstört nicht nur Ordnung und Gehorsam in der Sippe, sondern isoliert jede Sippe von jeder anderen Sippe, atomisiert also die Menschheit, statt sie zu sozialisieren. Deshalb setzten die mutterrechtlichen Gesellschaften wahrscheinlich schon in der älteren Steinzeit gewisse Verwandtschaftsgrade fest, innerhalb derer eine Geschlechtsverbindung als → Blutschande geächtet wurde. Hier wurden bereits die Regeln der Endogamie (Binnenheirat) und der Exogamie (Außenheirat) aufgestellt, so daß Geschlechtsverkehr nur noch innerhalb gewisser strikt festgelegter Gruppen stattfinden durfte.

Einmal im Jahr jedoch fand die kultische Paarung der großen Mutter mit ihrem Sohn statt – eigentlich ein Akt der Selbstbefruchtung, denn man konnte kaum annehmen, daß die Muttergöttin sich mit einem Manne paarte, der nicht von ihr selber gezeugt und ihr damit ebenbürtig war. Diese »heilige Hochzeit«, die die Griechen später *hieros gamos* nannten, überlebte noch in den frühgeschichtlichen Kulturen der alten Welt als symbolische Paarung zwischen einer Hohepriesterin und ihrem göttlichen Gemahl, dem Hohepriester, oder zwischen der Priesterin und den Männern des Volkes (→ Tempelprostitution). Die biblische Legende von der Verführung des Mannes durch die Frau (und von der Frau durch die Schlange, d.h. den Phallus) geht auf den babylonischen Tempelritus des 4. Jahrtausends v. Chr. zurück. Dort finden wir bereits 3200 v. Chr. ein ähnliches Konzept, in dem die Erdmutter sich mit der Schlange paart, die sie selber ist, also einen Akt der Selbstbefruchtung vornimmt. Aus der Obeid-Zeit Mesopotamiens (3500 – 3200), der Kupferzeit, gibt es noch weibliche Gottheitsstatuen,, aber mit dem Vordringen nomadischer Steppenvölker in die mutterrechtlichen Siedlungen der Alten Welt (einem bis zum Mittelalter immer wieder auftretenden Phänomen der menschlichen Geschichte) beginnt die Zersetzung der neolithischen Mutterreligionen.

Im sumerischen Gilgamesch-Epos spiegelt sich dieser Kampf zwischen vater- und mutterrechtlichen Kulturen als frühzeitiger Tod des Helden wegen einer Frau wider. Trotzdem lebt im sumerischen Stadtstaat Uruk, der Heimat des Gilgamesch, die Erdmutter Innin als Hauptgottheit weiter. Ihr Sohn Tammuz wird jedoch bereits als Hirte dargestellt. Später entwickelt sich aus der Innin die Inanna-Ischtar, die Astarte der Phönizier. In beiden Kulturen liegt das Priestertum anfangs in der Hand von Frauen.

Um 2650 v. Chr. herrschte in Ägypten die Legende einer blonden Kurtisane, die auf eine Sonderstellung der Königin als Frau hindeutet. In Sumer überlebt das mutterrechtliche Neujahrsfest, aber mit der beachtlichen Umkehrung, daß jetzt nicht mehr der Sohn der Mutter geopfert wird, sondern daß er als Frühlingsgott über sie siegt, die jetzt zur Chaos-Göttin herabgewürdigt wird.

Unter der Dynastie von Ur werden der Muttergöttin nur wenige Jahrzehnte später Tempel errichtet. Der König vollzieht die »Heilige Hochzeit« mit der Hohepriesterin, um die Paarung der Muttergöttin mit ihrem Sohn Dumu-zi darzustellen (etwa 2500 v. Chr.).

Die früh-minoische Kultur, deren erste Zeichen wir etwa 2000 v. Chr. erkennen können, übernahm von den Kykladen Idole in Form geschlechtsbetonter Frauengestalten, meist bemalt, die um den Hals getragen oder Gräbern als Symbol der Fruchtbarkeit beigelegt wurden. Um 2420 v. Chr. finden sich ähnliche stark stilisierte weibliche Tonfiguren zum Fruchtbarkeitszauber im Hethitergebiet zwischen Kleinasien und Nordsyrien.

Um 2300 v. Chr. traten in Sumer an die Stelle der früheren Erdmuttergottheit Innin mehrere weibliche Gottheiten, u. a. Ischtar als Liebes- und Schlachtengöttin. Mit ihrem Kult erreichte die Tempelprostitution ihren Höhepunkt im sumerischen Kulturkreis. Gegen 2270 stellte die Priesterschaft des Sonnentempels in Heliopolis eine Neunheit ägyptischer Gottheiten auf, darunter Isis als Schwester und Gattin des Osiris. Hier überlebt also die Inzestlegende, das Kernstück der archaischen M., in Form des Bruder-Schwester-Inzests.

Um 2150 v. Chr. entstand das Babylonische Epos von der Weltschöpfung, in dem der Triumph der Vaterreligionen dadurch angedeutet wird, daß Ischtar zur Hölle fährt, Tammuz aber aufersteht. Im Laufe des nächsten Jahrhunderts trat unter dem Einfluß der semitischen Nomaden und Viehzüchter die weibliche Gottheit immer mehr zurück, bis um 2050 v. Chr. die neusumerische Kultur in Ur die Gottheit im König, also in einem Mann, zu verehren begann. In Ninive dagegen überlebte die Ischtar als Liebesgöttin. Aus den sumerischen Stadtgottheiten entstand die babylonische Götterwelt, die über Ischtar ihren Geliebten, den Himmelsgott Anu, setzte und die Einheit der Urmutter weiter in Ninmach, die Götterherrin, und Ereschkigal, die Göttin der Unterwelt, aufspaltete. Die Verbannnung eines Teils der alten Muttergottheit in die Unterwelt findet später in vielen Religionen statt und drückt die Erniedrigung und Verbannung der Mutterreligion aus. Überall im östlichen Mittelmeer verbreitet sich das Konzept der »Totenbraut«, einer weiblichen Grabfigur. Aus dieser Zeit, um 2000 v. Chr., stammt auch das Blei-Idol einer Fruchtbarkeitsgöttin mit hakenkreuzverziertem Schoß, das man in Troja III gefunden hat.

Um 1960 v. Chr. begann mit der Einwanderung indoeuropäischer Stämme nach Griechenland die M. dort dem patriarchalischen Polytheismus dieser »Protogriechen« zu weichen. Nur in Kreta hielt sich das

Mutterrecht. Dort, in Knossos, wuchs am minoischen Hof eine feministische Kultur mit vorrangiger Stellung der Frau heran. Der Kult war bilderlos, widmete sich einer Muttergöttin und behielt das Grundkonzept der M. bei: die Auferstehung des Sohnes am Frühlingsfest.

In Babylonien dagegen zerfielen die M. immer mehr. Typisch für den Verlust des monotheistischen Urkonzepts der einen, unteilbaren Großen Mutter ist die viergesichtige Göttin aus Dur-Rimusch (Babylon), deren Bronzestatue etwa 1850 entstand. In Mari (Babylonien) wurde der König zwar noch immer durch Ischtar eingesetzt (bis etwa 1770 v. Chr.), aber in Babylon selber trat der Mann als Gott immer mehr hervor, obgleich auch hier die Frau ihre Position als Priesterin beibehielt. Der Stadtgott Marduk wurde 1728 v. Chr. zum Hauptgott Babylons erklärt, aber seine Gottheit bedurfte nach wie vor der Weihe durch die Oberpriesterin, die alljährlich im siebenten Stock des Marduktempels die »Heilige Hochzeit« mit ihm feierte.

Gegen Mitte des 16. Jahrhunderts v. Chr. triumphierten die M. in China (Shang-Kultur, Erdgöttin, Mutterrecht) und Ägypten (friedliche Regierung der Königin Hatschepsut, 1501–1480 v. Chr. In das nächste Jahrhundert fällt das Regime der Königin Teje, Mutter des Echnaton, und der Königin Nofretete).

Um 1400 v. Chr. eroberten die Griechen (Achäer) Kreta und zerstörten die mutterrechtliche minoische Kultur. In den Gräbern, besonders der Armen, findet man aber bis etwa 1300 v. Chr. noch weibliche Idole, die den Fortbestand einer M. auch unter mykenisch-griechischer Herrschaft bezeugen.

Gegen 1360 v. Chr. eroberten die Assyrer, ein vaterrechtliches Kriegervolk, die alte sumerisch-babylonische Welt. Ihr König, Assuruballit (1366–1330 v. Chr.), wurde von den Großmächten jener Zeit, den Ägyptern und den Hethitern, als »Bruder« anerkannt. Unter ihm wurden Gesetze erlassen, die ihre vaterrechtliche Tendenz vor allem im Schutz der Ehe, d. h. des männlichen Frauenbesitzes, zeigen. Auf Ehebruch stand die Todesstrafe, das Küssen einer fremden Frau wurde mit dem Abschlagen der Unterlippe bestraft. Auf Homosexualität stand Verstümmelung und Kastration. Assuruballits Nachfolger, Salmanassar I., II. und III. und Assurnasirpal II., hielten äußerlich an den alten Religionen Ninives fest, zersetzten sie aber von innen. Gegen 1260 v. Chr. erneuerte Salmanassar I. (1270–1240 v. Chr.) das Ischtar-Heiligtum, und um 859 v. Chr. taten Assurnasirpal II. und Salmanassar III. das gleiche nochmals. Gegen 811 v. Chr. trat sogar eine Frau, die Königin Sumuramat (»Semiramis«), an die Spitze des assyrischen Reiches, aber im Gegensatz zu den Phöniziern bekehrten sich die Assyrer niemals zu einer M. Bezeichnenderweise findet man 715 v. Chr. ein Sandsteinrelief in Kalasch-Nimrud, das assyrische maskierte Priester beim Austreiben eines Dämons aus einem Kranken zeigt: der Dämon ist eine Frau.

Gegen 600 v. Chr. blühte die babylonische Kunst noch einmal auf. Das Ischtar-Tor wurde erneuert – aber mit Fabeltieren statt mit Bildern der Göttin. Der Marduk-Tempel wurde als Turm (»Turmbau zu Babel«) umgebaut, doch die Priesterinnen feierten keine Heilige Hochzeit mehr. (Fünfzig Jahre später, in der »Babylonischen Gefangenschaft«, entstand der wichtigste Teil der jüdischen Religion in Anlehnung an die patriarchalischen Aspekte der babylonischen Mythologie: Sintflutsage, Kindesaussetzung im Körbchen, usw. Man könnte die Bücher Mosis, und damit eigentlich das Herz aller drei großen Vaterreligionen, als einen zum Monotheismus zusammengestrichenen Polytheismus babylonischen Ursprungs bezeichnen.)

Mittlerweile hatte sich in Kleinasien, wo die M. noch am wenigsten verfälscht worden waren, die Legende von dem Staat der Amazonen entwickelt (1193 v. Chr.). Was ihr zugrunde liegt, ist bis heute unerforscht. Es mag durchaus sein, daß auch diese Legende nur eines Schliemann bedarf, um den Beweis ihrer Wahrheit zu erhalten.

Im ersten Jahrtausend v. Chr. entstand die klassische Götterwelt der Griechen. Auch sie begann mit einer Frau, der Erdmutter Gaia, setzte ihr aber schon einen Mann, den Himmelsvater Uranos, zur Seite und bekundete damit ihren synkretistischen Charakter. (In den echten M. ist der Gemahl der Mutter stets gleichzeitig ihr Sohn.) In Theben regierte zwar noch gegen 800 v. Chr. ein weiblicher Hohepriester als »Gemahlin des Ammon«, und in Phrygien lebte der Kult der Erdmutter Kybele weiter, aber hier vollzog sich bereits die Dämonisierung der alten M., der Rückzug ins Mysterium, die Verwandlung in eine Untergrundbewegung. So begannen die »Mysterienreligionen«, die »Orakel«, die »Fruchtbarkeitskulte« des Apollo (in Delphi seit 750 v. Chr.), des Dionysos, des Orpheus. In allen drei Fällen wurde der Sohn von der Mutter getrennt und als selbständige Fruchtbarkeitsgottheit verehrt. Orgien wurden gefeiert, die nur noch wenig mit den mutterrechtlichen Erntefesten zu tun hatten.

Das Konzept der Askese schlich sich in die orphischen Geheimkulte ein und bereitete damit den Weg für das Christentum. Askese beruht auf

Scham und *Schuld* und ist damit ein vaterrechtliches Konzept, das zutiefst der mutterrechtlichen Idee des Opfers aus *Mitleid* widerspricht. Der Vater *straft.* Seine Polarität heißt: Schuld und Sühne. Die Mutter *hilft.* Ihre Polarität heißt : Fehlbarkeit und Hilfeleistung.

Andererseits behält die Frau ihre Stellung als Hohepriesterin bei. Um 590 v. Chr. gewann das Delphische Orakel zentrale Bedeutung auch im weltlichen Denken der Griechen. Die Pythia, die auf einem Dreifuß über einer Erdspalte sitzende Priesterin, bestimmte durch ihre Prophezeiungen und Deutungen den Kurs der griechischen Politik. Erst gegen 350 v. Chr. verlor das Orakel an Bedeutung.

Vom 8. Jahrhundert v. Chr. an hatte sich der gesellschaftliche Status der Frau stetig verschlechtert. Bei den Olympischen Spielen von 766 v. Chr. waren Frauen nicht einmal als Zuschauerinnen zugelassen. Die Sonderstellung der Hetäre, die im 6. Jahrhundert v. Chr. begann, darf nicht über die erniedrigende Stellung von Ehefrau und Tochter im klassischen Altertum Griechenlands hinwegtäuschen. Bis in die Gegenwart hat die griechische Frau niemals echte Gleichberechtigung erlangt.

458 v. Chr. veröffentliche Äschylos die *Orestie,* die am klarsten von allen Dokumenten des griechischen Altertums den Triumph des Vaterrechts über das Mutterrecht ausdrückt. Die Ereignisse, die der Autor beschreibt, fanden gegen Ende des Trojanischen Krieges statt, etwa 1200 v. Chr.: Klytämnestra, die die Geliebte des Ägisthos geworden ist, tötet ihren heimkehrenden Gatten Agamemnon. Ihr Sohn Orestes tötet sie, um den Vater zu rächen. Die Erinnyen, Gesandte der Erdmutter Gaia, verfolgen Orestes und klagen ihn des Muttermordes an. Ihnen wiegt der Muttermord schwerer als der Gattenmord, der nur einen Angeheirateten trifft. Denn die Ehe wird von den Erinnyen als eine Einrichtung der vaterrechtlichen Gesellschaftsordnung verstanden und deshalb als minderwertig betrachtet. Blut ist älter als Heirat, die Mutter wichtiger als der Gatte. Apollo widerspricht, denn er hat den Gattenmord befohlen. Muttermord steht gegen Gattenmord. Athene, die von keiner Mutter geboren, sondern dem Haupt des Zeus entsprungen ist, fügt den Stimmsteinen der Richter den entscheidenden Stein bei, der Orestes freispricht. Die Frau, die ihr eigenes Geschlecht verraten hat, verhilft der vaterrechtlichen Gesellschaft zum Sieg.

Der Verfall der Mutterreligionen in Griechenland und die graduelle Verweltlichung und Erotisierung der Göttinnen läßt sich sehr gut an der Chronologie ihrer Statuen und Bilder verfolgen. Um 650 v. Chr. begann der Kalksteinbau im dorischen Stil mit lebensgroßen Frauenstandbildern. Gegen 626 v. Chr. entstand der steinerne Heratempel in Olympia. Um 600 v. Chr. gründeten die Griechen eine Kolonie im Nildelta und bauten bei Naukratis einen Aphroditetempel, in dem sich griechische und ägyptische Verzerrungen des Mutterkultes sehr eigentümlich verbanden. 550 v. Chr. entstand der Tempel der Artemis in Ephesos (110 m lang, 55 m breit, eines der »Sieben Weltwunder«). 540 v. Chr. erweiterte Peisistratos den Mysterientempel in Eleusis zu Ehren der Demeter und der Persephone. 525 v. Chr. wurde Athene Gegenstand der bildenden Kunst. 500 v. Chr. finden wir Mädchenstandbilder auf der Akropolis in reifem archaischem Stil, 480 v. Chr. die »Thronende Göttin« in Ägina. 438 v. Chr. errichtete Phidias die Athena-Parthenos auf der Akropolis, ein zwölf Meter hohes Monument aus Gold und Elfenbein, 430 entstand in Eleusis das Weihrelief der Demeter, 410 finden wir die ersten griechischen Vasen mit Mädchenbildern, ab 375 setzte sich die Frau als Schönheitsideal gegen die bisherigen Jünglingsstatuen überall in Hellas durch.

340 starb der Bildhauer Skopas, der Schöpfer des Athene-Tempels in Tegea, des Amazonenreliefs am Mausoleum von Halikarnassos und der »Rasenden Mänade« – Werke in einem neuen, leidenschaftlichen, nahezu barocken Stil. 330 v. Chr. starb Praxiteles, der Schöpfer der »Bekleideten Aphrodite«, der »Aphrodite von Knidos« und Liebhaber der Hetäre Phryne. Um 330 v. Chr. sind wohl auch der Ariadnekopf auf der Akropolis und die »Flüchtende Tochter der Niobe«, ein Werk im Stil des Skopas, entstanden. Gegen 220 v. Chr. baute Hermogenes den Artemistempel in Magnesia und den Dionysostempel auf Teos.

Überall, auch in der Literatur, setzte sich eine Erotisierung der Frau durch. Das begann um 306 v. Chr. mit der hellenistischen Bewegung und erreichte im 1. Jahrhundert mit dem griechischen Roman seinen Höhepunkt. Um 280 v. Chr. schrieb Philetas seine erotischen Elegien, um 270 v. Chr. schuf Theokrit die Hirtenpoesie, die bis ins 19. Jahrhundert weiterwirkte, um 100 v. Chr. verfaßte Aristeides seine *Milesischen Liebesgeschichten* und Bion aus Smyrna seine *Totenklage um Adonis.* Um 60 v. Chr. schrieb Catull seine Liebeslieder an Lesbia, um 23 v. Chr. Sulpicia ihre Liebeselegien – das einzige Zeugnis römischer Frauendichtung und eines der wenigen weiblichen Dichterwerke von Format seit Sappho (um 600 v. Chr.).

Mit der Verweltlichung der Frau endete ihre Existenz als Göttin. Die Urmutter war Geliebte, Mutter und Gottheit zugleich. Mit der Aufspaltung ihrer Einheit verschwand ihre Macht. In den Untergrund gedrängt, tauchten die Mutterreligionen doch immer wieder in verkappter, verschleierter Form als Teile der Vaterreligionen (z. B. als Marienkult im Christentum) oder als unterirdische Gegenbewegung auf (z. B. als Hexenkult im Mittelalter). → Etrusker, Fruchtbarkeitskulte , Patriarchat, Tempelprostitution, Vaterrecht.

Unter Peisistratos wurde 540 v. Chr. der Mysterientempel in Eleusis erweitert und der Status der Demeter erhöht. 430 v. Chr. finden wir noch ein besonders schönes Eleusinisches Weihrelief, das ihr als Erdmutter gewidmet ist. Pythagoras von Samos, der 496 v. Chr. starb, Gründer der pythagoreischen Schule, die die Harmonie der Welt in Zahlen auszudrücken versuchte, war ein Anhänger ihres Mysterienkultes. (Auch Plutarch, der bis 120 n. Chr. lebte, war delphischer Priester und bezeugte, wie lange diese Form des Erdmutterkultes noch in der nachchristlichen Welt überlebte). In Griechenland jedoch verkümmerten die M. durch Vermischung mit zahllosen anderen, meist orientalischen Kulturen. So entstand gegen 250 v. Chr. in Samothrake der Marmortempel der Kabirischen Mysterien, einer pervertierten Mutterreligion, die Orgien mit Tieren als Geheimkult eingeführt hatte.

Mittlerweile hatten sich fast alle Mutterkulte Ägyptens, Kleinasiens, Phöniziens und Griechenlands nach Rom verbreitet. 295 v. Chr. begann sich dort der Aphrodite-Kult als Venus-Verehrung durchzusetzen. 217 v. Chr. wurden die römischen Saturnalien unter griechischem Einfluß umgestaltet. Ein großer Teil der Symbolik der alten mutterrechtlichen Erntefeste überlebte hier (Kerzen, Puppen, Festmahl, bei dem die Herren die Sklaven bedienten usw.). 186 v. Chr. hatten die Saturnalien und Bacchanalien ein solches Ausmaß erreicht, daß sie als ausschweifend verboten wurden. (Die älteste bekannte römische Staatsurkunde ist eine Bronzetafel in Tiriolo, Kalabrien, die die Bacchanalien untersagt.) Um 204 v. Chr. wurde der Kult der Magna Mater, der Großen Mutter, in Rom bekannt, eine Variation des Kybele-Kultes, der in Kleinasien, Phrygien, Griechenland und später auch im Rheinland und in Britannien florierte.

Mittlerweile hatten die Griechen der hellenistischen Zeit den Isis-Kult aus Ägypten importiert. 70 v. Chr. drang der Isis-Kult auch nach Rom vor und fand dort als Mutter-und-Sohn-Mythos (Isis und Horus) großen Anklang. Unter Caligula (37–41 n. Chr.) entstand 38 n. Chr. auf dem Marsfeld ein neuer Isis-Tempel. 12 v. Chr. war auf dem Palatin ein Vesta-Tempel gebaut worden. Erst Gratian schaffte 382 n. Chr. die Vestalinnen, die Jüngerinnen und Priesterinnen der Herdgöttin Vesta, ab und beseitigte somit erst im 4. Jahrhundert unserer Zeitrechnung die Tempelprostitution. Mehr als drei Jahrtausende lang hatte sie damit in ununterbrochener Sequenz existiert. → Eva, Frauenkult, Lilith, Magna Mater.

Mutterschutz beschränkt sich nicht auf die gesetzlichen Rechte der erwerbstätigen oder werdenden Mutter, sondern legt auch dem Vater ihres (erwarteten) Kindes gesetzliche Pflichten auf, einerlei ob er mit ihr verheiratet ist oder nicht.

Mysophagie [gr.: mysos = Ekelerregendes; phagein = essen], das zwanghafte Vertilgen von ekelerregenden Dingen, etwa zersetztem Fleisch, faulem Fisch, Maden, Käfern, Schmutz (→ Skatophagie), Kot (→ Koprophagie), Urin (→ Uropotie), Menschenfleisch (→ Anthrophagie, Nekrophagie), Blut (→ Lykanthropie, Vampirismus), Menstruationsblut (→ Menophagie), Schweiß (→ Zehensauger), Vaginalsekret (→ Soupeur), Sperma (→ Spermatophagie), anderer Menschen Speichel (→ Picazismus), Ohrenschmalz, Nasenschleim, Augenschlaf, Eiter, Schorf, Schuppen, Haut (→ Dermatophagie). Vgl.: Geschmacksfetischismus, Sekretionsfetischismus.

Mysophilie [gr.: mysos = Ekelerregendes; philia = Freundschaft, Liebe], Ekelliebe, eine Sonderform des Masochismus, die ihre Befriedigung im Tun oder Erdulden eines ekelhaften Aktes findet. Wie in allen anderen Formen des Masochismus, sieht die Sexualwissenschaft auch in der M. ein Reinigungsritual, den Versuch, sich durch Erniedrigung von einer Schuld zu befreien.

Niemand findet den Geschlechtsverkehr unsittlicher als der → Epongeur, der sich in Frauentoiletten schleicht, den Urin mit einem Schwämmchen aufsaugt und ihn sich dann wollüstig in den Mund spritzt. Trotzdem geht die M. auf durchaus gesunde Instinkte zurück. Jeder Liebhaber schätzt den persönlichen Duft seiner Geliebten. Auf viele Männer und Frauen übt der Achselhöhlenschweiß des geliebten Menschen eine starke sexuelle Wirkung aus. Von hier bis zum Schweißfetischismus ist der Weg nicht sehr lang.

Ebenso empfindet fast jeder Mensch beim Küssen umso größere Wollust, je »tiefer« der Kuß ist, also je mehr Speichel des anderen er aufsaugt. Trotzdem kommt uns der Speichelfetischist, der sich sein Essen von einer Prostituierten vorkauen und ausspucken läßt, ehe er es dann selber verschlingt, ekelhaft vor. Aber auch hier ist der Schritt vom Kuß zum Speichelfetischismus wieder nur kurz.

Beim → Cunnilingus schätzt der Mann den Geschmack des weiblichen

Scheidensekrets. Bei der → Fellatio schätzt die Frau den Geschmack des männlichen Samens. Bei der → Pedicatio, beim → Anilingus schätzen wir den Geruch, den Geschmack des Afters des geliebten Menschen. Auch hier ist die Distanz zum Vaginalsekretfetischismus, zum Samenfetischismus, zur Koprophilie und Koprophagie gar nicht so groß, wie unser Ekel uns weismachen will.

Und selbst der Ekel als solcher ist ein mächtiges Aphrodisiakum. Der Masochismus, der in begrenztem Maße auch in jedem gesunden Menschen steckt, nährt sich von der Umwandlung des Ekels in Lust. Diese Umwandlung ist aber auch der eigentliche Mechanismus der geschlechtlichen Anziehung. Jeder Knabe verspürt in einem gewissen Alter Ekel vor dem Mädchen. Jedes Mädchen verspürt in gewissen Jahren Ekel vor dem Knaben. Die Affektivität dieses Ekels verwandelt sich dann im Alter der geschlechtlichen Reife in geschlechtliche Anziehung. Selbst die Energie, die wir benötigen, um diese Umwandlung vorzunehmen, wird zur additiven Anziehungskraft. Genau dem gleichen Prozeß folgt aber die Psyche des Masochisten, wenn sie Ekel in Lust verwandelt. Je ekelhafter die Substanz ist, mit der sich die Libido des masochistischen Exkrementophilen befaßt, um so größer ist die sexuelle Lust, die er dabei empfindet. → Abortfetischismus, Analerotik, Besudelungstrieb, Épongeur, Inquinationstrieb, Klistieromanie, Koprolagnie, Koprophagie, Koprophilie, Kotschmierer, Lambitus ani, Menophagie, Menstruationsfetischismus, Nachttopfsklave, Nekrophagie, Picazismus, Renifleur, Saliromanie, Sekretionsfetischismus, Skatophagie, Skatophilie, Soupeur, Spermatophagie, Stercoraire, Tabouret de verre, Urolagnie, Urophagie, Urophilie, Uropotie, Zehenriecher, Zehensauger.

Mysophobie [gr.: mysos = Ekelerregendes, Schmutziges; phobos = Furcht], Schmutzangst; die hysterische Angst vor Infektionen, der »Reinlichkeitsfimmel« mancher Frauen und Männer. Menschen, die an M. leiden, bringen oft ihre eigenen Bestecke mit, polieren sie sorgfältig, ehe sie sie benutzen, und waschen sich endlos die Hände, bis die Haut wund wird. M. ist fast stets eine Form des »schlechten« Gewissens, bei der sich der Wahn, man habe sich sexuell »beschmutzt«, in die Obsession umsetzt, man habe sich zu »reinigen«. → Reinlichkeitsfanatismus, Skatophobie, Waschzwang.

Mysterien, samothrakische → kabirische Orgien.

Mythologie und Sexualität → Alpminne, Brunnen, Dämonomanie, Dämonophobie, Elben, Erdmutter, Fasching, Fruchtwasser, Gesundbrunnen, Incubus, Karneval, Ligatur, Lykanthropie, Mutterreligion, samothrakische Mysterien, Nosferatu, kabirische Orgien, Spectrophilie, Succubus, Tempelprostitution, Totenbad, gezahnte Vagina, Vampirismus, Verenenkult, Wasser, Wechselbalg, Werwolf.

N

Nachkommenschaft. In der BR ziehen nach einer Umfrage des Allensbacher Instituts für Demoskopie 40 Prozent der Männer und 31 Prozent der Frauen einen Sohn als Erstkind vor. 16 Prozent der Frauen möchten lieber eine Tochter haben. Auf die Frage, ob die Kinder möglichst schnell hintereinander oder aber mit größerem Abstand zur Welt kommen sollen, entschieden sich 68 Prozent für eine schnelle Reihenfolge, 13 Prozent für eine langsame, 19 Prozent antworteten mit »gleichgültig«. → Geschlechtsvoraussage.

Nachlust, die Befriedigung, die nach dem gesunden Koitus eintritt. Bei der gegenwärtigen westlichen Frau ist das Bedürfnis nach Liebkosungen nach dem Koitus groß, beim Mann gering. Ob das etwas über den Charakter der Geschlechter oder nur über den unserer Kultur aussagt, ist umstritten. Vgl.: Befriedigung, Detumeszenz, Entspannung, Nachspiel.

Nachspiel, der Teil des Liebesspiels, der nach dem Koitus stattfindet. Denn bei uns hört für den Mann das Spiel mit dem Orgasmus auf. Für die Frau dagegen tritt oft eine tiefe Unzufriedenheit, ein nagender Zweifel auf, wenn die Liebkosungen des Mannes mit der Ejakulation aufhören. Vgl.: Befriedigung, Detumeszenz, Entspannung, Liebesspiel, Nachlust.

Nächstenliebe → Agape, Beats, Caritas, Hippies, Minne.

Nachtbesuch wird von vielen Zimmervermietern als unsittlich betrachtet und deshalb verboten. Selbstverständlich kann jeder Zimmervermieter seine eigenen Bedingungen an einen Mietvertrag knüpfen, aber die Gerichtshöfe erlauben keine Identifikation der Uhrzeit mit der Sittlichkeit. Wenn der Vermieter den Nachtbesuch als Belästigung empfindet, kann er kündigen oder auf Unterlassung klagen. Aber er darf auch nachts nicht ohne Erlaubnis des Mieters in das gemietete Zimmer eindringen.

Nachttopf des Hausherrn nannte der Bürger im 17. und 18. Jahrhundert sein Dienstmädchen, weil es ihm für seine sexuellen Bedürfnisse so zur Verfügung stand wie der Nachttopf fürs Urinieren. »Der Pißtopf des Hausherrn läuft über«, pflegte man dann zu sagen, wenn das Mädchen schwanger wurde. Die Französinnen nannten ihre Zofen deshalb auch *les pissepots de nos maris.* Vgl.: Servante-Maîtresse.

Nachttopffetischismus, eine Form der → Harntriebhaftigkeit oder → Analerotik, oft eine Mischung von beiden, bei welcher der Patient einen bestimmten Nachttopf als seinen Fetisch betrachtet. Er kann mit keiner Frau koitieren, bis sie in den Topf uriniert oder defäziert hat, oder er muß den Topf zumindest unter dem Bett oder vor Augen haben, um potent sein zu können. In fortgeschrittenen Fällen dient der Nachttopf als *Ersatz* eines Geschlechtspartners und als dessen Symbol. In solchen Fällen onaniert der Fetischist in den Topf hinein oder findet seine Befriedigung bereits im Hineinurinieren. → Abortfetischismus, Besudelungstrieb, Cucurbitacée, Effeuille des roses, Épongeur, Exkrementophilie, Gesäßerotik, Klistieromanie, Koprolagnie, Koprophagie, Koprophilie, Kotschmierer, Lambitus ani, Mysophilie, Nachttopfsklave, Natesfetischismus, Renifleur, Skatophagie, Skatophilie, Soupeur, Spinatstecher, Stercoraire, Tabouret de verre, Urolagnie, Urophilie, Uropotie.

Nachttopfsklave, ein Masochist, der besonderen Gefallen daran findet, den Nachttopf seiner → Domina zu säubern, auszulecken, als Trinkgefäß zu benutzen oder sich in irgendeiner anderen erniedrigenden Weise mit ihm zu beschäftigen. In zahlreichen → Sklavenbriefen hat man immer wieder das Bedürfnis des Masochisten gefunden, sich in dieser Weise mit den Körperausscheidungen der Herrin zu befassen. Hier gibt es die masochistischen Kotesser (→ Koprophagie, Skatophagie, Soupeur), Urintrinker (→ Épongeur, Renifleur, Uropotie), Selbstbeschmutzer (→ Besudelungstrieb, Mysophilie, Skatophilie), Arschlekker (→ Anilinctio, Effeuille des roses, lambitus ani), Abortfetischisten (→ Nachttopffetischismus, Koprophilie, Kotschmierer, Spinatstecher, Stercoraire) und Analerotiker (→ Analfetischismus, Cucurbitacée, Gesäßerotik, Natesfetischismus). Der gemeinsame Nenner all dieser Varianten der → Analerotik und → Harntriebhaftigkeit ist das Bedürfnis der Selbsterniedrigung und des Erniedrigtwerdens.

Nachwuchs soll man nicht zu früh anstreben, besonders wenn man jung heiratet. Die moderne Großstädterin begreift die Aufgaben der Mutter viel später als die des Geschlechtsverkehrs. Das liegt an der früheren sexuellen und späteren intellektuellen Reife des modernen Menschen (→ Akzeleration). Das Problem, die schwierigen Pflichten einer jungen Ehefrau mit denen einer jungen Mutter zu vereinbaren, erweist sich in den ersten Ehejahren oft als unlösbar. Moderne Ärzte und Eheberater tendieren deshalb heute zu dem Rat: Nicht mehr als eine Sache auf einmal; man lerne erst einmal, Ehefrau zu sein, ehe man versucht, Mutter zu werden; erst einmal, Ehemann zu werden, ehe man Vater sein will.

Nacktheit kennzeichnet die zweite Hälfte des 20. Jahrhunderts. Auf keinem Gebiete der Sexualität haben sich größere Änderungen ergeben als auf dem der Toleranz gegenüber dem nackten Körper. Filmszenen, die noch in den späten 50er Jahren undenkbar gewesen wären, laufen heute unbeanstandet vor einem Massenpublikum aller Altersstufen. Kellnerinnen servieren mit nacktem Oberkörper, auf Filmfestspielen ziehen sich Männlein und Weiblein aus, in der Werbung, der letzten Hochburg bürgerlicher Zurückhaltung, sind nicht nur nackte Damen, sondern auch nackte Herren zu sehen. Durchsichtige Kleider aller Art kennzeichnen die Mode der späten 70er Jahre. Die Idee des »oben ohne« ist bereits veraltet. Das »unten ohne« ist unter jungen Leuten so selbstverständlich geworden, daß es in den 80er Jahren vielleicht auch die Toleranz der Älteren finden wird.

Nadelschlucker, Masochisten, die die Sucht haben, Nadeln, Nägel und andere metallene Gegenstände zu verschlucken. Bei der Leichenöffnung eines Mädchens fanden sich im Kehlkopf fünf, im Herzen und in der Aorta je eine, in der Leber zwölf, zwischen Magen und Querdarm fünf Nadeln. Anamnestisch erfuhr man, daß die Patientin oft ganze Päckchen von Nähnadeln verschluckt hatte. Im Magen eines 16jährigen Dienstmädchens fanden sich 22 Sicherheitsnadeln, 15 Schlüssel, 58 Nägel, 22 Schrauben, 10 Haken, 8 Stecknadeln, 3 Weckerschrauben und so weiter, insgesamt 210 Fremdkörper. Da die meisten N. Frauen sind, erwächst die Frage, ob hier nicht ein Koitus-Surrogat, eine → Einverleibung vorliegt. Fast alle verschluckten Gegenstände sind penisförmig. Hier kommen also → Automasochismus und → Koitusangst zusammen, die in gemeinsamer Leistung das schmerzhafte und damit lustbringende Koitus-Surrogat des Nadelschluckens erzeugen.

Nadelstecher, Sadisten, die für den Koitus einen Akt des Stechens substituieren. Die Nadel wird zum Symbol des Phallus, das Eindringen der Nadel in den Körper der Frau als Koitus empfunden. Der Orgasmus stellt sich ohne manuelle Reizung ein. Das Stechen ist also ein Surrogat des Koitalaktes. Berühmt war der Mädchenstecher von Bozen, der 1829 als Soldat in gerichtliche Untersuchung kam. Er hatte zu verschiedenen Zeiten und an verschiedenen Orten mit einem Brot- oder Federmesser Mädchen durch Stiche in den Unterleib, am liebsten in die Schamgegend, verwundet und motivierte diese Attentate mit einem bis zur Wut gesteigerten Geschlechtstrieb, der nur in dem Gedanken und der Handlung des Stechens von weiblichen Personen Befriedigung fand. Dieser Drang verfolgte ihn oft tagelang. Er konnte sich nur durch die Tat befreien. Im Moment des Stechens hatte er die Befriedigung des vollbrachten Beischlafes, und diese Befriedigung wurde durch den Anblick des Bluts gesteigert, das am Messer herunterlief.

In der klinischen und auch in der forensischen Praxis hat man die N. nach der Körpergegend, die das Ziel des Stechens darstellt, und nach der Altersgruppe des Opfers geordnet: Armstecher, Beinstecher, Gesäßstecher, Genitalstecher, Ohrenstecher, Frauenstecher, Mädchenstecher, Kinderstecher. Gugitz hat unrecht, wenn er den Fall des Diamantenhändlers Michel Bloch in Paris (1891) unter die N. einreiht. Und zwar irrt Gugitz in zwei Aspekten. Erstens fand Bloch seine Befriedigung nicht im Stechen, sondern im Herausreißen der Nadeln. Der Nadelstich war also kein Koitus-Symbol. Zweitens waren weder das Stechen noch das Herausreißen ein Koitus-Surrogat, sondern nur eine Einleitung zum Koitus. Bloch, von den Zeitungen als »l'homme qui pique« tituliert, empfing seine Opfer, nachlässig auf einem Sofa hingestreckt, in einem rosa Atlaspeignoir, das reich mit weißen Spitzen garniert war. Die Mädchen mußten sich ihm einzeln, stillschweigend und mit einem Lächeln auf den Lippen (dies war ausdrücklich verlangt) nähern. Man reichte ihm Nadeln, Batisttaschentücher und eine Art Geißel. Die Novizin mußte vor ihm niederknien; er faltete ein Taschentuch dreieckig zusammen und befestigte es mit etwa zwanzig Nadeln auf der Brust des jungen Mädchens, so daß ein Zipfel zwischen die Brüste, die beiden übrigen auf die Schultern zu liegen kamen, und riß das so fest gesteckte Tuch mit einem brutalen Griff plötzlich ab.

Goltz berichtet den sehr seltenen Fall einer weiblichen Nadelstecherin, bei der die Nadel als Klitoris-Symbol empfunden wurde. Hier kam zweifellos zu der sadistischen Neigung der Täterin auch eine homosexuelle Orientierung. Es handelte sich um eine russische Fürstin, die die Brüste ihrer Zofe zum »Stecknadelkissen« machte. Vgl.: Aderlaß, Nosferatu, Vampirismus, Venaesectio.

Bei Delikten dieser Art wird die tiefe Kluft zwischen der sexualwissenschaftlichen und der juristischen Bewertung besonders deutlich. Für den Sexualwissenschaftler gehört der N. zur gleichen Gruppe von Tätern wie der → Zopfabschneider, der → Säurespritzer, der → Tintenspritzer, der → Bilderschänder und der → Kleideraufschlitzer. Strafrechtlich jedoch müssen einige dieser Delikte als verhältnismäßig harmlose Übertretungen, andere dagegen als Sachbeschädigung, Körperverletzung oder gar schwere Körperverletzung abgeurteilt werden. Und doch trifft den Täter, der Tinte auf ein Kleid spritzt, subjektiv keine größere Schuld als den, der Tinte auf die Mona Lisa spritzt. Der Zopfabschneider handelt aus den gleichen Motiven wie der Statuenschänder, der einer unersetzlichen Hermes-Statue mit einem Beil den Penis abhackt. Der Kleideraufschlitzer ist weder mehr noch weniger verantwortlich als der Mann, dessen Messer einen Zentimeter tiefer rutscht und der Trägerin des Kleides den Bauch aufschlitzt. Der N. ist nur durch Zufall nicht zum→ Viehstecher geworden. Und der Armstecher, dessen Opfer kaum merkt, daß es gestochen worden ist, trägt keine größere oder kleinere Verantwortung für seine Tat als der Genitalstecher, dessen Opfer an Sepsis stirbt. Der Jurist unterscheidet nach dem Resultat, der Sexualwissenschaftler nach dem Motiv.

Namenstransvestitismus [lat.: trans = jenseits; vestitus = Kleidung, Tracht]. Wenn → Transvestitismus sexuell motivierte Verkleidungssucht ist, dann ist N. die sexuell motivierte Sucht, einen anderen Namen als den eigenen zu tragen. Da der Transvestit meist die Neigung hat, die Kleidung des anderen Geschlechts zu tragen (ohne trans- oder homosexuell zu sein), so bedeutet N. meist die Sucht, einen Namen des anderen Geschlechts zu tragen. Obgleich der Patient durchaus weiß, daß er Herbert Schulze heißt und auch Herbert Schulze ist, besteht er darauf, daß man ihn Marlene oder Carola nennt. Dieses Verlangen mag sich nur auf die Zeiten des Geschlechtsverkehrs beschränken, kann aber auch so weit gehen, daß der Patient seine Freunde bittet, ihn stets privat mit diesem Namen anzureden. Da der N. keine Psychose, sondern eine sexuelle Obsession ist, leidet der Patient nicht unter der Illusion, nun wirklich »Marlene« oder »Carola« zu sein. Er weiß genau, wer er ist, leidet nicht an Bewußtseinsspaltung und benötigt den N. nur zu seiner sexuellen Befriedigung. Wie der Transvestit sich manchmal auch in ein Kind, statt in eine Person des anderen Geschlechts, verwandeln möchte, so gibt es auch beim N. Patienten, die sich Kindernamen zulegen und als Kinder behandelt werden möchten. Man könnte dies als→ Autopädophilie bezeichnen.

Narkomanie [gr.: narkun = lähmen; mania = Wahnsinn], Rauschgiftsucht. Jede Form der N. ist eine Flucht vor der Realität. Das Plädoyer mancher Liberaler, daß bestimmte Drogen eine Erweiterung des Erfahrungshorizonts brächten, ist von tragischer Naivität. Gerade der liberale Mensch, dessen Herz, wie alle guten Herzen, stark auf der Linken pocht, sollte mit Entschiedenheit jede ärztliche, moralische und philosophische Unterstützung der N. verweigern. Als experimentelles Mittel, als Arznei, ist jede Droge wichtig und muß erprobt werden. Als epikureische Substanzen jedoch sind sie alle moralisch, philosophisch und vor allem politisch zurückzuweisen. Jede Droge, von der Zigarette bis zum Marihuana, vom Alkohol bis zum Heroin, bedingt einen Verlust an Freiheit und Selbständigkeit des Individuums. Damit soll hier nicht den Sektierern, den Vegetariern, Antialkoholikern und Antinikotinisten das Wort geredet werden. Innerhalb einer jeden Gesellschaft gelten historische Normen, die sich nicht über Nacht aufheben lassen. Jedenfalls gibt es bei der Verbesserung der menschlichen Gesellschaft dringendere Aufgaben als das sowieso unwirksame Verbot von Alkohol und Nikotin. Auch das Verbot von Rauschgiften ist impraktikabel. Je deutlicher das Establishment für solche Verbote eintritt, um so größer wird die Wahrscheinlichkeit, daß sich alle fortschrittlichen Kräfte für das Gegenteil einsetzen werden. Deshalb heute auch die Konfusion unter den Liberalen, die den Kampf gegen Verbote aller Art mit der Unterstützung des Verbotenen verwechseln.

Selbstverständlich sollten Rauschgifte frei verfügbar sein. Gleichzeitig muß die Gesellschaft aber mit aller Entschiedenheit die Versuchung bekämpfen, diese Rauschgifte zum Vergnügen zu benutzen. Es geht nicht allein um die Frage der Süchtigkeit, die ja auch die Kernfrage der sexuellen → Perversion ist (vgl.: Befriedigung); es geht auch nicht allein um die Schädlichkeit der Drogen, sondern um das Prinzip der Verantwortlichkeit, der Gegenseitigkeit und der Handlungsfreiheit.

Alle Narkotika (und wir schließen hier die halluzinogenen Drogen wie LSD, Buffotinin, Meratran, Meskalin, Peyote, Psilocybin usw. ein) atomisieren das Individuum, lösen es von der Gemeinschaft los, rauben ihm einen Teil seiner Fähigkeit, die Gesellschaft zu verändern, und rauben ihm einen Teil seines Willens, das gesellschaftliche Leben zu verbessern. Sie sind deshalb antiprogressiv und antipolitisch. Die Tatsache, daß fortschrittliche Bewegungen unserer Zeit – vom Jazz bis zu den Hippies, von der psychedelischen Kunst bis zu der Studentenbewegung – sich für gewisse Drogen, vor allem Marihuana und LSD, eingesetzt haben, ist eine Kinderkrankheit des neuen Radikalismus und soll keinem Menschen als carte blanche zum Gebrauch von Narkotika dienen.

Die oft geäußerte Überzeugung, daß »Liebe mit LSD« oder »Geschlechtsverkehr mit Pot« besser sei als ohne, ist ebenso illusionär wie die Überzeugung mancher Jazzmusiker, daß sie unter Heroineinfluß besser spielen als nüchtern. Jedes Rauschgift reduziert die sexuelle Empfangs- und Gebefähigkeit, statt sie zu stärken. Der Wunsch nach

Rauschgift oder Hallucinogenika ist deshalb stets ein Eingeständnis der sexuellen Impotenz. Alle Narkotika sind Prothesen. Nur der Krüppel benötigt sie. → Injektomanie.

Narzißmus [gr.: Narkissos, ein griechischer Halbgott, der sich in sein eigenes Spiegelbild verliebte und an ungestillter Sehnsucht nach sich selbst starb], Selbstliebe; die Unfähigkeit, andere Menschen zu lieben. Der Ausdruck stammt von Naecke und wurde von Freud übernommen, der den N. als »jenes Verhalten« beschreibt, »bei welchem ein Individuum seinen eigenen Leib in ähnlicher Weise behandelt, wie sonst den eines Sexualobjektes, ihn also mit sexuellem Wohlgefallen beschaut, streichelt, liebkost, bis es durch diese Vornahmen zur vollen Befriedigung gelangt« (Freud: *Zur Einführung des Narzißmus,* 1914). Freud erklärt den N. mit einem Gleichnis aus der Zoologie. Ein wenig differenziertes Lebewesen, das aus einer protoplasmatischen Substanz besteht, ist imstande, mit Fortsätzen, Pseudopodien genannt, in die es seine Leibessubstanz hinüberfließen läßt, sich zu bewegen und diese dann nach Belieben wieder in den kleinen Körper zurückzuziehen. Ebenso kann ein Teil der Libido einem Objekt zugewandt werden, während die Hauptmasse im Ich verbleibt. Der gesunde Mensch vermag ein gewisses Quantum an autoerotischen Neigungen in alloerotische Neigungen zu verwandeln. Das restlose Zurückziehen der alloerotischen Neigungen ins eigene Ich ergibt den krankhaften Zustand des N. (Freud: *Vorlesungen zur Einführung in die Psychoanalyse,* 1916). Die moderne Psychoanalyse unterscheidet zwischen primärem und sekundärem N., betrachtet den ersten als nützliche Voraussetzung der Liebe und bezieht den letzten von Freud zitierten Satz nur auf den sekundären N. Vgl.: Autismus, Autoerastie, Autoerotik, Autoerotismus, Autofetischismus, Automonosexualität, Autosexualismus, monosexuelle Idiosynkrasien, Spiegelakte, Trisexualität.

Narzißmus, primärer, jene Entwicklungsstufe der kindlichen Sexualität, die nach Sigmund Freuds ursprünglicher Meinung zwischen dem → Autoerotismus und der → Objektliebe liegt. Nach seinen späteren Ansichten sind Autoerotismus und primärer Narzißmus jedoch gleichzusetzen. In diesem Stadium betrachtet das Kind seinen eigenen Körper als erstes Liebesobjekt. Es hat noch keine Beziehungen zur Umwelt, kann das Ich noch nicht von der Realität unterscheiden. In diesem Sinne ist der primäre Narzißmus das affektive Gegenstück zum kindlichen Glauben an die Allmacht der eigenen Gedanken. Das angebliche Kennzeichen dieser kindlichen Entwicklungsstufe ist sein Mangel an

Beziehungen zur Umwelt. Freud vergleicht ihn mit dem intrauterinen Zustand, dem Leben des Kindes im Mutterleib, in dem es nach Freuds Meinung keinen Kontakt mit der Umwelt hat.

Diese Ansichten haben sich als falsch herausgestellt. Das Kind besitzt bereits im Mutterleib intensive Wahrnehmung der extrauterinen Welt, der Geschehnisse außerhalb des Mutterleibs. Es reagiert fast so intensiv auf sie wie im späteren, extrauterinen Leben. Als erkenntnistheoretischer Begriff nimmt der Gedanke des primären Narzißmus deshalb nach wie vor eine sinnvolle Position im Konzept der kindlichen Sexualentwicklung ein, aber in der Praxis gibt es keine Beweise, daß ein gesundes Kind jemals ohne wechselseitige Beziehungen zu seiner Umwelt ist.

Narzißmus, sekundärer, die Regression der Objektbeziehungen auf das subjektive Stadium. Wenn der Mensch, nachdem er den Sprung von der Eigenliebe (→ primärer Narzißmus) zur → Objektliebe (der reifen Sexualbeziehung zu einem anderen Menschen) geschafft hat, noch einmal zur Eigenliebe zurückkehrt, so stuft Sigmund Freud dies als eindeutiges Zeichen, als Gefahrensignal der Psychose (Hypochondrie, Größenwahn usw.) ein.

narzißtische Libido [gr.: libido = Lust, Wunsch, Begierde], nach dem griechischen Knaben Narkissos benannte Form der Liebe, die sich – wie beim »Narziß« – dem eigenen, statt einem anderen Leib zuwendet. Form der Selbstliebe. → Autoerotik, Ich-Libido, Libido, Narzißmus, Objekt-Libido.

Nase, das Riechorgan des Menschen, in vieler Hinsicht auch ein Sexualorgan. Der Arzt Dr. Wilhelm Fließ (1858–1928), ein Jugendfreund Sigmund Freuds, entdeckte noch im 19. Jahrhundert die »Fließschen Genitalstellen der Nase«, Organe von kavernösem Bau, die dem Penis und der Klitoris ähneln. Hier gehen die Kapillaren nicht wie bei dem Rest der Nase in abführende Venen über, sondern es schiebt sich ein Konvolut von Bluträumen dazwischen, die zum Teil miteinander anastomosieren. Verengen sich die Venen, so nimmt die Füllung jener Bluträume zu, und das Volumen des Schwellkörpers vergrößert sich unter dem Einfluß des sympathischen Nervensystems, das auch die Sexualorgane beherrscht. Andere Aspekte der Nasen-Genitalien-Verbindung stimmen den Sexualforscher nachdenklich. Alle Gebärmutterreflexe wirken direkt auf die Nasenschleimhaut. Während des Koitus trocknet beim Mann oft die Nasenschleimhaut aus, manchmal kommt es aber auch zu extremer Nasenschleimabsonderung oder Nasenbluten. Bei

Menstruation tritt ebenfalls häufig Nasenbluten ein. Vikariierendes Nasenbluten kann sogar als Surrogat der Menstruation dienen. Das heißt, die normale Menstruation kann einen Monat oder mehrere Monate lang aussetzen und durch profuses Nasenbluten ersetzt werden. Bei Schwangerschaft treten oft nervöse Schnupfen und Geruchsstörungen auf. Im Klimakterium werden die Zellen der Nasenschleimhaut abgebaut. Bei Kastration erweichen die Nasenmuscheln. Trotz der allgemeinen Verkümmerung aller Sinne zugunsten des Denkapparates, die das Kennzeichen der menschlichen Evolution ist, bestehen also auch beim Menschen nach wie vor ganz eigenartige Zusammenhänge zwischen der Nase und den Genitalien. Denn der Geruch ist nicht allein einer unserer lebenswichtigsten Sinne, sondern er ist der Sinn, mit dem das menschliche Bewußtsein sich entwickelt hat: das Neuhirn (Neencephalon), das allein beim Menschen das Bewußtsein vermittelt, ist aus dem Riechhirn entstanden. Vgl.: Achselhöhlenfetischismus, Geruchsfetischismus, Geruchssinn, Nachttopffetischismus, Nasenfetischismus, Nasenkuß, Osphresiolagnie, Parfumfetischismus, Perspirationsfetischismus, Schnupftabak, Schnupftuch, Type olfactif, Zehenriecher.

Nasenfetischismus, die Fetischisierung der Nase, entweder der eigenen oder der anderer Menschen. N. ist nicht mit → Geruchsfetischismus zu verwechseln, denn der Nasenfetischist verehrt und vergöttert nicht den Geruch, sondern das Organ. Er benimmt sich wie ein Phallusanbeter – nur daß den Phallus hier die Nase verkörpert. Der pädophile Fürst Kaunitz (1777–1848) war auch Nasenfetischist. Er hatte die Manie, alle seine Geliebten malen zu lassen; angeblich soll er an zweitausend Miniaturen von Frauen aus Rom, Neapel und Wien besessen haben, die ihm u. a. Lampi und P. Kraffts Bruder malten und die er in der Gegend der Nase mit Schnupftabak einrieb, so wie es ihn geschlechtlich erregte, wenn er die Frauen schnupfen ließ. Seit dem Altertum besteht der unausrottbare Glaube, besonders unter Frauen, daß die Nase des Mannes einen Aufschluß über seine Virilität und Potenz gibt. Männer mit großer Nase galten in Griechenland und Rom deshalb als besonders viril. Im Mittelalter gab es den sogenannten Nasentanz, einen sexuell betonten Volkstanz, bei dem die größte Nase mit dem alten germanischen Fruchtbarkeitssymbol des Blumenkranzes belohnt wurde. Auch die Geste des »Nasezeigens« ist ohne jeden Zweifel eine phallische Geste. Vgl.: Achselhöhlenfetischismus, Fetischismus, Geruchsfetischismus, Geruchssinn, Nachttopffetischismus, Nase, Osphresiolagnie, Parfumfetischismus, Perspirationsfetischismus, Schnupftabak, Schnupftuch,

Type olfactif, Zehenriecher. → Fetischismus.

Nasenkuß, die orientalische Form des Küssens. Mit der charakteristischen Arroganz des Abendlandes haben wir unsere Form des Kusses, das Berühren der Lippen und Zungen, als »natürlich«, den Nasenkuß des Morgenlandes aber als »unnatürlich« oder gar »primitiv« bezeichnet. Als wir entdeckten, daß der Nasenkuß unter den Völkern der Welt viel weiter verbreitet ist als der Lippen- und -Zungenkuß, bestanden wir dennoch darauf, in unserer Art zu küssen die Norm und in der der anderen eine Abweichung zu sehen. Daß der Nasenkuß mehr Feinheit aufweisen und damit einen höheren Stand der Zivilisation anzeigen könnte, liegt soweit außerhalb unseres Begriffsvermögens, daß wir dieses Problem nicht einmal diskutierten. Und dennoch gibt es kein wirklich einfallsreiches Paar westlicher Liebhaber, das nicht selbst diese Entdeckung machte und den Geruchssinn auf irgendeine Art am Sexualakt teilhaben ließe. → Geruchssinn, Kuß, Nase.

Natesfetischismus [lat.: natis = Hinterbacke, Gesäß; port.: feitiço = Fetisch], Gesäßfetischismus, eine der ältesten, harmlosesten und verständlichsten Formen der menschlichen Sexualobsession. In seiner einfachsten Form stellt der N. die Liebe des Mannes für das Gesäß der Frau dar. Die Griechen haben in zahllosen Statuen die Venus Kallipygos, die Göttin mit dem schönen Popo, verehrt. Es gibt wohl kaum einen Mann, der nicht an der vor ihm gehenden Frau Gefallen findet, wenn sie »ihr Gewölbe schwenkt«. Eine große Anzahl Männer ziehen den → coitus a posteriori, also von hinten, dem Koitus von vorne vor, einerlei ob die Frau unter oder neben ihnen liegt. Aber auch Frauen haben in zahllosen Aussagen ihre Vorliebe für das Gesäß des Mannes oder der Frau bekanntgegeben. Daß sowohl homosexuelle Männer wie lesbische Frauen eine besondere Vorliebe für die Nates des eigenen Geschlechts zeigen, versteht sich von selbst. Aber auch unter heterosexuellen Männern und Frauen gelten die Nates des anderen Geschlechts als eine der stärksten erogenen Reize. Als Substituthandlung reicht der N. von den harmlosen Formen bis zu den gravierenden und eigentümlich sublimierten. Hirschfeld berichtet in seiner *Sexualpathologie:* »Ein Mann wurde von dem Drange verfolgt, sich auf einen Platz zu setzen, von dem sich unmittelbar zuvor eine Dame erhoben hatte; er konnte dies in den meist stark besetzten Wagen der Straßenbahnen und Stadtbahnzüge unbemerkt leicht durchführen. Die dem Platz noch anhaftende Wärme des weiblichen Gesäßes rief bei ihm oft Erektionen hervor. In Hotels, auf der Eisenbahn und auch sonst vielfach benützte er mit Vorliebe Damentoiletten, was ihm nicht selten Zurechtweisungen eintrug.«

Ernstere Fälle des N. laufen darauf hinaus, daß der Patient, statt sich auf die Nates eines geliebten Menschen zu konzentrieren, Fotos von den Nates anderer Menschen sammelt, bei deren Anblick er onaniert, oder daß er überhaupt unfähig wird, beim Koitus oder auch bei der Onanie einen Orgasmus zu erreichen, und statt dessen zum Gesäßvoyeur wird, ohne je zur Ejakulation zu kommen. → Analerotik, Cucurbitacée, Gesäßerotik, Proctolagnie.

Nebenehe, die rechtlich tolerierte Zweitehe eines verheirateten Mannes mit einer unverheirateten Frau (Digamie). Nicht mit der → Bigamie, der verbotenen Form der Doppelehe zu verwechseln. Die N. ist keine »primitive« Form des ehelichen Zusammenlebens, sondern ein Produkt des entwickelten Patriarchats. In Rom und im Mittelalter lebte sie in der Form des legalisierten → Konkubinats weiter. Einer der Gründe der N. war der Wunsch nach einer größeren Anzahl von Söhnen, als eine einzige Ehefrau gebären konnte. Deshalb waren im alten Sparta, das an Nachwuchsmangel litt, Nebenehen sowohl für Männer wie für Frauen erlaubt – ein geschichtlich seltener Fall, der auch deshalb ungewöhnlich ist, weil er zur Zeit eines bereits voll entwickelten Patriarchats bei den anderen griechischen Stämmen innerhalb einer noch weitgehend matrilinearen Gesellschaftsordnung stattfand.

Anders in Athen. Dort war die N. zwar nicht legal, aber man machte ein Auge zu und dachte an die Männer der Heldenzeit, die alle Nebenfrauen gehabt hatten. König Priamos rühmt sich ja bekanntlich bei Homer, daß er fünfzig Söhne gezeugt habe, neunzehn mit seiner Ehefrau Hekate, den Rest »mit Nebenfrauen in der Wohnung«. Von Agamemnon sagt Thersites in der *Ilias*, daß ihm die Achaier aus jeder eroberten Stadt eine Nebenfrau geschenkt hätten. Überhaupt hat in der *Ilias* jeder Mann mit Ausnahme von Menelaos mindestens eine Nebenfrau. Istros zählt in den *Attischen Geschichten* die Nebenfrauen des Theseus auf und unterscheidet dabei diejenigen, die er sich aus Liebe zugelegt, und die, welche er als Siegesbeute erworben habe.

In der homerischen Zeit waren Nebenfrauen durchaus legal, sie blieben aber aus ökonomischen Gründen den Wohlhabenden vorbehalten. Daß die Institution der Nebenfrau mindestens bis ins 4. Jahrhundert v. u. Z. bestanden haben muß, geht unter anderem aus einem Gesetz hervor, das Demosthenes (384–322) anführt und in dem Mutter, Gattin, Schwester, Tochter und Nebenfrau in einem Atem genannt werden.

»Demetrios Phalereus, Hieronymos von Rhodos, Aristoxenos und Aristoteles – wenn nämlich das ihm zugeschriebene Buch *Über Vornehmheit* echt ist – sie alle erzählen, daß Myrto, eine Enkelin des Aristides, vom weisen Sokrates in sein Haus aufgenommen worden sei. Er habe zwar schon eine andere Frau gehabt, habe die Myrto aber aufgenommen, weil sie Witwe war und in ihrer Armut des Nötigsten ermangelte.« (FHG II, 280, 28 aus Cyrill. C. Jul. VI, 208).

Nebenzimmersexualität, eine Form des Verfolgungswahns. Der Patient wird von der Zwangsvorstellung verfolgt, daß im Nebenzimmer ein Liebespaar koitiere. Er hört die Geräusche des Koitus, besonders das Stöhnen des Mannes und der Frau, das Krachen des Bettes, Koseworte, manchmal Hilferufe. Er wird hin- und hergerissen zwischen der Versuchung, an der Tür oder Wand zu lauschen und sich die Ohren zu verstopfen. Im Dilemma zwischen beiden Versuchungen entwickelt er schizophrene Tendenzen. → Écouteur.

Nekromane [gr.: nekros = Leiche; mania = Wahnsinn], der Leichenwahnsinnige, die tragischste aller sexuellen Perversionen. Wegen der geringen Zahl der erforschten Fälle ist die Pathogenese der NEKROMANIE vorläufig unklar. Spoerri hat in der gesamten Literatur nur 47 Fälle entdeckt. Davon waren 46 Männer. Allerdings ist die Dunkelziffer hier außerordentlich groß. Typisch ist der Fall Victor Ardisson (1901). Er betrachtete die Toten als eine Art Harem und sprach von ihnen als seinen »Verlobten«. Von einer Toten, die er auf dem Friedhof besonders »lieben« gelernt hatte, nahm er den Kopf mit nach Hause, »um ein Andenken von ihr zu behalten«. → Kinephobie, Nekrophagie, Nekrophilie, Pädonekrophilie, Schlaffetischismus, Zoonekrophilie.

Nekrophagie [gr.: nekros = Leiche; phagein = essen], Leichenessen, das Essen von Leichenfleisch. Der Mörder Denke tötete wahrscheinlich aus nekrophagischen Motiven, also nicht als eigentlicher Lustmörder, sondern nur, um Menschenfleisch zum Essen zu bekommen. Das Fleisch wurde von Denke, der über die Gewichte Buch führte, gewogen, gebraten, gekocht, eingepökelt, selbst gegessen, anderen vorgesetzt, die Haut zu Hosenträgern und Schnürsenkeln verarbeitet, die Zähne wurden gezogen und gesammelt usw. Auch Verzeni und Vacher waren Nekrophagen und aßen ihre Opfer entweder roh oder gekocht. → Anthropophagie, Dermatophagie, Koprophagie, Menophagie, Nekromane, Nekrophilie, Pädonekrophilie, Picazismus, Renifleur, Sekretionsfetischismus, Skatophagie, Soupeur, Spermatophagie, Uropotie, Vampirismus, Zoonekrophilie.

Nekrophilie [gr.: nekros = Leiche; philia = Liebe], Leichenliebe, der versuchte Geschlechtsverkehr mit Leichen, die Neigung zu dieser Art von Geschlechtsverkehr. Eigentümlicherweise ist in einem Lande wie der BR, wo manche Formen des gesunden Geschlechtsverkehrs mit Strafen bedroht sind, die N. kein strafbares Delikt. Nur die *Beseitigung* von Leichen ist verboten, nicht aber der Geschlechts-»verkehr« mit ihnen.

Die N. ist unerforscht. Nur wenige Fälle gibt es in der gesamten Fachliteratur. Das Alter der Täter bewegte sich zwischen 16 (evtl. 11) und 57 Jahren. Nur in einem Fall handelte es sich um eine nekrophile Frau. Es wurden Leichen im Alter von sieben Monaten bis zu siebzig Jahren mißbraucht, in neun Fällen wurde die Leiche zerstückelt. Im neurotischen Bild äußert sich die N. als Furcht vor dem Zwiegespräch der Körper (→ Kinephobie). Der nekrophiloide Patient ist nur potent, wenn seine Sexualpartnerin während des Koitus völlig still liegt und sich in jeder Hinsicht wie tot benimmt. In Bordellen befriedigt man solche Wünsche, indem man den Geschlechtsverkehr im Sarg, statt im Bett, vornehmen läßt und die Prostituierte in ein Totentuch einhüllt. Die berühmte Schauspielerin Sarah Bernhardt war nekrophiloid orientiert und besaß ein Bett in Form eines Sarges, in dem sie ihre Liebhaber empfing. Sie ließ sich auch, von ihren Freunden beweint und mit Totenblumen auf dem Leinentuch, in diesem Bett photographieren.

Daß auch gesunde Menschen manchmal durch tote Körper sexuell stimuliert werden, geht aus der berühmten Legende von der Witwe von Ephesus hervor: Die Witwe wird an der Gruft ihres Gatten von dem Tod so stimuliert, daß sie sich einem Soldaten auf dem Grab ihres Mannes hingibt.

In neurotisch verdrängter Form schlägt die N. in ihr Gegenteil um und äußerst sich als Angst vor Friedhöfen, Ekel vor Toten und Neigung zum Vegetarismus (weil Fleischnahrung den Nekrophilen stets an »Tierleichen« erinnert). → Leichenschändung, Lustmord, Nekromane, Nekrophagie, Nekrosadismus, Pädonekrophilie, Zoonekrophilie.

Nekrosadismus [gr.: nekros = Leiche; frz.: sadisme, nach dem Marquis de Sade], Leichensadismus, die Verstümmelung und Zerstückelung von Leichen aus sexuellen Motiven. Der französische Sergeant François Bertrand (1849) wurde bekannt durch seine Beraubung von Friedhöfen. Er öffnete Gräber, übte mit Frauenleichen den Koitus aus und zerstückelte dann die Leichen. Nur durch die Auffindung der Leichenteile wurde er gefaßt. Als man ihn der Leichenschändung beschuldigte, sagte er entrüstet: »Ich habe es nie des Geschlechtsverkehrs halber getan. Nie hätte ich an einer Leiche Notzucht verübt, wenn ich sie nicht nachher zerstören konnte! Das war das eigentliche Vergnügen!« → Kinephobie, Leichenschändung, Lustmord, Nekromane, Nekrophilie, Pädonekrophilie, Sadismus, Zoonekrophilie.

Neo-Malthusianismus → Eugenik, Homosexualität und Ökologie.

Neoterophilie [gr.: neoteros = der Jüngere; philia = Liebe], Neigung zu jüngeren Menschen, ein von v. Romer geprägter Begriff, der die Unfähigkeit mancher Menschen ausdrücken sollte, mit gleichaltrigen oder älteren Menschen geschlechtlich zu verkehren. v. Romer dachte hier an ein homosexuelles Syndrom, aber die Neigung findet sich mindestens ebenso oft und ebenso stark bei Heterosexuellen (*Jahrbuch für sexuelle Zwischenstufen,* Band IV). Vgl.: Bal Graffart, Didaskalophilie, Ephebophilie, Jungfernschaftsprokurist, Jungfräulichkeitsforderung, Kaunitzprozeß, Kinderballett, Kinderprostitution, Knabenbordell, Knabenehe, Knabenharem, Päderastie, Pädophilie, Pagismus, Parthenophilie.

Nesselroder Zirkel, geheimer → sexueller Club im Paris des 2. Kaiserreichs. Die Gräfin Nesselrode, die ihn leitete, war russischer Herkunft. Zwischen einer Gruppe sehr attraktiver russischer Hofdamen (der Kalerdjy, der Zeba) und ihren Beratern, an deren Spitze Alfred de Musset und A. Dumas d. J. standen, entwickelte sich ein Orgienkult, der komplizierte Dimensionen annahm. Man zog allerlei Fachautoren zu Rate und soll hinter de Sade nicht zurückgeblieben sein (Viel-Castel, *Der Karneval des 2. Kaiserreiches,* Dresden, 52 f.).

Neugier, sexuelle. Die Keimzelle menschlichen Fortschritts ist Neugier. Und die Keimzelle der intellektuellen Neugier, die uns zu Künstlern, Forschern, Wissenschaftlern und Philosophen macht, ist sexuelle Neugier. Der Unterschied zwischen den Menschen mit starker und schwacher Libido liegt weniger in ihrer sexuellen Potenz als in ihrer sexuellen Neugier. Man kann den Unterschied zwischen dem aktiven, suchenden, wissensdurstigen Typ des libido-betonten Menschen und dem passiven, konservativen Typ des Menschen mit schwacher Libido mit dem Unterschied zwischen dem Mann vergleichen, der im Restaurant stets die Gerichte bestellt, die ihm neu sind, und dem, der nur die bestellt, die er bereits kennt.

In diesem Sinne ist auch der Unterschied zwischen demjenigen, der unkonventionelle Koitalpositionen als pervers empfindet, und dem, der die Skala aller denkbaren Sexualbeziehungen erleben möchte, weniger der zwischen sittlichen und unsittlichen als zwischen aktiven und phlegmatischen Menschen. Sexuelle Neugier ist im gesunden Menschen stets ein positives Element. Hat er den adäquaten Geschlechtspartner gefunden, einen Menschen, dessen sexuelle Neugier der eigenen entspricht, eröffnet sich ihm eine Welt, die sein Leben in jeder Hinsicht bereichert – den Intellekt nicht weniger als die Sinne, die Emotionen nicht weniger als den Metabolismus des ganzen Körpers. Die Lebensgeschichte all jener bedeutenden Männer und Frauen, deren Persönlichkeit von ungewöhnlich starker Libido bestimmt war, zeigt uns, in welch hohem Maße ihr sexueller Wissensdrang die schöpferische Tätigkeit ihres Geistes anregte, ihr Werk vertiefte und erweiterte und das Leben ihrer Sexualpartner bereicherte – Goethe zum Beispiel, oder Heine, Liszt, Chopin, George Sand, Olympe de Gouges, Colette.

Sexuelle Neugier ist nicht identisch mit dem, was wir gemeinhin Paarungstrieb nennen, obgleich sie mit großer Wahrscheinlichkeit aus ihm entsprungen ist. Wenn ein reifer Mann eine reife Frau sieht, die ihn interessiert, so will er wissen, wer sie ist, wo sie herkommt, wie sie spricht, was für ein Temperament sie hat, wie sie unter ihren Kleidern aussieht, wie sie sich im Bett benehmen wird, an welchen Liebkosungen, an welchen Formen des Geschlechtsverkehrs sie besonderen Gefallen findet, was sie in ihrem Partner sucht. In diesem Sinn ist sexuelle Neugier stets ein Zeichen der sexuellen Reife. Unreife Männer und Frauen aller Altersgruppen, Menschen, die der Liebe unfähig sind, empfinden meist auch keine sexuelle Neugier. Die amerikanische Frauenärztin Barbara Bross stellt diese Beobachtung vom Standpunkt der Frau aus dar: »Ich habe noch nie einen Mann von Format kennengelernt, der mir nicht auch das Gefühl gab, von gesunder Neugier erfüllt zu sein. Wenn ich andererseits die gelangweilten Gesichter jener Männer sehe, deren sexuelle Unreife sich in dem Wunsch äußert, Frauen besitzen zu wollen, ohne sie eigentlich kennenlernen zu brauchen, dann spüre ich den physischen Ekel, den jede gesunde Frau beim Anblick eines Mannes empfindet, der von dem Wunsch getrieben ist, sich möglichst schnelle und möglichst unverbindliche Befriedigung zu verschaffen. Ein reifer Mann dagegen, ein Mann, der sexuelle Neugier verspürt, will unendlich viel von einer Frau wissen, ehe sie ihn voll befriedigen kann. Und nichts schmeichelt einer reifen Frau mehr und bereitet sie besser auf ihren eigenen Orgasmus vor als das Interesse eines solchen Mannes an ihrer sexuellen Beschaffenheit. All das naive Gerede der Aufklärungsbücher über Koitalpositionen und Liebestechniken kann nie jene echte sexuelle Neugier ersetzen, die all diese ›positionen‹ und ›Techniken‹ jedes Mal von neuem entdeckt. Ein Mann, der herausfinden will, was *diese* Frau und keine andere in die größte Ekstase versetzen kann, deren sie fähig ist, wird alle Liebkosungen anwenden, die es gibt. Und zwar nicht, weil er sie in einem Buch gelesen und auswendig gelernt hat, sondern aus Wissensdrang, aus dem Bedürfnis heraus, diese Frau zu *verstehen* . . . Du kannst das bei deinen Freunden und Bekannten nachprüfen. Wenn du einen attraktiven Mann kennst, der mit einer Frau lebt oder verheiratet ist, die dir weder sonderlich intelligent noch sonderlich schön vorkommt, so daß du dich fragst, was er wohl in ihr sehen mag, dann kannst du fast stets annehmen, daß sie einfach neugierig ist – daß sie jedes Mal von neuem herausfinden will, was dieser Mann für Wünsche hat. Eine schöne Frau kann ebenso langweilig im Gespräch wie im Bett sein. Und eine intelligente Frau kann als Liebhaberin hoffnungslos unbeholfen sein. Aber eine Frau mit echter sexueller Neugier nach allem, was sie und ihren Mann erregt, ist das Kostbarste, das ein Mann auf Erden finden kann.«

Jeder Mann sucht in jeder Frau einen Schlüssel zum eigenen Ich. Er will wissen, was diese Frau von ihm hält. Er will wissen, wieso sie ihn und niemanden andern liebt. Er will durch sie entdecken, wer er ist. Aber sie sucht gleichzeitig in ihm die gleiche Information über sich selbst, so daß das Suchen des einen zum Finden des anderen wird. Aus der gegenseitigen Befriedigung unseres sexuellen Wissensdranges gewinnen wir jenes gewisse Extra, das die Kopulation zur Liebe erhebt.

Neuralgia spermatica → N. testis.

Neuralgia testis, Hodenneuralgie, oft durch erzwungene Enthaltsamkeit vom Geschlechtsverkehr erzeugt. Sie kann auf einzelne Stellen beschränkt, doch auch über die ganzen Hoden und Nebenhoden verbreitet erscheinen. Die Überempfindlichkeit des Hodens kann so groß sein, daß schon die Reibung von Kleidungsstücken, jede Bewegung und Lageveränderung und das Stehen bei nicht unterstütztem Hodensack heftige Schmerzen hervorrufen. Mitunter finden sich Anschwellung der Hoden und des Samenstrangs, mitunter auch Varicocele; häufiger aber (nach Peyer) hyperämische und chronisch-entzündliche Veränderungen der Schleimhaut der Pars prostatica, mit dem dazu gehörigen Symptomenkomplex von Spermatorrhöe und Pollutionen, Harndrang, inkompletter oder kompletter Impotenz. Der Verlauf ist fast stets eher langwierig und kann infolge der lästigen Schmerzen leicht exzessive psychische Reaktionen in Form hochgradiger Hypochondrie und melancholischer Verstimmung hervorrufen. → Abstinenz, Epididymitis sympathica, Gynäcinämie, Paradidymitis sympathica, Phrenokardie, Vorehelicher Geschlechtsverkehr.

Neurose [gr.: neuron = Nerv], eine psychische Fehlhaltung, die physische Symptome zeigt, zum Beispiel Impotenz, Frigidität, Lähmungen, Stottern, Ohnmacht, Schlafstörungen, Herz-, Kopf- oder Magenschmerzen, deren wichtigstes Kennzeichen jedoch eine unbewußte Flucht in die »Krankheit« darstellt. Der Begriff N. stammt von dem schottischen Physiologen William Cullen (1710–1790). Sigmund Freud glaubte, daß die meisten Neurosen in der ersten Kindheit (bis zum 6. Jahr) erworben werden und daß spätere Ereignisse nur dann eine neurotische Störung hervorrufen können, wenn die Anlage zur N. bereits in dieser Phase der Kindheit gegeben war. Diese Anlage entwickelt sich, wenn das Kind nicht fähig ist, sexuelle Wünsche, die sich in diesem Lebensalter (vor allem zwischen dem 3. und 5. Lebensjahr) bilden, mit den Sittenregeln zu vereinbaren, die die Umwelt ihm einprägt. In dem Dilemma zwischen dem, was das Kind tun möchte, und dem, was es tun soll, entwickelt der Körper Krankheitssymptome, die eine Entscheidung aufschieben oder unmöglich machen. Die Symptome sind, wie Freud es ausgedrückt hat, die Sexualbetätigung der Kranken. Da die Neurose sich zu einer Zeit bildet, in der die sexuelle Orientierung noch nicht ausgereift, also noch nicht heterosexuell ist, finden sich in der Pathogenese der N. stets Regungen von Inversion, Fixierungen von Libido auf Personen des eigenen Geschlechts. Die Verdrängung dieser mächtigen Regungen erzeugt dann die außerordentlich starke Kraft der N., die ein gesundes Geschlechtsleben unmöglich macht. Freud schließt hieran die Frage, ob die N. nicht eine Zivilisationskrankheit sei, d.h. ob es überhaupt je zur Neurose käme, wenn man dem Geschlechtsleben des Kindes freien Lauf gäbe. Wir »können dem Schluß nicht ausweichen, daß sich die N. vermeiden ließe, wenn man . . . das kindliche Sexualleben frei gewähren ließe, wie es bei vielen Primitiven geschieht« (*Abriß der Psychoanalyse, Fischer Bücherei* Nr. 47, S. 56). »Somit darf man nicht vergessen, auch den Kultureinfluß unter die Bedingungen der N. aufzunehmen. Der Barbar, erkennen wir, hat es leicht, gesund zu sein, für den Kulturmenschen ist es eine schwere Aufgabe« (ebd. S. 43).

Freud hat also bereits 1908 ausgesprochen, was die orthodoxen Freudianer heute gern ungesagt lassen: daß die Neurose kein individuelles, sondern ein soziales Phänomen ist und daß gewisse Gesellschaftsformen gewisse Neurosen erzeugen. Es ist nicht immer der sexuelle Charakter der Beziehung zum Elternpaar, der die Neurose erzeugt, sondern oft nur der Versuch, gesellschaftliche Anforderungen zu erfüllen, die über die Fähigkeit des Individuums hinausgehen oder grundsätzlich der gesunden Sexualentwicklung widersprechen. So sagt er in *»Die kulturelle« Sexualmoral und die moderne Nervosität:* »Die Erfahrung lehrt, daß es für die meisten Menschen eine Grenze gibt, über die hinaus ihre Konstitution der Kulturanforderung nicht folgen kann. Alle, die edler sein wollen, als ihre Konstitution es ihnen gestattet, verfallen der Neurose; sie hätten sich wohler befunden, wenn es ihnen möglich geblieben wäre, schlechter zu sein« (Fischer Bücherei Nr. 422, S. 128). → weibliche Psychosen, Sexualneurose.

Erbliche Neurosen gibt es nicht. Sigmund Freud hat in einem berühmten, oft zitierten Absatz erklärt, wieso sich Neurosen trotzdem von einer Generation auf die nächste übertragen: »Es kommt da der Anschein einer erblichen Übertragung zustande, der sich bei schärferem Zusehen in die Wirkung mächtiger infantiler Eindrücke auflöst. Die von ihrem Manne unbefriedigte neurotische Frau ist als Mutter überzärtlich und überängstlich gegen das Kind, auf das sie ihr Liebesbedürfnis überträgt, und weckt in demselben die sexuelle Frühreife. Das schlechte Einverständnis zwischen den Eltern reizt dann das Gefühlsleben des Kindes auf, läßt es im zartesten Alter Liebe, Haß und Eifersucht intensiv empfinden. Die strenge Erziehung, die keinerlei Betätigung des so früh geweckten Sexuallebens duldet, stellt die unterdrükkende Macht bei, und dieser Konflikt in diesem Alter enthält alles, was es zur Verursachung der lebenslangen Nervosität bedarf«. (*Die »kulturelle« Sexualmoral und die moderne Nervosität).* → weibliche Psychosen, Sexualneurose.

Nisus sexualis [lat.: nisus = Trieb; sexus = Geschlecht], Geschlechtstrieb. → Genitalität, Sexualität.

Nixon-Syndrom, eine nach dem ehemaligen US-Präsidenten Richard Milhous Nixon benannte Form der psychischen Selbsttäuschung. Wer von seinen Eltern in einer gewissen Weise, mit bestimmten Normen des Respekts vor dem »Staat«, der »Autorität« und dem »Recht« erzogen worden ist, der bleibt sein Leben lang unfähig, den Mißbrauch der staatlichen Autorität und des Rechts zu erkennen und ihm zu widerstehen. Er wird glauben, daß man seine Gefühle unterdrücken, seine Leidenschaften zügeln, seine Gedanken verbergen und seine Überzeugungen verleugnen müsse, da man sonst bei den Nachbarn anecken, mit

der Autorität in Konflikt geraten und beim Aufstieg scheitern werde.
Daß ein solches Syndrom nicht nur bei den unterdrückten Schichten des Kleinbürgertums, sondern auch bei jenen Kleinbürgern auftritt, die Macht, Erfolg und Vermögen gewonnen haben, zeigt das Schicksal Richard Nixons, der aus kleinbürgerlichen Verhältnissen stammte und früh im Leben den Entschluß gefaßt hatte, auf Biegen und Brechen reich und erfolgreich zu werden. Dabei hatte er sich die kleinbürgerliche, durch das eben beschriebene Erziehungssyndrom erzeugte Logik zu eigen gemacht, daß man es nur dann zu etwas bringen könne, wenn man die angeborene Persönlichkeit mit ihren unvermeidlichen Schwächen verleugne und durch einen scheinbar unverwundbaren Panzer der öffentlichen Persönlichkeit ersetze. Das Resultat dieser lebenslangen Schauspielerei, dieses Versuchs, nicht nur eine einzige, völlig künstliche, von der tatsächlichen Persönlichkeit gänzlich abweichende öffentliche Figur darzustellen, sondern zusätzlich noch drei oder vier andere Persönlichkeiten für andere Zwecke hervorzubringen, war die wachsende Unfähigkeit, zu erkennen, wer er eigentlich war, was er sein wollte, was echt und was gespielt war.
Der tragikomische Versuch, seine eigenen Gespräche abhören zu lassen, war nur eine Facette dieses schizoiden Vorgangs. Weniger bekannt geworden ist eine zweite Facette, daß er nämlich jeden Abend in der Privatsphäre seines Schlafzimmers eine zweite Reihe von Tonbändern besprach, in denen er Kritik an den anderen, den »öffentlichen« Tonbändern (oder genauer: an dem, was er als Präsident der Vereinigten Staaten dort gesagt hatte) übte. Deutlich ging aus diesen privatesten, geheimsten Monologen Nixons hervor, daß er zwar versuchte, den privaten Nixon von dem öffentlichen Nixon zu unterscheiden, hierzu aber oft nicht mehr in der Lage war. In den seltenen Fällen, wo es ihm noch gelang, trat eine andere tragische Facette dieses Versteckspiels mit dem eigenen Ich hervor, nämlich, daß die meisten der Dinge, die Nixon zu Fall gebracht haben und von den Bürgern der Vereinigten Staaten besonders übelgenommen worden sind, nicht dem »wirklichen«, dem »echten«, dem »privaten« Nixon, sondern dem »öffentlichen«, dem »politischen«, dem »pflichtbewußten« Nixon entstammten. Er hatte sich geradezu zwingen müssen, sein relativ sensibles Ich zu verleugnen, weil er den Sinn der Macht so mißverstanden hatte, daß er meinte, man erwarte von einem Präsidenten jene »Härte«, jene »Watergate-Methoden«, jene Korruption, die er dann prompt an den Tag legte, um zu beweisen, er sei »stark«, er sei »ein richtiger Mann«, er sei nicht »sensi-

bel« und »weibisch«.

Sein Versuch, sich als »Mann« zu beweisen, ging so weit, daß er mit seiner Frau nicht mehr sprechen konnte, da er Gespräche mit Frauen als »weibisch« und deshalb eines Präsidenten unwürdig auffaßte. Wenn er mit ihr beim Essen saß, mußte sofort serviert und sofort nach dem Essen abgeräumt werden, weil er unfähig war, auch nur wenige Minuten des explosiven Schweigens zu ertragen, das sich stets ergab, wenn er mit seiner Frau allein war. Robert Woodward und Carl Bernstein berichten in ihrem Buch über die letzten Tage der Präsidentschaft Richard Nixons, daß eine neu eingestellte Küchengehilfin den Chefbutler einmal fragte, wieso es denn so dringend nötig sei innerhalb einer Minute, nachdem sich die Nixons zum Essen niedergesetzt hatten, zu servieren, und innerhalb einer Minute, nachdem sie fertig waren, wieder abzuräumen. Der Butler antwortete: »Eine Minute ist eine Ewigkeit, wenn man nicht miteinander reden kann.«

Die Tatsache, daß es in den meisten Familien nicht ganz so arg zugeht wie bei den Nixons, sollte nicht von der Erkenntnis ablenken, daß das Nixon-Syndrom kennzeichnend für eine Gesellschaftsordnung ist, die dem Menschen, der »Karriere« machen will, der es »zu etwas bringen« möchte, eine tägliche Selbstverleugnung abverlangt, eine Verhärtung der äußeren Kruste, eine Aufweichung des psychischen Kerns, einen Zerfall der Moral und schließlich eine totale Unfähigkeit, zwischen den wirklichen und den simulierten Interessen des eigenen Ichs zu unterscheiden. Es geht aber auch nicht an, dieses Phänomen psychologisierend zu erklären, als ob es ein individuelles Problem sei, das sich innerhalb einer jeden Familie aus der individuellen Unwissenheit individueller Väter und Mütter ergäbe. Wenn die Mehrheit aller Mütter und Väter unfähig ist, ihren Kindern die zum Widerstand gegen Ausbeutung und Korruption erforderlichen Kräfte mitzugeben, dann liegt die Ursache nicht bei der individuellen Mutter und dem individuellen Vater, sondern bei der Gesellschaftsordnung, die ihnen keine Alternative als die der falschen, der selbstzerstörerischen Erziehung übrigläßt.

Normalität ist Durchschnittlichkeit. »Normal« ist ein Mensch, wenn er dem Durchschnitt entspricht. N. ist kein medizinischer, sondern ein statistischer Begriff. In einer arabischen Hafenstadt, in der 97,3 Prozent der Bevölkerung geschlechtskrank sind, ist ein gesunder Mensch »unnormal« oder »abnorm«. Bringt eine Yoruba-Mutter im Herzen Nigerias ein Kind zur Welt, das rosa Haut, blondes Haar, einen langen Schädel und schmale Lippen hat, so ist das zweifellos ein »unnormales«

oder »abnormes« Kind. Aber es braucht nicht krank zu sein, denn vielleicht hat seine Mutter nur eine Nacht mit einem schwedischen Missionar verbracht. Hat die Mehrzahl der Bürger eines Landes in der Altersgruppe von 16 bis 19 Jahren vorehelichen Geschlechtsverkehr, dann ist voreheliche Keuschheit ein »unnormaler« oder »abnormer« Zustand. Ob vorehelicher Geschlechtsverkehr unmoralisch, ungesund oder verboten ist, ändert nichts an der Tatsache, daß er hier »normal« ist. Als die beiden großen Werke Kinseys über das Sexualverhalten der Männer und Frauen erschienen, gab es Proteste von allen Seiten; aber die Gegner protestierten weniger gegen das, was Kinsey gesagt hatte, als vielmehr gegen das, was er *nicht* gesagt hatte. Er hatte sich nicht die Mühe gemacht, immer wieder zu erklären, daß er unter »normal« lediglich einen statistischen Begriff verstand, nicht aber ein moralisches, medizinisches oder religiöses Urteil. Kinseys Methode wurde deshalb von seinen Gegnern als »kalt«, »seelenlos«, »gottlos« und »unpsychologisch« verdammt. Und dennoch war die Ursache des Streits nur eine Frage der Terminologie. Deshalb sei hier darauf hingewiesen, daß das Wort normal in diesem Lexikon stets »durchschnittlich« und nicht »gesund« oder »gut« oder »erlaubt« bedeutet.

Normen, sexuelle → Sexualnorm.

Nosferatu, im rumänischen Volksglauben das uneheliche Kind zweier Leute, die selbst uneheliche Kinder sind. Der N. ist ein Vampir. Er paart sich mit jungen Mädchen und zapft ihnen dabei Blut ab, so daß sie bald dahinsiechen. Es gibt auch weibliche N., die vom Blut junger Männer leben. Die Sage umschließt sicher zwei sexuelle Neigungen des Menschen: Blutfetischismus (→ Aderlaß, Menophagie, Venaesectio) und den Bißkuß (→ Biß, Kuß), der auf die phylogenetische, von unseren tierischen Vorfahren ererbte Angewohnheit des Sich-ineinanderverbeißens beim Koitus zurückgeht. Dieses Beißen in der höchsten Wollustekstase ruft bei vielen Menschen, sowohl bei der aktiv den Bißkuß ausführenden als auch bei der passiv empfangenden Person, lebhafte erotische Gefühle hervor. Doch liegt im Bißkuß auch eine große Gefahr, denn es sind viele Fälle bekannt, in denen durch erotische Bisse syphilitische Infektionen verursacht wurden. Nach Kraus *(Die Zeugung in Brauch und Sitte der Südslawen)* pflegen sich bei den Südslawen Mann und Frau während des Geschlechtsaktes »ineinander förmlich zu verbeißen«. Man nennt es »se grishati«. Mit den durch den Liebesbiß hervorgerufenen Hautinsulten prunkt die jungverheiratete Frau förmlich. Der Bißkuß findet in bosnischen Liedern häufig Erwähnung. Eines berichtet, daß ein Mädchen so heftig gebissen worden sei, daß es daran starb. F. W. Murnau hat 1922 einen berühmten Stummfilm über den → Vampirismus gedreht, der den Titel »Nosferatu« trägt.

Nosologie, sexuelle → Sexualnosologie.

Nötigung, gem. § 240 StGB die rechtswidrige Anwendung von Gewalt oder Drohung zum Zweck einer Handlung, Duldung oder Unterlassung. N. wird mit Freiheitsentzug von 6 Monaten bis zu 5 Jahren bestraft.

Es gehört zur richterlichen Erfahrung, daß sexuelle N. oft nicht ohne ein gewisses Maß von Zustimmung und Einwilligung des vermeintlichen Opfers stattfinden kann. Bezeichnend ist der Fall des 30jährigen kaufmännischen Angestellten Heinz Kupfernagel, der zwischen November 1966 und Februar 1967 eine noch unbekannte Zahl von jungen Frauen erfolgreich zum Beischlaf nötigte. Seine Arbeitsmethode war genauso einfach wie wirkungsvoll: Er rief von einer Telefonzelle irgendeine Firma in Frankfurt am Main an, deren Rufnummer er sich vorher willkürlich herausgesucht hatte. Jedesmal stellte er sich als Amtsperson vor und erreichte durch ein paar simple Tricks, sofort mit einer garantiert jungen Dame verbunden zu werden. Er nannte sich Dr. Weber, dann wieder Dr. Reiter, auch Dr. Schäfer oder Dr. Köhl. Als Behörde gab er in fast allen Fällen »Gesundheitsamt« an, was sich als besonders wirksam erwies. Denn Kupfernagel schockierte die jungen, ahnungslosen Gesprächspartnerinnen jedesmal mit der Feststellung, aus den Akten seines Amtes gehe hervor, daß sie kürzlich mit einem Mann intim gewesen seien, der leider geschlechtskrank sei, und daß deshalb der Verdacht bestehe, daß auch sie . . . und so weiter und so weiter.

Er bot an, man könne die kostspielige Untersuchung auf dem Amt und die eventuell notwendige »Behandlung« der angeblichen Geschlechtskrankheit durch Anwendung eines alten »Bauernmittels« vermeiden. Er werde deshalb eine Vertrauensperson vorbeischicken, die – mit Blutgruppe Null und einem anderen Rhesusfaktor versehen – durch mehrfache »Behandlung« den ganzen Ärger beseitige. Der »Vertrauensmann« war natürlich Kupfernagel selber. Und die Behandlung fand jedesmal im Schlafzimmer statt. Bei einer der »Patientinnen« steigerte Kupfernagel die alte »Bauernregel« dreimaliger Behandlung sogar auf vier Prozeduren.

Nach etwa neunstündiger Verhandlung verkündete das Schöffengericht schließlich das Urteil: 14 Monate Gefängnis unter Einbeziehung einer bereits verhängten sechsmonatigen Gefängnisstrafe wegen Untreue. »Der Angeklagte bleibt uns ein Rätsel«, sagte Richter Willer, »sicherlich ist bei ihm nach seiner (schuldlosen) Scheidung Anfang 1966 Haß und Abneigung gegen Frauen zurückgeblieben.«

Nymphomanie [gr.: nymphe = junge Frau; mania = Wahnsinn], Mannstollheit, abnorm gesteigerter Geschlechtstrieb der Frau. Das Wort wird heute nur noch selten und zögernd von der Sexualwissenschaft benutzt, weil wir erkannt haben, daß es beim Koitalvollzug keine Normen der Häufigkeit gibt. Wir tendieren heute deshalb dazu, das Phänomen der → Hypersexualität nicht nach der Häufigkeit des erwünschten oder erzielten Verkehrs, sondern nach der Befriedigung zu beurteilen, die ein Mensch dabei erreicht. Tritt Satisfaktion ein, und gibt vor allem die erzielte Satisfaktion der Frau die Energie und Willenskraft für wichtige nichtsexuelle Tätigkeiten, dann ist sie gesund, wie häufig der Verkehr auch sein mag. Wird jedoch trotz häufigen Verkehrs mit verschiedenen Sexualpartnern kein Orgasmus erzielt, gibt der Orgasmus keine Befriedigung oder reicht die erzielte Befriedigung nicht aus, um der Frau genügende Kraft für ihr nichtsexuelles Leben zu geben, dann liegt ein pathologisches Phänomen vor. In der verzweifelten Suche nach Befriedigung und in der Illusion, daß der Grund ihrer Unbefriedigtheit in ihrem Geschlechtspartner zu suchen sei, wendet die Nymphomanin sich in schnellster Reihenfolge von einem Mann zum nächsten. Die N. ist deshalb auch nicht im eigentlichen Sinn eine Form der → Promiskuität, denn sie sucht nicht Variation, sondern nur Befriedigung. Außer der echten, rein psychisch bedingten N. gibt es auch eine Anzahl organisch bedingter Formen der weiblichen Hypersexualität, die nicht mit der N. verwechselt werden dürfen, z. B. Eierstockgeschwülste, die zur exzessiven Bildung von Sexualhormonen führen können. Vgl.: Andromanie, Aphrodisie, Erotische Delirien, Erotomanie, Folie utérine, Furor uterinus, Hyperaphrodisie, Hypererosie, Hypererotismus, Hyperhedonie, Hyperlagnie, Hysteromanie, Metromanie, Oestromanie, Ovariomanie, Promiskuität, Vamp.

O

Objekt, in der Psychoanalyse die *Person* (→ Sexualobjekt), der *Gegenstand* (→ Fetisch) oder die *Vorstellung* (→ Sexualfantasie), durch welche die sexuelle → Appetenz des Menschen ihr Ziel (→ Befriedigung) zu erreichen sucht. Als *Sexualobjekt* bezeichnet die Psychoanalyse also dasjenige, das einen sexuellen Reiz auf einen gegebenen Menschen ausübt. Die Handlung, die diesen Reiz befriedigt, wird in der Psychoanalyse dagegen als → *Sexualziel* oder *Triebziel* bezeichnet.

Objektfetischismus ist eine Tautologie, denn fast jeder → Fetischismus ist die Substituierung eines Objekts für einen Menschen. Einige Autoren benutzen das Wort O. jedoch, um jene Formen des Fetischismus zu charakterisieren, die sich völlig vom Aktiven (dem Masturbieren, Betasten, Küssen) zum Passiven (dem Betrachten des Objekts) gewandt haben.

Objektlibido [lat.: libido = Lust, Verlangen, Begierde], von Sigmund Freud geprägter Ausdruck, der jene Libidobesetzung bezeichnen soll, die einen Gegenstand oder einen anderen Menschen zum Objekt hat. Gegensatz: → narzißtische oder → Ich-Libido. Freud meinte, daß zwischen diesen beiden Formen der Libido ein quantitatives Verhältnis besteht: nimmt die O. ab, so nimmt die Ich-Libido zu, und umgekehrt.

Objektliebe, ein psychoanalytischer Begriff, der die Liebesfähigkeit des erwachsenen Menschen bezeichnen soll, im Gegensatz zu der des Kindes, die noch immer teilweise am eigenen Körper hängt (→ primärer Narzißmus). Objektliebe ist also die Fähigkeit, andere Menschen uneigennützig zu lieben, und zwar im sexuellen Sinne genauso wie im Sinne der → Agape. Der ganze Prozeß der psychosexuellen Entwicklung des Menschen mit seiner → kutanen, → oralen, → analen und → genitalen Phase dient der Genese dieser Fähigkeit. – Das neugeborene Kind nimmt die Umwelt und alle in ihr befindlichen Menschen nur als Teile seiner selbst wahr und ist deshalb ebensowenig fähig, sie zu erkennen wie sie zu lieben. Es entwickelt die Fähigkeit der Objektliebe nur dann, wenn es Objektliebe von seinen Eltern oder Erziehern erhält. Ein Kind, dem das praktizierte Vorbild der Liebe fehlt, wird sich nur schwer zur Liebesfähigkeit durchringen können.

Objektsadismus, jene sublimierte Form des → Sadismus, die sich nicht gegen Personen, sondern gegen Objekte wendet, z. B. Rockaufschlitzen, Tintenspritzen, Bilderschändung, Verunstaltung von Büchern und

Buchillustrationen, Brandstiftung und gewisse Formen der Kleptomanie.

Objektwahl, von Sigmund Freud geprägter Ausdruck, der die Wahl einer wirklichen oder fantasierten Person, eines wirklichen oder fantasierten Gegenstandes, zum »Liebesobjekt« bezeichnen soll. Dabei ist der Ausdruck »Wahl« irreführend, da er einen bewußten und rationalen Vorgang der Auswahl zu beschreiben scheint, während die tatsächliche Bevorzugung des einen Objekts gegenüber dem anderen eine unbewußte ist, die auf eine lange Reihe von früheren, bereits mit den ersten Tagen des Lebens beginnenden Einflüsse zurückgeht. Nach Freud ist das erste Liebesobjekt des Kindes stets die nährende Mutter. Erst später wird der schützende Vater zum Liebesobjekt, und danach folgt eine schier endlose Reihe von Ersatzpersonen, die dem Menschen Nahrung und Sicherheit zu garantieren scheinen. Die Loyalität des Staatsbürgers gegenüber »seinem« Staate geht nach Freud auf diesen Prozeß der Substitution der einen »schützenden« Instanz durch die andere zurück. Gleichzeitig findet aber auch eine sexuelle Objektwahl statt, die darauf beruht, daß das Kind lustvolle Hautkontakte empfängt. Es wird gestreichelt, gewiegt, geküßt, gebadet, gepudert, gewaschen und abgetrocknet; jeder dieser lustvollen Körperkontakte verbindet sich in der Erinnerung des Kindes mit dem Geruch, dem Aussehen und anderen Eigenschaften der lustvermittelnden Person. Diese Erinnerungen werden vom zweiten Lebensjahr an ins Unbewußte verdrängt (→ Amnesie, infantile), wirken aber eben deshalb umso stärker (aus dem Verborgenen heraus) auf die Wahl des späteren Sexualpartners ein. Da man sich niemals der tatsächlichen, aus der frühen Kindheit her wirkenden Gründe der sexuellen Attraktion eines anderen Menschen bewußt wird, ergibt sich das in keiner anderen Weise erklärbare Phänomen der »Liebe auf den ersten Blick«.

In seinen bahnbrechenden *Drei Abhandlungen zur Sexualtheorie* schrieb Freud im Jahre 1905: »Man wird sich vielleicht sträuben wollen, die zärtlichen Gefühle und die Wertschätzung des Kindes für seine Pflegepersonen mit der geschlechtlichen Liebe zu identifizieren, allein ich meine, eine genauere psychologische Untersuchung wird diese Identität über jeden Zweifel hinaus feststellen können. Der Verkehr des Kindes mit seiner Pflegeperson ist für dasselbe eine unaufhörlich fließende Quelle sexueller Erregung und Befriedigung von erogenen Zonen aus, zumal da letztere – in der Regel doch die Mutter – das Kind selbst mit Gefühlen bedenkt, die aus ihrem Sexualleben stammen, es streichelt, küßt und wiegt und ganz deutlich zum Ersatz für ein vollgültiges Sexualobjekt nimmt. Die Mutter würde wahrscheinlich erschrekken, wenn man ihr die Aufklärung gäbe, daß sie mit all ihren Zärtlichkeiten den Sexualtrieb ihres Kindes weckt und dessen spätere Intensität vorbereitet. Sie hält ihr Tun für asexuelle ›reine‹ Liebe, da sie es doch sorgsam vermeidet, den Genitalien des Kindes mehr Erregung zuzuführen, als bei der Körperpflege unumgänglich ist. Aber der Geschlechtstrieb wird nicht nur durch Erregung der Genitalzone geweckt, wie wir ja wissen; was wir Zärtlichkeit heißen, wird unfehlbar eines Tages seine Wirkung auch auf die Genitalzonen äußern« (Sigmund Freud, *Gesammelte Werke,* Bd. V, S. 124).

Genau genommen »wählt« der Mensch nach psychoanalytischer Ansicht also sein »Liebesobjekt« überhaupt nicht; es wird stattdessen für ihn von den Personen gewählt, die ihm in der Kindheit Zärtlichkeit erwiesen haben. Das, was ihn in der Kindheit bewegt hat, bewegt ihn auch noch als Erwachsenen. In der heutigen kritischen Sexualwissenschaft ist diese psychoanalytische Definition der Partnerwahl allerdings nicht unumstritten. Denn erfahrungsgemäß wählt der Mensch seinen Ehepartner nicht nur aufgrund verborgener Sexualreize, sondern auch aus anderen Gründen, die ein zufriedenstellendes Zusammenleben und Zusammenarbeiten versprechen. Dabei wählt sich der Bauer einen physisch und psychisch anderen Frauentyp als der Städter, der Arbeiter einen anderen als der Unternehmer, der Intellektuelle einen anderen als der Playboy. Umgekehrt wählt sich die Frau, deren Leben von der physischen Kraft des Mannes abhängig ist, um von ihm ernährt und beschützt zu werden, einen anderen Mannestypus als die, deren Lebensunterhalt von der *geistigen* Kraft des Gatten abhängig ist. Jede Gesellschaftsordnung und jede Klasse innerhalb einer jeden Gesellschaft fördert durch die Eigentümlichkeiten ihrer Tätigkeit einen meßbar unterschiedlichen Typus, der dann sehr bald und ohne daß sich der Sexualpartner seiner eigentlichen Motive bewußt wäre, auch sexuelle Reize auslöst. So wird der ökonomisch adäquate Partner fast immer von der Libido in einen sexuell adäquaten Partnertypus transformiert. Das ist aber oft eine trügerische Transformation, denn da der physische Typus des Menschen nichts über dessen sexuelles Temperament aussagt, geschah es zumindest im Zeitalter der vorehelichen »Keuschheit« nur allzu oft, daß der Partner, der die sexuellen Reize ausgelöst hatte, sie in der Ehe nicht befriedigen konnte.

In der bürgerlichen Gesellschaft geschieht das vor allem deshalb, weil der Typus des Mannes, der sich »durchsetzt« und »Erfolg« hat, der also andere Männer besser manipulieren und ausbeuten kann als sein Konkurrent, fast nie mit dem Typus identisch ist, der Frauen versteht und befriedigt.

Objektwahl, anlehnende, ein psychoanalytischer Begriff, der die Wahl eines den Eltern ähnlichen Sexualpartners beschreiben soll. Das Liebesobjekt wird in unbewußter, dem eigenen Ich nicht erklärbarer Weise so gewählt, daß es der wichtigsten kindlichen → Bezugsperson ähnelt. Gleichzeitig soll der Begriff aber auch zum Ausdruck bringen, daß die Sexualität sich in ihrem frühesten Entwicklungsstadium an den Selbsterhaltungstrieb »anlehnt«, sich mit ihm verbündet, um dem Kinde Nahrung, Pflege und Schutz zu sichern. Das ursprüngliche Liebesobjekt des Kindes ist deshalb die Mutterbrust. Später wendet die Liebe des Kindes sich anderen Gegenständen zu, »die seiner Hilflosigkeit abhelfen und seine Bedürfnisse befriedigen«. Allmählich verknüpft es diese Gegenstände dann mit einer *Person* und lernt diese zu lieben, »durchaus nach dem Muster und der Fortsetzung seines Säuglingsverhältnisses zur Amme« (Freud, *Gesammelte Werke,* Bd. V, S. 124). Freud meint, daß die meisten Männer ihre Sexualpartnerin nach dem Anlehnungstyp wählen, während die meisten Frauen eine narzißtische Objektwahl treffen.

Objektwahl, narzißtische, ein psychoanalytischer Begriff, der die Wahl eines dem eigenen Selbst ähnlichen Sexualpartners beschreiben soll. Das »Liebesobjekt« wird in unbewußter, dem eigenen Ich nicht erklärbarer Weise so gewählt, daß es dem ähnelt, was man selber ist, sein möchte oder in der Kindheit gewesen ist. So erklärt Freud die Homosexualität aus der Wahl eines Sexualpartners mit dem eigenen Geschlecht. Unter n. O. versteht Freud aber auch eine Partnerwahl, bei welcher der Partner jener Person ähnelt, die man in der Kindheit internalisiert hat, z. B. der Mutter, die in jenen Jahren, ehe man die Umwelt als etwas Separates, nicht zum eigenen Ich gehörendes wahrnehmen konnte, als »Teil des eigenen Selbsts« (Freud) betrachtet wurde. Freud meint deshalb, daß die meisten Frauen eine n. O. treffen, während die meisten Männer ihre Sexualpartnerin nach dem Anlehnungstypus wählen.

Obszönität [lat.: obscenitas] bedeutet auch heute noch, wie in römischen Zeiten, »Unanständigkeit«, aber die Definition dessen, was Anstand ist, hat sich geändert und ändert sich weiter von Generation zu Generation. Es ist deshalb ein Kennzeichen der O., daß sie sich nicht objektiv definieren läßt. In unserer Zeit hat sich der Begriff der O. so verwandelt, daß er nahezu identisch mit dem der → Pornographie ist. Obszön ist nicht mehr das, was gegen den Anstand verstößt, sondern nur noch das, was mit Sexualität zu tun hat. Wieso aber verstößt Sexualität gegen den Anstand? Man sollte doch meinen, daß eine gesunde Gesellschaft all das unterstützt, was der Gesundheit hilft, und all das bekämpft, was der Gesundheit schadet. Unter Sexualmedizinern besteht nicht der geringste Zweifel, daß die Erfüllung gesunder sexueller Wünsche gesund ist, während deren Frustrierung gesundheitliche Schäden verursacht. Wieso verbieten wir dann die O., wenn sie nur der verbale oder bildliche Ausdruck der gesunden Sexualität ist?

Man möge antworten, daß wir in der O. nur den Ausdruck der *ungesunden* Sexualität bekämpfen. Aber was wir vor einem Jahrhundert noch als ungesund betrachteten, haben wir heute als gesund anerkannt. Und an manchem, was damals als gesund galt, haben wir heute zu zweifeln begonnen. Ludwig Marcuse, der das klassische Werk über die O. geschrieben hat (*Obszön, Geschichte einer Entrüstung,* List Taschenbuch 295–296), hat deshalb die kluge Bemerkung gemacht, daß das Kennzeichen der O. nicht in einem bestimmten Tatbestand liegt, der das Phänomen der Entrüstung hervorruft, sondern in dem Tatbestand der Entrüstung, der nach einem Phänomen sucht, das ihn erfüllt. Ursache und Wirkung sind in ihrer Kausalität vertauscht. In dieser Verdrehung enthüllt sich der sexuelle Charakter der Entrüstung: er ist seiner Natur nach sadomasochistisch. Seine masochistische Natur zeigt sich darin, daß der Entrüstete es liebt, sich selber Schmerz zuzufügen. Tatbestände, die gesunden Menschen normal und selbstverständlich vorkommen, verursachen ihm Unbehagen, Übelkeit, Widerwillen und Ekel. Alles Sexuelle irritiert ihn, reizt ihn, weil diese Form der Irritation für ihn den eigentlichen Sexualreiz darstellt. Was gesunden Menschen Freude macht, macht ihn zornig. Seine Entrüstung hat die Struktur eines Orgasmus. Sie entlädt sich im Zorn. Der Wutausbruch ist seine Art der Ejakulation. Er findet seine Befriedigung in der Zerstörung des Objekts, an dem sie sich entzündet, und enthüllt damit seinen sadistischen Charakter.

Für den Arzt ist das Phänomen der Entrüstung von größtem diagnostischem Interesse. Der Schweizer Psychiater Hermann Rorschach (1884–1922) entdeckte bereits gegen Anfang unseres Jahrhunderts, daß Menschen, die irgendeinen Aspekt der Sexualität als obszön empfinden, auch in nichtsexuelle Darstellungen sexuelle Aspekte hineinprojizieren. Seine berühmt gewordenen Rorschach-Testkarten bestehen aus bedeutungslosen Klecksfiguren, in die jeder Mensch seine eigene Bedeutung hineinlesen kann. Hierbei stellte es sich heraus, daß ein ungewöhnlich hoher Prozentsatz jener Menschen, die diese Figuren sexuell und besonders sadomasochistisch ausdeuteten, auch einen ungewöhnlich hohen Prozentsatz der sexuellen Handlungen des Alltagslebens als obszön oder unzüchtig betrachteten und in ungewöhnlich zahlreichen Büchern und Bildern Sitte und Anstand verletzende oder öffentliches Ärgernis erregende Aspekte entdeckten. Obszönität ist also eine Eigenschaft des Menschen, der sie empfindet, nicht eine Eigenschaft, die dem beanstandeten Objekt anhaftet.

ödipale Phase, in der Psychoanalyse ein Synonym für die – phallische Phase der kindlichen Sexualentwicklung, die Freud zwischen dem 3. und 5. Lebensjahr ansetzt. Sie zeichnet sich im Falle des »positiven« → Ödipuskomplexes durch intensive Liebesbeziehungen zwischen dem Kind und dem gegengeschlechtlichen Elternteil, aber auch durch Eifersucht auf den gleichgeschlechtlichen und durch Todeswünsche gegen ihn aus. Der »negative« Ödipuskomplex zeigt die gleiche Situation mit umgepoltem (»homosexuellem«) Vorzeichen, also zärtliche Beziehungen zum gleichgeschlechtlichen Elternteil, Eifersucht und Todeswünsche gegenüber dem gegengeschlechtlichen.

Ödipuskomplex [lat.: complexus = Umfassung, Umschlingung], der Kernpunkt der psychoanalytischen Lehre Sigmund Freuds (1856 bis 1939). Freud hat mit verdächtiger Insistenz sein ganzes Leben lang wiederholt, daß mit dem Ö. die Psychoanalyse stehe oder falle. Trotzdem bleibt der Ö. das zweifelhafteste Stück im Lebenswerk dieses genialen Mannes, der mehr als irgendein anderer Denker des 19. Jahrhunderts, vielleicht mit der einzigen Ausnahme von Karl Marx, den Geist des 20. Jahrhunderts geprägt hat. Ödipus, Sohn des Königs Laius von Theben und der Königin Jokaste, wurde von ihr ausgesetzt, um den Befehl des Königs, das Kind töten zu lassen, zu umgehen. Denn dem Laius war vorausgesagt worden, sein Sohn werde ihn umbringen, und deshalb hatte er geschworen, niemals Kinder zu zeugen. Nachdem er aber in trunkenem Zustand mit Jokaste geschlafen hatte, blieb ihm nichts anderes übrig, als das Kind dieser Nacht umbringen zu lassen. Ödipus wurde jedoch als Findling von einem Hirten der kinderlosen Königin Periböa von Korinth überbracht, die ihn als ihren eigenen Sohn aufzog. Er tötete Laius in einem Streit, ohne zu wissen, daß sein Gegner sein Vater gewesen war und er damit das Orakel erfüllt hatte.

Er heiratete Jokaste, ohne zu wissen, daß sie seine Mutter war. Da er nicht wußte, wer der Mann gewesen war, den er nach griechischem Recht in Selbstverteidigung getötet hatte, unterstützte er die Nachforschungen nach dem Mörder des Laius. Als er sich selber als Täter erkannte, stach er sich die Augen aus. Als Jokaste erkannte, daß sie mit ihrem Sohn Inzest verübt hatte, brachte sie sich um.

Freud betrachtete die Ödipus-Legende als ein Gleichnis der Erbsünde des Menschen und deutete dessen Fluch dahin aus, daß jeder Mensch dazu verdammt sei, in seiner geistigen Entwicklung die ganze Sage noch einmal zu durchleben. Jedes Kind liebt seine Mutter, jeder Sohn will sich in seinem Unbewußten mit ihr paaren, will den Vater ausstechen und hat Angst, wegen dieser Sünde kastriert (= geblendet) zu werden. Jede Mutter liebt ihren Sohn mehr als ihren Mann, dünkt sich seine Geliebte und bezahlt für ihre Sünde mit einem Schicksal, das dem Tode gleichkommt: der Pflicht, ihn einer anderen Frau überlassen zu müssen. In diesem Sinne, als ein Gleichnis des Vater-Mutter-Kind-Verhältnisses aufgefaßt, trifft die psychologische Verbindlichkeit der Ödipus-Legende zweifellos auf die Mehrzahl menschlicher Wesen zu. Freud beabsichtigte aber mehr. Er wollte jeden Schritt der Analogie mit allgemeinverbindlichen Einzelheiten belegen. Und hier zerfällt das Gleichnis, denn obgleich einzelne Schritte zweifellos im Leben einzelner Menschen auftauchen, gibt es doch kaum einen Menschen – und ganz gewiß keinen Menschen außerhalb der christlichen Zivilisation –, der *all* diese Schritte durchgangen hätte.

Freud sagt: Wenn der Knabe (vom 2.–3. Jahre an) in die phallische Phase seiner Libidoentwicklung eingetreten ist, lustvolle Empfindungen von seinem Geschlechtsglied empfängt und gelernt hat, sich diese durch manuelle Reizung nach Belieben zu verschaffen, wird er zum Liebhaber der Mutter. Er wünscht, sie körperlich zu besitzen. Und zwar in den Formen, die er durch seine Beobachtungen und Ahnungen vom Sexualleben erraten hat. Er sucht sie zu verführen, indem er ihr sein männliches Glied zeigt, auf dessen Besitz er stolz ist. Seine früherwachte Männlichkeit sucht den Vater bei ihr zu ersetzen, der bisher sein beneidetes Vorbild gewesen war infolge der körperlichen Stärke, die er an ihm wahrnimmt, und der Autorität, mit der er ihn bekleidet findet.

Jetzt ist der Vater sein Rivale, der ihm im Wege steht und den er aus dem Wege räumen möchte. Die Mutter hat sehr wohl verstanden, daß die sexuelle Erregung des Knaben ihrer eigenen Person gilt. Deshalb glaubt sie das Richtige zu tun, wenn sie dem Sohn die manuelle Beschäftigung mit seinem Glied verbietet. Das Verbot nützt aber wenig, sondern bringt höchstens eine Modifikation in der Art der Selbstbefriedigung zustande. Endlich greift die Mutter zum schärfsten Mittel: sie droht, daß sie ihm das Ding wegnehmen wird, mit dem er ihr trotzt. Gewöhnlich schiebt sie die Ausführung der Drohung dem Vater zu: sie wird es dem Vater sagen, und der wird das böse Ding abschneiden. Merkwürdigerweise wirkt diese Drohung nur, wenn auch vorher und nachher eine andere Bedingung erfüllt ist. Wenn er sich bei dieser Drohung nämlich an die Unterpartie eines kleinen Mädchens (oder auch der eigenen Mutter) erinnert – einer Unterpartie, der dieses Ding mysteriöserweise *fehlt* – dann beginnt er die Drohung ernst zu nehmen und gerät unter den Einfluß des Kastrationskomplexes, des stärksten Traumas seines jungen Lebens. Die Wirkungen der Kastrationsdrohung sind mannigfaltig und unübersehbar; sie betreffen alle Beziehungen des Knaben zu Vater und Mutter, späterhin zu Mann und Frau überhaupt.

Meist hält die Männlichkeit des Kindes dieser ersten Erschütterung nicht stand. Um sein Geschlechtsglied zu retten, verzichtet der Junge auf den Besitz der Mutter; häufig bleibt sein Geschlechtsleben aber für alle Zeit von dem Verbot belastet. Als Rest der erotischen Fixierung an die Mutter stellt sich dann eine übergroße Abhängigkeit von ihr her, die sich später als Hörigkeit gegen die Frau fortsetzen wird. Er getraut sich nicht mehr, die Mutter zu lieben, aber er kann es nicht riskieren, nicht von ihr geliebt zu werden, denn dann ist er in Gefahr, von ihr an den Vater verraten und der Kastration ausgeliefert zu werden.

Nach Freud sind die Wirkungen des Kastrationskomplexes bei Mädchen einförmiger, doch nicht weniger tiefgreifend. Das weibliche Kind hat natürlich nicht zu befürchten, daß es den Penis verlieren wird, es muß aber darauf reagieren, daß es ihn nicht bekommen hat. Von Anfang an beneidet es den Knaben um seinen Besitz. Freud sagt: seine ganze Entwicklung vollzieht sich im Zeichen des angeblichen Penisneides. Es macht zunächst vergebliche Versuche, es dem Knaben gleichzutun, und später erfolgreichere, sich für ihren »Defekt« zu entschädigen, die endlich zur »normalen« weiblichen Einstellung führen können. Versucht es in der phallischen Phase, sich wie der Knabe durch manuelle Reizung des Genitals Lust zu verschaffen, erzielt es oft keine ihm genügende Befriedigung und dehnt das Urteil der Minderwertigkeit von seinem »verkümmerten« Penis auf seine ganze Person aus. In der Regel gibt es die Masturbation bald auf, weil es nicht an die Überlegenheit des Bruders oder Gespielen gemahnt werden will, und wendet sich überhaupt von der Sexualität ab.

Beharrt die kleine Frau auf ihrem ersten Wunsch, ein »Bub« zu werden, so wird sie, nach Freud, entweder als manifeste Homosexuelle enden, sonst in ihrer späteren Lebensführung ausgeprägt männliche Züge zum Ausdruck bringen, einen männlichen Beruf wählen und dergleichen. Der andere Weg führt angeblich über die Ablösung von der geliebten Mutter, der die Tochter unter dem Einfluß des Penisneides nicht verzeihen kann, daß sie sie so mangelhaft ausgestattet in die Welt geschickt hat. Im Groll darüber gibt sie die Mutter auf und ersetzt sie durch eine andere Person als Liebesobjekt: durch den Vater. Hat man ein Liebesobjekt verloren, ist die nächstliegende Reaktion, daß man sich mit ihm identifiziert, es gleichsam durch Identifizierung von innen her ersetzt. Dieser Mechanismus kommt hier dem kleinen Mädchen zur Hilfe. Die Mutteridentifizierung kann nun die Mutterbindung ablösen. Die Tochter setzt sich an die Stelle der Mutter. Wie sie es in ihren Spielen immer getan hat, will sie sie beim Vater ersetzen und haßt nun die vorher geliebte Mutter mit zweifacher Motivierung: aus Eifersucht wie aus Kränkung über den versagten Penis. Ihr neues Verhältnis zum Vater mag zunächst den Wunsch zum Inhalt haben, über seinen Penis zu verfügen, es gipfelt aber in dem anderen Wunsch, von ihm ein Kind zum Geschenk zu bekommen. Der Wunsch nach dem Kind ist so an die Stelle des Peniswunsches getreten oder hat sich wenigstens von ihm abgespalten.

Wieso gestaltet sich das Verhältnis zwischen Ödipus- und Kastrationskomplex bei der Frau so ganz anders, ja eigentlich entgegengesetzt wie beim Mann? Bei letzterem, haben wir gehört, macht die Kastrationsdrohung dem Ödipuskomplex ein Ende, von der Frau erfahren wir, daß sie im Gegenteil durch die Wirkung des Penismangels in den Ödipuskomplex gedrängt wird. Für sie bringt es geringen Schaden, wenn sie in der femininen Ödipuseinstellung (man hat für sie den Namen »Elektrakomplex« vorgeschlagen) verbleibt. Sie wird dann ihren Mann nach väterlichen Eigenschaften wählen und bereit sein, seine Autorität anzuerkennen. Ihre eigentlich unstillbare Sehnsucht nach dem Besitz eines Penis kann zur Befriedigung kommen, wenn es ihr gelingt, die Liebe zum Organ zur Liebe für den Träger desselben zu erweitern, wie es seinerzeit beim Fortschritt von der Mutterbrust zur Mutterperson geschah.

Der Einwand gegen diese Freudsche Auslegung der sexuellen Reifungsgeschichte des Menschen ist nicht etwa, daß sie im Prinzip falsch sei, sondern daß ihr Anspruch auf Allgemeingültigkeit im Detail unnötig ist und der guten Sache der Psychoanalyse schadet. Der Ödipus-Mythos ist zweifellos eines der profundesten Gleichnisse der westlichen Geschichte – aber er ist nur ein Gleichnis eines *Teils* dieser Geschichte, nämlich des Patriarchalismus. Er trifft in keiner Weise auf die Sexualentwicklung in einer mutterrechtlichen Gesellschaft zu. → Kastrationskomplex.

Oestromanie [gr.: oistromania = Wut, Tollwut, Leidenschaft], Liebeswahn, Liebeskrankheit. Vgl.: Amor ereos, erotische Delirien, Erotomanie, Nymphomanie, Satyriasis.

offene Bübinnen nannte der deutsche Volksmund des Mittelalters die Prostituierten. Vgl.: Fahrende Frauen, Freie Töchter, Geheime Fräulein, Gelüstige Fräulein, Hübschlerin, Leide Braut.

Ohr, das menschliche, gleichzeitig Ziel und Rezeptor sexueller Empfindungen. In wie hohem Maße es sexuellen Einflüssen unterworfen ist, zeigen die Schwankungen, denen der → Gehörsinn während der Schwangerschaft unterworfen ist: Verkürzungen der Knochenleitungen im Gehörorgan, Verminderung der Wahrnehmungsfähigkeit für hohe Töne, Übererregbarkeit des Vestibularapparats, durch Tonschwankungen hervorgerufene Übelkeit und Schwindelanfälle. Das äußere und das Mittelohr dienen der Schallführung, das Mittelohr gleichzeitig der Regulierung der Tonstärke. Im Innenohr ist die Schnecke die Aufnahmestelle für Gehöreindrücke, die dem Gehirn vermittelt werden. Der Vestibularapparat hat die Aufgabe, das Körpergleichgewicht, die Kopf- und Körperhaltung und die Augenstellung zu kontrollieren. Das Ohrläppchen besitzt keine Hörfunktion und dient ausschließlich der Dekoration. Kein Wunder, daß der Sexualsinn hier anknüpft und Ohrringe anbringt, um die Aufmerksamkeit des anderen Geschlechts auf die Schönheit des O. zu lenken. Das Ohrläppchen dient deshalb auch als Hauptziel der Liebkosungen. Es wird geküßt, gebissen, gesaugt, beleckt. Es dient seit Jahrtausenden als Symbol der Vagina. Im Volksgebrauch vieler Sprachen spricht man von der Vulva als dem »Ohr zwischen den Beinen«. In Mythen, Sagen, Märchen und Legenden dient es als weibliches Sexualsymbol. In verschiedenen Legenden des Mittelalters empfängt die heilige Jungfrau durch das O. Christus reinigt Maria, indem er in das O. eingeht. Der Teufel schleicht sich in Evas O. ein. Buddha wurde aus dem O. seiner Mutter geboren. Teiresias und Kassandra wurden hellsehend, als die »Schlange« ihnen das Ohr »ausleckte«. Und im deutschen Sprachgebrauch gibt die Frau sich hin, indem sie dem Mann »Gehör schenkt« oder ihn »erhört«.

Ohrring, Schmuck, dessen sexueller Reiz nicht nur darin liegt, daß er den Blick auf eine erogene Zone lenkt, sondern auch in seiner Ähnlichkeit mit einer Fessel, also in seinen sadistischen, masochistischen und fetischistischen Assoziationen. → Armband, Fußkette, Halsband, Schmuck.

Ökologie und Homosexualität → Homosexualität und Ökologie.

Ökologie und Sexualität → Sexualökologie.

Ökonomie und Sexualität → Sexualität und Ökonomie.

Ölfetischismus, die sexuelle Wunschfixierung auf das Einölen des eigenen oder eines anderen Körpers. Oft auch als Wunsch des Einseifens bekannt. Die echten Ölfetischisten sammeln zahllose Flaschen aller Arten von Hautölen und führen Buch über die Einölungen, die sie vorgenommem haben. Möglicherweise eine Folge allzu liebevoller Einölung des Säuglings. Vgl.: Kohärenzfetischismus. → Fetischismus.

Olisbos [gr.: Baubon], künstlicher Penis aus Leder, der von den griechischen Frauen zur Selbstbefriedigung und von den Lesbierinnen zum Geschlechtsverkehr benutzt wurde. Herondas, Suidas, Aristophanes und zahlreiche andere Autoren des Altertums schreiben mit sehr deutlichen Einzelheiten über den Gebrauch des O. Der Hauptherstellungsort war Milet, und die milesischen Frauen galten als wichtigste Benützerinnen des Instruments. Vgl.: Selbstbefriedigungsinstrumente.

On revient toujours / à ses premiers amours, das berühmte Zitat, das Sigmund Freud in seinen bahnbrechenden *Drei Abhandlungen zur Sexualtheorie* (1904–1905) benutzt hat, um zu beweisen, daß das Liebesleben des Erwachsenen auf die Lustempfindungen der Kindheit zurückgeht, stammt nicht, wie viele aus dem Zusammenhang entnommen haben, von dem großen französischen Psychologen Alfred Binet (1857–1911), sondern von Charles Guillaume Étienne (1778–1845), der es im Libretto der Oper von Isouard »Joconde« (1814) benutzte. Wegen des Versmaßes verwandelte er den korrekten Plural *premières amours* in den unkorrekten *premiers amours.*

Onanie [nach Onan, Gen. 38, 8–10]. ist eine falsche Bezeichnung für die Masturbation. Denn Onan »onanierte« nicht: er machte sich des Coitus interruptus schuldig und wurde nicht etwa deshalb mit dem Tod bestraft, weil er sich selbst befriedigt hatte, sondern weil er sich weigerte, die Schwester seiner verstorbenen Frau zu heiraten und mit ihr Kinder zu zeugen. Trotzdem hat das Wort O. im Volksgebrauch die Bedeutung der → Selbstbefriedigung so unwiderruflich eingenommen, daß wir es auch in diesem Lexikon von Zeit zu Zeit in dieser Bedeutung benutzt haben. Die eigentliche Gefahr des Begriffs liegt weniger in der falschen Ableitung als in der Anzahl unzusammenhängender und widersprüchlicher Phänomene, die alle auf diesen Namen hören:

1. Manipulation der eigenen Genitalien (→ Affektonanie, Ipsismus, Manualipsation, Manustupratio, Masturbation, Selbstbefleckung, Selbstbefriedigung, Zwangsmasturbation);
2. Manipulation der eigenen Brüste, des eigenen Afters oder anderer Körperteile zur Selbstbefriedigung (→ Analonanie, Kinepimastie, Mammalonanie, extragenitale Masturbation, Selbstbefriedigungssurrogate);
3. Orale Onanie, die Reizung der eigenen Genitalien oder Brüste mit dem eigenen Mund (→ Autocunnilingus, Autofellatio, Suctustupratio);
4. Selbstbefriedigung durch Reiben der Schenkel ohne Mithilfe der Hände.
5. Selbstbefriedigung durch Reiben an Möbeln und Gegenständen (Stuhlbeinen, Bettpfosten);
6. Selbstbefriedigung durch Instrumente (Dusche, konzentrierter Heißwasserstrahl aus der Brause, → Selbstbefriedigungsinstrumente);
7. Selbstbefriedigung durch geistige Onanie ohne Berührung der eigenen Genitalien (→ Delectatio morosa, geistige Selbstbefriedigung);
8. Gegenseitige Masturbation heterosexueller Geschlechtspartner als Vorspiel zum Koitus (→ masturbatio conjugatis);
9. Einseitige Masturbation eines Mannes an einer Frau oder einer Frau an einem Manne zur Vorbereitung des Koitus;
10. Einseitige oder gegenseitige Masturbation heterosexueller Geschlechtspartner als Surrogat des Koitus;
11. Masturbation zwischen Homosexuellen;
12. Masturbation zwischen Mensch und Tier.

Man braucht kaum zu betonen, daß es absurd ist, für so viele verschieden geartete Sexualtätigkeiten den gleichen Begriff O. zu benutzen. Wir beschränken uns deshalb in dieser Eintragung auf die Manipulation der eigenen Genitalien zum Zweck der Selbstbefriedigung. Diese Tätigkeit beginnt weitaus früher, als der Erwachsene, der seine eigenen O.-Erinnerungen stets verdrängt, gern wahrhaben möchte. Fast alle Säuglinge onanieren. Selbst Orgasmus tritt bereits im frühesten Kindesalter ein. Geisler zitiert den Fall eines noch nicht 18 Monate alten Mädchens, das bereits seit dem siebenten Lebensmonat Praktiken entwickelt hatte, »durch die es mehrmals am Tage einen auch von den Eltern als Orgasmus angesprochenen Zustand herbeiführte mit Kongestion, vertiefter Atmung und leichter Benommenheit« (Geisler: *Das sexuell mißbrauchte Kind,* Göttingen 1959, S. 24). Wenn auch fast alle Kinder onanieren, so ist es doch nicht die Regel, daß alle dabei ertappt werden und daß die Eltern eines onanierenden Knaben stets drohen, ihm sein Glied abzuschneiden, wenn er nicht damit aufhöre. Es ist deshalb selbst für einen psychoanalytisch geschulten Sexualwissenschaftler sehr schwer, Freuds These zu akzeptieren, daß der → Kastrationskomplex stets aus dieser elterlichen Drohung entstehe. Selbst die naivsten Eltern haben heute gelernt, daß die O. zur normalen Entwicklung der menschlichen Sexualität gehört und nur dann schädlich ist, wenn sie zum habituellen Surrogat des Koitus wird oder wenn der Onanierende glaubt, daß die O. schädlich sei, und deshalb in einen permanenten Kampf mit sich selber verwickelt wird. Bis zur Pubertät ist die O. nicht nur unschädlich, sondern stellt ein nahezu unerläßliches Stadium in der Entwicklung des sexuellen Bewußtseins dar. Menschen, die während der Kindheit nicht onaniert haben, finden meist schwer im normalen Geschlechtsverkehr Befriedigung. Denn die O. hat die Funktion, sexuelle Wünsche aufzubauen und den alloerotischen Orgasmus im Probelauf durchzuexerzieren. Wer in der Kindheit nicht onaniert hat, braucht um so länger, sich an den normalen Geschlechtsverkehr zu gewöhnen. Die Gefahr der O. besteht weniger in der manuellen Reizung der Genitalien als in der Gewohnheit, sich das Leben zu leicht zu machen. Andererseits besteht eine sehr enge Beziehung zwischen Abstinenz und Deviation, wobei die O. das Bindeglied zwischen beiden darstellt. Je später der Mensch zum eigentlichen Geschlechtsverkehr kommt, um so größer die Gefahr, daß die O., statt zur Vorbereitung des Geschlechtsverkehrs zu dienen, zu dessen Ersatz wird. Je mehr sich die Gewohnheit der O. einprägt, um so weiter entfernen sich die auslösenden Phantasien von der Realität des normalen Geschlechtsverkehrs. Und je irrealer, je perverser die Phantasien werden, umso schwieriger wird der Weg zum normalen Koitus. Vgl.: Affektonanie, Autismus, Autoerastie, Autoerotik, Autoerotismus, Autofetischismus, Automonosexualität, Autosexualismus, monosexuelle Idiosynkrasien, Konturerotik, Monosexualität, Narzißmus, Spiegelakte, Tagebuch, Trisexualität, Wunschzeichnungen.

Onanieverhinderung wurde im 19. Jahrhundert mit solchem Enthusiasmus betrieben, daß man bei den Autoren der antionanistischen Werke und den Erfindern der Onanieverhinderungsapparate entweder einen ungelösten Onaniekomplex oder einen auf die Onanie fixierten Sadismus vermuten muß. Pavet de Courteille empfahl das Tragen extra langer Hemden, die unterhalb der Füße zusammengebunden werden sollten. Auch das Festbinden der Hände, damit sie nicht zu den Geschlechtsteilen gebracht werden können, wurde versucht. Selbst rückwärts zu schließende Zwangsjacken wurden den onanierenden Kindern angelegt, um durch die übereinander befestigten Ärmel die Arme auf der Brust festzuhalten. Eine andere Zwangsjacke konstruierte Jajade-Lafond, eine Art »Onanieverhinderungsgürtel«, »ceinture contre l'onanisme«, der aus Segeltuch bestand, hinten geschnürt, durch Achselbänder gehalten wurde und unten nach Art einer Badehose schloß, so daß er weder nach oben gleiten noch herunterrutschen konnte: am unteren Ende, in der Gegend der Genitalien, befand sich ein Metallschildchen in Form der Genitalien, also länglich dreieckig für Mädchen, hohlraumförmig für Knaben zur Aufnahme des Gliedes und des Hodensackes (*Considérations sur les hernies abdom.,* Paris 1822, T. I). Schummel (*Über Kinderunzucht und Selbstbefleckung…,* Züllichau 1786) schlug eine Vorrichtung vor, durch welche die Hände mittels kleiner Federschlösser an einem um den Leib laufenden Gurt befestigt wurden. Ein praktischer Pädagoge (*Über die Behandlung der Unarten, Fehler und Vergehungen der Jugend…,* Graudenz 1829) beschrieb eine Bandage, die aus einer der Lage und Größe der Schamteile entsprechenden Röhre und einer leinenen Bekleidung bestand, ähnlich wie Rohleder (*Die Masturbation,* Berlin 1902) eine auf dem Prinzip der Lafondschen beruhende, nur einfacher konstruierte sogenannte »Oniebandage« empfahl, welche nach Art eines Bruchbandes einen Leibgürtel und zwei Schenkelriemen hatte und eventuell mit drei kleinen Vorlegeschlössern versehen werden konnte. Ähnlich konstruiert war der von E. L. Th. Cramer (1859) vorgeschlagene Apparat »Aidousoter«. Andere Ärzte ließen Masken von Eisendraht konstruieren, durch deren Maschen weder Finger noch andere Gegenstände zur Reizung der Genitalien dringen konnten. Und bei Fürbringer (*Die Störungen der Geschlechtsfunktion des Mannes,* Wien 1895) finden wir die Angabe, daß ein Mitarbeiter des British Medical Journal das Anlegen eines kleinen Käfigs oder Vogelbauers über den Genitalien empfohlen habe, der durch einen Schlüssel verschlossen wurde, den der Vater an sich nahm. In Frankreich wurden hohle Metallplättchen, meist aus Kupfer oder Zinkblech, je nach dem Geschlecht und Alter verschieden, auf die Genitalien gelegt und hier durch Riemen um die Schenkel befestigt, um so eine Berührung der Finger mit den Geschlechtsteilen zu verhindern, eine Nachahmung der schon von Caelius Aurelianus (*Tard. Pass.* Lib. V. Kap. 5) vorgeschlagenen, in der Lendengegend zu tragenden dünnen Bleiplatten, die die nächtliche Pollutionen verhindern sollten. Zur Verhinderung der letzteren wurden in früheren Zeiten an Armbändern aus Leder oder festem Gurt Schellen angebracht, die bei Bewegungen der Hände und also auch bei Manipulationen an den Geschlechtsteilen den Onanisten oder seinen Wärter wecken sollten. All diese Maßnahmen wirken sexualdiagnostisch verdächtiger als die Onanie selber.

Ontogenese, sexuelle [gr.: onto = individuell; genesis = Entstehung], die sexuelle Entwicklungsgeschichte des menschlichen Individuums und deren Studium. Gegensatz: sexuelle Phylogenese.

Ophthalmia gonorrhoica, Ophthalmo-Blennorrhöe → Blennorrhoea neonati.

orale Phase [lat.: os, oris = Mund], die erste der vier von Sigmund Freud (1856–1939) postulierten Phasen der kindlichen Sexualentwicklung. Ihr folgen die → anale, → phallische und → genitale Phase. Die letzten beiden werden, nach Freud, durch eine → Latenzperiode getrennt. Der Psychoanalytiker Karl Abraham (1877–1925) teilt die o. Ph. in zwei Stufen auf – die erste, die vor der Entwicklung der Milchzähne erfolgt, nennt er *Sauge-* oder *Einverleibungsstufe,* die zweite *Beiß- oder oralsadistische Stufe.* Sie setzt mit der Herausbildung der Milchzähne ein.

Erste Oralstufe (*Säuglingszeit*). Unter günstigen Umständen kann die erste Oralstufe, die Säuglingszeit, zum glücklichsten Teil des Lebens werden. Nie wieder (außer vielleicht in der allerersten, der kutanen Phase) kommen so viele glückbringende, befriedigende Elemente zusammen. Das Kind hat keine Sorgen, braucht sich weder um Arbeit noch um Gelderwerb zu bemühen, empfindet die Welt als absolut sicher, wird gefüttert, wenn es hungrig ist (so sollte es zumindest sein), wird getröstet, wenn es weint, wird trockengelegt, wenn es sich naßmacht, wird umarmt, geküßt, geliebkost. Nie wieder wird die Nahrungsaufnahme von so vielen sinnlichen Reizen begleitet. Mit der Lust am Stillen des Hungers und des Durstes verbindet sich das angenehme Gefühl des Saugens an der Brustwarze. Gleichzeitig drückt das Kind mit seinen Händen die warme, elastische Mutterbrust. Der warme Arm der Mutter hält den Körper des Kindes. Oft wird es dabei geschaukelt

und gewiegt. Also werden Haut-, Muskel-, Oral- und Manualreize gleichzeitig vermittelt.
Es gibt weder Hemmungen noch Ambivalenz der Gefühle. Das Kind wird weder durch Liebe noch durch Haß verwirrt. Zwischen der nährenden Mutter und dem saugenden Kind herrscht in dessen Psyche noch kein Gegensatz. »Ich« und »Du« bestehen noch nicht. Das Kind versucht, sich die Welt durch Saugen einzuverleiben, nimmt sie dabei aber noch nicht als separates Objekt wahr, sondern betrachtet sie als Teil seines Körpers. Freud hat dieses Stadium, das in der bürgerlichen Gesellschaft Europas meist den größeren Teil des ersten Lebensjahres einnimmt, als »kannibalisch« bezeichnet, weil in dieser Lebensphase noch keine Trennung zwischen Nahrungsaufnahme und libidinöser Tätigkeit besteht: »Das Objekt der einen Tätigkeit ist auch das der anderen.«
Diese primitive Form des Lustgewinns wird niemals gänzlich überwunden und besteht unter allerlei Masken während des ganzen Lebens fort. In der Haltung des erwachsenen Bürgers zum Besitz zeichnet sie sich oft als intensives Begehren und Streben aus, in der Stellungnahme zum Geld als Versuch, andere Menschen »auszusaugen«, auszubeuten, ohne dabei mit einem schlechten Gewissen belastet zu werden, denn die Wunschtendenzen, die aus dieser Phase stammen, sind ja noch völlig frei von jenen zerstörerischen Neigungen, die den »Triebregungen« der nächsten Phase anhaften. Je ungestörter, je lustreicher die Säuglingszeit dieser Menschen verläuft, desto überzeugter sind sie später, daß es ihnen immer gut gehen werde. Sie stehen dem Leben mit unerschütterlichem Optimismus gegenüber, der ihnen tatsächlich oft zu finanziellen Erfolgen in der bürgerlichen Gesellschaft verhilft.
Bei anderen Oralcharakteren, die auf diese Stufe fixiert oder regrediert sind, tritt dagegen oft das Gegenteil ein. Da sie in der Illusion leben, die Welt sei ihre Mutter, arbeiten sie nicht, oder nur selten, und erwarten, daß die Gesellschaft sie ernährt. Das Säuglingsalter hat sie so verwöhnt, daß sie meinen, die Mutterbrust werde ihnen immer fließen. Sie haben weder Verachtung noch Respekt für Eigentum und Besitz, weil sie diese Dinge überhaupt nicht als Objekte wahrnehmen.
Man unterschätze die Übel einer solchen Verwöhnung nicht. Unter fortgeschrittenen, liberalen Eltern herrscht seit einiger Zeit eine derartige Opposition gegen verfrühte Entwöhnung, daß manche Mütter ins Gegenteil verfallen. Verspätete Entwöhnung ist in der bürgerlichen Gesellschaft aber fast stets das Werk neurotischer, oft frigider Mütter,

die beim Stillen starke Lustgefühle empfinden und diese als Surrogat für die Befriedigung normaler genitaler Wünsche benutzen. Wenn hier länger gestillt wird als nötig, so geschieht das also nicht dem Kinde, sondern der Mutter zuliebe. Das Resultat mag entweder jene lebenslange Arbeitshemmung sein, die wir eben beschrieben haben und die sich auch als eine Lähmung des Lebenswillens, des Strebens, der Durchsetzungsfähigkeit äußern kann, oder das Gegenteil: gewissenlose Aneignung. Wer nicht mit der Wirkung der Ambivalenz vertraut ist, mag Schwierigkeiten haben, zwei so entgegengesetzte Charaktertypen aus der gleichen Kausalität folgern zu können. Die klinische Erfahrung läßt jedoch keinen Zweifel zu, daß es sich hier in beiden Fällen um die gleiche Ursache handelt.

Zweite Oralstufe (*Beißzeit*). Jede Phase der Libidoentwicklung wird von der bürgerlichen Gesellschaft durch einen Eingriff in zwei Stufen geteilt: die Oralphase durch die Entwöhnung von der Brust oder der Flasche, die Analphase durch die Reinlichkeitserziehung, die Genitalphase durch das Verbot des Geschlechtsverkehrs. In der Oralphase versucht aber keine normale Mutter, mit der Entwöhnung zu beginnen, ehe das Kind Zähne zum Beißen und Kauen entwickelt hat. Also markiert das Zahnen den biologischen Eintritt in die zweite Oralstufe.

Wird das Kind zu früh oder zu spät entwöhnt, kann der Schaden kaum je wieder gutgemacht werden. Wie die erste Oralstufe für viele Menschen die glücklichste Zeit des Lebens ist, kann der Übergang zur zweiten Stufe für andere zur unglücklichsten Zeit des Lebens werden.

Das mag vielerlei Gründe haben, zum Beispiel ein verfrühter Abbruch des Kontakts mit der Brust und dem Körper der Mutter, negative Reaktion auf die angebotene Festnahrung, Darmkolik. Weint das Kind dann vor Hunger oder Schmerzen, so tendiert die Mutter meist dazu, ihm weniger Liebe und Geduld entgegenzubringen als dem zufriedenen Säugling. Wird das Kind aber nicht genügend geliebkost, umarmt und gewiegt, so stellt sich schon in dieser Zeit Unsicherheit und Unglück ein.

Als Resultat stürzt sich das Kind mit erhöhter Intensität, mit einer Art unstillbarer Gier nach Befriedigung, auf die nächste Stufe. Dabei befindet es sich in steter Gefahr neuer Enttäuschung, auf die es mit verstärkter Neigung zur Regression ins frühere Stadium reagiert. Denn jeder Verzicht auf Lust kann nur auf dem Wege des Tausches zustande kommen. Verzichtet das Kind auf die Befriedigung der Sauglust, die ja das wichtigste Kennzeichen der ersten Oralstufe ist, so versucht es dem

Beißen, dem Kennzeichen der zweiten Oralstufe, nun besondere Reize abzugewinnen: es nimmt jeden verfügbaren Gegenstand in den Mund und versucht, ihn unter großer Kraftanstrengung und mit deutlichem Lustgewinn zu zerstören. Hier tritt also zum erstenmal die sadistische Ambivalenz der Lust zutage: Befriedigung durch Zerstörung. Bei dem Kinde, das in der ersten Oralstufe enttäuscht wurde (aber auch bei dem, dessen Saugzeit durch Verwöhnung zu lange ausgedehnt worden ist, so daß sie in spätere Phasen verschleppt wird), wird die Lust am Beißen besonders betont sein. Der Anfang der Charakterbildung vollzieht sich also im Zeichen einer abnorm betonten Ambivalenz.

Während die erste Oralstufe, die Säuglingszeit, als vorambivalent bezeichnet werden kann, stellt die zweite Oralstufe den Anfang des Ambivalenzkonflikts dar, der das ganze spätere Leben beherrscht, wenn er nicht auf der zweiten Genitalstufe der Objektliebe untergeordnet und damit abgebaut wird. Dieser Abbau mißlingt dem Zwangsneurotiker aber fast stets, ja sein Mißlingen stellt geradezu das Merkmal dieses Neurotikers dar. Nur der »gesunde«, »reife«, »ausgeglichene« Mensch, der sich von den Schlacken der infantilen Sexualität befreit hat, ist nach Freud auch ambivalenzfrei. Seine Libido hat ein nachambivalentes Stadium erreicht und damit die Fähigkeit zur Beherrschung der Objektwelt gefunden. Eben diese Herrschaft mißlingt aber meist dem Zwangsneurotiker.

Die Verwandlung des Saugwunsches in einen Beißwunsch zieht wie ein Magnet gewisse Aggressionen an. Freud spricht von einem Reservoir freischwebender Libido, aus dem orale und anale »Triebe« sich beliebig bedienen. Da sie sich den Trieben wie Magnetteilchen anhaften, spricht Freud von Teil- oder Partialtrieben. Dabei unterscheidet er vor allem vier Formen: aktive und passive Aggression (Sadismus und Masochismus), aktive und passive Zeigelust (Exhibitionismus und Skoptophilie). In einer Zeit, da die Hände bestenfalls zum Greifen und Halten brauchbar sind, stellen die Zähne das erste Organ dar, mit dem das Kind zerstörend auf die Objekte der Außenwelt einwirken kann. Dadurch erfährt das Kind die Außenwelt zum erstenmal als selbständiges, unabhängig von ihm existierendes Etwas, das man sich einverleiben kann, gleichzeitig aber auch als etwas, das beim Einverleiben zerstört wird. Hier tritt Freuds Deutung der Oralphase als kannibalische Zeit überhaupt erst deutlich in Erscheinung.

Auf die Herkunft des Neids aus oraler Quelle ist bereits 1921 von Eisler hingewiesen worden (M. J. Eisler, *Über Schlaflust und gestörte Schlaf-*

fähigkeit, Internationale Zeitschrift für Psychoanalyse, 7, 1921, 166–178). Hat das Kind im Stadium der Nahrungsaufnahme durch Beißen und Kauen die Gelegenheit, einen jüngeren Bruder oder eine jüngere Schwester beim Saugen zu beobachten, so erfährt der Neid eine besondere Förderung. Nach Eisler zeigt der Neidische nicht nur ein Begehren nach dem Besitz anderer, sondern verbindet mit diesem Begehren gehässige Regungen gegen den Beneideten. Hier verdoppeln sich also orale und aggressive (sadistische) Neigungen.

Oralerotik [lat.: os, oris = Mund] nannte Sigmund Freud die Fixierung der sexuellen Wünsche auf die Mundgegend. Nach Freud ist der »Sexualtrieb« des Menschen nicht von vornherein mit dem »Fortpflanzungstrieb«, ja nicht einmal mit dem »Genitaltrieb« (der Betätigung der Geschlechtsorgane) identisch, sondern entwickelt sich vom Embryonalzustand bis zur Pubertät langsam (und manchmal schubartig) aus einer Anzahl von → »Partialtrieben«. Jeder dieser »Partialtriebe« entsteht in einem bestimmten Lebensalter. Der erste ist der »Oraltrieb«, der sich im Säuglingsalter an der Mutterbrust befriedigt. Da das erste Lustgefühl des Kindes aus dieser frühesten Lebenserfahrung stammt, ist es außerordentlich stark.

Freud sagt: »Wer ein Kind gesättigt von der Brust zurücksinken sieht, mit geröteten Wangen und seligem Lächeln in Schlaf verfallen, der wird sich sagen müssen, daß dieses Bild auch für den Ausdruck sexueller Befriedigung im späteren Leben maßgebend bleibt.« Aus dem Saugen an der Mutterbrust entwickelt das Kind das Saugen am eigenen Körper (»Ludeln«, »Wonnesaugen«), das oft zur kindlichen Selbstfellatio oder zum Selbstcunnilingus führt, zum Lecken und Saugen am eigenen Geschlechtsteil. Wenn es dem Kind nicht gelingt, diese Säuglingserfahrungen mit dem »Genitaltrieb« und der Wendung vom eigenen Körper zu einem Menschen des anderen Geschlechts zu vereinbaren, so wird der Mensch »oral-pervers«, d.h. er kann seine sexuelle Befriedigung nur in der Betätigung des Mundes, nicht aber der Genitalien finden. Er kann seine O. aber auch sublimieren, und dann mag er zwar einen verminderten Sexualtrieb haben, wird aber möglicherweise ein großer Redner oder Feinschmecker werden. Endlich gibt es eine dritte, diesmal krankhafte Wendung der Oralerotik – zur Neurose oder Psychose. In diesem Fall entwickelt sich Ekel vor jeder geschlechtlichen oder auch ungeschlechtlichen Betätigung des Mundes: vor dem Küssen, zum Beispiel, aber auch vor dem Essen. Hysterisches Erbrechen, hysterischer Globus, Schnüren im Hals und andere Eß- und Sprachstörungen gehen oft auf verdrängte Oralerotik zurück. Vgl.: Analerotik.

Oralerotik im alten Hellas. Es ist bezeichnend für die universelle Misogynie der herrschenden Klassen Griechenlands vom 8. Jahrhundert bis in die Klassik hinein, daß sie sich zwar manchmal über die → Fellatio lustig machten, nie aber von ihr mit der an Ekel grenzenden Verachtung sprachen, die sie für den → Cunnilinctor und die → Cunnilinctrix reservierten. Der Unterschied ist besonders frappant in dem Epigramm des Ammianos (*Anth. Pal.* XI, 221), in dem er den → Fellator in Schutz nimmt, weil dessen Leckerei ja am männlichen Glied (»Rohr«) stattfindet, dem → Cunnilinctor aber seinen Haß ausspricht, weil dieser eben nicht nur am Penis, sondern auch an der Vulva leckt:

Nicht deswegen hasse ich dich, weil du am Rohr leckst,
Sondern weil du es tust auch ohne Rohr!

In Vers 1284 der *Ritter* sagt Aristophanes von dem Ariphrades:

Seine eigene Zunge schändet er in ekelhafter Lust.
Gierig leckt er züngelnd eklen Schleim in Hurenhäusern auf.
Mit dem Abschaum wüster Wollust, pfui, beschmiert er sich den Bart . . .

Dies ist nicht mehr der Aristophanes der leichten Hand, der große Ironiker, der das Tun und Lassen seiner Landsleute mit amüsierter Distanz darstellt, sondern jemand, der ganz offenbar unter einer Zwangsvorstellung leidet. Und in der Tat hat der Haß, mit dem er den armen Ariphrades von einem Stück zum anderen verfolgt, etwas Paranoides an sich. Im *Frieden* (Vers 885) sagt er von ihm:

Aufleckend ihre Brühe, schlürft und schluckt er sie . . .

In den *Wespen* (Vers 1280):

Eigener, natürlicher Gewandtheit nur verdankt er's,
Daß er im Puff die Zunge so geschickt zu brauchen weiß . . .

Und um seine Abscheu noch deutlicher zu machen, fügt Aristophanes hinzu, daß er nie aus einem Becher trinken werde, aus dem Ariphrades vorher getrunken habe (*Ritter,* 1288 bis 1289):

Keiner, der so argen Frevler nicht verabscheut inniglich,
Möge jemals mit uns trinken von desselben Bechers Rand!

Was liegt hier vor? Was bewegt den Aristophanes nun wirklich? Ohne jeden Zweifel die Überzeugung, daß es eines Mannes unwürdig sei, einer Frau Befriedigung zu verschaffen, indem man sich wie ein Sklave vor ihr niederbückt und ihre Sekretionen in sich aufnimmt. Die Frau war für Aristophanes, wie für jeden Griechen seiner Zeit, ausdrücklich dazu da, dem Manne zu dienen und *ihm* sexuellen Gewinn zu verschaffen. Drehte ein Mann die Sache um und verhalf einer *Frau* zu ihrem Orgasmus, so war das ein Verrat am ganzen männlichen Geschlecht. Den Scheidenlecker traf der Vorwurf des Pantoffelhelden, des verweichlichten Mannes, also in viel akuter Form als den Homosexuellen oder den Päderasten, die als durchaus vollwertige Männer betrachtet wurden, eben *weil* sie sich mit Männern, also mit Ebenbürtigen, paarten. Deshalb auch der Unterschied zwischen der Fellatio als erlaubter, und dem Cunnilinctus als verpönter Sexualpraktik. Wie verhaßt den Griechen das Scheidenlecken war, geht bereits aus der Semantik des Vokabulars hervor, das sie für diese Tätigkeit geprägt haben. Von solchen Ausdrücken wie *glottodephein, glottopoiein, glottodepsein, glottostrophein, leichazein, leichein, lesbizein, lesbiazein, perilalein, phoinikizein, saphrophagein,* die alle *cunnilingere* bedeuten, sind nur diejenigen wertfrei, die gleichzeitig auch den Akt des Fellierens beschreiben. Die anderen sind entweder beschimpfender Art oder deuten an, daß eine so schandhafte Tätigkeit nur von Fremden ausgeführt werden kann: *lesbizein* und *lesbiazein,* »aus Lesbos kommen«, »Lesbier sein«; *phoinikizein,* »aus Phönizien kommen«, »Phönizier sein«. Abwertend sind: *perilalein,* »schwatzen«, »wie eine Frau schwatzen«, »um die Sache herumreden«; *saphrophagein,* »Schmutz fressen«; *lymainesthai glottan aischrais hedonais,* »die Zunge in schimpflicher Lust schänden«. Ganz ähnlich auch das Vokabular für »Scheidenlecker«: *glossargos,* »der Geschwätzige«; *kysoniptes,* »Scheidenwäscher«; und natürlich *lesbiazon,* »Lesbier«, und *phoinikistes,* »Phönizier«. Die wertfreien Ausdrücke (*glottopoion,* »Zungenlecker«; *leichon,* »Lecker«) können bezeichnenderweise auch *fellator* bedeuten. Die Körperstellung des *cunnilingus* verglich man mit der des Hundes, der die Hündin beleckt: *skylax,* da die Praktik als etwas Hündisches, Unterwürfiges, der dominierenden Position des Mannes Abträgliches empfunden wurde. Es spricht also auch aus diesem Vokabular eine ausgesprochene Verachtung der Frau, ja geradezu ein Haß, der ans Pathologische grenzt.

Oralerotik im alten Rom. Genau wie in Hellas, so galt auch im alten Rom der Scheidenlecker als infam, weil man ihn als einen hörigen Mann betrachtete, der sich vor der Frau erniedrigte, indem er an ihr und auf ihren Befehl eine widerwärtige, entehrende Handlung vornahm, die ausschließlich ihrem Vergnügen diente. Empfand er selber Vergnügen daran, so galt er als geisteskrank. Die Frau dagegen galt nicht als infam, sondern nur als eine Art Hexe, die Männer durch eine Form von Liebeszauber zu widernatürlichen Handlungen bewegen konnte. Die

Cunnilinctrix dagegen galt als infam, da sie von dem doppelten Fluch der Lesbierin und der sklavischen Persönlichkeit getroffen wurde.
Die Fellatio galt nur insofern als infam, als sie den passiven Partner betraf: der aktive war nicht nur frei von Tadel, sondern galt als ehrenhaft, weil er ja einen männlichen Sieg über den unterjochten Partner demonstrierte. Das Seltsame an dieser Logik war nun, daß sie den aktiven und den passiven Teil anders empfand, als wir es heute tun. Wir würden den Irrumator als den passiven Partner empfinden, weil er geleckt wird, während wir den Fellator als aktiv empfinden, weil er leckt. Die Römer aber dachten genau umgekehrt. Der Irrumator galt als aktiv, der Fellator als passiv, denn die Römer sahen in dem Fellator vor allem den Mund, das empfangende Organ, und betrachteten ihn deshalb analog zur Frau und deren Scheide. Der Irrumator dagegen wurde mit dem Penis gleichgesetzt und galt deshalb als der männliche, eindringende, erobernde Partner.
Das Verbum *irrumare* leitet sich nach Nonius (ed. Gothofredus S. 579) von dem altrömischen Wort für »Brust«, *ruma,* ab und bedeutet deshalb wörtlich »die Brust reichen« (die gleiche Sprachwurzel taucht übrigens in der Stadt Rom, der »Mutterbrust der Römer«, und in den Namen der Stadtgründer Romulus und Remus auf, die im mutterrechtlichen Sinne, obgleich sie Männer waren, als »Mütter der Stadt« aufgefaßt wurden). Wie die Mutter dem Kind die Brust reichte, so gab der Irrumator der Fellatrix seinen Penis. Die Worte Fellator und Fellatrix leiten sich, ebenfalls nach Nonius (S. 547), von *fellare,* »saugen«, »nukkeln« ab. Das ganze Bild der Fellatio entspricht also dem der stillenden Mutter und dem säugenden Kind. Daß es eben deshalb von den Römern als eine zum Teil infame Beziehung aufgefaßt wurde, besagt viel über die panische Angst der Römer vor der Mutterherrschaft.
Um dieser Erkenntnis aus dem Wege zu gehen, vermieden es die Römer mit großer Sorgfalt, das mutterrechtliche Vokabular zu benutzen. Statt *fellare,* »saugen«, »sich nähren«, sagten sie: »mit dem Mund zu Willen sein« *(ore morigerare),* »sich mit dem Munde Mühe geben« *(ore adlaborare)* oder »Männer um die Mitte lecken« *(lambere medios viros).* Für *irrumare,* »säugen«, »nähren«, sagten sie: »das Oberste verlangen« *(summa petere),* »das Höhere berühren« *(altiora tangere),* »am Kopf mitspielen« *(illudere capitibus),* »den Kopf nicht schonen« *(non parcere capiti),* »auf die Köpfe losspringen« *(insultare capitibus),* »den Mund verkeilen« *(os percidere),* »den Mund verletzen« *(offendere buccam),* »den Mund schänden« *(corrumpere buccam),* »die Zunge zu-

sammendrücken« *(comprimere linguam)*.
Die aktive Irrumatio, eine Art oraler Vergewaltigung, galt dagegen als ehrenhaft. Wenn Martial (in III, 96) droht, er werde dem Gargilius seinen Schwanz in den Rachen rammen, damit dieser ihn nicht mehr verleumden könne, droht er: »Wenn, Gargil, ich dich treffe, sollst du schweigen!« Das sind Worte, die von dem Gotte Priapus kommen könnten, wenn er den Obstdieben droht, er werde sie irrumieren. Man vergleiche *Priapeia* (LXXIV):

Bohren wird mein Glied sich mitten durch Mädchen und Knaben,
Doch von den Bärtigen will nichts als das Obere ich.

Priapeia (XXVIII):

Dich werde ich päderastieren mit meinem baumlangen Glied.
Und wenn auch das nicht zieht, gehe ich höher hinauf!

Hierher gehört auch die Drohung im *Amphitruo* des Plautus (I, 1, 192): »Und deine verfluchte Zunge will ich heute zusammendrücken!« Der Unehrenhafte bei einer solchen Form der oralen Notzucht ist nicht der Notzüchter, sondern sein Opfer, zum Beispiel der Postumus bei Martial (II, 72):

Postumus, gestern beim Mahl erzählt' man eine Geschichte,
Die ich bedaure, denn wer billigt Dinge wie die?
Daß dir dein Mund verkeilet worden sei.

Wenn Martial den Chrestus zwingt, den Schwanz seines jüdischen Sklaven zu lecken, ist das der Inbegriff der Entehrung für einen freien Römer (VII, 55):

Lecken sollst du – nicht meins, denn das ist keusch und schmächtig –,
Sondern jenes verfluchte Glied, das Tribut zu zahlen
Kommt aus dem abgebrannten Jerusalem her.

Auch über die Frau, die dem Manne als Fellatrix dient, machten die Römer sich stets lustig, so Martial über die Glycera, die Frau des Lupercus mit der dieser nur oral verkehrte (XI, 40):

Seine Glycera liebt Lupercus zärtlich
Und er einzig besitzet und beherrscht sie.
Daß er bei ihr nicht schlief den ganzen Monat,
Klagt er traurig, und sagt dem Aelianus,
Als ihn dieser befragte nach dem Grunde,
Seine Glycera leide grad an Zahnschmerz.

Ähnlich Horaz (in *Epod.* III, 17 bis 20):

Stehn ungebildetere Nerven wen'ger steif
Und reizt die Wollust wen'ger dich,

Damit sie zu erwecken aus der stolzen Ruh
Du mit dem Mund dich quälen mußt?

Wer felliert, tat es also nach Meinung des Römers nur widerwillig und unter Qualen. Man tat es nicht von selber, weil man den anderen liebte und die Sache einem Spaß machte, sondern weil man ihm »widerwillig zu willen« war. So Sueton über die Atalante, die den Meleager felliert. Auch von dem Kaiser Commodus, der seine Geliebten angeblich gern fellierte, sagten seine Zeitgenossen, er sei »niederträchtig, boshaft, grausam, wollüstig, sogar im Munde befleckt und geschändet« (Lampridius, *Commod.* I). Der Irrumator dagegen wurde nur dann als unehrenhaft betrachtet, wenn er zu alt zum normalen Verkehr, zu senil oder bereits impotent war. In diesem Fall traf der Hohn der Römer aber nicht die Tätigkeit des Irrumierens, sondern allein den Substitutcharakter der Tätigkeit. Da die Römer, wie die meisten Männerrechtler, für Schwäche kein Mitleid, sondern nur Verachtung hatten, traf die Verachtung hier das Alter, die Impotenz, die Senilität, nicht aber die Irrumatio, die nur deren Symptom war. So Martial (III, 75):

Lange zwar schon, o Lupercus, verlernte dein Penis das Stehen.
Dennoch strengst du dich an, Törichter, fähig zu sein,
Züchtige Wangen durch Gold zu verführen nun hast du begonnen.
So auch gereizt, wacht nicht Venus zum Leben dir auf!

Martial (XI, 46):

Wozu plagst du umsonst nur die armen Gesäß' und Geschösse?
Suche das Obere! Dort finden selbst Greise noch Trost.

Und wieder beim gleichen Autor (IV, 50):

Zu alt, den Mund zu schänden, ist niemand!

Man sieht, der Schändende ist die Frau, die dem Manne zu willen ist, nicht der Mann, der sie zu der »Schande« zwingt. So auch bei Juvenal, der sich darüber lustig macht, daß die betrunkene Frau den Mann felliert, statt sich von ihm beschlafen zu lassen (VI, 299 bis 300):

Kümmert die trunkene Venus sich darum?
Weiß sie doch Penis und Kopf nicht einmal auseinanderzuhalten!

Wenn eine Frau einen Mann freiwillig felliert, kann der Römer sich das nur dadurch erklären, daß sie zu alt und häßlich ist, um durch andere Mittel Männer in ihr Bett zu locken. So Horaz in der 8. und in der 12. Epode. Auch die Wandinschriften in Herculaneum, Pompeji und anderen römischen Städten sprechen von der Fellatrix stets mit Verachtung: *Sabina, Du leckst, du bist ein Schwein . . . Murtis, du üble Leckerin . . . Nymphe, du Leckerin . . . Leck den Schwanz du, du sollst den Schwanz ablecken* . . .

Vor der Irrumatio wurde der Penis oft mit Honig eingerieben (Hieron. *Mercurial.* IV). Nach dem Erguß wusch sich die Frau den Mund aus. So Martials Lesbia in II, 50:

Daß du den Mund befleckst und Wasser trinkest, das paßt sich.
Lesbia! Du brauchst da Wasser, wo nötig es ist.

Einen weitaus größeren Raum als die heterosexuelle Fellatio nimmt in der römischen Literatur der Oralverkehr zwischen Männern ein. Auch hier gilt die gleiche Regel wie bei dem Verkehr zwischen Frau und Mann: der Irrumator ist geachtet, wenn er nicht alt oder senil ist; der Fellator wird verachtet, weil er sich zu einer schmutzigen Tätigkeit hergibt. So Lampridius vom Kaiser Commodus im 10. Kapitel seiner Commodus-Biographie: »Schon als Knabe war er leckerhaft und schamlos.« Wenn Catull seinen Nebenbuhler Lesbius besonders lächerlich machen will, schreibt er ein Gedicht über ihn, das den anderen als passiven Fellator darstellt. Ebenso Martial (in II, 61):

Als undeutlicher Flaum auf deinen Wangen dir sproßte,
Hast du mit ekeler Zunge Männern die Mitte geleckt!

Catull macht sich in ähnlicher Weise über Gellius lustig (LXXX):

Wie es nur mag geschehn, daß dir dein rosiges Mündchen,
Gellius, immer so weiß wird wie gefrierender Schnee,
Wenn frühmorgens von Haus du fortgehst, oder die achte
Stunde aus Mittagsruh spät den Verzärtelten weckt?
Woher es kommt? Ich weiß nicht. Wie? sagt die flüsternde Fama,
Wahrheit, daß du des Mann's Mittelgeschäfte verschlingst?
Daher kommt's! Laut schreien ja Virros niedergerissene
Weichen, und dir um den Mund nebelnd das molkige Naß.

Martial spottet (in III, 87), daß Chione sich ihrer sexuellen Enthaltsamkeit rühme und in der Tat nie Geschlechtsverkehr gehabt habe. Allerdings nur keinen mit dem Schwanz, um so mehr dagegen mit dem Mund:

Niemals, Chione, erzählt das Gerücht, bist du beschlafen worden,
Und in der Welt gäb' es nichts reineres als dein Geschöß.
Doch du bedeckest beim Baden nicht den Teil, welchem es not tut:
Übertrage den Schurz, wenn du dich schämst, aufs Gesicht!

Ähnlich eine anonyme Wandkritzelei aus Pompeji, die sich auf den Samen bezieht, den der Fellator geschluckt hat: *Wer den Schwanz angesehen hat, was glaubt man, das er gegessen hat?*

Auch unter Männern galt die Regel, daß der Irrumator, im Gegensatz zum Fellator, nur dann verachtet wird, wenn die Irrumatio das Produkt von Senilität oder Impotenz ist; wenn, wie Martial es ausgedrückt hat, »der Schwanz das Stehen verlernt hat« (III, 75). Deshalb greift Sueton den Tiberius auch nicht wegen der Tatsache an, daß er Kinder dazu verführt habe, ihn zu fellieren, sondern weil er dies aus Senilität und Altersschwäche tat: »Noch Ärgeres und Schmählicheres ist ihm nachgesagt worden, was sich kaum erzählen oder anhören, geschweige denn glauben läßt: nämlich er habe Knaben im zartesten Alter, die er seine ›Fischchen‹ nannte, angeleitet, ihm beim Baden an den Hüften herumzuschwimmen und zu spielen, ihn zu lecken und zu beißen: ja sogar, daß er sich von halbwüchsigen, aber noch nicht der Brust entwöhnten Kindern am Schamglied oder den Brustwarzen habe saugen lassen – lauter Arten der Wollust, zu denen ihn allerdings seine Körperbeschaffenheit und sein Alter geneigter machen wollten.«

Eine der Verleumdungen, mit denen die Römer den Fellator bestraften, war das Gerücht, daß er stets aus dem Munde röche. Deshalb gaben sie vor, seinem Atem zu entfliehen, wo immer er auftauchte, seine Küsse zu fürchten, als ob es Stinkbomben seien, und nie aus dem gleichen Becher zu trinken, aus dem er getrunken habe. So zum Beispiel Martial (II, 15):

Daß du keinem aus deinem Becher zutrinkst,
Tust du, Hermus, aus Rücksicht, nicht aus Hochmut.

Martial (VI 44):

Niemand tränke dann noch, Calliodorus, dir zu.

Seneca, *De beneficiis* (II 21): »Obwohl dieser (Caius Cäsar) von Freunden Geldbeiträge für die Kosten der öffentlichen Spiele annahm, so wies er eine große Summe, welche Fabius Persicus schickte, zurück. Und als ihm Leute, die nicht nach den Beitragenden, nur nach den Beiträgen fragten, darüber Vorwürfe machten, daß er's ausgeschlagen hätte, so erwiderte er: ›Soll ich denn eine Wohltat annehmen von einem Menschen, von dem ich keinen Trunk annehmen würde?‹«

Martial (XII, 74):

Das ist auch etwas wert, daß du kannst zutrinken in diesen,
Wenn den Becher hernach, Flaccus, zerbrechen du mußt.

Macedonius in den *Analecta Brunkii* (III, 115):

Gestern kam mir ein Stück, ein Weib, das besonderen Rufes
Nicht sich erfreut. He, Knab', brich ihren Becher entzwei!

Martial (XI, 95):

Wenn du zu Küssen gerietest, die dir ein Fellator gegeben,

Denk, in das Badebassin tauchest du, Flaccus, den Kopf.

Martial (II, 42):

Zoilus, was verdirbst das Bassin du durch dein Gesäß uns?
Soll's noch besudelter sein, Zoilus, tauch' mit dem Kopf!

Martial (VI, 81):

Als ob du zürnest dem Volk, so badest du dich, Charidemus,
Brauchest das ganze Bassin, um dir zu waschen den Schoß.
Und nicht möcht' ich, daß so dein Haupt, Charidemus, du badest.
Aber da badst du das Haupt: bade dir lieber den Schoß!

Martial (I, 94):

Du sangest schlecht, als du wardst beschlafen, Aegle,
Gut singst du jetzt, nur kann man dich nicht küssen.

Seneca fragt in *De beneficiis* (IV, 30): »Was hat kürzlich dem Fabius Persicus, dessen Kuß auch Unkeusche vermeiden, zur Priesterwürde verholfen?« Damit weist er offenbar darauf hin, daß Fabius jemanden in höchster Position, vielleicht Cäsar selber, felliert habe, um sich dadurch die Priesterwürde zu erlecken. Martial dagegen vergleicht den Schmutz, den Manneja beim Fellieren im Munde gesammelt hat, mit Kot und meint, daß Mannejas Hündchen ihm nur deshalb das Gesicht ablecke, weil es den Kot seiner Liebhaber röche (I, 83):

Lippen und Antlitz leckt, Manneja, stets dir dein Hündchen.
Wundern kann ich mich nicht, leckt doch ein Hund gern am Kot.

Der Cunnilinctor, wie wir sagten, galt grundsätzlich als unehrenhaft, weil er der Frau zum Genuß verhalf. Das allein genügte bereits, um ihn in männerrechtlichen Augen zum Pantoffelhelden, zum Schlappschwanz, zum Sklaven der Frau zu machen. Man glaubte bezeichnenderweise, daß Venus den Schimpf, der ihr und ihrem Geschlecht von den Männern angetan worden war, dadurch räche, daß sie manche Männer zu Cunnilinctoren mache. Darauf weist der furchtlose Spötter Martial hin, wenn er dem Sertorius vorwirft, Venus habe ihn zum Cunnilinctor gemacht, weil er den Eryx, den Sohn der Venus, erschlagen habe (II, 84):

Daß mit der Zunge, Sertor, der Sizilier, Weiber bedienet,
Kommt wohl, Rufus, daher, daß er den Eryx erschlug.

Martial und Ausonius schildern übereinstimmend, wie aus einem Fellator (schlimm genug!) ein Cunnilinctor werden kann (weil das Lecken, wenn es einmal zur Gewohnheit geworden sei, den Süchtigen immer tiefer in den Abgrund führe). Martial (III, 81):

Beaticus, du Kastrat, was hast mit der Fut du zu schaffen?

Diese Zunge, sie soll lecken den Männern die Mitt'!

Ausonius, *Epigr.* 78 (S. 341 Peiper):

Castor, der Männern das Ding in der Mitte zu lecken begehrte,
Aber die Leute nicht konnt' haben zu Hause bei sich,
Fand einen Ausweg, daß nicht als Fellator er Glieder verderbe:
Bei seiner eigenen Frau fing mit dem Lecken er an.

Von zwei Brüdern, der eine ein Fellator, der andere ein Cunnilinctor, sagt Martial (III, 88):

Zwillinge sind diese Brüder, doch lecken verschied'nes Geschlecht sie.
Sind unähnlich sie sich, oder ähnlich? Sagt an!

Martial (IV, 43):

Coracinus, ich hieß dich nicht Kinäde,
Nimmer bin ich so dreist und unbesonnen.
Was ich aber gesagt, ist unbedeutend,
Da man's weiß, was ja selber du leugnen nicht wirst:
Coracinus, ich nannt' dich Cunnilinctor!

Seinen Nebenbuhler Lesbius bezeichnete Catull hohnvoll als gewohnheitsmäßigen Scheidenlecker. Ebenso wirft Cicero dem Sextus Clodius wiederholt vor, er sei ein Cunnilinctor (*pro domo,* X u. XVIII; *pro coelio* XXXII). Daher jenes beißende Wort »naschen« in der Rede *pro domo* XVIII: »Mein Sextus – erlaube mir, dich so zu nennen –, weil du ein Dialektiker bist und auch an der Philosophie gern naschst . . .« In *pro domo* XXXI kommt er dann mit der vollen Anklage heraus, daß Sextus von Clodia, der Geliebten Catulls, zum Cunnilinctor gemacht worden sei: »Frage den Sextus Clodius, laß ihn kommen! Er hat sich zwar versteckt, wir werden ihn aber finden. Und zwar (hier spricht er Publius Clodius, den »Lesbius« des Catull, an) bei deiner Schwester, wo er mit dem Kopf unterm Rock steckt!«

Ausonius hat in einer ganzen Reihe von Epigrammen den Schulmeister Eunus Syriscus als Cunnilinctor angegriffen. Epigramm 82 trägt die Überschrift: *Auf den Lecker Eunus:*

Eunus, was zieht dich wohl hin zu der Salbenverkäuferin Phyllis?
Sagt man doch, daß du sie leckst, aber nicht daß du sie fickst!

Ausonius, Epigramm 87, mit der Unterschrift: *Auf denselben Schulmeister und Schlecker:*

Eunus Syriscus, Schamgliederlecker,
Opischer Magister (denn das lehrt' ihn Phyllis),
Siehet das Weibergeschöß viereckig gestaltet.

Zieht er's auseinander, ist's der Buchstab' Delta.
Aber die beiden Wülste zu den Seiten der Schenkel
Und die Gaß' in der Mitte, wo der Spalt sich öffnet,
Nennet er Psi, denn dreizackig ist's gestaltet.
Wenn er seine Zunge hineinsteckt, ist es ein Lambda,
Und macht eine Figur, ganz wie ein Phi ist.
O, du Dummkopf, du glaubst, es stünde ein Rho dort,
Wo man doch ein langes Jota setzen müßte?
Dir elenden Schweinigel würde ein Tau gehören,
Und ein durchstrichnes Theta steht bei deinem Namen!

Da der »normale« Römer nichts als Verachtung für den Cunnilinctor fühlte, nahm er ihn auch als Mann nicht ernst und empfand es deshalb nicht als Ehebruch, wenn er seiner Frau oder Freundin orale Aufwartungen machte.

Deshalb sagt Martial (III, 96):

Deine Zunge nur buhlt mit meinem Mädchen,
Und du redest, als ob du sie beschliefest!

Wie den Fellator, betrachtete man auch den Cunnilinctor oft als senil. Und nur wenn er Frauen nicht mehr mit seinem Glied befriedigen konnte, waren die Römer bereit, ihm innerhalb bestimmter Grenzen den Cunnilinctus zu vergeben: Martial (XI, 47):

Lattara, weshalb leckt er den Cunnus? Damit er nicht beischlaf!

Martial (VI, 26):

Impotent wurde Sotades. Jetzt tut er lecken.

Martial (XII, 86):

Dreißig Knaben, soviel der Mägdlein auch, und nur ein Glied,
Und dem die Manneskraft fehlt, hast du. Was wirst du da tun?
Natürlich lecken, so wie Linus!

Martial (IX, 25):

Linus, der als verbuhlt nicht wenigen Mädchen bekannt ist,
Büßte die Manneskraft ein. Zunge, nun nimm dich in acht!

Den beschnittenen Kybelepriester Baeticus fragt Martial (III, 81):

Weshalb ist dir die Scham mit samischer Scherbe verschnitten,
Baeticus, wenn die Fut dir noch so angenehm ist?
Laß dir den Kopf doch kastrieren, dann bist du auch unten verschnitten,
Spottest Kybeles du doch: Bist mit dem Munde noch Mann!

Ein anderer Grund des Cunnilinctus, den die Römer würdigten, obgleich sie auch hier meist zum Spotte neigten, war Schwangerschaft.

Man glaubte, daß Geschlechtsverkehr während der Schwangerschaft ungesund für Frau und Kind seien. Die übliche Hilfsmaßnahme war Analverkehr. Auch Oralverkehr wurde geduldet. Begeht aber der Schulmeister Eunius diesen Weg, macht Ausonius sich natürlich auch in dieser Situation über ihn lustig, und zwar mit einem Wortspiel, das die beiden Bedeutungen des Wortes *glossa,* »Zunge« und »Glosse«, systematisch durcheinanderbringt (*Epigr.* 86):

Eunus, während du leckst die Scham deinem schwangeren Weibe,
Lehrst du das Kind, das noch nicht da ist, schon Glossen verstehn?

Martial meint, daß der Cunnilinctus, auch wenn er nur aus Schwangerschaftsgründen vorgenommen wird, gefährlich sei, weil er zu Erkrankungen oder gar Lähmung der Zunge führen könne (XI, 61):

Mit der Zung' ein Ehmann, mit dem Mund ein Ehbrecher,
Befleckter als der Vorstadt-Huren Mund, Nannejus,
Vor dem, wenn vom Suburer Fenster halbnackt ihn
Die Hurenwirtin sieht, sie ihr Bordell schließet,
Und den sie lieber unten küsset als oben,
Der eben noch durch jene Leibespfort' eindrang
Und der mit kund'gem Worte sicher aussagte,
Ob Knab', ob Mädchen in der Mutter Bauch wäre:
– Freut, Ficker, euch, denn diese Sache geht euch an –
Kann seine fickende Zunge nicht mehr brauchen.
Denn während am geschwollnen Schoß er festhaftet,
Und in des Leibes Innern Kinder schreien höret,
Lähmt ekle Krankheit seine gier'ge Buhlerzunge.
Er kann nun weder keusch, noch unkeusch beiwohnen.

Der Glaube, daß nicht nur die Fellatio, sondern auch der Cunnilinctus zu Mundgeschwüren, bleicher Gesichtsfarbe und üblem Mundgeruch führe, war allgemein verbreitet. Catull (80), Iuvenal (II, 50) und Martial (I, 77) weisen hierauf hin:

Charinus ist gesund, und siehet doch bleich aus.
Charinus trinket mäßig, und siehet doch bleich aus.
Charinus verdaut vortrefflich, und siehet doch bleich aus.
Charinus liebt die Sonne, und siehet doch bleich aus.
Charinus färbt die Haut, und siehet doch bleich aus.
Charinus leckt den Cunnus, und siehet doch bleich aus.

Martial (XII, 85):

Übel rieche der Mund den Knabenschändern,
Sagst du. Wenn es so ist, wie glaubst du,

Daß er den Cunnilingi riechen müsse?

Ausonius vergleicht auch im Epigramm 125, das auf Eunus, den Lekker, gemünzt ist, den Geruch der Scheidenabsonderung mit der Salgama, der Salzlake, die während des Winters zur Aufbewahrung von Früchten, Wurzeln und Kräutern dient. Martial erklärt, die Cunnilingi hätten, so wie die Fellatores, nach Bock gerochen (Martial XII, 59):

Dich erdrücket mit Küssen jeder Nachbar,
Dich der haarige Pächter, bockig duftend.
Ein Fellator dich auch und Cunnilinctor.

Auf den angeblichen Bocksgeruch des Cunnilinctors bezog sich auch jene Theaterszene, die in Rom zu Gelächter und Beifall führte, nachdem ein Mädchen, dessen Fut der Kaiser Tiberius lecken wollte, ihn »alter stinkender Bock« genannt hatte. Als nun wenige Tage später im Theater die Worte gesprochen wurden: »Der alte Bock beleckt den Ziegen die Natur«, brach das Publikum in spontanen Beifall aus (Sueton, *Tiberius,* 45).

Angeblich versuchten die Cunnilingi ihren Mundgeruch mit Parfum zu beseitigen. Darauf spielt das bereits zitierte Epigramm des Ausonius an, das den Besuch des Eunius bei der Parfumhändlerin Phyllis beschreibt, Martial (VI, 55) sagt zum gleichen Thema:

Weil von Kassia und von Zimt du immer
Und vom Neste des Vogels Phönix triefest
Und nach Niceros Bleigefäßen duftest,
Lachst du mich, Coracinus, aus, der nicht riecht.
Lieber will ich nach nichts, als lieblich riechen!

Orange Girls [engl.: Orangenmädchen], die Mädchen, die an den Eingängen der englischen Theater der Restaurationszeit Orangen und Programme verkauften. Diese Tätigkeit bot den attraktiven Mädchen des Volkes eine der wenigen Gelegenheiten, wohlhabende Männer von Intelligenz und Format kennenzulernen. Nell Gwyn (1650–1687), die populärste der Mätressen König Karls II., begann ihre Karriere 1664 als vierzehnjähriges Orange Girl im Drury Lane Theatre in London und wurde bereits mit 15 Jahren Mätresse des Schauspielers Charles Hart. → Bierhäuserlmenscher, Inviteuse, Kaffeemenscher, Kellnerin, Marketenderin.

Order of St. Francis at Medmenham Abbey, berühmter englischer erotischer Geheimclub, dessen Praktiken durch viel Humor und Parodie ausgezeichnet waren. In einem Pseudokloster wurden komplizierte Rituale vorgenommen, die aber ganz und gar nicht als »schwarze Messen« verstanden werden dürfen, denn das Motiv der Organisation war satirisch und nicht blasphemisch. Jeder »Mönch« mußte eine »Nonne« mitbringen, die meist der höheren englischen Gesellschaft entstammte. Die überlieferten Trinkgefäße und Gewänder weisen eher skatologischen als orgiastischen Charakter auf. → sexuelle Clubs.

Ordre de la Félicité [frz.: Orden der Glückseligkeit], homosexuelle Geheimorganisation des 18. Jahrhunderts, die vom Herzog von Chambonas gegründet wurde und ihren Ritus dem Seemannsleben entlehnte. Die Mitglieder trugen einen tätowierten Anker über dem Herzen und hatten eine Insel gekauft, auf der sie ihre Orgien veranstalteten. → sexuelle Clubs.

Ordre de la Persévérance [frz.: Beharrlichkeitsorden], französischer Geheimclub des 18. Jahrhunderts, in dem Ausdauer bei sexuellen Orgien besonders hoch geschätzt wurde. Der Orden hatte eine strikte Hierarchie entsprechend der Anzahl von Ejakulationen, deren ein Mann fähig war, und der Anzahl von Männern, die eine Frau befriedigen konnte. Der Club besaß je neunzig männliche und weibliche Mitglieder und traf sich alle 14 Tage zu sexuellen Wettbewerben. → sexuelle Clubs.

Ordre des Aphrodites [frz.: Aphroditenorden], ein lesbischer Geheimclub im Paris des 18. Jahrhunderts. → sexuelle Clubs, Homosexualität.

Oresteia, die *Orestie* des Aischylos (Äschylus). Nicht nur eines der größten Dramen des alten Hellas, sondern auch die beste klassische Beschreibung des Kampfes zwischen Mutter- und Vaterrecht. Im Jahre 458 v. u. Z. erlebte Athen die Premiere des Werks. Der Dichter war im Jahre 525 oder 524 in Eleusis als Sohn eines wohlhabenden Grundbesitzers geboren, hatte in den Perserkriegen als Infanterist gedient, war 490 in der Schlacht von Marathon, mit der die Griechen die Macht der Perser gebrochen hatten, verwundet worden und hatte kurz nach der Jahrhundertwende sein Debut als Schauspieler gemacht. Denn in jenen Jahren führten die Dichter stets ihre Stücke selber auf, indem sie sie inszenierten und auch die Hauptrolle spielten. Bis zur Zeit des Aischylos hatte die Konvention des griechischen Theaters darin bestanden, daß nur *ein* Schauspieler auftrat, der im Wechselgesang mit dem Chor die Ereignisse vortrug. Aischylos war einer der großen Theaterrevolutionäre, ja in gewissem Sinne der eigentliche Vater des Theaters, denn er setzte einen zweiten Schauspieler ein und verkleinerte gleichzeitig den Chor, so daß zum erstenmal aus dem Bühnenepos ein eigentliches Bühnendrama wurde.

Die *Orestie* oder, um ihr den korrekten griechischen Namen zu geben, die *Oresteia*, schälte die Geschichte einer einzigen Familie aus der gigantischen Landschaft des Trojanischen Krieges und seiner Nachwehen heraus. Agamemnon, König von Mykene, der oberste Heerführer der Griechen, wartet in Aulis mit der fast meuternden griechischen Flotte verzweifelt auf günstigen Wind. Der Priester Kallias sagt ihm, wenn er seine eigene Tochter Iphigenie opfere, werde der Wind sich drehen. Unter dem Vorwand, daß Achilles, der tapfere Held der Griechen, Iphigenie heiraten wolle, befiehlt er seiner Frau Klytaimestra, Iphigenie ins Lager zu bringen. Als die Wahrheit sich herausstellt und Achilles zugibt, daß er nicht die geringste Absicht habe, Iphigenie zu heiraten, und Agamemnon tatsächlich das fürchterliche Opfer vollzieht, kommt es zum Bruch zwischen den Ehegatten. Nicht nur beginnt Klytaimestra ihren Mann wegen der Heiratstäuschung zu verachten, sondern bald haßt sie ihn auch, weil er die Eitelkeit des Kriegsruhms höher schätzt als das Leben der Tochter und weil er in Troja mit nahezu jeder Frau schläft, die man ihm als Heerführer schenkt. Thersites sagt einmal zu ihm: »Viele der Weiber sind in deinen Gezelten, erlesene, die wir Achaier immer zuerst dir schenkten, so oft eine Stadt wir erobert.« Als er am Ende auch noch mit einer Mätresse aus Troja zurückkommt, bringt Klytaimestra ihn um und wird ihrerseits von ihrem Sohn Orestes getötet, der den Vater rächen will.

Nun beginnt das eigentliche Stück, das die Form einer Gerichtsverhandlung hat. Angeklagt des Mordes an der Mutter ist Orest. Sein Verteidiger ist Apollon, der Gott des Lichts. Ankläger sind die Erinnyen, die Göttinnen der Rache. Als Geschworene dienen die anderen Götter. Richter ist Athene, die Schutzgöttin der Stadt Athen. Der Prozeß endet mit Freispruch. All dies wäre Melodrama, wenn Aischylos nicht mit einer Erkenntnistiefe, für die Genialität ein zu schwaches Wort ist, im Laufe des Prozesses die verborgenen Motive aller Anwesenden enthüllt hätte. Und das bedeutet nicht nur die Motive der Menschen, sondern vor allem die der Gottheiten. Was sich dabei herausstellt, ist ein tiefer Zwiespalt zwischen den »alten« und den »neuen« Göttern, zwischen den Muttergottheiten der alten Welt und ihren Wachtruppen, den Erinnyen, einerseits und den Vatergottheiten der Griechen andererseits. Hier die chthonischen, die unterirdischen Gottheiten der vorgriechischen Zeit, dort die himmlischen, die olympischen Götter der Griechen. Der Kampf dieser Gottheiten, den Aischylos nun vorführt, ist nicht mehr und nicht weniger als eine ins Mythische projizierte Chronik des Kampfs der vaterrechtlichen Griechen gegen die mutter-

rechtlichen Ureinwohner des Landes.
Eine der ersten Erkenntnisse hieraus, für die Athener seiner Zeit sicher nicht weniger überraschend als für uns, ist Aischylos' genialer Gedanke, daß Klytaimestra, da sie rund 800 Jahre vor seiner eigenen Zeit gelebt hat, besonders deshalb über die Opferung ihrer Tochter empört gewesen sein muß, weil Iphigenie nach dem Mutterrecht ja ausschließlich ihr, der Mutter, zugehörte und Agamemnon in dieser frühen Phase der Geschichte wahrscheinlich überhaupt keine Rechte über sie besaß. Ebenfalls von größter Brillanz ist Aischylos' Logik, daß Athene sich gegen Klytaimestra und für Orest entscheiden muß, da sie selber ja keine Mutter gehabt hat. Als Schutzgöttin der Heimatstadt des Vaterrechts entsprang sie ohne Hilfe einer Mutter aus dem Haupt des Gottvaters Zeus. Deshalb schuldet sie, im Gegensatz zu den Erinnyen, den alten Rachegöttinnen des Mutterrechts, den Müttern auch keine Rechenschaft. Während die alten Muttergötter Erdgötter, Götter der Materie waren (die Wörter »Mutter« und »Materie« haben bereits im Griechischen die gleiche Wurzel), sind die neuen Götter, die Götter des Olymp, Himmelsgötter, Lichtgötter. Deshalb also auch Apoll, der Lichtgott, als Verteidiger des Orest, des Muttertöters.
Die ganze Dialektik des Kampfes zwischen Mutter- und Vaterrecht spiegelt sich in dem Argument zwischen Orest und den Erinnyen wider. Orest beruft sich darauf, daß Klytaimestra ihm gegenüber einen doppelten Frevel begangen habe, indem sie nicht nur ihren Gatten, sondern auch seinen Vater getötet hat. Warum dann verfolgen die Erinnyen ihn und nicht sie, die weit Schuldigere? Die Antwort ist: »Sie war dem Mann, den sie erschlug, nicht blutsverwandt.« Diese, uns heute kaum verständliche Antwort, zeigt mit größter Klarheit die Logik einer mutterrechtlichen Ordnung. Denn bei den Erinnyen wiegt der Muttermord schwerer als der Gattenmord, weil sie die Gesellschaftsordnung und deren Moral in matrilinearer Richtung sehen: Der Ehemann ist nur angeheiratet; die Mutter aber ist blutsverwandt. Apoll widerspricht, denn er vertritt die neue Ordnung, die Institution der Monogamie, die Vorherrschaft des Vaters, des »Erzeugers«:

Nicht ist die Mutter ihres Kindes Zeugerin.
Sie hegt und trägt das auferweckte Leben nur;
Es zeugt der Vater, aber sie bewahrt das Pfand,
Dem Freund die Freundin, wenn ein Gott es nicht verletzt.
Mit sicherem Zeugnis will ich das bestätigen.
Denn Vater kann man ohne Mutter sein; Beweis

Ist dort die eigene Tochter (Athene) des Olympiers Zeus.
Die nimmer eines Mutterschoßes Dunkel barg,
Und edlern Sproß gebar doch keine Göttin.

Nach Apoll gibt also die Zeugung dem Vater das erste Recht, wohingegen nach der bis dahin geltenden Anschauung die Mutter, die dem Kinde ihr Blut und das Leben gibt, die alleinige Besitzerin des Kindes ist und der Vater ihres Kindes für sie ein Fremder bleibt. Daher antworten die Erinnyen auf die Darstellung Apolls:

Danieder stürzest du die Mächte grauer Zeit . . .
Du, der junge Gott, willst uns, die Greisen, niederrennen.

Die Schöffen rüsten sich zum Spruch, halb stehen sie zum alten, halb zum neuen Recht, so daß Stimmengleichheit droht. Da nimmt Athene den Stimmstein vom Altar und, indem sie ihn in die Urne wirft, spricht sie:

Mein ist es, abzugeben einen letzten Spruch,
Und für Orestes leg' ich diesen Stein hinein;
Denn keine Mutter wurde mir, die mich gebar,
Nein, vollen Herzens lob' ich alles Männliche,
Bis auf die Ehe, denn des Vaters bin ich ganz.
Drum acht' ich minder sträflich jetzt den Mord der Frau,
Die umgebracht hat ihren Mann, des Hauses Hort.
Es sieg' Orestes auch bei stimmengleichem Spruch.

Die Erinnyen geben sich geschlagen, indem sie den Triumph der »Götter jungen Stammes« zugestehen: nicht etwa, weil die »Neuen« Recht hätten, sondern weil sie nun die Macht besitzen. Die *Oresteia* stellt also in mythischer Form den Übergang vom Mutterrecht zum Vaterrecht, die Protorevolution der griechischen Geschichte, dar. Der schweizerische Rechtsgelehrte Johann Jakob Bachofen hat Mitte des vorigen Jahrhunderts eine bahnbrechende Deutung der *Oresteia* vorgenommen: »Nach dem Recht, das von Zeus stammt, dem Vater beider, Apolls und Athenens, wird Orest bei gleicher Stimmenzahl durch den *calculus Minervae* (den Stimmstein der Athene) freigesprochen im Blutgericht, dem ersten, das unter den Sterblichen gehalten worden ist. Aber das ist der neuen Götter neues Recht. ›Vernichter der uralten Moiren, Zertrümmerer der Urdämonen‹ wird Apoll genannt (v. 696). Der Halbchor der Erinnyen singt (v. 748):

O neue Götter, alt Gesetz und uraltes Recht,
Ihr reißt sie nieder, reißt sie fort aus meiner Hand.

Jede Stütze ist nun dem alten Rechtszustand der Menschheit geraubt, vernichtet die Grundlage alles Wohlergehens. Keiner rufe mehr: ›O Recht, o Thron der Erinnyen‹.«

Es ist unmöglich, das Quellenmaterial und die Epigraphik des Alten Hellas in ihrer Gesamtheit zu durchforschen, ohne von der Erkenntnis überwältigt zu werden, daß die Geschichte der Griechen, ganz im Gegensatz zu allem, was man uns in der Schule beigebracht hat, viel weniger ein Triumph westlicher Ratio über den dumpfen Aberglauben des vorgeschichtlichen Ostens ist, als vielmehr ein Triumph des Mannes über die Frau, die im Alten Osten einen viel höheren Status besaß. Man kann sich also kaum des Eindrucks erwehren, daß zumindest in *einer* Hinsicht, der sexuellen, die Geschichte der Griechen von der Urzeit bis zur Klassik die Geschichte eines Verfalls ist.

Orgasmolepsie [gr.: organ = schwellen; lat.: lapsus = Fall, Fehlen, Ausfall], Orgasmusausfall. Nicht identisch mit Impotenz, Frigidität oder Ejakulationsunfähigkeit. Denn O. kann auch bei voller Potenz und bei normaler Ejakulation eintreten. Während bei Frigidität von vornherein Gefühlskälte und Mangel an Wunsch nach Geschlechtsverkehr herrscht, kann O. bei intensivem Wunsch nach Verkehr auftreten. Die Gründe können sowohl physischer wie psychischer Art sein. O. tritt häufig im fortgeschrittenen Stadium einer → Perversion ein, ist aber auch hier nicht mit dem Ausfall von → Befriedigung gleichzusetzen, der ein diagnostisches Kennzeichen der Perversion darstellt. Selbst wenn in diesem Stadium volle Orgasmusfähigkeit besteht, so bringt sie keine Befriedigung, sondern verlangt im Gegenteil eine immer häufigere Wiederholung der reizauslösenden Handlung mit entsprechend schwindender Befriedigung.

Orgasmus [gr.: organ = schwellen, strotzen], der Höhepunkt der sexuellen Lust und die Endbefriedigung des Sexualaktes. Der O. ist ein psychisches Phänomen. Er ist weder mit der → Ejakulation des Mannes noch mit dem entsprechenden Vorgang bei der Frau (der Ausstoßung des → Kristellerschen Pfropfens und der Sekretionsausstoßung der Vorhofdrüsen) identisch, wie sich experimentell erwiesen hat. In seiner Funktion als Befriedigung läßt er sich durch keine andere sexuelle Handlung ersetzen. Wiederholte sexuelle Erregungen, die nicht durch O. zur Befriedigung gebracht werden, rufen organische und neurotische Störungen hervor. Wilhelm Reich (1897–1957) spricht deshalb mit Recht von »orgastischer Potenz» oder O.-Fähigkeit, der »Fähigkeit der totalen Hingabe an die vom Willen unabhängigen Konvulsionen des O.«. Charakteristisch für Neurotiker ist unter anderem, daß sie keine O.-Fähigkeit besitzen. Diese Fähigkeit darf nicht mit ejakulatorischer Potenz verwechselt werden, da die letztere gemeinhin nur eine Voraussetzung der ersteren ist. Daß der Orgasmus psychischer Natur ist, zeigt sich darin, daß einmal die Reibung des ausgestoßenen Samens an den Innenwänden der Harnröhre nichts mit der Reizauslösung zu tun hat, denn bei Männern mit Prostata-Adenomektomie erfolgt die Ejakulation rückwärts in die Blase, ohne die Harnröhre zu passieren, und erzeugt trotzdem einen O. von normaler Intensität; sodann hat Orlowski durch Injektion von zweiprozentiger Kokainlösung bewiesen, daß beim Mann normale Ejakulation eintritt, selbst wenn jedes Lustgefühl abgetötet wird; und endlich sind Knaben bereits vor der Pubertät orgasmusfähig, ohne das Ejakulation auftritt.

Wenn der O. also weder das Lustgefühl ist, das die Ejakulation begleitet, noch dic die Ejakulation, die das Lustgefühl begleitet, was ist er? Kinsey setzt O. und → Befriedigung gleich, ein Denkfehler von schwerwiegender Auswirkung auf die Sexologie der letzten beiden Jahrzehnte. Zahllose neurotische Phänomene, und vor allem das Phänomen der Perversion, werden gerade dadurch gekennzeichnet, daß der O. keine Befriedigung bringt. Aus der Suche nach Befriedigung, der sexuellen Unruhe des Patienten, erwächst seine Süchtigkeit. Statt Befriedigung zu geben, erzeugt der O. Frustation.

Auch Masters' außerordentlich sorgfältige Erforschung des Koitalvollzugs hat uns keine Erklärung gebracht, welcher somatische Vorgang den O. auslöst. Beim Mann ist der O. mit der Ejakulation synchronisiert, bei der Frau dagegen kann weder mit der Ausstoßung des uterinen Schleimpfropfens noch mit der Sekretion der Vorhofdrüsen exakte Synchronisation beobachtet werden. Der O. der Frau ist deshalb viel weniger deutlich konturiert als der des Mannes. Eine Anzahl kleiner Orgasmen kann bei ihr nahezu unmerklich ineinander übergehen, während der O. des Mannes ganz eindeutig ist und einer längeren Regenerationspause bedarf, ehe er wiederholt werden kann. Kinsey und Masters haben vor allem die Tatsache gelehrt, daß die Verallgemeinerung über die schnelle O.-Kurve des Mannes und die langsamere und länger anhaltende der Frau, die wir bis dahin in der europäischen Fachliteratur gefunden hatten, nur begrenzt zutrifft. Die angeblich langsamere Reaktion der Frau beim Koitus hängt nach Kinsey nicht mit physischen, sondern mit *psychischen* Geschlechtsunterschieden zusammen, und zwar vor allem mit der größeren Ablenkbarkeit und der geringeren psychischen Stimulierbarkeit der Frau. Diese angeblich größere Ablenkbarkeit und angeblich geringere Stimulierbarkeit ist aber merkwürdigerweise weder bei der Masturbation noch beim homosexuellen Verkehr der Frau zu finden. Kinsey weist deshalb darauf hin, daß nichtlesbische Frauen, die jemals homosexuellen Verkehr gehabt haben, im heterosexuellen Verkehr leichter zum O. gelangen als die Mehrzahl der übrigen Frauen. Aber erstens trifft dies auf wirklich homosexuelle Frauen nicht zu, denn sie gelangen im heterosexuellen Verkehr überhaupt nicht zum O., und zweitens beweist die Fähigkeit der Frau, im masturbatorischen oder homosexuellen Verkehr zu schnellerem und besserem O. zu gelangen, daß zumindest in unserer westlichen Gesellschaft der *Mann* für den fehlenden, schwächeren oder langsameren O. der Frau verantwortlich ist. Damit soll nicht gesagt sein, daß größere sexuelle Kenntnisse und Talente jedem Mann helfen könnten, bei jeder Frau die O.-Intensität hervorzurufen, die sie sich selber geben oder die eine andere Frau ihr geben kann, sondern daß die patriarchalische Gesellschaft die konstitutionelle O.-Fähigkeit der Frau durch jahrhundertelange Einwirkung so weit herabgesetzt hat, daß es nur noch selten möglich ist, sie auf ihre ursprüngliche O.-Potenz zurückzubringen.

Verschiedene Sexualwissenschaftler haben auf die Diskrepanz zwischen Fortpflanzungsfähigkeit und O.-Fähigkeit hingewiesen. Willhart S. Schlegel sagt: »Im Gegensatz zu der rein körperlichen Pubertätsentwicklung, in der nach alter Erfahrung die Mädchen den Knaben vorauseilen, verläuft die sexuelle Entwicklung der meisten Frauen langsamer als die der Männer. Sie erstreckt sich über eine längere Zeitperiode und erreicht ihren Höhepunkt erst mehrere Jahre später. Es ist ein verbreiteter Irrtum, von der früheren Pubertät der Mädchen auf eine frühere sexuelle Reife zu schließen. Vorkommen und Häufigkeit von sexueller Erregung und Orgasmus steigen bei Frauen während der Pubertät nur langsam an, um erst Mitte der Zwanziger- oder gar Dreißigerjahre ihr Maximum zu erreichen. Die Fortpflanzungsfähigkeit ist bei Frauen nach den Erfahrungen der Geburtshelfer schon wesentlich früher als die sexuelle Reife vorhanden. Hier zeigt sich bei beiden Geschlechtern der biologische Unterschied zwischen Sexualität und Fortpflanzung sehr eindrucksvoll«.

Bei den Knaben und jungen Männern besteht frühzeitig ein erhebliches sexuelle Bedürfnis, während eine Fortpflanzung nicht nur in zivilisierten Staaten noch absolut unerwünscht und, biologisch gesehen, hinderlich wäre. Bei den Mädchen besteht dagegen eine frühzeitige Fortpflanzungsfähigkeit, die aber wegen Fehlens eines sexuellen Bedürfnisses zumeist bedeutungslos bleibt. Aber sexuelle Bedürfnisse sind nicht identisch mit O.-Fähigkeit; sehr große Bedürfnisse können mit psychischer Impotenz oder Frigidität verbunden sein. Nymphomanie und Satyriasis entspringen ja eben dem Zusammenprall von Bedürfnis und O.-Unfähigkeit. Darüber hinaus lassen die Forschungsresultate der sexualanthropologen seit geraumer Zeit Zweifel auftauchen, ob die spätere Entwicklung der weiblichen O.-Fähigkeit wirklich ein universelles geschlechtliches Merkmal der menschlichen Rasse ist oder ob sie nicht auf jene Kulturen beschränkt ist, die die Frau als minderwertig betrachten.

Das Konzept des GLEICHZEITIGEN ORGASMUS ist zu einem Trauma der modernen Sexualforschung geworden. So viel ist von der langsameren Erregungskurve der Frau und der schnelleren des Mannes geschrieben worden, daß der Mann, der es nach der Lektüre einer solchen Schrift nicht fertigbringt, mit seiner Frau einen gleichzeitigen Höhepunkt zu erreichen, entweder ein schlechtes Gewissen entwickelt, weil er fühlt, daß seine »Technik« nichts taugt, oder an der »Normalität« seiner Frau zu zweifeln beginnt. Das Resultat ist eine Art sexueller Hypochondrie, die gefährlicher ist als jeder ungleichzeitige Orgasmus.

Das Problem liegt hier überhaupt nicht bei der angeblich schnelleren Erregungsfähigkeit des Mannes und der angeblich langsameren der Frau (in Wahrheit werden die Kurven der Erregbarkeit nicht vom Geschlecht, sondern von der Individualität bestimmt), sondern in der Dialektik des Geschlechtsverkehrs, die es unvermeidlich macht, daß die Liebenden sich stets in verschiedenen Stadien der Aktivität und Passivität befinden. Während der eine sich seiner Klimax nähert, befindet sich der andere oft auf dem Höhepunkt der Wachheit. Und während dieser sich seiner Klimax nähert, ist der erste oft wach und aktiv. Darin liegt alles andere als ein Defekt der Natur. Das bewußte Miterleben des Orgasmus eines geliebten Menschen ist eine der kostbarsten Erfahrungen der menschlichen Seele. Wir können und sollen nicht versuchen, sie zu vermeiden.

Die Frauenärztin Barbara Bross gibt ihren Leserinnen den Rat: »Sei nicht traurig, daß ein Mann dich manchmal gerade in dem Augenblick vergißt, wenn du fühlst, daß er mit seinem ganzen Bewußtsein bei dir sein sollte. Fühle dich statt dessen geschmeichelt, ihm eine so vollkommene Klimax gegeben zu haben, daß er sich und die Welt einen Moment lang vergessen konnte. Wenn du Glück hast, wirst du bei einer solchen Klimax eines geliebten Mannes eine Art sekundären Orgasmus erleben, eine Klimax, die durch den Anblick des männlichen Orgasmus ausgelöst wird. Das geschieht bei vielen Frauen, aber nur bei sehr wenigen Männern. Ein Mann muß bis zum Augenblick des Orgasmus körperlich stimuliert werden. Denke deshalb lieber daran, ihm zu seinem Orgasmus zu verhelfen, statt zu versuchen, deinen eigenen mit dem seinigen zu synchronisieren. Denn in wenigen Minuten wird er dir deine Klimax geben.«

Das darf natürlich nicht als Veto gegen den Versuch verstanden werden, einen gleichzeitigen Orgasmus herbeizuführen. Im Gegenteil: wenn er gelingt, um so besser. Aber die Alternativen haben ihren eigenen Reiz. Die wichtigste Regel der Liebe ist die, daß es keine Regeln gibt. → Akme, Befriedigung, Detumeszenz, Endlust, Erektion, Hingabe, Klitoralorgasmus, Koitus, Paarungszeit, Schlüsselreize, Potenz, Tumeszenz, Vaginalorgasmus.

ORGASMUS DEFICIENS [lat.: deficere = versagen], Orgasmusmangel, Orgasmusausfall. Vgl.: Anorgasmie, Ejaculatio deficiens, Impotentia satisfactionis, Impotenz, Orgasmolepsie.

ORGASMUS RETARDATUS [lat.: retardare – verzögern], verzögerter Orgasmus. Vgl.: Anorgasmie, Ejaculatio retardata, Impotentia satisfactionis, Impotenz, Orgasmolepsie.

Orgie [gr.: orgia = Opfer, Gottesdienst, Mysterium]. Die Tatsache, daß fast alle europäischen Sprachen die ursprüngliche Bedeutung dieses Wortes in ihr Gegenteil verdreht haben, zeigt, wie erfolgreich das Mittelalter die vorchristlichen Religionen und deren Riten verteufelt hat. Aus dem Gottesdienst, den die Orgie einst darstellte, ist eine Art Teufelsdienst, eine Form der schwarzen Messe geworden. Was damals als Opfer galt, gilt heute als Zügellosigkeit. All das ist kaum überraschend, denn jede siegreiche Religion verwandelt die Götter der besiegten in Teufel. Die Priesterinnen der keltischen und germanischen Fruchtbarkeitskulte wurden im Mittelalter als Hexen verbrannt. Die Mohammedaner entfesselten heilige Kriege gegen die christlichen und die Christen veranstalteten heilige Kreuzzüge gegen die mohammedanischen Teufel. Und so ist es vielleicht nicht allzu verwunderlich, daß das Wort O., das einst den heiligsten Ritus der alten Mutterreligion bezeichnete, heute zum Schimpfwort herabgewürdigt worden ist.

Es wäre allzu leicht, die Schuld dieser Verfälschung allein dem Christentum zuzuschreiben. Aber die Zersetzung der alten Mutterreligionen, die Zerstörung der O., hatte längst vor Christi begonnen. Bereits in Hellas verwandelte sich die O. in einen Geheimkult, und in Rom

wurde sie vollends pervertiert.
Der Unterschied zwischen der Funktion der O. in den mutterrechtlichen Gesellschaften der vorklassischen Zeit und den vaterrechtlichen Gesellschaften der Griechen, Römer und Christen erklärt sich sehr einfach aus dem Unterschied zwischen der männlichen und der weiblichen Sexualität. Die frauenrechtlichen Kulturen, die ihre Wertmaßstäbe aus der sexuellen Konstitution der Frau ableiteten, betrachteten die Liebe als Erfüllung des göttlichen Willens. Der »kleine Tod«, der kurze Verlust des Bewußtseins beim Orgasmus, wurde als Offenbarung aufgefaßt: in diesem Augenblick wird der Mensch zum Werkzeug der Großen Göttin und erlebt am eigenen Leibe die Ekstase der göttlichen Schöpfung. Der Sinn der Liebe ist, daß sie uns zusammenführt, daß sie die Geschöpfe Gottes vereint, daß sie die ursprüngliche Einheit der Welt, aus der sich alle Geschöpfe differenziert haben, noch einmal herstellt und uns damit die Ruhe gibt, die wir benötigen, um Kräfte zu sammeln. Die Frau weiß, daß das so ist, denn Gott hat ihr die Fähigkeit gegeben, Leben zu gebären. Das Kind ist die lebende Evidenz, daß Gott durch die Frau schaffen kann. Deshalb ist den mutterrechtlichen Kulturen die Liebe heilig. Sie ist frei von Scham und Schuld.

Den vaterrechtlichen Kulturen dagegen ist der Geschlechtsverkehr ein Mittel zum Lustgewinn. Da der Mann für seine Lust kein Opfer zu bringen braucht – nicht er, sondern die Frau gebiert mit Schmerzen –, wird sein Geschlechtsleben stets von schlechtem Gewissen verfolgt. Dieses schlechte Gewissen kann zwei Formen annehmen: entweder, wie in den asketischen Religionen, eine Mischung von Frauenhaß und selbstauferlegter Enthaltsamkeit; oder, wie in Hellas und Rom, eine Aufteilung der Menschheit in lustbefriedigende Wesen (Knaben, Kinäden, Hetären, Kurtisanen, Mätressen) und Nachkommenschaftserzeuger (Ehefrauen, Mütter). Die scheinbare Toleranz und Liberalität des zweiten Systems kann nie das schlechte Gewissen, die moralische Spaltung, die ethische Schizophrenie verbergen, die ihm zugrunde liegt. Denn auch hier dominieren Schuld und Scham. Nur werden beide *verdrängt*. Es entsteht eine gespaltene Loyalität. Wo der Mann »liebt«, da kann er nicht »verehren«. Und wo er »verehrt«, da kann er nicht »lieben«. So wurde die O. vom Heiligsten des Heiligen zum Verruchten und Frevelhaften.

Was war die O. im Mutterrecht? Die Paarung aller Menschen mit allen anderen. Der Egoismus, mit dem wir normalerweise unseren Geschlechtspartner auswählen, war hier verboten. Man paarte sich nicht mit dem Wesen, das man liebte, weil es schön, jung, kräftig, klug, viril, potent oder in irgendeiner anderen Weise anziehend war. Man opferte sich statt dessen und kopulierte auch mit den Alten, den Häßlichen, den Kranken und Lahmen. Der Geschlechtsakt, den wir sonst aus Lust begehen, wurde hier zum Opfer. Er wurde vom Akt des Nehmens in einen Akt des Gebens verwandelt.

Nicht die atomisierte, eigensüchtige Paarung zweier Menschen, die sich vom Rest der Menschheit zurückgezogen haben, um einem privaten Vergnügen zu frönen, sondern die Vereinigung aller mit allen war das Ziel. Alt und jung, schön und häßlich, Mensch und Tier, Vater und Tochter, Mutter und Sohn, Bruder und Schwester, Mann und Mann, Frau und Frau, Kind und Kind – alle vereinten sich vor den Augen aller. Es gab kein Geheimnis, keine Schuld, keine Scham, denn es war ein Opfer. Es geschah nicht aus Lust, sondern aus Pflicht. Es war kein Akt der weltlichen Selbstsucht, sondern ein Ritual, eine Form des Gottesdienstes, wie sie noch in der anglikanischen Hochzeitsliturgie überlebt: »With my body I thee worship – mit meinem Körper bete ich Dich an, meinen Körper opfere ich Dir zu Ehre.« → Matriarchat, Mutterrecht, Mutterreligion, Patriarchat, Vaterrecht, Vaterreligion.

KABIRISCHE ORGIEN, rituelle Paarungen zwischen Menschen und Tieren im vorchristlichen Samothrake, Lemnos und Theben. Die Kabiren waren orientalische Vegetationsgottheiten, deren Kult von Kleinasien über die Inselwelt des östlichen Mittelmeers nach Hellas kam und sich hier unter dem Einfluß des orphischen Kults in die sogenannten Samothrakischen Mysterien verwandelte. Das »Mysterium« ist von allen Autoren des Altertums mit außerordentlicher Furcht und Zurückhaltung besprochen worden. Vor dem ersten Weltkrieg lieferte Lanz-Liebenfels jedoch bereits Beweise, daß das Mysterium in der Paarung von Mensch und Tier bestand und daß die Orgien zoophile → Kreisorgien waren.

Orientierung, sexuelle → Geschlechtsorientierung.

Orpheum, ein Berliner Tanzsalon, der die Pariser Mode des → Cancan 1869 nach Deutschland zu importieren suchte. Nach dem Vorbild des → Moulin Rouge eingerichtet, wurde das O. bald zum Treffpunkt der Berliner Halbwelt. Die »Orpheiden« oder »Orpheumdamen« wurden zu einem Begriff in Berlin, der dem französischen Begriff der → Cancanneuses entsprach. Damit auch das bürgerliche Publikum am Leben und Treiben der → Demimonde teilnehmen konnte, ohne sich die Hände schmutzig zu machen, richtete der Besitzer eine Galerie ein, die mit dem Rest des Hauses nicht in Verbindung stand und nur durch einen separaten Eingang zu erreichen war. Hier saßen die Bürger, ohne gesehen zu werden, und frönten dem Tanz, ohne das Tanzbein zu schwingen.

Osphresiolagnie [gr.: osphresis = Geruch; lagneia = Lust, Wollust], Riechlust, Geruchsfetischismus. Bekannt ist, welch traurige Folgen die O. für Marie von Cleve, die Braut des Prinzen von Condé, hatte, als Heinrich III. nach einem Tanz auf der Hochzeit des Königs von Navarra mit Margarete von Valois in einem Nebenzimmer sich den Schweiß abtrocknete und dazu zufällig das schweißdurchtränkte Hemd der Marie von Cleve in die Hand bekam, die es dort gewechselt hatte. Heinrich konnte seiner Leidenschaft nicht widerstehen und verlangte Marie zur Frau, die dadurch recht unglücklich wurde. Ebenso bekannt ist, daß der König der Inkas bei der Brautschau die Mädchen schwitzen ließ und diejenige wählte, die für ihn am lieblichsten roch.

Da in der Achselhöhle des Menschen die stärkste Schweißabsonderung stattfindet, wobei noch die Haare die Rolle von Duftzerstäubern nach Art der »Duftpinsel« der Schmetterlinge bilden, können vom Achselhöhlengeruch mitunter besondere sexuelle Reize ausgehen. Auch darüber finden wir in der Literatur interessante Fälle. So zum Beispiel den jenes Bauernburschen, der herausfand, daß er sich Mädchen dadurch leichter gefügig machen könne, wenn er ihnen beim Tanz mit seinem Taschentuch, das er in der Achselhöhle trug, das Gesicht abwischte. Mit jedem Geruch sind Erinnerungen verknüpft, die mit den Umständen assoziiert werden, unter denen er das erste Mal wahrgenommen wurde. Das Geruchsgedächtnis ist stärker als das bewußte Erinnerungsvermögen. Ereignisse, die wir längst vergessen haben, springen ins Gedächtnis zurück, sobald wir einen Duft verspüren, der uns damals beeindruckt hat. Hierauf beruht die außerordentliche Intensität der O. → Achselhöhlenfetischismus, Geruchsfetischismus, Geruchssinn, Nachttopffetischismus, Nase, Nasenfetischismus, Nasenkuß, Parfumfetischismus, Perspirationsfetischismus, Schnupftabak, Schnupftuch, Type olfactif, Zehenriecher.

Ovariomanie [lat.: ovarium = Eierstock; gr. mania = wahn], Mannstollheit. → Nymphomanie.

Ovashengi, rituelle Transvestiten bei den Ovambos, einem südwestafrikanischen Bantustamm: Knaben, die vom frühesten Kindheitsalter an als Mädchen gekleidet und erzogen wurden, um eines Tages dem ganzen Stamm als päderastische Ehrenjungfrauen zur Verfügung zu stehen. Vgl.: Achnutschik, Basir, Basm, Batscha, Berdache, Bote, Epanga, Galli, Homosexualität, Kedeschim, Knabenehe, Mujadores, Päderastie, Puer sanctus, Pumea, Schupan, Tempelprostitution, ritueller Transvestitismus, Tschukadn.

Ovulationshemmer → Pille.

P

Paarung → Koitus, Paarungszeit.

Paarungszeit, als Residuum der Brunstzeit ein Kennzeichen der menschlichen Sexualität. Man teilt die Tierwelt in Einbrünstler, Mehrbrünstler und Immerbrünstler ein. Der Hirsch ist ein Einbrünstler, das Kaninchen ein Mehrbrünstler, der Mensch ein Immerbrünstler. Das bedeutet aber nicht, daß die menschlichen Sexualwünsche und die Fruchtbarkeit des Menschen zu allen Jahreszeiten die gleichen sind. In jeder Region der Erde herrschen andere Paarungszeiten, und zwar sind diese um so klarer umrissen, je kühler das Klima ist. Nur wo die Jahreszeiten verschwinden, verschwinden auch die Anzeichen der Brunst. Fließ, Swoboda, Marcuse, Bloch und Kinsey haben eine solche Periodizität akzeptiert. Ribbing, Hegar, Moll, Fürbringer und die meisten deutschen Sexologen haben sie bestritten. Dagegen findet man in Deutschland oft eine ganz eigentümliche Vergröberung der Kinseyschen Erkenntnis, daß Frauen eine gewisse Diskontinuität des Sexuallebens ohne körperlichen und seelischen Schaden ertragen können, während der Mann bei erzwungener und selbst freiwilliger Abstinenz deutliche Gesundheitsschäden zeigt. Daraus aber folgern zu wollen, daß die Sexualität des Mannes durch »Daueraktualität« (Giese), die der Frau dagegen durch stoßartige, kurzfristige, aber um so heftigere Perioden der Sexualaktivität charakterisiert wird, hat sich als unhaltbar erwiesen. Der Metabolismus des Mannes, seine physische und seelische Konstitution, ist durch kurze, konzentrierte Kraftanstrengungen mit schneller Ermüdung und geringer Schmerztoleranz gekennzeichnet. Der der Frau ist auf geringeren Kraftaufwand über längere Zeiten mit geringerer Ermüdung, größerer Ausdauer und höherer Schmerztoleranz eingestellt. Das Sexualleben der Geschlechter zeigt die gleichen Stärken und Schwächen. Die Paarungszeiten der Frau pulsieren in einem Rhythmus von 28 Tagen, die des Mannes in einer Frequenz von 23 Tagen. Die Höhepunkte der Sexualität liegen in unserer Zone im Mai und Dezember, wobei die Maikurve etwa doppelt so hoch ist wie die Dezemberkurve. Vgl.: Geschlechtsverkehr: Frequenz.

Päderast [gr.: pais = Knabe; erastes = Liebhaber], Knabenliebhaber; Mann, der nur mit Jünglingen, nicht aber mit Mädchen oder reifen Frauen und auch nicht mit reifen Männern geschlechtlich verkehrt. Der P. ist also nicht identisch mit dem Homosexuellen, sondern nur mit jenen männlichen Homosexuellen, die man auch → Ephebophile oder →

Neoterophile nennt. Vgl.: Benjamite, Bougre, Catamitus, Chevalier de la manchette, Fille domestique, Fille galante, Fille pierreuse, Gadale, Kinäde, Lustknabe, Petit-Jésus, Polyhymnier, Strichjunge.

Die PÄDERASTIE wird allzu leicht und allzu oft mit drei völlig verschiedenen Begriffen verwechselt:

1. Pädophilie = Kinderliebe;
2. Pedicatio = Analkoitus;
3. Homosexualität = gleichgeschlechtliche Liebe zwischen Männern oder zwischen Frauen.

P. ist nicht Pädophilie, denn sie richtet sich nur auf Knaben, nicht auf Mädchen. Sie ist nicht Pedicatio, denn Analkoitus ist unter Päderasten eine verhältnismäßig seltene Form des Geschlechtsverkehrs. Gegenseitige Masturbation und Fellatio treten weitaus häufiger auf. P. ist auch nicht Homosexualität, denn diese ist gleichgeschlechtliche Liebe sowohl zwischen Männern wie zwischen Frauen, während P. ausschließlich die Beziehung zwischen einem reifen Mann und einem mannbaren Knaben darstellt. P. ist auch nicht die Verführung von Kindern, sondern die Beziehung zwischen einem jungen Mann, der die Pubertät erreicht hat, und einem reifen Mann. Es ist kein Zufall, daß das Wort P. aus dem Griechischen stammt, denn im alten Hellas gehörte die P. rund dreihundert Jahre lang zur gesellschaftlichen Norm. Sie hatte nichts mit der heute meist verbotenen, bestenfalls tolerierten männlichen Homosexualität zu tun, denn sie war eine staatlich anerkannte und in vielen Fällen offiziell geförderte Form der Erziehung. Das Wort »Pädagoge«, das heute »Erzieher« bedeutet, stammt aus der griechischen Knabenliebe. Der Pädagoge war der »Knabenführer«, der ihn durch die Knabenliebe führte. Die Griechen glaubten, die Übermittlung der Weisheit von einer Generation auf die nächste sei nur durch Liebe möglich und die Neigung eines klugen Mannes zu einem Knaben die einzige Form der menschlichen Beziehung, die dem Knaben die Weisheit des Alters vermitteln könne. Daß hierbei keine Verweichlichung im Spiel war, geht unter anderem daraus hervor, daß es vor allem die großen Heerführer des Altertums waren, die die Kriegskunst im Knabenalter durch Geschlechtsverkehr mit den großen Generälen lernten. Hannibal war Hasdrubals, Hasdrubal Hamilkars Geliebter. Die heilige Schar der Thebaner galt als unschlagbare Truppe, weil sie aus Paaren von Geliebten bestand. Lykurgos, der Gesetzgeber der Spartaner, bestimmte, daß »niemand ein tüchtiger Bürger sein könne, der nicht einen Knaben im Bett habe«. Freud, der die Welt der Griechen besonders gut verstand, ohne die geringste Anlage zur P. im eigenen Körper zu besitzen, schrieb 1904 mit außerordentlichem Einfühlungsvermögen: »Bei den Griechen, wo die männlichsten Männer unter den Invertierten erscheinen, ist es klar, daß nicht der männliche Charakter des Knaben, sondern seine körperliche Annäherung an das Weib sowie seine weiblichen seelischen Eigenschaften, Schüchternheit, Zurückhaltung, Lern- und Hilfsbedürftigkeit die Liebe des Mannes entzündeten. Sobald der Knabe ein Mann wurde, hörte er auf, ein Sexualobjekt für den Mann zu sein, und wurde etwa selbst ein Knabenliebhaber. Das Sexualobjekt ist also in diesem Falle, wie in vielen anderen, nicht das gleiche Geschlecht, sondern die Vereinigung beider Geschlechtscharaktere, das Kompromiß etwa zwischen einer Regung, die nach dem Mann, und einer, die nach dem Weibe verlangt, mit der festgehaltenen Bedingung der Männlichkeit des Körpers (der Genitalien), sozusagen die Spiegelung der eigenen bisexuellen Natur.« Wie Platon sah Freud also die menschliche Urnatur als doppelgeschlechtlich. Homosexualität war für ihn keine »Abweichung« von der Heterosexualität, sondern nur ein anderer Zweig des gleichen bisexuellen Stammes. → Achnutschik, Basir, Basm, Batscha, Berdache, Bote, Didaskalophilie, Epanga, Ephebophilie, Homosexualität, Kinderprostitution, Kinderschändung, Knabenbordell, Knabenehe, Knabenharem, Mujadores, Neoterophilie, Ovashengi, Pädophilie, Pagismus, platonische Liebe, homosexuelle Prostitution, Puer sanctus, Puerilismus, Pumea, Schupan, Sokratische Krankheit, ritueller Transvestitismus, Tschukadn.

Päderastie im alten Hellas. Alle Gesellschaftsordnungen, in denen das eine oder andere Geschlecht eine herrschende Rolle spielt, tendieren zur Homosexualität, einerlei ob das männliche oder das weibliche Geschlecht herrscht. Bei den Aiolern der Insel Lesbos hatte die matristisch ausgerichtete Gesellschaftsordnung durch ihre Wertschätzung der Frau als stärkerem Geschlecht eine Tendenz zur weiblichen Homosexualität verursacht. Umgekehrt rief die stark patristisch ausgerichtete Gesellschaftsordnung der Ioner, besonders der Athener, eine homosexuelle Tendenz des Mannes hervor und unterstützte dadurch die alten päderastischen Neigungen der Gründerjahre des ionischen Reiches. Da sich Kinder fast immer an dem dominanten Elternteil orientieren, erzeugen Gesellschaftsordnungen, in denen das eine oder andere Geschlecht dominiert, aber auch stets Homosexualität in dem *unterdrückten* Geschlecht. In einer männerrechtlichen Gesellschaft orientiert sich die Frau an dem Mann und lernt seine sexuellen Attribute auch im eigenen Geschlecht zu schätzen. In einer frauenrechtlichen Gesellschaft orientiert sich der Mann an der Frau und schätzt ihre sexuellen Attribute auch im männlichen Geschlecht. Nur diejenigen Gesellschaften, in denen eine weitgehende Gleichberechtigung herrscht, erzeugen bei der Mehrheit heterosexuelles Verhalten.

Eine solche Gesellschaft gab es aber in ganz Griechenland nicht. Obgleich die Situation bei den Dorern völlig anders war als bei den Ionern, finden wir aus diametral entgegengesetzten Gründen bei beiden Stämmen eine ähnliche Neigung zur Päderastie. Von allen griechischen Stadtstaaten war dieses Bild am düstersten dort, wo die Männer am stolzesten auf ihre eigene Kultur waren: bei den Athenern. Da er die Frau nicht als ebenbürtig empfand, gab der Athener ihr auch keine ebenbürtige Erziehung; da er ihr keine ebenbürtige Erziehung gegeben hatte, langweilte sie ihn; und da sie ihn langweilte, flüchtete er zu Hetären, die zumindest ein Minimum an Erziehung genossen hatten.

Aber die Hetären erlaubten ihm trotz ihrer geistigen und körperlichen Reize niemals, darüber hinwegzukommen, daß sie ja eben doch käufliche Frauen waren. Wenn er also nicht um seines Geldes, sondern um seiner selbst willen geliebt werden wollte, blieb ihm nichts anderes übrig, als zu dem alten Sexualideal seiner Vorfahren zurückzukehren: zu dem Knaben, dem er nicht nur Liebe, sondern auch Wissen schenken konnte. Der päderastische Verkehr in Athen entsprang also weniger einer angeborenen oder ererbten homosexuellen Neigung als dem Mangel an Alternativen. Wer im Geschlechtsverkehr nicht nur körperliche Entspannung, sondern auch geistige Befriedigung suchte, der mußte, einerlei ob er homosexuell veranlagt war oder nicht, sich der Knabenliebe zuwenden. Denn nur dort konnte er ein Wesen finden, das ihm möglicherweise ein gewisses Maß an geistigem Interesse entgegenbrachte.

Diskussionen über die Vor- und Nachteile der Päderastie im Vergleich mit der heterosexuellen Liebe ziehen sich durch die ganze griechische Literatur, von der Klassik bis ins 5. nachchristliche Jahrhundert. In der fälschlich dem Lukian zugeschriebenen Abhandlung *Erotes* kommen die Disputanten zu dem Schluß, daß die Ehe zwar notwendig, weil lebenserhaltend, die Knabenliebe aber das Vorrecht der Weisen sei, da vollendete Tugend bei Frauen undenkbar ist. In dem Roman *Leukippe und Kleitophon* beschreibt Achilles Tatios (II, 35 bis 38) eine ähnliche Diskussion. Menelaos meint, der Knabe entfache mehr Wollust als das

Mädchen. Kleitophon erwidert, die Liebe zu Knaben sei von Natur her unstillbar und vergleicht sie mit den Qualen des Tantalos, vor dem das Wasser stets zurückgewichen sei, wenn er trinken wollte. Menelaos entgegnet, das sei gerade der Sinn der Sache. Der höchste Genuß sei der, den man nicht befriedigen könne. Beim Küssen des Knaben werde der Liebhaber nie satt, beim Küssen der Frau sei er bald übersättigt. Soviel er den Knaben dagegen auch küsse, immer fühle er noch Durst und das sei gut so. Kleitophon sagt, nur was befriedige, sei gut. Der Knabe könne nie befriedigen, es fehle ihm das Entscheidende. Außerdem seien seine Küsse kunstlos, seine Umarmungen ungeschickt, seine Bewegungen unzart. Menelaos entgegnet, zumindest sei die Liebe des Knaben ehrlich, bei der Frau dagegen sei alles falsch, Worte sowohl wie Gesten, und vor allem die Wirkung, die nur auf Duftstoffen, Schminke, Puder, Farbe, Tinkturen beruhe. Der Knabe dagegen kenne keine künstlichen Gerüche. Seiner Haut entströme ein natürlicherer Duft als allen Salben der Frauen. Seine Umarmungen seien nicht weichlich, schlaff, schlüpfrig. Sein straffer Körper halte stand und kämpfe um die Lust. Man könne ihn – und nun kommt die Hauptsache! – *ohne Scheu* in der Ringschule umfassen und *öffentlich* in die Arme nehmen. Also wieder einmal ein soziales, nicht ein sexuelles, als das entscheidende Element. Während der Mann sich schämen müßte, wenn er seine Frau vor den Augen anderer Männer umarmte, vergibt er sich nichts, wenn er einen Knaben öffentlich in die Arme nimmt.

Straton, der die Genüsse beider Geschlechter zu schätzen wußte, schließt sich auch hier den Päderasten an. Der Knabe wisse besser zu küssen, meint er. Seine Haut dufte angenehmer. Er wisse ungenierter durch offene Worte zum Genuß einzuladen. Er gebe sich schon im Blick natürlicher als die Frau, die um so abschreckender wirke, je natürlicher sie zu scheinen versuche. Auch sei sie im After weniger lustempfindlich als der Mann. Der After schließe sich enger um das Glied als die Scheide. Auch besäße die Frau kein Glied, an das der Mann während des Analverkehrs seine Hand legen könne, um den anderen zu masturbieren. All dies in Epigramm XII, 7 der *Anthologia Palatina*: »Den Muskel am After besitze die Frau nicht, auch nicht den einfachen Kuß, noch den leiblichen Duft der natürlichen Haut, auch nicht das süße Zotengespräch, noch den unverfälschten Blick. Ist sie aber unterrichtet, dann ist sie noch schlimmer: Kalt von hinten und leer von vorne; nichts ist da, wohin du die suchende Hand legen könntest!«

Auch Meleager, nachdem er beide Formen der Liebe abgewogen hat, entscheidet sich für den Knaben (*Anth. pal.* XII, 86):

Kypris, die frauliche, schickt die frauenverlangende Liebe,
Eros dagegen beherrscht knabenbegehrende Glut.
Ja, wem folg ich? Dem Sohn? Der Mutter? Ich glaube, Kythere
Sagt wohl selber: »Recht hat immer der Frechdachs – der Bub.«

Ähnlich Longos in Buch IV seiner *Daphnis und Chloe* und vor allem Straton in Epigram XII, 245 der *Anthologia Palatina*: »Die blöden Tiere vögeln bloß. Wir, die Vernünftigen, haben ihnen das voraus, daß wir das Arschficken erfunden haben. Wer es immer noch mit einem Mädchen tut, stellt sich auf das Niveau des Tieres.«
Aristophanes dagegen läßt in seinen *Wolken* den Gerechten seinen Sohn gegen den Analverkehr warnen. Tue es in der altmodischen Art, von vorn, mit einem Mädchen, meint er:

Stets hast du dann, Sohn,
Vollkräftige Brust, frischblühende Farb',
Breitschultrigen Wuchs,
Hübsch großes Gesäß, hübsch kleines Geschöß!
Doch wenn du es treibst in der neuen Manier,
Bald hast du dann auch
Bleichsüchtige Farb', schmalschultrigen Wuchs
Schwindsüchtige Brust, stets Munddiarrhöe,
Psephismen ohn' End'!

Solche Ansichten waren aber selten, denn die Päderastie war aus den Gründen, die wir im folgenden belegen wollen, zu einer halbstaatlichen Institution geworden, die sich nicht mehr aus dem Gesellschaftssystem entfernen ließ, ohne die herrschende Klasse selber zu stürzen. Hierbei ist es wichtig, stets daran zu denken, daß die griechische Form der Homosexualität sich nur in den seltensten Fällen am Ideal des Mannes orientierte und sich statt dessen fast ausschließlich auf den Knaben richtete. Das Wort Homosexualität in bezug auf die Alten Griechen zu benutzen, ist deshalb nur insofern sinnvoll, als es den gleichgeschlechtlichen Impetus der Libido kennzeichnet. Dabei müssen wir aber stets im Auge behalten, daß die griechische Homosexualität, im Gegensatz zur heutigen Bedeutung des Begriffs, keine Männerliebe war. Dies hatte nachdrückliche Auswirkungen. Gemeinhin wurde der Knabe für den Päderasten reizvoll, wenn er zwölf Jahre alt war, und verlor seinen Reiz, wenn sich Haare am Rumpf, Steiß und Schenkel entwickelten. Der Liebhaber seinerseits sollte nicht über vierzig sein. In der Praxis wurden die Grenzen aber oft in beiden Richtungen überschritten. Aischines war über 45, als er stolz vor Gericht verkündete: »Ich verachte die Reize der Liebe heute ebenso wenig wie früher, das gestehe ich gern . . . Schöne und wohlerzogene Knaben zu lieben ist der natürliche Wunsch aller sensiblen und freien Köpfe.« Pindar soll sogar 79 gewesen sein, als er in den Armen eines Knaben entschlief.

Eindeutig aber war die griechische Überzeugung, daß man den Knaben nicht vor der Geschlechtsreife benutzen dürfe. Straton sagte: »Wenn ein noch unreifer Knabe zu einer Zeit, da er der Liebe noch unkundig ist, sich hingibt, so bringt das dem Manne, der ihn dazu überredet hat, um so größere Schande« (*Anth. Pal.* XII, 228). Aber wann begann die Reife? Plutarch meint in seinem *Leben des Lykurg* (17), daß »Knaben, die das zwölfte Jahr erreicht hatten und einen guten Ruf besaßen, treue Liebhaber erhielten.« Dies bezog sich auf Sparta. In Athen begann die Geschlechtsreife nach Aristoteles mit 14 Jahren. »Samen zu bekommen beginnt der Knabe gewöhnlich mit zweimal sieben Jahren; zugleich beginnt die Behaarung der Schamteile.« Auch Heraklit, die Stoiker und der Arzt Galenos betrachteten das 14. Lebensjahr des Knaben als das Jahr der Reife. Sechzehnjährige Knaben nannte man daher *epi dietes ebontas*, »schon durch zwei Jahre Reifende.« Danach begann das Stadium der Ephebie, das die Päderasten als das schönste im Leben des Knaben betrachteten. Gleichzeitig – und dies ist wichtig, wenn wir die Rechtmäßigkeit der Päderastie in Athen ermessen wollen – begann aber auch das Stadium der gesetzlichen Mannbarkeit. Vom 16. Lebensjahr an war der Athener erwachsen, konnte über sich selber verfügen, fiel nicht mehr unter den Jugendschutz und konnte deshalb sexuelle Beziehungen zu Männern oder Frauen eingehen, ohne daß man diesen den Vorwurf machen konnte, Kinder oder Minderjährige zu verführen. Bereits mit 14 Jahren stand es dem Athener frei, Prostituierte, Straßenmädchen, Hetären und andere, die sich zum Geschlechtsverkehr anboten, also auch Pathici, männliche Huren, ohne Furcht vor Strafe zu benutzen.

Die Päderasten verwandten statt des Wortes *ephebos*, »geschlechtsreifer Jüngling«, gern die Worte *pais*, »Knabe«, oder *bupais*, »großer Junge«. Der mannbare Jüngling, hieß *eneliks* oder *eitheos*, »der noch nicht Vermählte«, bei den Leukadiern *laispais*, »der schon Geilende«, bei den Attikern *paidiskos*, »Knäblein«, in Kreta *apagelos*, »der in die Riege *(agela)* Eingereihte«, in Sparta *siduenas*, in Elis *kyrsanias*, in Kyrene *eksandrumenos*. Straton beschreibt die Reize des Zwölfjährigen (*Anth. Pal.* XII, 205):

Zart ist der Sohn meiner Nachbarn, ganz zart noch. Er reizt mich nicht wenig.
Wie verflixt er doch schon lacht, ganz als ob er bereits willig wäre.
Älter als zwölf ist er kaum. Noch wacht man nicht über ihn.
Sind die Trauben aber erst reif, hütet man Gitter und Schoß!

Wenn das Alter der Reife dann gekommen ist, spricht Straton anders (*Anth. Pal.* XII, 251):

Früher haben wir Küsse getauscht und was sonst noch
Der Liebe vorangeht. Denn ein Kind warst du, mein Diphilos.
Jetzt aber bitte ich um den Knabenkranz, der später
Nicht mehr so schön sein wird. Alles zu seiner Zeit!

In *Anth. Pal.* (XI, 21) sagt der gleiche Autor vom Penis des geliebten Knaben:

Agathons junge Lazerte war jüngst noch ein rosiger Finger.
Sieh nur, heute ist sie ein rosiger Arm!

Berühmt und oft zitiert worden ist Stratons Gedicht von den Altersstufen der geliebten Knaben (*Anth. Pal.* XII, 4). Wir übersetzen frei:

An der Blüte des Zwölfjährigen erfreue ich mich.
Begehrenswert ist er mit dreizehn Jahren.
Wer zweimal sieben Jahre hat, trägt eine noch süßere Blüte.
Fängt das fünzehnte Jahr er an, wird er unwiderstehlich.
Das sechzehnte Jahr ist das Jahr der Götter.
Das siebzehnte zu begehren, kommt Zeus allein zu.
Reizen dich aber Ältere noch, ist die Liebe kein Spiel mehr,
Denn was dann du noch suchst ist Erwiderung.

Dies ist in der Tat ein Vers von höchstem Interesse, denn die letzten zwei Zeilen lassen vermuten, daß der Knabe bis zum siebzehnten Jahr dem Manne allein als Spielzeug diente. Wurde er alt genug, um selber Befriedigung zu verlangen, wurde aus dem Spiel etwas anderes. Knapp fügt seiner Prosaübersetzung dieses Verses den Kommentar hinzu: »Knaben von 12 bis 17 Jahren scheint man also nur zum Genuß benutzt zu haben, ohne sich ihnen selber zum Genuß dargeboten zu haben.« Wenn das stimmt, mag es die Verbitterung der Knaben und ihr stetiges Verlangen, für die angebliche Liebe bezahlt zu werden, nur allzu gut erklären.

Skythinos spricht (*Anth. Pal.* XII, 22) von dem Reiz des Sechzehnjährigen:

Großes Leiden, ein schwerer Kampf und ein mächtiges
Feuer brachtest, Elissos, du mir, seit die zur Liebe geeigneten

Jahre du nun hast: sechzehn! Die rüstigen Jahre und mit ihnen
All die Schönheiten, die großen und kleinen, du!
Zum Lesen eine Stimme wie Honig, und wie Honig zum Küssen die Lippen.
Makellos auch das, was du hast, um mich in dich aufzunehmen.
Und du? Nur anschauen, sagst du, soll ich dich. Wie aber soll ich schlafen,
Ohne Kypris, der Heiligen, mit der Hand zu opfern?

Plutarch schreibt (*amat.* 5) dem Gesetzgeber Solon die folgenden Verse zu:

Bis zur lieblichen Blüte der Jugend küsse du Knaben!
Ihre Schenkel, ihr Mund, Gott, sie sind süß!

Gaston Vorberg deutet die Worte »bis zur lieblichen Blüte der Jugend« als: Bis zum ersten Bartflaum (*Ars Erotica Veterum*, S. 182, Fußnote 7). Dies scheint uns korrekt, denn ein anonymer Zweizeiler der *Anthologia Palatina* sagt sehr ähnlich (XI, 51):

Freund, genieße den Mai! Wie kurz ist die Blüte! Macht aus
Dem Böckchen nicht ein Sommer schon den struppigen Bock?

Beide Verse sagen also aus: Nutze die Zeit vor dem ersten Bartwuchs, denn sie ist die kostbarste, die vergänglichste. Das Verb *tragizein*, »wie ein Bock stinken«, bedeutet auch: »zum Manne werden«, denn es wurde von dem Knaben gesagt, der das erste Smegma absonderte. Der Mai ist die Zeit vor der Reife, der Herbst das Ende der Liebe, denn der »struppige« Bock ist der haarige Mann, und mit dem Haarwuchs des Mannes verschwand nach Meinung der Griechen der Reiz des Knaben. Alkaios sagt (*Anth. Pal.* XII, 30):

Dein Schenkel, Nikandros, beginnt von Haaren zu starren.
Paß auf, daß deinem Hintern nicht das gleiche geschieht,
Denn dann erst wirst du merken, wie die einstigen Freunde
Dich fliehn! Kümmere dich deshalb um deine unwiederbringliche
Jugend, solange, Nikandros, du einen Teil noch besitzest.

Zu den wenigen Autoren, die dieser Meinung widersprachen, gehörte Plutarch. In seinem *Erotikos* sagt er: »Man glaubt allgemein, daß ein einziges Haar stark genug sei, um die Liebe wie ein weiches Ei zu zerschneiden. Knabenliebhaber, sagt man, seien wie Nomaden, die im Frühling auf der grünen, blumigen Wiese ihr Zelt aufschlagen, um es wie feindliches Land zu verlassen, sobald der Sommer vorbei ist. Doch sollten wir uns vielleicht an jene berühmten Worte des Euripides erinnern, der zwischen Küssen und Umarmungen zu dem schönen Agathon sagte, als dieser schon bärtig war: ›Schönheit ist auch im Herbste schön!‹«

Nicht unähnlich spricht Philostratos zu seinem Geliebten (zitiert und übersetzt von Hans Licht in *Anthropophyteia* VIII, 221 f.): »Was zeigst du mir den Bart, mein Knabe? Du hörst nicht auf, nein fängst erst an, schön zu sein! Denn das Blendende in der Schönheit geht schnell vorüber, flüchtig und unbeständig, doch das Solide und Dauerhafte bleibt bestehen. Den wahrhaft Schönen schadet die Zeit nicht, sondern hebt ihre Schönheit hervor und läßt sie mehr zutage treten, anstatt sie mißgünstig zu verkümmern. Sagt doch auch Homer, daß der Jüngling mit dem ersten Bartflaum am liebreizendsten sei, und er als Dichter verstand sich darauf, Schönheit zu sehen und zu schildern. Das würde er aber nicht gesagt haben, wenn er nicht selbst einst seinen Liebling am Kinn nahm und ihn küßte. Bevor auf deinen Wangen der Flaum sproßte, unterschieden sie sich in nichts von denen eines Weibes, da sie zart und durchsichtig waren; seit es aber geschah, erscheinst du männlicher und vollendeter. Oder möchtest du vielleicht den Eunuchen gleichen, deren Kinn unfruchtbar ist und hart und dem Steine ähnlich? Wahrlich, wegen dieses Mangels an Männlichkeit schämen sich jene Unglücklichen mehr als ihrer Verschneidung, da diese von der Kleidung bedeckt ist, während die Bartlosigkeit offen zutage liegt.«

Dies aber sind die Ausnahmen. Die Mehrheit der Autoren ist sich einig, daß behaarte Knaben keine Knaben mehr sind, sondern Männer. Da nun, wie Aristoteles, Heraklit, Galenos und die Stoiker einstimmig berichten, dieses Stadium von den meisten Knaben im 14. Lebensjahr erreicht wurde, das 14. Jahr in den meisten *poleis* aber erst den Anfang der juristischen Mündigkeit darstellte, finden wir uns hier mit dem Dilemma konfrontiert, daß der Knabe in dem Alter, in dem er zum erstenmal koitieren durfte, für den Päderasten bereits zu alt war. Diese Tatsache ist von Bedeutung, weil sie die Selbsttäuschung zeigt, der sich die meisten Päderasten hingaben, wenn sie scheinheilig meinten, es sei eine Schande, einen unreifen Knaben zu verführen, dann aber zugeben, daß der gereifte Knabe sie gar nicht mehr interessiert. Die Tragödie der griechischen Päderastie lag also erstens in der stetigen Selbsttäuschung, zweitens in der unvermeidlichen Übertretung des Verbots der Verführung Minderjähriger, vor allem aber in der Kurzlebigkeit der Knabenliebe. Während eine homosexuelle Beziehung zwischen Gleichaltrigen genauso lange dauern kann wie eine Ehe und unter geeigneten gesellschaftlichen Umständen auch ebenso glücklich oder unglücklich sein kann, lastet auf der Knabenliebe von Anfang an die Angst vor dem unvermeidlichen Ende. Hieraus ergab sich ein gewisser Todeswille, ein Versuch, dem Schicksal zuvorzukommen, der die ganze Literatur der griechischen Knabenliebe kennzeichnet.

Plutarch hat das klar erkannt, als er im *Erotikos* (761 B bis C) von den Päderasten schrieb: »Sie riskieren ihr Leben, wo es gar keinen Grund hierfür gibt. Der Thessalier Thero beispielsweise legte einmal seine Hand an eine Wand, zog sein Schwert, hackte sich den Daumen ab und forderte seinen Liebesrivalen heraus, das gleiche zu tun.« Als Timagoras einst seinen geliebten Knaben Meles fragte, was er für ihn tun könne, um seine Liebe zu beweisen, sagte dieser im Scherz: »Spring von der Akropolis.« Ohne zu zögern, sprang Timagoras. Als Meles sah, was er mit seinem Scherz angerichtet hatte, sprang er ihm nach. Den beiden toten Freunden errichteten die Athener ein Heiligtum des Anteros. Als Kleomachos gegen die Chalkider in den Krieg zog, fragte er seinen geliebten Knaben, ob er seinen Tod sehen wolle. Der bejahte es, küßte den Freund und setzte ihm den Helm auf den Kopf. Da erfüllte hoher Mut dem Älteren das Herz, sagt Plutarch (*amat.* 760C), und todesverachtend sprengte er an der Spitze seiner Reiter gegen die Chalkider, den Sieg gewinnend und sich für den Freund tötend.

Die Griechen betrachteten diese und viele andere vergleichbare Beispiele als Beweise dafür, daß homosexuelle Freundespaare im Kampf unbesiegbar seien. Plato sagt: »Wenn es möglich wäre, daß ein ganzer Staat oder ein Heereslager aus Päderasten und ihren Lieblingen gebildet würde, so wäre eine bessere Verwaltung schlechterdings undenkbar, denn sie würden aus Rücksicht aufeinander sich von allem Schändlichen fernhalten und beständig miteinander in edlem Wettstreit liegen. Wenn es zu einer Schlacht käme, würden sie trotz ihrer geringen Zahl alle anderen besiegen. Denn ein Liebender möchte wohl eher von der ganzen Welt als von seinem Geliebten dabei betroffen werden, daß er seine Fahne verläßt oder die Waffen wegwirft, und würde es tausendmal vorziehen, vor seinen Augen zu sterben. Denn seinen Liebling im Stich zu lassen, oder ihm in Lebensgefahr nicht beizustehen – nein! so gemein ist niemand, daß ihn nicht Eros selbst zur Tapferkeit begeisterte, so daß er es mit dem Mutigsten aufnimmt.«

Dieser Gedanke ist ganz und gar nicht absurd. Die Dorer und Boiotier führten ihn aus. Unter dorischem Einfluß bildete sich in Kreta und Sparta, unter phoinikischem Einfluß im boiotischen Theben der Gedanke, daß eine Stoßtruppe, die ausschließlich aus homosexuellen Paaren bestand, unschlagbar sei, denn ein jeder der Partner wäre lieber selber gestorben, als den Geliebten sterben zu lassen. So entstand in Kreta der Begriff des *parastatheis*, des Geliebten, der einem im Kampfe zur Seite steht. Das spartiatische Hoplitencorpus war auf diesem Gedanken aufgebaut und blieb mit einer einzigen Ausnahme dreihundert Jahre lang unbesiegt. Bezeichnenderweise war die Truppe, die diese Siegesserie beendete, ihrerseits auf der gleichen Formel aufgebaut, die »Heilige Schar« der Thebaner, die Sparta im Jahre 371 bei Leuktra und zum weiten Male im Jahre 362 bei Mantineia besiegte. Als Philipp von Makedonien die Thebaner im Jahre 338 bei Chaironeia bezwang, gelang ihm dies nur, indem er sämtliche Mitglieder auf dem Schlachtfeld tötete. Die griechische Sage spricht von den Tränen, die Philipp, selber ein Homosexueller, weinte, als er das Schlachtfeld mit den Körpern der Toten bedeckt sah, stets zwei Tote zusammenliegend und alle mit ihren Wunden auf der Vorderseite des Körpers.

Die ethische Glorifizierung der Päderastie als conditio sine qua non der höchsten Tapferkeit wurde auch dadurch gefördert, daß in verschiedenen griechischen Stadtstaaten »Tyrannen« von Päderasten getötet worden waren, allerdings in fast jedem Falle weniger aus patriotischen Motiven als aus Eifersucht oder sexueller Rache. So zum Beispiel Hipparchos, der Tyrann von Athen, der im Jahre 514 v. u. Z. von dem Liebespaar Harmodios und Aristogeiton erschlagen worden war, weil er dem Aristogeiton den Harmodios abspenstig zu machen versucht hatte. Da die Nachfahren dieser beiden »Helden« im Rathaus als Ehrenbürger bewirtet wurden, lernten Generationen von Athenern Päderastie mit Mut und Ehre zu identifizieren. Ein anonymes Trinklied, das die Taten der beiden Freunde feierte, erreichte in Athen den Status einer heutigen Nationalhymne. Und so ist es vielleicht bezeichnend, daß das erste politische Denkmal in der Geschichte Europas, die Doppelstatue der beiden Liebhaber, die von Antenor gefertigt und auf der Akropolis errichtet wurde, auch das erste Denkmal eines Päderastenpaars ist.

Periander, der Tyrann von Ambrakia, wurde in ähnlicher Weise aus Eifersucht und Rache von seinem Lieblingsknaben getötet, der dann prompt als Befreier der Heimatstadt gefeiert wurde. Auch Pitholaos, der Geliebte des Alexandros, wurde zum »Befreier von Pherae«, nachdem er seinen ehemaligen Liebhaber ermordet hatte. Ähnlich wurde auch König Archelaos von zwei ehemaligen Lieblingsknaben, Krateas und Hellanokrates, umgebracht. Der König hatte den beiden (die in späteren Fassungen als ein- und dieselbe Person dargestellt wurden) versprochen, sie in ihre Heimatstädte zurückkehren zu lassen, wenn sie sich ihm hingäben. Da er sein Versprechen brach, töteten sie ihn. Auch Pausanias, der Mörder König Philipps von Makedonien, der wahrscheinlich von Alexander und dessen Mutter zu der Tat angespornt worden war, hatte sexuelle Beziehungen sowohl zu Philipp selbst wie zu Alexander. Die drei Fassungen des Hintergrunds dieses Mords, die wir aus antiken Quellen besitzen, widersprechen einander in mancher Hinsicht. Nach Justinus (IX, 6) war Pausanias in seiner Jugend von dem Höfling Attalos während eines Gastmahls vergewaltigt und den anderen Gästen zum Analverkehr zugewiesen worden. Da Philipp den Attalos hierfür nicht bestraft hatte, habe Pausanias sich an Philipp selber gerächt. Diodor 16 und Plutarch in *Apoph.* dagegen meinen, Philipp habe den Pausanias selber anal vergewaltigt. Einerlei, wie es nun in Wahrheit zugegangen sein mag, sind sich alle drei Autoren darüber einig, das homosexueller Analverkehr am madedonischen Hofe gang und gäbe war. Wichtiger als diese Erkenntnis ist jedoch die Tatsache, daß in jedem Falle der Mörder als Retter gefeiert wurde. So auch in Megara, wo Diokles, der sich der Befreiung der Stadt für seinen Geliebten geopfert hatte, alljährlich als Stadtheros gefeiert wurde, und in Samos, wo die Eleutherien jedes Jahr dem Andenken an die Befreiung der Stadt durch ein homosexuelles Paar geweiht waren.

Platon zieht hieraus die Folgerung, daß Eros, da er der älteste Gott sei, auch politisch der wirksamste und ethisch der bedeutendste sein müsse: »Wie nun Eros der älteste Gott ist, so verdanken wir ihm auch die größten Wohltaten. Ich wüßte wenigstens für einen Jüngling kein größeres Glück zu nennen als einen wackeren Mann, der ihn liebt, und für diesen kein größeres Glück als einen wackeren Geliebten. Denn was den Menschen ein Leitstern sein muß, die ein sittlich hohes Leben führen wollen, das finden sie weder bei ihren Verwandten noch in Amt und Würden oder im Reichtum so gut wie in der Liebe. Soll ich auch sagen, was dies ist? Das Schamgefühl bei häßlichen Dingen und das Streben nach dem, was schön und gut ist. Ohne dieses sittliche Gefühl kann weder die Gesamtheit des Staates noch der einzelne Bürger Großes und Schönes leisten. Ich behaupte aber: Wenn einer, der einen Jüngling liebt, dabei betroffen wird, etwas Häßliches zu tun oder von einem anderen solches sich gefallen zu lassen, der wird sich weder vor dem eigenen Vater noch dem Freunde, noch irgendeinem anderen Menschen deswegen so schämen wie vor seinem Liebling. Und ebenso sehen wir, daß der Liebling, wenn er bei irgend etwas Unedlem betroffen wird,

sich am allermeisten vor seinem Liebhaber schämt.«
Die ethischen Ansprüche Platons und der anderen athenischen Päderasten werden allerdings ein wenig suspekt, wenn man ihre Anwendbarkeit auf jene Einwohner der Stadt überprüft, die nicht Mitglieder der herrschenden Klasse waren. Wenn die Knabenliebe wirklich veredelte, dann hätte man die Veredelung doch vor allem jenen zukommen lassen müssen, die nicht bereits sowieso dem Adel angehörten: den Unedlen und Unfreien. Aber das war keineswegs so. Im Gegenteil, wir wissen aus vielen Berichten, daß der homosexuelle Verkehr zwischen Freien und Unfreien mit schweren Strafen belegt war. Nur von einem Bürger, meinte man, könne der Knabe Gutes, Ehrwürdiges und Erhabenes lernen. Von einem Fremden oder Sklaven dagegen nichts als Niedrigkeit, Feigheit und Sklaventum. Zwar duldeten die Athener, daß die Metöken, die ortsansässigen Fremden, einem der Ihren, der sich aus Liebe zu einem athenischen Knaben getötet hatte, ein Denkmal errichteten, aber das machte den Verkehr zwischen Fremden oder gar Unfreien einerseits und athenischen Bürgern andererseits nicht leichter. Straffrei dagegen war der Verkehr zwischen Metöken und Sklaven, der unter dem Zeichen »Gleich und gleich gesellt sich gern« (Platon) stand.
Diese athenischen Gesetze zur Regulierung der Päderastie, deren Überlieferung wir dem Redner Aischines (erste Hälfte des 4. Jahrhunderts v. u. Z.) verdanken, gehen angeblich auf Solon zurück. Plutarch sagt, Solon habe »unter Anordnung schwerer Strafen« den Geschlechtsverkehr zwischen freien Athenern und Sklaven verboten, weil er die Päderastie »zu den edlen und löblichen Dingen zählt und gewissermaßen die Würdigen zu dem aufruft, wovon er die Unwürdigen ausschließt« (*Das Leben Solons* I, 3). Obgleich man nicht daran zu zweifeln braucht, daß solche Gesetze bestanden haben und vielleicht sogar tatsächlich auf Solon zurückgehen, ist es nun aber bezeichnend, daß wir keinen einzigen Beweis dafür haben, daß die angekündigten Strafen jemals in ihrer vollen Härte verhängt worden sind. »Wenn ein Athener einen freien Knaben mißbraucht hat, so klage der, der das Sorgerecht über ihn hat, bei den Thesmotheten und gebe die Buße an. Wen dann das Gericht verurteilt hat, der werde den Elfmännern übergeben und sterbe am selben Tage. Wenn er aber zu einer Geldstrafe verurteilt worden ist, soll er innerhalb elf Tagen zahlen, anderenfalls in Haft bleiben. Derselben Schuld fallen auch die an, die sich an Sklaven vergehen.« Nun mag dieser oder jener Athener tatsächlich wegen eines dieser Vergehen zu einer Geldstrafe verurteilt worden sein, aber es gibt

keinen einzigen Fall in der griechischen Geschichte, in dem ein Athener wegen Päderastie mit einem Abhängigen oder Sklaven zum Tode verurteilt worden wäre.

Ähnlich steht es mit den Solonischen Gesetzen zur Regulierung der homosexuellen Prostitution. »Wenn ein Athener als Lustknabe gedient hat, soll er nicht Archont oder Priester oder Volksanwalt werden dürfen. Auch soll er keine sonstigen Ämter bekleiden, noch die heiligen Staatsfeste besuchen noch während des allgemeinen Kranztragens sich bekränzen noch geweihte Versammlungsstätten betreten. So er aber dies doch tut, soll er, falls er schuldig befunden wird, sich als Lustknabe verkauft zu haben, mit dem Tode bestraft werden.« Auch hier wissen wir von keinem einzigen Fall in der Geschichte Athens, daß ein Knabe tatsächlich wegen eines solchen Vergehens zum Tode verurteilt worden sei (Aisch. *Tim.* 13 ff., 137, 138 ff.).

Noch zweifelhafter wird die Absicht des griechischen Gesetzgebers, wenn wir uns daran erinnern, daß der Staat von allen Bordellen eine Abgabe erhob und daß dies ebenso für die Knaben- wie für die Mädchenhäuser galt. Die *pornotelones*, die Hurenzinspächter in Athen, besaßen nicht nur komplette Listen mit Namen und Adressen aller steuerpflichtigen Hetären, Bordellinsassen und Straßenmädchen, sondern auch aller Knaben, die sich zum homosexuellen Verkehr hergaben. Solche Knaben konnte man nicht nur für ein paar Minuten, einen Abend oder eine Nacht kaufen, sondern auch auf längere Zeit mieten. Das erfahren wir aus einem Plädoyer des Lysias, der im Jahre 393 v. u. Z. einen der vorsätzlichen Körperverletzung angeklagten Athener zu verteidigen hatte. Dies war damals ein schwerwiegendes Vergehen, das mit Vermögenskonfiskation und Verbannung bestraft wurde. Der Angeklagte hatte aus Eifersucht wegen eines von ihm für 300 Drachmen gemieteten Strichjungen namens Theodotos einen Mann namens Simon angegriffen, der auch Ansprüche auf diesen Knaben erhob. Der Ausgang des Gerichtsverfahrens ist weniger wichtig als die beiläufige Erkenntnis, daß es durchaus legal war, einen Knaben zum Zweck des homosexuellen Verkehrs zu kaufen, solange der Knabe unter niemandes Sorgerecht stand. Auch den Knaben traf keine Strafe, solange er nicht den Versuch unternahm, Staatsfeste oder geweihte Versammlungen zu besuchen, sich zu bekränzen, Volksanwalt, Archont oder gar Priester zu werden.

Aber selbst diese Erkenntnis ist weitgehend illusorisch, denn Päderastie als solche war ja sowieso nicht strafbar. Nur Mißbrauch von Abhängigen, Mißbrauch Minderjähriger, homosexuelle Vergewaltigung, homosexueller Verkehr mit Sklaven und päderastische Prostitution unterlagen, wenn man athenischer Staatsbürger war und nur dann, bestimmten Strafen. Wo die Anklage auf Prostitution lautete, konnten beide Partner stets sagen, es sei aus Liebe geschehen. Allein das Verbot, Volksanwalt oder Archont zu werden, mutete die Athener als etwas seltsam an, da es seit Generationen nicht mehr möglich gewesen war, Archont oder Volksanwalt zu werden, *ohne* sich einem der Männer, welche die Wahl dieser Ämter beherrschten, hingegeben zu haben. Da es aber beschämend war, vor sich selber zugeben zu müssen, daß man sich nur der Karriere halber hingab, verstanden es beide Partner, sich selbst davon zu überzeugen, daß es eben doch »Liebe« gewesen war.

Die *poleis* waren so klein, daß zumindest innerhalb der herrschenden Klasse jeder jeden kannte. Wenn der Knabe Diognis mit dem großen Demetrios schlief, so sprach jeder darüber, wie Karystios uns in seinen *Erinnerungen* erzählt, und prophezeite dem Diognis eine große Karriere. Denn wenn sich ein Mann wie Demetrios mit ihm abgab, dann mußte wohl etwas besonderes an ihm sein. Umgekehrt war das Besondere, das ihm nun zu seiner Karriere verhalf, einfach die Tatsache, daß er mit Demetrios geschlafen hatte. »So sehr trachteten alle anderen Knaben Athens danach, mit Demetrios zu verkehren, daß die schönsten, wenn Demetrios vormittags spazieren ging, alle dorthin kamen, um von ihm gesehen zu werden.«

Es ist geradezu peinlich, in den Biographien der großen Griechen zu lesen, mit welch kindlicher Naivität sie sich einbildeten, daß die Knaben sich ihrer Schönheit, ihres Geistes oder ihrer Potenz halber so um sie rissen. Einerlei wie klug sie als Staatsmänner, Philosophen, Dichter oder Redner waren, keiner von ihnen scheint selbstkritisch genug gewesen zu sein, um sich im Verkehr mit den geliebten Knaben als das zu sehen, was er diesen Knaben einzig und allein bedeutete: das notwendigste Übel, das man in Kauf nahm, um selber als Staatsmann, Philosoph, Dichter oder Redner anerkannt zu werden. Wenn man obendrein noch Talent hatte, so half das natürlich auch. Aber Talent allein war zumindest im Athen der klassischen Zeit völlig nutzlos, wenn man nicht »in« war, das heißt: wenn man nicht Geliebter einer der großen Männer gewesen war.

Selbst die Philosophen gaben sich der Hoffnung hin, daß ihre Knaben sie ihrer Weisheit halber liebten. Es entbehrt nicht der Pikanterie, daß eines der letzten Gespräche des Sokrates den Namen des Strichjungen

Phaidon trägt. Dieser von Platon niedergeschriebene, vielleicht auch zum Teil von ihm erfundene Dialog stellt nicht nur eines der bedeutendsten literarischen Dokumente der Antike dar, sondern sagt auch viel über die Selbstverständlichkeit der Päderastie in den Zirkeln aus, in denen Sokrates und Platon sich bewegten. Sokrates hatte den Knaben in einem Männerpuff kennengelernt und einen seiner wohlhabenden Freunde dazu bewogen, ihn loszukaufen. Daß er einen Pupenjungen auswählte, um ihm seine Gedanken über die Unsterblichkeit der Seele anzuvertrauen, wird nur den als absurd berühren, der nicht mit der Überzeugung der Sokratiker vertraut ist, daß Edelmut des Geistes sich im Adel der Glieder äußere. Wenn wir annehmen, daß Phaidon im Auge des Homoerotikers schön, graziös und reizvoll gewesen ist, so war das nach platonischen und sokratischen Maßstäben ein besserer Grund, ihm das gesammelte Wissen des Philosophen anzuvertrauen, als wenn er klug, aber häßlich gewesen wäre. Daß Sokrates selber einer der häßlichsten Männer seiner Zeit war, machte die Sache natürlich für seine heterosexuellen Zeitgenossen um so pikanter.

Aischines sagt in seiner berühmten Rede: »Ich behaupte auf das bestimmteste, daß zwar die Liebe zu schönen und mäßigen Jünglingen der Menschheit Ehre macht und von Großherzigkeit zeugt, daß es aber Schamlosigkeit und schlechte Erziehung bezeugt, wenn jemand einen freien Knaben zum Geschlechtsverkehr kauft. Geliebt zu werden, ist eine Ehre; sich zu verkaufen, eine Schande.« Diese Fiktion eines grundsätzlichen Unterschiedes zwischen käuflichen und nichtkäuflichen Knaben war den griechischen Päderasten lebenswichtig, denn ihre ganze Selbstachtung hing von der Aufrechterhaltung der Illusion ab, daß sie zumindest von *manchen* Knaben um ihrer selbst willen geliebt wurden. Wie prekär und dehnbar die Grenze zwischen käuflich und nichtkäuflich jedoch in Wirklichkeit war, zeigen die folgenden Beispiele.

»Nicht allzu traurig liege neben mir, noch niedergeschlagen, mein Diphilos, noch sei ein Knabe aus der Herde!« fleht Straton seinen geliebten Knaben an (*Anth. Pal.* XII, 209), wobei er mit »Knaben aus der Herde« die käuflichen Knaben meint. Dieses Dilemma, daß nur die zur Päderastie ausgebildeten Knaben nicht niedergeschlagen waren, oder zumindest Lust und Liebe vorzutäuschen gelernt hatten, plagte alle Knabenliebhaber. So versucht Philostratos seinem Knaben, der ihn offenbar um Geld gebeten hatte, vergeblich klarzumachen, daß die großen Männer stets arm seien und die Liebe eines großen Mannes besser sei als das Geld des reichen Mannes: »Bettelarm war Sokrates, und doch bettete sich unter seinen ärmlichen Mantel mit ihm der reiche Alkibiades, denn Armut schändet nicht. Schau in das Theater: arm sind die Zuschauer. Schau in die Gerichtssäle: arm sind die Richter. Schau auf die Schlachtfelder: die Reichen mit den goldverzierten Waffen lassen die Reihen im Stich. Wir aber zeichnen uns aus. Und auch in unserem Verkehre mit euch schönen Knaben gibt es einen Unterschied. Der Reiche behandelt den, der ihm willig war, von oben herab, da er ihn sich erkauft hat. Der Arme aber weiß ihm Dank, daß er sich seiner erbarmte. Der Reiche beansprucht die Gunst auf Grund seines eigenen Machtgefühls, der Arme auf Grund der Menschenfreundlichkeit des Gebenden. Der Reiche schickt einen Boten, einen seiner Schmeichler und Parasiten, einen Koch oder einen Aufwärter bei Tisch, der Arme aber kommt selbst. Um es kurz zu sagen: der Reiche nennt dich einen Buhlknaben, ich nenne dich meinen Herrn. Er nennt dich Sklave, ich Gott. Er nennt dich einen Teil seines Besitzes, ich dich mein alles. Wenn er sich dann in einen anderen verliebt, wird das gleiche Spiel von neuem beginnen. Der Arme aber liebt nur einmal. Glaubst du, daß er an deinem Bette sitzen wird, wenn du krank bist? Daß er sich schützend vor dich stellt, wenn die Speere fliegen? Daß er für dich sterben wird? Ich aber würde es tun, und dies ist mein Reichtum.« (Übersetzt von Hans Licht in *Anthropophyteia* VIII, 218 f.).

Philostrates' Hinweis auf Alkibiades entbehrt nicht der Ironie, denn trotz seines Reichtums stellt der schöne Athener ein Musterbeispiel dafür dar, wie die Lustknaben sich am Wohlstand ihrer Liebhaber zu bereichern pflegten. Als Alkibiades einmal Geld brauchte, und er brauchte fast immer Geld, ging er zu seinem Liebhaber, dem reichen Anytos, der gerade ein Gastmahl für seine Freunde gab, und befahl seinen Dienern, die Hälfte der auf dem Buffet stehenden Prunkgefäße einzupacken und für seinen Freund Thrasyllos mitzunehmen. In liebenswürdiger Weise nahm er dann von Anytos Abschied. Als die Gäste des Anytos ihm rieten, Alkibiades wegen Diebstahls zu verklagen, sagte Anytos, verliebt wie er in Alkibiades war: »Ihr sagt, er sei ein Dieb und obendrein noch unbescheiden. Ganz im Gegenteil, meine Freunde, höchst bescheiden war er. Obwohl er alle Pokale nehmen konnte, hat er mir doch die Hälfte gelassen!« (FHG, III, 160, I aus Athen. XII, 534b).

Dies mag ein besonders krasser Fall gewesen sein, aber er charakterisiert die Flexibilität der Trennungslinie zwischen Liebe und Prostitution in der griechischen Päderastie. Obgleich es selten war, daß die Söhne der herrschenden Klasse von ihren Liebhabern Geld erhielten, waren sie materiellen Zuwendungen ganz und gar nicht abgeneigt. Im Gegenteil, solche Zuwendungen gehörten zum guten Ton: Gebäck, Haustiere, Jagdhunde, Tongefäße mit eingeritzten Widmungen, Kleidung, Waffen, Rüstungen, Pferde und Wagen. Waren die Eltern des Knaben freie Bürger, gehörten aber nicht der Aristokratie an, so lag die Bestechung darin, daß der Gönner die »Erziehung« des Knaben übernahm. Das heißt, er holte ihn in sein Haus, umgab ihn mit Luxus, trug alle Kosten seines Unterhalts und seiner Kleidung vom Kindes- bis zum Mannesalter, und gab ihn dann an seine Eltern zurück. Nicht nur hatten sie hierdurch die Unterhalts- und Erziehungskosten des Knaben gespart, sondern sie konnten auch sicher sein, daß nun die Laufbahn des Sohnes und damit das künftige Einkommen der Eltern gesichert war. Denn es galt als moralische Pflicht des Liebhabers, dem ehemaligen Geliebten den Weg zu ebnen. Bezeichnenderweise wurden solche Eltern aber niemals der Kuppelei bezichtigt. Wenn sich der Gönner jemals der Tatsache bewußt war, daß er den Knaben auf diese Weise genauso gekauft hatte, als ob es ein Strichjunge gewesen wäre, so verstand er stets, diese Erkenntnis schnell aus dem Bewußtsein zu verdrängen und sich vorzugaukeln, daß er allein um seiner Reize halber fünf oder mehr Jahre geliebt worden war. Aristophanes, obgleich er selber nicht frei von päderastischen Neigungen war, gehörte zu den wenigen Griechen, die diese Illusion zu zerstören suchten. So läßt er im *Plutos* den folgenden Dialog abrollen (153, übersetzt von Droysen):

Karion

Und auch die Knaben sollen dies und das Weitere
Nicht um des Freundes, sondern des Geldes willen tun.

Chremylos

Doch nicht die besseren, sondern nur die gemieteten,
Denn die besseren nehmen gar kein Geld an.

Karion

Was denn sonst?

Chremylos

Der einen Zug Jagdhunde, jener ein gutes Pferd!

Noch deutlicher formuliert Straton den Übergang von angeblicher Liebe zu offener Prostitution (*Anthologia Palatina* XII, 212):

Weh mir, was soll die Träne im Aug', was bist du so traurig?
Sage doch, was dir fehlt, Junge, und was du begehrst!

Nun streckst du die Hand mir hin, die hohle, o Schande.
Also verlangst du Geld? Wer hat dir das beigebracht?
Bist nicht mehr mit Gebäck, mit Honigkuchen zufrieden,
Nicht mehr mit Nüssen, die bisher ich zum Spiele dir gab.
Jetzt also Geld wie ein Händler! Verflucht sei der,
Der diese Krämerseele dir gab und deine Liebe mir nahm!

Selbst Straton, Zyniker und Weltmann, der er war, fällt auf die Legende von der Liebe des Knaben hinein und weiß sich am Ende keinen anderen Rat, als einen fiktiven Konkurrenten zu beschuldigen, er habe dem Knaben die Idee eingeflößt, ihm, dem großen Liebhaber, Geld abzuknöpfen. Blind wie die Eitelkeit des in ein Mädchen verliebten Mannes auch sein mag, die Blindheit des verliebten Päderasten übertrifft sie noch bei weitem.

Nicht unähnlich der Geschichte des Alkibiades, der seines Liebhabers Pokale mitnahm, ist die Geschichte eines ungenannten Knaben, in den der große Sophokles sich eines Tages verliebte. Zusammen gingen sie »vors Tor« und legten sich »zur Liebe« ins Gras. Vorsorglich breitete der Knabe seinen zerschlissenen Mantel aus, und liebend faltete Sophokles seinen eigenen Mantel über sich und seinen Geliebten. Nach dem Samenerguß schlief der Dichter ein. Als er aufwachte, war der Knabe verschwunden, und mit ihm der Mantel des Dichters. Eingehüllt in den viel zu kurzen, ganz verdreckten Mantel des Knaben schlich sich der Dichter heim durch die nächtlichen Straßen.

In welchem Maße die Eltern eines Tages vom Einkommen ihres Sohnes zu profitieren hofften, selbst wenn er vorläufig noch zu jung war, um auf den Strich zu gehen oder einen Gönner zu finden, deutet Dioskorides (*Anth. Pal.* XII, 14) an:

Wenn Demophilos erst zum reifen Jüngling geworden
Und an die Liebenden dann, Kypris, seine Küsse verteilt,
Wie er sie heute als Kind so unschuldig mir schenkt,
Dann wird seiner Mutter nachts die Tür niemals still mehr stehen!

Ein griechisches Sprichwort lautete: »Auch wenn der Fischer schläft, fangen sich Fische in der Reuse.« Als eine solche Reuse galt jeder gut aussehende Knabe, oder genauer gesagt: dessen Hintern. Hatten die Eltern durch Glück und Zufall einen attraktiven Jungen in die Welt gesetzt, so brauchten sie sich für den Rest ihres Lebens keine Sorgen zu machen. Xenophon berichtet von dem spartanischen Heerführer Klearchos, er sei so patriotisch gewesen, daß es ihm nichts ausgemacht habe, seine Ersparnisse dem Kriegszug gegen die Perser zu widmen, statt sie für eine *paidika*, eine Knabenliebschaft, auszugeben. Daraus geht hervor, daß selbst unter den spartanischen Heerführern, also den »Besten der Besten«, die Knabenliebe eben doch nicht nur ein erzieherischer Ritus, sondern oft auch eine mit Geld bezahlte Sexualaffäre war. Es muß also in den Heldenzeiten Spartas Seite bei Seite mit der pädagogischen Päderastie auch eine homosexuelle Prostitution gegeben haben (*Anabasis* II, 6, 6).

Eine der besten Beschreibungen des tatsächlichen Verhältnisses zwischen dem Päderasten und seinem Knaben gibt Petronius, der berichtet, wie er, um sein Interesse an einem Knaben zu verbergen, sich als griesgrämiger Kinderfeind verstellt, so daß die Eltern ihn als »harten« Erzieher zu schätzen lernen.

»So durfte ich ihn in die Schule begleiten, sein Studium einrichten und ihn selbst erziehen. Besonders verpflichteten mich die Eltern, darauf aufzupassen, daß kein Knabenliebhaber ihn verführen möge, was ich mir natürlich sehr angelegen sein ließ. Einst lagen wir zu Tische, ein Fest hatte an diesem Tage die Schulen geschlossen, und blieben, weil wir ungewöhnlich vergnügt waren, lange beisammen, und aus Nachlässigkeit und Liebe zur Bequemlichkeit blieb ich und der Knabe liegen. Es war schon Mitternacht, als ich bemerkte, daß er immer noch wach war. Schüchtern murmelte ich darauf, als Gelübde zu Aphrodite: ›O allmächtige Göttin der Liebe, wenn ich diesen Knaben küssen darf, so daß er nicht aufwacht und nichts merkt, will ich ihm morgen in deinem Namen ein paar Täubchen schenken!‹

Kaum hatte der Knabe dies gehört, fing er prompt an zu schnarchen. Sanft nahte ich mich seinem atmenden Munde und stahl dem kleinen Heuchler ein paar Küsse. Am nächsten Morgen, befriedigt mit diesem Anfang, stand ich früh auf, kaufte ein paar schöne Täubchen, brachte sie ihm, der schon darauf zu warten schien, und bezahlte so der Göttin mein gestriges Gelübde.

Am Abend ging es dann genauso wie gestern. Diesmal sagte ich, als er bereits zu schlafen schien, leise vor mich hin: ›Wenn ich ihn dort berühren kann und er nicht aufwacht und protestiert, will ich ihm morgen zwei der tapfersten Kampfhähne schenken!‹ Als ob er meine Worte gehört hätte, schmiegte der Knabe sich an mich an, wohl fürchtend, ich könne über meinem Gelübde einschlafen. So erfüllte ich also einen Wunsch und genoß alle Wollust außer der einen, der letzten, der höchsten. Sobald es Morgen wurde, stand ich auf, brachte ihm, was ich versprochen hatte, und war froh darüber.

Die dritte Nacht wurde mir ebensowenig verwehrt. Ich wandte mich den Ohren des schönen Heuchlers zu und flüsterte: ›O ihr unsterblichen Götter, wenn ich bei diesem schlafenden Knaben die höchste Lust genießen darf, so will ich ihm ein Pony schenken. Doch dies nur, wenn er von allem nichts merkt!‹ Mein Zögling lag da, als ob er tot wäre. Unter meinen Händen jedoch schwollen die Knospen seiner Brüste, mein Mund hing an seinem und unten genoß ich die höchste Wonne des Lebens.

Am nächsten Morgen blieb er wie immer im Bett liegen, hoffend daß ich mit erfülltem Versprechen zurückkäme. Aber es ist weniger verdächtig, ein Paar Tauben oder Hähne zu schenken als ein Pferd. Ich dachte an die Eltern und daß ein so großes Geschenk meine Philosophie verdächtig machen könnte. Ich ging also einige Stunden spazieren, kam zurück und brachte meinem Zögling nicht mehr als ein Küßchen mit. Da sah er mich groß an, schmiegte dann seinen Nacken schmeichlerisch an meinen und fragte:

›Nun, lieber Herr, wo ist denn mein Pony?‹

›Liebes Kind‹, sagte ich, ›ich wollte dir ja eins kaufen, aber es war keins zu haben. Warte ein paar Tage!‹

Der Knabe war zu klug, um nicht zu verstehen, was hier vorging, und sein Blick ward düster . . . Nachts wollte ich mich mit ihm versöhnen, womit ich meine, ich wollte die Lust der gestrigen Nacht noch einmal genießen. Da die Sehnsucht in mir kochte, trug ich ihm aufs beweglichste vor, was in mir vorging. Er aber hatte nichts als Zorn für mich. ›Sei ruhig, du!‹ sagte er. ›Schlafe, oder ich erzähle meinem Vater alles!‹« (Petron. cap 85 ff.).

Der attische Sittenkodex unterschied zwar nominell zwischen *eromenoi*, den Knaben, die es aus »Liebe« taten, und den *hetairoi* und *pornoi*, den bezahlten Lustknaben, aber diese Unterscheidung diente nur als Ausrede; sie hatten keinen juristisch verbindlichen Status. In der Eintragung → Analerotik im alten Hellas haben wir uns bereits mit der Mehrzahl der griechischen Bezeichnungen des Lustknaben und seines Kunden befaßt, denn es ist kennzeichnend für die griechische Form der Päderastie, daß sie den Knaben fast ausschließlich als Anus mit Anhang sah. Die gewaltige Literatur der griechischen Knabenliebe mit all ihren ethischen, philosophischen und pädagogischen Ansprüchen läuft trotz ihres oft hohen literarischen Interesses auf nichts anderes heraus als auf den Wunsch des Älteren, der Jüngere möge ihm seinen Anus zur Verfügung stellen. In der einzigen *polis*, in der ein begrenztes Maß an wirklich ernst zu nehmenden didaktischen Werten in dem Verkehr zwischen Männern und Knaben herrschte, in Sparta, sprach man am wenigsten von diesen Dingen. Und je öfter man die attische Literatur der Präderastie liest, um so zweifelhafter werden selbst die ethischen Ansprüche Platons.

Die meisten Ausdrücke für den Lustknaben waren Synonyme für »Arschdarbieter», so zum Beispiel *katapygon* (von *pyge*, »Steiß»), oder *glaphyron* (von *glaphyros*, »geglättet«, poliert«), womit man auf die Sitte der Strichjungen anspielte, sich den Hintern zu enthaaren. Andere Ausdrücke wiesen auf den Penis des Knaben hin, der von dem Kunden während des Analverkehrs stets masturbiert wurde, so zum Beispiel *kollops*, womit man ursprünglich die dicke Haut am Halse der Schweine und Rinder bezeichnete, dann aber die durch das häufige Masturbieren keulenförmig verdickte Eichel des Lustjungen, und am Ende durch Metonymie diesen selber. Wer solchen Knaben nachlief, wurde *kollopodioktes*, »Kollopsjäger«, genannt. Sich als Strichjunge betätigen hieß *kollopeuein*. Auf eine ähnliche Sprachwurzel geht das Wort *kinaidos* zurück (von *kinein*, »bewegen«, und *aidoia*, »Geschlechtsteile»), das man sowohl auf Strichjungen wie auf effeminierte Schauspieler anwandte, denn auf der griechischen Bühne wurden die Frauenrollen ja bis in die hellenistische Zeit hinein stets von Männern gespielt.

Das einfachste und gebräuchlichste Wort war *pornos*, »Prostitut», das genaue Gegenstück zu *porne*, »Prostituierte«. Allein die Tatsache, daß die griechische Sprache dieses Wort, das uns fehlt, besaß, deutet auf die Universalität der päderastischen Prostitution hin. Andere Ausdrücke leiten sich von der angeblichen Verweichlichung der Lustknaben ab, so zum Beispiel *gynaikios* (von *gyne*, »Frau«) oder *malakion* (von *malakos* »weichlich«, »weibisch«); wiederum andere von der Gleichsetzung der Begriffe »Unzucht« und »Pedikatio«, so zum Beispiel *aischropathes* (von *aischropoiia*, »Unzucht«). So sprach man auch von einem *batalos*, angeblich nach einem homosexuellen Flötenspieler dieses Namens, einem *ephelkomenos* (was etwa *kinaidos* entspricht), oder einem *meiraks* (was etwa »männliches Mädchen« bedeutet). Ja sogar das Wort *agape* (»Liebesbeweis«), das von der christlichen Theologie später im Sinne von vergeistigter Liebe (im Gegensatz zum Begriff des *eros*) benutzt wurde, bezeichnete in der Umgangssprache Athens oft den Pupenjungen.

Von den Substantiven *kinaidos* und *batalos* leiteten sich die Verben *batalizesthai, batalizomai,* und *kinaidizesthai* ab: »sich als Strichjunge betätigen«. So auch *kinaidiaios* (»nach Strichjungenart«), *kinaidodes* («einem Strichjungen ähnlich») und *kinaidisma*, das Hinhalten des Hinterns zum Analverkehr. Sehr lustig ist die umgangssprachliche Bezeichnung des Knabenbordells als *ephebeion*, denn die eigentliche Bedeutung dieses Wortes im Ionischen war der Übungsplatz oder Aufenthaltsraum der Knaben in der Ringschule, im Dorischen der Knabentempel, zum Beispiel das Heiligtum der kultischen Knabenliebe auf der Insel Thera.

Neben den Gymnasien und Ringkampfschulen dienten die Barbierstuben (*koureia*), die Salbenläden (*myropeia*), die Wechselstuben (*trapezai*), die Badehäuser und fast alle am Markt gelegenen Werkstätten (*ergasteria*) als Treffpunkte der Päderasten. Hier suchten die *pathici*, die männlichen Huren, nach Kunden. Viele der Marktbudenbesitzer waren *proagogoi mastropoi*, Kuppler für männliche und weibliche Kunden. Die Absteigequartiere der Athener Päderasten lagen vor allem auf der Pnyx, einem Hügel westlich der Akropolis. Eines der größten Knabenbordelle lag auf dem Felsenkegel Lykabettos, der die Stadt um rund 300 m überragte.

Wichtig und bisher nur in geringem Maße erforscht ist der Anteil der Ärzte an der Prostitution im Alten Hellas. In der Anklage gegen Timarchos sagt Aischines: »Sobald er das Knabenalter verlassen hatte, hielt er sich im Peiraieus auf, in der Praxis des Arztes Euthydikos, angeblich um dessen Gewerbe zu erlernen, in Wahrheit aber um dort die Klienten zu finden, die sich seiner bedienten.« Denn die griechischen Ärzte dieser Epoche, der ersten Hälfte des 4. Jahrhunderts v. u. Z., waren gleichzeitig Apotheker, Bademeister und oft auch Zuhälter (Bekker-Göll, *Charikles* III, 61 ff.).

Aus der Anklage des Aischines gegen Timarchos erfahren wir ebenfalls, daß die Pupenjungen nicht nur in Männerpuffs und den eben erwähnten Treffpunkten zu finden waren, sondern sich auch als männliche Callgirls verdingten, als Call-Boys sollte man wohl sagen. Sie kamen in die Häuser der wohlhabenden Päderasten und bedienten dort oft nicht nur den Hausherrn, sondern auch seine eigens dazu geladenen Gäste. Aischines erwähnt den Athener Misgolas, der sich den Timarchos zu diesem Zwecke bestellt hatte.

Der wichtigste aller Treffpunkte und die eigentliche Arena der Päderastie war aber das Gymnasion mit der ihm angeschlossenen Ringschule, der Palaistra, wo man sich nackt bewegte. Die dort vertretene Ansicht,

daß Nacktheit bei den Griechen ein rein ästhetisches, von sexuellen Gedanken völlig freies Phänomen gewesen sei, stammt von jenen homophilen Autoren, die nicht den Mut zur homosexuellen Praktik gehabt und deshalb in die Welt der Griechen jene »platonische« Verehrung des nackten Körpers hineinprojiziert haben, die es dort niemals gab. In Wahrheit war die griechische Lust an der Nacktheit eine durchaus sexuelle Lust, und zwar genauso bei Heterosexuellen wie bei Homosexuellen beider Geschlechter. Wenn die Sportler von der 15. Olympiade an, also etwa seit dem Jahre 720 v. u. Z., nackt auftraten, so geschah das nicht nur zur freien Bewegung des Körpers, sondern auf ausdrücklichen Wunsch der männlichen Homosexuellen, die auch darauf bestanden, daß keine Frauen die Wettkämpfe mit ihrer Anwesenheit »verunzierten«, d.h. daß Frauen ihnen keine Konkurrenz beim Wettbewerb um die Sieger machen sollten. Denn die Olympiaden waren nicht nur sportliche Wettbewerbe, sondern vor allem Fleischmärkte für den Geschlechtsverkehr zwischen Männern.
Selbst die Gymnasien, die Ausbildungsstätten griechischer Knaben, waren Treffpunkte der Päderasten. Die Sprachwurzel *gymnos*, »nackt«, zeigt an, daß hier die Knaben nicht nur ihre Leibesübungen, sondern auch sich selber nackt vorführten. Der Versuch mancher Autoren – so Winckelmann, Wieland, Licht –, die Gymnasien als rein ästhetische Institutionen auszuweisen, ist deshalb nicht ohne Pikanterie. Licht sagt: »Daß sämtliche Räume mit Kunstwerken aller Art, mit Altären und Standbildern des Hermes, Herakles und zumal des Eros, aber auch der Musen und anderen Gottheiten, geschmückt waren, muß kaum hervorgehoben werden. Zu der Schönheit der durch regelmäßige Leibesübungen harmonisch entwickelten Knaben-, Jünglings- und Manneskörper kam so noch der tägliche Anblick zahlreicher Wunderwerke der Kunst. Man versteht, wie sich die Griechen zu dem schönheitsfreudigsten Volk entwickeln mußten, das jemals auf Erden wandelte« (*Sittengeschichten Griechenlands*, Rowohlt Taschenbuchausgabe, Januar 1969, Seite 64). Da sprach der alte römische Architekt Vitruvius schon aufrichtiger, als er sagte: An den Seiten waren Bäder, Hallen und sonstige Räumlichkeiten, in denen sich Philosophen, Rhetoriker, Dichter und »alle die zahlreichen Freunde männlicher Schönheit« zusammenzufinden pflegten«. Licht fügt hinzu – und hier macht der Ton die Musik –: »Nach dem übereinstimmenden Zeugnis aller Quellen hielten die Griechen ihre Gymnasien frauenrein, das heißt kein weibliches Wesen durfte diese der Ausbildung des Männlichen

geweihten Stätten je betreten.« Das Resultat, wie der Scholiast zu Aischines sagt, war dieses: selbst der Trinkwasserraum der Gymnasien und Palästren wurde zum Männerpuff: »Manche gingen nur unter dem Vorwande des Trinkens dahin und trieben Unsittlichkeiten.«

Viele Gräzisten haben die Frage gestellt: Wie war es je soweit gekommen? Die Antwort führt uns ins 6. Jahrhundert v. u. Z. zurück, wo die Urform des *gymnasion* wahrscheinlich aus einem von Bäumen beschatteten Sportplatz bestand, mit einer Laufbahn, *dromos* genannt, die später von einer *peribolos*-Mauer umgrenzt wurde. Im Laufe des 5. Jahrhunderts kam dann die Ringschule, die *palaistra*, hinzu: ein von Säulengängen umgebener quadratischer Teil des *gymnasion*. Vom 4. Jahrhundert an wurde die Laufbahn ebenfalls überdeckt und von langen Hallen eingefaßt. Davor baute man nun eine zweite, nichtüberdeckte Laufbahn, *paradromis* genannt. An die Säulengänge der Ringschule fügten sich Übungs- und Unterrichtsräume, dem Eingang gegenüber das *apodyterion*, ein Umkleideraum mit Bänken an den Wänden, zum Hof hin geöffnet, der unter dem Einfluß der Päderasten den bereits zitierten Namen *ephebeion*, Jünglingstempel, erhielt. Daneben befand sich das *korykeion*, wo die Faustkämpfer ausgebildet wurden, das *elaioterion*, wo man sich ölte und salbte, das *konisterion*, wo sich die Athleten mit Sand einrieben, *lutron* (Waschraum), *pyriaterion* (Herdraum, wo man sich an kalten Tagen wärmte) und die *exedren,* zum Hof hin offenen Räume zum Aufenthalt und Unterricht. Manche Gymnasien enthielten auch einen Ballspielplatz, *spharisterion* genannt.

Der Kernpunkt der Entwicklungsgeschichte des Gymnasiums ist nun dieser: Statt daß die Sportplätze auf den Sport beschränkt geblieben wären, wurden sie einerseits zu philosophischen Institutionen, andererseits zu Kultstätten erhoben, und dadurch gewannen die päderastischen Praktiken, die sonst unwesentlich geblieben wären, den intellektuellen, ethischen und religiösen Status einer Staatsinstitution. Nicht nur die Akademie selber entstand aus dem Gymnasium, sondern auch Lykeion und Kynosarges, die Schulen des Aristoteles und des Antisthenes. Durch Altäre den Göttern geweiht, vor allem dem Hermes und dem Herakles, wurden die Gymnasien zu Tempeln der Päderastie. Dort wurde nicht nur geturnt und gelernt, diskutiert und gebetet, sondern auch getanzt und musiziert. Eine schwarzfigurige Vase in Berlin (Antiquar. No 1684), die auch Licht im Ergänzungsband seiner *Sittengeschichte Griechenlands* aufführt (S. 73), zeigt einen nackten Jüngling,

der vor einem ebenfalls nackten Mann tanzt. Der Ältere spielt Flöte, während aus dem erigrierten Penis des Jüngeren der Same spritzt.
Ehe wir das Thema der päderastischen Prostitution abschließen, müssen wir kurz an die homosexuelle Gastprostitution erinnern, die zumindest in den homerischen Zeiten üblich gewesen sein muß. Aus der *Odyssee* erfahren wir, daß Telemachos, der Sohn des Odysseus, als er den alten Nestor in Pylos besucht, von diesem als Gastfreundschaft seinen eigenen Sohn Peisistratos zum Bettgenossen erhält. Während der Nacht, zusammen im Bett, verlieben sich die beiden ineinander. Das beweist nicht bloß die Zärtlichkeit ihrer Ausdrucksweise (»du meines Herzens Geliebter«, 4, 71), sondern auch die Tatsache, daß Peisistratos am nächsten Morgen darauf besteht, den Geliebten nach Sparta zu begleiten.
Daß Telemach und Peisistratos wirklich zusammen schlafen, ergibt sich mit unzweifelhafter Sicherheit aus drei Stellen der *Odyssee*: 3, 400; 3, 303; 15, 4 ff. Besonders auf die erste Stelle ist Wert zu legen: »Nestor hieß nun den Telemach zu Bett gehen und neben ihn hieß er den Peisistratos sich betten, der ihm der einzige noch unvermählte Sohn im Hause war. Mit ihm selbst aber (mit Nestor) teilte seine Gemahlin das Lager«. Abgesehen von den sprachlichen Formen im Urtext läßt auch die Parallele (Nestor mit der Gattin schlafend) keinen Zweifel aufkommen. Wir haben hier ein Indiz des Gastrechts in homosexueller Form.
Es ist bezeichnend sowohl für die Verbreitung als auch für die Selbstverständlichkeit der Päderastie in jener gewaltigen Zeitspanne zwischen der Heldenzeit und der Klassik, daß die Griechen immer neue Wörter erfinden mußten, um auszudrücken, daß ein Mann *kein* Päderast war. Während unsere Sprache ihre moraltheologische Verdammung der weiblichen Sexualität durch solche Vokabeln wie »mannstoll« kundtut und damit andeutet, daß die »normale«, die »anständige« Frau *nicht* toll nach Männern sei, besitzen wir kein einziges Wort für den vergleichbaren Zustand beim Mann, weil wir ihn als selbstverständlich betrachten und deshalb keinen Ausdruck wie »frauentoll« benötigen. Alle Ausdrücke für »geil« betrachten es als natürlich, daß der Geile geil auf *Frauen* ist.
Für den Griechen war das aber gar nicht natürlich. Im Gegenteil, man mußte irgendwie erklären, daß der Betroffene nicht im »normalen« Sinne geil, das heißt geil auf Knaben war, sondern daß er in einer ganz fremdartigen Weise geil war, nämlich *gynaimanes* oder *gynaikomanes,*

katagynes oder *thelymanes* (verrückt nach Frauen); er war ein *gynaikoierax*, ein *gynaikerastes* oder ein *gynaikophrenoleptes* (ein frauentoller Mann); er war also einfach verrückt: *gynaikomanein, gynaimanein, thelymanein* (verrückt nach Frauen sein).

Daß man es für nötig erachtete, im Gegensatz zum normalen Zustand der *misogyneia*, der Frauenfeindschaft, auch solche Wörter wie *philogynein, philogynia* (Frauenfreundschaft, Neigung zu Frauen), *philogynaikos, gynaikophiles, gynaikoerastes* (Frauenfreund, Frauenliebhaber) und *philogynaios* (frauenfreundlich) zu prägen, beweist, wie seltsam es den Griechen jener Jahre vorgekommen sein muß, wenn ein Mann ihrer eigenen Klasse, also weder ein Fremder noch ein Sklave, allen Ernstes an Frauen, statt an Jünglingen interessiert war. In die Kategorie dieser semantischen Beweise der Mentalität jener Jahre gehört auch das Wort *medos* (wörtlich: Meder), das wegen seines Gleichklangs mit *me dous* (einer, der sich nicht preisgibt) zu vielen Wortspielen Anlaß gab. Von den Einwohnern Mediens wurde nämlich gesagt, sie seien so »rückständig«, daß sie noch nicht einmal den Analverkehr entdeckt hätten. Wer also einen anderen einen *medos* nannte, der sagte damit gleichzeitig aus, daß der andere ein Provinzler sei.

Das griechische Vokabular der Päderastie enthüllt viel über die Mentalität der Päderasten und ihrer Gegner. In dem von ihm bevorzugten Wortschatz vermied der Knabenliebhaber sorgfältigst jede Andeutung, daß es ihm um konkrete, fleischliche Dinge wie Arschficken, Wichsen und Schwanzlutschen ging. Selbst die Tatsache, daß bei diesem Verkehr ein Altersunterschied vorlag, über den man gelächelt hätte, wenn der ältere Partner eine Frau oder der jüngere ein Schulmädchen gewesen wäre, wurde peinlichst verschwiegen. So wurde der Eindruck erweckt, daß hier etwas Verfeinertes, »Platonisches«, stattfand, eine zarte Berührung der Seelen, die nie zu so vulgären Tätigkeiten hinabsank wie der Verkehr zwischen Mann und Frau. Der Arschficker hieß *eispnelas* (»der Anhauchende«), der Arschgefickte *aitas* (»der Aufmerkende«), oder *kleinos* (»der Herrliche«). Man vermied jede Enthüllung des Geschlechts und der geschlechtlichen Tätigkeit und sprach bei dem Arschficker einfach von dem »Liebenden« *(eron, erastes, philetor, philetes)* und bei dem Arschgefickten von dem »Geliebten« (*eromenes*). Nur in den herabgesetzten Ausdrücken der Umgangssprache, den Schimpfwörtern und dem Vokabular der männlichen Prostitution erblickt man die fleischliche Wirklichkeit durch die verhüllenden Euphemismen: *chaunoproktia, euryproktia, lakkoproktia, ky-*

sochene, kysodoche. Alle fünf Vokabeln bedeuten »Weitarschigkeit«, die Ausweitung des Afters oder Dickdarms als Resultat häufigen Analverkehrs, die dazu führt, daß man weder Kot noch Darmwind völlig beherrschen kann und deshalb entweder furzt oder scheißt, ohne es zu wollen. *Paidika mere*, die »Knabenteile«, waren nicht etwa, wie man vermuten würde, die Geschlechtsteile des Knaben, sondern das »Knabenkränzlein«, der After, der Afterschließmuskel und die Gesäßbakken. *Embasikoites* (von *embasis*, Bett, und *koite*, aufsteigen) war der »Bettbesteiger«, der Strichjunge. *Polos* (»Pferdchen«, »Fohlen«) war ein höflicheres Wort für den käuflichen Knaben. *Maltha* (»Weichling«, »Wabbeltier») nannten die Strichjungen ihre älteren Kunden. Von der gleichen Wurzel leiten sich die Ausdrücke *malakos, malthakos* (»verweichlicht«, »schwul«) ab. So auch: *malakia, malthakia, malakismos, malthakismos* (»Verweichlichung», »Schwulität«) und *malakizesthai* (»schwul sein«).

Die Anzahl der Wörter, die das Ding zumindest insofern beim Namen nennen, als sie zugeben, daß das Liebesobjekt ein unreifer Mann ist, ist groß. Sie besitzen aber niemals jene Aura des Heiligen, des Auserwählten, wie die asexuellen Ausdrücke *aitas, aites, eispnelas, kleinos, philetor, eron, erastes, eromenos*. Der Knabenliebhaber heißt in diesem umgangssprachlichen Wortschatz: *paidepastes, paideros, paidomanes, paidopipes, paidophteros, paidophilos, philephebos, philobupais, philomeiraks, philopais,* wobei sich die ersten sechs Wörter von *pais*, »Knabe«, ableiten. Einige dieser Ausdrücke sind lustig, so zum Beispiel *paidopipes*, »Knabenäugler«, für einen Mann, der sich nach jedem Knaben umdreht. »Knaben lieben«, also pedizieren, wird von den Wörtern *paidomanein, paidopastein, paidophilein, paidophtorein, paidotribein* ausgedrückt, wobei der letzte Ausdruck nicht der Komik entbehrt, denn er bedeutet metaphorisch »erziehen«, wörtlich aber »Knaben reiben«, gehört also zu den ganz wenigen Vokabeln der Päderastie, die den Mut haben, das auszusprechen, worum es eigentlich geht.

Ta paidika war der »geliebte Knabe«. *Paiderasteia*, »Päderastie«, war der offizielle Ausdruck für Knabenliebe, aber man zog es vor, von *paidikos eros* zu sprechen. Die Gegner nannten es *paidomania*, »Leidenschaft für Knaben«, denn Leidenschaft war in den Augen der Griechen stets etwas Negatives. *Paidikos*, »knabenhaft«, genau wie *kalos*, »schön«, Wörter, die eigentlich nichts spezifisch Erotisches aussagen, sind von den Päderasten so oft verwendet worden, daß man sie heute nicht mehr in ihrem ursprünglichen Sinne verstehen kann; auf zahllosen Vasen, Tonscherben, Wänden steht das Wort *kalos*, das ebenso gut bedeuten könnte, daß ein Mädchen schön sei, aber es bedeutet stets »reizvoll« im päderastischen Sinne. Und so auch *paidikos*, was eigentlich nichts anderes als eine Geschlechts- und Altersangabe ist, »zum Knaben gehörig«, aber für den Päderasten stets »reizvoll«, »schön«, »herrlich«, »berückend«, bedeutete.

Beachtlich groß ist die Anzahl der Ausdrücke für die Geschlechtsteile des Knaben. Der Knabenpenis hieß: *chrysion* (wörtlich: »Goldchen«), *posthe, posthion* (eigentlich »Vorhaut«), *sathon* («Schwänzling«), *saura, saure* (»Fröschlein« oder »Eidechse«), *rhododaktylos* (»Rosenfinger«), *kokko* (»Beere«), *dagys* (»Püppchen«). Einige dieser Ausdrücke sind umstritten, da sie aus einem verderbten und unkompletten Epigramm des Straton stammen, das sich in sehr verschiedener Weise übersetzen läßt. Otto Knapp hat es vor vielen Jahren einmal wörtlich so übertragen: »Die Geschlechtsteile des Knaben, o Diodoros, zerfallen in 3 Arten; und von diesen höre die Namen: Die noch unberührte Blüte nenne . . .; die, welche eben beginnt anzuschwellen, Hode; die aber, welche schon unter der Bewegung der Hand sich regt, nenne Eidechse; wie du aber die noch vollkommenere nennen sollst, weißt du!« (*Anth. Graec.* XII, 3). H. Beckby gibt die folgende Versbearbeitung:

Unter den Gliedern der Knaben gilt's dreierlei Arten zu scheiden.
Wie man die einzelnen nennt, sei dir gesagt, Diodor.
Ist es noch niemals berührt, dann mußt du es Fröschlein bezeichnen;
Hähnchen wird es genannt, wenn es gerade erschwillt.
Regt es sich wider die Hand, dann mußt du Lazerte es heißen.
Wie man das reifere nennt, ist dir ja selber bekannt.

Otto Knapp kommentiert: »Es handelt sich um ein scherzhaftes, derbes Gedicht, welches für 4 verschiedene Altersstufen 4 Namen der Geschlechtsteile bei Knaben nennt; da das Gedicht mehrfach verderbt ist, können wir die Pointen nicht mehr feststellen. Die 4 verschiedenen Reifestufen sind noch am klarsten: 1) die ganz unberührten Knaben, 2) die, welche bereits Erektionen haben, 3) die, welche schon onanieren, 4) die, ›noch vollkommeneren‹ heißt wohl: die, welche bereits mit den Liebhabern sexuell verkehren« (*Anthropoph.* III, 254 f.).

Die Päderasten sprachen ohne Ironie von den heranwachsenden Knaben als den *enorches laos*, den »Hodigen«, und nannten den, der einen Penis kaum größer als die Vorhaut eines Mannes hatte, *posthaliskos*, »Vorhäutler«. Besaß der Knabe aber bereits einen Penis von Mannesgröße, so nannte man ihn *andropathes* oder *androsathon*, »Männerschwanz«, nach *andros*, Mann, und *sathe*, Penis, oder einfach *sathon*, »Dickschwanz«. Wenn ein solcher Knabe bei stark entwickeltem Penis noch kein Schamhaar hatte, wurde er von den Päderasten besonders geschätzt. Die Tatsache, daß das Liebesobjekt des Päderasten zwar männlichen Geschlechts sein und möglichst große Genitalien haben sollte, in jeder anderen Weise aber dem Mädchen ähneln mußte, bartlos, ohne Körperhaar und mit möglichst einladenden Gesäßbacken, veranlaßte die kluge Hetäre Glykera zu fragen: »Warum liebt ihr eure Knaben nur, solange sie uns, den Frauen, ähneln?« (Klearch, fr. 36, FHG, II, 314).

Die Frage mag rhetorisch klingen, aber sie hat ihre Berechtigung, denn sie weist darauf hin, daß das Sexualobjekt des Päderasten, trotz aller gegenteiligen Beteuerungen, unbewußt doch das Substitut des Mädchens war. Dies spricht auch aus den zahllosen Redewendungen, in denen der Päderast und sein Liebesobjekt als Pseudofrauen dargestellt werden: *gynaikias, gynaikikos, gynnis, thelydrias*, die häufigsten Bezeichnungen des Päderasten im Vokabular der heterosexuellen Griechen, leiten sich alle entweder von der Wurzel *gyne*, »Frau«, oder *thelys*, »weiblich«, ab. Sie bedeuten also durch die Bank: »weibischer Mann«. So auch die Tätigkeit des Päderasten; *gignoskein, gynaika, gynaikizein, theleuesthai, thelydrian, thelykeuesthai, thelynesthai, thelynein* sagen alle das gleiche aus: »sich wie eine Frau benehmen«, »sich als Frau hingeben«, »sich weibisch verhalten«. Wenn der heterosexuelle Grieche den Päderasten mit einem Adjektiv zu kennzeichnen suchte, so nannte er ihn *gynaikos, gynaikoeides, gynaikodes, thelys, thelydriodes, thelykoeides, thelynoos, thelynos, thelypsichos*: »frauenartig«, »weibisch«, »effeminiert«. Die Päderastie hieß deshalb auch im Vokabular der normalen Griechen nicht etwa *paiderasteia*, »Knabenliebe«, sondern *apogynaikosis, gynaikeia nosos, theleia nosos, gynaikismos, thelysma, thelyptes, thrypsis*, alles Synonyme für »Effeminiertheit«, »Verweiblichung«.

Um sich den Frauen möglichst anzugleichen und sie an »Weiblichkeit« sogar zu übertreffen, ließen sich viele der griechischen Männerhuren, aber auch manche ihrer Kunden, nicht nur alles Körperhaar und auch das Scham- und Afterhaar entfernen, sondern sie imitierten die Hetären, indem sie einen Kranz von Haar um den After und einen Haarkranz um den Penis stehen ließen, um den engeren Umkreis um so nackter erscheinen zu lassen. Daß das Haupthaar dabei extra lang getragen wurde, versteht sich von selbst. Sowohl die Lustknaben wie gewisse prominente Knabenliebhaber trugen eine an Transvestitismus grenzende Kleidung, so zum Beispiel der Dichter Agathon, der safranfarbige Frauengewänder, einen Haaraufsatz und weibliche Busenbänder trug. Er duftete »nach Eicheln beider Art«, sprach mit einer Fistelstimme und imitierte nicht nur in seinen Versen die Päderasten anderer Zeiten. In den *Thesmophoriazusen* läßt Aristophanes ihn sagen (V. 159 bis 167):

Unwürdig ist's, wenn bäurisch ein Poet,
Plump, struppig auftritt. Denk an Ibykos,
Anakreon von Teos, an Alkaios,
Die Schöpfer herrlich süßen Gleichklangs Fülle.
Stirnbänder trugen sie und schwelgten ironisch!
Und Phrynichos – du hast ihn doch gehört?
Schön war er selbst und immer schön gekleidet,
Drum waren seine Stücke auch so schön;
Denn was man ist, dem gleicht auch, was man schafft.

Das gezierte Auftreten des Agathon karikieren die Verse 134 ff.:

Ich will, o Jüngling, falls du einer bist,
Dich jetzt befragen:
Woher du Weibling? Welche Heimat sandte dich?
Was will der Aufzug? Welch Verwirren alles Brauchs?
Was sagt die Leier zum Safrankleid? Was Kithara
Zu Busenband und Schleif und Schminknapf? Nimmer paßt's!
Was bist du selbst, Sohn? Wächst du als ein Mann heran?
Wo sind die Hoden? Wo der Wams, die Lakonerschuh'?
Doch wenn du Weib bist, sprich, wo ist dein Busen dann?
Was sagst du?

Was zwischen dem Knaben und seinem Liebhaber stattfand, beschreibt Pseudolukian mit beachtlichem Realismus in seinen *Erotes*: »Es genügt nicht, den Geliebten zu erblicken, ihm gegenüber zu sitzen und seine Stimme zu hören. Statt dessen verlangt die Liebe nach stufenweiser Befriedigung. Die erste Stufe, zugegeben, ist das Anschauen, das Glück, den Geliebten überhaupt zu sehen. Dann aber wünscht sich der Liebende bald ein zweites: den Geliebten zu berühren, ihn zu umarmen. Von dem Augenblick an, wo er ihn nur mit den Fingerspitzen fühlt, durchrieseln Schauer der Lust den ganzen Körper. Ist diese Stufe erreicht, verlangt die Liebe aber sofort nach der nächsten: dem Kuß. Nicht zu leidenschaftlich, nicht stürmisch, sondern ganz ruhig nähern sich die Lippen und trennen sich noch vor der Berührung, ohne ver-

dächtige Spuren zu hinterlassen. Dann erst dem sich nicht mehr Sträubenden anschmiegend, wird der Liebende in immer innigeren Umarmungen hinschmelzen, während die Lippen sich öffnen und keine der Hände mehr müßig bleibt. Denn die nicht mehr zufälligen Liebkosungen der bekleideten Körper schüren das Feuer. Sehnsüchtig greift die Rechte jetzt dem anderen an die Brust und spielt mit den Brustwarzen, die in der Erregung aufschwellen. Während sein eigener Schwanz vor Begierde strotzt, greift der Liebende mit den Fingern langsam nach dem Schwänzlein des anderen mit jenen ersten süßen Milchhaaren. Aber was soll ich noch sagen? Ist man erst so weit gekommen, macht sich der Liebende an das eigentliche Werk: auf den Schenkeln des Knaben präludierend, führt er die Musik, um mit dem Komiker zu reden, bis zum krönenden Finale.«
So gut klappte es aber nicht immer. Straton und Skyrhinos beklagen sich in vier verschiedenen Epigrammen, daß einen die Natur gerade vor dem »krönenden Finale« nur allzu oft im Stich läßt: »Gestern hatte ich bei Nacht den Philostratos bei mir und konnte nicht, obwohl er mir sozusagen alles darbot. Behandelt mich nicht mehr als Mann, meine Freunde, sondern werft mich vom Turm hinab, da ich, so scheint es, ein Astyanax geworden bin!« (Straton in *Anth. Pal.* XII, 11). »Astyanax« war ein Wortspiel mit dem griechischen *styein*, »steif sein«. Ein *astyanax* ist also ein »Unsteifer«. Dasselbe Thema finder sich übrigens bei Tibull (*Priapeia* LXXXIII).
»Jetzt bist du aufgerichtet, Verfluchter, und steif, jetzt, wo er nicht mehr da ist!« flucht Straton am nächsten Tag. »Gestern aber, als er da war, geruhtest du nicht, dich zu rühren!« (Straton in *Anth. Pal.* XII, 216). Das gleiche Thema bei Ovid in *Amores* (Buch 3, VII, 67 ff.), bei Petronius (c. 132) und in Goethes *Tagebuch*.
»Aufgerichtet stehst du jetzt, Namenloser, und sinkst nicht, sondern bist schön gespannt, als ob du nie aufhören wolltest. Aber als Nemesenus sich niederbeugte, mir alles bietend, da hingest du tot herab. Sei gespannt, zerreiße dich selber, weine! Alles umsonst, von meiner Hand bekommst du kein Mitleid!« (Skythinos in *Anth. Pal.* XII, 232).
An Kummer gewöhnt und durch Erfahrung gewitzt, warnt Straton: »Wenn frühmorgens das Licht der Sonne aufstrahlt, ist es ratsam, nicht gleich den flammenden Hund mit dem Stier zu vereinigen, damit die weichgewordene Gabe der Demeter nicht die behaarte Gattin des Herakles befleckt« (Straton in *Anth. Pal.* XII, 7). Vierfaches Wortspiel: der »flammende Hund« ist der Penis; der »Stier« ist der Anus; die

»Gabe der Demeter« die verdaute Nahrung, also der Kot; die »Gattin des Herakles« war Hebe; *hebe* ist aber auch das männliche Glied. Bedeutung also: Verkehre mit deinem Knaben nicht frühmorgens anal, damit du dir den Schwanz nicht mit Kot befleckst.

Offenbar war es unter Päderasten Sitte, zu zweit mit einem Knaben zu verkehren. Straton beschreibt das Dilemma eines Knaben, dessen zwei Liebhaber obendrein auch noch Brüder sind: »Sie lieben mich beide, die Brüder. Wen nehm ich mir bloß zum festen Freund? Ich mag sie beide. Einer geht weg, und der andere kommt; beim einen freut mich das Dasein. Ist er aber da, sehn ich den anderen herbei. Und dies mit beiden« (Straton in *Anth. Pal.* XII, 246).

In zwei fast gleichlautenden Epigrammen, von denen Ausonius eines plagiiert hat, beschreibt Straton den homosexuellen Triolismus: »Du siehst drei im Bett. Zwei davon sind aktiv, zwei passiv. Du meinst, das mache vier? Geirrt! Denn der Mittlere bedient die anderen, hinten dem Freund sich bietend, vorne den Freund bedienend« (*Anth. Pal.* XII, 210 u. 225).

Trotz dieses scheinbar glücklichen Zusammenlebens zu dritt hören wir viel von päderastischer Eifersucht in der Antike. Eifersuchtstragödien entwickelten sich dabei nicht nur zwischen den Dummen, Intoleranten und Ungebildeten, sondern auch zwischen den großen Männern, so zwischen Sokrates und Alkibiades um den oben in der Pracht seiner Frauenkleidung beschriebenen Agathon, den seine Zeitgenossen für bedeutender hielten als Aristophanes (der ihn in den *Thesmophoriazusen* porträtierte), Aristoteles (der ihn als tragischen Dichter verehrte) und Euripides (der ihn zur Hauptfigur seines *Chryppos* machte). Platon hat ihn im *Gastmahl* geschildert und die Eifersuchtsszenen zwischen Sokrates und Alkibiades mit respektvoller Ironie beschrieben. Ein anderes Objekt der Eifersucht großer Männer war der junge Autolykos, von dem Xenophon sagte: »Wie wenn ein Licht in der Nacht aufleuchtete und aller Augen auf sich zieht, so lenkte auch die lichte Schönheit des Autolykos alle Blicke auf sich. Und niemand, der ihn sah, ging ohne Wunde im Herzen davon.« Er war der Geliebte des Kallias, der ihm, als er im Jahre 422 bei den großen Panathenäen im Pankration gesiegt hatte, jenes berühmte Festmahl gab, das Xenophon in seinem *Symposion* beschrieben hat.

Plutarch meint, daß die Feindschaft zwischen Themistokles und Aristides, die für Athen, Sparta und Persien schwerwiegende Folgen hatte, ausschließlich auf die Eifersucht über Stesilaos zurückzuführen sei, den

sie beide geliebt hatten (Themistokles 3). Aristoteles sagt, daß gegen Amyntas (mit Beinamen »Der Kleine») von seinem Pagen Derdas ein Anschlag verübt wurde, weil Amyntas in der Öffentlichkeit mit der Gunst des Jünglings geprahlt hatte. Um zu beweisen, daß politische Konflikte »nicht wegen Bagatellen, wohl aber auf Grund von Bagatellen« entstehen, gibt Aristoteles noch ein weiteres Beispiel. Er erzählt: »Das zeigte sich in alten Zeiten auch in Syrakus. Dort wurde nämlich die Verfassung gestürzt auf Grund des Streites zweier Jünglinge, die beide zu den einflußreichsten der Stadt gehörten. Die Veranlassung war natürlich eine Liebesgeschichte. Als nämlich der eine Jüngling eine Reise machte, verführte der andere, obwohl er sein Freund war, dessen Liebling. Als jener, von der Reise zurückgekehrt, davon erfuhr, war er sehr entrüstet und verführte nun zum Entgelt die Frau seines Freundes. Die Machthaber nahmen teils für den einen, teils für den anderen Partei, und so spaltete sich wegen der privaten Händel der beiden Jünglinge die Bürgerschaft in zwei Parteien, was dann schließlich zum Umsturz der Verfassung führte.« (FGH II, 152, 149 u. 154 aus Aristot.*pol.* V, 8, 12 und 11. Derdas: FHG II 153, 166 aus Aristot.*pol* V, 8, 10. Syrakus: FHG II 171, 220 aus Aristot.*pol.* V, 3, 1)
Daß auch Erpressung, sei es für Geld, für Macht oder nur zur Erzwingung sexueller Günste nicht unüblich unter den Päderasten des alten Hellas war, wissen wir unter anderem von Straton aus dem oft zitierten Epigramm über die Knaben, die er beim Onanieren überraschte und dazu zwang, auch ihn zu masturbieren: »Ich fand einmal Ärzte, bartlose, die Gott Eros quälte, und die sich deshalb ein altes Naturmittel einrieben. Als sie mich baten: ›Verrate uns nicht!‹ sagte ich: ›So sei's, aber bedient mich auch!‹« (*Anth. Pal.* XII, 13).
In diesem Falle ging die Sache noch glimpflich aus, aber päderastische Vergewaltigung war nicht selten. Der juristische Begriff hierfür war *paidophthoria*, »Knabennotzucht«, aber in der Umgangssprache sagte man einfach *hybris*, »Zumutung«. Im idiomatischen Athenisch hieß der Knabenvergewaltiger *lykos*, »Wolf«, oder *paidokoraks*, »Knabenrabe«. Auch päderastischer Inzest scheint häufig gewesen zu sein. Selbst in der griechischen Mythologie finden wir Beispiele. Iolaos, der Lieblingsknabe des Herakles, ist der Sohn seines Zwillingsbruders Iphikles. Der weitaus ernsteste Aspekt der Päderastie war jedoch die Eunuchisierung, die dazu dienen sollte, den Knaben mädchenhafter zu machen und das Stadium der Reife, vor allem den damit zusammenhängenden Haarwuchs, um Jahre hinauszuschieben. Man erreichte

dies teils durch Medikamente, teils durch chirurgische Eingriffe. Als erstes versuchte man den Haarwuchs im Gesicht, am Körper, unter den Achseln und an den Genitalien zu verhindern. Hierzu dienten Ameiseneier, Pferdeschaum, das Blut aus den Hoden junger Lämmer und andere zweifelhafte Mittel. Dann gab es Medikamente, die, auf die kindlichen Hoden aufgelegt, diese zum »Vertrocknen« bringen sollten. Vom Zerdrücken der Hoden sagt der Arzt Paulos: »Man setzt das Kind in eine Schüssel mit heißem Wasser und wenn die Teile durch die Wärme weich geworden sind, zerdrückt man, und zwar im Wasser selbst, mit den Fingern die Hoden, bis man sie nicht mehr fühlen kann.« Vom operativen Eingriff sagt der gleiche Autor: »Beim Ausscheiden muß der zu Eunuchisierende rücklings auf eine Bank gelegt werden. Dann faßt man mit den Fingern der linken Hand, fest zupackend, den Hodensack samt den Hoden und zieht ihn in die Länge; hierauf macht man rechts und links je einen Durchschnitt durch den Hodensack, worauf die Hoden herausspringen. Diese werden jetzt abgeschnitten, indem man sie aus ihren Gefäßen ringsum ausschält.« Mit Rücksicht auf das Zerquetschen *(thlattein, thlassein)* oder Zerreiben *(thlibein)* der Hoden hieß ein so Entmannter *thladias* oder *thlibias*. Mit Rücksicht auf das Schneiden *(temnein)*, Ausschneiden *(ektemnein)* oder Abschneiden (*apokoptein*, eigentlich »abhauen«) hieß ein Entmannter der zweiten Gruppe *tomias* (der Beschnittene), *ektomias* (der Ausgeschnittene) oder *apokopas* (der Abgehauene). Da man das Ausschneiden einem Abreißen *(apospan)* gleichsetzte, hießen solche Entmannte auch *spadones, spadontes, apospades* oder *apospadontes*. Es kommt ferner der Ausdruck *entomias* vor, der zu *entemnein* (einschneiden) gehört, so daß man an das Einschneiden oder Durchschneiden des Samenstranges, die heute übliche Form der Sterilisation, denken möchte. Kastrieren durch Ausschneiden der Hoden hieß auch *exorchizein* oder *orchotomein*, die Verschneidung *orchotomia* oder *ektome*. Vom Verb *eunuchizein*, »eunuchisieren«, kommt das Substantiv *eunuchistes*, »der Verschneider«. In Aiolien nannte man das Verschneiden *apaidoiusthai*, was eigentlich das Abtrennen des ganzen Gliedes bedeutete; den Verschnittenen danach *apokekommenos*, »der Abgehackte«. *Chloynes* war der Kastrat, nach dem beschnittenen Eber so benannt. Der effeminierte Mann hieß *gynandrosaner, bakelos, doidos, ithris, ixalos, kelor, sukinos, bagoas* oder *gallos*, was aber hauptsächlich für die rituell kastrierten Priester der Kybele benutzt wurde.

Die Bezeichnungen *hemiandros* (Halbmann) und *hemigynaix* (Halbfrau) bezogen sich auf die Zerstörung oder Beseitigung der männlichen Keimdrüsen. Wegen ihrer Verweiblichung nennt Theophylaktos die Eunuchen »erkünstelte Weibchen, doppelgeschlechtliche Halbmännchen«. Kyrilos nennt sie *atheloi* (Brüstelose), *anandroi* (Unmännliche) oder *siderokatadikoi* (durchs Eisen ihrer Lebenskraft Beraubte). Die große Anzahl dieser Ausdrücke – weitaus größer, als wir sie in irgendeiner Gegenwartssprache finden – bezeugt die Häufigkeit der Operation. So berichtet Herodot, daß Periander, der Herrscher von Korinth (etwa 627 bis 587), dreihundert Knaben aus Korfu an den Hof des Königs von Lydien schickte, damit sie dort kastriert würden.

Es ist deshalb kaum erstaunlich, daß die Eunuchisierten oft einen unversöhnlichen Haß gegen ihre Verstümmler entwickelten. Weil ihn der Thrakerkönig Kotys als Knaben hatte verschneiden lassen, trat Adamas zu Parron und Herakleides über, die den Kotys dann ermordeten. Der berühmte Kastrat Hermeias, mit dem auch Aristoteles ein Verhältnis hatte, konnte trotz seines Erfolgs als höchstbezahltes Objekt des Analkoitus in Athen es nie ertragen, wenn irgend jemand in seiner Gegenwart die Wörter »Messer«, »Messerchen« oder »Schnitt« benutzte und wurde hysterisch, wenn er sie zufällig hörte. Er war Sklave des Geldwechslers Eubulos gewesen, kaufte sich frei, machte sich einen Namen als intelligente Männerhure, studierte bei Platon und Aristoteles, wo er mit den gelehrtesten Päderasten Athens zusammentraf, kehrte mit seinen Ersparnissen nach Atarne, wo er offenbar geboren war, zurück, beteiligte sich an der Tyrannis seines dortigen Herren und folgte ihm als Tyrann von Atarne und Assos. Zur Herrschaft gelangt, berief er den Aristoteles und Xenokrates zu sich, vermählte seine Adoptivtocher Pythia mit dem ersten und setzte den zweiten auf ein Altenteil. Als der persische Feldherr Memnon aus Rhodos den Hermeias in seine Gewalt bekam, schickte er ihn an den Hof des Perserkönigs, wo er mit dem Strange hingerichtet wurde. Seine beiden Städte besetzten die Perser, die die beiden Philosophen vertrieben.

Wegen seines Verhältnisses zu Hermeias und zur Pythia wurde Aristoteles in heftigen Schmähgedichten angegriffen, namentlich von Eubulides und Theokrit von Chios, dessen folgender Vierzeiler uns erhalten geblieben ist:

> Leeren Kopfes weiht Aristoteles einem Eunuchen,
> Einem Sklaven Rubuls, leer dem Hermeias ein Grab,
> Er, der, ergeben dem Dienste des Bauchs, es vorzog zu wohnen
> An des Borboros Strand statt in der Akademie.

Hesychios führt den Selbstmord des Aristoteles auf dieses Schmähgedicht zurück.

Die Perser, die sich so bitter an Hermeias rächten, waren selber die aktivsten Beschneider von Knaben und jungen Männern oder benutzten griechische Zwischenhändler, um die Beschneidung vorzunehmen. So hören wir von einem gewissen Panionios in Chios, der das Geschäft betrieb, Knaben zu kaufen, sie zu verschneiden und dann für viel Geld nach Sardes an die Perser zu verkaufen. Dabei verschnitt er einst auch den Hermotimos aus Pedasos, der später bei Xerxes höchstes Ansehen erlangte. Als nun Xerxes gegen Hellas zog, traf Hermotimos den Panionios in Atarne und lockte ihn mit seiner Frau und seinen Söhnen zu sich. Dann zwang er sie, ihre vier Söhne zu verschneiden, und dann mußten diese ihren Vater entmannen.

Die griechischen Inselbewohner, die unter persischer Herrschaft standen, mußten, wenn sie den verlangten Tribut nicht aufbringen konnten, oft ihre Söhne zum Verschneiden an die Perser verkaufen. Von fast jedem der Perserkönige des 6. und 5. Jahrhunderts sagt man, daß sie verschnittene Knaben als Liebhaber benutzt hätten. So hatte Dareios mit dem Bagoas ein Verhältnis, worin ihm Alexander der Große folgte, als er den Dareios besiegt hatte. Aber nicht nur unter den Makedoniern und Ptolemäern überlebte die Sitte der Verschneidung junger Männer, sondern auch in Hellas selber, auf den ägäischen Inseln und in Rom. Noch dem Apollonios Molon, bei dem Caesar und Cicero Rhetorik studierten, warf man vor, daß er Knaben verschnitt. Er glaubte, sagt man, daß die Zerstörung des erogenen Zentrums die Reizbarkeit der Afterpartie steigere und daß kastrierte Knaben deshalb größere Lust bei der Pedicatio empfänden.

So wie die Hochzeitszeremonien in verschiedenen Teilen Griechenlands die äußere Form eines rituellen Brautraubs beibehielten, gab es bei den Dorern und den ihnen verwandten Eleern auch eine symbolische Form des Knabenraubs, mit der ein eheartiges Verhältnis zwischen einem Mann und einem Knaben eingeleitet wurde. Ephoros aus Kyme berichtet in seiner von Strabon zitierten Geschichte der Griechen, daß die Dorer nach ihrer Eroberung der Insel Kreta im 11. Jahrhundert v. u. Z. diese Sitte dort eingeführt und zu ihrer Rechtfertigung angegeben hätten, der mythische König Minos habe den Knaben Ganymed bereits in dieser Weise geraubt. »Nicht durch Überredung gewinnen sie den Geliebten«, sagt Ephoros, »sondern durch Raub. Der Liebhaber sagt es den Verwandten drei oder mehr Tage vorher, daß er den Raub ausführen wolle. Es wäre für sie die größte Schande, den Knaben zu verbergen oder den Plan zu vereiteln, da sie dadurch eingestehen würden, der Knabe sei des Liebhabers unwürdig. So versammeln sie sich, wenn der Räuber im Rang dem Jüngling ebenbürtig ist oder über ihm steht, und widersetzen sich nur der Form halber, den Liebhaber ein wenig verfolgend, wie es die Sitte verlangt. Im übrigen lassen sie die Entführung mit Freude geschehen. Ist jedoch der Liebhaber des Jünglings nicht wert, so entreißen sie ihm ihn. Sobald der Jüngling den Männersaal des Räubers betreten hat, hört die Verfolgung auf. Für der Liebe wert halten sie nicht etwa den schönen, sondern den mutigen und sittsamen Knaben. Nachdem der Liebhaber den Knaben freundlich aufgenommen und beschenkt hat, entführt er ihn an irgendeinen Ort des Landes. Ihm folgen alle, die beim Raub zugegen gewesen sind. Zwei Monate lang – länger den Jüngling zu behalten ist nicht gestattet – ergötzt man sich, dann kehren alle in die Stadt zurück. Jetzt erhält der Jüngling ein Kriegskleid, einen Ochsen, einen Becher und wird entlassen. Diese Geschenke befiehlt das Gesetz, aber noch andere kostbare Gaben kommen hinzu, so daß der hohen Kosten wegen auch die Verwandten Gaben beisteuern. Den Ochsen opfert der Knabe dem Zeus und dann bewirtet er seine Begleiter. Schließlich äußert er sich über die Liebeskunst des Entführers, ob er ihn befriedigt habe oder nicht. Das Gesetz gestattet dem Knaben, sich Genugtuung zu verschaffen und den Liebhaber sofort zu verlassen, wenn ihm während des Raubes Gewalt angetan worden ist. Für schöne Jünglinge aus vornehmem Hause ist es eine Schande, keine Liebhaber zu finden, weil dies bedeutet, sie seien nicht tapfer oder sittsam genug. Die »Heimgeführten« dagegen, so nennt man die Geraubten, werden überall bevorzugt. Bei Wettbewerben und im Theater haben sie Ehrenplätze. Als Auszeichnung vor allen anderen gestattet man ihnen, das von dem Liebhaber geschenkte Ehrenkleid zu tragen. Auch wenn sie bereits erwachsen sind, tragen sie ein besonderes Gewand, das sie als ›Herrliche‹ auszeichnet« (Ephoros bei Strab., X, 483 f.).

Auch nach Korinth und Theben brachten die Dorer die gleiche Sitte. Plutarch erzählt von einem Fall, der nicht ganz der Regel nach verlief. »Aktaion, der Sohn des Melissos, war der schönste und sittsamste Knabe seiner Generation, so daß ihn viele begehrten, am meisten aber Archias, der sein Geschlecht bis auf die Herakliden zurückführte und wegen seines Reichtums und seiner Macht unter den Korinthern hervorragte. Da nun der Knabe sich nicht überreden ließ, beschloß er, ihn

mit Gewalt zu rauben. Er zog also an der Spitze einer Schar von Freunden und Sklaven vor das Haus des Melissos und versuchte, den Knaben zu entführen. Der Vater und seine Freunde leisteten aber erbitterten Widerstand, auch die Nachbarn liefen zur Hilfe herbei, und während bei dem Kampfe der beiden Parteien der Junge hin- und hergerissen wurde, ward er tödlich verletzt und starb. Der Vater aber hob die Leiche des Knaben auf, trug sie auf den Stadtplatz und zeigte sie den Korinthern, indem er von ihnen verlangte, die zu bestrafen, die das getan hatten. Die aber hatten zwar Mitleid mit ihm, blieben aber sonst untätig.« Der verbitterte Vater stürzte sich, nachdem er die Götter zur Rache aufgefordert hatte, von einem Felsen ins Meer. »Bald darauf kam Mißernte und Hungersnot über die Stadt. Das Orakel erklärte, das sei der Zorn des Poseidon, der sich nicht beruhigen werde, bis der Tod des Aktaion gesühnt sei. Als Archias das hörte, denn er war selbst einer der zum Orakel gesandten Männer, kehrt er nicht wieder nach Korinth zurück, sondern flüchtete nach Sizilien, wo er seinerseits von seinem Lustknaben Telephos ermordet wurde« (Plut. *amat.* narr., II, 772 f.).
In Theben führten die Dorer den Ritus des Knabenraubs auf König Laios zurück, der den Chrysippos entführt hatte. Pelops, der Vater des Knaben, verfluchte den Laios, der in Erfüllung des Fluches später von seinem eigenen Sohn getötet wurde. Die Altertumsforscher haben sowohl im Falle des Knaben Aktaion wie in dem des Chrysippos angenommen, daß der Fluch wegen des päderastischen Verkehrs erfolgt sei. In Wahrheit jedoch ging es darum, daß die Entführer das Vaterrecht verletzt hatten, indem sie die Knaben ohne Zustimmung der Väter mitgenommen hatten. Wir begegnen der gleichen Rechtsverletzung auf höherer Ebene, wenn Zeus, der Vater der männerrechtlichen Götter, sich in den Knaben Ganymed, den Sohn des Königs Tros, verliebt und ihn in den Olymp entführt. Auch hier muß Zeus dem Vater des Knaben nachträglich eine schwere Sühne leisten; nicht etwa, weil er mit dem Knaben homosexuell verkehrt hatte, sondern wiederum, weil er es unterlassen hatte, den Vater vorher um Erlaubnis zu bitten.
Knabenliebe ist erlaubt. Aber da der Sohn seit der Einführung des Privateigentums in die einst auf Gemeinbesitz aufgebaute Gesellschaft der Griechen das uneingeschränkte Privateigentum des Vaters geworden ist, muß der Knabenliebhaber, ehe er die Dienste des Knaben in Anspruch nehmen darf, dem Vater eine Abfindung zahlen. Das gilt sowohl für die Sterblichen als auch für die Götter.

Pädicatio, Pädikatio, Pädikation → Pedicatio.

Pädonekrophilie [gr.: pais = Kind; nekros = Leiche; philia = Liebe], Liebe zu Kinderleichen. Eine Sonderform der → Nekrophilie, bei der der Patient mit Kinderleichen zu kopulieren sucht. → Kinephobie, Leichenschändung, Nekromane, Nekrophagie, Nekrophilie, Nekrosadismus, Pädophilie, Zoonekrophilie.

Pädonekrosadismus [gr.: pais = Kind; nekros = Leiche; frz.: sadisme, nach dem Marquis de Sade], die Verstümmelung von Kinderleichen. Vgl.: Nekromane, Nekrophagie, Nekrophilie, Nekrosadismus, Pädonekrophilie, Pädophilie, Pädosadismus, Sadismus.

Pädophilie [gr.: pais = Kind; philia = Liebe], Kinderliebe, die sexuelle Neigung zu Kindern und Jugendlichen. Der Begriff wird vom Laien oft als »Homosexualität« mißverstanden, weil im Griechischen das Wort *paidos* sowohl Kind wie Knabe bedeutet. Während der Begriff → Päderastie, der ebenfalls sowohl Knabenliebe wie Kinderliebe bedeutet, im allgemeinen Sprachgebrauch die Bedeutung des Geschlechtsverkehrs zwischen Männern und Knaben angenommen hat, bezeichnet das Wort Pädophilie den Geschlechtsverkehr mit Kindern beiden Geschlechts, schließt also alle Formen der heterosexuellen Beziehung zwischen Erwachsenen und Kindern wie auch homosexuelle Beziehungen zwischen Frauen und Mädchen ein. Kein Aspekt der sexuellen Abnormität ist umstrittener als der der P. Die negativen Folgen jugendlichen Sexualverkehrs mit Erwachsenen sind von der Presse übertrieben worden. Die Forschungsresultate der Jugendpsychologen, Gerichtsmediziner und Sexualforscher widersprechen der Laienmeinung geradezu diametral. Männer und Frauen von hoher Intelligenz und unumstrittener Ethik haben sich nicht nur für die P. ausgesprochen, sondern sie als erzieherische Pflicht, ja als einzige wirklich wirksame Methode der Erziehung junger Menschen deklariert. Manche Sexualforscher haben sich dieser Ansicht angeschlossen (z.B. Willhart S. Schlegel: *Die Sexualinstinkte des Menschen*, Rütten und Loening, München 1962, 1966, S. 207-215). Schlegel sagt, daß der Jugendliche vom 15. Lebensjahr an im sexuellen Sinne nicht mehr »schutzbedürftig« sei, sondern im Gegenteil des Geschlechtsverkehrs mit einem älteren Menschen von ethischem Wert *bedürfe*, weil es überhaupt keine andere Möglichkeit gebe, ethische Werte im reifenden Menschen anzupflanzen als durch die Liebe eines älteren Menschen, der diese Werte verkörpert. Hier ließe sich auch Nietzsche zitieren, der über die Pädophilie des alten Hellas schrieb: »Wahrscheinlich sind junge Leute niemals wieder so aufmerksam, so liebevoll, so durchaus in jeder Hinsicht auf ihr Be-

stes (virtus) behandelt worden wie im 6. und 5. Jahrhundert – also gemäß dem schönen Spruch Hölderlins ›Denn liebend gibt der Sterbliche vom Besten‹.«
Aber da die meisten sexuellen Kontakte zwischen Erwachsenen und Kindern weder von ethisch wertvollen Menschen vorgenommen werden noch jenen Dauercharakter haben, der allein zur Übertragung ethischer Werte verhelfen kann, und da vor allem das betroffene Kind meist jünger als 15 ist, bleibt die Frage offen, ob solche frühen Sexualerlebnisse nicht doch schädlich sind und wie groß der Schaden ist, den sie anrichten. Um dies zu ermitteln, muß man eine erstaunliche Menge von Vorurteilen und falschen Informationen aus dem Weg räumen, die sich selbst bei Ärzten angesammelt haben. So ist zum Beispiel die Annahme, daß Kinder erst mit der Pubertät geschlechtsreif werden, gänzlich falsch. Bei Knaben ist Orgasmusfähigkeit vom Säuglingsalter an festgestellt worden. Onanierende Knaben produzieren zeugungsfähige Spermatozoen vom Kindesalter an. Mädchen haben vom neunten Lebensjahr an lebensfähige Kinder geboren und sind vom achten Lebensjahr an erfolgreich befruchtet worden. Geisler berichtet aus einer Würzburger Kinderklinik, daß ein noch nicht eineinhalbjähriges Mädchen bereits seit dem siebenten Lebensmonat Praktiken entwickelt habe, »durch die es mehrmals am Tage einen auch von den Eltern als Orgasmus angesprochenen Zustand herbeiführte« (*Das sexuell mißbrauchte Kind*, Verlag für medizinische Psychologie, Göttingen 1959, S. 24). Nach Kinsey ist die Resonanz des Knaben auf solche auslösenden Reize noch größer als die der Mädchen. Die Hälfte aller drei- bis vierjährigen Knaben hat nach Kinsey bereits den Orgasmus erreicht.
Wie Freud entdeckte, herrscht beim Menschen eine Parapubertät zwischen dem 3. und 5. Lebensjahr, also in dem Alter, da die Anthropoiden ihre Maturität erreichen. Andererseits besteht keinerlei Zusammenhang zwischen der Fortpflanzungs- und der Sexualreife des Kindes. Thomae, Strickmann und auch Geisler sind zu der Überzeugung gekommen, daß die Libido der Kinder und ihr Drang nach sexueller Betätigung nahezu im Gegensatz zur Fortpflanzungsreife steht. Gumpert weist darauf hin, daß nicht erst heute, im Zeitalter der angeblichen → Akzeleration, sondern bereits nach dem Ersten Weltkrieg der Beginn sexueller Tätigkeit bei jugendlichen Prostituierten im Alter von zwölf bis dreizehn lag (*Das Anwachsen der kindlichen Prostitution,* Medizinische Klinik 19, 640, 1923).
Alle Autoritäten sind sich darüber einig, daß die meisten sexuellen

Handlungen zwischen Kindern und Erwachsenen weder den Eltern noch der Polizei bekannt werden. Der Grund liegt aber weder in polizeilicher noch in elterlicher Gleichgültigkeit, sondern darin, daß die Kinder in den Sexualhandlungen nichts Ungewöhnliches sehen und in der Mehrzahl der Fälle an den Handlungen aktives Vergnügen finden. Geisler berichtet über eine Gruppe von zwölf Mädchen und drei Knaben im Alter von 14–15 Jahren, die mit Erwachsenen Geschlechtsverkehr gehabt hatten: »Keine der 12 Zeuginnen dieser Altersgruppe hatte von sich aus der Polizei oder einer Aufsichtsbehörde Mitteilungen über das Delikt gemacht, sondern *alle* wurden erst zur Aussage veranlaßt, nachdem andere Personen auf den Verdacht strafbarer Handlungen hingewiesen hatten« (*op. cit.*, S. 35). Schilf stellte ebenfalls fest, daß von hundert »sexuell mißbrauchten« Kindern nur 21 Mädchen und drei Knaben es für nötig gehalten hatten, ihren Eltern diese Erlebnisse mitzuteilen. Mit einer Ausnahme waren diese Kinder jünger als zehn Jahre *(Beiträge zur Kinderpsychologie)*. Mergen zitiert den Fall eines Täters, der vier Jahre lang in 27 nachweisbaren Fällen mit Kindern zwischen fünf und 16 Jahren Geschlechtsverkehr hatte. Nicht ein einziges Kind beschwerte sich. Der Täter wurde nur deshalb entdeckt, weil er einem Fotogeschäft einen Film mit Aufnahmen nackter Kinder zum Entwickeln gab. Wäre auch nur ein winziger Teil des negativen Einflusses oder Schockeffekts, den die Eltern befürchten, tatsächlich vorhanden, so hätten sich die Kinder ohne Zweifel bei Eltern oder Polizei beklagt. Tatsächlich sind es aber meist die Kinder, die die Erwachsenen verführen, und nicht umgekehrt. Weiß und Mitarbeiter stellten bei 44 von 83 Kindern Dulden und Anregen sexueller Verstöße fest (*A Study of Girl Sex Victims*, Psychiatric Quarterly 29, 1, 1955). Geisler erwähnt das erste sexuelle Erlebnis eines neunjährigen Mädchens, bei dem vielleicht noch Zweifel bestanden, ob die Initiative von dem Kind oder dem Erwachsenen ausging. Nach diesem ersten Erlebnis jedoch »fanden in wenigen Wochen zwei weitere Vorkommnisse dieser Art mit anderen Tätern statt und wurden offensichtlich von dem Kind gesucht«. Ein anderes Mädchen, eine Zehnjährige, »war nach dem Anblick eines Exhibitionisten sexuell interessiert, warf wache Blicke auf Männer und bot sich ihnen in aufreizender Stellung an Absperrgerüsten turnend dar. Sie war dann auch bereit, mit Männern ›mitzukommen‹, und erwartete kleine Geldgeschenke dafür.« Ein drittes Mädchen, 13 Jahre alt, wurde unter Aufsicht des Jugendamtes gestellt, nachdem es einen älteren Mann »zur Demonstration der männlichen Sexualvorgänge veranlaßt hatte«. Geisler berichtet auch über eine Gruppe von 35 Mädchen zwischen zehn und elf Jahren: »Zwei von ihnen suchten oft die Nähe eines 80jährigen Nachbarn und ließen ihm Liebesbriefe und kleine Geschenke zukommen. Später brachten sie den alten Mann dazu, sich von ihnen betasten zu lassen. Sie ließen sich gegen kleine Geldbeträge entblößt betrachten und steigerten allmählich das dafür ausgesetzte Geld« (*Das sexuell mißbrauchte Kind*, Verlag für medizinische Psychologie, Göttingen 1959, S. 78, 79, 31). Mirow berichtet in sehr ähnlicher Weise über regelmäßige geschlechtliche Beziehungen körperlich noch infantiler Mädchen, sogar einer Zehnjährigen (*Somatische und psychische disharmonische Reifung*, Zeitschrift für Kinderheilkunde, 66, 349, 1949). Geisler erwähnt zwei Mädchen der Altersstufe von 12 bis 13 Jahren: »Zwei von ihnen erregten mit anzüglichen Fragen einen alten blinden Zeitungsverkäufer, der sich zu unzüchtigen Antworten und Berührungen hinreißen ließ. – Eine andere duldete lange schmusend Zudringlichkeiten ihres Stiefvaters und suchte so, kleine Vorteile zu erlangen. – Eine retardierte Hilfsschülerin suchte immer wieder die Nähe exhibitionierender Männer und steigerte sich so in sexuelle Wachphantasien . . . Ein 12jähriges, bereits matures Mädchen hatte mit verschiedenen Bekannten Verkehr, die sie in dem Glauben ließ, bereits 16 Jahre alt zu sein. Als sie fürchtete, Folgen des Geschlechtsverkehrs könnten sich im Gesicht zeigen, suchte sie den Rat einer verheirateten 17jährigen, wie sich diese beseitigen ließen. Ihr gegenüber sprach sie von einer erlittenen ›Vergewaltigung‹, und diese junge Frau informierte sofort die Polizei. Die 12jährige war bei der Begutachtung sofort bereit, den wahren Sachverhalt zu berichten, und sie machte sich schwere Sorgen, daß die Freunde wegen der Anzeige nun Schwierigkeiten haben könnten. – Eine körperlich noch wenig entwickelte 12jährige gab sich mit bescheidenen Mitteln ein damenhaftes Aussehen, suchte planmäßig einen für solche Näherungen bekannten Park auf und vereinbarte hier mit einem Mann, für 5 Mark Verkehr auszuüben« (ebd. S. 32). Frey und Geisler sind sich darüber einig, daß sexuell »mißbrauchte« Kinder eine Neigung besitzen, sich neuerlich »mißbrauchen« zu lassen (Frey: *Die Psychologie der Zeugenaussagen Jugendlicher*. Zeitschrift für Kinderpsychiatrie 12, 105, 1945–6. Geisler, op. cit. S. 59). Geisler faßt alle bis 1959 wissenschaftlich erfaßten Fälle zusammen und stellt fest, daß bei 25 Prozent der von Sittlichkeitsdelikten betroffenen Kinder Entgegenkommen bis zum aktiven Herausfordern des Täters zu erkennen war.

Ein ebenso verbreiteter Irrtum wie der der sexuellen Unschuld kindlicher Sexualpartner ist der der Unschuld der Eltern und Nachbarn. Immer wieder findet man in der täglichen Presse und den Illustrierten die Vorstellung, daß die Mehrzahl, wenn nicht alle sogenannten Vergehen gegen Kinder von »Sittlichkeitsverbrechern« begangen werden, die von außerhalb kommen. In Wahrheit wird die überwältigende Mehrzahl solcher Taten von den eigenen Eltern, den Geschwistern, Verwandten und Nachbarn begangen. Näbel untersuchte bei 1485 Sittlichkeitsverbrechen an Kindern die Beziehungen zwischen Täter und Opfer. Die weitaus größte Gruppe – 38 Prozent – bestand aus Hausbewohnern, Kostgängern und Nachbarn, während sich dem Kinde fremde Täter nur in zwanzig Prozent der Fälle näherten. »Damit wird gezeigt, daß Gefährdungen oft gerade in nächster Nähe der Häuslichkeit liegen« (*Über die Kriminalität der Kinderschändung*, Inaug. Diss. Bonn 1952).

Das drittgrößte Kontingent von Tätern, die sexuelle Akte mit Kindern vornehmen, stellen Kinder und Jugendliche selber. Statistiken wie diejenige, die Holle der polizeilichen Kriminalstatistik der BR entnommen hat, kommen immer wieder zu vergleichbaren Zahlen: fünf Prozent der Täter, die unzüchtige Handlungen an Kindern begingen, waren Kinder. Sie stellten vier Prozent der Täter aller erfaßten Delikte dar. Auf die 14- bis 18jährigen Jugendlichen entfielen sieben Prozent aller strafbaren Handlungen. Ihr Anteil an Sittlichkeitsverbrechen war wesentlich höher, und zwar begingen sie 17 Prozent der unzüchtigen Handlungen an Kindern und stellten zehn Prozent der wegen Notzucht und 16 Prozent der wegen homosexueller Handlungen erfaßten Delinquenten. Heranwachsende von 18 bis 20 Jahren, die in der Bundesrepublik besonderen strafrechtlichen Bestimmungen unterliegen, waren acht Prozent aller ermittelten Täter. An Sittlichkeitsdelikten waren sie unverhältnismäßig stark beteiligt, nämlich zu 13 Prozent an Notzuchtverbrechen, zu acht Prozent an Unzucht mit Kindern, zu 13 Prozent an homosexuellen Delikten; ferner stellten sie zwei Prozent der Kuppler und Zuhälter.

Die ernsteste Gefahr, der Kinder beim Geschlechtsverkehr ausgesetzt sind, ist nicht der Geschlechtsverkehr selber, sondern die Panik der Erwachsenen und die Peinlichkeit eines Gerichtsverfahrens. Bennholdt-Thomsen warnte deshalb bereits 1952, daß Kinder mehr durch das Verhör als durch den Tatbestand selber gefährdet seien (*Über das Accelerationsproblem*, Zeitschrift für menschliche Vererbungs- und

Konstitutionslehre, 30, 619, 1952). Alle Anzeichen weisen darauf hin, daß er eher unter- als übertrieben hat. Erst die paradoxe Sittenlehre der Eltern (→ Paradoxia sexualis) flößt dem Kind den Gedanken ein, daß der Geschlechtsverkehr schädlich oder unmoralisch sei, und erst wenn das Kind diesen Unsinn glaubt, beginnt der teuflische Mechanismus des schlechten Gewissens und der Selbstvorwürfe, die den eigentlichen Schaden in der Psyche des Kindes anrichten und meist nie wieder gutzumachen sind. Ließen die Eltern den Vorfall kommentarlos vorbeigehen und behandelten sie ihn so, als ob er eine Selbstverständlichkeit wäre, so hülfen sie dem Kinde besser über die Krise hinweg.
In jeder Sexualkrise eines Kindes ist deshalb der wichtigste Patient der Vater. Der Gefahrenherd besteht darin, daß der Erwachsene die Sexualerlebnisse seiner Jugend so erfolgreich verdrängt, daß er bei seinem Kinde eine Gefahr vermutet, die er selber mit großer Wahrscheinlichkeit in seiner eigenen Jugend erlebt und bewältigt hat. Ist es aber der Mehrzahl aller Menschen ohne allzu großen psychischen Schaden möglich, die Sexualerlebnisse ihrer eigenen Kindheit so erfolgreich zu vergessen, daß sie schwören, sie hätten so etwas in ihrer Kindheit nie erlebt, dann liegt gerade hierin der Beweis, daß sexuelle Erlebnisse im Kindheitsalter ganz und gar nicht so traumatisch sind, wie der Laie annimmt. Andererseits zeigt gerade die an Eifersucht erinnernde Wut auf den »Kinderschänder«, daß die Verdrängung doch nicht ganz so erfolgreich gewesen ist, wie das Vergessen der eigenen Erlebnisse uns glauben lassen will. Was wir in dem »Kinderschänder« attackieren, ist tatsächlich unsere Eifersucht auf unsere eigene verdrängte kindliche Sexualfreude. Was unser Unbewußtes uns zuflüstert, wenn es uns dazu veranlaßt, »Todesstrafe für Kinderschänder« zu fordern, sind die Worte: »Wenn *wir* nicht mehr die Sexualfreuden der Kindheit genießen dürfen, wie soll *er* dann das ungestrafte Privileg haben, sich mit Kindern zu vergnügen!«
→ Akzeleration, Blutschande, Dippoldismus, Erziehersadismus, Erziehungsmasochismus, Geschlechtserziehung, Gouvernantenwahn, Heranwachsende, Inzest, Jugendliche, Jugendschutz, Jungfernschaftsprokurist, Kaunitzprozeß, Kinderehen, Kinderraub, Kindestötung, Mißhandlung von Kindern und Jugendlichen, Pädonekrophilie, Pädosadismus, Pubertät, Puerilismus, Schutzaufsicht, Strafmündigkeit, Tötungsdelikte von Kindern, Volljährigkeit, Vulvitis infantium.

Pädosadismus [vom gr.: pais = Kind; frz.: sadisme, nach dem Marquis de Sade], Kinderquälen, sexuell motivierte Kindermißhandlung, meist durch Schlagen mit Rohrstock oder Rute, manchmal aber auch durch schwere Mißhandlung, durch Aushungern, durch Unterbringung in schmutzigen, lichtlosen, nassen, kalten oder bettlosen Räumen, seltener durch Anfesseln oder Aufhängen an Armen, Beinen, Füßen oder Händen. Die Täter sind fast stets die eigenen Eltern, die Fürsorgeerzieher oder die Lehrer der Kinder. Bekannt sind grausame, ihre Kinder übermäßig züchtigende Mütter, wobei zumeist ein versteckter Sadismus zugrunde liegt – versteckt deshalb, weil es in der Tat keineswegs selten vorkommt, daß derlei Mütter nichts von dem Grundcharakter ihres Handelns wissen, ja mit Entrüstung einen solchen Verdacht zurückweisen. Dafür spricht u. a. jener Fall der Gutsbesitzergattin Dora Astrenberg, die, weil sie ihren Sohn zu Tode mißhandelt hatte, 1942 vor dem Prager Schwurgericht stand und die Frage des Verteidigers, ob sie bei den Züchtigungsakten erotisch erregt gewesen sei, beantwortete: »Jawohl. Ich kam aber erst darauf, als mich die Gerichtsärzte fragten. Ich wußte vorher nicht, was es für eine Erregung sei.« Ähnlich bestritt die bekannte Sprachlehrerin Edith Kadivec, die 1924 in Wien wegen P. verurteilt wurde, daß sie die Kinder lediglich aus erotischen Motiven gestraft und ihnen deshalb vorher unlösbare Aufgaben gestellt habe. Die Kinder seien zeitweise faul und unfolgsam gewesen, sie hätten die Strafen verdient und seien auch nicht über Gebühr geschlagen worden. Wulffen bezeichnet die Kinderzüchtiger als eine besondere Gruppe unter den Sittlichkeitsverbrechern. Sie mißhandeln fast nur Kinder nach einem recht einförmigen System; sadistische Akte gegen Erwachsene fehlen meist. Zu den seltenen Fällen, wo Außenstehende pädosadistische Akte begehen, gehört der von Geisler erwähnte Fall eines zweieinhalbjährigen Mädchens, dem von fremder Hand Sicherheitsnadeln in die Vagina manipuliert worden waren und das wegen ungeklärter Leibschmerzen klinisch behandelt wurde (Geisler: *Das sexuell mißbrauchte Kind*, Verlag für medizinische Psychologie, Göttingen 1959, S. 9).

Man muß sehr sorgfältig zwischen den Pädosadisten und den pädophilen Menschen unterscheiden, die den Kindern nicht weh tun möchten, die aber manchmal aus Angst vor Entdeckung den Mund des Kindes zuhalten, wobei dann nur allzu oft der Erstickungstod eintritt.

Der Versuch erwachsener Männer, mit präpubertären Mädchen tatsächlichen Koitus auszuüben, geschieht selten, und die Verletzungen der Genitalien, die in solchen Fällen eintreten können, sind eben nur dann schwerwiegend, wenn der Täter sadistisch und nicht pädophil orientiert ist. Pädophile Täter begnügen sich meist mit der Entblößung oder dem Betasten der kindlichen Sexualorgane. In solchen Fällen wird das Kind meist erst durch das Gebaren der Eltern darauf aufmerksam gemacht, daß ihm etwas Ungewöhnliches zugestoßen ist. Der pädophile Täter, dessen Libido auf Kinder fixiert ist, will dem Kind nicht weh tun (Humbert Humbert in *Lolita* stellt ein psychologisch korrektes Bild des auf präpubertäre Mädchen fixierten Männertyps dar). Aber wenn das Kind von seinen Eltern angewiesen worden ist, in solchen Fällen um Hilfe zu rufen, oder wenn die Eltern dem Kind Angst gemacht haben, so daß es aus oft unbegründeter Furcht zu schreien beginnt, bekommt der Täter Angst. Statt wegzulaufen, versucht er dann manchmal, die Schreie des Kindes mit der Hand oder einem Kleidungsstück zu ersticken. Dabei mag dann der unbeabsichtigte Tod des Kindes eintreten.

Obgleich es den Eltern kein Trost ist, von dem Gerichtsarzt zu erfahren, daß der Täter das Kind nicht aus Lust am Töten, sondern aus Angst vor Entdeckung umgebracht hat, so darf dieser Unterschied doch nicht leichtfertig verwischt werden. Erst der Anblick des toten Kindes bewegt den Täter dann manchmal zum Versuch eines Koitalakts. Hätten die Eltern durch ihre eigene Angst vor dem Sexualverkehr das Kind nicht in Panik versetzt, wäre es nicht getötet worden. Und wäre es nicht getötet worden, so hätte der Täter keinen Koitalversuch gemacht. Tragischerweise sind es also fast stets die Eltern, die dem Kind sein eigenes Schicksal schmieden. Die Therapie oder Verwahrung sexueller Psychopathen wird erst nach ihrer Entdeckung, d. h. meist erst nach einem versuchten Sexualdelikt, möglich. Hier kann die *Gesellschaft* nichts tun, um die Begegnung von Kind und Psychopathen zu verhindern. Aber die *Eltern und Erzieher* können etwas tun, um eine solche Begegnung zumindest vor dem Trauma der Angst und vielleicht vor der Ermordung des Kindes zu schützen. Und was sie tun können, ist nahezu das Gegenteil von dem, was heute geschieht. Statt das Kind vor den »entsetzlichen Folgen« einer solchen Begegnung zu warnen, muß ihm deren Harmlosigkeit klargemacht werden. Vor allem muß man dem Kind beibringen, nicht zu schreien, wenn ihm keine Lebensgefahr droht. Ein vergewaltigtes Kind, tragisch wie ein solches Schicksal ist, ist immer noch besser als ein totes Kind. Und ein Kind, das bei der Vergewaltigung schreit, hat eine minimale Lebenserwartung.

Pagismus, »Pagenliebe«, einerseits die Neigung älterer Frauen zu jungen Männern (→ Neoterophilie, Pädophilie, männliche Prostitution), andererseits das Bedürfnis erwachsener Männer, sich aus masochistischen Gründen wie Kinder oder Diener behandeln zu lassen (→ Erziehungsmasochismus, Puerilismus).

Palais Royal, → Vauxhall d'hiver, → Paphos und die Tuilerien waren im 18. Jahrhundert die wichtigsten Treffpunkte der Pariser Prostituierten. Ursprünglich 1629 von Richelieu gebaut, gelangte das Palais Royal später in den Besitz der Familie Orléans und wurde unter Philippe d'Orléans zum Vergnügungspark. In den Jahren 1781–1784 baute er sechzig durch Bogengänge miteinander verbundene Pavillons und schuf damit den ersten in sich geschlossenen Pariser → Lustgarten. Eine der Hauptattraktionen des P. R. war die Schaustellung eines gänzlich nackten Mannes. Mitte des 18. Jahrhunderts sollen nicht weniger als fünfzehnhundert Prostituierte in und um den P. R. gelebt und gearbeitet haben. Sie wurden vom Volk in drei Gruppen eingeordnet: → Castors fins (Feinbiber), Castors (Biber) und Demi-castors (Halbbiber).

Pallio [it.: Wettlauf, Samtmantel, Trophäe]. Dieses sprachlich merkwürdige Zusammentreffen so divergierender Begriff geht auf eine mittelalterliche Sitte zurück, die ihrerseits wahrscheinlich in einem heidnischen Fruchtbarkeitsritus wurzelt. Nach einem militärischen Sieg pflegte der Kommandant alle Soldaten- und Landsknechtsweiber zusammenzutrommeln, um zwischen ihnen ein Wettrennen zu veranstalten, dessen Preis ein roter Samtmantel war. Das Rennen wurde stets völlig nackt abgehalten. Die Siegerin war die einzige, die angezogen (im Samtmantel) zurückkam. Die anderen Frauen standen den Soldaten zur Verfügung.

Panhermaphroditismus [gr.: pantos = alles; Hermaphroditos = doppelgeschl. Halbgott], ein von Letamendi geprägtes Synonym für → Bisexualität.

Pantoffelheld, Ehemann, der unter der Fuchtel (dem »Pantoffel«) seiner Frau steht. Nach germanischem Recht war der P. »ehrlos«. Das Teicheler Stadtstatut bestimmte, daß ein Mann, der sich von seinem Weib beschimpfen oder schlagen ließ, den Ratsdiener auf seine Kosten kleiden mußte. Auch das Blankenburger Statut (1594) lautet ähnlich: falls der P. nicht zahlen konnte, sollte man ihn in das Gefängnis werfen und sein Hausdach abdecken. Ein ähnlicher Brauch wurde noch in Mainz 1766 und in Fulda 1769 geübt. In Schleswig-Holstein veranstaltete man einen »Pantoffelball«, bei dem die Frauen und Mädchen die ganze Festlichkeit beherrschten, und zwar bis zwölf Uhr nachts, worauf der Pantoffel von den Männern herabgerissen wurde und die Herrschaft wieder an sie gelangte.

In Wahrheit ist der P. fast nie ein schwacher Mann, der von einer starken Frau »beherrscht« wird, sondern ein psychischer Masochist, der sich selber dieser Tatsache unbewußt ist. Ein Fall, der wie eine Lehrbuchillustration des psychischen Masochismus anmutet, war der des ehemaligen Zolloberinspektors Hugo Lindemann, der nach 36jähriger Ehe am 13. Oktober 1965 seine Ehefrau Helene mit einem Schal erdrosselte. Schon während der Vernehmung des Angeklagten und der ersten Zeugen, die übereinstimmend die getötete Ehefrau als egoistisch, trunksüchtig, unbeherrscht, faul und verlogen darstellten, schienen sich immer mehr die Rollen zu vertauschen: Aus dem Täter wurde das Opfer, aus dem Opfer die Täterin, gegen die die schwersten Vorwürfe erhoben wurden, ohne daß auch nur die geringste Möglichkeit einer bescheidenen Rehabilitierung bestünde. Lindemann, Sohn eines angesehenen Polizeikommissars, trat schon 1920 in den Zolldienst. Neun Jahre später heiratete er die Tochter einer wohlhabenden Familie aus Flensburg. Aber schon kurz nach der Hochzeit begannen die ersten Konflikte. So etwa, nachdem seine Frau ihm, dem uniformierten Zöllner, in Wien vor versammelter Mannschaft eine Ohrfeige gegeben hatte. Nach der Schilderung Lindemanns, der im Januar 1967 einen Herzinfarkt erlitt, war seine Ehe ein einziges Martyrium, das er aber geduldig ertrug. Trotz zunehmender Schulden kaufte er seiner Frau einen teuren Pelzmantel, sich selbst aber nur einen billigen Paletot für 79 Mark. Er ließ sich ermahnen, versetzen, in der Beförderung zurückstellen, er kochte und putzte, weil seine Frau sich als »Dame« fühlte und im Haushalt nichts tat. Er ließ sich viele Jahre lang als »Versager« beschimpfen und suchte seiner Frau dennoch jeden Wunsch zu erfüllen. Er verlor ihrethalber schließlich 1960 seinen Beamtenstatus und 1965 auch noch die Wohnung. Aber eine Trennung von dieser Frau hatte er ernsthaft niemals erwogen. Lindemann: »Ich gab immer nach, ich nahm stets alles auf mich. Ich konnte sie nicht allein lassen. Ohne Halt wäre sie total abgerutscht.« Am Tattag hatte der Angeklagte morgens erfahren, daß er endgültig wegen Mietrückstands die Wohnung verlassen und ein Notquartier beziehen müsse. »Als ich nach Hause kam, hatte meine Frau schon wieder eine halbe Flasche Kognak geleert.« Lindemann ließ sie also erst einmal ausschlafen und spülte inzwischen das Geschirr in der Küche. Als er sie schließlich gegen 14 Uhr weckte und die Hiobsbotschaft mitteilte, beschimpfte sie ihn: »Du Ver-

sager! Du hast es nie im Leben zu etwas gebracht!«
Am zweiten Verhandlungstag gab der medizinische Sachverständige Professor Joachim Gerchow eine überzeugende Analyse des Angeklagten, seiner Tat und der vorangegangenen Konflikte in seiner Ehe. Gerchow bezeichnete die Eheleute als »konträre Charaktere«, deren Zusammenleben »eine fast gesetzmäßige Entwicklung nahm«, so daß sich die Frage nach dem Tatmotiv Lindemanns fast von selbst beantworte. Das Persönlichkeitsbild, das der Professor von dem ehemaligen Zollbeamten zeichnete, wies Lindemann als einen Menschen aus, der einerseits als freundlich, hilfsbereit, zurückhaltend und keineswegs zu Gewalttätigkeiten neigend gilt, andererseits aber »schwerfällig pedantisch, farblos, ohne Schwung und Durchsetzungsvermögen ist«. Gerchow nannte ihn weich bis sentimental und doch egozentrisch, außerdem stecke er voller Minderwertigkeitsgefühle und besitze »eine leicht verletzbare Eigenliebe«. Seine Persönlichkeit sei von bürgerlich-konventioneller Haltung bestimmt. Durch seine Ehe, so erläuterte der Sachverständige, sei Lindemann in ein Spannungsfeld geraten, dem er nicht gewachsen war. Die an sich positiven Eigenschaften hätten sich dadurch allmählich in ihr Gegenteil verkehrt. Seine Rolle in der konfliktreichen Ehe hätte »vom tragischen Verzicht bis zur theatralischen Szene« gereicht. Er war der Diener und sie die Herrin. Hätte er während der langen, quälenden Ehejahre einmal gesagt, wer Herr im Hause ist, die Tat wäre wohl vermieden worden. Die Ehefrau habe Lindemann bis auf das Blut gereizt, doch durch seine eigene Schwäche habe er sich selbst in die Tatsituation hineinmanövriert.
Solche »Schwäche« ist aber niemals frei von Affekt, ebenso wie eine solche Heirat niemals blind stattfindet. Beide Partner wissen im Unterbewußtsein genau, was sie von einer solchen Ehe erwarten: die gegenseitige Zerstörung, die Selbstzerstörung in der Gegenseitigkeit. → psychischer Masochismus.

Paphos, ein Pariser → Lustgarten, der im 18. Jahrhundert nach dem Modell der Londoner Lustgärten → Ranelagh und → Vauxhall angelegt worden war. Er wurde bald zum berühmten und berüchtigten Treffpunkt der Pariser Halbwelt.

Paradidymitis sympathica acuta, eine der sogenannten → Abstinenzkrankheiten des Mannes. Bei starker und unbefriedigter sexueller Erregung erscheint eine etwa hodengroße, intensiv schmerzende und das Licht mäßig durchlassende Geschwulst, die zwischen dem oberen Pol des Hodens und dem Kopf des Nebenhodens sitzt, deutlich vom Hoden abtastbar und am besten von der Hinterseite zu fühlen ist. Durch die frustrane Erregung staut die Samenmasse, anstatt nach außen entleert zu werden, zurück, dringt durch einen präformierten Verbindungsgang in die Paradidymis ein und dehnt sie zystisch aus. → Abstinenz, Enthaltsamkeit, Epididymitis sympathica, Gynäcinämie, Neuralgia testis, Vorehelicher Geschlechtsverkehr.

Paradoxia sexualis [gr.: paradoxon = Widerspruch, Absurdität; lat.: sexus = Geschlecht], das seltsame Phänomen, daß in vielen patriarchalischen Gesellschaftsordnungen sexuelle Meinungen geäußert werden, die den tatsächlichen Neigungen diametral widersprechen. Menschen, die besonders von Pornographie beeinflußt werden, wettern öffentlich gegen diese. Menschen, die zur Homosexualität neigen, schimpfen mit besonderer Affektivität auf »die Schwulen«. Aber hierher gehören auch Menschen, die sich zu besonderer Liberalität in sexuellen Dingen bekennen, absolute Freiheit des Geschlechtsverkehrs fordern und in Wahrheit an mangelnder Libido leiden. Der erfahrene Sexualwissenschaftler wird bei jeder Konsultation zumindest die Möglichkeit einräumen, daß die Motive, die der Patient als verantwortlich für seinen Besuch anführt, nicht die sind, die ihn wirklich hergeführt haben und daß die moralischen Ansichten, die er äußerst, nur dem Zweck dienen, seine sexuellen Neigungen zu verbergen. Der Grund für dieses widersprüchliche Verhalten, dessen Zwang sich nur sehr wenige westliche Menschen entziehen können, liegt in der perversen Moralanschauung, nach der wir erzogen worden sind. Wenn Eltern, Schule, Staat und Gesetzgeber konspirieren, um dem jungen Menschen die paradoxe Ansicht einzuimpfen, daß die Aktivitäten, die ihm Freude machen (z.B. Onanie oder Geschlechtsverkehr) verwerflich, die Tätigkeiten dagegen, die ihm Unbehagen verursachen (z.B. Enthaltsamkeit, Fasten, Buße) moralisch seien, dann ist es kaum verwunderlich, wenn er auch noch als Erwachsener an Paradoxia sexualis leider. → Abstinenz, Genitalhypochondrie, Keuschheit, Sexualhypochondrie, Sexualkrise, Sexualmoral, Sexualneurose.

Paralyse, progressive, eine Erscheinungsform der quaternären → Syphilis. Sie tritt etwa zehn bis 15 Jahre nach der Infektion auf und besteht aus einer chronischen Entzündung der grauen Gehirnsubstanz. Seh- und Sprachstörungen und vor allem wachsende Demenz (Geistesstörung) treten auf. Das sexuelle Benehmen ändert sich, weil die Disziplinmechanismen der Ich- und Über-Ich-Region fortfallen.

Paraphilie [gr.: para = abseits; philia = Liebe], ein von Friedrich S.

Krauss geprägtes Synonym für → Perversion. Der Psychoanalytiker Wilhelm Stekel (1868–1940) übernahm diesen Begriff, gab ihm aber eine andere Bedeutung. Krauss glaubte im traditionellen Sinn des 19. Jahrhunderts, daß P. eine Form des → Lasters, des sexuellen Eigensinns sei, die sich mit Willenskraft und Charakterstärke unterdrücken lasse. Stekel entdeckte, daß sich die P. nahezu gänzlich der Willenskraft entzieht und nur in seltenen Fällen analytisch zu behandeln ist. → Aberratio, Abweichung, sexuelle Idiosynkrasie, Normalität, Parerosie, Parhedonie, Perversion, Perversität, Picazismus, Psychopathia sexualis.

Parapilla [Etym. unsicher; vielleicht vom lat.: para = scheinbar; pila = Pfeiler], ein »scheinbarer Pfeiler«, ein künstlicher Penis zur Selbstbefriedigung der Frau und zum lesbischen Geschlechtsverkehr. Vgl. Selbstbefriedigungsinstrumente.

Parästhesie, sexuelle [gr.: para = neben; aisthesis = Empfindung; lat.: sexus = Geschlecht], geschlechtliche Empfindungsstörung, → Frigidität.

Parastreptokokken gehören zur normalen → Genitalflora der Frau und sind, im Gegensatz zu den → Streptokokken, keine Erreger von → Geschlechtskrankheiten.

Parerosie [gr.: para = neben, anders; eros = Liebe]; **Parhedonie** [gr.: hedone = Lust], Synonyme für → Perversion.

Parfumeuses [frz. Parfumhändlerinnen] waren in Paris gegen Ende des 18. Jahrhunderts halbberufliche Prostituierte, die wie die unguentariae im alten Rom ihre offizielle Tätigkeit als Deckmantel für die inoffizielle benutzten. → Bierhäuserlmenscher, Kaffeemenscher, Kellnerin, Marchande de Mode.

Parfumfetischismus, die Unfähigkeit, durch einen anderen sexuellen Reiz als den eines bestimmten Parfums zum Orgasmus zu gelangen. Dies ist eine Form des Geruchsfetischismus, denn es trifft nicht zu, daß irgendein Parfum der Welt, auch nicht die starken Moschus- und Ambrapräparate, verläßlich auf den sexuellen Appetit *aller* Menschen wirkt. Erstens nicht, weil Männer und Frauen auf verschiedene Düfte ansprechen. Zweitens aber, weil jedes Individuum auf andere Düfte positiv und negativ reagiert. Moschus wirkt auf viele Menschen abstoßend, Ambra erzeugt zuweilen Übelkeit. Der Effekt des Parfums ist also nicht direkt, sondern assoziativ. Und dies in zwei Richtungen. Einmal erinnert uns jedes Parfum an die Person, die es zum erstenmal in unserer Gegenwart benutzt hat. War das ein Wesen, von dem wir uns geschlechtlich angezogen fühlten, so wirkt das Parfum von nun an sexuell stimulierend. Sodann tritt besonders bei Großstadtmenschen oft ein Zustand ein, in dem der Koitus nicht mehr ohne Parfum möglich ist. Es gibt Männer, die nie im Leben mit einer Frau koitiert haben, die nicht irgendein Parfum, eine parfümierte Seife, ein Haarwasser, ein Gesichtswasser, einen parfümierten Puder, Lippenstift oder eine parfümierte Schminke benutzt hat. Ein solcher Mann assoziiert diese künstlichen Geruchsstoffe in so hohem Maße mit dem Koitus, daß er ohne Verwendung solcher Substanzen impotent ist. Für ihn ist der Geruch der beischlafbereiten Frau identisch mit dem der parfümierten Frau. Barbara Bross sagt deshalb auch mit vorsorglicher Weiblichkeit zu ihren Leserinnen: »Benutze Parfum, wenn dein Mann es gern hat. Entgegen der richtigen und gerechtfertigten Regel, daß du dich nie zu stark parfümieren sollst, wenn du ausgehst, kannst du einfach nicht genug Parfum benutzen, wenn du mit deinem Mann ins Bett gehst – außer wenn er eine Abneigung gegen einen bestimmten Duft oder gegen Duft überhaupt hat.« Vgl.: Fetischismus, Geruchsfetischismus, Geruchssinn, Osphresiolagnie, Type olfactif.

Parthenogenese [gr.: parthenos = Jungfrau; genesis = Ursprung, Entstehung], Jungfernzeugung, geschlechtliche Fortpflanzung ohne Mitwirkung eines männlichen Wesens. Während wir überall im Pflanzen- und Tierreich Beispiele der P. vorfinden, gibt es keinen einzigen Fall der → Androgenese oder → Ephebogenese, der geschlechtlichen Fortpflanzung ohne Mitwirkung eines weiblichen Wesens. Von primitiven Fadenwürmern und Rädertieren, über Salzkrebse und Blattläuse bis zu komplizierten Wespen und Schmetterlingen erzeugt die Natur überall Leben ohne Mitwirkung einer männlichen Gattung. Daphniskrebse bringen von März bis August unbefruchtete Sprößlinge hervor. Erst danach erzeugen sie Männchen, mit denen sie sich paaren.

Parthenophilie [gr.: parthenos = Jungfrau; philia = Liebe], Jungfrauenliebe, ein von Hirschfeld geprägter Begriff, der die Unfähigkeit mancher Menschen bezeichnen soll, mit anderen als unberührten Frauen geschlechtlich zu verkehren. Hirschfeld dachte hier an ein lesbisches Syndrom, aber das Phänomen tritt noch häufiger bei heterosexuellen Männern als bei homosexuellen Frauen auf (Hirschfeld: *Die Homosexualität*). Vgl.: Bal Graffart, Didaskalophilie. Enfants du Prado, Homosexualität, Jungfernschaftsprokurist, Jungfräulichkeitsforderung, Korophilie, Lesbizismus, Neoterophilie, Pädophilie, homosexuelle Prostitution, Unzucht mit Kindern, Verführung Jugendlicher, Virginitätsfetischismus.

Partialismus, ein von Wilhelm Stekel (1868–1940) geprägter Begriff, der an Sigmund Freuds (1856–1939) Definition der → Partialtriebe anknüpft. Freud entdeckte, daß der angebliche Sexualtrieb des Erwachsenen sich aus einer Reihe von angeblichen Partialtrieben zusammensetzt, die sich zwischen Geburt und Pubertät entwickeln. Die *erste Entwicklungsstufe* ist polymorph – die ganze Hautoberfläche des Neugeborenen ist auf Lustempfindungen eingestellt: Wärme, Liebkosung, Umarmung, Streicheln. Die *zweite Stufe* bezieht sich auf den Mund: auf die Nahrungsaufnahme, aber auch auf die Lust, die Brustwarze mit Lippen und Zunge zu berühren. Die *dritte* ist die anale Stufe – die Entdeckung, daß man durch Zurückhalten oder Ausstoßen des Stuhls die Mutter ärgern oder zufriedenstellen kann. Damit wird die Sexualität des Kindes zum erstenmal aktiv, denn es weiß nun, daß es Liebkosungen hervorrufen kann, indem es etwas tut, was dem anderen Spaß macht. Gleichzeitig aber entwickelt sich in diesem Alter die → sadistische Komponente, denn das Kind entdeckt, daß es mit den gleichen Methoden, die der Mutter Lust bereiten, auch Ärger erzeugen kann. Deshalb nennt Freud dieses Stadium auch anal-sadistisch. Das *vierte Stadium* ist die Zusammenfassung der ersten drei Stadien unter dem Primat der Genitalzonen. Wird diese Zusammenfassung verfehlt und bricht eine frühere Entwicklungsstufe im erwachsenen Alter durch, entstehen jene → Perversionen *in objecto*, die Stekel Partialismus nennt. P. ist also eine auf andere Körperzonen als die Genitialien fixierte Triebabweichung. Fast alle Formen des → Fetischismus sind nach dieser Definition Formen des P.

Partialtrieb [lat.: pars = Teil], Teiltrieb, ein von Sigmund Freud (1856–1939) geprägter Begriff, der auf der Entdeckung beruht, daß die menschliche Sexualität sich aus einer Reihe von Komponenten zusammensetzt, die von der Geburt an (und wahrscheinlich schon vorher) operieren und sich erst in der Pubertät unter dem Primat der Geschlechtsorgane zu einer Einheit zusammenfügen. Freud betrachtete alle → Perversionen als Überbleibsel der infantilen Partialtriebe. Nur derjenige Mensch ist sexuell gesund, dem es während der Pubertät gelingt, seine Partialtriebe zu genitalisieren. Vgl.: Analerotik, Genitalität, Harntriebhaftigkeit, Hauterotik, Muskelerotik, Oralerotik, Urethralerotik, Partialismus.

Partnertausch, der Austausch von Sexualpartnern zwischen Eheleuten oder Liebespaaren. In zahllosen Zeitungen und Zeitschriften aller westlichen Länder findet man heute Annoncen wie die folgenden:

Ehepaar, 26/29, aufgeschlossen, gutaussehend, sucht gleichges. für häusl. Geselligkeit. Bildzuschr. (Diskr. zurück) unter . . .
Jung. Ehepaar, 24/23 Jahre, gutsituiert, sucht Freundschaft mit Niveau. Wer fühlt sich angesprochen? Zuschr. unter . . .
Ehepaar, 24/38, gut aussehend, modern u. aufgeschlossen, sucht gleichgesinntes Paar für häusliche Geselligkeit. Bildzuschriften evtl. Telefonangabe unter . . .

Andere Paare begehren »Austausch von Erfahrungen«, suchen »neue anregende Freundschaften« und bekennen sich als »experimentierfreudig«. Auf der Suche nach »modernem Vergnügen« charakterisieren sie sich als »großzügig«, »unvoreingenommen« und »ungehemmt«. Viele bekennen sich zum Nudismus, andere zur Polaroid-Photographie. Die Photofreunde bieten zugleich den Austausch »künstlerischer, realistischer« Bilder an. Was die amerikanischen Soziologen bereits seit einem Jahrzehnt mit Sammelbezeichnungen wie *group sex* (Gruppensex), *social sex* (Gesellschaftssex) und *wife swapping* (Frauentausch) umschreiben, wurde 1964 in mehreren amerikanischen Zeitungen, so etwa in dem US-Monatsmagazin »Fact«, detaillierter ausgeführt und ist seitdem auch im Geschlechtsleben der BR nicht mehr selten. Gleichgesinnte Ehepaare zu finden ist nicht mehr schwierig. Teils entwickeln sich die vielfältigen Sex-Kontakte zwanglos zwischen Nachbarn, Freunden und Bekannten, doch neuerdings sind einschlägige Kleinanzeigen in der Zeitung zunehmend beliebt. Wie findet nun der tatsächliche P. statt? Um Mitternacht nähert sich die Party ihrem Höhepunkt. Acht Ehemänner legen ihre Autoschlüssel auf den Tisch. Einer löscht das Licht. Acht Ehefrauen greifen blindlings in den Schlüsselhaufen. Wenig später zerstreuen sich die spielerisch zusammengewürfelten Party-Paare: Die ausgelosten Schlüssel öffnen den Frauen nicht nur das Auto, sondern für den Rest dieser Nacht auch das Schlafgemach des dazugehörigen Mannes. Das Autoschlüssel-Spiel ist nur eine der zahlreichen Varianten einer freizügigen Form geselligen Beisammenseins, der sich bundesdeutsche Eheleute und Liebespaare heute zuwenden. → Strip-Poker und Flaschendrehen eröffnen die Party. Danach ist jeder sich selber überlassen.

P. ist nicht identisch mit sexuellem Pluralismus, dem gleichzeitigen Geschlechtsverkehr mehrerer Männer und/oder Frauen. Die soziologischen Nachforschungen haben ergeben, daß die meisten Mitglieder solcher P.-Zirkel gutbürgerlichen Verhältnissen entstammen, daß besonders viele Akademiker unter ihnen vertreten sind, daß die Anzahl von Nichttrinkern und Nichtrauchern hoch und die von Bohemiens, Hippies und Jugendlichen klein ist. Auch steht der P. offenbar im umgekehrten Verhältnis zur Prostitution. Im Gegensatz zum männlichen Durchschnitt treten die männlichen Mitglieder solcher P.-Zirkel offenbar selten oder nie in Beziehung zu Prostituierten. → Gruppensex, Swinger.

Partnerwahl. Die Wahl des Sexualpartners wird fast ausschließlich von unbewußten Motiven bestimmt. Diese Motive sind großenteils fetischistischer Art und beziehen sich auf lustbetonte Eindrücke, die während unserer Kindheit auf uns eingewirkt haben. Am schwersten wiegen hierbei die Eindrücke, die wir empfangen haben, ehe sich unser Bewußtsein voll entwickelt hat – also vor allem jene Eindrücke, von denen wir glauben, daß wir sie »vergessen« haben. Aber der Mensch vergißt nichts. Jeder Eindruck, den er von seiner Geburt an empfangen hat, ist in seinem Gehirn registriert. Und diejenigen, die er aus seinem Bewußtsein verdrängt hat, beeinflussen sein Leben stärker als die, deren er sich bewußt ist. Der längst »vergessene« Geruch der Haut unserer Mutter, als wir an ihrer Brust saugten, die Haarfarbe unserer Amme, die weißen Konfirmationshandschuhe unserer Schwester, mit denen sie uns einst streichelte, das Parfum unserer Kusine, das Kleid, das das kleine Mädchen von nebenan trug, als es mit uns spielte, die Unterwäsche, die auf der Gartenleine hing, als die Nachbarin uns zum erstenmal küßte – das sind die Eindrücke, aus denen unser Unterbewußtsein das Mosaik zusammenstellt, das wir dann als unseren »Typ« bezeichnen. Der Unterschied zwischen dem, was die Sexualwissenschaft als pathologischen → Fetischismus bezeichnet, und dem harmlosen Alltagsfetischismus, der die sexuelle Partnerwahl des gesunden Menschen bestimmt, ist nicht grundsätzlicher, sondern nur quantitativer Art. Der eine Mann liebt Blondinen, der andere Rothaarige. Manche Frauen mögen südländische Männertypen mit schwarzem Haar und feurigen Augen, andere ziehen blonde, blauäugige Männer vor. Witwer und Witwen, die zum zweiten Male heiraten, wählen sich oft Ehepartner, die ihren verstorbenen Gatten ähneln. Nur wenige Menschen sind sich der Einflüsse bewußt, von denen sie hier beherrscht werden. Der Mann, der laut verkündet, daß schlanke, große Frauen sein Typ seien, verliebt sich immer wieder in kleine, rundliche Mädchen und führt als Alibi an, daß er eben keine Gelegenheit gehabt habe, Mädchen seines eigentlichen Typs kennenzulernen. Der Sexualwissenschaftler erkennt dagegen, daß das proklamierte Schönheitsideal dieses Mannes vom

Modegeschmack der Gruppe bestimmt worden ist, in der er aufgewachsen ist, daß die unbewußte und unwiderstehliche Motivation seiner Partnerwahl jedoch von der Tatsache stammt, daß seine Lieblingstante, die ihm in der Kindheit all das gewährt hat, was seine Mutter ihm abgeschlagen hatte, klein und rundlich war. In diesem Sinne ist der Unterschied zwischen dem Mann, dessen Typ »sportlich« ist, und dem Mann, der auf maskuline, muskulöse Frauen fixiert ist, nur ein gradueller. Und wiederum ist die Grenze zwischen dem Mann, der Frauen in Reitstiefeln attraktiv findet, und dem Schuhfetischisten, den allein die Stiefel bereits in Erregung versetzen, leicht verschiebbar.

Die EHELICHE PARTNERWAHL weicht in bezeichnender Weise von der Wahl des Sexualpartners ab. Wir heiraten, weil wir jemanden kennengelernt haben, mit dem wir zu Bett gegangen sind. Und nun haben wir uns so aneinander gewöhnt, daß es eigentlich selbstverständlich erscheint, die Sache zu legalisieren. Oder, wie es in mehr als einem Drittel aller Ehen der westlichen Welt geschieht, wir erwarten ein Kind und wollen ihm und uns die Peinlichkeiten der unehelichen Geburt ersparen. Also heiraten wir. Im Hintergrund der meisten Eheschließungen steht der unausgesprochene Gedanke: wenn die Sache nicht klappt, können wir uns ja immer noch trennen. Mittlerweile wiegen wir uns in der Illusion, daß unser zukünftiger Mann, unsere zukünftige Frau, sich unter unserem Einfluß im Laufe der Ehe jene schlechten Eigenschaften abgewöhnen wird, die uns heute noch irritieren.

Und damit beginnen die Probleme, an denen die Mehrzahl aller Ehen zugrunde geht. Die Mehrzahl – denn nicht nur diejenigen Ehen gehen zugrunde, die in Scheidung enden, sondern auch die, die zu Langeweile, schwindender Liebe und schwindendem Respekt führen. Der Versuch, den Ehepartner zu ändern, ihn nach dem eigenen Ideal zu formen, ist vielleicht die verhängnisvollste aller ehelichen Versuchungen. Wir ändern uns, aber wir ändern uns allmählich und ohne es zu merken. Versucht jemand, uns bewußt und gezielt zu ändern, lehnt sich alles in uns auf. Wir mobilisieren enorme Widerstandskräfte. Statt in uns selber Veränderungen vorzunehmen, die völlig vernünftig wären, beginnen wir, den Partner zu hassen, der diese Veränderungen in uns zu bewirken versucht. Die erste und wichtigste Grundlage einer Ehe ist deshalb die, einen Partner zu wählen, der nicht an uns herumnörgelt und den wir ein ganzes Leben lang ertragen können, ohne in die Versuchung zu geraten, an ihm herumzunörgeln. Erst in zweiter Linie erwuchsen jene Fragen, die der Unerfahrene als Grundlagen der Ehe betrachtet: »Liebe ich ihn? Liebt er mich?« Und dabei meinen wir: »Will ich ihn als Bettpartner haben? Zieht er mich als Bettpartner allen anderen vor?« Selbst wenn die Antwort in beiden Fällen »ja« sein sollte, so stellt das noch keine brauchbare Ehegrundlage dar. Wenn er heute auch lieber mit seiner Verlobten als mit einem anderen Mädchen schlafen möchte, so mag sie ihn morgen schon langweilen. Und das liegt nicht am Wankelmut des männlichen Temperaments, sondern am Abwechslungsbedürfnis, das ein unabdingbarer Teil des menschlichen Charakters ist.

Jeder vernünftige Mann, der sich eine Frau nimmt, fragt sich deshalb nicht nur, wieviel Befriedigung sie ihm im Bett verschaffen wird, sondern auch, ob und wie sie ihm helfen wird, wenn er krank ist, wie sie seine Kinder erziehen wird, wie weit er sich in einer Krise auf sie verlassen kann, wie sie reagieren wird, wenn er arm ist, ob sie zu ihm halten wird, wenn er bei einem Autounfall einen Arm oder ein Bein verliert. Und jede vernünftige Frau sollte die Wahl ihres Mannes unter ähnlichen Gesichtspunkten treffen. Bei der Wahl des Ehepartners ist »Liebe« deshalb viel weniger wichtig als zwei andere Eigenschaften: der Charakter des Ehepartners und sein sexuelles Temperament. Wie der Appetit beim Essen kommt, so erwächst bei gesunden Menschen die Liebe aus dem Geschlechtsverkehr. Dankbarkeit, Verständnis, Freundschaft, Zuneigung, Respekt – all das kommt von selber, wenn die unersetzliche Grundlage eines guten Charakters vorhanden ist. Was aber nicht von selber kommt, was wirklich unersetzlich ist, ist die Gleichheit oder zumindest die Ähnlichkeit des sexuellen Temperaments der Ehepartner.

Mangelnde Libido ist kein Ehehindernis, wenn sie bei beiden Partnern auftritt. Aber ein leidenschaftlicher Mann kann nie mit einer leidenschaftslosen Frau glücklich werden. Eine Frau, deren Sexualität schnell erwacht, kann nie mit einem Mann leben, dessen Sexualität sie nur langsam entfachen kann. Hier sind der Anpassungsfähigkeit ganz enge Grenzen gezogen, die sich weder mit Geduld noch mit Erfahrung oder gar Technik überbrücken lassen. Benötigt der eine Partner häufigen Geschlechtsverkehr, so wäre es verheerend für beide Partner, wenn der andere nur selten Koitus ertragen kann. Braucht einer von beiden drei-, vier-, fünf- oder mehrfachen Orgasmus, um jene Zufriedenheit zu erreichen, die ja ein Hauptzweck der Ehe ist, so wäre es eine Katastrophe, wenn der andere mit einem einzigen Orgasmus zufrieden ist und jeden weiteren als Belastung empfindet. Es gibt keine größeren

Ehetragödien als diejenigen, die aus solcher Verschiedenheit des sexuellen Temperaments erwachsen. Was die Partner auch sonst verbinden mag – ähnliche Herkunft, ähnlicher Geschmack, ähnliche Ansichten –, es nützt nichts, wenn ihre sexuellen Ansprüche nicht übereinstimmen. Anfang und Ende einer glücklichen Ehe ist deshalb nicht nur das Verlangen nach der gleichen Art von Liebkosung, sondern auch nach den gleichen Intervallen und dem gleichen Grad von Leidenschaftlichkeit. Wo das nicht der Fall ist, können sexuelle Techniken helfen, aber nicht viel. Der Grund des Schadens wurde schon bei der Partnerwahl gelegt. Die Partnerwahl ist deshalb weit wichtiger als jedes andere Element des ganzen Ehekomplexes. Ist der Partner falsch gewählt, kann kein Eheberater die Ehe mehr retten. → Objektwahl.

Partouze [frz. Idiom, zusammengezogen aus par tous = von allen, pour tous = für alle], eine Orgie »von allen für alle«. → Adamsfeste, Enfants du Prado, Gruppensex, Hirschpark, Kreisorgie, Partnertausch, Petit Ermitage, Petite Société, Pluralismus, Rehane, Spintrien, Symplegma.

Partus praematurus [lat.], Frühgeburt, Geburt zwischen der 28. und 35. Woche. → Abortus, Fehlgeburt.

Passatempo [it.: Zeitvertreib], künstlicher Penis aus Glas, der mit Flüssigkeit angefüllt wurde und den Frauen der italienischen Renaissance zur Selbstbefriedigung diente. Katharina von Medici fand einmal vier verschiedene Arten von P. im Koffer einer ihrer Hofdamen (Dufour: *Geschichte der Prostitution*). Vgl.: Selbstbefriedigungsinstrumente.

Passing [engl.: überschreiten], das Überwechseln zu einer anderen → Geschlechtsrolle oder einer anderen → Geschlechtsidentität. Vgl.: Coming-out.

Passiophilie [lat.: passio = Leiden; gr.: philia = Freundschaft, Liebe], wörtlich also: Leidensliebe, ein seltenes Synonym für → Algolagnie oder → Sadomasochismus.

Passivismus, ein schlechtes Synonym für → Masochismus. Denn der Masochist ist überhaupt nicht passiv. Er will aktiv leiden, dulden, Schmerz und Demütigung erleben. Er *fordert* förmlich, daß der andere ihm etwas antun solle. In dem eigentlich paradoxen Verhältnis zwischen dem Masochisten und seiner → Domina (oder der Masochistin und ihrem Meister) ist es also der Masochist, der befiehlt, während der ostensible Herr und Meister nur die Befehle ausführt. Den Masochismus als P. zu bezeichnen bezeugt außerordentliche Naivität.

Pastourelle [frz.: Hirtenmädchen], die weitestverbreitete poetische Form der altfranzösischen und provenzalischen Liebeslyrik. Die Szene war stets ländlich, die Heldin ein Hirtenmädchen, der Held fast immer ein Ritter. Meist eroberte er sie, nur selten wehrte sie ihn durch Klugheit oder aus Tugend ab. Während sich die Hirtin der provenzalischen Pastourelle oft durch geistreichen und feinen Humor auszeichnet, weist die französische Pastourelle derbe Komik und farcenhafte Züge auf und stellt den Typus der durch einfache, ländliche Naivität und sinnenfreudige, oft kokette Unbekümmertheit gekennzeichneten Hirtin dar, die den Bitten des Ritters nur allzu gerne Folgen leistet. Der Reiz der Pastourelle besteht in der Gegenüberstellung des aristokratisch-raffinierten Ritters und des unkomplizierten, lebens- und sinnesfreudigen Landmädchens wie auch im sprachlichen und rhythmischen Reichtum, der sich in der bunten, natürlichen und pikanten Lebhaftigkeit des Dialogs äußert. → Schäferspiele.

Pater familias [lat.], Familienvater, ein Begriff der im römischen Recht eine weitaus größere Bedeutung hatte als bei uns. Die Römer prägten das Wort in Anlehnung an den älteren, mutterrechtlichen Begriff *mater familias*, »Familienmutter«, aber auch in emphatischer Abgrenzung von diesem. Plautus, um 250 v. u. Z. geboren, benutzte das Wort mater familias häufig, kannte das Wort *pater familias* aber noch nicht. Es stammt also mit gewisser Wahrscheinlichkeit aus dem 2. Jh. v. u. Z. und drückt sowohl die Ablehnung des mutterrechtlichen Gedankens einer Familienmutter wie die Errichtung einer neuen, vaterrechtlichen Ordnung aus.

Bachofen sagt: »Nach dem Mutterrecht gibt es wohl einen *pater*, aber keinen *pater familias*. *Familia* ist ein rein physischer Begriff und darum zunächst nur der Mutter geltend. Die Übertragung auf den Vater ist eine *improprie dictum*, das daher zwar im Recht angenommen, aber in den gewöhnlichen nichtjuristischen Sprachgebrauch später erst übertragen wurde . . . Hier gilt der Grundsatz *pater est quem nuptiae demonstrant*« (Gesammelte Werke, Bd. II: *Das Mutterrecht*, S. 102–118). Das bedeutet: Während die Mutter stets weiß, welches Kind das ihre ist, also keiner rechtlichen Klärung der Mutterschaft bedarf, kann der Vater nie sicher sein, ob das Kind seiner Frau von ihm oder einem anderen stammt. Deshalb benötigt er den Rechtsschutz einer monogamen Familienordnung, die per Gesetz verkündet: »Die in der Ehe dem Familienvater geborenen Kinder sind die seinen, wenn er sie als solche anerkennt.« Um diesen, dem Naturrecht widersprechenden Anspruch geltend zu machen, benötigte das Vaterrecht eine enorm gesteigerte Gewalt des Vaters und Familienoberhaupts.

»In der ganzen Geschichte der westlichen Welt findet sich kein Gegenstück zu patriarchalischen Familie des alten Rom. Sie war zementiert durch die *patricia potestas,* die väterliche Gewalt. Dem Vater gehörte der ganze Familienbesitz, und er beherrschte ihn; als eine Art Priester leitete er den Dienst an den Familiengöttern; und er selbst war gottähnlich durch die absolute Macht, das Leben seiner Kinder zu bestimmen oder zu vernichten. Das Zwölftafelgesetz, das um 450 v. u. Z. entstand, zeugt davon, daß der Vater während des ganzen Lebens seiner Kinder das Recht hatte, sie ins Gefängnis zu werfen, sie auszupeitschen, sie in Ketten zur Landarbeit zu treiben, sie als Sklaven zu verkaufen und sogar umzubringen, auch dann, wenn sie bereits hohe Staatsämter erreicht hatten.« (Morton M. Hunt, *Der siebte Himmel*, Berlin 1963, S. 71) Die väterliche Gewalt endete nur mit dem Tod des Vaters. Wenn der Sohn bereits seine Mündigkeit erreicht hatte, ja selbst Vater oder gar Großvater war, stand er immer noch unter der uneingeschränkten Gewalt des Vaters. Nur wenn der Vater seine Freiheits- oder Bürgerrechte verlor, verlor er auch die Gewalt über seine Söhne. Die Tochter entging der väterlichen Gewalt nur dadurch, daß sie sich in die Gewalt eines anderen Mannes, nämlich ihres Gatten, begab.
Der politische Zweck der *patria potestas* war der, jedweden Fortschrittswillen in der neuen Generation im Keime zu ersticken und dadurch eine extreme Form des Konservativismus zu erzeugen. Dionysios von Halikarnassos beschreibt (II, 26) politische Szenen, wie wir sie uns kaum vorstellen können: Erwachsene Männer, Senatoren, Zensoren, Rhetoren, werden von ihren Vätern von der Rednertribüne, aus dem Senat, aus den Beratungszimmern der höchsten Staatsorgane herausgezerrt und geohrfeigt, wenn sie irgend etwas sagen oder tun, das den Ansichten der Väter widerspricht. Naturgemäß geschah das besonders oft, wenn die Söhne fortschrittliche Meinungen vertraten: »Kraft dieses Gesetzes wurden oft angesehene Männer, die auf der Rednertribüne, zwar dem Senat zuwider, aber doch zugunsten des Volkes sprachen und deswegen in großem Rufe standen, von ihren Vätern herabgerissen und, der Strafe gewärtig, welche die Väter gegen sie aussprechen würden, von ihnen weggeschleppt.«
Wem diente diese Form der Vaterherrschaft? Vergil sagt: »Mögen sich andere Völker der Kunst und Wissenschaft widmen, *tu regere imperio populos, Romane, memento*! Du, Römer, gedenke die Völker zu beherrschen!« Das ist eindeutig. Hier führt eine klare Logik von der *patria potestas* zur Herrschaft der herrschenden Klasse. Aber hier liegt

auch die Wurzel des Verfalls: Ein Volk, das so völlig des Fortschritts unfähig ist, kann zwar eine begrenzte Zeitlang Macht anhäufen, kann sie aber nicht halten und kann vor allem nie dafür sorgen, daß die Früchte der Macht dem ganzen Volk zugute kommen.
Die exzessive Rechtsgewalt des *pater familias* läßt sich jedenfalls aus keiner juristischen Notwendigkeit folgern. Die Tatsache, daß das römische Recht diese Gewalt zwar immer wieder ausdrücklich bestätigte, sie andererseits aber durch neue Gesetze, durch sakralrechtliche Verbote und später gar durch die Sittenaufsicht des Zensors einzuschränken suchte, bezeugt einen Widerspruch, der sich nur historisch erklären läßt. Solche sinnwidrigen Exzesse des Vaterrechts entstehen stets dort, wo es vorher ein starkes Mutterrecht gegeben hat und finden ihre Erklärung in der Reaktionsbildung. So erhielt der *pater familias* das Recht über Leben und Tod seiner Frau und Kinder. Weder Frau noch Kinder hatten ein Recht auf eigenen Besitz. Selbst die Ehefrauen der Söhne unterlagen der Gewalt des Schwiegervaters. Das Ganze war also ein spiegelverkehrtes Ebenbild der alten mutterrechtlichen Stammesgesellschaft, mußte aber im Gegensatz zu dieser, da es widersinnig und impraktikabel war, überall durch Gewalt zusammengehalten werden.
Es versteht sich von selbst, daß ein solches System früher oder später an seinen inneren Spannungen zerbrechen und durch ein anderes System des Vaterrechts ersetzt werden mußte. »Ich erinnere mich«, schrieb Seneca im Jahre 55 unserer Zeit, »daß die Männer auf dem Forum auf Tricho, einen römischen Ritter, mit ihren Schreibstiften einstachen, weil er seinen Sohn zu Tode gepeitscht hatte.« Selbst die Autorität des Kaisers Augustus konnte ihn kaum vor den empörten Händen der Söhne retten. »Tricho erholte sich, aber die *patria potestas*, der dieser Angriff symbolisch gegolten hatte, tat das nicht. Innerhalb weniger Generationen nahmen die Herrscher den Vätern die meisten der Machtbefugnisse weg, die sie nominell noch über ihre Frauen und Kinder besessen, aber kaum mehr ausgeübt hatten, und übergaben sie an die vom Staat eingesetzten Gerichte. Der Niedergang männlicher Vorherrschaft, den Cato der Ältere im Jahre 195 v. u. Z. vorausgesehen hatte, wurde im Laufe des ersten Jahrhunderts unserer Zeit besiegelt« (Morton M. Hunt. *Der siebte Himmel*, Berlin 1963, S. 89).
Die Entstehung des römischen Staats stellt also die Übertragung der väterlichen Rechte auf ein eigens zu diesem Zweck erfundenes Instrument dar: öffentliche Gewalt im Gegensatz zur persönlichen Gewalt des Vaters. Dies war nötig, weil die väterliche Gewalt ein Überbleibsel

der Sippengesellschaft mit ihrem ausschließlich aus der Blutsverwandtschaft abgeleiteten Rechtssystem war. Konnte sich die Sippengesellschaft nicht mehr halten, dann auch nicht mehr die *patria potestas*. Es dauerte aber bis in die Kaiserzeit, ehe der Staat den Vätern endgültig die Macht abnahm, die sie ihrerseits so mühsam den Müttern abgerungen hatten. Der voll entwickelte römische Staat der Kaiserzeit muß in diesem Sinne als das Eingeständnis der Väter aufgefaßt werden, daß das Patriarchat zumindest in seiner ursprünglichen Form gescheitert war.

Pathogenese, sexuelle → Sexualpathogenese.

Pathographie, sexuelle → Sexualpathographie.

Pathologie des Sexuallebens [gr.: pathos = Leiden; logos = Wissenschaft; lat.: sexus = Geschlecht]. Zusätzlich zu den Eintragungen über *Geschlechtskrankheiten und Perversionen* → Abortus, Abrasio uteri, Andrinämie, Andromanie, Androphobie, Angoisse de toucher, Angst, Aphrodisie, Auskratzung, Berührungsangst, Berührungszwang, Bräutigamshoden, Brusthaß, Chlorose, Cypridophobie, Deflorationsphobie, Délire de toucher, Destrudo, Ehemetritis, Ejaculatio praecox, Ejaculatio retardata, Ekel, Enthaltsamkeitskrankheiten, Erektionsangst, Eviratio, Familiensklave, Flucht vor der Liebe, Folie utérine, Fractura penis, Frigidität, Furor uterinus, Geburtsangst, Genitalangst, Genitalhypochondrie, Gynäkophobie, Horror sexualis partialis, Hymenismus, Hypästhesie, Hyperästhesie, Hyperandrinismus, Hyperaphrodisie, Hypererosie, Hyperhedonie, Hyperlagnie, Hypersexualität, Hyphedonie, Hyposexualität, Hysteromanie, Idiogamie, Idiosynkrasie, Impotenz, Kastrationsangst, Kinephobie, Koitusangst, Koitusverletzungen, Kraurosis vulvae, Kürettage, Kußkrankheit, Liebeshaß, Männerhaß, Melancholie, Metromanie, Misandrie, Misogamie, Misogynie, Misopädie, Neuralgia testis, Neurose, Nymphomanie, Oestromanie, Orgasmolepsie, Ovariomanie, Paradidymitis, Paradoxia sexualis, Penis captivus, Penisfraktur, Penisinkrustation, Penisluxation, Penisneid, Phrenokardie, Priapismus, Reinlichkeitswahn, Satyriasis, Schattenliebe, Selbstentmannung, Selbstkastration, Sexualhypochondrie, Sexualneurose, Tokophobie, Vaginismus, Venereophobie, Waschzwang, Zwangskrankheiten.

Patria potestas [lat.], Macht des Vaters → Pater familias.

Patriarch [gr.: pater = Vater; archos = Herrscher], herrschender Vater, Herrscher in einem → patristischen Gesellschaftssystem mit → patrilateraler Verwandtschaftsordnung → patrilinearem Deszendenzsystem und → patrilokaler Heiratswohnfolge. Im übertragenen Sinne jeder Mann in einer Gesellschaftsordnung, die dem Vater eine höhere Rolle als der Mutter zuweist. Im völlig verwässerten Sinne jeder Mann in einer von Männern dominierten Gesellschaftsordnung. Man beachte, daß die Wurzel »pater« in dieser letzten Definition verlorengeht.

patriarchale Sippe → Sippe, patriarchale.

Patriarchat [gr.: patriarches = Herrschaft des Vaters] ist das gesellschaftliche und juristische System des → Vaterrechts, der Herrschaft des Mannes über Frau und Kind.

Wenn die moderne Verhaltensforschung uns irgend etwas Eindeutiges mitgeteilt hat, dann die Erkenntnis, daß das männliche Wesen nirgends in der gesamten höheren Tierwelt sozial interessiert ist. Die Lebenslinie des Männchens endet im Begattungsakt, und oft ist es bereits tot, wenn sein Same im Weibchen keimt. Aber auch dort, wo seine Lebenslinie weiterläuft, so bei den höheren Wirbeltieren, fungiert das Männchen bestenfalls als Schützer, nirgends aber als Urheber oder Träger der Herde. Er ist der saisonale und auswechselbare Begleiter der Mutterherde, der eines Tages dem jüngeren und kräftigeren Nebenbuhler weichen muß und oft seine Tage als Einzelgänger beschließt. In den Hautflüglerstaaten, den sozial höchstentwickelten Tierverbänden, läuft die männliche Linie bis zum Paarungsakt. Denn exzessive Geilheit und Freßgier des Männchens verlangen von der Gemeinschaft, daß es nur bis zur Paarung geduldet und danach so bald wie möglich getötet wird. Bienen- und Ameisengemeinschaften sind Matriarchate. Überall in der Tierwelt hat sich die Erkenntnis durchgesetzt, daß die Gemeinschaft nur dann überleben kann, wenn sie mütterlich orientiert ist und den Anteil des Männchens an der Gemeinschaft auf ein Minimum begrenzt.

Nirgends verbünden sich Männchen zu anderen als zu Raubzwecken, nirgends gibt es eine Soziabilität der männlichen Geschlechtstiere außer etwa in der gemeinsamen musikalischen Werbeaktion der Zikaden und Frösche. Stets erscheint der Rammler, der Rüde, der Hengst, der Bulle im Alleingang und verscheucht seine Rivalen. Bei allen Werbehandlungen um das Weibchen bekämpfen die höheren Säugetiere einander. Die ganze Geschichte der Menschheit erzählt von männlicher Aggression; ja, die menschliche Geschichte kann überhaupt nur als Geschichte der Aggression verstanden werden. Die einzige Zeit der Nichtaggression, des friedlichen Zusammenlebens, war die vom Patriarchat systematisch in ihr Gegenteil verteufelte Vorgeschichte, die

Geschichte des Mutterrechts und des Gemeinschaftseigentums. Nur wo die Frau es dem Manne gleichzutun versucht hat oder in der Illusion, sich hierdurch höheres Ansehen zu verschaffen, den Mann in seinen männlichen »Tugenden« zu übertreffen versucht hat, ist auch sie aggressiv geworden.

Das Patriarchat leitet seinen Herrschaftsanspruch von der Behauptung ab, daß das männliche Geschlecht größer, stärker und klüger als das weibliche sei. Was Größe und Kraft anlangt, so sind diese beim Menschen aber nicht gattungsmäßig, sondern durch Zuchtwahl bedingt, sind also das Produkt einer verhältnismäßig kurzen Zeitspanne. Je älter die menschlichen Skelettfunde sind, desto schwieriger wird es, die Geschlechter an der Größe und Stärke der Knochen zu unterscheiden. Erst seit der Institution des Patriarchats hat sich jene extreme Polarisierung der Geschlechter herausgebildet, die das Vaterrecht nun seinerseits als »natürlich« postuliert. Beachtlich ist jedoch, daß sich in der heutigen Ära des Zusammenbruchs des Patriarchats bereits wieder eine meßbare Angleichung des Skelettbaus, der Muskelanlage und der Körpergröße beider Geschlechter herausgebildet hat.

Gesichert sind zwei bezeichnende historische Tatsachen: einmal, daß die rechtliche Stellung der Frau um so besser wird, je weiter wir die Geschichte der Menschheit zurückverfolgen. Sie war besser im Judentum als unter den Christen, besser unter Solon als im späteren Griechenland, besser bei den Hethitern als bei den Griechen, besser bei den Babyloniern als bei den Hethitern, besser in Ur als bei den späteren Babyloniern, besser bei den Ägyptern als bei Hammurabi, besser im Alten Reich als im Mittleren oder Neuen. Dann läßt sich die Tatsache nicht aus der Welt räumen, daß die Mutter stets weiß, welches ihr Kind ist, der Vater aber nie sicher sein kann, ob es das seinige ist. Um diese Unsicherheit aus der Welt zu schaffen, wurde das Vaterrecht erfunden. Das gesamte Rechtssystem der patriarchalischen Zeit geht auf diesen Urakt der Rechtsschöpfung zurück. Da der Urakt aber ein Akt der Verneinung und nicht der Affirmation ist, trägt die Rechtssprechung des Patriarchats bis heute die unverkennbaren Merkmale der Widersprüchlichkeit. Der juristische Urakt bestand in dem Versuch, eine unumstößliche, biologisch unabänderliche Tatsache durch kodifizierte Machtmaßnahmen aus der Welt zu schaffen. Der Urvater des P. sagt: »Ich weiß, wer mein Sohn ist. Ich weiß es, weil ich es hiermit festlege. Die Mutter mag die Natur auf ihrer Seite haben. Ich aber habe die Macht. Und diese Macht stelle ich nun in einem kodifizierten System dar, dem ich den Namen Rechtsprechung gebe.« So entstand das Recht als eine Verneinung der Natur. Und da ein solcher Akt der Verneinung einen Apparat erfordert, der ihn am Leben hält, entstand die Maschinerie des Rechts. Eine solche Maschinerie stellt aber durch ihr Dasein allein bereits den Beweis ihrer Illegitimität dar. Denn eine Gesellschaft, die ein natürliches Rechtsgefühl hat, benötigt keine Juristen. Die Tatsache, daß Gerichtshöfe, Gefängnisse, Polizisten und Scharfrichter vonnöten sind, stellt eine schweigende Anklage gegen die Gesellschaftsordnung dar, die nicht ohne sie auskommen kann. Um auf die Widersprüchlichkeit des P. einzugehen, vergleiche man es mit einem hypothetischen System des Mutterrechts, das sich aus der gleichen Ursituation entwickeln ließe. Die Mutter sagt: »Dies ist mein Kind. Ich weiß es, weil ich es geboren habe. Jeder, der dabei war, ist mein Zeuge.« Hier bedeutet Recht also das, was bezeugt werden kann, und nicht das, was durch kodifizierte Machtmaßnahmen erzwungen werden muß. Die Zwangsmaßnahmen, mit denen der Mann die Frau seit rund dreitausend Jahren unterdrückt hat, das Netz von Widersprüchen, das er mühselig zusammengeflochten hat, um seine Herrschaftsansprüche zu legimitieren, die mysteriöse Affektivität, mit der er stets solche Themen wie das der → Abtreibung behandelt hat (alle »Vaterrechtler« sind dagegen, alle »Mutterrechtler« sind dafür), bestärkt die Vermutung, daß die Dynamik des P. im schlechten Gewissen liegt: der Mann pocht nur deshalb so heftig auf seine Rechte, weil er weiß, daß er keine hat. Nur seine größere körperliche Stärke legitimiert ihn, aber selbst diese ist kurzfristig. Was Ausdauer anbelangt, vor allem was die Fähigkeit anbelangt, Schmerzen zu ertragen, war die Frau dem Mann stets überlegen. Die Aufgabe, Kinder zu gebären, hat ihren Körper für Ausdauer und Schmerzerdulden ausgebildet. Aus diesem Grund hat das P. auch den Akzent der Machtausübung vom *Erdulden* der Schmerzen auf das *Zufügen* von Schmerzen verlegt, also von einer masochistischen (angeblich weiblichen) auf eine sadistische (angeblich männliche) Komponente. Man denke hier an das Konzept der Stärke in mutterrechtlich beeinflußten Kulturen, in denen stets das *Ertragen* von Schmerzen und nicht das *Bereiten* von Schmerzen als Tugend gilt – bei den Indianern beispielsweise und auch bei deren asiatischen Vorfahren. Zweifellos stellt der Umschlag von der Kultur des Nahrungsammelns zu der der Jagd den ersten Umschlag von einer weiblichen in eine männliche Kultur dar, und ebenso zweifellos bildet der Umschlag von einer Ackerbaukultur in eine Industriekultur den zweiten großen Machtergreifungsprozeß des Mannes. Eine Kultur wie die unserige, die im Kriegsspiel ihre Vollendung findet, stellt dagegen mit großer Wahrscheinlichkeit das Ende des P. dar. Denn wenn der innere Widerspruch des P. solche Dimensionen annimmt, daß der Mann, um seine Männlichkeit zu beweisen (und ohne sich bewußt zu sein, daß er all dies zum inneren Beweis seiner schwindenden Männlichkeit tut), Waffensysteme aufbaut, die mit Leichtigkeit die gesamte Menschheit, also auch das P. als solches, ausrotten können, dann ist dieser Widerspruch nicht mehr heilbar und kann nur zu einem von zwei Auswegen führen: zu einem mütterlichen System oder zur Ausrottung der Menschheit. Vgl.: Männlichkeit, Mutterrecht, Mutterreligion.

Patriarchat, indogermanisches. Die sogenannten Indogermanen gehören zu jenen kriegerischen Nomadenvölkern der Steppe, die den Kurs aller Ackerbaukulturen an ihren Grenzen maßgeblich beeinflußt haben, indem sie immer wieder aus ihren Weideländern ausgebrochen sind und die Ackerbaukulturen Europas, Asiens und Nordafrika erobert haben. Im Gegensatz zu Bauern, deren Blick immer auf das nahe Ziel des eigenen Stück Landes gerichtet ist, werden solche Völker meist von dem weiten Horizont der Steppen geprägt. Sie sind beweglich, vermögen in großen strategischen Konzepten zu denken und haben deshalb oft die Verteidigungsmaßnahmen ihrer seßhaften Gegner mit militärischer Brillanz zerschlagen. Aber es gibt in der Geschichte der Menschheit kein einziges Beispiel eines Hirtenstaats, der solchen Eroberungen gefolgt wäre. Die Reiche der Hunnen und Mongolen zerfielen in kürzester Zeit. Die Hyksos, kriegerische Wanderhirten, die das Reich der 14. Dynastie in Ägypten zerschlugen, überlebten knappe hundert Jahre, und auch dies nur durch weitgehende Angleichung an die Ökonomie der Ägypter. Auch die »Indogermanen« überlebten nur, indem sie sich der Ökonomie der von ihnen eroberten Ackerbauvölker anpaßten, ihre Produktionsformen übernahmen und ihre Kultur assimilierten. Nirgends auf der Welt ist von Indogermanen eine primäre Hochkultur gegründet worden. Alle »indogermanischen« Kulturen beruhen auf einem militärischen Eroberungszug, gefolgt von einer weitgehenden Akkulturation, in der, nach erfolgter Seßhaftigkeit, mehr von der Kultur der Eroberten als von der eigenen übrigblieb. Stets und überall haben sich die Hirtenkulturen nur halten können, indem sie das Produktionsprinzip des Unterlegenen, den Ackerbau, übernommen haben. Dies war auch in Griechenland der Fall.

Die Heimat der »indoeuropäischen« Stämme lag zwischen Aralsee und

Hindukusch, in der heutigen Kirgisensteppe Westkasakstans. Gegen Mitte des 3. Jahrhunderts vor unserer Zeitrechnung begannen diese Völker in sieben großen Strömen nach Osten, Westen und Süden zu fluten. Ostwärts nach China zogen die Tochäer, südostwärts nach Indien die Urarier, südwärts die Iraner, Meder, Mitanni, Saker und Armenier. Westwärts nach Ost-, Mittel-, Nord- und Westeuropa wanderten die Slawen, Balten, Kelten und Germanen. Südwestwärts nach Vorderasien bewegten sich die Hethiter, Luwier, Phryger, Sarmaten, Skythen und Kurden. In die Balkanhalbinsel und ihr Hinterland zogen die Kimmerer, Albaner, Thraker und Griechen. Nach Italien wanderten jene Stämme, die man später die Illyrer, Veneter und Italiker nannte. Über Griechenland, Kreta und Zypern nach Palästina und Ägypten segelten die Seevölker, Scherden und Philister.

Der größte Teil dieser Völker bestand aus Wanderhirten, die vaterrechtlich organisiert waren. Einige Stämme jedoch (darunter auch die griechischen Dorer) befanden sich noch auf der Stufe des »Mutterrechts«, während andere gerade auf der Übergangsstufe vom »Mutter-« zum Vaterrecht standen. Alle Stämme waren jedoch noch in Sippen organisiert und kannten zur Zeit ihres Einmarsches nach Europa noch keinerlei Privateigentum an Grund und Boden. Privateigentum an Vieh hatte sich jedoch bereits bei einigen Stämmen zu bilden begonnen. Sie züchteten Rinder, Schafe, Ziegen und Schweine, die später einwandernden Stämme auch bereits Pferde. Ihre erste Vorhut war mit steinernen Streitäxten und steinbespitzten Pfeilen ausgerüstet. Deshalb nannte man sie auch »Streitaxtvölker« oder wegen der typischen Muster ihrer Töpfereien (eingepreßten Schnurdekorationen) »Schnurkeramiker«. Die Mythologie und der Ritus einiger dieser Stämme fußte noch auf der mutterrechtlichen Dualität einer Mondgöttin mit ihrem Sohn, während andere bereits zu deren Inversion, dem Kult eines Sonnengottes mit seiner Tochter, übergegangen waren (Vater Lichthimmel mit seiner Tochter, der Morgenröte).

Wir dürfen uns diese Stämme weder als Siedler noch als organisierten Herhaufen vorstellen, sondern müssen eher an Horden beutesuchender Männer denken, die oft ohne Frauen ihres eigenen Stammes, anfangs zu Fuß, später zu Pferde, im Falle der Seevölker auch in selbstgebauten Booten, nach den Überschüssen der Hochkulturen und des sich entwickelnden Ackerbaus fahndeten. Ihr Ziel war Vieh, Frauen, Sklaven. Dazu Gold, Silber, Bronze, Schmuck und Waffen. Ihre Wanderung war das Resultat jener mutativen Explosion der Nahrungserzeu-

gung, die man »neolithische Revolution« genannt hat, denn nur wo es einen Überschuß gab, konnten diese Land- und Seeräuber sich ernähren. Im Mesolithikum, der Mittleren Steinzeit, wäre eine solche Völkerwanderung nicht nur sinnlos, sondern geradezu selbstmörderisch gewesen, denn die Nahrungssammler, Jäger, Fischer und frühen Hackbauern besaßen kaum genug, um sich selber zu ernähren. Erst das dumpfe Echo des gewaltigen wirtschaftlichen Durchbruchs, der mit der Bewässerung, der Vorratswirtschaft, der Arbeitsteilung und der ganzen neuen Stadtkultur begonnen hatte, veranlaßte diese asiatischen Wanderhirten, sich mit ihren Herden und Waffen auf den langen Marsch zur Eroberung der Welt zu begeben.
Eine beachtliche Zahl deutsche Altertumsforscher, darunter einige der angesehensten, die man beim schlechtesten Willen nicht als Vorläufer oder Apologeten des Dritten Reichs bezeichnen kann, haben die Ansicht vertreten, daß die Indogermanen so »erfolgreich« gewesen seien, weil sie eben von Natur her ein Herrenvolk waren – weniger »verweichlicht« als die mutterrechtlichen Völker, weniger dem Luxus ergeben als die Hamitosemiten, tapferer und diziplinierter als die »Asiaten« – kurzum: richtige *Männer*. In verquaster Sprache umschreiben diese Lobesworte gewisse Zustände, die tatsächlich bestanden; aber sie erklären nichts, weil sie die Gründe der indogermanischen Stammesstruktur, oder zumindest die der Griechen, unerklärt lassen.
Der tatsächliche Kern des »Andersseins« der Indogermanen lag darin, daß ihre Stammesevolution und deren ökonomische Basis einen völlig anderen Weg genommen hatte als die der Ackerbauern. Die Lebensumstände der Kirgisensteppe erforderten andere Anpassungsmethoden als die des Balkans, der ägäischen Inseln und des größten Teils Vorderasiens. In dieser tierreichen, vegetationsarmen Steppe währte das Stadium des reinen Nahrungssammelns viel kürzer, erlaubte der Frau einen viel geringeren Anteil an der Nahrungsversorgung, erforderte eine viel frühere Spezialisierung auf die reine Jagd, gab dem Manne deshalb eine frühere und stärkere Position in der Sippe, zwang ihn viel früher als in anderen Teilen der Welt, wo die Frauen mittlerweile den Hackbau entdeckt hatten, die gejagten Tiere zu domestizieren und führte deshalb statt über die übliche agrarische Stufe direkt vom nomadischen Jägerstadium zum nomadischen Hirtentum.
Die vaterrechtliche Sippenstruktur, die sich sehr früh aus der Dominanz des Mannes als Nahrungserzeuger gebildet hatte, legte dem Vater den Gedanken nahe, seine Söhne, die ja bei patrilinearer Deszendenz

zu seiner eigenen Sippe gehören, auch nach seinem Tod zu versorgen. Je erfolgreicher er als Viehzüchter wurde, je besser es ihm gelang, aus jedem Muttertier möglichst viele Junge herauszuschlagen, desto stärker fühlte er, daß seine Fähigkeit auch seinen Kindern zugute kommen sollten, und zwar um so mehr, je größer diese Fähigkeiten waren. Viehzucht erweckt in viel höherem Maße als Ackerbau den Gedanken der *Leistung*. Viehzucht lenkt die Gedanken aber auch in viel höherem Maße auf die *Vererbung*, denn ein Acker kann nur begrenzt aufgeteilt werden: wenn die Teile zu klein werden, verlieren sie ihren Wert als Ackerland. Bei Bauern tauchte der Gedanke der Vererbung des Landes also erst sehr spät auf, bei Viehzüchtern der Gedanke der Aufteilung einer Herde aber sehr früh, denn fast jede Sippe besaß mehr Vieh als Kinder, so daß auf jedes Kind stets genug Vieh kam, um darauf wieder eine neue Herde aufzubauen. So ergab sich aus der eigentümlichen Kombination von Selbstvermehrung der Haustiere + Aufteilbarkeit der Herde + patrilinearer Deszendenz der Gedanke des Erbrechts.
Trotzdem wurden gerade diese Hirtenvölker, die mit relativ geringer Arbeitsleistung relativ ergiebige Nahrungsversorgung betrieben, zu den gefürchtetsten Räubern der Vor- und Frühgeschichte. Das hing unter anderem mit der Stehlbarkeit des Viehs zusammen, denn während Ackerland nur durch Eroberung gestohlen werden kann, benötigt der nomadische Hirte als Viehdieb keine permanente Landnahme: er kommt bei Nacht, ordnet das gestohlene Tier in seine eigene Herde ein und zieht weiter. Ehe die Eigentumsbezeichnung durch Brandmarkung erfunden wurde, war der Nachweis eines solchen Diebstahls fast unmöglich.
So führte also die Entwicklung des Privateigentums auch gleichzeitig zum Viehdiebstahl und damit zum Diebstahl als solchem, denn in der matristischen Sippengesellschaft mit ihrem unveräußerlichen Gemeinschaftsbesitz gab es keinen Diebstahl, weil niemand durch Aneignung mehr zu gewinnen hatte, als er bereits besaß. Viehdiebstahl wiederum gewöhnte den Hirten an den Gedanken des Diebstahls anderer Güter. So wurden gerade die wohlhabenden Hirtenstämme zu den Raubvölkern des Neolithikums. Die spätere Geschichte der Indoeuropäer, der »weißen Herrenvölker«, geht zum Teil auf diese neolithische Tradition zurück. Das Patriarchat ist also nicht nur ein System der Abstammungsordnung, der Verwandtschaftsbezeichnung, der Sexualregelung und des Erbrechts, sondern auch eine Ideologie des Diebstahls, eine als Moral verkleidete Rechtfertigung der Freibeuterei, eine Glorifizierung

des bewaffneten Überfalls und der Aneignung fremden Besitzes. Wo die Güter Gemeinbesitz sind, wie bei den matrilokalen, matrilinearen Sippengesellschaften der Alten Welt, da besitzt auch niemand den anderen. Weder besitzt der Mann die Frau, noch die Frau den Mann. Selbst die Kinder sind frei, weil sie noch nicht als »Besitz« der Eltern empfunden werden. Sobald der Mann aber das Privateigentum entdeckt hat – und dies ist nun einmal das unbestreitbare »Verdienst« des Mannes – da beginnt er auch, Frau und Kinder als »seine« Frau und »seine« Kinder zu betrachten. Der Mensch wird zum Eigentum. Die Verdinglichung der Humanität beginnt, und damit die Feindschaft der Geschlechter. Nicht daß die Griechen ihre Frauen unterjochten, sondern daß sie durch diese Unterjochung sich selbst ihrer Freiheit beraubten, ist die Tragödie des griechischen Patriarchats: »Von Anfang bis zu Ende herrschte bei den griechischen Männern ein Egoismus oder eine ausgesuchte Selbstsucht, welche dahin führte, die Achtung vor den Frauen in einer Weise zu verringern, wie man es unter Wilden kaum findet«, schrieb Lewis H. Morgan bereits im Jahre 1876 (*Die Urgesellschaft*, zweite deutsche Auflage, Stuttgart 1908, S. 400). So bringt erst die »Kultur« jene Mißachtung der Frauen, die unter Barbaren unbekannt ist.

patrilateral [gr.: pater = Vater; lat.: latus = Seite], väterlicherseits, nach der Seite des Vaters ausgerichtet. Von Verwandtschaftssystemen gesagt, die sich an der väterlichen Seite des Stammbaums orientieren und ihre Verwandtschaftsbegriffe auch verbal nach dieser Seite hin formulieren. Man findet in solchen Kulturen beispielsweise eine Bevorzugung der patrilateralen Vetter-Basen-Ehe, die darin besteht, daß ein Mann die Tochter seiner väterlichen Tante oder seines väterlichen Onkels ehelicht. Im weiteren Sinne spricht man auch von p. Gesellschaftsordnungen, wenn man damit ausdrücken will, daß die väterliche Seite oder das väterliche Element im sozialen, kulturellen und sexuellen Leben bevorzugt wird. Gegensatz: matrilateral.

Patrilineage [gr.: pater = Vater; lat.: linea = Linie], väterliche Linie; Abstammungssystem, das den Menschen in väterlicher Linie verfolgt. Die mütterliche Linie wird als unwichtig betrachtet und nicht wahrgenommen. Gegensatz: Matrilineage.

patrilinear, in väterlicher Linie, vom Vater abstammend, die väterliche Abstammungslinie betonend oder ausschließlich benutzend. Gesellschaftsordnungen mit p. Deszendenzsystem weisen stets eine höhere Position des Mannes als solche mit → matrilinearer Deszendenz auf.

patrilineare Sippe → Sippe, patrilineare.
patrilokal [gr.: pater = Vater; lat.: locus = Ort], an dem Wohnort des Vaters. Von der Heiratswohnfolge in → patristischen Kulturen gesagt, wo die Ehefrau sich dort anzusiedeln hat, wo der Ehemann oder dessen Vater wohnt. Da der Wohnort des jung verheirateten Paars einen starken Einfluß auf seine soziale, kulturelle und ökonomische Zukunft ausübt, findet man in Gesellschaftsordnungen mit p. Heiratswohnfolge meist eine dominante Position des Mannes und eine geschwächte Stellung der Frau. Gegensatz: matrilokal.
patrilokale Exogamie [gr.: exos = außen; gamos = Heirat], Paarungsordnung, bei welcher die Frau in einen fremden Stamm oder eine fremde Sippe »einheiratet« und sich bei der Sippe ihres Gatten ansiedelt. P.E. fällt meist mit → patrilinearer Deszendenz zusammen. Gegensatz: matrilokale Exogamie, patrilokale Endogamie.
patrilokale Sippe → Sippe, patrilokale.
patristisch, väterlich. Der Begriff stammt aus der Theologie, wo er zwei verschiedene Studienzweige bezeichnet: das der alttestamentarischen Patriarchen, und das der neutestamentarischen Kirchenväter. Die Ethnologie hat den Begriff auf dem Umwege über die Mythographie, die Beschreibung und Klassifizierung der Mythen und Legenden, übernommen und meint damit all jene Kulturen und Gesellschaftsordnungen, in denen das väterliche Prinzip stärker wirkt als das mütterliche. Die Eintragung → matristisch enthält eine systematische Übersicht der Gegensätze zwischen Kulturen mit väterlicher und mit mütterlicher Dominanz.
Pedicatio, oft falsch »Pädikatio« oder »Pädikation«, leitet sich nicht (wie Päderastie oder Pädophilie) von gr.: pais = Knabe sondern von lat.: podex = Gesäß ab [pedicare = durchs Gesäß verkehren], ist also coitus per anum, ob ihn nun Mann und Frau oder zwei Männer betreiben. Wie bei allen Sexualakten muß man zwischen dem aktiven und dem passiven Teil des Vorgangs unterscheiden und deren Faszination gesondert ergründen.
Der passive Reiz ergibt sich aus der hohen erogenen Reizbarkeit der Afterzone. In früher Kindheit stellt diese Körperregion eine einzige undifferenzierte Reizzone dar. Bis zum dritten Lebensjahr wird sie vom analen Gebiet beherrscht. Das Kind empfindet größere Lust beim Defäzieren als beim Urinieren, aber auch das letztere ist lustvoll. Erst im späteren Lebensalter konzentrieren sich bei den meisten Menschen die Lustempfindungen dieser Zone auf die Genitalien. Gelegentlich

findet diese Konzentration jedoch nie statt, oder sie konzentriert sich auf den After. Solche Menschen werden dann zu Analerotikern (→ Analfetischismus, Koprolagnie, Proctolagnie). Aber auch bei gesunden Menschen verbleibt stets ein Quantum von Analerotik. Der After ist außerordentlich erregbar. Bei fast allen Menschen kann die Friktion des Anus und der Mastdarmschleimhaut deshalb große Lusteffekte verursachen. Kinsey entdeckte bei seinen Befragungen unter Tausenden von Frauen und Männern, daß es bei beiden Geschlechtern eine überraschend große Anzahl gibt, die durch anale Reizung sexuell »ebenso stark oder sogar stärker erregt werden als durch die genitale Reizung.« Nicht ohne Grund führen viele Prostituierte beim Koitus den Finger in den After des Mannes ein. Bei Frauen ist der After noch höher erregbar als beim Mann. Im Gegensatz zu der Laienmeinung, daß nur homosexuelle Männer bei der P. Wollust empfinden, ist nahezu das Gegenteil der Fall: weitaus mehr Frauen als Männer kommen bei der passiven P. zum Orgasmus.
Der Reiz der aktiven P. geht auf den hohen Anziehungswert zurück, den die ganze Hüftregion auf den Mann ausübt. Hüften und Gesäß der Frau wirken auf den heterosexuellen Mann, Hüften und Nates eines anderen Mannes auf den Homosexuellen. Die Griechen betrachteten diesen Reiz als den höchsten des Menschen und errichteten der Aphrodite Kallipygos, der Venus mit dem schönen Gesäß, viele Tempel. In der Urfassung der Legende vom Paris-Urteil war es auch das schöne Gesäß der Aphrodite, das den Richter dazu bewog, ihr und nicht der Hera oder der Athene den Apfel der Eris zuzuerkennen. Da diese Region auf den Mann einen weitaus größeren ästhetischen Reiz als die Genitalregion der Frau ausübt, ist es nicht überraschend, daß eine große Anzahl Männer die P. dem Vaginalkoitus vorzieht. In manchen Ländern, z. B. in England und in verschiedenen Staaten der USA, gilt P. als »Sodomie« und ist deshalb gesetzlich verboten, selbst wenn sie zwischen willigen Ehegatten in der Abgeschlossenheit des eigenen Schlafzimmers stattfindet. In der BR dagegen ist sie »vollkommen straffrei, sie ist weder ein Verbrechen noch ein Vergehen, gehört also nicht zur Unzucht« (Rohleder: *Vorlesungen,* Bd. III, S. 100–120). → Analkoitus, Coitus in anum, Immissio penis in anum, Proctolagnie, Spinatstecher. Vgl. Analerotik, Anilinctio,o, Effeuille des roses, Epée, de Charlemagne, Introductio digiti, Picazismus, Siphnisieren, Souper.

Peitsche, ein Symbol der Männlichkeit und ein Fetisch des Masochisten,

Sadisten und Flagellanten. Der männliche Same hat die Form einer Peitsche. → Auspeitschung, Flagellation, Geschlagenwerden, Masochismus, Sadismus.

Pelele, Bambusringe bis zu 15 Zentimeter Durchmesser, die von einigen ostafrikanischen Stämmen, z.B. den Sara-Massa, in die Unter- und Oberlippe eingesetzt werden, um diese hervorzuheben. Das Essen und Trinken wird schwierig. Totale Deformierung des Mundes tritt ein. Der Anblick ist nicht nur für Europäer, sondern auch für andere afrikanische Stämme von außerordentlicher Häßlichkeit, gilt aber bei den Stämmen, die diese Sitte pflegen, als schön und beweist damit die Relativität aller menschlichen Schönheitsbegriffe, insbesondere aber die Tatsache, daß *alle* zum Zweck der Erhöhung sexueller Reize vorgenommenen Maßnahmen in Wahrheit Verunstaltungen des menschlichen Körpers darstellen. Es gibt keine Verschönerungsmaßnahme, die je von irgendeiner menschlichen Kultur vorgenommen wurde, die dieser Regel widerspräche. Die Widernatürlichkeit der ästhetischen Werte, die der sexuellen Reizsteigerung dienen, läßt deshalb sehr nachdenklich stimmende Folgerungen über die inhärente Perversion des menschlichen Sexualempfindens zu. Vgl. Amputationsfetischismus, Automasochismus, Buckel, Deformationsfetischismus, Fetischismus, Graviditätsfetischismus, Häßlichkeitsfetischismus, Masochismus, Prothesenfetischismus.

Pelveoperitonitis [lat.: pelvis = Becken; gr.: peritonaion = Bauchfell], eine Entzündung jenes Teils des Bauchfells, das das Becken auskleidet. Die Infektion geht meist von den Eileitern aus. Die Ursache ist fast immer → Gonorrhöe. Auch die Gebärmutter kann die Ursache sein, so bei gynäkologischen Eingriffen oder kriminellem Abortus, wenn es zu einer Perforation kommt und die Gebärmutter schon infiziert war. Gonokokken können durch den Eileiter bis zum Bauchfell vordringen, hauptsächlich, wenn ihnen der Weg durch Menstruation, Abort oder Geburt erleichtert wird. Körperliche Anstrengungen begünstigen diesen Verlauf (Sport, Tanz, Berufsarbeit, Kohabitation u.a.). Inwieweit die Menstruation die Aszendenz auch anderer Keime begünstigt, ist nicht geklärt. Der Verlauf der P. ist je nach der Virulenz der Keime verschieden. Schwere, fieberhafte Fälle können zur Heilung Wochen, ja Monate in Anspruch nehmen. Da es fast immer zur Verklebung und Verlagerung des abdominalen Endes der Eileiter kommt, ist oft Unfruchtbarkeit die Folge. Das Leben ist nur selten bedroht. Zum Unterschied gegenüber einer allgemeinen Bauchfellentzündung sind bei der

P. die Symptome lokal. In manchen Fällen kommt es zu einem Abszeß (Douglasabszeß).

Penicillin [lat.: penicillius = Pinselschimmel], ein Antibiotikum, das hemmend auf die Erreger vieler → Geschlechtskrankheiten wirkt: auf Staphylokokken, Streptokokken, Gonokokken, Spirochäten und andere. Die Wirkung beruht auf der Verhinderung der Glutaminsäure-Anhäufung der Bakterien. Die ersten Heilungserfolge waren so groß, daß die Presse vom endgültigen Sieg über die Geschlechtskrankheiten sprach. Besonders die Behandlung der im zweiten Weltkrieg erkrankten Soldaten war erfolgreich. Seitdem sind die Bakterienstämme, die Geschlechtskrankheiten erzeugen, jedoch so resistent geworden, daß in vielen Fällen andere Antibiotika oder gar Heilmittel verwendet werden müssen, die man in den 40er Jahren bereits als veraltet angesehen hatte. Selbstbehandlung mit Penicillin ist höchst gefährlich.

Penilinctio [lat.: penis = männliches Glied; lingere = lecken], das Ablekken oder Absaugen des Penis eines Menschen oder Tiers durch einen Mann oder eine Frau als Teil des Geschlechtsverkehrs. Vgl.: Fellatio, Irrumatio, Phönizisieren. → Anilinctio, Cunnilingus, Effeuille des roses, Lambitionsakt, Lambitus ani, Lécheur, Minette, Spermatophagie.

Penis [lat.: männliches Geschlechtsorgan] → Fractura penis, Penilinctio, Penis captivus, Penisfutteral, Penisinkrustation, Penisluxation, Penisneid, Penisstrangulation.

Penis captivus [lat.: gefangenes Glied], die Einklemmung des Penis in die Vagina, wenn beim Koitus die Konvulsion so intensiv wird, daß sie zum Scheidenkrampf führt. Der weibliche Muskel, den man Levator ani nennt, versteift sich durch tonische Kontraktion, so daß es dem Mann unmöglich wird, das Glied herauszuziehen. Der p. c. tritt bei Hunden sehr oft, bei Menschen sehr selten auf. Oft genügt die Einführung von ein oder zwei Fingern in den After der Frau, um den Krampf zu lösen.

Penisfraktur → Fractura penis.

Penisfutteral, bei den nackt gehenden Naturvölkern in den heißesten Gegenden der Erde oft das einzige Kleidungsstück des Mannes (aus Palmstrohgeflecht, Leder, Gras, Bambusrohr, Kürbisrinde, Schneckengehäusen); bei Masochisten, Lederfetischisten und Kolligationsfetischisten unserer Kultur eine meist aus Leder gefertigte Hülle, die möglichst eng sein soll, um möglichst zu schmerzen, die also stets kleiner als der voll erigierte Penis ist. → Genitalmaske, Kolligationsfetischismus, Lederfetischismus, Selbstfesselung.

Penisinkrustation, eine Sitte, die einst über ganz Polynesien, den malaiischen Archipel und Teile Melanesiens verbreitet war. Steine, Edelsteine, Muschelteile, Korallenteile, Metallkörperchen wurden unter die Haut des Penis geschoben, um dort einzuwachsen. Die Reibung dieser Inkrustation soll der Frau zur Erhöhung der Wollust des Koitus verhelfen. Vgl. Ampallang, Blinde Raae, Guesquel, Kabutodama, Kabutogata, Kampiong, Persimbraon, Reizinstrumente, Zuiki.

Penisluxation [lat.: luxare = verrenken, verschieben], Verschiebung des Peniskörpers unter die Haut des Hodensacks bzw. der Regio praepubica oder der Leistenbeuge nach Abreißen der Vorhaut an der Eichel.

Penisneid, nach Freud eine phylogenetische Regung der Frau. Nach Wilhelm Reich ein weiblicher Minderwertigkeitskomplex, der nur dort auftritt, wo Frauen als Gruppe oder Individuen keine vollen Rechte und ungenügendes Selbstbewußtsein besitzen. Nach Freud dagegen sind die männlichen Genitalien *immer und überall,* in allen Formen der Gesellschaft und unabhängig von dem relativen Status der Geschlechter, das Neidobjekt der Frau. »Das kleine Mädchen vergleicht die deutlich sichtbaren Geschlechtsorgane des Knaben mit den eigenen und fühlt sich benachteiligt. Sehr oft entsteht nun der Wunsch, auch ein so imponierendes Organ zu besitzen, auch die Hoffnung, daß das vermißte Organ mit der Zeit wachsen werde, oder die Vorstellung, man könne sich männliche Geschlechtsorgane verschaffen, indem man die Männer der ihren beraubt. Bald muß sich das kleine Mädchen von der Hoffnungslosigkeit seiner Wünsche überzeugen; es akquiriert bei dieser Gelegenheit schwere Minderwertigkeitsgefühle, die oft während des ganzen Lebens bestehenbleiben und für Lebensschicksal und Charakterentwicklung von ausschlaggebender Bedeutung sein können.« Die anthropologischen Erfahrungen des Autors dieses Lexikons und seine Folgerungen aus der fast 20jährigen Arbeit mit Kindern widersprechen dieser These, obgleich er sich in fast jedem anderen Aspekt der Sexualwissenschaft Freud zutiefst verpflichtet fühlt. → Kastrationskomplex, Ödipuskomplex.

Penisstrangulation [lat.: strangulare = erwürgen, erdrosseln], eine der wenigen unmißverständlich genitalen Formen des Automasochismus, meist eine verkappte Form der → Selbstentmannung und oft eine chronologische Vorstufe der letzteren. Bei einem achtjährigen Knaben fand die Mutter, nachdem er außerordentlich oft die Toilette aufgesucht hatte, das Glied dicht unter der Eichel mit einem fest verknoteten Faden unterbunden. Nach Lösung des Fadens trat Urinentleerung ein. Bei Erwachsenen findet man immer wieder aus angeblich unerklärlichen Gründen den *Ehering* über dem Penis, was zum Absterben des Gliedes führt, wenn der Ring nicht bald entfernt wird. In fast allen Fällen der → Selbsterhängung und → Selbstfesselung wird eine enge Einschnürung des Penis vorgenommen. Es gibt eine Anzahl klinischer Fälle, in denen Männer sich aus automasochistischen Gründen am Penis aufhängten. → Genitalmasken und → Penisfutterale sind meist nur verkappte Formen der P. → Kastrationskomplex.

Pentite [it.: die Reuigen], Häuser zur Bekehrung von einstigen Berufsgenossinnen, die die ehemalige Kurtisane Catarina Valenta im 17. Jahrhundert unter Carlo Carafas (1561–1633) Einfluß gründete. Carafa selber war nach einem sehr ausschweifenden Leben von einer Nonne bekehrt worden und hatte nun seinerseits viele Kurtisanen bekehrt. → Arbeitshäuser, Beguinen, Bicêtre, Bon Pasteur, bekehrte Buhlerinnen, Casa de las arrepentidas, Convertite, Dispensaire de salubrité, Dominae poenitentes, Filles-Dieu, Haus der Büßerinnen, Illuminate, Madelonettes, Magdalenenhäuser, Maison de Sainte-Pélagie, Saint-Lazare, Sorores de penitentia, Spinnhäuser.

Periurethritis [gr.: peri = um herum; Urethra = Harngang], eine Entzündung des Bindegewebes, das die Harnröhre umgibt. Sie wird fast stets durch → Gonorrhöe hervorgerufen. Symptom: kleine, harte, schmerzhafte Knoten, die man periurethrale Infiltrate nennt.

Perroquet-Gris [frz.: Grauer Papagei], das Pariser Bordell, in dem Henri-Marie Raymond de Toulouse-Lautrec-Monfa jahrelang lebte. Aufgrund einer Entwicklungsstörung verkrüppelt, zog er sich nicht nur von der Welt des Adels zurück (seine Vorfahren waren Grafen von Toulouse und von Foix), sondern kehrte auch der bürgerlichen Welt den Rücken. Er malte viele seiner besten Bilder im Perroquet-Gris und in den Bordellen der Rue d'Amboise und der Rue des Moulins. Zu seinen berühmtesten Werken zählen die Studien von schlafenden, wartenden, badenden, sich an- und ausziehenden Huren in diesen Bordellen. Aber auch die Halbprofis der Cancan-Lokale, Tanzbars und Nachtklubs von Paris schätzte er sehr als Modelle. Kein Maler in der Geschichte der abendländischen Kultur hat je die Welt der Prostitution mit solcher Klarheit, mit einem solchen Verständnis, ohne Herablassung und ohne Romantisierung gemalt wie Toulouse-Lautrec.

Persil pflegte der Pariser Volksmund den → Strich zu nennen. → Frauengasse, Junin, Rue aux putains.

Persimbraon, Reizsteine, die von Männern auf Sumatra und anderen indonesischen Inseln in den Penis eingesetzt werden, um der Frau beim

Geschlechtsverkehr größere Wollust zu vermitteln. Bis zu zehn Steine werden unter die Haut verlegt, bis sie eingewachsen sind. Bei reichen Männern dienen dreikantige Gold- und Silberstückchen dem gleichen Zweck. Vgl.: Ampallang, Blinde Raae, Guesquel, Kabutodama, Kabutogata, Kampiong, Penisinkrustation, Reizinstrumente, Zuiki.

Persönlichkeit [lat.: persona = Maske, Rolle, Charakter]. Die P. eines Menschen, jene undefinierbare Qualität, die ihn von anderen Menschen unterscheidet oder ihn über sie erhebt, ist fast niemals eine intellektuelle, sondern fast stets eine sexuelle Qualität.

Menschen von hoher intellektueller Fähigkeit sind oft ohne P.; sie wirken wie kastriert. Die starke Persönlichkeit dagegen ist stets eine Persönlichkeit von ausgeprägter Sexualität. Bei einer Party, einer Sitzung, einer Konferenz tut sich eine Tür auf, und ein Mensch kommt herein, der vom ersten Augenblick an die Szene beherrscht. Ehe er auch nur ein Wort gesprochen hat, weiß man: das ist eine Persönlichkeit. Und damit meinen wir, ohne uns dessen bewußt zu sein, hier ist ein Mensch von ganz eigenartigem sexuellen Profil. Das bedeutet aber nicht, daß starke Persönlichkeiten besonders potent zu sein brauchen. Im Gegenteil, die → Libido eines Menschen kann als Motiv nichtsexueller Aktivitäten dienen und verbraucht dann eben einen großen Teil ihrer Energie für nichtsexuelle Zwecke. Aber die *Stärke* einer Persönlichkeit ist stets die Stärke der ursprünglich verfügbaren Libido. Und die *Eigentümlichkeit* einer persönlichen Ausstrahlung entspricht stets der Eigentümlichkeit der sexuellen Konstitution, der besonderen Art und Weise, in der libidinöse Energie zwischen sexuellen und nichtsexuellen Zwekken aufgeteilt wird.

Perspirationsfetischismus, die sexuelle Reizauslösung durch den Geruch oder (seltener) den Geschmack des Schweißes, des stärksten aller menschlichen Geruchsaphrodisiaka. Autoerotische Perspirationsfetischisten kommen oft durch den Geruch ihres eigenen Schweißes ohne Manipulation der Genitalien zum Orgasmus. Andere onanieren, während sie ihre Nase in ihre Achselhöhle stecken (→ Achselhöhlenfetischismus), wieder andere sammeln mit Schweiß getränkte Taschentücher, Hemden und Kleider anderer Menschen und benutzen sie als Fetisch.

Homosexuelle Perspirationsfetischisten reagieren nur auf den Geruch der Menschen ihres eigenen Geschlechts, heterosexuelle nur auf den des anderen Geschlechts. → Geruchssinn, Geruchsfetischismus, Nase, Nasenfetischismus, Osphresiolagnie, Parfumfetischismus, Type olfactif, Zehenriecher.

Perversio in actu [lat.: Verdrehung der Tätigkeit], die Verschiebung der sexuellen *Tätigkeit*. In unserer Kultur wird erwartet, daß der »gesunde« Mensch zur Befriedigung seines Sexualwunsches den Koitus mit einer etwa gleichaltrigen Person des anderen Geschlechts anstrebt. Verändert sich der Sexualwunsch, so daß an die Stelle des Wunsches nach Koitus das Verlangen nach einer anderen *Tätigkeit* tritt, z.B. beim Sadisten das Schlagen eines anderen Menschen oder beim Masochisten das Geschlagenwerden, so sprechen wir von einer Perversio in actu. Verschiebt sich dagegen das *Ziel*, so sprechen wir von einer → *Perversio in objecto.* Vgl.: Aberratio in actu, Aberratio in objecto. → Perversion.

Perversio in objecto [lat.: Verdrehung des Objekts], die Verschiebung des sexuellen *Objekts* oder *Ziels*. In unserer Kultur wird erwartet, daß der »gesunde« Mensch zur Befriedigung seines Sexualwunsches den Koitus mit einer etwa gleichaltrigen Person des anderen Geschlechts anstrebt. Ändert sich der Sexualwunsch, so daß an die Stelle des Verlangens nach einem Menschen des eigenen Alters und anderen Geschlechts der Wunsch nach einem anderen Sexual*objekt* tritt, etwa nach einem weitaus jüngeren oder weitaus älteren Menschen, nach einem Menschen des eigenen Geschlechts, nach einem Tier, nach einem Toten, nach einem Körperteil statt eines kompletten Menschen, nach einem Gegenstand oder selbst nach einer Idee, so sprechen wir von einer P. i. o. Verschiebt sich dagegen die *Tätigkeit*, d.h. wenn anstelle des Verlangens nach Koitus ein Wunsch nach irgendeiner anderen Handlung eintritt, so sprechen wir von einer → *Perversio in actu.* Vgl.: Aberratio in actu, Aberratio in objecto. → Perversion.

Perversion [lat.: perversio = Verdrehung], der umstrittenste aller sexualwissenschaftlichen Begriffe, denn es hat sich als unmöglich erwiesen, ihn medizinisch zu definieren. Er läßt sich wahrscheinlich nur kulturspezifisch verstehen. Stellen wir eine Liste aller sexuellen Praktiken auf, die uns seit der menschlichen Vorgeschichte bekannt geworden sind, so entdecken wir, daß jede, die heute in der westlichen Gesellschaft verboten ist, in einer oder der anderen Zivilisation der menschlichen Geschichte nicht nur erlaubt war, sondern als gut, recht, schön oder erstrebenswert galt. Keine Praktik, einerlei wie schandhaft sie manchem von uns heute scheinen mag – Nekromanie, Geschlechtsverkehr mit Kindern, Sadismus, Homosexualität – ist im Lauf der menschlichen Geschichte ohne offizielle Unterstützung geblieben. Viele sind als heilige Praktiken betrachtet worden – als Methoden der Kommunikation mit den Göttern. Wer mit der Sexualgeschichte der Menschheit vertraut ist, wird deshalb zögern, irgendeine sexuelle Praktik, einerlei wie exotisch sie uns auch anmuten mag, als »pervers« zu betrachten. Beladen mit Emotionen, wie das Wort »Perversion« im Volksgebrauch heute ist, sollte es von dem, der Respekt vor sprachlichen Werten hat, überhaupt nur in wissenschaftlichen Werken ohne Anführungszeichen benutzt werden.

Seitdem wir wissen, daß ein Großteil der sexuellen und psychologischen Spannungen des menschlichen Organismus nicht aus diesem allein, sondern aus seinen Beziehungen zu anderen Menschen erwächst, zögern wir noch mehr als je, irgendeine sexuelle Aktivität als »ungesund« zu betrachten, ehe wir wissen, in welchem Zusammenhang sie mit der Gemeinschaft steht. Was die Gemeinschaft toleriert, braucht im Organismus weder Neurosen noch »Perversionen« zu erzeugen. Was die Gesellschaft dagegen ablehnt, kann in fast jedem Individuum scheinbare Krankheitssymptome erzeugen. Wenn eine hochentwickelte Kultur wie die des alten Athen → Homosexualität und → Pädophilie nicht nur toleriert, sondern als gut und schön betrachtet, so ergeben sich keine jener Neurosen, an denen homosexuelle und pädophile Menschen heute so oft leiden. Wir können deshalb annehmen, daß manche »Perversion« ohne Gesundheitsschaden praktiziert werden kann, solange die menschliche Gemeinschaft, in der die Beteiligten leben, diese Handlung als normal, gut oder schön empfindet.

Eines steht fest: »pervers« kann nicht als etwas definiert werden, das der Mensch als Individuum tut. »Pervers« ist nur, was von dem abweicht, das die Gemeinschaft als korrekt betrachtet. »Perversion« ist deshalb im eigentlichen kein klinisches, sondern ein soziales Phänomen. Aus diesem Grunde hat sich der Versuch, Perversion auf klinischer Basis zu definieren, als schwierig herausgestellt. Seit Krafft-Ebings Zeit (1840–1902) hat man sich daran geklammert, all jene Sexualakte als »pervers« zu bezeichnen, die von dem Patienten »unter Ausschluß aller anderen Formen des Geschlechtsverkehrs« betrieben werden. Das klang damals und klingt vielleicht noch heute wie eine gute, liberale Definition. Es ist in Ordnung, wenn die Ehefrau ihren Mann von Zeit zu Zeit auspeitscht, solange sie sich's nur nicht zur Gewohnheit macht. Gegen ein bißchen Homosexualität ist nichts einzuwenden, aber wenn es die Freude am heterosexuellen Verkehr verdirbt, dann hört man besser auf. Sehr schön. Aber nach diesem Maßstab wird auch der sogenannte »normale« Geschlechtsverkehr, bei dem die Frau auf dem Rücken liegt und der Mann auf ihr, zu einer Perversion, wenn es von einem gegebenen Paar als einzige und ausschließliche Position benutzt wird.

Eine andere Form der Diagnose, die wir in der frühen Literatur der Sexologie finden, lautet: »Als pervers muß jeder Sexualakt gelten, der nicht zum ordentlichen Koitus führt.« Aber das ist ebenso töricht, denn ein Kuß ist ein sexueller Akt, und nicht jeder Kuß führt zum Koitus.

Eine dritte Diagnose, die oft in den Gründerjahren der Sexualwissenschaft auftauchte, war die folgende: »Perversionen sind sexuelle Akte, die zwischen Menschen gleichen Geschlechts oder zwischen Menschen und Tieren stattfinden.« Aber auch das stimmt nicht, denn die überwältigende Mehrheit aller von uns als »abartig« klassifizierten Sexualhandlungen hat weder das eigene Geschlecht noch das Tier als Ziel.

Es wäre nicht allzu schwierig, mit einer vierten Definition aufzutrumpfen, die nun endlich alle verbotenen Varianten des sexuellen Wunschtraums unter einen gemeinsamen Nenner brächte. Aber die diagnostische Praxis des letzten Jahrzehnts hat immer deutlicher erwiesen, daß es mit Ausnahme der Statistik keine klar abgesteckte Grenze zwischen Normalität und Perversion gibt, und selbst die Statistik sagt nur etwas über die Gewohnheiten innerhalb einer gegebenen Kultur, nichts jedoch über das Verhalten in anderen Kulturen aus. In allen Kulturen erstreckt sich ein »Niemandsland« zwischen dem Gesunden und dem Krankhaften. Im gesündesten Menschen steckt eine Spur von Abwegigkeit und im Kränksten ein Rest von Gesundheit. Ein Hauch der Lesbierin atmet in jedem Mädchen, das für eine Lehrerin oder eine hübsche Freundin schwärmt (→ weibliche Homosexualität). Eine Spur von → Sadismus steckt in jedem jungen Mann, der seine Freundin sitzenläßt, eine Spur von → Masochismus ist in jeder Frau, die sich ihrem Mann »hingeben« will. Tierliebe ist stets zooerastisch, Kinderliebe stets pädophil. Und ein Hauch von → Gerontophilie atmet in jedem jungen Mädchen, das ältere Männer vorzieht, weil sie so »erfahren« und »verläßlich« sind.

Die modische Theorie unseres Zeitalters ist nun die, daß manche Formen des »abartigen« Geschlechtsverkehrs gesund sind, solange sie als *Vorstufe* zum Koitus dienen. Sie werden »Perversionen« erst von dem Augenblick an, da sie an Stelle des → Koitus treten. Aber das ist ebenso absurd wie alle anderen klinischen Definitionen. Denn erstens gibt es Abarten des Geschlechtsverkehrs, die niemals als Vorstufen des Koitus dienen können → Lustmord, beispielsweise, oder → Nekrophilie. Und zweitens gibt es nicht den geringsten Grund, weshalb wir ausgerechnet den Koitus als Norm hinstellen müssen, dem alle anderen Varianten des Geschlechtsverkehrs als Surrogat dienen. Mit größter Berechtigung ließe sich hier schon die → Fortpflanzung als Norm setzen. Im Sinne der katholischen Kirche könnte man dann mit traditioneller Logik die These aufstellen, daß alle Formen des Geschlechtsverkehrs, die nicht der Fortpflanzung dienen, pervers sind.

So fundamentalistisch attraktiv die These ist, erweist sie sich doch als unhaltbar, wenn wir → Fellatio und → Cunnilingus, die von allen Völkern der Welt seit der Vorgeschichte der Menschheit praktiziert worden sind und im Tierreich ebenso oft wie beim Menschen vorkommen, aus christlicher Überzeugung heraus als pervers betrachten wollten. Eher ließe sich dann schon Kinseys Theorie verfechten, den → Orgasmus, einerlei was ihn hervorruft, als Norm zu betrachten und nur die Unfähigkeit, sexuelle Wünsche in Orgasmen umzusetzen, als krankhaft zu beurteilen. Aber auch diese Ansicht bricht zusammen, wenn wir den Orgasmus des Pädosadisten in der Scheide des von ihm ermordeten Kindes als »gesund« betrachten sollen.

So kommt man am Ende zu der rein empirischen These zurück, daß jede gegebene Gesellschaftsordnung bestimmte Verhaltensformen für »schön«, »gut«, »richtig«, »normal« und »gesund« hält, andere dagegen als »häßlich«, »schlecht«, »falsch«, »anormal« und »ungesund« definiert. Diese Definitionen lassen sich nur als Axiome oder Postulate verstehen. Sie sind weder beweisbar noch widerlegbar; sie gelten als selbstverständlich und unentbehrlich, eben *weil* sie weder verifiziert noch falsifiziert werden können. Für Kant ist ein solches Axiom »ein theoretischer, aber als solcher nicht erweislicher Satz, insofern er einem a priori unbedingt geltenden Gesetz unzertrennlich anhängt«, d.h. insofern ohne seine Annahme die Befolgung des jeweils geltenden Sittengesetzes sinnlos erschiene.

In diesem Sinne benutzen wir im folgenden das Wort »Perversion« – als unbeweisbares Postulat, das jedoch die herrschende Meinung unserer Gesellschaftsordnung widergibt und durch keine alternative Definition innerhalb dieser Gesellschaftsordnung ersetzbar ist. Nur durch Hinweise auf andere Gesellschaftsordnungen, wo Menschen andere Vorstellungen von Gesundheit und Krankheit haben, ohne daran gesundheitlich zu leiden, können wir die Relativität der Behauptung aufzeigen, daß der heterosexuelle Koitus »normal« und die Substitution des heterosexuellen Koitus durch irgendeine andere sexuelle Surrogathandlung »pervers« sei. Dabei muß gesagt werden, daß der Nachweis des sexuellen Charakters einer Surrogathandlung umso schwieriger wird, je weiter sie sich von der → Genitalität entfernt. → Kleptolagnie beispielsweise, die scheinbar sinnlose Form des Diebstahls wertloser Objekte, ist sehr schwer als Surrogat eines sexuellen Wunsches nachweisbar. Andererseits ist Kleptolagnie aber auch nicht anders erklärbar. → Pyrolagnie und → Pyromanie (Feuerliebe und Brandstiftung) sind oft sexuelle Surrogate. Aber auch hier ist der Beweis, daß es sich um sexuelle »Perversionen« handelt, nicht immer leicht zu führen.

Die Annahme des Laien, daß sexuelle »Perversionen« nur jene Handlungsformen sind, an denen die Geschlechtsteile einen sichtbaren Anteil haben, ist verfehlt. Denn eine sexuelle Perversion ist vom herrschenden Standpunkt aus um so gravierender, je mehr sie sich von dem Ziel des Koitus entfernt, je mehr sie also ihren eigenen Charakter verschleiert.

Akzeptieren wir die Kantianische Logik des unbeweisbaren, aber gesellschaftlich unabdingbaren Sexualaxioms, so verweist uns die gesellschaftsspezifische Diagnose der P. auf zwei Hauptformen der Abirrung: *Perversio in actu* (Abirrung in der Handlungsform) und *Perversio in objecto* (Abirrung im Objekt oder Ziel). Als Perversio in actu gelten all jene sexuellen Abirrungen, die den Koitus durch eine andere *Handlungsform* ersetzen. Als Perversio in objecto gelten alle Abirrungen, die den andersgeschlechtlichen *Sexualpartner* ersetzen – beispielsweise durch einen gleichgeschlechtlichen Partner (→ Homosexualität), einen älteren Menschen (→ Gerontophilie), einen jüngeren Menschen (→ Pädophilie), ein Tier (→ Zooerastie), einen Körperteil (zum Beispiel → Brustfetischismus), einen Körperzustand (zum Beispiel Bewegung, → Ergophilie), eine körperliche Emanation (zum Beispiel Schweiß oder Kot oder Urin), ein Objekt (→ Objektfetischismus), ein imaginäres Phänomen (→ Dämonomanie) oder einen Naturzustand (zum Beispiel Kälte, Wärme, Dunkelheit, Helligkeit). Nach jeder dieser Surrogathandlungen und Surrogatziele hat man eine »Perversion« benannt. Eine komplette Liste dieser Abirrungen zu geben würde mehr Platz in Anspruch nehmen, als dieses Lexikon insgesamt zur Verfügung hat. Deshalb seien hier nur die wichtigsten aufgeführt.

1. Perversio in actu

Nehmen wir als erste große Gruppe der angeblichen Abirrungen diejenigen, bei denen der Koitus durch optische Eindrücke, also durch Gesehenes, ersetzt wird. → Mixoskopie, Skoptophilie, Visionismus, Voyeurismus sind Sexualhandlungen, die ihre Befriedigung im Anblick des Geschlechtsverkehrs anderer Menschen oder anderer Menschen mit Tieren suchen. Jede der Abirrungen, die wir später unter aberratio in objecto erwähnen werden, findet auch Anhänger, die sie nicht praktizieren, sondern nur betrachten möchten – beispielsweise → Mixoscopia homosexualis, der Anblick homosexuellen Verkehrs zwischen Männern oder Frauen, oder der Anblick von sexuellem Verkehr zwischen drei, vier oder mehr Personen, zwischen Kindern, zwischen Erwachsenen und Kindern, und so fort.

Parallel zu den Sexualhandlungen, die eigene optische Eindrücke anstelle des Koitus setzen, laufen jene, bei denen sich jemand in eine andere Person versetzt und die Welt durch deren Augen zu betrachten sucht. Das Gegenstück zum → Voyeur ist der → Exhibitionist. Im Gegensatz zur Ansicht des Laien, daß der Exhibitionist auf seine Genitalien fixiert sei und diese zur Schau stellen wolle, ist er in Wahrheit auf die Augen fixiert, und zwar auf die Augen des Menschen, der ihn anblickt. Deshalb gibt es Exhibitionisten, die nicht ihre Genitalien, sondern ihr Gesäß (→ Kopropraxie) oder andere Körperteile zur Schau stellen. Stets sind es aber die Augen des anderen Menschen, die den Effekt auslösen, den der Exhibitionist sucht.

Es gibt Grenzfälle zwischen beiden Formen des Gesehenen, zum Beispiel den → Kandaulesismus, jene Abirrung, die nach König Kandaules von Lydien bezeichnet wird, der seinen Freund Gyges dazu veranlaßte, seine Frau, die Königin Rhodope, nackt zu betrachten. Als Kandaulesismus bezeichnet man heute den Wunsch, die eigene Frau oder Geliebte anderen Menschen nackt oder während des Geschlechtsverkehrs mit einem anderen Mann darzubieten. Hier will der Betroffene die Sache also nicht nur durch seine eigenen Augen und auch nicht ausschließlich durch die Augen eines anderen Menschen, sondern gleichzeitig durch seine und die Augen des anderen Menschen sehen – eine Form des pluralistischen Schautriebs oder des gekoppelten Schau- und Zeigetriebs.

Wie der Exhibitionist seine Genitalien und der Kopropraktiker sein Gesäß zur Schau stellt, so gibt es Voyeure, die nur durch den Anblick der Genitalien oder nur durch den Anblick des Afters und dessen Funktionen ihre Befriedigung finden (→ Cucurbitacées, Tabouret de verre). Dann wiederum gibt es Voyeure, die nur durch die Bewegung eines Körpers gereizt werden, nicht aber durch den gleichen Körper im Ruhezustand (→ Ergophilie, Kinephilie, Kinephobie).

Wiederum eine Stufe weiter vom »Normalen« entfernt sind jene Exhibitionisten, die nicht einmal mehr ihren Körper, sondern nur Funktionen ihres Körpers zeigen wollen – Kot, Urin, Speichel – oder auch nur geschriebene Worte (→ Erotographomanie, Koprographomanie, Pornographomanie, Urographomanie). Und wiederum eine Stufe weiter entfernt vom »Normalen« sind jene Voyeure, die nicht einmal mehr den Anblick eines Menschen oder einer körperlichen Funktion benötigen, sondern bereits beim Anblick von Bildern, Statuen oder Monumenten sexuelle Befriedigung suchen (→ Bilderliebe, Ikonolagnie, Monumentophilie, Pygmalionismus, Statuenliebe, Statuophilie, Venus statuaria). Im übrigen gibt es für jeden Wunsch, den »normalen« wie den »perversen«, einen entsprechenden Gegenwunsch. Zum Beispiel → Bilderschändung statt Bilderliebe, → Ikonophobie statt Ikonolagnie, → Monumentophobie statt Monumentophilie, → Statuenhaß statt Statuenliebe, → Statuophobie statt Statuophilie. So wie die Grenze zwischen Liebe und Haß fast unmerklich ist – der Gegenpol zu beiden ist Indifferenz –, so ist der Unterschied zwischen Liebe und Haß auch in den zahllosen Varianten des »perversen« Triebs minimal.
Entsprechend der ganzen Skala der eben erwähnten *optischen* Wünsche, die an die Stelle des Koitalwunsches treten können, gibt es eine Skala der *akustischen* Wünsche – also den Wunsch, zu hören oder gehört zu werden. Dem Voyeur, der sexuelle Dinge sehen will, entspricht der → Écouteur, der sie hören will. Der Mixoskopie, dem Verlangen, anderen Menschen beim Geschlechtsverkehr zuzusehen, entspricht die → Mixakusis, das Verlangen, anderen Menschen beim Geschlechtsverkehr zuzuhören (→ Nebenzimmersexualität). Dem Verlangen, erotische oder zotige Dinge zu schreiben, entspricht das Verlangen, sie auszusprechen (→ sexuelle Blasphemie, Koprolalie, Pornolalie, Urolalie).
Von allen Organen des menschlichen Körpers hat die → Nase die größte Affinität zu den Genitalien. Deshalb ist die Anzahl der Sexualhandlungen, bei denen Gerüche die Funktion des Koitus ersetzen, sehr groß (→ Geruchsfetischismus, Osphresiolagnie, Ozolagnie, Type olfactif). Aber im Gegensatz zu dem durchschnittlichen Menschen, der eine gewisse Fixierung auf angenehme Gerüche entwickeln mag (→ Parfumfetischismus), ist der »Nasalpervert« fast stets nur an Gerüchen interessiert, die der Durchschnittsmensch als abstoßend empfindet. Es sind die Kotgerüche (→ Abortfetischismus, Analerotik, Exkrementophilie, Koprolagnie, Koprophilie), die Uringerüche (→ Épongeur,

Harnerotik, Nachttopffetischismus, Renifleur, Soupeur, Urinfetischismus, Urolagnie, Windelfetischismus) und Zersetzungsgerüche: Schweiß (→ Zehenriecher), Nahrungsmittelreste zwischen den Zähnen, schlechter Atem, zerfallende Tier- und Pflanzenstoffe, Kadaver (→ Nekromanie).
Auch der Geschmackssinn kann an die Stelle des Paarungswunsches treten. Hier fällt die große Anzahl der Patienten auf, die nicht etwa auf jene Nahrungsmittel fixiert sind, die den meisten Menschen gut schmecken, und auch nicht auf → Aphrodisiaka, sondern wiederum auf die Ausscheidungen des menschlichen Körpers und auf die gleichen Zersetzungsprodukte, deren Geruch auch den Nasalerotiker anzieht: Kot (→ Koprophagie, Skatophagie, Stercoraires), Urin (→ Soupeur, Uropotie), andere Produkte des menschlichen Körpers wie Schweiß (→ Zehensauger), Haut (→ Dermatophagie), Blut (→ Menophagie, Vampirismus, Lykanthropie), menschliches Fleisch (→ Anthrophagie, Kannibalismus, Nekrophagie), Samen (→ Spermatophagie), Vaginalsekrete, Nahrungsmittel, wie Austern, Käse, Weintrauben, die erst in die Scheide oder den After eingeführt werden, ehe man sie ißt; dann auch den Speichel eines anderen Menschen und das von ihm vorgekaute Essen.
Auch der Tastsinn, der eigentliche Geschlechtssinn, kann sich von seinem Zentrum in den Genitalien auf andere Körperorgane verschieben. Und auch hier gibt es, wie beim Gehör-, Geruchs-, Geschmacks- und Gesichtssinn, aktive und passive Varianten der Verschiebung: den Wunsch, zu berühren (→ Folie de toucher) und den Wunsch, berührt zu werden (mit dem entsprechenden Gegenteil: der Angst vor dem Berühren anderer Wesen und der Angst, von ihnen berührt zu werden → Délire de toucher). Nicht nur kann sich der Wunsch, mit einem anderen Wesen zu kopulieren, von der Genitalregion auf jede beliebige andere Körperregion verschieben, zum Beispiel auf die Achselhöhlen, die Brust (→ Mammalkoitus), den Mund (→ Cunnilingus, Fellatio, Irrumatio, Lambitionsakt, Lambitus, Lécheur, Minette, Penilinctio, Phönizisieren) oder den After (→ Analerotik, Anilinctio, Coitus in anum, Effeuille des roses, Épée de Charlemagne, Immissio penis in anum, Introductio digiti, Lambitus ani, Pedicatio, Proctolagnie, Siphnisieren, Spinatstecher), sondern der Koituswunsch kann gänzlich verschwinden und durch den Wunsch nach Berührung ohne Koitus ersetzt werden, zum Beispiel durch das Berühren eines fremden Menschen (→ Berührungsfetischismus, Frotteur), durch Kitzeln oder Saugen (→ Lutsch-

komplex, Oralerotik), durch Berühren von Körperausscheidungen wie Kot (→ Exkrementophilie, Koprophilie, Koprolagnie, Kotschmierer), durch Berühren anderer Dinge wie Schmutz (→ Besudelungstrieb, Inquinationstrieb, Mysophilie, Saliromanie), Stoff (→ Hephephilie), Pelz (→ Pelzfetischismus), Wasser (→ Undinismus), Feuer (→ Pyrolagnie, Selbstbrandmarkung), Eis (→ Kältefetischismus). Am ernstesten wird die Inversion des Tastsinns, wenn sie, statt nach angenehmen Empfindungen zu suchen, ihre Befriedigung in unangenehmen und schmerzhaften findet: in → Selbstfesselung, Selbstgeißelung, Selbstverstümmelung, Selbstentmannung oder gar in der versuchten (und manchmal vollendeten) → Selbsterhängung oder → Selbsterstickung (→ Automasochismus, Automutilation, Autotomie, Nadelschlucken, Penisstrangulation, Selbstkastration, Selbstkatheterisierung, Selbstkreuzigung, Selbststrangulation).
All dies sind Formen des → Autosadomasochismus. Genau wie alle anderen Formen des → Sadomasochismus kann der Wunsch, sich selbst Schmerz zu bereiten, auch hier jederzeit vom Passiven ins Aktive umschlagen und sich in den Wunsch verwandeln, anderen Menschen weh zu tun. → Hauterotik und → Muskelerotik finden dann ihre Befriedigung im Schlagen, statt im Geschlagenwerden. Wie alle anderen Deviationen, so sind auch die Wünsche, Schmerz zu empfangen (→ Masochismus) und Schmerz zu bereiten (→ Sadismus), nicht nur auf den direkt betroffenen Sinn (hier das Tastgefühl) beschränkt. Wenn wir schlagen, betätigen sich nicht nur unsere Hände, Arme und deren Muskeln und Nerven, sondern auch unsere Augen und Ohren, unsere Nase und unser Mund. Wir hören die Schreie, die Worte des geschlagenen Menschen. Wir sehen die Wunden, die wir ihm beibringen. Wir riechen und schmecken Blut, Schweiß und Tränen. Verbinden wir hier also den riesigen Komplex des Sadomasochismus und seiner zahllosen Varianten mit der Umpolung des Tastsinns, indem wir sagen, daß er unangenehme statt angenehme Eindrücke empfangen und austeilen möchte, dann nur, um dem Laien eine Eselsbrücke zu bauen, die den verschlungenen Pfad der »Perversion« verständlich machen soll (→ Aggressionsinversion, Algolagnie, Algophilie, Aufschlitzer, Auspeitschung, Berkeley Horse, Bestrafung, Biß, Brandmarken, Bußdisziplin, Demonstrationssadismus, Dippoldismus, Domina, Equus eroticus, Erziehersadismus, Erziehungsmasochismus, Fesselung, Fingernagel, Flagellation, Folter, Fußketten, Gefängnis, Geißler, Gouvernantenwahn, Halsband, Halskette, Hinrichtungssadismus, republikanische Hoch-

zeit, Hörigkeit, Hundeleine, Jack the Ripper, Käfig, Ketten, Kindermißhandlung, Kleideraufschlitzer, Kleptomanie, Knebelung, Kolligationsfetischismus, Kompensationsabweichung, Konjunktionsabweichung, Korrespondenzzirkel, Lagnänomanie, Lustmord, Machlänomanie, Maulkorb, Metamorphosismus, Metatropismus, Nachttopfsklave, Nadelschlucker, Nekrosadismus, Nekrozoosadismus, Pädonekrosadismus, Pagismus, Pantoffelheld, Passiophilie, Passivismus, Peitsche, Penisfutteral, Penisstrangulation, Pfählung, Piqueur, Postheoth Club, Prügelmaschine, Puerilismus, Riemen, Rute, Sattel, Schweißlekker, Servilismus, Sklavenbriefe, Somatoskopie, Sporen, Stock, Strafe, Strangulation, Tierquälerei, Tintenspritzer, Tortur, Urticatio, Venaesectio, Viehstecher, Wanda, Wortsadismus, Zaumzeug, Zehensauger, Zoosadismus, Zopfabschneider, Zuchthaus).

Eine sechste Form der »Perversio in actu« ist die → Einverleibung. Sie besteht in der Einführung von Fremdkörpern in die Nase, die Ohren, den Mund (→ Nadelschlucker), den After (→ Klistieromanie), die Genitalien (→ Pfählung, Selbstkatheterisierung) oder durch die Haut hindurch (→ Injektomanie, Nadelstecher). So fremdartig diese Neigung klingen mag, so stellt sie doch stets ein Symbol des Koitus dar und ist deshalb eigentlich eine der verständlichsten Surrogathandlungen.

2. Perversio in objecto

Wir haben uns bisher mit den Abirrungen der sexuellen *Tätigkeit,* also mit Sexualhandlungen beschäftigt, die an die Stelle des Koitus treten. Wir kommen nun zu einer anderen und weitaus größeren Gruppe: den Sexualhandlungen, in denen das *Objekt* oder *Ziel* sich verschiebt. Anstelle eines etwa gleichaltrigen Partners des anderen Geschlechts tritt beispielsweise ein Kind (→ Didaskalophilie, Ephebophilie, Kinderballett, Kinderehe, Kinderprostitution, Kinderschändung, Kinderverführung, Knabenbordell, Knabenehe, Knabenharem, Knabenliebe, Korophilie, Neoterophilie, Pädophilie, Pagismus, Parthenophilie, Puerilismus). Das Ziel mag sich aber auch in der anderen Richtung verschieben, so daß Menschen nur mit alten Leuten kopulieren möchten (→ Gerontophilie, Graeophilie, Presbyterophilie). Selbst die scheinbar normale Fixierung auf Menschen der eigenen Altersgruppe kann »pervers« sein, wenn sie das Unvermögen verbirgt, mit jüngeren oder älteren Partnern zu koitieren (→ Brotophilie, Gynäkophilie, Helikophilie). Wie sich die Wahl des Sexualpartners auf gewisse Altersstufen fixieren kann, so auch auf gewisse Verwandtschaftsgrade (→ Blutschande, Geschwisterehe, Inzest), oder ein gewisses Aussehen: groß oder klein, dünn oder dick, rothaarig oder brünett, vollbusig oder busenlos, bucklig, einäugig, blind, taub, gelähmt (→ Fetischismus, Deformationsfetischismus).

Statt einen Partner des anderen Geschlechts zu wünschen, mag die aberratio in objecto den Menschen dazu veranlassen, einen Partner seines eigenen Geschlechts vorzuziehen (→ Äquisexualität, Ambierastie, Ambisexualität, Amphiphilie, Biamanten, Bisexualität, Doppelgeschlechtlichkeit, Drehpunkt, Drittes Geschlecht, Geschlechtsübergänge, Homoerotik, Homophilie, Homosexualität, Intersexualität, Inversion, Metatropismus, Panhermaphroditismus, Seelenzwitter, konträre Sexualempfindung, Transgestismus, Trisexualität, sexuelle Zwischenstufen). Es gibt weibliche Homosexualität (→ Anandrynes, Chevalière du Clair de Lune, Désirantes, Freidamenorden, Fricarelle, Fricatrice, Gougnotte, Gynäkophilie, weibliche Homosexualität, Hosenrolle, Kinäde, Lesbizismus, Lesbos, Mannweib, Medusenorden, Orchideengesellschaft, Ordre des Aphrodites, Quintilla, Sahhaqat, Saphismus, Tribade, Urninde, Viragines, Virilismus). Und es gibt männliche Homosexualität (→ Androphilie, Benjamiter, Bougres, Bugger, Bulgaren, Canapé, Catamitus, Chevalier de la Manchette, Club degli ignoranti, Club der Vernünftigen, Collegium sodomitarum, Commasculatio, Damenimitator, Effeminatio, Eonismus, wälsche Hochzeit, Immissio penis in anum viri, Lustknabe, Mignon, Mollies' Club, Mujadores, Muliebriores, Ordre de la Félicité, Päderastie, Pedicatio, Petit-Jésus, Platonische Liebe, Polyhymnier, Pygismus, Sokratische Krankheit, Tempelritter, Uranismus, Urning, Vere Street Coterie, Viriliores, Weihnachtspantomime). Die engeren Fixierungen, die wir bei Heterosexuellen wahrgenommen haben – also Begrenzungen des Sexualwunsches auf gewisse Altersgruppen, gewisse Verwandtschaftsgrade, gewisses Aussehen (einschließlich aller Varianten des → Deformationsfetischismus und aller anderen Formen des → Fetischismus) – finden wir auch innerhalb der homosexuellen Gruppe. Es gibt Homosexuelle, die nur an jüngeren Personen des eigenen Geschlechts interessiert sind (→ Ephebophilie, Korophilie, Neoterophilie, Parthenophilie); Homosexuelle, die nur an älteren Personen des eigenen Geschlechts interessiert sind (→ Gerontophilie, Graeophilie, Presbyterophilie); es gibt Homosexuelle, die nur mit Menschen des eigenen Geschlechts *und* des eigenen Alters verkehren können (→ Brotophilie, Helikophilie); und es gibt eine Fixierung auf homosexuellen → Inzest, genau wie es Fixierungen auf heterosexuellen Inzest gibt.

Als Ersatz des Koitus mit einem gleichaltrigen Wesen des anderen Geschlechts kann auch der Verkehr mit der eigenen Person gelten (→ Affektonanie, Autismus, Autodermatophagie, Autoerastie, Autoerotik, Autofellatio, Autofetischismus, Automonosexualismus, Cinepimastie, Ersatzbefriedigung, monosexuelle Idiosynkrasie, Ipsismus, psychischer Koitus, Konturerotik, Mammalonanie, Manualipsation, Manustupration, Masturbation, Monosexualität, Muskelerotik, Narzißmus, Onanie, Onanieäquivalente, Penisstrangulation, Pornographie, Selbstbefleckung, Selbstbefriedigung, Selbstkatheterisierung, Spiegel, Spiegelakte, Suctustupratio, Tagebuch, Zwangsonanie). Die aberratio in objecto braucht sich aber nicht auf einen einzigen Menschen, sei es des eigenen oder des anderen Geschlechts, zu beschränken. Sie kann auch, was sehr oft geschieht, auf gleichzeitigen Geschlechtsverkehr mit mehr als einem einzigen Menschen gerichtet sein (→ Adamsfeste, Gruppensex, Hirschpark, Kreisorgie, Orgie, Partouze, Petit Ermitage, Petite Société, Pluralismus, Rehane, Schauorgie, Strip-Poker, Symplegma, Tetragamie, Triolismus). Die Fixierung des Patienten mag hier auf gleichzeitigen Geschlechtsverkehr mit einem Mann und einer Frau, mit zwei Frauen, mit zwei Männern, mit einem Mann und einem Kind, mit zwei Kindern des einen oder anderen Geschlechts oder mit nahezu jeder erdenklichen anderen Gruppe ausgerichtet sein. All das, so seltsam es auch erscheinen mag, ist nach herrschender Meinung immer noch verhältnismäßig harmlos, denn es beinhaltet noch immer den Koitus, den zentralen Punkt, um den der »gesunde« Geschlechtsverkehr sich nach dieser Meinung dreht. Solange der Patient noch den Wunsch hat, mit einem anderen Wesen zu koitieren, gilt er als noch heilbar. Die nahezu unheilbaren Fälle beginnen angeblich dort, wo der Patient nicht mehr auf Menschen, sondern nur noch auf Körperteile, körperliche Emanationen, tote Menschen, lebendige oder tote Tiere, leblose Objekte, Naturzustände oder gar imaginäre Phänomene fixiert ist. Mit diesen gravierendsten aller sexuellen Umpolungen wollen wir uns jetzt beschäftigen.

Jeder Teil eines menschlichen Körpers – des eigenen oder eines fremden Körpers – kann als sexuelles Ziel dienen. Der Patient sucht seine Befriedigung im Anblick, im Betasten, im Beriechen, Belecken, Schlagen oder Saugen an diesem Körperteil. Er mag dabei onanieren, aber selbst das ist oft nicht mehr vonnöten. Von den zahllosen Formen des Körperteilfetischismus (→ Partialismus) seien hier nur die häufigsten erwähnt: auf die weibliche Brust bezieht sich der → Brustfetischismus

(→ Cinepimastie, Mammalerotik, Mammalonanie). Auf die Genitalien bezieht sich der → Genitalfetischismus (→ Cucurbitacées, Einverleibung, Genitalität, Genitalmaske, Penisfutteral, Penisstrangulation, Vaginalerotik). Auf den Fuß konzentriert sich der → Fußfetischismus (→ Zehenriecher). An den Anus gebunden ist der → Analfetischismus (→ Analerotik, Anilinctio, anale Einverleibung, Effeuille des roses, Épée de Charlemagne, Gesäßerotik, Introductio digiti, Klistieromanie, Lambitus ani, Nachttopffetischismus, Nachttopfsklave, Natesfetischismus, Pfählung, Proctolagnie, Siphnisieren).

Wiederum eine Stufe der Verfremdung weiter vom Koitus entfernt steht die Gruppe jener Fetischisten, die nicht einmal mehr auf Körperteile, sondern nur noch auf deren Ausscheidungen fixiert sind – also auf Schweiß, Kot, Urin, Speichel, Samen, Sekretionen der Talgdrüsen (Smegma), Vaginalsekretionen, Ohrenschmalz, Schlaf.

Und noch weiter entfernt von der konkreten Realität des Koitus sind jene Patienten, die auf Körperzustände fixiert sind – auf Bewegung (→ Ergophilie), Stillstand (→ Kinephobie), Häßlichkeit (→ Häßlichkeitsfetischismus), Mißbildungen, Narben oder Amputationen (→ Deformationsfetischismus), schwangere Frauen (→ Graviditätsfetischismus) und ähnliches.

Selbst der tote Mensch hat für viele Menschen eine große Anziehungskraft (→ Hinrichtungsfetischismus, Leichenschändung, Lustmord, Nekromanie, Nekrophagie, Nekrophilie, Nekrosadismus). Zwischen der Nekrophilie, der sexuellen Fixierung auf Tote, und dem Töten aus Freude am Schmerzbereiten besteht jedoch ein grundsätzlicher Unterschied. → Sadisten sind fast nie nekrophil veranlagt: für sie hört das Interesse am Menschen auf, wenn er keinen Schmerz mehr fühlt. Aber → Nekromanen, die zwar kein Interesse am Töten haben, aber beim Geschlechtsverkehr mit lebenden Wesen keinen Reiz verspüren, sind manchmal zum Töten gezwungen, wenn sie keine Möglichkeit finden, an Menschen heranzukommen, die eines natürlichen Todes gestorben sind. Fälle von → Nekrosadismus oder Leichenverstümmelung sind kurioserweise fast niemals auf Nekromanen oder Sadisten zurückzuführen, sondern auf impotente Menschen, die das andere Geschlecht hassen (→ Androphobie, Cypridophobie, Frauenhaß, Jack the Ripper, Männerhaß, Misandrie, Misogynie). Auch unter den Nekromanen gibt es Subfixierungen, zum Beispiel auf tote Männer oder tote Frauen, tote Knaben oder tote Mädchen, selbst auf tote Säuglinge (→ Pädonekrophilie). Ein außerordentlich wichtiger und selbst in der Fachliteratur

selten behandelter Komplex ist der der → Autonekrophilie. Unter diesem Begriff, den Borneman geprägt hat, versteht er die Fixierung der Libido auf den eigenen toten Körper. Da der Mensch, der an dieser grausamen Zwangsvorstellung leidet, noch am Leben ist, enthält jede sexuelle Handlung den Versuch, sich selber zu töten.
Verglichen mit den tragischen Tätigkeiten der Nekromanen und Autonekromanen mutet die sexuelle Fixierung auf Tiere schon fast als eine verständliche Passion an. Sämtliche Haustiere (Hunde, Katzen, Gänse, Hühner, Enten, Schweine, Kühe, Pferde, Schafe, Ziegen) sind seit Beginn der Domestizierung von Menschen für sexuelle Zwecke benutzt worden. Manchmal einfach deshalb, weil kein menschliches Wesen zur Verfügung stand, manchmal aus Liebe zu einem Tier, das zum Freund geworden war, oft aus infantiler Verwirrung des sexuellen Ziels (→ Bestialität, Kynophilie, Schoßhund, Sodomie, Tierfetischismus, Tierschändung, Unzucht mit Tieren, Zooerastie, Zoophilie, Zoostuprum).
Es gibt unglücklicherweise auch eine Form der Nekrophilie, die sich auf tote Tiere fixiert. Man könnte mit einer englischen Redewendung sagen: »They've got the worst of both worlds« (→ Zoonekrophilie).
Noch weiter als selbst der Nekromane, der zumindest einen menschlichen Körper liebt, sei er auch tot, und der Zoophile, der zumindest ein lebendes Wesen liebt, sei es auch nur ein Tier, ist jener Mensch vom Verständnis der Allgemeinheit entfernt, der sexuellen Verkehr mit Pflanzen anstrebt. Aber auch dies ist eine nicht seltene Form der Perversio in objecto (→ Dendrophilie).
Mit dem Begriff des → Objektfetischismus kehren wir in eine bekannte Welt zurück, in der die Therapie jedoch fast ebenso sinnlos wie bei der → Homosexualität ist. Denn die Objektfetischisten betrachten sich nicht als krank, sondern im Gegenteil als eine Art sexueller Elite. Sie verachten die Menschen, die sich dem »schmutzigen« Koitus hingeben. Und da sie beim Betrachten, Betasten, Beriechen, Anhören und manchmal auch bei der Einverleibung des geliebten Objekts meist nicht einmal mehr onanieren und auch nicht erwarten, eine → Pollution zu haben, ist ihre Ablehnung der »schmutzigen« Sexualität nicht widerlegbar.
Am verständlichsten für den Laien sind noch jene Objektfetischisten, die sich an Kleidungsstücke klammern, denn jedes dieser Kleidungsstücke hat eine klar erkennbare sexuelle Funktion. Der heterosexuelle Kleidungsfetischist sammelt, stiehlt oder kauft Kleidungsstücke des anderen, der homosexuelle die des eigenen Geschlechts. Selbstver-

ständlich sind die Kleidungsstücke, die → erogene Zonen bekleiden, die populärsten: BHs, Schlüpfer, Höschen, Slips, Bikinis, Unterwäsche aller Art, Regelbinden, Suspensoria. Aber auch Kleidungsstücke, deren sexuelle Bedeutung nicht so offenbar ist, dienen als Fetisch: Pelzmäntel, Regenmäntel, Uniformen, Trauerkleidung, Lederartikel aller Art, Stoffe aller Art, Knöpfe, Reißverschlüsse, Masken, Schuhe, Strümpfe, Handschuhe, Taschentücher (→ Adhärenzfetischismus, Cisvestismus, Eonismus, Gummifetischismus, Handschuhfetischismus, Hephephilie, Hutfetischismus, Kleideraufschlitzer, Kleiderfetischismus, Korsettfetischismus, Lederfetischismus, Maske, Pseudotransvestitismus, Rétifismus, Schuhfetischismus, Stoffetischismus, Strumpffetischismus, Taschentuchfetischismus, Transvestitismus, Trauerfetischismus, Uniformfetischismus, Verkleidungstrieb, Wäschefetischismus, Windelfetischismus).
→ Kohärenzfetischismus nennt man jenen Objektfetischismus, der sich nicht an Kleidungsstücke, sondern an andere Objekte klammert, die am menschlichen Körper getragen werden, zum Beispiel Schmuck aller Art (Halsketten, Armreifen, Armbänder, Ringe, Fußketten, Ohrringe, in primitiven Gesellschaften auch Nasenringe, in die Lippen oder den Penis eingefügte Reiz- und Schmuckstücke, Schönheitspflästerchen, Tätowierungen, Schminke, Puder, Lippenstift, Augenschminke, Nagellack, künstliche Wimpern, künstliche Haare, Perücken, falsche Brüste, künstliche Hüftpolster, künstliche Nates, falsche Zähne, Goldplomben, Brillen, Lorgnons, Kneifer, Monokel). Aber auch Gegenstände, die nur mit dem Körper in Berührung kommen, sind beliebte Fetische: Nachttöpfe, Badewannen, Fußbadewannen, Klosetts, Stühle, Sofas, Betten, Bettdecken, Teppiche, medizinische Geräte, Werkzeuge, Waffen, Eß- und Trinkgeräte, Schreibwerkzeug und so weiter.
Ebenfalls verständlich ist derjenige Fetischismus, der sich auf Objekte konzentriert, die den menschlichen Körper oder dessen Teile (Bilder, Statuen, Heiligenbilder, Reliquien, Monumente, Puppen, medizinische Illustrationen, Skelette, Totenköpfe) oder Tiere darstellen (Tierbilder, Tierstatuen, Tierskelette, Jagdtrophäen, Angeltrophäen) oder mit Tieren in Berührung kommen (Sporen, Zügel, Sattel, Hundeleinen, Hundehalsbänder, Peitschen, Freßnäpfe).
Schwieriger wird es, wenn wir zum Thema der Fixierung auf imaginäre Phänomene kommen: auf Götter, Geister, Dämonen (→ Alpminne, Dämonomanie, Dämonophilie, Spectrophilie). In dieses Gebiet fällt auch das sexuelle Element des → Hexenkults, der → Incubi und → Suc-

cubi, der schwarzen Messe, der religiösen Besessenheit, der unzähligen Kulthandlungen erotischen Inhalts. Endlich kommen wir zu jenen seltensten aller Fixierungen, die sich auf Naturzustände konzentrieren: Kälte, Wärme, Dunkelheit, Helligkeit, Gewitter, Regen, Hagel, Schnee; alle können als Fetische dienen, die erotischen Reiz auslösen und an die Stelle eines menschlichen Sexualpartners treten.

Zum Schluß sei erwähnt, daß das Sammeln als solches eine Form des Fetischismus ist, der natürlich erst dann zum klinischen Phänomen wird, wenn er in das Sexualleben des Patienten eingreift (→ Haremskult). Aber selbst der Laie weiß, daß passionierte Sammler (Briefmarken, Münzen, Bilder) einen großen Teil ihrer Libido auf ihre Sammelobjekte übertragen; der Sammler hat weniger Zeit für seine Frau als der Nichtsammler. Alle Fetischisten sind passionierte Sammler und tragen mit unermüdlicher Geduld eine Unzahl von Fetischen oder von Bildern ihrer Fetische zusammen: Unterwäsche, Schuhe, Schamhaar, Handschuhe und so weiter.

An diese Liste der menschlichen Sexualdeviationen ist eine einschränkende Warnung zu knüpfen: sie treten niemals so klar definiert auf, wie sie hier zum Zweck der schematischen Darstellung vorgestellt worden sind. In der Praxis enthält fast jede Abirrung gleichzeitig Komponenten anderer Abirrungen, der → Korsettfetischismus zum Beispiel ein sadomasochistisches Element, weil das Korsett eng sein soll und somit Schmerzen verursacht. Alle Varianten des → Schuhfetischismus enthalten sadomaschistische Komponenten, und der → Sadomasochismus selber weist unzählige fetischistische Komponenten auf. Der → Nachttopfsklave, der von seiner → Domina verlangt, daß sie ihn erniedrige, indem sie ihn zum Trinken ihres Urins oder zum Essen ihres Kots »zwinge«, ist ohne jeden Zweifel gleichzeitig ein → Urophile oder ein → Kopromane. Die Sadistin, die verlangt, daß ihr Sklave sich einen Pferdesattel aufbinden läßt, und ihn nun mit Sporen an ihren eigenen Füßen und mit der Reitpeitsche in der Hand durchs Schlafzimmer reitet, hat gleichzeitig eine zooerastische Fixierung (→ Metamorphosismus, Mixoscopia bestialis, Zoomimik).

Jede Form des → Kleiderfetischismus enthält gleichzeitig eine Fixierung auf denjenigen Körperteil, den der Fetisch berührt: ein Schuhfetischist hat stets eine Fixierung auf den Fuß, ein Handschuhfetischist stets auf die Hand. Jeder Handfetischismus ist aber auch gleichzeitig ein → Berührungsfetischismus. Das Konzept des Manipulierens, des Anpackens, des Zerrens, des Schlagens, des Geschlagenwerdens, aber

auch des Streichelns, des Liebkosens und vor allem das der → Masturbation schwingt hier mit. Unser Versuch, sexuelle Deviationen zu katalogisieren, darf also nicht darüber hinwegtäuschen, daß keine dieser Varianten der sexuellen Appetenz jemals in reiner Form auftritt. Jede Variante trägt gleichzeitig ein oder mehrere andere Varianten in sich.
Noch komplizierter wird die Einteilung sexueller Deviationen, wenn wir uns daran erinnern, daß jeder sexuelle Kontakt zwischen zwei Menschen sich gleichzeitig auf eine Anzahl von Körperteilen bezieht und daß diese Körperteile nicht notwendigerweise bei beiden Partnern die gleichen sind. Beim Kuß, beim Händehalten, beim Koitus berühren sich bei beiden Partnern die gleichen Organe. Bei → Fellatio oder → Cunnilingus aber nicht. Auch nicht bei → Pedicatio oder → Introductio digiti. Der Exhibitionist entblößt seine → Genitalien. Aber sein Sexualobjekt sind die → Augen der Frau, die ihn anblicken soll. In gleicher Weise operiert der Verbalexhibitionist, der Schreiber von anonymen Briefen obszönen Inhalts (→ Erotographomanie, Koprographomanie, Pornographomanie), oder der → Pornolalomane, der Mann, der fremde Frauen anruft, um ihnen telephonisch obszöne Anträge zu stellen, die natürlich nie ernst gemeint sind. Im ersten Fall ist das »sendende« Organ die schreibende Hand und das »empfangende« das Auge der Leserin. Im zweiten Fall ist das sendende Organ der Mund des Anrufers und das empfangende das Ohr der angerufenen Person. Hier treten die Genitalien beider Personen also überhaupt nicht in Aktion. Trotzdem ist es ein sexueller Akt, und zwar ein Akt von sehr hohem Grad der Deviation. Denn wie bereits gesagt: im Gegensatz zur Laienmeinung, daß diejenigen »Perversionen« am ernstesten sind, die mit den Sexualorganen begangen werden, ist die »Perversion« im klinischen Sinne umso gravierender, je mehr sie die äußeren Sexualorgane vernachlässigt.
Der einzige Maßstab, mit dem wir das Phänomen der »Perversion« klinisch und transkulturell messen können, ist deshalb nicht der Grad der Abweichung von der sexuellen Norm, sondern das Maß der → Befriedigung. *Perversionen werden dadurch gekennzeichnet, daß sie sich nicht befriedigen lassen.* Kinseys Gleichsetzung von Orgasmus und Befriedigung stellt in diesem Sinne eine gefährliche These dar. Denn viele Devianten, wenn auch nicht alle, sind durchaus orgasmusfähig. Aber der Orgasmus bringt keine Befriedigung, sondern stattdessen das Verlangen nach einer zunehmenden Frequenz, die mit abnehmender Befriedigung gepaart ist. Während das sexuelle Bedürfnis des gesunden Men-

schen einen regelmäßigen Rhythmus aufweist, unterliegt das Bedürfnis des Devianten einer Akzeleration der dranghaften Unruhe. Ein kompliziertes System von Vorbereitungen und Vorbedingungen wird erforderlich, um auch nur die *Hoffnung* der Befriedigung aufkommen zu lassen. Je enger aber die Skala der Reize wird, von denen der Betroffene zumindest *hoffen* kann, daß sie ihm Befriedigung geben, um so süchtiger wird das Verlangen, diese Reize zu erfahren (→ Süchtigkeit). Dies erfordert eine Umwandlung der Welt aus der erreichbaren Realität in ein unerreichbares Wunschgebilde. Um seine Wünsche zu realisieren, muß der Deviant die Welt *beherrschen.* Während der »gesunde« Mensch das sexuell Mögliche anstrebt, strebt der »Perverse« das Unmögliche an. Dieser Unterschied wird noch klarer, wenn wir als Vergleichsfaktor die Kontrollgruppe jener Patienten einbeziehen, die an verhältnismäßig harmlosen Fehlhaltungen leiden, meist an Formen des → Konjunktionsfetischismus. Während der gesunde Mensch ein Verlangen entwickelt, das befriedigt werden kann, läßt sich das des Konjunktionsfetischisten nur unter gewissen Bedingungen, Vorbereitungen und Raffinements befriedigen, das des »Perversen« dagegen überhaupt nicht. Die Sexualität des »gesunden« Menschen ist also durch die *Stillbarkeit des Bedürfnisses* gekennzeichnet, die des Konjunktionsfetischisten durch *ungenügendes Bedürfnis* und die des »Perverten« durch die *Unstillbarkeit des Bedürfnisses.* Das Charakteristikum der »gesunden« Sexualität ist *Mäßigung,* das der Fehlhaltung ist *mangelndes Maß,* das der »Perversion« ist *Unmäßigkeit.* Oder – um Giese zu variieren – das gesunde Geschlechtsleben wird durch sein *Gelingen* gekennzeichnet, die Fehlhaltung durch *Störungen des Gelingens,* die Perversion durch *Mißlingen.*

Aber man kann noch einen Schritt weitergehen und sagen, daß die »Gesundheit« zwar durch *Erreichen* des erstrebten Ziels, die »Perversion« aber nicht nur durch *Verfehlen* des Ziels, sondern auch durch dessen *Zerstörung* charakterisiert ist. Denn die »Perversion« weist nicht nur klinische Eigenschaften auf, sondern auch eine ganz bestimmte Haltung der menschlichen Gesellschaft gegenüber. Während der »gesunde« Mensch sich entweder in die Gesellschaft einordnet oder sie zu ändern versucht, ist der »Pervert« unfähig, sich irgendeiner Gesellschaft einzuordnen. Er unterscheidet sich also grundsätzlich von dem Revolutionär, der die gegenwärtige Gesellschaftsordnung durch eine andere Ordnung, und auch von dem Anarchisten, der eine hierarchische durch eine freie Ordnung ersetzen will. Für ihn ist die alternative

Gesellschaftsordnung, wie sie auch gestaltet sein möge, ebenso unerträglich wie die, in der er lebt. Der Grund seiner Unfähigkeit, sexuelle Befriedigung zu finden, liegt nicht in der Gesellschaft, sondern in ihm. Sie liegt in der → Anonymität, der Apersonalität des »perversen« Sexualwunsches, in der Unfähigkeit, persönliche Bindungen und bindende Verantwortungen einzugehen.
Eben diese sexuelle Anonymität, diese sexuelle Apersonalität ist aber das sexuelle Spiegelbild der sozialen Anonymität, der psychischen Entpersönlichung und der alles durchdringenden Entfremdung, die Kennzeichen unserer spezifischen Gesellschaftsordnung sind. In diesem Sinne stellt jene präzise Form der Perversion, die von unserer Gesellschaftsordnung erzeugt wird, keinen Widerspruch zu ihr, sondern ihr sexuelles Ebenbild dar.

P., ÖKOLOGISCH. Sexuelle Perversionen sind keine Einzelerscheinungen, sondern Sozialphänomene. Sie haben eine Anzahl von sozialen Gründen und Zwecken. Von den Zwecken ist der der Geburtenbeschränkung wahrscheinlich der wichtigste. Die Genetik ist sich bis heute nicht darüber klar, wie der Mechanismus funktioniert, der nach Kriegen und anderen Krisen, die die männliche Bevölkerung dezimiert haben, plötzlich einen Männerüberschuß produziert. Oder wieso zur Zeit des Wochenbettfiebers, als die Frauensterblichkeit höher war, mehr Mädchen als Knaben geboren wurden. Wir wissen auch nicht, wieso Homosexualität öfter in reifen Kulturen auftritt, die das Maximum ihrer Entwicklungsfähigkeit erreicht haben, als in jungen, dynamischen Zivilisationen, die neue Landstriche besiedeln wollen. Aber wir müssen annehmen, daß Geschlechtspraktiken, die zu einer Änderung der bis dahin üblichen Geburts- und Geschlechtsratio führen, nicht notwendigerweise Erkrankungen einzelner Menschen, sondern soziale Phänomene darstellen, die einen ökologischen Zweck erfüllen. Wie jeder »normale« Geschlechtsverkehr, so hat auch der »anormale« Verkehr den biologischen Zweck, den Organismus von den Spannungen zu befreien, die der Existenzkampf in ihm erregt, die Schlacken des psychischen Energieverbrauchs abzubauen und Energien für den nichtsexuellen Verkehr mit anderen Menschen aufzubauen. In diesem Sinne erfüllt der Geschlechtsverkehr einen metabolischen Zweck: Er fördert den Kreislauf der Energien, die die menschliche Gesellschaft antreiben.
Die soziale Beurteilung einer sexuellen Handlung gelingt deshalb erst dann, wenn man den Einfluß kennt, den sie auf den gesellschaftlichen

Kreislauf ausübt. Und so wird denn auch die klinische Beurteilung einer sogenannten Perversion erst dann möglich, wenn ihr Effekt auf das nichtsexuelle Leben des Patienten ermittelt ist. Der Marquis de Sade ist nicht etwa deshalb eine dubiose Figur, weil er »unsittliche« Bücher schrieb und von Zeit zu Zeit auch jene »Perversion« ausübte, die heute seinen Namen trägt, sondern weil weder seine sadistischen Bücher noch seine sadistischen Sexualhandlungen in der Lage waren, seinen Organismus von dem Zwang zu befreien, zerstörerische Handlungen nichtsexueller Art zu begehen. Jeder Arzt weiß, daß die Mehrzahl sogenannter perverser Akte nicht etwa von Triebverbrechern an unwilligen Opfern, sondern von normalen Eheleuten an ihren willigen Ehegatten begangen wird, die sich mit Hilfe solcher Akte in der Stille ihres Schlafzimmers von den Ängsten und Versuchungen befreien, die ihr nichtsexuelles Leben gefährden.

Der sexuelle Sadomasochismus, der zwischen zwei Liebenden pulsiert, beseitigt die Gefahr, daß sie im Alltagsleben zu Tyrannen werden oder sich dort widerstandslos tyrannisieren lassen. Jede sexuelle Handlung hat in diesem Sinne einen katalytischen Zweck: sie erlaubt uns, im Geschlechtsverkehr die Rollen auszuleben, die wir im Alltagsleben gern gespielt hätten. Hätte das Geschlechtsleben nicht die Funktion, solche Sehnsüchte aufzufangen und in Sexualbefriedigung umzusetzen, würde der Drang zum Rollenspiel in kürzester Zeit die menschliche Gesellschaft zum Stillstand bringen. Im Gegensatz zu der mittelalterlichen Vorstellung, daß Perversionen soziale Gefahren darstellen, sind sie in Wahrheit meist Sicherheitsmechanismen, mit denen die Natur sozialgefährliche Wünsche in verhältnismäßig harmlose sexuelle Wünsche verwandelt. Die Opfer eines Sexualmörders mögen zwei, drei oder gar zwanzig Menschen sein. Aber die Opfer eines Hitlers gehen in die Millionen.

P., PSYCHOANALYTISCH. In stark vereinfachender Form und unter Vermeidung des psychoanalytischen Fachvokabulars läßt sich Sigmund Freuds (1856–1939) Theorie der Perversion (1904) als eine Theorie der sexuellen Unreife darstellen. Sexuelle Wünsche, die nicht im heterosexuellen Koitus mit einem Menschen ähnlicher Altersgruppe, ähnlicher Erziehung und ähnlicher Intelligenz erfüllt werden können, sind infantil.

Der normale Mensch durchläuft eine Reihe von sexuellen Entwicklungsstufen, die mit den (über den ganzen Körper verbreiteten) Sinnesempfindungen des Säuglings beginnen und in den (auf die Genitalorgane konzentrierten) Sexualempfindungen des Erwachsenen kulminieren. Dazwischen liegen Übergangsstufen, die sich an den Mund (orale Stufe) und den After (anale Stufe) binden. Der Mund ist wichtig, weil das Kind durch Saugen seinen Hunger stillt und durch Berührung mit der Mutterbrust die Reizempfindungen seiner Lippen entwickelt. Der After ist wichtig, weil das Kind durch die Freude, die es seiner Mutter bereitet, wenn es brav aufs Töpfchen geht und später nicht mehr ins Höschen macht, sich zum erstenmal seiner Fähigkeit bewußt wird, anderen Menschen Vergnügen zu geben. Eine dritte essentielle Stufe ist die der Masturbation, in der das Kind seine Fähigkeit entwickelt, sich selber Vergnügen zu bereiten, und sich damit seiner eigenen Identität bewußt wird. Jeder normale Mensch geht durch alle drei Stufen hindurch und überwindet sie, indem er die drei unerläßlichen Komponenten der Sexualität in den Wunsch nach dem Koitus mit einem ähnlich gearteten Menschen des anderen Geschlechts zusammenfügt. Mißlingt dieser Prozeß der Integration aus irgendeinem von zahllosen Gründen (von denen das Verhältnis zu den Eltern der weitaus wichtigste ist), dann bleiben die sexuellen Wünsche dieses Menschen auf einer der drei früheren Stufen hängen.

Alle sexuellen Perversionen sind somit Varianten der Wünsche früherer sexueller Stadien. Perversion ist eine Form des Infantilismus. Sie kann manchmal, aber nicht immer, geheilt werden, indem der Arzt dem Patienten hilft, den unbewußten Gehalt dieser Wünsche bewußt zu machen und sie damit zu überwinden. Widersteht der Patient diesem Prozeß der Analyse, der Bewußtmachung, so gilt der Widerstand als wichtiges diagnostisches Indiz der Krankheit.

Der »normale« Mensch findet, nach Freud, ein hohes Maß an Befriedigung im heterosexuellen Geschlechtsverkehr und verwandelt jenen Teil seiner »Triebe«, den er nicht gänzlich im Geschlechtsverkehr befriedigen kann, in soziale und kulturelle Tätigkeit. Dieser Verwandlungsprozeß wird als → Sublimierung bezeichnet. Der »Pervertierte« ist unter anderem dadurch definiert, daß er nicht sublimiert.

Dies ist eine stark vergröberte Darstellung einer außerordentlich komplizierten Theorie, deren intellektuelle Brillanz in der Geschichte der Psychologie einzigartig ist. Trotzdem drängen sich dem Sexualforscher Zweifel auf. Stellt der Idealfall des perfekt sublimierenden Menschen nicht einen abstrahierten Sonderfall dar, den kaum ein Mensch je konkret erreicht? Leiden wir nicht alle in begrenztem Maße an »Perversionen«? Hat nicht fast jeder von uns zumindest manchmal sexuelle Wünsche, die wir entweder erfüllen oder verdrängen müssen? Bringt die Erfüllung uns nicht fast stets in Konflikt mit dem Gesetzgeber? Bringt die Verdrängung uns nicht oft in Konflikt mit unserer Gesundheit? Gibt es wirklich eine klinisch definierbare Grenze zwischen Gesundheit und Perversion?

Nehmen wir einen Testfall: Ist ein Ehemann Masochist und seine Frau, obgleich nicht Sadistin, bereit, ihn auszupeitschen, braucht er dann analytische Behandlung, wenn sie ihn liebt und aus Liebe das tut, was ihm Freude bereitet? Wenn seine Freude ihr Trost für das Leid ist, das sie ihm nach ihren eigenen Maßstäben (denen des »normalen« Menschen) zufügt, ist sie dann nicht eine bessere Therapeutin als irgendein Arzt? Der Mann mag sich der infantilen Wurzeln seines Wunsches, geschlagen zu werden, nach wie vor unbewußt sein. Wenn es ihm aber trotzdem gelingt, im Rahmen der Ehe jene Zufriedenheit zu erlangen, die es ihm ermöglicht, seine Arbeit zu tun, seine staatsbürgerlichen Pflichten zu erfüllen, seine Kinder zu erziehen, seine Frau zufriedenzustellen, ja in bescheidenem Maße vielleicht sogar seine Gesellschaftsordnung zu verbessern – ist das nicht genug?

Sind die Maßstäbe, die Freud anlegt, nicht zu akademisch, um uns zu helfen? Steckt in der Tendenz, nur das als gesund zu betrachten, was sich voll in die Gesellschaft integriert, nicht ein nahezu reaktionärer Konformismus? Ist ein gewisses Maß an Nonkonformismus im Sexualverhalten einer Gruppe nicht ebenso erforderlich für die Wohlfahrt des Ganzen, wie eine Opposition vonnöten ist, um die Gesellschaft am Leben zu halten? Spricht in Freuds Theorie der Perversion nur der Forscher oder auch der praktizierende Arzt, der in dem Fortbestehen des Establishments die einzige Möglichkeit des Überlebens seiner therapeutischen Methode sieht?

Psychoanalyse ist eine der langwierigsten und teuersten Therapien, die je erdacht worden sind. Die Anzahl von Analytikern, die notwendig wären, um die Neurotiker, Psychotiker und Perverten unseres Erdballs zu heilen, ist weitaus größer als die aller ausgebildeten Ärzte der Gegenwart. Wir brauchten mindestens einen Analytiker für je 30 Erwachsene. Das ist natürlich absurd, aber es unterstreicht die Absurdität jenes Konzepts der Medizin, an das Freud glaubte: das der Heilung des einzelnen Kranken. Das ist ein unhaltbares Konzept, denn nur reiche Länder können es sich heute noch leisten, erst zu warten, bis ein Mensch krank wird, um ihn dann mühsam und in begrenztem Maße wieder arbeitsfähig zu machen. Der Sinn einer modernen Medizin wäre

es, alle Bemühungen darauf zu konzentrieren, daß der Mensch gar nicht erst krank wird.
Medizin, die ihren Namen verdient, wird erst dann reif werden, wenn sie Krankheiten *verhindert,* statt sie zu »kurieren«. Die Therapie der sexuellen »Perversionen« auf psychoanalytischer Basis kann bestenfalls ein Notbehelf sein. Können wir das Ideal einer Therapie, die das *Entstehen* von »Perversionen« verhindert, auch vorläufig noch nicht realisieren, so können wir zumindest versuchen, den sexuellen Minderheiten ein einträgliches Leben zu vermitteln, sie in die menschliche Gemeinschaft einzubauen, statt sie als Kranke oder Verbrecher auszusondern, und das dynamische Element, das in ihnen steckt, zum Nutzen der Allgemeinheit zu verwenden, statt es auszumerzen.

P., STATISTISCH. Kein Land der Welt besitzt verläßliche Informationen über die Anzahl von »Perverten« und den Prozentsatz der Bevölkerung, der an »perversen« Akten teilnimmt. Dieser Mangel hat sowohl seinen Grund wie auch seine Auswirkungen in der Angst des Menschen, die Wahrheit über sich selber zu entdecken. Denn solange sich der Mensch durch Entrüstung über »Sittenverbrecher« ein Gefühl seiner eigenen Überlegenheit verschaffen kann, ist er nicht bereit, Informationen über seine eigene Sexualtätigkeit zu geben. Trotzdem besteht eine Wahrscheinlichkeit, daß jeder Erwachsene mindestens einmal im Leben an sexuellen Akten teilgenommen hat, die nach den Gesetzen seines Landes strafbar sind. Da die Gesetze jedes Landes jedoch stets um mindestens ein halbes Jahrhundert hinter dem tatsächlichen Usus des Landes herhinken, bedeutet diese Diskrepanz medizinisch sehr wenig. Nicht alle Taten, die das Gesetz als »Sittlichkeitsverbrechen« betrachtet, sind im medizinischen Sinn »Perversionen«, und nicht alle Akte, die die Medizin als krankhaft betrachtet, sind im Gesetzbuch verboten. Was »normal« ist, kann deshalb weder von der Medizin noch vom Gesetz, sondern nur durch die Statistik erfaßt werden. »Normal« in diesem Sinne bedeutet weder »gesund« noch »erlaubt«, sondern einfach: das, was die Mehrheit tut; und »pervers« bedeutet deshalb weder »krankhaft« noch »verboten«, sondern einfach: das, was die Minderheit tut. Da die Geschichte der Menschheit von Minderheiten bestimmt worden ist, mag das, was das Gesetz heute noch verbietet, morgen bereits erlaubt sein.

Perversion, geistige entspricht dem unsichtbaren Teil des berühmten Eisbergs, von dem wir stets nur ein Sechstel sehen, während fünf Sechstel unter der Oberfläche bleiben. Das sichtbare Sexualleben eines

Menschen besagt nur wenig über dessen Gesundheit oder Ungesundheit. Bei der Mehrheit aller Menschen entsprechen die sexuellen Bedürfnisse nicht der Realisierung, die sie in der Ehe oder auch im außerehelichen Geschlechtsverkehr finden. Insofern wir uns überhaupt unserer persönlichen, höchstpersönlichen sexuellen Wünsche bewußt sind, statt sie aus dem Bewußtsein zu verdrängen, schließen wir Kompromisse. Wir möchten mit Brigitte Bardot oder Sofia Loren schlafen, aber da uns das nicht gelingt, finden wir uns mit unserer Ehefrau oder Freundin ab. Wir möchten gern → Fellatio oder → Cunnilingus oder → Pedicatio betreiben, aber wir trauen uns nicht, und deshalb bleibt's beim Koitus. Wir möchten gern schlagen oder geschlagen werden, möchten gern im Pelzmantel mit nichts darunter auf die Straße gehen, möchten gern gleichzeitig mit zwei Mädchen oder zwei Männern koitieren, aber da das nun eben nicht geht, belassen wir's beim samstäglichen Beischlaf mit demselben alten, längst langweilig gewordenen Ehepartner. Woran wir aber *denken*, während wir kopulieren, das ist unsere Sache. Die Anzahl der Männer und Frauen, die sich Perversionen aller Art vorgaukeln müssen, damit sie im ehelichen Geschlechtsverkehr zum Orgasmus kommen können, ist weitaus höher als die der praktizierenden »Perverten«. Aber im klinischen Sinne läßt sich eine geistige »Perversion« nicht grundsätzlich von einer praktizierten unterscheiden. Was die Libido will, muß sie erreichen. Ist ihr Weg blockiert, leidet die Gesundheit. Jeder sexuelle Wunsch, der nicht befriedigt wird, führt zu gesundheitlichen Störungen. Der Unterschied zwischen prolongierter, habitueller → Masturbation und dem ehelichen Geschlechtsverkehr, in dem der Mann nur dann potent und die Frau nur dann zum Orgasmus fähig ist, wenn sie sich sexuelle Wunschbilder vorgaukeln, ist minimal.

Perversion in der Ehe. Der schwedische Arzt Lars Ullerstam hat vor Jahren das Wort geprägt, daß die beste Therapie der Perversion die Verkuppelung von Menschen mit komplementären Deviationen sei – also die Eheschließung eines Sadisten mit einer Masochistin, eines Voyeurs mit einer Exhibitionistin, und so fort. Obgleich diese Bemerkung sicherlich halb im Scherz gemeint war, enthält sie mehr als ein Körnchen Wahrheit. Von größter Wichtigkeit ist Offenheit vor der Ehe. Beide Partner müssen genau wissen, worauf sie sich einlassen. Sie sollten am besten eine Zeitlang zusammengelebt haben, um ermessen zu können, welche Anforderungen eine solche Ehe an sie stellt. Was geschehen kann, wenn solche Offenheit fehlt, beschreibt die amerikanische Frauenärztin Barbara Bross eindringlich in ihrem Frauenbuch *Flitterwochen – und was dann?* (Hans E. Günther Verlag, Stuttgart 1967): »Schauen wir zurück auf deine Hochzeitsnacht. Nehmen wir an, du bist eine jener bewundernswerten jungen Frauen, die nicht nur von Keuschheit reden, sondern wirklich dementsprechend handeln. Du gehörst zu der Art Mädchen, die jeden Geschlechtsverkehr vor der Ehe verweigern. Dein Mann ist von der gleichen Art. Er hat nie etwas Unschickliches von dir verlangt. Er hat dich mit der größten Achtung behandelt. Er ist charmant, höflich, hat gute Manieren, sieht gut aus, ist geistreich und erfolgreich. Er ist der ideale Ehemann. Nun seid ihr also getraut, und jetzt darfst du endlich mit gutem Gewissen mit ihm zu Bett gehen. Endlich. Aber was geschieht jetzt? Der arme Kerl ist völlig impotent. Nicht nur kann er zu keiner Ejakulation, zu keinem Orgasmus kommen, nein, er bekommt nicht einmal eine Erektion. Was jetzt? Nach all der Willenskraft, die du aufbringen mußtest, um zu all den anderen Männern, die mit dir schlafen wollten, nein zu sagen, nach all der Selbstdisziplin, die du dir auferlegen mußtest, um deine eigenen Wünsche zu unterdrükken, nach all dem Selbstzweifel, den du erlebt hast, als du sahst, daß andere Mädchen mit Dutzenden von Männern geschlafen haben und trotzdem noch vor dir geheiratet haben – nach alledem kann er dir nicht einmal helfen, diese kostbare Jungfräulichkeit loszuwerden, die du so sorgsam für ihn gehütet hast. Und dann, nach vielen Tränen auf beiden Seiten, gibt er es zu: er ist homosexuell, aber er möchte davon loskommen. Er möchte ›normal‹ sein. Er achtet dich. Er betet dich an. Du bist nicht wie die anderen Mädchen, die einen Mann gleich vergewaltigen wollen, wenn er sie nur zu einem Picknick ausführt. Nein, du bist lieb und gut und rein. Du mußt Geduld mit ihm haben, er gibt sich so viel Mühe. Er weiß, daß er sich ändern kann, wenn du nur Geduld mit ihm hast.

Was nun? Nach dem ersten Schock wirst du vermutlich genau das tun, was er von dir verlangt. Du hast Geduld mit ihm. Du versuchst, einen Mann aus ihm zu machen. Dazu mußt du so tun, als wärest du ein Mann. Entweder masturbierst du ihn oder ihr betreibt Fellatio oder Pedicatio. Wenn deine Zuneigung echt ist und deine Ausdauer groß genug, wirst du ihn einigermaßen glücklich machen. Er wird vielleicht auf seine männlichen Partner verzichten und dir treu bleiben. Er wird dich gewiß nicht mit einer anderen Frau betrügen. Aber was ist mit *dir?* Wirst *du* glücklich sein?«

Mit großer Wahrscheinlichkeit nicht. Aber es gibt Ausnahmen. Und

Dr. Bross beschreibt auch einige davon: »Ich habe eine Frau gekannt, die in einer solchen Ehe vollständige Erfüllung fand, und zwar so sehr, daß sie sich nach dem Tode ihres ersten Mannes nicht wieder an eine normale Ehe gewöhnen konnte. In einem anderen Fall erlaubte die Frau ihrem Mann, andere Männer mitzubringen und Geschlechtsverkehr à trois zu haben. In ihren eigenen Orgasmen war sie schließlich so davon abhängig, daß sie danach mit nur einem Mann, einem ›normalen‹, keinen erfolgreichen Verkehr mehr haben konnte.

Doch das sind Ausnahmen. Eine durchschnittliche Ehe dieser Art wird zerbrechen, selbst wenn du Kinder adoptierst oder sogar welche von deinem Mann hast. Manche Homosexuelle geben sich besonders viel Mühe, die Ehe durch die Zeugung von Nachkommen zu ›normalisieren‹, sosehr sie auch den Koitus mit einer Frau verabscheuen. Das führt zu zwei Fragen. Erstens: was ist unter diesen Umständen normal? Und zweitens: was würdest du tun, wenn du an Stelle des Mannes wärst?

Nehmen wir die zweite Frage zuerst; dieser Fall ist wichtig und ebenso häufig wie die Homosexualität beim Mann. Was sollte eine Frau tun, die sich ›anomal‹ fühlt? Sollte sie heiraten oder nicht? Es gibt nur wenige Frauen, selbst Lesbierinnen, die Kinder nicht vermissen. Solltest du heiraten, um Kinder zu bekommen, obwohl du weißt, daß du dich vor allem oder ausschließlich von Frauen angezogen fühlst?

Es gibt keine allgemeingültige Antwort. Es hängt von dir ab, aber auch von dem Mann. Nur eines ist sicher: du solltest nicht das tun, was der homosexuelle Mann mit dem keuschen Mädchen tat; du solltest mit der Wahrheit nicht hinter dem Berge halten, bis ihr verheiratet seid. Du solltest es dem Mann vorher sagen. Es gibt Männer, die bereit, ja sogar begierig sind, lesbische Frauen zu heiraten. Das ist eine der Hauptüberraschungen, denen man begegnet, wenn man sich mit diesem Problem beschäftigt, über das bisher noch kaum etwas geschrieben wurde.«

In all diesen Fällen ist voreheliche Offenheit erforderlich. Sie ist selbst dann vonnöten, wenn einer der beiden Menschen an einer so verhältnismäßig harmlosen Deviation wie habitueller Masturbation leidet. Dr. Bross sagt: »Auch hier hängt die Antwort wieder völlig von dem Ehemann ab, den du dir aussuchst. Manchen Männern macht es nichts aus. Manche empfinden es sogar als anregend. Manche genießen es, eine Frau zu masturbieren oder ihr dabei zuzusehen. Aber das Risiko ist groß. Männer oder Frauen, die gewohnheitsmäßig onanieren, sind selten fähig, sich an normalen Geschlechtsverkehr zu gewöhnen. Die Frau mag vor oder nach dem Onanieren oder sogar währenddessen vaginalen Geschlechtsverkehr haben, aber sie wird nur in Ausnahmefällen ohne das Onanieren auskommen. Das kann das Eheleben für viele Männer unmöglich machen. Ich kann deshalb hier nur den gleichen Rat geben wie in allen anderen Fällen: Suche dir deinen Mann sehr sorgfältig aus und lebe eine Zeitlang mit ihm zusammen, um festzustellen, ob er bereit ist, dich so zu nehmen, wie du bist.«

Es gibt andere, ernstere Anomalien, die selbst der geduldigste, mitfühlendste oder ähnlich empfindende Ehemann nicht hinnehmen kann. Exhibitionismus ist bei Frauen selten, kommt aber vor. Ein Exhibitionist, Mann oder Frau, kann in der Ehe nur sehr selten sexuelle Befriedigung finden. Selbst wenn der Ehemann zufällig Voyeur ist – das heißt, ein Mann, dem das Zusehen größeren Genuß gewährt als das Teilnehmen –, wird die Frau nicht genügend Befriedigung darin finden, sich vor ihm zur Schau zu stellen. Sie will sich vor Männern zur Schau stellen, die ihr fremd sind. Es gibt in der medizinischen Literatur Fälle, daß Voyeure und Exhibitionisten zu einem einigermaßen ausgeglichenen Geschlechtsleben gelangten, indem sie sich zusammentaten; aber solche Fälle bilden die Ausnahme.

Andere Anomalien sind so ernster Natur, daß keine Ehe Raum für sie hat – am offensichtlichsten die Nekrophilie, die Besessenheit jener Menschen, die nur in einseitigem Geschlechtsverkehr mit Toten Befriedigung finden können. Aber es ist überraschend und wurde in der medizinischen Literatur nie hinreichend betont, wie viele der harmloseren »Perversionen« sich mit dem richtigen Partner in einer normalen Ehe unterbringen lassen. Vor der Belästigung anderer, vor Verhaftung, Gerichtsverhandlung und Strafe, vor lebenslanger Behandlung durch Therapeuten oder Neurologen, selbst vor der Unterbringung in einer Anstalt für Geisteskranke hätten zahlreiche »Pervertierte« bewahrt werden können, hätten sie nur einen verständnisvollen Ehepartner gefunden.

Immer mehr drängt sich der Sexualwissenschaft deshalb die Frage auf, ob die Liebe nicht die beste Therapie der Perversion ist, oder selbst die Ehe, *wenn* sie von beiden Partnern in vollem Bewußtsein dessen, was sie erwartet, geschlossen wird. Müssen wir wirklich alle Handlungen, die vom Verhalten der Mehrheit abweichen, für »ungesund« halten, nur weil sie statistisch gesehen »anormal« sind? Sollten wir nicht zuerst klarstellen, ob sich solche Muster abweichenden Verhaltens nicht unterbringen lassen, indem man einander ergänzende Bedürfnisse zusammenkoppelt? Bisher hat sich noch keine Untersuchung damit beschäftigt, das Ausmaß festzustellen, in dem sexuelle Begierden in verschiedenen Gesellschaftsformen einander ergänzen. Lars Ullerstams Vorstellung, daß die Gesellschaft liefern könnte, was sie braucht, klingt deshalb auf ebenso absurde Weise optimistisch wie die Idee der frühen Freihandelstheoretiker über das natürliche Gleichgewicht zwischen Angebot und Nachfrage. Aber da die Menschheit, im ganzen gesehen, stets aus ungefähr gleich vielen Männern und Frauen bestanden hat, können wir vielleicht annehmen, daß sie auch sexuelle Bedürfnisse in Übereinstimmung mit der Fähigkeit entstehen läßt, sie zu befriedigen. Ob dies auf kleinere Bevölkerungsgruppen ebenso zutrifft wie auf größere oder wie groß die Gruppe sein muß, damit die Bedürfnisse einander entsprechen, ist eine Frage, die noch erforscht werden sollte. → Perversion, ökologisch.

Perversion und Moral. Wenn wir nach der Moral der Liebe fragen, erkennen wir, daß es auch eine Moral der Perversion gibt. Warum lieben wir? Um miteinander Zwiesprache zu halten. Was ist das Gute an der Liebe? Daß wir empfangen, indem wir geben. Daß wir etwas über uns selbst lernen, indem wir etwas über andere erfahren. Daß wir die Kette der Dialoge zwischen Gottes Geschöpfen verlängern.

Was ist das Wesen der Liebe? Geschlechtsverkehr. Was ist das Gute am Geschlechtsverkehr? Daß wir empfangen, indem wir geben. Daß wir etwas über uns selbst lernen, indem wir etwas über andere erfahren. Daß wir die Kette der Diskurse zwischen Gottes Geschöpfen verlängern.

Wann wird der Geschlechtsverkehr falsch? Wenn wir empfangen, ohne zu geben. Wenn er uns nicht dazu verhilft, etwas über uns zu lernen, indem wir etwas über andere erfahren. Wenn er die Skala der Zwiesprache zwischen Gottes Geschöpfen einengt.

Sind geschlechtliche Abartigkeiten schlecht? Nur wenn wir nehmen, ohne zu geben. Nur wenn sie uns daran hindern, etwas über uns selbst zu lernen, indem wir etwas über andere erfahren. Nur wenn sie die Skala der Zwiesprache zwischen Gottes Geschöpfen einengen.

Onanie ist schlecht. Aber nicht, weil sie sich auf das Selbst konzentriert, sondern weil sie andere ausschließt; Homosexualität nicht, weil sie sich auf das eigene Geschlecht bezieht, sondern weil sie das andere ausschließt; Pädophilie nicht, weil sie unreife Wesen verführt, sondern weil sie die Reifen und Älteren ausschließt; Fetischismus nicht, weil er sich auf Teile des Körpers oder bloße Gegenstände konzentriert, sondern weil er den Menschen als Ganzheit ausschließt; Nekrophilie nicht, weil sie sich auf Tote bezieht, sondern weil sie Lebende ausschließt. Voyeurtum, Exhibitionismus, Skoptophilie, Frotteurismus, Osphresiolagnie – sie alle sind nicht deshalb schlecht, weil sie visuelle, orale, taktile oder olfaktorische Eindrücke an die Stelle genitaler Empfindungen setzen, sondern weil sie Eindrücke, einerlei welcher Art, für die Zwiesprache zweier Seelen substituieren.

Der moralische Zweck der sexuellen Zwiesprache ist die Läuterung zweier Seelen durch gegenseitige Durchdringung. Die Läuterung macht uns fähig, die nichtsexuellen Aufgaben des Lebens zu lösen. De Sade war nicht deshalb unmoralisch, weil er in dem Auspeitschen anderer seine Befriedigung suchte, sondern weil er in seinem nichtsexuellen Leben andere Menschen schlecht behandelte. Hätten seine sexuellen Handlungen in liebevoller Vereinigung mit einer willigen Frau stattgefunden und hätte das geholfen, die beiden Seelen von Aggressivität und Servilität zu reinigen, so wären es moralische Handlungen gewesen. Da sie es nicht taten, waren sie es nicht.

Alle Formen geschlechtlicher Betätigung zwischen Menschenwesen, ob »normal« oder »anomal«, dienen einem kathartischen Zweck: darin liegt sowohl ihr Sinn wie ihre moralische Rechtfertigung.

Perversität [lat.: perversitas = Verkehrtheit], von den älteren Sexualwissenschaftlern ausdrücklich von der → Perversion unterschieden. Unter Perversion verstanden sie die triebhafte, unkontrollierbare Sucht nach einem anderen Geschlechtsziel als dem → Koitus. Unter Perversität verstanden sie die bewußte, kontrollierbare Suche nach dem Andersartigen. Die moderne Sexualwissenschaft hat aber entdeckt, daß ein solcher Unterschied nicht besteht. Manche Perversionen sind kontrollierbar und manche Perversitäten unkontrollierbar. Der neue § 20 StGB, der den alten »Unzurechnungsfähigkeitsparagraphen« des deutschen Strafrechts, § 51 StGB, ersetzt, ist deshalb bereits jetzt schon veraltet und entspricht in keiner Weise den Forschungsresultaten der Gegenwart. → Zurechnungsfähigkeit.

Pessar → Empfängnisverhütung, Verhütungsmittel.

Petit Ermitage [frz.: Kleine Einsiedelei], der Spitzname der pluralistischen Sexualgemeinschaft, die die Zarin Katharina II. (1729 bis 1796) in den letzten acht Jahren ihres Lebens betrieb. Die wichtigsten männlichen Mitglieder waren Peter Saltykow und die Brüder Nicholas und Valerian Zubov. Da Katharina in ihren letzten Jahren starke pluralistische Interessen entwickelt hatte, konnten diese drei Spätgünstlinge sie nur noch befriedigen, indem sie mit ihr zu dritt koitierten oder andere

Männer und Frauen des Hofadels zu → Kreisorgien heranzogen. → Petite Société. Vgl. Adamsfeste, Hirschpark, Pluralismus, Rehane.

Petit-Jésus, der Modename für die eleganten Homosexuellen im Paris der Jahrhundertwende.

Petite Société [frz.: Kleine Gesellschaft], die »geschlossene Gesellschaft« der Zarin Katharina II. während der Jahre 1794 bis 1796. Da Katharina im Laufe ihres bewegten Sexuallebens an die tausend Männer hatte, war ihr Interesse an jedem normalen Geschlechtsverkehr gesättigt. Während ihrer letzten zwei Lebensjahre, im Alter von 65 bis 67 Jahren, veranstaltete sie deshalb Orgien, bei denen jeweils zwei bis drei Männer mit ihr gleichzeitig koitierten, während andere weibliche und männliche Gäste um sie herum → Schauorgien darboten. → Petit Ermitage. Vgl.: Adamsfeste, Hirschpark, Pluralismus, Rehane.

Petites maisons [frz.: Kleine Häuser], die Liebesnester der wohlhabenden Franzosen im 18. Jahrhundert. Luxuriös eingerichtete Villen in der Umgebung der großen Städte dienten dem Adel und der jungen Finanzaristokratie Frankreichs als Laboratorien der Liebe. Erotische Gobelins, galante Wandgemälde, pornographische Bücher und obszöne Stiche gehörten zur Ausrüstung der petites maisons galantes. Spiegelzimmer, gigantische Betten, »kosmetische« Boudoirs, Parkanlagen mit Fontänen dienten der Befriedigung. → Casini, Folies, Jagdschlösser.

Petting [am.: Liebkosen], ein amerikanischer Kompromiß zwischen der puritanischen Anschauung, daß vorehelicher Koitus verwerflich ist, und dem Grundziel der amerikanischen Erziehung, den jungen Menschen möglichst früh »gesellschaftsfähig« zu machen. Einerseits haben amerikanische Mütter ihren Töchtern ein Jahrhundert lang eingebleut, daß es »not nice« sei, einem jungen Mann allzu früh allzuviele sexuelle »Privilegien« zu gewähren (ganz unabhängig von den sozialen Problemen, die gerade in Amerika nach wie vor für unverheiratete Mütter und deren Kinder bestehen), andererseits werden aber der junge Mann und das junge Mädchen in Amerika nach wie vor nach ihrer Fähigkeit bewertet, wie viele »Dates« (Verabredungen oder Rendez-vous) sie vom Pubertätsalter an mit Partnern des anderen Geschlechts erlangen können. Aus diesem Widerspruch ergab sich die höchst komplizierte Moral des »Petting«, des jugendlichen Liebesverkehrs, der nahezu alle Formen des Geschlechtsverkehrs mit Ausnahme des vollendeten Koitus einschloß. Durch die → sexuelle Revolution Amerikas, die vor allem durch die → Beats und ihre Nachfolger, die → Hippies, ausgelöst wurde, ist das Problem des »Petting« überholt. Heute gibt es kaum irgendwo in der westlichen Welt, außer vielleicht in England und Skandinavien, eine größere sexuelle Freiheit der Jugend als in den Vereinigten Staaten. Aber noch im Jahre 1966 warnte die amerikanische Frauenärztin Barbara Bross gerade junge Mädchen vor den psychologischen Folgen einer so ungesunden Sexualität wie der des Petting: »Wenn du eine gute Ehefrau und eine gute Mutter werden willst, kannst du nichts Dümmeres tun, als dich durch Petting auf deine Pflichten vorzubereiten. Ich sage das nicht etwa, weil ich gegen jedwede Form des vorehelichen Geschlechtslebens wäre – im Gegenteil, ich bin für jede Form des jugendlichen Sexualverkehrs, der uns auf Liebe, Ehe und Mutterschaft vorbereitet –, sondern weil Petting uns eben *nicht* darauf vorbereitet. Petting findet im Auto, im Wald, im Elternhaus statt – überall dort, wo man dauernd Angst hat, entdeckt zu werden. Es führt uns also dazu, den Geschlechtsakt stets mit Angst zu assoziieren. Manche Menschen werden deshalb nie fähig, den Geschlechtsakt ohne Angst zu vollziehen. Aber Petting gewöhnt uns auch an all die zahllosen Formen des Koitusersatzes – gegenseitige Onanie, Cunnilingus, Fellatio und andere –, gegen die es nichts einzuwenden gibt, wenn sie als Vorbereitung auf den Koitus dienen, die aber höchst gefährlich sind, wenn sie uns dazu verleiten, diese Formen des Geschlechtsverkehrs lebenslang dem normalen Koitus vorzuziehen. Endlich, und dies scheint mir das Ernsteste, erzieht Petting das Mädchen dazu, sich dem Manne gegenüber stets in die Defensive zu begeben. Unsere Mütter haben uns beigebracht, daß wir die Klügeren sind, daß wir die Grenzen ziehen und dem jungen Mann sagen müssen: bis hierher, aber nicht weiter. Damit haben unsere Mütter uns aber einen schlechten Dienst erwiesen, denn es hat die natürliche Güte, die Fähigkeit des Gebens, in uns getötet. Die zahllosen Scheidungen, die unzählbaren Ehen, die scheitern, weil die Frau das Geben verlernt hatte, waren der Preis, den wir für die Sitte des Petting gezahlt haben.«

Pfählung, der symbolische Versuch, sich selbst oder einen anderen Menschen aus sexuellen Motiven auf einen Pfahl aufzuspießen. Die P. ist ein sadomasochistisches Spiegelbild des Koitus. Man unterscheidet aktive P. (die man an einem anderen Menschen, aber auch an sich selber vornimmt) und passive P. (die man an sich vornehmen läßt). Die aktive P. besteht in dem sadistischen Wunsch, das Opfer mit einem spitzen Gegenstand (Messer, Dolch, Brieföffner, Bleistift, Nagel usw.) anal oder genital aufzuspießen, die passive P. in dem masochistischen Wunsch, in ähnlicher Weise aufgespießt zu werden. Die P. stammt aus jener infantilen Phase, in der das Kind den Sexualakt als einen Zweikampf und die Menstruation der Mutter als Blutung nach der P. durch den Vater auffaßt (→ Tötungsdelikte von Kindern und Jugendlichen). Die P. bleibt bei den meisten Patienten eine Masturbationsphantasie, führt aber bei anderen zum → Lustmord. Zu den symbolischen Formen der P. gehört auch die Hautdurchlöcherung (→ Injektomanie, Nadelstecher, Piqueur, Venaesectio) und die → Einverleibung. Vgl.: Klistieromanie, Selbstkatheterisierung.

phallisch [gr.: phallos = männliches Glied], das männliche Glied betreffend. Im übertragenen Sinne: männlich.

phallische Frau, das patriarchalische Traumbild einer doppelgeschlechtlichen Frau, die den Vorteil des weiblichen Geschlechts, die nährende Brust, aber nicht dessen Nachteil, die »gezahnte Vagina«, die kastrierende, den Mann seiner Männlichkeit beraubende Scheide, sondern stattdessen einen Penis besitzt. Das beruhigt und befriedigt die homoerotischen Regressionen des sich stets von der Frau bedroht fühlenden Patriarchen. Freud leitet den Gedanken der ph.F. aus der → phallischen Phase ab, in der es für beide Geschlechter angeblich nur ein einziges Sexualorgan, das männliche, gibt. Deshalb betrachtet er auch viele Formen der Perversion, z.B. den Fetischismus, als Versuche, in dem ersehnten Sexualobjekt einen Ersatz für das zu finden, was der Fetischist bei der Frau und Mutter vermißt: den Penis.

Andere Psychoanalytiker haben andere Erklärungen des zweifellos obsessiven Traum-, Wunsch- und Angstbildes der Frau mit dem Penis gegeben. Felix Boehm meint, daß es die Angst des Mannes ausdrückt, die Frau könne sich seinen Penis aneignen. Melanie Klein sagt: Die Frau mit dem Penis bedeutet stets die Frau mit dem Penis des Vaters, die kindliche Vermutung einer sexuellen Einheit des Elternpaars.

Jüngere Analytiker vermuten, daß die ph.F. keineswegs ein archaisches Bild ist, sondern ein spezifisches Produkt der vaterrechtlichen Gesellschaft und ihrer Ängste.

phallische Phase [gr.: phallos = männliches Glied], die dritte der vier von Sigmund Freud (1856–1939) postulierten Phasen der kindlichen Sexualentwicklung. Ihr gehen die → orale und → anale Phase voraus. Ihr folgt nach einer → Latenzperiode die → genitale Phase. Es ist die erste Phase, in der das Kind sich seiner Geschlechtlichkeit bewußt wird und sexuelles Interesse an einer Person des anderen Geschlechts entwickelt. Die ph.Ph. ist die umstrittenste der vier Freudschen Entwicklungsphasen, denn sie baut sich auf einer Behauptung auf, die von vielen jüngeren Psychoanalytikern, vor allem aber von Psychoanalytikerinnen, bestritten wird: daß sowohl Mädchen wie Knaben in diesem Alter (4.–6. Lebensjahr) nur einen Geschlechtsteil anerkennen: den männlichen. Freud behauptet: Wenn der Knabe zum ersten Male wahrnimmt, daß das Mädchen keinen Penis hat, so leugnet er diese Erkenntnis und sagt sich, daß ihr das Ding irgendwann einmal wohl wachsen muß. Nimmt das Mädchen in diesem Alter wahr, daß der Bub einen Penis hat, so fühlt sie sich benachteiligt und entwickelt einen → Penisneid. Er führt zur Verbitterung gegenüber der Mutter, die dem Mädchen keinen Penis gegeben hat, und zur Wahl des Vaters als Liebesobjekt, weil er einen Penis besitzt und ihr einen Penisersatz, nämlich ein Kind, geben kann.

Die ph.Ph. hängt eng mit dem Begriff des → Kastrationskomplexes zusammen, denn Freud meinte, daß dies die Phase sei, in welcher sich der Knabe seiner Genitalien bewußt wird und bewußt an ihnen zu spielen beginnt. Wird ihm das verboten, so entwickelt er Angst, daß er sein Glied verlieren kann. Dies ist die berühmte → Kastrationsangst. Sie wird besonders intensiv erlebt, wenn die Mutter, wie es nur allzu oft geschieht, dem Knaben sagt: »Wenn du damit nicht aufhörst, schneidet Papa dir dein kleines Dingsda ab!« Erlebt der Knabe dann in diesem Alter zum erstenmal bewußt die Tatsache, daß seine Schwester, seine Mutter oder irgendein anderes weibliches Wesen keinen Penis hat, so sagt er sich: »Mein Gott, bei der hat's der Vater wirklich abgesäbelt!«

So wie das Kind im Stadium der → analen Stufe noch nicht in den Begriffen männlich/weiblich denkt, sondern die Welt in den Gegensätzen aktiv/passiv sieht, so versteht das Kind im Stadium der ph.Ph. nach Freuds Meinung die Sexualität noch nicht als etwas, das sich zwischen Mann und Frau abspielt, sondern als eine Alternative zwischen Penis und Kastriertsein. Das bedeutet: obgleich beide Geschlechter in diesem Alter bereits eine eindeutig sexuelle Neigung zueinander entwikkeln, zeigt sich bei beiden eine unbewußte Leugnung, daß es so etwas wie weibliche Genitalien gibt. Der Psychoanalytiker Karl Abraham (1877–1925) spricht deshalb von »Objektliebe mit Genitalausschluß«. Und damit meint er: Der andere Mensch kann bereits im vollen, erwachsenen Sinne geliebt werden, aber dabei wird er → ambivalent gesehen: nicht als ein kompletter Mensch mit Geschlechtsteilen, sondern (aus der Perspektive des Buben) als jemand, der noch nicht fertig ist, noch keinen Penis besitzt; oder (aus der Perspektive des Mädchens) als

ein ungerecht Privilegierter, der etwas besitzt, was einem die Natur versagt hat.
Diese Theorie, die zweifellos auf die Kinder der oberen Mittelschicht Wiens um die Jahrhundertwende zugetroffen haben mag, ist nicht nur durch neuere Erkenntnisse der Psychoanalyse, sondern auch durch die faktisch veränderte Sozialsituation unseres Jahrhunderts überholt worden. Neue Phänomene wie der schwindende Penisneid des kleinen Mädchens und der wachsende Busenneid des kleinen Jungen haben die These der ph.Ph. in Zweifel gestellt. Wahrscheinlich sah bereits zu Freuds Lebzeiten die Situation bei proletarischen Familien und Randgruppen anders aus, als Freud sie aus der Diagnose seiner Oberschichtpatienten gefolgert hat. Armut und enges Zusammenleben von Kindern und Erwachsenen beider Geschlechter erlauben keine Unkenntnis über die Natur der Genitalien des anderen Geschlechts.
Berühmte Psychoanalytiker wie der Freud-Biograph Ernest Jones und die Psychoanalytikerinnen Karen Horney und Melanie Klein haben bereits zu Freuds Zeiten die Vermutung geäußert, daß das kleine Mädchen sich durchaus der Kenntnis seiner Vagina bewußt sei und daß die ph.Ph., wenn sie überhaupt mehr ist als der erste Ansatz der → genitalen Phase, nur eine sekundäre Bildung mit Abwehrcharakter ist.

Phallizismus, im Vokabular der Sexualpsychologie die Bevorzugung des männlichen vor dem weiblichen Geschlecht; im Vokabular der Religionswissenschaft der Kult des Phallos, die Anbetung des männlichen Gliedes als Fruchtbarkeit spendendes Organ. Die Annahme, daß Ph. mit Männerherrschaft gleichzusetzen sei oder einer Bevorzugung des Mannes entspringt, ist falsch. Im Gegenteil, Ph. stammt aus matrilinearen, matrilokalen Kulturen und stellt das dar, was der *Frau* Vergnügen macht. Anzunehmen, daß der Mann sich selber Standbilder in Form von Phallen errichte, ist so absurd, als ob Frauen sich Standbilder in Form von Scheiden errichteten. Im drawidischen Indien, wo der Ph. seinen Höhepunkt erreichte, war der Kult des Lingam, des männlichen Gliedes, stets mit dem der Yoni, der Scheide, verbunden: die Männer beteten die Scheide an, die Frauen den Penis. Die großen Mutterreligionen der Frühgeschichte waren insofern phallisch, wie die Muttergöttin oft durch einen penisförmigen Stein dargestellt und als solcher verehrt wurde. Das Phänomen der Doppelgeschlechtigkeit zeichnet diese Religion aus, weil sie in der Paarung, in der gegenseitigen Durchdringung der Geschlechter, das Geheimnis der Fruchtbarkeit sehen.

Phänotyp, Phänotypus [gr.: phainestai = erscheinen], Erscheinungsform. Das von der Umwelt, nicht vom Erbgut, geprägte Erscheinungsbild eines Individuums oder einer Gattung. Gegensatz: Genotyp, Genotypus.

phänotypisch, erscheinungstypisch für ein Individuum oder eine Gattung. In der Erscheinungsform von der Umwelt, nicht vom Erbgut, geprägt. Gegensatz: genotypisch.

phänotypische Geschlechtsbestimmung, Diagnose der Geschlechtszugehörigkeit eines Individuums aufgrund seines körperlichen Erscheinungsbildes. Da zwei Menschen des gleichen Phänotyps aber entweder gleiche oder völlig unterschiedliche → Genotypen haben können, ist die Geschlechtsbestimmung beim Menschen äußerst schwierig und oft widersprüchlich. Vgl.: genotypische Geschlechtsbestimmung, Geschlechtsbestimmung.

Phase [gr.: phasis = Wechsel], ein wichtiges Konzept der sexuellen Entwicklungspsychologie. Die früheren Phasentheorien befaßten sich mit den Stadien der menschlichen Sexualentwicklung, die zwischen der Pubertät und dem Tode liegen. Sigmund Freud (1856–1939) war der erste Sexualpsychologe, der die Pubertät nicht als Anfangs-, sondern als Schlußphase der menschlichen Sexualentwicklung definierte. Für ihn beginnt die menschliche Sexualität mit der Geburt, für manche seiner Nachfolger sogar bereits im Mutterleibe oder bei der Konzeption. Die erste Phase (erst von Freuds Nachfolgern als solche erkannt) ist die polymorphe (bei Borneman die → kutane) des neugeborenen Kindes, dessen gesamte Hautoberfläche in höherem Maße als die des Erwachsenen sensitiviert ist (Resultat des Berührungsschutzes im Mutterleib). Mit dem Stillen des Kindes entwickelt es eine hohe Sensitivität der Lippen, des Gaumens und der Zunge. Freud nennt diese Phase → oral. Später konzentriert sich die Empfindsamkeit des Kindes in der Aftergegend, besonders nach der ersten festen Nahrung. Freud nennt diese Phase → anal. Mit dem bewußten Erwachen des Interesses an den Geschlechtsorganen beginnt die → phallische Ph., die nach einer → Latenzperiode zur → genitalen Ph. führt. In dieser Reifungsphase vereinigen sich die früheren → prägenitalen Appetenzen des Kindes unter dem Primat der → Genitalität.

Philanderer [gr.: philos = Freund, Liebhaber; aner = Mann], Männerfreund, Männerliebhaber. Im späteren Sprachgebrauch hat das Wort seine Bedeutung diametral geändert. Es bedeutet heute eigentlich: Frauenfreund. Der Ph. ist der Mann, der allen Frauen nachläuft, der eher liebelt als liebt. Ein leichtgewichtiger → Don Juan, ein → Casanova ohne Tragik, ein → Libertin ohne große Verdorbenheit. Vgl.: Coquin, Henselin, Liebhaber, Roué, Swinger, Sybarit, Zavalier.

Phimose [gr.: phimos = Maulkorb], eine Verengung der Vorhaut, die das Zurückschieben über die Eichel unmöglich macht. Die *angeborene Ph.* kann entweder atropisch (die Haut ist zu dünn) oder hypertropisch (sie ist zu dick) sein. Sie existiert oft bei präpubertären Knaben und ruft dann Schmerzen beim Urinieren hervor. Die Kinder jammern vor jedem Harnlassen und versuchen, es so lange wie möglich zu verschieben. Dies kann zu Harnvergiftungen, Blasenleiden und Konvulsionen führen. Geht die Vorhaut zwar zurück, aber nur mit großen Mühen, so daß sie dabei reißt, stellt sie eine Infektionsquelle dar. Erwachsene Männer mit Ph. infizieren sich öfter mit Geschlechtskrankheiten als Männer mit gesunder Vorhaut. Bei großer Enge der Vorhautmündung kommt es oft zu Anstauungen von Smegma und durch dessen Zersetzung zu → Posthitis. Auch kann das Smegma sich eindicken und Präputialsteine bilden. Die *erworbene Ph.* entsteht durch Enzündung der Vorhaut oder Narbenbildung nach Verletzungen und Geschwüren und kann zu Verwachsungen von Vorhaut und Eichel führen. In allen Fällen ist operativer Eingriff erforderlich. Bei Juden und Mohammedanern gibt es keine Ph., da diese durch Beschneidung verhindert wird.

phönizisieren, ein veraltetes Wort für das Erzeugen des Orgasmus durch Belecken und Lippenfriktion der Genitalien eines anderen Menschen. Angeblich sollen die Phönizier diese Technik des Geschlechtsverkehrs erfunden haben, was natürlich nicht stimmt, da sie häufiger bei unseren tierischen Vorfahren als bei Menschen vorkommt. Vgl.: Cunnilingus, Fellatio, Irrumatio, Lambitionsakt, Lécheur, Minette, Penilinctio, Spermatophagie.

Phratrien [gr.: phrater = Bruder], Bruderschaften, die mittlere der drei Verwaltungseinheiten der griechischen Gentilgesellschaft: Sippe *(genos),* Bruderschaft *(phratria),* Stamm *(phyle).* Noch in der Ilias, nachdem die Gentilgesellschaft sich bereits in der Polis, dem Stadtstaat, aufzulösen begann, empfiehlt Nestor, der Älteste, der sich am besten an die Traditionen der alten Sippenordnung erinnert, dem Heerführer der Griechen im Trojanischen Krieg, Agamemnon, die Truppen nach P. und Stämmen aufzustellen, so daß Blutsverwandte einander verteidigen und zu größter Tapferkeit anspornen können (Ilias II, 362). Der Gegensatz zwischen der neuen, patriarchalischen Städtegesellschaft der Griechen und der alten, matrilinearen, matrilokalen Stammesordnung bestand vor allem darin, daß die P. auf einem spezifischen *Ver-*

wandtschaftsverhältnis beruhten, einerlei wo ihre Mitglieder auch leben mochten. Die Stadt dagegen beruhte auf einem spezifischen *Wohnverhältnis,* einerlei ob die Einwohner miteinander verwandt waren oder nicht. Die P. drückten ein *zeitliches* Verhältnis aus: die Lebensspanne, die den jüngsten Phrater mit der Urmutter der ganzen Phratrie verband. Die Stadt dagegen drückte ein *räumliches* Verhältnis aus: das Gebiet, das von ihren Bewohnern beherrscht wurde. Zwischen diesen beiden Organisationsformen der Gesellschaft spielte sich der Kampf zwischen Mutter- und Vaterrecht in alten Hellas ab. → Bruderschaft, Curia, Gens, Sippengesellschaft.

Phrenokardie, eine angeblich → sexogene Herzneurose, die auf sexuelle Abstinenz oder ungenügende Befriedigung zurückgehen kann. 1909 von M. Herz zum erstenmal beschrieben, hat sie in der sexualmedizinischen Literatur einen wachsenden Platz eingenommen. Die drei Kardinalsymptome, welche die Krankheit bestimmen, sind der von Herz als Phrenodynie bezeichnete, vom Kranken in das Herz verlegte, unterhalb und links von der Brustwarze lokalisierte, stechende oder schneidende Schmerz, ferner die eigentümliche Behinderung der Atmung, die Herz als Atemsperre bezeichnet hat und die sich immer auch in beschwerdefreien Zeiten durch gelegentliche seufzende Inspirationen verrät, sowie schließlich ein zeitweise auftretendes Herzklopfen. Sexuelle Exzesse oder Onanie kommen als Ursache der Krankheit fast nie in Betracht. Hingegen tritt sie sehr häufig bei Eheleuten auf, die alle Verhütungsmittel ablehnen und über längere Zeit den Coitus interruptus oder condomatus geübt haben, oder wenn unmittelbar nach dem Beischlaf Ausspülungen vorgenommen werden. Bei einem derartigen ehelichen Verkehr geht die Unbefangenheit verloren, die zu dem normalen Ablauf der Befriedigung notwendig zu sein scheint. Besonders die Frau kann sich während des Aktes der Besorgnis, trotz aller Vorsicht befruchtet zu werden, nicht erwehren, was offenbar den Orgasmus verhindert. Und auch beim Manne fehlt am Schluß das Gefühl der vollen Befriedigung. An Ph. erkranken Frauen auch dann, wenn sie sexuell nicht befriedigt werden, wenn etwa eine junge Frau einen alten Mann zum Ehegatten hat oder wenn eine temperamentvolle Frau einem geistig überanstrengten oder körperlich schwachen Mann gegenübersteht. Beim Mädchen läßt sich manchmal eine aufgehobene Verlobung oder ein gescheitertes Verhältnis als Ursache der Beschwerden nachweisen. Vgl.: Abstinenz, Andrinämie, Epididymitis sympathica, Gynäcinämie, Neuralgia testis, Paradidymitis sympathica, Vorehelicher Geschlechtsverkehr.

Phylogenese, sexuelle [gr.: phyle = Stamm; genesis = Entstehung], die sexuelle Entwicklungsgeschichte einer tierischen oder pflanzlichen Gattung, meist aber auf den Menschen bezogen. Bedeutet dann die stufenweise Herausbildung der menschlichen Geschlechtsmerkmale und des menschlichen Sexualverhaltens von dem frühesten homo sapiens bis zum homo sapiens sapiens der Gegenwart. Gegensatz: sexuelle Ontogenese.

Physischer Club, erotischer Geheimbund zur Zeit Katharinas II. Masson (*Geheime Denkwürdigkeiten über Rußland,* 1844, II, p. 29f.) berichtet darüber: »Es war eine Art geheimer Orden, der an Schändlichkeit alles übertrifft, was man von den schamlosesten Anstalten und Mysterien erzählt hat. Die eingeweihten Männer und Frauen versammelten sich an gewissen Tagen, um sich untereinander den schändlichsten Ausschweifungen hinzugeben. Ehemänner ließen ihre Gattinnen, Brüder ihre Schwestern in den Club aufnehmen. Von den Männern verlangte man Kraft und Gesundheit, von den Frauen Schönheit oder Jugend. Die Bewerber wurden erst zugelassen, nachdem sie ihre Probe abgelegt hatten. Die Männer vollzogen die Aufnahme der Frauen und umgekehrt. Nach einem schwelgerischen Mahle entschied das Los über die Paarungen.« → sexuelle Clubs.

Picazismus [frz.: pica = perverser Appetit], ein von Eulenburg geprägter Begriff, der die sexuell bedingte Gier ausdrücken soll, Teile des menschlichen Körpers oder dessen Abfallprodukte zu vertilgen, z. B. Menschenfleisch, menschliche Haut, Blut, Speichel, Sperma, Smegma, Vaginalsekret, Menstruationsblut, Urin, Kot, Schweiß, Ohrenschmalz, Nasenschleim, Schlaf, Schorf, Eiter, Fingernagelschmutz, Bauchnabelablagerungen, Badewasser usw. Für jede dieser picazistischen Substanzen gibt es besondere Neigungen, die in der Fachliteratur mit vielen Einzelheiten behandelt worden sind. Einige Beispiele müssen hier genügen:

Menschenfleisch: Peter Strung aus Badburg bei Köln bekannte im Jahre 1589, 15 Knaben, zwei Frauen und einen Mann erwürgt zu haben, um ihre Gehirne zu essen. Von dem französischen Dichter Maupassant berichtet Dr. Pillet, er habe sich einmal ein Stück von einer sezierten Leiche holen lassen und es im rohen Zustand gegessen. Friedhöfe, Leichenschauhäuser und die Sezierräume der Universitätskliniken werden immer wieder von Nekrophagen (Leichenfressern) beraubt. Manche dieser Picazisten gehen so weit, daß sie Menschen töten

– nicht etwa aus Mordlust, sondern nur um ihr Fleisch zu essen. Krafft-Ebing zitiert den Fall Tirsch (1866): »Tirsch trifft eine alte Frau, lockt sie in ein Gehölz, fordert sie zum Koitus auf und erwürgt, von der Wut ergriffen, die Widerstrebende. Sodann schnitt er der Leiche, die er vorher mit Birkenruten geschlagen hatte, Brüste und Genitalien ab, richtete sie zu Hause zu und genoß sie in den folgenden Tagen. Er motivierte seine Handlung mit ›innerlicher Gier‹.« Wulffen berichtet über den Fall eines Mannes, der Mädchen im Wald auflauerte, um sie zu töten, ihre Brüste und Genitalien herauszuschneiden und umgehend auf einem mitgebrachten Spirituskocher zu braten und dann zu essen. Die Massenmörder Verzeni, Vacher, Denke und Haarmann töteten aus Picazismus. Denke, bei dem eine starke fetischistische Komponente herrschte, weckte das Fleisch seiner Opfer ein und setzte es seinen Gästen vor (→ Anthrophagie, Nekrophagie).

Blut: Viele Menschen verbeißen sich beim Koitus ineinander und nehmen dabei Blutstropfen des anderen Menschen zu sich. Wird das Trinken des Blutes wichtiger als der Koitus, der Geschlechtsverkehr also nur zum Vorwand der picazistischen Blutgier, spricht man von → Vampirismus (Vgl.: Aderlaß, Lykanthropie, Nosferatu, Venaesectio).

Haut: Gugitz berichtet: L.'s brennendster Wunsch war, einem jungen Mädchen ein Stück Haut abzubeißen und es zu verzehren. »Da er aber niemals Gelegenheit fand, seinen heißen Wunsch in die Tat umzusetzen, und um seine Begierde, wenn diese ihn allzu überwältigend quälte, zu kühlen, richtete er seine Wut gegen sich selbst, trennte mit einem Scherenschnitt ein Stück seiner eigenen Haut ab, an der Stelle, wo sie am feinsten und der begehrten Mädchenhaut am ähnlichsten ist, und aß dieses blutige Stück eigenen Fleisches auf.«

Speichel: Hirschfeld berichtet von einem Picazisten, der sich seine Speisen von einer Frau stets vorher durchkauen ließ. In der Zeitschrift für Sexualwissenschaft (Band IV) zitiert er einen anderen Fall, bei dem der Mann nicht nur gern den Speichel der Geliebten leckte, sondern sie auch bat, sie möge ihm in den Mund speien.

Sperma: In Frankreich nennt man einen bestimmten Typ des Picazisten → »Soupeur«, wenn er die Leidenschaft hat, das Sperma eines anderen Mannes direkt aus der Vulva einer Frau zu kosten, die eben mit einem anderen koitiert hat. Ähnliche Wünsche zeigen sich aber oft auch bei bisexuellen Frauen. Der ganze Komplex der → Fellatio stellt ja für viele Frauen nicht nur den Versuch dar, ihrem Geliebten einen besonders starken sexuellen Reiz zu geben, sondern ist oft eine Form des auf

menschliches Sperma (und manchmal auch Smegma) gerichteten P. (→ Irrumatio, Penilinctio, Phönizisieren, Spermatophagie).
Vaginalsekret: In gleicher Weise stellt der → Cunnilingus nicht nur den Versuch des Mannes dar, der Frau einen starken sexuellen Reiz zu vermitteln, sondern ist oft eine Form des auf Vaginalsekret gerichteten Picazismus (→ Lambitionsakt, Lécheur, Minette). Dem gleichen Zweck dient das Einfügen von Nahrungsmittel in die Vagina, um sie mit Vaginalsekret zu tränken, bevor man sie ißt. Bloch beschreibt einen Indianerstamm, bei dem diese Form des Picazismus endemisch war: die Männer führten Fischstücke in die Vagina ein, um den Fisch dann nach einiger Zeit zu verzehren (*Beiträge,* Band I). Gugitz spricht in den 30er Jahren von der damals florierenden Sitte, Erdbeeren oder Pflaumen zu essen, die vorher in die Scheide einer Frau gesteckt worden waren. Der Genuß wurde gesteigert, wenn man der Frau eine Spritze Champagner in die Scheide gab, diese mit einer Auster verschloß und das ganze dann nach einiger Zeit wieder direkt mit der Zunge aus der Vagina herausholte. Hierher gehört auch der von Bloch veröffentlichte Fall, in dem ein Mann nur dann geschlechtliche Befriedigung fand, wenn er eine Zigarre mit dem Mundende in das weibliche Genital einführte, sie dort längere Zeit beließ und erst dann rauchte.
Menstruationsblut: Manche Männer und viele lesbische Frauen finden einen besonderen Reiz im Vertilgen von Menstruationsblut. Sie lecken oder saugen es entweder direkt aus der Scheide oder sammeln es in Flaschen, um es bei Gelegenheit zu trinken (→ Menophagie, Menstruationsfetischismus).
Urin: Manche Urinpicazisten saugen den Urin anderer Menschen in öffentlichen Bedürfnisanstalten mit Schwämmen auf und quetschen den Schwamm dann im Munde aus. Man nennt sie → Épongeurs (frz.: éponge = Schwamm). Andere Picazisten bringen Brotlaibe mit und legen sie in Urinale, um sie mit Harn getränkt wieder mit nach Hause zu nehmen und dort zu verzehren. Wieder andere lassen sich von ihren Sexualpartnern direkt in den Mund urinieren oder lecken deren Harn vom Fußboden auf oder trinken ihn aus dem Nachttopf (→ Nachttopffetischismus, Urophagie, Uropotie).
Kot: Von zahlreichen Autoren sind Fälle aufgezeichnet worden, bei denen sich Männer von Frauen »als präparatorische oder als Ersatzakte« auf die Brust oder in den Mund defäzieren lassen. Merzbach erzählt von einem jungen Lebemann, der in den Kreisen der eleganten Demimonde sowohl durch seine Freigebigkeit als auch durch seine Perversi-

tät bekannt war. Er führte stets einen kleinen, goldenen Teller und einen ebensolchen Löffel mit sich. Auf diesen Teller mußte das Mädchen defäzieren, während er mit dem goldenen Löffel die frischen Fäzes verzehrte (→ Koprophagie, Stercoraire). Ähnlich wie bei den Vaginalsekretessern findet man auch bei den Koprophagen eine Vorliebe für die temporäre Einführung von Nahrungsmitteln in den After, aus dem sie sie danach direkt mit der Zunge herausholen und verzehren. Obgleich die → Anilinctio, das Afterlecken, sicher bei den meisten Liebespaaren mehr zum Genuß des Beleckten als des Leckenden geschieht, gibt es auch hier eine Anzahl von Picazisten, die vor allem den Geschmack des Anus eines anderen Menschen schätzen (→ Effeuille des roses, Exkrementophilie, Lambitus ani).

Schweiß: Obgleich der Geruch der Perspiration auf die meisten Menschen stärker wirkt als dessen Geschmack, gibt es auch hier Picazisten, die den Schweiß ablecken, wo sie ihn finden können – vor allem in der Achselhöhle (→ Achselhöhlenfetischismus), zwischen den Zehen (→ Zehensauger) und auf der Stirn (→ Perspirationsfetischismus).

Badewasser: Ulrich von Liechtenstein trank das Badewasser seiner Geliebten. Aus der Fachliteratur sind zahllose Fälle bekannt, in denen Männer und Frauen das Wasser tranken, in dem die oder der Geliebte sich die Hände, das Gesicht, die Füße oder die Genitalien gewaschen haben (→ Mysophagie, Skatophagie).

Varianten: Der P. kann autoerotisch, homosexuell, heterosexuell oder fetischistisch inkliniert sein. Die autoerotische Form besteht im Vertilgen der Ablagerungen des eigenen Körpers und manchmal sogar, wie im oben erwähnten Fall der Autodermatophagie, im graduellen Vertilgen des eigenen Fleisches. Die homo- und heterosexuellen Varianten unterscheiden sich nur durch das Geschlecht des Spenders. Die fetischistische Variante besteht im Sammeln solcher Substanzen ohne Anwesenheit einer anderen Person (→ Haremskult). Nicht der Spender der picazistischen Substanzen, sondern die Substanzen als solche werden verehrt (→ Geschmacksfetischismus, Sekretionsfetischismus). Koitus findet nicht statt. Selbst Masturbation braucht nicht immer stattzufinden, denn der Picazist reagiert oral, nicht genital. Spontaner Orgasmus mag beim Verzehr der Substanzen eintreten.

Pierreuses [frz.: pierre = Stein], während des 19. Jahrhunderts die ärmsten der armen Pariser Straßenmädchen, die sich in dunklen Winkeln auf den kalten Steinen preisgaben. Vgl.: Boulonnaise, Galérienne, Gourgandine, Guincheuse, Lampronnière, Lyonnaise, Marneuse,

Pontonnière.

Pigeon voyageur [frz.: Wandertaube] nannte man in der Zeit, als die Eisenbahn noch gänzlich separate Abteile hatte, die Prostituierten, die auf ein mit einem einzigen Herrn besetztes Coupé warteten, um zwischen den Stationen den Mann zu verführen. Vgl.: Fahrende Frauen.

Pilger, während der 1920er Jahre in Wien die → Zuhälter. Vgl.: Alphonse, Amicus, Aufmacher, Bärentreiber, Frauenmeister, Frauenwirt, Freihat, Freiwirt, Hackerbub, Hurenwirt, Jungfernschaftsprokurist, Kappelbub, Krameltreiber, Louis, Lude, Ludewig, Plattenbruder, Pulion, Purlierer, Sponsierer, Stenz, Strawanzer, Strizzi, Töchterwirt, Zutreiber.

Pille, die volkstümliche Bezeichnung verschiedener Arten von hormonalen Empfängnisverhütungs- und Schwangerschaftsunterbrechungsmitteln. Um die Wirkung dieser Präparate zu verstehen, müssen wir uns daran erinnern, daß sie ein zufälliges Nebenprodukt der Fertilitätsforschung sind, also nicht etwa zur Begrenzung, sondern zur Verbesserung der Konzeption erfunden wurden. In diesem Zusammenhang ist es sicherlich nicht ohne Bedeutung, daß die ersten Testreihen, die zur Erprobung der Pille notwendig waren, von einem gläubigen Katholiken, Professor John Rock, dem Gynäkologie-Ordinarius der Harvard University, ausgeführt worden sind.

Rock und sein Vorgänger, Professor Russell Marker, beschäftigten sich mit der Therapie des → habituellen Aborts und der weiblichen → Infertilität. Marker entdeckte, daß Frauen, die ihre Leibesfrucht in den ersten Schwangerschaftsmonaten durch Fehlgeburt verloren hatten, an chronischem Mangel eines Hormons namens Progesteron litten. Er konzentrierte seine Tätigkeit deshalb auf die Herstellung eines synthetischen Progesterons, das tatsächlich zu erfolgreichen Geburten führte. Rock war Direktor einer Spezialklinik für Infertilität. Es hatte sich gezeigt, daß unter den hilfesuchenden Frauen viele waren, für deren Unfähigkeit, schwanger zu werden, keine ersichtliche Ursache vorlag. Untersuchungen ergaben, daß ihr Reproduktionszyklus normal verlief; sie reproduzierten allmonatlich ein reifes Ei. Weder die physische noch die chemische Beschaffenheit der Vagina oder der Gebärmutter ließen darauf schließen, daß das Sperma das Ei nicht erreichen konnte. Und doch wurden sie niemals schwanger.

Der einzige Hinweis, den Dr. Rock hatte finden können, war der, daß viele von ihnen in einer Hinsicht – der Größe der Gebärmutter oder der Eileiter – ziemlich unterentwickelt zu sein schienen. Er wußte, daß während der Schwangerschaft die Eileiter und die Gebärmutter stets größer werden; das Anwachsen ist einer in dieser Zeit fallenden verstärkten Produktion an Progesteron und anderen weiblichen Hormonen zuzuschreiben. Vielleicht würden, so schloß er, große Dosen Progesteron und Östrogen eine Art »Pseudoschwangerschaft« herbeiführen, eine Reihe von Vorgängen, die einer Schwangerschaft ähnelten, mit dem einen Unterschied, daß sich kein befruchtetes Ei entwickelte; dadurch würden sich dann Eileiter und Gebärmutter erweitern, und einer späteren Schwangerschaft würde nichts mehr im Wege stehen.

Obgleich das alles nur Theorie war, fanden sich doch 80 Frauen zu einem Versuch bereit; sie waren entschlossen, mit nahezu allem zu experimentieren, wenn sich ihnen dadurch eine Hoffnung auf Mutterschaft bot. Sie alle nahmen drei Monate lang große Hormondosen ein. Wie Dr. Rock vorausgesehen hatte, wiesen sie alle Zeichen einer Schwangerschaft auf: ihre Menstruationsblutungen hörten auf, und sie litten an morgenlicher Übelkeit. Dann wurden die Medikamente abgesetzt, und damit hörte auch die Pseudoschwangerschaft auf. Doch innerhalb von vier Monaten waren 13 der 80 Frauen tatsächlich schwanger geworden: ihr Traum von Mutterschaft hatte nun endlich seine Verwirklichung gefunden.

Der nächsten Gruppe Freiwilliger gab Dr. Rock keine Mischung aus Progesteron und Östrogen, sondern reines Progesteron. Statt täglich eine Dosis davon zu bekommen, erhielten die Frauen nun erst am fünften Tag nach Einsetzen der Menstruation das Medikament, nahmen es dann 20 Tage lang und hörten danach wieder auf. Bei dieser Dosierung fühlten sie sich wohler als die Frauen des ersten Versuchs. Ihr Menstruationszyklus blieb relativ normal, von morgendlicher Übelkeit blieben sie verschont; sie hatten weniger unangenehme Symptome einer Pseudoschwangerschaft. Untersuchungen ergaben jedoch, daß die meisten von ihnen in der Mitte eines Menstruationszyklus kein reifes Ei mehr entließen. Und vier Monate nach Beendigung der Behandlung waren 4 der 27 Freiwilligen dieses Experiments schwanger geworden.

Aus diesen Versuchsreihen ließen sich aber auch andere Schlüsse ziehen, und der Mann, der sie zog, war der Biologe Dr. Gregory Pincus. Er war weniger an dem Endresultat, der erhöhten Fertilität, als an dem Zwischenstadium, der Unterdrückung des Eisprungs, interessiert. Wenn es eine Möglichkeit gab, die letzten Überbleibsel morgenlicher Übelkeit zu beheben, so hatte Dr. Rock aus Versehen das perfekte Empfängnisverhütungsmittel entdeckt. Wenige Monate später gelang

es Dr. Pincus, ein solches Präparat zu synthetisieren. Es war Enovid, die erste Pille.
Die Revolution des Sexuallebens aller Länder, die dieser Entdeckung folgte, ist bis heute noch nicht zu überblicken. Ein im August 1966 veröffentlichter Bericht der U.S. Food and Drug Administration drückte es so aus: »Niemals haben so viele Menschen so mächtige Drogen freiwillig eingenommen, ohne an Krankheiten zu leiden.« In den ersten Jahren wurden von Ärzten aller Länder schwerwiegende Einwände gegen die Pille erhoben. Sie sollte Krebs, Embolien, Thrombosen, Leberleiden, Epilepsie, Asthma, Migräne, Krampfadern und Ekzeme erzeugen. Keine dieser Befürchtungen hat sich als wahr erwiesen, aber der Sicherheit halber verschreiben Ärzte die Pille heute noch immer nicht an Patienten, die an einer dieser Krankheiten leiden. Der gravierendste Einwand, daß die Pille im Hormonzyklus der Frau klimakteriumsähnliche Zustände erzeuge und damit zu verfrühten Alterserscheinungen führe, ein Einwand, der besonders von Prof. Dr. J. G. Defares in den Niederlanden vorgebracht worden war, hat sich ebenfalls in keiner Weise belegen lassen. Im Gegenteil, amerikanische Ärzte haben entdeckt, daß die Pille gerade im Klimakterium, wenn sie als Antikonzeptionsmittel gar nicht mehr benötigt wird, die normalen Beschwerden mildert und gewisse Alterserscheinungen um Jahre hinausschiebt – Hautfalten, trockene Haut, Austrocknen der Vaginalsekretionen, erschlaffende Brustmuskeln, Nervosität, Depressionen. Die Wirkung der Pille hat in dieser Hinsicht offenbar vieles mit der Wirkung einer Östrogentherapie gemein.
Die einzigen feststellbaren Negativa der Pille sind die, daß sie anfangs einen Gewichtszuwachs verursacht, der später aber von selber verschwindet, daß sie in manchen Fällen eine Zeit lang Morgenübelkeit erzeugt, in anderen Fällen temporäre Brustempfindlichkeit und in wieder anderen Fällen geringe Blutungen zwischen den Menstruationen hervorruft. Der hauptsächlich von deutschen Ärzten vorgebrachte Verdacht, daß die Pille das normale Einpendeln des Zusammenspiels von Hirnanhangdrüse und Eierstöcken verhindern könne, wird von amerikanischen Ärzten bestritten, die gerade zur Zeit der Menarche, wenn der weibliche Zyklus noch unregelmäßig ist und schwere Blutungen auftreten, die Pille als Regulativum verschreiben.
In nahezu gleichlautenden Worten haben vier der bedeutensten wissenschaftlichen Gremien der Welt (eine Expertenkommission der WHO, ein Untersuchungsteam der britischen Regierung, die Stände-

organisation der amerikanischen Ärzte und die staatliche Arzneimittelbehörde der USA) unabhängig voneinander bereits im Jahre 1966 auf die völlige Harmlosigkeit der Pille hingewiesen. Die Bundesärztekammer (Köln) richtete dagegen an die Frauen der BR »die ernste Mahnung, Antibabypillen nicht ohne ärztliche Verschreibung und Überwachung einzunehmen, weil bei unsachgemäßer Anwendung gesundheitliche Gefahren in nicht unerheblichem Umfang entstehen können«. Einzelne deutsche Ärzte haben sich mit ungewöhnlicher Vehemenz gegen diese Warnung gewandt. Ein Arzt schrieb in einem offenen Brief an eine Tageszeitung: »Abgesehen von den vagen Formulierungen (›unsachgemäße Anwendung‹, ›Gefahren in nicht unerheblichem Umfang‹), die auffällig mit der Kürze der Gesamtinformation kontrastieren, können der Bundesärztekammer zwei scharfe Vorwürfe nicht erspart werden: der Vorwurf bewußter Irreführung einer schlecht informierten Öffentlichkeit und der Vorwurf unbewußter Verschleierung der eigentlichen Motive . . . Es ist völlig ausgeschlossen, daß diese wissenschaftlichen Ergebnisse der Bundesärztekammer nicht bekannt sind. Dennoch wagt sie es, die Frauen ernst zu mahnen, daß bei unsachgemäßer Anwendung der Pille Leberschäden, Krampfadern, bösartige Tumore (also Krebs) und Anämien auftreten können. Im Hinblick auf die Uninformiertheit der Bevölkerung und auf das Fehlen einer umfassenden, verantwortlichen Informationspolitik der Bundesärztekammer ist ihre ›ernste Mahnung‹ keine harmlose Fehlinformation mehr, sondern eine Ungeheuerlichkeit. Im Zusammenhang mit jener Art ›ernster Mahnungen‹ steht auch der Mißbrauch des Begriffs ärztliche Überwachung. Was bedeutet eigentlich ›ärztliche Überwachung‹ im Fall der Pille? Bedeutet es in der Normalpraxis mehr als Informationen über ›sachgemäße‹ Anwendung, mögliche vorübergehende Begleiterscheinungen und Krankheiten, bei denen die Pille nicht genommen werden soll, Informationen also, die sowieso auf der genauen Gebrauchsanweisung stehen? (Das Deutsche Ärzteblatt meint sogar: Die Kenntnisse vieler Ärzte . . . sind auf dem Gebiet der Empfängnisverhütung nicht selten wenig vollständig.)
»Die Bundesärztekammer setzt sich nicht nur dem zwingenden Verdacht aus, gewinnträchtige Verschreibung zu meinen, wenn sie besorgt von ärztlicher Überwachung spricht. Sehr wahrscheinlich verbirgt sich gleichzeitig hinter ihrer ›ernsten Mahnung‹ dieselbe autoritär-patriarchalische, unduldsam-moralisierende Denkart, die jede mögliche Befreiung der Menschen als Bedrohung ihrer Machtpositionen fürchtet,

und die besonders deutlich in der von 400 Ärzten unterschriebenen ›Ulmer Denkschrift‹ (Herbst 1965) zum Ausdruck kommt, in der die Pille beschuldigt wird, die ›Schöpfungsordnung‹ zu stören. Was liegt näher, als ärztliche Verschreibung und ›Schöpfungsordnung‹ durch die Erzeugung von Unsicherheit, Krebs- und Nebenwirkungsangst zu sichern!«
Ein anderer Arzt schrieb: »Die Mitteilung, mit der sich die Bundesärztekammer an die Öffentlichkeit wandte, Antibabypillen nicht ohne ärztliche Verschreibung und Überwachung einzunehmen, hielt ich auch für nicht gerade glücklich. Man kann sich des Eindrucks nicht erwehren, daß da handfeste Interessen im Hintergrund stehen . . . Ich selbst hätte keine Bedenken, dem freien Verkauf der Pille zuzustimmen. Man sollte sie an Automaten ziehen können und sie noch billiger machen, damit sie auch und gerade die Ärmsten kaufen können, denn sie brauchen sie am nötigsten. Dadurch würde die Menschheit nicht schlechter, vielleicht sogar besser, sicher aber freier. Unser anderer Trieb ist viel schlimmer, der der Aggression.«
In England wird die Pille seit 1965 ebenso an unverheiratete wie an verheiratete Frauen vergeben. Der Nationalrat der britischen Organisation für Familienplanung beschloß in einer Resolution, daß er es als eine Sache seiner moralischen Verpflichtung betrachte, ledigen Frauen den Nutzen der Pille zu gewähren. Universitätsprofessoren wie Dr. P. W. W. Gifford (Sheffield University) haben ihren Studenten den Gebrauch der Pille ausdrücklich ans Herz gelegt, um ihr Studium nicht durch Geburt unehelicher Kinder zu gefährden. Der Universitätspfarrer Rev. Frank Fisher unterstützte diese Empfehlung. In der BR dagegen gilt ein Mann wie der Göttinger Gynäkologie-Ordinarius Prof. Heinz Kirchhoff bereits als besonders »liberal«, wenn er sagt: »Ich frage mich, ob man das Rezept ausnahmsweise nicht auch verlobten Studenten ausstellen sollte.« Er begründet sein Zögern mit der Frage, ob eine von der Furcht vor Empfängnis befreite und zum »Genußkonsum« umgeformte Seuxalität nicht ungewollt zu einer »Nivellierung der letzten Liebesphase« führe.
Andere deutsche medizinische Autoritäten haben die Frage gestellt, ob die »schrankenlose Benutzung« von hormonalen Verhütungsmitteln den Liebesverkehr nicht zu einer »Bagatellhandlung« reduziere. »Sobald den Mädchen und Frauen jede Furcht vor einer Konzeption fehlt – ist dann nicht eine entscheidende Schranke zusammengebrochen, die der Mann in besseren Zeiten erst überwinden mußte, wenn er zu sei-

nem Ziel kommen wollte? Wird da nicht etwas entzaubert, ohne das es keine wirkliche Liebe gibt? Wenn die keusche Zurückhaltung einer Frau auch nur zum Teil von der Möglichkeit bestimmt wird, ein Kind zu empfangen – verlieren dann die Benutzerinnen der Pille nicht ein Stück ihrer Eva-Natur?«

Wer mit der medizinischen Fachliteratur des Auslandes vertraut ist, wundert sich immer wieder, wieso deutsche Ärzte sich immer wieder das Recht anmaßen, Entscheidungen zu treffen, die nichts mit Medizin zu tun haben. Wenn eine Patientin von ihrem Arzt ein Verhütungsmittel haben will, dann darf er es nur verweigern, wenn ihre Gesundheit geschädigt wird. Er darf es nicht verweigern, weil es seiner Ansicht nach die Liebe entzaubert, die Eva-Natur zerstört oder die letzte Liebesphase nivelliert. Kein deutscher Arzt würde es dulden, daß ein Theologe Medizin praktiziert. Wieso soll der Theologe es dulden, daß der Arzt Moraltheologie praktiziert?

Eine Anzahl deutscher Ärzte hat sich bereits schweigend von dieser Anmaßung distanziert. Seit mehr als zwei Jahren verschreiben sie in enger Zusammenarbeit mit Studentenorganisationen Pillen für Studentinnen. Die von den Ärztekammern gegen solche Mitglieder angestrebten Verfahren sind bemerkenswerterweise überall niedergeschlagen worden, wo die Mitglieder in standesüblicher Weise Bezahlung erbeten und empfangen haben. Diejenigen Ärzte, die aus Menschlichkeit gehandelt haben, zogen sich dagegen den Zorn ihrer Kollegen wegen »Anbietung von Gratisbehandlung« zu. Aus diesem Grunde sind die Sozialreferenten der Studentenorganisationen seit etwa einem Jahr dazu übergegangen, ihren Kommilitoninnen die Adressen von verschreibenden Ärzten mit dem Vorbehalt zu vermitteln, daß sie den Ärzten nie mitteilen dürfen, wo sie deren Adresse erhalten haben, und niemand anderem mitteilen dürfen, daß für die Rezeptausstellung kein Geld gezahlt worden ist.

Besonders scharfe Einwände sind von der deutschen Ärzteschaft gegen die sogenannte »Pille Danach« erhoben worden – nicht etwa weil sie gesundheitsschädigend sei, sondern weil sie sie als Abtreibungsmittel betrachten. Auch hier ist die Logik, die zu dieser eigentümlichen Entscheidung geführt hat, keine medizinische, sondern eine theologische. Sie geht von der Ansicht aus, daß das neue Leben mit dem Augenblick der Befruchtung der Eizelle beginnt und von diesem Augenblick an eine unsterbliche Seele besitzt. Für den Mediziner dagegen beginnt das Leben erst mit der vollzogenen Einnistung der befruchteten Eizelle in der Gebärmutter, da sie bis zu dieser Einnistung überhaupt nicht lebensfähig ist. Die Pille Danach hat den Effekt, die Einnistung zu unterbinden, stellt also im rein medizinischen Sinne ein Präparat dar, das die Entstehung eines Lebewesens verhindert, nicht aber das Leben eines Wesens unterbricht. Wie man diese Frage auch immer beantworten mag, so bleibt sie ein Streit um des Kaisers Bart, der geringen Respekt vor der Dringlichkeit eines Verhütungsmittels darstellt, das die Spontaneität des Liebesaktes bewahrt und damit eigentlich gerade diejenigen Mediziner und Theologen befriedigen sollte, die sich oft über die Peinlichkeit und Ernüchterung jener Verhütungsmittel beschwert haben, die vor oder während des Liebesaktes angelegt oder eingenommen werden müssen.

→Empfängnisverhütung, Eugenik, Fortpflanzungstrieb, Geburtenplanung, IUCD, Kastration, Kondom, Schwangerschaftsunterbrechung, Sterilisation, Verhütungsmittel.

Pimp, der idiomatische englische Ausdruck für → Zuhälter. Vgl.: Bully, Crosbiting, Intelligencer, Ponce.

Pince-cul [frz. Argot: Arschzwicker], im Pariser Volksmund die → Bastringues, die Kneipen des Nordens und Ostens, in denen es so eng war, daß kein Mädchen sicher sein konnte, nicht ins Gesäß gekniffen zu werden.

Piqueur [frz.: Stecher] → Nadelstecher.

Piscine [frz.: Fischteich, Schwimmbad] nannte Marguerite Gourdan, geb. Stock, die berühmteste Pariser Puffmutter des 18. Jahrhunderts, ihr Badekabinett, in dem sie impotenten Männern mit Hilfe ihrer besonders ausgebildeten Badenixen die Potenz zurückgab. Die Heilmittel bestanden unter anderem aus einem Aphrodisiakum namens *Essence à l'usance des monstres*, Flagellation mit Stechginsterruten und »Doppelmassage« durch zwei entkleidete Nixen. → Bad, Bagnio, Brunnen, Étuve, Gesundbrunnen, Hygiene, Verenenkult, Wasser.

Plaisance, ein berühmtes Pariser Halbweltlokal in der Mitte des 19. Jahrhunderts, wo sich Dichter und Cancan-Tänzer, Maler und Huren beim Rindfleisch au gros sel trafen. La Mère Saguet, der das Restaurant gehörte, verstand es, alle zufriedenzustellen. Hier verkehrten Jeanne Avril und Yvette Guilbert, aber auch Lebedamen wie Rose Sergent, genannt »La Reine Pomare«, und Rose Félinet, genannt »Rose-Pompon«, die unglückliche Jane Fess, genannt »Demi-Siphon«, die beim Spagat in zwei Teile zerbrach, und die glückliche Nini Hervé, genannt »Nini-Pattes-en-l'air«, die mit ihrer Cancan-Schule ein Vermögen verdiente, Dichter wie Victor Hugo und Gérard de Nerval, aber auch Cancan-Tänzer wie Valentin Renaudin, genannt »Valentin-le-Désossé«, und Elisabeth Céleste Vénard, genannt »Céleste Mogador«.

Plaisir des dames [frz.: Frauenfreude], künstlicher Penis zur Selbstbefriedigung der Frau und zum lesbischen Geschlechtsverkehr. Vgl.: Selbstbefriedigungsinstrumente.

Platonische Liebe wird vom Laien meist als → Distanzliebe, als nichtsexuelle Zuneigung, als Schwärmerei ohne körperliche Verbindung verstanden. In Wahrheit ist es eine Form der → Homosexualität. Im *Symposion* und im *Phaidros* sagt Platon, daß die Frau nur eine gemeine Seele habe. Die edle Seele sei allein dem Mann zu eigen. Auch Schönheit sei in vollendeter Form nur im Körper der jungen Mannes zu finden. P. L. ist also durchaus körperliche → Knabenliebe. Platon schrieb nicht etwa eine Philosophie der ätherischen Liebe, sondern eine philosophische Rechtfertigung der → Päderastie. Vgl.: Catamitus, Ephebophilie, Kinäde, Lustknabe, Neoterophilie, Päderast, Pädophilie, Sokratische Krankheit.

Plattenbruder hieß der → Zuhälter im Wienerischen seit der Jahrhundertwende. Bis dahin nannte man ihn → Strizzi. 1920 begann das Wort »Pilger« modern zu werden. Vgl.: Alphonse, Amicus, Aufmacher, Bärentreiber, Frauenmeister, Frauenwirt, Freihat, Freiwirt, Hackerbub, Hurenwirt, Jungfernschaftsprokurist, Kappelbub, Krameltreiber, Louis, Lude, Ludewig, Pilger, Pulion, Purlierer, Sponsierer, Stenz, Strawanzer, Strizzi, Töchterwirt, Zutreiber.

Pluralismus [lat: pluralitas = Vielheit, Mehrzahl], in der Sexualwissenschaft der gleichzeitige Geschlechtsverkehr von drei oder mehr Teilnehmern. Die Vorstellung, daß P. eine Perversion sei, kam erst mit dem Konzept der → Intimmoral und der → Intimsphäre auf. Im Altertum fand der Geschlechtsverkehr ebenso oft in der Öffentlichkeit wie im verborgenen statt (→ Catena, Orgie, Spintrien, Symplegma, Symposion). Vom sexualwissenschaftlichen Standpunkt gibt es keinen Grund, weshalb man den P. heute noch als eine perverse Form des → Exhibitionismus, des → Voyeurtums oder gar der verkappten → Homosexualität betrachten sollte. Im Gegenteil, eher ließe sich die Geheimnistuerei des Geschlechtsverkehrs zweier Menschen im verschlossenen oder gar verdunkelten Schlafzimmer als abartig auffassen. Denn was gibt es beim Geschlechtsverkehr zu verbergen? Und wieso ist der Geschlechtsverkehr zweier Paare im gleichen Raum anstößiger als der eines einzigen Paars? Wo die Notwendigkeit des Verbergens empfunden wird, kann der Sexualwissenschaftler nur auf schlechtes Gewissen schließen – auf die Tatsache, daß der Patient verbotene Sexualpraktiken vornimmt oder unter der neurotischen Vorstellung leidet, daß das, was er tut, schlecht, falsch, unsittlich oder ungesund sei. In beiden Fällen ist der klinische Sachbefund gravierender als beim P. → Adamsfeste, Enfants du Prado, Gruppensex, Hirschpark, Kreisorgie, Partnertausch, Partouze, Petit Ermitage, Petite Société, Privatleben, Rehane, Sausalito, Schauorgie, Strip-Poker, Swap Clubs, Swinger, Tetragamie, Triolismus, Westport.

Pocken führen in der Hälfte aller unbehandelten Fälle zu → Fehlgeburten. Der Fötus wird durch den Mutterkuchen infiziert. Behandlung mit Sulfonamiden und Antibiotika.

Polarisierung, sexuelle, drückt sowohl das Bewußtsein der sexuellen Andersartigkeit von Frau und Mann wie auch das Bestreben aus, diese Andersartigkeit durch Schmuck, Kleidung, Kosmetik und Verhalten zu unterstreichen. Die sexuellen Ideale hoch polarisierter Gesellschaftsordnungen bestehen in dem möglichst »männlichen« Mann und der möglichst »weiblichen« Frau. Was dabei unter »männlich« und »weiblich« verstanden wird, ist variabel. In Gesellschaftsordnungen mit weiblicher Dominanz gelten andere Vorstellungen der Weiblichkeit als in solchen mit männlicher Dominanz. Wichtig beim Prozeß der s. P. ist deshalb nicht das, was die Gesellschaftsordnung als männlich oder weiblich empfindet, sondern allein die Tatsache, daß sie einen möglichst großen Unterschied zwischen den Geschlechtern anstrebt.

Im Widerspruch zu der subjektiven Überzeugung, daß das Unterstreichen der eigenen Geschlechtsmerkmale ein Zeichen der inneren Stärke oder gar der Überlegenheit des eigenen Geschlechts sei, entspringt es meist großer und deshalb um so intensiver vor dem Bewußtsein verborgener Angst. Sie zeigt sich bei bestimmten Kulturen auch in der räumlichen Trennung der Geschlechter und in der Bildung von Männerbünden, die dann prompt zu Verteidigungsmaßnahmen der Frauen in der Form von Frauenbünden führen. Das wirkt sich im Bau von separaten Männer- und Frauenhäusern aus. Während in großen Teilen Afrikas, Polynesiens, Australiens und Nordasiens die s. P. und die Geschlechterfurcht zu getrennten Mahlzeiten führt, finden wir die getrennten Wohnverhältnisse vor allem in Melanesien und Neuguinea. Bei den Digul-Völkern Neuguineas sind sogar die Geräte streng nach Männer- und Frauentabus geordnet und dürfen nicht vom anderen Geschlecht berührt werden. Auf dem Wege zur Arbeit in den Feldern gehen Männer und Frauen separat und sprechen nicht miteinander. Zuhause sind sie im gleichen Raum durch eine Wand mit einer kleinen Öffnung zum Durchreichen der Nahrung getrennt. Nur das Allernötigste wird gesprochen. Stirbt die Frau, so wird sie im Frauenteil des Raumes aufgebahrt. Selbst dann kommt der Mann nicht herüber, um sie zu betrauern. Man braucht kaum zu betonen, daß sich bei so strikter s. P. die Geschlechter nicht nur feindlich gegenüberstehen, sondern einander fremd werden.

Wie in geschlechtstotemistischen Kulturen spielen sich auch in Neu Irland zwischen Männern und Frauen rituelle Verspottungen und oft ins Ernste umschlagende Spiele ab, zum Beispiel Schlägereien zwischen Männern und Frauen bei der Geburt des ersten Kindes. Alles Weibliche wird von den Männern in solchen Kulturen als unheilvoll und gefährlich betrachtet. Der Geruch von Frauen vertreibt die Bonito-Fische in den Salomonen. Das Berühren weiblicher Kleidung schwächt den Kayan-Dayak im Krieg und bei der Jagd. Der Medizinmann der Aranda in Zentralaustralien verliert seine Kraft, wenn er nicht ein Feuer zwischen sich und seine Frau legt. Das Berühren der Nabelschnur seiner Tochter bringt dem Tenetehara-Indianer in Brasilien Jagdpech. In Hunderten von Kulturen gilt das Menstrualblut der Frau als Gefahr für den Mann.

Und trotzdem finden wir gerade in den Kulturen, die besondere Angst vor der Frau zeigen und besondere Feindschaft zwischen den Geschlechtern bekunden, eine besonders starke s. P. in Schmuck, Bemalung und Kleidung. Das klingt widersinnig, denn wenn die Geschlechter einander hassen, scheint keine Notwendigkeit zu berstehen, sich füreinander attraktiv zu machen. Aber s. P. ist stets mehr als Schönheitspflege oder Betonung der sexuellen Schlüsselreize. S. P. ist stets auch ein Versuch, das eigene Geschlecht als überlegen und das andere als minderwertig zu kennzeichnen. Wo Gleichberechtigung der Geschlechter herrscht, benötigt man keine Betonung der Geschlechtsmerkmale. Genau wie paarweis lebende Tiere mit ausgesprochener »Gleichberechtigung« der Geschlechter (zum Beispiel Tiger oder Störche) verhältnismäßig geringe s. P. besitzen, während Gattungen mit starker Männchendominanz und ausgesprochener Haremswirtschaft, zum Beispiel Paviane oder Seebären, besonders starke s. P. aufweisen, so geschieht es auch beim Menschen, daß gerade dort, wo die geringste Gleichberechtigung vorliegt, die sexuellen Unterschiede am stärksten betont werden.

S. P. geht also Hand in Hand mit sozialer Polarisierung. Je größer die Gegensätze zwischen arm und reich, zwischen den Mächtigen und den Machtlosen, zwischen den Auserwählten und den Ausgestoßenen, desto größer meist auch die Gegensätze zwischen Frau und Mann. Umgekehrt: je geringer die sozialen Spannungen, desto geringer meist auch die sexuellen.

Sexuell hochpolarisierte Kulturen zeichnen sich oft durch → Geschlechtszentrismus aus, d. h. durch den Glauben, das eigene Geschlecht sei das Zentrum des sexuellen Universums. Das andere Geschlecht gilt dann bestenfalls als Peripherie. Dies führt zu Mißverständnissen zwischen den Geschlechtern, vor allem zur Fehldeutung der Wünsche des anderen Geschlechts. So glauben in männerrechtlichen Kulturen wie der unseren viele Männer, daß es nicht nur ihr Recht, sondern ihre Pflicht sei, Frauen zu »erobern«. Wenn die Frau dann nicht »will«, glaubt der Mann meist, sie tue nur so, fordere ihn mit ihrem »nein« aber in Wirklichkeit nur zu größeren Anstrengungen auf. Wenn er diese Anstrengungen nun unternimmt, empfindet sie das manchmal als Vergewaltigung, als typisches Beispiel jener bestialischen Lust, die den Mann, das vergewaltigende Tier, nun einmal von der Frau unterscheide.

Dabei übersieht sie wegen des hohen Maßes der s. P., daß der Mann nicht von sexueller Gier, sondern von patriarchaler Pflicht getrieben wird; daß er, um sich nach den Maßstäben eines hochpolarisierten Patriarchats als Mann zu beweisen, selbst dann die Gesten des erobernden Geschlechts vornimmt, wenn ihm die Frau völlig gleichgültig ist. Ja, meist meint er, die Frau *erwarte* diesen Ritus von ihm, und führt seine Zirkuskünste nur deshalb vor, weil er fürchtet, die Frau werde ihn verachten, wenn er sich *nicht* um sie bemüht.

Umgekehrt meinen viele Frauen in einer hochpolarisierten Kultur wie der unsrigen, daß es nicht nur ihr Recht, sondern ihre Pflicht sei, sich »erobern« zu lassen. Wenn der Mann nicht anbeißt, glaubt die Frau meist, er tue nur so, fordere sie mit seinem scheinbaren Desinteresse aber nur zu höheren Verführungskünsten heraus. Der Mann mißinterpretiert dieses Benehmen dann fast stets als persönliches Interesse dieser Frau an ihm als Individuum, fühlt sich geschmeichelt und tut, was sie von ihm zu erwarten scheint. Entsetzt nimmt sie sein Benehmen als Vergewaltigung wahr und kommt zur Überzeugung, alle Männer seien brutal und unsensibel.

Das gegenseitige Mißverständnis der Geschlechter wirkt sich also um so gravierender aus, je »männlicher« das gesellschaftlich postulierte Ideal des Mannes und je »weiblicher« das gesellschaftlich postulierte Bild der Frau ist. Umgekehrt: Das Verhältnis gestaltet sich um so besser, je weniger die Geschlechter versuchen, gegensätzliche Sexualeigenschaften zu entwickeln. Aus der Praxis der heutigen Sexualmedizin können wir mit Sicherheit entnehmen, daß die Prognose einer Liebes- oder Ehegemeinschaft denkbar schlecht ist, wenn der Mann sich an das patriarchalische Ideal der »Männlichkeit« und die Frau sich an das analoge Ideal der »Weiblichkeit« hält. Umgekehrt können wir sagen, daß die Prognose relativ gut ist, wenn beide sich bemühen, diese trügerischen Zielvorstellungen in der eigenen Psyche abzubauen oder wenn beide dank des geglückten Geschlechtslebens ihrer Eltern oder Betreuer bereits vorher die Fähigkeit entwickelt haben, sich in das andere Geschlecht einzufühlen, dessen Wünsche vorauszuahnen und sie zu erfüllen, ohne daß der andere sie in Worte zu fassen braucht. Sexualanthropologische Tests der letzten Jahrzehnte lassen vermuten, daß in der westlichen Gesellschaft der Gegenwart die Virilität und Potenz »weiblicher« Männer höher ist als die der »männlichen«, während die sexuelle Einfühlungsgabe »männlicher« Frauen weitaus höher ist als die der »weiblichen«. Der Grund mag darin liegen, daß die Fähigkeit, den Sexualpartner zu befriedigen, bei heterosexuellen Frauen und Männern genau die gleiche ist wie bei homosexuellen: die Einfühlungsfähigkeit in den Sexualpartner.

Politik → Sexualität und Politik.

Polluarche [lat.: polluere = besudeln; arche = Anfang], der Anfang der Pollution beim Knaben; das Lebensalter, in welchem der Mann befruchtungsfähigen Samen zu erzeugen beginnt.

Pollution [lat.: polluere = besudeln], unwillkürlicher Samenerguß. Bei Menschen und vielen Tieren, z. B. bei Hunden, ist die Traum-P. von der Geschlechtsreife an das normale Resultat mangelnden Geschlechtsverkehrs. Sie wird stets von erotischen Träumen begleitet. Anders steht es mit der Tages-P., dem unwillkürlichen Samenabgang bei vollem Bewußtsein, der eine krankhafte Erscheinung ist, sich aber meist ohne Schwierigkeiten heilen läßt. Es gibt auch eine weibliche Traum-P., die erstmals von Krafft-Ebing 1888 beschrieben wurde. Sie wird von erotischen Träumen und Vaginalsekretion begleitet. Beim Knaben stellt die Polluarche (erste Pollution) das unfehlbare Zeichen der Zeugungsreife dar und läßt sich in diesem Sinne mit der Menarche (der ersten Menstruation) vergleichen. Die Pollutionsträume sind für

die Psychoanalytiker von Interesse, weil hier aus unbekannten Gründen die Traumzensur sehr schwach ist und die tatsächlichen sexuellen Wünsche des Patienten mit großer Deutlichkeit hervortreten. Da der Patient oft von der P. aufgeweckt wird, erinnert er sich meist an den Trauminhalt, besonders wenn man ihn dazu veranlaßt, ihn sofort nach dem Erwachen aufzuschreiben.
Die Moraltheologie hat vom Mittelalter bis in den Anfang unseres Jahrhunderts hinein viel Unheil angerichtet, indem sie die Traum-P. nicht nur als schädlich, sondern als sündhaft dargestellt und zahllose Menschen damit in die Neurose getrieben hat. Noch heute wird den Mitgliedern mancher Mönchsorden beigebracht, beim Eintritt einer P. sofort aufzustehen und sich zu kasteien. Auch hat die christliche Angst vor dem Samenverlust zur Erfindung der → Incubi und → Succubi geführt, nächtlicher Dämonen, die sich angeblich mit den Menschen paaren. Der weibliche Dämon zapft dem Manne im Traum den Samen ab, um ihn dem männlichen Dämon zu geben, damit sich dieser mit einer menschlichen Frau paaren kann – ein Aberglaube, der oft zur Hexenverfolgung geführt hat.

Das Wort POLLUTIONISMUS wird von verschiedenen Sexualforschern in unterschiedlichem Sinn gebraucht: 1. Als krankhaftes Auftreten der Pollution, besonders in der Form häufiger Tagespollutionen. 2. Als Befriedigung des → Besudelungstriebs durch Befleckung weiblicher Kleidung mit Samen. Der Pollutionist sucht sich hierbei stets ihm unbekannte Frauen aus und versucht, sie im Gedränge durch Masturbation zu beflecken. Vgl.: Inquinationstrieb, Mysophilie, Saliromanie. Das Phänomen ist verwandt mit dem → Rockaufschlitzen, Säurespritzen und Zopfabschneiden, die alle Surrogatformen des P. sind, der seinerseits ja ein Surrogat des Koitus darstellt.

Polyerotismus [gr.: polys = viel; eros = Liebe], Vielliebe. → Pluralismus, Promiskuität.

Polyhymnier, ein von Hessen geprägtes Synonym für → Päderast; nach der altgriechischen Göttin Polyhymnia, der Muse der irdischen Knabenliebe.

polymorph-perverse Phase [gr.: polys = viel; morphe = Form], vielgestaltige Phase der kindlichen Sexualentwicklung, ein von Sigmund Freud geprägter Begriff, der in seinen eigenen Schriften identisch mit dem der → prägenitalen Phase ist und sich nur dadurch von ihm unterscheidet, daß die Abwesenheit einer herrschenden → Erogenzone hervorgehoben wird. Freud grenzt den Begriff der p.-p. Ph. also von den

Begriffen der → oralen, → analen und → phallischen Phase, mit deren Gesamtheit er zeitlich überlappt, dadurch ab, daß er in diesen drei Phasen den *partiellen Primat* einer bestimmten Erogenzone (Mund, After, Penis oder Klitoris) über alle anderen Erogenzonen und Körperregionen feststellt, im Begriff der p.-p. Ph. jedoch den *mangelnden Primat* einer bestimmten Erogenzone unterstreicht.

Dieser Begriff des *Primatsmangels* (genauer: des partiellen und deshalb unwirksamen Primats) dient wiederum der Abgrenzung vom Begriff der → Genitalität, der sich durch den *erfolgreichen Primat* über die Partialtriebe auszeichnet. Noch zu Lebzeiten Freuds haben andere Psychoanalytiker versucht, die Widersprüchlichkeiten dieser Definition der p.-p. Ph. aufzuklären und den Begriff präziser von dem der prägenitalen Phase abzutrennen – vor allem Harnik (1933), Margaret A. Ribble (1938) und Hans Christoffel (1939). Nach Freuds Tod haben W. A. Galt (1941), Francis John Mott (1947), J. P. Bartolini (1957, 1958), Arnaldo Raskovsky (1957) und Pierre Lacombe (1959) die Diskussion von neuem eröffnet. Borneman hat in seinen *Studien zur Befreiung des Kindes* seit 1960 darauf hingewiesen, daß die p.-p. Ph. topisch als eine Erogenisierung der gesamten Hautoberfläche aufgefaßt werden muß und daß sich die späteren Phasen durch eine Konzentration der Libido auf bestimmte Hautregionen auszeichnen. Nach dieser Logik wäre die p.-p. Ph. nicht mit der prägenitalen, sondern mit der → präoralen Phase gleichzusetzen. → kutane Phase.

Ponce, das englische Slang-Wort für → Zuhälter. Vgl.: Bully, Crosbiting, Intelligencer, Pimp.

Pontonnière [frz.: Brückendirne], Pariser Prostituierte, die unter den Seine-Brücken zur Verfügung stand. Der Verkehr fand dort statt. Der Begriff der Brückendirne ist so alt wie die Brücke. Sowohl Griechen wie Römer besaßen eigene Worte für die P. Vgl.: Pierreuse, Rempardeuse.

Popina [lat.: Kneipe] nannten die Römer jene Restaurants, die zwar feines Essen für den Schlemmer (popino) lieferten, deren weibliches Personal ihn aber oft auch mit Liebesdiensten versorgte. → Caupona, Ganeum, Kapeleion, Lesche, Taberna.

Poriomanie [gr.: poros = Weg, Fahrt, Reise; mania = Wahn], ein von Merzbach geprägter Sammelbegriff für verschiedene Formen der sexuell bedingten Reisesucht. Merzbach glaubte, daß die Unruhe, Rastlosigkeit, Abenteuerlust und der allgemeine Tatendrang der Pubertät von manchen Männern nie überwunden wird und damit zur Unfähigkeit jeder festen sexuellen Bindung führt. Andererseits kann die P. in sublimierter Form zum Forschungsdrang werden. Merzbach glaubte, daß viele der großen Entdecker Poriomanen waren, die ihre Unfähigkeit, ein normales sexuelles Leben zu führen, vor sich selber mit dem Alibi entschuldigten, daß sie wichtigere Dinge zu tun hätten. »Wer neue Welten entdecken will, kann nicht zu Hause bleiben.« Odysseus war deshalb für Merzbach ein typischer Poriomane. → Dromomanie.

Pornographie [gr.: porne = Hure; graphein = schreiben], die Beschreibung des Lebens, der Sitten und der Tätigkeiten von Prostituierten. Die Tatsache, daß das Wort P. in der bürgerlichen Welt einen anderen Sinn angenommen hat, nämlich den der Beschreibung des Sexualaktes, charakterisiert die Verzerrung der moralischen Werte, die seit dem Verfall der hellenischen Welt im europäischen Kulturleben eingesetzt hat. Da die Griechen im Geschlechtsverkehr nichts Verwerfliches, sondern im Gegenteil eine Offenbarung des Göttlichen sahen, betrachteten sie auch die Beschreibung des Geschlechtsverkehrs als ein durchaus legitimes Feld der Dichtkunst. Die christliche Vorstellung, daß der Geschlechtsverkehr nur unter verheirateten Menschen verzeihlich ist und die Beschreibung des Geschlechtsaktes deshalb prinzipiell verwerflich sei, wäre den Griechen unverständlich gewesen.

Nach heutiger, aufgeklärter Ansicht gibt es nur zwei diskussionswürdige Einwände gegen die Darstellung geschlechtlicher Akte in Wort und Bild. Wenn man den Akt als solchen für verderblich hält, dann kann man die Darstellung des Akts kaum gutheißen. Das träfe beispielsweise auf die Erotika im »Stürmer« der NS-Zeit und auf die während des Codreanu-Regimes in Rumänien üblichen Darstellungen der kollektiven Vergewaltigung jüdischer Frauen durch Männer der »Eisernen Garde« zu. Vielleicht sollte man auch sämtliche Erotika in diesen Einwand einbeziehen, die Frauen zum Lustobjekt des Mannes reduzieren, also die Notwendigkeit gegenseitiger Befriedigung unterschlagen oder diese bewußt ablehnen.

Der andere Einwand, den D. H. Lawrence bereits 1929 in seinem Aufsatz »Pornographie und Obszönität« vorgebracht hat, befaßt sich mit der Tatsache, daß Geschlechtsverkehr ein Dialog ist, und zieht aus ihm die Folgerung, daß partnerlose Sexualaktivitäten pervers seien – zum Beispiel Voyeurismus, Exhibitionismus, bestimmte Formen des Fetischismus, bei denen der »Partner« ein Gegenstand und kein lebendes Wesen ist, aber auch Selbstbefriedigung und die einsame Lektüre erotischer Schriften. Man könnte sich vorstellen, daß dieser Einwand zu widerlegen wäre, wenn Erotika zu zweit konsumiert würden.

Ein drittes Argument, das heute als liberal gilt und von den Fortschrittlichen universell akzeptiert wird, bezieht sich auf die Qualität der Darstellung und argumentiert, daß »Pornographie« aufhört, Pornographie zu sein, wenn sie von einem Künstler stammt. Dieses Argument ist aber nicht schlüssig, denn wenn Pornographie aufgeilt (und das ist doch ohne jeden Zweifel ihr Zweck), dann geilt sie um so mehr auf, je besser sie gemacht wird. Wer da glaubt, daß Erotika »gefährlich« seien, der kann deshalb kaum argumentieren, die Gefahr vermindere sich, wenn der Hersteller ein Künstler von Format sei. Das ist, als ob man argumentierte, die Atombombe sei ungefährlich, weil ihre Hersteller Mathematiker und Physiker von Format sind.
Ein viertes Argument, daß unschuldige Menschen durch Pornographie überhaupt erst auf schuldige Gedanken gebracht würden, impliziert, daß es so etwas wie sexuelle Schuld gebe oder daß alle sexuellen Aktivitäten per definitionem schuldhaft seien. Dieser Gedanke ist nur für jene verdaulich, die an das Konzept einer untilgbaren Erbsünde glauben, und diese Gruppe ist selbst unter gläubigen Katholiken im Schwinden begriffen.
Schließlich sollte man das Argument beantworten, daß Darstellungen »abweichenden« sexuellen Verhaltens heterosexuelle Menschen zu abweichenden Sexualakten verführen können. Das lenkt den Disput auf die Frage der individuellen Empfänglichkeit für sexuelle Stimulation. Die heutige empirische Sexualwissenschaft, die experimentell arbeitet und Vermutungen selbst dann zurückweist, wenn sie noch so überzeugend klingen, hat statistisch und testpsychologisch erwiesen, daß die individuellen Unterschiede der Stimulierung durch Erotika denen der Potenz, des Sexualbedürfnisses und der Befriedigungsfähigkeit ähneln, aber nicht mit ihnen deckungsgleich sind. Die Bandbreite der individuellen Reaktion auf gegebenen Stimuli ist weit größer, als man angenommen hatte. Damit sind auch solche Begriffe wie »Hypersexualität« (übergroßes Sexualbedürfnis), »Hyposexualität« (unterentwikkeltes Sexualbedürfnis), »Satyriasis« und »Nymphomanie« ins Wanken geraten, denn wir haben entdeckt, daß manche Menschen, um gesund zu bleiben, zu gewissen Lebenszeiten mehrmals am Tage koitieren müssen, während andere bei völliger Gesundheit so gut wie gar kein Paarungsbedürfnis empfinden.
Ähnlich steht es mit der Empfänglichkeit für erotische Stimulation durch Wort und Bild, wobei gleich gesagt werden soll, daß frühere Experimente, die eine größere Empfänglichkeit bei Männern als bei

Frauen, oder eine höhere weibliche Empfänglichkeit für Bilder und eine höhere männliche für Worte ergeben hatten, sich als falsch erwiesen haben. Über eine breite statistische Basis sind weibliche und männliche Sensitivität für erotische Stimulation durch Wort und Bild identisch. Die Variationen sind individuell und nicht geschlechtsspezifisch. Sie entspringen:

– der angeborenen Libidostärke
– dem Sexualleben der Eltern
– dem klassenspezifischen Hintergrund
– der Erziehung
– der sexuellen Praxis
– dem Alter
– dem Streß
– der Tages- und Jahreszeit

Die wichtigste Entdeckung der Sexualforscher (mittlerweile in drei verschiedenen Testreihen überprüft und korrekt befunden) lag jedoch darin, daß sexuell stimulierende Werke nur jene Neigungen zu stimulieren vermögen, die bei der Versuchsperson bereits vor der Testreihe festlagen. Man kann also einen Heterosexuellen nicht mit Hilfe von homosexuellen Erotika zu homosexuellen Handlungen »verführen«, und man kann einen Homosexuellen mit Hilfe von heterosexuellen Erotika nicht zur Heterosexualität »bekehren«. Aus eben diesen Gründen haben sich Erotika als nutzvolle Hilfsmittel der sexualmedizinischen Diagnostik erwiesen. Denn reagiert ein »Heterosexueller« auf homosexuelle Stimuli, dann ist das ein verläßliches Indiz für Homosexualität, einerlei ob die Testperson bis dahin homosexuellen Verkehr gehabt hat oder nicht.

Vielleicht ist die Angst der Porno-Jäger vor der »Pornographie« nicht etwa deshalb so groß, weil sie befürchten, »normale« Menschen könnten durch »abartige« Erotika zu »abartigen« Sexualhandlungen stimuliert werden, sondern weil eine solche Stimulierung eben *nicht* stattfinden kann und weil die Tatsache, daß der Porno-Jäger selbst von solchen Erotika erregt wird (sei dies nun im positiven oder negativen Sinne: diagnostisch ist beides das gleiche), ihm seine eigene Abartigkeit bewußt macht. Da dies eine lebensgefährliche Bedrohung seines Selbstrespekts ist, kann er die Bedrohung nur dadurch von sich selbst abwenden, daß er sie auf andere Menschen projiziert und sich selbst als deren Retter anbietet.

Borneman hat dieses Phänomen das »Caliban-Syndrom« getauft, nach dem Sklaven Caliban in Shakespeares *Der Sturm*, der so häßlich ist, daß sein ganzes Leben von der Angst geprägt wird, sein eigenes Gesicht im Spiegel zu sehen.

Bezeichnenderweise wirkt sich das Syndrom besonders bei sadomasochistischen Erotika aus, die auf den gesunden Menschen keinerlei stimulierende Wirkung ausüben und deshalb nur von bereits sadistisch oder masochistisch gefährdeten Menschen als stimulierend empfunden werden. Widerspricht das eigene sittliche Empfinden oder die eigene rationale Überzeugung einer solchen psychosexuellen Neigung, so ergibt sich die Alternative, der Neigung offen ins Auge zu sehen und sich nach einem liebenden Menschen umzusehen, der sie erwidert, oder sich die sexuelle Erfüllung der Wünsche zu verkneifen, meist mit dem Resultat, daß der sexuelle Charakter der Wünsche aus dem Bewußtsein verdrängt wird und sich dann in scheinbar asexuellen und deshalb weitaus gefährlicheren Handlungen niederschlägt. Das kann vom ständigen Prozessieren gegen die Urheber von Erotika über psychische Mißhandlung der Mitmenschen (vor allem der Untergebenen, der Ehefrau, des Ehemannes oder der Kinder) bis zu legitimierten Akten der Grausamkeit reichen (Militärdienst, Polizeidienst, aber auch legitimierter Tiermord durch Jäger oder im Schlachthof). Jürgen Bartsch wurde bekanntlich zu der furchtbaren Obsession, seinen Mitmenschen bei lebendigem Leibe die Gedärme herauszuziehen, durch tierische Vorbilder im Schlächtereibetrieb seines Adoptivvaters angeregt. Solche Prägungen wirken aber nur bei bereits im frühkindlichen Stadium vorprogrammierten Menschen. Andererseits ist die Wahl des Berufs, wenn sie nicht durch rein ökonomische Gründe bestimmt ist, oft ein Indiz verdrängter Sexualneigungen.

Auch kann man aus der Stimulierbarkeit durch bestimmte Erotika politische Folgerungen ziehen. Sadomasochistische Erotika sind in ihrer impliziten politischen Rolle stets hierarchisch eingestellt, denn der Sadist will herrschen, während der Masochist beherrscht werden will. Beide akzeptieren also nicht nur eine Hierarchie, ein Herrschaftsverhältnis, sondern fordern es als unerläßlichen Bestandteil ihrer Befriedigung. Fetischistische Erotika dagegen sind ihrer Natur nach anti-humanistisch: sie verdinglichen die Welt der menschlichen Beziehungen. Selbst heterosexuelle Erotika sind politisch reaktionär, wenn sie die Frau zum Ding, zum Spielball des Mannes machen. Daß gerade jene männlichen Autoren, die sich selbst als Vorkämpfer einer freieren Sexualität betrachten, keineswegs frei von dieser Verdinglichung der

Frau, diesem Kult der Virilität, diesem latenten Antifeminismus sind, hat Kate Millett in ihren Analysen von D. H. Lawrence, Henry Miller und Norman Mailer überzeugend dargestellt.

Hier soll aber auch nicht verschwiegen werden, daß die Protagonistinnen und Protagonisten emanzipierter Erotika sexuell emanzipierte, ihre Wünsche frei bekennende Frauen und Männer sein müssen. Genau wie der emanzipierte Mann nur bei einer emanzipierten Frau sexuelle Befriedigung finden kann (denn wenn sie nicht mitmacht, fühlt er sich als Tyrann, als Vergewaltiger), so kann sich der emanzipierte Erotika-Autor keinen Verkehr mit einer passiven Frau und die emanzipierte Erotika-Autorin keinen Verkehr mit einem passiven Mann vorstellen. Resultat: erotische Literatur dieser Art, selbst wenn sie »nur« zum Zweck der Stimulierung dient, hat insofern einen emanzipatorischen Effekt, wie sie das Bild der passiven, duldenden und unterjochten Frau zerstört.

Die politischen Autoritäten des 18. und 19. Jahrhunderts haben das klar erkannt, als sie besonders hart gegen Erotika vorgingen, die Frauen als sexuell und politisch aktive Figuren präsentiert haben, zum Beispiel Defoes *Moll Flanders* (1722) und *Roxana* (1724), Friedrich Schlegels *Lucinde* (1799), Madame de Staëls *Delphine* (1802) und *Corrine* (1807), George Sands *Lélia* (1833) und *Jeanne* (1844), Gustave Flauberts *Madame Bovary* (1856) und Jules Michelets *La Femme* (1860).

Wenn heterosexuelle »Pornographie« von Männern geschrieben wird, dokumentiert sie die sexuelle Abhängigkeit des Mannes von der Frau selbst dort, wo die Frau zur Ware degradiert wird. Denn wo der Konsumartikel Frau den Konsumenten Mann dominiert, können wir kaum noch von männlicher Dominanz sprechen. Es ist also verfehlt, erotische Literatur als notwendigerweise defätistisch zu bezeichnen und ihr einen gewissen politisch fortschrittlichen Einfluß abzustreiten. Ein großer Teil der »abweichenden« Erotika ist latent revolutionär, weil er in der Maske des sexuellen Protests implizit auch politisch protestiert.

In diesem Sinne ließe sich argumentieren, daß die »verbotene« Literatur auf sexuellem Gebiete die historische Aufgabe einer außerparlamentarischen Opposition ausübt. Das revolutionäre Potential liegt in der simplen Tatsache der *Veröffentlichung*. Was einmal veröffentlicht worden ist, läßt sich niemals mehr in jenes Geheimarchiv des westlichen Sexus, das eheliche Schlafzimmer, zurückdrängen. Es rebelliert bereits durch sein Dasein gegen das Konzept des Verschweigens, Verbergens und Tabuierens. Und eine Moral, die sich durch ihr systematisches Verkriechen in die unüberprüfbaren Geheimzellen der Privatsphäre vor jeder gesellschaftlichen Verantwortung drückt, ist gemeingefährlich.

Andererseits darf uns diese Erkenntnis aber auch nicht daran hindern, das zu erkennen, was die »liberalen« Befürworter der sexuellen »Freiheit« nur allzu gern vertuschen: daß Pornographie sich zum Geschlechtsverkehr verhält wie das Zuschauen zum Fußball. Die riesigen Verkaufsziffern der Pornozeitschriften, Pornofilme und Pornofotos beweisen, wie gering die Zahl der Menschen ist, die sich heutzutage ohne Krücken im Land der Sexualität bewegen können, und wie groß die Zahl der Frustrierten und Verkrüppelten ist, die nur im Geist fremdgehen, weil sie im Gegensatz zur These vom sündigen Fleisch eben nicht sündig genug sind, um zu tun, wovon sie träumen. Die Pornoindustrie erweckt keine Bedürfnisse und lenkt sie auch nicht fehl. Je mehr Pornographie verkauft wird, desto sicherer können die Hüter der bürgerlichen Sexualmoral in ihren Betten träumen, denn Pornographie ist eines der wirksamsten Sicherheitsventile der patriarchalischen Ordnung.

Die berühmte »Sex-Welle« existiert nur, weil die, die nicht an ihr teilnehmen, unbedingt glauben wollen, daß es sie gebe. Pornographie ist das Negativ der erzwungenen Sittlichkeit. Wer normal lebt, wer gesund lebt, der benötigt keine Pornographie, der benötigt aber auch keine Hexenjagd auf Pornographie. Sexuelle Enthaltsamkeit und Sexualphantasien in Wort und Bild sind Zwillingsschwestern. Die eine erzeugt parthenogenetisch (durch Jungfernzeugung), was die andere narzißtisch (durch Autoerotik) fabriziert.

Lust an Pornographie entspringt mangelnder Lust am Geschlechtsverkehr und ist deren Substitut, nicht deren Produkt. Übermäßiges Interesse an der *Darstellung* sexueller Akte entspringt mangelndem Interesse an deren *Ausübung*. Der ganze Sexkult des Westens ist ein Produkt der Sexualfurcht, nicht der Sexualfreude. Da der selbstentfremdete Bürger der westlichen Industriegesellschaft Angst vor der eigenen Leidenschaft hat, versucht er die Angst durch den Konsum der Leidenschaft anderer zu beschwichtigen. Denn während die eigene Leidenschaft eine Belastung ist und eine Verantwortung für den anderen, den leidenschaftlich geliebten Menschen beinhaltet, trägt der Käufer kommerziell verfügbarer Pornographie ebensowenig Verantwortung für das Schicksal der dargestellten Personen, wie der Käufer von

Schnaps für die Angestellten der Schnapsbrennerei übernimmt. Pornographie ist also reaktionär, insofern sie eine Flucht aus der Realität und ihrer Verantwortung darstellt. Sie enthält aber auch eine dreifache revolutionäre Potenz: die Publizierung des Tabuierten, die Veröffentlichung des Privaten, und die Unwiderruflichkeit des einmal Veröffentlichten.

Pornographomanie [gr.: porne = Hure; graphein = schreiben; mania = Wahn], das zwanghafte Schreiben von anonymen Briefen obszönen Inhalts. → Erotographomanie, Koprographie, Koprolalie, Pornolalie.

Pornolalie, Pornolalomanie [gr.: porne = Hure; lalia = Geplauder], ein Begriff, den der Autor dieses Lexikons in Anlehnung an Iwan Blochs (1872 – 1922) Terminus → Pornographomanie gebildet hat. So wie der Pornographomane obszöne Briefe an Freunde, Feinde, Bekannte oder auch völlig unbekannte Menschen schreibt, so telefoniert der Pornolalomane, richtet obszöne Fragen an den Empfänger solcher Anrufe und spricht obszöne Wörter aus. Hier geht es um eine Zwangshandlung sexueller Art. Meist onaniert der Anrufer, während er spricht. → Erotographomanie, Koprographie, Koprolalie.

Portiokappe → Verhütungsmittel.

Porzellanfuhre, bei den Pferdekutschern eine Fahrt, bei der die Kunden miteinander Geschlechtsverkehr haben wollten. Manche Taxichauffeure kennen das Wort heute noch. Aber da Taxis, im Gegensatz zu Kutschen, keine Vorhänge haben, ist das Porzellanfahren nicht mehr praktikabel. → Bordel ambulant.

Positio aversa [lat.: Stellung von hinten], Koitusstellung, bei welcher der Mann hinter der Frau kniet, hockt, sitzt, liegt oder steht. Auch → Venus aversa, Coitus a posteriori, Coitus a tergo genannt. → Figurae veneris, Koitalbewegungen, Koituspositionen.

Positio obversa [lat.: Stellung von vorne], Koitusstellung, bei welcher Mann und Frau einander ins Gesicht sehen, sei es im Liegen, Stehen, Sitzen, Hocken oder (wie bei de Sade) Hängen. Auch → Venus observa oder → Facies ad faciem genannt. → Figurae veneris, Koitalbewegungen, Koituspositionen.

Postheoth Club, auch Posteoth Club, ein sadomasochistischer Klub, der angeblich 1900 in Boston gegründet worden ist, um unter dem Vorwand der Erziehung Männern und Frauen Gelegenheit zu geben, einander körperlich zu züchtigen. Es ist nie ganz geklärt worden, ob »E. Neumann«, der diese Geschichte in seinem Buch *Amerika beim Erziehen* erzählt, sie mindestens zum Teil erfunden hat. Er sagt, daß er 1900 durch einen Artikel in der Boston Police News auf den Club aufmerksam geworden sei. Dort habe es geheißen, der Club suche nach Mitgliedern, die überzeugte Anhänger der körperlichen Züchtigung seien und ihre Ehegatten und -gattinnen für häusliche Vergehen strafen wollten. Eigene Klubräume zur Besprechung dieser brennenden sozialen Fragen seien geschaffen worden. Nur unbescholtene Personen und solche, die diesen Prinzipien voll und ganz zustimmten, könnten aufgenommen werden. Das Blatt knüpfte daran die Bemerkung, daß es daran interessiert sei, das Urteil seiner Leser über die Zweckmäßigkeit dieses Klubs kennenzulernen, und es werde zu diesem Zweck in jeder Nummer einen Raum bereitstellen, wo unter dem Titel ›Love Whippings‹ (Liebesgeißelungen) die Meinungen seiner Abonnenten hierüber veröffentlicht werden sollten. Die Wirkung dieser Mitteilung war, daß aus allen Teilen Amerikas Zuschriften sowohl um Aufnahme in diesen Klub wie auch solche mit den mannigfaltigsten Schilderungen entsprechender persönlicher Erlebnisse einliefen. Das Merkwürdigste an diesen Briefen war die allgemeine Überzeugung, es müsse in erster Linie die Frau sein, die die Rolle des Züchtigers zu übernehmen habe. Man schwelgte förmlich in dem Gedanken, von der Frau tyrannisiert zu werden, ja es wurde vorgeschlagen, daß sich jedes Mitglied verpflichten müsse, die von besonderen weiblichen Zuchtmeistern zuerkannte Strafe hinzunehmen. Vgl.: Auspeitschung, Bestrafung, Bußdisziplin, sexuelle Clubs, Dippoldismus, Erziehersadismus, Erziehungsmasochismus, Flagellation, Geißler, Gouvernantenwahn, Governess, Prügelmaschine, Puerilismus, Strafe.

Posthitis [gr.: Posthion = Vorhaut], die Entzündung des inneren Blattes der männlichen Vorhaut. Meist erscheint sie gemeinsam mit einer → Balanitis und heißt dann Balanoposthitis. Überwiegt dabei die Entzündung der Vorhaut, so spricht man von einer Akroposthitis [gr.: akroposthia = äußerste Vorhaut]. Wird die P. durch zuckerhaltigen Urin erzeugt, so nennt man sie Balanoposthitis diabetica. Wird sie durch Pilze erzeugt, so nennt man sie Balanoposthomycosis. Meist aber ist → Gonorrhöe die Ursache.

Pot, amerikanischer Spitzname für indischen Hanf (Marihuana oder Cannabis). → Narkomanie, Süchtigkeit.

Potenz spielt eine weitaus größere Rolle in der Gesundheit und dem Erfolg des Menschen, als unsere Sexualmoral wahrhaben will. Wie alle Fähigkeiten des Menschen läßt sich auch sexuelle Potenz durch Training vergrößern. Im Gegensatz zu der Laienmeinung, daß häufiger Geschlechtsverkehr die Potenz schwächt, ist beim gesunden Menschen das Gegenteil der Fall. Ob sexuelle Fähigkeiten sich vererben, ist eine der umstrittensten Fragen der Sexualwissenschaft. Unumstritten jedoch ist, daß solche Fähigkeiten in manchen Familien Generation um Generation höher sind als in anderen. Ob dies nun vererbte Eigenschaften sind oder aber Talente, die sich durch Beobachtung und Angleichung entwickeln, bleibt umstritten. Unbestreitbar jedoch ist wiederum die Tatsache, daß der männliche Mangel an sexueller Erfahrung, den die westliche Frau seit Jahrhunderten erdulden mußte, zu einer Verkümmerung ihrer sexuellen Instinkte geführt hat. Die amerikanische Frauenärztin Barbara Bross spricht in einem ihrer Bücher von der Scham, die jeder Mensch empfindet, wenn er anderen Menschen jene Vorgänge erklären muß, die selbst Tiere von selber zu wissen scheinen. »Mit jedem Fortschritt, den unser Intellekt macht, verkümmert ein Teil unseres Instinkts. Und das ist, im idealistischen Bild, das sich der Mann in der paternalististischen Gesellschaft zu gern von der Frau macht, bei Frauen schlimmer als bei Männern. Denn während die Männer stets auf ihre Mätressen und Konkubinen zurückgreifen konnten, wenn ihre Ehefrauen ihnen nicht genügten, mangelte es der westlichen Frau Jahrhunderte lang an Möglichkeit, ihre Instinkte zu entwickeln, wenn ihr Ehemann ihr dazu keine Gelegenheit gab.«

Potenz der Frau, ein von Eva Borneman geprägter Begriff, den sie zum deutschen Titel des von ihr übersetzten Buches von Mary Jane Sherfey, *The Nature and Evolution of Female Sexuality* gemacht hat (New York 1972, Köln 1974). Die amerikanischen Sexualforscher William H. Masters und Virginia E. Johnson hatten bereits in den 60er Jahren dieses Jahrhunderts bewiesen, daß dem Mann durch Samenproduktion und Erektionsfähigkeit gewisse Grenzen beim Geschlechtsverkehr gesetzt sind, die für die Frau nicht existieren. Im Gegensatz zu dem patriarchalischen Mythos, daß der Mann mehr am Geschlechtsverkehr interessiert sei als die Frau und deshalb auch öfter »wolle« und »könne« als sie, stellten Masters und Johnson fest, daß der Mann selten mehr als zwei oder drei Orgasmen hat und auch keiner größeren Anzahl bedarf, daß die Frau jedoch 50 oder mehr haben könne, ja daß sie sie zu ihrer kompletten Befriedigung auch manchmal haben müsse. Daraus erwuchs die biologische Frage, ob ein einziger Mann je eine Frau voll befriedigen kann oder ob die Frau nicht von ihrer Natur her dazu geschaffen ist, mehr als einen Mann zu haben.

Die amerikanische Ärztin Mary Jane Sherfey, die sowohl mit Kinsey

wie mit Masters und Johnson zusammengearbeitet hat, sagt hierzu: »Das Wesen der weiblichen Sexualität ... läßt keine Zweifel mehr darüber, daß ... die ungewöhnliche orgastische Potenz der Frau nicht für monogame, seßhafte Kulturen gedacht war. Es ist töricht, zu erwarten, daß diese einmalige sexuelle Kapazität auch nur zum Teil sich innerhalb der Grenzen unserer Kultur ausleben kann ... Die Befunde legen ein beredtes Zeugnis dafür ab, daß weder Männer noch Frauen, aber insbesondere nicht Frauen, biologisch für einen einzigen Partner, für eine monogame Ehegemeinschaft oder für die verlängerte Reifezeit gebaut wurden, die ihnen die heutige Gesellschaft auferlegen will«.
Für die bürgerlich-patriarchalischen Sexualforscher, die den Unsinn von der Überlegenheit des Mannes, der »Frigidität« und dem »Penisneid« der Frau allmählich selber zu glauben begonnen haben, waren diese Entdeckungen natürlich mehr als bestürzend. Für den Marxisten, der aus der Geschichte der vorpatriarchalischen Gesellschaften längst wußte, daß die Frau in diesen Kulturen stets mehrere Männer gehabt hatte, waren dies dagegen Binsenweisheiten. Bereits Marx und Engels haben betont, daß das Patriarchat der Frau nicht nur ihre sozialen und ökonomischen Rechte gestohlen, sondern sie auch sexuell eingeschränkt hatte, indem es ihr jene Befriedigung verweigerte, die ihr Körper verlangte. Nur durch die systematische Verleugnung dieser Tatsache, nur durch die Verdrehung ins Gegenteil, nur durch die gezielte Verbreitung der Ansicht, daß die Frau »von Natur her« weniger sexueller Befriedigung bedürfe als der Mann, war es dem Patriarchat gelungen, sogar das Bewußtsein ihrer permanenten Unterbefriedigung aus den Hirnen der Frauen zu verdrängen.
Das beginnt sich nun zu rächen. Für den Mann, selbst für denjenigen, der die Ziele der sozialistischen Frauenbewegung bejaht, ist es äußerst schwer geworden, sich sexuell der Wiederentdeckung der weiblichen Potenz anzupassen. Trotzdem muß er es tun, wenn er es mit der Freiheit der Frau ernst meint. Er muß seine immer wieder aufflackernde Eifersucht als das erkennen, was sie ist: als Wunsch nach Besitz, als Anspruch auf Herrschaft über die Frau. Er muß sich daran gewöhnen, ihr nicht nur jene Freiheit zu gewähren, die er für sich selbst in Anspruch nimmt, sondern mehr Freiheit, als er selber braucht. Sein Recht, der Frau etwas zu »gewähren«, ist jedoch ebenso illusorisch und ebenso anmaßend, wie sein »Recht«, ihr etwas zu verweigern.

prägenital [lat.: prae = vor; genitalis = geschlechtlich], vor der Erreichung der geschlechtlichen Reife. Nach psychoanalytischer Definition:

vor dem Primat der → Genitalität über die → Partialtriebe.

prägenitale Phase, im psychoanalytischen Vokabular manchmal als Gemeinnenner der ersten drei Phasen der kindlichen Sexualentwicklung (→ orale, → anale, → phallische Phase) benutzt, manchmal aber auch nur als Gemeinnenner der ersten beiden, je nachdem man die phallische Phase als Vorstufe oder erste Stufe der → Genitalität betrachtet. Die zweite Definition zielt darauf ab, daß sich das Verhältnis der Kinder zu ihren Eltern vorläufig noch auf das zur Mutter konzentriert. Die für die phallische Phase typische Eifersucht des Sohnes auf den Vater und der Tochter auf die Mutter hat sich noch nicht herausgebildet, weil es noch kein genitales Verhältnis zwischen dem Kind und dem gegengeschlechtlichen Elternteil gibt. Vgl.: präödipale Phase.

Prägung, ein von Konrad Lorenz im Jahre 1935 entwickelter Begriff, der den unwiderruflichen (»irreversiblen«) Einfluß der Eltern und Artgenossen auf das Jungtier ausdrücken soll. Nach Lorenz findet die P. nur in ganz bestimmten Lebensaltern statt, die er »sensible Perioden« nennt. Geht diese Zeit vorüber, ohne daß der prägende Einfluß stattgefunden hat, so ist er durch keine späteren Einflüsse ersetzbar. Die sensible Periode ist äußerst kurz, bei Enten beispielsweise zwischen der 13. und 16. Stunde nach dem Schlüpfen. *Sexuelle P. erfolgt sowohl beim niederen Säugetier wie beim Menschen vor Erlangung der Geschlechtsreife.* Dies ist eine der wenigen Erkenntnisse, die von der empirischen Sexualwissenschaft mit der Humanethologie, von der sie sich sonst scharf abgrenzt, geteilt wird.

Auch der Mensch wird in seiner sexuellen Entwicklung früh geprägt. Die Laienmeinung, daß das menschliche Geschlechtsleben mit der Pubertät beginnt, ist falsch. Im Gegenteil, die menschliche Sexualentwicklung beginnt mit der Geburt und in mancher Hinsicht bereits mit der Konzeption. Die wichtigste Prägungsperiode des Menschen ist nach neuesten Erkenntnissen das erste Lebensjahr – genau jene Zeit, von der die meisten Eltern annehmen, daß das Kind überhaupt noch nichts von seiner Umwelt wahrnimmt. Wie so häufig, wird hier die Fähigkeit des Wahrnehmens und Registrierens mit der des Denkens und der des bewußten Abrufens von Erinnerungen verwechselt. Da das Kind noch nicht sprechen kann, wird angenommen, daß es auch noch nicht »denken« kann. Und da die späteren Erinnerungen an diese Zeit nicht mit Willenskraft zugänglich sind, wird angenommen, daß sie nicht bestehen.

In genau dieser Zeit ist aber das sexuelle Verhalten der Eltern oder Bezugspersonen lebenswichtig für die zukünftige Geschlechtsentwicklung des Kindes. Zanken sich die Eltern in dieser Zeit, so wird das Kind zänkisch. Lieben sie einander, so wird das Kind liebensfähig werden. Zeigen sie gegenseitige Zärtlichkeit, so wird Zärtlichkeit sich ihm als wichtige Zielvorstellung einprägen. Koitieren sie in der Gegenwart des Kindes ohne Zärtlichkeit, so wird das Kind nie lernen, zärtlich zu koitieren. Selbst die → Objektwahl, die spätere Wahl des Sexualpartners, wird in vieler Hinsicht bereits im frühen Lebensalter festgelegt, denn das Kind wird im Gegensatz zu den rationalen Gründen, nach denen es im Erwachsenenalter diese Wahl vorzunehmen glaubt, weitgehend von den sensorischen Eindrücken der frühen Kindheit geprägt und kann niemals sexuell von einer Person mit anderen Körpereigenschaften befriedigt werden als von einer, die derjenigen ähnelt, die das Kind im frühen Lebensalter zufriedengestellt hat. Viele der »Alltagsfetischismen«, z. B. Geruch, Hauttextur, Klangfarbe der Stimme, Tempo und Rhythmus der Körperbewegungen eines anderen Menschen, die uns anziehen, ohne daß wir uns der Gründe dieser Reize bewußt werden, erklären sich aus diesen frühesten Erinnerungen unseres Lebens. Was wir damals im »vorsexuellen« Lebensalter als angenehm empfunden haben, bezirzt uns sexuell bis ans Lebensende. → Geschlechtsprägung.

Präliminarien, Vorspiel des Geschlechtsverkehrs: alles, was dem Koitus vorausgeht, von der Berührung und dem Kuß bis zum Ausziehen, Liebkosen und dem Kontakt zwischen Hand oder Mund des einen Partners und den Genitalien des anderen. Die Vorstellung, daß »die Frau« ein längeres Vorspiel brauche als »der Mann«, ist nicht korrekt. Bei Menschen der gleichen sexuellen Reife decken sich die Kurven der Erregung und der Befriedigung. Aber da viele Frauen ihre sexuelle Reife erst in den dreißiger Jahren erreichen, haben gleichaltrige Sexualpartner jüngerer Jahre oft die Illusion, daß die Frau langsamer reagiere, nach dem Orgasmus jedoch längerer Liebkosungen bedürfe als der Mann. Vgl.: Biß, Courmachen, Digitatio, Erektion, Fellatio, Fingernagel, Flirt, Florentinischer Kuß, Freien, Handkuß, Introductio digiti, Irrumatio, Kataglossismus, Kinepimastie, Koketterie, Kuß, Lambitionsakt, Lécheur, Liebesspiel, Liebkosungen, Lust, Minette, Pedicatio, Penilinctio, Petting, Phönizisieren, Seraphinenkuß, Siphnisieren, Spiegelakt, Suavium, Tumeszenz, Vorlust, Zungenkuß.

präödipal [lat.: prae = vor; Ödipus = griechischer Held, der seinen Vater tötete und seine Mutter heiratete], vor dem = Ödipuskomplex. Vgl.: prägenital.

präödipale Phase, im psychoanalytischen Vokabular ein Gemeinnenner für die ersten beiden Stufen der kindlichen Sexualentwicklung, die → orale und die → anale Phase. Die Zeit, bevor sich das Kind in den gegengeschlechtlichen Elternteil verliebt und den gleichgeschlechtlichen aus Eifersucht töten möchte. Vgl.: prägenitale Phase.

präoral [lat.: prae = vor; os, oris = Mund], vor der Zeit, in der das psychische Leben des Kindes von seiner Beziehung zur Nahrungsaufnahme geprägt wird. Vor der → oralen Phase der kindlichen Sexualentwicklung.

präorale Phase, ein von Borneman geprägter Begriff, der Freuds Konzept der → polymorph-perversen Phase von dessen Überlappungen mit den Begriffen der → prägenitalen und → präödipalen Phase abgrenzen soll. Die präorale Phase ist jene, in der die gesamte Hautoberfläche des neugeborenen Kindes erogen ist. Durch den neunmonatigen Schutz im dunklen, durch Fruchtwasser gepolsterten Mutterleib ist die Haut des Kindes unerhört sensibiliert worden und zeigt beim Austritt aus dem Mutterleib die höchste Empfindlichkeit auf, die sie je im Leben besitzt. Durch die Berührung mit der Umwelt wird diese Sensibilität langsam reduziert, und durch den wechselseitigen Verkehr zwischen Subjekt und Objekt konzentriert sich die Empfindlichkeit auf eine Körperregion nach der anderen: die Erogenzonen bilden sich aus der erogenisierten Hautoberfläche heraus. Deshalb nennt Borneman dieses Phase auch → kutane Phase. Sie stellt das früheste Stadium der Libidoentwicklung dar. Erogene Zonen, Liebesobjekte, Hemmungen haben sich noch nicht entwickelt, und aus diesem Grunde gibt es auch noch keine Ambivalenz der Gefühle. Das Kind steht weder unter dem Einfluß oraler, analer, noch genitaler Triebe, denn Reizzonen haben sich noch nicht lokalisiert, die Libido ist noch gänzlich undifferenziert. Es herrscht sozusagen ein Zustand des Urkommunismus in der Hierarchie der Gefühle, Triebe und Erogenzonen.

Präservativ → Kondom.

Presbyterophilie [gr.: presbyteros = älter; philia = Liebe], ein von v. Romer geprägter Begriff, der die Unfähigkeit gewisser Menschen bezeichnen soll, mit anderen als älteren Menschen geschlechtlich zu verkehren. v. Romer betrachtete dies als ein homosexuelles Syndrom, aber das gleiche Phänomen läßt sich ebenso oft bei Heterosexuellen beobachten. In diesem Sinne stellt der Begriff P. ein Synonym der Ausdrücke → Gerontophilie und → Graeophilie dar (*Jahrbuch für sexuelle Zwischenstufen;* Band IV). Vgl.: Androphilie, Brotophilie, Gynäkophilie, Helikophilie, Homosexualität.

Priapismus [gr.: Priapos, der mit erigiertem Penis dargestellte Sohn der Aphrodite und des Dionysos], unwillkürliche, unkontrollierbare → Erektion ohne Lustgewinn, ein krankhaftes Phänomen, das entweder durch akute Enzündungen der Harnröhrenschleimhaut (chorda venerea) oder chronische Reizzustände der prostatica urethrae verursacht wird. Auch kongestive Zustände in den Harnorganen, die bei der Hypertrophie der Prostata beobachtet werden, und polypöse Wucherungen des Blasenhalses können einen derartigen funktionellen P. hervorrufen. Sogenannte traumatische Priapismen entstehen durch das Auftreten großer Hämatome (Blutgeschwülste) in den Schwellkörpern des Penis nach Verletzungen. Auch durch Thrombosen der Corpora cavernosa infolge von Entzündungen oder eines Traumas können sie entstehen. Was die zentralen Ursachen betrifft, so können Rückenmarkskrankheiten und nicht minder Gehirnkrankheiten bis zur Großhirnrinde aufwärts P. zum Symptom haben. Von den Infektionskrankheiten, bei denen P. vorkommt, sind vor allem Tuberkulose, Lues und Typhus zu nennen; von der Konstitutions- und Blutkrankheiten Gicht, Diabetes und Leukämie. Und schließlich gibt es einen P., der infolge von Intoxikation durch Giftstoffe (Kanthariden) und andere Aphrodisiaka (Terpentinöl) entsteht.

primäre Geschlechtsmerkmale → Geschlechtsmerkmale.

primäre Geschlechtsorgane → Geschlechtsorgane.

Primaten [lat.: primatus = Vorrang], »Herrentiere«, Sammelbegriff für Menschen, Affen und Halbaffen. Vgl.: Hominiden.

Primatenmännchen, Primatenweibchen. Wenn die moderne Verhaltensforschung uns irgend etwas Eindeutiges mitgeteilt hat, dann die Erkenntnis, daß das männliche Wesen nirgends in der gesamten höheren Tierwelt sozial interessiert ist. Die Lebenslinie des Männchens endet im Begattungsakt, und oft ist es bereits tot, wenn sein Same im Weibchen keimt. Aber auch dort, wo seine Lebenslinie weiterläuft, so bei den höheren Wirbeltieren, fungiert das Männchen bestenfalls als Schützer, nirgends aber als Urheber oder Träger der Herde. Er ist der saisonale und auswechselbare Begleiter der Mutterherde, der eines Tages dem jüngeren und kräftigeren Nebenbuhler weichen muß und oft seine Tage als Einzelgänger beschließt. In den Hautflüglerstaaten, den sozial höchstentwickelten Tierverbänden, läuft die männliche Linie bis zum Paarungsakt. Denn exzessive Geilheit und Freßgier des Männchens verlangen von der Gemeinschaft, daß es bis zur Paarung geduldet

und danach so bald wie möglich getötet wird. Bienen- und Ameisengemeinschaften sind Matriarchate. Überall in der Tierwelt hat sich die Erkenntnis durchgesetzt, daß die Gemeinschaft nur dann überleben kann, wenn sie mutterechtlich orientiert ist und den Anteil des Männchens an der Gemeinschaft auf ein Minimum begrenzt.
Nirgends verbünden sich Männchen zu anderen als zu Raubzwecken, nirgends gibt es eine Soziabilität der männlichen Geschlechtstiere außer etwa in der gemeinsamen musikalischen Werbeaktion der Zikaden und Frösche. Stets erscheint der Rammler, der Rüde, der Hengst, der Bulle im Alleingang und verscheucht seine Rivalen. Bei allen Werbehandlungen um das Weibchen bekämpfen die höheren Säugetiere einander. Die ganze Geschichte der Primaten erzählt von männlicher Aggression; ja, die menschliche Geschichte kann überhaupt nur als Geschichte der Aggression verstanden werden. Die einzige Zeit der Nichtaggression, des friedlichen Zusammenlebens, war die vom Patriarchat systematisch in ihr Gegenteil verteufelte Vorgeschichte, die Geschichte des Mutterrechts und des Gemeinschaftseigentums. Nur wo die Frau es dem Manne gleichzutun versucht hat oder in dem Glauben, sich hierdurch höheres Ansehen zu verschaffen, den Mann in seinen männlichen »Tugenden« zu übertreffen versucht hat, ist auch sie aggressiv geworden.

Privatleben, ein Konzept, das erst in der Renaissance auftauchte und durch die bürgerliche Gesellschaftsordnung Allgemeingültigkeit erlangte. Im Altertum gab es kein P. im heutigen Sinn. Der Grieche sah keine Sittlichkeitsverletzung in der Tatsache, daß sich bei einem → Symposion, einem Gastmahl, Männer mit Hetären oder Kinäden vor den Augen aller anderen Gäste vereinigten. Das wurde aber auch nicht, wie heute, als eine erotisch aufstachelnde Form des Sexuallebens empfunden. Denn wo kein Verbot besteht, lockt auch nicht der Kitzel der Übertretung. Die Tradition des öffentlichen Geschlechtslebens blieb auch bei uns bis ins Mittelalter erhalten. Öffentliches und gemeinsames Baden gehörte ebenso zur Selbstverständlichkeit wie die Tatsache, daß das Burgfräulein im Winter ihre Gäste im Schlafzimmer empfing. denn das Bett war der einzige warme Ort im Haus. Da das architektonische Konzept des toten Mittelraums noch nicht entdeckt worden war, führte jedes Zimmer ins nächste. Man mußte also oft durch ein Schlafzimmer gehen, um in einen anderen Raum zu gelangen. All das machte ein P. im heutigen Sinn unmöglich, selbst wenn man es gewollt hätte. Aber man wollte es gar nicht. Man konnte sich nicht vorstellen, wieso ein

Mensch allein sein wollte. Nur als *Opfer*, als religiöser Verzicht auf die Freuden des Zusammenlebens, wurde das Alleinsein verständlich. Deshalb war es nur dem Mönch oder Priester möglich, jemals wirklich allein zu sein.

Wie selbstverständlich es dem mittelalterlichen Menschen war, auch sein Geschlechtsleben in der Öffentlichkeit zu vollziehen, geht aus zahllosen Briefen, Bildern und Gerichtsdokumenten hervor. Bis ins 17. Jahrhundert hinein hatte ein Mann, der von einem anderen der Impotenz beschuldigt worden war, das Recht, seine Potenz öffentlich unter Beweis zu stellen und damit eine Entschuldigung zu erzwingen. Vincenzo Gonzaga, Herzog von Mantua und Rubens' berühmtester Gönner, bewies seine Potenz in dieser Weise 1607 vor einer Gruppe von Edelmännern und Kirchenfürsten.

Als James Cook 1769 Tahiti erreichte, entdeckte er, daß die Polynesier (wohl die glücklichste Zivilisation, die die Menschheit je gekannt hat) kein Bewußtsein des P. besaßen. Er schrieb: »Ein junger Mann, nahezu sechs Fuß groß, vollführte die Riten der Venus mit einem kleinen Mädchen, ungefähr elf oder zwölf Jahre alt, vor einigen unserer Leute und einer Menge Eingeborener, ohne das geringste Gefühl, etwas Unanständiges oder Unangebrachtes zu tun, sondern, wie es schien, in voller Übereinstimmung mit den Gebräuchen des Landes. Unter den Zuschauern waren mehrere Frauen von höherem Rang, von denen man sagen kann, sie hätten die Zeremonie geleitet, denn sie unterwiesen das Mädchen, wie es seine Rolle zu spielen hätte; doch so jung es auch war, schien es die Unterweisung kaum nötig zu haben.«

Noch in unserem Jahrhundert fand auf den Marquesas-Inseln im Stillen Ozean während des jährlichen Tätowierungsfestes ein Tanz statt, bei dem die jungen Mädchen plissierte Röcke trugen. Am Ende des Tanzes hoben sie die Röcke hoch und zeigten ihre Genitalien. Je mehr Besucher anwesend waren, denen man Respekt, Ehrerbietung und Unterhaltung darbringen wollte, um so ambitiöser wurden die öffentlichen Kopulationen, die nun folgten. Jede Frau war stolz auf die Anzahl der Männer, die sie zufriedenstellen konnte (Ralph Linton: *Marquesan Culture,* in Kardiner: *The Individual and his Society,* Columbia University Press, N. Y., 1939, S. 172-3). Auch in unserer Zivilisation finden wir gerade bei besonders intelligenten und fähigen Menschen eine eigentümliche Abwesenheit des bürgerlichen Bedarfs nach einem sexuellen P. Voltaire (1694–1778) verbrachte 16 Jahre seines Lebens mit der Marquise du Châtelet, etwa die Hälfte davon mit ihrem Ehemann, dem Marquis, der jahrelang mit beiden zusammenwohnte. Als Shelley (1792–1822) im Mai 1814 mit William Godwins 17jähriger Tochter Mary durchbrannte, begleitete ihn Clara Clairmont, Godwins Tochter aus zweiter Ehe, in die Schweiz. Nur zwei Monate früher, im März 1814, hatte er seine Ehefrau, Harriet Westbrook, zum zweitenmal geheiratet. Nun lud er sie ein, sein schweizerisches Heim mit den beiden anderen Mädchen zu teilen, weil sie doch so nett seien. Als sie sich nicht ganz mit der Idee befreunden konnte, versuchte er, sie seinem Universitätsfreund Thomas Jefferson Hogg anzubieten. Es gibt keinen Grund anzunehmen, daß Shelley an triolistischem oder pluralistischem Geschlechtsverkehr interessiert war. Es mangelte ihm einfach an jedwedem Sinn für sexuelles Privatleben und Privateigentum. Und vielleicht ist das gesünder als jener hypertrophe Sinn für sexuelles Privateigentum, den man → Eifersucht nennt.

Daß gesunde Männer und Frauen keinerlei Abgeschlossenheit für normale sexuelle Tätigkeit benötigen, beweisen die Versuche der amerikanischen Sexualmediziner William H. Masters und Virginia E. Johnson, die 382 Frauen und 312 Männer im Alter von 18 bis 89 Jahren in der Washington-Universität in St. Louis beim Geschlechtsverkehr photographierten, filmten und in jeder erdenklichen Weise physisch und psychisch testeten. Weder beim Koitus noch bei der Masturbation ergaben sich die geringsten Potenzstörungen, trotz Scheinwerferlichts, zahlreicher Meßinstrumente und in die Vagina eingeführter Minikameras (William H. Masters und Viginia E. Johnson: *Die sexuelle Reaktion*, Akademische Verlagsgesellschaft, Frankfurt, 1967). Vgl. Intimmoral, Intimsphäre, Pluralismus, Symposion.

Probeehen sind keine Wunschträume der Sexualreformer. Die Probeehe als Institution ist notwendig geworden, gerade weil sich der hoffnungsvolle Glaube der Sexualreformer, daß man Ehekrisen durch sexuelle Aufklärung beseitigen könne, in allzu vielen Fällen als illusionär herausgestellt hat. Die meisten Ehekrisen und Scheidungen entstehen weder aus Unreife noch aus Untreue, sondern einfach daraus, daß die Ehepartner nicht zueinander passen. Das stellt sich ebenso oft bei denen heraus, die vorehelichen Geschlechtsverkehr gehabt haben, wie bei denen, die erst in der Ehe herausfinden, ob sie sexuell harmonieren. Denn die Klippe, an der die meisten Ehen scheitern, ist nicht die Unfähigkeit, erfolgreich miteinander zu kopulieren, sondern die, mit dem anderen Menschen auch außerhalb des Bettes eine funktionierende Einheit zu bilden.

Wie wir von der Zweiheit einer Mutter und ihres Kindes als einer Dyade sprechen und damit meinen, daß es funktionierende und nichtfunktionierende Dyaden gibt (manche Säuglinge können die Milch, den Geruch, die Haut ihrer Mütter nicht ertragen und schreien bei jeder Berührung mit der Mutterbrust), so gibt es funktionierende und nichtfunktionierende Ehedyaden – Menschen, die zueinander passen oder nicht zueinander passen. Ein reifer, intelligenter, sexuell durchaus normaler Mann mag völlig unfähig sein, mit einer durchaus normalen Frau zusammenzuleben, die ihrerseits wiederum mit einem anderen normalen Mann glücklich zusammenleben könnte. Fragen der Affinität, des Rapports lassen sich nur in der Praxis des Zusammenlebens erproben. Dabei geht es nicht um jene dubiose »Toleranz«, die den jungen Leuten »erlaubt«, miteinander Geschlechtsverkehr zu haben, weil »die Zeiten sich geändert« haben und »die jungen Menschen heute eben anders« sind. Es geht nicht um ein Recht der jungen Leute, sondern um eine Pflicht, die der Staat ihnen im Interesse der Gemeinschaft auferlegen sollte. Der Berg des Unglücks, der auf gescheiterten Ehen lastet, geht weit über die beteiligten Ehepartner hinaus. Scheidungsklagen und Alimentationsprozesse blockieren zahllose Gerichte, kosten ein Vermögen und verhindern wichtigere Gerichtsvorgänge. Geschiedene Mütter finden fast nie den Weg zur vollen Reintegrierung in die Gesellschaft. Selbst wenn sie zum zweitenmal heiraten, bleiben ihre Kinder gezeichnete Menschen. Kein Kind übersteht je eine geschiedene Ehe, ohne daß es für die ganze Gesellschaft zum Risiko wird. Die Delinquenz der Menschen, die aus geschiedenen Ehen stammen, liegt nahezu doppelt so hoch wie die des Durchschnitts. Jede Scheidung wirft somit ihre Schatten auf die Gemeinschaft und auf die nächste Generation. Es gibt nur einen Weg, dieses Unheil zu verhindern, ehe es entstehen kann, und das ist die Probeehe.

Im Lauf der Jahrhunderte sind Tausende von Vorschlägen für Probeehen aller Art gemacht worden. Die bekanntesten sind die von Ellen Key (»Gewissensehe«), Ben B. Lindsay (»Kameradschaftsehe«), Charlotte Buchow-Homeyer (»Zeitehe«) und Dr. Urbantschitsch (»Probeehe»). Heute haben wir ein Zeitalter erreicht, in dem es uns nicht mehr um Form und Namen einer solchen Probezeit geht, sondern um die Legalisierung dessen, was die Mehrheit sowieso seit langem als Selbstverständlichkeit betrachtet: das voreheliche Zusammenleben.

Wie wir es heute als selbstverständliche Vorbedingung der Ehe betrachten, daß zwei Menschen, die heiraten wollen, erst einmal ein Gesundheitsattest beibringen und eine Anzahl anderer Bedingungen erfüllen, die die Gemeinschaft von ihnen verlangt, so werden die Behörden bald nicht mehr umhin können, den Eheleuten ein Attest abzuverlangen, daß sie durch etwa einjähriges Zusammenleben den Beweis erbracht haben, ehefähig zu sein. Ehefähigkeit ist weder eine Sache des Alters (→ Ehemündigkeit) noch der individuellen Reifungsstufe (die ja selten bei zwei Menschen gleichen Alters gleichzeitig auftritt), sondern der Affinität, des Zusammenpassens. Im alten Griechenland war, wie wir aus Kallimachos entnehmen, eine Form der Probeehe nicht nur erlaubt, sondern obligatorisch: ». . . das Gesetz befahl, einen vorhochzeitlichen Schlaf zu schlafen« (Schrader). Das Verlöbnis, heute eine Sitte, deren Sinn den meisten Paaren unverständlich ist, war ja ursprünglich als genau das gemeint, was wir hier unter P. verstehen. Nach germanischem Recht war mit der Verlobung nicht nur das Recht auf Beischlaf, sondern die Pflicht verbunden, ihn zu vollziehen. Deshalb wurde bis ins späte Mittelalter auch die Verlobung, nicht die Trauung, als Hauptakt der Eheschließung angesehen. Das Allgemeine Landrecht Preußens hielt an dieser Auffassung bis zur Gründung des Bismarckschen Reichs fest. Nach § 100 und § 694 A. L.-R. II. 1 waren die Verlobten einander zur Gewährung des Geschlechtsverkehrs, der sogenannten »Beiwohnung«, verpflichtet. Ein Verlöbnis konnte nach diesem Paragraphen aufgelöst werden, wenn einer der beiden Verlobten dem anderen die Beiwohnung »halsstarrig und fortdauernd« verweigerte. Erst das Bürgerliche Gesetzbuch, das in vieler Hinsicht ein juristischer Rückschritt war, hob diese Bestimmungen auf. Der Hauptgrund für die Aufhebung war der Einspruch der katholischen Länder, daß das Preußische Landrecht die Familie zerstöre, indem es den unehelichen Kindern, die während der Verlöbniszeit konzipiert oder geboren würden, die gleichen Rechte wie ehelichen Kindern einräumte.

Die Probeehe dient also nicht dem Vergnügen, sondern dem Zweck der Feststellung, ob man zusammen *leben* kann. Ob die Sitten, die Angewohnheiten, der ganze Lebensrhythmus zweier Menschen harmoniert. Die Frau, die daran denkt, einen Mann zu heiraten, muß *vor* der Ehe wissen, wie ordentlich er ist. Ob er sich jeden Morgen rasiert oder nur dann, wenn er zur Arbeit geht. Ob er ein Frühaufsteher ist oder ein Nachtvogel (der Unterschied zwischen diesen beiden Typen ist so groß, daß er manche Ehe zerstört hat, in der die Partner sonst gut zueinander paßten). Ob er nach der Arbeit ausgehen oder zu Hause bleiben will.

Ob er das Radio oder den Fernsehapparat von morgens bis abends anschaltet oder nur, wenn eine interessante Sendung läuft. Ob sein Respekt vor Frauen echt ist oder oberflächlich. Ob er im Haus hilft oder nur so tut. Ob er Komplimente macht, weil ihm jemand gesagt hat, daß man ein Mädchen damit gewinnen kann, oder ob er das Mädchen wirklich gern hat und nur das sagt, was er meint. Ob die Scherze, die er bei der ersten Verabredung gemacht hat, auswendig gelernt waren oder ob er wirklich Humor hat. Ob er Bücher liest oder nur die Bildzeitung. Ob er die gleichen Ansichten hat oder nur in der ersten Zeit so tut. Ob er launisch ist oder ausgeglichen, ob er sich nach Feierabend verschließt wie eine Auster oder ob er so viel redet, daß einem schwindlig wird – und so weiter und so fort. Es gibt keinen abkürzenden Weg, all das herauszufinden. Entweder lebt man zusammen, oder man findet es heraus, wenn es zu spät ist.

Die amerikanische Frauenärztin Barbara Bross sagt: »Ich glaube deshalb, daß unsere Gesellschaft einen schwerwiegenden moralischen Fehler macht, wenn sie die Scheidung toleriert und das voreheliche Zusammenleben verdammt. Scheidung sollte fraglos möglich sein, wenn auch nur unter außergewöhnlichen Umständen, aber wir sollten das voreheliche Zusammenleben eines Paares, das sich liebt und wirklich beieinander bleiben will, nicht lediglich tolerieren, sondern es zu einer juristisch anerkannten Institution machen. Es ist der einzige Weg, Scheidung und eheliches Unglück aller Art zu vermeiden. Jedes mir bekannte glückliche Ehepaar hat es getan – nicht in der Absicht, ein tollkühnes soziales Experiment zu machen, sondern weil ihnen nie der Gedanke kam, daß es einen anderen Weg geben könnte. Und es gibt in der Tat keinen anderen Weg. Ich kann deshalb nur wiederholen: Es ist unerläßlich, daß sich die jungen Leute vor der Ehe gut genug kennenlernen, um eindeutig feststellen zu können, ob sie zueinander passen. Sonst setzen sie nicht nur ihr eigenes Leben aufs Spiel, sondern auch das ihrer zukünftigen Kinder und damit den Fortbestand der Gesellschaft.«

Probescheidung. So wie es verschiedene Grade der Heirat geben sollte, so müßte es in einer geordneten Gesellschaft auch verschiedene Grade der Scheidung geben. Eine Probescheidung ist ebenso notwendig wie eine → Probeehe.

Proctolagnie [gr.: proktos = Steiß, After; lagneia = Leidenschaft], Steißliebe; Afterfixierung, bei der sich die Lustempfindung von den Genitalien auf den Mastdarmkanal verlegt. → Analipsation, Analkoitus,

Analmasturbation, Analvioline, Coitus in anum, Épée de Charlemagne, Immissio in anum, Introductio digiti, Pedicatio, Siphnisieren, Spinatstecher, Stercoraire, Vgl.: anale Einverleibung, Klistieromanie, Pfählung.

Procuratio abortus [lat.: Herbeiführung einer Fehlgeburt], Abtreibung. → Abactio partus, Abortus artificialis, Abrasio uteri, Abtreibung, Auskratzung, Ekbolika, Emmenagoga, Kürettage, Scheidenspülung, Schwangerschaftsunterbrechung.

Profos nannte man im Dreißigjährigen Krieg den Kommandanten des → Trosses. Er hatte die Aufgabe, ihn in Ordnung zu halten, die → Landsknechtweiber, → Marketenderinnen und → fahrenden Frauen zu kontrollieren und darauf zu achten, daß sie das Lager aufräumten, für die Soldaten kochten, wuschen, fegten und die Kranken pflegten. Bei der Syphilisepidemie des 16. Jahrhunderts hatte der P. die zusätzliche Pflicht, die → Soldatenhuren alle acht Tage untersuchen zu lassen. Wer sich weigerte, mußte Spießrutenlaufen → eine Strafe, für deren Ausführung es unter den Soldaten immer Freiwillige gab. → Landstörzerinnen, Lyonnaises.

Promiskuität [lat.: promiscuus = vermischt], Geschlechtsverkehr mit mehreren Partnern, häufig wechselnder Geschlechtsverkehr.

Eine der beliebtesten Thesen der Prähistoriker des neunzehnten Jahrhunderts, daß es in der Vorzeit ein universelles Stadium der sexuellen Promiskuität gegeben habe, wird heute weder von Archäologen noch von Ethnologen akzeptiert. Daß die Einehe aber auf der Balkanhalbinsel, in der Ägäis und an der Westküste Kleinasiens ein sehr spätes Stadium der Paarungsordnung darstellt, steht seit den neuesten Forschungsarbeiten der Vorgeschichtler außer Zweifel. Auch sind die athenischen Berichte, daß vor der Zeit der ersten Könige in Attika keine Ehe, sondern nur ein freies Zusammenleben der Geschlechter existiert habe, nicht leicht aus der Welt zu schaffen; vor allem weil die Kirchenhistoriker in ihrem Versuch, diese Berichte als falsch zu erweisen, widerstrebend zu der Überzeugung gekommen sind, daß sie wahr sein müssen. Nicht nur Klearch und Charax, sondern auch Suidas, Justin und Johann von Antiochia (von Gräzisten wie Tzetzes ganz zu schweigen) sind sich einig, daß es in Athen vor der Königszeit keine Ehe gegeben habe. Erst Kekrops, der Gründer der Akropolis, habe um 1066 v. u. Z. die Einehe eingeführt (Klearchos von Soloi zitiert von Athenaios XIII, 2, 555 d; Charax von Pergamon in *Fragmenta Historicorum Graecorum* III 638; Suidas *Kekrops;* Justin II 6, 7; Johannes von

Antiochia *Fragmenta Historicorum Graecorum* IV, 547; J. Tzetzes Scholiast zu Lykophron III; id. Chiliades V, 650 bis 665).

Vor Kekrops »hatte es keine Ehe gegeben; der Geschlechtsverkehr war ungebunden, so daß weder Söhne ihre Väter noch Väter ihre Söhne kannten.« Das bedeutet: die Frau hatte das Recht, sich innerhalb der Sippenordnung mit jedem Manne zu paaren, mit dem es ihr beliebte. Dieses Recht tritt uns sehr deutlich in dem Mythos von den Töchtern des Danaos entgegen, die von ihren Vettern zur Ehe gezwungen wurden und deshalb ihre Gatten noch in der Hochzeitsnacht umbrachten. In der vaterrechtlichen Zeit wurde dieser mutterrechtlich einwandfreien Tat eine Strafe hinzugefügt, die eine bezeichnende Verdrehung darstellt: die Töchter mußten ständig Wasser in ein durchlöchertes Faß schöpfen. Dies ist aber eine Strafe, die in mutterrechtlicher Zeit nur Männern zukam, und zwar den Verächtern der alten Mutterreligion. Ihre Symbolik klingt an das Mißlingen der Schwängerung an und drückt die Angst des Mannes aus, daß sein Same verlorengehe, einerlei wie oft er seine Frau begattet. → Abwechslung,

Prostatitis, eine Entzündung der Vorsteherdrüse (Prostata), die das Sekret erzeugt, in dem sich der männliche Samen bewegt. Manchmal das Resultat der → Gonorrhöe, oft aber auch eine Nachwirkung sexueller Abstinenz. Man unterscheidet eine akute und eine chronische P. Bei ersterer bestehen hochgradiger Harndrang, Schmerz, namentlich am Schluß des Wasserlassens, eitriges, oft blutiges Sekret, welches besonders mit dem letzten Tropfen Urin austritt. Die Krankheit beginnt oft mit Fieber, das mit Rückgang der Entzündung allmählich fällt. Bei der rektalen Untersuchung fühlt man die Drüse deutlich geschwollen, heiß und sehr empfindlich. In leichteren Fällen, bei denen die Entzündung nur oberflächlich in den Ausführungsgängen, eventuell auch im Drüseninnern selbst sitzt, lassen sich durch Rektumuntersuchung an der Prostata keine Schwellung und Verhärtung und meist auch keine erhebliche Schmerzhaftigkeit feststellen. Eine weitere Form der akuten P., die man als → Folliculitis der Prostata bezeichnet, dokumentiert sich durch die gleichen Beschwerden wie die P., doch sind die einzelnen Symptome viel weniger ausgeprägt als bei letzterer. Die chronische P. hängt eng zusammen mit der chronischen Urethritis posterior, bei der aber die subjektiven Symptome manchmal sehr stark und lästig werden können. Es bestehen Druckgefühl, Kribbeln, Stechen bei der Ejakulation, Allgemeinerscheinungen neurasthenischer Art, reizbare Schwäche, hypochondrische Verstimmung und so weiter. Der Prozeß ist sehr langwierig und ohne Behandlung keiner Besserung fähig.

Prostituierte [lat.: prostituere = preisgeben; prostibulum = Buhldirne], Frau, die ihren Körper für sexuelle Zwecke verkauft. Die Prostitution ist eine männerrechtliche Institution. In frauenrechtlichen Kulturen gibt es keine P. – Da die Eigentumsgesellschaft des Patriarchats die P. erfunden hat und sich gleichzeitig ihrer schämt, hat die Männergesellschaft seit Tausenden von Jahren zwischen Romantisierung der P. und schweren moralischen, gerichtlichen und anderen Zwangsmaßnahmen gegen sie gependelt. Die P. als eine ebenso selbstverständliche Mitbürgerin wie die Ehefrau zu akzeptieren, fällt der westlichen Gesellschaft vor allem deshalb schwer, weil unsere Einstellung zu allen Fragen der Sexualität zwiespältig ist. Die P. ist also nicht das Opfer ihrer eigenen Tätigkeit, sondern das des Zwiespalts in der Sexualmoral anderer Menschen. → Bademagd, Biche, Bierhäuserlmenscher, Boulonnaise, Call Girl, Cantoniera, Casalinga, Castor, Chonte, Clötmoss, Cortesana, Cortigiana, Cucurbitacée, Dame demoiselle, Demicastor, Demimondaine, Fahrende Frau, Fausse, Femme de cinq heures, Femme de qualité, Forestiera, Freie Tochter, Freudenmädchen, Galérienne, Geheime Fräulein, Gelüstige Fräulein, Golddigger, Gourgandine, Guincheuse, Hübschlerin, Inviteuse, Kaffeemenscher, Kerzenhure, Kokotte, Konkubine, Kurtisane, Lampronnière, Landstörzerin, Leide Braut, Lorette, Lyonnaise, Mätresse, Manuelle, Mariposa, Marneuse, Mignonne, Offene Bübin, Pierreuse, Pigeon voyageur, Pontonnière, Rempardeuse, Soldatenhure, Straßenmädchen, Torcie.

Prostituiertenadressbücher sind so alt wie die Prostitution. Apollodorus, Aristophanes und Gorgias haben bereits P. mit Beschreibungen und Honoraren der Hetären herausgegeben. Im Mittelalter gab es Listen der Badehäuser und Badehuren, in der Renaissance gab es Verzeichnisse der florentinischen, römischen und venezianischen Kurtisanen (*Stanze del poeta in lode delle più famose cortegiane di Venezia*, 1553, und *La tariffa delle puttane di Venezia*, 1540). Die Mitte des 18. Jahrhunderts war das Zeitalter der Londoner P. (*Lists of Ladies, 1758–1767, Harry's Lists,* 1760–1793) mit Auflagen von über zehntausend Exemplaren. In Paris erschien 1791 der *Almanach des adresses des demoiselles de Paris, 1792 die Liste complète des plus belles femmes publiques,* 1793 *L'Espion Libertin,* aus dem wir die folgenden Beispiele zitieren:

Adélaide. – Galerie des Bons-Enfants n° 116.

Sie ist eine Brünette, ziemlich hübsch; sie ist groß und jung: ihre Augen sind annehmbar, ihr Mund ist zu tiefliegend. Was den wollüstigen Ort anbetrifft, wo man das Opfer der Liebe darbringt, so ist er weit und tief. Diese schätzenswerte Kurtisane hat eine Vorliebe für die großen Männer. Ihre Reize sind noch in ziemlich gutem Zustand. Für zwei Stunden: sechs Francs.

Adèle. – Rue du Lycée n° 7.

Sie wohnte früher Rue de la Loi, Hôtel de Bordeaux und wurde von einem Tänzer der Oper unterhalten. Sie ist eine charmante kleine Frau, gut gebaut und hat die wollüstigsten Formen. Ihr Busen ist sehr schön und wohl erhalten. Für das Souper und das Zubettgehen: 24 Francs.

Victoire. – Galerie des Bons-Enfants n° 121.

Sie ist ziemlich hübsch, aber Hure von Beruf. Schon im Alter von acht Jahren betrieb sie das Geschäft. Sie kennt alle Finessen ihres Berufes. Man findet bei ihr tausend von der Geilheit erfundene Instrumente, um die Sinne zu reizen, das Verlangen zu stärken, den Genuß in die Länge zu ziehen, mit einem Wort: sie ist die Erfahrenste in ihrer Kunst: zwölf Francs.

Victoire. – Rue Saint-Sauveur, chez madame Sain.

Victoire ist ein sehr hübsches Weib. Die Fülle ihrer Formen bereitet großes Vergnügen. Ihr Busen gleicht zwei entzückenden Halbkugeln, von denen die Natur jede mit einer Rosenknospe geschmückt hat, so daß man versucht ist, sie ohne Dornen zu glauben; ihre Haut ist sehr zart; ihre Schenkel sind von einer blendenden Weiße. Für das Souper und die Nacht: 18 Francs.

Miller. – Rue des Filles-Saint-Thomas, chez l'épicier à l'entresol, au coin de la rue de la Loi.

Eine ehemalige Tänzerin an der Oper. Sie weiß so gut zu springen, daß sie vom Tempel der Musen zu dem des Priap und der Venus nur einen einzigen Schritt brauchte. Mademoiselle Miller ist eine pikante Brünette. Sie ist von einiger Wohlbeleibtheit. Wenn auch ihr Busen sehr üppig ist, bietet er darum doch nicht weniger Annehmlichkeiten. Sie geht alle Abende in dem Garten und den Galerien des Palais spazieren. Die Heiterkeit ihres Charakters befähigt sie außerordentlich für feine Partien. Für den ganzen Tag und die Nacht: 36 Francs.

Aus der Ausgabe von 1803 sei das folgende Beispiel zitiert:

Mademoiselle Rosette ist von mittlerer Größe und brünett. Einer ihrer höchsten Vorzüge ist eine Hand, die sehr viel Vergnügen zu machen und dadurch das bei ihr zu erwartende Vergnügen aufs beste einzuleiten versteht. Ihre Brüste, die weder zu klein noch zu groß sind, sind weiß und fest, und nur ihre Elastizität erweist, daß sie nicht von Marmor sind. Ihr Anblick gewährt darum einem verliebten Geist das höchste Vergnügen. Ihre Glieder sind von seltenem Ebenmaß, ihre Schenkel von jener Fülle, der die Wollust noch immer den ersten Preis zuerkannte. Mademoiselle Rosette bereitet ihren Freunden jene Vergnügen in der Liebe, die man sonst nur bei der vollkommenen Unschuld zu finden das Glück hat. Doch sind ihre Launen, das Vergnügen zu vergrößern, da sie auch selbst und niemals weniger empfindet, unerschöpflich. Ihre Küsse und ihre zärtlichen Blicke in den Augenblicken des Genießens vermögen selbst das Alter zu entflammen. Aber sie gibt doch jenen Männern den Vorzug, die von der Liebe eine große Mahlzeit verlangen.

1815 begann die berühmte Serie der P. von New Orleans. Das erste war *The Green Book or Gentlemen's Guide to New Orleans.* 1898 kam das *Red Book* heraus und 1902 das erste der *Blue Books*, dessen Kurzberichte im Telegrammstil liefen:

Diana und Norma, North Basin Street 213–215. Ihre Namen sind auf beiden Kontinenten bekannt, denn es gibt nichts, was sie nicht tun. Wer hier nicht zufriedengestellt wird, muß pervers sein.

PROSTITUIERTENKLEIDUNG. In allen Zivilisationen, vom Zeitalter der → Tempelprostitution bis zur Gegenwart hat die Gesellschaft versucht, die Prostituierte anders zu kleiden als andere Frauen. In Babylon verschleierte sie ihr Gesicht und ließ den Körper nackt. Solon (638–558 v. Chr.) ordnete bereits grellfarbig gestreifte (später geblümte) Kleider für die athenischen Prostituierten an. In Hellas und in Rom war blond die verordnete Haarfarbe der Prostituierten. Die römische Prostituierte trug nicht *stola* und *palla* wie die verheiratete Frau, sondern eine kurze *tunica* ohne *instita* (breite, schleppende Falbel am unteren Saum der Stola, die Füße halb bedeckend) und darüber eine *toga* von dunkler Farbe, die sogenannte *stola pulla* oder *stola meretricia* (Hurenstola). Ihr allein war jener Kopfschmuck vorbehalten, den spätere Moden gern imitiert haben – die Tiara, die Mitra und der Nimbus.

Im Frankreich des Mittelalters war der Prostituierten aller Schmuck versagt, den die adlige Frau trug Stickereien, Korallen, Perlen, Ohrgehänge aus Edelmetall, silberne Schuhspangen, Pelzmäntel. Dagegen mußte sie bis ins 16. Jahrhundert hinein Schulterspangen tragen und das Haar wie in Athen »gelb« färben lassen. In Ferrara und Florenz mußte sie im 14. Jahrhundert Glöckchen am Hut tragen, in Augsburg einen grünen Streifen am Schleier, in Bern und Zürich rote Kappen, in

Köln rote Schleier, in Leipzig ein gelbes Band, in Faenza einen gelben Schleier, in Frankfurt gelbe Verbrämung, in Bergamo einen gelben Mantel, in Meran gelbe »Fähnlein« an den Schuhen, in Wien ein gelbes Tuch an der Achsel.

Gelb ist die Geschlechtsfarbe schlechthin – die Farbe der Sonne, des Lebens, der Erde, des Eis. Im Volkslied des Mittelalters heißt es: sie sammelt gelbe Beeren. Und damit ist gemeint: Sperma. Aber gelb ist auch die Farbe des Schwefels, des Teufels, der Juden. Im Gelb der Huren treffen sich Liebe, Sehnsucht und Vorurteil der abendländischen Kultur.

Prostituiertenkrankenkassen gab es bereits im Mittelalter (→ Schlaflade). Aber die ersten offiziellen Krankenkassen für Prostituierte wurden im 18. Jahrhundert in Berlin für die Bordelle der Friedrich- und Dorotheenstadt eingeführt. Die weitaus fortschrittlichste Form der Gesundheitsfürsorge für Prostituierte besteht in Mexiko, wo es auch eine der wenigen anerkannten Prostituiertengewerkschaften gibt.

Prostituiertenmord, eines der häufigsten Mordverbrechen der Kriminalistik. Die Kategorie erscheint jedoch größer, als sie ist, weil hier vier völlig verschiedene Tatbestände auf einen Nenner gebracht werden: 1. Sexualmord; 2. Raubmord; 3. Bestrafung einer Prostituierten durch ihren Zuhälter mit unbeabsichtigt tödlichem Ausgang; 4. Beseitigung einer zur Geheimnisträgerin gewordenen Prostituierten durch einen Kunden (angeblicher Tatbestand im Fall Rosemarie Nitribitt) oder durch die Unterwelt. Uns braucht hier nur der erste Fall zu beschäftigen. Sexualmord an Prostituierten resultiert fast stets aus der Angst des Mannes vor der Frau, dagegen fast nie aus sadistischen Praktiken. Nur die Prostituierte, die sich auf sadistische Klienten spezialisiert hat, geht das Risiko ein, früher oder später von einem ihrer Klienten umgebracht zu werden, der aus Versehen einen Schritt zu weit geht. Da die Anzahl der Prostituierten, die sich masochistischen Klienten widmen, um ein Vielfaches größer ist als derjenigen, die sich sadistischen Kunden zur Verfügung stellen, ist der Prozentsatz der Sexualmorde, die von sadistischen Kunden an Prostituierten begangen werden, heute weitaus kleiner als im 18. Jahrhundert, wo → de Sade nicht nur über diese Dinge schrieb, sondern wo sie wirklich oft vorkamen.

Heutzutage zeigt fast jeder klinisch erfaßte Sexualmord an einer Prostituierten das gleiche Bild des impotenten, latent homosexuellen Mannes, der im Privatleben keine Bindung an eine Frau oder einen Mann seiner eigenen Schicht finden kann und sich an der Prostituierten für all die Anfechtungen rächt, die er durch andere Frauen (und manchmal, aber seltener, durch das Opfer selber) erlitten hat. Um einen komplizierten Tatbestand in vereinfachter Form darzustellen, ließe sich sagen: Der Prostituiertenmörder mordet nicht aus Mordlust, sondern aus Frauenhaß. → Gynäkophobie, Horror sexualis partialis, Jack the Ripper, Kastrationsangst, Ligatur, Lustmord, Misogynie, Nekrosadismus.

Prostituiertenprivilegien des Mittelalters bestanden darin, daß die Prostituierten vieler Städte bei Hochzeiten und Empfängen anwesend sein durften und bewirtet werden mußten. Ihrerseits mußten sie den Gastgebern Blumensträuße (heidnische Symbole der Fruchtbarkeit) übergeben. In Wien hatten sie bis 1524 das Recht, am Sonnenwendfest nackt, jedoch mit Blumen bekränzt, mit den Gesellen der Handwerkerinnungen zu tanzen. Dafür erhielten sie drei Pfund abgewogener Wiener Geldmünzen. In Würzburg speiste der Stadtschultheiß mit all seinen Amtsdienern am Johannistag im städtischen Freudenhaus. In Zurzach am Rhein tanzte der Landvogt von Baden zweimal im Jahr am Markttag mit der »Hurenkönigin«, der schönsten Hure der Stadt. Als Kaiser Sigismund 1435 nach Ulm kam, stellte ihm der Magistrat das städtische Bordell zur Verfügung und feierte den Einzug des Kaisers und seiner Mannen im örtlichen Freudenhaus mit einer Festbeleuchtung. Der Kaiser bedankte sich später ausdrücklich für diese Ehre. Sein Schreiben ist erhalten. Wenn eine Stadt einen Fürsten empfing, war es das Privileg der Huren, ihn nackt am Stadteingang zu empfangen. In Wien geschah dies 1435 für Kaiser Sigismund, 1438 für Kaiser Albrecht II., 1452 für König Ladislaus Postumus, 1468 für Karl den Kühnen. Ludwig XI. begrüßten bei seinem Einzug in Paris nackte Filles de joie, Karl V. bei seinem Einzug in Antwerpen am 23. 9. 1520 nackte Freudenmädchen der Hafenbordelle. Albrecht Dürer hat diese Szene als Augenzeuge beschrieben. → Frauenordnung.

Prostituiertenreglementierung ist so alt wie die Prostitution selber. Schon Solon (638–558 v. Chr.) organisierte die athenische Prostitution auf staatlicher Basis. Während des ganzen Mittelalters waren die Bordelle städtisch organisiert. Im Spätmittelalter begannen die Prostituierten sich in Innungen zu organisieren. Die Bestrebungen der Neuzeit hatten vier Hauptrichtungen: Erstens, die Infektionsherde der → Geschlechtskrankheiten zu beschränken (→ Gesundheitsbuch); zweitens, die Straßenprostitution in begrenzte Gebiete zu zwingen (→ Kontrollstraßen); drittens, die Prostitution »unsichtbar« zu machen, also von der Straße in die Häuser zu verlegen; viertens, die Ausbeutung der Prostitution durch Kuppler, Zuhälter und Bordellbesitzer einzudämmen. Dabei haben sich die letzten beiden Bestrebungen als unvereinbar herausgestellt. Löst man die Bordelle auf, ziehen die Prostituierten auf die Straße. Treibt man sie von der Straße (wie im heutigen England), ziehen sie in Bordelle. Aber auch die ersten beiden Bestrebungen haben sich als unvereinbar mit dem modernen Gedanken erwiesen, daß die medizinische Kontrolle von Prostituierten und die Einrichtung von Kontrollstraßen eine Legitimierung der Prostitution ermöglichen. Wenn der Staat sagt: »So und nicht anders soll die Prostitution organisiert werden«, wird er deren Organisator. Aus diesem Dilemma gibt es keinen Ausweg. Entweder betrachtet der Staat die Prostitution als Privatsache des Staatsbürgers und enthält sich jeder Reglementierung, oder er mischt sich ein, erkennt die Prostitution damit an und wird hiermit für sie verantwortlich. Er kann nicht einerseits die Prostitution besteuern (oder die Prostituierten wegen Steuerhinterziehung belangen) und andererseits die Prostitution bekämpfen. Was die meisten Staaten in der Prostitutionsreglementierung tun, ist deshalb vom juristischen Standpunkt aus unvereinbar. Es ist, als werfe der Staat einen Bankräuber ins Gefängnis, verlange gleichzeitig einen Anteil am Ertrag jedes Bankraubs für die Staatskasse und erlasse obendrein genaue Gesetze, wie man Bankdiebstähle zu begehen habe, um nicht mit dem Gesetz in Konflikt zu geraten. Der Berliner Polizeiarzt Dr. Heinz Dreun hat deshalb seit 1915 ein System der Reglementierung vorgeschlagen, das dieses Dilemma umgeht, indem es sich nicht auf Prostitution, sondern auf Hygiene bezieht. Er fordert ein System der allgemeinen, gleichen, diskreten Anzeige- und Behandlungspflicht aller Geschlechtskrankheiten ohne Namensnennung an ein staatliches diskretes Zentralgesundheitsamt unter Ausschaltung der Polizei, in Verbindung mit einem Pflegeamt und ohne Unterscheidung zwischen Prostituierten und anderen Männern und Frauen. Früher oder später wird jeder Staat ein solches System einrichten müssen. Es ist der einzige Aspekt der Prostitution, der reglementierbar ist. → Arbeitshaus, Bicêtre, Blaues Buch, Capita sexteriorum, Corte delle meretrici, Domini di nocte, Frauenordnung, Frauenrichter, Magdalenenhaus, Maison de tolérance, Prostituiertenkleidung, Prostituiertensteuer, Prostitutiertenstrafen, Prostituiertenverschickung, Receveur des filles communes, Spinnhaus, Storyville.

PROSTITUIERTENSTRAFEN waren zu allen Zeiten außerordentlich widersprüchlich. Ein Mann, der eben mit einer Prostituierten geschlafen hatte, konnte sich, sobald sein Bedürfnis befriedigt war, über sie entrüsten und auf ihre Bestrafung dringen. Je ungesünder eine Gesellschaft ist, um so schlechter behandelt sie ihre Prostituierten. Eine gesunde Gesellschaft benötigt keine, eine ungesunde Gesellschaft hat sie nötig. Je mehr die Gesellschaft auf Enthaltsamkeit dringt, desto größer die Frustration des einzelnen. Je größer die Frustration, desto größer die Nachfrage nach Prostituierten – und desto größer die Scham des Kunden. Je größer die Scham, desto größer der Wunsch nach Rache. Statt sich selbst zu bestrafen, bestraft der Mann dann die Prostituierte. Im Mittelalter wurden ihr die Haare abgeschnitten (deshalb in Ulm die Bezeichnung des Amtsdieners als → Hurenschneider). Man schnitt ihr die Zöpfe ab, rasierte ihr den Kopf, schnitt oder ätzte ihr schimpfliche Figuren in die Kopfhaut. Sie wurde an eine Schandsäule angekettet und mit Unrat beworfen. Sie wurde geschwemmt, also an ein Seil gebunden, in den Strom geworfen und kurz vor dem Ertrinken wieder aufgefischt. Sie wurde geschnellt: in einem Korb oder Käfig ins Wasser getaucht, bis sie den Atem verlor, dann wieder herausgezogen. Sie wurde ausgepeitscht oder gebrandmarkt. Man schnitt ihr Nase, Ohren, Hände oder Füße ab. Hatte sie ein »Reuigkeitsgelübde« abgelegt und trotzdem ihr Gewerbe wieder aufgenommen, wurde sie gehenkt oder ertränkt. → Arbeitshaus, Frauenordnung, Frauenrichter, Prostituiertenreglementierung, Prostituiertenverschickung, Spinnhaus.

Prostituiertenverschickung, seit Jahrhunderten eine Praktik aller Kolonialländer. Frankreich hat Louisiana mit französischen Prostituierten, England hat Virginia, Australien und seine afrikanischen Kolonien mit englischen Prostituierten und weiblichen Strafgefangenen bevölkert. Seit dem römischen Weltreich und vielleicht schon vorher haben die großen patriarchalen Mächte ihre ausländischen Siedlungen stets mit Straßenmädchen, Bordellinsassinnen und straffälligen Frauen ausgerüstet. Die Erfahrungen waren oft positiv. Im Gegensatz zu der damals noch üblichen Theorie, daß Prostitution Charakterschwäche sei, haben sich die Kinder der Prostituierten ganz und gar nicht als charakterschwach erwiesen. Was als Strafe gemeint war, wirkte sich deshalb unerwarteterweise oft als echte Rehabilitierung aus. Es zeigt, daß in einer veränderten Umgebung und bei verminderter Konkurrenz durch andere Frauen Prostituierte ihren Selbstrespekt zurückgewinnen und in der Ehe Stabilität finden können. Daß Männer bereit waren, Prostituierte zu heiraten, wenn die Mitbürger diese nicht verachteten, wußte man seit langem. Daß Prostituierte aber auch willens waren, ihr Leben gegen das einer Ehefrau einzutauschen, war bis dahin immer wieder bestritten worden und wird auch heute noch von Unerfahrenen bestritten.

Prostitution [lat.: prostituere = zur öffentlichen Unzucht preisgeben] ist die finanziell motivierte Preisgabe des eigenen Körpers für sexuelle Zwecke. Es ließe sich argumentieren, daß die überwältigende Mehrheit aller Ehen in allen Kulturen der menschlichen Geschichte unter diesen Begriff fällt. Wenn, wie beim Adel oder beim Wein, das Alter den Wert einer Institution bestimmt, so kann die P. jedenfalls stolz darauf sein, eine ältere Institution als die der Ehe zu sein. Die gegenwärtige Form der P. hat ihre Wurzeln im Mittelalter. Sie war vom 11. bis zum 15. Jahrhundert fast nirgends verboten. Die Fürsten, die Städte, oft sogar die Kirche und manchmal der Papst persönlich waren Bordellbesitzer. Die Prostituierten sahen sich anfangs dadurch in ihrer Freiheit beschränkt, daß sie keiner Zunft angehörten und deshalb vogelfrei waren. Gegen Anfang des 15. Jahrhunderts waren sie jedoch endlich in fast allen Städten zunftmäßig organisiert. Dann kam gegen 1494 die Syphilisepidemie, die zur Schließung der städtischen Bordelle führte und die Prostitution in den Untergrund trieb. Illegalität führte zum erstenmal zu einer Liaison zwischen Prostitution und Verbrechen – einer Verbindung, die im Mittelalter nahezu unbekannt war. Im 17. Jahrhundert erweiterte sich die Spaltung der Prostitution in eine der Armen und Verbrecher einerseits und eine der Reichen andererseits. Zugleich mit der totalen Degradierung der Straßen- und Brückenprostitution begann das Zeitalter der → Kurtisane, der → Mätresse, des → Salons. Aus den Luxusbordellen des 18. Jahrhunderts wurden die »spezialisierten« Häuser des 19. und frühen 20. Jahrhunderts – Bordelle für jeden Geschmack, d. h. für jede spezialisierte Perversion. Das Gewerbe der P. hat sich fast gänzlich auf das umgeschaltet, was man nicht ganz so leicht in der eigenen Sozialschicht und der eigenen Altersgruppe finden kann: die Erfüllung »abweichender« Wünsche. Die Prostitution ist vom Koitalverkehr zum »perversen« Verkehr übergegangen. Zu keiner Zeit der Menschheit hat es einen größeren Prozentsatz von Prostituierten gegeben, die sich entweder ausschließlich oder zumindest teilweise dem → Fetischismus, der → Homosexualität, dem → Sadismus und dem → Masochismus widmen.

Wer die P. nicht sehr genau kennt, wäre deshalb vielleicht oft versucht zu glauben, daß das Zeitalter der altmodischen, heterosexuellen P. vorüber ist. Denn wo das Tabu des vorehelichen Sexualverkehrs aufgelöst ist, kann ja jeder Mann eine Frau seiner eigenen Schicht finden und kann, ohne sie gleich heiraten zu müssen, mit ihr ins Bett gehen. Damit, könnte man sich vorstellen, habe die Prostitution ihre Funktion verloren.

Aber das ist nicht so. Viele Männer gehen nicht etwa deshalb zu Huren, weil sie keine »anständigen« Frauen finden, sondern weil sie bei diesen keine Befriedigung erlangen können. Die Zahl der Männer, die unfähig sind, mit Frauen, die sie »respektieren«, zum Orgasmus zu gelangen, ist groß. Freud hat die Gründe dieser Spaltung zwischen »Liebe« und »Lust« bereits 1912 in seiner Arbeit *Über die allgemeinste Erniedrigung des Liebeslebens* geschildert. Wenn die Freundin, die Ehefrau oder die Geliebte fähig ist, einem solchen Mann im Geschlechtsverkehr zumindest die Illusion der »Hurenhaftigkeit«, der Vulgarität zu geben, mag er in ihr ein Substitut für die Hure finden, die er sucht. Die meisten Frauen, die einen Instinkt für sexuelle Liebe haben, besitzen einen Funken dieser gesunden Vulgarität und können einem solchen Mann beim Geschlechtsverkehr, durch Benutzung von »verbotenen« Worten, durch eine gewisse Vulgarität der Gestik und Mimik, das geben, was er in jeder Frau sucht. Aber manche Männer, und zwar oft gerade die sensitivsten, aufmerksamsten und intellektuellsten, erkennen den Surrogatcharakter der Nuttenhaftigkeit ihrer Frauen und weisen ihn dann als unecht, als gefälscht zurück. Sie wollen die wahre Hure, nicht die als Hure geschminkte Ehefrau. Sie wollen eine Frau, die den Mann ehrlich haßt, ihn wirklich verachtet, die ihn genügend degradiert, um ihm einen »richtigen« Orgasmus und nicht dessen Surrogat zu geben.

Wer glaubt, die P. durch wirtschaftliche, soziale oder polizeiliche Maßnahmen eindämmen zu können, sollte sich erst einmal mit diesen Gemeinplätzen der Sexualwissenschaft beschäftigen, die nun mehr als ein halbes Jahrhundert lang bekannt sind. Hier liegt nur einer von vielen Gründen, die den Versuch, die Prostitution durch Gesetze zu verhindern, seit Jahrtausenden als undurchführbar erwiesen haben. Trotzdem haben Bestrebungen dieser Art auch heute noch nicht aufgehört, ihr unheilvolles Spiel zu treiben. Denn das Verbrechen, das sich an die Prostitution knüpft (Erpressung, Bestechung, Diebstahl), ergibt sich nicht aus der P. selber, sondern aus deren Illegalität. Daß die einfache P. heute in der Bundesrepublik nominell straflos ist, hat deshalb in keiner Weise zur Verbesserung der Lage geführt.

Einzelheiten der P. werden unter anderem in den folgenden Eintragungen behandelt: → Abbesse, Absteigequartier, Äbtissin, Adspektprostitution, Alcahueta, Alcahuete, Alphonse, Amicus, Ammeisterknecht, Amyenhaus, Animierdame, Animierherr, Animierlokal, Apache, Appareilleuse, Araignée, Arbeitshaus, Aubusson, Aufführdame, Aufführhaus, Aufmacher, Ausschütterin, Automobilprostitution, Badeknecht, Bademagd, Bader, Bärentreiber, Bagnio, Bal du Cordon Bleu, Bal Graffart, Bal Mabille, Barnabotten, Bastringue, Beguinen, Beischlafdiebstahl, Belle de Jour, Bettelherr, Bicêtre, Biche, Bierhäuserlmenscher, Bilbulmelochnen, Blaues Buch, Blaues Haus, Blondinenlieferantin, Blumenboot, Boda Meretricium, Bon pasteur, Bordeau (le merveilleux), Bordel ambulant, Bordell, Bordellbesitzerin, Bordellmarke, Bosischer Garten, Boucan, Boulonnaise, Breuvage, Brunnen, bekehrte Buhlerinnen, Bully, Butler Pot, Cabinet particulier, Call Girl, Cancanneuse, Cantoniera, Capita sexteriorum, Caro uomo, Casa de las arrepentidas, Casalinga, Casini, Castor, Castor fin, Caupona, Chahuteuse, Chambre séparée, Chaperonnière, Château Rouge, Chonte, Clapier, Clötkas, Clötmoss, Columbarium, Convertite, Corte delle meretrici, Crosbiting, Cucurbitacée, Dame demoiselle, Demi-castor, Demi-Louis, Demimondaine, Demimonde, Dies sexualis, Dillmanns Garten, Dirne, Dispensaire de salubrité, Dominae poenitente, Domini di nocte, Duegna, Einheimerin, Einstößerin, Eintänzer, Elysium, Enfants du Prado, Entôlage, Essayeur, Étuve, Fahrende Frauen, Fausse, Femme de cinq heures, Femme de qualité, Fiebigscher Garten, Fille-Dieu, Flicoteaux, Florbüchse, Forestiera, Fountain, Frauengasse, Frauenhaus, Frauenmeister, Frauenmeisterin, Frauenordnung, Frauenrichter, Frauenwirt, Frauenwirtin, Freihat, Freie Töchter, Freies Haus, Freiwirt, Freudenhaus, Freudenhol, Gadales, Galérienne, Ganeum, Geheime Fräulein, Gelüstige Fräulein, Genecium, Gesundheitsbuch, Gewaltbote, Gigolo, Golddigger, Gourgandine, Große Funkenburg, Gualani, Hackerbub, Halbflor, Halbwelt, Haus der Büßerinnen zum Sankt Hieronymus, Hübschlerin, Hure, Hurenhaber, Hurenschneider, Hurentaiber, Hurentrecker, Hurenweibel, Hurenwirt, Hurenzelt, Hushelterin, Hygiene, Illuminate, Intelligencer, Inviteuse, Jardin Égalité, Jongleresse, Jungfernhof, Jungfernschaftsprokurist, Junin, Kaffee, Kaffeemenscher, Kapeleion, Kappelbub, Kasten, Kaunitzprozeß, Kellnerin, Kerzenhure, Kokotte, Konkubine, Kontrollstraße, Krameltreiber, Kuppelei, Kurtisane, Lampronnière, Lanceur, Landsknechtsweib, Landstörzerin, Leger, Leide Braut, Lesche, Lex Julia de adulteriis, Lex Julia de maritandis ordinibus, Lex Papia Poppaea, Lex Ripuariorum, Lex Romana Visigotorum, Liaison, Lohnsetzerin, Lorette, Louis, Lude, Lustgarten, Lycée voluptueux, Lyonnaise, Madelonette, Mädchenhandel, Mätresse, Magdalenenhaus, Magistra, Maison à partie, Maison de Passe, Maison de Rendez-vous, Maison de Sainte-Pélagie, Maison dorée, Maison de Tolérance, Mamsellenhaus, Manuelle, Maquereau, Maquerelle, Marchande de Mode, Marchande des quatre-saisons, Maricon, Mariposa, Marketenderin, Marneuse, Massagesalon, Massipia, Matrone, Matzentanz, Le Maxe, Ménage, Mignonne, Minnehaus, Moulin de la Galette, Musico, Nachttopf des Hausherrn, Offene Bübin, Orpheum, Palais Royal, Pallio, Paphos, Parfumeuse, Pentite, Perroquet-Gris, Persil, Petite maison, Pierreuse, Pigeon voyageur, Pilger, Pimp, Piscine, Plattenbruder, Ponce, Pontonnière, Popina, Porzellanfuhre, Profoß, Prostituierte, Prostituiertenadreßbuch, Prostituiertenkleidung, Prostituiertenkrankenkasse, Prostituiertenmord, Prostituiertenreglementierung, Prostituiertenstrafe, Prostituiertenverschickung, Prostitutionsspionage, Prostitutionssteuer, Puffmutter, Pulion, Purlierer, Quartier Bréda, Ranelagh, Receveur des filles communes, Regina bordelli, Rempardeuse, Rentenkonkubinat, Riccotari, Rippelreiger, Roi des Ribauds, Rosengarten, Rue aux putains, Ruffiano, Saint-Lazare, Salon, Salon Markuski, Schlaflade, Servante-Maîtrese, Soldatenhure, Sonnenboß, Sorores de penitentia, Souteneur, Spinnhaus, Sponsierer, Stenz, Storyville, Straßenmädchen, Strawanzer, Strich, Strizzi, Stundenhotel, Tabak, Taberna, Taubenhaus, Taverne, Tempelprostitution, Theaterdirne, Töchterhaus, Töchterwirt, Tôle d'Abattage, Torcie, Troß, Trüllerin, Vauxhall, Vauxhall d'hiver, Verenenkult, Verhältnis, Verwerrin, Witwenball, Zuhälterei, Zutreiber.

Prostitution in der Antike. Mit Ausnahme der sogenannten Tempelprostitution sind die Erscheinungsformen der käuflichen Sexualbefriedigung im patriarchalischen Hellas identisch mit denen der bürgerlichen Welt unserer Tage. Die griechische Bewertung der Käuflichkeit des Sexus weicht jedoch in drei Aspekten maßgeblich von der bürgerlichen ab: Erstens genoß die Prostitution in manchen griechischen Städten staatliche Sanktion; zweitens besaß sie mancherorts rituelle, kultische oder religiöse Funktion; drittens nahmen die obersten Schichten der Prostituiertenhierarchie einen sozialen Status ein, den wir weder vor noch nachher in irgendeiner anderen europäischen Gesellschaftsordnung finden. Nur der japanische Feudalismus weist eine vergleichbare Institution auf: die Geisha-Kultur.

Ehe wir uns den Erscheinungsformen dieses Phänomens in Athen und

anderen griechischen Stadtstaaten zuwenden, muß jedoch erklärt werden, wieso es in einem dieser *poleis*, Sparta, offenbar keine Prostitution gab: Erstens weil fast alles Eigentum im Gemeinschaftsbesitz der Sippen war (was eine athenische Hetäre pro Jahr verdiente, besaß nicht einmal der König von Sparta an veräußerlichem Privateigentum); zweitens aber auch, weil die nahezu vollkommene Gleichberechtigung der Geschlechter bezahlten Verkehr unnötig machte. Im Gegensatz hierzu war es gerade der Mangel an Gleichberechtigung, der die Prostitution in Athen notwendig machte. Denn da den athenischen Mädchen vorehelicher Verkehr unter Androhung schwerster Strafen verboten war, blieb den unverheirateten Männern nichts anderes übrig als Päderastie, Verführung verheirateter Frauen, Verkehr mit den Frauen und Töchtern der Metöken oder Verkehr mit Prostituierten. Die gleichen vier Auswege suchten aber auch die verheirateten Athener, weil sie im Verkehr mit ihren zu Gebärmaschinen und Dienstmägden erniedrigten Gattinnen keine Befriedigung finden konnten.
Die Behauptung, daß die ersten Bordelle in Athen eingerichtet worden seien, um ausländische Seeleute und andere Fremde davon abzuhalten, sich an athenischen Frauen zu vergehen, beruht deshalb auf dem nachträglichen Versuch der Bereinigung eigener Motive. Daß um 600 v. u. Z. tatsächlich ein außerordentlicher Zustrom fremder Händler und Schiffahrer stattgefunden hat, steht jedoch außer Zweifel. Nach Angaben von Philemon und Nikander (zitiert von Athenaios in *Deiphnos* XIII 569d) führte Solon im Jahre 594 aus diesem Grunde die ersten lizensierten Bordelle ein, in denen staatlich überwachte Prostituierte den Fremden und Matrosen zur Verfügung standen. Die Häuser lagen, wie Pollux (*Onomast.* lib. IX. c 5,34) berichtet, im Hafen und im Kerameikos, dem Töpferviertel; ihnen stand ein Puffvater (*pornoboskos* oder *pornotrophos*) vor. Auch die Wirtshäuser im Hafen verfügten über Prostituierte, meist ausländische Sklavinnen.
So kam es, daß nach einer Weile selbst die freien Athenerinnen, die in diesen Wirtshäusern arbeiteten, meist Witwen oder Töchter verarmter Kleinbauern, als Sklavinnen galten (Lysias Orat. I in *Theomnestum*) und von beamteten Hurenaufsehern, *agoranomoi*, registriert wurden. Auch der Höchst- und Mindestlohn wurde von diesen Beamten je nach Aussehen, Alter und sozialer Position des Mädchens festgelegt. Dieser Lohn hieß *misthoma, diagramma* oder *empole*. Ihren Gewerbeschein erhielten sowohl Puffväter wie Schankwirte und auch die Mädchen selber gegen eine staatliche Abgabe, den Hurenzins oder *telos pornikon*,

der jährlich an den Hurenzinspächter, *pornotelones*, gezahlt werden mußte. Man sieht: ein beachtlich gut organisiertes Geschäft. Nach Harpokration (*Lexikon X. rhetor*) und Eusthatios (comment. in Homer *Iliad*. XIX, 282 p. 1185) hat Solon aus diesem Hurenzins in Athen einen Tempel der Aphrodite Pandemos, der dem ganzen Volke als Hure zur Verfügung stehenden Liebesgöttin, errichten lassen; eine Verquikkung von Sex, Geschäft und Religion, die unter späteren Geschlechtern viel Verwirrung gestiftet hat.

Der Komödiendichter Philemon widmete Solon zum Andenken an diese Tat die folgenden Zeilen (Athen. XIII, 569d, CAF II, 479):

Du warst es, der von allen Sterblichen zuerst
Dies wahrhaft nützlich und soziale Werk getan.
Du sahst die ganze Stadt erfüllt von Manneskraft.
Du sahst des Jünglings kraftgeschwollnen Schwanz!
Damit nun dieser Manneskräfte Überschuß
Gefahr nicht bringe rechtlich ehelichem Bett,
Erschufst du Frauenhäuser, wo nun jedermann
Ein Mädchen findet, opferwillig und bereit.
Ganz nackend steht sie da, und alles kannst du sehn.
Nimm an, dir stört der Mannestrieb die Seelenruh,
Dann zahlst du einen Groschen Eintritt, und ohn' Ziererei
Und Ausflucht, daß dies und das an dir ihr nicht gefällt,
Macht sie's dir prompt, was du auch willst – und wie du's willst!

Die griechischen Gesetze zur Kontrolle der Prostitution unterschieden sich natürlich von Stadt zu Stadt, aber sie hatten eines gemein: Nirgends war die Prostitution als solche verboten. Das hatte gute Gründe, und diese sind eng mit der väterlichen Macht im Patriarchat verknüpft. Herodot sagt, daß zu seiner Zeit jeder verarmte Vater das Recht hatte, seine Tochter in die Prostitution zu verkaufen (I, 93). Aristippos meint, der Verkehr mit einer Prostituierten sei ebensowenig zu beanstanden, wie in einem Hause zu wohnen, in dem schon viele gewohnt hätten, oder auf einem Schiff zu fahren, auf dem schon Tausende gefahren wären (Diog. Laert. II, 8, 74). Man sieht: die Frau als Ding.

In zahllosen Schriften warnen die Griechen vor den Versuchungen und Gefahren des Ehebruchs und preisen statt dessen die Prostitution als ideale Lösung des Sexualproblems. »Wer verstohlen nach verbotenem Bette ausspäht, ist der nicht von allen Menschen der unglücklichste?« fragt das Lustspiel *Nannion* und meint damit das Bett der verheirateten Frau. Statt dessen solle der Mann doch ins Frauenhaus gehen, wo er

»die Mädchen nackt und willig« haben könne. Ebenso Xenarchos in seiner Komödie *Der Fünfkampf*: »Schreckliches, Schreckliches und nicht mehr Erträgliches tun in unserer Stadt die jungen Leute!« Und damit meint er den Ehebruch. Erstens sei das doch strafbar, zweitens gefährlich und obendrein nicht einmal sehr befriedigend, da die meisten Ehefrauen nichts von der Liebe verstünden. Dagegen die Bordellmädchen, die wüßten, wie man's macht: »Man kann sie anschauen, wie sie mit entblößten Brüsten in Florgewändern der Reihe nach aufgestellt sich in der Sonne vorführen. Jeder kann sich die aussuchen, die ihm am besten gefällt – eine Dünne, eine Dicke, eine Runde, eine Lange, eine Krumme, eine Gerade, eine Junge, eine Alte, eine Unreife, eine Reife! Dabei braucht er keine Leiter anzustellen, um heimlich einzusteigen, braucht sich nicht durch die Dachluke einzuschleichen oder im Misthaufen zu verbergen!«

Und doch gab es Verbote, aber weniger für die Prostituierten als für ihre Kunden. Zu Aristophanes' Zeiten (um 400 v. u. Z.) war es athenischen Amtsträgern verboten, Wirtshäuser und Absteigequartiere zu benutzen. Hypereides (390 – 322) berichtet noch ein halbes Jahrhundert später: »Wenn ein Stadtabgeordneter in einem Wirtshaus auch nur ein einziges Mal aufgetaucht wäre, hätten ihn seine Kollegen nicht mehr im Stadtrat geduldet.« Das mag stimmen, aber was er durfte, war: mit einer Hetäre leben. Hier springt einem wieder einmal der Klassencharakter der griechischen Gesellschaft ins Auge. Wirtshäuser sind verboten, Straßenmädchen sind verpönt, aber Hetären sind erlaubt. Wer waren nun die Hetären, und in welcher Weise unterschieden sie sich von den anderen Prostituierten?

Sie waren fast ausnahmslos ehemalige Sklavinnen, die sich freigekauft hatten, oder Töchter von Nichtbürgern, die durch die Protektion eines wohlhabenden Bürgers oder gar durch Heirat mit ihm jene Rechte zu erwerben suchten, die ihnen von Geburt her versagt waren. Da ein solches Ziel nicht nur Schönheit und sexuelles Talent, sondern auch Intelligenz, Zähigkeit und Willenskraft erforderte, gehörten die Hetären zu den bemerkenswertesten Frauen ihrer Zeit. Schulen und Universitäten standen ihnen erst von der Mitte des 5. Jahrhunderts v. u. Z. an zur Verfügung, ihre Erziehung war deshalb fast stets autodidaktisch. Sie galten vor allem als die Gespielinnen der Künstler, Dichter und Philosophen und erwarben sich durch ihren Umgang mit diesen Intellektuellen der griechischen Gesellschaft ein Wissen und oft auch einen Witz, den nur wenige ihrer anderen Kunden besaßen. Obgleich dies sicher nicht die

Norm war, geschah es doch sehr oft, daß eine von reichen Männern ausgehaltene Hetäre ihrerseits einen jungen Maler, Bildhauer oder Dramatiker unterstützte.
Der Durchbruch der griechischen Bildhauerei von der Darstellung des männlichen Körpers zu der der Frau fand zweifellos durch den Einfluß der Hetären auf die Künstler statt. Fast alle weiblichen Götterstatuen der Griechen, vor allem natürlich die Aphroditen des 5. und 4. Jahrhunderts, sind berühmten Hetären nachgebildet. So haben sich Praxiteles und Apelles in fast all ihren Frauenbildnissen die Hetären Phryne, Kampaspe, Pankaste und Kratina zum Modell genommen. Zahllose Vasenmaler haben die Brust der älteren Lais als Vorbild benutzt. In mancher Hinsicht ähnelt der Kult der Hetären also dem der Kurtisanen der Renaissance, den Salons des 18. und der Bohème des 19. Jahrhunderts, wo eine ähnliche Verquickung von Konversation, Kunst und Erotik stattfand. Aber die gesellschaftliche Sanktion der Hetäre ging während des 5. und 4. Jahrhunderts v. u. Z. noch weit über die Toleranz hinaus, die man den Mätressen der Neuzeit entgegenbrachte.
Trotz der Tatsache, daß die Nährmutter des Romulus und Remus eine Prostituierte gewesen war, gaben die Römer vor, es habe bis spät in die Republik hinein nie römische Prostituierte gegeben: Innerhalb der heiligen Ringmauern der Stadt habe sich bis dahin keine Bürgerin Roms je für Geld einem Manne hingegeben. Zwar habe es fremde Dirnen gegeben, Sklavinnen, latinische Eselsreiterinnen, aber römische Bürgerinnen – nie! Das ist um so absurder, als das römische Vaterrecht sich ja gerade dadurch von früheren, weniger drastischen Formen des Patriarchats unterschied, daß es die Frau nicht nur völlig unter die Gewalt des Mannes stellte, sondern sie als sein *Eigentum* definierte: Er hatte das Recht, sie zu verkaufen, sei es als Sklavin, sei es als Prostituierte. Das römische Vaterrecht trug also den Samen der Prostitution von vornherein in seiner Anlage: Wo die Frau als Eigentum des Mannes definiert wird, herrscht zwischen den Geschlechtern eine eindeutig finanzielle Beziehung, deren markanteste, aber nicht einzige Facette die Prostitution ist.
Auch war es das unumstrittene Recht des Hausherrn, seine Sklavin jederzeit auf den Strich zu schicken und ihre Einnahmen für sich zu kassieren, oder sie an den nächsten Puff zu verkaufen, oder auf dem Sklavenmarkt als Hure anzubieten, wo jeder interessierte Mann sie beliebig befingern durfte. Der ältere Seneca beschreibt eine solche Szene (*Controv.* I, 2): »Nackt stand sie auf dem Sklavengestell, so daß die Käufer

sie inspizieren konnten. Alle Teile ihres Körpers wurden besichtigt und angefühlt.« Es war ein beliebter Sport der jungen Römer, auf den Sklavenmarkt zu ziehen und unter dem Vorwand, eine Sklavin kaufen zu wollen, deren Brüste und Geschlechtsteile abzutasten. Oft beteiligte sich auch der Verkäufer an diesen Spielchen, nicht immer mit dem erwünschten Erfolg. Martial sagt (VI, 66):

Eine Dirne von nicht zu gutem Ruf,
Wie sie in der Suburra Mitte sitzen,
Bot vor kurzem der Praeco Gallian feil.
Als man lange dafür geringen Preis bot,
Zog er, allen zu zeigen, daß sie keusch sei,
Sie, die sich mit den Händen sträubte, an sich.
Und küßte sie zwei-, drei-, viermal.
Was erlangt er durch den Kuß wohl habe, fragst du?
Der sechshundert geboten, trat vom Kauf zurück.

Vespasian war der erste Kaiser, der das Recht des Herrn aufhob, seine Sklavin auf die Straße zu schicken, um dort mit ihrem Körper für ihn Geld zu verdienen. Aber nach wie vor blieb es dem Herrn erlaubt, eine aufsässige Sklavin zur Strafe an ein Bordell zu verkaufen. So geschah es, daß sich die römische Prostitution anfangs völlig auf Sklaverei aufbaute. Der ältere Seneca (54 v. u. Z. bis 39 u. Z.) berichtet, daß die Prostitution seiner Zeit auf drei Gruppen von Frauen beruhte: Bürgerinnen, die von ihren Vätern oder Gatten in die Sklaverei verkauft worden waren; Ausländerinnen, die von Piraten geraubt und auf dem öffentlichen Sklavenmarkt in Rom als Prostituierte angeboten wurden (*Controv.* I, 2).

Plautus geht so weit, die Prostitution als spezifisch großstädtische Form des Geschlechtsverkehrs zu bezeichnen; Liebe sei die Geschlechtsbeziehung der Bauern, Prostitution die des Städters: »Für eine Bauersfrau mag es wohl angebracht sein, einen einzigen Mann zu lieben und nur mit dem zu leben, dem man sie angetraut hat. Doch ein Mädchen unseres Standes gleicht der reichen Handelsstadt: sie kann sich ohne viele Männer nicht ernähren« (*Cistellaraia* I, 1, 89 ff.).

Zu den Gründen für das Ausmaß der römischen Prostitution gehörten zweifellos die weitaus höheren Geburtenziffern für Knaben als für Mädchen, ein bisher nicht geklärtes Mißverhältnis, das durch die Aussetzung neugeborener Mädchen und die hohe Kindbettsterblichkeit der Mütter noch verschlimmert wurde. Die Bevölkerungsforscher schätzen, daß zur Zeit des Augustus auf jede erwachsene Römerin 1,2

bis 1,4 Männer kamen. Die Folge war, daß manche Männer auf Prostituierte angewiesen blieben und selbst dann nicht heiraten konnten, wenn sie es gewollt hätten.
Livius (X, 31) meint, die Prostitution sei so alt wie Rom selbst und auch stets in Rom erlaubt gewesen (X, 31). Nur der Patrizierin sei es verboten worden, ihren Körper zu verkaufen. Tat sie es trotzdem, so sei sie seit den Hannibalischen Kriegen mit Verbannung bestraft worden (XXV, 2). Im Jahre 19 hatte eine aus adligem Hause stammende Frau, Vistilia, die Gattin eines Prätors, sich selbst bei den Ädilen als Prostituierte anzumelden versucht und war prompt auf eine Felseninsel im Archipel verbannt worden (Tacit. II, 85). Der Grund dieses historischen Ansuchens der Vistilia, der in späteren Zeiten so viele Frauen folgten, daß das Verbannungsgesetz zusammenbrach, war die Tatsache, daß eine bei den Ädilen gemeldete Dirne nicht wegen Ehebruchs bestraft werden konnte (Ter. *Eun.* V, 4, 38 ff.; Quint. V, 10, 39; VII, 3, 6). Vistilia versuchte also nicht deshalb, sich in die Ädilslisten einzutragen, weil sie tatsächlich auf den Strich oder in den Puff gehen, sondern weil sie den augusteischen Strafen für Ehebruch entgehen wollte; weil sie, um es einfach auszudrücken, die gleichen außerehelichen Privilegien in Anspruch nehmen wollte, die jeder Römer besaß. Es war also ein Akt des Protests und der versuchten Emanzipation.
Unter Tiberius brach der vaterrechtliche Versuch, dieser Emanzipation mit Verbannungsdrohungen beizukommen, völlig zusammen, und unter Claudius wurde das Beispiel der Kaiserin Messalina maßgeblich für eine ganze Generation »neuer Frauen«. Dio Cassio sagt (LX, 30): »Messalina begnügte sich nicht damit, Ehebruch und Geschlechtsverkehr aller Art zu treiben, sondern ging in ihrer Unverfrorenheit so weit, daß sie im kaiserlichen Palast eine Art Bordell einrichtete, wo sie sich selber zur Verfügung stellte und die vornehmsten Frauen der Stadt verkuppelte.« Juvenal geht noch härter mit ihr um und meint, sie habe sich, mit der blonden Perücke der Straßendirne verkleidet, tatsächlich in den billigsten Hurenhäusern der Stadt preisgegeben (VI, 120 f.):

> Und mit der blonden Perücke ihr Haar, ihr schwarzes, verdeckend,
> Trat sie ins Hurenhaus ein, wo die lumpige Decke noch warm war.

Dann (130 ff.):

> . . . von den Männern erschöpft, doch satt nicht, zog sie von dannen.
> Häßlich die Wangen geschwärzt vom Schmutz und vom Ruße der Lampe,
> Trug sie ins eigene Bett die Gerüche des schmutzigen Puffes.

Messalina ist viel verleumdet worden. Wir wissen heute nicht, welche dieser Anschuldigungen auf Wahrheit beruhen. Aber eins ist sicher: Je größer die Macht der Kaiser und ihrer Frauen wurde, um so deutlicher trat bei beiden der Wunsch nach sexueller Erniedrigung auf. Je grausamer, je autoritärer sich die Männer und Frauen der herrschenden Klasse in ihren Tagesgeschäften gebärdeten, desto dringender suchten sie während der Nacht jene Demütigung, die am leichtesten zu verschaffen war, indem man sich prostituierte oder auspeitschen ließ, die Füße der Sklaven und Sklavinnen abschleckte oder ihren Urin trank, sich also der sexuellen Willkür gerade derjenigen unterwarf, die man im nichtsexuellen Leben am schwersten mit Armut, Ausbeutung, Unterdrückung und Tortur bestrafte.

Das traf genauso auf die reichen Römer wie auf die reichen Römerinnen zu, denn die Kunden der Prostituierten kamen (im Gegensatz zu Griechenland, wo die Reichen zu den Hetären, die Armen zu den Straßenmädchen gingen) aus allen Klassen der Bevölkerung, von den mündigen Söhnen der Patrizierfamilien über die Nobilität (Bankiers, Schiffsmakler, Korn- und Ölhändler) bis zu den Plebejern der Mittelschicht (Ladenbesitzer, Handwerker, Metzger), den ärmeren Plebejern (Lohnarbeiter, Soldaten, Matrosen) und den Sklaven, denen der Zutritt zu den Bordellen erlaubt war. Einer der Gründe, weshalb die Reichen nicht ausschließlich zu den großen Kurtisanen, den käuflichen Schauspielerinnen und Tänzerinnen gingen, sondern auch die billigsten Huren besuchten, war dieses Syndrom der Selbsterniedrigung: die Sucht nach dem Schmutzigen und Unwürdigen, die stets eine unbewußte Form der Buße ist. Dieses masochistische Element war den Griechen völlig fremd und stellte einen der bezeichnendsten Unterschiede zwischen der hellenischen und der römischen Form der Männerherrschaft dar. Der Grieche hatte nur selten ein schlechtes Gewissen, wenn er seine Frau unterdrückte oder betrog. Der Römer dagegen lebte in einer Zeit, in der die Emanzipation der Frau so weit fortgeschritten war, daß er die Möglichkeit der Gleichberechtigung beider Geschlechter nicht mehr erfolgreich aus seinem Bewußtsein verdrängen konnte. Der Preis dieser halbbewußten Erkenntnis war eine permanente Sucht nach Selbstbestrafung.

Es ist ein kennzeichnendes Paradox, daß gerade die radikalsten Verfechter des Vaterrechts – Seneca, Cato, Cicero – die Prostitution nicht nur duldeten, sondern sie als den natürlichen, organischen Schutz der Ehe betrachteten. Mit irgend jemandem mußte der junge Mann schla-

fen; tat er es nicht mit Huren, die dazu da waren, täte er es wahrscheinlich mit den Töchtern oder Ehefrauen seiner eigenen Klasse, und das schien den Vaterrechtlern noch schlimmer, als sich der Knabenliebe zu widmen. Also hoch der Puff! Deshalb wandte sich auch kein einziges der strikten julianischen Gesetze, die Augustus zwischen 18 v. u. Z. und 9 u. Z. erließ, gegen die Prostitution. Im Gegenteil, wir können deutlich zwischen den Zeilen dieser Gesetze lesen, daß auch Augustus die Prostitution als besten Schutz gegen Ehebruch betrachtete. Als er Ovid verbannte und ihm die »Unsittlichkeit« seiner Verse vorwarf, erwiderte der Dichter mit Recht, er habe des Kaisers Bestrebungen zur Hebung der Sittlichkeit eher gefördert als behindert, denn die Frauen seiner Verse seien doch eindeutige Huren, Mätressen und Kurtisanen, mit denen der Kaiser den Verkehr ausdrücklich erlaubt, ja geradezu gefordert habe, um die Männer vom Ehebruch abzuhalten!
Die Prostitution war also ein notwendiges Gewerbe, aber im Gegensatz zu Hellas wurden die Frauen, die dieses Gewerbe betrieben, weder als Liebespriesterinnen noch als Wohltäterinnen angesehen. Zwar war der Mann, der sich seinen Geschlechtsverkehr kaufte, ganz und gar nicht unehrenhaft, aber die Frau, die drauf angewiesen war, vom Verkauf ihres Körpers zu leben, galt als äußerst unehrenhaft, durfte keinen Freigeborenen (später: keinen Senator) heiraten und nie die Stola der ehrenhaften Matrone tragen. Das Paradox der Situation lag aber darin, daß die Kleidung, die sie statt dessen tragen mußte, die des Patriziers war: die Toga. Damit wurde zweifellos ausgedrückt, daß die Frau, die sich wie ein Mann benahm, also aktiv nach Geschlechtsverkehr Ausschau hielt, auch die Kleidung des Mannes verdiente. Man nannte sie deshalb *togata*, »die Togatragende«.

Im öffentlichen Auftrag fand Prostitution im Altertum und Mittelalter öfter statt als heutzutagen. Die → Callgirls und teuren → Prostituierten, die von Werbeagenturen, Rüstungsmaklern und großen Industriekonzernen den Männern zugeschanzt werden, die die Autorität haben, bedeutende Aufträge zu unterschreiben, sind in diesem Sinne die Nachfolgerinnen der → Hetären und → Kurtisanen, die von Staatsmännern benutzt worden sind, um andere Staatsmänner den Wünschen des Gastgebers gefügig zu machen. Oft hat man im Altertum und Mittelalter auch Prostituierte benutzt, um → Homosexualität zu bekämpfen. So befahl die Stadt Venedig ihren Prostituierten eine Zeitlang, mit entblößtem Busen am offenen Fenster zu sitzen oder auf die Straße zu gehen, um die Männer von päderastischen Verirrungen abzuhalten. Umgekehrt ordnete die Stadt Breslau 1486 an, daß die nackt badenden Frauen in den öffentlichen Badehäusern nur von → Badeknechten (die damals als männliche Huren galten) bedient werden dürften, damit die »lesbische Hurerei« ein Ende nehmen möge.

Männliche Prostitution. Wie bei der weiblichen Prostitution gibt es auch bei der männlichen zwei Hauptformen: die heterosexuelle und die homosexuelle. Mit der letzten beschäftigen wir uns separat (→ homosexuelle Prostitution). In etwa dem gleichen Maße, in dem die weibliche Prostitution dank größerer sexueller Freiheit der Jugend sich heute immer mehr auf ältere und abartige Kunden konzentriert, hat sich auch die männliche Prostitution heute auf ältere, homosexuelle, sadomasochistische und fetischistische Kunden eingestellt. Gleichzeitig ist ein in der Geschichte völlig neuer Zustrom von männlichen Amateurprostituierten erfolgt. Sie zeigt sich in der wachsenden Anzahl von Anzeigen in den Bekanntschafts- und Geselligkeitsrubriken der Zeitschriften aller westlichen Länder. »Junger Mann sucht Bekanntschaft mit älterer Dame« kann das Inserat eines Masochisten sein, ist aber mit größerer Wahrscheinlichkeit heutzutage der Hilferuf eines Studenten, der am Ende seiner finanziellen Mittel ist und eine Gönnerin braucht, um weiterstudieren zu können. Die Tabus gegen diese Art von Selbstverkauf sind heute überall im Verschwinden. Daß Zeitungen von Format solchen Anzeigen heute ganze Seiten widmen, ohne befürchten zu müssen, daß Leser oder Großinserenten dagegen protestieren, zeigt die Toleranz des Publikums.

Männliche Bordellprostitution für weibliche Kunden wächst, während weibliche Bordellprostitution schwindet. »Witwenbälle« und ähnliche Veranstaltungen »einsamer Herzen« haben heutzutage fast überall mehr weibliche als männliche Kunden. Fast stets sind es die Frauen, die dort nach Männern suchen und auch oft deren Rechnungen bezahlen. »Call Boys«, die männlichen Gegenstücke der Callgirls, sind in Amerika zur Institution geworden. Viele von ihnen sind Studenten, Schauspieler, Fotomodelle und Dress-Men, die sich in dieser Weise halbberuflich betätigen. Der Nachtportier jedes großen Hotels in jeder größeren Stadt der westlichen Welt ist heute damit vertraut, daß ein weiblicher Gast den Wunsch nach männlicher »Begleitung« vorbringt, und jedes Hotel von Format ist in der Lage, diesen Wunsch zu erfüllen.

Unter Gammlern gibt es seit langer Zeit eine Gruppe junger Männer, die ihre Reisen durch halbberufliche Prostitution finanzieren. An jedem Treffpunkt der Gammler kann man zu gewissen Zeiten des

Abends und in der Nacht sorgfältig gekleidete Frauen über Vierzig sehen, die den jungen Leuten »aus reiner Menschlichkeit« ein Nachtquartier anbieten. Jeder Gammler weiß, was damit gemeint ist.

»Escort Services«, die reisenden Damen ortskundige Herren gegen Bezahlung zur Verfügung stellen, gehören zum Service einer jeden Großstadt der westlichen Welt. Und im Gegensatz zu ihren Kolleginnen, die nur selten als Prostituierte tätig sind, werden die Herren oft von ihren Kundinnen um intimere Dienstleistungen gebeten. Wer nicht bereit ist, diese Leistungen zu erbringen, findet keine Dauerstellung in solchen Organisationen.

HOMOSEXUELLE PROSTITUTION. Wir beschäftigen uns zuerst mit der männlichen, dann mit der weiblichen homosexuellen P. Da die Promiskuität *männlicher* Homosexueller größer als die heterosexueller Männer ist, hat auch die wachsende Duldung homosexueller Beziehungen nicht ausgereicht, um den Bedarf an homosexuellen Partnern zu dekken. Als Resultat hat sich ein außerordentlich schnelles Anwachsen der homosexuellen Männerprostitution in allen Ländern der westlichen Welt gezeigt. Jede Großstadt hat einen Männerstrich, hat homosexuelle Lokale und homosexuelle Klubs. In den Lokalen und Klubs versteht es sich von selbst, daß der ältere Mann für den jüngeren zahlt. Das entspricht dem heterosexuellen Verhältnis zwischen Mann und Frau. Aber während die Tatsache, daß eine Frau sich zum Mittag- oder Abendessen, zum Kaffee oder Kino von einem Mann einladen läßt, durchaus nicht zu bedeuten braucht, daß sie bereit ist, ihm für größere Geschenke intimere Gegenleistungen zu gewähren, versteht es sich unter Homosexuellen von selbst, daß man sich zum Zweck des Geschlechtsverkehrs trifft. Wenn hier also der Ältere für den Jüngeren zahlt, ist es unmöglich, eine Trennungslinie zwischen Liebe und Prostitution zu ziehen.

Die berufsmäßige homosexuelle Männerprostitution ist genauso organisiert wie die berufsmäßige heterosexuelle Frauenprostitution. Auch hier gibt es die gleiche Einteilung in Bordellbetriebe, Absteigequartiere, Stundenhotels, Call-Ringe, Animierbetriebe. Die homosexuelle Männerprostitution hat ihre Zuhälter, Kuppler, Puffväter, Anhänger und Varianten. »Passive« und »aktive« Typen stehen zur Verfügung, Männer, die stets Frauenkleidung tragen, und Männer, die nie in weiblicher Kleidung arbeiten. Genau wie es weibliche Prostituierte gibt, die nicht das geringste Interesse an Männern haben, weil sie in Wahrheit lesbisch sind, so gibt es männliche Prostituierte, die sich an Männer verkaufen, ohne homosexuell zu sein. Da männliche Homosexualität in den meisten Ländern der Welt verboten ist und deshalb immer wieder zu Erpressungen Anlaß gibt, ist der Prozentsatz der kriminellen Delikte in der homosexuellen Männerprostitution weitaus höher als in der heterosexuellen Frauenprostitution. Nicht nur Erpressung, sondern auch Diebstahl wird von Homosexuellen viel seltener als von Heterosexuellen angezeigt. Denn der homosexuelle Kunde kann es fast nie wagen, Anzeige zu erstatten, ohne das Geheimnis seiner eigenen Homosexualität aufzudecken. Abartige Männerprostitution anderer als homosexueller Art tritt etwa ebenso häufig auf wie abartige Frauenprostitution. Die Mehrzahl aller sexuellen Perversionen hat ihre spezialisierten Unternehmer. Jede Form des Fetischismus – Leder, Pelz, Gummi und so weiter – wird von männlichen Prostituierten für männliche und weibliche Kundschaft »ausgeübt«. Alle Varianten des Sadomasochismus werden angeboten – Männer, die ihre Kunden schlagen und sich schlagen lassen, sich Sporen anziehen, ihren Kunden einen Sattel auflegen und sie »bereiten« oder sich von ihnen »bereiten« lassen. → Animierherren, Gigolo, Homosexualität.

Die homosexuelle Frauenprostitution ist schlechter organisiert als die der Männer. Da *weibliche* Homosexualität in vielen Ländern straffrei ist, fehlen hier auch die polizeilichen und kriminalstatistischen Informationen. Lesbische Lokale gibt es in jeder größeren Stadt der Welt. Da die Trennungslinie zwischen der Halbprostitution (der Einladung einer Freundin zum Essen oder Trinken) und der eigentlichen Homosexualität hier noch verwischter als in den Lokalen männlicher Homosexueller ist, läßt sich nicht mit Sicherheit sagen, wie groß der Prozentsatz berufsmäßiger lesbischer Prostituierten in diesen Lokalen ist. Lesbische Bordelle gibt es in London, Paris, New York, Los Angeles, San Francisco und sicherlich auch noch in vielen anderen Städten, über die keine Information vorliegt. Da die weibliche Homosexualität unter »normalen« Prostituierten floriert, bestünde keinerlei Bedarf für spezialisierte lesbische Bordelle, wenn es sich bei diesen nicht um doppelt abartige Institutionen handelte: fast alle lesbischen Bordelle, über die wir detaillierte Informationen besitzen, sind gleichzeitig sadomasochistische oder fetischistische Betriebe; sie bedienen Frauen, deren Libido nicht nur auf Personen des eigenen Geschlechts fixiert ist, sondern gewisser Zeremonien bedarf, um diese Neigungen zu befriedigen. Eine Frau, die einfach mit einer anderen Frau verkehren will, braucht nur jede beliebige Prostituierte aufzugreifen und kann mit gewisser Wahr-

scheinlichkeit auf ehrlichere Erwiderung ihrer Gefühle rechnen als ein Mann, der die gleiche Prostituierte anspricht.
Die Versuchung der lesbischen Prostitution ist größer als die der heterosexuellen. Wohnungs- und Zimmervermieter, die gegen »Männerbesuche«, protestieren, haben keine Einwände gegen eine Frau, die Frauenbesuche empfängt. Ein Mädchen, das zu ihrer Freundin zieht, weil die Freundin ein Zimmer hat, das »sowieso leersteht«, merkt anfangs gar nicht, daß sie ausgehalten wird, und macht sich dann das Ausgehaltenwerden zur Angewohnheit. Es braucht hierbei nicht zu Geldgeschenken zu kommen. Lesbische Prostituierte brauchen kein Geld, weil ihre »Freundinnen« ihnen alles bezahlen: Wohnung, Essen, Kleidung, Reisen, Schmuck. Benötigen sie Bargeld, versetzen sie einen Pelzmantel oder eine Perlenkette, denn sie wissen, daß sie bloß den Mund aufzumachen brauchen, um einen neuen Pelzmantel oder eine neue Perlenkette geschenkt zu bekommen.
Es gibt eine pädophile lesbische Prostitution, die meist von den Müttern der Kinder vermittelt wird – oft lesbische Prostituierte, die sich selber vormachen, daß sie ihre Töchter so »vor Männern retten«. Lesbische → Callgirls gehören in Amerika zu jedem Callgirl-Ring. Die Adressen derartiger Ringe kann jede Frau in jedem lesbischen Lokal Amerikas erfragen.

Prostitutionsspionage ist fast so alt wie die Prostitution selber. Bereits Solon (638–558 v. Chr.), der »Weiseste der Weisen« unter den athenischen Staatsmännern, richtete nicht nur die ersten staatlichen Bordelle in der westlichen Geschichte ein, sondern erkannte, daß vieles, was in Bordellen gesprochen wurde, von politischer Wichtigkeit war, und forderte deshalb verläßliche Berichte über die Prostituierten und ihre Kunden an. Die Marquise de Pompadour ließ vom Jahre 1784 an über den Polizeipräsidenten Berryer von dem Polizeiinspektor Meusnier regelmäßige Berichte über die Bordellwelt erstellen, die sie dann Ludwig XV. vorlegte. Diese Berichte sind bis heute komplett erhalten. So berichtet beispielsweise eine Bordellbesitzerin namens Dhosmond am 29. 2.1751: »Um 8 Uhr habe ich Nannette zu dem Prinzen von Württemberg nach Dassy geführt, wo er den Brunnen trinkt. Er hat mir die Ehre erwiesen, mich brieflich um ein Landmädchen, keine andere, zu bitten. Ich habe Nannette als Bauerndirne verkleidet und sie für die Tochter eines Gärtners ausgegeben. Sie schlief bei dem Prinzen, der sie bat, nach zwei Tagen wiederzukommen, ohne es mir mitzuteilen. Er würde sie nach seiner Rückkehr von Compiègne für sich behalten und ihr die Frau seines Kammerdieners zur Gesellschafterin geben. Aber da das Mädchen bei ihm nur deutsch reden hörte, wollte sie nicht wieder hingehen.« Am 21. März 1751 lautete ihr Bericht: »Am 21. um halb eins zu Mittag ist der Marquis de la Capelle, der sich mit Frl. la Couperie wieder ausgesöhnt hat, zu mir gekommen und hat mir gesagt, daß er sie nicht mehr sehen würde, weil sie ihn bei der Aussöhnung mit einer Galanterie bedacht hat, und er hat mich gebeten, für ihn eine andere zu suchen. Hr. von Calvimont war bei ihm und zwei anderen Herren, deren Namen ich nicht erfahren habe. Sie haben nicht bei mir gespeist, weil ich keine Mädchen hatte.« Eine ähnliche Serie von Berichten hat Babet Desmarets in den 1750er Jahren angefertigt. Ihr *Calendrier de Vénus* mit Daten, Namen der Klienten und ihrer Mädchen, Art des Verkehrs und so weiter ist ebenfalls bis heute komplett erhalten.

PROSTITUTIONSSTEUERN wurden bereits von Solon (638–558 v. Chr.) erhoben. Er nannte sie *pornikon telos.* Caligula führte sie in Rom ein. Anastasios schaffte sie 501 wieder ab. Im Mittelalter hieß die P. in Hamburg *Hura,* in Lübeck *Kunnengroschen,* in Bremen *Finkengeld,* in Paris *loyer du bourdel,* in Lyon *emolumenz du bourdel.* Diese letzteren beiden waren, wie ihr Name sagt, Bordellsteuern. Die individuelle Prostituierte zahlte ihre *récepte des filles* oder *profit des bonnes dames publiques.* Papst Sixtus IV. (1471–1484) erhielt von einem einzigen Bordell, das er hatte bauen lassen, eine P. von zwanzigtausend Dukaten. Dies geschah zu einer Zeit, da die Kirche die Prostitution nicht nur duldete, sondern ermunterte. Die gegenwärtige Praxis, Prostitution nach § 184 b StGB und § 120 OWiG zu bestrafen, von der Prostitution aber gleichzeitig Steuern zu verlangen, ist juristisch unhaltbar. Der Staat kann sich nicht zum Partner des Rechtsbruchs machen. Nur legale Tätigkeiten können versteuert werden. Umgekehrt kann man folgern, daß eine Tätigkeit, für die eine Behörde Steuern einzieht, hiermit von ihr als legal anerkannt wird.

Prothesenfetischismus, eine Variante des → Amputations- und → Deformationsfetischismus, bei dem Prothesen und orthopädische Geräte aller Art zum Fetisch erhoben werden. Wie bei den anderen Formen des Deformationsfetischismus muß man diagnostisch zwischen drei sehr verschiedenen Erscheinungsformen unterscheiden:

1. Die Fetischisierung anderer Menschen, die Prothesenträger sind. Dies können sowohl Menschen des eigenen wie des anderen Geschlechts sein; auch treten prothesentragende Kinder häufig als Fetischfiguren auf. Die Verbindung zwischen P., Masochismus, Homose-

xualität und Pädophilie tritt so häufig auf, daß eine Verknüpfung dieser Komponenten pathogene Bedeutung vermuten läßt. In seinem Buch über den Fetischismus beschreibt Stekel den folgenden Fall: Ein 27jähriger Arzt litt unter einer sexuellen Vorliebe für die Orthopädie und alle orthopädischen Apparate, besonders für das orthopädische Korsett. Das Anschauen von Kranken während der orthopädischen Behandlung und von Bildern in medizinisch-orthopädischen Lehrbüchern gab ihm den Stoff für seine autoerotischen Phantasien. Der Patient erzählte, daß er als Knabe aus dem Haus eines Orthopäden einen Jungen herauskommen sah, dessen Hals durch ein Korsett in seiner Beweglichkeit behindert war. Dieses Bild verfolge ihn durch viele Jahre. Ein anderes Mal sah der Patient einen Burschen mit vernickelten Stahlschienen an den Extremitäten und verwertete diesen Eindruck in seinen darauffolgenden Onaniephantasien. Überdies beschäftigten ihn sexuelle Phantasien von Fesselungen, Anbinden am Bett, Verbänden aller Art, Knebelungen, Aufhängen, Streckbetten und dergleichen mehr. Er ließ sich auch von Schulkameraden anbinden und zwangsweise onanieren. Auch beim Militär erduldete er mit großer Lust alle ihm auferlegten Strafen. Der Verkehr mit Frauen ließ ihn unbefriedigt, während er den homosexuellen Akt als lustvoll empfand, wenn er unter körperlichen Qualen stattfand.

2. Die Fetischisierung der Prothese als Gegenstand, also unabhängig von ihrem Träger, zeigt sich einerseits im Sammeln von Wunschbildern (Fotos und selbstgefertigten Zeichnungen), andererseits im Sammeln, Anschnallen und Tragen von Prothesen. In beiden Fällen wird das Material der Prothese fetischisiert. Es tritt also → Lederfetischismus, → Gummifetischismus, Holz- und Plastikfetischismus auf. Hierher gehören auch jene Objektfetischisten, die sich Augenschalen machen, um das Gefühl der Blindheit zu haben, oder aus dem gleichen Grund Augenbinden tragen. Andere Patienten dieses Typs blockieren Nasen oder Ohren, um sich vorzumachen, daß sie taub seien oder nicht riechen können. Die Blockierungsmittel werden dann in ähnlicher Form wie die Prothesen gesammelt und verehrt.

3. Die Exhibition einer Prothese, um einen anderen Menschen zu erschrecken und zu schockieren. Fetischisten dieser Art legen sich Prothesen an und erschrecken damit ihre Freunde, Angehörigen und Geliebten. Manchmal genügt es, wenn der Schreckeffekt rein symbolischer Natur ist. Ein solcher Fetischist mag z.B. eine Verabredung mit einer Prostituierten treffen, daß sie erschrecken solle, wenn er mit

Krücken auf sie zukommt. → Automasochismus, Buckel, Fetischismus, Graviditätsfetischismus, Häßlichkeitsfetischismus, Masochismus, Pelele.

Prügelmaschinen spuken im Gehirn zahlloser Sadomasochisten und existieren in zahllosen Phantasiezeichnungen. Einige solcher Maschinen sind auch tatsächlich für den Strafvollzug gebaut worden. Villiot schildert die folgende Konstruktion, die für eine weibliche Strafanstalt in Denver, Colorade, konstruiert wurde: »Sie bestand aus einem Sessel ohne Sitzbrett, auf welchem die Delinquentin mit entblößtem Hinterteil festgeschnallt wurde. Unterhalb des Sessels war eine drehbare Achse angebracht, an der vier Ruten befestigt waren. Das Einschalten eines Motors genügte, um die Achse in Rotation und die Ruten in Tätigkeit zu setzen.« Ob Villiot hier wohl die Wahrheit sagt? Die Sache hört sich zu sehr wie der Wunschtraum eines Sadomasochisten an. → Auspeitschen, Bestrafung, Strafe.

Pseudolismus [gr.: pseudolos = Lügenmaul], eine Verirrung des Geschlechtstriebs, bei welcher der Patient über seine sexuellen Wünsche spricht oder schreibt, statt sie in Taten umzusetzen. Er ist einerseits ein sexueller Hochstapler, der sich selber oder anderen gegenüber vorgibt, alle möglichen Abenteuer gehabt zu haben, die er in Wahrheit nur gewünscht hat. Andererseits ist er ein Zwangsneurotiker, der im Aussprechen oder Schreiben sexueller Wunschträume seine Befriedigung anstrebt. Unter die Kategorie des P. fallen also die sexuelle Prahlerei, die Onanie, der sexuelle Tagtraum, das Schreiben erotischer Tagebücher mit meist erfundenen Abenteuern, die Pornographie (das Schreiben erotischer Bücher), die Erotographomanie (das kompulsive Schreiben erotischer Briefe), die Koprolalie (das kompulsive Aussprechen unflätiger Worte), die Kopropraphomanie (das kompulsive Schreiben unflätiger Briefe), die Pornolalie (das kompulsive Aussprechen erotischer Worte), der Wortsadismus (die Beschimpfung anderer Menschen, meist mit erotisch gewürztem Vokabular), die erotische Blasphemie (eine Sonderform der Gotteslästerung, bei der die Götter als Perverten, Geschlechtskranke oder Sexualverbrecher beschimpft werden). Aus den Reihen der pseudolistischen Patienten kommen dann auch fast alle Mitglieder sogenannter »Korrespondenzzirkel«, die Schreiber anonymer Briefe (selbst derjenigen, die keinen offenkundig erotischen Inhalt haben), die Männer, die unbekannte Frauen anrufen, um ihnen unsittliche Anträge zu machen oder unsittliche Fragen zu stellen, und die Frauen, die unbekannte Männer in entsprechender

Weise anrufen, um sie aller möglichen sexuellen Vergehen zu bezichtigen. Hierher gehören auch jene Menschen, die sich selber Liebesbriefe schreiben, oder sich von anderen Menschen obszöne Briefe schreiben lassen. In diesem Sinn ist der P. eine Form des Wortexhibitionismus, der verbalen → Skoptophilie oder der verbalen → Mixoskopie. Für den latent trans- oder homosexuellen Charakter des P. ist bezeichnend, daß viele der pseudolistischen Briefschreiber vorgeben, zum anderen Geschlecht zu gehören. Männer schreiben obszöne Briefe, in denen sie sich als Frau ausgeben. Frauen beschreiben männliche Abenteuer als ihre eigenen. Hierher gehören endlich auch die Graffiti oder Abortkritzeleien, die man so oft an Häuserwänden oder in öffentlichen Toiletten findet, die Übermalungen in Büchern, besonders bei Aktbildern, die obszönen Randbemerkungen oder Wortveränderungen in Leihbüchern, die Bilder- und Statuenschändungen in Museen und Galerien und viele andere Formen der anonymen Obszönität mit Worten oder Zeichen. Viele der erotischen Inserate in Zeitungen und Zeitschriften sind rein pseudolistischer Natur. Der Inserent will nur die Briefe lesen, die er auf sein Inserat erhält. Er hat keine Absicht, sie je zu beantworten. In begrenztem Maß sind wir alle Pseudolisten, wenn wir in einer Gruppe des eigenen Geschlechts von sexuellen Dingen reden. Jedes Kaffeekränzchen, jedes Gespräch in Frauenforen und Frauenzentren trägt pseudolistische Züge. Ebenfalls jedes Gespräch am Stammtisch, in der Kaserne und im Gefängnis. Der P. kann von juristischer Bedeutung werden, wenn sich der Patient, wie es besonders oft bei jungen Mädchen geschieht, ein Verhältnis mit einem Lehrer, Schauspieler, Filmstar oder Pop-Sänger vorgaukelt und es entweder in einem Tagebuch niederschreibt oder damit prahlt. Viele Schullehrer und Universitätsprofessoren sind in dieser Weise fälschlich beschuldigt worden, ihre Schülerinnen oder Studentinnen verführt zu haben. Viele Anzeigen der Nötigung, Notzucht, Verführung Minderjähriger und anderer Vergehen gegen Abhängige sind das Resultat pseudolistischer Phantasien. → Anonymität, Bilderschändung, Blasphemie, Écouteur, Erotographomanie, Graffiti, Koprographomanie, Koprolalie, Korrespondenzzirkel, Mixakusis, Nebenzimmersexualität, Pornographomanie, Pornolalie, Pseudonyme, Tagebuch, Übermalung, Wortsadismus, Wunschzeichnung.

Pseudonyme, erotische, meist Versuche, sich der polizeilichen Verfolgung wegen Abfassung unzüchtiger Schriften zu entziehen. Im neurotischen Sinn auch Phantasien der anonymen Allmacht. Das psychologische Syndrom des pseudonymen Autors erotischer Schriften hat vieles mit dem der anonymen Abortkritzeleien gemein. Es erinnert an das Syndrom von → Bilderschändung, Erotographomanie, Koprographomanie, Pornographomanie. Man wird auch an die pseudonymen Mitglieder erotischer → Korrespondenzzirkel erinnert und an die pseudonymen → Sklavenbriefe, die Masochisten ihren »Herrinnen« schikken.

psychedelisch [gr.: psyche = Geist, Seele; delos = Reizung, Verführung, Verlockung], seelenreizend, geistverführend. Eine neugriechische Prägung, die den Reiz der Halluzinogene, der »halluzinationserzeugenden« Drogen beschreiben soll. Im Gegensatz zu solchen Rauschgiften wie Opium, Heroin und Kokain, die das Bewußtsein der Realität auslöschen, liegt der Reiz der p. Drogen darin, daß das Bewußtsein der Außenwelt erhalten bleibt. Man weiß, wo man ist, und bewahrt sich ein hohes Maß an Bewegungsfreiheit und Orientierungsvermögen. Gleichzeitig wird die Welt aber verändert. Farben werden »farbiger«, Entfernungen werden verkürzt, Zeiträume verlängert. Schöne Dinge erscheinen schöner, häßliche häßlicher. Sinnlose Dinge scheinen wie im Traum einen tiefen Sinn zu haben. Die bekannteste der psychedelischen Drogen ist LSD (Lysergsäurediäthylamid). Andere sind: Bufotenin, Harmin, Meratran, Meskalin, Ololiuqui, Peyote, Phencyclidin, Psilocybin, Teonanacatl. Viele der p. Drogen, vielleicht alle, ändern die Chromosomenstruktur des Nachwuchses und erzeugen in manchen Fällen conterganähnliche Mißbildungen. → Narkomanie.

psychische Impotenz → Impotentia.

psychischer Koitus → Koitus.

Psychoanalyse [gr.: psyche = Seele; analysis = Auflösung], die von Sigmund Freud (1856–1939) entdeckte Methode der Diagnostik und Therapie geistiger Störungen. Die wichtigsten Aspekte der P. erscheinen in diesem Lexikon als separate Darstellungen. Hier sei nur kurz auf die Struktur und Denkmethode der P. hingewiesen. Freud hat auf dem Umweg über Helmholtz verschiedene Grundzüge der Hegelschen Dialektik übernommen und zum ersten Mal in die Medizin eingebracht. Er betrachtet das Leben als eine Auseinandersetzung zwischen Lebens- und Todestrieben: die Synthese fällt bei jeder tierischen Art und bei jedem menschlichen Individuum anders aus. Der scheinbare Sieg des Todestriebes (der Tod des Individuums) wird durch den Nachwuchs und durch den verbleibenden Einfluß auf das irdische Leben neutralisiert und überwunden. Ein zweiter dialektischer Prozeß regiert das menschliche Seelenleben in all seinen Aspekten des Denkens, Fühlens und Wollens. Zuerst entwickelt sich jenes dumpfe Suchen nach Lust und ebenso dumpfe Vermeiden der Unlust, das Freud das »Es« nennt. Aus dem Spannungsfeld zwischen Es und Umwelt (mit der Mutter oder Pflegerin als erster und wichtigster Verkörperung dieser Umwelt) entwickelt sich das »Ich« (das Bewußtsein). Aus dem komplizierten Spannungsraum zwischen Es, Ich und Umwelt bildet sich das »Über-Ich« (das Gewissen). In einer außerordentlich subtilen Dialektik entwickelt sich nun die persönliche Eigenart eines jeden Menschen aus dem Widerspruch zwischen Umwelt, Ich, Es und Über-Ich und den Synthesen, die sich zwischen ihnen anbahnen.

Grundsätzlich betrachtet Freud den Sohn als Vater des Mannes, die Tochter als Mutter der Frau. Das heißt, er sieht die Ereignisse der Kindheit (und insbesondere die der frühen und frühesten Kindheit) als bestimmend für das erwachsene Leben. Die wichtigste Beziehung des Menschen ist also die zu seinen Eltern, und der wichtigste Zeitabschnitt dieser Beziehung ist der früheste – jener, in dem Bewußtsein und Gewissen sich noch nicht endgültig gebildet haben.

Freuds wichtigste Entdeckung – eine Entdeckung, gegen die sich gerade die deutsche Mentalität bis zum heutigen Tage bitter wehrt – ist die, daß das menschliche Bewußtsein einerseits und die menschliche Willenskraft andererseits nur begrenzten Einfluß auf das menschliche Denken, Fühlen und Handeln haben. Das Kennzeichen des reifen Menschen, des wirklich zivilisierten Menschen, ist für Freud (ähnlich wie für Brecht) der ständige Selbstzweifel. Nur der Mensch, der seinen eigenen Motiven mißtraut, ist fähig, sich auf sie zu verlassen. Nahezu alles, was wir glauben und »wissen«, ist das Resultat komplizierter innerer Vorgänge, hinter denen sich etwas völlig anderes als das verbirgt, was uns »bewußt« ist.

Als wichtigsten verborgenen Einfluß auf unser Denken, Wollen und Handeln betrachtet Freud die Sexualität. Aber hierunter versteht er etwas anderes als das, was der Volksmund mit Sexualität meint. Für Freud ist alles sexuell, was dem Körper wohltut, vom Stillen des kindlichen Hungers an der Mutterbrust bis zum Trockenlegen des Kleinkindes, vom angenehmen Gefühl des Saugens an der Mutterbrust bis zum Gestreicheltwerden, zum Wiegen in der Wiege, zum Getragenwerden und Umarmtwerden. Das ist aber keine Gleichsetzung von Lust mit Sexuallust oder von Freude mit Sexualfreude, sondern eine berechtigte Zurückführung der Sexualität des Erwachsenen auf ihre kindlichen

Wurzeln. Dabei nennt er das, was der Volksmund als Sexualität ansieht, »Genitalität« und sieht in ihr nur die Kulmination des formativen Prozesses der Sexualität. Wer als Kind nicht gestreichelt worden ist, hat als Erwachsener kein Bedürfnis nach sexuellen Liebkosungen. Viele Formen der Frigidität sind das Resultat mangelnder elterlicher Zärtlichkeit dem Kinde gegenüber. Genau betrachtet ist also die Anschuldigung seiner Zeitgenossen, daß Freud »alles als sexuell« betrachtet, völlig falsch. Im Gegenteil, er betrachtet selbst das, was andere Menschen sexuell nennen, mit der Unschuld des Kindes. Nur sein Vokabular, nicht aber seine Weltanschauung sexualisiert die Welt.

Freuds Therapie besteht in dem Bewußtmachen des Unbewußten. Erst mit dem Verstehen der eigenen verborgenen Motive erreicht der Mensch seine Selbständigkeit, seine Bewegungsfreiheit, seine Reife. → Vorwort, Aggressionsinversion, Aggressionstrieb, Analerotik, Angst, Anonymität, Auge, Befriedigung, Begierde, Destrudo, Distanzliebe, Doppelliebe, Eifersucht, Einverleibung, Ekel, Entwöhnung, Erektionsangst, Familiensklave, Flaschenernährung, Flucht vor der Liebe, Freud, Geburtsangst, Geburtswehen, Gehörsinn, Genitalangst, Genitalhypochondrie, Genitalität, Geruchssinn, Geschädigter Dritter, Geschmackssinn, Gesichtssinn, Harntriebhaftigkeit, Hauterotik, Hörigkeit, Horror sexualis partialis, Hunger und Liebe, Impotenz, Impotenzangst, Introjektion, Kastrationskomplex, Keuschheitsklausel, Lebenstrieb, Liebe und Haß, Lust, Melancholie, Muskelerotik, Mutterfixierung, Mutterrecht, Mutterreligion, Neurose, Oedipuskomplex, Oralerotik, Orgasmus, Paradoxia sexualis, Partialismus, Partialtrieb, Partnerwahl, Patriarchat, Penisneid, Persönlichkeit, Perversion (psychoanalytisch), Prostitution, Pseudolismus, Pygmalionkomplex, Reifungsstufen, Rettung der gefallenen Frau, Scham, Schattenliebe, Schuld, Selbstentmannung, Selbstkastration, Sex-Appeal, Sexualfreiheit, Skotom, Sublimierung, sexuelle Symbolik, Tastsinn, Todestrieb, Trieblehre, Urethralerotik, Weiblichkeit, Zuhälterei, Zwangskrankheiten.

Psychoanalyse und Gesellschaftsordnung. Der größte Fortschritt in der Geschichte der Sexualpsychologie entsprang nicht der Sexualmedizin, sondern der Psychoanalyse. Aber er brachte auch Rückschritte mit sich. Denn die Psychoanalyse, ein Gebäude von bestechender intellektueller Eleganz, widerspricht den Gesetzen der Materie. Sie ist von oben nach unten gebaut, ruht auf keinem realen, verifizierbaren Fundament, hängt vom Dach, statt auf der Erde errichtet worden zu sein. Statt vom Sexualverhalten der Menschheit auf das des Individuums zu schließen, folgerte Freud »allgemeingültige« Daten aus dem Verhalten einer winzigen Anzahl von Patienten. Resultat: Freuds Erkenntnisse beginnen immer mit der Geburt des Individuums und den auf dieses Individuum wirkenden Einflüssen, vor allem denen der Eltern. Daß das Kind aber bereits in eine geformte Welt hineinwächst und daß die Eltern ihrerseits irgendwie geformt worden sind, nimmt Freud zwar wahr, aber er impliziert, daß die Sache bei ihnen genauso gewesen sein müsse: sie seien ihrerseits in der gleichen Weise von ihren Eltern geprägt und beeinflußt worden.

In Wahrheit wird der Mensch aber überhaupt erst als solcher wahrnehmbar, wenn er mit anderen zusammenwirkt. Erst jene → Hominiden, die sich *gesellschaftlich* anders als die anderen Hominiden benommen haben, lassen sich als Menschen definieren. Der Mensch wird nicht durch elterliche Beeinflussung zum Menschen und erschöpft seine Wirksamkeit auch nicht darin, daß er seine Kinder beeinflußt, sondern baut Gesellschaftssysteme, und in jedem dieser Gesellschaftssysteme nimmt das Verhältnis zwischen Eltern und Kindern so unterschiedlicher Formen an, daß jede Verallgemeinerung, die wir beispielsweise aus der patriarchalischen Kleinfamilie ziehen (»Oedipuskomplex«, »Penisneid«, »Kastrationsangst«), ins Leere führt, wenn man versuchen sollte, es auf anders geartete Gesellschaftsordnungen anzuwenden.

Das geniale Gebäude der Psychoanalyse wird aber keineswegs in seiner Bedeutung geschmälert, wenn wir erkennen, daß es zwar in seiner Struktur wahr und korrekt ist, daß die Struktur aber auf dem Kopf steht. Wir müssen sie, damit sie nicht zur Bestätigung des Falschen, sondern zur Auffindung des Richtigen verwendet wird, vom Kopf auf die Beine stellen. Wir müssen erkennen, daß es nicht die Struktur der Psyche ist, die die Struktur der Gesellschaft bestimmt, sondern daß die Gesellschaft die Struktur der Psyche determiniert.

So wie Freud erkannt hat, daß der Erwachsene nicht der Erzeuger des Kindes, sondern das Kind der Erzeuger des Erwachsenen ist, so müssen wir endlich akzeptieren, daß der Mensch nicht der Erzeuger der Gesellschaft, sondern die Gesellschaft die Mutter des Menschen ist. Also ist es auch falsch, wie manche Neofreudianer argumentiert haben, daß eine freie, demokratische, anti-hierarchische Gesellschaft nur aus einer freien, einer nicht-hierarchischen Psyche entstehen kann; richtig ist vielmehr, daß sich eine freie Psyche nur in einer freien Gesellschaft herausbilden kann. Da der Mensch erst durch seinen Eintritt in die Gesellschaft zum Menschen wird, markiert die Gesellschaft das Stadium der Menschwerdung des Menschen. Also markiert auch die Sozialisierung, die Vergesellschaftung des Menschen, das historische Stadium, in dem sich die tierische in die menschliche Psyche verwandelt.

Die Psyche enthält zwar archaische Sedimente, aber trotzdem nichts Ewiges, nichts Absolutes, nicht Unveränderliches. Sie ändert sich mit der Gesellschaftsordnung, in der das Individuum lebt, und sie stellt deshalb in ihrer Struktur das Abbild der Gesellschaftsstruktur dar. Solange die Gesellschaft gespalten ist, solange ist es auch die menschliche Psyche. Solange der Klassenkampf besteht, solange besteht auch der Kampf zwischen Ich und Es, zwischen Trieb und Umwelt, zwischen Oralität, Analität und Genitalität. Als Freud die Unterordnung der Partialtriebe unter den Primat der Genitalität als unerläßlich deklarierte, tat er dies, weil auch seine Psyche – unbewußt wie die aller Menschen – die Struktur der Gesellschaft widerspiegelte, der er verhaftet war. Hätte er die Logik der Psychoanalyse, die Überwindung der Abhängigkeit durch Bewußtmachung des Unbewußten, von der Dynamik der Psyche auf die der Gesellschaft übertragen, so hätte er die Psychoanalyse in ihr letztes und entscheidendes Stadium vorwärtstreiben können und hätte dabei durch Selbstanalyse erkannt, daß sich unbewußt hinter seiner Überzeugung vom notwendigen Primat der einen Erogenzone über die anderen sein Glaube an eine notwendige Herrschaft des Bürgertums über die anderen Klassen, und hinter seinem Glauben an eine unabänderliche Hierarchie von Es, Ich und Über-Ich seine unbewußte Abhängigkeit von einer gesellschaftlichen Dreiklassentheorie verbarg.

psychogen [gr.: psyche = Seele; genes = hervorbringend, hervorgebracht, verursachend, verursacht], seelisch verursacht, seelisch bedingt, vom Inneren der Seele stammend, nicht von außen her beeinflußt, nicht körperlich verursacht. Gegensätze: Somatogen, Soziogen.

Psychogenie, Lehre von den seelischen (nicht körperlichen) Ursachen der Krankheit. Gegensätze: Somatogenie, Soziogenie.

Psychopathia sexualis [gr.: psyche = Seele; pathos = Krankheit; logos = Lehre; lat.: sexus = Geschlecht], ein griechisch-lateinisches Mischwort, das Richard von Krafft-Ebing (1840–1902) 1886 erfand und als Titel seines sexualwissenschaftlichen Pionierwerks über die → Perversionen der Menschheit benutzte. Vgl.: sexuelle Abirrungen, sexuelle Abweichungen, Normalität, Paraphilie, Parerosie, Parhedonie.

Psychosexualität [gr.: psyche = Seele; lat.: sexus = Geschlecht], die seelische Haltung des Menschen zu seiner Geschlechtlichkeit; der seelische Ausdruck des Geschlechtlichen. Der Begriff beruht auf der Entdekkung, daß die körperliche Sexualität des Menschen nicht immer identisch mit seiner seelischen ist: manche Männer fühlen sich als Frauen (ohne homosexuell zu sein), und manche Frauen betrachten sich als Männer (→ Transsexualität). Auch hat es sich herausgestellt, daß fast alle körperlichen Symptome eines sexuellen Leidens seelisch verursacht sind. Mit Ausnahme der → Geschlechtskrankheiten, die auf simpler Infektion beruhen, und einer kleinen Anzahl von organischen Leiden der Genitalien haben sich alle noch vor wenigen Jahrzehnten als somatisch betrachtete Sexualleiden, z.B. → Vaginismus, als psychisches Leiden herausgestellt. Die Psychosexualität ist also die eigentliche Sexualität des Menschen – eine Beobachtung, die auf kein anderes Säugetier, auch nicht auf die anderen → Primaten zutrifft.

psychosomatisch [gr.: psyche = Seele; soma = Körper], seelisch bedingte Störungen des Körpers; körperlich bedingte Störungen der Seele.

psychotrop [gr.: psyche = Seele; trepein = drehen, wenden, richten], auf die Seele einwirkend, gegen die Seele gerichtet.

Pubertät [lat.: pubertas = Mannbarkeit], etymologisch nur die Geschlechtsreife des Knaben, im deutschen Sprachgebrauch aber auch für die des Mädchens benutzt. Im medizinischen Sinn gibt es nicht nur eine, sondern drei Perioden der Geschlechtsreifung. Die erste reicht von der frühen Embryonalzeit bis in das erste Lebensjahr, die mittlere vom dritten bis ins fünfte Lebensjahr, die endgültige von der → Menarche und → Polluarche bis zum ersten Geschlechtsverkehr. In Deutschland liegt diese letzte Phase, die eigentliche P., beim Knaben zwischen dem 9. und 15., bei dem Mädchen zwischen dem 8. und 14. Lebensjahr, in den wärmeren Zonen jedoch weit früher. Auch bei uns besteht seit Ende des 19. Jahrhunderts eine Tendenz zu einer früheren P. Aus der Tatsache, daß zwischen dem dritten und dem fünften Lebensjahr bereits ein pubertätsähnlicher Schub der geschlechtlichen Reifung eintritt, zog Sigmund Freud (1856–1939) die Folgerung, daß es unter den Vorfahren des Menschen ein primatenähnliches Säugetier gegeben haben müssen, das seine Geschlechtsreife mit fünf Jahren erreichte. Zwischen den drei Reifungsphasen des Menschen liegen Latenzperioden, in denen der Kontrollmechanismus gebildet wird, der das Sexualleben in seiner familiären und gesellschaftlichen Beziehung bestimmt (Scham, Ekel, Mitgefühl, Gewissen, Pflichtgefühl). Hierbei werden sexuelle Kräfte von ihrem eigentlichen Ziel losgelöst und auf gesellschaftliche, kulturelle und zivilisatorische Ziele hingelenkt. Eine allzu frühe P. ist gefährlich, weil sie zu einer Durchbrechung, Verkürzung oder Aufhebung der zweiten Latenzperiode führen kann. Die Frühreife veranlaßt Störungen, die einerseits wegen des unfertigen Zustandes der Sexualhemmungen, andererseits infolge des unentwickelten Genitalsystems den Charakter von sexuellen Infantilismen, also von Perversionen annehmen können. Vgl.: Akzeleration, Puberale Amnesie, Reifungsstufen.

Puer sanctus [lat.: heiliger Knabe], jugendlicher Tempeldiener im alten Rom, der sich der homosexuellen Tempelprostitution hingab. Vgl.: Galli, Homosexualität, Kedeschim, Päderastie, Tempelprostitution, ritueller Transvestitismus.

Puerilismus [lat.: puerilis = kindlich], der perverse Wunsch, als Säugling oder Kind behandelt zu werden. Der Patient will beim Geschlechtsverkehr Kinderkleidung tragen, will mit einem kindlichen Kosenamen angesprochen und in Fällen, wo Masochismus zum P. hinzukommt, für seine Unarten bestraft werden. Der extremste, aber auch bezeichnendste Fall der Fachliteratur wird von der Angestellten eines »Massagesalons« berichtet, deren Stammkunde sich als Säugling gebärdete, sich seine Genitalien von ihr mit Babypuder einstreuen und massieren ließ, um endlich zum Orgasmus zu kommen, wenn sie ihn »an die Brust legte«. Vgl.: Autopädophilie, Erziehungsmasochismus.

Puffmutter, im Volksmund heute der fast ausgestorbene Beruf der Bordell-Madame. Zu anderen Zeiten hieß sie → Abbesse, Äbtissin, Ausschütterin, Blondinenlieferantin, Einheimerin, Einstößerin, Frauenmeisterin, Frauenwirtin, Hushelterin, Magistra, Rippelreiger, Trüllerin, Verwerrin und so fort. Die erfolgreiche P. war stets eine Frau von hoher Intelligenz, die zwar manchmal (wenn auch nicht immer) als Prostituierte begonnen hatte, aber während ihrer Zeit als Bordellchefin fast nie mehr als Prostituierte tätig war und oft einen abstinenteren Lebenswandel als manche Ehefrau führte. Vgl.: Alcahueta, Appareilleuse, Aufführdame, Bordellbesitzerin, Chaperonnière, Duegna, Maquerelle, Matrones, Regina bordelli.

Pulion, ein über ganz Europa verbreitetes Wort des Mittelalters, das → Zuhälter oder Kuppler bedeutete. Vgl.: Alphonse, Amicus, Aufmacher, Bärentreiber, Frauenmeister, Frauenwirt, Freihat, Freiwirt, Hakkerbub, Hurenwirt, Jungfernschaftsprokurist, Kappelbub, Krameltreiber, Louis, Lude, Ludewig, Pilger, Plattenbruder, Purlierer, Sponsierer, Stenz, Strawanzer, Strizzi, Töchterwirt, Zutreiber.

Pumea, rituelle Transvestiten in Laos. Sie sind Männer, tragen Frauenkleidung und dienen der passiven Homosexualität als Priester. Vgl.: Achnutschik, Basir, Basm, Batscha, Berdache, Bote, Epanga, Galli, Homosexualität, Kedeschim, Knabenehe, Mujadores, Ovashengi, Päderastie, Puer sanctus, Schupan, Tempelprostitution, ritueller Transvestitismus, Tschukadn.

Puppe [lat.: pupa = kleines Mädchen], für Kinder ein Spielzeug, für Künstler ein Symbol, für Fetischisten ein Liebesobjekt. Das Kind, besonders das Mädchen, lernt an der P. ihre Beziehungen zur Umwelt aufzubauen. Die P. ist meist das erste Du, über das das Kind eigene Kontrolle ausübt, also das Modell, an dem es Pflicht und Verantwortung erlernt. Für den Knaben ist die P. meist ein Studienobjekt, um zu lernen, wie der Mensch funktioniert. Er verärgert seine Eltern, indem er die P. auseinandernimmt. Aber gerade darin liegt ihr Lehrzweck. Hat der Knabe kein Spielzeug, das er auseinandernehmen kann, so tötet er manchmal ein anderes Kind; nicht aus Sadismus, nicht aus Mordlust, auch nicht aus sexuellen Gründen, sondern aus Wissensdrang. Armand Mergen hat für diese Kinder den Begriff der »Neugier-Totmacher« geprägt (→ Tötungsdelikte von Kindern und Jugendlichen).
Für den Künstler ist die P. oft ein Symbol der Anonymität, der Auswechselbarkeit von Körperteilen und der Deformation. Vgl.: besonders die Arbeiten von Hans Bellmer (* 1902) und Eberhard Schlotter (* 1921). Für Fetischisten gibt es seit dem Altertum Onanierpuppen aller Größen und beider Geschlechter. Oft wird aber auch eine auserwählte P. wie ein Mensch geliebt, ohne daß es dabei zur Masturbation kommt. Der Puppenfetischist ist auf eine bestimmte P. aus seiner Kindheit fixiert und versucht nun, die Freuden der Kindheit noch einmal mit einem ähnlichen Liebesobjekt zu erleben. Im Puppenfetischismus wird der infantile Charakter des Fetischismus besonders deutlich. → Fetischismus, Ikonolagnie, Monumentophilie, Pygmalionismus, Statuenliebe, Statuophobie, Venus statuaria.

Purlierer nannten die gebildeten Leute des Mittelalters den → Zuhälter. Vgl.: Alphonse, Amicus, Aufmacher, Bärentreiber, Frauenmeister, Frauenwirt, Freihat, Freiwirt, Hackerbub, Hurenwirt, Jungfernschaftsprokurist, Kappelbub, Krameltreiber, Louis, Lude, Ludewig, Pilger, Plattenbruder, Pulion, Sponsierer, Stenz, Strawanzer, Strizzi, Töchterwirt, Zutreiber.

Pygismus [gr.: pyge = Gesäß], Pedicatio, ein von Gustav Jäger geprägtes

Synonym für → Analkoitus. Vgl.: Analerotik, Bougre, Catamitus, Coitus in anum, Collegium sodomitarium, Gesäßerotik, Homosexualität, Immissio penis in anum, Natesfetischismus, Pedicatio, Pfählung, Proctolagnie, Sodomie, Spinatstecher.

Pygmalionismus, nach dem mythischen König Pygmalion von Zypern, der eine Frauenstatue aus Elfenbein anfertigte und sich so in sie verliebte, daß die Göttin Aphrodite ihr Leben einhauchte. Diese Legende ist von zahlreichen Autoren und Künstlern behandelt worden, zuletzt in dem Musical *My Fair Lady*, dessen ursprünglicher Titel in der Bühnenfassung von G. B. Shaw auch *Pygmalion* lautete. In der Sexualwissenschaft versteht man unter P. die Statuophilie, die sexuelle Fixierung auf eine bestimmte Statue oder auf Statuen im allgemeinen. In der sexologischen Fachliteratur finden sich zahlreiche Fälle von Menschen, die mit Statuen zu kohabitieren versuchten oder mit ihnen onanierten. Bloch und Eulenburg wollen auch die Vorliebe gewisser Menschen für sogenannte lebende Bilder als P. bezeichnen, also für nackte Darstellungen unbewegter Figurengruppen, wie man sie früher in Bordellen, später auf der Bühne und jetzt manchmal in Striptease-Lokalen findet. Hierbei werden Männer und Frauen so mit weißem Puder oder Goldstaub bedeckt, daß sie wie Marmor- oder Bronzestatuen aussehen. Manche Sexualwissenschaftler glauben in dem Verlangen, daß die Darsteller solcher Figuren »wie tot« sein sollen, eine Form der → Nekrophilie zu sehen. Hirschfeld wollte das Wort P. nur für diejenigen Menschen gelten lassen, die bei der *Anfertigung* von Statuen oder Bildern sexuelle Befriedigung empfangen, also nur für Künstler, Bildhauer, Aktphotographen, deren Schöpfungsakt ungenügend sublimiert ist. → Abortkritzelei, Graffiti, Ikonolagnie, Monumentophilie, Puppe, Pygmalionkomplex, Statuenliebe, Statuophilie, Venus statuaria, Wunschzeichnung.

Pygmalionkomplex, eine Form des Narzißmus, die darauf beruht, daß der Patient sich nur in diejenigen Menschen verlieben kann, die er selber »gemacht« hat. Das gilt oft für die Beziehung zwischen Maler und Modell, Regisseur und Schauspieler, Trainer und Sportler, Arzt und Patient, Friseur und Kunde, Couturier und Manequin. Gabriele Parca hat einmal über ihr Volk, die Italiener, gesagt, daß sie an einem Pygmalion-Komplex litten, weil sie niemals einen anderen Menschen, sondern stets nur die narzißtische Projektion ihrer selbst liebten. Aber das trifft auf mehr als ein Volk zu: es ist vielleicht die häufigste Neurose des 20. Jahrhunderts. → sexuelle Symbolik. Vgl.: Pygmalionismus.

Pyosalpinx, ein Eitersack am Eileiter. Er kann verschiedene Ursachen haben, ist aber meist eine Folge der → Gonorrhöe.

Pyromanie [gr.: pyr = Feuer; mania = Wahnsinn], Brandstiftungssucht. P. mag entweder sadistische oder fetischistische Gründe haben, seltener auch eine masochistische Komponente, die sich in der Brandstiftung am eigenen Eigentum äußert. Häufiger ist die sadistische Komponente, die sich am Leid anderer Menschen entfacht – an deren Verbrennen, deren Brandwunden und deren Eigentumsverlust. Selbst in dieser sadistischen Form unterliegt die P. einer fetischistischen Komponente, dem → Hitze- oder Feuerfetischismus. Auffallend ist, daß pubertierende Jugendliche, und zwar sowohl männliche wie weibliche, häufig Brandstiftungen begehen. Bei weiblichen spielt die Menstruation eine Rolle. Fehlt ein Rachemotiv, ist es reine Lust am Feuer und Freude am Glitzernden, die schwachsinnige Menschen oft zu einer Brandstiftung führt. Der Jugendliche, der einmal einen Brand mit seinen ganzen Erregungen gesehen hat, versucht manchmal, sich durch Brandstiftung diese Erregungen von neuem zu verschaffen. Den Verdacht, daß die Lust am Feuer eine sexuelle Rolle spielt, erweckt die wiederholte Brandstiftung ohne jegliches sonstiges Motiv, d.h. ohne Veranlassung, sich an einem Gegner zu rächen, insbesondere wenn Brandstiftungen trotz schwerer Bestrafung nach der Entlassung aus dem Gefängnis von neuem begangen werden. Oft geht eine ängstliche Verstimmung dem Delikt voraus. Straßmann zitiert den Fall eines mehrfach wegen Brandstiftung bestraften Patienten. Bei jedem Brand empfand er Lustgefühle, es kam auch gelegentlich zur Erektion, wenn auch nicht zum Samenerguß. Er meldete die Brände, beteiligte sich selbst am Löschen, gab die P. zu, behauptete, nicht anders handeln zu können, weil er einen so starken Drang verspürte, sich durch eine Brandstiftung Befriedigung zu verschaffen. Jedesmal war ein Streit mit der Frau und stärkerer Alkoholgenuß der Tat vorausgegangen, jedesmal wurden Häuser gänzlich unbeteiligter Personen angesteckt, die letzte Brandstiftung erfolgte drei Monate nach der Entlassung aus dem Zuchthaus. → Brandstiftung, Hitzefetischismus, Pyrophobie.

Pyrophobie [gr.: pyr = Feuer; phobia = Angst], Feuerangst, Feuerhaß. Eine pathologische Inversion der → Pyromanie. Vgl.: Hitzefetischismus.

Q

Quartier Bréda, Mitte des 19. Jahrhunderts das Pariser Hurenviertel um die Place Pigalle.

Quecksilber, jahrhundertelang das einzige wirksame Syphilisheilmittel. Allerdings wurden durch Überdosierung mindestens ebenso viele Patienten vergiftet wie geheilt. Man gab Q. als Einreibung (Schmierkur), Einspritzung, Einnahme und Inhalation. → Syphilis.

Quelle der Sexualität → Sexualquelle.

Quintilla [lat.: Quintilis = Juli], die Julisekte, eine tribadische Sekte des Mittelalters. Vgl.: Anandrynes, Désirantes, Freidamenorden, Goldene Orchideengesellschaft, Medusenorden, Ordre des Aphrodites, Sahhaquat.

R

Radig, la Mère, die Besitzerin eines Lokals auf der Barrière du Combat in Paris gegen Mitte des 19. Jahrhunderts. Bei ihr trafen sich Arbeiter und Arbeiterinnen, Maler und Dichter, Huren und Cancan-Tänzerinnen.

Ranelagh, der berühmteste Londoner → Lustgarten im 18. Jahrhundert. 1690 von Richard Ranelagh, dem Zahlmeister der königlichen Regimenter, als Privatgarten seines Hauses im heutigen Distrikt Chelsea angelegt, wurden Haus und Garten 1733 von Lacey, dem Pächter des Drury-Lane-Theaters angekauft, der nun William Jones, den Chefarchitekten der East India Company, verpflichtete, das Gelände in einen Lustgarten zu verwandeln. Am 5. April 1742 wurde der Park dem Publikum zu dem damals sehr hohen Eintrittspreis von einem Shilling zur Verfügung gestellt. Der Erfolg war jedoch so erstaunlich, daß der Preis erst auf 18 Pence, dann auf zwei Shilling und endlich auf eine halbe Krone heraufgesetzt wurde. Hierfür erhielt man aber auch Tee, Kaffee, Brot und Butter. An Feuerwerksabenden stieg der Preis gar auf drei Shilling, und an »Masken-Abenden«, die allerdings nur von der Aristokratie besucht wurden, berechnete man eine Guinea für den Herrn und eine halbe Guinea für die Dame. In dem Zentralgebäude, der sogenannten Rotunda, fanden Konzerte statt, und aus der Pausenpromenade dieser Konzerte entwickelte sich die Parade der Prostituierten, die bald zur Hauptattraktion des Gartens wurde. Der achtjährige Mozart gab hier ein Konzert, der Chevalier d'Éon focht hier sein Duell mit Sainville aus, Garnerin und Snowdon stiegen von hier mit ihrem Ballon auf, Thomas Todd stieg im ersten Taucheranzug der Geschichte ins Wasserreservoir des Gartens hinab und kam schnell wieder hoch, weil er seine Lampe vergessen hatte. Aber die Hauptattraktion waren und blieben die Girls und Fair Ladies, die den Garten bis zum 30. September 1805 bevölkerten. Dann wurde das Gelände verkauft und die Rotunda abgerissen.

Rauschsucht → Narkomanie.

Realitätsprinzip, nach Sigmund Freud der Widerpart des → Lustprinzips, das er in seiner ersten Triebtheorie als Partner und Gegenpol des R. bezeichnet. Das → Ich ist nach dieser Theorie eine unter dem Einfluß des Realitätsprinzips erzeugte Differenzierung des Es. Der Säugling erwartet Befriedigung seiner Wünsche und entdeckt, wenn er nicht genau dann gefüttert, trockengelegt, gewiegt, gestreichelt und geliebkost wird, wann er will, daß es besser ist, das anzunehmen, was real aber unbefriedigend ist, als das anzustreben, was befriedigend aber irreal ist. Als Resultat bilden sich die »Kulturfähigkeiten« heraus: Erinnern, Abwägen, Probieren, Entscheiden. Diese Ansicht ist von der heutigen Sexualpsychologie in Frage gestellt worden. Denn was wäre, wenn die kindlichen Wünsche durch das Lustprinzip, statt des R. reguliert worden wären? Wären sie dann nicht in genau der gleichen Weise auf das Reale gerichtet? Wenn das Kind tatsächlich irgendwelche von der realen Befriedigungsmöglichkeit abweichenden Bedürfnisse hätte, wieso kommt es dann dazu, jemals ein reales Objekt aufzusuchen?

Receveur des filles communes [frz.: Pächter der öffentlichen Mädchen], in den französischen Städten des Mittelalters der Stadtbeamte, der sich mit den Freudenmädchen befaßte. Seine Aufgabe bestand in der Einziehung der → Prostituiertensteuern, der gesundheitlichen Beaufsichtigung der Prostituierten und ihrer Verteidigung gegen Ausbeutung und Unrecht. Denn sie waren ja nach mittelalterlichem Standesrecht rechtlos, da sie keinem anerkannten Stand angehörten. → Corte delle meretrici. Vgl.: Ammeisterknecht, Bettelherr, Capita sexteriorum, Frauenrichter, Gewaltbote, Hurenhaber, Hurenweibel, Profoß, Roi des ribauds.

Recht auf Liebe → Liebe.

Regenmäntel haben einen sexuellen Reiz, dessen Grund bisher niemals eindeutig geklärt worden ist. Die versuchten Erklärungen sind nicht überzeugend. Einerseits wird die Analogie zum → Uniformfetischismus oft erwähnt (die ersten Regenmäntel waren Trenchcoats, englische Offiziersmäntel des Ersten Weltkriegs). Andererseits zitiert man die Analogie zum → Gummifetischismus und seinen sadomasochistischen Anklängen (der Gummi bindet, schnürt ein, fesselt usw.) Endlich mag es Verbindungen zum → Exhibitionismus geben, denn der männliche Exhibitionist trägt fast stets einen Mantel und besonders oft einen Regenmantel. Vgl.: Adhärenzfetischismus, Fetischismus, Kleidungsfetischismus, Korsettfetischismus, Transvestitismus.

Regina bordelli [Mittellat.: Bordellkönigin], im Spätmittelalter die von der Innung der Huren einer Stadt frei gewählte Aufseherin über den städtischen Bordellbetrieb. Die R. b. wurde von der Stadtverwaltung bestätigt und vereidigt. Sie hatte das Recht und die Pflicht, »Winkeldirnen« und »Stadtkinder« (in der eigenen Stadt geborene Huren) auszuweisen. In Zurzach am Rhein tanzte der Landvogt von Baden zweimal pro Jahr feierlich mit der R. b., um den → Matzentanz einzuleiten. → Abbesse, Äbtissin, Frauenmeisterin, Frauenwirtin, HusHelterin,

Magistra.

regredieren [lat.: regredior = zurückkehren, zurückgehen], im Vokabular der Psychoanalyse: zu einer überwundenen Stufe der kindlichen Sexualentwicklung zurückkehren. Im psychosexuellen Sinne: rückfällig werden, auf psychosexuelle Infantilismen zurückfallen.

Regression, ein von Sigmund Freud geprägter Begriff, der den Rückfall auf frühere Stadien der Psychosexualentwicklung, des Denkens, der Objektbeziehungen und des Verhaltens ausdrücken soll. Er ist besonders wichtig in der Diagnose der sogenannten → Perversionen. Denn alle vom heterosexuellen Koitus abweichenden Sexualpraktiken sind nach Freuds Meinung psychosexuelle Infantilismen, die sich mit absoluter Eindeutigkeit als → Fixierungen auf eine bestimmte Entwicklungsstufe der menschlichen Sexualität, also als Hängenbleiben auf dieser Stufe oder als Rückfall auf diese, identifizieren lassen. Auch Geisteskrankheiten lassen sich in der gleichen Weise als Regressionen auf überwundene Stadien der psychischen Entwicklung diagnostizieren. Der Katatone kehrt in den fötalen Zustand zurück, der Schizophrene regrediert auf den Säuglingszustand, der Zwangsneurotiker fällt auf die → anale Phase zurück.

Rehane, Orgien Kaiser Karls IV., bei denen pluralistischer Sexualverkehr stattfand. Vgl.: Adamsfeste, Hirschpark, Petit Ermitage, Petite Société, Kreisorgie, Orgie, Pluralismus, Schauorgie.

Reifungsstufen des Menschen, die Phasen, die er von der Konzeption bis zum Tode durchschreitet. Die folgenden Zahlen beziehen sich auf die BR, nicht auf andere europäische Länder und ganz und gar nicht auf die Tropen:

1. Befruchtung:
   a) Blastogenese (Konzeption bis Tag 15)
   b) Embryogenese (Tag 16 bis 75)
   c) Frühe Fetalentwicklung (Tag 76 bis 180)
   d) Spätere Fetalentwicklung (Tag 181 bis Geburt);
2. Geburt;
3. Aufrechte Haltung (Ende des 1. Lebensjahres);
4. Erste geschlechtliche Reife (3. bis 5. Lebensjahr);
5. Erster Gestaltwandel (6. Lebensjahr);
6. Erstes Auftreten der akzessorischen Geschlechtsmerkmale (7.–8. Lebensjahr)
7. Menarche beim Mädchen (8.–14. Jahr), Polluarche beim Knaben (9.–15. Jahr);

8. Maturität der akzessorischen Geschlechtsmerkmale (14.–15. Jahr);
9. Erwachsensein (18.–50. Jahr);
10. Menopause der Frau (45. bis 55. Jahr. Die Ziffer sinkt jährlich);
11. Ende der männlichen Potenz (70. bis 80. Jahr. Die Ziffer sinkt jährlich);
12. Tod.

Die außerordentlich lange Reifezeit des Menschen geht wahrscheinlich auf eine Mutation zurück, die ihn zu einem Wesen gemacht hat, das habituell zu früh gebiert. Die menschliche Schwangerschaft entspricht nicht der vollen Tragezeit, die einem Säugetier von der Organisationshöhe des Menschen angemessen wäre. Erst am Ende des ersten Lebensjahres ist der Mensch biologisch so weit entwickelt wie die ihm nächst verwandten Säugetiere, die Schimpansen und Gorillas. Andererseits läßt die Tatsache einer Pseudopubertät um das vierte Lebensjahr die Vermutung zu, daß es unter den Vorfahren der menschlichen Art ein Säugetier gegeben haben muß, das zu diesem Lebensalter geschlechtsreif wurde.

Reinlichkeitsfanatismus, eine Überkompensation der kindlichen Kotliebe, die zu einer verkappten Schmutzliebe wird. Pierre Janet wies bereits im vorigen Jahrhundert darauf hin, daß es kein schmutzigeres Zimmer als das einer Neurotikerin gibt, die an R. leidet. Er beschreibt eine 43jährige mysophile Frau, die aus Angst vor Bazillen das ganze Haus unbewohnbar machte. Sie erlaubte nicht, daß das Stubenmädchen ihre Wäsche in die Hand nahm; die Bettwäsche wurde ein Jahr lang nicht gewechselt. Sie duldete nicht, daß man ihr nahekam oder sie gar berührte. Ihre Haare waren 18 Monate nicht gekämmt, das Zimmer war nie gelüftet worden; es durfte nicht gekehrt werden, aus Angst, die Bazillen könnten aufgewirbelt werden. So führte die scheinbare Angst vor dem Schmutz den Schmutz herbei. → Waschzwang, Zwangskrankheiten.

Reitgerte, eines der beliebtesten sadomasochistischen Instrumente. Man kann damit schlagen und Schmerz bereiten. Man kann den anderen demütigen, indem man ihn zum Tier herabsetzt. Man kann die typisch sadomasochistische Neigung zum → Lederfetischismus befriedigen. Die R. »schlägt« also sozusagen drei Fliegen mit einer Klappe. Vgl.: Hundeleine, Maulkorb, Sattel, Sporen, Zaumzeug. → Auspeitschung, Brennessel, Flagellation, Geißler, Peitsche, Rutenschlagen, Stock.

Reizinstrumente, sexuelle, Instrumente, die über den Penis gezogen oder in die Vagina eingefügt werden, um den Koitus für den anderen Geschlechtspartner lustvoller zu gestalten. Alle über den Penis gestülpten oder in ihn eingefügten R. haben den Zweck, ihn größer zu machen oder die Oberfläche aufzurauhen. Hierzu dienen im Westen die sogenannten Reizkondome, die aus Gummi oder Plastik hergestellt werden und eine Anzahl biegsamer Stacheln, Saugnäpfe und Protuberanzen tragen, die die Reibung an der Klitoris und in der Vagina verstärken. (→ Ampallang, Bague de la Chine, Blinde Raae, Guesquel, Kabutodama, Kabutogata, Kampiong, Penisinkrustation, Persimbraon, Zuiki.) Während diese Instrumente dem Mann, der sie trägt, keinen Reiz vermitteln, sondern im Gegenteil eher zu einer Reizverminderung führen, haben die Reizinstrumente, die in die Vagina eingeführt werden, den eigentümlichen Effekt, daß sie der Trägerin mehr Wollust geben als dem Mann, für den sie bestimmt sind. Hierzu gehören vor allem die → Klingelkugeln, die in die Vagina eingeführt werden, um den Druck des Penis auf die Uteruswand zu verstärken. In diesem Sinne dienen sie also als eine Art Penisverlängerung. Da sie aber mit Quecksilber oder mit kleinen zwischen Metallzungen schwingenden Metallkügelchen gefüllt sind, verwandeln sie gleichzeitig die kolbenartige Bewegung des Penis in eine vibrierende, oszillierende Schwingung, die sich sowohl auf die Penisspitze wie auf den ganzen Unterleib der Frau überträgt und eine eigentümliche Sensation bereitet, die nur mit der des elektrisch betriebenen »Massagestabs« oder »Vibro« verglichen werden kann, dem modernsten aller R. Es existiert in zwei Modellen – für den Mann und für die Frau – und gehört eigentlich in die Gruppe der → Selbstbefriedigungsinstrumente. Die meisten Klingelkugeln werden in Japan hergestellt. → Boule érotique, Rinotama.

Religion und Sexualität → Agape, Anachoreten, Askese, Beguinen, Bicêtre, Blasphemie, Bon Pasteur, bekehrte Buhlerinnen, Bulgaren, Bußdisziplin, Caritas, Casa de las arrepentidas, Convertite, Dominae poenitentes, Erbsünde, Erkenntnis, Filles-Dieu, Geißler, Gnosis, Haus der Büßerinnen, Illuminate, Karezza, Katharer, Kedeschim, Madelonettes, Magdalenenhäuser, Magistra, Maison de Sainte-Pélagie, Manichäismus, Pentite, Saint-Lazare, Salacitas, Schuld, Sorores de la penitentia, Zölibat.

Rempardeuses [frz.: rempart = Stadtmauer, Festungswall], im Frankreich des 19. Jahrhunderts die Soldatenhuren, die die Stadtmauern und Festungswälle bevölkerten und sich dort den Soldaten verkauften. Das deutsche Synonym ist »Wallrutscher«, das besonders in Berlin und

Potsdam populär war. Vgl.: Landsknechtsweiber, Landstörzerin, Marketenderin, Soldatenhure.

Rendez-vous [frz.: trefft euch], das Liebestreffen zweier Menschen. Fast alle Sprachen der westlichen Welt haben diesen Ausdruck aus dem Französischen übernommen. Da dem Wort aber der Klang des Verbotenen anhaftet und da es heute eigentlich kaum noch Gründe gibt, selbst voreheliche oder außereheliche Liebschaften zu verbergen, beginnt der Begriff des R. allmählich seinen Sinn zu verlieren.

Renifleur [frz.: Schnüffler], Geruchsfetischist, der seine Befriedigung in öffentlichen Bedürfnisanstalten sucht. Ähnlich wie ein Hund findet er seine Lust im Beriechen des Urins anderer Wesen. Es gibt homosexuelle R., die niemals auffallen, weil sie nur die öffentlichen Toiletten ihres eigenen Geschlechts aufsuchen. Die heterosexuellen R. dagegen werden oft in Damentoiletten festgenommen. Der Geruch des Urins und der Fäkalien gehört zu den sogeannten Kaprylgerüchen. All unsere Parfums sind auf solchen Zersetzungsprodukten aufgebaut (Moschus, Ambra). Obgleich die meisten Menschen den Urin- und Fäkalgeruch abstoßend finden, ist es nicht überraschend, daß ebensoviele Menschen den Geruch von Schweiß, Vaginalsekret und Samen anziehend finden, wenn er bei dem oder der Geliebten wahrgenommen wird. Die chemische Zusammensetzung all dieser Gerüche ist sehr ähnlich. Deshalb ist es eigentlich selbstverständlich, daß Menschen mit besonders fein entwickeltem Geruchssinn an Urin und Fäkalien Geschmack finden. Der Feinschmecker liebt ja auch besonders die zersetzten Nahrungsmittel: lange abgehangenes Fleisch, Wild, Käse, saure Sahne, chinesische Eier usw. → Épongeur, Koprophagie, Skatophagie, Soupeur, Urophagie, Uropotie.

Rentenkonkubinat, das unverheiratete Zusammenleben zweier Menschen, die nur deshalb nicht heiraten, weil der eine oder andere bei einer Heirat seine Alters-, Witwen- oder andere Rente verlöre. Die Kirchen, besonders in Österreich, haben seit Jahrzehnten gegen eine Rentenordnung argumentiert, die diese Form des Konkubinats hervorruft. → Onkelehe.

Reproduktion, menschliche [lat.: re = wieder; productio = Erzeugung], die »Wiedererzeugung« der Menschheit, die Erzeugung des menschlichen Nachwuchses, der ökonomische Aspekt der menschlichen Fortpflanzung. Im Vorwort zur ersten Auflage (1884) seines Buches *Der Ursprung der Familie, des Privateigentums und des Staats* schreibt Friedrich Engels: »Nach der materialistischen Auffassung ist das in letzter Instanz bestimmende Moment in der Geschichte: die Produktion und Reproduktion des unmittelbaren Lebens. Diese ist aber selbst wieder doppelter Art. Einerseits die Erzeugung von Lebensmitteln, von Gegenständen der Nahrung, Kleidung, Wohnung und den dazu erforderlichen Werkzeugen; andererseits die Erzeugung von Menschen selbst, die Fortpflanzung der Gattung.« Cunow und sogar Kautsky haben den Denkfehler sofort angeprangert, und in der autorisierten Ausgabe des Dietz Verlags in Berlin erscheint deshalb heute auch stets der redaktionelle Hinweis: »Hier ist Engels eine Ungenauigkeit unterlaufen, insofern er die Fortpflanzung der Gattung und die Erzeugung von Existenzmitteln nebeneinanderstellt als die Bedingungen, die die Entwicklung der Gesellschaft und der gesellschaftlichen Einrichtungen bestimmen. In seinem Werk… zeigt jedoch Engels selbst an Hand der Analyse des konkreten Materials, daß die materielle Produktionsweise der Hauptfaktor ist, der die Entwicklung der Gesellschaft und der gesellschaftlichen Einrichtungen bedingt.«

Eben diese Ungenauigkeit ist von manchen Feministinnen, so z.B. von Hodee Edwards, Mariarose dalla Costa und Hannelore Mabry übernommen worden und stellt einen ideologischen Schwachpunkt der feministischen Ideologie dar. Wenn der Mensch nicht koitiert, so mag er neurotisch werden, aber er bleibt am Leben. Kriegt er aber nichts zu essen, so stirbt er. Was ihn vor dem Tode bewahrt und den Geschlechtsverkehr überhaupt erst ermöglicht, ist die *Basis*. Alles andere – also auch das Sexuelle – gehört zum *Überbau* der menschlichen Gesellschaft.

Man mag einwenden, daß das zwar auf das Individuum, nicht aber auf die Gesellschaft zuträfe, da diese aussterben würde, wenn zwischen ihren Mitgliedern keine sexuellen Beziehungen bestünden. Aber diese Beziehungen werden erst dann möglich, wenn die Gesellschaft sich ernährt, wenn sie *produziert*. Der Denkfehler, daß die Reproduktion das primäre, die Produktion das sekundäre sei, taucht in der feministischen Bewegung dort auf, wo der Akt des Gebärens als erste Form der Produktion erfaßt wird. Und da er als ökonomische Leistung ohne Mitwirkung des Mannes gewertet wird, erscheint die Frau als »Urproduzentin«, als diejenige, die »den Produzenten produziert«. Das ist ein Fehlschluß, denn auch die Produzentin muß leben, und sie kann nicht leben, wo keine Produktion stattfindet.

Repulsionskräfte, sexuelle [lat.: repulsio = Abwehr], beziehen sich entweder auf gewisse Eigenschaften bestimmter Menschen und erweisen sich dann als → Antifetischismus, oder sie richten sich gegen das andere Geschlecht im allgemeinen und stellen dann meist eine latente → Homosexualität dar. Eine dritte Form der Repulsion ist sadistisch motiviert und zeigt sich in dem Zwang, den Geschlechtspartner zu beschimpfen, zu mißhandeln oder zu töten. Im Gegensatz zum echten → Sadismus kommt es aber niemals zu solchen Handlungen; stattdessen verzichtet der Patient auf den Geschlechtsverkehr, indem er sich selbst das Alibi gibt, daß er dies nur tue, um den anderen Menschen nicht zu verletzen. Die tatsächliche Triebbefriedigung besteht hier in dem inneren Kampf mit den eigenen Trieben, also in einer Art geistigem Autosadismus. → Abstinenz, Abwertung, Angoisse de toucher, Askese, Cypridophobie, Délire de toucher, Ehemetritis, Ehescheu, Erektionsangst, Enthaltsamkeit, Flucht vor der Liebe, Genitalangst, Horror sexualis partialis, Idiogamie, Keuschheit, Koitusangst, Liebeshaß, Ligatur, Misogamie, Misopädie, Scham, Sexualhypochondrie, Sexualmoral, Sexualneurose, Venereophobie, Zölibat, Zwangskrankheiten.

Restriktionen, sexuelle → Sexualrestriktionen, sexualrestriktive Gesellschaftssysteme.

Rétifismus, nach dem Schuhfetischisten Nicolas-Anne Edmé Rétif (1734–1806), der sich nach dem Namen des Farmhauses La Bretonne, in dem er geboren wurde, das Pseudonym Restif de la Bretonne zulegte und unter diesem Namen eine Anzahl von Romanen und autobiographischen Werke schrieb, die alle dem → Schuhfetischismus huldigten. In seiner Autobiographie *Monsieur Nicolas* sagt er: »Von der heftigsten, ganz abgöttischen Leidenschaft für Colette fortgerissen, wähnte ich sie leiblich zu sehen und zu fühlen, indem ich die Schuhe, die sie eben noch getragen hatte, mit meinen Händen betastete. Ich drückte meine Lippen auf das eine dieser Kleinode, während mir in einem Anfall von Raserei das andere das Weib ersetzte... Dieser bizarre, wahnsinnige Genuß schien mich – wie soll ich sagen? – auf geradem Wege zu Colette selbst zu führen.« Restif stellte den Typ des reinen Schuhfetischisten dar, frei von jener sadomasochistischen Komponente, die den Schuhfetischismus und Lederfetischismus so oft begleiten. Er zitterte vor Lust beim Anblick von Frauenschuhen, errötete vor ihnen, als seien sie deren Besitzerinnen, sammelte zahllose Schuhe und Pantoffeln seiner Geliebten, beroch sie, küßte sie und masturbierte bisweilen auch in sie hinein.

Rettung der gefallenen Frau, ein neurotischer Wunsch, der sich mit erstaunlicher Regelmäßigkeit seit Jahrhunderten im Benehmen gewisser

Männer abgezeichnet hat. Freud sagt: »Der Mann ist überzeugt, daß die Geliebte seiner bedarf, daß sie ohne ihn jeden sittlichen Halt verlieren und rasch auf ein bedauernswertes Niveau herabsinken würde. Er rettet sie also, indem er nicht von ihr läßt. Die Rettungsabsicht kann sich in einzelnen Fällen durch die Berufung auf die sexuelle Unverläßlichkeit und die sozial gefährdete Position der Geliebten rechtfertigen; sie tritt aber nicht minder deutlich hervor, wo solche Anlehnungen an die Wirklichkeit fehlen... In Wirklichkeit hat das Rettungsmotiv seine eigene Bedeutung und Geschichte und ist ein selbständiger Abkömmling des Mutter- oder, richtiger gesagt, des Elternkomplexes. Wenn das Kind hört, daß es sein Leben den Eltern verdankt, daß ihm die Mutter ›das Leben geschenkt‹ hat, so vereinen sich bei ihm zärtliche mit großmannssüchtigen, nach Selbständigkeit ringenden Regungen, um den Wunsch entstehen zu lassen, den Eltern dieses Geschenk zurückzuerstatten, es ihnen durch ein gleichwertiges zu vergelten. Es ist, wie wenn der Trotz des Knaben sagen wollte: Ich brauche nichts vom Vater, ich will ihm alles zurückgeben, was ich ihn gekostet habe. Er bildet dann die Phantasie, den Vater aus einer Lebensgefahr zu retten, wodurch er mit ihm quitt wird, und diese Phantasie verschiebt sich häufig genug auf den Kaiser, König oder sonst einen großen Herrn und wird nach dieser Entstellung bewußtseinsfähig und selbst für den Dichter verwertbar. In der Anwendung auf den Vater überwiegt bei weitem der trotzige Sinn der Rettungsphantasie, der Mutter wendet sie meist ihre zärtliche Bedeutung zu. Die Mutter hat dem Kinde das Leben geschenkt, und es ist nicht leicht, dies eigenartige Geschenk durch etwas Gleichwertiges zu ersetzen. Bei geringem Bedeutungswandel, wie er im Unbewußten erleichtert ist – was man etwa dem bewußten Ineinanderfließen der Begriffe gleichstellen kann –, gewinnt das Retten der Mutter die Bedeutung von: ihr ein Kind schenken oder machen, natürlich ein Kind, wie man selbst ist. Die Entfernung vom ursprünglichen Sinne der Rettung ist keine allzu große, der Bedeutungswandel kein willkürlicher. Die Mutter hat einem ein Leben geschenkt, das eigene, und man schenkt ihr dafür ein anderes Leben, das eines Kindes, das mit dem eigenen Selbst die größte Ähnlichkeit hat. Der Sohn erweist sich dankbar, indem er sich wünscht, von der Mutter einen Sohn zu haben, der ihm selbst gleich ist, das heißt, in der Rettungsphantasie identifiziert er sich völlig mit dem Vater. Alle Triebe, die zärtlichen, dankbaren, lüsternen, trotzigen, selbstherrlichen, sind durch den einen Wunsch befriedigt, sein eigener Vater zu sein. Auch das Moment der Gefahr ist bei dem Bedeutungswandel nicht verloren gegangen; der Geburtsakt selbst ist nämlich die Gefahr, aus der man durch die Anstrengung der Mutter gerettet wurde. Die Geburt ist ebenso die allererste Lebensgefahr wie das Vorbild aller späteren, vor denen wir Angst empfinden, und das Erleben der Geburt hat uns wahrscheinlich den Affektausdruck, den wir Angst heißen, hinterlassen. Der Macduff der schottischen Sage, den seine Mutter nicht geboren hatte, der aus seiner Mutter Leib geschnitten wurde, hat darum auch die Angst nicht gekannt« (*Über einen besonderen Typus der Objektwahl beim Mann,* Jahrbuch für psychoanalytische und psychopathologische Forschungen, Bd. II, Verlag Franz Deuticke, Leipzig-Wien, 1910).

Revirgination [lat.: re = wieder, zurück; virginitas = Jungfernschaft], Wiederherstellung der Jungfernschaft, operative Einfügung eines künstlichen Hymens. Vgl.: Jungfernessig, Maientau, Sophisticatio virginum.

Rheumatismus gonorrhoicus [Tripperrheumatismus] und Trippergelenkentzündungen sind ernste Erkrankungen, die als Resultat unbehandelter → Gonorrhöe auftreten und oft zur Versteifung des Gelenks führen. Selbst durch spätere chirurgische oder orthopädische Nachbehandlung ist oft keine komplette Heilung zu erzielen.

Rhythmus-Methode, heute bekannt als die von Knaus und Ogino vorgeschlagene Methode der Geburtenregelung durch Beschränkung des Geschlechtsverkehrs auf sogenannte »unfruchtbare« Tage, geht auf Schriften aus dem Altertum, dem Mittelalter und dem 19. Jahrhundert zurück. Capellmann empfahl bereits 1883 in seiner Schrift »Fakultative Sterilität ohne Verletzung der Sittengesetze« Enthaltung vom Beischlaf 14 Tage nach und drei bis vier Tage vor Beginn der Menstruation. 1929 erschien in der Münchener Medizinischen Wochenschrift die weitaus sorgfältigere Arbeit von H. Knaus, die experimentell zeigte, daß Frauen mit regelmäßigem 28tägigem Zyklus in den ersten zehn Tagen und vom 18. Tag des menstruellen Zyklus an nicht konzipieren können. Die fruchtbare Periode, während der Kohabitationen zur Schwangerschaft führen können, beginnt mit dem 11. Tag und endet mit dem 17. Tag des Zyklus. Das Optimum der Konzeptionsfähigkeit solcher Frauen liegt zwischen dem 14. und 16. Tag des Zyklus. Der japanische Arzt Ogino arbeitete diese Theorie sehr sorgfältig aus und entdeckte die Methode, mit einem Vaginalthermometer den genauen Anstieg und Abfall der konzeptionellen Kurve jeder Frau festzustellen. Die katholische Kirche akzeptierte diese Methode der Geburtenbeschränkung unter der Illusion, daß sie natürlich sei. Aber von allen Methoden der Empfängnisverhütung ist sie die unnatürlichste. Bei unseren tierischen Vorfahren erreicht die Anziehung zwischen den Geschlechtern dann ihren Höhepunkt, wenn das Weibchen am fruchtbarsten ist. Auch die Frau ist zwischen dem 14. und 16. Tag ihres Zyklus am fruchtbarsten und ihr Bedürfnis nach dem Manne an diesen Tagen am größten. Jeder Mann, der auch nur die geringste Empathie für die Gefühle seiner Frau hat, empfindet diese Tage als diejenigen, an denen sie ihn braucht. Sich gerade an diesen von ihr fernzuhalten ist ein Streich gegen die Natur, ist schädlicher und »widernatürlicher« als alle anderen Methoden der → Empfängnisverhütung. Wegen der relativen Langlebigkeit des Samens ist die Methode trügerisch, denn Befruchtung kann durchaus mehrere Tage nach dem Beischlaf stattfinden. Vgl.: Verhütungsmittel.

Riccotari [it. Idiom, etwa: die Armmacher der Reichen], im 16. Jahrhundert die → Zuhälter der Kurtisanen. Vgl.: Barnabotten, Caro uomo, Gualani, Ruffiani.

Rickettsiosen, tropische Fleckfiebererkrankungen, die bei der Frau zu Blutungen des Genitals und Abortbereitschaft führen. Behandlung durch Aureomycin, Streptomycin oder Chloromycetin.

Riemen werden von Sadisten, Masochisten und Lederfetischisten für sexuelle Zwecke benutzt: zum Fesseln, zum Schlagen, zum Geschlagenwerden und bei Lederfetischisten auch zu rein dekorativen Zwecken. In verschiedenen psychoanalytischen Werken werden sie als Penissymbol erklärt: sie sind lang und dünn, bestehen aus Haut und können (durch Einlegen in Wasser und Trocknen) steif gemacht werden. → Automasochismus, Fesselung, Geschlagenwerden, Gürtel, Ketten, Knebelung, Kolligationsfetischismus, Lederfetischismus, Masochismus, Sadismus, Selbsterhängung, Selbstfesselung, Strangulation, Strick.

Rinotama, japanische »Liebeskugeln«, ein → Selbstbefriedigungsinstrument für Frauen, das aus einer aus dünnem Messingblech hergestellten, fein abgedrehten Kugel besteht, die in ihrem Inneren eine kleinere, schwerere enthält und von den Japanerinnen beim Koitus als reizerhöhend benutzt wird. Unter dem Namen »Rinotama« ist übrigens auch ein anderes Mittel im Verkehr, das wahrscheinlich aus dem Innern des Päonienkerns hergestellt wird. Es wird gleichfalls in die Scheide eingeführt, und die japanischen Frauen geben an, daß es die Wollust steigere. Diese Rinotamas, Reizkugeln, Klingelkugeln oder Vaginalkugeln, enthalten im Innern einen Doppelboden aus vier kleinen Metallzungen, zwischen denen sich kleine massive Metallkugeln befinden. Die kleinste Bewegung dieser Zungen löst bei den Frauen ein Gefühl aus, das einer angenehmen Vibration gleicht. Viele Japanerinnen bedienen sich ihrer, von den Geishas bis zu den vornehmen Damen. Auch in China wurden sie bis zur Revolution des Mao Tse-tung sehr häufig benutzt. Angeblich wurden die ersten Rinotamas in Burma angefertigt und von dort erst nach Japan exportiert.

Rippelreiger, im Wien des 19. Jahrhunderts die Bordellmütter, die Gruppenveranstaltungen und erotische »Tänze« veranstalteten. → Adspektprostitution, Aufführhaus.

Ritterlichkeit, die Ethik des mittelalterlichen Rittertums. [engl.: chivalry]. Die Ritter waren die Berufsoffiziere des Feudalismus und leiteten ihre Ethik deshalb aus Vasallentreue, Mut und Waffentüchtigkeit ab. Unter dem Einfluß der gnostischen Denker der Provence entwickelte sich jedoch ein Zwiespalt zwischen diesen Tugenden und jener Verherrlichung der außerehelichen Liebe, die man in Deutschland → Minnedienst nannte. Die → Gnostiker, die → Manichäer und die → Katharer hielten die Ehe für sündhaft, weil sie der Fortpflanzung und damit der Verbreitung der menschlichen Schlechtigkeit diene. Sie sahen völlige Enthaltsamkeit als idealen Zustand an, dem sich die »perfecti«, die Priester, widmen mußten, erlaubten den »auditores«, den Gläubigen, jedoch eine Form des Geschlechtsverkehrs, die weder der Ehe noch der Fortpflanzung diente. Aus dieser Logik entstand der Minnedienst mit seinem Kult der formalisierten, fast geschlechtslosen Anbetung einer Frau, mit der man nicht verheiratet war. Die gute Seite dieses höchst zweifelhaften Kults war der Respekt vor gewissen Aspekten des Frauenlebens, der sich beiläufig aus der gnostischen Weltanschauung ergab. Die Erhebung zum Ritter erfolgte zum Beispiel nicht nur auf Grund des Gelöbnisses der Vasallen-Treue, sondern auch der Ehrfurcht vor den Frauen. So steril es gewesen sein mag, so führte das Ideal des Frauendienstes doch zum Durchbruch gewisser Frauenrechte im Mittelalter. Daß der Begriff »Ritterlichkeit« auch heute noch Hochachtung vor der Frau ausdrückt, zeigt, daß selbst die weltverneinenden Häresien des Mittelalters nicht ganz ohne weltbejahende Folgen geblieben sind. → Arrêts d'amour, Cours d'amour, Troubadours.

Rockaufschlitzer → Aufschlitzer.

Roi des Ribauds [frz.: König der Huren], seit der Zeit Karls des Großen in Frankreich der Oberpförtner des königlichen Palasts. Ursprünglich als

Büttel angestellt, der die Hurerei am Hofe im Zaum halten sollte, wurde der R. bald zum Chef der Mätressen, Konkubinen und Prostituierten, von deren Abgaben er lebte. Die Blütezeit des R. reichte bis ins 16. Jahrhundert. → Receveur des filles communes. Vgl.: Ammeisterknecht, Bettelherr, Capita sexteriorum, Corte delle meretrici, Domini die nocte, Frauenrichter, Gewaltbote, Hurenhaber, Hurenweibel.

Rolle → Sexualrolle.

Rollenspiel, der Drehpunkt aller sexuellen Surrogathandlungen. Man kann das Phänomen der »Perversion« von vier Punkten aus klinisch diagnostizieren:

1. *Süchtigkeit:* Der Rollenspieler findet in seiner Sexualtätigkeit keine Befriedigung. Statt daß der psychosexuelle Rhythmus mit verhältnismäßiger Regelmäßigkeit zwischen Wunsch, Erfüllung und neuem Wunsch pendelt, steigert sich das Bedürfnis bei nachlassender Befriedigung.

2. *Anonymität:* Während die befriedigende Sexualappetenz auf dem Wunsch nach Gegenseitigkeit beruht, auf dem Wunsch, sich hinzugeben und von dem geliebten Menschen Hingabe zu erfahren, strebt der sexuelle Rollenspieler nach Anonymität. Er will weder wissen, wer der andere ist, noch will er sich dem anderen gegenüber dekuvrieren. Er will keine Verantwortung tragen: Beim → Fetischismus, wie bei allen autoerotischen Surrogathandlungen fällt der Wunsch nach einem Partner fort. Das fetischistische Objekt wird zum Partner, die Anonymität wird absolut.

3. *Selbstzerstörung:* Während die befriedigende Sexualappetenz ihre Erfüllung im *Gelingen,* im Erreichen des erstrebten Ziels und der Stärkung des eigenen Ichs findet, sucht der sexuelle Rollenspieler, ohne sich dessen bewußt zu werden, stets das *Mißlingen,* das Verfehlen des Ziels und die Zerstörung des eigenen Ichs. Während die befriedigende Sexualappetenz sich entweder in die Gesellschaft eingliedert oder diese in fortschrittlicher Richtung zu verändern sucht, zeigt sich die Surrogathandlung in der Unfähigkeit, sich in irgendeine, also auch in eine verbesserte Gesellschaft einzugliedern.

4. *Rollenspiel:* Das Zentrum aller Surrogathandlungen bildet das kompulsive Rollenspiel, die Zwangsvorstellung, etwas anderes sein zu müssen, als man ist. In diesem Wunsch finden Fetischismus, Transsexualität, Transvestitismus, Sadomachismus und Masturbation ihren gemeinsamen Nenner. Vgl.: Metamorphosismus, Metatropismus, Pseudolismus.

Rollenverhalten, sexuelles → Geschlechtsrolle.

Rollenwechsel, sexueller, Wechsel der → Geschlechtsrolle, die das Individuum bis zu einem bestimmten Lebensalter gespielt hat. Da die Geschlechtsrolle keine geschlechtsspezifische, sondern eine sozial bestimmte, gesellschaftsspezifische ist, die man sich aneignen muß, um als »normal« akzeptiert zu werden, riskiert man beim Ablegen der einem zugewiesenen Rolle den Verlust der gesellschaftlichen Anerkennung. Das trifft in noch höherem Maße auf die Übernahme einer neuen, gesellschaftlich nicht akzeptierten Rolle zu, z.B. auf das → Coming-out eines Homosexuellen nach Jahrzehnten des heterosexuellen Rollenspiels. Es erfordert große Selbstsicherheit, viel Mut und gewaltige Willenskraft. Vgl.: Identitätswechsel.

Rosengarten, im Mittelalter ein oft gebrauchter Euphemismus für Bordell. Andere Euphemismen waren: Tempel, Strom, offenes Haus, Mummenthaus. Vgl.: Freudenhol, Jungfernhof, Minnehaus, Töchterhaus.

Roués [frz.: Geräderte, Wüstlinge], die Lebemänner der französischen Regentschaft (1715–1723). Der wirkliche Herrscher der Zeit war weder der Regent noch der junge König Ludwig XV. in den Tuilerien, sondern der »Croquant«, der Neureiche, der erpresserische Finanzadelige, der das bürgerliche Zeitalter vorbereitete. Das 18. Jahrhundert, von einem unlöschbaren Durst nach Vergnügungen förmlich besessen, machte aus Paris die Hauptstadt des raffiniertesten Genusses, der erlesensten Eleganz, der lächelnden Grazie, des feinsten »Esprit«, des Leichtsinnes und vor allem der Frau. Gleichzeitig aber wurde es zum Zentrum aller philosophischen Spekulation, der gewagtesten politischen und sozialen Auffassungen, dessen Tore allem Neuen, mochte es auch noch so kühn und »noch nicht dagewesen« sein, weit offen standen. Die größte Sittenlosigkeit ging Hand in Hand mit dem kühnsten Streben nach Licht und Wahrheit. Alles stand im Zeichen der Extravaganz: Leben, Denken und Lieben, das äußere und innere Kleid des Menschen. Der Hof hatte nur ein einziges Bestreben: die großen Fragen der äußeren Politik auszuschalten, sich in die Geschicke Europas möglichst wenig einzumischen. Die interne Politik wurde zur reinen Sache der Partei, des Klüngels, der »coterie«. Die einzige Vormacht, die Frankreich anstrebte, lag auf dem Gebiete des mondänen Lebens: in Dingen des Luxus, des Geistes, des Vergnügens und der Liebe wollte Paris führen, einen anderen Ehrgeiz hatte es nicht. In dem Wort »Nach uns die Sintflut« spiegelt sich die Lebensauffassung der Epoche.

Rückenmarkschwindsucht → Syphilis, Tabes dorsalis.

Rückfallfieber, eine tropische Krankheit, die zu Aborten, Fehlgeburten und zur Infektion des Kindes während der Geburt führen kann. Die Krankheit ist hoch ansteckend, da die Erreger auch durch die unverletzte Haut eindringen können. Behandlung durch Neosalvarsan, Penicillin oder Aureomycin.

Rückzieher, das Zurückziehen des Penis beim Koitus, so daß die Ejakulation nicht in die Scheide der Frau erfolgt. → Coitus interruptus und reservatus, Fraudieren.

Rues aux putains oder **rues chaudes** nannte man im ausgehenden Mittelalter die Bordellstraßen der französischen Städte. → Frauengasse, Junin, Persil, Strich.

Ruffiano, der Kuppler oder → Zuhälter im Italienischen. Seit dem 11. Jahrhundert hat sich das Wort in ganz Europa eingebürgert (Ruffian im Deutschen und Englischen), und seit 1306 ist es in der deutschen Schriftsprache verfolgbar. Vgl.: Barnabotten, Caro uomo, Gualani, Riccotari.

Rutenschlagen, ein archaisches Fruchtbarkeitssymbol. Die römischen Frauen ließen sich beim Fest des Lupercus von dessen Priestern das nackte Gesäß mit Ruten schlagen, um fruchtbar zu werden. Bei den Indogermanen war die Rute Symbol des Baumdämons. »Rute« ist bis heute ein Synonym für Penis. → Luperkalien.

S

Sadismus, ein von Krafft-Ebing (1840–1902) geprägtes Wort, das die sexuellen Neigungen des Autors Donatien-Alphonse François Marquis de Sade (1740–1814) beschreiben sollte. Wie beim → Masochismus muß man auch beim S. zwischen sehr verschiedenen Erscheinungsformen unterscheiden:

1. *Nichtsexueller oder psychischer S.,* eine Mentalität, die sich im Schikanieren von Familienmitgliedern und Untergebenen, in der Quälerei und Demütigung der Mitmenschen, im »Abschießen« anderer Menschen und in der Schadenfreude über deren Niederlagen äußert. Das Geschlechtsleben des psychischen Sadisten mag roh und brutal sein, aber es ist stets frei von eigentlich sadistischen Sexualpraktiken und wird dadurch charakterisiert, daß der Befallene sich des sexuellen Ursprungs seiner Neigungen unbewußt ist.

2. *Sexueller oder Konjunktions-S.,* das Bedürfnis nach Geschlechtsverkehr in Verbindung mit Schmerzzufügung oder Demütigung eines anderen Menschen. Während der nichtsexuelle Sadist des ersten Typs auch im Alltagsleben meist den Eindruck eines Piesackers macht, beeindruckt der sexuelle Sadist oft durch das Gegenteil, durch eine eigentümliche Zartheit. Er wirkt, wie Giese so treffend gesagt hat, »weich und suggestiv, anrührbar, hingabebereit«. Er hat unendlich viel Zeit, denn er braucht ein kooperatives Opfer, und das findet man nicht so schnell. Deshalb sind ihm auch Ruhm und Erfolg im gesellschaftlichen und Berufsleben verhältnismäßig gleichgültig. Sein Reich ist nicht von dieser Welt.

3. *Perverser oder Kompensations-S.,* ist jene Form des S., bei der das Bedürfnis nach physischer Schmerzbereitung und psychischer Demütigung an die Stelle des Wunsches nach Koitalverkehr tritt. Hier dienen die sexuellen Wünsche (z.B. eine nackte Frau auszupeitschen) nicht mehr zur Einleitung des Geschlechtsverkehrs und auch nicht zur Vergrößerung des sexuellen Reizes des Koitus, sondern ersetzen diesen. Der Kompensations-Sadist erreicht den Orgasmus entweder von selber (also ohne Berührung der Genitalien) oder durch Masturbation oder ist orgasmusunfähig, ohne jedoch das Bedürfnis nach sadistischen Sexualtätigkeiten zu verlieren. Die tragische Dialektik des Kompensations-S. ist gerade die, daß der Wunsch nach sadistischer Betätigung um so größer wird und sich um so öfter wiederholt, je mehr die Befriedigungs-

möglichkeit schwindet.
Zur Pathogenese des S. und zum Hinweis auf die einzelnen Eintragungen, die sich mit spezifischen Erscheinungsformen dieser drei Typen des S. befassen, sei gesagt:
1. Der nichtsexuelle oder psychische S.: Ohne sich des Motivs seiner Berufswahl bewußt zu werden, wendet sich dieser Typ des »Alltagssadisten« häufig einer ganz bestimmten Gruppe von beruflichen Tätigkeiten zu. Hierzu gehören Lehrer und Erzieher, die einstmals prügeln konnten und heute immer noch manche ihrer Zöglinge schikanieren können (→ Bestrafung, Dippoldismus, Erziehersadismus, Gouvernantenwahn, Kindesmißhandlung, Stock, Wortsadismus), außerdem Polizisten, Gefängnisbeamte, Richter und Scharfrichter (→ Bestrafung, Gefängnis, Hinrichtungssadismus, republikanische Hochzeit, Strafe, Trülle, Zuchthaus). Alle Formen des Militärdienstes ziehen den psychischen Sadisten an. Denn beim Militär darf er schinden und töten (→ Waffenfetischismus). Aber auch die anderen uniformtragenden Berufe ziehen den psychischen Sadisten an, denn ihnen steht eine gewisse Amtsgewalt zu, die den Sadisten fasziniert. Wer kennt nicht den Typ des Straßenbahnschaffners, der gerade dann die Tür zumacht, wenn es draußen regnet oder schneit und ein Passagier zur Bahn rennt, um noch einzusteigen? Wer hat nicht den Postbeamten erlebt, der gerade dann sein Geld zu zählen oder seine Eintragungen zu machen beginnt, wenn eine besonders lange Schlange wartender Menschen ihn sehnsüchtig ansieht? Das ganze mittlere Beamtentum mit seinem Dienern nach oben und Treten nach unten ist besonders in Deutschland und Österreich stets ein Reservoir der Alltagssadisten gewesen (→ Mißhandlung von Abhängigen und Wehrlosen). Jäger und Förster, bei uns besonders hochangesehen, stellen sich oft als Tierquäler und geheime Waffenfetischisten heraus (→ Waffenfetischismus, Zoosadismus). Selbst der Arzt wird nicht selten von unbewußten sadistischen Motiven zu seiner Berufswahl veranlaßt (→ Aderlaß, Amputationsfetischismus, Injektomanie, Prothesenfetischismus, Venaesectio).
Auch das Familienleben des psychischen Sadisten trägt ganz bestimmte Züge. Er ist ein Autoritätsfanatiker, fordert strikten Gehorsam von Frau und Kindern, überprüft die Schularbeiten der Kinder und das Haushaltsbuch der Ehefrau, rügt Fehler, belegt sie mit Strafen, schimpft (→ Wortsadismus), kanzelt die Ehefrau öffentlich ab (→ Abwertung) und betrügt sie unter dem Vorwand, daß Frauen betrogen sein wollen (→ Femina vult decipi).

Aber auch die Frau kann Alltagssadistin sein, und besonders häufig findet man den Typus der kinderquälenden Mutter (→ Kindestötung, Mißhandlung von Kindern). Eines der bestgehüteten Geheimnisse der Kriminalstatistik ist die Tatsache, daß in jedem Jahr in der BR mehr Kinder von ihren eigenen Eltern zu Tode geprügelt oder zu Tode gequält werden als von allen sogenannten Sittenverbrechern zusammen (→ Misopädie). Unter Frauen findet man neben den Kinderquälern auch sehr häufig die Dienstmädchenquäler, die ihre Opfer in ungeheizten, verschmutzten Räumen, die nach Kot stinken, auf dem Fußboden schlafen lassen. Solche Opfer weiblicher Sadisten werden zu Tode gehungert, mit verschimmeltem Brot gefüttert, geschlagen, beschimpft, gefesselt, geknebelt usw.

Bei männlichen Alltagssadisten fällt die Lebensverneinung (→ Liebeshaß, Misandrie, Misogynie, Misopädie) auf. Mit ungewöhnlicher Häufigkeit findet man unter ihnen Entjungferungsfanatiker, die keine Frau heiraten wollen, wenn sie nicht »rein« ist. Das Motiv, das sie dabei reizt, ist die Schmerzbereitung bei der Defloration (→ Deflorationsmanie, Jungfernschaftsprokurist, Jungfräulichkeitsforderung) und die psychische »Beschmutzung« der »reinen« Frau. Oft findet man dann gerade unter solchen Männern Geschlechtskranke, denn da der Mann nicht bis zur Ehe mit einer »reinen« Frau warten kann, geht er zu Prostituierten und steckt sich an. Oft äußert sich der verborgene S. (und der stets damit zusammenhängende Haß auf das andere Geschlecht) in der systematischen Infizierung von Frauen. Das ganze Keuschheitssyndrom ist sadistisch motiviert. Wer je einen → Keuschheitsgürtel gesehen oder die Berichte über mittelalterliche → Keuschheitsordalien sorgfältig gelesen hat, kann sich nicht des Eindrucks erwehren, daß der unbewußte Zweck der ist, der Frau Schmerzen zu verursachen. Und so ist wahrscheinlich auch das Bestehen so vieler Männer auf vorehelicher und außerehelicher → Keuschheit ihrer Frauen ein verborgener Wunsch, ihnen weh zu tun. Denn nur wenige physische Torturen schmerzen mehr als die Enthaltsamkeit. Der Wunsch, daß ein anderer Mensch Enthaltsamkeit übe, ist deshalb fast stets ein sadistischer Wunsch (→ Infibulation, Klitoridektomie).

Da der psychische S. sich mit außerordentlicher Tarnungsfähigkeit vor seinem Besitzer verbirgt, wird der Alltagssadist sich niemals des sexuellen Motivs seines Benehmens bewußt und weist jeden diesbezüglichen Hinweis des Arztes mit Entrüstung von sich. Und da er tatsächlich keine sadistischen Sexualpraktiken vornimmt, ist der Nachweis des sexuellen Motivs seiner Taten sehr schwer zu erbringen. Man hat bei Köchen, Kellnern, Dienern, Butlern oft das geheime Beimischen von Kot, Urin oder Schmutz in das von ihnen gekochte oder servierte Essen festgestellt. Ohne Zweifel liegt hier ein sexuell-sadistisches Motiv vor, aber auch dafür ist der Beweis schwer zu führen. Das gleiche gilt für viele Fälle von Sachbeschädigung und Diebstahl, deren Motiv dem Sexualforscher sofort klar ist, dem Juristen aber mysteriös bleibt, weil der Dieb (oder häufiger die Diebin) das gestohlene Gut wegwirft, selbst wenn keine Entdeckung zu befürchten ist. Denn der eigentliche Zweck des Diebstahls war der, sich an dem Leid des Bestohlenen zu weiden (→ Kleptomanie).

2. *Der sexuelle oder Konjunktions-S.:* Daß jede Paarung zweier Säugetiere und manche Paarung unter Vögeln und Insekten eine grausame Komponente hat, braucht hier nicht betont zu werden. Wer Kater und Katzen beim Geschlechtsverkehr beobachtet, wer alte Robbenbullen mit ihren Weibchen bei der Paarung gesehen, wer Rehböcke beim Treiben von jungen Ricken erlebt hat, wird über viele Akte des menschlichen Sadismus weniger erstaunt sein als der mit dem Tierleben nicht Vertraute. Während bei den höheren Tieren fast stets das Männchen die Akte der Schmerzbereitung vornimmt, ist es bei den Insekten meist umgekehrt. Spinnen und Bienen sind außerordentlich grausam zu ihren Gatten. Viele Insektenfrauen töten die Männchen nach der Befruchtung. Auch unter Menschen ist Beißen, Kratzen, Kneifen, Würgen, Quetschen und Pressen beim Koitus so häufig, daß es sinnlos wäre, hierfür das Wort S. zu benutzen (→ Biß, Kuß, Fingernagel). Selbst Blutsaugen braucht noch nicht Sadismus zu sein (→ Menophagie, Vampirismus). Aber wenn ein Mann darauf besteht, seiner Geliebten vor dem Koitus Blutegel auf die Geschlechtsteile zu setzen, oder wenn er ihr während des Orgasmus den Finger in den Rachen stößt, so daß sie explosiv erbrechen muß, so liegt eine Form des Konjunktions-S. vor. Hiervon gibt es zahllose Varianten, von den Blutfetischisten bis zu den Einschnürungsfanatikern, von den Männern, die mit Stöcken, Peitschen, Ruten oder Geißeln schlagen wollen, bis zu den Frauen, die ihre Freude am Stechen mit Nadeln, Messern, Dornen oder Scheren finden. Am häufigsten sind wohl die »schlagenden« Sadisten (→ Auspeitschung, Berkeley Horse, Brennessel, Flagellation, Peitsche, Rutenschlagen, Stock, Urticatio), aber fast ebenso häufig sind diejenigen, die ihre Opfer erst einmal binden oder fesseln wollen (→ Armband, Fesselstuhl, Fesselung, Fußkette, Halskette, Knebelung, Kolligationsfeti-

schismus, Riemen). Stets soll die Fessel so eng wie möglich anliegen, damit sie schmerzt, und zu diesem Zweck lassen sich dann auch alle möglichen Kleidungsstücke benutzen, die man so eng schnüren kann, daß sie schmerzen: Korsetts, Schuhe, Gürtel, Handschuhe (→ Gürtel-, Handschuhfetischismus, Korsettdisziplin, Korsettfetischismus, Schuh- oder Stiefelfetischismus). Dabei fällt auf, daß die meisten dieser sadistischen Bekleidungsartikel aus Leder oder Gummi sind. Deshalb ist der Sadismus auch eng mit dem → Leder- und → Gummifetischismus verwandt. Da Lederartikel tierischen Ursprungs sind, mag der Grund in der sadistischen Zwangsvorstellung liegen, den Menschen zum Tier zu machen (→ Equus eroticus, Metamorphosismus, Zoomimik). Deshalb träumt der Sadist davon, sein Opfer in einen → Käfig zu sperren, ihm einen → Maulkorb aufzusetzen, ihn mit → Sporen zu bearbeiten, mit einem → Sattel zu bereiten, mit einer → Hundeleine festzubinden, mit einer → Reitgerte zu schlagen oder mit → Zaumzeug zu »zähmen«. Obgleich der Konjunktions-Sadist seine Geliebte auf nahezu jeden Körperteil schlagen mag, ehe oder während er mit ihr koitiert, ist das Gesäß doch das weitaus häufigste Ziel – vielleicht, weil S. aus der kindlichen Verquickung von Liebe und Schmerz entspringt, vielleicht aber auch, weil aller S. latent homosexuell ist (→ Analerotik, Anilinctio, Gesäßerotik, Homosexualität, Lambitus ani, Natesfetischismus). Die Romane des Marquis de Sade und die fast jedes anderen Autors sadistischer Werke sind voller homosexueller Situationen, bei denen die bewußte Demütigung der Geliebten darin besteht, daß man sie nicht nur vor ihren eigenen Augen mit einer anderen Person betrügt, sondern auch darin, daß diese Person zum eigenen Geschlecht gehört. Ein Ehemann koitiert vor den Augen seiner gefesselten Frau per anum mit seinem Diener und veranlaßt ihn dann, die Ehefrau auszupeitschen, während er, der Ehemann, mit einer zweiten Frau koitiert. In fast jedem seiner Werke verkündet de Sade, daß → Pedicatio besser sei als Koitus. Da Pedicatio aber ebensogut mit einem Mann wie mit einer Frau ausgeführt werden kann, ist diese Lobpreisung des Analkoitus die unbewußte Äußerung einer homosexuellen Tendenz. Wer de Sade als einen freiheitsliebenden, aufgeklärten Geist sieht, dessen »Sadismus« nur symbolische Bedeutung hat, hat ihn schlecht gelesen. Daß seine Grausamkeit aus Frauenhaß entspringt, kann nur bestreiten, wer sich nicht die Zeit genommen hat, das Werk im Urtext zu lesen. Sarmiento in *Aline et Valcour* möchte am liebsten alle Frauen vertilgen und preist den Mann glücklich, der gelernt hat, auf den Umgang mit diesem

»niedrigen, falschen und schädlichen Geschlecht« ganz zu verzichten. In der *Histoire de Juliette* weist de Sade auf das »unreine und übelriechende Genitale«, den »herabhängenden Busen« der Frau hin und sagt: »Entkleidet doch einmal dieses euer Idol! Sind es diese beiden kurzen und krummen Beine, die euch den Kopf verdrehen?«

Da der Wunsch, die Frau so zu bestrafen, wie er sie haßt, ohne Konflikt mit dem Gesetz unerfüllbar ist, flüchtet der Sadist, wie auch de Sade selber, in eine von zwei Welten: in die Phantasie oder in die Prostitution. Viele Sadisten können sich nur masturbatorisch befriedigen. Eine überraschend große Anzahl schreibt sadistische Briefe (→ Korrespondenzzirkel, Pornographomanie, Pseudolismus). Zwischen der Talmiwelt der Korrespondenzzirkel und der Unterwelt der Prostitution liegt das sorgfältig gehütete Niemandsland der erotischen → Clubs und Geheimgesellschaften (→ Vides bouteilles). Von Zeit zu Zeit wird ein solcher Club ausgehoben, und man entdeckt dann Sammlungen nahezu mittelalterlicher Folterwerkzeuge: Instrumente zum Brennen, Schneiden, Stechen, Ätzen, Fesseln, Aufhängen, Strangulieren. In unterirdischen Räumen findet man Käfige, Galgen und eiserne Ringe zum Anketten oder Aufhängen. Die Menschen, die solche Clubs und Geheimgesellschaften finanzieren, sind meist wohlhabend genug, um polizeiliche Nachforschungen abzuwenden. Und da die »Opfer« – faute de mieux – meist Masochisten sind, wird auch selten wegen Körperverletzung geklagt.

Im Inseratenteil vieler Zeitungen und Zeitschriften finden wir Annoncen der folgenden Art:

> Harter Herr (50) sucht duldsame Dame (20–60) f. gelegentl. häusl. Geselligkeit. Zuschr. mit Rufnummer erbeten unt . . .
>
> Jung. Mann, 27/183 sucht Bekanntschaft toleranter Dame. Zuschriften erbet. unt . . .
>
> Welche unabhängige Dame bis 40 wünscht sich einen Herrn und Gebieter? Bin Dipl.-Ing., 33/178, unabhängig. Zuschr. unter . . .
>
> Welcher anpassungswillige Individualist erhofft Kontakt m. dominierender attraktiv. Eva, romantisch-üppiger, interessant. Typ, mit Esprit plus Energie? Nichtanonyme Zuschriften kultivierter Herren mit finanzieller Bewegungsfreiheit erbeten unter . . .

Manche solcher Inserenten sind Sadisten, die Partner suchen, andere sind männliche oder weibliche Prostituierte. Oft stellen solche Inserate auch verkappte Mitgliederwerbungen sadomasochistischer Clubs und Geheimgesellschaften dar. Ein guter Teil der beiden letzteren übt eine

Form der sadistischen → Adspektprostitution. Besonders in den spezialisierten sadomasochistischen Bordellen findet man oft Vorführungen von sadistischen Zeremonien mit Kindern und Tieren, bei denen diese mit Hilfe optischer Tricks kastriert, gebraten, verbrannt, guillotiniert, in Teile zerrissen oder gerädert werden. In sadistischen Filmen sieht man manchmal sogar, wie Menschen bei lebendigem Leib die Haut abgezogen wird, wie man die Knochen zerhackt, wie Frauen die Brüste zerquetscht oder die Genitalien herausgeschnitten werden. Mit Trickfotografie und Modellarbeit kann man da allerlei Scheußlichkeiten vortäuschen.

3. Der perverse oder Kompensations-S.: Die vorgetäuschten Sensationen der sadistischen Kinos und Theater haben uns bereits in eine Welt geführt, in der der Koitus keinen Platz mehr hat. Seltsamerweise fallen unter die gleiche Kategorie des Kompensations-S. zwei so gänzlich verschiedene Welten, daß es dem Laien meist schwer fällt, sie als Kehrseiten der gleichen Medaille zu verstehen: Einerseits die Welt der sogenannten Lustmörder, andererseits die scheinbar harmlose, ja nahezu komische Welt der Kleideraufschlitzer, Tintenspritzer, Zopfabschneider, Statuenbemaler und Verunstalter von Büchern und Buchillustrationen. Aber beide Gruppen haben eines gemeinsam: bei beiden tritt die sadistische Aktivität an die Stelle des Koitus. Beide Gruppen sind in dem Sinne krank, daß der gesunde Wunsch nach Koitalverkehr atrophiert ist. Statt dessen will der Täter besudeln, beschmutzen, schneiden, stechen, pfählen, zerlegen, verstümmeln (→ Aufschlitzer, Besudelungstrieb, Bilderschändung, Ikonophobie, Inquinationstrieb, Kleideraufschlitzer, Kotschmierer, Mysophilie, Objektsadismus, Säurespritzer, Saliromanie, Skatophilie, Statuenhaß, Tintenspritzer, Übermalung, Zopfabschneider).

In die Gruppe der Kompensations-Sadisten fallen auch die Wortsadisten, bei denen die zwanghafte Beschimpfung anderer Menschen oder auch Gottes an die Stelle des Geschlechtsverkehrs tritt (→ Blasphemie, Koprolalie, Pornolalie, Urolalie, Wortsadismus). Hierher gehören schließlich jene Kleptomanen und Pyromanen, die bei Diebstahl oder Brandstiftung im Gedanken an das Leid, das sie anderen Menschen antun, spontan zum Orgasmus kommen.

Wie harmlos diese Fälle im Vergleich mit denen der Folterer und Töter auch erscheinen, sie verbindet doch auch dieses Zweite miteinander: alle kommen mit dem Gesetz in Konflikt und berühren deshalb gleichzeitig die Welten der Forensik und der Sexualwissenschaft. Andererseits muß man auch bei den Tötungsdelikten, die bei dem Laien »Lustmord« heißen, sehr sorgfältig zwischen denen unterscheiden, bei denen der Tod aus Versehen eintritt (weil die Folter zu lange gedauert hat oder zu weit gegangen ist), und denjenigen, bei denen der Tod beabsichtigt war.

Nicht zu den Sadisten gehören jene → Nekromanen, die sexuelle Praktiken an toten Körpern vornehmen. Denn der nekrophile Mensch tötet nicht und findet auch keine Lust am Zufügen von Schmerzen. Man muß also sehr sorgfältig jene Sadisten, die in Wunden des Toten onanieren, von den Nekrophilen unterscheiden, die sich im Leichenschauhaus, im Seziersaal oder auf Friedhöfen ihre Sexualpartner suchen.

Bei den Folterern, die ihre Opfer nicht töten wollen, findet man ganz bestimmte Typen. Zum Beispiel *Hitze- und Kältesadisten.* Die ersteren brandmarken ihre Opfer, verbrennen ihnen Haare und Schamhaare, drücken ihnen glühende Nadeln in Brüste und Genitalien. Die Kältesadisten, zu denen die berüchtigte »Blutgräfin« Bathory gehörte, begießen ihre Opfer mit Eiswasser, setzen sie auf Eisklötze oder sperren sie nackt in Gefrierräume oder Gefriertruhen. Die *Stecher* stechen Nadeln oder Dornen in den nackten Körper des Opfers, vorzugsweise in die Genitalien, bohren Haken durch Haut und Fleisch und hängen Gewichte daran auf oder reißen mit Nadeln befestigte Stoff- oder Lederstücke ruckweise ab, so daß auch ganze Haut- und Fleischfetzen sich lösen (→ Mädchenstecher, Nadelstecher, Piqueur, Viehstecher). Die *Strangulierer* versuchen nicht nur, ihre Opfer zu ersticken, sondern strangulieren oft auch einzelne Körperteile: Brüste, Genitalien, Arme, Beine (→ Brusthaß, Penisstrangulation, Strangulation). Die *Menomanen* (Blutrünstigen) machen viele kleine Öffnungen, saugen Blut auf, beschmieren sich selber damit und benutzen es sozusagen als »Schmieröl« zum Onanieren (→ Blutfetischismus, Lykanthropie, Menophagie, Nosferatu, Vampirismus, Venaesectio). Bei all diesen Fällen ist der Tod nicht beabsichtigt, denn wenn das Opfer stirbt, ist der »Spaß« vorbei. Und er soll bei dem Sadisten ja möglichst lange dauern. Da er nicht wie der gesunde Mensch an eine begrenzte Anzahl von Ejakulationen oder Orgasmen gebunden ist, spielt Kräfteverlust bei seinen Beschäftigungen keine Rolle.

Während man bei all den oben erwähnten Delikten von → Somatoskopie, von sadistischer Körperverletzung spricht, kommen wir jetzt zu den eigentlichen sadistischen Tötungsdelikten, also zu dem, was der Laie unter Lustmord versteht. Diese Delikte sind außerordentlich selten, weil sie im Widerspruch zu der inhärenten Logik des S. stehen. Es ließe sich sogar sagen, daß der »Lustmörder« überhaupt kein Sadist, sondern ein ganz eigene Spezies von Täter ist, meist ein misogyn motivierter Frauenhasser oder eine misandrisch orientierte Männerfeindin. Nach ihrer Art des Tötens kann man bei den männlichen Tätern drei Grundtypen unterscheiden: die Zerstückler, die Aufschlitzer und die Pfähler. Der *Zerstückler* »amputiert« den ganzen Körper und löst ihn in seine Bestandteile auf (→ Amputationsfetischismus, Deformationsfetischismus). Der *Aufschlitzer* (→ Lustmord) schneidet und schlitzt Öffnungen in den Körper und holt alles heraus, was darin ist. Zahllose Fälle in den Kriminalarchiven berichten von Tätern, die ihre Hände in Genitalien oder After steckten und die Eingeweide herausrissen. Dieses »Wühlen in den Eingeweiden« ist eine charakteristische Arbeitsmethode des Aufschlitzers. Die *Pfählungsfanatiker* endlich versuchen die »Löcher zu füllen« und stellen damit sozusagen das Gegenstück zu den Deformierungsmanen dar. Sie rammen ihren Regenschirm in die Vagina, bis er manchmal aus der Bauchwand herausdringt. Sie stopfen Stöcke, Messer, Nadeln, Holzstücke oder ihre eigenen Finger in die Vulva, den Bauchnabel, den After, die Ohren, die Nase, den Rachen und quetschen, bis die inneren Trennwände platzen (→ Pfählung, Prostituiertenmord). Manche Lustmörder essen ihre Opfer, aber das gehört wohl mehr zum Thema der Nekrophagie als zum S. (→ Anthropophagie, Kannibalismus, Nekrophagie).

Zur Pathogenese des S.: Wird ein Kind von einem Menschen geschlagen, den es liebt, so verbinden sich Liebe und Schmerz in einer eigentümlichen Weise. Das Kind hält Schmerz für Liebe und Liebe für Schmerz. Wenn es älter wird und die Eltern beim ehelichen Verkehr belauscht oder überrascht, was ja nur allzu oft geschieht, da die Eltern in ihrer Naivität meist annehmen, daß das Kind sowieso nicht wisse, worum es geht, entnimmt es aus vielen Einzelheiten – dem Stöhnen, der zweikampfähnlichen Stellung, der Nacktheit der Eltern –, daß Liebe und Schmerz dasselbe seien. Auch die Menstruation der Mutter wird oft von Kindern als eine eheliche Wunde ausgelegt. Kommt nun zu all diesen Versuchungen, Liebe und Schmerz zu identifizieren, auch nur die geringste misosexuelle Verschiebung hinzu, die zur Angst vor dem anderen Geschlecht führt, dann ist das sadistische Syndrom komplett. Gerade weil die Angst vor dem anderen Geschlecht und deren verborgene Wurzel nicht bewußt wird, ist sie gefährlich. Da der Betroffene nicht weiß, wogegen er sich eigentlich in Acht nehmen soll, ist er unfähig, die wachsende sadistische Neigung in sich selber zu verstehen und zu bekämpfen. So seltsam es dem Laien erscheinen mag, der Sadist ist sich anfangs (und in manchen Fällen bis zum Ende) der Tatsache unbewußt, daß er anders ist als andere Menschen. Im Gegenteil, in zahllosen Berichten haben Sexualmediziner und Psychoanalytiker niedergelegt, daß der Sadist den Arzt oft zu überzeugen versucht, daß dieser zur Minderheit gehöre, wenn er etwas Ungewöhnliches am Benehmen oder Empfinden des Patienten finde.

Eine textkritische Studie der Werke des »göttlichen Marquis« zeigt, daß seine Form des S. auf vier Grundpfeilern ruhte: Haß gegen das andere Geschlecht, Haßliebe dem eigenen Geschlecht gegenüber, Angst vor dem Koitus, Angst vor Nachkommenschaft. Der Gemeinnenner dieser vier Komponenten ist die Angst vor der Verantwortung. Die Perversität des S. liegt deshalb weniger in der Substitution von Schmerz für Lust als in der Verweigerung der Gegenseitigkeit.

Das Kennzeichen der Liebe ist die Reziprozität. Der Liebende kann nur nehmen, indem er gibt, und kann nur geben, indem er nimmt. Nehmen und Geben sind eins, und darin liegt die Befriedigung der Liebe, ihre Perfektion, von der alle anderen menschlichen Freuden nur schwache Abbilder sind. Der Sadist dagegen fürchtet nichts mehr als das reziproke Prinzip. Er will sich am Leiden seines Opfers weiden. Er will, daß das Opfer ihm widerstehe, und er will diesen Widerstand brechen. Er will nicht, daß sich das Opfer ihm hingebe. Kein Opfer kommt dem Sadisten ungelegener als der Masochist, dem das Leiden Spaß macht, denn wo Opfer und Täter sich im gemeinsamen Schmerzgenuß zusammenfinden, wäre die Gegenseitigkeit der Liebe wiederhergestellt – und genau das ist es, was der Sadist *nicht* will. Er will seine Anonymität bewahren, und er bewahrt auch die des Opfers. Sein ganzes Interesse konzentriert sich auf den *Zwang,* aber er will den anderen nicht dazu zwingen, seine Freiheit aufzugeben, sondern diese Freiheit für einen ganz bestimmten Zweck zu benutzen: zur bewußten Empfindung des Schmerzes und damit zum Bewußtsein der Existenz.

Der Sadist ist in diesem Sinne wie der Vater, der seinen trägen Sohn beim Genick packt und schüttelt: »Nun wach doch endlich auf! Du fühlst doch nichts! Willst du nicht endlich aufwachen?« Der Sadist trachtet, wie Sartre sagt, danach, »den Körper des anderen als ein Werkzeug zu benutzen, um den anderen das Dasein als Wirklichkeit erleben zu lassen«. Ich glaube deshalb, daß Giese irrt, wenn er das Ziel des Sadisten als »Schrei nach Hilfe« identifiziert, und ich glaube, daß auch Sartre irrt, wenn er den S. als eine »Antwort auf die Situation« auffaßt. Eben das ist er nicht. Die »Antwort auf die Situation« ist die Liebe. Der S. ist die *Verweigerung* der Antwort. Die Tatsache, daß der Sadist, im Gegensatz zu dem Masochisten, der nie die Rolle des Sadisten übernehmen könnte, oft gern die Rolle des Opfers spielt, hat zu der Versuchung geführt, die Begriffe S. und Masochismus fallen zu lassen und durch den Sammelbegriff → Sadomasochismus zu ersetzen. Hier liegt eine bedauerliche Nachlässigkeit mancher Sexologen vor.

Noch zwei kurze Bemerkungen zu umstrittenen Fragen des S.:

1. *Zur Funktion des Betrügens als sadistisches Strafkonzept:* Wie der Masochist betrogen werden will, um Schmerz über den Verlust der Geliebten zu empfinden und sich als Hahnrei demütigen zu lassen, so will der Sadist betrügen, um sich am Schmerz des Betrogenen zu weiden. Aber er will auch seine eigene Eifersucht aufstacheln, damit er einen guten Grund hat, die Betrügerin, die er selbst zum Betrug angestiftet hat, für diesen Betrug zu bestrafen.

2. *Zur Überwindung des Ekels bei ekelhaften Formen des S.:* Der scheinbare Gefühlsmangel, der einem Sadisten erlaubt, Taten zu begehen, die andere Menschen als beschämend und ekelhaft empfinden, bedeutet nicht notwendigerweise, daß der Täter unfähig ist, Scham und Ekel zu empfinden. Minderung oder Ausfall von Scham und Ekel treten bei organischen Hirnschäden nur allzu oft auf. Aber es gibt auch eine psychische Überwindung von Scham und Ekel, die eine Leistung außerordentlicher Willenskraft darstellt. S. rührt an die gefährlichsten Motive des menschlichen Benehmens, aber die Überwindung von Scham und Ekel ist trotzdem eine psychische Leistung und ist nicht notwendigerweise mit dem Zweck verkuppelt, dem sie dient.

Sadomasochismus, ein Begriff, der die gemeinsamen Komponenten des → Sadismus und → Masochismus auszudrücken sucht. Schrenk-Notzing und Eulenburg hatten bereits in den Gründerjahren der Sexualwissenschaft einen ähnlichen Versuch gemacht, den Generalnenner der sexuellen Lust an der Schmerzbereitung und an der Schmerzempfindung in einem einzigen Begriff auszudrücken. Sie nannten ihn »Algolagnie« (Schmerzgeilheit) und bezeichneten die sadistische Erscheinungsform als aktive Algolagnie, die masochistische Form als passive Algolagnie. Krafft-Ebing und Moll widersetzten sich dieser Definition, nicht etwa weil sie falsch, sondern nur, weil sie zu eng sei und weil sie physische Schmerzbereitung oder Schmerzerduldung lediglich als ein äußerliches Kennzeichen der Algolagnie betrachteten. Der eigentliche

Sinn der Algolagnie sei der Tatbestand der *Unterwerfung,* argumentierte Moll. Der Zweck des Sadismus (der aktiven Algolagnie) sei die *Erniedrigung,* die *Beherrschung* des anderen Menschen, und der Zweck des Masochismus (der passiven Algolagnie) sei das *Erniedrigtwerden* oder *Beherrschtwerden* durch einen anderen Menschen.
In seinen Spätwerken leitete Sigmund Freud den Sadomasochismus vom Masochismus und diesen vom Todestrieb, dem ewigen Gegenspieler des Eros oder Lebenstriebes, ab. In seinen Frühwerken dagegen führte er den Sadomasochismus auf seine sadistische Komponente und diese auf das anal-sadistische Stadium der kindlichen Entwicklung und auf die späte Entwicklung der menschlichen Fähigkeit des Mitleids zurück. »Grausamkeit liegt dem kindlichen Charakter überhaupt nahe, da das Hemmnis, welches den Bemächtigungstrieb vor dem Schmerz des anderen haltmachen läßt, die Fähigkeit zum Mitleiden, sich verhältnismäßig spät ausbildet . . . Kinder, die sich durch besondere Grausamkeit gegen Tiere und Gespielen auszeichnen, erwecken gewöhnlich mit Recht den Verdacht auf intensive und vorzeitige Sexualbetätigung von erogenen Zonen her, und bei gleichzeitiger Frühreife aller sexuellen Triebe scheint die erogene Sexualbetätigung doch die primäre zu sein. Der Wegfall der Mitleidsschranke bringt die Gefahr mit sich, daß diese in der Kindheit erfolgte Verknüpfung der grausamen mit den erogenen Trieben sich späterhin im Leben als unlösbar erweise« (*Drei Abhandlungen zur Sexualtheorie,* 1905).
Freud folgerte also die Existenz des Todestriebs aus der Dialektik des Lustvorgangs: Um Lust zu erzeugen, muß ein »Reiz« bestehen, eine Unlust, ein Drang nach Veränderung; diese Unlust wird aber eigentümlicherweise als Lust empfunden. Freud sieht deshalb im S. ein Prinzip, das den Sexualvorgang sozusagen im Vergrößerungsglas zeigt. Was der Sadomasochist tut, tut jeder Liebende. Aber der Sadomasochist negiert die Liebe, indem er den symbolischen Vorgang des Lust-Unlust-Prinzips vergrößert und vergröbert.
Bei der Umkehrung des aktiven Ziels des Quälens wird das passive Ziel des Gequältwerdens erreicht. Die Wendung gegen die eigene Person bringt einen Wechsel des Objekts bei ungeändertem Ziel. Der Masochist ist jedoch nur zum Schein unterwürfig. Denn er fordert, daß der andere ihn unterwerfen solle. In dem eigentümlich paradoxen Verhältnis zwischen dem Sadisten und dem Masochisten ist es also der Masochist, der Gequälte, der befiehlt, während der Sadist, der Quälende, eigentlich nur den unausgesprochenen Befehl des Masochisten ausführt.

Besonders beim psychischen Masochismus fällt die sadistische Komponente auf. Weichmann berichtet den Fall eines Patienten, der sich von einer Prostituierten bandagieren und verbinden ließ, als ob er gerade einen schweren Unfall erlitten habe. Darauf wurde ein Mann, meist der Zuhälter der Prostituierten, hereingeholt, der beim Anblick des so Zugerichteten erschrecken mußte. Weichmann betrachtet den Fall als rein masochistisch. Aber die Lust, einem anderen Menschen einen Schrecken einzujagen, enthält zumindest eine sadistische Komponente in einem sonst masochistischen Syndrom.

Der Außenstehende begreift nur schwer, daß der Fokus des sexuellen Sadomasochismus weniger auf Schmerzzufügung und Schmerzduldung als auf die symbolische Darstellung der Machtbeziehung ausgerichtet ist. Wichtig ist beim Masochismus das Sich-selber-Aufgeben, das Sich-Ausliefern, der Verzicht auf das eigene Recht, während es beim Sadismus auf die Besitzergreifung, die absolute Herrschaft über ein anderes Wesen ankommt. Dabei spielt Schmerz eine geringere Rolle als Scham. Worte wie *Pranger, Richtholz, Schafott, Schambock, Schandpfahl,* die immer wieder im sadomasochistischen Vokabular auftauchen, sind nur dann verständlich, wenn man Scham und Beschämung als Brennpunkte der Algolagnie erfaßt.

Ein anderer Aspekt des Sadomasochismus, dem man nur schwer in einem Lexikon gerecht werden kann, ist der Zeitfaktor. Ich kenne keine Abhandlung, die sich mit dem eigentümlichen Zeitgefühl des Sadomasochisten befaßt. Sartre hat einmal, wenn auch nur beiläufig, in *Das Sein und das Nichts* die kluge Bemerkung gemacht, der Sadist sei vor allem dadurch gekennzeichnet, daß er beim Sexualverkehr mehr Zeit als der »normale« Mensch habe: »Der Sadist sieht sich als einer, der beliebig viel Zeit hat. Er ist gelassen, er beeilt sich nicht, er verfügt über seine Werkzeuge wie ein Techniker, er probiert sie eins nach dem anderen, wie der Schlosser verschiedene Schlüssel an einem Schloß ausprobiert; er genießt seine doppelsinnige und widerspruchsvolle Situation: einerseits spielt er nämlich den, der, in einen umfassenden Determinismus eingespannt, geduldig Mittel in Hinblick auf ein Ziel einsetzt, das automatisch erreicht werden wird – so wie das Schloß sich automatisch öffnen wird, wenn der Schlosser den passenden Schlüssel gefunden hat –, andererseits kann dieses vorgesetzte Ziel nur mittels einer freien und vollständigen Zustimmung des anderen verwirklicht werden.«

Diese Zustimmung wirkt sich in der Praxis als ein Tormentum insomniae aus. Es gibt eine Anzahl sadomasochistischer Ausdrücke, die sich hiermit befassen, aber es wäre sinnlos, sie anzugeben, weil sie für den Laien, der nach umgangsprachlichen Ausdrücken für Schmerzbereitung und Schmerzduldung sucht, völlig irrelevant sind und selbst für manchen Sexualforscher die Frage aufwerfen würden, was *Wartung* (nicht von *Wartung* = Pflege, sondern von *warten:* auf den Orgasmus des anderen warten), *Uhrtick* (die Zeit, die zwischen den Schlägen eines Flagellanten vergeht) oder *leichtköpfig* (blutlos im Hirn durch anhaltende Schlaflosigkeit) denn um Gottes willen mit Sadismus zu tun hätten. (Vielleicht sollte sich der Philologe aber doch fragen, weshalb so viele Synonyme für *müde* das Thema des Schlagens, Verwundens, und Tötens aufweisen: *abgeschlagen, angeschlagen, erschossen, am Boden zerstört, stockmüde, todmüde usw.*)

Es ist bezeichnend für den Herrschaftsanspruch nicht nur des Sadisten, sondern vor allem des Masochisten, daß er sich als Normfigur, andere Menschen dagegen als Unaufgeklärte betrachtet und es deshalb nicht für nötig hält, irgendwelche Ausdrücke für Sadismus oder Masochismus zu prägen; alle bestehenden Ausdrücke für beide Welten stammen von Nichtsadisten und Nichtmasochisten: *Blutdurst, Blutgier, Blutlust, Schmerzgeilheit, Schmerzgier.* Ebenso steht es mit den Synonymen für *Sadist* und *Masochist.* Der Sadomasochist nimmt seine eigene Welt als selbstverständlich, die der anderen dagegen als fremdartig wahr.

Andererseits enthält das Alltagsdeutsch eine ganz außerordentlich große Anzahl von sadomasochistischen Vokabeln, deren eigentlicher Sinn weder vom Sprecher noch vom Angesprochenen wahrgenommen wird. Einerlei wie sehr Ohr und Zunge gegen die wahre Bedeutung dieser Ausdrücke abgestumpft sind, bezeugt ihre Häufigkeit doch eine unüberhörbare Tendenz zur Grausamkeit, eine eigentümliche Note der Selbstzerstörung im deutschen Temperament: *jemanden bei den Ohren nehmen, jemanden vor den Kopf stoßen, jemandem etwas an den Kopf werfen, jemandem auf dem Kopf herumtrampeln, jemandem auf der Nase herumtanzen, jemandem den Fuß auf den Nacken setzen, jemandem einen Maulkorb anlegen, jemanden der Peitsche unterwerfen, jemanden unter der Rute halten, jemanden auf den Bock schnallen, jemanden aufs Rad flechten, jemandem die Daumenschrauben anlegen, jemanden bis aufs Blut peinigen, jemandem ein Auge ausdrücken, jemandem das Herz zerreißen, jemanden lebendig begraben, jemanden abschießen* – Redewendungen, die wir täglich im metaphorischen Sinne benutzen: was liest der Völkerpsychologe aus ihnen heraus?

Wie offen, wie fließend die Grenze zwischen S. und M. ist, geht besonders aus den Fällen der sadomasochistischen → Mixoskopie hervor, also des Gelüsts, bei Folterungen, Quälereien und ähnlichen Vorgängen zuzusehen (→ Hinrichtungssadismus). Die sadomasochistische → Adspektprostitution dient der Befriedigung dieser Gelüste. In Bordellen finden Vorführungen statt, bei denen Männer und Frauen einander schlagen, stechen, beißen usw. Sie dienen damit gleichzeitig den Sadisten und den Masochisten unter ihren Kunden; denn die einen identifizieren sich mit dem aktiven Partner, die anderen mit dem Opfer. Die gleiche Szene liefert beiden einen Lustgewinn, obgleich beide anscheinend entgegengesetzte Wünsche haben. → Aggressionsinversion, Algolagnie, Automasochismus, Destrudo, Domina, Lebenstrieb, Masochismus, Passiophilie, Sadismus, Somatoskopie, Todestrieb, Wanda.

Juristische Aspekte: Fast alle sexuellen Tätigkeiten, vom Ansprechen einer Frau auf der Straße bis zum Geschlechtsverkehr mit einer verheirateten Frau, bedrohen den juristisch ungeschulten Bundesbürger mit Strafen aller Art. Die Bundesbürgerin hat hier trotz des Gleichberechtigungsartikels des Grundgesetzes fast überall ein leichteres und gefahrloseres Leben. Denn das Strafgesetzbuch, das ja zum größten Teil unverändert aus dem Jahr 1817 übernommen worden ist, spiegelt die Überzeugung der Bismarckschen Zeit wider, daß der Mann der Angreifer und die Frau die Angegriffene sei. Nur ganz wenige Paragraphen des StGB lassen die Erkenntnis durchschimmern, daß der Angegriffene meist angegriffen werden will und daß der Angreifer im Geschlechtsleben oft der Provozierte ist. Dies trifft nicht nur auf den Großteil der Beziehungen zwischen Mann und Frau zu, sondern vor allem auf die sadomasochistische Dialektik, die das Liebesleben fast aller Menschen regiert, sowohl das der Heterosexuellen, die von »Perversion« im medizinischen Sinn frei sind, wie auch das der Homosexuellen, das ja stets eine höhere sadomasochistische Spannung enthält. Der perverse Sadomasochismus, das Sexualverhältnis zweier Menschen, bei dem sadomasochistische Liebkosungen nicht als Einleitung zum Koitus, sondern als dessen Ersatz dienen, ist hierbei nicht mehr vom Gesetz bedroht als das Geschlechtsverhältnis der großen Mehrzahl aller Eheleute, die zumindest manchmal sadomasochistische Liebkosungen benutzen. Beide werden vom StGB bedroht, wenn, wie es so oft geschieht, der eine oder andere Partner sich plötzlich beklagt, daß er mißhandelt worden ist, und nicht den Mut hat zuzugeben, daß die »Mißhandlung« auf eigenen Wunsch geschah. Dazu sagt § 226a StGB: »Wer eine Körperverletzung mit Einwilligung des Verletzten vornimmt, handelt nur dann rechtswidrig, wenn die Tat trotz der Einwilligung gegen die guten Sitten verstößt.« Da aber nahezu jede geschlechtliche Handlung gegen das verstößt, was der Geist von 1871 als »gute Sitte« empfand, ist das Risiko der Verurteilung nach § 226a StGB nicht gerade gering.

Sadomasochismus im alten Hellas. Da die Griechen alles, was sie ersehnten und fürchteten, in den Olymp projizierten, sagt das Leben der Götter und Halbgötter, der Helden und legendären Heldinnen viel über den griechischen S. aus. Laomedon läßt die Hesione an einen Felsen ketten, um sie einem wilden Tier auszuliefern. Homer schildert, wie Zeus seine Frau Hera aufhängt und ihr an jeden Fuß einen Amboß bindet – eine sadistische Vorstellung von geradezu textbuchhafter Pertinenz. Und da die Götter nicht etwa den Menschen, sondern die Menschen ihre Götter schufen, sagen diese Szenen viel über die Vorstellungswelt der Griechen zu gerade jener Zeit aus, als sie sich von den Mythen ihrer mutterrechtlichen Vergangenheit zu befreien suchten, um ihr eigenes patristisches Pantheon zu bilden: Es sind die Mythen vom Triumph des Mannes über die Frau, die Sagen von der blutigen Rache der Männerrechtler an den »Verrätern«, den männlichen Anhängern des Mutterrechts.

Die Schicksale des Sisyphos und des Tantalos sind von einer so ausgeklügelten Grausamkeit, daß man sie nicht mit der üblichen Ausrede abtun kann, Mythen und Märchen seien nun einmal grausam, weil sie aus einer grausamen Entwicklungsstufe der Menschheit stammen. Denn dann stellt sich die Frage, welche Entwicklungsstufe das denn gewesen sein soll und *weshalb* sie so grausam gewesen sei. Hier geht es um die Jahre der Befreiung von einer vorhergegangenen Kultur, deren Helden man in Schurken, deren Götter man in Teufel, deren Priester man in Hexen und Dämonen verwandeln muß, um ihren Einfluß zu überwinden. Es ist bezeichnend, daß fast alle Sagenfiguren der Griechen, die mit besonders harten und bitteren Strafen bedacht werden, gleichzeitig die klügsten und weisesten Menschen ihrer Zeit sind – Tantalos, König von Sipylos im mutterrechtlichen Phrygien, klügster Herrscher seiner Zeit; Sisyphos, König von Ephyra, »der Klügste der Klugen«; Prometheus, der eigentliche Erschaffer des Menschen, Förderer der Künste, Lehrer der Wissenschaften. Bei allen drei ging es um die Beseitigung der Elite einer vorgriechischen oder zumindest vorpatristischen Kultur, und die Strafen entsprachen der Furcht, die man vor diesen titanischen

Figuren empfand.
Der griechische Sadomasochismus trägt also das Kennzeichen einer gewissen Sublimation: er ist weniger individueller als kollektiver Art; er hat sich mit beachtlichem Erfolg die Illusion verschafft, einer guten Sache zu dienen. Dies schlägt sich auch in dem Komplementärphänomen der Abwesenheit sadomasochistischer Vorstellungen nieder: alles hat sich ins Nichtsexuelle, ins Allgemeine verlagert. Nur in der päderastischen Obsession mit den schmerzbereitenden Aspekten des Analverkehrs finden wir ein Element der Algolagnie, das uns aufhorchen läßt. Auch die Vielfalt der Riten und Kulte, bei denen Geißelung, Kastration oder Tötung stattfand, wird dem erfahrenen Sexualwissenschaftler manches über das Geschlechtsleben der Griechen sagen, das er nicht aus der erotischen Literatur der Hellenen lernen kann. Hierher gehört endlich auch der Block jener Mythen, bei den Griechen ein beachtlich großer, die einen Gott oder Helden in weiblicher Kleidung weibliche Dienste verrichten lassen. Aber auch hier zeigt sich das gemeinsame Merkmal all dieser griechischen Sexualvorstellungen: sie erscheinen hauptsächlich als entpersönlichte, entsexualisierte Aspekte der Algolagnie.
Im Gegensatz zu diesen teils verdrängten, teils sublimierten Sexualvorstellungen in Mythos, Ritus und Kult sind die sadomasochistischen Handlungen des Alltagslebens vergleichsweise harmlos. Daß die Griechen bereits die potenzsteigernde Wirkung der Geißelung, besonders die mit Brennesseln, entdeckt hatten, sagt mehr über die Qualität ihrer Ärzte als über pathologischen Masochismus aus. Wenn die Priesterin Oinothea dem impotenten Eukolpios seine Potenz zurückgibt, taucht sie einen ledernen Phallos in Pfeffer und führt ihn in den Anus des Patienten ein. Dann peitscht sie alle Teile unterhalb des Nabels mit Brennesseln. Der berühmte »Gürtel der Aphrodite« war ein lederner Riemen. Satyros fragt in seiner *Sammlung alter Sagen:* »Warum sind all diese bezaubernden Liebreize gerade in den Riemen der Aphrodite hineingegerbt? Weil die Verliebten Prügel verdienen!« Die griechische Komödie war geradezu auf dem Humor der unverdienten Tracht Prügel aufgebaut, genau wie wir uns kaum eine attische Komödie ohne Darmwind und Kot vorstellen können. Aber dies sind Aspekte einer lebhaften Analerotik, es sind keine sadomasochistischen Elemente.
Eine der ganz wenigen eindeutig sadomasochistischen Szenen aus der Sexualgeschichte der Griechen ist der Bericht, daß die berühmte Hetäre Gnathaina, bei der die Blüte der griechischen Philosophie verkehr-

te, sich stets die Teller von ihren Gästen sauberlecken und danach durch Zweikampf entscheiden ließ, welcher der Gäste mit ihr zu Bett gehen durfte. Das ist eindeutig sexueller Sadomasochismus. Als ein Kunde der Hetäre Kallistion weiszumachen suchte, die Striemen auf seinem Rücken seien die Spuren verschütteter heißer Brühe, sagte sie: »Ochsenziemerbrühe, was?« Dies wurde ein geflügeltes Wort in Athen.

Natürlich gab es aber auch in der griechischen Sexualgeschichte eine Anzahl von Neurotikern, deren Sadismus nicht sexuell kompensiert werden konnte. Denn beim Sadomasochismus, wie bei allen sexuellen Neigungen, ist es ja das Kennzeichen der Kompensation, daß sie uns erlaubt, unsere Wünsche mit Hilfe eines sexuellen Partners, der das gleiche will, in verhältnismäßig harmloser Weise auszuleben und so die Umwelt vor den sozialgefährdenden Aspekten unserer Wünsche zu bewahren. Da gab es den hochneurotischen Philosophen Peregrinos Proteos, der sich selber öffentlich auf sein nacktes Gesäß zu schlagen pflegte und sich am Ende während der Olympischen Spiele des Jahres 165 lebendig verbrennen ließ. Da gab es den Tyrannen Phalaris von Agrigentum, der den Müttern die Säuglinge von der Brust riß, um sie zu töten. Da sprach man auch von dem thrakischen König Kotys, der seiner Frau ein Messer in die Vulva steckte und ihr damit den Leib bis zum Nabel aufschlitzte. Und da erzählte man von Dionysios dem Jüngeren, er habe Tauben den jeweils linken Flügel abgeschnitten und dann nackten Mädchen befohlen, die verstümmelten Tiere einzufangen. Dabei hätten die Mädchen jeweils nur eine Sandale tragen dürfen, so daß sie ebenso getaumelt wären wie die Vögel. Zur Strafe hätten die Väter der Mädchen Frau und Töchter des Dionysios vergewaltigt, ihnen Nadeln unter die Fingernägel getrieben und sie dann grausam umgebracht (Klearch, bei Athen, 541c. Strab. VI, 259).

Aber solche Szenen sind bei den Griechen verhältnismäßig selten. Was uns dagegen nachdenklich stimmen muß, ist die Gefühllosigkeit der Griechen ihren Sklaven gegenüber und die Neigung, sie bei dem kleinsten Verstoß mit äußerster Härte zu bestrafen. Hier liegt ein Syndrom vor, das noch mancher Erklärung bedarf und sich ganz gewiß nicht mit dem üblichen Hinweis, die Griechen hätten eben noch nicht gelernt, Sklaven überhaupt als menschliche Wesen wahrzunehmen, aus der Welt schaffen läßt. Instrumente zur »Züchtigung« der Sklaven durften in keinem wohlausgerüsteten Haushalt der herrschenden Klasse fehlen. Das ging von der Narthexstaude über den gewöhnlichen Rohrstock und die Karbatsche, *hystrichis* genannt, bis zu dem Lederriemen, *imas* oder *rhytes*, dem Farrenwadel und der Geißel, *mastika astragalote*, in deren Stränge Knoten eingeknüpft waren, um die Schläge schmerzhaft zu machen. Die Bestrafung trug den Namen *mastigias*, und die Tätigkeit eines solchen »Hilfsmittels« hieß *tizein* oder *mastigun*. Der Herr machte von dem Privileg, seinen Sklaven schlagen und foltern zu dürfen, reichlich Gebrauch. An Sklaven vorgenommene Exekutionen waren etwas so Alltägliches, daß Aristophanes in seinen *Fröschen* den Sklaven Xanthius zu Aiakos sagen läßt, er sei ihm *homomartigias*, »schlägeverbrüdert«, oder, wie E. Schink übersetzt, »zwischen ihnen beiden bestehe eine Prügelvetternschaft«. Man peitschte dem »ungehorsamen« Sklaven die Geschlechtsteile, man flocht flüchtige Sklaven aufs Rad, man schmiedete ihnen Ketten um die Füße und legte ihnen Handschellen an; sie mußten Halsringe tragen und wurden gebrandmarkt; man steckte sie in die Mühlen oder in die Minen, man zwang sie auf die Ruderbänke der Kriegsgaleeren und Kauffahrteischiffe. Alexander der Große unterhielt sich während seines Aufenthaltes in Asien einmal damit, einen Sklaven mit Naphtha zu begießen und dann anzuzünden. Und weder Plutarch noch Strabo, die dies aufzeichnen, finden ein Wort des Tadels für den Täter.

Sadomasochismus im alten Rom. Das Kernproblem des römischen Geschlechtslebens war der Sadismus und seine masochistische Inversion. Verglichen mit diesem alles überschattenden Problem war selbst die Homosexualität von relativer Unwichtigkeit. Der Sadismus ist die spezifische Sexualstörung des Patriarchats, aber nirgends finden wir die Symptome in so eindeutiger Form wie in Rom. Nahezu alles in der ökonomischen Basis und dem kulturellen Überbau Roms war angelegt, um eine Eskalation sadistischer Tendenzen zu fördern. Das begann mit der Ökonomie einer Sklavengesellschaft, die den Körper des Sklaven und der Sklavin, von den Kindern der Sklaven ganz zu schweigen, wehrlos der Libido des Herrn und der Herrin auslieferte. Selbst Menschen, die unter anderen Umständen nie in die Versuchung geraten wären, sadistische Handlungen vorzunehmen, gerieten durch die allzu verführerische Verfügbarkeit des Sklaven täglich von neuem in den Sog sadistischer Verlockungen.

Dazu kam eine herrische, dem späteren Militärdienst untergeordnete, der Mutter entfremdete, von Sklaven oder ehemaligen Sklaven vorgenommene Erziehung, die körperliche Züchtigung nicht nur als legitimes Strafmittel, sondern als selbständiges Abhärtungsinstrument betrachtete und benutzte. Dazu kamen schließlich die langen Kriegsjahre, die verrohenden Erfahrungen des Felddienstes, die absolut schonungslose Form des Krieges, bei der nur selten Gefangene gemacht und der Feind oft in großer Zahl niedergemetzelt wurde.

All das spiegelte sich in den »Spielen«, der eigentümlichen, auf sadistischer Reizung des Publikums aufgebauten Dramatisierung der Folter und des Mords, aber auch im Theater, im Kult und sogar in der Rechtsprechung wider, die das alttestamentarische Prinzip der legalisierten Rache weiter entwickelte, als es je in einer anderen Kultur geschehen ist. Dazu kam schließlich das Beispiel der Cäsaren, die durch das Übermaß ihrer Macht geradezu prädestiniert waren, sadistischen Versuchungen anheimzufallen. Rückwirkend von dem Vorbild des Cäsars eskalierte sich der Sadismus dann in stetem Wechselspiel zwischen Herrscher und Beherrschten, bis beide die Herrschaft über ihn verloren hatten und zu seinem Sklaven geworden waren.

Appian beschreibt das übliche Schicksal des römischen Sklaven während des Krieges (*Bürgerkriege*, V, 35). Es handelt sich um die Belagerung von Perusia im Jahre 38 v. u. Z. Als die Nahrungsmittel knapp wurden, ließ man die Sklaven verhungern und begrub sie in langen Gräben, damit es keine Seuchen gäbe. Verbrennen konnte man die Leichen nicht, weil dann der Feind davon Kunde bekommen hätte.

Plautus macht in zahlreichen Stellen seiner Bühnenstücke klar, daß der Sklave um 200 v. u. Z. nicht nur ständige Prügel und Geißelungen zu befürchten hatte, sondern daß ihm auch täglich die Gefahr drohte, durch eine Laune seines Herrn ans Kreuz geschlagen zu werden. Diodor sagt, daß man in seiner Zeit die Sklaven wie Pferde mit glühenden Eisen markierte. Mit der Vermehrung der Sklaven wuchs die Grausamkeit. Ein römisches Sprichwort besagte: »Je mehr Sklaven, desto mehr Feinde.«

Das römische Recht verbot die Folterung des Menschen als Mittel der Rechtsfindung; aber Sklaven wurden gefoltert, denn sie galten ja nicht als Menschen. Eine Sklavenaussage ohne Folter gab es nicht. Man folterte grundsätzlich, einerlei ob der Sklave vertrauenswürdig war oder nicht, denn man konnte sich so etwas wie einen vertrauenswürdigen Sklaven gar nicht vorstellen. Das Maß des Mißtrauens entsprach aber dem Maß der Grausamkeit, die man dem Sklaven in der Vergangenheit zugefügt hatte. So verdoppelte sich der Sadismus unter dem Vorwand der Rechtsfindung. Fast alle uns aus den Hexenprozessen des Mittelalters bekannten Foltermethoden sind von den Römern erfunden und von den Christen übernommen worden, darunter die *fiduculae* (Stricke zum Ausrenken der Glieder), der *equuleus* (ein Bock, auf welchem dem sitzenden Sklaven durch angehängte Gewichte oder mittels Winden die Glieder aus den Gelenken gerissen wurden), ferner glühende Metallplatten, die man auf den Leib des Sklaven legte und viele andere solcher Werkzeuge. Alle diese Maßnahmen erreichten ihren Höhepunkt unter den christlichen Kaisern, wie zum Beispiel Konstantin, der den Sklaven die Zungen ausreißen und flüssiges Blei in den Mund gießen ließ.

In der *Punica* des Silius Italicus, einer Fortsetzung der *Aenaeis*, wird die Folterung eines Sklaven mit diesen Worten beschrieben (I, 172 ff.):

> . . . Der Strafbank
> Pein und den glühenden Stahl und die Hiebe geschwungener Geißel,
> Welche zerreißen das Fleisch, dann Fäuste der Henker und jede
> Schmerzende Qual, selbst Brand in die offene Wunde geworfen,
> Muß er erdulden. Es wird, für Augen und Ohren der Herren,
> Künstlich der Leib, soweit es die Schraube der Folter gestattet,
> Länger und länger vonandergereckt, bis endlich dem Körper
> Ausströmt völlig das Blut, und der Brand von zergehenden Gliedern
> Bis an das Innere dringt. Zuletzt selbst dampfen die Knochen.

Galenus (*de plac. Hippocr. et Platon,* vi. extr.) schreibt: »So pflegen es jetzt auch die zu tun, die ihre Sklaven, wenn sie etwas verfehlt haben, bestrafen, indem sie den Entlaufenen die Schenkel sengen und aufschlitzen und verwunden, den Dieben aber die Hände, den Gefräßigen den Bauch und den Schwatzhaften die Zunge, kurz, den Betreffenden an dem Körperteil strafen, mit dem er seinen Frevel begangen hat.«

In den *Metamorphosen* des Apuleius wird ein Sklave nackt an einen Baum gebunden, mit Honig bestrichen und so den Ameisen überlassen, die »in unzähliger Menge über den armen Unglücklichen herfielen, und unter ihren kleinen, emsigen Bissen mußte er des langsamsten, erbärmlichsten Todes sterben, denn sie schroteten so lange, bis alles Fleisch von den Gebeinen herunter war« (VIII).

Cicero berichtet (*de div.* I, 26, 55) von einem Sklaven, der einen Querbalken aus schwerem Holz tragen mußte, an dem seine Arme festgebunden waren, während man ihn mit Ruten vorwärts peitschte, bis er tot zusammensank. Dieses Verfahren nannte man *more majorum*, »nach der Sitte der Vorfahren«. Cicero spricht ebenfalls davon, daß man Sklaven mit glühenden Zangen zu Tode zwickte. In seiner Abhandlung *de ira* schildert Cato uns Herren, die ihre Sklaven blenden lassen, sie zu Krüppeln machen, sie verstümmeln. Flaminius ließ Sklaven töten, um seine Gäste damit zu unterhalten. Augustus fand einmal den Umstand, daß ein Sklave seine Lieblingslerche verzehrt hatte, so ungeheuerlich, daß nur der Tod am Kreuze dieses Verbrechen sühnen könne.

Tacitus beschreibt die Folterung einer Sklavin, der man Verschwörung gegen Nero vorwarf: »Als man sie am zweiten Tage zur Fortsetzung der Martern auf einem Tragstuhl heranschleppte – sie vermochte nämlich mit ihren ausgerenkten Gliedern sich nicht mehr aufrecht zu halten – schlang sie ihre Brustbinde wie einen Strick um die Lehnen des Sessels, steckte ihren Hals in die Schlinge, ließ sich mit dem ganzen Schwergewicht ihres Körpers fallen und hauchte so ihren bereits schwachen Lebensatem aus« (Tacitus *ann.* XV, 57).

Valerius erzählt den Fall eines Sklaven, »fast noch ein Knabe«, der aufs grausamste gefoltert wird, mit Geißelhieben, mit glühenden Metallplatten, mit Ausrenken der Glieder. Besonders grausame Herren fütterten ihre Muränen in den Fischteichen mit Sklaven. Seneca berichtet darüber (*de clem.* I, 18 von *de ira* 3, 40): »Augustus war bei Vedius Pollio zu Tische. Von dessen Sklaven hatte einer ein Kristallgefäß zerbrochen. Vedius gab den Befehl, ihn sofort umbringen zu lassen, aber er solle eines nicht gewöhnlichen Todes sterben: Man solle ihn den Muränen vorwerfen, deren er sehr große in seinem Fischteiche hielt.«

Die mildeste Strafe des Sklaven war ein Schlag mit der bloßen Hand oder mit dem ersten besten Gegenstand, der zur Hand war. Es gab aber auch solche ausdrücklich zur Bestrafung von Sklaven in jedem Patrizierhause herumliegenden Instrumente wie Ruten, Lederriemen, aus Pergament geflochtene Peitschen, Ochsenziemer oder Geißeln mit eingeknüpften Metallkugeln, Glassplittern oder Steinen. Außerdem verwandte man Stöcke aus Ulmenholz oder Birke, die wegen ihrer großen Elastizität als besonders schmerzhaft galten. Bei schweren »Vergehen« trat dann auch die gefürchtete spanische Geißel in Aktion, deren Stränge aus harten Lederstreifen geflochten waren und manchmal dazu dienten, den Sklaven zu Tode zu peitschen.

Da die »Emanzipation« der Römerin keine Selbstbefreiung der Frau, sondern bestenfalls ein Versuch war, den Mann zu imitieren und sich seine Machtpositionen anzueignen, übernahm sie auch die Sadismen, die er im Verkehr mit seinen Sklaven entwickelt hatte. Das kreideten die Römer ihren Frauen dann wiederum als Beweis der angeborenen weiblichen Schlechtigkeit an und zeterten in zahllosen Briefen und Schriften über die »typisch weibliche« Grausamkeit. Kaum ein römischer Schriftsteller hat es unterlassen, uns solche Beispiele zu überliefern. Galenus erzählt in seiner Schrift *Von der Erkenntnis und Heilung unserer Leidenschaften* von einer Herrin, die im Zorn mit Zähnen, Fäusten und Füßen gegen ihre Sklaven wütet, ihnen die Augen ausschlägt oder mit dem Schreibgriffel aussticht. Die Mutter des Kaisers Hadrian soll im Zorn ihre Sklavinnen gebissen haben. Chrysostomus weiß von einer Herrin, die ihre nackt ausgezogene Sklavin an die Füße des Sofas band und sie so geißelte, daß die draußen Vorübergehenden das Geheul des armen Mädchens hörten.

Auch Ovid berichtet uns von manch »edler Römerin«, die sich ihren Sklavinnen gegenüber sadistisch benahm (*ars amandi* III, 257 ff.):

Ich haß' die Hexe, die die Mädchen plagt,
Mit Nadeln kratzt und sie mit Nägeln zwickt,
So daß die Magd in Blut und Tränen klagt
Und der im Herzen flucht, die ihre Hand geschmückt.

Ovid hält es für besonders erwähnenswert, daß seine eigene Geliebte zu den wenigen gehört, die ihre Sklavinnen nicht mit Nadeln zu stechen pflegte: »Niemals riß sie die Nadel heraus, um zu verwunden der Sklavin den Arm« (*Elegien* I, 14). Juvenal entwirft in der sechsten Satire das Bild einer Römerin, die ihre Sklaven schlägt, weil sie selber sexuell frustriert ist:

Wert der Bemühung ist's, von Grund auf kennen zu lernen,
Was sie den Tag durch treiben und tun. Wies ihnen den Rücken
Nachts der Gemahl, dann war es geschehen um die Wägerin. Abziehen
Müssen das Kleid die Kumeten, zu spät kam, heißt's, der Liburner!
Und für des anderen Schlaf muß *der* abbüßen die Strafe.
Ruten zerbrechen auf *dem, der* wird von der Geißel getötet.
Der von der Peitsche. Man trifft, die ein Jahrgeld zahlen den Henkern.
Sie läßt geißeln und schminkt sich dabei, hört Freundinnen sprechen
Oder betrachtet das Gold, das breit ein gesticktes Gewand trägt –
Und läßt geißeln. Sie liest weitläufige Seiten des Tagblatts –
Und läßt geißeln, bis matt sich die Geißelnden fühlen. »Nun gehe!«
Sichtlich befriedigt sagt sie, nachdem vollzogen das Richtamt . . .
Dann lüstet's ihr wieder, sie wünscht sich schöner geschmücket
Als gewöhnlich, und eilt, und erwartet man schon sie in Gärten

Oder noch lieber vielleicht in der Isischen Kupplerin Tempeln,
Ordnet die Flechten ihr *sie*, der selbst die Haare zerrauft sind,
Nackt an Schultern und nackt an Brüsten, Psekas, die arme.
»Weshalb ist die Locke zu hoch?« Und der Riemen von Rindshaut
Straft das Verbrechen sofort und die Tat des gekräuselten Haares.

Wie sich die Römerin nicht nur ihren eigenen Sklaven, sondern auch denen ihrer Liebhaber gegenüber benimmt, hat Properz in seinem Gedicht über Cynthia beschrieben, die sich an seinem Sklaven Lygdamus dafür rächt, daß sie den Dichter im Bett mit einer Rivalin entdeckt hat:

Als schon ihr Arm vom Schlagen fast erlahmte,
Zerrte sie kauernd links vom Bett den Lygdamus,
Bis er, geschleift, vor mir als Schutzgott betete . . .
»Wenn«, sprach sie, »deine Schuld ich dir verzeihen soll,
Vernimm, was meine Bedingungen sind:
. . . Verkauf vor allem Lygdamus, den Unruhestifter,
Verkauf ihn, stramm gefesselt jeden Fuß!«
So ihr Gesetz. »Ich werd gehorchen«, sprach ich.

Schließlich ein Beispiel aus Juvenals *Zwiegespräch zwischen zwei Gatten*. Zuerst spricht die Frau:

»Hefte den Sklaven ans Kreuz!« – »Was verbrach der Sklave des Todes
Würdiges? Wer ist Zeuge dafür? Wer klagte denn? Hör' ihn!
Gilt's bei Menschen den Tod, dann währt kein Zaudern zu lange.« –
»Alberner, also der Sklav' ist ein Mensch? Nichts hab' er getan? Dann
Sei's mein Befehl! Statt eines Grundes gelte mein Wille!«

Zweifellos hatte die Entfremdung zwischen Eltern und Kindern, die das patrizische Familienleben jahrhundertelang kennzeichnete, etwas mit der Grausamkeit des Römers zu tun, obgleich hierbei die Entfremdung zwischen Vater und Sohn meist größer war als zwischen Mutter und Tochter. Aber auch das Mädchen wurde in Rom von der Geburt an einer Amme überlassen, wenn man sich eine solche leisten konnte, und kam später unter die Fuchtel eines »Erziehers«, der keine Qualifikation für sein Amt besaß und meist ein Sklave oder Freigelassener war. Ist es verwunderlich, daß diese Männer an den Söhnen und Töchtern ihrer Herren ausließen, was sie unter den Herren gelitten hatten?
Die römische Erziehung muß aus wenig anderem als aus Ohrfeigen und Kopfnüssen, Backpfeifen und Schlägen auf Hände und Füße bestanden

haben, von dem täglichen Versohlen des Hinterns ganz zu schweigen. Selbst die Söhne der Cäsaren wurden geprügelt. Sueton erwähnt in seiner Biographie des späteren Kaisers Otho, er sei »von seinem Vater oft mit Peitschen geschlagen worden«. Die Instrumente, mit denen Kinder »gehärtet« wurden, einerlei ob sie etwas ausgefressen hatten oder nicht, waren der Rohrstock (*fustis*), die aus Gerten gebundene Rute (*ferula*), die aus weichem Leder gefertigte skythische Riemenpeitsche (*scutica*) und der lebenslange Narben hinterlassende Ochsenziemer (*flagrum* oder *flagellum*), der aus drei oder mehr Rindslederriemen bestand, die an einem hölzernen Handgriff befestigt waren.

Ein Wandbild in Pompeji zeigt uns eine typische Züchtigungsszene in einer römischen Schule. Ein Junge von etwa 14 oder 15 Jahren liegt völlig nackt bis auf ein kurzes Tuch um die Hüften so auf der Schulter eines vor ihm gebückt stehenden Jungen, daß dieser seine ausgestreckten Arme mit seinen Händen von oben her faßt, während ein anderer, hinter ihm kniender Junge seine Beine ausgestreckt festhält, so daß der Festgehaltene sich nicht rühren kann. Hinter ihm steht ein junger Mann und schlägt ihn mit einer Riemenpeitsche. Die festhaltenden Jungen ducken ihre Köpfe, als ob sie befürchten müßten, daß auch sie Schläge bekämen, wenn sie den anderen losließen. Man braucht kein Psychoanalytiker zu sein, um zu verstehen, daß eine solche Szene unweigerliche Folgen im Sexualleben aller Beteiligten hinterlassen muß. Fast alle sadistischen Akte im späteren Leben gehen auf solche Urszenen zurück.

Wenn Ausonius seinen Enkel auf die Schule vorbereitet, warnt er ihn vor den »vielen Hieben, von denen die Schule widerhallt«, vor »dem Geschrei, den sausenden Hieben der Angst«, vor der »finsteren Miene« des Lehrers, der »das Szepter seiner Rute schwingt«. »Wenn du überall das Werkzeug der Schule, die Ruten siehst, wenn das weiche Leder trügerisch die Riemenpeitsche verhüllt, so sollst du vor all diesen Einrichtungen der Schule zum Erregen der Furcht keine Furcht bekommen!« Leicht gesagt, schwer getan. Das beste, was der Knabe tun konnte, war seine Furcht zu verbergen; verlieren konnte er sie nie. Das Reservoir der Verbitterung über diese Behandlung zapfte er dann sein Leben lang an, um sich an allen anderen, vor allem aber an Sklaven, Frauen und Feinden, für das zu rächen, was er in seiner Kindheit erlitten hatte.

Otto Kiefer sagt (*Kulturgeschichte Roms*, Berlin 1933, S. 70): »Unter der Geißel, dem Symbol des Machtwillens, wurden im alten Rom schon die Kinder erzogen. Es besteht wohl in jedem menschlichen Gemeinwesen ein inniger Zusammenhang zwischen den Idealen, die dieses Gemeinwesen beherrschen, und der Art, wie man seine Kinder erzieht: denn letzten Endes will man sie doch für diese Ideale erziehen. Wer also den Willen zur Macht auf seine Fahnen schreibt, der wird auch seine Kinder in diesem Sinne, also streng, unerbittlich, ohne jede Rücksicht auf eventuelle Anlagen des Kindes, erziehen. Der andersgerichtete Wille des Kindes aber muß dabei notwendigerweise unterdrückt werden, d. h. diese Erziehung muß Strafen anwenden, strenge, ja grausame . . . man brauchte abgehärtete Krieger und kräftige Bauern, alles andere war unnötig, ja unerwünscht.«

Die »Abhärtung« fand von der Jugend bis ins Mannesalter durch Bestrafung statt. Im römischen Heer zerfleischte man dem Soldaten den Rücken mit Stockhieben oder prügelte ihn wie einen Hund mit Knüppeln tot, erschlug ihn mit der Spitzhacke oder kreuzigte ihn. Bei Flucht vor dem Feind wurde jeder zehnte Mann der Kohorte durch das Los ausgewählt und mit Knütteln totgeschlagen. Der Deserteur mußte von seinen Kameraden auf Geheiß der Offiziere in gleicher Weise totgeknüppelt werden. Oder man bewarf ihn mit Steinen, bis er starb. Die einzige »Abhärtung«, die wirkte, war also die Leichenstarre.

Wenn die herrschende Klasse ihre eigenen Soldaten so behandelte, konnte man kaum erwarten, daß sie ihre Feinde respektierte. Der Kriegsgefangene hatte deshalb bei den Römern keinen Rechtsstatus. Sein Überwinder konnte nach Belieben über ihn verfügen, konnte ihn töten oder mißhandeln lassen. Die Bewohner eroberter Städte mußten sich wie Masochisten mit eigenen Worten zu Sklaven stempeln: »Ich gebe mich, meine Stadt, mein Land, das fließende Wasser, meine Götter, mein Vermögen, meinen Hausrat und alles, was den Göttern gehört, in die Gewalt der Römer.« Das war der erwartete Schuldspruch des Eroberten.

Oft genug geschah es jedoch, daß man die Besiegten gar nicht erst in die Sklaverei überführte, sondern sie gleich niedermachte. So wurden nach den Samniterkriegen viertausend Männer von den eigens dazu abkommandierten römischen Vernichtungskohorten abgeschlachtet (Strabo V, 4, 2). Bei der Eroberung der Samniterstadt Sora töteten die Römer jeden Mann, dessen sie habhaft werden konnten. Aus den alten Männern und Knaben, die sich ergeben hatten, suchten sie dann 225 aus, schleppten sie nach Rom, ließen sie öffentlich auf dem Forum auspeitschen und dann hinrichten – *summo gaudio plebis*, »zur höchsten

Freude des Volkes«, wie Livius noch ausdrücklich hinzusetzt.
Die Führer des Gegners – so zum Beispiel Jugurtha, Vercingetorix, Simon Bar Giora – wurden in den unterirdischen Kerkern am Forum systematisch gepeinigt, ehe man sie öffentlich umbrachte. Den Führer der Juden, Simon Bar Giora, zerrte man nach der Zerstörung Jerusalems durch die Straßen Roms wie ein Opfertier, um ihn dann auf dem Felsrand des Kapitolberges mit Ruten zu peitschen und schließlich hinabzustürzen. »Als verkündet wurde, daß er dahin sei«, so berichtet uns Josephus, »da erscholl ein allgemeiner Jubelruf, und nun begann das Opfer.«
Im Sarmatenkriege tötete Aurelianus an einem Tage achtundvierzig Menschen mit eigener Hand, an anderen Tagen neunhundertfünfzig, so daß die Soldaten danach im Triumph sangen – und dieser Triumph ist das Beschämendste an der ganzen Sache:

Tausend, tausend, tausend haben wir geköpft!
WIR – DER EINE – tausend köpften!
Tausendfach ein Lebehoch dem Mann, der tausend köpfte!
Soviel Wein gibt's auf der Erde nicht,
Wie der EINE Blut vergoß! (FHG III aus Flav. Vop. Auel. 6).

Der Kernpunkt all dieser Geschichten ist nicht so sehr die Grausamkeit wie die *Freude* an der Grausamkeit. Irgendetwas muß an der Erziehung dieser Römer völlig danebengegangen sein, um so perverse Folgen zu erzeugen. Strafen und Gestraftwerden, wenn beides in früher Jugend erfolgt, ehe die Libido sich den Genitalwünschen untergeordnet hat, verursachen stets lebenslange Abweichungen von der gesunden Genitalität. Es wäre naiv, anzunehmen, daß die Römer sich nicht dieser Dinge bewußt gewesen wären. Wenn sie trotzdem ihre Kinder so erzogen, daß genau diese Resultate erzeugt wurden, verfolgten sie damit bestimmte Ziele, die selbst den Autoritärsten unter uns widersinnig erscheinen mögen, den Römern aber als bewährte Mittel zum Zweck dienten.
Es ist kein Zufall, daß das Symbol der römischen Macht, das auch von Mussolini als Symbol des Faschismus übernommen worden ist, die *fasces*, die gebündelten Ruten waren, aus denen ein Beil hervorragte. Hier wurde das Rutenbündel, das Züchtigungsinstrument des Knaben, also vom erwachsenen Manne zum Symbol seines Machtanspruchs erkoren. Deutlicher kann kein Symbol den Zusammenhang zwischen dem Sadismus des »Erziehers« und dem späteren Machtstreben des »Erzogenen« machen. Das Züchtigungsinstrument des Kindes wird zum

Machtsymbol des Erwachsenen. Die Rute, mit welcher der Herr den Sklaven zur »Ordnung« zwingt, wird zum Symbol der Herrschaft des Patriziats, des Vaterrechts. Wenn Cicero im Traume den jungen Augustus als künftigen Herrscher Roms sieht, so drückt sich das dadurch aus, daß Jupiter dem Augustus eine Geißel in die Hand gibt (Sueton, *Augustus* 94). Selbst die Traumsymbolik gehorcht hier also dem Sadismus. Wenn Juvenal von der Machtergreifung des Augustus spricht, benutzt er die gleichen Worte wie Cicero: »Er unterwarf die Römer seiner Geißel« (*Sat.* X, 99).

Die Liktoren, die Leibgarden der herrschenden Klasse, trugen Rutenbündel, mit denen sie unliebsame Bürger züchtigten, als seien es Kinder. Jeden Tag konnte es der Römer erleben, daß jemand, der eigentlich, wenn er überhaupt irgendeine Missetat begangen hatte, vor ein Gericht gehört hätte, statt dessen von den Liktoren durch die Straßen geprügelt wurde. Wenn römische Bürger vor den Rednertribünen Zwischenrufe machten, was übrigens ihr gutes Recht war, kam es oft vor, daß sie von den Liktoren ergriffen und wie kleine Kinder mit Ruten gezüchtigt wurden. Das geschah um so öfter, je ärmer der Geschlagene war. Juvenal sagt (*Sat.* III, 227 bis 231): »Ob du ein Wort zu erwidern versuchst, ob stumm du zurückweichst, ist gleichgültig: Man gibt dir die gleichen Prügel, man fordert sogar Bürgschaft von dir. Das ist des Armen Freiheit! Er, den man unrechtens prügelt; er, der mit Fäusten Geschlagene, muß obendrein noch flehen, daß man ihn mit unzerschlagenen Zähnen laufen lasse.« Schauspieler und Gastwirte litten besonders unter der Willkür und dem Sadismus der Liktoren. Machte ein Schauspieler sich durch allzu große Offenheit oder Kritik gegenüber dem Patriziat bemerkbar, schickte ihm der Kritisierte oft ein paar Liktoren ins Haus, um ihn verprügeln zu lassen. Das gleiche galt für Wirte, die regelmäßig verprügelt wurden, wenn ein Mitglied der herrschenden Klasse meinte, man habe ihm beim letzten Besuch zu viel Geld abgenommen.

Die römische Justiz war also nicht nur eine Privatjustiz der herrschenden Klasse, die sich nur dann sorgfältig nach den Paragraphen des Gesetzes richtete, wenn ein Mitglied der eigenen Klasse angeklagt war, sondern sie war auch kaum mehr als eine Rationalisierung des Rachegedankens, bei der die Strafe öffentlich vollzogen werden mußte, so daß der Bürger abgeschreckt werde. Der Gedanke der Läuterung oder Resozialisierung fehlte völlig. Selbst Hinrichtungen fanden stets in der Öffentlichkeit statt. Nach einer Stelle bei dem älteren Seneca (*contr.*

IX, 2, 10) rief man die Bürgerschaft durch ein Hornsignal zur Teilnahme auf. Den Hinrichtungen fernzubleiben, war zwar nicht verboten, galt aber als stillschweigende Billigung des Vergehens und konnte als Beweis gegen den Ferngebliebenen benutzt werden, sollte er selbst jemals einer ähnlichen Tat angeklagt werden. Das war besonders wichtig bei politischen Beschuldigungen.

Über die älteste Form der Hinrichtung in Rom sagt Mommsen: »Es wurden bei dieser Exekution dem Verurteilten die Hände auf den Rükken gebunden, er selbst an einen Pfahl gefesselt, entkleidet und gegeißelt, dann auf den Boden gestreckt und durch Beilschlag enthauptet.« An dieser Zeremonie ist nicht, wie Mommsen vermeinte, die Ähnlichkeit mit dem sakralen Akt des Tieropfers wichtig, sondern im Gegenteil die Abweichung von diesem, nämlich die Geißelung. Von frühester Zeit an hat sich das Vaterrecht hierbei von dem Rachegedanken leiten lassen. Der Tod allein genügte nicht. Vorher mußte das Opfer erst leiden. Jeder römischen Todesstrafe bis in die späten Zeiten des Kaiserreichs ging eine Folter voran, meist die Geißelung, oft aber auch schlimmere Tortur. Cäsar sagte in seiner berühmten Rede gegen die Verschwörung Catilinas: »Was die Strafe betrifft, können wir sagen, wie sich die Sache auch tatsächlich verhält, daß der Tod für Traurige und Unglückliche eine Erlösung, aber keine Marter ist. Warum hast du also nicht beantragt, daß man sie (die Genossen Catilinas) erst geißeln lasse?« Der berühmte Hinrichtungsspruch Caligulas, den spätere Historiker in Unkenntnis des tatsächlichen Zwecks des römischen Strafrechts ihm als persönlichen Sadismus angekreidet haben, ist deshalb ein objektiver Teil des römischen Strafverständnisses: »Stoße zu, daß er den Tod auch fühle!«

Eine zweite Art der Todesstrafe, die ursprünglich nur für Sklaven galt, war die Kreuzigung. Dabei wurde der Verurteilte ursprünglich nicht ans Kreuz genagelt, sondern ihm wurde ein gabelförmiges Querholz über die Schulter gelegt, so daß der Kopf in die Gabel kam, die Arme aber an die zwei Querhölzer gebunden wurden. Dann begann die Geißelung, die erst aufhörte, wenn der Gequälte das Bewußtsein verlor. Dann weckte man ihn mit in Essig oder Ammoniak getauchten Schwämmen wieder auf, und die Geißelung ging weiter, bis er das nächstemal das Bewußtsein verlor. Am Ende hing die Entscheidung, wie lange die Sache weitergehen solle, vom Publikum ab, zu dessen Abschreckung (und geheimer Belustigung) diese, wie alle anderen Formen der Hinrichtung, diente.

Die eigentliche Tötung fand mit Hilfe eines Marterinstruments statt, das man *patibulum*, »die Spreize«, nannte, einem zweiteiligen Halsblock, der beim Zuschließen den Gekreuzigten erwürgte. Das galt als mildeste Form der Strafe, da der Verurteilte hierdurch von seinen Qualen erlöst wurde. Gewöhnlich aber verlief die Sache blutiger: Der Querbalken wurde so aufgelegt, daß der Verurteilte lebendig hochgezogen wurde. Dann begann man ihm die Glieder einzeln zu zerschmettern. Lebte er danach noch, ließ man ihn bei lebendigem Leibe verwesen. Wie der fromme Isidorus so treffend sagt: »Die Strafe des *patibulum* ist geringer als die des Kreuzes, denn das *patibulum* tötet die Gekreuzigten sofort, aber das Kreuz martert die Angenagelten lange« (*orig*. V, 27, 34).

Seneca schreibt: »Ich sehe da Marterhölzer, und zwar nicht von einer Art, sondern von dem einen so, von dem anderen anders gebildet. Einige hingen die Leute mit dem Kopf nach unten, andere trieben den Pfahl durch die Geschlechtsteile, wieder andere dehnten die Arme am Galgen aus. Ich sehe Folterseile, ich sehe Geißelhiebe und ich sehe, daß man besondere Maschinen für jedes Glied und Gelenk erfunden hat« (*ad Marian* XX, 3). Brandstifter wurden bei lebendigem Leibe verbrannt (*Dig.* 48, 19, 8, 2). Hierher stammt wohl auch Neros neu erfundene Strafe der lebenden Fackel, ein mit Pech bestrichenes Hemd (Seneca *Ep.* 14), das dem Verurteilten über den Kopf gezogen und angezündet wurde. Juvenal spricht von Verurteilten, die »am Kienpfahl leuchten, wo mit durchborter Brust Aufdampfende stehen und brennen« (I, 155 ff.).

Eine schwerere Strafe war das Säcken. So setzten die Zwölf Tafeln, das älteste überlieferte Gesetz des römischen Vaterrechts, fest, daß der Erntedieb gekreuzigt, der Mörder aber gesäckt werden solle. Hierbei wurde der Verurteilte zunächst bis zur Bewußtlosigkeit gegeißelt. In *Dig.* (48, 9, 9) heißt es, er solle *sanguineis virgis*, »mit blutigen Ruten«, gepeitscht werden. Dann wurde er zusammen mit einer Schlange (nach anderen, wahrscheinlich falschen Berichten: mit einem Hahn, Hund oder Affen) zusammen in eine Rindshaut genäht und in den Tiber oder das Meer geworfen.

Sklavendiebstahl, Hochverrat und Überlaufen zum Feind galten bezeichnenderweise als Verbrechen von gleichem Gewicht. Alle drei wurden durch Herabstürzen vom tarpejischen Felsen bestraft. Auch hier jedoch galt die gleiche Regel wie bei allen anderen Todesstrafen: Vor dem Tode mußte die Folter walten, die auch hier meistens in der

Geißelung bis zur Bewußtlosigkeit bestand.
Seit Augustus war die Hinrichtung durch Vorwerfen vor wilden Tieren eine Staatsstrafe, von der Mommsen sagt: ». . . sie war ebenso legitim wie die gewöhnliche Form der Hinrichtung«. Claudius setzte diese Strafe vor allem bei Betrug ein. Andere Strafen, die von den Kaisern eingesetzt wurden, waren: Rädern, Pfählen, Steinigen, Enthaupten, Zerreißen mit Seilwinden, Begraben bei lebendigem Leibe, Verbrennen bei lebendigem Leibe, Zutodezwicken mit glühenden Zangen, langsames Hineinseilen in siedendes Öl oder schmelzendes Metall. Der Grundgedanke all dieser Todesarten war die Rache: der Täter sollte möglichst in einer Form bestraft werden, die sein Verbrechen spiegelte. So mußten Giftmörder Gift trinken, wobei die römischen Ärzte den römischen Henkern halfen, möglichst schmerzende und langsam wirkende Gifte anzuwenden.
Wenn uns all das nicht davon überzeugt, daß die männerrechtliche Gesellschaft Roms eine schwerkranke, von unbewältigten Sexualängsten getriebene Klassenherrschaft war, dann sollte uns die spezifisch sexuelle Natur dieser Strafen zumindest nachdenklich stimmen. Den tiefsten Verfall der Menschlichkeit sehen wir allerdings in den »Spielen«, die einen vernichtenderen Zusammenbruch der Moral darstellen als selbst die Exterminationslager des Nationalsozialismus, weil sie nicht nur der systematischen Zerstörung von Menschenleben dienten, sondern *Freude* an der Zerstörung wecken und befriedigen sollten. Nichts Vergleichbares ist je in irgendeiner uns bekannten menschlichen Kultur geschehen.
Die Spiele sahen sechs Hauptformen des Schaumords vor: Zerfleischen durch wilde Tiere, Verbrennen bei lebendigem Leibe, Herabstürzen von einem Felsen, öffentliche Kreuzigung, öffentliche Folter, gegenseitige Tötung zweier Verurteilter im Schwertkampf, wobei der Überlebende das nächste und übernächste Mal wieder in die Arena gehetzt wurde, bis auch ihn das Schwert des Gegners traf. In bestimmten Arenen, zum Beispiel im Zirkus von Alexandria und in der Arena von Lyon, wurde stets öffentlich gefoltert, speziell bei den Juden- und Christenverfolgungen.
Kaiser Claudius soll nach Sueton besonderen Gefallen an der öffentlichen Folter gefunden und sie nachdrücklich als Teil der Spiele eingesetzt haben: »Die peinlichen Foltern und die Strafen der Hochverräter ließ er auf der Stelle veranstalten und vor seinen Augen vollziehen. Als er einst in Tibur eine ›Hinrichtung in alter Weise‹ sehen wollte und die

Verurteilten schon an den Pfahl gebunden, der Henker aber noch nicht erschienen war, ließ er einen solchen von Rom herbeiholen und ließ es sich nicht verdrießen, bis zum Abend auf diesen zu warten« (Sueton, *Claudius* 34).

Stets wurden aus solchen Hinrichtungen, selbst wenn der Kaiser sie, wie hier, zu seinem Privatvergnügen stattfinden ließ, öffentliche Veranstaltungen gemacht. Das heißt: die Hinrichtungen fanden nicht in einem Gefängnis oder an einer verborgenen Richtstätte statt, sondern im Zirkus, im Amphitheater, im Forum Romanum, oder an einer eigens zum öffentlichen Festplatz herausgeputzten Richtstätte wie dem tarpejischen Felsen.

Livius berichtet, wie unter dem Beifall des Publikums einmal 370 Überläufer von diesem Felsen gestürzt wurden. Sulla ließ nach seinem Sieg im Bürgerkrieg 8000 Römer zum Gaudi des Volkes umbringen, ein andermal 12 000 mit Wurfspeeren öffentlich erstechen. Von 90 Senatoren und 2600 Rittern wurde eine große Anzahl vor seine Füße geschleppt und zu Tode gestürzt, andere geschleift oder zertreten. Da es sich hier zum großen Teil um Verwandte der Zuschauer handelte, war dies eines der wenigen Feste, das nicht ganz den Beifall fand, den solche Spielchen gemeinhin ernteten, wenn die Opfer Fremde oder Sklaven waren (*Appian*. I, 95).

Von der Kreuzigung haben wir bereits gesprochen, aber da wir sie bisher nur als Strafe behandelt haben, soll hier nachgeholt werden, daß die Kreuze meist in der Arena errichtet wurden, so daß die Tötung bis zur letzten Zuckung des Körpers als eine von vielen Nummern im ganztägigen Programm des Zirkus »aufgeführt« wurde. Vorher mögen ein paar Menschen verbrannt oder gesteinigt, danach ein paar Dutzend von Tieren zerfleischt worden sein. Das ganze galt als Volksbelustigung, bei der auch Frauen und Kinder anwesend waren. Am Kreuz verwesende oder von Tieren angefressene Leichen waren den römischen Kindern so vertraut wie die Riemenpeitsche ihres Lehrers.

Bereits die Zwölftafelgesetze kannten Verbrennung als Strafe gegen Brandstifter, aber erst während des Kaiserreichs wurde sie in das Zirkusprogramm aufgenommen, und zwar vor allem als Strafe gegen Überläufer, Verräter und Gotteslästerer, zum Beispiel Christen und Juden. Für Tertullian war der »Wettlauf in brennenden Kleidern« eine Form des Vollzugs der Todesstrafe. Von Nero wissen wir, daß er vor seiner ersten spektakulären Christenverfolgung »Unternehmer, Schauspieldirektoren und Künstler zu einer Regiesitzung versammelte, um die Inszenierung nach allen Gesetzen echter Showmanship vor sich gehen zu lassen« (Rabenalt, *Mimus Eroticus,* Bd. I, Hamburg 1965, S. 341). Das Resultat war jene Galanacht in den Vatikangärten, die unter der Devise eines mythologischen Festes stand. Das Fest selbst dauerte, wie es üblich war, mehrere Tage. Den feierlichen Auftakt bildete jene »italienische Nacht«, die von Neros menschlichen Fackeln illuminiert wurde: Man hatte 300 Christen an Pfähle gebunden und mit Tüchern umhüllt, die mit Teer und Öl getränkt waren. Der Pfahl endete unter dem Kinn des Opfers. Die Abstände wurden genau abgemessen, die Pfähle standen in den Zwischenräumen der Alleebäume des ausgedehnten Parkes. Die Arme der Opfer blieben ungebunden, um bei den sich windenden Körpern mehr »Bewegung« hervorzurufen. Nero selbst erschien zu diesem freundlichen Gartenfest, das die Spiele in der Arena einleitete, als Apollo gekleidet. Seinen Wagen zogen zwölf Bacchantinnen. Nymphen verbrannten vor diesem weiblichen Gespann Weihrauch. Während die Christen verkohlten, streute man Rosenblätter vor den Wagen des apollinischen Cäsaren.

Die wichtigste Neuerung der römischen Spiele war jedoch der Schwertkampf, der für den Zuschauer besondere sadistische Reize hatte, weil hier vor seinen Augen nicht nur ein Mensch vom Leben zum Tode befördert wurde, sondern weil ein anderer aus schierer Todesangst dazu gezwungen wurde, zum Mörder zu werden. Die Justiz in den Städten sorgte dafür, daß zu den Festen immer genügend Delinquenten vorhanden waren. Wenn es einmal an Ort und Stelle nicht genug Todesurteile gegeben hatte, machte sich der Festleiter auf die Reise und »erwarb« anderswo die nötigen Opfer. Die städtischen Urkunden loben Beamte, die bei den Volksfesten der Gemeinde so und so viele Verbrecher »schenkt«. Besonders die Provinzialstatthalter zeichneten sich hierbei aus. So behauptet Cicero, daß L. Piso Cäsonius als Proconsul von Macedonien dem P. Clodius zu seinen ädilicischen Spielen eine große Anzahl von Männern, die nichts verbrochen hatten, schickte, um sie zu Tode kämpfen zu lassen.

Der jüngere L. Balbus zwang einen römischen Bürger, zweimal unbezahlt als Gladiator zu kämpfen, und als er sich nicht anwerben lassen wollte und das Volk ihn in Schutz nahm, ließ er sich den Weg durch gallische Reiter freihauen und ihn lebendig verbrennen. Ähnliche Gewalttaten sind auch unter den Regierungen des Caligula und Claudius in Rom vorgekommen.

Wenn man nicht genug Zivilverbrecher zur Hand hatte, holte man sich gefangene Kriegsgegner aus den Provinzen. So wurde es zum Beispiel im Jahre 44 unter Claudius (D 1060, 30) mit gefangenen Briten gemacht, nach der Zerstörung Jerusalems durch Titus ebenso mit gefangenen Juden. Aber auch Konstantin machte es nicht anders, und seine Lobredner rühmen ihn sogar deshalb, da er doch »die massenhafte Vernichtung der Feinde zum Ergötzen des Volkes benutzt habe, denn welcher Triumph hätte schöner sein können?« (*Paneg*. VIII, 23, 3).

Die Spiele begannen gewöhnlich nicht, bevor der Kaiser in seiner Loge Platz genommen hatte. Dann erklang der barbarische Gruß: *Ave Caesar, morituri te salutant!* »Heil dir, Cäsar, die dem Tode Geweihten grüßen dich!« Danach wurden die Waffen der zum Tode Verurteilten geprüft, ob sie auch scharf genug zum Töten waren. Hielten sie der Prüfung nicht stand, wurden sie ausgewechselt. Mit stumpfen, ungeschärften Waffen wurde ein kurzer Scheinkampf zum Aufwärmen geführt, dann ertönte das Zeichen, und der Kampf auf Leben und Tod begann. Das Waffengeklirr wurde von Musik, von Hörnern und Orgeln, vom Schreien des Volkes, später vom Todesröcheln der Sterbenden, begleitet.

War ein Verurteilter besiegt und noch am Leben, stürzte er in die Arena, hob den linken Arm und bat mit ausgestreckten Fingern um Gnade. Hatte er sich mutig geschlagen und die Sympathie der Zuschauer gewonnen, dann schwenkten sie Tücher oder hielten den Daumen nach oben, um Gnade für ihn zu erbitten. Zeigte das Publikum mit dem Daumen nach unten, dann wollte es den Tod des Besiegten. Der Veranstalter der Spiele widersetzte sich nicht gern dem Wunsch des Volkes. Wenn auch der Kaiser mit nach unten gedrehtem Daumen auf den besiegten Gladiator wies, tötete der Sieger unverzüglich seinen Gegner. Zeigte jedoch der nach oben gedrehte Daumen des veranstaltenden Magistrates Gnade an, richtete sich der Besiegte auf und verließ die Arena. Diesmal war er dem Tode entronnen . . . Geschah es, daß ein Verurteilter den anderen im Kampf tötete oder daß beide tödlich verletzt in die Arena sanken, rannten die Diener des Amphitheaters zu der im Sand liegenden Leiche, schlugen ihr mit einem kleinen Hammer gegen die Stirn, warfen einen Haken in den Körper und schleiften ihn hinaus. Falls noch ein Funke Leben in ihm war, versetzten sie ihm draußen den Gnadenstoß.

Seneca schreibt (*Ep*. 7): »Keine ergötzlichen Künste mehr, reines Gemetzel ist es jetzt. Sie haben nichts, um sich zu decken. Mit dem ganzen Körper dem Streiche bloßgestellt, führen sie keinen Hieb umsonst.

Dergleichen sehen die meisten lieber als ordentliche Paare geschulter Fechter. Wieso auch nicht? Hier wehrt kein Helm, kein Schild den Stahl ab. Wozu denn Schutzwehren? Wozu Fechtkünste? All das hält ja nur den Tod auf ... Mit Knüttelschlägen werden sie in das Blutbad getrieben, um mit nackt entgegengehaltener Brust die wechselseitigen Streiche zu empfangen.«

Die Zuschauer schlossen Wetten ab, lachten und vergnügten sich, während auf dem Kampfplatz die Waffen klirrten, der zu Tode Getroffene zusammenbrach, der blutige Sand in Eile zusammengekehrt und frischer für das neue Kämpferpaar gestreut wurde. »Nieder mit ihm! Brennt ihn! Schlagt ihn!« schrien die Zuschauer, und die hinter den Kämpfenden stehenden Aufseher trieben die Zurückweichenden mit der Peitsche, mit scharfen Schwertern und glühenden Eisen nach vorn. Es gab kein Entkommen. Wo anfangs zumindest noch die Illusion dargeboten worden war, daß es sich um ausgebildete Fechter handelte, wurden die Spiele nun zur reinen Massenmetzelei. So kämpften im Jahr 174 v. u. Z. bereits 74 Mann drei Tage lang.

Wie auf so vielen anderen Gebieten boten auch hier die Cäsaren ihrem Volk ein negatives Vorbild und wurden dann vom Volke, das sich an den Gedanken des Herrschers als Sadist gewöhnt hatte, zu weiteren Sadismen angetrieben. Claudius fand ein krankhaftes Vergnügen an den Todeskrämpfen der Sterbenden. »Bei jedem Spiel, das er selber oder ein anderer gab, ließ er auch die, welche durch Zufall zu Boden gefallen waren, niederstechen, namentlich die Netzfechter, um die Gesichtszüge der Sterbenden zu beobachten« (Sueton, *Claudius* 34). Titus ließ die Kämpfe zur Einweihung des Kolosseums hundert Tage dauern. Trajan übertrumpfte ihn und »feierte« seine Kriegserfolge durch Spiele, die Rom 123 Tage lang in Atem hielten. 10000 Kriegsgefangene ließ er dabei in der Arena niedermetzeln. Tiberius und Mark Aurel, die die Spiele aufgeben wollten, wurden über diesen Entschluß beinahe gestürzt und mußten sie am Ende doch wieder stattfinden lassen. Die berühmte Devise der Cäsaren, *Panem et circenses*, »Brot und Spiele«, hatte sich wieder einmal bewährt. Sie sollte erst dann ihren Wert verlieren, als es kein Brot mehr gab.

Bezeichnender noch als die Spiele selber sind die Versuche der Römer, sie zu rechtfertigen. Seneca (*Ep*. 7) trägt die Argumente für und gegen die Spiele vor: »Die Armen, man treibt sie auf den Kampfplatz, bis er leer ist!« – »Aber er hat doch einen Straßenraub begangen!« – »Dann hätte man ihn eben hängen müssen.« – »Und der da hat einen Menschen getötet!« – »Wer tötet, verdient den Tod.« Cicero (*Tusc*. II, 17) faßt seine Meinung so zusammen: »Einzelne mögen unsere Spiele für grausam und unmenschlich halten. Wie sie sich heute abspielen, sind sie es vielleicht auch. Aber wenn ein Verbrecher mit dem Schwert in der Hand um sein Leben kämpft, dann gibt es für das Ohr vielleicht eine bessere Lektion über Schmerz und Tod, sicher aber nicht für das Auge.« Auch Tacitus, sonst ein weltoffener, über vielen Vorurteilen seiner Zeit stehender Historiker, der sogar das Mutterrecht verstand und würdigte, kann sich den Widerwillen, den Kaiser Tiberius gegen die Spiele empfand, nicht erklären.

Athenaios schreibt (IV, 253 f. u. 254a), die Reichen Roms, die nicht auf die nächsten Spiele warten wollten, hätten sich manchmal zum Tode Geweihte in ihre Privathäuser geholt und während des Gelages zwei oder drei Paare bis zum Tode kämpfen lassen. Wenn einer abgeschlachtet war, klatschten die Zuschauer wie im Theater. Ist es verwunderlich, daß diese Schicht der gelangweilten Reichen, die auf der Grenze zwischen Sadismus und Masochismus lebte, nach einer Weile auch Masochisten produzierte, die sich freiwillig in die Arena begaben, um dort vom Schwert oder von wilden Tieren zerrissen zu werden?

Denn das Schwert begann die verwöhnten Gemüter nach einer Weile zu langweilen. Da mußten dann Tiere heran. Entweder ließ man die Verurteilten von wilden Bestien zerreißen, oder man hetzte Tiere aufeinander. Wurden bis dahin unbekannte Tiere in die Arena getrieben, zollten die Zuschauer dem Veranstalter Beifall. Jedes neu eroberte Land mußte deshalb seine seltensten und wildesten Tiere nach Rom senden. So sah man Löwen, Tiger, Panther, Leoparden, Krokodile, Auerochsen, Elefanten, aber auch Eber, Bären und Stiere aus den Wäldern Apuliens und Lucaniens, den pontinischen Sümpfen und den Apenninen. Die Zahl der getöteten Tiere war erstaunlich. In den ersten Generationen der Kaiserzeit waren es in Rom allein mindestens 300 Löwen, 400 Leoparden, 500 Bären. Bei der Einweihung des Kolosseums allein sollen 9000 Tiere getötet worden sein. Wenn Tiere einander zerfetzten und zerfleischten, jubelten die Römer, als ob es wirklich ein »Spiel« sei. Aber wenn ein zum Tode Verurteilter sich nackend mit einem Knüppel gegen eine ausgehungerte Bestie zu verteidigen hatte, oder wenn nackte, hilflose, an Pfähle gebundene Männer und Frauen von wilden Tieren zerrissen wurden, war die Arena oft still wie das Grab. Nur die Schreie der Sterbenden und die Laute der Tiere waren zu hören.

Schon zur Zeit der Republik geschah es gelegentlich, daß ein mit dem Tode bestrafter Unfreier *bestiis dare*, »zum Zerfleischen durch Tiere«, an ein Amphitheater abgegeben wurde. Die ältesten Hinrichtungen dieser Art erwähnt Val. Maximus (II, 7, 13): »Es war der jüngere Africanus, der nach Vernichtung der karthagischen Macht die Überläufer von fremden Völkern bei den Spielen, die er in Rom veranstaltete, den wilden Tieren preisgab. Auch Lucius Paulus ließ nach seinem Sieg über Perseus Leute von gleicher Herkunft und Verschuldung Elefanten vor die Füße werfen, um sie zu zermalmen.« Im Laufe der Zeit wurde das Vorwerfen vor die Tiere die übliche Hinrichtungsform für Personen, die nicht der Notablenschicht angehörten.

Einerlei ob nun Tiere Menschen oder einander zerfleischten, das Publikum wollte Blut sehen. Der Dichter Statius, kein ungebildeter Rohling, erinnert sich dennoch mit Behagen des Anblicks von Krüppeln, die man von wilden Tieren jagen und töten ließ. Bei den Christenverfolgungen wurden einige Opfer in Tierhäute genäht und vor der Menge hergetrieben, um in der Arena schließlich von abgerichteten Hunden gejagt und zerfleischt zu werden. Der jüngere B. Balbus ließ eine Reihe unbescholtener römischer Bürger wilden Tieren vorwerfen, weil die Spiele herannahten und er keine Verbrecher finden konnte. Ähnliches soll unter Caligula und Claudius geschehen sein. Der letzte hatte an Tierkämpfen eine besondere Freude und verurteilte deshalb manche zu weitaus schwereren Strafen, als sie verdient hatten, nur um einen Vorrat an Opfern für die Tierkämpfe anzulegen. Einmal ließ er die Zimmerleute und Maschinisten, die das Mißglücken eines Dekorationswechsels im Theater verschuldet hatten, den Tieren vorwerfen.

Der Mörder des Kaisers Aurelian, Mnethus, wurde zum Tod am Pfahl durch wilde Tiere verurteilt. Von Kaiser Valentinian erfahren wir bei Ammian (III, 3, 9), daß er sich zwei besonders wilde Bärinnen hielt, um Verbrecher durch sie zerfleischen zu lassen. »Diese Tiere hielt er in sorgsamer Pflege, indem er ihre Käfige neben seinem Schlafzimmer aufbauen ließ und ihnen zuverlässige Wärter gab, die sorgfältig darauf achten mußten, daß die Wildheit der Tiere nicht durch allzu viel Futter verloren ginge.«

Als Sulla sich um das Amt eines Prätors bewarb, wurde er von den Wählern abgelehnt, weil er das Amt des Ädilen überspringen wollte. Zumindest glaubte das Sulla. Die Römer erwarteten Festspiele von ihm, wußten sie doch, daß er im Kriege gegen Iugurtha Freundschaft mit einem afrikanischen Fürsten geschlossen hatte und deshalb leicht seltene Tiere beschaffen konnte. Sulla gab nun dem Volk, was es begehrte, ließ bis dahin unbekannte Bestien aus Afrika bringen und veranstaltete eine Tierhatz im Amphitheater, die ihresgleichen suchte. Das Volk wählte ihn prompt im nächsten Jahr zum Prätor. Augustus schreibt, daß er in sechsundzwanzig Fällen Tierkämpfe veranstaltete »zum Vergnügen des Volkes. Dabei sind rund 3500 wilde Tiere umgekommen.«

Der beunruhigendste Aspekt des römischen Sadismus war der Einbau des Schaumords in die Handlung eines Theaterstücks oder einer dramatisierten Szene aus der Mythologie. Dies geschah, indem der Schauspieler, der die Rolle bis zum Todespunkt gespielt hatte, in diesem Moment von einem »Verbrecher«, einem »Feind« oder einfach einem beliebigen Sklaven abgelöst wurde, der nun von Tieren zerfleischt, lebendig verbrannt oder nach verschiedenen Torturen ans Kreuz geschlagen wurde. Das Publikum erlebte dann als Teil des Theaterstücks die echten Todesqualen eines Menschen. Es wird einem speiübel, wenn man sich das vorstellt.

Dramatisierte man beispielsweise die Herkuleslegende, verbrannte der Held am Ende im Nessosgewande. Sollte Aktäon dargestellt werden, wurde ein lebender Mensch auf der Bühne von Hunden zerfleischt. Sollte die Geschichte des Mucius Scaevola dargestellt werden, mußte jemand herhalten, dem man auf offener Bühne die Hand abbrannte. Sollten die Leiden des Attis dargestellt werden, schnitt man jemandem auf der Bühne den Penis ab und tötete ihn dann später. Sollte die Legende vom Tod des Orpheus vorgeführt werden, mußten Schauspielerinnen einen lebenden Menschen auf offener Bühne mit ihren Händen zerreißen. Sollte Prometheus dargestellt werden, beschmierte man ihm den Leib mit Blut und ließ einen hungrigen Adler seine Eingeweide herauspicken. Sollte die Legende von der Königin Dirke dramatisiert werden, band man eine Sklavin nackt auf die Hörner eines wilden Stiers.

Der Mythos der Alten war reich an solchen Szenen. Und wenn einem gar nichts Besseres einfiel, beauftragte man einen Bühnenschriftsteller, irgendetwas Blutiges zu schreiben, das von Verurteilten gespielt werden konnte. Seneca, der »Erzieher« Neros, der für viele seiner späteren Grausamkeiten verantwortlich war, diente auch hier als Vorbild mit zehn Tragödien, von denen die meisten aus Sadismen bestehen. Seine *Medea* bringt im Gegensatz zu den Meisterwerken des Sophokles und Euripides all jene Greueltaten auf die Bühne, die diese Autoren wohlweislich »im Off« stattfinden ließen. Da tötet die Mutter auf offener Bühne ihren Knaben, dann einen zweiten, und wirft die Leichen dem Vater vor die Füße. Da mordet *Herakles* in ähnlicher Weise seine Kinder auf offener Bühne. Da tötet sich Jokaste im *Ödipus* auf der Bühne, indem sie sich das Schwert in den Leib stößt. Im *Thyestes* wird ein Kind zerstückelt und dem Vater als Mahlzeit serviert.

Als Szenen- und Handlungsbeschreibung ein Beispiel aus dem *Hippolytus* des Seneca: »Weit umher befleckt er die Felder mit Blut. Das zerschellte Haupt prallt von den Klippen ab. Dornsträuche reißen seine Haare aus. Ein Stein zerschmettert das schöne Antlitz. Seine unglücklichen Reize gehen durch andere Wunden verloren. Die Räder wälzen seine Glieder mit sich fort. Er stürzt auf den Stamm eines abgehauenen Pfahles und bleibt an dessen Spitze mit der Mitte des Leibes hängen. Kaum hat dieser Stoß die Pferde zum Zaudern genötigt, lösen sie sich schon wieder los und zerreißen ihren Gebieter. Den halb Entseelten zerfleischen nun die Hecken, stachlige Dornen rauher Gebüsche; jeder Teil des Stammes reißt ein Stück seines Leichnams an sich.«

Was waren das für Autoren, die sich so etwas ausdenken konnten? Jedenfalls war Seneca nicht der einzige, der so schrieb. Sein Neffe Lucan schrieb zwar keine Theaterstücke, jedoch ein Epos, dessen Sadismen nicht nur den Psychoanalytiker als krankhaft anmuten. Ein kurzes Beispiel (III, 635 ff.):

. . . Nicht langsam, wie sonst wohl aus Wunden,
Drang das Blut, nein, überall her aus geborstenen Adern,
Und den Strom des Lebens, das rinnt durch die Reihe der Glieder,
Fangen die Wasser auf. Wohl keines Getöteten Leben
Floß auf so breiter Straße dahin. Die Glieder, schon leblos,
Übergab in den Tod des Rumpfes äußerstes Ende.
Doch, wo die Lunge, die schwellende, liegt, wo das Eingeweid' glühet,
Da war lange der Tod gehemmt, und nach mächtigem Kampf erst
Drang er von da aus vollends hindurch zu den anderen Gliedern . . .
Noch unerhörte
Grause Todesart schaute man dort, als feindliche Schiffe
Einen schwimmenden Mann mit ehernen Schnäbeln durchbohrten.
Mitten spalteten ihm die Brust so gewaltige Stöße,
Und nicht mit dem zermalmten Gebein verhindern die Glieder
Erzes dröhnenden Hall. Der Mund aus zerrissenem Magen
Wirft, mit den Eingeweiden vermischt, noch Eiter und Blut aus . . .

Den Tyrrhenus, der hoch auf der Spitze des Vorderdecks,
Traf mit dem Wurfe der Eichel aus der balearischen Schleuder
Lygdamos und zerbrach mit dem heißen Blei ihm die Schläfe.
Aus der Höhlung gejagt, da alle Bande das Blut sprengt,
Treten die Augen hervor. Von ihres Lichtes Verlust steht
Er nun betäubt und meint, das seien die Schatten des Todes.

Ein zweites Beispiel des gleichen Autors (VI, 525 ff.):

. . . die innere Feuchte
Schwindet, nach ausgetrocknetem Mark hart werden die Leiber,
Da wütet mit grimmiger Gier sie gegen all die Glieder,
Taucht in die Augen die Hand, frohlockt, die erkalteten Ringe
Auszugraben, benagt die bleichen Nägel der dürren
Finger, zerreißt den Strick um den Hals und die tödlichen Knoten
Mit dem eigenen Mund. Sie berupft die hängenden Leiber,
Kratzt an den Kreuzen, die vom Regen erweichten Gedärme
Reißt sie heraus und das Mark, durchglüht von den Strahlen der Sonne.
Auch wo ein Leichnam liegt auf bloßer Erde, da sitzt sie
Neben ihm früher als Vögel und Wild. Die Glieder zerfleischen
Will mit Strahl und Händen sie nicht, auf die Bisse der Wölfe
Wartet sie, um das Fleisch aus dem trockenen Rachen zu reißen.
Mord auch fürchtet sie nicht, wenn ihr Opfer von Lebenden Blut heischt
Und noch zuckendes Eingeweid' die entsetzliche Tafel.

Die Dichter Valerius Flaccus, Silius Italicus und Statius sind Vertreter des Epos aus der Zeit nach Nero. Vielfach zeigen ihre Dichtungen ähnliche Züge wie die Werke der neronischen Zeit. Als Beispiel einer solchen Schilderung, deren Hauptreiz das sadistische Element ist, die *Punica* des Silius Italicus:

. . . Es krachen
Unter der Schwere des Wurfs die zerschmetterten Knochen, zermalmt ist
Ganz das Gesicht; es entfließt in vereinigter roter Vermischung
Blutig der Nase das Hirn, und gedrängt aus ihrer Umkreisung,
Träufeln erloschen und schwarz von geschändeter Stirne, die Augen.

Der Dichter Statius lebte zur Zeit des Domitian. Er stammte aus Neapel, kam früh nach Rom und verstand es, sich in den Häusern der Reichen durch sein Improvisationstalent, also als eine Art Stegreifdichter, beliebt zu machen. Man hat nicht das Gefühl eines Sadisten in seinen

Werken, sondern eher das eines klugen Geschäftsmannes, der den Markt für Sadismen aufspürte und ihn mit maßgeschneideter Ware belieferte. Drei kurze Beispiele aus seinem Epos *Thebais* mögen genügen. Die sexuelle Komponente des ersten Lustmords wird dadurch betont, daß Venus selber die Schwerter reicht und den Zorn der Frauen aufstachelt (V, 156 ff.):

. . . Venus reicht Schwerter und stachelt den Zorn auf.
Und kein gewöhnliches Blut wird geopfert: die Frau des Karopus
Bringt ihren Sohn, sie schicken sich an, durchbohren die Brust des
Staunenden Knaben, nach dem sie die gierigen Hände zugleich all'
Strecken, und schwören auf seinem noch rauchenden Blute die Tat,
So süß ihrem Herzen: es schwebt um die Mutter der Schatten des Kindes.

Nun eine Stelle (V, 207 ff.), die den engen Zusammenhang zwischen Erotik und Tötung besonders eindeutig klarmacht. Halimus stirbt mit einer geradezu masochistischen Freude am Tode:

. . . Dem Halimus, welcher, bekränzt mit
Zweigen, auf einem erhöhten, von Teppichen prangenden Lager
Schlafend den Wein ausdünstete, naht die verwegene Gorge,
Deckt den Schlummernden auf und erspäht einen Ort zum Verwunden.
Doch ihn flieht der unselige Schlaf bei der Nähe des Todes.
In Verwirrung umarmt der Wache die Feindin, die sein noch
Trüber Blick nicht erkennt, doch trotzdem stößt ihm von hinten
Jene das Schwert in die Hüfte – so stark, daß es, als es herausfuhr,
Sie noch verletzte. Jetzt erst beschloß sie den Mord. Noch im Sterben
Sah er sie zärtlich an, sein letzter Seufzer und Blick rief:
»Gorge«, und fest hielt er den unwürdigen Nacken umschlungen.

Noch grausamer geht es weiter (V, 252 ff.):

Hier sind auf das Lager gepreßte Gesichter, die Griffe
Von in klaffender Brust befindlichen Schwertern, die Stücke
Mächtiger Lanzen, vom Schwert zerfetzte Kleider der Toten,
Umgeworfene Krüg', im Blute schwimmende Speisen,
Und Weinfluten, die sich – Gießbächen, mit Blut untermischt, gleich –
In die Becher zurück aus den Kehlen ergießen, zu schauen.
Dort sieht man eine Schar von Jünglingen, Greise, die kein Schwert
Hätte beschädigen dürfen, und ruh'nd auf den seufzenden Vätern,
Halb noch lebenden Knaben, die auf der Schwelle des Lebens
Schluchzend den Geist ausweh'n . . .

Als weiteres Beispiel des literarischen Zeitgeschmacks mag uns eine Stelle aus den *Verwandlungen* des Apuleius dienen, die uns den Sadismus der Zeit und seine sexuelle Färbung zeigt: »Laßt uns den Esel morgen erwürgen, ihn völlig ausnehmen, das Mädchen, das er uns hat davontragen wollen, nackt in seinem Bauch einnähen, so daß sie nur mit dem Gesicht hervorragt, mit dem übrigen Leib aber ganz in ihm eingefuttert ist. Darauf laßt uns diesen gefüllten Esel nehmen, und auf einen hohen, freien Felsen tragen und ihn da an den Strahlen der Sonne braten. Auf diese Weise leiden beide Verbrecher, was ihr ihnen mit so vieler Klugheit bestimmt hattet. Der Esel den Tod, den er schon längst verdient hat, das Mädchen aber die Bisse der wilden Tiere, wenn die Würmer ihre Glieder zernagen, die Glut des Feuers, wenn die allzu große Sonnenhitze ihre Hülle entzündet, alle Marter des Galgens, wenn Hunde und Vögel ihr die innersten Eingeweise aus dem Leibe reißen, und außerdem noch weit andere größere Qualen und Drangsale. Denn lebendig muß sie den Bauch eines verreckten Viehs bewohnen, muß beständig den unausstehlichen Gestank des Aases einatmen, muß vor Hunger elendiglich, allmählich hinsterben, ohne daß ihre freien Hände ihr den Tod zu geben vermögen.«
Noch deutlicher wird die von ihrem Triebziel fehlgeleitete Sexualität als Quelle des Sadismus im X. Buch, wo mit Behagen geschildert wird, wie man eine angeklagte Frau dazu zwingt, öffentlich mit dem Esel zu verkehren, bevor man sie den wilden Tieren zum Fraß vorwirft. Selbst in der Komödie verlangten die Zuschauer Sadismen, vor allem sollte der Sklave immer wieder geschlagen werden. Bei Plautus geht das in einer endlosen Reihe von Variationen vor. Die Handlung wird von Stock und Peitsche regiert. Der Dialog strotzt von flagellantischen Hinweisen. Schon die Namen und Bezeichnungen vieler Personen spielen hierauf an. So heißt ein Sklave Flagrio, von *flagrum*, die Geißel. Einen anderen nennt Plautus *gymnasium flagri*, Tummelplatz der Geißel, eine Sklavin gar Flagritibia. Plautus läßt auch durch einen Sklaven auf den römischen Glauben hinweisen, daß man sich geißeln müsse, um die Götter zu versöhnen. So sagt Sosa, der Sklave des Amphitruo, gleich in der ersten Szene der gleichnamigen Komödie:

... Verdien' ich nicht den Stock?
Da fällt mir eben ein, daß ich bei meiner Heimkehr doch die Pflicht
Wohl habe, erst die Götter anzusprechen, Dank erstatten für
Erwiesene Gnade. Freilich wollten sie mich lohnen nach Verdienst,
So müßten sie zu meiner Ankunft einen Menschen schicken, der

Das Maul mir recht vermöbelt, weil ich alles, was sie Gutes mir
Erwiesen haben, in den Wind geschlagen habe, ohne Dank.

Namentlich die römischen Seeleute glaubten, man müsse sich selbst flagellieren oder flagellieren lassen, wenn man einen Sturm vermeiden wolle. Ähnliche Vorstellungen veranlaßten auch die Zauberer, deren es eine große Menge in dieser von Aberglauben und schlechtem Gewissen regierten Stadt gab, den Menschen, die ratsuchend zu ihnen kamen, die Selbstgeißelung zu empfehlen. Schien dem Ratsuchenden dies ein wenig zu drastisch, stellten sich die Zauberer für eine feste Gebühr pro Schlag zur Geißelung zur Verfügung. Dieser Gedanke war auch der »offiziellen« Mythologie und ihrem Kult nicht fremd, denn da sich der Mensch seine Götter nach seinem eigenen Bilde schafft, ist es kaum verwunderlich, daß sich die Römer manche ihrer Gottheiten als Flagellanten vorstellten.

Bezeichnenderweise verlieh man vor allem den weiblichen Gottheiten Geißeln, teils wohl in dunkler Erinnerung an den mutterrechtlichen Glauben, daß Schläge fruchtbar machen, vor allem aber wegen des schlechten Gewissens der Männerrechtler, die stets erwarteten, daß die weiblichen Gottheiten eines Tages die Unterdrückung der irdischen Frauen an den irdischen Männern rächen würden. So wurden die Furien, die Göttinnen der Rache, stets mit Geißeln in der Hand dargestellt, oft sogar mit einem Knüppel in der einen, einer Geißel in der anderen. Die Kriegsgöttin Bellona trieb die Rosse ihres Gefährten Mars stets mit einer blutigen Geißel an. Ihr zu Ehren geißelten sich die Gläubigen in ihrem Heiligtum. Das flagellantische Motiv tauchte auch in der Mythologie des Faunus auf, von dem die Sage ging, er habe seine Gattin zu Tode gepeitscht. Im Faunuskult peitschte man deshalb einander mit Myrtenzweigen aus. Endlich schwang auch die Göttin Discordia stets die Geißel, um Zwietracht unter die Menschen zu tragen.

Von den Priesterinnen der Göttin Vesta weiß man, daß sie gegeißelt wurden, wenn sie das heilige Feuer ausgehen ließen, und daß man sie zu Tode geißelte, wenn sie sich während ihrer Amtszeit mit einem Manne verbanden. Selbst Venus, die Göttin der Liebe trug die Geißel als Attribut. Auf zahllosen Bildwerken haben die Römer sie dargestellt, während sie ihren Sohn Amor oder dessen Geliebte Psyche verprügelt. Plagte einen verliebten Römer der Stolz seiner Geliebten, oder wollte er sich in sonst irgendeiner Form an ihr rächen, so rief er deshalb oft die Göttin Venus an, sie solle die Geliebte durch Schläge zur Hingabe bewegen, so zum Beispiel Horaz in der 26. Ode seines dritten Buches:

O Göttin, die du Zypern beseeligt einst,
Und Memphis, das sithonischen Schnee verkennt,
Berühre mit der hochgeschwungenen
Geißel nur einmal die stolze Chloe!

Die Frau als Sadistin ist deshalb ein stets wiederkehrendes Motiv der römischen Erotik. Properz sagt in der 15. Elegie des zweiten Buches:

Welchen ergötzlichen Kampf gab's gestern beim nächtlichen Mahle,
Schmähungen ohne Zahl stießest du zornig hervor!
Vor deiner Wut erbebte der Tisch, und Becher voll Weines
Warfst du mit wütender Hand gegen mein schuldloses Haupt . . .
Ohne der Liebe Gewalt gibt es bei Frauen nicht Zorn.
Wenn sich der Zorn einer Frau in schmähendem Redefluß ausläßt,
. . . Wenn sie den Freund mit Spähern umgibt, wenn er ausgeht,
Oder ihm selbst nachstürzt, rasend, Bacchantinnen gleich . . .
Solcherlei Ärger zu deuten besitz' ich genügend Kenntnis,
All diese Zeichen, wie oft lehrte die Liebe sie mich!

Martial schwärmt (XI, 70, 3):

Kein Liebkosen vermag, kein Wort, noch kindliche Klage
Dich zu bewegen, ein Hals nicht, den du blutig geküßt!

Ähnlich Tibull (I, 8, 37 ff.):

Während in lodernder Glut Busen an Busen er preßt
Und ihm Küsse zu geben, dem Schmachtenden, feucht von der Zungen
Wettkampf, und mit den Zähnen Mäler zu prägen am Hals.

Aber viel öfter geschieht es, daß der Mann der Sadist ist, so auch Properz in einem anderen Teil der eben zitierten Elegie (III, 8):

An Liebe will ich leidenmachen,
Will meine oder ihre Tränen sehen.

Ähnlich in II, 15:

Bestehst du drauf, mit Kleid bei mir zu liegen,
Spürst am zerriss'nen Rock du meine Hand.
Ja, reißt der Zorn mich hin, magst deiner Mutter
Vorweisen die verletzten Arme du.

Und wieder sehr ähnlich Ovid (I, 5):

Ich riß ab ihr das Kleid, und das lockere hinderte wenig,
Aber sie kämpfte doch, daß sie bedecke das Kleid.
Und da wie eine, die selbst nicht siegen wollte, sie kämpfte,
Ward sie durch eignen Verrat ohne Beschwerde besiegt.

Derselbe in I, 7:

Denn ein Wahnsinn erhob mir gegen die Herrin die Arme,
Und nun weint sie, verletzt von meiner rasenden Hand . . .
Besser wär sie gefärbt vom Mal der rasenden Küsse
Und am Halse verletzt von eines Liebenden Zahn . . .
War es dann nicht genug, daß das bebende Mädchen ich anschrie
Und – zum Teufel – ihr zerriß das Gewand vom obersten Rand
Bis zur Mitte? Denn mehr hätte der Gürtel verwehrt.
Fertig bracht' ich's nun, von der Stirn ihr zu reißen das Haupthaar
Und mit den Nägeln zu zeichnen ihr edles Gesicht.

In II, 4:

Wenn eine Frau mich und meine Dichtungen tadelt,
Möchte ich büßen dafür lassen der Tadelnden Leib.

In II, 5:

Wahrlich, mich trieb's, ihr das Haar, so gepflegt, wie es war, zu zerraufen
Und mit den Nägeln zu gehen über das zarte Gesicht.

In III, 4:

Manchem gefällt eine Frau nur, die »Ich fürchte mich« sagt.

Da die Soziologie und Ökonomie Roms dadurch gekennzeichnet war, daß zwar intensive Klassenkämpfe stattfanden, diese aber stets in einem Kompromiß endeten, oder genauer gesagt: mit der Korruption der emporstrebenden Klasse, lieferten diese Bürgerkriege, anders als die des ausgehenden Mittelalters, keinen Ansporn, die Produktionsmittel maßgeblich zu verbessern. Einerlei, wer an der Macht war, die Sklavenökonomie blieb fast unverändert, mit dem Resultat, daß wir im Gegensatz zu allen wirklich dynamischen Gesellschaftsordnungen in Rom so gut wie kein Beispiel für einen positiven Einfluß der emporstrebenden auf die bis dahin herrschende Klasse finden.

Und wo ein solcher, die Produktion fördernder Einfluß nicht stattfindet, macht sich fast stets das Gegenteil bemerkbar: der negative Einfluß der Herrscher auf die Beherrschten, und zwar vor allem im gesellschaftlichen Überbau: in der Wissenschaft, der Kultur, der Kunst, der Ethik, aber auch im Geschlechtsleben. So geschah es, daß sich nicht, wie in den frühen Stadien der Machtergreifung des Bürgertums und des Proletariats, das Gute von unten nach oben, sondern das Schlechte von oben nach unten verbreitete. Vier Beispiele – Tiberius, Caligula, Nero und Elagabal – mögen genügen.

Tiberius, der in seinen besten Jahren ein vorzüglicher, scharfsichtiger Administrator gewesen war und diesen Scharfsinn auch bis in sein

Greisenalter bewahrte, wurde durch die von Augustus erzwungene Scheidung von seiner glücklich mit ihm lebenden Gattin Vipsania und die erzwungene Ehe mit Julia in eine sexuelle Zwangssituation geführt, deren Gründe wir nur vermuten können. Er ging nach Rhodos ins Exil, angeblich um eine entstellende Hautkrankheit, die zweifellos psychosomatischen Ursprungs war, zu kurieren und um Cäsar nicht im Wege zu stehen, in Wahrheit offenbar, weil er im Geschlechtsverkehr mit Julia impotent war und Vipsania noch immer nachtrauerte. Nach Cäsars Tod zerrieben ihn die endlosen Streitereien mit Livia und Agrippina der Älteren. Der Tod seines Sohnes Drusus minor und seiner Enkel hinterließen eine tiefe Schockwirkung. Die eigentliche Krise begann mit den Majestätsbeleidigungsprozessen, die seit dem Jahre 15 eingeführt und von Tiberius anfangs abgelehnt worden waren, da ihm jeglicher Personenkult widerstand. Als *crimen laesae maiestatis* galt vor allem die persönliche Beleidigung des Kaisers, und um die kümmerte sich Tiberius einen Pfifferling. Aber nachdem er sich im Jahre 26 verbittert nach Capri zurückgezogen hatte, ließ er den Prozessen freien Lauf. Der Wendepunkt seines Lebens war ein Brief der Frau seines Günstlings Sejan, eines ehemaligen Sklaven, die den Inhalt durch ihren Selbstmord besiegelte. Aus diesem Schreiben erfuhr Tiberius, daß Sejan die Frau seines Sohnes Drusus verführt und gemeinsam mit ihr ihren Gatten vergiftet hatte. Sich selbst hatte Sejan durch Scheidung freigemacht und hoffte nun durch die Heirat mit der Witwe des Kaisersohns die Nachfolge des Tiberius anzutreten.

Dies löste eine völlige Verwandlung im Charakter des Kaisers aus. Da er meinte, er habe alle, die ihn liebten, verloren, sah er keinen Grund mehr, irgend jemanden mit seiner Rache zu verschonen. So begann, wie der Psychoanalytiker Hanns Sachs es ausgedrückt hat, »eine nicht enden wollende Kette von Anklagen, Verhören, Folterungen und Hinrichtungen, die den ganzen Rest dieses Greisenlebens ausfüllte. Die ersten Opfer waren Livilla und alle, die zur Freundschaft des Sejan gehört hatten, aber Tiberius' Rache war damit nicht gestillt und keineswegs wählerisch. Einen alten Freund von Rhodos her, der auf seine Einladung hin zu Besuch gekommen war, ließ er versehentlich mitfoltern, und, da der Fehler nun einmal geschehen war, auch gleich hinrichten . . . Von Sejan und dessen Gefolgsleuten wandte er sich zurück an die alten Feinde, gegen die er einst Sejan gebraucht hatte. Auf die verbannte Agrippina häufte er Beleidigungen und Mißhandlungen (ein Offizier der Wache soll ihr ein Auge ausgeschlagen haben), bis sie, ihre

Charakterstärke bis ans Ende beweisend, den freiwilligen Tod durch Verhungern wählte; ihren Sohn Drusus, den er als Gegenspieler des Sejan hatte benützen wollen, ließ er im Kerker auf dem Palatin unter den gräßlichsten Begleitumständen verhungern. Das allgemeine Mitleid mit diesen armen Opfern, deren Unschuld jedermann kannte, gab ihm die erwünschte Gelegenheit, die Schamlosigkeit seines Blutrausches zu genießen, und zugleich die höhnische Genugtuung darüber, daß niemand mehr da war, vor dem es der Mühe wert gewesen wäre, sich zu schämen. So wurde auf seinen Befehl unter dem Beifallsgemurmel der Senatoren ein eingehender Bericht über die Hungerqualen und Delirien verlesen, unter denen der Sohn des Germanicus gestorben war, und dem Kaiser die besondere Anerkennung für seine Milde votiert, weil der die Leiche der Agrippina – der in der allgemeinen Achtung zuhöchst stehenden Frau des Reiches – nicht auf die Seufzertreppe hatte werfen lassen. Im Kalender wurde ihr Geburtstag als Unglückstag bezeichnet« (*Bubi Caligula*, Wien 1932, S. 29).

»Viele zur Verantwortung Vorgeladene gaben sich teils zu Hause die Todeswunden, sowohl weil sie ihrer Verurteilung sicher waren, als auch hauptsächlich, um der Quälerei und Beschimpfung zu entgehen, teils nahmen sie mitten in der Kurie Gift. Aber nichtsdestoweniger wurden sie, nachdem man ihre Wunden verbunden, halbentseelt, im Todeskampf zuckend, in den Hinrichtungskeller geschleppt. Keinem Bestraften blieb das Schleifen mit dem Haken und das Hinabgestürztwerden in die Gemonien erspart; an einem Tag wurde beides an zwanzig Personen vollzogen, darunter Knaben und Frauen. Unreife Mädchen wurden, da es von alter Zeit her für Frevel galt, Jungfrauen zu erdrosseln, zuvor vom Henker geschändet, dann erdrosselt. Wer freiwillig sterben wollte, wurde mit Gewalt gezwungen, leben zu bleiben. Denn den Tod achtete er für eine so geringe Strafe, daß er auf die Nachricht, ein Angeklagter, ein Mann namens Carmulus, habe sich vorweg den Tod gegeben, in die Worte ausbrach: ›Carmulus ist mir entschlüpft!‹, und als er einmal die Gefangenen musterte und einer von ihnen um Beschleunigung der Strafe bat, gab er zur Antwort: ›Ich habe mich noch nicht wieder mit dir ausgesöhnt!‹« (Sueton. *Tiberius* 61)

»Noch jetzt zeigt man auf Capri die Stätte seiner Henkerei, von wo er die Verurteilten nach langen, ausgesuchten Martern in seiner Gegenwart ins Meer hinabstürzen zu lassen pflegte, während unten ein auf sie wartender Haufe von Matrosen die Leichname mit Stangen und Rudern vollends zerschmetterte und ihnen den letzten, etwa noch übrigen

Lebenshauch austrieb. Unter den Marterarten hatte er sich auch die ganz eigentümliche ausgedacht, daß er hinterlistigerweise die Leute sich stark mit Wein beschweren, und ihnen dann plötzlich das Schamglied dergestalt unterbinden ließ, daß sowohl die straff angezogenen Schnüre als auch der zurückgehaltene Urin ihnen die furchtbarsten Schmerzen machten« (Sueton. *Tiberius* 62).

Der enge Zusammenhang zwischen der Altershomosexualität des Tiberius und dem Sadismus seiner Greisenjahre geht sehr deutlich aus dem folgenden Fall hervor, den Sueton in *Tiberius* 44 erzählt: »Auch geht die Rede, er sei einmal beim Opfern von der Schönheit eines Knaben, der das Rauchfaß vorantrug, so entzündet worden, daß er sich nicht habe enthalten können, gleich nach vollbrachtem Opfer jenen abseits zu führen und ihn, sowie dessen Bruder, einen Flötenspieler, zu mißbrauchen, worauf er später beiden, weil sie sich einander diese Unzucht vorgeworfen hatten, die Beine habe zerschlagen lassen.«

Hanns Sachs erklärt den noch tragischeren Sadismus des Tiberiusnachfolgers Caligula in diesen Worten: »Jedes Kind, auch das gutartigste, geht durch ein Entwicklungsstadium hindurch, wo es den Papa – oder je nachdem auch die Mama, am besten beide – verhauen will, wo es mit seinem Säbel herumläuft, um jeden totzumachen, der bereit ist, auf das Spiel einzugehen, wo es seinen Puppen den Bauch aufschlitzt, und den Fliegen die Flügel ausreißt, um sie krabbeln zu sehen. Ein solches Kind, in dem sich der Vernichtungswille, der menschliches Erbteil ist, mit der Lust am Spiel vermischt, und gegenseitig durchdringt, so daß das Böseste und das Harmloseste zu einer untrennbaren Einheit werden – ein solches Kind war Caligula geblieben« (Sachs, a.a.O., S. 89).

»Dieses Festhalten an der kindlichen Mischung von Spiel und Grausamkeit gibt sich in zahllosen Zügen zu erkennen: Als das Fleisch zur Fütterung der für die Spiele herbeigeschafften wilden Tiere knapp wurde, ließ er ihnen Verbrecher zum Fraß vorwerfen. Das wäre nach römischer Auffassung noch nicht so schlimm gewesen, aber Caligula ging dabei mit betonter Leichtfertigkeit zu Werke. Statt sich um die Schuld der dem fürchterlichsten Tod Überlieferten zu kümmern, rief er, unter dem Torbogen stehend, den Wächtern zu, sie sollten ›die von dem einen Glatzkopf da bis zu dem anderen Glatzkopf dort‹ in die Käfige schmeißen. Ein anderes Mal verurteilte er 40 Angeklagte, die der verschiedensten Verbrechen beschuldigt waren, durch einen Spruch zum Tode und rühmte sich seiner Frau gegenüber, wieviel er geschafft habe, während sie ihr Mittagsschläfchen hielt. Man merkt, wie die Betonung der Schnelligkeit ihm Spaß macht, weil sie den Eindruck des Spielerischen bestärkt, – sehr im Gegensatz zu Tiberius, der auch im Morde langsam und gründlich war« (Sachs, a.a.O., S. 90 f.).

»Dennoch konnte er seinen natürlichen Hang zur Grausamkeit und Wüstheit schon damals nicht so im Zaume halten, daß er nicht ein eifriger Zuschauer bei Folterung und Hinrichtung der zum Tod Verurteilten gewesen wäre, Orte der Schlemmerei und Unzucht, vermummt durch falsches Haar und ein langes Gewand, fleißig besucht und an theatralischen Ballett- und Gesangskünsten den lebhaftesten Anteil genommen hätte, welches letztere Tiberius ihm gern nachsah, weil er den Versuch machen wollte, ob dadurch nicht vielleicht seine wilde Sinnesart gemildert werden könnte. Denn diese hatte der überaus scharfsichtige Greis so völlig durchschaut, daß er wiederholt bemerkte, Gaius sei zu seinem und aller Verderben am Leben geblieben, sowie er erziehe dem römischen Volk eine Natter und einen Phaeton für den Erdkreis« (Sueton, *Caligula*, 11).

»Viele Männer achtbaren Standes ließ er brandmarken und verurteilte sie dann zur Zwangsarbeit in Bergwerken oder sperrte sie selbst wie wilde Tiere in den Käfig ein, wo sie gezwungen waren, auf allen vieren zu kriechen, oder ließ sie mitten durchsägen. Und alles keineswegs immer wegen schwerer Verbrechen, sondern nur, weil sie etwa über ein von ihm gegebenes Fechterspiel geringschätzend sich geäußert, oder weil sie nie bei seinem Genius geschworen hätten. Die Väter zwang er, der Hinrichtung ihrer Kinder beizuwohnen, und einem, der sich mit Krankheit entschuldigte, schickte er eine Sänfte, einen anderen lud er unmittelbar von der Richtstätte des Sohnes zur Tafel und forderte ihn mit aller möglichen Freundlichkeit zu Heiterkeit und Scherzen auf. Einen Aufseher der Fechterspieler und Tierhetzen ließ er mehrere Tage hintereinander vor seinen Augen mit Ketten peitschen und tötete ihn nicht eher, als bis ihm der Geruch des in Fäulnis übergegangenen Gehirns lästig wurde. Den Dichter einer Atellanenkomödie verbrannte er wegen eines einzigen Verses, der eine zweideutige Anspielung enthielt, mitten in der Arena des Amphitheaters. Einen römischen Ritter, der den wilden Tieren vorgeworfen war und wiederholt seine Unschuld laut beteuerte, ließ er aus dem Amphitheater führen, ihm die Zunge ausschneiden und ihn so wieder in dasselbe zurückführen« (Sueton, *Caligula*, 27).

»Als er einmal sehnlich wünschte, einen Senator in Stücke gerissen zu sehen, stiftete er Menschen an, welche denselben, als er in die Kurie trat, plötzlich mit dem Zuruf: ›Feind des Kaisers!‹ angreifen und, nachdem sie ihn mit ihren Schreibgriffeln durchbohrt, den übrigen zum Zerreißen geben mußten. Auch gab er sich nicht eher zufrieden, bis er die zerstückelten, durch die Straßen geschleiften Glieder und Eingeweide vor sich zusammengeschleppt sah« (Sueton, *Caligula*, 28).

»Nicht leicht ließ er jemand anders als mit vielen schwachen Streichen hinrichten, wobei seine immer wieder ausgesprochene und deshalb schon bekannte Mahnung an den Henker lautete: ›Triff so, daß er das Sterben fühle!‹ Als einmal aus Verwechslung des Namens ein anderer als der von ihm bestimmte hingerichtet worden war, sagte er: ›Auch der hat dasselbe verdient!‹« (Sueton, *Caligula*, 30).

»Selbst in den Stunden der Erholung, des Spiels und des Mahles verließ ihn diese Grausamkeit der Reden und Handlungen nicht. Oft wurden, wenn er frühstückte oder ein Gelage hielt, unter seinen Augen ernsthafte peinliche Verhöre mit Anwendung der Folter angestellt, oder mußte ein Soldat, der im Köpfen Meister war, irgendwelchen Gefangenen die Köpfe abschlagen. Zu Puteoli, bei der Einweihung jener von ihm, wie wir erzählt haben, ausgedachten Brücke, lud er viele Zuschauer, die am Ufer standen, zu sich ein und ließ sie dann plötzlich ins Meer stürzen. Einige, welche sich an die Steuerruder anklammerten, ließ er mit Stangen und Rudern ins Wasser zurückstoßen. Zu Rom übergab er bei einem öffentlichen Gastmahl einen Sklaven, der eine Silberplatte von einem der Sofagestelle entwendet hatte, sofort dem Henker, der ihm die Hände abhauen und um den Hals auf die Brust hängen und ihn so unter Vorantragung einer Tafel, auf welcher die Ursache seiner Bestrafung geschrieben stand, an den Tischen der Schmausenden umherführen mußte. Einen Mirmillo aus der Fechtschule, der mit Holzrapieren Fechtübungen mit ihm hielt, und sich freiwillig niederstoßen ließ, durchbohrte er mit einem wirklichen Eisendolch und stolzierte dann nach Weise der Sieger mit einem Palmzweig umher. Einmal, als das Opfertier bereits am Altar stand, erschien er als Opferschlächter aufgeschürzt, schwang die Opferaxt hoch in die Luft – und schlug den Opferstecher tot! Als er einmal bei einem fröhlichen Mahl plötzlich in wildes Gelächter ausbrach und die beiden Konsuln, welche neben ihm lagen, ihn sehr zuvorkommend fragten, weshalb er denn lache, erwiderte er: ›Worüber sonst, als daß es nur eines Winks von mir bedarf, um euch allen beiden auf der Stelle die Kehle abschneiden zu lassen?‹« (Sueton, *Caligula*, 32).

»Sooft er seiner Gemahlin oder seiner Geliebten den Hals küßte,

pflegte er immer hinzuzufügen: ›Ein so schöner Nacken wird doch, sobald ich befehle, durchgeschnitten werden!‹« (Sueton, *Caligula*, 33)
»Schöne Menschen mit ausgezeichnetem Haarwuchs verunstaltete er, sooft ihm dergleichen in den Weg kamen, indem er ihnen den Hinterkopf rasieren ließ. Es war damals ein gewisser Aesius Proculus, Sohn eines Oberoffiziers, der wegen seiner ausgezeichneten Körpergröße und Schönheit Kolosseros hieß. Den ließ er plötzlich von seinem Sitz unter den Zuschauern wegreißen und auf die Arena führen, wo er ihn erst einem thrakischen Fechter und dann einem Hoplomachos als Kämpfer gegenüberstellte, und als er beide Mal Sieger blieb, ließ er ihn auf der Stelle binden und mit Lumpen bekleidet durch die Straßen führen, den Weibern zeigen und dann erwürgen. Überhaupt gab es keinen Menschen noch so niedrigen Standes und noch so armseliger Lage, den er nicht irgendwie zu schädigen suchte« (Sueton, *Caligula*, 35).
»Er bot keinen angenehmen Anblick, wenn er, eine hagere Gestalt mit vorgebeugtem Rücken, dastand und mit unruhigen Augen, die Zunge rastlos im Munde herumdrehend, die gekreuzten Hände in die langen, haarigen Arme eingekrampft, das Gräßliche beobachtete – kein angenehmer Anblick, auch für seinen Onkel und Gönner Tiberius nicht.« (Sachs, a.a.O., S. 61).
Von Nero wird erzählt, daß er seine Gattin Poppäa während ihrer Schwangerschaft mit einem Tritt in den Bauch tötete. Auch spricht man von einem »Spiel«, das Nero sich ausgedacht hatte, um seine spezifisch zoosadistischen Neigungen zu befriedigen: Er ließ sich in das Fell eines wilden Tieres einnähen, in einen Käfig sperren (starke masochistische Elemente hier), und stürzte sich dann, sobald seine Diener die Käfigtüren geöffnet hatten, auf nackte, an Pfähle gebundene Männer und Frauen, deren Geschlechtsteile er mit den Zähnen zerfleischte. Danach ließ er sich von seinem Geliebten Doryphorus »fertigmachen« (Sueton, *Nero*, 29). Auch haben verschiedene Autoren auf jene »Galanacht in den Vatikangärten« hingewiesen, in der er fast ein halbes Tausend Menschen öffentlich umbringen ließ, die meisten davon Christen oder als Christen Verleumdete. In der Arena hatte eine *ad ludes* verurteilte Christin namens Melanie die Ehre, die sagenhafte Königin Dirke darzustellen. Zu diesem Behufe wurde sie nackt auf die Hörner eines wütenden Stieres gebunden. Als der Stier, aufs äußerste gereizt, mit seiner Last in den Zirkus stürzte, wollte der stürmische Beifall kein Ende finden.
Von einigen der Sadismen Elagabals haben seine Zeitgenossen berich-

tet. Hier sei nur kurz darauf hingewiesen, daß er seine Gäste, wenn er sie betrunken gemacht hatte, oft einschließen und dann wilde Tiere oder Schlangen zu ihnen hineinbringen ließ, die allerdings – was die Gäste nicht wußten – durch Ausbrechen der Zähne und Giftzähne unschädlich gemacht worden waren. Manche der Gäste sollen jedoch an Schock gestorben sein. Als das am Tage der Spiele durch die Straßen ziehende Publikum Elagabal einmal zu früh aus dem Schlaf weckte, hieß er seine Diener Schlangen unter das Volk zu werfen, diesmal mit intakten Giftzähnen. Da es noch dunkel war, sollen in der Panik viele Menschen, die nicht von den Schlangen gebissen worden waren, zu Tode getrampelt worden sein.

All das ist deprimierend genug. Aber das wichtigste Kennzeichen, und in mancher Hinsicht die traurigste Folge des römischen Sadismus war nicht er selber, sondern seine Inversion: der Masochismus, der sich vor allem bei römischen Männern bemerkbar machte. In ihm liegt möglicherweise der wichtigste Schlüssel zum Sexualleben der Römer. Zahllose Einzelheiten, die in keiner anderen Weise deutbar sind, werden sinnvoll, wenn man sie in dieses Spannungsfeld einordnet. Die obsessiven Versuche der Frauenunterdrückung werden in ihrem Fanatismus und ihrer Wankelmütigkeit – also in zwei Aspekten, die einander zu widersprechen scheinen – erst dann verständlich, wenn wir sie als zwei verschiedene Symptome der gleichen Krankheit erkennen: eines abgrundtiefen Masochismus. Was der Mann in der Nacht verlangte, war sowohl das Gegenteil wie auch das Komplement dessen, was er am Tage tat. Je schwerer die tägliche Unterdrückung der Frau sein Unterbewußtsein mit Schuldgefühlen belastete, desto unwiderstehlicher wurde sein Wunsch nach einer nächtlichen Form der Buße. Das ist der Preis, den fast alle extrem autoritären Gesellschaftsformen zu zahlen haben, aber in kaum einer späteren Gesellschaftsordnung können wir ihn in so ausgeprägter Form finden wie bei der herrschenden Klasse Roms während der Kaiserzeit. Das geht aus zahllosen Quellen hervor, vor allem aber aus den Werken der Dichter des Kaiserreichs.

Catull, Horaz, Tibull, Properz, Ovid, Martial, Ausonius, die sonst wenig miteinander gemein haben, zeigen in dieser einen Hinsicht eine geradezu frappante Ähnlichkeit; und wenn wir bedenken, daß ihre Lebenszeit zusammengenommen eine Spanne vom Jahre 87 v. u. Z. bis 395 u. Z. einnimmt, also fast ein halbes Jahrtausend, können diese sexuellen Gemeinnenner nicht einfach als Zufälligkeiten abgetan werden. Catull fand seine Lesbia nur deshalb besonders reizvoll, weil sie verheiratet war und ihn obendrein mit anderen Liebhabern, von ihrem eigenen Bruder ganz zu schweigen, ständig betrog. Wenn Horaz auch in seinen Frauengedichten den Eindruck zu geben versucht, daß ein Mädchen so gut wie die andere sei und keine ihm Unbehagen verursache, zeigen seine Knabengedichte doch einen ausgesprochenen Erniedrigungswunsch. Tibull liebte nur Frauen, die ihn ausbeuteten. Properz stellt seine Affäre mit Cynthia als eine Angstpartie dar, die nur durch besonders gefährliche Stelldicheine, gegenseitigen Betrug und dauernde Streitereien reizvoll wurde. Ovid gibt routinierte Anleitungen zum Masochismus und schildert mehrfach den Dienst für die unbarmherzige Geliebte, vor deren Tür man als »Sklave« Wache stehen muß, während sie mit einem anderen koitiert. Martial attackierte seine Zeitgenossen im vollen Bewußtsein, daß jeder Angriff ihm Feinde einbringen mußte, und dies unter Männern sowohl wie unter Frauen, bei Mädchen sowohl wie bei Knaben. Sein angebliches Ideal, von dem er immer wieder spricht: Ruhe, Frieden und ländliche Einsamkeit, wurde am Ende nur durch einen ungewöhnlichen Glücksfall ermöglicht. Bis dahin hatte er nahezu alles in seiner Macht getan, um die Realisierung seiner Wünsche zu verhindern. Ausonius verlangte von der Frau, daß sie Streit vom Zaun bräche und Schläge austeile, sonst sei sie »nicht besser als eine Ehefrau«.

Alle malen sich den Verkehr der Geliebten mit ihrem Gemahl oder ihren anderen Freunden in allen Einzelheiten aus und scheinen in dem Kummer zu schwelgen, den diese Vorstellungen ihnen bereiten. Alle, am deutlichsten Ovid, geben textbuchreife Anweisungen zum Erdulden von sexuellen Erniedrigungen. »Pförtner«, sagt Ovid zu dem Sklaven, der das Haus seiner Geliebten bewacht, »öffne die Tür nur ein wenig, daß ich hineinschlüpfen kann. Schau, das genügt, ich bin vor Sehnsucht ganz dürr geworden. Leg mir deine Ketten an, damit ich zumindest in der Nähe meiner Herrin weilen kann!«

»Wer liebt, gleicht dem Soldaten. Beide durchwachen die Nacht, auf harter Erde lagernd. Dieser auf dem Posten, auf des Offiziers Geheiß, jener vor der Schwelle der Herrin. Wer es für schimpflich hält, Frauen zu dienen, der erkenne mich schuldig! Schmach ertrage ich gern, wenn Venus mich nur langsam quält, wenn meine Herrin schön ist. Aus dem Bilde ihrer Schönheit im Spiegel entnimmt sie ihre Überlegenheit. Doch darf sich auch das Winzige, der Mann, an das Gewaltige, die Frau, klammern. Du, Herrin, nimm mich also auf, ich nehme alle Bedingungen an. Die Bettgesetze diktiere du! Spotte meiner, und du wirst über mich herrschen! Für andere, die du in den Armen hieltest, stand ich wie ein Sklave Wache vor deiner Tür. Mit ansehen mußte ich, wie dein Geliebter, wankend von den Anstrengungen der Nacht mit dir, aus der Türe trat. Auch daß er mich dann wartend sah, mußte ich ertragen. Jetzt ringt mein Herz zwischen Haß und Liebe. Ich trage dein Joch wie ein Stier das seine. Fliehe ich vor deiner Schlechtigkeit, so bringt deine Schönheit mich doch bald zurück!«

Ovid (II, 19):

Was kann mir bieten ein Glück, das bemüht ist, nie mich zu ängsten?
Nichts kann ich lieben, das nicht stets mich mit Stacheln verletzt!

Derselbe (I, 8):

Laß mich in deinem Bett die Spur eines anderen gewahren
Und an dem Halse das Mal, das dir ein anderer biß!

Derselbe (I, 7):

Du aber zögere nicht, dein Schmerz wird gelinder beim Strafen,
Mit deinen Nägeln sogleich in das Gesicht mir zu gehn.
Schone die Augen mir nicht, nicht schone beim Strafen die Haare.
Sind deine Hände zu schwach, soll ihnen helfen der Zorn!

Ganz ähnlich Properz (III, 8):

Gut so! Raufe nur wacker mein Haar! Deiner herrlichen Nägel
Spuren grabe getrost tief in mein Antlitz mir ein!
Drohe mir, daß du die Augen mit brennendem Feuer mir aussengst,
Reiße mir ab das Gewand, daß sich mein Körper entblößt . . .
Sei mein Nacken der Zeuge von Wunden, die dir ich verdanke,
Mir ist das bläuliche Mal Zeichen erwiderter Gunst.
Lieb ich, so will ich auch Leid, treff's mich oder meine Geliebte,
Weinen will ich dich sehn oder will weinen auch selbst.

Besser ist der widersprüchliche Komplex des Sadomasochismus selten formuliert worden. Ähnliche Stellen finden wir jedoch bei Catull, Horaz, Tibull und Ausonius (*Epigr*. 39 und 78). Natürlich zeigen auch die Herrscher die Male der gleichen Krankheit. Caligula pflegte sich öffentlich über die Ungunst seiner Zeit zu beklagen, »daß dieselbe durch keine großen öffentlichen Unglücksfälle ausgezeichnet würde. Des Augustus Regierung sei durch die Niederlage des Varus, die des Tiberius durch den Einsturz der Schauspielbühne bei Fidenae denkwürdig geworden: die seine drohe in Vergessenheit zu geraten durch das überall herrschende Wohlergehen. Und so wünschte er denn wiederholt Niederlagen der Heere, Hungersnot, Pest, Feuersbrünste oder irgendein Erdbeben herbei« (Sueton. *Caligula* 31). Das ist Sadomasochismus extremster Form, in welchem sich das sexuelle Motiv zwar sorgfältig verbirgt, der Wunsch nach Niederlage aber objektiv um so deutlicher wird.

Daß Kaiser Vitellius den Speichel seiner Geliebten trank und als Allheilmittel betrachtete, ist nur allzu bekannt. Auch Elagabals Wunsch, sich durch das Auflegen der benutzten Enthaarungspflaster seiner männlichen und weiblichen Geliebten, in denen ihre Schamhaare klebten, zu erniedrigen, ist erwähnt worden. Er pflegte sich diese stinkenden Pflaster auf sein Gesicht zu legen und die Dünste einzuatmen. Dabei gab er vor, daß gebrauchte Pflaster besser wirkten als neue, eine bei Masochisten charakteristische Rationalisierung. Erwähnt haben wir auch, daß Elagabal sich von seinen Geliebten leidenschaftlich gern schlagen, kratzen und stechen ließ. Cassius Dio meinte ja bekanntlich, daß der einzige Mensch, den der Kaiser je geliebt habe, jener Sklave gewesen sei, der ihn am meisten geschlagen und gepiesackt habe; diesem wollte er nicht nur die Freiheit geben, sondern ihn zum Cäsar machen.

Man muß hier betonen, daß es nicht darum geht, ob Sueton und die anderen römischen Autoren die Wahrheit über ihre Cäsaren gesagt haben, sondern darum, daß das Bild, das sie gegeben haben, ihren Lesern glaubhaft genug gewesen sein muß, um seinen Erfolg zu sichern. All diese Sadismen und Masochismen müssen selbst unter den bürgerlichen Lesern des alten Rom so häufig, so »normal«, so alltäglich gewesen sein, daß niemand einen Grund fand, sie zu beanstanden. Verrohung ist der Schatten, den die *patria potestas* auf alle wirft, die von ihr betroffen werden, am meisten aber auf den machtausübenden Mann selber. Lust am Schmerz ist das medizinische Symptom dieser Verrohung.

Sahhaqat, lesbische Sekte in Fes (Marokko). Al Hassan Ibn Mohammed Al Wezaz Al Fasi (»Leo Africanus«, ca. 1494–1552) sagt in seiner *Beschreibung Afrikas* (1526): »Die verständigen Leute nennen diese Weiber (eine Art Hexen) ›Sahhaqat‹, was lateinisch *fricatrices* heißt, weil sie die fluchwürdige Gewohnheit haben, das Venuswerk untereinander auszuüben. Ich kann einen anständigen Ausdruck dafür nicht finden. Wenn es manchmal geschieht, daß schöne Frauen zu ihnen kommen, entbrennen die Hexen zu ihnen in Liebe, nicht anders als die Jünglinge zu den Mädchen, und verlangen von ihnen als Lohn den Beischlaf, unter dem Vorgeben, daß es die Geister wollen. Auf diese Weise geschieht es oftmals, daß sie in dem Glauben, sie gehorchten den Befehlen der Geister, von den Hexen mißbraucht werden. Es gibt sogar Weiber, die Vergnügen an der Sache finden und den Verkehr mit den Hexen suchen; sie erheucheln eine Krankheit und rufen eine von ihnen zu sich oder schicken auch ihren armen Ehemann zu ihnen. Die Zauberinnen, die natürlich sogleich Bescheid wissen, bestätigen dann, daß die Frau von irgendeinem Dämon gequält werde und deswegen nur dadurch von ihm befreit werden könne, daß sie sich in ihre Gesellschaft aufnehmen lasse.« → sexuelle Clubs, Lesbizismus.

Saint-Lazare [frz.: Heiliger Lazarus], ein ehemaliges Kloster in Paris, das während der französischen Revolution aufgelöst und 1811 als eine Korrekturanstalt für Prostituierte neu eröffnet wurde. Es diente gleichzeitig als Spital für geschlechtskranke und als Zufluchtsort für obdachlose Prostituierte. → Arbeitshäuser, Beguinen, Bicêtre, Bon Pasteur, bekehrte Buhlerinnen, Casa de las arrepentidas, Convertite, Dispensaire de salubrité, Dominae poenitentes, Filles-Dieu, Haus der Büßerinnen, Illuminate, Madelonettes, Magdalenenhäuser, Maison de Sainte-Pélagie, Pentite, Sorores de penitentia, Spinnstuben.

Salacitas [lat.: salax = geil], theologisches Synonym für Laszivität und sexuelle Begierde. Vgl.: Concupiscentia, Delectatio morosa.

Saliromanie [frz.: Besudelungstrieb], eine sexuelle Zwangshandlung, die im Besudeln anderer Menschen mit Kot, Urin oder anderen Substanzen ihre Befriedigung zu finden sucht. Tarnowski berichtet den Fall eines Patienten, der Prostituierte dazu anstellte, sich in einem hell erleuchteten Zimmer im weißen Abendkleid auf ein Sofa zu legen; er pflegte sich nackt in einem dunklen Nebenzimmer aufzuhalten, bis er den Drang empfand, Stuhl zu lassen. Dann stürzte er sich auf die Frau und entlud seine Fäzes in ihr Dekolleté. Dabei verspürte er eine Art Orgasmus, die er als »anale Ejakulation« bezeichnete.

Es ist klar, daß die S. eine Mischung von → Exkrementophilie und → Sadismus ist. Die Neigung, das Defäzieren als eine Art Ejakulation aufzufassen, bezeugt den infantilen Charakter der Handlung. Die ganze Gruppe der Surrogathandlungen, die ihre Befriedigung in der Benutzung von Schmutz oder Fäkalien findet, geht auf das analerotische Entwicklungsstadium des Kindes zurück. In diesem Alter lernt das Kind zum erstenmal, es könne seine Mutter dadurch ärgern, daß es seine Fäkalien zurückhält, wenn es auf den Topf gesetzt wird, daß es aber auch Liebkosungen empfangen könne, wenn es prompt defäziere. Aus dieser Verbindung zwischen Defäkation und Liebkosung entwickelt sich die S. → Bilderschändung, Graffiti, Statuenschändung und

Übermalung von Illustrationen in Büchern sind sublimierte Variationen der S. Vgl.: Analerotik, Besudelungstrieb, Inquinationstrieb, Koprolagnie, Koprophagie, Koprophilie, Mysophilie, Skatophilie, Tintenspritzer.

Salon [frz.: Gesellschaftszimmer], nicht nur die Bezeichnung eines Raums, sondern die einer gesellschaftlichen Institution, die das bürgerliche Zeitalter mit dem des Feudalismus verband und der europäischen Frau die höchste Entfaltung ihrer Fähigkeiten seit dem Untergang des römischen Reichs erlaubte. Der S. war ein Zentrum für Konversation, Anknüpfung von Bekanntschaften, politische Beeinflussung und Umformung des gesellschaftlichen Lebens. Der Geschmack, die Sitten, die Umgangsformen der führenden Schichten Europas wurden vom Ende des 16. bis zum Anfang des 19. Jahrhunderts maßgeblich von den bedeutenden Salons Frankreichs, Italiens, Englands, Rußlands und Deutschlands geformt. Und da jeder S. um eine Frau, nicht um einen Mann herum entstand, bedeutet der S. den größten Durchbruch weiblichen Einflusses seit dem Zeitalter des → Minnedienstes. Obgleich Frankreich als die Heimat des S. gilt und obgleich er dort tatsächlich seine höchste Blüte erlebte, war seine eigentliche Heimat Italien, wo Caterina Cornaro, die berühmte Königin von Zypern (1454–1510), auf der Burg Asolo (Provinz Treviso) den ersten wirklichen S. betrieb. Das 16. und 17. Jahrhundert kannte eine Reihe von S., die von Papsttöchtern und Kurtisanen, Dichterinnen und Mäzeninnen geleitet wurden. Im 18. Jahrhundert setzten Fürstin Teresa Grillo Panfili und Margherita Boccapadule Gentili Sparapani di Camerino die Tradition des S. in Rom fort. An der Wende vom 18. um 19. Jahrhundert folgte ihnen Isabella Teotochi Albrizzi (1760–1836) und Giustina Renier Michiel (1755–1832) in Venedig und Silvia Curtoni Verza (1751–1835) in Verona. Eine wichtige Zeit des italienischen S. begann mit der Freiheitsbewegung in der ersten Hälfte des 19. Jahrhunderts, als berühmte Frauen wie die Fürstin Cristina Belgioioso Trivulzio (1808–1871) im Pariser Exil, Clara Maffei (1814–1886) in Mailand, Olimpia Savio Rossi (1815–1889) in Turin und Emilia Peruzzi Toscanelli (1826–1900) in Florenz die klügsten, fähigsten und fortschrittlichsten Geister Italiens um sich scharten.

In England begründete Margaret Cavendish, Herzogin von Newcastle (1624–1674), den kulturellen S. und Lady Elizabeth R. Montagu (1720–1800) folgte ihr und wurde wegen ihrer Strumpfmode als »Blaustrumpf« bezeichnet. Mary, Gräfin Cork und Orrery

(1746–1840) und Gräfin Marguerite Blessington (1789–1849) waren Gönnerinnen der Kunst. Auch die große Tradition des englischen Romans, von Defoe und Richardson bis zu Thackeray und Dickens, ist ohne die Damen des englischen S., die sich der Romanciers liebend annahmen, kaum denkbar.

Noch drastischer war die Situation in Paris, wo Politik und Literatur, Kunst und Liebe zwei Jahrhunderte lang vom S. lebten. Hier empfing Ludwig XIII. seine Schulung. Hier bereitete sich Stanislaus Poniatowski auf sein Leben als König von Polen vor. Hier verbrachte Mazzini sein Exil im S. der Fürstin Trivulzio. Hier lebten und lernten La Rochefoucauld, La Harpe, Diderot, D'Alembert, Voltaire, Montesquieu, Rousseau, Benjamin Constant, Fouché, Stendhal, Chateaubriand, Balzac, Ampère, Sainte-Beuve, Brillat-Savarin, Talleyrand, Victor Hugo, Lamartine, Théophile Gautier. Die Damen, die sich dieser Männer annahmen, ihnen zu Stellungen, Verlegern und Karrieren verhalfen, sie mit Freundinnen, gutem Rat, gutem Essen und amüsanter Konversation versorgten, waren die Marquise Cathérine de Rambouillet (1588–1665), Marquise Madeleine de Sablé (1599–1678), Madeleine de Scudéry (1607–1701), die Kurtisanen Marion Delorme (1613–1650) und Ninon de Lenclos (1620–1705), die Marquise Anne-Thérèse de Lambert (1647–1733), die Duchesse Anne-Louise Bénédicte du Maine (1676–1753), Madame Tencin (1681–1749), die Marquise Marie-Anne du Deffand (1697–1780), Louise d'Épinay (1726–1783), die Comtesse Stéphanie-Félicité de Genlis (1746–1830), Madame de Staël (1766–1817), Thérèse Tallien (1773–1835), Juliette Récamier (1777–1849), Delphine de Girardin (1804–1855), die Comtesse Marie-Cathérine-Sophie d'Agoult (1805–1876).

In Deutschland und Österreich: Luise Adelgunde Viktorie Gottschalk (1713–1762), Louisa Caroline Gräfin Albany (1752–1824), Karoline (1763–1809) und Dorothea Schlegel (1763–1839), Karoline von Wolzogen (1763–1847), Henriette Herz (1764–1847), Karoline Pichler (1769–1843), Rahel Varnhagen von Ense (1771–1833), Fürstin Dorothea Lieven (1784–1857) mit ihrem Pariser S., Elise von Hohenhausen (1789–1857), Hedwig von Olfers (1799–1891), Malvida von Meysenburg (1816–1903) in Paris und Rom, Fürstin Pauline von Metternich (1836–1921) in Wien. In diesen S. lebten und lernten, liebten und lehrten: Gottsched, Schiller, Goethe, Wieland, Fichte, Schelling, Wilhelm von Humboldt, Madame de Staël, Heine, Börne, Schleiermacher, Eichendorff, Körner, Moses Mendelssohn, Schlegel, Tieck, Fouqué, Alexander von Humboldt, Savigny, Hegel, Bettina von Arnim, Vittorio Alfieri, Wagner, Liszt, Nietzsche, Mazzini, Garibaldi.

Das Zeitalter der Massenmedien – der großen Zeitungen, des Rundfunks, des Fernsehens – beendete das Zeitalter des S. Die Konversation muß wie ein Sport geübt werden, um zu Leistungen zu führen. Der Salon war das Stadion der Konversation. Man ging hin, um den Witz, die Gedankengänge, die Schlagfertigkeit der großen Geister mitzuerleben. Hier brillierten die Frauen. In dieser Atmosphäre, diesem einzigartigen Dialog von Sexus und Intelligenz, von Mann und Frau, Humanität und Weltgeist, wuchs auch die Liebe und erfuhr eine Verfeinerung, von der die Werke der Dichter und Künstler, die in ihr lebten, uns noch ein entferntes Echo vernehmen lassen.

Salon-Cadet, ein Cancan-Lokal im Paris des Zweiten Kaiserreichs, in dem Jacques Offenbach einen großen Teil seiner Operette *Pariser Leben* schrieb. Der Salon befand sich auf dem Gelände der späteren Groß-Orient-Loge Frankreichs, in der Rue Cadet 16. Hier tanzte Marguerite Badel, genannt »Rigolboche«, nach der die französische Sprache das Wort »rigolbochade« geprägt hat. Nach einem beachtlichen Erfolg in dem Schauspiel *La Huguenote* zog sie in den berüchtigten → Salon Markuski, um dort schneller als im Theater Geld zu verdienen. Hier entdeckte sie der Journalist Mané, der sie Jacques Offenbach vorstellte. Vieles, was uns in Offenbachs Musik an das Zeitalter und den Geist des → Cancan erinnert, hatte er von Rigolboche. Was sie im Salon-Cadet tanzte, den »Cancan Rigolboche«, war der Geist jener Zeit.

Salon Markuski, ein Tanzlokal mit Bordellbetrieb im Paris des Zweiten Kaiserreichs. Marguerite Badel, genannt »Rigolboche«, eine der berühmtesten aller Cancan-Tänzerinnen, arbeitete dort im Jahre 1858.

Salpingitis, eine Entzündung der Eileiter, die meist auch das Bauchfell angreift. Oft wird sie durch → Gonorrhöe verursacht. → Cervitis gonorrhoica.

Samthans, mit Samt bedeckter künstlicher Penis zur Selbstbefriedigung der Frau oder zum Geschlechtsverkehr zwischen Lesbierinnen. Im Jahre 1765 versuchte die Gräfin von Tanis in männlicher Kleidung ein Mädchen in Augsburg zu ehelichen. Als ihre Verkleidung erkannt wurde und man sie untersuchte, um festzustellen, ob sie Mann oder Frau sei, entdeckte man, daß sie einen gigantischen angeschnallten S. trug. Vgl.: Selbstbefriedigungsinstrumente.

Sapphismus [nach der Dichterin Sappho, etwa 612–557 v. Chr.], weibliche Homosexualität. Sappho war nicht nur die erste große Dichterin des alten Hellas, sie war auch die erste, die den Begriff Liebe in das Denken der Griechen trug. Von ihr übernahmen die männlichen Homosexuellen das Konzept der Liebe, und erst von ihnen ging es langsam in den Allgemeinbesitz der westlichen Menschheit über und wurde zum Ausdruck der heterosexuellen Leidenschaft. Es ist sicher kein Zufall, daß auch das Wort → Hetäre, das im 7. Jahrhundert v. Chr. so etwas wie Gefährtin oder Freundin bedeutete, erst durch Sappho jene Bedeutung erhielt, die es in der späteren Welt der Griechen hatte. Vgl.: Amor lesbicus, Bona Dea, Fricatrice, Homosexualität, Lesbizismus, Tribade.

Sattel, ein Objekt, das für verschiedene sexuelle Zwecke benutzt wird: von → Lederfetischisten, Tierfetischisten, Masochisten und Sadisten. Vgl.: Berkeley Horse, Equus eroticus, Reitgerte, Sporen, Zaumzeug.

Satyriasis [gr.: satyroi, bacchische Halbgötter], ein Wort, das die moderne Sexualwissenschaft nicht mehr benutzt. Die Pioniere der Sexologie meinten damit den abnorm gesteigerten männlichen Geschlechtstrieb. Man weiß inzwischen, daß man keine statistischen Normen für die Häufigkeit des gesunden Geschlechtsverkehrs aufstellen kann. Was für den einen zuwenig ist, ist für den anderen zuviel. Heute tendiert man dazu, das Phänomen der → Hypersexualität nicht nach der Häufigkeit des erwünschten oder erzielten Verkehrs, sondern nach der Befriedigung und der aus ihr entnommenen Lebensfreude und Energie zu beurteilen. Die Hypersexualität ist nur dann krankhaft, wenn sie keine Befriedigung gibt oder wenn die Befriedigung zur Lethargie führt. Beide Extreme – krankhafte, süchtige Unruhe (Befriedigungsmangel) und lethargische Ruhe (Überbefriedigung) – gelten als Verfehlungen des erstrebten Sexualziels und müssen deshalb als krankhaft bezeichnet werden. Der Koitalvollzug, einerlei wie häufig er auch sein mag, ist gesund, wenn er zu gesellschaftlich wichtigen, wertvollen und gesunden Handlungen führt. Vgl.: Aphrodisie, Erotische Delirien, Erotomanie, Hyperaphrodisie, Hypererosie, Hypererotismus, Hyperhedonie, Hyperlagnie, Johannistrieb, Oestromanie, Polyerotismus, Priapismus, Promiskuität.

Säurespritzer, Objektsadisten, die ihren Zerstörungs- und Verletzungswunsch nicht an einem Menschen, sondern an einem Objekt auslassen. Der S. spritzt im Gedränge, in Menschenansammlungen aller Art, unbemerkt Säure oder ähnliche ätzende oder verletzende Flüssigkeiten auf Kleider, Röcke, Hüte, Schuhe, Strümpfe, manchmal aber auch auf Gemälde und Statuen. Hier finden wir also einen Gemeinnenner für zwei Delikte, die im Strafgesetzbuch und auch vom Volksempfinden völlig verschieden ausgedeutet werden: einerseits die S., »Tintenbuben« oder → Tintenspritzer, die vom Laien in die gleiche Gruppe wie die Rockaufschlitzer und → Zopfabschneider eingeordnet werden, andererseits die Bilderschänder, Bilderstürmer, Statuenschänder und Verunstalter von Büchern und Buchillustrationen. → Aufschlitzer, Besudelungstrieb, Bilderschändung, Inquinationstrieb, Mysophilie, Saliromanie, Skatophilie, Statuenschändung, Übermalung. Vgl.: Abortkritzler, Graffiti, Koprographie, Wortsadismus.

Schadenersatz unter Ehegatten ist nach § 1359 BGB auf die Verletzung derjenigen Sorgfalt beschränkt, die jeder Ehegatte für seine eigenen Angelegenheiten aufbringt. Ist der Ehegatte mit seinen eigenen Sachen unordentlich, kann die Ehefrau nicht erwarten, daß er bei den ihrigen größere Sorgfalt walten läßt. Ist die Ehefrau ein Trampel, kann der Ehemann von ihr keinen Schadenersatz verlangen, wenn sie das Essen aus Versehen über seinen neuen Anzug schüttet. Tut sie es aber mit Absicht, muß sie den Schaden aus eigenem Vermögen ersetzen.

Schäferspiele begannen seit dem 16. Jahrhundert das Herz der Aristokratie zu erobern. Das Motiv geht zurück auf die Hirtengedichte Theokrits (erste Hälfte des 3. Jahrhunderts v. Chr.), auf Vergils (70–90 v. Chr.) Eklogen und die altfranzösische Versform der → Pastourelle. Petrarca (1304–1374) führte die Tradition mit seinen lateinischen *Bucolica* weiter, Sannazaro (1458–1530) nahm sie in Spanien auf (*Arcadia,* 1502), Tasso (1544–1595) in Italien (*Aminta,* 1573), Sidney (1554–1586) in England (*Arcadia,* 1580, erschienen 1590), d'Urfé (1568–1625) in Frankreich (*Astrée,* 1607 ff.), Opitz (1597–1639) in Deutschland (*Schäferei von der Nymphen Hercinie,* 1630). Die Aristokratie las diese Bücher nicht nur und stellte sie auf der Bühne dar, sondern spielte sie auch im Park und im Schloß, improvisierte Gesellschaftsspiele über das Thema der schönen Schäferin und machte aus ihrer Gegenüberstellung mit dem adligen Herrn eine Mythologie der sexuellen Überbrückung von Standesunterschieden. Bezeichnenderweise war es niemals der *Mann* des Volkes, der Schäfer, der eine *Frau* des Adels verführte, sondern stets ein hoher Herr, der eine Schäferin fand und sich in sie verliebte. Der Schäfer ist stets blöd und merkt weder, daß man seine Frau oder Tochter verführt, noch daß man ihm selber Avancen macht. In den französischen Schäferspielen hieß der Held meist Céladon, war von

Kopf bis Fuß in Maigrün gehüllt und benahm sich so geziert, daß der Name zum Gattungsbegriff für den schmachtenden Liebhaber wurde. 1779 veröffentlichte Gottfried Uhlich deshalb ein Epos in Prosa, das er *Seladoniade* nannte. In Italien ging der Kult der Schäferspiele so weit, daß man in allen größeren Städten »arkadische Akademien« gründete, deren Mitglieder sich »Schäfer« und »Schäferinnen« nannten und sich Namen wie Erminda Alicea, Elcindra Ofireana, Lucinda Caritesia und Mirtinda Parasside zulegten. Kaiser, Könige, Päpste, Kirchenfürsten und Dichter (Goethe) gehörten dieser »Accademia dell'Arcadia« an. Das akademische Thema war Liebe in all ihren Varianten.

Scham, eine anerzogene, keine angeborene Regung. Kinder sind in allen Kulturen schamlos. Auch braucht die Scham sich nicht auf die Bedeutung der Genitalien zu beziehen. Obgleich die christliche Sexualmoral jetzt die Sitten vieler Völker verwischt hat, bleiben die früheren Schamregungen dieser Völker auch heute noch unter dem dünnen Furnier der westlichen Schamauffassung erkennbar. So hielten es bis vor kurzem die Frauen auf Madagaskar für höchst schamlos, selbst den kleinsten Teil der Arme unbedeckt zu lassen. Die Hottentottinnen empfanden es als eine Schande, ihr Kopfhaar zu zeigen. Den islamischen Frauen war die untere Gesichtspartie ein besonderes Objekt der Scham. Bei den Chinesinnen konzentrierte sich die Sch. auf die Füße, bei einigen afrikanischen Stämmen auf die Gesäßgegend der Frau, die sie durch Blätter zu verbergen suchten. Wurde die Frau dieses einzigen Kleidungsstückes beraubt, warf sie sich auf den Rücken, um ihre schamhafte Körperstelle zu verbergen.

Es gibt kaum einen Körperteil, der nicht von irgendeiner Kultur als »unsittlich« aufgefaßt und deshalb bedeckt oder übermalt wurde. Es gibt aber auch keinen Körperteil, der von anderen Kulturen nicht wiederum als durchaus sittlich betrachtet und deshalb unbedeckt gelassen oder gar besonders dekoriert wurde. Der Sinn der Scham, wie der der Kleidung, ist also nicht einfach die Verhüllung, die Keuschheit, sondern deren Negation: das Auf-sich-Lenken der sexuellen Aufmerksamkeit eines anderen Menschen.

Wir *erröten*. Wieso? Weil wir, wie bereits Darwin entdeckte, durch Verfärbung Blickfang betreiben wollen. »Indem man sich schämt, fühlt man das eigene Ich in der Aufmerksamkeit anderer hervorgehoben«, sagt Georg Simmel. Was die Hürden beim Hindernisrennen sind, was der Balkon bei Romeo und Julia ist, das ist die Scham im Sexualleben: das künstlich errichtete Hindernis, dessen Überwindung für manche

Menschen größeren Reiz als der eigentliche Koitus enthält. → Ekel, Hemmung, Keuschheit, Kleidung, Nacktheit.

Schanker, harter → Ulcus durum.

Schanker, weicher → Ulcus molle.

Schatten der Eltern lasten auf jeder jungen Ehe. Man braucht nicht in der Terminologie des → Oedipuskomplexes zu sprechen, um dieses schwierigste aller Eheprobleme anschaulich zu machen. Junge Menschen, die sich erst vor kurzem von der Herrschaft ihrer Eltern befreit haben, finden es schwer, sich der »Herrschaft« eines anderen Menschen »unterzuordnen«, selbst wenn sie diesen Menschen lieben und mit ihm eine Ehe eingehen wollen. »Das kann er mit seiner Mutter machen«, sagt die junge Ehefrau, »aber nicht mit mir!« Und der junge Ehemann sagt: »Ihren Vater kann sie um den kleinen Finger wickeln, aber mich nicht!« Jeder junge Ehemann mißt seine Frau an seiner Mutter. Jede junge Ehefrau mißt ihren Mann an ihrem Vater. Keiner von beiden ist sich dieses Verhaltens bewußt. Aber beide tun es, denn sie kennen keinen anderen Haushalt so gut wie den ihrer Eltern, und wenn sie ihren eigenen Haushalt aufbauen, so versuchen sie, die guten Seiten ihrer Eltern nachzuahmen und die schlechten zu vermeiden. Benimmt sich der junge Ehemann anders als ihr Vater, irritiert das die junge Ehefrau. Andererseits irritiert es sie aber auch, wenn er sich *genauso* benimmt. Das ist das Paradox der Ehe. Hat die Mutter des jungen Ehemanns ihren Sohn bevormundet, reagiert er sauer, wenn er auch von seiner Ehefrau bevormundet wird. Bevormundet sie ihn aber *nicht,* so vermißt er etwas, woran er zu Hause gewöhnt war. Es besteht eine unabbaubare Spannung zwischen dem eigenen Haushalt und denen der beiden Elternpaare. Sagt der junge Mann seiner Frau, wie die Kartoffelsuppe schmecken soll, meint er damit die Semmelbröckchen, die seine Mutter hineingetan hat. Für die junge Frau dagegen bedeutet jedes Gericht, das sie kocht, einen Akt der Befreiung vom Schatten ihrer eigenen Mutter. Wenn sie die Kartoffelsuppe kocht, so will sie endlich die Semmelbröckchen weglassen, die sie zu Hause essen mußte. Kartoffeln enthalten Stärke, Brot ebenfalls, und zweimal Stärke gehört nicht ins gleiche Gericht: So viel zumindest hat sie als moderne Frau über die Notwendigkeit gelernt, ausgeglichene Mahlzeiten zuzubereiten. So wird jede Tätigkeit im Haushalt eines jungverheirateten Paars zum Zweikampf mit den Schatten der Schwiegereltern. Hielt seine Mutter ihr Haus besonders sauber, wird der junge Mann auf seine Frau wütend sein, wenn sie seine Wohnung nicht *genauso* sauber hält. Hat sich seine Mutter nicht genügend um ihren Haushalt gekümmert, wird er aber ebenso wütend auf seine Frau sein, wenn bei ihr *nicht* alles glänzt und blinkt. Was sie auch tut, ist falsch. Aber ebenso wird sie alles als falsch empfinden, was *er* tut. Erst die Bewältigung des elterlichen Einflusses führt zur persönlichen Reife der Ehepartner und zum Ehefrieden.

Schattenliebe, die Tendenz, sich in unbekannte oder unerreichbare Menschen zu verlieben: in die Frau, die man aus dem fahrenden Zug gesehen hat, in einen verheirateten Schauspieler, in eine verstorbene Freundin. Die Gründe sind meist die gleichen wie bei der → Distanzliebe.

Schaumspray → Verhütungsmittel.

Schauorgie, eine Verfallserscheinung der klassischen Orgie. Eine Vorführung von orgiastischem Geschlechtsverkehr durch mehr als drei Darsteller in Gegenwart eines oder mehrerer Zuschauer. S. gab es bereits im Altertum. Könige und Kaiser ließen sich → Catena, → Symplegma und → Spintrien vorführen, ohne selber an der Orgie teilzunehmen. In → sexuellen Clubs und in → Bordellen findet man die S. heute in der Form der → Adspektprostitution. Vgl.: Adamsfeste, Gruppensex, Hirschpark, Kreisorgie, Partnertausch, Partouze, Petit Ermitage, Petite Société, Pluralismus, Rehane, Sausalito, Strip-Poker, Symposion, Triolismus.

Schauspiel und Sexualität → Sexualität und Drama.

Scheidenspülungen dienen angeblich der Hygiene, in Wahrheit meist der versuchten → Abtreibung. In beiden Fällen sind sie nutzlos. Die Scheide ist ein selbstreinigendes Organ. Jede menschlich vorgenommene Reinigung der Scheide irritiert, statt zu reinigen. Statt den Samen des Mannes auszuwaschen, treibt die Sch. ihn meist erst in die Gebärmutter hinein. Zusätzliche Keimtötungsmittel schaden der Gesundheit und nützen weder der Hygiene noch der Abtreibung. → Abactio partus, Abortus artificialis, Ekbolika, Procuratio abortus, Schwangerschaftsunterbrechung, Verhütungsmittel.

Scheidung → Ehescheidung.

Schlaffetischismus, der Ersatz des Koitus durch den Schlaf. Der Schlaffetischist kann nur mit schlafenden Frauen verkehren. Wacht die Frau auf, ist er nicht mehr an ihr interessiert. Besteht sie auf Geschlechtsverkehr, erweist er sich als impotent. Die Analogien zur → Nekrophilie sind unmißverständlich. Wie alle Fetischisten, so hat auch der Schlaffetischist Angst vor dem lebenden, atmenden, antwortenden Wesen, das ihm Verantwortung abverlangt. Er sucht die → Anonymität, die Verantwortungslosigkeit des → Objektfetischisten, der sich um kein lebendes Wesen zu kümmern braucht. Andererseits will er aber auch nicht auf den Koitus mit einem warmen, gegenwärtigen, atmenden Wesen verzichten. Aus dem Dilemma zwischen zwei unvereinbaren Wünschen flüchtet er in den Schlaf. Zuerst einmal in den Wunsch, daß der geliebte Mensch während des Koitus schlafen solle oder zumindest vorgebe, daß er schlafe. Denn für den Fetischisten ist → Pseudolismus alles. Er akzeptiert die Illusion als Realität und ist willens, die Realität seines eigenen Lebens einer Illusion zu opfern. Deshalb wendet sich seine Zuneigung bald von einem anderen Menschen aufs eigene Ich: aus einem alloerotischen wird ein autoerotischer Sch. Das bedeutet aber, daß der Betreffende schlafen muß, um sich selber lieben zu können. Der Ersatz des Koitus durch Schlaf äußert sich also in der Praxis als Schlafsucht. Der Patient geht immer früher zu Bett und schläft immer länger, weil er buchstäblich schlaf-süchtig ist. Vgl.: Kinephobie, Nekrophilie. → Fetischismus.

Schlaflade, im Mittelalter die Bordellkasse. Sie wurde gemeinsam vom → Hurenwirt, einer frei gewählten Hure und der → Lohnsetzerin verwaltet. Einmal pro Woche, gewöhnlich am Samstag, öffnete man sie feierlich und verteilte die Einnahmen nach einem festgelegten Schlüssel. Die S. diente auch als eine primitive Form der Krankenkasse, in die alle Huren und der Hurenwirt wöchentlich Beiträge einzahlten.

Schlüsselreize nennt der Konstitutionsforscher Willhart S. Schlegel in Anlehnung an die Terminologie des Verhaltensforschers Konrad Lorenz (* 1903) jene körperlichen Aspekte eines Menschen, die einen anderen Menschen sexuell anziehen und bei der Paarung den Orgasmus auslösen. Der eigentümliche Aspekt dieser Sch. besteht nach Schlegel darin, daß er alle geistigen und seelischen Werte überrennt und den Menschen bis zur Ausschaltung des Denkvermögens den Instinkten ausliefert. Das Vogelmännchen balzt nicht nur sein Weibchen, sondern auch eine aus Pappe angefertigte Attrappe an, solange diese nur die Schlüsselreize des Weibchens aufweist. In jeder anderen Hinsicht braucht die Attrappe nicht die geringste Ähnlichkeit mit einem wirklichen Weibchen zu haben. Der Mensch reagiert genauso, wenn er beispielsweise im Schützengraben mit einem Bild seiner Frau onaniert. Er weiß, daß auch dieses »Weibchen« nur aus Pappe ist, aber die Darstellung der Schlüsselreize (Brüste, Nates, Beine – aber nicht notwendigerweise das Gesicht) genügt, den Orgasmus auszulösen. In ihrer Simplizität ist die

Theorie bestechend, aber wenn man sie in den einzelnen Beispielen verfolgt, die der Autor in seinen Werken anbietet, so wirkt sie wie eine unwillkürliche Illustration der Freudschen These von den Neurotikern, die im Geschlechtsleben nur körperliche Befriedigung finden können. In seiner Arbeit *Über die allgemeinste Erniedrigung des Liebeslebens* sprach Freud 1912 zum erstenmal über die Unfähigkeit von Männern, jene Frauen zu lieben, die sie schätzen, und diejenigen zu schätzen, die sie lieben; also über die Spaltung zwischen den Werten, die das Sexualleben, und denen, die das soziale Leben solcher Neurotiker bestimmen. Er erklärt die Tatsache, daß solche Männer sich nur in primitivere, sozial erheblich tiefer stehende Sexualpartner verlieben können, aus der allzu engen Mutterbindung, die den Mann in jeder Frau die Mutter sehen läßt. Da man die Mutter schätzt und verehrt, sie aber nie im sexuellen Sinn *liebt*, kann ein solcher Mann im Geschlechtsverkehr mit einer Frau, die er schätzt und verehrt, keine Befriedigung finden. Seine Sexualität entzündet sich nur an denjenigen Frauen (oder, da allzu enge Mutterbindung ja auch zur Homosexualität führen kann, an denjenigen Männern), die man *nicht* schätzt, denen man aber jene gewissen Reize zubilligt, die Schlegel nun Sch. nennt: »Der Geist spielt nur eine Rolle für das soziale Zusammenleben, aber nicht für die Sexualität« (*Die Sexualinstinkte des Menschen*, Rütten und Loening, München 1966, F. 121). »So kommt es, daß der primitivere, eventuell sozial erheblich tiefer stehende Sexualpartner mit der größeren Summation von körperlichen Reizen häufig eine stärkere und nachhaltigere sexuelle und zugleich seelische Befriedigung schenkt als der geistig-seelisch weit hochwertigere Partner mit geringeren Schlüsselreizen.«

Dies mag in begrenztem Maß auf homosexuelle Beziehungen, zweifellos auch auf viele heterosexuelle Neurotiker zutreffen. Aber es ist ganz gewiß nicht bei reifen Heterosexuellen der Fall. Im Gegenteil könnte man Schlegels Beschreibung als diagnostisches Merkmal gewisser Neurosen benutzen und mit Sicherheit sagen, daß ein Mann, der so reagiert, psychosexuell gestört sein muß.

Schmuck, der tolerierte, allgemein akzeptierte Fetisch des Heterosexuellen. Trüge ein Schuhfetischist seinen Lieblingsschuh mit sich herum, wie eine Frau ihren Schmuck trägt, so fiele die Abartigkeit des Mannes sofort ins Auge. Aber bei Sch. akzeptieren wir, was wir bei allen anderen Fetischen als »krankhaft« empfinden. Der Schmuck verbindet sich mit den Körperteilen, an die auch der Fetischismus anknüpft – Haar,

Ohr, Hand, Finger, Arm, Hals, Brust, Fuß –, und hebt sie hervor. Es ist bezeichnend, daß die Geschlechtsteile selber, die im eigentlichen Fetischismus nur äußerst selten Zielobjekte darstellen, auch kaum jemals mit Schmuck dekoriert und hervorgehoben werden. Sch. braucht nicht, wie in unserer Kultur, aus Gegenständen zu bestehen, sondern kann in die Haut selber eingeschnitten oder eingeätzt werden: Ziernarben, Hautbemalungen, Tätowierungen. Die enge Verbindung zwischen Fetischismus und Schmuck zeigt sich vor allem dort, wo der Schmuck *einschnürt*, also eine sadomasochistische Komponente hat: Ledergürtel, Armbänder, Halsketten, Fußketten. → Fetischismus, Kolligationsfetischismus.

Schnupftabak, Schnupftuch. Es ist bezeichnend für den engen Zusammenhang zwischen Nase und Sexualität, daß das Schnupftuch stets als ein Erotikum betrachtet worden ist und daß Schnupftabak immer als erotische Substanz galt. Die Schnupftabakdosen des 18. und 19. Jahrhunderts waren oft mit erotischen, manchmal mit geradezu obszönen Bildern versehen. Vgl.: Geruchsfetischismus, Geruchssinn, Nase, Nasenfetischismus, Osphresiolagnie, Parfumfetischismus, Type olfactif.

Schönheit bietet nur selten eine Garantie für geschlechtliche Befriedigung in Liebe und Ehe. Das Eheleben ungewöhnlich schöner Männer und Frauen zeigt größere Instabilität als das des durchschnittlichen Menschen. Schöne Menschen, die von weniger schönen umschwärmt werden, tendieren zur Eitelkeit und finden es schwer, der Versuchung des Ehebruchs zu entgehen, wenn sie verheiratet sind. Schöne Frauen hängen an ihrer Figur und leiden öfter als durchschnittliche Frauen an Schwangerschaftsphobien. Die amerikanische Frauenärztin Barbara Bross geht noch weiter und sagt, daß die Ehen ungewöhnlich gut aussehender Männer und Frauen öfter mit Scheidungen enden als die durchschnittlicher Menschen und daß die Kinder solcher Ehen mehr zu leiden haben als die Kinder durchschnittlicher Eltern, da gut aussehende Menschen nur allzu leicht neue Ehepartner finden und deshalb dazu neigen, sich mehr als einmal zu verheiraten. Bei jeder Scheidung leiden die Kinder. Andererseits leiden aber auch die Eltern unter dem Leid der Kinder. Solche Sorgen lassen sich nie gänzlich verbergen und führen deshalb oft zum frühzeitigen Verfall der einstigen Schönheit.

Frauen und Männer dieser Art geben auch zuviel Geld für Kleidung, Kosmetik, Frisur und Schönheitsoperationen aus. Jeder dieser Versuche, die angeborene Schönheit zu erhalten, ist aber nur begrenzt erfolgreich. Die Summe aller Versuche schlägt oft ins Gegenteil um und führt zu vorzeitigem Altern. »Wäre das alles«, sagt Dr. Bross, »so wäre das traurig, aber nicht tragisch. Doch mit der Schönheit ist eine wahre Tragik verbunden wie mit den Protagonisten eines griechischen Dramas. Sie erwächst aus der Tatsache, daß schöne Frauen sich nur selten bemühen, einen Mann glücklich zu machen. Sie haben das Gefühl, die Männer müßten *sie* glücklich machen. Ihre Miene scheint zu sagen: ›Zeige mich überall herum, unterhalte mich, bezahle mich für meine Schönheit.‹ Sie werden Zuschauer einer Ehe, statt beteiligte Partner zu sein. Das ist tödlich. Niemand außer den beiden beteiligten Personen weiß genau, was beim Geschlechtsverkehr vor sich geht. Was sie anderen berichten, ist stets verzerrt, ob sie es ihrem Analytiker berichten ihrem Beichtvater oder ihrem Geliebten. Aber man kann vermuten, daß es außergewöhnlich schönen Frauen oft an Temperament fehlt, an Leidenschaft, Neugier und dem Willen, andere glücklich zu machen – nicht, weil sie ohne diese Eigenschaften geboren wären, sondern weil die Bewunderung des Mannes sie erstickt hat. Schönheit, so glauben sie, sollte genügen. Aber sie genügt nicht. Es ist leichter, eigene Häßlichkeit zu ertragen, als den Anfechtungen eigener Schönheit zu widerstehen.«

Schoßhund, der Hund, der nicht nur im Schoß der Dame sitzt, sondern ihn auch besitzt. Im 18. Jahrhundert nannte man diese Tiere ganz offen »Punzenlecker«. Die Tatsache, daß solche Hunde auch in der Öffentlichkeit nicht verbergen konnten, was ihre Herrinnen ihnen im geheimen beigebracht hatten, führte in Frankreich so weit, daß die Gerichte am 25. 5. 1771 sämtliche Rüden im Pariser Raum konfiszieren und verbrennen ließen. → Zooerastie, Zoophilie.

Schreiben und Sexualität. In seiner 1926 erschienenen Arbeit *Hemmung, Symptom und Angst* (GW *XIV*, S. 113) spricht Sigmund Freud vom Schreiben als einer Tätigkeit, die neurotischen Hemmungen unterliegt, weil sie, ganz unabhängig von ihren psychischen Motiven, die ausführenden Organe, vor allem die Finger, exzessiv erotisiert. Die Ichfunktion eines jeden Körperteils wird geschädigt, meint er, wenn seine Erogeneität zunimmt. Es gebärdet sich dann wie eine Köchin, die nicht mehr am Herd arbeiten will, weil ihr Arbeitgeber ein Verhältnis mit ihr angeknüpft hat. Hat das Schreiben einmal die symbolische Bedeutung des Koitus angenommen, so treten also Hemmungen auf, die dem Schreibenden suggerieren, er beginge einen verbotenen Akt. Freud erklärt nicht, ob das so sei, weil der Koitus in seiner Zeit grundsätzlich als verboten aufgefaßt wurde, oder ob das Über-Ich nur deshalb einschrei-

tet, weil eine normale Handlung hier in *exzessiver* Weise libidinisiert worden ist.
Thomas Mann hat einmal gesagt, der Schriftsteller sei keineswegs derjenige, dem das Schreiben besonders leichtfalle, sondern im Gegenteil derjenige, der die größten Schwierigkeiten beim Schreiben habe. Diese Beobachtung scheint eine Deutung des Freudschen Diktums zu erleichtern. Denn je bedeutsamer dem Schreibenden das Schreiben ist, desto schwieriger wird es für ihn, Worte unbefangen zu verwenden. Hemmungen gegen die leichtfertige Benutzung der Schrift treten in genau dem Maße auf, in dem der Schreibende seine inneren Konflikte lustvoll durch Schreiben zu lösen versucht.

Schuh, in vielen Kulturen das Symbol der Genitalien. In primitiven Gesellschaften finden wir noch heute manchmal den Glauben an die befruchtende Kraft des menschlichen Fußes, die sich in höheren Gesellschaften dann auf die sexuelle Kraft des Schuhes überträgt. Die orientalischen Fruchtbarkeitsgöttinnen führten die Sandale als Sinnbild. In Hellas und Rom galt der Schuh als Fruchtbarkeitssymbol. Auf diesem Glauben beruht das in vielen Gegenden des heutigen Europa noch überlebende Schuhwerfen bei der Hochzeit. Die Zigeuner im alten Siebenbürgen pflegten dem jungen Paar beim Betreten des Hochzeitszeltes alte Schuhe und Sandalen nachzuwerfen, damit die Ehe fruchtbar werde. Bei den Germanen galt der Schuh als Symbol der weiblichen Geschlechtsteile. Ein altes Sprichwort, das den Mann vor Ehebruch warnt, bewahrt diese Bedeutung bis zum heutigen Tage auf: »Man soll nicht die Füße in fremde Schuhe stecken.« Läßt sich ein Beduine von seiner Frau scheiden, so sagt er ganz ähnlich: »Ich habe meinen Pantoffel weggeworfen.« Bei uns galt der Brautschuh, ähnlich wie der Brautgürtel (→ Gürtel), als Symbol der Jungfräulichkeit. Das Ausziehen der Brautschuhe in der Hochzeitsnacht war Symbol der Entjungferung. Ist der Schuh also das Symbol der Frau, der Vagina, und der Fuß das des Mannes, des Penis, so konnte nach einer Weile eine Verschiebung stattfinden, die den Schuh wegen seiner phallischen Form auch zum Symbol des Penis werden ließ. Im Mittelalter wurde dies ganz besonders deutlich in der Mode der Schnabelschuhe, deren Schnäbel jahrzehntelang den Ärger des Klerus hervorriefen, weil sie genau den »Schnabel« des Penis, die Eichel, imitierten. Als der Frauenschuh immer höhere Hacken entwickelte, übernahm der Hacken die Funktion des Penis und wurde von zahllosen Frauen als künstlicher Penis zum Onanieren benutzt. → Handschuh, Handschuhfetischismus, Lederfetischismus, Rétifismus, Schuhfetischismus.

Schuhfetischismus, eine sexuelle Abirrung, bei der Schuhe den Schlüsselreiz zur Auslösung des Orgasmus darstellen. In den harmloseren Stadien der Krankheit verlangt der Patient, daß sein Sexualpartner beim Koitus Schuhe tragen oder daß zumindest ein Schuh im Bett liegen oder an der Wand hängen müsse, so daß er ihn beim Koitus vor Augen habe. In ernsteren Fällen ersetzt der Schuh den Sexualpartner. Der Schuhfetischist onaniert in den Schuh, die Schuhfetischistin benutzt den Hakken oder die Spitze des Schuhes zur Onanie. Im dritten Stadium funktioniert auch die Onanie nicht mehr. Der Patient hat die Fähigkeit der genitalen Betätigung verloren. Der Anblick, der Geruch, die Berührung, das Ablecken oder Küssen des Schuhes tritt an deren Stelle. Orgasmus tritt nur noch selten oder überhaupt nicht mehr ein. Gerade deshalb aber wird das Sammeln, oft das Stehlen von Schuhen, zur Zwangsneurose. Von Gebsattel berichtet: »Erwähnung geschähe eines Schuhfetischisten, der mit dem Strafgesetz in Kollision gekommen war, weil er in einem Hotel, das er eigens zu diesem Zweck aufsuchte, zur Reinigung herausgestellte Damenschuhe in sein Zimmer zu nehmen pflegte, was eines Tages beobachtet wurde. Er hatte die Gewohnheit, derartige Schuhe erst selbst zu reinigen, um sie dann zum Gegenstand sexueller Praktiken zu machen. Dabei pflegte er die Schuhe an sich zu pressen, sie zu streicheln, zu küssen, auch mit ihnen zu sprechen. Er nannte sie ›Du‹, ›Du Liebes‹, ›Du Süßes‹. Er behauptete, Schuhe hätten durch Form und Geruch eine ganz besondere Physiognomie; jedes Schuhpaar sei von jedem anderen auf eine unverkennbare und einzigartige Weise zu unterscheiden. Dennoch pflegte nach Eintritt des Orgasmus für ihn der unmittelbar sexuelle Reiz der einmal verwendeten Schuhe zu erlöschen. Nur auf den Besitz der Schuhe vermochte der Patient nicht zu verzichten. Diese wurden vielmehr seiner umfangreichen Sammlung von Schuhen einverleibt, welche er selbst bald sein ›Leporelloalbum‹, bald seine ›Schönheitsgalerie‹ nannte« (*Über Fetischismus*, Der Nervenarzt, 1929).

Hirschfeld berichtet von einem Patienten, der besonders von dem *paarweisen* Zusammenstehen von Schuhen in Hotelkorridoren angeregt wurde. Sah er ein Paar große Männerschuhe, am liebsten Militärstiefel oder Reitstiefel mit Sporen, neben zierlichen Frauenschuhen stehen, fand er die Versuchung, die Schuhe zu stehlen, unwiderstehlich und geriet dadurch in Konflikt mit der Justiz. Die Erwähnung von Militär- und Reitstiefeln lenkt unsere Aufmerksamkeit auf die sadomaso-

chistische Komponente des Schuhfetischismus. Bereits Krafft-Ebing (1840–1902) sah den Fuß- und Schuhfetischismus als einen larvierten Masochismus an. Er nahm an, der Fuß und der Schuh würden besonders dadurch zum Fetisch, daß sich in ihnen der Wunsch nach Unterworfensein symbolisiere. Wie man als Zeichen der Unterwerfung des Gegners früher vielfach den Fuß auf seinen Leib oder Nacken setzte, so sei es auch heute noch in der Liebe. Das Treten sei ebenso ein Zeichen des Unterwerfens, und andererseits drücke derjenige, der den Fuß oder den Schuh zu seinem Fetisch mache, den Wunsch aus, dem andern unterworfen zu sein. Scheuer berichtet über einen Fall aus dem alten Wiener Institut für Sexualforschung: »Immer, besonders in späteren Jahren, bewegte ich mich in der Ideenassoziation, von meiner Domina mit hohen Absätzen getreten zu werden, also waren sie lediglich Werkzeug zur Bereitung von lustvollem Schmerz . . .«
Auch die sadistische Komponente des Schuhfetischismus tritt sehr deutlich in den Zeremonien der Sadisten hervor. Sie imitieren den Soldaten, ziehen sich lange Schaft- oder Schnürstiefel an, bevor sie ihr Opfer auspeitschen, treten, festbinden. In allen Werkzeugen und Kleidungsstücken tritt ein starker → Lederfetischismus hervor: Lederriemen zum Fesseln, lederne Hunde- und Pferdepeitschen, Lederkleidung, Lederhandschuhe, Ledermasken.
Besonders hoch im Wert stehen bei den Schuhfetischisten Schuhe aus schwarzem Lack, anderem schwarzen Leder, Krokodilleder, Eidechsen- und Schlangenhaut, die letzteren drei zweifellos wegen des »Raubtiercharakters«, aber sicherlich auch zum Teil wegen der penisförmigen Körperbeschaffenheit des betreffenden Tieres. Der Schuhfetischist besitzt oft einen »Harem« von Schuhen, unter denen er stets seine »Lieblingsschuhe« hat. Aber diese Favoriten wechseln. Der Patient spielt ein Spiel, in dem er wie ein Pascha immer neue Schuhe zu seinen Lieblingen erklärt und andere herabsetzt. Der Versuch, die Welt nicht wirklich, sondern nur symbolisch zu bewältigen, tritt hier besonders deutlich hervor. Wie alle anderen Formen des Fetischismus, so stellt auch diese Form eine Kapitulation vor der Realität dar, einen Versuch, im sexuellen Spiel das Leben zu meistern, das sich in der Realität nicht meistern läßt. Der Ersatzcharakter, die fluchtartige Surrogatform der Sexualität dekuvriert sich in diesem Paschaspiel besonders eindringlich. Die Eigentümlichkeit des Schuhfetischismus, die ihn von vielen anderen Formen des Fetischismus unterscheidet, ist seine Verbreitung als »harmlose« Alltagserscheinung. Aber die Grenze zwi-

schen harmlos und bedenklich wird vom Ich sehr schlecht bewacht. Der Schritt von dem Ballettliebhaber, der seiner bevorzugten Ballerina huldigt, indem er aus ihrem Ballettschuh trinkt, bis zu dem Schuhfetischisten, der in den Schuh onaniert, ist nicht allzu groß. In beiden Fällen findet eine fetischistische Zweckverfremdung des Schuhs statt. Wie tief diese in den allgemeinen Volksbrauch eingedrungen ist, bezeugen zahllose Trinkgefäße in Schuhform, sogenannte Trinkschuhe, die man in ganz Europa findet.

Die masochistische Komponente des Schuhfetischismus sitzt ebenfalls außerordentlich tief. In allen »Kultur«-Ländern sind Frauen, die in jeder anderen Hinsicht durchaus gesunde sexuelle Gefühle hegen, in eigentümlicher Weise auf den schmerzbereitenden Aspekt ihrer Schuhe fixiert. Das Tragen zu enger, zu hochhackiger Schuhe als reine Eitelkeit zu betrachten, genügt hier nicht als Erklärung. Man bedenke, daß die chinesische Frau jahrhundertelang eine Verkrüppelung ihrer Füße in Kauf nahm, um Schuhe zu tragen, die das Gehen unmöglich machten. Hier mag ein → Fußfetischismus des chinesischen Mannes vorgelegen haben, aber selbst in der patriarchalischen Gesellschaft des damaligen China war es kaum glaubhaft, daß der Mann die Frau zu einer Verschneidung oder Wicklung ihrer Füße zwingen konnte, wenn die Frau nicht selber von dem sexuellen Wert dieser Handlung besessen gewesen wäre. Überall, in allen »zivilisierten« Ländern der Welt bringen Frauen dem Schuh schmerzliche Opfer, und dieses Opfer hat ohne Zweifel fetischistische Bedeutung. → Fetischismus, Handschuhfetischismus, Masochismus, Rétifismus, Sadismus.

Schuld und das Pochen des schlechten Gewissens, das wir SCHULDGEFÜHL nennen, sind wichtige Kennzeichen der abendländischen Kultur. In keinem anderen Aspekt unterscheiden sich die östlichen und südlichen Kulturen der Menschheit so deutlich von den Kulturen des Nordwestens wie in dem der Schuld. Die Schule der analytischen Ethnologie, zu der dieses Lexikon sich bekennt, teilt die Formen der menschlichen Gesellschaft deshalb nicht mehr in »primitive« und »zivilisierte«, sondern in Schamkulturen und Schuldkulturen ein. Die Schamkulturen fallen in mancher Hinsicht mit einer mutterrechtlichen, in anderer Hinsicht mit einer deutlich extravertierten Orientierung zusammen. Das Verhältnis zwischen Kindern und Eltern, das sich in den Beziehungen zwischen dem Erwachsenen und der gesellschaftlichen Autorität widerspiegelt, wird durch das Prinzip des »Beschämens« reguliert. Der Vater sagt: »Was, du schreist, wenn du Schmerzen hast? Schäm dich!«

Schuldkulturen dagegen säen den Samen der Autorität, indem sie ihren Mitgliedern von frühester Kindheit an ein Schuldgefühl einflößen, das dann lebenslang als Selbstregulativ eines jeden Individuums fungiert. Schamgesellschaften sind auf dem Dialog zwischen zwei Menschen aufgebaut – dem Beschämenden und dem Beschämten. Schuldkulturen dagegen atomisieren die Gesellschaft, trennen einen jeden Menschen von seinen Nachbarn und überlassen ihn seinem eigenen Schicksal, jenem eingebauten Steuermechanismus, den wir »Gewissen« nennen.

Das Eigentümliche des Gewissens ist es nun aber, daß es nur dann wirklich steuert, wenn es »schlecht« ist. Das gute Gewissen gibt uns freie Bahn: wir tun, was wir wollen. Nur wenn das Gewissen schlecht ist, zensiert es den freien Willen und steuert den Körper in eine andere Richtung als die, die ihm behagt. Aus diesem Grunde sind Schamgesellschaften gesünder, aber weniger produktiv als Schuldgesellschaften, die zwar außerordentlich kreativ sind, aber für ihre Kreativität einen hohen Preis an Neurosen, Psychosen und psychosomatischen Krankheiten zahlen.

Am schwersten leidet die Sexualität in einer Schuldgesellschaft. Wir fühlen stets, daß wir irgendeinen Verstoß gegen irgendeine Autorität begehen, wenn wir koitieren. Die Tatsache, daß unser ganzes Sexualleben im geheimen stattfindet, ist bezeichnend. In einer Schamkultur wie der polynesischen gibt es keinen Grund, wieso irgendeine Sexualhandlung je im verborgenen stattfinden sollte: Reife Frauen führen den jungen Mädchen öffentlich vor, wie man einen Mann befriedigt. Junge Männer lernen voneinander, wie man ein Mädchen zufriedenstellt – nicht theoretisch, als verbaler »Aufklärungsunterricht«, sondern im tatsächlichen Koitus vor den Augen der Lernenden. Und tatsächlich gibt es keinen anderen Weg, jemals eine gesunde Sexualität in der menschlichen Gesellschaft aufzubauen. Wenn wir uns trotzdem gegen solche Formen der extravertierten Sexualität wenden, so müssen wir das im vollen Bewußtsein dessen tun, was wir dabei gewinnen oder verlieren. Schamkulturen haben ebenso viele Schattenseiten wie Schuldkulturen. Wenn ein Mann eine Frau nicht befriedigen kann, bringt er sich oft in einer von Scham für sexuelle Unfähigkeit geprägten Gesellschaft um. Das ist keine Lösung des Problems. Wer also vorgibt, daß Schamkulturen eo ipso »besser« seien als Schuldkulturen, macht sich grober Naivität schuldig. Was wir aber voneinander verlangen können, ist ein klares Bewußtsein dessen, was wir vom Leben erwarten, in welcher Form der Kultur es sich realisieren läßt, und wie hoch der Preis ist, den die Kultur dafür zahlt. → Angst, Befriedigung, Begierde, Hemmung, Liebe und Haß, Lust, Paradoxia sexualis, Scham, Sexualfreiheit, Sühne.

Schuldunfähigkeit ist gemäß § 20 StGB gegeben, wenn jemand bei Begehung der Tat wegen einer krankhaften seelischen Störung, wegen einer tiefgreifenden Bewußtseinsstörung oder einer schweren anderen seelischen Abartigkeit unfähig ist, das Unrecht der Tat einzusehen oder nach dieser Einsicht zu handeln. Dieser Paragraph ersetzt den alten § 51 StGB, aber nach einstimmiger Meinung der führenden deutschsprachigen Sexualwissenschaftler ging die Reform keineswegs weit genug, um die Widersinnigkeit des alten Unzurechnungsfähigkeitsparagraphen zu korrigieren. Denn der sexuelle Psychopath ist durchaus fähig, das Unerlaubte der Tat einzusehen und oft auch nach dieser Einsicht zu handeln, aber er begeht die strafbare Handlung trotz dieser Einsicht, und gerade in der Tatsache, daß er dies tut, liegt seine Schuldunfähigkeit. Sigmund Freud (1856–1939) hat bereits 1904 darauf hingewiesen, daß die juristische Auffassung der sexuellen Störung als ein Mangel an Intelligenz oder Willenskraft falsch ist und daß der sexuelle Psychopath eher größere als geringere Selbstbeherrschung besitzen muß, um seine verbotenen Sexualhandlungen nicht mit der Regelmäßigkeit des zweimaligen wöchentlichen Geschlechtsverkehrs zu begehen, die Martin Luther als deutsche Norm niedergelegt hat.

Der spezifische Charakter der sexualpathologischen Schuldunfähigkeit besteht nicht in unterdurchschnittlicher Intelligenz oder unterdurchschnittlicher Fähigkeit, die Sexualtriebe zu zähmen, sondern in überdurchschnittlicher Fähigkeit, die eigenen Widerstände zu überwinden. Die Tatsache allein, daß ein Mensch beispielsweise beim Kotessen oder Urintrinken, beim Koitus mit einer bereits in Verwesung übergegangenen Leiche oder der schmerzhaften Verletzung des eigenen oder eines anderen Körpers Lust empfinden kann, stellt nach Freuds berechtigter Meinung eine psychische Leistung dar, die in mancher Hinsicht über die des gesunden Menschen hinausgeht. »Vielleicht gerade bei den abscheulichsten Perversionen muß man die ausgiebigste psychische Beteiligung zur Umwandlung des Sexualtriebes anerkennen. Es ist hier ein Stück seelischer Arbeit geleistet, dem man trotz seines greulichen Erfolges den Wert einer Idealisierung des Triebes nicht absprechen kann. Die Allgewalt der Liebe zeigt sich vielleicht nirgends stärker als in diesen ihren Verirrungen. Das Höchste und Niedrigste hängen in der

Sexualität überall am innigsten aneinander (›vom Himmel durch die Welt zur Hölle‹)« (*Drei Abhandlungen der Sexualtheorie*, Fischer Bücherei Nr. 422, S. 37–38). Die Schuldunfähigkeit des sexuellen Psychopathen liegt also in rein dynamischer Hinsicht eher in einem Plus als in einem Minus. Dies widerspricht in so profunder Weise der Denkform des Gesetzgebers, daß es kaum überraschend ist, in Fällen wie dem des Pädosadisten Jürgen Bartsch auf nahezu totales Unverstehen bei einem nicht einmal illiberalen Richter und – weniger überraschend – bei den psychologisch ungeschulten Schöffen zu stoßen.

Schupan, grönländische Transvestiten, die als Mädchen aufgezogen wurden, um mit 10 bis 15 Jahren einem Mann formell angetraut zu werden. Vgl.: Achnutschik, Basir, Basm, Batscha, Berdache, Bote, Epanga, Galli, Homosexualität, Kedeschim, Knabenehe, Mujadores, Ovashengi, Päderastie, Puer sanctus, Pumea, Tempelprostitution, ritueller Transvestitismus, Tschukadn.

Schürzenjäger, Mann, der Frauen nachläuft. Das Wort stammt aus der Rokokozeit, wo die »Tändelschürze« eingeführt wurde. Nicht den Reinlichkeitswunsch symbolisierte die Schürze, sondern den Geschlechtsteil, den sie bedeckte.

Schutzaufsicht, Vorläufer der heutigen → Erziehungsbeistandschaft.

Schwangerschaftsfetischismus → Graviditätsfetischismus.

Schwangerschaftstransvestitismus, die Zwangsvorstellung mancher Männer, daß sie schwanger seien, und der Versuch, dies entweder zu verbergen oder durch besondere Ausstaffierung zu unterstreichen. → Cisvestitismus, Couvade, Metamorphosismus, Metatropismus, Transgestitismus, Transvestitismus.

Schwangerschaftsunterbrechung wurde bei den Griechen, Römern und den primitiven Völkern weitaus häufiger vorgenommen als in der Gegenwart. Diese Einschränkung der Abtreibungspraxis ist einerseits auf verbesserte → Verhütungsmittel, andererseits auf die katholische Überzeugung zurückzuführen, daß das ungeborene Kind bereits eine Seele besitze und die S. deshalb eine Form von Mord darstelle. Die großen Männer des Altertums, denen vergleichbare Überzeugungen bereits bekannt waren, teilten diese Ansicht nicht. Platon und Aristoteles befürworteten die S. ausdrücklich. Auch der Islam glaubt nicht, daß der Fötus unter fünf Monaten ein eigentliches Leben hat, und akzeptiert deshalb die S., betrachtet sie aber vom 6. Monat an als Tötungsdelikt. Im Hinduismus, Taoismus und Buddhismus gibt es kein Verbot der S. Der Protestantismus erlaubt S. Die katholische Kirche gestattet sie nur dann, wenn das Leben der Mutter gefährdet ist, also zum Beispiel bei perniziöser Anämie, offener Tuberkulose, Nephritis, Eklampsie, schweren Herzfehlern, Beckenverengung, Schwangerschaftstoxikosen, Graviditätsdermopathien, Gebärmutterkrebs, Ovarialtumoren und so weiter.

Völlig neue medizinische, juristische und ethische Fragestellungen sind jedoch seit der Entdeckung und Erprobung der »PILLE DANACH« aufgetaucht, einem Schwangerschaftsunterbrechungsmittel, das auf harmlose Weise die Entwicklung des befruchteten Eis unterbricht (→ Pille, Verhütungsmittel). Die von Kurpfuschern und berufsmäßigen Abtreibern bevorzugte Methode der S. ist der EIHAUTSTICH, der meist mit einem selbst angefertigten Instrument ausgeführt wird, oft einer Regenschirmrippe, Autoantenne, Strick- oder Häkelnadel. Manche Frauen versuchen, selber die S. vorzunehmen, indem sie mit aufgebogenen Haarnadeln, Zahnstochern, altmodischen Federhaltern, Bleistiften oder Spicknadeln in sich herumhantieren. Oft verbluten sie dabei oder sterben an den Folgen einer so herbeigeführten Infektion. ABORT-PERITONITIS (Bauchfellentzündung als Resultat der Durchlöcherung der Gebärmutterwand mit einem Abtreibungsinstrument) ist eine weitere, häufige Folge der laienhaft ausgeführten S. → Abactio partus, Abortus, Abrasio uteri, Abtreibung, Auskratzung, Ekbolika, Emmenagoga, Fehlgeburt, Kürettage, Partus praematurus, Procuratio abortus, Scheidenspülung.

Schwangerschaftsverhütung → Empfängnisverhütung.

Seelenzwitter, ein von E. Burchard geprägter Ausdruck, der alle Varianten der → Bisexualität und des psychischen Hermaphroditismus zusammenfassen sollte. Vgl.: Ambierastie, Ambisexualität, Amphierotik, Biamanten, Doppelgeschlechtlichkeit, Drehpunkt, Drittes Geschlecht, Geschlechtsübergänge, Hermaphrodit, Intersexualität, Panhermaphroditismus, Trisexualität, sexuelle Zwischenstufen.

Seemannsliebchen, → Selbstbefriedigungsinstrumente, die aus einer künstlichen Vulva bestanden, manchmal als Teil einer lebensgroßen weiblichen Puppe, meist aber nur die weiblichen Genitalien und Schamhaare darstellend. Die Vulva war oft sehr sorgfältig nachgebaut. Sogar die Transsudation der Vaginalwand und das Sekret der Bartholinschen Drüsen wurde durch einen mit Öl gefüllten pneumatischen Schlauch imitiert.

Seitensprünge sind in der gegenwärtigen Gesellschaftsordnung nicht mehr das Privileg des Mannes; auch Frauen sind anfällig. Über keinen

Aspekt der »Liebe« wird in der männerrechtlichen Gesellschaft mehr gelogen als über diesen. Männer und Frauen, deren Seitensprünge nur wenige Jahre zurückliegen, schwören oft (und glauben es selber), daß sie stets »treu« gewesen seien. Ein eigentümlicher Prozeß der Amnesie befällt die Opfer: sie erinnern sich an alles – nur nicht an das eine. Sie erinnern sich an den Tag zuvor und an den Tag danach – nur nicht an die Nacht dazwischen. Deshalb mißdeuten wir auch so oft die wahren und scheinbaren Anzeichen eines Seitensprungs, den ein Ehegatte begangen hat: da wir die Erinnerungen an die eigenen Seitensprünge verdrängt haben, erkennen wir die Anzeichen nicht mehr bei anderen Menschen. Solange wir glauben, daß wir geliebt werden, übersehen wir die penetrantesten Anzeichen der »Untreue«. Zweifeln wir aber an der Liebe eines Menschen, dann wird alles, was er tut, auch das Harmloseste, zum Indiz. Versagt ihr Mann eines Abends beim Koitus, dann schließt die Frau, daß er sich bei einer anderen »verausgabt« haben muß und nun eben nicht mehr »kann«. Daß sie selber die Ursache seines »Versagens« sein mag, geht ihr nicht ein.
Dabei sollte sie wissen, daß die »Untreue« der Frau sich stets in *erhöhter* Leidenschaft gegenüber dem eigenen Ehemann zeigt, genau wie die »Untreue« des Mannes sich stets in *erhöhter* und nie in schwindender Potenz gegenüber der eigenen Frau zeigt. Die männliche Psyche – und auch die der Frauen mit starker Libido – ist so paradox eingerichtet, daß wir uns unfehlbar dann am stärksten zu unserem Ehepartner hingezogen fühlen, wenn wir gerade ein »Abenteuer« mit jemandem andern haben. Unser ganzer Metabolismus arbeitet in solchen Zeiten schneller und besser. Das Leben ist schöner, die Welt sieht besser aus, die grauen Farben des Alltags verwandeln sich in bunte, alles erhält einen neuen Glanz, eine neue Attraktion – selbst der eigene Mann, sogar die eigene Frau. Es geschieht nicht aus dem sprichwörtlich schlechten Gewissen, daß der Mann seiner Frau zu solchen Zeiten oft Blumen, Konfekt, Schmuck oder gar Komplimente schenkt. Ein Mann, der eine erfolgreiche Affäre hat, leidet kaum an Gewissensbissen. Im Gegenteil, er fühlt sich stolz, er wird zum »Kavalier«, und er benimmt sich auch seiner Frau gegenüber als solcher. Es mag unwürdig sein, aber medizinische Erfahrung zeigt, daß in einer gesunden Ehe der *Gatte* des »untreuen« Ehepartners der eigentliche Nutznießer ist. Er braucht nicht durch das Dickicht der Lügen hindurchzugehen, das die Theorie der monogamen Treue denen aufzwingt, die nicht monogam veranlagt sind und doch eine Familie haben wollen. Er erspart sich all die Schattensei-

ten der Affäre und empfängt nur ihren Nutzen: die gesteigerte Vitalität, die größere Lebensfreude, die bessere Laune und die größere Liebesfreude des Ehepartners.
So ungerecht die Natur oft mit den Aposteln der Monogamie umgeht, so läßt sie doch keinen Zweifel daran, daß Ehen, welche das Gesetz der totalen außerehelichen Enthaltsamkeit befolgen, früher sterben als jene, die ein liberales Maß an außerehelichem Verkehr erlauben. Sexuelle Langeweile setzt in solchen Ehen früher ein und führt zum schnelleren Altern. Während in einer gesunden Ehe mit einem adäquaten Maß von außerehelichen Erfahrungen der eheliche Geschlechtsverkehr meist bis in die sechziger Jahre und oft darüber hinaus geht, hört bei Ehepartnern, die völlige Enthaltsamkeit von außerehelichem Verkehr praktiziert haben, der eheliche Verkehr meist schon vor den fünfziger Jahren auf. Das mag nun allerdings daran liegen, daß Menschen mit starker Libido, deren eheliches Geschlechtsleben bis ins hohe Alter aktiv bleibt, auch zu einer Anzahl außerehelicher Affären tendieren. Andererseits ist totale Enthaltsamkeit von außerehelichem Verkehr meist kein Anzeichen der Moral, sondern nur der Libidoschwäche.

Sekretionsfetischismus, ein Sammelbegriff für die verschiedenen → Fetischismen, die sich auf die Sekretionen des menschlichen Körpers beziehen: Urin, Kot, Schweiß, Sperma, Vaginalsekretionen, Smegma, Speichel, Nasenschleim, Ohrenschmalz, Augenschlaf. Manche Autoritäten rechnen auch Bauchnabelablagerungen und Fingernagelschmutz zu den Sekretionen des menschlichen Körpers. Dies ist natürlich Unsinn, aber das fetischistische Syndrom, das zur Reizauslösung durch diese Substanzen führt, ähnelt dem des S. → Achselhöhlenfetischismus, Analfetischismus, Anilinctio, Autodermatophagie, Cunnilingus, Dermatophagie, Effeuille des roses, Épongeur, Exkrementophilie, Fellatio, Fußfetischismus, Irrumatio, Koprophagie, Koprophilie, Kotschmierer, Lambitionsakt, Lambitus ani, Lécheur, Minette, Penilinctio, Perspirationsfetischismus, Phönizisieren, Picazismus, Renifleur, Soupeur, Spermatophagie, Stercoraire, Urinfetischismus, Urophilie, Uropotie, Zehenriecher, Zehensauger. Vgl. auch den ganzen Komplex des → Blutfetischismus mit all seinen weiteren Verweisen.

sekundäre Geschlechtsmerkmale → Geschlechtsmerkmale.

sekundäre Geschlechtsorgane → Geschlechtsorgane.

Selbstbefleckung, ein altmodisches, allzu emotionales Synonym für → Selbstbefriedigung. Thomas von Aquin benannte die S. eine schwererwiegende Sünde als die Unzucht. In den mittelalterlichen Bußritualien beziehen sich mehr Absätze auf die S. als auf alle Formen von »Sodomie« und »Bestialität« zusammen. Die Angriffe der Erwachsenen auf die S. der Kinder beruhen auf der Tatsache, daß der Mensch fähig ist, die eigene Selbstbefriedigungspraktik seiner Kinderjahre völlig aus dem Gedächtnis zu verdrängen. Die Energie, die zur Verdrängung dieser Erinnerungen benötigt wurde, wird unbewußt als ein profunder Kraftverlust empfunden. Dieser Kraftverlust bietet sich dem Bewußtsein nun in verwandelter Form an: als ein Kraftverlust, den die Onanie verursacht. Um den Sohn (die Familie, das Land, die Autorität) vor dem Ruin zu retten, muß die Onanie also mit allen nur möglichen Mitteln verhindert werden. → Onanieverhinderung.

Selbstbefriedigung, die sexuelle Befriedigung des Leibes ohne Beihilfe eines Sexualpartners. Die S. darf nicht mit Masturbation gleichgesetzt werden und bezieht sich auch nicht ausschließlich auf die Genitalien. Es gibt eine Form der psychischen S., bei der keinerlei Berührung der eigenen Geschlechtsteile stattfindet (→ Delectatio morosa, geistige S.), und es gibt zahlreiche Formen der Onanie, bei denen andere Körperteile als die Genitalien zur Erzielung des Orgasmus benutzt werden (→ Analonanie, Kinepimastie, Mammalonanie, extragenitale Masturbation). All diese Formen der S. sind auch bei Tieren beobachtet worden. Daß Affen onanieren, hat jeder Zoobesucher gesehen. Meist lecken die männlichen Tiere danach ihr Sperma auf. Die niederen Säugetiere, die ihre Pfoten nicht zu diesem Zweck benutzen können, befriedigen sich, indem sie die Rute an den Unterbauch anschlagen, bis Ejakulation eintritt. Bullen, Hengste, Kamele, Hunde, Schafe, Ziegen sind bei dieser Tätigkeit fotografiert worden. Pferde und Esel packen manchmal auch Vorhaut oder Eichel mit den Zähnen an, bis sie sich zur Ejakulation getrieben haben. Bullen und Hirschböcke schieben die Rute im Schlauch hin und her, bis Ejakulation erfolgt. Ziegenböcke spritzen Harn und suchen durch Krümmung des Körpers und schnelles Wiederaufrichten die Rute gegen den Körper zu pressen. Nach Berkun sollen Kamelhengste in der Brunst bis zu sechzigmal am Tag onanieren. Sie schlagen dabei mit dem Schwanz schnellpendelnd gegen den Rücken, die Hoden und den Schlauch. Dann bleiben sie einige Minuten konvulsiv zuckend stehen. Elefantenbullen onanieren, indem sie den Schlauch zwischen die Hinterbeine schleudern, dort festklemmen und ihn dann hin- und herreiben. Weibliche Säugetiere rutschen mit dem Gesäß auf der Erde hin und her oder benutzen Baumstämme, herausragende Äste oder Steine, Zaunpfähle und Meilensteine, um ihre Geschlechtsteile daran zu reiben. Beim Menschen ist jeder Akt der S. gleichzeitig eine autoerotische und alloerotische, gleichzeitig eine homo- und heterosexuelle Zeremonie. Sie ist autoerotisch, weil sie am eigenen Körper vollzogen wird. Sie ist alloerotisch, weil sie fast stets durch das herbeigerufene Phantasiebild eines anderen Menschen ausgelöst wird. Sie ist homoerotisch, weil sie sich mit einem Leib des eigenen Geschlechts befaßt. Sie ist heterosexuell, weil sie meist das Bild eines Leibes des anderen Geschlechts heraufbeschwört. Vgl.: Affektonanie, Autoerastie, Autoerotik, Autoerotismus, Autofetischismus, Automonosexualität, Autosexualismus, monosexuelle Idiosynkrasie, Ipsismus, Manualipsation, Manustupratio, Masturbation, Monosexualität, Narzißmus, Onanie, Selbstbefleckung, Spiegelakt, Tagebuch, Trisexualität, Wunschzeichnungen, Zwangsmasturbation.

GEISTIGE SELBSTBEFRIEDIGUNG ist Onanie ohne Berührung der Genitalien. Die Phantasien solcher psychischen Onanisten entfernen sich oft noch weiter von der Realität als die der Masturbatoren. Da sie nicht notwendigerweise zum Orgasmus zu führen brauchen, spinnen sie sich oft stundenlang, ja nicht selten über mehrere Tage weiter, so daß man in manchen Fällen von einem »Sexualroman« sprechen kann. Die einfachsten Tagträume sind die der Pubertät und der Nachpubertät; sie verschwinden meist mit dem ersten Geschlechtsverkehr: die Wirklichkeit bereitet ihnen ein Ende. Anders die Tagträume der Abnormen: sie werden von Jahr zu Jahr komplizierter. Da ist zum Beispiel der häufige Tagtraum der Orgie und der masochistischen Szenen, die meist pluralistisch ausgeführt werden. Mädchen pflegen auch heute noch, im Zeitalter der gegen Vergewaltigung agitierenden Frauenbewegung, in Vergewaltigungsphantasien zu schwelgen, die nach dem von Stekel gefundenen Prinzip »Lust ohne Schuld« ausgebaut werden. Es ist gerade für den antipatriarchalisch gesinnten Sexualwissenschaftler immer wieder erstaunlich, wie viele Frauen heute noch in lustvoll masochistischen Tagträumen leben, bei denen es sich immer darum handelt, daß man in die Gewalt eines grausamen Mannes gerät. Aber auch alle fetischistischen Phantasien werden in unzähligen Variationen und Mutationen durchdacht und mit großem Affekt erlebt. Das Überwuchern dieser Phantasien bildet eine empfindliche Störung für die sozialen Aufgaben des Individuums. Es introvertiert immer mehr, zieht sich in sich selber zurück, die Grenzen zwischen Realität und Phantasie verschwimmen. Der Träumer hat tausend Jungfern defloriert, er hat hundert Glieder,

er ist Besitzer eines ungeheuren Harems.
Außerordentlich häufig und bisher nicht geklärt sind jene Phantasien, die Zwerge und sehr kleine Wesen zum Inhalt haben, Herden von winzigen Tieren oder insektenhaften Menschen. Ein zwangsneurotischer Patient Ferenczis (*Almanach d. Psychoanalyse*, 1929) wurde in seiner Masturbationsphantasie zum großen Mann, »der von einem ganzen Harem winziger Frauen umgeben war, die ihn bedienten, ihn wuschen, ihn streichelten, seine Schamhaare kämmten und dann mit seinen Geschlechtsorganen spielten, bis die Ejakulation erfolgte«. Diese und ähnliche liliputanische Phantasien erinnern lebhaft an die Erlebnisse, die Jonathan Swift seinen Gulliver erzählen läßt, und sind analytisch derart zu deuten, daß es dem Phantasierenden gelungen ist, seinen Körper mit seinem Geschlechtsglied zu identifizieren. Der Penis wird demnach durch den Zwerg personifiziert. Solchen Tagträumen liegt die sogenannte Mutterleibsphantasie zugrunde, in der man sich beim Akt wünscht, in den Leib der Frau (= der Mutter) zurückzukehren, was nur dann möglich ist, wenn der gesamte Körper (zumindest in der Phantasie) durch den Penis (= Zwerg) ersetzt wird.
Manche psychischen Onanisten führen eine Art Traumtagebuch, um sich beim Lesen ihrer früheren Phantasien schnell in neue Phantasien hineinzuleben. Bei all dieser Tätigkeit mag es zwar manchmal zum Orgasmus kommen, Masturbation jedoch findet nicht statt. Die psychischen Onanisten streiten deshalb auch stets entrüstet ab, daß ihre Flucht vor dem wirklichen Geschlechtsverkehr eine Art geistiger Onanie darstelle. Eine Form der geistigen Selbstbefriedigung bildet aber auch der spontan eintretende Orgasmus bei zahllosen perversen Sexualpraktiken, besonders beim → Fetischismus, wo in fortgeschrittenen Fällen weder Koitus noch Masturbation stattfindet. Man könnte den Vorgang beim Mann auch als eine Pollution im halbwachen Zustand auffassen. Denn die Trance, in die manche Fetischisten beim Anblick oder beim Manipulieren ihres Fetischs (Schuhe, Unterwäsche, Korsetts, usw.) verfallen, hat etwas Schlafartiges an sich, und der spontane Orgasmus, der manchmal dabei eintritt, erinnert mehr an eine Pollution als an das Resultat einer onanistischen Betätigung. Vgl.: Delectatio morosa, psychischer Koitus.

SELBSTBEFRIEDIGUNGSSURROGATE, scheinbar asexuelle Handlungen, die als Surrogate der Masturbation dienen, wie diese als Surrogat des Koitus dient. Zu den S. gehören Nägelkauen, Nasenbohren, habituelles Herumzupfen an Lippen, Ohrläppchen, Augenbrauen, Brüsten usw.,

Kratzen, Kämmen, das habituelle Adjustieren von Haar und Kleidung, und vor allem das Rauchen und Trinken (→ Lutschkomplex). Bei Frauen findet man oft die zwangsneurotische Manipulation von Lippenstift, Puderquaste, Nagellack usw., die alle viel häufiger benutzt werden, als es die eigentliche Kosmetik erfordert. Wird dann der Nagellack sofort wieder abgenagt, sowie er trocken ist, zeigt sich der onanistisch-oralerotische Charakter der Handlung eindeutig. Vgl.: extragenitale Masturbation.

Selbstbefriedigungsinstrumente gibt es sowohl für Frauen wie für Männer, aber sowohl aus anatomischen wie aus psychologischen Gründen ist es weitaus leichter, S. für Frauen als für Männer zu schaffen. Deshalb gibt es nur sehr wenige Varianten der männlichen S., und diese werden selten benutzt. Dagegen ist die Zahl der S. für Frauen groß. Bereits in vorhistorischen Zeiten wurden Holzstücke und Früchte zu diesem Zweck verwendet. In der Türkei kann man heute noch elastische Früchte kaufen, die in der Hand oder bei Berührung mit Feuchtigkeit aufschwellen. Die S. waren schon bei den babylonischen Völkern gebräuchlich und wurden auch durch die Ägypter und Griechen verfertigt, wie es die Abbildungen auf Bau- und Kunstdenkmälern und die 1891 aufgefundenen Mimiamben des Dichters Herondas (3. Jh. v. Chr.) beweisen. Daß die alten Griechen den → Olisbos gekannt haben, wissen wir auch aus den Dramen des Aristophanes und anderer Komödiendichter.

Den ostasiatischen Völkern waren die künstlichen Phalli gleichfalls nicht unbekannt. Die Spanier haben sie bei der Entdeckung der Philippinen vorgefunden. Von der Insel Bali berichtet Jacobs: »In dem Boudoir von mancher balischen Schönen, und sicher in jedem Harem kann man ein aus Wachs verfertigtes ›plaisir des dames‹ finden, das den ganz bescheidenen Namen ›gànem‹ oder ›tejlak-tejlakan-malèm‹ trägt (tejlak = Penis, malèm = Wachs), und manches Stündchen wird in stiller Abgeschiedenheit mit diesem consolateur zugebracht.« Ähnliches findet man im indischen Kamasutram (übs. v. Schmidt, 1897) angegeben: »Da die Harems bewacht werden, kann sie kein Mann besuchen, und da nur ein einziger Gatte vorhanden und derselbe vielen Frauen gemeinsam ist, so finden diese keine Befriedigung. Darum müssen sie sich untereinander künstlich zufriedenstellen. Sie schmücken die Milchschwester, Freundin oder Sklavin nach Art eines Mannes und stillen ihr Verlangen durch an Form gleiche Glieder von Knoten, Wurzeln oder künstliche Glieder.«

In Sansibar, wo die Zahl der Frauen die der Männer stark übersteigt und die Frauen daher ungenügende geschlechtliche Befriedigung finden, bedienen sie sich gegenseitig mit einem phallusartigen Apparat. Dieser wird in der natürlichen Größe eines Penis aus Ebenholz hergestellt; mit einem Ende wird er mittels einer Schnur um den Leib der einen Frau gebunden, worauf dann diese den Akt an der Freundin in der Rolle des Mannes vornimmt. Vorher wird der Phallus eingeölt. Bei manchen Negerstämmen gibt es auch an beiden Enden durchbohrte Phallusstäbe in der zweifachen Größe des Penis, die gleichzeitig in die Scheide beider Frauen eingeführt werden können. Solche Lustapparate sind auch in den arabischen Harems gebräuchlich. Bei den Haussa-Frauen sind sie unter dem Namen → Mandingo zu finden. Der Mandingo ist aus Holz geschnitzt, ausgehöhlt und mit einem Lederüberzug versehen. Am Ende sind zwei dünne Lederstreifen befestigt, mit deren Hilfe der Apparat vorn unterhalb des Nabels angebunden wird. Vorher wird die Röhre teilweise mit dem Saft des Dalakubaums angefüllt: Der Saft ist klebrig, wird mit etwas Wasser gemischt und tritt an Stelle des männlichen Samens (*Anthropoph*., Bd. VI). Bei den Wakamba benutzen die Frauen einen penisförmigen Ebenholzpflock, durch dessen Mitte eine mit Fett gefüllte Röhre geht (Hildebrandt, Zeitschr. f. Ethnol., X). Masturbationsinstrumente nach dem Muster des antiken Olisbos finden wir bei den Tagalen; der künstliche Phallus führt hier (nach Stoll) den Namen → Larrio oder »Gebärvater«. Er besitzt die Umrißform eines Fisches und wird auch zur Erleichterung der Geburt gebraucht. Sehr verbreitet sind künstliche Phalli in Japan. Am bekanntesten ist der unter dem Namen → Harikata gebrauchte Apparat: ein künstlicher Penis aus Horn oder Schildpatt, von dem ein japanisches Sprichwort meint, daß er ein unentbehrlicher Genußartikel der Frauen sei und für manche Frau mehr bedeute als ein wirklicher Mann.

Die westeuropäischen Länder haben die → Godemichés von den Alten kennengelernt. Der Bischof Burchard von Worms wetterte schon im 12. Jahrhundert gegen die künstlichen Mannesglieder, deren Gebrauch besonders in der italienischen Renaissance immer allgemeiner wurde. Fortini von Siena spricht im 16. Jahrhundert von dem gläsernen Gegenstand, der mit warmem Wasser angefüllt wird und den die Frauen benützen, um sich selbst zu befriedigen, so gut es geht. Man nannte ihn in Italien → Passatempo oder → Diletto. Die Herstellungstechnik wurde immer raffinierter. Katharina von Medici fand einmal nicht weniger als vier solche → Bienfaiteurs im Koffer einer ihrer Hofdamen

(Dufour, *Gesch. der Prostitution*). Im 17. Jahrhundert wurden in Frankreich Godemichés aus Samt oder Glas mit einer raffinierten Neuerung benutzt, welche sich besonders im 18. Jahrhundert großer Beliebtheit erfreute: ein künstlicher Hodensack, der mit heißer Milch gefüllt wurde und dessen Kompression so den Akt der Ejakulation vortäuschen sollte. Auch in Deutschland waren diese Werkzeuge nicht unbekannt, ebenso wurden sie in England, hier unter dem Namen → Dildoes, gerne gebraucht. Vgl.: Articles de voyage, Bagues de Chine, Balak, Baubon, Bijoux de religieuse, Bijoux indiscrets, Boule érotique, Cazzi, Consolateur, Cunnus succedanus, Dames de voyage, Dilin, Dutch wife, Ergi, Fregona, Gummipeter, Homme de voyage, Irrigator, Klingelkugel, Ladies' friend, Merkin, Olisbos, Parapilla, Rinotama, Samthans, Seemannsliebchen, Tejlak-tejlakan-malèm, Tröster, Vibro, Watama, Witwentröster, Zuiki.

Selbstbefriedigungssurrogate → Selbstbefriedigung.

Selbstbrandmarkung → Automasochismus, Brandmarkung.

Selbstentmannung, die vorsätzliche Entfernung männlicher Geschlechtsorgane durch deren Besitzer (medizinisch: Eviratio). Die Gründe sind meist neurotischer, psychotischer oder sexualpathologischer Art. Alte Männer, die impotent geworden sind, unternehmen manchmal Versuche der S., weil sie in ihrer Senilität glauben, daß die sexuellen Organe nutzlos geworden seien. In fast allen anderen Fällen besteht Haß auf die eigene Sexualität, Angst vor ihr, schlechtes Gewissen wegen der sexuellen Gefühle, die man hegt, oder ein Gefühl der Sündhaftigkeit und Verwerflichkeit der sexuellen Taten, die man begangen hat. Dies mag der → Misosexualität (dem Geschlechtshaß) entspringen, oder der → Cypridophobie (Angst vor Geschlechtsverkehr), der Deflorationsphobie (Angst vor dem Entjungfern einer Frau), der Gynäkophobie (Angst vor Frauen), der Misgynie (Frauenhaß), der Misopädie (Angst vor Nachwuchs), der Homosexualität und manchmal der → Transsexualität.

Die S. aus religiösen Gründen unterscheidet sich nur geringfügig von der sexuell motivierten und mag oft eine verschlüsselte Form der letzteren darstellen. Die Schriften der Anachoreten und vor allem die des Origenes (c. 185–254), der die S. an sich vornahm, deuten auf ein tiefes sexuelles Trauma hin, den Umschlag der Kastrationsangst in einen Kastrationszwang. Das erwähnte Phänomen, daß alte Männer sich oft zu kastrieren versuchen, zeigt, wie leicht Impotenzangst zum Kastrationszwang wird. Beobachtungen bei religiösen Sekten, die Kastration oder

S. praktizieren (Valerianer, Chlysty, Skopzen, Neustundisten und so weiter) zeigen ein noch merkwürdigeres Phänomen: eine Art Wollust der S., eine automasochistische Komponente, die solche Fälle mit denen der Selbstbefriedigung durch Selbstverstümmelung verbindet.

Nun mag es absurd erscheinen, daß sich jemand der eigenen Sexualität beraubt, um einen sexuellen Kitzel dabei zu verspüren. Denn wenn er sich die Genitalien abgeschnitten hat, kann er sie ja nicht mehr benutzen. Aber man muß sich verdeutlichen, daß die obsessive S. kein einzelner Akt, sondern nur das Schlußglied in einer Kette von immer tiefer greifenden Manipulationen und Verstümmelungen an den eigenen Genitalien ist. Wird ein Masochist nach versuchter oder erfolgter S. ins Krankenhaus eingeliefert, entdeckt der Arzt meist zahllose kleinere und größere Wunden an den Genitalien und um sie herum, die ein jahrelanges Herumspielen und Schmerzbereiten aufdecken. Die Fachliteratur enthält Fälle, in denen Masochisten sich die Hodensäcke aufgeschnitten, die Hoden herausgenommen und wieder eingenäht oder sich mit Schwefelsäure Ätzwunden am Penis beigebracht haben. Messerschnitte rings um den Penis, Querdurchbohrungen des Penis mit Drähten und Verbrennungen durch Lötlampen gehören zur jahrelangen Praxis solcher Masochisten, bis sie eines Tages einen Schritt zu weit gehen und sich tatsächlich entmannen. Aber da die Libido durch Entmannung nicht vernichtet wird, ist das endgültige Stadium noch immer nicht erreicht. Es ist bezeichnend, daß Matteo Covet, der italienische Schuhmacher, der sich 1802 entmannte und die abgeschnittenen Genitalien auf die Straße warf, später eine Anzahl öffentlicher → Selbstkreuzigungen vornahm, ehe er sich endlich 1806 umbrachte. Die S. ist immer eine sich selbst verhüllende Form des Selbstmords, ein Spiel mit dem erotischen Kitzel des Todestriebs. Vgl.: Automasochismus, Automutilation, Autotomie, Masochismus, Selbsterhängung, Selbsterstickung, Selbstkatheterisierung.

Selbsterhängung, eine sexuelle Zwangshandlung, die nicht mit Selbstmord verwechselt werden darf. Eulenburg hat zum erstenmal in *Sexuelle Neuropathie*, 1895, S. 114, auf das Phänomen hingewiesen, daß manche Automasochisten die Ultima ratio des Masochismus, den Tod, als Nervenkitzel benutzen und komplizierte Maschinerien erfinden, um sich aufzuhängen und im letzten Moment wieder abzuschneiden. Spätere Autoren, vor allem Bloch (1903), Ertel (1906), Florschütz (1912), Seitz (1913), Puppe (1920), Ziemke (1928) und Weimann (1930) haben darauf hingewiesen, daß Strangulation oft bei Männern zur Erektion und Ejakulation und bei Frauen zur Sekretion der Vaginalwände und Vorhofdrüsen, also auch zum Orgasmus, führt. Die S. ist also gleichzeitig ein Spiel mit dem Tod und eine lebensgefährliche Form der Selbstbefriedigung. Ziemke sagt: »Manche Fälle von Erhängen sind irrtümlich als Selbstmorde angesehen worden, obwohl die absonderliche Art der Ausführung der Erhängung ohne weiteres den Verdacht auf einen Zusammenhang mit dem Sexualleben hätte hinlenken müssen. Manipulationen, welche die Erhängten an ihrem Körper und namentlich an ihren Geschlechtsteilen vor dem Tode vorgenommen hatten, waren so auffallend, daß man zu der Annahme gedrängt werden mußte, der Strangulationsvorgang sei aus sexuellen Motiven vorgenommen worden und nur ein Mißgeschick habe dabei zufällig den Tod verursacht.«

Im Fall von Florschütz wurde ein junger, angesehener, in den besten Verhältnissen lebender Ingenieur abends, als man ihn vergeblich zum Abendessen erwartete, in seinem Schlafzimmer in der elterlichen Wohnung erhängt aufgefunden. Er hing völlig nackt, das Gesicht einem an der Wand hängenden Spiegel zugewandt, in dem er sich genau betrachten konnte, an einer Stellage, die so konstruiert war, daß von dem obersten Fach eines Schrankes eine Stange zu einer Staffelei führte. An dieser Stange hatte er zwei Seile befestigt, das eine fest um seinen nackten Unterleib geschnürt, während auf dem zweiten, ebenfalls von der Stange ausgehenden Seil sein Vorderhals ruhte. Für einen Selbstmord lag nicht der geringste Anlaß vor. Alles deutete darauf hin, daß die merkwürdige, von dem jungen Menschen veranlaßte Situation durch eine Art der sexuellen Befriedigung bedingt worden war. Man nahm an, daß der Verstorbene durch die Umschnürung seines Leibes zunächst eine starke Stauung hervorgerufen hatte, um hierdurch die gewünschte Aufrichtung des Geschlechtsteiles zu erzielen, und daß er dann das Höchstmaß der geschlechtlichen Erregung dadurch zu erreichen suchte, daß er seinen Kopf in die Schlinge des zweiten Seiles legte und gleichzeitig seinen nackten Körper im Spiegel beobachtete. Vermutlich war er durch zu kräftiges Zuschnüren des Halses bewußtlos und unfähig geworden, seinen Kopf rechtzeitig aus der Schlinge zu befreien. So hatte er sich bei der sexuellen Befriedigung durch den Strangulationsversuch zufällig selbst erhängt.

Völlig eindeutig ist die sexualpathologische Grundlage in dem von Seitz beschriebenen Fall zufälligen Erhängens. Ein Feldartillerist in München wurde eines Morgens in der Wohnung seiner Mutter erhängt aufgefunden. Der Körper hing mit dem Hals in einer Schlinge aus einem breiten Leinengurt, der am Bettpfosten befestigt war. Auf dem Kopf trug der Tote eine Perücke aus langem Haar, über Stirn und Kinn Teilstücke eines Fußballs in Form einer Maske mit Augen- und Nasenausschnitten, die am Hinterkopf zusammengebunden waren. Die Mitte des Gesichtes bedeckte eine schwarze Samtmaske. Um den Leib trug er ein altes Frauenkorsett. Glied und Hodensack steckten in einem Lederbeutel, beide waren mit einem Riemen zusammengeschnürt und das Glied dann allein nochmals abgeschnürt. Der übrige Körper war völlig nackt und lag zusammengekauert zwischen Bett und Wand. Ein Grund zum Selbstmord lag nicht vor, der Verstorbene hatte, als er abends seine Mutter nicht antraf, Auftrag gegeben, ihn um 9 Uhr zu wecken, da er rechtzeitig zur Kaserne zurückkehren müsse. Die sexualpathologische Ursache der Strangulation wurde in diesem Fall noch dadurch erhärtet, daß der Verstorbene auf seinem Bett eine neunschwänzige Geißel und ein Buch mit sadistischen Abbildungen aufgeschlagen liegen hatte, neben dem Bett stand eine Kiste mit selbstgefertigten Folterinstrumenten. Der Verstorbene hatte offenbar zur Befriedigung seiner masochistischen Neigungen auch den Akt der Strangulation benützt und war dabei verunglückt.

Daß die Nachahmung des Aufhängens bei masochistischen Obsessionen eine bedeutende Rolle spielt, lehrt auch ein Fall von Ertel, in dem die Beziehung des Strangulationsaktes zur Sexualsphäre sehr klar hervortritt. Es handelt sich um einen Mann aus wohlhabender Familie, der sich bei einer Hamburger Prostituierten eine Folterkammer eingerichtet hatte, die schwarz drapiert war und unter anderem auch einen aus Holz hergestellten Galgen enthielt, an dem sich der Mann unter Benutzung eines Flaschenzuges von der Prostituierten in die Höhe ziehen und aufhängen ließ. Dabei regte er sich so auf, daß er im Gesicht »ganz blau« aussah und, wie das Mädchen angab, »fertig wurde«, d. h. einen Samenerguß bekam.

Erwähnung soll hier auch ein Fall von Perthuisot finden, bei dem die Art der Strangulation anscheinend in keiner Weise vom gewöhnlichen Selbstmord durch Erhängen abwich. Der Zusammenhang mit dem Sexualleben war hier nur daraus zu erschließen, daß der Mann als ausgesprochener Erotomane bekannt war. Er war fünfzig Jahre alt und nahm an sich Erhängungsversuche vor, weil er einen sehr lebhaften sexuellen Genuß dadurch hatte. Eines Tages konnte er sich nicht mehr rechtzeitig aus der Schlinge befreien und fand so den Tod.

Ziemke berichtet: »Ein 17jähriger Bäckerlehrling hatte sich eine höchst merkwürdige Hängevorrichtung konstruiert und wurde eines Tages in dem Vorratsraum seines Meisters an der Sprosse einer Leiter hängend aufgefunden. Um den Leib trug er einen breiten Ledergurt. Von diesem Gurt verlief nach den Oberschenkeln ein Strick, an dem etwa in der Mitte der Oberschenkel ein Lederriemen befestigt war. Beide Oberschenkel waren getrennt umschnürt, der linke durch den Lederriemen, der rechte durch eine Schlaufe des Strickes. Dieser ging dann durch die Gesäßspalte nach rückwärts, wandte sich wieder nach oben und verlief unter dem Leibgurt bis zur Halsgegend. Um den Hals war ein sauber gefaltetes Taschentuch gelegt und darüber ein zweiter Lederriemen fest umgeschnürt. An ihm war der Fesselungsstrick befestigt, der dann die Leitersprosse umgriff und mit einem Karabinerhaken in der Öse am Halsriemen eingehakt war. Der Halsriemen war straff und hatte die Strangulation bewirkt. Die sexualpathologische Genese des Falles wird hier noch dadurch klar erwiesen, daß man beim Entkleiden der Leiche einen vom Erhängten selbst angefertigten Sack fand, in dem die Geschlechtsteile untergebracht waren. Dieser Sack stand mit dem Fesselungsstrick in Verbindung und trug an seiner Innenfläche steife weiße Flecke, die mikroskopisch als Samenflecke festgestellt wurden. Auch hier ist die Strangulation zweifellos zur Auslösung sexueller Erregungen vorgenommen worden, worauf die merkwürdige und komplizierte Konstruktion der Aufhängevorrichtung, die feste Umschnürung des Leibes, die zu einer starken Stauung geführt hatte und vermutlich die Aufrichtung des Gliedes und den Samenerguß befördern sollte, und die Anbringung des Beutels für die Aufnahme der Geschlechtsteile hinweist, die möglicherweise verhindern sollte, daß der Aufhängeort mit Samen beschmutzt und so die sexuellen Manipulationen verraten würden. Vermutlich hat der Junge schon früher ähnliche Prozeduren vorgenommen und dabei die Erfahrung des Samenabflusses gemacht.«

Weitere Fälle sind von Bernt und Cioban beobachtet worden. Ein 61jähriger Hofmeister wurde auf einem Speicher, an einem Balken hängend, aufgefunden. Die linke Hand lag vorn in der Schamgegend, die rechte hinten am Rücken in den fest zusammengezogenen Schlingen eines Stricks, der zwischen den Schenkeln hindurch über den Hodensack lief und ihn komprimierte. Die Füße waren ebenfalls mit einem Strick gefesselt. Er hatte sich zuerst die Füße gebunden, die Schlinge um den Hals gelegt, die Hände gefesselt und war dann von ei-

nem Schemel heruntergetreten, wodurch die Aufhängung zustande kam. Die Führung der Fesselung über den Hodensack macht es wahrscheinlich, daß sexuelle Momente eine Rolle spielen. An Hemd und Hose fand sich Samenflüssigkeit.
Klar ist das sexuelle Motiv und die zufällige Selbsterhängung bei dem Fall Ciobans. Ein Tischlergeselle wurde mit einer doppelten Wäscheleine an einem Balken erhängt aufgefunden. Der Körper hing schräg; Knie und Füße ruhten auf dem Boden. Der Strick war als laufende Schlinge um den Hals gelegt und an dem Balken nicht festgebunden, sondern nur über ihn geworfen und an der anderen Seite mit einem zwölf Kilo schweren Schneiderbügeleisen beschwert. Das andere Ende zog sich unter Hemd und Unterhose vom Hals zum Hodensack. Jeder Hoden war hier von dem Strick einmal und außerdem der ganze Hodensack viermal umschnürt. Der Strick lief dann zum Hals zurück, war über den Balken geworfen und das Ende zusammen mit dem ersten am Bügeleisen befestigt. Die umschnürten Körperstellen zeigten deutliche Schnürfurchen. Die Art der Fesselung, vor allem ihre Lage unter der Kleidung, sprach für Selbstanlegung, und zwar hatte der Mann offenbar zuerst die Schlinge um den Hals gelegt, dann die Hoden umschnürt, beide Strickenden über den Balken geworfen und am Bügeleisen befestigt. Die Erhängung hatte er bewerkstelligt, indem er sich von einem Tisch hinuntergleiten ließ, auf dem er bei Anlegung der Fesselung stand oder saß.
Andere Fälle haben Hübner und Weimann beobachtet. Der letztere schreibt: »Ein Weinküfer, Sonderling, der sich mit Fesselungs- und Entfesselungskünsten sowie Nacktkultur beschäftigte, wurde erhängt aufgefunden. Er hing nackt mit Ketten und Riemen an einer Reckstange befestigt, die an der Zimmerdecke angebracht war. Ein Riemen war um Hals und Gesicht, ein anderer sehr fest um den Unterleib gelegt. Auch der in Lappen gewickelte Geschlechtsteil war durch Riemen abgeschnürt. Außerdem war eine Kette mit Fußfesseln und Schloß um Hals, Brust, Bauch, Glieder und Geschlechtsteile gelegt.
In B. ist ein ähnlicher Fall vorgekommen. Ein 45jähriger Gastwirt, der als Witwer sehr zurückgezogen lebte, wurde im verschlossenen Zimmer an der Türangel hängend aufgefunden. Der Strick verlief von dem Aufhängepunkt kreuzweise über Schultern, Rücken und Brust und war dann mehrere Male fest um den Unterleib geschnürt. Die Erhängung hatte er dadurch bewirkt, daß er von einem Stuhl hinuntertrat. Auch hier war der Tod durch Ersticken eingetreten. Das sexuelle Motiv war

sehr deutlich durch das Unbekleidetsein, einen großen Samenerguß auf der Erde vor der Leiche und Frauenunterwäsche, die man in einem Schrank in großer Menge vorfand.
Da es ganz sicher keine Verbindung zwischen Automasochisten dieser Art gibt und gerade dieses Thema in der Fachliteratur selten, verstreut und unzugänglich ist, ist es um so erstaunlicher, daß sich die geheimen Riten und Zeremonien der Gruppe in so hohem Maße ähneln. Man könnte an eine Verschwörung, eine Art Selbstmordklub mit festen Spielregeln denken, wenn es auch nur den geringsten Beweis hierfür gäbe. In Wirklichkeit arbeitet jeder dieser Menschen seinen eigenen Ritus aus, unabhängig von allen anderen Leidensgenossen und meist in völliger Unkenntnis, daß er nicht der einzige Mensch auf der Welt ist, der an diesen Gelüsten leidet und diesen Weg zu ihrer Befriedigung entdeckt hat. Kein Mensch, auch nicht der habituelle Onanist, ist einsamer in seiner Lust als der Strangulationsfetischist.
Wir dürfen dieses Wort wohl benutzen, weil zusätzlich zur masochistischen Komponente so oft fetischistische Elemente (Lederriemen, Masken, Lederbeutel, Gummiartikel) auftreten. Daß viele dieser Fetische weiblichen Ursprungs sind (Korsetts, Frauenkleider beim Mann, Hosen und andere Männerkleidungsstücke bei der Frau) bezeugt die transsexuelle Tendenz des Syndroms. Daß so oft Spiegelanordnungen zur Selbstbeobachtung aufgestellt werden, erlaubt Rückschlüsse auf die narzißtische Pathogenese der Transsexualität. Hepner berichtet einen Fall, der all diese Merkmale und dazu noch das der masochistischen Erniedrigung des »Nachttopfsklaven« zeigt. Es handelte sich um einen katholischen Pfarrer, der sich fast täglich, während er angeblich Mittagsruhe pflegte, einschloß, Frauenkleider anzog, sich vor einen Spiegel stellte und sich selbst photographierte, während er einen Nachttopf in erhobenen Händen hielt. Zusätzlich strangulierte er sich mit Ketten, wobei er die Schlinge einmal nicht mehr rechtzeitig öffnen konnte und so den Tod fand, wodurch der Fall bekannt wurde. → Automasochismus, Automutilation, Autotomie, Bußdisziplin, Flagellantismus, Geißler, Penisstrangulation, Selbstentmannung, Selbsterstickung, Selbstfesselung, Selbstkastration, Selbstkatheterisierung, Selbstkreuzigung, Selbstmord, Strangulation, Todestrieb.

Selbsterkenntnis, sexuelle. Nichts ist für den westlichen Großstadtmenschen unseres Jahrhunderts schwieriger, als sich der Stärken und Schwächen seiner eigenen Sexualität bewußt zu werden. Wir werden durch die Normen unserer Kultur zu einem derart hohen Maß von

Selbsttäuschung angeregt, daß selbst Kinder nicht mehr in der Lage sind, sich ihrer sexuellen Wünsche bewußt zu werden. Borneman hat einmal einen Test unter 50 verheirateten und langfristig zusammenlebenden Paaren veranstaltet, in welchem beide Partner befragt wurden, was sie (a) von ihrer eigenen Sexualität, (b) von der des Sexualpartners hielten. Einzelfragen befaßten sich mit der Frequenz des Geschlechtsverkehrs, Anzahl der Orgasmen, bevorzugten Koitalpositionen, Verhalten beim Vorspiel, Zärtlichkeit nach dem Orgasmus, Treue, Seitensprünge, Anzahl der Sexualpartner vor dem gegenwärtigen Partner usw.

Theoretisch hätten die Antworten miteinander übereinstimmen sollen. In der Praxis wichen sie so weit voneinander ab, daß sie den ganzen Prozeß der empirischen Sexualforschung mit Hilfe von Fragebögen in Zweifel stellten. Denn wenn zwei Menschen, die sich freiwillig einem Test stellen und sich bewußt sind, daß das, was sie über sich selbst und ihren Geschlechtsverkehr mit einem anderen Menschen sagen, mit dem verglichen werden wird, was der andere über den gleichen Verkehr sagt, nicht in der Lage sind, die Wahrheit über ihr eigenes Sexualverhalten niederzuschreiben, wieviel schwieriger muß es dann für den Durchschnittsmenschen sein, der sich keinem derartigen Vergleichstest zu unterwerfen hat.

In der Psychoanalyse hat sich jeder Versuch der Selbstanalyse aus diesen Gründen als undurchführbar erwiesen. In den Romanen und Novellen jüngerer Schriftsteller, die sich selbst die Illusion absoluter Offenheit machen, findet man heutzutage eine charakteristische Form der Sexualprahlerei: statt sich ihrer sexuellen Potenz und Gesundheit zu rühmen, dichten sich diese Autoren Impotenz und Krankheit an. Wir haben es also mit einer Umkehrform des literarischen Donjuanismus zu tun, bei der nicht mehr, wie es im pornographischen Roman üblich war, über fiktive »Eroberungen« berichtet wird, sondern sexuelle Fehlschläge im Tone der mea culpa lustvoll beschrieben werden. In dem Versuch, die Übertreibungen von gestern zu vermeiden, erzeugt die Suche nach wahrheitsgemäßer Berichterstattung Übertreibungen einer neuen, negativen Art.

Hier braucht kaum betont zu werden, daß das eine noch eitlere Form des sexuellen Egozentrismus ist als die Pornoprahlerei, aber sie ist kennzeichnend für die Schwierigkeiten, die eine verdrängende, sich niemals sexuelle Befriedigung gönnende Kultur in ihren Mitgliedern selbst dann erzeugt, wenn diese sich die größte Mühe geben, ehrlich mit

sich selbst umzugehen. Der Autor eines solchen Buches kann heutzutage sicher sein, daß »aufgeklärte« Rezensenten seinen »Mut zur Selbstenthüllung«, seine »schonungslose Offenheit«, seine »furchtlose Suche nach der Wahrheit« loben werden.
Das führt zur Versuchung, sich Schwächen anzudichten, die man nicht besitzt, und Entgleisungen der Libido vorzugaukeln, die man nie am eigenen Leibe erfahren hat. Die Versuchung ist groß, denn dem publizierten Fehlschlag kommt in der heutigen bürgerlichen Gesellschaft eine ganz spezifische Trostfunktion zu: sie soll dem Leser zeigen, daß er mit seinen eigenen Fehlschlägen nicht allein ist, und soll ihn über diese Fehlschläge hinwegtrösten, indem sie suggeriert: »Wir alle sind nun einmal so. Da kann man halt nichts machen!«
Damit wird aus der Trostfunktion eine Alibifunktion, denn sie setzt den Leser von der Aufgabe frei, seine Fehlschläge zu überwinden, und erlaubt ihm, sie der Gesellschaft anzulasten. Das gibt ihm die Illusion, den neurotisierenden Charakter der Gesellschaft durchschaut zu haben, und entlastet ihn gleichzeitig von der Aufgabe, die neurotisierende Gesellschaft zu ändern. Er ist so kaputt, daß ihm keine Kraft mehr übrigbleibt, die kaputtmachende Gesellschaft zu überwinden, und er ist so stolz darauf, kaputt zu sein, seine eigenen Schwächen erkannt und akzeptiert zu haben, daß er jene anderen, die sich genug Kraft erhalten haben, um ihrem Sexualpartner Liebe und Zärtlichkeit zu geben, als vorsintflutliche Relikte einer heilen Welt betrachtet.

Selbsterstickung, eine automasochistische Praktik, die sexuelle Selbstbefriedigung durch Sauerstoffmangel im Gehirn und psychosexuelle Befriedigung durch ein Spiel mit dem Tod erzeugt. Es ist seit Jahren bekannt, daß Sauerstoffreduktion Rauschzustände lustvoller Art auslöst. Der klinische Tatbestand ähnelt dem der → Selbsterhängung und → Selbstkreuzigung. Auch hier will der Masochist nicht sterben, sondern nur die Sensation des Beinahe-Sterbens auskosten. Dabei tritt aber der Tod oft unbeabsichtigt ein. Hoffmann berichtet über einen solchen Fall. Ein junger Drogist wurde in seinem Bett mit gefesselten Händen auf dem Bauch liegend tot aufgefunden. Der Kopf war mit einem Tuch zugedeckt. Vor Mund und Nase hatte er eine kleine Schachtel mit Watte. Auf dem Tisch stand eine Flasche Chloroform. Die Obduktion ergab Erstickung. Das Motiv des Selbstmordes war auch hier ein sexuelles; der Mann trug am bloßen Leib ein fest anliegendes Korsett. Selbstfesselung mit Stricken, Riemen, Tüchern, Ketten, Zwangsjacken oder Korsetts ist nahezu eine Norm bei der S. und deckt ihre masochistische

Komponente auf. Das immer wieder bei solchen Fällen gefundene Frauenkorsett weist aber auch auf transsexuelle Motive hin. Sehr oft findet man bei S. einen großen Spiegel, in dem der Masochist seine Manipulationen beobachten kann (→ Narzißmus). Heutzutage findet man meist Plastiktüten als Mittel der S. Früher fand man öfter Gummiblasen oder einfach ein Waschbecken oder einen Eimer mit Wasser, in den der Masochist den Kopf steckte. → Automasochismus.

Selbstfesselung, entweder von Hysterikern, die sich als Opfer eines Überfalls ausgeben wollen, oder von Automasochisten, die sich den Körper einschnüren wollen, hat stets einen sexuellen Grund. Bei masochistischen → Selbsterhängungen und → Selbsterstickungen findet man meist zusätzliche Einschnürungen des Körpers mit Riemen, Stricken, Ketten, manchmal auch Selbstknebelung und → Penisstrangulation. Im forensischen Sinn tauchen all diese Momente als »verschleierte Tatbestände« auf. Denn Hysteriker und Automasochisten bringen sich sehr oft bei ihren Riten aus Versehen um und erwecken dann den Eindruck, daß ein Verbrechen vorliege. Otto zitiert zwei typische Fälle. »Ein 28jähriger Ingenieur, verlobt, wurde in seinem Zimmer als Leiche völlig entkleidet und am ganzen Körper gefesselt aufgefunden. Das Schlüsselloch der Zimmertür war durch einen Hut verdeckt, Beine und Arme waren mehrfach mit Tüchern, Ledergürteln, zusammengeknüpften Strümpfen und Bändern gefesselt. Außerdem war die Fußfesselung an einem Fuß des Kleiderschranks befestigt und der Hals an die obere Leiste der Lehne eines umgestürzten Stuhles mit Doppelknoten festgeschnürt. M. hatte sich offenbar nach Anlegung der Fußfesselung in einer unbequemen, halb liegenden Sitzstellung den Hals an der Stuhllehne festgebunden und zum Schluß noch mit zwei bereitgehaltenen Ledergürteln die Oberarme am Oberkörper befestigt. Hierbei war er ausgeglitten, der Stuhl mit ihm umgestürzt und die an ihm befestigte Halsschlinge infolgedessen so zusammengezogen, daß sie ihn erdrosselte, ohne daß er sich infolge der Fesselung aus seiner unglücklichen Lage befreien konnte. M. pflegte sich offenbar in dieser Stellung selbst zu befriedigen, was ihm mit den nicht gefesselten Händen möglich war, wobei er sich in seinem Waschtischspiegel beobachten konnte. Weibliche Unterwäsche in seinem Kleiderschrank, die mit Samen befleckt war, wies darauf hin, daß M. Transvestit war.«

Der 37jährige Kaufmann K. wurde auf dem Rücken liegend fest zugedeckt in seinem Bett aufgefunden. Der Kopf war mit einem Tuch verhüllt; im Mund steckten als Knebel zwei Taschentücher. Die Unterschenkel waren dreimal, die Hände kreuzweise mit Bindfaden auf dem Rücken gefesselt. Die rechte Hand hielt eine blutbefleckte Nagelschere umklammert. An beiden Handgelenken befanden sich offenbar mit dieser Schere hervorgerufene, zum Teil tiefe, bis fünf Zentimeter lange Verletzungen, die enorm geblutet und durch Verbluten neben dem Ersticken den Tod durch die zu feste Knebelung herbeigeführt hatten. Auf dem Tisch stand ein Koffer mit zum Teil blutigen, schon benutzten Fesselungs- und Knebelungsutensilien. K. legte sich zweifellos die Fesselung und Knebelung aus masochistischen Neigungen selber an. Die Handfesseln pflegte er dann mit einer bereitgehaltenen Schere zu zerschneiden. Am Todestag war ihm das wohl nicht mehr gelungen. → Armband, Fesselstuhl, Fesselung, Fußketten, Gürtel, Halsband, Halskette, Käfig, Ketten, Knebelung, Kolligationsfetischismus, Korsett, Maulkorb, Riemen, Selbsterhängung, Strick.

Selbstgeißelung → Auspeitschen, Bußdisziplin, Geißler, Peitsche.

Selbstkastration, der Versuch des Mannes, sich die eigene Potenz oder Libido zu nehmen, meist aus neurotischen, psychotischen oder sexualpathologischen Motiven. Da die Kastration eine komplizierte Operation ist, gelingt den Männern, die sie anstreben, meist nur eine Eviratio oder Verschneidung (→ Selbstentmannung). In der Freudschen Triebehre nimmt die Kastration einen zentralen Platz ein (→ Kastrationskomplex). Freud sieht in der S. oder der versuchten S. das Symptom der Kastrationsangst, die sich in Kastrationszwang verwandelt hat. Vgl.: Ödipuskomplex.

Selbstkatheterisierung, das Einführen von Fremdkörpern in die Harnröhre und Harnblase zum Zweck der bewußten oder oft auch unbewußten masochistischen Masturbation. Der Katheter ist ein ärztliches Instrument zur Entleerung des Urins aus der Harnröhre, hat also keine eigentlich sexuelle Bedeutung. Aber mit der Kraft der Libido, die alles sexualisiert, was mit ihr in Berührung kommt, wird auch er zum Sexualsymbol – bei der Frau zum Symbol des Penis (denn er hat die Form eines Penis) und beim Mann zum Symbol der Vulva (denn er ist innen hohl). Kann der Patient keinen Katheter auffinden (denn ärztliche Instrumente sind teuer und für den Laien schwer erhältlich), tritt ein anderer Gegenstand an dessen Stelle. 1926 schrieb Magnus Hirschfeld in seiner *Geschlechtskunde* (J. Püttmann, Stuttgart, Bd. I, S. 268): »Man hat auch wiederholt beobachtet, daß sowohl Kinder wie Erwachsene allerlei Gegenstände in die Harnröhre einführen, wie Erbsen, Bohnen, Blumenstiele, Strohhalme, Kornähren, Zahnstocher, Stricknadeln,

Stecknadeln, Bleistifte, Federhalter, Sonden, Streichhölzer und ähnliches. Sowohl männliche wie weibliche Personen hat man bei solchem Tun getroffen, und im Jahre 1862 war die Onanie mit Haarnadeln in Deutschland so verbreitet, daß ein Chirurg ein besonderes Instrument zur Entfernung von Haarnadeln aus der weiblichen Blase erfand.«
1942 wies L. Kielleutner in einer Fragekastenantwort der *Münchner Medizinischen Wochenschrift* (Nr. 6, S. 131) noch einmal auf die Schädigungen hin, »die in der Harnröhre und am Blasenhals durch Masturbation hervorgerufen werden ... Das nicht so seltene Auffinden von zur Reizung benutzten Fremdkörpern in der Blase beweist, wie ungeheuer häufig die Friktionen ausgeführt werden. Die Ehe schließt keineswegs diese Betätigung aus. Es ist nur außerordentlich schwierig, von den Frauen über diese Masturbation Angaben zu erhalten; über diesen Punkt werden auch bei taktvollster Anfrage die meisten Frauen den Arzt im Unklaren lassen. Nur der Zufall oder frische mechanische Verletzungen geben dem Arzt manchmal die sichere Diagnose.«
Christoffel beschreibt vergleichbare männliche Fälle: »Stricknadel und Fiebermesser sowie Pinselstiel dienten als Reizkörper. Bloß in einem Falle war es vorgängig der psychotherapeutischen Behandlung zu einer Harnröhrenverletzung mit nachfolgender narbiger Verengung gekommen. Soweit meine Kenntnis reicht, handelt es sich um scheue und mehr feminisierte als feminine Männer. Die Reaktion auf die Harnröhrendehnungen und Reibungen pflegt eine Samenentleerung zu sein. Einer dieser Männer, der diese Perversion nur kurze Zeit praktiziert hatte – übrigens ein hervorragender, tüchtiger Mann –, gab seinen Weiblichkeitswünschen zu andern und ausgedehnteren Zeiten durch heimliches Korsettanziehen mit maximaler Schnürung Ausdruck« (*Trieb und Kultur*, Benno Schwabe, Basel, 1944, S. 224).
Offenbar sind die Ähnlichkeiten der Urethralerotik (oder, wie Christoffel dies nannte, der → Harntriebhaftigkeit) mit der → Analerotik weitaus größer, als Freud erkannt hat. Die S. ist fast stets mehr als eine Art Harnröhrenonanie. Es ist eine autoerotische Praktik mit narzißtischer Komponente (Selbstbeobachtung im Spiegel), transvestitischer Überlagerung (Tragen von Kleidung des anderen Geschlechts während der S.) und betont masochistischem Charakter (Einschnüren des Körpers und der Genitalien, Schmerzbereitung durch Reizung der Harnröhre und Harnblase). In diesem Sinne fällt die S. in die große Gruppe der → Introjektionen oder → Einverleibungen, d. h. des Einführens von fremden Substanzen in den eigenen Körper. → Injektomanie, Kli-

stieromanie, Nadelschlucken, Pfählung.

Selbstkreuzigung, eine Form des → Automasochismus, meist unter dem Vorwand der Nachahmung der Passion Christi, also eine sexuell motivierte Form des religiösen Wahnsinns. Die S. ist nicht als Selbstmord gemeint, sondern stellt eine Form des Exhibitionismus dar: der Selbstkreuziger will stets von anderen gesehen werden. Berühmte Fälle der S. waren Matteo Covet (1805), Olimpia Jeangros (1910), Willy Rißmann (1927), Georg Krausert (1959). Der italienische Schuhmacher Matteo Covet versuchte sich bezeichnenderweise 1802 erst einmal öffentlich zu kastrieren und warf die abgeschnittenen Hoden auf die offene Straße. 1803 unternahm er in Venedig seinen ersten Versuch der S. Aus den Brettern seiner Bettstelle zimmerte er sich das Kreuz und stellte es am Tage seines Schutzpatrons Matthäus, der exhibitionistischen Komponente seines Masochismus folgend, wiederum auf offener Straße auf. Als er sich darauf festnageln wollte, wurde er von Passanten daran gehindert. Zwei Jahre später (1805) erfolgte der zweite Versuch. Covet umgab das Kreuz mit einem selbstgewebten Netz, um sich vor dem Herabfallen zu schützen, und nahm das Festnageln in seinem Zimmer vor. Mit der Dornenkrone auf dem Haupt setzte er sich auf das Kreuz und trieb sich einen 15 Zoll langen Nagel durch die gekreuzten Füße. Es folgte das Durchbohren der Hände, das Beibringen der Seitenwunde, das Anknoten des Körpers an das Kreuz, das mit Seilen an einem Balken seiner Kammer so vor dem Fenster befestigt war, daß er allen Passanten zur Schau hing. Eine Ohnmacht machte der Szene ein Ende, und Matteo wurde in eine geschlossene Anstalt eingeliefert. Hier suchte er durch Nahrungsverweigerung seinen Tod herbeizuführen. Am 2. April 1806 sah er sich am Ziel.

Willy Rißmann, ein Lehrer in Berlin, hängte sich 1927 mit ausgebreiteten Armen nackt an einer Gartenlaube auf. Vor die Geschlechtsteile hatte er sich, offenbar in Nachahmung des Lendentuches Jesu, schurzartig ein Sacktuch gebunden. Darunter waren Zeichen des Samenergusses zu finden.

Georg Krausert, wie Matteo Covet von Beruf Schuster, kreuzigte sich 1959 in Höchst bei Frankfurt, um einer von ihm gegründeten Sekte zu beweisen, daß das Opfer Jesu nicht einmalig sei. Auch hier fand Samenerguß statt. Vgl.: Bußdisziplin, Flagellantismus, Geißler, Selbsterhängung, Selbsterstickung.

Selbstmord hat oft erotische Motive, nicht nur im Sinne des S. aus Liebeskummer, sondern auch bei jenen Menschen, die im Töten des eigenen

Körpers eine sexuelle Wollust empfinden (→ Automasochismus, Selbsterhängung, Selbsterstickung, Selbstkreuzigung). In Freuds späteren Arbeiten tritt immer mehr die Erkenntnis eines → Todestriebes hervor, in dessen dialektischem Widerspiel mit dem Eros, dem Lebenstrieb, Freud die eigentliche Dynamik des menschlichen Lebens sah. Da diese Dialektik, im Gegensatz zur marxistischen Dialektik mit ihrer Hoffnung auf eine klassenlose Gesellschaft, von grundsätzlicher Skepsis geleitet ist, betrachtete Freud auch die menschliche Aggression als unumgänglich und unkorrigierbar. Nur solange sie nach außen gerichtet ist, kann man sie daran hindern, den eigenen Körper zu zerstören, also in irgendeiner direkten oder verkappten Weise zum S. zu führen. Wenn sich der Todestrieb mit der Libido verbindet und dann nach *innen* wendet, so daß der Selbstmord mit Lustgefühlen belegt wird, haben wir die forensische Situation des Lustmords am eigenen Körper. → Automasochismus, Selbsterhängung, Selbsterstickung, Selbstkreuzigung.

S. aus sexuellen Motiven kann aber auch aus Schuldgefühl über onanistische und andere Praktiken begangen werden. Fast alle der außerordentlich häufigen Pubertäts-S. zeigen eine solche Komponente. Impotenz, Geschlechtskrankheit, uneheliche Schwangerschaft stellen sexuelle Motive des S. vieler Erwachsener dar. Es besteht eine merkwürdige Ähnlichkeit zwischen dem oft unbewußten Motiv des S. und dessen Methode. Wilhelm Stekel (1868–1940) deutete bereits darauf hin, daß »gefallene« Mädchen sich oft aus dem Fenster stürzen. Menschen, die von der »Flamme« der Liebe verzehrt werden, verbrennen sich. Wer von »giftigen Vorstellungen« umgeben ist, nimmt Gift.

Bezeichnend ist hier auch das Phänomen des Doppelselbstmordes (auch »erweiterter Selbstmord« oder nach Legrand du Saulle »Folie à deux« genannt). Der Gedanke, daß das Dasein unerträglich sei, geht von jenem Liebespartner aus, der unter allen Umständen zu sterben wünscht und seine Selbstmordidee dem anderen suggeriert, der sich dann zur Ausführung entschließt, zuweilen aber beim Anblick des getöteten Partners stark ernüchtert und im Wunsche, selbst zu sterben, erschüttert wird. Bei solchen Doppelselbstmorden binden sich die Täter deshalb oft zusammen und stürzen sich gemeinsam ins Wasser, um die Möglichkeit eines letzten Zurücks von vornherein auszuschalten.

Zu allen Zeitaltern hat es Selbstmordsekten gegeben, besonders in Rußland während des 19. Jahrhunderts. Meist waren die Mitglieder junge Offiziere, Söhne wohlhabender Eltern, und meist fand der Tod durch Erschießen statt. Aber es gab auch absonderliche Todesmethoden, die in Zusammenhang mit Stekels Vermutung, daß die Selbstmordmethode oft das verborgene Motiv der Tat erkennen läßt, sehr zu denken geben. So gab es die »Feuertaufe« (Selbstmord durch Verbrennen), die Podpolniki (Selbstmord durch Ersticken) und die Beguny (Selbstmord durch lebendiges Begraben). »Wenn sich die Aggression mit der Libido verbündet und beide ihre gemeinsame Kraft gegen das Ich richten, gibt es für den Organismus keine Hoffnung des Überlebens« (Freud).

Selbststrangulation → Selbsterhängung, Strangulation.

Selbstverstümmelung → Automasochismus, Autotomie, Bußdisziplin, Fremdkörper, Geißler, Nadelschlucker, Penisstrangulation, Pfählung, Selbstentmannung, Selbsterhängung, Selbsterstickung, Selbstfesselung, Selbstkastration, Selbstkatheterisierung, Selbstkreuzigung.

Senhal, ein provenzalisches Wort des 12. Jahrhunderts, das etwa »Pseudonym« bedeutete. In den Gedichten der → Troubadours wurde die Geliebte des Sängers niemals mit Namen, sondern stets mit einem *senhal* benannt. Der Sänger verbarg ihren Namen aber nicht nur aus Diskretion, sondern auch als Teil jener poetischen Kryptogrammierung, die ein Kennzeichen des *trobar clus*, des verschleiernden Stils, ist. Das Pseudonym sollte den *lauzenger*, den Verleumder, irreführen. Aber auch die Figur des Verleumders scheint Teil der poetischen Konvention gewesen zu sein, so daß es heute nahezu unmöglich ist, die wirklichen Liebesbeziehungen der Troubadours von den angeblichen Beziehungen zu trennen, die sie in ihren Gedichten beschrieben haben. → Albigenserkriege, Frauendienst, Minne, Trouvères.

Seraphinenkuß, bei den Muckern der Zungenkuß. Vgl.: Biß, Florentinischer Kuß, Handkuß, Kataglossismus, Kuß, Maraichinage, Nasenkuß, Suavium, Zungenkuß.

Servante-Maîtresse [frz.: Dienerin-Herrin], gegen Mitte des 17. Jahrhunderts in Frankreich jene Hausgehilfinnen oder Wirtschafterinnen, die ihren Herren auch als Mätressen dienten. Molière (1622–1673) hat die Figur der S.-M. in manchen seiner Komödien zur Zentralfigur gemacht. → Liaison, Mätresse, Ménage.

Servilismus [lat.: servilis = sklavisch, knechtisch], Liebedienerei; der masochistische Wunsch, sich als Sklave einer auserwählten Herrin oder eines auserwählten Herren zu gebärden. → Masochismus, Sklavenbriefe.

Servus [lat.: Diener], ein Wort, das sowohl im mittelalterlichen Minnedienst auftaucht und dort den Ritter bezeichnet, der seiner Herrin dient, wie auch im Vokabular des → Masochisten, wo es seine Unterwürfigkeit unter die Herrschaft der → Domina, der sadistischen Frau, ausdrücken soll. → Minne.

Setter [engl. Slang des 18. Jahrhunderts], spezialisierte → Zuhälter, deren Funktion es war, die jungen Prostituierten (oft Kinder) zu entjungfern und gefügig zu machen. Vgl.: Bully, Crosbiting, Intelligencer, Pimp, Ponce.

Sex [lat.: sexus = Geschlecht], in der heutigen deutschen Umgangssprache fast stets falsch benutzt, und zwar als Synonym für → Erotik, manchmal aber auch ebenso falsch in Imitation des amerikanischen Sprachgebrauchs als Synonym für Geschlechtsverkehr (am.: to have sex = Geschlechtsverkehr haben). Wer das Wort S. korrekt gebrauchen will, sollte es nur im Sinne von »Geschlecht« benutzen.

Sex-Appeal [am.: sexueller Reiz], jenes »gewisse Etwas«, das man vor zwei Generationen »It« zu nennen pflegte, liegt gänzlich im Auge des Beschauers. Die sexuellen Attribute, die uns an einem anderen Menschen faszinieren, sind niemals Eigenschaften des Menschen selber, der dieses »gewisse Etwas« zu besitzen scheint, sondern stets Eigenschaften dessen, der es empfindet. Jedes Land, jede Kultur, jede Generation, jeder Einzelmensch hat andere Vorstellungen von dem, was sexuell attraktiv ist. Ein Japaner achtet mehr auf die Füße einer Frau als ein Europäer. Viele Araber finden schlanke Frauen unattraktiv. Amerikanerinnen, die an die tiefen Stimmen amerikanischer Männer gewöhnt sind, empfinden die höheren Stimmen europäischer Männer oft als effeminiert. Nur wenn eine Zivilisation eine andere durchdringt und ihr die eigenen Konzepte auferlegt, geschieht es, daß die Schönheitsideale dieser Zivilisation für die andere Kultur auch Sex-Appeal enthalten. Dies geschah, als der Hollywood-Film die Welt eroberte und das amerikanische Schönheitsideal zeitweilig zum Sex-Ideal anderer Kulturen wurde. Dadurch entstand in vielen Ländern das populäre Mißverständnis, daß Schönheit identisch mit Sex-Appeal sei. In Wahrheit besitzen schöne Frauen und Männer nur selten Sex-Appeal. Denn geschlechtliche Anziehungskraft beruht nicht auf der Symmetrie der Gesichtszüge oder des Körpers, sondern auf dem Eindruck, daß die Person, die eine solche Anziehungskraft ausstrahlt, in ungewöhnlich hohem Maße am Geschlechtsleben interessiert ist, es besonders genießt und fähig ist, ihren Liebhabern besonderen Genuß zu vermitteln. Jeder Versuch, die geschlechtliche Anziehungskraft anders zu definieren, ist schon deshalb zum Scheitern verurteilt, weil die körperlichen Attribute, die unser geschlechtliches Interesse erwecken, von den persönlichen Eindrücken unserer Kindheit abhängen. Ob wir schlanke oder üppige Frauen, blonde oder dunkelhaarige Männer mögen, ob uns die tiefe Stimme einer Frau anzieht oder abstößt, ob wir auf gewisse Körpergerüche negativ oder positiv reagieren – all das sind persönliche Idiosynkrasien, Aspekte des alltäglichen, harmlosen → Fetischismus und → Antifetischismus, dessen Schlüssel in unserer frühesten Kindheit liegt. Eine einheitliche Definition des Sex-Appeal auf Grund körperlicher Eigenschaften ist deshalb unmöglich.

Die amerikanische Frauenärztin Barbara Bross sagt in ihrem Buch *Flitterwochen – und was dann?* (Günther Verlag, Stuttgart 1967): »Für eine Frau ist es einfach unmöglich, sich so zu kleiden, zu pflegen und zu parfümieren, daß sie alle Männer anzieht. Entweder wirkt die Anziehung, oder sie wirkt nicht. Du kannst nichts tun, um für alle Männer anziehend zu sein. Und du mußt sehr viel über einen Mann wissen, wenn du die verborgenen Wünsche in ihm, deren er sich gewöhnlich selber nicht bewußt ist, ansprechen willst. In Hunderten und aber Hunderten von Fällen, in denen Männer und Frauen sich das Gehirn zermartern, weshalb es ihnen nicht gelingt, den gewünschten Partner zu gewinnen, stellt sich heraus, daß persönliche Idiosynkrasien dieser Art die Ursache sind. Diese Idiosynkrasien haben nichts zu tun mit dem popularisierten Sex, wie er von morgens bis abends durch Radio, Fernsehen, Kino, Zeitschriften, Schlager und Anzeigen auf uns eindringt. Wenn du alles tust, was man von dir erwartet – dich sauber hältst, Desodorants benutzt, dich gut kleidest, in den besten Schönheitssalon gehst und dir dein Haar vom besten Friseur legen läßt, den du dir leisten kannst –, dann kann es immer noch passieren, daß der Mann, den du haben möchtest, inzwischen ein Mädchen geheiratet hat, das nach Schweiß riecht, sich nicht um die Mode kümmert und sein Haar, wenn überhaupt, mit Küchenseife in der Badewanne wäscht.«

Sexismus, ein aus der amerikanischen Frauenbewegung stammender Begriff, der die Aggression des einen Geschlechts gegen das andere bezeichnen soll, in der Praxis aber fast ausschließlich die Aggression der Frau gegen den Mann ausdrückt, und zwar unter dem Vorwand, die Aggression des Mannes gegen die Frau zu enthüllen. So gibt es in deutscher Sprache ein Buch mit dem Titel S., das 756 Seiten lang gegen die Vorurteile des Mannes gegenüber der Frau wettert, ohne sich auch nur in einer einzigen Zeile bewußt zu werden, daß eben dieses Wettern eine

Verkörperung dessen ist, was die Autorin aufzuheben wünscht: die Vorurteile des einen Geschlechts gegenüber den andern.

sexogen [lat.: sexus = Geschlecht; gr.: gennan = erzeugen], von dem Geschlecht erzeugt, von der Sexualität verursacht, ein Begriff, der die sexuelle Ursache von Krankheiten und Verhaltensformen ausdrücken soll.

Sexualanamnese [gr.: anamnesis = Erinnerung], die Erinnerung des Patienten an seine eigene Sexualstörung. Die Protokollierung der Krankengeschichte durch den Sexualmediziner oder Sexualpsychologen.

Sexualanthropologie [gr.: anthropos = Mensch; logos = Lehre], die Lehre von der Geschlechtlichkeit und dem Geschlechtsverhalten des Menschen. Genau wie die Anthropologie im deutschen Sprachraum entweder biologische Anthropologie (Abstammungslehre, Erbbiologie, Konstitutionsforschung, Rassenkunde) oder »philosophische« Anthropologie (das »freie« Spekulieren über die »Natur« und das »Wesen« des Menschen) bedeutet, so hat sich auch in der Weimarer Republik der Begriff S. auf genau diese beiden, einander antinomisch ausschließenden Denkformen eingependelt. In der englischsprachigen Welt dagegen bedeutet »anthropology« entweder »social anthropology« (England) oder »cultural anthropology« (USA) – in beiden Fällen das empirische Studium »primitiver« Kulturen.

Auch der Begriff »sexual anthropology« hat sich dort als Synonym für das Studium des Sexualverhaltens nichtwestlicher Kulturen eingebürgert. In der neueren deutschen Sexualwissenschaft ist S. die sozialspezifische, geschichtsspezifische und regionalspezifische Erforschung des menschlichen Geschlechtsverhaltens.

Sexualäquivalente [lat.: aequus = gleich; valens = wertig], Surrogatformen des Geschlechtslebens, die einen sexuellen Wunsch oder eine sexuelle Antipathie in eine nichtsexuelle Handlung oder ein nichtsexuelles Symptom umsetzen. Enttäuschte oder unerfüllte Sexualwünsche zeigen sich als Heißhunger (Butimie); sexueller Ekel erscheint als Appetitlosigkeit. Asthma, Herzklopfen, Herzschmerzen, Atemnot, Durchfall, Harndrang, Wind, Blasenstörungen, Scheidenjucken, Ohrenjucken, Magenknurren tauchen als Sexualäquivalente nur allzu oft in der ärztlichen Praxis auf.

Sexualätiologie [gr.: aitia = Ursache; logos = Lehre], Lehre von den Ursachen der sexuellen Störungen.

Sexualaufklärung → Aufklärung.

Sexualdiagnose [gr.: diagnosis = Beurteilung, Erkennung], Feststellung und Klassifizierung einer sexuellen Störung durch den behandelnden Sexualmediziner oder Sexualpsychologen.

Sexualdiagnostik [gr.: diagnostikos = der Beurteilung dienend], Lehre von der Feststellung und Klassifizierung sexueller Störungen.

Sexualdimorphismus [gr.: di = zwei, doppelt; morphe = Form], die geschlechtliche Zweigestaltigkeit des Menschen, die Unterschiede zwischen Frau und Mann. In der heutigen Sexualwissenschaft herrscht die Meinung, daß der S. zwar biologische, genetisch ererbte Gründe hat, aber auch von gesellschaftlichen und psychischen Elementen mitbestimmt wird. Deshalb spricht die Sexualwissenschaft auch nicht mehr davon, daß die Geschlechtszugehörigkeit des Individuums ausschließlich aus seinen primären und sekundären Geschlechtsorganen entnommen werden kann, sondern hat gelernt, mindestens neun verschiedene (bei manchen Autoritäten sogar 13) Faktoren zu unterscheiden, die den sexuellen Status des Individuums als Frau oder Mann bestimmen:

1. Die Struktur der äußeren Geschlechtsteile, die von dem Laien als allein bestimmend für die Geschlechtszugehörigkeit des Menschen aufgefaßt wird.
2. Die Struktur der inneren Geschlechtsteile, die selbst von Medizinern bis vor kurzem als einziger zusätzlicher Faktor der Geschlechtsbestimmung herangezogen wurde.
3. Die gesellschaftliche Erziehung, die das soziale Geschlecht des Menschen bestimmt.
4. Die klassenspezifische Geschlechtsrolle, die dem Menschen in seiner Beziehung zum anderen Geschlecht zugewiesen wird und dadurch sein psychisches Geschlecht bedingt.
5. Die Zusammensetzung seiner Gene, die sein genetisches Geschlecht bestimmt.
6. Die Zusammensetzung seiner Chromosome, die sein chromosomales Geschlecht bedingt.
7. Seine Zellkernstruktur, die sein nukleares Geschlecht beeinflußt.
8. Die Wirkung seiner Hormone, die seine endokrine, innersekretorische Geschlechtszugehörigkeit auslöst.
9. Die Form seiner Keimdrüsen, die sein gonadales Geschlecht ausdrückt.

Jeder Mensch kann in acht dieser Faktoren weiblich und im neunten männlich sein; er kann in vier Aspekten männlich und in fünf anderen weiblich sein. Jede beliebige Zusammensetzung der geschlechtsbe-

stimmenden Faktoren ist denkbar. Prof. Dr. Dr. Walter Hollitscher sagt in *Sexualität und Revolution* (Frankfurt am Main 1973, S. 33): »Auch prognostisch ist die Frage nicht uninteressant, ob etwa im Zuge der arbeitsmäßigen Verhaltensangleichung von Mann und Frau der zur Zeit vorhandene Sexualdimorphismus eine Abschwächung erfahren wird, weil etwa tüchtige Frauen keinen Auslesenachteil gegenüber anatomisch besonders gebärfähigen haben – eher sogar einen Auslesevorteil, weil sie als Partner oft bevorzugt werden. Manche erwägen, ob dabei in bezug auf tertiäre und sekundäre Geschlechtsmerkmale der Dimorphismus sich in Richtung auf ein ›Unisex‹ hin verschieben könnte, so daß Mann und Frau einander ähnlicher werden. Das ist, vergleichend-anatomisch genommen, keineswegs absurd, da in der frühen Primatenverwandtschaft des Menschen Gattungen mit geringerem oder geringem Sexualdimorphismus nicht selten sind – was natürlich biologisch und nicht kulturell bedingt war.«
Auch jenes seltsame Zwittergeschöpf, die »hedonistische Linke« (Susan Sontag in Amerika, Peter Gorsen, Frank Böckelmann, Bazon Brock in Deutschland), hat seit langer Zeit die Unabwendbarkeit einer Geschlechtsangleichung vertreten. Susan Sontag sagt: »Wenn wir nicht wollen, daß die sexuelle Befreiung ein Ziel ohne Sinn wird, müssen wir die Sexualität selbst neu definieren. Denn weder die sexuelle Betätigung an sich, noch vermehrte Erfahrungen, sind befreiend. Eine wirklich befreiende Ethik auf diesem Gebiet muß das Dogma der Vorrangigkeit der Heterosexualität (mit genitaler Zielsetzung) verwerfen. Eine nicht repressive Gesellschaft, eine Gesellschaft, in der die Frauen auf der subjektiven und objektiven Ebene den Männern gleich sind, wird zwangsläufig eine ›androgyne‹ (doppelgeschlechtliche) Gesellschaft sein« (Neues Forum, Heft 230/231, März 1973). Ähnlich Frank Böckelmann in *Aspekte der Männlichkeit*, Bazon Brock in *Eine Zukunft des Geschlechts im unaufhörlichen Abschied von Ödipus* und Peter Gorsen in *Intersexualismus und Subkultur* (alle drei in *Maskulin-Feminin*, München 1972).
Nicht nur wird die vom Patriarchat erzwungene Überpolarisierung der Sexualität mit ihren Folgen des unschlichtbaren Kampfs der Geschlechter und der unabbaubaren Sexualspannung gemildert werden, so daß wir mehr Energie zu kulturellen Tätigkeiten aufbringen können, sondern die Geburtenziffer wird unweigerlich sinken und dadurch einen großen Teil der Neurosen abbauen, die heute aus dem allzu engen Zusammenleben allzu vieler Menschen entstehen.

Sexualfantasie [gr.: fantasia = Vorstellung], der wichtigste Unterschied zwischen dem Geschlechtsleben des Menschen und der Tiere. Von frühester Kindheit an wird das Geschlechtsleben des Menschen durch komplizierte, nur teilweise bewußte Fantasien geprägt, die bei vielen Individuen im Laufe des Lebens bedeutsamer als jeder fleischliche Kontakt mit einem anderen Menschen werden. Das Geschlechtsleben solcher Menschen besteht aus einer hoffnungslosen, stets enttäuschenden Jagd nach einer sexuellen Fata Morgana, einer Sexualfantasie, die nicht realisiert werden kann, weil sie ein Produkt frühkindlicher, → prägenitaler Erfahrungen ist. Für solche Menschen ist die Sexualfantasie das Reale, die Realität dagegen nur ein trauriger Abklatsch der sexuellen Vorstellungen.

Eine der wichtigsten Entdeckungen der Psychoanalyse war die Bedeutung der fantasierten Sexualerlebnisse im Leben des Menschen. Jahrelang hatte Sigmund Freud, der Vater der Psychoanalyse, geglaubt, daß die Beschreibung des Verführtwerdens durch den Vater oder die Mutter, auf die er immer wieder bei der Therapie von Neurotikern stieß, auf wahren Geschehnissen beruhe und die Ursache der Neurose sei. Erst nach rund einem Jahrzehnt der therapeutischen Arbeit wurde ihm klar, daß es genau umgekehrt war: die Szenen der Verführung durch den Vater oder die Mutter waren Wunsch- oder Angstvorstellungen der Neurotiker: ein *Symptom* der Krankheit, und nicht ihre *Ursache*. Seitdem haben Anna Freud, René Spitz und Melanie Klein nachgewiesen, daß bereits in früher Kindheit, oft schon vor dem Sprechenlernen, unerhört komplizierte Sexualfantasien das Leben des Kleinkindes beherrschen. Es ist also nicht so, daß »frühreife« Kinder den Erwachsenen bestimmte Sexualpraktiken abgucken und sie imitieren, sondern genau umgekehrt: die kompliziertesten Sexualvorstellungen herrschen gerade im Kindesalter und werden von dem Erwachsenen »imitiert«. Gelingt dem Erwachsenen eine Beherrschung dieser frühkindlichen Sexualfantasien, so entwickelt er ein gesundes Geschlechtsleben. Gelingt ihm das nicht, so bleibt er auf dieser oder jener Stufe der Kindheit stehen (→ Fixierung) oder fällt auf sie zurück (→ Regression). Alle sogenannten → Perversionen sind nichts als sexuelle Infantilismen, Rückfälle des Erwachsenen in die sexuelle Traumwelt der Kindheit.

Sexualfreiheit, ein umstrittener Begriff, und zwar nicht nur unter Konservativen, sondern auch unter Liberalen. Freud zum Beispiel glaubte, daß uneingeschränkte S. hemmend auf die Potenz des Mannes wirke und bei der Frau Frigidität erzeuge: »Es ist leicht festzustellen, daß der psychische Wert des Liebesbedürfnisses sofort sinkt, sobald ihm die Befriedigung bequem gemacht wird. Es bedarf eines Hindernisses, um die Libido in die Höhe zu treiben, und wo die natürlichen Widerstände gegen die Befriedigung nicht ausreichen, haben die Menschen zu allen Zeiten konventionelle eingeschaltet, um die Liebe genießen zu können. Dies gilt für Individuen wie für Völker. In Zeiten, in denen die Liebesbefriedigung keine Schwierigkeiten fand, wie etwa während des Niederganges der antiken Kultur, wurde die Liebe wertlos, das Leben leer, und es bedurfte starker Reaktionsbildungen, um die unentbehrlichen Affektwerte wiederherzustellen. In diesem Zusammenhange kann man behaupten, daß die asketische Strömung des Christentums für die Liebe psychische Wertungen geschaffen hat, die ihr das heidnische Altertum nie verleihen konnte. Zur höchsten Bedeutung gelangte sie bei den asketischen Mönchen, deren Leben fast allein von dem Kampfe gegen die libidinöse Versuchung ausgefüllt war« (*Über die allgemeinste Erniedrigung des Liebeslebens*, Jahrbuch für psychoanalytische und psychopathologische Forschungen, Band IV, 1912).

Sexualgeographie, die Untersuchung der Abhängigkeit menschlicher Sexualität von den Gegebenheiten der Erdoberfläche.

Sexualhypochondrie [gr.: hypochondrios = unter dem Brustknorpel liegend], eine Sexualstörung, bei der aufgrund eingebildeter oder unbedeutender sexueller Leiden eine Depression eintritt und dauernde Selbstbeobachtung des eigenen Geschlechtsverhaltens zur Zwangshandlung wird. Die alten Griechen meinten, daß die somatische Ursache aller Gemütskrankheiten unter dem Brustknorpel liege; deshalb die medizinische Sprachwurzel *hypochondrios*. → Genitalhypochondrie.

Sexualität des Menschen. Das Erbgut des Menschen wird von einer Anzahl sehr widersprüchlicher Faktoren bestimmt. Deshalb setzt sich auch die menschliche Geschlechtlichkeit aus einer Anzahl widersprüchlicher Elemente zusammen. Der erste geschlechtsbestimmende Faktor in der ontogenetischen Chronologie ist die zufällige Kombination der mütterlichen und väterlichen Chromosomen, die wie bei einem Spiel mit zwei Würfeln eine Anzahl unterschiedlicher Kombinationen ergeben können. Jeder gesunde Mensch besitzt 46 Chromosomen, von denen zwei geschlechtsbestimmend wirken. Man nennt sie Gamosomen, Gonosomen oder Heterosomen. Die übrigen 44 Körperchromosomen nennt man Autosomen. Erbt das Kind vom Vater ein Y-Gamosom, so ist es im chromosomalen Sinne männlich. Erbt es von ihm ein

X-Chromosom, so ist sein Chromosomengeschlecht weiblich. Von der Mutter erben beide Geschlechter jeweils ein X-Gamosom. Die Chromosomenformel der Frau lautet also 44 + XX, die des Mannes 44 + XY. Die Bezeichnungen X und Y sind nicht willkürlich gewählt, sondern geben die tatsächliche Form dieser Chromosomen wider, denn unter dem Elektronenmikroskop ähneln sie in ihrer Form den Buchstaben X und Y.

Da das weibliche Gamosom größer ist als das männliche, und da jede Körperzelle der Frau von diesem größeren Chromosom zwei Exemplare besitzt, haben die Genetiker seit langem vermutet, daß man aus dem größeren Gewicht der weiblichen und dem geringeren der männlichen einen zusätzlichen Beweis der Geschlechtszugehörigkeit erbringen oder darin vielleicht sogar den eigentlichen Grund des Geschlechtsunterschiedes entdecken könne. Statt dieses angestrebten Beweises gelang den englischen Genetikern M. L. Barr und E. G. Bertram im Jahre 1948 eine andere Entdeckung: An der Innenseite der Zellkernmembran von Frauen befinden sich gewisse Konzentrationen der Gerüstsubstanz des Chromosoms, Chromatin genannt, die bei Männern gemeinhin fehlen. Von nun an konnte man die Frau also einerseits nach ihrer Gamosomenformel (XX), andererseits aber auch nach ihrer Chromatinformel (positiv) als weiblich klassifizieren. Umgekehrt konnte man den Mann jetzt entweder nach seiner Gamosomenformel (XY) oder nach seiner Chromatinformel (negativ) als männlich diagnostizieren.

Sechs Jahre später entdeckten die Forscher W. M. Davidson und W. R. Smith, daß die weißen Blutkörperchen der Frau noch weitere (trommelschlegelförmige) Chromatingebilde aufweisen, die bei Männern nur sehr selten und dann meist nur in verkümmerter Form aufscheinen. Jetzt ließ sich die Geschlechtszugehörigkeit der Frau also in dreifacher Form nachweisen: Gamosomformel XX, Chromatinformel positiv, Trommelschlegelformel positiv. Der Mann dagegen hatte die Gamosomformel XY, die Chromatinformel negativ und die Trommelschlegelformel negativ.

Bis dahin sah die Sache noch relativ einfach aus. Nun stellte es sich bei weiteren Untersuchungen aber heraus, daß es Menschen gab, deren Chromatinformel von ihrer Gamosomformel und diese wiederum von ihrer Trommelschlegelformel abwich. Die menschliche Geschlechtlichkeit bestand offenbar nicht aus einem einzigen Stück, sondern setzte sich aus einer Anzahl widersprüchlicher Faktoren zusammen.

Wir mußten uns daran gewöhnen, sie als ein Mosaik aus männlichen und weiblichen Steinchen zu betrachten. Die Geschlechtszugehörigkeit des Individuums ließ sich nicht mehr eindeutig als männlich oder weiblich definieren, sondern bestand offenbar aus einem Kräfteparallelogramm, an dem sowohl genetisch weibliche wie genetisch männliche Einflüsse mitwirkten.

In Wirklichkeit kam diese Entdeckung nicht ganz so überraschend, wie sie hier dargestellt worden ist, denn die Morphologen und Endokrinologen hatten auf ihren eigenen Gebieten bereits andere Widersprüche der menschlichen Sexualität entdeckt. So hatte man früher angenommen, daß die ererbten Geschlechtschromosomen die Wendung des Embryos zum einen oder anderen Geschlecht bestimmen. Man stellte sich die Sache so vor, daß die ursprünglich weibliche Morphologie aller Keimlinge beibehalten wurde, wenn das mütterliche Erbe dominierte, wenn die Gamosomformel des Embryos also XX lautete. Von der Formel XY nahm man dagegen an, daß sie für die Umbildung des Keimlings in männlicher Richtung sorgte. Hatten sich nun als Resultat der Gamosomeneinwirkung beim männlichen Embryo die Hoden und beim weiblichen die Eierstöcke gebildet, so nahm man an, daß der chromosomale Einfluß damit beendet war und der Körper des Embryos von nun an die weitere Geschlechtsdifferenzierung in eigener Selbststeuerung übernahm. Und zwar mit Hilfe der Hormone, die von den Keimdrüsen ausgesondert werden. Hatte das Y-Gamosom dafür gesorgt, daß sich Hoden herausbilden, so nahm man an, daß diese nun ihrerseits dank ihres eigenen Androgenausstoßes dafür sorgen würden, daß der Fötus die inneren und äußeren Genitalien eines Mannes entwickelte. Hatten die X-Gamosomen dagegen veranlaßt, daß sich Eierstöcke bildeten, so nahm man an, daß die Entstehung weiblicher Genitalien gesichert sei.

Aber auch hier hatte es sich bereits seit dem Altertum herausgestellt, daß weder die Chromosomen noch die Hormone ihre Aufgabe immer in der gleichen Weise lösten. Schon den ägyptischen und griechischen Ärzten war nämlich aufgefallen, daß es Menschen gab, deren innere Genitalien nicht mit den äußeren übereinstimmten. Man war also gezwungen, außer der morphologischen Geschlechtszuordnung (der Zuordnung nach der Form der Geschlechtsteile) noch zwei weitere Definitionen der Geschlechtlichkeit zu erarbeiten. So entwickelte die Wissenschaft der Geschlechtsdiagnostik die Begriffe des Keimdrüsengeschlechts und des Hormongeschlechts.

Damit wurde die Angelegenheit aber noch komplizierter, denn nun bot sich die Möglichkeit an, daß ein gegebenes Individuum nach seinem Chromosomgeschlecht weiblich, nach dem Chromatingeschlecht männlich, nach dem Trommelschlegelgeschlecht weiblich, nach dem Keimdrüsengeschlecht männlich und nach dem Hormongeschlecht wieder weiblich sein konnte. Damit war die traditionelle Vorstellung einer einheitlichen, eindeutigen Geschlechtszugehörigkeit des Menschen ein für alle Male dahin.

Bis zu diesem Punkte hatte man angenommen, daß die Hormone nicht nur die Anatomie der äußeren Geschlechtsorgane, sondern auch bestimmte Gehirnfunktionen beeinflußten, vor allem die des Zwischenhirns und der Hirnanhangdrüse, von der man annahm, daß sie nun ihrerseits die Steuerung der Hormone in den Keimdrüsen übernehmen würde, zum Beispiel (mit Hilfe des Hypothalamus und des Temporallappens am Großhirn) den Zeitpunkt der Menarche und der Pollutarche. Auch hier funktionierte die Steuerung aber nicht immer in der gleichen Weise, so daß man gezwungen war, eine siebente Definition der Geschlechtszugehörigkeit einzuführen: das Hypophysen- oder Hypothalamusgeschlecht, das die tatsächliche Hormonsteuerung im Individuum regulierte.

Mittlerweile hatten die Sexualpsychologen entdeckt, daß die Psychosexualität des Menschen (das subjektive Gefühl seiner Geschlechtszugehörigkeit) nicht notwendig mit seiner Physiosexualität (seinem anatomischen Geschlecht) übereinstimmte. Denn selbst wenn durch ein Wunder der Natur alle sieben Formeln der somatischen Geschlechtlichkeit übereinstimmen sollten, konnte es doch noch geschehen, daß ein Kind durch Zufall im Geburtsschein dem falschen Geschlecht zugewiesen wurde. Wo das geschehen war – und es geschieht öfter, als der Laie glaubt –, da stellte es sich heraus, daß das betroffene Kind nur mit äußersten Schwierigkeiten jemals wieder zu seinem anatomischen Geschlecht zurückgeführt werden konnte. Die frühkindliche Zuweisung zum einen oder anderen Geschlecht und die Erziehung als Bub oder Mädel erwiesen sich als so wirksam, daß sie die kombinierte Wirkung aller somatischen Geschlechtseinflüsse überrannten. Das erforderte die Einführung zweier neuer Kategorien der Geschlechtsdiagnostik: das Zuweisungsgeschlecht und das Erziehungsgeschlecht.

Als nächstes entdeckten die Sexualpsychologen, daß es noch einmal im Leben einen Wendepunkt gibt, der das Bewußtsein der eigenen Geschlechtszugehörigkeit maßgeblich verändern kann. Dieser Wende-

punkt wird von den meisten Sexualpsychologen in der Pubertät gesehen, von anderen aber bereits in der ödipalen Altersstufe. Manche Sexualforscher haben deshalb den Begriff des Pubertätsgeschlechts, andere die des Ödipalgeschlechts geprägt.
Schließlich wird unsere Geschlechtlichkeit auch von dem bestimmt, was der Laie meist als einziges psychisches Geschlechtsmerkmal des anderen Menschen wahrnimmt: das sexuelle Interesse des Menschen an seinen Mitbürgern. Ob der andere leicht entflammbar ist oder eher phlegmatisch reagiert, ob er sich für Frauen oder für Männer, für kleine Mädchen oder junge Knaben interessiert, ob er »normal« oder »pervers« ist – das ist eigentlich der einzige Aspekt der Geschlechtlichkeit, den wir – neben den äußeren Geschlechtsmerkmalen – überhaupt an unseren Mitbürgern zur Kenntnis nehmen. Heute wissen wir jedoch mit ziemlicher Sicherheit, daß sämtliche sexuellen Appetenzen des Individuums, einerlei wie exotisch sie uns auch anmuten mögen, auf das Zusammenspiel von frühkindlichen, dem Bewußtsein nicht mehr zugänglichen Erfahrungen und späteren kindlichen Verdrängungsvorgängen zurückgehen. Die Sexualpsychologie faßt sie deshalb ganz neutral unter dem Begriff der Objektwahl zusammen. Man könnte die Neigung zu einem bestimmten Sexualobjekt deshalb auch als Objektgeschlecht oder Neigungsgeschlecht bezeichnen. Damit hätten wir dreizehn Formen der menschlichen Geschlechtlichkeit erfaßt:

1. Chromosomgeschlecht
2. Chromatingeschlecht
3. Trommelschlegelgeschlecht
4. Keimdrüsengeschlecht
5. Hormongeschlecht
6. Hypothalamus-Hypophysengeschlecht
7. Morphologisches Geschlecht
8. Zuweisungsgeschlecht
9. Erziehungsgeschlecht
10. Ödipalgeschlecht
11. Pubertätsgeschlecht
12. Neigungsgeschlecht
13. Objektgeschlecht

Die beiden letzten Kategorien machen den illusorischen Charakter der Geschlechtsdichotomie Mann/Frau besonders deutlich. Denn man kann zwar in zwölf der Kategorien weiblich und nur in der dreizehnten männlich, oder in zwölf männlich und in der dreizehnten weiblich sein, aber man kann die beiden letzten Kategorien überhaupt nur dann in das Koordinatensystem männlich/weiblich einbringen, wenn man postuliert, was eigentlich erst zu beweisen wäre: daß sich die »Männlichkeit« des Mannes aus seinem sexuellen Interesse an Frauen ableiten lasse, und daß Frauen nur dann »weiblich« seien, wenn sie sexuell »positiv« auf Männer reagieren. Eben das wird aber um so zweifelhafter, je mehr wir über die Widersprüchlichkeit der menschlichen Sexualität lernen.

Es scheint, als ob jeder Aufstieg auf der evolutionären Leiter neben dem wachsenden Maß der individuellen Differenzierung und der wachsenden Fähigkeit der Individuen, unterschiedlich auf ihre Umwelt zu reagieren, auch ein stetiges Absinken des zentralnervlichen Einflusses auf das Verhalten im allgemeinen und auf das Sexualverhalten im besonderen mit sich bringe. Vereinfachend könnte man das so bezeichnen, wie Arnold Gehlen es getan hat: als einen vom Erwerb des Großhirns erzeugten Verlust des instinktsicheren Handelns. Deshalb hat Gehlen den Menschen auch als instinktloses »Mängelwesen« bezeichnet und seine schwindende Fähigkeit, sich selbst als eindeutig weiblich oder eindeutig männlich zu sehen, als Preis seiner wachsenden Großhirnfähigkeiten, vor allem auf dem Gebiete der Naturwissenschaften, bezeichnet. J. W. Papez und P. D. MacLean haben in sehr ähnlicher Weise argumentiert, daß das menschliche Hirn sich aus drei strukturell unterschiedlichen und unterschiedlich alten Teilen zusammensetzt. Die ältesten, am tiefsten liegenden Teile stammen von unseren frühesten tierischen Vorfahren ab und waren in ihrer Entwicklung bereits mit den Reptilien abgeschlossen. Im Zeitalter der Säugetiere waren sie für Säugetierzwecke schon veraltet. Die mittleren Schichten stammen von den frühen Säugetieren unter unseren Vorfahren ab und sind für die Zwecke der höheren Säugetiere unbrauchbar. Nur das außen liegende Großhirn stammt von den höheren Säugetieren ab, hat aber eher hypertrophiert als organisch zu wachsen und steht in ungenügender Signalverbindung mit den beiden älteren Schichten.

MacLean behauptet nun (und die Resultate seiner Forschungsgruppe am National Institute of Mental Health in Bethesda, Maryland, scheinen dies zu belegen) daß ein großer Teil der menschlichen Widersprüchlichkeit aus dem Widerspruch zwischen diesen drei quasi separat arbeitenden Teilgehirnen stammt, unter anderem auch der Widerspruch zwischen den älteren, weitgehend »instinktiv« funktionierenden und den neueren, weitgehend rational arbeitenden Gehirnschichten. Eins ist jedenfalls sicher: Je höher die Gattungen auf der evolutionären Leiter stehen, desto größer wird der Anteil der erlernten und desto geringer der Anteil der ererbten Verhaltensformen. Dies gilt auch für das sexuelle Verhalten und bedeutet, daß der Mensch zwar mit einer vielfältig determinierten, in sich selbst widersprüchlichen Sexualanatomie zur Welt kommt, daß seine Psychosexualität aber nicht nur von diesen Widersprüchen bestimmt wird, sondern sich erst im Wechselspiel zwischen ihnen und den letztlich entscheidenden Einwirkungen seiner sozialen Umwelt herausbildet.

Die Psychosexualität des Menschen ist also »offen«, und das gilt ebenso für sein sexuelles Selbstverständnis (das Bild, das er sich von seiner eigenen sexuellen Beschaffenheit macht) wie für sein sexuelles Interesse an anderen (für sein Bild der sexuellen Umwelt). Keine der beiden Facetten wird allein von seiner physischen Sexualkonstitution geprägt. Beide entwickeln sich erst aus der Dialektik zwischen sexueller Konstitution und sexueller Exposition, vor allem aber aus den Beziehungen des Kindes zu seinen Bezugspersonen und ganz besonders aus deren Anschauungen von »Männlichkeit« und »Weiblichkeit«, von »erlaubt« und »verboten«.

Im Laufe der Jahrtausende von erfaßter Menschheitsgeschichte (einschließlich Vor- und Frühgeschichte »primitiver« Kulturen) haben sich diese Vorstellungen in so unterschiedlicher Weise entwickelt, daß jeder Versuch, sie in »richtige« und »falsche«, »normale« und »abnorme«, »gesunde« und »perverse« Kategorien einzuordnen, gescheitert ist. Auch der Versuch, menschliche Sexualität mit menschlicher Fortpflanzung zu koordinieren und nur das als »gesunde« oder »normale« Sexualität einzustufen, was der Fortpflanzung dient, hat sich als undurchführbar erwiesen, da es keine Kultur gibt, die ihren Geschlechtsverkehr je auf das Ziel der Fortpflanzung beschränkt hätte. Ebenso wie der Primat des Erlernten über das Ererbte ein Kennzeichen der menschlichen Spezies zu sein scheint, erzeugt die Evolution beim Menschen offenbar ein Primat der Sexualität über die Fortpflanzung. Auch hier scheint beim Menschen das Erlernte und Erlernbare stärker zu wirken als das Ererbte und Ererbbare.

Bereits bei den höheren Primaten hat es sich herausgestellt, daß der »Sexual-« oder »Fortpflanzungstrieb« auf der Stufe der Hominiden nicht mehr »von selbst« funktioniert. Das heißt: Das genetische Erbmaterial erlaubt uns nicht mehr, ohne Vorbildeinfluß zu koitieren und uns ohne Vorbildeinfluß fortzupflanzen. Die Affenversuche von Harlowe und seinen Mitarbeitern haben ergeben:

1. Affenkinder, die von ihren Müttern nicht durch Zärtlichkeit auf ihr späteres Geschlechtsleben vorbereitet worden sind, zeigen im geschlechtsreifen Alter kein Interesse am Geschlechtsverkehr und entwickeln sich zu mürrischen Junggesellen und Junggesellinnen.
2. Affenkinder, die keine Gelegenheit gehabt haben, ältere Mitglieder ihrer Gattung beim Geschlechtsverkehr zu beobachten, lernen nie, wie man koitiert, und entwickeln kein Interesse am Koitus.

Offenbar sind zum erfolgreichen Geschlechtsleben der höheren Primaten also zwei Vorbilder nötig: elterliche Zärtlichkeit gegenüber dem Kinde und elterliche Zärtlichkeit (oder vom Kinde wahrgenommene Zärtlichkeit anderer Älterer) im Geschlechtsverkehr. Daraus ergibt sich eine der Kernfragen der heutigen Sexualwissenschaft: ob einer der Gründe der zahllosen sexuell motivierten Neurosen, an denen unsere westliche Gesellschaft krankt, nicht der simplen Tatsache entspringt, daß wir, im Gegensatz zu anderen Primaten, unseren Kindern die Möglichkeit verweigern, den Geschlechtsverkehr der Eltern und der anderen Älteren wahrzunehmen. Unter diesen Umständen kann verbale Aufklärung, einerlei ob sie im Elternhaus oder in der Schule stattfindet, nie mehr als ein Substitut dessen sein, was offenbar notwendig ist, um die menschliche Sexualentwicklung, genau wie die der anderen höheren Primaten, zu fördern.

Damit ist dann aber auch die beliebte Theorie vom »tierischen« Geschlechtstrieb des Menschen ein für alle Male dahin. Unser Geschlechtsleben ist zwar biologisch motiviert, entwickelt sich aber erst unter dem Einfluß gesellschaftlich vermittelter Vorbilder. Die Ethnologen haben uns aus anderen Kulturen dasselbe Beweismaterial mitgebracht, das die Vorgeschichtsforscher aus prähistorischen Kulturen ausgegraben haben: Die individuelle Sexualität richtet sich nach dem gesellschaftlichen Vorbild. Heterosexuell ausgerichtete Kulturen regen die Mehrzahl ihrer Mitglieder zur Heterosexualität an, homosexuelle zur Homosexualität. Eine sexuelle »Anlage« zur Hetero- oder Homosexualität gibt es nicht; der (meist unbewußte) Entschluß, sich in der einen oder anderen Richtung zu entwickeln, wird von zufälligen oder gezielten Einflüssen der Umwelt stimuliert.

Sexualsysteme wie das patriarchale, das Europa seit dem Einmarsch der Indogermanen beherrscht hat, stimulieren Männer zur Aggression und Frauen zur Unterordnung. Matrilaterale Gesellschaftsordnungen mit matrilinearem Deszendenzsystem und matrilokaler Maritalresidenz erzeugen dagegen ein hohes Maß an sexueller Isonomie. Was die Sexualentfaltung des Individuums letzthin bedingt, ist also nicht seine somatische Geschlechtszugehörigkeit, sondern der gesellschaftliche Einfluß auf seine Psychosexualität. Auch die Abweichungen vom jeweiligen Sexualideal der jeweiligen Gesellschaft werden sowohl in ihrer Art wie in ihrer Anzahl von diesem Ideal und dem Prozeß der gesellschaftlichen Vermittlung des Ideals bestimmt. Das heißt: Sowohl die spezifische Form der individuellen Abweichung vom gesellschaftlichen Ideal wie die Quantität solcher Abweichungen wird von der Effizienz oder Ineffizienz des Vermittlungsprozesses bedingt. Diese Effizienz hängt aber ihrerseits von der Art des Ideals und dem Spannungsverhältnis innerhalb der Gesellschaft ab. Funktioniert der Übermittlungsprozeß im Elternhaus und den anderen Sozialisationsagenturen, so bleibt die Anzahl der Abweichungen relativ gering. Funktioniert er schlecht, so steigt sie.

Umgekehrt hängt die Effizienz des sexuellen Sozialisationsprozesses aber auch davon ab, ob das vermittelte Sexualideal von den Eltern und Bezugspersonen als sinnvoll und befriedigend empfunden wird. Nur wenn sie es reibungslos und widerstandsfrei internalisiert haben, können sie es reibungslos und widerstandsfrei an die nächste Generation weitergeben. Da gerade bei diesem Internalisierungsvorgang aber starke Widersprüche zwischen tatsächlicher Befriedigung und verdrängter Unzufriedenheit auftauchen, liegt hier die Ursache der Fehlvermittlung gesellschaftlich postulierter Sexualideale und damit auch die Ursache sexueller Abweichungen oder »Perversionen«.

Die kritische Sexualwissenschaft unserer Tage hat gelernt, sich davor zu hüten, die sexuellen Normen der jeweiligen Gesellschaftsordnung gutzuheißen und die sexuellen Abweichungen zu verdammen. Obgleich die Sexualwissenschaftler versuchen, die Sexualnormen verschiedener Kulturen wertfrei zu beurteilen, vor allem niemals die anderen mit den Wertmaßstäben der eigenen zu messen, ist es oft schwierig, den gesellschaftlichen Umständen, die sich in den Geschlechterverhältnissen niederschlagen, neutral gegenüberzustehen. Ausbeutung der Armen durch die Reichen, Unterdrückung der Schwachen durch die Mächtigen, Bestechlichkeit und Korruption sind objektive Tatsachen, die sich nicht mit wissenschaftlicher Neutralität überspielen lassen. Da sie es sind, die auch das Geschlechtsleben prägen, mag es durchaus sein, daß in manchen Gesellschaftsordnungen die Sexualnormen sozial schädlich und die sexuellen Abweichungen sozial nütz-

lich sind. Es gibt jedenfalls keine sexualwissenschaftliche Faustregel, die uns erlaubt, den Sexualnormen einer Gesellschaft höheren Wert beizumessen als den sexuellen Abweichungen.
In manchen Gesellschaftsordnungen ist ein hohes Maß an Selbsttäuschung und Verdrängung erforderlich, um die Sexualnormen erträglich zu machen und als sinnvoll weitergeben zu können. Nun besteht der Teufelskreis der menschlichen Sexualität aber mit großer Wahrscheinlichkeit darin, daß unbefriedigende Formen der Sexualmoral in der Psyche der Eltern und Erzieher Konflikte erzeugen, die dann von ihnen an die Kinder weitergegeben werden und in deren Psyche jene Prozesse in Bewegung setzen, die von den Eltern und den gesellschaftlichen Autoritäten als sexuelle »Fehlentwicklungen« kategorisiert werden – als »Deviationen« oder gar »Perversionen«. Aus diesem Teufelskreis auszubrechen, ist äußerst schwierig, weil die Prozesse der Selbsttäuschung und Verdrängung, nachdem die Gesellschaft sie einmal in Bewegung gesetzt hat, die individuelle Wahrnehmung der Gründe eigener Unzufriedenheit (und damit auch die Forderung nach einer befriedigenderen Sexualmoral) unmöglich machen.
Der einzelne hat es schwer, die Gründe seiner Unzufriedenheit zu erkennen, weil er sich stets als einmaliges und unvergleichliches Subjekt betrachtet. Er glaubt, seine private Sexualentwicklung sei von ganz persönlichen, unvoraussagbaren und unwiederholbaren Umständen gestaltet worden, und ist deshalb gekränkt, wenn er als Objekt einer gesellschaftlichen Entwicklung betrachtet wird. Genau damit verhindert er aber seine Befreiung von den gesellschaftlichen Sexualzwängen. Wie die Bewußtmachung des Unbewußten uns erst von den krankmachenden Folgen der Verdrängung befreit, so kann uns nur die Bewußtmachung unserer gesellschaftlichen Abhängigkeit helfen, diese Abhängigkeit zu überwinden. Der einzelne, dessen sexuelle Einzigartigkeit auf so tönernen Füßen steht, daß er sich immer wieder verpflichtet fühlt, die gesellschaftlichen Wurzeln seiner »privaten« Sexualentwicklung zu bestreiten, wird sich dieser Wurzeln nie bewußt werden und verspielt damit seine Chance, sie in den Griff zu bekommen. Einerlei wie stolz wir auf unsere sexuelle Einzigartigkeit sind, kommen wir also nicht um die bittere Wahrheit herum, daß die Angepaßten, die »Normalen«, genau wie die Unangepaßten, die »Perversen«, weniger ein eigenes, von ihren eigenen Genen, ihren eigenen Hormonen, ihrer eigenen sexuellen Anlage und ihrer eigenen sexuellen Willenskraft geprägtes, als ein fremdbestimmtes, weitgehend gesellschaftsbedingtes Ge-

schlechtsleben führen.

Das ist zumindest die Tragödie des heutigen westlichen Sexuallebens. Im Gegensatz zu Wilhelm Reich, der sich eine Befreiung der Gesellschaft erhoffte, wenn man nur erst die Sexualität befreien könne, richtet die heutige kritische Sexualwissenschaft deshalb ihre ganzen Hoffnungen auf eine Befreiung der Gesellschaft als Grundlage einer sexuellen Befreiung.

Literaturliste Sexualität

a. Bücher

- Avers, L. J., Sexualbiologie, Stuttgart: G. Fischer 1976.
- Borneman, E., Studien zur Befreiung des Kindes (4 Bde.), Olten: Walter, 1973 ff.
- Borneman, E., Sex im Volksmund, Reinbek, Rowohlt 1971; 2-bändige TB-Ausg. ebd. 1974.
- Dannhauer, H., Geschlecht und Persönlichkeit. Eine Untersuchung zur psychischen Geschlechtsdifferenzierung in der Ontogenese. Berlin: Deutscher Verlag der Wissenschaften 1973.
- Dörner, G., Sexualhormonabhängige Gehirndifferenzierung und Sexualität. Berlin, Göttingen, Heidelberg: Springer 1972.
- Ford, C. S. u. F. A. Beach, Formen der Sexualität. Das Sexualverhalten bei Mensch und Tier, Reinbek: Rowohlt 1968.
- Giese, H. (Hg.), Mensch, Geschlecht, Gesellschaft (2 Bde.), 3. Aufl. München: Goldmann o. J. (1968).
- Maccoby, Eleanor E. (Hg.), The Development of Sex Differences, Stanford, Cal.: Stanford University Press 1966.
- Money, J. u. A. A. Ehrhardt, Männlich – Weiblich. Die Entstehung der Geschlechtsunterschiede, Reinbek: Rowohlt 1975.
- Schmidt, G. et al. (Hg.), Tendenzen der Sexualforschung, Stuttgart: F. Enke 1970.
- Schorsch, E. und G. Schmidt (Hg.), Ergebnisse zur Sexualforschung, Köln: Kiepenheuer & Witsch 1975.
- Sigusch, V., Ergebnisse zur Sexualmedizin, Köln: Wissenschafts-Verlag 1973.
- Stoller, R. J., Sex and Gender, New York: Science House 1968.
- Voigt, K. D. u. H. Schmidt, Sexualhormone, Reinbek: Rowohlt 1968.
- Young, W. C. (Hg.), Sex and Internal Secretion (2 Bde.), Baltimore:

Williams & Wilkins 1961 (dritte Auflage).
– Zubin, J. u. J. Money (Hg.), Contemporary Sexual Behavior, Baltimore: John Hopkins University Press 1973.

b. Zeitschriften und Titel in Sammelbänden

– Bleuler, M. u. H.-R. Wiedemann, Chromosomengeschlecht und Psychosexualität, in: Arch. Psychiatr. Nervenkr., 195, 1956, S. 14–19.
– Burns, R. D., The Role of Hormones in the Differentiation of Sex, in: Young 1961, Bd. 1, S. 1173–1239.
– Drews, U., Die Entwicklung der Sexualorgane. Von der genetischen Information zur morphologischen Differenzierung, in: Gynäkologie 9, 1976, S. 3–15.
– Hampson, J. L. u. J. C., The Ontogenesis of Sexual Behavior in Man, in : Young 1961, Bd. 2, S. 1401–1432.
– Harlow, H. F., The Development of Affection in Primates, in : E. L. Bliss (Hg.), Roots of Behavior, New York: Harper & Brother 1962.
– Harlow, H. F. u. M. K., Learning to Love, in: Am. Scientist 54, 1966, S. 244–272.
– Harris, G. W., Sex Hormones, Brain Development and Brain Function, in : Endocrinology, 75, 1964, S. 627–651.
– Kinsey, A. C. et al., Der Begriff des Normalen und Abnormen im geschlechtlichen Verhalten, in: H. Giese 1968, Bd. 2, S. 274–298.
– MacLean, P. D., Man and his Animal Brains, in: Modern Medicine, 3. Februar 1964.
– MacLean, P. D., New Findings on Brain Function and Sociosexual Behavior, in: Zubin u. Money 1973, S. 53–76.
– Money, J., Components of Eroticism in Man: The Hormones in Relation to Sexual Morphology and Sexual Desire, in: J. Nerv. Dis. 132, 1961, S. 239–248.
– Money, J., Determinanten der geschlechtsspezifischen Identität und des Sexualverhaltens, in: Handbuch der Ehe-, Familien- und Gruppentherapie, Bd. 2, München: Kindler, 1973, S. 718–747.
– Neumann, F., Endokrinologische Aspekte der Geschlechtsdifferenzierung, in: Gynäkologie 9, 1976, S. 16–29.
– Papez, J. W., A Proposed Mechanism of Emotion, in: Arch. Neurol. Psychiat 38, 1937, S. 725–743.
– Raboch, J. u. K. Nedoma, Sex Chromatin and Sexual Behaviour, in: Psychosom. Med. 20, 1958, S. 55–59.
– Zankl, H., Zytogenetische Geschlechtsbestimmung. Technik der Me-

thode und ihre Anwendungsmöglichkeit, in: Sexualmedizin 1, 1975, S. 10–14.
– Züblin, W., Geschlechtschromosome, Hormone und Psychosexualität, in: Schweiz. Zeitschr. f. Psycholo. 16, 1957, S. 118–120.

SEXUALITÄT DER FRAU. Die Ärzte des neunzehnten Jahrhunderts, jener Blütezeit des bürgerlichen Vaterrechts, meinten bekanntlich (oder machten sich und anderen zumindest vor), es sei eine Beleidigung der Frau, ihr vorzuwerfen, sie benötige sexuelle Befriedigung. Das liberalere Patriarchat unserer Tage hat dagegen nur allzu oft verkündet, es sei durchaus das Recht der Frau, befriedigt zu werden, aber was damit gemeint war, war meist eine Variante des Lutherischen Diktums von 2 x 1 pro Woche: einmal rein, einmal raus, fertig ist der kleine Klaus. »Mach ihr doch'n Kind, dann hat die liebe Seele Ruh!« gilt auch heute noch als beliebter Rat unter Männern, wenn eine Frau ein wenig zu munter ist. Ihr sexueller Wunsch wird systematisch in die sogenannte Mütterlichkeit abgedrängt. Während das Gebären und Aufziehen eines Kindes der Mehrzahl aller Frauen tatsächlich eine gewisse sexuelle Befriedigung gibt, kann es diese aber niemals *ersetzen*. Der sexuelle Bedarf der Frau ist nicht kleiner als der des Mannes, sondern größer. Selbst unter Männern, die ernsthaft versuchen, ihre Frauen zufriedenzustellen, herrscht jedoch noch immer die irrige Ansicht, daß die Sexualbiologie der Frau ähnlich wie die des Mannes operiere. Nach dem Orgasmus, meint der Mann, sei man zufrieden, das sage einem ja der gesunde Menschenverstand. Seit Masters und Johnson aber im Laborexperiment entdeckt haben, daß die weiblichen Sexualorgane grundsätzlich anders arbeiten als die des Mannes (*Die sexuelle Reaktion*, Frankfurt am Main 1967, S. 35–210), wissen wir, daß der »gesunde Menschenverstand« des Mannes hier irrt. Denn während beim Manne sowohl durch Samenproduktion wie durch Erektionsfähigkeit der Anzahl der Orgasmen (und damit der Befriedigung) bestimmte (auch für den virilsten Mann unüberwindliche) Grenzen gesetzt sind, bestehen solche Grenzen bei der Frau nur in der physischen Ermüdung, nicht in der Befriedigung. Jede Ausdehnung der Schwellkörper in den weiblichen Sexualorganen erzeugt Stauung und Ödematisierung: ein wahrnehmbares Sichneuanfüllen der Gewebe mit klarer, wässriger Flüssigkeit. Diese Flüssigkeit staut sich in den Beckenbindegeweben und dringt durch die Scheidenwände, um das vaginale Transsudat, die Scheidengleitsubstanz, zu bilden. Jede Ödematisierung erzeugt weitere Gewebespannung. Die Zufuhr von Ödemsekret in das Becken ist uner-

schöpflich. Daraus folgt, daß je mehr Orgasmen eine Frau erlebt, desto stärker werden sie. Noch präziser formuliert: je mehr Orgasmen sie hat, desto mehr kann sie haben. Masters und Johnson haben mit Hilfe elektrischer Vibratoren, die dem natürlichen Ermüdungsprozeß des Penis nicht unterlegen sind, nachgewiesen, daß fast jede Frau zu 50 konsekutiven Orgasmen fähig ist. Mehr noch: daß sie dieser Orgasmen *bedarf* und erst nach einer solchen Erfahrung zum erstenmal entdeckt, was ihr ihr ganzes Leben lang gefehlt hat.
Masters hat der Ärztin Mary Jane Sherfey in einer persönlichen Kommunikation mitgeteilt, die meisten Frauen seien »gewöhnlich« mit drei bis fünf Orgasmen zufrieden, und dies scheint seinen eigenen Experimentalresultaten zu widersprechen. Aber Sherfey kommentiert: »Zwischen Befriedigung und Sättigung besteht ein großer Unterschied. Eine Frau kann ohne die geringste orgastische Erfahrung durchaus zufrieden sein. Erfährt sie aber häufige sexuelle Stimulierung ohne genügende Befriedigung, so wird es kaum ohne schädliche Reaktionsbildung abgehen ... Ich bin der Meinung, daß man von einem Manne kaum sagen wird, er werde ›gewöhnlich‹ mit drei oder vier Ejakulationen zufrieden sein: der Mann *ist* mit ihnen zufrieden. Die Frau dagegen findet sich bestenfalls damit ab, und selbst dies nur, weil sie sich des Ausmaßes ihrer orgastischen Potenz überhaupt nicht bewußt ist« (Mary Jane Sherfey, *Die Potenz der Frau*, Köln 1974, S. 215–216).
Wir können die Stichhaltigkeit dieser Beobachtung sehr deutlich aus dem Verhalten jener Primatenweibchen entnehmen, die nicht den Zwängen des menschlichen Patriarchats unterstehen und deshalb mit einer ganzen Horde von Männchen, einem nach dem anderen, kopulieren und selbst nach totaler Ermüdung aller verfügbaren Männchen noch nach weiteren Orgasmen suchen. Fünfzig Paarungen am Tag sind für solche Weibchen durchaus normal und konstituierten mit großer Wahrscheinlichkeit auch die Norm in den mutterrechtlichen Gesellschaftsordnungen der Vorzeit. Sherfey meint, daß die Beschneidung aus dieser Zeit und diesen Kulturen stamme, da sie die Reizfähigkeit des männlichen Gliedes mindere und der Frau deshalb erlaube, den erigierten Penis länger in sich zu haben, als das bei unbeschnittenen Männern möglich sei (Sherfey, a.a.O., S. 142). »Die Einführung dieser Sitte mag auf die Frauen im frühen Mesolithikum zurückgehen, doch müssen die Männer beachtlichen Widerstand gegen einen so barbarischen Akt symbolischer Kastration geleistet haben, der damals sicherlich oft zu faktischer Entmannung geführt haben mag und dem als

Folge von Infektionen und Blutvergiftungen viele Männer zum Opfer gefallen sein müssen . . . Wahrscheinlich erfolgte die Beschneidung in der Regel nur in denjenigen Zentren, wo Frauen ungewöhnliche Macht ausübten.«

Eines geht eindeutig aus den Arbeiten von Masters und Johnson hervor: Die Domestizierung der Frau war nur durch sexuelle Entwöhnung möglich. Der Mann hat der Frau also nicht nur ihre Rechte und Freiheiten geraubt, sondern hat sie vor allem sexuell bestohlen. Er hat ihr nicht nur die Befriedigung genommen, die ihr Körper verlangt, sondern hat ihr obendrein auch noch das Bewußtsein ihrer Unzufriedenheit geraubt. Den psychischen Energieaufwand, mit dem das Patriarchat die Verwandlung der Sippe in die Familie, der freien Frau in das Dienstmädchen, der sexuell aktiven Frau in die häusliche Gebärmaschine betrieben hat, entnahm es aus der Libido der Frau. Freud meint, daß »die Kultur« (und damit meint er stets die patriarchalische Kultur) das Produkt des Triebverzichts sei, daß die Kultur also mit »sublimierter« Libido gespeist worden sei. Wenn das stimmen sollte, dann war es fast ausschließlich die *weibliche* Libido, die den Prozeß der Kulturerzeugung durch Triebverzicht finanziert hat, denn der Mann brauchte kaum je auf Befriedigung seiner Libido zu verzichten. Wenn seine Ehefrau ihn nicht befriedigte, ging er zu einer anderen. Nur die Frau mußte verzichten. Der Mann konnte stets mehrere Frauen haben, die eine legal, die anderen illegal oder zumindest inoffiziell. Die Frau aber hatte bestenfalls einen Mann, und da dieser sie wegen der angeborenen Grenzen seiner Potenz kaum je befriedigen konnte, wäre es um so dringlicher gewesen, ihr das zu gönnen, was sie benötigte: mehrere Männer.

Sherfey sagt: »Genau wie die Vagina nicht zur Geburt von großköpfigen Babys geeignet ist, ist auch die orgastische Kapazität der Frau nicht für monogame, seßhafte Kulturen bestimmt. Es ist widersinnig, zu erwarten, daß sich diese sexuelle Leistungsfähigkeit auch nur teilweise innerhalb der Grenzen unserer Kultur ausdrücken kann . . . Diese Befunde legen ein reichliches Zeugnis dafür ab, daß weder Männer noch Frauen, aber insbesondere nicht Frauen biologisch für einen einzigen Partner, für eine monogame Ehestruktur, oder für die lange Reifezeit, die unsere heutige Gesellschaft beiden auferlegt, gebaut sind« (Sherfey, a.a.O., S. 218–219).

Das Patriarchat hat diese bittere Wahrheit mit allen Waffen seines Propagandaarsenals bekämpft. Man denke an den Mythos der aus Adams Rippe geschaffenen Frau, der in dem medizinischen Aberglauben, daß die Frau sexuell betrachtet nur ein unvollkommener Mann sei, sein heutiges Gegenstück hat. So lernte fast jeder Medizinstudent bis vor kurzem, daß die äußeren weiblichen Geschlechtsorgane dekadente Formen der männlichen Embryonalanlagen seien: die Klitoris ein verkümmerter Penis, die großen Schamlippen ein gespaltener Hodensack, die Scheidenschwellkörper und die vordere Kommissur verunglückte Formen der Harnröhrenzwiebel und ihrer Schwellkörper. Heute, da wir wissen, daß jeder Embryo bis zur fünften oder sechsten Woche weiblich ist, könnte man eher behaupten, der Penis sei eine wuchernde Klitoris, das Skrotum eine Schrumpfform der großen Schamlippen, die Harnröhrenzwiebel eine späte Umbildung der Scheidenvorhofschwellkörper. Jeder Embryologe kann das jederzeit an den Frühstadien des Fötus beweisen, und doch lebt die von Freud propagierte Ansicht, daß der Fötus in dieser Zeit bisexuell oder »neutral« sei, selbst in medizinischen Textbüchern weiter, als ob sich nicht jeder Arzt mit eigenen Augen vom Gegenteil überzeugen könne.

In dem gesamten Fortpflanzungskanal, aus dem sich der Embryo entwickelt, gibt es nur zwei Teile, die man beim besten Willen bisexuell nennen kann: den Müllerschen Gang, aus dem sich bei weiblicher Entwicklung unter anderem der Eileiter bildet, und den Wolffschen Gang, aus dem bei männlicher Entwicklung unter anderem der Samenleiter entsteht; aber selbst diese Gänge sind eher als dimorph, doppelgestaltig, denn als bisexuell oder neutral zu bezeichnen. Der Wolffsche Gang bildet sich aus den embryonalen Nieren, der Müllersche Gang aus den Ausstülpungen des Bauchfells. Alle übrigen Geschlechtswege und alle sekundären Geschlechtsorgane beginnen als monomorphe, eingestaltige, unmißverständlich weibliche Strukturen, die bei der Frau ihre Urform beibehalten und nur beim Manne von der sechsten Embryonalwoche an umgestaltet werden.

Das Geschlecht des Embryos steht von der Konzeption an fest, aber nur ein Chromosomentest kann es vor der sechsten Woche ergründen. Anatomisch besteht bis zur sechsten Embryonalwoche beim späteren Mann noch keine maskuline Differenzierung. Erst danach wandern die Keimzellen in der Endodermis, dem inneren Keimblatt des Dottersacks und des hinteren Teils des Verdauungskanals, in das gonadische Mark, die zukünftigen Hoden. Dort angesiedelt, stimulieren sie die Erzeugung einer testikularen Induktorsubstanz, die ihrerseits Markentwicklung und Verfeinerung der männlichen Hormone (Androgene) fördert. Die weibliche Sexualanlage verkümmert dann. Der Müllersche

Gang, aus dem sich bei weiblichem Kurs der Eileiter bildet, und die Gonadenrinde, aus der bei weiblicher Bildung die Eierstöcke entstanden wären, bilden sich zurück. Statt dessen bildet sich unter Androgeneinfluß in dem anderen Teil des zweipaarigen Gangsystems der Wolffsche Gang als Samenleiter des Embryos. Bleibt das genetische Geschlecht in der sechsten Woche weiblich, so wandern die Keimzellen zur Gonadenrinde, bilden die Eierstöcke und stimulieren die Produktion des Zellkerns und der weiblichen Hormone (Östrogene).

Bezeichnenderweise sind diese Östrogene für die Fortdauer des Feminierungsprozesses aber nicht erforderlich, sondern leisten nur begrenzte Hilfestellung, während die Androgene für die Maskulinierung des Embryos unerläßlich sind. Fällt die Östrogenerzeugung durch irgendeinen anatomischen Defekt aus, so entsteht trotzdem ein normales weibliches Wesen. Stirbt aber der Androgenzufluß aus irgendeinem Grunde ab, so findet komplette Feminierung statt. Die Norm des Embryos ist also die weibliche. Nur durch enorme Androgenabsonderung wird der Embryo auf männlichem Kurs gehalten. Folglich ist auch die patriarchalische Beweisführung irrig, daß die Frau ein verunglückter Mann sei, weil die weiblichen Organe extrem leicht auf Androgene ansprechen, während die männlichen nur äußerst schwer auf Östrogene reagieren. Denn die Frau ist androgenempfindlich, weil ihr Organismus so gut wie keine Östrogene benötigt: er ist von Natur her weiblich; die weiblichen Hormone haben nur die Funktion eines Hilfsdienstes. Der Mann dagegen ist weitgehend östrogenunempfindlich, weil sein Organismus gewaltige Mengen von Androgenen absondert, die ihn männlich erhalten und dadurch die Östrogene neutralisieren.

Man kann das experimentell mit drei operativen Eingriffen belegen. Entfernt man die Wolffschen Gänge aus dem Embryonalkörper und erhält sie in vitro am Leben, so entwickeln sie sich zu Müllerschen Gängen. Das heißt: zu Ansätzen des Eileiters. Entfernt man die fötalen Gonaden, ehe in der sechsten Woche die Maskulinierung stattgefunden hat, so entwickelt sich der Embryo zu einem normalen weiblichen Wesen, dem nur die Eierstöcke fehlen, und zwar ungeachtet des genetischen Geschlechts. Die äußeren Genitalien und die von ihnen abgeleiteten Funktionen des urogenitalen Sinus bilden sich nach weiblichem Modell um. Der Müllersche Gang bleibt bestehen und funktioniert faktisch normal weiter, während der Wolffsche Gang sich rückbildet. Entfernt man aber einem weiblichen Embryo die Ansätze der Eierstöcke, so findet keine analoge Vermännlichung statt. Kastrierte Embryos beiderlei Geschlechts besitzen am Ende der normalen Schwangerschaftszeit weibliche Genitalsysteme, die anatomisch voll ausgebildet und fast so gut entwickelt sind wie die normaler Frauen. Das griechische Wunschbild der Frau mit Penis ist ein Monstrum; der wirkliche Hermaphrodit ist stets ein »Mann« mit Vagina.

Es ist also unverkennbar, daß die Stereotypen der patriarchalischen Auffassung von dem Charakter und der Rolle der Geschlechter sich auf kein biologisches Beweismaterial stützen können. Unter den 46 Chromosomen, die das Erbgut des Menschen beherrschen, gibt es zwei, die das Geschlecht des Fötus bestimmen. Bei der Frau bestehen beide aus dem Grundtypus der menschlichen Gattung, den wir X nennen. Beim Manne dagegen gibt es nur ein einziges arterhaltendes X-Chromosom; das zweite ist ein verkümmertes X, das wir Y nennen. Es enthält in sich selbst keinerlei geschlechtsbestimmende Faktoren. Was den Mann von der Frau unterscheidet, ist also nicht die Anwesenheit seines Y-Chromosoms, sondern die Abwesenheit des zweiten X. In diesem Sinne ist der Mann auch nur eine unfertige Frau, eine biologische Entgleisung, die in zahllosen biologischen Aspekten benachteiligt ist.

Mehr als dreißig Erbkrankheiten befallen den Mann, wenn nur einer seiner Eltern an ihnen leidet. Bei der Frau dagegen müßten beide Eltern an der gleichen Krankheit leiden (was äußerst selten ist), ehe sie diese Krankheiten von ihnen erbt. Hierzu gehören Albinismus, Hämophilie (Bluterkrankheit, die zum Beispiel bei den Habsburgern stets die Männer, nie aber die Frauen befiel), Glaucoma, Herzklappenfehler, Kurzsichtigkeit, Farbenblindheit, Nachtblindheit, Netzhautablösung. Mindestens vier andere Krankheiten können ausschließlich von dem Vater auf den Sohn vererbt werden, nie von der Mutter auf Sohn oder Tochter: Hypertrichose, Ichthyose, Keratoma dissipatum, und ein archaisches Überbleibsel: Schwimmhaut zwischen den Zehen.

Diejenigen Chromosomen, die weder X noch Y sind, nennt man Autosomen. Nun ist es bezeichnend, daß die Kombination von zwei X-Chromosomen genügt, um den Einfluß aller männlichen Gene in den 44 Autosomen zunichte zu machen. Das Y-Chromosom wird von den stärkeren X-Chromosomen einfach überrannt, und darin liegt einer der Gründe der größeren Widerstandsfähigkeit, des längeren Lebens und der besseren Stress-Verarbeitung der Frau. Männer können zwar kurzfristig größere Kräfte mobilisieren, ermüden aber auch früher und können sich bei langfristigen Anstrengungen, die unter besonders schwierigen Umständen wie zum Beispiel Kälte stattfinden, nie mit

Frauen messen. Deshalb halten Frauen auch alle Langschwimmrekorde; unter den Ärmelkanalschwimmern befindet sich kein einziger Mann, der auch nur entfernt an die Zeiten der Frauen herangekommen ist.

Der Körper der Frau enthält proportional größere Quantitäten von Desoxyribonukleinsäure, dem genetischen Rohmaterial des Körpers. Dies gibt ihr die Kraft, Kinder zu gebären, Schmerzen zu ertragen und den monatlichen Blutverlust wiedergutzumachen. Ihr Gehirn ist im Gegensatz zu der patriarchalischen Legende von der Dummheit der Frau proportional größer als das des Mannes ($2^1/_2$ Prozent des Körpergewichts bei der Frau, nur 2 Prozent beim Manne). Der Stirnlappen, der »Sitz der Intelligenz«, ist ebenfalls bei der Frau größer als beim Manne. Auch das Kleinhirn ist bei ihr größer. Wegen des größeren Durchmessers ihrer Halsschlagader und Arterien ist ihr Gehirn besser durchblutet als das des Mannes. In der Schule zeigen sich die Mädchen anfangs stets intelligenter als die Knaben. Das hört erst in jenem Alter auf, in dem die Mütter der bürgerlichen Gesellschaft ihnen klarmachen, ihre Intelligenz darauf zu richten, einen möglichst reichen Mann einzufangen und ihn nicht durch Anzeichen größerer Intelligenz zu verängstigen.

→ Andromanie, Folie utérine, Furor uterinus, Frau, Frauenrecht, Hysteromanie, Klitoralorgasmus, Matriarchat, Menarche, Metromanie, Mutterrecht, Nymphomanie, Oestromanie, Ovariomanie, Penisneid, Sexuelle Erweckung, Vaginalorgasmus, Weibliche Intuition, Weiblichkeit.

Sexualität der Jugend → Akzeleration, Beat, Genitalität, Geschlechtserziehung, Hippies, Menarche, Petting, Pubertät, Reifungsstufen, Vorehelicher Geschlechtsverkehr.

Sexualität des Alters → Alterssexualität, Gefährliches Alter, Johannistrieb, Klimakterium, Menopause.

Sexualität des Kindes → Analerotik, Entwöhnung, Enuresis, Erziehung, Flaschenernährung, Genitalität, Harntriebhaftigkeit, Kind, Kinderprostitution, Oedipuskomplex, Oralerotik, Partialtrieb, Penisneid.

Sexualität des Mannes → Don Juanismus, Ejakulation, Erektion, Kastrationskomplex, Libertin, Liebhaber, Männlicher Protest, Männlichkeit, Patriarchat, Philanderer, Roué, Satyriasis, Schürzenjäger, Sybarit, Vaterrecht.

Sexualität in der Antike → Antike, Sexualität der

SEXUALITÄT IN DER RELIGION → Religion und Sexualität.

SEXUALITÄT UND ARBEIT → Arbeit und Sexualität.

SEXUALITÄT UND BÜRGERTUM. In höherem Maße als irgendein anderes Säugetier wird der Mensch von seiner gesellschaftlichen Existenz sexuell geprägt. Da seine Sozialexistenz ihrerseits von der Arbeit und den Arbeitswerkzeugen geprägt wird, können wir die Sexualität des Menschen weder würdigen noch verstehen, wenn wir sie unabhängig von der Entwicklung der Produktivkräfte betrachten. Das geschieht als »wertfreie Wissenschaft« fast stets in der bürgerlichen Sexualmedizin. Aber auch jene Sexualwissenschaftler, die sich als »kritisch« oder »empirisch« vorgehend verstehen, kümmern sich meist nur um den sexualwissenschaftlichen *Überbau* – um Sexualpsychologie, um Sexualsoziologie, um Sexualpädagogik – nicht aber um die *Basis*, die Produktivkräfte, und am wenigsten um jene Produktivkraft, die in mancher Hinsicht die Basis der Basis darstellt: die Geschichte der Werkzeuge. Die bürgerliche Sexualforschung, selbst die mancher »sexualaffirmativen« Forscher, krankt deshalb oft daran, daß sie die individuelle Frau und den individuellen Mann von ihrer und seiner Funktion als Produzent oder Nichtproduzent loslöst und das Individuum dann so untersucht, als könne es ohne die Produktion, von der seine Gesellschaftsordnung lebt, sexuell funktionieren. Trotz des hohen Stellenwertes menschlicher Sexualwünsche wird die menschliche Psyche in dieser Hinsicht vor allem von nichtsexuellen Bindungen geformt, und diese Bindungen sind in der heutigen westlichen Welt vor allem Klassenbindungen. Das Geschlechtsleben des Menschen erforschen zu wollen, ohne sich mit seinen klassenspezifischen Determinatoren zu befassen, führt zu unscharfen Forschungsresultaten.

Die Struktur der Psyche spiegelt die Struktur der Gesellschaftsordnung wider. In einer hierarchisch gegliederten Gesellschaft entwickelt auch die Psyche des Individuums eine hierarchische Struktur. Sigmund Freuds Modell der Psyche als einer vom Über-Ich regierten Mittelschicht, dem Ich, und einem dumpfen Proletariat, dem Es, ist eine Übertragung der bürgerlichen Klassenstruktur in die Struktur der Psyche. Ob sie die Psyche des Bürgers korrekt beschreibt oder ob sie mehr über das Gehirn Sigmund Freuds und seine Vorstellungen der Psyche aussagt, soll dahingestellt bleiben. Daß sich aber eine jede Gesellschaftsordnung nicht nur ihr eigenes Bild der Psyche macht, sondern daß dieses Bild auch etwas Wahres über den tatsächlichen, von der jeweiligen Gesellschaft geprägten Zustand der Psyche ihrer Mitglieder aussagt, ist verifizierbar. Auch Freuds Bild der sexuellen Reife als »Primat« der Genitalität über die Oralität und Analität enthüllt das gleiche hierarchische Denken. Solche Modelle der Psyche bilden sich nur in hierarchischen Gesellschaftsordnungen heraus und reflektieren den Einfluß der sozialen auf die psychische Hierarchie. Wenn Freud zwei völlig verschiedene Modelle für das Funktionieren der weiblichen und der männlichen Sexualität errichtet, dann sagt er damit entweder etwas über seine eigene Unfähigkeit aus, die Frau zu verstehen und mit ihr zu leben (»Was will das Weib?«), sondern er gibt mit großer Wahrscheinlichkeit auch einen Zustand immenser Spannungen zwischen Frau und Mann wider. In einer Gesellschaft, in der sich die Menschen mit einer solchen Verbitterung sozial bekämpfen, können wir kaum Hoffnung auf ein friedliches Zusammenleben der Geschlechter haben. Das Studium der menschlichen Geschichte, besonders das der vorpatriarchalischen Kulturen, enthüllt unmißverständlich, daß der Kampf der Geschlechter kein »natürlicher«, kein »angeborener« Konflikt, sondern nur der sexuelle Niederschlag des Klassenkampfs ist. Er ist nicht älter als dieser, und er kann erst überwunden werden, wenn das Klassensystem überwunden ist.

Es war der Denkfehler eines der großen Sexualforscher unseres Jahrhunderts, Wilhelm Reich (1897–1957), daß er meinte, man müsse das Sexualleben des Menschen reformieren, ehe man die Gesellschaft ändern könne. Oder genauer: Man könne die Massen nur dann für den Sozialismus gewinnen, wenn man sie von der bürgerlichen Sexualunterdrückung befreie. Auch Freuds Schüler Alfred Adler (1870–1937), der sich als Sozialist betrachtete und starken Einfluß auf bedeutende Sozialisten und Ex-Sozialisten wie Otto Rühle und Manès Sperber ausgeübt hat, war der Überzeugung, man müsse erst einmal die Gehirne der sozialistischen Führer reformieren, ehe diese ihrerseits die Gesellschaft reformieren könnten. Diese nach bürgerlichen Maßstäben so überzeugende Logik ist falsch, weil die Psyche nicht nur aus dem besteht, was wir von unseren Eltern ererbt und in unserer Kindheit erlebt haben, sondern weil sie täglich von neuem durch unser gesellschaftliches Verhalten gebildet und umgebildet wird.

Dabei übt kaum eine Tätigkeit einen größeren Einfluß auf die Umbildung der Psyche aus als die politische. Es ist also nicht so, wie Adler vermeinte, daß unsere politische Aktivität von unserer psychischen bedingt wird und daß wir deshalb keine »reinen« politischen Gedanken fassen können, bis unser Kopf von einem Analytiker gesäubert worden ist, sondern es ist eher umgekehrt: unsere psychischen Entscheidungen werden in hohem Maße von unseren politischen Erfahrungen (oder deren Mangel) bestimmt. Das wirkt sich auch sexuell aus. Wir behandeln unsere Geliebten so gut oder so schlecht, wie wir jeden anderen Menschen behandeln. Wir respektieren den Sexualpartner so viel oder so wenig, wie wir den Rest unserer Mitwelt respektieren. Wir glauben entweder, wie der Sozialist, daß der Mensch veränderlich und verbesserungsfähig sei, und dann werden wir uns auch von dem geliebten Menschen verändern und verbessern lassen; oder wir meinen, der Mensch sei mit einer Erbsünde geboren, und dann werden wir auch den geliebten Menschen und seine Liebe als sündig betrachten. Unser Standpunkt in allen Fragen der Liebe und der Sexualität wird weitgehend von unserem Standpunkt in politischen Fragen beeinflußt. Vor allem aber wird unser sexuelles Handeln von unserem sozialen und politischen Handeln bestimmt.

Das gesellschaftliche Sein bestimmt auch das sexuelle Sein. Das ist einer der unerschütterlichen Grundsätze der kritischen Sexualwissenschaft. Freud und Reich dagegen waren sich trotz ihrer vielen Meinungsverschiedenheiten darin einig, daß das sexuelle Sein das gesellschaftliche bestimme. Das war ihr Fehler, denn jeder Mensch, einerlei mit welcher sexuellen Anlage er auch geboren sei, wächst in eine bereits bestehende Gesellschaft hinein und wird von ihr unwiderruflich geprägt. Zwar prägt er auch seinerseits die Gesellschaft, zu der er gehört, und in diesem Prägungsprozeß spielt sein sexuelles Wirken keine geringe Rolle, aber seine sexuelle Entfaltung kann nur innerhalb der Grenzen seines Verständnisses dieser Gesellschaft und ihrer Veränderlichkeit erfolgen. Sexuelle Freiheit beruht wie jede andere Freiheit auf der Erkenntnis ihrer Grenzen.

Diese Grenzen liegen innerhalb der bürgerlichen Gesellschaft und ihrer Veränderlichkeit. Ehe wir zu entscheiden vermögen, ob und inwiefern die bürgerliche Gesellschaft und mit ihr unser Geschlechtsleben verändert werden kann, müssen wir uns also klarmachen, was die bürgerliche Gesellschaft mit unserem Geschlechtsleben vorhat, wieso sie es einmal einschränkt, dann wieder freigibt, wieso sie uns einerseits mit Sex-Filmen und Nackedei-Magazinen aufgeilt und andererseits wieder viele Formen des Geschlechtsverkehrs verbietet oder gar bestraft.

Die Zeit der systematischen Sexualunterdrückung geht dem Ende entgegen, denn sie hatte den Zweck, die Arbeiter und Angestellten der frühbürgerlichen Gesellschaft zur freiwilligen Unterordnung zu bewegen: zu Disziplin, Pünktlichkeit, Fleiß und all jenen anderen bürgerlichen Geboten, die sowohl den Bauern wie auch den Fürsten des Mittelalters völlig unbekannt waren. Fabrikarbeit, das Produktionssystem des bürgerlichen Zeitalters, ließ sich ohne Pünktlichkeit, Fleiß und Disziplin nicht durchführen. Gehorsam mit Waffengewalt zu erzwingen, wie es die Feudalherren mit ihren Bauern und Lehnsmännern getan hatten, schien dem Bürgertum aber ineffizient, denn die Arbeiter und Angestellten sollten das Gefühl haben, daß Fleiß, Pünktlichkeit, Disziplin und Gehorsam keine Zwänge, sondern Tugenden seien.

Zu diesem Zweck mußte Freizügigkeit aller Art, vor allem aber sexuelle Freiheit, als Untugend, als Sünde dargestellt werden. Der Puritanismus, der die sittliche Verantwortung aus den Händen der Kirche und ihrer Priester fortnahm und in die des einzelnen Gläubigen legte, war eine der beiden gesellschaftlichen Agenturen, die diesen Prozeß der Verinnerlichung gesellschaftlicher Gebote durchführten. Die andere war die Familie. Indem der Vater dem Kinde einprägte, Gehorsam sei eine Tugend, erzog er das Kind dazu, allen gesellschaftlichen Institutionen zu gehorchen, die eine vaterähnliche Funktion ausübten, beispielsweise dem patriarchalischen Unternehmertum. Ein solcher Gehorsam ließ sich auf die Dauer aber nur mit Hilfe eines permanent schlechten Gewissens durchdrücken. Nur wenn das zum Erwachsenen gereifte Kind sich immer wieder von neuem sagte, mangelnder Respekt für die Obrigkeit sei sündhaft, konnte der Respekt freiwillig gezollt werden. Und dieses schlechte Gewissen wurde auf dem Umwege über sexuelle Frustration in Bewegung gesetzt. Erst nachdem das Individuum unwiederbringliche Opfer an sexueller Entsagung gebracht hatte, war sein Wunsch nach Freiheit und Befriedigung ein für alle Mal blockiert. Denn wenn das Individuum den Betrug plötzlich durchschaut hätte, wäre der lebenslange Verzicht auf Glück, Freiheit und Befriedigung sinnlos gewesen. Den Mut, sich selbst als lebenslang Genasführten zu erkennen, die eigene Dummheit einzugestehen und trotz aller bereits erbrachten Opfer nun doch noch den anderen Weg zu gehen – diesen Mut besaßen nur wenige Menschen.

Die Technik, der beherrschten Klasse durch erzwungenen Sexualverzicht eine freiwillige Zustimmung zum Beherrschtwerden abzuringen, hatte sich also bis vor sehr kurzer Zeit vom Standpunkt der Herrscher aus ganz vorzüglich bewährt. Sie begann erst zu versagen, als die wachsende Produktivität der Maschinen in sichtbaren Widerspruch zu den Geboten der Sparsamkeit und des Verzichts geriet. In einer Technologie des potentiellen Überflusses, in einer Ökonomie steigender Preise und schwindender Kaufkraft des Geldes, waren die bürgerlichen Tugenden, vor allem die der Sparsamkeit und des Verzichts, in Zweifel geraten.

Solange die Arbeitszeit zwölf Stunden oder mehr betragen hatte, kontrollierte die herrschende Klasse ihre Lohnarbeiter nicht nur am Arbeitsplatz, sondern auch zuhause: Kam der Arbeiter so müde nach Hause, daß er nur noch schlafen wollte, so bestand keine Gefahr, daß er aufmucken könne. Hatte er aber Freizeit zur Verfügung, so erwuchs die Gefahr, daß er sie nutzen würde, um sich zu organisieren. Damit war eine grundsätzlich neue Form der Kontrolle nötig geworden. Statt ihn weiterhin zum Verzicht auf Sexualbefriedigung zu veranlassen, war es nun ratsam geworden, zum genauen Gegenteil überzugehen und ihm ein Maximum an sexueller Zerstreuung anzubieten. Denn es hatte sich herausgestellt, daß es kein billigeres und effektiveres Mittel gibt, die Ausgebeuteten und Unterjochten von den Realitäten der Ausbeutung und Unterjochung abzulenken, als sexuelle Wünsche zu erwecken und die Befriedigung dieser Wünsche dann abwechselnd zu gewähren und zu verweigern. Wer die heutige Porno-Industrie studiert, wer die zahllosen Annoncen für Gruppensex, Partnertausch, sadistische und masochistische Varianten des Geschlechtsverkehrs in den bürgerlichen Zeitungen liest, der kann kaum noch an der Vermutung vorbei, daß die neue Devise der psychischen Beherrschung lautet: »Sex ist das Opium des Volkes. Je mehr wir ihm von dieser preiswertesten aller Drogen einflößen, desto weniger politische und ökonomische Auseinandersetzungen brauchen wir zu befürchten!«

Da die bürgerliche Gesellschaft aber von inneren Widersprüchen getragen und zerrissen wird, darf es uns auch nicht überraschen, wenn wir gleichzeitig mit dieser neuen, »liberalen« Technik der Massenbeherrschung überall noch Überbleibsel der alten, sexualrepressiven Strategie vorfinden. Diese Widersprüchlichkeit ist aber das Kennzeichen einer jeden Übergangszeit von der einen Herrschaftsstrategie zu einer anderen. Einerlei wie schwierig uns das Aufspüren solcher Strategien und der von ihnen geförderten Rollenklischees auch fällt, so dürfen wir uns doch nie von solchen Widersprüchen zu der Illusion verleiten lassen, daß unser Sexualleben in der »freien« Welt frei sei. Nicht nur unser ökonomisches, soziales und politisches Leben wird durch mehr oder weniger im Verborgenen arbeitende Einflüsse gelenkt, sondern auch unser sexuelles. In dieser Erkenntnis liegt kein Grund zum Defätismus, denn je mehr wir uns des Angriffs auf unsere Freiheit bewußt werden, desto besser können wir uns gegen ihn verteidigen.

SEXUALITÄT UND DRAMA. Der schottische Altertumsforscher George Thomson hat in einer Reihe brillanter Studien den Ursprung des klassischen Dramas auf die mutterrechtlichen Geheimbünde im vaterrechtlichen Hellas der vorklassischen Zeit zurückverfolgt (George Thomson, *Aischylos und Athen*, Berlin 1957; *Frühgeschichte Griechenlands und der Ägäis*, Berlin 1960; *Die ersten Philosophen*, Berlin 1968). Die Götterfigur, die der frauenrechtlichen Untergrundbewegung im männerrechtlichen Griechenland als Aufhänger diente, war Dionysos, ein aus Kleinasien importierter doppelgeschlechtlicher Gott, mit dessen Hilfe sich alte vorgriechische Formen der Mutterreligion dadurch erhalten konnten, daß man sie in eine scheinbar männliche Götterfigur hineinverlegte. Die mutterrechtlichen Frauenbünde, die den Kult der alten Muttergöttinnen am Leben hielten, hießen *thíasoi* (von *thyia* = Dionysospriesterin). Sie versuchten, die Erinnerungen an die Machtübernahme der griechischen Männerhorden am Leben zu erhalten, indem sie bei jedem Fest eine Art Rachezeremonie in dramaartiger Form aufführten: die Ermordung eines Mannes durch »rasende« Frauen und das rituelle Verspeisen seines Fleisches. Dieser Mann war in manchen Gegenden Griechenlands und Kleinasiens der Gott Dionysos, in anderen Gegenden der Dionysospriester Orpheus, der seine eigene, sich vom Dionysoskult abspaltende Lehre des Orphismus gegründet hatte. Der Ritus bestand aus drei Teilen und fand in manchen Gegenden Griechenlands an drei aufeinander folgenden Tagen statt: am ersten Tage eine orgiastische Prozession hinaus aufs Land mit lesbischen Paarungen (die »lesbische« Dichterin Sappho war eine Dionysos-Priesterin und führte ihren eigenen thíasos an); am zweiten Tage das eigentliche Sakrament, bei dem ein Tier, das den Gott verkörperte, bei lebendigem Leibe von den Frauen zerrissen und roh verzehrt wurde; am dritten Tage die triumphale Rückkehr vom Lande in die Dörfer und Städte.
Da dies ein Fruchtbarkeitskult war und der Landwirtschaft diente, erhielt er sich vor allem unter den Frauen und Töchtern der Bauern und wurde auf einer späteren Entwicklungsstufe einerseits mit einer mutterrechtlichen Volksbewegung gegen die vaterrechtliche Gesellschaft, andererseits mit einer revolutionären Bewegung der Bauernschaft gegen den Adel identifiziert. Dies führte zu einer allmählichen Entschärfung des Kultes, zu einer Säkularisierung der Riten, zur Zerschlagung des kultischen Geheimnisses, zur stufenweisen Entmachtung der Frau

und endlich zur Übernahme der Zeremonien durch die Männer. Dabei wurde die orgiastische Prozession durch einen rituellen Hymnus ersetzt, aus dem dann der Dithyrambos entstand, während das Sakrament sich in ein Passionsspiel und dieses sich endlich in die Tragödie verwandelte. Die erste Entwicklung fand auf dem Peloponnes statt, die zweite in Attika. Beide wurden dabei von bäuerlichen in städtische Formen verwandelt.

Die Tyrannen, die ihre Macht aus dem Zerfall der ländlichen Aristokratie bezogen, bedienten sich bewußt dieser neuen Form, um die städtische Bevölkerung auf ihre Seite zu bringen. Deshalb war und blieb das Hauptthema des Dramas auch die Zerschlagung der ländlichen Sippenordnung und die Rechtfertigung der Städte mit ihren patriarchalischen Herrschern. Die meisten Stücke des klassischen Dramas – die *Oresteia*, die *Ödipustrilogie*, *Antigone*, *Medea* – handeln von jenen inzestuösen Vorgängen, jenen Vater-, Mutter- und Kindermorden, welche die Ablösung der ländlichen Ordnung durch die städtische und den Triumph des Vaterrechts über das Mutterrecht begleiteten.

Als die Männer der griechischen Städte den Kult übernahmen, wandelten sie nicht nur dessen Sinn vom Frauenrecht ins Männerrecht um, sondern vertrieben die Frauen auch als Teilnehmerinnen. Von nun an wurde nicht nur die Rolle des Mannes von einem Manne gespielt, sondern auch alle weiblichen Rollen gingen an männliche Schauspieler. Dies gab dem griechischen Theater von Anfang an einen stark transvestitischen Einschlag. Die Kostüme der Frauendarsteller waren bunt, reich verziert und äußerst prunkvoll: Schleppkleider in grellen Farben, riesige Perücken, Frauenschuhe mit Plattformsohlen und hohen Hakken, mit roter Farbe markierte Brustwarzen und ein gewaltig ausgepolsterter Frauenhintern.

Andererseits trugen manche Schauspieler, vor allem die Komödiendarsteller, auch lange lederne Mannesglieder, *phalloi*. Die Mitglieder des Chors trugen Bocksfelle, aus denen vorne der Phallos, hinten ein langer Bocksschwanz heraushing. Wie paßt das eine zum anderen? Wir würden heutzutage sagen: Wenn der Schauspieler Frauenkleidung, eine Frauenperücke und Frauenschuhe trägt, deklariert er sich als Frau. Wenn er einen Phallos trägt, erklärt er sich als Mann. Beides gleichzeitig geht nicht. Aber so dachte der Grieche nicht. Der Konflikt zwischen den beiden Loyalitäten, die diese ganze Kultur so schizoid machte, gab ihr auch ihre besondere Prägung. Und dieser Charakter ist die alles durchdringende Doppelgeschlechtlichkeit. Denn nicht nur der

Phallos, sondern auch der Hängebauch, der große Hintern, das Bocksfell und der Bocksschwanz sind die Kennzeichen des Gottes Dionysos und seiner Satyrn. Und dieser Gott ist gleichzeitig der Gott der höchsten Manneskraft und eine Frau mit Busen, weiblichen Hüften und weiblichen Gesäßbacken.

Der Tatbestand scheint im ersten Augenblick noch komplizierter dadurch zu werden, daß es außer den phallostragenden Komödienschauspielern noch zwei weitere phallische Bühnentypen gab: die *ithyphalloi*, deren Glied stets in hochstehender, erigierter Form getragen wurde, und die *phallophoroi*, unmaskierte Schauspieler mit großen Lederphallen, mit Blumen oder Efeu bekränzt, in Wieselpelze gehüllt, die aus den Seiten- und Mitteltüren der Theater kamen, obszöne Lieder sangen und die Zuschauer neckten (Athen. XIV, 622b). Die *ithyphalloi* traten bekränzt in der Maske von Betrunkenen auf, trugen bunte Ärmel, helle Frauenunterkleider und das bis zum Knöchel reichende tarentinische Mädchengewand. In der Mitte der *orchestra* wandten sie sich an die Zuschauer und verlangten Platz für den Gott mit dem aufrechtstehenden Glied.

All dies wird verständlich, wenn wir unsere Neigung, den Phallizismus als einen männlichen Kult zu betrachten, in historischer Perspektive überprüfen. Die Tatsache, daß nicht nur männliche Götter wie Dionysos, Priapos und Hermes mit Phalloi verehrt wurden, sondern daß es vor allem die ältesten Göttinnen waren, denen man phallische Opfer darbrachte (Gaia, Demeter, Artemis), beweist den Ursprung des Kults aus mutterrechtlicher Zeit. Denn die matrilineare Gesellschaftsordnung schließt keineswegs die Verehrung des männlichen Geschlechtsorgans aus, sondern ist die einzige, die eine solche Verehrung überhaupt ermöglicht, da der Phallos nur hier von dem Minuszeichen der Gewaltherrschaft des Mannes frei ist und deshalb uneingeschränkt als das freudespendende Organ gilt. Seine Verehrung läßt sich am besten in den nächtlichen Dionysien am Kithareion und Parnaß verfolgen.

SEXUALITÄT UND KRANKHEIT → Pathologie des Liebeslebens.

SEXUALITÄT UND KUNST → Kunst und Sexualität.

SEXUALITÄT UND MORAL → Moral.

SEXUALITÄT UND MYTHOLOGIE → Mythologie und Sexualität.

SEXUALITÄT UND ÖKONOMIE beeinflussen einander. Man erkennt das besonders deutlich, wenn man die Auswirkungen der frühgeschichtlichen 1. Frauen und Männer sammeln Pflanzen, Knollen, Beeren, Obst und Kleintiere. Es gibt keine geschlechtliche Arbeitsteilung und des-

halb auch keine großen Unterschiede im Körperbau, in der Körpergröße und in der Muskulatur der Geschlechter. Gleiche Tätigkeit und gleiche Körperkraft lassen den Gedanken der Überlegenheit des einen Geschlechts über das andere noch gar nicht aufkommen. Resultat: friedliches, ausgeglichenes Zusammenleben der Geschlechter.
2. Die Männer beginnen sich auf die Jagd zu spezialisieren, bringen aber wegen der vorläufig noch sehr unentwickelten Jagdwerkzeuge weniger Nahrung nach Hause als die sammelnde Frau. Resultat: ein gewisses Maß an ökonomischer und sozialer, möglicherweise auch sexueller Dominanz der Frau.
3. Die Effizienz der Jagdwerkzeuge wächst; der Mann steuert mehr Nahrung zum Haushalt bei als die Frau. Resultat: Dominanz des Mannes auf allen Gebieten.
4. Die Frau entdeckt, daß aus dem »Müllhaufen«, den Resten weggeworfener Pflanzen, neue Pflanzen sprießen, und beginnt sie zu kultivieren. Entdeckung der Landwirtschaft in ihrer einfachsten Form, dem Hackbau. Resultat: Dominanz der Frau auf allen Gebieten.
5. Der Mann verbessert die Landwirtschaft durch Erfindung des Pflugs. Die vor den Pflug gespannten Tiere düngen den Boden. Entdeckung der Düngungswirtschaft und der ersten bedeutenden Überschüsse mit Vorratswirtschaft und rapide expandierendem Handel. Resultat: gewaltiger Vorsprung des Mannes und Anfang des Patriarchats mit vererbbarem Privateigentum in männlicher Linie.
In den Steppenregionen der Erde verlief die Entwicklung vom vierten Stadium an jedoch völlig anders. Denn wegen des großen Wildreichtums lernten die jagenden Männer dort sehr früh, die wilden Tiere zu zähmen. Da der Boden für landwirtschaftliche Zwecke ziemlich ungeeignet ist, entsteht unter Überspringung des (»weiblichen«) Hackbaustadiums die nomadische Frühform der Viehzucht, ähnlich der, welche die Lappen heute noch mit ihren Rentieren betreiben. Sehr viel früher als in den Ackerbaugebieten der Erde wird den Frauen in den Steppenregionen deshalb die Aufgabe der Kinderaufzucht zugewiesen. Resultat: sehr frühe Entwicklung eines aggressiven Patriarchats.
Überall auf der Welt wird bis zum heutigen Tage der Hackbau von der Frau verrichtet. Überall auf der Welt wird die Pflugkultur vom Manne betrieben. Es besteht deshalb unter Vorgeschichtsforschern aller Richtungen kaum ein Zweifel darüber, daß der Pflug die Erfindung des Mannes ist und daß die Machtergreifung des Mannes im Neolithikum auf das veränderte ökonomische Gleichgewicht von Mann und Frau zu-

rückzuführen ist. Russische Forscher neigen noch immer zu der Ansicht, daß die Entdeckung der Pflugschar mehr oder weniger zufällig sei und auf das Schleifen der Hacke über das Feld zurückgeführt werden könne: »Der Mensch brauchte nur die Hacke umzudrehen, sie mit einem langen Stiel zu versehen und an dessen Ende das Tier zu befestigen. So entstand eine Art des Pfluges« (M. O. Koswen, Abriß der Geschichte und Kultur der Urgesellschaft, Berlin 1957, S. 85). Das würde die Erfindung des Pfluges zum Werk der Frau machen, was zwar nicht ausgeschlossen ist, aber eine schwerwiegende funktionelle Veränderung des Gerätes, eine Wendung vom Einzel-Einstich zum Furchenziehen, vor allem aber eine Umkehr der Arbeitsrichtung bedeutet und kaum der extrem traditionellen Denkform aller landwirtschaftlichen Kulturen entspräche.

Es ist daher wahrscheinlich, daß die Erfindung des Pfluges das Werk einer Gruppe war, die bisher so gut wie nichts mit dem Hackbau zu tun hatte und deshalb über ein offeneres Auge verfügte: das Werk der Männer. Und da das Zeitalter des Pflugs zwar in manchen Gegenden durch den mit Schulterriemen gezogenen Handpflug, in anderen durch den mit Stirnriemen gezogenen Furchenpflug eingeleitet, in wieder anderen Regionen jedoch von Anfang an durch den vom Rind gezogenen Pflug gekennzeichnet wird, liegt die Vermutung nahe, daß nur eine Menschengruppe, die mit der Viehzucht vertraut war, diese bedeutsame Erfindung gemacht haben kann: die rinderzüchtenden Männer. Die Rinderzucht war aber nicht das Werk der nomadischen Steppenjäger, sondern der Hackbauern Vorderasiens. Sie begann in Südwest-Anatolien, Nordwest-Syrien und im Nordost-Iran.

»Als dann der von Rindern gezogene Pflug eingeführt wurde, ging auch der Ackerbau in die Hände der Männer über. Aus diesem Wechsel in den Beziehungen der beiden Geschlechter zu der Produktionsweise erklärt sich das Aufkommen der Vaterfolge« (George Thomson, Frühgeschichte Griechenlands und der Ägäis, Berlin 1960, S. 19). Der Pflugbau hatte jedoch geographisch eine äußerst beschränkte Verbreitung und existierte anfangs nur in ganz wenigen Gebieten Asiens, Europas und Nordafrikas. »Selbst zur Zeit des Übergangs zum Pflugbau blieb in waldreichen, wenig bevölkerten Gegenden das Brandrodungssystem erhalten« (M. O. Koswen, a.a.O., S. 86). Noch zur Zeit Hesiods war der griechische Pflug primitiver als die Hacke, die aus Bronze oder gar Eisen war, während der Pflug, einschließlich der Pflugschar, nur aus Holz bestand.

Dies bedeutet zwar, daß der Pflug dem Manne die Vorherrschaft in der Nahrungsversorgung und damit auch im sexuellen Verhältnis gab, daß diese Dominanz anfangs jedoch sehr gering war und sich bei den nichtgriechischen Völkern der Ägäis außerordentlich langsam und widersprüchlich aufbaute. Das Land blieb noch viele Generationen lang in den Händen der Sippe und des Stammes. Aber die größere Produktivität des Pflugs gegenüber der Hacke gab dem individuellen Bauern eine gewisse Autonomie gegenüber der Sippe, die beim Hackbau noch fast alle Tätigkeiten gemeinsam auszuüben hatte, und hieraus ergab sich eine wachsende Autonomie des einzelnen gegenüber der Gemeinschaft, des Gehöftes gegenüber dem Dorf, und der häuslichen Sippeneinheit gegenüber der Gesamtsippe.

Das hatte sowohl ökonomische wie sexuelle Folgen. Während früher, bei dem Zusammenleben vieler Frauen mit vielen Männern in den großen Sippenhäusern, nur die Mutterschaft der Kinder, nie aber ihre Vaterschaft nachweisbar war, wurde nun bei dem Zusammenleben kleinerer Sippeneinheiten, oft nur eines einzigen Mannes mit einer einzigen Frau (und natürlich seinen Eltern und Kindern), der Nachweis der Vaterschaft leichter. Aus dieser Möglichkeit erwuchs dann organisch die Abstammungsfolge durch den Vater. So entstand die patrilineare, patrilokale Sippe der Ägäis, die fast überall nach der Einwanderung der Griechen die matrilineare, matrilokale Stammesgesellschaft zu ersetzen begann. Die Wirtschaftsordnung dieser vaterrechtlichen Sippen und Stämme beruhte nach wie vor auf dem kollektiven Besitz an Boden und an den wichtigsten Produktionsmitteln. In persönlichem Besitz befanden sich, wie schon bei den matrilinearen Stämmen, nur Gegenstände des eigenen Bedarfs. Sowohl Produktion wie Konsumtion waren kollektiv.

Aber innerhalb dieser Gemeinschaftsordnung differenzierte sich die häusliche Sippeneinheit und wurde dadurch sowohl zum wichtigsten Produzenten wie zum Hauptkonsumenten einer Stammesgesellschaft, die im wesentlichen eine geschlossene Naturalwirtschaft führte. Diese häuslichen Sippeneinheiten wuchsen bald zu selbständigen ökonomischen Kräften heran und gewannen eine zunehmende Bedeutung innerhalb der Sippe. Ihre Verwaltung baute sich anfangs noch nach matrilinearer Tradition auf strikt demokratischer Grundlage auf. Ihr Oberhaupt war jedoch stets ein Mann, der sogenannte »Älteste«, der nicht notwendigerweise der an Jahren älteste Mann zu sein brauchte, sondern einfach als »Ältester« gewählt worden war. Seine Funktion

bestand in der Planung der landwirtschaftlichen Tätigkeit, wobei er sich jedoch stark auf die Meinungen aller anderen Erwachsenen stützen mußte. Die matristische Tradition lebte noch insofern fort, als er stets eine gewählte »Älteste« zur Seite hatte, die ebensoviel und ebensowenig Einfluß auf den Haushalt ausübte wie er auf die Feldwirtschaft. Das heißt: auch sie mußte sich dem Rat der anderen Frauen beugen.
Je kinderreicher ein solcher Haushalt wurde, je mehr Söhne unter dem gleichen Dach wohnten und sich Frauen holten, desto schwieriger wurde seine Organisation. Der alte Ausspruch: »Das Feuer reicht nicht für alle« drückt die Schwierigkeiten der gleichzeitigen Versorgung aller Haushaltsmitglieder aus. Hier stand also die alte Tradition des Sippenhauses mit der neuen Tradition der Paarungsehe im Widerspruch. Deshalb wohnte diesen Sippeneinheiten die Neigung inne, sich immer wieder von neuem in kleinere Haushalte aufzuspalten. Jede sich aussondernde Einheit erhielt dann, insofern die Mittel dies erlaubten, ein eigenes, neben dem Haupthaus liegendes Wohngebäude und führte ihre eigene Hauswirtschaft. Eine solche Hauswirtschaft läßt sich am besten mit dem griechischen Wort »Patronymie« bezeichnen.
Das Kennzeichen der Patronymie ist der gemeinsame Name, der sich aus dem Eigennamen des Urahnen und einer sogenannten patronymischen Beifügung zusammensetzte, wobei die Beifügung meist nichts anderes als »Kind von . . .«, »Nachkomme von . . .« oder »Sohn des . . .« bedeutete. Hierher gehört also das griechische *ides* genau wie das römische *ani*. Diese Patronymien wurden dann zu Ortsnamen, weil die Dörfer oft den Namen der in ihnen herrschenden Patronymie übernahmen.
Die Gesamtheit aller Patronymien bildete die Sippe, die Gesamtheit aller Sippen den Stamm, die Gesamtheit aller Stämme den Stammesbund. Die ganze Pyramide ruhte auf den Grundlagen der Blutsverwandtschaft, der Gleichheit aller erwachsenen Männer und der Gemeinsamkeit allen Landbesitzes. Bodenbesitz und Nutzung waren so geregelt, daß weniger genutzte Ländereien, also Wald, minderwertiges Land und Gewässer der gesamten Sippe zur Nutzung überlassen blieben, während die besseren Ländereien, vor allem die Äcker, an die Patronymien aufgeteilt wurden. Je zahlreicher die Patronymien wurden, desto häufiger wurde das Land geteilt. Dieses Doppelprinzip des gemeinsamen Landeigentums der Sippe und der regelmäßigen Neuaufteilung nach der Anzahl der zu versorgenden Haushalte war die Grundlage aller patrilokalen Sippengesellschaften der Ägäis. Auch die Grie-

chen übernahmen es, nachdem sie seßhaft geworden waren.
Die griechischen Worte *nómos* und *moîra* gehen hierauf zurück. Beide bedeuteten ursprünglich »Teilung« oder »Anteil«. Aber während das Ackerland stets ausgelost wurde, damit niemand sich durch Willkür benachteiligt fühlen möge, wurde das Weideland zu einem Zeitpunkt, als die Viehwirtschaft bereits das alte Gemeinschaftseigentum zu zersetzen begonnen hatte, stets von dem Besitzer größerer Herden in anspruch genommen. *Moîra* ist deshalb der Anteil des Ackerlandes, der durch Verlosung an eine Patronymie vergeben wurde; *nómos* ist der Teil des Weidelandes, der dem Viehbesitzer dank seiner Macht zugefallen ist. »Beide Begriffe wurzelten im Leben des Stammes; während aber der Begriff *moîra* schon zurücktrat, gelangte die Vorstellung vom *nómos* erst viel später im demokratischen Stadtstaat zur vollen Blüte. Der Niedergang der *moîra* und der Aufstieg des *nómos* entsprechen dem Übergang vom matristischen Stamm zum patriarchalischen Staat« (George Thomson, a.a.O., S. 291).
Vorerst wurde das den Patronymien zur Verfügung gestellte Sippenland jedoch von allen gemeinsam bearbeitet. Nur die Ernte wurde an die einzelnen Patronymien aufgeteilt. Jede Patronymie hatte ihre eigene Selbstverwaltung, ihre regelmäßige Versammlung und ihr gewähltes Oberhaupt. Alle Mitglieder waren durch ihre gegenseitige Unterstützung miteinander verbunden. Seit der Einmarsch der Griechen die Ackerbaustämme zur Verteidigung gezwungen hatte, diente die Patronymie auch als militärische Macht, und zwar als kleinste Einheit der Verteidigung des Stammes. Schließlich bildeten alle Angehörigen einer Patronymie eine ideologische Einheit: sie waren sich ihrer nahen Verwandtschaft bewußt und fühlten sich alle als Nachkommen ein und desselben Ahnen, als »von einem Feuer gebrannt«, als »Flammen eines einzigen Feuers«.
Die Verwaltung der patrilinearen Sippe trug, wie ihre matrilineare Urform, anfänglich auch den gleichen demokratischen Charakter. Sie wurde von einem gewählten, jederzeit abwählbaren Sippenältesten geführt. Die Ältesten der Patronymien bildeten den Sippenrat. Jedoch hatten auch alle anderen erwachsenen Männer der Sippe Einfluß auf die öffentlichen Angelegenheiten. Besonders wichtige Fragen wurden stets auf Versammlungen der ganzen Sippe zur Sprache gebracht. Überbleibsel der matristischen Orientierung kamen darin zum Ausdruck, daß auch die Frauen anfangs noch einen gewissen Einfluß behielten. Mit der Herauskristallisierung des Privateigentums, auf das wir

gleich zu sprechen kommen werden, wurde dieser Einfluß aber systematisch abgebaut.

Der Abbau erfolgte bereits während der letzten Stadien der mutterrechtlichen Gesellschaft. Anfangs fungierte die Frau als Sprecherin der Sippe, dann ging das Amt auf ihren Bruder über und vererbte sich (stets mit der Einschränkung, daß der Träger des Amts abwählbar war) auf den nächsten Bruder, oder vom Onkel auf den Neffen. Das heißt, die Frau bildete noch immer das Zwischenglied der Nachfolge, denn die Wählbarkeit des Anwärters hing von der Sippe seiner Mutter ab, die ihm seine Verbindung mit der Sippe und mit deren verstorbenem Sprecher verlieh. Sobald diese Sippenverbindung über die uterine Linie verlorenging, ging auch die Wählbarkeit des Anwärters verloren. Damit war die Sippenordnung aber noch nicht abgeschafft, denn die meisten Grundsätze der alten Ordnung blieben vorläufig auch noch in der neuen erhalten.

Wer die Bräuche der Sippe verletzte, wurde durch Spott, Ermahnung und Verweis zur Ordnung gerufen. Gerichte, Gefängnisse, Polizisten, Strafen gab es noch immer nicht. Gegen Ungehorsame gab es nur ein Mittel: Verstoß aus der Sippe. Gegen Tötung blieb immer noch das einzige Mittel: Tötung des Töters durch ein beauftragtes Mitglied der Sippe des Getöteten. Das wesentliche Merkmal der patrilokalen, patrilinearen Sippe war die Autorität der alten Männer. Aber selbst sie besaßen bis tief in die Zeit der Griechen kein Machtmittel, um ihre Autorität durchzusetzen. Es gab keine Herrscher und keine Beherrschten, zumindest nicht unter den Männern, und es gab keine Möglichkeit der Ausbeutung des einen Sippenmitglieds durch das andere. Diese Möglichkeit begann erst mit der Einführung des Privateigentums, und das Privateigentum kam, genau wie bei den Griechen, durch die Einführung des Viehs in die Landwirtschaft zustande, also durch die Umwandlung des reinen Ackerbaus in gemischte Landwirtschaft.

Wo das Vieh bereits bei matrilokalen Sippengesellschaften der alten Ägäis auftaucht, zerstört es fast sofort die alte Ordnung, die auf Gemeinschaftsbesitz und matrilinearer Deszendenz beruhte. Es zerstörte nicht nur das Prinzip des Gemeinschaftseigentums, sondern auch das der Gleichberechtigung der Geschlechter. Wenn der Mann seine Herden vererben wollte, mußte er erst einmal das Verbot der Vererbung an Nichtmitglieder der Sippe aufheben. Denn da die Kinder des Herdenbesitzers nicht seiner eigenen Sippe, sondern der seiner Frau angehörten, konnte er ihnen nichts vererben, bis er das Recht der Vererbung an

Außenstehende durchgesetzt hatte.
Einer der wichtigsten Aspekte dieses Erbrechts war das Konzept des »Agnaten«, einer Person, die durch Geburt oder Adoption dem Vater unterstellt war. Während es in der matrilinearen Sippe nur »Kognaten«, Blutsverwandte, gab, warf das Vaterrecht also zum ersten Male Blutsverwandte, Adoptierte und alle anderen, die aus irgendwelchen Gründen der Macht des Vaters unterstanden, in den gleichen Topf. Damit war das Sippenprinzip der Blutsverwandtschaft negiert. Die Ausdehnung des Prinzips, nach welchem die Agnaten die übrigen Sippengenossen ausschlossen, führte nach und nach zur Ausschließung der Agnaten und zum ausschließlichen Erbrecht der Söhne, die dann die Verpflichtung übernahmen, ihre Schwestern zu erhalten und ihnen bei der Heirat den ihnen gebührenden Teil auszuhändigen. Waren keine Söhne vorhanden, so erbten die Töchter zu gleichen Teilen. Hatte der Verstorbene weder Söhne noch Töchter, so ging der Nachlaß auf die agnatische Verwandtschaft über, und erst wenn es auch keine Agnaten mehr gab, erbten die anderen Sippenmitglieder. Dies war der Status des griechischen Rechts zur Zeit Solons.
Vom Standpunkt der Frau war der ernsteste Aspekt dieses neuen Zustands die Entdeckung, daß sie nun nicht mehr heiraten konnte, wen sie wollte. Denn bis dahin stand ihr jedes Mitglied jeder Bruderschaft, jeden Stammes und jeder Sippe mit der einzigen, unbedeutenden Ausnahme der Muttersippe zur Verfügung. Erbte die Tochter nun aber von ihrem Vater, so fand sie plötzlich, daß ihr dieses neue Vermögen zum Verhängnis wurde. Denn da das Ererbte in der Sippe bleiben mußte, konnte sie von nun an nur noch Mitglieder der eigenen Sippe heiraten. Der winzige Teil der Welt, der ihr bis dahin als Sexualpartner verboten war, wurde nun plötzlich zu der gesamten Welt, aus der sie sich einen Partner wählen mußte (Isaios 6, 14). Daß damit das jahrtausendealte Gebot der Exogamie, der Außenheirat, durchbrochen wurde, muß unvorstellbare Gewissensprobleme ausgelöst haben und erklärt jene weitverbreitete Neurose, die uns als einer der bezeichnendsten Aspekte der solonischen Gesellschaft auffällt.
Umgekehrt bedeutete die Existenz einer Erbtochter eine dauernde Versuchung für die verheirateten Agnaten, ihre eigenen Frauen zu verstoßen, um die reiche Verwandte zu heiraten (Isaios 3, 64). Protomachos (im *Eubulides* des Demosthenes) ist ein Beispiel eines solchen Mannes, der seine Frau nach langjähriger Ehe aus rein finanziellen Gründen herauswarf, um seine reiche, jüngere Verwandte zu heiraten.

Die Frau war zwar ein Lockvogel für Erbschleicher geworden, aber sie war keine eigentliche Erbin, sondern »lediglich ein Anhängsel des Anwesens« (George Thomson, a.a.O., S. 102). Gleichzeitig bewirkte die Abstammungsfolge in männlicher Linie, daß die Kinder der Frau von ihrer eigenen Sippe in die des Vaters übergingen. Dadurch verlor sie nicht nur ihre Kinder, sondern auch ihre kognatischen Rechte, ohne dafür einen Ersatz zu erhalten.

Die Struktur dieses vaterrechtlichen Deszendenzsystems ist unmißverständlich bäuerlichen Ursprungs, weil es mit absoluter Traditionsgläubigkeit das alte matristische System übernimmt und nur die Vorzeichen vertauscht. Wir haben es nicht mit einem revolutionären neuen System zu tun, sondern mit einem Spiegelbild des alten Systems. Aber in dieser Seitenverkehrung steckt mehr, als die Väter des Vaterrechts eigentlich gewollt hatten. Denn ein Erbrecht, das die Erbfolge auf jene Verwandten beschränkt, die ihre Abkunft ausschließlich durch männliche Individuen auf einen gemeinsamen Vorfahren zurückverfolgen können, den sie mit dem Erblasser gemeinsam haben, zerstört die ganze alte Ordnung, indem es an die Stelle der Sippe etwas völlig Neues stellt: die Familie. Die Familie aber ist die Antithese der Sippe.

Sexualität und Politik stehen in einem komplizierten Verhältnis zueinander. Freud glaubte, daß die menschliche Kultur das Produkt sexueller Verdrängung ist und daß diese Verdrängung um so intensiver betrieben wird, je größer der Machtanspruch eines Menschen und je geringer seine Fähigkeit ist, einen anderen Menschen zu lieben. Wenn ein Stamm, ein Volk, eine Nation sich die Eroberung anderer Stämme, Völker oder Nationen zum Ziel setzt, wird die Verdrängung zur kollektiven Aufgabe. Geschlechtsverkehr dient dann nur noch der Erzeugung soldatischen Nachwuchses. Die Liebe wird tabuisiert, da ihre Ziele – die Beglückung des geliebten Menschen und die Bewahrung des Friedens, der allein eine solche Beglückung ermöglicht – im Gegensatz zu den Kriegszielen stehen.

Großbritannien, Schweden, Dänemark und die Niederlande gehörten im 19. Jahrhundert, als sie sich noch nicht von ihren politischen Machtansprüchen gelöst hatten, zu den sittenstrengsten aller Weltmächte. Erst seit sie ihre Machtansprüche endgültig aufgegeben haben (und dies nicht nur in ihrer Außenpolitik, sondern vor allem im Denken und Fühlen des Volkes), hat jene Liberalisierung der sexuellen, strafrechtlichen und religiösen Praxis begonnen, die diese Staaten heute wieder zu Pioniernationen gemacht hat. Die bundesdeutsche Weigerung, eine entsprechende Liberalisierung des Geschlechtslebens durchzuführen, sagt deshalb jedem psychologisch geschulten Beobachter, daß unsere Ansprüche auf politische Expansion noch nicht überwunden sind. Auch hier zeigt sich dies nicht nur in der Außenpolitik, sondern vor allem in den Reaktionen des Volksempfindens, selbst auf so unpolitische Dinge wie moderne Kunst (»Kunst soll das sein? Der Mann gehört ins Irrenhaus!«), Gammler (»Haare ab und zum Barras! Da wird man euch schon Ordnung beibringen!«), Beraubung von Taxifahrern (»Todesstrafe für Taximörder!«), Homosexualität (»Ihr Säue gehört ins KZ!«), »Sittlichkeitsverbrecher« und »Terroristen« (»Rübe ab!«). Eine Nation, die so fühlt und denkt, läßt dem erfahrenen Beobachter keinen Zweifel daran, daß der Alleinvertretungsanspruch mehr als eine politische Floskel ist. Denn bei uns gehört es ja zum guten Ton, zu glauben, daß man recht habe und dieses Recht auch öffentlich vertreten müsse. Damit wird jeder Staatsbürger zum Träger eines individuellen Alleinvertretungsanspruchs. Keiner Nation der Welt ist der Selbstzweifel, der das Kennzeichen der Reife ist, fremder als uns. Wer aber niemals an seiner eigenen Fähigkeit zweifelt, über so verschiedene Welten wie den Charakter der Kunst, die Moral der Homosexuellen, den Haarschnitt der Gammler und die Bestrafung von Tötungsdelikten zu urteilen, der empfindet seine Aggressivität nicht nur als gutes Recht, sondern als heilige Pflicht. Da er weiß, was gut und recht und anständig ist, hat er die Pflicht, andere Nationen vor ihrer Dekadenz zu retten. Daß diese Dekadenz eigentümlicherweise stets eine sexuelle Dekadenz ist, sollte ihm die Motive seiner Aggression verdächtig machen. Aber da sein Verhalten ja auf der Verdrängung der eigenen Sexualität beruht, ist er unfähig, seinen Sexualneid als solchen zu erkennen. Statt dessen sieht er sich als Beschützer des Reinen und Guten. An seinem Wesen soll die Welt genesen.

SEXUALITÄT UND SCHRIFT → Schreiben und Sexualität.

SEXUALITÄT UND SKLAVEREI. Da die Sklaverei von den Griechen und Römern nicht als Strafe, sondern als normales Los des Schwächeren betrachtet wurde, gab es keinen Grund, den Sklaven ihren Geschlechtsverkehr zu verbieten. Im Gegenteil, es lag im Interesse des Besitzers, daß seine Sklaven so viele Nachkommen wie möglich zeugten, denn all diese potentiellen Arbeitskräfte gehörten ja ihm. Nur durfte das Zeugen, Gebären und Kinderaufziehen nicht auf Kosten der Arbeitsleistung gehen.

Überall in der *Ilias* und der *Odyssee* lesen wir deshalb nicht nur von sexuellen Beziehungen zwischen Sklaven, sondern auch von solchen zwischen Herren und Sklavinnen, denn auch aus solchen Bindungen konnten Arbeitskräfte entspringen. Fast jeder der homerischen »Helden« hat zusätzlich zu der Ehefrau, die er zu Hause gelassen hat, mindestens eine Sklavin, mit der er sein Lager teilt. Agamemnon, der Oberfeldherr, hat einen ganzen Harem solcher Frauen. Wenn Achill verärgert ist, bietet ihm Agamemnon gleich sieben Sklavinnen auf einmal an. Wenn dagegen Kalchas, der Hohepriester, von Agamemnon verlangt, daß er eine seiner Sklavinnen, Chryseis, als Sühneopfer an deren Vater zurückgebe, damit die Plage, die das griechische Heer verwüstet, endlich aufhöre, holt sich Agamemnon zum Trost die Mätresse des Achill, Briseis. »Unglücklich ging das Mädchen mit ihm«, sagt Homer.

Es ist bezeichnend für den Mangel an Respekt und Verantwortung, den die Griechen diesen Mädchen gegenüber empfanden, daß selbst Homer, der ihr Schicksal beschreibt, kaum Zeit findet, sie als menschliche Wesen darzustellen. Die eine sei hübsch, die andere weniger hübsch gewesen, ist alles, was wir erfahren. Selbst die namenlosen Sklavinnen, die nicht mehr jung genug sind, um als Mätressen ihrer Herren zu dienen, haben mehr Profil, zum Beispiel die Sikelerin des Laertes, die Kornmahlerin aus dem Hause des Odysseus und, in der *Ilias*, die greise Spinnerin der Helena. Es ist, als ob aus den Zeiten des Mutterrechts doch so viel von dem alten Respekt für die Mutter übrig geblieben sei, daß der Dichter seine Verachtung für das Sklaventum und sein mangelndes Interesse an der Individualität der Frau in solchen Fällen überwindet. Deshalb bleiben uns aus dem Heer von homerischen Sklavinnen eigentlich nur die älteren Frauen im Gedächtnis, besonders die Ammen. Man fühlt sich vorversetzt in die Zeit der »black mammy« einer anderen Sklavenkultur. Stets ist es das mütterliche Wesen, das aus der Reihe der üblichen Sklavinnen herausragt und als Mensch vom Dichter wahrgenommen wird. Geht es dagegen um schöne, junge Sklavinnen, so verliert der Dichter kaum Zeit, sie uns als Charaktere vorzustellen. Selbst Melantho, deren Jugend und Schönheit ausdrücklich vom Dichter gepriesen werden und der er mehr Platz als seinen anderen jungen Sklavinnen einräumt, verblaßt am Ende, so daß ihr Schicksal uns kaum noch berührt. Trotzdem lohnt es sich, diese Figur zu analysieren, weil sie uns viel über die Beziehungen zwischen der Sklavin und ihrem Herrn sagt.

Nach den Worten des Dichters behandelt Penelope Melantho gut, zieht sie auf, schenkt ihr Spielzeug und kann es doch nicht verhindern, daß sie mit einem ihrer eigenen Freier, Eurymachos, zu Bett geht. Ihr Konflikt mit Odysseus beginnt damit, daß er, als Fremdling verkleidet, die Sklavinnen aus dem Megaron zu Penelope schickt. Die über die Einmischung des Fremdlings mit Recht aufgebrachte Melantho schlägt vor, er solle selbst weggehen und in der Schmiede schlafen. Odysseus droht ihr, sich bei Telemachos zu beschweren, dem Sohn des Hauses, der »sie auf der Stelle in Stücke hauen werde«. Melantho beugt sich, aber wenn sie Odysseus später in den Gemächern der Penelope findet, bemerkt sie schnippisch, daß es sich nicht gehöre, den Frauen nachts nachzulaufen. Penelope sagt verärgert, daß sie Odysseus eingeladen habe und daß Melantho das auch selber wisse.

Man könnte denken, daß all dies doch eine gewisse Toleranz der Herrin gegenüber der Sklavin und eine gewisse Freiheit der Sklavin bedeute, ihre Meinung zu sagen. Das stimmt, aber es drückt eher Gleichgültigkeit als Toleranz aus. Homer führt nicht einen einzigen Fall an, in dem Melantho ungehorsam gegen Penelope gewesen wäre. Ein solches Vergehen erscheint ihm offenbar überhaupt nicht möglich. Der estnische Altertumsforscher J. A. Lencman sagt hierzu: »So beruht der Tadel an Melantho auf der Anschauung, daß eine Sklavin, zudem eine, die im Hause selbst geboren wurde, kein menschliches Wesen mit den Wünschen ist, die allen Menschen eigen sind, sondern ein Besitzgegenstand, der nicht die geringsten Rechte auf eine wie auch immer beschaffene Selbständigkeit besitzt . . .«

Wenn Odysseus sie am Ende umbringen läßt, so ist es nicht, weil sie ihm widersprochen oder mit dem Freier seiner Frau ein Verhältnis unterhalten hätte, sondern weil sie seinen Feinden Dienste geleistet hat. Lencman sagt: »Nicht umsonst wird das Strafgericht über sie nicht durch Odysseus persönlich, sondern durch seine Untergebenen ausgeführt; die persönliche Einmischung im vorliegenden Fall hätte den Helden des Epos nur erniedrigen können. Eine solche Denkart setzt eine tief eingewurzelte Verachtung für die Sklaven voraus« (*Die Sklaverei im mykenischen und homerischen Griechenland*, Wiesbaden, 1966, S. 298).

Nach der Eroberung einer Stadt wurden die Frauen versteigert. So entwickelte sich die Sklavin zur Ware. In dem *Ajax* des Sophokles kaufen die Griechen bei der Überfahrt nach Lemnos Wein ein und bezahlen ihn mit Sklavinnen. Der Hauptumschlagplatz für Sklavinnen war Delos, wo die Anzahl der angebotenen Frauen sogar den *perikoles* genannten Markt in Athen überstieg. In beiden Märkten wurden die

Kaufgeschäfte getätigt, als handle es sich um Rinder oder Gäule. Die Käufer griffen den Mädchen zwischen die Beine, um zu prüfen, ob sie noch Jungfrauen seien, betasteten die Brüste auf ihre Festigkeit, öffneten den Mund, um zu sehen, ob noch alle Zähne da seien und ließen sich von den Händlern Zertifikate geben, daß die Ware gesund sei und im Falle von nachträglich entdeckten Schäden zurückgegeben werden könne.

Hatte der Mann erst einmal seine Ware gekauft, konnte er mit ihr machen, was er wollte. Über die sexuell demoralisierenden Effekte der Sklaverei ist viel geschrieben worden. Hier sei nur gesagt, daß die stillschweigende Erlaubnis, mit einer Frau alles machen zu dürfen, ohne daß sie selber dabei etwas zu empfinden brauche und ohne daß sie sich gegen Praktiken wehren kann, die ihr zuwider sind, eine Förderung von seelischer Kälte, von Verdinglichung und von Sadismus darstellt. Aber selbst wo ein Mann diesen Versuchungen widerstand und die Sklavin »nur« für »normale« Zwecke gebrauchte, war der korrumpierende Einfluß eines solchen Verhältnisses überall bemerkbar. Besonders übel wirkte er sich auf die Beziehungen zur Ehefrau aus, denn die meisten Männer, die Sklavinnen zum Geschlechtsverkehr kauften, waren bereits verheiratet.

In der Anklageschrift gegen die Hetäre Neaira sagt Pseudo-Demosthenes: »Wir haben die Hetären zum Vergnügen, die Nebenfrauen zu unserer täglichen Versorgung, die Ehefrauen zur Erzeugung rechtmäßiger Kinder.« Er hätte hinzufügen sollen: »Und für unsere kleinen Seitensprünge im eigenen Hause haben wir unsere Sklavinnen.« Denn es gab kaum einen Haushalt der herrschenden Klasse, in dem nicht zumindest eine Sklavin von dem Hausherrn oder seinen Söhnen als Bettgenossin benutzt wurde. Gingen aus einer solchen Verbindung Kinder hervor, so galt das als um so besser, denn sie vermehrten ja das Besitztum des Herrn: Es war billiger, Sklavinnen zu beschlafen, als neue Sklaven zu kaufen (Xen. *oik*. IX, 5).

In dem berühmten Eid des Hippokrates gelobt der Arzt, sich des Geschlechtsverkehrs mit Patienten, Frauen und Männern, Freien und Sklaven zu enthalten. Daraus geht hervor, daß es bei anderen Ärzten nicht unüblich war, die Gelegenheiten, die ihre Tätigkeit ihnen bot, zum Geschlechtsverkehr auszunutzen. Daß dies bei der Behandlung freier Patienten nicht geschehen sollte, leuchtete den Patienten ein. Daß der Arzt aber nicht einmal mit Sklaven und Sklavinnen, die von den Griechen als ihre prädestinierten Sexualobjekte betrachtet wurden, koitieren sollte, lief der Moral jener Zeit zuwider. Denn was selbst dem Ärmsten, der sich nur eine einzige Sklavin leisten konnte, erlaubt war, sollte dem Arzt doch eigentlich von selbst, also aus reiner Dankbarkeit, gewährt werden. Hier stand Hippokrates mit seiner Gleichsetzung von Herr und Sklave also ganz allein.

Weder die Frau des Arztes noch die irgend eines anderen Mannes, der ein Verhältnis mit seiner Sklavin unterhielt, hatte das Recht des Einspruchs. Aber sie konnte ihm natürlich die Hölle heiß machen. Und obgleich die Griechen der herrschenden Klasse keine Einwände gegen männliche Promiskuität hatten, verspotteten sie gern die ehelichen Folgen der Promiskuität. Plutarch gibt uns hierfür das Beispiel des Philosophen Gorgias (etwa 483 bis 375), der in Olympia eine großartige Rede über die Eintracht der Hellenen hielt, aber doch niemanden überzeugte, da er die täglichen Szenen zwischen seiner Frau und seiner Sklavin nicht zu schlichten vermochte.

In jenen Schichten der athenischen Aristokratie, in denen Ehebruch eher zur Norm als zur Ausnahme gehörte, dienten Sklaven und Sklavinnen nicht nur als Sexualpartner der Eheleute, sondern auch als deren Vertraute, als Alibi, als Überbringer von Nachrichten, als Hersteller sexueller Artikel, zum Beispiel von Masturbations- und Empfängnisverhütungsgeräten. Dies gab den Sklaven ein gewisses Maß an Kontrolle über ihre Herren, führte zu Erpressung und Bestechung und untergrub die Disziplin der vaterrechtlichen Gesellschaft. Wie es in einem solchen Haushalt aussieht, wo die Ehefrau ein Verhältnis mit einem ihrer Sklaven hat, den sie dann im Bett mit einer ihrer Sklavinnen findet, hat Herondas in dem fünften seiner Miniamben geschildert. Ich zitiere die Übersetzung von Crusius. Bitinna ist die düpierte Herrin. Pyrriës ist ihr Sklavenaufseher. Gastron ist der Sklave, mit dem sie schläft. Amphytaie ist die Sklavin, mit der sie ihn gerade erwischt hat. Er steht mit entblößten Genitalien da. Bittina zeigt mit ihrem Finger auf das sich senkende Glied.

Bitinna

He, sag mal, Gastron, ist das Dings da schon
So übersättigt, daß es dir nicht genügt,
Dich in meinem Bett zu tummeln, sondern daß du
Der Tochter Menons, Amphytaie, nachstellst?

Gastron

Ich, Amphytaie, der Tochter Menons? Hab ich
Die Frau auch nur gesehn? Mit den Haaren ziehst du

Den ganzen Tag Scheingründe herbei, Bitinna!
Ein Sklave bin ich, brauche mich, wie du willst,
Aber sauge mir nicht Tag und Nacht das Blut aus!

Bitinna

Oho! Was für ein Maul du auch noch hast!
Kydilla, wo ist Pyrriës? Ruf ihn her.

Pyrriës

Was gibt's?

Bitinna

Du sollst den binden. Stehst du noch?
Das Brunnenseil vom Eimer rasch gelöst!

zu Gastron

Bei Gott, wenn ich dich nicht zücht'ge zum Exempel
Fürs ganze Land, nimm an, ich sei kein Weib.
Einem Phryger ist das eben besser. Ich,
Ich selber, Gastron, bin an allem Schuld,
Die ich dich zum Menschen unter Menschen machte.
Doch fehlt' ich damals auch – jetzt wirst du nimmer
In Bitinna eine Närrin finden, wie du
Dir einzubilden scheinst.

zu Pyrriës, der mit dem Seil herbeikommt

Bringst du es endlich?
Zieh ihm die Jacke vom Leib und binde ihn!

Gastron

Nein, nein, kniefällig, Bitinna, bitt' ich dich.

Bitinna

Die Jacke vom Leibe, sag ich. Merken sollst du,
Daß du ein Sklave bist und ich drei Minen
Für dich erlegte. Verflucht sei jener Tag,
Der dich hierher geführt hat! – Pyrriës,
Nimm dich in acht. Ich sehe wohl, du tust
Dort alles eher als binden. Zusammen schnür ihm
Die Ellenbogen, zersäge sie mit dem Strick!

Gastron

Bitinna, verzeih mir dies Vergehen!
Ich bin ein Mensch und habe gefehlt: doch wenn du
Je wieder mich dabei ertappst, daß ich
Was tue, das dir mißfällt, brandmarke mich.

Er blickt sie flehend an

Bitinna
Wirf Amphytaie solche Blicke zu,
Nicht mir! Mit der wälzt du dich ja herum,
Und mich traktierst du wie 'ne Fußmatte.
Pyrriës
Die Fesseln sitzen.
Bitinna
Gib doch dem verdammten Kerl 'nen Lappen, Sklavin,
Das Schamgemächt zu bergen. So splitternackt
Darf er sich auf dem Markt nicht sehen lassen.

Im sexualwissenschaftlichen Sinne könnte man den Sklaven des griechischen Patriarchats sowohl als Fetisch wie als Antifetisch der herrschenden Klasse bezeichnen. Da sowohl Fetischismus wie Antifetischismus stets Produkte der Entfremdung sind, wird derjenige Mensch meist zum Antifetisch, auf den die größte Verachtung der Gruppe fällt. Bei den Griechen waren dies die Sklaven. Da Fetischismus und Antifetischismus aber so eng verkuppelt sind wie Liebe und Haß, wurden die Frauen der Sklaven in dem gleichen Maße fetischisiert, wie deren Männer als Antifetisch wirkten. Der griechische Hetärenkult wird also nur dann verständlich, wenn wir uns daran erinnern, daß sich sowohl die Hetären wie die Prostituierten fast ausschließlich aus den Reihen der Sklaven rekrutierten. Was den Griechen an seinen Prostituierten und Hetären reizte, war einerseits der Geschmack des *Verbotenen*, andererseits, daß es hier eben keine Verbote gab: Mit seinen Sklaven konnte man machen, was man wollte.

Ich spreche trotzdem vom Geschmack des Verbotenen, weil der Geschlechtsverkehr mit den *männlichen* Sklaven jahrhundertelang so schwer bestraft wurde, wie die Griechen überhaupt zu strafen vermochten, und zwar bezeichnenderweise nicht nur der heterosexuelle Verkehr zwischen Sklaven und den *Frauen* der herrschenden Klassen, sondern auch der homosexuelle Verkehr zwischen Sklaven und den *Männern* der herrschenden Klasse. Sowohl die Beziehungen zwischen Herren und Sklavinnen wie die zwischen Herrinnen und Sklaven, von denen zwischen griechischen Päderasten und den Knaben der Sklaven ganz zu schweigen, waren also jahrhundertelang in höchstem Maße erotisiert. Besonders in Athen herrschte zwischen diesen Gruppen eine knisternde Spannung, die sich jederzeit in orgienhaften Paarungen, ebenso gut aber auch in orgienhaften Züchtigungen mit stark sadomasochistischem Charakter entladen konnte.

Die sexuelle Gewalt des römischen Patriarchen über seine Sklaven und Sklavinnen war ebenso unbeschränkt wie des Griechen. Diese Rechtlosigkeit des Sklaven war einer der korrumpierendsten Faktoren der römischen Gesellschaft; denn was man tun darf, das tut man auch: das Bewußtsein, daß ein Mensch sich hier gegen keinerlei sexuelle Wünsche seines Herrn oder seiner Herrin wehren konnte, ermutigte den Römer, geschlechtliche Handlungen vorzunehmen, an die er nie gedacht hätte, wenn sein Sexualpartner frei und somit rechtlich geschützt gewesen wäre. Die Existenz des Sklaven war also ein täglicher Anreiz zur Perversion und zum Exzeß. Daß die Freiheiten, die sich die Römer ihren Sklaven gegenüber erlaubten, nach einer Weile auch auf das Geschlechtsleben der herrschenden Klasse übergriffen und in nicht geringem Maße zur Korruption dieser Klasse und damit zum Fall des Reiches führten, ist nur allzu oft gesagt worden. Wichtig hierbei ist aber nicht das angebliche Überhandnehmen der Homosexualität, sondern der Zerfall der sexuellen Willenskraft.
Freud hat das ganz vorzüglich in einem anderen Zusammenhang beschrieben, nämlich in der Darlegung seiner Gründe, weshalb er im Gegensatz zu den »liberalen« Sexualwissenschaftlern glaubte, daß Masturbation schädlich sei: »Sie verdirbt den Charakter durch *Verwöhnung* . . . indem sie bedeutsame Ziele mühelos, auf bequemen Wegen, anstatt durch energische Kraftanstrengung erreichen lehrt« (›Die »kulturelle« Sexualmoral und die moderne Nervosität‹, 1908, *Gesammelte Werke*, Bd. 7, S. 143). Genau das ist es, was den Römern mit ihren Sklaven geschah: Indem der Römer seine sexuellen Ziele mühelos, auf bequemem Wege, anstatt durch Bemühung um ein anderes, freies Wesen erreichen konnte, schändete er nicht nur die Menschlichkeit des Sklaven, sondern korrumpierte seine eigene Selbstdisziplin. Das wird am deutlichsten im Verkehr zwischen dem Hausherrn und einer eigens zu diesem Zweck gekauften Sklavin erkennbar. Sicherlich schläft auch in unserer Zeit mancher Mann mit seiner Angestellten, aber die Ausnutzung eines Dienstverhältnisses ist heute strafbar. Damals dagegen war es nicht nur unverheirateten Männern erlaubt, sondern auch bei verheirateten gang und gäbe. Ausonius sagt (CXLII):

Ist häßlich die Gattin und zierlich die Magd,
So hat man die Gattin und besorgt es der Magd.

Die Mägde waren selbstverständlich immer Sklavinnen, so daß das bekannte römische Schimpfwort »Mägdevögler« stets den Mann bezeichnete, der mit seiner Sklavin schlief. Martial benutzt es, wenn er den Alauda anklagt, seiner Magd nachzustellen (XII, 58). Horaz sagt (*Sermones* I, 2, 116 ff.):

Wenn Begierde dich plagt und dir
Magd oder Sklavin sich bietet, wirst du lieber
Dich in ungestilltem Verlangen verzehren?

Die Antwort war nein, vor allem weil man bei der Sklavin nicht zu befürchten brauchte, daß ein eifersüchtiger Ehemann einem den Spaß verdarb:

Und kosende Namen raun ich, wie's mir beliebt,
Und fürchte nicht mitten im Taumel,
Heimkommen könne der Gatte und aufbrechen die Tür.

Natürlich waren dies keine Liebesverhältnisse, so daß die Magd meist auch den Freunden und Gästen des Hausherrn zur Verfügung stehen mußte. Beim Gastmahl trockneten sich die Gäste oft ihre Hände am Haar der nackten Sklavin des Hausherrn. Als Crassus in den Wirren der Marianischen Revolution zu einem Gastfreund geflüchtet war, sandte ihm dieser als ersten Dienst zwei seiner Sklavinnen für sein Bett. Vögelte der Freund die Magd des Hausherrn ohne dessen Erlaubnis, so war auch dies nicht strafbar. Nur wenn er sie schwängerte, konnte er vor Gericht gebracht werden – und dann auch nur wegen »Sachbeschädigung«. Pompeji ist voll von Inschriften, die diesen oder jenen Mann des Beischlafs mit der Magd oder Sklavin eines anderen beschuldigen:

Gratus, der du Grega, die Magd des Lupus, des Feldwebels der Zweiten Legion vögelst, die in eurem Hause ist . . .

Ein Reskript aus dem Jahre 1921 sagt: »Es hat sich zwar gezeigt, daß du von einem unkontrollierbaren Geschlechtstrieb beherrscht wirst, aber da du ihn an einer Sklavin und nicht an einer Freien ausgelassen hast, hast du zwar deinen guten Ruf geschädigt, bist aber nicht mit einem Makel behaftet.« Scipio Africanus der Ältere hatte Umgang mit einer Sklavin, und seine Gattin sah darüber hinweg – schwerlich blieb ihr etwas anderes übrig. Der alte Cato lebte nach dem Tode seiner Gattin mit einer Sklavin zusammen. C. Antonius, Ciceros Kollege im Konsulat, kaufte ein Mädchen auf dem Sklavenmarkt und nahm sie als »Freundin« in sein Haus mit. »Welchem verheirateten Mann, der sich an seiner Sklavin verging, wurde daraus ein Vorwurf gemacht?« fragt Augustin.

Was geschah aber im umgekehrten Falle? Machte man auch der verheirateten Frau, die sich an einem Sklaven verging, keinen Vorwurf? Im

Königreich und in der frühen Republik war es dem freien Römer durch *usus* erlaubt, sowohl den Sklaven, der mit seiner Frau, Tochter, Mutter oder Schwester verkehrt hatte, wie auch diese Frauen zu töten, ohne vom Gericht zur Rechenschaft gezogen zu werden. So hören wir von einem Ritter, dessen Tochter mit ihrem Hauslehrer, einem Sklaven, verkehrt hatte. Der Ritter tötete beide, was vom Senat ausdrücklich als korrekter Brauch der *patria potestas*, der hausherrlichen Gewalt, bestätigt wurde. Nach den Digesten galt der Geschlechtsverkehr einer freigeborenen Römerin mit einem Sklaven als *stuprum* und wurde mit körperlicher Züchtigung oder Verbannung bestraft (*Dig*. 48, 5, 13 § 2. *Cod*. 9, 29, 25). Die *lex Iulia de adulteriis* bestimmte als Strafe für beide Teile die Beschlagnahme des halben Vermögens. Da der Sklave meist kein Vermögen besaß, bedeutete dies die Beschlagnahme des Vermögens der Frau.

Nach einem Senatsbeschluß des Jahres 54 wurde eine römische Bürgerin, die gegen den Willen ihres Gatten (aber auch bezeichnenderweise gegen den Willen des Besitzers des Sklaven, falls er nicht ihr Ehegatte war) mit einem Sklaven verkehrt hatte, selber zur Sklaverei verurteilt. Entstand aus dem Verkehr ein Kind, wurde es zum Sklaven erklärt. Als Vespasian im Jahre 69 die Regierung antrat, hatte, wie Sueton sagt, »Unzucht und Üppigkeit infolge des Mangels an Strafgesetzen so überhand genommen«, daß der Senat auf Antrag des Kaisers beschloß, den Claudianischen Erlaß wieder gesetzlich einzuführen: Frauen, die sich mit Sklaven eingelassen hatten, sollten weiterhin als Sklavinnen gelten. Konstantin verschärfte diesen Erlaß und ordnete an, daß eine Patrizierin, die mit einem Sklaven verkehrt hatte, getötet werden solle, während der Sklave zu Tode gepeitscht oder verbrannt werden müsse (Dubois, *Geschichte des Strafrechts*, S. 678). Der *Codex Theodosii* bestätigte dieses Gesetz (IX § 9, 1). Man sieht also: die männerrechtlichen Tendenzen des Christentums verbündeten sich mit denen des römischen Patriarchats und unterstützten dessen autoritäre Verirrungen.

SEXUALITÄT UND SORGEN → Sorgen.

SEXUALITÄT UND SOZIALISMUS. Es ist sicherlich kein Zufall, daß gerade Marxisten, die in mancher Hinsicht die besten Arbeiten zur Vor- und Frühgeschichte geliefert haben, vor einer Sexualanalyse dieser Zeiten zurückgewichen sind, denn die bürgerliche Sexualwissenschaft hat solchen Studien einen schlechten Namen gegeben. Andererseits haben sich Marx und Engels besonders intensiv mit dieser Frage befaßt, was manche ihrer Interpreten eine Zeitlang am liebsten vertuscht hätten. So haben die Schriftgelehrten mit bezeichnender Fehlleistung fast ein Jahrhundert lang »Lebensverhältnisse« statt »Liebesverhältnisse« in die Handschrift der *Deutschen Ideologie* hineingelesen. Erst in dem Probeband der Marx-Engels Gesamtausgabe, die der Dietz Verlag im Juli 1972 einer ausgewählten Gruppe von Fachleuten zustellte, fand man den tatsächlichen Wortlaut des Vorwurfs, den Marx gegen Feuerbach erhoben hatte: daß Feuerbach sich vor der Aufgabe gedrückt habe, eine »Kritik der jetzigen Liebesverhältnisse« vorzunehmen. Bald danach folgt der Satz: »Soweit Feuerbach Materialist ist, kommt die Geschichte bei ihm nicht vor, und soweit er die Geschichte in Betracht zieht, ist er kein Materialist.« Was Marx also von uns verlangt hat, ist eine historisch-materialistische Kritik der Entwicklung menschlicher Liebesverhältnisse.

Sexualität und Sprache. Die deutsche Sprache unterscheidet zwischen »erlaubten« und »verbotenen« Sexualworten. Die »verbotenen« sind die tatsächlich benutzten, die Volksworte; die »erlaubten« sind diejenigen, die von so gut wie niemandem mit Ausnahme der Ärzte und Sexualwissenschaftler benutzt werden. Da die Medizinersprache den ausdrücklichen Zweck hat, dem Patienten unverständlich zu sein und dem Arzt eine elitäre Aura zu verleihen, ist der Gebrauch von lateinischen und griechischen Sprachwurzeln durchaus verständlich, wenn auch nicht verzeihlich. Aber wieso die Sexualmoral die Benutzung der gewachsenen Volksworte verbietet, ist rätselhaft und läßt sich nur mit der Sexualangst unserer Moralwärter und ihrer Angst vor der gewachsenen Sexualität des Volkes erklären.

Die deutsche Umgangsprache ist eine ausgesprochene Männersprache. Sie betrachtet die Frau fast stets als ein Negativum. Gleichzeitig setzt sie aber voraus, daß der Adressat ein Mann ist und daß alle angesprochenen Tätigkeiten von Männern verrichtet werden. Wenn ein Mann ein Umgangswort für seine eigene Tätigkeit prägt, so nimmt er es also als selbstverständlich hin, daß dies eine Männertätigkeit ist. Versucht er aber, die Eigentümlichkeit einer weiblichen Tätigkeit sprachlich festzulegen, so fällt ihm als erstes auf, daß die Sache von Frauen ausgeführt wird. Also erfindet oder benutzt er zuerst einmal ein – meist obszönes – Synonym für *Frau* und klebt dann die Tätigkeit als Vor- oder Nachsilbe an: *Textilschlitten* für Textilarbeiterin, *Vorfotze* für Vorzimmerdame, *Chefnutte* oder *Cheftille* für Chefsekretärin.

Daß manche Frauen solche Pejorativwörter selber benutzen, hat einerseits zu dem Eindruck geführt, daß sie sie auch erfunden haben, und hat andererseits zu der populären Verallgemeinerung Anlaß gegeben, daß »alle Frauen Masochisten sind«. Beides ist unsinnig, denn erstens zeigen diese Wörter eine ganz eindeutig maskuline Mentalität und zweitens werden sie nach sehr kurzer Zeit nur noch als Berufsbezeichnung empfunden; der pejorative Aspekt wird weder von Männern noch von Frauen wahrgenommen. Da sich solche Ausdrücke sehr schnell aus der Berufsgruppe herausbewegen, in der sie ursprünglich geprägt worden sind, kann man sie auch nicht als »Berufsschelten« bezeichnen: sie werden zum Allgemeingut der Sprache und verlieren ihre regionale und pejorative Bedeutung.

Wie sich die Zärtlichkeit des Erwachsenen aus der Zärtlichkeit entwikkelt, die er als Kind von den ihn liebenden Bezugspersonen erhält, so entwickelt sich das Vokabular der Liebe aus den Koseworten, die die Älteren dem Kinde gegenüber benutzen. Sehr bald aber ändert sich die Sprache der Liebe, und sie ändert sich in der bürgerlichen Welt so früh und so drastisch, daß wir den Prozeß des Zärtlichkeitsverlustes, der sexuellen Entpersönlichung, Stufe um Stufe im Vokabular der Umgangsprache verfolgen können. Der Prozeß beginnt mit der Verdinglichung des Mädchens in der Umgangsprache der Jugendlichen und setzt sich fort in der Entfremdung, Mechanisierung und Vergeldlichung der Frau in der Sexualsprache der Männer. In Gesprächen mit Heranwachsenden habe ich die folgenden Worte für »Mädchen« gehört: *Bluse, Bürste, Gestell, Haus, Kante, Koffer, Koje, Paket, Propeller, Pullover, Röhre, Scheibe, Schlinge, Schramme, Schraube, Schürze, Zahn.* Für »Geliebte« habe ich die folgenden Worte notiert: *Heizbatterie, Heizklappe, Wärmeflasche.* Für »Geliebter«: *Beiwagen, Geleitzug, Satellit, Schatten, Trabant.* Für »neue Freundin«: *Neubau, Neuland, neue Haut, neue Platte, neuer Pullover, fabrikneuer Schlitten.* Für »Mädchen ohne Freund«: *Entwicklungsland, Niemandsland, unentdecktes Land, unbelegtes Brötchen.* Für »ehemalige Freundin«: *abgehängter Wagen, abgelaufene Mühle, abgelaufene Uhr, abgelegte Bluse, abgelegter Pullover, abgeschraubter Zahn, abgespielte Platte, durchgebrannte Glühbirne.* Für »Ersatzfreundin«: *Telefonnummer, Aushilfsbatterie, Bedarfskippe, Behelfsbluse, Notkoffer.*

Das mag abwertend klingen, ist aber nicht halb so abwertend wie das umgangsprachliche Sexualvokabular mancher erwachsenen Bürger. Im Gespräch mit Erwachsenen der »gutbürgerlichen« Schicht habe ich zwischen 1960 und 1970 in der Bundesrepublik die folgenden Ausdrücke für »Frau« gehört: *Ding, Dingsda, Nummer, Sache, Stück.* Sehr ähnlich, diesmal von Frauen des Bürgertums, die folgenden Ausdrücke für »Penis«: *Ding, Dings, Dingerich, Dingus, Sache, große Sache, dicke Sache, Prachtstück.* Selbst, wenn der andere Mensch gelobt wird, verwandelt die Sexualsprache des Bürgertums den gelobten Menschen also in ein Ding, ein Stück, eine Sache.

Bezeichnend für die spezifische Form der Verdinglichung in der bürgerlichen Industriegesellschaft ist die sprachliche Tendenz, Menschen in Maschinen, sexuelle Funktionen in mechanische Funktionen, menschliche Körperteile in Maschinenteile zu verwandeln. So zum Beispiel die folgenden Ausdrücke für »Frau«: *Dampfer, Schraubendampfer, Fickmaschine, Fickautomat.* Für »Busen«: *Apparat, Apparatur, Milchfabrik, Molkerei.* Für »Vulva«: *Bohrloch, Düse, Spritzdüse, Spritzbüchse, Spritzdose, Steckdose, Batterie, Apparat, Apparatur, Getriebe, Maschine, Motor, Motorraum, Maschinenraum, Quetschmaschine, Melkmaschine, Mühle, Wassermühle, Mine, Zeche, Bergwerk.* Für »Vaginalsekret«: *Getriebeöl, Maschinenöl, Motoröl, Schmieröl, Bremsflüssigkeit.* Für »Mann«: *Einspritzmotor.* Für »Penis«: *Achse, Kolben, Piston, Stampfer, Bohrturm, Brunnenbohrer, Drillbohrer, Glumsenbohrer, Antenne, Blitzableiter, Funkturm, Hochspannungsmast, Peilgerät, Sender.*

Noch ernüchternder und noch bezeichnender sind die sprachlichen Angleichungen sexueller an finanzielle Begriffe. So sagt die bürgerliche Umgangssprache oft für »Vulva«: *Geschäft, Kontor, Laden, Büro, Sparkasse, Sparschwein.* Und bei einer Frau, die »es« besonders gut »kann«: *Goldgrube, Goldmine, Schatzkammer.* Für »mein Mann«: *meine besseren 50%.* Für »ich liebe dich«: *du stehst hoch im Kurs bei mir.*

Der häufigste Prozeß der Entfremdung in der bürgerlichen Sexualsprache orientiert sich an dem Prinzip des *pars pro toto* und stellt den Menschen als Anhängsel seiner Geschlechtsteile dar, verwandelt diese dabei aber bereits in leblose Dinge, indem er sie als Geräte, Möbel, Maschinen, Werkzeuge oder Waffen darstellt. So vergleicht die Umgangssprache der Bundesrepublik die Geschlechtsorgane der Frau oft und gern mit Küchengeräten (*Büchse, Butte, Dose, Faß, Konservenbüchse, Kübel, Ofen, Pfanne, Rohr, Topf, Fleischtopf, Rührkübel, Rührbutte, Fischbüchse, Heringsdose*) oder mit Möbelstücken (*Kiste, Kommode, Schachtel, Schatulle, Schubfach, Schublade, Spind, Truhe, Bumskommode, Quetschkommode, Vögelkiste, alte Schachtel, alte Schatulle*). Man orientiert sich an den verschiedenen Varianten der Hülse: *Etui,*

Futteral, Tasche, Bumsetui, Fickfutteral, Nudeltasche, Käsetasche. Man reduziert die Frau zur Öffnung (*Loch, F-Loch, Mannloch, Ofenloch, Schlüsselloch, Spundloch*) oder zum Einschnitt (*Kerbe, Rille, Ritze, Scharte, Schramme, Spalt, Schlitz, Schlitze, Schlitzfetzen, Schlitzgabel, Fickritze, Bumskerbe, Vögelscharte*). Andere Termini der entfremdeten, verdinglichten Sexualsprache der Bundesrepublik erniedrigen die Frau zur Koitusunterlage: *Chaise, Chassis, Sessel, Pritsche, Schlitten, Matratze, Schlitzmatratze, Amüsiermatratze, Amüsierfleisch, Bügelbrett, Plättbrett, Reißbrett, Nudelbrett.*

Noch drastischer und völlig im Tonfall der Verachtung: *Saftpresse, Entschleimer, Schleimbeutel, Schlammtüte, Müllkute, Mülleimer.*

Verdinglichung, die sich so gern als »wertfrei«, »sachlich« und »neutral« gebärdet, ist stets eine verhüllte Form der Abwertung, weil sie das Höhere, das Lebendige auf das Niedrigere, das Leblose zu reduzieren sucht. Man überdenke beispielsweise die folgenden, fast nur von Männern benutzten Verdinglichungen des Penis: *Balken, Bolzen, Hammer, Hobel, Ladebaum, Latte, Schleifstein, Stange, Stiel, Stützbalken, Zaunpfahl, Zinken.* Dann analysiere man die folgenden, meist von Frauen verwandten Penissynonyme: *Rührlöffel, Rührstock, Schaumschläger, Soßenlöffel.* Schließlich die folgenden Männerausdrücke für »Penis«: *Dietrich, Hausschlüssel, Kofferschlüssel, Türschlüssel, Büchsenöffner, Dosenöffner, Flaschenöffner, Muschelöffner.* Klingt durch dieses ganze Vokabular nicht eine gewisse Aggression, ein gewisser Sadomasochismus, der sich in der bürgerlichen Welt stets an den Komplex der Entfremdung anlehnt?

Das wird in folgenden Männerausdrücken für »Penis« besonders deutlich: *Brecheisen, Brechstange, Büchsenreißer, Buttenreißer, Dampfhammer, Dampframme, Dosenreißer, Fotzhobel, Fudhobel, Fudraspel, Fudreißer, Fudwalker, Fummelhobel, Gnadenhammer, Heimtreiber, Hemdspreizer, Keil, Kloben, Mangelholz, Meißel, Nadel, Nagel, Nudelwalker, Nußknacker, Pfefferstreuer, Pflock, Ramme, Raspel, Riemen, Ritzenhobel, Schere, Schmiedehammer, Sense, Sichel, Spreizer, Stachel, Stecknadel, Stemmeisen, Stoßbogen, Stoßstange, Stössel, Streichriemen, Striegel, Widerhaken.* Noch deutlicher in dem folgenden Block, der auf dem Konzept, des Verbrennens und Versengens beruht: *Brennstift, Feuerhaken, Feuerquirl, Flammenwerfer, Lötkolben, Schmoreisen, Schneidbrenner, Schüreisen, Schürhaken.*

Mechanisierende (verdinglichende) und verwundende (sadistische) Bestrebungen der bürgerlichen Umgangssprache verbinden sich miteinander in den Penissynonymen, die auf dem Prozeß des Bohrens fußen: *Bohrer, Bohrhammer, Feuerbohrer, Lochbohrer, Ölbohrer, Saftbohrer.* Noch deutlicher wird das sadistische Element in den flagellantischen Synonymen für »Penis«: *Flitzer, Gummiknüppel, Kilo, Knittel, Knüppel, Knute, Knüttel, Prengel, Prügel, Salzer, Treiber, Spanat, Stekken, Stock, Haselstock, Kommstock, Krückstock, Rohrstock, Meerrohr, Spanischrohr, Seelenwärmer, Ziegenhainer, Birkengretchen, Birkenpinsel, Fackel, Gerte, Hampelmann, Kabacke, Kantschu, Karnöffel, Kobermenter, Nagaika, Nolle, Ochsenziemer, Peitsche, Pinsel, Reitgerte, Reitpeitsche, Rute, Ruting, Schnappert, Schot, Stahlrute, Zuchtrute.*

In zwei weiteren Gruppen von Penissynonymen verbinden sich sadistische mit verdinglichen Tendenzen, indem sie das männliche Glied als Hieb- oder Stichwaffe deuten: *Axt, Bajonett, Bankanett, Beil, Blanlmichel, Buschmesser, Degen, Distelstecher, Dolch, Döller, Dolmen, Feitel, Faschinenmesser, Fiebermesser, Flamberg, Flitsche, Florett, Garsen, Hacke, Häckerling, Hackpfanne, Härterich, Hartling, Härtricht, Hieber, Husarensäbel, Jagdmesser, Käsedolch, Käsemesser, Klappmesser, Klinge, Klinko, Knappkoter, Kneif, Kneip, Kriegsbeil, Krötenstecher, Krummschwert, Kurzschwert, Langschwert, Lanze, Lanzette, Messer, Paunzenstecher, Picke, Pickling, Pike, Reitersäbel, Ringelstecher, Ritzer, Säbel, Sachs, Saftmesser, Schaft, Schärfling, Schleifsäbel, Schlitzer, Schlitzling, Schlitzmesser, Schneider, Schneidling, Schnittling, Schwert, Speer, Spieß, Spitzling, Sporn, Steche, Stichling, Stichwaffe, Stilett, Stoßdegen, Streitaxt, Taschenmesser, Titschkerl, Türkensäbel, Weidmesser.*

Besonders deutlich verbindet sich Aggression mit der bereits erwähnten Tendenz zur Mechanisierung der Sexualsynonyme in jenem Vokabular, das den Penis mit der Schußwaffe gleichsetzt: *Artillerie, Ballerbüchse, Ballerrohr, Batterie, Bombarde, Büchse, Dicke Berta, Donnerbüchse, Donnerrohr, Falkaune, Falkonett, Feuerrohr, Feuerwaffe, Feldschlange, Flak, Flinte, Frauenabwehrkanone, Geschütz, Gewehr, Granatwerfer, Handfeuerwaffe, Haubitze, Hinterlader, Jagdflinte, Jagdgewehr, Kanone, Karabiner, Kartaune, Kleinkaliber, Knarre, Kugelspritze, Kuhfuß, Langrohrkanone, Luftgewehr, Maschinengewehr, Maschinenpistole, Minenwerfer, Mörser, Muskete, Petarde, Pistole, Repetiergewehr, Revolver, Schieß, Schießeisen, Schießgewehr, Schießprügel, Schießwaffe, Schiffskanone, Schnellfeuerwaffe, Schrotflinte, schweres Geschütz, Seitengewehr, Stalinorgel, Steilfeuergeschütz, Stielhandgra-*

nate, Stoßflinte, Stutzen, Torpedo, Trommelrevolver, Vorderlader. Dementsprechend auch für »Sperma«: *Atombombe, Atomgranate, Bombe, Brandbombe, Dumdum, Dynamit, Eiergranate, Geschoß, Granate, Kartätsche, Ladung, Munition, Nitro, Pulver, Schießpulver, Schrapnell, Schrot, Sprengbombe, Sprengladung, Sprengstoff, Treibstoff, Zündstoff.* Und deshalb auch für »Vulva«: *Pulverpfanne, Pulverfaß, Pulvermühle, Schießbude, Schießscheibe, Schützengraben, Schützenloch, Stichblatt, Stichscheibe, Stoßspalte, Zielscheibe, Wunde.*

Aus manchen der Männerausdrücke für »Frau« und »Vulva« spricht nicht nur Aggression, nicht nur Entfremdung, Entmenschlichung, Verdinglichung und Mechanisierung, sondern auch Angst – Angst vor der Frau –, Angst, die das Gegenstück zur Frauenverachtung und in den meisten Fällen auch deren unbewußter Grund ist. Das Bild der Frau, das aus diesen umgangsprachlichen Ausdrücken des Bürgertums spricht, ist das der gezahnten Vagina, der kastrierenden, impotentmachenden Vulva: *Schwanzfänger, Beißzange, Schnappfut, Schwanzklammer, Zange, Zwicke, Zwickmuschi, Hölle.*

Die Sprache der Liebe verwandelt sich in der bürgerlichen Welt also nicht nur aus einer Sprache der Zärtlichkeit in eine der Angst und der Aggression, sondern sie enthüllt im Laufe dieser Metamorphose auch, daß die Liebe dem Liebenden entgleitet, ihm nicht mehr als eine Beziehung zwischen Ich und Du, sondern als eine zwischen Trieben erscheint und daß die von ihm selbst erzeugten Gefühle ihm dann als fremde, ihn beherrschende Mächte entgegentreten. Die Ursache liegt darin, daß der Mensch in der bürgerlichen Gesellschaft die sexuellen Folgen seines Seins und seines Handelns ebensowenig zu durchschauen vermag wie die ökonomischen, sozialen und politischen. Er empfindet sich als hilfloser Spielball unsichtbarer, irrationaler, unverständlicher Kräfte, die sein Schicksal lenken und gegen die man sich nicht wehren kann.

So kehrt der Mensch auf der Stufe der höchsten technischen Entwicklung seiner Spezies zur Hilflosigkeit des Urmenschen zurück, der die Welt als Verschwörung unbegreiflicher und unfaßbarer Naturkräfte sah. Wie die Sprache des ersten Menschen, vom Terror getrieben, sich aus tierischen Lauten zu ersten Worten herausbildete, so kehrt die Sprache des Sexus in der bürgerlichen Welt heute immer wieder zu Morphemen des Terrors und der Tierwelt zurück. Die Frau wird zur Krähe, Kröte, Milbe, Natter, Pute, Ratte, Schlange, Schnepfe, Töle, Wespe, zur Nachteule, Pesteule, Schleiereule, zur alten Drossel, häßlichen Ente, dreckigen Sau, blöden Kuh. Der Mann wird zum Bullen,

Eber, Stier, zum stinkenden Bock, zum dreckigen Schwein, zum blöden Ochsen. Die Vagina wird zur Kuhfotze, zum Kuhstall, zum Saustall oder einfach zum »Tier«. Der Penis wird zum Rüssel, Schwanz, Schweif, Horn, Bockshorn, Brunzrüssel, Lammschweif, Ochsenschwanz, Pferderiemen.

So wird der schöpferische Prozeß der Volkssprache, den wir am Anfang dieser Eintragung zu deuten versucht haben, am Ende wieder von der Entfremdung der bürgerlichen Gesellschaft negiert. Nur wenn wir die Klassenspaltung überwinden, wird es uns gelingen, auch die sprachliche Spaltung aufzuhalten. Nur in einer klassenlosen Gesellschaft wird die sprachliche Kreativität des Volkes vor dem inhaltlichen Verfall bürgerlicher Verdinglichung bewahrt bleiben. Nur dort werden wir den Prozeß der sprachlichen Entfremdung aufhalten können. Er ist nicht neu und er sitzt sehr tief in den Fugen der bürgerlichen »Ordnung«. Marx beschrieb als 26jähriger in seinen ökonomischen Studien zu James Mill (MEGA I, Berlin 1932, zweiter Teil, 530–554) den Zustand der sprachlichen Entfremdung, den die bürgerliche Welt bereits vor 134 Jahren erreicht hatte.

Die zwischenmenschlichen Beziehungen, sagte er, hätten sich derart verdinglicht, daß die einzig verständliche Sprache, in der zwei Menschen noch miteinander reden könnten, die der Gegenstände in ihrer Beziehung zueinander sei. Selbst in der Liebesbeziehung verstünden wir die menschliche Sprache nicht mehr. Sie würde von der einen Seite als Bitte, als Flehen, als eine Demütigung empfunden und daher mit Scham, mit dem Gefühl der Wegwerfung vorgebracht, von der anderen Seite als Unverschämtheit oder Wahnwitz aufgenommen und zurückgewiesen werden: »So sehr sind wir wechselseitig dem menschlichen Wesen entfremdet, daß die unmittelbare Sprache dieses Wesens uns als eine Verletzung der menschlichen Würde, dagegen die entfremdete Sprache der sachlichen Werte als die gerechtfertigte, selbstvertrauende und sichselbstanerkennende menschliche Würde erscheint.«

Wenn sich seitdem etwas geändert hat, so ist es nicht, daß die Entfremdung geschwunden sei, sondern daß sie ins Unermeßliche angewachsen ist.

Sexualität und Strafrecht → Abtreibung, falsche Anklagen und Aussagen, Beischlafdiebstahl, Bestrafung, Bigamie, Bilbulmelochnen, Blutschande, Bordell, Cyproteron, Damenbesuch, Ehebetrug, Ehebruch, Entführung, Erregung öffentlichen Ärgernisses, Exhibitionismus, Folter, Gefängnis, Graues Kreuz, Hinrichtungssadismus, Inzest,

Jungfernschaftsprokurist, Kastration, Kaunitzprozeß, Kuppelei, Lex Heintze, Lustmord, Mädchenhandel, Mißhandlung Abhängiger, Mißhandlung von Kindern und Jugendlichen, Mißhandlung von Wehrlosen und Gebrechlichen, Nachtbesuch, Nötigung, Notzucht, Pornographie, Prostituiertenmord, Prostituiertenreglementierung, Prostituiertenstrafen, Prostituiertenverschickung, Prostitution, homosexuelle Prostitution, männliche Prostitution, Rentenkonkubinat, Schwangerschaftsunterbrechung, Sexualverbrechen, Sittlichkeitsverbrechen, Sterilisation, Strafe, Strafmündigkeit, Strafrecht, Tötungsdelikte, Triebverbrechen, Verbrechen, Vergeltung, Zuhälterei.

SEXUALITÄT UND ZIVILRECHT → Adoption, Alimentation, künstliche Befruchtung, Bußdisziplin, Damenbesuch, Empfängnisverhütung, Frauenrecht, Frühehe, Gleichberechtigung, Haushaltsgeld, Heranwachsende, Intimmoral, Intimsphäre, Jugendliche, Jugendschutz, Kinder, Kinderehe, Kranzgeld, Mätresse, Minderjährigkeit, Mitgift, Mutterschutz, Nachtbesuch, Rentenkonkubinat, Schadenersatz unter Ehegatten, Sexualmoral, Sittlichkeit, Unehelichkeit, Unterhaltspflicht, Verlobung, Volljährigkeit.

SEXUALITÄT, ZUKUNFT DER →Zukunft des menschlichen Geschlechtslebens.

Sexualkasuistik [lat.: casus = Fall], Fallgeschichte einer sexuellen Störung; Beschreibung einer solchen Fallgeschichte; das gesammelte fallgeschichtliche Material zum Beleg einer sexualmedizinischen These.

Sexualkatamnese [gr.: kata = herab; anamnesis = Erinnerung], abschließender Arztbericht über eine Sexualstörung.

Sexualkrise, ein schönrednerischer Begriff, der den unvermeidlichen Konflikt zwischen den Sexualwünschen des Individuums und seiner Umwelt zu umschreiben sucht. Eine S. ist der psychische Niederschlag der Unfähigkeit des Individuums, seine Sexualwünsche in erlaubter Weise befriedigen zu können. In diesem Sinn befindet der westliche Mann sich in einem dauernden Zustand der S., denn kaum ein Mensch kann in unserer Gesellschaft seine sexuellen Wünsche voll befriedigen.

Jeder Junggeselle, der Lust auf ein Mädchen hat und an diesem Abend keine Beischlafpartnerin finden kann, befindet sich in einer S. Jedes Mädchen von 15 Jahren, das einen Mann haben möchte, aber nicht weiß, wie man das macht, steckt in einer S. Da Frustration von der bürgerlichen Gesellschaft systematisch aufgebaut und in Aggression verwandelt wird (ohne Frustration kein Krieg), beschreibt das Wort S.

deshalb eher eine Norm als einen Ausnahmezustand. Vgl.: Abstinenz, Intimmoral, Keuschheitsklausel, Privatleben, Sexualmoral, Vorehelicher Geschlechtsverkehr.

Sexualkultur, auf Hans Naumann zurückgehender Begriff, der das Sexualverhalten des »Volkes« von dem des »Kulturmenschen« unterscheiden sollte. Für Naumann (*Primitive Gemeinschaftskultur*, 1921; *Grundzüge der deutschen Volkskunde*, 1922) ergab sich bei jeder Sitte und jedem Brauch die Frage, ob es sich um ein von unten hochgeschwemmtes »Gemeinschaftsgut« oder um ein von oben herabgesunkenes »Kulturgut« handelte. Diese Unterscheidung machte er auch bei den Sexualsitten und dem sexuellen Brauchtum. Jede Form der »Sexualkultur« konnte dann daraufhin untersucht werden, ob sie »aufgestiegen« oder »abgesunken« sei.

Sexuallinguistik, ein von Borneman geprägter Begriff, der das Studium der sexuellen Sprachwurzeln und die Beziehungen zwischen dem Sexualverhalten und dessen sprachlichem Ausdruck bei Individuen und Sprachgruppen beschreiben soll (Ernest Borneman, *Sex im Volksmund*, Reinbek 1971, zweibändige Taschenbuchausgabe ebd. 1974).

Sexualmoral. Es ist das Kennzeichen einer gesunden Sexualität, daß die Freude, die sie uns gibt, untrennbar von der ist, die wir einem anderen Wesen geben. Wenn ein sexueller Akt mir Freude macht, ohne gleichzeitig einem anderen Wesen Freude zu geben, so ist er ungesund. Das gilt für Onanie, für Exhibitionismus, für die Lektüre pornographischer Werke, für homosexuellen Verkehr mit einem widerwilligen Partner, für Geschlechtsverkehr mit Tieren – aber auch für den normalen Koitus kirchlich getrauter Ehegatten, von denen nur einer an dem Verkehr Vergnügen findet. Andererseits kann Geschlechtsverkehr zwischen einander liebenden Homosexuellen durchaus gesund sein. Selbst Geschlechtsverkehr mit Tieren ließe sich vom ethischen Standpunkt aus verteidigen, wenn das Tier ebenso viel Freude daran hätte wie der Mensch und dem Menschen ebenso viel Freude zu geben versuchte, wie der Mensch ihm gibt.

Im philosophischen Sinne stellt der Geschlechtsverkehr das Modell aller zwischenmenschlichen Beziehungen dar. Er hat drei Grundprinzipien:

1. Er ist *aktiv*; er besteht nicht aus Kontemplation, sondern aus körperlicher Tätigkeit.
2. Er ist *sozial*; er besteht nicht aus einsamer Tätigkeit, sondern aus gemeinsamer Entfaltung zweier oder mehrerer Wesen.

3. Er beruht auf *Gegenseitigkeit*; er gibt uns nur dann volle Befriedigung, wenn wir einem oder mehreren anderen Wesen volle Befriedigung geben.

Wir erkennen die Gesundheit einer Kultur daran, daß sie die Sexualität als Motor ihrer Dynamik benutzt und sie nicht unterdrückt, zensiert oder als sündhaft erachtet. Nur diejenigen Kulturen, die das Nehmen und Geben organisch ineinander verzahnen, sind lebensfähig. Gesund sind Kulturen, wenn sie sich den Arbeitsprozeß des Forschers, des Wissenschaftlers, des Künstlers zu eigen machen und die Ethik der Gesellschaft von diesem Arbeitsprozeß ableiten. Forscher, Künstler und Wissenschaftler geben ihrer Arbeit die gesamte Vitalität, die ihnen zur Verfügung steht, denn sie finden ihre Erfüllung in der Arbeit als solcher, nicht in deren Entlohnung.

Die restriktive Sexualmoral, die unsere westliche Denkwelt geformt hat und die sich oft als christlich ausgibt, hat keine biblischen Wurzeln. Das Alte Testament und diejenigen Teile des Neuen Testaments, die noch unter dem direkten Einfluß des Christus standen, zeigen jene sexuelle Freiheit, die für die Völker des Mittelmeerraums zu Christi Lebzeiten charakteristisch war. Gleichzeitig war aber auch ein hohes Maß an tolerierter Homosexualität im römisch beherrschten Palästina gang und gäbe. Bereits im Neuen Testament finden wir deshalb eine Misogynie und eine Überschätzung der Männergemeinschaft, die dem Alten Testament fremd waren. Als die Selbstkasteiungen der→ Anachoreten zu der paulinischen Frauenfurcht jenes masochistische Element hinzufügten, von dem sich die Kirchen bis heute nicht ganz gelöst haben, war die Formel der Sexualangst gefunden, unter der die westliche Kultur seit fast neunzehn Jahrhunderten gelitten hat.

Die Herrschaft der Kirche baute sich vom vierten Jahrhundert an hauptsächlich auf der Erzeugung eines sexuellen Notstandes und dessen Ausbeutung auf. Der Gläubige, der den sittlichen Tabus der Kirche gehorchte, lebte in einem Zustand so profunder sexueller Misere, daß er das Leben nur in der Hoffnung auf eine bessere Welt im Jenseits ertragen konnte. Er war in sexuellen Dingen so unsicher, daß er seine Sicherheit nur in der Kirche finden konnte. So gelang es ihr, die absolute Herrschaft über die Seelen ihrer Gläubigen zu fordern und zu erhalten.

Für die Renaissancepäpste und ihre Priester, die sich in ihrem eigenen Privatleben mit solcher Selbstsicherheit über die sexuellen Tabus hinwegsetzten, die sie anderen vorhielten, waren die Gesetze der Keusch-

heit und Enthaltsamkeit, der unlöslichen Ehe und unbrechbaren Treue allerdings ebenso absurd wie die Bußen, die sie den Gläubigen für sexuelle Anomalien auferlegten. Wichtig war den Kirchenfürsten allein die Macht der Kirche. Sie verwendeten die sexuelle Angst und die sexuelle Scham, die sie in den Gläubigen erzeugten, als psychologische Waffen im Kampf um die Macht über die Seelen der Menschheit. So wird die barbarische Moral der mittelalterlichen Kirche verständlich, vom Keuschheitsgürtel bis zum Kinderkreuzzug, vom Flagellantismus bis zur Folter, von der Inquisition bis zur Hexenverbrennung. Aber auch nur so wird uns die Reformation verständlich, die in naivem Mißverständnis des Zwecks der restriktiven Sexualgesetzgebung all das ernst zu nehmen begann, was die römische Kirche bis dahin nur als psychologische Waffe betrachtet hatte.
Während der Heilige Stuhl zumindest die Elite der Kirche von der Selbsttortur der »christlichen« Sexualmoral freigesetzt hatte, nahmen sich Männer wie Calvin und Cromwell, von den Puritanern der Neuen Welt ganz zu schweigen, die leibfeindlichsten Gebote der römischen Kirche zum Vorbild und begannen allen Ernstes das zu praktizieren, was die Kirche in ihrer Weisheit bis dahin nur gepredigt, aber glücklicherweise nur selten praktiziert hatte.
Zweifellos haben sich im Lauf der letzten drei Jahrzehnte die Anschauungen aller Kirchen von dem, was gute und schlechte Sexualmoral darstellt, in hohem Maße liberalisiert. Die Sexologen, die heute noch für das Recht des vorehelichen Geschlechtsverkehrs plädieren und gegen Kirche, Staat und Reaktion wettern, rennen oft offene Türen ein. Aber der grundsätzliche Einwand der Sexologen gegen die westliche Sexualmoral bleibt bestehen: sie stellt eine Umkehrung der wirklichen Werte des Sexuallebens dar. Sie nennt gut, was schlecht ist. Und sie nennt schlecht, was gut ist. Eine Modifizierung dieser Werte hilft nur wenig. Zu sagen, daß der Beischlaf nicht *ganz* so schlecht sei, wie wir gestern noch glaubten, oder daß sexuelle Abstinenz nicht *immer* ein Positivum darstelle, verwirrt die Begriffe, statt sie zu klären. Wenn das Christentum die Liebe als Zentrum aller Ethik betrachtet, dann dürfen wir als Christen keinen Aspekt der sexuellen Liebe je als Negativum darstellen. Und wenn wir an das Ethos des Gebens glauben, dann können wir die Frau, die uns mit ihrer Liebe ihren Körper gibt, nicht als Sünderin betrachten. Alles, was verbindet, ist gut. Alles, was trennt, ist schlecht. Liebe ist gut. Haß ist schlecht. Aber so ist auch jegliche Form des Geschlechtsverkehrs, die zwei Wesen miteinander verbindet, stets

gut. Und so ist jede Restriktion des Sexualverkehrs, die zwei Wesen trennt, stets schlecht. Entweder nehmen wir den Kern der christlichen Lehre ernst und betrachten die Sexualmoral nicht mehr als das einzige Gebiet der Ethik, in dem alle fundamentalen Werte des Christentums in ihr Gegenteil verdreht werden müssen, um die Zustimmung des Klerus zu finden, oder wir müssen aufhören, uns Christen zu nennen, und müssen jener restriktiven Sexualmoral, die wir vertreten, einen anderen Namen als den des Christus geben.

Sexualneurose, eigentlich eine Tautologie, denn alle → Neurosen sind sexuell motiviert. Manche Sexualwissenschaftler benutzen aber noch immer den Begriff S., um einerseits diejenigen Neurosen zu bezeichnen, die sich deutlich als sexuell ausgeben (z. B. → Berührungsangst, Genitalangst, Koitusangst, Venereophobie), andererseits, um einen Gemeinnenner für die in den Genitalien lokalisierten Neurosen zu finden (z. B. → Impotenz, Vaginismus, Erektionsangst). Wie alle anderen Neurosen ist auch die S. eine Nervenstörung ohne besonderen anatomischen Befund. Sie betrifft nur das Funktionelle und äußert sich entweder als Organneurose, die besonders die Genitalien befällt, oder als vasomotorische Neurose (z. B. die Angioneurose des Klimakteriums), bei der die sympathische Innervation der Blutgefäße von der Norm abweicht. In dieser Form bewirkt die S. Kribbeln an Händen und Füßen, begleitet vom Gefühl einer Schlafsucht und Gefühllosigkeit der Extremitäten, Schmerzen im Kreuz, halbseitige Kopfschmerzen u. a. Auch Blasenbeschwerden, häufiger Harndrang bei völlig normalem Harnbefund, Störungen der Magen- und Darmsäfte, Stuhlverstopfung, Neigung zu gichtischen Erkrankungen (klimakterische Arthropathie), Gelenkschmerzen besonders in Fingern und Kniegelenken (Arthropathia ovaripriva) entstehen auf hormonal-neurotischen Grundlagen. Die örtlich sich manifestierenden Sexualneurosen des Klimakteriums sind häufig von seelischen Krankheitszeichen begleitet. Eine gesteigerte Reizbarkeit und Ermüdbarkeit im Klimakterium, depressive Stimmungslagen und pervers-sexuelle Neigungen treten auf. → Neurose, weibliche Psychose.

Sexualnorm [lat.: norma = Maßstab], gesellschaftsübliche Regel des Geschlechtsverhaltens. Sexuelle Normen, genau wie deren Schattenseite, die sexuellen Abweichungen, sind sexuelle Niederschläge sozialer Normen und sozialer Abweichungen. Die → kritische Sexualwissenschaft unserer Tage vermutet, daß beide von kodifizierbaren Gesetzen bestimmt werden. Bei genügender Kenntnis der gesellschaftlichen

Fakten sollte es nicht unmöglich sein, auch die zukünftige Entwicklung sexueller Normen und sexueller Abweichungen zu prognostizieren.

Sexualnosologie [gr.: nosos = Krankheit; logos = Lehre], Lehre von den Sexualstörungen; systematische Beschreibung und Klassifizierung einer sexuellen Störung.

Sexualobjekt, in der Psychoanalyse die Person oder das Ding, von der oder dem eine geschlechtliche Anziehung ausgeht. Freud unterscheidet das S. ausdrücklich vom → Sexualziel (der Handlung, nach welcher die sexuelle Appetenz drängt). Das S. ist also dasjenige, an dem oder durch das die sexuelle Begierde ihr Ziel zu erreichen sucht. In der Psychoanalyse ist die sexuelle Appetenz das Ursprüngliche, das S. dagegen variabel und zufällig. Es ist der sexuellen Appetenz nur infolge seiner Eignung als mögliches Objekt der Befriedigung zugeordnet. Während die sexuelle Appetenz bei Freud als etwas Angeborenes und Triebhaftes betrachtet wird, ist das S. also sozial determiniert. Die Libido ist nicht auf der Suche nach Lust, sondern nach einem S., das die Lust befriedigen kann. Was für eine Art von S. das ist, hängt einerseits von den familiären Einflüssen ab, die das Individuum in seiner frühen Kindheit sexuell prägen, andererseits aber auch von den gesellschaftsüblichen Normen der Partnerwahl. Da das S. stets auch ein Objekt der Lust ist, stellt der Begriff »Lustobjekt« in der Psychoanalyse, im Gegensatz zur Frauenbewegung einerseits und zum Marxismus andererseits, etwas ausgesprochen Positives dar. Die Frauenbewegung sieht im Lustobjekt ausschließlich das Ausgeliefertsein der Frau an die Begierden des machttragenden Mannes. Der Marxismus sieht im S. die entpersönlichte, entfremdete, verdinglichte Geschlechtlichkeit des Menschen. Freud dagegen sieht im S. das potentielle Liebesobjekt und damit die Verkörperung des höchsten und edelsten Menschenwunsches.

Sexualökologie [gr.: oikologia = Haushaltskunde], die Lehre vom Haushalt der Natur im Verhältnis zum Geschlechtsleben der pflanzlichen und tierischen Gattungen.

Sexualpathogenese [gr.: pathos = Leiden; genesis = Entstehung], die Entstehung und Entstehungsgeschichte einer Sexualstörung.

Sexualpathographie [gr.: graphein = schreiben], Krankheitsbericht über eine spezifische Sexualstörung. Die Beschreibung von Sexualstörungen im allgemeinen.

Sexualpathologie [gr.: logos = Lehre], Lehre von den Sexualstörungen.

Sexualquelle, in der neueren Sexualpsychologie ein Begriff, der das psychoanalytische Konzept der »Triebquelle« ersetzen soll. In der Psychoanalyse wird jene Körperzone (meist die Genitalien oder eine der anderen → Erogenzonen), aus der eine bestimmte Form der sexuellen → Appetenz stammt, als »Triebquelle« bezeichnet. Die Psychoanalytiker unterscheiden also zwischen *Triebquelle*, *Triebobjekt* und *Triebziel*. Unter Triebziel verstehen sie jede sexuelle Handlung, die dazu dient, die vom Trieb erzeugte sexuelle Spannung abzubauen. Mit Triebobjekt meinen sie die Person, das Ding oder die Vorstellung, mit deren Hilfe dieser Spannungsabbau stattfindet. Die Triebquelle ist also der Ort, aus dem die → Libido fließt. Die Psyche staut diese libidinöse Energie und besetzt den eigenen Körper mit ihr (primärer → Narzißmus). Später dient das in der Psyche gestaute Libidoreservoir seinerseits als Quelle, die anderen Menschen zufließt und sie mit Libido »besetzt« (→ Objektlibido).

Da die heutige Sexualpsychologie aber nicht mehr an menschliche Sexualtriebe glaubt und stattdessen vermutet, daß sexuelle Wünsche weitgehend sozial stimuliert werden, übernimmt sie nur Teile des psychoanalytischen Libidokonzepts und spricht von → Sexualobjekt, → Sexualziel und Sexualquelle, wo Freud die Begriffe Triebobjekt, Triebziel und Triebquelle benutzt.

Sexualrestriktion [lat.: restringere = einschränken], Einschränkung des Geschlechtslebens und Geschlechtsverkehrs.

sexualrestriktive Gesellschaftssysteme sind solche, die den Geschlechtsverkehr ihrer Mitglieder beschränken, weil sie annehmen, daß er dem gesamtgesellschaftlichen Wohl oder dem Regime der Herrscher schadet. Im Gegensatz zu offenen, die gegenseitige Liebe fördernden Kulturen, die meist friedlich, lebensfroh und wenig darauf erpicht sind, ihre Umwelt zu beherrschen, zeigen s. G. stets eine eigentümliche Trias von Fleiß, Rechthaberei und Aggression. Ihr Naturverhältnis wird von der Überzeugung geprägt, der Mensch müsse seine Umwelt »beherrschen«. Im Gegensatz zu offenen, leibfreundlichen Kulturen, die ein Minimum von Neurosen und ein Maximum von Anpassung an die gegebenen ökologischen Verhältnisse aufweisen, erkaufen sich s. G. ihren hohen Fleiß mit einer entsprechend hohen Einbuße von psychischer Stabilität. Psychische und sexuelle Störungen sind der Preis ihres Produktionsniveaus.

Sexualsymptom [gr.: symptoma = Kennzeichen], die sexuelle Äußerung einer scheinbar nichtsexuellen Störung; das scheinbar nichtsexuelle Symptom einer sexuellen Störung.

Sexualtaxonomie [gr.: taxis = Anordnung; nomos = Gesetz], das Gesetz von der Anordnung und dem Zusammenspiel geschlechtlicher Phänomene. Die Klassifizierung der Geschlechtsmerkmale einer pflanzlichen oder tierischen Gattung.

Sexualtaxonomie, menschliche, die systematische Einordnung der menschlichen Geschlechtsmerkmale in ein logisches Schema.

Sexualteleologie [gr.: telos = Ziel; logos = Lehre], die Lehre, daß unser Geschlechtsverhalten nicht *kausal* (aus seinen *Gründen* heraus), sondern nur *spekulativ* (von seinem verborgenen *Ziel* her) erklärbar sei. Dieses Ziel wird von einigen Anhängern der S. in der → Fortpflanzung, von anderen in der → Heterosexualität gesehen. Da die S. jede empirische Untersuchung der menschlichen Sexualität als Verstoß gegen die »göttliche Ordnung«, das »Sittengesetz«, die »Intimmoral« oder die »Freiheit der Person« betrachtet, erspart sie sich den Beweis, daß Heterosexualität und Fortpflanzung von Gott oder der Natur als einzige Ziele des menschlichen Sexualverhaltens festgelegt werden. Daß diese Ansicht philosophisch unhaltbar ist, läßt sich in kürzester Form demonstrieren. Die Natur belegt alle Vergehen gegen ihre Absichten mit hohen Strafen. Je dringlicher die Absicht, desto höher die Strafe. Wo die Absicht die Erhaltung der Art ist, belegt die Natur jede Unterlassungssünde mit dem Tod. Um uns fortpflanzen zu können, müssen wir essen, trinken und atmen. Essen, trinken und atmen wir nicht, sterben wir. Wäre die Fortpflanzung der Art der alleinige Zweck des Geschlechtsverkehrs, so würde dessen Unterlassung zum Tode führen. Aber wir sterben nicht, wenn wir nicht kopulieren. Also kann die Fortpflanzung nicht der Zweck der Kopulation sein.

Es ist eigentümlich, daß sich die Theologen nicht entschiedener mit dieser Logik auseinandergesetzt haben. Die Kirchenväter betrachteten den Sexualakt als tierisch. Und tierisch an ihm war, daß er nur der blinden Fortpflanzung diente. Wenn aber auch der menschliche Sexualakt nur der Fortpflanzung dient, so imitieren wir die Tiere, statt uns über sie zu erheben. Entsprechen wir dem Willen Gottes und erheben wir uns über die Tiere (Gen. 1, 28), müßte vom theologischen Standpunkt aus der Sinn des Sexualaktes gerade darin liegen, daß wir ihn von dem tierischen Erbe befreien: daß wir Kopulation und Fortpflanzung nicht mehr gleichsetzen. Die protestantische Theologie hat sich über Jahrzehnte an diesen Standpunkt herangetastet. Bereits im Mai 1960 entschied das *Committee on Morals* der Kirche von Schottland, daß die Geburtenregelung heute kaum noch als ein »Akt wider die Natur« aufgefaßt werden könne. Denn entweder sei jeder Akt, durch den der

Mensch sich über das Tier erhebt, »wider die Natur«, und dann seien auch Religion und Glaube des Menschen widernatürlich. Oder jeder »widernatürliche« Akt sei ein Versuch des Menschen, zum Geschöpf Gottes zu werden, und dann sei die Erfindung des Kondoms ebenso sehr eine Erfüllung des ewigen Willens wie die Erfindung der Kathedrale, die Ungezieferkontrolle ebenso heilig wie die Geburtenkontrolle.

Diesem Bericht war der Bericht des *Lambeth Conference Committee* der Anglikanischen Kirche über »Die Familie in der gegenwärtigen Gesellschaft« vorausgegangen, der 1958 mit größter Deutlichkeit sagte: ». . . die Zeugung von Kindern ist *nicht* der einzige Zweck der Ehe. Männer und Frauen schulden es einander . . . daß sie im Geschlechtsverkehr der Liebe Ausdruck geben, die sie füreinander empfinden. Geschlechtsverkehr . . . hat den tiefen Sinn der Verbindung, die durch das in der Bibel so häufig gebrauchte Wort ›Erkennen‹ ausgedrückt wird; es ist ein Geben und Empfangen in der Einheit zweier freier Geister, welches *an sich* gut ist . . . und denen Gutes vermittelt, die an ihm teilhaben. Deshalb . . . ist es falsch zu sagen, dieser Verkehr sollte nicht stattfinden außer in der bewußten Absicht, Kinder zu zeugen.«

Diente der Geschlechtsverkehr nur der Fortpflanzung der Art, wäre zugleich die Frau zum zweitrangigen Wesen degradiert. Denn der Mann kann die Frau nur dann befruchten, wenn er Lust empfindet. Die Frau aber kann befruchtet werden, selbst wenn sie extreme Unlust empfindet. Wäre die Fortpflanzung der einzige Zweck der Paarung, so wäre der Orgasmus des Mannes eine von Gott gewährte Belohnung für erfüllte Pflicht – der Orgasmus der Frau dagegen ein unverdienter Luxus.

Sexualtherapie [gr.: therapenein = pflegen, heilen], die Behandlung von Sexualstörungen und Geschlechtskrankheiten. Man unterscheidet zwischen *somatischer* S., die vor allem von Sexualmedizinern, Gynäkologen, Andrologen und Dermatologen ausgeübt wird, und *psychischer* S., die vor allem von Sexualpsychologen und Psychoanalytikern betrieben wird.

Sexualtherapie, psychische, die Diagnose und Behandlung psychischer Sexualstörungen. Die Sexualpsychologie zehrt heute noch von einer aus dem 19. Jh. stammenden, an Charcot, Kraepelin und Bleuler anknüpfenden Gleichsetzung von Störung mit Krankheit. Daß ein Mensch unter einer Sexualstörung leidet, braucht aber nach heutigen Erkenntnissen der Sexualpsychologie keineswegs zu bedeuten, daß er

»krank« ist, sondern kann durchaus bedeuten, daß soziale oder andere (beispielsweise ökologische) Störungen sich in seiner Sexualität niedergeschlagen haben. In solchen Fällen kann jeder Versuch der p.S. nur schaden. Stattdessen muß der Betroffene entweder in eine andere Umwelt eingebracht werden, oder die Umwelt muß verändert werden. Die Teilnahme an einer solchen umweltverbessernden Tätigkeit ist oft die beste p.S., die der Sexualpsychologe verschreiben kann.

Der italienische Psychiater Franco Bassaglia hat einmal gesagt, die Quintessenz seines Lebens und Wirkens ließe sich in zwei Sätzen zusammenfassen: »Man muß aufhören, die Kranken in Krankenhäusern unterzubringen, und man muß anfangen, sie in die Welt der Gesunden zu integrieren.« Das bedeutet: Man muß aufhören, sich als Arzt zu betätigen, und man muß anfangen, sich als eine Art säkularer Missionar bei den Gesunden zu betätigen, um sie dazu zu bekehren, ihre Kranken wieder zu sich zu nehmen. Wenn das auf die Psychiatrie zutrifft, dann in noch viel höherem Maße auf die Sexualmedizin.

Sexuell gestörte Menschen gehören überhaupt nicht ins Krankenhaus und schon gar nicht in geschlossene Abteilungen von psychiatrischen Anstalten. Die jüngeren Sexualpsychologen glauben deshalb auch, daß wir aufhören müssen, uns einzubilden, wir könnten die meisten Sexualstörungen und »Perversionen« mit irgendwelchen Mitteln der Welt »heilen«. Wir müssen anfangen, die Energien, die wir an diese Illusion vergeudet haben, anderen Zielen zuzuwenden, die realisierbar sind. Eines dieser Ziele ist der Abbau der pervertierenden Strukturen unserer Gesellschaft, denn dort liegen die *Ursachen* der Sexualstörungen und »Perversionen«. Alles, was wir an dem individuellen Patienten vorfinden, ist nur ein *Symptom*.

In einer Zeit nahezu totaler Korruption der Gesellschaft ist kaum etwas anderes zu erwarten als eine totale Korruption der Sexualität. Wenn das aber so ist, dann hat Bassaglia recht: dann besteht die einzige sinnvolle Ausübung des sexualmedizinischen Berufs darin, daß man den sexualmedizinischen Beruf aufgibt und statt dessen versucht, die *Ursachen* der sexuellen Störungen zu beseitigen; oder zumindest von der nachträglichen Sexualtherapie zur vorsorglichen überzugehen, von der symptomatischen Therapie zur präventiven, von der »Kur« zur Prophylaxe.

Sexualtherapie, soziale, die präventive Behandlung von Sexualstörungen durch soziale Prophylaxe.

Sexualverbrechen gibt es nicht im Strafgesetzbuch. Das Strafrecht systematisiert stets nach dem angegriffenen Rechtsgut, nie nach dem Motiv. Der Rechtsanwalt Dr. Fritz Dehnow in Hamburg hat jedoch bereits 1921 eine Einteilung der Sexualdelikte in die folgenden vier Gruppen vorgeschlagen:

1. Geschlechtliche Handlungen mit Kindern, Widerstandsunfähigen, Bewußtlosen, Geisteskranken und sonstigen Personen unter Anwendung von Drohung und Gewalt;
2. Geschlechtliche Handlungen mit Verwandten, Pflegebefohlenen, Schülern und amtlich oder beruflich Abhängigen;
3. Geschlechtliche Handlungen in der Öffentlichkeit;
4. Diverse vermeintlich strafwürdige geschlechtliche Handlungen (Verführung eines nicht mehr geschlechtsunreifen Mädchens, Ehebruch, homosexuelle und zoophile Handlungen).

Dem hat das Strafgesetzbuch die folgenden Delikte hinzugefügt: Abtreibung, Doppelehe, Verbreitung jugendgefährdender und pornographischer Schriften, Kuppelei und Zuhälterei. Bereits 1921 sagte Dehnow: »Das Sexualstrafrecht ist das am meisten zurückgebliebene Gebiet des Strafrechts. Die gesetzliche Terminologie ist vielfach unklar und verschleiernd und verwendet entrüstungsvolle Umschreibungen statt eindeutiger Bezeichnungen. Die gesetzlichen Strafmaße sind zu hoch; sie überschätzen den Schaden, der durch sexuelle Fehlhandlungen entsteht, und verkennen die Macht des Sexualtriebes. Die gesetzlichen Tatbestände reichen zu weit und ergehen sich teilweise in spitzfindigen Unterscheidungen. Die Praxis der Gerichte neigt dazu, in Sexualstrafsachen schon auf Grund unzuverlässiger Zeugenaussagen und ungenügender Verdachtsmomente Verurteilung auszusprechen; mit der übergroßen Nachsicht der Gerichte gegen gefährliche Verbrecher steht ihre übergroße Strenge auf dem Gebiet des Sexuallebens in Widerspruch.« Jedes dieser Worte gilt heute noch. In fast einem halben Jahrhundert hat sich auf diesem Gebiete so gut wie nichts geändert. → Abtreibung, Alimentation, Beischlafdiebstahl, Bestrafung, Bigamie, Bilbulmelochnen, Blutschande, Bordell, Crosbiting, Damenbesuch, Ehebruch, Empfängnisverhütung, Geschlechtskrankheiten, Folter, Gefängnis, Gleichberechtigung der Geschlechter, Intimmoral, Inzest, Jugendschutz, Kastration, Kaunitzprozeß, Kuppelei, Kranzgeld, Lex Heintze, Lustmord, Mädchenhandel, Mißhandlung Abhängiger, Mißhandlung von Kindern und Jugendlichen, Mißhandlung von Wehrlosen und Gebrechlichen, Mutterschutz, Nachtbesuch, Nötigung, Notzucht, Perversion, Pornographie, Prostituiertenmord, Prostitution, Schwangerschaftsunterbrechung, Sexualverbrechen, Sittlichkeit, Sittlichkeitsverbrechen, Sorgepflicht, Sterilisation, Strafe, Strafrecht, Tötungsdelikte, Triebverbrechen, Verbrechen, Verführung Minderjähriger, Zuhälterei.

Sexualwissenschaft, angewandte, die Anwendung der theoretischen und akademischen Erkenntnisse der Sexualforschung auf praktische Fragen der Gesellschaft, z. B. der Sozialmedizin, der Präventivmedizin, der medizinischen Prophylaxe, aber auch der Erziehung, der Verwaltung und der Politik.

Sexualwissenschaft, empirische, die Ableitung sexueller Erkenntnisse aus verifizierbaren und falsifizierbaren Untersuchungen, z. B. aus Labortests, psychologischen Versuchen und Meinungsumfragen.

Sexualwissenschaft, kritische, die Anwendung kritischer Prinzipien auf die Sexualforschung im Sinne der Kritischen Theorie (Horkheimer, Adorno, Marcuse) und der Kritischen Psychologie (Politzer, Sève, Holzkamp).

Sexualziel, in der Psychoanalyse nicht etwa die *Person*, nach der man sich sehnt, sondern die geschlechtliche *Handlung*, welche die Sehnsucht befriedigen kann. Freud unterscheidet zwischen der Person, von der die geschlechtliche Anziehung ausgeht (dem → Sexualobjekt) und der Handlung, nach welcher die Anziehung strebt. Das Sexualobjekt ist in der Psychoanalyse etwas rein Zufälliges; es dient nur dem transitorischen Zweck der Befriedigung. Das S. dagegen ist viel tiefer und viel grundsätzlicher mit der individualspezifischen sexuellen Appetenz verknüpft. Der Geschlechtspartner (die Geschlechtspartnerin) ist nur das variable Objekt, an dem die Libido ihr S. zu erreichen sucht. Das S. dagegen ist zur geschlechtlichen Befriedigung unerläßlich.

Siphnisieren [gr., nach der Insel Siphnos], im After onanieren, im Altertum so häufig, daß die Griechen ein eigenes Wort hierfür hatten. Angeblich war die Praktik besonders beliebt auf den kykladischen Inseln, zu denen Siphnos gehört. Auch in Rom war die → Analmasturbation bekannt und beliebt. Petronius weist ausdrücklich darauf hin. → Analipsation, Analvioline, Épée de Charlemagne, Introductio digiti, Proctolagnie. Vgl.: Einverleibung, Klistieromanie, Pfählung.

Sippe, die älteste Organisationsform der menschlichen Gesellschaft. Die Urform der S. bestand aus einer Mutter und ihren Kindern. Lebte die Mutter der Mutter noch, so bildete sie als Sippenälteste den Schwerpunkt der S. Die »einheiratenden« Männer gehörten nicht zur S., da diese nur aus Blutsverwandten bestand. Die Entdeckung, daß der

Mann etwas mit der Entstehung eines Kindes zu tun hatte, tauchte erst spät in der menschlichen → Phylogenese auf. Deshalb waren die einzigen bekannten Blutsverwandten des Mannes seine Mutter und seine Geschwister. Die S. hatte also wenig mit dem zu tun, was wir heute unter → Familie verstehen, und darf auch nicht mit der → Großfamilie verwechselt werden. Die Begriffe *genos*, *gens* und *clan* sind in ihrer Urform austauschbar mit dem hier definierten Begriff der S., denn auch die griechische, römische und gaelische Ursippe war matrilinear aufgebaut. Das gleiche gilt für die indische *sabhâ*, von der sich die gotische *sibja*, die althochdeutsche *sippa sippea*, die altsächsische *sibbja* und die angelsächsische *sibb* ableiten.

Sippe, matriarchale, oft fälschlich als matriarchale → Großfamilie bezeichnet, ist eine Form des geschlechtlichen und sozialen Zusammenlebens, die der → Familie evolutionär vorausgeht. Denn die Familie definiert sich dadurch, daß die Bindung der Eltern aneinander und an ihre gemeinsamen Kinder enger ist als an die anderen Blutsverwandten. Bei der m. S. bleiben Frau und Mann jedoch lebenslang Mitglieder der Sippe ihrer Mütter, und dieser Sippe (nicht aber dem Ehepartner, der ja seiner eigenen Muttersippe angehört) gehört die ganze Loyalität ihres Lebens. Auch die Bindung der Kinder ist ausschließlich an die Mutter und deren Blutsverwandte, da der Vater nicht als blutsverwandt gilt und einer fremden Sippe angehört. Unter diesen Umständen kann keine Familie zustandekommen. Das Wort matriarchale »Großfamilie« ist deshalb irreführend.

Die Organisationsform der m. S. ist aber nicht nur → matrilinear, sondern auch → matrilateral und → matrilokal. Sie untersteht der Sippenältesten, der → Matriarchin. Vgl.: patriarchale Sippe.

Sippe, matrilineare, oft fälschlich als maternale → Großfamilie bezeichnet, ist eine Form des Zusammenlebens, die der → Familie um Jahrtausende vorausgeht. Sie stammt aus einer Zeit, in der man zwar wußte, wer die eigene Mutter, nicht aber wer der eigene Vater war. Da der Zusammenhang zwischen Paarung und Zeugung noch nicht bekannt war, konnte es keine Familie, sondern nur eine Gemeinschaft der Mütter und Männer zur gemeinsamen Aufzucht der Kinder geben. Erbfolge und → Deszendenzordnung waren in mütterlicher Linie ausgerichtet, ohne daß die Sippenälteste die Autorität einer → Matriarchin ausübte. Vgl.: patrilineare Sippe.

Sippe, matrilokale, oft fälschlich als matrilokale → Großfamilie klassifiziert, ist eine Form des sexuellen und sozialen Zusammenlebens, die der → Familie evolutionär vorausgeht. Der »einheiratende« Mann siedelt sich bei der Sippe seiner Frau an und arbeitet gemeinsam mit ihren Brüdern. Der »ausheiratende« Sohn zieht zur Sippe seiner Schwiegermutter. Die »einheiratenden« Männer bleiben lebenslang nur Gäste bei der Sippe ihrer Frauen, denn sie gehören ja ihrerseits der Sippe ihrer eigenen Mutter an, und die wohnt in einem anderen Ort. Das Band zwischen Mann und Frau ist deshalb ebenso schwach wie das zwischen Vater und Kindern. Um so enger ist das zwischen den Kindern und ihrer Mutter. Nur weil bei dieser Art der Sozialordnung eine Anzahl von blutsverwandten Frauen einen Hof teilt oder eine Anzahl miteinander verbundener Hütten bewohnt, konnte der irreführende Eindruck entstehen, daß es sich um Großfamilien handele. Vgl.: patrilokale Sippe.

Sippe, patriarchale, oft fälschlich als patriarchale → Großfamilie bezeichnet, ist in Wahrheit eine Form des sexuellen und sozialen Zusammenlebens, die der → Familie evolutionär vorausgeht. Denn die Familie definiert sich unter anderem dadurch, daß die Bindung der Ehegatten aneinander und an ihre Kinder enger ist als an die Vatersippe. Bei der p. S. bleiben Mann und Frau jedoch lebenslang Mitglieder der Sippe ihrer Väter, und dieser Sippe, nicht aber ihrem jeweiligen Gatten, der ja der eigenen Vatersippe angehört, gehört ihre ganze Loyalität. Auch die Bindung der Kinder ist ausschließlich an ihre Vatersippe, nicht aber an ihre Mutter, die ja einer fremden Sippe angehört. Unter diesen Umständen von einer Familie zu sprechen, ist widersinnig. Vgl.: matriarchale Sippe.

Sippe, patrilineare, oft fälschlich als paternale – Großfamilie bezeichnet, ist eine Form der sexuellen und sozialen Gemeinschaft, die der → Familie evolutionär vorausgeht. Da die »einheiratenden« Frauen und die »ausheiratenden« Töchter lebenslang Mitglieder der Sippen ihrer Väter bleiben, kann sich noch keine »Familie« im Sinne einer ehelichen Bindung entwickeln. Die Kinder werden als Teil der Sippe ihres Vaters, nicht als gemeinsamer Besitz der Eltern betrachtet. Erbfolge und → Deszendenzordnung sind in väterlicher Linie ausgerichtet, ohne daß der Sippenälteste die Autorität eines → Patriarchen ausübt. Vgl.: matrilineare Sippe.

Sippe, patrilokale, oft fälschlich als patrilokale → Großfamilie bezeichnet, ist eine Form des Zusammenlebens, die der → Familie evolutionär vorausgeht. Die Frau siedelt sich bei der Sippe des Vaters ihres Mannes an und arbeitet gemeinsam mit ihren Schwägerinnen. Verheiratete Töchter scheiden aus der Sippensiedlung aus und siedeln sich bei ihrem

Schwiegervater an. Die »einheiratenden« Frauen bleiben lebenslang nur Gäste im Hause ihres Mannes und seines Vaters, denn sie gehören ja ebenfalls der Sippe ihrer eigenen Väter an, der sie primäre Loyalität schulden. Das Band zwischen Mann und Frau ist deshalb ebenso schwach wie das zwischen Mutter und Kindern. Um so stärker ist jedoch das zwischen dem Vater und seinen Kindern. Nur weil eine Anzahl von Paaren bei dieser Art der Sozialordnung entweder einen gemeinsamen Hof teilt oder eine Anzahl von mit einander verbundenen Hütten bewohnt, konnte bei den ersten Anthropologen, Ethnologen und Vorgeschichtsforschern, die sich mit patrilokalen Gesellschaftssystemen befaßt haben, der irreführende Eindruck entstehen, daß es sich um Großfamilien handele. Vgl.: matrilokale Sippe.

Sippengesellschaft, Gentilgesellschaft [lat.: gens, vom gr.: genos = Sippe], jenes Stadium der europäischen Geschichte, das vor den klassischen Hochkulturen liegt, aber zum Teil noch in ihnen weiterlebte und in einigen wenigen Aspekten bis ins europäische Mittelalter verfolgt werden kann. In den frühesten Stadien der S. erfolgte die Abstammung in mütterlicher Linie. Die Verwandtschaftsverhältnisse waren matrilateral, die Wohnverhältnisse matrilokal. Es gab kein Bodeneigentum, sondern nur einen Bodenbesitz, und dieser war kollektiv. Er wurde jährlich von der größeren kollektiven Einheit (der Gesamtsippe oder Stammesgruppe) der kleineren kollektiven Einheit (einer Mutter mit ihrem Anhang) zugewiesen. Es gab weder individuelles Bodeneigentum noch individuellen Bodenbesitz.

Deshalb gab es auch kein Erbrecht an Grund und Boden. Die Waffen und Werkzeuge eines verstorbenen Mannes wurden in diesem Stadium der Sippenentwicklung in der folgenden Sequenz vergeben: Zuerst kamen die Söhne seiner Schwester, dann die Brüder seiner Mutter, dann seine eigenen Brüder. Dies waren die Grade der Blutsverwandtschaft nach matrilinearer Deszendenz. Seine eigenen Söhne erbten nichts, da sie nicht als blutsverwandt galten. Starb eine Frau, so wurden ihre Kochgeräte, ihr Grabstock, ihre Hacke, ihre Kleider und ihr Schmuck in der folgenden Sequenz verteilt: Töchter, Schwestern, Schwestern der Mutter. Meist bewahrten die Erwachsenen diese Gegenstände aber nur so lange auf, bis die jüngeren Sippenmitglieder sie benötigten. Ein persönliches Erbrecht gab es nicht. Es gab nur dessen Gegenteil: ein Verbot, diese Dinge an Nichtmitglieder der Sippe zu verschenken.

Wurde eine Sippeneinheit zu groß für den Wohnraum einer Hütte oder eines Hauses, so zog die jeweils jüngste Tochter mit ihren Männern und Kindern aus und baute ein neues Haus. Wurde die Anzahl der Häuser zu groß, um von dem zur Verfügung stehenden Land zu leben, so spaltete sich die Dorfgemeinschaft in genau der gleichen Weise: die jüngsten Sippeneinheiten zogen fort und erbauten ein neues Dorf. Dabei blieben die Frauen aber meist in Verbindung miteinander und bildeten sogenannte »Schwesternschaften«, weil sie sich als Töchter der gleichen Urmutter betrachteten. Später taten sich die Männer in ähnlicher Weise zusammen und formten Bruderschaften. Bei den Griechen, die dieses System übernahmen, hieß die Schwesterschaft *homaimosyne*, nach dem Worte *homaimos*, das sowohl »Schwester« wie »blutsverwandt« bedeutet. Die Bruderschaft hieß *phratria*, nach dem alten Worte *phrater*, »Bruder«.

Diese Schwester- und Bruderschaften waren keine administrativen Einheiten, sondern Kultverbände, die aus ehemaligen Arbeitsgemeinschaften entstanden waren. Wo immer ein größeres Kontingent von Mitgliedern der gleichen Sippe oder verwandter Sippen erforderlich war, um eine größere Gemeinschaftsarbeit zu erledigen, zum Beispiel beim Roden größerer Flächen, bei großen Treibjagden oder beim Fischfang mit großen Netzen, da war es meist die Schwester- oder Bruderschaft, welche die Arbeitskräfte lieferte. Aber auch beim Bau von Kultstätten der Großen Mutter oder bei ihren Gottesdiensten fanden sich solche Schwester- und Bruderschaften zusammen.

Je ertragreicher die Produktionsmittel wurden, desto größer wurden die Schwester- und Bruderschaften, denn sie spiegelten die Geburtsrate wider. Wurden solche Verbände zu groß, um noch Verbindung miteinander aufrechtzuerhalten, so spalteten sie sich wiederum in der gleichen Weise, wie es die Sippeneinheiten und die Dörfer taten: Eine komplette Schwester- oder Bruderschaft wanderte aus und gründete eine Reihe neuer Dörfer. Diese Dorfbewohner, die sich immer noch als Nachfahren der gleichen Stammutter betrachteten, blieben in enger Verbindung miteinander, da sie den gleichen Dialekt sprachen und durch enge Blutbande miteinander verknüpft waren. Ebenso wie Mitglieder der gleichen Sippe sich nicht miteinander paaren durften, also exogam waren, so übernahmen auch die Schwesterschaften das gleiche Inzestverbot: jede Schwester mußte ihre Männer bei einer anderen Sippe als der ihrigen oder einer anderen Bruderschaft als der ihrer Brüder suchen. Das Resultat war, daß sich aus einer Bruderschaft und einer Schwesterschaft oft eine größere Einheit bildete, die durch zahllose

Wechselpaarungen miteinander verbunden war. Diese größeren Einheiten waren die »Stämme« der Alten Welt.

Aber auch da hörte der Spaltungs- und Verbindungsprozeß der Sippengesellschaft noch nicht auf, denn wenn die Stämme zu groß geworden waren, spalteten sie sich ihrerseits auf und bildeten Stammesbündnisse, und wenn drei oder mehr Stämme ein solches Bündnis geschlossen hatten, können wir von einem »Volk« sprechen. Fast jedes der griechischen Völker war in einer solchen Form entstanden. Zum Beispiel hatten sich je 30 der attischen Sippen zu Bruderschaften, je drei der Bruderschaften zu Stämmen, und vier der Stämme zu einem Volk zusammengeschlossen, das sich in üblicher matrilinearer Weise nach einer Urmutter, in diesem Falle der Göttin Athene, »Athener« nannte. Ähnlich leiteten die Lapithen in Thessalien ihre Abstammung von der Tochter des Flußgottes Peneiros ab. Es stellt den ganzen Prozeß der Stammesbildung auf den Kopf, wenn man sagt, wie es in manchen Geschichtsbüchern heißt, daß das athenische Volk aus vier Stämmen »bestand«, von denen jeder in drei Bruderschaften und jede Bruderschaft in 30 Sippen »aufgeteilt« gewesen sei, denn das setzt heutige Methoden der Verwaltung voraus, die es damals noch nicht gab. Niemand teilte die Stämme in Verwaltungseinheiten auf. Das kam erst später, als die Sippengesellschaft längst zusammengebrochen war. Solange sie intakt war, kann man dagegen nie von einer Aufteilung sprechen, sondern muß immer auf etwas Gewachsenes hinweisen.

Jeder der vier athenischen Stämme, der Geleonten, Hopleten, Aegirokeer und Argadeer, war also aus blutsverwandten Sippen gewachsen, wie die Äste und Zweige eines Baumes aus gemeinsamen Wurzeln stammen. Ebenso war es in Sparta. Die Spartiaten, die mit ihren Sklaven, den Heloten, und ihrem Mittelstand, den Periöken, nicht blutsverwandt waren und diese auch nicht als Teil ihres Volkes betrachteten, waren aus matrilinearen Sippen entstanden. Die Sippen hatten sich geteilt, als sie zu groß wurden, danach aber Bruderschaften miteinander gebildet, die sie *obai* nannten. Die *obai* hatten sich wiederum gespalten, als sie zu groß für ihr Territorium geworden waren, und als dieser Spaltungsprozeß rund zehn *obai* erreicht hatte, hatten diese sich zu einem Stamm zusammengeschlossen. Der gleiche Prozeß war in allen drei dorischen Stämmen, den Hylleern, Pamphylern und Dymanen, erfolgt.

Alle zur gleichen Zeit lebenden Mitglieder einer Bruderschaft vermeinten deshalb, ob dies nun wirklich stimmte oder nicht, eine gemeinsame Urmutter (oder nach dem Umschwung zum Vaterrecht, einen gemeinsamen Urvater) zu besitzen. Grote (*Geschichte Griechenlands*, Band II, Seite 47) sagt zum Beispiel: »Alle zu derselben Zeit lebenden Glieder der Phratrie des Hekatäus hatten einen gemeinschaftlichen Gott zum Ahnen im sechzehnten Grade.« Der ganze Stamm geht also auf eine einzige Sippe zurück, die sich ihrerseits von einer einzigen Stammutter (später: einem einzigen Stammvater) ableitet. Das Bild der Sippengesellschaft ist ein Stammbaum mit Abstammungsfolge durch die Mutter (später: durch den Vater). Das bürgerliche Bild eines Volkes, das zu organisatorischen Zwecken in größere Einheiten (Stämme), kleinere Einheiten (Phratrien) und noch kleinere Einheiten (Sippen) aufgeteilt worden ist, entspricht der Denkwelt der politischen, nicht der der Sippengesellschaft.

Erst kam die Sippe, dann kam die Schwesterschaft, dann die Bruderschaft und dann erst der Stamm. Aus Stammesbünden entstand das griechische Volk. Jede Einheit behielt das ihr angestammte Gemeinschaftsland, so daß es überall Sippenland, Bruderschaftsland und Stammesland nebeneinander gab. Das einzige, was es nicht gab, war Land und Vieh als Privateigentum. Das entstand erst beim eigentlichen Landbau, das heißt nachdem sich zum Hackbau die Pflugkultur und Viehzucht gesellt hatten: »Solange kein Landbau bestand, mußten die Herden naturgemäß das gemeinsame Eigentum mehrerer Personen sein, die in einer Gruppe, auf der Grundlage der Verwandtschaft, zur Erwerbung des Lebensunterhalts vereinigt waren« (L. H. Morgan, *Die Urgesellschaft*, Stuttgart 1908, S. 468).

Jede Sippe besaß das Recht auf bestimmte Namen, so daß der Privatname stets auch aussagte, zu welcher Sippe sein Besitzer gehörte. Der Sippenname gab Sippenrechte, wie ein heutiger Paß Bürgerrechte gibt. Der typische Sippenname der Griechen trug zum Beispiel die Endung *-idas*, die auf dem Element *-id-* beruhte, einer weiblichen Form. Daraus folgt, daß in ältester Zeit auch bei den Griechen die Sippen matrilinear organisiert und von Frauen geleitet waren.

Jeder Haushalt stand unter der Leitung der ältesten Frau, aber sie herrschte niemals als Matriarch, sondern stützte sich stets auf die Meinung anderer alter Frauen der Sippe, die einen Sippenrat bildeten. Der Sippenrat wählte den Stammesrat. Der Stammesrat wählte die Stammessprecherin, denn es gibt heute kaum Zweifel darüber, daß der Stamm in diesem Stadium stets »von einer Frau geleitet wird« (M. O. Koswen, *Abriß der Geschichte und Kultur der Urgesellschaft,* Berlin 1957, S. 123). Plutarch sagt, daß in Athen die Frauen noch bis 300 v. u.

Z. bei großen öffentlichen Prozessen die Entscheidung bestimmten. Obgleich auf dieser Stufe die führenden Rollen in der Stammes- und Sippengesellschaft von Frauen besetzt waren, bevormundeten sie niemals ihre Männer. Eben das ist der maßgebliche Unterschied zwischen jener fälschlich als »Matriarchat« bezeichneten Ordnung der Mütter und dem späteren Patriarchat, das tatsächlich eine *Herrschaft* der Väter darstellte. Bei den Müttern besaßen alle Erwachsenen gleiche Rechte und gleiche Stimmrechte. Die Wahl der Sippensprecherin mußte stets von den anderen Sippen in ihrer Gesamtheit bestätigt werden. Männer und Frauen hatten das gleiche Wahlrecht. Auch hatten bei jeder Ratsversammlung sowohl die Sprecher der Bruderschaften wie auch die individuellen männlichen Sippenmitglieder jederzeit das Recht, ihre Meinung zu äußern und Anträge zu stellen. Da keiner der Sprecherinnen oder Sprecher in irgendeiner Weise entlohnt wurde, Privilegien erhielt oder unabwählbar war, gab es mit Ausnahme der Intelligenz, die man offensichtlich besitzen mußte, keinen Unterschied zwischen Führern und Geführten und deshalb auch keinen Grund, weshalb der Gewählte mehr Recht auf seine Meinung haben sollte als der Nichtgewählte.

Alle Wahlprinzipien der Stammesgesellschaft zielten auf die Erlangung von Einstimmigkeit hin. Das Prinzip der Mehrheiten und Minderheiten, des Stimmenzählens und der Abstimmung im heutigen Sinne war noch nicht erfunden. Die Aufgabe einer jeden Versammlung war deshalb eine Diskussion, die zu einer Meinung führte. Die Meinung mußte stets einstimmig sein. Das galt für den Sippenrat, den Schwesterschafts- (später Bruderschaftsrat), den Stammesrat und selbst den Rat der Stammesschwestern (später Stammesbrüder). War die Entscheidung des Rats aber einmal gefallen, so befolgte die Gemeinde, die ihn gewählt hatte, die Entscheidung mit absoluter Verbindlichkeit. In diesem Sinne war die Sippenorganisation eine der bestfunktionierenden demokratischen Systeme aller Zeiten.

Keine der Sippensprecherinnen besaß irgendwelche Zwangsmittel. Ihre Macht beruhte ausschließlich auf der freiwilligen Zustimmung der Sippe, die ihre Sprecherin jederzeit abwählen konnte, andererseits aber auch das ausführende Organ ihrer Entscheidungen war. Dieses Prinzip der absoluten Ebenbürtigkeit aller Mitglieder einer Sippe wurde auf die größeren Einheiten der Schwesterschaft, der Bruderschaft, des Stammes und des Bundes verschiedener Stämme übertragen. Die vier Prinzipien, auf denen die Stammespyramide ruhte:

1. Blutsverwandtschaft
2. Matrilineare Deszendenz
3. Gemeinschaftsbesitz
4. Gleichberechtigung der Geschlechter.

Es gab weder Beamte noch Polizisten, weder Richter noch Gefängnisse, weder Adel noch Militär. Es gab keine Armen und keine Reichen, keine Arbeitgeber und keine Arbeitnehmer, keine Klassen, kurzum: keine öffentliche Gewalt irgendwelcher Art außerhalb der Gesamtheit der Stammesmitglieder, und deshalb auch keinen Staat. Die Zerstörung dieses Systems durch die Entdeckung des Staates als Macht neben und über Sippe und Stamm, stellt den Inhalt der griechischen Geschichte dar.

Die patriarchalische Altertumswissenschaft hat immer wieder versucht, sich dem überwältigenden Gewicht dieser Fakten zu entziehen, indem sie die Bedeutung matrilinearer Sippen in der griechischen Geschichte herabzusetzen gesucht hat. Anfangs hieß es, die These matrilinearer Sippen- und Stammesverbände sei ein Hirngespinst, später beschränkte man sich darauf, zu bestreiten, daß es bei den *Griechen* jemals solche Organisationsformen gegeben habe. Aber auch das brach zusammen, als George Thomson, damals Professor für Altertumswissenschaft an der Universität Birmingham und Fellow von King's College, Oxford, den unwiderlegbaren Beweis des matrilinearen Ursprungs der *gene*, der griechischen Sippen, erbrachte. Das griechische Wort für »Sippe«, *genos*, geht wie das römische *gens* auf eine gemeinsame Wurzel zurück, die »Blutsverwandtschaft« ausdrückt. Beide Worte enthalten dasselbe Element wie *gignomai* im Griechischen und *gigno* im Latein, was »erzeugen« bedeutet. Auch die erst in letzter Zeit entdeckte Sprachwurzel der mutterrechtlichen Schwesterschaft, die noch älter als die Bruderschaft, *phratria*, der Griechen ist, geht auf die Wurzel *homaimos* zurück, die sowohl »Schwester« wie »blutsverwandt« bedeutet. Alles was mit der Sippe, der Bruderschaft und dem Stamm zusammenhängt, bezeichnet also sowohl bei den Griechen wie bei den Römern nicht etwa organisatorische, verwaltungstechnische Einheiten, sondern blutsverwandtschaftliche Grade, ursprünglich in mütterlicher, später in väterlicher Abstammungsfolge.

In den Dialekten Nordgriechenlands werden die *genos*-Namen weiblich dekliniert. So war der *genos*-Name, den man in geschichtlicher Zeit ausschließlich für Männer gebrauchte, in vorgeschichtlicher Zeit das Privileg der Frau. Denn wäre zu der Zeit, als sich der Gebrauch der grammatischen Geschlechter gerade einbürgerte, die Blutsbindung patrilinear aufgefaßt worden, müßte die Stammeseinheit als Stammvater personifiziert worden sein. Da sie aber offenbar als Stammutter personifiziert wurde, muß die Deszendenz zu jener Zeit matrilinear gewesen sein.

»Man nehme den Stammbaum der Kodridai, dem Solon und Platon angehörten. Er erstreckt sich über zweiunddreißig Generationen, vom vierzehnten Jahrhundert bis zum vierten. In den ersten drei wird in fast jedem Falle der Name der Frau vermerkt, auch in der vierten trifft das in mehreren Fällen zu. Nach der vierten Generation findet sich aber bis in die dreißigste keine einzige Frau. Einige dieser ältesten Namen sind bloße Benennungen, denen keinerlei wirkliche Bedeutung zukommt. Sie müssen aber einst mehr dargestellt haben, sonst hätten sie sich nicht derart tief in der Tradition verwurzeln können. Die größte Schwierigkeit erwächst uns bei der Deutung dieser prähistorischen Stammbäume aus der Tatsache, daß sie, bevor sie auf uns gelangten, in einer Periode weitergereicht wurden, in der der Anteil der Frau bei der Festlegung der Erbfolge und der Abkunft nicht mehr verstanden wurde« (George Thomson, *Frühgeschichte Griechenlands und der Ägäis,* Berlin 1960, S. 144 f.).

Da der Umschwung von der weiblichen zur männlichen Deszendenz auch eine Umbenennung der Sippen erforderte, die Sippe aber ursprünglich stets von einer Urmutter abstammte, deren Gatte unbekannt war, erfanden die Sippenältesten zur Zeit des Übergangs von der Matrilinearität zur Patrilinearität das durchaus logische System, ihren Ursprung einem Gott zuzuschreiben, der sich mit der Urmutter gepaart habe. Dann ließ sich die patrilineare Deszendenz sehr einfach von dem Sohne ableiten, der aus dieser »Ehe« entstanden war. So führte die griechische Sippe, die sich bis dahin von ihrer Urmutter Chione abgeleitet hatte, zur vaterrechtlichen Zeit eine einstige Paarung der Sippengründerin mit Poseidon ein, aus der dann Eumolpos, der neue Sippenvater, entsprungen sei. Statt sich Chioniden zu nennen, nannten sie sich von nun an also Eumolpiden.

Sittlichkeit, Anstand, öffentliches Ärgernis, Unzucht sind Worte der wilhelminischen Umgangssprache, die der Gesetzgeber im Strafgesetzbuch vom 15. Mai 1871 verankert hat und die heute fast nur noch im Vokabular älterer Juristen überleben. Wiederholte Umfragen haben gezeigt, daß die überwältigende Mehrheit der Bundesbürger keine Ahnung hat, was diese Worte bedeuten. Selbst Philologen haben Schwierigkeiten, eine allgemeinverständliche und allgemeingültige Definition dieser Vokabeln zu geben. Das ist kein Zufall. Denn Sittlichkeit ist kein Begriff, der in der heutigen Denkwelt besteht. Nicht etwa, weil diese Welt unsittlich geworden sei, sondern einfach weil sie in anderen Kategorien denkt. Die Nachkriegsgenerationen aller Länder, im Osten sowohl wie im Westen, denken in einer Dialektik von echt-unecht, wahr-unwahr, schön-häßlich, gerecht-ungerecht, aber niemals in der Antithese sittlich-unsittlich. Daraus ergibt sich die Frage, ob der Versuch des Staates, über Anstand und Sitte des Bürgers in der zweiten Hälfte des 20. Jahrhunderts zu richten, nicht einen Eingriff in die Persönlichkeitsrechte dieses Bürgers darstellt. Zwar sagt das Grundgesetz ausdrücklich, daß das Recht auf Entfaltung der Persönlichkeit durch das Sittengesetz begrenzt sei. Aber gerade dieser Aspekt des Grundgesetzes steht zur Diskussion: Stellt der Versuch, die Sitten des Bürgers gesetzlich zu bestimmen, keine Überschreitung der Zuständigkeit des Gesetzgebers dar? Die Zäsur, die das Nachkriegszeitalter zwischen die Generationen gesetzt hat, hatte sich in den ersten Nachkriegsjahren, als das Grundgesetz formuliert wurde, noch nicht so deutlich ausgeprägt wie heute. Auch gehörten die Juristen, die das Grundgesetz formuliert haben, einer Generation an, die noch im wilhelminischen Zeitalter verwurzelt war. Das Resultat ist eine Denkwelt, die den wirklichen Verhältnissen in der zweiten Hälfte des 20. Jahrhunderts in keiner Weise mehr entspricht. Was als Schutz der Freiheit gemeint war, ist zu ihrer Fessel geworden.

Sittlichkeitsverbrechen, Erscheinungsformen des Konflikts zwischen der sexuellen Appetenz des einzelnen und den Sittengesetzen, die die Gemeinschaft der Befriedigung dieser Appetenz entgegenstellt. Die Gesellschaft erachtet es als selbstverständlich, daß sich ihr der einzelne hier, wie überall, fügen müsse, um die Gemeinschaft vor Schaden zu bewahren. Aber das ist kurzsichtig, denn die meisten Sexualwünsche einzelner Menschen lassen sich befriedigen, ohne daß der Allgemeinheit hieraus ein Schaden erwächst. Der Schaden entsteht aber, wenn die Gemeinschaft ein Verbot erläßt. Erst das Verbot erzeugt das Verbrechen, indem es die natürliche Erfüllung des Wunsches verhindert. Der Wunsch muß nun unnatürlich erfüllt werden und richtet in dieser Form um so größeren Schaden an. Für diejenigen Menschen, die jede Gemeinschaft als einen Dualismus betrachten – eine Mehrheit von »normalen« und eine Minderheit von »unnormalen« Menschen –, ist dieses Konzept schwer faßlich. Denn die Menschheit besteht nicht aus einer Mehrheit und einer Minderheit, sondern aus einer Unzahl von Minderheiten. Jeder von uns, auch der »normale« Mensch, gehört gleichzeitig zu einer Anzahl von Minderheiten – zu den Rothaarigen, zum Beispiel, aber auch zu den Briefmarkensammlern, zu den 23jährigen, aber auch zu denjenigen, die Blondinen bevorzugen. Und so gibt es eben auch eine Minderheit von Menschen, die beispielsweise Kinder als Geschlechtspartner den Erwachsenen vorziehen. Wieso das so ist, gehört nicht in diese Rubrik. Aber wenn es nun einmal so ist, wäre es gemeingefährlich, ein Gesetz zu erlassen, das den so veranlagten Mann dazu zwingt, sich ungeeignete Sexualpartner zu suchen: Kinder, die von ihren Eltern vor »bösen Onkels« gewarnt worden sind. Wird ein solches Kind von einem solchen Mann angesprochen, fängt es oft an zu schreien. Aus Angst, entdeckt zu werden, versucht der Mann nun, den Schrei zu ersticken. Dabei erstickt häufig das Kind. Fast alle Kindestötungen, die von pädophilen Menschen begangen werden, geschehen nicht, wie das Publikum als Resultat falscher und falsch verstandener Pressemeldungen oft glaubt, aus »Sadismus«, aus Lust am Töten, sondern aus Angst vor der Entdeckung. Selbstverständlich gibt es wirkliche »Lustmörder« – Menschen, die nicht im Geschlechtsverkehr, sondern im Töten ihre sexuelle Befriedigung finden. Aber solche Menschen sind fast nie pädophil. Und kein Mensch liebt Kinder mehr als der Pädophile (gr.: Kinderliebhaber). Nur aus extremer Angst vor der Polizei wird er je einem Kind Schmerz zufügen. Die Schuld am Tod dieser Kinder liegt also bei der Gesellschaft, die ihre sexuellen Minoritäten zu Verbrechern macht, statt ihnen die Erfüllung ihrer sexuellen Wünsche in harmloser und legaler Weise zu ermöglichen.

Die Vorstellung, daß die Gesellschaft in ihrem eigenen Interesse den sexuellen Minderheiten helfen muß, ihre sexuellen Wünsche zu erfüllen, stößt gegenwärtig noch oft auf Unverständnis, Widerwillen oder gar Entrüstung. Aber die Zeit liegt ja nicht sehr weit zurück, in der die ganze Idee des Wohlfahrtsstaats, der Arbeitslosenunterstützung, der Altersversorgung, des Mutterschutzes auf ebenso großes Unverständnis, ebenso großen Widerwillen und ebenso große Entrüstung gestoßen ist.

Wie es damals Menschen gab, die allen Ernstes verkündeten: Wenn er nicht arbeiten will, soll er doch verhungern! Wieso soll *ich* ihn bezahlen, damit er *nichts* tut, so gibt es auch heute Menschen, die im gleichen Ton sagen: Wenn er nicht normal sein kann, soll er doch aufhören, andere Menschen zu belästigen. Wieso soll *ich* ihm dazu verhelfen, sein perverses Vergnügen zu finden? Die Antwort in beiden Fällen ist die gleiche: Wir tun es nicht aus Mitleid, oder um Faulheit und Unsittlichkeit zu unterstützen, sondern aus eigenem Interesse: um die Gemeinschaft vor größerem Schaden zu bewahren. Der schwedische Sexualforscher Lars Ullerstam hat schon vor Jahren konkrete Vorschläge für die Realisierung solcher Pläne gemacht. Ohne Zweifel werden die skandinavischen Länder, die in allen anderen Aspekten des Wohlfahrtsstaates die Führung übernommen haben, auch die Pioniere einer neuen Sexualordnung sein. Ullerstam sagt, daß es für jeden Sadisten einen geeigneten masochistischen Partner geben könne. Für jeden Exhibitionisten einen Voyeur. Für jeden Pädophilen ein frühreifes Kind, das nach einer Vaterfigur sucht. Die Aufgabe der Gesellschaft bestehe darin, diese Partner zu finden und zusammenzubringen. Wenn uns das gelinge, unterbinden wir das Sittlichkeitsverbrechen, retten zahllose Menschenleben und ersparen uns den Rattenschwanz von polizeilichen Nachforschungen, kostspieligen und zeitraubenden Gerichtsverhandlungen, sinnlosen und teueren Gefängnisverwahrungen.

Dieser Vorschlag, dessen praktischer Sinn ebenso einleuchtend ist wie seine Humanität, stößt vor allem bei denjenigen Menschen auf Widerstand, die es für nötig halten, andere Menschen für ihre sexuellen Taten zu *bestrafen*. Aber das ist ein Mißverständnis sowohl des medizinischen wie des forensischen Aspekts des Sexualverbrechens. Es geht nicht einmal um den oft erwähnten Punkt, daß der Sexualverbrecher angeblich »nichts dafür« kann (obgleich die sexuelle Appetenz in der Tat um so stärker wird, je weiter sie sich von dem »normalen« Ziel des heterosexuellen Verkehrs entfernt); es geht vielmehr darum, daß jeder Mensch das *Recht* haben muß, seine sexuellen Wünsche zu erfüllen, welcher Art sie auch immer sein mögen. Und dies nicht, um dem Einzelwesen die anarchische Freiheit der Unverantwortlichkeit zuzubilligen, sondern im Gegenteil: um der Gemeinschaft seine volle Arbeitsenergie zu erhalten. Ein unbefriedigter Mensch ist nicht nur nutzlos, sondern auch *gefährlich*. Die Beseitigung der Gefahr besteht nicht darin, daß man ihn in unbefriedigtem Zustand herumlaufen läßt, bis er ein Verbrechen begeht, und ihn erst dann einsperrt, wenn es zu spät ist, sondern darin, daß man ihn zum nützlichen Mitbürger macht. Und das kann man nur tun, indem man ihm auf harmlose Weise die Erfüllung seiner Sexualwünsche ermöglicht.

Was den *juristischen Aspekt der S.* anbelangt, so hat Hegel bereits auf das Paradox hingewiesen, daß die Rechtsordnung durch das Phänomen ihres Daseins den Verstoß gegen sich selber produziert. Jedes Sittlichkeitsverbrechen ist ein Indiz gegen den juristischen Apparat, in dessen Bereich es begangen wird: nicht nur die unentdeckten und ungesühnten Verbrechen, sondern buchstäblich *alle*. Der juristische Apparat ist selbst dann defekt, wenn er das polizeiliche Ideal der totalen Erfassung aller Täter und das strafrechtliche Ideal der korrekten Aburteilung aller Angeklagten erfüllt. Denn der Sinn des Gesetzes ist nicht der, die Tat zu *sühnen*, sondern sie zu *verhindern*. Wie aber verhindert das Gesetz die Tat?

Gegenwärtig fast ausschließlich durch Strafandrohung. Strafandrohung ist aber nur dann wirksam, wenn der Täter die Strafe ermessen und gegen die geplante Tat abwägen kann. Dieser Erwägung sind nur sehr wenige Täter fähig, denn sie setzt voraus, daß Taten in vollem Bewußtsein ihres juristischen Gewichts geplant und begangen werden. Wenn Unwissen nicht vor Strafe schützt, dann warnt Strafe nur den Wissenden. Daß aber selbst der Wissende im Augenblick der Tat vergißt, was er eigentlich wissen sollte, beweisen die Affektverbrechen, die von Juristen begangen werden.

Hier hilft keine Strafandrohung. Hier hilft eine Gesetzgebung, die die Frustration des potentiellen Täters verhindert, ehe sie entsteht, oder sie zumindest herabsetzt, nachdem sie entstanden ist. Hier hilft eine Präventivtherapie, die sich nicht als Alternative zur Rechtsordnung, sondern als deren ausführendes Organ versteht. → Bestrafung, Lustmord, Perversion, Prostituiertenmord, Schuldunfähigkeit, Sexualverbrechen, Strafe, Strafmündigkeit, Strafrecht, Tötungsdelikte, Triebverbrechen, Vergewaltigung.

Skatophagie [gr.: skatos = Dung, Mist; phagein = essen], Schmutzessen, Kotessen. Man unterscheidet zwischen den Schmutzfetischisten, die wirklich am Geschmack schmutziger Dinge Gefallen finden (→ Picazismus, Skatophilie), den Urin- und Kotfetischisten, die tatsächlich den Geschmack dieser körperlichen Abfallprodukte goutieren (→ Épongeur, Koprophagie, Renifleur, Soupeur, Stercorair, Urophagie, Uropotie), und den → Masochisten, die nur den Akt der Selbsterniedrigung beim Schmutzessen auskosten wollen, am Schmutz als solchem aber keinen Gefallen finden (→ Mysophilie).

Skatophilie [gr.: skatos = Dung, Mist; philia = Freundschaft, Liebe], Schmutzliebe, Kotliebe, eine sexuelle Appetenz, die aus einem von zwei gänzlich verschiedenen Motiven oder (in sehr seltenen Fällen) aus einem Zusammenfluß beider Motive entstehen kann:

1. Schmutzfetischismus, eine abstrahierte Form des infantilen Kotschmierens (→ Abortfetischismus, Analerotik, Exkrementophilie, Koprolagnie, Koprophagie, Koprophilie, Kotschmierer, Nachttopffetischismus, Nekrophagie, Picazismus, Sekretionsfetischismus, Skatophagie, Stercoraire);
2. Masochismus (→ Besudelungstrieb, Inquinationstrieb, Mysophilie, Saliromanie).

Skatophobie [gr.: skatos = Dung, Mist, Schmutz; phobos = Furcht], Schmutzangst. Hysterische Furcht vor Bakterien. Obsessiver »Reinlichkeitsfimmel«. Die Ursache ist fast stets die Identifikation der Geschlechtsteile mit den Ausscheidungsorganen und ihren Produkten, also mit Urin, Kot, Schweiß usw. Da der Betroffene den Geschlechtsverkehr als »schmutzig« empfindet, versucht er sich durch zwanghaftes Waschen vom Geschlechtlichen zu »reinigen«, hat aber immer noch ein schlechtes Gewissen und kompensiert es durch panische Angst vor jeder weiteren »Verschmutzung«. → Mysophobie, Reinlichkeitsfanatismus, Waschzwang.

Sklavenbriefe, eine Form des Wortmasochismus. Keine Gruppe von sexuellen Psychopathen neigt mehr zu schriftlichen Fixierungen ihrer Neigung als die → Masochisten. Leopold von Sacher-Masoch (1836–1895), nach dessen Werken Richard von Krafft-Ebing (1840–1902) den Begriff »Masochismus« geprägt hat, war ein besonders eifriger Schreiber von solchen S., in denen er sich seinen »Herrinnen« gegenüber zu den erniedrigendsten Diensten verpflichtete. Er arbeitete sogar höchst komplizierte »Sklavenverträge« aus, in denen er sich zu genau spezifizierten Taten verpflichtete, z. B. zur widerspruchslosen Duldung des Beischlafs seiner Frau mit einem anderen Mann. Man erkennt aus der genau festgelegten Form der Sklavendienste sofort, daß es sich hier genau um das Gegenteil dessen handelt, was es zu sein scheint. Der Masochist fordert seine Erniedrigung und legt deren Bedingungen mit militärischer Schärfe fest. Deshalb erinnern solche S. in ganz eigentümlicher Form an Kriegsverträge, in denen der Geschlagene dem Sieger die Bedingungen seiner »bedingungslosen Kapitulation« mit eiserner Faust diktiert. → Korrespondenzzirkel, Pseudolismus.

Sklaverei und Sexualität → Sexualität und Sklaverei.

Skoptophilie [gr.: skeptesthai = zusehen; philia = Liebe], die Lust am Betrachten sexueller Handlungen, ein hauptsächlich in der Psychoanalyse benutztes Synonym für die → Mixoskopie, den → Visionismus und das

→ Voyeurtum. Freud sagt, daß die S. älter als der → Exhibitionismus sei und dessen Urform darstelle, denn sie stamme aus der autoerotischen Entwicklungsphase des Kindes. Ihr Objekt war ursprünglich der eigene Körper. Erst mit der geschlechtlichen Reife verwandelt sich die Autoerotik in Alloerotik und damit die Selbstbetrachtung zum Schautrieb. Freud sah den Wunsch des Schauens als einen Affekt und stellte ihn in ein Gegensatzverhältnis zum Wunsch des Beschautwerdens. Der Exhibitionismus stellte für ihn also nur eine Transformation des Schautriebs vom aktiven ins passive Stadium, ein Aufgeben des Objekts des Voyeurs dar. Er beschreibt den Prozeß sehr überzeugend, indem er sagt, daß sich das autoerotische Stadium der frühen Kindheit, die Entdeckung des eigenen Körpers und der eigenen Sexualität, in zwei Formen darstellen läßt. Entweder können wir sagen: *Ich beschaue meinen eigenen Körper;* und hieraus ergibt sich die Tätigkeit des Voyeurs: *Ich beschaue einen fremden Körper.* Oder wir sagen: *Mein Körper wird von mir beschaut;* und hieraus ergibt sich die Tätigkeit des Exhibitionisten: *Mein Körper wird von einer fremden Person beschaut.* Diese zweite Aktivität gehört, obgleich sie später im Leben auftaucht, doch einem früheren Lebensalter an, denn sie stellt eine Rückbildung zur kindlichen Autoerotik dar. Um diese Autoerotik zu erklären, weist Freud auf die kindliche Neugierde hin, die Genitalien anderer Personen zu betrachten, und er besteht darauf, daß diese Neugier nicht etwa, wie der kindliche Exhibitionismus, aus einer Entwicklungsphase stammt, in der das Schamgefühl sich noch nicht gebildet hat, sondern erst dann auftritt, »wenn das Hindernis des Schamgefühls bereits eine gewisse Entwicklung erreicht hat . . . Kleine Kinder, deren Aufmerksamkeit einmal auf die eigenen Genitalien – meist masturbatorisch – gelenkt ist, pflegen den weiteren Fortschritt ohne fremdes Dazutun zu treffen und lebhaftes Interesse für die Genitalien ihrer Gespielen zu entwickeln. Da sich die Gelegenheit, solche Neugierde zu befriedigen, meist nur bei der Befriedigung der beiden exkrementellen Bedürfnisse ergibt, werden solche Kinder zu Voyeurs, eifrigen Zuschauern bei der Harn- und Kotentleerung anderer. Nach eingetretener Verdrängung dieser Neigungen bleibt die Neugierde, fremde Genitalien (des eigenen oder des anderen Geschlechts) zu sehen, als quälender Drang bestehen, der bei manchen neurotischen Fällen dann die stärkste Triebkraft für die Symptombildung abgibt« (*Drei Abhandlungen zur Sexualtheorie,* 1905, Fischer Bücherei Band 422, S. 65).

Skotom, psychisches, [gr.: skotos = Dunkelheit], die Blindheit des Menschen für die Fehler, die er selber besitzt. Freud spricht von einem analytischen S. und hat deshalb niedergelegt, daß niemand sich als Psychoanalytiker betätigen dürfe, wenn er nicht selber von einem anderen Analytiker psychoanalysiert worden sei. Das Skotom fungiert aber auch im umgekehrten Sinn: Wir projizieren oft in andere Menschen die Fehler hinein, an denen wir selber leiden. Wenn ein Mensch sagt: »Die ganze Menschheit denkt nur ans Geld«, können wir sicher sein, daß sein eigenes Denken sich um finanzielle Werte dreht. Glaubt ein Mensch aus echter Überzeugung, daß die Menschheit gut sei, so gehen wir nur selten in der Annahme fehl, daß dies ein guter Mensch ist.

Société des Culottins et de Culottines [frz.: Gesellschaft der Hosen- und Hemdenmätze], französischer erotischer Geheimclub des 18. Jahrhunderts. → sexuelle Clubs.

Société du Moment [frz.: Gesellschaft des Augenblicks, wobei der »Augenblick« der des Orgasmus ist], eine französische Geheimgesellschaft, die besonders stolz auf ihr Geheimvokabular war. Sie gab fast jeder sexuellen Betätigung, jeder Koitusbewegung eigene Namen, die in mancher Hinsicht an die eigentümlichen Namen dieser Bewegungen und Positionen in den indischen, persischen und chinesischen Liebesbüchern erinnern. → sexuelle Clubs.

Sodomie, ein an sich bedeutungsloses Wort, weil die Bibel in der Legende vom Fall der Städte Sodom und Gomorrha (Gen, 19, 4 f.) nicht eindeutig erklärt, welche Sünden die Einwohner begangen hatten. War es → Homosexualität, war es → Inzest, war es → Zoophilie, war es → Pedicatio? All diese Formen des Geschlechtsverkehrs sind im Laufe der Jahrhunderte als S. bezeichnet worden.

Soins estétiques [frz.: ästhetische Dienste], eigentlich *soins esthétiques*, aber das »h« wird absichtlich fortgelassen, um dem Eingeweihten klarzumachen, daß es sich bei den Damen, die diese Worte auf ihre Türschilder und Visitenkarten schreiben, um Prostituierte mit sadomasochistischen »Diensten« handelt. Das Zentrum der sadomasochistischen Prostitution in Paris liegt gegenwärtig (1978) in der Region der Gare St. Lazare. Vgl.: Berkeley Horse, Domina, Flagellation, Governess, Massagesalon, Wanda.

Sokratische Krankheit, ein von Voltaire geprägtes Synonym für die → Päderastie des alten Hellas. Vgl.: Catamitus, Ephebophilie, Homosexualität, Kinäde, Lustknabe, Neoterophilie, Päderast, Pädophilie, Platonische Liebe, Symplegma, Symposion, Uranismus.

Soldatenhuren, die Nachfolgerinnen der → Landsknechtsweiber, →

Landstörzerinnen und → Marketenderinnen des Mittelalters, prägten das Bild aller Kriege von der Renaissance bis ins 18. Jahrhundert. Von der Kurtisane in ihrer Kutsche bis zur Allerweltshure, die barfuß hinter den Soldaten herlief, von der Frau des Soldaten bis zur Geliebten des Generals folgte alles den Regimentern. Oft gab es fast so viele Frauen wie Soldaten. Im 18. Jahrhundert begann man deshalb, Ehefrauen in den Garnisonen zuzulassen. Die allgemeine Dienstpflicht des 19. Jahrhunderts machte dieser Sitte jedoch ein Ende. → Hurenweibel, Lyonnaises, Profos.

somatisch [gr.: soma = Körper], körperlich. Gegensatz: psychisch.

somatogen [gr.: genes = hervorbringend, verursachend, hervorgebracht, verursacht], vom Körper hervorgebracht, aus körperlichen Ursachen entstanden. Gegensatz: psychogen.

Somatoskopie [gr.: skopos = Zielscheibe], »den Körper als Zielscheibe benutzen«, also bewußte, gezielte sadistische Körperverletzung. → Aggression, Lagnänomanie, Sadismus.

somatotrop [gr.: trepein = drehen, wenden], auf den Körper einwirkend. Gegensatz: psychotrop.

somatotropes Hormon [Abk.: STH], Körperwachstum erzeugendes Hormon.

Sonnenboss, Sonnenblos, Bordell in der Gaunersprache des frühen 16. Jahrhunderts. → Clötkas, Hurentaiber.

Sophisticatio virginum [lat.: sophisticus = trügerisch; virgo = Jungfrau], künstliches Jungfernhäutchen, eine Operation, die schon seit den frühesten Zeiten der Menschheit von den Hebammen ausgeführt wurde, um dem Ehemann die Illusion zu geben, daß er »der erste« sei. Die S. v. erreichte in Rom Perfektion. Es wurden kleine blutgefüllte Blasen eingefügt, so daß die Eitelkeit des Mannes auch mit einem schönen Blutfleck befriedigt werden konnte. In historischer Perspektive muß man sagen: wer eitel und naiv genug ist, von einer Frau »Jungfräulichkeit« zu erwarten, der verdient, daß sie ihn zum Narren hält. Vgl.: Jungfernessig, Maientau, Revirgination.

Sorgen, das wirksamste aller Antiaphrodisiaka. Ein Mann mit Sorgen ist so wenig zur Liebe imstande, als sei er impotent. Ehefrauen glauben oft, daß ihr Mann entweder plötzlich »krank« geworden sei oder eine Geliebte haben müsse, wenn es eines Tages bei ihm weder zum Orgasmus noch zur Erektion kommt. Solche Befürchtungen können zu ernsten Ehekrisen führen, besonders wenn der Ehemann – wie es meist geschieht – sich selber nicht über den Grund seiner temporären Impotenz klar ist oder sich schämt, ihn seiner Ehefrau zuzugestehen. In der bürgerlichen Gesellschaft, in der die Virilität des Mannes nur allzu oft nach seiner Fähigkeit des Geldverdienens beurteilt wird, schämt sich der Ehemann meist mehr über eine finanzielle Krise als über wirkliche Impotenz. Aber auch Frauen sind unfähig, zu einem Orgasmus zu kommen oder auch nur Interesse an einem Mann zu zeigen, wenn sie Sorgen haben. Die Krankheit eines Kindes, Angst vor eigener Krankheit, Zank mit Nachbarn oder Verwandten sind Gründe, die oft zu temporärem Desinteresse der Frau an ihrem Mann führen können. Solche Krisen dürfen nie als Mangel an Liebe gedeutet werden. Auch soll man nie den Ehepartner »trösten«, indem man sagt: »Mach dir keine Sorgen, ich nehm's nicht übel.« Die einzige Therapie ist Geduld. Man darf sich nicht merken lassen, daß man etwas gemerkt hat. Wenn man dagegen den Grund der Sorgen beseitigt, verfliegt das sexuelle Symptom von selber.

Sorores de penitentia [sp.: Bußschwestern], ein spanischer Orden des Mittelalters zur Bekehrung gefallener Mädchen. Die Häuser der S. hatten keinen Klostercharakter, sondern den von Besserungsanstalten, Arbeitshäusern und Asylen. → Arbeitshäuser, Beguinen, Bicêtre, Bon-Pasteur, bekehrte Buhlerinnen, Casa de las arrepentidas, Convertite, Dispensaire de salubrité, Dominae poenitentes, Filles-Dieu, Haus der Büßerinnen, Illuminate, Madelonettes, Magdalenenhäuser, Maison de Sainte-Pélagie, Pentite, Saint-Lazare, Spinnhäuser.

Soupeur [frz.: Esser], ein idiomatischer Begriff in der französischen Bordellwelt, wo er sich auf jene Picazisten bezieht, die nur dann Lust empfinden, wenn sie Eßwaren zu sich nehmen dürfen, die vorher in den Mund, den After oder die Vagina eingeführt worden sind. Eulenburg berichtete bereits im vorigen Jahrhundert von einem Mann, der nur potent war, wenn er eine Erdbeere essen konnte, die vorher in die Vulva gesteckt wurde. Hirschfeld berichtet von einem Patienten, der sich vor dem Koitus sein Abendessen von einer Prostituierten durchkauen und einspeicheln ließ. Bloch erwähnt einen Mann, der nur dann potent war, wenn er vorher eine Zigarre mit dem Mundende in die Vagina einführte und längere Zeit dort ließ, ehe er sie rauchte. Andere »Soupeurs« genießen es, das Sperma eines anderen Mannes direkt aus der Vulva der Frau zu lecken, mit der er soeben verkehrt hat. Wiederum andere genießen das Menstrualblut einer Frau (→ Menophagie), den Kot oder den Urin eines anderen Menschen (→Épongeur, Koprophagie, Renifleur, Skatophagie, Stercoraire, Urophagie, Uropotie).

Souteneur [frz.: Unterhalter], das offizielle, aber höchst selten in Frankreich gebrauchte Wort für → Zuhälter. Vgl.: Alphonse, Apache, Essayeur, Lanceur, Maquereau.

Sozialismus und Frauenbewegung → Frauenbewegung und Sozialismus.

Sozialismus und Sexualität → Sexualität und Sozialismus.

Sozialtherapie, sexuelle → Sexualtherapie, soziale.

Spanner, jene → Voyeurs, die sich durch Bauernfängerei oder Gewaltandrohung den Anblick der entblößten Geschlechtsteile einer Frau (und manchmal den des Geschlechtsverkehrs zwischen einem Mann und einer Frau) zu verschaffen suchen. Sie geben sich entweder als Ärzte, Gesundheitsbeamte, Damenschneider, Aktfotografen oder ähnliches aus und veranlassen Frauen, sich vor ihnen auszuziehen, um untersucht, gemessen, fotografiert zu werden. Oder sie beobachten Liebespärchen und geben sich als Sittenpolizisten aus. Manchmal zwingt der S. auch ein Liebespaar mit der Waffe, sich vor seinen Augen auszuziehen und eigens für ihn den Koitus auszuführen. Er verschafft sich sozusagen eine Privatvorführung. Der S. betrachtet die ganze Welt als eine Art erotisches Kino, das jedem zur Verfügung steht, der sich Einlaß zu verschaffen versteht. S. sind deshalb oft sittlich entrüstet, wenn sie festgenommen und verurteilt werden. Sie verstehen nicht, wieso es irgend jemanden etwas angeht, daß sie ihre Augen offenhalten. Und in gewisser Hinsicht haben sie recht. Denn die beobachteten, überredeten und genötigten Frauen erheben fast niemals Anklage. Da die Überredungskünste der S. oft ganz ärmlich und die Waffen, die sie benutzen, meist als Spielzeugmodelle erkennbar sind, kann man annehmen, daß auch die betroffenen Frauen sehr wohl gemerkt haben, es handle sich hier nicht um einen echten Arzt oder Damenschneider oder Fotografen, und die Drohung: »Zieh dich aus, oder ich schieße« sei nicht sehr ernst gemeint. Wenn eine erstaunlich große Anzahl von Frauen sich trotzdem bereitwillig auszieht, kann man wohl annehmen, daß sie es tun, obgleich sie die Sache durchschaut haben. Vgl.: Entblößungstrieb, Exhibitionismus, Mixoskopie, Skoptophilie, Strip-tease, Visionismus.

Sparta Club, französischer erotischer Geheimclub des 20. Jahrhunderts (gegründet 1926), der im Château von Aigremont tagte. → sexuelle Clubs.

Spectrophilie [lat.: spectrum = Bild, Vorstellung; gr.: philia = Liebe], Geisterliebe, Geschlechtsverkehr mit Geistern oder Dämonen. Eine Form des Geisterfetischismus, bei der imaginäre Wesen als fetischistische Surrogate für lebende Sexualpartner dienen. → Alpminne, Dämonomanie, Dämonophilie, Elben, Incubus, Lykanthropie, Nosferatu, Succubus, Vampirismus, Wechselbalg, Werwolf.

Spermatitis, ein anderer Name für → Funiculitis.

Spermatophagie [gr.: sperma = Samen; phagein = essen], das Essen des menschlichen oder tierischen Samens, im Geschlechtsverkehr meist ein Teil der → Fellatio, oft aber auch eine Form des → Sekretionsfetischismus. Im Altertum und Mittelalter als Mittel der Potenzsteigerung betrachtet.

Spiegelakte, sexuelle Handlungen, die von dem Teilnehmer, den Teilnehmern oder von anderen im Spiegel beobachtet werden. Bereits im Altertum gab es mit Spiegeln ausgekleidete Zimmer, in denen Liebespaare sich während des Liebesspiels beobachten konnten. Seitdem sind in zahllosen Privathäusern und Bordellen Spiegelräume gebaut worden, die den Zweck haben, die autoerotischen, voyeuristischen und exhibitionistischen Neigungen, die in den meisten Menschen stecken, auf harmloseste Weise zu befriedigen. Vor dem Spiegel sind wir stets gleichzeitig Exhibitionisten und Voyeure. Wir erfüllen homosexuelle Wünsche, indem wir unseren eigenen Körper als den eines anderen Menschen unseres eigenen Geschlechts betrachten. Und wir erfüllen autoerotische Wünsche, indem wir uns selber bewundern. Giese sagt: »Die eine und immerdar erste Alternative ist das Geschlecht, das jemand selbst hat und ist; die andere und immerdar erst das zweite andere Geschlecht, das man nicht hat und nicht ist.« Der Spiegel verlängert die erste Phase und verzögert die zweite. Deshalb verbot man in vergangenen Zeiten den Kindern, sich im Spiegel zu betrachten. Narkissos, der Sohn des Kephisos, verliebte sich in sein eigenes Spiegelbild und wurde nicht älter, weil er nie die Reife erreichte, in welcher der gesunde Mensch den → Narzißmus, die Selbstliebe, in Liebe zu einem anderen Wesen verwandelt. Vgl.: Autoerastie, Autoerotik, Autoerotismus, Autofetischismus, Automonosexualität, Autosexualismus, monosexuelle Idiosynkrasie, Konturerotik, Monosexualität, Trisexualität.

Spinatstecher, Männer, die mit anderen Männern, mit Frauen oder mit Tieren → Analkoitus betreiben. → Analerotik, Coitus in anum, Gesäßerotik, Immissio in anum, Natesfetischismus, Pedicatio, Proctolagnie, Sodomie, Tabouret de verre.

Spinnhäuser, im 17. und 18. Jahrhundert gewisse Arbeits- und Besserungshäuser, in denen man zum Spinnen gezwungen wurde. Der angebliche Zweck war die »Erziehung« der Landstreicher und Prostituierten zu »ehrlicher« Arbeit. Der wirkliche Zweck war der rein optische, das Elend der Straßen vor dem Auge des Bürgers zu verbergen. Wie die schlechte Hausfrau den Staub unters Sofa kehrt, statt ihn zu beseitigen, so kehrte der Staat die Straßenbevölkerung in die Arbeitshäuser, statt sich mit den Gründen der Arbeitslosigkeit zu beschäftigen und diese zu beseitigen. Aus den Worten der bürgerlichen Verteidiger der S. spricht aber auch ein gewisser Neid. Wenn man selber so hart zu arbeiten hatte, um vor sich selber als anständiger Mensch bestehen zu können, wieso sollten andere Menschen das Recht haben, nicht zu arbeiten und frei in der Welt herumzulaufen? Die S. waren also in Wahrheit keine Besserungsanstalten, sondern Folterungsinstitute, in denen der Puritaner die freien Menschen für die Freiheit bestrafte, die sie bis dahin genossen hatten. Dies kann man sehr deutlich zwischen den Zeilen solcher Eiferer wie Neiner lesen, der 1734 schrieb: »Alle Obrigkeiten sollen dahin bemüht sein, dergleichen . . . Landfahrer . . . sambt ihren Huren . . . in die Zucht- und Spinnhäuser einzutreiben, daselbsten sollen sie arbeiten, daß ihnen die Schwarten kracht . . .« → Arbeitshäuser, Beguinen, Bicêtre, Bon Pasteur, bekehrte Buhlerinnen, Casa de las arrepentidas, Convertite, Dispensaire de salubrité, Dominae poenitentes, Filles-Dieu, Haus der Büßerinnen, Illuminate, Madelonettes, Magdalenenhäuser, Maison de Sainte-Pélagie, Pentite, Saint-Lazare.

Spintrien [lat.: spintria = Strichjunge], bildliche Darstellung des Geschlechtsverkehrs zwischen Homosexuellen und Heterosexuellen beider Geschlechter, also eine Art bisexueller → Symplegma. Der Ausdruck soll nach Sueton (Tiber. 43) von Tiberius stammen. »In seiner Abgeschiedenheit zu Capri aber erdachte er gar sein Schlafzimmer (sellaria) als Sitz geheimer Ausschweifungen, in welchem Scharen von überall zusammengebrachten Mädchen und Lustknaben und Erfinder unnatürlicher Beischlafweisen, die er ›Spintrien‹ zu benennen pflegte, zu dreien verbunden miteinander Unzucht treiben mußten, während er zuschaute, um durch den Anblick die abgestumpften Begierden aufzustacheln.« Tacitus (Annales VI, 1) schreibt: »Und jetzt erst erfand man die bisher unbekannten Namen der Sellarier und Spintrier, nach der Einrichtung des Ortes zum lasterhaften Gebrauch und den vielerlei Arten der Preisgebung.« Darstellungen von Sp. findet man meist auf Abonnementsmarken der Bordelle. → Catena, Orgie, Pluralismus, Symplegma, Symposion, Triolismus.

Sponsalpsychose [lat.: sponsus = Verlobter], die Angst der Braut oder des Bräutigams vor dem Ehestand. Männer und Frauen, die vor der Ehe noch nicht zusammengelebt haben, bekommen in den Tagen, Wochen oder Monaten vor der Hochzeit sehr oft Angst. Seltener sind halluzinatorische Delirien und manische Depressionen, wie wir sie im vorigen Jahrhundert bei solchen Gelegenheiten häufig fanden. Vgl.: Deflorationsphobie, Ehescheu, Hochzeitsnachtimpotenz, Probeehe.

Sponsierer, im ausgehenden Mittelalter der → Zuhälter. Vgl.: Alphonse, Amicus, Aufmacher, Bärentreiber, Frauenmeister, Frauenwirt, Freihat, Freiwirt, Hackerbub, Hurenwirt, Jungfernschaftsprokurist, Kappelbub, Krameltreiber, Louis, Lude, Ludewig, Pilger, Plattenbruder, Pulion, Purlierer, Stenz, Strawanzer, Strizzi, Töchterwirt, Zutreiber.

Sporen, ein Objekt von eigenartiger Faszination für Sadisten, Masochisten, Schuhfetischisten und Tierfetischisten. → Berkeley Horse, Equus eroticus, Masochismus, Metamorphismus, Sadismus, Schuhfetischismus, Tierfetischismus, Zooanthropie, Zoomimik. Vgl.: Hundeleine, Käfig, Maulkorb, Reitgerte, Sattel, Zaumzeug.

Sprache und Sexualität → Sexualität und Sprache.

Statuenhaß, eine Form des sexuellen → Antifetischismus, bei der Statuen einen sexuellen Reiz ausüben, der aber nur in sadistischer Weise befriedigt werden kann: durch Beschädigung, Übermalung, Bespritzung mit Säure oder Tinte, Beschmieren mit Kot oder Urin. Meist werden Frauenbrüste, die Genitalien beider Geschlechter, das Gesäß und das Gesicht in dieser Weise angegriffen. Scheuer sagt: »Statuenschändungen werden häufig von Prüden, von Asketen begangen, die angeblich aus religiös-moralischer Entrüstung den Anblick derartiger ›Nuditäten‹ den Augen keuscher Frauen und unschuldiger Kinder ersparen wollen, in Wirklichkeit aber das latente autoerotische Motiv der eigenen Erregung haben. Ein Beispiel hierfür bietet der römisch-katholische Priester Felix M. aus Wilna, der im Jahre 1906 auf der Terrasse der Skulpturensammlung des Albertinums zu Dresden mit seinem Stock drei klassischen Statuen den marmornen Ausdruck ihrer Männlichkeit abschlug, weil dieser Anblick angeblich sein Schamgefühl verletzte. Auch hier handelte es sich um eine Normabweichung, die jedoch dort, wo nur Unbildung oder Roheit solche Taten hervorrufen, nicht in Frage kommt.« → Bilderschändung, Ikonophobie, Monumentophobie, Statuophobie, Übermalung. Vgl.: Graffiti, Ikonolagnie, Monumentophilie, Puppe, Pygmalionismus, Statuenliebe, Statuophilie, Venus statuaria.

Statuenliebe, eine Form des → Fetischismus, bei welcher der Fetisch entweder eine bestimmte Statue ist oder aus Statuen einer bestimmten Art besteht. → Ikonolagnie, Monumentophilie, Puppe, Pygmalionismus,

Statuophilie, Venus statuaria. Vgl.: Bilderschändung, Ikonophobie, Monumentophobie, Statuenhaß, Statuophobie.

Statuenschändung → Bilderschändung, Statuophobie.

Statuophilie [lat.: statua = Standbild; gr.: philia = Liebe], Statuenfetischismus, eine sexuelle Zwangsvorstellung, bei der eine Statue den Platz eines Menschen als Liebesobjekt einnimmt. Im Altertum gab es zahllose männliche Statuen mit erigiertem Phallus, der den Frauen als Onanierinstrument diente. Meist handelte es sich hier um Fruchtbarkeitskulte. Auch gab es weibliche Statuen, die Männern zum gleichen Zweck dienten, aber diese sind weitaus seltener. Als klinisches Phänomen ist die S. vor allem deshalb gefährlich, weil sie an die → Nekrophilie angrenzt. Der Mensch, der auf Statuen fixiert ist, schätzt sie meist besonders, weil sie »so kühl« und »so still« sind, beides unmißverständliche Todessymbole und deshalb als Symptom der Angst vor dem lebenden, warmen, pulsierenden Liebesobjekt des gesunden Menschen besonders schwerwiegend. → Ikonolagnie, Monumentophilie, Puppe, Pygmalionismus, Statuenliebe, Venus statuaria.

Statuophobie [lat.: statua = Standbild; gr.: phobia = Angst], Angst vor Statuen, eine paranoide Wahnbildung, die oft darin gipfelt, daß man sich von den Statuen verfolgt glaubt. Manchmal auch im Sinne des → Statuenhasses gebraucht, in diesem Fall dann eine Form des sexuellen → Antifetischismus, bei dem die Statue eine sexuelle Anziehung ausübt, die aber in sadistischer Form befriedigt wird. → Bilderschändung, Ikonophobie, Monumentophobie, Übermalung. Vgl.: Graffiti, Ikonolagnie, Monumentophilie, Puppe, Pygmalionismus, Statuenliebe, Statuophilie, Venus statuaria.

Stäupen, das öffentliche Auspeitschen mit Ruten, war im Mittelalter die übliche Strafe für sexuelle Vergehen aller Art. Sie traf Prostituierte, gefallene Mädchen, Ehebrecherinnen und Kuppler beiderlei Geschlechts, und sie galt das ganze Mittelalter hindurch, ja noch bis in die Mitte des 19. Jahrhunderts, wenigstens was die Prostituierten betraf. Bei den alten Sachsen wurde die Jungfrau, die im väterlichen Hause »Unzucht« getrieben hatte, ebenso wie die Ehebrecherin zu Tode gepeitscht. Im Mittelalter war das Stäupen der Kuppler eine sehr alltägliche Angelegenheit; aber nach der theresianischen Strafprozeßordnung war auch die gewöhnliche Strafe der Huren das St., besonders wenn diese einen Mann angesteckt hatten. Sie mußten Kirchenbuße tun und wurden sodann auf eine Bank gebunden, auf der sie vom Henker ausgepeitscht wurden. Die Karbatschenexekutionen wurden bis 1848 an den Dirnen von einer Profosin im Beisein des exequierenden Kriminalrats und eines Arztes im Hof des Wiener Kriminalgerichts vorgenommen. Außer den erwähnten Personen durfte niemand gegenwärtig sein. Es wird aber behauptet, daß manche Kavaliere der Profosin einen oder mehrere Dukaten zahlten, um aus ihrem Gemach, hinter den Jalousien stehend, zusehen zu können. In Norddeutschland wurden auch die unehelichen Mütter bis zu Beginn des 19. Jahrhunderts ausgepeitscht, worüber die armen Mädchen oft in Wahnsinn verfielen. Eine Kupplerin, durch die ein 15jähriger Jüngling infiziert wurde, bekam noch 1842 in Wien dreißig Karbatschenhiebe, wobei nach den ersten vier Hieben das Hemd schon in Fetzen flog. Vgl.: Auspeitschung, Peitsche, Rutenschlagen. → Bestrafung, Folter, Strafe, Tortur, Trülle.

Stecher → Nadelstecher.

Stenz, Umgangswort für → Zuhälter. Vgl.: Alphonse, Amicus, Aufmacher, Bärentreiber, Frauenmeister, Frauenwirt, Freihat, Freiwirt, Hakkerbub, Hurenwirt, Jungfernschaftsprokurist, Kappelbub, Krameltreiber, Louis, Lude, Ludewig, Pilger, Plattenbruder, Pulion, Purlierer, Sponsierer, Strawanzer, Strizzi, Töchterwirt, Zutreiber.

Stercoraires [frz.: Mistkäfer], ein idiomatisches Wort für jene Personen, die im Verkehr mit Fäkalien ihre sexuelle Befriedigung suchen. → Abortfetischismus, Analerotik, Anilinctio, Effeuille des roses, Épée de Charlemagne, Exkrementophilie, Gesäßerotik, Koprolagnie, Koprophagie, Koprophilie, Lambitus ani, Mysophilie, Siphnisieren, Spinatstecher, Tabouret de verre.

STERCORAIRES PLATONIQUES [frz.: platonische Mistkäfer], nach Taxil jene → Voyeure, die nur am Anblick, nicht aber an der Ausübung koprophiler und urophiler Handlungen interessiert sind. Es handelt sich hier also um eine hoch spezialisierte Form der → Skoptophilie, die mit analerotischen und harntriebhaften Komponenten durchsetzt ist. Vgl.: Abortfetischismus, Analfetischismus, Cucurbitacées, Épongeur, Koprolagnie, Koprophilie, Kotschmierer, Mixoskopie, Nachttopffetischismus, Nachttopfsklave, Renifleur, Sekretionsfetischismus, Tabouret de verre, Urethralerotik, Urinfetischismus, Urolagnie, Urophilie, Visionismus, Voyeur.

Sterilette → Verhütungsmittel.

Sterilisation, Sterilisierung, Unfruchtbarmachung, entweder durch chirurgische oder durch andere Methoden. Im Gegensatz zur → Kastration bleibt bei der S. die Fähigkeit zum Geschlechtsakt erhalten. In Dänemark und USA ist die S. zur Ausmerzung von Geisteskrankheiten, erblichem Schwachsinn und erblicher Blindheit gesetzlich eingeführt. Der Hauptzweck der S. in der modernen Gesellschaft ist jedoch die → Empfängnisverhütung. Das größte Sterilisierungsprogramm, das man sich je vornahm, wurde in Indien versucht und führte zum Sturz Indira Ghandis. Da eine Operation des Mannes so viel einfacher und schneller durchzuführen ist als die der Frau, wandte sich das Projekt vor allem an die Männer Indiens. Die Regierungen der indischen Staaten setzten für alle, die sich dem Programm freiwillig anschlossen, eine kleine Geldprämie aus und hofften auf jährlich 2,5 Millionen Freiwillige. Indiens Minister für Gesundheit und Familienplanung, Sripati Tschandrasekhar, ließ sich selber im Alter von 42 Jahren sterilisieren, um ein Vorbild zu setzen. Die indische Regierung hatte einen Gesetzesentwurf vorgelegt, daß Väter von drei Kindern zwangsweise sterilisiert werden sollten. An ihm scheiterte das Projekt.

Kleinere, von privater Hand finanzierte Programme wurden in England und den USA aufgestellt, darunter einige für die früheren Kohlebergbau-Distrikte in den USA, wo die Männer fortfahren, Kinder zu zeugen, obgleich sie seit vielen Jahren andauernd arbeitslos sind. Doch selbst in Gebieten, die nicht von Armut heimgesucht sind, ist die Sterilisierung verbreiteter, als allgemein angenommen wird. In den USA ließen sich schätzungsweise 2,5 Millionen Männer und Frauen sterilisieren und in Großbritannien, wo 1966 ein privat finanziertes Programm aufgestellt wurde, lassen sich jährlich ungefähr 10000 Menschen auf eigenen Antrag und nach Vereinbarung mit ihrem Arzt sterilisieren.

Bei der Frau besteht die Operation darin, daß die beiden Eileiter unterbunden werden, durch die das Ei vom Eierstock zur Gebärmutter wandert; dann werden die Trennstellen verschlossen. Nach diesem Eingriff, der sogenannten Tubenligatur, kann das Ei nicht mehr in die Gebärmutter gelangen. Es löst sich einfach auf und wird vom Blut aufgenommen. Für den Mann bedeutet die Operation, daß jene Kanäle unterbrochen oder verschlossen werden, die das Sperma von den Hoden aus durchläuft. Nach dem Eingriff kann der Mann wie zuvor Samen produzieren, doch die Flüssigkeit enthält nur kein Sperma mehr: die Spermien werden abgebaut und absorbiert. Die Operation der Frau macht einen Einschnitt im Unterleib erforderlich und muß unter Vollnarkose durchgeführt werden; danach ist ein Krankenhausaufenthalt von vier bis sechs Tagen geboten. Deshalb wird der Eingriff häufig kurz nach einer Geburt vorgenommen, wenn die Frau ohnehin in der Klinik ist. Beim Mann ist die Operation viel einfacher; sie erfordert lediglich kleine Einschnitte an beiden Seiten des Hodensackes, jener Hautfalte, in der die Hoden liegen. Sie kann unter Lokalanästhesie in jeder Arztpraxis durchgeführt werden, und der Patient kann am nächsten Tag schon wieder seiner Arbeit nachgehen. Sieht man von religiösen Einwänden ab, die sich gegen die Sterilisation noch heftiger als gegen andere Methoden zur Geburtenkontrolle richten, so bleibt als wichtigster Nachteil, daß die Folgen der Operation oft nicht rückgängig zu machen sind; die zweite Operation, die den ersten Eingriff zurücknehmen soll, mißlingt bei ungefähr der Hälfte aller Fälle.

Seit kurzem experimentieren Ärzte jedoch mit einer neuartigen Technik, bei der die weiblichen Eileiter oder die männlichen Samenkanäle nicht unterbunden und verschlossen, sondern durch Einspritzen eines gummiartigen Kunststoffes nur blockiert werden. Man nimmt an, daß dadurch die Operation leichter und allgemein erfolgreicher rückgängig gemacht werden kann als früher. In der BR ist selbst freiwillige S. jedoch nach wie vor schwierig. Im Jahre 1964 wurde der Ehefrau und Mutter von zwei Kindern Marita Stemmer die linke Niere wegoperiert. 1966 mußte ihr ein Teil der rechten Niere wegoperiert werden. Die Chirurgen wiesen sie darauf hin, daß weitere Kinder für sie lebensgefährlich seien, weigerten sich jedoch, eine S. ohne Erlaubnis der Ärztekammer vorzunehmen. Wegen ihres Leidens warnten sie sie gleichzeitig vor der → Pille. Erst als sie erneut schwanger wurde, befürwortete der Direktor der örtlichen Universitätsklinik den Eingriff. Der Stationsarzt richtete einen entsprechenden Antrag an die Ärztekammer. Nachdem die Patientin zwei Wochen in der Klinik gelegen und täglich auf die Antwort der Ärztekammer gewartet hatte, erfuhr sie, daß ihr Antrag abgelehnt worden sei. Sie versuchte erfolglos, die Mitglieder des Direktoriums der Ärztekammer telefonisch zu erreichen, wandte sich dann an den Direktor einer anderen Universitäts-Frauenklinik, der ihren Antrag ebenfalls ablehnte. Ihr Hausarzt lehnte nun die Verantwortung ab und überwies sie an Fachärzte in einem dritten Krankenhaus, die akute Lebensgefahr diagnostizierten und im fünften Monat den mittlerweile sehr schwierig gewordenen Eingriff vornahmen. Das Kind war nicht mehr zu retten. Bei der Operation stellte es sich heraus, daß die Niere von dem angestauten Wasser völlig eingeengt und ein Drittel ihres Blutes bereits verbraucht war. Der Fall ist in den Annalen der bundesdeutschen Medizin berühmt und berüchtigt, hat aber immer noch nicht zu einer Liberalisierung der S.-reglementierung geführt.

Stiefelfetischismus → Schuh, Schuhfetischismus.

Stimme, menschliche, ein wichtiges Sexualattribut. Die S. des Mannes ist, genau wie der Adamsapfel, ein Sexualorgan. Die präpubertäre S. des Knaben unterscheidet sich kaum von der des Mädchens. Aber wenn der Knabe geschlechtsreif wird, macht sein Kehlkopf eine Mutation durch. Die Stimmbänder wachsen außerordentlich schnell, bis sie ungefähr doppelt so lang wie die des Mädchens sind. Damit wird seine S. um rund eine Oktave tiefer. Daß hierbei hormonelle und nicht organische Einflüsse am Werk sind, geht unter anderem daraus hervor, daß die S.-Bänder kastrierter Knaben nicht wachsen. Um die »Reinheit« der präpubertären Knabenstimme zu erhalten, kastrierte man deshalb in Italien jahrhundertelang gewisse Chorknaben, deren S. besonders schön war. Diese S. bleiben dann nicht nur höher in der Lage, sondern behalten auch den typischen asexuellen Charakter der Kinderstimme bei. Vergleichbare Resultate beobachtete man bei kastrierten Tieren. Ein kastrierter Hahn kräht nicht. Ein kastrierter Hirsch röhrt nicht. Da es dem Hormonhaushalt obliegt, die männliche Stimme nicht nur zu formen, sondern auch in Form zu halten, erkennt man an der Virilität der Männer-S. tatsächlich die Virilität des Mannes. Der Ruf großer Sänger der italienischen Oper, sexuelle Athleten zu sein, war deshalb nicht immer unbegründet. → Gehörsinn.

Stock, das Symbol des Penis, der Männlichkeit und der Autorität (Szepter). Der Fetisch des Sadisten, Masochisten und Flagellanten. → Bestrafung, Flagellation, Geschlagenwerden, Masochismus, Sadismus, Strafe.

Stoff-Fetischismus → Hephephilie.

Storyville, der von den Jazzmusikern so oft romantisierte Bordelldistrikt des alten New Orleans, wurde am 26. Januar 1897 von Stadtrat Sidney Story gegründet, der eine Reglementierung der Prostitution nach europäischem Modell anstrebte. Er wollte die Bordelle auf einen Distrikt von 38 Straßenblocks beschränken. Das gelang ihm natürlich nicht. Mittlerweile hatten die Huren aber seinen Namen entliehen, um ihren »Distrikt« nach ihm zu benennen und ihn zur Hauptattraktion der Stadt zu machen. Ein halbes Dutzend Zeitungen beschäftigte sich ausschließlich mit dem Privatleben und den Abenteuern dieser Huren, ihrer Kunden, Lieferanten und Musiker. Wie jede gute Zeitung heute Buch-, Film-, Musik-, Kunst- und Theaterkritiker beschäftigt, so entwickelten diese Zeitungen – *Mascot, Sunday Sun* und *Blue Book* – einen Kritiker, den es bis dahin in der Geschichte der Menschheit nur selten gegeben hat und der seit dem Ende von Storyville auch nie wieder aufgetaucht ist: den Hurenkritiker. Jede Hure wurde sorgfältig und objektiv besprochen – ihr Aussehen, ihre Anziehungskraft, ihre Sauberkeit, ihre sexuelle Technik, ihre »Spezialitäten«, ihre Ausdauer, ihre Intelligenz, ihre »anderen« Fähigkeiten. Diese Zeitschriften stellen deshalb für den Sexualwissenschaftler ein einzigartiges Forschungsmaterial dar. Am 12. November 1917 wurde Storyville geschlossen, um die amerikanischen Marinesoldaten, die in New Orleans stationiert waren, zu »schützen«. Als man die »Gräfin« Willie V. Piazza, Besitzerin des berühmten Kreolenhauses North Basin Street 317, nach ihrer Meinung fragte, sagte sie: »Ich wollte mich sowieso zur Ruhe setzen. Ein neues Zeitalter hat begonnen. Die anständigen Mädchen machen uns das Geschäft kaputt.«

Strabismus penis → Chorda penis.

Strafe, eines der umstrittensten Konzepte des juristischen Denkens. Freud glaubte, daß die S. stets mit starken Affekten beladen sei, weil wir sie zum erstenmal im menschlichen Leben von einem Wesen erhalten, das wir lieben und das uns liebt: der Mutter. Es mag deshalb sein, daß alle Formen der S. ihren Zweck verfehlen. Bei dem Masochisten erzeugt die S. Lustgefühle. Bei allen anderen Menschen erzeugt sie Widerstand und Trotz. Niemals macht sie den Menschen besser. Nie bewahrt sie ihn vor der Wiederholung einer Tat. → Bestrafung, Dippoldismus, Erziehersadismus, Erziehungsmasochismus, Folter, Gefängnis, Hinrichtungssadismus, Postheoth Club, Strangulation, Trülle, Zuchthaus.

Strafmündigkeit ist das Lebensalter, von dem an ein Minderjähriger zu strafrechtlicher Verantwortung gezogen werden kann. Dieses Lebensalter liegt im deutschen Recht nach Meinung aller führenden Jugendrichter zu niedrig. Mit dem siebenten Lebensjahr erreicht der bundesdeutsche Bürger bereits die bedingte Deliktsfähigkeit, mit 14 die bedingte S. Mit Inkrafttreten des Jugendgerichtsgesetzes von 1923 wurde die ursprünglich im StGB von 1871 normierte Strafmündigkeitsgrenze von zwölf Jahren beseitigt. Rechtsquelle ist seitdem das Jugendgerichtsgesetz, das auch in seiner Neufassung vom 11. Dez. 1974 die Altersgrenzen von 14 Jahren für die beschränkte und von 18 Jahren für die volle strafrechtliche Verantwortlichkeit beibehielt. Die Beobachtungen über die altersmäßigen Verschiebungen bei der körperlichen und geistigen Reife führten dazu, im Jugendgerichtsgesetz von 1953 eine neue Altersstufe einzuführen, die des → Heranwachsenden im Al-

ter von 18 bis 21 Jahren, bei dem im Einzelfall zu prüfen ist, ob er seiner geistigen und sittlichen Entwicklung nach noch einem Jugendlichen unter 18 Jahren gleichsteht.
Wie der Fall Jürgen Bartsch gezeigt hat, sind die Altersstufen, nach denen das Strafmaß eines Sexualdelikts behandelt wird, von größter Wichtigkeit für die Beurteilung der Zurechnungsfähigkeit des Täters. Das trifft aber nicht nur auf Verbrechen, sondern auch auf Vergehen und Übertretungen zu, denn das ganze Gebiet des Geschlechtslebens ist von juristischen Fallgruben durchsetzt, mit gesetzlichen Stacheldrähten umzäunt, wird von mißtrauischen Augen berechtigter und unberechtigter Beobachter bewacht, von Strafmaßnahmen bedroht. Der Jugendliche, der das tut, was ihm natürlich erscheint, kann sich jederzeit als »Sittenstrolch« bezeichnet, als »Sexualverbrecher« behandelt und als »schuldig« verurteilt finden. Das war nicht immer so. Aus der klassischen Zeit des römischen Rechts kennen wir nach den Schriften von Labeo und Pomponius die berühmt gewordene Unterteilung in *infantes, impuberes* und *minores*. Bei den Kindern bis zum siebenten Lebensjahr, den *infantes*, wurde unterstellt, daß ihnen die *capacitas doli* fehle. Bei den *impuberes* im Alter von 7 bis 14 Jahren wurde unterschieden, ob sie mehr als Kind oder als gereifte Menschen anzusehen seien, ob sie *infantiae proximi* oder *pubertati proximi* seien, eine ähnliche Unterscheidung, wie sie heute bei den Heranwachsenden gemacht wird, allerdings nicht im Hinblick auf die körperliche, sondern auf die geistige und sittliche Reife. Wurde der *impuber* als Kind gewertet, blieb er straffrei, andernfalls war er im gleichen Umfang wie der *minor* strafmündig. Den *minores* (14 bis 25 Jahre) stand die *miseratio aetatis* nicht mehr zu, sie waren vollstrafmündig, doch konnten bei ihnen die Strafen gemildert werden.
Als Gegengewicht gegen die im Lauf der Zeit einsetzende Tendenz zur Beschränkung der strafrechtlichen Verantwortlichkeit entwickelte sich der Grundsatz *malitia supplet aetatem*. Mit diesem Prinzip, das nicht nur für *minores*, sondern auch für *impuberes* galt, wurde in Zeiten absoluter Regierungen leicht Mißbrauch getrieben. So berichten Tacitus und Cicero von Jugendlichen, die nur deswegen die Todesstrafe erlitten, weil sie Kinder von Verschwörern waren und man ihnen natürlich leicht irgendeine Unterstützung ihrer Eltern nachweisen konnte. Hier finden wir die Wurzeln von Begriffen wie »besonders verwerfliche Gesinnung« oder »Schwere der Tat«, die auch in jüngster Zeit eine strengere Behandlung des Jugendlichen ermöglichen. Solche Sondervor-

schriften für besonders gefährliche oder bösartige Täter können nötig sein. Man darf aber nicht die Augen davor verschließen, daß sie in der Zeit der »Tendenzwende« zu Mißbräuchen führen können.
In der ausländischen Rechtsprechung der Gegenwart gibt es zwei juristische Gruppen, deren Deutung der S. stark voneinander abweicht. Die eine Gruppe folgt dem englischen Prinzip, im materiellen Recht keine Zwischenstufe zwischen Kindern und Erwachsenen zu machen, dafür aber dem jugendlichen Delinquenten besondere Behandlungsmethoden angedeihen zu lassen oder – vor allem in Südamerika – die Strafe zu mildern. Die anderen Länder folgen dem französischen Grundsatz, von der Schuld des Täters auszugehen und diese zur Grundlage für die gegen ihn notwendigen Maßnahmen zu nehmen und – teilweise – diese Prüfung auf eine bestimmte Altersstufe zu beschränken, in der das Gericht von Fall zu Fall zu klären hat, ob die Handlung mit Zurechnungsfähigkeit oder mit der erforderlichen Reife – auch hier differieren wiederum die einzelnen Rechtsordnungen – geschehen ist. Unabhängig davon, welchem der Systeme man folgen will, läßt sich die moderne internationale Tendenz durch folgenden Satz umreißen: Je jünger die Strafgesetzgebung eines Landes, desto ältere Jahrgänge der Jugend werden dem Sonderstrafrecht für Jugendliche zugeführt. Die allgemeine Tendenz geht heute auf eine Ausdehnung des Jugendstrafrechts über das 18. Lebensjahr hinaus, und zwar aufgrund der Einsicht, daß es den neuen Erkenntnissen von Biologie, Psychiatrie, Psychologie und Soziologie nicht mehr entspricht, den jungen Menschen vor Erlangung einer gewissen persönlichen Reife die volle Last einer strafrechtlichen Verantwortung aufzubürden. Moderne Gesetzgeber haben diesen Erkenntnissen zwar weitgehend im Verfahren und im Vollzug Rechnung getragen, sich jedoch eigenartigerweise nicht dazu durchgerungen, die Strafmündigkeitsgrenzen entsprechend zu erhöhen.
Nun besteht in der Rechtsprechung der BR aber ein ganz eigentümlicher Widerspruch zwischen den Altersstufen der Rechtsfähigkeit, der Parteifähigkeit im Zivilprozeß, der Geschäftsfähigkeit, der Deliktsfähigkeit, der Strafmündigkeit, der Testierfähigkeit, der Ehemündigkeit für Mann und Frau, der Eidesmündigkeit im Zivil- und Strafprozeß, der Prozeßfähigkeit im Zivilprozeß, der Wehrpflicht und des Wahlrechts. All diese Rechte und Pflichten, die eng miteinander verknüpft sind und in vieler Hinsicht einander bedingen, sind im deutschen Gesetz wie aus der Paragraphenbüchse über die denkbar ungeeignetsten Altersstufen gestreut worden.

Daß dieses System absurd, ja nahezu grotesk ist, braucht hier kaum betont zu werden. Das ist oft genug von befugteren Instanzen gesagt worden.

Strafrecht, das bundesdeutsche, beruht grundsätzlich auf dem Strafgesetzbuch vom 15. Mai 1871. Es ist seitdem durch mehr als sechzig Novellen geändert und ergänzt worden, aber seine rechtsphilosophische Grundlage ist nach wie vor der Gedanke der *Vergeltung*. In diesem Sinne geht es auf Kant und Hegel zurück, die das Verbrechen als einen Verstoß gegen die Sittenordnung und das Recht als einen Mechanismus zur Wiederherstellung des sittlichen Gleichgewichts sahen. Das Positive dieser Auffassung war, daß es dem Staate alle Einwirkungen auf die Freiheit der Persönlichkeit verwehrte. Das Negative war, daß es aus eben diesem Grunde Maßnahmen zur Erziehung und Besserung des Täters ablehnte und sich auf abstrakt begründete Vergeltungsmaßnahmen beschränkte. Die Aufgabe des Strafrechts war eine dialektische: die Verneinung des Gesetzes durch den Rechtsbrecher sollte durch Strafe verneint und damit gesühnt werden. Nicht das Individuum stand zur Diskussion, sondern der Staat; nicht das individuelle Vergehen, sondern die Ordnung.

Als sich um die Jahrhundertwende die Auffassung von dem Verbrechen als einer sozialen Krankheit durchzusetzen begann, wurde dieses Konzept des Rechts hinfällig. Wenn der Täter und nicht die Tat, das Individuum und nicht der Staat im Zentrum des Rechts stehen sollte, mußte das Strafrecht die Besserung des Täters und nicht die Wahrnehmung der Staatsinteressen bezwecken. 1902 wurde in diesem Sinn mit den Arbeiten zur umfassenden Erneuerung des deutschen Strafrechts begonnen. Die Tatsache, daß sie bis heute nicht abgeschlossen sind, zeigt die außergewöhnliche Zähigkeit der Hegelschen Rechtslehre und den tiefen Widerspruch zwischen ihr und der liberalen Rechtstheorie.

→ Schuld, Vergeltung, Zurechnungsfähigkeit.

Strafrecht in der DDR. Im Januar 1968 verabschiedeten die Delegierten der Volkskammer der DDR ein neues Strafgesetzbuch und vier andere damit zusammenhängende Gesetze. Dadurch wurde die in beiden Teilen Deutschlands bis dahin bestehende Rechtseinheit des Strafgesetzes beseitigt. Am 1. Juli 1968 trat das neue Strafgesetzbuch gemeinsam mit einer neuen Strafprozeßordnung, einem Einführungsgesetz, dem Ordnungswidrigkeitsgesetz und einem Gesetz über den Strafvollzug und die Wiedereingliederung Strafentlassener in Kraft. Die Sexualdelikte werden hier außerordentlich liberal und großzügig behandelt. Auf die-

sem Gebiete stimmt das neue StGB der DDR also mit den Bestrebungen der bundesdeutschen Rechtsreform überein. Beachtlich ist der Akzent auf der Präventivfunktion des Rechts, die ja auch in diesem Lexikon überall zum Maßstab für die Wirksamkeit des Gesetzes genommen wird. In der Präambel werden alle Bürger aufgefordert, aktiv mitzuwirken, damit Straftaten verhütet und ihre Ursachen und Bedingungen beseitigt werden. Der Sinn des Strafrechts ist nicht die Bestrafung des Delikts, sondern dessen Verhinderung, und dies nicht etwa durch Strafandrohung (die ja immer eine legalisierte Form der Erpressung darstellt), sondern durch Strafminderung und durch die ausdrückliche Feststellung, daß der Staat für die *Verhütung* von Straftaten verantwortlich sei. Wenn der Staat diese Verantwortung übernimmt, kann der Täter nicht mehr voll zur Verantwortung gezogen werden. Für jede Straftat ist der Staat selber verantwortlich, denn er hätte sie verhüten müssen. Dies ist ein Rechtskonzept von fortschrittlicher Natur, das einschneidende Folgen im Rechtsdenken aller Länder haben wird.
Von überholten Wertvorstellungen befreit ist vor allem das Sexualstrafrecht der DDR, das vielfach den Erkenntnissen der modernen Psychologie Rechnung trägt. Homosexualität unter Erwachsenen ist straffrei. Völlig gestrichen sind die Strafbestimmungen über Sodomie und über Erschleichung des außerehelichen Beischlafes. Bigamisten erhalten lediglich eine Verurteilung auf Bewährung. Blutschande wird nur noch bestraft, wenn Verwandte in gerader Linie oder Geschwister »Geschlechtsverkehr durchführen«. Auch die Bestimmungen über Abtreibung sind einschneidend geändert worden. Die Schwangerschaftsunterbrechung, die eine Frau an sich selbst vornimmt, wird künftig nicht mehr bestraft, sondern nur noch die Fremdabtreibung. Kuppelei ist kein Straftatbestand mehr. Die Hälfte aller sexuellen Delikte des alten StGB von 1871 sind gestrichen. Nur gewaltsam erzwungener Geschlechtsverkehr steht unter Strafe. Ebenfalls unter Strafe stehen sexuelle Handlungen, die als Erwerbsquelle dienen (Ausnutzung der Prostitution), und jedweder Mißbrauch von Abhängigkeit. Wo das bundesdeutsche StGB selbst nach den Reformgesetzen vom 1. Januar 1975 noch immer hier und da zwischen sexuellen Straftaten, die von Personen männlichen Geschlechts begangen werden, und denen von Mädchen und Frauen unterscheidet und manchmal nur die einen, zuweilen nur die anderen bestraft oder die einen schwerer als die anderen mit Strafe bedroht, sind im StGB der DDR all diese Anomalien gestrichen und geändert worden. Überall werden jetzt Knaben wie Mäd-

chen, Männer wie Frauen für die gleichen Straftaten bestraft oder nicht bestraft.

Strangulation [lat.: strangulare = erdrosseln, erwürgen], Erhängen, Erwürgen. Seit den ältesten Zeiten der Menschheit ist bekannt, daß bei der S. oft eine Wollustempfindung auftritt, beim Mann mit Erektion und Samenerguß, bei der Frau mit Sekretion der Bartholinschen Drüsen und Transsudation der Vaginalwände verbunden. Bei der von Matschinkowsky entwickelten S.-Therapie zur Behandlung verschiedener Neurosen fiel bereits Charcot auf, daß bei den Patienten tagelange Erektionen, manchmal Ejakulation und oft erotische Träume auftraten. Diese Erfahrung hat sich eine der tragischsten Gruppen von Masochisten zu eigen gemacht, die sich durch → Selbst-S. an den Rand des Todes bringen. In der Türkei gehörte zur Zeit des Ottomanischen Reiches die S. zu den bekanntesten Lustmitteln seniler Männer. Man nannte sie »die letzte Freude des Alters«. In Paris gab es vom 19. Jahrhundert bis in die 20er Jahre unseres Jahrhunderts S.-Klubs, deren Mitglieder einander aufhängten, um sich bei Eintritt des Orgasmus schnell wieder abzuschneiden. Der letzte dieser Klubs wurde erst aufgelöst, als man einen Mann nicht mehr schnell genug abschneiden konnte, um ihm das Leben zu retten. → Masochismus, Todestrieb.

Straßenbekanntschaften führen in Deutschland überraschend oft zu Eheschließungen. In der BR lernen sich weit mehr Eheleute auf der Straße oder in öffentlichen Verkehrsmitteln kennen als in den Vereinigten Staaten, wo die Mehrheit aller Ehen auf Berufsbekanntschaften beruht, oder in Frankreich, wo 34 Prozent aller Ehefrauen ihre Männer bei familiären Zusammenkünften kennenlernen. Am seltensten sind Straßenbekanntschaften in der Sowjetunion, wo sich nur eines von 66 Ehepaaren auf der Straße kennenlernt. 27 Prozent lernen einander bei häuslicher Geselligkeit kennen, 21 Prozent bei der Arbeit, 17 Prozent auf der Schule oder der Universität. → Berufsbekanntschaften, Eheanknüpfung, Partnerwahl.

Straßenmädchen, Prostituierte, die ihre Kunden auf der Straße suchen. Es gibt wohl kaum eine degradierendere Form der Prostitution als die des S. Nur ein totaler Zusammenbruch der Moral, kombiniert mit einer noch gravierenderen Anästhesie des ästhetischen Sinnes, konnte je eine so barbarische Form der Prostitution gestatten. Die Fragen der moralischen Rechtfertigung der Prostitution als solcher haben nichts mit dem erniedrigenden Spektakel der S. zu tun. Selbst wenn Prostitution verzeihlich sein sollte, wäre die Straßenprostitution immer noch unverzeihlich. Daß eine Frau an kalten Wintertagen, in Regen und Schnee, in der schlimmsten Sommerhitze und zu jeder anderen Jahreszeit auf dem steinernen Pflaster auf und ab gehen muß, um einen Mann zu finden, daß sie sich Dutzende von Malen aus- und anziehen muß, daß sie von Polizisten verfolgt, von Betrunkenen belästigt, von Kindern verhöhnt, von Frauen verachtet, von Zimmer- und Wohnungsvermietern ausgebeutet wird, ist in vieler Hinsicht degradierender als die Prostitution selber. Jede andere Form der Prostitution – Kasernierung, Callgirls, Cargirls, Bordelle, Absteigequartiere – ist besser als die der Straßenprostitution. Über Grundsätzliches zu diesem Thema → Prostitution. Vgl.: Boulonnaise, Gourgandine, Lampronnière, Landstörzerin, Marneuse, Pierreuse, Pontonnière, Rempardeuse, Torcie.

Strawanzer, im Wien des 19. Jahrhunderts die → Zuhälter. Vgl.: Alphonse, Amicus, Aufmacher, Frauenmeister, Frauenwirt, Freihat, Freiwirt, Hackerbub, Hurenwirt, Jungfernschaftsprokurist, Kappelbub, Krameltreiber, Louis, Lude, Ludewig, Pilger, Plattenbruder, Pulion, Purlierer, Sponsierer, Stenz, Strizzi, Töchterwirt, Zutreiber.

Strich, seit dem Mittelalter das deutsche Volkswort für Bordell- oder Hurenstraße. Nach dem *Liber vagatorum* von 1510 stammt es von Schreff = Hure. Man spricht von einem Tagesstrich und einem Nachtstrich (auch Vormittagsstrich, Nachmittagsstrich, Abendstrich, Autobahnstrich und so weiter). → Frauengasse, Junin, Persil, Rue aux putains.

Strichjunge, männlicher Prostituierter für weibliche oder homosexuelle Kundschaft, selten auch Zuhälter. → Canapé, Catamitus, Fille galante, Fille pierreuse, Gadale, Gigolo, Kinäde, Kinderprostitution, Knabenbordell, Knabenharem, Lustknabe, Päderast, Pädophilie, Pagismus, homosexuelle Prostitution, Unzucht mit Kindern, Unzucht mit Männern.

Strick, ein Symbol des Penis und Sexualobjekt vieler Sadisten, Masochisten und Kolligationsfetischisten. Der Strick ist die Schlange, die Sünde, der Henker, die Fessel, die Geißel. Wegen der großen Vielfalt seiner Assoziationen ist er einer der stärksten sexuellen Fetische. → Fesselung, Fetischismus, Folter, Ketten, Knebelung, Kolligationsfetischismus, Korsettdisziplin, Masochismus, Riemen, Sadismus, Selbsterhängung, Selbstfesselung, Strangulation.

Strip-poker, Pokerspiel, bei dem man statt um Geld um Kleidungsstücke spielt. Beliebter Auftakt vieler → Gruppensex-Aktivitäten, weil man auf diese Weise ein harmloses, zwangloses Alibi zum gegenseitigen Ausziehen findet. → Partnertausch, Partouze.

Strip-tease [am.: Ausziehneckerei], eine eigenständige amerikanische Kunstform mit strikten Regeln und einem Fachvokabular, das sich nur mit dem des Balletts vergleichen läßt. Erst seit seiner Einführung nach Europa hat der S. seine eigentliche Form verloren und wird heute für nahezu jede Form des öffentlichen Selbstausziehens benutzt. Ursprünglich war der S. Teil der Tradition der amerikanischen Burlesque (»Burleycue«) und wurde den jüngeren Tänzerinnen von älteren sorgfältig beigebracht. Jeder Schritt, jede Bewegung war katalogisiert und trug einen bestimmten Namen – the bump, the grind, the trailer, the flash, the quiver, usw. Das typische cache-sexe der Striptease-Tänzerinnen ist mittlerweile unter dem Namen *G-string* (die G-Saite) weltberühmt geworden.
Obgleich Strip-tease eine von Männern erfundene und choreographierte Kunst war, drängten sich nur diejenigen Frauen zu ihrer Ausübung, die entweder mit Burlesque-Komikern verheiratet waren und sie nicht allein auf Tour gehen lassen oder die Sache reizvoll fanden und schnell Geld verdienen wollten, ohne sich prostituieren zu müssen. Strip-tease wurde sehr bald das Feld der Exhibitionistin. Wer je mit Stripperinnen gearbeitet hat, weiß, daß sie bei der Vorführung oft mehr erregt sind als die Männer (und die lesbischen Frauen), die ihnen zusehen. Strip-tease ist deshalb eher eine exhibitionistische als eine voyeuristische Form der erotischen Kunst. Vgl.: Adspektprostitution, Café Concert, Café chantant, Cucurbitacées, Exhibitionismus, Jongleresses, Ménestrelles, Mixoskopie, Skoptophilie, Strip-Poker, Visionismus.

Strizzi, der → Zuhälter im Wienerischen von der Mitte des 19. Jahrhunderts an. Bis dahin nannte man ihn → Kappelbub. Der S. trug pomadisierte Haare, glatt in der Mitte, aber lockig an den Schläfen, weite Hosen, blaue Schürze, Kappe und besonders bunte Krawatten. Er erpreßte die Kunden der Prostituierten, raubte sie aus, aber ging auch auf die Straße, um für Recht und Freiheit zu demonstrieren. Man sagt, daß viele von ihnen in der Revolution von 1848 umgekommen seien. Vgl.: Alphonse, Amicus, Aufmacher, Bärentreiber, Frauenmeister, Frauenwirt, Freihat, Freiwirt, Hackerbub, Hurenwirt, Jungfernschaftsprokurist, Kappelbub, Krameltreiber, Louis, Lude, Ludewig, Pilger, Plattenbruder, Pulion, Purlierer, Sponsierer, Stenz, Strawanzer, Töchterwirt, Zutreiber.

Strophion [gr.: Brustbinde], die altgriechische Form des → BH.

Strumpf, eines der wirksamsten Erotika unter den Kleidungsstücken, ist eine relative Neuentdeckung in der Geschichte der Menschheit. Die

Jungsche Theorie, daß alle profunden sexuellen Erlebnisse des Menschen auf archaische, phylogenetische Sensationen zurückgehen, scheint hier zu zerfallen. Erst im Mittelalter entdeckte die Menschheit den St. Der Vorfahr des St. war die Hose. Im Plattdeutschen und im Englischen heißt der Strumpf deshalb heute noch Hose. Gegen Mitte des 16. Jahrhunderts ging eine bedeutsame Veränderung mit dem Beinkleid vor: man durchschnitt es am Knie. Jetzt blieb das »haut de chausse« (die Hose) als eigentliches Beinkleid übrig und trennte sich vom »bas de chausse« (später kurz »bas« genannt): der Strumpf war geboren. Er diente der Frau damals wie auch heute sowohl zur »Akzentuierung« des erotischen Reizes wie als zweites Grundelement in der Erotik der Kleidung: zur »Exhibition«. Ein ernstes Hindernis stand jedoch damals der Strumpf- und Beinkoketterie der Frauen im Weg: das Kleid war noch nicht »fußfrei«, es reichte zu weit herunter. Da erfand man an den Höfen die allegorisch-mythologischen Schäferspiele. Sie brachten das »costume à la Nymphale« und damit die unbegrenzten Möglichkeiten einer sichtbaren Strumpf- und Beinkultur. Um das nackte Fleisch im Strumpf vorzutäuschen, wurde er fleischfarben oder aus durchsichtigem oder durchbrochenem Gewebe hergestellt. Dann begann das Zeitalter der weißen handgestrickten Wollstrümpfe. Als in den neunziger Jahren der schwarze Strumpf aufkam, erregte er anfangs nicht weniger Entsetzen als die fleischfarbenen Strümpfe des Rokoko. Sieht man von dem Luxus ab, den das Rokoko mit dem Strumpf getrieben hat, so wurde diesem noch nie in der Geschichte der weiblichen Mode so viel Aufmerksamkeit zuteil wie heutzutage. Und wenn es auch nicht mehr üblich ist, wie im Rokoko, die Strümpfe mit Gold und Edelsteinen zu besetzen oder sie mit dem aufgemalten Bild des jeweiligen Geliebten zu schmücken, so hat man in Amerika bereits in den zwanziger Jahren versucht, Seidenstrümpfe mit Mahjongbatik zu bemalen, und solche St. wurden tatsächlich von vielen Filmdiven in Hollywood getragen.

Die erotische Wirkung des St. liegt zweifellos in seinem oberen Rand. Durch die Akzentuierung der Oberschenkel wird von vorne das »Geschlechtsdreieck«, von hinten der Popo hervorgehoben. Diesem Zweck dient auch das Strumpfband, sowohl in seiner Ringform wie als Straps. Seit dem 18. Jahrhundert trieb man hiermit einen bezeichnenden Kult. Man versah das Strumpfband mit Edelsteinen, Zierschlössern, Schleifchen und Spitzen, oft auch mit Porträts des Gatten oder Liebhabers. Ursprünglich waren die Strumpfbänder nur zum Binden eingerichtet, später wurden sie mit Schnallen versehen. Während sie im 18. Jahrhundert noch mit Malereien, Stickereien und Applikationsarbeiten verziert waren, wurden sie zu Beginn des 19. Jahrhunderts einfacher und die Verzierungen durch Kupferstich aufgepreßt. Im 19. Jahrhundert kamen die elastischen Strumpfbänder auf. Auch wurde es Sitte, nachdem man eine Zeitlang zwei Strumpfbänder getragen hatte, eines als Schmuckgegenstand unter dem Knie und eines zur Befestigung des Strumpfes über dem Knie, schließlich das Strumpfband nur mehr über dem Knie zu tragen. Heute ist es fast veraltet und durch die Strumpfhalter ersetzt. Zu erwähnen wäre noch das Strafstrumpfband aus Drahtgeflecht mit Eisenspitzen, das von Büßerinnen getragen wurde. Ein bekannter Hochzeitsbrauch bei adeligen Familien bestand darin, das zerschnittene Strumpfband unter die Hochzeitsgäste zu verteilen. »Le don de la jarretière« ist auch in Frankreich und bei den Wallonen bekannt, ebenso bei bäuerlichen Hochzeiten in der Oberpfalz und im Elsaß (Weinhold I, 385).

Seit den frühesten Zeiten kommt dem Strumpf eine symbolisch sexuelle Bedeutung zu. Er gilt vor allem als Symbol der weiblichen Scham (Vulva). Im Holländischen heißt der St. »de Kous«; de Kous ist aber auch die Vulva. Der St. ist schließlich ein Symbol der weiblichen Fruchtbarkeit. Darum wird in manchen englischen Dörfern bei Heiratsfesten der uralte Brauch des Strumpfwerfens ausgeübt. Das jungvermählte Paar muß sich hinlegen, und man zieht ihnen die Strümpfe aus. Die Brautjungfern nehmen einen St. des Bräutigams, die Brautführer den St. der Braut, knüllen sie zusammen und schleudern sie, ohne sich umzudrehen, über den eigenen Kopf nach dem geduldig wartenden Paar. Wer dabei mit seinem Wurfgeschoß den Kopf der Braut oder des Bräutigams trifft, darf fröhlich in die Zukunft blicken, denn er wird bald und glücklich freien. Die Braut, die auf eine glückliche Ehe Wert legt, darf auch nicht versäumen, an ihrem Hochzeitstage einen neuen und einen alten St. anzuziehen – ähnlich wie in Sachsen, Vogtland, Böhmen und anderswo die Braut vor dem Kirchgang sich Geld in den St. oder Schuh steckt, damit sie in der Ehe keinen Mangel leide. Daher auch die Bitte der Prostituierten an ihre Kundschaft um glückbringendes »Strumpfgeld«. Auch dem St.-band schrieb man übernatürliche Wirkungen zu. So konnte durch eine Tür, die mit einem Strumpfband verschlossen war, kein Gespenst eindringen. Andererseits galt es als ein Zeichen der Treulosigkeit des Mannes oder der Geliebten, wenn eine Frau oder ein Mädchen auf der Straße das St.-band verlor. → Schuh, Schuhfetischismus, Strumpfbandfetischismus.

Strumpfbandfetischismus, die sexuelle Fixierung auf weibliche Strumpfbänder, eine Form des Kohärenzfetischismus, bei der einerseits die Faszination des weiblichen Oberschenkels und sein Schlüsselreiz als Symbol der Vaginalregion, andererseits → Gummifetischismus mitspielt. Die Ringform der altmodischen Strumpfbänder, die den Schenkel umschnürten, stellte ein zusätzliches Symbol der Vulva dar. Strumpfbandfetischisten sind nur potent, wenn ihre Sexualpartnerinnen Strumpfbänder einer bestimmten Art und Farbe tragen. Die pathologische Form des männlichen Strumpfbandfetischismus besteht in der autoerotischen Praktik des Manipulierens und Hantierens mit weiblichen Strumpfbändern, wobei Ejakulation, aber nicht notwendigerweise Orgasmus eintreten kann. Die endgültige Stufe des Strumpfbandfetischismus, wie die aller Fetischisten, ist → Orgasmolepsie. Vgl.: Fußfetischismus, Rétifismus, Schuhfetischismus, Zehenriecher, Zehensauger.

Stundenhotel, Hotel, das Zimmer stundenweise an Liebespaare oder Prostituierte und deren Kunden vermietet. Fast alle Stundenhotels benutzen Taxifahrer als Kundenfänger und vergüten ihnen und den Prostituierten einen Prozentsatz der Miete, die der Kunde dem Hotel zahlt. → Absteigequartier, Maison de passe, Maison de rendez-vous.

Suavium, bei den alten Römern der Kuß der Liebenden. Damit unterschieden sie ihn vom *basium*, dem Höflichkeitskuß, und dem *osculum*, dem Kuß unter Freunden. Vgl.: Biß, Florentinischer Kuß, Handkuß, Kataglossismus, Kuß, Maraichinage, Nasenkuß, Seraphinenkuß, Zungenkuß.

Sublimierung [lat.: sublimis = erhaben], ein von Sigmund Freud (1856–1939) popularisierter Begriff, der die Verwendung der → Libido für kulturelle Tätigkeiten ausdrücken soll. In seiner Arbeit »*Kulturelle« Sexualmoral und moderne Nervosität* (1908) beschreibt er die Entwicklungsphasen des Kindes und erklärt, wieso zwischen dem vierten Lebensjahr und der Pubertät eine sexuelle Latenzperiode eintritt, in der ein bereits weithin auf die geschlechtliche Reife ausgerichteter Entwicklungsprozeß plötzlich gestoppt und in gewissem Maß sogar zurückgebildet wird. Dies geschieht, sagt Freud, damit die nachwachsenden Sexualwünsche des Individuums sich den Ansprüchen der menschlichen Gemeinschaft anpassen können. Da der Körper des Kindes noch nicht zur Fortpflanzung fähig ist und die Sexualwünsche noch nicht von den Genitalien, sondern vorerst von den anderen erogenen Zonen aus-

gehen, können diese Wünsche noch nicht realisiert, sondern müssen »sublimiert« werden. »Sublimierung« oder »Sublimation« ist also die Umwandlung libidinöser in kulturelle Energien.
Nun fällt bei dieser Definition sofort die Tatsache auf, daß die so gewonnenen sozialen Energien des Menschen ja nicht etwa aus den reifen, sondern aus den unreifen Sexualwünschen stammen, nicht aus den »genitalen«, sondern aus den »prägenitalen«, den »perversen« Appetenzen des Menschen, so daß man der Vermutung kaum entgehen kann, das ganze kulturelle Leben sei zwar eine sublimierte, aber nichtsdestoweniger perverse Angelegenheit. Die Analogie mit der Blume, die nur auf dem Mist wächst, drängt sich auf. Aber die Blume stellt ja keine Sublimierung des Mists dar, sondern findet nur in ihm ihren Nährboden. Die Vermutung, daß Freud, der lebenslange Kulturpessimist, tatsächlich meinte, was er hier andeutet, wird durch zwei Sätze in der erwähnten Arbeit bestätigt: »Die für die Kulturarbeit verwertbaren Kräfte werden so zum großen Teil durch die Unterdrückung der sogenannten *perversen* Anteile der Sexualerregung gewonnen.«
An anderer Stelle sagt er indes: »Die Konstitution der von der Inversion Betroffenen, der Homosexuellen, zeichnet sich . . . durch eine besondere Eignung des Sexualtriebes zur kulturellen Sublimierung aus.« Diese These hat zu viele Auseinandersetzungen unter Freuds Anhängern geführt. So schreibt Edmund Bergler, der sich besonders mit der Therapie der Homosexualität befaßt hat: »Der gesunde Mensch benutzt jenen Teil seiner Libido, den er nicht gänzlich im heterosexuellen Verkehr verwenden kann, für soziale und kulturelle Leistungen. Diese Metamorphose der libidinösen in altruistische Energie nennt man Sublimierung. Der sexuelle Psychopath ist unter anderem daran erkennbar, daß er nicht sublimiert, sondern die totale Libido für sexuelle Zwecke verbraucht. Er ist in diesem Sinne der egoistischste aller Menschen. Sein Ich lebt in parasitischer Weise von seinem Es und beraubt damit sein Über-Ich, d. h. sein Gewissen, sein Pflichtbewußtsein, seine gesellschaftliche Verantwortung.«

Süchtigkeit ist nicht nur ein Kennzeichen der Drogenabhängigkeit, der → Narkomanie, sondern auch der sexuellen → Perversion und wird von Sexualwissenschaftlern in ihrer ärztlichen Praxis als diagnostisches Merkmal für das Vorliegen einer Fehlhaltung betrachtet. Wie der Rauschgiftsüchtige nur deshalb zur Sucht getrieben wird, weil die Droge nicht befriedigen, sondern nur aufstacheln oder ablenken kann, so ist es ein Kennzeichen der Perversion, daß sie befriedigungsunfähig ist. Nur das macht süchtig, was nicht befriedigen kann. »Die Sucht stellt eine Reaktion dar auf den Zustand der Unbefriedigtheit, der das paraphile Verhalten begleitet. Sie bezeichnet die Sucht nicht als eine Perversion des Geschlechtslebens, sondern den Ablaufmodus der Perversion« (von Gebsattel). Während der Geschlechtstrieb des gesunden Menschen eine ihm eigene Periodizität aufweist, die sich mit dem Alter graduell verlangsamt, weist die sexuelle Süchtigkeit, genau wie die durch Drogen produzierte Sucht, eine Akzeleration der dranghaften Unruhe auf, eine zunehmende Frequenz bei abnehmender Satisfaktion. → Befriedigung, Nymphomanie, Orgasmolepsie, Orgasmus deficiens, Satyriasis.

Succubus [lat.: Darunterlieger], eine Dämonin, die mit Männern Unzucht treibt und ihnen dabei den Samen abzapft, um ihn an einen Dämon, den Incubus (Obenauflieger), weiterzugeben, so daß dieser sich mit einer menschlichen Frau paaren kann. Der S. ist ein Fetisch für den Dämonomanen, der Verkehr mit ihm ein fetischistisches Surrogat für den Koitus mit einer lebenden Frau. → Alpminne, Dämonomanie, Dämonophilie, Elben, Incubus, Lykanthropie, Nosferatu, Spectrophilie, Vampirismus, Wechselbalg, Werwolf.

Suctustupratio [lat.: sugere = saugen; stuprum = Schändung], ein von Valentin Hildebrand geprägter Begriff, der all jene Formen der Selbstbefriedigung bezeichnen soll, die nicht mit der Hand (→ Masturbation, Manustupration), sondern mit dem Mund ausgeführt werden – also das weibliche Saugen an der eigenen Brust oder den eigenen Genitalien oder das männliche Saugen am eigenen Penis (→ Autocunnilingus, Autofellatio, Kinepimastie). S. geschieht häufiger bei Tieren als bei Menschen, weil nur wenige Menschen das akrobatische Talent haben (oder weil bei nur wenigen Frauen die Brüste groß genug sind), um eine Berührung zwischen Mund und Brustwarzen oder Genitalien zu ermöglichen. Bei Pferden, Eseln und Ziegenböcken jedoch sieht man sehr oft, daß die Vorhaut oder Eichel mit den Zähnen angepackt wird, um Ejakulation hervorzurufen. Auch Kühe saugen oft an den eigenen Zitzen, eine Form der tierischen S. Vgl.: Anilingus, Cunnilingus, Effeuille des roses, Fellatio, Florentinischer Kuß, Handkuß, Irrumatio, Kataglossismus, Kuß, Lambitionsakt, Lambitus ani, Lécheur, Maraichinage, Minette, Nasenkuß, Penilinctio, Phönizisieren, Seraphinenkuß, Suavium, Zungenkuß.

Sühne. Die vorgeschichtlichen, »mutterrechtlichen« Sippengesellschaften Europas unterschieden sich von den vaterrechtlichen, die ihnen folgten, nicht nur in ihrem Geschlechtsleben, sondern auch in der Form, mit der sie jedes Vergehen gegen die Gemeinschaft im allgemeinen und gegen die Normen des Geschlechtslebens im besonderen ahndeten. Hier wurde nicht mit »Strafe«, sondern mit S. geahndet. Da dies nur mit Zustimmung der Sippe des Schuldigen geschehen konnte, gab es keine Möglichkeit der Rückvergeltung. Es gab aber auch keine Bürokratie des Rechts, keinen Berufsrichter, keinen Berufshenker, kein Gefängnis, keine Polizei, keinen *Apparat* zur Ermittlung, Fahndung, Rechtsprechung und Strafvollstreckung. Zu den Funktionen der Sippe gehörte nicht nur die Verfolgung von Verbrechen, sondern auch ihr organisches Gegenstück, die Reinigung des Verbrechers, jene Befreiung von Schuld, die in unserer gegenwärtigen Rechtsprechung fehlt und diese dadurch so unmenschlich macht. Zwar gilt die Tat bei uns als »gesühnt«, nachdem der Täter seine Strafe gezahlt oder abgesessen hat, aber diese Rechtsposition ist niemals ins Bewußtsein des Volkes eingedrungen. Der »Verbrecher« bleibt bei uns lebenslänglich ein Verbrecher, der »Zuchthäusler« wird noch heute so genannt, obgleich wir keine Zuchthäuser mehr haben. Kriminalität gilt in der patriarchalischen Gesellschaft als Kennzeichen einer Gruppe von Parias, den »Kriminellen«, von denen sich der »normale« Bürger grundsätzlich unterscheidet.

Unser Rechtsbewußtsein spiegelt also die Klassengesellschaft mit einer ins Absurde übertriebenen Logik wider: Hier die herrschende Klasse der anständigen Menschen, dort die teils bewunderte, teils gefürchtete Klasse der Kriminellen. Und obgleich sich auch das bürgerliche Bewußtsein nicht völlig der Wahrnehmung verschließt, daß man aus der herrschenden Klasse der Anständigen nur allzu leicht in die Unterwelt der Kriminellen absinken und durch gewisse Edelverbrechen, vor allem Finanzmanipulationen, auch aus ihr emporsteigen kann, widerstrebt es der Mentalität des Bürgertums, das Konzept der Läuterung zu akzeptieren. Deshalb widersteht auch der katholische Gedanke der Beichte und Absolution zutiefst der puritanischen Logik, aus der das Bürgertum entstanden ist. »Die Katholiken machen sich's zu leicht«, heißt es nicht nur unter Protestanten, sondern auch unter jenen Bürgern, die sich als aufgeklärt und frei von religiösen Vorurteilen betrachten.

Aber gerade im Konzept der Absolution, gegen das Luther sich mit besonderer Zielstrebigkeit wandte, liegt jener »Marianische« Teil des Katholizismus, der noch aus den archaischen Mutterreligionen stammt.

Wo es ein Vergehen gegen die Gemeinschaft gibt, da ist Befreiung von der Last des Vergehens wichtiger als Strafe. Denn Strafe ist eine vaterrechtliche Erfindung: sie ist aggressiv, sie ist phallisch, sie will Schmerz verursachen. Sühne dagegen ist frei von Aggression, sie ist eine selbst auferlegte Buße für ein selbst erkanntes Vergehen. Wo der Täter sich der Schuld bewußt ist und sie sühnen will, muß die Gemeinschaft das Recht haben, ihn von der Schuld zu befreien. Aber selbst diese Logik ist bereits vom Vaterrecht berührt. In der matristischen Gesellschaft dachte man nicht in Begriffen eines Rechts auf Vergebung, sondern einer Pflicht, diese zu erteilen, wo sie erbeten wurde. Und darin liegt die größere Humanität des sogenannten Mutterrechts.
Vgl.: Schuld.

Sündenfall, nach 1. Mose 2, 16 bis 3, 34 die Übertretung des göttlichen Gebots, nicht vom Baum der Erkenntnis zu essen. Gott bestraft diese Übertretung in sechsfacher Weise. Erstens, indem er den Menschen sterblich macht. Zweitens, indem er Feindschaft zwischen Mann und Frau setzt. Drittens, indem er die Frau zum Gebären mit Schmerzen verdammt. Viertens, indem er den Mann zum Herren über die Frau ernennt. Fünftens, indem er den Mann zur Arbeit verurteilt und die Arbeit mit Kummer belegt: mit Kummer sollst du dich nähren dein Leben lang. Sechstens, indem er ihn aus dem Garten Eden verweist.
Einige Aspekte dieser Strafe sind weder in der katholischen noch in der evangelischen Theologie bisher erklärt worden. Welches Vergehen bestraft Gott? Das Essen vom Baum der Erkenntnis. Welche Erkenntnis vermittelt der Baum? Die Erkenntnis des Guten und Bösen, die Fähigkeit der moralischen Entscheidung. Was aber wäre der Mensch ohne diese Fähigkeit? Ein Tier. Was Gott also zu verhindern sucht, wenn er dem Menschen verbietet, vom Baum der Erkenntnis zu essen, ist die Menschwerdung des Menschen. Welche Motive hat Gott, die Menschwerdung des Menschen zu unterbinden? »Und Gott der Herr sprach: Siehe, Adam ist geworden wie unsereiner und weiß, was gut und böse ist. Nun aber, daß er nicht ausstrecke seine Hand und breche auch von dem Baum des Lebens und esse und lebe ewiglich! Da wies ihn Gott der Herr aus dem Garten Eden.« Gott vertreibt also den Menschen aus Angst, daß der Mensch ihm gleich würde. Die Vertreibung aus dem Paradies ist keine Strafe für das Übertreten des Verbots, vom Baume der Erkenntnis zu essen, sondern ein separater Akt, dessen Zweck es ist, die Unsterblichkeit des Menschen zu verhindern. Und nicht einmal die Unsterblichkeit als solche, sondern nur jene Unsterblichkeit, die den

Menschen zum Rivalen Gottes macht. Am profundesten verdrängt hat die Exegese jedoch die Tatsache, daß nur Adam, nicht aber Eva aus dem Garten Eden vertrieben wird. Sie geht mit ihm. Aber sie geht, weil ihr Verlangen nach ihrem Manne ist, nicht aber, weil Gott sie ausgewiesen hat. Ihr also, und nur ihr, ist die Rückkehr ins Paradies möglich: »Da wies ihn Gott der Herr aus dem Garten Eden, daß er das Feld baute, davon er genommen ist, und trieb Adam aus und lagerte vor den Garten Eden die Cherubim mit dem bloßen, hauenden Schwert, zu bewahren den Weg zu dem Baum des Lebens« (1. Mose 3, 23–24). Keine Erwähnung der Vertreibung des Weibes. (→ Erbsünde, Erkenntnis).
Was die Bibel als Sündenfall beschreibt, war die menschliche Entdekkung des eigenen Ichs als etwas von der Gemeinschaft Unterschiedenem. Mit dem Bewußtsein des Ichs beginnt die Inzestschranke, und mit der Inzestschranke beginnt das Denken in menschlichen Klassen. Denn die Vorstellung, daß es jemanden gebe, mit dem man sich *nicht* paaren dürfe, setzt ein hohes Maß an Ich-Bewußtsein voraus: Tiere kennen kein Inzesttabu. Wer sich nur mit A, nicht aber mit B paaren will, teilt die Menschheit in zwei Klassen ein: die obere, die attraktiv ist, und die untere, die tabuiert wird. Damit sind die Grundlagen der menschlichen Hierarchie, aber auch der gegenseitigen Ausbeutung gelegt.
Der Prägnanz halber haben wir das hier in ahistorischer Form beschrieben. In Wahrheit verlief die Chronologie in umgekehrter Richtung: Durch Arbeitsteilung und Aneignung der ersten Überschüsse erfolgte die Spaltung der Urgesellschaft in Klassen, und erst die Klassenspaltung führte zu jener Spaltung der Psyche, von der die heutige Psychologie annimmt, sie stelle das Kennzeichen des Menschen im Gegensatz zum Tier dar und qualifiziere ihn erst durch die Entwicklung des Bewußtseins zum »Kulturträger«.
Das ist unhistorisch gedacht, denn bei den prähistorischen Wildbeutern gab es weder eine »Kultur« noch einen Unterschied der Klassen und deshalb auch keine Ausbeutung des einen Geschlechts durch das andere. Das war der Grund ihrer Wunschlosigkeit, aber auch ihrer Zufriedenheit. Mit der Inzestschranke beginnt der menschliche Fortschritt, gleichzeitig aber auch die Unzufriedenheit und die stetig wachsende Anzahl der Wünsche. Das menschliche Wissen wächst wie ein Apfel: Je größer er wird, desto größer wird auch die Zahl seiner Berührungspunkte mit dem Unbekannten. Ähnlich steht es mit den Wünschen, die die Klassengesellschaft erzeugt: je größer die Leistung der Produktionsmittel, desto weiter hinkt sie hinter der Erfüllung der Wünsche zu-

rück. Das liegt nicht am Wesen der menschlichen Wünsche, sondern an dem der Klassen.

Susceptio [lat.: Übernahme, Empfang], die freiwillige Aufnahme des Penis in die Vagina. Vgl.: Immissio, Introductio.

Suspensorium [lat.: suspensus = aufgehangen], ein Schutzbeutel für die männlichen Sexualorgane. Es wird von Athleten, Boxern, Fußballspielern, aber auch bei Hodenentzündung, nach Nebenhodenentzündungen und ähnlichen Erkrankungen der Hoden oder des Penis benutzt.

Swap Clubs [am.: Tauschklubs], amerikanische Partnertauschvereine, wo Ehepaare und Liebespärchen neue Partner finden können. Wie bei den meisten pluralistischen Vergnügungen liegt der Reiz darin, die eigene Frau oder Freundin, den eigenen Mann oder Geliebten einmal zusammen mit einem anderen Geschlechtspartner beobachten zu können und ihm oder ihr einmal die Gelegenheit zu geben, einen selbst beim Koitus mit einem anderen Menschen betrachten zu können. → sexuelle Clubs, Kandaulesismus, Pluralismus.

Swinger, eines der zahllosen Worte, die aus dem Berufsvokabular der amerikanischen Jazzmusiker in den allgemeinen Sprachgebrauch übergegangen sind und dabei ihre Bedeutung verändert haben. Im Jazz war der S. der Musiker, der mit besonderer rhythmischer Eleganz spielte. Im heutigen Sprachgebrauch der Nichtmusiker sind Swinger Männer oder Frauen, die keine sexuellen Skrupel haben, also vor allem Menschen, die an pluralistischen Praktiken teilnehmen (→ Swap Clubs) oder sich an homosexuellen, fetischistischen und sadomasochistischen Handlungen beteiligen, ohne homosexuell, fetischistisch oder sadomasochistisch veranlagt zu sein. Der Swinger ist neugierig, tolerant, zu allem bereit. Aber im Gegensatz zum → Beatnik und → Hippie hat er sich nicht vom Establishment losgesagt. Im Gegenteil, die Swinger sind unverheiratete und jungverheiratete Männer und Frauen aus den bestbezahlten Berufsständen. Sie kommen aus der Werbung, dem Management, den akademischen Berufen (Ärzte, Rechtsanwälte, Universitätsdozenten), tragen durchaus konventionelle Kleidung, nehmen an keinen Demonstrationen teil und verhalten sich in nahezu jeder Hinsicht konservativ. Ausnahmen bilden nur das Sexualverhalten und Narkotika. Marihuana und LSD sind unter den Swingern ebenso verbreitet wie unter Beatniks und Hippies.

Sybarit [gr.: Sybaris, achäische Stadt, etwa 700 v. Chr.], Wüstling, Schlemmer. Die Einwohner der Stadt Sybaris sollen so effeminiert gewesen sein, daß weder Männer noch Frauen sie befriedigen konnten.

Sie suchten dauernd nach neuen Genüssen und blieben stets unbefriedigt. Vgl.: Casanova, Coquin, Don Juan, Henselin, Hippie, Liebhaber, Philanderer, Roué, Schürzenjäger, Swinger, Zavalier.

Symbolik, sexuelle, der Einfluß symbolischer Schlüsselbilder auf die Anziehungskraft und den Vollzug des Geschlechtsverkehrs. Künstler haben seit Anfang der menschlichen Art sexuelle Symbole in ihren Werken verarbeitet, ohne sich jedesmal bewußt zu werden, worin der Symbolwert eigentlich lag. Sexuelle Symbole sind nur in ihren gröbsten Zügen für alle Menschen verbindlich (der erigierte Penis, die weibliche Brust, die Nates, die Achselhöhlen und so weiter). Innerhalb jedes Kulturkreises gibt es jedoch verfeinerte sexuelle Symbole, die nur für die Angehörigen dieses Kreises Bedeutung haben (zum Beispiel der weibliche Fuß in Japan). Darüber hinaus gibt es im Leben jedes Menschen persönliche Sexualsymbole, auf die nur er und kein anderer Mensch reagiert. Diese Individualsymbole sind fast stets fetischistischen Ursprungs, d. h. sie gehen auf Erlebnisse der frühen Kindheit zurück.

Der Mensch reagiert nicht auf den Körper eines anderen Menschen, sondern auf dessen Symbol, oder auf Symbole von Körperteilen. Hierbei ist bezeichnend, daß gerade die primären Sexualorgane in ihrer unsymbolisierten Form auf viele Menschen eher abstoßend als anziehend wirken. Die Vulva hat nur für wenige Männer direkte Anziehungskraft. Was auf alle heterosexuellen Männer dagegen anziehend wirkt, ist das *Symbol* der Vulva: das Schamdreieck als Zentrum und Blickfang. So ist es auch mit dem Geschlechtsverkehr. Nicht die weiblichen Koitalbewegungen in ihrer wirklichen Form, sondern deren Symbol wirken auf den heterosexuellen Mann: die Hüft- und Beckenbewegungen beim Tanz, beim hüftschwenkenden Gang, beim nackten Wettlauf der Spartanerinnen. Diese verfremdende Wirkung des sexuellen Symbols wird um so deutlicher, je mehr wir in das Feld persönlicher Idiosynkrasien eindringen. Reagiert unsere Psyche aber nur auf ganz bestimmte, ganz begrenzte, ganz individuelle Aspekte eines anderen Wesens, dann liegt die Reizbarkeit, die Ansprechbarkeit in uns selber und nicht in dem anderen Wesen. Wir verlieben uns nicht in einen anderen Menschen, sondern in das Bild eines anderen Menschen, das wir uns selber zurechtgezimmert haben. Aus den tatsächlichen Attributen dieses anderen Menschen suchen wir uns diejenigen aus, die wir sehen wollen, und übersehen geflissentlich diejenigen, die nicht in unser Bild hineinpassen. All diesen letzteren Eigenschaften gegenüber sind wir blind (»Liebe macht blind«).

Dies scheint zu beweisen, daß die autoerotische Phase der menschlichen Entwicklung, jene Phase, in der das Kind nur seinen eigenen Körper als Lustobjekt besitzt, in der es die Umwelt noch nicht als etwas Eigenständiges entdeckt hat, niemals ganz überwunden wird. Wir verlieben uns auch als reife Menschen nur in das, was wir bereits in uns tragen; nicht in einen anderen Körper, sondern in eine Projektion unseres eigenen Körpers: in das Körper gewordene Wunschbild. In dem Maß, in dem der andere Mensch unsere Vorstellungen realisiert, *lieben* wir ihn. In dem Maß, in dem er sie enttäuscht oder verletzt, *hassen* wir ihn.

Das Phänomen des → Prostituiertenmordes erklärt sich fast stets aus diesem Syndrom. Paart sich der Mann mit einer Prostituierten, ist es nicht ihr anonymer Körper, sondern das persönliche Wunschbild, das ihn zum Orgasmus führt. Zerstört sie dieses Wunschbild durch ein Wort, eine Geste, ja manchmal nur durch das Verlangen nach Geld, so erzeugt die Zerstörung der Illusion ein eruptives Aufflackern des Hasses, das sich nicht unterdrücken läßt, weil es sich gegen den eigenen Körper richtet. Die Hand verkrampft sich um den Hals der Frau, die Faust schlägt zu, das Messer sticht. Wenn der Mann später sagt, er wußte nicht, was er tat, so lügt er nicht. Denn er war in einer Traumwelt, aus der die Vollendung der Tat ihn erst erweckt hat.

In der Ergründung der sexuellen Symbolik liegt eine der wichtigsten unerledigten Aufgaben der Sexualforschung. Die menschliche Partnerwahl einerseits, Frigidität und Impotenz andererseits haben zweifellos ihre Wurzeln in ihm. Wir verlieben uns in Menschen, die jene sexuellen Symbole verkörpern, auf die unsere Psyche anspricht. Wir sind impotent oder frigid bei den Menschen, die diese Symbole nicht besitzen. Aber da wir uns selber meist nicht bewußt sind, worin das Symbol besteht, das uns anspricht, wähnen wir uns fälschlicherweise in der bezwingbaren, unergründlichen Macht unserer »Instinkte«. Aber dies sind keine Instinkte. Es sind persönliche Wunschbilder, die analysierbar sind → Partnerwahl, Schlüsselreize.

Symplegma [gr.: Verflechtungen, Verflochtene], drei oder mehr Menschen, die gleichzeitig miteinander Geschlechtsverkehr haben. Die Griechen besaßen etwa siebzig Ausdrücke für die Koitalpositionen, einschließlich der Berührungen zwischen Mund oder Hand des einen Menschen und dem After oder den Genitalien des anderen Menschen. Zahlreiche Vasenbilder und Reliefs des klassischen Altertums illustrieren solche S., z. B. zwischen Nymphen und Satyrn. Es ist beachtlich, daß die Autoren der ersten griechischen Lehrbücher des Liebeslebens, in denen S. erwähnt werden, nicht Männer, sondern Frauen waren: Astyanisse, die Zofe der Helena, die Hetären Elephantis, Kyrene, Niko und Kallistrate und die Dichterin Philainis, von der es in Priap. 63, 17 heißt: »*Quae tot figuras, quot Philaenis narrat.*« Erst später traten männliche Autoren auf: Sphodrias, Didymus, Sabellus, Martial, Hesychios. Die S. wurden besonders in der römischen Kaiserzeit populär. Martial glaubte fälschlicherweise, daß sie eine Erfindung seines eigenen Zeitalters seien, und nannte sie deshalb *Veneris novae figurae,* die »neuen« Figuren der Venus. → Catena, Gruppensex, Kreisorgie, Partouze, Pluralismus, Schauorgie, Symposion, Spintrien, Triolismus.

Symposion [gr.: Gelage], Gastmahl, das bei wohlhabenden Athenern oft zum kollektiven Geschlechtsverkehr führte. Der größte Unterschied zwischen der christlichen und der klassischen Auffassung der Sexualität liegt nicht so sehr darin, daß das Christentum den Geschlechtsverkehr mit Schuldgefühlen aller Art belastete, während das Altertum ihn als gesund, ja heilig betrachtete, sondern in dem Element der → Scham, das den abendländischen Menschen dazu führte, sein Sexualleben als Geheimnis zu betrachten und »es« nur im dunklen Kämmerlein zu betreiben. Am griechischen S. ist also nicht wichtig, daß Hetären und Kinäden, Flötenspieler und Flötenspielerinnen teilnahmen und daß Geschlechtsverkehr zwischen Männern und Frauen, Männern und Männern und manchmal auch Frauen und Frauen stattfand, sondern daß all dies im selben Raum geschah. Das Konzept der → Intimsphäre bestand noch nicht. Die Vorstellung, daß Geschlechtsverkehr eine Privatsache sei, die man geheim betreiben müsse, war unbekannt. Das Konzept des Geschlechtsverkehrs war grundsätzlich pluralistisch. Man verkehrte zwar meist zu zweit, aber man hatte auch keine sittlichen Einwände dagegen, daß es manchmal zu dritt oder zu viert geschah. → Catena, Orgie, Pluralismus, Spintrien, Symplegma, Triolismus.

Symptom, sexuelles → Sexualsymptom.

Syphilis, der Name eines Schafhirten in einem arkadischen Lehrgedicht, das Girolamo Frascatorio (1483–1553) im Jahre 1530 dem Kardinal Bembo (1470–1547) in Verona widmete. Das Gedicht enthielt Pastiche-Elemente, die dem ovidischen Niobe-Zyklus entnommen waren. Frascatorio (nicht, wie oft gedruckt: Fracastoro) änderte den Namen des ovidischen Hirten Syphilus in das »poetischere« Syphilis. Nach ihm benannte das 16. Jahrhundert die unbekannte Geschlechtskrankheit, die 1494 von den Matrosen des Christoph Kolumbus aus Haiti nach

Portugal eingeschleppt worden war. Es ist jedoch wahrscheinlich, daß die S. in früheren Zeiten nach Amerika verschleppt worden ist. Manche Ärzte gehen so weit, einen präkolumbischen Kontakt zwischen Europa und Amerika aus der Tatsache folgern zu können, daß die S. bereits in der neuen Welt zu finden war, als Kolumbus sie erreichte. Jedenfalls bezeugen Knochenfunde aus der Steinzeit, daß ähnliche Erkrankungen schon damals geherrscht haben müssen. Die syphilitische Sattelnase des Sokrates entspricht genau der Darstellung zahlreicher griechischer Satyrdarstellungen auf Vasenbildern und Reliefs. Der römische Arzt Aulus Cornelius Celsus, der zur Zeit des Kaisers Tiberius (42 v. Chr. bis 37 n. Chr.) lebte, beschrieb S.-ähnliche Genitalgeschwüre. Als jedoch die Matrosen des Kolumbus die S. aus Haiti einschleppten, war sie zweifellos in Europa ausgestorben. Man kann die Frequenz des Geschlechtsverkehrs und die Reisen der Menschen in jener außerordentlich bewegten Zeit sehr deutlich an der Geschwindigkeit erkennen, mit der die S. Europa durchdrang. 1495, ein Jahr nach der Rückkehr des Kolumbus, waren bereits ganz Portugal, Spanien, Frankreich, Deutschland, die Schweiz und Italien infiziert. Da die französischen Soldaten König Karls VIII. die S. besonders aktiv verbreiteten, nannte man sie auch *morbus gallicus,* die französische Krankheit, oder ganz einfach: die Franzosen. 1496 gab es die ersten Krankheitsberichte in England, 1497 in Schottland, 1498 in Skandinavien, 1499 in Rußland und Indien, 1505 in China. 1506 starb der Erzbischof von Kreta an der S. Als Albrecht Dürer im selben Jahr eine Auslandsreise machte, schrieb er nach Nürnberg: »Saget mir unserem Prior meinen willigen Dienst. Sprechet, daß er Gott für mich bittet, daß ich behütet werde und besonders vor den Franzosen, denn ich weiß nichts, das ich jetzt übler fürchte, da schier jedermann sie hat.«

Da das Prinzip der Infektion in der Renaissance zwar nicht mehr völlig unbekannt war, der Gedanke, daß die Krankheit sich durch Geschlechtsverkehr verbreitet, jedoch nirgends Anhang fand, gab es die erstaunlichsten Theorien der Pathogenese und Therapie. Die Kirche betrachtete die S. überhaupt nicht als Krankheit, sondern als Strafe Gottes, als eine Heimsuchung infolge von Unzucht, besonders der Sodomie. Die Ärzte, noch immer stark unter dem Einfluß der Alchemisten, hielten die Sterne für verantwortlich, »Saturn«, meinte Sigismondo Tizo, »verschuldet die Erkrankung des Schienbeins, Mars die Pusteln.« Die ersten einigermaßen wirksamen Therapien waren Schmierkuren und Quecksilberbehandlungen. Da man bis Ende des

19. Jahrhunderts den Unterschied zwischen S. und → Gonorrhöe nicht erkannt hatte, waren manche Kuren gegen eine dieser Krankheiten, nicht aber gegen die andere erfolgreich, so daß die Ärzte kein klares Bild erlangen konnten, was denn nun eigentlich wirke. Viele Kavaliere, um deren Gunst die Damen der Gesellschaft sich rissen, trugen deshalb die S. von Haus zu Haus. Mehr als die Hälfte aller regierenden Fürstenhäuser war damals syphilitisch verseucht. Fast alle Bourbonen und Orleaner litten zeitweise an venerischen Erkrankungen – zum Beispiel Ludwig XIV.; sein Bruder, der Gatte der Herzogin Elisabeth-Charlotte; Philipp von Orléans, der Regent von Frankreich; und Ludwig XV. Das gleiche gilt für den gesamten französischen Hofadel. In Paris litten, wie Capon und nach diesem Hervez nachwiesen, die meisten Tänzerinnen und Schaustellerinnen an der S. Da sich der Adel mit Vorliebe seine Mätressen aus diesen Kreisen holte, war das Schicksal einer Erkrankung für die meisten unausbleiblich. Die berühmte Tänzerin Camargo und die ebenso berühmte Guimard haben fast allen ihren Freunden, darunter mehreren Prinzen und Herzögen, die S. hinterlassen. Die Herzogin Elisabeth-Charlotte, die selbst von ihrem Mann angesteckt worden war, schreibt: »Die Dechats, eine Tänzerin in der Oper, hat dem Prinzen Friedrich Karl von Württemberg zu Paris ein Präsent gegeben, woran er gestorben ist.«

Auf demselben Weg sickerte das Unheil wieder nach unten. Die Gnade, mit der der regierende Fürst die gefügigen Gemahlinnen seiner Höflinge bedachte, kreiste bald in ihrer und ihrer Kinder Blut. Der Herzog Karl Alexander von Württemberg, der vermutlich von einer an ihn verkuppelten Tänzerin angesteckt worden war, infizierte seinen ganzen Harem, der aus den Tänzerinnen des Stuttgarter Hoftheaters bestand und als »die Blaubeschuhten« berühmt war. Denn in dem Recht, blaue Schuhe tragen zu dürfen, bestand die äußere Auszeichnung einer Dame, daß sie des Herzogs Gunst würdig befunden worden war. Über das Institut dieser Blaubeschuhten informiert uns unter anderem die folgende Stelle in der Schrift *Die reine Wahrheit oder Denkwürdigkeiten des Hauses Württemberg:* »Alle Vorsicht und alle Aufmerksamkeit, die nur ein orientalisches Mißtrauen hervorbringen kann, war indessen doch nicht hinreichend, um zu verhindern, daß der Sultan nicht dasjenige traurige Schicksal erfahren hätte, dem diejenigen nur selten zu entgehen pflegen, die hier in Europa sich mit gemeinen Weibsbildern abgeben. Eine ansteckende Seuche hatte sich, ich weiß nicht, auf was für eine Art, in diese so festverwahrten Häuser geschlichen. Der Herzog trug bald davon die sicheren Merkmale öffentlich herum. Er verlor nach und nach die Frabe; seine Stirne glänzte von Rubinen so wie die Nase eines Bacchusbruders, und sein ganzes Gesicht ward endlich davon bedeckt und so bunt, daß der geschickteste Barbier sich nicht mehr getraute, ein Messer anzusetzen. Der Bart von Ihrer Durchlaucht mußte jetzt Haar für Haar von einer mitleidigen Hand abgeschnitten werden. Dies war ein neues Geschäft für die Sultaninnen, die sich besondere Scheren dazu von Paris kommen ließen.«

Anhand der damals so umfassend geführten Pariser Polizeiberichte kann man durch mehrere Familien hindurch den Weg verfolgen, den die S. in den Kreisen des Hofadels gemacht hat. So erfährt man: Ein Herr de la Borde war damit von einer Bordelldirne beschenkt worden, er selbst beglückte die berühmte Tänzerin Guimard, diese gab die Krankheit außer an einige andere Freunde auch an den Prinzen von Soubise weiter und dieser wieder an seine Mätresse, die Comtesse de l'Ospital. Von da ab verlieren sich die Spuren, und es ist unbekannt, wer die weiteren Infizierten waren.

Fast sämtliche Mitteilungen, die wir über Paris in diesen Jahren haben, stimmen darin überein, daß der gesamte Hofadel syphilitisch infiziert war. Und daß dies keine Übertreibung gewesen sein dürfte, erhält seine traurige Bestätigung durch die Tatsache, daß überall dort, wo später in der Revolution die Emigranten ihre Schritte hinlenkten, alsbald förmliche Syphilisepidemien auftraten. In Koblenz, dem Hauptsitz der Emigration, zählte man nach der Invasion der Emigranten »über 700 infizierte Weibspersonen, als man ihnen nachher unentgeltliche Heilung anbot«. Das ganze Rheintal wurde ein Seuchenherd. Laukhard, der diese Dinge aus eigener und jahrelanger Anschauung sehr genau kannte, schreibt über diesen Punkt:

»So wie in Koblenz hatten die Emigranten es an allen Orten gemacht, wohin sie nur gekommen waren. Der ganze Rheinstrom von Basel bis Köln ist von diesem Auswurf des Menschengeschlechts vergiftet und verpestet, und die Spuren der greulichen Zerrüttung in den Sitten werden in jenen unglücklichen Gegenden noch lange erschrecken. Die infame Krankheit, welche man schon in den Rheinlanden ›Emigrantengalanterie‹ nennt, ist allgemein und allen Ständen mitgeteilt. Hätte auch jeder ausgewanderte Franzose ganze Kasten voll Gold mit nach Deutschland gebracht, so wäre das doch lange kein Ersatz für das Elend, worin sie unsere deutschen Weiber und durch diese einen so großen Teil unserer lüsternen Jugend gestürzt haben. Man gehe nur an

den Rhein und frage, und man wird über die Antwort erstaunen und erschrecken.«
1905 entdeckte Fritz Schaudinn (1871–1906) die spirochaeta pallida, den Erreger der S. Wenige Jahre später führte August Wassermann (1866–1925) die sogenannte Wassermann-Reaktion zur Feststellung der S. ein. 1901 schlug Iwan Bloch (1872–1922) Arsensäure zur S.-Therapie vor. 1910 überwand Paul Ehrlich (1854–1915) gemeinsam mit dem Japaner Hata die toxischen Effekte der Arsentherapie, indem er ein Arsenobenzolpräparat ausarbeitete, das nicht nur die Krankheit selbst wirklich auszuheilen vermochte, sondern auch die Ansteckungsfähigkeit bereits in einem Tage vernichtete. Dieses Produkt, Salvarsan 606, verbesserte er zwei Jahre später durch das bis heute verwendete Neosalvarsan 914. Wismutsalze und Jodverbindungen verbesserten die S.-Therapie. 1929 entdeckte Alexander Fleming das Penicillin, und 1940 isolierten es Howard W. Florey und E. B. Chain und wiesen nach, daß es die Vermehrung der spirochaeta pallida hemmt, indem es die für die Spirochäte notwendige Glutaminanhäufung zerstört. Während des Zweiten Weltkrieges erzielten die Alliierten so außerordentliche Erfolge mit der Penicillintherapie, daß sich in den ersten Nachkriegsjahren die Hoffnung ergab, sämtliche Geschlechtskrankheiten endgültig auszurotten. Die deutschen Gesundheitsbehörden ließen ihre Warnplakate (»Kennt ihr euch überhaupt?«) einstampfen. Die gesetzlichen Bestimmungen zur Kontrolle der Krankheiten wurden gelockert. Fachkliniken, die sich einst für »Haut- und Geschlechtskrankheiten« zuständig erklärt hatten, strichen die »Geschlechtskrankheiten« aus ihrem Namen.
Heute müssen die Mediziner ihren Hygiene-Optimismus dämpfen. Die spirochaeta pallida hat gelernt, sich dem Penicillin anzupassen. Die bis 1953 in der BR bestehende Meldepflicht für Geschlechtskrankheiten ist abgeschafft worden. Wenn die aus politischen Gründen verfügten Maßnahmen zur Neueinführung der Meldepflicht in Hotels und die Datenbanken der Ministerien und Bundeskriminalämter irgendeinen positiven Sinn haben sollen, dann mag er in einem neuen Registratursystem für Geschlechtskrankheiten liegen. Denn leider hat es sich herausgestellt, daß die neue Generation von Ärzten, die in dem fast S.-freien Jahrzehnt von 1947 bis 1957 studiert hatte, oft unfähig war, die Symptome der S. zu erkennen, mit denen ihre Väter nur allzu vertraut gewesen waren. Die klinischen Symptome der Geschlechtskrankheiten würden, so klagte der Bonner Professor Veltman, »sehr oft zum erheb-

lichen Nachteil für die betroffenen Patienten von Jahr zu Jahr häufiger fehlgedeutet oder verkannt«. Insbesondere syphilitische Erkrankungen, deren Erscheinungen schon früher gelegentlich als Akne, Windpocken, Masern, Drüsenfieber oder Krebs mißdeutet wurden, werden heute nicht selten falsch behandelt. Veltman schildert den Fall eines Patienten, dem die Chirurgen in mehreren Operationen eine faustgroße Geschwulst am Kopf weggeschnitten hatten – in der Annahme, es handele sich um ein sogenanntes Atherom (volkstümlich: Grützbeutel). Anschließend entfernten sie noch mehrere Wucherungen zwischen der sechsten und achten Rippe. Erst als die Chirurgen im Gaumen des Patienten ein pfenniggroßes Loch entdeckten, erschien ihnen ihre Diagnose fragwürdig. Sie überwiesen ihn an die Hautklinik. Diagnose: Syphilis im dritten Stadium.

Seit 1958 sind in allen Ländern der Welt die Zahlen der S.-Erkrankungen epidemisch gestiegen. Einer der erfahrensten Syphilologen der USA, Dr. William J. Brown, sagt: »Wären nur ein Viertel so viele Menschen an Pocken, Pest, Typhus oder Malaria erkrankt oder gestorben, dann wäre mit Sicherheit eine Panik ausgebrochen. Überall in der Welt verschweigt man geflissentlich die Tatsache, daß S. tödlich ist. Die Fähigkeit der Menschheit, den Geschlechtskrankheiten gegenüber die Augen zu schließen, scheint heute ebenso groß zu sein wie im ausgehenden Mittelalter.« In den USA beträgt die *gemeldete* jährliche Anstiegsrate der S. rund zwanzigtausend. Der öffentliche Gesundheitsdienst der USA glaubt, daß die tatsächliche Zahl mindestens bei dreihunderttausend liegt. In einem einzigen Jahr, von Mitte 1961 bis Mitte 1962, wurden 124 000 neue S.-Fälle registriert, über viertausend Kinder mit Syphilis geboren, und über viertausend Erwachsene starben im gleichen Zeitraum. Zwischen 1954 und 1965 stiegen allein in New York die gemeldeten S.-Neuerkrankungen von jährlich fünfhundert auf 29 000. In den Jahren 1965–1975 hat sich die Syphilisrate verdoppelt und die Gonorrhöe-Rate verdreifacht. Noch stärker aber als diese Zunahme beunruhigt die Gesundheitsbehörden der Umstand, daß sich offensichtlich die sozialen Infektionsbahnen verschieben. Während sich früher hauptsächlich Erwachsene infizierten, erkranken heute immer häufiger Jugendliche; und während früher oft Prostituierte die Ansteckungsquelle waren, werden Geschlechtskrankheiten heute durch einen Kreis von Minderjährigen verbreitet, der sich aus – wie die Mediziner formulieren – »Personen mit hwG« (häufig wechselndem Geschlechtsverkehr) zusammensetzt.

In Amerika erhöhte sich die Zahl der Erkrankungen bei Jugendlichen zwischen 15 und 19 Jahren in der Zeitspanne von 1956 bis 1960 um 120 Prozent. Zum erstenmal registrierten die Ärzte Neuinfektionen (also nicht Erb-S.) bei Kindern unter zehn Jahren (was übrigens etwas über die immer wieder bestrittene Tatsache aussagt, daß Geschlechtsverkehr im Kindesalter häufig ist). In England stieg unter Mädchen derselben Altersgruppe die Zahl der Erkrankungen um 65 Prozent, bei den Jungen um 67 Prozent. Dreißig Prozent aller weiblichen Patienten, die 1960 in der Hafenstadt Liverpool eine Klinik zur Behandlung von Geschlechtskrankheiten aufsuchten, waren zwischen elf und 19 Jahre alt. »Gut die Hälfte der jugendlichen Geschlechtskranken«, stellte Professor Dr. Dr. Harmsen, der Hamburger Ordinarius für Hygiene, fest, »haben keinerlei Vorstellung von der Übertragungsart und den Erscheinungsformen.« Die zweitgrößte Gruppe der Neu-Infizierten ist die der Homosexuellen. In manchen Städten beträgt der Anteil der Homosexuellen an den Neuinfektionen mehr als fünfzig Prozent. Da die Promiskuität der männlichen Homosexuellen mehr als doppelt so hoch als die gleichaltriger männlicher Heterosexueller ist, sind diese Zahlen kaum überraschend. Die Anzahl der Infektionen durch Prostituierte fällt dagegen stetig. In einer vor kurzem in Boston durchgeführten Untersuchung betrug sie weniger als vier Prozent, während die der männlichen Homosexuellen zwölf Prozent betrug.

Die spirochaeta pallida ist ein Parasit, der nur bei normalen Körpertemperaturen lebt. Bei tieferen Temperaturen erfriert er, bei Erwärmung auf mehr als 45 Grad geht er ein. Im medizinischen Sinne ist die S. keine Erkrankung der Geschlechtsorgane, sondern eine Allgemeinerkrankung, die unter anderem auch die Geschlechtsorgane befällt. Die besondere Gefahr der S. beruht auf ihrer außerordentlich langen Inkubation (Entwicklungszeit), der längsten aller europäischen Infektionskrankheiten, und auf der Tatsache, daß die Inkubationszeit in vier Perioden zerfällt, von denen die ersten drei durch nahezu symptomfreie Zeiten voneinander getrennt sind. Drei bis vier Wochen vergehen, ehe das geringste Symptom auftritt. Mittlerweile ist jedoch der ganze Körper verseucht.

1. Der *Primäraffekt* (→ Ulcus durum, harter Schanker oder Hunterscher Schanker) ist zwar eine lokalisierte, aber keine lokale Infektion. Er ist, wie alle Aspekte der S., außerordentlich trügerisch, denn an denjenigen Körperstellen, wo Spirochäten eingedrungen sind, zeigt sich zunächst keine Veränderung, vielmehr wachsen die Spirochäten in der

Tiefe unter der Haut weiter und werden auch sehr frühzeitig schon in die benachbarten Lymphdrüsen transportiert. Erst nach drei bis vier Wochen macht sich an dieser Stelle eine Verdickung von etwa Erbsgröße bemerkbar, welche die Hautoberfläche erreicht und dann eine nässende Beschaffenheit annimmt; dieser Primäraffekt hat, wenn er voll ausgebildet ist, oft Pfenniggröße und darüber, manchmal auch nur Linsengröße, fühlt sich derb an und besitzt eine glänzende, oft kupferfarbene Flüssigkeit absondernde Oberfläche. Es handelt sich weniger um ein Geschwür, vielmehr hat die Stelle oft das Aussehen einer harmlosen Hautabschürfung. Der Primäraffekt pflegt im allgemeinen nicht schmerzhaft zu sein. Trügerisch wiederum ist, daß alle Erscheinungen des Primäraffektes von allein heilen. So glaubt selbst der skeptische Patient oft, daß er sich geirrt hat, bis dann die Symptome des zweiten Stadiums auftauchen.

2. *Sekundäre S.* tritt etwa vier bis sechs Wochen nach Erscheinen des Primäraffektes auf und ist vorwiegend eine Erkrankung der Haut und der Schleimhäute. Von kleinen Flecken bis zu tiefgehenden Geschwüren können vielerlei Symptome gleichzeitig auftreten. Das häufigste sind rundliche, anfangs hellrote, später bräunliche Exantheme. Eine Verwechslung mit Roseola ist möglich, aber nur, wenn man nicht an Geschlechtskrankheit denkt. Von besonderer Bedeutung für die Übertragung sind Exantheme an den Geschlechtsteilen und diejenigen, welche sich an der Außenseite der Lippen, der Wangenschleimhaut, den Rachenmandeln und der Zunge befinden. Gerade durch diese im Mundbereich entstehenden papulösen Exantheme werden viele außergeschlechtliche Übertragungen der S. verursacht. Andere Exantheme, unregelmäßig über den Körper verstreut, pflegen Flecke von Hanfkorn- bis Maulbeergröße zu sein. Sie treten oft plötzlich wie über Nacht auf. Nach einiger Zeit verschwinden diese Flecke wieder, oder es bilden sich auch massive Erscheinungen. In späterer Zeit, etwa nach Jahresfrist, kann wieder fleckenförmiger Ausschlag auftreten, dann jedoch meist in bestimmter Gruppierung und Figuration. Neben dem Ausschlag kann das Knotensyphilid entstehen (Papeln), das an der Stirn die »corona veneris« bilden kann, Papeln in der Nasen-Lippen-Falte bildet und in der Schamgegend zur ständigen Ausbreitung der S. führt. Es kommt zur Verdickung der Haut, die sich an den kranken Stellen über die normale Haut hervorwölbt. Solche Papeln werden von Stecknadelkopf- bis zu Linsengröße beobachtet. Das kleinpapulöse Syphilid zeichnet sich oft durch Juckreiz aus, im übrigen jucken die sy-

philitischen Erscheinungen im allgemeinen nicht. Nimmt der krankhafte Prozeß an Intensität zu, zeigen die Papeln oft in ihrem Zentrum Eiterbildung, die zur Entstehung von Krusten oder Schuppen führt, oder es zeigen sich auch Geschwürbildungen und ulzeröse Exantheme. Das erste papulöse Exanthem pflegt unregelmäßig über den Körper verstreut aufzutreten, spätere Exantheme lokalisieren sich oft nur am Kopf, an der Nasen-Lippen-Furche, an Fußsohlen und Handtellern. Nach Abheilen dieser Erscheinungen und auch des fleckförmigen Ausschlags bemerkt man an der Hautoberfläche Stellen, welches gebenüber der Umgebung weißlich erscheinen, da sie weniger Pigment besitzen; diese besonders am Hals zu beobachtenden weißen Verfärbungen sind diagnostisch wichtig, man nennt sie Leukoderma syphiliticum oder Leukoderma colli. Sie sind oft noch nach zehn Jahren sichtbar. Jahre früher, also im zweiten und dritten Krankheitsjahr, entstehen breite Kondylome (condyloma latum) um die Geschlechtsorgane und die Aftergegend. Sie zeigen hypertrophisches Wachstum und erreichen Hühnereigröße. Oft kommt es auch zum Haarausfall (Alopecia specifica), der entweder diffus allgemein sein kann oder in charakteristischer Weise einzelne erbsen- bis bohnengroße verstreute Stellen besonders am Hinterkopf erzeugt. Ein solcher Kopf sieht aus, als seien an einzelnen Stellen Haare herausgezupft. Der syphilitische Haarausfall ist heilbar. Alle Symptome der sekundären S. verheilen von selber und geben dem Patienten die Illusion, daß er geheilt sei.
3. *Tertiäre S.* tritt drei bis 15 Jahre nach der Ansteckung auf und zerstört die Gewebe. Das befallene Organ geht ein. Die typischen Formen sind: S. tuberosa (Knotenform), S. ulcerosa (Geschwüre, meist am Unterschenkel, die alles zerstören), S. gummata (bläuliche Geschwüre an Zunge und Gaumen, die zum Durchbruch neigen), Skrofuloderma (Geschwüre am Hals), Erythema induratum (Geschwüre am Unterschenkel). Die Gummata zerfressen die Knochen. Fallen sie die Nase an, entsteht die berühmte »Sattelnase«, die wir auf den Darstellungen griechischer Satyren und auch auf der Büste des Sokrates finden. Zusätzliche Symptome sind Augenerkrankungen, Gehörstörungen und Erkrankungen der Hauptschlagader, der Aorta, die sogenannte Aortitis syphilitica, die vielfach unter den qualvollsten Schmerzen zum Tode führt. Bei der Nierensyphilis vergrößert sich die Niere, die Oberfläche erscheint weißlich, und das Nierengewebe zerfällt. Bei der syphilitischen Erkrankung der Bauchspeicheldrüse wird oft die Nahrung nicht mehr ausgenutzt, so daß Fett und Eiweiß nicht mehr richtig verwertet

werden können. Die Leber ist besonders gefährdet, syphilitische Gelbsucht ist nicht selten.
Außerdem kann das Lebergewebe selbst infolge von S. grobknotig entarten.
4. *Die quaternäre S.* (Metasyphilis) befällt Zentralnervensystem und Gehirn. Siedelt sie sich im Rückenmark an, so entsteht das Bild der → Tabes dorsalis, volkstümlich Rückenmarkschwindsucht genannt. Das Gehen ist dem Patienten erschwert und rasches Bewegen vielfach unmöglich. Der Gang bekommt einen eigenartigen schleudernden Charakter. Häufig sind bei der Tabes auch die Eingeweide erkrankt, was sich durch anfallartige krampfhafte Schmerzen, sogenannte gastrische Krisen, äußert. Lähmungen der Blasenmuskulatur sind nicht selten. Siedeln sich die Spirochäten im Gehirn an, so kann es zur progressiven → Paralyse kommen, volkstümlich auch Gehirnerweichung genannt. Diese sehr schwere Erkrankung bedingt oft Unterbringung in einer geschlossenen Anstalt, da fortschreitende Verblödung eintreten kann.
5. *Die Behandlung der S.* kann nicht früh genug einsetzen. Jeder versäumte Tag mag ein verlorenes Lebensjahr bedeuten. An bedeutenden Durchbrüchen in der Syphilistherapie wird gegenwärtig in den Vereinigten Staaten und der Sowjetunion gearbeitet. Es gibt keine Selbstbehandlungsmöglichkeit. Nur der denkbar früheste Besuch beim Facharzt gibt Hoffnung auf Heilung. → Chancre larvé, Color tristis, Franzosen, Morbus gallicus, Paralyse, Quecksilber, Tabes dorsalis, Ulcus durum, Venushalsband, Venuskranz, Wassermannsche Reaktion.

Syphilis Congenita Tarda, die spät auftretende Form der sog. Erbsyphilis. Übersteht das Kind das kritische erste Vierteljahr seines Lebens, tritt oft eine störungsfreie Zeit ein, die bis zum 20. Lebensjahr dauern kann. Dann schlägt die S. c. t. mit besonderer Tücke zu. Es kommt zu Veränderungen der Augen, Ohren, Nase und Zähnen, zu Sprach- und Sehstörungen, Hornhauttrübungen, Zahnverkrümmungen, Knochenschwund.

Syphilis Endemica, endemische Syphilis, tritt in Entwicklungsländern und Regionen mit mangelnder medizinischer Beaufsichtigung auf. Hier kommt es auf außergeschlechtlichem Weg zur Infektion; es zeigt sich dann, was die S. wirklich ist: eine Allgemeinkrankheit des Organismus.

Syphilis Gummosa, die Gummaform der Spätsyphilis, die meist zwei bis vier Jahre nach der Infektion erscheint. Es sind bläuliche Geschwüre an der Zunge oder am Gaumen, die zur Einschmelzung oder zum Durchbruch neigen. Gummaknoten können auch auf der weiblichen Brust auftauchen, sind gewöhnlich anfangs gegen die Umgebung scharf abgegrenzt und auf der Unterlage verschiebbar. Im Gegensatz zum Brustkrebs kommen die Gummae meist beiderseitig vor.

Syphilis Hereditaria [lat.: Erbsyphilis], eine falsch benannte Krankheit. Denn die S. als solche ist nicht erblich. Dagegen wird die S. nicht selten von der Mutter schon während der Embryozeit auf das Kind übertragen. Es kann demnach nur eine syphilitische Mutter ein syphilitisches Kind zur Welt bringen. Hat in einer Ehe beispielsweise der Mann S., so werden gesunde Kinder geboren, solange der Mann seine Frau zunächst nicht mit S. ansteckt. Eine syphilitische Frau bringt nicht immer syphilitische Kinder zur Welt. Häufig ist, wenn mehrere Kinder geboren werden, nur ein Teil syphilitisch. Die S. ist die häufigste Ursache für Fehl- und Totgeburten. In dem Embryo entwickeln sich die Spirochäten in ungeheuren Mengen, so daß er oft abstirbt und dann ausgestoßen wird – volkstümlich als totfaule Frucht bezeichnet. Werden syphilitische Kinder geboren, zeigen sie oft sogleich, manchmal aber auch erst später, unter Umständen erst nach Jahren (*Syphilis congenita tarda*), syphilitische Erscheinungen. Selbst wenn die Behandlung der Mutter zwanzig Jahre oder mehr zurückliegt, können Übertragungen der S. auf das Kind vorkommen. Die S. der Neugeborenen zeichnet sich hauptsächlich durch Erkrankung innerer Organe aus: *Coryza syphilitica* (Nasenverstopfung, die oft als gewöhnlicher Schnupfen diagnostiziert wird, aber kein Fieber hat und zum Zerfall des ganzen Knochengerüsts der Nase führt), *Pemphigus syphiliticus* (Blasenausschlag an Handtellern und Fußsohlen), Störungen des Knochenaufbaus und Milzschwellungen. Die Säuglingssyphilis, die von der des Neugeborenen unterschieden werden muß, zeigt im zweiten bis dritten Lebensmonat herdförmige Hautausschläge, Entzündungen an Fingern und Zehennägeln und Parrotsche Furchen (Gewebeverdichtungen in der Umgebung des Mundes). Die syphilitischen Säuglinge haben das Aussehen winziger Greise, sind bleich, welk, geistig und körperlich unterentwickelt, haben geringes Körpergewicht und geringe Widerstandskraft. Das Kleinkind zeigt vom zweiten bis fünften Lebensjahr Entwicklungsstörungen des Schädelgerüsts, Narben in der Mundgegend, tastbare Kubitaldrüsen. Syphilitischer Schwachsinn im Kindesalter, Leukoderma am Hals, Gummaknoten und Geschwüre zeugen für angeborene S. Überstehen syphilitische Kinder das kritische erste Vierteljahr, folgt eine störungsfreie Zeit, die bis zum zwanzigsten Lebensjahr andauern kann. Dann – aber meist schon im Schulalter – kommt es zu Veränderungen an Augen, Ohren und Zähnen, zu Sprach- und Sehstörungen, Hornhauttrübungen und Schwerhörigkeit. Von den Veränderungen an Knochen und Gelenken sind die »Sattelnase« (Sokrates) und die »olympische Stirn« (Beethoven) am bekanntesten.

SYPHILIS INSONTIUM [lat.: Syphilis der Unschuldigen], die nicht durch Geschlechtsverkehr übertragene S. In der medizinischen Praxis findet man immer wieder Menschen, die nie Geschlechtsverkehr haben und trotzdem syphilitisch infiziert sind. Da die S. eine Allgemeinerkrankung und keine auf die Geschlechtsorgane begrenzte Krankheit ist, kann der Erreger, die spirochaeta pallida, durch jeden Hautriß, selbst einen mikroskopisch kleinen, an jedem beliebigen Körperteil eindringen. Trinkgefäße, Handtücher, Klosettbrillen, unbezogene Bettdecken sind häufige Träger der S. i. Rund zehn Prozent aller S.-Infektionen entstehen auf diese Weise. Bei der Ansteckung durch infizierte Trinkgefäße, ungewaschene Bestecke, aber auch manchmal durch »harmlose« Küsse entwickeln sich harte Schanker (→ Ulcus durum) an den Gaumenmandeln, wo sie leicht übersehen oder als einfache Mandelentzündungen diagnostiziert werden können. Dies erklärt, wieso manche Patienten keine Ahnung davon haben, daß sie seit Jahren Syphilitiker sind.

SYPHILIS LATENS, die erscheinungsfreie Syphilis, die trügerischste aller Geschlechtskrankheiten, weil sie keinerlei Symptome aufweist und von dem Patienten oft erst bemerkt wird, wenn es zu spät ist. Er weiß meist nicht, daß er infiziert ist, und steckt deshalb in aller Unschuld andere Menschen an. Der Begriff der S. L. ist umstritten. Manche Autoritäten beschränken ihn auf die Periode nach dem Abklingen der Früherscheinungen, andere beziehen ihn auf alle drei erscheinungsfreien Perioden: von der Infektion bis zum Primäreffekt, vom Verheilen des Primäraffekts bis zum Auftreten des Sekundäraffekts, und vom Verheilen des Sekundäraffekts bis zum Auftreten der tertiären S.

SYPHILIS PRAECOX, eine S., bei der die tertiären Symptome nicht erst nach zehn bis 15 Jahren, sondern in drei oder weniger Jahren eintreten. Man nennt sie auch *S. maligna*.

SYPHILIS TUBEROSA, die Knotenform der Spätsyphilis, die tiefer liegt als die Papeln der Frühsyphilis.

SYPHILIS ULCEROSA, die Geschwürform der Spätsyphilis, die schnell fortschreitet und alles zerstört, oft am Unterschenkel vorkommt und dem durch Krampfadern verursachten Beingeschwür ähnlich sieht.

T

Tabak wurde zur Zeit seiner Einführung in Europa und noch fast ein Jahrhundert danach genauso betrachtet, wie die Mehrheit heute über → Marihuana denkt: als ein gefährliches Rauschgift und → Aphrodisiakum. Tabakläden galten als Stätten der geheimen Prostitution. Und als man in Berlin gegen Ende des 18. Jahrhunderts Bordellwirtschaften einrichtete, in denen man nicht nur essen, tanzen und huren, sondern auch rauchen durfte, nannte man sie »Tabagien«.

Taberna [lat.: Wirtshaus], römische Trinkstube mit Damenbedienung, die auch als Bordell diente. Das Wort Taverne hatte während des Mittelalters die gleiche Bedeutung mit der gleichen erotischen Nebenbedeutung. → Caupona, Ganeum, Kapeleion, Lesche, Popina.

Tabes dorsalis [lat.: Rückenmarkschwindsucht], eine Erscheinungsform der quaternären → Syphilis. Sie tritt etwa zehn Jahre nach der syphilischen Infektion auf und besteht aus der Zerstörung von Nervenbahnen im Rückenmark. Der Gang wird unsicher, Pupillenstörungen und Gleichgewichtsstörungen treten auf; dazu Schmerzen in den Hoden, den Eingeweiden, in den Extremitäten, Verlust des Schmerzgefühls in anderen Gliedern, Kältegefühl im Rumpf, Impotenz.

Tabouret de verre [frz.: Glassessel], ein gläsernes Klosett für Analerotiker. Man findet solche T. in Bordellen für Kot- und Urinfetischisten. Der Kunde liegt unter dem T. und kann deshalb die Prostituierte genau beim Urinieren und Defäzieren beobachten. Manche Kunden onanieren dabei, andere lassen sich von einer zweiten Prostituierten masturbieren oder vollziehen mit ihr gleichzeitig den Koitus. Wiederum andere kommen ohne Genitalbetätigung zum Orgasmus. Und manche erreichen überhaupt keinen Orgasmus, kommen aber trotzdem immer wieder, um zumindest Lustgefühle, wenn auch keine Befriedigung zu erzielen. → Abortfetischismus, Exkrementophilie, Koprolagnie, Koprophilie, Stercoraire, Urolagnie, Urophilie.

Tagebuch. Eine harmlose, aber doch sehr eigentümliche Zwangsneurose ist das Führen eines erotischen Tagebuchs, in dem der Patient all seine sexuellen Träume, Wunschträume und Tätigkeiten niederschreibt: Pollutionen, Masturbation, Menstruationsdaten, aber auch unverfängliche Begegnungen, aus denen der T.-Autor komplizierte pseudolistische Folgerungen zieht. Manche Menschen benutzen ihr eigenes Tagebuch mit den Erlebnissen der Vergangenheit, um damit zu onanieren und diese Onanie dann prompt wieder im T. zu verzeichnen. Für manche Diaristen wird das Diarium zu einem geheimen Kalender voller Hieroglyphen, die als Erinnerungs- oder Warnzeichen betrachtet und nach einem komplizierten Ritus befolgt werden. Solche Patienten addieren, subtrahieren und multiplizieren Daten, Stunden, Monate und Wochen nach einem geheimen Schlüssel, um daraus Folgerungen für die Zukunft zu ziehen. Das T. ist für den Sexualwissenschaftler von größter Bedeutung. Deshalb sollten erotische T. nie vernichtet, sondern stets einem Sexualinstitut zur Verfügung gestellt werden. Vgl.: Anonymität, Erotographomanie, Pseudolismus.

Tannhäuser, eine Zentralfigur des abendländischen Liebesmythos. Kaum eine Legende des Mittelalters vereint so viele sexuelle Symbole in einer einzigen Fabel wie die vom Ritter im Venusberg. Die Sage liest sich, als sei sie von einem Psychoanalytiker erfunden worden, um die Funktion der Traumsymbolik zu erklären: der Venusberg (Schamberg, gezahnte Vagina), der verdorrte Stab (impotenter Penis), der verschwundene Ritter (die verlorene Unschuld, die unwiederbringliche Jugend), die Verknüpfung von Liebe und Leiden, die Schicksalhaftigkeit der Geschehnisse. Alles spricht dafür, daß ein katharischer Einfluß vorliegt (→ Katharer). Hier beginnt die schwarze Romantik, die unser Liebesleben heute noch mit ihrem dunklen Schatten bedeckt.

Taschentuchfetischismus, die Fixierung des Sexualwunsches auf Taschentücher, vorzugsweise auf parfümierte Ziertücher, manchmal aber auch in der Form des Sekretionsfetischismus eine Fixierung auf Nasenschleim und dann stets eine Suche nach *gebrauchten* Taschentüchern. Vgl.: Parfumfetischismus, Schnupftabak, Schnupftuch.

Tastsinn. Von den sogenannten fünf Sinnen der Menschen spielt der T. die größte Rolle im Geschlechtsleben. Denn unsere primären Geschlechtsorgane sind Tastorgane. Gesichtssinn, Geruch, Gehör und Geschmack vermitteln uns sekundäre Eindrücke. Ein blinder, tauber Mensch ohne Geruchs- und Geschmacksempfindungen kann immer noch ein aktives Geschlechtsleben führen; und zwar nicht nur durch die Eindrücke, die seine primären Geschlechtsorgane ihm vermitteln, sondern durch die Nervenenden, die die gesamte Haut des menschlichen Körpers zum Empfangsorgan sinnlicher Eindrücke machen. Die menschliche Empfangsfläche für Tasteindrücke ist um ein Vielfaches größer als die Empfangsfläche für Geruchs-, Gehör-, Gesichts- oder Geschmackseindrücke. Der T. ist in zwei weiteren Hinsichten der wichtigste aller menschlichen Sinne: er ist der erste Sinn, mit dem der Säugling die Welt wahrnimmt; und er ist in der Entwicklung der menschlichen Sexualität derjenige Sinn, von dem alle anderen ihre Sexualität übernehmen. Dem Säugling dient die gesamte Körperoberfläche als Lustorgan. Die erste Lust empfängt er von der Wärme des Mutterleibs, den liebkosenden Händen der Mutter, ihren Brüsten, die ihm Nahrung geben, ihrem Haar, das ihn kitzelt, ihren Armen, die ihn halten und schützen, ihrem Mund, der seinen Körper küßt. Aus diesen Eindrücken entwickelt sich der Sexualsinn des Erwachsenen. Versuche mit Primaten und Haustieren haben gezeigt, daß Jungtiere, die nicht von der Mutter liebkost, gestreichelt, umarmt, abgeleckt und beschnuppert werden, nie sexuelle Reife erlangen und kein Paarungsbedürfnis verspüren.

Der Tastsinn setzt sich aus vielen Komponenten zusammen: dem Sinn für Berührung, für Form, für Temperatur, für Feuchtigkeit, für Textur, für Bewegung (die Tauben »hören« durch Vibration), für Schmerz. Eine evolutionär wichtige Komponente ist die Lustempfindung beim Kitzeln oder Kratzen. Schon bei Säuglingen stellt das Kitzeln eine Quelle lebhaften Genusses dar, und bereits hier zeigt sich der sexuelle Atavismus des Menschen. Das gekitzelte kleine Mädchen lehnt sich rückwärts und schlägt die Arme zurück. Der gekitzelte kleine Junge macht spasmodisch zuckende Bewegungen. Der Kitzelsinn ist bei Mädchen höher entwickelt als bei Knaben und wächst stetig bis zur Pubertät. Nach dem ersten Geschlechtsverkehr nimmt er ab. Das Kitzeln der Fußsohlen ist ein weitverbreitetes Liebesvorspiel. Viele Vasenbilder des alten Griechenland zeigen Silene und Faune, die sich die Füße kitzeln. Am russischen Hof waren Damen der Gesellschaft mit der Aufgabe betraut, der Zarin die Füße zu kitzeln, um sie geschlechtlich anzuregen. Bei der russischen Kitzlersekte wurden die Frauen von den Männern so lange gekitzelt, bis sie in Ohnmacht fielen oder zum Orgasmus kamen. Bei älteren Frauen tritt oft ein Jucken in der Scheide auf, das nur durch heftiges Kratzen gestillt werden kann. Das Kratzen führt zum Orgasmus. Manche Menschen mit verminderter Genitalsexualität leiden an intensivem Jucken an verschiedenen Körperteilen und empfinden beim Kratzen ein Lustgefühl, das ein Surrogat des Orgasmus darstellt. Ohne Zweifel sind all diese Formen der Hauterotik sexuelle Infantilismen.

Die Angewohnheit des Duschens stammt nur in ganz begrenztem Maße aus einem Reinlichkeitsbedürfnis, sie ist in hohem Maße eine Form der Hauterotik. Alle Massagen sind Formen der Haut- und Muskelerotik, deren therapeutischer Effekt nur in kleinem Maße über den des Lustgewinns hinausgeht. Schon der Säugling zeigt durch Strampeln, wie früh die Muskelerotik als Lustgewinn empfunden wird und wie wichtig sie im reifen Sexualverkehr ist. Aus all diesen Komponenten des Tastsinns setzt sich das erotische Empfinden des Erwachsenen zusammen. Die zarte Haut der Geliebten, der Kitzel ihres Haares, die Form ihres Körpers, die Wärme, die Feuchtigkeit der erogenen Zonen, das Prikkeln des Schamhaars, das Lecken, das Saugen, das Küssen: alles sind Komponenten des Tastsinns – vor allem aber das Streicheln.

Zweifellos ist der Körper der Frau weitaus empfänglicher als der des Mannes. Manche Frauen können durch Streicheln der »unerogenen« Zonen zum Orgasmus gebracht werden. Aber auch der Mann ist in hohem Maße für Hautreize empfänglich. Zu Beginn ihrer Ehe zögern die meisten Frauen, einen Mann zu streicheln. Sie küssen ihn, weil sie das zuvor auch schon getan haben. Sie können, wenn sie reif und leidenschaftlich sind, von Anfang an beim Koitus ein aktiver Partner sein. Aber es dauert lange, bis sie den Mut finden, einen Mann zu streicheln, wie sie ohne jede Hemmung ein Kind streicheln würden. Und weshalb ist das so? Die Frauenärztin Barbara Bross sagt: »Weil unsere Männer den Mythos ihrer Härte verbreitet haben. Viele von ihnen scheuen sich, ihre Frauen in der Öffentlichkeit zu küssen. Sie versuchen uns und sich einzureden, daß sie zu stark sind, um solchen weiblichen Schwächen nachzugeben. Nun, die Wahrheit sieht anders aus. Fast nirgends ist das Verlangen nach diesen ›weiblichen‹ Zärtlichkeiten größer als in unserer Zivilisation, in der die Männer sie so lange unterdrückt haben, daß das Verlangen danach allmählich zur fixen Idee wird. Eine jung verheiratete Patientin erzählte mir einmal, daß ihr Mann nach monatelangem Eheleben und häufigem, erfolgreichem Koitus das erstemal zusammenbrach und wie ein Kind weinte, als sie eines Nachts seinen Körper streichelte. Es ist die natürlichste Liebkosung, und dennoch haben wir sie nahezu vergessen.«

Zum Schluß sei gesagt, daß auch der Kuß hauptsächlich ein Spiel des Tastsinns ist, obgleich → Geruchssinn und → Geschmackssinn in hohem Maß an ihm beteiligt sind. Vgl.: Gehörsinn, Gesichtssinn.

Taubenhaus, Privatharem eines fränkischen Grundherrn des Mittelalters. Das Wort ist eine Übersetzung des lateinischen Spottnamens, den die Grundherren selber ihren Mägdehäusern gegeben haben. Die hörige Magd war die Columba, die »Taube« des Herrn, mit der er tun konnte, was er wollte. → Columbaria, Genecium, Frauenhaus.

Tavernen wurden in Deutschland zu Anfang der Karolingerzeit eingeführt. Man verstand damals darunter eine Kneipe niederer Art, in der entweder Kellnerinnen oder Huren zur Prostitution zur Verfügung standen.

Taxonomie, menschliche → Sexualtaxonomie, menschliche.

Taxonomie, sexuelle → Sexualtaxonomie.

Teilanziehung, veralteter Terminus technicus für → Fetischismus. Eine Eindeutschung des Begriffs → Partialismus.

Tejlak-tejlakan-malèm [balinesisch: tejlak = Penis, malèm = Wachs], künstlicher Penis aus Wachs, der von balinesischen Frauen zur Selbstbefriedigung benutzt wird. Vgl.: Selbstbefriedigungsinstrumente.

Teleologie, sexuelle → Sexualteleologie.

Tempelprostitution nannte die Altertumsforschung des 19. Jh. die für sie schwer verständliche Verknüpfung von Religion und Sexualität bei verschiedenen »mutterrechtlichen« Völkern des südöstlichen Mittelmeers, die auch auf das alte Hellas und das alte Rom übergegriffen hat.

Die Tatsache, daß manche Liebhaber großer Hetären ihnen Statuen in den Tempeln setzten, hatte diese Forscher zum erstenmal mit der engen Verbindung zwischen Prostitution und Ritus im griechischen Patriarchat bekanntgemacht. Das *deikterion,* Solons Staatsbordell in Athen, war, wie die Tempel der Stadt, unverletzlich: Es stand unter dem Schutze der öffentlichen Gewalt, genau wie die Tempel der Römer und die Kirchen im Mittelalter als Sanktuarien dienten. Bis etwa hundertfünfzig Jahre vor unserer Zeitrechnung war ja auch der Tempel in Jerusalem das Asyl der Freudenmädchen. Es war aber trotzdem für die Kirchenväter unverständlich, weshalb die Griechen ihren Göttern Beinamen aus der Prostitution zulegten, so zum Beispiel der Aphrodite die Beinamen *Hetaira* (»Hetäre«), *Porne* (»Hure«), *Pandemos* (»Allerweltshure«), *Peribaso* (»Straßenmädchen«), *Trymalitis* (von *trymalia,* »Loch«, »Scheide«), was sich umgangssprachlich als »die gefickte Aphrodite« übersetzen läßt.

Diese Beinamen waren aber auch bereits für manche Griechen nicht mehr annehmbar, denn sie stammten aus der Zeit der Muttergottheiten, wo Fruchtbarkeit und Sexualität gleichgestellt wurden, so daß der Gottesdienst oft zum Geschlechtsverkehr und der Geschlechtsverkehr oft zum Gottesdienst wurde. Hierbei ist das Wort T. leider sehr mißverständlich, denn der grundsätzliche Unterschied zwischen dem Fruchtbarkeitskult und der Prostitution ist ja eben der, daß dieser der Gottheit, jene dem Gelderwerb dient. Wenn während der Übergangszeit von der einen Form zur anderen Geld die Hände wechselte, dann war es nicht für die Frau, sondern für den Tempel bestimmt. Erst zur Zeit des Verfalls diente der Lohn zur Finanzierung der Aussteuer. Herodot, Strabo und Lukian, die solche Zeremonien beschrieben haben, sind sich darüber einig, daß die Höhe der gezahlten Summe nichts mit dem Akt der Prostitution zu tun hatte, da die Frau sowieso mit jedem mitgehen mußte, der ihr eine Münze in den Schoß warf, einerlei wie gering diese auch war. Nach mütterlichem Vorbild gab die Frau dem Gast oft mehr, als er ihr gegeben hatte, denn im »Mutterrecht« gibt es ja weder ein Prinzip der »gerechten« Entlohnung noch irgendein anderes Verhältnis zwischen »Leistung« und »Belohnung« (Luk. *Dea Syria* VI).

Der Ritus der Tempelprostitution ist mit Sicherheit nicht griechischen Ursprungs. Obwohl wir ihn auch in Korinth, Kalydon und am Alphaios finden, ist er doch mehr auf den Inseln zuhause, die von dem vorgriechischen und kleinasiatischen Kulturen geprägt worden sind: auf Aigina, Kreta, Kythera, Kos und vor allem auf Zypern. Die Hauptstätten des Kults lagen im Bereich der heutigen Türkei und des heutigen Syriens, Libanons, Irans und Iraks: in Abydos am Hellespont, den heutigen Dardanellen; in Acilisene an der Grenze zwischen dem heutigen Armenien und der Türkei; in Komana, südlich vom Schwarzen Meer; in Babylon, nicht weit vom heutigen Bagdad; in Byblos, dem heutigen Dschebeil im Libanon; in Ephesos, dem heutigen Izmir; in Hierapolis, dem heutigen Tambuk-Kalesi in Syrien. Vergleichen wir die Tempelprostitution in all diesen Städten, so stellen sich drei Erscheinungsformen heraus:

1. *Hieros Gamos:* Paarung zwischen Priester und Priesterin, zwischen Priesterin und Gläubigem oder zwischen Priester und gläubiger Frau. *Zweck:* Fruchtbarmachung durch mimetische Magie. Durch den Ritus der Paarung will man Fruchtbarkeit der Gläubigen und ihrer Felder und Tiere erlangen. *Verbreitung:* Hellas, Magna Graecia, Vorderasien.

2. *Apotropäische Prostitution* (*apotropein,* »Unheil abwehren«): einmalige Hingabe der unverheirateten Frau vor der Eheschließung. *Zweck:* Sühne der Fruchtbarkeitsverweigerung. Da die Frau durch den Eintritt in die Ehe gegen das Gebot der Göttin verstößt, jede Frau müsse der Fruchtbarkeit halber allen Männern zur Verfügung stehen, muß sie sich in einem symbolischen Opferakt dem ersten besten Mann hingeben, der sie haben will. *Verbreitung:* Babylon, Byblos, Hierapolis,

Paphos auf Zypern.
3. *Hierodulenpaarung:* Paarung zwischen dem Gläubigen und der Dienerin der Gottheit. *Zweck:* Erkenntnis der Gottheit durch Aufgabe des Ichs. Wie der katholische Priester durch Entgegennahme der Beichte und Auferlegung von Buße Absolution erteilt, also als Mittler zwischen Gott und Mensch handelt, konnten bestimmte Tempeldienerinnen, die man *hieroduloi,* »Gottesbräute«, nannte, durch die Darbringung ihres Körpers die Verbindung mit der Gottheit herstellen. Der Orgasmus des Gläubigen, der Augenblick der Selbstaufgabe, galt als der Moment der Erkenntnis, in dem die Göttin sich enthüllte. Die Gottesbraut nahm nicht an der Ekstase teil: sie war nur Instrument der Göttin. Ihre Hingabe war nicht Befriedigung eigener Lust, sondern Opfer des Körpers im Dienste der Gottheit. *Verbreitung:* Korinth, Kalydon in Aitolien, Abydos, Komana, Ephesos, die Inseln Aigina, Kythera, Zypern und Kos, Eryx auf Sizilien.

Die »Heilige Hochzeit«, *Hieros Gamos,* ist zweifellos der älteste dieser Bräuche. In Athen verband sich Dionysos jährlich einmal in »heiliger Ehe« mit der Frau des *archon basileus,* des priesterlichen Nachfolgers der alten athenischen Könige. Es war also die rituelle Paarung zwischen dem Dionysospriester und der Gattin des Gottkönigs, der Urform des Königstums. Das älteste Prosadokument der Griechen ist die Beschreibung der Heiligen Hochzeit des Zeus durch Pheredykes von Syros (Grenfell-Hunt, *Greek.pap.* ser. II, Oxford 1897, Nr. 11). Die Sage von der Paarung des Zeus und der Io umschreibt das Ereignis einer solchen Fruchtbarkeitspaarung. Io war eine Herapriesterin in Argos. Zeus verliebte sich in sie. Aus Eifersucht verwandelte Hera sie in eine Kuh, die von dem »allessehenden« Hirten Argos betreut wurde. »Allessehend« ist aber ein Attribut des Zeus, so daß der Hirt zweifellos Zeus selber war, der ihr durch Handauflegen gleichzeitig ihre menschliche Gestalt und ein Kind gab. Nach Apollodor trug der Hirt ein Stierfell. George Thomson meint mit Recht, daß dieser Mythos auf einer Heiligen Hochzeit beruhe, in der die Herapriesterin Braut und der Zeuspriester Bräutigam gewesen sei. Zweck der Paarung sei die Vermehrung der Herden gewesen.

J.G. Frazer hat die überzeugende These geprägt, daß die Töchter der frühen Gottkönige, in deren Händen die Thronfolge lag, stets auch Priesterinnen gewesen seien, so daß die Einheirat des Fremden, der dadurch König wurde, nicht nur eine weltliche, sondern auch eine sakrale Zeremonie gewesen sei. Denn durch die Befruchtung der Königstochter befruchtete er auch die Göttin, deren irdische Statthalterin sie war. So entstand das Konzept der Heiligen Hochzeit, der Hochzeit zwischen Mensch und Gott, und der mimetischen Magie, die durch Befruchtung der Göttin Fruchtbarkeit der Felder und Herden bewirkt. Koitus als Fruchtbarmachung, als Heilung von Impotenz und Sterilität, sind Konzepte, welche die Griechen von den vorgriechischen Einwohnern der Ägäis übernommen haben. In den Mythen von Asklepios und Trophonios, den heilenden Göttern, finden wir späte Beispiele einer *unio mystica* mit den Patienten, die sie wegen Impotenz, und den Patientinnen, die sie wegen Unfruchtbarkeit konsultierten. Der Gott wohnte den Frauen dann im Schlaf als Schlange bei, die Tempeldiener oder -dienerinnen masturbierten die Männer (Hippokrates *epid.* VI, 5, 15; Plinius *nat. hist.* XXVIII, 44 und 83). Aristophanes beschreibt diese Therapie (durch Masturbation und anderes) im Tempel des Amphiaraos zu Oropos (Amphiaraos fr.). Bei dem uralten, hochheiligen Traumorakel des Trophonios in der boiotischen Stadt Lebadaia wurde der Auskunftsuchende von Knaben mit Öl gesalbt und masturbiert (Paus. IX, 39, 7). Man denke auch an die Heilung des impotenten Enkolpios durch die Priesterinnen Proselenos und Oinotheia, die bei Petronius die gleiche Technik benutzen. Blasphemisch, wie sie manchen Leser berühren mag, läßt sich doch die Tatsache kaum verbergen, daß die Symbolik der Heiligen Hochzeit als Verbindung zwischen Gott und Mensch eine Vorstufe des christlichen Konzepts der Ehe als Sakrament und Ebenbild der mystischen Union zwischen Christ und Kirche darstellt.

Die apotropäische Prostitution existierte in ihrer reinsten Form im assyrischen Babylonien, wo Herodot sie wie folgt beschreibt: »Einmal im Leben muß sich jede einheimische Frau im Tempelbezirk der Aphrodite niedersetzen und sich einem Fremden zur Verfügung stellen. Die stolzen, reichen Frauen, die sonst nichts mit der Masse gemein haben wollen, fahren in geschlossenen Wagen mit verhängten Fenstern, gefolgt von ihren Sklavinnen, ins Heiligtum. Dort aber machen sie es wie die Armen, die da schon mit einem Kranz aus Stricken auf dem Kopf herumsitzen. Andere kommen, wieder andere gehen. Vor und hinter einer jeden, und rechts und links von ihr, läßt man offene Pfade, so daß die Fremden bequem hindurchgehen können, um ihre Wahl zu treffen. Wenn eine Frau sich einmal hingesetzt hat, dann steht sie nicht mehr auf, bis einer der Fremden ihr zum Zeichen seiner Wahl eine Münze in den Schoß geworfen hat, so daß sie sich mit ihm außerhalb des Heiligtums vereinige. Dabei spricht er nichts anderes als die Worte: ›Ich fordere dich auf im Namen der Mylitta.‹ Mylitta nennen sie die Liebesgöttin in Assyrien. Die Höhe des Preises bestimmt der Käufer. Er wird nie zurückgewiesen, denn das ist vom Gesetz verboten. Das Geld gehört nicht der Frau, sondern der Gottheit. Sie muß dem ersten folgen, der da kommt. Wenn sie sich dem Fremden hingegeben und dadurch die heilige Pflicht gegenüber der Göttin erfüllt hat, kehrt sie nach Hause zurück und ist nie wieder käuflich, einerlei wieviel man ihr auch bieten mag. Die schönen Frauen mit guten Figuren werden natürlich zuerst gewählt, die häßlichen müssen manchmal lange warten, ehe sie das Gesetz erfüllen können – manche drei, andere sogar vier Jahre« (Herodot I, 199; ähnlich Strabo XVI, 745). Das Buch Baruch bestätigt nahezu jedes Wort dieser Beschreibung: »Die Weiber aber der Chaldäer sitzen mit Stricken angetan an den Wegen und räuchern mit Kleie. Wenn nun eine derselben von einem Vorübergehenden weggezogen und beschlafen wird, so verhöhnt sie ihre Nachbarin, daß sie nicht auch wie sie selbst gewürdigt wurde, daß ihr der Gurt zerrissen werde« (Baruch VI, 42). Die Stricke, die beide Autoren erwähnen, sind das Symbol der Bindung an die Göttin, das Zeichen der Unterwerfung unter ihren Willen.

Herodot fügt dieser Beschreibung den Satz hinzu: »Auch in manchen Orten der Insel Zypern besteht ein ähnliches Gesetz.« Dies wird von vielen Autoren der Antike bestätigt. Laktanz wehrt sich gegen diese Erkenntnis, weil sie ihm unsittlich erscheint, bestätigt aber, daß die Alten den Brauch wohl korrekt beschrieben haben (I, 17). Lukian beschreibt die gleiche Sitte in Byblos: »An einem Tage müssen sie sich prostituieren. Zu diesem Markte haben nur Fremde Zutritt, und der Erlös fließt nicht den Frauen, sondern dem Aphroditentempel zu« (*Dea Syria* VI). Strabo beschreibt den Ritus in Acilisene: »... auch die Angesehensten im Lande geben ihre jungfräulichen Töchter preis, und das Gesetz gebietet, daß sie sich erst verheiraten, nachdem sie im Dienste der Göttin gestanden haben, ohne daß irgendeine Frau sie deshalb schmähte. Dabei benehmen sie sich so liebenswürdig gegen ihre Entjungferer, daß sie ihnen sogar Gastfreundschaft gewähren und ihnen manchmal größere Geschenke geben, als sie selber empfangen haben...« (XII, 532).

Bachofen kommentiert: »Dem Naturgesetz des Stoffes ist eheliche Verbindung fremd und geradezu feindlich. Der Ehe Ausschließlichkeit beeinträchtigt das Recht der Mutter Erde... Darum muß das Weib, das

in die Ehe eintritt, durch eine Periode freien Hetärismus die verletzte Naturmutter versöhnen und die Keuschheit des Matrimoniums durch vorgängige Unkeuschheit erkaufen. Der Hetärismus der Brautnacht, wie wir ihn bei den augilischen und balearischen Frauen und bei den Thrakerinnen finden, beruht auf dieser Idee. Er ist ein Opfer an die stoffliche Naturmutter, um diese mit der späteren ehelichen Keuschheit zu versöhnen. Darum wird dem Bräutigam erst zuletzt die Ehre zuteil. Um das Weib dauernd zu besitzen, muß es der Mann erst anderen überlassen« (*Gesammelte Werke,* Bd. II; *Das Mutterrecht,* S. 111).
Wie viele andere Aspekte der mutterrechtlichen Ordnung, vertrug sich auch diese Sitte schlecht mit den vaterrechtlichen Bräuchen der Griechen. Statt von ihren eigenen Frauen zu verlangen, sie sollten sich von fremden Männern entjungfern lassen, überließen sie es deshalb an vielen der Orte, wo die mutterrechtlichen Ehebräuche noch florierten, den Frauen der Urbevölkerung, von dem Recht der vorehelichen Preisgabe Gebrauch zu machen. Dies geschah in Korinth und stellt dadurch ein vorzügliches Beispiel der Umwandlung apotropäischer in hierodulische Paarung dar. Denn einer der ältesten Tempel der Alten Muttergöttin befand sich auf dem Akrokorinthos, dem Berg, der Korinth beschattet. Der Name der Stadt ist ja bekanntlich vorgriechischen Ursprungs und belegt das Alter der heiligen Stätte.
Als die Griechen sich nun aber im Laufe der Jahrhunderte mit der korinthischen Urbevölkerung vermischt hatten, ersetzten sie die Gottesbräute durch ausländische Sklavinnen, die sie zum Dienste der Götter kauften. Verkauf an die Gottheit stellte ja bekanntlich eine der Durchgangsformen zwischen Sklaverei und Freisetzung dar. Dies waren die sogenannten Tempelsklavinnen von Korinth, von denen Strabo, Pausanias, Gellius und Horaz berichten. Pindar widmete eine seiner Oden den hundert Tempelsklavinnen, die Xenophon nach seinem Sieg bei den Olympischen Spielen dem Heiligtum geweiht hatte. Ein ähnliches Heiligtum befand sich auf dem Berge Eryx im dorischen Teil von Sizilien. Strabo besuchte es etwa 30 v. u. Z. und stellte mit Bedauern fest, daß es zwar noch existierte, aber weniger »heilige Leiber« enthielt als in früheren Zeiten (Strab. VI, 272; Diod. Sic. IV, 83).
Abschließend und zusammenfassend sollte man also sagen: Das Wort »Tempelprostitution« ist eine Fehlbezeichnung. Prostitution ist Preisgabe des eigenen Körpers für Entgelt. Was in den Tempeln geschah, war etwas anderes: ein ritueller Akt, ursprünglich mit einer Opfergabe verbunden. Eine Opfergabe ist aber kein Hurensold. Erst in der Ver-

fallszeit des Mutterrechts und unter dem Einfluß des Vaterrechts verwandelte sich die rituelle, sakrale in eine bezahlte, säkulare Prostitution.

tertiäre Geschlechtsmerkmale – Geschlechtsmerkmale.

Tetragamie [gr.: tessares = vier; gamos = Heirat], Heirat zu viert, ein von Schopenhauer entwickeltes Ehekonzept. »Indem die Natur«, so beginnt seine Skizze, »die Zahl der Weiber der der Männer nur knapp gleich machte, und dennoch den Weibern eine nur halb so lange Zeit hindurch die Fähigkeit zur Zeugung und Tauglichkeit für den Genuß des Mannes verlieh, hat sie das menschliche Geschlechtsverhältnis schon in der Anlage derangiert. Durch die gleiche Zahl scheint sie auf Monogamie zu deuten: hingegen hat ein Mann an einem Weibe nur für die halbe Zeit seiner Zeugungsfähigkeit Befriedigung; er müßte also eine zweite nehmen, wenn die erste verblüht ist; aber es ist für jeden nur eine gerechnet worden. Was dem Weibe an Dauer der Geschlechtstauglichkeit abgeht, hat es wieder an Maß derselben voraus; es ist fähig, zwei bis drei tüchtige Männer zu gleicher Zeit zu befriedigen, ohne zu leiden. In der Monogamie benutzt es nur die Hälfte seiner Fähigkeit und befriedigt nur die Hälfte seiner Wünsche. Sollte nun dies Verhältnis nach bloßer physischer Rücksicht (und es gibt ein physisches, höchst dringendes – Zweck der Ehe bei Juden und Christen – Bedürfnis) geordnet und bestmöglich ausgeglichen werden, so müssen zwei Männer stets ein Weib zusammen haben, die sich beide jung nehmen; nachdem diese verblüht ist, nehmen sie eine zweite, ebenso junge dazu, welche dann ausreicht, bis beide Männer alt sind. Beide Weiber sind versorgt und jeder Mann hat nur die Sorge für eine. In der Monogamie hat der Mann auf einmal zu viel und auf die Dauer zu wenig, und das Weib umgekehrt...« (*Die Brieftasche,* 1823, zitiert aus Blochs *Sexualleben unserer Zeit,* 1908, S. 274). → Pluralismus, Triolismus.

Thanatos [gr.: Tod, Todesstrafe, Mord, Hinrichtung, Untergang], ein von Paul Federn in die Psychoanalyse eingeführter, aber wahrscheinlich von Sigmund Freud stammender Begriff, der sich zum → Eros etwa so verhält wie der → Todestrieb zum → Lebenstrieb.

Theater und Sexualität → Sexualität und Drama.

Theaterdirnen, gegen Mitte des 17. Jahrhunderts die Schauspielerinnen, die sich wegen der finanziellen Unsicherheit des Theaters und der geringen Gagen oft als Mätressen, Konkubinen oder halbberufliche Prostituierte betätigen mußten. Claude Le Petit bezeichnete das Theater 1640 noch als ein »privilegiertes öffentliches Haus« und die Schauspielerin als eine Frau, die »ebenso oft mit dem Steiß wackelt, wie sie Schwänke spielt«. Gegen Ende des Jahrhunderts hingegen kam die Schauspielerin als Geliebte in Mode; jeder junge, jeder alte Lebemann Roué hielt es für eine Ehrenpflicht, eine Schauspielerin der Oper zur Mätresse zu haben, und war nicht wenig stolz auf ein solches Verhältnis. So wurden die Theater in Paris nach und nach »die Bordelle der großen Welt«; gegen Ende des 17. Jahrhunderts begann die *fille d'opéra* dann jene berühmte Rolle in der Galanterie zu spielen, die sie während des ganzen 18. Jahrhunderts beibehielt.

Therapie, psychosexuelle → Sexualtherapie, psychische.

Therapie, sexuelle → Sexualtherapie.

Tierfetischismus, die sexuelle Fixierung auf Tiere oder auf ein bestimmtes Tier. Hierbei braucht es nicht zum Koitus mit Tieren zu kommen (→ Zooerastie, Zoophilie). Das Tier braucht nicht einmal beim Geschlechtsverkehr anwesend zu sein. Oft genügen dem Tierfetischisten Tierphotos, Felle, Haare, Klauen oder Geweihe, manchmal sogar nur Zaumzeug, Pferdedecken, Sattel, Hundeleine, Hundehalsband, Hunde- oder Pferdepeitsche, Reitgerte und so weiter. Die Grenze zwischen Fetischismus, Zoophilie und Sadomasochismus ist hier also nicht leicht zu ziehen. Obgleich die meisten dieser Perversionen auf Kindheitserlebnisse mit Tieren zurückgehen, kann die spätere Pathogenese in sehr unterschiedlicher Weise verlaufen. Eine betont fetischistische, zoophile oder sadomasochistische Komponente bildet sich dann im Zusammenhang mit späteren Erlebnissen, meist aus der Beziehung zwischen dem Kind und seinen Eltern. → Equus eroticus, Fetischismus, Lykanthropie, Metamorphosismus, Mixoscopia bestialis, Unzucht mit Tieren, Zooanthropie, Zooerastie, Zoomimik, Zoonekrophilie, Zoophilie, Zoosadismus.

Tierquälerei → Viehstecher, Zoonekrophilie, Zoosadismus, Zoostuprum.

Tierschändung → Bestialität, Kynophilie, Lykanthropie, Mixoscopia bestialis, Sodomie, Tierfetischismus, Unzucht mit Tieren, Werwolf, Ziege, Zooerastie, Zoophilie.

Tintenspritzer, Sadisten einer relativ sublimierten Richtung. Die Neigung besteht darin, daß die hierzu Veranlagten unbeachtet, also gewöhnlich bei Menschenansammlungen oder im Gedränge, die Kleider von Frauen und Mädchen mit Tinte, auch Farben, Säuren oder übelriechenden Flüssigkeiten besudeln oder beschädigen. Der T. ist Sklave seiner Appetenz, da er sich nur dann Befriedigung erhoffen kann, wenn das Objekt seiner Attentate am lebenden Körper getragen wird. Denn nie wird der T. sich an Kleidungsstücke im Schaufenster oder im Kleiderschrank heranmachen. Es besteht also eine enge Beziehung zwischen dem menschlichen Wesen und dem Haßobjekt, dem Kleid. Hieraus läßt sich folgern, daß der T. kein reiner Fetischist und das Kleid kein Antifetisch ist. Vielmehr scheint hier eine Form des sadistischen → Besudelungstriebes vorzuliegen. Und wie bei so vielen Formen des Sadismus, entspringt auch hier der Haß auf das andere Geschlecht einer Angst vor diesem Geschlecht und vor dem Geschlechtsverkehr. Der Sadist ist oft homosexuell motiviert, ohne sich dieser Tatsache bewußt zu sein. Er hat vor dem anderen Geschlecht Angst, weil er das eigene vorzieht. Aber da er seine homosexuellen Wünsche erfolgreich verdrängt hat, bleibt ihm nur noch die Angst vor dem anderen Geschlecht; und da er sich dieser Angst schämt, verwandelt er sie in Haß. Der Koituswunsch wird also aus Angst in einen Angriffsakt verwandelt. Statt seinen Samen in die Vagina der Frau zu spritzen, spritzt der T. Tinte auf ihr Kleid. Er schlägt dabei zwei Fliegen mit einer Klappe: er enthebt sich der Notwendigkeit des Geschlechtsverkehrs, bei dem er sich wahrscheinlich als impotent erweisen würde; und er kann seine Angst erfolgreich in Aggression verwandeln und sich damit vor dem Selbstvorwurf der Feigheit retten. → Besudelungstrieb, Inquinationstrieb, Mysophilie, Saliromanie, Skatophilie. Vgl.: Abortkritzler, Bilderschändung, Graffiti, Koprographomanie, Koprolalie, Statuenschändung, Übermalung, Wortsadismus.

Töchterhäuser, die Bordelle des Mittelalters, in denen → Freie Töchter tätig waren. → Freies Haus, Taubenhaus.

Töchterwirt, im Mittelalter der Pächter eines → Töchterhauses. »Freie Töchter« waren die → fahrenden Frauen des Mittelalters, die Huren, die nirgends ansässig waren und mit Gauklern, Tierbändigern, Taschenspielern, Seiltänzern und Akrobaten von Ort zu Ort wanderten. In ihnen sah die eng zusammengeschlossene Gesellschaft des Mittelalters nicht nur Außenseiter, die in kein rechtliches Schema hineinzuzwängen waren, sondern auch Überbleibsel der heidnischen Welt. Hugo von St. Victor schrieb, daß fahrende Leute sich nicht zum religiösen Leben bekehren ließen. Der T. war deshalb ein »unehrlicher« Mann. Er gehörte einer Berufsschicht an, die sich nicht in die »ehrlichen« Zünfte und Innungen einordnen ließ. Vgl.: Alphonse, Amicus, Aufmacher, Bärentreiber, Frauenmeister, Frauenwirt, Freihat, Freiwirt, Hackerbub, Hurenwirt, Jungfernschaftsprokurist, Kappelbub,

Krameltreiber, Louis, Lude, Ludewig, Pilger, Plattenbruder, Pulion, Purlierer, Sponsierer, Stenz, Strawanzer, Strizzi, Zutreiber.

Tod, nach Freud nicht etwa das passive Absterben des Organismus im Sinne eines mechanischen Verschleißes, sondern ein aktives Ende des inneren Kampfes durch Sieg des → Todestriebes über den → Lebenstrieb. Freud betrachtete den Automasochismus, den nach innen gerichteten → Aggressionstrieb, als unausrottbar. Die Aufgabe des Menschen ist es, die Macht dieser → Aggressionsinversion auf ein Minimum zu beschränken. Gesundheit ist das Maß des Gelingens dieser Beschränkung. Aber »ein Anteil von Selbstzerstörung verbleibt unter allen Umständen im Inneren, bis es ihm endlich gelingt, das Individuum zu töten«. Der Begründer der Psychoanalyse folgert daraus: »So kann man allgemein vermuten, das Individuum stirbt an seinen inneren Konflikten, die Art hingegen an ihrem erfolglosen Kampf gegen die Außenwelt, wenn diese sich in einer Weise geändert hat, für die die von der Art erworbenen Anpassungen nicht zureichen« (*Abriß der Psychoanalyse,* 1904).

Todestriebe nannte Sigmund Freud (1856–1939) diejenigen → Triebe, die nach Ruhe, nach Wiederherstellung des gestörten Gleichgewichtszustandes im Organismus streben. Die T. waren also für ihn kein romantisches Konzept, keine Triebverkörperung des Bösen, sondern eine biologisch notwendige, eine beharrende, konservative Gegenströmung gegen die ändernden, progressiven Kräfte der → Lebenstriebe. Da das Leben generiert, aufbaut, Neues schafft, ändert es das Gleichgewicht der Natur. Um das Wuchern des Lebens zu verhindern, damit es sich nicht selber durch Aggression verschlingt, ist nach Freuds Meinung der Todestrieb naturnotwendig.

Tokophobie [gr.: tokos = Geburt, Niederkunft; phobos = Furcht], Geburtsangst, die Furcht der Frau vor dem Gebären. Danach im metaphorischen Sinne: Furcht vor Nachkommenschaft.

Tôles d'Abattage [frz. Argot], gegen Mitte des 19. Jahrhunderts die billigsten der Pariser Massenbordelle.

Tonus → Turgor.

Torcie [it.: torcia = Fackel], während der Renaissance in den Städten der Toscana (Florenz, Siena) die Kurtisanen, die nachts nur dann das Haus verlassen durften, wenn sie eine Fackel trugen. Vgl.: Kerzenhure, Lampronnière.

Tortur [lat.: torquere = drehen, plagen, martern], Quälerei, Folter, Schmerzbereitung, meist zum Zweck der Strafe oder zur Geständniserpressung. In Europa können wir die T. bis in die frühesten Zeiten zurückverfolgen. In seinen *Ranae* gibt Aristophanes eine Liste der griechischen Torturen seiner Zeit. Das Rad und die Folterbank waren in Griechenland bekannt, in Rom der equuleus (Folterpferdchen), die plumbatae (Bleibälle), ungulae (Widerhaken), lamina (heiße Platte), mala mansio (Schwitzzelle), fidiculae (Armstrangulator), Kreuzigung, Verstümmelung, Zerfleischen durch Raubtiere. Im Mittelalter erfand man die Streckfolter, die Daumenschrauben, den spanischen Stiefel, der das Bein zerfleischte oder die Fußknochen zermalmte, den gespickten Hasen, der das Rückgrat brach, die eiserne Jungfrau, die Dornen von allen Seiten in den Körper trieb, die Haspel, die Wippe und die Schuppe, die den Körper auseinanderrissen, Sieden in heißem Öl, Vierteilung durch vier Pferde, die den Körper an Händen und Füßen auseinanderrissen, peine forte et dure, die darin bestand, daß man Steine auf das liegende Opfer türmte, bis sie es erdrückten, Einflößen von siedendem Blei in den Mund, die Nase, den After oder die Vulva. Das nominelle Motiv der T. war meist die Erzwingung eines »Geständnisses«. Aber in Wahrheit war es die erotische Freude an der Schmerzbereitung, die sadistische Komponente, die allen Torturen stets einen so unverkennbar sexuellen Charakter gegeben hat. Das Opfer mußte meist nackt sein, und fast stets waren Zuschauer dabei. Liest man die zeitgenössischen Berichte, springt einem auch oft die Kehrseite der sadistischen Komponente ins Auge, die offenbare Freude an der Tortur, die masochistische Opfer erlebten. Daß man Geständnisse *nie* durch Druck erlangt, weiß jeder Psychologe. Man kann zwar nahezu jeden Menschen durch T. zum Sprechen bringen, aber was er sagt, stimmt selten. Andererseits ist der Masochist nur allzu bereit, die T. auf sich zu nehmen oder falsche Geständnisse zu machen, die ihm zusätzliche Torturen einbringen. Wer die sexuelle Komponente der T. übersieht, bleibt unfähig, sich die Gründe des Fehlschlags so vieler Aspekte des modernen Strafvollzugs zu erklären. → Auspeitschung, Bestrafung, Brandmarken, Folter, Gefängnis, Hinrichtungssadismus, republikanische Hochzeit, Prügelmaschine, Strafe, Trülle, Zuchthaus.

Totemismus, sexueller → Geschlechtstotemismus.

Totenbad, die letzte Waschung (oder Ölung) des Verstorbenen. Wie überall, ist auch hier das Wasser das Symbol der Fruchtbarkeit und der Wiedergeburt, denn für den Toten beginnt jetzt das neue Leben. → Bad, Brunnen, Fruchtbarkeitsgottheiten, Geburtsgottheiten, Verenenkult, Wasser.

Totgeburten, bei unehelichen Kindern in fast allen Ländern der westlichen Welt fast doppelt so häufig wie bei ehelichen Kindern. Auch die Sterblichkeit unehelicher Kinder im ersten Lebensjahr liegt etwa doppelt so hoch wie die ehelicher Kinder. Die Gründe sind unbekannt. Man nimmt an, daß versuchte → Abtreibungen die Ursache sein könnten.

Tötungsdelikte von Kindern und Jugendlichen an Kindern und Jugendlichen gehören in allen Großstädten und Industriestaaten zu der Gruppe typischer Nachkriegsdelikte, für die einerseits der Zerfall der Großfamilie, andererseits die → Akzeleration, die Industriealisierung und paradoxerweise der medizinische Fortschritt verantwortlich sind. In dem Maße, in dem wir die Säuglings- und Kindersterblichkeit bewältigen, steigt die Anzahl der lebensgefährdeten und lebensunfähigen Kinder. Rund sechs bis zehn Prozent der heute in der BR aufwachsenden Kinder gehören zu dieser Gruppe. Solche Kinder müssen außergewöhnliche Talente oder außergewöhnliche Widerstandskraft besitzen, um nicht zu Außenseitern und aus Außenseitern zu Psychopathen zu werden. Die keine solchen Reserven an Intelligenz und Willenskraft besitzen, versuchen oft, sich durch Mutproben oder verbotene Taten bei den anderen Kindern anzubiedern. Aus Mutprobe wird Aggression, aus Aggression Verbrechen.

Innerhalb eines einzigen Jahres (1967) wurden in der BR nicht weniger als zwölf solcher kindlichen Tötungsdelikte verzeichnet. Die folgenden acht sind beispielhaft:

1. Am 2. Januar würgte und erstach der Schüler Josef Kern, 13, in Regensburg seinen Spielgefährten Arno Staimer, 10; er hätte sich sonst »für feige gehalten«, begründete er später seine Tat.
2. Am 5. Februar erwürgte und erschlug der Lehrling Wolfgang Güldner, 16, in Memmelsdorf bei Bamberg seinen Freund Joachim Petschner, 9, und warf ihn anschließend in einen Graben.
3. Am 16. Mai erdrosselte der Schüler Gerhard Schulz, 13, aus Wanne-Eickel im Keller seines Elternhauses seine Spielkameradin Edeltraut Buttgereit, 7, nachdem er sich zuvor vor dem Mädchen entkleidet hatte.
4. Am 8. Juli lockte der Volksschüler Martin Wöhler, 15, im niedersächsischen Burgdorf das Nachbarskind Gerlind Feigenspan, 5, in die Wohnung seiner Eltern. Er erdrosselte das Kind mit einem Handtuch, koitierte mit der Leiche und vergrub sie – in einen Plastiksack verschnürt – unter einem Komposthaufen.

5. Nach vier Morden an kleinen Jungen – den ersten hatte er im Alter von 15 Jahren begangen – wurde im Juni 1966 der Fleischergeselle Jürgen Bartsch, 19, aus Langenberg im Rheinland verhaftet.
6. Unter den Händen eines 14 Jahre alten Spielkameraden starb im August 1965 in Loose bei Eckernförde die Schülerin Rosemarie Sienknecht, 9.
7. Ein Jahr, nachdem er die Schülerin Christa John, 11, vergewaltigt und erstochen hatte, wurde in Berlin der Lehrling Willi Maramsky, 17, zu zehn Jahren Jugendstrafe verurteilt.
8. Im Februar 1967 gestanden zwei 13 und 14 Jahre alte Hilfsschüler der Kölner Kriminalpolizei, am 19. November 1966 gemeinsam die Angestellte Hildegard Jung (15) auf deren Heimweg vom Büro überfallen, vergewaltigt und ermordet zu haben. Die beiden Jungen konnten nach dem Gesetz für dieses Verbrechen nicht bestraft werden, da sie zur Tatzeit noch keine 14 Jahre alt waren. Als »Würger von Köln« gingen sie trotzdem in die Kriminalgeschichte ein. Haupttäter bei dem Sexualmord und mindestens zwei weiteren Sittlichkeitsverbrechen – einer vollendeten Notzucht am 19. Januar und einem Notzuchtverbrechen am 3. Februar 1967 – war Hans Peter Z. Er und sein jüngerer Freund Hans X. waren körperlich weit über ihr Alter hinaus entwickelt. Hans Peter besuchte bis zu seiner Festnahme wegen Stotterns eine Sonderschule. Im gleichen Schulgebäude bekam sein Freund Hans Hilfsschulunterricht. Bei der Vernehmung sagte der 13jährige unter anderem über den Mordtag: »Das war ein Pechtag, mein Vater verbot mir eine Woche lang das Kino.«

Bei solchen Verbrechen muß man sehr sorgfältig zwischen den Taten hirngeschädigter oder schwachsinniger Menschen jungen Alters und drei anderen völlig verschiedenen Gruppen jugendlicher Täter unterscheiden: den *»Angst-Tötern«*, den *»Neugier-Totmachern«* und den *»Früh-Triebbeherrschten«*.

Von diesen drei Typen sind die *Angst-Töter* am harmlosesten, denn es sind normale Kinder, die nur deshalb töten, weil sie Angst haben, bei normalen Geschlechtsspielen mit Gleichaltrigen entdeckt zu werden. Öfter als jeder andere Prototyp solcher jugendlichen Tötungsdelikte ist der, daß ein Knabe zwischen 13 und 16 sich vor einem jüngeren Mädchen auszieht oder mit ihr Geschlechtsverkehr auszuüben versucht und sie dann, aus Furcht von ihr »verraten« zu werden, oder aus Angst, von Erwachsenen überrascht zu werden, ermordet. Abnorm an diesem Vorgang ist nicht etwa der Versuch des Geschlechtsverkehrs (die beschleunigte Reife der Kinder und Jugendlichen im modernen Industriestaat [→ Akzeleration] macht es durchaus normal, vom 13. oder 14. Lebensjahr an Geschlechtsverkehr zu betreiben), sondern die von Eltern, Schule und Gesetz eingeimpfte Anschauung, daß der Geschlechtsverkehr »schlecht«, »sündhaft« oder »verboten« sei. In den Tausenden und aber Tausenden von Fällen, da normale Mädchen von normalen Jugendlichen aus Angst vor Entdeckung des versuchten Geschlechtsverkehrs ermordet worden sind, tragen deshalb fast stets Eltern, Schule und Gesetzgeber die Schuld. Hier liegt keine Tötung aus sexuellen Motiven, sondern eine Tötung aus Angst vor.

Auch bei den *»Neugier-Totmachern«* (Armand Mergen) liegt kein sexuelles Tötungsmotiv vor. Sie begehen ihre Taten nicht aus Aggressivität oder Sadismus, sondern aus einer altersbedingten Unfähigkeit, zwischen lebenden und toten Spielzeugen zu unterscheiden. Wie sie eine Eisenbahn auseinandernehmen, wie sie eine Uhr oder die → Puppe ihrer Schwester zerlegen, um zu sehen, wie sie funktioniert, nehmen sie einen Menschen »auseinander«. Es mangelt ihnen sowohl am Unrechtsbewußtsein wie an der Fähigkeit zur Reue. Mergen nennt einen typischen Fall:

9. »Ein Dreizehnjähriger lädt ein neun Jahre altes Mädchen zusammen mit anderen Kindern zum Spiel zu sich nach Hause ein. Sie spielen Doktor. Beim Spiel drückt der Junge dem kleinen Mädchen so lange auf den Bauch, bis es schreit. Er will es am Schreien hindern. Er drückt ihm den Hals zu. Immer wenn er wieder losläßt, schreit es; drückt er wieder zu, schweigt es. Die anderen Kinder schauen regungslos beim Mordspiel zu. Die Neunjährige erstickt.«

»Kinder sind dem Tod gegenüber neutral«, meint Mergen. »Deshalb sehen die anderen beim Mord ihrer Freundin schweigend zu.« Und der jugendliche Mörder? »Schuld hat allein die falsche Erziehung der Eltern. Sie ließen nicht zu, daß der Junge sich frei entwickelte.« Denn bei den verfrüht Triebbeherrschten wird der Einfluß des Elternhauses noch deutlicher erkenntlich als bei den Neugier-Totmachern und den Angst-Tötern. »So wie Mozart mit 6 Jahren geigen konnte«, sagte Mergen, ist auch der verfrüht Triebbeherrschte »eine Art Wunderkind«, wenn auch im negativen Sinne. In beiden Fällen ist das Kind nicht verantwortlich für das, was es kann, sei es Geige spielen, sei es töten.

Die traditionelle psychoanalytische Erklärung solcher Fälle lautet, daß das falsch erzogene Kind von frühester Jugend an Sexualität mit Grausamkeit und Blutvergießen assoziiert. Das mag damit beginnen, daß es vom Kinder- oder Nebenzimmer her die Geräusche des elterlichen Geschlechtsverkehrs hört.

10. Der Vater stöhnt. Das Kind denkt: die Mutter tut ihm weh. Die Mutter stöhnt. Das Kind denkt: der Vater tut ihr weh. Das Kind steht auf und stürzt ins Schlafzimmer der Eltern, um zu helfen. Da liegt der Vater auf der Mutter, er kämpft mit ihr, die Kleider hat er ihr schon weggerissen. Und dann plötzlich, wie ein Blitz, schlägt die Erkenntnis ein: das also ist es, was die Erwachsenen tun! Sie versuchen, einander zu ermorden, und das nennt man »Liebe«. Das ist das große Geheimnis, das die Kinder von den Erwachsenen trennt; sowie man das Geheimnis erkannt hat, wird man zum Erwachsenen.

11. An einem anderen Tage findet das Kind die blutige Regelbinde der Mutter im Abort. Die Mutter sagt beschwichtigend: »Das ist nicht schlimm. Mach dir keine Sorgen. Alle erwachsenen Frauen bluten einmal im Monat.« Das Kind denkt: Alle erwachsenen Frauen bluten einmal im Monat, weil die Männer ihnen wehe tun. Vater hat die Mutter wieder einmal da unten gestochen. Das nennt man Geschlechtsverkehr. Geschlechtsverkehr ist, wenn der Vater auf der Mutter liegt und dauernd in sie hineinstößt. Dann stöhnt sie und verblutet fast.

12. Ein anderesmal entdeckt die Mutter den Sohn beim Onanieren: »Wenn du damit nicht sofort aufhörst, wird Papa dir das Ding abschneiden.«

13. Anfangs glaubt der Junge nicht, daß die Drohung ernst gemeint ist, denn die meisten Drohungen der Eltern sind ja nur Bluff.

14. Aber dann sieht er eines Tages, daß seine Schwester oder das kleine Mädchen von nebenan wirklich kein »Ding« hat, und der Schockeffekt dieser Entdeckung begleitet ihn sein Leben lang. Anfangs glaubt er, daß die Kastrationsdrohung also doch kein Bluff war, denn hier gibt es ja ein Kind, dem man sein »Ding« offenbar bereits abgeschnitten hat.

15. Später, aber sehr viel später erst, entdeckt er, daß das Ding nie da gewesen ist, und leitet daraus seine Verachtung für die Frauen ab: »Ich hab' was, was du nicht hast.«

16. Mittlerweile aber ist das Onanieverbot zu einem Angsttraum geworden. Alles, was mit Sexualität zu tun hat, nimmt hierdurch den Charakter des Verbotenen an: Sexualität ist, wenn man kämpft oder kastriert wird oder blutet oder etwas Unerlaubtes tut.

Es ist beachtlich, daß bei den Tötungen von Kindern und Jugendlichen durch Kinder und Jugendliche das Opfer fast ebenso oft dem eigenen wie dem anderen Geschlecht angehört. Hieraus die Wirkung jugendlicher Homosexualität zu folgern wäre jedoch gänzlich verfehlt, denn das Verhalten des Kindes in der Vor- und Frühpubertät ist zwar nicht, wie man bis zu Freuds Zeiten glaubte, gänzlich asexuell, es ist aber auch nicht homosexuell und ganz gewiß noch nicht heterosexuell. Man könnte es am besten als narzißtisch-bisexuell definieren. Das Ich des Kindes hat das Du noch nicht völlig von sich selber getrennt. Es betrachtet jeden Menschen als einen Teil seiner eigenen Erlebniswelt und damit als einen Teil seiner selbst. Deshalb ist die angemessene sexuelle Tätigkeit der Frühpubertät die Masturbation. Das Masturbationsverbot ist sehr häufig der Anfang einer jugendlichen Neurose, in vielen Fällen der Grundstein einer Perversion und in einigen wenigen Fällen der eigentliche Grund eines Mordes. Freud leitete bekanntlicherweise den Kastrationskomplex aus der Kastrationsangst und diese aus dem Onanieverbot ab.

Aber nicht nur das Verbot der Onanie, sondern auch das Verbot aller möglichen anderen kindlichen Aktivitäten führt zu Frustration und zur Angst, bei einer Übertretung des Verbots entdeckt zu werden. Angst löst Aggression aus. Eines Tages schlägt die Aggression in Mord um. *Der Mord ist in diesem Sinne das Surrogat der verbotenen Tätigkeit.*

Es gibt eine Anzahl elterlicher Fehler, die man so häufig in der Pathographie jugendlicher Tötungsdelikte findet, daß man sie nahezu als typisch betrachten kann: das Verbot, mit anderen Kindern zu spielen (weil diese zu »roh«, zu »ungebildet«, zu »ungezogen« sind); das Verbot, Kinder des anderen Geschlechts im eigenen Zimmer oder überhaupt in der elterlichen Wohnung zu empfangen; das Verbot, gewisse Bücher zu lesen (überhaupt das Wegschließen von Büchern, Bildern oder anderen Dingen, von denen man glaubt, daß sie die sexuelle Phantasie des Kindes verfrüht entflammen); die Unfähigkeit oder Weigerung, Kinder möglichst früh aufzuklären; Schläge auf das nackte Gesäß; allzu enge Mutterbindung des Knaben; allzu enge Vaterbindung des Mädchens; ungenügendes Interesse an der Persönlichkeit des Kindes, besonders wenn diese von der der Eltern abweicht; mangelnder elterlicher Respekt vor dem Kind als selbständigem, denkendem, fühlendem Wesen, zumal wenn die Gedanken und Gefühle des jungen Menschen denen der Eltern widersprechen. Jedes dieser elterlichen Vergehen kann zu lebenslänglichen psychischen Störungen führen, und alle zusammen machen eine gesunde Entwicklung des Kindes mit Si-

cherheit unmöglich.
Trotzdem reichen all diese Lehrbuchbeispiele der falschen Pädagogik noch immer nicht aus, um das drastische Ansteigen der Kurve jugendlicher Straftaten und insbesondere der jugendlichen Tötungsdelikte vollständig zu erklären. Etwas ist in der Nachkriegszeit hinzugekommen: der schwindende Respekt der jungen Gerneration vor ihren Eltern und Erzieher. Der Widerspruch zwischen der Moral, die die Erwachsenen den Kindern predigen, und der, die sie selber praktizieren, ist so eklatant, daß die Kinder nicht nur jedweden Respekt vor den Erwachsenen verlieren, sondern auch aktive Verachtung für ihre Erzeuger entwickeln. Wer das Ausmaß dieser Verachtung unterschätzt oder gar vorgibt, daß es nicht existiere oder unberechtigt sei, wird die Verbrechen der jungen Generation zu verantworten haben.
Teils aus Rebellion, teils aus Hoffnungslosigkeit, stets aber aus dem oft unbewußten Verlangen, die Lügenhaftigkeit der elterlichen Moral aufzuzeigen, begehen die Kinder Straftaten. Die Logik ist paradox und selbstzerstörerisch, aber das raubt ihr nicht ihre tödliche Konsequenz: »Geschieht meinen Eltern recht, wenn mir die Hand erfriert. Warum haben sie mir keine Handschuhe gekauft?« Das ist die Logik des kindlichen Mörders: »Geschieht meinen Eltern recht, wenn ich ins Zuchthaus komme. Warum haben sie mich nicht richtig erzogen?«
Und je »liebevoller« die Eltern ihre Kinder oder Adoptivkinder (siehe Jürgen Bartsch) erziehen, um so trotziger wird das Kind. Denn der Maßstab, mit dem das Kind die Erwachsenen mißt, ist nicht das, was sie für das Kind tun, sondern was sie füreinander und für andere tun. Wer lügt, wer sich duckt, wer kriecht, wer schmeichelt und sich beugt, um Geld zu verdienen, der verliert den Respekt des Kindes und erntet seinen Haß, selbst wenn das so verdiente Geld dem Kind selber zugute kommt. Das Kind will lieber arm sein, als die Korruption seiner Eltern akzeptieren. Denn diese Korruption gibt ihm das Recht und den Anreiz zum Verbrechen.
Eine Verhinderung solcher Tötungsdelikte ist daher kaum möglich, solange die Moral der Eltern so viel zu wünschen übrigläßt und die Erziehung der Kinder so schlecht, ja geradezu gefährlich ist wie in der BR. Nur innerhalb ganz beschränkter Grenzen kann man einige besonders anfällige Kinder vielleicht schon im Kindergarten oder im Schulalter erkennen und in Behandlung geben. Woran es dabei allerdings mangelt, ist geschultes Personal. Ein wenig mehr Geld für die psychologische Ausbildung von Lehrkräften kann spätere Kosten für polizeiliche

Ermittlung, Gerichtsverfahren und Strafunterbringung ersparen, von den geretteten Menschenleben ganz zu schweigen. Es ist so billig, sich über die mißratene Jugend zu entrüsten, und so kostspielig, etwas zu ihrer Rettung zu unternehmen.

Strafrechtliche Verantwortung der Täter: Nach § 1 in Verbindung mit § 3 des Jugendgerichtsgesetzes in der Fassung vom 11. Dez. 1974 ist ein Kind unter 14 Jahren für sein Tun strafrechtlich überhaupt nicht verantwortlich. Als Jugendlicher (älter als 14, aber noch nicht 18) ist er strafrechtlich nur verantwortlich, wenn er nach seiner sittlichen und geistigen Entwicklung reif genug war, das Unrecht seiner Tat einzusehen und nach dieser Einsicht zu handeln.

Trägheit des Herzens nannte Jakob Wassermann (1873–1934) jenen Kleinmut der menschlichen Liebe, der sich an die mit einem anderen Menschen gemeinsam verlebte Vergangenheit klammert, um sie als eine Art Versicherung gegen die Risiken der Gegenwart und Zukunft zu benutzen. In seinem Roman »Caspar Hauser oder die Trägheit des Herzens« (1908) stellt er Caspar, den Menschen ohne Vergangenheit, als den einzigen reinen Menschen dar. Denn wer keine Vergangenheit besitzt, an die er sich klammern kann, ist frei von der Korruption der Liebe. Was wir unter Liebe verstehen, ist das Reservoir von Erfahrungen, das wir mit dem geliebten Menschen gemeinsam haben. In diesem Sinn stellt der Geliebte einen Teil der Autobiographie dar. Wir haben Angst, uns von ihm zu trennen, weil wir damit einen Teil unseres Lebens verlören. Die Trägheit des Herzens ist also einerseits die Angst vor der Selbständigkeit, andererseits die vor der Zukunft.

Transgestismus [lat.: trans = jenseits; gestus = Gebärde], die Übernahme der typischen Bewegungen, Gesten und Gebärden des anderen Geschlechts. Nicht notwendigerweise eine Begleiterscheinung der Homosexualität. Häufig bei heterosexuellen Transvestiten. → Androgynen, Cisvestismus, Damenimitator, Effemination, Eonismus, Gynandrier, Hosenrolle, Hyperandrinismus, Mannweib, Metamorphosismus, Metatropismus, Muliebriores, Namenstransvestitismus, Schwangerschaftstransvestitismus, Transsexualität, Transvestitismus, ritueller Transvestitismus, Verkleidungstrieb, Viragines, Viriliores, Virilismus, Weihnachtspantomime.

Transsexualität [lat.: trans = jenseits; sexus = Geschlecht], ein von Benjamin eingeführter Begriff, der die Transvestiten [transvestire = verkleiden] von denjenigen Menschen unterscheiden soll, die sich nicht nur die Kleider des anderen Geschlechts anziehen, sondern in jeder, besonders aber in sexueller Hinsicht als Mitglied des anderen Geschlechts leben möchten. Burchard hat diese Terminologie übernommen (Harry Benjamin, *The Transsexual Phenomenon,* Julian Press, New York 1966. Johann M. Burchard, *Struktur und Soziologie des Transvestitismus und Transsexualismus,* Beiträge zur Sexualforschung, 21. Heft, Stuttgart 1961). Der (die) Transsexuelle besitzt die → Psychosexualität des anderen Geschlechts; seine → Geschlechtsidentität weicht von seiner somatischen Geschlechtszugehörigkeit ab. Verschiedene Ärzte haben mit nicht immer eindeutigem Erfolg versucht, die äußeren Genitalien der Transsexuellen seiner Psychosexualität anzugleichen. → Ambierastie, Ambisexualität, Amphiphilie, Biamanten, Bisexualität, Cisvestismus, Damenimitator, Doppelgeschlechtlichkeit, Drittes Geschlecht, Eonismus, Genitalmaske, Geschlechtsumwandlung, Hermaphrodit, Hosenrolle, Intersexualität, Maske, Metamorphosismus, Metatropismus, Namenstransvestitismus, Schwangerschaftstransvestitismus, Transgestismus, Transvestitismus, Verkleidungstrieb, Weihnachtspantomime, Zoomimik, sexuelle Zwischenstufen, seelische Zwitter.

Transvestitismus [lat.: transvestire = verkleiden], Verkleidungswunsch, insbesondere der Wunsch, die Kleidung des anderen Geschlechts zu tragen. T. ist weder identisch mit → Trans- noch mit → Homosexualität, sondern stellt ein eigenständiges Syndrom dar. Es ist eine der Formen des zwanghaften Rollenspiels, von denen der Wunsch, die Kleidung des anderen Geschlechts zu tragen, zwar die bekannteste, nicht aber die häufigste ist. Oft trifft man den Wunsch an, sich als Kind zu kleiden (→ Puerilismus, Windelfetischismus), als Mitglied einer anderen Gesellschaftsschicht zu gelten als der, zu der man gehört (→ Cisvestismus), oder als Ausländer, als Farbiger (Schminke, Gesichtsmaske), ja in der Einbildung, im Traum und auf Maskenbällen sogar als Tier (→ Zooanthropie, Zoomimik) oder als Baum (→ Dendranthropie, Dendrophilie). Die masochistische Form des T. ist in diesem Zusammenhang von besonderem Interesse. Hier geht der T. so weit, daß der Masochist sich als Ding, als Fußmatte, Klosett, Nachttopf oder Spucknapf »verkleidet« und von seiner »Herrin« erwartet, daß sie sich an ihm die Füße abputzt, ihm in den Mund defäziert, uriniert oder spuckt. Ein masochistischer Schlächter verkleidete sich als Tierkadaver und bat eine Prostituierte, ihn zu »schlachten«. Masochisten verkleiden sich als Pferd, nehmen Zügel in den Mund, lassen sich einen Sattel auflegen und wollen geritten werden. Sie verkleiden sich als Hund, lassen sich ein Halsband umlegen, an der Leine herumführen, in die Hundehütte einsperren oder an die Kette legen. Sie »kleiden« sich als Huhn, gakkern und legen Eier. Sie gebärden sich als Hahn, krähen und versuchen die Hühner zu bespringen. Erwachsene Männer von Intelligenz und Niveau – Manager, Politiker, hohe Beamte – ziehen sich kurze Hosen an, schnallen einen Schulranzen um und gehen zu einer Prostituierten, um sich beim Buchstabieren auf der Schiefertafel von ihr belehren zu lassen. Oder sie gehen noch weiter in die Kindheit zurück, lassen sich in Windeln einwickeln, mit Babypuder bestreuen, mit Babyöl einölen und verlangen weinend die Brust.

Die männlichen Transvestiten sprechen gern von ihrer zweiten Natur, ihrem Doppel-Ich, und empfinden eine disharmonische Spaltung ihrer Persönlichkeit, eine Vergewaltigung ihres eigentlichen Ichs. Die transvestitische Neigung findet sich bei ihnen oft gepaart mit großen Geltungsbedürfnis. Sie tritt periodisch auf, meist ohne geschlechtliche Regung, aber doch mit impulsivem Betätigungsdrang, ungewöhnlichem Gefühl des Wohlbehagens und allgemeiner Hebung der Stimmungslage. Als Frau zu leben, elegante Frauenkleidung zu tragen, Dame zu spielen, andere Damen zu empfangen, endlose Gespräche über weibliche Moden zu führen, einen weiblichen Vornamen (Namens-T.) zu haben, vor allem auch weibliche Berufsarbeiten auszuführen, ein Kind zu haben und zu pflegen, kurz, das Dasein einer Frau zu führen, bedeutet für diese Männer das eigentliche Glück ihres Lebens. Manche haben den Drang, schwanger zu sein, und staffieren den Leib aus, als wären sie in anderen Umständen (Schwangerschafts-T.). Es drängt sie, sich vor einem größeren Zuhörerkreis zu produzieren. Jedem schütten sie ihr Herz über ihre »zweite Natur« aus und treten besonders gern an Polizei und Behörden heran, um dort über die Berechtigung ihres Daseins zu verhandeln. Ihr Ziel ist dabei weniger die Erlaubnis, Frauenkleider zu tragen, als vielmehr, die Bedeutung ihrer Persönlichkeit in den Vordergrund zu rücken. Haben sie die Genehmigung zum Tragen von Frauenkleidung erhalten, zeigen sie sie jedermann, versuchen auch einen weiblichen Vornamen anzunehmen und beim Standesamt die Abänderung ihrer Geschlechtsbezeichnung zu erreichen. Auch hier ist diesen Menschen das »Hin und Her« um ihre Person und »zweite Seelennatur« die Hauptsache. Die sexuelle Betätigung solcher Transvestiten ist jedoch bei weitem nicht so aktiv wie der Wirbel, den sie im nichtsexuellen Leben machen. Das Geschlechtsleben erschöpft sich meist in der Masturbation, vorzugsweise vor dem Spiegel, wenn man dabei die

Kleidung des anderen Geschlechts trägt. Koitus führt nur dann zum Orgasmus, wenn sich der Transvestit dabei im Spiegel beobachten kann. Daß hier keine rein autoerotische Betätigung vorliegt, geht daraus hervor, daß der Transvestit auch bei dieser Spiegelszene nur dann orgasmusfähig ist, wenn er die Kleidung des anderen Geschlechts trägt. Was er im Spiegel sieht, ist also eine pseudohomosexuelle Szene. Im eigentlichen Verkehr mit Homosexuellen dagegen ist der heterosexuelle Transvestit nicht nur orgasmusunfähig, sondern er fühlt sich zutiefst angeekelt. Findet er keinen Sexualpartner, der sich dieser Form des Geschlechtslebens anpassen kann, kommt es meist zu einem graduellen Abbau der Sexualtätigkeit, der bis zur Selbstverstümmelung (→ Autotomie), zur Selbstentmannung (→ Selbstkastration) oder zum → Selbstmord gehen kann.

Der fetischistische T. besteht im Sammeln von Kleidungsstücken, Schmucksachen und sonstigen Attributen des anderen Geschlechts. Männliche Fetischisten sammeln z. B. BHs, Slips, Korsetts, Frauenstrümpfe, Schuhe, Hüte usw. → Ambierastie, Ambisexualität, Amphiphilie, Biamanten, Bisexualität, Cisvestismus, Damenimitator, Doppelgeschlechtlichkeit, Drittes Geschlecht, Effemination, Eonismus, Genitalmaske, Geschlechtsumwandlung, Hermaphrodit, Hosenrolle, Hyperandrinismus, Intersexualität, Maske, Metamorphosismus, Metatropismus, Namenstransvestitismus, Schwangerschaftstransvestitismus, Transgestismus, Transsexualität, Verkleidungstrieb, Virilismus, Weihnachtspantomime, Zoomimik, sexuelle Zwischenstufen, seelische Zwitter.

RITUELLER TRANSVESTITISMUS: Der Zweck der rituellen Orgie des Altertums war die Lösung der sexuellen Spannungen des Arbeitsjahres durch ein Erntedankfest, bei dem alles als erlaubt galt, was während der übrigen Zeit verboten war. (Hierzu gehörte auch die Umdrehung der Geschlechterrollen, die wir heute noch in der Weiberfastnacht erleben.) Dabei trugen die Männer Frauenkleidung und die Frauen Männerkleidung. In der Spätantike überlebte dieser transvestitische Kult als Hochzeitsritus in Athen, Sparta, Argos und Kos. In Sparta trug die junge Ehefrau den Kopf rasiert und Männerkleidung (Plutarch, *Lycurgus,* 15); in Argos trug die Neuvermählte in der Hochzeitsnacht einen falschen Bart (id. *Tugend der Frauen,* S. 245); auf Kos verkleidete sich der Ehegatte als Frau. Noch weiter ging das Transvestitentum in Arkadien; Leukippos verkleidete sich als Frau, um Daphnes Gefallen zu erregen, die die Männer haßte und nur die Jagd liebte (Pausanias, VIII,

20, 2, und Parthenios, *Erotica,* 15). Neben dem verkleideten Mann spielte die Frau die Rolle des Mannes. In Athen fand zur Zeit der Weinlese eine Prozession zum Dionysos-Tempel statt, der zwei als Mädchen verkleidete Knaben vorausschritten. Selbst der Jüngling Achilleus verkleidete sich auf Bitten der Thetis, die ihn daran erinnnerte, daß auch Zeus Mädchenkleider getragen habe.

In zahllosen Kulturen bestand bis vor sehr kurzer Zeit der rituelle Transvestitismus in der Erziehung von Knaben als Mädchen und der formellen Verlobung dieser kindlichen Transvestiten mit reifen Männern. Die Sitte ist zu weit verbreitet, um einen zentralen Ursprung annehmen zu lassen. Sie muß sich ganz unabhängig in verschiedenen Kulturkreisen entwickelt haben, um ein konkretes Bedürfnis zu stillen. Vielleicht erklärt sich das hohe Maß an Neurosen in unserer Gesellschaft zumindest zum Teil aus der Tatsache, daß wir keine gesellschaftlich akzeptierte Institution dieser Art besitzen. → Achnutschik, Basir, Basm, Batscha, Berdache, Bote, Epanga, Galli, Kedeschim, Knabenehen, Mujadores, Ovashengi, Puer sancuts, Pumea, Schupan, Tempelprostitution, Tschukadn.

Trauerfetischismus, die Fixierung des Sexualwunsches auf Trauer und Trauerkleidung. Das Syndrom hängt mit dem Komplex von Melancholie, Einverleibung und → Introjektion zusammen. Siehe auch die Faszination der Farbe Schwarz (→ Farbfetischismus) und der Trauerkleidung (→ Kleidungsfetischismus). Vgl.: Adhärenzfetischismus.

Trauung, nach deutschem Eherecht die juristisch verbindliche Form der Eheschließung. Eine kirchliche Trauung mag für die Ehegatten eine zusätzliche Form der Solennisierung darstellen, nach dem Zivilrecht ist sie weder erforderlich, noch hat sie rechtlichen Status. Die T. findet vor dem Standesamt statt, einer selbständigen Behörde, die in den Städten dem Oberbürgermeister und in den Dörfern dem Bürgermeister unterstellt ist. Nach § 15 EheG kann nur das Standesamt der Gemeinde, in dem einer der Verlobten seinen Wohnsitz oder Aufenthalt hat, die T. vornehmen. Aus triftigen Gründen kann der örtliche Standesbeamte jedoch die Erlaubnis geben, ein anderes Standesamt (zum Beispiel am Wohnort der Eltern) zu benutzen. Der T. durch den Standesbeamten soll ein → Aufgebot vorausgehen. Dem Antrag auf Bestellung des Aufgebotes sind beizufügen: die Geburtsurkunden der Verlobten und beglaubigte Abschriften der Familienbücher oder Auszüge daraus. Sind sämtliche Unterlagen beigebracht, so erläßt der Standesbeamte das Aufgebot. Es wird ein bis drei (meist zwei) Wochen in einem Kasten des Standesamts ausgehängt, so daß dritten Personen die Möglichkeit gegeben wird, gegen die beabsichtigte → Eheschließung Verwahrung einzulegen, falls sie von → Ehehindernissen Kenntnis haben. Legt niemand Verwahrung ein, so kann der Standesbeamte zur T. schreiten. Er fragt die Verlobten, ob sie einander heiraten wollen, und wenn sie dies bejahren, erklärt er sie zu rechtmäßig verbundenen Eheleuten, händigt ihnen eine Heiratsurkunde aus und trägt die Eheschließung in das Familienbuch ein. Die Eheleute unterschreiben ein Protokoll, das die T. registriert. → Aufgebot, Ausstattung, Ehe, Flitterwochen, Hochzeit, Hochzeitsreise, Mitgift, Partnerwahl, Verlobung.

Tribade [gr.: tribein = reiben], der klassische Ausdruck für homosexuelle Frauen. Der Begriff stammt vom gegenseitigen Reiben der Geschlechtsteile, entweder mit den Händen oder durch direkte Berührung der Genitalien. Die Römer haben den Begriff wörtlich ins Lateinische verpflanzt: *frictrix* = Reiberin, wovon das französische *fricatrice* und entsprechende Ausdrücke in allen romanischen Sprachen abstammen. Vgl.: Amor lesbicus, Bona Dea, Fricatrice, weibliche Homosexualität, Lesbizismus, Sapphismus.

Trieb, ein umstrittener Terminus, der sich nicht völlig mit dem Begriff »Instinkt« deckt. Es gibt zahllose, einander widersprechende Trieblehren. Sigmund Freud (1856–1939) betrachtete den Sexualtrieb nicht als ein einziges, in der Paarung kulminierendes und nur durch die Genitalien wirkendes Phänomen, sondern als Aktivität zahlreicher, vielfachen organischen Quellen entstammender → Partialtriebe, die sich zunächst unabhängig voneinander und von den Genitalien betätigen und erst in der Pubertät zu einer Synthese kommen. Das Ziel, das jeder von ihnen einzeln anstrebt, ist die Erreichung der → Organlust. Erst nach vollzogener Synthese treten sie in den Dienst der Genitalien und helfen damit, den Akt der Fortpflanzung reizvoll zu gestalten. Für die Psychoanalyse ist also weder das *Ziel* des Triebs noch dessen *Objekt,* sondern vor allem sein *Ursprung* wichtig. Denn das Ziel ist immer das gleiche: Befriedigung. Und das Objekt ist variabel: Es ist nicht ursprünglich mit ihm verknüpft, sondern ihm nur infolge seiner Eignung zur Befriedigungsmöglichkeit zugeordnet. Es braucht kein fremder Gegenstand zu sein, sondern ist oft ein Teil des eigenen Körpers und kann im Laufe der Wirksamkeit des Triebes beliebig oft gewechselt werden. Gerade dieser Verschiebung des Triebes fallen die bedeutsamsten Rollen zu. Dasselbe Objekt kann gleichzeitig mehreren Trieben zur Befriedigung dienen – nach Alfred Adler der Fall der *Triebverschränkung.* Eine besonders innige Bindung des Triebes an das Objekt wird als *Fixierung* desselben hervorgehoben. Sie vollzieht sich oft in sehr frühen Perioden der Triebentwicklung und bereitet der Beweglichkeit des Triebes ein Ende, indem sie der Lösung intensiv widerstrebt. Alle → Perversionen sind Fixierungen der Triebe auf eine der infantilen Phasen, und zwar auf ein bestimmtes Objekt, das für diese Phase (zum Beispiel die anale oder orale) kennzeichnend ist. Ist ein Mann beispielsweise auf → Pedicatio (Afterverkehr) fixiert, so mag das wie eine Form der analen *Objektwahl* aussehen, ist aber in Wahrheit nur ein Indiz des analen *Vorsprungs* der Objektwahl. → Geschlechtstrieb.

Triebabweichungen → sexuelle Abweichungen, Kompensationsabweichungen, Konjunktionsabweichungen.

Triebhemmung → Hemmung.

Triebobjekt → Objekt, Sexualobjekt.

Triebquelle → Sexualquelle.

Triebstörungen → sexuelle Abirrungen, sexuelle Abweichungen, sexuelle Idiosynkrasien, Normalität, Paraphilie, Parerosie, Parhedonie, Perversion, Perversität, Picazismus, Psychopathia sexualis, Zurechnungsfähigkeit.

Triebverbrechen, ein unpräziser, laienhafter Begriff, der für sexuelle Delikte aller Art benutzt wird. → Sexualverbrechen, Sittlichkeitsverbrechen, Zurechnungsfähigkeit.

Triebziel → Sexualziel.

Triolismus, Geschlechtsverkehr zu dritt (zwei Frauen und ein Mann oder zwei Männer und eine Frau), eine der häufigsten Situationen in der erotischen Romanwelt. In der sexualwissenschaftlichen Literatur dagegen gibt es so gut wie nichts von Wert über dieses Thema. Dieser Widerspruch macht stutzig. Von sämtlichen unkonventionellen Sexualpraktiken ist der T. diejenige, über die am wenigsten Forschungsmaterial vorliegt. Entweder ist er so häufig, daß die Sexualwissenschaftler ihn nicht für erforschenswert halten (dann sollte man aber auch nichts über den normalen Geschlechtsverkehr zu zweit schreiben), oder er ist so selten, daß die Ärzte kein klinisches Material aus eigener Erfahrung mitteilen konnten (dann sollte das gleiche aber auch für wirklich seltene Fälle, z. B. Nekrophilie, Menophagie oder Dendrophilie, gelten). Oder endlich liegt die Erklärung, daß T. so selten in der Praxis des Psychoanalytikers, Sexualmediziners oder Psychiaters auftaucht, darin, daß der T. keine Perversion ist und deshalb keine gesundheitlichen Folgen hat; der Triolist hat keinen Grund, den Arzt aufzusuchen, weil

er gesund ist.
Im Gegensatz zu den Ansichten mancher Psychoanalytiker ist es wahrscheinlich, daß die homosexuelle Komponente des Menschen auch im Reifungsprozeß, also bei der Zusammenfassung der Partialtriebe unter dem Primat der Genitalität, bestehen bleibt. Wenn das so ist, kann es auch nicht überraschen, daß viele Menschen ihre sexuelle Erfüllung nur in einer Liebe finden können, die ihnen gleichzeitig hetero- und homosexuelle Befriedigung liefert. Solche »Ehen zu dritt« sind seit Anfang der Kulturgesellschaft geführt worden. In den alten mutterrechtlichen Gesellschaften bestand das Trio meist aus zwei Männern und einer Frau, in den vaterrechtlichen Gesellschaften unserer Zeit sind es dagegen meist zwei Frauen und ein Mann.
Der Wendepunkt fand im Babylon des Hammurabi statt, wo die sogenannte Tempelprostitution, eine mutterrechtliche Institution, noch bestand, wo die Ehen zu dritt sich jedoch bereits aus zwei Frauen und einem Mann zusammensetzten. Die Priesterinnen, die in diesen Tempeln als Medium dienten, um die Verbindung mit den Göttern herzustellen (→ Tempelprostitution), mußten sterilisiert werden, damit sie ihren Dienst nicht durch Schwangerschaften zu unterbrechen brauchten. Da sie aber nach den Gesetzen des Hammurabi heiraten durften, erwuchs das Problem, wie eine solche Ehe mit einer ehemaligen Priesterin Nachwuchs erzeugen konnte. Hier hatte der Gesetzgeber eine Zweitfrau vorgesehen, deren Aufgabe jedoch nicht nur im Kindergebären lag, sondern vor allem in der Vertiefung und Erweiterung der Ehe, wie sie einer Priesterin würdig war. Es wurde also im sexuellen wie im rechtlichen Sinne eine Ehe zu dritt.
Das Alte Testament gibt uns zahlreiche Beweise, daß auch bei den Juden die Ehe zu dritt gang und gäbe war, wenn die Ehefrau sich als unfruchtbar erwies. Dann oblag es meist der Frau und nicht dem Mann, die zweite Frau zu finden und in die Sexualpraktiken des Ehepaars einzuführen. Vielleicht war es gerade das biblische Erbe, das Sigmund Freud, der sich so sehr gegen dieses Erbe wehrte (vor allem in *Die Zukunft einer Illusion,* 1927, und *Der Mann Moses und die monotheistische Religion,* 1937–1939), dazu bewogen hat, diesen Aspekt der jüdischen Geschichte immer wieder als verkappte Homosexualität abzutun. Denn für Freud waren alle Formen des T. homosexuell. Die Frau, die in Gegenwart oder unter Mitwirkung ihres Ehemannes mit einer anderen Frau verkehrt, ist nach Freuds Ansicht lesbisch, denn sie benutzt den Mann nur als Alibi, nicht als Sexualpartner oder Liebesob-

jekt. Selbst wenn die Frau in Gegenwart der anderen Frau mit ihrem Manne koitiert, deutet Freud den Tatbestand immer noch als lesbisch aus, da die wirkliche Befriedigung aus der exhibitionistischen Beziehung zur zuschauenden zweiten Frau erwachse. Ebenso bezeichnet er ein Trio, das aus zwei Männern und einer Frau besteht, selbst dann als homosexuell, wenn nur einer der Männer koitiert, und zwar mit der Frau, nicht mit dem anderen Mann. Denn er betrachtet den anderen Mann als das eigentliche Liebesobjekt des ersten und die Frau nur als eine Art Onanierwerkzeug. Freud geht sogar so weit, die dritte Person, die in jedem gegebenen Trio als einzige ihres Geschlechts anwesend ist, stets als latent homosexuell zu definieren, da der gleichgeschlechtliche Verkehr der beiden anderen Partner ein Surrogat für den abwesenden Partner ihres eigenen Geschlechts darstelle.

All das mag wahr sein, aber doch nur in dem begrenzten Maß, als homosexuelle Elemente in jedem heterosexuellen Menschen verborgen liegen. Von entscheidender Bedeutung ist die Stärke der heterosexuellen Komponente. Solange die homosexuelle Tendenz, die Freud hier zu entdecken glaubt, nur symbolischen Wert hat, ist sie klinisch unbedeutend.

Daß das Interesse des Mannes am Geschlechtsverkehr mit oder zwischen zwei Frauen ein nahezu archaisches Phänomen ist, geht aus der erotischen Literatur des Abend- und Morgenlandes mit außerordentlicher Einstimmigkeit hervor. Auch in den von Frauen verfaßten erotischen Werken taucht das entsprechende Motiv des Verkehrs einer Frau mit zwei Männern außerordentlich oft auf. Ist verkappte Homosexualität wirklich das Motiv dieses Triebes, dann muß verkappte Homosexualität einen weit größeren Platz in der Sexualität des Menschen einnehmen, als selbst Freud vermutet hatte. Die Motive, die aus den erotischen Werken sprechen, lassen allerdings andere Vermutungen zu. Und zwar sieht das vom Standpunkt der männlichen Autoren so aus:

1. Wenn eine Frau reizvoll ist, dann sind zwei Frauen um so reizvoller. Bei drei dagegen verliert man den Überblick.

2. Für den Autor erotischer Werke war die aktive Frau stets interessanter als die passive, die sich hingebende Frau. Das Sexualideal solcher Autoren war stets die leidenschaftliche, neugierige, sexuell experimentierende Frau, die alle Möglichkeiten des Geschlechtsverkehrs am eigenen Leibe ausprobieren will. Eine solche Frau will aber unter anderem auch wissen, wie man mit einer anderen Frau verkehrt und wie man das mit dieser Frau *und* einem Mann tut.

3. Heterosexuelle Männer haben das Schauspiel zweier miteinander verkehrender Frauen stets reizvoller als das zweier Männer oder eines gemischten Paares gefunden. Wenn es eine voyeuristische Komponente beim T. gibt, dann ist diese ganz sicher auf den homosexuellen Verkehr des *anderen* Geschlechts gerichtet.
4. Für den westlichen Autor erotischer Schriften war das Durchbrechen eines Tabus stets ein größerer Reiz als die tabuisierte Sexualtätigkeit als solche. An der erotischen Literatur des T. ist deshalb vor allem die Zerstörung der Scham von besonderem Interesse. Daß sich eine Frau in Gegenwart ihres Geliebten auszieht, stellt eine kaum mehr als selbstverständliche Aufhebung der Scham dar. Daß sich zwei Frauen aber gleichzeitig in Gegenwart eines Mannes ausziehen, ist eine viel schwerwiegendere Verletzung der gesellschaftlichen Tabus und stellt deshalb ein viel größeres Opfer dar, das die Frauen dem Mann bringen. Seine Dankbarkeit steigert die Liebe, die er beiden Frauen gegenüber empfindet.
5. Das Bild der zwei Frauen, die nackt nebeneinander liegen, Arm an Arm, Kopf an Kopf, Brust an Brust, Leib an Leib, ist eines der tiefsten Schlüsselbilder der männlichen Wunschwelt, vielleicht der stärkste Schlüsselreiz, den es überhaupt in der Erotik des heterosexuellen Mannes gibt. Dieses Bild als einen verschlüsselten homosexuellen Wunsch zu interpretieren, würde zu der paradoxen Folgerung führen, daß die stärksten Reize der Heterosexualität homosexuell sind.

Es ist bezeichnend, daß die Wunschträume von Autorinnen erotischer Werke sich dem männlichen Geschlecht gegenüber genauso verhalten wie die der männlichen Autoren der Frau gegenüber. Auch hier tauchen die gleichen fünf Motive auf:

1. Zwei Männer sind besser als einer. Was zwei Männer miteinander tun, fasziniert die Frau. Drei Männer dagegen sind ihr langweilig.
2. Für die Autorin erotischer Werke ist der nicht dominierende, leidenschaftliche, unbegrenzt wißbegierige Mann stets das Ideal gewesen. Um alle Möglichkeiten des Geschlechtsverkehrs auszuschöpfen, muß er frei von Dominanzwünschen sein, muß sich der Frau oder einem anderen Mann auch hingeben können. Also stellt der T. auch hier das unausweichbare Ziel der Wunscherfüllung dar.
3. Frauen haben das Schauspiel zweier Männer stets reizvoller gefunden als das zweier Frauen oder das konventionelle Bild eines Mannes mit einer Frau. Auch bei der Frau richtet sich das voyeuristische Interesse also auf das *andere* Geschlecht. In der zweiten anwesenden Frau

sieht die heterosexuelle Autorin stets die Rivalin. Der zweite Mann dagegen wird bezeichnenderweise nicht als Rivale, sondern als additiver Reiz empfunden. Und auch hierin zeigt sich, im Widerspruch zu Freud, daß die Frau im Verkehr mit zwei Männern stets als heterosexuelles und nicht als homosexuelles Wesen fungiert.

4. Auch für die Autorin erotischer Werke zählt die Durchbrechung des Tabus als größter sexueller Reiz. Nicht der homosexuelle Verkehr zweier Männer als solcher interessiert sie, sondern die Tatsache, daß er in Gegenwart einer *Frau* stattfindet – also wiederum die heterosexuelle Komponente dieser bisexuellen Situation. Homosexualität ist nicht unkonventionell. Homosexualität ist einfach *anders,* ist eine andere *Konvention* und stellt damit kein *Durchbrechen* einer Konvention dar. Aber wenn zwei Männer in der Gegenwart einer Frau das tun, was sie sonst nur zu zweit tun, wird ein Tabu explosiv zerstört, und diese Zerstörung löst bei der zusehenden oder mitwirkenden Frau erotische Faszination aus.

5. Das Bild der zwei Männer, die nackt nebeneinander liegen, die Hand des einen Mannes auf dem Glied des anderen, ist das stärkste Wunschbild, das es in der Erotik der heterosexuellen Frau gibt. Dieses Bild als einen verkappten homosexuellen Wunsch der heterosexuellen Frau aufzufassen würde auch hier zu der widersinnigen Folgerung führen, daß die stärksten Reize der Heterosexualität homosexuell sind.

Friedrich Carl Forberg (1770–1848) hat Anfang des 19. Jahrhunderts eine umfassende Liste aller Koitalpositionen aus der Weltliteratur und -kunst zusammengestellt und dabei auch den T. nicht vergessen. Solchen Listen haftet stets die unfreiwillige Komik der schulmeisterlichen Pedanterie an. Man zögert deshalb, sie zu zitieren. Aber da die Literatur nun einmal so außerordentlich wenig über das Gebiet des T. enthält, wird man gezwungen, auch die Absurditäten heranzuziehen. Hier also die Forbergschen 15 Koitalpositionen des T.

1. Ein Partner übt den Koitus aus und wird gleichzeitig anal koitiert. »... Drei liegen im Bett: zwei tun's und zwei erleiden's. So sind's doch, scheint es mir, vier. – Ich irr mich: zählet doch der in der Mitte für zwei, er gibt den anderen die Rollen: er tut's und er erleidet's« (Ausonius, CXIX, nach Strabon).

2. Ein Partner übt den Analkoitus aus und wird seinerseits gleichzeitig anal koitiert.

3. Ein Partner übt den Mundkoitus (Fellatio) aus und wird gleichzeitig anal koitiert.

4. Ein Partner übt gleichzeitig Fellatio und Koitus aus.
5. Ein Partner übt gleichzeitig Fellatio und Analkoitus aus.
6. Ein Partner übt die Fellatio aus.
7. Ein Partner vollzieht den Cunnilingus und gleichzeitig den Koitus.
8. Ein Partner vollzieht den Cunnilingus und gleichzeitig an dem dritten Partner den Analkoitus.
9. Ein Partner übt zugleich Cunnilingus und Fellatio aus.
10. Ein Partner vollzieht den Cunnilingus und wird gleichzeitig anal koitiert.
11. Eine Partnerin übt die Fellatio aus und wird gleichzeitig koitiert.
12. Eine Partnerin übt die Fellatio aus und wird gleichzeitig anal koitiert.
13. Eine Partnerin übt die Fellatio aus, gleichzeitig wird an ihr der Cunnilingus vollzogen.
14. Eine Partnerin, die den Cunnilingus vollzieht, wird gleichzeitig koitiert.
15. Eine Partnerin, die den Cunnilingus vollzieht, wird gleichzeitig anal koitiert.

Obgleich T. als solcher nicht verboten ist, solange kein Minderjähriger teilnimmt, so geschah es bis zur Reform des StGB im Jahre 1975 doch immer wieder, daß der beteiligte Mann, niemals aber die beiden Frauen, angeklagt wurde; und zwar nicht etwa wegen Nötigung oder Notzucht, sondern wegen Kuppelei. Ein typischer Fall war der jenes Mannheimer Kaufmanns, der in Neustadt an der Weinstraße abgeurteilt wurde. Seine Verlobte hatte ihm vor der Hochzeit gebeichtet, daß sie bisexuell sei und sich manchmal ebenso in Frauen wie in Männer verliebt habe. Der Kaufmann sah hierin kein schwerwiegendes Ehehindernis und verbot seiner Frau auch nach der Hochzeit keine Begegnungen mit anderen Frauen. Ihre Korrespondenz mit einer dieser Frauen geriet jedoch durch einen Zufall in die Hände der Polizei und führte nun zu dem Absurdum, daß der Ehemann wegen »fortgesetzter schwerer Kuppelei« verurteilt wurde.

Die Unverantwortlichkeit einer solchen Rechtsprechung braucht allein schon deshalb nicht unterstrichen zu werden, weil selbst der Richter in diesem Strafprozeß darauf hinwies, daß die Kuppeleiparagraphen Rechtsprobleme aufwürfen, die »bei der Strafrechtsreform bedacht werden« müßten. Sowohl im neuen StGB der BR wie auch in dem neuen Strafgesetzbuch der DDR, das am 1. 7. 1968 in Kraft trat, sind deshalb die Kuppeleiparagraphen auch wohlweislich als Strafdelikte gestrichen worden. Strafbar ist in der DDR jetzt nur noch diejenige Kuppelei, die als Erwerbsquelle dient (Ausnutzung der Prostitution). Wo es keinen Verdienst gibt, liegt keine Kuppelei vor.

Nur bei Nötigung, Notzucht oder Mißbrauch von Kindern oder Abhängigen sollte auch bei uns T. strafbar sein. Niemand würde Einspruch gegen die Bestrafung eines Ehepaars (also beider Ehegatten, nicht nur des Ehemanns) erheben, wenn das Ehepaar die dritte Person, sei sie nun männlichen oder weiblichen Geschlechts, gezwungen hätte, Beischlaf zu dritt auszuüben, wie in dem folgenden Fall. Aber eigentümlicherweise sind hier die Behörden ebenso tolerant gewesen, wie sie im ersten Fall Intoleranz gezeigt haben. Es handelt sich um ein Ehepaar, das im September 1967 ein Mädchen im Auto mitnahm, um bei einem Picknick im Walde gemeinsam mit ihr zu verkehren. Während die Ehefrau mit dem Mädchen Zärtlichkeiten austauschte, saß der Ehemann angeblich mit einem geladenen Jagdgewehr daneben. Und während er danach mit dem Mädchen koitierte, hielt die Ehefrau angeblich das Gewehr im Anschlag. Obgleich hier eine Anzahl schwerer Vergehen vorzuliegen schien, sah der zuständige Amtsrichter vom Erlaß eines Haftbefehls ab und setzte das Ehepaar wieder auf freien Fuß.

Gewaltanwendung ist bei triolistischen Tätigkeiten übrigens äußerst selten. Schließen sich zwei bisexuelle Menschen mit einem Heterosexuellen zusammen, so tun sie dies aus Neigung. Die Probleme bei solchen Verbindungen sind jedoch stets die gleichen: Einmal ist es außerordentlich schwer für drei so veranlagte Menschen, einander zu finden. Für Homosexuelle, für Heterosexuelle, für Fetischisten aller Art, selbst für Sadisten und Masochisten gibt es Klubs, Lokale und andere Treffpunkte, um einander kennenzulernen. Aber für die harmloseste aller unkonventionellen Sexualpraktiken gibt es keine Kontaktmöglichkeit. In Zeitschriften und Zeitungen, die jede Woche oder jeden Monat Inserate von Homosexuellen und Sadomasochoisten enthalten, gibt es nur wenige triolistische Annoncen. Alle anderen sexuellen Minderheiten benutzen in solchen Inseraten ein besonderes Vokabular, das dem Uneingeweihten harmlos vorkommt, dem Eingeweihten aber genau klarmacht, was hier gesucht oder angeboten wird. Andere Pluralisten, z.B. Ehepaare, die ein anderes Ehepaar zum Partnertausch oder zum Verkehr zu viert suchen, füllen ganze Spalten solcher Zeitungen mit ihren Inseraten. Nur der Triolist bleibt ohne Kontaktmöglichkeit. Sodann unterliegt ein solches Trio immer der Gefahr, daß zwei sich aus

Eifersucht gegen den dritten wenden oder der dritte sich gegen die beiden anderen wendet. Solche Eifersüchteleien führen dann meist zu falschen Anklagen wegen Kuppelei, Nötigung oder Notzucht, und nur auf diese Weise kommen solche Fälle je zur Kenntnis der Polizei. → Adamsfeste, Enfants du Prado, Gruppensex, Hirschpark, Kandaulesismus, Kreisorgie, Love-in, Orgie, Partnertausch, Partouze, Petit Ermitage, Petite Société, Pluralismus, Polyerotismus, Rehane, Schauorgie, Strip-Poker, Swap Clubs, Swinger, Symplegma, Tetragamie.

Tripper → Gonorrhöe.

Trisexualität [lat.: tres = drei; sexus = Geschlecht], Dreigeschlechtlichkeit, ein von Rohleder geprägter Ausdruck, der mit gewisser Berechtigung darauf hinweist, daß in jedem Menschen außer der Zuneigung zum anderen Geschlecht (→ Heterosexualität) und der meist unterdrückten Neigung zum eigenen Geschlecht (→ Homosexualität) fast stets auch noch ein Rest kindlicher Selbstliebe (→ Autosexualität, Autoerotik, Narzißmus) steckt.

Tröster, volkstümlicher Ausdruck zur Bezeichnung eines künstlichen Penis, der zur Selbstbefriedigung der Frau oder zum lesbischen Geschlechtsverkehr dient. Vgl.: Selbstbefriedigungsinstrumente.

Troß, Trupp von → Marketenderinnen, → Landsknechtsweibern, Fuhrleuten und Verfemten, die den Rittern, Soldaten und Landsknechten des Mittelalters und der beginnenden Neuzeit in den Krieg folgten. Hieraus entwickelte sich ein kompliziertes Reglement der Prostitution. Der → Hurenweibel beaufsichtigte die Frauen und hielt sie zum Kochen, Waschen, Fegen und zur Krankenpflege an. Im Dreißigjährigen Krieg gingen die Pflichten des Hurenweibels an den → Profos über.

Trotzliebe, das Verlieben aus Trotz gegen die Eltern oder gegen einen Sexualpartner, von dem man abgelehnt worden ist. Man »straft« die Eltern oder den ehemaligen Liebhaber, indem man sich ausdrücklich in einen unwürdigen Partner verliebt. Die T. fungiert nach dem Rezept: »Geschieht meinen Eltern ganz recht, wenn mir die Hände erfrieren. Warum haben sie mir keine Handschuhe gekauft!« Vgl.: Distanzliebe, Doppelliebe, Schattenliebe.

Troubadours [von provenz.: trobar; frz.: trouver = finden], die fahrenden Sänger und Dichter des 12. und 13. Jahrhunderts in Südfrankreich, die teils unter maurischem Einfluß eine Anzahl revolutionärer neuer Formen der Poesie und Musik entwickelten: sirventescs (Dienstlieder), albas (Tagelieder), planhs (Klagelieder), tensons (musikalische Dialoge), pastoretas (Schäferlieder), dansas (Tanzlieder), baladas (Balladen) und vor allem cansôs, descorts, leys und sons d'amor (Liebeslieder). Die chromatische, hochornamentierte Melodieführung zeigte oft arabische Einflüsse. Die Verse hatten Maße und Reimschemata, die bis dahin in der westlichen Dichtung unbekannt waren. Wichtiger aber als all diese formellen Eigenschaften waren die Inhalte der Lieder. Als Einheit betrachtet, enthalten sie eine Auffassung der Liebe, die so weit von der bis dahin üblichen abwich, daß moderne Autoritäten, zum Beispiel Otto Rahn, Anders Nygren und Denis de Rougemont, zu der Ansicht gekommen sind, die Troubadours müßten weniger als Dichter denn als Apostel einer gnostischen Sekte betrachtet werden, deren Gedankengut sie in der verschlüsselten Form von Liebesliedern verbreiteten. Bis zum 11. Jahrhundert war die mittelalterliche Auffassung der Liebe, trotz aller Bekehrungsversuche der Kirche, grundsätzlich heidnisch, also hedonistisch. Mit den Troubadours der Languedoc aber begann ein Kult der unglücklichen Liebe, dessen latenter Masochismus der hedonistischen Tradition des Heidentums zutiefst widersprach. Der Gott der Liebe, von dem die Troubadours sangen, war weder der → Eros der Griechen noch der christliche Gott der → Nächstenliebe. *E d' amor mou castitaz,* sang der Toulouser Troubadour Guilhem Montanhagol: Aus der Liebe kommt die Keuschheit. Die Liebe der Troubadours war ein Ritus, das Ritual des Frauendienstes. Und dieser Dienst bedeutete Erniedrigung vor der auserwählten Dame. Alle Symptome der sexuellen Perversion, das gesamte Vokabular des Masochismus sprechen aus den Worten und Taten der Troubadours: das Tragen des Hemdes der Geliebten, das Sammeln ihrer Haare und Schamhaare, vor allem das Bestehen der Probenacht, in der der Mann nackt neben der nackten Geliebten liegen mußte, ohne sie zu berühren. Die Dynamik dieser Liebe war ihre Unerfüllbarkeit. Wie der → Fetischist den → Koitus als vulgär betrachtet, so betrachten die Troubadours die geschlechtliche Erfüllung als Verrat an der Liebe. Hier spricht die Stimme → Manis, des persischen Propheten, der das Fleisch als Werk des Satans ansah. Und aus dieser Wurzel erwuchs viel von der Liebesliteratur des Abendlands: Tristan und Isolde, Dante und Beatrice, Laura und Petrarca. Es ist deshalb auch nicht erstaunlich, daß Dichtung und Musik der Troubadours mit den → Albigenserkriegen zu Ende gingen. Denn dies waren die Kriege der Kirche gegen die → Katharer, und die Katharer waren die theologischen Väter der Troubadours. → Minne, Trouvères.

Trouvères [frz.: trouver = finden], die nordfranzösischen Minnesänger, die nach dem Ende der Albigenserkrieger zum Teil das geistige Erbe der → Troubadours antraten. Man kann die Dichtung der Trouvères als eine entkatharisierte Renaissance des provenzalischen Minneliedes auffassen. Die Form blieb, aber der gnostische Inhalt verschwand. Anfangs von fürstlichen Sängern wie Conon de Béthune und Thibaud IV. de Champagne entwickelt, ging die Tradition der Trouvères bald in bürgerliche Hände über und wurde vor allem von den in sogenannten Puys organisierten Gesellschaften gepflegt. Die revolutionären Formen und explosiven Inhalte der Troubadour-Lyrik erstarrten bald in Formalismus und gewannen erst wieder Leben in der deutschen → Minnelyrik und dem italienischen → Dolce Stil Nuovo.

Trülle, ein Strafkäfig für Sittlichkeitsdelikte, der bis zum 18. Jahrhundert in deutschsprachigen Ländern, vor allem in der Schweiz, verwendet wurde. Der Käfig bestand aus zwei runden Scheiben mit einem Durchmesser von weniger als einem Meter, die etwa zwei Meter voneinander entfernt auf zwei vertikalen Achsen saßen und außen mit Stäben zu einem Käfig verarbeitet waren. Stand der Delinquent darin, begann man den Käfig mit einem Zahnradgetriebe in Bewegung zu setzen. Sobald der Delinquent das Bewußtsein verlor, hörte man mit dem Drehen auf, kam er wieder zum Bewußtsein, fing man erneut an. Der Käfig wurde öffentlich auf dem Marktplatz oder am Pranger aufgebaut, und wenn man Frauen hineintat, zog man sie vorher halb aus. Eigentümlicherweise berichteten einige Zeugen, die die T. überlebt haben, daß die Erfahrung eher angenehm als peinigend gewesen sei. Experimentelle Versuche, dies zu überprüfen, haben gezeigt, daß es bei Männern tatsächlich zu Erektionen und Samenerguß kommt. (Amerikanische und russische Astronauten haben ähnliche Erfahrungen beim Herumwirbeln in Maschinen gemacht, die sie zur Raumfahrt ausbilden sollten.) Hier zeigt sich, daß bei der Strafe und den Strafmaßnahmen des Menschen offenbar stets ein bewußt oder unbewußt erotisches Streben mitspielt. → Auspeitschung, Bestrafung, Brandmarken, Bußdisziplin, Dippoldismus, Erziehersadismus, Erziehungsmasochismus, Folter, Gefängnis, Geißler, Geschlagenwerden, Gouvernantenwahn, Hinrichtungssadismus, republikanische Hochzeit, Peitsche, Postheoth Club, Prügelmaschine, Stock, Strafe, Strangulation, Tortur, Zuchthaus.

Trüllerin, ein altes österreichisches Synonym für Kupplerin. Vgl.: Alcahueta, Appareilleuse, Aufführdame, Blondinenlieferantin, Chaperonnière, Duegna, Einheimerin, Einstößerin, Maquerelle, Matrones, Verwerrin.

Tschukadn, Knabenfrau, eine westaustralische Insitution zur sexuellen Befriedigung homosexueller Männer. Vgl.: Achnutschik, Basir, Basm, Batscha, Berdache, Bote, Epanga, Galli, Homosexualität, Kedeschim, Knabenehe, Mujadores, Ovashengi, Päderastie, Puer sanctus, Pumea, Schupan, Tempelprostituion, ritueller Transvestitismus.

Tumeszenz [lat.: tumescere = anschwellen], die Gefäßerweiterung der Genitalien im Zustand der geschlechtlichen Erregung. Im weiteren Sinne auch das Anschwellen der psychischen Erregung und die krampfartigen Körperzustände, die den Geschlechtsverkehr bis zum Moment des → Orgasmus kennzeichnen. Mit dem Orgasmus beginnt die → Detumeszenz.

Bei der Frau entfaltet sich die Vulva, die Klitoris schwillt an, die großen Schamlippen schwellen ebenfalls an und entfalten sich, die kleinen Schamlippen schwellen an und verdunkeln ihren Farbton, der Scheideneingang neigt sich, die Vaginalwände stoßen ihr Sekret aus, der Gebärmutterhals öffnet sich halb, die Brüste versteifen sich, die Brustwarzen treten hervor, der Scheidenschließmuskel kontrahiert spastisch, die Körperhaltung verkrampft sich konkav, der Rücken rundet sich, die Oberschenkel spreizen sich, Arme und Beine winden sich um den Partner.

Beim Mann erigiert der Penis, der Hodensack schrumpft, die Urethraldrüsen stoßen ihr Destillat aus, die Körperhaltung verkrampft sich konvex. Bei beiden Geschlechtern kontrahieren Damm-, Becken- und Analschließmuskeln, der Musculus sphincter urethrae erhöht seine Spannung. Beide Körper beschreiben Vor- und Rückwärtsbewegungen und bei erfahrenen Liebhabern zirkuläre Bewegungen, Bewegungen von oben nach unten, von unten nach oben und von der einen zur anderen Seite. Diese Bewegungen kommen aus der Hüfte, den Knien und der Lendenwirbelsäule, vor allem aus dem Liebesmuskel (Iliopsoas). Die quergestreifte Muskulatur des ganzen Körpers zieht sich zusammen, der Speichelfluß nimmt zu, der Kopf schwingt hin und her, das Gesicht verkrampft sich, der Mund öffnet sich weit oder schließt sich krampfhaft, der Kehlkopf stößt unartikulierte Laute aus, die sich eher nach Schmerz als nach Lust anhören.

Beim Mann endet die T. plötzlich mit der → Ejakulation, bei der Frau klingt sie langsamer ab und verwandelt sich manchmal unmerklich in den Anfang einer neuen T., ohne daß die Detumeszenz klar zuerkennen war. Vgl.: Akme, Endlust, Klimax, Koitus.

Turgor und Tonus, Worte, die im Vokabular der Sexualwissenschaft sehr häufig auftauchen, weil sie das Phänomen der → Tumeszenz und → Detumeszenz beschreiben. Turgor [lat.] bedeutet Schwellung oder Druck; Tonus [lat.] Spannung.

Type olfactif [frz.: Geruchstyp], ein Mensch, der mehr auf Gerüche als auf die Eindrücke reagiert, die die anderen vier Sinne seinem Gehirn liefern. Moraglia beschreibt den Fall einer 18jährigen Geruchsfetischistin, die auf den Geruch von männlichem Urin fixiert war. Dieser übte auf sie eine so starke Wirkung aus, daß sie anfing zu masturbieren, wenn sie an öffentlichen Pissoirs vorbeiging. Sie setzte sich hierbei dem Risiko aus, festgenommen zu werden, was ihr auch mehrmals passierte. Zu Hause verschaffte sie sich dann von neuem den ersehnten Genuß, indem sie sich ein Fläschchen mit männlichem Urin unter die Nase hielt. Dieser Fall erinnert an die → Renifleurs und → Épongeurs, die sich in öffentlichen Bedürfnisanstalten aufhalten, um sich hier durch den Geruch des Harns oder der Fäzes des anderen Geschlechts sexuell zu erregen. → Achselhöhlenfetischismus, Geruchsfetischismus, Geruchssinn, Nachttopffetischismus, Nase, Nasenfetischismus, Nasenkuß, Osphresiolagnie, Parfumfetischismus, Perspirationsfetischismus, Schnupftabak, Schnupftuch, Zehenriecher.

Typenlehre → Konstitutionsforschung.

U

Übermalung von Bildern in Museen und Galerien und von Illustrationen in Büchern, fast stets eine Handlung mit sexuellem Motiv. Fast stets hofft der Täter auch, daß andere sein Werk sehen werden. Wie jeder »Künstler«, arbeitet er also nicht nur zu seinem eigenen Vergnügen, sondern auch zur Erbauung und Provokation anderer. Besonders häufig werden Aktbilder übermalt. Man kann hierbei, wie in einem psychologischen Test, sehr deutlich die geschmackliche und sexuelle Einstellung des »Künstlers« erkennen. Da gibt es die Frauenhasser, die alle weiblichen Figuren übermalen, als ob sie sie zu vernichten suchten. Sie bringen ihnen Schnitt- und Stichwunden bei, übermalen ihnen Brüste und Genitalien und verwandeln sie durch Bart oder Penis in einen Mann. Dann gibt es die Erotomanen, die jede Szene in einen Koitus verwandeln; die Onanisten, die jedes Bild zu einer Masturbationsszene machen; die Cypridophoben, die Angst vor jeder Form des Geschlechtsverkehrs haben und alle Geschlechtsteile – männliche und weibliche – übermalen; die Sadomasochisten, die Peitschen und ähnliche Instrumente in die Hände der Figuren zeichnen; die Fetischisten, die ihren Fetisch hineinzeichnen – Schaftstiefel, Hüte, Handschuhe, Korsetts usw. Die Ü. fällt also zu einem großen Teil in das Feld der erotischen Laienkunst, zu dem auch die Abortkritzeleien und → Graffiti zählen. Zum anderen Teil tritt hier die → Saliromanie, die Beschmutzungssucht, eine Form der analsadistischen Betätigung, auf. Endlich treffen wir hier auch den → Pseudolismus an, der dann die Form des graphischen Exhibitionismus annimmt. Der Wiener Maler Arnulf Rainer hat die Ü. gezielt und bewußt zu seiner eigenen Stilform erhoben.

Übermännchen, Männer mit einer Überzahl von Y-Chromosomen. Der normale Mann hat die Chromosomenformel XY, es gibt aber auch Männer mit den Chromosomenformeln XYY und XYYY, außerdem Menschen schwer definierbarer Geschlechtszugehörigkeit mit den Formeln XXYY, XXXYY, XXXY, XXXXY, XXY (»Klinefelter Syndrom«) und X0 (»Turner Syndrom«).

Überweibchen, Frauen mit einer Überzahl von X-Chromosomen. Die normale Frau besitzt davon zwei (XX), es gibt aber auch Frauen mit den Chromosomenformeln XXX, XXXX und XXXXX.

Überzieher → Kondom, Verhütungsmittel.

Ulcus durum [lat.: harter Schanker], das Primärzeichen der → Syphilis. Das leicht mit anderen Erkrankungen verwechselbare U.d. ist oval oder rund, rötlich oder rosa und schwankt von Linsengröße bis zum seltenen »Riesenschanker«. Im Entstehungsstadium ist das U.d. nicht zweifelsfrei als syphilitisch zu erkennen. Bereits im Wilhelminischen Reich wurde dem Arzt deshalb in diesem Stadium eine Spirochätenuntersuchung zur Pflicht gemacht. Das U.d. entsteht meist in der Einzahl, indessen sind oft auch mehrere harte Schanker vorhanden. Da die Ansteckung an allen Körperstellen erfolgen kann, sind harte Schanker an nahezu jedem Teil der Körperoberfläche bekannt. Nächst den Geschlechtsteilen ist insbesondere die Mundgegend Sitz der harten Schanker, sodann Hände und Finger. Auch an der Brustgegend werden nicht selten harte Schanker beobachtet. Bei der Frau sitzt das U.d. manchmal auch an der Harnröhrenmündung, dem Muttermund, dem Damm, dem Oberschenkel oder der Bauchhaut.

Ulcus mixtum [lat.: gemischter Schanker, frz.: chancre mixte], eine gleichzeitige Infektion mit weichem und hartem Schanker, oder mit weichem Schanker und späteren Formen der Syphilis. Dabei verbirgt sich die sich langsam entwickelnde Syphilis gleichsam unter dem rasch in Erscheinung tretenden weichen Schanker, doch liefert die Spirochätenuntersuchung den Nachweis, ob im gegebenen Falle auch eine syphilitische Infektion erfolgt ist. Es ist infolgedessen in jedem Falle von weichem Schanker nach einer solchen nicht seltenen Doppelinfektion zu fahnden. Die Streptobazillen dringen von dem Schanker aus in die Lymphbahnen und werden in den benachbarten Lymphdrüsen aufgehalten. Für den Genitalbereich sind dies die Lymphdrüsen der Leistenbeugen. Über diese Lymphdrüsen dringen sie dann nicht hinaus, wohl aber führen sie zu schmerzhafter Schwellung der Lymphdrüsen, die sehr oft in Vereiterung übergeht. Man nennt eine solche vergrößerte und vereiternde Lymphdrüse einen → Bubo. Auch die Lymphgefäße selbst zeigen mitunter Schwellung, Verhärtung und Entzündung; und kleine, an den Lymphgefäßen, zum Beispiel am Penis, liegende Lymphdrüsen können gleichfalls zum sogenannten → Bubonulus vereitern. → Ulcus durum, Ulcus molle, Syphilis.

Ulcus molle [lat.: weicher Schanker] ist eine eigenständige Geschlechtskrankheit und hat mit dem harten Schanker, dem ersten Stadium der Syphilis, nur den Namen gemeinsam. Der Erreger wurde von Ducrey entdeckt und als Streptobacillus ulceris mollis bezeichnet. Die Ansteckung mit U.m. erfolgt fast ausschließlich beim Geschlechtsverkehr. Findet eine Übertragung statt, so entwickeln sich an der betreffenden Stelle einer oder meist mehrere, unter Umständen viele U.m. Im Verlauf von zwei bis drei Tagen entsteht auf entzündeter Umgebung ein kleines hanfkorngroßes Bläschen, welches bald platzt und ein unregelmäßig gestaltetes, leicht blutendes Geschwür freilegt. Es nimmt an Größe zu, meist bis zur Größe eines Fingernagels; durch Zusammenfließen benachbarter Geschwüre entstehen geschwürige Flächen. Das völlig ausgebildete U.m. zeigt stark überhängende Ränder, unregelmäßige Begrenzung, höckerigen, maulbeerartigen, leicht blutenden Geschwürsgrund, oft schmierigen, leicht abwischbaren Belag. Außer diesem typischen U.m. gibt es noch seltenere Formen. Das *Ulcus molle elevatum* wird meist nur erbsengroß, zeigt wenig Zerfall und sitzt sockelartig auf einer erhöhten Basis. Das *Ulcus molle serpiginosum* ist eine besonders bösartige und langwierige Form des U.m. Die Geschwüre vergrößern sich immer mehr, kriechen schlangenartig weiter, oft so, daß sie auch große Teile von Bauch, Lenden und Rücken bedecken. Die Erkrankung dauert jahrelang und ist mit großen Schmerzen verbunden. Lokalisiert ist das U.m. meist an den Geschlechtsteilen. Ausnahmsweise kommt es aber auch infolge homosexuellen Verkehrs am After vor. Sind die Kranken nicht reinlich, so können sie sich das U.m. selber an andere Körperstellen übertragen, besonders auf die Fingerspitzen. Außerhalb des Genitalbereiches gelegene U.m. zeichnen sich durch besondere Schmerzhaftigkeit aus.

Ulcus molle miliare, ein weicher Schanker, der besonders die Frau befällt und sich vor allem an den großen Labien und der Umgebung des Anus ansiedelt. Statt wie beim gewöhnlichen Ulcus molle zu zerfallen, erhebt sich der Rand des U.m.m. in leicht wallartiger Form.

Ulcus vulvae acutum, eine pseudotuberkulöse Infektion der →Vulva, die sich durch kleine Pusteln äußert. Platzen die Pusteln, bilden sich Geschwüre, die oberflächliche Ähnlichkeit mit dem weichen Schanker (→ Ulcus molle) aufweisen. Das U.v.a. ist jedoch keine → Geschlechtskrankheit und wird nicht durch Geschlechtsverkehr übertragen. Es beginnt meist mit hohem Fieber und körperlicher Schwächung.

Ulcus vulvae chronicum, ein chronisches Geschwür der äußeren Genitalien der Frau, das zu elefantiastischen Veränderungen führen kann. Keine → Geschlechtskrankheit, sondern wahrscheinlich eine Form der Tuberkulose. Die Krankheit befällt Frauen nach der Pubertät, besonders Prostituierte, und ist ohne Heilungstendenz.

Undinismus, die Fetischisierung des Wassers, benannt nach der mythologischen Wasserjungfrau, die E.T.A. Hoffmann in seiner Oper *Undine* (Libretto von Fouqué) 1816 verewigt hat. Es gibt Menschen, bei denen

Schwimmbewegungen im Wasser Orgasmus auslösen. Die Psychoanalyse spricht hier von Mutterleibsphantasien. Ferenczi hat dieses Thema in *Thalassa, Versuch einer Genitaltheorie* (Leipzig 1924, Albany 1933) außerordentlich intelligent bearbeitet. Er glaubte, daß die »Wassersucht« eine Regression zum vorgeburtlichen Zustand des fötalen Lebens darstelle (→ Fruchtwasser). Vgl.: Bad, Fetischismus, Hauterotik, Verenenkult.

unehelich geboren ist ein Kind, dessen Mutter weder zur Zeit der Empfängnis noch zur Zeit der Geburt verheiratet ist. Hierbei ist es gesetzlich unwichtig, ob sie mit dem Vater des Kindes oder mit einem anderen Mann verheiratet war. Eine Witwe, die innerhalb von 302 Tagen nach dem Tode ihres Ehemannes ein Kind gebärt, hat die gleiche Stellung wie eine geschiedene Frau, die innerhalb von 302 Tagen nach erfolgter Scheidung gebärt. In beiden Fällen gilt das Kind als ehelich, gleichgültig, wer der Vater ist. Denn der Gesetzgeber geht von der Vermutung aus, daß eine Ehefrau in der gesetzlich festgelegten Empfängniszeit vom 181. bis zum 302. Tag vor der Geburt eines Kindes nur mit ihrem Ehemann geschlechtlich verkehrt hat. Der Standesbeamte hat die Pflicht, das Kind selbst dann als ehelich einzutragen, wenn ihm die Mutter sagt, daß ein anderer als der Ehemann Vater des Kindes sei. Der Mutter des unehelichen Kindes obliegt die Personensorge. Aber sie hat nicht all die gesetzlichen Rechte und Pflichten der Mutter eines ehelichen Kindes. Gemäß § 40 Abs. 1 des Jugendwohlfahrtsgesetzes wird das Jugendamt des Geburtsortes automatisch zum Vormund des Kindes. Damit übernimmt es in gewisser Hinsicht die Pflichten eines Vaters, nimmt der Mutter aber gleichzeitig auch gewisse Elternrechte ab. Hat die Mutter dem Standesamt den Namen des Vaters mitgeteilt und bestreitet dieser die Vaterschaft nicht, fordert das Jugendamt ihn nun auf, in notarieller Urkunde anzuerkennen, daß er der Erzeuger ist und sich verpflichtet, einen dem Stand der Mutter entsprechenden Betrag monatlich an sie zu zahlen. Die *Einkommensverhältnisse des Vaters haben also nichts mit der Höhe der → Alimentation zu tun. Nur die der Mutter sind maßgeblich.* Weigert sich der mutmaßliche Vater, das Kind anzuerkennen, so erhebt ein Beamter des Jugendamtes als Vertreter des Kindes beim Amtsgericht Klage gegen ihn. Verliert der mutmaßliche Vater den Prozeß, muß er zahlen. Er kann nicht mit der Mutter vereinbaren, ihr einen einmaligen Abfindungsbetrag zu zahlen, denn nicht sie, sondern das Jugendamt ist Vertreter des Kindes. Nur dieses, nicht die Mutter, kann einem Vergleich zustimmen. Gewinnt er den Prozeß, indem er Beweise erbringt, daß auch ein anderer Mann zur gesetzlich festgelegten Empfängniszeit mit der Mutter Verkehr gehabt hat oder daß es offenbar unmöglich war, daß die Mutter das Kind empfangen hat, weil etwa das Kind eine andere Blutgruppe hat, braucht er nicht zu zahlen. Es ist die Erfahrung aller Richter und Anwälte, die je mit Vaterschaftsprozessen zu tun gehabt haben, daß die Mutter eines unehelichen Kindes meist versucht, den wohlhabendsten von zwei oder mehreren Beischläfern als Zahlvater verurteilen zu lassen. Jeder Beischläfer kann aber die Einrede des Mehrverkehrs *(exceptio plurium* = Einrede mehrerer Beischläfer*)* erheben. Akzeptiert der Richter die Einrede, verliert die Mutter ihren Alimentationsanspruch.

Wie die im Jahre 1966 abgeschlossene Frauen-Enquête der BR ergab, wurden bereits im Jahre 1961 vierzig Prozent aller Erstkinder in der BR unehelich gezeugt. Seitdem sind diese Zahlen stetig gestiegen. Obgleich für das Jahr 1978 noch keine offiziellen Zahlen vorliegen, steht zu erwarten, daß jetzt zum erstenmal mehr als die Hälfte aller Erstkinder unehelich sind. Man kann beim Status der Unehelichkeit also nicht mehr von einem abnormen Zustand und bei dem der Ehelichkeit von dem der Normalität sprechen. Im Gegenteil, die Tendenz geht darauf zu, daß zumindest bei Erstkindern die uneheliche Geburt die Norm und die eheliche Geburt die Ausnahme darstellt. Seit 1966 gibt es deshalb auch einen »Verband lediger Mütter e. V.«, der sich für die gesetzliche Gleichstellung ehelicher und unehelicher Kinder und gegen die Benachteiligung unverheirateter Mütter einsetzt. 1968 gründeten »ledige Väter« als Antwort hierauf den »Verband der Unterhaltspflichtigen für unehelich geborene Kinder in der Bundesrepublik e. V.«. Daß nicht nur unverantwortliche Eltern uneheliche Kinder zeugen, geht aus der Vielzahl unehelicher Nachkommen bedeutender Männer und Frauen hervor. Goethe heiratete nach 19jähriger Gemeinschaft die Mutter seines 17jährigen Sohnes. → Alimentaion, Erbrecht, Kinder als Ehetherapie, Legitimation, Sorgerecht.

Unfruchtbarkeit → Infertilität, Kinderlosigkeit.

Uniformfetischismus, die Fixierung der Libido auf militärische oder andere Uniformen. Häufiger bei Frauen als bei Männern. Bei den letzteren dagegen oft unter Homosexuellen und Masochisten. Die Uniform liegt dem Soldaten und Offizier eng an und kann, was auch Moll betont, schon durch das deutlichere Hervortreten der Körperformen einen sexuell erregenden Einfluß ausüben. Und dann, worauf J. A. Symonds hinweist, »werden Soldaten auf Grund ihrer kräftigen Körperbeschaffenheit für den Dienst ausgesucht, durch den Drill gut entwickelt, haben eine gute Haltung und fallen durch ihre Uniform, die ihre Körperformen hervorhebt, günstig auf«. Dazu kommt, daß die Militäruniform seit jeher viel buntere und auffallendere Farben aufwies als die Kleidung anderer uniformierter Klassen, wenn auch die letzten Reste des »bunten Kriegskleides« (Endres nennt es ein »grelles Hochzeitskleid«) dem Ersten Weltkrieg zum Opfer gefallen sind und an die Stelle der Prachtuniform die Zweckuniform getreten ist. Als die Uniform noch dominierte, konnte der Uniformfetischismus einen solchen Grad erreichen, daß die Zuneigung mancher Frauen sich in Abneigung veränderte, wenn der Mann, in den sie sich verliebten, als er Soldat war, eines Tages in Zivil erschien. Aspekte des U. treten auch im → Schuhfetischismus und im → Lederfetischismus auf, besonders in der Faszination von Reitstiefeln und Ledergamaschen. Vgl.: Fetischismus.

unilinear [lat.: uno = eins; linea = Linie], einlinig; gesagt von einem → Deszendenzsystem, das die Abstammung des einzelnen nicht von beiden Eltern, sondern nur von einem der Elternteile und dessen Vorfahren in gleicher Linie ableitet, z. B. → matrilineare Deszendenz, die nur die mütterliche Linie bis zur Urmutter verfolgt, oder → patrilineare Abstammung, die nur den Vater, den Vater des Vaters und den Vater des väterlichen Großvaters als »echte« Vorfahren registriert.

Unisex [lat.: uno = eins; sexus = Geschlecht], die Mode einer einheitlichen Kleidung für Mann und Frau, Mädchen und Knaben. Wo immer U.-Kleidung auftaucht, finden wir ein gutes, weitgehend entspanntes Verhältnis der Geschlechter zueinander. Moderichtungen, die den unterschiedlichen Körperbau von Frau und Mann unterstreichen oder die Geschlechtsorgane und Geschlechtsmerkmale enthüllen oder akzentuieren, tauchen dagegen meist in Gesellschaftsordnungen mit starken Spannungen zwischen den Geschlechtern auf. Auch gibt es eine klare Beziehung zwischen sexueller und sozialer Polarisierung, die sich in der Mode niederschlägt. Sozial hochpolarisierte Gesellschaftsordnungen mit streng hierarchischer Gliederung besitzen fast stets auch hoch polarisierte Sexualsysteme mit einem starken hierarchischen Gefälle zwischen den Geschlechtern. Das schlägt sich dann seinerseits in einer Mode nieder, die den Status des dominierenden und des dominierten Geschlechts unterstreichen soll. → Kleidung, Kleidungsfetischismus, Polarisierung.

Unlustreaktion, die Verwandlung eines Lustmangels in Aggression, Wut, Angst, Schmerz oder Flucht. Der Großteil aller aggressiven Stellungnahmen zu sexuellen Praktiken ist das Resultat der eigenen Lustunfähigkeit. Die U. läßt sich etwa in den Worten beschreiben: »Wenn ich nicht an dem Spaß haben kann, was jemand anders Spaß macht, dann werde ich ihm den Spaß schon verderben!« In diese Kategorie fällt die Aggression des Heterosexuellen gegen den Homosexuellen, des Mukkers gegen die Sexualität, des Asketen gegen die Geschlechtsfreude, des Zensors gegen den Künstler, des Jugendschutzes gegen die Jugendsexualität. Andererseits kann die U. auch in Schmerz oder Angst resultieren, und in diese zweite Kategorie fallen fast alle Formen der psychischen → Impotenz und → Frigidität. Vgl.: Abstinenz, Askese, Cypridophobie, Deflorationsphobie, Ekel, Genitalangst, Horror sexualis partialis, Hymenismus, psychische Impotenz, Impotenzangst, Kastrationsangst, Keuschheit, Koitusangst, Liebeshaß, Paradoxia sexualis, Repulsionskräfte, Scham, Sexualhypochondrie, Vaginismus, Venereophobie.

Unterhaltspflicht, die Verpflichtung von Ehegatten und Verwandten, einander und ihre Kinder finanziell zu unterstützen. Wer sich einer gesetzlichen U. entzieht, so daß der Lebensbedarf der Unterhaltsberechtigten gefährdet ist oder die Hilfe anderer gefährdet wäre, wird gem. § 170b StGB mit Freiheitsentzug bis zu drei Jahren bestraft. Vgl.: Alimentaion, Eherecht: eheliche Unterhaltspflicht.

Uranismus, ein von Carl Heinrich Ulrichs (1825–1895) geprägter Ausdruck, der die männliche → Homosexualität bezeichnen soll. Uranos, der älteste aller griechischen Götter, zeugte seine Tochter Urania ohne Mithilfe einer Frau. Ulrichs wollte also die symbolische Zeugungskraft des Mannes bezeichnen, als er die Homosexualität Uranismus nannte.

Urethralerotik [gr.: urethra = Harnröhre; eros = Liebe], Harnliebe, Harntriebhaftigkeit. Wilhelm Reich (1897–1957) sagt: »Die Schleimhaut der Urethra, der Harnröhre, ist eine erogene Zone, d. h. sie ist befähigt, sexuelle Lustgefühle zu produzieren. Diese Lustgefühle begleiten den Akt des Urinierens. Die Urethralerotik spielt in der Kindheit eine große Rolle, was sich an dem großen Interesse des Kindes am Akt des Urinierens zeigt. Es bestehen enge Beziehungen zwischen der Urethralerotik und der sich später entwickelnden Genitalerotik. Genitale Erregungen haben in der Kindheit eine Miterregung des Harnapparates zur Folge und verursachen so gelegentlich unfreiwilligen Harnverlust. Auch das Bettnässen der Kinder basiert regelmäßig auf urethralen Erregungen, die durch sexuelle Phantasien entstanden sind.« → Épongeur, Harnorgasmus, Harntriebhaftigkeit, Nachttopffetischismus, Nachttopfsklave, Renifleur, Selbstkatheterisierung, Soupeur, Tabouret de verre, Urolagnie, Urolalie, Urophagie, Urophilie, Uropotie.

Urethralphase → Harntriebhaftigkeit, Urethralerotik.

Urethrorrhoea ex libidine → Destillatio, Urorrhoea libidinosa.

Urinfetischismus → Épongeur, Harntriebhaftigkeit, Nachttopffetischismus, Nachttopfsklave, Renifleur, Soupeur, Tabouret de verre, Urethralerotik, Urophagie, Urophilie, Uropotie.

Urintrinken → Urophagie, Uropotie.

Urninde ein von Ulrichs geprägtes Synonym für Lesbierin oder → Tribade.

Urning, homosexueller Mann. Das Wort stammt von dem Juristen Carl Heinrich Ulrichs (1825–1895), der unter dem Pseudonym »Numa Numantius« die ersten wichtigen Arbeiten über die Homosexualität in der Geschichte der Sexualwissenschaft veröffentlichte. Er leitete es von der Aphrodite Urania ab und stellte es in Gegensatz zu dem Wort *Dioning,* dem heterosexuellen Mann, das er von der Aphrodite Dionaia ableitete. Ulrichs vertrat die Ansicht, die heute wieder von dem Konstitutionsforscher Dr. Willhart S. Schlegel mit neuem Beweismaterial versehen worden ist, daß Homosexualität angeboren ist. Diese Ansicht steht in Widerspruch zu der der Psychoanalytiker und Sozialpsychologen. Die Meinungen der Endokrinologen sind geteilt.

Urolagnie [gr.: uron = Harn; lagneia = Lust], Harnlust, das Auftreten von Lustgefühlen beim Urinieren. → Harnorgasmus, Harntriebhaftigkeit, Urethralerotik, Urophilie, Vgl.: Koprolagnie.

Urolalie [gr.: uron = Harn; lalia = Geplauder], das triebhafte, kompulsive Aussprechen von Worten aus dem Harnbereich, meist mit der verborgenen Komponente der Selbsterniedrigung (→ Masochismus) oder der Beschimpfung (→ Sadismus). Vgl.: Abortkritzler, Besudelungstrieb, Inquinationstrieb, Koprolalie, Mysophilie, Pornolalie, Saliromanie, Skatophilie, Wortmasochismus, Wortsadismus.

Urophagie [gr.: uron = Harn; phagein = essen], »Urinessen«, ein falsch gebildeter Neogräzismus, der das kompulsive, unwiderstehliche Urintrinken des sexuellen Urophilen beschreiben soll. Der korrekte Ausdruck ist → Uropotie. Vgl.: Épongeur, Harntriebhaftigkeit, Nachttopffetischismus, Nachttopfsklave, Renifleur, Soupeur, Tabouret de verre, Urolagnie, Urolalie, Urophilie.

Urophilie [gr.: uron = Harn; philia = Freundschaft, Liebe], Harnliebe, Harnfetischismus, eine sexuelle Triebabweichung, die auf die harnerotische Entwicklungsphase des Kindes zurückgeht (→ Harntriebhaftigkeit, Urethralerotik). Der Urophile sammelt den Urin anderer Menschen in Fläschchen, etikettiert diese sorgfältig mit Datum, Ort und Personenbeschreibung, betreibt mit diesen Fläschchen eine Art Haremskult, öffnet sie, reibt sich Penis oder Klitoris beim Onanieren damit ein, ernennt manche Flaschen zu seinen Lieblingen oder setzt sie wieder ab, als ob er Herrscher über ein Reich lebender Wesen sei.

Die U. beginnt meist als eine vage Form der Harntriebhaftigkeit, also als eine besondere sexuelle Faszination für den Urin und das Urinieren. Anfangs besteht oft noch ein starkes Interesse an dem Individuum, das den Urin ausscheidet, meist einer Person des anderen Geschlechts. (Es gibt aber auch homosexuelle Urophilie, die sich nur für den Urin eines Menschen des eigenen Geschlechts interessiert.) Im Frühstadium der U. versucht der Patient sich deshalb oft in öffentliche Bedürfnisanstalten einzuschleichen, um Frauen beim Urinieren zu beobachten. In Bordellen gibt es für solche Menschen sogenannte tabourets de verre, gläserne Klosetts, die erhöht stehen, so daß der Kunde unter dem Instrument liegen kann, um die Prostituierte beim Urinieren zu beobachten. Im späteren Stadium der Krankheit wird der Urin immer mehr zum eigentlichen Lustobjekt. Das Interesse des Patienten verschiebt sich von der Person, die den Urin ausscheidet, auf den Urin selber, bis am Ende der Urin personifiziert und von dem Patienten als Fetisch, als selbständiger Lustbringer behandelt wird. → Épongeur, Exkrementophilie, Harnorgasmus, Harntriebhaftigkeit, Nachttopffetischismus, Nachttopfsklave, Renifleur, Sekretionsfetischismus, Soupeur, Urethralerotik, Urolagnie, Uropotie, Urophagie. Vgl.: Abortfetischismus, Analerotik, Gesäßerotik, Klistieromanie, Koprolagnie, Koprophagie, Koprophilie, Kotschmierer, Natesfetischismus, Proctolagnie, Skatophagie, Skatophilie, Stercoraire.

Uropotie [gr.: uron = Harn; potos = Trinken], Urintrinken, eine Zwangshandlung, die dem Patienten außerordentliches Vergnügen bereitet und deshalb jeder »Therapie« gegenüber hartnäckig ist. Wulffen hat bereits 1894 die ersten Fälle registriert. Diese Menschen lauern in öffentlichen Bedürfnisanstalten und trinken den Urin aus mitgebrachten Gefäßen oder saugen ihn mit Schwämmchen auf, um diese dann auszusaugen (→ Épongeurs). Die U. ist eine Form der → Harntriebhaftigkeit und geht auf die Lustgefühle der Kindheit zurück (→ Windelfetischismus). Es gibt aber auch eine rein masochistische Form der U., bei der der Patient nicht am Urin selber, sondern nur an der Selbsterniedrigung des Urintrinkens Gefallen findet. → Nachttopffetischismus, Renifleur, Soupeur, Tabouret de verre, Urolagnie, Urolalie.

Urorrhoea libidinosa [gr.: urethra = Harnröhre; rhoia = Ausfluß; lat.: libido = Begierde], »Wollusttropfen«, Destillatio, wasserklare, geruchlose, fadenziehende Flüssigkeit, die bei sexueller Erregung des Mannes aus seiner Harnröhre hervordringt, ein Produkt der Cowperschen Drüsen. Wird von manchen Jugendlichen und auch von älteren Hypochondern oft als Tagespollution oder als Anzeichen einer Geschlechtskrankheit mißverstanden. Ein völlig normales Phänomen, das keinen Grund zu Befürchtungen gibt. Im Zweifelsfalle ist mikroskopische Untersuchung indiziert. Das weibliche Gegenstück ist → Vaginorrhoea libidinosa.

Urszene, ein Begriff von Sigmund Freud, der im Laufe seines Lebens verschiedene Bedeutungen angenommen hat. Das Wort taucht zum erstenmal in einer Notiz aus dem Jahre 1897 auf (nachgedruckt in *Aus den Anfängen der Psychoanalyse 1887–1902,* S. Fischer Verlag, Frankfurt am Main 1962, S. 170) und bezeichnet dort jene frühkindlichen Erfahrungen, sowohl eingebildete wie erlebte, die im späteren Leben zu unbewußten, aber zwingenden Motiven des Verhaltens werden. Das auslösende frühkindliche Erlebnis gerät dabei »in Vergessenheit«, ist in Wahrheit aber nur verdrängt worden und wirkt deshalb um so nachhaltiger im unterschwelligen Bereich der Psyche. Von Zeit zu Zeit überrascht es den Betroffenen, indem es Gedanken oder Taten (aber auch Ängste oder Krankheiten) erzeugt, deren Gründe ihm verborgen bleiben.

In späteren Schriften hat Freud die Urszene mit dem Geschlechtsverkehr der Eltern assoziiert. Einerlei ob das Kind den elterlichen Koitus beobachtet oder ihn nur vermutet und seine eigenen Fantasien daran knüpft, stets hinterläßt diese Szene, nach Freud, unausrottbare Spuren im späteren Leben. Da, nach Freud, der Vater meist auf der Mutter liegt oder sie in Hundestellung von hinten koitiert, glaubt das beobachtende Kind, daß hier ein Gewaltakt stattfindet. Das Stöhnen der Mutter bestätigt diese Vermutung. Findet das Kind dann eines Tages auch eine blutige Monatsbinde der Mutter, so ist der Eindruck, daß hier ein blutiger Akt stattfindet, nicht mehr zu unterdrücken. Resultat: Das Kind bekommt lebenslange Angst vor dem Geschlechtsverkehr oder assoziiert ihn sein ganzes Leben lang mit sadistischen Verhaltensformen und wird dadurch entweder zum Sadisten oder zum Masochisten.

Diese Deutung ist umstritten. Denn das Kennzeichen der von Freud beobachteten Fälle ist stets, daß das Kind das Stöhnen der Eltern hört, die Tür zum elterlichen Schlafzimmer öffnet und die Eltern auf der Höhe des Aktes, kurz vor dem Orgasmus oder während desselben, sieht. Der Akt kommt dem Kinde also nur in verkürzter Form zur Kenntnis. Die Zärtlichkeit, die ihm vorausgeht, bleibt dem Kinde verborgen. Und zwar deshalb, weil die Eltern den Akt vor dem Kinde geheimhalten. Nur wenn die Geheimhaltung eines Tages durch ein Versehen, beispielsweise dadurch, daß man vergißt, die Schlafzimmertür zu verriegeln, mißlingt, gelangt das Kind zur Kenntnis des Akts und zieht daraus die von Freud erwähnten Folgerungen. Aber es kann diese Folgerungen nur dann ziehen, wenn die Eltern jene Zärtlichkeit, durch die der Akt legitimiert wird, genauso vor dem Kinde verbergen wie den Akt selbst. Es ist also nicht die *Kenntnisnahme* des elterlichen Geschlechtsverkehrs, welche die von Freud beschriebenen Folgen auslöst, sondern es ist im Gegenteil die *Geheimhaltung*, die den negativen Effekt erzeugt. Wenn liebevolle, verständnisreiche Eltern es als selbstverständlich betrachten, daß man vor den Kindern die elterliche Zärtlichkeit ebensowenig zu verbergen braucht, wie man die gegenseitige Liebe geheimhält, so stellen sich statt der befürchteten negativen Folgen nur positive ein. Die Notwendigkeit verbaler »Aufklärung« erübrigt sich dann. Das Kind wächst in viel wärmerem, sichererem Kontakt mit seinen Eltern auf als die kühl, distanziert oder verlogen erzogenen Kinder sexualfeindlicher oder sexualängstlicher Eltern.

In seiner Schrift *Zur sexuellen Aufklärung der Kinder* (1907) weist Freud darauf hin, daß die Weigerung der Eltern, dem Kinde auf eine Frage über Geschlechtsverkehr oder Geburt eine wahre Antwort zu geben, lebenslanges Mißtrauen gegenüber der Ehrlichkeit der Eltern erzeugt und der eigentliche Grund des »Konflikts der Generationen« sei. Ja, Freud geht sogar so weit, die nihilistische Ablehnung jeglicher Autorität im Erwachsenenalter dadurch zu erklären, daß es gerade »die stärkeren Naturen« unter den Kindern sind, die eine solche Auskunftsverweigerung oder Fehlauskunft der Eltern zum Anlaß nehmen, um nicht nur die elterliche, sondern schlechthin *jede* Autorität abzulehnen, sobald sie erwachsen werden. Das ist eine äußerst ernst zu nehmende Warnung. Aber sie erübrigt sich, wenn die Eltern, statt auf die ohnehin prekäre Verständlichkeit von verbalen Antworten zu vertrauen, dem Kinde einfach das Selbstverständliche gestatteten: der elterlichen Liebe und Zärtlichkeit von frühester Kindheit an beizuwohnen.

Die Experimente des amerikanischen Zoologenehepaars H.F. und M.K. Harlow haben erwiesen, daß Affenkinder, die niemals Gelegenheit gehabt haben, den Geschlechtsverkehr ihrer Artgenossen von frühester Kindheit an zu beobachten, zu mürrischen Junggesellen und Junggesellinnen aufwachsen und niemals koitieren. Der Mythos vom »tierischen Geschlechtstrieb« des Menschen ist damit geplatzt. Denn wenn selbst unsere nächsten Artgenossen keinen »natürlichen« Koitalwunsch und keinen »Trieb« besitzen, sondern erst durch die Beobachtung des Geschlechtsverkehrs der Eltern und der anderen Artgenossen lernen, wie man koitiert, dann ist es mit Sicherheit ebenso beim Menschen. Wir besitzen zweifellos eine angeborene sexuelle Appetenz, aber welche Form diese Appetenz im Einzelmenschen nimmt, hängt ausschließlich von den sensorischen Eindrücken ab, die er als Kind empfangen hat.

Die Tatsache, daß der Mensch, im Gegensatz zu allen anderen Tieren, verbale Aufklärung *benötigt,* ist ein genügender Beweis der Notwendigkeit, daß Liebe *erlernt* werden muß. Prägt sie sich dem Kinde durch das Beispiel zärtlicher, liebender Eltern ein, so ist das die beste Form der »Sexualerziehung«, die der Mensch dem Menschen geben kann. Da wir unsere späteren Sexualerfahrungen stets mit dem assoziieren, was wir zur Zeit unserer Kindheit erlebt haben, wirkt sich die Sexualangst der Eltern stets in Sexualangst beim Kinde aus. Glauben die Eltern im Grunde ihres Herzens, daß die Sexualität eigentlich eine schmutzige Sache sei, die man vor dem »reinen« Kinde verbergen müsse, so läßt sich mit Sicherheit voraussagen, daß deren Kinder als Erwachsene ihren Geschlechtsverkehr mit Scham und schlechtem Gewissen betreiben werden. Auch Straßenaufklärung durch andere, nur halb informierte Kinder, durch Pornofotos oder durch Zeichnungen in Schulklos oder Wandkritzeleien in den Bedürfnisanstalten der Erwachsenen hat unkorrigierbare, nie wieder gutzumachende Folgen im späteren Geschlechtsleben des Kindes. Nur wenn das Kind den Geschlechtsverkehr mit der Liebe und Zärtlichkeit jener Personen assoziiert, die es am meisten liebt und respektiert, kann sich eine gesunde Sexualität entwickeln.

Genau das verbietet aber der Staat in fast allen westlichen Ländern. § 1666 BGB sieht vor, daß Eltern, die sich eines »unsittlichen Verhaltens« schuldig machen, dazu verurteilt werden können, »das Kind zum Zwecke der Erziehung in einer geeigneten Familie oder in einer Erziehungsanstalt« fortzugeben. Dem Kinde den Anblick des elterlichen

Geschlechtsverkehrs zu gestatten, gilt nach einer Anzahl von Präzedenzfällen ausdrücklich als »unsittliches Verhalten«. Nach § 174 StGB können die Eltern sogar mit Freiheitsentzug bis zu 5 Jahren bestraft werden, wenn sie »sexuelle Handlungen vor dem Schutzbefohlenen« vornehmen. Kennzeichnend für die Mentalität des Gesetzgebers ist dabei, daß stets angenommen wird, die Eltern täten dies, »um sich oder den Schutzbefohlenen hierdurch sexuell zu erregen.« Der Gedanke, daß es eine der Hauptpflichten der Eltern ist, die Kinder zu sexuell glücklichen Menschen zu erziehen, kommt dem Gesetzgeber überhaupt nicht; er nimmt stets an, daß sexuelle Handlungen nur aus eigennützigen Motiven begangen werden können – das kennzeichnende Merkmal einer Kultur, die versagt hat.

Urticatio [lat.: urtica urens = Brennessel], Brennesselkur, eines der ältesten Mittel der Menschheit zur Auffrischung des Geschlechtstriebs und zur Minderung der Impotenz. Viele griechische und römische Autoren beschreiben den Erfolg der U. In Petrons *Satyricon* ergreift Oneothea, um dem impotenten Encolpius zu neuen Kräften zu verhelfen, ein »Büschel grüner Nesseln und fing an, bedächtlich alle Teile unter dem Nabel zu hauen«. Auch Samuel Butler in *Hudibras* (1664) lobt die »Nesseln, die die Triebe auferwecken«. Die Frage ist oft gestellt worden, ob es einfach der erotische Reiz des Ausgepeitschtwerdens (besonders von einer nackten Frau) ist, dem der lusterregende Effekt der U. zuzuschreiben ist, oder ob der Brennessel tatsächlich medizinische Werte zuzuschreiben sind. Die moderne Wissenschaft hat sich für die zweite Antwort entschieden, obgleich der ersten eine eigene sadomasochistische Bedeutung zukommt. Der Same der Brennessel ist ein wirksames → Aphrodisiakum und öffnet die Gebärmutter. In Teilen Frankreichs wurden die Brennessel und die ihr verwandte Linaria cymbalaria jahrhundertelang zur weiblichen Masturbation benutzt. Die Frauen rieben sich die Genitalien mit den Nesselblättern, bis das Brennen zum Orgasmus führte. In der sadomasochistischen Praxis ist die U. stets besonders beliebt gewesen. In den flagellantischen Bordellen des 18. Jahrhunderts, die besonders in England florierten, wurden stets Büschel frischer Nesseln zu diesem Zweck bereitgehalten. Auch die → Geißler benutzten die Nesseln für ihre → Bußdisziplinen und pflanzten zu diesem Zweck Stauden in vielen Klöstern an. Der masochistische Reizzweck des religiösen Flagellantismus wird durch diese Tatsache besonders deutlich belegt. → Auspeitschung, Flagellation, Geschlagenwerden, Peitsche, Rutenschlagen, Stock.

uterin [lat.: uterus = Gebärmutter], in der Sexualmedizin alles, was mit der Gebärmutter zu tun hat. In der Sexualethnologie dagegen die mütterliche Seite eines Stammbaums, die mütterliche Abstammungslinie. Uterine Gesellschaftssysteme geben der Frau stets einen höheren Status als → agnatische oder → patrilineare. Die uterine Form des Verwandtschaftssystems bestimmt Abstammung, Erbfolge, Heiratswohnfolge und Sippenbildung. Vgl.: matriarchalisch, matrilateral, matrilinear, matrilokal, matristisch, uxorial.

uxorial [lat.: uxor = Ehefrau], weiblich, von der Ehefrau bestimmt.

uxoriale Herrschaftsfolge, Thronfolge, bei der sich die Krone in weiblicher Linie vererbt.

V

Vagina, gezahnte [lat.: vagina = Scheide], eines der häufigsten Traumbilder gynäkophobischer Männer. Auch in der Folklore findet man oft das Bild einer Vagina, deren Lippen mit Zähnen versehen sind. Alle Legenden von mythischen Tieren, die den Mann zu verschlingen drohen, gehen auf diese Symbolik zurück – Jonas und der Walfisch, Siegfried und der Drache, Theseus und der Minotauros, Herakles und die Hydra. Die g. V. ist das Symbol der → Kastrationsangst. Vgl.: Antifeminismus, Cypridophobie, Frauenhaß, Genitalangst, Geschlechtshaß, Gynäkophobie, Horror sexualis partialis, Kampf der Geschlechter, Koitusangst, Misogynie, Repulsionskräfte, Venereophobie.

Vaginalerotik [lat.: vagina = Scheide; gr.: eros = Liebe], ein psychoanalytischer Begriff, der die sexuelle Empfindsamkeit der geschlechtsreifen Frau im Gegensatz zur → Klitoralerotik des jungen Mädchens und der Lesbierin bezeichnen soll. Das Konzept der V. ist umstritten. Vgl.: Analerotik, Genitalität, Hauterotik, Muskelerotik, Oralerotik, Urethralerotik.

Vaginalorgasmus [lat.: vagina = Scheide; gr.: organ → schwellen], in der Psychoanalyse der normale Orgasmus der gesunden, geschlechtsreifen Frau. Da die ersten Genitalbefriedigungen des Mädchens aber von der Klitoris ausgehen – die erste Masturbation des jungen Mädchens ist stets Klitoralmasturbation –, so stellt sich auch bei der erwachsenen Frau während des Koitus zuerst ein → Klitoralorgasmus ein, der erst Sekunden oder gar Minuten später von einem V. gefolgt ist. Bei manchen Frauen tritt dieser V. aber überhaupt nicht ein: Sie können *nur* klitoral erregt werden. Freud hält diese Frauen für sexuell infantil oder potentiell lesbisch. Viele Frauen können aber erfolgreich zu einem V. gebracht werden, indem man ihre Klitoralregion entweder vor dem Koitus per Hand oder Mund erregt oder während der Einführung des Penis in die Vagina die Klitoris streichelt. Manche Sexualmediziner haben aus der Tatsache, daß die Vagina keine Nervenenden enthält, fälschlich gefolgert, daß es keinen V. geben könne. Das stimmt aber nicht, denn fast alle gesunden heterosexuellen Frauen berichten, daß sie neben der Klitoralreizung ein gewisses Gefühl der Fülle in der Vagina benötigen, um zum kompletten Orgasmus zu gelangen. Vgl.: Klitoralerotik, Koitus, Orgasmus, Vaginalerotik.

Vaginismus, Scheidenkrampf, zum erstenmal von dem amerikanischen Frauenarzt John Marion Sims (1813–1883) beschrieben. Der psychische V. besteht in einer subjektiv empfundenen medizinisch nicht belegbaren Überempfindlichkeit des Scheideneingangs und der Hymenalgegend, die bei Berührung und zumal bei Koitusversuchen zu heftigem Schmerz und zur Auslösung von Reflexkrämpfen des Musculus constrictor cunni (Scheidenverenger) und der Muskulatur des Beckenbodens, ja selbst zu weiterer Ausstrahlung in Oberschenkel und Rumpfmuskulatur und schließlich zu allgemeinen Konvulsionen führt. Dieser Reflexkrampf macht den Koitus unmöglich. Am häufigsten findet sich der V. bei androphobischen oder misandrischen Frauen, die den heterosexuellen Geschlechtsverkehr als Vergewaltigung empfinden. Sehr viel seltener ist die somatische Schädigung der weiblichen Genitalien, wo nach rücksichtslos vollzogenem Geschlechtsverkehr wunde, schmerzende Risse der Hymenalreste zurückbleiben, die durch erneuerten Geschlechtsverkehr nicht zur Heilung kommen können und dadurch immer wieder eine neue Reizung und neuen Schmerz hervorrufen. Dadurch entsteht an dieser Stelle ein hoher Grad von Empfindlichkeit und Reizbarkeit, die aber auch dann eintreten können, wenn die Risse des Hymens verheilen, doch narbige Auftreibungen an den Enden zurückbleiben, in denen sich besonders empfindliche Nervenenden konsolidieren. Auf dieser schmerzhaften Empfindlichkeit der gereizten und zerrissenen Schleimhautfetzen beruht der somatische V., der in diesem Fall nichts anderes ist als eine begreifliche Reaktion der Natur, durch Kontraktion (Abwehr) dem schmerzbringenden Penis Widerstand zu leisten und die Pforte zu verschließen.

Stekel (*Nervöse Angstzustände*) hält den V. dagegen für ein Zeichen einer Angstneurose, die häufig bei jungen Frauen auftritt, deren Männer unerfahren, relativ impotent oder ungeschickt sind. Die Frauen werden reizbar, klagen über Herzklopfen, Schwindel, Migräne usw. und werden frigid. Der psychische V. ist demnach auf unbewußte Motive zurückzuführen; die durch die ungeschickten Versuche des Mannes erbitterte Frau verweigert ihm den Liebesakt, und so ist manchmal der V. nur ein Symptom der Angst vor dem Koitus. Ähnlich meint auch W. Walthard, daß der Unwille infolge Abneigung gegen die Person des Mannes, Furcht und Angst vor späteren Geburten, ja sogar Gewissensbisse bei außerehelichem Koitus, kurz Angstzustände aller Art den V. hervorrufen können. Die Abwehrbewegung sei »zweckentsprechend«, ausgelöst durch die Phobie – also ein »psychischer Reflex«. Es sei mithin nicht die Überempfindlichkeit (Hyperästhesie) des Scheideneingangs, die den V. hervorruft, da die geschilderten Abwehrkräfte auch bei vollkommen guter Passage (sogar bei »klaffender« Scheide) vorhanden sein können. E. Fried beschrieb bereits 1919 einen Fall von V. bei einer Frau, die mit einem homosexuellen Mann verheiratet war. Was bei der Frau den vaginistischen Anfall auslöste, war die affektbetonte Vorstellung von den Sexualakten ihres Ehemannes: Schutz- und Abwehrreaktion. Fried meint daher, daß der V. keine simple Reflexbewegung, sondern ein durch Vorstellungen ausgelöstes psychisch-motorisches Syndrom sei, das sich allerdings bei einzelnen der befallenen Frauen allmählich zu einem häufig wiederkehrenden Erregungszustand ausbilde.

Die moderne Sexualwissenschaft schließt sich dieser Ansicht an und trennt heute sorgfältig das physische Phänomen einer Scheidenblockierung von dem psychischen Phänomen des V., der auf Angst vor Geschlechtsverkehr, auf Ekel, Widerwille oder Haß gegen einen bestimmten Mann oder alle Männer oder einen bestimmten Koitusversuch beruht. Ein diagnostisch bedeutsamer Zusammenhang existiert zwischen dem V. und den sog. »Pfählungsphantasien« (→ Pfählung). Vaginistische Frauen betrachten den Koitus als Pfählung, eine Vorstellung, die auf die kindliche Illusion zurückgeht, daß der Geschlechtsverkehr ein Kampf zwischen Vater und Mutter sei. Diese Illusion wird durch das Stöhnen, den Blutverlust (Defloration, Menstruation) und die zweikampfartigen Koitalpositionen erzeugt. Seit die autonome Frauenbewegung weite Schichten der weiblichen Bevölkerung erfaßt hat, verzeichnen die Sexualmediziner ein dramatisches Anwachsen des psychischen V. Vgl.: Androphobie, Cypridophobie, Deflorationspsychose, Délire de toucher, Ehemetritis, Genitalangst, Geschlechtshaß, Horror sexualis partialis, Hymenismus, Koitusangst, Liebeshaß, Misandrie, Misogamie, Repulsionskräfte, Venerophobie.

Vaginorrhoea libidinosa [lat.: vagina = Scheide; gr.: rhoia = Ausfluß; lat.: libido = Begierde], das Scheidensekret bei geschlechtlicher Erregung der Frau, ein Produkt der Vaginalwände und der Bartholinschen Drüsen, wird oft von manchen jungen Mädchen und seltener auch von erwachsenen Frauen als mögliches Anzeichen einer Geschlechtskrankheit oder anderer Krankheit mißverstanden. Der Zweck ist das Schlüpfrigmachen der Scheide zum besseren Eindringen des Penis. Das männliche Gegenstück ist → Urorrhoea libidinosa.

Vamp [am., nach vampire = Vampir], amerikanische volkstümliche Bezeichnung der sexuell verlockenden, erotisch anspruchsvollen Frau der zwanziger und dreißiger Jahre. Der Begriff stammt aus Hollywood und wurde ursprünglich nur auf bestimmte Filmstars bezogen: Theda Bara, Asta Nielsen, Jean Harlow.

Vampirismus, der Glaube, daß es Menschen gibt, die nie zu sterben brauchen, weil sie sich vom Blut lebender Menschen nähren. Der Vampir (das Wort hat ungarische und türkische Wurzeln) erhebt sich nachts aus seinem Grab und geht auf Suche nach Blut. Hier gibt es zwei Fassungen der Legende: Entweder steht nur der Geist des Vampirs auf und der Körper bleibt im Grab, oder der Körper selber erhebt sich. Entweder stirbt das Opfer, oder es wird selber zum Vampir. Der sexuelle Aspekt des V. liegt in seinem zoophilen und sadomasochistischen Symbolik. Der Vampir ist das Symbol eines Tieres, mit dem der Mensch sich paaren möchte. Da die Paarung verboten ist, verkleidet er die Anziehungskraft des Tieres als Angst vor dem Vampir. Die Blutlust des Vampirs entspricht der Schmerzlust des Sadomasochismus. Aus der Angst vor dem nächtlichen Besuch des Vampirs spricht die hysterische Angst vor dem Geschlechtsverkehr, aber auch die Sehnsucht nach dem nächtlichen Besuch eines übernatürlichen Wesens, das Lust bereitet, ohne mit der Schuld des verbotenen vorehelichen, unehelichen oder außerehelichen Geschlechtsverkehrs zu belasten. Vgl.: Lykanthropie, Zoonekrophilie.

Variabilität, sexuelle → Geschlechtsvariabilität.

Vaterrecht. Schon in den frühesten Zeiten der Menschheit hatten die Nomaden und die Reitervölker eine vaterrechtliche Stammesordnung zu prägen versucht, die der mutterrechtlichen Mentalität der Sammler- und Ackerbaukulturen widersprach. Mit dem Übergang vom Hackbau zur Pflugkultur und Viehzucht begann die zweite maskuline Revolution. Die Idee des Privateigentums und des Erbrechts entwickelte sich. Die Praxis der Raub- und Kaufehen, die der größeren physischen Stärke des Mannes und seinem wachsenden Anteil an dem Nahrungsmittelerwerb entsprach, verbreitete sich. Aus der Gleichheit der Geschlechter begann sich langsam das → Patriarchat, die Herrschaft des Mannes, herauszukristallisieren. Aber noch durch Jahrtausende hindurch zog sich der Kampf der Mutter- und Vaterrechtler. Einer der wichtigsten Unterschiede zwischen ihnen war ihre Haltung zum Kind. Denn die männliche Gesellschaft, das Patriarchat, stellte dem Mutterrecht (dem Recht der Mutter, ihr Kind nach seinen *Bedürfnissen,* nicht nach seinen Leistungen zu versorgen und dies ohne Strafen und ohne Gegenansprüche zu tun) bald das V. gegenüber (das Recht des Vaters, seine Kinder im Verhältnis zu ihren *Leistungen* zu belohnen oder zu bestrafen). So sah das Patriarchat die Gesellschaft als Wettbewerb, als *agón,* in dem es stets einen »Sieger« und einen »Besiegten« geben muß, einen Schlagenden und einen Geschlagenen. Diese Machtergreifung des Mannes über Frau und Kind war in ihren Auswirkungen bedeutsamer als die Wende vom Zeitalter der Sklaverei zu dem des Feudalismus, oder die vom Feudalismus zur bürgerlichen Gesellschaft. Alles was auf diesen späteren Stufen der Entwicklung geschah, stand unter dem Schatten jener früheren Geschehnisse: der »neolithischen Revolution«, ihrer Vorgeschichte und ihrer Folgen. Diese Folgen – Privateigentum, Klassengesellschaft, Erniedrigung der Frau, Unterdrückung des Kindes – haben nicht nur die »hydraulischen« Kulturen Mesopotamiens und Ägyptens, nicht nur die Sklavenökonomien Griechenlands und Roms, sondern auch den Charakter des Feudalismus maßgeblich geprägt.

Der Begriff der neolithischen Revolution stammt von dem australischen Vorgeschichtsforscher Vere Gordon Childe. Er ist im sozialen und ökonomischen Sinne berechtigt, umschreibt in sexueller Hinsicht aber eher eine Konterrevolution, einen konspirativen Aufstand der Männer, eine Art Ur-Putsch. Ähnliche Entwicklungen haben sich natürlich auch in anderen Teilen der Welt vollzogen, aber die Geschehnisse in Hellas und Rom sind von besonderer Bedeutung, weil sie das spätere Wirken und Denken jener europäischen Raubvölker geformt haben, die vom fünfzehnten Jahrhundert unserer Zeit an zur Plage der Menschheit geworden sind, indem sie fast die gesamte nichteuropäische Welt erobert, kolonisiert und ausgebeutet haben. Die neolithische Revolution, die sich in den Regionen der späteren griechischen und römischen Kultur abspielte, hat also nachträglich noch 4500 bis 5500 Jahre lang das Schicksal des ganzen Erdballs beeinflußt.

Das Bedeutsame hieran ist, daß die Unterdrückungsmethoden der europäischen Männer nicht nur das Weltbild der Unterdrücker, sondern auch das der Unterdrückten geprägt haben. Denn das Trauma dessen, wogegen man sich wehrt, kann tiefere Folgen haben als die Sehnsucht nach dem, was man erstrebt. Überall auf der Welt, bei den »jungen« Nationen ebenso wie bei den ehemaligen Kolonialvölkern, ja sogar bei den Frauen beider Völkergruppen, hat sich das Bild der Frau als zweitklassiges Wesen so tief eingeprägt, daß die wenigen Frauen, die es als falsch erkannt haben, oft von ihren eigenen Geschlechtsgenossinnen als »Megären« empfunden wurden: als »Mannweiber«, als frustrierte Wesen, die »nur einen richtigen Mann brauchen, um wieder normal zu werden«. Und doch nimmt diese ganze Entwicklung einen Zeitraum von weniger als 6000 Jahren ein: ein kaum wahrnehmbares Quentchen in der Entwicklungsgeschichte unserer Gattung, eine kurzlebige Reaktion, die bald hinter uns liegen und unseren Nachfahren kaum noch verständlich sein wird.

Vaterrecht im alten Hellas. Es gibt zwei Theorien über den Einmarsch der Griechen in die Balkanhalbinsel – entweder kamen sie aus dem Donaubecken und marschierten das Tal des Axios (Vardar) herab, oder sie kamen von der Adria her und wanderten nach Epeiros ein. In beiden Fällen muß ihnen die reiche, vom Peneios und seinen Zuflüssen bewässerte Ebene als erstes Ziel vorgeschwebt haben, denn von dieser Ebene sprach man wie von dem Paradies. In ihrer Mythologie erwähnen die Griechen vier Stämme, die Hellas besiedelt hätten: die Achaier, Aioler, Ioner und Dorer. Die Achaier seien zuerst gekommen, und zwar nach Thessalien, die Dorer ein wenig später nach Epirus. Die Achaier seien von Thessalien nach Mittelgriechenland (Aitolien, Lokris, Phokis, Boiotien, Attika) und Südgriechenland (Achaia, Argolis, Messenien) weitergewandert, die Ioner hätten gleichzeitig Euboia und das Grenzgebiet zwischen Lakonien und Argolis besetzt. Um 1150 seien die Dorer aus Epirus nach Süden vorgerückt und hätten die anderen beiden Stämme aus Argolis, Lakonien und Messenien vertrieben, hätten einen Teil der Küste des südlichen Kleinasiens besetzt (Doris) und die Inseln des ägäischen Meeres erobert (Kythera, Thera, Rhodos, Kreta). Von Korinth und Lakonien aus hätten sie Niederlassungen in Westgriechenland, auf Sizilien und in Unteritalien gegründet. Die Ioner seien dabei zum großen Teil auf andere Inseln des ägäischen Meeres und die mittlere Westküste Kleinasiens ausgewichen (Ionien), während die Aioler an die nördliche Westküste Kleinasiens geflüchtet seien (Aiolis).

Von dieser Mythologie stimmt manches mit den Tatsachen überein. Aber aus keinem Bericht der Griechen oder irgendeines anderen Volkes können wir entnehmen, wie ihre Ankunft auf die friedlichen matrilateralen Ackerbaustämme mit ihrer vertrauensvollen, jeglichen Verdachts der Überrumplung fernen Tradition der Mütterlichkeit und Fürsorge gewirkt haben muß. Man denkt unwillkürlich an die ersten Begegnungen zwischen den mutterrechtlichen Azteken und den Raubrittern des Cortez, aber der Vergleich hinkt in mehr als einer Hinsicht. Jedoch hatten die Spanier eines mit den ersten Griechen gemeinsam: sie führten keine Frauen mit sich. Die Frauen der Ackerbaustämme dienten den Griechen deshalb in ähnlicher Hinsicht wie die Frauen der eroberten Azteken den Spaniern: es waren doppelt verachtenswerte Geschöpfe; erstens weil sie zum Volksstamm der Unterlegenen gehörten; zweitens weil sie, wie das bei erobernden Truppen ja üblich ist, nur zur hastigen Befriedigung der Lust herhalten mußten. Man vergewaltigte sie, weil man seit langem keine Frauen gehabt hatte, aber man benutzte sie gleichzeitig als stellvertretende Objekte der Verachtung. Denn daß diese Bauernvölker sich nicht einmal *wehrten,* wenn man sie angriff, schien den Griechen der Inbegriff des Schandhaften, des Verachtenswerten, des Unmännlichen.

Der Schock dieses ersten Kontakts zwischen Mutter- und Vaterrechtlern hinterließ bei beiden untilgbare Spuren; bei den Bauernstämmen den Eindruck, daß diese Eindringlinge genau das waren, was die Griechen später alle anderen nannten: Barbaren; bei den Griechen dagegen eine traumatische Unfähigkeit, die Frau je als ebenbürtiges Wesen zu betrachten. Eine eigentümliche Mischung von sexueller Abhängigkeit und menschlicher Verachtung, gekoppelt mit dem schlechten Gewissen, das man diesem fremdartigen Wesen gegenüber empfand, weil man eben doch intim mit ihm verkehrt hatte – all das prägte des Sexualleben der Griechen noch Tausende von Jahren lang.

Der wichtigste Unterschied in der Mentalität der griechischen Stämme, wie sie sich nach der Besiedlung der Balkanhalbinsel, der Kykladen und Anatoliens herausbildete, geht wahrscheinlich zurück auf den Unterschied zwischen diesen frühen Einwanderern, den sogenannten Achaiern, die keine Frauen ihrer eigenen Sippen mitbrachten, und den späteren Invasoren, vor allem den Dorern, die ihre Frauen mitbrachten und deshalb nicht an jener charakteristischen Frauenverachtung krankten, die die attischen Ioner noch Jahrhunderte später zeigten. Ein zweiter Grund mag darin liegen, daß die meisten der griechischen Sippen nie durch das Stadium des Mutterrechts hindurchgegangen waren, während andere sich noch in diesem Stadium befanden und wiederum andere, zum Beispiel die Ioner, das vaterrechtliche Stadium gerade erreicht hatten und deshalb mit besonderer Empfindlichkeit gegen alle Überbleibsel mutterrechtlichen Denkens bei den Ackerbaustämmen reagierten, während die Dorer, die noch auf der Stufe des Mutterrechts standen, keine Schwierigkeiten hatten, sich mit anderen mutterrechtlichen Stämmen, mit den Kretern, zu einigen.

Das Ausmaß der Vermischung einwandernder griechischer Stämme mit den Frauen der Ackerbauvölker, die das Land vor ihnen besiedelt hatten, ist bisher sehr ungenügend erforscht worden. Es gibt vorerst nur Grund zur Annahme, daß die Paarungen besonders zahlreich in Arkadien, Aiolien und Boiotien gewesen sind. Daß diese Paarungen in Wahrheit Vergewaltigungen waren, geht unter anderem aus der Tatsache hervor, daß Herodot, der ja Karer und nicht Grieche war, also aus der unterdrückten »Urbevölkerung« der Balkanhalbinsel stammte, mit Recht berichtete, daß die Frauen seines Stammes noch viele Jahre später sich geweigert hätten, mit griechischen Männern an einem Tisch zu sitzen, ja sie auch nur beim Namen zu nennen, und dies selbst dann, wenn man sie zum Beischlaf oder gar zur Ehe gezwungen hatte. Lewis Henry Morgan hat einmal gesagt, als er von der Behandlung dieser Frauen durch die Griechen sprach, daß »Menschen, die keine Rücksicht auf die elterlichen, ehelichen oder persönlichen Rechte ihrer Feinde nahmen, unmöglich zu irgendeinem hohen Begriff der Rechte ihrer eigenen Frauen gelangen konnten«. Und da liegt in der Tat der Kernpunkt des sexuellen Problems der Griechen.

Vergleichen wir die Siedlungen der protogriechischen Welt miteinander, so fällt uns ganz unabhängig von Rasse, Sprache und Ökonomie der Einwohner sofort der Unterschied zwischen befestigten und unbefestigten Ortschaften auf. Da wir überall in der Alten Welt Kulturen verschiedenen Fortschritts nebeneinander finden, besagt die Größe der Ortschaft nur wenig über ihr Alter. Die Befestigungen dagegen verraten eindeutig, ob eine solche Siedlung vaterrechtlich oder mutterrechtlich organisiert ist, ob sie bereits mit patriarchalischen Stämmen in Berührung gekommen oder noch verschont geblieben ist. Die Stadien der vorgriechischen Bauernsiedlungen können in vereinfachter Form so dargestellt werden: Einzelgehöft einer Kleinsippe, Sippendorf, Siedlung einer Großsippe, Siedlung einer Schwester- oder Bruderschaft, Siedlung eines Stammes, Sammelsiedlung (Stammesbund) mit Stadtcharakter. All diese Ansiedlungen weisen sich allein dadurch bereits als Heime matrilokaler, matrilinearer Sippen und Stämme aus, daß sie keine Befestigungen besitzen und bis dahin noch keinen Grund gehabt haben, sich gegen patrilokale, patrilineare Sippen oder Stämme zu verteidigen. Sobald wir aber Befestigungen vorfinden, seien es auch nur Bauerndörfer mit Fluchtfestung, können wir mit Sicherheit schließen, daß die Bewohner entweder bereits auf patrilineare Stämme gestoßen waren und sich gegen sie verteidigen mußten, oder daß sie selber bereits zum Patriarchat übergegangen waren.

Die Zitadellenstadt, die Festungsstadt und die Festungsstadt mit Zita-

delle ist überall, selbst im mutterrechtlichen Ägypten und Mesopotamien, das Produkt vaterrechtlicher Entwicklungen. Die von Morgan geprägte und von Vere Gordon Childe übernommene Unterscheidung zwischen »Barbarei« und »Zivilisation« ist durch diese Entdeckung weitgehend in Frage gestellt worden. Noch in der Weimarer Republik hätte es geradezu ketzerisch gewirkt, wenn man angezweifelt hätte, daß die Griechen, als sie in die Balkanhalbinsel einfielen, ein »zivilisiertes« Volk gewesen seien. Als selbstverständlich galt es dagegen, daß die »Ureinwohner« der Halbinsel »Barbaren« waren. Mit Hilfe der im Jahre 1969 von Colin Renfrew entwickelten Revisionswerte des Karbon C-14 Datierungsverfahrens ergab es sich jedoch, daß die »Barbaren« bereits Kupfergeräte besaßen, als die Griechen noch steinerne Streitäxte benutzten. Es mag deshalb durchaus nicht paradox sein, wenn man heute postulieren wolle, der Übergang von der Barbarei zur Zivilisation sei durch die Einführung des Krieges gekennzeichnet.
Childe wies bereits 1951 in seinem wichtigen Werk *Social Evolution* (deutsch 1968) darauf hin, daß unter Wissenschaftlern völlige Übereinstimmung bestehe, Kriege zwischen vorgeschichtlichen Stämmen von Nahrungssammlern oder einfachen Hackbauern – zur Erlangung von Sammel- und Jagdrechten oder von Land zur Urbarmachung – seien so gut wie unbekannt. Bauern mit gemischter Landwirtschaft, vor allem aber Hirtenvölker, seien dagegen oft darauf angewiesen, zum Erwerb von Vieh oder Sklaven Kriege vom Zaun zu brechen. Deshalb »nehmen die positiven Zeugnisse für Krieg im vorgeschichtlichen Europa erst in der Zeit zu, als die Viehzucht in der Landwirtschaft an Bedeutung gewann« (*Soziale Evolution,* Frankfurt am Main 1968, S. 75 f.).
»Da Hirtenstämme sich im allgemeinen auf ständiger Wanderschaft befinden, sind sie auch schnell bei der Hand, ihren Reichtum durch Viehraub oder Kriegszüge zu vermehren; weil die Kriegsführung nun Angelegenheit der Männer ist, verstärkt sich damit auch die dieser Wirtschaftsweise inhärente Tendenz, den Reichtum in deren Händen zu konzentrieren. Diese kühnen, ruhelosen Stämme plündern ein Gebiet nach dem anderen, töten die Männer und führen die Frauen als bewegliche Habe mit sich fort und lassen sich schließlich auf einem für den Feldbau geeigneten Landstrich nieder, machen sich die einheimische Bevölkerung tributpflichtig – das ist der erste Schritt zu deren Leibeigenschaft. Diesem Ursprung entstammten die Kassiten, die Babylon überrannten, ferner die Hyksoskönige Ägyptens und die achaischen

Plünderer, die das minoische Kreta annektierten. Mit dem Besitz des Pferdes, des schnellsten aller zähmbaren Tiere, verfügten die indogermanischen Nomadenvölker noch über einen weiteren Aktivposten. Nicht wegen irgendeiner angeborenen Überlegenheit konnten sie ihre Sprache auf einem derart großen Gebiet durchsetzen, sondern einfach dank der besonderen Verbindung sozialer und historischer Umstände, die es ihnen ermöglichten, die seßhaften Ackerbaukulturen des Nahen Ostens zu unterwerfen und zu assimilieren. Für die erfolgreiche Kriegführung ist ein einheitlicher Oberbefehl unerläßlich, daher besitzen diese Stämme ein Militärkönigtum. Nach einem glücklich verlaufenen Feldzuge wurde dem König und seinen Unterhäuptlingen der Löwenanteil sowohl an der beweglichen als auch der unbeweglichen Beute zuerkannt« (George Thomson, Frühgeschichte Griechenlands und der Ägäis, Berlin 1960, S. 244). »Plünderer der Städte« war ein homerischen Helden beigelegter Ehrentitel. Die *Ilias* beschreibt die Plünderung von Küstenstädten in Kleinasien. Die *Odyssee* liefert unter anderem die Beschreibung eines griechischen Raubüberfalls auf das ägyptische Delta. Beute war das Motiv all dieser »glorreichen« Feldzüge, und Beute ist auch der Grund der weitgehenden Klassenspaltung, die dieses Volk der einst Gleichen bald in eine Reihe von Klassenkämpfen stürzen sollte, die der Sippen- und Stammesgesellschaft unbegreiflich waren.

»Ungezügelte, aber kraftvolle Eindringlinge unterjochen und assimilieren eine überlegene Kultur und verursachen dadurch eine ökonomische und soziale Umwälzung, die gekennzeichnet ist durch die Anhäufung von Reichtümern in der Hand einer willensstarken Kriegerkaste, welche, zerrissen von mörderischen Auseinandersetzungen um die Thron- und Erbfolge, aus ihren Stammesbindungen herausbricht und mit raschem Schritt den Weg des gewalttätigen, selbstherrlichen Individualismus beschreitet – eine zwar glänzende, doch nicht minder kurze Karriere, da die Errungenschaften dieses Volkes auf dem Schwert und nicht auf der Entwicklung der Produktivkräfte beruhen« (George Thomson, a.a.O., S. 348 bis 349).

Der Reichtum dieser achaiischen »Fürsten« bestand nach wie vor in dem Umfang ihrer Herden. Als der Räuberführer Agamemnon den »Helden« Achilleus zu überreden versucht, an dem geplanten Raubzug gegen Troja teilzunehmen, schreit der Held dem Fürsten ins Gesicht: »Warum soll ich gegen die Trojaner zu Feld ziehen? *Mein* Vieh haben sie mir nicht davongetrieben!« Vieh, Gold, Waffen, Sklaven und Sklavinnen waren die Ziele der Raubzüge, genau wie der Diebstahl von Vieh, Gold, Waffen, Sklaven und Sklavinnen das Motiv zum Rachefeldzug war. Am Ende eines jeden Raubzuges wurde diese Beute je nach Maß der »Heldentaten« der Teilnehmer aufgeteilt. So geschah es nach der Plünderung der mysischen Stadt Thebe, daß die Achaier auch die Sklavinnen aufteilten. Es »verteilten die Söhne des Achaias die Beute redlich und behielten die Tochter des Chryses dem Atriden Agamemnon vor«. Als er später aus unvorhergesehenen Gründen die Sklavin zurückgeben muß, verlangt er natürlich eine Entschädigung, wird aber von Achilleus darauf hingewiesen, daß es dafür zu spät sei:

Wie denn nur fänden die Gabe die hochgemuten Achaier?
Nirgends wissen wir doch vorrätige Beutegeschenke.
Was wir geraubt aus verwüsteten Städten, ist lange vergeben,
Unbillig wäre es den Leuten, dies wieder zusammenzuholen.
Gib nur dem Gott das Mädchen zurück, wir andern Achaier
Werden's dir dreifach und vierfach ersetzen, wenn Zeus es uns endlich
Gnädig verleihe, das mauergewaltige Troja zu plündern.

Die Plünderung Trojas, nicht etwa die Heimholung Helenas, war also tatsächlicher Grund des »trojanischen Kriegs«, der kein Krieg, sondern ein Raubzug war. »Das Hauptziel des Krieges in dieser Etappe ist der Raub, die Form, in der er gewöhnlich geführt wurde, der Überfall. An wertvollem Besitz wurde, was irgend möglich war, weggetragen, das übrige vernichtet; das Vieh wurde fortgetrieben und die Gefangenen in die Sklaverei überführt... Wurde der Feind nicht völlig vernichtet, so legte man dem Besiegten Tribute auf; zum Eintreiben derselben bestimmte man oft irgend jemand aus der Oberschicht des Stammes oder aus dem Gefolge. Mit dem Anwachsen der Bevölkerung kommt zu dem Raub von Gütern auch noch die Eroberung fremden Bodens. So kam es vor, daß die Besiegten vertrieben und an ihrer Stelle unterworfene oder fremde Sippen angesiedelt wurden« (M.O. Koswen, Abriß der Geschichte und Kultur der Urgesellschaft, Berlin 1957, S. 206).

Genau wie Agamemnon den Achilleus durch Versprechungen reichlicher Beute zur Teilnahme an seinem Raubzug zu überreden versucht, so versuchen die Sippensprecher von Aitolien den Meleagros dadurch zum Mitkämpfer zu gewinnen, daß sie ihm Grundeigentum im fruchtbarsten Teil ihres Landes anbieten. Derartige Reservate wurden *temé-nea* genannt, d.h. Grundstücke, die aus der sippeneigenen Ackerfläche, also aus dem Gemeinbesitz, »herausgeschnitten« *(tèmno)* oder

»ausgesondert« *(exhairéo)* worden waren. Das *témenos* war also die Keimzelle des landwirtschaftlichen Privateigentums, das sich im Schoße der Stammesgesellschaft herausbildete.

Dem gleichen Verrat an den Rechten der Gemeinschaft zugunsten des Heerführers begegnen wir auch bei der Teilung der Beute. Die Verteilung wird auf ähnliche Weise vorgenommen und stellt einen durch das Los herbeigeführten *dasmós* dar: wie der »König« schon ein besonderes Landgut erhielt, so empfing er auch bei der Beuteteilung ein besonderes »Privilegium« *(géras)* oder eine »Belohnung« *(timé),* die von der allgemeinen Auslosung ausgenommen war.

Der auf diese Weise akkumulierte Reichtum brachte natürlich Ungleichheiten, die das gesamte Gefüge der patriarchalischen Gesellschaft erschütterten und von Anfang an ein Merkmal ihrer inneren Widersprüche darstellten. Odysseus brüstet sich beispielsweise damit, auf neun Raubzügen der Anführer gewesen zu sein und jedesmal mehr Beute erworben zu haben, als ihm rechtens zustand. Schon gegen Ende des 16. vorgeschichtlichen Jahrhunderts hatte sich die Klassenspaltung bei den Griechen deshalb bereits soweit entwickelt, daß die *basilei,* die Führer der Raubzüge, zu einer Art herrschender Klasse geworden waren.

Hier enthüllt sich eines der ehernen Gesetze jeder Klassengesellschaft: Wo die technische Möglichkeit besteht, einen Überschuß zu erzielen, da können wir sicher sein, daß er erzielt wird. Und wenn er einmal da ist, können wir mit gleicher Sicherheit annehmen, daß sich eine neue Klasse bilden wird, die ihn arrogiert. Der Überschuß kommt niemals der Klasse zu, die ihn erzeugt, sondern wird stets von der neuen Klasse, die sich aus der Spezialisierung der Arbeit entwickelt, mit Beschlag belegt. Die physische Arbeit wurde auch bei den Griechen von den Bauern geleistet, die in vielen Fällen unterjochte Mitglieder der alten Ackerbaustämme, in anderen Regionen aber Nachkommen der eingewanderten Hirtenstämme waren. Ihr Mehrwert, einerlei ob dies nun »echte Griechen« oder Nachkommen der vorgriechischen Stämme waren, floß nie den Bauern zu, sondern kam vom frühesten Anfang der griechischen Gesellschaft an den »Spezialisten« zugute. Das waren anfangs die Heerführer und »Helden«, später die Landbesitzer (das heißt: die Nachkommen der mit ehemaligem Gemeinschaftsland bezahlten Raubritter), und schließlich die herrschende Klasse der Stadtstaaten: die Schiffsmagnaten, Händler, Waffenfabrikanten und Besitzer von Fabriken (Ergasterien).

Die Spaltung einer einst klassenlosen Stammesgesellschaft in Meister und Sklaven, Reiche und Arme, Adlige und Gemeine, Unterdrücker und Unterdrückte ist in unzähligen Schriften untersucht worden. Die Entwicklung des Privateigentums aus einer anfangs eigentumslosen, später auf Gemeinschaftseigentum aufgebauten Stammesordnung, die Aufspaltung einer einst integren Gesellschaft der Gleichen und Gleichberechtigten in eine demoralisierte und demoralisierende Klassengesellschaft, das krebsartige Wuchern des Staatsapparats, die Herausbildung des »Rechtsstaats«, der sich nur mit Hilfe von Militär, Polizei und Gefängnissen erhalten kann – all dies ist zur Genüge beschrieben worden. Aber das Kernstadium dieses Prozesses, die eigentliche Machtergreifung des Mannes, die Zerschlagung der neolithischen Frauensippen und der erste Aufbau des Vaterrechts ist bisher nur selten dokumentiert worden.

Vauxhall, einer der drei Londoner → »Lustgärten«, die die Mode der »open air prostitution« (Freiluft-Prostitution) des 17. und 18. Jahrhunderts einführten. Die beiden anderen waren Cremorne Gardens und → Ranelagh.

Vauxhall d'hiver, Pariser Wintergarten, der im 18. Jahrhundert nach dem englischen → Lustgarten Vauxhall benannt wurde. Ein berühmter und berüchtigter Treffpunkt der Pariser Prostituierten.

Venaesectio [lat.: vena = Ader; secare = schneiden], die medizinische Bezeichnung für den Aderlaß. Obgleich V. heute nur noch selten als Therapie benutzt wird, hat sie eine große Bedeutung in der komplizierten sexuellen Symbolik der Hysterie und des Sadomasochismus. Hysteriker neigen in hohem Maße zu dem Wunsch, Teile ihres Körpers operativ entfernen zu lassen. Hierher gehören die bekannten Operationsfanatiker, die von einem Chirurgen zum anderen laufen, um sich unter Vortäuschung aller möglichen Krankheiten immer wieder den Körper aufschneiden zu lassen; aber auch jene Dentalfetischisten, die sich gerne Zähne ziehen lassen, und jene kompulsiven Blutspender, die beim Aderlaß intensive Lustgefühle empfinden. Hier verwandelt sich die Hysterie in die »Perversion«: »Die Neurose ist sozusagen das Negativ der Perversion« (Freud, *Drei Abhandlungen zur Sexualtheorie,* 1904). Denn V. gehört auch zu dem großen Block der sadomasochistischen Zwangsvorstellungen. Einen anderen Menschen zur Ader zu lassen, ihm Blut abzuzapfen, ist eine beliebte sadistische Praktik. Sich von einem anderen Menschen Blut abzapfen zu lassen ist eine ebenso beliebte Praktik des Masochisten. Sich selber Blut abzuzapfen bildet deshalb eine Grenzform des → Automasochismus und des → Autosadismus. (Vgl.: Aderlaß, Introjektion, Lykanthropie, Vampirismus). Es gibt auch eine zoosadistische Variante der V., die man an Tieren vornimmt. Hierher gehören die → Viehstecher, die nachts auf die Felder gehen, um Kühen, Pferden, Schafen und Ziegen Blut abzuzapfen.

Venereophobie [lat.: venereus = sinnlich, geschlechtlich; gr.: phobos = Furcht], Furcht vor dem Geschlechtlichen, Angst vor Geschlechtsverkehr, Angst vor Geschlechtskrankheiten. Vgl.: Cypridophobie.

Zur Pathogenese der G. → Abstinenz, Angoisse de toucher, Berührungsangst, Délire de toucher, Distanzliebe, Doppelliebe, Familiensklave, Flucht vor der Liebe, Genitalangst, Homosexualität, Horror sexualis partialis, Keuschheit, Koitusangst, Liebeshaß, Ligatur, Repulsionskräfte, Schattenliebe, Sexualmoral, Sexualneurose.

Zur V. des Mannes → Antifeminismus, Erektionsangst, Frauenhaß, Gynäkophobie, Impotenzangst, Kastrationsangst, männlicher Protest, Misogynie, Penisstrangulation, Selbstentmannung, Selbstkastration, gezahnte Vagina.

Zur V. der Frau → Androphobie, Deflorationsphobie, Dianakomplex, Frigidität, Geburtsangst, Hymenismus, Männerhaß, Misandrie, Penisneid, Psychosen, Tokophobie, Vaginismus.

Venus aversa [lat.: Venus von hinten], Koitus, bei dem der Mann hinter der Frau sitzt, kniet, liegt oder steht. Auch → Coitus a posteriori, Coitus a tergo, Positio aversa genannt. → Figurae veneris, Koitalbewegungen, Koituspositionen.

Venus observa [lat.: betrachtete Venus], Koitusposition, bei der Mann und Frau einander in die Augen sehen können. → Figurae veneris, Koitalbewegungen, Koituspositionen.

Venus statuaria, nach Ivan Bloch (1872–1922] die sexuelle Fixierung auf Statuen. »Diese Fixierung kann sich bei sexuell besonders erregbaren Individuen schon bei einem Gang durch ein Museum mit vielen Bildwerken zeigen. Meist handelt es sich um unreife Jugendliche, vor allem ungebildete Individuen, die jedes ästhetischen Sinnes bar sind und außerdem in Prüderie und Scheu vor dem Nackten aufgewachsen sind.« Das sind nach Bloch dieselben Individuen, die der katholische Moraltheologe Bouvier meint, wenn er in seinem *Manuel des confesseurs* (1876) den Fall der Onanie vor einer Statue der heiligen Jungfrau kasuistisch untersucht. Hierher gehört auch der von Tarnowsky berichtete Fall jenes Gärtners, der im Jahre 1877 dabei betroffen wurde, wie er mit einer im Parke aufgestellten Statue der Venus von Milo Koitusversuche machte. → Ikonolagnie, Monumentophilie, Puppe, Pygmalionismus, Statuenliebe, Statuophilie.

Venusberg → Tannhäuser.

Venushalsband [frz.: collier de Vénus], die volkstümliche Bezeichnung für Leucoderma colli (Leucoderma syphiliticum), einen Farbverlust der Haut, der nach Abheilen der syphilitischen Exantheme des sekundären Stadiums auftritt. → Syphilis.

Venuskranz [lat.: corona veneris], die volkstümliche Bezeichnung des knotenförmigen Ausschlags der → Syphilis an der Haargrenze der Stirn.

Verbrechen, Vergehen und Übertretungen, die drei Formen der Straftaten, nach denen das deutsche Strafrecht bis zum Jahre 1975 sexuelle und andere Delikte einteilte. Im Gegensatz zum römischen und zum angelsächsischen Recht, die entsprechende Einteilungen nach der Schwere der Tat vornehmen, zäumte das deutsche Strafrecht das Pferd vom Schwanz her auf und teilte die Delikte nach der Höhe des Strafmaßes ein. Eine mit Zuchthaus oder mit Einschließung von mehr als fünf Jahren bedrohte Handlung galt als *Verbrechen* (StGB § 1 Abs. 1). Eine mit Einschließung bis zu fünf Jahren, mit Gefängnis oder mit Geldstrafe von mehr als fünfhundert Mark oder mit Geldstrafe schlechthin bedrohte Handlung wurde als *Vergehen* definiert (§ 1 Abs. 2 StGB). Eine mit Haft oder mit Geldstrafe bis zu fünfhundert Mark bedrohte Handlung wurde als *Übertretung* bezeichnet (§ 1 Abs. 3 StGB). → Schuld, Strafrecht, Vergeltung.

Verbrechen, sexuelles → Sexualverbrechen, Sittlichkeitsverbrechen.

Verdrängung, ein von Johann Friedrich Herbart (1776–1841) geprägter und von Sigmund Freud (1856–1939) übernommener Begriff, den Freud selbst als den »Grundpfeiler« bezeichnet hat, »auf dem das Gebäude der Psychoanalyse ruht« *(Zur Geschichte der psychoanalytischen Bewegung,* 1914. *Gesammelte Werke* Bd. X, S. 54). Freud leitet aus der Diagnose und Therapie hysterischer Patienten die Beobachtung ab, daß nicht nur der kranke, sondern auch der gesunde Mensch dazu neigt, jene Wünsche, die das eigene Ich bedrohen, aus dem Bewußtsein zu »verdrängen«. Dieser Prozeß wird besonders deutlich, wenn der Patient sexuelle Wünsche entwickelt, die ihn als »unsittlich« anmuten und deshalb unterdrückt werden müssen. Was dabei »verdrängt« wird, ist aber nach Freuds Meinung nicht der eigentliche Wunsch, sondern nur dessen Repräsentanz, dessen Wunschbild. Wie unsere Verkehrssünden, die wir nur allzu gern vergessen hätten, fein säuberlich in Flensburg registriert werden, so wird das verbotene Wunschbild vom Ich ins Unbewußte verdrängt und dort »niedergeschrieben«.

Nicht *alle* Menschen verdrängen *alle* bedrohlichen Wünsche, aber bei denen, die zur V. neigen, nimmt Freud bereits im frühesten Lebensalter einen Prozeß der *Urverdrängung* wahr, um den sich alle späteren Verdrängungsvorgänge kristallisieren. Die Ur-V. beruht auf einer frühkindlichen Entwicklungsstörung, einer Fixierung auf eine libidinöse Entwicklungsstufe, die eigentlich längst überwunden sein sollte. Die V. wird also nicht vom Bewußtsein ausgeführt, sondern ist das Produkt zweier Kräfte, die von entgegengesetzten Seiten auf das gleiche Ziel einwirken. Der Kern der Ur-V. wirkt wie ein Magnet, der bedrohliche Wünsche ins Unbewußte herabzieht, während das verdrängende Ich gleichzeitig den Abwehrvorgang mit gewaltigen Energien besetzt.

Freud unterscheidet sehr sorgfältig zwischen V., → Abwehr und → Sublimierung. Alle Formen der V. bedienen sich bestimmter Abwehrmechanismen, aber nicht alle Abwehrmechanismen bedienen sich der V. Sie können stattdessen mit Hilfe der Isolierung, Vermeidung, Verschiebung, Projektion oder Konversion, des Verwerfens oder Ungeschehenmachens arbeiten. Sublimation schließlich ließe sich als *gelungene* V. bezeichnen, denn im Gegensatz zur eigentlichen V., die meist mißlingt und zur Wiederkehr des Verdrängten im Traum, in der Fehlleistung oder im psychosomatischen (hysterischen) Symptom führt, lenkt die Sublimierung sexuelle Wünsche auf ein nichtsexuelles Ziel und verwandelt sie dort in künstlerische, wissenschaftliche oder andere kulturelle Leistungen.

Während die V. also eine Unterdrückung der geschlechtlichen Wünsche oder bestenfalls einen Kompromiß zwischen ihnen und den sexuellen Tabus der Gesellschaftsordnung darstellt, ist die Sublimierung eine erfolgreiche Umwandlung sexueller Wünsche in kulturelle Tätigkeiten. Gleichzeitig erfordert sie aber auch einen beachtlichen Verzicht auf sexuelle Befriedigung, vor allem auf *kindliche,* prägenitale Befriedigung. Man könnte deshalb sagen, daß der eigentliche Träger der Kultur nicht der Erwachsene, sondern das Kind sei, denn dessen Verzicht auf prägenitale Befriedigung liefert dem Erwachsenen die kulturell verwendbaren Triebkräfte.

Neuere Theoretiker der Psychoanalyse, so Herbert Marcuse und Norman O. Brown, haben sich geweigert, den Unterschied zwischen V. und Sublimierung zu akzeptieren und haben den Vorgang, einerlei ob er gelingt oder nicht, als V. bezeichnet. Danach wäre die menschliche Kultur nicht etwa das Produkt der Sublimierung, sondern das der V. Gleichzeitig wird die V. zum Kennzeichen der menschlichen Gattung erhoben. Der Mensch wird also im positiven wie im negativen Sinne als »das verdrängende Tier« definiert. Diese Revision der Psychoanalyse macht Freuds Konzept der Kultur aber noch verdächtiger, als es bei ihm selbst bereits war. Denn zu sagen, daß bestimmte »Triebwünsche« verdrängt (oder sublimiert) werden *müssen,* weil die Gesellschaft es sich nicht leisten kann, sie zu befriedigen, überzeugt nicht, denn erstens gibt es keine Beweise dafür, daß *jede* Gesellschaftsordnung auf Triebverdrängung beruht, und zweitens schlägt die Quantität der Triebunterdrückung in eine ganz *spezifische* Qualität der Verdrängung um. Je mehr Triebunterdrückung eine Gesellschaft von ihren Mitgliedern fordert, um so *grausamer* wird sie. Schließlich läßt es sich auch nicht leugnen, daß der Energiehaushalt eines jeden Menschen beschränkt ist, so daß die Kräfte, die zur Verdrängung benötigt werden, bald irgendwoanders fehlen. Resultat: Wenn der Mensch seine Kindheit in einer restriktiven Gesellschaftsordnung wie der des westlichen Bürgertums überstanden hat, ist er so ausgelaugt, so entkräftet, daß der Rest seines Lebens keine Entfaltung, sondern nur ein maskiertes Dahinsiechen ist.

Da dies kein gesunder Zustand ist, kann er auch nicht als normal bezeichnet werden, einerlei ob er im statistischen Sinne eine Norm darstellt oder nicht. Denn was in dieser Gesellschaft »normal« ist, also den Zustand der Mehrheit beschreibt, ist nicht gesund, und was von dieser Gesellschaft als »gesund« betrachtet wird, ist nicht normal. Deshalb wird es immer wahrscheinlicher, daß Freud geirrt haben mag, als er ein Konzept der Reife, der Gesundheit postulierte, das weder Reife noch Gesundheit, sondern nur den an die bürgerliche Gesellschaft angepaßten Menschen beschrieb. Wenn diese Gesellschaft aber krank ist, dann ist auch die Anpassung pathogen, und dann ist der Angepaßte der wahrhaft Kranke.

In Begriffen der Libidotherie und der stufenweisen Entwicklung des Kindes bedeutet dies, daß der Weg von der polymorphen über die orale, anale, ödipale und »phallische« Stufe zur Genitalität nicht den Aufbau der Persönlichkeit, sondern deren Abbau markiert, und daß eine Gesellschaftsordnung, die das Glück der Frühkindheit nicht stufenweise opfern will, sich auf der polymorphen und nicht auf der genitalen Stufe aufbauen muß. Damit ist gemeint, daß der Primat der Genitalität über die Partialtriebe, den Freud als unerläßlich zur Erlangung der »Reife« und zur Einordnung des Individuums in die Gesellschaft betrachtet hatte, eine ebensolche Tyrannei darstellt wie die der Oralität oder der Analität.

Wenn ein solches Diktat der einen Libidostufe über alle anderen notwendig ist, um den Menschen für die »Kultur« reif zu machen, dann dürfen wir uns nicht wundern, wenn diese »Kultur« ebenso zur Tyrannei der einen Gesellschaftsschicht über alle anderen führt. Nur im Zeitalter der ersten, der polymorphen Stufe, die Freud unverzeihlicherweise als polymorph-*pervers* bezeichnet hat, ist der Mensch frei von Perversion, frei von dem Herrschaftsanspruch der einen Erogenzone über die anderen. Wollen wir je eine wahrhaft freie, wahrhaft demokratische Gesellschaftsordnung aufbauen, so muß sie auf der polymorphen Phase beruhen.

Das Individuum spiegelt die gesellschaftlichen Umstände wider, unter denen es aufwächst. Die unerhört komplizierte, von extremen Widersprüchen geplagte Psyche des bürgerlichen, großstädtischen Kindes unserer Tage ist ohne Kenntnis und ohne sorgfältige Analyse der Gesellschaftsumstände, die sich in seiner Psyche niedergeschlagen haben, völlig unmöglich. Diese Analyse muß mit den Produktivkräften beginnen. Jede Gesellschaftsordnung wird nun einmal von ihren Produktivkräften und ihren Produktionsmitteln geformt, aber die Produktionsmittel bilden sich nur in dem Maße heraus und bilden sich auch nur insofern um, wie die Gesellschaft reif für sie ist. Können die Produktivkräfte sich nicht frei entwickeln, so kann es auch das Kind nicht. Werden die Produktivkräfte frustriert, so wird es auch das Kind. Das Maß der V., das die Gesellschaft ihm abfordert, steht in direktem Verhältnis zu dem Druck, den sie ausüben muß, um die Produktionsmittel in Gang zu halten. Eine vom Profitmotiv getriebene Gesellschaft, die den Produktionsmitteln stets Fesseln anlegen muß, wenn diese nicht profitabel arbeiten, zwingt nicht nur ihre Sklaven, sondern auch ihre Herren zu neurotisierenden Verdrängungsvorgängen. Eine klassenlose Gesellschaft benötigt dagegen nur ein Minimum von V., da sie nach Bedarf produziert und den Produktionsmitteln deshalb maximale Entfaltungsmöglichkeiten bietet.

Dieses Postulat steht im Widerspruch zu Freuds These vom »Unbehagen in der Kultur«, die das Gegenteil behauptet: daß die Verdrängung nötig sei, um die Kultur zu erzeugen, und daß die V. oder Sublimierung mit dem Stand der Kultur wachse; je höher die Kultur, desto größer das Maß der erforderlichen V. oder Sublimierung. Was darauf hinausläuft, daß wir um so unglücklicher werden, je weiter wir uns von unseren tierischen Vorfahren entfernen. Alles, was in der bürgerlichen Gesellschaft geschehen ist, belegt seine These; aber die bürgerliche ist nicht die einzige aller Gesellschaftsordnungen, wie auch das bürgerliche Erziehungssystem nicht das einzige ist.

Vere Street Coterie, ein englischer Geheimclub männlicher Homosexueller, der 1810 ausgehoben wurde. Er benannte sich nach einer heute noch bestehenden Londoner Straße. → sexuelle Clubs, Homosexualität.

Verenenkult, Vrenelikult, im Mittelalter der Fruchtbarkeitskult der germanischen Frija, der Göttin mit dem Kamm in der Hand. Der → Venusberg der → Tannhäuserlegende war Frau Vrenelis Berg. Sie liegt angeblich unter dem Namen der heiligen Verena in Zurzach am Rhein begraben. Dort fand während des ganzen Mittelalters zweimal jährlich der Zurzacher Markt mit seinem → Matzentanz statt, zu dem Prostituierte aus ganz Deutschland und der Schweiz strömten. Der Landvogt von Baden tanzte dort mit der »Huoren-Königin«, der schönsten Hure des Jahres, und übergab ihr einen Gulden zum Andenken an König Albrecht, der 1308 in den Armen einer Zurzacher Hure gestorben war. Aus allen deutschsprechenden Landen strömten am Verenentag, dem 1. September, die kinderlosen Frauen zusammen, um im Verenaloch und dem Verenabad Fruchtbarkeit zu finden. Am »Huren-Kirchtag« wurden in Zurzach Gebäcke in Form der weiblichen Scheide feilgeboten, die ebenfalls zur Behebung der Unfruchtbarkeit dienen sollten. → Bad, Bagnio, Brunnen, Ertränkung, Étuve, Fruchtwasser, Gesundbrunnen, Hygiene, Piscine, Undinismus, Wasser.

Vererbung besteht in der Weitergabe genetischer Information von einer Generation an die nächste. Sie ist in der gesamten belebten Natur, vom Virus bis zum Menschen, identisch. Individuell erworbene Fähigkeiten vererben sich nicht, aber sie erhöhen die Überlebenschancen des Individuums, das diese Fähigkeiten erworben hat, und befähigen es dadurch, mehr und intelligenteren Nachwuchs zu hinterlassen als die weniger fähigen Mitglieder seiner Gattung. So verbreiten sich erworbene Eigenschaften von einer Generation auf die andere, ohne daß eine genetische V. besteht.

Vergeltung, im Grunde kein strafrechtliches Prinzip, sondern bösartige Eitelkeit. Aus dem Ruf nach V. für ein Verbrechen spricht weder Identifizierung mit dem Opfer noch Sinn für Gerechtigkeit, sondern invertierte Sympathie mit dem Verbrecher. Dies wird besonders klar, wenn wir den Ruf nach Todesstrafe für »Sittlichkeitsverbrecher« unter die

Lupe nehmen. »Wenn der Lump ungestraft sein Mädchen vernaschen darf, wieso hab' ich mir dann mein ganzes Leben lang alles verkneifen müssen, was ich wollte?« fragt der Volksmund.

Gerade in Deutschland, wo man auch heute noch unter Erziehung eine Art Austreibung des bösen Geistes versteht, nimmt der Konflikt zwischen dem, was der Mensch tun möchte, und dem, was er sich versagt, im Laufe der Zeit explosive Spannung an. Ohne Zweifel lag der »Reiz« des Nazisystems zum Teil in der Beschaffung von Gelegenheiten, diese Spannung durch Straßenschlachten, Judenverfolgungen, Eroberungskriege und legalisierte Folter in Konzentrationslagern abzubauen.

Selbst in so makabren Fällen wie dem des Pädosadisten Jürgen Bartsch identifiziert sich das Publikum in viel höherem Maße mit dem Täter als mit den Opfern. Auch hier bedeutet der affektive Ruf nach Todesstrafe nicht mehr und nicht weniger als Neid: »Wenn das Schwein da ungestraft seinen sadistischen Sauereien nachgehen darf, wieso müssen wir normalen Menschen uns unser ganzes Leben lang alles versagen, was wir wollen?«

Die Entrüstung ist nicht Mitleid mit dem Opfer des Täters, sondern Verbitterung wegen der Opfer, die man selber gebracht hat. → Schuld, Strafrecht, Zurechnungsfähigkeit.

Verhältnis, ein aussterbendes Wort. Im 19. Jahrhundert verstand der Volksmund darunter die Geliebte eines verheirateten Mannes oder den Geliebten einer verheirateten Frau. Anfang des 20. Jahrhunderts erweiterte sich der Begriff und umfaßte jede langfristige sexuelle Bindung zweier nicht miteinander verheirateter Menschen. Mitte des 20. Jahrhunderts überlebte das Wort nur noch unter älteren Leuten und Kleinbürgern. Da der Geschlechtsverkehr nicht miteinander verheirateter Menschen zur Selbstverständlichkeit geworden war, bedurften solche Verbindungen keines besonderen Begriffs mehr.

Verhütungsmittel, ein volkstümlicher Begriff, der zwei verschiedene Gruppen von medizinischen Präparaten unter einen Nenner zu bringen versucht – Mittel zur Verhütung von → Geschlechtskrankheiten und Mittel zur → Empfängnisverhütung. Das einzige Präparat, das beide Zwecke gleichzeitig erfüllt, ist das → *Kondom* oder *Präservativ,* im Volksmund »*Überzieher*« genannt, eine Gummi- oder Plastikhülle, die vor dem Koitus über den Penis gezogen wird und bei der Ejakulation den männlichen Samen auffängt. Es ist eines der sichersten und billigsten Empfängnisverhütungsmittel.

Seine einzigen Nachteile sind die, daß es für beide Partner, besonders aber für den Mann, die Lust der direkten Berührung der Genitalien bedeutend vermindert und daß das Anlegen des Kondoms für beide Partner peinlich und ernüchternd sein kann. Fälle von temporärer oder gar chronischer Impotenz als Folge der Benutzung von Präservativen sind deshalb in der Fachliteratur nicht unbekannt, stellen aber eine Minderheit dar.

Ob man die einzige von der katholischen Kirche erlaubte Form der Geburtenkontrolle, die *»Zeitwahl-«, »Rhythmus-« oder Knaus-Ogino-Methode* als V. betrachten kann, ist zweifelhaft. Denn erstens stellt sie kein eigentliches »Mittel« dar und zweitens verhütet sie nur eine sehr begrenzte Anzahl von Geburten. Sie beruht auf der Entdeckung,daß eine Frau gewöhnlich nur einmal im Monat ein reifes Ei produziert, das vom männlichen Sperma befruchtet werden und sich dann zu einem Kind entwickeln kann. Nur 24 STunden beträgt die Zeitspanne, während der das reife Ei am Leben bleibt und befruchtet werden kann; findet die Befruchtung nicht innerhalb dieser 24 Stunden statt, so löst sich das Ei auf und verschwindet. Die Tabellen für die Zeitwahl-Methode berücksichtigen auch, daß Sperma im Innern des weiblichen Körpers noch 48 Stunden nach dem Geschlechtsakt befruchtungsfähig bleibt. Zur Empfängnis kann es nur kommen, wenn der Verkehr zwischen der Zeitspanne erfolgt, in der das Ei lebt, oder wenn er erst kurz zuvor stattfand, so daß noch lebendes Sperma im Körper der Frau ist. Es gibt also allmonatlich nur einen Zeitraum von insgesamt 72 Stunden – oder drei Tagen –, in dem Geschlechtsverkehr zur Schwangerschaft führen kann. Wann tritt diese Zeit ein? Die Antwort stützt sich auf die Arbeit zweier Wissenschaftler, des Japaners Dr. Kyusako Ogino und des Österreichers Dr. Hermann Knaus. Ihre Untersuchungen in den 30er Jahren unseres Jahrhunderts ergaben, daß eine Frau gemeinhin ungefähr 14 Tage vor Einsetzen der Menstruation ein reifes Ei produziert. Leider ist das Wörtchen »ungefähr« hier sehr wichtig. Selbst bei einer Frau, deren Menstruation immer völlig regelmäßig im Abstand von 28 Tagen eintritt, kann das reife Ei irgendwann zwischen dem sechzehnten und dem zwölften Tag vor Beginn der Menstruation entlassen werden. Es ist unmöglich, für einen beliebigen Monat vorauszusagen, ob das nun am sechzehnten Tag, am zwölften Tag oder an einem der dazwischenliegenden Tage geschehen wird. Um die Zeitwahl-Methode erfolgreich anwenden zu können, muß eine Frau ein ganzes Jahr lang einen Menstruationskalender führen. Der Tag, an dem die Menstruation einsetzt, zählt als erster Tag, und sie muß nun die Dauer der kürzesten

Zeit und ebenso die Dauer der längsten Zeit bis zum Beginn der nächsten Menstruation feststellen. Manche Frauen besitzen aber einen derart unregelmäßigen Menstruationszyklus, daß sie die Zeitwahl-Tabelle überhaupt nicht benutzen können; dieser Gruppe gehören vielleicht 15 von 100 Frauen an. Eine Frau, die eben erst ein Kind bekommen hat, kann die Methode ebenfalls nicht benutzen, da die ersten nun folgenden Menstruationszyklen höchst unregelmäßig sind und über das Erscheinen des Eis gar nichts Genaues vorhergesagt werden kann. Doch selbst von jenen Frauen, die eine angemessene Zeitspanne nach einer Niederkunft gewartet haben und sorgfältig die Dauer ihrer Zyklen beachten, verlangt die Zeitwahl-Methode oft allmonatlich eine größere Anzahl von enthaltsamen Tagen; viele Paare sehen hierin den entscheidenden Nachteil. Für einige Paare taucht hier auch das psychologische Problem eines »Sex nach Plan« auf, wenn sie im voraus die Tage bestimmen müssen, an denen sie Verkehr haben oder nicht haben dürfen. Ein weiterer Nachteil besteht darin, daß die Zeitwahl-Methode keineswegs hundertprozentig erfolgreich sein kann. Man schätzt, daß von 100 Frauen, die sich ein ganzes Jahr lang nach diesem System richten, 24 trotzdem schwanger werden.

Da die Körpertemperatur der Frau im Rhythmus ihrer Regel steigt und fällt, kann man die Zeitwahl-Methode theoretisch mit Hilfe eines Thermometers genauer befolgen. Aber diese Temperaturschwankungen sind so minimal und können von so vielen anderen Einflüssen (Kleidung, Erkältung, Magenverstimmung) verschoben werden, daß auch hier nur geringe Verbesserungen des Verhinderungskoeffizienten erzielt weren können. Das einzige wirklich wirkliche V. im Zusammenhang mit der Rhythmus-Methode ist das von Dr. Joseph Doyle 1960 erfundene Instrument, das den Glukosegehalt der Gebärmutter mit Hilfe eines einfachen und preiswerten Reagenzpapiers feststellt.

Während der Ovulation und meist auch zwei bis drei Tage vorher scheidet die Gebärmutterschleimhaut minimale Quanitäten von Glukose (Traubenzucker) aus. Dr. Doyles Instrument wird von der Frau in die Nähe der Gebärmutter geführt. Färbt sich das darin enthaltene Reagenzpapier blau, so weiß sie, daß Glukose vorhanden ist und Befruchtung stattfinden kann. Sie wird also so lange keinen Geschlechtsverkehr haben, bis keine Anzeichen von Glukoseabsonderung mehr vorhanden sind. Diese Methode ist sicher und verläßlich, erspart all die Rechnerei und Tabellenführung der Knaus-Ogino-Methode, hat aber wiederum den Nachteil, daß man nur an bestimmten Tagen des Monats verkehren kann. Schließlich kann auch sie das Überleben eines Spermiums bis zum befruchtungsfähigen Tage nicht verhindern. Dann tritt Befruchtung mit einer Art Zeitzündereffekt ein.

Da das Kondom vor allem zum Schutz vor Geschlechtskrankheiten dient und der Glukose-Indikator kein Verhütungsgerät, sondern nur ein Meßinstrument ist, kommen wir jetzt erst zu den eigentlichen Empfängnisverhütungsmitteln. Man teilt sie nach ihrer Wirkungsmethode in drei Hauptgruppen ein:

1. *Physische Verhütungsmittel*
Kondom
Diaphragma, Scheidenpessar, Mensinga
Zervixkappe, Portiokappe
Sterilette
Schwamm
Schaumspray
Scheidenspülung
Gräfenbergring, IUCD, IUP
Sterilisierung

2. *Chemische Verhütungsmittel*
Salben, Gelees, Suppositorien, Vaginaltabletten, Seifenlauge, Essiglösung und andere Chemikalien.

3. *Biochemische Verhütungsmittel*
Die 20-Tage-Pille
Die Sequenzpille oder Sequentialpille
Die Minipille
Die Pille Danach
Die Hormonspritze, Subkutane Hormonspeicher
Biologische Spermiziden
Wärmebehandlung.

Alle physischen V. stellen Barrieren zwischen dem Sperma und dem Ovum her. Das *Diaphragma (Scheidenpessar, Mensinga)* ist eine Art Kondom für Frauen, eine Gummikappe, die den Gebärmuttermund mit Hilfe einer Spiralfeder abschließt und dem Sperma den Zugang zur Gebärmutter versperrt. Sein Durchmesser beträgt 5–10 cm. Es trennt Scheidengewölbe und Gebärmutterhals vom unteren Teil der Scheide. Die Spiralfeder sorgt dafür, daß es nicht verrutscht, aber es geschieht doch immer wieder, daß einzelne Samenzellen zwischen den Rand des Pessars und der Scheidenwand einschlüpfen und Befruchtung hervorrufen.

Die *Kappe, Zervixkappe* oder *Portiokappe* ist eine kleinere, unelastische Form des gleichen Gegenstands. Ihr Durchmesser beträgt 2–3 cm. Sie wird aus Metall, Gummi oder Plastik hergestellt und über den Gebärmutterhals gestülpt. Im Gegensatz zum Diaphragma, das durch eine Sprungfeder festgehalten wird, saugt sich die Kappe von selber fest. Ihre Größe kann deshalb nur vom Arzt nach Vermessung des Gebärmutterhalses festgelegt werden. Vor der Menstruation muß sie entfernt werden. Da sie durch Erschütterung des Unterleibs (Lachen, Niesen, Husten, aber auch Koitus) leicht ihre Saugwirkung verliert, ist ihre empfängnisverhütende Wirkung beschränkt.

Die *Sterilette* ist ein pilzförmiges Gerät, dessen Kopf den Gebärmuttermund verschließt, während sein Stiel in den Gebärmutterhals hineinragt. Sie wird aus Metall, Plastik oder Glas hergestellt, ist noch weniger empfängnisverhütend als das Diaphragma und die Kappe und führt dadurch, daß sie den Gebärmutterhals offen hält, zu vielen Erkrankungen der Gebärmutter.

Sogenannte *Sicherheitsschwämme,* die den Gebärmuttermund und das hintere Scheidengewölbe versperren sollen, sind seit dem Altertum von Frauen mit mehr oder weniger Erfolg als V. benutzt worden, meist in Verbindung mit einem chemischen Spermizid (Samenzerstörungsmittel), z. B. Essig, Zitronensaft oder einer anderen zu diesem Zweck hergestellten Flüssigkeit, in die man das Schwämmchen vorher getunkt hat. Manche Frauen benutzen statt eines Schwamms gewöhnliche Watte oder Tampons. Der Erfolg ist so gering, daß der Volksmund diese Sicherheitsschwämmchen »Unsicherheitsschwämmchen« getauft hat.

Schaumspray ist die moderne Form des Sicherheitsschwämmchens. Aus einer Sprühdose wird chemischer Schaum in die Vagina geblasen. Er überzieht den Gebärmutterhals mit einem Schutzfilm, der physisch als Barriere und chemisch als Spermizid wirkt. Von allen bisher besprochenen Methoden der weiblichen Empfängnisverhütung ist dies die weitaus beste. Jedoch ist sie immer noch weniger verläßlich als das Kondom und die im folgenden erwähnten IUCDs und Pillen.

Scheidenspülungen sollen die Samenfädchen durch Wasserdruck physisch aus der Scheide hinausspülen und sie gleichzeitig durch Beifügung von Spermiziden chemisch zerstören. Beide Prozesse mißlingen fast stets. Oft spült der Wasserdruck die Spermien erst in die Gebärmutter hinein, statt sie aus der Scheide hinauszuspülen, während die beigefügten Chemikalien entweder nutzlos oder schädlich sind. Von allen bisher erwähnten Methoden die schlechteste.

Gräfenbergringe, Spiralen oder intrauterine Empfängnisverhütungsmittel (IUCD) sind dagegen von allen bisher erwähnten V. die weitaus erfolgreichsten. Da niemand weiß, wie sie wirken, haben wir sie hier provisorisch unter die physischen Verhütungsmittel eingereiht. Ihre Wirkung mag aber auf chemischen oder biochemischen Prinzipien beruhen, die uns bisher unklar sind. Die mittelamerikanischen Frühkulturen kannten bereits das Phänomen, daß winzige Fremdkörper, die man in die Gebärmutter einführt, die Konzeption verhindern. Das Problem, mit dem der Berliner Gynäkologe Ernst Gräfenberg sich seit den zwanziger Jahren unseres Jahrhunderts beschäftigte, war die Sterilisierung dieser Fremdkörper. Erst in unserem Jahrzehnt wurde dieses Problem erfolgreich gelöst, indem man sterilisierte Plastikstücke in Form von Spiralen, Schleifen, Ringen oder Bügeln zusammengepreßt durch ein Röhrchen in den Gebärmuttermund einführte. Beim Zurückziehen des Röhrchens springt die Plastikfigur durch eigene Elastizität auseinander. Nahezu hundertprozentige Empfängnisverhütung ohne negative Begleiterscheinungen ist in Millionen von Fällen festgestellt worden.

Sterilisierung ist die sicherste aller Formen der Empfängnisverhütung. Sie kann sowohl beim Mann wie bei der Frau vorgenommen werden. Beim Mann spricht man von Vasektomie, bei der Frau von Tubenligatur. In beiden Fällen ist der Eingriff harmlos und hat keinerlei Einflüsse auf das Sexualleben, die Potenz oder das sexuelle Leben des Patienten. Der Nachteil liegt in der Unwiderruflichkeit des Eingriffs. Um diesen Nachteil zu überwinden, ist man jetzt in Amerika dazu übergegangen, statt die Eileiter der Frau oder den Samenleiter des Mannes chirurgisch zu trennen, sie durch Einspritzen eines gummiartigen Kunststoffes temporär zu blockieren. Sollen eines Tages Kinder gezeugt werden, so kann der Kunststoff leicht entfernt werden.

Damit kommen wir zu den chemischen V., die alle von der Frau benutzt werden und alle den gleichen Zweck haben, den männlichen Samen in der Vagina zu zerstören oder zu neutralisieren. Schon im Altertum benutzten Frauen *Essiglösungen, Zitronensaft, Milchsäure* und ähnliche *Azide* zu diesem Zweck. Gegenwärtig werden *Gelees, Salben, Zäpfchen* und *Vaginaltabletten* aller Arten als Spermizide angeboten. Keines dieser Präparate ist verläßlich, auch nicht in Verbindung mit einem Diaphragma oder einer Zervikalkappe.

Damit haben wir die wichtigsten V. erfaßt, die es bis zur Entdeckung der sog. *Pille* gab. Während all die bisher beschriebenen V. eine einfache Barriere zwischen Sperma und Ovum zu legen versuchten, fungieren die neuen V. auf einer völlig anderen Basis. Es sind weder physische noch chemische Mittel, sondern hormonelle Agenzien, die in den endokrinen Kreislauf eingreifen und ihn verändern. Hierin liegt sowohl ihre Stärke wie ihre Schwäche. Es gibt viele Menschen (und zu ihnen gehören auch Ärzte), die keine moralischen Einwände gegen Antikonzeptionsmittel, ja nicht einmal gegen Schwangerschaftsunterbrechungen haben und die neuen V. trotzdem ablehnen. Nicht etwa weil sie glauben, daß diese Mittel Lebererkrankungen, Krebs, Thrombosen, Asthma, Ekzeme oder Epilepsie verursachen, sondern einfach weil sie einen Eingriff in den Hormonhaushalt als einen Eingriff in die Sexualität des Menschen betrachten. Dies ist ein ernsterer Einwand als die religiösen Bedenken, die von anderer Seite gegen die Pille erhoben worden sind.

Um zu verstehen, was hier gemeint ist, müssen wir den ganzen Prozeß der menschlichen Zeugung aufrollen. Der weibliche Eierstock enthält zahlreiche winzige Beutel oder Säcke – man nennt sie Follikel – und jedes dieser Säckchen birgt ein einzelnes, unreifes Ei. Sämtliche Eier – es gibt bis zu 400000 davon – sind von Geburt an vorhanden; doch nur etwa 400 Eiern ist es beschieden, zu reifen: vom Beginn der Pubertät bis zum Eintritt der Menopause wird allmonatlich ein Ei reif. Während der Follikel wächst, produziert er ein eigenes Hormon, das sogenannte *Östrogen,* eines jener »weiblichen« Hormone, die von den Eierstöcken stammen. Das Östrogen besitzt vielerlei Wirkungen. Es stimuliert einen Gehirnsektor, der die Produktion weiterer Eier drosselt. Es wirkt zudem auf die Gebärmutterwand; es läßt die Wand dicker werden und regt das Wachstum kleiner Drüsen im Bindegewebe der Gebärmutter an. Damit ist die Vorbereitung der Gebärmutter zur Aufnahme eines befruchteten Eis eingeleitet. Schließlich stimuliert das Östrogen auch noch die milcherzeugenden Drüsen der Brüste – ein erster Schritt, um sicherzustellen, daß ein Milchvorrat zur Verfügung steht, falls eine Schwangerschaft eintritt. Gegen Mitte des normalen 28-Tage-Zyklus findet nun fast gleichzeitig eine ganze Reihe von Ereignissen statt.

Der Östrogen-Ausstoß in den Blutstrom, der vom wachsenden Eifollikel kommt, erreicht seinen Höhepunkt. Die größere Östrogenmenge verursacht Veränderungen des Schleims, der den Gebärmutterhals umgibt; die zähe Substanz, die gewöhnlich den Gebärmuttermund verschließt, wird dünnflüssig. Damit ist für das Sperma, das sich seinen Weg zum Ei suchen soll, ein Durchgang geschaffen. Zur gleichen Zeit regt das Östrogen die Hypophyse zur Absonderung eines weiteren Hormons an, das dann den Ausstoß des reifen Eis auslöst. Der Follikel platzt; das Ei wird frei und macht sich auf die Reise durch einen Kanal, den sogenannten Eileiter, der es in die Gebärmutter führt. Ist der Eifollikel geplatzt, so übernimmt er eine andere Rolle; er verwandelt sich in eine kleine Drüse, die weiterhin Östrogen produziert und zudem beginnt, das zweite typisch weibliche Hormon, *Progesteron,* herzustellen. Das Progesteron macht sich nun daran, die Vorbereitung der Gebärmutterwand abzuschließen; es bewirkt, daß die Drüsen in der Wand ihr Wachstum einstellen und statt dessen beginnen, die verschiedenen Flüssigkeiten abzusondern, die für die Aufnahme des Eis unerläßlich sind. Die Wand selbst wächst weiter; sie wird erfüllt von Blut und den übrigen Flüssigkeiten, die in den ersten Phasen einer Schwangerschaft erforderlich sind.

Wie das Östrogen, scheint auch das Progesteron den Ausstoß weiterer Eier zu verhindern. So ist also am 14. Tag des Zyklus oder unmittelbar danach alles zur Empfängnis bereit. Das reife Ei wandert den Eileiter hinunter; der Gebärmuttermund ist für den Durchgang des Spermas geöffnet; die Gebärmutterwand erreicht schnell ihre optimale Beschaffenheit, damit sich ein befruchtetes Ei in ihr einnisten kann. Kommt es zu einer Schwangerschaft, so wird der Menstruationszyklus unterbrochen; Östrogen und Progesteron werden weiterhin produziert, aber nun bewirken sie, daß kein reifes Ei mehr entlassen wird, bis das Baby geboren ist. Findet am oder nach dem 14. Tag des gewöhnlichen Menstruationszyklus keine Befruchtung statt, so geht der Zyklus seinem Abschluß entgegen.

Ungefähr am 24. Tag gibt der Follikel, der das Ei entließ, seine Funktion auf und erreicht sein Lebensende. Wenn er sich aufzulösen beginnt, wird die Produktion von Östrogen und Progesteron eingestellt. Die verstärkte Wand der Gebärmutter wird wieder abgebaut, da sie nicht mehr von diesen Hormonen stimuliert wird. Nach 28 Tagen wird die Auskleidung der Wand als Monatsfluß ausgeschieden.

Die biochemischen V. greifen in diesen Prozeß ein und bewirken eines oder mehrere der folgenden Resultate:

1. Mit Hilfe synthetischer Hormone erzeugen sie im weiblichen Körper einen Zustand simulierter Schwangerschaft, der den »Eisprung«, die Erzeugung und Entlassung eines reifen Ovums, verhindert. Genau wie eine schwangere Frau nicht zum zweiten Mal befruchtet werden kann, so kann sie während der Pseudoschwangerschaft, die von der Pille er-

zeugt wird, nicht befruchtet werden.
2. Sie heben die Wirkung derjenigen vom Körper erzeugten Hormone auf, die das Gewebe der Gebärmutter für die Einnistung des befruchteten Eis vorbereiten. So ist eine Befruchtung selbst dann unmöglich, wenn der oben erwähnte Effekt, die Unterbindung der Eiproduktion, mißlungen sein sollte.
3. Sie heben die Wirkung derjenigen natürlichen Hormone auf, die an den fruchtbaren Tagen des Monats den Zervikalpfropfen verdünnen, jenen gelee-artigen Pfropfen, der an den unfruchtbaren Tagen den Eingang zum Muttermund blockiert, und erzeugen damit eine permanente Blockierung des Muttermundes.
4. In einer Form, die uns noch nicht klar ist, macht dieses Muttermundsekret, der sogen. Zervis-Faktor, die männlichen Keimzellen während der fruchtbaren Tage erst befruchtungsfähig. Es zeichnet sich dann durch eine besondere Konsistenz aus. Diese Besonderheit der Konsistenz wird von gewissen künstlichen Hormonen, den sog. *Gestagenen,* die in manchen, aber nicht in allen »Pillen« enthalten sind, aufgehoben, so daß eine Befruchtung allein durch Beeinflussung des Muttermundsekrets erzielt wird, ohne daß der Menstrualrhythmus beeinflußt zu werden braucht.
5. Sie erzeugen im weiblichen Organismus einen Antikörper, der das männliche Sperma zerstört. (Hier sprechen wir nicht mehr von der Pille, sondern von der auf Professor Haberlands Versuchen aufgebauten Entdeckung, daß Prostituierte, die mit vielen Männern verkehren, eine allergische Reaktion gegen Sperma entwickeln, die dessen Fruchtbarkeit verhindert.)
6. Alle bisher erwähnten biochemischen V. operieren im weiblichen Körper. Seit Jahrzehnten arbeiten Wissenschaftler aller Länder jedoch an einer »Pille für Männer«, die auf dem männlichen Geschlechtshormon *Testosteron,* dem hormonähnlich wirkenden *Clomifen* oder dem bakterientötenden Chemikal *Nitrofurantoin* aufgebaut ist. Sie ist bisher an der Weigerung der Männer gescheitert, die »temporäre Sterilität«, auf der die Pille beruht, zu akzeptieren.

Die V., die auf dem einen oder anderen dieser Prinzipien beruhen, sind die folgenden:

1. *Die 20-Tage-Pille*

Man beginnt am fünften Tag nach Einsetzen der Menstruation und hört am vierundzwanzigsten Tag auf. An den verbleibenden acht Tagen des Monats wird die Pille nicht genommen, damit die Menstruation in normalen und regelmäßigen Abständen eintreten kann. Bei all diesen »20-Tage-Pillen« ist der Hauptbestandteil eine Art synthetisches Progesteron, das sogenannte Progestin. In kleinen Mengen werden östrogenähnliche Substanzen beigegeben, um die unangenehmen Nebenwirkungen zu mildern, die das pure Progestin verschiedentlich hervorruft. Trotz des Östrogen-Zusatzes verspüren einige Frauen noch immer Nebenwirkungen wie Übelkeit, Kopfschmerzen, Spannen der Brüste und Zwischenblutungen.

2. *Sequentialpille*

Hierbei handelt es sich nicht, wie im vorigen Fall, um eine einzige Pille, die sowohl synthetisches Östrogen wie synthetisches Progesteron enthält, sondern um zwei Pillen, die »sequential«, d.h. nacheinander, eingenommen werden. Vom 5. bis zum 20. Tag nimmt man Östrogen, vom 21. bis 25. Tage Progesteron. Wie die 20-Tage-Pille, die im Amerikanischen auch »combined pill« (kombinierte Pille) genannt wird, dient auch die »Sequentialpille« dazu, das Entlassen eines reifen Eis zu verhindern. Doch die »Sequentialpille« besitzt einige Vorzüge: Sie scheint einer Imitation der natürlichen Vorgänge näher zu kommen, da sie die üblichen allmonatlichen Veränderungen im Hormonspiegel der Frau reflektiert; Frauen neigen zu einer geringeren Gewichtszunahme, wenn sie die »Sequentialpille« benutzen, und ihre Periode ist gewöhnlich der normalen Menstruation ähnlicher. Die »Sequentialpille« hat jedoch auch einen Nachteil: Sie scheint eine Schwangerschaft nicht ganz so erfolgreich zu verhüten wie die ursprüngliche 20-Tage-Pille, wenn auch der Unterschied sehr gering ist (von 100 Frauen, die ein Jahr lang die »Sequentialpille« benutzen, wird erwartungsgemäß nur ungefähr eine schwanger).

3. *Die Minipille*

Im Jahre 1966 hörte man erstmals von einer neuen Pillenart, deren Wirkungsweise sich von der herkömmlichen beträchtlich unterscheidet. Im Gegensatz zu den bekannten Pillen wird sie nicht nur 20- oder 21mal im Monat, sondern an jedem Tag des Jahres genommen. Für den Verbraucher liegt ihr Hauptmerkmal in der Tatsache, daß sie täglich genommen wird, so daß man also nicht bestimmte Tage beachten muß. Sie enthält eine winzige Dosis derselben progesteronähnlichen Substanz, die auch Hauptbestandteil der herkömmlichen Pillen ist; es sind jedoch keine weiteren Chemikalien zugefügt. Sie enthält nur ein Viertel jener Hormonmenge, die der gewöhnlichen Pille beigegeben ist (und selbst sie braucht nur ein tausendstel Gramm Chemikalien zu enthalten). Wegen der winzigen Chemikalienmengen, die sie birgt, wird sie von Forschern die »Mikrodosen«- oder in jüngster Zeit die »Minidosen«-Pille genannt. Wenn sie sich durchsetzt, wird sie vermutlich bald nur noch »Minipille« heißen.

Wie sie eigentlich funktioniert, weiß man nicht genau. Bei den meisten Frauen verhindert sie nicht den Ausstoß reifer Eier; statt dessen scheint sie die Befruchtung oder vielleicht auch die Einnistung eines befruchteten Eis zu unterbinden, indem das feine Gleichgewicht, das die Hormone im Körper halten, gestört wird. Was immer der Grund für den Erfolg dieser Pille sein mag, sie scheint jedenfalls höchst – wenn auch nicht hundertprozentig – wirksam zu sein. Von den ersten 592 Frauen, die nie vergaßen, sie nach Vorschrift einzunehmen, wurden in Zeiträumen bis zu einem ganzen Jahr nur fünf schwanger. Diese Zahlen würden zwar bedeuten, daß die Minipille keine Garantie gegen Schwangerschaft darstellt (wie die 20-Tage-Pille bei richtiger Anwendung), doch besitzt die Minipille eine Reihe von Vorzügen, die sie für die Zukunft vielversprechend erscheinen lassen. Da nur kleine Dosen erforderlich sind, sollte sie billiger sein als die heute gebräuchlichen Pillen, und da man zudem die Tage nicht abzuzählen braucht, dürfte sie in unterentwickelten Ländern nutzbringender sein.

4. *Die Pille Danach*

Alle bisher erwähnten hormonalen V. müssen *vor* dem Geschlechtsverkehr genommen werden. Seit Jahrzehnten arbeiten aber Forscher aller Länder an einem Präparat, das nur dann eingenommen zu werden braucht, wenn Koitus bereits stattgefunden hat. Die erste wirklich erfolgreiche Pille dieser Art wurde 1968 von zwei Professoren der Harvard-Universität, dem Gynäkologen John McLean Morris und der Endokrinologin Gertrude van Wagenen, entwickelt und von der amerikanischen Ortho Research Foundation unter dem Namen ORF-3858 in den Handel gebracht. Sie ist auf dem synthetischen weiblichen Hormon Diäthylstilbestrol aufgebaut. Ihr Gebrauch ist in der BR verboten, da sie nach § 218 StGB kein V., sondern ein Abtreibungsmittel darstellt. Sie verhindert die Einnistung des bereits befruchteten Eis in die Uteruswand, einen Prozeß, der normalerweise 6–7 Tage nach der Befruchtung stattfindet.

5. *Die Hormonspritze*

In Amerika ist jetzt auch eine »Pille in flüssiger Form« entwickelt worden, eine Hormonspritze, die nur einmal im Monat an der Hüfte injiziert zu werden braucht und graduell in den Blutstrom einfließt. Jeden

Tag wird nur eine begrenzte Quantität, die einer täglichen Pille entspricht, vom Blutkreislauf aufgenommen. Auch vierteljährliche oder gar ganzjährliche Spritzen sind verfügbar.

6. *Subkutane Hormonspeicher*

Eine entsprechende Form der langfristigen Empfängnisverhütung besteht in der Einpflanzung eines winzigen Hormonspeichers unter der Haut. Solche Speicher geben täglich nur begrenzte Quantitäten von Hormon ab und können eine Frau lebenslang immun machen. Andererseits kann sie den winzigen Speicher jederzeit operativ entfernen lassen. Die Operation dauert nur wenige Minuten und kann unter örtlicher Betäubung vorgenommen werden.

7. *Biologische Spermiziden*

Dem Wiener Frauenarzt Professor Haberland war schon während der dreißiger Jahre aufgefallen, daß es eine Beziehung zwischen der Sterilität mancher Prostituierten und der sogenannten Allergie mancher Ehefrauen gegen das Sperma ihres Ehemannes geben muß. Die Forschungen Haberlands gerieten nach seinem Tode in Vergessenheit und wurden vor wenigen Jahren zum ersten Mal wieder in England, Amerika und Japan aufgenommen. Haberland erzeugte ein Antikonzeptionsserum, indem er Samenzellen männlicher Mäuse unter die Haut weiblicher Mäuse spritzte. Am Lister Institute of Preventive Medicine in London werden diese Forschungen gegenwärtig fortgesetzt. In Amerika und Japan wurden solche biologischen Spermiziden bereits an menschlichen Versuchspersonen erprobt.

8. *Wärmetherapie*

Zum Schluß sei auf eines der ältesten V. hingewiesen, das in Japan jetzt systematisch von neuem erprobt wird. Das männliche Spermium ist nur dann fruchtbar, wenn es in einer Temperatur erzeugt wird, die unterhalb der des männlichen Körpers liegt. Dies ist der Grund für die Aufhängung der Hoden außerhalb des männlichen Körpers. Eine auch nur geringfügige Erwärmung der Hoden führt zu temporärer Sterilität. In Japan hat man deshalb kleine Beutel aus Glaswolle angefertigt, die über die Hoden gezogen werden und ohne fühlbare Beschwerden zur temporären Sterilisierung des Spermas führen.

Es ist sicherlich kein Zufall, daß so viele der V. in Japan und England erfunden und zuerst legalisiert worden sind. Inselnationen, die sich der Tatsache bewußt sind, daß sie keinen größeren Bevölkerungszuwachs ernähren können, haben seit Jahrzehnten weitaus liberalere Ansichten über V. entwickelt als kontinentale Nationen, die zumindest im Unterbewußtsein dazu neigen, Volkskraft mit Einwohnerzahl gleichzusetzen und benachbarte Landstriche als Ausweichgebiete für ihren Bevölkerungsüberschuß zu betrachten. Man kann die politische Mentalität eines Staates an seiner Einstellung zu V. erkennen. Imperialistische Staaten lehnen V. ab und verbieten deren Propagierung. Nationen, die aktive Verhütungspropaganda betreiben und auch Unverheirateten freien Zugang zu V. erlauben, weisen sich hierdurch als Staatsgebilde aus, die auf Eroberungskriege verzichtet haben. Religiöse Institutionen, die theologische Argumente gegen Geburtenregelung zitieren, lassen vermuten, daß die unbewußten Motive der vorgebrachten Argumente in der Furcht liegen, Verhütungsmittel könnten die Nachkommenschaft der Gläubigen und damit die Kraft der Kirche vermindern. Vom medizinischen Standpunkt aus gesehen sind die theologischen Einwände gegen V. schwer haltbar. Wer Augustins Gebot, nur diejenigen Geschlechtsbeziehungen vorzunehmen, die zur Fortpflanzung führen, wirklich ernst nimmt, dürfte in seinem ganzen Eheleben kaum mehr als ein Dutzend Mal koitieren.

Eigentümlicherweise ist es auch fast stets diejenige Altersgruppe, die sowieso keine Kinder mehr zeugen kann, die sich meist als eifrigste Befürworter der Kinderzeugung betätigt. Eine im Mai 1967 veröffentlichte Umfrage ergab das bezeichnende Resultat, daß die überwältigende Mehrzahl aller Bundesbürger im zeugungsfähigen Alter eine freie Geburtenregelung befürworten. Die Gegner einer solchen Geburtenregelung sind nur im Alter über 50 in der Mehrheit. → Empfängnisverhütung, Eugenik, Fortpflanzungstrieb, Geburtenplanung, Kastration, Pille, Rhythmusmethode, Sterilisation.

Verkleidungstrieb → Cisvestitismus, Damenimitator, Eonismus, Genitalmaske, Hosenrolle, Maske, Metamorphosismus, Metatropismus, Schwangerschaftstransvestitismus, Transvestitismus, Weihnachtspantomime, Zoomimik.

Verlobung, in der Vergangenheit weit wichtiger als heute. Je wichtiger die → Hochzeit wurde, desto weniger wichtig wurde die V. Bis ins achte Jahrhundert war es aber die V., die in den deutschen Landen den eigentlichen Akt der Eheschließung besiegelte. Denn die V. und nicht die Hochzeit gab den Verlobten das Recht des Beischlafs. Und erst der vollzogene Beischlaf besiegelte den Akt der Eheschließung. Die Hochzeit stellte eine nachträgliche Feier dar, die die Eheschließung zelebrierte. Das Allgemeine Landrecht Preußens hielt an dieser Auffassung bis zur Gründung des Bismarckschen Reichs fest. Nach § 100 und

§ 694 A. L.–R. II. 1 waren die Verlobten einander zur Gestattung des Geschlechtsverkehrs, der sogenannten »Beiwohnung« verpflichtet. Ein Verlöbnis konnte nach diesem Paragraphen aufgelöst werden, wenn einer der beiden Verlobten dem anderen die Beiwohnung »halsstarrig und fortdauernd« verweigerte. Erst das Bürgerliche Gesetzbuch, das in vieler Hinsicht ein juristischer Rückschritt war, hob diese Bestimmungen auf. Der Hauptgrund für die Aufhebung war der Einspruch der katholischen Länder, daß das Preußische Landrecht die Familie zerstöre, indem es den unehelichen Kindern, die während der Verlöbniszeit konzipiert oder geboren würden, die gleichen Rechte wie ehelichen Kindern einräume. Man sieht den Unterschied zwischen der damaligen und der heutigen Wertschätzung der V. bereits darin, daß sie nach bundesdeutschem Recht nicht mehr einklagbar ist. Klagen eines Verlobten auf Einhaltung des Eheversprechens beispielsweise sind heute in der BR unzulässig. Aber bei den alten Hethitern (etwa 1450 bis 1300 v. Chr.) war das Verlöbnis bereits einklagbar. Bei den alten Griechen hatte wie bei den Germanen die Verlobung die Bedeutung, die wir heute der Hochzeit geben. Von der Verlobung an hießen die Verlobten »Gemahle«. Heute verstehen wir unter V. lediglich den Austausch des Versprechens, in Zukunft eine Ehe einzugehen. Dieses Versprechen hat keinen rechtlichen Status und gewinnt ihn auch nicht durch den Austausch von Ringen. Klagen auf Zahlung eines Betrages, der für den Fall eines Rücktritts versprochen wurde, sind unzulässig. Auch Schadenersatz kann daher für einen unbegründeten Bruch der V. nur insoweit gewährt werden, als der schuldlose Teil im Vertrauen auf dieses Versprechen nutzlos gewordene Aufwendungen machte. Unterbleibt die Eheschließung, so kann jeder Verlobte von dem anderen nur das zurückverlangen, was er ihm geschenkt hat. Hinsichtlich der gemeinschaftlich empfangenen Verlobungsgeschenke gilt das Gemeinschaftsrecht. Hat die Braut sich dem Bräutigam im Hinblick auf die erwartete Eheschließung hingegeben, so kann sie im Falle einer Entlobung ein → Kranzgeld verlangen. Man beachte: Während bei den Germanen die V. nicht nur das Recht zum Beischlaf gab, sondern dessen Ausübung zur *Pflicht* machte, kann der Bräutigam heute zur Zahlung einer Buße verurteilt werden, wenn er das *Recht* des Beischlafs wahrnimmt. Unter diesen Umständen hat die V. ihren eigentlichen Sinn verloren. Die Frage nach einer langen oder einer kurzen V.-Zeit beantwortet sich heute deshalb von selbst: gar keine.

Denn mehr als die Hälfte aller V. werden sowieso wieder gelöst. Ungefähr ein Viertel aller Ehen endet in Scheidung. Die errechenbaren Chancen, daß eine V. zu einer erfolgreichen Ehe führt, sind so gering, daß jeder, der eine große Ankündigung seiner Verlobung vornimmt, Gefahr läuft, sich und seine Verlobte zum Gespött der Eingeladenen zu machen.

Die V. im heutigen Sinn – also im Gegensatz zum germanischen Brauchtum – stammt aus der Zeit des mittelalterlichen Feudalismus (8. Jahrhundert), als die Herrscherhäuser eheliche Verbindungen zum Zweck der Erweiterung ihrer Macht anstrebten. Dies bedeutete, daß man oft einen Vertrag *pro tem* schließen mußte, ehe die Verlobten einander persönlich kennengelernt hatten. Die bürgerliche Zivilisation imitierte diese Sitte. Bei den Zünften und den Innungen war die Begründung einer langen Verlobungszeit die, daß man erst einmal genug Kapital erwerben solle, um die Ehe langfristig finanzieren zu können.

Heute jedoch heiratet man nicht, ohne einander zu kennen. Und da die Sitte des finanziell geregelten Ehevertrags, der → Mitgift und all der anderen finanziellen Aspekte, die früher den Zeitraum zwischen der V. und der Hochzeit ausfüllten, heute nicht mehr besteht, gibt es auch keinen Anlaß mehr für die Formalitäten einer V. Wenn zwei junge Leute beschließen, einen gemeinsamen Haushalt zu gründen, um festzustellen, ob sie zueinander passen, brauchen sie es nicht mit gedruckten, von den Eltern der Braut unterzeichneten Karten zu verkünden. Die meisten Eltern wären wohl ziemlich verlegen, wenn sie erführen, was ihre Kinder unter »Verlobung« verstehen. Doch was sollten sie vernünftigerweise sonst darunter verstehen?

Und was ist mit dem Verlobungsring, den die Mädchen so gern im Büro blitzen lassen, um ihre Kolleginnen neidisch zu machen? Die Gynäkologin Barbara Bross antwortet: »Mein Rat ist: Kaufe statt dessen einen Dampfdruck-Kochtopf. Du wirst deinen Mann füttern müssen, und einen Ring kannst du nicht kochen. Alles spricht dafür, daß ihr während dieser Zeit beide zur Arbeit gehen werdet, und nach deiner Heimkehr von der Arbeit kannst du nur mit einem Dampfdrucktopf binnen weniger Minuten eine vernünftige Mahlzeit für deinen künftigen Mann zubereiten. Und nichts verhilft einer jungen Ehe besser zu einer Atmosphäre des Friedens und der Zuneigung als ein gutes, selbstzubereitetes Essen und eine Flasche Wein. Alle Probleme sehen dann gleich viel weniger problematisch aus. Deinem jungen Mann wird bewußt werden, was ihm all die Jahre, seit er seiner Mutter Haus verließ, gefehlt hat.« → Aufgebot, Ausstattung, Ehe, Eherecht, Entlobung, Frühehe,

Hochzeit, Kranzgeld, Mitgift, Partnerwahl, Probeehe, Trauung.
Das Verlobungsrecht ist ein umstrittenes Gebiet der Jurisprudenz. Man unterscheidet zwischen der Verlobung als Eingehen eines Rechtsverhältnisses und dem Verlöbnis im eigentlichen Sinne. Unser Recht kennt kein gesetzliches Mindestalter für das Verlöbnis; die Voraussetzungen der Ehefähigkeit sind nicht erforderlich. Allerdings kann das Verlöbnis bei Vorliegen nicht zu beseitigender Ehehindernisse, z.B. bei bestehender Ehe, sittenwidrig sein. Anders z.B. in Mexiko, wo die Partner nicht vor Eintritt der Ehefähigkeit, also des 16. bzw. 14. Lebensjahres, ein bindendes Eheversprechen abgeben können (Art. 140 Cod. civ.). Ähnlich wird auch in Spanien von der Wissenschaft (z.B. Garcia Cantero) das Verlöbnis Minderjähriger nur für wirksam gehalten, wenn zumindest die Altersgrenze für die Ehemündigkeit erreicht ist. Diese Auffassung billigt besonders Simitis. Seine Begründung, für die Behandlung des Verlöbnisses müßten dieselben Maßstäbe angelegt werden, die für die künftige Eheschließung als richtig und vernünftig erscheinen, und es sei nicht angängig, neben die Ehemündigkeit eine besondere Verlöbnismündigkeit zu setzen, vermag vom Standpunkt des deutschen Rechts aus nicht zu überzeugen. Denn solange das Verlöbnis dem Vertragsrecht untersteht, müssen auch dessen Grundsätze gelten; die rechtlichen, ethischen und sozialen Erwägungen, die ein bestimmtes Alter für das Eingehen der Ehe voraussetzen, sind nicht die gleichen wie für ein Eheversprechen.

Versipellis [lat.: Wechselhaut], Werwolf. Vgl.: Wechselbalg.

Verwerrin, ein österreichisches Volkswort für Kupplerin, dessen Etymologie unklar ist. Vgl.: Alcahueta, Appareilleuse, Aufführdame, Blondinenlieferantin, Chaperonnière, Duegna, Einheimerin, Einstößerin, Maquerelle, Matrones, Trüllerin.

Vides bouteilles [frz. Argot: leere Flaschen] nannte man im Paris Ludwigs XV. die Geheimklubs der Liebe, die homosexuellen, sadomasochistischen oder pluralistischen Tätigkeiten gewidmet waren. Die berühmtesten waren Chevaliers et Nymphes de la Rose, Ordre de Félicité, Ordre de Méduse, Ordre des Aphrodites, Ordre de la Persévérance, Société du Moment, Société des Anandrynes, Société des Hermaphrodites, Société des Culottins et Culottines. → sexuelle Clubs.

Viehstecher, Sadisten, deren Trieb sich auf Tiere richtet. Der V. geht nachts auf die Felder, um Kühen, Pferden, Schafen oder Ziegen (manchmal auch Hühnern, Enten, Gänsen, Truthähnen) Blut abzuzapfen (vgl.: Aderlaß, Venaesectio), ihnen Stichwunden beizubringen (vgl.: Nadelstecher, Piqueur), sie umzubringen (vgl.: Zoosadismus, Zoostuprum) oder sich an ihren toten Körpern geschlechtlich zu betätigen (vgl.: Zoonekrophilie).

Viragines [lat.: Heldenjungfrauen], aktive, »männliche« Lesbierinnen. Vgl.: Gynandrier, Mannweib, Virilismus. → weibliche Homosexualität.

Virginität [lat.: virginitas = Jungfräulichkeit], das Vorhandensein und die Unversehrtheit des Hymens oder Jungfernhäutchens, der Schleimhautmembrane, die den Scheidenvorhof von der Scheide trennt. Die V. ist ein höchst dubioses Konzept, denn ein zerrissenes Jungfernhäutchen braucht ganz und gar keinen Geschlechtsverkehr zu indizieren, sondern kann das Resultat sportlicher Tätigkeit sein, während es bei einiger Sorgfalt durchaus möglich ist, jahrelangen Koitus im Scheidenvorhof zu betreiben, ohne daß der Hymen dabei reißt. Da es in einigen Ländern üblich ist, jede Form des Geschlechtsverkehrs mit Ausnahme der Immissio penis in vaginam zu betreiben, besagt der Zustand des Hymens nicht das geringste über die sexuelle Erfahrung der Frau. Vgl.: Defloration, Entjungferung, Jungfernschaft, Jungfernschaftsprokurist, Jungfräulichkeit, Petting, Virginitätsfetischismus.

Virginitätsfetischismus, die Auslösung des sexuellen Schlüsselreizes durch eine Jungfrau. Man findet den V. nicht nur bei Männern, die lediglich bei einer Defloration potent sind, sondern auch bei homosexuellen Frauen, die nur an solchen Frauen sexuell interessiert sind, die noch keinen Verkehr mit Männern gehabt haben. → Deflorationsmanie, Fetischismus, Jungfernschaftsprokurist, Jungfräulichkeitsforderung, Keuschheitsklausel, Korophilie, Parthenophilie.

Viriliores [lat.: virilis = männlich], ein von Ulrichs geprägtes Synonym für den aktiven, »maskulinen« Typ des männlichen Homosexuellen. Vgl. Muliebriores.

Virilismus [lat.: virilis = männlich], der Männlichkeitswunsch, aber auch das männliche Aussehen einiger Frauen, besonders der »aktiven« oder »maskulinen« Lesbierinnen. → weibliche Homosexualität.

Visionismus [lat.: visio, visionis = Anblick, Erscheinung], die sexuelle Freude am Anblick des Geschlechtsverkehrs, entweder des eigenen Körpers (im Spiegel, auf Fotos usw.), der Körper anderer Menschen (→ Mixoskopie, Skoptophilie) oder manchmal auch von Tieren (→ Mixoscopia bestialis). Es gibt auch einen homosexuellen V. (→ Mixoscopia homosexualis), einen pädophilen V., einen masturbatorischen, einen sadistischen V. (→ Demonstrationssadismus), einen masochistischen V. (→ Adspektprostitution), einen analen V. (→ Cucurbitacées) und den Wunsch, die eigene Frau oder Geliebte (bzw. den eigenen Mann oder Geliebten) im Geschlechtsverkehr mit anderen Menschen zu sehen oder zu zeigen (→ Kandaulesismus). Der Ausdruck Visionismus stammt von Hirschfeld, der ihn von Coffignons Begriff »Voyeurismus« und Molls Ausdruck »Mixoskopie« unterscheiden wollte. Vgl.: Entblößungstrieb, Exhibitionismus, Kopropraxie, Strip-tease, Voyeur, Zeigelust.

Volljährigkeit trat nach römischem Recht mit 25 Jahren ein. Männer konnten jedoch mit 20 Jahren, Frauen mit 18 Jahren die venia aetatis erhalten, durch die sie einem Vollgeschäftsfähigen über 25 Jahren gleichgestellt wurden. Damit erlangte – um den heutigen Sprachgebrauch zu übertragen – der für volljährig Erklärte jedoch nicht die volle Rechtsstellung eines Volljährigen; so war er von gewissen Rechtsgeschäften ausgeschlossen, wie der Führung von Vormundschaften oder der Veräußerung von Grundstücken. Minderjährige standen unter Vormundschaft, der tutela oder der cura. Die cura hatte sich im Anschluß an die lex Plaetoria (etwa 200 v. Chr.) entwickelt, die einen besonderen Schutz für die puberes minores gegen die wirtschaftliche Ausnutzung ihrer jugendlichen Unerfahrenheit eingeführt hatte. Die väterliche Gewalt dauerte nach römischer Auffassung lebenslang. Dem Vater stand die Verwaltung und Nutznießung am Kindesvermögen zu, falls er das Kind nicht aus der Gewalt entließ (Emanzipation). Das gemeine Recht brachte hier Erleichterungen; der Sohn trat aus der elterlichen Gewalt aus, wenn er eine selbständige Wirtschaft errichtete, die Tochter bei Heirat. Im Prinzip übernahm diese Auffassung auch das Preußische Allgemeine Landrecht. Die verheiratete Tochter blieb stets bis zur Volljährigkeit unter väterlicher Vormundschaft. Erst die moderne deutsche Gesetzgebung läßt generell die elterliche Gewalt mit Eintritt der Volljährigkeit enden.

Während das römische Recht bei der Festlegung der Altersgrenzen für Volljährigkeit und Geschäftsfähigkeit ebenso wie bei der Strafmündigkeit die geistige Entwicklung nicht unberücksichtigt ließ, lag das Schwergewicht in den älteren deutschen Rechten auf der körperlichen Reife. In den ältesten germanischen Rechten wurden Knaben mündig, wenn sie Waffen tragen konnten; ein Zeitpunkt war nicht festgelegt.

Die frühesten Termine für die Mündigkeit sind in den angelsächsischen Königsgesetzen zu finden, in denen das zehnte Lebensjahr genannt wird; Waffenübergabe war nicht mehr erforderlich. Auch für Mädchen galt, soweit wir wissen, dieses Alter. In der Mehrzahl der genannten Rechte trat die Mündigkeit jedoch erst mit Vollendung des 15. Lebensjahres ein.

Das Mündigkeitsalter wurde im Laufe der Zeit immer weiter hinausgeschoben, es schwankte zwischen 15 und 25 Jahren. Im Sachsenspiegel (I, 42, § 2) ist die Volljährigkeit auf 21, im Schwabenspiegel auf 25 Jahre festgesetzt. Das ALR nennt ein Alter von 24 Jahren und das deutsche Reichsgesetz über die Großjährigkeit vom 17. 2. 1875 ein solches von 21 Jahren. Diese Altersstufe des Reichsgesetzes wurde dem Entwurf zum BGB zugrunde gelegt. Einwendungen hiergegen wurden nicht erhoben, so daß dieses Volljährigkeitsalter jetzt unverändert seit 1875 in Deutschland gilt.

Seit geraumer Zeit haben sich jedoch unter skandinavischem und englischem Einfluß Bestrebungen angebahnt, das Volljährigkeitsalter auf 18 Jahre herabzusetzen. Diese Bestrebungen sind umstritten. Man sollte meinen, daß die liberalen Denker sich hier für die frühere V., die Konservativen für die spätere V. einsetzen würden. In Wirklichkeit sind die Meinungen geteilt. Gerade aus dem humanistischen Lager haben sich Bedenken gegen eine frühe V. eingestellt. Denn V. gibt nicht nur Rechte, sondern auch Pflichten. Im 11. bis 12. Jahrhundert stufte das Gesetz die V. nach der gesellschaftlichen Stellung ab. Je höher die gesellschaftliche Position, desto später die V. Im England des 11. Jahrhunderts wurde der Lehnsmann mit 15 volljährig, der Ritter aber erst mit 21. Im Frankreich des 12. Jahrhunderts wurde der Bürger mit 15 volljährig, der Adlige aber erst mit 20. Dieses scheinbar paradoxe Konzept der V. stimmt in hohem Maße mit den Erkenntnissen der modernen Soziologie überein. Nicht die geschlechtliche, sondern die geistige Reife bestimmt die V. Je größer die intellektuellen Ansprüche, desto später tritt jene Reife ein, die zur V.-Erklärung berechtigt. Während → Frühehen in früheren Jahrhunderten noch manchmal klappten, scheitern sie heute fast stets. Die Diskrepanz zwischen der immer früher eintretenden Pubertät und der immer späteren geistigen Reife beruht auf der wachsenden Kompliziertheit unserer Gesellschaft. Die Emanzipation der Frau führt zu ihrer späteren, nicht zu ihrer früheren Reife. Während ein Mädchen von 16 Jahren in der paternalistischen Gesellschaft des 19. Jahrhunderts vielleicht noch zur Frühehe fähig war, weil sie an ihren Ehemann und an ihre Ehe geringere Anforderungen stellte, so mag ein Mädchen, das heute einen Mann von 19 heiratet, zwei Jahre später schon so über sein geistiges Niveau hinausgewachsen sein, daß er ihren Anforderungen nicht mehr genügt. »Je differenzierter und geistig höherstehend ein Mensch ist, um so gefährlicher ist die Frühehe«, sagt Landgerichtsrat Dr. Gerhard Luther in seinem Werk *Ehemündigkeit, Volljährigkeit, Strafmündigkeit.* Nun gibt es im bundesdeutschen Recht aber eine Hintertür, durch die ein Minderjähriger die V. erwerben kann: Wenn er eine Frau schwängert und dann verspricht, sie zu heiraten, gewährt ihm das Gericht fast stets eine vorzeitige V.-Erklärung und einen vorzeitigen Ehedispens. Damit erreicht das Gesetz genau das, was es verhindern sollte: die Ehe unreifer Menschen, die fast stets nach kurzer Zeit geschieden wird und aus der fast stets Kinder erwachsen, die ihren menschlichen Aufgaben nicht gewachsen sind. Obgleich die Anträge auf Volljährigkeits- und Ehemündigkeitserklärung nicht immer gleichzeitig gestellt werden, ist doch in den meisten Fällen der Antrag auf Volljährigkeitserklärung mit einem Antrag auf Befreiung von dem Erfordernis der Ehemündigkeit verbunden. Rund neunzig Prozent dieser Anträge werden gestellt, weil eine Ehe wegen eines zu erwartenden Kindes geschlossen werden soll. In diesem Fall muß bereits bei der Entscheidung über die Volljährigkeitserklärung berücksichtigt werden, daß sie nur erstrebt wird, um die Ehemündigkeitserklärung zu erreichen. Fast stets entscheiden die Gerichte, daß die Bereitschaft des Applikanten, das von ihm geschwängerte Mädchen zu heiraten, bereits ein genügender Beweis seiner Reife sei und daß eine Prüfung der Fähigkeit, diese Ehe nun auch erfolgreich zu gestalten, nicht nur unnötig, sondern unzulässig sei (OLG Karlsruhe 5.10.1955 und 17.4.1959, OLG Hamm 27.4.1959 und 8.8.1960). Dr. Gerhard Luther hat diese Entscheidungen mit berechtigter Schärfe angegriffen, indem er aus seiner langjährigen Erfahrung darauf hinwies, daß die Bereitschaft des Jugendlichen, die von ihm geschwängerte Frau zu heiraten, eher ein Beweis der Unreife als der Reife sei: »Die Minderjährigen schließen die Ehe nicht, um ein sittliches Gebot freiwillig zu erfüllen oder um eine Familie zu gründen, sondern unter dem Zwang der äußeren Umstände, dem Druck der Angehörigen und dem Wunsch des Mädchens, nicht als Unverheiratete ein Kind gebären zu müssen. Von vornherein ist diese Ehe in Gefahr.«

Die Eheschließung wird nicht als ein Sakrament, als die wichtigste aller Entscheidungen des menschlichen Lebens, sondern als das kleinere von zwei unvermeidlichen Übeln betrachtet. Man heiratet, weil die Hochzeit weniger Schwierigkeiten als eine Abtreibung verursacht und auch weniger kostet. Wie kann man von der Erfüllung einer sittlichen

Pflicht sprechen, wenn die Ehe in Wahrheit nur ein Abtreibungssurrogat darstellt? Wenn es hier ein sittliches Gebot gibt, so liegt es in der Verhinderung, nicht in der Schließung solcher Ehen. Gerhart Lutter fragt: »Welche von der Rechtsordnung zu beachtende sittliche Verpflichtung ist wohl stärker: Das Gebot zur Ehe oder die Verhinderung einer Ehe, die aller Voraussicht nach wieder gelöst werden muß?«
Dabei hatte sich der deutsche Gesetzgeber ursprünglich mit bewundernswerter Klarheit zu einer völlig anderen Deutung seiner diesbezüglichen Aufgaben entschieden. In den 1890er Jahren, als die Vorarbeiten zum BGB begannen, wurde Ehemündigkeit ganz eindeutig als »die zur Eheschließung erforderliche körperliche, geistige und sittliche Reife« und als »wirtschaftliche Selbständigkeit« definiert. Heiraten sollte der junge Staatsbürger erst dann, wenn »allgemeine, dem Wesen der Ehe und dem öffentlichen Interesse zu entnehmende Rücksichten der Eheschließung nicht mehr entgegenstehen«.
Hier finden wir deutlich ausgesprochen, daß der Gesetzgeber nicht nur auf die biologische Reife abstellt, ja nicht einmal biologische und sittliche Reife genügen lassen will, sondern daß er auch prüft, ob gerade diese Ehe wirtschaftlich gesichert und vom Standpunkt der Allgemeinheit aus tragbar ist. Nicht nur das subjektive Interesse der jungen Eheleute ist maßgebend, sondern auch das objektive der Allgemeinheit, das Prinzip des Gemeinwohls. Man ist überrascht, diese modernen, von sozialer Verantwortung getragenen Gedanken in unserem vielfach als rückständig und reaktionär bezeichneten Bürgerlichen Gesetzbuch zu finden. Es ist deshalb ganz angebracht, sich hin und wieder ins Gedächtnis zu rufen, was der Gesetzgeber eigentlich beabsichtigt. Denn die karge und trockene Sprache des Gesetzestextes vermag das oft nicht wiederzugeben und kann deshalb zu Auslegungen führen, die mit den Zielen des Gesetzgebers keineswegs übereinstimmen. Der Gesetzgeber will, wie sich aus den Motiven klar und eindeutig ergibt, zweierlei: Er will, solange es ihm möglich ist, die Allgemeinheit vor unerwünschten Ehen schützen, und er will junge Menschen vor übereilten Schritten bewahren. Diese Ziele will er auf zwei Wegen erreichen, durch die Festsetzung eines Mindestalters und durch das Erfordernis der elterlichen Einwilligung bei beschränkt Geschäftsfähigen. Die heutige Praxis bei den Volljährigkeitserklärungen zum Zweck der Eheschließung läßt sich mit diesen gesetzgeberischen Motiven kaum noch vereinbaren. Denn selten wird bei den Entscheidungen geprüft, ob der Minderjährige reif genug ist, seine Angelegenheiten selbständig zu be-

sorgen, vielmehr hat sich das ganze Gewicht fast ausschließlich auf die Erfüllung einer »sittlichen Verpflichtung« gegenüber dem geschwängerten Mädchen verlagert. Was der Gesetzgeber in durchaus vernünftiger Würdigung der Lebensnotwendigkeiten forderte, nämlich die soziale Reife des Antragstellers, ist zugunsten einer fiktiven »Verpflichtung« verwässert worden, über deren Wert man sehr geteilter Meinung sein kann. → Eherecht, Fehlehe, Minderjährigkeit.

Vorehelicher Geschlechtsverkehr, heute nur noch für diejenigen ein diskussionswürdiges Thema, die nicht direkt von ihm betroffen werden: die Eltern. In der westlichen Gesellschaft ist mindestens seit Anfang der sechziger Jahre die Praktik des uneingeschränkten Geschlechtsverkehrs vor der Ehe so allgemein üblich geworden, daß es nicht mehr sinnvoll ist, das Für und Wider zu diskutieren. Aber vor wenigen Jahren hielten es bedeutende Sexualwissenschaftler, Pädagogen, Psychoanalytiker und Ärzte noch für nötig, sich eingehend mit diesem Thema zu befassen. Im Gegensatz zu jener Generation der Ärzte, die damals noch vor den *Gefahren* des vorehelichen Geschlechtsverkehrs gewarnt hatte, warnt die heutige Generation paradoxerweise vor dessen *Unterlassung* oder *Beschränkung.* So schrieb die Gynäkologin Barbara Bross 1966 in einem ihrer Frauenbücher: »Wir müssen uns entscheiden, ob wir Worte wie Sittlichkeit, Keuschheit und Jungfräulichkeit ernst nehmen oder nicht. Eines können wir nicht tun: sie ständig im Munde führen und dann anders handeln. Wenn du strenge Ansichten über Keuschheit hast und über die Willenskraft verfügst, sie in die Praxis umzusetzen, werden viele Jungen und Mädchen dich bewundern. Du wirst keinen Jungen küssen und dich nicht von ihm küssen lassen. Du läßt ihn nicht deine Brüste berühren, und du berührst seine Genitalien nicht. Du wirst einsam sein und nicht viele Verehrer haben. Aber das ist der Preis, den du für deine Tugend zahlst – und er ist dir nicht zu hoch. Gehörst du jedoch zu der Mehrheit der Mädchen, für die der Preis nicht etwa zu hoch, sondern einfach unsinnig ist, dann solltest du daran denken, daß du ein Risiko eingehst, wenn du einen Jungen in Erregung versetzt und ihn dann nicht befriedigst. Das ist eine Art Vertragsbruch, und er hinterläßt seine Spuren nicht nur in seiner Seele, sondern auch in der deinen. Es ist eine Schuld, die er zeit seines Lebens nicht tilgen kann, und du kannst es ebensowenig. Denn wenn du dir einmal angewöhnt hast, die Zärtlichkeiten eines Jungen abzuwehren, dann wirst du diese Gewohnheit auch in der Ehe nicht abschütteln können. Du wirst ihn stets für einen Eindringling halten, der abgewiesen werden muß.

Du begibst dich in Gefahr, frigide zu werden. Die medizinische Forschung hat keinen Zweifel daran gelassen, daß der Hauptgrund für die Unfähigkeit vieler Frauen, eine Ehe zu führen, von der Erziehung herrührt, die sie als Mädchen erhalten haben – von der Zurückhaltung, zu der ihre Mütter sie erzogen haben. Hast du einmal gelernt, zu allem, was ein Mann von dir will, nein zu sagen, so wird es dir schwerfallen, je im Leben ja sagen zu können. Das Umschalten von der vorehelichen Moral, daß Geschlechtsverkehr verwerflich ist, zu der ehelichen Moral, daß er die heilige Erfüllung des Willens Gottes ist, übersteigt das Vermögen der meisten Menschen.«

Vorlust, die Lust des sexuellen Vorspiels, der Präliminarien des → Koitus. Vgl.: Endlust, Lust, Nachlust. → Abwechslung, Aktivität und Passivität, Begierde, Courmachen, Erweckung, Flirt, Koketterie, Liebesspiel, Liebkosungen, sexuelle Neugier, Petting, Präliminarien, Schlüsselreize, Sex-Appeal, sexueller Symbolismus.

Voyeur [frz.: Zuschauer], im sexualwissenschaftlichen Sinn eine Person, die mehr durch den Anblick einer sexuellen Handlung als durch deren Ausübung erregt wird. Der V. mag heterosexuell sein und den Anblick des Geschlechtsverkehrs eines anderen Paars nur als Reizsteigerung benötigen, bevor er mit seiner eigenen Partnerin koitiert. Dies geschieht beim → Pluralismus oder in Bordellen, wo man ein anderes Paar durch ein verborgenes Loch in der Wand oder durch einen von außen durchsichtigen Spiegel beim Verkehr beobachten kann, ehe man sich mit einer Prostituierten zurückzieht. Das Zuschauen kann aber auch zum Surrogat des Koitalverkehrs werden, so daß der V. entweder spontan beim Anblick des anderen Paares zum Orgasmus gelangt oder dabei masturbiert oder sich von einer Frau masturbieren läßt oder endlich zum Verzicht auf jeden Orgasmus gezwungen wird, da er im normalen Geschlechtsverkehr impotent ist. Der homosexuelle V. entspricht dem heterosexuellen in jeder Hinsicht und in allen Varianten (→ Mixoscopia homosexualis). Es gibt aber auch Voyeure, die auf den Anblick des Geschlechtsverkehrs zwischen Tieren oder zwischen Mensch und Tier fixiert sind (→ Mixoscopia bestialis). Endlich gibt es Voyeure, die mehr am Anblick sadistischer oder masochistischer Handlungen, der Defäkation (Stuhlentleerung) oder Miktion (Urinieren) als an dem des Koitus interessiert sind. Coffignon, der den Begriff des V. geprägt hat, wollte ihn auf die letzten beiden Bedeutungen beschränken.

Wie der Fetischist, so bleibt auch der V. gern anonym. Er bohrt Löcher in die Wände von Bedürfnisanstalten und Badeanstalten, blickt durch das Guckloch des Bordells oder den Trickspiegel, ohne von seinen »aktiven« Partnern gesehen zu werden. Diese Furcht vor der persönlichen Beziehung, der direkten Berührung mit dem Körper des anderen Menschen, ist in Wahrheit eine Angst vor der Verantwortung und der Gegenseitigkeit der Liebe (→ Anonymität, Flucht vor der Liebe). Vgl.: Adspektprostitution, Skoptophilie, Spanner, Striptease, Visionismus.

Vrenelikult → Verenenkult.

Vulva [lat.], die äußeren weiblichen Genitalien, die »Scham«.

Vulvitis [lat.: vulva = Scham], ein Sammelname für eine Anzahl verschiedener Entzündungen und Infektionen der Vulva.

PRIMÄRE V. nennt man die Erkrankungen, die durch direkte Einwirkung auf die Vulva entstehen.

SEKUNDÄRE V. heißen diejenigen, die nach der Infektion eines anderen Organs entstehen. Primäre V. ist meist das Resultat von Schweiß, Kratzen, Unfällen, Masturbation oder Spülungen mit ätzenden Flüssigkeiten. Sekundäre V. kann durch Wochenbett, Zuckerkrankheit (zuckerhaltigen Harn) oder Scheidenausfluß entstehen. Infektionen werden von Staphylokokken, Streptokokken, Pneumokokken, Diphteriebazillen und Grippeviren verursacht. Zu den schweren Formen der V. gehören Furunkel, Phlegmone und Gangrän; zu den Geschwülsten, die sich zuweilen an der Vulva bilden können: Fibrome, Myome, Myxome und Lipome. Bösartige Geschwülste, die an der Vulva auftreten können, sind: Krebs, Sarkome, Endotheliome, Peritheliome, Melanosarkome. → Elefantiasis vulvae, Kraurosis vulvae, Leukoplakia vulvae, Ulcus vulvae acutum, Ulcus vulvae chronicum.

VULVITIS INFANTIUM, eine Infektion der Vulva des Kindes. Die Ursache können Diphteriebazillen oder Grippeviren sein, aber manchmal auch → Gonorrhöe. Die V. i. befällt manchmal bereits Säuglinge, tritt aber häufiger bei Mädchen im Alter von zwei bis sieben Jahren auf. Im letzteren Fall ist fast stets eine gonorrhoische Infektion der Mutter die Ursache. Windeln, Waschlappen, Handtücher, Bettlaken können Träger der Infektion sein.

W

Waffenfetischismus, der sexuelle Reiz von schneidenden, stechenden, Schieß- und anderen Waffen. Man unterscheidet drei Grundtypen von W.:
1. den sadistischen W., der sich in der Lust am Verletzen oder Töten anderer Menschen mit Hilfe solcher Waffen äußert; → Aufschlitzer, Folter, Lustmord, Piqueur, Sadismus, Tortur;
2. den masochistischen W., der sich in der Selbstverstümmelung mit Hilfe solcher Waffen oder in dem Wunsch zeigt, von einem anderen Menschen mit Waffen dieser Art verletzt, kastriert oder getötet zu werden; → Automasochismus, Nadelschlucker, Selbstbrandmarkung, Selbstentmannung, Selbstkastration;
3. den eigentlichen W., der sich in dem zwanghaften Sammeln von Waffen und deren Abbildungen äußert. Der echte Waffenfetischist benötigt keinen Geschlechtsverkehr. Er onaniert mit den Waffen (nicht selten bei Frauen, da alle solche Waffen Penissymbole sind) oder er kommt zum spontanen Orgasmus beim Befingern seiner gesammelten Waffen. Unweigerlich tritt bei fortgeschrittenen Fällen → Impotenz und → Orgasmolepsie ein. → Befriedigung.

Wanda, Heldin des Romans *Venus im Pelz* von Leopold von Sacher-Masoch (1836–1895) und Verkörperung des Frauenideals des männlichen Masochisten, der »Herrin« oder → Domina. Von der Sexualwissenschaft wird der Name W. in zwei Bedeutungen benutzt: als Bezeichnung eines sadistischen Frauentypus (»Wandatypus«) und als Wunschtraum des männlichen Masochisten (»Wandaphantasien«). Wer genießen will, sagt W. in *Venus im Pelz,* darf sich nicht scheuen, »auf Kosten anderer zu schwelgen, er darf nie Erbarmen haben, er muß andere vor seinen Wagen, vor seinen Pflug spannen, wie Tiere; Menschen, die fühlen, die genießen möchten wie er, zu seinen Sklaven machen, sie ausnützen in seinem Dienste, zu seinen Freuden, ohne Reue; nicht fragen, ob ihnen auch wohl dabei geschieht, ob sie zugrunde gehen«. Wanda ist denn auch der Lieblingsname der zahlreichen weiblichen Wesen geworden, die als »strenge Erzieherinnen«, »energische Masseusen« usw. ihre Dienste in den Zeitungsannoncen anbieten. → Masochismus.

Wärmefetischismus → Hitzefetischismus.

Wäschefetischismus, meist Unterwäschefetischismus, manchmal aber auch die sexuelle Fixierung auf weiße, besonders gestärkte Tisch- und Bettwäsche. Offenbar liegt in der zweiten Variante eine Regression ins infantile Stadium vor. Der Erwachsene sieht in der weißen Wäsche ein Symbol der glücklichen, verantwortungsfreien Tage der Kindheit, da das Bett das Zentrum der Welt war. Vergleiche hier auch das Syndrom des → Windelfetischismus und des → Puerilismus.

Der Unterwäschefetischismus dagegen hat seine Wurzel in einem späteren Lebensalter und geht meist auf das erste lustvolle Erlebnis zurück, das das Kind durch einen nur halb bekleideten Erwachsenen erfahren hat (→ Ammeninzest). Der Wäschefetischist wird nur beim Anblick oder beim Tragen *gebrauchter* Frauenunterwäsche lustvoll erregt und stiehlt deshalb oft BHs oder Slips von der Wäscheleine. Auch herrschen starke autoerotische und transvestitische Komponenten beim männlichen W., denn der Wäschefetischist masturbiert oft vor dem Spiegel, während er weibliche Unterwäsche trägt. Vgl.: BH, Korsett, Korsettdisziplin, Korsettfetischismus, Strumpf, Strumpfbandfetischismus, Transvestitismus.

Waschzwang, eine neurotische Inversion der kindlichen Schmutzliebe. In der analsadistischen Entwicklungsphase des Kindes betrachtet es den Kot als die erste Gabe, die es der Mutter geben kann. »Mach schön Aa«, sagt die Mutter, und wenn das Kind gehorcht, wird es gelobt und liebkost. Dies vermittelt ihm eine Liebe zum Kot, die man ihm nun erst wieder austreiben muß. Manche Kinder verdrängen die Kotliebe allzu drastisch. Durch Überkompensation wird nun daraus der hypochondrische W. → Reinlichkeitsfanatismus, Zwangskrankheiten.

Wasser, in allen alten Kulturen das Symbol der Fruchtbarkeit (→ Fruchtwasser, Fruchtbarkeitsgottheiten, Geburtsgottheiten). Und wie alle Fruchtbarkeitssymbole sind die Wassergottheiten stets auch erotische Götter und Göttinnen. Die chinesische, indische, persische, ägyptische, griechische, römische und germanische Mythologie identifiziert die Gottheiten der Lust und der Liebe oft mit dem Wasser. Aphrodite, die Schaumgeborene, steigt aus dem Meere auf. Der Nix raubt Menschenmädchen, in die er sich verliebt hat. Nymphen, Najaden, Nereiden, Nixen und Undinen sind erotische Wesen. Das → Brautbad dient nicht nur der Reinigung vor der Hochzeitsnacht, sondern auch der rituellen Fruchtbarmachung. Die rituelle Waschung nach dem Beischlaf dient nicht nur der Reinigung, sondern auch dem Banne feindlicher Geister und Gottheiten. Das Maibad, das Faschingsbad, das Bad zur Sommersonnenwende – alle haben den gleichen Zweck: das Austreiben der Dämonen und das Einholen des Fruchtbarkeitssegens. Selbst das → Totenbad stellt eine Form des Fruchtbarkeitskultes dar, denn es dient dem »Neugeborenwerden« der Seele, dem Anfang eines neuen Lebens unter neuen Bedingungen. Im Christentum beginnt das neue Leben mit der Taufe. Auch hier bedeutet das Wasser das gleiche: daß das Leben aus dem auferstandenen Christus erneuert ist. → Bad, Brunnen, Verenenkult.

Wassermannsche Reaktion, die von August von Wassermann (1866–1925) im Jahre 1905 entdeckte Methode zur Diagnose der → Syphilis. Sie beruht auf einer hämolytischen Probe des Blutes oder der Rückenmarksflüssigkeit.

Watama, japanisches Instrument zur Selbstbefriedigung der Frau. Vgl.: Selbstbefriedigungsinstrumente.

Wechselbalg, ein Kind, das sich in ein anderes Wesen verwandeln kann oder verwandelt hat. Der mittelalterliche Glaube an den W. hat sich bis zur Gegenwart in ländlichen Gegenden Deutschlands gehalten. Der W. ähnelt einem Tier, ist klein, verkrüppelt, runzlig, haarig, sieht greisenhaft aus und lebt nur zwanzig Jahre. Man schützt sich vor einer Kindesverwandlung in einen W., indem man bis zur Taufe nachts immer ein Licht an der Wiege brennen läßt und die Bibel, ein Amulett oder geweihte Kräuter neben das Kind legt. Das erotische Element ist in der W.-Legende zweifach vertreten: als fleischliche Paarung der Mutter mit einem »Alp«, »Mahr«, »Elb«, oder »Incubus«; und als → Pädosadismus, dem im Mittelalter Tausende von Kindern zum Opfer fielen. Denn die Legende besagte, daß der Alp das geraubte Kind zurückgebe, wenn man den W. verbrenne, ertränke oder mit Ruten zu Tode peitsche. Daß viele Eltern dies mit ihren eigenen Kindern bis ins 19. Jahrhundert hinein taten, geht aus dem letzten Wechselbalgprozeß des Jahres 1872 hervor. Die Legende zeigt Ähnlichkeiten mit der vom Werwolf [lat.: versipellis = Wechselhaut] und dem Vampir. → Lykanthropie, Vampirismus.

weibliche Homosexualität → Homosexualität.

weibliche Intuition, die Ansicht, daß Frauen mehr Intuition besitzen als Männer, ist nur zum Teil gerechtfertigt. Zweifellos erwartet der Mann in unserer westlichen Zivilisation jedoch, daß die Frau, die er liebt, mehr Intuition zeigt, als er selber besitzt. Die amerikanische Frauenärztin Barbara Bross sagt deshalb auch in ihrem Frauenbuch *Flitterwochen – und was dann?*: »Frage niemals einen Mann, was ihm an dir gefällt. Es ist fast so tödlich wie die Frage: ›Liebst du mich?‹ Denn täte er es, so würde er es unaufgefordert sagen.

›Weshalb bist du böse?‹ – ›Habe ich etwas falsch gemacht?‹ und ›Gefalle ich dir nicht?‹ sind Fragen, die nie über deine Lippen kommen sollten – es sei denn, du willst einem Mann schmeicheln, indem du Interesse an seinen Ansichten zeigst. Aber wenn du es wirklich wissen willst, dann frage ihn nicht. Denn er wird es für selbstverständlich halten, daß jede richtige Frau diese Dinge weiß, ohne fragen zu müssen. Es ist die vielzitierte ›weibliche Intuition‹, an die jeder Mann glaubt wie Kinder an die gute Fee. Wenn du einen Mann solche Dinge fragst, verliert er seine Achtung vor deiner weiblichen Klugheit und damit auch vor dir als Frau.«

Dies ist sicher in erster Linie eine Darstellung der romantischen Ansichten des amerikanischen Bürgertums, aber sie beschreibt auch ohne Zweifel sehr ähnliche Vorurteile zwischen Mann und Frau in der westeuropäischen Welt.

Weiblichkeit wird im genetischen Sinne bei der Befruchtung festgelegt. Enthält das Spermium, das in die Eizelle eindringt, ein X-Chromosom, so bildet sich ein weibliches Wesen. (Dringt ein Y-Chromosom ein, entsteht ein männliches Wesen.) Aus der Rinde der Keimzelle bildet sich der Eierstock und aus dem Müllerschen Gang der Eileiter und die Gebärmutter. (Wäre ein Y-Chromosom eingedrungen, so hätten sich aus dem Mark der Keimzelle die Hoden und aus dem Wolffschen Gang die Samenleiter gebildet.) Die inneren Geschlechtsorgane der Frau entstehen im fötalen Stadium vor den äußeren Genitalien. Der Hypophysenvorlappen des Gehirns sondert Hormone ab, die man Gonadotropine nennt. Sie stimulieren die Follikelreifung und die Bildung wichtiger Eierstockzellen. In den Follikeln der Eierstöcke entstehen dann Östrogene, die das normale Wachstum der Gebärmutterschleimhaut steuern. In der Pubertät bewirken die Östrogene die Entwicklung der äußeren weiblichen Geschlechtsorgane, der Brustdrüse und der Sekundärbehaarung.

Mädchen entwickeln ihre geistigen und körperlichen Fähigkeiten rund ein bis zwei Jahre früher als Knaben. Mit sechs Jahren sind sie den Knaben um rund ein Jahr voraus, mit neun Jahren um rund 18 Monate. Während der gesamten Kindheit sind sie weniger anfällig für psychische Spannungen. Ihre Sterbensquote liegt weit niedriger als die der Knaben. Mit sechs Jahren sind ihre Handmuskeln besser entwickelt, so daß es ihnen in der Schule leichterfällt, sauber zu schreiben. Die Anzahl der Mädchen, die in den frühen Schuljahren sitzenbleiben, ist halb so groß wie die der Knaben. Die Zahl der Knaben, die zum Stottern tendieren, liegt fast dreimal höher als die der Mädchen.

Von frühester Kindheit an zeigt die Frau die Fähigkeit, Schmerzen besser zu ertragen als der Mann. Ihr Rhythmus ist langsamer, aber regelmäßiger. Viele Unterschiede zwischen Mann und Frau, die man in früheren Kulturen beobachtete, sind im Lauf der menschlichen Geschichte kleiner geworden. Es ist deshalb sehr schwer, beim gegenwärtigen Stand der Angleichung der Frau an das männliche Ideal festzustellen, worin die eigentliche Weiblichkeit besteht. Die amerikanische Sexualforscherin Barbara Bross hat einen weiblichen Urtypus postuliert, indem sie die Modellierung, welche die Frau unter dem Patriarchat angenommen hat, sozusagen wegseziert hat. Sie sagt, daß viertausend Jahre männlicher Herrschaft all das in ihr verkümmern ließen, was gut war, und all das florieren ließen, was schlecht ist. Zu dem, was sie geworden ist, hat die Frau erstens die männliche Zuchtwahl gemacht, die den Typ der unterwürfigen Frau begünstigte, zweitens der Druck einer Gesellschaftsordnung, die dem Mann überall mit Ausnahme des Bettes den Vorrang gab, drittens eine Mentalität, die sie als »männliches quid pro quo« bezeichnet. Sie glaubt, daß diese Haltung allen Klassengesellschaften der menschlichen Geschichte zu eigen ist, von den Stadtdemokraten des alten Hellas und der Sklavenökonomie des alten Rom über den mittelalterlichen Feudalismus und die bürgerliche Welt bis zur Diktatur des Proletariats in der Sowjetunion. Als charakteristisch für die männliche Mentalität führt sie alle Formen des Wettbewerbs und des »Aufrechnens« an, vom primitiven Zweikampf bis zum Duell, von der Stammesfehde bis zum Völkerkrieg, vom sportlichen Wettkampf bis zum Kampf um die bessere Stellung, vom archaischen Talionsprinzip der Rache (Auge um Auge, Zahn um Zahn) bis zum juristischen Prinzip der »angemessenen« Strafe, vom Tauschhandel bis zum Bankgeschäft: »Wer den Wettbewerb benötigt, um sich zu beweisen, der wird sein Leben lang vergeblich nach jener Selbstsicherheit, nach jener Ruhe und Gelassenheit suchen, die die Frau von Natur her besitzt. Sie besitzt sie, weil sie sonst nicht ihre Aufgabe als Mutter und Heimbewahrerin lösen könnte. Wer dagegen mit Gütern oder Geld handelt, der gewöhnt sich bald daran, auch mit Gefühlen zu hausieren. Handel ist eine Form des Wettbewerbs. Er ist der Mentalität der Frau ebenso fremd wie die des Duells. Wer das Prinzip der Rache im Krieg, der Vergeltung im Völkerrecht, der Strafe im Zivilrecht akzeptiert, der wird auch fein säuberlich Katalog über die Sünden seiner Frau oder Geliebten führen und jedes Vergehen gegen die männliche Ordnung mit ehelichen oder anderen Vergeltungsmaßnahmen bestrafen. Der weiblichen Natur sind all diese Varianten des quid pro quo gleich fremd. Die Frau gibt und empfängt ihre Freude im Geben. Der Mann nimmt und empfängt seine Freude im Zahlen, denn damit ist das Prinzip des quid pro quo gewahrt. Er hat seine Pflicht getan. Er hat sein Gewissen beruhigt. Nun kann er gehen und sich der nächsten Frau zuwenden.«

Die Tatsache, daß viele Frauen in der männlichen Gesellschaft die maskuline Mentalität übernommen haben, ohne sich des Konflikts bewußt zu werden, der zwischen ihrer Anlage und der männlichen herrscht, beweist nach B. Bross nicht etwa, daß kein Konflikt besteht, sondern daß er verdrängt worden ist. »In dieser Verdrängung liegt die Ursache der großen Anzahl weiblicher Neurosen in der bürgerlichen Welt.«

Der Versuch der Frau, die Tugenden des Mannes zu übernehmen, um ihm zu beweisen, daß sie ebenso gut wie er, ja vielleicht besser ist, drückt in Wahrheit die Kapitulation der Frau aus. Denn indem sie das Prinzip des Wettbewerbs akzeptiert, unterwirft sie sich den Gesetzen des Mannes. »Die Tatsache, daß es Sportlerinnen und Geschäftsfrauen, Juristinnen und weibliche Soldaten gibt, die die Männer mit den Spielregeln der männlichen Gesellschaft besiegen, beweist nicht, daß sie bessere Frauen sind, sondern daß sie ihren Status als Frau verraten und ihre weiblichen Tugenden für das Linsengericht der ›Gleichberechtigung‹ verkauft haben«, sagt Dr. Bross. Denn »das Recht als solches ist eine männliche Institution«.

Die Versuchung der Frau, sich an die wenigen Möglichkeiten zu klammern, die die männliche Gesellschaft ihr gibt, ist allzu verständlich. Sie strebt nach juristischer Gleichberechtigung, ohne sich der Schande bewußt zu sein, die darin liegt, das Rechtskonzept als solches anzuerkennen. Sie übernimmt die männliche Rechtsordnung, weil sie in der Illusion lebt, daß es nur zwei Erfolgsmöglichkeiten für sie gibt – sich entweder als sexuelles Spielzeug des Mannes zu verkaufen, oder ihn mit seinen eigenen Mitteln beim Kampf um die Macht zu schlagen. »Daß es eine dritte Möglichkeit gibt, nämlich die eigentlich weiblichen Tugenden zu entwickeln und eine weibliche Welt zu bauen, die in nahezu jeder Hinsicht anders geartet ist als die der Männer, haben nur sehr wenige Frauen erkannt, denn die Schwierigkeiten einer solchen Vorstellung sind ungeheuer. Fast zweihundert Generationen haben durch Zuchtwahl und gesellschaftlichen Druck einen Frauentyp herangebildet, der so gut wie nichts mehr mit der Frau der mutterrechtlichen Gesellschaften zu tun hat. Die Frau ist zu dem geworden, was der Mann sich unter einer Frau vorstellt. Ihre Denkwelt ist die der männlichen Gesellschaft. Die Kategorien ihres Denkens folgen der männlichen Ordnung, auch wenn sie gegen diese Ordnung rebelliert. Sie hat ihre eigentliche Identität verloren und ist nur noch ein Schatten des Mannes« (B. Bross).

Die Theorie ist bestechend, aber sie hat einen Denkfehler. Denn auch der Mann ist ja durch Hunderte von Generationen der vaterrechtlichen Ordnung erst zu dem geworden, was er ist. Wenn wir B. Bross' These von der potentiell anders gearteten Frau akzeptieren sollen, dann müssen wir auch die Tatsache akzeptieren, daß der Mann sich im Laufe der Zeit ebenso geändert hat wie die Frau. Unter diesen Umständen einen Urtyp der Frau zu postulieren und ihn dem gegenwärtigen Typus des Mannes gegenüberzustellen bedeutet eine Verzerrung der historischen Perspektive. Entweder müssen wir dann auch einen Urtyp des Mannes postulieren und ihn dem der Frau gegenüberstellen, oder wir müssen das Konzept einer eigentlich »anderen« Frau fallenlassen und die Frau, wie sie ist, als Realität akzeptieren.

Freud glaubte, den Unterschied zwischen der männlichen und der weiblichen Mentalität in der Passivität der Frau und der Aktivität des Mannes entdeckt zu haben. Wie bei so vielem, was dieser kluge Mann sagte, hat es sich jedoch im Laufe der Jahrzehnte herausgestellt, daß er auch hier für ewig und allgemeingültig hielt, was in Wirklichkeit ein Charakteristikum der bürgerlichen Welt seines Zeitalters war. In mutterrechtlichen Kulturen gelten andere Werte. Das bürgerliche Symbol der still auf dem Rücken liegenden Frau und des Mannes, der auf ihr die aktiven Koitalbewegungen ausführt, ist in seiner Gültigkeit sowohl zeitlich wie örtlich begrenzt. Andere Kulturen haben andere Sexualpraktiken. Oft ist die Frau die aktive Partnerin, oft der Mann der unten liegende Partner.

Freud glaubte die Allgemeingültigkeit seines Begriffs darin gefunden zu haben, daß das Konvexe per se aktiv und das Konkave per se passiv sei. Aber auch das stimmt nicht. Wir schieben nicht etwa den Kopf in den Hut, sondern wir setzen den Hut auf den Kopf. In allen mutterrechtlichen Kulturen gilt das Konkave als das aktive, das Konvexe als das passive Prinzip. Unsere Umkehrung dieses alten Bildes entstand aus unserer mechanistischen Tradition und wurde zu Freuds Lebzeiten besonders durch das Symbol der Dampfmaschine und des Otto-Motors geprägt. In beiden Maschinen stand der Zylinder still: er war »passiv«,

also »weiblich«. In ihm bewegte sich ein »aktiver« Kolben: das männliche Prinzip. Mittlerweile haben wir aber zahllose Maschinen entwikkelt, in denen der Kolben stillsteht, während der Zylinder sich bewegt, so daß selbst innerhalb unserer westlichen Zivilisation die Gleichung konvex = aktiv, konkav = passiv nicht mehr stimmt.
Wer glaubt, die sexuelle Moralität könne aus der Humanbiologie abgeleitet werden, argumentiert gewöhnlich mit der Tatsache, daß das männliche Spermatozoon mit seiner kleinen Geißel das weibliche Ovum aufsucht, das sein Kommen passiv erwartet. Das Spermatozoon attackiert dann das Ovum und dringt fast auf die gleiche Art ein wie der Penis in die Vagina. Damit soll bewiesen werden, daß der Mann immer der aktive Partner sein müsse und die Frau der passive. Träfe das zu, sollte es der Frau physisch unmöglich sein, aktiv zu werden, und dem Manne ebenso physisch unmöglich, passiv zu werden. Das ist natürlich nicht der Fall.
Ein anderes Argument (oft von jenen Autoritäten zitiert, die plädieren, der Mann sei – von Natur aus – aktiver oder leidenschaftlicher), ist Mantegazzas Behauptung, daß der Mann im Gegensatz zur Frau körperliche Schmerzen erleide, wenn er Abstinenz übe. Das sexuelle Verlangen des Mannes lasse sich nicht unterdrücken, behauptet Mantegazza, weil der Versuch der Unterdrückung zu spasmodischem, langanhaltendem Priapismus, zu schmerzvoller Verkrampfung der Seminalvesikel oder zu Schmerzen in den Hoden führe. Als medizinische Beobachtung trifft das weitgehend zu. Aber die Folgerungen, die Mantegazza daraus zieht, sind so töricht und so unhaltbar, als behaupte man, die Frauen seien dazu geschaffen, mehr Geschlechtsverkehr zu haben als die Männer; denn der Penis des Mannes erschlaffe nach einiger Zeit, während die Vagina der Frau erst viel später erschöpft sei.
Wenn sich solche Begriffe wie »Männlichkeit« und »Weiblichkeit« überhaupt formulieren lassen, dann wahrscheinlich als Aspekte des Gebens und Nehmens. Aber auch hier wäre es kurzsichtig, vom männlichen Prinzip als dem »gebenden« zu sprechen (weil der Mann den Samen »gibt«) und das weibliche Prinzip als das »nehmende« zu bezeichnen (weil die Frau den Samen in sich »aufnimmt«). »Denn der Mann ist im eigentlichen Sinne der Nehmende und die Frau ist in allen Kulturen die Gebende. Eine Frau gibt sich in, ohne etwas dafür zu verlangen. Sie weiß, daß der Akt der Hingabe in der Freude, die er der Gebenden bereitet, seine eigene Belohnung findet. Wenn der Empfänger ebenfalls Freude empfindet, um so besser. Aber das ist nicht die Haupt-

sache. Die Hauptsache ist die Freude des Gebens. Eine Frau verlangt von ihrem Mann ebenso wenig, wie sie von ihren Kindern verlangt. Sie widmet ihren Kindern ihr ganzes Leben, dann schickt sie sie hinaus in die Welt – ihre Tochter in die Arme eines Mannes, ihren Sohn in die einer anderen Frau« (B. Bross).

»Ich sehe den Sexualakt vom Standpunkt der Frau als eine Form des Gebens ohne jegliche Erwartung einer Gegenleistung. Ich freue mich, wenn ich Freude gebe. Das ist mein Lohn als Frau. Ich empfange mein Kind, wie ich Freude empfange: indem ich mich selbst gebe. Das sind keine müßigen Betrachtungen. Das ist die alleinige Basis ehelichen Glücks... Ich sage, eine Frau muß geben und geben und wieder geben – nicht, weil ich den Mann für meinen Herrn halte; auch nicht, weil ich glaube, er hätte ein gottgegebenes Recht darauf, irgend etwas zu beanspruchen; auch nicht, weil ich den unsinnigen ›Rechten‹ und Privilegien, die die Gesellschaft ihm zuteilt, irgendwelchen Wert beimesse. Ich sage aus simplem Selbstinteresse, daß wir als Frauen geben und geben und wieder geben *müssen.* Ich sage es, weil es für uns die einzige Möglichkeit ist, *selbst* glücklich zu werden. Denn die Alternative – das tägliche Aufrechnen der Konten (ich gebe dir meinen Körper, und du gibst mir dafür einen Brillantring) – ist gleichbedeutend mit Prostitution. Nichts macht eine Frau unglücklicher als der Versuch abzuschätzen, was ihr Mann für sie tun sollte und was sie ihm dafür ›schuldet‹. Sobald du anfängst, in solchen Begriffen zu denken, kannst du deine Ehe als gescheitert betrachten. Wir geben unseren Männern Ruhe, Kraft und Gelassenheit, weil wir ihnen ein Gegenmittel gegen die Welt des Fressens und Gefressenwerdens geben, in der sie ihren Lebensunterhalt verdienen. Wenn sie zu uns nach Hause kommen, können sie aufhören, in Begriffen wie ›Was springt dabei für mich heraus?‹ zu denken. Und das größte Wunder: du wirst feststellen, wie sogar der selbstsüchtigste Mann auf zauberhafte Weise seine Selbstsucht verliert, wenn er mit einer völlig selbstlosen Frau lebt. Weit davon entfernt, sie auszunützen, wird er zu einem Menschen, der ebenfalls geben kann, ohne etwas dafür zu verlangen. Das ist für einen Mann weit schwerer als für eine Frau, weil es einfach nicht in der Natur des Mannes liegt. Wenn er überleben will, muß er die Kampfbedingungen in einer Gesellschaft des Wettbewerbs akzeptieren. Aber er ist nicht nur ein Mann, sondern auch ein Mensch, und wenn er eine Frau hat, die nichts von ihm verlangt, dann wird er anständiger, liebenswürdiger und weniger selbstsüchtig sein, als wenn du dich mit ihm in einen täglichen Wettbewerb einläßt. Die Frau ist des Mannes Vermittlerin zwischen ihm selbst und der Natur. Sie ist für ihn ein Teil der Natur; obwohl er es nie aussprechen wird, empfindet er es so. Ihre Regel spiegelt den Rhythmus der Natur. Sie ist die Mutter. Sie ist die Erde. Sie fühlt, wo er nur denken, wo er nur handeln kann. Die Frau ist, der Mann tut. Hierin liegt die Stärke und die Schwäche beider Geschlechter.« Vgl.: Männlichkeit.

Weihnachtspantomime [engl.: Christmas pantomime, »panto«], eine alte englische Theaterform, die fast ausschließlich auf transvestitischem Rollentausch aufgebaut ist und wahrscheinlich ein Überbleibsel der Fastnachtskomödien des Mittelalters darstellt. Die Männer tragen Frauenkleidung, die Frauen Männerkleidung. Alles ist erlaubt, was im Alltagsleben verboten ist. Der Diener beschimpft den Herrn, der Herr spielt den Diener. Diese Freiheit der Weiberfastnacht, diese Narrenfreiheit, geht ihrerseits auf die Frühlingsorgien der alten → Mutterreligionen zurück und gehört zu den letzten überlebenden Institutionen des Mutterrechts. Vgl.: Cisvestitismus, Damenimitator, Eonismus, Hosenrolle, Maske, Metamorphosismus, Metatropismus, Transgestismus, Transvestitismus, Verkleidungstrieb.

Werben hat im deutschen Sprachgebrauch nicht ohne Grund zwei völlig verschiedene Bedeutungen – einerseits das Anhalten, Freien, Buhlen um einen Geliebten oder eine Geliebte, andererseits Reklame, Werbung, Kundenfang. Im Gegensatz zu der volkstümlichen Vorstellung, daß die Werbung gewissenlos mit Sexualwünschen hantiere und nie zögere, Nackedeis als Blickfang zu benutzen, sind die Werbeagenturen jahrzehntelang eher zimperlich als mutig gewesen. Da sie ihre Werbestrategie fast stets auf sehr sorgfältiger Marktforschung aufbauen und da der Großteil derjenigen Konsumenten, an die sich die Werbung wendet, aus dem prüden Kleinbürgertum kommt, waren sich die Werbeagenturen jahrzehntelang der Tatsache nur allzu bewußt, daß offene Sexualität die Mehrzahl dieser Käufer erschreckt und verängstigt. Der Käufer bezieht die Werbung viel intensiver auf sich selber, als er das mit dem redaktionellen Teil einer Zeitschrift tut. Was er auf den Bildseiten der Illustrierten und Zeitungen toleriert (weil es eine Art Reservat für Traumfiguren darstellt), weist er in der Werbung zurück. In jeder deutschen Illustrierten war der redaktionelle Teil deshalb jahrzehntelang gewagter als der Anzeigenteil. Im Fernsehen geht diese Diskrepanz noch weiter. Dort gab es nahezu groteske Tabus. Werbung für Unterwäsche durfte zum Beispiel niemals einen Menschen in Bewegung zeigen. Dies ergab dann die absurde Situation, daß ein Werbespot für Büstenhalter oder Hüftgürtel Standfotos benutzen mußte, während die darauffolgende Tagesschau eine Modeparade für Bikinis oder das danach folgende Fernsehspiel ein Liebespaar mit nackten Oberkörpern im Bett zeigten durfte. Das Wort »Werbung« und das ihm unterliegende Prinzip stammen nun einmal vom Werben, vom Freien her. Was man der Werbung deshalb jahrelang vorwerfen mußte, war eher, daß sie ihre Pflicht nicht erfüllte, indem sie sich zu prüde verhielt, als daß sie die Grenzen des Erlaubten überschritten hätte. Die Tatsache, daß manche klerikalen und anderen Autoritäten trotzdem von der Werbung sprechen, als ob sie eine Verführerin zur Erotik sei, läßt die Vermutung aufkommen, daß die tatsächlichen Motive einer solchen werbungsfeindlichen Haltung eher im unbewußten Neid (»Werbefachleute verdienen zu viel!«) als in der Sorge um die moralische Wohlfahrt der Mitbürger zu suchen sind. Ein wenig von der gleichen Mentalität schwingt auch in dem »linken« Argument gegen die »Warenästhetik« mit.

Werkzeugfetischismus, die sexuelle Reizauslösung durch Werkzeuge. Zweifellos liegen Analogien zum → Waffenfetischismus und zur → Ergophilie der Fetischisierung der Arbeit, vor. Hepner zitiert den folgenden Fall: »Im Zuge von Erhebungen in einer Diebstahlsache wurden bei einem 30jährigen Segelmacher ein Kranhaken sowie eine Menge von Bohrern, Schrauben und Schraubmuttern gefunden. Alle diese Geräte, die aus Diebstählen stammten, dienten ihm nicht zu ihrem bestimmungsgemäßen Gebrauch, sondern als Fetische zur sexuellen Befriedigung. So erhob er insbesondere eine überaus große, glänzende Schraube zu seiner ›Lieblingsschraube‹, die er mit einer Masche zierte und zu sich ins Bett nahm.«

Widerstandskraft, geschlechtsspezifische. Für seine angebliche Widerstandskraft im »Kampf der Geschlechter« zahlt der Mann einen hohen Preis. Für seine selbstauferlegte Verpflichtung, sich und allen anderen beweisen zu müssen, wie stark er ist und wie gut er seine Affekte verbergen kann, zahlt er einen noch höheren: Sein Lebensprozeß läuft infolge des höheren Energieverbrauchs rascher ab als der der Frau. Alles, was er als weibliche Schwäche betrachtet – Geschwätzigkeit, Tränen, Zärtlichkeit –, ist lebenserhaltendes Benehmen. Wir müssen unsere Spannungen so schnell wie möglich durch physische Reaktionen abbauen, wenn sie uns nicht unwiderruflichen Schaden zufügen sollen. Wer sein Leid zähneknirschend und klaglos erträgt, verbraucht größere Energien als der, der weint. Wer sofort sagt, was er will, baut seine

Spannungen besser ab als der, der seine Worte sorgfältig überdenkt und dann nichts oder das Gegenteil von dem sagt, was er wirklich fühlt. Nahezu jede Verhaltensregel des Patriarchats läuft auf solche selbstzerstörerischen widernatürlichen Praktiken hinaus.

Die Wissenschaft betrachtet das Verhalten des Mannes im Patriarchat als »natürlich«, »männlich«, »normal«, sie faßt als reinen Biologismus auf, was zum großen Teil gesellschaftlich bedingt ist. Der Mann stirbt früher, weil er sich schneller verbraucht, heißt es da. Weshalb verbraucht er sich aber schneller? In jeder Streß-Situation sondert der männliche Körper bestimmte Hormone (Testosterone) ab, die den Zweck haben, die Blutgefäße zu verengen, den Blutdruck zu erhöhen und dadurch eine der zwei Alternativen zu ergreifen, die den Mann ursprünglich vor seinem Gegner schützten: entweder wegzulaufen oder den Gegner niederzuschlagen. Da beide Alternativen in der patriarchalischen Gesellschaft unserer Tage aber verpönt sind, muß der Mann seine natürliche Neigung unterdrücken. Resultat: der Blutdruck erhöht sich, ohne einen Anslaß zu finden. Je häufiger solche Streß-Situationen auftauchen, desto früher tritt genau das ein, was der biologische Mechanismus verhindern soll: der Tod. Bei Frauen dagegen bietet die sozial erlaubte Regung, entweder zu weinen oder wegzulaufen, einen gewissen Schutz vor der Selbstzerstörung. Außerdem sondert der weibliche Körper aber auch Östrogene ab, die dem gefäßverengenden Effekt des Testosterons entgegenwirken und die Frau dadurch vor dem Herzinfarkt bewahren.

Für den, der nicht gelernt hat, dialektisch zu denken, liegen hier also rein biologische Mechanismen vor: der Mann, meint er, sei von frühester Urzeit her auf Aggression programmiert, die Frau dagegen auf Nachgeben, Weglaufen oder Schreien. Genau das ist aber nicht der Fall, wie wir gesehen haben. In der Zeit, in der beide Geschlechter in gleicher Weise am Nahrungssammeln beteiligt waren, gab es keinen grundsätzlichen Unterschied im Hormonhaushalt. Auch heute noch produzieren *beide* Geschlechter sowohl Testosterone wie Östrogene, wenn auch in unterschiedlichen Mengen. Beim Mann wird das Testosteron von den Hoden, bei der Frau von den Eierstöcken und bei beiden Geschlechtern zusätzlich von der Nebennierenrinde gebildet. Der Effekt beider Hormone ist bei beiden Geschlechtern der gleiche. Wenn er beim Mann unter bestimmten Umständen infarktbildend, lebensverkürzend, bei der Frau dagegen lebensverlängernd wirkt, so ist dies nicht das Resultat geschlechtsspezifischer Hormonhaushalte, sondern der sozialen Bedingungen, unter denen die Hormonproduktion arbeitet.

Es ist auch nicht so, daß »die Zivilisation« den Mann daran hindere, sich »natürlich« zu benehmen, also auf den anderen einzuschlagen, wenn dieser ihn ärgert, sondern es sind die gesellschaftlichen Umstände, die den Ärger produzieren. Es ist die widersinnige, selbstzerstörerische Autoritätsstruktur des Patriarchats, die den täglichen Ärger erzeugt. Es sind die klassenspezifischen Umstände einer ausbeuterischen Gesellschaftsordnung, die den Hormonhaushalt beider Geschlechter pervertieren, und zwar bezeichnenderweise bei den Ausbeutern in ebenso hohem Maße wie bei den Ausgebeuteten.

Daß Angreifen mutiger sei als sich zu verteidigen, gilt im Patriarchat als selbstverständlich. Daß sich verteidigen mutiger sei als nachzugeben, scheint dem Vaterrechtler so einleuchtend, daß er es für absurd halten würde, die Frage auch nur zu diskutieren. Aber in jedem Kriege der Geschichte haben die Völker, die den Aggressor widerstandslos einmarschieren ließen, besser abgeschnitten als die, die sich in lange Widerstandskriege verwickelt haben. Die alten mutterrechtlichen Völker der Ägäis, die zum Erstaunen der patriarchalischen Griechen jede der einwandernden Horden durchmarschieren ließen, sie sogar versorgt und sich mit den Einwanderern gepaart haben, leben im Blut der Griechen, in ihrer Kultur und ihrer Kunst, ihrer Mythologie und ihrer Religion weiter, während die Griechen einander in endlosen Kriegen zerfleischten, bis das ganze Volk zermürbt, dezimiert, vernichtet in die Hände der Römer fiel. Haben diese Kriege sich gelohnt? Falls ja, für wen?

Während der Bombenangriffe des Zweiten Weltkrieges stellte es sich bei den Engländern genau wie bei den Deutschen heraus, daß die Frauen durchwegs besser durchhielten, ihre Angst zwar zeigten, aber schneller überwanden und so gut wie keine psychischen Schäden davontrugen, während die Männer, die ihre ganzen Energien mobilisieren mußten, um ihre Furcht zu verbergen, noch Jahre später an den Folgen der zurückgehaltenen Ängste zusammenbrachen. Wieso? Weil die Frauen, durch die Schmerzerfahrung der Geburt, auf weitaus größere Schmerzerduldung vorbereitet sind als die Männer. Der Mann kann sich nur als Held zeigen, indem er angreift, das heißt indem er Schmerzen zufügt. Die Frau dagegen zeigt ihr Heldentum, indem sie die Schmerzen erträgt. In den Konzentrationslagern haben die Frauen überall die Foltern und Qualen leichter ertragen als die Männer. Und dies nicht nur, weil die Frau mit Schmerzen besser fertig wird als der Mann, sondern auch, weil sie nicht auf die moralische Notwendigkeit des Zurückschlagens programmiert ist und deshalb mit dem Streß des Nicht-Zurückschlagen-*Könnens* besser fertig wurde als der Mann. In jeder Streß-Situation hat die Frau deshalb eine bessere Überlebenschance als der Mann. Ihre Reaktion, entweder wegzulaufen oder die Sache über sich ergehen zu lassen und dabei zu schreien, ist die einzig gesunde. Es ist die Überlebenschance desjenigen, der überleben *will.* Das Patriarchat dagegen mit seiner Devise, daß es besser sei, als Löwe zu sterben, denn als Schaf zu leben, verunglimpft sowohl Schaf wie Löwe und enthüllt dabei jene innere Verzweiflung, die sich im Wunsch der Selbstzerstörung äußert.

Windelfetischismus, die sexuelle Reizauslösung durch den Anblick oder das Anlegen von Säuglingskleidung, besonders von Windeln. Wie alle anderen → Fetischisten, so hat auch der W. eine passive, eine aktive und eine rein kontemplative Form:

1. Aktiver W. besteht in dem Wunsch, eine andere Person – Frau, Mann oder Kind – in Windeln einzupacken oder auszupacken, und zwar meist als Vorbereitung zum Geschlechtsverkehr.

2. Der passive W. besteht im Tragen von Windeln, entweder in autoerotischer Form, also ohne Anwesenheit eines Geschlechtspartners, oder im Beisein und mit Hilfe eines Sexualpartners. Bekannt sind die Prostituierten, die sich darauf spezialisieren, solche Patienten wie Säuglinge zu behandeln. Sie besitzen große Wickelkommoden, pudern und ölen die Genitalien des Kunden mit Babypuder und Babyöl ein, legen ihm dann Windeln an und geben ihm oft die Brust. Orgasmus tritt entweder spontan oder durch Manipulation ein. Die mit Sperma befleckten Windeln werden dann mitgenommen, als Fetisch verehrt, nach dem Haremskult gesammelt, etikettiert, mit Namen, Ort und Datum versehen und dann zur Onanie benutzt. Jeder onanistische Vorgang wird auf das Etikett eingetragen.

3. Der kontemplative oder eigentliche W. benötigt keinen Sexualpartner und besteht entweder im Sammeln von gebrauchten Babywindeln (vgl.: Abortfetischismus, Harnerotik, Harntriebhaftigkeit, Nachttopffetischismus) oder im Sammeln von Bildern, die Säuglinge in Windeln darstellen. Orgasmus tritt entweder spontan beim Betrachten oder Befingern der Sammlung ein, oder er bleibt aus. Vgl.: Épongeur, Renifleur, Urethralerotik, Urinfetischismus, Urolagnie. → Puerilismus.

Winileod [ahd.: wini = Freund, Freundin, Geliebter, Geliebte; leod =

Strophe], das volkstümliche, weltliche Liebeslied des Mittelalters, im Gegensatz sowohl zum geistlichen Lied wie zur → Minnelyrik des Rittertums. Das Kapitular Karls des Großen verbot 789 den Nonnen, W. zu schreiben und zu verbreiten.

Winkeleck, Winkelpforte → Frauengasse.

Wissensdrang, sexueller → sexuelle Neugier.

Witwenball, »Ball einsamer Herzen« oder Witwenklub nennt man Institutionen zur Anknüpfung von gegenseitigen Beziehungen nicht mehr ganz junger Männer und Frauen. Eigentümlicherweise hat es sich bei fast allen Organisationen und Lokalen dieser Art ergeben, daß die Frauen sehr bald die Initiative übernehmen, so daß es sich nach einer Weile nicht mehr um Treffpunkte gleichaltriger Männer und Frauen handelt, sondern daß die Frauen fast stets älter sind als die Männer und daß sie diese aushalten. Trotz größten Bemühens der oft wohltätig gesinnten Initiatoren tendieren solche Klubs und Lokale also dazu, eine Art moderner Semigigolos zu züchten. Das spricht sich in Studentenkreisen herum, aber oft auch in der Unterwelt, so daß Zuhälter, die eine Stufe »nach oben« klettern wollen, hier die Möglichkeit finden, langfristige Verhältnisse mit wohlhabenden Frauen anzuknüpfen. → Animierherren, Gigolo, männliche Prostitution.

Witwenklubs, angebliche Eheanbahnungsorganisationen, in Wahrheit sexuelle Klubs von Männern und Frauen mittleren Alters. In den 20er Jahren unseres Jahrhunderts gab es Hunderte solcher Klubs. Heute sind sie seltener und nennen sich meist »Klub einsamer Herzen« oder so ähnlich. Oft sind die Tische im Klubraum mit Telefon verbunden, so daß man jede Person an jedem Tisch anrufen kann. → sexuelle Clubs, Witwenball.

Witwentröster, volkstümliche Bezeichnung eines künstlichen Penis, der zur Selbstbefriedigung der Frau oder zum lesbischen Geschlechtsverkehr dient. Vgl.: Selbstbefriedigungsinstrumente.

Wortmasochismus, der Wunsch, beim Sexualakt oder auch bei anderen Gelegenheiten obszön beschimpft zu werden. Der Wortmasochismus bettelt um solche Schimpfworte. »Bin ich deine Sau?« fragt die Wortmasochistin. »Sag mir, daß ich deine Sau bin! Nenn mich deine Hure!« Und erst, wenn der Mann dann diese Worte ausspricht: »Du bist meine Sau, du bist meine Hure«, tritt explosiv der Orgasmus ein. → Koprolalie, Pornolalie, Wortsadismus.

Wortsadismus, eine sexuelle Zwangshandlung, die den Patienten dazu veranlaßt, andere Menschen, besonders aber den eigenen

Geschlechtspartner, obszön zu beschimpfen. »Hure! Syphilitiker! Schwein! Sau!« gehören zu den mildesten Worten, mit denen solche Menschen ihre Ehegatten oder Sexualpartner beschimpfen müssen, um potent zu sein. → Koprolalie, Pornolalie, Wortmasochismus.

Women's Studies [engl.: Frauenstudien], im englischen Sprachraum das neue Hochschulfach der → Feministik, der Geschichte und des Studiums der Frau.

Wunschzeichnungen, die berühmteste Form der erotischen Laienkunst. Nahezu jeder Mann und eine große Anzahl von Frauen zeichnen entweder in der Jugend oder auch noch später ihre erotischen Wunschträume. Dies geschieht weitaus häufiger bei Fetischisten und Sadomasochisten als bei gesunden Heterosexuellen, wahrscheinlich, weil es für den letzteren leichter ist, seine Träume zu verwirklichen. → Abortkritzeleien und andere → Graffiti in öffentlichen Toiletten geben einen guten Eindruck von den Wunschträumen der Besucher. Dabei treten Koitus, Skatologie, Onanie (sowohl weibliche wie auch männliche) und homosexuelle Akte (in dieser Reihenfolge) am häufigsten auf. Selten sind W. anderer sexueller Tätigkeiten an allgemein zugänglichen Orten zu finden. → Bilderschändung, Erotographomanie, Kopromgraphomanie, Korrespondenzzirkel, Pornographomanie, Pseudolismus, Saliromanie, Skatophilie, Tagebuch, Übermalung.

X

Xerosis vaginae [gr.: xeros = trocken, spröde], die durch chronische → Gonorrhöe hervorgerufene Entzündung der Scheidenschleimhaut, bei der sie grau und trocken wird und sich wie gegerbtes Leder anfühlt. Die X. v. führt in den tieferen Schichten zum Schwund von Geweben, während sie in den oberen eine Wucherung hervorruft.

Z

Zaumzeug, ein bei verschiedenen sexuellen Zwangsvorstellungen benutztes Objekt, besonders beim → Lederfetischismus. Vgl.: Masochismus, Tierfetischismus, Sadismus.

Zavalier, ein von Oswald Spengler geprägter Begriff, der die Falschheit des Kavaliers ausdrücken soll. Für ihn war der → Don Juan nur ein »Halbmann«. Dessen weibliches Gegenstück nannte er → Fausse.

Zehenriecher oder »Fußfreier«, jene Kunden, die an den Füßen und Zehen einer Prostituierten riechen wollen und diese Handlung entweder als Vorbereitung zum Koitus oder als dessen Ersatz benötigen. Der Z. ist stets ein → Fußfetischist, manchmal auch noch ein → Perspirationsfetischist. Vgl.: Achselhöhlenfetischismus, Geruchsfetischismus, Geruchssinn, Nase, Nasenfetischismus, Osphresiolagnie, Type olfactif.

Zehensauger, jene »Freier«, die entweder aus → Fußfetischismus oder aus → Perspirationsfetischismus an den Zehen einer Prostituierten saugen, ehe sie genügend Potenz angesammelt haben, um mit ihr zu koitieren, oder die das Zehensaugen überhaupt als Surrogat des Koitus betrachten und entweder durch Onanie zum Orgasmus kommen, ihn spontan beim Ablecken der Füße einer Frau erzielen oder gänzlich orgasmusunfähig sind. Vgl. Fetischismus, Geschmacksfetischismus, Lutschkomplex, Picazismus, Renifleur, Skatophagie, Zehenriecher.

Zeigelust, die kindliche Form des → Exhibitionismus. Freud sagt: »Das kleine Kind ist vor allem schamlos und zeigt in gewissen frühen Jahren ein unzweideutiges Vergnügen an der Entblößung seines Körpers mit besonderer Hervorhebung der Geschlechtsteile« (*Drei Abhandlungen zur Sexualtheorie,* 1905, Fischer Bücherei Nr. 422, S. 64). Vgl.: Entblößungstrieb, Exhibitionismus, Kopropraxie.

Zensur, sexuelle. Die Zensur von Erotika richtet sich stets gegen mehr als Erotika. Wie die Erotika des Volks etwas über das Volk aussagen, so sagen die Pornographiegesetze eines Landes viel über dessen herrschende Klasse aus. Man denke an die ersten kirchlichen Buchverbote, die keineswegs erotische, sondern ausschließlich ketzerische, also kirchengefährdende Werke betrafen. Bis ins 18. Jahrhundert galt der päpstliche Grundsatz, daß Erotika nur dann zu verdammen seien, wenn sie den Klerus oder die weltlichen Autoritäten angriffen. Dies nicht ohne Grund, denn die Erotika dieser Zeit waren meist verkappte Aufklärungsschriften. Die Aufklärer verstanden ihre Mission nicht nur im Angriff auf die Sexualmoral der Kirche, sondern auch auf deren weltliche Autorität und auf die des Adels. Dies erklärt die Hartnäckigkeit, mit der die Kirche in jedem Konkordatsvertrag darauf bestand, den Staat zum Zensor, das heißt zum weltlichen Handlanger religiöser Sexualrestriktionen zu machen. Napoleon und Pius VII. schlossen den ersten Vertrag dieser Art im Jahre 1801. Bayern folgte 1817, Preußen 1821, Hannover 1824, die Schweiz 1828, Österreich 1855, Portugal 1857. In allen diesen Ländern begann die staatliche Zensur erotischer Schriften nur wenige Monate nach Unterzeichnung des Konkordats. Worauf es der Kirche ankam, war nicht etwa, die wohlhabenden Sammler kostspieliger Erotika in ihren einsamen Vergnügungen zu beschränken, sondern billige Massenauflagen zu verbieten, die den Glauben des Volkes an die Autorität erschüttern konnten – vor allem aber jene Schriften zu unterbinden, die Erotik mit agnostischer, skeptischer, freidenkerischer oder gar atheistischer Überzeugung verbanden. Der erste »Index«, der mehr sexuell anstößige als ketzerische Werke enthielt, war der von Papst Leo XIII. herausgegebene Index des Jahres 1900. Bis dahin waren unter anderen die folgenden Dichter der päpstlichen Zensur anheimgefallen: Dante (1559), Aretino (1559), Boccaccio (1559), Rabelais (1564), Montaigne (1676), La Fontaine (1703), Swift (1743), Defoe (1743), Richardson (1755), Voltaire (1754, 1759), Diderot (1759), Rousseau (1766), Madame de Staël (1807), Sterne (1819), Dante Gabriel Rossetti (1833), Victor Hugo (1834), Casanova (1834), Heine (1836), Sade (1840), Balzac (1841), Stendhal (1842), Eugène Sue (1852), Alexander Dumas (1863), George Sand (1863), Flaubert (1864), Balzac (1864), Zola (1895).

Nach 1900 kamen unter anderem folgende Autoren dazu: Anatole France (1922), André Gide (1952), Jean Paul Sartre (1948). Diese Liste zeigt, daß die katholische Kirche mit bewunderungswürdiger Konsequenz sich auf jene sexuellen Rebellen konzentrierte, die auch politische Rebellen waren. Ganz im Gegensatz zu analogen Versuchen protestantischer Gruppen, sexuell offene, politisch aber harmlose Schriften verbieten zu lassen, hat die große römische Kirche stets erkannt, daß nur dort Gefahr droht, wo sexueller Protest mit politischem Protest einhergeht. Im Juni 1966 kündigte der Heilige Stuhl an, der »Index« solle in Zukunft nur noch den Wert einer moralischen Anregung besitzen. Der Verstoß gegen diese Anregung werde nicht mehr bestraft werden.

Die weltliche Zensur hat im Negativen wie im Positiven die Logik der kirchlichen beibehalten. Der erste säkulare »Index Librorum prohibitorum« wurde 1510 in Löwen auf kaiserlichen Befehl gedruckt. England folgte 1526, Frankreich 1543, Österreich 1754 mit dem »Catalogus librorum rejectorum per concessum censurae«, der von besonderem Interesse ist, weil er 1777 selbst als »lustanregend« verboten wurde. Zwar kann man mit Mühe und Not rund 50 bis 60 Beispiele von sexueller Zensur aus der ganzen europäischen Geschichte der ersten siebzehn Jahrhunderte herausfiltern, aber sie sind die Ausnahme, denn bis zur Zeit der ersten Konkordate hatten sich die weltlichen Machthaber kaum je um erotische oder sexuelle Veröffentlichungen gekümmert. Der Zweck der Zensur war gegen die Verunglimpfung der Fürsten und den Aufruhr gegen ihre Autorität gerichtet.

Deshalb tauchen die ersten strafrechtlichen Bestimmungen gegen Erotika auch erst 1810 im Artikel 287 des französischen Code pénal auf. 1838 übernahm das Sächsische Kriminalgesetzbuch diese Bestimmungen und vermengte sie mit dem Verbot bestimmter sexueller Handlungen – ein Novum in der deutschen Rechtsgeschichte. 1839 folgte Sachsen-Weimar, 1840 Braunschweig, 1841 Hessen und Sachsen-Altenburg, 1844 Sachsen-Meiningen, 1851 Preußen. Als das preußische Strafgesetzbuch 1871 im Strafgesetzbuch des Deutschen Reiches aufging, wurde der alte § 151 als § 184 übernommen und besteht trotz der Strafrechtsreform vom 28.1.1975 bis zum heutigen Tage im StGB der Bundesrepublik weiter.

In Österreich und der Schweiz ist die »Regelung« der Pornographie noch rigoroser als in dem reformierten § 184 des bundesdeutschen Strafgesetzbuches. In Österreich verliert ein des Vertriebs pornographischer Schriften Verurteilter, ohne daß dies ausdrücklich stipuliert zu werden bräuchte, automatisch »alle in- und ausländischen Orden und Ehrenzeichen, alle öffentlichen Titel, alle akademischen Titel und Grade, jedes öffentliche Amt, einschließlich des Lehramts, vor allem aber die öffentlichen Pensionen, Provisionen, Erziehungsbeiträge oder sonstige Bezüge zur Hälfte, sowie alle Gnadengaben...« Lassen sich so strikte Strafen für ein so vages Delikt wie das der Herstellung oder des Vertriebs »sittengefährdender« Erotika wirklich vertreten?

Zerstückelung → Lustmord, Sadismus.

Zervix [lat.: cervix = Hals], Gebärmutterhals.

Zervixkappe → Verhütungsmittel.

Zeugungsorgane [lat.: organa generationis], die der Fortpflanzung dienenden → Geschlechtsorgane des Menschen. Sie wurden von älteren Autoritäten mit den Geschlechtsorganen (organa genitalia) fälschlich gleichgesetzt. Aber nicht alle Geschlechtsorgane dienen der Fortpflanzung, und nicht alle Fortpflanzungsorgane dienen dem Geschlechtsverkehr.

Ziege und Ziegenbock, seit den ältesten Zeiten der Menschheit Symbole der Sexualität. Der Bock von Mendes wurde nicht nur in den frühen Zeiten des Osiriskults von den Einwohnerinnen verehrt, sondern sie paarten sich auch mit dem kultischen Bock. Die griechischen Satyrn und die römischen Faune hatten Ziegenbeine, Ziegenohren und Ziegenhufe. Pan, der Hirtengott, hatte Ziegenhörner und Ziegenbeine. Sowohl in den Anklagen gegen Hexen wie auch in ihren auf der Folter gemachten Geständnissen wurde immer wieder ein bestimmter Bockskult behauptet und zugegeben, so daß sich aus diesen vielfältigen Dokumenten ein genauer Ritus feststellen läßt. So gehörte es zu den Aufnahmezeremonien in die Hexengemeinschaft, dem häufig als Bock erscheinenden Satan den Hintern zu küssen. Bei den Hexenzusammenkünften am Blocksberg u. ä. präsidierte oft ein Bock, dem auf die gleiche Art die Reverenz zu erweisen war. Häufig ergab sich aus Aussagen, daß der Bock mit den Hexen in für sie besonders wollüstiger Weise geschlechtlich verkehrte. Im heidnischen Deutschland gehörte das Bocksopfer als Sühneopfer zur Hochzeitsfeier. Die Überreste dieses Brauches bestehen heute noch in der Sitte, daß zu jedem Hochzeitsschmaus Bocksfleisch gegessen wird. In ältester Zeit dürfte auch die Braut mit dem Blut des Bocks besprengt worden sein, denn noch heute trägt die Braut in vielen Gegenden Deutschlands einen roten Faden oder ein rotes Band um den Hals, wogegen der Bräutigam rote Bänder am Hut flattern läßt. In zahllosen Bordellen gibt es Vorführungen des Geschlechtsverkehrs zwischen einer Frau und einem Ziegenbock. → Adspektprostitution, Mixoscopia bestialis, Tierfetischismus, Unzucht mit Tieren, Zooerastie, Zoophilie.

Ziel, sexuelles → Sexualziel.

Zielhemmung → Hemmung.

Zivilehe, eine staatlich, aber nicht kirchlich geschlossene Ehe. In Ländern mit Staatsreligion gibt es manchmal eine Notzivilehe (Spanien), in anderen Ländern eine Alternative zwischen religiöser und fakultativer Zivilehe. In wieder anderen muß eine Z. geschlossen werden, ehe eine kirchliche Trauung vollzogen werden darf. Endlich gibt es Länder, in denen nur Z. erlaubt sind (China).

Zölibat [lat.: caelebs = unverheiratet], das Abstinenzgelübde des katholischen Mönchs und Priesters; ursprünglich nur als ein Junggesellengelübde, später jedoch als ein Gelübde der Abstinenz von jeglicher sexuellen Praktik aufgefaßt – also nicht nur von Geschlechtsverkehr, sondern auch von Onanie und »unkeuschen Gedanken«. Das Konzept des Z. stammt weder aus dem Neuen Testament noch aus der frühen Kirchengeschichte, sondern wurde zum erstenmal gegen Ende des 10. Jahrhunderts erwogen. Im Neuen Testament gibt es – wie Kardinal Alfrink feststellte – keine einzige Stelle, die zwischen Priestertum und Ehelosigkeit einen Zusammenhang festgesetzt hat. Jesus hat von seinen Jüngern keine Ehelosigkeit verlangt. Sogar Petrus – nach katholischer Lehre der erste Papst – war verheiratet. Jahrhundertelang war es in der Kirche selbstverständlich, daß ihre Bischöfe und Gemeindevorsteher Frauen und Kinder hatten. Bis zum 11. Jahrhundert blieb, wie Schillebeeckx einräumt, die Enthaltsamkeit größtenteils ein toter Buchstabe. Als 1023 Papst Benedikt VIII. die Absetzung aller verheirateten und unkeuschen Priester verlangte, erklärte der Bischof von Lüttich, daß er dann seinen ganzen Klerus entlassen müsse. Erst seit dem Konzil von 1139 gilt als Kirchengesetz, daß nur Priester werden kann, wer sich zum Zölibat verpflichtet hat. Doch noch im 14. und 15. Jahrhundert holten sich zahlreiche Priester Konkubinen ins Pfarrhaus. Kritik und Zweifel am Zölibat sind – so Schillebeeckx – die »ganze Kirchengeschichte hindurch nie geschwunden«.

Um die Frage des Z. in der richtigen Perspektive zu sehen, mag es sinnvoll sein, einmal die diametral entgegengesetzte Meinung einer anderen monotheistischen Religion zu hören, die ebenfalls in der Bibel vertreten ist. Bei den *Juden* ist es ebenso erforderlich, daß der Rabbi verheiratet sein muß, wie es bei den Katholiken erforderlich ist, daß der Priester *nicht* verheiratet sein darf. (Und höchstwahrscheinlich war denn auch der Rabbi Jesus von Nazareth verheiratet). Im Babylonischen Talmud (Seder Naschin, Band I, Traktat Kethuboth) heißt es: »Ein Mensch, der wenig Fähigkeit zum Denken hat, sollte nicht mehr als einmal pro Woche mit seiner Frau schlafen, um seine geringen Kräfte zum Zweck der Meditation aufzusparen. Aber der Scholar (der Rabbi) soll jede Nacht mit seiner Frau kohabitieren, um sein Gehirn für seine Studien reinzuhalten.« Man sieht: ein völlig anderes Konzept der Reinheit. Und zweifellos ein Konzept, das in höherem Maße mit den Erfahrungen der modernen Psychologie übereinstimmt. Vielleicht liegt der Unterschied darin begründet, daß das Judentum als die ältere Religion noch größere Reste der ursprünglichen → Mutterreligionen der Alten Welt enthält. → Abstinenz, Askese, Enthaltsamkeit, Jungfräulichkeit, Keuschheit, Mutterrecht, Mutterreligion, Patriarchat.

Zooanthropie [gr.: zoon = Tier; anthropos = Mensch], die Identifizierung mit einem Tier. → Equus eroticus, Lykanthropie, Metamorphosismus, Vampirismus, Zoomimik.

Zooerastie [gr.: zoon = Tier; erastes = Liebhaber], ein von Krafft-Ebing geprägtes Wort, das den Geschlechtsverkehr mit Tieren von der → *Zoophilie,* der erotischen Tierliebe, unterscheiden soll. Die drei berühmtesten Fälle der Z. werden aus dem 16. Jahrhundert berichtet, wo dem italienischen General Giorgio Basta und den Herzögen von Nemours und Nevers die Z. mit Ziegen (oder gar Ziegenböcken) vorgeworfen wurde. Dem Basta sagte man nach, er habe als Mätresse eine Ziege, die prunkvoll mit Schmuck wie eine Kurtisane ausgestattet sei. Dem Herzog von Nemours und seinen italienischen Söldnern warfen die Franzosen vor, ihr Lebenswandel sei so pervertiert gewesen, daß die Bauern überall dort, wo sie durchgezogen seien, sich gezwungen gesehen hätten, alle Ziegen zu verbrennen. Louis de Gonzague, Herzog von Nevers, der 1565 Henriette de Clèves heiratete, soll auf seinen Feldzügen zweitausend Ziegen mitgeführt haben, die mit Überwürfen aus grünem Samt und großen goldenen Borten bekleidet waren. D'Artagnan sagt: »Sie dienten sowohl den Soldaten als auch ihm selbst als Mätressen« (Charles de Baatz: *Mémoires,* III, 466). → Mixoscopia bestialis, Tierfetischismus, Unzucht mit Tieren.

Zoomimik [gr.: zoon = Tier; mimein = nachahmen], die sexuelle Perversion der Tiernachahmung. Der Patient verlangt, beim Geschlechtsverkehr wie ein Tier behandelt zu werden, und imitiert dieses Tier beim Koitus. In gravierenden Fällen verschwindet das Bedürfnis nach koitaler Betätigung. Selbst Masturbation hilft nicht mehr. Der Patient strebt den Orgasmus an, ohne ihn zu erreichen, kann sich aber doch nicht von dem Versuch der Tierimitation befreien. Daß in dieser Perversion weniger Zoophilie als Masochismus liegt, braucht kaum unterstrichen zu werden. Der Betreffende verlangt, daß seine »Herrin« ihn beispielsweise als Hund behandelt. Er liegt dann nackt mit einem Hundehalsband, manchmal mit einem selbstangefertigten Maulkorb, unter dem Tisch, läßt sich an einer Hundeleine oder Kette von der Herrin in der Wohnung herumzerren, bellt, läßt sich mit Hundenamen rufen, macht auf Kommando Männchen, läßt sich mit der Hundepeitsche schlagen. Oder er will als Kater, Hahn, Schwein behandelt werden. Er knurrt, er gackert (s. Professor Unrat in Heinrich Manns Roman und in dem Film *Der blaue Engel),* er grunzt auf Befehl, frißt Abfall, leckt der Herrin die

Schuhe ab und so weiter. Oder er will als Reittier behandelt werden (→ Equus eroticus), läßt sich einen Sattel auflegen, einen Futtersack ums Maul hängen, nimmt Zügel in den Mund und will von seiner Reiterin mit der Reitgerte und Sporenstiefeln bearbeitet werden, während er sie im Zimmer herumträgt. Vgl.: Metamorphosismus.

Zoonekrophilie [gr.: zoon = Tier; nekros = Leiche; philia = Liebe], die Perversion, die nach der sexuellen Vereinigung mit Tierleichen strebt. Was unter = Nekrophilie gesagt worden ist, gilt hier im Zusammenhang mit den Eintragungen → Perversion, Tierfetischismus, Vampirismus, Zooerastie, Zoophilie, Zoosadismus.

Zoophilie [gr.: zoon = Tier; philia = Liebe], die sexuelle Liebe zwischen Mensch und Tier, darf nicht als die einseitige Liebe des Menschen zum Tier verstanden werden, sondern wurde besonders im Altertum als die Liebe des Tieres zum Menschen oder die eines Gottes in Tierform zu einem menschlichen Wesen empfunden. Von fast allen griechischen Göttern erzählt die Sage, daß sie sich in Tiergestalt mit den Sterblichen paarten. Andererseits bestanden viele rituale und kultische Handlungen der frühen Religionen im tatsächlichen Koitus mit »heiligen« Tieren. Die Schlange des Äskulap, heute Symbol der medizinischen Ethik, war im Äskulapkult eine wirkliche Schlange, die in den Äskulaptempeln von Frauen zum Zweck der geschlechtlichen Vereinigung benutzt wurde. Die Verehrung des Bocks von Mendes im alten Ägypten bestand in dem Akt der sexuellen Paarung von gläubigen Frauen mit dem heiligen Tier. Alle Totemkulte gehen auf das Konzept eines tierischen Urahnen zurück. Wie kann ein Tier aber einen Menschen zeugen? Nur im Geschlechtsverkehr mit einem Menschen. Also steht auch im Anfang vieler primitiver Mythen die Paarung von Mensch und Tier. Die zahllosen Fabeltiere der Urreligionen von Mesopotamien und Ägypten, die halb Mensch, halb Tier waren, müssen als Abkömmlinge sexueller Paarungen von Mensch und Tier verstanden werden. Bei den Griechen galten viele dieser Zwitterwesen als Halbgötter; nur selten begleitete der Grieche das Konzept einer solchen Paarung mit einem Bewußtsein der Sünde. In der mittelalterlichen Welt dagegen bezeugen diese Kreuzungen – der Werwolf (halb Wolf, halb Mensch), der Wechselbalg (halb Kind, halb Tier), der Vampir (halb Mensch, halb Fledermaus) – das schlechte Gewissen nach der Paarung mit dem Tier: dies sind die Schreckgespenster, die uns im Traum verfolgen.

Der Wunsch des Masochisten, von seiner Herrin als Tier behandelt zu werden, enthält zweifellos Elemente archaischer Erinnerung an tatsächliche Kopulationen von Mensch und Tier (→ Equus eroticus, Metamorphosismus, Zoomimik). Die Schoßhündchen des 18. Jahrhunderts hießen nicht deshalb so, weil sie im Schoß der bekleideten Dame lagen, sondern weil sie zum → Cunnilingus erzogen und benutzt wurden. Deshalb auch der deutsche Spitzname »Punzenlecker« und das französische Wortspiel *Lexicon* als Bezeichnung dieser Hunde.

Soziologisch müssen wir zwischen drei Arten von Z. unterscheiden:

1. *Die ländliche Z.*, die meist von geistig beschränkten Menschen geübt wird und oft ohne Bewußtsein eines perversen Vorgangs stattfindet. »Meine Frau war weg, deshalb mußte ich zu meiner Sau«, oder: »Ich habe mit dem Hund seit so viel Jahren gelebt, der ist mir lieber als ein Mensch« sind Erklärungen, die man in diesem Zusammenhang oft hört.

2. *Die städtische Z.*, die oft in vollem Bewußtsein ihrer perversen Natur geübt wird und meist aus Beziehungen zwischen Frauen und Hunden oder zwischen Männern und Hündinnen besteht. Aber auch homosexuelle Beziehungen zwischen Männern und Hunden oder zwischen Frauen und Hündinnen sind nicht selten. Zu dieser Gruppe muß man auch die triolistischen Verhältnisse zählen, in denen ein Ehemann seine Frau von einem Hund beschlafen läßt, während er entweder zusieht oder an dem Hund oder der Frau Pedicatio vornimmt. Auch der umgekehrte Fall: der Verkehr eines Ehemannes mit einer Hündin, bei der die Ehefrau zusieht, oder von dem Mann gleichzeitig Cunnilingus vornehmen läßt, kommt vor.

3. *Die Adspektprostitution mit Tieren,* also Vorführungen in bordellartigen Betrieben. Dies ist nicht eigentlich Z., sondern »show business«, denn die männlichen und weiblichen Prostituierten, die solche Vorführungen des Geschlechtsverkehrs mit Hunden, Katzen, Ziegen, Eseln, Pferden oder anderen Tieren geben, sind meist nicht zoophil veranlagt. Wer hier von Tierschändung spricht, hat nicht unbedingt recht. Häufig kommt es bei den männlichen Tieren zur Ejakulation, und auch die weiblichen Tiere zeigen oft die gleichen Merkmale der Befriedigung wie beim Verkehr mit ihrer eigenen Art. Es ist ja bekannt, daß Haustiere und Zootiere oft eine durchaus sexuelle Leidenschaft zu ihren Pflegern, Pflegerinnen, Besitzern und Besitzerinnen entwickeln. Solche Fälle sind von Berkun-Stosch, Ghiolani, Holterbach, Heller und anderen gesammelt und veröffentlicht worden. Berkun berichtet, daß sich sein Schäferhund einem stark onanierenden Knaben gegenüber sexuell auffällig benahm und daß ein gezähmter Rehbock in einem Ge-

höft sexuell aggressiv wurde, wenn sich ihm eine menstruierende Frau näherte. Hess beobachtete eine große Dogge, die eine Frau niederwarf und sie buchstäblich zu vergewaltigen versuchte. Berkun-Stosch erwähnen einen weiblichen Elefanten, der so oft mit seinem Rüssel an die Genitalien einer Artistin heranzukommen versuchte, daß sie es aufgeben mußte, mit diesem Tier zu arbeiten.

Grundsätzlich liegt kein Unterschied zwischen dem Paarungsversuch eines Tieres mit einem Menschen und dem gleichen Versuch mit einer anderen Tierart vor. Heller erwähnt, daß er im Berliner Zoologischen Garten eine Giraffe mit ausgeschachteter Rute dauernd eine Stute verfolgen sah. Holterbach beobachtete den Geschlechtsverkehr eines jungen Stieres mit einer Stute, die in einem gemeinsamen Stall untergebracht waren. Der Besitzer hatte den Stier auf der rossigen Stute reitend gefunden. Im Scheidensekret wurden Samenfäden des Stieres nachgewiesen. Berkun berichtet von einem Ziegenbock, der eine Stute zu bespringen versuchte. Das Liebesverhältnis hörte erst auf, als der Bock eine Ziege fand. Geschlechtsverkehr zwischen Hunden und Geflügel ist von Cadiot und Villemein beobachtet worden. Cadiot schildert, wie ein kleiner Spitz Hühner verfolgte und Koitusversuche machte. Eine Henne ließ sich nach kurzem Sträuben das Tun des Hundes gefallen und suchte ihn später sogar auf, um von sich aus seine Aufmerksamkeit zu erregen. P. Mommsen berichtet von Paarungsversuchen eines Gänserichs und einer Hündin. Kammer beschreibt ein ähnliches Verhalten zwischen einer Katze und einer Henne. Bondy beobachtete das Verhältnis einer Ente mit einem Puter, der so sehr auf den Geschmack des Geschlechtsverkehrs mit anderen Geflügelarten kam, daß er nach und nach alle Hennen verführte und den Hahn vertrieb.

Auch homosexuelle Paarungen zwischen zwei Tierarten sind beobachtet worden. Berkun-Stosch beobachteten ein langjähriges lesbisches Verhältnis zwischen einer Doppelponystute und einer Elefantin, das auf Cunnilingus beruhte. Ghiolani beschreibt eine triolistische homosexuelle Pedicatio-Affäre zwischen einem Ziegenbock und zwei Eselhengsten. → Equus eroticus, Lykanthropie, Metamorphosismus, Mixoscopia bestialis, Tierfetischismus, Unzucht mit Tieren, Zooanthropie, Zooerastie, Zoomimik, Zoonekrophilie, Zoosadismus.

Zoosadismus [gr.: zoon = Tier; frz.: sadisme, nach dem Marquis de Sade], die Perversion, die an der Tierquälerei Gefallen findet. Z. ist oft eine Ersatzform der sadistischen Handlungen an Menchen. Vacher und Verzeni begingen ihre ersten Grausamkeiten an Tieren, ehe sie sich

Menschen zuwandten. Andererseits gibt es Sadisten, die tatsächlich nur auf Tiere fixiert sind. Hierzu gehören die berühmten Viehstecher, die Kühe, Pferde, Schafe und Ziegen ermorden. In allen Städten gibt es spezialisierte Prostituierte, die solchen Menschen erlauben, Hühner, Tauben, Enten, Gänse und ähnliche Tiere bei oder vor dem Koitus zu quälen und umzubringen. Bekannt ist die Perversion des coitus in anum mit Hühnern und Gänsen, die ihren Höhepunkt findet, wenn man dem Tier den Hals umdreht oder abschneidet, um bei den Todeszuckungen zum Orgasmus zu kommen. → Lykanthropie, Mixoscopie bestialis, Sadismus, Tierfetischismus, Unzucht mit Tieren, Viehstecher, Zoonekrophilie, Zoophilie.

Zoostuprum [gr.: zoon = Tier; lat.: stuprum = Schändung], ein vager Terminus, der alle Formen des Geschlechtsverkehrs mit Tieren, von der Zoophilie bis zum Zoosadismus, ausdrücken kann.

Zopfabschneider, ein fast ausgestorbener Typus des sexuellen Psychopathen, der die Modegebundenheit der »Perversion« aufzeigt. Die Sexualwissenschaft vermutet seit geraumer Zeit, daß die sogenannte Perversion keine Trieberscheinung ist, zumindest nicht im Sinne eines phylogenetischen Urtriebs, der sich im Individuum Befriedigung zu verschaffen sucht, sondern daß ontogenetische Spannungen zwischen dem Individuum und der *Gesellschaft,* und zwar einer ganz bestimmten Gesellschaft, auftreten, die sich *unter anderem* auch in »perversen« Sexualhandlungen äußern. Daß solche Neigungen nicht, wie C. G. Jung glaubte, archaischer Natur sind, sondern in ganz eigentümlicher Weise von kurzlebigen Modetendenzen abhängig sind, zeigten BH-Fetischismus und Strumpffetischismus, Formen der sexuellen Psychopathologie, die an Kleidungsstücke verhältnismäßig jungen Datums in der Menschheitsgeschichte gebunden sind. Die sexuelle Perversion entsteht nicht durch Abweichen von der *sexuellen,* sondern von der *gesellschaftlichen* Norm.

Die Z. traten im 19. Jahrhundert auf und lassen sich bis in die zwanziger Jahre unseres Jahrhunderts hinein verfolgen. Erst mit dem Auftreten des Bubikopfes verschwand das Phänomen und ist mit der Mode des lang und offen getragenen Haars auch nicht wiedergekehrt. Die Z. mischten sich unter eng zusammenstehende Gruppen (in der Straßenbahn, bei Versammlungen, am Kino- und Theaterausgang) und schnitten Frauen mit scharfen Scheren die Zöpfe ab. Die erste Vermutung ging dahin, daß es sich hier um → Haarfetischisten handele, die ihren Fetisch in ähnlicher Form stehen wollten, wie beispielsweise → Wäschefetischisten Büstenhalter und Slips von der Leine stehlen. Aber die von Psychoanalytikern bearbeiteten Fälle haben eindeutig ergeben, daß der Zopf als Penis-Symbol empfunden wurde, und daß die Patienten unter einem Kastrationszwang litten. Sie fanden, daß Frauen kein Recht hätten, einen »Penis« zu tragen, und fühlten sich verpflichtet, solche Frauen zu »kastrieren«. Hierbei trat die frauenfeindliche, zutiefst aus der Angst vor der Frau entstandene Dynamik vieler verwandter krypto-sadistischer Perversionen zutage: → Aufschlitzer, Epilation, Mädchenstecher, Nadelstecher (Piqueur), Säurespritzer, Tintenspritzer. Selbst das unvergleichlich viel gravierendere Phänomen des → Lustmords, besonders das des → Aufschlitzers (→ Jack the Ripper) zeigt eine ganz enge Verwandtschaft mit der scheinbar harmlosen Perversion des Z. → Befriedigung, Fetischismus, Perversion.

Zuchtwahl, menschliche. Das Patriarchat leitet seinen Herrschaftsanspruch von der Behauptung ab, daß das männliche Geschlecht größer, stärker und klüger als das weibliche sei. Was Größe und Kraft anlangt, so sind diese beim Menschen aber nicht gattungsmäßig, sondern durch Zuchtwahl bedingt, sind also das Produkt einer verhältnismäßig kurzen Zeitspanne. Je älter die menschlichen Skelettfunde sind, desto schwieriger wird es, die Geschlechter an der Größe und Stärke der Knochen zu unterscheiden. Erst seit der Institution des Patriarchats hat sich jene extreme Polarisierung der Geschlechter herausgebildet, die das Vaterrecht nun seinerseits als »natürlich« postuliert. Beachtlich ist jedoch, daß sich in der heutigen Ära des Zusammenbruchs des Patriarchats bereits wieder eine meßbare Angleichung des Skelettbaus, der Muskelanlage und der Körpergröße beider Geschlechter herausgebildet hat.

Wichtiger noch als die sexuelle ist hierbei die ökonomische Partnerwahl, denn der Bauer wählt sich einen anderen physischen und psychischen Typus zur Frau als der Städter, der Arbeiter einen anderen als der Unternehmer, der Intellektuelle einen anderen als der Playboy. Umgekehrt wählt sich die Frau, deren Leben von der *physischen* Kraft des Mannes abhängig ist, um von ihm ernährt und beschützt zu werden, einen anderen Mannestypus als die, deren Lebensunterhalt von der *geistigen* Kraft des Gatten abhängig ist. Jede Gesellschaftsordnung und jede Klasse innerhalb einer jeden Gesellschaft fördert durch die Besonderheiten ihrer Tätigkeit einen meßbar unterschiedlichen Typus, der dann sehr bald und ohne daß sich der Sexualpartner seiner eigentlichen Motive bewußt wäre, auch sexuelle Reize auslöst. So wird der ökonomisch adäquate Partner fast immer von der Libido in einen sexuell adäquaten Partnertypus transformiert. Das ist aber oft eine trügerische Transformation, denn da der physische Typus des Menschen nichts über dessen sexuelles Temperament aussagt, geschah es zumindest im Zeitalter der vorehelichen »Keuschheit« nur allzu oft, daß der Partner, der die sexuellen Reize ausgelöst hatte, sie in der Ehe nicht befriedigen konnte.

In der bürgerlichen Gesellschaft geschieht das vor allem deshalb, weil der Typus des Mannes, der sich »durchsetzt« und »Erfolg« hat, der also andere Männer besser manipulieren und ausbeuten kann als sein Konkurrent, fast nie mit dem Typus identisch ist, der Frauen versteht und befriedigt. Sexualanthropologische Messungen des letzten Jahrzehnts lassen sogar vermuten, daß zumindest in der westlichen Gesellschaft der Gegenwart Virilität und Potenz bei »weiblich« aussehenden und empfindenden Männern größer ist als bei ihrem »männlichen« Gegenstück, während das sexuelle Interesse der Frau am anderen Geschlecht, die Intensität des sexuellen Wunsches und die Gabe, die sexuellen Wünsche des Mannes zu antizipieren und befriedigen, bei »männlich« aussehenden und empfindenden Frauen am größten ist. Der Grund mag darin liegen, daß die Fähigkeit, den Sexualpartner zu befriedigen, vor allem aus der Emphathie, dem Talent des sich Einfühlens in die Sexualität des anderen stammt, und das ist fast stets beim »weiblichen« Mann und der »männlichen« Frau größer als bei der weiblichen Frau und dem männlichen Manne.

Zuhälter → Alcahuete, Alphonse, Amicus, Apache, Aufmacher, Bärentreiber, Barnabotten, Bully, Caro uomo, Crosbiter, Essayeur, Frauenmeister, Frauenwirt, Freihat, Freiwirt, Gualani, Hackerbub, Hurenwirt, Intelligencer, Jungfernschaftsprokurist, Kappelbub, Kaunitzprozeß, Krameltreiber, Kuppelei, Lanceur, Louis, Lude, Pilger, Pimp, Plattenbruder, Ponce, Pulion, Purlierer, Riccotaro, Ruffiano, Souteneur, Sponsierer, Stenz, Strawanzer, Strizzi, Töchterwirt, Zutreiber.

Zuhälterei ist nach § 181a StGB nicht nur die Ausbeutung der Prostituierten, sondern auch die Verhinderung des Entschlusses, die Prostitution aufzugeben. Als Zuhälter gilt auch eine Frau, die Männer oder Frauen zum Zweck des Geschlechtsverkehrs habituell vermittelt. Wer seine eigene Frau oder seinen eigenen Mann zu diesem Zweck vermittelt oder ausbeutet, unterliegt den gleichen Freiheitsstrafen von 6 Monaten bis zu 5 Jahren. Die Haltung des Bürgers zum Zuhälter ist ambivalent. Er haßt ihn als Nichtstuer, als Ausbeuter von Frauen, als Tagedieb, der sich über die heiligsten Verpflichtungen der → Monogamie hinwegsetzt. Aber gleichzeitig beneidet er ihn, weil er all das tut, was sich der Bürger sein ganzes Leben lang versagt hat: faulenzen und mit vielen Frauen schlafen. Wenn ein anderer ungestraft all das tun darf, was sich der Bürger mit so unendlicher Mühe versagt hat, dann waren all der Fleiß, das Frühaufstehen und Überstundenarbeiten, all die selbstauferlegte Treue zur längst langweilig gewordenen Ehefrau umsonst. Und da nicht sein kann, was nicht sein darf, muß der Zuhälter für die Frustrierung des Bürgers büßen. Die Gesetze gegen Zuhälterei sind in allen patriarchalischen Ländern härter als die gegen Prostitution. Dabei beruht das ganze Gerüst von Neid und Haß auf zwei Illusionen: erstens, daß der Zuhälter die Prostituierte dazu zwingt, für ihn zu arbeiten; und zweitens, daß er sie durch größere Virilität, größere Potenz, einen größeren Penis oder größere sexuelle Akrobatik beherrscht. Beides stimmt nicht. Sowohl Zuhälter wie Prostituierte kommen ungewöhnlich oft aus vaterlosen Familien, sind uneheliche Kinder oder in einem Haushalt aufgewachsen, den der Vater früh verlassen hat. Aber selbst dort, wo ein Vater vorhanden war, wird er gehaßt – von der Prostituierten, weil er die Mutter verlassen hat oder sich nicht genug um sie kümmert,vom Zuhälter, weil er den Vater als Verführer der Mutter empfindet. Die Prostituierte beginnt ihre Promiskuität fast stets, um den Vater zu ärgern, um sich an ihm für das zu rächen, was er der Mutter angetan hat. Sie wählt sich einen jungen Mann als ihren ersten Geliebten, von dem sie weiß, daß er genau der Typ ist, den ihr Vater am meisten haßt. Sie »sieht sich nicht vor« – nicht etwa, weil sie zu dumm wäre, um zu wissen, wie man Empfängnis verhütet, sondern weil ein uneheliches Kind die extreme Form der Schande darstellt, die sie dem Vater verursachen will. Jeder Kunde ist ein Symbol des Vaters. Sie gibt sich ihm hin, um sich vor dem Vater zu erniedrigen. Sie nimmt Geld von ihm, weil Geld das ist, was der Vater am meisten respektiert hat. Da Geld in der bürgerlichen Welt das Symbol der Virilität ist, wird jeder Akt des Geldnehmens zu einem symbolischen Akt der Kastration.

Man braucht nicht zu betonen, daß sich kaum eine Prostituierte dieses Prozesses bewußt ist. Wenn wir nach unserem Bewußtsein handeln könnten, wäre jede Handlung uns und anderen viel leichter verständlich. Der Zuhälter ist sich ebensowenig der Motive bewußt, die ihn treiben. Aber die wachsende Anzahl klinischer Fälle, bei denen Zuhälter in der Psychoanalyse, unter Hypnose oder in der Narkoanalyse ihre Lebensgeschichte erzählt haben, läßt heute kaum noch Zweifel zu, daß die Motive oft die gleichen sind. Der Zuhälter versucht bei jeder Frau den Schutz zu finden, den die Mutter ihm gab, bevor ihm die Schlechtigkeit der Welt bewußt wurde. Es ist deshalb nicht die Prostituierte, die bei dem Zuhälter Schutz sucht, sondern der Zuhälter sucht bei ihr Schutz. Da dieses Schutzsuchen eine infantile Begierde ist, bleibt der Zuhälter auch in seinem Sexualleben infantil. Er befindet sich meist noch in jenem latent-homosexuellen Stadium, das dem Alter der Mutterabhängigkeit entspricht. In der Prostitution sucht er also erstens die Mutter, zweitens aber auch den Mann, der gerade mit ihr geschlafen hat. Im Gegensatz zu der naiven Meinung, daß sich jeder Zuhälter aus Gefühlsroheit und Gewissenlosigkeit mit den Kunden der Prostituierten *abfindet,* sind es also gerade die Kunden, deretwegen er sie monogamen Frauen *vorzieht.*

Sie haßt ihren Vater, er haßt seine Mutter. In dem Verhältnis einer Frau, die Männer haßt, mit einem Mann, der Frauen haßt, findet die sadomasochistische Union der Prostituierten und des Zuhälters ihren Sinn. Es ist keine Ehe, sondern eine Trias, und der Dritte im Bunde ist der Kunde, der Freier. Erst durch ihn schließt sich der Kreis. Denn auch der Kunde kommt nicht, um zu lieben, sondern um zu hassen. Auch er ist ein Teil der sadomasochistischen Verschwörung, die sich vor der Welt als Lust nach fleischlicher Liebe ausgibt. Aber sie ist es nicht, denn Liebe ist Zärtlichkeit, und im Bett der Prostituierten findet nicht Zärtlichkeit, sondern der Kampf der Geschlechter statt. Der Kunde kommt, damit er sich vor sich selbst erniedrigen und sie hassen kann.

Die Kunden der Prostituierten sind also nicht etwa nur diejenigen, die zu jung, zu alt, zu unansehnlich oder zu scheu sind, um ein Mädchen ihres eigenen Standes zu finden, sondern die, die im Geschlechtsverkehr mit einer Frau nur dann zum Orgasmus gelangen können, wenn sie die Frau (und damit sich selber) erniedrigen dürfen. Das Werkzeug der Erniedrigung ist das Geld. Es hat deshalb in der Prostitution einen Wert, der weit über seine Kaufkraft hinausgeht. Indem die Prostituierte das Geld des Kunden an den Zuhälter weitergibt, bereinigt sie ihre Schuld. Denn die Schuld lag ja nicht in dem Geschlechtsverkehr, sondern in dessen Bezahlung. Wenn die Bezahlung ihn aber erst zur Prostitution macht, dann macht die Weitergabe der Bezahlung den Zuhälter zum Prostituierten. Umgekehrt macht sich der Zuhälter aber auch zum Beichtvater der Prostituierten, indem er sie durch die Annahme des Geldes von ihrer Schuld befreit. Und auch die Schläge, die er ihr gibt, sind symbolische Gaben: »Er schlägt mich, also braucht er mich.« Indem er sie schlägt und ausbeutet, verhilft er ihr zur Selbstachtung. Indem er vorgibt, sie vor anderen zu beschützen, beschützt sie ihn in Wahrheit vor Armut. Indem sie ihm von den Männern erzählt, mit denen sie verkehrt hat, erspart sie ihm den Verkehr mit Männern, vor dem er Angst hat. Indem sie mit diesen Männern schläft, gibt sie ihm die Sicherheit, sich nicht als Homosexueller fühlen zu müssen. Seine Promiskuität mit anderen Frauen, die Tatsache, daß er nicht nur eine, sondern auch andere Huren für sich arbeiten läßt, hat in dieser mystischen Union eines kryptohomosexuellen Mannes mit einer kryptolesbischen Frau den gleichen Zweck wie ihre Promiskuität mit anderen Männern: indem er mit ihnen schläft, gibt er ihr die Sicherheit, sich nicht als Lesbierin fühlen zu müssen.

Aber die Legende von dem virilen, doch ruchlosen Mann, der die schwache, aber nymphomane Frau zur Preisgabe ihres Körpers zwingt, indem er ihre Hörigkeit ausnutzt und durch Gewaltmaßnahmen erzwingt – diese Legende will nicht sterben. Sie will nicht sterben, weil sie für den Bürger zu viel bedeutet. Wenn der Zuhälter nicht einmal viril und besonders gut im Bett ist, wieso hat er dann all die Frauen, die der Bürger gern haben möchte? Und wenn der Zuhälter sie nicht von Zeit zu Zeit zum Huren zwingt, wieso tut sie es dann? Wenn die Hure nicht einmal Nymphomanin ist, wieso laufen ihr so viele Männer nach? Wenn sie im Bett nicht besser als andere Frauen ist, wieso braucht man sich als guter Bürger dann so viel mühselige Selbstbeherrschung aufzuerlegen, indem man nicht zu ihr geht?

Der ganze Mythos der Prostituierten, all der Ärger und all der Neid, all die Lust und all der Haß, brechen zusammen, wenn man Prostitution und Zuhälterei als das sieht, was sie sind: der gegenseitige Trost infantiler Menschen, die wie Kinder im Keller ihre Arme umeinander legen, weil sie Angst vor der Dunkelheit haben.

Die juristische Situation der Z. in der Bundesrepublik ist ebenso absurd wie die Vorstellung des Volkes vom Verhältnis zwischen Prostituierter und Zuhälter. 1885 erließen Frankreich und Österreich die ersten Gesetze gegen die Z. 1891 folgte Belgien, 1894 Großbritannien, 1898 Norwegen, 1900 Deutschland, 1903 Rußland, 1904 Spanien, 1905 Dänemark, 1911 die Niederlande. Der alte § 181a des Strafgesetzbuches der Weimarer Republik kannte zwei ganz verschiedene Fälle der Z., die ausbeuterische und die kupplerische. Weder eine weibliche Zuhälterin noch die Z. eines Homosexuellen fielen unter die erste oder zweite Form der Z. Andererseits machte sich der Mann auch dann der ausbeuterischen Z. schuldig, wenn er nicht von dem Erwerb der Prostituierten lebte, eine eigene Erwerbsquelle hatte und aus dieser einen größeren Anteil als die Prostituierte dem gemeinsamen Haushalt zukommen ließ. Daß hier der männliche Neid und nicht der neutrale Rechtssinn sprach, braucht kaum betont zu werden.

Zuiki, japanischer Reizring, der über den Penis oder den Finger gestülpt wird, um in der Vagina und an der Klitoris stärkere und lustvollere Reibungen hervorzurufen, als der bloße Penis oder der nackte Finger. Früher wurde der Z. aus dem Blattstiel der süßen Kartoffel (colocasia antiguorum Schott. Fam. Arecae) hergestellt, heute macht man ihn meist aus biegsamem Plastik. Die Wirkung des Z. besteht darin, daß in halbkugelförmigen Öffnungen an der Außenwand des Ringes kleine drehbare Kügelchen eingesetzt werden. Vgl.: Bague de Chine, Selbstbefriedigungsinstrumente, Reizinstrumente.

Zukunft des menschlichen Geschlechtslebens. In den Ländern Vorderasiens, deren geschichtliche Zeit noch maßgeblich von den Erinnerungen an die Sippen- und Stammesgesellschaften der Vorgeschichte geprägt worden ist, hat sich der Glaube an die Wiederkunft des Paradieses erhalten. Das Christentum hat ihn in der Form der Auferstehung und Wiederkehr des Messias von den Juden übernommen. In den apokalyptischen Schriften des Neuen Testaments überlebt er als Wiederkunft des göttlichen Reiches nach der Zerschlagung der Welt des Satans. Die Eschatologie (vom griechischen *eschatos,* »zuletzt«), die christliche Lehre von den letzten Dingen, hat nicht nur das Denken Vorderasiens, sondern auch das des Westens stark beschäftigt. Der Chiliasmus (vom griechischen *chilioi,* »tausend«), der Glaube an ein tausendjähriges Reich des Friedens und der Freude, herrschte von Justin und Tertullian bis ins späte Mittelalter.

Es ist bezeichnend, daß der Glaube in seiner tiefsten, reinsten Form bei den revolutionären Bauern des sechzehnten Jahrhunderts auftauchte. Dort bedeutete er genau das, was er noch heute im vorderen Orient aussagt: die Hoffnung auf eine Wiederkehr jener Mütterlichkeit, Sicherheit, Geborgenheit, Gleichheit und gegenseitigen Hilfe, die es seit den Sippengesellschaften der Vorzeit nirgends mehr gegeben hat. Aber hier, bei den Wiedertäufern um Thomas Münzer, gesellte sich zu dem Glauben an die historische Notwendigkeit der Parusie (vom griechischen *parusia,* »Anwesenheit«), der Wiederkehr des Guten, auch die Überzeugung, daß es nur dann wiederkommt, wenn man etwas dafür tut. In der Theologie der Anabaptisten wird die Erwartung, daß der Mensch etwas zu seiner Befreiung tue, als Teil der göttlichen Vorsehung betrachtet und in diese einbezogen. Das Kommen des Reichs Gottes ist zwar Vorsehung, aber die Vorsehung wird nur wahr, wenn der Mensch sie realisiert. Das entspricht weitgehend der Rolle der Arbeiterklasse im marxistischen Bild von der historischen Notwendigkeit der Revolution, dem Absterben des Staates und dem Aufbau einer klassenlosen Gesellschaft. Auch hier ist es Teil der historischen Notwendigkeit, daß der Mensch aktiv in die Vollendung seines Schicksals eingreife.

Das marxistische Weltbild beruht auf der strukturellen Form von ökonomischer Basis und sexuellem Überbau. Nirgends aber wird behauptet, daß der Überbau sich mechanisch aus den ökonomischen Verhältnissen ergäbe, denn überall errichtet der Mensch als Herr seines Schicksals sein eigenes politisches, philosophisches, kulturelles und sexuelles Lebensgebäude. Seine Herrschaft bewegt sich jedoch innerhalb der Grenzen, welche die Entwicklung seiner Produktionsmittel ihm gesetzt hat und die er sich selbst durch die Entwicklung seiner Produktionsinstrumente setzt. Die ökonomische Situation ist also nicht nur aktive Ursache, und das Sexualverhalten ist nicht allein passive Wirkung, sondern beide beeinflussen einander wechselseitig. Die menschliche Entscheidungs- und Willenskraft spielt in dieser Dialektik eine maßgebliche Rolle. Sie wird die gleiche Rolle auch im Kampf gegen das Patriarchat spielen. Zwar wird die klassenlose Gesellschaft, die das Patriarchat eines Tages ersetzen muß, weitgehend von den Entwicklungen der heutigen und morgigen Produktionsmittel bedingt, aber diese Entwicklung bedingt auch das Bewußtsein der Notwendigkeit eines solchen Kampfes und die Willenskraft, ihn zielbewußt durchzuführen. Das meinen die Marxisten, wenn sie von der Gesetzmäßigkeit der Geschichte sprechen.

Einer der ersten Denker, der eine solche Gesetzmäßigkeit aufspürte, war Giovanni Battista Vico (1668 bis 1744), dessen Theorie von der Wendeltreppenform des Fortschritts sowohl Morgan wie Marx, sowohl Spengler wie Toynbee, und schließlich auch Sigmund Freud beeinflußt hat. Obgleich Freud die Wechselwirkung zwischen Psyche und Umwelt sehr deutlich erkannte und die Bildung des Ichs und Über-Ichs auf die Einflüsse der Umwelt zurückführte, neigte er dazu, dem Individuum den chronologischen Vorrang vor der Gesellschaft einzuräumen. Jede seiner Chronologien beginnt mit der Geburt des Kindes und endet mit dem Tode des Erwachsenen. Zwar wird das Kind lebhaft von dem Einfluß seiner Eltern geformt und formt als Erwachsener seinerseits seine

Umwelt. Aber die Frage, wer denn nun die Psyche der Eltern des Kindes geformt hat, wird weder gestellt noch beantwortet. Das früheste Konzept ist die Urhorde, und hier reagieren die Söhne bereits aktiv gegen die Herrschaft des Vaters. Wer aber hat die Psyche des Vaters geformt?

Die Antwort ist, daß der Mensch als Einzelwesen überhaupt noch kein Mensch ist. Der Übergang vom Tier zum Menschen erfolgt durch die Bildung der menschlichen Gesellschaft. Eine Gruppe noch tierischer Wesen erhebt sich zur Humanität durch die Art ihres Zusammenwirkens. Jedes der Einzelwesen ist noch Tier. In ihrer Zusammenwirkung aber sind sie schon Menschen. Natürlich spiegelt auch die Gruppe die psychische Struktur ihrer einzelnen Mitglieder wider, aber sie spiegelt nicht die Wirkung der individuellen Psyche, sondern die der vereinten, als Parallelogramm der psychischen Kräfte agierenden Persönlichkeiten. Dies trifft genauso auf die »Urhorde« wie auf jeden späteren und größeren Sozialorganismus zu: die Sippe, den Stamm, die Klasse, das Volk, den Staat, den Staatenbund, die Internationale, und endlich auch die klassenlose Gesellschaft der Zukunft.

Der therapeutische Wert der Psychoanalyse ist selbst unter den günstigsten Bedingungen minimal. Der Wert der Freudschen Theorie als herausforderndes, Antworten und Gegenbeweise erheischendes Denkmodell kann dagegen kaum überschätzt werden. Es mag deshalb von Nutzen sein, zur Beleuchtung dieser Kernfrage die psychoanalytische Theorie des menschlichen Reifungsprozesses heranzuziehen. Freud sah diesen Prozeß ja bekanntlich als eine dialektische Reihe, in der sich Wirkung und Gegenwirkung zu einer Synthese vereinigen, die dann ihrerseits zur nächsten These wird. Jede der vier Reifungsstufen mit Ausnahme der ersten, die sozusagen die Arena der späteren Auseinandersetzungen bildet, ist das Produkt psychischer Widersprüche, die sich auch nach der Pubertät niemals gänzlich auflösen und die eigentliche Dynamik des psychischen Lebens liefern. Die vier Stufen sind:

1. Eine archaische Urstufe, in der die Psyche des neugeborenen Kindes noch völlig undifferenziert ist, in der sich die Klassen der späteren Libidohierarchie noch nicht voneinander abgespalten haben, in der sich die Psyche des Kindes im Stadium des Urkommunismus befindet. Die ganze Hautoberfläche ist mit gleicher Intensität für alle Reize empfänglich. Die Sensivität des Körpers ist noch weitgehend amorph oder, wie Freud es genannt hat, *polymorph*.
2. Eine Stufe, in der das psychische Leben des Säuglings völlig von sei-

ner Beziehung zur Nahrungsaufnahme geformt wird. Alles konzentriert sich auf die Mundregion, aus der das Kind sowohl Nahrung wie Lust empfängt. Diese Stufe nannte Freud *oral,* »den Mund betreffend«.

3. Eine Stufe, in der das Kind lernt, sich durch Ausstoßen oder Zurückhalten seines Stuhlgangs Lust oder Unlust zu verschaffen und durch gehorsames In-den-Topf-Machen oder ungehorsames In-die-Winden-Machen lernt, wie man die Umwelt zufriedenstellen oder provozieren kann. Diese Phase nannte Freud *anal-sadistisch,* weil sie einerseits mit der Herausbildung des analen Nervensystems, andererseits mit der Lust am Verärgern der Eltern verknüpft ist.

4. Eine pubertäre Phase, in der das Kind lernt, die früher empfundenen Mund- und Afterreize dem Primat der Geschlechtsteile und ihrer Befriedigung unterzuordnen.

Freud sieht den Reifungsprozeß des Menschen also ganz eindeutig als eine historische Allegorie, in der die Entwicklung des Klassensystems vom Urkommunismus über die Stadien der Sklaverei und des Feudalismus zur »reifen« Gesellschaftsordnung des Kapitalismus vorgezeichnet ist. Andererseits stellt sich ihm die psychische Ordnung als eine Klassenstruktur dar, in der sich die niederen, früher entstandenen Klassen im Interesse des Gesamtorganismus der später entstandenen Klasse unterordnen müssen. Obgleich er die Schwächen des bürgerlichen Systems nur allzu klar erkannte, schien ihm die Unterordnung des Proletariats doch eine zur Erlangung gesellschaftlicher Reife unerläßliche Notwendigkeit zu sein. Denken wir Freuds Logik aber einen Schritt weiter, so enthüllt sich die neu entstandene Klasse, der sich die älteren Klassen im Interesse des organischen Reifungsprozesses unterordnen müssen, nicht als das Bürgertum, das ja weitaus älter als das Proletariat ist, sondern als das Proletariat selber. Freud hat also in sein Modell der Libidoentwicklung mehr hineingelegt, als er sich selber bewußt gewesen ist: eine psychologische Begründung der Notwendigkeit einer Diktatur des Proletariats.

Aber die Diktatur des Proletariats läßt sich nur dann rechtfertigen, wenn sie sich möglichst bald negiert und dadurch zur klassenlosen Gesellschaft führt. Herbert Marcuse hat deshalb Freuds Konzept einer Unterordnung der prägenitalen Triebe unter den Primat der Genitalität eine Tyrannei genannt und jene Menschen, die sich ihre kindliche, rebellische Oral- oder Analerotik ins Erwachsenenleben hinübergerettet haben, als potentielle Revolutionäre bezeichnet. Ich halte dies für eine gefährliche Metaphorik und stimme mit Norman O. Brown überein, der Marcuse vorgeworfen hat, die Libidostruktur der Oral- und Analerotiker sei mindestens ebenso tyrannisch wie die des »normalen« Menschen, denn auch hier unterdrücke eine der vier Entwicklungsphasen zwei der anderen. Die einzige Stufe, auf der keine Unterdrückung stattfinde, sei die erste, die polymorphe, die panerotische Phase. Die wirkliche Befreiung der menschlichen Sexualität könne also allein in einer Rückkehr auf höherer Ebene zu der polymorphen Phase liegen, denn nur diese sei gänzlich frei von hierarchischen Bestrebungen.

Und in der Tat ist dieses Bild der Ontogenese auch als Phylogenese außerordentlich überzeugend, denn es sagt weder mehr noch weniger aus, als wir mit Hilfe historischer und prähistorischer Untersuchungen im gesamten Corpus dieses Buches darzutun versucht haben: daß die menschliche Gesellschaft, wenn sie nicht in die Barbarei zurücksinken will, ein ganz eindeutiges Ziel anvisieren muß: eine Wiederherstellung der klassenlosen Gesellschaft der Vorgeschichte auf höchster Ebene der elektronischen und atomaren Technik. Ein solches Ziel ist aber mit Hürden umgeben, die sich nicht mit radikalem Abenteurertum nach Art der »Neuen« Linken aus der Welt schaffen lassen. Wenn das Bild der psychoanalytischen Triebstruktur, das – ich wiederhole es – niemals größeren Wert als den eines Denkmodells haben darf, uns zu präziserem Nachdenken über die Perspektiven der Gesellschaft unserer Nachfahren anregt, dann sind die Folgerungen beachtlich in ihrer langfristigen Implikation.

Freud sah, zweifellos mit Recht, den sexuellen Reifungsprozeß des Menschen zwischen Geburt und Pubertät als Kontraktion der sexuellen Sensibilität auf die Erogenzonen: erst auf die Mundregion, dann auf die Analzone und schließlich auf die Genitalien. Jeder Fortschritt dieses Kontraktionsprozesses bedeutet aber im soziologischen Sinne einen Herrschaftsanspruch einer Teilregion des menschlichen Körpers über alle anderen Regionen. Wollen wir uns je von der Tyrannei des einen über die anderen befreien, so müssen wir auch die Sexualität von der Tyrannei der Erogenzonen befreien. Dies bedeutet, daß die Sexualität der Zukunft eine polymorphe Zärtlichkeit sein wird, nicht aber jener »Kampf der Geschlechter«, der sich aus der extremen Polarität von Mann und Frau in der Klassengesellschaft entwickelt hat und die sexuelle Widerspiegelung des Klassenkampfes ist.

Daß die klassenlose Gesellschaft der Zukunft auf einer anderen ökonomischen Ebene als die der Vorgeschichte aufgebaut werden muß, versteht sich von selbst. Denn während die vorpatriarchalischen Kulturen fast ausnahmslos Subsistenzgesellschaften waren, kann sich eine nachpatriarchalische Gesellschaftsordnung nur auf einer hochindustrialisierten Planwirtschaft aufbauen. Erst die Vergesellschaftung der Produktionsmittel erlaubt die Freisetzung der industriellen Produktivkräfte, und erst diese erlaubt die Freisetzung der schöpferischen Kräfte des Individuums. So wie der Besitzanspruch des einen Geschlechts auf das andere erst mit dem Besitzanspruch des einen Individuums auf die Produkte der Arbeit des anderen begann, so können Eifersucht und sexuelle Ausbeutung erst dann beseitigt werden, wenn der Gedanke an die Rechtmäßigkeit des Privatbesitzes in seinen Grundfesten erschüttert ist. Worte wie »mein Mann«, »meine Frau«, »meine Geliebte«, die fast jeder benutzt, ohne sich des Besitzanspruchs gewahr zu sein, der aus ihnen spricht, enthüllen den verhängnisvollen Einfluß, den die Geschichte des Privateigentums auf unser sexuelles Denken ausgeübt hat.

Zungenkuß, das Eindringen der Zunge eines Menschen in die Mundhöhle des anderen, oder das gegenseitige Eindringen der Zungen beim Kuß. Es ist im eigentlichen Sinne kein Kuß mehr, sondern ein Kontakt innerer Organe. Während der Kuß als Berührung zweier Hautflächen der Berührung zweier Hände nachgebildet ist, stellt der Z. eine Analogie des Koitus dar. Vgl.: Biß, Florentinischer Kuß, Handkuß, Kataglossismus, Kuß, Maraichinage, Nasenkuß, Seraphinenkuß, Suavium.

Zutreiber, der → Zuhälter im ausgehenden Mittelalter. Vgl.: Alphonse, Amicus, Aufmacher, Bärentreiber, Frauenmeister, Frauenwirt, Freihat, Freiwirt, Hackerbub, Hurenwirt, Jungfernschaftsprokurist, Kappelbub, Krameltreiber, Louis, Lude, Ludewig, Pilgrim, Plattenbruder, Pulion, Purlierer, Sponsierer, Stenz, Strawanzer, Strizzi, Töchterwirt.

Zwangskrankheiten können sein: Zwangsbefürchtungen, Zwangsgefühle, Zwangshandlungen, Zwangsideen, Zwangsimpulse, Zwangsunterlassungen und Zwangsvorstellungen. Sie treten im Verlauf mancher organischer Nervenleiden, mancher manisch-depressiver oder schizophrener Psychosen oder auch als selbständige Leiden auf. Zwangsgefühle können positiv oder negativ sein, sich in zwanghafter, scheinbar unbegründeter Heiterkeit, aber auch in zwanghafter, unüberwindlicher Angst äußern. Grübelzwang, Zweifelzwang und Zwangsbefürchtungen gehören zu den häufigsten Zwangsideen. Zwangsimpulse und Zwangsvorstellungen sind oft sexuell motiviert, sie bestehen aus verdrängten und unbewältigten Sexualwünschen (z.B. Waschzwang, um eine Sünde »abzuwaschen«). Zwanghaftes Sichaufdrängen von Zahlen, Bildern,

Worten, Melodien gehört zu den häufigsten Zwangsvorstellungen. Wenn das Aussprechen solcher Worte, das Singen oder Spielen solcher Melodien, das Zeichnen solcher Bilder zum unwiderstehlichen Zwang wird, spricht man von Zwangshandlungen oder Zwangsimpulsen. Hierher gehören → Abortkritzeleien, Bilderschändung, Blasphemiezwang, Erotographomanie, Koprographie, Koprolalie, Pornographomanie, Pornolalie, Sklavenbriefe, Urolalie, Wortsadismus. Bei einem gewissen Typus von Zwangskrankheiten bahnen sich bestimmte verpönte Vorstellungen in imperativer Weise ihren Weg ins Bewußtsein. Trotz schärfster Verurteilung von seiten des Ich und ohne Aussicht auf Realisierung treten sie doch immer wieder auf und erzeugen beim Kranken eine ängstlich-kämpferische Stimmung. Sehr häufig ist der imperative Zwang sadistisch betont: sein Inhalt bezieht sich auf eine intendierte Beschimpfung, Mißhandlung oder Tötung des sexuellen Partners. Ernst Bien berichtet: »Ein feinsinniger Patient meiner Beobachtung litt unter dem Zwang, seiner Gattin grobe und unmotivierte Schimpfworte ins Gesicht zu schleudern und ihr, der untadeligen und bewußt geliebten Frau, ihre ›Dirnen-Natur‹ vorzuwerfen. Es kam so weit, daß er nach jedem Koitus den kategorischen Imperativ verspürte, seine Frau umzubringen, und dies mit solcher Deutlichkeit und Macht, daß er auf den sexuellen Verkehr überhaupt verzichten mußte.« Die Psychogenese dieser Z. ist durch die sadistisch-anale Triebeinstellung gegeben, die sich gegen den Willen des Kranken im Bewußtsein etabliert. Die Zwangsgedanken werden niemals in die Tat umgesetzt, da ihr Träger gewöhnlich schon im Kampf gegen die ichfremden Imperative die Befriedigung seiner unbewußten sadistisch-analen Aggressivität erlebt. → Aggressionstrieb, Analerotik, Reinlichkeitsfanatismus, Sadismus, Waschzwang.

Zwangsmasturbation, die neurotische, kompulsive Form der Masturbation. Im Gegensatz zur normalen Masturbation, die vor allem im jugendlichen Alter auftritt, wenn es ein dringendes sexuelles Bedürfnis, aber keine Möglichkeit des Geschlechtsverkehrs gibt, beherrscht die Z. das Leben erwachsener Menschen, die durchaus die Möglichkeit des Geschlechtsverkehrs haben. Während bei der Jugendmasturbation eine starke Erregung zur Befriedigung drängt, muß der Zwangsmasturbator diese Erregung erst durch Manustupration in sich selber erwecken. Die Z. ist also kein → Koitussurrogat, sondern eine → Zwangskrankheit.

Zweitwohnungen, in denen ein verheirateter Mann seine Freundin(nen) empfangen kann, sind Produkte des bürgerlichen Wohlstandes. Zur Zeit des Feudalismus hatten die Aristrokraten ihre Land- oder → Jagdschlösser, in denen sie sich mit ihren Geliebten treffen konnten. Die Institution der zum → Liebesnest bestimmten Zweitwohnung entstand jedoch erst um 1950. Die Mehrzahl aller bundesdeutschen Z. dient weder dem Ferienaufenthalt noch der Untervermietung, sondern dem Geschlechtsverkehr. → Absteigequartier, Casini, Maison de Passe, Maison de Rendezvous, Petite maison, Stundenhotel.

Zwischenstufen, sexuelle, Hirschfelds Bezeichnung der psychischen und physischen Stufen zwischen dem ausschließlich heterosexuellen Mann und der ausschließlich heterosexuellen Frau. Hirschfeld sagte mit Recht, daß diese beiden Extreme eigentlich Abstraktionen sind und daß jeder Mensch einen kleineren oder größeren Anteil von Merkmalen des anderen Geschlechts in sich trägt. → Bisexualität, Hermaphroditismus, Homosexualität, Lesbizismus, Transvestitismus bleiben deshalb unverständlich, wenn man sie als → Perversionen (wörtlich: »Umdrehungen«) zu definieren versucht. Denn es sind keine Umdrehungen einer Norm, sondern Quantensprünge in einem Spektrum. Um dieses Spektrum zu verstehen, ist es erforderlich, daß wir die physischen Merkmale der Bisexualität in strikter Weise von den psychischen Merkmalen trennen. Physische Zwischenstufen, z. B. Menschen, deren Chromosomenzahl nicht 46, sondern 45, 47 oder gar 49 beträgt, sind Hermaphroditen: sie besitzen Genitalien oder Genitalansätze beider Geschlechter. Aber dies bedeutet nicht, daß sie psychisch bisexuell sind. Im Gegenteil, bei fast allen Chromosomenzwittern findet man eher eine Schwächung oder einen Ausfall des sexuellen Triebes als eine gleich starke Neigung zu beiden Geschlechtern. Andererseits sind fast alle Homosexuellen mit normaler Libido auch normal in ihrer Chromosomenstruktur. Sie sind also keine physischen Zwischenstufen.

Die Versuchung, physische und psychische Zwischenstufen gleichzusetzen, ist groß und schleicht sich immer wieder in das Denken der Sexualwissenschaft ein. Gewisse Parallelen zwischen Körperstruktur und sexueller Neigung, die die Konstitutionsforschung aufgedeckt hat, dürfen nicht mit sexuellen Zwischenstufen verglichen werden, denn all jene homosexuellen Probanden, deren Körperstruktur gewisse Ähnlichkeiten mit der des anderen Geschlechts aufwies, waren trotzdem eindeutig Männer oder Frauen. Erst wenn sie chromosomale Anzeichen des Zwittertums aufgewiesen hätten, könnte man ernsthaft von sexuellen Zwischenstufen sprechen. Trotzdem hat Schlegel wahrscheinlich recht, wenn er sagt, daß der Versuch, die homosexuellen Zwischenstufen zur Heterosexualität zu erziehen, nicht nur hoffnungslos ist, sondern auch dem eigentlichen Zweck der Gesellschaft widerspricht: »Die um Fortpflanzung und Bevölkerungsstand Besorgten sollten sich klarmachen, daß eine Fortpflanzung der mehr oder weniger ausgeprägten Zwischenstufen, ohne daß ihr persönlicher Wert dadurch berührt würde, von Natur aus gar nicht oder nur in einem beschränkten Umfange erwünscht ist und daß die Varianten des Sexualverhaltens naturgewollte Bremsen darstellen, deren Enthemmung durch unbiologische Normen einen gefährlichen Umbau der Bevölkerung in Richtung Zwischenstufen herbeiführt.« Vgl.: Ambierastie, Ambisexualität, Amphierotik, Biamanten, Doppelgeschlechtlichkeit, Drehpunkt, Drittes Geschlecht, Geschlechtsübergänge, Intersexualität, Panhermaphroditismus, Seelenzwitter, Trisexualität.

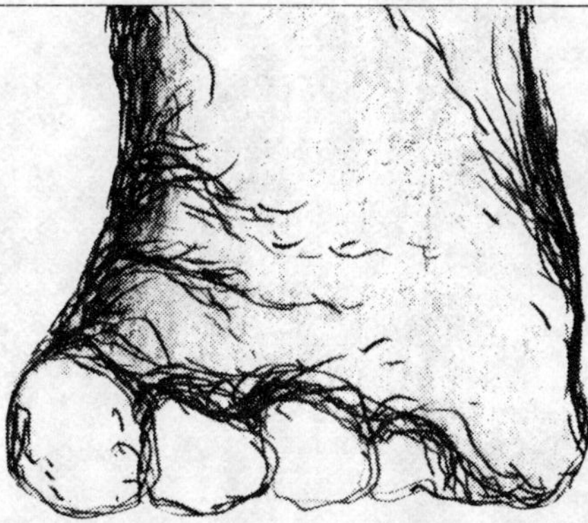